KRAMERS VERTAALWOORDENBOEK
ENGELS - NEDERLANDS

Kramers Vertaalwoordenboek

Engels - Nederlands

Redactie onder leiding van
drs. H. Coenders

MCMXCVI
Elsevier

CIP-GEGEVENS
Koninklijke Bibliotheek, Den Haag

Kramers
Kramers Vertaalwoordenboek
Engels-Nederlands
o.l.v. H. Coenders.-Amsterdam: Bonaventura
(Kramers woordenboeken)
ISBN 90 6882 2675
NUGI 503

Eerste druk

SAMENSTELLERS

Algemene leiding
   drs. H. Coenders

Eindredactie
   P.S. Vermeer

Redactie
   mevr. drs. B.A.D. Kooijman

Vertaling 'Dutch grammar'
   mevr. S. Massotty

Invoer/correctie
   mevr. J. den Hollander-van den Bos
   drs. W. Spek
   mevr. drs. M.G.C.M. Winnubst

Bandontwerp
   mevr. M. Gerritse

Productie
   M. van As

Uitgever
   G.J. Kroes

VOORWOORD

Het Kramers Vertaalwoordenboek Engels-Nederlands is de opvolger van het Kramers Pocketwoordenboek, waarvan de eerste druk reeds in 1982 verscheen. Dit geheel herziene vertaalwoordenboek is een compacte versie van het deel Engels-Nederlands van het Kramers Handwoordenboek Engels, waaruit wij met zorg die woorden en uitdrukkingen hebben geselecteerd die Nederlandstaligen nodig hebben als zij in contact komen met de Engelse taal, bijv. bij de studie of in het zakelijk verkeer. Door het handzame formaat is dit woordenboek ook bijzonder geschikt voor op reis. De hoeveelheid en de selectie van de trefwoorden is bovendien van dien aard dat je niet gauw zult misgrijpen bij het zoeken naar een woord. En uiteraard zijn er nieuwe woorden toegevoegd. Alle informatie die je nodig hebt voor een goed begrip van het woordenboek is te vinden in de *Lijst van tekens en afkortingen*.

In de bijlagen achterin het boek is een overzicht van de Engelse onregelmatig werkwoorden opgenomen. Daarnaast is er, speciaal voor de Engelstalige gebruikers, een in het Engels geschreven grammatica van het Nederlands toegevoegd (*Dutch grammar*), alsmede een overzicht van de Nederlandse onregelmatige werkwoorden.

Een bijzondere reden voor de Kramersredactie om nu met nieuwe woordenboeken te verschijnen is de recente spellingwijziging van het Nederlands. Deze is uiteraard in de nieuwe serie Kramers Vertaalwoordenboeken doorgevoerd.

Tot slot willen wij allen bedanken die een bijdrage hebben geleverd aan dit vertaalwoordenboek. Mede dankzij hun inspanning is er een actueel en goed toegankelijk naslagwerk ontstaan voor een breed publiek.

Amsterdam, juni 1996 De redactie

INHOUDSOPGAVE

Lijst van tekens en afkortingen

Overzicht van fonetische tekens

Engels-Nederlands   1-524

Nederlandse onregelmatige werkwoorden   527

Engelse onregelmatige werkwoorden   532

Dutch grammar   535

LIJST VAN TEKENS EN AFKORTINGEN
LIST OF SYMBOLS AND ABBREVIATIONS

'	klemtoonteken	the main stress of a word
~	herhaling van het trefwoord	swung dash (replaces the headword)
±	ongeveer hetzelfde	approximately the same
&	enzovoort; en	et cetera; and
2	in letterlijke en figuurlijke betekenis	literally and figuratively
°	in velerlei betekenis	in many senses
*	onregelmatig werkwoord	irregular verb
aanw vnw	aanwijzend voornaamwoord	demonstrative pronoun
abs ww	absoluut gebruikt werkwoord	absolute verb
afk.	afkorting	abbreviation
Am	vooral in de Verenigde Staten	mainly in the United States
anat	anatomie	anatomy
archeologie	archeologie	archeology
astron	astronomie	astronomy
Austr	vooral in Australië	mainly in Australia
auto	automobilisme; wegverkeer	motoring; road traffic
betr vnw	betrekkelijk voornaamwoord	relative pronoun
bijbel	bijbelse term, uitdrukking	biblical term, expression
bijw	bijwoord	adverb
bilj	biljarten	billiards
biol	biologie	biology
bn	bijvoeglijk naamwoord	adjective
bouwk	bouwkunst	architecture
Br	vooral in Groot-Brittannië	mainly in Great Britain
bridge	bridge	bridge
chem	chemie, scheikunde	chemistry
comput	computerterm	computer term
cricket	cricket	cricket
dial	dialect	dialect
dierk	dierkunde	zoology
eig	eigenlijk, letterlijk	literally
elektr	elektrotechniek	electronics, electrical engineering
eufemisme	eufemisme	euphemism
fig	figuurlijk	figuratively
filos	filosofie	philosophy
fotogr	fotografie	photography
Fr	Frans	French
gemeenz	gemeenzaam, informeel	colloquial, informal
geneesk	geneeskunde	medicine
geol	geologie	geology
geringsch	geringschattend	derogatory
godsd	godsdienst	religion
golf	golf	golf
gramm	grammatica	grammar
handel	handelsterm	business term
herald	heraldiek, wapenkunde	heraldry
hist	historische term	historical term
honkbal	honkbal	baseball
iem.	iemand	
iems.	iemands	
in 't alg.	in het algemeen	in general

Ir	Iers	Irish
ironisch	ironisch	ironical
kaartsp	kaartspelen	card games
kindertaal	kindertaal	child language, baby talk
Lat	Latijn	Latin
letterkunde	letterkunde	literature
lidwoord	lidwoord	article
logica	logica	logic
luchtv	luchtvaart	aviation
m	mannelijk	masculine
med	medische term	medical term
meerv.	meervoud	plural
mil	militaire term	military term
muz	muziek	music
m-v	mannelijk-vrouwelijk	either masculine or feminine
mv	meervoud	plural
natuurkunde	natuurkunde	physics
o	onzijdig	neuter
onbep vnw	onbepaald voornaamwoord	indefinite pronoun
onderwijs	onderwijs	education
onoverg	onovergankelijk werkwoord	intransitive verb
onpers ww	onpersoonlijk werkwoord	impersonel verb
overg	overgankelijk werkwoord	transitive verb
pers vnw	persoonlijk voornaamwoord	personal pronoun
plantk	plantkunde	botany
plat	plat, vulgair	vulgarly
plechtig	plechtig, dichterlijk	solemnly, poetically
pol	politieke term	political term
post	posterijen	postal service
Prot	protestant	Protestant
psych	psychologie	psychology
radio	radio	radio
recht	rechtskundige term	legal term
rekenkunde	rekenkunde	arithmetic
RK	rooms-katholiek	Roman Catholic
RTV	radio, televisie	radio, television
rugby	rugby	rugby
sbd.	somebody	
sbd.'s	somebody's	
schaken	schaken	chess
scheepv	scheepvaart, marine	nautical term, shipping
scheldwoord	scheldwoord	term of abuse
schertsend	schertsend	joking(ly)
Schots	Schots	Scottish
slang	slang, argot	slang
sp	sport en spel	sports & games
sth.	something	
taalk	taalkunde	linguistics
techn	technische term	technical term
telec	telecommunicatie	telecommunications
telw	telwoord	numeral
tennis	tennis	tennis
thans	thans	nowadays
theat	theater en toneel	theatre
tsw	tussenwerpsel	interjection
T.T.	tegenwoordige tijd	present tense
TV	televisie	television
typ	typografie	typography

v	vrouwelijk	feminine
v.	van	of
v.d.	van de	of the
V.D.	voltooid deelwoord	past participle
v.e.	van een	of a(n)
verk.	verkorting	abbreviation
vero	verouderd	obsolete
versterkend	versterkend	amplifier
visserij	visserij	fishing-industry
vnw	voornaamwoord	pronoun
voegw	voegwoord	conjunction
voetbal	voetbal	football
vogelk	vogelkunde	ornithology
vooral	vooral	especially
voorv	voorvoegsel	prefix
voorz	voorzetsel	preposition
vroeger	vroeger	formerly
V.T.	verleden tijd	past tense
wederk	wederkerend	reflexive
wisk	wiskunde	mathematics
ww	werkwoord	verb
ijshockey	ijshockey	ice hockey
ZA	Zuid-Afrikaans	South African
ZN	Zuid-Nederlands	Flemish (Dutch as spoken in the northern part of Belgium)
znw	zelfstandig naamwoord	noun
zwemmen	zwemmen	swimming

OVERZICHT VAN FONETISCHE TEKENS
LIST OF PHONETIC SYMBOLS

KLINKERS EN TWEEKLANKEN

a:	als **a**	in **fast**
æ	als **a**	in **fat**
ʌ	als **u**	in **but**
ə:	als **ur**	in **burst**
e	als **e**	in **let**
ɛə	als **a**	in **care**
i	als **i**	in **will**
i:	als **ee**	in **free**
iə	als **ere**	in **here**
ou	als **o**	in **stone**
ɔ	als **o**	in **not**
ɔ:	als **aw**	in **law**
u	als **oo**	in **foot**
u:	als **oo**	in **food**
uə	als **oor**	in **poor**
ə	als **a**	in **ago**
ai	als **i**	in **wine**
au	als **ow**	in **how**
ei	als **a**	in **fate**
ɔi	als **oy**	in **boy**
ã	als **a**	in het Franse **blanc**
ɔ̃	als **o**	in het Franse **bon**
ɛ̃	als **i**	in het Franse **vin**

MEDEKLINKERS

g	als **g**	in **get**
j	als **y**	in **yes**
ŋ	als **ng**	in **sing**
ʒ	als **j**	in het Nederlandse **journaal**
dʒ	als **j**	in **joke**
ʃ	als **sh**	in **she**
ð	als **th**	in **this**
θ	als **th**	in **thin**
w	als **w**	in **well**
x	als **ch**	in het Nederlandse **lach**

KLEMTOON

Het teken ' voor een lettergreep duidt aan dat deze de klemtoon krijgt, zoals in **father** [ˈfaːðə].

A

1 a [ei] *znw* (de letter) a; muz a of la
2 a [ə; met nadruk: ei] *lidw* een; ~ Mr Jones
een zekere meneer Jones; ~ *year*
tweemaal per jaar
A *afk.* onderw *advanced (level)*, zie: *level*
A1 eersteklas, prima, uitstekend
aback [əˈbæk] *bijw: to be taken* ~ verbluft
zijn
abacus [ˈæbəkəs] *znw* telraam o
abandon [əˈbændən] *overg* (aan zijn lot)
overlaten, verlaten, opgeven, loslaten, ophouden met; ~ *oneself to* zich overgeven
aan [de drank &]; ~ *drinking* stoppen met
drinken; ~*ed* ook: verdorven
abandonment [əˈbændənmənt] *znw* prijsgeven o, afstand doen o; afstand, overgave; verlatenheid; losheid, ongedwongenheid
abase [əˈbeis] *overg* vernederen; ~ *oneself*
zich verlagen
abasement *znw* (zelf)vernedering
abash [əˈbæʃ] *overg* beschamen, verlegen
maken; *be* ~*ed* verlegen zijn, zich schamen
abate [əˈbeit] *onoverg & overg* (ver)minde-
ren, afnemen, bedaren, gaan liggen, verflauwen
abatement *znw* vermindering; *noise* ~ la-
waaibestrijding
abbatial [əˈbeiʃəl] *bn* abdij-, abts-
abbess [ˈæbis] *znw* abdis
abbey [ˈæbi] *znw* abdij; abdijkerk
abbot [ˈæbət] *znw* abt
abbreviate [əˈbriːvieit] *overg* af-, be-, verkorten
abbreviation [əbriːviˈeiʃən] *znw* af-, be-,
verkorting
abdicate [ˈæbdikeit] *onoverg (& overg)* afstand doen (van), aftreden; afschuiven
[verantwoordelijkheid]
abdication [æbdiˈkeiʃən] *znw* (troons-)
afstand
abdomen [ˈæbdəmen, æbˈdoumen] *znw* abdomen o: (onder)buik; achterlijf o [v.
insecten]
abdominal [æbˈdɔminəl] *znw* onderbuik-,
buik-
abduct [æbˈdʌkt] *overg* ontvoeren
abduction *znw* ontvoering
abductor *znw* ontvoerder; anat afvoerder,
abductor
aberrant *bn* afdwalend, afwijkend
aberration [æbəˈreiʃən] *znw* afwijking, zedelijke misstap, (af)dwaling2
abet [əˈbet] *overg* de hand reiken, steunen,
bijstaan (in het kwade); zie ook: *aid I*
abetment *znw* medeplichtigheid
abetter, abettor *znw* handlanger, medeplichtige
abeyance [əˈbeiəns] *znw: in* ~ hangende,
tijdelijk onbeheerd of opgeschort, vacant;
fig sluimerend; onuitgemaakt
abhor [əbˈhɔː] *overg* verfoeien, verafschu-

wen
abhorrence *znw* afschuw, gruwel
abhorrent *bn* afschuw inboezemend,
weerzinwekkend, met afgrijzen vervullend
abide* I *onoverg* (ver)toeven; blijven; volharden; ~ *by* zich houden aan [een
contract &]; ~ *with me* verlaat mij niet; II
overg dulden, uitstaan, (ver)dragen
abiding *bn* blijvend, duurzaam
ability [əˈbiliti] *znw* bekwaamheid, bevoegdheid, vermogen o
abject [ˈæbdʒekt] *bn* laag, verachtelijk; ellendig
abjection [æbˈdʒekʃən] *znw* laagheid, ver-
achtelijkheid; (diepe) vernedering
abjuration [æbdʒuˈreiʃən] *znw* afzwering
abjure [əbˈdʒuə] *overg* afzweren, herroepen
ablative [ˈæblətiv] *znw* ablatief, zesde
naamval
ablaze [əˈbleiz] *bn* brandend, in vlam; in
lichte(r)laaie; gloeiend2 (van *with*)
able [ˈeibl] *bn* bekwaam, kundig, knap, bevoegd; *be* ~ kunnen, vermogen, in staat
zijn (te *to*)
able-bodied *bn* sterk en gezond, lichamelijk geschikt
abloom [əˈbluːm] *bn* in bloei
ablution [əˈbluːʃən] *znw* ablutie, (af-)
wassing, reiniging
ably [ˈeibli] *bijw* bekwaam, kundig, knap
abnegate [ˈæbnigeit] *overg* afzweren; zich
ontzeggen
abnegation [æbniˈgeiʃən] *znw* (zelf-)
verloochening
abnormal [æbˈnɔːməl] *bn* abnormaal; onregelmatig
abnormality [æbnɔːˈmæliti] *znw* abnorma-
liteit; onregelmatigheid
aboard [əˈbɔːd] I *bijw* aan boord; II *voorz*
aan boord van; in [een trein, bus &]; *all* ~!
ook: instappen!
1 abode [əˈboud] *znw* woning, woonplaats,
verblijfplaats; verblijf o
2 abode [əˈboud] V.T. & V.D. van *abide*
abolish [əˈbɔliʃ] *overg* afschaffen, opheffen,
buiten werking stellen, vernietigen
abolition [æbəˈliʃən] *znw* afschaffing, opheffing, vernietiging
abolitionist *znw* voorstander van afschaffing van de slavernij
abominable [əˈbɔminəbl] *bn* afschuwelijk,
verfoeilijk, walgelijk
abominate *overg* verafschuwen, verfoeien
abomination [əbɔmiˈneiʃən] *znw* afschuw;
gruwel
aboriginal [æbəˈridʒinəl] I *bn* oorspronkelijk, inheems, oer-; II *znw* oorspronkelijke
bewoner
aborigine *znw* oorspronkelijke bewoner
abort [əˈbɔːt] I *onoverg* voortijdig bevallen,
een miskraam hebben; niet tot ontwikkeling komen; wegkwijnen; mislukken [plan
&]; II *overg* aborteren; doen mislukken
abortion [əˈbɔːʃən] *znw* miskraam; abortus;
mislukking; misbaksel o
abortive *bn* mislukt, vruchteloos

abound [ə'baund] *onoverg* overvloedig zijn, in overvloed aanwezig zijn; ~ *with* overvloeien van; vol zijn van

about [ə'baut] **I** *voorz* om...(heen), rondom; omstreeks, omtrent; ongeveer, zowat; betreffende, over; aan, bij; in; *be ~ to...* op het punt staan om...; *what are you ~?* wat voer je in je schild?; *that's ~ it* dat is het wel zo'n beetje, dat moet het zo ongeveer zijn; *no one ~* niemand in de buurt; **II** *bijw* om, in omloop; *come ~* gebeuren; *all ~* overal

about-face *znw* ommekeer, ommezwaai

above [ə'bʌv] **I** *voorz* boven; boven ... uit; boven ... verheven; meer dan; ten noorden van; ~ *all* boven alles, in de eerste plaats; **II** *bijw* boven; hierboven; boven mij (ons); **III** *bn* bovengenoemd; bovenstaand of -vermeld; **IV** *znw*: *the* ~ het bovenstaande; (de) bovengenoemde

above-board *bn bijw* eerlijk, open(hartig)

above-mentioned *bn* bovenvermeld, bovengenoemd

abrade *overg* (af)schaven, afschuren

abrasion *znw* (af)schaving, geschuurde plek; schaafwond

abrasive I *bn* schurend, schuur-; *fig* bits, scherp; **II** *znw* schuurmiddel *o*, slijpmiddel *o*

abreast [ə'brest] *bijw* naast elkaar; zij aan zij; ~ *of (with)* op de hoogte van, gelijke tred houdend met

abridge [ə'bridʒ] *overg* be-, verkorten, beperken, verminderen

abridg(e)ment *znw* be-, verkorting; beperking; korte inhoud, uittreksel *o*

abroad [ə'brɔ:d] *bijw* van huis, in (naar) het buitenland, buitenslands; in het rond

abrogate ['æbrəgeit] *overg* afschaffen, opheffen

abrogation [æbrə'geiʃən] *znw* afschaffing, opheffing

abrupt [ə'brʌpt] *bn* abrupt, bruusk, kortaf; onverwacht, plotseling; steil

abscess ['æbsis] *znw* abces *o*

abscond [əb'skɔnd] *onoverg* zich uit de voeten maken, er (stil) vandoor gaan, weglopen

absence ['æbsəns] *znw* afwezigheid; gebrek *o*; ~ *of mind* verstrooidheid; *in the* ~ *of* bij afwezigheid van, bij gebrek aan

absent ['æbsənt] **I** *bn* afwezig[2], absent[2]; **II** *wederk* [əb'sent]: ~ *oneself (from)* wegblijven; zich verwijderen

absentee [æbsən'ti:] *znw* afwezige

absent-minded ['æbsənt'maindid] *bn* verstrooid, er niet bij

absolute ['æbsəl(j)u:t] *bn* absoluut, volstrekt; onbeperkt; volkomen; volslagen

absolutely *bijw v. absolute I*; *gemeenz* gegarandeerd; *versterkend* werkelijk, zonder meer; zowaar, waarempel

absolution [æbsə'l(j)u:ʃən] *znw* vrijspraak; absolutie, vergiffenis

absolve [əb'zɔlv] *overg* vrijspreken; *RK* de absolutie geven; ontslaan [van belofte &]

absorb [əb'sɔ:b] *overg* opzuigen, opslorpen, (in zich) opnemen, absorberen; *fig* ge-

heel in beslag nemen [aandacht]

absorbent *bn* absorberend; **II** *znw* absorberend materiaal *o*

absorbing *bn fig* boeiend

absorption [əb'sɔ:pʃən] *znw* absorptie, opslorping; *fig* opgaan *o* [in werk &]

abstain [əb'stein] *onoverg* zich onthouden (van *from*)

abstemious [əb'sti:miəs] *bn* matig, sober

abstention [əb'stenʃən] *znw* onthouding

abstinence ['æbstinəns] *znw* onthouding; *total* ~ geheelonthouding

abstract ['æbstrækt] **I** *bn* abstract, theoretisch; **II** *znw* samenvatting; uittreksel *o*, excerpt *o*, resumé *o*; **III** *overg* [əb'strækt] abstraheren; afleiden; een uittreksel maken van, excerperen; onttrekken; zich toe-eigenen, wegnemen

abstracted *bn* afwezig, verstrooid

abstraction *znw* abstractie; verstrooidheid; onttrekking; ontvreemding

abstruse [əb'stru:s] *bn* diepzinnig, duister, cryptisch

absurd [əb'sə:d] *bn* ongerijmd, onzinnig, absurd, belachelijk

absurdity *znw* ongerijmdheid, onzinnigheid, absurditeit

abundance [ə'bʌndəns] *znw* overvloed, rijkdom

abundant *bn* overvloedig; rijk (aan *in*)

abuse I *overg* [ə'bju:z] misbruiken, mishandelen; uitschelden, beledigen; **II** *znw* [ə'bju:s] misbruik *o*, mishandeling; misstand; gescheld *o*, belediging

abusive *bn* verkeerd; grof; ~ *language* beledigende taal, scheldwoorden

abut [ə'bʌt] *onoverg* grenzen (aan *on, on to*)

abutment *znw* bouwk beer, schoor; bruggenhoofd *o*

abysmal [ə'bizməl] *bn* onmetelijk, onpeilbaar; hopeloos, verschrikkelijk

abyss [ə'bis] *znw* afgrond (van de hel)

academic [ækə'demik] **I** *bn* academisch (ook = zuiver theoretisch, schools); ~ *freedom* academische vrijheid; **II** *znw* academicus

academy [ə'kædəmi] *znw* academie, hogeschool

accede [æk'si:d] *onoverg* toetreden (tot *to*); ~ *to* [ambt] aanvaarden, [troon] bestijgen; instemmen met, toestemmen in

accelerate [æk'seləreit] bespoedigen, versnellen

acceleration [æksələ'reiʃən] *znw* bespoediging, versnelling; *auto* acceleratie

accelerator *znw* gaspedaal *o* & *m*

accent ['æksənt] **I** *znw* accent *o*, nadruk[2], klemtoon; tongval; **II** *overg* [æk'sent] de nadruk leggen op[2]

accentuate *overg* accentueren, de klemtoon of nadruk leggen op

accept [æk'sept] *overg* accepteren, aannemen, aanvaarden

acceptable *bn* aannemelijk, aanvaardbaar, acceptabel; aangenaam, welkom

acceptance *znw* aanvaarding; ontvangst; opname [in gemeenschap &]

acceptation [æksep'teiʃən] *znw* standaardbetekenis van een woord

access ['ækses] **I** znw toegang; aanval [v. ziekte]; opwelling, vlaag; easy of ~ gemakkelijk te bereiken, genaakbaar, toegankelijk; ~ road toegangsweg; Am oprit naar snelweg; **II** overg comput opvragen

accessible bn toegankelijk², bereikbaar; ontvankelijk [voor indrukken]

accession znw toetreding; aanwinst, vermeerdering; (ambts)aanvaarding, (troons-) bestijging

accessory **I** bn bijkomstig, bijbehorend, bij-; betrokken (in to); medeplichtig; **II** znw bijzaak; medeplichtige; accessories toebehoren o, accessoires; onderdelen

accident ['æksidənt] znw toeval o, ongeval o, ongeluk o; in an ~ bij een ongeluk; by ~ bij toeval, per ongeluk

accidental [æksi'dentəl] **I** bn toevallig; **II** znw muz verplaatsingsteken o, toevallige verhoging of verlaging

accident-prone bn [v. persoon] een grotere kans lopend om ongelukken te maken

acclaim [ə'kleim] **I** overg toejuichen, begroeten (als); uitroepen (tot); **II** znw toejuiching, gejuich o, bijval

acclamation [æklə'meiʃən] znw acclamatie; toejuiching, bijvalsbetuiging

acclimatize [ə'klaimətaiz] onoverg & overg acclimatiseren

acclivity [ə'kliviti] znw (opgaande) helling

accolade [ækə'leid, ækə'la:d] znw accolade, (omhelzing bij de) ridderslag; eerbetoon o; muz accolade

accommodate [ə'kɔmədeit] **I** overg aanpassen, accomoderen; bijleggen [ruzie]; onder dak brengen, herbergen; ~ with voorzien van; **II** wederk: ~ oneself to... zich aanpassen aan...

accommodating bn (in)schikkelijk, meegaand, coulant, behulpzaam

accommodation [əkɔmə'deiʃən] znw aanpassing; vergelijk o, schikking; inschikkelijkheid; logies o, huisvesting; accommodatie; ~ address tijdelijk postadres o; ~ ladder scheepv valreep

accompaniment [ə'kʌmpənimənt] znw begeleiding

accompanist znw muz begeleider

accompany overg begeleiden; vergezellen; vergezeld doen gaan (van with)

accomplice [ə'kɔmplis] znw medeplichtige (van of, aan in)

accomplish [ə'kɔmpliʃ] overg volbrengen, tot stand brengen; bereiken; volvoeren, vervullen

accomplished bn beschaafd; talentvol; volleerd, deskundig; voldongen (feit)

accomplishment znw vervulling; voltooiing; prestatie; his (her) ~s zijn (haar) talenten

accord [ə'kɔ:d] **I** onoverg overeenstemmen, harmoniëren (met with); **II** overg toestaan, verlenen; **III** znw overeenstemming, akkoord o, overeenkomst; of one's own ~ uit eigen beweging, vanzelf

accordance znw overeenstemming

according voorz in: ~ as naar gelang (van);

~ to al naar; overeenkomstig, volgens

accordingly bijw dienovereenkomstig, dus

accordion [ə'kɔ:diən] znw accordeon o & m

accost [ə'kɔst] overg aanspreken, aanklampen

account [ə'kaunt] **I** overg beschouwen als, rekenen tot; **II** onoverg: ~ for rekenschap geven van, verklaren; verantwoorden, voor zijn rekening nemen; neerleggen [wild]; uitmaken, vormen [een groot percentage van...]; **III** znw (af)rekening, factuur; rekenschap, verklaring, reden; relaas o, bericht o, verslag o, beschrijving; (vaste) klant [v. reclamebureau &]; call to ~ ter verantwoording roepen; give an ~ of verslag uitbrengen over; een verklaring geven van; leave out of ~ geen rekening houden met, buiten beschouwing laten; render (an) ~ rekenschap geven; take ~ of rekening houden met; take into ~ rekening houden met; turn to (good) ~ te baat nemen, (goed) gebruik maken van; munt slaan uit; of no ~ van geen belang of betekenis; on ~ op afbetaling; on ~ of vanwege, wegens, door, om; on his own ~ op eigen verantwoording; op eigen houtje; voor zich(zelf); on no ~, not on any ~ in geen geval

accountable bn verantwoordelijk; toerekenbaar; verklaarbaar

accountancy znw beroep v. accountant

accountant znw (hoofd)boekhouder, administrateur; (chartered) ~ accountant (gediplomeerd)

accoutrement(s) [ə'ku:təmənt(s)] znw uitrusting

accredit [ə'kredit] overg geloof schenken aan; accrediteren (bij to); ~ ... to him, ~ him with... hem ... toeschrijven

accretion [ə'kri:ʃən] znw aanwas, aanslibbing

accrue [ə'kru:] onoverg aangroeien, toenemen, oplopen; voortspruiten (uit from); ~ to toekomen, toevloeien, toevallen

accumulate [ə'kju:mjuleit] (onoverg &) overg (zich) op(een)hopen, (zich) op(een-) stapelen

accumulation [əkju:mju'leiʃən] znw op(een-) hoping, hoop

accumulative [ə'kju:mjulətiv] bn (zich) ophopend; (steeds) aangroeiend

accuracy ['ækjurəsi] znw nauwkeurigheid, nauwgezetheid, stiptheid, accuratesse

accurate ['ækjurit] bn nauwkeurig, nauwgezet, stipt, accuraat

accursed [ə'kə:sid], **accurst** [ə'kə:st] bn vervloekt, verdoemd; gehaat

accusal [ə'kju:zəl], **accusation** [ækju'zeiʃən] znw beschuldiging

accusative [ə'kju:zətiv] znw accusatief, vierde naamval

accusatory bn beschuldigend

accuse overg beschuldigen, aanklagen; (the) ~d recht de verdachte(n)

accustom [ə'kʌstəm] overg wennen (aan to)

accustomed bn gewoon, gewend

AC/DC bn alternating current/direct current schertsend biseksueel, bi

ace *znw* [eis] kaartsp aas *m & o*; tennis ace; één [op dobbelsteen &]; uitblinker; *he was within an ~ of ...ing* het scheelde niet veel of hij ...; *~ up one's sleeve*, Am *~ in the hole* achter de hand, in reserve

acerbity *znw* wrangheid²; fig scherpheid, bitterheid

acetic [ə'si:tik, ə'setik] *bn: ~ acid* azijnzuur o

ache [eik] **I** *znw* pijn; **II** *onoverg* zeer doen; pijn lijden; hunkeren (naar, om *for, to*)

achievable [ə'tʃi:vəbl] *bn* uitvoerbaar

achieve *overg* volbrengen, presteren; verwerven; het brengen tot, bereiken, behalen

achievement *znw* stuk o werk, prestatie, succes o; daad, bedrijf o, wapenfeit o

achromatic [ækrə'mætik] *bn* kleurloos

acid ['æsid] **I** *bn* zuur²; fig scherp, bijtend, sarcastisch; **II** *znw* zuur o; slang LSD; *~ drops* zuurtjes; *~-head* slang LSD-gebruiker; *~ test* fig vuurproef

acidity ['æsiditi] *znw* zuurheid; zuurgraad

ack-ack ['æk'æk] *znw* mil, slang (lucht-) afweer

acknowledge [ək'nɔlidʒ] *overg* erkennen, bekennen; berichten (de ontvangst van); bedanken voor; beantwoorden [een groet]

acknowledg(e)ment *znw* bekentenis, erkenning; dank(betuiging), (bewijs o van) erkentelijkheid; bericht o van ontvangst; beantwoording [v. groet]

acme ['ækmi] *znw* toppunt² o; summum o

acne ['ækni] *znw* med acne, jeugdpuistjes

acolyte ['ækəlait] *znw* RK misdienaar, acoliet; fig volgeling, aanhanger

acorn ['eikɔ:n] *znw* eikel

acoustic [ə'ku:stik] *bn* gehoor-, akoestisch

acoustics *znw* akoestiek; geluidsleer

acquaint [ə'kweint] **I** *overg* in kennis stellen, op de hoogte brengen (van *with*); *be ~ed with* kennen, op de hoogte zijn van; **II** *wederk*: *~ oneself with* zich op de hoogte stellen van

acquaintance *znw* bekendheid; kennismaking; bekende, kennis(sen)

acquiesce [ækwi'es] *onoverg* berusten (in *in*); (stilzwijgend) instemmen (met *in*), toestemmen

acquiescence *znw* berusting, instemming, toestemming

acquire [ə'kwaiə] *overg* verwerven, (ver-) krijgen, opdoen; zich eigen maken; (aan-) kopen; *~d* ook: aangeleerd

acquirement *znw* verwerving; verworvenheid; verworven kennis

acquisition [ækwi'ziʃən] *znw* verwerving, verkrijging; aankoop, aanschaf; aanwinst

acquisitive [ə'kwizitiv] *bn* hebzuchtig

acquit [ə'kwit] **I** *overg* vrijspreken, ontslaan; kwijten; **II** *wederk*: *~ oneself* zich kwijten

acquittal *znw* vrijspraak; ontheffing; vervulling; vereffening

acquitance *znw* handel afbetaling; kwitantie

acre ['eikə] *znw* acre: landmaat van 4840 vierkante yards [± 0,4047 ha]; *God's ~* kerkhof o

acreage ['eikəridʒ] *znw* oppervlakte, aantal acres

acrid ['ækrid] *bn* scherp, wrang, bijtend, bits

acrimonious [ækri'mounjəs] *bn* scherp, bits

acrimony ['ækriməni] *znw* scherpte, scherpheid, bitsheid

acrobat ['ækrəbæt] *znw* acrobaat

acrobatics ['ækrəbætiks] *znw* acrobatiek, acrobatische toeren

acronym ['ækrənim] *znw* acroniem o, letterwoord o

across [əkrɔs] **I** *bijw* (over)dwars, kruiselings; aan de overkant, naar de overkant, erover; horizontaal [kruiswoordraadsel]; *come (run) ~* onverwachts tegenkomen; **II** *voorz* (dwars) over; aan de overkant van; (dwars)door

act [ækt] **I** *onoverg* handelen, (iets) doen, te werk gaan, optreden, (in)werken; acteren, toneelspelen; *~ as* optreden (fungeren) als; *~ up* lastig zijn, kuren hebben; *~ (up-) on a suggestion* een raad opvolgen; *~ up to a principle* overeenkomstig een beginsel handelen; **II** *overg* opvoeren, spelen (voor); **III** *znw* daad, handeling, bedrijf, o; nummer o, act [van artiest]; wet; akte; *~ of God* natuurramp; recht overmacht; *~ of grace* recht gunst; amnestie; *be in the ~ of...* op het punt zijn om...; (juist) aan het ... zijn; *caught in the ~* op heterdaad betrapt

acting I *bn* fungerend, waarnemend; tijdelijk (aangesteld), beherend [vennoot]; **II** *znw* acteren o, actie, spel o, toneelspel(en)² o

action ['ækʃən] *znw* actie, handeling, daad, bedrijf o, (in)werking; recht proces o; mil gevecht o; techn mechaniek o; zie ook: bring

actionable *bn* recht vervolgbaar

action replay *znw* herhaling [bij sportverslag op de televisie]

activate ['æktiveit] *overg* activeren; ontketenen; radioactief maken

active *bn* werkend, werkzaam, bedrijvig, actief°; gramm bedrijvend

activity [æk'tiviti] *znw* werkzaamheid, bedrijvigheid, bezigheid, activiteit

actor ['æktə], **actress** *znw* toneelspeler, acteur; toneelspeelster, actrice

actual ['æktjuəl] *bn* werkelijk; feitelijk; huidig

actuality [æktju'æliti] *znw* werkelijkheid; bestaande toestand; actualiteit

actually *bijw* werkelijk, wezenlijk; feitelijk, eigenlijk, in werkelijkheid; momenteel; waarachtig, zowaar

actuary ['æktjuəri] *znw* actuaris

actuate ['æktjueit] *overg* in beweging brengen, (aan)drijven; *~d by fear* ingegeven door vrees

acuity [ə'kju:iti] *znw* scherpte, scherp- (zinnig)heid, opmerkzaamheid; *visual ~* gezichtsscherpte

acumen [ə'kju:men] *znw* scherpzinnigheid

acupuncture ['ækjupʌntʃə] *znw* acupunctuur

acute [ə'kju:t] *bn* scherp; scherpzinnig; in-

tens, hevig; acuut; nijpend [tekort &]
AD *afk. Anno Domini* na Christus, n.Chr.
ad [æd] *znw* gemeenz advertentie
adage ['ædidʒ] *znw* spreekwoord *o*, gezegde *o*
Adam ['ædəm] *znw* Adam²; ~'s apple adamsappel; *I don't know him from* ~ ik heb geen idee wie hij is
adamant ['ædəmənt] *bn* onvermurwbaar, onbuigzaam, keihard
adapt [ə'dæpt] I *overg* pasklaar maken, aanpassen; bewerken (naar *from*) (roman &); II *onoverg* zich aanpassen
adaptability [ədæptə'biliti] *znw* aanpassingsvermogen *o*; geschiktheid (tot bewerking)
adaptable [ə'dæptəbl] *bn* pasklaar te maken (voor *to*), te bewerken
adaptation [ædæp'teiʃən] *znw* aanpassing; bewerking [v. roman &]
adapter, adaptor [ə'dæptə] *znw* bewerker [v. roman &]; techn tussenstuk *o*; adapter, verloopstekker
add [æd] I *overg* bij-, toevoegen, bijdoen, optellen (ook: ~ *up*); bijtellen, meerekenen; II *onoverg* optellen; ~ *to* bijdragen tot, vermeerderen; vergroten, verhogen; ~ *up* kloppen, deugen; *things didn't* ~ *up* er klopte iets niet
adder ['ædə] *znw* adder
addict [ə'dikt] I *overg* verslaven; ~ed *to heroin* verslaafd aan de heroïne; II *znw* ['ædikt] verslaafde; fig fanaat
addiction [ə'dikʃən] *znw* verslaafdheid, verslaving
addictive *bn* verslavend²
addition [ə'diʃən] *znw* bij-, toevoeging; vermeerdering; optelling; bijvoegsel *o*; *in* ~ bovendien, alsook; *in* ~ *to* behalve, bij
additional *bn* bijgevoegd, bijkomend; extra-, neven-, nog meer ...
additionally *bijw* als toevoeging of toegift, erbij, bovendien
additive ['æditiv] *znw* toevoeging, additief *o*
addle ['ædl] *onoverg* bederven [v. eieren]; verwarren
address [ə'dres] I *overg* aanspreken, toespreken; adresseren; richten (tot *to*); aanpakken [probleem]; II *znw* adres *o*, oorkonde; toespraak; optreden *o*; handigheid, tact
addressee [ædre'si:] *znw* geadresseerde
adduce [ə'dju:s] *overg* aanvoeren, aanhalen
adept ['ædept] I *bn* ervaren; II *znw* meester (in *in, at*)
adequacy ['ædikwəsi] *znw* toereikendheid, geschiktheid [voor doel]
adequate ['ædikwit] *bn* gepast, geschikt, bevredigend, adequaat; toereikend, voldoende (voor *to*)
adhere [əd'hiə] *onoverg* (aan)kleven, aanhangen; blijven bij, zich houden (aan *to*)
adherence *znw* (aan)kleven *o*; aanhankelijkheid, trouw
adherent I *bn* (aan)klevend; verbonden (met *to*); II *znw* aanhanger
adhesion [əd'hi:ʒən] *znw* (aan)kleving; ad-

hesie²
adhesive I *bn* (aan)klevend, kleverig; ~ *plaster* hechtpleister; ~ *tape* kleef-, plakband *o*; II *znw* plakmiddel *o*
adipose ['ædipous] I *znw* (dierlijk) vet *o*; II *bn* vet, vettig; ~ *tissue* vetweefsel
adit ['ædit] *znw* horizontale mijnschacht; toegang²
adjacent [ə'dʒeisənt] *bn* aangrenzend, aanliggend, belendend; nabijgelegen
adjectival [ædʒek'k'taivəl] *bn* bijvoeglijk
adjective ['ædʒiktiv] *znw* bijvoeglijk naamwoord *o*
adjoin [ə'dʒɔin] I *onoverg* grenzen aan; II *overg* toe-, bijvoegen
adjoining [ə'dʒɔiniŋ] *bn* naastgelegen, aangrenzend
adjourn [ə'dʒə:n] I *overg* uitstellen; verdagen; II *onoverg* op reces gaan, uiteengaan; ~ *to* zich begeven naar
adjournment *znw* uitstel *o*; verdaging, reces *o*
adjudge [ə'dʒʌdʒ] *overg* aanwijzen als, uitroepen tot; toekennen, toewijzen; ~ *guilty* schuldig bevinden
adjudicate [ə'dʒu:dikeit] I *onoverg* uitspraak doen (over *upon*); II *overg* beslissen, berechten
adjudication [ədʒu:di'keiʃən] *znw* berechting; toewijzing; (ook: ~ *order*) faillietverklaring
adjunct ['ædʒʌŋkt] *znw* bijvoegsel *o*, aanhangsel *o*; bijkomstige omstandigheid; toegevoegde; assistent; gramm bepaling
adjure [ə'dʒuə] *overg* bezweren
adjust [ə'dʒʌst] *overg* regelen, in orde brengen, schikken; op maat brengen; (ver-, in-) stellen; aanpassen
adjustable *bn* verstelbaar, regelbaar
adjustment *znw* schikking, regeling; aanpassing; techn instelling
adjutant ['ædʒutənt] *znw* mil adjudant
ad-lib I *onoverg & overg* improviseren; II *znw* improvisatie; III *bn bijw* geïmproviseerd
adman ['ædmæn] *znw* reclamemaker; gemeenz reclamejongen
administer [əd'ministə] *overg* besturen, beheren; toepassen [wetten]; toedienen [voedsel &]; afnemen (eed); ~ *justice* rechtspreken
administration [ədminis'treiʃən] *znw* bestuur *o*, beheer *o*, bewind *o*, regering, ministerie *o*; dienst [= openbare instelling]; toepassing [v. wet]; toediening
administrative [əd'ministrətiv] *bn* besturend, bestuurs-
administrator *znw* bestuurder, beheerder, bewindvoerder
admirable ['ædmərəbl] *bn* bewonderenswaardig; prachtig, uitstekend, voortreffelijk
admiral ['ædmərəl] *znw* scheepv admiraal; scheepv vlaggenschip *o*
admiration [ædmə'reiʃən] *znw* bewondering
admire [æd'maiə] *overg* bewonderen
admirer *znw* bewonderaar, aanbidder

admissible [əd'misibl] *bn* toelaatbaar, geoorloofd

admission *znw* toelating, aan-, opneming; toegang, entree; toegangsprijs, entreegeld o (ook: ~ *fee*); erkenning; bekentenis

admit [əd'mit] toelaten, toegang verlenen; geldig zijn voor; aan-, opnemen; erkennen

admittance *znw* toegang, toelating; *no* ~ verboden toegang

admittedly *bijw* inderdaad; weliswaar

admixture *znw* vermenging, bijmenging; mengsel o, bijmengsel o

admonish [əd'mɔniʃ] *overg* vermanen, waarschuwen; terechtwijzen; berispen

admonition [ædmə'niʃən] *znw* vermaning, waarschuwing

admonitory [əd'mɔnitəri] *bn* vermanend

ado [ə'du:] *znw* drukte, beweging, ophef, omslag, moeite; *much ~ about nothing* veel drukte om niets, veel geschreeuw en weinig wol

adolescence [ædə'lesəns] *znw* adolescentie: rijpere jeugd, puberteit

adolescent I *bn* opgroeiend; puber-, puberteits-; **II** *znw* adolescent, puber

adopt [ə'dɔpt] *overg* aannemen°, adopteren; overnemen

adoption *znw* aanneming, adoptie; overneming

adorable [ə'dɔ:rəbl] *bn* aanbiddelijk

adoration [ædə'reiʃən] *znw* aanbidding[2]

adore [ə'dɔ:] *overg* aanbidden[2]; <u>gemeenz</u> dol zijn op

adorn [ə'dɔ:n] *overg* (ver)sieren, verfraaien

adornment *znw* versiering, sieraad o

adrenal [ə'dri:nəl]: ~ *gland* bijnier

adrenalin(e) [ə'drenəlin] *znw* adrenaline

adrift [ə'drift] *bn bijw* <u>scheepv</u> drijvend, losgeslagen, op drift

adroit [ə'drɔit] *bn* handig, bijdehand, pienter

adspeak ['ædspi:k] *znw* reclamejargon o, reclametaal

adulation [ædju'leiʃən] *znw* pluimstrijkerij

adult ['ædʌlt, ə'dʌlt] **I** *bn* volwassen; van, voor volwassenen; ~ *film* pornofilm; **II** *znw* volwassene

adulterate *overg* vervalsen; versnijden [v. dranken]

adulteration [ədʌltə'reiʃən] *znw* vervalsing

adulterer, adulteress [ə'dʌltərə, -ris] *znw* overspelige echtgenoot, overspelige echtgenote

adulterous *bn* overspelig, ontrouw

adultery *znw* overspel o, echtbreuk

adulthood ['ædʌlt-, ə'dʌlthud] *znw* volwassenheid

adumbrate ['ædʌmbreit] *overg* afschaduwen; schetsen; aankondigen

advance [əd'va:ns] **I** *overg* vooruitbewegen; vooruitbrengen; vervroegen [datum], verhaasten; bevorderen, promoveren; verhogen [prijzen]; opperen [plan &]; aanvoeren [reden]; voorschieten [geld]; **II** *znw* vordering, vooruit-, voortgang, voortrukken o, opmars, (toe)nadering; *in* ~ bij voorbaat, vooruit; *in* ~ *of* voor(uit); **III** *als bn* voor-; ~ *booking* voorbespreking, voorverkoop

advanced *bn* (ver)gevorderd; <u>mil</u> vooruitgeschoven [post]; voor gevorderden [v. leerboek &]

advancement *znw* (be)vordering, vooruitgang; promotie; voorschot o

advantage [əd'va:ntidʒ] **I** *znw* voordeel o; ... *(is) an* ~ ... strekt tot aanbeveling, ... is een pluspunt; *you have the* ~ *of me, sir* ik ken u niet, meneer; *take* ~ *of* profiteren van; misbruik maken van; bedotten; verleiden [een vrouw]; *turn sth. to one's* ~ zijn voordeel doen met iets; **II** *overg* bevoordelen, bevorderen

advantageous [ædvən'teidʒəs] *bn* voordelig, gunstig

advent ['ædvənt] *znw* **1** advent; **2** komst

adventitious [ædvən'tiʃəs] *bn* toevallig, bijkomstig

adventure [əd'ventʃə] *znw* avontuur o; onderneming; waagstuk o; speculatie; ~*s* lotgevallen

adventurer *znw* avonturier, avonturierster

adventurous *bn* gewaagd, stout, vermetel; avontuurlijk

adverb ['ædvə:b] *znw* bijwoord o

adverbial [əd'və:biəl] *bn* bijwoordelijk

adversary ['ædvəsəri] *znw* tegenstander, vijand

adversative [əd'və:sətiv] *bn* <u>gramm</u> tegenstellend

adverse ['ædvə:s] *bn* vijandig, nadelig, ongunstig

adversity [əd'və:siti] *znw* tegenspoed

advert [əd'və:t] **I** *onoverg*: ~ *to* aandacht schenken aan; verwijzen naar; wijzen op; **II** *znw* ['ædvə:t] <u>gemeenz</u> advertentie

advertise [əd'vətaiz] *overg* aankondigen, bekendmaken, adverteren, reclame maken (voor); <u>fig</u> te koop lopen met

advertisement [əd'və:tismənt] *znw* advertentie; bekendmaking; ~*s* <u>RTV</u> reclame-(spots)

advertising ['ædvətaisiŋ] **I** *bn* advertentie-, reclame-; **II** *znw* adverteren o, reclame

advice [əd'vais] *znw* raad; advies o; bericht o; *take* ~ om raad vragen; inlichtingen inwinnen

advisable [əd'vaizəbl] *bn* raadzaam

advise I *overg* (aan)raden, raad geven, adviseren; berichten; **II** *onoverg*: ~ *against* ontraden

advised *bn* weloverwogen; *he will be well* ~ *to...* hij zal er goed aan doen om ...; *ill* ~ onraadzaam; ~*ly* bewust, met opzet

adviser, advisor *znw* raadsman, adviseur

advisory *bn* raadgevend, adviserend, advies-

advocacy ['ædvəkəsi] *znw* voorspraak, verdediging

advocate I *znw* verdediger, voorspreker; voorstander; <u>Schots</u> advocaat; **II** *overg* ['ædvəkeit] bepleiten, pleiten voor, verdedigen, voorstaan

adze [ædz] *znw* dissel [bijl]

aegis ['i:dʒis] *znw* aegis; <u>fig</u> schild o, schut o, bescherming; *under the* ~ *of* onder auspiciën van

aeon ['i:ən] *znw* onmetelijke tijdsduur, eeuwigheid

aerate ['eiəreit] *overg* luchten; met koolzuur verzadigen

aeration [eiə'reiʃən] *znw* luchten o; verzadiging met koolzuur

aerial ['ɛəiəl] **I** *bn* lucht-; etherisch; **II** *znw* RTV antenne

aerobatics [ɛərə'bætiks] *znw* luchtv stuntvliegen o

aerobics [ɛə'roubiks] *znw* aerobic(s), aerobic dansen o

aerodrome ['ɛərədroum] *znw* vliegveld o

aerodynamics [ɛərədai'næmiks] *znw* aërodynamica

aeronautical [ɛərə'nɔːtikl] *bn* luchtvaart-

aeronautics *znw* luchtvaart; luchtvaartkunde

aeroplane ['ɛərəplein] *znw* vliegtuig o

aerosol *znw* aërosol o; spuitbus

aerospace ['ɛərouspeis] **I** *znw* ruimte, heelal o; **II** *bn* betreffende de ruimtevaart, ruimtevaart-; ~ *research* ruimtevaartonderzoek o

aesthete *znw* ['i:sθi:t] estheet

aesthetic [i:s'θetik] **I** *bn* esthetisch; **II** *znw*: ~*s* esthetiek, esthetica

afar [ə'fɑː] *bijw* ver, in de verte; *from* ~ van verre

affable ['æfəbl] *bn* vriendelijk, minzaam

affair [ə'fɛə] *znw* zaak, aangelegenheid; ding o, zaakje o, geschiedenis; gevaarte o; ook = *love affair*

affect [ə'fekt] **I** *overg* (in)werken op, aandoen; aantasten, beïnvloeden, raken, (be-) treffen; (be)roeren, bewegen; voorwenden; **II** *znw* psych affect o

affectation [æfek'teiʃən] *znw* geaffecteerdheid, gemaaktheid, aanstellerij; voorwending

affected [ə'fektid] *bn* aangedaan, geroerd, geëmotioneerd; geaffecteerd, gemaakt; geveinsd

affecting *bn* aandoenlijk

affection *znw* aandoening, kwaal; (toe-) genegenheid, liefde

affectionate *bn* liefhebbend, toegenegen, aanhankelijk; hartelijk

affective *bn* affectief, emotioneel, gemoeds-

affidavit [æfi'deivit] *znw* beëdigde verklaring

affiliate [ə'filieit] **I** *overg* als lid opnemen; ~ *to, with* aansluiten bij; **II** *onoverg* zich aansluiten (bij *to, with*); **III** *znw* [ə'filiit] *znw* Am filiaal o

affiliation [əfili'eiʃən] *znw* fig band; connectie, verwantschap; filiaal o

affinity [ə'finiti] *znw* affiniteit, verwantschap

affirm [ə'fəːm] *overg* bevestigen, verzekeren

affirmation [æfə'meiʃən] *znw* bevestiging, verzekering; (plechtige) verklaring, belofte (in plaats van eed)

affirmative [ə'fəːmətiv] **I** *bn* bevestigend; **II** *znw*: *answer in the* ~ bevestigend of met

ja (be)antwoorden

affix I *overg* [ə'fiks] (vast)hechten (aan *on, to*), toevoegen; **II** *znw* ['æfiks] toevoeging, aanhangsel o; achtervoegsel o, voorvoegsel o

afflict [ə'flikt] *overg* bedroeven, kwellen; bezoeken, teisteren

affliction [ə'flikʃən] *znw* kwelling; ernstige aandoening; ramp(spoed)

affluence ['æfluəns] *znw* rijkdom, welvaart

affluent I *bn* rijk; ~ *society* welvaartsstaat, welvaartsmaatschappij; **II** *znw* zijrivier

afford [ə'fɔːd] *overg* verschaffen; opleveren; *he can* ~ *to...* hij kan zich (de weelde) veroorloven om...

afforest [ə'fɔrist] *overg* bebossen

affray [ə'frei] *znw* vechtpartij, handgemeen o, oploop

affront [ə'frʌnt] **I** *overg* beledigen; trotseren; **II** *znw* affront o, belediging

Afghan ['æfgæn] **I** *znw* Afghaan; Afghaans o [de taal]; Afghaanse windhond; **II** *bn* Afghaans

Afghanistan [æf'gænistæn] *znw* Afghanistan o

aficionado [əfisiə'nɑːdou] *znw* liefhebber, fan; *he's an* ~ *of jazz* hij is een jazzfreak

afield [ə'fiːld] *bijw*: *far* ~ ver van huis; *ver mis*

afire [ə'faiə] *bn bijw* in brand

aflame [ə'fleim] *bn bijw* in vlammen; fig gloeiend (van *with*)

afloat [ə'flout] *bn bijw* drijvend; in de vaart; op zee; overstroomd; fig (weer) boven water, erbovenop, op dreef; in de lucht hangend

afoot [ə'fut] *bn bijw* vero te voet; aan de gang, aan de hand; op touw (gezet)

aforementioned, aforesaid [ə'fɔː'menʃiənd, -sed] *bn* bovengenoemd, voornoemd

afraid [ə'freid] *bn* bang, bevreesd (voor *of*); *I am* ~ *...* ook: 't spijt me, (maar)..., helaas..., jammer (genoeg)...; *I am* ~ *(to...)* ik durf het niet aan (om...)

afresh [ə'freʃ] *bijw* opnieuw, wederom

African ['æfrikən] **I** *znw* Afrikaan; **II** *bn* Afrikaans

Afro-American ['æfrouə'merikən] **I** *znw* zwarte in de Verenigde Staten; **II** *bn* van, betreffende de zwarten in de Verenigde Staten

Afro-Asian ['æfrou'eiʃən] **I** *bn* Afro-Aziatisch; **II** *znw*: ~*s* Afro-Aziaten

aft [ə:ft] *bijw* scheepv (naar) achter

after ['ɑːftə] **I** *bijw & voorz* achter; achterna; naar; na, daarna, later; ~ *all* alles wel beschouwd, per slot van rekening, toch (nog); *be* ~ in de zin hebben; uit zijn op, streven naar, het gemunt hebben op; **II** *voegw* nadat; **III** *znw*: ~*s* gemeenz toetje o, nagerecht o; **IV** *bn* later; scheepv achter-

afterbirth *znw* nageboorte, placenta

after-care *znw* nazorg; reclassering

after-effect *znw* nawerking

afterglow *znw* avondrood o; naglans; fig nagenieten o

afterlife *znw* leven o hiernamaals

aftermath *znw* nasleep, naweeën
afternoon [ɑ:fta'nu:n, a:fta'nu:n] *znw* (na-) middag
aftertaste *znw* nasmaak
afterthought *znw* later invallende, vaak impulsieve gedachte
afterwards *bijw* naderhand, daarna
again [ə'gen, ə'gein] *bijw* weer, opnieuw, nog eens; ~ *and* ~ telkens en telkens (weer), herhaaldelijk; *as big (much)* ~ *eens zo groot (veel); then* ~, *why...?* bovendien, waarom...?; *come* ~ gemeenz wat (zeg je)?
against [ə'genst, ə'geinst] *voorz* tegen (-over); in strijd met
agape [ə'geip] *bn bijw* met open mond; stom verbaasd
agate ['ægit] I *znw* agaat o [stofnaam], agaat *m* [voorwerpsnaam]; II *bn* agaten
agaze [ə'geiz] *bijw* starend
age [eidʒ] I *znw* ouderdom, leeftijd; eeuw, tijdperk o, tijd; ~ *of consent* recht leeftijd waarop seksueel verkeer niet meer straf- baar is; *be/act your* ~*l* doe niet zo flauw!, stel je niet aan!; *of* ~ meerderjarig; *be of an* ~ *with* even oud zijn als; *come of* ~ meerderjarig worden; fig volwassen wor- den; *A*~ *of Reason* de Verlichting; II *on- overg* verouderen, oud worden; III *overg* oud(er) maken
age-bracket *znw* leeftijdsgroep
aged *bn* I ['eidʒid] oud, bejaard; II [eidʒd]: ~ *six* zes jaar oud
ageless *bn* niet verouderend; eeuwig
age limit *znw* leeftijdsgroep
agency ['eidʒənsi] *znw* agentschap o, agentuur, handel vertegenwoordiging; bureau o, instantie, lichaam o; bemidde- ling, middel o; werking
agenda [ə'dʒendə] *znw* agenda
agent ['eidʒənt] *znw* handelende persoon, agens; fig werktuig o; tussenpersoon, agent; rentmeester; handel vertegenwoor- diger; agens o, middel o; zie ook: *secret*
age-old *bn* eeuwenoud, reeds zeer lang be- staand
agglomerate [ə'glɔməreit] *(onoverg &) overg* (zich) opeenhopen
agglomeration [əglɔmə'reiʃən] *znw* opeen- hoping
agglutinate [ə'glu:tineit] *overg & onoverg* aaneenlijmen, samenkleven; in lijm veran- deren; agglutineren
agglutination [əglu:ti'neiʃən] *znw* samen- kleving; agglutinatie
aggrandize [ə'grændaiz] *overg* vergroten[2]
aggrandizement [ə'grændizmənt] *znw* ver- groting
aggravate ['ægrəveit] *overg* verzwaren; ver- ergeren, ergeren, tergen
aggravating *bn* verzwarend [omstan- digheid]; ergerlijk, vervelend
aggravation [ægrə'veiʃən] *znw* verzwaring; verergering, ergernis
aggregate ['ægrigit] I *bn* gezamenlijk; to- taal; II *znw* verzameling, totaal o, massa; *in (the)* ~ globaal (genomen); III *overg* ['ægrigeit] verenigen; in totaal bedragen

aggregation [ægri'geiʃən] *znw* verzameling
aggression [ə'greʃən] *znw* aanval, agressie
aggressive *bn* aanvallend, agressief
aggressor *znw* aanvaller, agressor
aggrieved [ə'gri:vd] *bn* gegriefd, veronge- lijkt, gekwetst
aggro ['ægrou] *znw* gemeenz aggressie, ge- weld o; aggressiviteit; moeilijkheden
aghast [ə'gɑ:st] *bn* ontzet (van *at*); verbijs- terd
agile ['ædʒail] *bn* rap, vlug; alert
agility [ə'dʒiliti] *znw* beweeglijkheid; alert- heid
agitate ['ædʒiteit] I *overg* bewegen, schud- den; in beroering brengen, opwinden, ontroeren; II *onoverg* ageren, actie voeren (voor *for*, tegen *against*)
agitated *bn* opgewonden, verontrust, ze- nuwachtig
agitation [ædʒi'teiʃən] *znw* beweging, on- rust; beroering, opschudding, opwinding
agitator ['ædʒiteitə] *znw* agitator, onrust- stoker
aglow [ə'glou] *bn bijw* verhit, gloeiend[2] (van *with*)
ago [ə'gou] *bijw* geleden; *as long* ~ *as ...* reeds in ...
agog [ə'gɔg] *bn* benieuwd; nieuwsgierig; *she was all* ~ ze brandde van nieuwsgie- righeid
agonize ['ægənaiz] I *onoverg* met de dood worstelen; doodsangsten uitstaan; II *overg* martelen, folteren, kwellen; *agonizing* ook: afgrijselijk, hartverscheurend
agony *znw* (doods)strijd; worsteling; helse pijn; (ziels)angst, foltering; bezoeking
agony aunt *znw* schrijfster van een rubriek waarin persoonlijke problemen van lezers worden besproken, 'lieve Lita'
agony column *znw* rubriek waarin per- soonlijke problemen van lezers worden besproken
agoraphobia ['ægərə'foubiə] *znw* ruimte-, pleinvrees
agrarian [ə'grɛəriən] *bn* agrarisch, land- bouw-
agree [ə'gri:] I *onoverg* overeenstemmen, overeenkomen; afspreken; het eens wor- den of zijn (over *(up)on, about*); toestem- men (in *to*), akkoord gaan (met *to*); wel willen [gaan &]; overweg kunnen (met *with*); II *overg* overeenkomen; afspreken; goedkeuren; beamen; *beer does not* ~ *with me* bier bekomt mij slecht
agreeable *bn* aangenaam, prettig; *if you are* ~ gemeenz als u het goed vindt
agreement *znw* overeenstemming, over- eenkomst; verdrag o, akkoord o; afspraak; *collective* ~ collectieve arbeidsovereen- komst
agricultural [ægri'kʌltʃərəl] *bn* landbouw-, landbouwkundig, agrarisch; ~ *labourer (worker)* landarbeider
agriculture ['ægrikʌltʃə] *znw* landbouwkun- de; landbouw, akkerbouw
aground [ə'graund] *bn bijw* scheepv aan de grond
ague ['eigju:] *znw* (malaria)koorts; (koorts-)

rilling

ahead [ə'hed] *bijw* voor(uit), vooraan; *get* ~ vooruitkomen, carrière maken; *go* ~ van start gaan; voortgaan; vooruitgang boeken; ~ *of* voor

AI *afk*. 1 *artificial insemination* KI, kunstmatige inseminatie; 2 *artificial intelligence* kunstmatige intelligentie; 3 *Amnesty International*

aid [eid] **I** *overg* helpen, bijstaan; bijdragen tot, bevorderen; **II** *znw* hulp, bijstand; financiële (nood)hulp; helper, -ster; hulpmiddel *o*

aide-de-camp ['eiddə'kã:ŋ] *znw* (*mv*: aides-de-camp) *mil* aide-de-camp, adjudant

Aids, AIDS *znw* [eidz] *acquired immune deficiency syndrom* aids

ail [eil] *onoverg*: *what* ~*s you* plechtig wat scheelt je?

aileron ['eilərən] *znw* luchtv rolroer *o*

ailing ['eiliŋ] *bn* ziekelijk, sukkelend

ailment *znw* ziekte, kwaal

aim [eim] **I** *onoverg* richten, mikken, aanleggen (op *at*); ~ *at* ook: fig doelen op; 't gemunt hebben op; streven naar, beogen [iets], aansturen op; **II** *overg* richten (op of tegen *at*); **III** *znw* oogmerk *o*, doel(wit) *o*

aimless *bn* doelloos

ain't [eint] gemeenz = *am (is, are) not* en *have (has) not*

air [ɛə] **I** *znw* lucht; windje *o*; tocht; radio ether; muz wijs, wijsje *o*, melodie, aria; voorkomen *o*; air *o*, houding; ~*s and graces* kokette maniertjes; *put on* ~*s* verwaand doen; *walk on* ~ in de zevende hemel zijn; *vanish into thin* ~ in rook opgaan; *out of thin* ~ uit het niets; **II** *overg* lucht geven (aan)[2], luchten[2]; geuren met

air base *znw* luchtmachtbasis

airborne *bn* door de lucht vervoerd of aangevoerd; opgestegen, in de lucht; mil luchtlandings-; ~ *landing* luchtlanding

airbrush I *znw* verfspuit, airbrush; **II** *overg* met een verfspuit werken

airbus *znw* luchtbus, airbus

air conditioning *znw* airconditioning, klimaatregeling

aircraft *znw* luchtvaartuig *o*, luchtvaartuigen, vliegtuig *o*, vliegtuigen; ~-*carrier* vliegdekschip *o*

airdrome *znw* Am vliegveld *o*

airfield *znw* vliegveld *o*

air force *znw* luchtmacht, luchtstrijdkrachten

air hostess *znw* (lucht)stewardess

airing *znw*: *give an* ~ luchten; fig lucht geven aan

airless *bn* zonder lucht; bedompt; windstil; drukkend [weer]

airlift I *znw* luchtv luchtbrug; **II** *overg* per luchtbrug vervoeren

airline *znw* lucht(vaart)lijn

air liner *znw* lijnvliegtuig *o*, verkeersvliegtuig *o*

airmail *znw* luchtpost, vliegpost

airman *znw* vlieger

air pocket *znw* luchtzak [valwind]

airport *znw* luchthaven, vlieghaven

air raid *znw* luchtaanval; *air-raid warning* luchtalarm *o*

airship *znw* luchtschip *o*, zeppelin

airsick *bn* luchtziek

airsickness *znw* luchtziekte

airspace *znw* luchtruim *o* [v.e. land]

airstrip *znw* luchtv landingsstrook

airtight *bn* luchtdicht

air time *znw* radio zendtijd

air-traffic control *znw* luchtverkeersleiding

air-traffic controller *znw* luchtverkeersleider

airway *znw* luchtgalerij [in mijn]; luchtv luchtroute, luchtvaartlijn; ~*s* ook: luchtwegen

airworthy *bn* luchtv luchtwaardig

airy *bn* (hoog) in de lucht, luchtig; ijl

aisle [ail] *znw* zijbeuk; gangpad *o* [tussen banken &]

aitch [eitʃ] *znw* (de letter) h

ajar [ə'dʒa:] *bijw* op een kier, half open, aan

akimbo [ə'kimbou] *bijw*: *(with) arms* ~ met de handen in de zij(de)

akin [ə'kin] *bn* verwant[2] (aan *to*)

alacrity [ə'lækriti] *znw* gretigheid; enthousiasme *o*

alarm [ə'la:m] **I** *znw* alarm(sein) *o*; ontsteltenis, schrik, ongerustheid; alarminstallatie; wekker(klok); *raise/sound the* ~ alarm slaan; fig aan de bel trekken; **II** *overg* alarmeren, verontrusten, beangstigen, ontstellen

alarmclock *znw* wekker

alarming *bn* verontrustend

alarmist *znw* paniekzaaier

alas [ə'læs, ə'la:s] *tsw* helaas!, ach!

alb [ælb] *znw* albe

Albania [æl'beinjə] *znw* Albanië *o*

Albanian [æl'beinjən] *bn & znw* Albanees

albatross ['ælbətrɔs] *znw* (*mv* idem of -es) albatros

albeit [ɔ:l'bi:it] *voegw* (al)hoewel, ofschoon

album ['ælbəm] *znw* album *o*

albumen ['ælbjumin] *znw* eiwit *o*, eiwitstof

albuminous [æl'bju:minəs] *bn* eiwithoudend

alchemy *znw* alchimie

alcohol ['ælkəhɔl] *znw* alcohol

alcoholic [ælkə'hɔlik] **I** *bn* alcoholisch; **II** *znw* alcoholist

alcoholism ['ælkəhɔlizm] *znw* alcoholisme *o*

alcove ['ælkouv] *znw* alkoof; prieel *o*

alder ['ɔ:ldə] *znw* plantk els, elzenboom

alderman ['ɔ:ldəmən] *znw* wethouder, schepen

ale [eil] *znw* ale *o*; Engels bier *o*

alert [ə'lə:t] **I** *bn* waakzaam, op zijn hoede; vlug; levendig; **II** *znw* alarm *o*; luchtalarm *o*; *on the* ~ op zijn hoede; **III** *overg* waarschuwen, alarmeren

alga ['ælgə] *znw* (*mv*: algae ['ældʒi:]) zeewier *o*, alge

Algeria [æl'dʒiəriə] *znw* Algerije *o*

Algerian [æl'dʒiəriən] *znw (& bn)* Algerijn(s)

alias ['eiliæs] **I** *bijw* alias, anders genoemd; **II** *znw* alias, andere naam, aangenomen naam

alibi ['ælibai] *znw* alibi o; <u>gemeenz</u> smoes, excuus o

alien ['eiljən] **I** *bn* vreemd[2]; strijdig; weerzinwekkend; buitenlands; buitenaards; **II** *znw* vreemdeling; buitenaards wezen o

alienate *overg* vervreemden[2] (van *from*)

alienation [eiljə'neiʃən] *znw* vervreemding; *(mental)* ~ krankzinnigheid

1 alight [ə'lait] *bn* aangestoken, aan, brandend, in brand; verlicht; schitterend

2 alight [ə'lait] *onoverg* uitstappen (uit *from*), afstijgen (van *from*), neerkomen, neerstrijken (op *on*), <u>luchtv</u> landen; afstappen (in *at*)

align [ə'lain] *overg* op één lijn plaatsen, opstellen; richten; aanpassen

alignment *znw* op één lijn brengen o; richten o; aanpassing; opstelling; groepering, verbond o; (rooi)lijn; *out of* ~ ook: ontwricht

alike [ə'laik] **I** *bn* gelijk, eender; **II** *bijw* evenzeer; op dezelfde manier; ... *and* ... ~ zowel ... als ...

alimentary [æli'mentəri] *bn* voedend; voedings-; ~ *canal* spijsverteringskanaal o

alimony ['æliməni] *znw* alimentatie, onderhoud o

alive [ə'laiv] *bn* in leven, levend; levendig; ~ *and kicking* springlevend; ~ *to* zich bewust van, met een open oog voor, ontvankelijk of gevoelig voor; ~ *with* wemelend van, krioelend van; *look* ~ voortmaken

alkaline *bn* alkalisch

all [ɔ:l] **I** *bn* (ge)heel, gans, al(le), iedere, elke; ~ *day* de hele dag; *and* ~ *that* en zo; **II** *bijw* geheel, helemaal, één en al; ~ *clear* gevaar geweken, alles veilig; **III** *znw* al(les) o; ~ *and sundry* allen zonder onderscheid; ~ *but* nagenoeg, zo goed als, bijna; allen (alles) met uitzondering van, op ... na; ~ *in* alles (allen) inbegrepen; *at* ~ in het minst, (ook) maar (enigszins); wel, misschien; toch?; überhaupt; *not at* ~ in het geheel niet, volstrekt niet; graag gedaan, niets te danken [na bedanken]; *in* ~ in totaal; *twenty* ~ <u>sp</u> twintig gelijk; *A~ Hallows*, *A~ Saint's Day* Allerheiligen; *A~ Souls' Day* Allerzielen

allay [ə'lei] *overg* (doen) bedaren; stillen, verlichten, verzachten, matigen, verminderen

allegation [æli'geiʃən] *znw* bewering; aantijging, beschuldiging

allege [ə'ledʒ] *overg* aanvoeren; beweren

alleged *bn* zogenaamd, vermoedelijk

allegedly *bijw* naar beweerd wordt (werd)

allegiance [ə'li:dʒəns] *znw* trouw (van onderdanen) (aan *to*); band

allegory ['æligəri] *znw* allegorie

allergic [ə'lə:dʒik] *bn* allergisch; *be* ~ *to* <u>gemeenz</u> een afkeer (hekel) hebben van (aan)

allergy *znw* allergie; <u>gemeenz</u> afkeer (van *to*)

alleviate [ə'li:vieit] *overg* verlichten, verzachten

alleviation [əli:vi'eiʃən] *znw* verlichting, ver-

zachting

alley ['æli] *znw* steeg, gang; laantje o; doorgang; (kegel)baan

alley cat *znw* zwerfkat; *she's got the morals of an* ~ zij is heel losbandig

alleyway *znw* steeg

alliance [ə'laiəns] *znw* verbond o, bond, bondgenootschap o, verbintenis, huwelijk o; verwantschap

allied [ə'laid, 'ælaid] *bn* verbonden, geallieerd, bondgenootschappelijk; verwant

all-in *bn* alles (allen) inbegrepen; ~ *wrestling* vrij worstelen

alliteration [əlitə'reiʃən] *znw* alliteratie, stafrijm o

allocate [' æləkeit] *overg* toewijzen; aanwijzen; bestemmen

allocation [ælə'keiʃən] *znw* toewijzing; bestemming; portie; te besteden bedrag o

allot [ə'lɔt] *overg* toe(be)delen, toewijzen (aan *to*)

allotment *znw* toe(be)deling, toewijzing; aandeel o; (levens)lot o; perceel o; volkstuintje o

all-out ['ɔ:laut] *bn* met alle middelen, intensief, geweldig, groot(scheeps)

allow [ə'lau] **I** *overg* toestaan, toelaten, toekennen, veroorloven; erkennen; in staat stellen, mogelijk maken; uittrekken [geld, tijd &]; **II** *onoverg*: ~ *for* rekening houden met; ~ *of* toestaan, toelaten

allowance *znw* portie, rantsoen o; toelage; toeslag, tegemoetkoming, vergoeding; <u>handel</u> korting; *make* ~*s for* in aanmerking nemen

alloy ['æloi, ə'lɔi] **I** *znw* allooi o, gehalte o; legering; (bij)mengsel o; **II** *overg* legeren; mengen

all-time ['ɔ:ltaim] *bn* ongekend, nooit eerder voorgekomen

allude [ə'l(j)u:d] *onoverg*: ~ *to* zinspelen op, doelen op; (terloops) vermelden, het hebben over

allure [ə'ljuə] *znw* verlokking; verleidelijkheid

alluring [ə'ljuəriŋ] *bn* aanlokkelijk, verleidelijk

allusion [ə'l(j)u:ʒən] *znw* zin-, toespeling (op *to*)

allusive *bn* zinspelend

ally ['ælai, ə'lai] **I** *overg* verbinden (met *to*, *with*), verwant maken (aan *to*); verenigen; **II** *znw* [ə'lai] bondgenoot; geallieerde

almanac ['ɔ:lmənæk] *znw* almanak

almighty [ɔ:l'maiti] **I** *bn* almachtig; <u>gemeenz</u> enorm; **II** *znw*: *the A~* de Almachtige

almond ['a:mənd] *znw* amandel

almoner [ə'mənə,'ælmənə] *znw* maatschappelijk werker in een ziekenhuis

almost ['ɔ:lmoust, 'ɔ:lməst] *bijw* bijna, nagenoeg

alms [a:mz] *znw* aalmoes, aalmoezen

almshouse *znw* armenhuis o

aloft [ə'lɔft] *bijw* hoog, omhoog[2], in de lucht[2]; <u>scheepv</u> in de mast; in het want

alone [ə'loun] **I** *bn* alleen; **II** *bijw* slechts, alleen

along [ə'lɔŋ] *voorz & bijw* langs...; voort, door; mee; *all ~* aldoor, altijd (wel), steeds; *~ with* samen (tegelijk) met; *come ~!* kom mee!; *get ~* het (goed, slecht) maken; *get ~!* donder op!; *get ~ with* goed overweg kunnen met

alongside *bijw* langszij; *~ (of)* langs; naast[2]

aloof [ə'lu:f] **I** *bijw* op een afstand[2], ver[2]; **II** *bn* in hogere sferen verkerend; gereserveerd, koel

aloud [ə'laud] *bijw* luid(e), hardop

alp [ælp] *znw* (hoge) berg, bergweide; *the Alps* de Alpen

alphabetical [ælfə'betikl] *bn* alfabetisch

Alpine [ælpain] *bn* alpen-

Alpinist [ælpinist] *znw* alpinist, bergbeklimmer

already [ɔ:l'redi] *bijw* al, reeds

Alsatian [æl'seiʃən] **I** *bn* Elzassisch; **II** *znw* Elzasser; Duitse herder(shond)

also [ɔ:lsou] *bijw* ook, eveneens, bovendien

also-ran *znw* verliezer, 'loser'; onbeduidend persoon, nul

altar [ɔ:ltə] *znw* altaar *o*; Avondmaalstafel; *lead to the ~* [iem.] trouwen

alter [ɔ:ltə] *overg* veranderen, wijzigen; vermaken [kleding]

alteration [ɔ:ltə'reiʃən] *znw* verandering, wijziging; *~s* ook: verbouwing

altercation [ɔ:ltə'keiʃən] *znw* (woorden-)twist

alternate [ɔ:ltəneit] **I** *overg & onoverg* (elkaar) afwisselen; **II** *bn* [ɔ:ltə'nit] afwisselend; *on ~ days* om de andere dag; **III** *znw* Am plaatsvervanger

alternation [ɔ:ltə'neiʃən] *znw* afwisseling

alternative [ɔ:l'tə:nətiv] **I** *bn* alternatief, ander (van twee); **II** *znw* alternatief *o*, keus (uit twee)

alternator [ɔ:ltəneitə] *znw* wisselstroomdynamo

although [ɔ:l'ðou] *voegw* (al)hoewel, ofschoon, al

altimeter [æltimi:tə] *znw* hoogtemeter

altitude [æltitju:d] *znw* hoogte; verhevenheid

alto [æltou] *znw* alt; altpartij

altogether [ɔ:ltə'geðə] *bijw* alles bij elkaar, over het geheel; in totaal; helemaal, volkomen; *in the ~* gemeenz poedelnaakt

altruism [æltruizm] *znw* altruïsme *o*

altruistic [æltru'istik] *bn* altruïstisch

alum [æləm] *znw* aluin

alumnus [ə'lʌmnəs] *znw* (*mv:* alumni [-nai]) (oud-)leerling, (oud-)student

always [ɔ:lweiz] *bijw* altijd

am [æm] 1e pers. enk. v. *to be*

a.m. *afk.* = *ante meridiem* 's morgens, voor de middag

amalgam [ə'mælgəm] *znw* amalgama *o*, mengsel[2] *o*

amalgamate *overg & onoverg* amalgameren, (zich) vermengen, (zich) verbinden, samensmelten, *handel* fuseren, een fusie aangaan

amalgamation [əmælgə'meiʃən] *znw* vermenging, *handel* fusie

amanuensis [əmænju'ensis] *znw* (*mv:* -ses

[-si:z]) schrijver, secretaris

amass [ə'mæs] *overg* opeenhopen, vergaren

amateur [æmətə:,æmə'tə:] *znw* amateur, liefhebber

amateurish [æmə'tə:riʃ] *bn* amateuristisch, dilettanterig

amatory *bn* liefde(s)-, amoureus

amaze [ə'meiz] *overg* verbazen

amazement *znw* verbazing

amazing *bn* verbazend, verbazingwekkend, gemeenz fantastisch

ambassador [æm'bæsədə] *znw* ambassadeur; (af)gezant

amber [æmbə] *znw* amber, barnsteen *o & m*; *the ~ (light)* het oranje (verkeers)licht

ambience [æmbiəns] *znw* ambiance, entourage, sfeer

ambient *bn* omringend

ambiguous [æm'bigjuəs] *bn* ambigu, dubbelzinnig

ambit [æmbit] *znw* omvang, omtrek, grenzen; *fig* reikwijdte

ambition [æm'biʃən] *znw* eerzucht; vurig verlangen *o*, streven *o*, aspiratie, ideaal *o*

ambitious *bn* eerzuchtig; begerig (naar *of*); groots, grootscheeps, ambitieus [plan]

ambivalence [æm'bivələns] *znw* ambivalentie

ambivalent *bn* ambivalent

amble [æmbl] **I** *onoverg* in de telgang gaan; (kalm) stappen; **II** *znw* telgang; kalme gang

ambrosia [æm'brouziə] *znw* ambrozijn *o*, godenspijs

ambulance [æmbjuləns] *znw* ambulance(wagen), ziekenwagen

ambulatory **I** *bn* ambulant, wandelend; rondgaand; **II** *znw* (klooster)gang; kooromgang [in kerk]

ambush [æmbuʃ] **I** *znw* hinderlaag; *lie in ~* in een hinderlaag liggen; *fig* op het vinkentouw zitten; **II** *overg* in een hinderlaag lokken

ameliorate [ə'mi:liəreit] **I** *overg* beter maken, verbeteren; **II** *onoverg* beter worden

amelioration [əmi:liə'reiʃən] *znw* verbetering

amenable [ə'mi:nəbl] *bn* meegaand, gezeglijk, handelbaar; ontvankelijk, vatbaar (voor *to*); te brengen (voor *to*), verantwoording schuldig (aan *to*)

amend [ə'mend] *overg* (ver)beteren; wijzigen; amenderen

amendment *znw* verbetering, verandering; amendement *o*; rectificatie

amends *znw* vergoeding; vergelding; *make ~* het goedmaken; schadeloos stellen; herstellen

amenity [ə'mi:niti] *znw* aangenaamheid, lief(e)lijkheid; attractie; *amenities* vriendelijkheden, beleefdheden; gemakken, genoegens

America [ə'merikə] *znw* Amerika *o*

American [ə'merikən] **I** *znw* Amerikaan; **II** *bn* Amerikaans

Americanize *overg & onoverg* veramerikaansen, amerikaniseren

amiable ['eimjəbl] *bn* beminnelijk, lief

amicable ['æmikəbl] *bn* vriend(schapp)elijk

amid [ə'mid] *voorz* te midden van, onder

amidships *bijw* midscheeps

amidst *voorz* te midden van, onder

amiss [ə'mis] *bn bijw* verkeerd, mis; *take sth. ~ iets kwalijk nemen*

amity ['æmiti] *znw* vriendschap; goede betrekkingen [tussen landen]

ammonia [ə'mounjə] *znw* ammonia(k)

ammunition [æmju'niʃən] *znw* (am-) munitie

amnesia [æm'ni:zjə] *znw* geheugenverlies o

amnesty ['æmnisti] **I** *znw* amnestie; **II** *overg* amnestie verlenen (aan)

amniotic [æmni'ɔtik] *bn*: ~ *fluid* vruchtwater o

amok zie **amuck**

among(st) [ə'mɔŋ(st)] *voorz* onder, te midden van, tussen, bij; *be ~ behoren tot*

amorous ['æmərəs] *bn* verliefd; liefdes-, amoureus

amorphous [ə'mɔ:fəs] *bn* amorf, vormloos

amortize [ə'mɔ:tiz] *overg* amortiseren, afbetalen [v. schuld]

amount [ə'maunt] **I** *onoverg*: ~ *to* bedragen; gelijkstaan met; *it ~s to the same thing* het komt op hetzelfde neer; **II** *znw* bedrag o; hoeveelheid, mate; *no ~ of trouble will suffice* geen moeite zal voldoende zijn

ampere ['æmpɛə] *znw* ampère

amphibian [æm'fibiən] **I** *bn* tweeslachtig, amfibie-; **II** *znw* amfibie, tweeslachtig dier o

amphibious *bn* tweeslachtig, amfibisch; ~ *vehicle* amfibievoertuig o

amphitheatre ['æmfiθiətə] *znw* amfitheater o

ample ['æmpl] *bn* wijd, ruim, breed(voerig), uitvoerig, overvloedig, ampel

amplification [æmplifi'keiʃən] *znw* aanvulling, uitbreiding; versterking [v. geluidssignaal]

amplifier ['æmplifaiə] *znw* versterker [v. geluidssignaal]

amplify *overg* aanvullen; uitbreiden; ontwikkelen; radio versterken

amplitude *znw* wijdte, omvang, uitgestrektheid; overvloed; amplitude

amply *bijw* v. **ample**; ook: ruimschoots, rijkelijk

amputate ['æmpjuteit] *overg* amputeren, afzetten

amputation [æmpju'teiʃən] *znw* amputatie, afzetten o; fig bekorting, besnoeiing

amputee *znw* geamputeerde, iem. die één of meer ledematen mist

amuck [ə'mʌk] *bijw*: *run ~ (against, at, on)* amok maken, tekeergaan (tegen), te lijf gaan

amulet ['æmjulit] *znw* amulet

amuse [ə'mju:z] *overg* amuseren, vermaken

amusement *znw* amusement o, vermaak o, tijdverdrijf o; geamuseerdheid; ~ *arcade* amusementshal, gokhal; ~ *park* pretpark o

amusing *bn* amusant, vermakelijk

an [ən; met nadruk: æn] *lidw* een; zie ook: ^2a

anabaptist [ænə'bæptist] *znw* wederdoper

anachronism [ə'nækrənizm] *znw* anachronisme o

anachronistic [ənækrə'nistik] *bn* anachronistisch

anaemia, Am **anemia** [ə'ni:miə] *znw* anemie, bloedarmoede

anaemic, Am **anemic** *bn* anemisch, bloedarm

anaesthesia, Am **anesthesia** [ænis'θi:zjə] *znw* gevoelloosheid; verdoving, anesthesie

anaesthetic, Am **anesthetic** [ænis'θetik] *bn (znw)* pijnverdovend (middel o)

anaesthetist, Am **anesthetist** [æ'ni:sθitist] *znw* anesthesist, narcotiseur

anaesthetize, Am **anesthetize** *overg* gevoelloos maken, verdoven, wegmaken

anal ['einəl] *bn* aars-, anaal

analogical [ænə'lɔdʒikl] *bn* analogisch

analogous [ə'næləgəs] *bn* analoog, overeenkomstig

analogy [ə'nælədʒi] *znw* analogie°, overeenkomst(igheid), overeenstemming; *on the ~ of, by ~ with* naar analogie van

analyse ['ænəlaiz] *overg* analyseren, ontleden, ontbinden; onderzoeken

analysis [ə'nælisis] *znw (mv:* analyses [-si:z]*)* analyse, ontleding, ontbinding; overzicht o (van de inhoud); onderzoek o; *in the final ~* uiteindelijk

analyst ['ænəlist] *znw* analist, scheikundige; psych analyticus

analytic(al) [ænə'litik(l)] *bn* analytisch, ontledend; ~ *chemist* analist

anarchic [æ'na:kik] *bn* regeringloos, wetteloos, ordeloos, anarchistisch; fig chaotisch

anarchism ['ænəkizm] *znw* anarchisme o

anarchy *znw* anarchie²

anathema [ə'næθimə] *znw* ban, (ban-)vloek; *that is ~ to him* dat is hem een gruwel

anatomical [ænə'tɔmikl] *bn* anatomisch, ontleedkundig

anatomist [ə'nætəmist] *znw* anatoom, ontleedkundige

anatomy *znw* anatomie, ontleding; gemeenz lichaam o

ancestor ['ænsistə] *znw* voorvader, stamvader

ancestral [æn'sestrəl] *bn* voorvaderlijk, voorouderlijk

ancestry ['ænsistri] *znw* voorouders, voorvaderen; afstamming, geboorte

anchor ['æŋkə] **I** *znw* scheepv anker o; fig steun en toeverlaat; **II** *overg* (ver)ankeren; **III** *onoverg* ankeren

anchorage *znw* ankeren o; ankergrond, -plaats

anchorite ['æŋkərait] *znw* anachoreet, kluizenaar

anchorman ['æŋkəmæn, -mən], **anchorwoman** ['æŋkəwumən] *znw* centrale presentator (presentatrice) van een nieuws- of actualiteitenprogramma op TV

anchovy ['æntʃəvi, æn'tʃouvi] *znw* ansjovis

ancient ['einʃənt] *bn* (al)oud; *the A~s* de Ouden; fig antiek, ouderwets

ancillary [æn'siləri] *bn* ondergeschikt (aan *to*); hulp-, neven-, toeleverings- [v. bedrijf]

and [ænd, ənd, ən] *voegw* en; ~ *so on* enzovoort

Andorra [æn'dɔrə] *znw* Andorra *o*

Andorran *bn & znw* Andorrees

anecdote *znw* anekdote

anemia *znw* = *anaemia*

anemone [ənemoni] *znw* anemoon

anew [ə'nju:] *bijw* opnieuw, nog eens; anders

angel ['eindʒəl] *znw* engel[2]

angelic [æn'dʒelik] *bn* engelachtig; engelen-

anger ['æŋgə] **I** *znw* gramschap, toorn, verbolgenheid, boosheid, grote ergernis; **II** *overg* tergen, boos maken

angle ['æŋgl] **I** *znw* hoek; <u>fig</u> gezichtspunt *o*; kijk; kant; <u>vero</u> hengel, vishaak; **II** *onoverg* hengelen[2]; **III** *overg* <u>gemeenz</u> kleuren [berichtgeving]

angler *znw* hengelaar

Anglican I *znw* anglicaan; **II** *bn* anglicaans

anglicism *znw* anglicisme *o*

Anglicize *overg* verengelsen

angling ['æŋgliŋ] *znw* hengelen *o*; hengelsport

Anglo ['æŋglou] *voorv* Engels

Anglo-Saxon I *bn* Angelsaksisch; (typisch) Engels; **II** *znw* Angelsaksisch *o*; Anglosaks, (typische) Engelsman

Angola [æŋ'goulə] *znw* Angola *o*

Angolan *znw & bn* Angolees

angry ['æŋgri] *bn* kwaad, boos; <u>med</u> ontstoken

anguish ['æŋgwiʃ] **I** *znw* angst, smart, (hevige) pijn; **II** *overg* kwellen, pijnigen; ~*ed* ook: vertwijfeld

angular ['æŋgjulə] *bn* hoekig[2], hoek-

animal ['æniməl] **I** *znw* dier *o*, beest *o*; wezen *o*; **II** *bn* dierlijk; dieren-; ~ *kingdom* dierenrijk *o*; ~ *spirits* opgewektheid, levenslust

animality *znw* dierlijkheid

animate ['ænimeit] **I** *overg* animeren, bezielen; leven geven, doen leven; opwekken, aanvuren; **II** *bn* ['ænimit] levend, bezield, levendig

animated ['ænimeitid] *bn* geanimeerd, bezield, levend, levendig, opgewekt; ~ *cartoon* tekenfilm

animation [æni'meiʃən] *znw* bezieling, leven *o*, levendigheid, animo; animatie: het maken van teken- en animatiefilms

animosity [æni'mɔsiti] *znw* animositeit, wrok; antipathie

animus ['æniməs] *znw* drijfveer; animositeit, vijandigheid (jegens *against*)

anise ['ænis] *znw* anijsplant

aniseed ['ænisi:d] *znw* anijszaad *o*; anijs(smaak)

ankle ['æŋkl] *znw* enkel

anklet *znw* sok; enkelring; voetboei; <u>mil</u> enkelstuk *o*

annals ['ænəlz] *znw* annalen, jaar-, geschiedboeken

annex [ə'neks] **I** *overg* aanhechten, toe-, bijvoegen, verbinden, annexeren; inlijven (bij *to*); **II** ['æneks] *znw* aanhangsel *o*, bijlage; aanbouw, bijgebouw *o*, dependance

annexation [ænek'seiʃən] *znw* aanhechting, bijvoeging; annexatie; inlijving

annihilate [ə'nai(h)ileit] *overg* vernietigen

annihilation [ənai(h)i'leiʃən] *znw* vernietiging

anniversary [æni'və:səri] *znw* (ver)jaardag, jaarfeest *o*, gedenkdag

annotate ['ænouteit] *overg* annoteren, van verklarende aantekeningen voorzien

annotation [ænou'teiʃən] *znw* (verklarende) aantekening

announce [ə'nauns] *overg* aankondigen, bekendmaken, kennis geven van, mededelen

announcement *znw* aankondiging, bekendmaking, mededeling, bericht *o*

announcer *znw* aankondiger; <u>RTV</u> omroeper, -ster

annoy [ə'nɔi] *overg* lastig vallen; ergeren, kwellen, hinderen

annoyance *znw* irritatie, ergernis; last, hinderlijk iets *o*

annoying *bn* lastig, hinderlijk, ergerlijk

annual ['ænjuəl] **I** *bn* jaarlijks; eenjarig [van gewassen]; jaar-; **II** *znw* jaarboek(je) *o*; eenjarige plant

annuity *znw* jaargeld *o*, lijfrente, annuïteit

annul [ə'nʌl] *overg* tenietdoen, herroepen, opheffen, annuleren

annunciation [ənʌnsi'eiʃən] *znw* aankondiging; *Annunciation (Day)* Maria-Boodschap

anodyne ['ænoudain] pijnstiller, kalmerend middel *o*; <u>fig</u> zoethoudertje *o*

anoint [ə'nɔint] *overg* zalven; insmeren

anomalous [ə'nɔmələs] *bn* afwijkend; abnormaal

anomaly *bn* afwijking, onregelmatigheid, anomalie

anon. *afk.* = *anonymous*

anonymity [ænə'nimiti] *znw* anonimiteit

anonymous [ə'nɔniməs] *bn* anoniem, naamloos

anorak ['ænəræk] *znw* anorak, windjack *o* met capuchon

another [ə'nʌðə] *bn & onbep vnw* een ander; nog een, (al)weer een, ook een; een tweede; zie ook: *ask I, one I*

answer ['a:nsə] **I** *overg* antwoorden (op), beantwoorden (aan); voldoen aan; verhoren [gebed]; zich verantwoorden wegens; <u>fig</u> oplossen; ~ *the bell (the door)* de deur opendoen; **II** *onoverg* antwoorden; ~ *back* (brutaal) wat terugzeggen; ~ *for* verantwoorden; instaan voor; boeten voor; ~ *to* antwoorden op; verantwoording schuldig zijn; beantwoorden aan; **III** *znw* antwoord *o*; <u>fig</u> oplossing

answerable *bn* te beantwoorden; verantwoordelijk, aansprakelijk

ant [ænt] *znw* mier

antagonism [æn'tægənizm] *znw* antagonisme *o*, tegenstand, vijandschap

antagonist *znw* tegenstander

antagonistic [æntægə'nistik] *bn* vijandig

antagonize [æn'tægənaiz] *overg* bestrijden,

tegenwerken; prikkelen, tegen zich in het harnas jagen

Antarctic [æn'ta:ktik] **I** *znw* zuidpool, zuidpoolgebied o, Antarctica; Zuidelijke IJszee (ook: *A~ Ocean*); **II** *bn* zuidpool-

ante-bellum ['ænti'beləm] *bn* Am vooroorlogs (vaak: voor de Amerikaanse Burgeroorlog 1861-1865)

antecedent *znw* voorafgaande o; taalk antecedent o; *~s* voorouders

antedate ['æntideit] *overg* antedateren, vroeger dagtekenen; vooruitlopen op; voorafgaan aan

antediluvian [æntidi'l(j)u:viən] *bn* hopeloos ouderwets, uit het jaar nul, voorwereldlijk

antelope ['æntiloup] *znw* (*mv* idem *of* -s) antilope

antenatal [ænti'neitl] *bn* prenataal: (van) voor de geboorte

antenna [æn'tenə] *znw* (*mv*: antennae [-ni:]) voelhoren, voelspriet; RTV antenne (*mv* ook: ~s)

antepenultimate [æntipi'nʌltimit] *znw* derde (lettergreep) van achteren

anterior [æn'tiəriə] *bn* voorafgaand, vroeger; voorste

anteroom ['æntirum] *znw* antichambre, voorvertrek o, wachtkamer

anthem ['ænθəm] *znw* Engelse kerkzang; lofzang; *the national ~* het volkslied

anther ['ænθə] *znw* plantk helmknop

anthology *znw* bloemlezing

anthrax ['ænθræks] *znw* miltvuur o

anthropoid ['ænθrəpɔid] **I** *bn* op een mens gelijkend; **II** *znw* mensaap

anthropology *znw* antropologie

anthropomorphic [ænθrəpə'mɔ:fik] *bn* antropomorf

anti ['ænti] **I** *voorz* tegenstander van, gekant tegen; **II** *znw* tegenstander

anti- ['ænti] *voorv* tegen-, strijdig met; anti-

anti-aircraft ['ænti'ɛəkra:ft] *znw* mil (lucht-) afweer-, luchtdoel-; *~ missile* luchtdoelraket

antibiotic [æntibai'ɔtik] *znw* antibioticum o

antibody ['æntibɔdi] *znw* antilichaam o, antistof, afweerstof

antic ['æntik] *znw* (meestal *mv*): *~s* capriolen, dolle sprongen, fratsen, grillen

anticipate *overg* voorkómen, vóór zijn; vooruitlopen op; een voorgevoel hebben (van), verwachten, voorzien; verhaasten

anticipation [æntisi'peiʃən] *znw* voorgevoel o, verwachting, afwachting; *in ~* vooruit, bij voorbaat

anticipatory [æn'tisipeitəri] *bn* vooruitlopend

anticlerical ['ænti'klerikl] *bn* antiklerikaal

anticlimax ['ænti'klaimæks] *znw* anticlimax

anticlockwise ['ænti'klɔkwais] *bn bijw* tegen de wijzers v.d. klok in

anticyclone ['ænti'saikloun] *znw* hogedrukgebied o

antidote ['æntidout] *znw* tegengif o, antidotum[2] o; remedie[2]

antifreeze ['ænti'fri:z] *znw* antivriesmiddel o

Antigua and Barbuda [æn'ti:gə ænd

ba:r'bu:də] *znw* Antigua en Barbuda o

antipathetic [æntipə'θetik] *bn* antipathiek

antipathy [æn'tipəθi] *znw* antipathie (tegen *to*)

antiquarian [ænti'kwɛəriən] **I** *bn* oudheidkundig; antiquarisch; *~ bookseller* antiquaar; *~ bookshop* antiquariaat o; **II** *znw* oudheidkundige; antiquair

antiquary ['æntikwəri] *znw* = *antiquarian* **II**

antiquated ['æntikweitid] *bn* verouderd; ouderwets

antique [æn'ti:k] **I** *bn* oud(erwets), antiek; **II** *znw* antiquiteit; antiek kunstwerk o

antiquity [æn'tikwiti] *znw* antiquiteit°; ouderdom; *A~* Oudheid

anti-Semitism [ænti'semitizm] *znw* antisemitisme o

antiseptic [ænti'septik] *znw* antiseptisch (middel o)

antisocial [- 'souʃəl] *bn* onmaatschappelijk, asociaal

antithesis [æn'tiθisis] *znw* (*mv*: antitheses [-si:z]) antithese, tegenstelling

antitoxin [ænti'tɔksin] *znw* tegengif o

antler ['æntlə] *znw* tak [v. gewei]; *~s* gewei o

antonym ['æntənim] *znw* antoniem o, woord o met tegengestelde betekenis

anvil ['ænvil] *znw* aambeeld o (ook gehoorbeentje o)

anxiety [æŋ'zaiəti] *znw* ongerustheid, bezorgdheid, zorg; psych angst; (groot) verlangen o

anxious ['æŋkʃəs] *bn* bang, ongerust, bezorgd (over *about*); verlangend (naar *for*); zorgelijk [situatie &]

any ['eni] *bn bijw & onbep vnw* enig; een; ieder(e), elk(e), welk(e) ook, enigerlei, de (het) eerste de (het) beste; *not ~ one...* geen enkel...; *not ~ too well* niet al te best; *as good as ~* heel goed; *~ more?* (nog) meer?; *~ number of...* een groot aantal, heel veel...; *~ one* welk(e) ook

anybody I *onbep vnw* iedereen, wie dan ook, de eerste de beste; **II** *znw* iemand van betekenis, een belangrijk iemand; zie ook: *guess* **II**

anyhow *bijw* **1** = *anyway*; **2** slordig, lukraak

anyone = *anybody*

anyplace ['enipleis] *bijw* Am = *anywhere*

anything *onbep vnw & bijw* iets (wat ook maar); alles; van alles; *~ but* allesbehalve; *~ up to 500* wel 500; zie ook: *if I*, [1]*like* **II**

anyway *bijw* hoe het ook zij, in ieder geval, althans, tenminste, toch, met dit al, enfin...

anywhere *bijw & onbep vnw* ergens; overal, waar dan ook

apace [ə'peis] *bijw* snel, vlug; hard

apart [ə'pa:t] *bijw* afzonderlijk; van-, uit elkaar; terzijde; alleen; op zichzelf; *~ from* afgezien van; behalve

apartheid *znw* apartheid, rassenscheiding

apartment *znw* (groot, mooi) vertrek o; Am flat

apathetic [æpə'θetik] *bn* apathisch, lusteloos, onverschillig (jegens *towards*)

apathy ['æpəθi] *znw* apathie

ape [eip] I znw 1 aap zonder staart; 2 aap, kwajongen; II overg na-apen

aperture ['æpətjuə] znw opening, spleet

apex ['eipeks] znw (mv: -es of apices [-iz, 'eipisi:z]) punt, top, toppunt[2] o

aphid ['eifid] znw (mv: aphides [-idi:z]) bladluis

aphorism ['æfərizm] znw aforisme o, kernspreuk

aphrodisiac znw afrodisiacum o

apiarist ['eipiərist] znw bijenhouder, imker

apiary znw bijenstal

apiculture znw bijenteelt

apiece [ə'pi:s] bijw het stuk, per stuk, elk

aplomb [ə'plô] znw aplomb o, zelfverzekerdheid

apocalyptic [əpoke'liptik] bn apocaliptisch, fig onheil voorspellend

apocrypha [ə'pɔkrifə] znw apocriefe boeken

apocryphal bn apocrief; twijfelachtig; onecht

apogee ['æpədʒi:] znw apogeum o; hoogste punt o

apologetic [əpɔlə'dʒetik] bn verontschuldigend

apologist [ə'pɔlədʒist] znw apologeet, verdediger

apologize onoverg zich verontschuldigen, excuses maken (wegens for); I ~ mijn excuses

apology [æ'pɔlədʒi] znw verontschuldiging, excuus o; apologie; an ~ for a letter iets wat een brief moet voorstellen

apoplectic [æpə'plektik] bn apoplectisch; ~ fit (aanval van) beroerte

apoplexy ['æpəpleksi] znw beroerte

apostasy [ə'pɔstəsi] znw afvalligheid

apostate I bn afvallig; II znw afvallige

apostle [ə'pɔsl] znw apostel

apostolic [æpəs'tɔlik] bn apostolisch

apostrophe [ə'pɔstrəfi] znw apostrof, weglatingsteken o

apotheosis [əpɔθi'ousis] znw (mv: apotheoses) apotheose: vergoddelijking, verheerlijking

appal [ə'pɔ:l] overg doen schrikken, ontzetten

apalling bn verschrikkelijk (slecht)

apparatus [æpə'reitəs] znw (mv idem of -es) apparaat o, toestel o, gereedschappen; organen

apparel [ə'pærəl] znw plechtig kleding, gewaad o, kleren, dracht; uitrusting; tooi, versiering

apparent [ə'pæ-, ə'pɛərənt] bn blijkbaar, duidelijk, aanwijsbaar; ogenschijnlijk, schijnbaar

apparition [æpə'riʃən] znw (geest-) verschijning, spook o

appeal [ə'pi:l] I onoverg in beroep komen of gaan, appelleren; ~ to een beroep doen op; zich beroepen op; smeken; fig appelleren aan, aanspreken, aantrekken, bekoren; ~ to the country algemene verkiezingen uitschrijven; II znw appèl o, (hoger) beroep o, smeekbede, verzoek o; bezwaarschrift o; fig aantrekkingskracht; lodge an ~ (hoger) beroep (appèl, cassatie) aantekenen

appealing bn 1 smekend; 2 aantrekkelijk

appear [ə'piə] onoverg (ver)schijnen, optreden; zich vertonen; vóórkomen; blijken, lijken

appearance znw verschijning; verschijnsel o; schijn, voorkomen o, uiterlijk o; optreden o; to/by all ~s zo te zien; naar het schijnt; ~s are deceptive schijn bedriegt; keep up ~s de schijn ophouden (bewaren)

appease [ə'pi:z] overg stillen [honger]; bedaren, kalmeren, sussen, bevredigen, apaiseren

appeasement znw bevrediging; kalmering; verzoeningspolitiek door concessies

appellant [ə'pelənt] I bn: an ~ court rechtbank van appèl; II znw appellant; smekeling

appellate [ə'pelit] bn recht van appèl

appellation [æpe'leiʃən] znw benaming, naam

append [ə'pend] overg (aan)hechten; toe-, bijvoegen

appendage znw aanhangsel o

appendectomy [æpən'dektəmi] znw blindedarmoperatie

appendicitis [əpendi'saitis] znw blindedarmontsteking

appendix [ə'pendiks] znw (mv: -es of appendices [-iz, -disi:z]) appendix, aanhangsel o, bijlage, bijvoegsel o, toevoegsel o; med blindedarm

appertain [æpə'tein] onoverg toebehoren (aan to), behoren (bij to)

appetite ['æpitait] znw (eet)lust, trek, begeerte

appetizer znw de eetlust opwekkende spijs of drank, voorafje o; aperitief

appetizing bn de eetlust opwekkend; appetijtelijk[2]

applaud [ə'plɔ:d] onoverg applaudisseren, toejuichen[2]

applause znw applaus o, toejuiching

apple ['æpl] znw appel; ~ of discord twistappel; ~ of the eye oogappel[2]

applecart znw: upset the ~ een plan verijdelen

apple-pie znw appeltaart; in ~ order tot in de puntjes (geregeld)

apple-sauce znw appelmoes o & v; Am gemeenz onzin; smoesjes

appliance [ə'plaiəns] znw toestel o, middel o

applicable ['æplikəbl] bn toepasselijk, van toepassing (op to)

applicant znw aanvrager; sollicitant; gegadigde; inschrijver [op lening]

application [æpli'keiʃən] znw aanwending, toepassing, gebruik o; aanvraag, sollicitatie, aanmelding, inschrijving; vlijt; med omslag, smeersel o

applied [ə'plaid] bn toegepast

apply [ə'plai] I overg toepassen, gebruiken; II onoverg van toepassing zijn (op to), gelden (voor to); zich aanmelden; solliciteren (naar for); ~ for ook: aanvragen, inwinnen [inlichtingen]; ~ to ook: zich wenden tot;

betrekking hebben op, slaan op

appoint [ə'pɔint] *overg* bepalen, vaststellen; benoemen (tot), aanstellen

appointment [ə'pɔintmənt] *znw* afspraak; aanstelling, benoeming; functie, ambt o, betrekking; bepaling, voorschrift o; beschikking; *by ~* volgens afspraak; *by ~ (to His Majesty)* hofleverancier

apportion [ə'pɔ:ʃən] *overg* verdelen, toebedelen

apportionment *znw* verdeling

apposite ['æpəzit] *bn* passend, geschikt (voor *to*), toepasselijk

apposition [æpə'ziʃən] *znw* gramm bijstelling, appositie

appraisal [ə'preizl] *znw* schatting, taxatie; waardering; beoordeling

appraise *overg* schatten, taxeren (op *at*); waarderen

appreciable [ə'pri:ʃəbl] *bn* schatbaar, te waarderen; merkbaar

appreciate [ə'pri:ʃieit] *overg* (naar waarde) schatten, waarderen, op prijs stellen; begrijpen, beseffen, aanvoelen; doen stijgen (in waarde)

appreciation [əpri:ʃi'eiʃən] *znw* schatting, waardering; kritische beschouwing; begrip o, besef o, aanvoelen o; stijging (in waarde)

appreciative [ə'pri:ʃiətiv] *bn* waarderend

apprehend [æpri'hend] *overg* aanhouden; vatten, (be)grijpen, beseffen; vrezen

apprehension *znw* aanhouding, gevangenneming; bevatting, begrip o; vrees, beduchtheid, bezorgdheid

apprehensive *bn* bevattelijk; begrips-; bevreesd (voor *of*); bezorgd

apprentice [ə'prentis] **I** *znw* leerjongen, leerling; **II** *overg* op een ambacht, in de leer doen

apprenticeship *znw* leer(tijd), leerjaren; *serve one's ~* in de leer zijn

apprise [ə'praiz] *overg* onderrichten, bericht of kennis geven (van *of*)

appro ['æprou]: *on ~* op proef

approach [ə'proutʃ] **I** *overg* naderen; zich wenden tot; polsen; benaderen; fig aanpakken; **II** *onoverg* naderen; **III** *znw* nadering; toegang(sweg); oprit [v. brug]; benadering; fig (manier van) aanpakken o, aanpak (van *to*); *~ road* invalsweg

approachable *bn* toegankelijk, benaderbaar

approbation [æprə'beiʃən] *znw* goedkeuring

appropriate [ə'proupriit] **I** *bn* (daarvoor) bestemd, vereist, bevoegd [instantie]; geschikt, passend; eigen; **II** *overg* [ə'prouprieit] zich toe-eigenen; toewijzen, aanwijzen, bestemmen (voor *to, for*)

appropriation [əproupri'eiʃən] *znw* toe-eigening; toewijzing, aanwijzing, bestemming; krediet o [op begroting]

approval [ə'pru:vəl] *znw* bijval, goedkeuring; goedvinden o; *on ~* op zicht; op proef

approve *overg* goedkeuren; goedvinden (ook: *~of*)

approved *bn* bekwaam [geneesheer]; beproefd [middel]; erkend [v. instelling]; gebruikelijk

approximate [ə'prɔksimeit] **I** *overg & onoverg* (be)naderen; [ə'prɔksimit] **II** *bn* (zeer) nabij(komend), benaderend, bij benadering

approximately *bijw* bij benadering, ongeveer, omstreeks

appurtenance [ə'pə:tinəns] *znw* (meestal *mv*): *~s* toebehoren o

apricot ['eiprikət] *znw* abrikoos

April ['eipril] *znw* april; *~ Fools' Day* 1 april; *~ showers* maartse buien

apron ['eiprən] *znw* schort, voorschoot; schootsvel o, leren dekkleed o; proscenium o [v. toneel]; luchtv platform o [v. vliegveld]

apron-string *znw:* tied to one's mother's *~s* aan moeders rokken; tied to his wife's *~s* onder de plak van zijn vrouw

apropos ['æprəpou] **I** *bn* passend, geschikt, terzake; **II** *bijw* op het juiste ogenblik; *à propos*, tussen twee haakjes; *~ of* naar aanleiding van

apse [æps] *znw* apsis, apside [v. kerkgebouw]

apt [æpt] *bn* geschikt, gepast, to the point, juist; geneigd; bekwaam, handig (in *at*), pienter

aptitude *znw* geschiktheid; aanleg, handigheid, bekwaamheid; geneigdheid, neiging

aquarium [ə'kwɛəriəm] *znw* (*mv*: -s of aquaria) aquarium o

Aquarius [ə'kwɛəriəs] *znw* Waterman

aquatic [ə'kwætik] *bn* water-

aqueduct ['ækwidʌkt] *znw* aquaduct o [waterleiding]

aqueous ['eikwiəs] *bn* water(acht)ig, water-

aquiline ['ækwilain] *bn* arends-; *~ nose* haviksneus

Arab ['æræb] **I** *znw* Arabier; Arabisch paard o; **II** *bn* Arabisch

Arabian [ə'reibiən] **I** *bn* Arabisch; *the ~ Nights* Duizend-en-een-nacht; **II** *znw* Arabier

Arabic ['ærəbik] **I** *bn* Arabisch; **II** *znw* Arabisch o

arable ['ærəbl] *bn* bebouwbaar, bouw-

arbiter ['a:bitə] *znw* scheidsrechter, scheidsman, arbiter

arbitrary ['a:bitrəri] *bn* arbitrair, willekeurig, eigenmachtig

arbitrate I *overg* beslissen; scheidsrechterlijk uitmaken; **II** *onoverg* als scheidsrechter optreden

arbitration [a:bi'treiʃən] *znw* arbitrage

arbitrator ['a:bitreitə] *znw* scheidsrechter

arbor ['a:bə] *znw* = arbour

arboreal [a:'bɔriəl] *bn* boom-

arbour ['a:bə] *znw* prieel o

arc [a:k] *znw* (cirkel)boog

arcade [a:'keid] *znw* bouwk arcade; winkelgalerij, passage

arcane [a:'kein] *bn* geheim(zinnig); duister

1 arch- [a:tʃ] *voorv* aarts-

2 arch [a:tʃ] *bn* schalks, schelms, olijk

3 arch [a:tʃ] **I** *znw* boog, gewelf o; **II** *overg* welven; overwelven

archaeological [a:kiə'lɔdʒikl] *bn* archeologisch, oudheidkundig

archaeologist [a:ki'ɔlədʒist] *znw* archeoloog, oudheidkundige

archaeology *znw* archeologie, oudheidkunde

archaic [a:'keiik] *bn* archaïsch, verouderd, oud

archaism ['a:keiizm] *znw* verouderd woord o of verouderde uitdrukking, archaïsme o

archangel ['a:keindʒəl] *znw* aartsengel

archbishop [a:tʃ'biʃəp] *znw* aartsbisschop

archdeacon *znw* aartsdeken

archduke *znw* aartshertog

archer ['a:tʃə] *znw* boogschutter

archery *znw* boogschieten o

archetype ['a:kitaip] *znw* oorspronkelijk model o, voorbeeld o; archetype o: oerbeeld o

archipelago [a:ki'pelagou] *znw* (*mv*: -s of -goes) archipel

architect ['a:kitekt] *znw* architect, bouwmeester

architectural [a:ki'tektʃərəl] *bn* bouwkundig, architectuuraal

architecture ['a:kitektʃə] *znw* architectuur, bouwkunst, bouwstijl, bouw

archives ['a:kaivz] *znw* archieven; archief

archivist ['a:kivist] *znw* archivaris

archway ['a:tʃwei] *znw* boog, gewelfde gang, poort

arctic ['a:ktik] **I** *bn* noordpool-; ~ *fox* poolvos; **II** *znw*: *A*~ noordpool, noordpoolgebied o; Noordelijke IJszee (ook: ~ *Ocean*)

ardent *bn* brandend, vurig[2], warm[2], blakend, gloeiend; ijverig

ardour ['a:də] *znw* vurigheid, hartstocht, (liefdes)vuur o, warmte[2], gloed[2]; ijver, onstuimigheid, geestdrift

arduous ['a:djuəs] *bn* steil [v. pad]; zwaar, moeilijk [v. taak]

are [a:] 2e pers. enk., 1e, 2e, 3e pers. mv. tegenw. tijd v. *to be*

area ['ɛəriə] *znw* oppervlakte, oppervlak o; vrije open plaats; fig gebied o, terrein o, domein o

area-code *znw* netnummer o

arena [ə'ri:nə] *znw* arena[2], strijdperk o

aren't [a:nt] = *are not*

Argentina [adʒən'ti:nə] *znw* Argentinië o

Argentine ['adʒəntain] **I** *bn* Argentijns; **II** *znw* Argentijn; *the* ~, *Argentina* Argentinië o

argot ['a:gou] *znw* slang o, dieventaal, groepstaal

arguable ['a:gjuəbl] *bn* betwistbaar, aanvechtbaar; aantoonbaar; *it is* ~ *whether* het is discutabel of

argue I *onoverg* redeneren, disputeren, discussiëren; ruzie maken; **II** *overg* bewijzen (te zijn), duiden op; betogen; aanvoeren; beredeneren (~ *out*)

argument *znw* argument o, argumentatie, bewijs o, bewijsgrond; debat o, discussie, dispuut o; woordentwist, ruzie; korte inhoud, onderwerp o

argumentation [a:gjumen'teiʃən] *znw* bewijsvoering; debat o; argumentatie

argumentative [a:gju'mentətiv] *bn* twistziek

argy-bargy ['a:dʒi'ba:dʒi] *znw* gemeenz geruzie o, gekibbel o

arid ['ærid] *bn* droog[2], dor[2], onvruchtbaar[2]

aridity [ə'riditi] *znw* droogte, dorheid[2], onvruchtbaarheid[2]

Aries ['ɛərii:z] *znw* Ram

aright [ə'rait] *bijw* juist, goed

arise* [ə'raiz] *onoverg* ontstaan, voortspruiten, voortkomen (uit *from*), zich voordoen, rijzen; vero opstaan, zich verheffen

arisen [ə'rizn] V.D. van *arise*

aristocracy [æris'tɔkrəsi] *znw* aristocratie

aristocrat ['æristəkræt] *znw* aristocraat

aristocratic [æristə'krætik] *bn* aristocratisch

arithmetic [ə'riθmətik] *znw* rekenkunde

arithmetical [æriθ'metikl] *bn* rekenkundig, reken-

ark [a:k] *znw* ark; *out of the* ~ uit het jaar nul, hopeloos ouderwets

1 arm [a:m] *znw* arm°; mouw; armleuning; wiek [v. molen]; tak; *cost an* ~ *and a leg* een fortuin kosten

2 arm [a:m] **I** *znw* wapen o; ~s ook: herald wapen o; bewapening; *brother (companion, comrade) in* ~s wapenbroeder; ~s *race* bewapeningswedloop; **II** *overg* (be-) wapenen; beslaan; pantseren; scherp stellen [bom]; **III** *onoverg* zich wapenen

armadillo [a:mə'dilou] *znw* gordeldier o

Armageddon [a:mə'gedn] *znw* (hel van) het slagveld; de oorlog

armament ['a:məmənt] *znw* bewapening

armature ['a:mətʃə] *znw* anker o [v. magneet]; armatuur [v. lamp &]

armchair ['a:mtʃɛə] **I** *znw* fauteuil, leun(ing)stoel; **II** *bn* theoretisch [geredeneer &]; salon- [communist &]

armful ['a:mful] *znw* armvol

armhole *znw* armsgat o

armistice ['a:mistis] *znw* wapenstilstand

armorial [a:'mɔriəl] **I** *bn* wapen-; ~ *bearings* herald wapen(schild) o; **II** *znw* wapenboek o

armour ['a:mə] **I** *znw* wapenrusting; harnas o; pantser o; mil tanks, pantserwagens; **II** *overg* (be)pantseren, blinderen; ~*ed* ook: pantser-

armour-clad, **armour-plated** *bn* gepantserd

armourer *znw* wapensmid

armoury *znw* wapenkamer, arsenaal o

armpit ['a:mpit] *znw* oksel

arms control *znw* wapenbeheersing

army ['a:mi] *znw* leger o; legeronderdeel o

aroma [ə'roumə] *znw* aroma o, geur

aromatic [ærə'mætik] *bn* aromatisch, geurig

arose [ə'rouz] V.T. van *arise*

around [ə'raund] **I** *voorz* rondom, om ... (heen), (in het) rond; **II** *bijw* in het rond, hier en daar, verspreid; om en nabij; in de buurt, omstreeks, ongeveer &; *to have been* ~ heel wat van de wereld gezien hebben; het klappen van de zweep kennen; zie verder: *about*; ~*-the-clock*, ~ *the corner* & = *round-the-clock*, *round the corner* &

arouse [ə'rauz] *overg* (op)wekken; prikkelen; aansporen

arraign [ə'rein] *overg* voor een rechtbank dagen, aanklagen, beschuldigen

arraignment *znw* aanklacht

arrange [ə'rein(d)ʒ] **I** *overg* (rang)schikken; regelen, inrichten; afspreken; organiseren; muz arrangeren, zetten

arrangement *znw* (rang)schikking, ordening, regeling; inrichting; afspraak; akkoord o; muz zetting

arrant ['ærənt] *bn* doortrapt, aarts-; ~ *nonsense* klinkklare onzin

arras ['ærəs] *znw* wandtapijt o

array [ə'rei] **I** *overg* scharen; mil (in slagorde) opstellen; (uit)dossen, tooien; **II** *znw* rij, reeks; mil (slag)orde; plechtig dos, tooi, kledij

arrears [ə'riəz] *znw* achterstand, achterstallige schuld; *be in* ~ *with* achterstallig zijn met; achter zijn met

arrest [ə'rest] **I** *overg* tegenhouden, stuiten, tot staan brengen; aanhouden, arresteren; ~ *the attention* de aandacht boeien; **II** *znw* arrest o, arrestatie; tegenhouden o of stuiten o; *you're under* ~ u bent gearresteerd

arresting *bn* fig pakkend, boeiend

arrival [ə'raivəl] *znw* (aan)komst; aangekomene

arrive *onoverg* (aan)komen, arriveren; gebeuren

arrogance ['ærəgəns] *znw* aanmatiging, laatdunkendheid, arrogantie

arrogant *bn* aanmatigend, arrogant

arrow ['ærou] *znw* pijl

arrowhead *znw* pijlpunt; pijlkruid o

arse [a:s] *znw* plat kont, gat o, reet

arsehole ['a:shoul] *znw* plat gat o, reet, kont; [scheldwoord] klootzak, lul

arsenal ['a:sinl] *znw* arsenaal o

arsenic ['a:snik] *znw* arsenicum o, rattenkruit o

arson ['a:sn] *znw* brandstichting

art [a:t] *znw* kunst; vaardigheid; list, geveinsdheid; *fine* ~ beeldende kunst; *have sth. down to a fine* ~ iets tot een kunst verheffen; ~s onderw alfavetenschappen; ~s *subject* onderw alfavak o; ~s *and crafts* kunstnijverheid

artefact ['a:tifækt] *znw* artefact o (ook med)

arterial [a:'tiəriəl] *bn* slagaderlijk; ~ *road* hoofdverkeersweg, in-, uitvalsweg

arteriosclerosis [a:'tiəriouskliə'rousis] *znw* aderverkalking

artery ['a:təri] *znw* slagader; verkeersader

artesian [a:'ti:zjən] *bn*: ~ *well* artesische put

artful ['a:tful] *bn* listig, handig, gewiekst

arthritic [a:'θritik] *bn* artritisch, reumatisch

arthritis [a:'θraitis] *znw* artritis, gewrichtsontsteking, reuma o

artichoke ['a:titʃouk] *znw* artisjok

article ['a:tikl] **I** *znw* artikel° o; gramm lidwoord o; ~s *of association* statuten [van een vennootschap]; **II** *overg* in de leer doen; *be* ~d *to* als stagiair(e) werkzaam zijn bij

articulate [a:'tikjulit] **I** *bn* geleed; gearticuleerd; duidelijk (uitgedrukt), helder; zich goed uitdrukkend; **II** *overg* [a:'tikjuleit] articuleren; verbinden; met flexibele onderdelen construeren; ~d *lorry (truck)* vrachtwagen met aanhanger

articulation [a:tikju'leiʃən] *znw* geleding; articulatie, duidelijke uitspraak

artifact *znw* = *artefact*

artifice ['a:tifis] *znw* kunst(greep), list(igheid)

artificial [a:ti'fiʃəl] *bn* kunstmatig; gekunsteld; kunst-

artillery [a:'tiləri] *znw* artillerie, geschut o

artisan [a:ti'zæn] *znw* handwerksman

artist ['a:tist] *znw* (beeldend) kunstenaar; kunstschilder; artiest

artiste [a:'ti:st] *znw* artiest(e)

artistic [a:'tistik] *bn* artistiek, kunstzinnig

artistry ['a:tistri] *znw* kunstenaarschap o; artisticiteit, kunstzinnigheid

artless *bn* onhandig; ongekunsteld; naïef

arty, **arty-crafty**, Am **artsy-craftsy** *bn* gemeenz artiekerig

arum ['ɛərəm] *znw* aronskelk

as [æz] **I** *bijw* (even)als, (even)zo, zoals, even(als), gelijk; *this is* ~ *good a time* ~ *any to...* dit is een goed moment om...; *they cost* ~ *little* — £2 ze kosten maar £2; ~ *many* ~ *fifty* wel vijftig; **II** *voegw* (zo)als; toen, terwijl; daar; aangezien; naar gelang, naarmate; zowaar; *rich* ~ *he is* hoe rijk hij ook is, al is hij dan rijk; ~ *it is*, ~ *it was* zo, nu (echter); toch al; ~ *it were* als het ware; ~ *you were!* mil herstel!; ~ *against* tegen(over); ~ *for* wat betreft; ~ *from...* met ingang van... [1 mei]; ~ *if/ though* alsof; *it wasn't* ~ *if he could...* hij kon ook niet...; ~ *of* = ~ *from*; ~ *to* wat betreft; ~ *yet* tot nog toe

asbestos [æz'bestəs] *znw* asbest o

ascend [ə'send] **I** *onoverg* (op)klimmen, (op-) stijgen, omhooggaan, zich verheffen; **II** *overg* beklimmen, bestijgen; opgaan; opvaren

ascendancy *znw* overwicht o, (overheersende) invloed

ascendant **I** *bn* (op)klimmend, opgaand; fig overheersend; **II** *znw* ascendant; *be in the* ~ stijgen, rijzen; overheersen

ascension *znw* (be)stijging; hemelvaart; *Ascension Day* Hemelvaartsdag

ascent *znw* beklimming; opgang, (op-) klimming, -stijging; steilte, helling; fig opkomst

ascertain [æsə'tein] *overg* nagaan, uitmaken, bepalen, vaststellen, zich vergewissen van

ascertainable *bn* na te gaan, achterhaalbaar, vast te stellen

ascetic [ə'setik] **I** *bn* ascetisch; **II** *znw* asceet

ascetism [ə'setisizm] *znw* ascese, ascetisme o

ascribe [ə'skraib] *overg* toeschrijven (aan *to*)

aseptic *bn* aseptisch, steriel

asexual [ei'seksjuəl] *bn* aseksueel, geslachtloos

1 ash [æʃ] *znw* as; ~es **1** asdeeltjes; **2** as (overblijfselen van verbrand lijk &)

2 ash [æʃ] *znw* plantk es; (van) essenhout o

ashamed [əˈʃeimd] *bn* beschaamd (over *of*); *be ~, feel ~* ook: zich schamen

ashen [ˈæʃn] *bn* as-, askleurig, asgrauw (ook: *~-grey*)

ashore [əˈʃɔː] *bijw* aan land, aan wal; aan de grond, gestrand

ashtray *znw* asbak

ashy *bn* asachtig; asgrauw; met as bestrooid, as-

Asian [ˈeiʃən], **Asiatic** [eiʃiˈætik] I *bn* Aziatisch; II *znw* Aziaat

aside [əˈsaid] I *bijw* terzijde, opzij; II *znw* terzijde *o*

asinine [ˈæsinain] *bn* ezelachtig, ezels-

ask [aːsk] I *overg* vragen, vragen naar, verzoeken, verlangen, uitnodigen; *~ me another!* weet ik veel!; *I ~ you!* nu vraag ik je!; II *onoverg* vragen; *~ about (after)* vragen naar; *~ for* vragen om (naar); *that is simply ~ing for it* gemeenz dat is gewoon vragen om moeilijkheden

askance [əˈskæns] *bijw* van terzijde; schuin(s); wantrouwend

askew [əˈskjuː] *bn bijw* scheef, schuin

asking [ˈaːskiŋ]: *they may be had for the ~* je hoeft er maar om te vragen

asleep [əˈsliːp] *bn bijw* in slaap

asparagus [əˈspærəgəs] *znw* asperge

aspect [ˈæspekt] *znw* uitzicht *o*, voorkomen *o*, aanblik; oog-, gezichtspunt *o*; zijde, kant, aspect *o*; *have a southern ~* op het zuiden liggen

aspen [ˈæspən] I *znw* esp, espenboom; II *bn* espen-, espen

asperity [æsˈperiti] *znw* ruwheid, scherpte

asperse [əˈspəːs] *overg* vero besprenkelen; belasteren

aspersion *znw* vero besprenkeling; belastering, laster; *cast ~s on* belasteren

asphalt [ˈæsfælt] I *znw* asfalt *o*; II *overg* asfalteren

asphyxia [æsˈfiksiə] *znw* verstikking

asphyxiate *overg* verstikken, doen stikken

aspirant [əˈspaiərənt] I *bn* naar hoger strevend, eerzuchtig; II *znw* aspirant

aspirate [ˈæspirit] I *bn* aangeblazen; II *znw* geaspireerde letter; III *overg* [ˈæspireit] met hoorbare h of aanblazing uitspreken; wegzuigen

aspiration [æspiˈreiʃən] *znw* aanblazing; streven *o* (naar *for, after*), aspiratie

aspire [əˈspaiə] *onoverg* streven, dingen, trachten

aspirin [ˈæspirin] *znw* aspirine

aspiring [əˈspaiəriŋ] *bn* ambitieus, eerzuchtig

1 ass [æs, aːs] *znw* ezel[2]

2 ass [æs] *znw* 1 Am = arse; 2 Am stoot, lekker wijf *o*

assail [əˈseil] *overg* aanranden, aanvallen; attaqueren (over *on*); bestormen[2] (met *with*)

assailant *znw* aanrander, aanvaller; opponent

assassin [əˈsæsin] *znw* (sluip)moordenaar

assassinate *overg* vermoorden

assassination [əsæsiˈneiʃən] *znw* (sluip-) moord

assault [əˈsɔːlt] I *overg* aanvallen, aanranden, bestormen; II *znw* aanval, aanranding, bestorming; *~ and battery* recht het toebrengen van lichamelijk letsel

assay [əˈsei] I *znw* toets; II *overg* toetsen, keuren

assemblage [əˈsemblidʒ] *znw* verzameling; vereniging; vergadering; assemblage, montage [auto's]

assemble *overg & onoverg* (zich) verzamelen; samenkomen, vergaderen; bijeenbrengen; in elkaar zetten, monteren, assembleren [auto's]

assembly *znw* bijeenkomst; vergadering, assemblee; samenscholing; techn montage, assemblage; *~ line* techn montagelijn, lopende band

assent [əˈsent] I *znw* toestemming; instemming, goedkeuring; *with one ~* unaniem; II *onoverg* toestemmen; *~ to* instemmen met, beamen; toestemmen in

assert [əˈsəːt] *overg* doen (laten) gelden, opkomen voor; handhaven; beweren, verklaren

assertion *znw* bewering, verklaring; staan *o* op z'n recht

assertive *bn* aanmatigend; stellig; zelfbewust, assertief

assess [əˈses] *overg* schatten, taxeren (op *at*); vaststellen; beoordelen

assessment *znw* belasting, aanslag [in de belasting]; schatting[2], taxatie; vaststelling [v. schade]; beoordeling

assessor *znw* taxateur

asset [ˈæset] *znw* bezit *o*, goed[2] *o*, fig voordeel *o*, pluspunt *o*, aanwinst; *~s* baten

asseverate [əˈsevəreit] *overg* plechtig verzekeren, betuigen

asshole [ˈæshoul] *znw* Am plat = arsehole

assiduity [æsiˈdjuiti] *znw* (onverdroten) ijver, volharding

assiduous [əˈsidjuəs] *bn* volijverig, naarstig, volhardend

assign [əˈsain] *overg* aan-, toewijzen; bepalen, vaststellen, bestemmen; [goederen] overdragen

assignation [æsigˈneiʃən] *znw* aanwijzing, toewijzing, afspraak, rendez-vous *o*; overdracht

assignee [æsiˈniː] *znw* gevolmachtigde

assignment [əˈsainmənt] *znw* aan-, toewijzing, bestemming; (akte van) overdracht; taak, opdracht

assimilate [əˈsimileit] I *overg* gelijkmaken (aan *to, with*), gelijkstellen (met *to, with*); opnemen[2], verwerken, assimileren; II *onoverg* gelijk worden (aan *with*); opgenomen worden, zich assimileren

assimilation [əsimiˈleiʃən] *znw* gelijkmaking; verwerking [v. kennis &], opneming, assimilatie

assist [əˈsist] I *overg* helpen, bijstaan; II *onoverg*: *~ at* tegenwoordig zijn bij, bijwonen

assistance *znw* hulp, bijstand; *be of ~ to sbd.* iem. helpen

assistant I *bn* hulp-; II *znw* helper, assistent, adjunct

assizes [əˈsaiziz] znw periodieke zittingen van rondgaande rechters

associate [əˈsouʃiit] I znw metgezel, kameraad; bond-, deelgenoot; medeplichtige; lid o van een genootschap; II bn toegevoegd; verbonden, mede-; III overg [əˈsouʃieit] verenigen; verbinden; in verband brengen (met with)

association [əsousiˈeiʃən] znw bond, verbinding, vereniging, genootschap o, associatie; omgang; ~s ook: banden, herinneringen; Association football sp voetbal o (tegenover rugby)

assonance [ˈæsənəns] znw assonantie

assorted bn gemengd, gesorteerd; ill ~ slecht bij elkaar passend

assortment znw sortering; assortiment o

assuage [əˈsweidʒ] overg verzachten, lenigen, stillen, doen bedaren

assume [əˈsjuːm] overg op zich nemen, op-, aannemen; (ver)onderstellen; aanvaarden; zich aanmatigen

assumption [əˈsʌm(p)ʃən] znw op-, aanneming; (ver)onderstelling; aanvaarding; aanmatiging; A~ Maria-Hemelvaart

assurance [əˈʃuərəns] znw verzekering; zekerheid, zelfvertrouwen o; onbeschaamdheid

assure overg verzekeren, overtuigen (van of)

assured bn zelfverzekerd; stellig, zeker

asterisk [ˈæstərisk] znw asterisk, sterretje o

astern [əˈstəːn] bijw scheepv achteruit, achter

asteroid [ˈæstərɔid] znw asteroïde, kleine planeet

asthma [ˈæs(θ)mə] znw astma o

asthmatic [æs(θ)ˈmætik] I bn astmatisch; II znw astmalijder

astir [əˈstəː] bn bijw 1 op de been; 2 opgewonden

astonish [əˈstɔniʃ] overg verbazen, verwonderen

astonishing bn verbazend, verwonderlijk

astonishment znw verbazing (over at)

astound [əˈstaund] overg zeer verbazen; ontzetten

astounding bn verbazingwekkend, ontzettend, ontstellend

astral [ˈæstrəl] bn astraal, sterren-

astray [əˈstrei] bn bijw het spoor bijster; verdwaald; go ~ verdwalen; lead ~ verleiden, op een dwaalspoor of op de verkeerde weg brengen

astride [əˈstraid] I bijw schrijlings, met aan weerszijden een been; wijdbeens; II voorz schrijlings op/over, aan beide kanten van

astringent [əˈstrindʒənt] znw med samentrekkend (middel o); fig hard, scherp, streng

astrologer [əsˈtrɔlədʒə] znw sterrenwichelaar, astroloog

astrological [æstrəˈlɔdʒikl] bn astrologisch

astrology [əsˈtrɔlədʒi] znw sterrenwichelarij, astrologie

astronaut [ˈæstrənɔːt] znw astronaut, ruimtevaarder

astronomer [əsˈtrɔnəmə] znw astronoom, sterrenkundige

astronomical [æstrəˈnɔmikl] bn astronomisch

astronomy [əsˈtrɔnəmi] znw astronomie, sterrenkunde

astute [əsˈtjuːt] bn scherpzinnig; slim, sluw, geslepen

asunder [əˈsʌndə] bijw gescheiden, van- of uiteen, in stukken

asylum [əˈsailəm] znw asiel o, wijk-, vrij-, schuilplaats; gesticht o

asymmetric(al) [æsiˈmetrik(l)] bn asymmetrisch

at [æt, ət] voorz tot, te, op, in, ter, van, bij, aan, naar, om, over, voor, tegen, met; be ~ it er (druk) aan bezig zijn; aan de gang zijn; be ~ sbd. het op iem. gemunt hebben; iem. lastig vallen; what are you ~? wat voer je in je schild?; ~ that bovendien, ... ook

ate [et, eit] V.T. van eat

atheism [ˈeiθiizm] znw atheïsme o, godloochening

Athenian [əˈθiːniən] I bn Atheens; II znw Athener

athlete [ˈæθliːt] znw atleet [2]

athlete's foot znw voetschimmel

athletic [æθˈletik] I bn atletisch; atletiek-; gymnastiek-; II znw: ~s atletiek

athwart [əˈθwɔːt] I bijw dwars, schuin; II voorz dwars over; tegen ... in

Atlantic [ətˈlæntik] I bn Atlantisch; II znw Atlantische Oceaan

atlas [ˈætləs] znw atlas [ook: eerste halswervel]

atmosphere [ˈætməsfiə] znw atmosfeer [2]; fig sfeer

atmospheric [ætməsˈferik] bn 1 atmosferisch, dampkrings-; ~ pressure luchtdruk; 2 sfeervol, sfeer-

atmospherics znw luchtstoringen

atom [ˈætəm] znw atoom [2] o, fig greintje o; to ~s in gruzelementen

atomic [əˈtɔmik] bn atomair, atomisch, atoom-; ~ bomb atoombom; ~ pile kernreactor; ~ weight atoomgewicht o

atomize [ˈætəmaiz] overg in deeltjes oplossen; verstuiven

atomizer znw verstuiver

atonal [æˈtounəl] bn muz atonaal

atone [əˈtoun] onoverg boeten (voor for), goedmaken; verzoenen

atonement znw boete; vergoeding; verzoening; Day of A~ Grote Verzoendag

atop [əˈtɔp] I voorz boven (op); II bijw bovenaan, bovenop; ~ of bovenop

atrocious [əˈtrouʃəs] bn gruwelijk, afgrijselijk

atrocity [əˈtrɔsiti] znw gruwel(ijkheid), afgrijselijkheid

atrophy [ˈætrəfi] I znw atrofie, verschrompeling; II (overg &) onoverg doen verschrompelen [2], langzaam wegkwijnen [2]

attaboy [ˈætəbɔi] tsw Am goed zo!

attach [əˈtætʃ] I overg vastmaken, -hechten; hechten; toevoegen; in beslag nemen; II onoverg: ~ to verbonden zijn aan/met, aankleven, kleven

attaché [ə'tæʃei] *znw* attaché
attachment [ə'tætʃmənt] *znw* verbinding[2], band; aanhechting, gehechtheid, aanhankelijkheid
attack [ə'tæk] **I** *overg* aanvallen[2], aantasten[2], attaqueren[2]; aanpakken; **II** *znw* aanval[2]; wijze van aanpak; <u>muz</u> aanslag
attacker *znw* aanvaller
attain [ə'tein] *overg* bereiken, verkrijgen
attainable *bn* bereikbaar, te bereiken
attainment [ə'teinmənt] *znw* verworvenheid; ~s talenten, capaciteiten
attempt [ə'tem(p)t] **I** *overg* trachten, beproeven, proberen, pogen, ondernemen; **II** *znw* poging, proeve; aanslag [op leven]
attend [ə'tend] **I** *overg* begeleiden, vergezellen; bedienen, verzorgen, behandelen, verplegen, oppassen; bezoeken, bijwonen, volgen [colleges]; **II** *onoverg* aanwezig zijn; ~ *to* letten op, luisteren naar; passen op, oppassen, zorgen voor; [klanten] bedienen, helpen
attendance *znw* aanwezigheid; bediening, behandeling; zorg; gevolg *o*, bedienden; bezoek *o*, opkomst, publiek *o*; schoolbezoek *o*, colleges volgen *o*; *be in* ~ dienst hebben, bedienen; het gevolg vormen van; aanwezig zijn; ~ *register* presentielijst
attendant I *bn* aanwezig; bedienend (ook: ~ *on*); bijbehorend; **II** *znw* bediende, oppasser, bewaker [v. auto's], suppoost [v. museum]; begeleider
attention [ə'tenʃən] *znw* aandacht, oplettendheid; attentie; ~! <u>mil</u> geef acht!; *come to* ~ <u>mil</u> de houding aannemen; *stand to* ~ <u>mil</u> in de houding staan
attentive *bn* oplettend, aandachtig; attent
attenuate [ə'tenjueit] *overg & onoverg* verdunnen, vermageren, verzwakken; verzachten, verminderen
attenuation [ətenju'eiʃən] *znw* verdunning, vermagering, verzwakking; verzachting, vermindering
attest [ə'test] *overg* verklaren, betuigen, bevestigen, getuigen van (ook: ~ *to*)
attestation [ætes'teiʃən] *znw* getuigenis *o* & *v*, betuiging, attestatie
attic ['ætik] *znw* zolder, vliering, dak-, zolderkamer
attire [ə'taiə] **I** *overg* kleden, (uit)dossen, tooien; **II** *znw* kleding, tooi, opschik
attitude ['ætitju:d] *znw* houding; standpunt *o*, instelling; <u>psych</u> attitude; ~ *of mind* denkwijze
attorney [ə'tə:ni] *znw* procureur; gevolmachtigde; <u>Am</u> advocaat; *Attorney General* procureur-generaal; *power of* ~ volmacht
attract [ə'trækt] *overg* (aan)trekken, boeien
attraction *znw* aantrekking(skracht); aantrekkelijkheid, attractie; <u>fig</u> trekpleister, attractie
attractive *bn* aantrekkend; aantrekkings-; aantrekkelijk, attractief
attributable [ə'tribjutəbl] *bn* toe te schrijven, toe te kennen (aan *to*)
attribute [ə'tribju:t] **I** *overg* toeschrijven

(aan *to*); **II** *znw* ['ætribju:t] *znw* eigenschap, attribuut *o*, kenmerk *o*; <u>gramm</u> bijvoeglijke bepaling
attribution [ætri'bju:ʃən] *znw* toeschrijving
attributive [ə'tribjutiv] **I** *bn* attributief; **II** *znw* attributief woord *o*
attrition [ə'triʃən] *znw* wrijving, (af-) schuring, afslijting; berouw *o*; *war of* ~ uitputtingsoorlog
attune [ə'tju:n] *overg* in overeenstemming brengen (met *to*), aanpassen (aan *to*); <u>fig</u> afstemmen (op *to*)
auburn ['ɔ:bən] *bn* goudbruin, kastanjebruin
auction ['ɔ:kʃən] **I** *znw* veiling; *put up for* ~, *sell by* ~ veilen; **II** *overg* veilen
auctioneer [ɔ:kʃə'niə] *znw* veilingmeester
audacious [ɔ:'deiʃəs] *bn* vermetel; driest; gedurfd; brutaal, onbeschaamd
audacity [ɔ:'dæsiti] *znw* vermetelheid; driestheid; gedurfdheid; brutaliteit
audibility [ɔ:di'biliti] *znw* hoorbaarheid
audible ['ɔ:dibl] *bn* hoorbaar
audience ['ɔ:djəns] *znw* audiëntie (bij *of*), (aan)horen *o*; auditorium *o*, toehoorders, publiek *o*
audio- ['ɔ:diou-] *voorv* audio-, geluids-, gehoor-
audio-visual ['ɔ:diou'viʒuəl] *bn* audio-visueel
audit ['ɔ:dit] **I** *znw* 1 accountantsonderzoek *o*; doorlichting van een bedrijf, audit; 2 verslag *o* hiervan; **II** *overg & onoverg* 1 [de boeken] controleren, [een bedrijf] doorlichten
audition [ɔ:'diʃən] **I** *znw* beluisteren *o*; auditie [proef v. zanger &]; **II** *onoverg* een auditie doen; **III** *overg* een auditie afnemen
auditor ['ɔ:ditə] *znw* (toe)hoorder; auditor; accountant
auditorium [ɔ:di'tɔ:riəm] *znw* (*mv:* -s *of* auditoria) gehoorzaal; aula
auditory ['ɔ:ditəri] *bn* gehoor-, auditief
augment [ɔ:g'ment] **I** *overg* vermeerderen, verhogen, vergroten; **II** *onoverg* aangroeien, toenemen, (zich) vermeerderen
augmentation [ɔ:gmen'teiʃən] *znw* vermeerdering, verhoging, vergroting, aangroei
augur ['ɔ:gə] *overg & onoverg* voorspellen; *it* ~*s well (ill)* het belooft (niet) veel
augury *znw* voorteken *o*
August ['ɔ:gəst] *znw* augustus
august [ɔ:'gʌst] *bn* verheven, hoog, groots
auld lang syne ['ɔ:ldlæŋ'sain] *znw* <u>Schots</u> de goede oude tijd; *for* ~ uit oude vriendschap
aunt [a:nt] *znw* tante; ~ *Sally* bep. werpspel *o*; <u>fig</u> mikpunt *o*
auntie, aunty *znw* <u>gemeenz</u> (lieve) tante, tantetje *o*
aura ['ɔ:rə] *znw* (*mv:* -s *of* aurae) aura; uitstraling, emanatie
aural ['ɔ:rəl] *bn* oor-, via het gehoor
auricle ['ɔ:rikl] *znw* 1 oorschelp; 2 hartboezem
auspice ['ɔ:spis] *znw: under the* ~*s of* onder de auspiciën (bescherming) van

auspicious [ɔːsˈpiʃəs] *bn* veelbelovend, gelukkig, gunstig

Aussie [ˈɒsi] *znw* gemeenz = *Australian*

austere [ɔːsˈtiə] *bn* streng; sober; wrang

austerity [ɔːsˈteriti] *znw* strengheid; soberheid; versobering; (vaak *mv*) bezuiniging(en)

Australasian [ˈɔːstreilˈeiʃn] *bn* uit, betreffende Austraal-Azië, Austraal-Aziatisch

Australia [ɔːsˈtreiljə] *znw* Australië o

Australian [ɔːsˈtreiljən] I *bn* Australisch; II *znw* Australiër

Austria [ˈɔːstriə] *znw* Oostenrijk o

Austrian [ˈɔːstriən] I *bn* Oostenrijks; II *znw* Oostenrijker

authentic [ɔːˈθentik] *bn* authentiek, echt

authenticate *overg* bekrachtigen, staven, legaliseren, waarmerken; de echtheid bewijzen van

authenticity [ɔːθenˈtisiti] *znw* authenticiteit, echtheid

author [ˈɔːθə] *znw* schepper, (geestelijke) vader, bewerker; maker, schrijver, auteur

authoritarian [ɔːˈθɒriˈtɛəriən] *bn* autoritair

authoritative [ɔːˈθɒritətiv] *bn* gezaghebbend; autoritair

authority [ɔːˈθɒriti] *znw* autoriteit, gezag o, macht; machtiging; overheid(spersoon), gezagsdrager, instantie; zegsman; bewijsplaats; *on good* ~ uit goede bron

authorization [ɔːθəraiˈzeiʃən] *znw* machtiging, bekrachtiging, autorisatie

authorize [ˈɔːθəraiz] *overg* machtigen, bekrachtigen, autoriseren, fiatteren; *fig* wettigen; *the Authorized Version* de Engelse bijbelvertaling (1611)

authorship [ˈɔːθəʃip] *znw* auteurschap o

autistic [ɔːˈtistik] *bn* autistisch

auto [ˈɔːtou] *znw* Am auto

autobiographical [ɔːtəbaiəˈgræfikl] *bn* autobiografisch

autobiography [ɔːtəbaiˈɒgrəfi] *znw* autobiografie

autocracy [ɔːˈtɒkrəsi] *znw* autocratie, alleenheerschappij

autocrat [ˈɔːtəkræt] *znw* autocraat[2], alleenheerser

autograph [ˈɔːtəgrɑːf] I *znw* handtekening (v. beroemd persoon); II *overg* signeren

automate [ˈɔːtəmeit] *overg* automatiseren

automatic [ɔːtəˈmætik] I *bn* automatisch[2]; werktuiglijk; II *znw* automatisch wapen o

automatically *bijw* automatisch; werktuiglijk, vanzelf

automation [ɔːtəˈmeiʃən] *znw* automatisering

automaton [ɔːˈtɒmətən] *znw* (*mv*: -s of automata) automaat, robot

automotive [ɔːtəˈmoutiv] *bn* met eigen voortstuwing; auto-

autonomous [ɔːˈtɒnəməs] *bn* autonoom

autonomy *znw* autonomie

autopsy [ˈɔːtɒpsi] *znw* lijkschouwing, autopsie

autumn [ˈɔːtəm] *znw* herfst, najaar o

autumnal [ɔːˈtʌmnəl] *bn* herfstachtig, herfst-

auxiliary [ɔːgˈziliəri] I *bn* hulp-; extra, reserve-; II *znw* helper, assistent; hulpmiddel o; *gramm* hulpwerkwoord o; *auxiliaries* mil hulptroepen

avail [əˈveil] I *onoverg & overg* baten; II *wederk*: ~ *oneself of* gebruik maken van, benutten; III *znw* baat, hulp, nut o; *of no* ~ nutteloos

availability [əveiləˈbiliti] *znw* beschikbaarheid, aanwezigheid

available [əˈveiləbl] *bn* beschikbaar; aanwezig; geldig

avalanche [ˈævəlɑːnʃ] *znw* lawine[2]

avarice [ˈævəris] *znw* gierigheid, hebzucht

avaricious [ævəˈriʃəs] *bn* gierig, hebzuchtig

Ave., ave. *afk.* = *avenue*

avenge [əˈvendʒ] *overg* wreken

avenger *znw* wreker

avenue [ˈævinjuː] *znw* toegang[2], weg[2], (oprij)laan; Am brede boulevard of straat

aver [əˈvɜː] *overg* betuigen, verzekeren; beweren, verklaren; *recht* bewijzen

average [ˈævəridʒ] I *znw* gemiddelde o; *(up-) on an (the)* ~, *on* ~ gemiddeld, in doorsnee; 2 averij; II *bn* gemiddeld, doorsnee, gewoon; III (vaak met *out*) *overg & onoverg* het gemiddelde berekenen van; gemiddeld komen op &

averse [əˈvɜːs] *bn* afkerig (van *to, from*)

aversion [əˈvɜːʃən] *znw* afkeer, tegenzin, weerzin, aversie; antipathie

avert [əˈvɜːt] *overg* afwenden, afkeren (van *from*)

aviary [ˈeiviəri] *znw* volière, vogelhuis o

aviation [ˈeiviˈeiʃən] *znw* luchtvaart; vliegen o; vliegsport

aviator [ˈeivieitə] *znw* luchtv vlieger

avid [ˈævid] *bn* gretig, begerig (naar *of, for*)

avidity [əˈviditi] *znw* begeerte, begerigheid, gretigheid

avionics [ˈeiviɒniks] *znw* luchtvaartelektronica

avocation [ævəˈkeiʃən] *znw* 1 hobby, nevenbezigheid; 2 beroep o

avoid [əˈvɒid] *overg* (ver)mijden, ontwijken

avoidable *bn* vermijdbaar

avoidance *znw* 1 vermijding; 2 vacature

avow [əˈvau] *overg* bekennen, erkennen; *an* ~*ed enemy* een gezworen vijand

avowal *znw* bekentenis

avowedly *bijw* openlijk, uitgesproken; volgens eigen bekentenis

avuncular [əˈvʌŋkjulə] *bn* (als) van een oom; *fig* vaderlijk

await [əˈweit] *overg* wachten, wachten op; afwachten, verbeiden; te wachten staan

1 awake[*] [əˈweik] I *overg* (op)wekken[2]; II *onoverg* ontwaken, wakker worden; ~ *to* (gaan) beseffen

2 awake *bn* wakker, ontwaakt; *be* ~ *to* beseffen

awaken I *overg* wekken[2]; ~ *sbd. to* iem. doen beseffen; II *onoverg* ontwaken

awakening *znw* ontwaken[2] o

award [əˈwɔːd] I *overg* toekennen; opleggen [boete &]; II *znw* prijs, onderscheiding, bekroning, beloning, studiebeurs

aware [əˈwɛə] *bn* gewaar; *be* ~ *of* zich bewust zijn van, beseffen, merken, weten

awareness *znw* besef *o*, bewustzijn *o*

awash [ə'wɔʃ] *bn* overspoeld; ronddrijvend; <u>scheepv</u> op waterniveau [v. zandbank &]

away [ə'wei] **I** *bijw* weg, van huis; voort, mee; ver; <u>versterkend</u> erop los; *talk* ~ erop los praten; *work* ~ flink (door)werken; **II** *bn* <u>sp</u> uit-; ~ *game* uitwedstrijd; **III** *znw* <u>sp</u> uitwedstrijd; overwinning in een uitwedstrijd

awe [ɔ:] **I** *znw* vrees, ontzag *o*; *stand in* ~ *of* ontzag hebben voor; **II** *overg* ontzetten; ontzag inboezemen; imponeren

awe-inspiring ['ɔ:in'spairiŋ] *bn* ontzagwekkend; verbluffend, prachtig

awesome ['ɔ:səm] *bn* **1** ontzagwekkend; ontzettend; **2** eerbiedig

awestruck *bn* met ontzag vervuld

awful *bn* ontzagwekkend; <u>versterkend</u> ontzaglijk, verschrikkelijk, vreselijk

awhile [ə'wail] *bijw* voor enige tijd, (voor) een poos

awkward ['ɔ:kwəd] *bn* onhandig, onbehouwen, lomp; niet op zijn gemak; lastig, gevaarlijk, penibel, ongelukkig; ~ *age* vlegel-

jaren, puberteit

awl [ɔ:l] *znw* els, priem

awning ['ɔ:niŋ] *znw* (dek)zeil *o*, (zonne-)scherm *o*, markies; kap, luifel

awoke [ə'wouk] V.T. & V.D. van *awake*

awry [ə'rai] *bn bijw* scheef, schuin; verkeerd

axe, <u>Am</u> **ax** [æks] **I** *znw* bijl; *have an* ~ *to grind* zelfzuchtige bijbedoelingen hebben; **II** *overg* ontslaan, de laan uitsturen; schrappen [v. banen, projecten &]; drastisch beperken [v. kosten]

axiom ['æksiəm] *znw* axioma *o*, grondstelling

axiomatic [æksiə'mætik] *bn* axiomatisch, vanzelfsprekend

axis ['æksis] *znw* (*mv*: axes [-si:z]) as, aslijn, spil; draaier [tweede halswervel]

axle ['æksl] *znw* (wagen)as, spil

ay, aye [ai, ei] **I** *tsw* ja!; **II** *znw* ja *o*; stem vóór; *the* ~*(e)s have it* de meerderheid is er voor

azure ['æʒə, 'eiʒə] **I** *znw* hemelsblauw *o*, azuur *o*; **II** *bn* hemelsblauw, azuren

B

b [bi:] *znw* (de letter) b; *muz* b of si
BA *afk.* = *Bachelor of Arts*
baa [ba:] *znw* geblaat o
babble ['bæbl] **I** *onoverg* keuvelen, wauwelen; babbelen; kabbelen (v. water); **II** *overg* verklappen; **III** *znw* gekeuvel o, gepraat o, gewauwel o; gekabbel o
babbler *znw* wauwelaar, kletskous
babe [beib] *znw* baby, kindje o; *fig* onnozele hals, doetje o; liefje o, schat
Babel ['beibl] *znw* (toren van) Babel o; (spraak)verwarring
baboon [bə'bu:n] *znw* baviaan
baby ['beibi] **I** *znw* o; zuigeling, baby, kleintje o; jong o [v.e. dier]; jongste; liefje o; *he was left holding the ~ gemeenz* hij bleef met de gebakken peren zitten; **II** als *bn* kinder-, klein; jong; ~ *grand muz* kleine vleugel(piano), babyvleugel
babyish *bn* kinderachtig; kinderlijk
baby-sit ['beibisit] *onoverg* babysitten, oppassen
bachelor ['bætʃələ] *znw* vrijgezel; bachelor, (laagste academische graad) ± kandidaat
bacillus [bə'siləs] *znw* (*mv*: bacilli [-lai]) bacil
back [bæk] **I** *znw* rug, rugzijde, rugpand o; keerzijde, achterkant; leuning; *sp* back; ~ *to front* achterstevoren; *put their ~s into the work* flink aanpakken, de handen uit de mouwen steken; *turn one's ~ on* de rug toekeren; in de steek laten; *break one's ~ to...* zich kapot werken om te...; *get off sbd.'s ~* iemand met rust laten; *the ~ of beyond* (verloren) uithoek, gat o; *be on sbd.'s ~* iem. tot last zijn; **II** *bn* achter-; achterstallig; afgelegen; oud [v. tijdschrift]; tegen-; **III** *bijw* terug; naar achteren, achteruit; geleden; ~ *and forth* heen en weer; **IV** *voorz:* ~ *of Am* achter; **V** *overg* doen achteruitgaan, achteruitschuiven, achteruitrijden; (onder)steunen, bij staan achter; endosseren; berijden [paard &]; ~ *up* steunen; *comput* een back-up maken; ~ *the oars (water)* de riemen strijken; **VI** *onoverg* terug-, achteruitgaan, achteruitrijden; ~ *down* terugkrabbelen; ~ *off* terugdeinzen, ophouden met; ~ *onto* aan de achterkant grenzen aan; ~ *out (of an engagement)* terugkrabbelen
backache ['bækeik] *znw* rugpijn
backbencher *znw* gewoon Lagerhuislid o
backbenches ['bækbenʃiz] *znw: the ~* de gewone kamerleden
backbite *overg* belasteren, roddelen, kwaadspreken (over)
backbone *znw* ruggengraat; *fig* flinkheid, vastheid van karakter
back-breaking *bn* vermoeiend
backcloth *znw* achterdoek o; *fig* achtergrond
back-door I *znw* achterdeur²; **II** als *bn* heimelijk, achterbaks

backdrop *znw* = *backcloth*
backfire I *znw* *techn* terugslag [v. motor]; **II** *onoverg* *techn* terugslaan; *gemeenz* een averechtse uitwerking hebben; mislukken
background ['bækgraund] *znw* achtergrond²; ~ *reading* inlezen o [voor studie &]
backhand I *znw* *sp* backhand (slag); **II** *bn* = backhanded
backhanded *bn* met de rug van de hand; dubbelzinnig, geniepig, achterbaks; indirect
backing *znw* steun; rugdekking; zie ook: *back IV & V*
backlash *znw* *fig* tegenbeweging, verzet o, reactie
backlog *znw* *fig* overschot o; achterstand
backmost *bn* achterste
back number *znw* oud nummer o [v. tijdschrift]
backpack I *znw* rugzak; **II** *onoverg* trekken (met een rugzak)
backpacker *znw* rugzaktoerist
back-pedal *onoverg* terugtrappen; *fig* terugkrabbelen
back seat *znw* achterbank; ~ *driver* betweterige bemoeial
backside *znw* achterste o, achterwerk o
backslide *onoverg* recidiveren; ~ *into* weer vervallen tot
backstage *bijw* achter de schermen
backstairs *znw* achtertrap, geheime trap
backstreet illegaal, duister; *a ~ abortionist* een illegale aborteur
backstroke *znw* rugslag [zwemmen]
backtrack *onoverg* op zijn schreden terugkeren; *fig* terugkrabbelen
back-up *znw* back-up, reservekopie; *fig* ondersteuning
backward I *bn* achterwaarts; achterlijk, traag, laat; beschroomd; onwillig; ~ *countries* achtergebleven gebieden; **II** *bijw* = *backwards*
backwards *bijw* achterwaarts, -uit, -over; van achter naar voren, terug; *bend (fall) over ~* al het mogelijke doen; *know ~* op zijn duimpje kennen, wel kunnen dromen; ~ *and forwards* op en neer, heen en terug
backwash *znw* boeggolf; terugloop [v. water]; *luchtv* deining [v. lucht]; *fig* terugslag
backwater *znw* (geestelijk, cultureel) isolement o; achtergebleven gebied o
backwoods *znw* oerwouden [in Amerika]; binnenland o
backyard *znw* achterplaats, achtererf o; *Am* achtertuin
bacon ['beikən] *znw* bacon o & m, (gerookt) spek o; *save sbd.'s ~* iemand redden, uit de brand helpen; *bring home the ~* de kost verdienen, de centjes binnenbrengen
bacteria [bæk'tiəriə] *znw* bacteriën
bacterial *bn* bacterieel
bacteriology *znw* bacteriologie
bacterium [bæk'tiəriəm] *znw* (*mv*: bacteria [-iə]) bacterie
bad [bæd] *bn* kwaad, slecht, kwalijk, ernstig, erg; ondeugend; bedorven, rot [fruit &]; naar, ziek; zwaar [verkoudheid &]; vals,

ballot

nagemaakt, ondeugdelijk; *too* ~ ook: jammer, (maar niets aan te doen); ~ *cheque* handel ongedekte cheque; *go from* ~ *to worse* van kwaad tot erger vervallen; *go to the* ~ de verkeerde weg opgaan, naar de kelder gaan, mislopen; *[10 pounds] to the* ~ schuldig, te kort

baddy ['bædi] *znw* slechterik, boef, schurk [vooral in film, boek &]

bade [bæd, beid] V.T. van ²*bid*

badge [bædʒ] *znw* ken-, ordeteken *o*; insigne *o*, badge; distinctief *o*; penning

badger ['bædʒə] **I** *znw* dierk das; **II** *overg* lastig vallen; plagen, sarren, pesten

badly ['bædli] *bijw* kwalijk, slecht, erg; versterkend danig, hard, zeer; ~ *wounded* zwaar gewond

bad-tempered [bæd'tempəd] *bn* slechtgehumeurd

baffle ['bæfl] **I** *overg* verbijsteren; in de war brengen; *he was* ~*d* hij stond voor een raadsel; **II** *znw* techn leiplaat (ook: ~ *plate*)

baffling *bn* verwarrend; verbijsterend, niet te geloven

bag [bæg] **I** *znw* zak, baal, (wei)tas; vangst, geschoten wild *o*, tableau *o*; buidel; uier; ~ *and baggage* (met) pak en zak; *(he is) a* ~ *of bones* vel over been; *in the* ~ fig voor de bakker; ~*s under the eyes* wallen onder de ogen; *old* ~ gemeenz oud wijf *o*; **II** *overg* schieten, vangen; gemeenz in zijn zak steken, buitmaken, weten te bemachtigen

baggage ['bægidʒ] *znw* (mil & Am) bagage

baggy ['bægi] *bn* flodderig; ~ *cheeks* hangwangen

bagman ['bægmən] *znw* gemeenz handelsreiziger; iem. die geld ophaalt en uitdeelt namens een (misdaad)organisatie (bijv. maffia)

bagpipe ['bægpaip] *znw* doedelzak (vaak: ~*s*)

bah [ba:] *tsw* bah!

Bahamas [bə'ha:məz] *znw* Bahama's *mv*, Bahama-eilanden *mv*

Bahrain [ba:'rein] *znw* Bahrein *o*

bail [beil] **I** *znw* 1 borg, borgtocht, cautie, borgstelling; 2 bail [v. wicket]; *go (stand)* ~ *(for)* borg staan (voor), instaan voor; **II** *overg* borg staan voor; ~ *out* 1 door borgtocht het ontslag van voorarrest verkrijgen voor; 2 uithozen; **III** *onoverg*: ~ *out* eruit (uit het vliegtuig) springen met een parachute

bailey ['beili] *znw* binnenplein *o*; vero buitenmuur [v. kasteel, stad]

bailiff ['beilif] *znw* gerechtsdienaar, deurwaarder; rentmeester; hist schout, baljuw

bairn [bɛən] *znw* Schots & Ir kind *o*

bait [beit] **I** *znw* aas² *o*, lokaas *o*, lokmiddel *o*; valstrik; hapje *o*; *rise to (take) the* ~ aan-, toebijten, toehappen, in een valstrik lopen; **II** *overg* van (lok)aas voorzien; sarren, kwellen; op de kast jagen

baize [beiz] *znw* baai [stof]; (groen) laken *o*

bake [beik] *overg* bakken, braden

baker ['beikə] *znw* bakker; *a* ~*'s dozen* dertien

bakery *znw* bakkerij

baksheesh, bakhshish ['bækʃi:ʃ] *znw* baksjisj, fooi

balance ['bæləns] **I** *znw* balans, weegschaal²; evenwicht² *o*, tegenwicht² *o*; fig harmonie; handel saldo *o*; rest; ~ *in hand* handel creditsaldo *o*; ~ *of payments* betalingsbalans; ~ *of trade* handelsbalans; ~ *of power* machtsevenwicht *o*; *hold the* ~ op de wip zitten [in de politiek]; *tip the* ~ de schaal doen doorslaan; *off (one's)* ~ fig uit zijn evenwicht, van streek; *on* ~ per saldo²; **II** *overg* wegen², overwegen; opwegen tegen, in evenwicht (harmonie) brengen of houden; handel afsluiten, sluitend maken [begroting]; [rekening] vereffenen; **III** *onoverg* in evenwicht (harmonie) zijn, balanceren; fig kloppen, sluiten [rekening, begroting &]; ~ *out* elkaar compenseren

balanced *bn* uitgebalanceerd, evenwichtig; *a* ~ *opinion* een afgewogen oordeel

balance-sheet *znw* handel balans

balcony ['bælkəni] *znw* balkon *o*

bald [bɔ:ld] *bn* kaal, naakt; onopgesmukt, nuchter

balderdash ['bɔ:ldədæʃ] *znw* wartaal, kletspraat

baldheaded [bɔ:ld'hedid] *bn* kaal(hoofdig)

bale [beil] **I** *znw* baal; **II** *overg* 1 (in balen verpakken; persen [hooi]; 2 (uit)hozen (ook: ~ *out*); **III** *onoverg*: ~ *out* eruit (uit het vliegtuig) springen met een parachute

baleen [bə'li:n] *znw* balein *o*

baleful ['beilful] *bn* noodlottig, verderfelijk; onheilspellend

balk [bɔ:k] **I** *znw* balk; **II** *overg* hinderen, de pas afsnijden; verijdelen; ~ *sbd. of sth.* iem. iets onthouden, ontnemen; **III** *onoverg* weigeren; plotseling blijven steken; terugdeinzen (voor *at*)

ball [bɔ:l] *znw* 1 bal *m* [voorwerpsnaam], bol, kogel; kluwen *o*; 2 teelbal; 3 bal *o* [danspartij]; ~*s!* plat gelul *o*, flauwekul; *they kept the* ~ *rolling (up)* zij hielden het gesprek (het spelletje) aan de gang; *the* ~ *is in your court* nu ben jij aan zet, nu is het jouw beurt; *have a* ~ gemeenz zich uitstekend vermaken; ~ *and socket joint* kogelgewricht *o*

ballad ['bæləd] *znw* lied(je) *o*, ballade

ballast ['bæləst] **I** *znw* ballast; **II** *overg* ballasten

ball-bearing ['bɔ:lbɛəriŋ] *znw* techn kogellager *o*

ball-cock *znw* techn balkraan, flotteur [v. wc]

ballet ['bælei] *znw* ballet *o*

ballgame ['bɔ:lgeim] *znw* Am honkbalwedstrijd; *that's a whole different/new ballgame* dat is heel wat anders

ballistic [bə'listik] *bn* ballistisch; ~*s* ballistiek

balloon [bə'lu:n] **I** *znw* (lucht)ballon; tekstballon; **II** *onoverg* bol (gaan) staan; fig de pan uit rijzen; ballontochten maken

balloonist *znw* ballonvaarder, luchtschipper

ballot ['bælət] **I** *znw* stemrecht *o*, stembriefje o; aantal o uitgebrachte stemmen; (geheime) stemming, loting; **II** onoverg stemmen, loten (om for)

ballot-box znw stembus

ballot-paper znw stembriefje o

ball-point ['bɔ:lpɔint] znw ballpoint, balpen

ballpark ['bɔ:lpɑ:k] znw Am honkbalstadion o; ~ figure ruwe schatting

ballroom ['bɔ:lrum] znw balzaal, danszaal

balls-up ['bɔ:lzʌp] znw gemeenz knoeiboel, rotzooi, soepzootje o

bally ['bæli] bn bijw gemeenz verduiveld, verdomd

ballyhoo [bæli'hu:] znw luidruchtige, opdringerige reclame, (hoop) drukte; kretologie

balm [bɑ:m] znw balsem[2]

balmy ['bɑ:mi] bn balsemachtig, balsemend[2]; zoel; slang = barmy getikt, krankjorum

baloney [bə'louni] znw slang klets(koek)

Baltic ['bɔ:ltik] bn Baltisch; the ~ de Oostzee; the ~ States de Baltische staten

balustrade [bæləs'treid] znw balustrade

bamboo [bæm'bu:] znw plantk bamboe o & m

bamboozle [bæm'bu:zl] overg beetnemen, verlakken, bedriegen

ban [bæn] **I** znw ban(vloek), (rijks)ban; verbod o (van on); put a ~ upon verbieden; **II** overg verbieden; verbannen (uit from); uitbannen

banal ['beinəl,bə'nɑ:l] bn banaal, triviaal

banality [bə'næliti] znw banaliteit

banana [bə'nɑ:nə] znw banaan, pisang; go ~s knettergek worden

band [bænd] **I** znw band°, (smal) lint o, snoer o; strook, rand, streep; ring, bandje o [om sigaar]; drijfriem; schare, troep, bende; muziekkorps o, kapel, dansorkest o; (pop)groep, band; **II** onoverg: ~ (together) zich verenigen

bandage ['bændidʒ] **I** znw verband o, zwachtel; **II** overg: ~ (up) verbinden, (om-) zwachtelen

bandbox ['bæn(d)bɔks] znw hoedendoos

bandit ['bændit] znw (mv: -s of banditti [bæn'ditɑl]) bandiet, (struik)rover

banditry znw banditisme o

bandmaster znw kapelmeester

bandoleer, bandolier [bændə'liə] znw bandelier, patronengordel

band-saw ['bændsɔ:] znw lintzaag

bandstand znw muziektent

bandwagon znw praalwagen met muziekanten; climb (get, jump) on the ~ ook van de partij (willen) zijn, met de mode meedoen

bandy ['bændi] overg heen en weer smijten; (uit)wisselen; ~ about ook: rondbazuinen; ~ words ruzie maken

bandy(-legged) bn met o-benen

bane [bein] znw vergif(t)[2] o, verderf o, pest, vloek; he's the ~ of my life hij is een nagel aan mijn doodskist

1 bang [bæŋ] **I** overg slaan, stompen, rammen, (dicht)smakken; ranselen; plat neuken, een beurt geven; **II** onoverg knallen,

dreunen; **III** znw slag, smak, knal, klap; with a ~ fig met energie; **IV** tsw pats!, boem!, pang!; **V** bijw vlak, net, precies, vierkant, pardoes; go ~ dreunen, met een klap dichtgaan [deur]; exploderen; fig naar de maan gaan; ~ goes my holiday ik kan mijn vakantie wel vergeten

2 bang [bæŋ] znw (meestal mv): ~s ponyhaar o, pony

banger ['bæŋə] znw gemeenz worstje o; rotje o; rijdend wrak o

Bangladesh [bə'hɑ:məz] znw Bangladesh o

bangle ['bæŋgl] znw armband; voetring

banish ['bæniʃ] overg (ver)bannen[2]; verbannen uit

banishment znw verbanning, ballingschap

banister ['bænistə] znw spijl, stijl; ~s trapleuning

banjo ['bændʒou] znw (mv: -s of -joes) banjo

bank [bæŋk] **I** znw 1 bank, (speel)bank; oever; zandbank; mistbank; wal, dijk, glooiing, berm; 2 groep, rij [toetsen &]; **II** overg 1 indammen; 2 handel op de bank zetten, deponeren; ~ up opstapelen; indammen; banken: inrekenen; **III** onoverg 1 een bankrekening hebben; bankzaken doen (met with); 2 luchtv overhellen [in bocht]; ~ on vertrouwen op; ~ up zich opstapelen

bank account znw bankrekening

bank balance znw banksaldo o

bank card znw betaalpas

banker znw handel bankier, kassier; bankhouder

banking znw bankwezen o

banknote znw bankbiljet o

bankrupt **I** znw iem. die failliet is; **II** bn bankroet, failliet; **III** overg failliet doen gaan, ruïneren

bankruptcy znw bankroet o, faillissement o

bank statement znw bankafschrift o

banner ['bænə] znw banier[2], vaan, vaandel o; spandoek o & m

banner headline znw brede kop [in krant]

banns [bænz] znw huwelijksafkondiging; publish, put up the ~ de huwelijksafkondiging doen van de preekstoel

banquet ['bæŋkwit] znw feest-, gastmaal o, banket o

banshee [bæn'ʃi:] znw Ir & Schots geest die met geweeklaag een sterfgeval aankondigt

bantam ['bæntəm] znw dierk bantammer, kriel(haan); sp (~ weight) bokser van het bantamgewicht

banter ['bæntə] **I** onoverg schertsen; **II** znw gekscherende plagerij, plagerige spot, gescherts o

baptism ['bæptizm] znw doop, doopsel o

baptismal [bæp'tizməl] bn doop-

baptist(e)ry ['bæptist(ə)ri] znw doopkapel; doopbekken o [v. baptisten]

baptize [bæp'taiz] overg dopen[2]

bar [bɑ:] **I** znw (slag)boom, barrière, sluitboom; streep; baar, staaf, stang; reep [chocolade]; lat; spijl, tralie; muz (maat-) streep, maat; herald balk; recht balie; bar, buffet o; zandbank [vóór haven of riviermond]; recht exceptie; fig belemmering, hindernis; *horizontal* ~ rekstok, rek o; *parallel* ~s brug; *behind (prison)* ~s achter de tralies; taliën; uitsluiten; afsluiten, versperren; beletten, verhinderen; strepen; **III** *voorz* = barring ~ *accidents* als er niks tussen komt

barb [ba:b] *znw* (weer)haak; ~*ed* fig stekelig; ~*ed wire* prikkeldraad o & m

Barbados [ba:'ha:mɔz] *znw* Barbados o

barbarian [ba:'bɛəriən] *bn* barbaar(s)

barbaric [ba:'bærik] *bn* barbaars

barbarism ['ba:bərizm] *znw* barbaarsheid, barbarij; gramm barbarisme o

barbarity [ba:'bæriti] *znw* barbaarsheid

barbarous *bn* barbaars

barbecue ['ba:bikju:] **I** *znw* barbecue; barbecuefeest o; op barbecue geroosterd stuk vlees; **II** *overg* barbecuen

barbel ['ba:bəl] *znw* dierk barbeel; tastdraad [v. vis]

barber ['ba:bə] *znw* kapper, barbier

barbiturate [ba:'bitjurit] *znw* barbituraat o

bar code *znw* streepjescode, barcode

bare [bɛə] **I** *bn* bloot, naakt, kaal, ontbloot[2]; klein [meerderheid]; gering [kans]; **II** *overg* ontbloten; blootleggen

bareback *bn bijw* zonder zadel

barefaced *bn* ongemaskerd; fig onverbloemd, schaamteloos, onbeschaamd

barefoot(ed) *bn* blootsvoets, barrevoets

bareheaded *bn* blootshoofds

barely *bijw* ternauwernood, amper

bargain ['ba:gin] **I** *znw* koop, koopje o; reclameaanbieding; overeenkomst, afspraak; *drive a* ~ een koop sluiten; *drive a hard* ~ *with sbd.* iem. het vel over de oren halen; *into the* ~ op de koop toe; **II** *onoverg* (af)dingen, loven en bieden; onderhandelen; **III** *overg:* ~ *away* verkopen met verlies, verkwanselen

barge [ba:dʒ] **I** *znw* praam, aak, (woon)schuit; scheepv (officiers)sloep; staatsieboot; **II** *onoverg* stommelen; ~ *in* gemeenz zich ermee bemoeien; ~ *into (against)* gemeenz aanbotsen tegen

barge-pole ['ba:dʒpoul] *znw* vaarboom; *I wouldn't touch him with a* ~ ik moet niets van hem hebben

baritone ['bæritoun] *znw* bariton

bark [ba:k] **I** *znw* 1 bast, schors; run; kina; 2 scheepv bark; 3 geblaf o; *his* ~ *is worse than his bite, barking dogs seldom bite* blaffende honden bijten niet; **II** *overg* ontschorsen, afschillen; gemeenz [de huid] schaven; **III** *onoverg* blaffen[2]; *be* ~*ing up the wrong tree* het mis hebben; aan het verkeerde adres zijn

barker ['ba:kə] *znw* klantenlokker

barley ['ba:li] *znw* gerst

barley sugar *znw* 1 gerstesuiker; 2 lolly

barm [ba:m] *znw* (bier)gist

barmaid ['ba:meid] *znw* vrouw/meisje o achter de bar/tap, barmeisje o

barman *znw* barkeeper, barman

barmy ['ba:mi] *bn* gistend; schuimend;

slang getikt, krankjorum

barn [ba:n] *znw* schuur

barnacle ['ba:nəkl] *znw* eendenmossel

barnstormer ['ba:nstɔ:mə] *znw* rondtrekkend acteur; Am de boer opgaande kandidaat [bij verkiezingen]

barnyard ['ba:nja:d] *znw* boerenerf o

baron ['bærən] *znw* baron; magnaat; ~ *of beef* niet verdeeld lendestuk o v.e. rund

baroness *znw* barones

baronet *znw* Eng. adellijke titel; afk. *Bart., Bt.*

baronetcy *znw* baronetschap o

baronial [bə'rouniəl] *bn* baronnen-

baroque [bə'rouk] *znw* barok

barque [ba:k] *znw* bark

barrack ['bærək] **I** *znw* kazerne (meestal ~s); **II** *overg* mil in kazernes onderbrengen; uitjouwen; **III** *onoverg* joelen; tieren

barrage ['bæra:ʒ, bæ'ra:ʒ] *znw* (stuw-, keer-)dam; mil spervuur o; versperring [v. ballons &]; ~ *balloon* versperringsballon

barrel ['bærəl] *znw* vat o, ton, fust o; barrel [± 159 l olie]; cilinder; loop [v. geweer]; trommel(holte); romp [v. paard]; buis; *scrape the* ~ zijn laatste centen bij elkaar schrapen; *have sbd. over the* ~ iemand in zijn macht hebben

barrel-organ *znw* draaiorgel o

barren ['bærən] *bn* onvruchtbaar; kaal[2], dor; fig vruchteloos

barricade [bæri'keid] **I** *znw* barricade, versperring; **II** *overg* barricaderen, versperren

barrier ['bæriə] *znw* slagboom[2]; barrière; afsluiting, hek o; hinderpaal; controlepost

barring ['ba:riŋ] *voorz* behoudens

barrister ['bæristə] *znw* advocaat (~-*at-law*); Am jurist

barrow ['bærou] *znw* 1 berrie; kruiwagen; handkar; 2 grafheuvel

bartender ['ba:tendə] *znw* Am = barman

barter ['ba:tə] **I** *onoverg* ruilen, ruilhandel drijven; **II** *overg* (ver)ruilen; ~ *away* verkwanselen; **III** *znw* ruil(handel)

basal ['beisl] *bn* fundamenteel

1 base [beis] *bn* laag-bij-de-gronds, gemeen, slecht, laag; onedel [metaal]

2 base [beis] **I** *znw* basis, grondslag, grond; wisk grondtal o, voet, voetstuk o; fundament o; chem base; sp honk o; **II** *overg* baseren, gronden; mil & scheepv als basis aanwijzen

baseball ['beisbɔ:l] *znw* honkbal o

baseless ['beislis] *bn* ongegrond

basement ['beismənt] *znw* souterrain o; kelder(ruimte)

bash [bæʃ] **I** *overg* slaan, beuken; fig de grond in boren; ~ *up* in elkaar slaan, afrossen; ~ *in* inslaan; **II** *znw* slag, opstopper, dreun; *have a* ~ *at sth.* slang 't eens proberen

bashful ['bæʃful] *bn* verlegen, schuchter, bedeesd

basic ['beisik] *bn* fundamenteel, grond-, basis-; chem basisch

basil ['bæzil] *znw* plantk basilicum o

basin ['beisn] *znw* bekken o, kom, schaal; wasbak, -tafel; dok o, bassin o; keteldal o;

stroomgebied o

basis ['beisis] znw (mv: bases [-si:z]) grond-slag², basis

bask [ba:sk] onoverg zich koesteren²

basket ['ba:skit] znw korf, mand, ben; sp basket

basketball znw basketbal o

Basque [bæsk, ba:sk] I bn Baskisch; II znw Bask; het Baskisch

1 bass [beis] znw muz bas; baspartij; bas-stem; ~ horn tuba; ~ viol viola da gamba, Am contrabas

2 bass [bæs] znw (mv idem of -es) 1 dierk baars; 2 lindebast

bassoon [bə'su:n] znw fagot

bastard ['bæstəd] I znw bastaard²; gemeenz schoft, smeerlap; II bn bastaard-, onecht

bastardize overg verbasteren

baste [beist] overg 1 bedruipen (met vet of boter); 2 (aaneen)rijgen

1 bat [bæt] znw vleermuis; be ~s kierewiet (= niet goed snik) zijn

2 bat [bæt] I znw knuppel, kolf, slaghout o, bat o; off one's own ~ op eigen houtje; at (full) ~ in volle vaart; II onoverg batten [bij cricket]; III overg: not ~ an eyelid geen spier vertrekken

Batavian [bə'teiviən] I znw Bataaf; II bn Bataafs

batch [bætʃ] znw 1 baksel o; 2 troep, groep, partij

bate [beit] znw gemeenz woedeaanval; with ~d breath met ingehouden adem, gespannen

bath [ba:θ] I znw bad(je) o, badkuip; ~s badhuis o, badinrichting; badplaats; II overg baden, een bad geven

bathe [beið] I znw bad o in zee of in rivier; II overg baden, betten, afwassen; III onoverg (zich) baden

bather znw bader; badgast

bathing-cap znw badmuts

bathing-suit znw zwempak o

bathing-trunks znw zwembroek

bathrobe znw badjas

bathroom ['ba:θrum] znw badkamer; gemeenz wc

bathtub znw badkuip

bathwater znw badwater o; throw out the baby with the ~ het kind met het badwater wegwerpen

batman ['bætmən] znw mil oppasser (v.e. officier)

baton ['bætən] znw (commando-, maar-schalks)staf; (dirigeer)stok; wapenstok; sp stok [bij estafetteloop]

batsman ['bætsmən] znw sp batsman, slag-man, batter

battalion [bə'tæljən] znw bataljon o

1 batten ['bætn] I znw lat; plank; scheepv badding; II overg met latten bevestigen; ~ down scheepv schalmen of sluiten [de luiken]

2 batten ['bætn] onoverg zich tegoed doen (aan on), parasiteren (op on)

batter ['bætə] I overg beuken; beschieten; havenen; slaan, mishandelen; ~ed ook:

gedeukt; vervallen, gammel; II onoverg beuken (op at); III znw 1 beslag o [v. gebak]; 2 sp = batsman

battering-ram znw stormram

battery ['bætəri] znw batterij; accu; stel o (potten en pannen); recht aanranding

battery farming znw bio-industrie

battery hen znw batterijkip

battle ['bætl] I znw (veld)slag, strijd, ge-vecht o; do ~ strijden, vechten; fight a los-ing ~ vechten tegen de bierkaai; II on-overg strijden, vechten

battle-array znw slagorde

battle-ax(e) znw strijdbijl; gemeenz kenau, feeks

battle-cruiser znw slagkruiser

battle-cry znw strijdleus; slogan

battledress znw mil veldtenue o & v

battlefield znw slagveld o

battleground znw slagveld o, gevechtster-rein o; fig strijdperk o

battlement znw kanteel, tinne

battle royal znw algemeen gevecht o

battleship znw slagschip o

batty ['bæti] bn gemeenz kierewiet, niet goed snik

bauble ['bɔ:bl] znw (stuk o) speelgoed o, snuisterij, prul o

baulk [bɔ:k] = balk

bawd [bɔ:d] znw koppelaar(ster); hoeren-madam

bawdy bn obsceen, rauw; ontuchtig, schuin

bawl [bɔ:l] overg schreeuwen, bulken; fig balken, bleren (tegen at, against); ~ out slang uitfoeteren [iem.]

bay [bei] I znw 1 inham, baai, golf; 2 nis, uitbouw, afdeling, vleugel; overkapping; 3 vak o, ruimte; 4 plantk laurier(boom); 5 vos [paard]; 6 geblaf o; at ~ in het nauw ge-dreven; keep (hold) ... at ~ zich ... van het lijf houden; II overg & onoverg (af-)blaffen, blaffen (tegen at); III bn rood-bruin, voskleurig; ~ horse vos (roodbruin paard)

bayonet ['beiənit] I znw bajonet²; II overg met de bajonet neer-, doorsteken

bayonet catch, bayonet joint znw bajo-netsluiting

bay-window ['bei'windou] znw erker

bazaar, bazar znw [bə'za:] bazaar, markt(plaats); fancy-fair

bazooka [bə'zu:kə] znw bazooka [antitankwapen o]

BBC afk. = British Broadcasting Corporation

BC afk. = before Christ; British Colombia

be* [bi:] ww zijn, wezen; staan, liggen, wor-den, ontstaan, duren; his ... -to-~ zijn aan-staande ..., zijn ... in spe, zijn toekomstige ...; zie about, after &

beach [bi:tʃ] I znw strand o, oever; II overg op het strand zetten, drijven of trekken

beachcomber znw strandjutter

beachhead znw mil bruggenhoofd o [aan zee]

beacon ['bi:kən] znw baak, baken² o, ba-kenvuur o; verkeerspaal

bead [bi:d] I znw kraal, druppel; mil vizier-korrel; II overg aaneenrijgen; van kralen voorzien; **III** *onoverg* parelen

beadle ['bi:dl] *znw* bode, pedel; onderkoster

beady ['bi:di] *bn*: ~ *eyes* kraaloogjes

beagle ['bi:gl] *znw* dierk brak

beak [bi:k] *znw* **1** bek, (s)neb, snavel; 2 tuit; 3 gemeenz politierechter of -dienaar; schoolmeester

beaker ['bi:kə] *znw* beker, bokaal

be-all ['bi:ɔ:l]: *the ~ and end-all* de alfa en omega; essentie

beam [bi:m] **I** *znw* balk, boom; ploegboom; weversboom; juk *o* [v. balans]; scheepv dekbalk, grootste wijdte [v. schip]; (licht-)straal; bundel; radio bakenstraal [als sein voor vliegtuig]; *broad in the ~* scheepv breed; gemeenz breedheupig; *be off the ~* gemeenz er naast zitten; **II** *overg* uitstralen (ook: ~ *forth*); ~ *to* RTV speciaal uitzenden voor; **III** *onoverg* stralen; glunderen

beam-ends: *the ship is on her ~* het schip ligt bijna overzij; *he was on his ~* hij was erg in verlegenheid, aan lagerwal

bean [bi:n] *znw* boon; *old ~* gemeenz ouwe jongen; *full of ~s* gemeenz in goede conditie, energiek; *I haven't got a ~* ik heb geen rooie cent

beanshoots ['bi:nʃu:ts], **beansprouts** ['bi:nsprauts] *znw* taugé

1 bear [bɛə] *znw* (*mv* idem *of* -s) dierk beer; fig ongelikte beer, bullebak; handel baissier

2 bear* [bɛə] **I** *overg* (ver)dragen, dulden, toelaten, uitstaan; voortbrengen, baren; handel doen dalen; *vgl: bearish* zie ook: *comparison*, *grudge*, *malice* &; **II** *onoverg* dragen; gaan, lopen, zich uitstrekken [in zekere richting]; handel à la baisse speculeren; *bring to ~* richten (op *upon*), aanwenden, uitoefenen [pressie], doen gelden [invloed &]; ~ *down upon* aanhouden of aansturen op, afstevenen op; ~ *on* = ~ *upon*; ~ *out* steunen, staven, bevestigen; ~ *up* standhouden, overeind blijven; ~ *up against* het hoofd bieden (aan); ~ *with* verdragen, dulden; geduld hebben met, toegeeflijk zijn voor [iem.]

bearable *bn* draaglijk, te dragen

beard [biəd] **I** *znw* baard[2]; **II** *overg* trotseren, tarten

bearded *bn* bebaard, met een baard

bearer ['bɛərə] *znw* drager, brenger; handel toonder; ~ *share*, ~ *bond* handel aandeel *o* aan toonder

bear hug *znw* stevige omhelzing

bearing ['bɛəriŋ] *znw* houding, gedrag *o*; verhouding, betrekking; ligging; scheepv & luchtv peiling; richting, strekking; portee, betekenis; techn lager *o*, kussen *o*; *they had lost their ~s* zij konden zich niet oriënteren; zij waren de kluts kwijt; *in all its ~s* van alle kanten

bearish ['bɛəriʃ] *bn* lomp, nors; handel à la baisse (gestemd)

bearskin ['bɛəskin] *znw* berenvel *o*, berenhuid; berenmuts

beast [bi:st] *znw* beest[2] *o*, viervoeter, dier *o*;

fig beestachtig mens, mispunt *o*; rund *o*

beastly *bn* beestachtig[2]; versterkend smerig, walgelijk

1 beat* [bi:t] **I** *overg* slaan (met, op), kloppen (op), uitkloppen, klutsen, beuken; verslaan, overtreffen; afzoeken [bij jagen]; ~ *the air* tegen windmolens vechten; ~ *it!* slang sodemieter op!; *it ~s me* dat gaat mijn verstand te boven; **II** *onoverg* slaan, kloppen; ~ *about the bush* eromheen praten, eromheen draaien; ~ *down* neerslaan; afdingen (op); met kracht neerkomen, fel schijnen [v. zon]; ~ *in* inslaan; ~ *it into sbd.'s head* het iem. inhameren; ~ *off* afslaan; Am plat (zich) afrukken; ~ *out* uitkloppen, uitslaan; ~ *sbd. to* it het van iem. winnen, iem. te gauw af zijn; ~ *up* klutsen [eieren]; in elkaar slaan; ~ *upon* slaan, kletteren & tegen

2 beat I *znw* slag, klap, klop, tik; muz maat(slag); muz beat(muziek); ronde [v. politieagent]; wijk [v. agent, bezorger]; jachtveld *o*; **II** *bn* doodop; ~ *generation* generatie der *beatniks*

beaten I V.D. van *beat*; **II** *bn* begaan, veel betreden; afgezaagd; zie ook: *track I*

beater *znw* klopper, stamper; drijver [bij jagen]

beatific [biə'tifik] *bn* zaligmakend; (geluk-)zalig

beatify [bi'ætifai] *overg* zalig maken; zalig verklaren

beating ['bi:tiŋ] *znw* pak *o* slaag, afstraffing; nederlaag; *to take some ~* moeilijk te verslaan/overtreffen zijn

beatitude [bi'ætitju:d] *znw* zaligheid; *the B~s* de acht zaligsprekingen

beatnik [bi:tnik] *znw* beatnik (noncomformistische jongere in de jaren vijftig)

beau [bou] *znw* (*mv*: -s *of* beaux) dandy, fat; aanbidder, bewonderaar, galant

beautician [bju:'tiʃən] *znw* schoonheidsspecialist(e)

beautiful ['bju:tiful] *bn* schoon, mooi, fraai

beautify *overg* mooier maken, verfraaien

beauty *znw* schoonheid; fraai uiterlijk *o*; prachtexemplaar *o*, prachtstuk *o*; *what a ~!* wat is ze (dat) mooi!; *the ~ of it was...* gemeenz het mooie ervan was...

beauty parlour *znw* schoonheidsinstituut *o*

beauty sleep *znw* schoonheidsslaapje *o*

beauty queen *znw* schoonheidskoningin

beauty spot *znw* schoonheidsvlekje *o*

beaver ['bi:və] **I** *znw* (*mv* idem *of* -s) dierk bever; *eager ~* gemeenz werkpaard *o*; fanatiekeling; **II** *onoverg*: ~ *away* zwoegen, keihard werken

becalm [be'ka:m] *overg*: *be ~ed* scheepv door windstilte worden overvallen

became [bi'keim] V.T. van *become*

because [bi'kɔz, bi'kɔ:z] *voegw* omdat; ~*!* daarom!; ~ *of* wegens, vanwege, om, door

beck [bek]: *be at sbd.'s ~ and call* altijd klaarstaan voor iem.

beckon [bekn] *overg & onoverg* wenken, een wenk geven; lonken[2], uitnodigen

become* [bi'kʌm] **I** *onoverg* worden; **II**

overg goed staan; passen[2]

becoming *bn* gepast, betamelijk, netjes; flatteus

bed [bed] **I** *znw* bed *o*; bedding; (onder-) laag; leger *o*; ~ *and board* kost en inwoning; *separated from* ~ *and board* recht gescheiden van tafel en bed; ~ *and breakfast* logies en ontbijt; **II** *overg* slang naar bed gaan met; ~ *down* naar bed brengen, [paarden] van een leger voorzien; **III** *onoverg:* ~ *down* een slaapplaats opzoeken

bed-bug ['bedbʌg] *znw* wandluis

bed-clothes *znw* beddengoed *o*

bedding *znw* beddengoed *o*; ligstro *o*; (onder)laag

bedeck [bi'dek] *overg* (op)tooien, versieren

bedevil [bi'devl] *overg* in de war maken, verwarren, compliceren, bemoeilijken; bederven, verknoeien

bedfellow ['bedfelou] *znw* fig kameraad

bedlam ['bedləm] *znw* gekkenhuis[2] *o*

bedraggled [bi'drægld] *bn* verregend; sjofel

bedridden ['bedridn] *bn* bedlegerig

bedrock ['bedrɔk] *znw* vast gesteente *o*; grond(slag); *get down to* ~ ter zake komen

bedroom ['bedrum] *znw* slaapkamer; ~ *scene* bedscène

bedside *znw:* ~ *manner* tactvol optreden *o* v. arts bij het ziekbed; ~ *table* bed-, nachttafeltje *o*

bedspread *znw* beddensprei

bedstead *znw* ledikant *o*

bedtime *znw* bedtijd

bedwetting *znw* bedwateren *o*

bee [bi:] *znw* bij; *he has a* ~ *in his bonnet* hij heeft een idee-fixe

beech [bi:tʃ] **I** *znw* beuk(enboom); beukenhout *o*; **II** *bn* van beukenhout, beuken

beech-nut *znw* beukennoot

beef [bi:f] **I** *znw* (-s *of beeves*) bief, ossen-, rundvlees *o*; gemeenz spierballen, spierkracht; gemeenz klacht; **II** *onoverg* gemeenz klagen; ~ *up* versterken

beefcake *znw* slang (afbeelding van) gespierde mannen, spierbundels

Beefeater *znw* hist een hellebaardier v.d. *Tower of London*

beefsteak *znw* biefstuk, runderlapje *o*

beef tea *znw* bouillon

beefy *bn* vlezig, gespierd

beehive ['bi:haiv] *znw* bijenkorf; hoog opgemaakt kapsel *o*

bee-keeper ['bi:ki:pə] *znw* imker, bijenhouder

bee-line *znw:* *make a* ~ *for* regelrecht afgaan op

been [bi:n, bin] V.D. van *to be*

beep [bi:p] **I** *onoverg* **1** piepen; **2** toeteren; **II** *znw* **1** pieptoon; gepiep *o*; **2** getoeter *o*

beer [biə] *znw* bier *o*; *life is not all* ~ *and skittles* het leven is niet altijd rozengeur en maneschijn; het leven is geen lolletje

beery *bn* bierachtig; bier-; dronkenmans-

beeswax ['bi:zwæks] **I** *znw* was; **II** *overg* boenen

beet [bi:t] *znw* beetwortel, biet, kroot

beetle ['bi:tl] **I** *znw* tor, kever; **II** *onoverg* zich uit de voeten maken; ~ *off!* smeer 'm!

beetroot ['bi:tru:t] *znw* beetwortel, kroot

befall* [bi'fɔ:l] **I** *overg* overkómen, gebeuren (met), treffen; **II** *onoverg* gebeuren, voorvallen

befit [bi'fit] *overg* passen, betamen

befitting *bn* passend, gepast, betamelijk

befog [bi'fɔg] *overg* in mist hullen, vertroebelen[2], verwarren

before [bi'fɔ:] **I** *voorz* vóór; in het bijzijn van; ~ *long* weldra; **II** *bijw* voor, vooruit, voorop, vooraf; (al) eerder, tevoren; **III** *voegw* voor(dat)

beforehand *bijw* van tevoren, vooruit, vooraf

befriend [bi'frend] *overg* vriendschap betonen, bijstaan, beschermen

beg [beg] *overg* vragen, bidden, smeken, verzoeken; *I — to differ* ik ben het niet geheel met u eens; ~ *the question* als bewezen aannemen, wat nog bewezen moet worden; niet ingaan op de vraag (kwestie) zelf; ~ *off* excuus, kwijtschelding vragen; *I'll eat that last biscuit if it's going* —*ging* ik neem het laatste koekje hoor, als niemand 't opeet

began [bi'gæn] V.T. van *begin*

beget* [bi'get] *overg* verwekken[2]

beggar ['begə] **I** *znw* bedelaar; gemeenz kerel, vent; schooier[2]; —*s can't be choosers* een gegeven paard moet men niet in de bek kijken; **II** *overg* tot de bedelstaf brengen; *it* —*s description* het tart iedere beschrijving

beggarly *bn* armoedig, armzalig

begin* [bi'gin] **I** *overg* beginnen, aanvangen; **II** *onoverg* beginnen; *you can't* ~ *to understand* je kunt helemaal niet begrijpen; *to* ~ *with* om te beginnen, ten eerste

beginner *znw* beginner, beginneling

beginning *znw* begin *o*, aanvang; —*s* beginstadium *o*, allereerste begin *o*

begot [bi'gɔt] V.T. van *beget*

begotten V.D. van *beget*; *the only* ~ de eniggeboren (Zoon van God)

begrudge [bi'grʌdʒ] *overg* **1** misgunnen; **2** een hekel hebben aan

beguile [bi'gail] *overg* bedriegen, bedotten; verleiden; ~ *the time* de tijd verdrijven of korten; ~ *into* verleiden tot; ~ *of* ontlokken, afhandig maken

Beguine [bə'gi:n] *znw* begijn, begijntje *o*

begum ['beigəm] *znw* oosterse vorstin, prinses

begun [bi'gʌn] V.D. van *begin*; *well* ~ *is half done* een goed begin is het halve werk

behalf [bi'ha:f] *on* ~ *of* uit naam van; ten bate van; *on your* ~ namens u, uit uw naam

behave [bi'heiv] **I** *onoverg* zich (netjes) gedragen; **II** *wederk:* ~ *oneself* zich netjes gedragen, zijn fatsoen houden

behaviour, Am **behavior** *znw* gedrag *o*, houding; *be on one's best* ~ extra goed oppassen; zijn fatsoen houden

behead [bi'hed] *overg* onthoofden

beheld [bə'held] V.T. & V.D. van *behold*

behind [bi'haind] I *voorz* achter; II *bijw* achter, van (naar) achteren, ten achteren; achterom; III *znw* achterste o
behindhand *bn bijw* niet bij, achter; achterstallig, ten achteren; achterlijk
behold* [bi'hould] *overg* aanschouwen, zien
beholder [bi'houldə] *znw* aanschouwer
beige [beiʒ] *bn & znw* beige (o)
being ['bi:iŋ] I zijnde; II *znw* aanzijn o, bestaan o; wezen o; *in* ~ bestaand; *bring (call) into* ~ in het leven roepen; *come into* ~ ontstaan
belabour [bi'leibə] *overg* afrossen; ervan langs geven²
belated [bi'leitid] *bn* verlaat, (te) laat
belch [belt(ʃ)] I *onoverg* boeren; II *overg* uitbraken [vuur, rook]; III *znw* boer; oprisping, uitbarsting
belfry ['belfri] *znw* klokkentoren; klokkenstoel; belfort o
Belgian ['beldʒən] I *bn* Belgisch; II *znw* Belg
Belgium ['beldʒəm] *znw* België o
belie [bi'lai] *overg* logenstraffen, verkeerd voorstellen
belief [bi'li:f] *znw* geloof o; overtuiging, mening; *beyond* ~ ongelofelijk
believable *bn* geloofwaardig, te geloven
believe *overg & onoverg* geloven; gelovig zijn; *make* ~ doen alsof; *make sbd.* ~ *sth.* iem. iets wijsmaken
believer *znw* gelovige
belittle [bi'litl] *overg* verkleinen; kleineren
Belize [be'li:z] *znw* Belize o
bell [bel] I *znw* bel, klok; plantk klokje o; muz paviljoen o [v. blaasinstrument]; zie ook: *ring*; II *overg* een bel omdoen
bellboy *znw* piccolo, chasseur
bell-buoy *znw* scheepv belboei
bell-founder ['belfaundə] *znw* klokkengieter
bellicose ['belikous] *bn* oorlogszuchtig
-bellied ['belid] *achterv* -buikig
belligerence [bi'lidʒərens] *znw* strijdlust, oorlogszuchtigheid
belligerent *bn* 1 oorlogvoerend; 2 agressief; strijdlustig
bellow ['belou] I *onoverg* brullen, loeien; bulderen; II *overg:* ~ *forth (out)* uitbulderen; III *znw* gebrul o, geloei o; gebulder o
bellows ['belouz] *znw* blaasbalg; balg; *a pair of* ~ een blaasbalg
bell-pull ['belpul] *znw* schelkoord o & v
bell-push *znw* belknopje o
belly ['beli] I *znw* buik; schoot; *go* ~ *up* gemeenz failliet gaan, op zijn gat liggen; II *onoverg (& overg):* ~ *out* opbollen, bol (doen) staan
bellyache I *znw* buikpijn; II *onoverg* slang jammeren, klagen, kankeren
belly-button *znw* gemeenz navel
belly dancer *znw* buikdanseres
belly laugh *znw* luide, schaterende lach
belong [bi'lɔŋ] *onoverg* (toe)behoren (aan to); thuishoren; erbij horen; ~ *to* behoren tot (bij)
belongings *znw* bezittingen, hebben en houden o; bagage, spullen

Belorussia *znw* = Byelorussia
beloved [bi'lʌvd] I *bn* geliefd, bemind; II *znw* [bi'lʌvid] geliefde, beminde
below [bi'lou] I *voorz* beneden, onder, lager dan; II *bijw* omlaag, beneden, naar beneden, hierbeneden
belt [belt] I *znw* gordel, riem, band, ceintuur, mil koppel; zone, gebied o; *have under one's* ~ 1 achter de kiezen, binnen hebben; 2 op zak, in bezit hebben; *tighten one's* ~ de buikriem aanhalen; II *overg* een gordel, riem of ceintuur omdoen; omgorden; omringen; gemeenz een oorvijg verkopen; II *onoverg* slang jakkeren, pezen, ervandoor gaan; ~ *out* brullen, balken, blèren; ~ *up* slang zijn bek houden
belvedere ['belvidiə] *znw* uitzichttoren
bemoan [bi'moun] *overg* bejammeren, betreuren
bemuse [bi'mju:z] *overg* benevelen, verbijsteren
bench [ben(t)ʃ] *znw* bank; werkbank; rechtbank; zetel; *King's* ~, *Queen's* ~ naam van een hooggerechtshof [Engeland]; *sit on the* ~ rechter zijn
benchmark ['ben(t)ʃma:k] *znw* maatstaf, vast punt o, referentiepunt o
bend* [bend] I *overg* buigen, krommen, spannen; verbuigen; richten (op *on*); ~ *the rules* de regels naar eigen goeddunken toepassen; II *onoverg* (zich) buigen² of krommen; richten²; zie ook: *backwards*; III *znw* bocht, kromming; buiging; herald balk [in wapen]; *round the* ~ slang gek
bender ['bendə] *znw* gemeenz drankfestijn o, zuippartij, fuif
beneath [bi'ni:θ] I *voorz* onder, beneden, beneden zijn waardigheid; II *bijw* beneden², (er)onder
benediction [beni'dikʃən] *znw* (in-)zegening, zegen, gebed o; RK benedictie; lof o
benefaction [beni'fækʃən] *znw* weldaad; schenking
benefactor *znw* weldoener
benefice ['benifis] *znw* prebende, predikantsplaats
beneficent *bn* lief-, weldadig
beneficial [beni'fiʃəl] *bn* weldadig, heilzaam, nuttig, voordelig (voor *to*)
beneficiary I *bn* beneficie-; II *znw* begunstigde
benefit ['benifit] I *znw* baat, voordeel o, nut o, weldaad; benefiet o; uitkering; toelage; *give sbd. the* ~ *of the doubt* fig iem. het voordeel van de twijfel geven; II *overg* tot voordeel strekken, goeddoen; bevorderen; III *onoverg* baat vinden (bij *by, from*), voordeel trekken (uit *by, from*)
benevolence [bi'nevələns] *znw* welwillendheid; weldadigheid; weldaad
benevolent *bn* welwillend; weldadig; ~ *fund* ondersteuningsfonds o
benighted [bi'naitid] *bn* achterlijk, onwetend
benign [bi'nain] *bn* vriendelijk; heilzaam; med goedaardig
Benin [be'nin] *znw* Benin o

1 bent [bent] *znw* (geestes)richting, aanleg, neiging; voorliefde

2 bent [bent] **I** V.T. & V.D. van *bend*; **II** *bn* gebogen, krom; <u>gemeenz</u> afwijkend; oneerlijk, vals; corrupt; pervers; 'van de verkeerde kant'; *be* ~ *(up)on* gericht zijn op; erop uit of besloten zijn om

bent-grass ['bentgra:s] *znw* <u>plantk</u> helm, helmgras o

benumb [bi'nʌm] *overg* verkleumen, doen verstijven, verdoven

benzine ['benzi:n] *znw* benzine

bequeath [bi'kwi:ð] *overg* vermaken, nalaten

bequest [bi'kwest] *znw* legaat o

berate [bi'reit] *overg* de les lezen

bereaved [bi'ri:vd] *bn* beroofd (van familielid & door overlijden); diepbedroefd [door sterfgeval]; *the* ~ de nabestaanden

bereavement *znw* (zwaar) verlies o, sterfgeval o

bereft [bi'reft] *bn*: ~ *of* verstoken van

beret ['berei, 'berit] *znw* baret

Berlin [bə:'lin] **I** *znw* Berlijn o; **II** *bn* Berlijns

Bermuda [bə:'mju:də] *znw* Bermuda o

berry ['beri] *znw* bes; viseitje o; (koffie-)boon

berserk [bə'sə:k] *bn*: *go* ~ razend worden

berth [bə:θ] **I** *znw* <u>scheepv</u> hut, kooi; couchette; ligplaats; <u>schuilplaats</u>; baantje o; *give a wide* ~ *to* uit het vaarwater (uit de weg) blijven; **II** *overg* meren; een hut & aanwijzen

beseech* [bi'si:tʃ] *overg* smeken

beset [bi'set] *overg* omringen; insluiten; aanvallen, overvallen; het [iemand] lastig maken, in het nauw drijven, belagen; ook V.T. & V.D.; ~ *by* ..., ~ *with* ... ook: vol ...; ~*ting sin* (hardnekkige) slechte gewoonte, hebbelijkheid

beside [bi'said] *voorz* naast, bij, buiten; *he was* ~ *himself* hij was buiten zichzelf

besides [bi'saidz] **I** *voorz* bovendien, daarbij; **II** *bijw* behalve, naast, benevens

besiege [bi'si:dʒ] *overg* belegeren, <u>fig</u> bestormen

besmear [bi'smiə] *overg* besmeren; besmeuren

besmirch [bi'smə:tʃ] *overg* bekladden², besmeuren²

besom ['bi:zəm] *znw* bezem

besought [bi'sɔ:t] V.T. & V.D. van *beseech*

bespatter [bi'spætə] *overg* bespatten; bekladden

bespeak [bi'spi:k] *overg* 1 bespreken, bestellen; 2 kenmerken, getuigen van

bespoke [bi'spouk] *bn* op maat gemaakt, maat-; ~ *suit* maatpak

besprinkle [bi'spriŋkl] *overg* besprenkelen

best [best] **I** *bn* best; *the* ~ *part of* ook: het grootste deel van; bijna; **II** *bijw* het best; **III** *znw* best(e); *get (have) the* ~ *of it* het winnen, de overhand hebben; *give* ~ zich gewonnen geven; er mee ophouden; *make the* ~ *of one's way home* zo gauw mogelijk thuis zien te komen; *at* ~ hoogstens; op zijn best, in het gunstigste geval; *for the* ~ met de beste bedoelingen

[handelen]; *het beste* [zijn]; *in his (Sunday)* ~ op zijn zondags

bestial ['bestiəl] *bn* dierlijk, beestachtig

bestiality [besti'æliti] *znw* 1 beestachtigheid; 2 bestialiteit, sodomie

bestir [bi'stə:] *wederk*: ~ *oneself* voortmaken, aanpakken

best man [best'mæn] *znw* getuige v.d. bruidegom, bruidsjonker

bestow [bi'stou] *overg* bergen; geven, schenken; besteden [zorg]; verlenen (aan *on, upon*)

bestowal *znw* gift, schenking; verlening

bestride [bi'straid] *overg* schrijlings zitten op of staan over

best-seller ['bestselə] *znw* bestseller; succesproduct o

1 bet* [bet] *overg* & *onoverg* (ver)wedden, wedden (om); ook V.T. & V.D.; *you* ~*!* nou en of!, wat dacht je!

2 bet *znw* weddenschap

betake* [bi'teik] *wederk*: ~ *oneself to* <u>plechtig</u> zich begeven naar; zijn toevlucht nemen tot

betimes [bi'taimz] *bijw* <u>vero</u> bijtijds, op tijd; spoedig

betray [bi'trei] *overg* verraden°; ontrouw worden; bedriegen [echtgenoot]; beschamen [vertrouwen]

betrayal *znw* verraad° o; ontrouw, bedrog o

betrayer *znw* verrader

betroth [bi'trouð] *overg* <u>plechtig</u> verloven (met *to*)

betrothal *znw* <u>plechtig</u> verloving

betrothed <u>plechtig</u> **I** *bn* verloofd; **II** *znw* verloofde

better ['betə] **I** *znw* 1 wedder; 2 meerdere [in kennis &]; *one's* ~*s* meerderen, superieuren; **II** *bn bijw* beter; *the* ~ *part of* het grootste deel van; meer dan; *no* ~ *than a peasant* maar een boer; *no* ~ *than she should be* niet veel zaaks; *be* ~ *than one's word* meer doen dan beloofd was; *the more the* ~ hoe meer hoe liever; *the sooner the* ~ hoe eerder hoe beter; *so much the* ~ des te beter; *be the* ~ *for it* voordeel van iets hebben; *get the* ~ *of* de baas worden, het winnen van; te slim af zijn; *he took her for* ~ *or for worse* hij nam haar tot vrouw (in lief en leed); *the* ~ *off* de beter gesitueerden, de welgestelden; **III** *onoverg* beter worden; **IV** *overg* verbeteren; overtreffen; **V** *wederk*: ~ *oneself* zijn positie verbeteren

betterment *znw* verbetering (van positie &); waardevermeerdering

between [bi'twi:n] *voorz* tussen; ~... *and*... deels door..., deels door..., half..., half...; ~ *times (whiles)* tussen het werk (de bedrijven) door, zo af en toe; ~ *ourselves*, ~ *you and me* onder ons gezegd (en gezwegen); ~ *us* met of onder ons beiden (allen)

bevel ['bevl] **I** *znw* beweegbare winkelhaak, hoekmeter; schuine rand, helling; **II** *overg* afschuinen, afkanten; **III** *onoverg* schuin lopen, hellen

beverage ['bevəridʒ] *znw* drank

bevy ['bevi] *znw* vlucht, troep, schare², horde², gezelschap o

bewail [bi'weil] *overg* betreuren, bejammeren

beware [bi'wɛə] *onoverg & overg* oppassen, zich hoeden, zich wachten, zich in acht nemen (voor *of*); ~ *of the dog* pas op voor de hond

bewilder [bi'wildə] *overg* verbijsteren, verwarren

bewildering *bn* verbijsterend

bewilderment *znw* verbijstering

bewitch [bi'witʃ] *overg* betoveren², beheksen²

bewitching *bn* betoverend, verrukkelijk

beyond [bi'jɔnd] **I** *voorz & bijw* aan gene zijde (van), boven (uit), over, buiten, meer (dan), verder (dan), voorbij, (daar)achter; behalve; *it is* ~ *me (my comprehension)* het gaat mijn verstand te boven; **II** *znw* hiernamaals o; *the back of* ~ het andere eind van de wereld

Bhutan [bu:'tɑːn] *znw* Bhoetan o

bi- [bai-] *voorv* tweemaal, dubbel, tweevoudig, gedurende twee, iedere twee &

biannual [bai'ænjuəl] *bn* halfjaarlijks

bias ['baiəs] **I** *znw* (*mv*: biases *of* biasses) schuinte; effect o; overhelling, neiging; vooroordeel o, partijdigheid; *cut on the* ~ schuin geknipt; **II** *overg* doen overhellen²; *be* ~*(s)ed* bevooroordeeld zijn

bib [bib] *znw* slabbetje o; *best* ~ *and tucker* zondagse kleren

bibber ['bibə] *znw* pimpelaar, drinkebroer

bible ['baibl] *znw* bijbel²

biblical ['biblikl] *bn* bijbels, bijbel-

bibliographer [bibli'ɔgrəfə] *znw* bibliograaf

bibliography [bibli'ɔgrəfi] *znw* bibliografie

bibulous ['bibjuləs] *bn* drankzuchtig

bicarbonate [bai'kɑːbənit] *znw* dubbelkoolzuurzout o; ~ *of soda* dubbelkoolzure soda, zuiveringszout o

bicentenary, bicentennial [baisen'tiːnəri, baisen'tenjəl] *znw* tweehonderdjarig jubileum o, tweehonderdste gedenkdag

biceps ['baiseps] *znw* biceps

bicker ['bikə] *onoverg* kibbelen, hakketakken

bickering *znw* gekibbel o

bicycle ['baisikl] **I** *znw* fiets; **II** *onoverg* fietsen

bicyclist *znw* wielrijder, fietser

1 bid* [bid] *overg & onoverg* [op veiling] bieden (op *for*); ~ *fair to...* beloven te..., een goede kans maken om te...

2 bid* *overg* gebieden, bevelen, gelasten; verzoeken, zeggen, wensen, heten; ~ *farewell to* ook: afscheid nemen van

3 bid *znw* bod² o (op *for*); poging; *make a* ~ *for* fig dingen naar

bidden V.D. van ²bid

bidder *znw* bieder

bidding *znw* bevel o; verzoek o; bod o, bieden o

bide [baid] *overg*: ~ *one's time* afwachten (tot *until*)

biennial [bai'enjəl] **I** *bn* tweejarig; tweejaarlijks; **II** *znw* tweejarig

bier [biə] *znw* baar, lijkbaar

biff [bif] gemeenz **I** *znw* stomp, dreun, peut; **II** *overg* stompen, slaan; beuken

bifocal [bai'foukəl] **I** *bn* bifocaal, dubbelgeslepen, dubbelfocus-; **II** *znw*: ~*s* bril met dubbelfocuslenzen

bifurcate ['baifə:keit] **I** (*onoverg &*) *overg* (zich) splitsen; **II** ['baifə:kit] *bn* gevorkt

bifurcation [baifə:'keiʃən] *znw* splitsing; tak

big [big] **I** *bn* dik, groot², zwaar; ~ *with child* hoogzwanger; ~ *business* de grote zakenwereld; een belangrijke transactie; ~ *fish* hoge ome; ~ *name* beroemdheid, beroemde persoon; ~ *noise*, ~ *pot*, ~ *shot* gemeenz hoge ome, kopstuk o, hotemetoot; ~ *top* circustent; *in a* ~ *way* groots, grootschalig; *that's* ~ *of you!* ironisch ontzettend bedankt!, dank je feestelijk!; **II** *bijw* gewichtig, belangrijk; *think* ~ het groots aanpakken; *talk* ~ opscheppen; *make it* ~ beroemd worden, veel succes hebben

bigamy *znw* bigamie

big game *znw* groot wild o

biggish *bn* tamelijk groot, nogal dik

bight [bait] *znw* bocht; baai, kreek

bigmouth ['bigmauθ] *znw* schreeuwlelijk, opschepper

bigot ['bigət] *znw* dweper, fanaticus

bigoted *bn* dweepziek, fanatiek; onverdraagzaam, vol vooroordelen

bigotry *znw* dweepzucht, fanatisme o

bigwig ['bigwig] *znw* gemeenz hoge ome, hoge piet, bons

bike [baik] gemeenz **I** *znw* fiets; Am ook: motorfiets; **II** *onoverg* fietsen

bikini [bi'kiːni] *znw* bikini

bilateral [bai'lætərəl] *bn* tweezijdig, bilateraal

bilberry ['bilbəri] *znw* blauwe bosbes

bile [bail] *znw* gal²

bilge [bildʒ] *znw* buik [v. vat, schip]; scheepv kim; gemeenz kletskoek

bilge-water *znw* water o onder in een schip; fig slootwater o

bilingual [bai'liŋgwəl] *bn* tweetalig

bilious ['biljəs] *bn* gal-, galachtig; walg(e)lijk; misselijk; cholerisch, driftig; *a* ~ *colour* een vieze kleur

bilk [bilk] *overg* zich aan betaling onttrekken; ervandoor gaan; beetnemen, bedotten

bill [bil] **I** *znw* rekening; wissel; ceel, lijst, programma o; aanplakbiljet o; bek, snavel; recht aanklacht, akte van beschuldiging; wetsontwerp o; Am bankbiljet o; ~ *of exchange* wissel(brief); ~ *of fare* spijskaart, menu o & m; ~ *of health* gezondheidsverklaring; ~ *of lading* cognossement o; **II** *overg* (door biljetten) aankondigen, op het programma zetten; de rekening sturen, op de rekening zetten; **III** *onoverg*: ~ *and coo* koeren, kwelen, kirren

billboard *znw* aanplakbord o

bill-broker *znw* wisselmakelaar

billet ['bilit] **I** *znw* inkwartieringsbevel o; mil kwartier o; verblijfplaats; **II** *overg* inkwartieren (bij *on*)

bill-fold ['bilfould] *znw* Am portefeuille

billhook ['bilhuk] *znw* snoeimes o

billiards ['biljədz] *znw* biljart(spel) o

Billingsgate ['biliŋzgit] *znw* vismarkt in Londen; *talk* b~ schelden als een viswijf

billion ['biljən] *telw (znw)* biljoen (o); Am miljard (o)

billow ['bilou] I *znw* baar, golf; II *onoverg* opzwellen, golven

billowy *bn* golvend

billposter ['bilpoustə] *znw* 1 (aan)plakker; 2 poster, affiche, aanplakbiljet o

billy-goat ['biligout] *znw* geitenbok

bimetalism [bai'metəlizm] *znw* bimetallisme o

bimonthly [bai'mʌnθli] *znw* tweemaandelijks (tijdschrift o); soms: halfmaandelijks

bin [bin] *znw* mand, bak; afvalemmer, vuilnisbak; [brood]trommel

binary ['bainəri] *bn* binair, dubbel, tweeledig, tweetallig

1 bind* [baind] I *overg* (in)binden, verbinden, verplichten; beslaan; ~ *over* (onder borgstelling) verplichten zich voor het gerecht te verantwoorden; ~ *up* verbinden [een wond]; samen-, inbinden; zie ook: ²*bound*; II *onoverg* vast worden, hard worden

2 bind *znw* gemeenz vervelende taak, verplichting, corvee

binder *znw* (boek)binder; losse band, omslag; band; bindmiddel o

bindery *znw* boekbinderij

binding I *bn* (ver)bindend; verplichtend (voor *on*); II *znw* (boek)band; verband o; omboordsel o, rand, beslag o; (ski)binding

binge [bindʒ] *znw* slang braspartij; fig uitbarsting, vlaag, bui

binoculars [bai-, bi'nɔkjulərs] *znw* verrekijker, veldkijker, toneelkijker; ook: *a pair of* ~

biochemistry [baiou'kemistri] *znw* biochemie

biodegradable [baioudi'greidəbəl] *bn* biologisch afbreekbaar

biographer [bai'ɔgrəfə] *znw* biograaf

biographical [baiə'græfikl] *bn* biografisch

biography [bai'ɔgrəfi] *znw* biografie, levensbeschrijving

biological [baiə'lɔdʒikl] *bn* biologisch

biologist [bai'ɔlədʒist] *znw* bioloog

biology *znw* biologie

bipartisan ['baipa:ti'zæn] *bn* tussen/van twee partijen

bipartite [bai'pa:tait] *bn* tweedelig; tussen of van twee partijen, bilateraal

biped ['baiped] *znw* tweevoetig dier o

biplane ['baiplein] *znw* luchtv tweedekker, dubbeldekker

birch [bə:tʃ] I *znw* berk; tucht-, (straf)roede; II *bn* berken, berkenhouten; III *overg* (met) de roe geven

bird [bə:d] *znw* vogel; slang kerel; slang meisje o; ~ *of passage* trekvogel²; ~ *of prey* roofvogel; *the early* ~ *catches the worm* de morgenstond heeft goud in de mond; *a queer* ~ slang een rare snoes-

haan, een vreemde vogel; ~*s of a feather flock together* soort zoekt soort; *a* ~ *in the hand is worth two in the bush* één vogel in de hand is beter dan tien in de lucht; *get the* ~ slang uitgefloten worden; *give the* ~ slang uitfluiten; *kill two* ~*s with one stone* twee vliegen in één klap slaan; *strictly for the birds* gemeenz helemaal niks voor mij (u &)

birdcage *znw* vogelkooi

birdie ['bə:di] *znw* 1 vogeltje o; 2 golf een slag minder dan par

bird's-eye *znw* plantk ereprijs; soort tabak; ~ *view* gezicht o in vogelvlucht

bird watcher *znw* vogelwachter, vogelaar

biro ['bairou] *znw* gemeenz balpen

birth [bə:θ] *znw* geboorte, afkomst; *by* ~ van geboorte

birthday *znw* verjaardag, geboortedag; *birthday honours* Br lintjesregen; *in one's* ~ *suit* in adamskostuum

birthmark *znw* moedervlek

birthplace *znw* geboorteplaats

birth rate *znw* geboortecijfer o

birthright *znw* geboorterecht o

biscuit ['biskit] *znw* biscuit o & m, koekje o; cracker; *that takes the* ~! gemeenz dat is het toppunt!

bisect [bai'sekt] *overg* in tweeën delen

bisector *znw* wisk bissectrice

bisexual [bai'seksjuəl] *bn* biseksueel; tweeslachtig

bishop ['biʃəp] *znw* bisschop; raadsheer, loper [v. schaakspel]

bishopric *znw* bisdom o

bison ['baisn] *znw (mv* idem) dierk bizon

bissextile [bi'sekstail] *bn*: ~ *year* schrikkeljaar o

1 bit [bit] *znw* 1 beetje o, stuk(je) o, hapje o; 2 ogenblikje o, poosje o; 3 geldstukje o; 4 bit o [v. toom]; 5 comput bit; 6 boorijzer o; 7 bek [v. nijptang]; sleutelbaard; 8 episode, nummer o; *not a* ~ geen zier; *not a* ~ *(of it)!* volstrekt niet!; *quite a* ~ aardig wat, een heleboel; *do one's* ~ het zijne (zijn plicht) doen; zich niet onbetuigd laten; *take the* ~ *between one's teeth* op eigen gezag ingrijpen; zijn eigen koers volgen; *take to* ~*s* uit elkaar halen

2 bit [bit] V.T. van *bite*

bitch [bitʃ] I *znw* dierk teef²; wijfje o; fig kreng o, sloerie; *have a* ~ *about sbd.* kwaadspreken, roddelen over iem.; II *onoverg* gemeenz kankeren (over *about*)

bitchy *bn* vuil, gemeen, hatelijk

1 bite* [bait] I *overg* bijten² (in, op); fig in zijn greep krijgen; *the dust* in het zand (stof) bijten; ~ *one's lip(s)* zich verbijten; ~ *off more than one can chew* te veel hooi op zijn vork nemen; *what's biting you?* wat scheelt je?, wat mankeert eraan?; II *onoverg* (aan)bijten, toehappen; zich doen voelen; techn pakken, grip krijgen

2 bite *znw* beet, hapje o, hap; eten o; bijten o; pakken o; iets bijtends of pikants

biting *bn* bijtend, bits, scherp

bitten ['bitn] V.D. van *bite*; *once* ~ *twice shy* een ezel stoot zich geen tweemaal aan dezelfde steen

bitter ['bitə] I *bn* bitter, verbitterd; bitter koud; II *znw* bittere o, bitterheid; bitter bier o; ~s bitter o & m [stofnaam], bitter m [voorwerpsnaam]

bittern ['bitən] *znw* dierk roerdomp

bitumen ['bitjumin] *znw* bitumen o, asfalt o

bituminous *bn* bitumineus

bivalve ['baivælv] I *bn* dierk tweeschalig; plantk tweekleppig; II *znw* tweeschalig weekdier o

bivouac ['bivuæk] I *znw* bivak o; II *onoverg* bivakkeren

biweekly [bai'wi:kli] I *bn bijw* 1 veertiendaags; om de veertien dagen; 2 tweemaal per week; II *znw* 1 veertiendaags tijdschrift o; 2 tweemaal per week verschijnend tijdschrift o

biz [biz] *znw* slang verk. van *business*

bizarre [bi'za:] *bn* bizar, grillig

BL *afk.* 1 Schots & Ir = *Bachelor of Law*; 2 *British Library*

blab [blæb] I *onoverg* (uit de school) klappen; II *overg* eruit flappen

black [blæk] I *bn* zwart^2, donker^2, duister^2, somber; vuil; boos(aardig), kwaad, dreigend; ~ *box* luchtv zwarte doos; ~ *eye* blauw oog [door een stomp]; ~ *friar* dominicaan; ~ *hole* cachot o; astron zwart gat o; ~ *ice* ijzel; ~ *mark* slechte aantekening; ~ *market* zwarte markt; ~ *pudding* bloedworst; *an unemployment* ~ *spot* gebied o met hoge werkloosheid; ~ *tie* gemeenz avondkostuum o; ~ *work* besmet werk o [bij stakingen]; *he's not as* ~ *as he is painted* hij is niet zo slecht als beweerd wordt; II *znw* zwart o; zwartsel o; zwarte vlek, vuiltje o; zwarte (man/vrouw), neger; *in the* ~ gemeenz positief [saldo]; III *overg* zwart maken; poetsen; ~ *sbd.'s eye* iem. een blauw oog slaan; ~ *out* zwart maken; verduisteren [een stad &]; onleesbaar maken [door censuur]; IV *onoverg:* ~ *out* tijdelijk het bewustzijn (geheugen) verliezen

blackamoor *znw* Moriaan, neger

blackball *overg* stemmen tegen iems. toetreden [tot club &]

blackbeetle *znw* kakkerlak

blackberry *znw* braam(bes)

blackbird *znw* merel

blackboard *znw* (school)bord o

blacken I *overg* zwart maken^2; II *onoverg* zwart worden

blackguard *znw* gemene kerel, schavuit, smeerlap

blackhead *znw* mee-eter, vetpuistje o

blacking *znw* schoensmeer o & m

black jack *znw* geteerde leren kruik; kaartsp eenentwintigen o; Am ploertendoder; piratenvlag

blacklead I *znw* kachelpoets, grafiet o; II *overg* potloden [v. kachel]

blackleg I *znw* onderkruiper [bij staking]; II *onoverg* onderkruipen

blacklist I *znw* zwarte lijst; II *overg* op de zwarte lijst zetten

blackmail I *znw* chantage, (geld)afpersing;

levy ~ *on* afpersen; II *overg* chanteren, geld afpersen; ~ *sbd. into...* iem. door het plegen van chantage dwingen tot...

blackmailer *znw* chanteur, afperser

blackout *znw* verduistering [tegen luchtaanval]; kortstondig verlies o van bewustzijn of geheugen; uitval [v. licht, elektriciteit &]; stilzwijgen o (om veiligheidsredenen), persblokkade, berichtenstop

blacksmith *znw* smid

blackthorn *znw* sleedoorn

bladder ['blædə] *znw* blaas; binnenbal; fig blaaskaak

blade [bleid] *znw* spriet, halm; blad o [ook v. zaag &]; techn schoep [v. turbine]; lemmet o, kling, (scheer)mesje o; gemeenz joviale kerel

blah [bla:], **blah-blah** *znw* slang blabla o, gezwam o

blame [bleim] I *overg* afkeuren, berispen, laken; *who is to* ~? wiens schuld is het?; *they have themselves to* ~ het is hun eigen schuld, ze hebben het aan zichzelf te wijten (te danken); II *znw* blaam, schuld; kritiek, afkeuring

blameless *bn* onberispelijk; onschuldig

blameworthy *bn* afkeurenswaardig, laakbaar

blanch [bla:nʃ] I *overg* wit maken, bleken; doen verbleken; pellen; II *onoverg* (ver-)bleken, wit worden

bland [blænd] *bn* zacht, vriendelijk, minzaam, (poes)lief; oppervlakkig, clichématig

blandish *overg* vleien, paaien, strelen

blandishment *znw* (meestal *mv*): ~s vleierij, lievigheid; verlokking

blank [blæŋk] I *bn* wit, blanco, oningevuld, onbeschreven, open; louter, zuiver; bot, vierkant; wezenloos, leeg; beteuterd; sprakeloos [verbazing]; ~ *cartridge* losse patroon; *a* ~ *cheque* handel een blanco cheque; fig carte blanche; ~ *door* blinde deur; ~ *verse* rijmloze verzen; ~ *wall* blinde muur; II *znw* onbeschreven blad o, open plaats, wit o, witte ruimte; leegte, leemte; streepje o [in plaats van woord]; blanco formulier o; niet [in loterij]; doelwit^2 o

blanket ['blæŋkit] I *znw* (wollen) deken; [wolken] dek o, (mist)sluier; II *overg* met een deken bedekken, (over)dekken; fig smoren, onderdrukken; III *bn* algemeen, alles insluitend

blare ['blɛə] I *onoverg* loeien, brullen; schallen, schetteren; II *overg* uitbrullen, (rond-) trompetten; III *znw* geschal o, geschetter o

blarney ['bla:ni] I *znw* (mooie) praatjes, vleierij; II *overg & onoverg* vleien, slijmen

blaspheme [blæs'fi:m] *onoverg & overg* (God) lasteren, vloeken, spotten

blasphemous ['blæsfiməs] *bn* (gods-) lasterlijk

blasphemy *znw* godslastering, blasfemie

blast [bla:st] I *znw* luchtstroom, (ruk)wind, windstoot; luchtdruk(werking); stoot [op blaasinstrument], geschal o; ontploffing;

springlading; *at full* ~ in volle werking (gang); **I** *overg* verdorren, verzengen; laten springen; aantasten, doen mislukken, vernietigen, verwoesten; ~*!* vervloekt!; ~ *off* ontsteken [raket]

blasted *bn bijw* vervloekt

blast-furnace *znw* hoogoven

blatant *bn* schetterend[2], schreeuwerig[2]; schaamteloos; duidelijk, flagrant [leugen]

blather ['blæðə] = *blether*

blaze [bleiz] **I** *znw* 1 vlammenzee; (vuur-)gloed, brand; fig vlaag, uitbarsting; 2 schel licht o; 3 bles; merk o; *in a* ~ in lichterlaaie; *go to* ~*s!* loop naar de hel!; **II** *onoverg* vlammen, (op)laaien, fel branden; gloeien, flikkeren, stralen; schitteren, lichten; ~ *away* (erop los) paffen, schieten; ~ *up* uitslaan, oplaaien, opstuiven; **III** *overg* merken [bomen]; fig banen [pad]; ~ *(abroad)* ruchtbaar maken

blazer ['bleizə] *znw* blazer; sportjasje o

blazing ['bleiziŋ] *bn* opvallend, hel [v. kleur]; blakend [zon]; slaande [ruzie]

blazon ['bleizn] **I** *znw* blazoen o; wapenkunde; **II** *overg* blazoeneren; versieren; fig rondbazuinen (ook: ~ *abroad, forth, out*)

bleach [bli:tʃ] **I** *overg & onoverg* bleken; (doen) verbleken; **II** *znw* bleken o; bleekmiddel o

bleacher *znw* bleker; bleekmiddel o; ~*s Am* onoverdekte tribune

bleak [bli:k] *bn* kil, koud, guur, naar; onbeschut, open, kaal; somber

blear [bliə] **I** *bn* tranend; dof; vaag; **II** *overg* doen tranen; verduisteren, benevelen

bleary *bn* = *blear I*

bleary-eyed ['bliəriaid] *bn* met waterige ogen; fig suffig

bleat [bli:t] **I** *onoverg* blaten, mekkeren; **II** *znw* geblaat o

bleb [bleb] *znw* blaasje o, blaar

bled [bled] V.T. & V.D. van *bleed*

bleed* [bli:d] **I** *onoverg* bloeden[2]; afgeven, uitlopen [v. kleuren in de was]; **II** *overg* aderlaten, doen bloeden; ~ *sbd. dry,* ~ *sbd. white* iem. het vel over de oren halen

bleeder *znw* med hemofiliepatiënt; gemeenz schoft

bleeding I *znw* bloeding; aderlating; **II** *bn* gemeenz = *bloody I 2*

bleep [bli:p] **I** *onoverg* piepen, een pieptoon geven; **II** *overg* oppiepen, oproepen; **III** *znw* piep, pieptoontje o

bleeper ['bli:pə] *znw* pieper [om iem. op te roepen]

blemish ['blemiʃ] **I** *overg* bekladden; bezoedelen; **II** *znw* vlek; fout, smet, klad

blench [blenʃ] *onoverg* terugdeinzen, wijken

1 blend* [blend] **I** *overg* (ver)mengen; **II** *onoverg* zich vermengen; zich laten mengen

2 blend *znw* vermenging, mengsel o, melange

blender ['blendə] *znw* blender [mengapparaat]

bless [bles] *overg* zegenen, loven, (zalig) prijzen; ~ *me,* ~ *my soul!, well I'm* ~*ed!* goede genade!, wel heb ik ooit!; ~ *you!*

gezondheid!

blessed ['blesid] gezegend; gelukzalig; zalig; vervloekt; *of* ~ *memory* zaliger gedachtenis

blessing *znw* zegen(ing), zegenwens; *ask a* ~ bidden [vóór of na het eten]; *a* ~ *in disguise* een geluk bij een ongeluk; *a mixed* ~ geen onverdeeld genoegen

blether ['bleðə] **I** *onoverg* kletsen, wauwelen; **II** *znw* klets, geklets o, gewauwel o

blew [blu:] V.T. van *blow*

blight [blait] **I** *znw* plantenziekte: meeldauw, roest, brand &; verderfelijke invloed; **II** *overg* aantasten, verzengen; vernietigen

blighter *znw* gemeenz ellendeling; *(lucky)* ~ (gelukkige) kerel

blimey ['blaimi] *tsw slang* verdomme!

blimp [blimp] *znw* blimp [klein luchtschip voor verkenning &]

blind [blaind] **I** *bn* blind[2]; verborgen; ~ *drunk* gemeenz stomdronken; ~ *alley* doodlopend straatje o, slop o, als *bn*: zonder vooruitzichten; ~ *letter* onbestelbare brief; *sbd.'s* ~ *side* iems. zwakke zijde; ~ *spot* blinde vlek; dode hoek; fig gebied o waarin men niet thuis is; ~ *date* afspraakje met iem. die men nog nooit ontmoet heeft; *not a* ~ *bit of use* dient absoluut nergens toe; *turn a* ~ *eye to sth.* een oogje dichtknijpen voor iets; **II** *overg* blind maken, verblinden, blinddoeken, verduisteren; **III** *znw* rolgordijn o, jaloezie; blinddoek[2]; oogklep; fig smoesje o; slang drinkgelag o

blindfold I *bn bijw* geblinddoekt; blindelings; **II** *overg* blind maken, verblinden, blinddoeken; **III** *znw* blinddoek

blindman's buff *znw* blindemannetje o

blink [bliŋk] **I** *onoverg* knipperen (met de ogen), knipogen; gluren; flikkeren; **II** *znw* knipperen (met de ogen) o; glimp, schijnsel o; *on a* ~ gemeenz defect, niet in orde

blinkers *znw* oogkleppen

blinking *bn bijw* deksels, verdraaid

blip [blip] *znw* stip op radarscherm; piep, bliep; tijdelijke situatie

bliss [blis] *znw* (geluk)zaligheid, geluk o

blissful *bn* (geluk)zalig

blister ['blistə] **I** *znw* blaar; trekpleister; **II** *onoverg (& overg)* blaren (doen) krijgen, (doen) bladderen

blistering *bn* fig bijtend, striemend

blithe [blaið] *bn plechtig* blij, vrolijk, lustig; zorgeloos, argeloos

blithering ['bliðəriŋ] *bn:* ~ *idiot* gemeenz stomme idioot

blitz [blits] *znw* 1 blitzkrieg; 2 hevige (lucht-)aanval; fig actie, campagne; *the B*~ de luchtslag om Londen (in 1940-'41)

blizzard ['blizəd] *znw* hevige sneeuwstorm

bloated *bn* opgezwollen; opgeblazen[2]

bloater *znw* bokking

blob [blɔb] *znw* klont, kwak, druppel, mop, klodder

bloc [blɔk] *znw* blok o [in de politiek]

block [blɔk] **I** *znw* blok o, huizenblok o; vorm [voor hoeden]; katrolblok o, katrol;

cliché o; pakket o, serie; stremming; fig belemmering; obstructie; blokkering; ~ and tackle blok-en-touw o; ~ of flats flatgebouw o; ~ (of shares) aandelenpakket o; knock sbd.'s ~ off gemeenz iemand afranselen; **II** overg & onoverg belemmeren, versperren, verstoppen, stremmen; afsluiten, blokkeren; tegenhouden, verhinderen; ~ out wegwerken, wegstoppen; ~ in ruw schetsen; insluiten

blockade [blɔ'keid] **I** znw blokkade; **II** overg blokkeren

blockage ['blɔkidʒ] znw opstopping, verstopping; stagnatie

blockbuster ['blɔkbʌstə] znw **1** monsterproductie, vooral groots opgezette film; **2** krachtige bom [waarmee een heel huizenblok kan worden vernietigd]

blockhead znw domkop

blockhouse znw vero blokhuis o, mil bunker [klein]

bloke [blouk] znw gemeenz kerel, vent, knul

blond(e) [blɔnd] **I** bn blond; **II** znw blondine

blood [blʌd] **I** znw bloed o; bloedverwantschap; vero dandy; bad ~ fig kwaad bloed; in cold ~ in koelen bloede; new ~ fig nieuw bloed; ~ is thicker than water het bloed kruipt waar het niet gaan kan; his ~ was up zijn bloed kookte; it's like trying to get ~ from a stone ± je kunt net zo goed tegen een muur praten; **II** overg [hond] aan bloed wennen; fig de vuurdoop laten ondergaan

blood bank znw bloedbank

blood bath znw bloedbad o

blood-curdling bn ijselijk

blood group znw bloedgroep

bloodhound znw bloedhond; fig detective

bloodless bn bloedeloos; onbloedig

blood-money znw bloedgeld o

blood-poisoning znw bloedvergiftiging

blood-relation znw bloedverwant

bloodshed znw bloedvergieten o; slachting

bloodshot bn met bloed doorlopen

blood sport znw jacht

blood-stained bn met bloed bevlekt

bloodstream znw bloedbaan

bloodsucker znw bloedzuiger; fig parasiet

bloodthirsty bn bloeddorstig

blood transfusion znw bloedtransfusie

bloodvessel znw bloedvat o

bloody ['blʌdi] **I** bn **1** bloed(er)ig, bebloed, met bloed (bevlekt), vol bloed, bloed-; bloeddorstig; **2** gemeenz verdomd, verrekt, rot-; **II** bijw gemeenz hartstikke; **III** overg met bloed bevlekken

bloody-minded [blʌdi'maindid] bn gemeenz dwars, stijfkoppig

bloom [blu:m] **I** znw bloesem; bloei²; fig bloem; gloed, blos, waas o [op vruchten]; **II** onoverg bloeien²

bloomer ['blu:mə] znw gemeenz flater

bloomers ['blu:məs] znw ouderwetse damespofbroek

blooming ['blu:miŋ] bn bloeiend, blozend van gezondheid; gemeenz versterkend aarts-, vervloekt &

blossom ['blɔsəm] **I** znw bloesem; **II** onoverg bloeien; ~ out as... zich ontpoppen als...

blot [blɔt] **I** znw klad, (inkt)vlek, smet; **II** overg bekladden²; droogmaken, vloeien; ~ (out) uitwissen, uitvlakken, doorhalen; aan het zicht onttrekken; wegvagen, vernietigen, uitroeien; **III** onoverg kladden, vlekken

blotch [blɔtʃ] **I** znw puist, blaar; vlek, klad, klodder; **II** overg bekladden, bevlekken

blotter ['blɔtə] znw vloeiblok o, -map, -boek o

blotting paper znw vloei(papier) o

blouse [blauz] znw kiel; blouse

1 blow* [blou] **I** onoverg **1** blazen, waaien; **2** hijgen, puffen; **3** spuiten [v. walvis]; **4** elektr doorslaan, -smelten, doorbranden; **5** slang blowen; **II** overg **1** blazen, aan-, op-, uit-, wegblazen; blazen op; **2** afmatten, uitputten; **3** gemeenz erdoor jagen, uitgeven; verknallen, verpesten [kans &]; **4** gemeenz verraden; I am ~ed if... gemeenz ik mag doodvallen als...; ~ sbd.'s mind gemeenz een kick geven (ook fig); enorm aanspreken [boek &]; ~ it! gemeenz verdomme!, shit!; ~ a kiss een kushandje toewerpen; ~ one's top, ~ a fuse gemeenz razend worden; ~ in binnenwaaien; inblazen; aanwaaien; ~ off overwaaien²; afwaaien; afblazen², afzeggen [afspraak]; afschieten, wegslaan; Am slang verlinken; ~ over omwaaien; overwaaien²; ~ up in de lucht (laten) vliegen; opblazen, oppompen vergroten [foto]; komen opzetten [v. storm &]; gemeenz een standje geven

2 blow znw slag², klap²; windvlaag; without (striking) a ~ zonder slag of stoot; come to ~s slaags raken, handgemeen worden

blow-by-blow bn bijw omstandig, gedetailleerd

blower znw blazer; techn aanjager; slang telefoon

blow-fly znw aasvlieg

blow job znw plat pijpen o

blowlamp znw soldeerlamp, brandlamp [v. huisschilders]

blown [bloun] **I** V.D. van blow; **II** bn buiten adem

blow-out ['blou'aut] znw elektr doorslaan o, -smelten o; springen o [v. band], klapband; gemeenz etentje o, smulpartij

blowpipe znw blaaspijp; blaasroer o

blowtorch znw soldeerbout; (verf)afbrander

blow-up znw vergroting [foto]

blowy bn winderig

blowzy ['blauzi] bn met rood aangelopen gezicht; verfomfaaid

blubber ['blʌbə] **I** znw walvisspek o; **II** onoverg grienen, huilen

bludgeon ['blʌdʒən] **I** znw knuppel, ploertendoder; **II** overg knuppelen, slaan

blue [blu:] **I** bn blauw; neerslachtig, somber; schuin [mop]; obsceen, pornografisch; ~ funk radeloze angst; **II** znw blauw o; blauwsel o; azuur o, lucht, zee; zijn universiteit vertegenwoordigende sportbeoefenaar (*dark* ~ = Oxford; *light* ~ = Cambridge); ~s muz blues; *the* ~s neerslachtigheid; *out of the* ~ als een donderslag bij heldere hemel; **III** *overg* blauwen, doorhalen; blauw verven; gemeenz erdoor jagen [geld]

bluebell *znw* plantk wilde hyacint
blueberry *znw* blauwe bosbes
blue-blooded *bn* met blauw bloed, van adel
bluebottle *znw* korenbloem; bromvlieg, aasvlieg; slang smeris
blue-eyed boy *znw* lieveling(etje) (o), favoriet
blue jeans *znw* spijkerbroek
blueprint *znw* blauwdruk[2]; fig plan o
bluestocking ['blu:stɔkiŋ] *znw* blauwkous
bluff [blʌf] **I** *bn* bruusk, openhartig, rond(uit); **II** *znw* steile oever, steil voorgebergte o; bluffen o [bij poker]; brutale grootspraak; *call sbd.'s* ~ iem. dwingen de kaarten open te leggen[2]; **III** *onoverg* bluffen[2]; **IV** *overg* overbluffen, overdonderen, beduvelen
bluish ['blu:iʃ] *bn* blauwachtig
blunder ['blʌndə] **I** *znw* misslag, flater, bok; **II** *onoverg* strompelen; een misslag begaan, een bok schieten; ~ *along*, ~ *on* voortstrompelen, -sukkelen; ~ *upon* toevallig vinden
blunt [blʌnt] **I** *bn* stomp, bot; dom; kortaf, ronduit, bruusk; **II** *overg* stomp maken, bot maken, afstompen, ongevoelig maken
blur [blə:] **I** *znw* klad[2], vlek[2], smet[2], veeg; iets vaags; **II** *overg* bekladden[2]; benevelen, verdoezelen, verduisteren; **III** *onoverg* vervagen; ~ *red* ook: vervaagd, wazig, onscherp
blurb [blə:b] *znw* korte inhoud, flaptekst [op boekomslag]; informatie, folders
blurt [blə:t] *overg*: ~ *out* eruit flappen
blush [blʌʃ] **I** *onoverg* blozen, rood worden; ~ *for* zich schamen voor; **II** *znw* blos; kleur; *at (the) first* ~ op het eerste gezicht; *without a* ~ zonder blikken of blozen
bluster ['blʌstə] **I** *onoverg* bulderen[2], tieren, razen; opschepen, snoeven; **II** *znw* geraas o, gebulder[2] o; snoeverij
blusterer *znw* opschepper, snoever; bullebak
blustery ['blʌstəri] *bn* **1** opschepperig, snoeverig, brallerig; **2** [v. wind] hard, stormachtig
boa ['bouə] *znw* boa constrictor; boa
boar [bɔ:] *znw* beer [mannetjesvarken]; wild zwijn o (ook: *wild* ~)
board [bɔ:d] **I** *znw* plank, deel; bord o; tafel; kost, kostgeld o; scheepv boord o & m; bestuurstafel; raad, commissie, bestuur o, college o, departement o, ministerie o; bordpapier o, karton o; *full* ~ vol pension o; ~ *and lodging* kost en inwoning; ~ *of directors* raad van bestuur, raad van beheer, directie; *above* ~ open, eerlijk; *go by the* ~ overboord gaan[2]; overboord gezet worden[2]; *on* ~ aan boord (van); in de trein (bus &); *across the* ~ algemeen, over de he-

le linie; **II** *overg* beplanken, met planken beschieten; scheepv aanklampen[2], enteren; aan boord gaan van; stappen in [trein &]; in de kost nemen, hebben of doen; ~ *out* uitbesteden; ~ *up* dichtspijkeren (met planken); **III** *onoverg* in de kost zijn (bij *with*)
boarder *znw* kostganger, interne leerling v.e. kostschool
boarding card *znw* instapkaart
boarding-house *znw* familiehotel o, pension o
boarding-school *znw* kostschool, internaat o, pensionaat o
boardroom *znw* directie-, bestuurskamer; fig bedrijfsleiding, directie
boardwalk *znw* Am [langs het strand] pad o van planken; promenade
boast [boust] **I** *onoverg* bluffen, pochen, dik doen, zich beroemen (op *of*); **II** *overg* zich beroemen op, (kunnen) bogen op; **III** *znw* bluf, grootspraak; roem, trots
boaster *znw* bluffer, pocher, snoever
boastful *bn* bluffend, grootsprakig
boat [bout] **I** *znw* boot, schuit; sloep; (saus-)kom; *we are in the same* ~ wij zitten in hetzelfde schuitje; **II** *onoverg* uit varen gaan
boat-drill *znw* scheepv sloepenrol
boater ['boutə] *znw* matelot [hoed]
boathouse *znw* botenhuis o
boating *znw* spelevaren o, roeien o
boatman *znw* botenverhuurder; (gehuurde) roeier
boat-race *znw* roeiwedstrijd
boatswain ['bousn] *znw* bootsman
bob [bɔb] **I** *znw* lood o [van peillood]; polkahaar o, jongenskop, pagekopje o; korte staart; (knie)buiging; knik, stoot, ruk, rukje o; gemeenz vero shilling; bob(slee); **II** *onoverg* op en neer gaan, dobberen; happen (naar *for*); buigen, knikken; **III** *overg* op en neer bewegen; knikken met; kort knippen; recht afknippen; ~*bed hair* polkahaar o, pagekopje o
bobbin ['bɔbin] *znw* klos, spoel, haspel
bobby ['bɔbi] *znw* gemeenz bobby, (Engelse) politieagent
bobbysoxer ['bɔbisɔksə] *znw* gemeenz bakvis, tiener
bob-sled, bob-sleigh ['bɔbsled,-slei] *znw* bobslee
bobtail ['bɔbteil] *znw* korte staart; kortstaart [hond of paard], bobtail
bobtailed *bn* gekortstaart, gecoupeerd
bode [boud] *overg*: ~ *well (ill)* (niet) veel goeds voorspellen
bodge [bɔdʒ] = *botch*
bodice ['bɔdis] *znw* lijfje o, keurs(lijf) o
bodily I *bn* lichamelijk, lijfelijk; **II** *bijw* lichamelijk, in levenden lijve; in zijn (hun) geheel, compleet
bodkin ['bɔdkin] *znw* rijgpen; priem; lange haarspeld
body ['bɔdi] **I** *znw* lichaam[2] o, lijf o, romp; voornaamste (grootste) deel o; bovenstel o, bak [v. wagen], carrosserie [v. auto]; lijk o (ook: *dead* ~); persoon, mens; corpora-

tie; groep, troep; verzameling, massa; *keep ~ and soul together* in leven blijven; *corporate ~* rechtspersoon; *foreign ~* vreemd lichaam o; *the ~ politic* de Staat; *in a ~* gezamenlijk, en corps, en bloc; II *overg* belichamen (*~ forth, ~ out*)

bodyguard *znw* lijfwacht

body language *znw* de taal van het lichaam, lichaamstaal

body odour *znw* (onaangename) lichaamsgeur

body shop *znw* bedrijf o voor reparaties aan de carrosserie van auto's

bodywork *znw* carrosserie; *~ damage* plaatschade

bog [bɔg] I *znw* moeras o; laagveen o <u>gemeenz</u> plee; II *overg & onoverg: ~ down* in de modder wegzinken (vastraken), *fig* vastlopen, in een impasse raken, vertraagd worden

bogey ['bougi] *znw* 1 boeman[2]; schrikbeeld o; 2 golf bogey [score van een slag boven par]; 3 <u>gemeenz</u> snotje o, stukje o uit de neus

boggle ['bɔgl] *onoverg: ~ at* terugschrikken voor; aarzelen; *your mind ~s* daar kan je met je verstand niet bij

boggy ['bɔgi] *bn* moerassig, veenachtig, veen-

bogus ['bougəs] *bn* onecht, pseudo-, vals

bogy(-) ['bougi] *znw = bogey(-)*

Bohemian [bou'hi:mjən] I *bn* Boheems; van de bohémien (ook: *b~*); II *znw* Bohemer; bohémien (ook: *b~*)

boil [bɔil] I *overg & onoverg* koken, uitkoken; zieden[2]; <u>fig</u> stikken (van de hitte); *~ down* inkoken, *fig* bekorten [van verslagen &]; *it ~s down to this* het komt hierop neer; II *znw* 1 kookpunt o; 2 zweertje o

boiler *znw* (kook-, stoom)ketel; warmwaterreservoir o

boiling-point *znw* kookpunt[2] o

boisterous ['bɔistərəs] *bn* onstuimig, rumoerig, luidruchtig

bold [bould] *bn* moedig, boud, vrijpostig, fors; vet [drukletter]

bold-faced *bn* onbeschaamd; vet [drukletter]

bole [boul] *znw* boomstam

Bolivia [bə'liviə, -jə] *znw* Bolivia o

Bolivian [bə'liviən, -jən] I *znw* Boliviaan; II *bn* Boliviaans

bollard ['bɔləd] *znw* verkeerspaaltje o, -zuil; meerpaal [voor schip]; <u>scheepv</u> bolder [op schip]

bollocks ['bɔləks] *znw* <u>plat</u> 1 kloten, ballen; 2 gelul o, onzin

boloney [bə'louni] *znw* <u>slang</u> klets(koek)

bolster ['boulstə] I *znw* peluw; <u>techn</u> kussen o; steun; II *overg* steunen

bolt [boult] I *znw* bout, grendel; (korte) pijl; bliksemstraal; rol [stof, behang]; weglopen o, sprong; *a ~ from the blue* een donderslag bij heldere hemel; *he made a ~ for it* hij ging ervandoor; *have shot one's ~* al zijn pijlen verschoten hebben; II *overg* 1 grendelen; met bouten bevestigen; 2 (door-)slikken[2], naar binnen slaan; III *onoverg* er-

vandoor gaan, op hol slaan (gaan); IV *bijw: ~ upright* kaarsrecht

bolt-hole *znw* vluchtgat o; *fig* uitweg

bolus ['bouləs] *znw* <u>med</u> (grote) pil

bomb [bɔm] I *znw* bom; <u>gemeenz</u> bom duiten; hit, klapper; II *overg* bombarderen; III *onoverg* <u>slang</u> op een mislukking uitlopen, floppen [boek, film]; zakken (voor een examen); *~ along* <u>gemeenz</u> racen, scheuren

bombard [bɔm'ba:d] *overg* bombarderen[2]

bombardier [bɔmbə'diə] *znw* korporaal bij de artillerie

bombardment [bɔm'ba:dmənt] *znw* bombardement o

bombast ['bɔmbæst] *znw* bombast, holle retoriek

bombastic [bɔm'bæstik] *bn* bombastisch

bomber *znw* <u>mil</u> & <u>luchtv</u> bommenwerper

bomb-proof *bn* bomvrij

bomb-shell *znw* bom[2]

bona fide ['bounə'faidi] *bn bijw* te goeder trouw, bonafide

bonanza [bə'nænzə] *znw* rijke mijn of bron; buitenkansje o; goudmijn

bond [bɔnd] I *znw* band; contract o, verplichting; obligatie; verband o; <u>chem</u> verbinding; *~s* boeien, ketenen; *in ~* in entrepot; II *overg* in entrepot opslaan; verhypothekeren; verbinden; <u>chem</u> binden; III *onoverg* zich hechten[2]

bondage *znw* slavernij

bondholder *znw* obligatiehouder

bonding *znw* (emotionele) binding, band

bondsman *znw* borg

bone [boun] I *znw* been o, bot o; graat; balein o [stofnaam], balein v [voorwerpsnaam]; kern, essentie; *~s* beenderen; dobbelstenen; castagnetten; *she's a bag of ~s* ze is vel over been; *~ of contention* twistappel; *make no ~s about...* er geen been in zien om...; *I've a ~ to pick with you* ik heb een appeltje met je te schillen; *what is bred in the ~ will not come out of the flesh* een vos verliest wel zijn haren, maar niet zijn streken; *close to the ~* (te) gewaagd [opmerking &]; II *bn* benen; III *overg* uitbenen; ontgraten; <u>slang</u> gappen

bone-dry *bn* kurkdroog

bonehead *znw* <u>slang</u> stommeling

boneheaded *bn* <u>slang</u> stom

boneless *bn* zonder beenderen, zonder graat; *fig* krachteloos, slap

bonfire ['bɔnfaiə] *znw* vreugdevuur o, vuur(tje) o

bonkers ['bɔŋkəz] *bn* <u>gemeenz</u> gek, geschift

bonnet ['bɔnit] *znw* vrouwenhoed: kaphoed; muts; <u>auto</u> motorkap

bonny ['bɔni] *bn* aardig, mooi, lief

bonus ['bounəs] *znw* <u>handel</u> premie; tantième o; toeslag, gratificatie; meevaller

bony ['bouni] *bn* beenachtig, benig; gratig, vol graten; potig, knokig, bonkig, schonkig

boo [bu:] I *tsw* boe!, hoe!; *he wouldn't say ~ to a goose* hij durft geen mond open te doen; II *znw* geloei o; gejouw o; III *on-*

overg loeien; jouwen; **IV** *overg* uitjouwen
boob [bu:b] **I** *znw* *slang* flater; tiet; **II** *onoverg* *slang* een flater slaan
booby ['bu:bi] *znw* domoor; sul
booby-trap I *znw* 1 boobytrap, valstrikbom; 2 practical joke; **II** *overg* een boobytrap plaatsen in (bij)
boogie ['bu:gi] *gemeenz* **I** *znw* dans; **II** *onoverg* dansen, swingen
boohoo [bu'hu:] **I** *tsw* boe!, joe!; **II** *onoverg* grienen
book [buk] **I** *znw* boek *o*; schrift *o*; boekje *o* [kaartjes, lucifers &]; *the (Good) B~* de Bijbel; *bring sbd. to ~ for sth.* iem. voor iets ter verantwoording roepen; *he is (up) on the ~s* hij is lid, hij is ingeschreven; **II** *overg* & *onoverg* boeken, noteren, inschrijven, (plaats) bespreken; *gemeenz* op de bon zetten, erbij lappen; sp een gele kaart geven; *~ in* zich inschrijven; inchecken; *~ed up* bezet, volgeboekt
bookable *bn* bespreekbaar, te reserveren
bookbinding *znw* boekbinden *o*
bookcase *znw* boekenkast
book-end *znw* boekensteun
bookie ['buki] *znw* *gemeenz* = bookmaker
booking ['bukiŋ] *znw* bespreking, reservering
booking-office *znw* plaatskaartenbureau *o*, bespreekbureau *o*, loket *o* [op stations]
bookish *bn* geleerd, pedant; theoretisch, schools, boekachtig; leesgraag
bookkeeper *znw* boekhouder
bookkeeping *znw* boekhouden *o*; *~ by double (single) entry* dubbel (enkel) boekhouden *o*
book-learning *znw* boekengeleerdheid
booklet *znw* boekje *o*; brochure [als reclame]
bookmaker *znw* bookmaker [bij wedrennen]
bookmark(er) *znw* boekenlegger
book-plate *znw* ex-libris *o*
bookseller *znw* boekhandelaar, -verkoper
bookshelf *znw* boekenplank
bookshop *znw* boekwinkel
bookstall *znw* boekenstalletje *o*
bookstore *znw* boekwinkel
book token *znw* boekenbon
bookworm *znw* boekworm; fig boekenwurm
boom [bu:m] **I** *znw* scheepv spier, spriet; hengel [v. microfoon]; gedonder *o*, gedreun *o*; handel hoogconjunctuur, hausse; *the ~s* hij is lid, hij is ingeschreven; **II** *bn* explosief groeiend [stad]; **III** *onoverg* donderen, dreunen; een hoge vlucht nemen
boon [bu:n] **I** *znw* geschenk *o*; gunst; zegen, weldaad; **II** *bn*: *~ companion* vrolijke metgezel
boor ['buə] *znw* lomperd, pummel
boorish *bn* boers, lomp
boost [bu:st] **I** *overg* reclame maken voor; opdrijven, opvoeren, versterken, stimuleren; **II** *znw* *gemeenz* reclame; stimulans
booster *znw* versterker, booster, hulpdynamo, aanjager, startmotor, startraket
1 boot [bu:t] **I** *znw* laars, hoge schoen; auto

koffer(ruimte), bagageruimte; *the ~s* de schoenpoetser, de knecht [in hotel]; *the ~ is on the other foot* de situatie is net andersom; *get the ~* de bons (zijn congé) krijgen; **II** *overg* boeken, schoppen
2 boot [bu:t]: *to ~* daarbij, op de koop toe, bovendien
boot-black ['bu:tblæk] *znw* schoenpoetser
bootee [bu:'ti] *znw* dameslaarsje *o*; babysokje *o*
booth [bu:ð] *znw* kraam, tent; hokje *o*, cabine, telefooncel
bootlace *znw* (schoen)veter
bootleg ['bu:tleg] **I** *bn* gesmokkeld; illegaal verkocht; **II** *overg* smokkelen; illegaal produceren/verkopen
bootlegger *znw* *Am* (drank)smokkelaar
booty ['bu:ti] *znw* buit, roof
booze [bu:z] *gemeenz* **I** *onoverg* zuipen, zich bezuipen; **II** *znw* drank; *on the ~* aan de zuip
boozer ['bu:zə] *znw* *gemeenz* 1 zuiper, drankorgel *o*; 2 kroeg
booze-up ['bu:zʌp] *znw* *gemeenz* zuippartij
boozy *bn* bezopen, dronken
bop [bɔp] *gemeenz* **I** *znw* 1 tik, slag, klap; 2 dans; **II** *overg* meppen, slaan; **III** *onoverg* dansen
bo-peep [bou'pi:p] *znw*: *play (at) ~* kiekeboe spelen[2]
boracic [bə'ræsik] *bn* boor-; *~ acid* boorzuur *o*
border ['bɔ:də] **I** *znw* rand[2], kant, zoom; border [in tuin]; grens, grensstreek; **II** *overg* omranden, omzomen, begrenzen; **III** *onoverg* grenzen; *~ (up)on* grenzen aan
borderland *znw* grensgebied[2] *o*
borderline *znw* grens(lijn); *~ case* grensgeval *o*
1 bore [bɔ:] **I** *overg* (aan-, door-, uit)boren; vervelen, zeuren; *be ~d stiff* zich dood vervelen; **II** *znw* boorgat *o*; kaliber *o*, diameter; vervelend mens; *gemeenz* zanik; vervelende zaak; vloedgolf
2 bore [bɔ:] V.T. van [2]*bear*
boredom ['bɔ:dəm] *znw* verveling
borehole ['bɔ:houl] *znw* boorgat *o*
borer ['bɔ:rə] *znw* boor; boorder
boric ['bɔ:rik] *bn* boor-; *~ acid* boorzuur *o*
boring ['bɔ:riŋ] *bn* vervelend
born [bɔ:n] *bn* (aan)geboren; *not ~ yesterday* niet van gisteren; *~ and bred* geboren en getogen; *~ of* geboren uit[2], fig voortgekomen (ontstaan) uit, het product van
borne [bɔ:n] V.D. van [2]*bear*
borough ['bʌrə] *znw* stad, gemeente; *parliamentary ~* kiesdistrict *o*
borrow ['bɔrou] **I** *overg* lenen [van], ontlenen (aan *from*); *live on ~ed time* langer leven dan verwacht; **II** *onoverg* lenen
borrowing *znw* (ont)lenen *o*; leenwoord *o*, ontlening
Borstal ['bɔ:stəl] *znw* hist jeugdgevangenis
bosh [bɔʃ] *znw* onzin
Bosnia ['bɔsniə] *znw* Bosnië *o*
Bosnian I *znw* Bosniër *o*; **II** *bn* Bosnisch
bosom ['buzəm] *znw* boezem; borst; buste;

fig schoot

boss [bɔs] **I** znw baas², kopstuk o, bons, leider; **II** overg gemeenz besturen, de leiding hebben over; de baas spelen over; ~ sbd. about/around iem. commanderen

boss-eyed ['bɔsaid] bn scheel

bossy ['bɔsi] bn bazig

bosun ['bousn] znw bootsman

botanic(al) [bə'tænik(l)] bn botanisch, planten-

botanist ['bɔtənist] znw botanicus, plantkundige

botanize onoverg botaniseren

botany ['bɔtəni] znw botanie, plantkunde

botch [bɔtʃ] **I** znw (ook: ~-up) knoeiwerk o; **II** overg (ook: ~ up) verknoeien, een puinhoop maken van

both [bouθ] telw beide; ~... and... zowel... als..., (en)... en...

bother ['bɔðə] **I** onoverg zich druk/ongerust maken (om about); moeite doen; **II** overg lastig vallen, hinderen, kwellen; ~! wat vervelend, verdorie!; I can't be ~ed ik heb geen zin; **III** znw soesa, gezeur o, gezanik o; moeite; last; go to (all) the ~ of de moeite nemen om

botheration [bɔðə'reiʃən] **I** znw soesa, gezeur o, gezanik o; moeite; last; **II** tsw verdorie

bothersome ['bɔðəsəm] bn lastig, vervelend

Botswana [Bɔ'tswa:nə] znw Botswana o

bottle ['bɔtl] **I** znw 1 fles; karaf; 2 moed, lef o; hit the ~ aan de drank raken; **II** overg bottelen, in flessen doen, wecken; ~ up opkroppen [woede]; ~ out (op het laatste moment) de moed verliezen

bottle-feed overg de fles geven [baby]

bottle-green bn donkergroen

bottleneck znw nauwe doorgang, vernauwing, flessenhals², bottleneck, knelpunt° o; struikelblok o

bottom ['bɔtəm] **I** znw bodem; grond; zitting; voet, basis; laagste (achterste, verste) deel o; gemeenz achterste o; bikini ~ bikinibroekje o; ~ up ondersteboven; ~s up ad fundum; at ~ in de grond, au fond; he is at the ~ of it hij zit erachter; **II** bn onderste; laagste; **III** onoverg de bodem raken; ~ out het laagste punt bereiken

bottomless bn bodemloos, grondeloos, peilloos

bottom-line znw gemeenz 1 uiteindelijke waarheid; 2 einduitkomst, resultaat o [vooral financieel]

bough [bau] znw tak

bought [bɔ:t] V.T. & V.D. van buy

boulder ['bouldə] znw rolsteen, kei

bounce [bauns] **I** onoverg (op)springen, stuiten, fig geweigerd worden [v. cheque]; ~ into binnenstormen; **II** overg laten stuiten; fig weigeren [v. cheque]; **III** znw sprong, slag, stoot; fut, pit; veerkracht(igheid)

bouncer znw uitsmijter [in nachtclub &]

bouncing bn stevig

bouncy bn opgewekt

1 bound [baund] **I** znw sprong; ~s ook: per-

ken, grenzen; out of ~s verboden terrein &; **II** onoverg springen; terugstuiten; **III** overg beperken; begrenzen

2 bound [baund] V.T. & V.D. van bind; verschuldigd, verplicht; ~ for Cadiz op weg naar Cadiz; be ~ to moeten, verplicht zijn te...; he's ~ to come hij komt beslist; I'll be ~ daar sta ik voor in; ~ up with nauw verbonden met

boundary ['baundəri] znw grens(lijn)

bounder ['baundə] znw gemeenz patser, proleet

boundless ['baundlis] bn grenzeloos, eindeloos

bounteous ['bauntiəs], **bountiful** bn mild; rijkelijk, overvloedig

bounty znw mild(dadig)heid; gulheid; gift; premie

bouquet ['bukei] znw ruiker, boeket o & m [ook v. wijn]

bourbon ['bə:bən] znw whisky uit maïs, bourbon

bourgeois ['buəʒwa:] bn (klein)burgerlijk

bourn(e) ['buən] znw plechtig grens; doel o, beek

bout [baut] znw wedstrijd; aanval [v. koorts &], vlaag

bovine ['bouvain] bn rund(er)-; stupide

bovver ['bɔvə] znw slang herrieschopperij, geweld o; ~ boy relschopper

1 bow [bau] **I** overg buigen; doen buigen; be ~ed down with gebukt gaan onder; ~ out uitgeleide doen; **II** onoverg buigen; ~ down zich schikken (naar, in to); ~ out (of) fig zich terugtrekken (uit); **III** znw buiging; scheepv boeg; make one's ~ (van het toneel) verdwijnen

2 bow [bou] **I** znw boog; muz strijkstok; (losse) strik; zie ook: bowtie; techn beugel; **II** onoverg & overg muz strijken

bowdlerize ['baudləraiz] overg kuisen [v. boek]

bowel ['bauəlz] znw 1 darm; 2 ~s ingewanden; fig hart o; empty one's ~, move one's ~ afgaan, zijn behoefte doen

bower ['bauə] znw prieel o

bowie-knife ['bouinaif] znw Am lang jachtmes o

bowl [boul] **I** znw schaal, kom, bokaal, nap; pot [v. closet]; bekken o; pijpenkop; (lepel-) blad o; (kegel)bal; **II** onoverg ballen; kegelen; bowlen [ook: cricket]; (voort)rollen; **III** overg (voort)rollen; ~ over omverwerpen; in de war maken

bow-legged ['boulegd] bn met o-benen

bowler ['boulə] znw sp bowler; bolhoed (~ hat)

bowling-alley ['boulinæli] znw kegelbaan

bowling-green znw veld o voor een op jeu de boules gelijkend balspel

bowsprit znw boegspriet

bowtie znw vlinderdas

bow-window znw ronde erker

bow-wow ['bauwau] **I** znw kindertaal hond(je o); geblaf o; **II** tsw wafwaf [klanknabootsing]

box [bɔks] **I** znw 1 doos, kist, koffer, kistje o, trommel, bak; postbus; 2 kijkkast, (beeld-)

buis; 3 loge; box; 4 kader o [in krant &];
hokje o [v. invulformulier]; vak o [op de
weg]; sp strafschopgebied o; 5 huisje o; telefooncel; 6 naafbus; 7 bok [v. rijtuig]; 8 sp
(spring)kast; 9 plantk buks(boom), palm;
10 klap, oorvijg; **II** onoverg boksen; **III**
overg 1 in een doos & sluiten; 2 boksen met
[iem.]; ~ sbd.'s ears iem. om de oren geven;
~ in insluiten; ~ up opeenpakken

boxer ['bɔksə] znw bokser, boxer [hond]

Boxing Day ['bɔksiŋdei] znw tweede kerst-
dag

boxing ['bɔksiŋ] znw boksen o

box office znw bespreekbureau o, kassa;
box-office; ~ success succes o, kasstuk o

boxroom znw rommelkamer, -zolder; bergruimte

boxwood ['bɔkswu:d] znw hout o van de
buksboom

boy [bɔi] znw knaap, jongen (ook: bediende); old ~ ouwe jongen; oud-leerling; oh
~! o jee!

boycott ['bɔikɔt] **I** overg boycotten; **II** znw
boycot

boyfriend ['bɔi'frend] znw vriendje o

boyhood znw jongensjaren

boyish bn jongensachtig, jongens-

boy scout znw padvinder

bra [bra:] znw beha, bustehouder

brace [breis] **I** znw paar o, koppel o; klamp,
anker o, haak, beugel, booromslag; ~s
bretels; ~ and bit boor; **II** overg spannen,
(aan)trekken, versterken; ~ oneself zich
vermannen; ~d for voorbereid op, klaar
voor

bracelet ['breislit] znw armband; gemeenz
handboei

bracing ['breisiŋ] bn versterkend, opwekkend

bracken ['brækn] znw plantk (adelaars-)
varen(s)

bracket ['brækit] **I** znw haak, haakje o; categorie, klasse, groep; **II** overg tussen
haakjes plaatsen; fig in één adem noemen,
op één lijn stellen

brackish ['brækiʃ] bn brak

brad [bræd] znw spijkertje o zonder kop,
stift

bradawl ['brædɔ:l] znw els

brag [bræg] **I** overg brallen, pochen, bluffen
(op of); **II** znw gepoch o, bluf; bluffen o
[kaartspel]

braggart ['brægət] znw praalhans, pocher,
bluffer, snoever, schreeuwer

braid [breid] **I** znw vlecht; boordsel o, galon
o & m; tres; (veter)band o & m; **II** overg
vlechten; boorden, met tressen garneren

brain [brein] **I** znw brein o, hersenen; verstand o; knappe kop; ~s hersens; have ...
on the ~ malen over..., bezeten zijn van...;
pick sbd.'s ~s iem. om raad (informatie,
advies) vragen; **II** overg de hersens inslaan

brainchild znw geesteskind o, geestespro-
duct o

brain-drain znw emigratie v. academici
naar landen met meer mogelijkheden

brainless bn hersenloos

brain-storm I znw plotselinge heftige

geestesstoring, 'gekke' inval; **II** onoverg
brainstormen: het aanpakken v.e. probleem door groepsdiscussie

brainwash overg hersenspoelen

brainwashing znw hersenspoeling

brainwave znw inval, lumineus idee o & v

brainy bn pienter

braise [breiz] overg [vlees] smoren

brake [breik] **I** znw rem; put on the ~ remmen; put a ~ on... [iets] remmen; **II** overg
remmen

bramble ['bræmbl] znw braamstruik

bran [bræn] znw zemelen

branch [bra:n(t)ʃ] **I** znw (zij)tak, arm; (leer-)
vak o, afdeling, filiaal o; ~ line zijlijn; **II** onoverg zich vertakken; ~ off zich vertakken,
zich splitsen, afslaan; fig afdwalen; ~ out
uitbreiden [onderneming]

brand [brænd] **I** znw brandmerk o; merk o;
soort, kwaliteit; **II** overg brandmerken[2]

brandish ['brændiʃ] overg zwaaien (met)

brand-new ['bræn(d)'nju:] bn splinternieuw

brandy ['brændi] znw cognac; brandewijn,
brandy

brash [bræʃ] bn onstuimig, opdringerig,
overhaast; schreeuwend [v. kleur]

brass [bra:s] **I** znw geelkoper o, messing o;
muz koper o; gedenkplaat; gemeenz 'centen'; fig brutaliteit; **II** bn (geel)koperen,
van messing

brassed off [bra:st ɔ(:)f] bn: be ~ with sth.
gemeenz iets beu zijn

brassière ['bræsiɛə] znw bustehouder

brassy I bn koperachtig, koperkleurig; fig
brutaal; **II** znw golfstok

brat [bræt] znw blaag, vlegel, dondersteen,
kreng o

bravado [brə'va:dou] znw overmoed; waag-
halzerij

brave [breiv] **I** bn dapper, nobel; **II** znw (indiaans) krijgsman; **III** overg tarten, trotseren

bravery znw moed

brawl [brɔ:l] **I** onoverg knokken; **II** znw
knokpartij

brawn [brɔ:n] znw spieren; spierkracht;
hoofdkaas

brawny bn gespierd, sterk

bray [brei] **I** onoverg balken, schetteren; **II**
znw gebalk o; geschetter o

braze [breiz] overg solderen

brazen [breizn] **I** bn (geel)koperen; fig brutaal, onbeschaamd; **II** overg: ~ it out brutaal volhouden, zich er brutaal doorheen
slaan

brazen-faced bn onbeschaamd

brazier ['breizjə] znw komfoor o

Brazil [brə'zil] znw Brazilië o

Brazilian [brə'ziljən] **I** znw Braziliaan; **II** bn
Braziliaans

breach [bri:tʃ] **I** znw breuk[2], bres; inbreuk;
schending; **II** overg (een) bres schieten;
doorbreken; fig schenden, inbreuk maken
op

bread [bred] znw brood[2] o; slang poen; fig
broodwinning; ~ and butter 1 boterham-
(men); 2 broodwinning; ~-and-butter is-
sues essentiële zaken; know which side

one's ～ *is buttered* eigen belang voor ogen houden

breadcrumb I *znw* broodkruimel; ～s ook: paneermeel o; II *overg* paneren

breadline *znw* armoedegrens; *be on the* ～ van de bedeling moeten leven

breadth [bredθ] *znw* breedte

breadwinner ['bredwinə] *znw* kostwinner

1 **break*** [breik] I *overg* breken; aan-, af-, door-, onder-, open-, stuk-, verbreken; overtreden [regels], schenden; banen [weg]; opbreken [kamp]; ruïneren; bij stukjes en beetjes mededelen [nieuws]; dresseren; II *onoverg* breken; aan-, af-, door-, los-, uitbreken, los-, uitbarsten; omslaan [v. weer]; bankroet gaan; pauzeren; ～ *away* weg-, af-, losbreken, zich losrukken, -scheuren, zich afscheiden (van *from*); ～ *down* mislukken, het begeven; afbreken, breken [tegenstand]; ～ *forth* los-, uitbarsten; te voorschijn komen; ～ *free* losbreken[2]; ～ *in* inbreken; africhten, dresseren; inlopen [schoeisel]; inrijden [auto &]; in de rede vallen; ～ *in upon* (ver)storen, onderbreken; ～ *into* inbreken in; fig aanbreken, aanspreken; beginnen te; een positie verwerven in; ～ *off* afbreken[2]; ～ *open* openbreken; ～ *out* uitslaan; uitbreken; losbarsten; ～ *through* doorbreken; overtreden, afwijken van; ～ *up* uiteengaan, eindigen; met de schoolvakantie beginnen; uiteenvallen; stukbreken, afbreken[2]; verdelen; ontbinden, een einde maken aan, doorbreken; breken [dag]; uiteenslaan, oprollen [bende, complot], in de war sturen [bijeenkomst]; ～ *with* breken met

2 **break** *znw* breuk; af-, ver-, onderbreking; omslag [van weer]; afbrekingsteken o; pauze, rust; onderw speelkwartier o; kans; bof, pech; *give me a* ～! gemeenz doe me een lol; *make a* ～ *(for it)* slang 'm smeren

breakable *bn* breekbaar

breakage *znw* breken o, breuk

breakaway I *znw* afscheiding; II *bn* afgescheiden, afscheidings-

breakdown *znw* in(een)storting; (zenuw-) inzinking (ook: *nervous* ～); mislukking; storing, panne; ondervergeling, analyse

breaker *znw* breker; sloper; 27 MC'er; brekende golf; ～s branding

breakfast ['brekfəst] I *znw* ontbijt o; II *onoverg* ontbijten

break-in *znw* inbraak

breaking-point ['breikiŋpɔint] *znw* breekpunt o; *strained to* ～ tot het uiterste gespannen

breakneck *bn: at* ～ *speed* in razende vaart

break-out *znw* uitbraak, ontsnapping uit gevangenis &

breakthrough *znw* doorbraak

break-up *znw* ineenstorting, ontbinding, uiteenvallen o [v. partij]; uiteengaan o

breakwater *znw* golfbreker, havendam

bream [bri:m] *znw (mv idem of -s)* brasem

breast [brest] I *znw* borst, boezem; borststuk o; *make a clean* ～ *of it* alles eerlijk opbiechten; II *overg* het hoofd bieden aan; doorklieven

breastbone *znw* borstbeen o

breast-fed *bn:* ～ *baby* baby die borstvoeding krijgt

breast-feed *overg* de borst geven, borstvoeding geven

breastplate *znw* borstplaat, harnas o, borststuk o

breaststroke *znw* sp schoolslag

breastwork *znw* mil borstwering

breath [breθ] *znw* adem(tocht), luchtje o, zuchtje o; zweem, spoor; *he caught his* ～ zijn adem stokte; *draw* ～ ademhalen; *save one's* ～ zijn mond houden, niets meer zeggen; *waste one's* ～ voor niets praten; *take a* ～ even op adem komen; *under one's* ～ fluisterend, binnensmonds

breathalyse, breathalyze ['breθəlaiz] *overg* een ademtest laten doen

breathalyzer *znw* blaaspijpje o

breathe [bri:ð] I *onoverg* ademen[2], ademhalen; II *overg* (in-, uit)ademen; (laten) uitblazen; fluisteren; te kennen geven; ～ *one's last* de laatste adem uitblazen; *don't* ～ *a word (of it)* houd je mond erover

breather ['bri:ðə] *znw* adempauze; *have (take) a* ～ even uitblazen

breathing *znw* ademhaling; ～ *space* adempauze

breathless ['breθlis] *bn* ademloos; buiten adem

breathtaking *bn* adembenemend; verbluffend

bred [bred] V.T. & V.D. van *breed*

breech [bri:tʃ] *znw* kulas [v. kanon], staartstuk o [v. geweer]; ～*es* ['britʃiz] korte (rij-)broek

breech-loader ['bri:tʃloudə] *znw* achterlader

1 **breed*** [bri:d] I *overg* verwekken[2], telen, fokken, (op)kweken[2], grootbrengen, opleiden; voortbrengen, veroorzaken; II *onoverg* jongen, zich voortplanten

2 **breed** *znw* ras o, soort

breeder *znw* verwekker, fokker; ～ *reactor* kweekreactor

breeding *znw* verwekken o &, zie *breed*; opvoeding; beschaafdheid; *(good)* ～ welgemanierdheid; ～ *ground* broedplaats; fig voedingsbodem, broeinest o

breeze [bri:z] I *znw* bries; Am gemeenz makkie o, eitje o; II *overg* gemeenz ～ *in* binnenstuiven

breezy *bn* winderig[2]; luchtig[2], opgewekt, joviaal

brethren ['breðrin] *znw* broeders

breve [bri:v] *znw* muz dubbele hele noot; gramm teken o ter aanduiding van een korte klinker

breviary ['bri:viəri] *znw* RK brevier o

brevity ['breviti] *znw* kortheid, beknoptheid

brew [bru:] I *overg & onoverg* brouwen[2], fig broeien; zetten [thee]; ～ *up* gemeenz thee zetten; II *znw* brouwsel o

brewer *znw* brouwer

brewery *znw* brouwerij

briar ['braiə] *znw* = *brier*

bribe I *znw* steekpenning; II *overg* omkopen

bribery *znw* omkoping, omkoperij

bribes *znw mv* steekpenningen

bric-a-brac ['brikəbræk] *znw* curiosa, bric-à-brac o

brick [brik] **I** *znw* baksteen o & m; blok o gemeenz beste vent (meid); *drop a* ~ een flater slaan; **II** *bn* (bak)stenen; **III** *overg:* ~ *up* dichtmetselen

bricklayer *znw* metselaar

brickwork *znw* metselwerk o; ~*s* steenbakkerij

brickyard *znw* steenbakkerij

bridal ['braidəl] *bn* bruids-, bruilofts-, trouw-

bride *znw* bruid; jonggehuwde (vrouw)

bridegroom *znw* bruidegom

bridesmaid *znw* bruidsmeisje o

bridge [bridʒ] **I** *znw* brug; kam [v. strijkinstrument]; rug van de neus; kaartsp bridge o; **II** *overg* overbruggen

bridgehead *znw* bruggenhoofd o

bridle ['braidl] **I** *znw* toom, teugel; **II** *overg* beteugelen[2]; **III** *onoverg:* het hoofd in de nek werpen (uit trots, verachting &)

brief [bri:f] **I** *bn* kort, beknopt; *in* ~ kortom; in het kort; **II** *znw* opdracht [v. advocaat]; breve [v. paus]; instructie, briefing; ~*s* ook: onderbroekje o; **III** *overg* instructies geven, briefen

briefcase *znw* aktentas

briefing *znw* instructies; instructieve bijeenkomst, briefing

brier ['braiə] *znw* wilde roos; wit heidekruid o; pijp van de wortel daarvan

brig [brig] *znw* scheepv brik

brigade [bri'geid] *znw* brigade; korps o

brigadier [brigə'diə] *znw* mil brigadecommandant

brigand ['brigənd] *znw* (struik)rover

bright [brait] *bn* helder[2], licht, lumineus; blank; fonkelend, schitterend, levendig; vlug, pienter, snugger; opgewekt, vrolijk, blij, fleurig; rooskleurig [v. toekomst &]; ~ *and early* voor dag en dauw (op)

brighten **I** *overg* glans geven aan, op-, verhelderen, doen opklaren; opvrolijken, opfleuren (ook ~ *up*); **II** *onoverg* opklaren, verhelderen, (beginnen te) schitteren

brilliance ['briljəns] *znw* glans, schittering[2]; uitzonderlijke begaafdheid

brilliant *bn* schitterend[2], stralend[2], briljant; fantastisch

brim [brim] **I** *znw* rand; boord, kant; **II** *onoverg* vol zijn; ~ *(over) with* overvloeien van

brimful(l) *bn* boordevol

brimstone [brimstən] *znw* zwavel; ~ *butterfly* citroenvlinder

brindle(d) ['brindl(d)] *bn* bruingestreept

brine [brain] *znw* pekel, pekelnat o; *the* ~ het zilte nat, de zee

bring* [briŋ] *overg* (mee)brengen, opbrengen, halen; indienen, inbrengen, aanvoeren; ~ *about* teweegbrengen, tot stand brengen; ~ *along* meebrengen; ~ *an action against* een proces aandoen; ~ *back* terugbrengen; weer te binnen brengen; ~

down neerschieten; ten val brengen; ~ *forth* voortbrengen: baren; aan het daglicht brengen; ~ *forward* vervroegen; indienen [motie]; aanvoeren [bewijzen]; ~ *in* binnenbrengen; inbrengen, aanvoeren; inschakelen; invoeren; ter tafel brengen, indienen; opbrengen; ~ *in guilty* schuldig verklaren; ~ *off* voor elkaar krijgen; (af-)leveren [stuk o, werk o &]; ~ *on* veroorzaken; ~ *out* uitbrengen; te voorschijn halen; ~ *over* overbrengen; overhalen; ~ *round* iem. (weer) bijbrengen, bij kennis brengen; [iem.] overhalen; ~ *to* bijbrengen; ~ *to book* ter verantwoording roepen (en straffen); ~ *up* opvoeden

brink [briŋk] *znw* kant, rand; *on the* ~ *of...* ook: op het puntje (randje) van...

brinkmanship *znw* gewaagd manoeuvreren o in hachelijke omstandigheden, vabanque-politiek

briny ['braini] *znw* zilt, zout; *the* ~ gemeenz het zilte nat, de zee

brisk [brisk] **I** *bn* levendig, vlug, wakker, flink; fris; **II** *overg* verlevendigen; ~ *up* aanvuren, aanwakkeren; **III** *onoverg:* ~ *up* opleven

brisket ['briskit] *znw* borst, borststuk o [v. dier]

bristle ['brisl] **I** *znw* borstelhaar o; **II** *onoverg* de haren overeind zetten; overeind staan; opstuiven; ~ *with* wemelen van, vol zijn van

bristly *bn* borstelig

Brit [brit] *znw* gemeenz Brit

Britain ['britn] *znw* (Groot-)Brittannië o

Britannic [bri'tænik] *bn* Brits

British ['britiʃ] *bn* Brits; *the* ~ de Britten

Britisher *znw* Am Brit

Briton ['britn] *znw* Brit

Brittany ['britəni] *znw* Bretagne o

brittle ['britl] *bn* bro(o)s, breekbaar; kil, koel

broach [broutʃ] *overg* aanboren, aanbreken; *fig* ter sprake brengen

broad [brɔ:d] **I** *bn* breed[2], ruim[2], wijd; ruw, grof, plat; ~ *beans* tuinbonen; ~ *daylight* klaarlichte dag; *a* ~ *hint* een duidelijke wenk; **II** *znw* Am slang wijf o, mokkel o, hoer, slet

broadcast ['brɔ:dka:st] **I** RTV uitzenden; voor de radio of de televisie optreden (spreken &); rondbazuinen; **II** *znw* RTV uitzending

broadcaster *znw* RTV omroeper

broadcasting *znw* RTV uitzending; uitzenden o; ~ *station* radio- en TV-station o

broadcloth ['brɔ:dklɔθ] *znw* fijne, zwarte, wollen stof

broaden [brɔ:dn] *overg & onoverg* (zich) verbreden, breder worden/maken, (zich) verruimen

broadminded *bn* ruimdenkend

broadsheet *znw* ± kwaliteitskrant

broadside *znw* scheepv brede zijde; volle laag

brocade [brə'keid] *znw* brokaat o

broccoli ['brɔkəli] *znw* broccoli

brochure ['brouʃuə, brɔ'ʃuə] *znw* brochure; folder

brock [brɔk] *znw* dierk das

brogue [broug] *znw* **1** stevige schoen, brogue; **2** plat (Iers) accent o

broil [brɔil] *overg* roosteren; *it is ~ing Am* het is snikheet

broiler *znw* braadkip, -kuiken o

broke [brouk] V.T. & vero V.D. van *break*; gemeenz geruïneerd, blut

broken V.D. van *break*; gebroken &; *~ ground* oneffen terrein; *~ home* ontwricht gezin o

broken-down *bn* kapot, bouwvallig

broken-hearted *bn* gebroken (door smart), diep bedroefd

broken-winded *bn* dampig [v. paard]

broker ['broukə] *znw* makelaar; uitdrager

brokerage *znw* makelarij; makelaarsprovisie, courtage

bromide *znw* bromide o; gemeenplaats

bromine *znw* broom o

bronchi [brɔŋkai] *znw* luchtpijpvertakkingen, bronchiën

bronchial *bn* bronchiaal; *~ tubes* bronchiën

bronchitis [brɔŋ'kaitis] *znw* bronchitis

bronco ['brɔnkou] *znw Am* klein halfwild paard

bronze [brɔnz] **I** *znw* brons o; bronskleur; bronzen kunstvoorwerp o; **II** *overg* bronzen; bruinen; **III** *bn* bronzen, bronskleurig

brooch [brout∫] *znw* broche, borstspeld

brood [bru:d] **I** *onoverg* broeden[2] (op *on*, *over*); fig peinzen; tobben (over *over*); **II** *znw* broed(sel) o; gebroed o

brooding *bn* dreigend

brood-mare *znw* fokmerrie

broody *bn* **1** [v.e. kip] broeds; **2** tobberig, somber; **3** gemeenz [v. vrouw] verlangend naar een baby

1 brook [bruk] *overg* verdragen, dulden

2 brook [bruk] *znw* beek

brooklet *znw* beekje o

broom [bru:m] *znw* bezem; plantk brem

broomstick ['bru:mstik] *znw* bezemsteel

Bros. *afk. = Brothers* Gebr(oeders)

broth [brɔθ] *znw* bouillon, dunne soep

brothel ['brɔθəl] *znw* bordeel o

brother ['brʌðə] *znw (mv:* -s; godsd ook: brethren) broe(de)r[2], ambtsbroeder, confrater, collega

brotherhood *znw* broederschap o & v

brother-in-law *znw (mv:* brothers-in-law) zwager

brotherly *bn bijw* broederlijk

brougham ['bru:əm, bru:m] *znw* coupé [rijtuig]

brought [brɔ:t] V.T. & V.D. van *bring*

brow [brau] *znw* wenkbrauw, voorhoofd o; kruin, top

browbeat ['braubi:t] *overg* intimideren, overdonderen

brown [braun] **I** *bn* bruin; **II** *znw* bruin o; **III** *overg & onoverg* bruinen; *~ed off* slang het land hebbend, landerig

brownie *znw* kabouter [ook jonge padvindster]; brownie [soort chocoladekoek]; *get ~ points with sbd.* bij iem. in een goed blaadje komen, een wit voetje halen

brownish *bn* bruinachtig

brownstone *znw* Am (huis o van) roodbruine zandsteen o

browse [brauz] **I** *overg & onoverg* (af-) knabbelen, (af)grazen; **II** *onoverg* fig grasduinen, neuzen (in boeken)

bruise [bru:z] **I** *overg* kneuzen; *~d* beurs; fig aangedaan, gekwetst; **II** *onoverg* beurs worden; blauwe plekken hebben (krijgen), zich bezeren; **III** *znw* kneuzing, buil, blauwe plek

bruiser *znw* slang (ruwe) bokser, krachtpatser

brunch [brʌn∫] *znw* brunch [laat ontbijt o, tevens lunch]

Brunei ['bru:nai] *znw* Brunei o

Bruneian I *znw* inwoner v. Brunei; **II** *bn* Bruneis

brunt [brʌnt] *znw:* bear the *~ of* het meest te lijden hebben van

brush [brʌ∫] **I** *znw* borstel, schuier, veger, kwast, penseel o; vossenstaart; kreupelhout o; streek, (lichte) aanraking, (vluchtig) contact o; aanvaring (fig); **II** *overg* (af-) borstelen, (af)vegen, (af)schuieren; strijken langs, rakelings gaan langs; *~ aside* opzij zetten, naast zich neerleggen, negeren, afpoeieren; *~ by*, *~ past* rakelings passeren; *~ down* afborstelen; *~ off* afschepen; *~ up* opfrissen, ophalen [kennis]

brush-off *znw* slang botte weigering, afscheping

brushwood *znw* kreupelhout o; rijs(hout) o

brusque [brusk] *bn* bruusk, kortaf

Brussels ['brʌslz] **I** *znw* Brussel; **II** *bn* Brussels; *~ sprouts* spruitjes

brutal ['bru:təl] *bn* beestachtig, wreed, bruut, ruw, grof

brutality [bru:'tæliti] *znw* beestachtigheid, wreedheid, bruutheid, grofheid

brutalize ['bru:təlaiz] *overg* verdierlijken; wreed behandelen

brute [bru:t] **I** *znw* (redeloos) dier o; woesteling, beest o, bruut; gemeenz onmens; **II** *bn* redeloos, dierlijk, woest, bruut

brutish ['bru:ti∫] *bn = brutal*

bubble ['bʌbl] **I** *znw* blaas, lucht-, (zeep-) bel[2]; *~ bath* schuimbad o; *~ and squeak* gerecht o van opgewarmde restjes aardappelen, kool en andere groenten (en soms vlees); **II** *onoverg* borrelen, murmelen, prutttelen; *~ over* overkoken; fig overvloeien (*with* van)

bubble gum *znw* klapkauwgum o & m

bubbly I *bn* borrelend, vol luchtbelletjes; fig sprankelend, levenslustig; **II** *znw* slang champagne

bubonic [bju'bɔnik] *bn: ~ plague* builenpest

buccaneer [bʌkə'niə] *znw* boekanier, zeerover

buck [bʌk] **I** *znw (mv* idem of -s) (ree)bok, mannetje o [van vele diersoorten]; dollar; *pass the ~* de schuld op een ander schuiven; *the ~ stops here* de verantwoordelijkheid kan niet verder worden doorgeschoven; **II** *overg* afwerpen [berijder]; *~ up* opvrolijken; *~ed* in zijn nopjes; **III** *onoverg* bokken [v. paard]; ~ *up* moed houden; voortmaken

bucket ['bʌkit] **I** *znw* emmer; emmervol, grote hoeveelheid; grijper; schoep [v. waterrad]; *kick the* ~ <u>slang</u> doodgaan; **II** *onoverg:* ~ *(down)* <u>gemeenz</u> stortregenen, gieten, plenzen

bucketful *znw* emmer(vol)

bucket shop *znw* reisagentschap o gespecialiseerd in goedkope vliegtickets

buckle ['bʌkl] **I** *znw* gesp; **II** *overg* (vast-) gespen; verbuigen, omkrullen; **III** *onoverg* omkrullen, zich krommen (ook: ~ *up*); ~ *down to* aanpakken; de handen uit de mouwen steken; zich toeleggen op

buckler ['bʌklə] *znw* schild o

buckram ['bʌkrəm] **I** *znw* stijf linnen o; buckram o; <u>fig</u> stijfheid; **II** *bn* van stijf linnen

buckshot ['bʌkʃɔt] *znw* grove hagel

buckskin ['bʌkskin] *znw* suède o & v; ~ *breeches,* ~s suède broek; ~ *cloth* bukskin o

buck teeth *znw* vooruitstekende tanden

buckwheat ['bʌkwiːt] *znw* boekweit

bucolic [bjuˈkɔlik] **I** *bn* herderlijk, landelijk, bucolisch; **II** *znw* herderszang, -dicht o

bud [bʌd] **I** *znw* <u>plantk</u> knop; kiem; *in the* ~ in de kiem[2]; <u>fig</u> in de dop; **II** *onoverg* uitkomen, (uit)botten, ontluiken; ~*ding* ook: <u>fig</u> in de dop

Buddhism ['budizm] *znw* boeddhisme o

Buddhist I *znw* boeddhist; **II** *bn* boeddhistisch

buddy ['bʌdi] *znw* <u>Am</u> <u>gemeenz</u> vriend, vriendje o, kameraad, maat

budge [bʌdʒ] *onoverg* (zich) verroeren, bewegen; veranderen; van mening veranderen; *not ~ an inch* geen duimbreed wijken; ~ *up* opschuiven, plaats maken

budgerigar ['bʌdʒəriga:] *znw* zangparkiet

budget ['bʌdʒit] **I** *znw* (staats)begroting, budget o; **II** *bn* voordelig, goedkoop, budget-; **III** *onoverg* budgetteren; ~ *for* uittrekken voor, op het budget zetten

budgetary *bn* budgettair, budget-, begrotings-

buff [bʌf] **I** *znw* buffel-, zeemleer o, zeemkleur; liefhebber, fan; *in the* ~ poedelnaakt; **II** *overg* polijsten, poetsen; **III** *bn* zeemkleurig, lichtgeel

buffalo ['bʌfəlou] *znw (mv* idem *of* -loes) buffel

buffer ['bʌfə] **I** *znw* stootkussen o, buffer; <u>gemeenz</u> kerel; *old ~* <u>gemeenz</u> ouwe vent; **II** *overg* als buffer optreden (dienen) voor

1 buffet ['bʌfit] *overg* slaan, beuken, worstelen met

2 buffet ['bʌfit] *znw* buffet o [meubel]

3 buffet ['bufei] *znw* buffet o [v. station &]; ~ *car* restauratiewagen; ~ *dinner,* ~ *luncheon* lopend buffet o

buffoon [bʌˈfuːn] *znw* potsenmaker, hansworst, pias

buffoonery *znw* potsenmakerij

bug [bʌg] **I** *znw* wandluis; <u>Am</u> insect o, kever, tor; <u>gemeenz</u> bacil; <u>fig</u> rage, manie; afluisterapparaat o; <u>comput</u> bug; *big ~* <u>ge-</u>

meenz hoge ome, hoge piet; **II** *overg* afluisterapparaat aanbrengen bij en gebruiken tegen [iem.]; <u>Am</u> lastig vallen, ergeren

bugbear ['bʌgbɛə] *znw* boeman; spook o, schrikbeeld o

bugger ['bʌgə] **I** *znw* <u>plat</u> flikker, kontneuker; <u>slang</u> klootzak, lul; *poor little* ~ arme drommel; <u>slang</u> klerezooi, gesodemieter o, klerewerk o; **II** *overg* <u>slang</u>: ~ *it!* sodeju!; ~ *around, about* sollen met; ~ *up* verknallen, naar de sodemieter helpen; **III** *onoverg:* ~ *about, around* (rond)klooien, sodemieteren, rotzooien; ~ *off* opsodemieteren, oprotten

buggered ['bʌgəd] *bn* afgepeigerd, doodmoe

buggy ['bʌgi] *znw* buggy; wandelwagen; <u>Am</u> kinderwagen

bugle ['bjuːgl] <u>muz</u> bugel [hoorn]

1 build* [bild] **I** *overg* bouwen, aanleggen, maken, stichten[2]; ~ *up* opbouwen; vormen; vergroten, ontwikkelen, uitbouwen; aansterken [v. patiënt]; **II** *onoverg* bouwen; ~ *on (upon)* zich verlaten op, bouwen op, voortbouwen op; ~ *up* ontstaan, zich ontwikkelen; toenemen, aanzwellen, aangroeien

2 build *znw* (lichaams)bouw

builder *znw* bouwer; aannemer

building *znw* gebouw o, bouwwerk o; bouw; ~*-plot,* ~*-site* bouwterrein o; ~ *society* bouwfonds o

build-up *znw* opbouw; vorming; <u>gemeenz</u> tamtam

built [bilt] V.T. & V.D. van *build; I am* ~ *that way* <u>gemeenz</u> zo ben ik nu eenmaal

built-in *bn* ingebouwd; <u>fig</u> inherent

built-up *bn* samengesteld, opgebouwd, geconstrueerd; bebouwd; ~ *area* bebouwde kom

bulb [bʌlb] *znw* (bloem)bol; (gloei)lamp

bulbous *bn* bolvormig, bol-

Bulgaria [bʌlˈgɛəriə] *znw* Bulgarije o

Bulgarian [bʌlˈgɛəriən] **I** *znw* **1** Bulgaar; **2** Bulgaars o; **II** *bn* Bulgaars

bulge [bʌldʒ] **I** *znw* (op)zwelling, uitpuiling, uitstulping; geboortegolf; **II** *(overg &)* *onoverg* (doen) uitpuilen, (op)zwellen, (op-) bollen

bulk [bʌlk] **I** *znw* omvang, grootte, volume o; massa, gros o, grootste deel o, meerderheid; <u>scheepv</u> lading; **II** *onoverg:* ~ *large* groot lijken

bulkhead ['bʌlkhed] *znw* <u>scheepv</u> schot o

bulky ['bʌlki] *bn* dik, groot, lijvig, omvangrijk

bull [bul] **I** *znw* **1** stier; mannetje o [v. olifant &]; **2** <u>handel</u> haussier; **3** (schot o in de) roos; **4** <u>slang</u> flauwekul; **5** (pauselijke) bul; **II** *bn* mannetjes-; stieren-; <u>handel</u> hausse-; **III** *onoverg* <u>handel</u> à la hausse speculeren

bull-calf *znw* stierkalf o, jonge stier

bulldoze ['buldouz] *overg* met een bulldozer banen of opruimen; intimideren

bullet ['bulit] *znw* (geweer)kogel

bulletin ['bulitin] *znw* bulletin o

bulletin board *znw* prikbord o, mededelingenbord o

bullet-proof ['bulitpru:f] *bn* kogelvrij

bullfight, bullfighting ['bulfait(iŋ)] *znw* stierengevecht *o*, stierenvechten *o*

bullfighter ['bulfaitə] *znw* stierenvechter

bullfinch ['bulfintʃ] *znw* goudvink

bull-headed *bn* koppig

bullion ['buljən] *znw* ongemunt goud *o* of zilver *o*

bullish ['buliʃ] *bn* handel à la hausse (gestemd)

bullock ['bulək] *znw* dierk os

bullring ['bulriŋ] *znw* arena [v. stierengevecht]

bull's-eye ['bulzai] *znw* (schot *o* in de) roos

bullshit ['bulʃit] **I** *znw* plat flauwekul, gelul *o*; **II** *onoverg* plat zeiken, ouwehoeren; **III** *overg* plat iem. grote onzin verkopen

bully ['buli] **I** *znw* **1** tiran, bullebak; **2** vlees *o* uit blik; **II** *bn* ruw; **III** *overg & onoverg* tiranniseren, kwellen; pesten

bulrush ['bulrʌʃ] *znw* plantk (matten)bies; lisdodde

bulwark ['bulwək] *znw* bolwerk[2] *o*, golfbreker

bum [bʌm] **I** *znw* gemeenz kont, reet, achterste *o*; Am zwerver, schooier; **II** *bn* gemeenz waardeloos, prul-, snert-; **III** *onoverg* gemeenz klaplopen; ~ *around* gemeenz rondhangen, lummelen; **IV** *overg* gemeenz bietsen

bumble ['bʌmbl] *onoverg* **1** zoemen, gonzen; **2** stuntelen, schutteren; ~ *on* hakkelen, stamelen

bumble-bee ['bʌmblbi:] *znw* hommel

bumf [bʌmf] *znw* gemeenz pleepapier *o*; paperassen

bummer ['bʌmə] *znw* Am slang afknapper, teleurstelling

bump [bʌmp] **I** *znw* buil; knobbel; stoot, schok, slag, plof, bons; **II** *onoverg* bonzen, botsen, stoten; hotsen; ~ *into sbd.* gemeenz iem. tegen het lijf lopen; **III** *overg* bonzen, stoten tegen; kwakken; ~ *off* slang uit de weg ruimen [iem.]; ~ *up* gemeenz opvijzelen, opkrikken, opvoeren

bumper ['bʌmpə] *znw* vol glas *o*; auto bumper; Am buffer, stootblok *o*; a ~ crop (number &) overvloedige, overvol, buitengewoon, record- &

bumph [bʌmf] *znw* = bumf

bumpkin ['bʌm(p)kin] *znw* (boeren-)pummel

bumptious ['bʌm(p)ʃəs] *bn* verwaand

bumpy ['bʌmpi] *bn* hobbelig; hotsend

bun [bʌn] *znw* **1** (krenten)broodje *o*; **2** knot [haar]

bunch [bʌn(t)ʃ] **I** *znw* tros [druiven]; bos; gemeenz troep, stel *o*; sp peloton *o* [wielrenners]; **II** *overg* bundelen, samenbinden; **III** *onoverg* zich troepsgewijze verenigen

bundle [bʌndl] **I** *znw* bundel, bos, pak *o*; *I don't go a* ~ *on it* gemeenz ik ben er niet dol op; **II** *overg* samenbinden (~ *up*); ~ *off* wegsturen; ~ *out* eruit gooien

bung [bʌŋ] **I** *znw* spon, stop (v.e. vat); **II** *overg* dichtstoppen, verstoppen, afsluiten (ook: ~ *up*); gemeenz gooien

bungle ['bʌŋgl] **I** *onoverg* broddelen, knoeien; **II** *overg* verknoeien; afraffelen

bungler *znw* knoeier, prutser

bunion ['bʌnjən] *znw* eeltknobbel [aan voet]

bunk [bʌŋk] *znw* **1** kooi, couchette, slaapbank; **2** gemeenz gezwam *o*, geklets *o*; *do a* ~ 'm smeren

bunk bed ['bʌŋkbed] *znw* stapelbed *o*

bunker ['bʌŋkə] **I** *znw* bunker, kolenruim *o*, sp bunker [zandige holte bij het golfspel]; **II** *onoverg* bunkeren, kolen innemen

bunkum ['bʌŋkəm] *znw* gezwam *o*, geklets *o*

bunny ['bʌni] *znw* gemeenz konijn *o*; ~ *(girl)* serveerster in een nachtclub

buoy [bɔi] **I** *znw* boei, ton; redding(s)boei[2]; **II** *overg* betonnen; ~ *up* opmonteren

buoyancy *znw* drijfvermogen *o*; opwaartse druk; fig veerkracht, opgewektheid

buoyant *bn* drijvend; opwaarts drukkend; fig veerkrachtig, opgewekt; handel levendig [vraag]

burble ['bə: bl] *onoverg* murmelen, borrelen

burden ['bə:dn] **I** *znw* last, vracht; druk [v. belastingen]; scheepv tonneninhoud; refrein *o*, hoofdthema *o*; **II** *overg* beladen; belasten; bezwaren, drukken (op)

burdensome *bn* zwaar, bezwarend, drukkend, lastig

burdock ['bə:dɔk] *znw* kliskruid *o*, klit

bureau ['bjuərou, bjuə'rou] *znw* (*mv:* -s of bureaux) bureau *o*, schrijftafel; Am ladekast; (bij)kantoor *o*, dienst

bureaucracy [bju'rɔkrəsi] *znw* bureaucratie

bureaucrat ['bjuərəkræt] *znw* bureaucraat

bureaucratic [bjuərə'krætik] *bn* bureaucratisch

burgeon ['bə:dʒən] *onoverg* uitkomen, (uit-) botten, uitlopen; ontluiken, als paddestoelen uit de grond schieten

burgess ['bə:dʒis] *znw* burger; hist afgevaardigde

burgher ['bə:gə] *znw* burger

burglar ['bə:glə] *znw* (nachtelijke) inbreker

burglarize ['bə:gləraiz] *overg* Am inbreken in/bij

burglar-proof *bn* inbraakvrij

burglary *znw* inbraak (bij nacht)

burgle *onoverg & overg* inbreken (in, bij)

burgomaster ['bə:gəma:stə] *znw* burgemeester

Burgundian [bə:'gʌndiən] **I** *bn* Bourgondisch; **II** *znw* Bourgondiër

burial ['beriəl] *znw* begrafenis; ~ *mound* grafheuvel; ~-*ground* begraafplaats

burin ['bjuərin] *znw* graveernaald

Burkina [bə:'ki:nə] *znw* Boerkina *o*

Burkinese [bə:'ni:z] *znw* Am (*mv* idem) Boerkinees

burl [bə:l] *znw* oneffenheid in weefsel, nop

burlap ['bə:læp] *znw* zakkengoed *o*, jute

burlesque [bə:'lesk] **I** *znw* burlesk, burlesk; **II** *znw* parodie; burleske; **III** *overg* parodiëren

burly ['bə:li] *bn* zwaar(lijvig), groot, dik; fors

Burma ['bə:mə] *znw* Birma *o*

Burmese [bə:'mi:z] **I** *bn* Birmaans; **II** *znw* (*mv* idem) Birmaan

1 burn* [bə:n] *onoverg & overg* branden; gloeien; verbranden; aan-, op-, uitbranden; bakken [stenen]; ~ *the candle at both ends* smijten met zijn krachten; ~ *away* blijven branden; ~ *down* afbranden; platbranden; ~ *in(to)* inbranden, inprenten; ~ *out* uitbranden; doorbranden [v. elektrisch apparaat]; (geestelijk, lichamelijk) uitgeput raken

2 burn *znw* 1 brandwond; brandplek; brandgat o; 2 Schots beek

burner *znw* brander, pit [v. gas]; *put on the back* ~ op een laag pitje zetten

burning I *bn* brandend; intens, vurig; dringend, urgent; **II** *znw* brand, branden o

burnish ['bə:niʃ] **I** *overg* polijsten; glanzend maken; **II** *znw* glans

burnt [bə:nt] V.T. & V.D. van *burn*; ~*-offering*, ~*-sacrifice* brandoffer o

burp [bə:p] **I** *znw* boer, boertje o, oprisping; **II** *onoverg* boeren, een boer(tje) laten

burr [bə:] **I** *znw* braam [aan metaal &]; gebrouwde uitspraak van de r; **II** *overg & onoverg* brouwen [bij het spreken]

burrow ['bʌrou] **I** *znw* hol o; **II** *onoverg* (een hol) graven; *fig* wroeten [in archief &]; zich ingraven; in een hol wonen

bursar [bə:sə] *znw* thesaurier, schatbewaarder; bursaal, beursstudent

bursary *znw* ambt o v. thesaurier; studiebeurs; *travel* ~ reisbeurs

1 burst* [bə:st] **I** *overg* doen barsten, doen springen; (open-, door-, ver)breken; **II** *onoverg* (open-, los-, uit)barsten, breken, springen; op barsten staan; ~ *in* binnenstormen; ~ *into* uitbarsten in; binnenstormen; zie ook: *flame I*; ~ *out* uit-, losbarsten, uitbreken; ~ *upon* zich plotseling voordoen aan; ~ *with* barsten van

2 burst [bə:st] *znw* uit-, losbarsting; barst, breuk; ren; explosie, vlaag; mil vuurstoot, ratel

burton ['bə:t(ə)n] *znw: go for a* ~ gemeenz naar de haaien zijn

Burundi [bu'rundi] *znw* Boeroendi o

Burundian I *znw* Boeroendiër; **II** *bn* Boeroendisch

bury ['beri] *overg* begraven; bedekken, bedelven; verbergen

bus [bʌs] **I** *znw* (mv: buses; Am ook: busses) (auto)bus; **II** *overg* per bus vervoeren; ~ *it* met de bus gaan

busby ['bʌzbi] *znw* kolbak

bush [buʃ] *znw* struik(en); haarbos; Austr wildernis: rimboe; techn (naaf)bus

bushed [buʃt] *bn* Am gemeenz uitgeput, doodop

bushel ['buʃl] *znw* schepel o & m; *hide one's light under a* ~ zijn licht onder de korenmaat zetten

bushman ['buʃmən] *znw* Austr kolonist

Bushman ['buʃmən] *znw* ZA Bosjesman

bushranger ['buʃrein(d)ʒə] *znw* hist ontsnapte boef en struikrover [in Australië]

bushy ['buʃi] *bn* ruig; gepluimd, pluim

business ['biznis] *znw* zaak, zaken, handel, bedrijf o, beroep o, werk o, taak; kwestie, geval o, gedoe o; ~ *as usual* we gaan gewoon door; *you had no* ~ *there* je had er niets te maken; *like nobody's* ~ buitengewoon, weergaloos; *mean* ~ gemeenz het ernstig menen; *be in* ~ zaken doen; bestaan; actief zijn; *on* ~ voor zaken; *go out of* ~ ophouden te bestaan, sluiten, ermee stoppen; *put out of* ~ [iem.] nekken, kapot maken; techn onklaar maken

business end *znw* belangrijkste gedeelte o, gedeelte o waar het om gaat

business-like *bn* zaakkundig; praktisch; zakelijk

businessman *znw* zakenman

business woman *znw* zakenvrouw

1 busk [bʌsk] *znw* balein

2 busk *onoverg* als straatartiest optreden

busker ['bʌskə] *znw* straatartiest, straatmuzikant

busman ['bʌsmən] *znw:* ~*'s holiday* vrije tijd besteed aan het dagelijkse werk

bus stop *znw* bushalte

1 bust [bʌst] *znw* buste: borst; borstbeeld o; ~ *size* bovenwijdte

2 bust [bʌst] **I** *onoverg* stuk gaan²; ~ *up* failliet gaan; **II** *overg* 1 stuk maken, mollen; 2 slang arresteren, opbrengen

buster ['bʌstə] *znw* kerel [aanspreekvorm]

bustle ['bʌsl] **I** *onoverg* druk in de weer zijn (ook: ~ *about*); zich reppen; **II** *znw* beweging, gewoel o, drukte

bustling *bn* bedrijvig, druk

bust-up ['bʌstʌp] *znw* gemeenz ruzie, mot

busy ['bizi] **I** *bn* (druk) bezig, aan het werk, in de weer; druk; nijver; *get* ~ aan de slag gaan; **II** *overg* bezighouden; **III** *znw* slang stille [detective]

busybody *znw* bemoeial

but [bʌt] **I** *voegw* maar; of; **II** *voorz* zonder, buiten, behalve, op ... na; (anders) dan; ~ *for* ware het niet dat, zonder (dat); **III** *bijw* slechts; **IV** *znw* maar; **V** *overg:* ~ *me no* ~*s* geen maren

butane ['bju:tein] *znw* butaan o

butch [butʃ] *znw* slang lesbienne

butcher ['butʃə] **I** *znw* slager; moordenaar; **II** *overg* slachten²; afmaken²; fig verknoeien

butchery *znw* slagerij; slachting

butler ['bʌtlə] *znw* butler; chef-huisknecht

butt [bʌt] **I** *znw* 1 doel(wit) o, mikpunt o; 2 dik eind o, stomp, stompje o; peukje o; 3 kolf; 4 vat o [± 5 hl]; 5 stoot; 6 Am gemeenz kont, reet; ~*s* schietbaan; **II** *onoverg* stoten, botsen (tegen *against, upon*), grenzen (aan *on*); ~ *in* zich ermee bemoeien; ~ *in* (*with*) komen aanzetten (met); **III** *overg* zetten (tegen *against*); **IV** *bijw* pardoes

butt-end *znw* (uit)einde o, peukje o; kolf

butter ['bʌtə] **I** *znw* (room)boter; fig vleierij; *look as if* ~ *would not melt in one's mouth* kijken of men niet tot tien kan tellen; **II** *overg* boteren, (be)smeren; ~ *up* honing om de mond smeren

buttercup *znw* boterbloem

butterfly *znw* vlinder², kapel [insect]; *butterflies* slang (last van) zenuwen; ~ *stroke* vlinderslag

buttermilk *znw* karnemelk

butter-scotch *znw* soort toffee
buttery boterachtig
buttock ['bʌtək] *znw* bil; ~s achterste o
button ['bʌtn] **I** *znw* knoop; knop; dop; *the* ~s *gemeenz* piccolo, chasseur & [in livrei met veel knoopjes]; **II** *overg* knopen aanzetten; ~ *(up)* (toe)knopen; ~*ed up* ook: fig gesloten, stijf
buttonhole I *znw* knoopsgat o; bloem(en) in knoopsgat; **II** *overg* festonneren; van knoopsgaten voorzien; fig aanklampen
buttress ['bʌtris] **I** *znw* schraagpijler, (steun-)beer, steunpilaar[2]; *flying* ~ luchtboog; **II** *overg:* ~ *(up)* schragen, steunen
buxom ['bʌksəm] *bn* mollig
1 buy* [bai] *overg* kopen, omkopen; bekopen; slang geloven, pikken [een verhaal, excuus]; ~ *in* terugkopen; ~ *off* af-, loskopen; ~ *out* uitkopen; ~ *over* omkopen; ~ *up* opkopen
2 buy [bai] *znw* koop(je o)
buyer *znw* koper, inkoper; liefhebber, gegadigde; ~s' *market* handel meer aanbod dan vraag
buzz [bʌz] **I** *onoverg* gonzen, zoemen; ronddraven; ~ *about (around)* heen en weer draven; ~ *off* slang weggaan, 'm smeren; **II** *overg* fluisteren; heimelijk verspreiden; gemeenz laag overvliegen [v. vliegtuig]; **III** *znw* gegons o; gemeenz lekker gevoel o, kick; *give sbd. a* ~ gemeenz iem. bellen
buzzard ['bʌzəd] *znw* buizerd

buzzer ['bʌzə] *znw* elektr zoemer; sirene
buzzword ['bʌzwə:d] *znw* modewoord o, modekreet
by [bai] *voorz* door, bij, van, aan, naar, volgens, met, per, op, over, voorbij, jegens, tegenover, tegen, voor &; ~ *himself (herself)* alleen; ~ *itself* ook: op zichzelf; *(it's) all right (OK)* ~ *me* Am ('t is) mij best; *higher* ~ *a foot* een voet hoger; ~ *and* ~ straks, zo meteen; na een poosje, weldra; ~ *and large* over het geheel, globaal; ~ *the* ~*(e)* tussen haakjes
bye-bye ['bai'bai] *tsw* gemeenz dag!; *go to* ~ ['baibai] gemeenz naar bed gaan, gaan slapen
by-election *znw* tussentijdse verkiezing
Byelorussia [bjelou'rʌʃə] *znw* Wit-Rusland o
bygone ['baigɔn] *bn* vroeger, voorbij, vervlogen [dagen]; *let* ~s *be* ~s haal geen oude koeien uit de sloot
by-law ['bailɔ:] *znw* plaatselijke verordening
bypass I *znw* ringweg (ook: ~ *road*); med bypass; **II** *overg* passeren, omzeilen, ontduiken, mijden, links laten liggen
by-product *znw* bijproduct o
byre ['baiə] *znw* koeienstal
bystander *znw* omstander, toeschouwer
byte [bait] *znw* comput byte
by-way *znw* zijweg[2]
byword *znw: a* ~ *for* berucht (bekend) wegens

C

c [si:] znw (de letter) c; muz c of do; *C. of E.* (lid v.d.) *Church of England* [de Anglicaanse staatskerk]

cab [kæb] **I** znw huurrijtuig o; taxi; cabine [v. vrachtauto &]; **II** overg: ~ *it* gemeenz per taxi gaan

cabal [kə'bæl] znw complot o, intrige, (hof-)kliek

cabbage ['kæbidʒ] znw plantk kool; fig slome, saaie piet

cabby ['kæbi] znw gemeenz = cabman

cabin ['kæbin] znw hut, kajuit; cabine

cabin cruiser znw motorjacht o

cabinet ['kæbinet] znw kabinet o; (uitstal-)kast, vitrine(kast)

cabinet-maker znw meubelmaker

cable ['keibl] **I** znw kabel(lengte); telegraafkabel; (kabel)telegram o; kabeltelevisie; **II** overg telegraferen

cable car znw cabine van een kabelbaan of kabelspoorweg, gondel; Am kabeltram

cablegram znw (kabel)telegram o

cabman ['kæbmən] znw (huur)koetsier; (taxi)chauffeur

caboodle [kə'bu:dl] znw: *the whole* ~ gemeenz de hele zwik

caboose [kə'bu:s] znw scheepv kombuis, keuken; Am wagen voor treinpersoneel

ca'canny [ka:'kæni] **I** tsw Schots rustig aan!; **II** znw langzaam-aan-actie, stiptheidsactie

cacao [kə'ka:ou, kə'keiou] znw cacao(boom)

cache [kæʃ] **I** znw geheime bergplaats; verborgen voorraad; **II** overg verbergen

cachet ['kæʃei] znw cachet o; capsule met geneesmiddel

cackle ['kækl] **I** onoverg kakelen², snateren², kletsen; **II** znw gekakel² o, gesnater² o; geklets o; *cut the* ~ laten we ter zake komen

cacophony [kæ'kɔfəni] znw kakofonie

cad [kæd] znw schoft, proleet, ploert

cadaver znw Am lijk o, kadaver o

cadaverous [kə'dævərəs] bn lijkachtig, lijkkleurig

caddie [kædi] znw golf caddie

caddish ['kædiʃ] bn schofterig, ploertig

caddy ['kædi] znw 1 theekistje o; 2 = caddie

cadence ['keidəns] znw cadans, ritme o

cadenza [kə'denzə] znw muz cadens

cadet [kə'det] znw cadet; jongere broer, jongste zoon

cadge [kædʒ] **I** onoverg klaplopen; **II** overg (gratis) weten te versieren

cadger znw klaploper

cadre ['ka:də] znw kader o

caducous [kə'dju:kəs] bn vergankelijk; verwelkend, afstervend, te vroeg afvallend

caecum ['si:kəm] znw (mv: caeca) blindedarm

Caesarean [si'zɛəriən] bn: (~ *section*) keizersnede

café ['kæfei] znw café o, vero koffiehuis o

cafetaria [kæfi'tiəriə] znw cafetaria

cage [keidʒ] **I** znw kooi; hok o, gevangenis; **II** overg in een kooi (gevangen) zetten

cagey ['keidʒi] znw gemeenz sluw; terughoudend

cagoule [kə'gu:l] znw windjack o met capuchon

cahoot [kə'hu:t]: *be in* ~s *with sbd.* met iem. onder één hoedje spelen

caiman ['keimən] znw = cayman

cairn [kɛən] znw steenhoop [als grafmonument, grens]; dierk cairn terriër

cajole [kə'dʒoul] overg vleien

cajolery znw vleierij

cake [keik] **I** znw koek, gebak o, taart, tulband, cake; stuk o [zeep &]; *you cannot have your* ~ *and eat it* je moet kiezen of delen; *a piece of* ~ een makkie o, een eitje o; **II** (overg &) onoverg (doen) (aan-)koeken

cakewalk znw cake-walk [soort Afro-Amerikaanse dans]

calabash ['kæləbæʃ] znw kalebas [pompoen]

calamitous [kə'læmitəs] bn rampspoedig

calamity znw ramp, onheil o, ellende

calcareous [kæl'kɛəriəs] bn kalkhoudend, kalk-

calcification [kælsifi'keiʃən] znw verkalking

calcify ['kælsifai] overg & onoverg (doen) verkalken

calcine ['kælsain] **I** onoverg verkalken; **II** overg verbranden

calculable ['kælkjuləbl] bn berekenbaar

calculate **I** overg berekenen; **II** onoverg Am geloven, denken; *calculating* egoïstisch; ~d weloverwogen; ~d *risk* ingecalculeerd risico

calculation [kælkju'leiʃən] znw berekening²

calculator ['kælkjuleitə] znw rekenmachine

calculous ['kælkjuləs] bn med lijdend aan blaas-, niersteen; blaassteen-; niersteen-

calculus ['kælkjuləs] znw (mv: -es of calculi) **1** med blaas-, niersteen; **2** (be)rekening; infinitesimaalrekening; differentiaal- en integraalrekening (ook: *infinitesimal* ~)

caldron ['kɔ:ldrən] znw = cauldron

Caledonian [kæli'dounjən] **I** znw Schot; **II** bn Schots

calendar ['kælində] znw kalender

calender ['kælində] **I** znw kalander, glansmachine; **II** overg kalanderen

calends ['kælindz] znw eerste van de maand bij de Romeinen; *at (on) the Greek* ~ met sint-jut(je)mis

calf [ka:f] znw (mv: calves) **1** kalf² o; **2** kalfsleer o; **3** jong o van een hinde &; **4** kuit [van het been]

caliber znw Am = calibre

calibrate ['kælibreit] overg ijken

calibre ['kælibə] znw kaliber² o; fig gehalte o, formaat o

calico ['kælikou] znw (mv: -s of calicoes) bedrukt katoen o & m

Californian [kæli'fɔ:njən] **I** bn Californisch; **II** znw Californiër

caliph ['kælif] znw kalief

caliphate znw kalifaat o

calk [kɔ:k] **I** znw (ijs)spoor, ijskrap; **II** overg **1** van ijssporen voorzien; **2** Am = caulk

call [kɔ:l] **I** *overg* (be-, bijeen-, in-, op-, af-, uit-, aan-, toe)roepen; afkondigen; opbellen; noemen; ~ *attention to* de aandacht vestigen op; ~ *it a day* (laten we) ermee uitscheiden; ~ *names* uitschelden; **II** *onoverg* roepen; (op)bellen; aanlopen, een bezoek afleggen, komen; balderen [v. vogels]; **kaartsp** bieden; ~ *at* aanlopen bij; aandoen, stoppen bij [trein &]; ~ *down* afsmeken; ~ *for* komen (af)halen; vragen om of naar, bestellen; roepen om; vereisen; *to be (left till) ~ed for* wordt (af-) gehaald, **post** poste restante; ~ *forth* oproepen, uitlokken; ~ *in* binnenroepen; inschakelen, laten komen; opvragen; aankomen, aanlopen; zie ook: *being, play III, question I;* ~ *off* terugroepen, wegroepen[2]; afzeggen [afspraak]; ~ *on* een beroep doen op; ~ *out* uitroepen; oproepen; laten uitrukken [brandweer &]; ~ *to mind* zich herinneren; herinneren aan; ~ *up* oproepen, wakker roepen; opbellen; ~ *upon* = ~ *on*; *I don't feel ~ed upon to...* ik voel me niet geroepen te...; **III** *znw* geroep *o*, roep, stem; oproep; appèl *o*; **kaartsp** invite; vraag; aanmaning; aanleiding; beroep *o*; bezoek *o*, visite; telefoontje *o*; signaal *o*; lokfluitje *o*; **handel** optie; *have first* ~ *on* het eerst aanspraak hebben op; *have no* ~ *to* niet behoeven te...; *at (on)* ~ **handel** direct vorderbaar [geld]; ter beschikking
call-box *znw* spreekcel, telefooncel
call-boy *znw* jongen die de acteurs waarschuwt; chasseur
caller *znw* roeper; **telec** (op)beller, aanvrager; bezoeker
call-girl *znw* callgirl, (luxe) prostituee
calligrapher [kə'ligrəfə] *znw* kalligraaf, schoonschrijver
calligraphic [kæli'græfik] *bn* kalligrafisch
calligraphy [kə'ligrəfi] *znw* kalligrafie, schoonschrijfkunst
calling ['kɔ:liŋ] *znw* roeping; beroep *o*
callipers ['kælipəz] *znw* **1** schuifmaat; **2** beenbeugel
callisthenics [kælis'θeniks] *znw* (ritmische) gymnastiek
callosity [kæ'lɔsiti] *znw* eeltachtigheid; vereelting, eeltknobbel
callous ['kæləs] *bn* vereelt, eeltachtig; **fig** verhard, ongevoelig, hardvochtig
call-over ['kɔ:louvə] *znw* = *roll-call*
callow ['kælou] *bn* zonder veren, kaal; **fig** groen, onervaren
call-sign ['kɔ:lsain], **call-signal** ['kɔ:lsignəl] *znw* **radio** roepletters [ter identificatie v.e. zender]
call-up ['kɔ:lʌp] *znw* oproep [voor militaire dienst]
callus ['kæləs] *znw* eeltknobbel, eeltplek; littekenweefsel *o*
calm [ka:m] **I** *bn* kalm, bedaard; rustig; windstil; **II** *znw* kalmte, rust; windstilte; **III** *overg & onoverg* kalmeren, (doen) bedaren (ook: ~ *down*)
Calor gas ['kælogæs] *znw* butagas *o*
caloric [kə'lɔrik] **I** *znw* warmte; **II** *bn* warmte afgevend

calorie, calory ['kæləri] *znw* calorie, warmte-eenheid
calorific [kælə'rifik] *bn* verwarmend, warmte-
calotte [kə'lɔt] *znw* kalotje *o*
calumet ['kæljumet] *znw* lange tabakspijp van de indianen, vredespijp
calumniate [kə'lʌmnieit] *overg* belasteren
calumny ['kæləmni] *znw* laster(ing)
calve [ka:v] **I** *onoverg* kalven; afkalven [ijsberg]; **II** *overg* [een kalf] baren
calyx ['kei-, 'kæliks] *znw* **plantk** (bloem)kelk
cam [kæm] *znw* **techn** kam, nok
camaraderie [ka:mə'ra:dəri] *znw* kameraadschap
camber ['kæmbə] **I** *znw* welving; **II** *overg* welven
Cambodia [kæm'boudiə] *znw* Cambodja *o*
cambric ['keimbrik] *znw* batist *o*
came [keim] V.T. van *come*
camel ['kæməl] *znw* kameel; camel(kleur)
cameo ['kæmiou] *znw* **1** camee; **2** korte, treffende typering; ~ *part (appearance)* kort optreden *o* (v. steracteur)
camera ['kæmərə] *znw* camera; *in* ~ **recht** met gesloten deuren
Cameroon [kæmə'ru:n] *znw* Kameroen *o*
camisole ['kæmisoul] *znw* kamizool *o*
camomile ['kæməmail] *znw* kamille
camp [kæmp] **I** *znw* kamp[2] *o*, legerplaats; **II** *overg & onoverg* (zich) legeren, kamperen (ook: ~ *out*); **III** *bn* **gemeenz** geaffecteerd, verwijfd, nichterig; kitsch(erig), theatraal
campaign [kæm'pein] **I** *znw* veldtocht, campagne; **II** *onoverg* te velde staan; vechten; een campagne voeren
campaigner *znw* actievoerder; *old* ~ oudgediende, ouwe rot, veteraan
campanile [kæmpə'ni:li] *znw* (vrijstaande) klokkentoren
camp-bed ['kæmpbed] *znw* veldbed *o*
camp-chair *znw* vouwstoel
camper *znw* kampeerder; kampeerauto (ook: ~ *van*)
camp-follower *znw* sympathisant; **hist** marketentster; met een leger meereizende prostituee
campground *znw* Am = *camping site*
camphor ['kæmfə] *znw* kamfer
camping ['kæmpŋ] *znw* kamperen *o*
camping site *znw* kampeerterrein *o*, camping
campsite *znw* = *camping site*
campus ['kæmpəs] *znw* Am terrein *o* van universiteit of school, campus
camshaft ['kæmʃa:ft] *znw* **techn** nokkenas
1 can [kæn] **I** *znw* kan; blik, bus; **slang** nor, lik; Am **slang** plee; *carry the* ~ **gemeenz** ervoor opdraaien (ook: *take the* ~ *back*); **II** *overg* inblikken; ~*ned* **gemeenz** dronken; ~*ned music* muzak
2 can* [kæn] *hulpww* **1** kunnen; **2** mogen; *you* ~ *not but know it* u moet het wel weten
Canada ['kænədə] *znw* Canada *o*
Canadian [kə'neidjən] *znw &* *bn* Canadees
canal [kə'næl] *znw* kanaal[2] *o*, vaart, gracht
canalize ['kænəlaiz] *overg* kanaliseren

canapé ['kænəpei] *znw* **1** canapé, belegd sneetje brood [als voorgerecht]; **2** canapé, sofa

canary [kə'nɛəri] *znw* kanarie(vogel)

cancel ['kænsəl] **I** *overg* schrappen, doorhalen; laten vervallen, afgelasten, afbestellen, afschrijven, vernietigen, tenietdoen; laten wegvallen, wegvallen tegen (~ *out*); **II** *onoverg*: ~ *out* tegen elkaar wegvallen, elkaar opheffen

cancellation [kænsə'leiʃən] *znw* v. *cancel*

cancer ['kænsə] *znw* kanker²; *C*~ astron Kreeft

cancerous *bn* kankerachtig

candelabra [kændi'la:brə] *znw* kandelaber; kandelabers (= *mv* v. *candelabrum*)

candelabrum *znw* (*mv*: -s of candelabra, Am ook: candelabras) kandelaber

candid ['kændid] *bn* oprecht, openhartig

candidacy ['kændidəsi] *znw* = *candidature*

candidate *znw* kandidaat

candidature *znw* kandidatuur

candied ['kændid] *bn* geconfijt, gesuikerd

candle ['kændl] *znw* kaars; licht *o*; *she cannot hold a* ~ *to her sister* zij haalt (het) niet bij, kan niet in de schaduw staan van haar zuster

candlelight *znw* kaarslicht *o*

candlelit ['kændllit] *bn* bij kaarslicht

candlestick *znw* kandelaar

candour ['kændə], Am **candor** *znw* oprecht-, openhartigheid

candy ['kændi] **I** *znw* kandij; Am suikergoed *o*, snoep; **II** *overg* konfijten, versuikeren; kristalliseren; **III** *onoverg* kristalliseren

candy floss *znw* suikerspin

cane [kein] **I** *znw* riet *o*, rotting, rotan *o*; (wandel)stok; suikerriet *o*; stengel, rank [v. frambozen]; **II** *overg* matten (met riet); afrossen, slaan

canine ['kænain, 'keinain] **I** *bn* honds-; ~ *tooth* hoektand; **II** *znw* hoektand

canister ['kænistə] *znw* bus, trommel, blik *o*; mil granaatkartets; ~ *of teargas* traangasgranaat

canker ['kæŋkə] **I** *znw* (mond)kanker, hoefkanker, boomkanker, bladrups; knagende worm; fig kwaad dat aan iets vreet; **II** *onoverg* (ver)kankeren; **III** *overg* wegvreten

cankerous *bn* kankerachtig, in-, wegvretend

cannabis ['kænəbis] *znw* cannabis, marihuana

cannery ['kænəri] *znw* conservenfabriek

cannibal ['kænibəl] *znw* kannibaal

cannibalism *znw* kannibalisme *o*

cannibalistic [kænibə'listik] *bn* kannibaals, kannibalistisch

cannibalize ['kænibəlaiz] *overg* techn gebruiken v. onderdelen v.d. ene voor een andere machine

cannon ['kænən] **I** *znw* mil kanon *o*, kanonnen, geschut *o*; biljart carambole; **II** *onoverg* biljart caramboleren; (aan)botsen (tegen *into*)

cannonade [kænə'neid] *znw* kanonnade

cannon-ball *znw* kanonskogel

cannon-fodder *znw* kanonnenvlees *o*

cannon shot *znw* kanonschot *o*; bereik *o* v.e. kanon

cannot ['kænɔt, ka:nt] = *can not*

canny ['kæni] *bn* slim; voorzichtig; zuinig

canoe [kə'nu:] **I** *znw* kano; **II** *onoverg* kanoën

canon ['kænən] *znw* canon, kerkregel; regel; gecanoniseerd oeuvre *o*; domheer, kanunnik; canon (drukletter); muz canon; ~ *law* canoniek (kerkelijk) recht

canonical [kə'nɔnikl] **I** *bn* canoniek, kerkrechtelijk, kerkelijk; **II** *znw*: ~s priestergewaad *o*

canonization [kænənai'zeiʃən] *znw* heiligverklaring

canonize ['kænənaiz] *overg* heilig verklaren

canoodle [kə'nu:dl] *overg* gemeenz liefkozen, knuffelen

can opener ['kænoupnə] *znw* blikopener

canopy ['kænəpi] **I** *znw* (troon)hemel, baldakijn *o* & *m*; gewelf *o*; kap; **II** *overg* overwelven

cant [kænt] *znw* hypocriet geleuter *o*

can't [ka:nt] samentrekking van *cannot*

cantankerous [kæn'tæŋkərəs] *bn* wrevelig, kribbig, lastig, twistziek

cantata [kæn'ta:tə] *znw* cantate

canteen [kæn'ti:n] *znw* kantine; veldfles; mil eetketeltje *o*; cassette [voor bestek]

canter ['kæntə] **I** *onoverg* in korte galop rijden of gaan; **II** *overg* in korte galop laten gaan; **III** *znw* korte galop; *win in (at) a* ~ op zijn sloffen winnen

canticle ['kæntikl] *znw* lofzang; *the Canticles* bijbel het Hooglied

cantilever ['kæntili:və] *znw* bouwk console; techn cantilever

canto ['kæntou] *znw* zang [van een gedicht]

canton [kæn'tɔn] **I** *znw* kanton *o*; **II** *overg* verdelen in kantons; [kæn'tu:n] mil kantonneren

canvas ['kænvəs] *znw* zeildoek *o* & *m*; canvas *o*; doek *o*, schilderij *o* & *v*; zeil *o*, zeilen; *under* ~ scheepv onder zeil; mil in tenten (ondergebracht)

canvass ['kænvəs] **I** *overg* onderzoeken; werven; bewerken; **II** *onoverg* (stemmen &) werven; **III** *znw* onderzoek *o*; (stemmen-) werving

canvasser *znw* stemmen-, klantenwerver, (werf)agent, colporteur, acquisiteur

canyon ['kænjən] *znw* ca*a{non (diepe, steile bergkloof)

cap [kæp] **I** *znw* muts, pet, baret, kap; dop, dopje *o*; klappertje *o* [v. kinderpistooltje]; ~ *and bells* zotskap; *she sets her* ~ *at him* zij tracht hem in te palmen; **II** *overg* een muts opzetten; van een dopje voorzien; overtreffen; *he was* ~*ped for England* sp hij kwam uit voor het Engelse nationale elftal

capability [keipə'biliti] *znw* bekwaamheid, vermogen *o*, vermogens; aanleg

capable ['keipəbl] *bn* bekwaam, knap, geschikt, flink; in staat (om of tot *of*), kunnende, vatbaar (voor *of*)

capacious [kə'peiʃəs] *bn* ruim, veelomvattend

capacity [kə'pæsiti] znw bekwaamheid, vermogen o, capaciteit; bevoegdheid; hoedanigheid, ruimte, inhoud; volle zaal; *full (filled) to* ~ helemaal vol

cap-a-pie [kæpə'pi:] *bijw* van top tot teen

cape [keip] znw 1 kaap; 2 kap, pelerine, cape

caper ['keipə] I onoverg (rond)springen, huppelen; II znw 1 (bokken)sprong, capriool; gemeenz streek, poets; slang illegale praktijken, smerig zaakje o; *and all that* ~ en meer van die onzin; 2 plantk kapper(struik)

Cape Verde Islands ['keip 'və;d -] znw Kaapverdische Eilanden *mv*

capillary [kə'piləri] I bn haarvormig, capillair, haar-; II znw haarbuisje o; haarvat o

capital ['kæpitl] I bn hoofd-; kapitaal, uitmuntend, prachtig, best; ~ *crime (offence)* halsmisdaad; ~ *gain* vermogensaanwas; II znw kapitaal o; hoofdstad; kapiteel o; hoofdletter; *make* ~ *out of* munt slaan uit

capitalism znw kapitalisme o

capitalist I znw kapitalist; II bn kapitalistisch

capitalistic [kæpitə'listik] bn kapitalistisch

capitalization [kæpitəlai'zeiʃən] znw kapitalisatie

capitalize ['kæpitəlaiz] overg kapitaliseren; ~ *on* munt slaan uit; ~*d* met een hoofdletter

capitation [kæpi'teiʃən] znw hoofdgeld o

capitulate [kə'pitjuleit] onoverg capituleren

capitulation [kəpitju'leiʃən] znw capitulatie

caprice [kə'pri:s] znw luim, gril, kuur, nuk, grilligheid

capricious bn grillig, nukkig

Capricorn [kæprikɔ:n] znw astron Steenbok

capsicum ['kæpsikəm] znw Spaanse peper

capsize [kæp'saiz] (overg &) onoverg (doen) kapseizen, omslaan

capstan ['kæpstən] znw kaapstander; gangspil; ~ *lathe* revolverdraaibank

capsular ['kæpsjulə] bn (zaad)doosvormig

capsule znw capsule; plantk zaaddoos; doosvrucht

Capt. *afk.* = Captain

captain ['kæptin] I znw aanvoerder, veldheer, kapitein, gezagvoerder; ploegbaas, primus; leider; ~ *of industry* grootindustrieel; II overg aanvoeren, aanvoerder & zijn van

caption ['kæpʃən] znw titel, opschrift o, onderschrift o, ondertiteling, kopje o

captious ['kæpʃəs] bn vitterig

captivate ['kæptiveit] overg boeien, bekoren, betoveren

captive ['kæptiv] I bn gevangen; II znw gevangene

captivity [kæp'tiviti] znw gevangenschap

captor ['kæptə] znw wie gevangen neemt of buitmaakt

capture I znw vangst, buit, prijs; gevangenneming, inneming, verovering; II overg vangen, gevangen nemen, buitmaken; innemen; veroveren (op *from*); weergeven, schetsen, schilderen [sfeer &]

car [ka:] znw wagen; auto; tram; Am spoorwagen; Am liftkooi

carafe [kə'ra:f] znw karaf

caramel ['kærəmel] znw karamel

carat ['kærət] znw karaat o

caravan [kærə'væn, 'kærəvæn] znw karavaan; kermis-, woonwagen; kampeerwagen, caravan

caravanning ['kærəvæniŋ] znw trekken o met een caravan

caravanserai [kærə'vænsərai] znw karavanserai

caraway ['kærəwei] znw karwij

carbide ['ka:baid] znw carbid o

carbine ['ka:bain] znw karabijn

carbohydrate ['ka:bou'haidreit] znw koolhydraat o

carbolic [ka:'bɔlik] bn carbol-; ~ *acid* carbolzuur o, carbol o & m

carbon ['ka:bən] znw kool(stof); koolspits; carbon(papier) o; doorslag

carbonate ['ka:bənit] znw carbonaat o

carbon dioxide ['ka:bəndai'ɔksaid] znw kool-(stof)dioxide o, koolzuur(gas) o

carbonic [ka:'bɔnik] bn kool-; ~ *acid* koolzuur o

carboniferous [ka:bə'nifərəs] bn kool(stof-)houdend

carbonize ['ka:bənaiz] overg verkolen; carboniseren

carbon monoxide ['ka:bənmɔ'nɔksaid] znw koolmonoxide o, kolendamp

carbon paper znw carbonpapier o

carboy ['ka:bɔi] znw grote fles, kruik, kan

carbuncle ['ka:bʌŋkl] znw karbonkel, puist

carburettor, carburetter, Am **carburetor** ['ka:bjuretə] znw carburateur

carcass, carcase ['ka:kəs] znw geslacht beest o; lijk o; karkas o & v; geraamte o; wrak o

carcinogen [ka:'sinədʒən] znw carcinogeen o [kankerverwekkende stof]

carcinogenic [ka:sinə'dʒenik] bn carcinogeen: kankerverwekkend

card [ka:d] I znw 1 (speel)kaart; 2 (visite)kaartje o; 3 dun karton o; 4 programma o; 5 scheepv kompasroos; 6 (wol)kaarde; 7 gemeenz rare snuiter, vreemde snoeshaan; grapjas; *a sure* ~ wat zeker succes heeft; *it was on the* ~*s* het was te voorzien; II overg 1 kaarden, ruwen; 2 op kaartjes schrijven, catalogiseren

cardboard I znw karton o, bordpapier o; II bn fig onecht

card-carrying bn in het bezit van een lidmaatschapskaart; ~ *member* lid [vooral v. politieke partij, vakbond]

cardiac ['ka:diæk] bn hart-; ~ *arrest* hartstilstand

cardigan ['ka:digən] znw gebreid vest o

cardinal ['ka:dinəl] I bn voornaamst, hoofd-; kardinaal; ~ *number* hoofdtelwoord o; ~ *points* hoofdstreken [op kompas]; ~ *red* donkerpurper; ~ *sin* doodzonde; II znw kardinaal

cardiologist [ka:di'ɔlədʒist] znw cardioloog, hartspecialist

cardiology znw cardiologie

card-sharper ['ka:dʃa:pə] znw valsspeler [bij het kaarten]

card-table ['ka:dteibl] *znw* speeltafeltje o

card-vote ['ka:dvout] *znw* stemming waarbij de zwaarte van de stem van elke afgevaardigde evenredig is met het aantal mensen dat hij vertegenwoordigt [vooral bij vakbondsvergaderingen]

care [kɛə] **I** *znw* zorg, voorwerp o van zorg, bezorgdheid; verzorging; ~ *of...* per adres...; *have a* ~! pas op!; *take* ~! pas op!; *take* ~ *of* zorgen voor; passen op; *she's been in* ~ *since the age of three* ze zit sinds haar derde in een kindertehuis; **II** *onoverg & overg* (wat) geven om; ~ *about* geven om, bezorgd zijn of zich bekommeren om; ~ *for* (veel) geven om, houden van; zorgen voor, verzorgen; willen; zin hebben in; *I don't* ~ *if I do* het zal mij een zorg wezen

careen [kə'ri:n] **I** *onoverg* overhellen; **II** *overg scheepv* krengen, kiel(hal)en; doen overhellen

career [kə'riə] **I** *znw* vaart; loopbaan, carrière; beroep o; levensloop; *in full* ~ in volle vaart; **II** *onoverg* (voort)jagen, (voort-)snellen

careerist *znw* carrièrejager

care-free ['kɛəfri:] *bn* zorgeloos, onbezorgd, onbekommerd, zonder zorgen

careful *bn* zorgvuldig, nauwkeurig, zorgzaam, voorzichtig; *be* ~ *of* oppassen voor; *be* ~ *to* ervoor zorgen te, niet nalaten te, speciaal [erop wijzen &]

careless ['kɛəlis] *bn* zorgeloos, onverschillig, onachtzaam, slordig, nonchalant

caress [kə'res] **I** *znw* liefkozing; **II** *overg* liefkozen, strelen, aaien, aanhalen

caretaker ['kɛəteikə] *znw* huisbewaarder, -ster, conciërge; opzichter

careworn *bn* door zorgen gekweld of verteerd, afgetobd

car ferry ['ka:feri] *znw* autoveer o; *Am* spoorpont

cargo ['ka:gou] *znw* (*mv*: -s of -goes) *scheepv* (scheeps)lading, vracht

Caribbean [kæri'bi:ən] **I** *bn* Caraïbisch; **II** *znw* Caraïbisch gebied o; Caraïbische Zee

caricature [kærikə'tjuə] **I** *znw* karikatuur; **II** *overg* een karikatuur maken van

caricaturist *znw* karikatuurtekenaar

caries ['kɛərii:z] *znw* cariës

carillon ['kæriljən, kə'riljən] *znw* carillon o & m, klokkenspel o

carious ['kɛəriəs] *bn* aangevreten, rot, carieus

carmine ['ka:main] *znw* karmijn(rood) o

carnage ['ka:nidʒ] *znw* bloedbad o, slachting

carnal ['ka:nəl] *bn* vleselijk, seksueel; zinnelijk; *have* ~ *knowledge of* vleselijke gemeenschap hebben met

carnation [ka:'neiʃən] *znw* inkarnaat o; *plantk* anjer

carnival ['ka:nivəl] *znw* carnaval o; *Am* lunapark o, kermis

carnivore ['ka:nivɔ:] *znw* (*mv*: carnivora) vleesetend dier o of plant, carnivoor

carnivorous [ka:'nivərəs] *bn* vleesetend

carob ['kærəb] *znw* **1** johannesbroodboom; **2** johannesbrood o

carol ['kærəl] **I** *znw* (kerst)lied o, zang; **II** *onoverg* zingen

carotid [kə'rɔtid] *znw* halsslagader (~ *artery*)

carousal [kə'rauzəl] *znw* drinkgelag o, slemppartij

carouse *onoverg* zuipen, zwelgen, slempen

1 carp [ka:p] *znw* (*mv* idem of -s) karper

2 carp [ka:p] *onoverg* vitten (op *at*)

car park ['ka:pa:k] *znw* parkeerterrein o, -plaats, -gelegenheid

carpenter ['ka:pintə] *znw* timmerman

carpentry *znw* timmermansambacht o; timmerwerk o

carpet ['ka:pit] **I** *znw* tapijt o, (vloer)kleed o, karpet o, loper; *be on the* ~ in behandeling (aan de orde) zijn; *gemeenz* berispt worden; **II** *overg* (als) met een tapijt bedekken

carpet-bag *znw* reiszak, valies o

carpeting *znw* tapijt(goed) o

carpet-sweeper *znw* rolveger

carpus ['ka:pəs] *znw* (*mv*: carpi [-pai]) handwortel

carriage ['kæridʒ] *znw* rijtuig o; wagon; wagen; onderstel o; vervoer o, vracht; houding; gedrag o; ~ *free*, ~ *paid* vrachtvrij, franco

carriageway *znw* rijweg, rijbaan; *dual* ~ vierbaansweg

carrier ['kæriə] *znw* drager; vrachtrijder, besteller, bode, voerman; vervoerder; vrachtvaarder; bacillendrager; bagagedrager; vliegdekschip o; mitrailleurswagen; ~ *bag* draagtas; ~ *pigeon* postduif

carrion ['kæriən] *znw* kreng o, aas o

carrot ['kærət] *znw* *plantk* gele wortel, peen

carroty *bn* rood(harig)

carry ['kæri] **I** *overg* dragen, (ver)voeren, houden; bij zich hebben [geld], (aan boord) hebben; (over)brengen, meevoeren; erdoor krijgen; behalen, wegdragen; *mil* nemen; bevatten, inhouden; meebrengen [verantwoordelijkheid]; ~ *weight* gewicht in de schaal leggen; zie ook: *coal, day &*; **II** *onoverg* dragen; **III** *wederk*: ~ *oneself* zich houden of gedragen, optreden; ~ *away* wegdragen; wegvoeren; meenemen[2]; meeslepen; ~ *it off* (het) er (goed) afbrengen; ~ *on* voortzetten; (ermee) doorgaan, volhouden; *fig* zich aanstellen; het aanleggen (met *with*); ~ *out* ten uitvoer brengen, uitvoeren, vervullen [plichten]; ~ *over* overdragen; ~ *through* tot een goed einde brengen; volhouden, erdoor helpen

carrycot *znw* reiswieg

carryings-on [kæriiŋʒ'ɔn] *znw* aanstellerig gedrag o

carry-on *znw gemeenz* gedoe o

carsick ['ka:sik] *bn* wagenziek

cart [ka:t] **I** *znw* kar; wagen; **II** *overg* met een kar vervoeren; slepen, zeulen

cartage *znw* sleeploon o; vervoer o per sleperswagen

carte blanche ['ka:t'blã:nʃ] *znw* onbeperkte volmacht

cartel [ka:'tel] *znw handel* kartel o

cartilage ['ka:tilidʒ] *znw* kraakbeen *o*
cartographer [ka:'tɔgrəfə] *znw* cartograaf
cartography [ka:'tɔgrəfi] *znw* cartografie
carton ['ka:tən] *znw* karton *o*, kartonnen doos, slof [v. sigaretten]
cartoon [ka:'tu:n] **I** *znw* karton *o*; model-blad *o* voor schilders &, voorstudie; spot-prent; tekenfilm; beeldverhaal *o*; **II** *on-overg (& overg)* spotprenten & maken (van)
cartoonist *znw* tekenaar van spotprenten &
cartridge ['ka:tridʒ] *znw* patroon(huls); vul-ling, inktpatroon
cart-wheel ['ka:twi:l] *znw* wagenwiel *o*; *turn ~s* radslagen maken
cart-wright *znw* wagenmaker
carve [ka:v] *overg* (voor)snijden, kerven, beeldsnijden, graveren; *~ up* verdelen; *~ out* met veel moeite opbouwen/veroveren
carver *znw* (beeld)snijder; voorsnijder; voorsnijmes *o*; *~s* voorsnijmes en -vork
carving *znw* beeldsnijkunst, snijwerk *o*; *~knife* voorsnijmes *o*
cascade [kæs'keid] **I** *znw* cascade, waterval; **II** *onoverg* in golven (neer)vallen
case [keis] **I** *znw* **1** (pak)kist, koffer, doos; **2** kast; **3** dek *o*, overtrek *o & m*, huls, foedraal *o*, etui *o*, tas, schede; koker, trommel; **4** ge-val² *o*; toestand; **5** (rechts)zaak, geding *o*, proces *o*; **6** argument *o*, argumenten; **7** naamval; **8** patiënt, gewonde; *he has a strong ~* hij staat sterk; *make (out) a ~ for* argumenten aanvoeren voor; *in ~* ingeval, voor alle zekerheid; *a ~ in point* een ty-pisch voorbeeld; *as the ~ may be* al naar gelang de omstandigheden; **II** *overg* in een kist & doen, insluiten, overtrekken; ge-meenz verkennen
casebook *znw* boek *o* met verslagen van behandelde gevallen [v. arts, jurist &]
case-history *znw* voorgeschiedenis, anam-nese
case-law ['keislɔ:] *znw* precedentenrecht *o*
caseload *znw* praktijk, werklast [v. arts, jurist &]
casemate ['keismeit] *znw* kazemat
casement ['keismənt] *znw* (klein) open-slaand venster *o*, draairaam *o*
caseous ['keisiəs] *bn* kaasachtig, kaas-
cash [kæʃ] **I** *znw* geld *o*, contanten; kas; *hard ~* baar geld *o*, klinkende munt; *be short of ~* slecht bij kas zijn; **II** *overg* verzilveren, wisselen; innen; **III** *onoverg*: *~ in* profite-ren (van *on*), verdienen (aan *on*)
cash-desk *znw* kassa
cash dispenser *znw* geldautomaat
cashew [kæ'ʃu:], **cashew nut** *znw* cashew-noot 1
cashier [kæ'ʃiə] *znw* kassier, caissière
2 cashier [kə'ʃiə] *overg mil* casseren [officier]; afdanken, zijn congé geven
cashmere ['kæʃmiə] *znw* kasjmier *o*
cashpoint ['kæʒpɔint] *znw* geldautomaat
cash-register *znw* kasregister *o*
casing ['keisiŋ] *znw* foedraal *o*; overtrek *o & m*, omhulsel *o*, bekleding, verpakking, mantel
cask [ka:sk] *znw* vat *o*, ton

casket ['ka:skit] *znw* kistje *o*, cassette; Am lijkkist
casserole ['kæsəroul] *znw* (braad-, kook-, ta-fel)pan, kasserol; stoofschotel, een-pansmaaltijd
cassette [kə'set] *znw* cassette; cassette-bandje *o*
cassock ['kæsək] *znw* toog [priesterkleed] 1
cast* [ka:st] **I** *overg* werpen; neerwerpen, uitwerpen, afwerpen; afdanken; [zijn stem] uitbrengen; recht veroordelen; techn gieten; casten; **II** *onoverg* scheepv wenden; kromtrekken; zie ook: *aspersion*; *~ about for...* zoeken naar (een middel om...); *be ~ away* scheepv verongeluk-ken²; *~ one's mind back to* zich herinne-ren; *~ off* afwerpen; verstoten, afdanken; loslaten; afkanten [breien]; *~ on* opzetten [breiwerk]; *~ out* uitwerpen², uitdrijven, verjagen; *~ up* opwerpen, opslaan; optel-len
2 cast **I** *znw* worp; rolverdeling; cast, spe-lers; (giet)vorm, afgietsel *o*, (pleister-)model *o*; gipsverband *o*; type *o*, soort, aard; tint, tintje *o*, tikje *o*; *have a ~ in one's eye* loensen; **II** *bn* gegoten, giet-; zie ook: *cast-iron*
castanets [kæstə'nets] *znw mv* castagnetten
castaway ['ka:stəwei] **I** *bn* gestrand; veron-gelukt; verstoten, verworpen; **II** *znw* schip-breukeling; verworpeling, paria
caste [ka:st] *znw* kaste; *lose ~* in stand ach-teruitgaan
caster ['ka:stə] *znw* = *castor*
castigate ['kæstigeit] *overg* kastijden, straf-fen, gispen; verbeteren [een tekst]; zwaar bekritiseren
castigation [kæsti'geiʃən] *znw* kastijding; gisping; verbetering; zware kritiek
casting ['ka:stiŋ] *znw* gieten *o &*, zie *cast*; rolverdeling, -bezetting; gietstuk *o*, gietsel *o*; hoopje *o* [v. aardworm]; braaksel *o*, uile-bal
casting-vote *znw* beslissende stem
cast-iron ['ka:st'aiən] **I** *znw* gietijzer *o*; **II** *bn* ['ka:staiən] van gietijzer; fig hard, vast, ij-zersterk
castle ['ka:sl] **I** *znw* burcht, slot *o*, kasteel *o*; **II** *onoverg* schaken rokeren
cast-off ['ka:stɔ:f] **I** *bn* afgedankt; **II** *znw* af-leggertje *o*, afdankertje *o*
castor ['ka:stə] *znw* rolletje *o* [onder meubel]
castor sugar *znw* poedersuiker, basterdsui-ker
castrate [kæs'treit] *overg* castreren
casual ['kæʒuəl] **I** *bn* toevallig; terloops, zonder plan; ongeregeld; los, nonchalant; slordig; *~ labour* tijdelijk werk *o*; *~ wear* informele kleding, vrijetijdskleding; **II** *znw* tijdelijke (arbeids)kracht
casually *bijw* toevallig; terloops; zie verder: *casual I*
casualty *znw* slachtoffer *o*; *casualties* mil doden en gewonden, verliezen; slachtof-fers; *~ (ward)* (afdeling) eerste hulp [in ziekenhuis]
casuist ['kæʒjuist] *znw* haarklover
cat [kæt] *znw* kat²; *he let the ~ out of the*

bag hij klapte uit de school; *there's no room to swing a* ~ je kunt er je kont niet keren

cataclysm ['kætəklizm] *znw* overstroming; geweldige beroering, omwenteling, cataclysme *o*

cataclysmic [kætə'klizmik] *bn* desastreus, rampzalig

catacomb ['kætəku:m] *znw* catacombe

Catalan ['kætələn, -læn] I *znw* 1 Catalaan; 2 Cataalaans *o*; II *bn* Catalaans

catafalque ['kætəfælk] *znw* katafalk

catalogue ['kætələg] I *znw* catalogus; lijst, reeks, opeenvolging; II *overg* catalogiseren; rangschikken; ± opsommen

catalyst ['kætəlist] *znw* katalysator

catapult ['kætəpʌlt] I *znw* katapult; II *overg* met een katapult (be-, af)schieten; slingeren; *she was* ~*ed to stardom* van de ene op de andere dag werd zij een ster

cataract ['kætərækt] *znw* waterval; med grauwe staar

catarrh [kə'ta:] *znw* catarre, slijmvliesontsteking

catastrophe [kə'tæstrəfi] *znw* catastrofe, ramp

catastrophic [kætə'strofik] *bn* catastrofaal, rampzalig

catcall ['kætko:l] I *znw* schel fluitje *o*; fluitconcert *o*; II *overg* uitfluiten, weghonen

cat car ['kætka:] *znw* auto met katalysator

1 catch* [kætʃ] I *overg* vatten; (op)vangen; pakken, vat krijgen op, grijpen; betrappen; verstaan, snappen; (in)halen; oplopen, te pakken krijgen; raken, treffen; toebrengen, geven [een klap]; vastraken met, blijven haken of hangen met; klemmen; ~ *it* er (ongenadig) van langs krijgen; II *onoverg* pakken [v. schroef]; klemmen [v. deur]; blijven haken/zitten; aangaan, vlam vatten; aanbranden; ~ *at* grijpen naar, aangrijpen; *if I* ~ *him at it* als ik hem erop betrap; ~ *on gemeenz* aanslaan, opgang maken; 't snappen; ~ *out* betrappen; verrassen; ~ *up* inhalen; ~ *up on (with)* inhalen; weer op de hoogte komen van

2 catch *znw* (op)vangen *o*; greep; vangst, buit, voordeel *o*, aanwinst; *gemeenz* goede partij [voor huwelijk]; strikvraag, valstrik; *muz* canon; haak, pal

catch-as-catch-can *znw* vrij worstelen *o*, catch(-as-catch-can) *o*

catching *bn* besmettelijk, aanstekelijk; pakkend

catch-phrase *znw* leus; gezegde

catchword *znw* wachtwoord *o*; trefwoord *o*; modewoord *o*; frase, kreet, (partij)leus

catchy *bn* pakkend, boeiend, aantrekkelijk; goed in 't gehoor liggend

catechism ['kætikizm] *znw* catechismus

categorical [kæti'gorikl] *bn* categorisch, onvoorwaardelijk, stellig, uitdrukkelijk

categorize ['kætigəraiz] *overg* categoriseren, in categorieën indelen

category ['kætigəri] *znw* categorie

catenary [kə'ti:nəri] *bn* ketting-

cater ['keitə] *onoverg* provianderen, cateren, voedsel leveren of verschaffen; ~ *for* leveren aan, zorgen voor

caterer *znw* leverancier (van levensmiddelen), kok, restaurateur; catering-bedrijf *o*

catering *znw* catering, diner-/receptieverzorging; proviandering

caterpillar ['kætəpilə] *znw* rups; techn rupsband

caterwaul ['kætəwo:l] I *onoverg* krollen, schreeuwen v. kat in de paartijd; II *znw* krols gemiauw *o*, kattengejank

catfish ['kætfiʃ] *znw* zeewolf; meervaal

catgut ['kætgʌt] *znw* darmsnaar; med catgut *o*, kattendarm

cathedra [kə'θi:drəl] *znw*: *ex* ~ met gezag, officieel, ex cathedra

cathedral [kə'θi:drəl] *znw* kathedraal, dom(kerk)

cathode ['kæθoud] *znw* kathode

catholic ['kæθəlik] I *bn* algemeen; ruim; veelzijdig; *C*~ *RK* katholiek; II *znw*: *C*~ *RK* katholiek

Catholicism [kə'θɔlisizm] *znw* katholicisme *o*

catholicity [kæθə'lisiti] *znw* algemeenheid; ruime opvattingen; veelzijdigheid; het katholiek zijn, katholiciteit

catkin *znw* plantk katje *o* [van wilg &]

cat-nap *znw* hazenslaap, dutje *o*

cat's-eye *znw* kattenoog [edelsteen]

cat suit *znw* nauwsluitende jumpsuit [als dameskleding]

catsup ['kætsəp] *znw* Am = ketchup

cattle ['kætl] *znw* vee[2] *o*, rundvee *o*

cattle-grid *znw* wildrooster *o*

cattleman *znw* Am veehouder

catwalk *znw* lang, smal podium *o* [voor modeshows]; loopplank; loopbrug

caucus ['kɔ:kəs] *znw* kiezersvergadering, verkiezingscomité *o*; hoofdbestuursvergadering; geringsch kliek

caudal ['kɔ:dl] *bn* staart-

caught [kɔ:t] V.T. & V.D. van *catch*

caul [kɔ:l] *znw*: *born with a* ~ met de helm geboren[2]

cauldron ['kɔ:ldrən] *znw* ketel

cauliflower ['kɔliflauə] *znw* bloemkool

caulk [kɔ:k] *overg* kalefateren, breeuwen

causal ['kɔ:zəl] *bn* causaal, oorzakelijk

causality [kɔ:'zæliti] *znw* causaliteit, oorzakelijk verband *o*

causation [kɔ:'zeiʃən] *znw* veroorzaken *o*, veroorzaking

causative ['kɔ:zətiv] *bn* veroorzakend; oorzakelijk; causatief

cause [kɔ:z] I *znw* oorzaak, reden, aanleiding; (rechts)zaak, proces *o*; II *overg* veroorzaken, aanrichten, bewerken, maken dat..., doen, laten; wekken [teleurstelling &], aanleiding geven tot

causeway ['kɔ:zwei] *znw* opgehoogde weg; dijk, dam; straatweg

caustic ['kɔ:stik] *bn* brandend, bijtend[2]; fig scherp, sarcastisch

cauterize ['kɔ:təraiz] *overg* uitbranden, dicht schroeien

cautery *znw* brandijzer *o*

caution ['kɔ:ʃən] I *znw* om-, voorzichtigheid; waarschuwing, waarschuwingscom-

mando o; ~ *money* borg(tocht); **II** *overg* waarschuwen (voor *against*)
cautionary *bn* waarschuwend, waarschuwings-
cautious *bn* omzichtig, behoedzaam, voorzichtig
cavalcade [kævəl'keid] *znw* cavalcade; ruiterstoet
cavalier [kævə'liə] **I** *znw* ruiter, ridder; cavalier [ook: aanhanger van Karel I]; **II** *bn* achteloos, nonchalant; hooghartig; hist royalistisch
cavalry ['kævəlri] *znw* cavalerie, ruiterij
cave [keiv] **I** *znw* hol o, grot; **II** *onoverg:* ~ *in* af-, inkalven, instorten; zwichten, het opgeven; **III** *overg* uithollen; ~ *in* inslaan, indeuken
caveat ['keiviæt] *znw* waarschuwing; recht schorsingsbevel o
cave-dweller ['keivdwelə] *znw* holbewoner
cave-man *znw* holenmens; holbewoner
cavern ['kævən] *znw* spelonk, hol o, grot
cavernous *bn* spelonkachtig, hol
caviar(e) ['kævia:, kævi'a:] *znw* kaviaar
cavil ['kævil] **I** *znw* haarkloverij, vitterij, chicanes; **II** *onoverg* haarkloven, vitten (op *at*)
cavity ['kæviti] *znw* holte, gat o; ~ *wall* spouwmuur
cavort [kə'vɔ:t] *onoverg* (rond)springen
cavy ['keivi] *znw* Guinees biggetje o, cavia
caw [kɔ:] **I** *onoverg* krassen [v. raaf]; **II** *znw* gekras o
cay [kei] *znw* rif, zandbank
cayenne [kei'en] *znw* (ook: ~ *pepper*) cayennepeper
cayman ['keimən] *znw* kaaiman
CB *afk.* = *Citizens' Band*
CCTV *afk.* = *closed circuit television*
cease [si:s] **I** *onoverg* ophouden (met *from*); **II** *overg* ophouden met, staken
cease-fire *znw* staakt-het-vuren o
ceaseless *bn* onophoudelijk
cedar ['si:də] *znw* ceder; cederhout o
cede [si:d] *overg* cederen, afstaan; toegeven
ceefax *znw* teletekst [v.d. BBC]
ceiling ['si:liŋ] *znw* bouwk plafond o, zoldering; fig plafond o
celebrant ['selibrənt] *znw* celebrant
celebrate **I** *overg* vieren; loven, verheerlijken; celebreren, opdragen [de mis], voltrekken [huwelijk]; **II** *onoverg* feestvieren, fuiven
celebrated *bn* beroemd, vermaard
celebration [seli'breiʃən] *znw* viering; feest o, fuif
celebrity [si'lebriti] *znw* beroemdheid; beroemd persoon
celerity [si'leriti] *znw* snelheid, spoed
celery ['seləri] *znw* selderij
celestial [si'lestjəl] *bn* hemels; hemel-
celibacy ['selibəsi] *znw* celibaat o; ongehuwde staat
celibate *bn* celibatair, ongehuwd(e)
cell [sel] *znw* cel
cellar ['selə] *znw* kelder; wijnkelder
cellarage *znw* kelderruimte; opslag in kelder; kelderhuur
cellist ['tʃelist] *znw* cellist

cello *znw* cello
cellophane ['seloufein] *znw* cellofaan o
cellphone ['selfoun] *znw* draagbare telefoon
cellular ['seljulə] *bn* celvormig; cel-; ~ *phone* draagbare telefoon
celluloid ['seljulɔid, -jəlɔid] *znw* celluloid o
cellulose ['seljulous] *znw* cellulose
Celt [kelt] *znw* Kelt
Celtic *bn* Keltisch
cement [si'ment] **I** *znw* cement o & m; bindmiddel[2] o (hardwordende) lijm; fig band; **II** *overg* cementeren; verbinden[2]; fig bevestigen
cementation [si:men'teiʃən] *znw* cement storten o
cement mixer *znw* betonmolen
cemetery ['semitri] *znw* begraafplaats
cenotaph ['senəta:f] *znw* cenotaaf
censer *znw* wierookvat o
censor ['sensə] **I** *znw* censor, zedenmeester; **II** *overg* (als censor) nazien, censureren
censorious [sen'sɔ:riəs] *bn* vitterig, bedillerig
censorship ['sensəʃip] *znw* censuur
censure **I** *znw* berisping, afkeuring, (ongunstige) kritiek; **II** *overg* (be)kritiseren, afkeuren, gispen, berispen, bedillen
census ['sensəs] *znw* (volks)telling
cent [sent] *znw* Amerikaanse cent
centaur ['sentɔ:] *znw* centaur, paardmens
centenarian [senti'nɛəriən] **I** *bn* honderdjarig; **II** *znw* honderdjarige
centenary [sen'ti:nəri] **I** *bn* honderdjarig; **II** *znw* eeuwfeest o
centennial [sen'tenjəl] = *centenary*
centigrade ['sentigreid] *znw* Celsius
centimetre *znw* Am centimeter
centipede *znw* duizendpoot
central ['sentrəl] *bn* centraal, midden-; kern-, hoofd-; belangrijkst, voornaamst
Central African Republic *znw* Centraal-Afrikaanse Republiek
centralism *znw* pol centralisme o, centralisatie
centrality [sen'træliti] *znw* centrale ligging
centralization [sentrəlai'zeiʃən] *znw* centralisatie
centralize ['sentrəlaiz] *overg* centraliseren
centre ['sentə] **I** *znw* centrum o, middelpunt o, spil; fig kern, haard [v. onrust &]; vulling [v. bonbon]; sp middenspeler; voorzet [bij voetbal]; ~ *of gravity* zwaartepunt o; **II** *bn* midden-; **III** *onoverg* zich concentreren (in *in*); **IV** *overg* concentreren; in het midden plaatsen, centreren; sp centeren, voorzetten [bij voetbal]
centre-board *znw* (boot met) middenzwaard o
centre-piece *znw* middenstuk o, pièce de milieu o; tafelkleedje o
centrifugal [sen'trifjugəl] *bn* middelpuntvliedend, centrifugaal
centripetal [sen'tripitl] *bn* middelpuntzoekend, centripetaal
centrist ['sentrist] *znw* pol man (vrouw) van het midden, gematigde
century ['sentʃuri] *znw* eeuw; sp 100 runs

[bij cricket]

cephalic [ka'fælik] *bn* schedel-

ceramic [si'ræmik] **I** *bn* ceramisch; **II** *znw:* ~*s* ceramiek: pottenbakkerskunst

cereal ['siəriəl] **I** *bn* graan-; **II** *znw* graansoort; ~*s* graan o, graangewassen; cornflakes &

cerebellum [seri'beləm] *znw* (*mv:* -s *of* cerebella) kleine hersenen

cerebral ['seribrəl] *bn* hersen-; cerebraal[2]

cerebrum ['seribrəm] *znw* (*mv:* cerebra) hersenen

ceremonial [seri'mounjəl] **I** *bn* ceremonieel, formeel; **II** *znw* ceremonieel o

ceremonious *bn* vormelijk, plechtig, plechtstatig

ceremony ['seriməni] *znw* plechtigheid, vormelijkheid

cert [sə:t] *znw: dead* ~ geheid(e winnaar)

certain ['sə:t(i)n] **I** *bn* zeker (van *of*), vast, (ge)wis, bepaald; **II** *onbep vnw* enige, bepaalde, zekere; *make* ~ zich vergewissen; *for* ~ (heel) zeker, met zekerheid

certainly *bijw* zeker (wel); voorzeker

certainty *znw* zekerheid; een stellig iets; *to a* ~ zeker; *for a* ~ zonder enige twijfel

certifiable ['sə:tifaiəbl] *bn* gemeenz krankzinnig

certificate [sə'tifikit] *znw* getuigschrift o, certificaat o, bewijs o, brevet o, attest o, diploma o, akte

certify *overg* verzekeren, be-, getuigen, verklaren; waarmerken, certificeren, attesteren; krankzinnig verklaren

certitude ['sə:titju:d] *znw* zekerheid

cerulean [si'ru:liən] *znw & bn* hemelsblauw

cerumen [si'ru:mən] *znw* oorsmeer o

cervix ['sə:viks] *znw* (*mv:* -es *of* cervices) anat baarmoederhals

cessation [se'seiʃən] *znw* ophouden o, stilstand

cession ['seʃən] *znw* afstand [v. rechten], cessie

cesspit, cesspool ['sespit,'sespu:l] *znw* zinkput; fig poel

cetacean [si'teiʃən] **I** *bn* walvisachtig; **II** *znw* walvisachtige, walvisachtig dier o

cf *afk.* = confer (compare) vergelijk, vgl.

Chad [tʃæd] *znw* Tsjaad o

Chadian [tʃ-] **I** *bn* Tsjadiër; **II** *bn* Tsjadisch

chafe [tʃeif] **I** *overg* (warm) wrijven, schuren, schaven [de huid]; irriteren, ergeren; **II** *onoverg* (zich) wrijven (tegen *against*); zich ergeren, zich opwinden (over *at*); **III** *znw* schaafwond; ergernis

chaff [tʃɑ:f] **I** *znw* kaf o, haksel o; waardeloos spul o; scherts, plagerij; **II** *overg* plagen

chafing-dish ['tʃeifiŋdiʃ] *znw* komfoor o, rechaud

chagrin ['ʃægrin] **I** *znw* verdriet o, teleurstelling, ergernis; **II** *overg* verdrieten, krenken

chain [tʃein] **I** *znw* ketting; trekker; keten[2]; reeks; filiaalbedrijf o; guirlande; **II** *overg* met ketens afsluiten; ketenen; aan de ketting leggen, vastleggen (ook: ~ *up*)

chain letter *znw* kettingbrief

chainmail *znw* maliënkolder

chain-saw *znw* kettingzaag

chain-smoke *znw* kettingroken o

chain-smoker *znw* kettingroker

chain-store *znw* grootwinkelbedrijf o; filiaal o van een grootwinkelbedrijf

chair [tʃɛə] **I** *znw* stoel, zetel, voorzittersstoel, draagstoel; kathedra, leerstoel; voorzitterschap o, voorzitter; Am elektrische stoel; *be in the* ~, *take the* ~ voorzitter zijn, presideren; *leave (take) the* ~ ook: de vergadering sluiten (openen); **II** *overg* op de schouders ronddragen; voorzitten, voorzitter zijn van

chairman *znw* voorzitter; ~ *of directors* president-commissaris

chairmanship *znw* voorzitterschap o

chairperson *znw* voorzitter, voorzitster

chairwoman *znw* voorzitster

chalice ['tʃælis] *znw* kelk; (Avondmaals-)beker; miskelk

chalk [tʃɔ:k] **I** *znw* krijt o, kleurkrijt o; krijtstreepje o; *by a long* ~ verreweg; *not by a long* ~ op geen stukken na; **II** *overg* krijten; ~ *out* schetsen, aangeven; ~ *up* behalen [punten &]

chalky *bn* krijtachtig; vol krijt

challenge ['tʃælin(d)ʒ] **I** *znw* uitdaging; tarting, mil aanroeping; recht wraking; ~ *cup* wisselbeker; **II** *overg* uitdagen, tarten; aanroepen; betwisten, aanvechten, in discussie brengen; aanspraak maken op, eisen, vragen; recht wraken [jury]; *challenging* ook: interessant, tot nadenken stemmend

challenger ['tʃælin(d)ʒə] *znw* uitdager

chamber [tʃeimbə] *znw* kamer, vero slaapkamer; (advocaten)kantoor o; raadkamer [van rechter]; ~ *of commerce* kamer van koophandel

chamberlain *znw* kamerheer; *Lord C*~ hofmaarschalk

chambermaid *znw* kamermeisje o

chameleon [kə'mi:ljən] *znw* kameleon o & m

chamfer ['tʃæmfə] **I** *znw* groef; schuine kant; **II** *overg* groeven; afschuinen

chamois ['ʃæmwa:] *znw* (*mv* idem) gems; ~ *leather* ['ʃæmi 'leðə] zeemleer o, gemzenleer o

1 champ [tʃæmp] *onoverg & overg* smakken; op het bit kauwen [v. paard]

2 champ *znw* gemeenz kampioen

champagne [ʃæm'pein] *znw* champagne

champers ['tʃæmpəz] *znw* gemeenz = champagne

champion ['tʃæmpjən] **I** *znw* kampioen; voorvechter; **II** *overg* strijden voor, voorstaan, verdedigen; **III** *bn* gemeenz reuze, prima

championship *znw* kampioenschap o; fig verdediging, voorspraak

chance [tʃɑ:ns] **I** *znw* toeval o, geluk o; kans; mogelijkheid; vooruitzicht o; *by* ~ toevallig; zie ook: *main I*; **II** *bn* toevallig; **III** *onoverg* gebeuren; *I* ~*d to see it* ik zag het toeval (toevallig) zag ik het; ~ *upon* toevallig vinden; ontmoeten; **IV** *overg* wagen; ~ *it* gemeenz het erop wagen

chancel ['tʃa:nsəl] *znw* koor o [v. kerk]

chancellery ['tʃa:nsələri] *znw* kanselarij

chancellor *znw* kanselier; titulair hoofd o van universiteit; C~ *of the Exchequer* minister van Financiën

chancellorship *znw* kanselierschap o

Chancery ['tʃa:nsəri] *znw: (Court of)* ~ afdeling van het hooggerechtshof

chancy ['tʃa:nsi] *bn* gemeenz onzeker, gewaagd, riskant

chandelier [ʃændi'liə] *znw* kroonluchter

chandler ['tʃa:ndlə] *znw: ship's* ~ = *shipchandler*

change [tʃein(d)ʒ] I *overg* (ver)wisselen, (om-, ver)ruilen, veranderen (van); ~ *trains & overstappen;* ~ *colour* van kleur verschieten; ~ *hands* van eigenaar veranderen; ~ *one's mind* van gedachte veranderen; II *onoverg & abs ww* (om)ruilen; veranderen; overstappen; zich om-, verkleden; III *znw* verandering; overgang; af-, verwisseling; kleingeld o; schoon goed o; ~ *of heart* bekering; ~ *of life* menopauze; *keep the* ~ laat maar zitten! [tegen kelner]; *ring the* ~s op honderd manieren herkauwen of herhalen; *take your* ~ *out of that!* steek dat maar in je zak!

Change *znw* de beurs

changeable *bn* veranderlijk

changeless *bn* onveranderlijk

change-over *znw* om-, overschakeling[2]

channel ['tʃænl] I *znw* (vaar)geul, stroombed o, kanaal[2] o [ook RTV], kil; groef; cannelure; *the Channel* het Kanaal; II *overg* kanaliseren; sturen, pompen [v. geld in industrie &]; richten, in bepaalde banen leiden

chant [tʃa:nt] I *znw* gezang o, koraalgezang o; dreun; spreekkoor o; II *overg* (be)zingen; opdreunen; in koor roepen; scanderen; III *onoverg* zingen, galmen

chanty ['tʃa:nti] *znw* matrozenlied o

chaos ['keiɔs] *znw* chaos, baaierd, verwarring

chaotic [kei'ɔtik] *bn* chaotisch

1 chap [tʃæp] I *znw* scheur, spleet, barst, kloof [in de handen]; ~s kaak; II *onoverg & overg* scheuren, splijten, (doen) barsten, kloven

2 chap [tʃæp] *znw* gemeenz knaap, jongen, vent, man

chap-book ['tʃæpbuk] *znw* hist volksboek o, liedjesboek o

chapel ['tʃæpəl] *znw* kapel; bedehuis o, kerk; drukkerij, vergadering (in de grafische sector); ~ *of ease* hulpkerk

chaperon(e) ['ʃæpərəun] I *znw* chaperonne; II *overg* chaperonneren

chaplain ['tʃæplin] *znw* (huis)kapelaan; veldprediker, (leger-, vloot-, gevangenis-, ziekenhuis)predikant, RK aalmoezenier, (studenten)pastor

chaplet ['tʃæplit] *znw* krans; (hals)snoer o; RK rozenkrans

chapman ['tʃæpmən] *znw* hist marskramer

chapter ['tʃæptə] *znw* hoofdstuk o, kapittel o; chapiter o, punt o; reeks, aaneenschakeling; Am afdeling [v. vereniging]; *give* ~

and verse tekst en uitleg geven, man en paard noemen

1 char [tʃa:] I *znw* werkster; II *onoverg* uit werken gaan

2 char [tʃa:] *overg & onoverg* verkolen; blakeren

char-à-banc, charabanc ['ʃærəbæŋ] *znw* touringcar

character ['kæriktə] *znw* karakter o; kenmerk o; kenteken o; aard, hoedanigheid; rol; reputatie; persoon, personage o & v, figuur, gemeenz type o; letter; *in (out of)* ~ (niet) typisch; *be in* ~ *with* passen bij, horen bij

characteristic [kæriktə'ristik] I *bn* karakteristiek, typerend (voor *of*); II *znw* kenmerk o

characterization [kæriktərai'zeiʃən] *znw* karakterschets, typering

characterize ['kæriktəraiz] *overg* kenmerken, kenschetsen, typeren, karakteriseren

characterless *bn* karakterloos, nietszeggend, gewoon

charade [ʃə'ra:d] *znw* charade, lettergreepraadsel o; schertsvertoning, poppenkast; ~s sp charade

charcoal ['tʃa:koul] *znw* houtskool

charge [tʃa:dʒ] I *znw* last[2], lading; opdracht; (voorwerp o van) zorg; pupil; gemeente [v. geestelijke]; schuld; (on)kosten; mil charge, aanval; recht beschuldiging, aanklacht; *have* ~ *of* belast zijn met (de zorg voor); *take* ~ *of* onder zijn hoede nemen; *at a* ~ tegen betaling; *at his own* ~ op eigen kosten; *be in* ~ *of* belast zijn met (de zorg voor); aan het hoofd staan van; *on a* ~ *of* op beschuldiging van; II *overg* (be)laden, vullen; belasten, gelasten; opdragen; in rekening brengen, vragen (voor *for*); beschuldigen (van *with*); aansprakelijk stellen (voor *with*); mil aanvallen; III *onoverg* mil chargeren; ~ *at* losstormen op; ~ *into* aanrennen tegen, opbotsen tegen

chargeable *bn* ten laste komend (van *to*), in rekening te brengen, belastbaar

charge account *znw* Am lopende rekening [bij winkel]

charged *bn* emotioneel; geladen

chargé d'affaires ['ʃa:ʒei da:'fɛəz] *znw (mv:* chargés d'affaires*)* zaakgelastigde

charge-hand *znw* onderbaas

charger ['tʃa:dʒə] *znw* 1 oplader, acculader; 2 strijdros o

charge sheet ['tʃa:dʒʃi:t] *znw* strafblad o

chariot ['tʃæriət] *znw* (strijd-, triomf)wagen

charioteer [tʃæriə'tiə] *znw* wagenmenner

charitable ['tʃæritəbl] *bn* liefdadig, barmhartig, menslievend; welwillend, liefderijk, mild, zacht

charity *znw* liefdadigheid, (christelijke) liefde, barmhartigheid; mildheid, aalmoes, liefdadigheidsinstelling; ~ *begins at home* het hemd is nader dan de rok

charivari [ʃa:ri'va:ri] *znw* ketelmuziek; kabaal o

charlady ['tʃa:leidi] *znw* werkster, schoonmaakster

charlatan ['ʃa:lətən] *znw* kwakzalver; charlatan

charm [tʃɑ:m] **I** *znw* tovermiddel o; toverwoord o, -formule; betovering, bekoring; bekoorlijkheid, charme; amulet; hangertje o [aan horlogeketting], bedeltje o; **II** *overg* betoveren, bekoren; ~ *away* wegtoveren; *to lead a ~ed life* een onbezorgd leven leiden

charmer *znw* charmeur; tovenaar

charming *bn* bekoorlijk; charmant, innemend, alleraardigst, verrukkelijk

charnel-house ['tʃɑ:nlhaus] *znw* knekelhuis o

chart [tʃɑ:t] **I** (zee-, weer)kaart; tabel; grafiek; *the ~s* de hitparade; **II** *overg* in kaart brengen; plannen

charter ['tʃɑ:tə] **I** *znw* charter o, handvest o, oorkonde; octrooi o; voorrecht o; **II** *overg* bij charter oprichten; een octrooi verlenen aan, beschermen [beroep]

chartered accountant *znw* accountant (gediplomeerd)

charwoman ['tʃɑ:wumən] *znw* werkster

chary ['tʃɛəri] *bn* voorzichtig; karig (met of); *be ~ of (in)... ing* schromen te...

chase [tʃeis] **I** *znw* jacht, najagen o, vervolging, jachtgrond, -veld o; (nagejaagde) prooi; jachtstoet; *give ~ to* najagen, achterna zitten; **II** *overg* **1** jagen, najagen; achtervolgen; verdrijven; **2** drijven, ciseleren; **3** groeven

chaser *znw* **1** jager; achtervolger; **2** ciseleur; **3** glas o water (fris, bier &) na het gebruik van sterke drank

chasm [kæzm] *znw* kloof; afgrond

chassis ['ʃæsi] *znw* (*mv* idem ['ʃæsiz]) chassis o, onderstel o

chaste [tʃeist] *bn* kuis, eerbaar; ingetogen

chasten ['tʃeisn] *overg* kastijden; zuiveren [van dwalingen]; **fig** louteren; verootmoedigen

chastise [tʃæs'taiz] *overg* kastijden, tuchtigen

chastity ['tʃæstiti] *znw* kuisheid, eerbaarheid; ingetogenheid

chasuble ['tʃæzjubl] *znw* kazuifel

chat [tʃæt] **I** *onoverg* keuvelen, babbelen; ~ *up* [iem.] opvrijen; **II** *znw* gepraat o, praatje o, gekeuvel o; ~ *show* TV praatprogramma o

chatelaine ['ʃætəlein] *znw* burchtvrouw

chattel ['tʃætl] *znw* goed o, bezitting

chatter ['tʃætə] **I** *onoverg* snateren², snappen², kakelen²; klapperen [v. tanden]; **II** *znw* gesnater o, gekakel o; gesnap o; geklapper o

chatter-box *znw* babbelkous

chatty *bn* spraakzaam; babbelziek; vlot

chauffeur ['ʃoufə, ʃou'fə:] *znw* chauffeur

chauvinism ['ʃouvinizm] *znw* chauvinisme o

chaw [tʃɔ:] *overg & onoverg* **dial** = chew

cheap [tʃi:p] *bn* goedkoop²; prullerig, van slechte kwaliteit, klein, nietig, armoedig; flauw; vulgair; *feel ~* **gemeenz** zich schamen; *on the ~* op een koopje

cheapen **I** *onoverg* in prijs dalen, goedkoper worden; **II** *overg* in prijs doen dalen, goedkoper maken; afdingen; geringschatten; ~ *oneself* zich verlagen

cheat [tʃi:t] **I** *overg* bedriegen, beetnemen; ~ *(out) of* afzetten, ontnemen; **II** *onoverg* bedriegen, vals doen (spelen); **III** *znw* bedrog o, afzetterij; bedrieger, afzetter

check [tʃek] **I** *znw* **1** schaak o; **2** beteugeling, belemmering, tegenslag; **3** controle, toets; reçu o, bonnetje o; **4** Am cheque, fiche o & v; rekening; **5** ruit; ~*s* geruite stof(fen); *keep in ~* in toom houden; **II** *overg* **1** schaak zetten; **2** beteugelen; tegenhouden, belemmeren; **3** controleren, verifiëren, nagaan, toetsen; **4** Am in bewaring geven of nemen, afgeven, aannemen; ~ *in* inchecken, inschrijven; ~ *out* natrekken, nagaan; ~ *up* controleren; **III** *onoverg* ~ *in* binnenkomen, aankomen; ~ *on* controleren; ~ *out* weggaan, heengaan; afrekenen [in hotel], zich afmelden; ~ *up on* controleren; ~ *with* Am kloppen met; raadplegen; **IV** *bn* geruit [pak &]

checked *bn* geruit

checker *znw* controleur; Am damschijf; ~*s* Am damspel v; zie ook: *chequer*

check-in *znw* **1** inschrijving, aanmelding, inchecken o; **2** incheckbalie

checkmate **I** *bn* & *znw* schaakmat² (o); **II** *overg* schaakmat zetten²

check-out *znw* kassa [v. zelfbedieningswinkel] (ook: ~ *desk*)

checkpoint *znw* (verkeers)controlepost, doorlaatpost

check-up *znw* controle; onderzoek o; algemeen gezondheidsonderzoek o

cheek [tʃi:k] **I** *znw* wang; **gemeenz** brutaliteit; ~ *by jowl* wang aan wang; zij aan zij; **II** *overg* **gemeenz** brutaal zijn tegen

cheek-bone *znw* wangbeen o, jukbeen o

cheeky *bn* **gemeenz** brutaal

cheep [tʃi:p] **I** *onoverg* tjilpen, piepen; **II** *znw* getjilp o, gepiep o

cheer [tʃiə] **I** *znw* vrolijkheid, opgeruimdheid; aanmoediging; toejuiching, bijvals(betuiging), hoera(geroep) o; ~*s!* proost!; **gemeenz** bedankt!; dag!; **II** *overg* toejuichen; opvrolijken, opmonteren (ook: ~ *up*); **III** *onoverg* juichen, hoera roepen; ~ *up* moed scheppen, opmonteren; ~ *up!* kop op!

cheerful *bn* blij(moedig), vrolijk, opgewekt, opgeruimd

cheerio ['tʃiəri'ou] *tsw* **gemeenz** proost!; dag!, tot ziens!, ciao!, doeg!

cheerless ['tʃiəlis] *bn* troosteloos, somber

cheery *bn* vrolijk, opgewekt

cheese [tʃi:z] **I** *znw* kaas; **II** *overg:* ~ *it!* **gemeenz** wegwezen!

cheeseboard *znw* kaasplateau o [als dessert]

cheesecake *znw* kwarktaart; **slang** (afbeelding van) prikkelend vrouwelijk schoon o

cheese cloth *znw* kaasdoek o

cheesed off : *be ~ with sth.* **gemeenz** de balen van iets hebben, iets beu zijn

cheese-paring **I** *znw* krenterigheid; **II** *bn* krenterig

cheesy *bn* kaasachtig; Am miezerig

cheetah ['tʃi:tə] *znw* jachtluipaard o

chef [ʃef] *znw* chef-kok

chemical [ˈkemikl] **I** bn chemisch, scheikundig; **II** znw chemisch product o; ~s ook: chemicaliën

chemise [ʃəˈmiːz] znw (dames)hemd o

chemist [ˈkemist] znw chemicus, scheikundige; apotheker, drogist

chemistry znw chemie, scheikunde; they work so well together because the ~ is right fig zij werken zo goed samen omdat het klikt tussen hen

cheque [tʃek] znw cheque

chequebook [ˈtʃekbuk] znw chequeboekje o

cheque card znw bankpas, betaalpas

chequer [ˈtʃekə] **I** overg ruiten, een ruitpatroon aanbrengen op; schakeren; afwisseling brengen in; **II** znw: ~s geruit patroon o; damspel o

cherish [ˈtʃeriʃ] overg liefhebben, beminnen; koesteren, voeden [hoop]; ~ed ook: dierbaar

cherry [ˈtʃeri] **I** znw kers; **II** bn kersrood

cherub [ˈtʃerəb] znw (mv: -s of cherubim) cherubijn[2], engel

cherubic [tʃeˈruːbik] bn engelachtig

chervil [ˈtʃəːvil] znw kervel

chess [tʃes] znw schaak(spel) o

chessboard znw schaakbord o; ~ and men schaakspel o

chessman znw schaakstuk o

chest [tʃest] znw kist, koffer, kas; borst(kas); ~ of drawers ladekast, vero latafel, commode; get sth. of one's ~ over iets zijn hart luchten

chesterfield [ˈtʃestəfiːld] znw soort sofa, chesterfield

chestnut [ˈtʃesnʌt] **I** znw kastanje; kastanjebruin paard o; old ~ gemeenz oude mop; **II** bn kastanjebruin

chevron [ˈʃevrən] znw mil streep (als onderscheidingsteken); V-vormige lijn of streep

chew [tʃuː] overg & onoverg kauwen, pruimen; ~ on (over) sth. over iets nadenken; ~ the cud herkauwen; ~ the rag (blijven) kletsen, ouwehoeren

chewing-gum znw kauwgom m & o

chewy [ˈtʃuːwi] bn gemeenz taai

chic [ʃiːk] **I** znw chic, elegantie; **II** bn chic, elegant

chicane [ʃiˈkein] znw sp chicane (bocht)

chicanery znw chicane

chick [tʃik] znw dierk kuiken o; kind o; gemeenz stuk o, (lekker) grietje o; slang chick

chicken **I** znw kuiken o; kip [als gerecht]; lafaard; no ~ ook: niet zo jong meer; don't count your ~s (before they are hatched) je moet de huid niet verkopen vóór de beer geschoten is; **II** onoverg: ~ out gemeenz ertussenuit knijpen

chicken-feed znw gemeenz kleingeld o; witvis; that's no ~ dat is geen kattendrek

chicken-hearted bn laf(hartig)

chicken-pox znw waterpokken

chickpea [ˈtʃikpiː] znw kikkererwt

chicory [ˈtʃikəri] znw cichorei; Brussels lof o

chide* [tʃaid] overg & onoverg (be-)knorren, berispen

chief [tʃiːf] **I** bn voornaamste, opperste, eerste, hoofd-; **II** znw (opper)hoofd o, hoofdman, chef, leider; C~ of Staff mil chef-staf; ... in ~ opper-

chiefly bijw hoofdzakelijk, voornamelijk, vooral

chieftain znw (opper)hoofd o

chiffon [ˈʃifɔn] znw chiffon o [fijn zijden weefsel]

chilblain [ˈtʃilblein] znw winterhanden; wintervoeten

child [tʃaild] znw (mv: children) kind o; from a ~ van kindsbeen af; with ~ zwanger

child-bearing znw baren o, bevallen o (v.e. kind)

childbed znw: be in ~ in het kraambed liggen

childbirth znw bevalling, baring

childhood znw kinderjaren; second ~ kindsheid [v.d. ouderdom]

childish bn kinderachtig, kinderlijk, kinder-

childless bn kinderloos

childlike bn kinderlijk

childline znw kindertelefoon [hulpdienst]

child-minder znw kinderoppas

child prodigy znw wonderkind o

children [ˈtʃildrən] mv v. child

Chile [ˈtʃili] znw Chili o

Chilean [ˈtʃilian] **I** znw Chileen; **II** bn Chileens

chill [tʃil] **I** bn koud, kil, koel[2]; **II** znw kilheid, koude, koelheid[2]; verkoudheid; koude rilling; catch a ~ kouvatten; **III** overg koud maken; koelen; afkoelen; bekoelen; beklemmen; **IV** onoverg koud worden, verkillen

chilli [ˈtʃili] znw Spaanse peper

chilling bn kil; ijskoud, ijzig; fig huiveringwekkend

chilly bn kil[2], koel[2]; huiverig; kouwelijk

chime [tʃaim] **I** znw (klok)gelui o; klokkenspel o; **II** onoverg luiden; ~ in invallen; ~ (in) with overeenstemmen met; instemmen met; **III** overg luiden

chimera [kaiˈmiərə] znw hersenschim

chimerical [kaiˈmerikl] bn hersenschimmig

chimney [ˈtʃimni] znw schoorsteen; schouw; lampenglas o; bergkloof

chimney-piece znw schoorsteenmantel

chimney-pot znw schoorsteen(pot) [boven het dak]; ~ (hat) gemeenz 'kachelpijp'

chimney-stack znw (meervoudige) schoorsteen; rij schoorstenen

chimney-sweep znw schoorsteenveger

chimp znw gemeenz chimpansee

chimpanzee [tʃimpænˈziː] znw chimpansee

chin [tʃin] znw kin; double ~ onderkin; keep one's ~ up geen krimp geven

China [ˈtʃainə] znw China o

china [ˈtʃainə] **I** znw porselein o; slang kameraad, vriend(in); **II** bn porseleinen

china-clay znw porseleinaarde

chinaware znw porselein(goed) o

Chinese [ˈtʃaiˈniːz] **I** znw (mv idem) Chinees m, Chinees o; **II** bn Chinees

chink [tʃiŋk] **I** znw 1 spleet, kier, opening; a ~ in one's armour iemands zwakke plek, achilleshiel; 2 geklingel o, gerinkel o [v. geld]; 3 C~ slang geringsch spleetoog

[Chinees]; **II** *onoverg* rinkelen; **III** *overg* laten rinkelen

chinless wonder *znw* gemeenz slapjanus, nietsnut [vooral van gegoede komaf]

chintz [tʃints] *znw* chintz o, sits o

chin-wag ['tʃinwæg] *znw*: gemeenz kletspraatje o, babbeltje o

chip [tʃip] **I** *znw* spaan(der), splinter, snipper, schilfer; fiche o & v; comput & techn chip; ~s frites; Am chips; *he is a ~ off the old block* hij heeft een aardje naar zijn vaartje; *with a ~ on one's shoulder* vol wrok, verbitterd; *the ~s are down* 't is menens; *he's had his ~s* hij is erbij; het is met hem gedaan; **II** *overg* afbikken; snipperen; **III** *onoverg* afsplinteren, schilferen; ~ *in* gemeenz invallen, ook wat zeggen; bijdragen; meedoen

chipboard *znw* spaanplaat

chipmunk ['tʃipmʌŋk] *znw* wangzakeekhoorn

chippings *znw* blik o & v, fijn steenslag o

chiropodist [ki'rɔpədist] *znw* pedicure [persoon]

chiropody *znw* pedicure [handeling]

chirp [tʃəːp] *onoverg* tjilpen, sjilpen [v. vogels]; kwetteren [vooral v. kinderen]

chirpy *bn* gemeenz vrolijk

chirrup ['tʃirəp] *onoverg* tjilpen, sjilpen

chisel ['tʃizl] **I** *znw* beitel; **II** *overg* (uit-)beitelen, (uit-)beitelen; slang bedriegen, bezwendelen, oplichten

chit [tʃit] *znw* 1 jong kind o, hummel; jong ding o; geringsch geit; 2 briefje o

chit-chat ['tʃittʃæt] *znw* gekeuvel o; gerodedel o

chitty ['tʃiti] *znw* briefje o, memo o

chivalrous ['ʃivəlrəs] *bn* ridderlijk

chivalry *znw* ridderlijkheid; ridderschap

chives [tʃaivz] *znw* bieslook o

chiv(v)y [tʃivi] *overg* achternazitten, (na-)jagen

chloride *znw* chloride o

chlorine ['klɔːriːn] *znw* chloor

chlorophyll ['klɔːrəfil] *znw* chlorofyl o, bladgroen o

choc [tʃɔk] *znw* gemeenz chocolaatje o

choc-ice ['tʃɔkais] *znw* ijsje o met een laagje chocola erover

chock [tʃɔk] **I** *znw* (stoot)blok o, klos, klamp; **II** *overg* vastzetten; ~ *up* volstoppen

chock-full *bn bijw* overvol, eivol

chocolate ['tʃɔk(ə)lit] **I** *znw* chocola(de); chocolaatje o; **II** *bn* chocolakleurig; chocolade-

choice [tʃɔis] **I** *znw* keus, verkiezing, (voor-)keur; bloem (het beste van); *Hobson's ~* waarbij men te kiezen of te delen heeft; geen (echte) keus hebben; graag of niet; **II** *bn* uitgelezen, uitgezocht, fijn, keurig

choir ['kwaiə] **I** *znw* koor o; **II** *overg* & *onoverg* in koor zingen

choirboy *znw* koorknaap

choirmaster *znw* koordirigent, koordirecteur, vero kapelmeester

choke [tʃouk] **I** *overg* doen stikken, verstikken; smoren; verstoppen; ~ *back* onderdrukken, inslikken [v. woede &]; ~ *off sbd.*

iem. afpoeieren, afschepen; ~ *up* verstoppen; **II** *onoverg* stikken; zich verslikken; **III** *znw* auto gasklep, choke

choker *znw* gemeenz hoge das, hoge boord o & m; kort halssnoer

choler ['kɔlə] *znw* vero gal; plechtig toorn

cholera ['kɔlərə] *znw* cholera

choleric ['kɔlərik] *bn* cholerisch, oplopend

cholesterol [kɔ'lestərɔl] *znw* cholesterol [galvet]

chomp [tʃɔmp] *onoverg* & *overg* gemeenz = ¹*champ*

choose* [tʃuːz] *overg* (uit-, ver)kiezen (tot); besluiten, wensen (te *to*); *there is nothing (little, not much) to ~ between them* er is weinig verschil tussen hen

choosy *bn* gemeenz kieskeurig

chop [tʃɔp] **I** *overg* kappen, hakken, kloven; gemeenz ± bezuinigen, beperken, verminderen; **II** *onoverg* hakken; ~ *and change* telkens veranderen; **III** *znw* 1 slag; *get the* ~ gemeenz de zak krijgen, ontslagen worden; 2 karbonade, kotelet; 3 korte golfslag; ~s *and changes* veranderingen, wisselvalligheden; 4 kaak

chophouse ['tʃɔphaus] *znw* goedkoop restaurant o

chopper *znw* hakmes o; slang helikopter

choppy *bn* kort (golfslag); woelig; telkens veranderend [wind]; ~ *sea* ruwe zee

chopstick *znw* eetstokje o

choral ['kɔːrəl] *bn* koraal-, koor-, zang-

chorale [kɔ'raːl] *znw* muz koraal o

chord [kɔːd] *znw* snaar; wisk koorde; muz akkoord o

chore [tʃɔː] *znw* werk o, karwei o

choreographer [kɔri'ɔgrəfə] *znw* choreograaf

choreographic [kɔriə'græfik] *bn* choreografisch

choreography [kɔri'ɔgrafi] *znw* choreografie

chorister ['kɔristə] *znw* koorzanger, -knaap

chortle ['tʃɔːtl] *onoverg* grinniken

chorus ['kɔːrəs] **I** *znw* koor o; refrein o; **II** *onoverg* & *overg* in koor zingen (herhalen)

chorus-girl *znw* balletdanseres en zangeres [bij revue &]

chose [tʃouz] V.T. van *choose*

chosen V.D. van *choose*; uitverkoren

chow [tʃau] *znw* chowchow [hond]; slang voedsel o, kostje o; eten o

chowder ['tʃaudə] *znw* soort vissoep

Christ [kraist] *znw* Christus

christen ['krisn] *overg* dopen², noemen

Christendom *znw* christenheid

christening *znw* doop

Christian ['kristjən] **I** *bn* christelijk, christen-; ~ *name* doopnaam, voornaam; **II** *znw* christen, christin

Christianity [kristi'æniti] *znw* christendom o

christianize ['kristjənaiz] *overg* kerstenen

Christmas ['krisməs] *znw* Kerstmis; kerst-

Christmas box *znw* kerstfooi

chromatic [krɔ'mætik] *bn* muz chromatisch; kleuren-

chrome, chromium [kroum, 'kroumiəm] *znw* chroom o

chronic ['krɔnik] *bn* **1** chronisch; onverbeterlijk; **2** gemeenz vreselijk, erg

chronicle ['krɔnikl] **I** *znw* kroniek; **II** *overg* boekstaven

chronicler *znw* kroniekschrijver

chronological [krɔnə'lɔdʒikl] *bn* chronologisch

chronology [krɔ'nɔlədʒi] *znw* tijdrekening, chronologie; opeenvolging in de tijd

chrysalis ['krisalis] *znw* (*mv*: -es *of* chrysalides) pop [v. insect]

chrysanthemum [kri'sænθəməm] *znw* chrysant(hemum)

chubby ['tʃʌbi] *bn* bolwangig, mollig

chuck [tʃʌk] **I** *overg* (weg)gooien; gemeenz de bons geven; de brui geven aan; ~ *out* gemeenz eruit gooien; ~ *up (in)* gemeenz de brui geven aan, opgeven, ophouden met; de bons geven; ~ *it!* gemeenz schei uit!; **II** *onoverg* klokken; **III** *znw* **1** streek, aaitje o [onder de kin]; **2** ruk; worp; **3** techn klauwplaat [v. draaibank]

chucker-out [tʃʌkə'raut] *znw* uitsmijter

chuckle ['tʃʌkl] **I** *onoverg* inwendig, onderdrukt lachen, zich verkneukelen, gnuiven, gniffelen; **II** *znw* onderdrukte lach

chuffed [tʃʌft] *bn* gemeenz opgetogen, verrukt, in zijn sas

chug [tʃʌg] *onoverg* ronken, tuffen [v. motor]

chum [tʃʌm] **I** *znw* kameraad; kamergenoot; **II** *onoverg* samenwonen; ~ *up* goede maatjes worden

chummy *bn* intiem, gezellig

chump [tʃʌmp] *znw* gemeenz uilskuiken o, stomkop; *off his* ~ slang niet goed wijs

chunk [tʃʌŋk] *znw* brok *m & v & o,* homp, bonk

chunky [tʃʌŋki] *bn* gemeenz **1** gedrongen [v. postuur]; **2** in grote brokken

church [tʃə:tʃ] *znw* kerk; *go into (enter) the* ~ predikant (RK geestelijke) worden

church-goer *znw* kerkganger, -ster

churchman *znw* kerkelijk persoon, geestelijke; lid o van de (staats)kerk

church mouse *znw: as poor as a* ~ zo arm als een kerkrat

churchwarden *znw* **1** kerkmeester, kerkvoogd; **2** gouwenaar

churchy *bn* kerks

churchyard *znw* kerkhof o

churl [tʃə:l] *znw* boer(enpummel), vlerk; vrek

churlish *bn* lomp, onheus

churn [tʃə:n] **I** *znw* karn; melkbus; **II** *overg* karnen; (om)roeren, (om)schudden; ~ *out* aan de lopende band produceren; **III** *onoverg* koken, zieden [v. golven]; omdraaien, opspelen [v. maag]

chute [ʃu:t] *znw* stroomversnelling, waterval; glijbaan, helling; stortkoker; gemeenz = *parachute*

CIA *afk.* = *Central Intelligence Agency* (inlichtingendienst v.d. VS)

cicada [si'ka:də] *znw* cicade, krekel

cicatrice ['sikətris] *znw* litteken o

CID *afk.* = *Criminal Investigation Department*

cider ['saidə] *znw* cider, appelwijn

c.i.f., cif *afk.* = *cost, insurance, freight* beding dat bij levering de kosten voor vracht en verzekering voor rekening v.d. afzender zijn

cigar [si'ga:] *znw* sigaar

cigarette [sigə'ret] *znw* sigaret

cigarette paper *znw* vloeitje o

cinch [sin(t)ʃ] *znw* Am zadelriem; greep, vat, houvast o; gemeenz iets wat zeker is, gemakkelijk is; *it's a* ~ het staat vast; dat is een makkie

cinder ['sində] *znw* sintel, slak; ~*s* ook: as; ~ *track* sintelbaan

cinema ['sinimə] *znw* bioscoop, cinema; filmkunst

cinematic [sini'mætik] *bn* filmisch, filmisch

cinnamon ['sinəmən] *znw* kaneel

cipher ['saifə] **I** *znw* cijfer o; nul²; cijferschrift, sleutel daarvan, code; monogram o; **II** *overg* in cijferschrift schrijven, coderen

circle ['sə:kl] **I** *znw* cirkel, ring, kring²; balkon o [in theater]; *come full* ~ weer bij het begin terugkomen; **II** *onoverg* (rond-)draaien, rondgaan; cirkelen; **III** *overg* cirkelen om; omringen

circlet *znw* cirkeltje o; ring, band

circuit ['sə:kit] *znw* kring(loop), omtrek, gebied o, circuit o, (ronde) baan; omweg; tournee, rondgang (van rechters); elektr stroomkring; schakeling [in elektronische apparatuur]

circuitous [sə:'kjuitəs] *bn* niet recht op het doel afgaand; *a* ~ *route* een omweg

circuitry ['sə:kitri] *znw* elektronische schakelingen

circular ['sə:kjulə] **I** *bn* rond; kring-, cirkel-; ~ *argument* cirkelredenering; ~ *letter* circulaire; rondschrijven o; ~ *saw* cirkelzaag; ~ *tour* rondreis; **II** *znw* circulaire, rondschrijven o

circularize *overg* per circulaire bekendmaken, reclame maken

circulate [sə:kjuleit] **I** *onoverg* circuleren, in omloop zijn; rondlopen, van de een naar de ander gaan [op receptie &]; *circulating decimal* repeterende breuk; *circulating library* leesbibliotheek; *circulating medium* betaalmiddel o; **II** *overg* laten circuleren of rondgaan; in omloop brengen

circulation [sə:kju'leiʃən] *znw* circulatie [bloed, geld], doorstroming; omloop; verspreiding; oplaag

circumcise ['sə:kəmsaiz] *overg* besnijden

circumcision [sə:kəm'siʒən] *znw* besnijdenis; *(the) C*~ Besnijdenisfeest o

circumference [sə'kʌmfərəns] *znw* omtrek

circumlocution [sə:kəmlə'kju:ʃən] *znw* omhaal van woorden

circumlocutory [sə:kəm'lɔkjutəri] *bn* omschrijvend, omslachtig

circumscribe ['sə:kəmskraib] *overg* omschrijven; beperken, begrenzen

circumscription [sə:kəm'skripʃən] *znw* omschrijving; omschrift o; beperking; omtrek

circumspect ['sə:kəmspekt] *bn* omzichtig

circumspection [sə:kəm'spekʃən] *znw* omzichtigheid

circumstance ['sə:kəmstəns] *znw* **1** omstandigheid; *in (under) no* ~s in geen geval; **2** *pomp and* ~ pracht en praal

circumstantial [sə:kəm'stænʃəl] *bn* bijkomstig; omstandig, uitvoerig; ~ *evidence* indirect bewijs o, bewijs o door aanwijzingen

circumvent [sə:kəm'vent] *overg* om de tuin leiden, misleiden; ontduiken [de wet], omzeilen

circumvention *znw* misleiding; ontduiking, omzeiling

circus ['sə:kəs] *znw* circus o & m, paardenspel o; rond plein o

cirrus ['sirəs] *znw (mv:* cirri ['sirai]) **1** hechtrank; **2** vederwolk, cirrus

CIS *afk.* = *Commonwealth of Independent States* GOS, Gemenebest van Onafhankelijke Staten

cissy ['sisi] *znw* = *sissy*

cistern ['sistən] *znw* (water)bak, -reservoir o, stortbak [v. wc], regenbak

citadel ['sitədl] *znw* citadel

citation [sai'teiʃən] *znw* dagvaarding; aanhaling; eervolle vermelding

cite [sait] *overg* dagvaarden; citeren, aanhalen; aanvoeren; noemen; eervol vermelden

citizen ['sitizn] *znw* burger; staatsburger

citizen's band *znw* radio ± 27 MC band [voor zendamateurs]

citizenship *znw* burgerrecht o, (staats-) burgerschap o

citric ['sitrik] *bn:* ~ *acid* citroenzuur o

city ['siti] *znw* (grote) stad; *the C~* de City v. Londen, als economisch en financieel centrum

city hall *znw Am* stadhuis

City man *znw* beurs-, handelsman

civic ['sivik] **I** *bn* burgerlijk, burger-, stads-; ~ *reception* officiële ontvangst (door de burgerlijke overheid); **II** *znw:* ~s maatschappijleer, burgerschapskunde

civil ['sivil] *bn* burger-, burgerlijk; civiel; beleefd, beschaafd; ~ *defence* civiele verdediging, ± Bescherming Burgerbevolking; ~ *engineering* weg- en waterbouwkunde; ~ *law* burgerlijk recht; ~ *rights* grondrechten (v.d. burgers); ~ *servant* ambtenaar

civilian [si'viljən] **I** *znw* burger; **II** *bn* burger-

civility *znw* beleefdheid

civilization [sivilai'zeiʃən] *znw* beschaving

civilize ['sivilaiz] *overg* beschaven

civvies ['siviz] *znw* gemeenz burgerkleding, burgerkloffie o

civvy *znw* gemeenz burger; ~ *Street* gemeenz de burgermaatschappij

clack [klæk] **I** *onoverg* klappen, klapperen, ratelen[2]; snateren; **II** *znw* klap, klepper; geratel o; geklets o; gesnater o

clad [klæd] V.T. & V.D. van *clothe*

cladding ['klædiŋ] *znw* bekleding, coating

claim [kleim] **I** *overg* (op)eisen, aanspraak maken op, reclameren; beweren; **II** *znw* eis; aanspraak, (schuld)vordering, recht o; reclame; claim; bewering; *lay* ~ *to* aanspraak maken op

claimant *znw* eiser, (uitkerings)gerechtigde

clairvoyance [klɛə'vɔiəns] *znw* helderziendheid

clairvoyant I *bn* helderziend; **II** *znw* helderziende

clam [klæm] *znw* (eetbaar) schelpdier o; strandgaper [soort mossel]; *Am* dollar; blunder; *clam up* gemeenz geen bek opendoen, zijn bek houden

clamber ['klæmbə] *onoverg* klauteren

clammy ['klæmi] *bn* klam, kleverig; klef

clamor *Am* = *clamour*

clamorous ['klæmərəs] *bn* luid(ruchtig), tierend

clamour I *znw* geroep o, roep; geschreeuw o, misbaar o, herrie, getier o; protest o, verontwaardiging; **II** *onoverg* roepen, schreeuwen, tieren

clamp [klæmp] **I** *znw* kram; klamp; klem; kuil [voor aardappelen]; wielklem; **II** *overg* (op)klampen; krammen; inkuilen [aardappelen]; stevig zetten (drukken &); (een) wielklem bevestigen, omdoen; ~ *down on* de kop indrukken

clamp-down ['klæmpdaun] *znw* beperkende maatregel

clan [klæn] *znw* clan: stam, geslacht o; geringsch kliek

clandestine [klæn'destin] *bn* heimelijk, geheim, clandestien, illegaal

clang [klæŋ] **I** *znw* schelle klank; gerammel o, geratel o, gekletter o; geschal o; luiden o; **II** *onoverg & overg* klinken, (doen) kletteren [de wapens], schallen, luiden

clanger ['klæŋə] *znw* gemeenz flater; *drop a* ~ een flater slaan

clangour ['klæŋgə] *znw* gerinkel o, geschal o, gekletter o

clank [klæŋk] = *clang*

clap [klæp] **I** *znw* slag, klap; donderslag; handgeklap o; *the* ~ slang gonorroea, een druiper; **II** *onoverg* klappen; **III** *overg* klappen met (in), slaan, dichtklappen, -slaan; (met kracht) zetten, drukken, leggen &; (in de handen) klappen voor, toejuichen; zie ook: *eye*

clapped-out ['klæpt'aut] *bn* gemeenz versleten, op; afgepeigerd, kapot

clapper *znw* klepel, bengel; *to go like the* ~s gemeenz als de gesmeerde bliksem ervandoor gaan

claptrap *znw* onzin, flauwekul; mooie praatjes, bombast

claret ['klærət] **I** *znw* bordeaux(wijn); **II** *bn* boreauxrood, paarsrood

clarification [klærifi'keiʃən] *znw* zuivering; verheldering, verduidelijking, opheldering

clarify ['klærifai] **I** *overg* klaren, zuiveren, verhelderen, verduidelijken, ophelderen; **II** *onoverg* helder worden

clarinet [klæri'net] *znw* klarinet

clarion ['klæriən] *znw* klaroen; ~ *call* klaroengeschal o; *fig* ± noodkreet, oproep, aanmoediging

clarity ['klæriti] *znw* klaarheid, helderheid

clash [klæʃ] **I** *onoverg & overg* (doen) klinken; botsen, rinkelen, kletteren, rammelen (met); ~ *with* in botsing komen (in strijd zijn, vloeken) met; indruisen tegen; **II** *znw* klank; gekletter o; conflict o, botsing[2]

clasp [kla:sp] **I** *znw* slot o, kram, haak, gesp [aan decoratie]; handdruk, omhelzing; greep; **II** *overg* sluiten, toehaken; grijpen, omvatten, omklemmen; omhelzen

class [kla:s] **I** *znw* klas(se); stand; categorie; rang, soort; kwaliteit; onderw klas, cursus, les, lesuur o; gemeenz stijl, distinctie; **II** *overg* classificeren, klasseren, rangschikken, indelen

class-conscious *bn* klassebewust; standsbewust

classic ['klæsik] **I** *bn* klassiek; kenmerkend; **II** *znw* klassiek schrijver of werk o; klassieker

classical *bn* klassiek, conventioneel; classicistisch

classicism ['klæsisizm] *znw* classicisme o

classicist ['klæsisist] *znw* navolger (aanhanger) der klassieken; classicus

classification [klæsifi'keiʃən] *znw* classificatie, klassering; klassement o

classify ['klæsifai] *overg* classificeren, klasseren; niet voor algemene kennisneming verklaren [v. documenten &]; *classified* ook: geheim, vertrouwelijk; *classified advertisements* kleine advertenties; *classified results* klassement o [bij wedstrijden]

classmate *znw* klasgenoot, jaargenoot

classroom *znw* klas(lokaal o), leslokaal o, schoollokaal o

classy *bn* gemeenz fijn, chic

clatter ['klætə] **I** *onoverg & overg* klepperen, kletteren, rammelen (met); **II** *znw* geklepper o, gekletter o, gerammel o

clause [klɔ:z] *znw* clausule, artikel o; zinsnede, passage; gramm bijzin

claustrophobia [klɔ:strə'foubiə] *znw* claustrofobie, ruimtevrees

claustrophobic [klɔ:strə'foubik] *bn* claustrofobisch

clavicle ['klævikl] *znw* sleutelbeen o

claw [klɔ:] **I** *znw* klauw[2]; poot[2]; schaar; haak; **II** *overg* grijpen[2], klauwen, graaien; ~ *back* terugvorderen

claw-hammer *znw* klauwhamer

clay [klei] **I** *znw* klei, leem o & m, aarde; **II** *bn* aarden, lemen

clayey *bn* kleiachtig, klei-

clean [kli:n] **I** *bn* schoon, zuiver, rein, zindelijk, net; welgevormd; onschuldig; clean, geen drugs gebruikend/bezittend; blanco [v. strafblad]; glad; vlak; scherp (= duidelijk); eerlijk [v. strijd]; **II** *bijw* schoon; versterkend totaal, helemaal; glad; vlak; *come* ~ slang eerlijk opbiechten; **III** *overg* zuiveren, reinigen, schoonmaken, poetsen; ~ *out* schoonmaken, leeghalen; gemeenz [iem.] blut maken; ~ *up* opknappen, opruimen, schoonmaak houden in; gemeenz opstrijken [v. grote winst]; **IV** *znw* (schoonmaak)beurt

clean-cut *bn* scherp omlijnd, helder; netjes

cleaner *znw* schoonmaker, schoonmaakster, reiniger, -ster; stofzuiger; ~s stomerij; *take sbd. to the* ~'s gemeenz iemand uitschudden

cleaning *znw* schoonmaken o; reiniging, schoonmaak

cleanly ['klenli] *bn bijw* zindelijk; kuis

cleanse [klenz] *overg* reinigen, zuiveren

cleanser *znw* reinigingsmiddel o

clean-shaven *bn* gladgeschoren

clean-up ['kli:nʌp] *znw* schoonmaak[2]

clear [kliə] **I** *bn* klaar, helder, duidelijk, transparant, zuiver; dun [soep]; vrij, onbezwaard; veilig (*all* ~); absoluut [v. meerderheid]; netto, volle, hele; ~ *of* vrij van; **II** *bijw* klaar; vrij; los; versterkend totaal, glad; **III** *znw:* *in the* ~ vrij (van schuld, verdenking, verplichtingen), niet meer in gevaar; **IV** *overg* verhelderen; zuiveren, leegmaken, lichten [bus], vrijmaken [terrein], ontruimen; verduidelijken, ophelderen; aanzuiveren, aflossen, afdoen; afnemen; banen; schoon verdienen; clearen [v. cheques]; goedkeuren; handel uit-, inklaren; recht vrijspreken; ~ *out* leeghalen; zijn biezen pakken; ~ *up* ophelderen, opruimen; gemeenz gaan strijken met; ~ *accounts* de rekening vereffenen; ~ *the ground* boven de grond hangen; **V** *onoverg* opklaren; overgeboekt worden [v. cheque]; ~ *off* gemeenzverdwijnen

clearance *znw* opheldering; opruiming; ontruiming; in- of uitklaring; vrije ruimte [v. voertuig], zie ook: *clearing*

clear-cut *bn* scherp omlijnd, duidelijk

clear-headed *bn* helder van geest

clearing *znw* opengekapt bosterrein o om te ontginnen; ontginning; handel verrekening van vorderingen, clearing

clearing-house *znw* handel (bankiers-) verrekenkantoor o; informatiecentrale

clearly *bijw* klaar, duidelijk; klaarblijkelijk, kennelijk; natuurlijk

clear-out *znw* gemeenz grote opruiming, schoonmaakbeurt

clear-sighted *bn* scherpziend; schrander

clearway *znw* autoweg waarop niet gestopt mag worden

cleat [kli:t] *znw* klamp; scheepv kikker

cleavage ['kli:vidʒ] *znw* kloof; splijting; scheiding, scheuring, breuk; decolleté o

cleave* **I** *overg* kloven, splijten, (door-) klieven; **II** *onoverg* aanhangen, trouw blijven

cleaver *znw* hak-, kapmes o

clef [klef] *znw* muz (muziek)sleutel

cleft [kleft] **I** *znw* kloof, spleet, reet, barst; **II** V.T. & V.D. van *cleave*; *in a* ~ *stick* in het nauw

clemency ['klemənsi] *znw* zachtheid [v. weer]; goedertierenheid, clementie

clement *bn* zacht [weer]; goedertieren, genadig, clement

clench [klenʃ] *overg* op elkaar klemmen; (om)klemmen; ballen [de vuist]

clergy ['klədʒi] *znw* geestelijkheid; geestelijken

clergyman *znw* geestelijke, priester

cleric ['klerik] *znw* geestelijke

clerical *bn* geestelijk; klerikaal; schrijvers-, klerken-; administratief

clerk [kla:k] *znw* klerk, schrijver, (kantoor-) bediende; griffier; secretaris; vero geleerde; geestelijke

clever ['klevə] *bn* bekwaam, handig, knap,

pienter, spits, glad

clew [klu:] *znw* kluwen o; = *clue*

click [klik] **I** *onoverg (& overg)* tikken; klikken, klakken, klappen (met); goed bij elkaar passen, klikken; plotseling duidelijk worden, beginnen te dagen; **II** *znw* geklik o, getik o; klink; pal

client ['klaiənt] *znw* cliënt(e); klant, afnemer

clientele [kli:a:n'teil] *znw* clientèle, klantenkring

cliff [klif] *znw* steile rots, rotswand [aan zee]

cliffhanger ['klifhæŋə] *znw* spannend verhaal o &; spannende scène als open einde van een aflevering van een vervolgverhaal, cliffhanger

cliff-hanging *bn* gemeenz adembenemend, vol suspense

climacteric [klai'mæktərik] **I** *znw* climacterium o, overgang, menopauze; **II** *bn* climacterisch

climactic [klai'mæktik] *bn* een climax vormend

climate ['klaimit] *znw* klimaat o, luchtstreek

climatic [klai'mætik] *bn* klimaat-

climax ['klaimæks] **I** *znw* climax, hoogtepunt o; **II** *onoverg* een hoogtepunt bereiken

climb [klaim] **I** *onoverg* (op)klimmen, klauteren; stijgen; ~ *down* een toontje lager zingen, inbinden; **II** *overg* klimmen in of op, beklimmen

climb-down *znw fig* vermindering van zijn eisen, inbinden o

climber *znw* (be)klimmer; klimplant; klimvogel; streber

clime [klaim] *znw* (lucht)streek

clinch [klinʃ] **I** *overg* (vast)klinken; fig de doorslag geven; **II** *overg* in de clinch gaan [bij boksen]; gemeenz elkaar omhelzen; **III** *znw* omklemming; clinch [vastgrijpen bij boksen]; omarming, omhelzing

clincher *znw* gemeenz argument waartegen je niets (meer) kunt inbrengen

cling* [kliŋ] *onoverg* (aan)kleven; aanhangen; trouw blijven; nauw sluiten [aan het lijf]; zich vastklemmen; vastzitten; zich vastklampen (aan)

clinging, clingy *bn* klevend; nauwsluitend; aanhankelijk, plakkerig

clinic ['klinik] *znw* kliniek

clinical *bn* klinisch[?]; onbewogen, koel, zakelijk, emotieloos; ~ *thermometer* koortsthermometer

clink [kliŋk] **I** *onoverg & overg* (doen) klinken, klinken met; **II** *znw* slang nor, cachot o

clinker ['kliŋkə] *znw* **1** klinker(steen); **2** techn slak [in kachels]; **3** Am slang mislukking; **4** Br slang prachtexemplaar o

clip [klip] **I** *overg* **1** (af-, kort)knippen; scheren; (be)snoeien; **2** afbijten, niet uitspreken [woorden]; **3** klemmen, hechten; **II** *znw* **1** scheren o; scheerwol; **2** fragment o, stuk o, clip; **3** mep; **4** gemeenz vaart; **5** knijper, klem, haak, clip

clipboard ['klipbɔ:d] *znw* klembord o

clip-joint *znw* neptent, ballentent

clip-on *bn* klem-

clipper *znw* scheepv klipper; ~s wolschaar, tondeuse

clippie *znw* gemeenz conductrice

clipping *znw* snoeisel o; (kranten)knipsel o; scheerwol

clique [kli:k] *znw* kliek, coterie

clitoris ['klaitəris] *znw* clitoris, kittelaar

cloak [klouk] **I** *znw* cape, (schouder)mantel, dekmantel; **II** *overg* met een mantel bedekken, bemantelen

cloak-and-dagger *bn* geheim, heimelijk; *the* ~ *boys* geheime agenten; *a* ~ *story* spionageroman

cloak-room *znw* garderobe, vestiaire, kleedkamer; toilet o, wc

clobber ['klɔbə] slang **I** *znw* plunje, spullen, kleren; **II** *overg* ervan langs geven, (ver)slaan, hard treffen

cloche [klɔ:ʃ] *znw* beschermkap [over jong gewas], stolp; klokhoed

clock [klɔk] **I** *znw* **1** uurwerk o, klok; meter, teller, taximeter; **2** plantk kaarsje o [v. paardenbloem]; **3** slang facie, tronie; **II** *onoverg* **1** klokken [met prikklok]; **2** sp klokken, timen; ~ *in*, ~ *on* inklokken; ~ *out*, ~ *off* uitklokken; **III** *overg*: ~ *up* de tijd opnemen; laten noteren [tijd, meterstand, successen &]

clockwise *bn bijw* met de wijzers v.d. klok mee

clockwork *znw* (uur)werk o, raderwerk o; *like* ~ regelmatig; machinaal; vanzelf; ~ *toy* speelgoed o met mechaniek

clod [klɔd] *znw* (aard)kluit; (boeren)knul

clodhopper *znw* (boeren)pummel; *a pair of* ~s gemeenz stevige stappers

clog [klɔg] **I** *znw* klompschoen; **II** *overg* verstoppen; **III** *onoverg* verstopt raken

cloister ['klɔistə] **I** *znw* kruisgang [bij kerk], kloostergang; klooster o; **II** *wederk* zich terugtrekken, zich afzonderen

clone [kloun] **I** *znw* kloon; **II** *overg* klonen

1 close [klous] **I** *bn* gesloten, dicht[?]; dicht opeen; streng (bewaakt), nauwkeurig, scherp; vinnig [strijd]; besloten; (aaneen-)gesloten; grondig; getrouw; nabij, dik [v. vrienden, familie &]; nipt, kort; op de penning; benauwd; *it was a* ~ *thing* het was op het nippertje; **II** *bijw* (dicht)bij; heel kort [knippen]; ~ *up(on)* (dicht)bij, bijna; ~ *up*, ~ *to* van nabij; **III** *znw* erf o, speelplaats; doodlopende straat; zie ook: *²close III*

2 close [klouz] **I** *overg* sluiten[?], af-, insluiten, besluiten, eindigen; ~*d shop* bedrijf o dat slechts leden v. bepaalde vakbond(en) in dienst neemt; ~ *down* sluiten [fabriek]; **II** *onoverg* (zich) sluiten, dichtgaan, zich aaneensluiten; (achterstand) inlopen; eindigen; ~ *down* sluiten; ~ *in* opschikken; korten [dagen]; (in)vallen [avond]; ~ *in (up)on* insluiten, omsingelen; invallen [v. duisternis]; ~ *up* (aan)sluiten, op-, bijschikken; de gelederen sluiten; **III** *znw* slot o, einde o, besluit o; handgemeen o; zie ook: *¹close III*

closed-circuit television *znw* gesloten televisiecircuit o; camerabewaking

close-cropped ['klous'krɔpt] *bn* kortgeknipt [v. haar]

close-down ['klouzdaun] *znw* sluiting, beëindiging [v. bedrijf, RTV-programma &]

close-fitting *bn* nauwsluitend

close-knit ['klous'nit] *bn* hecht

close-set ['klous'set] *bn* dicht op elkaar staand

closet ['klɔzit] **I** *znw* kamertje *o*, kabinet *o*; studeerkamer; (muur)kast; *come out of the* ~ gemeenz kleur bekennen, zijn homoseksualiteit bekennen; **II** *overg* opsluiten

close-up ['klousʌp] *znw* close-up: filmopname v. nabij; detailfoto

closure *znw* sluiting²; slot o

clot [klɔt] **I** *znw* klonter; klodder; gemeenz idioot; **II** *onoverg* klonteren, stollen

cloth [klɔθ] *znw* laken *o*, stof, doek *o* & *m* [stofnaam], lap; *the* ~ de geestelijke stand

clothe [klouð] *overg* kleden, bekleden², inkleden

clothes *znw* kleren, kleding

clothes-horse *znw* droogrek *o*; gemeenz fat, dandy, modepop

clothes-peg, clothes-pin *znw* wasknijper

clothes-press *znw* kleerkast

clothier *znw* stoffenhandelaar; handelaar in herenkleding

clothing *znw* (be)kleding

cloud [klaud] **I** *znw* wolk²; *he is under a* ~ hij is uit de gratie; *on* ~ *nine* gemeenz in de zevende hemel; **II** *overg* bewolken; verduisteren²; fig benevelen; vertroebelen; **III** *onoverg* betrekken

cloud-burst *znw* wolkbreuk

cloud-capped *bn* in wolken gehuld

cloud-cuckoo-land *znw* dromenland *o*

cloudless *bn* onbewolkt

cloudy *bn* bewolkt, wolkig; troebel, betrokken²

clout [klaut] **I** *znw* gemeenz oplawaai; (politieke) invloed; **II** *overg* een klap geven

1 clove [klouv] V.T. van *cleave I*

2 clove [klouv] *znw* kruidnagel; *a* ~ *of garlic* een teentje *o* knoflook

clover ['klouvə] *znw* klaver; *be in* ~ het goed hebben, een heerlijk leven hebben

cloverleaf *znw* klaverblad *o* [voor verkeer]

clown [klaun] **I** *znw* clown, hansworst; lomperd; **II** *onoverg*: ~ *(around)* de clown spelen/uithangen

clownish *bn* pummelachtig, lomp; clownerig, clownesk

cloy [klɔi] *overg* overladen, oververzadigen, overvoeren, doen walgen, zinke maken

cloying *bn* walg(e)lijk; overdreven

club [klʌb] **I** *znw* knuppel, knots; sp golfstok; club, nachtclub, vereniging, sociëteit; ~*(s)* kaartsp klaveren; *join the* ~*!* gemeenz je bent niet de enige!; **II** *onoverg*: ~ *together* zich verenigen, medewerken; botje *o* bij botje leggen

club-foot *znw* horrelvoet

club-house *znw* club, clubgebouw *o*

cluck [klʌk] *onoverg* klokken [v. kip]

clue [klu:] *znw* vingerwijzing, aanwijzing, hint, tip; *not have a* ~ er niets van snappen

clued-up ['klu:d'ʌp] *bn* op de hoogte, goed geïnformeerd

clueless *bn* niets wetend, aartsdom

clump [klʌmp] **I** *znw* klomp; blok *o*; groep [bomen &]; gemeenz klap; **II** *onoverg* klossend lopen; **III** *overg* bijeenplanten; gemeenz een klap geven

clumsy ['klʌmzi] *bn* lomp, onhandig, plomp; tactloos

clung [klʌŋ] V.T. & V.D. van *cling*

clunk ['klʌŋk] *znw* klap, bons

cluster ['klʌstə] **I** *znw* tros, bos; groep, groepje *o*, zwerm, troep; **II** *onoverg* in trossen (bosjes) groeien; zich groeperen, zich scharen

clutch [klʌtʃ] **I** *overg* grijpen, vatten, beetpakken; zich vastklampen aan; **II** *onoverg* grijpen (naar *at*); **III** *znw* **1** greep, klauw; **2** techn koppeling; **3** dierk broedsel *o*; **4** stel *o*, groep

clutter ['klʌtə] **I** *znw* warboel, troep; gestommel *o*; herrie; **II** *overg*: ~ *(up)* rommel maken; volstoppen

co- *voorv* co-, mede-, samen-

CO *afk.* = *Commanding Officer*; *conscientious objector*; *Colorado*

Co. *afk.* = *Company*; *County*; *and* ~ geringsch en consorten

c/o *afk.* = *care of* p/a, per adres

coach [koutʃ] **I** *znw* koets; diligence; spoorrijtuig *o*; touringcar, bus; onderw repetitor; sp trainer; **II** *onoverg* als trainer werken; **III** *overg* onderw klaarmaken (voor een examen); sp trainen

coachman *znw* koetsier

coachwork *znw* carrosserie, koetswerk *o*

coagulate [kou'ægjuleit] *overg & onoverg* stremmen, (doen) stollen

coagulation [kouægju'leiʃən] *znw* stremming, stolling

coal [koul] *znw* (steen)kool, kolen; *carry* ~*s to Newcastle* water naar de zee dragen; zie: *haul I*

coalesce [kouə'les] *onoverg* samengroeien, samenvloeien, zich verenigen

coalescence *znw* samengroeien *o*, samenvloeiing, vereniging

coal-face ['koulfeis] *znw* (kolen)front *o*, vlak *o* waar de steenkool gewonnen wordt [in mijn]

coalfield *znw* kolenbekken *o*

coalition [kouə'liʃən] *znw* verbond *o*, coalitie

coalmine ['koulmain] *znw* kolenmijn

coalminer ['koulmainə] *znw* mijnwerker

coal-scuttle *znw* kolenkit

coarse [kɔ:s] *bn* grof², ruw

coarsen *overg & onoverg* vergroven, verruwen

coast [koust] **I** *znw* kust; **II** *onoverg* freewheelen [van helling]; in de vrijloop afdalen [v. auto]; fig iets op zijn sloffen doen; de kantjes eraf lopen

coastal *bn* kust-

coaster *znw* kustvaarder; onderzettertje *o*

coastline *znw* kustlijn

coat [kout] **I** *znw* jas; (dames)mantel; bedekking, bekleding; vacht, pels, vel o, huid; vlies o; laag [verf]; ~ of arms wapen(schild) o; cut one's ~ according to one's cloth de tering naar de nering zetten; **II** overg bekleden; bedekken; aanstrijken [met verf]

coat-hanger znw kleerhanger

coating znw laag [v. verf &]

coat-tail znw jaspand (v. jacquet &); ride on the ~s of ± profiteren van andermans succes

co-author [kou'ɔ:θə] znw medeauteur

coax [kouks] **I** onoverg flemen, vleien; **II** overg: ~ sbd. into... door vleien van iem. gedaan krijgen, dat...

cob [kɔb] znw plantk maïskolf

cobalt [kə'bɔ:lt] znw kobalt o

cobble ['kɔbl] **I** znw (straat)kei; **II** overg met keien bestraten; ~ together in elkaar flansen

cobbler znw schoenmaker, schoenlapper; Am vruchtenpastei; ~s slang lulkoek

cobweb ['kɔbweb] znw spinnenweb o, spinrag o

cocaine [kə'kein] znw cocaïne

cock [kɔk] **I** znw **1** dierk mannetje o, haan, kemphaan; **2** weerhaan; **3** kraan; **4** haantje o de voorste; **5** optrekken o [v.d. neus, het hoofd]; **6** opzetten o; **7** plat lul, pik; old ~ gemeenz ouwe jongen; the ~ of the walk haantje de voorste; at (full) ~ met gespannen haan; **II** overg scheef houden [hoofd], optrekken, opzetten; de haan spannen van; spitsen [de oren]; ~ up slang in het honderd laten lopen, verpesten, verknoeien

cock-a-doodle(-doo) ['kɔkədu:dl('du:)] tsw kukeleku

cock-a-hoop ['kɔkə'hu:p] bn bijw uitgelaten

cock-and-bull story [kɔkən'bul'stɔ:ri] znw ongerijmd verhaal o

cockatoo [kɔkə'tu:] znw kaketoe

cockchafer ['kɔktʃeifə] znw meikever

cocked hat [kɔkt hæt] znw steek [hoofddeksel]; beat (knock) into a ~ volledig verslaan, wegvagen

cocker ['kɔkə] znw cockerspaniël (~ spaniel)

cockerel ['kɔkərəl] znw haantje[2] o

cock-eyed ['kɔkaid] bn gemeenz scheel; fig scheef; krankzinnig

cockle ['kɔkl] **I** znw kokkel; oneffenheid; it warms the ~s of my heart het doet mijn hart goed; **II** overg & onoverg krullen, rimpelen

cockney ['kɔkni] znw cockney [geboren Londenaar]; cockney o [plat-Londens]

cockpit ['kɔkpit] znw hanenmat; cockpit [v. vliegtuig, raceauto, jacht]; fig strijdperk o

cockroach ['kɔkroutʃ] znw kakkerlak

cocksure ['kɔk'ʃuə] bn verwaand en zelfbewust

cocktail ['kɔkteil] znw cocktail

cock-up ['kɔkʌp] znw slang miskleun; klerezooi

cocky ['kɔki] bn verwaand, eigenwijs

cocoa ['koukou] znw cacao(boom); warme chocolade(melk)

coconut ['koukənʌt] znw kokosnoot, klap-

per; ~ shy gooi-en-smijtkraam

cocoon [kɔ'ku:n] **I** znw cocon [v. zijderups], pop; omhulsel o; **II** overg als in een cocon wikkelen, inkapselen, omhullen; **III** onoverg fig cocoonen

COD afk. = cash on delivery post onder rembours

cod [kɔd] znw (mv idem of -s) kabeljauw

coddle ['kɔdl] overg zacht laten koken; vertroetelen, verwennen

code [koud] **I** znw code; geheimtaal; wetboek o; reglement o; regels, gedragslijn; voorschriften; netnummer o; ~ of practice gedragscode; **II** overg coderen: in code overbrengen

codger ['kɔdʒə] znw gemeenz ouwe vent

codification [kɔdifi'keiʃən] znw codificatie; systematisering

codify ['kɔdifai] overg codificeren; in een systeem onderbrengen

cod-liver oil ['kɔdlivə'rɔil] znw levertraan

codswallop ['kɔdz'wɔləp] znw gemeenz onzin, flauwekul

coed ['kou'ed] znw Am gemeenz meisjesstudent

coeducation ['kouedju'keiʃən] znw co-educatie

coeducational ['kouedju'keiʃən(ə)l] bn gemengd [onderwijs]

coefficient [koui'fiʃənt] znw coëfficiënt: constante factor v.e. grootheid

coequal [kou'i:kwəl] **I** bn gelijk; **II** znw gelijke

coerce [kou'ə:s] overg dwingen (tot into); in bedwang houden

coercion znw dwang

coercive bn dwingend; dwang-

coeval [kou'i:vəl] **I** bn even oud (als with); **II** znw tijdgenoot

coexist [kouig'zist] onoverg gelijktijdig of naast elkaar bestaan, coëxisteren

coexistence znw gelijktijdig of naast elkaar bestaan o, coëxistentie

coexistent bn gelijktijdig of naast elkaar bestaand

coffee ['kɔfi] znw koffie

coffee bar znw koffiebar

coffee-bean znw koffieboon

coffee break znw koffiepauze

coffee-grounds znw koffiedik o

coffee pot znw koffiepot, koffiekan

coffee shop znw koffiewinkel; koffieshop, koffiehuis o

coffee-table znw salontafeltje o

coffer ['kɔfə] znw (geld)kist; ~s schatkist; fondsen

coffin ['kɔfin] znw doodkist

cog [kɔg] znw tand of kam [v. rad]; he's only a ~ in the wheel fig hij is slechts een klein radertje in het geheel

cogency ['koudʒənsi] znw (bewijs)kracht

cogent bn krachtig, dringend, klemmend [betoog]

cogitate ['kɔdʒiteit] **I** onoverg denken; **II** overg overpeinzen, uitdenken, verzinnen

cogitation [kɔdʒi'teiʃən] znw overpeinzing

cognate ['kɔgneit] **I** bn verwant[2] (aan with); **II** znw verwant woord o; verwant

cognition [kɔg'niʃən] *znw* cognitie

cognizance *znw* kennis, kennisneming; herald kenteken *o*, insigne *o*; recht onderzoek *o*; competentie; (rechts)gebied *o*

cognizant *bn* kennend, wetend; ~ *of* kennis dragend van

cognomen [kɔg'noumen] *znw* familienaam; bijnaam

cog-wheel ['kɔgwi:l] *znw* kamrad *o*, tandrad *o*

cohabit [kou'hæbit] *onoverg* als man en vrouw leven; samenwonen

cohere [kou'hiə] *onoverg* samenkleven, samenhangen (met *with*)

coherence *znw* samenhang²

coherent *bn* samenhangend²

cohesion [kou'hi:ʒən] *znw* cohesie; samenhang²

cohesive *bn* samenhangend, bindend

cohort ['kouhɔ:t] *znw* trawant, makker

coif [kɔif] *znw* huif, kap, mutsje *o*

coil [kɔil] **I** *overg & onoverg* oprollen, kronkelen; **II** *znw* bocht, kronkel(ing); spiraal; tros (touw); winding; elektr spoel, klos

coin [kɔin] **I** *znw* geldstuk *o*, munt; geld *o*; *pay sbd. in his own* ~ iem. met gelijke munt betalen; **II** *overg* [geld] slaan, (aan-) munten; verzinnen; [een nieuw woord] maken; ~ *money*, ~ *it* gemeenz geld als water verdienen

coinage *znw* aanmunting; munt(en); muntwezen *o*; maken *o* [v.e. nieuw woord]; nieuw gevormd woord *o*

coin box *znw* munttelefoon

coincide [kouin'said] *onoverg* samenvallen; overeenstemmen; het eens zijn (met *with*)

coincidence [kou'insidəns] *znw* samenvallen *o*; overeenstemming; samenloop (van omstandigheden); toeval *o*

coincident *bn* samenvallend; overeenstemmend

coincidental [kouinsi'dentl] *bn* toevallig; gelijktijdig; = *coincident*

coir ['kɔiə] *znw* kokosvezel(s)

coitus ['kouitəs] *znw* geslachtsgemeenschap, coïtus

coke [kouk] *znw* **1** cokes; **2** gemeenz cocaïne; **3** gemeenz cola [drank]

col [kɔl] *znw* bergpas

col. *afk.* = *column*

Col. *afk.* = *Colonel*

colander ['kʌləndə] *znw* vergiet *o & v*

cold [kould] **I** *bn* koud², koel²; ~ *comfort* schrale troost; *get* ~ *feet* gemeenz bang worden; **II** *znw* kou(de); verkoudheid; *be left out in the* ~ er buiten gehouden worden; **III** *bijw* volledig, helemaal; onvoorbereid, spontaan, zonder meer

cold-blooded *bn* koudbloedig; koelbloedig, in koelen bloede; ongevoelig

coldcuts *znw* Am koud vlees *o*, koude vlesschotel

cold-shoulder *overg* met de nek aanzien, negeren

cold-storage *znw* bewaren *o* in een koelcel; *to put stb. in* ~ fig iets in de ijskast zetten²

cold store *znw* koelhuis *o*

cold turkey *znw* gemeenz ernstige ontwenningsverschijnselen; abrupt afkicken *o*

coleslaw ['koulslɔ:] *znw* koolsla

coley ['kouli] *znw* koolvis

colic ['kɔlik] *znw* koliek *o & v*

colitis [kɔ'laitis, kou-] *znw* med onsteking aan de dikke darm

collaborate [kə'læbəreit] *onoverg* mede-, samenwerken; collaboreren [met de vijand]

collaboration [kəlæbə'reiʃən] *znw* mede-, samenwerking; collaboratie [met de vijand]

collaborator [kə'læbəreitə] *znw* medewerker; collaborateur [met de vijand]

collage [kɔ'la:ʒ] *znw* collage

collapse [kə'læps] **I** *onoverg* invallen, in(een-) storten; ineenzakken, bezwijken; mislukken; **II** *overg* opvouwen; bekorten, inkorten; **III** *znw* in(een)storting; mislukking

collapsible *bn* opvouwbaar, klap-

collar ['kɔlə] **I** *znw* kraag, boord *o & m*, boordje *o*, halsband; ordeteken *o*; gareel *o*, ring; **II** *overg* bij de kraag vatten; gemeenz aanpakken, pikken, grijpen; ~*ed beef* rollade; ~*ed herring* rolmops

collar-bone *znw* sleutelbeen *o*

collate [kɔ'leit] *overg* vergelijken, collationeren; een kerkelijk ambt verlenen

collateral [kɔ'lætərəl] **I** *bn* zijdelings, zij-; parallel²; **II** *znw* **1** onderpand *o*, zekerheidstelling; **2** bloedverwant in de zijlinie

collation [kɔ'leiʃən] *znw* vergelijking, collatie; begeving (v. kerkelijk ambt); lichte maaltijd

colleague ['kɔli:g] *znw* ambtgenoot, collega

collect [kə'lekt] **I** *overg* verzamelen, bijeenbrengen, inzamelen, collecteren, innemen [kaartjes]; (op-, af)halen; innen, incasseren; (weer) onder controle krijgen; **II** *onoverg* zich verzamelen

collected *bn* verzameld, compleet; bedaard, zichzelf meester

collection *znw* collectie, verzameling; collecte, inzameling, (op-, af)halen *o*; inning, incassering; buslichting

collective I *bn* verzameld; verenigd, collectief, gezamenlijk, gemeenschappelijk; ~ *bargaining* cao-onderhandelingen; ~ *noun* verzamelnaam; **II** *znw* collectief *o*

collectivize [kə'lektivaiz] *overg* tot collectief bezit maken

collector *znw* verzamelaar; inzamelaar, collectant; incasseerder; ontvanger; ~*'s item* (gezocht) verzamelobject *o*, collector's item *o*

colleen ['kɔli:n, kɔ'li:n] *znw* Ir meisje *o*

college ['kɔlidʒ] *znw* instelling voor voortgezet en hoger onderwijs; (afdeling van) universiteit; Br particuliere school; college *o*

collegiate *bn* college-; ~ *church* collegiale kerk

collide [kə'laid] *onoverg* (tegen elkaar) botsen, in botsing (aanvaring) komen

collie ['kɔli] *znw* collie: Schotse herdershond

collier ['kɔliə] *znw* mijnwerker; kolenschip *o*

colliery *znw* kolenmijn

collision [kə'liʒən] *znw* botsing², aanvaring;

fig tegenspraak, conflict o; fig houding, politiek gericht op confrontatie; *be on a ~ course* op een confrontatie afstevenen

collocate I *znw* ['kɔləkət] *gramm* collocatie; **II** *onoverg* ['kɔləkeit] samengaan van woorden

collocation [kɔlə'keiʃən] *znw* **1** uitdrukking, zinswending; **2** bijeenplaatsing, groepering

collop ['kɔləp] *znw* lapje o [vlees]

colloquial [kə'loukwiəl] *bn* tot de omgangstaal behorende, gemeenzaam, spreektaal

colloquialism *znw* gemeenzame zegswijze

colloquy ['kɔləkwi] *znw* (*mv*: colloquies) samenspraak, gesprek o

collude [kə'lu:d] *onoverg* samenspannen

collusion *znw* geheime verstandhouding; samenspanning

collywobbles ['kɔliwɔblz] *znw mv* gemeenz 'vlinders in de buik', buikpijn [v.d. zenuwen &]

cologne [kə'loun] *znw* eau de cologne

Colombia [kə'lɔmbiə] *znw* Colombia

Colombian I *znw* Colombiaan; **II** *bn* Colombiaans

colon ['koulən] *znw* dubbelepunt; dikke darm

colonel ['kə:nəl] *znw* kolonel

colonial [kə'lounjəl] **I** *bn* koloniaal; **II** *znw* bewoner van de koloniën, iem. uit de koloniën

colonialism *znw* kolonialisme o

colonist ['kɔlənist] *znw* kolonist

colonization [kɔlənai'zeiʃən] *znw* kolonisatie

colonize ['kɔlənaiz] *overg* koloniseren

colonnade [kɔlə'neid] *znw* colonnade, zuilenrij, zuilengang

colony ['kɔləni] *znw* kolonie

colophon ['kɔləfən] *znw* colofon o & m

coloration [kʌlə'reiʃən] *znw* kleur(ing)

colossal [kə'lɔsl] *bn* kolossaal, reusachtig

colossus [kə'lɔsəs] *znw* (*mv*: colossi) kolos, gevaarte o; gigant

colour ['kʌlə] **I** *znw* kleur; tint; verf; huidskleur; *mil* vaandel o; *fig* schijn, dekmantel; *~s mil* vaandel o, vlag; *show one's ~s,* nail *one's ~s* to the mast kleur bekennen; *in one's true ~s* in zijn ware gedaante; *with flying ~s* met vlag en wimpel; **II** *overg* kleuren[2]; verven, inkleuren; beïnvloeden, een verkeerde voorstelling geven (van); **III** *onoverg* een kleur krijgen, blozen

colour-blind *bn* kleurenblind

coloured I *bn* gekleurd[2]; **II** *znw* kleurling

colour-fast *bn* kleurecht

colourful *bn* kleurig, bont, schilderachtig, kleurrijk, interessant

colouring *znw* kleur(ing), kleursel o, koloriet o; kleurstof

colourless *bn* kleurloos, fig saai, mat

colt [koult] *znw* (hengst)veulen o, jonge hengst; fig spring-in-'t-veld; beginneling

coltish *bn* als (van) een veulen; fig speels

column ['kɔləm] *znw* zuil, kolom; rubriek, kroniek [in krant]; colonne

columnist *znw* columnist

colza ['kɔlzə] *znw* koolzaad o; *~ oil* raap-

olie

coma ['koumə] *znw* coma o

comatose *bn* comateus, diep bewusteloos

comb [koum] **I** *znw* kam; (honing)raat; **II** *overg* kammen; af-, doorzoeken

combat ['kɔm-,'kʌmbət] **I** *znw* gevecht o, kamp, strijd; *single ~* tweegevecht o; **II** *onoverg* vechten, kampen, strijden; **III** *overg* bestrijden

combatant I *bn* strijdend; **II** *znw* strijder, mil combattant

combative *bn* strijdlustig

combe [ku:m] *znw* = coomb

combination [kɔmbi'neiʃən] *znw* combinatie, verbinding, vereniging; samenspel o; *~s* ondergoed aan één stuk met mouwen en pijpen; *~ lock* combinatieslot o, letterslot o, cijferslot o

combine [kəm'bain] **I** *onoverg* zich verbinden, zich verenigen; samenwerken; **II** *overg* verbinden, verenigen, samenvoegen, combineren; paren (aan *with*); in zich verenigen; **III** *znw* ['kɔmbain] belangengemeenschap, kartel o; maaidorsmachine

combustibility [kəmbʌsti'biliti] *znw* brandbaarheid

combustible [kəm'bʌstibl] *bn* brandbaar, verbrandbaar

combustion *znw* verbranding

come* [kʌm] *onoverg* komen, aan-, erbij-, op-, over-, neer-, uitkomen; (mee)gaan; verschijnen, komen opzetten; worden; gemeenz klaarkomen; *easy ~ easy go* zo gewonnen zo geronnen; *~ good* doen wat van je verwacht wordt; zichzelf bewijzen; *how ~?* gemeenz hoe komt dat?; *~ short* te kort schieten; *~ true* uitkomen, bewaarheid worden, in vervulling gaan; *~ undone* (untied) losgaan, -raken; *~ what may* wat er ook gebeure; ... *to ~* (toe)komende, aanstaande; *when it ~s to* wat... betreft; *for years to ~* nog jaren; zie ook: *cropper; ~ about* zich toedragen, gebeuren; tot stand komen; *~ across* (toevallig) aantreffen, ontmoeten of vinden; fig (goed) overkomen; *~ again?* gemeenz wat zeg je?; *~ along* komen (aanzetten); meegaan; vorderen; *~ along!* vooruit!, kop op!; *~ apart* uit elkaar gaan, losgaan, stukgaan; *~ at* aan (bij)... komen, bereiken, (ver)krijgen; achter... komen; *~ away* losraken; weggaan, scheiden; *~ back* terugkomen; antwoorden, reageren; weer te binnen schieten; *~ by* voorbijkomen, passeren; aan ... komen, (ver)krijgen; *~ down* afdalen, afzakken; naar beneden komen (vallen); afgebroken worden [huis]; van de universiteit komen; *~ down against (for, in favour of)* zich verklaren tegen (voor); *~ down in the world* aan lagerwal raken; *~ down on sbd.* tegen iem. te keer gaan; *~ down to* neerkomen op; reiken tot, teruggaan tot; *~ down with* krijgen, oplopen [ziekte]; *~ for* komen om, komen (af)halen; dreigend (op iem.) afkomen; *~ forth* te voorschijn komen; *~ in* binnenkomen[2]; aankomen; benoemd worden; meedoen; *~ in again* weer in de mode of aan het bewind ko-

men; *where do I ~ in?* en ik dan?; wat heb ik er mee te maken?; ~ *in handy (useful)* van (te) pas komen; ~ *in for* krijgen; ~ *into* komen in; deel uitmaken van; in het bezit komen van; meedoen, in het spel komen; ~ *into one's own* erkend worden, op zijn plaats zijn, zichzelf worden; ~ *near doing* bijna doen; ~ *of* komen van, afstammen van; ~ *off* afkomen van; eraf gaan, loslaten, afgeven [kleuren], uitvallen [haar], ontsnappen [gassen]; doorgaan, plaatshebben; lukken; uitkomen; ~ *off it!* gemeenz schei uit!; ~ *on* (aan)komen, gedijen, tieren; opkomen [onweer &]; optreden [acteur]; vinden; aangaan [van het licht]; ter sprake komen; op dreef komen; opkomen [v. acteur]; ~ *on!* vooruit!; schei uit!; ~ *on to...* beginnen te...; behandelen, [een onderwerp]; ~ *out* uitkomen, (naar) buiten komen; gemeenz openlijk voor zijn homoseksualiteit uitkomen; in staking gaan; debuteren; optreden; ~ *out against (for, in favour of)* opkomen tegen (voor); ~ *out in spots* vol uitslag zitten; ~ *over* overkomen[2], aankomen[2]; oversteken [de zee]; overlopen (naar *to*); *I came over all shy* ik werd er helemaal verlegen van; ~ *over sbd.* iem. overvallen, bekruipen, bevangen; ~ *round* aankomen, aanwippen; fig in orde komen; bijkomen; van mening veranderen (over *to*); ~ *through* er door komen; doorkomen [v. geluid, bericht &]; zijn belofte houden; ~ *to* (weer) bijkomen; komen bij, naar, tot, op; ~ *to believe* gaan geloven; ~ *to know sbd.* iem. leren kennen; ~ *to harm* een ongeluk krijgen, verongelukken; ~ *to nothing* zie *nothing* I; ~ *to sbd.* iem. te beurt vallen, overkomen; te binnen schieten; *he had it coming to him* het was zijn verdiende loon; ~ *up* boven komen; opkomen; ter sprake komen; gehouden worden, voor de deur staan [verkiezingen &]; ~ *up against* stuiten op; in botsing komen met; ~ *up to* naar [iem.] toe komen; gelijk zijn of beantwoorden aan, halen bij; ~ *up with* opperen; op de proppen komen met
comeback ['kʌmbæk] *znw* gemeenz terugkeer; herstel *o*; comeback
comedian [kə'mi:diən] *znw* blijspelacteur; komiek
comedienne [kəmeidi'en, kə'mi:djən] *znw* blijspelactrice; vrouwelijke komiek
come-down ['kʌmdaun] *znw* val, vernedering, achteruitgang; tegenvaller
comedy ['kɔmidi] *znw* blijspel *o*, komedie
comely ['kʌmli] *bn* bevallig, knap; gepast
come-on ['kʌmɔn] *znw* gemeenz lokmiddel *o*, lokkertje *o*
comer ['kʌmə] *znw* aangekomene, bezoeker, deelnemer, gegadigde; Am veelbelovend iemand; *the first* ~ de eerste de beste
comet ['kɔmit] *znw* komeet
come-uppance [kʌm'ʌpəns] *znw* gemeenz verdiende loon, straf
comfit ['kʌmfit] *znw* snoepje *o*
comfort ['kʌmfət] **I** *znw* troost, vertroosting; opbeuring; welgesteldheid; gemak *o*,

gerief *o*, geriefelijkheid, comfort *o*; *take* ~ zich troosten; *too hot & for* ~ veel te warm &; **II** *overg* (ver)troosten, opbeuren
comfortable *bn* behaaglijk, aangenaam, geriefelijk, gemakkelijk, op zijn gemak; genoeglijk; welgesteld; gerust; ruim [inkomen]
comforter *znw* trooster, troosteres; gebreide wollen das; Am fopspeen; Am gewatteerde deken
comfortless *bn* troosteloos; ongeriefelijk
comfrey ['kʌmfri] *znw* smeerwortel [plant]
comfy *bn* gemeenz = *comfortable*
comic ['kɔmik] **I** *bn* komisch, humoristisch, grappig; ~ *strip* stripverhaal *o*; **II** *znw* komiek; humoristisch blad *o*; stripverhaal *o*, stripboek *o* (ook: ~*s*)
comical *bn* grappig, komisch, kluchtig, koddig
coming ['kʌmiŋ] **I** *bn* (toe)komend; **II** *znw* komst; ~*s and goings* komen en gaan *o*
comity ['kɔmiti] *znw* beleefdheid; *the* ~ *of nations* gedrag *o* zoals tussen beschaafde volken gebruikelijk
comma ['kɔmə] *znw* komma
command [kə'ma:nd] **I** *overg* bevelen, gebieden, mil commanderen, aanvoeren, het commando voeren over; mil bestrijken; fig beheersen; beschikken over; afdwingen; opbrengen; **II** *onoverg* bevelen; het commando voeren; **III** *znw* bevel *o*; opdracht; mil commando *o*; legerleiding; legerdistrict *o*; luchtv afdeling, dienst; fig beheersing; beschikking; *be in* ~ *of* het bevel voeren over; fig ...meester zijn, ...onder controle hebben
commandant [kɔmən'dænt] *znw* mil commandant
commandeer *overg* rekwireren, vorderen, confisqueren
commander [kə'ma:ndə] *znw* bevelhebber; aanvoerder; commandeur [v. ridderorde]; mil kapitein-luitenant-ter-zee
commanding *bn* bevelend; bevelvoerend; de omtrek bestrijkend; fig imposant
commandment *znw* gebod *o*
commando [kə'ma:ndou] *znw* mil (lid v.) commando-eenheid
commemorate [kə'meməreit] *overg* herdenken, gedenken, vieren
commemoration [kəmemə'reiʃən] *znw* herdenking; gedachtenisviering
commemorative [kə'memərətiv] *bn* herdenkings-, gedenk-
commence [kə'mens] *overg & onoverg* beginnen
commencement *znw* begin *o*; Am promotieplechtigheid
commend [kə'mend] *overg* (aan)prijzen, aanbevelen; ~ *itself to* in de smaak vallen bij, instemming vinden bij
commendable *bn* prijzenswaardig, loffelijk
commendation [kɔmen'deiʃən] *znw* aanbeveling, lof(tuiting)
commendatory [kə'mendətəri] *bn* prijzend, aanbevelend, aanbevelings-; lof-
commensurable [kə'menʃərəbl] *bn* onder-

ling meetbaar, deelbaar; evenredig

commensurate *bn* evenredig (aan *to*, *with*); gelijk (aan *with*)

comment ['kɔment] I *znw* aantekening; uitleg, commentaar[2] *m* & *o*; II *onoverg* opmerken; ~ *on* aantekeningen maken bij; opmerkingen maken over

commentary *znw* uitleg, opmerking(en), commentaar[2] *m* & *o*; RTV reportage

commentate ['kɔmenteit] I *overg* het commentaar geven bij, verslaan; II *onoverg* commentaar geven

commentator *znw* uitlegger, verklaarder, commentator; RTV reporter, verslaggever

commerce ['kɔmə:s] *znw* 1 handel, verkeer *o*; 2 vero omgang, verkeer *o*, interactie

commercial [kə'mə:ʃəl] I *bn* commercieel, handels-, bedrijfs-, beroeps-, zaken-, zakelijk; ~ *traveller* handelsreiziger; ~ *vehicle* bedrijfsauto; ~ *art* toegepaste grafische kunst; II *znw* RTV reclameboodschap, -spot

commercialism *znw* commercialisering, commercie

commercialize *overg* vercommercialiseren

commie ['kɔmi] *znw* gemeenz communist

commiserate [kə'mizəreit] *onoverg* & *overg* beklagen, medelijden hebben (met *with*)

commiseration [kəmizə'reiʃən] *znw* deernis, medelijden *o*, deelneming

commissariat [kɔmi'sɛəriət] *znw* mil intendance, voedselvoorziening

commissary ['kɔmisəri] *znw* commissaris; mil intendance-officier; (leger)kantine

commission [kə'miʃən] I *znw* last, lastbrief, (officiers)aanstelling; opdracht; commissie; provisie; *in* ~ [v.e. oorlogsvaartuig] gereed om uit te varen; *on* ~ handel in commissie; *out of* ~ buiten dienst; buiten werking; II *overg* machtigen; opdracht verstrekken; bestellen; aanstellen; mil in dienst stellen

commission-agent *znw* handel commissionair; bookmaker

commissionaire [kəmiʃə'nɛə] *znw* kruier; portier

commissioned [kə'miʃənt] *bn*: ~ *officer* officier; *non-*~ *officer* onderofficier

commissioner [kə'miʃənə] *znw* commissaris, gevolmachtigde, lid *o* van een commissie

commit [kə'mit] I *overg* bedrijven, begaan, plegen; toevertrouwen (aan *to paper* &); prijsgeven; compromitteren; binden; inzetten [strijdkrachten]; ~*ted* fig geëngageerd [v. letterkunde &]; ~ *to prison* gevangen zetten; II *wederk*: ~ *oneself* zich verbinden (tot *to*); zich binden

commitment *znw* verplichting, verbintenis; engagement *o*; overtuiging; = *committal*

committal *znw* opname in een psychiatrische inrichting; (bevel *o* tot) gevangenneming

committee [kɔ'miti:] *znw* commissie; comité *o*; bestuur *o*

commode [kə'moud] *znw* 1 stilletje *o*, kakstoel; 2 commode

commodious [kə'moudiəs] *bn* ruim en geriefelijk

commodity [kə'mɔditi] *znw* (koop)waar, (handels)artikel *o*, goed *o*, product *o*

commodore ['kɔmədɔ:] *znw* mil & scheepv commodore; mil commandeur [kapitein]; president [v. zeilclub]

common ['kɔmən] I *bn* gemeen(schappelijk); algemeen, alledaags, gewoon; plat, ordinair; ~ *or garden...* gewoon, huis-, tuin- en keuken...; *for the* ~ *good* in het algemeen belang; *it is* ~ *knowledge that...* het is algemeen bekend dat...; ~ *law* gewoonterecht *o*; ~ *noun* soortnaam; *(Book of) Common Prayer* (dienstboek *o* met) de liturgie der Anglicaanse Kerk; II *znw* gemeenteweide; *in* ~ gemeen(schappelijk); zie ook: *commons*, *sense* &

commoner *znw* (gewoon) burger; nietbeursstudent

common-law ['kɔmən'lɔ:] *znw* volgens het gewoonterecht; ~ *marriage* ± duurzame samenleving, concubinaat *o*; ~ *husband*, ~ *wife* partner met wie men (buitenechtelijk) samenleeft

commonly *bijw* gemeenlijk, gewoonlijk; gewoon; ordinair, min

Common Market *znw* gemeenschappelijke markt v.d. Europese Unie, Euromarkt

commonplace I *bn* gewoon, alledaags; II *znw* gemeenplaats

commons *znw* burgerstand; (gewone) volk *o*; dagelijks rantsoen *o*; portie eten van het gewone menu; *(House of) Commons* Lagerhuis *o*

commonwealth *znw* gemenebest *o*; *the C*~ het Britse Gemenebest (= *the British C*~); het Australische Gemenebest (= *the C*~ *of Australia*)

commotion [kə'mouʃən] *znw* beweging, beroering, opschudding

communal ['kɔmjunl] *bn* gemeente-; gemeenschaps-, gemeenschappelijk

1 commune ['kɔmju:n] *znw* gemeente; commune

2 commune [kə'mju:n] *onoverg* zich onderhouden (met *with*); Am ten Avondmaal gaan, RK communiceren

communicant [kə'mju:nikənt] *znw* Avondmaalsganger, RK communicant

communicate [kə'mju:nikeit] I *overg* mededelen (aan *to*); overbrengen (op *to*); II *onoverg* gemeenschap hebben; in verbinding staan, zich in verbinding stellen (met *with*); ten Avondmaal gaan; communiceren[2]

communication [kəmju:ni'keiʃən] *znw* mededeling; gemeenschap, aansluiting, communicatie, verbinding(sweg); ~ *cord* noodrem

communicative [kə'mju:nikətiv] *bn* mededeelzaam, spraakzaam, openhartig; communicatief

communicator *znw* mededeler; iemand met goede contactuele eigenschappen

communion [kə'mju:njən] *znw* gemeenschap; verbinding, omgang; kerkgenootschap *o*; Avondmaal *o*, RK communie

communiqué [kə'mju:nikei] *znw* communiqué *o*

communism ['kɔmjunizm] *znw* communisme o

communist I *znw* communist; **II** *bn* communistisch

community [kə'mju:niti] *znw* gemeenschap, gemeente, maatschappij; bevolkingsgroep; kolonie (van vreemdelingen); ~ *care* bijstand [financieel]; ~ *chest* Am noodfonds o; ~ *policeman* wijkagent; ~ *service* vrijwilligerswerk o; recht alternatieve straf; ~ *singing* samenzang

communize ['kɔmjunaiz] *overg* tot gemeenschappelijk bezit maken; communistisch maken

commutable [kəm'ju:təbl] *bn* die verzacht/omgezet kan worden [v. straf]

commutate [kəmju'teit] *overg* gelijkrichten

commutation *znw* omzetting; verzachting; Am abonnement o, traject-, ritten-, weekkaart & (~ *ticket*)

commutative [kə'mju:tətiv] *bn* verwisselend, verwisselbaar; wisk commutatief

commutator ['kɔmjuteitə] *znw* stroomwisselaar

commute [kə'mju:t] **I** *overg* veranderen, verwisselen; omzetten; verzachten [v. vonnis]; **II** *onoverg* heen en weer reizen, pendelen, forenzen

commuter *znw* pendelaar, forens

Comoros ['kɔmərouz] *znw* Komoren *mv*

1 compact ['kɔmpækt] *znw* **1** overeenkomst, verdrag o **2** poederdoosje o; **3** Am kleine auto

2 compact [kɔm'pækt] **I** *bn* compact, dicht, vast, beknopt, gedrongen [stijl]; **II** *overg* verdichten; fig condenseren

companion [kəm'pænjən] (met)gezel, makker, kameraad; gezellin, gezelschapsdame

companionable *bn* gezellig

companionship *znw* kameraadschap; gezelschap o; gezelligheid

company ['kʌmpəni] *znw* gezelschap o; maatschappij; vennootschap; genootschap o, gilde o & v; compagnie; bezoek o, gasten; scheepv bemanning

comparable ['kɔmpərəbl] *bn* vergelijkbaar, te vergelijken

comparative [kəm'pærətiv] **I** *bn* vergelijkend; betrekkelijk; ~ *degree* vergrotende trap; **II** *znw* vergrotende trap

comparatively *bijw* bij, in vergelijking; betrekkelijk

compare [kəm'pɛə] **I** *overg* vergelijken (bij, met *to*, met *with*); ~ *notes* over en weer bevindingen meedelen; **II** *onoverg* vergeleken kunnen worden; afsteken bij; **III** *znw*: *beyond (past, without)* ~ onvergelijkelijk, zonder weerga

comparison [kəm'pærisn] *znw* vergelijking; *bear (stand)* ~ *with* de vergelijking doorstaan met; *beyond* ~ niet te vergelijken

compartment [kəm'pɑ:tmənt] *znw* afdeling, vak(je) o, compartiment o, coupé

compartmentalize [kəmpɑ:t'mentəlaiz] *overg* in hokjes indelen, verzuilen; categoriseren, onderverdelen

compass ['kʌmpəs] **I** *znw* omtrek, omvang; bestek o, bereik o; kompas o; **II** *overg* omvatten, omvamen[2], insluiten, omringen; zie ook: *compasses*

compasses *znw* passer; *a pair of* ~ een passer

compassion [kəm'pæʃən] *znw* medelijden o, mededogen o, erbarmen o (met *on*)

compassionate *bn* medelijdend, meewarig, meedogend; ~ *leave* verlof o wegens familieomstandigheden

compatibility [kəmpætə'biliti] *znw* verenigbaarheid; overeenstemming, combineerbaarheid, compatibiliteit [techniek &]

compatible [kəm'pætəbl] *bn* verenigbaar, aanpasbaar, combineerbaar, compatibel

compatriot [kəm'pætriət] *znw* landgenoot

compel [kəm'pel] *overg* dwingen, afdwingen; ~*ling* ook: onweerstaanbaar, meeslepend

compendium *znw* (*mv*: -s *of* compendia) compendium o, overzicht o, kort begrip o, samenvatting; ~ *of games* spelletjesdoos

compensate ['kɔmpenseit] *overg* compenseren, opwegen tegen, goedmaken, vergoeden (ook: ~ *for*), schadeloos stellen

compensation [kɔmpen'seiʃən] *znw* compensatie, (schade)vergoeding, schadeloosstelling, smartengeld o

compensatory, compensative [kəm'pens@təri, -tiv] *bn* compenserend

compère ['kɔmpɛə] **I** *znw* conferencier [v. cabaret], RTV presentator, -trice; **II** *overg* conferencier zijn van, RTV presenteren

compete [kəm'pi:t] *onoverg* concurreren, wedijveren, mededingen (naar *for*, met *with*)

competence ['kɔmpitəns] *znw* bevoegdheid, bekwaamheid, competentie

competent *bn* bevoegd, bekwaam, competent; behoorlijk, recht handelingsbekwaam

competition [kɔmpi'tiʃən] *znw* concurrentie, mededinging, wedijver; wedstrijd; prijsvraag

competitive [kəm'petitiv] *bn* concurrerend; vergelijkend [v. examen]; competitief [karakter]; ~ *sport(s)* wedstrijdsport

competitor *znw* concurrent; mededinger, deelnemer

compilation [kɔmpi'leiʃən] *znw* compilatie; verzamelwerk o

compile [kəm'pail] *overg* samenstellen; verzamelen

compiler *znw* compilator; comput compiler

complacence, complacency [kəm'pleisəns(i)] *znw* (zelf)voldoening, zelfvoldaanheid; (zelf)behagen o

complacent *bn* (zelf)voldaan, met zichzelf ingenomen

complain [kəm'plein] *onoverg* klagen (over *of*, bij *to*), zich beklagen

complaint *znw* beklag o; (aan)klacht; kwaal

complaisance [kəm'pleizəns] *znw* inschikkelijkheid

complaisant *bn* voorkomend; inschikkelijk

complement ['kɔmplimənt] **I** *znw* aanvulling; getalsterkte, vol getal o, vereiste hoeveelheid, taks; (voltallige) bemanning;

complement o; **II** *overg* aanvullen

complementary [kɔmpli'mentəri] *bn* complementair [hoek, kleur], aanvullend, aanvullings-

complete [kəm'pli:t] **I** *bn* compleet, volledig, totaal, voltallig; klaar, voltooid; volslagen, volmaakt; **II** *overg* voltooien, afmaken; aanvullen, completeren; invullen [formulier]

completely *bijw* compleet, totaal, geheel en al, volkomen, volslagen

completion [kəm'pli:ʃən] *znw* voltooiing, voleindiging; aanvulling; invulling [v. formulier]

complex ['kɔmpleks] **I** *bn* samengesteld, ingewikkeld, gecompliceerd; **II** *znw* complex o, geheel o

complexion [kəm'plekʃən] *znw* gelaatskleur, teint; *fig* aanzien o, voorkomen o; aard

complexity *znw* samengesteldheid, ingewikkeldheid, gecompliceerdheid, complexiteit

compliance, compliancy [kəm'plaiəns(i)] *znw* inschikkelijkheid; toestemming; *in compliance with* overeenkomstig

compliant *bn* inschikkelijk

complicate ['kɔmplikeit] *overg* ingewikkeld maken, verwikkelen; ~*d* ook: gecompliceerd

complication [kɔmpli'keiʃən] *znw* ingewikkeldheid, verwikkeling; complicatie

complicity [kəm'plisiti] *znw* medeplichtigheid (aan *in*)

compliment I *znw* ['kɔmplimənt] compliment o; plichtpleging; **II** *overg* [kɔmpli'ment] gelukwensen (met *on*), complimenteren, een compliment maken; vereren (met *with*)

complimentary [kɔmpli'mentəri] *bn* complimenteus; ~ *copy* presentexemplaar o; ~ *ticket* vrijkaart

comply [kəm'plai] *onoverg* zich onderwerpen, berusten, zich voegen (naar *with*); ~ *with a request* aan een verzoek voldoen

component [kəm'pounənt] **I** *bn* samenstellend; ~ *part* bestanddeel o; **II** *znw* bestanddeel o

comport [kəm'pɔ:t] **I** *onoverg* overeenstemmen (met *with*); **II** *wederk*: ~ *oneself* zich gedragen

comportment *znw* gedrag o, houding

compose [kəm'pouz] **I** *overg & onoverg* samenstellen, vormen, (uit)maken; (op-) stellen [brief]; zetten [drukwerk]; *muz* componeren; *be* ~*d of* ook: bestaan uit; **II** *wederk*: ~ *oneself* zich herstellen; bedaren

composed *bn* bedaard, kalm

composer *znw* componist

composing room *znw* zetterij

composite ['kɔmpəzit] **I** *bn* samengesteld; gemengd; gecombineerd; ~ *photograph (picture, set)* fotomontage; **II** *znw* samenstelling

composition [kɔmpə'ziʃən] *znw* samenstelling; mengsel o; aard; compositie; opstel o; schikking, akkoord o; (letter)zetten o

compositor [kəm'pɔzitə] *znw* letterzetter

compost ['kɔmpɔst] *znw* compost o & m

composure [kəm'pouʒə] *znw* kalmte, bedaardheid

compote ['kɔmpout] *znw* compote: vruchtenmoes

1 compound ['kɔmpaund] **I** *bn* samengesteld; *med* gecompliceerd [v. breuk]; nevenschikkend [zinsverband]; **II** *znw* 1 samenstelling, mengsel o, *chem* verbinding; 2 erf o [van oosters huis]; afgepaald terrein o, kamp o

2 compound [kəm'paund] **I** *overg* samenstellen, verenigen, (ver)mengen, bereiden; vergroten, verergeren [v. problemen &]; **II** *onoverg* een schikking treffen; het op een akkoordje gooien

comprehend [kɔmpri'hend] *overg* omvatten, insluiten, bevatten[2]; begrijpen, verstaan

comprehensible *bn* te begrijpen[2], begrijpelijk

comprehension *znw* bevatting, bevattingsvermogen o, begrip o; verstand o; *onderw* toets v.d. kennis van een tekst, tekstverklaring

comprehensive *bn* veelomvattend, uitgebreid, ruim; ~ *faculty* bevattingsvermogen o; ~ *(school)* scholengemeenschap, middenschool

compress [kəm'pres] **I** *overg* samendrukken, samenpersen, comprimeren, inkorten; **II** *znw* ['kɔmpres] kompres o

compression *znw* samendrukking, -persing, compressie; bondigheid

compressor *znw* techn compressor

comprise [kəm'praiz] *overg* om-, bevatten; samenvatten; insluiten; uitmaken; ~ *of* bestaan uit, opgebouwd zijn uit

compromise ['kɔmprəmaiz] **I** *znw* compromis o, vergelijk o, overeenkomst; schikking; **II** *overg* compromitteren, in opspraak brengen; in gevaar brengen; **III** *onoverg* tot een vergelijk komen; een compromis sluiten;, *fig* schipperen; **IV** *wederk*: ~ *oneself* zich compromitteren

comptroller [kən'troulə] *znw* schatmeester, administrateur; controleur

compulsion [kəm'pʌlʃən] *znw* onweerstaanbare drang; dwang; *psych* dwangvoorstelling; *psych* dwanghandeling

compulsive *bn* dwingend, onweerstaanbaar, dwang-; *psych* dwangmatig

compulsory *bn* dwingend, dwang-, gedwongen, verplicht

compunction [kəm'pʌŋkʃən] *znw* (gewetens)wroeging; berouw o, spijt

computation [kɔmpju'teiʃən] *znw* (be-) rekening

compute [kəm'pju:t] *overg & onoverg* (be-) rekenen (op *at*)

computer *znw* computer

computerization [kəmpju:tərai'zeiʃən] *znw* automatisering

computerize [kəm'pju:təraiz] *overg* automatiseren; op computers overschakelen

computing [kəm'pju:tiŋ] *znw* informatica; *he works in* ~ hij zit in de computerbranche

comrade ['kɔmrid] *znw* kameraad, makker; ~ *in arms* wapenbroeder

comradely ['kɔmridli] *bn* kameraadschappelijk

1 con [kɔn] zie: ²*pro*

2 con [kɔn] *overg* gemeenz oplichten, afzetten; ~ *sbd. out of his money* iemand zijn geld aftroggelen; ~ *sbd. into doing* iemand op slinkse/oneerlijke wijze tot iets bewegen

3 con *znw* oplichterij; boef

concatenate [kɔn'kætineit] *overg* aaneenschakelen

concave ['kɔnkeiv] *bn* concaaf, hol

conceal [kən'si:l] *overg* verbergen, verhelen, verstoppen; geheim houden, verzwijgen

concealment *znw* verberging, verheling; verzwijging; schuilplaats (ook: *place of* ~)

concede [kən'si:d] **I** *onoverg* opgeven [sport &]; **II** *overg* toestaan; toegeven; inwilligen [eis]

conceit [kən'si:t] *znw* verbeelding, (eigen-)dunk, verwaandheid; gekunstelde beeldspraak; *in his own* ~ in zijn eigen ogen

conceited *bn* verwaand, eigenwijs

conceivable [kən'si:vəbl] *bn* denkbaar

conceive I *overg* (be)vatten, begrijpen, denken, zich voorstellen; opvatten; concipiëren²; **II** *onoverg* zwanger worden; ~ *of* zich een voorstelling maken van, zich voorstellen

concentrate ['kɔnsəntreit] **I** *overg & onoverg* (zich) in een punt samentrekken, (zich) concentreren; **II** *znw* concentraat *o*

concentration [kɔnsən'treifən] *znw* samentrekking, concentratie; ~ *camp* concentratiekamp *o*

concentric [kɔn'sentrik] *bn* concentrisch

concept ['kɔnsept] *znw* begrip *o*

conception [kɔn'sepfən] *znw* bevatting, begrip *o*; voorstelling, gedachte; opvatting; ontwerp *o*; bevruchting, conceptie

conceptual *bn* conceptueel, begrips-

conceptualize [kən'septjuəlaiz] *overg* (zich) een beeld vormen van, conceptualiseren

concern [kən'sə:n] **I** *overg* aangaan, betreffen, raken; met zorg vervullen, verontrusten; **II** *wederk*: ~ *oneself* zich bekommeren, zich ongerust maken (over *about, for, with*); zich interesseren (voor *about, in, with*); zie ook: *concerned*; **III** *znw* zaak, aangelegenheid; onderneming, bedrijf *o*, concern *o*; deelneming; zorg, bezorgdheid; belang *o*, gewicht *o*

concerned *bn* bezorgd; betrokken; *the parties (persons)* ~ de betrokkenen; *be* ~ *about* bezorgd zijn over; *be* ~ *in* te maken hebben met, betrokken zijn bij; *be* ~ *with* zich bezighouden met; te maken hebben met

concerning *voorz* betreffende

concert ['kɔnsət] *znw* concert *o*; *in* ~ *with* overeenkomstig; samen met, in samenwerking met

concerted *bn* gezamenlijk; ~ *action* gezamenlijke actie, samenwerking

concertina [kɔnsə'ti:nə] *znw* soort harmonica

concerto [kən'tʃə:tou] *znw* (*mv*: -s *of* concerti) concerto *o*, concert *o* [= muziekstuk]

concert pitch ['kɔnsətpitʃ] *znw*: *at* ~ in staat van verhoogde paraatheid, tot het uiterste gespannen, in topvorm

concession [kən'sefən] *znw* bewilliging, vergunning, concessie

concessionary [kən'sefənəri] **I** *bn* concessie-; **II** *znw* concessionaris, concessiehouder

concessive [kən'sesiv] *bn* concessief, toegevend

conch [kɔŋk, kɔntʃ] *znw* (zee)schelp

conciliate [kən'silieit] *overg* (met elkaar) verzoenen

conciliation [kənsili'eifən] *znw* verzoening; bemiddeling

conciliator [kən'silieitə] *znw* verzoener, bemiddelaar

conciliatory *bn* verzoenend, bemiddelend; verzoeningsgezind

concise [kən'sais] *bn* beknopt

conclave ['kɔnkleiv] *znw* conclaaf *o*; *in* (*secret*) ~ in geheime zitting

conclude [kən'klu:d] **I** *overg* besluiten, afleiden, opmaken, concluderen (uit *from*); (af-)sluiten, aangaan [een overeenkomst &]; beëindigen (met *by, with*); **II** *onoverg* eindigen, aflopen; tot een conclusie komen; *to be* ~*d* slot volgt

conclusion *znw* besluit *o*, einde *o*, slot *o*; slotsom; gevolgtrekking, conclusie; sluiten *o*; *in* ~ tot besluit, ten slotte

conclusive *bn* beslissend, afdoend

concoct [kən'kɔkt] *overg* bereiden; brouwen; smeden, beramen, bekokstoven, verzinnen

concoction *znw* bereiding; beraming; brouwsel *o*; verzinsel *o*

concomitant [kən'kɔmitənt] **I** *bn* vergezellend, begeleidend; **II** *znw* begeleidend verschijnsel *o*, bijverschijnsel *o*

concord ['kɔŋkɔ:d, 'kɔnkɔ:d] *znw* eendracht, overeenstemming, harmonie²

concordance [kən'kɔ:dəns] *znw* overeenstemming; concordantie

concordant *bn* overeenstemmend, harmonisch

concordat [kɔn'kɔ:dæt] *znw* concordaat *o*

concourse ['kɔŋkɔ:s, 'kɔnkɔ:s] *znw* toeloop, samenloop; menigte; vereniging; hal

concrete ['kɔnkri:t] **I** *bn* concreet; grijpbaar, stoffelijk; vast, hard; beton-; **II** *znw* concrete *o*; beton *o*; **III** *overg* betonneren, beton storten

concrete mixer ['kɔnkri:tmiksə] *znw* betonmolen

concubine ['kɔŋkjubain] *znw* bijzit, bijvrouw, concubine

concupiscence [kən'kju:pisns] *znw* lust; zinnelijke begeerte

concur [kən'kə:] *onoverg* samenvallen; overeenstemmen (in *in*, met *with*); het eens zijn; samenwerken, medewerken (tot *to*)

concurrence [kən'krəns] *znw* samenkomst, samenloop, overeenstemming, instemming, goedkeuring

concurrent

concurrent *bn* gelijktijdig (optredend)
concuss [kən'kʌs] *overg* schudden, schokken
concussion *znw* schudding, schok; hersenschudding (ook: ~ *of the brain*)
condemn [kən'dem] *overg* veroordelen; afkeuren; opgeven [een zieke]; onbewoonbaar verklaren; ~*ed cell* cel voor ter dood veroordeelde, dodencel
condemnation [kɔndem'neiʃən] *znw* veroordeling, afkeuring
condemnatory [kən'demnətəri] *bn* veroordelend, afkeurend
condensation [kɔnden'seiʃən] *znw* condensatie, verdichting
condense [kən'dens] *overg & onoverg* condenseren, verdichten, verdikken, comprimeren, samenpersen; samenvatten
condenser *znw* condens(at)or
condescend [kɔndi'send] *onoverg* afdalen (tot *to*), zich verwaardigen; neerbuigend/uit de hoogte doen
condescending *bn* neerbuigend (minzaam)
condescension *znw* neerbuigende minzaamheid
condign [kən'dain] *bn* verdiend [v. straf]
condiment ['kɔndimənt] *znw* specerij, kruiderij
condition [kən'diʃən] **I** *znw* staat, toestand, conditie; gesteldheid; voorwaarde, bepaling; rang, stand; [hart &] kwaal; ~*s* ook: omstandigheden; *on* — *that* op voorwaarde dat; **II** *overg* bedingen; bepalen; verzorgen, in conditie brengen; *psych* conditioneren
conditional **I** *bn* voorwaardelijk; ~ *(up)on* afhankelijk van; **II** *znw* gramm voorwaardelijke wijs
condole *onoverg*: ~ *with sbd. on...* iem. condoleren met...
condolence *znw* deelneming, medeleven *o*; ~*s* betuiging van deelneming, condoléance(s)
condom ['kɔndəm] *znw* condoom *o*
condominium [kɔndə'miniəm] *znw* Am (flatgebouw *o* met) koopflat(s), appartement *o*; condominium *o*
condone [kən'doun] *overg* vergeven, door de vingers zien; vergoelijken
conduce [kən'dju:s] *onoverg* leiden, bijdragen, strekken (tot *to*)
conduct I *znw* [kɔndʌkt] gedrag *o*, houding, optreden *o*; leiding; behandeling; **II** *overg* [kən'dʌkt] (ge)leiden, (aan)voeren, dirigeren, besturen, houden, doen [zaken]; ~*ed tour* gezelschapsreis; **III** *wederk*: ~ *oneself* zich gedragen
conduction *znw* geleiding
conductive *znw* geleidend (m.b.t. stroom, warmte &)
conductor [kən'dʌktə] *znw* (ge)leider; *muz* dirigent; conducteur; geleidraad; bliksemafleider
conductress [kən'dʌktris, -tres, -trəs] *znw* conductrice
conduit ['kɔndit, *elektr* 'kɔndjuit] *znw* leiding, buis

cone [koun] **I** *znw* kegel, conus; dennenappel, pijnappel; hoorntje *o* (met ijs); **II** *overg*: ~ *off* met pylonen afzetten/markeren [bij wegwerkzaamheden &]
coney ['kouni] *znw* = *cony*
confab ['kɔnfæb] *znw* gemeenz babbeltje *o*, praatje *o*
confabulate [kən'fæbjuleit] *onoverg* praten, keuvelen, kouten
confection [kɔn'fekʃən] *znw* bereiding; suikergoed *o*; (dames)confectieartikel *o*
confectioner *znw* fabrikant (handelaar) in suikergoed, banket &
confectionery *znw* suikergoed *o*, banket *o*, banketbakkerij
confederacy [kən'fedərəsi] *znw* verbond *o*, (staten)bond; complot *o*
confederate [kən'fedərit] **I** *bn* verbonden; bonds-; **II** *znw* bondgenoot; medeplichtige; **III** *overg* [kən'fedəreit] federaliseren, verenigen; **IV** *onoverg* een verbond sluiten, een federatie vormen, zich verbinden; medeplichtig zijn
confederation [kənfedə'reiʃən] *znw* verbond *o*, bondgenootschap *o*, (staten-)bond
confer [kən'fə:] **I** *overg* verlenen, schenken aan (*upon*); **II** *onoverg* beraadslagen, confereren
conference ['kɔnfərəns] *znw* conferentie; bespreking
conferment [kɔn'fə:mənt] *znw* verlening
confess [kən'fes] **I** *overg* bekennen, erkennen; belijden, (op)biechten; [iem.] de biecht afnemen; ~*ed* erkend; **II** *onoverg* bekennen; ~ *to* be-, erkennen, toegeven dat
confession *znw* bekentenis, (geloofs-) belijdenis; biecht
confessional *bn & znw* belijdenis-; biecht-; ~ *(box)* biechtstoel
confessor *znw* biechtvader; belijder [heilige niet-martelaar]
confidant(e) [kɔnfi'dænt] *znw* vertrouweling(e)
confide [kən'faid] **I** *onoverg*: ~ *in* in vertrouwen nemen; **II** *overg* toevertrouwen (aan *to*)
confidence ['kɔnfidəns] *znw* (zelf-) vertrouwen *o*, vrijmoedigheid; vertrouwelijke mededeling, confidentie; *in* ~ in vertrouwen; ~ *man* oplichter; ~ *trick* oplichterij
confident *bn* vol vertrouwen; overtuigd; vrijmoedig
confidential [kɔnfi'denʃəl] *bn* vertrouwelijk; vertrouwens-; ~ *clerk* procuratiehouder
confidentiality ['kɔnfidenʃi'æləti] *znw* vertrouwelijkheid
confiding [kən'faidiŋ] *bn* vol vertrouwen; geen kwaad vermoedend, onbevangen; openhartig
confidingly *bijw* ook: op vertrouwelijke toon, vertrouwelijk
configuration [kənfigju'reiʃən] *znw* uiterlijke gedaante, vorm, schikking; configuratie
confine ['kɔnfain] **I** *znw* grens (meestal ~*s*); **II** *overg* [kən'fain] bepalen, beperken, be-

grenzen; in-, opsluiten, mil in arrest stellen; *be ~d* in het kraambed liggen; *~ to barracks* mil consigneren; kwartierarrest geven; **III** *wederk:* ~ *oneself to* zich bepalen tot

confinement [kən'fainmənt] *znw* beperking, begrenzing; opsluiting; (kamer-) arrest *o*; bevalling; *~ to barracks* mil kwartierarrest *o*

confirm [kən'fə:m] *overg* bevestigen, (ver-) sterken, bekrachtigen; arresteren [notulen &]; aannemen, RK vormen; *be ~ed* zijn belijdenis doen

confirmation [kɔnfə'meiʃən] *znw* bevestiging, versterking, bekrachtiging; aanneming, belijdenis, RK vormsel *o*; ~ *class(es)* catechisatie

confirmatory [kən'fə:mətəri] *bn* bevestigend

confirmed *bn* verstokt, onverbeterlijk, aarts-

confiscate ['kɔnfiskeit] *overg* verbeurd verklaren, confisqueren

confiscation [kɔnfis'keiʃən] *znw* confiscatie, verbeurdverklaring

conflagration [kɔnflə'greiʃən] *znw* (zware) brand

conflate [kən'fleit] *overg* doen samensmelten

conflict ['kɔnflikt] **I** *znw* conflict *o*, botsing[2], strijd; **II** *onoverg* [kən'flikt] botsen, strijden, in botsing komen; *~ing* (tegen)strijdig

confluence ['kɔnfluəns] *znw* samenvloeiing, samenkomst; samenloop; toeloop

confluent I *bn* samenvloeiend, samenkomend; **II** *znw* zijrivier

conform [kən'fɔ:m] **I** *overg* richten, schikken, regelen (naar *to*), in overeenstemming brengen (met *to*); **II** *onoverg* zich schikken, richten, regelen, voegen (naar *to*), zich conformeren (aan *to*), niet strijdig zijn (met *to*)

conformist [kən'fɔ:mist] **I** *znw* conformist, lid *o* van de Engelse staatskerk; **II** *bn* conformistisch

conformity *znw* inschikkelijkheid; conformisme *o*; *in ~ with* in overeenstemming met, overeenkomstig

confound [kən'faund] *overg* verwarren, in de war brengen, dooreengooien; beschamen; verijdelen; ~ *it!* verdraaid!, verdorie!

confounded *bn* versterkend verduiveld, bliksems, verdraaid

confraternity [kɔnfrə'tə:niti] *znw* broederschap

confront [kən'frʌnt] *overg* staan (stellen) tegenover, tegenover elkaar stellen; het hoofd bieden; vergelijken (met *with*); confronteren[2]

confrontation [kɔnfrʌn'teiʃən] *znw* vergelijking; confrontatie[2]

confuse [kən'fju:z] *overg* verwarren, verbijsteren; door elkaar halen

confusedly *bijw* verward, verbijsterd, verlegen, bedremmeld

confusing *bn* verwarrend

confusion *znw* verwarring, verwardheid, wanorde; bedremmeldheid, verlegenheid,

beschaming; ~ *of tongues* spraakverwarring

confute [kən'fju:t] *overg* weerleggen

congeal [kən'dʒi:l] *onoverg & overg* (doen) stremmen, stollen, bevriezen

congenial [kən'dʒi:niəl] *bn* sympathiek; prettig, passend

congenital [kən'dʒenitl] *bn* aangeboren, congenitaal; erfelijk, van de geboorte af

congest [kən'dʒest] *overg* verstoppen, congestie veroorzaken; ~*ed* ook: overbevolkt, overladen, overvol, verstopt

congestion *znw* congestie[2], aandrang, ophoping, opstopping [van verkeer]

conglomerate [kən'glɔmerit] *znw* conglomeraat *o*, (samen)klontering; handel conglomeraat *o*, concern *o*

conglomeration [kənglɔmə'reiʃən] *znw* samenpakking, opeenhoping; conglomeraat *o*

Congo ['kɔŋgou] *znw* Kongo(-Brazzaville) *o*

Congolese [kɔŋgou'li:z] **I** *znw* (*mv* idem) Kongolees, Kongolezen; **II** *bn* Kongolees

congratulate [kən'grætjuleit] *overg* gelukwensen, feliciteren (met *on, upon*)

congratulation [kəngrætju'leiʃən] *znw* gelukwens, felicitatie

congratulatory [kən'grætjulətəri] *bn* gelukwensend, felicitatie-

congregate ['kɔŋgrigeit] **I** *onoverg* vergaderen, zich verzamelen, bijeenkomen; **II** *overg* bijeenbrengen, verzamelen

congregation [kɔŋgri'geiʃən] *znw* (kerkelijke) gemeente; RK broederschap, congregatie

congress ['kɔŋgres] *znw* congres *o*, vergadering, bijeenkomst; *the C~* Am het Congres [wetgevende vergadering]; zie ook: *Trades Union Congress*

congressional [kɔŋ'greʃənəl] *bn* congres-; Am betreffende het Congres

Congressman, Congresswoman ['kɔŋgresm@n, -wumən] *znw* Am lid *o* van het Congres

congruence ['kɔŋgruəns] *znw* overeenstemming; congruentie

congruent *bn* overeenstemmend; congruent

congruity [kɔŋ'gruiti] *znw* overeenstemming

conic(al) ['kɔnik(l)] *bn* kegelvormig, kegel-

conifer ['kounifə] *znw* conifeer, naaldboom

conjectural [kən'dʒektʃərəl] *bn* conjectraal: op gissingen berustend

conjecture I *znw* vermoeden *o*, gissing, veronderstelling, conjectuur; **II** *overg* vermoeden, gissen, veronderstellen

conjoin [kən'dʒɔin] **I** *overg* samenvoegen, verbinden, verenigen; **II** *onoverg* zich verenigen

conjoint ['kɔndʒɔint] *bn* samengevoegd, verenigd; tegevoegd; mede-

conjugal ['kɔndʒugəl] *bn* echtelijk, huwelijks-

conjugate ['kɔndʒugeit] *overg* gramm vervoegen

conjugation [kɔndʒu'geiʃən] *znw* gramm vervoeging

conjunct [kən'dʒʌŋkt] *bn* verenigd; toegevoegd

conjunction *znw* vereniging; conjunctie [v. sterren]; samenloop (van omstandigheden); *gramm* voegwoord o; *in ~ with* samen met

conjunctive [kən'dʒʌŋktiv] I *bn gramm* aanvoegend; verbindings-; II *znw gramm* aanvoegende wijs

conjunctivitis [kən'dʒʌŋkti'vaitis] *znw* med bindvliesontsteking

conjuncture [kən'dʒʌŋktʃə] *znw* samenloop (van omstandigheden); crisis

conjure ['kʌndʒə] I *overg:* ~ *(up)* oproepen [beelden &]; te voorschijn toveren; *gemeenz* vandaan halen, ophoesten; II *onoverg* toveren; goochelen; *conjuring trick* goocheltruc; *a name to ~ with* een grote, invloedrijke naam

conjurer, conjuror *znw* goochelaar

conk [kɔŋk] I *znw gemeenz* kokkerd (van een neus); II *onoverg:* ~ *out gemeenz* het begeven, het opgeven

conker ['kɔŋkə] *znw* wilde kastanje; ~s kinderspel waarbij men elkaars kastanje tracht stuk te slaan

con-man ['kɔnmæn] *znw* = *confidence man*

connect [kə'nekt] I *overg* verbinden (ook: ~ *up*), verenigen, aan(een)sluiten; in verband brengen; ~*ed* ook: samenhangend; *well* ~*ed* van goede familie; II *onoverg* aansluiten, aansluiting hebben, in verbinding staan

connecting-rod *znw* drijfstang

connection *znw* verbinding, verband o, samenhang, band; aansluiting [v. treinen &]; connectie; familie(betrekking), familielid o; relatie(s)

connective I *bn* verbindend; ~ *tissue* bindweefsel o; II *znw* verbindingswoord o

connivance [kə'naivəns] *znw* oogluikend toelaten o

connive *onoverg:* ~ *at* oogluikend toelaten, door de vingers zien; ~ *(with)* heulen met

connoisseur [kɔni'sə:] *znw* (kunst)kenner

connotation [kɔnou'teiʃən] *znw* connotatie, (bij)betekenis

connote [kɔ'nout] *overg* (mede)betekenen

connubial [kə'nju:biəl] *bn* echtelijk, huwelijks-

conquer ['kɔŋkə] *overg* veroveren (op *from*); overwinnen

conqueror *znw* overwinnaar; veroveraar

conquest ['kɔŋkwest] *znw* overwinning; verovering

consanguinity *znw* (bloed)verwantschap

conscience ['kɔnʃəns] *znw* geweten o; *in (all) ~, upon my ~* in gemoede, waarachtig

conscientious [kɔnʃi'enʃəs] *bn* consciëntieus, nauwgezet, angstvallig; gewetens-; zie ook: *objector*

conscious ['kɔnʃəs] *bn* bewust; bij kennis; ~ *of* zich bewust van

consciousness ['kɔnʃəsnis] *znw* bewustheid; bewustzijn o

conscript ['kɔnskript] I *znw* mil dienstplich-

tige, loteling, milicien; II *overg* [kən'skript] oproepen [voor militaire dienst], inlijven

conscription *znw* dienstplicht

consecrate ['kɔnsikreit] *overg* toewijden, (in)wijden, inzegenen, heiligen; RK consecreren

consecration [kɔnsi'kreiʃən] *znw* (in)wijding, inzegening, heiliging; RK consecratie

consecutive [kən'sekjutiv] *bn* opeenvolgend; *gramm* gevolgaanduidend, ... van gevolg

consensus [kən'sensəs] *znw* overeenstemming, unanimiteit

consent [kən'sent] I *onoverg* toestemmen (in *to*); II *znw* toestemming; *by common ~* zoals algemeen erkend wordt; eenstemmig; *with one ~* eenstemmig, eenparig; *age of ~* huwbare leeftijd

consequence ['kɔnsikwəns] *znw* gevolg o; belang o, betekenis, gewicht o, invloed; *in ~ dientengevolge; in ~ of* ten gevolge van; *of ~* van groot belang

consequent I *bn* daaruit volgend; volgend (op *on, upon*); II *znw* erop volgende/eruit voortvloeiende gebeurtenis

consequential [kɔnsi'kwenʃəl] *bn* volgend; belangrijk, gewichtig

consequently ['kɔnsikwəntli] *bijw* bijgevolg, dus

conservancy [kən'sə:vənsi] *znw* = *conservation*

conservation [kɔnsə'veiʃən] *znw* behoud o, instandhouding; natuurbehoud o, milieubeheer o; ± monumentenzorg

conservationist *znw* natuurbeschermer, milieubeschermer

conservatism [kən'sə:vətizm] *znw* conservatisme o, behoudzucht

conservative I *bn* behoudend, conservatief; voorzichtig, aan de lage kant, matig [v. schatting]; II *znw* conservatief; *C~* lid v.d. *Conservative Party* [in Groot-Brittannië]

conservatoire [kən'sə:vətwa:] *znw* conservatorium o

conservator [kən'sə:vətə] *znw* bewaarder

conservatory *znw* serre, broeikas; conservatorium o

conserve [kən'sə:v] I *overg* conserveren, in stand houden; zuinig zijn met (iets), sparen; II *znw* ingemaakt fruit o, ingemaakte groente (meestal ~s)

consider [kən'sidə] *overg* beschouwen, overdenken, letten op; overwegen, (na-)denken over, nagaan, (be)denken; in aanmerking nemen, rekening houden met, ontzien; beschouwen als, achten, houden voor, van mening zijn

considerable *bn* aanzienlijk, aanmerkelijk; vrij wat; geruime [tijd]

considerate *bn* attent, voorkomend, vriendelijk, kies

consideration [kənsidə'reiʃən] *znw* beschouwing, overweging, beraad o, achting; consideratie, attentie; aanzien o; vergoeding; *in ~ of* met het oog op; ter wille (vergelding) van, voor; *take into ~* in overweging nemen; in aanmerking nemen; *on no ~, not on any ~* voor geen geld (ter wereld); in geen geval; *out of ~ for* met het oog op, ter wille van

considering [kən'sidəriŋ] **I** *voorz* in aanmerking genomen; **II** *bijw* naar omstandigheden; *not so bad, ~* onder de gegeven omstandigheden zo slecht nog niet

consign [kən'sain] *overg* overdragen, toevertrouwen; deponeren; zenden; handel consigneren; *~ to oblivion* aan de vergetelheid prijsgeven

consignee [kɔnsai'ni:] *znw* handel geconsigneerde, geadresseerde

consigner, consignor [kən'sainə] *znw* handel consignatiegever, afzender

consignment *znw* overdracht; handel consignatie; *~ note* vrachtbrief

consist [kən'sist] *onoverg* bestaan; *~ in (of)* bestaan in (uit); *~ with* samengaan met

consistency *znw* consequent zijn o, samenhang; vastheid, dichtheid; dikte; trouw, standvastigheid

consistent *bn* consequent; *~ with* bestaanbaar of verenigbaar met, overeenkomstig

consolation [kɔnsə'leiʃən] *znw* troost; *~ prize* troostprijs

consolatory [kən'sɔlətəri] *bn* troostend, troost-

1 console [kɔn'soul] *znw* toetsenbord o; techn bedieningspaneel o, schakelbord o, controlepaneel o; comput console

2 console [kən'soul] *overg* troosten

consolidate [kən'sɔlideit] **I** *overg* vast (hecht) maken, versterken, bevestigen; samenvoegen, verenigen; stabiliseren, verstevigen, consolideren; **II** *onoverg* vast (hecht) worden; zich verenigen, aaneensluiten

consolidation [kənsɔli'deiʃən] *znw* versterking, bevestiging; vereniging; consolidatie, stabilisatie

consols [kən'sɔlz,'kɔnsɔlz] *znw mv* Britse staatsschuldpapieren

consommé ['kɔnsɔmei, kən'sɔmei] *znw* consommé, heldere soep

consonant I *bn* gelijkluidend, overeenstemmend, in overeenstemming (met *with & to*); **II** *znw* consonant, medeklinker

1 consort ['kɔnsɔ:t] *znw* gemaal, gemalin; consort o, (instrumentaal) ensemble o

2 consort [kən'sɔ:t] *onoverg* omgaan, optrekken (met *with*); samengaan, overeenstemmen (met *with*); (goed)komen (bij *with*)

consortium [kən'sɔ:tjəm] *znw (mv: -s of* consortia) consortium o

conspicuous [kən'spikjuəs] *bn* in het oog vallend, opvallend, duidelijk zichtbaar, uitblinkend, uitstekend; pronkzuchtig; *~ by one's absence* schitteren door afwezigheid

conspiracy [kən'spirəsi] *znw* samenzwering, samenspanning, complot o; *~ of silence* het doodzwijgen, doodzwijgcampagne

conspirator *znw* samenzweerder

conspire [kən'spaiə] *onoverg* samenzweren, samenspannen, complotteren; samenwerken, meewerken

constable ['kʌnstəbl] *znw* politieagent; hist opperstalmeester; slotvoogd; *chief ~* ±

commissaris van politie

constabulary [kən'stæbjuləri] *znw* politiemacht, -korps o, politie

constancy ['kɔnstənsi] *znw* standvastigheid, bestendigheid, vastheid, trouw (aan *to*)

constant I *bn* standvastig, bestendig, vast, voortdurend, constant, trouw; **II** *znw* constante

constellation [kɔnstə'leiʃən] *znw* constellatie, sterrenbeeld o, gesternte o

consternation [kɔnstə'neiʃən] *znw* ontsteltenis, verslagenheid

constipation [kɔnsti'peiʃən] *znw* constipatie, verstopping, hardlijvigheid

constituency [kən'stitjuənsi] *znw* (gezamenlijke kiezers van een) kiesdistrict o

constituent I *bn* samenstellend; constituerend; *~ part* bestanddeel o; **II** *znw* kiezer; bestanddeel o, onderdeel o

constitute ['kɔnstitju:t] *overg* samenstellen, (uit)maken, vormen; instellen, vestigen, benoemen, aanstellen (tot); constitueren; *~ oneself the...* zich opwerpen tot...

constitution [kɔnsti'tju:ʃən] *znw* samenstelling, vorming; constitutie, (lichaams)gestel o; staatsregeling, grondwet; beginselverklaring, statuten, statuut o [v.d. bank]

constitutional I *bn* van het gestel; grondwettelijk, -wettig, constitutioneel; (volgens de statuten) geoorloofd; **II** *znw* wandeling (als lichaamsbeweging)

constitutive ['kɔnstitju:tiv] *bn* samenstellend, wezenlijk; bepalend, wetgevend, constitutief

constrain [kən'strein] *overg* bedwingen, dwingen, noodzaken; vastzetten, opsluiten; *~ed* gedwongen, onnatuurlijk

constraint *znw* dwang; opsluiting; gedwongenheid

constrict [kən'strikt] *overg* samentrekken; insnoeren; samendrukken; zich laten samentrekken; fig beperken

constriction *znw* samentrekking

construct I *znw* ['kɔnstrʌkt] conceptie, constructie; denkbeeld o, concept o; **II** *overg* [kən'strʌkt] (op)bouwen, aanleggen, construeren

construction *znw* bouw; samenstelling, inrichting; aanleg; maaksel o; constructie; zinsbouw; uitlegging, verklaring; *under ~* in aanbouw

constructional *bn* constructie-

constructive *bn* opbouwend, constructief

constructor *znw* bouwer, maker; scheepsbouwmeester

construe [kən'stru:] *overg* uitleggen, verklaren; construeren; ontleden

consul ['kɔnsəl] *znw* consul

consular *znw* consulair

consulate *znw* consulaat o

consult [kən'sʌlt] **I** *overg* consulteren, raadplegen, rekening houden met; **II** *onoverg* beraadslagen (over *on, about*; met *with*), overleggen

consultancy *znw* adviesbureau o

consultant *znw* in consult geroepen geneesheer; medisch specialist; adviseur; consultant

80

consultation [kɔnsəl'teiʃən] *znw* raadpleging, beraadslaging, overleg o, inspraak, ruggespraak; consult o [v. dokter]
consultative [kən'sʌltətiv] *bn* raadgevend, adviserend; overleg-
consulting-room *znw* spreekkamer
consume [kən'sju:m] *overg* verbruiken, gebruiken, verteren[2]; ~d with verteerd door
consumer *znw* verbruiker, koper, consument; ~ society consumptiemaatschappij
consumerism [kən'sju:mərizm] *znw* bescherming van consumentenbelangen
consummate I *bn* ['kɔn'sjəmət] volkomen, volmaakt, volleerd, doortrapt; **II** *overg* ['kɔnsjəmeit] voltrekken, voltooien, in vervulling doen gaan
consumption [kən'sʌm(p)ʃən] *znw* consumptie, vertering; verbruik o; med tering: longtuberculose
consumptive I *bn* consumptief, consumptie-, verbruiks-; tuberculeus; **II** *znw* tbc-patiënt
contact ['kɔntækt] **I** *znw* contact o (ook = med contactpersoon; ook = ~ man verbindingsman); aanraking; **II** *overg* contact maken of (op)nemen met
contact lens *znw* contactlens
contagion [kən'teidʒən] *znw* besmetting; besmettelijkheid; smetstof; fig verderfelijke invloed
contagious *bn* besmettelijk; fig aanstekelijk [enthousiasme &]
contain [kən'tein] **I** *overg* bevatten, inhouden, behelzen, insluiten; in bedwang houden, bedwingen; mil vasthouden, binden; be ~ed in vervat zijn in; **II** *wederk*: ~ oneself zich inhouden, zich bedwingen
container *znw* reservoir o, houder, vat o, bak, bus, blik o, doos, koker &; container, laadkist [v. spoorwegen]
containment [kən'teinmənt] *znw* indamming, bestrijding van expansie
contaminate [kən'tæmineit] *overg* besmetten, bezoedelen, bevlekken; bederven
contamination [kəntæmi'neiʃən] *znw* besmetting, bezoedeling, bevlekking; bederf o
contemplate ['kɔntempleit] **I** *overg* beschouwen, overpeinzen; denken over; van plan zijn, in de zin hebben, beogen; ~d ook: voorgenomen; **II** *onoverg* peinzen
contemplation [kɔntem'pleiʃən] *znw* beschouwing; contemplatie, (godsdienstige) bespiegeling; overpeinzing; in ~ in overweging
contemplative [kən'templətiv] *bn* beschouwend, beschouwelijk, contemplatief, bespiegelend, peinzend
contemporaneous [kəntempə'reinjəs] *bn* gelijktijdig, van (uit) dezelfde (leef)tijd
contemporary [kən'tempərəri] **I** *bn* gelijktijdig, van dezelfde (leef)tijd (als with); van die tijd; hedendaags, van onze tijd, eigentijds, contemporain; **II** *znw* tijdgenoot; leeftijdgenoot
contempt [kən'tem(p)t] *znw* minachting, verachting; hold in ~ verachten
contemptible *bn* verachtelijk

contemptuous *bn* minachtend, verachtend, verachtelijk; ~ of minachting hebbend voor
contend [kən'tend] **I** *onoverg* strijden, twisten, vechten, worstelen, kampen (met with; voor, om for); **II** *overg* beweren, betogen
contender *znw* mededinger
1 content [kən'tent] **I** *znw* tevredenheid, voldoening; to one's heart's ~ naar hartenlust; **II** *bn* tevreden, voldaan; **III** *overg* tevreden stellen
2 content ['kɔntent] *znw* inhoud; gehalte o; ~s inhoud
contented [kən'tentid] *bn* tevreden
contention [kən'tenʃən] *znw* twist, strijd; bewering, standpunt o, opvatting
contentious *znw* twistziek; twist-; controversieel
contentment [kən'tentmənt] *znw* tevredenheid
contest ['kɔntest] **I** *znw* geschil o, twist, (wed)strijd, prijsvraag, kamp; **II** *overg* [kən'test] betwisten; ~ (a seat in Parliament) zich kandidaat stellen (voor); **III** *onoverg* twisten (met with); strijden (om for)
contestant *znw* deelnemer [aan wedstrijd], mededinger
context ['kɔntekst] *znw* samenhang, verband o, context
contextual [kɔn'tekstjuəl, -tʃwəl] *bn* contextueel
contiguity [kɔnti'gjuiti] *znw* aangrenzing, nabijheid
contiguous [kən'tigjuəs] *bn* belendend, rakend, aangrenzend
continence ['kɔntinəns] *znw* onthouding, matigheid, zelfbeheersing; kuisheid
continent I *bn* zich onthoudend, sober; kuis; de beheersing hebbend over de urineblaas; **II** *znw* vasteland o; werelddeel o; the C~ het Continent, het vasteland van Europa
continental [kɔnti'nentl] **I** *bn* van het vasteland, vastelands-; continentaal; Europees [tegenover Brits]; **II** *znw* bewoner v.h. vasteland v. Europa
contingency [kən'tindʒənsi] *znw* toevalligheid; mogelijkheid; eventualiteit, (toevallige) gebeurtenis; onvoorziene uitgave; ~ plan rampenplan o
contingent I *bn* toevallig; mogelijk; onzeker; afhankelijk (van on), gepaard gaande (met on); **II** *znw* contingent o, aandeel o, bijdrage; vertegenwoordiging, afvaardiging
continual [kən'tinjuəl] *bn* aanhoudend, gestadig, voortdurend, gedurig, bestendig
continuance *znw* gestadigheid, voortduring, voortzetting, bestendiging, duur; verblijf o
continuation [kəntinju'eiʃən] *znw* voortduring, voortzetting, vervolg o; prolongatie
continuative [kən'tinjuətiv] *bn* voortzettend, voortdurend
continue I *onoverg* aanhouden, voortduren; voortgaan (met); **II** *overg* voortzetten, vervolgen, bestendigen; verlengen; door-

trekken; handhaven

continuity [kɔnti'nju:iti] *znw* samenhang, verband o; continuïteit; draaiboek o [v. film]; ~ *girl* script-girl

continuous [kən'tinjuəs] *bn* samenhangend; onafgebroken; doorlopend; aanhoudend, voortdurend; continu

contort [kən'tɔ:t] *overg* (ver)draaien, (ver-) wringen

contortion *znw* verdraaiing, verwringing, verrekking

contortionist *znw* slangenmens

contour ['kɔntuə] *znw* omtrek; ~ *line* hoogtelijn; ~ *map* hoogtekaart

contraband ['kɔntrəbænd] **I** *znw* contrabande, sluikhandel; smokkelwaar; **II** *bn* smokkel-; verboden

contrabass ['kɔntrə'beis] *znw* contrabas

contraception [kɔntrə'sepʃən] *znw* anticonceptie, contraceptie

contraceptive **I** *znw* anticonceptiemiddel o, voorbehoedmiddel o; **II** *bn* anticonceptioneel

contract ['kɔntrækt] **I** *znw* contract o, verdrag o, overeenkomst, verbintenis; *by private* ~ onderhands; ~ *work* aangenomen werk o; **II** *overg* [kən'trækt] samentrekken; inkrimpen; aangaan, sluiten; aannemen; oplopen, zich op de hals halen; contracteren; ~ *out* uitbesteden [werk]; **III** *onoverg* zich samentrekken, inkrimpen; contracteren; ~*ing out clause* ontsnappingsclausule; ~ *for* zich verbinden tot, aannemen [werk], contracteren; ~ *out* niet meer meedoen, bedanken (voor *of*)

contractible *bn* samentrekbaar; (zich) samentrekkend

contraction *znw* samentrekking, verkorting; inkrimping; (barens)wee

contractor *znw* aannemer, leverancier; anat samentrekker [spier]

contractual *bn* contractueel

contradict [kɔntrə'dikt] *overg* tegenspreken

contradiction *znw* tegenspraak, tegenstrijdigheid

contradictory *bn* tegenstrijdig, strijdig, in tegenspraak (met *to*)

contradistinction [kɔntrədis'tiŋ(k)ʃən] *znw* onderscheid o; *in* ~ *to* in tegenstelling met

contralto [kən'træltou] *znw* alt(stem)

contraption [kən'træpʃən] *znw* gemeenz (gek uitziende) machine of instrument o; toestand, geval o, ding o, apparaat o

contrariety [kɔntrə'raiəti] *znw* tegenstrijdigheid; contrast o; tegenwerking, tegenslag[2]

1 contrary ['kɔntrari] **I** *bn* tegengesteld, strijdig; ander; tegen-; ~ *to* in strijd met, tegen; **II** *bijw*: ~ *to* tegen (... in); **III** *znw* tegen(over)gestelde o, tegendeel o; *on the* ~ integendeel; daarentegen

2 contrary [kən'trɛəri] *bn* gemeenz in de contramine, dwars, tegendraads

contrast ['kɔntra:st] **I** *znw* tegenstelling, contrast[2] o; **II** *overg* [kən'tra:st] tegenover elkaar stellen; stellen (tegenover *with*); **III** *onoverg* een tegenstelling vormen (met *with*), afsteken (bij *with*), contrasteren

contravene [kɔntrə'vi:n] *overg* tegenwerken, ingaan tegen; overtreden

contravention *znw* overtreding

contribute [kən'tribjut] **I** *overg* bijdragen; **II** *onoverg* medewerken, bijdragen; ~ *to* ook: bevorderen

contribution [kɔntri'bju:ʃən] *znw* bijdrage; belasting, brandschatting

contributor [kən'tribjutə] *znw* medewerker (aan een krant &)

contributory **I** *bn* bijdragend, medebepalend; **II** *znw* handel (mede)aansprakelijke aandeelhouder [bij liquidatie]

contrite ['kɔntrait] *bn* berouwvol, door wroeging verteerd

contrition [kən'triʃən] *znw* diep berouw o, wroeging

contrivance [kən'traivəns] *znw* vindingrijkheid, (uit)vinding, list; middel o, toestel o, inrichting, ding o

contrive *overg* vinden, uit-, bedenken, verzinnen, beramen, overleggen, het aanleggen; ~ *to* weten te..., kans zien om te...

contrived *bn* gekunsteld, onnatuurlijk, gezocht

control [kən'troul] **I** *znw* beheer o, bestuur o; leiding, regeling; techn bediening, besturing, [volume- &] regelaar, bedieningspaneel o; controle, toezicht o; beperking; bedwang o; (zelf)beheersing, macht; zeggenschap; bestrijding [v. ziekten &]; ~*s* techn stuurinrichting, stuurorganen; *beyond* ~ onhandelbaar; *out of* ~ niet te regeren (besturen), stuurloos, onbestuurbaar; uit de hand gelopen [v. toestand]; *bring (get) inflation under* ~ de inflatie de baas worden; **II** *overg* beheren, besturen; leiden, regelen; techn bedienen; bedwingen, in bedwang houden, beheersen, regeren; bestrijden [ziekten &]; controleren

control column *znw* stuurknuppel

controllable *bn* bestuurbaar, te regeren &, zie *control II*

controller *znw* controleur; afdelingshoofd o; penningmeester; controller

control lever *znw* versnellingshendel [v. auto]

control panel *znw* techn bedieningspaneel o

control room *znw* techn controlekamer, vluchtleidingscentrum o, schakelkamer

control tower *znw* luchtv verkeerstoren

controversial [kɔntrə'və:ʃəl] *bn* polemisch, twist-, strijd-; omstreden, controversieel

controversy [kən'trɔvəsi, 'kɔntrəvə:si] *znw* geschil o, controverse, polemiek, dispuut o; *beyond (without)* ~ buiten kijf

contumacious [kɔntju'meiʃəs] *bn* weerspannig, zich verzettend; recht ongehoorzaam aan een bevel v.e. rechter, weerspannig

contumacy ['kɔntjuməsi] *znw* weerspannigheid; recht ongehoorzaamheid, weerspannigheid

contumelious [kɔntju'mi:liəs] *bn* smalend, honend, minachtend

contumely ['kɔntjumili] *znw* smaad, hoon, minachting

contusion *znw* kneuzing

conundrum [kə'nʌndrəm] znw raadsel o

conurbation [kɔnə:'beiʃən] znw stedelijke agglomeratie

convalesce [kɔnvə'les] onoverg herstellende zijn

convalescence znw herstel o

convalescent I bn herstellend; ~ home herstellingsoord o; II znw herstellende zieke

convection [kən'vek∫(ə)n] znw natuurkunde, meteorologie convectie; ~ heater heteluchtkachel

convene [kən'vi:n] I overg bijeen-, samenroepen, oproepen; II onoverg bijeen-, samenkomen

convener znw = convenor

convenience [kən'vi:njəns] znw geschiktheid, gepastheid; gerief o, geriefelijkheid, gemak o; (public) ~ (openbaar) toilet o; marriage of ~ verstandshuwelijk o; at your earliest ~ zodra het u schikt; for ~ voor het gemak, gemakshalve

convenience food znw kant-en-klaarmaaltijd, diepvriesmaaltijd

convenient bn gemakkelijk, geriefelijk, geschikt; gelegen (komend)

convenor [kən'vi:nə] znw voorzitter

convent ['kɔnvənt] znw (vrouwen)klooster o; ~ school nonnenschool

convention [kən'venʃən] znw bijeenkomst, vergadering; overeenkomst, verdrag o, verbond o, afspraak; (de) conventie

conventional bn conventioneel

conventionality [kənvenʃə'næ1iti] znw conventionele o

conventionalize [kən'venʃə'nəlaiz] overg conventioneel maken; stileren

converge [kən'və:dʒ] onoverg convergeren, in één punt samenkomen

convergence znw convergentie

convergent, converging bn convergerend, in één punt samenkomend

conversant [kən'və:sənt, 'kɔnvəsənt] bn bedreven, thuis, ervaren, vertrouwd (met with)

conversation [kɔnvə'seiʃən] znw conversatie, gesprek o; make ~ wat zeggen

conversational bn van de omgangstaal; gemeenzaam; spraakzaam

1 converse [kən'və:s] onoverg converseren, spreken, zich onderhouden

2 converse ['kɔnvə:s] I bn omgekeerd; II znw omgekeerde o

conversion [kən'və:ʃən] znw 1 omkering, omzetting, verandering, verbouwing [v. winkel &], conversie; herleiding, omrekening; fig omschakeling; bekering; recht verduistering; 2 huis o opgesplitst in appartementen

convert [kən'və:t] I overg omkeren, omzetten, veranderen; verbouwen [winkel &]; herleiden; omrekenen; converteren; fig omschakelen; bekeren; aanwenden (ten eigen bate), verduisteren; II onoverg (een) verandering(en) ondergaan, omzetbaar zijn (in); zich bekeren (tot); III znw ['kɔnvə:t] bekeerling(e)

converter [kən'və:tə] znw elektr convertor, omzetter; techn bessemerpeer

convertible [kən'və:tibl] I bn omzet-, omkeerbaar; in-, verwisselbaar, converteerbaar; II znw auto cabriolet

convex ['kɔnveks] bn convex, bol(rond)

convey [kən'vei] overg overbrengen, vervoeren; overdragen; mededelen; uitdrukken; geven

conveyance znw overbrengen o, vervoer o; overdracht; vaartuig o, voertuig o

conveyer, conveyor znw overbrenger; vervoerder; techn transportband (~ belt); lopende band

convict ['kɔnvikt] I znw (crimineel) veroordeelde, boef; dwangarbeider; II overg [kən'vikt] schuldig verklaren, veroordelen

conviction znw schuldigverklaring, veroordeling; (vaste) overtuiging

convince [kən'vins] overg overtuigen

convincing bn overtuigend

convivial [kən'viviəl] bn feestelijk, vrolijk, gezellig

convocation [kɔnvə'keiʃən] znw op-, bijeenroeping, convocatie, bijeenkomst; provinciale synode van de Engelse staatskerk

convoke [kən'vouk] overg op-, bijeenroepen, convoceren

convolution [kənvə'lu:ʃən] znw kronkel(ing)

convoy ['kɔnvɔi] I overg konvooieren, escorteren, begeleiden; II znw konvooi o, escorte o, geleide o

convulse [kən'vʌls] I overg doen schokken, doen stuiptrekken; in beroering brengen; doen schudden van het lachen; II onoverg krampachtig samentrekken, stuiptrekken

convulsion znw stuiptrekking, schok[2]; schudden [v.h. lachen]; fig opschudding; ~s stuipen; onbedaarlijk gelach o

convulsive bn kramp-, stuipachtig, spastisch

cony ['kouni] znw dierk konijn o; konijnenvel o

coo [ku:] I onoverg koeren, roekoeën, kirren[2]; II znw gekoer o; III tsw jeetje, jeminee

cook [kuk] I znw kokkin, kok; II overg koken, klaarmaken, bereiden; fig vervalsen, flatteren [balans &]; ~ up gemeenz verzinnen, bekokstoven; III onoverg koken, voedsel bereiden; what's ~ing? wat is er aan de hand?

cooker znw kook(toe)stel o, -fornuis o, -pan o; stoofappel, -peer &

cookery znw kookkunst

cookie znw chocoladekoekje o; Am koekje o; gemeenz vent, kerel; leuk meisje o

cooking I znw koken o, kookkunst; II als bn kook-, keuken-, stoof-

cool [ku:l] I bn koel, fris; kalm; (dood)leuk, brutaal, onverschillig; gemeenz uitgekookt; cool; a ~ hundred een slordige £ 100; play it ~! gemeenz wind je niet op!; II znw koelte; keep (lose) one's ~ zijn zelfbeheersing bewaren (verliezen); III onoverg & overg koelen, ver-, be-, afkoelen (ook: ~ down[2], ~ off); ~ one's heels moeten wachten; ~ it slang maak je niet zo dik, rustig maar

coolant *znw* koelmiddel *o*

cooler *znw* koeltas, -cel, -emmer; Am ijskast; techn koelinrichting; slang petoet, bak [gevangenis]

cool-headed *bn* koel, kalm

coolie ['ku:li] *znw* koelie

cooling tower *znw* koeltoren

coomb [ku:m] *znw* diepe vallei; kom

coon [ku:n] *znw* dierk wasbeer; geringsch roetmop, zwartjoekel

co-op ['kouɔp, kou'ɔp] *znw* gemeenz coöperatie

coop [ku:p] **I** *znw* kippenmand, kippenhok *o*; **II** *overg*: ~ *up* opsluiten

cooper [ku:pə] *znw* kuiper

cooperate, co-operate [kou'ɔpəreit] *onoverg* mede-, samenwerken

cooperation, co-operation *znw* [kouɔpə'reiʃən] mede-, samenwerking, coöperatie

cooperative, co-operative [kou'ɔpərətiv] *bn* mede-, samenwerkend; coöperatieve winkel, coöperatie (= ~ *store*); *be* ~ meewerken [v. patiënt, leerling &]

co-ordinate [kou'ɔ:dineit] **I** *bn* gelijkwaardig; coördinatief, nevenschikkend; **II** *znw* coördinaat; **III** *overg* [kou'ɔ:dineit] coördineren, rangschikken, ordenen; **IV** *onoverg* harmonieus samenwerken

co-ordination [kouɔ:di'neiʃən] *znw* coördinatie, rangschikking, ordening

coot [ku:t] *znw* (meer)koet

cop [kɔp] **I** *znw* gemeenz smeris; *it's a fair* ~ ik (je) stink(t) erin; ~*s and robbers* diefje met verlos [spel]; *not much* ~ slang niet veel zaaks; **II** *overg* te pakken krijgen; ~ *it* ook: ervan langs krijgen, last krijgen, het gelag betalen; ~ *out* ervandoor gaan

copartner [kou'pa:tnə] *znw* compagnon

copartnership *znw* vennootschap; winstdeling

1 cope [koup] *znw* kap, koorkap, mantel

2 cope [koup] **I** *onoverg*: ~ *with* het hoofd bieden aan; af-, aankunnen; helpen [patiënten]; verwerken, voorzien in, voldoen aan [aanvragen]; **II** *abs ww* het klaarspelen

copier ['kɔpiə] *znw* kopieerapparaat *o*

co-pilot ['kou'pailət] *znw* tweede piloot; bijrijder

copious ['koupjəs] *bn* overvloedig, uitvoerig, rijk(elijk), ruim

cop-out ['kɔpaut] *znw* gemeenz terugtrekking, afhaken *o*; uitvlucht

copper ['kɔpə] **I** *znw* 1 (rood)koper *o*; 2 ketel; 3 koperen munt; 4 gemeenz smeris; **II** *bn* koperen; **III** *overg* (ver)koperen

copperplate *znw* koperplaat; kopergravure; ~ *(writing)* keurig schrift *o*

copper-smith *znw* koperslager

coppice ['kɔpis] *znw* hakhout *o*, kreupelhout *o*, kreupelbosje *o*

copse [kɔps] *znw* = coppice

copula ['kɔpjulə] *znw* koppel(werk)woord *o*; verbinding

copulate ['kɔpjuleit] *onoverg* paren, copuleren

copulation [kɔpju'leiʃən] *znw* paring, copu-

latie, geslachtsgemeenschap

copulative ['kɔpjulətiv] *bn* verbindend

copy ['kɔpi] **I** *znw* afschrift *o*, kopie, fotokopie; kopij; exemplaar *o*, nummer *o*; (schrijf-)voorbeeld *o*; *it makes good* ~ er zit kopij in; **II** *overg* overschrijven, een kopie maken, kopiëren (ook: ~ *out*), naschrijven, natekenen; nabootsen, nadoen, namaken; overnemen

copy-book I *znw* (schoon)schrijfboek *o*, (schoon)schrift *o*; *blot one's* ~ zijn reputatie bevlekken; **II** *bn* perfect, volgens het boekje

copycat *znw* gemeenz na-aper, afkijker

copyholder *znw* erfpachter

copyright I *znw* auteursrecht *o*, copyright *o*; **II** *overg* het auteursrecht/copyright beschermen van; **III** *bn* waarvan het auteursrecht/copyright beschermd is; nadruk verboden

copywriter *znw* tekstschrijver [v. reclame], copywriter

coquette [kou'ket] *znw* behaagzieke vrouw

coquettish *bn* koket, behaagziek

coracle ['kɔrəkl] *znw* soort vissersboot

coral ['kɔrəl] **I** *znw* koraal *o*; koralen bijtring; **II** *bn* koralen; koraalrood

cord [kɔ:d] *znw* koord *o & v*, touw *o*, snoer *o*, band, streng; ribfluweel *o*, corduroy *o*; ~*s* corduroy broek; ~*ed* ook: geribd [v. stoffen]

cordage *znw* touwwerk *o*

cordial ['kɔ:diəl] **I** *bn* hartelijk; hartgrondig; **II** *znw* hartversterking; (ingedikt) vruchtensap *o*

cordon ['kɔ:dən] **I** *znw* (orde)lint *o*; bouwk muurlijst; kordon *o*; **II** *overg* door een kordon afsluiten (~ *off*)

cordon bleu ['kɔ:dɔ:(n) 'blə:] *znw* eersteklas kok; ~ *cookery* fijne keuken

corduroy ['kɔ:dərɔi] *znw* manchester *o*, corduroy *o*, ribfluweel *o*; ~*s* manchester- of corduroy broek

core [kɔ:] **I** *znw* binnenste *o*, hart² *o*, kern², klokhuis *o* [v. appel]; **II** *overg* boren [appels &]

corer ['kɔ:rə] *znw* appelboor

co-respondent ['kouris'pɔndənt] *znw* als medeplichtig gedaagde (bij echtscheidingsproces)

cork [kɔ:k] **I** *znw* kurk *o & m* [stofnaam], kurk *v* [voorwerpsnaam]; **II** *bn* kurken; **III** *overg* kurken; ~ *up* kurken; ~*ed* ook: naar de kurk smakend

corker *znw* gemeenz kanjer; dooddoener, afdoend argument *o*; geweldige leugen

corkscrew *znw* kurkentrekker

corky *bn* kurkachtig; naar de kurk smakend

cormorant ['kɔ:mərənt] *znw* dierk aalscholver

corn [kɔ:n] *znw* 1 koren *o*, graan *o*; Am maïs; korrel; 2 likdoorn; 3 Am bourbon; 4 gemeenz sentimenteel gedoe *o*; melige, flauwe humor

corncob *znw* maïskolf

cornea ['kɔ:niə] *znw (mv*: -s *of* corneae) hoornvlies *o* [v. oog]

corner [kɔ:nə] **I** *znw* hoek; tip, punt; sp &

handel corner; *cut* ~*s* bochten afsnijden; fig zich er met een Jantje van Leiden vanaf maken; *turn the* ~ fig de crisis te boven komen; **II** *overg* in het nauw brengen; handel ± een marktmonopolie verwerven (in een product); **III** *onoverg* een hoek nemen [met auto]

corner-stone *znw* hoeksteen[2]

cornet ['kɔ:nit] *znw* horentje o, puntzakje o; muz kornet; piston, cornet à pistons; pistonist

cornfield *znw* korenveld o; Am maïsveld o

cornflakes *znw* maïsvlokken, cornflakes

cornflour *znw* maïsmeel o, maïzena, rijstemeel o

cornflower *znw* korenbloem

cornice ['kɔ:nis] *znw* lijst, kroonlijst, lijstwerk o

Cornish ['kɔ:niʃ] **I** *bn* van Cornwall; **II** *znw* vroegere taal van Cornwall

cornstarch ['kɔ:nsta:tʃ] *znw* = *cornflour*

cornucopia [kɔ:nju'koupjə] *znw* hoorn des overvloeds

corny ['kɔ:ni] *bn* gemeenz afgezaagd, clichématig, oubollig, melig, flauw

corolla [kə'rɔlə] *znw* plantk bloemkroon

corollary [kə'rɔləri] *znw* gevolg o, gevolgtrekking

corona [kə'rounə] *znw* (*mv:* coronae) kring [om zon of maan]; corona [bij zonsverduistering, elektr]; kroon

coronary ['kɔrənəri] **I** *bn* coronair: van de kransslagaderen; ~ *artery* kransslagader; ~ *thrombosis* coronaire trombose, (hart-) infarct o; **II** *znw* hartinfarct o

coronation [kɔrə'neiʃən] *znw* kroning

coroner ['kɔrənə] *znw* lijkschouwer

coronet ['kɔrənit] *znw* kroontje o

Corp. *afk.* mil = [1]*corporal*

1 corporal ['kɔ:pərəl] *znw* mil korporaal

2 corporal ['kɔ:pərəl] *bn* lichamelijk, lichaams-; ~ *punishment* lijfstraf

corporate ['kɔ:pərit] *bn* geïncorporeerd, van een corporatie; gezamenlijk, collectief; rechtspersoonlijkheid bezittend; ~ *tax* Am vennootschapsbelasting; zie ook: *body I*

corporation [kɔ:pə'reiʃən] *znw* corporatie, rechtspersoon; gilde o & v; Am (naamloze) vennootschap; *(municipal)* ~ gemeentebestuur o; ~ *tax* Br vennootschapsbelasting

corporeal [kɔ:'pɔ:riəl] *bn* lichamelijk; stoffelijk

corps [kɔ:] *znw* (*mv* idem [kɔ:z]) (leger-)korps o, (leger)korpsen

corpse [kɔ:ps] *znw* lijk o

corpulence ['kɔ:pjuləns] *znw* corpulentie

corpulent *bn* corpulent, gezet

corpus ['kɔ:pəs] *znw* (*mv:* -es of corpora) corpus o, lichaam o; verzameling [v. wetten &]

corpuscle ['kɔ:pʌsl] *znw* lichaampje o

corral [kɔ'ra:l] **I** *znw* kraal: omsloten ruimte voor het vee; wagenburg; **II** *overg* in-, opsluiten (v. vee)

correct [kə'rekt] **I** *bn* juist, precies; goed, correct; **II** *overg* corrigeren, verbeteren, rechtzetten; herstellen, verhelpen; berispen, (af-)

straffen; reguleren; *I stand* ~*ed* ik neem mijn woorden terug

correction *znw* correctie; verbetering; berisping, afstraffing; *house of* ~ opvoedingsgesticht o, tuchtschool

corrective I *bn* verbeterend; **II** *znw* correctief o: middel o ter verbetering

correlate ['kɔrileit] **I** *znw* correlaat o; **II** *onoverg (& overg)* correleren

correlation [kɔri'leiʃən] *znw* correlatie

correlative [kɔ'relativ] *bn* correlatief

correspond [kɔris'pɔnd] *onoverg* corresponderen, beantwoorden (aan *to*); overeenkomen, overeenstemmen, briefwisseling voeren (met *with*)

correspondence *znw* correspondentie, briefwisseling; overeenkomst, overeenstemming; ~ *course* schriftelijke cursus

correspondent *znw* correspondent; handel handelsrelatie

corresponding *bn & voorz* overeenkomstig

corridor ['kɔridɔ:] *znw* gang, galerij, corridor; *the* ~*s of power* pol de wandelgangen; ~ *train* D-trein, harmonicatrein

corrigible ['kɔridʒəbl] *bn* vatbaar voor verbetering

corroborate *overg* versterken, bekrachtigen, bevestigen

corroboration [kərɔbə'reiʃən] *znw* versterking, bekrachtiging, bevestiging

corroborative [kə'rɔbərativ] *bn* versterkend, bekrachtigend, bevestigend

corrode [kə'roud] *overg & onoverg* weg-, invreten, in-, uitbijten, aantasten[2], verroesten, verteren

corrosion *znw* invreting, corrosie

corrosive *bn* (*znw*) bijtend, invretend (middel o)

corrugated ['kɔrugeitid] *bn* gerimpeld; ~ *cardboard* golfkarton o; ~*d iron* gegolfd ijzer o

corrugation [kɔru'geiʃən] *znw* rimpeling

corrupt [kə'rʌpt] **I** *bn* bedorven, verdorven; onecht, verknoeid; corrupt, omkoopbaar, veil; **II** *overg* bederven, vervalsen [v. tekst]; omkopen, corrumperen; **III** *onoverg* bederven, (ver)rotten

corruptible *bn* aan bederf onderhevig; omkoopbaar

corruption *znw* bederf o; verdorvenheid; vervalsing; verknoeiing; corruptie; omkoping

corruptive *bn* bedervend; verderfelijk

corsage [kɔ:sa:ʒ] *znw* lijfje o; corsage

corsair ['kɔ:sɛə] *znw* zeerover; kaperschip o

cortège [kɔ:'teiʒ] *znw* stoet, gevolg o

cortex ['kɔ:teks] *znw* (*mv:* cortices) cortex, hersenschors, schors

coruscate ['kɔrəskeit] *onoverg* flikkeren, schitteren

corvine ['kɔ:vain] *bn* raafachtig; kraaiachtig

cosh [kɔʃ] gemeenz **I** *znw* ploertendoder; **II** *overg* (neer)slaan met een ploertendoder

co-signatory ['kou'signətəri] **I** *znw* medeondertekenaar; **II** *bn* medeondertekenend

cosine ['kousain] *znw* cosinus

cosmetic [kɔz'metik] **I** *bn* cosmetisch, schoonheids-; fig oppervlakkig; **II** *znw* schoonheidsmiddel o; ~s ook: cosmetica

cosmic ['kɔzmik] bn kosmisch; wereld-

cosmography [kɔz'mɔgrəfi] znw kosmogra-
fie

cosmonaut ['kɔzmənɔ:t] znw kosmonaut

cosmopolitan [kɔzmə'pɔlitən] **I** bn kosmo-
politisch; **II** znw kosmopoliet, wereldbur-
ger

cosmos ['kɔzməs] znw kosmos, heelal o

cossack ['kɔsæk] znw kozak

cosset ['kɔsit] overg vertroetelen, verwennen

1 cost [kɔst, kɔst] znw prijs, kosten, uitgave;
schade, verlies o; at any ~ tot elke prijs; at
the ~ of ten koste van; count the ~ de
risico's overwegen, zich bezinnen op; de
balans van iets opmaken; I know it to my
~ ik heb leergeld betaald

2 cost* overg kosten; de kosten berekenen
van; ~ dear(ly) duur (te staan) komen

costal ['kɔstl] bn van de ribben, ribben-

co-star ['kou'sta:] **I** znw één v.d. hoofdrol-
spelers, co-star, tegenspeler; **II** onoverg
één v.d. hoofdrollen spelen, als tegenspeler hebben, als co-star optreden

Costa Rica [kɔstə'ri:kə] znw Costa Rica o

Costa Rican I znw Costaricaan; **II** bn Costa-
ricaans

cost-effective [kɔ:sti'fektiv] bn rendabel

coster(monger) ['kɔstə(mʌŋgə)] znw
straatventer van fruit, groenten, vis

costing ['kɔstiŋ] znw calculatie, kostenbere-
kening

costive ['kɔstiv] bn geconstipeerd, hardlij-
vig; krenterig; traag

costly ['kɔ:stli] bn kostbaar; duur

costume ['kɔstju:m] znw kostuum o, (kleder-)
dracht

cosy ['kouzi] **I** bn gezellig, behaaglijk; **II** znw
theemuts; eierwarmer

cot [kɔt] znw kooi, krib; bedje o; (veld)bed
o

cot death ['kɔtdeθ] znw wiegendood

cote [kout] znw hok o, vooral schaapskooi

coterie ['koutəri] znw coterie: kliek

cottage ['kɔtidʒ] znw hut; huisje o, kleine
villa

cottage cheese znw hüttenkäse

cottage industry znw huisnijverheid,
thuiswerk o

cottager znw Br landarbeider, dorpeling;
Am huurder/eigenaar van een vakantie-
bungalow

cotter ['kɔtə] znw techn spie, keil

cotton ['kɔtn] **I** znw katoen o & m; (absorbent) ~ Am watten; ~s katoenen stoffen; **II**
bn katoenen; **III** onoverg: ~ on tot besef/
inzicht komen, doorkrijgen; ~ to vriendschap aanknopen met, contact leggen met

cotton candy znw Am suikerspin

cottontail znw Amerikaans konijn o

cotton-wool znw watten; Am ruwe katoen
o & m, katoenpluis o

couch [kautʃ] **I** znw rustbed o, -bank, canapé, divan; **II** overg inkleden, uitdrukken,
vervatten; omsluieren [met woorden]; **III**
onoverg (gaan) liggen

couch potato znw Am slang jongen die/
meisje dat maar wat rondhangt thuis,
dooie

cougar ['ku:gə] znw poema

cough [kɔ:f, kɔf] **I** znw hoest; **II** onoverg
hoesten; ~ up opgeven

could [kud] V.T. van ²can; he was as friendly
as ~ be hij was zeer vriendelijk

council ['kauns(i)l] znw raad, raadsvergade-
ring; gemeenteraad; (lokale) bestuur o;
concilie o; ~ of war krijgsraad

council house znw gemeentewoning, ±
woningwetwoning

councillor znw raad, raadslid o

counsel ['kauns(ə)l] **I** znw raadgeving, beraadslaging; advocaat; (de) advocaten;
rechtskundig adviseur; ~ for the defence,
defending ~ recht verdediger; ~ for the
prosecution, prosecuting ~ recht openbare aanklager; keep one's (own) ~ zijn
mond (weten te) houden, kunnen zwijgen;
take ~ raadplegen, beraadslagen, overleggen (met with); **II** overg (aan)raden

counselling, Am **counseling** ['kauns(ə)liŋ]
znw raadgeving en begeleiding [vooral
m.b.t. psychische en sociale problemen]

counsellor, Am **counselor** znw raadgever,
raadsman/vrouw, adviseur; psych counse-
ler

1 count [kaunt] znw graaf

2 count [kaunt] **I** overg tellen, op-, meetellen; rekenen, achten; aanrekenen; ~ me in
ik doe mee; ~ out uittellen; aftellen; niet
meetellen; **II** onoverg (mee)tellen, gelden;
van belang zijn; ~ against pleiten tegen;
~ (up)on staat maken op, rekenen op; **III**
znw tel, aantal o; telling; punt o (van aanklacht); keep ~ (of) tellen; have lost ~ de
tel kwijt zijn; on any (every) ~ in ieder opzicht

countable ['kauntəbl] bn telbaar

count-down znw aftellen o

countenance ['kauntinəns] **I** znw (aan-)
gezicht o, gelaat o; bescherming; steun;
give ~ to steunen; lose ~ van zijn stuk raken; out of ~ van zijn stuk gebracht; **II**
overg goedkeuren, aanmoedigen, steunen

counter ['kauntə] **I** znw fiche o & v; teller;
toonbank, balie, loket o [in postkantoor];
tegenstoot; sp counter; **II** bn tegen(gesteld); **III** bijw tegen (...in); **IV** overg & onoverg tegenspreken; tegenwerken; ingaan
tegen; afslaan; pareren, een aanval afweren; sp counteren

counteract [kauntə'rækt] overg tegenwerken; neutraliseren, opheffen

counter-attack ['kauntərətæk] **I** znw tegen-
aanval; **II** onoverg (& overg) een tegenaan-
val doen (op)

counterbalance I znw tegenwicht o; **II**
overg [kauntə'bæləns] opwegen tegen, opheffen, compenseren

counter-charge ['kauntətʃa:dʒ] znw tegen-
beschuldiging

counter-clockwise bn bijw Am tegen de
wijzers v.d. klok in

counterfeit I bn nagemaakt, onecht, vals;
II overg namaken, nabootsen, vervalsen;
III znw namaak

counterfoil znw souche, strook, stok
countermand [kaunta'maːnd] I onoverg tegenbevel geven; II overg afzeggen, herroepen, afgelasten, afbestellen, annuleren
counter-measure znw tegenmaatregel
countermove znw tegenzet
counter-offensive znw tegenoffensief o
counterpane znw beddensprei
counterpart znw muz tegenstem; fig tegenhanger, equivalent o, pendant o & m; collega, ambtgenoot, evenknie
counterpoint znw contrapunt o
counterpoise I znw tegenwicht o, contragewicht o; evenwicht o; II overg opwegen tegen; in evenwicht houden
counter-productive bn averechts, met averechts effect, contraproductief
countersign I znw mil wachtwoord o; II overg contrasigneren
countersink overg verzinken [v. schroeven &]
counter-tenor znw contratenor
counterweight znw tegenwicht o, contragewicht o
countess ['kauntis] znw gravin
counting-house znw kantoor o
countless ['kauntlis] bn talloos, ontelbaar
countrified ['kʌntrifaid] bn boers, landelijk
country ['kʌntri] znw (vader)land o, (land-)streek; (platte)land o; in the ~ op het land, buiten; go to the ~ verkiezingen uitschrijven; that's not my line of ~ dat is niet mijn pakkie-an
country club znw buitensociëteit
country-house znw landhuis o
countryman znw plattelander, boer; landgenoot
country-seat znw buitenplaats, landgoed o
countryside znw: the ~ het platteland, buiten; de provincialen
country-woman znw boerin; plattelandsvrouw; landgenote
county ['kaunti] znw graafschap o; bestuurlijke eenheid; ~ town hoofdstad van een graafschap
coup [kuː] znw prestatie, zet; coup, staatsgreep
coup de grâce [kuːdə'graːs] znw genadeslag
coup d'état [kuːdei'taː] znw staatsgreep, coup (d'état)
coupé ['kuːpei] znw coupé [auto, rijtuig]
couple ['kʌpl] I znw paar o; echtpaar o; II overg koppelen, verbinden, verenigen; paren
couplet ['kʌplit] znw tweeregelig vers o
coupling ['kʌpliŋ] znw techn koppeling
coupon ['kuːpɔn] znw coupon; bon
courage ['kʌridʒ] znw moed; Dutch ~ jenevermoed; the ~ of one's convictions de moed om voor zijn overtuiging uit te komen
courageous [kə'reidʒəs] bn moedig
courier ['kuria] znw koerier; reisleider
course [kɔːs] I znw loop, koers, gang, verloop o, beloop o; (ren)baan; cursus, onderw colleges; reeks, opeenvolging, laag

[stenen]; gerecht o; med kuur; fig weg, handelwijze, gedragslijn (~ of action); ~ of exchange wisselkoers; in due ~ te zijner tijd; na verloop van tijd; in the ~ of in de loop van, gedurende; of ~ natuurlijk, dat spreekt vanzelf, allicht; a matter of ~ iets vanzelfsprekends; off ~ uit de koers; II onoverg jagen; stromen
coursing znw lange jacht (met windhonden)
court [kɔːt] I znw hof o; gerechtshof o, rechtbank (ook: ~ of justice, ~ of law), rechtszaal, terechtzitting; raad; hofhouding, hofstoet; ontvangst aan het hof; (binnen)plaats; plein o; hofje o; (tennis-)baan; go to ~ naar de rechter stappen; laugh sth. out of ~ iets weghonen; settle out of ~ in der minne schikken; II overg het hof maken²; streven naar; zoeken, uitlokken; III onoverg verkering hebben
court-card znw kaartsp pop
courteous ['kəːtjəs, 'kɔːtjəs] bn hoffelijk, beleefd
courtesan [kɔːti'zæn] znw courtisane, lichtekooi
courtesy ['kəːtisi, 'kɔːtisi] hoffelijkheid, vriendelijkheid, gunst; by ~ of met toestemming van, welwillend ter beschikking gesteld door
court-house znw gerechtsgebouw o
courtier znw hoveling
courtly bn hoofs, heus, hoffelijk
court-martial ['kɔːt'maːʃəl] I znw (mv: -s of courts-martial) krijgsraad; II overg voor de krijgsraad brengen
court-room znw rechtszaal
courtship znw vrijen o, verkering
courtyard znw (binnen)plaats, -plein o
cousin ['kʌzn] znw neef, nicht; first ~ volle neef (nicht); our (American) ~s ook: fig onze stamverwanten (in Amerika)
cove [kouv] znw 1 kreek, inham; 2 slang vent, kerel
covenant ['kʌvinənt] znw overeenkomst, akte, verdrag o, verbond o
Coventry ['kɔvəntri] znw: send sbd. to ~ iedere vorm v. sociale omgang met iem. verbreken; iemand mijden, links laten liggen
cover ['kʌvə] I overg bedekken; overdekken; beschermen, afdekken; dekken; verbergen; overtrekken, bekleden, kaften; zich uitstrekken over, beslaan; omvatten; voorzien in; gaan over, behandelen; mil aanleggen op, onder schot houden of krijgen, bestrijken; afleggen [afstand]; verslaan [als verslaggever]; ~ up toedekken, over-, bedekken; inpakken; verbergen; in de doofpot stoppen; II onoverg: ~ up for sbd. iemand dekken; III znw dek(sel) o; (be-)dekking; omslag, kaft o & v; plat o [v. boek]; overtrek o & v, hoes, omhulsel o; buitenband; bekleding; envelop; foedraal o; stolp; kap; couvert o; handel & mil dekking; fig beschutting; schuilplaats; under (the) ~ of onder dekking (bescherming) van
coverage znw wat bestreken (bereikt) wordt door radio, TV, reclame &; verslag o,

reportage; handel dekking; risicodekking

cover charge *znw* bedieningsgeld o (in restaurant)

cover girl *znw* covergirl

covering I *znw* (be)dekking; dek o; **II** *bn* dekkings-; ~ *letter* begeleidend schrijven o

coverlet *znw* beddensprei

cover-up *znw* dekmantel; doofpotaffaire

covert ['kʌvət] **I** *bn* bedekt, heimelijk, geheim, verborgen; **II** *znw* schuilplaats, struikgewas o [als schuilplaats voor wild], leger o

covet ['kʌvit] *overg* begeren

covetous *bn* begerig, hebzuchtig

covey ['kʌvi] *znw* dierk vlucht; troep

1 cow [kau] *znw* koe; wijfje o [v. olifant &]; plat wijf o; *till the ~s come home* tot je een ons weegt

2 cow [kau] *overg* bang maken, vrees inboezemen, intimideren

coward ['kauəd] *znw* lafaard, bangerik

cowardice ['kauədis] *znw* laf(hartig)heid

cowardly *bn bijw* laf(hartig)

cowboy ['kaubɔi] *znw* Am cowboy; beunhaas

cower ['kauə] *onoverg* neerhurken, ineenkrimpen, (weg)kruipen

cowherd ['kauhə:d] *znw* koeherder

cowl [kaul] *znw* monnikskap; schoorsteenkap, gek; luchtv kap [v. motor]

cowlick ['kaulik] *znw* weerbarstige lok; spuuglok

cowling ['kauliŋ] *znw* luchtv kap [v. motor]

cowpat ['kaupæt] *znw* koeienvlaai

cowpox ['kaupɔks] *znw* koepokken

cowrie ['kau(ə)ri] *znw* porseleinslak

cowshed *znw* koe(ien)stal

cowslip *znw* sleutelbloem

cox [kɔks] **I** *znw* stuurman [v. roeiboot]; **II** *overg* als stuurman optreden voor, besturen; *~ed four* sp vier met stuurman; **III** *onoverg* stuurman zijn

coxcomb ['kɔkskoum] *znw* kwast, dandy, modegek

coy [kɔi] *bn* (quasi-)verlegen, bedeesd, schuchter, terughoudend, preuts

coyote ['kɔiout, kɔi'out] *znw* prairiewolf, coyote

cozy Am = cosy

crab [kræb] **I** *znw* krab; med schaamluis, platje o; plantk wilde appel, fig gemeenz zuurpruim, mopperkont; *catch a ~* een snoek maken, slaan [bij roeien]; **II** *overg* gemeenz afmaken, bekritiseren; bederven

crab-apple *znw* wilde appel; fig zuurpruim, mopperkont

crabbed ['kræbid] *bn* zuur, kribbig, nors, korzelig; kriebelig (geschreven); gewrongen [v. stijl]

crabby *bn* kribbig, humeurig

crack [kræk] **I** *znw* gekraak o, kraak, krak, knak, knal; kier, spleet, barst, breuk; slag, klap; crack [cocaïne-derivaat]; gemeenz kei, uitblinker, crack; *have a ~ at* een gooi doen naar; *a fair ~ of the whip* een eerlijke kans; *the ~ of dawn* het krieken van de dag; **II** *bn* chic, prima, best, keur-, elite; **III** *onoverg & overg* kraken, breken; (doen)

barsten, springen; ~ *jokes* moppen tappen; *get ~ing* gemeenz aan de slag gaan, voortmaken (met *on*); ~ *down on* gemeenz hard aanpakken; ~ *up* gemeenz aanprijzen; gemeenz bezwijken, het afleggen, te pletter vallen; in lachen uitbarsten

crackdown ['krækdaun] *znw* gemeenz strenge maatregelen, streng optreden o

cracked *bn* gemeenz getikt

cracker *znw* (zeven)klapper, knalbonbon, pistache; cracker, Am beschuit; ~*(s)* notenkraker

crackers *bn* gemeenz krankjorum, knetter, gek; zie ook: *cracker*

cracking *bn* gemeenz zeer snel; fantastisch, uitstekend, geweldig

crack-jaw *bn* gemeenz onuitspreekbaar [naam]

crackle ['krækl] **I** *onoverg* knetteren, knappen; **II** *znw* geknetter o, knappen o; craquelure, haarscheurtjes; [v. porselein] craquelé o (ook: ~ *ware*)

crackling *znw* geknetter o; gebraden randje o aan varkensvlees

cracknel ['kræknəl] *znw* krakeling

crackpot ['krækpɔt] **I** *bn* gemeenz excentriek, bizar, gek; **II** *znw* excentriekeling, zonderling

cracksman ['kræksmən] *znw* slang inbreker

cradle ['kreidl] **I** *znw* wieg², bakermat; scheepv slede; med spalk; hangstelling; haak [v. telefoon]; **II** *overg* wiegen

cradle-snatcher ['kreidl'snætʃə] *znw* gemeenz iem. die een verhouding heeft met een veel jonger persoon, ouwe snoeper

craft [kra:ft] *znw* handwerk o, ambacht o; kunst(nijverheid), vak o; gilde o & v; list(igheid), sluwheid, bedrog o; scheepv vaartuig o, vaartuigen [van allerlei soort]

craftiness *znw* listigheid, sluwheid, boerenslimheid

craftsman *znw* (bekwaam) handwerksman; vakman

craftsmanship *znw* vakmanschap o, bedrevenheid; handwerk o

crafty *bn* loos, listig, sluw, berekenend

crag [kræg] *znw* rots(punt)

craggy *bn* steil, ruw, onregelmatig, grillig ingesneden; verweerd [v. gezicht]

cram [kræm] **I** *overg* in-, volstoppen, volproppen; onderw inpompen, klaarstomen [voor examen]; **II** *onoverg* onderw blokken

crammer *znw* repetitor

cramp [kræmp] **I** *znw* kramp; kram, klemhaak; belemmering; **II** *overg* kramp veroorzaken (in); krammen; belemmeren; ~ *sbd.'s style* iem. in zijn doen en laten/ontplooiing belemmeren

cramped [kræmpt] *bn* klein, krap [v. behuizing]; priegelig [v. handschrift]

crampon ['kræmpən] *znw* ijsspoor, klimijzer o

cranberry ['krænbəri] *znw* veenbes, cranberry

crane [krein] **I** *znw* dierk kraanvogel; techn (hijs)kraan; **II** *onoverg:* ~ *one's neck* de hals uitstrekken

crane-fly ['kreinflai] *znw* langpootmug

cranial ['kreiniəl] bn schedel-

cranium ['kreiniəm] znw (mv: -s of crania) schedel

crank [kræŋk] I znw kruk, handvat o, crank, slinger; zonderling, maniak; II overg: ~ (up) aanzwengelen [motor]

crankcase znw carter

crankshaft znw techn krukas

cranky bn Am nukkig, humeurig; excentriek, raar

cranny ['kræni] znw scheur, spleet

crap [kræp] I znw plat stront; gelul o, stom geouwehoer o; snertding o, troep, shit; II onoverg plat schijten, kakken

crape [kreip] znw crêpe

crappy ['kræpi] bn plat waardeloos, kut-

crash [kræʃ] I overg botsen op/tegen, te pletter laten vallen; neersmijten; gemeenz onuitgenodigd verschijnen [op feest]; II onoverg kraken, dreunen, ratelen; krakend ineenstorten; botsen, verongelukken, neerstorten [v. vliegtuig]; ineenstorten [beurs], failliet gaan; ~ out gemeenz maffen, pitten; III znw 1 gekraak o, geratel o, geraas o; slag; botsing, aanrijding; val; luchtv vliegtuigongeluk o; 2 handel krach, debacle

crash barrier znw vangrail

crash course znw spoedcursus

crash-helmet znw valhelm

crash-land onoverg een noodlanding/buiklanding maken

crash-landing znw noodlanding, buiklanding

crass [kræs] bn lomp, grof, erg; stomp

crassness znw grofheid, lompheid, stommiteit; stompheid

crate [kreit] znw krat, kist; brik, oude auto

crater ['kreitə] znw krater; (granaat-)trechter

cravat [krə'væt] znw sjaaltje o

crave [kreiv] I overg smeken, vragen (om); II onoverg: ~ for snakken naar, hunkeren naar

craven ['kreivn] I bn laf; II znw lafaard

craving ['kreiviŋ] znw hevig verlangen o

craw [krɔ:] znw krop [van vogel]

crawfish ['krɔ:fiʃ] znw Am rivierkreeft

crawl [krɔ:l] I onoverg kruipen², sluipen; schuifelen [v. slang]; snorren [van taxi &]; ~ with wemelen van; II znw kruipen o; gekrieuwel o; crawl [zwemslag]

crawler znw kruiper

crayfish ['kreifiʃ] znw rivierkreeft

crayon ['kreiən, 'kreiɔn] I znw crayon o & m, tekenkrijt o; pastel o, pasteltekening; II overg crayoneren, met krijt tekenen

craze [kreiz] znw krankzinnigheid, rage, manie

crazed bn krankzinnig, gek; gecraqueleerd

crazy bn krankzinnig, gek; ~ about dol op

creak [kri:k] I onoverg kraken, knarsen, piepen; II znw knarsend, krakend of piepend geluid o

creaky bn krakend; knarsend, piepend

cream [kri:m] I znw room²; crème²; beste o, fig bloem; bonbon; II bn crème; III overg (af)romen²; kloppen, dooreenroeren; inwrijven, smeren [huid]; ~ off fig afromen

cream cracker znw cracker

creamery znw boterfabriek, zuivelfabriek; roomhuis o, melksalon

cream tea znw theemaaltijd met jam, cake en room

creamy bn roomachtig, roomhoudend

crease [kri:s] I znw kreuk(el), vouw, plooi; II overg & onoverg kreuk(el)en, vouwen, plooien; ~ up gemeenz omvallen van het lachen

create [kri:'eit] I overg scheppen; in het leven roepen, doen ontstaan, teweegbrengen, wekken; creëren, maken; benoemen tot; II onoverg gemeenz tekeergaan, drukte maken

creation znw schepping; instelling; creatie

creative bn creatief, scheppend, scheppings-

creativity [kriei'tiviti] znw creativiteit, scheppingsvermogen o, scheppende kracht

creator [kri:'eitə] znw schepper

creature ['kri:tʃə] znw schepsel o; geringsch creatuur o, werktuig o; beest o, dier o; ~ comforts materiële welstand

credence ['kri:dəns] znw: give (lend) ~ to geloof hechten aan

credentials [kri'denʃəls] znw mv geloofsbrieven; fig papieren [getuigschriften &]

credibility [kredi'biliti] znw geloofwaardigheid; ~ gap vertrouwenscrisis, ongeloofwaardigheid

credible ['kredibl] bn geloofwaardig

credit ['kredit] I znw geloof o, reputatie, goede naam, gezag o, invloed; eer; krediet o; credit o, creditzijde; ~s ook: aftiteling [v. film]; be a ~ to, do ~ to tot eer strekken; give him ~ for hem de eer geven... te zijn; give ~ to geloof schenken aan; take ~ for het zich tot een eer (verdienste) rekenen dat; to his ~ tot zijn eer (strekkend), op zijn naam (staand) [v. boeken &]; in zijn credit (geboekt); II overg geloven; crediteren

creditable bn eervol, verdienstelijk

credit card znw creditcard

credit note znw tegoedbon

creditor znw crediteur, schuldeiser

credit transfer znw giro-, bankoverschrijving

creditworthy bn kredietwaardig

credulity [kri'dju:liti] znw lichtgelovigheid

credulous ['kredjuləs] bn lichtgelovig

creed [kri:d] znw geloof o, geloofsbelijdenis; overtuiging, richting

creek [kri:k] znw kreek, inham, bocht; Am zijrivier, riviertje o

creel [kri:l] znw viskorf

1 creep* [kri:p] onoverg kruipen, sluipen; it made my flesh ~ ik kreeg er kippenvel van

2 creep znw gemeenz genieperd, engerd; it gives me the ~s ik krijg er de kriebels van, ik vind het doodeng

creeper znw kruipend dier o; kruipende plant; dierk boomkruiper

creepy bn griezelig

creepy-crawly znw gemeenz (eng) beestje

crooked

o [insect]
cremate [kri'meit] *overg* verbranden [lijken], verassen, cremeren
cremation *znw* lijkverbranding, verassing, crematie
crematorium [kremə'tɔːriəm] *znw* (*mv*: -s *of* crematoria) crematorium o
crenel ['krenl] *znw* kanteel, tinne
crenellated *bn* van kantelen voorzien, ommuurd, versterkt
creole ['kriːoul] I *znw* creool(se); II *bn* creools
crêpe [kreip] *znw* crêpe
crepitate ['krepiteit] *onoverg* knetteren
crept [krept] V.T. & V.D. van *creep*
crescent ['kresənt] I *znw* wassend, toenemend; halvemaanvormig; II *znw* wassende maan; halvemaan; halfcirkelvormige rij huizen
cress [kres] *znw* tuinkers, waterkers
crest [krest] *znw* kam, kuif, pluim; kruin, top; (schuim)kop [op golven]; herald helmteken o
crested ['krestid] *bn* met kuif, gekuifd, kuif-
crestfallen ['krestfɔːl(ə)n] *bn* terneergeslagen
Cretan ['kriːtən] I *bn* Kretenzisch; II *znw* Kretenzer
cretin ['kre, 'kriːtin] *znw* cretin, idioot, stomkop
cretinous ['kre-, 'kriːtinəs] *bn* 1 med lijdend aan cretinisme; 2 gemeenz idioot, achterlijk
crevasse [kri'væs] *znw* gletsjerspleet
crevice ['krevis] *znw* spleet, scheur
1 crew [kruː] I *znw* scheepsvolk o, bemanning; bediening(smanschappen); ploeg; troep, bende; gespuis o; II *onoverg (& overg)* deel uitmaken van de bemanning (van)
2 crew V.T. van ²*crow (1)*
crew cut ['kruːkʌt] *znw* stekeltjeshaar o, kort Amerikaans
crewel ['kruːil] *znw* borduurwol
crewman ['kruːmæn, -mən] *znw* bemanningslid o
crib [krib] I *znw* krib; hut, koestal; kribbe, kinderbedje o; spiekbriefje o; II *overg* overkalken, spieken
crick [krik] I *znw* kramp; II *overg* kramp krijgen in
cricket ['krikit] *znw* 1 krekel; 2 cricket(spel) o; *not (quite)* ~ *to...* niet eerlijk om...
cricketer ['krikitə] *znw* cricketspeler
crier ['kraiə] *znw* omroeper
crikey! ['kraiki] *tsw* uitroep van verbazing
crime [kraim] *znw* misdaad; criminaliteit; wandaad
Crimean [krai-, kri'miən] *bn* Krim-
criminal ['kriminl] I *bn* crimineel; misdadig; schandalig; C~ *Investigation Department* recherche; ~ *law* strafrecht o; II *znw* misdadiger
criminality [krimi'næliti] *znw* criminaliteit
criminology *znw* criminologie
crimp [krimp] *overg* 1 plooien, krullen; 2 krimp snijden, levend snijden [vis]
crimson ['krimzn] I *bn* karmozijnrood; [v.

gezicht] vuurrood; II *znw* karmozijn o; III *overg* karmozijn verven; IV *onoverg* karmozijnrood worden, blozen
cringe [krindʒ] I *onoverg* ineenkrimpen; fig kruipen (voor *to*); II *znw* kruiperige buiging
crinkle ['krinkl] I *overg & onoverg* (doen) kronkelen, rimpelen, (ver)frommelen; II *znw* kronkel, rimpel, frommel
crinkly *bn* kronkelig, rimpelig
crinoline ['krinəliːn] *znw* hoepelrok
cripple ['kripl] I *znw* kreupele, gebrekkige, verminkte; II *overg* kreupel maken, verminken; onklaar maken; fig verlammen, belemmeren
crisis ['kraisis] *znw* (*mv*: crises [-siːz]) crisis, keerpunt o
crisp [krisp] I *bn* kroes; gerimpeld; knappend, krakend [papier], bros, krokant; opwekkend [lucht]; gedecideerd; scherp; fris, levendig, pittig, ongezouten [antwoord]; II *znw* (potato)chip; III *overg* krullen, kroezen, friseren; rimpelen
crispy *bn* kroes; bros; fris
criss-cross ['kriskrɔ(ː)s] I *znw* netwerk o, wirwar; II *bijw & bn* kriskras (liggend, lopend)
criterion [krai'tiəriən] *znw* (*mv*: -s *of* criteria) criterium o, toets, maatstaf; graadmeter
critic ['kritik] *znw* criticus
critical *bn* kritisch; kritiek
criticism ['kritisizm] *znw* kritiek (op *of*), beoordeling; kritische op-, aanmerking
criticize *overg* kritiseren, beoordelen; aanmerkingen maken op, bekritiseren, hekelen
critique [kri'tiːk] *znw* kritiek, beoordeling
croak [krouk] I *onoverg* kwaken, krassen; slang doodgaan; II *overg* met schorre stem zeggen
croaker *znw* iets wat kwaakt; onheilsprofeet, doemdenker; Am gemeenz pil [dokter]
Croatia [krou'eifə] *znw* Kroatië o
Croatian [krou'eifən] I *znw* Kroaat; Kroatisch o; II *bn* Kroatisch
crochet ['kroufei, 'kroufi] I *znw* haakwerk o; II *overg & onoverg* haken
crock [krɔk] *znw* pot; gemeenz wrak
crockery ['krɔkəri] *znw* aardewerk o
crocodile ['krɔkədail] I *znw* krokodil; krokodillenleer o; II als *bn* krokodillen-; krokodillenleren
crocus ['kroukəs] *znw* krokus
croft [krɔ(ː)ft] *znw* klein stuk wei- of bouwland o van een keuterboertje
crofter *znw* keuterboertje o
cromlech ['krɔmlek] *znw* prehistorisch steengraf o
crone [kroun] *znw* oud wijf o
crony ['krouni] *znw* makker, maatje o
crook [kruk] I *znw* kromte, bocht; kromming; haak; herdersstaf, kromstaf, bisschopsstaf; gemeenz oplichter, boef; II *overg & onoverg* (zich) krommen; buigen
crook-back *znw* bochel
crook-backed *bn* gebocheld
crooked *bn* krom, gebogen, verdraaid, verkeerd, slinks, oneerlijk

croon [kru:n] *onoverg & overg* half neuriën, croonen

crooner *znw* crooner

crop [krɔp] **I** *znw* krop; gewas o, oogst (ook: ~s); aantal o, menigte, hoop; kortgeknipt haar o; knippen o; jachtzweep; **II** *overg* plukken, oogsten; afknippen; kortstaarten, (de oren) afsnijden, couperen; afknabbelen; ~ *up* opduiken, zich op-, voordoen, ertussen komen

cropper ['krɔpə] *znw* gemeenz val, smak; productieve plant; *come a* ~ gemeenz languit vallen; over de kop gaan; afgaan, op je bek gaan

croquet ['kroukei, -ki] *znw* croquet(spel) o

crosier, crozier ['krouʒə] *znw* bisschopsstaf, kromstaf

cross [krɔ:s, krɔs] **I** *znw* kruis o; kruisje o; kruising; sp pass dwars over het veld; voorzet; *on the* ~ diagonaal, schuin; **II** *overg* kruisen; kruisgewijs over elkaar leggen, (armen, benen) over elkaar slaan, doorkruisen, strepen [een cheque]; een kruis maken over; met een kruis(je) merken; kruiselings berijden; oversteken; dwarsbomen, tegenwerken; ~ *one's fingers, keep one's fingers ~ed* ± even afkloppen, duimen; ~ *sbd.'s mind* bij iem. opkomen; ~ *off (out)* doorhalen, schrappen; **III** *onoverg* elkaar kruisen; **IV** *wederk*: ~ *oneself* een kruis slaan (maken); **V** *bn* uit zijn humeur, kwaad, boos

cross-bar *znw* dwarshout o, dwarslat, stang [v. herenfiets]; sp (doel)lat [bij voetbal]

crossbeam *znw* dwarsbalk

crossbones *znw* gekruiste botten [als zinnebeeld van de dood]

crossbow *znw* kruisboog

cross-breed I *znw* gekruist ras o, kruising; bastaard; **II** *overg* kruisen [rassen]

cross-country I *bn* dwars door het land, terrein-; **II** *znw* veldloop, terreinrit &

cross-examination *znw* kruisverhoor o

cross-examine *overg* aan een kruisverhoor onderwerpen, scherp ondervragen

cross-eyed *bn* scheel

crossfire *znw* 1 kruisvuur o; 2 spervuur o van vragen

cross-grained *bn* dwars op de draad [hout]; fig dwars

crossing *znw* kruising, oversteken o; overvaart, -tocht; kruispunt o; overweg; oversteekplaats

cross-legged *bn* met gekruiste benen; met de benen over elkaar

crosspatch *znw* nijdas

cross-purpose *znw*: *be at* ~*s* elkaar onbedoeld tegenwerken; elkaars bedoelingen niet begrijpen

cross-question *overg* scherp ondervragen, aan een kruisverhoor onderwerpen

cross-reference *znw* verwijzing

crossroad *znw* dwarsweg, kruisende weg; ~*s* wegkruising, twee-, viersprong; fig tweesprong, cruciaal moment o, keerpunt o

cross-section *znw* dwars(door)snede[2]; representatieve steekproef

crosstalk *znw* snelle, flitsende dialoog

crossways, crosswise *bn bijw* kruisgewijze

crosswind *znw* zijwind

crossword *znw* kruiswoordraadsel o (~ *puzzle*)

crotch [krɔtʃ] *znw* kruis o [v. mens, broek]

crotchet ['krɔtʃit] *znw* muz kwartnoot

crotchety *bn* gemeenz chagrijnig, knorrig

crouch [krautʃ] **I** *onoverg* (ook: ~ *down*) bukken; **II** *znw* gebukte (kruipende) houding

croup [kru:p] *znw* 1 kruis o [v. paard]; 2 med kroep

1 crow [krou] *znw* dierk kraai; gekraai o; *as the* ~ *flies* hemelsbreed

2 crow* (V.T.: crowed, *in bet. 1* ook: crew) *onoverg* 1 kraaien [v. haan]; 2 kraaien [v. baby]; ~ *over sbd.* victorie kraaien

crowbar *znw* koevoet, breekijzer o

crowd [kraud] **I** *znw* gedrang o, menigte, schare, (grote) hoop, massa; figuratie [in film]; gemeenz gezelschap o, stel o, troep, bende, lui; **II** *onoverg* dringen, duwen, zich verdringen, drommen; **III** *overg* (opeen-) dringen, (opeen)pakken, duwen; zich verdringen in (op); vullen, volproppen

crown [kraun] **I** *znw* kroon; krans; kruin; top; bol [v. hoed], hoofd o; kroon [v. tand/kies]; **II** *overg* kronen (tot), bekronen; ~ *a man* sp dam halen

crown court *znw* gerechtshof o voor strafzaken

crow's-feet ['krouzfit] *znw mv* kraaienpootjes: rimpeltjes (bij de ogen)

crozier *znw* = crosier

crucial ['kru:ʃəl] *bn* kritiek, beslissend, doorslaggevend

crucible ['kru:sibl] *znw* smeltkroes; fig vuurproef

crucifix ['kru:sifiks] *znw* crucifix o, kruisbeeld o

crucifixion [kru:si'fikʃən] *znw* kruisiging

crucify *overg* kruisigen; martelen, kastijden; de grond in boren (in een debat, wedstrijd &)

crude [kru:d] **I** *bn* rauw, ruw, grof, onbereid, ongezuiverd, onrijp; primitief; **II** *znw* ruwe olie (~ *oil*)

crudeness, crudity *znw* rauwheid, ruwheid, grofheid, onrijpheid; primitiviteit

cruel ['kruəl] *bn* wreed, gemeen; bar, guur

cruelty *znw* wreedheid

cruet ['kruit] *znw* (olie-, azijn)flesje o; = cruet-stand

cruet-stand *znw* olie-en-azijnstel o

cruise [kru:z] **I** *onoverg* cruisen, een cruise maken; kruisen, (langzaam) rondrijden; kruisen [marine], patrouilleren; **II** *znw* cruise, pleziervaart

cruise missile *znw* kruisraket, kruisvluchtwapen o

cruiser *znw* kruiser; motorjacht o

crumb [krʌm] **I** *znw* kruim, kruimel[2]; ~*s!* verdraaid!, jeetje!; **II** *overg* kruimelen; paneren

crumble [krʌmbl] **I** *overg & onoverg* (ver-) kruimelen, brokkelen, verbrokkelen, afbrokkelen; **II** znw kruimeltaart

crumbly bn kruimelig, brokkelig

crummy ['krʌmi] bn gemeenz smerig, vies, sjofel; waardeloos

crump [krʌmp] znw slag, klap, luide explosie

crumpet ['krʌmpit] znw plaatkoek; a bit of ~ plat een lekker wijf

crumple ['krʌmpl] overg & onoverg (ver-) kreukelen, kreuken, verfrommelen; verschrompelen; verbuigen; verbogen worden; in elkaar (doen) zakken

crunch [krʌnʃ] **I** onoverg kraken, knarsen; **II** overg hoorbaar kauwen op iets knisperends; **III** znw krak; geknars o; crisis, kritiek ogenblik o

crunchy bn knappend; krakend

crusade [kruːˈseid] **I** znw kruistocht[2]; fig campagne; **II** onoverg een kruistocht ondernemen, te velde trekken, een campagne voeren

crusader znw kruisvaarder; fig deelnemer aan een campagne, strijder, ijveraar

crush [krʌʃ] **I** overg (samen-, uit)persen, (samen-, plat)drukken, stampen [erts]; verpletteren, vernietigen, onderdrukken; verfrommelen; ~ out uitpersen; **II** onoverg pletten [v. stoffen]; ~ into binnendringen; **III** znw gedrang o; gemeenz verliefdheid

crush-barrier znw dranghek o

crusher znw pletter, plethamer; stampmolen, maalmachine

crushing bn verpletterend, vernietigend

crust [krʌst] **I** znw korst, schaal, aanzetsel o [in een fles]; **II** onoverg aanzetten, een korst vormen

crustacean [krʌsˈteiʃən] znw schaaldier o

crusted ['krʌstid] bn aangezet [v. wijn]; ingeworteld, ouderwets, vastgeroest; eerbiedwaardig

crusty bn korstig, fig korzelig, kribbig, gemelijk

crutch [krʌtʃ] znw kruk; fig steun

crux [krʌks] znw (mv: cruces) crux, struikelblok o, (onoplosbare) moeilijkheid; kardinale punt o, essentie, kwintessens, kardinale vraag

cry [krai] **I** znw roep, schreeuw, kreet, geroep o, geschreeuw o, gebrul o; geblaf o, gejank o; gehuil o, huilbui; it is a far ~ het is heel ver; **II** onoverg roepen, schreeuwen; huilen; blaffen; janken; for ~ing out loud in vredesnaam, allemachtig; **III** overg (uit-) roepen, omroepen; ~ oneself to sleep zichzelf in slaap huilen; ~ down afbreken; ~ for the moon het onmogelijke verlangen; ~ off terugkrabbelen; ervan afzien; ~ out uitroepen, het uitschreeuwen; ~ out against luid protesteren tegen; ~ over spilt milk gedane zaken die toch geen keer nemen betreuren

cry-baby znw huilebalk

crying bn schreeuwend, hemeltergend; dringend

crypt [kript] znw crypt(e), grafgewelf o

cryptic ['kriptik] bn cryptisch, geheim, verborgen; duister; ~ crossword cryptogram o

crypto- bn crypto-, verborgen, geheim, ver-

kapt

cryptogram znw in geheimschrift geschreven stuk o

cryptography znw geheimschrift o

crystal ['kristl] **I** znw kristal o; **II** bn kristallen

crystal-gazing znw toekomst voorspellen o met een kristallen bol

crystalline bn kristalachtig, kristallen, plechtig kristallijnen

crystallize ['kristelaiz] **I** onoverg (uit-) kristalliseren[2]; de definitieve vorm krijgen [plannen &]; **II** overg laten (uit)kristalliseren; de definitieve vorm geven; konfijten, versuikeren

CSE afk. = Certificate of Secondary Education ± einddiploma v.d. middelbare school [tegenwoordig: GCSE]

cub [kʌb] **I** znw jong o, welp; gemeenz aankomend verslaggever (~ reporter); **II** onoverg jongen werpen, jongen

Cuba ['kjuːbə] znw Cuba o

Cuban ['kjuːbən] **I** znw Cubaan; **II** bn Cubaans

cubby-hole ['kʌbihoul] znw huisje o, kamertje o, hoekje o; vakje o; hok o

cube [kjuːb] **I** znw kubus; dobbelsteen; blok o, blokje o; (suiker)klontje o; wisk derde macht; ~ root derdemachtswortel; **II** overg tot de derde macht verheffen

cubic ['kjuːbik] bn kubiek, derdemachts-, inhouds-

cubicle ['kjuːbikl] znw kamertje o, hokje o; pashokje o, kleedhokje o

cubism ['kjuːbizm] znw kubisme o

cubist ['kjuːbist] **I** bn kubistisch; **II** znw kubist

cubit ['kjuːbit] znw elleboogslengte

cuckold ['kʌkould] **I** znw bedrogen echtgenoot; **II** overg bedriegen, ontrouw zijn

cuckoo ['kuku] **I** znw dierk koekoek; **II** bn gemeenz gek

cuckoo clock znw koekoeksklok

cucumber ['kjuːkʌmbə] znw komkommer

cud [kʌd] znw geweekt voedsel o van herkauwend dier; chew the ~ herkauwen; fig nadenken

cuddle ['kʌdl] **I** onoverg dicht bij elkaar liggen; ~ up zich nestelen; **II** overg knuffelen, liefkozen; **III** znw knuffel, geknuffel o

cuddly bn aanhalig, schattig; ~ toy knuffelbeestje o

cudgel ['kʌdʒəl] **I** znw knuppel; take up the ~s for het opnemen voor; **II** overg knuppelen, afrossen; ~one's brains zich het hoofd breken

cue [kjuː] **I** znw **1** wacht, wachtwoord o [v. acteur]; wenk, aanwijzing; **2** biljart keu; take one's ~ from... zich laten leiden door..., de aanwijzing volgen van..., zich richten naar...; on ~ op het juiste moment; **II** overg: ~ in inseinen, informeren

cuff [kʌf] **I** znw slag, klap, oorveeg; Am omslag [v. broek]; manchet; off the ~ gemeenz geïmproviseerd, voor de vuist; **II** overg slaan

cuff-link znw manchetknoop

cuirass [kwiˈræs] znw kuras o, (borst)harnas o

cuisine [kwi'zi:n] *znw* keuken: wijze van koken

cul-de-sac ['kuldə'sæk] *znw* doodlopende straat, doodlopende steeg; fig impasse, dood punt o

culinary ['kju:linəri] *bn* culinair, keuken-, kook-

cull [kʌl] **I** *overg* plukken, verzamelen, vergaren; selecteren, afschieten, slachten [v. zwakke, overtollige dieren]; **II** *znw* selectie, afschot o, slachting; slachtdier o

culminate ['kʌlmineit] *onoverg* culmineren, het toppunt bereiken

culmination [kʌlmi'neiʃən] *znw* culminatie, hoogtepunt² o

culottes [kju'lɔts] *znw* broekrok

culpable ['kʌlpəbl] *bn* schuldig, misdadig, verwerpelijk

culprit ['kʌlprit] *znw* schuldige, boosdoener

cult [kʌlt] *znw* cultus, eredienst, rage; sekte; cult; ~ *of personality, personality* ~ persoonsverheerlijking; ~ *book (film &)* cultboek o, -film &

cultivable ['kʌltivəbl] *bn* bebouwbaar

cultivate *overg* bouwen, bebouwen, bewerken; verbouwen, (aan)kweken, telen; beschaven; beoefenen; cultiveren

cultivation [kʌlti'veiʃən] *znw* bebouwing, bewerking, verbouwen o, cultuur, aankweking, teelt; beschaving; beoefening

cultivator *znw* bebouwer; kweker; beoefenaar; wiedvork cultivator [ploeg]

cultural ['kʌltʃərəl] *bn* cultureel

culture *znw* cultuur [ook = kweek (van bacteriën)], aankweking, teelt, bebouwing; beschaving; ~ *shock* cultuurschok

cultured *bn* beschaafd; ~ *pearl* gekweekte (cultivé)parel

culvert ['kʌlvət] *znw* duiker [onder dijk]

cum [kʌm] *voorz* met; tevens

cumbersome, cumbrous *bn* log, hinderlijk, lastig, omslachtig

cumin, cummin ['kʌmin] *znw* komijn

cummerbund ['kʌməbʌnd] *znw* brede band, rond het middel gedragen [bij smoking]

cumulate ['kju:mjuleit] *overg & onoverg* (zich) opeenhopen, cumuleren

cumulative ['kju:mjulativ] *bn* cumulatief

cumulus ['kju:mjuləs] *znw (mv:* cumuli [-lai]) stapelwolk

cuneiform ['kju:niifɔ:m] *bn* wigvormig; ~ *writing* spijkerschrift o

cunning ['kʌniŋ] **I** *bn* listig, sluw; handig; Am aardig, lief, leuk; **II** *znw* listigheid, sluwheid; handigheid

cunt [kʌnt] *znw* plat kut; trut, klootzak

cup [kʌp] **I** *znw* kop, kopje o beker, cup; bowl; *(not) my* ~ *of tea* gemeenz (n)iets voor mij; *in one's* ~s boven zijn theewater; **II** *overg* in de holte van de hand houden (opvangen); ~*ped hand* holle hand

cup-bearer *znw* schenker

cupboard ['kʌbəd] *znw* kast; ~ *love* baatzuchtige liefde, liefde om het gewin

cupidity [kju:'piditi] *znw* hebzucht

cupola ['kju:pələ] *znw* koepel

cuppa ['kʌpə] *znw* gemeenz kop thee

cup tie ['kʌptai] *znw* bekerwedstrijd

cur [kə:] *znw* straathond; fig hond, vlegel

curable ['kjuərəbl] *bn* geneeslijk

curate *znw* (hulp)predikant; RK kapelaan

curative ['kjuərətiv] **I** *bn* genezend; heilzaam; **II** *znw* geneesmiddel o

curator [kju'reitə] *znw* curator; directeur; conservator

curb [kə:b] **I** *znw* fig teugel, toom, keurslijf o; Am rand(steen); Am (trottoir)band; **II** *overg* beteugelen, in toom houden, intomen, bedwingen

curd [kə:d] *znw* wrongel, gestremde melk, kwark (ook: ~s)

curdle ['kə:dl] *(overg &)* onoverg (doen) klonteren; stremmen, stollen

cure [kjuə] **I** *znw* genezing; geneesmiddel o; kuur; (ziel)zorg; predikantsplaats; **II** *overg* genezen (van of); (verduurzamen door) inmaken, drogen, pekelen, roken &

cure-all *znw* panacee

curfew ['kə:fju:] *znw* avondklok; uitgaansverbod o

curio ['kjuəriou] *znw* rariteit

curiosity [kjuəri'ɔsiti] *znw* nieuwsgierigheid, weetgierigheid; curiositeit, rariteit

curious ['kjuəriəs] *bn* nieuwsgierig, weetgierig, benieuwd; curieus, eigenaardig

curl [kə:l] **I** *znw* krul, kronkel(ing); **II** *overg* krullen, kronkelen, rimpelen; minachtend optrekken of omkrullen (ook: ~ *up*); **III** *onoverg* (om)krullen, (ineen)kronkelen, rimpelen (ook: ~ *up*); ~ *up* zich oprollen; ineenkrimpen; in elkaar zakken

curler *znw* krulspeld, roller

curlew ['kə:lju:] *znw* dierk wulp

curling ['kə:liŋ] *znw* curling o [balspel op het ijs]

curling tongs *znw* krultang

curly *bn* krullend, gekruld, krul-, kroes-

curly-pate *znw* krullenbol

currant ['kʌrənt] *znw* krent; *black & ~s* zwarte & bessen

currency ['kʌrənsi] *znw* gangbaarheid; ruchtbaarheid; (gang)baar geld o, munt-(soort), betaalmiddel o, valuta, deviezen

current I *bn* courant, gangbaar, in omloop, lopend; algemeen verspreid of aangenomen; actueel, van de dag; tegenwoordig, laatst (verschenen) [nummer]; **II** *znw* stroming, stroom, loop, gang

current account *znw* rekening-courant

currently *bijw* tegenwoordig, momenteel, op het ogenblik

curriculum [kə'rikjuləm] *znw (mv:* curricula [-lə]) cursus, programma o, leerplan o

curriculum vitae [kə'rikjuləm 'vi:tai, -'vaiti:] *znw* curriculum vitae o

1 curry ['kʌri] **I** *znw* kerrie; kerrieschotel; **II** *overg* met kerrie bereiden

2 curry ['kʌri] *overg* roskammen; afrossen; ~ *favour with sbd.* iems. gunst proberen te winnen

curry-comb *znw* roskam

curry powder *znw* kerrie, kerriepoeder o & m

curse [kə:s] **I** *onoverg* vloeken; **II** *overg* uit-, vervloeken; ~ *with* bezoeken met; **III** *znw* vloek, vervloeking, verwensing; *the* ~ ge- meenz de menstruatie

cursed ['kɔːsid] *bn* vervloekt

cursive ['kɔːsiv] *znw* lopend [schrift o]

cursory ['kɔːseri] *bn* terloops (gedaan of ge- maakt), vluchtig, haastig

curt [kɔːt] *bn* kort, kort en bondig, kortaf, bits

curtail [kɔːˈteil] *overg* korten, besnoeien, beknotten, beperken, verminderen

curtailment *znw* verkorting, inkorting, be- perking

curtain ['kɔːt(i)n] **I** *znw* gordijn o & v, schuif- gordijn o, overgordijn o; scherm o, doek o; *iron* ~ ijzeren gordijn o; **II** *overg:* ~ *off* af- scheiden met een gordijn

curtain-call *znw:* take three ~s driemaal op het podium teruggeroepen worden

curtain-raiser *znw* voorprogramma o; fig voorspel o

curts(e)y ['kɔːtsi] **I** *znw* revérence; *do a* ~ een revérence maken; **II** *onoverg* een re- vérence maken

curvaceous [kɔːˈveiʃəs] *bn* gemeenz vol- slank

curvature ['kɔːvətʃə] *znw* kromming, boog; ~ *of the spine* ruggegraatsverkromming

curve [kɔːv] **I** *znw* kromming, curve, krom- me (lijn), bocht; **II** *onoverg* een bocht ma- ken, buigen, zich krommen; **III** *overg* (om-) buigen, krommen

cushion ['kuʃən] **I** *znw* kussen o; kussentje o; biljart band; **II** *overg* van kussens voor- zien; opvangen [de slag], breken [de val], verzachten

cushy ['kuʃi] *bn* gemeenz jofel, fijn, makke- lijk

cusp [kʌsp] *znw* punt; horen [v.d. maan]

cuss [kʌs] gemeenz **I** *znw* vloek; kerel; *not a tinker's* ~ geen snars; **II** *(overg &) on- overg* (ver-, uit)vloeken

cussed *bn* gemeenz balorig, koppig

custard ['kʌstəd] *znw* vla [v. eieren en melk], custard

custodian [kʌsˈtoudiən] *znw* bewaker, be- heerder, conservator [v. museum]; voogd

custody ['kʌstədi] *znw* bewaking, hoede, zorg, voogdij; berusting, bewaring; hech- tenis

custom ['kʌstəm] **I** *znw* gewoonte, gebruik o; klandizie, nering; ~s douane; douane- rechten; **II** *bn* speciaal (gemaakt), op maat, maat- [v. kleding &]

customary *bn* gewoon, gebruikelijk

custom-built *bn* = custom II

customer *znw* klant; gemeenz kerel, vent

customize ['kʌstəmaiz] *overg* op bestelling maken; aanpassen aan persoonlijke ver- langens

custom-made *bn* = custom II

customs-house *znw* douanekantoor o; douane

1 cut* [kʌt] **I** *overg* snijden[2], af-, aan-, be-, door-, stuk-, open-, uitsnijden; vermin- deren, verlagen [prijzen]; afschaffen [ter be- zuiniging]; couperen, afnemen; (af-, door-) knippen; hakken, (af)kappen; maaien;

[zoden]steken, [een dijk]doorsteken; (door-) graven; doorhakken; (door)klieven; banen [een weg]; [glas] slijpen; af-, verbreken; weglaten; gemeenz Am negeren, wegblij- ven van [les &]; gemeenz eraan geven; ~ *it fine* op het nippertje komen &; ~ *one's teeth* tanden krijgen; **II** *onoverg* snijden, couperen; zich laten snijden; ~ *and run slang* ervandoor gaan, vliegen, rennen; ~ *sbd. short* iem. in de rede vallen; ~ *sbd. dead* iem. totaal negeren; ~ *across* door- snijden; (dwars) oversteken; fig in strijd zijn met, ingaan tegen; ~ *at* steken of een uitval doen naar; ~ *along* gemeenz 'm smeren; ~ *back* snoeien; besnoeien; in- krimpen; terugkeren naar een vorig beeld of toneel [in film]; gemeenz rechtsomkeert maken; ~ *down* (geleidelijk) verminderen, besnoeien[2]; vellen; ~ *in* insnijden; in de re- de vallen, invallen; ~ *off* afsnijden[2]; onder- breken; wegmaaien; afknippen, afhakken, afslaan; afzetten [ledematen; motor], af- sluiten [gas &]; afbreken [onderhandelin- gen]; ~ *out* (uit)knippen, uitsnijden; ge- meenz verdringen, een beentje lichten; achterwege laten, couperen; gemeenz uit- scheiden (ophouden) met; elektr uitscha- kelen; afslaan, weigeren [v. motor]; ~ *un- der* onderkruipen; ~ *up* (stuk)snijden, hak- ken, knippen, versnijden; verdelen; fig af- maken, afbreken; in de pan hakken; *be* ~ *up by* ontdaan, kapot zijn van; ~ *up rough* boos of nijdig worden

2 cut I *bn* gesneden; los [bloemen]; geslepen [glas]; ~ *price* sterk verlaagde prijs, spot- prijs; ~ *and dried* gemeenz pasklaar ge- maakt [theorieën], oudbakken; **II** *znw* sne- de, snijwond, knip, hak, houw; slag, tik [met zweep]; stuk o, (aan)deel o, (stuk) vlees o; fig veeg uit de pan; snit, coupe; houtsnede, plaat; couperen o [kaarten]; coupure; nummer o, liedje o [op plaat]; ver- mindering, verlaging [v. prijs, loon]; *a* ~ *above* een graadje hoger dan

cut-away ['kʌtəwei] *znw* jacquet o & v

cut-back *znw* beperking, verlaging, reduc- tie; flash-back, terugblik

cute [kjuːt] *bn* gemeenz pienter, bijdehand, spits, kien; lief, snoezig, charmant, aan- trekkelijk, cute

cuticle ['kjuːtikl] *znw* opperhuid; vliesje o; nagelriem

cutie ['kjuːti] *znw* gemeenz snoes, meisje o

cutlass ['kʌtləs] *znw* hartsvanger: korte sa- bel

cutler ['kʌtlə] *znw* messenmaker

cutlery *znw* tafelgerei o

cutlet ['kʌtlit] *znw* kotelet, karbonade

cut-off ['kʌtɔf] *znw* afsluiter; scheiding, grens; Am kortere weg; *a pair of* ~s ge- meenz (spijker)broek met afgeknipte pij- pen

cut-out *znw* elektr schakelaar; techn vrije uitlaat [v. motor]; uitknipsel o; bouwplaat

cutter *znw* snijder; coupeur; (snij)mes o; snijmachine; snijbrander; techn frees; hou- wer, hakker; cutter [v. film]; scheepv kotter, boot

cut-throat I *znw* moordenaar; <u>schertsend</u> ouderwets scheermes o; II *bn*: ~ *competition* moordende, meedogenloze concurrentie

cutting I *bn* snijdend, scherp, bijtend, vinnig; snij-; II *znw* <u>plantk</u> stek; (uit)knipsel o; (afgesneden, afgeknipt) stuk o, coupon [v. stof]; holle weg; doorkomen o [v. tanden]; montage [v. film]

cuttlefish ['kʌtlfiʃ] *znw* inktvis

cyanose [saiə'nouz] *znw* <u>med</u> cyanose, blauwzucht

cybernetic [saibə:'netik] I *bn* cybernetisch; II *znw*: ~*s* cybernetica: stuurkunde

cycle ['saikl] I *znw* tijdkring, kringloop; cyclus; rijwiel o, fiets; ~ *per second* hertz; II *onoverg* fietsen

cyclic(al) *bn* tot een cyclus behorend; periodiek

cyclist *znw* wielrijder, fietser

cyclone ['saikloun] *znw* cycloon

cyclops ['saiklɔps] *znw* (*mv*: cyclopes) cycloop

cyclostyle ['saikləstail] I *znw* stencilmachine; II *overg* stencilen

cygnet ['signit] *znw* jonge zwaan

cylinder ['silində] *znw* cilinder, wals, rol

cylindrical [si'lindrikl] *bn* cilindervormig

cymbal ['simbəl] *znw* cimbaal, bekken o

cynic ['sinik] I *bn* cynisch; II *znw* cynisch wijsgeer; cynicus

cynical *bn* cynisch

cynicism ['sinisizm] *znw* cynische houding; cynische opmerking

cypher ['saifə] = *cipher*

cypress ['saipris] *znw* cipres

Cypriot ['sipriət] I *znw* Cyprioot; II *bn* Cyprisch

Cyprus ['saiprəs] *znw* Cyprus o

cyrillic [si'rilik] *znw* cyrillisch (schrift) o

cyst [sist] *znw* cyste: blaas, beursgezwel o

cystitis [sis'taitis] *znw* blaasontsteking

Czar [za:] *znw* tsaar

Czarina [za:'ri:nə] *znw* tsarina

Czech [tʃek] I *znw* Tsjech; Tsjechisch o; II *bn* Tsjechisch

Czechoslovakia [tʃekouslou'vækiə] *znw* Tsjechoslowakije o

Czechoslovakian I *znw* Tsjechoslowaak; II *bn* Tsjechoslowaaks

Czech Republic *znw* Tsjechië o

D

d [di:] *znw* (de letter) d; <u>muz</u> d of re
DA <u>Am</u> = *district attorney*
dab [dæb] **I** *znw* 1 tikje o, por; 2 klompje o, spat, kwak; 3 <u>dierk</u> schar; 4 <u>slang</u>: ~s vingerafdrukken; ~ *hand* <u>gemeenz</u> uitblinker (in *at*); **II** *overg & onoverg* 1 (aan)tikken; 2 betten, deppen; ~ *at* betasten of even bestrijken
dabble ['dæbl] **I** *overg* bespatten, nat maken, plassen met; **II** *onoverg* doen aan, liefhebberen (in *in*)
dabbler *znw* beunhaas, knoeier, prutser
dace [deis] *znw* (*mv* idem) serpeling [vis]
dachshund ['dækshund] *znw* <u>dierk</u> taks, teckel
dactyl ['dæktil] *znw* dactylus
dad, daddy [dæd, 'dædi] *znw* <u>gemeenz</u> pa, pappie, pap(s)
daddy-longlegs ['dædi'lɔŋlegz] *znw* langpootmug; <u>Am</u> hooiwagen [spin]
dado ['deidou] *znw* lambrisering, beschot o
daffodil ['dæfədil] *znw* gele narcis
daft [da:ft] *bn* dwaas, dom, mal, gek, getikt
dagger ['dægə] *znw* dolk; kruistekentje o; *be at ~s drawn* op uiterst gespannen voet staan; *look ~s at sbd.* venijnige blikken werpen op iem.
dago ['deigou] *znw* <u>geringsch</u> benaming voor iem. v. Spaanse, Portugese of Italiaanse afkomst
Dail (Eireann) [dail('ɛərən)] *znw* Lagerhuis o van de Ierse Republiek
daily ['deili] **I** *bn bijw* dagelijks, dag-; **II** *znw* dagblad o; dagmeisje o
dainty ['deinti] **I** *bn* fijn, sierlijk, keurig; aardig; lekker; kieskeurig; **II** *znw* lekkernij
dairy ['dɛəri] *znw* melkinrichting, zuivelfabriek
dairyman *znw* melk-, zuivelboer
dairy produce *znw* zuivelproducten
dais ['deiis] *znw* podium o, verhoging
daisy ['deizi] *znw* madeliefje o; *push up the daisies* <u>gemeenz</u> onder de groene zoden liggen
daisy wheel *znw* daisy wheel, margrietwieltje o [in printers, schrijfmachines]
dale [deil] *znw* dal o
dalliance ['dæliəns] *znw* geflirt² o, flirt
dally *onoverg* stoeien, rondlummelen; beuzelen; talmen; ~ *with an idea* spelen met een idee; ~ *with sbd.* flirten met iemand
dam [dæm] **I** *znw* 1 dam, dijk; 2 ingesloten water o; 3 moeder [v. dier]; **II** *overg*: ~ (*up*) een dam opwerpen tegen², afdammen, bedijken; opkroppen [v. gevoelens]
damage ['dæmidʒ] **I** *znw* schade, beschadiging, averij; ~s schadevergoeding; *what's the ~?* <u>gemeenz</u> wat kost het?; wat is de schade?; **II** *overg* beschadigen, havenen, toetakelen; schaden, in diskrediet brengen
damask ['dæməsk] **I** *znw* damast o; gevlamd staal o; zacht rood o; **II** *bn* damasten; zacht rood

dame [deim] *znw* dame; vrouwelijk lid o van de *Order of the British Empire*; <u>Am</u> wijf o
dammit ['dæmit] *tsw* = *damn it*
damn [dæm] **I** *overg* vervloeken; verdoemen; veroordelen; afkraken; afbreken; ~ *it!* verdomme!; ~ *the rain!* die verdomde regen!; *I'll be* ~*ed if...* <u>gemeenz</u> ik mag hangen als...; **II** *znw* reet, zak; *it is not worth a* ~ het is geen moer waard; **III** *bn bijw* <u>gemeenz</u> verdomd
damnable *bn* <u>gemeenz</u> vervloekt; afschuwelijk; godsgruwelijk, pokke-
damnation [dæm'neiʃən] *znw* verdoemenis, verdoeming
damned *bn bijw* vervloekt, verdo(e)md; donders; *do one's* ~*est* <u>gemeenz</u> alles in het werk stellen
damning *bn* <u>fig</u> bezwarend, vernietigend
damp [dæmp] **I** *bn* vochtig, klam; **II** *znw* 1 vocht o, vochtigheid; 2 mijngas o; **III** *overg* vochtig maken, bevochtigen; ~ *down* temperen²
damp course *znw* vochtwerende laag
dampen *overg* = *damp III*
damper *znw* (toon)demper; sleutel, schuif [in kachelpijp]; <u>fig</u> teleurstelling, domper; *put a* ~ *on* een domper zetten op
dampish *bn* ietwat vochtig, klammig
damp-proof course *znw* = *damp course*
dance [da:ns] **I** *onoverg* dansen; ~ *to sbd.'s tune* naar iems. pijpen dansen; **II** *overg* dansen; ~ *attendance on* achternalopen; **III** *znw* dans(je o); bal o, dansavondje o; *lead sbd. a merry* ~ iem. het leven zuur maken, ervan laten lusten
dancer *znw* danser, danseres
dance hall *znw* dancing
dancing ['da:nsiŋ] *znw* dansen o; danskunst
dandelion ['dændilaiən] *znw* paardenbloem
dander ['dændə] *znw*: *he got my* ~ *up* hij maakte mij woedend
dandle ['dændl] *overg* laten dansen op de knie; liefkozen; vertroetelen
dandruff ['dændrəf] *znw* roos [op het hoofd]
dandy ['dændi] **I** *znw* dandy, fat; <u>scheepv</u> soort sloep; **II** *bn* <u>gemeenz</u> <u>Am</u> prima, puik
Dane [dein] *znw* Deen
danger ['dein(d)ʒə] *znw* gevaar o; *be on (off) the* ~ *list* in (buiten) levensgevaar zijn; ~ *point* kritisch punt o; ~ *signal* onveilig sein o, waarschuwingsteken o
dangerous *bn* gevaarlijk
dangle ['dæŋgl] **I** *onoverg* slingeren, bengelen, bungelen; *keep sbd. dangling* <u>fig</u> iemand aan het lijntje houden; **II** *overg* laten bengelen, zwaaien met; ~ *sth. before sbd.* <u>fig</u> iemand iets voorspiegelen, iemand ergens lekker mee maken
Danish ['deiniʃ] **I** *bn* Deens; **II** *znw* Deens o
dank [dæŋk] *bn* vochtig
dapper ['dæpə] *bn* keurig, parmantig
dapple ['dæpl] **I** *overg* (be)spikkelen; **II** *onoverg* spikkels krijgen
dapple-grey I *bn* appelgrauw; **II** *znw* <u>dierk</u> appelschimmel
dare [dɛə] **I** *overg* durven, het wagen; trotseren, tarten, uitdagen; *I* ~ *say* ik denk, denk ik, zeker, wel; **II** *znw* uitdaging

daredevil I *znw* waaghals, durfal; **II** *bn* roekeloos, doldriest

daring I *bn* stout(moedig), koen, vermetel, gewaagd, gedurfd; **II** *znw* stout(moedig-)heid, vermetelheid, koenheid, durf

dark [da:k] **I** *bn* duister², donker²; *fig* somber; snood; *keep it* ~ het geheim houden; *the D~ Ages* de (vroege, duistere) middeleeuwen; ~ *horse* outsider; onbekende mededinger; **II** *znw* donker o, duister o, vallen o van de avond, duisternis, duisterheid; *keep sbd. in the* ~ iem. in onwetendheid laten

darken I *onoverg* donker (duister) worden; **II** *overg* donker (duister) maken, verdonkeren, verduisteren; *you shall never* ~ *my door again* je zult nooit een voet meer over mijn drempel zetten

darkish ['da:kiʃ] *bn* vrij donker, schemerig

darkness *znw* duisternis, duisterheid, duister o, donker o, donkerheid

darkroom *znw* fotogr donkere kamer, doka

darky, darkey *znw* geringsch zwartje o

darling ['da:liŋ] **I** *znw* lieveling, schat, dot; **II** *bn* geliefkoosd, geliefd, lief

1 darn [da:n] **I** *overg* stoppen, mazen; **II** *znw* stop, gestopte plaats

2 darn [da:n] = **damn**

dart [da:t] **I** *znw* pijl(tje o), werpspies; sprong, (plotselinge) uitval; coupenaad; **II** *overg* schieten, werpen; **III** *onoverg:* ~ *off* wegschieten

darts [da:ts] *znw* darts: werpspel met pijltjes

dash [dæʃ] **I** *onoverg* snel bewegen; ~ *into* [een huis] inschieten; ~ *off* voort-, wegstuiven; ~ *on* voortstormen; ~ *up* komen aanstuiven; **II** *overg* werpen, smijten; slaan; verpletteren, terneerslaan, teleurstellen, de bodem inslaan; verijdelen; ~ *it!* eufemisme verdikkeme!; **III** *znw* **1** slag, stoot; klets; tikje o; **2** scheutje o [bier &]; **3** veeg [verf]; **4** spurt, sprint, plotselinge aanval; **5** fig zwier, elan o, durf; **6** streepje o; ~ *of the pen* pennenstreek; *cut a* ~ de show stelen; *make a* ~ *for...* in vliegende vaart zien te bereiken; ergens heen schieten

dash-board *znw* dashboard o, instrumentenbord o [v. auto &]

dashing ['dæʃiŋ] *bn* kranig, flink; zwierig, chic

dastardly *bn* lafhartig

data ['deita] *znw* gegevens, informatie, data; ~ *processing* informatieverwerking

database ['deitabeis] *znw* comput database, databank

date [deit] **I** *znw* **1** dadel(palm); **2** datum, dagtekening; jaartal o; tijdstip o; vero (leef-)tijd, duur; **3** gemeenz afspraak, afspraakje o; **4** Am gemeenz meisje o, vriendinnetje o; Am gemeenz knul, vriendje o; *out of* ~ uit de tijd, ouderwets, verouderd, achterhaald; *to* ~ tot (op) heden; **II** *overg* dateren; de ouderdom vaststellen; dagtekenen; Am gemeenz afspraakjes hebben met, uitgaan met; **III** *onoverg* verouderen, dateren; Am gemeenz afspraakjes hebben, uitgaan; ~ *back to,* ~ *from* dateren uit

(van)

dated ['deitid] *bn* ouderwets, gedateerd

dateless *bn* tijdloos

date-line *znw* datumlijn, datumgrens; dagtekening

date-palm *znw* dadelpalm

dative ['deitiv] *znw* datief, derde naamval

daub [dɔ:b] **I** *overg* smeren, besmeren, bepleisteren, bekladden, kladden; **II** *znw* pleister(werk) o; kladschilderij o

daub(st)er *znw* kladschilder

daughter ['dɔ:tə] *znw* dochter²

daughter-in-law *znw* (*mv:* daughters-in-law) schoondochter

daughterly *bn* als (van) een dochter

daunt [dɔ:nt] *overg* afschrikken, ontmoedigen; *nothing* ~*ed* onversaagd

dauntless *bn* onverschrokken

davenport ['dævnpɔ:t] *znw* lessenaar; Am sofa, canapé

davit ['dævit] *znw* davit

Davy Jones ['deivi'dʒounz]: *go to* ~'s *locker* naar de haaien gaan

Davylamp ['deivi'læmp] *znw* veiligheidslamp v. mijnwerkers

daw [dɔ:] *znw* dierk kauw

dawdle ['dɔ:dl] **I** *onoverg* treuzelen, talmen, beuzelen; slenteren; **II** *overg:* ~ *away* verbeuzelen

dawdler *znw* treuzel(aar), beuzelaar

dawn [dɔ:n] **I** *znw* dageraad²; aanbreken o van de dag; **II** *onoverg* licht worden; dagen, aanbreken, ontluiken; *it* ~*ed on me* het werd mij duidelijk

dawning *znw* dageraad²; oosten o

dawn raid *znw* handel vijandelijke overname

day [dei] *znw* dag, daglicht o; tijd (ook: ~s); ~ *off* vrije dag; *the good old* ~s de goede ouwe tijd; *that'll be the* ~ dat wil ik nog eens zien; *the* ~ *is ours* de zege is ons; *call it a* ~ ophouden met iets; *carry (win) the* ~ de slag winnen, de overwinning behalen; *lose the* ~ de slag verliezen, de nederlaag lijden; *make sbd.'s* ~ maken dat iemands dag niet meer stuk kan; *save the* ~ de situatie (de zaak) redden; *a* ~ *after the fair* te laat; *all* ~ *(long)* de gehele dag; *any* ~ *now* binnenkort, binnen de kortste tijd; *one* ~ op zekere dag; eenmaal, eens; *one of these* ~s vandaag of morgen; *one of those* ~s zo'n dag waarop alles tegenzit; *by* ~ overdag; *in the* ~ overdag

day-boarder *znw* kind o dat overblijft op school en een maaltijd krijgt

daybook *znw* dagboek o

dayboy *znw* externe leerling

daybreak *znw* aanbreken o v.d. dag

day care *znw* kinderopvang; ~ *centre* kinderdagverblijf o

daydream I *znw* mijmering, dromerij; **II** *onoverg* dagdromen

daylight *znw* daglicht o, dag; dageraad, zonsopgang; *in broad* ~ op klaarlichte dag; *beat (knock) the living* ~s *out of sbd.* iem. een enorm pak op zijn lazer geven; ~ *robbery* brutale afzetterij

day nursery *znw* kinderbewaarplaats,

crèche

day pupil *znw* externe leerling

day release *znw* vormingsdag(en)

day school *znw* school waar de leerlingen niet 's nachts verblijven [in tegenstelling tot internaat]

day shift *znw* dagploeg

daystar *znw* morgenster

daytime *znw* dag; *in the* ~ overdag

day-to-day *bn* van dag tot dag; dagelijks

day-tripper *znw* dagrecreant; ~*s* ook: dagjesmensen

daze [deiz] **I** *overg* verdoven, bedwelmen; verbijsteren; ~*d* ook: als versuft; **II** *znw* verdoving, bedwelming; verbijstering

dazzle ['dæzl] **I** *overg* verblinden[2]; verbijsteren; *dazzling* ook: fig oogverblindend, schitterend; **II** *znw* verblinding[2]; verbijstering

DC *afk.* = Direct Current; Decimal Classification; District of Columbia [Washington DC]

D-day ['di:dei] *znw* mil D-dag: de dag voor het beginnen van een operatie (i.h.b. van de geallieerde invasie op 6 juni 1944); fig de grote dag

deacon ['di:kǝn] *znw* diaken; ouderling; geestelijke in rang volgend op *priest*

deaconess *znw* diacones

deactivate ['di:'æktiveit] *overg* buiten werking stellen, onklaar maken; onschadelijk maken [bom]

dead [ded] **I** *bn* **1** dood; (af)gestorven, overleden, doods; **2** uitgedoofd, afgestorven, dof, mat; **3** elektr niet ingeschakeld, uitgevallen, stroomloos, op, leeg [accu, batterij]; **4** absuut, compleet, totaal [fiasco &]; **5** gevoelloos, ongevoelig; ~ *to* ongevoelig voor [smeekbede &]; **6** gemeenz uitgeput, kapot; ~ *to the world* in diepe slaap; *there was a* ~ *calm* het was bladstil; ~ *centre* dood punt *o*; ~ *door (window)* blinde deur (venster *o*); ~ *duck* mislukkeling, mislukking; ~ *heat* sp loop & waarbij de deelnemers gelijk eindigen; ~ *letter* onbestelbare brief; dode letter [v. wet]; *on a* ~ *level* volkomen vlak; *the* ~ *season* de slappe tijd; *he is a* ~ *shot* hij mist nooit; ~ *wood* dood hout; fig ballast; *I wouldn't be seen* ~ *with...* gemeenz ik zou me voor geen geld willen vertonen met...; **II** *bijw* **1** dood; **2** versterkend absoluut, compleet, zeer erg, totaal; **3** vlak; **4** plotseling [ophouden &]; **III** *znw* dode(n); stilte

dead-beat I *bn* gemeenz doodop, volkomen uitgeput; **II** *znw* Am klaploper; leegloper

deaden I *overg* dempen, temperen, verzwakken, verdoven; af-, verstompen; **II** *onoverg* verflauwen, vervlakken, de glans verliezen

dead end I *znw* doodlopende straat; **II** *bn* fig uitzichtloos

deadline *znw* (tijds)limiet, (uiterste, fatale) termijn, deadline

deadlock I *znw* impasse; *at a* ~ op het dode punt, in een impasse; **II** *onoverg* op het dode punt komen, in een impasse geraken; **III** *overg* vastzetten, doen vastlopen

deadly *bn* dodelijk, doods; versterkend vreselijk; ~ *sin* hoofdzonde

dead nettle *znw* dovenetel

deadpan I *znw* stalen gezicht *o*, pokerface; **II** *bn* onverstoorbaar, onbewogen, met een stalen gezicht, droogkomiek

deadwood *znw* overtollig personeel *o*

deaf [def] *bn* doof[2] (voor *to*); *as* ~ *as a post* zo doof als een kwartel; ~ *and dumb* doofstom; *turn a* ~ *ear to* zich doof houden (doof blijven) voor; *that did not fall on* ~ *ears* dat was niet aan dovemansoren gezegd

deaf-aid *znw* (ge)hoorapparaat *o*

deafen *overg* doof maken; verdoven, dempen; ~*ing* ook: oorverdovend

deaf mute *znw* doofstomme

1 deal [di:l] *znw* **1** (grote) hoeveelheid; *a* ~ *(of sth.)* een boel; *a great (good)* ~ *(of)* heel wat, heel veel; **2** geven *o* [bij het kaarten]; **3** transactie; overeenkomst; gemeenz deal, koehandel; *it's a* ~! afgesproken!; *get a good (bad)* ~ er goed (slecht) afkomen; *give sbd. a fair (square)* ~ iem. eerlijk behandelen; *big* ~! gemeenz is dat alles?; het heeft niet veel om het lijf; dank je feestelijk!

2 deal* [di:l] *overg & onoverg* uitdelen (ook: ~ *out*); ronddelen (ook: ~ *round*); toe-, bedelen; toebrengen; geven [de kaarten]; slang dealen [drugs &]; ~ *with* handel drijven met, kopen bij; omgaan met, te doen hebben met; zich bezighouden met; behandelen, bejegenen, aanpakken; afrekenen met; het hoofd bieden aan; verwerken [bestellingen]

dealer *znw* gever [v. kaarten]; handel koopman, handelaar; dealer; slang (drugs-)dealer

dealing *znw* (be)handeling, handelwijze; ~*s* transacties, zaken; relaties, omgang; *have (no)* ~*s with* (niets) te maken hebben met

dealt [delt] V.T. & V.D. van *deal*

dean [di:n] *znw* deken; domproost; onderw hoofd *o* (v. faculteit), decaan

deanery *znw* decanaat *o*; proosdij

dear [diǝ] **I** *bn* lief, waard, dierbaar; duur, kostbaar; *D*~ *Sir* Geachte heer; **II** *bijw* duur; **III** *tsw*: ~ *me!*, ~, ~! och, och!, o jee!, lieve hemel!; **IV** *znw* lieve, liefste; schat

dearie *znw* = *deary*

dearly *bijw* duur; innig, zeer, dolgraag

dearth [dɑ:θ] *znw* schaarsheid (en duurte); schaarste, nood, gebrek *o* (aan *of*)

deary, dearie ['diǝri] *znw* gemeenz liefje *o*, schat; ~ *me!* gunst!, hemeltjelief!

death [deθ] *znw* dood; (af)sterven *o*, overlijden *o*; sterfgeval *o*; *be at* ~*'s door* de dood nabij zijn; *catch one's* ~ *of cold* zeer ernstig kou vatten; *like* ~ *warmed up* op sterven na dood; *scare someone to* ~ iemand dood laten schrikken; *put (do) to* ~ ter dood brengen, doden; *fight to the* ~ vechten op leven en dood

deathbed *znw* sterfbed *o*; *be on one's* ~ het niet lang meer maken, op het randje van de dood zweven

death-blow *znw* doodklap, genadeslag
death certificate *znw* overlijdensakte
death-duties *znw mv* successierechten
death-knell *znw* doodsklok; *sound the ~ of* fig de doodsklok luiden over
deathless *bn* onsterfelijk
deathlike *bn* doods, dodelijk
deathly *bn bijw* doods, dodelijk, dood(s)-
death penalty *znw* doodstraf
death-rate *znw* sterftecijfer o
death row *znw* dodencellen
death sentence *znw* doodvonnis o
death squad *znw* moordcommando o, doodseskader o
death throes *znw mv* doodsstrijd
death toll *znw* dodencijfer o
death-trap *znw* levensgevaarlijk(e) plaats, val, vervoermiddel o
death-warrant *znw* bevelschrift o tot voltrekking van het doodvonnis
death-watch beetle *znw* doodkloppertje o [soort houtworm]
deb [deb] *znw* gemeenz debutante
débâcle, debacle [dei'ba:kl] *znw* debacle, volslagen mislukking
debar [di'ba:] *overg* uitsluiten (van *from*), onthouden, weigeren, verhinderen
debark [di'ba:k] **I** *overg & onoverg* (zich) ontschepen, aan land gaan/zetten; **II** *overg* ontschorsen [bomen]
debarkation [di:ba:'keiʃən] *znw* ontscheping
debase [di'beis] *overg* vernederen, verlagen
debasement [di'beismənt] *znw* verlaging, vernedering; (waarde-, kwaliteits)vermindering
debatable [di'beitəbl] *bn* betwist(baar), discutabel
debate [di'beit] **I** *znw* debat o; discussie, woordenstrijd; **II** *overg* debatteren over, bespreken; overleggen; betwisten; **III** *onoverg* debatteren
debater *znw* deelnemer aan een debat, debater
debauch [di'bɔ:tʃ] **I** *overg* verleiden, bederven, op het slechte pad brengen; **II** *znw* orgie, uitspatting(en)
debauchery [di'bɔ:tʃəri] *znw* liederlijkheid; uitspatting(en)
debenture [di'bentʃə] *znw* schuldbrief, obligatie
debilitate [di'biliteit] *overg* verzwakken
debility *znw* zwakheid, zwakte
debit ['debit] **I** *znw* handel debet o, debetzijde; **II** *overg* debiteren (voor *with*); *~... against (to) him* hem debiteren voor...
debonair [debə'nɛə] *bn* charmant, galant, voorkomend
debouch [di'bautʃ] *onoverg* uitkomen (op *in*), uitmonden (in *in*); mil deboucheren
debrief ['di:'bri:f] *overg* [een piloot, diplomaat &] ondervragen over het verloop van een voltooide opdracht
debris ['deibri:] *znw* puin o; overblijfselen
debt [det] *znw* schuld; *owe someone a ~ of gratitude* iem. dank verschuldigd zijn; *he is in my ~* hij staat bij mij in het krijt; *be in ~ to* verplichting(en) hebben aan, schul-

den hebben, rood staan; *get (run) into ~* schulden maken
debtor *znw* schuldenaar, debiteur
debug ['di:'bʌg] *overg* comput de fouten verwijderen uit, debuggen
debunk [di:'bʌŋk] *overg* gemeenz de ware aard aan het licht brengen; ontluisteren
début ['deibu:], **debut** ['deibju:] *znw* debuut o, eerste optreden o
débutante ['debju(:)ta:nt] *znw* debutante: meisje o dat officieel wordt geïntroduceerd in de uitgaande wereld
decade ['dekeid] *znw* tiental o [jaren &], decennium o
decadence ['dekədəns] *znw* verval o, decadentie
decadent *bn* decadent
decaffeinated ['di:'kæfineitid] *bn* cafeïnevrij
decalcify [di:'kælsifai] *overg* ontkalken
Decalogue ['dekələg] *znw* de Tien Geboden
decamp [di'kæmp] *onoverg* (het kamp) opbreken; ervandoor gaan, uitknijpen, 'm smeren
decant [di'kænt] *overg* af-, overschenken, decanteren
decanter *znw* karaf
decapitate [di'kæpiteit] *overg* onthoofden
decarbonize [di:'ka:bənaiz] *overg* techn ontkolen
decathlon [di'kæθlɔn] *znw* sp tienkamp
decay [di'kei] **I** *onoverg* achteruitgaan, vervallen, in verval geraken; bederven, (ver-) rotten; **II** *znw* achteruitgang, verval o; aftakeling; bederf o, (ver)rotting
decease [di'si:s] **I** *onoverg* overlijden; **II** *znw* overlijden o
deceased **I** *bn* overleden; **II** *znw* overledene
deceit [di'si:t] *znw* bedrog o, bedrieglijkheid, bedriegerij, misleiding
deceitful *bn* vol bedrog, bedrieglijk; oneerlijk
deceive *overg* bedriegen, misleiden; *~ oneself* jezelf voor de gek houden
decelerate [di:'seləreit] *onoverg* vaart minderen; langzamer gaan
deceleration ['di:selə'reiʃn] *znw* vertraging, snelheidsvermindering
December [di'sembə] *znw* december
decency ['di:snsi] *znw* betamelijkheid, fatsoen o; *the decencies* het decorum
decent ['di:snt] *bn* betamelijk, welvoeglijk, behoorlijk, fatsoenlijk, geschikt, aardig; met goed fatsoen; *I can't come to the door, I'm not ~* ik kan niet opendoen, want ik ben nog niet aangekleed
decentralize [di:'sentrəlaiz] *overg* decentraliseren
deception [di'sepʃən] *znw* bedrog o, misleiding
deceptive [di'septiv] *bn* bedrieglijk, misleidend
decibel ['desibel] *znw* decibel
decide [di'said] **I** *overg* beslissen, bepalen; (doen) besluiten; tot de conclusie komen (dat...); **II** *onoverg* een beslissing of besluit nemen; recht uitspraak doen
decided *bn* beslist, vastbesloten; ontegen-

zeglijk

decidedly *bijw* ongetwijfeld, absoluut

deciduous [di'sidjuəs] *bn* loofverliezend, winterkaal [v. boom]

decimal I *bn* decimaal: tientallig; tiendelig; ~ *point* decimaalteken *o; three* ~ *places* drie decimalen; **II** *znw* tiendelige breuk

decimate *overg* decimeren

decimetre *znw* decimeter

decipher [di'saifə] *overg* ontcijferen, ontraadselen

decision [di'siʒən] *znw* beslissing, uitslag, besluit *o;* beslistheid [v. karakter]

decision-making *znw* besluitvorming

decisive [di'saisiv] *bn* beslissend, afdoend, doorslaggevend; maatgevend; beslist

deck [dek] **I** *znw* **1** scheepv dek *o;* **2** deck *o* [v. cassetterecorder &]; **3** spel *o* (kaarten); **4** verdieping [van dubbeldeks bus]; *clear the* ~*s gemeenz* het werk aan kant maken; *hit the* ~ slang op je bek vallen/gaan; **II** *overg* (ver)sieren, tooien (ook: ~ *out*)

deckchair *znw* dekstoel

deckhand *znw* dekmatroos

declaim [di'kleim] **I** *overg* voordragen, declameren; **II** *onoverg* uitvaren (tegen *against*)

declamation [deklə'meiʃən] *znw* voordracht, declamatie

declamatory [di'klæmətəri] *bn* hoogdravend

declaration [deklə'reiʃən] *znw* declaratie, verklaring, bekendmaking [van verkiezingsuitslag], aangifte

declarative [di'klærətiv], **declaratory** *bn* verklarend

declare [di'klɛə] **I** *overg* **1** verklaren; bekendmaken, te kennen geven, declareren, aangeven [bij douane]; **2** afkondigen, uitroepen; **3** kaartsp troef maken, annonceren; ~ *off* af-, opzeggen, afgelasten, afbreken; **II** *wederk:* ~ *oneself* zijn mening zeggen, zich (nader) verklaren; zich openbaren, uitbreken; **III** *onoverg* zich verklaren (voor, tegen *for, against*); *well, I* ~! heb je van je leven!

declared *bn* verklaard, openlijk

declaredly *bijw* openlijk; volgens eigen bekentenis

declassify [di:'klæsifai] *overg* vrijgeven [v. geheime informatie]

declension [di'klenʃən] *znw* gramm verbuiging

declination [dekli'neiʃən] *znw* declinatie

decline [di'klain] **I** *onoverg* afnemen, achteruitgaan, dalen; kwijnen; bedanken, weigeren; **II** *overg* gramm verbuigen; afwijzen, afslaan, bedanken voor, weigeren; **III** *znw* achteruitgang, verval *o* (van krachten); (uit)tering; handel (prijs)daling; *be on the* ~ achteruitgaan

declivity *znw* (af)helling

declutch [di:'klʌtʃ] *onoverg* auto ontkoppelen, debrayeren

decoction *znw* afkooksel *o;* afkoking

decode [di'koud] *overg* decoderen, ontcijferen

décolleté(e) [dei'kɔltei] *bn* gedecolleteerd, met laag uitgesneden hals [japon]

decolonize ['di:'kɔlənaiz] *overg* dekoloniseren

decompose [di:kəm'pouz] **I** *onoverg* oplossen, tot ontbinding overgaan; **II** *overg* ontbinden, in de samenstellende delen uiteen doen vallen

decomposition [di:kɔmpə'ziʃən] *znw* ontbinding, oplossing, ontleding

decompress [di:kəm'pres] *overg* [hoge] druk opheffen/verlagen

decongestant ['di:kən'dʒestənt] *znw* med decongestivum *o,* middel *o* tegen congestie

decontaminate [dikən'tæmineit] *overg* ontsmetten, schoonmaken

decorate ['dekəreit] *overg* versieren; decoreren; schilderen en behangen [kamer]

decoration [dekə'reiʃən] *znw* versiering; decoreren *o;* decoratie, onderscheiding; schilderwerk *o* en behang *o* [v. kamer]

decorative ['dekərətiv] *bn* decoratief, versierings-, sier-; fraai

decorator *znw* decorateur, huisschilder en behanger

decorous ['dekərəs, di'kɔ:rəs] *bn* welvoeglijk, betamelijk, fatsoenlijk

decorum [di'kɔ:rəm] *znw* welvoeglijkheid, betamelijkheid, fatsoen *o,* decorum *o*

decoy ['di:kɔi] **I** *overg* (ver)lokken; **II** *znw* lokeend; lokaas[2] *o,* lokvogel[2]; eendenkooi

decrease I [di'kri:s] *onoverg & overg* verminderen, (doen) afnemen, minderen; **II** *znw* ['di:kri:s] vermindering, afneming, mindering

decree [di'kri:] **I** *znw* decreet *o,* (raads-) besluit *o,* bevel *o;* Am vonnis *o;* **II** *overg* bepalen, beslissen, bevelen, verordenen

decrement ['dekrimənt] *znw* vermindering

decrepit [di'krepit] *bn* afgeleefd, vervallen, gammel

decrepitude *znw* verval *o* [v. krachten]

decretal [di'kri:təl] *znw* pauselijk besluit *o,* decretaal

decry [di'krai] *overg* uitkrijten (voor *as*), afgeven op, (openlijk) afkeuren, afbreken

dedicate ['dedikeit] *overg* (toe)wijden, opdragen; voor het publiek openstellen [natuurmonument]; plechtig, officieel openen [v. gebouw &]; ~*d* ook: toegewijd, bezield, enthousiast

dedication [dedi'keiʃən] *znw* opdracht; openstelling voor het publiek [v. natuurmonumenten]; plechtige, officiële opening [v. gebouw &]; toewijding, overgave, bezieling, enthousiasme *o*

deduce [di'dju:s] *overg* afleiden (van, uit *from*)

deducible *bn* af te leiden

deduct [di'dʌkt] *overg* aftrekken; *after* ~*ing expenses* na aftrek(king) van de onkosten

deductible *bn* aftrekbaar

deduction *znw* aftrek(king); korting; gevolgtrekking; deductie

deductive *bn* deductief

deed [di:d] *znw* daad; akte

deed box *znw* doos, kist waarin documenten worden bewaard

deed-poll *znw* akte waarin een eenzijdige rechtshandeling wordt vastgelegd

deem [di:m] *overg* oordelen, achten, denken

deep [di:p] **I** *bn* diep², diepliggend, diepzinnig; verdiept (in *in*); *(drawn up) six ~ in* zes rijen achter elkaar; *go off the ~ end ge-meenz* uit zijn vel springen van woede; *in ~ water* in hachelijke omstandigheden (zitten); *~ end* diepe o [v. zwembad]; **II** *bijw* diep; **III** *znw* diepte, zee

deepen I *overg* verdiepen, uitdiepen; *fig* versterken; **II** *onoverg* dieper, donkerder worden; *fig* toenemen

deep-freeze I *znw* diepvrieskast, -kist; **II** *overg* diepvriezen, invriezen; **III** *bn* diepvries-

deep-fry *overg* in frituurvet bakken

deeply *bijw* v. *deep I*; ook: zeer

deep-rooted *bn* ingeworteld

deep-sea *bn* diepzee-

deep-seated *bn* diep(liggend)

deep-set *bn* diepliggend [v. ogen]

deer [dia] *znw* (*mv* idem) hert o, herten

deerskin *znw* hertenvel o; hertsleer o

deer-stalker *znw* jager die het hert besluipt; petje o met klep voor en achter

deer-stalking *znw* sluipjacht op herten

de-escalate ['di:'eskaleit] *overg & onoverg* deëscaleren

deface [di'feis] *overg* schenden, beschadigen, ontsieren, bevuilen; uitwissen, doorhalen

defacement *znw* schending &

defamation [defa'meiʃan] *znw* laster, smaad

defamatory [di'fæmatari] *bn* lasterlijk, smaad-

defame [di'feim] *overg* (be)lasteren, smaden

default [di'fɔ:lt] **I** *znw* afwezigheid; verzuim o; in gebreke blijven o; niet nakomen o [v. betalingsverplichting], wanbetaling; recht verstek o; *by ~* recht bij verstek; *sp* door het niet opdagen van de tegenstander [winnen]; bij gebrek aan beter; *in ~ of* bij gebreke (ontstentenis) van; **II** *onoverg* zijn verplichting(en) niet nakomen; in gebreke blijven; niet (op tijd) betalen; recht niet verschijnen; **III** *overg* recht bij verstek veroordelen

defaulter *znw* wanbetaler; recht niet opgekomene; mil gestrafte

defeat [di'fi:t] **I** *znw* nederlaag, vernietiging; **II** *overg* verslaan; verwerpen [voorstel]; recht nietig verklaren; verijdelen [aanval]; voorbijstreven [doel]

defeatism *znw* defaitisme o

defeatist [di'fi:tist] **I** *znw* defaitist; **II** *bn* defaitistisch

defecate [defi'keit] *onoverg* zich ontlasten, zijn gevoeg doen

defect I [difekt] *znw* gebrek o, fout; **II** [di'fekt] *onoverg* overlopen (naar *to*), afvallen (van *from*), ontrouw worden (aan *from*)

defection *znw* overlopen o (naar *to*), afvalligheid (van *from*), ontrouw

defective *bn* gebrekkig, onvolkomen; defect; zwakzinnig

defector [di'fekta] *znw* overloper, afvallige

defence [di'fens] *znw* verdediging²; verweer o; psych afweer; *~s mil* verdedigingswerken

defenceless *bn* zonder verdediging, weerloos

defend [di'fend] *overg* verdedigen; beschermen; *~ from* bewaren voor

defendant *znw* gedaagde

defender *znw* verdediger°

defense *znw* Am = *defence*

defensible [di'fensabl] *bn* verdedigbaar

defensive I *bn* defensief, verdedigend, verdedigings-; psych afweer-; **II** *znw:* *be on the ~* een verdedigende houding aannemen

defer [di'fa:] **I** *overg* uitstellen; **II** *onoverg* uitstellen, dralen; *~ to* zich neerleggen bij [het oordeel van], zich onderwerpen aan

deference ['defarans] *znw* eerbied, eerbiediging, achting

deferential [defa'renʃal] *bn* eerbiedig

deferment [di'fa:mant], **deferral** [di'fa:ral] *znw* uitstel o, aanhouding

defiance [di'faians] *znw* uitdaging, tarting, ongehoorzaamheid, verzet o, opstandigheid; *in ~ of* in strijd met

defiant *bn* uitdagend, tartend

deficiency [di'fiʃansi] *znw* gebrek o, ontoereikendheid, tekort o, tekortkoming, leemte; onvolkomenheid

deficient *bn* gebrekkig, ontoereikend; onvolkomen; zwakzinnig, debiel

deficit ['defisit, 'di:fisit] *znw* handel deficit o, tekort o

1 defile ['di:fail] *znw* (berg)engte, pas

2 defile [di'fail] **I** *overg* bezoedelen²; ontwijden, ontheiligen, schenden; **II** *onoverg* mil defileren

defilement *znw* bevuiling, verontreiniging; bezoedeling²; ontwijding

definable [di'fainabl] *bn* definieerbaar

define [di'fain] *overg* bepalen, begrenzen, afbakenen, beschrijven, omschrijven, definiëren

definite ['definit] *bn* bepaald, begrensd, duidelijk omschreven; precies; scherp; definitief; beslist; *~ article* bepaald lidwoord o

definitely *bijw* bepaald; definitief; vast en zeker; beslist, gegarandeerd

definition [defi'niʃan] *znw* bepaling, omschrijving, definitie; scherpte [v. beeld]; *by ~* per definitie, uit de aard der zaak

definitive [di'finitiv] *bn* bepalend, beslissend, bepaald, definitief; (meest) gezaghebbend, niet beter kunnend

deflate [di'fleit] **I** *overg* leeg laten lopen; fig minder belangrijk maken, doorprikken [v. pretenties &]; handel de waarde verminderen van geld [door inkrimping van de geldhoeveelheid]; **II** *onoverg* leeglopen [v. band &]

deflation *znw* leeglopen o; handel deflatie

deflationary *bn* deflatoir

deflect [di'flekt] *overg & onoverg* (doen) afwijken; (doen) uitslaan [naald, wijzer]; buigen

deflection *znw* afwijking; uitslag [v. naald, wijzer]; buiging

defloration [di:flɔ'reifən] *znw* ontmaagding; verkrachting

deflower [di'flauə] *overg* ontmaagden; van bloemen (schoonheid) beroven

defoliant [di'fouliənt] *znw* ontbladeringsmiddel o

defoliate *overg* ontbladeren

defoliation [difouli'eifən] *znw* ontbladering

deforest [di:'fɔrist] *overg* ontbossen

deforestation [di:fɔris'teifən] *znw* ontbossing

deform [di'fɔ:m] *overg* misvormen, ontsieren

deformation [di:fɔ:'meifən] *znw* vormverandering; vervorming; misvorming

deformed [di'fɔ:md] *bn* mismaakt, wanstaltig

deformity *znw* mismaaktheid, wanstaltigheid

defraud [di'frɔ:d] *overg* bedriegen, te kort doen; ~ of onthouden; ~ *sbd. of sth.* iemand iets ontfutselen, aftroggelen, afhandig maken

defray [di'frei] *overg* [de kosten] bestrijden, betalen

defrayment *znw* bekostiging, bestrijding [van onkosten], betaling

defrock [di:'frɔk] *overg* = *unfrock*

defrost [di:'frost] *overg & onoverg* ontdooien

deft [deft] *bn* vlug, handig

defunct [di'fʌŋkt] I *bn* overleden, ter ziele; niet meer bestaand; II *znw: the* ~ de overledene(n), afgestorvene(n)

defuse [di:'fju:z] *overg* onschadelijk maken (ook *fig*)

defy [di'fai] *overg* tarten, trotseren, uitdagen

degeneracy [di'dʒenərəsi] *znw* ontaarding

degenerate [di'dʒenəreit] I *onoverg* degenereren, ontaarden, verbasteren; II *bn (& znw)* [di'dʒenərit] gedegenereerd(e), ontaard(e), verbasterd(e)

degeneration [didʒenə'reifən] *znw* ontaarding, verbastering, degeneratie

degenerative [di'dʒenərətiv] *bn* verslechterend, degeneratief

degradation [degrə'deifən] *znw* degradatie, verlaging; vernedering; ontaarding

degrade [di'greid] *overg* degraderen, verlagen; vernederen; doen ontaarden; *degrading* vernederend, mensonwaardig

degree [di'gri:] *znw* graad, mate, trap[2]; rang, stand; *honorary* ~ eredoctoraat o; *third* ~ derdegraads verhoor o; *he took his* ~ hij promoveerde; *to a (high)* ~ in hoge mate

dehumanize [di:'hju:mənaiz] *overg* ontmenselijken, ontaarden

dehydrate [di:'haidreit] *overg* dehydreren; drogen [groente]; *fig* de pittigheid ontnemen aan

de-icer *znw* ijsbestrijder; ijsbestrijdingsmiddel o

deify ['di:ifai] *overg* vergoden, vergoddelijken

deign [dein] *onoverg* zich verwaardigen

deism ['di:izm] *znw* deïsme o, een op de rede gebaseerd geloof in God

deity ['di:iti] *znw* godheid

deject [di'dʒekt] *overg* neerslachtig maken

dejected *bn* neerslachtig, terneergeslagen, ge-, bedrukt; verslagen

dejection *znw* neerslachtigheid, bedruktheid; verslagenheid

dekko ['dekou] *znw gemeenz* blik, kijkje o

delay [di'lei] I *overg* uitstellen, vertragen, ophouden; II *onoverg* dralen, talmen; III *znw* uitstel o, oponthoud o, vertraging; *without* ~ onverwijld

delectable [di'lektəbl] *bn* verrukkelijk

delectation [di:lek'teifən] *znw* genoegen o, genot o

delegacy ['deligəsi] *znw* delegatie

delegate I *znw* ['deligit] gedelegeerde, gemachtigde, afgevaardigde; II *overg* ['deligeit] delegeren, afvaardigen, opdragen, overdragen

delegation [deli'geifən] *znw* delegatie, afvaardiging, opdracht, overdracht

delete [di'li:t] *overg* (weg)schrappen, doorhalen

deleterious [deli'tiəriəs] *bn* schadelijk, verderfelijk, giftig

deletion [di'li:ʃən] *znw* schrapping, doorhaling

deliberate [di'libərit] I *bn* weloverwogen, opzettelijk, welbewust; bedaard, bezadigd, beraden; II *overg* [di'libəreit] overwegen; overleggen; III *onoverg* delibereren, zich beraden, beraadslagen (over *on*)

deliberation [dilibə'reifən] *znw* beraadslaging, beraad o, overweging; overleg o; bedaardheid, bezadigdheid

deliberative [di'libərətiv] *bn* beraadslagend

delicacy ['delikəsi] *znw* fijnheid, zachtheid, teer(gevoelig)heid, zwakheid; kiesheid, fijngevoeligheid; neteligheid, delicaatheid; (kies)keurigheid; finesse; lekkernij, delicatesse

delicate *bn* fijn, zacht, teer, zwak; delicaat, kies, fijngevoelig, fijnbesnaard; (kies-) keurig; gevoelig [v. instrument]; netelig [v. situatie]

delicatessen ['delikə'tesn] *znw* delicatessewinkel

delicious [di'liʃəs] *bn* heerlijk

delight [di'lait] I *znw* genoegen o, vermaak o, behagen o, verrukking, lust, genot o; *take* ~ *in* behagen scheppen in; II *overg* verheugen, verrukken, strelen; III *onoverg* behagen scheppen, genot vinden (in *in*)

delightful *bn* heerlijk, verrukkelijk; prachtig, uitstekend, voortreffelijk

delimit [di:'limit] *overg* afbakenen

delimitation [dilimi'teiʃən] *znw* afbakening

delineate [di'linieit] *overg* tekenen[2], schetsen; *fig* schilderen

delineation [dilini'eiʃən] *znw* tekening, schets; *fig* (af)schildering

delinquency [di'liŋkwənsi] *znw* plichtsverzuim o, overtreding, misdrijf o; zie ook: *ju-*

delinquent

venile
delinquent I *bn* delinquent, schuldig; II *znw* delinquent, misdadiger, schuldige
delirious [di'liriəs] *bn* ijlend, dol; uitzinnig (enthousiast)
delirium *znw* ijlen o, waanzin, razernij; extase, uitzinnigheid
deliver [di'livə] *overg* bevrijden, verlossen; (over)geven, ter hand stellen; uitreiken; (in-, af-, uit)leveren, opleveren, afgeven (ook: ~ *over*); bezorgen; overbrengen; toebrengen; (uit)werpen; uitspreken; houden [een rede, lezing &]; *to be ~ed of a child* bevallen van een kind; ~ *the goods* gemeenz zijn belofte nakomen; ~ *up* afstaan, af-, overgeven
deliverance *znw* bevrijding, redding, verlossing; uitspraak, vonnis o
delivery *znw* verlossing, bevalling, baring; (af-, in)levering; overhandiging; bezorging, bestelling; toebrengen o; werpen o [v. bal]; voordracht; houden o [v. rede]; *take ~ of* handel in ontvangst nemen
delivery room *znw* med verloskamer
delivery van *znw* bestelwagen
dell [del] *znw* nauw en bebost dal o
delouse [di:'laus] *overg* ontluizen; zuiveren van
delta ['deltə] *znw* Griekse letter d; delta
delude [di'l(j)u:d] *overg* misleiden, bedriegen, begoochelen
deluge ['delju:dʒ] I *znw* zondvloed, overstroming²; (stort)vloed²; II *overg* overstromen²
delusion [di'l(j)u:ʒən] *znw* (zelf)bedrog o, (zins)begoocheling; waan(voorstelling); *~s of grandeur* grootheidswaan
delusive, delusory *bn* misleidend, bedrieglijk
delve [delv] *onoverg* delven, graven, spitten; vorsen, snuffelen, zoeken
demagogue ['demagɔg] *znw* demagoog, volksmenner
demagogy *znw* demagogie
demand [di'ma:nd] I *overg* (ver)eisen, vorderen, verlangen, vergen, vragen (van *of, from*); II *znw* eis, vordering, verlangen o, (aan)vraag
demanding *bn* veeleisend
demarcate ['di:ma:keit] *overg* afbakenen; (af)scheiden
demarcation [di:ma:'keiʃən] *znw* afbakening, demarcatie, afscheiding, grens(lijn)
dematerialize ['di:mə'tiəriəlaiz] I *onoverg* onstoffelijk worden; II *overg* onstoffelijk maken
demean [di'mi:n] *overg* verlagen, vernederen
demeanour, Am demeanor *znw* houding, gedrag o
dement [di'ment], **demented** *bn* waanzinnig, dement
dementia *znw* waanzin; dementie
demerara sugar [demə'reərə 'ʃu:gə] *znw* bruine rietsuiker
demerit [di:'merit] *znw* fout, gebrek o
demesne [di'mein] *znw* domein o, gebied o
demigod ['demigɔd] *znw* halfgod

demijohn ['demidʒɔn] *znw* mandenfles
demilitarize [di:'militəraiz] *overg* demilitariseren
demise [di'maiz] I *znw* overdracht [bij akte of testament]; overlijden o, dood, het ter ziele gaan; fig ondergang, einde o; II *overg* overdragen; verpachten (aan *to*); bij uiterste wil vermaken
demist ['di:'mist] *overg* vrij van condens maken [autoruit &]
demo ['deməu] *znw* gemeenz betoging, demonstratie; demo [bandje]
demob [di:'mɔb] *overg* gemeenz = demobilize
demobilization [di:moubilai'zeiʃən] *znw* demobilisatie
demobilize [di:'moubilaiz] *overg* demobiliseren
democracy [di'mɔkrəsi] *znw* democratie
democrat ['deməkræt] *znw* democraat
democratic [demə'krætik] *bn* democratisch
democratize [di'mɔkrətaiz] *overg* democratiseren
demography [di:'mɔgrəfi] *znw* demografie
demolish [di'mɔliʃ] *overg* afbreken, slopen; fig omverwerpen, vernietigen; gemeenz verorberen
demolition [demə'liʃən] *znw* afbreken o, sloping; vernietiging; afbraak; sloop; *~ derby* Am ± stockcarrace
demon ['di:mən] *znw* geleigeest; boze geest, duivel, demon; gemeenz bezetene; *a ~ for work* een echte werkezel
1 **demoniac** *znw* bezetene
2 **demoniac** [di'mouniæk], **demoniacal** [di:mə'naiəkl] *bn* demonisch°, duivels; bezeten
demonic [di'mɔnik] *bn* demonisch
demonstrable ['demənstrəbl] *bn* aantoonbaar, bewijsbaar
demonstrate I *overg* aantonen, bewijzen; demonstreren; aan de dag leggen; II *onoverg* een demonstratie houden
demonstration [demən'streiʃən] *znw* bewijs o; betoging, manifestatie, demonstratie; betoon o, vertoon o
demonstrative [di'mɔnstrətiv] I *bn* aanwijzend; demonstratief; extravert, open; II *znw* 1 aanwijzend (voornaam)woord o; 2 extravert
demonstrator ['demənstreitə] *znw* betoger, demonstrant, manifestant; assistent
demoralize [di'mɔrəlaiz] *overg* demoraliseren
demote [di'mout] *overg* degraderen
demotic [di'mɔtik] *bn*: ~ *speech* volksspraak, -taal
demur [di'mə:] I *onoverg* aarzelen, weifelen; bezwaar maken, protesteren (tegen *at, to*); recht excepties opwerpen; II *znw* aarzeling, weifeling; bezwaar o, protest o
demure [di'mjuə] *bn* stemmig, (gemaakt) zedig, preuts, uitgestreken
demurrage [di'mʌridʒ] *znw* handel overliggeld o; *days of ~* overligdagen
demurrer [di'mʌrə] *znw* recht exceptie, verweermiddel o
demystify ['di:'mistifai] *overg* ontraadselen,

ophelderen; uit de mystieke sfeer halen

den [den] *znw* hol o, hok o, kuil; gemeenz kamer; ~ *of thieves* dievenhol o

denary ['di:nəri] *bn* tientallig

denationalize [di'næʃənəlaiz] *overg* privatiseren, denationaliseren

denature [di:'neitʃə] *overg* denatureren: ongeschikt maken voor consumptie; verbasteren

denial [di'naiəl] *znw* weigering, ontkenning, dementi o, (ver)loochening; ontzegging, onthouden o [v.e. recht aan]

denier ['denjə] *znw* denier [dikteaanduiding v. nylon, rayon]

denigrate ['denigreit] *overg* denigreren, afkammen, zwart maken

denim ['denim] *znw* denim o; ~s spijkergoed o; spijkerbroek; *blue* ~s blauwe overall

denizen ['denizn] *znw* bewoner; genaturaliseerd vreemdeling; ingeburgerd woord o &

Denmark ['denma:k] *znw* Denemarken o

denominate [di'nɔmineit] *overg* (be-)noemen

denomination [dinɔmi'neiʃən] *znw* naamgeving, benoeming, benaming, naam; sekte, gezindte; coupure [van effect &], (nominale) waarde [v. munt, postzegel], bedrag o

denominational *bn* confessioneel; ~ *education* bijzonder onderwijs

denominative [di'nɔminətiv] *bn* benoemend; gramm denominatief

denominator *znw* wisk noemer; *(lowest) common* ~ kleinste gemene veelvoud o; fig de grote massa

denotation [di:nou'teiʃən] *znw* denotatie, aanduiding

denote [di'nout] *overg* aanduiden, aanwijzen, wijzen op, te kennen geven

dénouement [dei'nu:mã:ŋ], **denouement** *znw* ontknoping

denounce [di'nauns] *overg* opzetten [verdrag]; uitvaren tegen, aan de kaak stellen (als *as*); veroordelen, zijn afkeuring uitspreken over, wraken

denouncement *znw* = denunciation

dense [dens] *bn* dicht, compact, ondoordringbaar, niet door te komen; stom, stompzinnig; ~ *with* dichtbegroeid met

density *znw* dichtheid; compactheid, concentratie

dent [dent] **I** *znw* deuk, bluts, indruk, gat o; knauw; **II** *overg* (in)deuken; een knauw geven

dental ['dentl] **I** *bn* tand-; tandheelkundig; ~ *hygienist* mondhygiënist(e); ~ *plaque* tandplak; ~ *surgeon* tandarts; ~ *technician* tandtechnicus; **II** *znw* tandletter, dentaal

dentifrice *znw* tandpoeder o & m; tandpasta

dentine *znw* tandbeen o

dentist *znw* tandarts

dentistry *znw* tandheelkunde

dentures ['dentʃəz] *znw* (kunst)gebit o

denudation [di:nju'deiʃən] *znw* ontbloting, blootlegging

denude [di'nju:d] *overg* ontbloten, blootleggen; ~ *of* ontdoen van

denunciation [dinʌnsi'eiʃən] *znw* aan de kaak stellen o, veroordeling, afkeuring

deny [di'nai] *overg* ontkennen, (ver-)loochenen; ontzeggen, onthouden, weigeren

deodorant [di:'oudərənt] *znw* deodorant

deodorize [di:'oudəraiz] *overg* desodoriseren, de kwalijke lucht verdrijven uit

depart [di'pa:t] *onoverg* (weg)gaan, vertrekken, heengaan[2]; ~ *from* afwijken van, laten varen; ~*ed glory* vergane grootheid

department [di'pa:tmənt] *znw* afdeling, departement[2] o, gebied o; ~ *store(s)* warenhuis o

departmental [dipa:t'mentl] *bn* departementaal, departements-, afdelings-

departure [di'pa:tʃə] *znw* vertrek o, afreis; heengaan[2] o; afwijking; *a new* ~ iets nieuws, een nieuwe koers

depend [di'pend] *onoverg*: ~ *(up)on* afhangen van, afhankelijk zijn van, aangewezen zijn op; rekenen op, vertrouwen op, zich verlaten op; *that* ~s dat hangt ervan af

dependable *bn* betrouwbaar

dependance *znw* Am = dependence

dependant *znw* iem. die aan de zorg v.e. ander is toevertrouwd

dependence *znw* afhankelijkheid (van *on*); vertrouwen o, toeverlaat

dependency *znw* = dependence; onderhorigheid

dependent **I** *bn* vero afhangend (van *from*); afhankelijk (van *on, upon*); ondergeschikt; onderhorig; **II** *znw* = dependant

depict [di'pikt] *overg* (af)schilderen, afbeelden

depiction *znw* (af)schildering

depilate ['depileit] *overg* ontharen, epileren

depilatory [di'pilətəri] **I** *bn* ontharings-; **II** *znw* ontharingsmiddel o

deplane ['di:'plein] Am **I** *onoverg* uit een vliegtuig stappen; **II** *overg* uit een vliegtuig laden

deplenish [di'pleniʃ] *overg* ledigen

deplete [di'pli:t] *overg* uitputten; leeghalen; verminderen, verkleinen

depletion *znw* lediging; uitputting; vermindering, verkleining

deplorable [di'plɔ:rabl] *bn* betreurenswaardig, erbarmelijk, jammerlijk, bedroevend

deplore *overg* betreuren, bewenen, beklagen, bejammeren

deploy [di'plɔi] *overg* mil opstellen, inzetten, plaatsen [raketten, troepen]; aanvoeren [argumenten]

deployment [di'plɔimənt] *znw* inzetten o [v. troepen]; in stelling brengen o, aanvoeren o [v. argumenten &]

depopulate [di:'pɔpjuleit] *overg & onoverg* ontvolken

deport [di'pɔ:t] *overg* deporteren; over de grens zetten (als ongewenste vreemdeling)

deportation [di:pɔ:'teiʃən] *znw* deportatie

deportee [dipɔ:'ti:] znw gedeporteerde

deportment [di'pɔ:tmənt] znw houding, gedrag o, manieren, optreden o

depose [di'pouz] **I** overg afzetten; (onder ede) verklaren; **II** onoverg getuigen

deposit [di'pɔzit] **I** znw deposito o, storting, inleg, aanbetaling, pand o, waarborgsom, statiegeld o; neerslag; bezinksel o; laag [v. erts]; ~ account depositorekening; **II** overg (neer)leggen; in bewaring geven, inleggen; deponeren, storten; afzetten; **III** onoverg neerslaan

depositary znw bewaarder

deposition [de-, di:pə'ziʃən] znw bezinking; afzetting; (getuigen)verklaring

depositor [di'pɔzitə] znw inlegger; bewaargever

depository znw bewaarplaats; bewaarder

depot ['depou] znw depot o & m; opslagplaats, magazijn o; (tram)remise

depravation [deprə'veiʃən] znw verdorvenheid, bederf o

deprave [di'preiv] overg bederven; ~d verdorven

depravity [di'præviti] znw verdorvenheid

deprecate ['deprikeit] overg opkomen tegen, waarschuwen voor, afkeuren; laken

deprecation [depri'keiʃən] znw protest o

deprecatory ['deprikeitəri] bn afkeurend

depreciate [di'pri:ʃieit] **I** overg & onoverg devalueren, in waarde (doen) dalen; **II** overg geringschatten, depreciëren

depreciation [dipri:ʃi'eiʃən] znw (waarde-)vermindering, daling, depreciatie; geringschatting; afschrijving [voor waardevermindering]

depreciatory [di'pri:ʃətəri] bn geringschattend, minachtend

depredation [depri'deiʃən] znw plundering, verwoesting

depress [di'pres] overg (neer)drukken[2]; verlagen; fig terneerslaan; deprimeren

depressing bn ontmoedigend

depression znw (neer)drukking; verlaging; depressie°; gedruktheid, neerslachtigheid; handel malaise, slapte

depressive bn depressief, neerslachtig

deprivation [depri'veiʃən] znw beroving, ontneming; verlies o; ontbering, ± verwaarlozing, armoede

deprive [di'praiv] overg beroven; ~ sbd. of ook: iem... ontnemen, iem... onthouden

Dept. afk. = Department

depth [depθ] znw diepte[2], diepzinnigheid; the ~(s) dieptepunt[2] o, diepste o; het binnenste[2] o, midden o; hevigste o; in ~ grondig, diepgaand; he was out of his ~ hij voelde geen grond meer, fig hij was totaal de kluts kwijt

depth-charge ['depθtʃɑ:dʒ] znw dieptebom

deputation [depju'teiʃən] znw deputatie, afvaardiging

depute [di'pju:t] overg afvaardigen; opdragen, overdragen

deputize ['depjutaiz] onoverg: ~ for invallen voor, vervangen

deputy I znw afgevaardigde; (plaats)vervanger, waarnemer, invaller; **II** bn plaatsvervangend, vice-, onder-, substituut-

derail [di'reil] overg & onoverg (doen) ontsporen

derailment znw ontsporing

derange [di'reindʒ] overg (ver)storen, in de war brengen, verwarren; [verstand] krenken; ~d geestelijk gestoord

derangement znw storing, verwarring; (mental) ~ geestesstoornis

derby ['da:bi] znw **1** sp derby; **2** Am bolhoed, derby

derelict ['derilikt] **I** bn verlaten; onbeheerd; vervallen; **II** znw verlaten schip o; onbeheerd goed o; wrak o; zwerver

dereliction [deri'likʃən] znw nalatigheid; verwaarlozing, verval o; ~ of duty plichtsverzuim o

deride [di'raid] overg bespotten, uitlachen, belachelijk of bespottelijk maken

de rigueur [dəri'gə:(r)] bn verplicht, een must

derision [di'riʒən] znw spot(ternij), bespotting; bring into ~ bespottelijk maken; have (hold) in ~ de spot drijven met

derisive [di'raisiv] bn spottend, spot-

derisory bn bespottelijk, belachelijk, spot-

derivation [deri'veiʃən] znw afleiding; verkrijging

derivative [di'rivətiv] **I** bn afgeleid, niet oorspronkelijk; derivatief; **II** znw afgeleid woord o, afleiding; derivaat o, afgeleid product o

derive [di'raiv] **I** overg afleiden (uit, van from); (ver)krijgen, trekken, putten (uit from); ontlenen (aan from); **II** onoverg afkomen, afstammen, voortkomen, voortspruiten (uit from)

dermatologist [də:mə'tɔlədʒist] znw dermatoloog, huidarts

dermatology znw dermatologie: leer der huidziekten

derogate ['derəgeit] onoverg zich verlagen; ~ from te kort doen aan, afbreuk doen aan

derogation [derə'geiʃən] znw schade, afbreuk (aan of, from); verlaging

derogatory [di'rɔgətəri] bn afbreuk doend (aan to); venederend, geringschattend, denigrerend

derrick ['derik] znw scheepv kraan, laadboom, bok; techn boortoren

derring-do ['deriŋ'du:] znw vermetelheid

derv [də:v] znw brandstof voor dieselmotoren

descale [di:'skeil] overg van ketelsteen ontdoen

descant ['deskænt] znw muz discant: sopraan

descend [di'send] onoverg (neer)dalen, afdalen[2] (tot to); zich verlagen (tot to); neerkomen, -vallen, -stromen; naar beneden gaan; afgaan, afkomen, afzakken; uitstappen; overgaan (op to, upon); afstammen van; ~ (up)on een inval doen in, landen op (in), overvallen

descendant znw afstammeling

descent [di'sent] znw af-, (neer)daling; (af-)

helling, afzakken o, verval o; landing, in-, overval; overgang [v. rechten]; afkomst; afstamming; geslacht o; ~ *from the Cross* kruisafneming

describe [dis'kraib] *overg* beschrijven; omschrijven

description [dis'krip∫ən] *znw* beschrijving; omschrijving; soort, type o, slag o, klasse, aard

descriptive *bn* beschrijvend

descry [dis'krai] *overg* gewaarworden, ontwaren, onderscheiden, ontdekken, bespeuren

desecrate ['desikreit] *overg* ontheiligen, ontwijden

desegregate [di:'segrigeit] *overg* de rassenscheiding opheffen in [scholen &]

1 desert ['dezət] *znw* woestijn, woestenij; ~ *island* onbewoond eiland o

2 desert [di'zə:t] **I** *overg* verlaten, in de steek laten, weglopen van; **II** *onoverg* deserteren

3 desert [di'zə:t] *znw*: *get one's just* ~*s* zijn verdiende loon krijgen

deserter [di'zə:tə] *znw* deserteur

desertion *znw* verlating, afvalligheid, verzaking; desertie; verlatenheid

deserve [di'zə:v] *overg* verdienen

deservedly *bijw* naar verdienste; terecht

deserving *bn* verdienstelijk; ~ *of... ...* verdienend

deshabillé [dezæbi:ei], **deshabille** [dezæbi:l] *znw* nog niet geheel geklede staat, bijna ontklede staat

desiccant ['desikənt] *bn (znw)* opdrogend (middel o)

desiccate ['desikeit] *overg* drogen, ontwateren

desiccation [desi'kei∫ən] *znw* (op-, uit)droging

desiderata [dizidə'reitə] *znw mv* v. **desideratum** [dizidə'reitəm] gevoelde behoefte, gewenst iets, desideratum o

design [di'zain] **I** *overg* schetsen, ontwerpen; dessineren [stoffen]; bedoelen; bestemmen; **II** *znw* tekening, ontwerp o, plan o; dessin o, patroon o, model o; vormgeving; opzet o, fig bedoeling, oogmerk o, doel o; *have* ~*s on* een oogje hebben op [een meisje]

designate ['dezigneit] **I** *overg* aanduiden, aanwijzen; noemen, bestempelen; bestemmen (tot, voor *to, for*); **II** *bn* ['dezignit] nieuwbenoemd

designation [dezig'nei∫ən] *znw* aanduiding, aanwijzing, bestemming; naam

designer I *znw* ontwerper; modeontwerper, vormgever; **II** *bn* designer-; haute couture-; ~ *drug* in laboratorium ontwikkelde drug

designing *bn* intrigerend, listig

desirable [di'zaiərəbl] *bn* begeerlijk, wenselijk, gewenst; handel aantrekkelijk [v. villa &]

desire I *overg* wensen, begeren, verlangen, verzoeken; **II** *znw* wens, verlangen o, begeerte, zucht (naar *for*), verzoek o

desirous *bn* begerig, verlangend (naar *of*)

desist [di'zist] *onoverg* afzien, ophouden, aflaten

desk [desk] *znw* lessenaar, schrijftafel, balie, bureau[2] o; kassa; (school)bank

desk clerk *znw* Am receptionist(e)

desolate ['desəlit] **I** *bn* verlaten, eenzaam, woest, troosteloos, naargeestig; **II** *overg* ['desəleit] verwoesten, ontvolken; diep ongelukkig maken

desolation [desə'lei∫ən] *znw* verwoesting; ontvolking; verlatenheid, troosteloosheid

despair [dis'pɛə] **I** *znw* wanhoop; **II** *onoverg* wanhopen (aan *of*)

despairing *bn* wanhopig

despatch [dis'pæt∫] *znw* = **dispatch**

desperado [despə'ra:dou] *znw* (*mv*: -does; Am -s) desperado: dolle waaghals, nietsontziend, roekeloos persoon

desperate ['despərit] *bn* wanhopig, hopeloos, vertwijfeld; roekeloos; versterkend verschrikkelijk, zwaar; *be* ~ *for* snakken naar

desperately *bijw* v. desperate; *need* ~ zitten te springen om, erg nodig hebben

desperation [despə'rei∫ən] *znw* wanhoop, vertwijfeling

despicable [dis'pikəbl] *bn* verachtelijk

despise [dis'paiz] *overg* verachten, versmaden

despite [dis'pait] **I** *znw*: *(in)* ~ *of* in weerwil van; **II** *voorz* ondanks, ...ten spijt

despoil [dis'pɔil] *overg* beroven; plunderen

despondent *bn* moedeloos

despot ['despɔt] *znw* despoot, dwingeland

despotic [des'pɔtik] *bn* despotisch

despotism ['despətizm] *znw* despotisme o

dessert [di'zə:t] *znw* dessert o, nagerecht o; ~ *spoon* dessertlepel

destination [desti'nei∫ən] *znw* (plaats van) bestemming

destine ['destin] *overg* bestemmen

destiny ['destini] *znw* bestemming, noodlot o, lot o

destitute ['destitju:t] *bn* behoeftig, berooid; ontbloot, verstoken (van *of*)

destitution [desti'tju:∫ən] *znw* armoede, behoeftigheid, gebrek o

destroy [dis'trɔi] *overg* vernielen, vernietigen, verwoesten, tenietdoen; afbreken, slopen; verdelgen; afmaken

destroyer *znw* vernieler, verwoester; scheepv torpedojager

destructible [dis'trʌktibl] *bn* vernielbaar

destruction *znw* vernieling, vernietiging, verwoesting, verdelging; ondergang

destructive *bn* vernielend, verwoestend; vernielzuchtig; afbrekend, destructief

destructor *znw* vuilverbrandingsoven

desuetude [di'sjuitju:d, 'deswitju:d] *znw*: *fall into* ~ in onbruik raken

desultory ['desəltəri] *bn* onsamenhangend, zonder methode, terloops gemaakt; vluchtig

detach [di'tæt∫] *overg* losmaken[2], scheiden; uitzenden, mil detacheren

detachable *bn* afneembaar

detached *bn* gedetacheerd &; vrij-, alleenstaand [huis]; los [zin], afstandelijk, objec-

tief
detachment *znw* losmaking; scheiding; on-verschilligheid voor zijn omgeving; objectiviteit; isolement o; mil detachement o; detachering
detail ['di:teil] I *znw* bijzonderheid, bijzaak; detail o, kleinigheid; onderdeel o; opsomming; mil detachering; detachement o; ~s (nadere) informatie II *overg* omstandig verhalen, opsommen; mil detacheren, aanwijzen
detailed [di'teild] *bn* gedetailleerd, omstandig
detain [di'tein] *overg* ophouden, terug-, vast-, aan-, achter-, afhouden; gevangen of in bewaring houden, detineren
detainee [ditei'ni:] *znw* gedetineerde
detect [di'tekt] *overg* ontdekken; opsporen; bespeuren, betrappen
detection *znw* ontdekking; opsporing
detective I *bn* opsporings-; rechercheurs-; II *znw* detective, rechercheur, speurder
detector [di'tektə] *znw* ontdekker; verklikker [aan instrumenten &]; detector
detente [dei'ta:nt] *znw* ontspanning [politiek]
detention [di'tenʃən] *znw* achterhouding; oponthoud o; aanhouding, gevangenhouding; onderw schoolblijven o
detention centre *znw* ± tuchtschool
deter [di'tə:] *overg* afschrikken, terughouden (van *from*)
detergent [di'tə:dʒənt] *bn & znw* zuiverend (middel o); wasmiddel o
deteriorate [di'tiəriəreit] I *overg* slechter maken; II *onoverg* slechter worden, verslechteren, achteruitgaan, ontaarden
deterioration [ditiəriə'reiʃən] *znw* verslechtering, achteruitgang, ontaarding
determinable [di'tə:minəbl] *bn* bepaalbaar
determinant *bn & (znw)* beslissend(e factor); bepalend (woord o)
determination [ditəmi'neiʃən] *znw* bepaling; besluit o, beslissing; vastberadenheid; richting
determinative [di'tə:minətiv] *bn* bepalend; beslissend
determine *overg & onoverg* bepalen, vaststellen, (doen) besluiten; beslissen; ~ *on* besluiten tot
determined *bn* (vast)beraden, vastbesloten, resoluut
determinism [di'tə:minizm] *znw* determinisme; leer die de vrijheid v.d. wil ontkent
deterrent *bn (znw)* afschrikkend (middel o); *the nuclear* ~ het 'afschrikwapen' o [= kernwapen(s)]
detest [di'test] *overg* verfoeien
detestable *bn* verfoeilijk
detestation [di:tes'teiʃən] *znw* verfoeiing; afschuw
dethrone [di'θroun] *overg* onttronen, afzetten
dethronement *znw* onttroning
detonate ['detəneit] *overg & onoverg* (doen) ontploffen, (doen) knallen, (doen) detoneren

detonation [detə'neiʃən] *znw* ontploffing, knal, detonatie
detonator ['detəneitə] *znw* detonator, ontsteker, slaghoedje o
detour ['di:tuə, di'tuə] I *znw* omweg; II *onoverg* een omweg maken; III *overg* Am omleiden [v. verkeer]
detract [di'trækt] *overg*: ~ *from* afbreuk doen aan, verminderen, verkleinen
detraction *znw* afbrekende kritiek, kleinering; kwaadsprekerij
detriment ['detrimənt] *znw* nadeel o, schade (aan *to*); *to the* ~ *of* ten nadele van
detrimental [detri'mentl] *bn* nadelig, schadelijk (voor *to*)
detritus [di'traitəs] *znw* 1 door erosie losgekomen materiaal o [zand, grind &]; 2 afval o, rommel, rotzooi
deuce [dju:s] *znw* 1 twee [op dobbelstenen en speelkaarten]; 2 deuce, veertig gelijk [tennis]; 3 duivel, drommel; *what (who) the* ~? wat (wie) voor de drommel?; *a* ~ *of a...* (zo) een drommelse...; *zie verder: devil I*
deuced ['dju:st,'dju:sid] *bijw* drommels, verduiveld
devaluate [di:'væljueit] *overg & onoverg* devalueren; in waarde (doen) dalen
devaluation [di:vælju'eiʃən] *znw* devaluatie, geldontwaarding; waardevermindering
devalue [di:'vælju:] *overg & onoverg* devalueren; in waarde (doen) dalen
devastate ['devəsteit] *overg* verwoesten, vernietigen; diep schokken
devastating *bn* verwoestend; vernietigend[2], verschrikkelijk
devastation [devəs'teiʃən] *znw* verwoesting, vernietiging, vernieling
develop [di'veləp] I *overg* ontwikkelen; tot ontwikkeling brengen; aan de dag leggen; uitbreiden; ontginnen; bebouwen [met gebouwen]; krijgen [koorts &]; II *onoverg* zich ontwikkelen (tot *into*); tot ontwikkeling komen; optreden [v. koorts &], ontstaan
developer *znw* 1 chem ontwikkelaar; 2 projectontwikkelaar (ook: *project* ~, *property* ~)
development *znw* ontwikkeling; uitbreiding; ontginning; bebouwing, (op)bouw; verloop o; nieuwbouwproject o
developmental [di'veləp'mentl] *bn* ontwikkelings-
deviance ['di:viəns] *znw* afwijkend gedrag o, afwijking
deviant ['di:viənt] I *bn* afwijkend, met afwijkend gedrag (vooral m.b.t. seksualiteit); II *znw* iem. met afwijkend gedrag
deviate ['di:vieit] *onoverg* afwijken (van *from*)
deviation [di:vi'eiʃən] *znw* afwijking[2]
deviationist *znw* (communistische) dissident
device [di'vais] *znw* middel o; list; (uit-)vinding; apparaat o, toestel o; zinspreuk, devies o, motto o; emblemische figuur; *leave sbd. to his own* ~*s* iem. aan zijn lot

overlaten

devil ['devl] **I** *znw* duivel[2]; kerel; *poor* ~ *ge-meenz* arme drommel; *(the)* ~ *a bit* geen zier; *the (a)* ~ *of a...* een geweldig(e)...; *a* ~ *of a job* een heksentoer; *between the* ~ *and the deep blue sea* tussen twee vuren; *be a* ~*!* gemeenz kom op, doe niet zo flauw (saai)!; spring eens uit de band!; *give the* ~ *his due* ieder het zijne geven; *there was the* ~ *to pay* daar had je de poppen aan het dansen; **II** *overg* pittig kruiden, heet peperen

devilish *bn bijw* duivels; verduiveld, deksels, bliksems

devil-may-care *bn* onverschillig; roekeloos, doldriest

devilry *znw* duivelskunsten(arij), snoodheid, dolle streken; roekeloze moed

devious ['di:viəs] *bn* 1 slingerend, kronkelend; *a* ~ *route* een omweg; 2 sluw, onoprecht, achterbaks; *by* ~ *means* op een slinkse manier

devise [di'vaiz] **I** *overg* uit-, bedenken, verzinnen, smeden, beramen; overléggen; legateren; **II** *znw* legaat *o*

devisor [di'vaizə] *znw* recht erflater

devoid [di'vɔid] *bn*: ~ *of* ontbloot van, verstoken van, gespeend van, zonder

devolution [di:və'l(j)u:ʃən] *znw* overgang; overdracht [v. rechten, eigendom &]; decentralisatie

devolve [di'vɔlv] **I** *overg* doen overgaan, overdragen, opleggen (aan *upon*); **II** *onoverg:* ~ *upon* neerkomen op[2], overgaan op, toevallen aan

devote [di'vout] *overg* (toe)wijden, bestemmen (voor *to*), overleveren (aan *to*)

devoted *bn* (toe)gewijd, (aan elkaar) gehecht, verknocht

devotee [devou'ti:] *znw* (bekrompen) dweper (met), ijveraar (voor), dwependaanhanger of enthousiast liefhebber (van *of*)

devotion [di'vouʃən] *znw* (toe)wijding, gehechtheid, verknochtheid; godsvrucht, vroomheid, devotie; godsdienstoefening, gebed *o*

devotional *bn* godsdienstig, stichtelijk

devour [di'vauə] *overg* verslinden[2]; fig verteren

devout [di'vaut] *bn* godsdienstig, godvruchtig, vroom, devoot; oprecht, vurig

dew [dju:] *znw* dauw

dew-drop *znw* dauwdruppel

dewlap ['dju:læp] *znw* kwab onder de hals v.e. rund

dewy ['dju:wi] *bn* dauwachtig, bedauwd

dewy-eyed [dju(:)i'aid] *bn* kinderlijk onschuldig, met kinderlijk vertrouwen

dexterity [deks'teriti] *znw* behendigheid, handigheid, vaardigheid

dext(e)rous ['dekst(ə)rəs] *bn* behendig, handig, vaardig

dextrose ['dekstrous] *znw* druivensuiker

diabetes [daiə'bi:ti:z] *znw* diabetes, suikerziekte

diabetic [daiə'betik] **I** *bn* suikerziekte-; **II** *znw* diabeticus, suikerpatiënt

diabolic [daiə'bɔlik], **diabolical** *bn* duivels,

afgrijselijk, beroerd, miserabel

diacritic [daiə'kritik] **I** *znw* diacritisch teken *o*; **II** *bn* diacritisch: onderscheidend

diadem ['daiədem] *znw* diadeem

diagnose [daiəgnouz] *overg* diagnostiseren, de diagnose opmaken (van); constateren, vaststellen [ziekte]

diagnosis [daiəg'nousis] *znw* (*mv:* diagnoses [-si:z]) diagnose

diagnostic [daiəg'nɔstik] **I** *bn* diagnostisch; **II** *znw* symptoom *o*, kenmerkend verschijnsel *o*; ~*s* ook: diagnostiek

diagonal [dai'ægənl] *bn & znw* diagonaal, overhoeks

diagram ['daiəgræm] **I** *znw* diagram *o*, figuur, schematische voorstelling, grafiek; **II** *overg* schematisch of grafisch voorstellen

diagrammatic [daiəgrə'mætik] *bn* schematisch, grafisch, in diagramvorm

dial ['daiəl] **I** *znw* wijzerplaat; (kies)schijf; (afstem)schaal; slang facie *o & v*, bakkes *o*; **II** *overg* (een nummer) draaien, kiezen, opbellen; ~*(ling) tone* kiestoon; ~*ling code* netnummer *o*; *direct* ~*ling* doorkiezen *o*

dialect ['daiəlekt] *znw* streektaal, tongval, dialect *o*

dialectal [daiə'lektl] *bn* dialectisch

dialectic [daiə'lektik] *znw* dialectiek (ook ~*s*)

dialectical *bn* dialectisch

dialogue [daiəlɔg], Am **dialog** *znw* dialoog, samenspraak, gesprek *o*

dial tone ['daiəlpleit] *znw* Am kiestoon

diameter [dai'æmitə] *znw* diameter, middellijn

diametrical [daiə'metrikl] *bn* diametraal, lijnrecht

diamond ['daiəmənd] **I** *znw* diamant *o* [stofnaam], diamant *m* [voorwerpsnaam]; ruit; sp (binnenveld *o* van) honkbalveld *o*; ~*s kaartsp* ruiten; **II** *bn* diamanten; ruitvormig; ~ *jubilee* zestigjarig jubileum *o*; ~ *wedding* diamanten bruiloft

diaper ['daiəpə] *znw* Am luier

diaphanous [dai'æfənəs] *bn* doorschijnend

diaphragm ['daiəfræm] *znw* middenrif *o*; diafragma *o* [v. lens]; tussenschot *o*; membraan *o*; pessarium *o*

diarist ['daiərist] *znw* dagboekschrijver

diarrhoea [daiə'riə] *znw* diarree

diary ['daiəri] *znw* dagboek *o*; agenda

diaspora [dai'æspərə] *znw* diaspora

diatribe ['daiətraib] *znw* diatribe: scheldkanonnade, hekelschrift *o*

dibble ['dibl] **I** *znw* pootijzer *o*; **II** *overg* met een pootijzer bewerken of planten

dice [dais] **I** *znw* dobbelstenen (*mv* v. *die*); dobbelspel *o*; **II** *onoverg* dobbelen; ~ *with death* zijn leven (gezondheid &) in de waagschaal stellen; **III** *overg* aan dobbelstenen snijden

dicey ['daisi] *bn* gemeenz riskant, gevaarlijk, link

dichotomy [dai'kɔtəmi] *znw* dichotomie, (twee)deling; splitsing

dick [dik] *znw* slang detective; plat pik, lul

dickens ['dikinz] *znw.* *what/how/why the* ~ *didn't you...?* gemeenz waarom heb je verdorie (in vredesnaam) niet...?

dicker ['dikə] *onoverg* sjacheren, afdingen

dicky ['diki] **I** *znw* frontje o; ~-*bird* vogeltje o; *not say a* ~-*bird* gemeenz geen stom woord zeggen; **II** *bn* gemeenz wankel, niet solide[2]

dicta ['diktə] *znw mv* v. *dictum*

dictaphone *znw* dicteerapparaat o

dictate I *overg* [dik'teit] voorzeggen, dicteren, ingeven; commanderen, opleggen, voorschrijven; **II** *znw* ['dikteit] voorschrift o, bevel o; ingeving

dictation [dik'teiʃən] *znw* dictee o, dictaat o; bevel o, oplegging

dictator *znw* dictator

dictatorial [diktə'tɔ:riəl] *bn* gebiedend, heerszuchtig, dictatoriaal

dictatorship *znw* dictatuur

diction ['dikʃən] *znw* dictie, voordracht

dictionary ['dikʃən(ə)ri] *znw* woordenboek o

dictum ['diktəm] *znw* (*mv*: dicta) uitspraak, gezegde o

did [did] V.T. van *do*

didactic [di'dæktik] *bn* didactisch, belerend, leer-; ~*s* didactiek

diddle ['didl] *overg* gemeenz bedotten; ~ *sbd. out of sth.* iem. iets slinks afhandig maken

1 die [dai] *znw* (*mv*: dice) dobbelsteen; muntstempel; matrijs; snij-ijzer o; *the* ~ *is cast* de teerling is geworpen

2 die [dai] *onoverg* sterven, overlijden; doodgaan; (het) besterven [v. schrik &]; uit-, wegsterven, verflauwen, uitgaan, voorbijgaan, bedaren; ~ *away* wegsterven [v. geluid]; ~ *down* afnemen, luwen, bedaren; uitgaan, doven, wegsterven[2]; ~ *for* sterven voor; snakken naar; ~ *out* weg-, uitsterven; *be dying to...* branden van verlangen om..., dolgraag willen...

die-hard [daiha:d] **I** *bn* onverzoenlijk; **II** *znw* onverzoenlijk persoon

diesel [di:zl] *znw* diesel

diet ['daiət] **I** *znw* **1** rijksdag, landdag; **2** voedsel o, kost, voeding; leefregel, dieet o; **II** *overg* op dieet stellen; **III** *onoverg* op dieet zijn

dietary ['daiətəri] **I** *bn* dieet-, voedsel-; ~ *fibre* ruwe vezel; **II** *znw* dieet o; kost

dietetic [daii'tetik] **I** *bn* dieet-, voedings-, diëtistisch; **II** *znw*: ~*s* voedingsleer, diëtetiek

dietician *znw* voedingsspecialist(e), diëtist(e)

differ ['difə] *onoverg* (van elkaar) verschillen; van mening verschillen; *agree to* ~ zich erbij neerleggen dat men niet tot overeenstemming kan komen; *I beg to* ~ neemt u me niet kwalijk, maar ik ben het (helaas) niet met u eens

difference ['difrəns] *znw* verschil o, onderscheid o; geschil(punt) o; *it makes no* ~ dat maakt niets uit; *split the* ~ het verschil delen

different *bn* verschillend (van *from, to*), onderscheiden, verscheiden, anders (dan *from, to*), ander (dan *from*)

differential [difə'renʃəl] **I** *bn* differentieel (= een onderscheid makend naar herkomst) [v. rechten]; differentiaal; ~ *calculus* wisk differentiaalrekening; **II** *znw* wisk differentiaal; techn differentieel o; loongeschil o; loonklasseverschil o

differentiate I *overg* onderscheiden, doen verschillen, verschil maken tussen; **II** *onoverg* differentiëren, zich onderscheiden

differentiation [difərenʃi'eiʃən] *znw* verschil o, onderscheiding; differentiatie

difficult ['difikəlt] *bn* moeilijk, lastig

difficulty *znw* moeilijkheid, moeite, zwarigheid, bezwaar o

diffidence ['difidəns] *znw* gebrek o aan zelfvertrouwen; schroomvalligheid

diffident *bn* bedeesd, zonder zelfvertrouwen, verlegen

diffraction [di'frækʃən] *znw* diffractie, buiging [v. lichtstralen of geluidsgolven]

diffuse [di'fju:s] **I** *bn* verspreid, verstrooid, diffuus [v. licht]; breedsprakig, wijdlopig; **II** *overg* [di'fju:z] verspreiden, uitstorten, uitgieten; diffunderen: doordringen in [v. vloeistoffen, gassen]; ~*d diffuus* [v. licht]

diffusion *znw* verspreiding, verbreiding, uitstorting; diffusie: vermenging v. gassen of vloeistoffen

1 dig* [dig] **I** *overg* graven, delven, (om-)spitten; rooien [aardappelen]; duwen, porren; slang snappen, begrijpen, genieten (van), leuk vinden, 'te gek' vinden; ~ *at sbd.* iem. een steek onder water geven; ~ *in* onderwerken [mest]; (zich) ingraven; ~ *out (up)* uitgraven, opgraven; opbreken; rooien; fig opdiepen, voor de dag halen; oprakelen; **II** *onoverg* graven, spitten; slang wonen; ~ *in* mil zich ingraven; gemeenz aanvallen [op eten]

2 dig *znw* graafwerk o; por, duw; fig steek, insinuatie; ~*s* gemeenz huurkamer

digest [di-, dai'dʒest] **I** *overg* verteren, verwerken, in zich opnemen; **II** *onoverg* verteren; **III** *znw* ['daidʒest] overzicht o, resumé o, verkorte weergave

digestible [di'dʒestəbl] *bn* licht verteerbaar

digestion *znw* spijsvertering; verwerking [van het geleerde], digestie

digestive I *bn* (*znw*) de spijsvertering bevorderend (middel o); spijsverterings-; **II** *znw* volkorenbiscuitje o

digger ['digə] *znw* (goud)graver, delver; graafmachine

digging *znw* graven o; ~*s* goudveld o, goudvelden; gemeenz huurkamer

digit ['didʒit] *znw* vinger(breedte); dierk teen, vinger; cijfer o beneden 10

digital *bn* digitaal; ~ *recording* digitale opname; ~ *watch* digitaal horloge o

dignified ['dignifaid] *bn* waardig, deftig

dignify *overg* meer waardigheid geven, sieren, adelen; vereren (met *with*)

dignitary *znw* dignitaris, hoogwaardigheidsbekleder

dignity *znw* waardigheid

digress [dai'gres] *onoverg* afdwalen [van het onderwerp], uitweiden

digression *znw* afdwaling [v. het onderwerp], uitweiding

digressive bn uitweidend

dike, dyke [daik] I znw dijk, dam; sloot; slang pot, lesbo; II overg indijken; een sloot graven om

dilapidated [di'læpideitid] bn verwaarloosd, vervallen, bouwvallig; versleten [v. kleren &]

dilapidation [dilæpi'deiʃən] znw verwaarlozing, verval o, bouwvalligheid

dilate [dai'leit] I overg uitzetten, verwijden; II onoverg uitzetten, zich verwijden; ~ (up-)on uitweiden over

dilation znw uitzetting, verwijding, opzetting

dilatory ['dilətəri] bn talmend

dilemma [di'lemə, dai'lemə] znw dilemma o

dilettante [dili'tænti] znw (mv: dilettanti [-ti:]) dilettant

diligence ['dilidʒəns] znw ijver, vlijt

diligent bn ijverig, naarstig, vlijtig

dill [dil] znw plantk dille

dilly-dally ['dilidæli] onoverg treuzelen

diluent ['diljuənt] bn (znw) verdunnend (middel o)

dilute [dai'lju:t] I overg verdunnen; versnijden, aanlengen; doen verwateren, afzwakken; II bn verdund

dilution znw verdunning

dim [dim] I bn dof, schemerig, donker, duister; vaag; flauw; zwak, onduidelijk; gemeenz gering, pover; onbeduidend, onbenullig, sloom, dom [iemand]; take a ~ view of sth. niets moeten hebben van iets, niets ophebben met iets; II onoverg dof & worden; verflauwen; tanen; III overg dof & maken, verduisteren, benevelen; ontluisteren

dime [daim] znw ¹/₁₀ dollar; ~ novel stuiversroman

dimension [di'menʃən] znw afmeting, dimensie, omvang, grootte

dimensional bn dimensionaal; three-~ driedimensionaal

diminish [di'miniʃ] I overg verminderen [ook muz], verkleinen; afbreuk doen aan; II onoverg (ver)minderen, afnemen

diminished bn verminderd, verzwakt; ~ responsibility verminderde toerekeningsvatbaarheid

diminution [dimi'nju:ʃən] znw vermindering, afneming, verkleining

diminutive [di'minjutiv] I bn klein, gering, verkleinings-, miniatuur-; II znw verkleinwoord o

dimmer ['dimə], **dimmer switch** znw dimschakelaar, dimmer

dimple ['dimpl] I znw (wang)kuiltje o; II onoverg (& overg) kuiltjes vormen (in); ~d met kuiltjes

dimwit ['dimwit] znw gemeenz stommerd, sufferd

dimwitted bn gemeenz stom, oenig

din [din] I znw leven o, geraas o, lawaai o, gekletter o; II overg: ~ sth. into someone iets er bij iem. instampen

dine [dain] onoverg dineren, eten; ~ out uit eten gaan; buitenshuis eten; ~ out on sth.

iets overal rondbazuinen

diner znw eter, gast; restauratiewagen; Am eethuisje o

ding-dong ['diŋ 'dɔŋ] I znw gebimbam o, gebeier o; gemeenz vechtgeprij; twistgesprek o, hevige woordenwisseling; II bn vinnig; (nagenoeg) onbeslist

dinghy ['diŋgi] znw scheepv kleine jol; rubberboot (ook: rubber ~)

dingo ['diŋgou] znw (mv: -goes) Australische wilde hond

dingy [din(d)ʒi] bn groezelig, vuil, goor; (deprimerend) armoedig

dining-car ['dainiŋka:] znw restauratiewagen

dining-room, dining-hall znw eetkamer, -zaal

dinkum ['diŋkəm] bn Austr slang echt; ~ oil de volle waarheid

dinky ['diŋki] bn gemeenz leuk, snoezig, aardig, sierlijk

dinner ['dinə] znw middagmaal o, eten o, diner o

dinner-jacket znw smoking

dinner-party znw diner o

dinner-service, dinner-set znw eetservies o

dinner table znw eettafel

dint [dint] 1 by ~ of door; 2 = dent

diocesan [dai'ɔsisən] I bn diocesaan; II znw bisschop; diocesaan

diocese ['daiəsis, 'daiəsi:s] znw diocees o, bisdom o

dioxide [dai'ɔksaid] znw dioxide o

dip [dip] I overg (in)dopen, (in)dompelen; neerlaten; laten hellen; ~ one's flag (to) salueren [een schip]; ~ the headlights dimmen; II onoverg duiken, dalen, (af)hellen; doorslaan [v. balans]; ~ into duiken in; zich verdiepen in; in-, doorkijken, doorbladeren; aanspreken [voorraad]; III znw indoping; onderdompeling; wasbeurt; gemeenz duik, bad o; del, (duin)vallei; duiken o; (af)helling; dipsaus

diptheria [dif'θiəriə] bn difterie, difteritis

diphthong ['difθɔŋ] znw tweeklank, diftong

diploma [di'ploumə] znw diploma o

diplomacy [di'plouməsi] znw diplomatie²

diplomat ['dipləmæt] znw diplomaat²

diplomatic [diplə'mætik] bn diplomatisch²; diplomatiek; ~ corps corps o diplomatique; ~ immunity diplomatieke onschendbaarheid

dipper ['dipə] znw 1 schepper, pollepel; 2 dierk waterspreeuw; big ~ achtbaan [op kermis]; the Big Dipper Am astron de Grote Beer

dipsomania [dipsou'meiniə] znw drankzucht

dipsomaniac znw alcoholist, drankzuchtige

dipstick ['dipstik] znw auto peilstok

dip-switch ['dipswitʃ] znw dimschakelaar

dire ['daiə] bn akelig, ijselijk, verschrikkelijk; ~ necessity harde noodzaak; be in ~ straits ernstig in het nauw zitten

direct [di'rekt, dai'rekt] I bn direct, recht,

rechtstreeks, onmiddellijk; fig ronduit; **II** bijw rechtstreeks, direct; **III** overg richten, besturen, (ge)leiden, regisseren [film]; voorschrijven, orders (last) geven; dirigeren; instrueren; adresseren; de weg wijzen; ~ current gelijkstroom; ~ debit automatische afschrijving; ~ object lijdend voorwerp o; ~ speech gramm directe rede

direction znw directie, leiding, bestuur o; regie [v. film]; richting; aanwijzing, instructie, voorschrift o

directional bn richting-; radio gericht

directive I bn leidend, regelend, richt-; **II** znw richtlijn, directief o

directly I bijw direct, recht(streeks), aanstonds, dadelijk; **II** voegw gemeenz zodra

directness znw directheid; openhartigheid

director [di-, dai'rektə] znw directeur, leider, bestuurder, bewindhebber; (film)regisseur; ~ general directeur-generaal, algemeen directeur; board of ~s raad van bestuur

directorate znw directoraat o

directorial ['di-, 'dairek'tɔ:riəl] bn van de directie, directie-; regie- [debuut &]

directorship znw directeurschap o

directory [di-, dai'rektəri] znw adresboek o; telefoongids, -boek o (telephone ~); stratenlijst

dirge [də:dʒ] znw lijk-, klaag-, treurzang

dirigible ['diridʒibl] **I** bn bestuurbaar; **II** znw bestuurbare luchtballon, luchtschip o

dirk [də:k] znw dolk, ponjaard [v. adelborst]

dirt [də:t] znw vuil o, vuilnis, modder², slijk² o, vuiligheid; grond, aarde; treat sbd. like ~ iemand als oud vuil behandelen

dirt-cheap bn spotgoedkoop

dirt road znw onverharde weg

dirt-track znw sintelbaan

dirty I bn vuil; smerig; gemeen; vies, obsceen [woord &]; ~ linen fig vuile was; ~ money toeslag voor vuil en zwaar werk; oneerlijk verdiend geld; ~ old man ouwe snoeper; **II** overg vuilmaken; bezoedelen; **III** onoverg vuil worden; **IV** znw: do the ~ on sbd. gemeenz iem. een gemene streek leveren

disability [disə'biliti] znw belemmering, handicap; invaliditeit

disable [dis'eibl, di'zeibl] overg buiten gevecht stellen; invalide maken; uitsluiten

disabled bn arbeidsongeschikt, invalide; buiten gevecht gesteld; verminkt; ontredderd, stuk

disabuse [disə'bju:z] overg uit een dwaling of uit de droom helpen; ~ of genezen van, afhelpen van

disaccustom [disə'kʌstəm] overg ontwennen

disadvantage [disæd'va:ntidʒ] znw nadeel o; bezwaar o, ongemak o; be at a ~ in een nadelige positie zijn; work to sbd.'s ~ iem. benadelen

disadvantaged bn kansarm, minder bevoorrecht

disadvantageous [disædva:n'teidʒəs] bn nadelig (voor to)

disaffected [disə'fektid] bn ontevreden, af-

vallig, ontrouw

disaffection znw ontevredenheid, ontrouw, onvrede

disafforest [disə'fɔrist] overg ontbossen

disagree [disə'gri:] onoverg verschillen, het oneens zijn, een tegenstander zijn van, niet passen (bij with); ...~s with me ...bekomt me niet goed

disagreeable bn onaangenaam

disagreement znw afwijking, verschil o, onenigheid, geschil o, tweedracht; ruzie

disallow [disə'lau] overg niet toestaan, weigeren; verwerpen, afkeuren [v. doelpunt &]

disappear [disə'piə] onoverg verdwijnen

disappearance [disə'piərəns] znw verdwijning

disappoint [disə'pɔint] overg teleurstellen

disappointment znw teleurstelling, tegenvaller, deceptie

disapprobation [disæprə'beiʃən] znw afkeuring

disapproval [disə'pru:vəl] znw afkeuring

disapprove overg & onoverg afkeuren; they ~d of his attitude zij keurden zijn houding af

disarm [dis'a:m, di'za:m] overg ontwapenen

disarmament znw ontwapening

disarrange [disə'reindʒ] overg in de war brengen

disarrangement znw verwarring, wanorde

disarray [disə'rei] znw wanorde; verwarring

disassociate ['disə'souʃi'eit] = dissociate

disaster [di'za:stə] znw ramp, onheil o, catastrofe

disastrous bn rampspoedig, noodlottig, catastrofaal, desastreus

disavow [disə'vau] overg (ver)loochenen, ontkennen, niet erkennen; desavoueren

disavowal znw (ver)loochening, ontkenning, niet-erkenning

disband [dis'bænd] **I** onoverg uiteengaan, zich verspreiden; **II** overg afdanken; ontbinden

disbelief ['disbi'li:f] znw ongeloof o

disbelieve overg & onoverg niet geloven (aan in)

disburden [dis'bə:dn] overg ontlasten; uitstorten

disburse [dis'bə:s] overg & onoverg (uit-) betalen, uitgeven, voorschieten

disbursement znw uitbetaling, uitgave

disc [disk] znw = disk

discard [dis'ka:d] overg af-, wegleggen, opzij zetten, terzijde leggen; afdanken

discern [di'sə:n] overg onderscheiden, onderkennen, bespeuren, ontwaren, waarnemen

discernible bn (duidelijk) te onderscheiden, waarneembaar

discerning bn schrander, scherpziend

discernment znw onderscheidingsvermogen o, doorzicht o, scherpe blik

discharge [dis'tʃa:dʒ] **I** overg af-, ontladen, afschieten, afvuren, lossen; [water] lozen; ontlasten; ontheffen, vrijspreken (van from); ontslaan, scheepv afmonsteren; (zich) kwijten (van); voldoen, delgen, betalen; vervullen [plichten]; **II** *onoverg* zich ontlasten; etteren; dragen [v. wond]; **III** *znw* ontlading; lossen *o*, losbranding, afschieten *o*; schot *o*; etter; afscheiding; ontlasting, lozing; ontheffing, vrijspraak; kwijting, kwijtbrief, ontslag *o*; scheepv afmonstering; vervulling [van zijn plicht]

disciple [di'saipl] *znw* volgeling, leerling, discipel

disciplinarian [disipli'nɛəriən] *znw* strenge leermeester

disciplinary ['disiplinəri] *bn* disciplinair, tucht-

discipline I *znw* (krijgs)tucht, orde, discipline (ook: vak *o* van wetenschap); tuchtiging, kastijding; **II** *overg* disciplineren; tuchtigen, kastijden

disc jockey ['diskdӡɔki] *znw* diskjockey

disclaim [dis'kleim] *overg* niet erkennen, afwijzen; verwerpen, ontkennen

disclaimer *znw* afwijzing, verwerping; ontkenning, dementi *o*; afstand

disclose [dis'klouz] *overg* onthullen, aan het licht brengen, openbaar maken

disclosure *znw* onthulling, openbaarmaking

disco ['diskou] *znw* disco; Am diskjockey

discolour, Am **discolor** [dis'kʌlə] *overg & onoverg* (doen) verkleuren, verschieten of verbleken

discomfit [dis'kʌmfit] *overg* in verlegenheid brengen, verwarren; ~ed onthutst, beduusd, verlegen

discomfiture *znw* verwarring; verbijstering; verlegenheid

discomfort [dis'kʌmfət] *znw* ongemak *o*, ontbering; onbehaaglijkheid; vero leed *o*

discomposure *znw* ontsteltenis, verontrusting, onrust; verwarring

disconcert [diskən'sət] *overg* verontrusten, in verlegenheid brengen, van zijn stuk brengen; ~ed ontdaan, onthutst, verbijsterd

disconnect [diskə'nekt] *overg* losmaken; los-, afkoppelen, uitschakelen; afsluiten; ~ed onsamenhangend, los

disconsolate [dis'kɔnsəlit] *bn* troosteloos, ontroostbaar

discontent [diskən'tent] **I** *bn* misnoegd; **II** *znw* ontevredenheid, onbehagen *o*

discontented *bn* ontevreden, misnoegd

discontiguous [diskən'tigjuəs] *bn* niet aangrenzend

discontinuation [diskəntinju'eiʃən] *znw* afbreking, uitscheiden *o*, ophouden *o*, staking; intrekking; opzegging; opheffing

discontinue [diskən'tinju:] **I** *onoverg* ophouden; **II** *overg* staken, afbreken, ophouden met; intrekken; opzeggen [abonnement]; opheffen [zaak]

discontinuity [diskɔnti'nju:iti] *znw* discontinuïteit

discontinuous [diskən'tinjuəs] *bn* onderbroken; onsamenhangend

discord ['diskɔːd] *znw* disharmonie, onenigheid, wrijving, tweedracht; wanklank; dissonant

discordance *znw* disharmonie

discordant *bn* onharmonisch, niet overeenstemmend[2], uiteenlopend; wanluidend

discotheque ['diskoutek] *znw* discotheek, disco

discount I *znw* ['diskaunt] handel disconto *o*; korting; disagio *o*; *be at a ~ handel* beneden pari staan; **II** *overg* [dis'kaunt] handel (ver)disconteren; buiten rekening laten, niet tellen; niet serieus nemen, weinig geloof hechten aan; buiten beschouwing laten; iets afdoen [v. prijs]

discountable *bn* handel disconteerbaar

discountenance [dis'kauntənəns] *overg* verlegen maken, van zijn stuk brengen; zijn steun onthouden aan, zijn afkeuring uitspreken over

discourage [dis'kʌridӡ] *overg* ontmoedigen; afschrikken; niet aanmoedigen, ont-, afraden, (ervan) afhouden, tegengaan

discouragement *znw* ontmoediging; tegenwerking

discourse I [dis'kɔːs] *znw* verhandeling, voordracht, lezing, rede(voering); vero gesprek *o*; **II** [dis'kɔːs] *onoverg* spreken (over on), praten

discourteous [dis'kəːtjəs, - 'kɔːtjəs] *bn* onhoffelijk, onheus, onbeleefd

discourtesy *znw* onhoffelijkheid, onheusheid, onbeleefdheid

discover [dis'kʌvə] *overg* ontdekken, onthullen; vero openbaren, tonen, verraden

discoverer *znw* ontdekker

discovery *znw* ontdekking

discredit [dis'kredit] **I** *znw* diskrediet *o*, schande; **II** *overg* niet geloven; in diskrediet brengen

discreditable *bn* schandelijk

discreet [dis'kriːt] *bn* kunnende zwijgen, discreet, voorzichtig [in zijn uitlatingen]; tactvol; onopvallend

discrepancy [dis'krepənsi] *znw* discrepantie

discrete [dis'kriːt] *bn* afzonderlijk, niet samenhangend

discretion [dis'kreʃən] *znw* oordeel *o* (des onderscheids), verstand *o*, wijsheid, voorzichtigheid, beleid *o*; *it is at your ~* zoals u verkiest; *act on (use) one's own ~* naar (eigen) goedvinden handelen

discretionary *bn* onbeperkt, willekeurig; naar eigen believen te bepalen

discriminate [dis'krimineit] **I** *onoverg* onderscheiden (van from), onderscheid maken (tussen *between*); discrimineren (ten ongunste van *against*; ten gunste van *in favour of*); **II** *overg* onderscheiden; *learn to ~ the birds* de vogels leren kennen

discriminating *bn* scherpzinnig, kritisch, schrander

discrimination [diskrimi'neiʃən] *znw* onderscheiding, onderscheidingsvermogen *o*; scherpzinnigheid; onderscheid *o*; discriminatie

discriminatory *bn* discriminatoir, discriminerend

discursive [dis'kəːsiv] *bn* niet-intuïtief, beredenerend, discursief; onsamenhangend, afdwalend

discus ['diskəs] *znw* sp discus

discuss [dis'kʌs] *overg* behandelen, bespreken

discussion *znw* discussie

disdain [dis'dein] **I** *overg* minachten; versmaden, zich niet verwaardigen; **II** *znw* minachting, versmading

disdainful *bn* minachtend, versmadend

disease [di'zi:z] *znw* ziekte, kwaal; ~d ziek, ziekelijk

disembark [disim'ba:k] **I** *overg* ontschepen, aan land zetten, lossen; **II** *onoverg* zich ontschepen, landen, aan wal gaan, van boord gaan, uitstappen

disembarkation [disemba:'keiʃən] *znw* ontscheping, landing

disembodied [disim'bɔdi:d] *bn* zonder lichaam, van het lichaam gescheiden, onstoffelijk, niet tastbaar

disembowel [disim'bauəl] *overg* ontweien [wild &]; [vis] uithalen; de buik openrijten van

disenchant [disin'tʃa:nt] *overg* ontgoochelen, desillusioneren

disenchantment *znw* ontgoocheling, ontnuchtering, desillusie

disencumber [disin'kʌmbə] *overg* vrijmaken, [van overlast] bevrijden

disenfranchise(ment) = *disfranchise-(ment)*

disengage [disin'geidʒ] *overg* los-, vrijmaken, bevrijden

disengagement *znw* los-, vrijmaking, bevrijding; vrij, vrij zijn *o*; onbevangenheid; verbreking van engagement; scheiden *o* van vijandelijke legers

disentangle [disin'tæŋgl] *overg* ontwarren; losmaken; vrijmaken, bevrijden

disentanglement *znw* ontwarring; los-, vrijmaking, bevrijding

disequilibrium ['disi:kwi'libriəm] *znw* onevenwichtigheid

disestablish [disis'tæbliʃ] *overg* losmaken v.d. banden tussen Staat en Kerk

disfavour [dis'feivə] **I** *znw* afkeuring; ongenade, ongunst; *do sbd. a* ~ iem. een slechte dienst bewijzen; **II** *overg* uit de gunst doen geraken; niet graag zien

disfeature [dis'fi:tʃə] *overg* verminken; ontsieren

disfigure [dis'figə] *overg* mismaken, schenden, verminken, ontsieren

disfigurement *znw* mismaaktheid, schending, verminking, ontsiering

disfranchise [dis'fræn(t)ʃaiz] *overg* de voorrechten, het kiesrecht ontnemen

disfranchisement *znw* ontneming van de voorrechten, van het kiesrecht

disgorge [dis'gɔ:dʒ] **I** *overg* uitbraken, ontlasten; **II** *onoverg* zich ontlasten of uitstorten, leegstromen

disgrace [dis'greis] **I** *znw* ongenade; schande; schandvlek; **II** *overg* in ongenade doen vallen, zijn gunst onttrekken aan; onteren, te schande maken; **III** *wederk*: ~ *oneself* zich schandelijk gedragen

disgraceful *bn* schandelijk

disgruntled [dis'grʌntld] *bn* ontevreden, knorrig

disguise [dis'gaiz] **I** *overg* vermommen, verkleden; handig verbloemen; *a* ~d *hand* verdraaid handschrift *o*; **II** *znw* vermomming; dekmantel

disgust [dis'gʌst] **I** *znw* walg, afkeer (van *at*, *for*), walging; ergernis; **II** *overg* doen walgen, afkerig maken (van *with*); ergeren; *be* ~ed *at* walgen van

disgusting *bn* walg(e)lijk; misselijk, ergerlijk

dish [diʃ] **I** *znw* schotel, schaal; gerecht *o*; *do the* ~es de afwas doen; **II** *overg* opscheppen; ~ *out* rondstrooien, uitdelen; ~ *up* oppdissen, opdienen, voorzetten

disharmony [dis'ha:məni] *znw* disharmonie

dish-cloth ['diʃklɔθ] *znw* vaatdoek

dishearten [dis'ha:tn] *overg* ontmoedigen

dishevelled [di'ʃevəld] *bn* slonzig, onverzorgd, met verwarde haren; verward; slordig; verfomfaaid

dish liquid *znw* Am afwasmiddel *o*

dishonest [dis'ɔnist] *bn* oneerlijk

dishonesty *znw* oneerlijkheid

dishonour, Am **dishonor** [dis'ɔnə] **I** *znw* oneer, schande; **II** *overg* onteren, te schande maken

dishonourable *bn* schandelijk; eerloos; oneervol

dishtowel *znw* Am droogdoek, theedoek

dishwasher ['diʃwɔʃə] *znw* bordenwasser; vaatwasmachine, afwasmachine, -automaat

dishwater *znw* afwaswater *o*; slootwater *o* [thee &]

dishy ['diʃi] *bn* gemeenz aantrekkelijk, lekker; sexy

disillusion [disi'l(j)u:ʒən] **I** *znw* desillusie: ontgoocheling; **II** *overg* ontgoochelen

disillusionment *znw* desillusie: ontgoocheling

disincentive [disin'sentiv] *znw* belemmering, ontmoediging, remmende factor, hinderpaal

disinclination [disinkli'neiʃən] *znw* ongeneigdheid, tegenzin, afkerigheid

disincline [disin'klain] *overg* afkerig maken; ~d *to* niet genegen om, afkerig van

disinfect [disin'fekt] *overg* ontsmetten

disinfectant I *bn* ontsmettend; **II** *znw* ontsmettingsmiddel *o*

disinfection *znw* ontsmetting

disinfest [disin'fest] *overg* van ongedierte zuiveren, ontluizen

disinflation *znw* = *deflation*

disinformation ['disinfə'meiʃən] *znw* misleidende informatie, valse informatie

disingenuous [disin'dʒenjuəs] *bn* onoprecht, geveinsd

disinherit [disin'herit] *overg* onterven

disinheritance *znw* onterving

disintegrate [dis'intigreit] *overg & onoverg* tot ontbinding (doen) overgaan, (doen) uiteenvallen

disintegration [disinti'greiʃən] *znw* ontbinding, uiteenvallen *o*, desintegratie

disinter [disin'tə:] *overg* opgraven, opdelven; fig aan het licht brengen

disinterested [dis'int(ə)restid] *bn* belangeloos, onbaatzuchtig; ongeïnteresseerd

disjointed [dis'dʒɔintid] *bn* onsamenhangend, los, verward

disjunction [dis'dʒʌŋkʃən] *znw* scheiding

disk [disk] *znw* schijf, discus; (grammofoon-)plaat; *slipped ~ med* hernia

dislike [dis'laik] **I** *overg* niet houden van, niet mogen; een hekel hebben aan; **II** *znw* afkeer, tegenzin, antipathie

dislocate ['disləkeit] *overg* ontwrichten[2]

dislocation [dislə'keiʃən] *znw* ontwrichting[2]

dislodge [dis'lɔdʒ] *overg* losmaken; [uit een stelling &] verdrijven, op-, verjagen

disloyal [dis'lɔiəl] *bn* ontrouw, trouweloos, oncollegiaal, deloyaal

disloyalty *znw* ontrouw, trouweloosheid

dismal ['dizməl] *bn* akelig, naar, treurig, triest

dismantle [dis'mæntl] *overg* ontmantelen, onttakelen; *techn* demonteren, uit elkaar halen

dismay [dis'mei] **I** *overg* ontmoedigen, doen ontstellen; *~ed* verslagen, ontsteld; **II** *znw* ontsteltenis, verslagenheid, ontzetting, verbijstering

dismember [dis'membə] *overg* uiteenrukken, in stukken scheuren, (in stukken) verdelen, verbrokkelen; verminken[2]

dismiss [dis'mis] *overg* wegzenden, ontslaan, afdanken, afzetten; laten gaan, mil laten inrukken; van zich afzetten [gedachte]; [een idee] laten varen; afpoeieren, zich afmaken van; recht afwijzen; *~! mil* ingerukt!

dismissal *znw* ontslag *o*, congé *o & m*, afdanking, afzetting; recht afwijzing

dismissive *bn* geringschattend, minachtend, neerbuigend

dismount [dis'maunt] **I** *onoverg* afstijgen, afstappen; **II** *overg* doen vallen, uit het zadel werpen[2]; *techn* demonteren, uit elkaar halen

disobedience [disə'bi:djəns] *znw* ongehoorzaamheid

disobedient *bn* ongehoorzaam

disobey [disə'bei] **I** *overg* niet gehoorzamen, niet luisteren naar, overtreden; **II** *onoverg* ongehoorzaam zijn, niet luisteren

disoblige [disə'blaidʒ] *overg* weigeren van dienst te zijn; voor het hoofd stoten

disobliging *bn* weinig tegemoetkomend, onvriendelijk, onheus

disorder [dis'ɔ:də] **I** *znw* wanorde, verwarring; stoornis, kwaal; oproer *o*, ordeverstoring; **II** *overg* in de war brengen, van streek (ziek) maken

disordered *bn* verward; in de war, van streek

disorderly *bn* on-, wanordelijk, ongeregeld, slordig; oproerig, weerspannig; losbandig, aanstootgevend; *~ house* bordeel *o*, goktent

disorganization [disɔ:gənai'zeiʃən] *znw* desorganisatie, ontwrichting

disorganize [dis'ɔ:gənaiz] *overg* desorganiseren, ontwrichten, in de war brengen

disorientate [dis'ɔ:riənteit], Am **disorient** *overg* desoriënteren

disown [dis'oun] *overg* niet erkennen, verloochenen, verstoten

disparage [dis'pæridʒ] *overg* verkleinen, kleineren, neerhalen, afbreken

disparaging *bn* kleinerend

disparate ['dispærit] *bn* ongelijk, onvergelijkbaar, ongelijksoortig

disparity [dis'pæriti] *znw* ongelijkheid, verschil *o*

dispassionate [dis'pæʃənit] *bn* bezadigd, koel, onpartijdig

dispatch [dis'pætʃ] **I** *overg* (met spoed) (af-, uit-, ver)zenden of afdoen, afhandelen, afmaken, van kant maken; **II** *znw* af-, uit-, verzending, zenden *o*; (spoedige) afdoening, spoed; (spoed)bericht *o*, dépêche

dispatch box *znw* documentenkoffertje *o*; spreekgestoelte *o* in het Britse Lagerhuis voor de ministers

dispatch rider *znw* koerier; mil motorordonnans

dispel [dis'pel] *overg* verdrijven, verjagen

dispensable [dis'pensəbl] *bn* ontbeerlijk; waarvan vrijstelling verleend kan worden

dispensary [dis'pensəri] *znw* apotheek

dispensation [dispen'seiʃən] *znw* uitdeling, toediening; beschikking, bedeling; dispensatie, vergunning, ontheffing, vrijstelling

dispense [dis'pens] **I** *overg* uitdelen; toedienen; klaarmaken [recept]; vrijstellen, ontheffen (van *from*); **II** *onoverg*: *~ with* het stellen buiten; onnodig maken

dispenser *znw* apotheker; dispenser [voor mesjes &]; automaat [voor kop koffie &]

dispeople [dis'pi:pl] *overg* ontvolken

dispersal [dis'pə:sl] *znw* verstrooiing, verspreiding

disperse I *overg* verstrooien, verspreiden; uiteenjagen, -drijven; **II** *onoverg* zich verstrooien, zich verspreiden, uiteengaan

dispersion *znw* verspreiding, verstrooiing, uiteenjagen *o*; verstrooid liggen *o*

dispirit [dis'pirit] *overg* ontmoedigen

dispirited *bn* ontmoedigd, gedeprimeerd

displace [dis'pleis] *overg* verplaatsen, verschuiven; afzetten; vervangen; verdringen; *~d person* ontheemde

displacement *znw* (water)verplaatsing; verschuiving; vervanging

display [dis'plei] **I** *overg* ontplooien; uitstallen, (ver)tonen, tentoonspreiden; aan de dag leggen; comput displayen; **II** *znw* vertoning, uitstalling, vertoon *o*; comput beeldscherm *o*; display

displease [dis'pli:z] *overg* mishagen; *~d* misnoegd, ontstemd, ontevreden

displeasing *bn* onaangenaam

displeasure [dis'pleʒə] *znw* misnoegen *o*, ongenoegen *o*

disport [dis'pɔ:t] *onoverg* zich vermaken, spelen, dartelen

disposable [dis'pouzəbl] *bn* beschikbaar; weggooi-, wegwerp- [luiers &]

disposal *znw* van de hand doen *o*; verkoop; verwijdering, opruiming [v. bommen &]; *at your ~* te uwer beschikking

dispose *overg* (rang)schikken, plaatsen; stemmen, bewegen; *~ of* beschikken over;

afdoen; weerleggen [argumenten], ontzenuwen; afrekenen met; afmaken, uit de weg ruimen; kwijtraken, opruimen; zich ontdoen van, van de hand doen, verkopen

disposed bn gehumeurd, gestemd, geneigd (tot to); are you ~ to...? ook: hebt u zin om...?; ~ of ook: geleverd, overgedragen, verkocht

disposition [dispə'ziʃən] znw (rang-)schikking, plaatsing; beschikking; neiging, aanleg, gezindheid, neiging, stemming; at your ~ te uwer beschikking

dispossess [dispə'zes] overg uit het bezit stoten, beroven (van of); onteigenen; the ~ed de misdeelden

disproportion [disprə'pɔːʃən] znw onevenredigheid, wanverhouding

disproportionate bn onevenredig, niet in verhouding (met to)

disprove [dis'pruːv] overg weerleggen

disputable [dis'pjuːtəbl] bn betwistbaar

disputatious bn twistziek

dispute [dis'pjuːt] I onoverg (rede)twisten, disputeren; II overg discussiëren over; betwisten; III znw dispuut o, twistgesprek o, (rede)twist, woordenstrijd, verschil o van mening, conflict o, geschil o; beyond (without) ~ buiten kijf; the matter in ~ het geschilpunt, de zaak in kwestie

disqualification [diskwɔlifi'keiʃən] znw onbevoegdheid; uitsluiting, diskwalificatie

disqualify [dis'kwɔlifai] overg onbekwaam of ongeschikt maken, zijn bevoegdheid ontnemen, uitsluiten, diskwalificeren

disquiet [dis'kwaiət] I znw onrust, ongerustheid; II overg verontrusten

disquietude znw verontrusting, ongerustheid, onrust

disquisition [diskwi'ziʃən] znw verhandeling

disregard [disri'gaːd] I overg geen acht slaan op, veronachtzamen; II znw veronachtzaming; terzijdestelling, geringschatting

disrepair [disri'pɛə] znw vervallen staat, bouwvalligheid

disreputable [dis'repjutəbl] bn berucht, minder fatsoenlijk, schandelijk, slecht

disrepute [disri'pjuːt] znw: bring (fall) into ~ in opspraak brengen (komen), in diskrediet brengen (geraken)

disrespect [disris'pekt] znw gebrek o aan eerbied

disrespectful bn oneerbiedig

disrobe [dis'roub] overg (zich) ontkleden; het ambtsgewaad afleggen; beroven [v. functie, bevoegdheid &]

disroot [dis'ruːt] overg ontwortelen

disrupt [dis'rʌpt] overg ontwrichten, verstoren

disruption znw ontwrichting, verstoring

disruptive bn vernietigend, ontwrichtend

dissatisfaction [dissætis'fækʃən] znw ontevredenheid, onvoldaanheid, misnoegen o (over with)

dissatisfied [dis'sætisfaid] bn onvoldaan, ontevreden

dissatisfy overg geen voldoening schenken, teleurstellen, tegenvallen, mishagen; ontevreden stemmen

dissect [di'sekt] overg ontleden[2]; ~ing room snij- of ontleedkamer

dissection znw sectie, ontleding

dissemble [di'sembl] I overg (zich) ontveinzen, verbergen; II onoverg huichelen, veinzen

dissembler znw huichelaar, veinzer

disseminate [di'semineit] overg (uit-)zaaien[2], uitstrooien[2]

dissemination [disemi'neiʃən] znw zaaien[2] o, verspreiding

dissension [di'senʃən] znw onenigheid, tweedracht

dissent I onoverg verschillen in gevoelen of van mening; zich afscheiden [in geloofszaken]; II znw verschil o van mening; afscheiding [v.d. staatskerk]

dissenter znw dissenter, andersdenkende

dissentient I bn afwijkend [in denkwijze]; andersdenkend; II znw andersdenkende; tegenstemmer

dissertation [disə'teiʃən] znw verhandeling (over on); ± proefschrift o, dissertatie; scriptie

disservice znw slechte dienst, schade

dissidence ['disidəns] znw (menings-)verschil o; dissidentie, afvalligheid

dissident I bn dissident, andersdenkend; II znw dissident, andersdenkende

dissimilar [di'similə] bn ongelijk(soortig) (met to)

dissimilarity [disimi'læriti] znw ongelijk(soortig)heid

dissimulate [di'simjuleit] I overg ontveinzen, verbergen; II onoverg veinzen, huichelen

dissimulation [disimju'leiʃən] znw geveinsdheid, veinzerij, huichelarij; ontveinzen o

dissipate ['disipeit] I overg verstrooien; verdrijven; doen optrekken of vervliegen; verkwisten, verspillen; ~d ook: losbandig, verbroemeld; II onoverg verdwijnen

dissipation [disi'peiʃən] znw verstrooiing; verdrijving; verkwisting, verspilling; losbandigheid

dissociate I overg (af)scheiden; II wederk: ~ oneself zich afscheiden of losmaken, zich distantiëren (van of)

dissoluble [di'sɔljubl] bn oplosbaar, ontbindbaar

dissolute ['disəl(j)uːt] bn ongebonden, los-(bandig), liederlijk

dissolution [disə'l(j)uːʃən] znw (weg-)smelting, oplossing; ontbinding

dissolvable [di'zɔlvəbl] bn oplosbaar, ontbindbaar

dissolve I overg oplossen, ontbinden, scheiden; II onoverg (zich) oplossen, smelten; uiteengaan; ~ into tears in tranen uitbarsten

dissolvent bn (znw) oplossend (middel o)

dissonance ['disənəns] znw wanklank, dissonant[2], wanluidendheid; onenigheid

dissonant bn wanluidend, onharmonisch, niet overeenstemmend (met from, to)

dissuade [di'sweid] *overg* af-, ontraden; afbrengen (van *from*)
dissuasion *znw* waarschuwing, negatief advies *o*
dissuasive *bn* af-, ontradend
distaff ['dista:f] *znw:* ~ (side) hist spillezijde, vrouwelijke linie
distance ['distəns] I *znw* afstand; afstandelijkheid; verte; *middle* ~ middenplan *o*, tweede plan *o* [v. schilderij]; sp middellange afstand; *in the* ~ in de verte; *go (stay) the* ~ tot het einde volhouden; *keep one's* ~ afstand bewaren; II *overg* (zich) distantiëren; verwijderen; ~ *oneself from sbd.* iem. op een afstand houden
distant *bn* ver, verwijderd, afgelegen; terughoudend, op een afstand
distaste [dis'teist] *znw* afkeer, tegenzin
distasteful *bn* onaangenaam, akelig
distemper [dis'tempə] I *znw* 1 hondenziekte; 2 tempera [verf]; muurverf; II *overg* sausen, kalken [plafond &]
distend [dis'tend] *overg & onoverg* rekken, openspalken, (doen) uitzetten, opzwellen
distension, Am **distention** *znw* uitzetting, (op)zwelling, rekking; omvang
distil, Am **distill** [dis'til] *overg* distilleren
distillation [disti'leiʃən] *znw* distillatie
distiller *znw* distillateur
distillery *znw* distilleerderij, stokerij, branderij
distinct [dis'tiŋ(k)t] *bn* onderscheiden, verschillend; gescheiden, apart; helder, duidelijk; bepaald, beslist
distinction *znw* onderscheiding, onderscheid *o*; aanzien *o*, distinctie, uitmuntendheid, voornaamheid; *of* ~ gedistingeerd, eminent, vooraanstaand
distinctive *bn* onderscheidend, kenmerkend; apart
distinguish [dis'tiŋgwiʃ] I *overg* onderscheiden; onderkennen; *be* ~*ed by (for)* zich onderscheiden door; *as* ~*ed from* in tegenstelling tot, tegenover; II *wederk:* ~ *oneself* zich onderscheiden; III *onoverg* onderscheid maken (tussen *between*)
distinguishable *bn* te onderscheiden
distinguished *bn* voornaam; gedistingeerd; eminent, van naam, van betekenis
distort [dis'tɔ:t] *overg* verwringen, verdraaien[2]; vervormen; ~*ing mirror* lachspiegel
distortion [dis'tɔ:ʃən] *znw* verwringing, verdraaiing[2]; vervorming
distract [dis'trækt] *overg* afleiden; verwarren, verbijsteren
distracted *bn* verward, verbijsterd
distraction *znw* afleiding; ontspanning, vermaak *o*; verwarring; *drive sbd. to* ~ iem. horendol maken
distrain [dis'trein] *onoverg* recht beslag leggen (op *upon*)
distraint [dis'treint] *znw* recht beslag *o*, beslaglegging
distraught [dis'trɔ:t] *bn* radeloos, buiten zichzelf, wanhopig
distress [dis'tres] I *znw* nood, ellende, leed *o*, benauwdheid, angst, zorg, smart; armoede; tegenspoed; II *overg* benauwen, bedroeven, pijnlijk zijn, kwellen; ~*ed area* probleemgebied *o*; ~*-signal* scheepv noodsein *o*
distressful *bn* rampspoedig; kommervol
distressing *bn* pijnlijk, onrustbarend, versterkend schrikbarend
distress-sale *znw* executoriale verkoop
distribute [dis'tribjut] *overg* verspreiden, rond-, uitdelen, verdelen, distribueren; verhuren [film]
distribution [distri'bju:ʃən] *znw* uit-, verdeling, verspreiding; distributie; (film)verhuur
distributive [dis'tribjutiv] *bn* uit-, verdelend, distributief; ~ *trades* distributiebedrijven [transport-, winkelbedrijf &]
distributor *znw* uitdeler; verdeler; verspreider; handel wederverkoper; (film-)verhuurder
district ['distrikt] *znw* district *o*, arrondissement *o*, streek, wijk, gebied[2] *o*; ~ *attorney* Am officier van justitie; ~ *nurse* wijkverpleegster
distrust [dis'trʌst] I *overg* wantrouwen; II *znw* wantrouwen *o*
distrustful *bn* wantrouwig
disturb [dis'tə:b] *overg* (ver)storen, in de war brengen, verontrusten, beroeren, opjagen
disturbance *znw* (ver)storing
disturbed *bn* verstoord, veranderd; gestoord; verontrust, opgejaagd
disturbing *bn* verontrustend [nieuws]
disunite [disju'nait] I *overg* scheiden, verdelen; II *onoverg* uiteengaan
disunity [dis'ju:niti] *znw* onenigheid, verdeeldheid, verscheurdheid
disuse [dis'ju:s] *znw* onbruik; inactiviteit
disused *bn* niet meer gebruikt, in onbruik, verlaten
ditch [ditʃ] I *znw* sloot, gracht, greppel; II *overg* de bons geven; lozen, dumpen
ditch-water *znw: as dull as* ~ oersaai
dither ['diðə] I *onoverg* weifelen; II *znw* paniek; *in a* ~, *all of a* ~ in alle staten, in paniek
ditto ['ditou] *znw* de- of hetzelfde, dito; ~ *marks* aanhalingstekens
ditty ['diti] *znw* deuntje *o*, wijsje *o*
diurnal [dai'ə:nl] *bn* dagelijks, dag-
divan [di'væn] *znw* divan
dive [daiv] I *onoverg* 1 (onder)duiken; 2 tasten [in zak]; ~ *in!* gemeenz tast toe!; 3 doordringen, zich verdiepen (in *into*); II *znw* 1 (onder)duiking; 2 duik(vlucht); 3 plotselinge snelle beweging, greep; 4 gemeenz kroegje *o*, kit
dive-bomb *onoverg (& overg)* in duikvlucht bommen werpen (op)
diver *znw* 1 duiker [ook dierk]; 2 sp schoonspringer
diverge [dai-, di'və:dʒ] *onoverg & overg* (doen) afwijken, uiteen (doen) lopen, (doen) divergeren
divergence, **divergency** *znw* divergentie, afwijking
divergent *bn* afwijkend, uiteenlopend, di-

vergerend

divers ['daivəz] *bn* <u>vero</u> verscheidene, ettelijke

diverse [dai'və:s] *bn* onderscheiden, verschillend

diversification [daivə:sifi'keiʃən] *znw* diversificatie, variatie, verscheidenheid; afwisseling

diversify *overg* diversifiëren, variëren, afwisseling aanbrengen

diversion [dai-, di'və:ʃən] *znw* afleiding, omleiding; ontspanning, vermaak o; afleidingsmanoeuvre

diversionary [dai-, di'və:ʃən(ə)ri] *bn* afleidend, afleidings-

diversity [dai-, di'və:siti] *znw* verscheidenheid, diversiteit

divert [dai-, di'və:t] *overg* afwenden, afleiden[2]; om-, verleggen [een weg]; aan zijn bestemming onttrekken; vermaken

divest [dai-, di'vest] *overg* ontkleden; ontdoen

divide [di'vaid] **I** *overg* (ver)delen, indelen, scheiden; ~ *off* afscheiden [d.m.v. een scheidingswand &]; ~ *up* verdelen; ~ *the House* laten stemmen; **II** *onoverg* delen; zich verdelen, zich splitsen; **III** *znw* waterscheiding; <u>fig</u> scheidingslijn

divided *bn* gescheiden, verdeeld; ~ *highway* Am vierbaansweg

dividend ['dividend] *znw* dividend o; uitkering; *pay* ~*s* <u>fig</u> lonend zijn

divider [di'vaidə] *znw* scheidingswand, kamerscherm o; wie verdeeldheid zaait; ~*s* steekpasser

dividing line *znw* scheidslijn, scheilijn, scheidingslijn, demarcatielijn

divination [divi'neiʃən] *znw* waarzeggerij, voorspelling

divine [di'vain] **I** *bn* goddelijk; godsdienstig; ~ *service* godsdienstoefening, kerkdienst; **II** *znw* godgeleerde; geestelijke; **III** *overg* raden; voorspellen

diviner *znw* voorspeller, waarzegster; roedeloper

diving-bell *znw* duikerklok

diving-board *znw* springplank

divining-rod [di'vainiŋrɔd] *znw* wichelroede

divinity [di'viniti] *znw* goddelijkheid, god(heid); godgeleerdheid

divisible [di'vizibl] *bn* deelbaar

division *znw* (ver)deling, in-, afdeling, sectie, divisie; (kies)district o; verdeeldheid; (af)scheiding; stemming

divisional *bn* divisie-; afdelings-

divisive [di'vaiziv] *bn* verdeeldheid zaaiend

divisor [di'vaizə] *znw* deler

divorce [di'vɔ:s] **I** *znw* (echt)scheiding; ~ *suit* echtscheidingsprocedure; **II** *overg* scheiden (van *from*); zich laten scheiden van; **III** *onoverg* scheiden

divorcee [divɔ:'si:] *znw* gescheiden man (vrouw)

divot ['divət] *znw* losgeslagen stuk o gras [bij het golfen]

divulge [dai-, di'vʌldʒ] *overg* onthullen, openbaar maken, ruchtbaar maken

divvy ['divi] **I** *znw* <u>gemeenz</u> deel o, portie; dividend o; **II** *overg*: ~ *up* <u>gemeenz</u> samsam doen

DIY *afk.* = do-it-yourself

dizzy ['dizi] **I** *bn* duizelig; duizelingwekkend; **II** *overg* duizelig maken

Djibouti [dʒi'bu:ti] *znw* Djibouti o

djinn [dʒin] *znw* djinn [geest in het volksgeloof van islamitische volken]

DNA *afk.* = desoxyribonucleic acid DNA (desoxyribonucleïnezuur)

1 do* [du:] **I** *onoverg* doen; dienen, baten; gedijen, tieren; *that will* ~ zo is het goed (voldoende, genoeg); *that won't* ~ dat gaat niet aan, dat kan zo niet; ~ *well by sbd.* iem. goed behandelen; ~ *well by sth.* ergens wel bij varen; *how do you* ~? hoe maakt u het?; ~ *or die* erop of eronder; **II** *overg* doen, uitvoeren, verrichten; maken; aanrichten [schade]; uithangen, spelen (voor); verhandelen; zitten, opknappen [tijd in gevangenis]; <u>gemeenz</u> te pakken nemen; ~ *it* ook: <u>gemeenz</u> het voor elkaar krijgen, het hem leveren; het doen [neuken]; *that does it* <u>gemeenz</u> nou breekt mijn klomp; nu is de maat vol; *that's done it!* <u>gemeenz</u> nou is het uit!; dat deed wel de deur dicht!; *they* ~ *come* ze komen wel (degelijk), inderdaad; ~ *away with* van zich afzetten; wegnemen; afschaffen; uit de wereld helpen; van kant maken; ~ *down* <u>gemeenz</u> beetnemen, afzetten; ~ *sbd./sth. down* iem./iets kleineren; ~ *for* dienen als; <u>gemeenz</u> zijn vet geven, de das omdoen; ~ *in* <u>gemeenz</u> vermoorden, (zich) blesseren; ~ *out* <u>gemeenz</u> grondig opruimen, schoonmaken; ~ *well out of the war* wel varen bij de oorlog; ~ *up* in orde maken; opsteken, opmaken [haar]; repareren, opknappen; inpakken, dichtmaken; <u>gemeenz</u> uitputten; (zich) opdoffen; *I have done with him* ik wil niets meer met hem te maken hebben; *I could* ~ *with a glass* ik zou wel een glaasje willen hebben; ~ *without* het stellen zonder

2 do [du:] *znw* (*mv*: dos of do's) <u>gemeenz</u> bedrog; fuif, fuifje o; *a to-do* <u>gemeenz</u> opschudding, verwarde situatie; *the* ~*s and don'ts* gedragsregels, wat mag en niet mag

3 do [dou] *znw* <u>muz</u> do, ut

do. *afk.* = ditto

doc [dɔk] *znw* <u>gemeenz</u> = doctor

docile ['dousail, 'dɔsail] *bn* dociel, volgzaam; handelbaar, gedwee, gezeglijk

docility [dou'siliti] *znw* volgzaamheid, handelbaarheid, gezeglijkheid

dock [dɔk] **I** *znw* 1 <u>scheepv</u> dok o; haven (meestal ~*s*); 2 <u>plantk</u> zuring; 3 hokje o voor de verdachte, bank der beschuldigden; **II** *overg* 1 <u>scheepv</u> dokken; 2 kortstaarten, couperen; 3 korten, af-, inhouden [v. loon]; **III** *onoverg* 1 <u>scheepv</u> dokken; 2 koppelen v. ruimtevaartuigen

docker *znw* bootwerker, havenarbeider

docket ['dɔkit] **I** *znw* briefje o; bon; borderel o; etiket o; korte inhoud; **II** *overg* de korte inhoud vermelden op, merken en nummeren [op een briefje], etiketteren

dockland ['dɔklænd] *znw* havenkwartier o

dockyard *znw* scheepv (marine)werf, scheepswerf

doctor ['dɔktə] **I** *znw* doctor, dokter; vero leraar; **II** *overg* (geneeskundig) behandelen, 'helpen' [steriliseren, castreren van huisdieren]; opknappen; knoeien met, vervalsen; vergiftigen [v. voedsel &]

doctoral *bn* doctoraal, doctors-

doctorate *znw* doctoraat o, doctorstitel

doctrinaire [dɔktri'nɛə] *bn* doctrinair

doctrinal [dɔk'trainl, 'dɔktrinl] *bn* leerstellig

doctrine ['dɔktrin] *znw* doctrine, leer, leerstuk o

document ['dɔkjument] **I** *znw* bewijs(stuk) o, akte, document o; **II** *overg* documenteren

documentary [dɔkju'mentəri] **I** *bn* documentair; **II** *znw* documentaire (ook ~ *film*)

documentation [dɔkjumen'teiʃən] *znw* documentatie

dodder ['dɔdə] *onoverg* beven; schuifelen

doddery ['dɔdəri] *bn* gemeenz beverig, trillend, wankel

doddle ['dɔdl] *znw* gemeenz makkie o

dodge [dɔdʒ] **I** *onoverg* terzijde springen, opzijgaan, uitwijken; uitvluchten zoeken; **II** *overg* ontduiken, vermijden, behendig ontwijken; **III** *znw* zijsprong; ontwijkende manoeuvre; kneep, kunstje o, foefje o, truc, slimmigheidje o

dodgem (car) ['dɔdʒəm(ka:)] *znw* botsautootje o, autoscooter [op kermis]

dodger ['dɔdʒə] *znw* ontwijker, ontduiker [belasting &]; slimmerd

dodgy *bn* gewiekst; gemeenz verraderlijk, lastig, hachelijk

dodo ['doudou] *znw* (*mv*: -s *of* -does) dierk dodo; *as dead as a* ~ zo dood als een pier, morsdood

doe [dou] *znw* (*mv* idem *of* -s) hinde; wijfje o

doer ['duə] *znw* dader; man van de daad

does [dʌz] 3e pers. enk. v. *to do*

doff [dɔf] *overg* afdoen, afleggen, afzetten

dog [dɔg] **I** *znw* hond; mannetje o: rekel [v. hond, vos, wolf &], reu [v. hond]; geringsch kerel; Am gemeenz misbaksel o, troep, rotzooi; Am slang gedrocht o, monster o [v.e. meisje]; *the* ~s gemeenz hondenrennen; *go to the* ~s gemeenz naar de bliksem gaan; ~ *eat* ~ moordende concurrentie, niets ontziend eigenbelang o; ~'s *dinner* gemeenz janboel, troep; *give a* ~ *a bad name and hang him* als je een slechte naam hebt, krijg je van alles de schuld; *he is a* ~ *in the manger* hij kan de zon niet in het water zien schijnen; *every* ~ *has his day* het gaat iedereen wel eens goed; **II** *overg* op de hielen zitten, (op de voet) volgen, iemands gangen nagaan; achtervolgen, vervolgen[2]

dogcart *znw* hondenkar

dog-collar *znw* halsband; gemeenz hoge boord o & m, priesterboord o & m

dog-days *znw mv* hondsdagen

dog-eared ['dɔgiəd] *bn* met ezelsoren

dogfight *znw* hondengevecht o; luchtgevecht o

dogfish *znw* hondshaai

dogged ['dɔgid] *bn* vasthoudend; taai; hardnekkig

doggerel ['dɔgərəl] **I** *bn* rijmelend; **II** *znw* rijmelarij; kreupelrijm o

doggie ['dɔgi] *znw* hondje o

doggo ['dɔgou] *bijw*: *lie* ~ gemeenz zich gedeisd houden

doggone ['dɔgɔn] *bn bijw* & *tsw* Am slang verduiveld, verdraaid, verdomd

doghouse, Am: **dog-kennel** *znw* be *in the* ~ gemeenz eruit liggen, uit de gratie zijn

dogleg *znw* scherpe bocht, scherpe hoek

dogma ['dɔgmə] *znw* (*mv*: -s *of* dogmata) dogma o, leerstuk o

dogmatic [dɔg'mætik] *bn* dogmatisch

dogmatism ['dɔgmətizm] *znw* dogmatisme o

dogmatist *znw* dogmaticus

dogmatize *overg* & *onoverg* dogmatiseren

do-gooder ['du:gu:də] *znw* geringsch (sentimentele) filantroop, (wereld-) verbeteraar

dogsbody ['dɔgzbɔdi] *znw* gemeenz manusje-van-alles o, duvelstoejager, factotum o

dog-sleep *znw* hazenslaapje o

dogstar *znw* astron hondsster, Sirius

dog-tired *bn* doodmoe

dog trot *znw* sukkeldrafje o

dog-watch *znw* scheepv platvoetwacht

doily ['dɔili] *znw* kleedje o onder vingerkom, fles &

doings ['du:iŋz] *znw mv* handelingen, daden; *his* ~ zijn doen en laten o

do-it-yourself [duitjə'self] *bn* doe-het-zelf

doldrums ['dɔldrəmz] *znw mv* streek rond de evenaar waar vaak windstilte heerst; *be in the* ~ in een gedrukte stemming zijn

dole [doul] **I** *znw* (werkloosheids)uitkering, steun; *be on the* ~ steun trekken; **II** *overg*: ~ *out* uit-, rond-, toebedelen

doleful *bn* treurig

doll [dɔl] **I** *znw* pop[2]; Am slang spetter, stuk o; **II** (*onoverg* &) *overg*: ~ *up* (zich) mooi maken, opdirken

dollar ['dɔlə] *znw* dollar; *the 64000* ~ *question* de hamvraag; *bet one's bottom* ~ gemeenz er alles onder verwedden (dat)

dollop ['dɔləp] *znw* kwak [jam &]

dolly ['dɔli] *znw* popje o; dolly [verrijdbaar onderstel]; camerawagen; ~ *bird* gemeenz aantrekkelijke meid, stuk o

dolmen ['dɔlmen] *znw* dolmen [soort hunebed]

dolphin ['dɔlfin] *znw* dierk dolfijn

dolt [doult] *znw* botterik, lomperik; sul, uilskuiken o

doltish *bn* bot, dom, sullig

domain [də'mein] *znw* domein o, gebied[2] o

dome [doum] *znw* koepel; gewelf o; gemeenz kop

domestic [də'mestik] **I** *bn* huiselijk, huishoudelijk, huis-, tam; binnenlands, inlands; ~ *animal* huisdier o; ~ *science* huishoudkunde; ~ *(dispute)* gemeenz echtelijke ruzie;

II *znw* (huis)bediende, dienstbode

domesticate *overg* aan het huiselijk leven gewennen; tam maken

domesticity [doumes'tisiti] *znw* huiselijkheid; huiselijk leven *o*

domicile ['domisail] **I** *znw* domicilie *o*, woonplaats; **II** *overg* vestigen

dominance ['dominens] *znw* dominantie, overheersing

dominant I *bn* (over)heersend, dominerend; **II** *znw muz* dominant

dominate *overg* be-, overheersen, heersen, domineren, uitsteken boven

domination [domi'neiʃen] *znw* be-, overheersing, heerschappij

domineer [domi'niə] *onoverg & overg* heersen, de baas spelen (over *over*)

domineering *bn* heerszuchtig, bazig

Dominica [domi'ni:kə] *znw* Dominica *o*

Dominican Republic [do-, də'minikən -] *znw* Dominicaanse Republiek

dominion [də'minjən] *znw* heerschappij; beheersing; gebied *o*; zelfbesturend deel *o* v.h. Britse Gemenebest

domino ['dominou] *znw* (*mv*: -noes) dominosteen; ~es dominospel *o*

1 don [don] *znw* don; invloedrijk persoon, hoge piet (in *at*); onderw hoofd *o*, *fellow* of *tutor* van een *college*

2 don [don] *overg* aantrekken, aandoen, opzetten

donate [dou'neit] *overg* schenken; begiftigen

donation *znw* gift; schenking

done [dʌn] **I** V.D. van *do*; gaar; klaar; voorbij, achter de rug; uit, op &; netjes; ~ *in* gemeenz doodop, kapot; **II** *tsw* akkoord!; *well* ~! goed zo!, bravo!; zie ook: ²*do*

donjon ['don-, 'dʌndʒən] *znw* versterkte verdedigingstoren v.e. kasteel, donjon

donkey ['doŋki] *znw* ezel²; ~*(-engine)* techn donkey; hulpmachine; ~*'s years* gemeenz jaren, een lange tijd; ~ *work* gemeenz zwaar werk *o*, koeliewerk *o*; *talk the hindleg(s) off a* ~ gemeenz iem. de oren van het hoofd praten, honderduit praten

donnish ['doniʃ] *bn* als een *don*, pedant

donor ['dounə] *znw* schenker, gever, med donor

don't [dount] **I** samentrekking van *do not*: doe (het) niet, laat het; **II** *znw* verbod *o*

doodah ['du:da] *znw* gemeenz dingetje *o*, dinges

doodle ['du:dl] **I** *znw* droedel, krabbeltje *o*; **II** *onoverg & overg* krabbelen

doom [du:m] **I** *znw* noodlot *o*, lot *o*; ondergang; **II** *overg* vonnissen, doemen; ~*ed* ten dode opgeschreven

doomsday *znw* het laatste Oordeel

door [do:] *znw* deur; portier *o* [v. auto &]; *answer the* ~ naar de deur gaan, opendoen; *lay it at his* ~ het hem ten laste leggen, het hem in de schoenen schuiven; *it lies at his* ~ het is aan hem te wijten, het is zijn schuld; *open the* ~ *to* fig uitzicht bieden op, mogelijk maken; *close the* ~ *on* fig de weg afsluiten, onmogelijk maken; *show*

sbd. the ~ iem. de deur wijzen; *out of* ~*s* buitenshuis, buiten

doorbell *znw* deurbel

door-frame *znw* deurkozijn *o*

door-handle *znw* deurklink

doorknob *znw* deurknop

doorman *znw* portier

doormat *znw* deurmat; fig voetveeg

door-post *znw* deurstijl; *as deaf as a* ~ zo doof als een kwartel

doorstep *znw* drempel, stoep; *on the* ~ fig vlakbij

doorway *znw* ingang; deuropening; portiek [v. winkel]

dope [doup] **I** *znw* gemeenz verdovend middel *o*, drugs; doping; gemeenz inlichting, nieuws *o*; gemeenz uilskuiken *o*, domoor; **II** *overg* gemeenz drugs/doping toedienen; drogeren; iets doen in [wijn, bier &], vervalsen

dopey, dopy ['doupi] *bn* verdoofd, bedwelmd, onder de drugs (zittend); suf; dom

dormant ['do:mənt] *bn* slapend, sluimerend²; niet werkend; handel stil [vennoot]

dormer(-window) [do:mə'windou] *znw* dakvenster *o*

dormitory ['do:mitri] *znw* slaapzaal; ~ *town* slaapstad, forensenstad

dormouse ['do:maus] *znw* relmuis, zevenslaper

dorsal ['do:səl] *bn* rug-

dosage ['dousidʒ] *znw* dosering; toediening; dosis

dose I *znw* dosis²; slang sief, sjanker; **II** *overg* afpassen, afwegen, doseren; een geneesmiddel & toedienen (ook: ~ *up*)

doss [dos] *onoverg* slang maffen, slapen

doss-house *znw* goedkoop hotel *o*, logement *o*

dossier ['dosiei] *znw* dossier *o*

dot [dot] **I** *znw* stip, punt; *on the* ~ gemeenz stipt (op tijd); *the year* ~ het jaar nul; **II** *overg* stippelen; ~ *one's i's* de puntjes op de i zetten²; ~ *and carry one* gemeenz mank lopen; ~*ted line* stippellijn; ~*ted with* bezaaid met

dotage ['doutidʒ] *znw* kindsheid; *be in one's* ~ seniel zijn

dote *onoverg* kinds worden; verzot of dol zijn (op *on, upon*)

doting ['doutiŋ] *bn* kinds; verzot, mal

dotty ['doti] *bn* gemeenz (van lotje) getikt, halfgaar; *be* ~ *about sbd./sth.* dol op iem./ iets zijn

double ['dʌbl] **I** *bn bijw* dubbel, tweeledig; dubbelhartig; tweepersoons-; ~ *standard* het meten met twee maten; **II** *znw* het dubbele; dubbelganger, tegenhanger; doublet *o*, duplicaat *o*; doublure; dubbelspel *o* [bij tennis]; looppas; scherpe draai; ~ *or quits* quitte of dubbel; *at the* ~ mil in looppas; gemeenz en vlug een beetje!; **III** *overg* verdubbelen, (om)vouwen; doubleren; scheepv omzeilen; **IV** *onoverg* (zich) verdubbelen; een scherpe draai maken; een dubbelrol spelen; mil in de looppas marcheren; ~ *back* haastig terugkeren; ~

up dubbel slaan, ineenkrimpen; delen [v.e. kamer]

double agent *znw* dubbelspion

double-barrel(l)ed *bn* dubbelloops; dubbel [v. naam]

double-bass *znw* contrabas

double bed *znw* lits-jumeaux o: twee-persoonsledikant o

double bind *znw* onoplosbaar dilemma o

double bluff *znw* poging tot misleiding door de waarheid zo te vertellen dat zij ongeloofwaardig wordt

double-breasted *bn* met twee rijen knopen [v. kledingstukken]

double-check I *znw* dubbele controle; **II** *overg* opnieuw controleren, dubbel controleren

double-chin *znw* onderkin

double cream *znw* dikke room

double-cross *overg* gemeenz (zowel de een als de ander) bedriegen, (een medeplichtige, een kameraad &) verraden

double-dealer *znw* gluiperd

double-dealing I *znw* dubbelhartigheid; **II** *bn* dubbelhartig, gluiperig

double-decker *znw* dubbeldekker: (auto-) bus met twee verdiepingen

double Dutch *znw* onbegrijpelijk gewauwel o, koeterwaals o, gebrabbel o

double-edged *bn* tweesnijdend[2]

double entendre [dubl ã:n'tã:dr] *znw* dubbelzinnigheid

double-faced *bn* huichelachtig

double-glaze *overg* van dubbele beglazing voorzien

double glazing *znw* dubbele beglazing

double-hearted *bn* vals

double-jointed *bn* buitengewoon lenig, als van elastiek

double-lock *overg* het slot tweemaal omdraaien, op het nachtslot doen

double-park *overg* dubbel parkeren

double-quick *bn* razendsnel; *in ~ time* in een wip, oogwenk

double room *znw* tweepersoonskamer

doublet ['dʌblit] *znw* doublet o; hist (wam-) buis o

double-take ['dʌbl'teik] *znw* vertraagde reactie; *do a ~* grote ogen opzetten

double-talk *znw* dubbelzinnige taal; onzin

doubly *bijw* tweemaal zo ... [veel, moeilijk &], extra

doubt [daut] **I** *znw* twijfel, onzekerheid; *beyond ~* stellig; *in ~, open to ~* twijfelachtig; *without ~, no ~* ongetwijfeld, zonder twijfel; **II** *onoverg* twijfelen (aan *of*), weifelen; **III** *overg* betwijfelen

doubtful *bn* twijfelachtig; dubieus; bedenkelijk; weifelend

doubting Thomas *znw* ongelovige Thomas

doubtless *bn* ongetwijfeld

douche [du:ʃ] *znw* douche

dough [dou] *znw* deeg o; slang splint o: geld o

dough-nut *znw* oliekoek, -bol

doughty ['dauti] *bn* plechtig & schertsend manhaftig, flink

doughy ['doui] *bn* deegachtig, klef; paffe-

rig

dour [duə] *bn* hard, streng, koppig

douse [daus] *overg* nat gooien; uitdoen [licht]

dove [dʌv] *znw* duif[2], duifje[2] o; voorstander van politieke ontspanning

dovecot(e) ['dʌvkɔt] *znw* duiventil

dovetail I *znw* zwaluwstaart [houtverbinding]; **II** *overg* (met zwaluwstaart) verbinden[2], in elkaar doen grijpen; **III** *onoverg* in elkaar grijpen, passen (in *into*)

dowager ['dauədʒə] *znw* douairière

dowdy ['daudi] *bn* slonzig, slecht gekleed

dowel ['dauəl] *znw* pen of bout die twee stukken hout of steen verbindt

down [daun] **I** *voorz* (van)... af; langs; *~ the wind* met de wind mee; **II** *bijw* (naar) beneden, neer, onder, af; minder, achter [aantal punten, bij spel]; verticaal [kruiswoordraadsel]; *I have you ~* u staat al op mijn lijst; *~ and out* gemeenz aan de grond geraakt, berooid; *~ at heel* afgetrapt [v. schoenen]; sjofel; *be ~ for* in het krijt staan voor; getekend hebben voor; aan de beurt zijn voor; *~ (in the mouth)* neerslachtig, down; *be ~ on sbd.* iem. aanpakken; iem. 'zoeken'; *go ~* comput uitvallen; zie ook: come, luck; *three ~ and four to go* drie gespeeld en nog vier te gaan; *~ under* gemeenz in Australië en/of Nieuw-Zeeland; **III** *bn* benedenwaarts, neergaand, afwaarts; contant; **IV** *overg* gemeenz eronder krijgen of houden; neerleggen, -schieten; fig naar binnen slaan [borrel]; *~ tools* (het werk) staken; **V** *znw* **1**: *have a ~ on* de pik hebben op; **2** dons[2] o; **3** heuvelachtig land o; duin

down-and-out *znw* armoedzaaier, schooier

downcast *bn* (ter)neergeslagen, neerslachtig

downer *znw* gemeenz kalmeringsmiddel o; deprimerende ervaring, klap

downfall *znw* val[2], ondergang, instorting

downgrade I *znw* ['daungreid] afwaartse helling; fig achteruitgang; *on the ~* achteruitgaand, zich in dalende lijn bewegend; **II** *overg* ['daun'greid] in rang verlagen, lager stellen

down-hearted ['daun'ha:tid] *bn* ontmoedigd

downhill I *bijw* bergaf, naar beneden; *go ~ fig* achteruitgaan; **II** *bn* hellend[2]; *~ work* dat als vanzelf gaat; **III** *znw* helling[2]; sp afdaling [ski]

down payment *znw* afbetalingstermijn, aanbetaling

downpour *znw* stortbui, stortregen

downright *bn bijw* oprecht, rechtuit (gezegd), rond(uit), vierkant, bot(weg), gewoon(weg), bepaald, echt, volslagen

downsize *overg* inkrimpen [v. personeelsbestand]

downstage *bn bijw* op de voorgrond v.h. toneel

downstairs [daun'stɛəz] **I** *bijw* (naar) beneden; **II** *bn* beneden, op de begane grond;

III *znw* benedenverdieping
downstream ['daun'stri:m] *bn bijw* stroom-afwaarts
down-to-earth *bn* nuchter
downtown I *znw* ['dauntaun] binnenstad; **II** *bn* in (van) de binnenstad; **III** *bijw* [daun'taun] naar (in) de binnenstad
downtrodden *bn* vertrapt[2]
downturn *znw* teruggang
downward(s) *bijw* naar beneden, neer-waarts; *from ...* ~ van ... af
downwind *bijw* met de wind mee
downy ['dauni] *bn* donsachtig, donzig
dowry ['dau(ə)ri] *znw* bruidsschat
dowse [dauz] *onoverg* met de wichelroede water & opsporen; = douse
dowser *znw* roedeloper
dowsing-rod *znw* wichelroede
doxology [dɔk'sɔlədʒi] *znw* lofzang
doyen ['dɔiən] *znw* de oudste, nestor (v.e. groep &)
doze [douz] **I** *onoverg* soezen, dutten; ~ *off* indutten; **II** *znw* dutje o, dommeling
dozen ['dʌzn] *znw* dozijn o; *a baker's* ~ der-tien; ~*s of people* heel wat (tientallen) mensen; *talk nineteen to the* ~ honderd-uit praten
dozy ['douzi] *bn* soezerig, doezelig
Dr. *afk.* = Doctor, Drive [in adressering]
drab [dræb] *bn* vaal(bruin); *fig* kleurloos, grauw, saai
draft [dra:ft] **I** *znw* trekken o; ontwerp o, concept o, schets, klad o; mil detachement o; lichting; *Am* dienstplicht; handel traite, wissel; handel stille uitslag; ~ *dodger* dienstweigeraar; iem. die zich aan de dienstplicht onttrekt; **II** als *bn* ontwerp-; **III** *overg* ontwerpen, opstellen, concipiëren; detacheren (ook: ~ *off*); oproepen; *Am* = draught
draftee [dræf'ti:] *znw Am* dienstplichtige
draftsman ['dra:ftsmən] *znw* = draughts-man
drafty *bn* = draughty
drag [dræg] **I** *overg* slepen (met), sleuren, (af)dreggen; ~ *one's feet over* traineren met; **II** *onoverg* slepen; *fig* traineren; niet vlotten; ~ *down* uitputten, slopen; neer-halen, ± op het slechte pad brengen; ~ *on* (zich) voortslepen; omkruipen [tijd]; ~ *out* eruit trekken [de waarheid &]; rekken, lang aanhouden; voortslepen [zijn leven]; ~ *up* slecht opvoeden [v. kinderen]; **III** *znw* sle-pen o &; dreg; sleepnet o; eg; soort dili-gence; rem(schoen); (lucht- &)weerstand; fig rem, blok o aan het been; door een man gedragen vrouwenkleding; travestie; gemeenz trekje o [aan sigaret]; (club voor) slipjacht (~ *hunt*); gemeenz saai figuur o; duffe bedoening, boel
drag-net *znw* sleepnet o; dregnet o; fig razzia
dragoman ['drægəmən] *znw* tolk
dragon ['drægən] *znw* draak
dragon-fly *znw* libel, waterjuffer
dragoon [drə'gu:n] **I** *znw* dragonder; **II** *overg* (met geweld) dwingen (tot *into*)
drag queen [dræg kwi:n] *znw* slang traves-tiet

drag race [dræg reis] *znw* drag race [race voor speciaal aangepaste auto's over korte afstand]
drain [drein] **I** *overg* droogleggen, afwate-ren, laten leeglopen; draineren; aftappen; op-, uitdrinken; laten afdruipen of weg-vloeien; onttrekken; uitputten; **II** *onoverg* af-, wegvloeien, weglopen, wegstromen, uitlekken, afdruipen; afwateren; fig afne-men; **III** *znw* afvoerbuis, -pijp; afwatering; riool o & v; fig uitputting; aderlating; *a great* ~ *on my pocket* een zware aanslag op mijn portemonnee; *go down the* ~ ge-meenz failliet gaan; *naar de knoppen gaan*
drainage *znw* drooglegging, (water-) afvoer; afwatering; riolering; drainering
drainer *znw* vergiet o; afdruiprek o
draining board *znw* aanrechtblad o
drain-pipe *znw* draineerbuis; ~*s*, ~ *trou-sers* broek met smalle pijpen
drake [dreik] *znw* dierik woerd, mannetjes-eend
dram [dræm] *znw* beetje o; borreltje o
drama ['dra:mə] *znw* drama[2] o; (het) toneel
dramatic [drə'mætik] *bn* dramatisch, to-neel-; indrukwekkend, aangrijpend
dramatics *znw* toneel o; gemeenz overdre-ven theatraal gedoe o
dramatis personae ['dræmətis 'pə:'sounai] *znw mv* personen in toneelstuk; rolverde-ling
dramatist ['dræmətist] *znw* toneelschrijver, dramaturg
dramatization ['dræmətai'zeiʃən] *znw* dra-matiseren o; toneelbewerking
dramatize ['dræmətaiz] *overg* dramatise-ren; voor het toneel bewerken
drank [dræŋk] V.T. van drink
drape [dreip] **I** *overg* bekleden, draperen; **II** *znw Am* gordijn o
draper *znw* manufacturier
drapery *znw* manufacturen, manufactu-renhandel, stoffenwinkel; draperie; drape-ring
drastic ['dræstik] *bn* drastisch, radicaal
draught [dra:ft] **I** *znw* trek, trekken o; tocht; teug, slok; drank, drankje o; klad o, schets, concept o, ontwerp o; scheepv diepgang; damschijf; ~*s* damspel o; *beer on* ~, ~ *beer* bier o van het vat; **II** *overg* zie: draft
draught-board *znw* dambord o
draughtsman, Am draftsman *znw* teke-naar; ontwerper, opsteller; damschijf
draughtmanship, Am draftsmanship *znw* tekenkunst
draughty *bn* tochtig
1 draw* [drɔ:] **I** *overg* trekken; aantrekken; dicht-, op-, uit-, open-, voort-, wegtrekken; slepen; halen, putten, tappen; in ont-vangst nemen; opnemen [krediet, geld &]; (uit)rekken, spannen; [iem.] uit zijn tent lokken, aan het praten krijgen, uithoren; afvissen; laten trekken [thee]; tekenen; sp onbeslist laten; ~ *lots* loten; **II** *onoverg* trekken[2]; de revolver trekken; (uit)loten; tekenen; komen [dichterbij], gaan, schui-

ven; sp gelijkspelen; ~ *away* af-, wegtrekken; zich verwijderen; ~ *back* (zich) terugtrekken[2]; opentrekken [gordijnen]; ~ *in* intrekken, binnenkomen; inademen; aanhalen; korter worden [v. dagen]; vallen [avond]; (gaan) bezuinigen; ~ *near* naderen; ~ *out* uittrekken; opvragen [geld]; (uit)rekken, langer maken; voortzetten; lengen [dagen]; opstellen; fig ontlokken; aan het praten krijgen, uithoren; ~ *up* optrekken, opmaken, ontwerpen, opstellen; mil (zich) opstellen; stilhouden, tot staan komen (brengen); ~ *up with* inhalen; ~ *oneself up* zich oprichten, zich in postuur zetten; ~ *upon* gebruik maken van, putten uit, aanspreken [zijn kapitaal]

2 draw *znw* trek; loterij; (ver)loting; trekking; trekken o; attractie, succesnummer o, -stuk o, reclameartikel o; onbesliste wedstrijd, gelijk spel o, remise; *it (she) was a ~* het (zij) was een trekpleister

drawback *znw* handel teruggave van betaalde (invoer)rechten; fig bezwaar o, schaduwzijde, nadeel o, gebrek o

draw-bridge *znw* ophaalbrug

drawee [drɔ:'i:] *znw* handel betrokkene, trassaat

drawer ['drɔə] *znw* trekker; handel trassant; tekenaar; (schuif)lade; *(pair of) ~s* onderbroek

drawing I *znw* trekken o &; trekking; opneming [v. geld]; tekening; tekenkunst, tekenen o; II als *bn* teken-

drawing board *znw* tekenbord o; *go back to the ~* helemaal opnieuw beginnen, teruggaan naar af

drawing-pin *znw* punaise

drawing-room *znw* ontvangkamer, salon

drawl [drɔ:l] I *onoverg* lijzig spreken, temen; II *znw* temerige spraak, geteem o

drawn [drɔ:n] I V.D. van *draw;* II *bn* (uit-)getrokken; opgetrokken; be-, vertrokken; afgetrokken [gezicht]; onbeslist

drawstring *znw* trekkoord o [aan een tas, aan kleding &]

dray [drei] *znw* sleperswagen, brouwerswagen

dread [dred] I *znw* vrees (voor *of*); II *bn* gevreesd; vreselijk; III *overg* vrezen, duchten; opzien tegen; niet durven

dreadful *bn* vreselijk, verschrikkelijk

dreadlocks ['dredlɔks] *znw mv* dreadlocks, rastakapsel o

1 dream [dri:m] *znw* droom[2]; fig ideaal o; *it goes like a ~* het gaat boven verwachting goed

2 dream* *onoverg & overg* dromen; *I never ~t that this would happen* ik had nooit gedacht dat zoiets zou gebeuren; ~ *up* gemeenz uitdenken, verzinnen, fantaseren

dreamer *znw* dromer

dreamlike *bn* als in een droom

dreamy ['dri:mi] *bn* dromerig; vaag

dreary ['driəri] *bn* akelig, somber, triest(ig), woest

dredge [dredʒ] I *znw* sleepnet o; dreg; baggermachine, baggerschuit; II *overg & onoverg* **1** (uit)baggeren; dreggen; ~ *up* fig

ophalen [v. herinneringen &]; **2** (be)strooien

dredger *znw* **1** baggermachine, baggermolen; **2** strooier, strooibus

dregs [dregz] *znw mv* droesem, drab, moer, grondsop o, bezinksel o; fig heffe, uitschot o, schuim o

drench [drenʃ] *overg* (door)nat maken, doorweken; [de aarde] drenken

dress [dres] I *overg* (aan)kleden, tooien; klaarmaken, aanmaken [salade], bereiden, bewerken; roskammen; schoonmaken [vis]; verbinden [wonden]; mil richten; ~ *down* gemeenz een schrobbering geven, afstraffen; ~ *up* opsmukken; ~*ed to kill* gemeenz tiptop/prachtig/fantastisch/uiterst snel gekleed; II *onoverg* zich kleden, (avond)toilet maken; mil zich richten; ~ *down* ± vrijetijdskleding dragen [op kantoor, bij concerten &]; ~ *up* zich opsmukken, zich uitdossen; III *znw* kleding, dracht, kleren, tenue o & v; kleed[2] o, toilet o, kostuum o, japon, jurk; avondtoilet o (ook: *evening ~*); gala o

dressage ['dresɑ:ʒ] *znw* dressuur [bij paardensport]

dress circle *znw* (eerste) balkon o [in schouwburg]

dress coat *znw* rok [v. heer]

dresser *znw* (aan)kleder, -kleedster; bereider; verbinder; aanrecht o & m

dressing *znw* (aan)kleden o &; (aan-)kleding, kledij, toilet o; bereiding; mest; saus; verband o

dressing-gown *znw* kamerjas, peignoir

dressing-room *znw* kleedkamer

dressmaker *znw* kleerma(a)k(st)er

dress rehearsal *znw* generale repetitie

dress-suit *znw* rokkostuum o [v. heer]

dressy *bn* smaakvol, chic (gekleed), fig opgedirkt

drew [dru:] V.T. van *draw*

drib [drib] *znw*: *in ~s and drabs* bij stukjes en beetjes

dribble ['dribl] I *onoverg & overg* (laten) druppelen; kwijlen; sp dribbelen [voetbal]; II *znw* druppelen o; druppeltje o; dun straaltje o, stroompje o; kwijl; sp dribbel [voetbal]

driblet ['driblit] *znw* drupje o; klein sommetje o; *by (in) ~s* bij kleine beetjes

dried [draid] *bn* gedroogd; in poedervorm; ~ *milk* melkpoeder o & m

dried-up ['draidʌp] *bn* verschrompeld, gerimpeld

drier ['draiə] *znw* droger; droogtoestel o; droogmiddel o

drift [drift] I *znw* (af)drijven o, afwijking; drijfkracht; stroom, trek; massa; trend, geleidelijke ontwikkeling; opeenhoping [ijsgang, zandstuiving], (sneeuw)jacht; fig bedoeling, strekking; II *onoverg* drijven, af-, meedrijven (met de stroom)[2], (rond)zwalken, rondzwerven; (op)waaien, verstuiven, zich opeenhopen [v. sneeuw]; ~ *apart* van elkaar vervreemden; ~ *away/off* geleidelijk verdwijnen; III *overg* meevoeren; op hopen jagen [sneeuw &]

drift-anchor znw drijfanker o
drifter znw iem. die op drift is, zwerver
drift-ice znw drijfijs o
drift-net znw drijfnet o
drift-wood znw drijfhout o
drill [dril] I overg 1 (door)boren; 2 drillen, africhten; ~ sth. into sbd. iets er bij iem. inhameren, instampen; 3 in rijen zaaien; II onoverg 1 boren; ~ for sth. naar iets boren; 2 exerceren; III znw 1 techn dril m = drilboor, boor(machine); 2 drillen o, exercitie; oefening; 3 gemeenz ding o, zaakje o, manier; 4 zaaivoor; rijenzaaimachine; 5 dril o [weefsel]; know the ~ gemeenz weten hoe het hoort, hoe het toegaat
drily ['draili] bijw = dryly
1 drink* [driŋk] I onoverg drinken; II overg (uit-, op)drinken; ~ away verdrinken [zijn geld]; ~ down opdrinken; ~ in indrinken², in zich opnemen; ~ up uitdrinken
2 drink znw drank; dronk; borrel, glas o, slokje o; the ~ gemeenz het water, de zee; on the ~ aan de drank; take to ~ aan de drank raken
drinkable bn drinkbaar
drinker znw drinker; drinkebroer
drinking-water znw drinkwater o
drip [drip] I onoverg druipen, druppelen; II overg laten druppelen; III znw drup; druiplijst; gemeenz slome duikelaar
drip-dry bn wasvoorschrift: nat ophangen, niet strijken
dripping znw druppelen o; braadvet o; ~ wet druipnat
1 drive* [draiv] I overg drijven; aan-, voort-, ver-, indrijven; jagen; besturen, mennen, rijden; ~ mad gek maken; ~ in(to) inslaan [spijker]; II onoverg rijden [in wagen], mennen, sturen; jagen; drijven; driving rain slagregen; what's he driving at? wat wil hij?, wat voert hij in zijn schild?; ~ up aan komen rijden; voorrijden
2 drive znw rit, ritje o; rijtoer; laan, oprijlaan; drijfjacht; drijven o, jagen o; sp drive, slag; techn aandrijving, overbrenging, drijfwerk o; fig voortvarendheid, energie; drang; actie; mil opmars
drive-in bn drive-in, inrij(bank, postkantoor &); ~ theater Am drive-in-bioscoop
drivel ['drivl] I onoverg (ook: ~ on) bazelen, wauwelen; II znw gebazel o, gewauwel o, gezeur o, rimram
driven ['drivn] V.D. van drive; hard ~ met werk overladen, afgebeuld; gedreven, bezield
driver ['draivə] znw drijver; menner; mil stukrijder; voerman, koetsier, chauffeur, bestuurder, machinist; techn drijfwiel o
driveway ['draivwei] znw oprijlaan
driving I znw rijden o, mennen o &; II bn techn drijf-; auto rij-; ~ licence rijbewijs o; ~ mirror auto achteruitkijkspiegel; ~ school autorijschool; ~ seat auto bestuurdersplaats; be in the ~ seat fig het voor het zeggen hebben; ~ test auto rijexamen o
drizzle ['drizl] I onoverg motregenen; II znw motregen
drizzly bn miezerig, druilerig, mottig

droll [droul] bn snaaks, kluchtig, grappig, komiek
drollery bn boerterij, snaaksheid
dromedary ['drɔm-, 'drʌmidəri] znw dromedaris
drone [droun] I znw 1 dar, hommel²; 2 klaploper; 3 gegons o, gesnor o, gebrom o, geronk o; 4 dreun; II onoverg 1 gonzen, snorren, brommen, ronken; 2 dreunen; ~ on opdreunen, eindeloos doorzeuren; 3 klaplopen; III overg opdreunen
drool [dru:l] onoverg kwijlen; ~ over dwepen met, weglopen met
droop [dru:p] I onoverg kwijnend hangen; af-, neerhangen; fig (weg)kwijnen, verflauwen; ~ing eyes neergeslagen ogen; II overg laten hangen; [de ogen] neerslaan; III znw hangende houding; kwijning, verflauwing
drop [drɔp] I znw drop, drup(pel); borrel, slokje o; zuurtje o, pastille, flikje o; dropping; vrachtje o; valluik o [v. galg]; val; (prijs)daling; slang geheime bergplaats; at the ~ of a hat subiet, op slag, zonder dralen; II overg laten vallen, neerlaten, af-, uitwerpen, droppen [uit vliegtuig]; afleveren; laten druppelen; neerslaan [ogen]; laten daten [stem]; laten varen, opgeven, laten schieten; weglaten; zich laten ontvallen; [een passagier] afzetten, [pakje] aanreiken; neerleggen [wild]; verliezen [bij het spel]; ~ it! schei uit!; ~ a hint een wenk geven; ~ a line een briefje schrijven; III onoverg (om-, neer)vallen, komen te vallen; dalen; zakken; gaan liggen [v. wind]; ophouden; his face ~ped zijn gezicht betrok; ~ off komen te vallen; in slaap vallen; ~ out afvallen, uitvallen; vroegtijdig verlaten [school &]; ~ round even aanwippen
droplet znw druppeltje o
drop-out znw onderw afvaller, studiestaker; gemeenz drop-out
dropper znw druppelbuisje o
droppings znw mv uitwerpselen, mest, drek
drop-shot [tennis] znw slag waarbij de bal over het net gaat en dan plotseling valt
dropsical ['drɔpsikl] bn waterzuchtig
dropsy znw waterzucht
dross [drɔs] znw slakken, schuim² o; fig afval, waardeloos spul o
drought [draut] znw droogte
1 drove [drouv] V.T. van drive
2 drove [drouv] znw kudde, drift, school, drom, hoop, troep
drover znw veedrijver, veehandelaar
drown [draun] I overg verdrinken; onder water zetten, overstromen; overstemmen, smoren [de stem] (ook: ~ out); ~ one's sorrows zijn leed verdrinken; II onoverg verdrinken
drowse [drauz] I onoverg soezen, dommelen; II znw soes, dommel(ing)
drowsy bn soezerig, doezelig, dommelig, slaperig; slaapwekkend
drub [drʌb] overg afrossen, slaan; stampen
drubbing znw afrossing, pak o slaag
drudge [drʌdʒ] I onoverg sloven, zwoegen,

dull

zich afsloven; **II** *znw* werkezel, zwoeger, sloof

drudgery *znw* gesloof o; geestdodend werk o

drug [drʌg] **I** *znw* drogerij; kruid o; farmaceutisch artikel o, geneesmiddel o; verdovend middel o, drug; **II** *overg* mengen met [iets]; [iem.] medicijnen toedienen, drogeren; bedwelmen, verdoven

drug store *znw* Am apotheek, drogisterij (waar van alles en nog wat wordt verkocht, zoals versnaperingen, tijdschriften enz.)

drum [drʌm] **I** *znw* trommel(holte), trom, tamboer; *muz* drum; *techn* cilinder; bus, blik o; ~s *muz* slagwerk o, drums; **II** *onoverg* trommelen, *muz* drummen; **III** *overg* trommelen met of op; ~ *into* inhameren, instampen

drumhead *znw* trommelvel o

drum-major *znw* tamboer-majoor

drum majorette *znw* majorette

drummer *znw* trommelslager, tamboer; *muz* drummer, slagwerker

drum roll *znw* roffel [op een trommel]

drumstick *znw* trommelstok; drumstick [boutje v. gebraden gevogelte]

drunk [drʌŋk] **I** *V.D.* van *drink*; **II** *bn* dronken²; *get* ~ *on* dronken worden van, zich bedrinken aan; **III** *znw* dronkenman

drunkard *znw* dronkaard

drunken *bn* dronken²; dronkenmans-

dry [drai] **I** *bn* droog²; *gemeenz* dorstig; sec: niet zoet [wijn]; *fig* "drooggelegd"; dor; ~ *goods* manufacturen; **II** *overg* (laten) drogen, afdrogen; doen uitdrogen; **III** *onoverg* (op-, uit)drogen; ~ *out* uitdrogen; afkicken [v. alcoholverslaafden]; ~ *up* op-, verdrogen; *gemeenz* sprakeloos zijn; zijn tekst kwijt zijn

dry-as-dust *znw* schoolmeesterig persoon

dry-clean ['drai'kli:n] *overg* chemisch reinigen

dry-dock *znw* droogdok o

dryer *znw* = drier

dryly *bn* droogweg, droogjes

dry-salter *znw* drogist en handelaar in verduurzaamde levensmiddelen

dry-shod *znw* droogvoets

DSO *afk.* = Distinguished Service Order

DT, DT's ['di:'ti:(z)] *afk. gemeenz* = delirium tremens

dual ['dju:əl] *bn* dubbel; tweevoudig, tweeledig; ~ *carriageway* vierbaansweg

dub [dʌb] *overg* noemen; nasynchroniseren, dubben [film &]

dubbin *znw* leervet o

dubiety [dju'baiəti] *znw* onzekerheid, twijfel

dubious [dju:biəs] *bn* twijfelachtig²; dubieus

ducal ['dju:kəl] *bn* hertogelijk, hertogs-

duchess ['dʌtʃis] *znw* hertogin

duchy *znw* hertogdom o

duck [dʌk] **I** *znw* (*mv* idem of -s) **1** dierk eend(en), eendvogel; **2** *gemeenz* liefje o [aanspreekvorm]; **3** duik(ing); **4** *sp* nul(score) [cricket]; *lame* ~ invalide, kreu-

pele; zwakkeling, behoeftig persoon; noodlijdende onderneming; Am functionaris [vooral de president] nadat zijn opvolger al is gekozen; *play* ~s *and drakes* keilen, kiskassen; *run like water off a* ~'s *back* niet het minste effect hebben, iem. niet raken; **II** *overg* (in-, onder)dompelen; buigen; ontduiken; trachten te ontwijken; **III** *onoverg* (onder)duiken; (zich) bukken; ~ *out of gemeenz* zich drukken, zich onttrekken (aan)

duckboard *znw* loopplank

ducking *znw* onderdompeling

duckling *znw* jong eendje o

ducks *znw gemeenz* liefje o, schat

ducky *znw gemeenz* snoes

duct [dʌkt] *znw* kanaal o, buis, leiding

ductile ['dʌktail] *bn* smeedbaar, rekbaar, buigzaam²; *fig* handelbaar

dud [dʌd] **I** *znw gemeenz* lor o & v, prul o, nepding o, sof; *mil* blindganger: niet ontplofte granaat; **II** *bn* vals; niets waard, ... van niks

dude [dju:d] *znw* Am slang dandy; kerel, vent; ~ *ranch* Am ± vakantieboerderij

dudgeon ['dʌdʒən] *znw:* in *high* ~ zo nijdig als een spin

due [dju:] **I** *bn* verplicht, schuldig, verschuldigd; behoorlijk, gepast, rechtmatig; handel vervallen [v. wissel]; in ~ *time* (course) (precies) op tijd; te zijner tijd; *the mail is* ~ de post moet aankomen; *it was* ~ *to him* hem te danken (te wijten); *with all* ~ *respect* (het zij) met alle respect (gezegd); **II** *bijw* vlak; ~ *east* vlak (pal) oost; **III** *znw* het iem. toekomende; ~s schulden, schuld; contributie

duel ['dju:əl] **I** *znw* duel o, tweegevecht o; **II** *onoverg* duelleren

duet [dju:'et] *znw muz* duet o; *play* ~s quatre-mains spelen

duff [dʌf] *bn gemeenz* waardeloos, kapot, onbruikbaar

duffel, duffle ['dʌfl] *znw* duffel: ruwe wollen stof

duffel(-coat) *znw* montycoat, houtjetouwtjejas

duffer ['dʌfə] *znw* stommerd, sukkel, kruk, sufferd

duffle bag *znw* plunjezak

duff up [dʌf ʌp], **duff over** *overg* slang aftuigen, in elkaar slaan

1 dug [dʌg] *znw* tepel [v. dier]; uier

2 dug [dʌg] *V.T.* & *V.D.* van *dig*

dug-out *znw* boomstamkano; uitgegraven woonhol o; *mil* bomvrije schuilplaats; *sp* dug-out

duke [dju:k] *znw* hertog; ~s slang knuisten

dukedom *znw* hertogelijke waardigheid of titel; hertogdom o

dulcet ['dʌlsit] *bn* zoet, zacht(klinkend)

dulcimer ['dʌlsimə] *znw* hakkebord o

dull [dʌl] **I** *bn* bot, stomp, afgestompt, dom; dof; suf, loom, traag, sloom; saai, vervelend, taai; mat, flauw, gedrukt; druilerig; *the* ~ *season* de slappe tijd; **II** *overg* bot, stomp, dom, dof, suf maken; af-, verstompen; flauw stemmen; verdoven; **III** *on-*

overg afstompen; verflauwen, dof worden

dullard [dʌl] *znw* botterik, domkop

duly ['dju:li] *bijw* behoorlijk, naar behoren; op tijd; terecht, dan ook

dumb [dʌm] *bn* stom, sprakeloos; niet kunnen, willen spreken; gemeenz sloom, dom; ~ *blonde* dom blondje o

dumb-bell ['dʌmbel] *znw* halter; slang domkop

dumbfound [dʌm'faund] *overg* verstomd doen staan, verbluffen

dumbo ['dʌmbou] *znw* slang oen, sufferd, klojo

dumb-show ['dʌm'ʃou] *znw* gebarenspel o, pantomime

dumbstruck ['dʌmstrʌk] *bn* sprakeloos

dumb-waiter ['dʌm'weitə] *znw* dientafeltje o; etenslift

dummy ['dʌmi] **I** *znw* kaartsp blinde; figurant, stroman; (kostuum)pop; iets wat nagemaakt is, leeg fust o, lege fles &; fopspeen; gemeenz stommeling; *play* ~ kaartsp met de blinde spelen; **II** *bn* onecht, nagemaakt, schijn-; ~ *cartridge* mil exercitiepatroon; ~ *run* **1** mil oefenaanval; **2** proefdraaien o

dump [dʌmp] **I** *znw* vuilnisbelt; opslagplaats; hoop [kolen &]; autokerkhof o; gemeenz gat o, oord o, negorij; krot o; comput print van het scherm; **II** *overg* (neer)ploffen, -gooien; [puin] storten; [waren] beneden de kostprijs in het buitenland verkopen, dumpen; (iem.) afzetten; achterlaten [v. auto &]; gemeenz wegsmijten; comput dumpen

dumper ['dʌmpə], **dumper truck** *znw* kipkar

dumping ground *znw* stortplaats, vuilnisbelt

dumpling *znw* meelballetje o

dump truck *znw* kiepauto, kiepwagen

dumpy ['dʌmpi] *bn* kort en dik

1 dun [dʌn] **I** *bn* muisvaal, vaalgrijs, donkerbruin, donker; **II** *znw* donkerbruin paard o

2 dun [dʌn] *overg* manen, lastig vallen

dunce [dʌns] *znw* domoor, ezel

dunderhead ['dʌndəhed] *znw* domoor, domkop

dune [dju:n] *znw* duin

dung [dʌŋ] *znw* mest, drek

dungaree [dʌŋgə'ri:] *znw* overall, tuinbroek, jeans

dungeon ['dʌndʒən] *znw* kerker

dunghill ['dʌŋhil] *znw* mesthoop

dunk [dʌŋk] *overg* (in)dopen, soppen

duo ['dju:ou] *znw* duo o [zoals Laurel en Hardy]; muz = duet

duodecimal [dju:ou'desiməl] *bn* twaalftallig, -delig

duodenal [djuou'di:nl] *bn* van de twaalfvingerige darm

duodenum *znw* twaalfvingerige darm

dupe [dju:p] **I** *znw* bedrogene, dupe; onnozele hals; **II** *overg* bedriegen, beetnemen

duplex ['dju:pleks] *bn* tweevoudig, dubbel; ~ *(house)* Am halfvrijstaand huis o; ~ *apartment* maisonnette

duplicate ['dju:plikit] **I** *bn* dubbel, duplicaat-; **II** *znw* dubbele [v. postzegel]; af-schrift o, duplicaat o; *in* ~ in duplo; **III** *overg* ['dju:plikeit] verdubbelen, in duplo (op)maken; overschrijven; verveelvuldigen; kopiëren; stencilen

duplication [dju:pli'keiʃən] *znw* verdubbeling

duplicator ['dju:plikeitə] *znw* stencilmachine; duplicator

duplicity [dju:'plisiti] *znw* dubbelhartigheid

durability [djuərə'biliti] *znw* duurzaamheid

durable ['djuərəbl] **I** *bn* duurzaam; **II** *znw*: ~*s* duurzame verbruiksgoederen

duration [dju'reiʃən] *znw* duur; *for the* ~ voor zolang als het duurt; gemeenz tot sint-juttemis

duress [dju'res] *znw* dwang

during ['djuəriŋ] *voorz* gedurende, tijdens, onder

dusk [dʌsk] *znw* schemering, schemerdonker o, donker o, donkerheid

dusky *bn* schemerachtig, donker, zwart

dust [dʌst] **I** *znw* stof o; *allow the* ~ *to settle* iets eerst even laten betijen; *bite the* ~ in het zand bijten; **II** *overg* afstoffen; bestuiven; bestrooien; ~ *down (off)* afstoffen, afkloppen, afborstelen

dustbin *znw* vuilnisbak

dust-bowl *znw* Am gebied o geteisterd door droogte en zandstormen

duster *znw* stoffer, stofdoek; Am ochtendjas

dusting *znw* gemeenz pak o slaag

dust-jacket *znw* stofomslag o [v. boek]

dustman *znw* asman, vuilnisman

dustpan *znw* stof-, (vuilnis)blik o

dust-sheet *znw* hoes, stoflaken o

dust-up *znw* gemeenz kloppartij, ruzie

dusty *bn* stoffig, bestoven; ~ *answer* vaag antwoord o; *not (none) so* ~ slang (lang) niet mis, niet zo kwaad

Dutch [dʌtʃ] **I** *bn* Nederlands, Hollands; Am (soms ook:) Duits; ~ *auction* verkoop bij afslag; ~ *bargain* overeenkomst die met een dronk bezegeld wordt; ~ *cap* pessarium o; ~ *comfort* schrale troost; a ~ *concert* een leven als een oordeel; ~ *gold* blad-, klatergoud o; a ~ *treat* gemeenz uitje o waarbij ieder voor zichzelf betaalt; *talk to sbd. like a* ~ *uncle* gemeenz iem. behoorlijk de les lezen; ~ *wife* rolkussen o; *go* ~ gemeenz ieder voor zichzelf betalen; samsam doen; zie ook: *courage* &; **II** *znw* Nederlands o, Hollands o; *double* ~ gemeenz koeterwaals o; *the* ~ de Hollanders; *my old* ~ slang moeder de vrouw

Dutchman *znw* Nederlander, Hollander [ook: schip]; Am (soms ook:) Duitser; ... *or I'm a* ~ gemeenz ... of ik ben een boon

Dutchwoman ['dʌtʃwumən] *znw* Nederlandse, Hollandse

dutiable ['dju:tjəbl] *bn* belastbaar

dutiful ['dju:tiful] *bn* gehoorzaam, eerbiedig; plichtmatig, verschuldigd

duty *znw* plicht; dienst; functie, bezigheid; werkzaamheid, taak; recht o, rechten, accijns; *do one's* ~ zijn plicht doen; *do* ~ *for* dienst doen als of voor; ~*-bound* verplicht; *be off* ~ geen dienst hebben, vrij zijn; *on*

~ op wacht, dienstdoend
duty-free bn belastingvrij; ~ shop belastingvrije winkel
duvet [dju'vet] znw dekbed o; ~ cover dekbedovertrek o
dwarf [dwɔːf] **I** znw (mv: -s of dwarves) dwerg²; **II** bn dwerg-, miniatuur-; **III** overg in de groei belemmeren; nietig doen lijken
dwarfish bn dwergachtig
dwell* [dwel] onoverg wonen, verblijven; ~ (up)on uitweiden over [iets]
dweller znw bewoner
dwelling znw woning
dwelling-house znw woonhuis o
dwelling-place znw woonplaats, woning
dwelt [dwelt] V.T. & V.D. van dwell
dwindle ['dwindl] onoverg afnemen, verminderen, achteruitgaan, slinken, inkrimpen
dye [dai] **I** znw verf(stof), kleur, tint; ... of the deepest ~ ... van de ergste soort; **II** overg verven [v. stoffen of haar]; ~d-in-the-wool fig door de wol geverfd; **III** abs ww zich laten verven

dye-works znw mv ververij [v. stoffen]
dying ['daiiŋ] bn stervend(e); doods-
dyke [daik] znw & overg = dike
dynamic [dai'næmik] **I** bn dynamisch; **II** znw dynamiek; ~s dynamica; dynamiek
dynamism ['dainəmizm] znw dynamiek
dynamite ['dainəmait] **I** znw dynamiet o; **II** overg met dynamiet laten springen, bestoken &
dynamo ['dainəmou] znw dynamo; energiek persoon
dynasty ['dinəsti] znw dynastie
dysentery ['disntri] znw dysenterie
dyslexia [dis'leksiə] znw woordblindheid, dyslexie
dyslexic [dis'leksik] **I** bn woordblind, dyslectisch; **II** znw iem. die woordblind is, dyslecticus
dyspepsia [dis'pepsiə] znw slechte spijsvertering
dyspeptic I bn moeilijk verterend; **II** znw lijder aan moeilijke spijsvertering
dystrophy ['distrəfi] znw med dystrofie; muscular ~ spierdystrofie

E

e [i:] *znw* (de letter) e; *muz* e of mi

each [i:tʃ] *bn* & *onbep vnw* elk, ieder; *cost a pound* ~ een pond per stuk kosten; ~ *other* elkaar

eager ['i:gə] *bn* vurig, begerig, verlangend, gretig; enthousiast; gespannen

eagle ['i:gl] *znw* arend, adelaar

eagle-eyed *bn* met arendsogen, -blik

eaglet *znw* jonge arend, arendsjong o

ear [iə] *znw* 1 oor o, oortje o; 2 aar; *be out on one's* ~ *gemeenz* de zak krijgen; *he had the king's* ~ de koning luisterde graag naar zijn woorden; *keep (have) one's* ~ *to the ground* zijn oor te luisteren leggen, op de hoogte blijven [v. nieuwtjes, roddels &]; *play it by* ~ *fig* improviseren; *play by* ~ op het gehoor spelen; *set by the* ~s tegen elkaar in het harnas jagen; zie ook: *deaf*

earache ['iəreik] *znw* oorpijn

ear-drum *znw* trommelvlies o, trommelholte

earful *znw* flinke reprimande; *give sbd. an* ~ *gemeenz* zeggen waar het op staat

earl [ə:l] *znw* graaf [Eng. titel]

earl-dom *znw* graafschap o; grafelijke waardigheid of titel

earlobe ['iəloub] *znw* oorlelletje o

early ['ə:li] **I** *bn* vroeg, pril; vroegtijdig; spoedig; *have an* ~ *night* vroeg naar bed gaan; **II** *bijw* vroeg, bijtijds; *an hour* ~ een uur te vroeg; *as* ~ *as September* reeds in september

earmark ['iəma:k] **I** *znw* oormerk o, merk o; kenmerk o; **II** *overg* oormerken, merken; *fig* [gelden] bestemmen, uittrekken [op begroting]

earn [ə:n] *overg* verdienen, verwerven; bezorgen

earnest ['ə:nist] **I** *bn* ernstig (gemeend); ijverig; vurig; **II** *znw* 1 ernst; 2 handgeld o; (onder)pand o; 3 belofte, voorproef; *be in* ~ het menen; *in* ~ in alle ernst, menens

earnings ['ə:niŋz] *znw mv* verdiensten, inkomsten; ~-*related* inkomensafhankelijk

earphone ['iəfoun(z)] *znw* koptelefoon

earpiece *znw* oortelefoon; poot v.e. bril

earplug ['iəplʌg] *znw* oordopje o

earring *znw* oorring

earshot *znw: out of* ~ ver genoeg om niet te worden gehoord; ver genoeg om niet te horen

ear-splitting *bn* oorverdovend

earth [ə:θ] **I** *znw* aarde, grond; aarde, wereld, mensheid; *elektr* aarde, massa; *like nothing on* ~ *gemeenz* verschrikkelijk; *cost (pay) the* ~ een fortuin kosten (betalen); *run sbd./sth. to* ~ iets/iem. te pakken krijgen, opsnorren; *run (go) to* ~ zich verschuilen; **II** *overg elektr* aarden; ~ *up* aanaarden

earthbound *bn* aan de aarde gebonden; gehecht aan aardse zaken; op weg naar de aarde

earthen *bn* van aarde, aarden

earthenware *znw* aardewerk o

earthling *znw* aardbewoner

earthly *bn* aards; *of no* ~ *use* van hoegenaamd geen nut

earthquake *znw* aardbeving

earth-shattering *bn* wereldschokkend

earthwork *znw* grondwerk o

earthworm *znw* aardworm^2, regenworm

earthy *bn* aards; aard-; *fig* laag-bij-de-gronds, alledaags, prozaïsch, zonder omhaal

earwax *znw* oorsmeer o

earwig *znw* oorworm

ease [i:z] **I** *znw* rust, gemak o, verlichting; gemakkelijkheid, los-, ongedwongenheid; *at* ~ op zijn gemak; *ill at* ~ niet op zijn gemak; zie ook: *stand*; **II** *overg* geruststellen; verlichten, ontlasten (van *of*); gemakkelijker, minder gespannen maken, verminderen [de spanning]; ~ *her!* scheepv halve kracht; **III** *onoverg:* ~ *off* minder gespannen worden, afnemen, verminderen; ~ *up* (het) kalmer aan gaan doen

easel ['i:zl] *znw* (schilders)ezel

easement ['i:zmənt] *znw* servituut o

easily ['i:zili] *bijw* gemakkelijk; licht; op zijn gemak; *versterkend* verreweg

east [i:st] **I** *znw* oosten o; oostenwind; *the Far E*~ het Verre Oosten; *the Middle E*~ het Midden-Oosten; *the Near E*~ het Nabije Oosten; **II** *bn* oostelijk, oosten-, ooster-, oost-; **III** *bijw* naar het (ten) oósten

Easter ['i:stə] *znw* Pasen; paas-

easterly ['i:stəli] *bn bijw* oostelijk, oosten-

eastern *bn* oosters; oostelijk, oosten-, oost-

easterner *znw* oosterling

eastward(s) *bn bijw* oostwaarts

easy ['i:zi] **I** *bn* gerust; gemakkelijk, ongedwongen; welgesteld; ~ *does it!* voorzichtig!, kalmpjes aan!; *I'm* ~ *gemeenz* mij best, ik vind alles goed; ~ *on the eye* aantrekkelijk, knap; ~ *come,* ~ *go* zo gewonnen, zo geronnen; *stand* ~! *mil* op de plaats rust! **II** *bijw gemakkelijk; scheepv* langzaam!; ~! kalm!; *go* ~! kalmpjes aan!, maak je niet druk!; *go* ~ *on the salt* niet te veel zout gebruiken; *take it* ~! blijf kalm!, rustig maar!

easygoing *bn* makkelijk [alles licht opnemend], laconiek; gemakzuchtig

eat* [i:t] **I** *overg* eten, opeten, (in)vreten; ~ *one's words* zijn woorden terugnemen; *she* ~*s your heart out* zij zou jaloers op je zijn; *what's* ~*ing you? gemeenz* wat zit je dwars?; *I'll* ~ *my hat if...* ik mag hangen als...; ~ *sbd. out of house and home* iem. de oren van het hoofd eten; ~*en up with pride* hoogst verwaand; **II** *onoverg* eten; ~ *into* invreten; aantasten; ~ *in* thuis eten; ~ *out* buitenshuis eten

eatable I *bn* eetbaar; **II** *znw:* ~s eetwaren

eater *znw* eter, eetster; handappel

eating apple *znw* handappel

eating-house *znw* (eenvoudig) eethuis o

eaves [i:vz] *znw* onderste dakrand

eavesdrop *onoverg* staan (af)luisteren [aan de deuren]

eavesdropper *znw* luistervink, afluisteraar
ebb [eb] **I** *znw* eb(be)²; fig afneming; *at a low* ~ in de put (zitten); aan lagerwal; in verval; *be on the* ~ afnemen; **II** *onoverg* ebben², afnemen (ook: ~ *away*)
ebonite *znw* eboniet o
ebony **I** *znw* ebbenhout o; ebbenboom; **II** *bn* ebbenhouten; zwart als ebbenhout
ebullient *bn* uitbundig
eccentric [ik'sentrik] **I** *bn* excentrisch; excentriek, buitenissig; **II** *znw* excentriekeling; techn excentriek o
eccentricity [iksen'trisiti] *znw* excentriciteit, zonderlingheid
Ecclesiastes [ikli:zi'æsti:z] *znw* bijbel Prediker
ecclesiastic [ikli:zi'æstik] *znw* geestelijke
ecclesiastical *bn* geestelijk; kerkelijk
echelon ['eʃəlɔn] *znw* echelon; groep, rang
echo ['ekou] **I** *znw* (*mv:* echoes) weerklank²; echo²; **II** *overg* weerkaatsen; herhalen; nazeggen; **III** *onoverg* weerklinken
eclectic [e'klektik] **I** *bn* eclectisch, schiftend, uitzoekend; **II** *znw* eclecticus
eclipse [i'klips] **I** *znw* verduistering, eclips; fig op de achtergrond raken o, aftakeling; *in* ~ fig op zijn retour; **II** *overg* verduisteren, in de schaduw stellen
ecological [i:kə'lɔdʒikl] *bn* ecologisch
ecologist [i:'kɔlədʒist] *znw* ecoloog
ecology *znw* ecologie
economic [i:kə'nɔmik] **I** *bn* economisch, staathuishoudkundig; **II** *znw:* ~*s* economie, (staat)huishoudkunde; (de) economische aspecten (van)
economical *bn* spaarzaam, zuinig, voordelig, economisch
economist [i'kɔnəmist] *znw* econoom, staathuishoudkundige
economize *onoverg* bezuinigen (op *on*)
economy *znw* huishoudkunde, huishouding, economie, bedrijfsleven o; spaarzaamheid, zuinigheid; besparing, bezuiniging; *false* ~ verkeerde zuinigheid; *economies of scale* besparingen door schaalvergroting; ~ *pack*, ~ *size* voordeelpak o
ecosystem ['i:kə-, 'ekəsistəm] *znw* ecosysteem o
ecstasy ['ekstəsi] *znw* (ziels)verrukking, geestvervoering, opgetogenheid, extase
ecstatic [ek'stætik] *bn* extatisch, verrukt
ecu ['eikju:] *znw* = European currency unit ecu
Ecuador ['ekwədɔ:] *znw* Ecuador o
ecumenical [i:kju:'menikl, ekju-] *bn* oecumenisch; wereldomvattend
eczema ['eksimə] *znw* eczeem o
edacious [i'deiʃəs] *bn* gulzig, begerig
eddy ['edi] **I** *znw* draaikolk; maalstroom; wervel-, dwarrelwind; **II** *(overg &) onoverg* (doen) ronddwarrelen, wervelen
edge [edʒ] **I** *znw* sne(d)e, scherp o, scherpte; rand, kant, zoom; fig voorsprong; *he has the* ~ *on (over) John* hij is net iets beter dan Jan; *on* ~ in gespannen toestand; geprikkeld; *set the teeth on* ~ doen griezelen; *take the* ~ *off sth.* de scherpe kantjes van iets afhalen; *the cutting (leading)* ~ de

voorhoede, het voorste gelid; **II** *overg* (om)zomen; (om)boorden, (om)randen (met *with*); schuiven, dringen; **III** *onoverg* langzaam/voorzichtig bewegen; ~ *away*, ~ *off* voorzichtig wegsluipen
edgeways *bijw: not get a word in* ~ er geen woord (geen speld) tussen krijgen
edging *znw* rand; boordsel o
edgy *bn* gespannen, prikkelbaar; geprikkeld
edible ['edibl] *bn* = eatable *I & II*
edict ['i:dikt] *znw* edict o, bevelschrift o
edifice ['edifis] *znw* gebouw² o
edify ['edifai] *overg* (innerlijk) stichten
edifying *bn* stichtelijk
edit ['edit] *overg* (voor de druk) bezorgen, bewerken, persklaar maken; redigeren; monteren [een film]; ~ *out* (van redactiewege) schrappen
edition [i'diʃən] *znw* uitgaaf, druk, editie, aflevering
editor ['editə] *znw* redacteur, bewerker; hoofdredacteur [v.e. krant]; cutter [v. film]
editorial [edi'tɔ:riəl] **I** *bn* redactioneel, redactie-; ~ *staff* redactie; **II** *znw* hoofdartikel o
editorialize [edi'tɔ:riəlaiz] *onoverg* subjectief schrijven, de eigen mening weergeven [in de journalistiek]
educate ['edjukeit] *overg* opvoeden, vormen, onderwijzen; voorlichten; ~*d* beschaafd (ontwikkeld)
education [edju'keiʃən] *znw* opvoeding, vorming, ontwikkeling, onderwijs o; pedagogie; kennis
educational *bn* de opvoeding betreffend, educatief; onderwijs-, school-; ~ *film* onderwijsfilm
education(al)ist *znw* opvoed(st)er, opvoedkundige, pedagoog
educative ['edjukətiv] *bn* opvoedend
educator ['edjukeitə] *znw* onderwijzer(es); onderwijsdeskundige
educe [i'dju:s] *overg* aan het licht brengen; trekken (uit *from*), afleiden; afscheiden
eel [i:l] *znw* (*mv* idem of -s) aal, paling
eerie, eery ['iəri] *bn* angstwekkend, akelig, eng
efface [i'feis] **I** *overg* uitwissen², uitvegen; fig overschaduwen, in de schaduw stellen; **II** *wederk:* ~ *oneself* zich terugtrekken of op de achtergrond houden; zich wegcijferen
effect [i'fekt] **I** *znw* (uit)werking, invloed, gevolg o, resultaat o, effect o; ~*s* bezittingen, goed o, goederen; *take* ~ uitwerking hebben; effect maken; in werking treden; *for* ~ uit effectbejag; *in* ~ in werkelijkheid, in feite; *carry (bring, put) into* ~ ten uitvoer brengen; *come into* ~ van kracht worden [v. wet &]; *to no* ~ zonder resultaat; tevergeefs; *(a notice) to the* ~ *that...* behelzende, inhoudende, hierop neerkomend, dat...; **II** *overg* uitwerken, teweegbrengen, bewerkstelligen, tot stand brengen, uitvoeren, verwezenlijken; handel (af-) sluiten
effective I *bn* werkzaam, krachtig; kracht-

dadig; doeltreffend; raak; effect hebbend; effectief; **II** znw mil effectief o

effectual bn krachtig; doeltreffend; geldig, van kracht, bindend

effectuate overg bewerkstelligen, uitvoeren, volvoeren, volbrengen

effeminacy [i'feminəsi] znw verwijfdheid

effeminate bn verwijfd

effervesce [efə'ves]onovergmousseren,(op-) bruisen, borrelen

effervescence znw mousseren o, (op)bruising[2]; fig uitgelatenheid, opgewondenheid

effervescent bn mousserend, (op-) bruisend[2]; fig uitgelaten, opgewonden

effete [e'fi:t] bn zwak, afgeleefd, versleten

efficacious [efi'keiʃəs] bn werkzaam, doeltreffend, probaat, kracht(dad)ig, efficiënt

efficacy ['efikəsi] znw kracht(dadigheid), werkzaamheid, doeltreffendheid, uitwerking

efficiency [i'fiʃənsi] znw kracht(dadigheid), efficiëntie, doeltreffendheid; bekwaamheid, geschiktheid; techn nuttig effect o, rendement o, productiviteit

efficient bn werkend, kracht(dad)ig, efficiënt, productief, doeltreffend; bekwaam, geschikt

effigy ['efidʒi] znw afbeeldsel o; beeld o, beeldenaar, borstbeeld o [op een munt]; in ~ in effigie

effloresce [eflɔ:'res] onoverg ontbloeien, zich ontplooien; chem zoutkristallen aanzetten; uitslaan [v. muren]

efflorescence [eflɔ:'resəns] znw ontluiking, bloei; chem verschijning van zoutkristallen; uitslag [op muren]

effluence ['efluəns] znw uitvloeiing, uitstroming; uitvloeisel o

effluent znw uitstromende vloeistof; afvalwater o

effort ['efət] znw poging, (krachts)inspanning; prestatie

effortless bn moeiteloos, ongedwongen

effrontery [i'frʌntəri] znw onbeschaamdheid

effulgent [e'fʌldʒənt] bn stralend, schitterend

effuse [e'fju:z] overg uitgieten, (uit)storten, uitstralen, verspreiden[2]

effusion [i'fju:ʒən] znw vergieten o, uitstorting[2]; fig ontboezeming

effusive bn zich geheel gevend, (over-)hartelijk, expansief, uitbundig

eft [eft] znw dierk salamander

EFTA Efta ['eftə] znw = European Free Trade Association Europese Vrijhandelsassociatie, EVA

e.g. afk. = exempli gratia bijvoorbeeld, bijv., b.v.

egalitarian [igæli'tæriən] **I** bn gelijkheid voorstaand, gelijkheids-; **II** znw voorstander van gelijkheid

egg [eg] **I** znw ei o; eicel; a bad ~ gemeenz een waardeloze figuur; a good ~ gemeenz een patente kerel; he put all his ~s in one basket hij zette alles op één kaart; have ~ on one's face in zijn hemd staan, voor jo-

ker staan; **II** overg: ~ on aanzetten, aan-, ophitsen

egg-cup znw eierdopje o

egg flip, egg nog znw licht-alcoholische eierdrank, ± advocaat

egghead znw gemeenz geringsch intellectueel

eggplant znw Am aubergine

eggshell I znw eierdop, eierschaal; **II** bn halfmat, halfglanzend [v. verf]

egg-timer znw eierwekker, zandloper

egg-whisk znw eierklopper

ego ['egou, 'i:gou] znw ik o: ikheid; psych ego o

egocentric [egou'sentrik] bn egocentrisch

egoism ['egouizm] znw egoïsme o, zelfzucht, eigenbaat; zie ook: egotism

egoist znw egoïst, zelfzuchtige

egoistic [egou'istik] bn egoïstisch

egotism znw egotisme o, eigenliefde; zelfzucht

egotist znw iemand die graag over zichzelf spreekt; egoïst

egotistic(al) bn van zichzelf vervuld, ikkerig; zelfzuchtig

egotrip znw gemeenz egotrip

egregious [i'gri:dʒəs] bn groot, kolossaal [ironisch]

egress ['i:gres] znw uitgang; uitgaan o

egret ['i:gret] znw dierk kleine witte reiger; reigerveer; aigrette

Egypt ['i:dʒipt] znw Egypte o

Egyptian [i'dʒipʃən] **I** bn Egyptisch; **II** znw Egyptenaar

eh [ei] tsw he!, wat?

eider ['aidə] znw eidereend, eidergans

eiderdown znw eiderdons o; dekbed o (van dons)

eight [eit] telw acht

eighteen ['ei'ti:n, 'eiti:n] telw achttien

eighteenth ['ei'ti:nθ, 'eiti:nθ] telw (znw) achttiende (deel o)

eightfold ['eitfould] bn bijw achtvoudig

eighth [eitθ] telw (znw) achtste (deel o)

eightieth ['eitiiθ] telw (znw) tachtigste (deel o)

eighty telw tachtig; the eighties de jaren tachtig; in one's eighties ook: in de tachtig

Eire ['εərə] znw Ierland o

either ['aiðə, 'i:ðə] **I** bn (één van) beide; ~ way in elk geval, hoe dan ook; **II** vnw de één zowel als de andere; ~ of us één van ons; **III** voegw: ~... or (of)... of; **IV** bijw ook; if... I won't go ~ dan ga ik ook niet

ejaculate [i'dʒækjuleit] overg uitbrengen, uitroepen; uitstorten [zaad], ejaculeren

ejaculation [idʒækju'leiʃən] znw uitroep; zaaduitstorting, ejaculatie

eject [i'dʒekt] **I** overg uitwerpen; (met geweld) uitzetten, verdrijven; **II** onoverg luchtv gebruik maken van schietstoel

ejection [i'dʒekʃən] znw uitwerping, uitschieting; uitzetting, verdrijving

ejector seat znw luchtv schietstoel

eke out [i:k 'aut] overg aanvullen; rekken; ~ out a livelihood (living, existence) zijn kostje bijeenscharrelen

elaborate [i'læbərit] **I** bn doorwrocht, fijn af-, uitgewerkt; ingewikkeld; uitgebreid, uitvoerig, nauwgezet; **II** overg [i'læbəreit] nauwkeurig, grondig uit-, bewerken; **III** onoverg uitweiden (over on)
elaboration [ilæbə'reiʃən] znw (grondige) uit-, bewerking
elapse [i'læps] onoverg verlopen, verstrijken
elastic [i'læstik] **I** bn veerkrachtig, elastisch; rekbaar²; **II** znw elastiek(je) o
elasticity [elæs'tisiti] znw veerkracht, rekbaarheid, elasticiteit
elate [i'leit] overg triomfantelijk (opgetogen) maken, verrukken
elated bn triomfantelijk, opgetogen
elation znw verrukking; opgetogenheid
elbow ['elbou] **I** znw elleboog; bocht; at one's ~ vlakbij; out at the ~s met de ellebogen door zijn mouwen; up to one's ~s in work tot over de oren in het werk; **II** overg met de ellebogen duwen, dringen; ~ one's way zich een weg banen; ~ out verdringen
elbow-grease znw gemeenz zwaar werk o
elbow-room znw ruimte om zich te roeren, bewegingsruimte, armslag
1 elder ['eldə] **I** bn ouder, oudste [v. twee]; **II** znw oudere; ouderling
2 elder ['eldə] znw plantk vlier(struik)
elderberry znw vlierbes
elderly ['eldəli] bn bejaard, op leeftijd, oudachtig
eldest bn & znw oudste
elect [i'lekt] **I** overg (ver)kiezen (tot); **II** bn (uit)verkoren, gekozen
election znw verkiezing°
electioneer [ilekʃə'niə] onoverg stemmen werven, meedoen aan een verkiezingscampagne
elective [i'lektiv] bn kies-, verkiezings-; ge-, verkozen, verkiesbaar; Am keuze-
elector znw kiezer; kiesman; keurvorst
electoral bn kies-, kiezers-, verkiezings-, electoraal
electorate znw electoraat o, kiezers, kiezerskorps o; keurvorstendom o
electric [i'lektrik] bn elektrisch; elektriseer-; ~ blue staalblauw; ~ chair elektrische stoel; ~ eel sidderaal; ~ fence schrikdraad o
electrical bn elektrisch; elektriseer-
electrician [ilek'triʃən] znw elektricien
electricity znw elektriciteit; ~ board elektriciteitsbedrijf o
electrify [i'lektrifai] overg elektriseren; elektrificeren; fig geestdriftig maken, opwinden
electrocute [i'lektrəkju:t] overg elektrocuteren: terechtstellen d.m.v. de elektrische stoel
electrocution [ilektrə'kju:ʃən] znw elektrocutie
electrode [i'lektroud] znw elektrode
electrolysis [ilek'trɔlisis] znw elektrolyse
electron [i'lektrɔn] znw elektron o; ~ microscope elektronenmicroscoop
electronic [ilek'trɔnik] **I** bn elektronisch; ~ mail comput elektronische post, e-mail; **II** znw: ~s elektronica
electroplate [i'lektroupleit] overg elektrolytisch verzilveren, galvaniseren
elegance ['eligəns] znw sierlijkheid, keurigheid, bevalligheid, elegantie
elegant bn sierlijk, keurig, bevallig, elegant
elegiac [eli'dʒaiək] **I** bn elegisch; **II** znw: ~s elegische poëzie
elegy ['elidʒi] znw elegie, treurzang, -dicht o
element ['elimənt] znw element o, bestanddeel o, grondstof; ~s ook: (grond-)beginselen
elemental [eli'mentl] bn van de elementen, natuur-; wezenlijk, onvermengd
elementary bn elementair, aanvangs-, grond-, basis-; ~ school Am basisschool
elephant ['elifənt] znw olifant
elephantine [eli'fæntain] bn als (van) een olifant
elevate ['eliveit] overg opheffen, verheffen, verhogen; veredelen
elevation [eli'veiʃən] znw op-, verheffing, bevordering, verhoging, hoogte (boven zeespiegel)
elevator ['eliveitə] znw techn elevator; Am lift; luchtv hoogteroer o
eleven [i'levn] telw, znw elf; an ~ een elftal o
eleven-plus znw toelatingsexamen o voor een inrichting van middelbaar onderwijs (voor leerlingen van elf jaar of ouder)
elevenses znw lichte maaltijd omstreeks 11 uur 's ochtends
eleventh telw (znw) elfde (deel o); at the ~ hour ter elfder ure
elf [elf] znw elf, fee; kabouter; dreumes
elfin bn elfen-, elfachtig; feeëriek
elfish bn elfen-; fig ondeugend
elicit [i'lisit] overg uit-, ontlokken, aan het licht brengen, ontdekken; krijgen (uit from)
elide [i'laid] overg taalk elideren, weglaten
eligibility [elidʒi'biliti] znw geschiktheid, bevoegdheid
eligible ['elidʒibl] bn (ver)kiesbaar; in aanmerking komend, geschikt, bevoegd; begeerlijk, begeerde
eliminate [i'limineit] overg elimineren, wegwerken [factor]; verdrijven, verwijderen (uit from); buiten beschouwing laten, uitschakelen
elimination [ilimi'neiʃən] znw eliminatie: wegwerking, verwijdering, terzijdestelling, uitschakeling
elision [i'liʒn] znw taalk elisie, weglating
élite [ei'li:t] znw elite, keur
elitism [ei'li:tizm] znw elitarisme o
elitist [ei'li:tist] **I** bn elitair; **II** znw elitair persoon
elixir [i'liksə] znw elixir² o
elk [elk] znw (mv idem of -s) eland
ell [el] znw el, ellemaat
ellipse [i'lips] znw ellips
ellipsis znw (mv: ellipses) uitlating
elliptical bn elliptisch, onvolledig, beknopt
elm [elm] znw plantk iep, olm

elocution [elə'kju:ʃən] *znw* voordracht, dictie

elocutionist *znw* voordrachtskunstenaar; leraar in de dictie

elongate ['i:lɔŋgeit] *overg* verlengen; (uit-)rekken; ~*d* ook: lang, slank, spichtig

elongation [i:lɔŋgeiʃən] *znw* verlenging; techn rek

elope [i'loup] *onoverg* weglopen, zich laten schaken (door *with*)

elopement *znw* weglopen o [om te kunnen trouwen], vlucht; schaking

eloquence ['eləkwəns] *znw* welsprekendheid

eloquent *bn* welsprekend[2], veelbetekenend [gebaar &]

El Salvador [el'sælvədɔ:] *znw* El Salvador o

else [els] *bijw* anders; *what* ~? wat nog (meer)?, nog iets?; wat... anders?; *shut up, or* ~! kop dicht of er zwaait wat!

elsewhere *bijw* ergens anders, elders

elucidate [i'l(j)u:sideit] *overg* ophelderen, toelichten, duidelijk maken, verklaren

elucidation [il(j)u:si'deiʃən] *znw* opheldering, toelichting, verklaring

elucidatory [i'l(j)u:sideitəri] *bn* ophelderend, verklarend

elude [i'l(j)u:d] *overg* ontgaan, ontsnappen (aan); ontwijken, ontduiken, ontkomen aan

elusive *bn* ontwijkend, ontduikend; (aan alle nasporing) ontsnappend

elves [elvz] *znw mv* v. elf

elvish ['elviʃ] *bn* = *elfish*

'em [əm] *gemeenz* verk. v. *them*

emaciate [i'meiʃieit] *overg* doen vermageren, uitteren

e-mail ['i:meil] *znw* = *electronic mail* comput elektronische post, e-mail

emanate ['eməneit] **I** *onoverg* uitstromen; ~ *from* voortvloeien uit, voortkomen uit, uitgaan van, afkomstig zijn van; **II** *overg* uitstralen, uitzenden, afgeven

emanation [emə'neiʃən] *znw* uitstroming, uitstraling, emanatie

emancipate [i'mænsipeit] *overg* bevrijden, vrijlaten, vrijmaken, ontvoogden, emanciperen

emancipation [imænsi'peiʃən] *znw* bevrijding, vrijlating, vrijmaking, ontvoogding, emancipatie

emasculate [i'mæskjuleit] *overg* verzwakken

embalm [im'ba:m] *overg* balsemen

embankment *znw* in-, bedijking; (spoor-) dijk; kade, wal

embargo [em'ba:gou] **I** *znw* (*mv*: embargoes) embargo o, beslag o [op schepen]; verbod o, belemmering; **II** *overg* beslag leggen op, onder embargo leggen

embark [im'ba:k] (*onoverg &*) *overg* (zich) inschepen; ~ *on (upon)* zich wagen (begeven) in, beginnen (aan)

embarkation [emba:'keiʃən] *znw* inscheping

embarrass [im'bærəs] *overg* in verlegenheid brengen, verwarren, in verwarring brengen; in moeilijkheden brengen

embarrassing *bn* lastig, pijnlijk, gênant

embarrassment *znw* (geld)verlegenheid, verwarring, gêne; moeilijkheid

embassy ['embəsi] *znw* ambassade; gezantschap o

embattled [im'bætld] *bn* omsingeld; in het nauw gebracht, ingeklemd

embed [im'bed] *overg* insluiten, (in)zetten, (vast)leggen, inbedden; *be* ~*ded in* ook: vastzitten in

embellish [im'beliʃ] *overg* versieren, verfraaien, opsieren, mooi(er) maken

embellishment [im'beliʃmənt] *znw* verfraaiing, versiering

ember ['embə] *znw* gloeiende kool; ~*s* gloeiende as of sintels

embezzle [im'bezl] *overg* verduisteren [v. geld &]

embitter [im'bitə] *overg* verbitteren; vergallen; verergeren

emblazon [im'bleizn] *overg* versieren

emblem ['embləm] *znw* zinnebeeld o, symbool o

emblematic ['embli'mætik] *bn* zinnebeeldig, symbolisch

embodiment [im'bɔdimənt] *znw* belichaming

embody *overg* belichamen; verenigen, inlijven; be-, omvatten

embolden [im'bouldən] *overg* aanmoedigen

embolism ['embəlizm] *znw* embolie

embolus ['embələs] *znw* embolus: geronnen bloed o in bloedvat

embosom [em'buzəm] *overg* omarmen; koesteren; omsluiten, omhullen

emboss [im'bɔs] *overg* in reliëf maken, drijven

embrace [im'breis] **I** *overg* omhelzen; omvatten, insluiten; aangrijpen; **II** *onoverg* elkaar omarmen; **III** *znw* omhelzing

embrasure [im'breiʒə] *znw* bouwk nis; mil schietgat o

embrocation [embrə'keiʃən] *znw* smeersel o

embroider [im'brɔidə] *overg* borduren[2], fig opsieren, opsmukken, verfraaien; ~ *(on) a story* een verhaal mooier maken dan het is

embroidery *znw* borduurwerk o

embroil [im'brɔil] *overg* betrekken, verwikkelen (in *in*); verwarren, in de war brengen; *be* ~*ed with* overhoop liggen met, gebrouilleerd zijn met

embryo ['embriou] *znw* embryo o, kiem; eerste ontwerp o; *in* ~ in embryonale toestand[2]

embryonic [embri'ɔnik] *bn* embryonaal

emend [i'mend] *overg* emenderen, verbeteren

emendation [i:men'deiʃən] *znw* (tekst-)verbetering

emerald ['emərəld] **I** *znw* smaragd o [stofnaam], smaragd *m* [voorwerpsnaam]; **II** *bn* van smaragd, smaragdgroen; *the E*~ *Isle* het groene Erin: Ierland o

emerge [i'mə:dʒ] *onoverg* opduiken, oprijzen; te voorschijn komen, ontstaan, opkomen; uitkomen, blijken

emergence *znw* verschijning

emergency *znw* onverwachte of onvoorziene gebeurtenis; moeilijke omstandigheid; noodtoestand; spoedgeval *o*; *state of* ~ noodtoestand

emergency meeting *znw* spoedvergadering

emergent *bn* oprijzend, opkomend

emeritus [i'meritəs] *bn* emeritus, rustend

emery ['eməri] *znw* amaril

emery-cloth *znw* schuurlinnen *o*

emery-paper *znw* schuurpapier *o*

emetic [i'metik] *znw* braakmiddel *o*

emigrant ['emigrənt] **I** *bn* (naar een ander land) trekkend, uitwijkend; uitgeweken; trek-; **II** *znw* emigrant

emigrate *onoverg* emigreren

emigration [emi'greiʃən] *znw* emigratie

eminence ['eminəns] *znw* hoogte², hoge positie, grootheid; eminentie; heuvel

eminent *bn* hoog, verheven, uitstekend, uitnemend, eminent

eminently *bijw* eminent; in hoge mate, uiterst, bijzonder

emirate [e'miərət, -rit, -reit] *znw* emiraat *o*

emissary ['emisəri] *znw* afgezant

emission [i'miʃən] *znw* uitzending [v. geluid, licht]; uitstraling, uitstorting; handel emissie, uitgifte; uitlaatgas *o*; uitstoot [van schadelijke gassen &]

emit [i'mit] *overg* uitzenden, uitstralen, uitstorten, afgeven; uit-, voortbrengen [geluid], uiten; handel uitgeven

emollient [i'mɔliənt] *bn (znw)* verzachtend middel *o*

emolument [i'mɔljumənt] *znw* emolument *o*, honorarium *o*, salaris *o*, verdienste

emotion [i'mouʃən] *znw* emotie, aandoening, ontroering

emotional *bn* emotioneel: tot het gevoel sprekend; affectief, gevoels-; licht geroerd, geëmotioneerd

emotive [i'moutiv] *bn* gevoels-, op het gemoed/gevoel werkend

empanel [im'pænl] *overg* recht [een jury] samenstellen; tot jurylid benoemen

empathy ['empəθi] *znw* empathie, invoeling(svermogen *o*)

emperor ['empərə] *znw* keizer

emphasis ['emfəsis] *znw* (*mv*: emphases [-si:z]) nadruk², klem(toon)², fig accent *o*

emphasize *overg* de nadruk leggen op²

emphatic [im'fætik] *bn* uit-, nadrukkelijk, indringend, met klem; krachtig; beslist; gedecideerd

empire ['empaiə] **I** *znw* (keizer)rijk *o*, imperium *o*; **II** *bn* empire [meubelen, stijl]

empirical [em'pirikəl] *bn* empirisch, op ervaring gegrond

empiricism [em'pirisizm] *znw* empirisme *o*, empirie: ervaringsleer

employ [im'plɔi] **I** *overg* gebruiken, besteden, aanwenden; bezighouden, in dienst hebben, tewerkstellen; *be* ~*ed on* bezig zijn met (aan); **II** *znw* dienst; werk *o*; *in the* ~ *of* in dienst bij

employable [im'plɔiəbl] *bn* inzetbaar

employee [emplɔi'i:] *znw* employé, employée, geëmployeerde, bediende; werknemer

employer [im'plɔiə] *znw* werkgever, patroon

employment *znw* werkgelegenheid; bezigheid, werk *o*, emplooi *o*, beroep *o*; *out of* ~ zonder werk; ~ *agency* uitzendbureau *o*; ~ *exchange* arbeidsbureau *o*

employment scheme *znw* banenplan *o*

emporium [em'pɔ:riəm] *znw* (*mv*: -s *of* emporia) grootwarenhuis *o*

empower [im'pauə] *overg* machtigen; in staat stellen

empress ['empris] *znw* keizerin

emptiness ['em(p)tinis] *znw* leegheid, leegte

empty ['em(p)ti] **I** *bn* ledig, leeg; ijdel; ~ *of* ontbloot van, zonder; **II** *znw* lege wagon, fust *o*, fles &; **III** *overg* ledigen, leegmaken, leeg-, uithalen, ruimen; **IV** *onoverg* leeg raken, leeglopen; zich uitstorten

empty-handed *bn* met lege handen

empty-headed *bn*: *be* ~ oerdom zijn

emu ['i:mju:] *znw* emoe

emulate ['emjuleit] *overg* wedijveren met, trachten te evenaren, navolgen

emulation [emju'leiʃən] *znw* wedijver, poging iem. te evenaren

emulsify [i'mʌlsifai] *overg* emulgeren

emulsion *znw* emulsie; ~ *(paint)* emulgerende verf, (muur)verf op waterbasis

enable [i'neibl, e'neibl] *overg* in staat stellen, (het) mogelijk maken; machtigen

enact [i'nækt] *overg* vaststellen, bepalen; tot wet verheffen; opvoeren, spelen

enactment *znw* vaststelling; bepaling; verordening; opvoering

enamel [i'næməl] **I** *znw* email *o*, glazuur *o*, vernis *o* & *m*; lak *o* & *m*; email kunstvoorwerp *o*; **II** *overg* emailleren, verglazen, glazuren, vernissen; lakken, moffelen

enamour [i'næmər] *overg* verliefd maken, bekoren; ~*ed of/with* dol/verliefd op

encage [in'keidʒ] *overg* opsluiten (als) in een kooi

encamp [in'kæmp] **I** *onoverg* (zich) legeren, kamperen; **II** *overg* een kampeerplaats geven

encampment *znw* legering, kampering; legerplaats, kamp(ement) *o*

encase [in'keis] *overg* steken in

encephalitis [enkəfə'laitis] *znw* hersensteking

enchain [in'tʃein] *overg* ketenen, boeien²

enchant [in'tʃɑ:nt] *overg* betoveren; bekoren, verrukken

enchanter *znw* tovenaar

enchanting *bn* betoverend, verrukkelijk

enchantment *znw* betovering; bekoring, verrukking

enchantress [in'tʃɑ:ntris] *znw* tovenares; betoverende vrouw

enchase [in'tʃeis] *overg* zetten [edelstenen]; omlijsten; graveren, ciseleren

encircle [in'sə:kl] *overg* omringen, omsluiten, insluiten, omsingelen

enclose [in'klouz] *overg* om-, insluiten, omheinen, omringen, omvatten, bevatten; bijsluiten, insluiten [brief, bijlage &]

enclosure *znw* insluiting; (om)heining; besloten ruimte; handel bijlage

encode [in'koud] *overg* coderen

encomium *znw* (*mv*: -s *of* encomia) lof(rede, -zang)

encompass [in'kʌmpəs] *overg* omgeven, omringen, omsluiten; om-, bevatten

encore [ɔŋ'kɔː] **I** *tsw* nog eens, bis!; **II** *znw* bis(nummer) o, toegift; **III** *overg & onoverg* bisseren

encounter [in'kauntə] **I** *znw* ontmoeting; treffen o, gevecht o, confrontatie; **II** *overg* ontmoeten, tegenkomen, aantreffen, (onder)vinden; geconfronteerd worden met; tegemoet treden; het hoofd bieden

encourage [in'kʌridʒ] *overg* be-, aanmoedigen, aanzetten, bevorderen

encouragement *znw* be-, aanmoediging

encouraging *bn* bemoedigend; hoopvol

encroach [in'krəutʃ] *onoverg* inbreuk maken (op *on, upon*); zich indringen, veld winnen

encroachment *znw* inbreuk; binnendringen o, uitbreiding, aanmatiging

encrust [in'krʌst] **I** *overg* om-, overkorsten, met een korst bedekken; incrusteren; **II** *onoverg* een korst vormen

encumber [in'kʌmbə] *overg* belemmeren, hinderen; versperren; belasten, bezwaren

encumbrance *znw* belemmering, hindernis, last; *no ~(s), without ~(s)* zonder kinderen

encyclical [en'siklikl] **I** *bn*: *~ letter* encycliek; **II** *znw* encycliek

encyclopaedia [ensaiklə'piːdiə] *znw* encyclopedie

end [end] **I** *znw* eind(e) o [ook = dood]; uiteinde o; besluit o, afloop, uitslag; doel o, oogmerk o; eindje o, stukje o [touw, kaars], peukje o [sigaret]; fig kant, afdeling; *no ~ of...* een hoop..., verbazend veel...; *keep (hold) one's ~ up* zijn mannetje staan; *make ~s meet* de eindjes aan elkaar knopen, rondkomen; zie ook: *loose* I; *at the ~* aan het einde (van of); *for that ~* te dien einde; *in the ~* ten slotte, uiteindelijk; op den duur; *on ~* overeind; achtereen; *this is the ~!* dat is het toppunt!; *to no ~* tevergeefs; *to what ~?* waarvoor?, waartoe zou het dienen?; *to the ~ that* opdat; *~ to ~* in de lengte, achter elkaar; zie ook: *world*; **II** *onoverg* eindigen, besluiten, ophouden, aflopen; *~ by ...ing* eindigen met..., ten slotte...; *~ in* uitgaan op [een letter]; uitlopen op; *~ up* eindigen, besluiten; belanden; **III** *overg* eindigen, een eind maken aan

endanger [in'dein(d)ʒə] *overg* in gevaar brengen

endear [in'diə] *overg* bemind maken (bij *to*); *~ing* innemend, sympathiek; lief

endearment *znw* tederheid, liefkozing, liefdeblijk o

endeavour [in'devə] **I** *znw* poging, streven o; **II** *onoverg* beproeven, trachten, pogen, streven

endemic [en'demik] **I** *bn* endemisch, inheems; **II** *znw* endemische ziekte

ending *znw* einde o; uitgang [v. woord]

endive ['endiv] *znw* andijvie; Am witlof

endless ['endlis] *bn* eindeloos, oneindig (veel &)

endlong *bijw* in de lengte; verticaal

endocrine ['endoukrain] **I** *bn* endocrien, met interne secretie [klieren]; **II** *znw* klier met interne secretie

endorse [in'dɔːs] *overg* handel endosseren; (iets) op de rugzijde vermelden van; aantekening maken op [rijbewijs &]; fig steunen, onderschrijven, bevestigen [mening &]

endorsee [endɔː'siː] *znw* handel geëndosseerde

endorsement [in'dɔːsmənt] *znw* handel endossement o; vermelding op de rugzijde; aantekening [op rijbewijs &]; fig goedkeuring, steun, bevestiging

endorser *znw* handel endossant

endow [in'dau] *overg* begiftigen, doteren; bekleden (met *with*)

endowment *znw* begiftiging; dotatie, schenking; gave, talent o; *~ assurance, ~ policy* kapitaalverzekering

endpaper ['endpeipə] *znw* schutblad o

endue [in'djuː] *overg* bekleden[2]; begiftigen

end-product ['endprɔdʌkt] *znw* eindproduct o; fig (het) uiteindelijke resultaat

end result *znw* eindresultaat o

endurable [in'djuərəbl] *bn* te verdragen

endurance *znw* lijdzaamheid, geduld o; uithoudingsvermogen o, weerstandsvermogen o; verdragen o

endure **I** *overg* verduren, verdragen, lijden, dulden, ondergaan, doorstaan, uithouden; **II** *onoverg* (voort)duren, blijven (bestaan)

enduring *bn* blijvend; duurzaam

endways ['endweiz] *bijw* overeind; met het eind naar voren; in de lengte

enema ['enimə] *znw* (*mv*: -s *of* enemata) klysma o

enemy ['enimi] **I** *znw* vijand; **II** *bn* vijandelijk

energetic [enə'dʒetik] *bn* energiek, actief, krachtig, flink, doortastend

energize ['enədʒaiz] **I** *overg* stimuleren; **II** *onoverg* energiek werken of handelen

energy *znw* energie, (wils)kracht, flinkheid; arbeidsvermogen o

enervate ['enəveit] *overg* ontzenuwen, verslappen, verzwakken, krachteloos maken

enervation [enə'veiʃən] *znw* ontzenuwing, verslapping, verzwakking

enfeeble [in'fiːbl] *overg* verzwakken

enfold [in'fould] *overg* wikkelen, hullen (in *in*); omvatten; omarmen, omhelzen

enforce [in'fɔːs] *overg* afdwingen, dwingen tot; kracht bijzetten; uitvoeren, de hand houden aan; *~ (up)on* opleggen, dwingen tot; *~d* ook: gedwongen

enforceable [in'fɔːsəbl] *bn* af te dwingen

enforcement *znw* handhaving; dwang

enfranchise [in'fræn(t)ʃaiz] *overg* **1** kiesrecht geven; **2** Br [een stad] een vertegenwoordiger in het parlement geven; **3** hist bevrijden, vrijlaten

engage [in'geidʒ] **I** *overg* verbinden, engageren, aannemen, in dienst nemen, huren; in beslag nemen, bezetten; wikkelen [in strijd]; mil aanvallen; techn grijpen in; inschakelen; *be ~d* bezig zijn (aan *in, on*), bezet zijn; geëngageerd zijn (met *to*); *number ~d* telec in gesprek; **II** *onoverg* techn grijpen (in with); in elkaar grijpen; ~ *in* zich mengen in, zich begeven in

engagement *znw* verplichting, afspraak, verbintenis; engagement o, verloving; bezigheid, dienst; in dienst nemen o; mil gevecht o; *without ~* handel vrijblijvend

engaging *bn* innemend, aantrekkelijk, sympathiek

engender [in'dʒendə] *overg* verwekken, voortbrengen, baren, veroorzaken

engine ['endʒin] *znw* machine; brandspuit; locomotief; motor; fig middel o, werktuig o; *three ~d plane* driemotorig vliegtuig o

engine-driver *znw* machinist

engineer [endʒi'niə] **I** *znw* ingenieur; mil genist; techn machinebouwer, technicus; scheepv machinist; luchtv boordwerktuigkundige; **II** *overg* als ingenieur leiden, bouwen; fig op touw zetten, (weten te) bewerken; gemeenz klaarspelen

engineering I *znw* machinebouw(kunde); (burgerlijke) bouwkunde; [elektro-, verwarmings- &] techniek; ingenieurswezen o; **II** *bn* technisch [wonder &]; ~-*works* machinefabriek

engird(le) [in'gə:dl] *overg* omgorden, omsluiten

England ['iŋlənd] *znw* Engeland o

English ['iŋliʃ] **I** *bn* Engels; ~ *breakfast* Engels ontbijt o [met eieren en spek]; **II** *znw* (het) Engels; *the ~* de Engelsen; *the King's (Queen's) ~* de (zuivere) Engelse taal

Englishman *znw* Engelsman

Englishwoman *znw* Engelse

engorge [en'gɔ:dʒ] *overg* gulzig verslinden; volstoppen

engraft [in'gra:ft] *overg* enten (op *into, upon*), inplanten[2], fig inprenten, griffelen

engrave [in'greiv] *overg* graveren, inprenten

engraver *znw* graveur

engraving *znw* graveerkunst; gravure, plaat

engross [in'grous] *overg* geheel in beslag nemen; ~*ed in* verdiept in

engrossing *bn* fig boeiend

engrossment *znw* grosse: afschrift o v.e. akte; fig opgaan o (in iets)

engulf [in'gʌlf] *overg* opslokken[2], verzwelgen[2], overspoelen[2]

enhance [in'ha:ns] *overg* verhogen, verheffen, vergroten, vermeerderen, verzwaren, versterken; verbeteren

enigma [i'nigmə] *znw* raadsel o

enigmatic [enig'mætik] *bn* raadselachtig

enjoin [in'dʒɔin] *overg* opleggen, gelasten, bevelen

enjoy [in'dʒɔi] **I** *overg* genieten (van); **II** *wederk*: ~ *oneself* zich amuseren, genieten

enjoyable *bn* genoeglijk; prettig, fijn

enjoyment *znw* genot o, genoegen o

enkindle [en'kindl] *overg* doen ontvlammen[2], ontsteken

enlace [in'leis] *overg* om-, ineenstrengelen

enlarge [in'la:dʒ] **I** *overg* vergroten, uitbreiden, verruimen; **II** *onoverg* groter worden; ~ *up on* uitweiden over

enlargement *znw* vergroting, uitbreiding

enlighten [in'laitn] *overg* verlichten[2]; fig in-, voorlichten, opheldering geven, verhelderen

enlightenment *znw* verlichting[2]; fig in-, voorlichting, op-, verheldering

enlist [in'list] **I** *overg* mil (aan)werven; fig (voor zich) winnen, te hulp roepen, gebruik maken van, inschakelen; **II** *onoverg* mil dienst nemen

enlistment *znw* mil werving; dienstneming

enliven [in'laivn] *overg* verlevendigen, opvrolijken

enmesh [in'meʃ] *overg* verstrikken

enmity ['enmiti] *znw* vijandschap

ennead ['eniæd] *znw* negental o

ennoble [i'noubl] *overg* veredelen, adelen, tot de adelstand verheffen

enormity [i'nɔ:miti] *znw* gruwelijkheid; gruwel(daad); enorme flater, stommiteit

enormous *bn* enorm, ontzaglijk, kolossaal

enough [i'nʌf] *bn bijw* genoeg, voldoende; *well ~* vrij goed; heel (zeer) goed; ~ *is ~* basta; zie ook: *good I, sure II*

enounce [i'nauns] *overg* uitspreken; aankondigen

en passant [a:m'pæsa:ŋ, -'pa:sa:ŋ] *bijw* tussen neus en lippen, en passant

enquire = *inquire*

enrage [in'reidʒ] *overg* woedend maken; ~*d* woedend

enrapture [in'ræptʃə] *overg* verrukken, in verrukking brengen

enrich [in'ritʃ] *overg* verrijken[2]

enrobe [in'roub] *overg* kleden, (uit)dossen

enrol, Am **enroll** [in'roul] **I** *overg* inschrijven, registreren; inlijven, in dienst nemen, aanmonsteren, aanwerven; **II** *onoverg* zich laten inschrijven, zich opgeven (als lid &); dienst nemen

enrolment, Am **enrollment** *znw* inschrijving; registratie; aanmonstering, werving

ensconce [in'skɔns] *onoverg* (behaaglijk) nestelen, veilig wegkruipen

ensemble [ā:n'sā:mbl] *znw* ensemble o; complet m & o [dameskostuum]

enshrine [in'ʃrain] *overg* in een reliekschrijn zetten; bevatten, omsluiten, vatten in

enshroud [in'ʃraud] *overg* (om)hullen

ensign ['ensain] *znw* (onderscheidings-) teken o; vaandel o, (natie)vlag; hist vaandrig; Am luitenant ter zee derde klas; *red ~* Britse koopvaardijvlag; *white ~* Britse marinevlag

ensilage ['ensilidʒ] **I** *znw* inkuiling; kuilvoer o; **II** *overg* (in)kuilen

ensile [in'sail] *overg* (in)kuilen

enslave [in'sleiv] *overg* tot (zijn) slaaf maken, knechten; ~*d to* verslaafd aan

ensnare [in'snɛə] *overg* verstrikken, (ver-)lokken

ensue [in'sju:] *onoverg* volgen, voortvloeien

(uit *from*)

ensure [in'ʃuə] *overg* garanderen, instaan voor, waarborgen; veilig stellen; verzekeren van

entail [in'teil] **I** *znw* onvervreemdbaar erfgoed o; **II** *overg* recht onvervreemdbaar maken [v. erfgoed]; fig meebrengen, na zich slepen

entangle [in'tæŋgl] *overg* in de war maken, verwarren², verstrikken², verwikkelen²

entanglement *znw* verwikkeling, verwarring; affaire

enter ['entə] *overg* binnentreden, in-, binnengaan, -komen, -dringen &, betreden, zich begeven in, zijn intrede doen in, deelnemen aan, in dienst treden bij; gaan in (bij); (laten) inschrijven, boeken; aangeven; toelaten; comput invoeren [v. gegevens]; **II** *onoverg* binnentreden; binnengaan, -komen; opkomen [acteur]; zich laten inschrijven; ~ *into* aanknopen [gesprek]; aangaan [verdrag]; beginnen, gaan in [zaken]; zich verplaatsen in, iets voelen voor, [ergens] inkomen; ingaan op; deel uitmaken van; ~ *(up)on* aanvaarden; in bezit nemen; beginnen (aan); zich mengen in [een gesprek]

enteric [en'terik] **I** *bn* darm-, ingewands-; ~ *fever* buiktyfus; **II** *znw* buiktyfus

enteritis [entə'raitis] *znw* darmontsteking

enterprise ['entəpraiz] *znw* onderneming, waagstuk o; speculatie; ondernemingsgeest, initiatief o; *free-~ economy* vrijemarkteconomie

enterprising *bn* ondernemend

entertain [entə'tein] **I** *overg* onderhouden, ontvangen, onthalen; in overweging nemen [voorstel]; ingaan op [aanbod]; koesteren [gevoelens]; vermaken, amuseren, bezighouden; **II** *onoverg* ontvangen, recipiëren

entertainer *znw* entertainer: conferencier, chansonnier, goochelaar &

entertaining *bn* onderhoudend

entertainment *znw* vermakelijkheid, vermaak o, amusement o

enthral [in'θrɔːl] *overg* tot slaaf maken; fig betoveren, boeien, meeslepen

enthrone [in'θroun] *overg* op de troon plaatsen; [een bisschop] installeren

enthuse [in'θjuːz] **I** *overg* enthousiast maken; **II** *onoverg*: ~ *about (over) sth.* enthousiast zijn over iets; ergens enthousiast over praten

enthusiasm *znw* enthousiasme o, geestdrift

enthusiast *znw* enthousiasteling

enthusiastic [inθjuːzi'æstik] *bn* enthousiast, geestdriftig

entice [in'tais] *overg* (ver)lokken, verleiden

enticement *znw* verlokking

enticing *bn* aanlokkelijk, verleidelijk

entire [in'taiə] *bn* algeheel, (ge)heel, volkomen, onverdeeld, volledig

entirely *bijw* geheel, helemaal, volkomen, zeer

entirety *znw* geheel o

entitle [in'taitl] *overg* noemen, betitelen; ~

to recht, aanspraak geven op; *be* ~*d to* recht hebben op, het recht hebben...; ~*d* ook: getiteld [v. boek &]

entitlement *znw* bedrag o, uitkering & waar iem. recht op heeft; betiteling

entity ['entiti] *znw* zijn o, wezen o, entiteit

entomb [in'tuːm] *overg* begraven; tot graf dienen

entomology [entə'mɔlədʒi] *znw* insectenkunde

entourage [ɔntu'raːʒ] *znw* entourage, gevolg o

entr'acte ['ɔntrækt] *znw* pauze tussen twee bedrijven [toneel]; muziek daarin gespeeld

entrails ['entreilz] *znw mv* ingewanden

entrain [in'trein] **I** *onoverg* instappen (in de trein); **II** *overg* inladen [troepen]; met zich meevoeren

1 entrance ['entrəns] *znw* ingang, inrit, intrede; entree, binnenkomst, intocht; toegang; aanvaarding [v. ambt]; ~ *examination* toelatingsexamen o; ~ *fee* entree

2 entrance [in'traːns] *overg* verrukken

entrant ['entrənt] *znw* deelnemer [bij wedstrijd]; nieuweling

entrap [in'træp] *overg* in een val lokken of vangen, verstrikken

entreat [in'triːt] *overg* bidden, smeken (om)

entreaty *znw* (smeek)bede

entrée ['ɔntrei] *znw* **1** voorgerecht o; **2** Am hoofdgerecht o; **3** toegang, entree

entrench [in'trenʃ] **I** *overg* verschansen; met een loopgraaf omgeven; stevig verankeren (bijv. v. rechten in de wetgeving); **II** *onoverg* zich verschansen; ~ *upon* schenden; *an* ~*ed habit* een diep verankerde gewoonte

entrenchment *znw* mil verschansing², schans

entrepot ['ɔntrəpou] *znw* entrepot o, opslagplaats, magazijn o

entrepreneur [ɔntrəprə'nəː] *znw* ondernemer

entrust [in'trʌst] *overg* toevertrouwen (aan *sth. to sbd., sbd. with sth.*)

entry ['entri] *znw* intocht, binnenkomst, intrede; toe-, ingang; sp inschrijving(en), deelnemer; handel boeking, post; notitie, aantekening [in dagboek &]; inzending; comput **1** invoeren o [v. gegevens]; **2** ingang, entry; ~ *fee* toegangsprijs, entreeprijs; ~ *visa* inreisvisum o; zie ook: *bookkeeping*

entwine [in'twain] *overg* ineen-, omstrengelen, omwinden, vlechten

enumerate [i'njuːməreit] *overg* opsommen, (op)tellen, opnoemen

enumeration [injuːmə'reiʃən] *znw* opsomming, (op)telling, opnoeming

enunciate [i'nʌnsieit] *overg* verkondigen, uitdrukken, uiten, uitspreken

enunciation [inʌnsi'eiʃən] *znw* verkondiging, uiteenzetting; uiting; uitspraak

envelop [in'veləp] *overg* (om)hullen, (in-, om)wikkelen

envelope ['envəloup] *znw* envelop, couvert o, omslag

envelopment [in'veləpmənt] *znw* in-, omwikkeling

envenom [in'venəm] *overg* vergiftigen[2]; verbitteren

enviable ['enviəbl] *bn* benijdenswaardig

envious ['enviəs] *bn* afgunstig, jaloers (op *of*)

environ [in'vaiərən] *overg* omringen; omgeven

environment *znw* omgeving, entourage, milieu *o*

environmental [invaiərən'mentl] *bn* van (door) het milieu, milieu-; ~ *pollution* milieuvervuiling

environs ['envairənz, in'viərənz] *znw mv* omstreken

envisage [in'vizidʒ], **envision** [in'viʒən] *overg* onder de ogen zien; beschouwen, overwegen; zich voorstellen

envoy ['envɔi] *znw* (af)gezant

envy ['envi] **I** *znw* afgunst, jaloezie, naijver, nijd; *she is the* ~ *of her sisters* haar zusters zijn jaloers op haar; **II** *overg* benijden, afgunstig zijn op, misgunnen

enwrap [in'ræp] *overg* (om)hullen, (om-, in)wikkelen

enzyme ['enzaim] *znw* enzym *o*, giststof, ferment *o*

eon [i:ən] *znw* = aeon

epaulet(te) ['epoulet, 'epɔ:let] *znw* epaulet

ephemeral *bn* kortstondig, efemeer, vluchtig, voorbijgaand

epic ['epik] **I** *bn* episch; verhalend; helden-, heldhaftig; indrukwekkend, gedenkwaardig; ~ *poem* heldendicht *o*; **II** *znw* heldendicht *o*, epos *o*

epicentre ['episentə] *znw* epicentrum *o*

epicure ['epikjuə] *znw* epicurist, genotzoeker

epicurean [epikju'ri:ən] *znw (bn)* epicurist(isch)

epidemic [epi'demik] **I** *znw* epidemie; **II** *bn* epidemisch; fig zich snel verbreidend

epidermis [epi'dəmis] *znw* opperhuid

epiglottis [epi'glɔtis] *znw* strotklepje *o*

epigram ['epigræm] *znw* epigram *o*, puntdicht *o*

epilepsy ['epilepsi] *znw* epilepsie, vallende ziekte

epileptic [epi'leptik] **I** *bn* epileptisch; **II** *znw* epilepticus

epilogue ['epilɔg] *znw* epiloog, naschrift *o*, slotrede

Epiphany [i'pifəni] *znw* Driekoningen(dag)

episcopacy [i'piskəpəsi] *znw* bisschoppelijke regering; *the* ~ de bisschoppen, het episcopaat

episcopal *bn* bisschoppelijk; *E*~ *Church* Anglicaanse Kerk, Episcopale Kerk

episcopalian [ipiskə'peiliən] **I** *bn* episcopaal; **II** *znw* lid v.e. episcopale kerk

episcopate [i'piskəpit] *znw* episcopaat *o* [bisschoppelijke waardigheid; bisdom *o*; bisschoppen], bisschopsambt *o*

episode ['episoud] *znw* episode

episodic(al) [epi'sɔdik(l)] *bn* episodisch

epistle [i'pisl] *znw* (zend)brief, epistel *o* & *m*

epistolary [i'pistələri] *bn* epistolair, briefdicht *o*

epitaph ['epita:f] *znw* grafschrift *o*

epithet ['epiθet] *znw* epitheton *o*, bijnaam

epitome [i'pitəmi] *znw* belichaming, personificatie; kort overzicht *o*, samenvatting

epitomize *overg* belichamen, in zich verenigen; samenvatten, een uittreksel maken van

epoch ['i:pɔk] *znw* tijdperk *o*, tijdvak *o*; tijdstip *o*

epochal ['epɔkl], **epoch-making** ['i:pɔkmeikiŋ] *bn* van grote betekenis, baanbrekend

eponymous [i'pɔ-, e'pɔniməs] *bn* titel-; *the* ~ *role of a play* de titelrol van een toneelstuk

epos ['epɔs] *znw* epos *o*, heldendicht *o*

epoxy resin [i'pɔksi 'rezin] *znw* epoxyhars *o* & *m*

equability [ekwə'biliti] *znw* gelijkheid, gelijkmatigheid, gelijkvormigheid

equable ['ekwəbl] *bn* gelijkmoedig, gelijkmatig

equal ['i:kwəl] **I** *bn* gelijk(matig), gelijkwaardig, gelijkgerechtigd; de-, hetzelfde; *on* ~ *terms with* op voet van gelijkheid met; *other things being* ~ ceteris paribus; ~ *to the occasion* tegen de moeilijkheden opgewassen; **II** *znw* gelijke, weerga; **III** *overg* gelijkmaken; gelijk zijn aan, evenaren

equality [i'kwɔliti] *znw* gelijkheid; gelijkwaardigheid, gelijkgerechtigdheid, rechtsgelijkheid

equalization [i:kwəlai'zeifən] *znw* gelijkmaking; gelijkstelling; egalisatie

equalize ['i:kwəlaiz] **I** *onoverg* sp gelijkmaken, de gelijkmaker scoren; **II** *overg* gelijkmaken°; gelijkstellen; egaliseren

equalizer ['i:kwəlaizə] *znw* **1** sp gelijkmaker; **2** gemeenz blaffer, proppenschieter; **3** elektr equalizer

equally *bijw* gelijk(elijk), even(zeer)

equanimity [ekwə'nimiti] *znw* gelijkmoedigheid

equate [i'kweit] *overg* gelijkstellen of -maken; ~ *to (with)* vergelijken met; ~ *with* gelijkstellen met

equation [i'kweifən] *znw* vergelijking; gelijkmaking; equatie

equator [i'kweitə] *znw* equator, evenaar

Equatorial Guinea *znw* Equatoriaal Guinee *o*

equestrian [i'kwestriən] *bn* te paard, ruiter-, rij-; ~ *statue* ruiterstandbeeld *o*

equiangular [i:kwi'æŋgjulə] *bn* gelijkhoekig

equidistant [i:kwi'distənt] *bn* op gelijke afstand (van *from*)

equilateral [i:kwi'lætərəl] *bn* gelijkzijdig

equilibrate [i:kwi'laibreit] *overg* & *onoverg* in evenwicht brengen (houden, zijn)

equilibrist [i:'kwilibrist] *znw* equilibrist, koorddanser, balanceerkunstenaar

equilibrium [i:kwi'libriəm] *znw* (*mv*: -s *of* equilibria) evenwicht[2] *o*

equine ['ekwain] *bn* paarden-

equinoctial [i:kwi'nɔkfəl] **I** *bn* nachtevenings-; **II** *znw* evennachtslijn, linie, hemelequator

equinox ['i:kwinɔks] *znw* (dag-en-)nachtevening

equip [i'kwip] *overg* toe-, uitrusten; outilleren

equipage ['ekwipidʒ] *znw* toe-, uitrusting; benodigdheden; equipage

equipment [i'kwipmant] *znw* toe-, uitrusting, outillage, installatie(s), apparatuur

equipoise ['ekwipɔiz] *znw* evenwicht *o*

equitable ['ekwitabl] *bn* billijk, onpartijdig; recht op de billijkheid berustend; ~ *mortgage* krediethypotheek

equitation [ekwi'teiʃan] *znw* paardrijkunst

equity ['ekwiti] *znw* billijkheid, rechtvaardigheid; handel aandeel *o*; aandelenkapitaal *o* (ook: ~ *capital*)

equivalence [i'kwivalans] *znw* gelijkwaardigheid

equivalent I *bn* gelijkwaardig, gelijkstaand (met *to*); equivalent; **II** *znw* equivalent *o*

equivocal [i'kwivakl] *bn* dubbelzinnig; twijfelachtig; verdacht

equivocate [i'kwivakeit] *onoverg* dubbelzinnig spreken, draaien, een slag om de arm houden

equivocation [ikwiva'keiʃan] *znw* dubbelzinnigheid; draaierij

er [ə:] *tsw* eh [aarzeling]

era ['iərə] *znw* jaartelling; tijdperk *o*, era

eradicate [i'rædikeit] *overg* uitroeien[2]

eradication [irædi'keiʃan] *znw* uitroeiing[2]

erase [i'reiz] *overg* uitschrappen, doorhalen, uitwissen, raderen, uitgommen, wegvegen

eraser *znw* bordenwisser; vlakgom

erasure *znw* uitschrapping, doorhaling, uitwissing, radering

ere [ɛə] *voegw & voorz* eer, voor(dat); ~ *long* binnenkort

erect [i'rekt] **I** *bn* recht(op), opgericht; overeind(staand); **II** *overg* oprichten, (op-)bouwen

erection *znw* oprichting, verheffing; erectie; gebouw *o*

erectness *znw* rechtopstaande houding

erector *znw* oprichter

eremite ['erimait] *znw* kluizenaar

ermine ['ə:min] *znw* dierk hermelijn *m*; hermelijn *o* [bont]

erode [i'roud] *overg* eroderen: wegvreten, aanvreten, uitslijpen; fig uithollen

erogenous [i'rɔdʒanas] *bn* erogeen

erosion *znw* erosie: wegvreting, aanvreting, uitslijping; fig uitholling

erotic [i'rɔtik] *bn* erotisch

eroticism [i'rɔtisizm] *znw* erotiek

err [ə:] *onoverg* dolen, dwalen, een fout begaan, zich vergissen; falen; zondigen; ~ *on the side of caution* het zekere voor het onzekere nemen

errand ['erand] *znw* boodschap; *run* ~*s* boodschappen doen

errant ['erənt] *bn* zondigend, van het rechte pad geraakt, ontrouw; rondtrekkend; dolend

erratic [i'rætik] *bn* onregelmatig, ongeregeld; grillig

erratum [i'reitəm, *mv*: -ta [-tə]] *znw* (druk)fout, vergissing

erroneous [i'rounjəs] *bn* foutief, onjuist

error ['erə] *znw* dwaling; vergissing, fout, overtreding

ersatz ['eazæts, 'ə:sɑ:ts, ɛr'za:ts] *bn* namaak-, nep-, surrogaat-

erstwhile ['ə:stwail] **I** *bijw* vroeger, voorheen; **II** *bn* voormalige, vroeger, van eertijds

eructation [i'rʌk'teiʃan] *znw* oprisping

erudite ['erudait] *bn* geleerd

erudition [eru'diʃan] *znw* geleerdheid

erupt [i'rʌpt] *onoverg* uitbarsten [vulkaan &]; barsten, uitbreken, losbarsten; opkomen [van huiduitslag &]; *he* ~*ed into the room* hij stormde de kamer binnen

eruption *znw* uitbarsting; losbarsten *o*, uitbreken *o* [v. geweld &]; med uitslag

escalate ['eskəleit] **I** *onoverg* escaleren, geleidelijk toenemen; **II** *overg* doen escaleren, verhevigen

escalation [eskə'leiʃan] *znw* escalatie, geleidelijk opvoeren *o* (v. oorlog &)

escalator ['eskəleitə] *znw* roltrap

escalope ['eskəloup] *znw* kalfslapje *o*; kalfsoester

escapade [eskə'peid] *znw* escapade[2], dolle of moedwillige streek; kromme sprong

escape [is'keip] **I** *znw* ontsnapping; fig vlucht (uit de werkelijkheid); lek *o* [van gas]; *fire* ~ brandladder; zie ook: *narrow*; **II** *onoverg* ontsnappen, ontglippen (aan *from*), ontlopen

escapee [eskei'pi:] *znw* ontsnapte

escapement [is'keipmant] *znw* echappement *o*

escape-valve *znw* uitlaatklep

escapism *znw* escapisme *o*: zucht om te vluchten (uit de werkelijkheid)

escapist *bn & znw* escapist(isch); ~ *literature* ontspanningslectuur

escarp [is'ka:p] **I** *znw* escarpe, glooiing, steile helling; **II** *overg* afschuinen, escarperen

escarpment *znw* steile wand; glooiing

eschew [is'tʃu:] *overg* schuwen, (ver)mijden

escort ['eskɔ:t] **I** *znw* (gewapend) geleide *o*, escorte *o*; begeleider; metgezel; **II** *overg* [is'kɔ:t] escorteren, begeleiden

esculent ['eskjulant] **I** *bn* eetbaar; **II** *znw* eetwaar

escutcheon [is'kʌtʃən] *znw* (wapen)schild *o*, (familie)wapen *o*

Eskimo ['eskimou] *znw* (*mv* idem of -s) Eskimo

esophagus [i(:)'sɔfagəs] *znw* (*mv*: -es of esophagi [i]; Am = oesophagus

esoteric [esou'terik] *bn* esoterisch, alleen voor ingewijden, insiders

esp. *afk.* = *especially*

ESP *afk.* = *extrasensory perception*

espalier [is'pæljə] *znw* leiboom, spalier *o*

especial [is'peʃl] *bn* bijzonder, speciaal

especially *bijw* (in het) bijzonder, vooral, inzonderheid

espial [is'paial] *znw* ver-, bespieding

espionage [espiə'na:ʒ] *znw* spionage

esplanade [esplə'neid] *znw* esplanade

espousal [is'pauzəl] *znw* fig omhelzing, aannemen *o* [v.e. godsdienst &]

espouse *overg* [een zaak] omhelzen, tot de

zijne maken

espy [is'pai] *overg* in het gezicht krijgen, ontwaren, bespeuren, ontdekken

Esq. *afk.* = *Esquire* [is'kwaiə]: *Robert Bell ~* De weledelgeb. heer Robert Bell

esquire [is'kwaiə] *znw* vero = *squire I*

essay ['esei] **I** *znw* poging, proef; essay o, verhandeling, opstel o; **II** *overg* [e'sei] pogen, beproeven

essayist *znw* essayist

essence ['esns] *znw* wezen o, essentiële o; essence: af-, uittreksel o, vluchtige olie, reukwerk o; *be of the ~* van wezenlijk belang zijn, essentieel zijn; *he is the ~ of politeness* hij is de beleefdheid zelf

essential [i'senʃəl] **I** *bn* wezenlijk, werkelijk, volstrekt noodzakelijk, essentieel; *~ oil* vluchtige olie; **II** *znw* wezenlijke o, volstrekt noodzakelijke o, hoogst noodzakelijke o, hoofdzaak; *~s* (ook:) grondbeginselen [v.e. vak &]

essentially [i'senʃəli] *bijw* ook: in wezen, in de grond, volstrekt

establish [is'tæbliʃ] *overg* vestigen, grondvesten, oprichten, stichten, instellen; tot stand brengen; aanknopen [betrekkingen]; vaststellen, (met bewijzen) staven, bewijzen; [een feit] constateren; *~ oneself* zich vestigen; ingeburgerd zijn, raken; *the E~ed Church* de Staatskerk

establishment *znw* vestiging; grondvesting, oprichting; stichting, inrichting, instelling, etablissement o; (handels)huis o; *the ~* het heersende bestel, het establishment

estate [is'teit] *znw* rang; (land)goed o; bezit o, bezitting; boedel, nalatenschap; terrein o, land o, plantage, onderneming; *real ~* onroerend goed; *the (three) ~s* de drie standen: adel, geestelijkheid en burgerij

estate agent *znw* Br makelaar in onroerend goed

estate (car) *znw* stationcar

estate duty *znw* successierecht o

esteem [is'ti:m] **I** *overg* achten, schatten, waarderen; **II** *znw* achting, aanzien o, schatting, waardering; *hold in (high) ~* = **I** *overg*

estimable ['estiməbl] *bn* achtenswaardig

estimate *znw* ['estimit] *znw* schatting, raming, prijsopgave, begroting, waardering; oordeel o; **II** *overg* ['estimeit] schatten, ramen, begroten (op *at*)

estimation [esti'meiʃən] *znw* schatting; waardering, achting; oordeel o, mening

Estonia [es'touniə] *znw* Estland o

Estonian [es'touniən] **I** *znw* Est; Estisch o; **II** *bn* Estisch

estrange [is'trein(d)ʒ] *overg* vervreemden

estrangement *znw* vervreemding

estrogen ['estrədʒən] *znw* Am = *oestrogen*

estuary ['estjuəri] *znw* estuarium o [wijd uitlopende, trechtervormige riviermond]

et al *afk.* = *et alii* en anderen

etch [etʃ] *overg* etsen; *it is ~ed on my mind/ memory* het staat in mijn geheugen gegrift

etching *znw* etsen o; etskunst; ets

eternal [i'tə:nl] **I** *bn* eeuwig; *~ triangle* driehoeksverhouding; **II** *znw: the E~* de Eeuwige (Vader): God

eternity *znw* eeuwigheid

ether ['i:θə] *znw* ether

ethereal [i'θiəriəl] *bn* etherisch, vluchtig, iel, hemels

ethic ['eθik] **I** *znw* ethiek; **II** *bn* ethisch

ethical *bn* ethisch

ethics *znw* ethica, ethiek, zedenleer; gedragsnormen, gedragscode, (de) ethische aspecten (van)

Ethiopia [i:θi'oupjə] *znw* Ethiopië o

Ethiopian [i:θi'oupjən] **I** *bn* Ethiopisch; **II** *znw* Ethiopiër

ethnography [eθ'nɔgrəfi] *znw* etnografie: volkenbeschrijving

ethnologist [eθ'nɔlədʒist] *znw* etnoloog

ethnology *znw* volkenkunde

ethos ['i:θɔs] *znw* ethos o; karakter o, geest

etiquette [eti'ket, 'etiket] *znw* etiquette

Etna ['etnə] *znw* de Etna; *e~* spiritustoestel o

Etruscan [i'trʌskən] **I** *bn* Etruskisch; **II** *znw* Etruskiër; Etruskisch o

etymologist [eti'mɔlədʒist] *znw* etymoloog

etymology *znw* etymologie

eucalyptus [ju:kə'liptəs] *znw* (*mv*: *-es of eucalypti*) eucalyptus

Eucharist ['ju:kərist] *znw* eucharistie

eugenic [ju:'dʒenik] **I** *bn* eugenetisch; **II** *znw*: *~s* eugenetica: rasverbetering

eulogize ['ju:lədʒaiz] *overg* prijzen, roemen, loven

eulogy *znw* lof(spraak), lofrede

eunuch ['ju:nək] *znw* eunuch

euphemism ['ju:fimizm] *znw* eufemisme o

euphemistic [ju:fi'mistik] *bn* eufemistisch: verzachtend, bedekt, verbloemend

euphony ['ju:fəni] *znw* welluidendheid

euphoria [ju:'fɔ:riə] *znw* euforie

Eurasian [juə'reiʒən] **I** *bn* Europees-Aziatisch; Indo-Europees; **II** *znw* Euraziër; Indo-Europeaan, Indo, halfbloed

Eurocrat ['juərəkræt] *znw* geringsch hoge EG-functionaris

Europe ['juərəp] *znw* Europa o

European [juərə'pi:ən] **I** *bn* Europees; **II** *znw* Europeaan, Europese

Eurosceptic *znw* euroscepticus

euthanasia [ju:θə'neizjə] *znw* euthanasie: het pijnloos doden v. ongeneeslijk zieken

evacuate [i'vækjueit] *overg* ledigen, lozen; ontlasten; evacueren, (ont)ruimen [een stad]

evacuation [ivækju'eiʃən] *znw* evacuatie, lediging, ontlasting, lozing, ontruiming

evacuee [ivækju'i:] *znw* evacué, geëvacueerde

evade [i'veid] *overg* ontwijken, ontduiken, ontgaan, ontsnappen aan

evaluate [i'væljueit] *overg* de waarde bepalen van, evalueren

evaluation [ivælju'eiʃən] *znw* waardebepaling, evaluatie

evanesce [i:və'nes] *onoverg* verdwijnen, vervagen

evanescent [i:və'nesənt] *bn* verdwijnend, vluchtig, voorbijgaand

evangelical [i:væn'dʒelikəl] *bn* evangelisch

Evangelical *znw* aanhanger van de *Low Church*

evangelist [i'vændʒilist] *znw* evangelist

evangelize *onoverg* evangeliseren; het evangelie prediken of verkondigen

evaporate [i'væpəreit] *overg & onoverg* (doen) verdampen, uitdampen, uitwasemen; vervluchtigen, vervliegen[2]; *~d milk* koffiemelk

evaporation [ivæpə'reiʃən] *znw* verdamping, vervluchtiging, uitdamping, uitwaseming

evaporator [i'væpəreitə] *znw* verdamper; verdampingstoestel *o*

evasion [i'veiʒən] *znw* ontwijking, ontduiking, uitvlucht

evasive *bn* ontwijkend[2]

eve [i:v] *znw* vooravond; avond (dag) vóór (een feest); *vero* avond

1 even ['i:vn] **I** *bn* gelijk(matig), effen, egaal; even; rond, vol [v. som &]; *I'll get ~ with him* ik zal het hem betaald zetten; *break ~ uit* kunnen [zonder verlies of winst]; quitte spelen (zijn); **II** *overg* effenen, gelijkmaken; gelijkstellen; *~ out* (gelijkmatig) spreiden, gelijk maken, gelijk verdelen; *~ up* gelijk worden, gelijk maken; (het) evenwicht herstellen

2 even ['i:vn] *bijw* (ja) zelfs; *~ as...* net toen...; *~ more* nog meer; *~ now* zo pas nog; op dit ogenblik; *~ so* ook: toch, zelfs dan, dan nog; *~ then* ook: toen al; *~ though* (al)hoewel; *not ~* zelfs niet, niet eens

even-handed ['i:vn'hændid] *bn* onpartijdig

evening ['i:vniŋ] *znw* avond; (gezellig) avondje *o*; *~ dress* avondkleding; avondjurk; smoking, rokkostuum *o*

evenly ['i:vnli] *bijw* gelijk(matig)

evensong ['i:vnsɔŋ] *znw* vesper; avonddienst

event [i'vent] *znw* gebeurtenis; evenement *o*; voorval *o*; geval *o*; *sp* nummer *o*, wedstrijd, race; *at all ~s* in elk geval; *in any ~* wat er ook gebeuren moge; in ieder geval; *in either ~* in beide gevallen; *in the ~* uiteindelijk, toen het zover was

even-tempered ['i:vn'tempəd] *bn* gelijkmatig van humeur

eventful *bn* rijk aan gebeurtenissen, veelbewogen, belangrijk

eventual [i'ventʃuəl] *bn* daaruit voortvloeiend; later volgend; mogelijk, eventueel; uiteindelijk, eind-

eventuality [iventju'æliti] *znw* mogelijke gebeurtenis, mogelijkheid

eventually [i'ventʃuəli] *bijw* ten slotte, uiteindelijk

eventuate [i'ventʃueit] *onoverg* [goed &] aflopen; uitlopen (op *in*); gebeuren

ever ['evə] *bijw* ooit, weleens; altijd, immer, eeuwig; *did you ~!* wel heb je ooit!; *yours ~* steeds de uwe; *~ and again (anon)* van tijd tot tijd; telkens weer; *~ so (much)* heel veel, o zo veel; *be he ~ so rich* hoe rijk hij

ook is, al is hij nog zo rijk; *as much as ~* nog even veel; *for ~ (and ~, and a day)* (voor) altijd, eeuwig; *not... ~* nooit; *never ~ gemeenz* nooit; *do I ~!* gemeenz en hoe!; *was he ~ mad!* Am wat was hij kwaad!; *~ since* sinds(dien); van die tijd af; *~ after* daarna

evergreen *znw & bn* plantk altijdgroen (gewas *o*); evergreen

everlasting [evə'la:stiŋ] *bn* eeuwig(durend), onsterfelijk; onverwoestbaar

evermore ['evə'mɔ:] *bijw* (voor) altijd, eeuwig

every ['evri] *bn* ieder, elk, al; *~ man Jack gemeenz* iedereen, zonder uitzondering; *~ now and then* af en toe; *~ one (of them)* ieder (van hen); *~ other day*, *~ second day* om de andere dag; *~ bit as corrupt (as)* in elk opzicht even verdorven (als)

everybody *onbep vnw* iedereen

everyday *bijw* (alle)daags; gewoon

everyone *onbep vnw* iedereen

everything *onbep vnw* alles

everyway *bijw* in alle opzichten, alleszins

everywhere *bijw* overal

evict [i'vikt] *overg* recht uitzetten

eviction *znw* recht uitzetting

evidence ['evidəns] **I** *znw* getuigenis *o & v*; bewijs *o*, bewijsstuk *o*, bewijsmateriaal *o*, bewijzen; *turn King's/Queen's ~* (Am: *State's ~*) getuigen tegen medeverdachten [om strafvermindering te krijgen]; *on the~* of naar blijkt uit, op grond van; *be in ~* de aandacht trekken; *call in ~* als getuige oproepen; **II** *overg* bewijzen, (aan-) komen; getuigen van

evident *bn* blijkbaar, klaarblijkelijk, kennelijk, duidelijk

evil ['i:v(i)l] **I** *bn* slecht, kwaad, kwalijk, boos, snood; **II** *znw* kwaad *o*, onheil *o*; euvel *o*; kwaal

evil-doer *znw* boosdoener

evil-minded *bn* kwaadaardig

evince [i'vins] *overg* bewijzen, (aan)tonen, aan de dag leggen

eviscerate [i'visəreit] *overg* ingewanden uithalen, (buik) openrijten

evocation [evə'keiʃən] *znw* oproeping, evocatie

evocative [i'vɔkətiv] *bn* evocatief

evoke [i'vouk] *overg* oproepen, te voorschijn roepen

evolution [i:və'l(j)u:ʃən] *znw* ontplooiing, ontwikkeling; evolutie

evolutionary [i:və'l(j)u:ʃən(ə)ri] *bn* evolutionair, evolutie-

evolve [i'vɔlv] *overg & onoverg* (zich) ontvouwen, ontplooien, ontwikkelen; evolueren

evulsion [i'vʌlʃən] *znw* (krachtig) uittrekken *o*, uitrukken *o*

ewe [ju:] *znw* ooi

ewer ['juə] *znw* lampetkan

ex [eks] **I** *voorv* ex-, vroeger, voormalig, gewezen, oud-; **II** *voorz* handel uit, af [fabriek]; zonder

exacerbate [eks'æsəbeit] *onoverg* verergeren, toespitsen

exacerbation [eksæsə'beiʃən] znw verergering

exact [ig'zækt] I bn nauwkeurig, stipt, juist, precies; afgepast; exact; II overg vorderen; eisen, afpersen; too ~ing te veeleisend; ~ing work inspannend werk o

exaction znw vordering, buitensporige eis, afpersing

exactitude znw nauwkeurigheid, stiptheid; juistheid

exactly bijw nauwkeurig, stipt, juist, precies; what did he say ~? wat zei hij eigenlijk?; not ~ ook: nu niet bepaald

exaggerate [ig'zædʒəreit] overg overdrijven; chargeren

exaggeration [igzædʒə'reiʃən] znw overdrijving; overdrevenheid; charge

exalt [ig'zɔ:lt] overg verheffen, verhogen; verheerlijken, prijzen, loven

exaltation [egzɔ:l'teiʃən] znw verheffing, verhoging; verheerlijking; (geest)vervoering, verrukking

exam [ig'zæm] znw examen o

examination [igzæmi'neiʃən] znw examen o, onderzoek o, visitatie, recht ondervraging, verhoor o; on (closer) ~ op de keper beschouwd

examine [ig'zæmin] overg examineren, onderzoeken, visiteren, inspecteren, controleren, nakijken, bekijken, onder de loep nemen; recht ondervragen, verhoren

examinee [igzæmi'ni:] znw examinandus

examiner [ig'zæminə] znw examinator; ondervrager; recht rechter van instructie

example [ig'zɑ:mpl] znw voorbeeld o, model o; exemplaar o [v. kunstwerk]; opgave, som; for ~ bijvoorbeeld; make an ~ of him (them &) hem (ze) als voorbeeld stellen; set an ~ een voorbeeld geven

exasperate [ig'zɑ:s-, ig'zæspəreit] overg prikkelen, verbitteren

exasperating bn ergerlijk, onuitstaanbaar, tergend

exasperation [igzɑ:s-, igzæspə'reiʃən] znw prikkeling, verbittering

excavate ['ekskəveit] overg op-, uitgraven, uithollen

excavation [ekskə'veiʃən] znw op-, uitgraving, uitholling, holte

excavator ['ekskəveitə] znw graafmachine

exceed [ik'si:d] overg overtreffen, overschrijden, te boven (buiten) gaan

exceedingly bijw bijzonder, uiterst

excel [ik'sel] I overg overtreffen, uitmunten, uitsteken boven; II onoverg uitmunten, uitblinken

excellence ['eksələns] znw uitmuntendheid, uitstekendheid, voortreffelijkheid

excellency znw excellentie

excellent bn uitmuntend, uitstekend, uitnemend, voortreffelijk

except [ik'sept] I overg uitzonderen; II voorz behalve, uitgezonderd; ~ for behalve; behoudens; III voegw: ~ he be a traitor als hij tenminste geen verrader is

exception znw uitzondering (op to); exceptie; take ~ to aanstoot nemen aan; opkomen tegen

exceptionable bn aanstotelijk, laakbaar, berispelijk; betwistbaar

exceptional bn bijzonder, uitzonderlijk, exceptioneel; uitzonderings-

excerpt ['eksə:pt] znw passage; uittreksel o

excess ['ekses] znw overmaat, overdaad, buitensporigheid; uitspatting, wreedheid, mishandeling [seksueel &], marteling, exces o; surplus o, extra o; in (to) ~ bovenmatig, overdadig; in ~ of boven, meer (groter) dan; ~ fare toeslag [op spoorkaartje]; ~ baggage overvracht; ~ profit overwinst

excessive bn overdadig, buitensporig, overdreven, ongemeen

exchange [iks'tʃein(d)ʒ] I znw (om-, uit-, in-, ver)wisseling, ruil(ing); woordenwisseling, schermutseling; wisselkoers; valuta, deviezen; beurs; telec telefooncentrale; ~ rate handel wisselkoers; II overg (uit-, in-, ver-) wisselen, (ver)ruilen

exchangeable bn in-, verwisselbaar, ruilbaar

exchequer [iks'tʃekə] znw schatkist; kas; the E~ Br ministerie o v. financiën

excise [ik'saiz] I overg uit-, afsnijden, wegnemen, schrappen (uit from); II znw ['eksaiz] accijns; ~ duties accijnzen

exciseman znw commies

excision [ik'siʒən] znw uit-, afsnijding; wegneming, schrapping; uitsluiting

excitable [ik'saitəbl] bn prikkelbaar

excite [ik'sait] overg prikkelen, opwekken, aanzetten; opwinden; (ver)wekken

excitement znw opwinding

exciting bn ook: boeiend, interessant, spannend

exclaim [iks'kleim] overg uitroepen; ~ at sth. luid protesteren tegen iets

exclamation [ekskla'meiʃən] znw uitroep; ~ mark (Am: ~ point) uitroepteken o [!]

exclamatory [eks'klæmətəri] bn uitroepend

exclude [iks'klu:d] overg buiten-, uitsluiten

excluding voorz = exclusive of

exclusion znw buiten-, uitsluiting; to the ~ of met uitzondering van

exclusive I bn uitsluitend; exclusief; ~ of met uitsluiting van; ongerekend, niet inbegrepen; II znw exclusief interview o, exclusieve reportage

excogitate [eks'kɔdʒiteit] overg uitdenken, bedenken

excogitation [ekskɔdʒi'teiʃən] znw uitdenken o; plan o

excommunicate [ekskə'mju:nikeit] overg excommuniceren, in de ban doen[2]

excommunication [ekskəmju:ni'keiʃən] znw excommunicatie, (kerk)ban

excoriate [eks'kɔ:rieit] overg ontvellen, schaven

excrement ['ekskrimənt] znw uitwerpselen (ook: ~s), ontlasting

excrescence [iks'kresns] znw uitwas

excreta [eks'kri:tə] znw mv uitscheidingsstoffen, vooral uitwerpselen en urine

excrete [eks'kri:t] overg uit-, afscheiden

excretion znw excretie, secretie, uit-, afscheiding

excretory bn uit-, afscheidend; uit-, af-

scheidings-
excruciating [iks'kru:ʃieitiŋ] *bn* martelend; ondraaglijk, verschrikkelijk, vreselijk
exculpate ['ekskʌlpeit] *overg* van blaam zuiveren, verontschuldigen, vrijpleiten
excursion [iks'kə:ʃən] *znw* excursie, uitstapje *o*; uitweiding; afdwaling
excursionist *znw* excursionist, deelnemer aan een excursie, plezierreiziger
excursive [iks'kə:siv] *bn* afdwalend, uitweidend
excuse [iks'kju:s] I *znw* verschoning, verontschuldiging, excuus *o*; II *overg* [iks'kju:z] verontschuldigen; excuseren; vergeven; vrijstellen; ~ *me* pardon, neemt u me niet kwalijk, sorry
ex-directory ['eksdi'rektəri] *bn*: ~ *number telec* geheim nummer *o*
execrable ['eksikrəbl] *bn* afschuwelijk
execrate *overg* (ver)vloeken, verafschuwen
execration [eksi'kreiʃən] *znw* vervloeking; afschuw; gruwel
execute ['eksikju:t] *overg* uitvoeren, verrichten, volbrengen; voltrekken; passeren [een akte]; terechtstellen, ter dood brengen
execution [eksi'kju:ʃən] *znw* uitvoering, volbrenging; *recht* voltrekking, executie, terechtstelling; passeren *o* [v.e. akte]
executioner *znw* beul
executive [ig'zekjutiv] I *bn* uitvoerend; leidend [functie &]; directie-; luxe-; ~ *car* directiewagen; II *znw* uitvoerende macht; uitvoerend comité *o*, (dagelijks) bestuur *o*; bestuurder, leider, hoofd *o*, directeur
executor [ik'zekju:tə] *znw* executeur(-testamentair)
exegesis [eksi'dʒi:sis] *znw* (*mv*: exegeses) exegese
exemplar [ig'zemplə] *znw* model *o*, voorbeeld *o*
exemplary *bn* voorbeeldig
exemplification [igzemplifi'keiʃən] *znw* verklaring
exemplify [ig'zemplifai] *overg* verklaren, toelichten door voorbeelden, een voorbeeld zijn van
exempt [ig'zem(p)t] I *overg* ontslaan, vrijstellen; II *bn* vrij(gesteld) (van *from*)
exemption *znw* vrijstelling
exequies ['eksikwiz] *znw mv* plechtig uitvaart
exercise ['eksəsaiz] I *overg* uitoefenen, gebruiken; (be)oefenen; *mil* laten exerceren, drillen; beweging laten nemen; bezighouden; op de proef stellen [het geduld]; ~ *the minds* de gemoederen bezighouden; II *onoverg* (zich) oefenen; *mil* exerceren; beweging nemen; III *znw* oefening; gebruik *o*; operatie, onderneming, campagne; thema *o*; *mil* manoeuvre, exercitie; (lichaams-)beweging, -oefening
exert [ig'zə:t] *overg* aanwenden, inspannen, gebruiken; uitoefenen
exertion *znw* aanwending; inspanning [van krachten]; krachtige poging
exeunt ['eksiʌnt] (zij gaan) af [regieaanwijzing]
exhalation [eks(h)ə-, egzə'leiʃən] *znw* uitademing
exhale [eks'heil, eg'zeil] *overg & onoverg* uitademen
exhaust [ig'zɔ:st] I *overg* uitputten, leegmaken; grondig behandelen [onderwerp]; II *znw* uitlaat; uitlaatgas *o*; ~ *centre* bedrijf *o* dat is gespecialiseerd in reparaties aan uitlaten; ~ *pipe* uitlaatpijp
exhaustion *znw* uitputting²
exhaustive *bn* uitputtend, grondig
exhibit [ig'zibit] I *znw recht* bewijsstuk *o*; inzending [op tentoonstelling], voorwerp *o* & [in museum]; II *overg* tentoonstellen, exposeren, (ver)tonen, aan de dag leggen; overleggen, indienen; III *onoverg* exposeren
exhibition [eksi'biʃən] *znw* vertoning, tentoonstelling; *recht* overlegging, indiening; *onderw* (studie)beurs; *make an ~ of oneself* zich aanstellen
exhibitioner *znw* bursaal, beursstudent
exhibitionism [eksi'biʃənizm] *znw* 1 aanstellerij, buitensporig gedrag *o*; 2 exhibitionisme *o*
exhibitionist *znw* 1 aansteller; 2 exhibitionist
exhibitor [ig'zibitə] *znw* vertoner; exposant
exhilarate [ig'ziləreit] *overg* opvrolijken
exhilaration [igzilə'reiʃən] *znw* opvrolijking; vrolijkheid
exhort [ig'zɔ:t] *overg* aan-, vermanen, aansporen
exhortation [egzɔ:-, eksɔ:'teiʃən] *znw* aan-, vermaning, aansporing
exhume [eks'hju:m] *overg* opgraven; *fig* opdiepen
exigency [ek'sidʒənsi] *znw* nood, behoefte, eis
exigent ['eksidʒənt] *bn* dringend; veeleisend
exiguity [eksi'gjuiti] *znw* klein-, onbeduidendheid
exiguous [eg'zi-, ek'sigjuəs] *bn* klein, onbeduidend
exile ['eksail, 'egzail] I *znw* verbanning, ballingschap; balling; II *overg* (ver)bannen
exist [ig'zist] *onoverg* bestaan, leven, zijn, existeren
existence *znw* bestaan *o*, aanwezigheid; wezen *o*, zijn *o*, existentie
existent *bn* bestaand
existential [egzis'tenʃəl] *bn* existentieel
existentialism *znw* existentialisme *o*
exit ['eksit] I *onoverg* afgaan [v.h. toneel]; *fig* van het toneel verdwijnen; II *znw* afgaan² [v.h. toneel]; uitrit, afslag [v. autoweg]; uitgang; uitreis; *he made his* ~ hij ging heen²
exodus ['eksədəs] *znw* exodus²; uittocht
exogamy [ek'sɔgəmi] *znw* exogamie: huwen *o* buiten de eigen sociale groep
exonerate [ig'zɔnəreit] *overg* ontlasten, ontheffen; (van blaam) zuiveren
exorbitance [ig'zɔ:bitəns] *znw* buitensporigheid
exorbitant *bn* buitensporig, overdreven
exorcism *znw* (geesten)bezwering
exorcist *znw* geestenbezweerder

exorcize, excorcise *overg* uitdrijven, (uit-) bannen, bezweren; (van boze geesten) bevrijden

exoteric [eksou'terik] *bn* exoterisch; populair

exotic [eg'zɔtik] **I** *bn* uitheems; exotisch; **II** *znw* uitheemse plant &

expand [iks'pænd] **I** *overg* uitspreiden, uitbreiden; (doen) uitzetten; ontwikkelen, ontplooien; ~ *on sth.* uitweiden over iets; iets dieper op iets ingaan; **II** *onoverg* uitzetten; toenemen, zich uitbreiden (uitspreiden), uitdijen; zich ontwikkelen (ontplooien); ontluiken

expanse *znw* uitgestrektheid; uitspansel o

expansion *znw* uitbreiding, expansie, uitzetting, uitdijing; spankracht; ontwikkeling; ontplooiing; ontluiking

expansive *bn* uitgebreid, uitgestrekt, wijd; expansief, mededeelzaam

expatiate [eks'peiʃieit] gemeenz *onoverg* uitweiden (over *on*)

expatriate [eks'pætrieit, -'peitrieit] **I** *overg* verbannen, het land uitzetten; **II** *znw* [eks'pætriːit] (vooral *Am*) (vrijwillige) balling; **III** *bn* in het buitenland wonend

expect [ik'spekt] *overg* verwachten, rekenen op; gemeenz vermoeden; denken; *she is* ~*ing* gemeenz zij is in verwachting

expectancy *znw* verwachting; vooruitzicht o; *life* ~ vermoedelijke levensduur

expectant *bn* af-, verwachtend; hoopvol; aanstaande [moeder]

expectation [ekspek'teiʃən] *znw* af-, verwachting, vooruitzicht o; ~ *of life* vermoedelijke levensduur; *have* ~*s* vooruitzichten [op een erfenis], iets te wachten hebben

expectorant [ek'spektərənt] *znw & bn* slijm oplossend of losmakend (middel *o*)

expectorate *overg* [uit de borst] opgeven, spuwen

expectoration [ekspektə'reiʃən] *znw* opgeving [bij het hoesten]; opgegeven slijm o & m

expedience, expediency [iks'piːdiəns(i)] *znw* gepastheid, geschiktheid, raadzaamheid, dienstigheid, opportuniteit

expedient I *bn* gepast, geschikt, raadzaam, dienstig, opportuun; **II** *znw* (red-, hulp-) middel o

expedite ['ekspidait] *overg* bevorderen, bespoedigen, verhaasten, (vlug) afdoen

expedition [ekspi'diʃən] *znw* expeditie; spoed, snelheid

expeditionary force *znw* expeditieleger o

expeditious *bn* snel, vaardig

expel [iks'pel] *overg* uit-, verdrijven, verwijderen, (ver)bannen, uitzetten, wegjagen, -zenden, royeren

expend [iks'pend] *overg* uitgeven, besteden, verbruiken

expendable *bn* overtollig; zonder veel waarde

expenditure *znw* uitgeven o, uitgaaf; uitgaven; (nutteloos) verbruik o

expense [iks'pens] *znw* (on)kosten, uitgaaf; moeite; *at the* ~ *of* op kosten van; fig ten koste van

expense account *znw* onkostenrekening

expense allowance *znw* onkostenvergoeding

expensive *bn* kostbaar, duur

experience [iks'piəriəns] **I** *znw* ondervinding; ervaring; belevenis; **II** *overg* ondervinden, ervaren, door-, meemaken, beleven

experienced *bn* ervaren, bedreven

experiential [iks'piəri'enʃəl] *bn* op de ervaring gebaseerd, ervarings-, empirisch

experiment I *znw* [iks'perimənt] experiment o, proef(neming); **II** *onoverg* [iks'perimənt] experimenteren, proeven nemen

experimental [eksperi'mentl] *bn* proefondervindelijk, experimenteel, ervarings-; proef-

experimentation [eksperimen'teiʃən] *znw* proefneming, experimenteren o

expert ['ekspəːt] **I** *bn* bedreven (in *at, in*); vakkundig, vakbekwaam, deskundig; geroutineerd; **II** *znw* deskundige, vakman, expert (in *in, at*)

expertise [ekspəː'tiːz] *znw* deskundigheid

expiate ['ekspieit] *overg* boeten [een misdaad]

expiation [ekspi'eiʃən] *znw* boete(doening)

expiatory ['ekspiətəri] *bn* boete-, zoen-

expiration [ekspaiə'reiʃən] *znw* uitademing; einde o; vervallen o, verstrijken o, afloop, vervaltijd

expire [iks'paiə] *onoverg* de laatste adem uitblazen; aflopen, verstrijken, vervallen, verlopen; uitgaan

expiry *znw* vervallen o, verstrijken o, afloop, vervaltijd; ~ *date* datum waarop de geldigheid van iets vervalt

explain [iks'plein] *overg* uitleggen, verklaren, uiteenzetten; ~ *away* wegredeneren, goedpraten, vergoelijken; ~ *oneself* zich nader verklaren

explanation [eksplə'neiʃən] *znw* verklaring, uitleg(ging), uiteenzetting, explicatie

explanatory *bn* [iks'plænətəri] verklarend

expletive [iks'pliːtiv] **I** *bn* aanvullend; overtollig; **II** *znw* stopwoord o, vloek, krachtterm

explicable [eks'plikəbl] *bn* verklaarbaar

explicate [eks'plikeit] *overg* uitleggen, verklaren, verhelderen

explicit [iks'plisit] *bn* duidelijk, uitdrukkelijk, niets verhullend; expliciet; stellig; openhartig

explode [iks'ploud] **I** *onoverg* exploderen, ontploffen, springen, (uit-, los) barsten[2]; snel (plotseling) stijgen; **II** *overg* tot ontploffing brengen, doen (uit)barsten; laten springen; fig de neklag geven; ~*d theory* theorie die afgedaan heeft

exploit I *znw* ['eksplɔit] (helden)daad, wapenfeit o; prestatie; **II** *overg* [iks'plɔit] exploiteren; uitbuiten

exploitation [eksplɔi'teiʃən] *znw* exploitatie; uitbuiting

exploiter [eks'plɔitə] *znw* exploitant; uitbuiter

exploration [eksplɔ:'reiʃən] *znw* navorsing,

nasporing, onderzoeking
exploratory [eks'plɔ:rətəri] *bn* onderzoekend; ~ *drilling* proefboring
explore [iks'plɔ:] *overg* navorsen, onderzoeken
explorer *znw* ontdekkingsreiziger
explosion [iks'plouʒən] *znw* ontploffing, springen *o*, los-, uitbarsting², explosie; plotselinge groei
explosive I *bn* ontplofbaar, ontploffings-, spring-; explosief; opvliegend; **II** *znw* springstof
exponent [eks'pounənt] *znw* exponent, vertegenwoordiger, fig vertolker, vertolking, uitdrukking, belichaming, drager [v. idee]
exponential [ekspou'nenʃəl] *znw* exponentieel
export I *znw* ['ekspɔ:t] uitgevoerd goed *o*; uitvoerartikel *o*; uitvoer, export (ook: ~*s*);
II *overg* [eks'pɔ:t] uitvoeren, exporteren
exportation [ekspɔ:'teiʃən] *znw* uitvoer, export
exporter [eks'pɔ:tə] *znw* exporteur
expose *overg* uitstallen; (ver)tonen; tentoonstellen; blootstellen; bloot (onbedekt, onbeschut) laten; blootleggen; belichten [foto]; te vondeling leggen; fig uiteenzetten [theorieën]; aan de kaak stellen; ontmaskeren, aan de dag brengen; ~ *oneself* zich blootgeven; recht zich schuldig maken aan exhibitionisme; ~*d* onbeschut
exposé [eks'pouzei] *znw* uiteenzetting; onthulling (v. schandaal &)
exposition [ekspou'ziʃən] *znw* uiteenzetting; exposé *o*, uitleg [v. drama]; tentoonstelling
expostulate [iks'pɔstjuleit] *onoverg* protesteren; ~ *with sbd. about (for, on, upon)* iem. onderhouden over
expostulation [ikspɔstju'leiʃən] *znw* vertoog *o*, vermaning, protest *o*
exposure [iks'pouʒə] *znw* blootstellen *o*, blootgesteld zijn *o*; ontbloting; med onderkoeling; uitstalling; ontmaskering; publiciteit; fotogr opname, belichting; te vondeling leggen *o*; gebrek *o* aan beschutting; *with a southern* ~ op het zuiden liggend; ~ *meter* belichtingsmeter
expound [iks'paund] *overg* uiteenzetten, verklaren
express [iks'pres] **I** *bn* uitdrukkelijk; speciaal; snel, expres-; ~ *company* Am koeriersbedrijf *o*; ~ *delivery* snelpost; **II** *bijw* per expresse; **III** *znw* post expresse; expres-(trein); **IV** *overg* uitpersen; uitdrukken², te kennen geven, betuigen, uiten
expression *znw* uitpersing; uitdrukking, expressie; uiting, gezegde *o*; *beyond (past)* ~ onuitsprekelijk
expressionist [iks'preʃənist] *znw & bn* expressionist(isch)
expressive [iks'presiv] *bn* expressief, beeldend; veelzeggend; ~ *of ... ...* uitdrukkend
expressly [iks'presli] *bijw* duidelijk; uitdrukkelijk; in het bijzonder
expressway [iks'preswei] *znw* Am snelweg
expropriate [eks'prouprieit] *overg* onteigenen

expropriation [eksproupri'eiʃən] *znw* onteigening
expulsion [iks'pʌlʃən] *znw* uit-, verdrijving, uitzetting, verbanning; wegjagen *o*, -zenden *o*; royement *o*
expunge [eks'pʌn(d)ʒ] *overg* uitwissen, schrappen
expurgate ['ekspə:geit] *overg* zuiveren, castigeren [boek], schrappen; ~*d* ook: gekuist [uitgave]
expurgation [ekspə:'geiʃən] *znw* zuivering, castigatie [v.e. boek], schrapping
exquisite ['ekskwizit, iks'kwizit] *bn* uitgelezen, uitgezocht, fijn, keurig; volmaakt
ex-serviceman ['eks'sə:vismæn] *znw* oudstrijder
ext. *afk.* = *extension* [telec]; *exterior*; *external*
extant [eks'tænt] *bn* (nog) bestaande, voorhanden, aanwezig
extemporaneous [ekstempə'reinjəs], **extempore** [eks'tempəri] *bn* voor de vuist (bedacht), onvoorbereid
extemporize [eks'tempəraiz] *onoverg* voor de vuist spreken, improviseren
extend [iks'tend] **I** *overg* (uit)strekken; uit-, toesteken; uitbreiden; groter/langer maken, (uit)rekken; verlengen; dóórtrekken; doen toekomen, te beurt doen vallen, verlenen [hulp]; (over) hebben (voor *to*); tot het uiterste belasten; **II** *onoverg* zich uitstrekken; zich uitbreiden
extension *znw* (uit)strekking, (uit)rekking, uitbreiding, uitgebreidheid; omvang; verlenging; verlengstuk² *o*; (ook: ~ *piece*); aanbouw [v. huis]; telec neventoestel *o*; ~ *13* telec toestel 13; ~ *cord (lead)* verlengsnoer *o*; ~ *course(s)* onderw ± deeltijdstudie; ~ *ladder* schuifladder
extensive *bn* uitgebreid, uitgestrekt, omvangrijk, extensief, op grote schaal; *travel* ~*ly* veel reizen
extent [iks'tent] *znw* uitgebreidheid, uitgestrektheid, omvang; hoogte, mate; *to some (a certain)* ~ in zekere mate, tot op zekere hoogte; *to what* ~ in hoeverre
extenuate [eks'tenjueit] *overg* verzachten, vergoelijken
extenuation [ekstenju'eiʃən] *znw* verzachting, vergoelijking
exterior [eks'tiəriə] **I** *bn* uitwendig, uiterlijk; buitenste, buiten-; **II** *znw* buitenkant; uiterlijk *o*, uiterlijkheid, uitwendigheid
exteriorize *overg* uiterlijke vorm geven aan; psych projecteren
exterminate [iks'tə:mineit] *overg* uitroeien, verdelgen
extermination [ikstə:mi'neiʃən] *znw* uitroeiing, verdelging
exterminator [iks'tə:mineitə] *znw* uitroeier, (ongedierte)verdelger
external [eks'tə:nəl] **I** *bn* uitwendig; uiterlijk; extern, buiten-; buitenlands; **II** *znw* uiterlijk *o*; ~*s* uiterlijkheden; bijkomstigheden
externalize *overg* uiterlijke vorm geven aan; belichamen; psych projecteren
exterritorial [eksteri'tɔ:riəl] *bn* extraterrito-

riaal: buiten de jurisdictie van een staat vallend

extinct [iks'tiŋkt] *bn* (uit)geblust, uitgedoofd; niet meer bestaand, uitgestorven; afgeschaft

extinction *znw* (uit)blussing, uitdoving; delging (v. schuld); vernietiging; opheffing; uitroeiing; ondergang; uitsterving

extinguish [iks'tiŋgwiʃ] *overg* (uit)blussen², (uit)doven²; delgen [schuld]; uitroeien; vernietigen; opheffen; in de schaduw stellen

extinguisher *znw* blusser; blusapparaat *o*

extirpate ['ekstə:peit] *overg* uittrekken; uitroeien²

extirpation [ekstə:'peiʃən] *znw* uittrekken *o*; uitroeiing²

extirpator ['ekstə:peitə] *znw* vernietiger; uitroeier; wiedmachine

extol [iks'tɔl, iks'toul] *overg* verheffen, prijzen, ophemelen, verheerlijken

extort [iks'tɔ:t] *overg* ontwringen, afdwingen, afpersen

extortion *znw* afpersing; afzetterij

extortionate *bn* exorbitant

extortioner *znw* (geld)afperser, knevelaar, uitzuiger; afzetter

extra ['ekstrə] **I** *bn bijw* extra; **II** *znw* iets extra's; extra nummer *o*, dans, schotel &; extraatje *o*; figurant; *no ~s* alles inbegrepen

extract [iks'trækt] **I** *overg* (uit)trekken, trekken, aftrekken [kruiden], extraheren, halen (uit *from*); afpersen; **II** *znw* ['ekstrækt] extract *o*, uittreksel *o*; fragment *o*, passage

extraction [iks'trækʃən] *znw* uittrekking, extractie [v. tand &]; afkomst

extractor fan *znw* raamventilator; afzuigkap

extracurricular [ekstrəkə'rikjələ] *bn* buiten het gewone (studie)programma om

extradite ['ekstrədait] *overg* uitleveren

extradition [ekstrə'diʃən] *znw* uitlevering

extrajudicial ['ekstrədʒu'diʃəl] *bn* buitengerechtelijk; wederrechtelijk

extra-marital ['ekstrə'mæritl] *bn* buitenechtelijk

extramural ['ekstrə'mjuərəl] *bn* buiten de muren van de school of van de universiteit; *~ activities* buitenschoolse activiteiten; *~ student* extraneus

extraneous [eks'treinjəs] *bn* vreemd (aan *to*), niet behorend (bij *to*)

extraordinary [iks'trɔ:dnri] *bn* buitengewoon°, ongemeen

extrapolate [iks'træpouleit] *overg* extrapoleren: uit iets bekends iets onbekends berekenen

extrasensory ['ekstrə'sensəri] *bn* paragnostisch; *~ perception* buitenzintuiglijke waarneming

extraterrestrial ['ekstrəti'restriəl] **I** *bn* buitenaards; **II** *znw* buitenaards wezen *o*

extraterritorial ['ekstrəteri'tɔ:riəl] *bn* = *extraterritorial*

extravagance [iks'trævigəns] *znw* buitensporigheid; overdrijving, ongerijmdheid; verkwisting; uitspatting

extravagant *bn* buitensporig; overdreven, ongerijmd; verkwistend

extravaganza [ekstrævə'gænzə] *znw* buitensporigheid; *muz* extravaganza

extreme [iks'tri:m] **I** *bn* uiterst, laatst, hoogst, verst; buitengewoon; extreem; *E~ Unction* RK heilig oliesel *o*; **II** *znw* uiterste *o*; uiteinde *o*; wisk uiterste term; *in the ~* in de hoogste mate, uiterst; *carry (take) to the ~s* op de spits drijven

extremely *bijw* versterkend bijzonder, zeer

extremism [iks'tri:mizm] *znw* extremisme *o*

extremist [iks'tri:mist] *znw & bn* extremist(isch)

extremity [iks'tremiti] *znw* uiterste *o*, (uit-)einde *o*; uiterste nood; *extremities* uiterste, extreme maatregelen; ledematen, extremiteiten

extricate ['ekstrikeit] *overg* los-, vrijmaken, ontwarren, bevrijden, helpen (uit *from*)

extrication *znw* [ekstri'keiʃən] los-, vrijmaking, ontwarring, bevrijding

extrovert ['ekstrouvə:t] **I** *bn psych* extravert, extrovert: naar buiten gekeerd; **II** *znw* extravert

extrude [eks'tru:d] *overg* uit-, verdrijven, uitwerpen; techn (uit)persen, uitstoten

extrusion *znw* uit-, verdrijving, uitwerping; techn (uit)persing, uitstoting, extrusie

exuberance [ig'zju:bərəns] *znw* weelderigheid [v. groei]; overvloed; overdrevenheid; uitbundig-, uitgelatenheid; (over)volheid

exuberant *bn* weelderig, overvloedig, overdreven, uitbundig, uitgelaten; overvloeiend, overvol, rijk

exude [ig'zju:d] *overg* uitzweten, afscheiden; fig uitstralen

exultant *bn* juichend, triomfantelijk

exultation [egzʌl'teiʃən] *znw* gejuich *o*, gejubel *o*; uitbundige vreugde

eye [ai] **I** *znw* oog *o*; gezichtsvermogen *o*; middelpunt *o*, centrum *o* [v. storm &]; plantk kiem, oog, pit [v. aardappel]; *my ~(s)! slang* hemeltjelief!, godallemachtig!; onzin!, kletskoek!; *~s right mil* hoofd rechts!; *clap ~s on* gemeenz te zien krijgen; *have one's ~ on* een oogje hebben op, uit zijn op; *have an ~ for* oog hebben voor; *have an ~ to* het oog houden op; *keep an ~ on* in het oog houden; *keep one's ~s open, keep an ~ out (for)* uitkijken naar; *keep one's ~s peeled (skinned)* goed opletten; *lay ~s on* zijn oog laten vallen op; *make ~s at a girl* naar een meisje lonken; *there's more to it than meets the ~* er zit veel meer achter; *an ~ for an ~* oog om oog; *in my ~s* in mijn ogen; *that's one in the ~ for him!* gemeenz daar kan hij het mee doen; die zit!; *do in the ~ slang* beetnemen; *see ~ to ~ with* het volkomen eens zijn met; *up to one's ~s* tot over de oren; **II** *overg* aankijken, kijken naar, beschouwen

eyeball **I** *znw* oogappel, -bal; **II** *overg* gemeenz aankijken, aanstaren, bekijken

eyebrow *znw* wenkbrauw

eye-catcher *znw* blikvanger

eye-catching *bn* opvallend, in het oog

springend
eyeful *znw* <u>gemeenz</u> blik; beetje o; iets moois, knap meisje o, knappe jongen
eyeglass *znw* monocle; *~es* lorgnet; face-à-main
eyehole *znw* oogholte; kijkgat o; (veter-)gaatje o
eyelash *znw* wimper, ooghaar o
eyelet *znw* oogje o; vetergaatje o
eyelid *znw* ooglid o
eye-opener *znw* wat iemand de ogen opent, verrassing
eye patch *znw* ooglapje o
eyepiece *znw* occulair o, oogglas o
eye-shadow *znw* oogschaduw
eyeshot *znw*: *out of ~* ver genoeg om niet te worden gezien; *within ~* dichtbij genoeg om te worden gezien
eyesight *znw* gezicht(svermogen) o
eye socket *znw* oogholte
eyesore *znw* belediging voor het oog; onooglijk iets; doorn in het oog
eye strain *znw* vermoeidheid van het oog/de ogen
eye-tooth *znw* oogtand; *I would give my eyeteeth* ik zou er alles voor over hebben
eyewash *znw* oogwatertje o; *all ~* <u>gemeenz</u> allemaal smoesjes
eye-witness ['aiwitnis] *znw* ooggetuige
eyrie ['aiəri] *znw* nest o [v. roofvogel], horst; arendsnest o

F

f [ef] *znw* (de letter) f
F *afk.* = Fahrenheit
fab [fæb] *bn gemeenz* fantastisch, te gek
Fabian ['feibjən] *znw & bn* niet-revolutio-nair socialist(isch)
fable ['feibl] *znw* fabel, sprookje *o*, verzin-sel *o*, praatje *o*
fabled *bn* vermaard, legendarisch, fabel-achtig
fabric ['fæbrik] *znw* gebouw *o*, bouw, sa-menstel *o*, werk *o*; maaksel *o*; weefsel *o*, stof; ~ *softener* wasverzachter
fabricate *overg* bouwen; vervaardigen, maken; *fig* fabuleren, verzinnen
fabrication [fæbri'keiʃən] *znw* vervaardi-ging; verzinnen *o*, verzinsel *o*, fabeltje *o*
fabulist ['fæbjulist] *znw* fabeldichter
fabulous *bn* fabelachtig², geweldig
façade [fə'sɑ:d] *znw* (voor)gevel, façade²
face [feis] **I** *znw* (aan)gezicht *o*; aanzien *o*, vóórkomen *o*; (voor)zijde, (voor)kant, plat-te kant; oppervlakte; berg-, rotswand; vlak *o*; front *o* [v. kolenlaag]; beeldzijde; beeld *o* [v. drukletter]; wijzerplaat; onbeschaamd-heid, brutaliteit; prestige *o*; *blow up (ex-plode) in one's* ~ volstrekt misgaan, ver-keerd uitpakken; *put a different* ~ *on sth.* iets in een ander licht stellen, iets van een andere kant bekijken; *save (one's)* ~ zijn prestige of de schijn weten te redden; *set one's* ~ *against* zich verzetten tegen, niet dulden; *in* ~ *of* tegenover; *in (the)* ~ *of* tegen ... in; ondanks; tegenover; ~ *to* ~ van aangezicht tot aangezicht; tegenover elkaar; ~ *to* ~ *with* tegenover; **II** *overg* in het (aan)gezicht zien; (komen te) staan te-genover²; tegemoet treden; tegemoet zien [straf &]; onder ogen zien, trotseren, confronteren, het hoofd bieden; gekeerd zijn naar, liggen op [het zuiden &]; *let's* ~ *it gemeenz* laten we eerlijk zijn; ~ *it out* brutaal volhouden, doorzetten; ~ *sbd. down (out)* iem. overbluffen, overdonde-ren; **III** *onoverg* gekeerd zijn naar; ~ *about mil* rechtsomkeert (laten) maken; *about* ~! Am rechtsomkeert!; ~ *up to* onder de ogen zien
face-card *znw kaartsp* Am pop
face-cloth, face-flannel *znw* waslapje *o*, washandje *o*
faceless *bn* geen gezicht hebbend, ano-niem
face off ['feisɔf] *znw ijshockey* face-off, be-gin *o*
face-pack *znw* pakking, masker *o* [in de cosmetica]
facer *znw* klap in het gezicht; moeilijkheid waar men voor staat, lastig geval *o*
face-saver *znw* voorstel *o*, toezegging & waarmee gezichtsverlies wordt voorko-men
face-saving *bn* waarmee gezichtsverlies wordt voorkomen

facet ['fæsit] *znw* facet *o*
facetious [fə'si:ʃəs] *bn* (ongepast) grappig, schertsend, zogenaamd leuk
face value ['feis'vælju:] *znw* nominale waar-de; *taken at* ~ op het oog, op het eerste gezicht
facia ['feiʃə] = *fascia*
facial ['feiʃəl] **I** *bn* gezichts-; gelaats-; **II** *znw* gezichtsmassage
facile ['fæsail] *bn* gemakkelijk, vaardig [met de pen], vlug, vlot; meegaand; oppervlak-kig
facilitate [fə'siliteit] *overg* verlichten, verge-makkelijken
facility [fə'siliti] *znw* gemakkelijkheid, ge-mak *o*; faciliteit, voorziening, mogelijk-heid; tegemoetkoming; inrichting, instal-latie; vaardigheid, vlugheid, vlotheid
facing ['feisiŋ] *znw* bekleding; garneersel *o*, opslag [aan uniform]; revers; zie ook: *face* **II & III**
facsimile [fæk'simili] *znw* facsimile *o*
fact [fækt] *znw* feit *o*; daad; werkelijkheid; *in* ~ inderdaad; eigenlijk, feitelijk, in feite; *the* ~ *(of the matter) is ...* de zaak is...; *the* ~*s of life* de bijzonderheden van geslachts-leven en voortplanting; de realiteiten; ~ *and fiction* schijn en werkelijkheid
fact-finding *bn* onderzoeks-
faction ['fækʃən] *znw* **1** partij(schap), factie, splintergroep [binnen partij]; (interne) par-tijtwist; **2** docudrama *o*
factious *bn* partijzuchtig; oproerig
factitious [fæk'tiʃəs] *bn* nagemaakt, kunst-matig
factor ['fæktə] *znw* factor²; factoor, agent; *highest common* ~ *wisk* grootste gemene deler
factorize *overg wisk* ontbinden in factoren
factory ['fæktəri] *znw* fabriek; *hist* factorij
factory farming *znw* bio-industrie
factotum [fæk'toutəm] *znw* factotum *o*, duivelstoejager
factual ['fæktjuəl] *bn* feitelijk, feiten-
faculty ['fækəlti] *znw* vermogen *o*; faculteit; Am wetenschappelijk personeel *o*
fad [fæd] *znw* gril, manie, rage, bevlieging
faddist *znw* maniak
faddy *bn* grillig, maniakaal
fade [feid] **I** *onoverg* verwelken, verschie-ten; verbleken, tanen; ~ *(away, out)* ver-flauwen, vervagen; (weg)kwijnen, weg-sterven; verdwijnen; ~ *in* geleidelijk ver-schijnen; (in)faden, invloeien [v. filmbeeld]; ~ *into* geleidelijk overgaan in; ~ *out* (uit-) faden, uitvloeien [v. filmbeeld]; **II** *overg* doen verwelken &
faeces ['fi:si:z] *znw mv* feces, fecaliën
fag [fæg] **I** *onoverg* zich afsloven; *onderw* als *fag* (**III**) dienen; **II** *overg:* ~ *(out)* uitput-ten, afmatten; **III** *znw* vermoeiend werk *o*; *onderw* schooljongen die een oudere leer-ling diensten moet bewijzen; *slang* sigaret, saffie *o*; *slang* flikker
fag-end ['fæg'end] *znw* vestje *o*; eind(je) *o*; stompje *o*, sigarettenpeukje *o*
faggot ['fægət] *znw* mutsaard, takkenbos; bundel; Am *slang* flikker; Br bal gehakt

fail [feil] **I** *onoverg* ontbreken; mislukken, -lopen, niet uitkomen; tekortschieten; falen; achteruitgaan, minder worden, uitvallen, uitgaan [v. licht]; failliet gaan; in gebreke blijven, niet kunnen; niet verder kunnen; zakken [bij examen]; *you cannot ~ to...* u moet wel...; **II** *overg* teleurstellen; in de steek laten, begeven [krachten]; zakken voor [examen]; laten zakken [kandidaat]; **III** *znw: without ~* zeker, zonder mankeren; <u>onderw</u> onvoldoende [bij examen]

failing I *voorz*: ~ *this* bij gebrek hieraan; **II** *znw* fout, zwak o, gebrek o, tekortkoming

fail-safe *bn* absoluut veilig, goed beveiligd [tegen storing]

failure *znw* mislukking, fiasco o, afgang; failliet o, faillissement o; onvermogen o; fout, gebrek o, defect o, storing, uitvallen o [v. stroom]; mislukkeling; <u>med</u> hartstilstand

fain [fein] *bijw vero*: *he would ~...* graag, met vreugde

faint [feint] **I** *bn* zwak, (afge)mat; flauw(hartig), laf; zwoel [v. lucht of geur]; vaag; flauw [v. lijn]; gering; *I've not the ~est (idea)* <u>gemeenz</u> geen flauw idee; **II** *znw* bezwijming, flauwte; **III** *onoverg*: ~ *(away)* in zwijm vallen, flauwvallen

faint-hearted *bn* laf-, flauwhartig

1 fair [fɛə] *znw* jaarmarkt, kermis; jaarbeurs; *world('s)* ~ wereldtentoonstelling

2 fair [fɛə] *bn* schoon, mooi, fraai; licht, blond [haar], blank [v. huid]; gunstig; billijk, eerlijk, geoorloofd; behoorlijk, tamelijk, vrij aanzienlijk, redelijk, aardig; *a ~ copy* een in het net geschreven afschrift o, net o; *the ~ sex* het schone geslacht; ~ *and square* eerlijk, ronduit; *he's ~ game* hij is een gemakkelijke (ideale) prooi (voor...); ~ *enough!* dat is niet onredelijk!, oké!

fair-ground ['fɛəgraund] *znw* kermisterrein o, lunapark o

fairly [fɛəli] *bijw* eerlijk, billijk, behoorlijk; nogal, tamelijk, vrij(wel); bepaald, gewoonweg, werkelijk; goed en wel, totaal, geheel en al

fairness *znw* schoonheid; blondheid; blankheid; eerlijkheid, billijkheid; *in (all)* ~ eerlijkheidshalve

fairspoken *bn* minzaam, hoffelijk

fairway ['fɛəwei] *znw* <u>scheepv</u> vaargeul, -water o; <u>sp</u> verzorgde golfbaan

fair-weather ['fɛəweðə] *bn* mooiweer-; onbetrouwbaar; ~ *friends* schijnvrienden

fairy ['fɛəri] **I** *znw* tovergodin, fee; <u>slang</u> homo, nicht; **II** *bn* toverachtig, feeën-, tover-; ~ *godmother* goede fee (van Assepoester)

fairyland *znw* feeënland o; sprookjesland o

fairy-lights *znw mv* kerstboom-, feestverlichting

fairy-tale, fairy-story *znw* sprookje² o

faith [feiθ] *znw* geloof o, (goede) trouw; vertrouwen o; (ere)woord o; *in good ~* te goeder trouw, bona fide; *break (keep) ~ with* zijn woord breken (houden) jegens

faithful I *bn* (ge)trouw; nauwgezet; gelovig; *a ~ promise* een eerlijke belofte; **II** *znw: the ~* de gelovigen

faith-healer *znw* gebedsgenezer

faithless *bn* trouweloos; ongelovig

fake [feik] **I** *znw* **1** bedrieglijke namaak, namaaksel o, vervalsing; **2** oplichter, bedrieger; **II** *overg*: ~ *(up)* knoeien met, namaken; vervalsen; fingeren, voorwenden, simuleren; **III** *bn* vals

fakir ['faːkiə] *znw* fakir

falcon ['fɔːlkən, 'fɔːkn] *znw* valk

falconer *znw* valkenier

falconry *znw* valkerij, valkenjacht

faldstool ['fɔːldstuːl] *znw* stoel v.e. bisschop; knielbank; lessenaar [voor de litanie]

1 fall* [fɔːl] *onoverg* vallen, neer-, vervallen, invallen [v. duisternis]; uit-, ontvallen; neerkomen; dalen, verminderen, afnemen; sneuvelen; ~ *ill* ziek worden; *his face fell* zijn gezicht betrok; hij zette een lang gezicht; ~ *away* afvallen, vervallen; achteruitgaan, dalen; afvallig worden; ~ *back* wijken, terugtreden, -deinzen; terugvallen; ~ *back on* terugtrekken op; zijn toevlucht nemen tot; ~ *behind* achterop raken, achter blijven (bij); ~ *down* neer-, omvallen, vallen van; mislukken; tekortschieten; ~ *for* geen weerstand kunnen bieden aan, weg zijn van; ~ *for sbd.* voor iem. vallen, verliefd raken op iem.; ~ *in* instorten; <u>gemeenz</u> plotseling beseffen, realiseren; ~ *in love (with)* verliefd worden (op); ~ *in with* (aan)treffen, tegen het lijf lopen; akkoord gaan met [voorstel]; ~ *into* vallen of uitlopen in; raken in, op [achtergrond]; vervallen tot; ~ *into line* <u>mil</u> aantreden; <u>fig</u> zich aansluiten; ~ *off* afvallen, vervallen, achteruitgaan; dalen; afnemen; afvallig worden; ~ *(up)on* vallen op; neerkomen op; (aan)treffen, stoten op; ~ *out* uitvallen; komen te gebeuren; ruzie krijgen (met *with*); ~ *out of use* in onbruik raken; ~ *over* omvallen; ~ *through* in duigen vallen, mislukken, vallen [v. voorstel of motie]; ~ *to* aanpakken, aan het werk gaan; toetasten; vervallen, ten deel (te beurt) vallen aan; ~ *within* vallen binnen of onder

2 fall *znw* val; verval o, helling; daling; verval (meestal ook: ~s); ondergang, dood; Am herfst; *the Fall* de zondeval

fallacious [fə'leiʃəs] *bn* bedrieglijk, vals

fallacy ['fæləsi] *znw* valse schijn, bedrieglijkheid, bedrog o, drogreden, dwaalbegrip o, denkfout

fallen ['fɔːl(ə)n] V.D. van *fall*

fallibility [fæli'biliti] *znw* feilbaarheid

fallible ['fælibl] *bn* feilbaar

Fallopian tube [fə-, fæ'loupiən tjuːb] *znw* <u>anat</u> eileider

fall-out ['fɔːlaut] *znw* radioactieve neerslag

fallow ['fælou] **I** *bn* braak; **II** *znw* braakland o

fallow deer *znw* damhert o

false [fɔːls] *bn* vals, onwaar, onjuist, verkeerd; scheef [v. verhouding]; onecht; pseudo; trouweloos, ontrouw (aan *to*); loos, dubbel [bodem]; ~ *alarm* loos alarm o

falsehood *znw* leugen(s); valsheid

falsetto [fɔːl'setou] *znw* falset(stem)

falsies ['fɔ:lsiz] *znw mv* gemeenz vullingen [in beha]; kunstborsten
falsification [fɔ:lsifi'keiʃən] *znw* vervalsing
falsify *overg* vervalsen; weerleggen
falsity *znw* valsheid; onjuistheid
falter ['fɔ:ltə] *overg & onoverg* stamelen, stotteren; haperen, aarzelen, weifelen, wankelen[2]; teruglopen [v. belangstelling &]
fame [feim] *znw* faam, vermaardheid; roem, (goede) naam; *house of ill* ~ vero bordeel o
famed *bn* befaamd, beroemd, vermaard
familial [fə'miljəl] *bn* familie-, familiaal
familiar [fə'miljə(r)] *znw* gemeenzaam; bekend; vertrouwd; vertrouwelijk, intiem; (al te) familiair
familiarity [fəmili'æriti] *znw* gemeenzaamheid, bekendheid, vertrouwdheid, vertrouwelijkheid, familiariteit
familarize [fə'miljəraiz] *overg* gemeenzaam maken, bekend maken, vertrouwd maken
family ['fæmili] *znw* (huis)gezin o, huis o; familie; geslacht o; kinderen; *in the* ~ *way* gemeenz in verwachting; *have you any* ~ ? heb je kinderen?
family allowance *znw* kinderbijslag
family doctor *znw* huisarts
family man *znw* huisvader; huiselijk man
family planning *znw* geboortebeperking
family tree *znw* stamboom
famine ['fæmin] *znw* hongersnood
famished ['fæmiʃt] *bn* uitgehongerd; *I'm absolutely* ~ gemeenz ik sterf van de honger
famous ['feiməs] *bn* beroemd, vermaard, bekend
fan [fæn] **I** *znw* **1** waaier; ventilator; **2** bewonderaar, fan [van voetbal &]; **II** *overg & onoverg* waaien, koelte toewuiven; aanwakkeren, aanblazen; ~ *(out)* (zich) waaiervormig ver-, uitspreiden
fanatic [fə'nætik] *znw* (godsdienstige) dweper, fanaticus; fan, fanaat [sport &]
fanatical *bn* fanatiek, dweepziek
fanaticism [fə'nætisizm] *znw* dweepzucht, fanatisme o
fan belt *znw* ventilatorriem
fancier ['fænsiə] *znw* liefhebber; fokker, kweker
fanciful ['fænsiful] *bn* fantastisch; wonderlijk, grillig; denkbeeldig, hersenschimmig
fan club *znw* fanclub
fancy ['fænsi] **I** *znw* fantasie, ver-, inbeelding; verbeeldingskracht; hersenschim; idee o & v; inval, gril; (voor)liefde, liefhebberij; lust, zin, smaak; klein taartje o, gebakje o; *take (tickle) sbd.'s* ~ in iems. smaak vallen; **II** *overg* zich verbeelden, zich voorstellen, wanen, denken; zin (trek) krijgen of hebben in, op krijgen of hebben met, houden van; een hoge dunk hebben van; **III** *wederk:* ~ *oneself* met zichzelf ingenomen zijn; **IV** *bn* fantasie-; fantastisch; chic; ~ *bread* luxebrood o
fancy-dress *znw* kostuum o [v. gekostumeerd bal]; ~ *ball* gekostumeerd bal o
fancy fair *znw* liefdadigheidsbazaar
fancy-free *bn* niet verliefd

fancy-goods *znw mv* galanterieën
fancy man *znw* minnaar, vrijer, minnaar
fancy price *znw* fabelachtige prijs
fancy woman *znw* maîtresse, maintenee, minnares
fane [fein] *znw* plechtig tempel
fanfare ['fænfɛə] *znw* fanfare
fang [fæŋ] *znw* slagtand, giftand
fanlight ['fænlait] *znw* (waaiervormig) bovenlicht o, bovenraam o, puiraam o
fanny ['fæni] *znw* Am slang kont; Br plat kut; *sweet F~ Adams* slang niks en niemendal
fantasize ['fæntəsaiz] *overg* fantaseren
fantastic [fæn'tæstik(l)] *bn* fantastisch, grillig
fantasy ['fæntəsi] *znw* fantasie; illusie
far [fa:] **I** *bn* ver, afgelegen; *the* ~ *end* het andere einde [van de straat &]; **II** *znw:* *by* ~ verreweg; versterkend veel; **III** *bijw* ver, verre(weg), versterkend veel; ~ *(and away) the best* verreweg de beste; ~ *and near*, ~ *and wide* wijd en zijd, (van) heinde en ver; ~ *off* ver weg; ver; *as* ~ *as* tot aan, tot; *as* ~ *back as 1904* reeds in 1904; *as (so)* ~ *as, in so* ~ *as* voor of in zover; *so* ~ tot zover, tot nu toe, tot dusver; *in zover(re)*; *so* ~ *so good* tot zover is alles (het) in orde; *thus* ~ tot nu toe; ~ *be it from me, to...* het zij verre van mij, te..., ik ben wel de laatste om...
far-away *bn* afgelegen, ver[2]; verstrooid
farce [fa:s] *znw* klucht[2], kluchtspel o; paskwil o
farcical *bn* bespottelijk; kluchtig
fare [fɛə] **I** *znw* vracht; vrachtprijs, tarief o; reisgeld o; gemeenz (geld o voor) kaartje o [in bus &]; passagier, vrachtje o [v. taxi]; kost, voedsel o; **II** *onoverg* gesteld zijn, vergaan; gaan, reizen; geschieden; ~ *badly* er bekaaid afkomen; *they* ~*d badly* ook: het (ver)ging ze slecht; ~ *well* zich wel bevinden
farewell ['fɛə'wel] **I** *tsw* vaarwel!; **II** *znw* afscheid o, vaarwel o; **III** *bn* afscheids-
far-fetched ['fa:'fetʃt] *bn* vergezocht
far-flung *bn* ver verspreid, uitgestrekt; verafgelegen
farina [fə'rainə] *znw* bloem van meel; plantk stuifmeel o; zetmeel o
farinaceous [færi'neiʃəs] *bn* (zet)meelachtig, melig, meel-
farm [fa:m] **I** *znw* boerderij, fokkerij, kwekerij, (pacht)hoeve; **II** *overg* bebouwen; ~ *out* uitbesteden; **III** *onoverg* boeren, het boerenbedrijf uitoefenen; **IV** *bn* ook: landbouw-
farmer *znw* boer; [schapen- &] fokker, [pluimvee- &]houder, [oester- &]kweker; vero pachter
farmhand *znw* boerenarbeider, boerenknecht
farmhouse ['fa:mhaus] *znw* boerderij, boerenhoeve
farming **I** *znw* landbouw, boerenbedrijf o; [pluimvee-, varkens-, fruit- &]teelt; **II** *bn* landbouw-, pacht-
farmland *znw* bouwland o

farmstead *znw* boerderij
farmyard *znw* boerenerf *o*
far-off ['fɑːrɔːf] *bn* ver(afgelegen); lang geleden
far-out ['fɑːraut] *bn* **1** bizar; avant-gardistisch; **2** fantastisch, uitstekend
farrago [fəˈrɑːgou] *znw* (*mv*: -s; Am -goes) mengelmoes *o & v*
far-reaching ['fɑːˈriːtʃiŋ] *bn* verreikend; verstrekkend; ingrijpend
farrier ['færiə] *znw* hoefsmid
farrow ['færou] **I** *znw* worp (biggen); **II** (*onoverg &) overg* (biggen) werpen
far-seeing ['fɑːˈsiːiŋ] *bn* (ver) vooruitziend
far-sighted *bn* verziend; (ver) vooruitziend
fart [fɑːt] gemeenz **I** *onoverg* winden laten; ~ *about (around)* aan-, rondklooien; **II** *znw* wind
farther ['fɑːðə] *bn* verder; zie ook: *further*
farthermost *bn* verst
farthest *bn* verst; *at (the)* ~ op zijn verst; op zijn hoogst; op zijn laatst
farthing [fɑːðiŋ] *znw hist* ¼ penny; fig cent, duit
f.a.s. *afk.* = *free alongside ship* vrij langs boord [inlading voor rekening van de koper]
fascia ['feiʃə] *znw* naambord *o* boven winkel (ook: ~-*board*); auto dashboard *o*
fascinate ['fæsineit] *overg* betoveren, bekoren, boeien, fascineren, biologeren
fascination [fæsiˈneiʃən] *znw* betovering
fascism ['fæʃizm] *znw* fascisme *o*
fascist **I** *znw* fascist; **II** *bn* fascistisch
fashion ['fæʃn] **I** *znw* manier, wijze, mode; trant; fatsoen *o;* vorm, snit; de mode; *after a* ~ tot op zekere hoogte; **II** *overg* vormen, fatsoeneren; pasklaar maken (voor *to)*
fashionable *bn* in de mode, naar de mode; chic, modieus, mode-; gangbaar
1 fast [fɑːst] **I** *znw* vasten *o;* **II** *onoverg* vasten
2 fast [fɑːst] **I** *bn* vast, kleurhoudend, wasecht; hecht; flink; hard; snel, vlug, vlot; ~ *and furious* geweldig; *pull a* ~ *one on sbd.* gemeenz iem. een loer draaien, een poets bakken; *my watch is* ~ mijn horloge loopt vóór; **II** *bijw* vast; flink, hard; snel, vlug, vlot; *play* ~ *and loose* het zo nauw niet nemen [in gewetenszaken]
fasten ['fɑːsn] **I** *overg* vastmaken, -zetten, -binden, -leggen, bevestigen; sluiten, dichtdoen (ook: ~ *up);* **II** *onoverg* dichtgaan, sluiten; ~ *(up)on* aangrijpen, zich vastklampen aan
fastener *znw* klem, knijper, sluiting
fastening *znw* sluiting, slot *o,* verbinding; haak, kram
fast food ['fɑːstfuːd] *znw* fastfood [voedsel dat snel bereid en geserveerd wordt, zoals snacks]
fastidious [fæsˈtidiəs] *bn* lastig, kieskeurig; veeleisend
fastness *znw* vastheid, hechtheid; snelheid; bolwerk *o*
fat [fæt] **I** *bn* vet, vlezig, dik; rijk; *(a)* ~ *lot* gemeenz geringsch nogal wat; ~ *stock* slachtvee *o;* **II** *znw* vet *o;* vette *o; the* ~ *is*

in the fire nu heb je de poppen aan het dansen; *live on the* ~ *of the land* van het goede der aarde genieten
fatal ['feitl] *bn* noodlottig, ongelukkig, dodelijk, fataal
fatalism *znw* fatalisme *o*
fatalist *znw & bn* fatalist(isch)
fatality [fəˈtæliti] *znw* noodlot *o,* noodlottigheid; slachtoffers, dodelijk ongeval *o*
fate [feit] *znw* noodlot *o,* fatum *o;* lot *o;* dood; *the Fates* de schikgodinnen
fated *bn* voorbeschikt, (voor)bestemd; (ten ondergang) gedoemd
fateful *bn* fataal, profetisch; gewichtig
fat-head ['fæthed] *znw* gemeenz stomkop
father ['fɑːðə] **I** *znw* vader; grondlegger; uitvinder; pater, ook: pastoor; *the Holy F~* de paus; *F~ Christmas* het kerstmannetje; *F~'s Day* vaderdag; ~*s of the city* vroede vaderen; **II** *overg* vader zijn/worden van, een vader zijn voor; (als kind) aannemen; zich de maker, schrijver & van iets verklaren; ~ *(up)on* toeschrijven aan, in de schoenen schuiven
father-figure *znw* vaderfiguur
fatherhood *znw* vaderschap *o*
father-in-law *znw* (*mv*: fathers-in-law) schoonvader
fatherly *znw* vaderlijk
fathom ['fæðəm] **I** *znw* vadem; **II** *overg* (ook ~ *out)* peilen[2], doorgronden
fathomless *bn* peilloos; fig ondoorgrondelijk
fatigue [fəˈtiːg] **I** *znw* afmatting, vermoeidheid, vermoeienis; moeheid [v. metaal]; mil corvee; ~*s* mil gevechtspak *o;* **II** *overg* afmatten, vermoeien
fatten ['fætn] **I** *onoverg* dik worden; **II** *overg* dik maken, vetmesten
fatty **I** *bn* vettig, vet; ~ *tissue* vetweefsel *o;* **II** *znw* dikzak
fatuity [fəˈtjuiti] *znw* onzinnigheid, onbenulligheid, dwaasheid
fatuous ['fætjuəs] *bn* onzinnig, onbenullig, dwaas, idioot
faucet ['fɔːsit] *znw* Am (tap)kraan
fault [fɔːlt] **I** *znw* fout, feil, schuld; gebrek *o;* techn defect *o;* storing; breukvlak *o* in aardlaag (ook: ~-*plane); find* ~ aanmerking(en) maken, vitten (op *with);* be *at* ~ niet in orde zijn; schuldig zijn; schuld hebben; *kind to a* ~ overdreven (al te) goed; **II** *overg* aanmerking(en) maken op, vitten op
fault-finding **I** *bn* vitterig; **II** *znw* gevit *o,* muggenzifterij; elektr opsporen *o* van defecten
faultless *bn* feilloos, onberispelijk, foutloos
faulty *bn* onjuist, verkeerd, gebrekkig; niet in orde, defect
faun [fɔːn] *znw* faun, bosgod
fauna ['fɔːnə] *znw* fauna
favour, Am **favor** ['feivə] **I** *znw* genegenheid, goedkeuring; gunst, gunstbewijs *o,* genade; begunstiging, voorkeur; *in* ~ *of* ten gunste van; *in (out of)* ~ *with sbd.* in de gunst (uit de gratie) zijn bij iem.; *do me a* ~*!* zeg, doe me een lol!; **II** *overg* gunstig

gezind zijn, (geporteerd) zijn vóór; begunstigen; bevorderen, steunen, aanmoedigen; bevoorrechten; voortrekken

favourable bn gunstig

favourite ['feivərit] **I** bn geliefkoosd, geliefd, lievelings-; **II** znw gunsteling(e); favoriet [bij races]; lieveling

favouritism znw onrechtvaardige bevoorrechting, vriendjespolitiek

fawn [fɔːn] **I** znw jong hert o, reekalf o; **II** bn lichtbruin; **III** onoverg: ~ (up)on vleien, flemen, pluimstrijken, kruipen voor

fax [fæks] **I** znw fax; **II** overg faxen

fay [fei] znw plechtig fee

faze [feiz] overg gemeenz in verwarring brengen, van streek maken

fealty ['fiːəlti] znw (leenmans)trouw

fear [fiə] **I** znw vrees (voor of), angst; no ~! geen sprake van!; without ~ or favour zonder aanzien des persoons; **II** overg vrezen; **III** onoverg: ~ for bezorgd zijn om, vrezen voor

fearful bn vreselijk; ~ lest bang dat; ~ of bang voor

fearless bn onbevreesd, onvervaard

fearsome bn vreselijk, angstaanjagend

feasibility ['fiːzibiliti] znw haalbaarheid, uitvoerbaarheid; ~ study haalbaarheidsonderzoek o

feasible ['fiːzibl] bn doenlijk, uitvoerbaar, mogelijk

feast [fiːst] **I** znw feest o, festijn o, gastmaal o; **II** onoverg feestvieren, smullen; ~ on zich vergasten aan[2]; **III** overg onthalen; ~ on [de ogen] vergasten aan

feat [fiːt] znw (helden)daad; (wapen)feit o; kunststuk o, toer, prestatie

feather ['feðə] **I** znw veer; pluim(en); in full ~ gemeenz pontificaal; they are birds of a ~ het is één pot nat; ze hebben veel van elkaar weg; **II** overg met veren versieren, met veren bedekken; ~ one's nest zijn beurs spekken

feather-bed I znw veren bed o; **II** overg in de watten leggen

feather-brained bn leeghoofdig

feather duster znw plumeau

featherweight znw sp vedergewicht o [boksen]; fig lichtgewicht, nul

feathery bn vederachtig, luchtig

feature ['fiːtʃə] **I** znw (gelaats)trek; fig kenmerk o, hoofdtrek, (hoofd)punt o, glanspunt o, clou; speciaal artikel o &; hoofdfilm of speelfilm (ook: ~ film); **II** overg een beeld geven van, karakteriseren; laten optreden als ster, vertonen, brengen [een film &], speciale aandacht besteden aan; **III** onoverg een rol spelen

featureless bn onopvallend, saai

febrile ['fiːbrail] bn koortsig, koorts-; koortsachtig

February ['februari] znw februari

feckless ['feklis] bn zwak; onhandig; nutteloos; lichtvaardig

fecund [fiːkənd] bn vruchtbaar

fecundate overg vruchtbaar maken, bevruchten

fecundity [fiˈkʌnditi] znw vruchtbaarheid

fed [fed] V.T. & V.D. van feed

Fed [fed] znw **1** Am slang federaal ambtenaar, ± rijksambtenaar; vooral FBI-agent; **2** = Federal Reserve Board Amerikaanse nationale bank

federal ['fedərəl] bn federaal, bonds-

federate I bn ['fedərit] verbonden; **II** (onoverg &) overg ['fedəreit] (zich) tot een (staten)bond verenigen

federation [fedəˈreiʃən] znw (staten)bond

federative ['fedərətiv] bn federatief

fee [fiː] znw loon o, honorarium o; leges; (school-, examen)geld o; ~s ook: contributie, entreegeld o

feeble ['fiːbl] bn zwak

feeble-minded bn zwakzinnig

1 feed* [fiːd] **I** overg voeden, spijz(ig)en; te eten (voedsel) geven; voe(de)ren, (laten) weiden; onderhouden [het vuur]; voedsel geven aan, stimuleren; bevoorraden, toevoeren, aanvoeren; techn aan-, invoeren; ~ up (vet)mesten; be fed up with gemeenz balen van, beu zijn van; **II** onoverg zich voeden; eten; weiden; ~ on leven van, zich voeden met

2 feed znw voe(de)r o, maal o, maaltijd, eten o; portie; techn voeding, aan-, invoer

feedback znw terugkoppeling; feedback, respons; het rondzingen [v. geluidsinstallatie]

feeder znw voeder, eter; zijlijn [van spoor]; zuigfles; techn inlader, aanvoerwals; in-, toevoermechanisme o; elektr voedingskabel, -leiding

feeding znw voeden o, voe(de)ren o; ~ bottle zuigfles

1 feel* [fiːl] **I** overg (ge)voelen, bevoelen, aftasten, betasten; vinden, menen, van mening zijn, achten, denken; **II** onoverg (zich) voelen; aanvoelen; een zeer besliste mening hebben (omtrent about, on); I don't ~ like it ik heb er geen zin in; ~ around rondtasten; ~ for (tastend) zoeken naar; meelij hebben met; not ~ like food (going &) geen trek hebben in (om te); not ~ up to iets niet aandurven

2 feel znw gevoel o, tast; aanvoelen o; get the ~ of sth. iets in de vingers krijgen

feeler znw voeler, voelhoorn; put out ~s een proefballon oplaten

feeling I znw gevoelvol, gevoelig; **II** znw gevoel o; sympathie; gevoeligheid; geraaktheid, ontstemming, opwinding; stemming; ~s gevoelens; bad ~ wrok; hard ~s kwaad bloed o, wrok; no hard ~s! even goeie vrienden!; hurt sbd.'s ~s iem. (diep) kwetsen; stir strong ~s kwaad bloed zetten

feet [fiːt] znw mv v. foot

feign [fein] overg veinzen, voorwenden, huichelen

feint [feint] **I** znw schijnbeweging, schijnaanval; voorwendsel o; list; **II** bn flauw [v. lijnen]; **III** onoverg een schijnbeweging maken

felicitate [fiˈlisiteit] overg gelukwensen (met on)

felicitation [filisiˈteiʃən] znw gelukwens

felicitous [fiˈlisitəs] bn gelukkig (bedacht &)

felicity znw geluk o, gelukzaligheid; *felicities* gelukkige vondsten, gedachten &
feline ['fi:lain] bn katten-, katachtig, kattig
1 fell [fel] znw 1 vel o, huid; 2 heuvel, berg
2 fell [fel] bn plechtig wreed, woest; dodelijk
3 fell [fel] overg vellen, neervellen
4 fell V.T. van *fall*
fella znw gemeenz vent, gozer, kerel; vriendje o
fellmonger ['felmʌŋgə] znw huidenkoper
felloe ['felou] znw velg [v. wiel]
fellow [felou] I znw maat, makker, kameraad gemeenz kerel, vent, knul; andere of gelijke (van twee), weerga; lid o; onderw lid o v. *college*; gepromoveerde, die een beurs geniet; II bn mede-
fellow-countryman, fellow-countrywoman znw landgenoot, -genote
fellowship znw kameraadschap, collegialiteit; broederschap; (deel)genootschap o; omgang, gemeenschap; lidmaatschap o [v. college]; beurs [v.e. fellow]
fellow-soldier znw wapenbroeder
fellow-traveller znw medereiziger, tochtgenoot; meeloper, sympathiserende [vooral van communistische partij]
felly ['feli] znw = *felloe*
felon ['felən] znw misdadiger, booswicht
felonious [fi'lounjəs] bn misdadig
felony ['feləni] znw (hals)misdaad
felt [felt] I znw vilt o; II bn vilten; III overg vilten, tot vilt maken; IV V.T. & V.D. van *feel*
felt-tip, felt-tip pen znw viltstift
female ['fi:meil] I bn vrouwelijk, vrouwen-, wijfjes-; ~ *screw* techn moer; II znw dierk wijfje o; vrouw, vrouwspersoon o
feminine ['feminin] bn vrouwelijk; vrouwen-
femininity [femi'niniti] znw vrouwelijkheid
feminism ['feminizm] znw feminisme o
feminist ['feminist] znw & bn feminist(isch)
femur ['fi:mə] znw (mv: femora) dijbeen o; dij [v. insect]
fen [fen] znw moeras o; *the Fens* het lage land in Cambridgeshire
fence [fens] I znw schutting, (om)heining, hek o, heg; sp hindernis; gemeenz heler; *electric* ~ schrikdraad o; *be (sit, stay) on the* ~ neutraal blijven, de kat uit de boom kijken; II overg omheinen (ook: ~ *in, round*); beschutten, beschermen; pareren²; III onoverg schermen; hindernissen nemen
fencer znw schermer
fencing ['fensiŋ] znw schermen o, schermkunst; omheining
fend [fend] overg & onoverg: ~ *off* afweren; ~ *for oneself* voor zichzelf zorgen
fender znw haardscherm o; scheepv stootkussen o, -mat, -blok o; Am spatbord o
fennel ['fenl] znw plantk venkel
feoffment ['fefmənt] znw hist in leen geven o
feral ['fiərəl] bn wild; ongetemd; beestachtig
ferment I znw ['fə:ment] gist; gisting; ferment o; onrust; II (overg &) onoverg

[fə'ment] (doen) gisten, (doen) fermenteren; in beroering brengen
fermentation [fə:men'teiʃən] znw gisting; fermentatie; onrust, beroering
fern [fə:n] znw plantk varen(s)
fernery znw kweekplaats voor varens
ferocious [fə'rouʃəs] bn woest; wreed; fel
ferocity [fə'rɔsiti] znw woestheid; wreedheid; felheid
ferret ['ferit] I znw dierk fret o; II onoverg fretten; snuffelen; III overg: ~ *out* uitvissen; opscharrelen, opsporen
ferriage ['feriidʒ] znw veergeld o; overzetten o
ferric ['ferik] bn ijzer-
Ferris wheel ['feriswi:l] znw Am reuzenrad o [op kermis]
ferroconcrete ['ferou'kɔnkri:t] znw gewapend beton o (ook: *reinforced concrete*)
ferrous ['ferəs] bn ijzerhoudend, ferro-
ferruginous [fe'ru:dʒinəs] bn ijzerhoudend; roestkleurig
ferrule ['feru:l, 'ferəl] znw metalen ring, busje o [aan mes, rotting, stok], beslag o
ferry ['feri] I znw veer o, veerboot, ferry; II overg & onoverg overzetten, overbrengen, overvaren; vervoeren
ferry-boat znw veerpont, -boot
ferryman znw veerman
fertile ['fə:tail] bn vruchtbaar; fig overvloedig, rijk [fantasie &]
fertility [fə'tiliti] znw vruchtbaarheid
fertilization [fə:tilai'zeiʃən] znw vruchtbaar maken o; plantk bevruchting; bemesting (met kunstmest)
fertilize ['fə:tilaiz] overg vruchtbaar maken; plantk bevruchten; bemesten (met kunstmest)
fertilizer znw mest(stof), kunstmest(stof)
fervent bn vurig², warm, fervent
fervid ['fə:vid] bn heet²; gloeiend², vurig
fervour ['fə:və] znw ijver, vurigheid, gloed
festal ['festəl] bn feestelijk, feest-
fester ['festə] I onoverg (ver)zweren, (ver-)etteren, (ver)rotten, invreten; irriteren, knagen; II znw verzwering
festival ['festivəl] I bn feestelijk; feest-; II znw feest o, feestviering; feestdag; muziekfeest o, festival o
festive bn feestelijk, feest-
festivity [fes'tiviti] znw feestelijkheid; feestvreugde
festoon [fes'tu:n] I znw festoen o & m, guirlande, slinger; II overg met guirlandes & behangen
fetch [fetʃ] I overg (be)halen, brengen; opbrengen; te voorschijn brengen [bloed, tranen]; toebrengen, geven [een klap]; II onoverg: ~ *and carry* apporteren; fig voor loopjongen (knechtje) spelen; ~ *up* terechtkomen, belanden
fetching bn gemeenz pakkend, aantrekkelijk
fete [feit] I znw feest o; RK naamdag; II overg fêteren, feestelijk onthalen
fetid ['fetid, 'fi:tid] bn stinkend
fetish ['fi:tiʃ, 'fetiʃ] znw fetisj²; *she almost makes a* ~ *of cleanliness* het lijkt wel of ze

aan smetvrees lijdt

fetishism ['fiːtiʃi-, 'fetiʃizm] znw fetisjisme o

fetor ['fiːtə] znw stank

fetter ['fetə] I znw keten, boei, kluister; II overg boeien, kluisteren; binden[2]

fettle ['fetl] znw: in fine ~ in uitstekende conditie

1 feud [fjuːd] I znw vijandschap, vete, onenigheid; II onoverg strijden, twisten, onenigheid hebben

2 feud [fjuːd] znw hist leen(goed) o

feudal bn feodaal, leenroerig; ~ system leenstelsel o

feudalism znw hist feodalisme o, leenstelsel o

feudatory ['fjuːdətəri] I bn hist leenroerig, -plichtig; II znw hist leenman

fever ['fiːvə] znw koorts; grote opwinding

fevered, feverish bn koortsachtig; koortsig

few [fjuː] bn & znw weinig; a ~ enige; een paar, enkele; every ~ days om de paar dagen; quite a ~ heel wat; as ~ as niet meer dan, nog maar; no ~er than niet minder dan, maar liefst; the ~ de weinigen, de enkelen; de minderheid; in ~ vero om kort te gaan

fey [fei] bn fantastisch, elfachtig; ten dode opgeschreven; helderziend; extatisch

fiancé(e) [fiˈãːnsei] znw aanstaande, verloofde

fiasco [fiˈæskou] znw fiasco o, flop

fiat ['faiæt] znw fiat o, goedkeuring, besluit o

fib [fib] I znw leugentje o; tell ~s jokken; II onoverg jokken

fibber znw leugenaar(ster), jokkebrok

fibre, Am **fiber** ['faibə] znw vezel; fiber o & m; wortelhaar o; fig aard, karakter o; moral ~ ruggengraat, karaktervastheid

fibre-board znw vezelplaat

fibreglass ['faibəglɑːs], Am **fiberglass** znw glasvezel, fiberglas o

fibril ['faibril] znw vezeltje o; wortelhaartje o

fibrin [faibrin] znw fibrine

fibrous ['faibrəs] bn vezelachtig, vezelig

fibula ['fibjulə] znw (mv: -s of fibulae) anat kuitbeen o

fichu ['fiːʃuː] znw halsdoek, omslagdoekje o

fickle ['fikl] bn wispelturig, grillig

fictile ['fiktail] bn aarden; kneedbaar, plastisch; ~ art pottenbakkerskunst

fiction [fikʃən] znw verdichting; verdichtsel o, fabeltje o; fictie

fictional bn 1 fictioneel; 2 fictief

fictitious [fik'tiʃəs] bn verdicht; verzonnen, fictief, gefingeerd; denkbeeldig, onecht, vals

fiddle [fidl] I znw gemeenz viool, vedel, fiedel; knoeierij, zwendel, zwendeltje o; be on the ~ gemeenz knoeien, oneerlijk bezig zijn; II onoverg gemeenz viool spelen, vedelen, fiedelen; lummelen; friemelen; ~ about (around) rondlummelen; ~ with morrelen aan; spelen met; III overg gemeenz knoeien (met), foezelen (met); vervalsen

fiddle-faddle ['fidlfædl] znw larie

fiddler ['fidlə] znw vedelaar, speelman; gemeenz bedrieger, oplichter

fiddlestick tsw: ~s! gemeenz larie!, flauwekul!

fiddling ['fidliŋ] bn onbeduidend, nietig

fidelity [fi-, fai'deliti] znw getrouwheid, trouw

fidget ['fidʒit] I znw zenuwachtig, gejaagd persoon; have the ~s niet stil kunnen zitten; II onoverg zenuwachtig zijn, de kriebels hebben; (zenuwachtig) draaien; ~ about niet stil kunnen zitten

fidgety bn onrustig, ongedurig, onrustig

fiduciary [fi'djuːʃəri] I bn fiduciair: van vertrouwen; II znw bewaarnemer

fie [fai] tsw foei!

fief [fiːf] znw hist leen(goed) o

field [fiːld] I znw veld o, akker; terrein o; gebied o; sp veld[2] o; mil slagveld o (~ of battle); ~ of ice ijsvlakte; take the ~ mil te velde trekken; sp het veld opkomen; II onoverg sp veldspeler zijn; fielden [bij cricket]; III overg sp terugspelen; fielden [cricket]; in het veld brengen, inzetten [v. team]; fig afhandelen, pareren, ± ad rem beantwoorden [v. een vraag]

field-day znw mil manoeuvredag; fig grote dag; Am sportdag

fielder znw sp veldspeler, fielder [bij cricket, honkbal]

field-event znw sp veldnummer o: springen, werpen [geen hardlopen]

field-glass znw veldkijker

field hockey znw hockey o

field-marshal znw veldmaarschalk

field-officer znw hoofdofficier

fieldsman znw veldspeler [bij honkbal]

field-sports znw mv sporten zoals jagen, vissen &

field-work znw mil veldwerk o, veldonderzoek o; vergaring van gegevens

fiend [fiːnd] znw boze geest; duivel[2], Boze; gemeenz maniak; aan ... verslaafde

fiendish bn duivelachtig, duivels

fierce ['fiəs] bn woest, verwoed; wreed; onstuimig, heftig, fel; gemeenz erg, bar

fiery ['faiəri] bn vurig[2], brandend, scherp, vlammend, licht ontbrandbaar; vuur-; fig onstuimig, fel, vurig; driftig

fife [faif] znw muz (dwars)fluit

fifteen ['fif'tiːn, 'fiftiːn] telw vijftien

fifteenth bn (znw) vijftiende (deel o)

fifth telw (znw) vijfde (deel o)

fiftieth ['fiftiiθ] telw (znw) vijftigste (deel o)

fifty telw vijftig; the fifties de jaren vijftig; in one's fifties in de vijftig; ~ ~ fifty-fifty, half om half

fig [fig] znw vijgenboom; vijg; I don't care a ~ het kan me geen snars schelen

1 fight* [fait] I onoverg vechten; strijden; II overg bevechten, vechten met of tegen, strijden tegen, bestrijden; uitvechten; laten vechten; ~ a battle slag leveren; ~ a losing battle een bij voorbaat verloren strijd voeren; tevergeefs strijden; ~ down bedwingen, onderdrukken; ~ off afweren, verdrijven; ~ shy of uit de weg gaan, ontwijken

2 fight *znw* gevecht o, strijd; kamp; vecht-partij; *he had ~ in him yet* hij weerde zich nog kranig

fighter *znw* strijder, vechter(sbaas); luchtv gevechtsvliegtuig o, jager

fighting I *znw* gevecht o, gevechten, strijd, vechten o; **II** *bn* strijdlustig; strijdbaar; ge-vechts-, strijd-, vecht-; *a ~ chance* (met gro-te inspanning) een kans op succes; *~ fit* in perfecte conditie

fig-leaf ['figli:f] *znw* vijgenblad o

figment ['figmənt] *znw* verdichtsel o, fictie

fig-tree ['figtri:] *znw* vijgenboom

figuration [figju'reiʃən] *znw* (uiterlijke) vorm(geving), (symbolische) voorstelling, afbeelding; ornamentatie

figurative ['figjurətiv] *bn* figuurlijk, onei-genlijk; zinnebeeldig; figuratief; beeldrijk

figure ['figə] **I** *znw* figuur, gedaante, gestal-te; afbeelding; beeld o; persoonlijkheid, personage o, persoon; cijfer o; *~ of speech* metafoor; manier van spreken; *cut a ~* een figuur maken (slaan); *at a low ~* tegen een lage prijs; *be quick at ~s* vlug zijn in reke-nen; **II** *overg* zich voorstellen, denken; *~ on* Am rekenen op; *~ out* becijferen, uit-rekenen; begrijpen; **III** *onoverg* figureren, vóórkomen; cijferen; *~ as* optreden als, doorgaan voor; *it ~s out at...* het komt op...; *(it) ~s (that)* het is nogal logisch (dat)

figurehead *znw* scheepv scheg-, boegbeeld o; fig iem. die een louter decoratieve func-tie heeft, stroman

figure-skating *znw* kunstrijden o op de schaats

figurine ['figjuri:n] *znw* beeldje o

Fiji [fi:'dʒi:] *znw* Fiji o

filament ['filəmənt] *znw* vezel; elektr (gloei)draad; plantk helmdraad

filamentous [filə'mentəs] *bn* vezelig

filbert ['filbət] *znw* hazelaar; hazelnoot

filch [filt(ʃ)] *overg* kapen, gappen

file [fail] **I** *znw* **1** vijl; **2** slang (slimme) vent; **3** rij, file, mil gelid o; **4** lias; **5** legger, ord-ner, klapper, map; dossier o; opbergkast; comput bestand o; *~s* ook: archief o [v. kantoor]; *in Indian (single) ~* achter elkaar, in ganzenmars; **II** *overg* **1** vijlen, afvijlen; **2** rangschikken, opbergen; opslaan, invoe-gen; inzenden [kopij voor krant, tijdschrift]; **3** deponeren [een aanklacht] indienen; *~ for bankruptcy (divorce)* faillissement (scheiding) aanvragen; **III** *onoverg* achter elkaar lopen (rijden)

filial ['filjəl] *bn* kinderlijk

filiation [fili'eiʃən] *znw* filiatie, afstamming; verwantschap

filibuster ['filibʌstə] **I** *znw* vrijbuiter; Am ob-structie; vertragingstactiek; obstructie-voerder; **II** *onoverg* Am obstructie voeren

filigree ['filigri:] *znw* filigraan o

filings ['failinz] *znw* vijlsel o

fill [fil] **I** *overg* vullen, aan-, in-, vervullen; vol maken, vol gieten; stoppen; plomberen [tand]; uitvoeren [bestelling]; verzadigen; bezetten, bekleden, innemen, beslaan [plaats]; doen zwellen [zeilen]; *~ the bill*

gemeenz voldoen, geschikt zijn, precies zijn wat nodig is; *~ sbd. in* iem. op de hoogte brengen (*on* van); *~ out* vullen, op-vullen; Am [formulier] invullen; *~ up* (ge-heel) vullen, beslaan, innemen; op-, bij-, aan-, invullen; dichtgooien, dempen; **II** *on-overg* zich vullen, vol lopen, raken &; **III** *znw* vulling; *drink (eat) one's ~* zijn buik vol eten; *look one's ~* zich de ogen uitkij-ken

filler *znw* vulsel o, bladvulling; plamuur; *~ cap* auto dop [v. benzinetank]

fillet ['filit] **I** *znw* haar-, hoofdband; len-destuk o, filet; **II** *overg* fileren [vis]

filling ['filiŋ] **I** *znw* vulling, vulsel o, plom-beersel o; **II** *bn* zwaar, machtig, voedzaam

filling station *znw* tankstation o

fillip ['filip] *znw* knip (met de vingers); prik-kel, aansporing, aanmoediging; stimulans

filly ['fili] *znw* (merrie)veulen[2] o; gemeenz wildebras

film [film] **I** *znw* vlies o; film, rolprent; waas o; draad; **II** *overg* filmen; verfilmen; **III** *on-overg* filmen; *~ over* zich met een vlies of waas bedekken

film producer *znw* filmproducent

film star *znw* filmster

filmy *znw* dun, doorzichtig; ragfijn; wazig; beslagen [v. raam]

filter ['filtə] **I** *znw* filter; **II** *overg* filtreren, filteren; zuiveren; **III** *onoverg* door een fil-treertoestel gaan; (door)sijpelen; voorsor-teren [in het verkeer]; *~ in* invoegen [auto]; *~ through* doorsijpelen; doorschemeren; fig uitlekken (ook: *~ out*)

filter-tip(ped) *bn* [sigaret] met filter

filth [filθ] *znw* vuil[2] o, vuiligheid; fig obsce-niteit; *the ~* slang de smerissen; de kit

filthy *bn* vuil, smerig; obsceen; laag, ge-meen; gemeenz heel onplezierig; *~ rich* stinkend rijk

filtrate I *znw* ['filtrit] filtraat o; **II** *overg* ['filtreit] filtreren

filtration [fil'treiʃən] *znw* filtreren o

fin [fin] *znw* dierk vin; techn rib [v. radiator &]; luchtv kielvlak o

finagle [fi'neigl] *overg* gemeenz beduvelen; oplichten

final ['fainl] **I** *bn* laatste, beslissend, defini-tief, uiteindelijk, eind-, slot-; **II** *znw* sp fi-nale; onderw eindexamen o (ook: *~s*)

finale [fi'na:li] *znw* finale

finalist ['fainəlist] *znw* finalist; onderw eind-examenkandidaat

finality [fai'næliti] *znw* definitief zijn o, be-slistheid; doelleer

finalize ['fainəlaiz] *overg* definitief regelen &; afwerken

finally *bijw* eindelijk, ten slotte, uiteinde-lijk; afdoend, beslissend, definitief

finance [fi-, fai'næns] **I** *znw* financiën; geld-delijk beheer o; geldwezen o; *~s* financi-ën, geldmiddelen, fondsen; **II** *overg* finan-cieren, geldelijk steunen

financial [fai'nænʃəl] *bn* financieel, geldelijk; *~ year* boekjaar o

financier *znw* financier

finch [fin(t)ʃ] *znw* dierk vink

1 find* [faind] **I** overg vinden; onder-, bevinden; (be)merken; aantreffen, ontdek-
ken; zoeken, halen; aan-, verschaffen;
<u>recht</u> [een vonnis] vellen, [schuldig] verkla-
ren; all found alles inbegrepen, met kost
en inwoning; ~ one's way to erin slagen
naar... te komen; ~ expression in tot uitdrukking komen in; ~ out ontdekken, tot
de ontdekking komen, te weten komen;
opsporen; betrappen; niet thuis treffen; **II**
wederk: ~ oneself zich bevinden of zien;
zijn ware roeping ontdekken; **III** onoverg:
~ for the plaintiff uitspraak doen ten gunste van de eiser
2 find znw vondst; vindplaats
finder znw vinder; <u>fotogr</u> zoeker
finding znw vondst, bevinding; <u>recht</u> uitspraak; conclusie; bevinding
1 fine [fain] **I** bn mooi [ook ironisch], fraai,
schoon; fijn; uitstekend; ~ by (with) me!
mij best!; ~ arts schone kunsten; ~ print
kleine lettertjes; **II** bijw mooi; goed; cut it
a bit ~ zichzelf weinig speelruimte geven;
III overg: ~ down fijner maken; afklaren
2 fine [fain] **I** znw (geld)boete; **II** overg beboeten (met)
fine-draw ['fain'drɔ:] overg onzichtbaar
stoppen of aan elkaar naaien; ~n fijn (ge-
sponnen)
finery ['fainəri] znw opschik, mooie kleren
finesse [fi'nes] **I** znw loosheid, list; kneep,
finesse; **II** overg snijden [bij bridge]
fine-tooth(ed) comb ['faintu:θ(t)koum]
znw fijne kam, luizenkam, stofkam
finger ['fingə] **I** znw vinger; little ~ pink;
ring ~, third ~ ringvinger; he's all ~s and
thumbs hij heeft twee linkerhanden; have
one's ~ in the till regelmatig een greep in
de kas doen; have a ~ in every pie overal
een vinger in de pap hebben; have at one's
~(s') ends op zijn duimpje kennen; pull
one's ~ out <u>gemeenz</u> laat je handen eens
wapperen; put the ~ on sbd. iem. verlinken; ~s crossed! duimen!; **II** overg bevoelen, betasten, met zijn vingers zitten aan;
~ed by <u>muz</u> met vingerzetting van
finger-board znw <u>muz</u> toets [= greepplank
v. snaarinstrument]
fingering znw 1 betasten o; 2 <u>muz</u> vingerzetting
fingermark znw vingerafdruk, vieze vinger
fingernail znw vingernagel
finger painting znw met vingerverf gemaakt schilderij o
fingerprint I znw vingerafdruk; the F~
Department de Dactyloscopische Dienst; **II**
overg vingerafdrukken nemen
fingertip znw vingertop; have at one's ~s
op zijn duimpje kennen; altijd bij de hand
hebben; to one's ~s op-en-top
finicky ['finiki] bn gemaakt, peuterig, kieskeurig; overdreven netjes
finish ['finiʃ] **I** overg eindigen, voleind(ig-)
en, voltooien, aflopen, afmaken [ook =
doden]; de laatste hand leggen aan, afwerken; appreteren; uitlegen; op-, leegeten;
leeg-, uitdrinken; ~ off (up) de laatste
hand leggen aan; afwerken; opeten, uitdrinken; **II** onoverg eindigen, ophouden,
uitscheiden (met); <u>sp</u> finishen; ~ up belanden; eindigen; besluiten; ten slotte...; ~
with afmaken; zich afmaken van; het uitmaken met; **III** znw einde o, slot o; afwerking; glans, vernis o & m, appretuur; <u>sp</u> finish; fight to the ~ tot het laatst doorvech-
ten
finishing I znw afwerking; <u>sp</u> het afmaken;
II bn: ~ school school ter voltooiing van de
opvoeding [veelal in Zwitserland]; ~ stroke
genadeslag; ~ touch laatste hand, afwerking
finite ['fainait] bn eindig, beperkt; ~ verb
persoonsvorm [v. werkwoord]
fink [fink] znw stakingsbreker; verklikker,
tipgever
Finland ['finlənd] znw Finland o
Finn [fin] znw Fin, Finse
Finnish ['finiʃ] bn (znw) Fins (o)
fiord [fjɔ:d] znw fjord
fir [fə:] znw den, dennenboom; zilverspar;
dennenhout o
fir-cone znw pijnappel
fire ['faiə] **I** znw vuur o; brand, hitte;
[elektrische &] kachel, haard; on ~ brandend, in brand; gloeiend; set on ~, set ~
to in brand steken; in brand doen vliegen;
go through ~ and water door het vuur
gaan [voor iem.]; catch ~ vuur (vlam) vat-
ten²; **II** overg in brand steken, ont-, aansteken; stoken [oven]; bakken [steen];
schieten met, afschieten, afvuren, lossen
[schot]; <u>fig</u> aanvuren, aanwakkeren, doen
ontvlammen; <u>gemeenz</u> ontslaan; ~ off afvuren; **III** onoverg vlam vatten; vuren,
schieten; aanslaan, ontsteken [v. motor]; ~
away! <u>gemeenz</u> vooruit!; begin maar!; ~
up (at) in vuur raken (over), opstuiven (bij)
fire-alarm znw brandschel; brandalarm o
firearm znw vuurwapen o
fire-ball znw grote meteoor; vuurbol; <u>hist</u>
brandkogel
firebrand znw brandend stuk o hout; stokebrand
fire-break znw brandstrook
fire-brigade znw brandweer
fire-bug znw glimworm; <u>gemeenz</u> brandstichter, pyromaan
fire chief znw brandweercommandant
firecracker znw stuk o vuurwerk; rotje o
fire-curtain znw brandscherm o
firedamp znw mijngas o, moerasgas o
fire department znw <u>Am</u> brandweer
fire-dog znw haardijzer o, vuurbok
fire-eater znw vuurvreter, ijzervreter; <u>fig</u>
ruziezoeker
fire-engine znw brandspuit; brandweer-
auto
fire-escape znw reddingstoestel o [bij
brand]; brandtrap
fire-extinguisher znw blusapparaat o
fire fighter znw brandbestrijder
fire-fighting I znw brandbestrijding; **II** bn
brandblus-
firefly znw glimworm, vuurvliegje o
fire-guard znw vuur-, haardscherm o;
brandwacht

fire-hose *znw* brandslang
fire hydrant *znw* brandkraan
fire insurance *znw* brandverzekering
fire-irons *znw* haardstel o
firelight *znw* vuurgloed, vuurschijnsel o
fire-lighter *znw* vuurmaker
fireman *znw* brandweerman; stoker; ~'s carry (lift) brandweergreep
fireplace *znw* haardstede, haard
fire-plug *znw* brandkraan
fireproof *I bn* vuurvast, brandvrij; *II overg* brandvrij, vuurvast maken
fire-raising *znw* brandstichting
fire sale *znw* uitverkoop van goederen met brand- of rookschade
fireside *znw* haard, haardstede; hoekje o van de haard; *fig* huiselijk leven o, thuis
fire station *znw* brandweerkazerne
fire-trap *znw* brandgevaarlijk gebouw o
fire-water *znw* gemeenz (alcoholische) drank(en)
firework *znw* stuk o vuurwerk; ~s vuurwerk o; *fig* woedeuitbarsting
firing *znw* techn ontsteking; (af)vuren o &; ~ line vuurlinie[2]; ~-squad vuurpeloton o, executiepeloton o
firkin ['fə:kin] *znw* vaatje o (± 25 kg, ± 40 l)
1 firm [fə:m] *znw* firma
2 firm [fə:m] *I bn* vast, standvastig; vastberaden; hard, stevig, flink; be (stand) ~ op zijn stuk blijven staan; ~ line vuurlinie[2]; (zetten); ~ up versterken, sterker maken; *III onoverg:* ~ up handel vaster worden [prijzen]
firmament ['fə:məmənt] *znw* uitspansel o
first [fə:st] *I telw* eerst; ~ cousin volle neef (nicht); at ~ hand uit de eerste hand; from the ~ van het begin, al dadelijk; ~ things ~ wat het zwaarst is moet het zwaarst wegen; *II bijw* (voor het) eerst; ten eerste; eerder, liever; ~ of all, ~ and foremost allereerst; ~ and last alles samengenomen; *III znw* eerste; eerste prijs(winnaar); nummer één; onderw ± cum laude; come an easy ~ gemakkelijk winnen
first-born *znw & bn* eerstgeboren(e)
first-class *bn* prima, eersteklas; a ~ row een geduchte ruzie; ~ mail briefpost
first-degree *bn* eerstegraads [brandwonden]
first floor *znw* 1ste verdieping, *Am* parterre
first-hand *bn* uit de eerste hand
first lady *znw* vrouw v.d. (Amerikaanse) president
firstly *bijw* ten eerste
first name *znw* voornaam; be on ~ terms elkaar tutoyeren
first night *znw* avond van de première; ~ nerves plankenkoorts
first offender *znw* iem. die voor de eerste keer een misdrijf pleegt
first-rate *bn* eersterangs(-), prima
firth [fə:θ] *znw* zeearm, brede riviermond
fiscal ['fiskəl] *bn* fiscaal, belasting-
fish [fiʃ] *I znw* (mv idem of -es) vis; ~ and chips gebakken vis met patat; a queer ~ een rare snuiter; he drinks like a ~ hij zuipt als een ketter; feed the ~es gemeenz overgeven (bij zeeziekte); verdrinken; I have other ~ to fry ik heb wel wat anders aan mijn hoofd/te doen; *II overg* vissen; op-, be-, afvissen; ~ for vissen naar, afvissen; hengelen naar (ook fig); ~ out opvissen[2]; fig uitvissen; *III onoverg* vissen
fish-bone *znw* (vis)graat
fisher *znw* vero visser
fisherman *znw* visser
fishery *znw* visserij; visplaats; visrecht o
fish finger *znw* visstick
fishing *znw* vissen o; visrecht o; viswater o
fishing-line *znw* vissnoer o
fishing-net *znw* visnet o
fishing-pole *znw Am* = fishing-rod
fishing-rod *znw* hengel
fishing-tackle *znw* vistuig o
fish knife *znw* vismes o
fishmonger *znw* viskoper, vishandelaar
fish-plate *znw* lasplaat
fish-pond *znw* visvijver
fish-slice *znw* visspaan
fishtail *I bn* als een vissenstaart; ~ wind veranderlijke wind; *II onoverg* afremmen [vliegtuig]
fishwife *znw* viswijf o, visvrouw
fishy *bn* visachtig; *gemeenz* verdacht, met een luchtje eraan, twijfelachtig; ~ eyes schelvisogen
fission ['fiʃən] *znw* splijting, deling, splitsing
fissure ['fiʃə] *I znw* kloof, spleet, scheur; *II overg & onoverg* kloven, splijten
fist [fist] *znw* vuist
fistful *znw* handjevol o
fisticuffs *znw mv* bokspartij; resort to ~ op de vuist gaan, gaan knokken
fistula ['fistjulə] *znw* (mv: -s of fistulae) fistel; buis [v. insecten]
fit [fit] *I bn* geschikt; bekwaam; behoorlijk, gepast, voegzaam; gezond, fris, fit; as ~ as a fiddle kiplekker; ~ for a king een koning waardig; *II overg* passend (geschikt, bekwaam) maken (voor for, to); aanbrengen, zetten, monteren; voorzien (van with), uitrusten, inrichten; passen (op, bij, voor), goed zitten; ~ted carpet vaste vloerbedekking; ~ted sheet hoeslaken o; ~ted washbasin vaste wastafel; ~ in inpassen; plaats (tijd) vinden voor; ~on (aan)passen; aanbrengen, op-, aanzetten; ~ out uitrusten; ~ up aanbrengen [toestel]; techn monteren; uitrusten; ~ sbd. up slang iem. erin laten luizen; *III onoverg* passen; zich aanpassen aan, aangepast zijn; op zijn plaats zijn; ~ in with passen bij; stroken met, kloppen met; *IV znw* 1 passen o, pasvorm; 2 stuip, toeval, beroerte; aanval, insult o, vlaag, bevlieging, bui; in ~s and starts met horten en stoten, bij vlagen; throw a ~ gemeenz heel kwaad (ongerust) worden
fitchew ['fitʃu:] *znw* bunzing
fitful ['fitful] *bn* ongestadig, onbestendig; ongeregeld; grillig; bij vlagen
fitment ['fitmənt] *znw* inrichting, montering; ~s = fittings
fitness ['fitnis] *znw* geschiktheid; bekwaamheid; gepastheid, voegzaamheid; gezond-

heid; fitness, (goede) conditie

fitter ['fitə] *znw* bankwerker, monteur; fitter

fitting ['fitiŋ] **I** *bn* passend[2], gepast; **II** *znw* passen o &; maat [v. schoenen &]; ~s installatie, bekleding; accessoires, hulpstukken

five [faiv] *telw & znw* vijf; ~s (hand-)schoenen & maat vijf; vijfpercentsobligaties

fivefold *bn* vijfvoudig

five o'clock shadow [faivə'klɔk 'ʃædou] *znw* stoppelbaard aan het eind van de dag

fiver *znw* gemeenz biljet o van 5 pond (dollar)

fix [fiks] **I** *znw* gemeenz moeilijkheid, lastig geval o; slang shot; scheepv luchtv positie-(bepaling); **II** *overg* vastmaken, -hechten, -zetten, -leggen, -houden, (be)vestigen; bepalen, vaststellen; aanbrengen, plaatsen, monteren; fixeren; regelen; gemeenz repareren, in orde brengen, opknappen; slang omkopen; slang spuiten; ~ *up* aanbrengen, plaatsen, inrichten; gemeenz opknappen, in orde brengen, regelen, organiseren; voorzien (van *with*); **III** *onoverg* vast worden; stollen; zich vestigen; ~ *up(on)* kiezen; besluiten (tot)

fixation *znw* vaststelling, vastlegging; bevestiging; vasthouden o; stolling; fixering; fixatie

fixative ['fiksətiv] **I** *bn* fixerend; **II** *znw* fixatief o; fixeermiddel o

fixed *bn* vast[2]; strak; niet vluchtig; bepaald Vlaams

fixture *znw* al wat spijkervast is; vast iets; vaste klant (bezoeker &), vast nummer[2] o; (datum voor) wedstrijd

fizz [fiz] **I** *onoverg* sissen, bruisen; **II** *znw* gesis o, gebruis o; gemeenz pittigheid; gemeenz champagne

fizzle ['fizl] **I** *onoverg* (zachtjes) sissen, sputteren; ~ *out* op niets uitdraaien; **II** *znw* gesis o, gesputter o

fizzy ['fizi] *bn* mousserend, gazeus

flabbergast ['flæbəgɑːst] *overg* gemeenz geheel van zijn stuk brengen; ~*ed* ook: beduusd

flabby ['flæbi] *bn* zacht, week, slap[2]

flaccid ['flæksid] *bn* slap[2]

flaccidity [flæk'siditi] *znw* slapheid[2]

flag [flæg] **I** *znw* 1 vlag; 2 platte steen, tegel; 3 plantk lis; 4 omissieteken o [drukproeven]; *show the* ~ gemeenz even je gezicht laten zien; *strike (hoist) one's* ~ fig het commando overgeven (overnemen); **II** *overg* 1 bevlaggen; seinen (met vlaggen), 2 doen stoppen (~ *down*); 3 bevloeren, beleggen (met vloerstenen); **III** *onoverg* mat hangen, verslappen, verflauwen, kwijnen[2]

flag-day *znw* speldjesdag

flagellant ['flædʒilənt] *znw* flagellant, geselbroeder

flagellate *overg* geselen

flagellation [flædʒi'leiʃən] *znw* geseling

flagitious [flə'dʒiʃəs] *bn* verdorven; schandalig

flagon ['flægən] *znw* grote fles; schenkkan

flag-pole *znw* vlaggenstok

flagrant *bn* flagrant, in het oog lopend; schandalig; schreeuwend

flagship ['flægʃip] *znw* vlaggenschip o

flagstaff *znw* vlaggenstok

flagstone *znw* platte steen, tegel

flag-wagging *znw* 1 gemeenz seinen o met vlaggen; 2 agressief patriottisme o

flagwaving *znw* = flag-wagging 2

flail [fleil] **I** *znw* dorsvlegel; **II** *overg* (met de vlegel) dorsen, slaan, ranselen; **III** *onoverg*: *with arms* ~*ing* met zwaaiende armen

flair ['flɛə] *znw* flair

flak [flæk] *znw* licht afweergeschut o, -vuur o; fig storm van kritiek

flake [fleik] **I** *znw* vlok; schilfer, flinter; vonk; lapje o (vel); laag; ~ *of ice* ijsschots; **II** *(overg &) onoverg* (doen) (af)schilferen; vlokken; ~*d out* slang beroerd, slap

flaky *bn* vlokkig; schilferachtig

flamboyant [flæm'bɔiənt] *bn* flamboyant [v. bouwstijl]; kleurrijk, zwierig; opzichtig

flame [fleim] **I** *znw* vlam; hitte, vuur o; **II** *onoverg* op-, ontvlammen, vlammen, schitteren; ~ *up* opvlammen; *flaming* ook: gemeenz verrekt, verdomd

flameproof *bn* vuurvast, onbrandbaar

flame-thrower *znw* mil vlammenwerper

flamingo [flə'miŋgou] *znw (mv:* -s *of* -goes*)* flamingo

flammable ['flæməbl] *bn* brandbaar

flan [flæn] *znw* ronde, open taart; vlaai

Flanders ['flɑːndəz] **I** *znw* Vlaanderen o; **II** *bn* Vlaams

flange [flæn(d)ʒ] *znw* scheepv flens

flank [flæŋk] **I** *znw* flank; zijde; ribstuk o; **II** *overg* flankeren; mil in de flank dekken; in de flank aanvallen; omtrekken

flannel ['flænl] **I** *znw* flanel o; lap, doekje o; Br washandje o, gemeenz (mooie) praatjes [om iem. over te halen]; ~*s* flanellen broek; **II** *bn* flanellen; **III** *overg & onoverg* stroop smeren, mooie praatjes ophangen

flannelette [flænə'let] *znw* katoenflanel o

flap [flæp] **I** *znw* klep; flap; neerslaand blad o of luik o; slip, pand [jas]; luchtv vleugelklep; lel; gemeenz consternatie, paniek; **II** *overg* slaan (met), klapp(er)en met; **III** *onoverg* flappen, klapp(er)en; klapwieken

flapdoodle *znw* larie, kletskoek

flapjack *znw* 1 Am pannenkoek; 2 Br rond, plat (haver)koekje o

flapper *znw* gemeenz vroeger bakvis, tiener

flare ['flɛə] **I** *onoverg* flikkeren, (op-)vlammen, schitteren; klokken, uitstaan [v. rok] (ook: ~ *out*); ~ *up* opvlammen[2]; opstuiven; **II** *znw* geflikker o, vlam; licht(signaal) o, lichtfakkel; klokken o, uitstaan o [v. rok]; ~*s* broek met wijd uitlopende pijpen

flared *bn* uitlopend, wijd uitlopend [v. broekspijpen, rok]

flare-path *znw* verlichte landingsbaan/startbaan

flare-up *znw* uitbarsting, aanval van woede, scène; wild feest o

flash [flæʃ] **I** *znw* glans, (op)flikkering, straal; schicht, flits; vlaag, opwelling;

nieuws o in het kort, nieuwsflits; Am zaklantaarn; ~ of lightning bliksemschicht; a ~ in the pan fig een strovuur o, iets veelbelovends dat op een anticlimax uitloopt; in a ~ in een oogwenk; II bn gemeenz opzichtig, fijn; plotseling (opkomend); III onoverg flikkeren, bliksemen, schitteren, blikkeren, opvlammen; (voort)schieten; flitsen; gemeenz potloodventen [exhibitionisme plegen]; it ~ed through my mind het flitste mij door het hoofd; IV overg schieten, doen flikkeren &; (over)seinen; (iets) plotseling, opvallend laten zien, tonen; gemeenz geuren met

flashback znw beeld o (klank) uit het verleden, terugblik

flash bulb znw flitslampje o

flashcard znw kaart met informatie [gebruikt in het onderwijs]

flashcube znw fotogr flitsblokje o

flasher znw knipperlicht o [v. auto]; gemeenz potloodventer

flash flood znw plotseling opkomend hoogwater o [door zware regenval &]

flashgun znw fotogr flitser, flitsapparaat o

flashing znw techn (metalen) strip als watering tussen dak en muur

flash-light znw flitslicht o, magnesiumlicht o; zaklantaarn

flash-point znw ontvlammingspunt o; fig kookpunt o

flashy bn opzichtig

flask [flɑːsk] znw flacon; fles, thermosfles, zakfles

flat [flæt] I bn vlak, plat; smakeloos, laf, verschaald [bier]; leeg, plat [batterij, band]; dof, mat; saai; handel flauw; muz mineur, mol; op de kop af, precies; that is ~ gemeenz daarmee is 't uit; fall ~ mislukken; sing ~ muz vals (te laag) zingen; a ~ refusal gemeenz een botte (vierkante) weigering; a ~ rate een uniform tarief o; ~ broke volledig platzak; II znw vlak terrein o, vlakte; plat o; platte kant; flat; schoen met platte hak; scheepv platboomd vaartuig o, vlet; ondiepte, zandbank; moeras o; muz mol; sp vlakke baan; platte (lekke) band

flat-bottomed bn platboomd

flatfish znw platvis

flat-foot znw platvoet; Am slang smeris; ~ed met platvoeten; fig onhandig, lomp

flat-iron znw strijkijzer o

flatlet znw flatje o [woning]

flatly bijw vlak, plat; botweg; versterkend vierkant, totaal

flatten I overg plat, vlak maken; (ter)neerdrukken of -slaan; vernederen, klein krijgen; pletten; afbreken, slopen; muz verlagen; laten verschalen; II onoverg: ~ (out) plat, vlak worden; verschalen

flatter ['flætə] overg vleien, strelen; flatteren

flatterer znw vleier

flattering bn flatterend, flatteus

flattery znw vleierij, gevlei o, vleitaal

flatulence ['flætjuləns] znw winderigheid

flatulent bn winderig

flaunt [flɔːnt] overg pralen met, pronken met; ~ oneself pronken

flautist ['flɔːtist] znw muz fluitist

flavour, Am **flavor** ['fleivə] I znw geur, smaak; aroma² o; fig tintje o; karakter o; II overg geur geven, smakelijk maken, kruiden²

flavouring znw kruiderij; aroma o [stof]

flavourless, Am **flavorless** bn geurloos, smaakloos

flaw [flɔː] I znw 1 barst, breuk, scheur; 2 fout, onrechtigheid, gebrek o; 3 vlek, smet; II (overg &) onoverg (doen) barsten; bederven, ontsieren

flawless bn vlekkeloos, smetteloos, onberispelijk, gaaf

flax [flæks] znw vlas o

flaxen bn vlassig, van vlas; vlaskleurig, (vlas-) blond, vlas-

flay [flei] overg villen², (af)stropen²; fig hekelen

flea [fliː] znw vlo; send him away with a ~ in his ear hem afschepen, nul op het rekest geven

flea-bag znw gemeenz 1 smeerpoets, slons; 2 Am goedkoop (vies) hotelletje o; 3 Am zwijnenstal

flea-bite znw vlooienbeet; onbelangrijke afwijking; fig kleinigheid

flea market znw vlooienmarkt, rommelmarkt

fleapit ['fliːpit] znw gemeenz goedkope, smerige bioscoop

fleck [flek] I znw vlek; plek; II overg vlekken, plekken

fled [fled] V.T. & V.D. van flee

fledged [fledʒd] bn (vlieg)vlug [v. jonge vogels]; fully ~d geheel ontwikkeld, volwassen; ervaren, volleerd

fledg(e)ling znw (vlieg)vlugge vogel; fig beginneling, melkbaard, melkmuil

flee* [fliː] overg & onoverg (ont)vlieden, (ont)vluchten

fleece [fliːs] I znw (schaaps)vacht; vlies o; II overg scheren; fig het vel over de oren halen, afzetten; (met een vacht) bedekken

fleecy bn wollig, wolachtig; vlokkig

fleer [fliə] I onoverg spotten; spottend of brutaal lachen, honen; II znw hoongelach o; spotternij

1 fleet [fliːt] znw vloot; groep; our ~ of motor-cars ons wagenpark o

2 fleet [fliːt] bn plechtig snel, vlug, rap

3 fleet [fliːt] onoverg (voorbij-, heen)snellen

fleeting bn snel voorbijgaand, vergankelijk, vluchtig

Fleet Street [fliːt striːt] znw 1 de Londense pers; 2 de Britse journalistiek, de Britse pers

Fleming ['flemiŋ] znw Vlaming

Flemish bn (znw) Vlaams (o); the ~ de Vlamingen

flesh [fleʃ] I znw vlees o; in the ~ in levenden lijve; in leven; it is more than ~ and blood can bear het is meer dan een mens kan verdragen; II overg: ~ out verrijken, verlevendigen, meer gestalte geven, aan-

kleden, uitwerken, (op)vullen
fleshly *bn* vleselijk; zinnelijk
flesh-pot *znw* bordeel *o*, hoerenkast; striptent
fleshy *bn* vlezig; gevleesd; vlees-; dik
flew [flu:] V.T. van *fly*
flex [fleks] **I** *onoverg & overg* buigen; buigen en strekken; **II** *znw* **elektr** snoer *o*
flexibility [fleksi'biliti] *znw* buigzaam-, soepelheid², flexibiliteit²
flexible ['fleksibl] *bn* buigzaam², soepel², flexibel²; ~ *hours* variabele werktijden
flexion *znw* buiging; bocht; **gramm** verbuiging
flexional *bn* **gramm** buigings-
flexitime ['fleksitaim] *znw* variabele werktijden
flexor *znw* buigspier
flexure *znw* buiging; bocht
flibbertigibbet ['flibati'dʒibit] *bn* lichthoofdig, fladderig, wispelturig iem.
flick [flik] **I** *znw* tikje *o*; knip; rukje *o*; *the* ~*s* **gemeenz** de bios; **II** *overg* een tik(je) geven, tikken; ~ *away (off)* wegknippen; ~ *off* uitdoen; ~ *on* aanknippen, aanzetten; ~ *through* snel doorbladeren [boek]; ± zappen
flicker ['flikǝ] **I** *onoverg* flakkeren, flikkeren; trillen; fladderen, klappen; **II** *znw* geflakker *o*, (op)flikkering, geflikker *o*; ongestadig licht *o*; gefladder *o*; **fig** vleugje *o*, sprankje *o*
flick-knife ['fliknaif] *znw* springmes *o*, stiletto
flier ['flaiǝ] *znw* = *flyer*
flight [flait] *znw* vlucht; loop, vaart; reeks; zwerm, troep, **luchtv** eskader *o*; ~ *of stairs* trap; ~ *of steps* bordes *o*; ~ *of fancy* inval; ~ *of wit* geestige zet; *put to* ~ op de vlucht drijven; *take (to)* ~ op de vlucht gaan, de vlucht nemen; ~*-engineer* **luchtv** boordwerktuigkundige; ~ *lieutenant* **mil** kapiteinvlieger; ~ *recorder* **luchtv** vluchtrecorder, zwarte doos
flightless ['flaitlǝs] *bn* niet in staat tot vliegen; ~ *birds* loopvogels
flighty ['flaiti] *bn* grillig; wispelturig, wuft; halfgaar
flimsy ['flimzi] **I** *bn* dun, onsolide, ondeugdelijk; armzalig; **II** *znw* **gemeenz** dun papier *o*; doorslag
flinch [flinʃ] *onoverg* aarzelen, terugdeinzen, wijken (voor from); *without* ~*ing* onwrikbaar; zonder een spier te vertrekken
flinders ['flindǝz] *znw mv* splinters; scherven
1 fling* [fliŋ] **I** *onoverg* vliegen, stormen [uit vertrek]; **II** *overg* gooien, (af)werpen, smijten; ~ *at* gooien naar, naar (het hoofd) werpen; ~ *down* neergooien, tegen de grond smijten; ~ *in* op de koop toegeven; ~ *out* plotseling (achteruit) slaan; uitspreiden [zijn armen]; weggooien; [woorden] eruit gooien
2 fling *znw* worp, gooi; *the Highland* ~ een Schotse dans; uitspatting, verzetje *o*; avontuurtje *o*; *have one's* ~ **gemeenz** aan de rol gaan, uitrazen; zie verder: *throw*

flint [flint] *znw* keisteen, vuursteen *o & m* [stofnaam], vuursteen *m* [voorwerpsnaam]; steentje *o* [v. aansteker]
flinty *bn* steenachtig, vuursteen-; **fig** onvermurwbaar, hardvochtig
flip [flip] **I** *znw* **1** flip: warme drank v. melk, ei, suiker en wijn (bier of brandewijn); **2** knip, tik; ruk; **3** salto; **II** *bn* ongepast, brutaal, niet serieus; **III** *overg* **1** een tikje geven; **2** (weg)knippen; **IV** *onoverg* **1** tikken; **2** knippen [met de vingers]; **3** **gemeenz** flippen, compleet gek worden
flip-flop ['flipflɔp] *znw* **1** teenslipper, sandaal; **2** achterwaartse salto
flippancy ['flipǝnsi] *znw* oneerbiedige, spottende opmerking; spotternij
flippant *bn* spotziek, oneerbiedig, ongeneerd, ongepast
flipper ['flipǝ] *znw* vin; zwempoot; **sp** zwemvlies *o*
flipping ['flipiŋ] *bn* **gemeenz** verdraaid, verdomd
flip side *znw* B-kant [v. grammofoonplaat]; **fig** schaduwzijde
flirt [flǝ:t] **I** *onoverg* flirten; ~ *with* spelen of koketteren met; **II** *znw* flirt
flirtation [flǝ:'teiʃǝn] *znw* flirt, geflirt *o*
flirtatious ['flǝ:tiʃ] *bn* graag flirtend
flit [flit] **I** *onoverg* fladderen, zweven, vliegen; (snel) heen en weer gaan (schieten), (weg)trekken; **Schots** verhuizen; **II** *znw*: *do a (moonlight)* ~ met de noorderzon vertrekken
flitch [flitʃ] *znw* zijde spek
flitter ['flitǝ] *onoverg* fladderen; ~ *mouse* vleermuis
flivver ['flivǝ] *znw* **Am** goedkoop autootje *o*
float [flout] **I** *znw* vlot *o*; **techn** vlotter; **luchtv** drijver; dobber; lage wagen, praalwagen; **handel** kasgeld *o*; voorschot *o*; **II** *onoverg* vlot zijn; zweven, vlotten, drijven, dobberen; wapperen; ~ *around* rondgaan [v. gerucht &]; **III** *overg* laten drijven; vlot maken; onder water zetten; in omloop brengen, lanceren [gerucht &]; oprichten [v. bedrijf door uitgifte v. aandelen]
floatation [flou'teiʃǝn] *znw* = *flotation*
float-board ['floutbɔ:d] *znw* schepbord *o*, schoep
floating *bn* drijvend; vlottend; zwevend; ~ *bridge* pontonbrug; ~ *currency* zwevende munt(eenheid), valuta
flock [flɔk] **I** *znw* **1** kudde², troep, zwerm, schare; **2** vlok, pluis; **II** *onoverg*: ~ (*together*) samenkomen, samenscholen, stromen (naar *to*)
floe [flou] *znw* ijsschots, stuk *o* drijfijs
flog [flɔg] *overg* slaan, (af)ranselen; **recht** geselen; **slang** organiseren, (in)pikken; verpatsen, aansmeren; ~ *a dead horse* vergeefse moeite doen
flogging *znw* (pak *o*) slaag/ransel; **recht** geseling, geselstraf
flood [flʌd] **I** *znw* vloed², stroom², overstroming; zondvloed; *the F~* de zondvloed; **II** *onoverg* (over)stromen; buiten zijn oevers treden [rivier]; **III** *overg* onder water zet-

ten, overstromen[2] (met *with*), doen onder-
lopen; fig overspoelen, verzuipen [motor]
floodgate znw sluisdeur; fig sluis
floodlight I znw (schijnwerper voor) strijklicht o; II overg verlichten door middel van
strijklicht
floodlit V.T. & V.D. van *floodlight*
flood-tide znw vloed
floor [flɔ:] I znw vloer; bodem; verdieping;
zaal [v. parlement &]; *first* ~ eerste verdieping; Am benedenverdieping, parterre o &
m; *get (have, hold) the* ~ het woord krijgen (hebben, voeren); *take the* ~ het
woord nemen; ten dans gaan; II overg bevloeren; vloeren: op de grond werpen; fig
onder krijgen; in de war maken; het winnen van, verslaan
floorboard znw vloerplank
floor-cloth znw dweil
flooring znw bevloering, vloer
floor-manager znw 1 floormanager [bij
tv-productie]; 2 afdelingschef [in warenhuis]
floor show znw floorshow
floor-walker znw afdelingschef (in winkel
&)
floozy ['flu:zi] znw Am slet, snol
flop [flɔp] I znw klap, flap; plof; gemeenz
fiasco o, flop, afgang, misser; II onoverg
flappen, ploffen, klossen; gemeenz een
flop worden
floppy bn flodderig, slap; ~ *(disk)* comput
floppy, diskette
flora ['flɔ:rə] znw flora
floral bn bloeme(n)-, bloem-
Florentine ['flɔrəntain] znw *(bn)* Floren-
tijn(s)
florescence [flɔ'resəns] znw bloeien o;
bloeitijd
floriculture ['flɔ:rikʌltʃə] znw bloementeelt
florid ['flɔrid] bn bloemrijk; blozend; zwierig
florin ['flɔrin] znw vroeger tweeshillingstuk
o
florist ['flɔrist] znw bloemist
floss ['flɔs] I znw 1 vloszijde; 2 *(dental)* ~
tandzijde; II overg & onoverg flossen, (de
tanden) met tandzijde schoonmaken
flossy bn vlossig
flotation znw drijven o &; oprichting [v.
bedrijf door uitgifte aandelen]; het zweven
o [v.e. munteenheid]
flotilla [flou'tilə] znw flottielje
flotsam ['flɔtsəm] znw zeedrift, wrakgoederen; ~ *and jetsam* rommel
1 flounce [flauns] znw volant: strook
2 flounce [flauns] I onoverg plonzen, ploffen; stuiven; II znw plof, ruk
flounder ['flaundə] I onoverg [in de modder
&] baggeren, spartelen; steigeren; hakkelen, knoeien; II znw *(mv idem of -s)* dierk
bot, schar
flour [flauə] I znw bloem (van meel), meel
o, poeder o & m; II overg met meel bestrooien
flourish ['flʌriʃ] I onoverg bloeien[2], tieren,
gedijen, in zijn bloeitijd zijn [v. kunstenaar];
II overg zwaaien met; pronken met; III
znw zwaai; zwierige wending, versiering,

krul; muz fanfare, trompetgeschal o
floury ['flauəri] bn melig; kruimig; met meel
bedekt
flout [flaut] overg negeren, in de wind
slaan, aan zijn laars lappen, zich niets aantrekken van, spotten met
flow [flou] I onoverg vloeien, overvloeien,
stromen[2]; golven [v. kleed, manen] opkomen [getij]; ~ *from* voortvloeien uit; II znw
(over)vloed, stroom[2], (uit)stroming, doorstroming; golving
flow chart ['flout∫ɑ:t] znw stroomschema o
flower ['flauə] I znw bloem[2], bloesem;
bloei; II onoverg bloeien
flower-bed znw bloembed o
flowered bn gebloemd
flowerpot znw bloempot
flowery bn bloemrijk[2], bloem(en)
flown [floun] V.D. van [2]*fly*
flu [flu:] znw gemeenz influenza, griep
fluctuate ['flʌktjueit] onoverg op en neer
gaan[2], golven, dobberen, schommelen,
weifelen
fluctuation [flʌktju'eiʃən] znw schommeling
[v. prijzen &]; dobbering, weifeling
flue [flu:] znw rookkanaal o, vlampijp
fluency ['flu:ənsi] znw vaardigheid, vlotheid; bespraaktheid
fluent bn vloeiend[2], bespraakt; vlot
fluff [flʌf] I znw dons o, pluis o; II onoverg
pluizen; III overg pluizen; gemeenz verknoeien; ~ *out* doen uitstaan
fluffy bn donsachtig, dooig, dons-; luchtig
fluid ['flu:id] I bn vloeibaar; niet vast;
vloeiend; beweeglijk; ~ *ounce*
[inhoudsmaat van] 28,4 cm[3]; Am 29,6 cm[3];
II znw vloeistof; fluïdum o [= vloeistof;
niet-vast lichaam o]
fluidity [flu'iditi] znw vloeibaarheid; niet
vast zijn o; vloeiende o; beweeglijkheid
fluke [flu:k] znw 1 scheepv ankerblad o;
punt [v. pijl]; ~*s* staart [v. walvis]; 2 (lever-)
bot; 3 gemeenz mazzel, meevaller, biljart
beest o
fluky bn gemeenz (stom)gelukkig; bof-; onzeker
flume [flu:m] znw kunstmatige waterloop
flummox ['flʌməks] overg gemeenz verwarren, ontstellen
flump [flʌmp] I onoverg & overg ploffen; II
znw plof
flung [flʌŋ] V.T. & V.D. van *fling*
flunk [flʌŋk] Am gemeenz I overg laten zakken [bij examen]; II onoverg stralen, zakken [bij examen]; ~ *out* van school gestuurd worden
flunkey ['flʌŋki] znw lakei[2], stroopsmeer-
der, hielenlikker
fluorescent bn fluorescerend; ~ *lamp*, ~
tube fluorescentielamp, tl-buis
fluoridate ['fluəraideit] overg fluorideren
fluoride ['fluəraid] znw fluoride o
fluorine ['fluəri:n] znw fluor o
flurry I znw (wind)vlaag, bui; agitatie, gejaagdheid; II overg zenuwachtig maken,
agiteren, jachten; in de war brengen
flush [flʌʃ] I onoverg doorspoelen, doortrekken [toilet]; kleuren, blozen; II overg door-

spoelen; onder water zetten; verjagen; het bloed maar het hoofd jagen; aanvuren, overmoedig doen worden; ~ed ook: verhit; **III** znw (plotselinge) toevloed, stroom²; opwelling²; blos; gloed; roes, opwinding; <u>kaartsp</u> suite; <u>plantk</u> uitlopende blaadjes; **IV** bn overvloedig (voorzien van of), vol [v. water]; effen, gelijk, vlak

Flushing ['flʌʃiŋ] znw Vlissingen o

fluster ['flʌstə] **I** overg agiteren, in de war brengen, zenuwachtig maken, enerveren; **II** znw opwinding, verwarring

flute [flu:t] **I** znw <u>muz</u> fluit; groef, cannelure, plooi; **II** overg groeven, canneleren; plooien

flutist znw fluitist

flutter ['flʌtə] **I** onoverg fladderen; wapperen; dwarrelen; flakkeren, trillen [licht]; popelen [v. hart]; gejaagd doen; **II** overg doen wapperen, haasten, agiteren; **III** znw gefladder o, fladderen o &; gejaagdheid, agitatie; <u>gemeenz</u> speculatie, gokje o

fluvial ['flu:viəl] bn rivier-

flux [flʌks] znw vloed; vloeiing; vloei-, smeltmiddel o; stroom; buikloop; <u>fig</u> voortdurende verandering

1 fly [flai] znw **1** vlieg; kunstvlieg; **2** vliegwiel o; onrust [v. klok]; **3** klep, gulp (ook: flies) [v. broek &]; there are no flies on him! <u>gemeenz</u> die is bij de pinken!

2 fly* [flai] **I** onoverg vliegen; vluchten; omvliegen, (voorbij)snellen; wapperen; let ~ at erop los gaan of slaan, ervan langs geven; he's ~ing high hij heeft grootse plannen, is zeer ambitieus; ~ in the face of trotseren; slaan tegen; time flies de tijd vliegt voorbij; **II** overg laten vliegen of wapperen, voeren [de vlag]; <u>luchtv</u> vliegen over [oceaan], bevliegen [een route], vliegen [een toestel], per vliegtuig vervoeren; ~ a kite een vlieger oplaten; <u>gemeenz</u> een balletje over iets opgooien

3 fly [flai] bn <u>gemeenz</u> uitgeslapen, geslepen, sluw

fly-away ['flaiəwei] bn los, loshangend [haar, kleding]; frivool, wuft

fly-blown bn door vliegen bevuild

fly-by-night bn <u>gemeenz</u> louche, onbetrouwbaar

flycatcher znw vliegenvanger [voorwerp en vogel]

flyer znw <u>luchtv</u> vlieger; hardloper: renpaard o, snelzeilend schip o &; pamflet o, folder

flying doctor znw dokter die zich per vliegtuig verplaatst

flying officer znw <u>mil</u> eerste-luitenant-vlieger

flying range znw actieradius

flying saucer znw vliegende schotel

flying squad znw vliegende brigade, mobiele eenheid

fly-leaf znw schutblad o [v. boek]

fly-over znw viaduct m & o, ongelijkvloerse (weg)kruising

flypaper znw vliegenpapier o

flypast znw luchtparade

fly-sheet znw buitentent

flyweight znw vlieggewicht o [bokser]

fly-wheel znw vliegwiel o

foal [foul] **I** znw veulen o; **II** onoverg [veulen] werpen

foam [foum] **I** znw schuim o; ~ rubber schuimrubber; **II** onoverg schuimen; ~ at the mouth schuimbekken

foamy bn schuimig, schuimend

f.o.b. afk. = free on board vrij aan boord [alle kosten tot in het schip voor rekening v.d. verkoper]

fob [fɔb] **I** znw horlogeketting; ~ watch zakhorloge o; key ~ sleutelhanger; **II** overg: ~ off afschepen

focal ['foukəl] bn brandpunts-, brand-, focaal; ~ point brandpunt² o

fo'c'sle ['fouksl] znw = forecastle

focus ['foukəs] **I** znw (mv: focuses of foci) brandpunt o; haard [v. ziekte]; centrum o; in ~ scherp (gesteld), duidelijk; out of ~ onscherp, onduidelijk; **II** overg in een brandpunt verenigen (brengen); instellen [lens &]; concentreren [gedachten], vestigen [aandacht]; **III** onoverg zich concentreren

fodder ['fɔdə] znw voe(de)r o

foe [fou] znw <u>plechtig</u> vijand

foetal, Am **fetal** ['fi:təl] bn van de, betreffende de foetus

foetus, Am **fetus** ['fi:təs] znw foetus, ongeboren vrucht

fog [fɔg] **I** znw **1** mist; **2** sluier [op foto]; in a ~ ook: de kluts kwijt; **II** overg in mist hullen; onduidelijk maken; vertroebelen; doen beslaan; **III** onoverg: ~ (up) beslaan

fog bank znw mistbank

fog-bound znw door mist opgehouden; in mist gehuld

fogey ['fougi] znw ouwe zeur, ouwe sok

foggy ['fɔgi] bn mistig, nevelig, vaag

foghorn znw misthoorn

fog lamp znw mistlamp

fog-signal znw mistsignaal o

foible ['fɔibl] znw zwak o, zwakke zijde, zwak punt o

foil [fɔil] **I** znw **1** schermdegen, floret; **2** foelie [achter spiegel, juweel], folie, zilverpapier o; be a ~ to beter doen uitkomen; **II** overg (iems. plannen) verijdelen

foist [fɔist] overg: ~ sth. on sbd. iem. iets aansmeren (ook: aanwrijven); ~ oneself on someone zich aan iem. opdringen

fold [fould] **I** znw **1** vouw, plooi, kronkel; **2** kudde²; **3** schaapskooi; **4** schoot (der Kerk); **II** overg **1** vouwen, plooien; **2** wikkelen, sluiten, slaan; ~ in toevoegen, doorroeren, bijmengen; ~ in one's arms in de armen sluiten; **III** onoverg **1** zich laten vouwen; **2** <u>gemeenz</u> het afleggen; op de fles gaan; het bijltje erbij neergooien (ook: ~ up)

foldaway ['fouldəwei] bn opvouwbaar, vouw-, opklap-

folder znw folder: vouwblad o, gevouwen circulaire; map, mapje o

folding ['fouldiŋ] bn opvouwbaar, vouw-; ~-bed opklapbed o; veldbed o; kermisbed o; ~-door harmonicadeur; ~ money Am papiergeld o

foliage ['fouliidʒ] *znw* loof *o*, lover *o*, gebladerte *o*, lommer *o*; bladversiering, loofwerk *o*

foliate ['foulieit] *overg* met folie bedekken; [bladen] nummeren; met loofwerk versieren

folio ['fouliou] *znw* folio(vel) *o*; foliant

folk [fouk] **I** *znw* volk *o*; mensen; gemeenz familieleden (meestal ~s); luitjes, volkje *o*; *the old* ~s de oudjes; **II** *bn* volks-, inheems

folklore *znw* folklore: volkskunde

folk music *znw* volksmuziek

folk singer *znw* zanger(es) van volksliedjes

folk-song *znw* (oud) volkslied *o*

folksy *bn* **1** gemeenz gezellig, hartelijk, eenvoudig; **2** m.b.t. volkskunst

follicle ['folikl] *znw* (haar)zakje *o*

follow ['folou] **I** *overg* volgen (op), navolgen, nazetten; achternagaan; fig najagen; [een beroep] uitoefenen; voortvloeien uit; ~ *the sea* zeeman zijn; ~ *suit* kaartsp kleur bekennen; fig het voorbeeld volgen; ~ *out* opvolgen, voldoen aan; vervolgen, doorvoeren; ~ *up* nagaan, nader ingaan op; voortzetten; zich ten nutte maken; (na)volgen, laten volgen (door *by, with*); ~ *one's nose* zijn instinct volgen; **II** *onoverg* volgen

follower *znw* volger; volgeling, aanhanger; navolger

following I *bn* volgend; **II** *znw* gevolg *o*, aanhang; **III** *voorz* na, volgend op

follow-through *znw* **1** afwerking; **2** sp afmaken *o* van de slag [bij tennis, golf &]

follow-up *znw* voortzetting, nabehandeling, vervolg *o*; ~ *care* med nazorg

folly ['foli] *znw* dwaasheid, gekkenwerk *o*, zotheid, stommiteit; merkwaardig maar nutteloos gebouw *o* &, folly

foment [fou'ment] *overg* (warm) betten; fig voeden, koesteren, kweken, aanstoken, stimuleren

fomentation [foumen'teiʃən] *znw* betting; warme omslag *m* & *o*; fig aanmoediging, (het) aanstoken *o*, (het) aanwakkeren *o*

fond [fond] *bn* liefhebbend, teder, innig; dierbaar, lief; *be* ~ *of* houden van

fondle ['fondl] *overg* strelen, liefkozen, aanhalen

fondness *znw* tederheid, liefde, genegenheid, zwak *o* (voor *for*)

font [font] *znw* doopvont; lettertype *o* [v. printer &]

fontanel [fonta'nεl] *znw* fontanel

food [fu:d] *znw* voedsel *o*, spijs, eten *o*, voe(de)r *o*; ~s voedingsmiddelen, levensmiddelen; ~ *for thought* stof tot nadenken; *be off one's* ~ geen eetlust hebben

food poisoning *znw* voedselvergiftiging

food processor *znw* keukenmachine

foodstuffs *znw mv* voedingsmiddelen, levensmiddelen

fool [fu:l] **I** *znw* **1** dwaas, gek, zot; nar; **2** (kruisbessen)vla; *a* ~'s *errand* een dwaze onderneming; *a* ~'s *paradise* een denkbeeldige hemel; *make a* ~ *of* voor de gek houden[2]; *make a* ~ *of oneself* zich belachelijk maken, zich dwaas aanstellen; **II** *bn*

Am gemeenz gek, idioot; **III** *onoverg* beuzelen, gekheid maken; ~ *about (around)* spelen met; dollen; rondlummelen; **IV** *overg* voor de gek houden, bedotten[2]; ~ *out of* aftroggelen

foolery *znw* dwaasheid, scherts, gedol *o*

foolhardy *bn* roekeloos, doldriest

foolish *bn* dwaas, gek, mal, zot, idioot, stom

fool-proof *bn* overduidelijk; onfeilbaar; absoluut veilig

foolscap *znw* klein-foliopapier *o*

foot [fut] **I** *znw* (*mv:* feet) voet [ook: Eng. maat v. 12 duim = 30,48 cm]; poot; voetvolk *o*, infanterie; voeteneind *o*; *fall on one's feet* mazzel hebben; *put one's* ~ *in it* gemeenz een flater begaan; *never put a* ~ *wrong* nooit verkeerde dingen doen (zeggen); *at* ~ onderaan [de voet v.d. bladzij]; *understaand*; *be under sbd.'s feet* iem. voor de voeten lopen; *carry sbd. off his feet* iem. meeslepen (in zijn enthousiasme); *be dying on one's feet* ten dode opgeschreven zijn; **II** *overg:* ~ *(the bill)* gemeenz dokken; ~ *it* te voet gaan; dansen

footage *znw* **1** (film)lengte; **2** sequentie, (stuk *o*) film, ± beelden

foot-and-mouth disease *znw* mond- en klauwzeer *o*

football *znw* **1** Br voetbal *o*; Am football *o*, Amerikaans voetbal *o*; **2** voetbal [voorwerpsnaam]; Am rugbybal

footballer *znw* voetballer

football pool *znw* voetbalpool, -toto

foot-board *znw* treeplank; voetplank

foot-bridge *znw* loopbrug

footer *znw* slang spelletje *o* voetbal; *a six* ~ *boot &* van 6 voet [lengte]

footfall *znw* (geluid *o* van een) voetstap

foot-hill *znw* heuvel aan de voet van een gebergte

foothold *znw* steun voor de voet; fig vaste voet

footing *znw* voet[2]; vaste voet, steun, houvast *o*; fig basis; *on an equal* ~ op voet van gelijkheid

footle ['fu:tl] *onoverg* leuteren, bazelen; ~ *about (around)* rondlummelen

footlights ['futlaits] *znw mv* voetlicht *o*

footling ['fu:tliŋ] *bn* gemeenz onbetekenend, onbeduidend; dom

footloose ['fu:tlu:s] *bn* vrij, vrij om te gaan en te staan waar men wil

footman *znw* lakei

footmark *znw* voetspoor *o*

footnote *znw* voetnoot

foot-pace *znw* tred; *at a* ~ stapvoets

footpad *znw* struikrover

footpath *znw* voetpad *o*; trottoir *o*, stoep

footprint *znw* voetspoor *o*

footsie ['fu:tsi] *znw: play* ~ *(with)* gemeenz voetjevrijen (met)

foot-slog *onoverg* gemeenz marcheren, sjokken

footsore *bn* met zere voeten

footstep *znw* voetstap, tred

footstool *znw* voetenbankje *o*

footway *znw* = footpath

footwear *znw* schoeisel *o*, schoenwerk *o*
footwork *znw* voetenwerk *o* [sp, dans]
fop [fɔp] *znw* fat, dandy, kwast, modegek
foppish *bn* fatterig, dandyachtig
for [fɔ:] **I** *voegw* want; **II** *voorz* voor, in plaats van; gedurende; naar; uit; om, vanwege, wegens; wat betreft; niettegenstaande; [kiezen] tot, als; *oh, ~ a cigarette!* had ik (hadden we) maar een sigaret!; *~ all I care* voor mijn part; *~ all I know* voor zover ik weet; *~ all that* toch; *~ joy* van vreugde; *~ years* jarenlang; *not ~ years* in geen jaren; *you are ~ it!* gemeenz je bent erbij!; *now ~ it!* nu erop los!, nu komt het erop aan!; *there is nothing ~ it but...* er zit niets anders op dan...
forage ['fɔridʒ] **I** *znw* **1** voe(de)r *o*, foerage; **2** mil foeragering; **II** *onoverg* mil foerageren; **III** *overg* mil foerageren; (af)stropen; (door)zoeken; plunderen
foray ['fɔrei] **I** *znw* **1** rooftocht; **2** uitstapje *o*; **II** *onoverg* roven, plunderen
forbad(e) [fɔ:'bæd, -'beid] V.T. van *forbid*
1 forbear ['fɔ:bɛə] *znw* = *forebear*
2 forbear* [fɔ:'bɛə] **I** *overg* nalaten, zich onthouden van, zich wachten voor; **II** *onoverg* geduld hebben, wat door de vingers zien; *~ from* zich onthouden van
forbearance *znw* onthouding; verdraagzaamheid, geduld *o*, toegevendheid
forbearing *bn* verdraagzaam, toegevend, geduldig
forbid* [fɔ:'bid] *overg* verbieden; *God (Heaven) ~!* dat verhoede God!
forbidden *bn* verboden
forbidding *bn* afschrikwekkend, af-, terugstotend, onaanlokkelijk
forbore [fɔ:'bɔ:] V.T. van *²forbear*
forborne V.D. van *²forbear*
force [fɔ:s] **I** *znw* kracht, macht, geweld *o*; noodzaak; *the ~* de politie; *the (armed) ~s* de strijdkrachten; *by ~* met geweld; *by ~ of* door middel van; *in ~* van kracht; in groten getale; **II** *overg* dwingen, noodzaken, geweld aandoen; met geweld nemen; [een doortocht] banen; duwen, dringen, drijven; afdwingen; openbreken; forceren; trekken, in kassen kweken; fig klaarstomen; *~ sbd.'s hand* iem. dwingen (tot een handeling); *~ sth. on sbd.* iem. iets opdringen; *~ one's way (through)* (naar voren) dringen; *~ up the prices* de prijzen opdrijven
forced *bn* gedwongen, onvrijwillig, geforceerd; *~ landing* noodlanding
force-feed [fɔ:s'fi:d] *overg* dwingen te eten
forceful *bn* krachtig, sterk, overtuigend
forcemeat ['fɔ:smi:t] *znw* farce: gehakt *o*
forceps ['fɔ:seps] *znw* forceps: tang
forcible ['fɔ:sibl] *bn* krachtig; gewelddadig; gedwongen; overtuigend [argument]
forcibly *bijw* met klem; met geweld
forcing-house ['fɔ:siŋhaus] *znw* broeikas
ford [fɔ:d] **I** *znw* waadbare plaats; **II** *overg* doorwaden
fore [fɔ:] **I** *bn* voor(ste); **II** *bijw* scheepv vooruit; *he soon came to the ~* hij raakte (trad) spoedig op de voorgrond

1 forearm ['fɔ:ra:m] *znw* onderarm, voorarm
2 forearm [fɔ:'ra:m] *overg* vooraf wapenen
forebear [fɔ:'bɛə] *znw* voorvader, voorzaat
forebode [fɔ:'boud] *overg* voorspellen; een voorgevoel hebben van
foreboding *znw* voorspelling; voorgevoel *o*
forecast I *znw* ['fɔ:ka:st] (voorafgaande) berekening, verwachting, (weer)voorspelling; **II** *overg* [fɔ:'ka:st] (vooraf) berekenen, ontwerpen, voorzien; voorspellen
forecastle ['fouksl] *znw* scheepv bak, vooronder *o*
foreclose [fɔ:'klouz] *overg* recht beslag leggen op, in beslag nemen; *~ on a mortgage* een hypotheek executeren
forecourt ['fɔ:kɔ:t] *znw* voorhof, buitenhof; voorplein *o*; voorkant, voorzijde
foredoom [fɔ:'du:m] *overg* voorbeschikken, doemen
forefather ['fɔ:fa:ðə] *znw* voorvader
forefinger *znw* wijsvinger
forefoot *znw* voorbeen *o*; voorpoot
forefront *znw* voorste gedeelte *o*; *be in (at) the ~ of* een vooraanstaande plaats innemen in (onder, bij)
foregather [fɔ:'gæðə] *onoverg* = *forgather*
forego* [fɔ:'gou] *overg* voorafgaan (aan); zie *forgo*; zie ook: *foregone*
foregoing *bn* voor(af)gaand(e)
foregone I V.D. van *forego*; **II** *bn*: *a ~ conclusion* een uitgemaakte zaak, vanzelfsprekend iets
foreground ['fɔ:graund] *znw* voorgrond²; ook: eerste plan *o* [v. schilderij]
forehand *znw* voorhand [tennis];
forehead ['fɔrid] *znw* voorhoofd *o*
foreign ['fɔrin] *bn* vreemd, buitenlands, uitheems; *~ legion* vreemdelingenlegioen *o*; Br *F~ Secretary (Office)* minister (ministerie *o*) van Buitenlandse Zaken; *~ affairs* buitenlandse zaken; *the ~ exchange market* valutamarkt
foreigner *znw* vreemdeling, buitenlander
forejudge [fɔ:'dʒʌdʒ] *overg* vooruit be-, veroordelen
foreknow *overg* vooraf weten
foreknowledge ['fɔ:'nɔlidʒ] *znw* voorkennis
foreland ['fɔ:lənd] *znw* landpunt, voorland *o*, uiterwaard
foreleg *znw* voorpoot
forelock *znw* (haar)lok, voorhaar *o*; *take time by the ~* de gelegenheid (het gunstige ogenblik) niet laten voorbijgaan
foreman *znw* voorman, meesterknecht, ploegbaas; voorzitter [v. jury]
foremast *znw* fokkenmast
forementioned [fɔ:'menʃənd] *bn* voormeld
foremost ['fɔ:moust, 'fɔ:məst] *bn* belangrijkste, voorste, eerste
forename ['fɔ:neim] *znw* vóórnaam
forenoon *znw* voormiddag
forensic [fə'rensik] *bn* gerechtelijk, rechts-, forensisch
foreordain ['fɔ:rɔ:'dein] *overg* voorbestemmen

forepart ['fɔ:pa:t] *znw* voorste deel *o*; eerste deel *o*

foreplay *znw* voorspel *o* [bij het vrijen]

forerunner [fɔ:'rʌnə] *znw* voorloper, voorbode

foresee [fɔ:'si:] *overg & onoverg* voorzien, vooruitzien

foreseeable *bn* voorzienbaar, te voorzien; *in the ~ future* binnen afzienbare tijd

foreshadow *overg* (voor)beduiden, de voorbode zijn van, aankondigen

foreshore *znw* 1 stuk strand *o* dat bij eb droogvalt; 2 waterkant

foreshorten *overg* in verkorting zien of tekenen [in perspectief]

foresight ['fɔ:sait] *znw* vooruitziende blik; overleg *o*; voorzichtigheid, beleid *o*

foreskin *znw* voorhuid [v.d. penis]

forest ['fɔrist] I *znw* woud *o*, bos *o*; II *overg* bebossen

forestall [fɔ:'stɔ:l] *onoverg* vóór zijn, voorkomen, vooruitlopen op, verhinderen

forester ['fɔristə] *znw* houtvester; boswachter

forestry *znw* bosbouw(kunde), boswezen *o*

foretaste ['fɔ:teist] *znw* voorproefje *o*, voorsmaak

foretell [fɔ:'tel] *overg* voorzeggen, voorspellen

forethought ['fɔ:θɔ:t] *znw* voorbedachtheid; voorzorg, overleg *o*

foretoken *znw* voorbode, voorteken *o*

forever [fə'revə] *bijw* zie *(for) ever*

forewarn [fɔ'wɔ:n] *overg* (vooraf) waarschuwen; *~ed is forearmed* een gewaarschuwd mens telt voor twee

forewoman ['fɔ:wumən] *znw* hoofd *o*, cheffin [in winkel]; presidente van een jury

foreword *znw* voorwoord *o*

forfeit ['fɔ:fit] I *znw* verbeuren *o*; verbeurde *o*, boete, pand *o*; *play (at) ~s* pand verbeuren; II *overg* verbeuren, verliezen, verspelen; III *bn* verbeurd

forfeiture *znw* verbeuren *o*; verlies *o*; verbeurdverklaring

forgather [fɔ:'gæðə] *onoverg* vergaderen; samenkomen; omgang hebben (met *with*)

forgave [fə'geiv] V.T. van *forgive*

forge [fɔ:dʒ] I *znw* smidse, smederij, smidsvuur *o*; smeltoven; II *overg* smeden[2]; verzinnen; namaken, vervalsen; III *onoverg*: ~ *ahead* met moeite (langzaam maar zeker) vooruitkomen

forger *znw* smeder[2]; verzinner; iem. die namaakt, vervalser

forgery *znw* vervalsing, valsheid in geschrifte; namaak

forget* [fə'get] I *overg & onoverg* vergeten; *I ~* ik ben/heb vergeten; II *wederk*: ~ *oneself* zich vergeten, zijn zelfbeheersing verliezen

forgetful *bn* vergeetachtig

forget-me-not *znw* vergeet-mij-nietje *o*

forgive* [fə'giv] *overg* vergeven, kwijtschelden

forgiven V.D. van *forgive*

forgiveness *znw* vergiffenis, kwijtschelding; vergevensgezindheid

forgiving *bn* vergevensgezind

forgivingness *znw* vergevensgezindheid

forgo* [fɔ:'gou] *overg* afzien van, afstand doen van, opgeven, derven, zich onthouden van

fork [fɔ:k] I *znw* vork, gaffel; vertakking[2], tweesprong; afslag; II *onoverg* zich vertakken, afslaan [links, rechts]; III *overg* met de vork bewerken of aangeven; ~ *out* <u>ge</u>meenz opdokken, schokken

fork-lift (truck) *znw* vorkheftruck

forlorn [fə'lɔ:n] *bn* verlaten, hopeloos, ellendig, zielig, wanhopig; ~ *hope* wanhopige onderneming

form [fɔ:m] I *znw* vorm[2], soort, gedaante; formulier *o*; formaliteit; fatsoen *o*; bank (zonder leuning); <u>onderw</u> klas; leger *o* [v. haas]; *bad ~* niet netjes; *as a matter of ~*, *for ~'s sake* pro forma; *in due ~* naar de eis, behoorlijk; *in good (bad) ~* (niet) in goede conditie; (on)gepast; *on ~* op dreef, in vorm; II *overg* vormen; (uit)maken; <u>mil</u> formeren; III *onoverg* zich vormen, <u>de</u> vorm aannemen; zich opstellen; ~ *(up)* <u>mil</u> aantreden

formal *bn* formeel; stellig, uitdrukkelijk; vormelijk, plechtig, plechtstatig, officieel; vorm-; ~ *dress* avondkleding

formalism *znw* formalisme *o*, vormelijkheid

formality [fɔ:'mæliti] *znw* formaliteit, vorm; vormelijkheid

formalize [fɔ:'məlaiz] *overg* in de vorm brengen; formeel maken (doen), formaliseren

format ['fɔ:mæt] *znw* formaat *o* [v. boek]

formation [fɔ:'meifən] *znw* vorming, formatie

formative ['fɔ:mətiv] *bn* vormend, vormings-

1 former ['fɔ:mə] *znw* vormer, schepper; *sixth ~* zesdeklasser: leerling van de zesde klas

2 former ['fɔ:mə] *bn* vorig, eerste, vroeger, voormalig

formerly *bijw* vroeger, eertijds

formidable [fɔ:'midəbl] *bn* ontzaglijk, geducht, formidabel

formless ['fɔ:mlis] *bn* vormloos

formula ['fɔ:mjulə] *znw* (*mv*: -s of formulae [-li:]) formule; recept *o*; cliché *o*; melkpoeder *o* (voor zuigflessen), flesvoeding

formulate *overg* formuleren

formulation [fɔ:mju'leifən] *znw* formulering

formwork ['fɔ:mwə:k] *znw* bekisting

fornicate ['fɔ:nikeit] *onoverg* overspel plegen; <u>bijbel</u> ontucht plegen

fornication [fɔ:ni'keifən] *znw* ontucht; overspel *o*

fornicator ['fɔ:nikeitə] *znw* ontuchtige

forsake* [fə'seik] *overg* verzaken, in de steek laten, verlaten, begeven

forsaken V.D. van *forsake*

forsook V.T. van *forsake*

forsooth [fə'su:θ] *bijw* <u>vero</u> voorwaar, waarlijk, waarachtig [ironisch]

forswear [fɔ:'swɛə] I *overg* afzweren; II we-

derk: ~ *oneself* een meineed doen

forsythia [fɔ:'saiθjə] *znw* forsythia

fort [fɔ:t] *znw* mil fort o; *hold the* ~ gemeenz waarnemen, invallen (voor een ander)

1 forte [fɔ:t] *znw* fort o & *m*: sterke zijde

2 forte ['fɔ:ti] *bn bijw* muz forte: krachtig

forth [fɔ:θ] *bijw* uit, buiten; voort(s); *from that day* ~ van die dag af; *and so* ~ enzovoorts

forthcoming [fɔ:θ'kʌmiŋ] *bn* op handen (zijnd), aanstaande; beschikbaar; aanwezig (zijnd); toeschietelijk

forthright [fɔ:'θrait] *bn* rechtuit, openhartig; onomwonden

forthwith ['fɔ:θ'wiθ, 'fɔ:θ'wið] *bijw* op staande voet, onmiddellijk, aanstonds

fortieth ['fɔ:tiiθ] *telw (znw)* veertigste (deel o)

fortification [fɔ:tifi'keiʃən] *znw* versterking

fortify ['fɔ:tifai] *overg* versterken; sterken; alcoholiseren

fortitude ['fɔ:titju:d] *znw* zielskracht, vastberadenheid, standvastigheid

fortnight ['fɔ:tnait] *znw* veertien dagen; *Monday* ~ maandag over 14 dagen

fortnightly I *bn* veertiendaags; **II** *bijw* alle veertien dagen; **III** *znw* veertiendaags tijdschrift o

fortress ['fɔ:tris] *znw* mil sterkte, vesting

fortuitous [fɔ:'tjuitəs] *bn* toevallig

fortunate ['fɔ:tʃ(ə)nit] *bn* gelukkig

fortunately *bijw* gelukkig, gelukkigerwijs

fortune *znw* geluk o, lot o, fortuin o [geluk, geldelijk vermogen], fortuin *v* [lot, noodlot]; ~ *favours the bold* wie niet waagt, die niet wint; ~ *favours fools* het geluk is met de dommen; *tell sbd.'s* ~ waarzeggen; iem. de toekomst voorspellen

fortune-hunter *znw* gelukzoeker (door rijk huwelijk)

fortune-teller *znw* waarzegger, -ster

forty ['fɔ:ti] *telw & znw* veertig; *in the forties* in de jaren veertig; *in one's forties* in de veertig [leeftijd]

forum ['fɔ:rəm] *znw* forum o

forward ['fɔ:wəd] **I** *bn* voorwaarts; voorste, voor-; (ver)gevorderd; vooruitstrevend, geavanceerd; voorlijk [kind]; vroeg, vroegrijp; bereidwillig; toeschietelijk; brutaal, vrijpostig; **II** *bijw* vooruit, voorwaarts; naar voren, voorover; *from this day* ~ van nu af (aan); **III** *znw* sp voorhoedespeler; *the* ~*s* sp de voorhoede; **IV** *overg* bevorderen, vooruithelpen; handel af-, op-, door-, (o)verzenden

forwarder *znw* afzender; expediteur

forwarding *znw* bevordering; afzending; expeditie; ~ *agent* handel expediteur; ~ *address* nazendadres o

forward-looking *bn* toekomstgericht, vooruitziend

forwards ['fɔ:wədz] *bijw* = *forward II*

forwent [fɔ:'went] V.T. van *forgo*

fossick ['fɔsik] *onoverg* slang rondsnuffelen, zoeken; Austr slang (in oude mijnen) goud zoeken

fossil ['fɔsl] **I** *bn* versteend, fossiel; ~ *fuel* fossiele brandstof; **II** *znw* verstening, fossiel[2] o

fossilization [fɔsilai'zeiʃən] *znw* verstening; fig verstarring

fossilize ['fɔsilaiz] *overg & onoverg* (doen) verstenen; fig verstarren

foster ['fɔstə] *overg* (aan)kweken, (op-)voeden, bevorderen, koesteren[2]; *als* pleegkind opnemen

foster- *voorv* pleeg- [ouders, kind &]

fosterage *znw* opkweking; aankweking, bevordering, koestering

fosterer *znw* pleegvader; beschermer, bevorderaar

fought [fɔ:t] V.T. & V.D. van *fight*

foul [faul] **I** *bn* vuil, onrein, bedorven; beslagen; grof; slecht, onaangenaam; vies, smerig; laag, snood; gemeen; vals, oneerlijk; ~ *play* gemeen spel o, boze opzet; moord; ~ *temper* driftig karakter o; ~ *wind* tegenwind; *fall* ~ *of* scheepv in aanvaring komen met; in botsing komen met; **II** *znw* sp overtreding; **III** *overg* bevuilen, bezoedelen, besmetten, verontreinigen; verstoppen; in de war maken [draad &]; sp een overtreding begaan tegen; ~ *up* verknoeien; **IV** *onoverg* botsen; in de war raken [draad &]; sp een overtreding begaan

foully *bijw* op een vuile, schandelijk lage of gemene wijze

foul-mouthed *bn* vulgair, vuil in de mond

foul-up ['faulʌp] *znw* gemeenz verwarring, verwarde situatie; (ver)storing, defect o

1 found [faund] V.T. & V.D. van *find*

2 found [faund] *overg* **1** stichten, grond(vest)en, funderen; oprichten; **2** [metaal] gieten

foundation [faun'deiʃən] *znw* grondslag[2] o; fundament o, fundering; grond; grondvesting, stichting, oprichting; fundatie; fonds o; foundation [basiscrème v. make-up]; korset o, beha & (ook: ~ *garment*)

foundationer *znw* beursstudent, bursaal

foundation-stone *znw* eerste steen

1 founder *znw* **1** grondlegger, oprichter, stichter; **2** (metaal)gieter

2 founder ['faundə] *onoverg* scheepv vergaan; (ineen)zakken; mislukken; kreupel worden

foundling ['faundliŋ] *znw* vondeling

foundry ['faundri] *znw* (metaal)gieterij

fount [faunt] *znw* **1** plechtig bron; **2** typ compleet stel o letters van bep. type, font o

fountain ['fauntin] *znw* bron[2], fontein; reservoir o

fountain-head *znw* bron[2]

fountain-pen *znw* vulpen(houder)

four [fɔ:] **I** *telw* vier; **II** *znw* vier, viertal o; *on all* ~*s* op handen en voeten

four-in-hand ['fɔ:rin'hænd] *znw* vierspan o

four-leaved *bn*: ~ *clover* plantk klaverblad o van vier(en), klaver(tje) vier o

four-letter word *znw* schuttingwoord o, drieletterwoord o

four-poster *znw* hemelbed o

foursome *znw* vier, viertal o, kwartet o

four-square *bn* vierkant, potig, stevig, pal

fourteen ['fɔ:'ti:n, 'fɔ:ti:n] *telw* veertien
fourteenth ['fɔ:'ti:nθ, 'fɔ:ti:nθ] *telw (znw)* veertiende (deel o)
fourth [fɔ:θ] **I** *telw* vierde; **II** *znw* vierde (deel o); kwart o; vierde man
fourthly *bijw* ten vierde
fowl [faul] **I** *znw* vogel; kip, haan, hoen o; gevogelte o; **II** *onoverg* vogels vangen of schieten
fowler *znw* vogelliefhebber
fowling *znw* vogeljacht
fowl-run *znw* kippenren, kippenloop
fox [fɔks] **I** *znw (mv* idem of -es) vos[2]; **II** *overg* van de wijs brengen
foxhole *znw* mil eenmansgat o, schuttersputje o
foxhound *znw* hond voor vossenjacht
fox-hunt(ing) *znw* vossenjacht
foxtrot *znw* foxtrot [dans]
foxy *bn* sluw; vosachtig; roodbruin; Am *slang* aantrekkelijk
foyer ['fɔiei] *znw* foyer [in theater]; grote hal of wachtkamer
fracas ['fræka:] *znw* opschudding, ruzie
fraction ['frækʃən] *znw* fractie; breuk, gebroken getal o; onderdeel o
fractional *bn* gebroken; fractioneel; ~*ly* softer een ietsje zachter
fractious ['frækʃəs] *bn* kribbig, lastig, gemelijk
fracture ['fræktʃə] **I** *znw* breuk; **II** *overg & onoverg* breken; ~*d skull* ook: schedel(basis)fractuur
fragile ['frædʒail] *bn* breekbaar, bro(o)s, zwak, fragiel
fragility [frə'dʒiliti] *znw* breekbaarheid, bro(o)sheid, zwakheid, fragiliteit
fragment ['frægmənt] **I** *znw* brok *m & v &* o, brokstuk o, fragment o; **II** *overg & onoverg* versplinteren, verbrokkelen, fragmenteren
fragmentary *bn* fragmentarisch
fragrance ['freigrəns] *znw* geur, geurigheid, welriekendheid
fragrant *bn* geurig, welriekend
1 frail [freil] *znw* (vijgen)korf, -mat
2 frail [freil] *bn* broos, zwak, teer
frailty *znw* broosheid, zwakheid[2], teerheid
frame [freim] **I** *overg* bouwen, vormen, samenstellen; onder woorden brengen; ontwerpen, opstellen, op touw zetten, gemeenz een complot smeden tegen, vals beschuldigen; in-, omlijsten; **II** *znw* raam o, geraamte o, frame o, chassis o; kader o; structuur, opzet; lijst; kozijn o; montuur o; looprek o; (tv-, film)beeld o; broeibak; scheepv spant o; samenstel o, inrichting; bouw; lichaam o; gesteldheid; ~ *of mind* gemoedsgesteldheid, stemming; ~ *of reference* referentiekader o
framer *znw* lijstenmaker
frame-saw *znw* spanzaag
frame-up *znw* gemeenz konkelarij, complot o
framework *znw* raam o, lijstwerk o; geraamte o; kader o, opzet [v. stuk]
franc [fræŋk] *znw* frank [munt]
France [fra:ns] *znw* Frankrijk o

franchise ['fræn(t)ʃaiz] *znw* verlenen o van rechtspersoonlijkheid; burgerrecht o; stemrecht o; concessie
Franciscan [fræn'siskən] *znw* franciscaan
frangible ['frændʒibl] *bn* breekbaar, broos
1 frank [fræŋk] *bn* openhartig, oprecht
2 frank *overg* frankeren
frankfurter ['fræŋkfətə] *znw* (Frankfurter) knakworstje o
frankincense ['fræŋkinsens] *znw* wierook
frankly ['fræŋkli] *bijw* openhartig, ronduit (gezegd), echt, bepaald, zonder meer
frantic ['fræntik] *bn* dol, razend; vertwijfeld; hectisch
fraternal [frə'tə:nəl] *bn* broederlijk
fraternity *znw* broederschap o *& v*; Am (mannelijke) studentenvereniging
fraternization [frætənai'zeiʃən] *znw* verbroedering; vriendschappelijke omgang
fraternize ['frætənaiz] *onoverg* broederschap sluiten; zich verbroederen; vriendschappelijk omgaan (met *with*)
fratricide *znw* broedermoord; broedermoordenaar
fraud [frɔ:d] *znw* bedrog o; bedrieger
fraudulence *znw* bedrieglijkheid; bedrog o
fraudulent *bn* bedrieglijk; frauduleus
fraught [frɔ:t] *bn* vol, beladen; bezorgd, gespannen; ~ *with...* vol...
fray [frei] **I** *znw* krakeel o, twist, gevecht o, strijd[2]; **II** *overg & onoverg* verslijten; rafelen; *fig* overspannen worden
frazzle ['fræzl] *znw: beaten to a* ~ tot moes geslagen; *burnt to a* ~, *worn to a* ~ totaal op
frazzled ['fræzld] *bn* gemeenz versleten, op, kapot
freak [fri:k] **I** *znw* gril, kuur; speling der natuur, gedrocht o, freak, monster o, wonderdier o &; gemeenz grillige figuur, excentriekeling; fanaat, freak, fan; **II** *bn* ongewoon, buitengewoon, vreemd, bizar, abnormaal, raar; **III** *overg & onoverg*: ~ *out* gemeenz over de rooie gaan; (uit-)freaken [na druggebruik]
freakish ['fri:kiʃ] *bn* bizar, freakachtig; vreemd, buitengewoon
freak-out *znw* heftige ervaring (hallucinaties &), vooral na drugsgebruik
freaky *bn* gemeenz = *freakish*
freckle ['frekl] *znw* sproet
freckled *bn* sproet(er)ig; gespikkeld
free [fri:] **I** *bn* vrij; ongedwongen, vrijwillig; vrijmoedig, ongegeneerd; onbezet; gratis, kosteloos, franco (ook: ~ *of charge*); los, open[2], royaal [met geld]; ~ *and easy* ongedwongen, ongegeneerd; *a* ~ *fight* een algehele kloppartij; ~ *house* café o dat niet aan een brouwerij gebonden is; ~ *kick* sp vrije trap, vrije schop; ~ *pardon* gratie, begenadiging, genade; ~ *speech* het vrije woord, vrijheid van meningsuiting; ~ *stories* ondeugende/pikante verhalen; *feel* ~ *!* ga je gang!; *make* ~ *with* zich ongegeneerd van iets bedienen; **II** *bijw* vrij; gratis (ook: gemeenz *for* ~); **III** *overg* in vrijheid stellen; vrijmaken; vrijlaten, bevrijden
freebase ['fri:beis] *onoverg* slang cocaïne

roken
freebie ['fri:bi] *znw* gemeenz cadeautje *o*,
iets *o* voor nop, krijgertje *o*
freedom ['fri:dəm] *znw* vrijdom, vrijstelling,
ontheffing; vrijheid; ongedwongenheid;
ereburgerschap *o*; ~ *of speech* vrijheid van
meningsuiting
free-floating ['fri:floutiŋ] *bn* zich vrij bewegend, niet-gebonden; vaag, onbestemd
freefone ['fri:foun] *znw* gratis telefoonnummer *o*, gratis 06-nummer *o*
free-for-all ['fri:fərɔːl] *znw* algemeen gevecht *o* &
free-hand *bn bijw* uit de losse hand
[getekend &]
freehold I *bn* in volledig eigendom; II *znw*
volledig eigendomsrecht *o* (ook: ~ *property*)
freeholder *znw* bezitter v. *freehold*
freelance I *znw* freelancer; hist huurling; II
onoverg freelancen, freelance werken; III
bn freelance-
freelancer *znw* freelancer
free-liver *znw* smulpaap, (levens)genieter
freeloader *znw* gemeenz klaploper, tafel-
schuimer, bietser, uitvreter
freely *bijw* vrij(elijk), vrijuit; overvloedig,
royaal; flink, erg; graag
freeman *znw* vrije; burger; ereburger
freemason ['fri:meisn] *znw* vrijmetselaar
freemasonry *znw* vrijmetselarij
freepost ['fri:poust] *znw* antwoordnummer
o
free-range ['fri:reinʒ] *bn* scharrel- [kip,
varken &]
free-spoken ['fri:'spoukn] *bn* ronduit (zijn
mening zeggend), vrijmoedig
freestyle ['fri:stail] *znw* sp vrije stijl; zwemmen vrije slag
freethinker [fri:'θiŋkə] *znw* vrijdenker
free trade *znw* vrijhandel
freeway ['fri:wei] *znw* Am (auto)snelweg
free-wheel ['fri:'wi:l] *onoverg* auto in de
vrijloop een helling afgaan; fietsen zonder
te trappen; zich nergens druk om maken
1 **freeze*** ['fri:z] I *onoverg* vriezen, bevriezen, stollen; verstijven, zich stokstijf (doodstil) houden; ~ *over* be-, dichtvriezen; ~ *up*
vast-, dichtvriezen; II *overg* doen (laten)
bevriezen; doen stollen; invriezen; handel
blokkeren; ~ *wages* een loonstop afkondigen; ~ *out* wegwerken
2 **freeze** *znw* vorst(periode); [loon-, prijs- &]
stop
freeze-dry *overg* vriesdrogen
freeze-frame *znw* stilstaand beeld *o*, bevroren beeld *o*
freezer *znw* vriesvak *o*; diepvriezer
freeze-up ['fri:zʌp] *znw* vorstperiode
freezing I *bn* vriezend, vries-; ijskoud; II
znw 1 invriezen *o*; bevriezing; verstijving,
verstarring; 2 vriespunt *o*, 0 °C, 32 °F
freezing compartment *znw* vriesvak *o*
freezing point *znw* vriespunt *o*
freight [freit] I *znw* vracht, lading; zee-
vracht; *send* ~ als vrachtgoed verzenden;
II *overg* bevrachten; laden; ~ *sth.* verzenden

freightage *znw* vracht(prijs); bevrachting
freight car *znw* Am goederenwagon
freighter *znw* bevrachter; vrachtschip *o*;
vrachtvliegtuig *o*; vrachtauto
freight train *znw* Am goederentrein
French [fren(t)ʃ] I *bn* Frans; ~ *bean* slaboon,
snijboon; ~ *door* openslaande glazen
deur; ~ *fried potatoes*, ~ *fries* patates frites, patat, friet; ~ *horn* muz waldhoorn; ~
kiss tongzoen; *take* ~ *leave* er (stiekem)
tussenuitknijpen; ~ *toast* 1 geroosterd
brood *o*; 2 wentelteefje *o*; ~ *letter* gemeenz condoom *o*; ~ *polish* politoer *o* &
m; ~ *window* openslaande glazen (tuin-,
balkon)deur; II *znw* het Frans; *the* ~ de
Fransen
Frenchify *overg & onoverg* verfransen
Frenchman *znw* Fransman
Frenchwoman *znw* Française
frenetic [fri'netik] *bn* waanzinnig, razend,
dol; koortsig, hectisch
frenzied ['frenzid] *bn* dol
frenzy *znw* razernij
frequency ['fri:kwənsi] *znw* herhaald voorkomen *o*, gedurige herhaling; veelvuldig-
heid; frequentie
frequent I *bn* ['fri:kwənt] herhaald, vaak
voorkomend; veelvuldig, frequent; II
overg [fri'kwent] (dikwijls) bezoeken, omgaan met, frequenteren
frequentative [fri'kwentətiv] *znw* frequen-
tatief (werkwoord) *o*
frequenter *znw* (geregeld) bezoeker
frequently ['fri:kwəntli] *bijw* herhaaldelijk,
vaak, dikwijls, veelvuldig
fresco ['freskou] *znw* (*mv*: -s *of* -coes) fresco
o; *in* ~ in (al) fresco
fresh [freʃ] *bn* fris, vers; nieuw; zoet [v.
water]; gemeenz brutaal; *as* ~ *as a daisy* zo
fris als een hoentje; ~ *from England* net
(pas) uit Engeland
freshen I *overg* op-, verfrissen (ook: ~ *up*);
bijschenken, bijvullen; II *onoverg* opfrissen; toenemen, aanwakkeren [v. wind]; ~
up zich opfrissen
fresher *znw* gemeenz = *freshman*
freshly *bijw* vers, fris; onlangs, pas
freshman *znw* eerstejaars(student), noviet,
groen
freshwater *bn* zoetwater-
fret [fret] I *znw* 1 ongerustheid; 2 muz toets;
II *overg* 1 ergeren; ongerust maken; 2 uitsnijden, uitzagen, randen; III *onoverg* zich
zorgen maken, zich opvreten, zich ergeren, kniezen
fretful *bn* kribbig, gemelijk, prikkelbaar,
geïrriteerd
fretsaw *znw* figuurzaag
fretwork *znw* (uitgezaagde) lijst, (Griekse)
rand; snijwerk *o*
Freudian ['frɔidjən] *znw & bn* Freudiaan(s);
~ *slip* Freudiaanse vergissing
friable ['fraiəbl] *bn* bros, brokkelig
friar ['fraiə] *znw* monnik, (klooster)broeder
friary *znw* klooster *o*
fribble ['fribl] I *znw* beuzelaar; beuzelarij; II
onoverg beuzelen
fricative ['frikətiv] I *bn* schurend; II *znw* spi-

rant, schuringsgeluid o

friction znw wrijving²

Friday ['fraidi , -dei] znw vrijdag; girl ~ (uiterst toegewijde) privésecretaresse; man ~ rechterhand, toegewijd helper

fridge [fridʒ] znw ijskast

fridge-freezer ['fridʒfri:zə] znw gecombineerde koel- en vrieskast

fried [fraid] bn gebakken; ~ egg spiegelei o; zie ook: French I

friend [frend] znw vriend, vriendin; a ~ at (in) court een invloedrijke vriend, gemeenz een kruiwagen; my honourable ~ de geachte afgevaardigde; the (Society of) Friends de Quakers; a ~ in need is a ~ indeed in de nood leert men zijn vrienden kennen

friendless bn zonder vrienden

friendly bn vriendelijk, vriendschappelijk, amicaal, toeschietelijk; goedgezind; bevriend; vrienden-; ~ game (match) vriendschappelijke wedstrijd

friendship znw vriendschap

frieze [fri:z] znw bouwk fries v & o; fries o [weefsel]

frig about [frig ə'baut], **frig around** onoverg plat rondhangen, maar wat aanklooien

frigate ['frigit] znw scheepv fregat o; dierk fregatvogel

frigging ['frigin] bn plat verdomd, klote-

fright [frait] znw schrik, vrees; spook o; give a ~ de schrik op het lijf jagen; look a ~ eruitzien als een vogelverschrikker

frighten overg verschrikken, doen schrikken; ~ away (off) verjagen; afschrikken (van from); ~ into door vrees aan te jagen brengen tot; be ~ed bang zijn (voor of)

frightful bn verschrikkelijk°, vreselijk° (ook versterkend)

frigid ['fridʒid] bn koud, koel², kil², ijzig; frigide

frigidity [fri'dʒiditi] znw koud-, koelheid &; frigiditeit

frill [fril] znw ruche; franje; geplooide kraag; ~s aanstellerij; fig franje, (dure) extra's; without any ~s eenvoudig, zonder poespas

frilled, frilly bn met ruches en kantjes

fringe [frinʤ] I znw franje; (uiterste) zoom, rand, periferie, marge, zelfkant [van de maatschappij]; randgroepering; ponyhaar o, pony; II bn: ~ benefits secundaire arbeidsvoorwaarden; III overg met franje versieren; omzomen, omranden

frippery ['fripəri] znw opschik; prullen; kwikjes en strikjes

Frisco ['friskou] znw gemeenz San Francisco o

Frisian ['friziən] I bn Fries; II znw 1 Fries [persoon]; 2 (het) Fries [taal]; 3 Fries rund o

frisk [frisk] I onoverg dartelen, springen; II overg fouilleren; III znw het fouilleren

frisson ['fri:sɔ, fri:'sɔː] znw huivering, rilling

fritter ['fritə] I znw beignet; II overg: ~ away versnipperen, verbeuzelen, verspillen

frivol ['frivəl] I onoverg beuzelen; II overg:

~ away verbeuzelen

frivolity [fri'vɔliti] znw frivoliteit, wuftheid; beuzelachtigheid

frivolous ['frivələs] bn frivool, wuft; beuzelachtig

friz(z) [friz] I overg krullen, kroezen, friseren; II znw kroeskop

frizzle ['frizl] I onoverg sissen [in de pan]; II overg krullen, kroezen [haar]; doen sissen [in de pan]; braden, bakken

fro [frou] bijw: to and ~ heen en weer

frock [frɔk] znw pij; jurk; kiel; geklede jas

frock-coat znw geklede jas

frog [frɔg] znw dierk kikvors, kikker; gemeenz Fransoos; ~ in one's throat kriebel in de keel, heesheid

frogman znw kikvorsman

frog-march overg met vier man [een weerspannige] wegdragen bij armen en benen, het gezicht omlaag

frog-spawn znw kikkerdril

frolic ['frɔlik] I znw pret, pretje o, gekheid, grap; II onoverg vrolijk zijn, pret maken, dartelen

frolicsome bn vrolijk, lustig, uitgelaten, dartel, speels

from [frɔm] voorz van (... af), vandaan, (van) uit; (te oordelen) naar; aan de hand van; door, (ten gevolge) van

frond [frɔnd] znw plantk (palm-, varen-) blad o

front [frʌnt] I znw voorste gedeelte o, voorkant, -zijde; façade, (voor)gevel; strand-boulevard; voorkamer; front o; frontje o [v. hemd]; toer [vals haar]; gezicht o, plechtig voorhoofd o; gemeenz onbeschaamdheid; mantelorganisatie, fig stroman, façade; in ~ vooraan; in ~ of tegenover, vóór; voor ... uit; come to the ~ op de voorgrond treden; II overg leiden, aan het hoofd staan van; ook: als stroman (façade) dienen voor; staan (liggen) tegenover; RTV [een show] presenteren; the house was ~ed with marble de voorgevel van het huis was met marmer bekleed; III onoverg als façade dienen; ~ (onto) liggen op, uitzien op; IV bn voorste, voor-, eerste

frontage znw front° o; gevel(breedte); voorterrein o

frontal bn voorhoofds-; voor-, front-; frontaal

frontbencher ['frʌntben(t)ʃə] znw 1 lid o van de regering; 2 leider van een oppositiepartij

frontier ['frʌntiə] znw grens

frontiersman ['frʌntiəzmən] znw pionier [vooral in de VS]

frontispiece ['frʌntispi:s] znw frontispice o; titelplaat, -prent

frost [frɔst] I znw vorst; rijm, rijp; 10 degrees of ~ 10 graden onder nul; II overg (als) met rijp bedekken, glaceren [taart]; mat maken, matteren [glas]

frost-bite znw bevriezing, koudvuur o

frost-bitten znw bevroren, door koudvuur o aangetast

frost-bound bn be-, vast-, ingevroren

frosted bn berijpt, met rijp bedekt; mat; ge-

glaceerd; ~ *glass* matglas o
frosting znw Am (suiker)glazuur o
frostwork znw ijsbloemen [op glas &]
frosty bn vriezend, vorstig, vries-; bevroren; kil², ijzig koud²
froth [frɔːθ] znw schuim o; gebazel o
frothy bn schuimachtig; schuimend; ijdel, luchtig
frown [fraun] **I** onoverg het voorhoofd fronsen; stuurs (nors, dreigend) kijken; ~ *on* (upon) afkeuren; **II** znw frons; stuurse (norse, dreigende) blik
frowst [fraust] **I** znw broeierige kachelwarmte; **II** onoverg bij de kachel zitten te broeien
frowsty bn broeierig warm, bedompt; duf
frowzy ['frauzi] bn muf, vuns; vuil, slonzig
froze [frouz] V.T. van *freeze*
frozen V.D.D. van *freeze*; fig koud
fructification [frʌktifi'keiʃən] znw vruchtvorming; bevruchting; plantk vruchthoopjes
fructify ['frʌktifai] onoverg vrucht dragen, vruchten voortbrengen; bloeien²; winst opleveren
frugal ['fruːɡəl] bn matig, sober, karig, spaarzaam (met of)
frugality [fruːˈɡæliti] znw matigheid, soberheid, karigheid, spaarzaamheid
fruit [fruːt] **I** znw vrucht², vruchten², fruit o; opbrengst; Am slang flikker; **II** onoverg (& overg) vruchten (doen) dragen
fruit cake ['fruːtkeik] znw vruchtencake
fruit cocktail znw vruchtencocktail, vruchtensalade
fruiter znw vruchtboom; fruitschip o; fruitkweker
fruiterer znw fruithandelaar
fruitful bn vruchtbaar²
fruition [fruːˈiʃən] znw rijpheid; verwezenlijking; *come to* ~ werkelijkheid worden; zich ontplooien
fruitless ['fruːtlis] bn zonder vrucht(en); vruchteloos, nutteloos
fruit machine znw fruitautomaat [gokautomaat]
fruit salad znw vruchtensla
fruity bn vrucht(en)-; fruitig [v. wijn]; fig sappig; smakelijk; pikant; pittig
frump [frʌmp] znw ouwe slons, flodderkous, totebel
frumpish bn slonzig
frustrate [frʌsˈtreit] overg doen mislukken, verijdelen, (ver)hinderen; teleurstellen; frustreren
frustration znw mislukking, verijdeling; teleurstelling; frustratie
fry [frai] **I** overg & onoverg bakken, braden² (ook: ~ *up*); **II** znw 1 gebraden vlees o; 2 jonge vissen; broedsel o; *small* ~ klein grut o; onbelangrijke mensen
frying-pan znw bak-, braad-, koekenpan; *out of the* ~ *into the fire* van de regen in de drop
ft. afk. = *foot, feet*
fubsy ['fʌbzi] bn kort en dik, mollig
fuchsia ['fjuːʃə] znw fuchsia
fuck [fʌk] **I** znw plat het neuken o, neukpar-

tij; *she's a good* ~ ze is goed in bed; *I don't give a* ~! het kan me geen reet verdommen!; ~! godverdomme!; **II** overg & onoverg plat neuken; verdommen; ~ *it!*, ~ *you!, go* ~ *yourself!* sodemieter op!, krijg de klere!; ~ *about* (around) aanrotzooien, rondklooien; ~ *off* oplazeren, opsodemieteren; ~ *up* verpesten, naar de sodemieter helpen; ~ *sbd. up* iem. opfokken
fuck all znw plat geen reet, geen klote
fucking bn plat klote-, klere-, kut-
fuddled ['fʌdld] bn beneveld; verward, verbijsterd
fuddyduddy ['fʌdidʌdi] **I** znw ouwe sok; pietlut; **II** bn ouderwets, saai; pietluttig
fudge [fʌdʒ] **I** znw 1 (zachte) caramel; 2 uitvlucht, smoes; 3 kletspraat, larie; **II** overg (handig) ontwijken, omzeilen, uit de weg gaan
fuel ['fjuəl] **I** znw brandstof; *add* ~ *to the fire* olie op het vuur gooien; **II** overg van brandstof voorzien; voeden [het vuur]; **III** onoverg brandstof (benzine) innemen
fug [fʌɡ] znw gemeenz bedompte atmosfeer, mufheid
fuggy bn gemeenz bedompt, muf
fugitive ['fjuːdʒitiv] **I** bn vluchtig, voorbijgaand; kortstondig; voortvluchtig; **II** znw vluchteling, voortvluchtige
fugue [fjuːɡ] znw fuga; psych fugues
fulcrum ['fʌlkrəm] znw (mv: -s of fulcra) steun-, draai-, draagpunt o
fulfil, Am **fulfill** [fulˈfil] overg vervullen, nakomen, voldoening schenken, ten uitvoer brengen, waarmaken, beantwoorden aan
fulfilment, Am **fulfillment** znw vervulling, bevrediging
fulgent ['fʌldʒənt] bn plechtig schitterend
full [ful] **I** bn vol, gevuld; volledig, voltallig; uitvoerig; verzadigd; vervuld (van of); ~ *marks* het hoogste cijfer; fig tien met een griffel, alle lof; ~ *of days* bijbel der dagen zat; **II** bijw ten volle, helemaal; vlak [in het gezicht]; versterkend heel, zeer; **III** znw: *at the (her)* ~ vol [v. maan]; *in* ~ voluit; ten volle; volledig, geheel; *to the* ~ ten volle, geheel
fullback ['fulbæk] znw sp verdediger, achterspeler
full-blooded ['fulˈblʌdid] znw volbloed(ig); robuust; pittig
full-blown bn in volle bloei, geheel ontwikkeld; volleerd; fig volbloed, volslagen, op-en-top, in optima forma
full board znw volledig pension o
full-bodied bn zwaar(lijvig); gecorseerd [v. wijn]
full dress I znw groot toilet o, groot tenue o & v, galakleding, ambtsgewaad o; **II** bn *full-dress* in galakleding, in groot tenue, gala-
fuller ['fulə] znw (laken)voller
full-face ['fulˈfeis] bn en face
full-fledged ['fulˈfledʒd] bn (vlieg)vlug [v. jonge vogels]; fig geheel ontwikkeld; volleerd; volslagen, op-en-top, volwaardig, in optima forma
full-grown bn volwassen

full house bn volle zaal, volle bak; kaartsp full house o

full-length bn [portret] ten voeten uit; lang [roman, film &], uitvoerig, volledig; tot op de enkels [v. jurk]

full-mouthed bn met een volledig gebit; luid blaffend; luid (klinkend)

fullness znw volledig; volledigheid

full-page bn de (een) hele pagina beslaand

full-scale bn compleet, volledig, levensgroot

full stop znw punt [.]; it's impossible, ~! het is onmogelijk, punt uit!

full swing znw: in ~ druk aan de gang, op z'n hoogtepunt

full-throated bn uit volle borst

full-time bn fulltime, volledig; it's a ~ job to... je hebt (er) een volledige dagtaak aan (om...)

fully ['fuli] bijw ten volle, geheel; volledig; uitvoerig

fully-fledged bn = full-fledged

fulminate ['fʌlmineit] onoverg donderen², fulmineren²; heftig uitvaren (tegen)

fulmination [fʌlmi'neiʃən] znw knal, ontploffing, donder², fulminatie²

fulsome ['fulsəm] bn bijw walg(e)lijk; overdreven (lief &)

fumble ['fʌmbl] I onoverg voelen, tasten, morrelen; II overg bevoelen, betasten, morrelen aan; verknoeien [kans]

fumbler znw onhandige knoeier

fume [fju:m] I znw damp, uitwaseming; II onoverg roken, dampen; koken (van woede)

fumigate ['fju:migeit] overg uitroken, zuiveren

fumigation [fju:mi'geiʃən] znw uitroking, zuivering

fun [fʌn] I znw grap, aardigheid; pret, pretje o, plezier o, lol, lolletje o; for ~ voor de grap; for the ~ of it voor de lol; what ~! wat leuk!; make ~ of, poke ~ at voor de mal houden, de draak steken met, op de hak nemen; II bn prettig, aardig, amusant

function ['fʌŋkʃən] I znw ambt o, functie; plechtigheid, feestelijkheid, partij; II onoverg functioneren², werken

functional bn functioneel

functionary znw functionaris, ambtenaar; beambte

fund [fʌnd] I znw fonds² o; voorraad²; ~s kapitaal o, geld o, contanten; staatspapieren; in ~s (goed) bij kas; II overg financieren, van fondsen voorzien; funderen, consolideren [schuld]

fundament ['fʌndəmənt] znw schertsend zitvlak o, achterste o

fundamental [fʌndə'mentəl] I bn principieel, grond-; II znw grondbeginsel o, grondslag, fundament o, basis; grondwaarheid; muz grondtoon

fundamentalism [fʌndə'mentəlizm] znw fundamentalisme o

fundamentalist [fʌndə'mentəlist] I bn fundamentalistisch; II znw fundamentalist

fundamentally bijw in de grond, au fond, principieel

fund-raising ['fʌndreiziŋ] znw bijeenbrengen o van geld; ~ concert benefietconcert o

funeral ['fju:nərəl] I bn begrafenis-, graf-, lijk-; ~ director begrafenisondernemer; ~ march treurmars; ~ parlo(u)r Am rouwkamer, begrafenisonderneming; ~ pile brandstapel; ~ procession lijkstoet; II znw begrafenis; lijkstoet; not my ~ gemeenz mijn zaak niet

funerary ['fju:nərəri] bn begrafenis-, lijk-

funereal [fju'niəriəl] bn begrafenis-, lijk-, doden-, graf-; treurig, somber

fun fair ['fʌnfɛə] znw kermis, lunapark o

fungicide ['fʌŋgisaid] znw schimmelbestrijdingsmiddel o

fungus [fʌŋgəs] znw (mv: -es of fungi [-dʒai]) zwam; paddestoel²; sponsachtige uitwas

funicular [fju'nikjulə] I bn snoer-; ~ railway kabelspoorweg; II znw kabelspoor o

funk [fʌŋk] I znw 1 angst; bangerd; blue ~ doodsangst; 2 muz funk; II overg: ~ it bang zijn, niet (aan)durven

funky bn muz funky; slang mieters, super, jofel, tof; trendy, modieus

funnel ['fʌnl] znw trechter; schoorsteen, pijp [v. stoomschip]; (lucht)koker

funnies ['fʌniz] znw mv Am gemeenz = comic strips; de moppenpagina

funny bn grappig, aardig, leuk, komisch; vreemd, raar, gek; eigenaardig, excentriek; go ~ kuren vertonen [apparaat]

funny bone znw ellebogsknokkel; telefoonbotje o

fur [fə:] I znw bont o, pels, pelswerk o, pelterij; pelsjas &; vacht; med beslag o [v.d. tong]; techn aanslag, ketelsteen o & m; it will make the ~ fly dat wordt donderen, daar komt rotzooi van; II bn bonten, bont-; III overg [de tong] doen beslaan; met aanslag, ketelsteen bedekken; IV onoverg aan-, beslaan [v. tong] (ook: ~ up)

furbish ['fə:biʃ] overg polijsten, bruineren, (op)poetsen

furcate(d) ['fə:keit(id)] bn gevorkt

furious ['fjuəriəs] bn woedend, razend, woest (op with) furieus, verwoed

furl [fə:l] I overg scheepv [een zeil] vastmaken; oprollen, opvouwen; II onoverg zich oprollen

furlong ['fə:lɔŋ] znw ⅛ Eng. mijl = 201 m

furlough ['fə:lou] znw Am verlof o; on ~ met verlof

furnace ['fə:nis] znw (stook-, smelt)oven

furnish ['fə:niʃ] overg verschaffen, leveren, fourneren; voorzien (van with), uitrusten; meubileren

furnishing znw woninginrichting; ~s meubels, stoffering &

furniture znw meubelen, meubilair o, huisraad o; ~ van verhuiswagen

furore [fju'rɔ:ri] znw furore

furrier ['fʌriə] znw pels-, bontwerker, -handelaar

furrow ['fʌrou] I znw voor, groef; rimpel; II overg groeven, doorploegen, rimpelen

furry ['fə:ri] bn met bont gevoerd, bonten;

zacht
further ['fə:ðə] **I** bn verder; verste [v. twee];
nog, meer, ander; fig nader; the ~ bank
(side) de overzij; **II** bijw verder; **III** overg
bevorderen, behartigen
furtherance znw bevordering
furthermore ['fə:ðəmɔ:] bijw bovendien
furthermost bn verst
furthest bn verst(e), = farthest
furtive ['fə:tiv] bn heimelijk, steels; gestolen
furuncle ['fjurʌŋkl] znw steenpuist
fury ['fjuəri] znw woede, razernij; furie²
fuse [fju:z] **I** overg & onoverg (samen-)
smelten; fus(ion)eren, een fusie aangaan;
elektr doorslaan; **II** znw **1** zekering, veiligheid, stop; kortsluiting; **2** lont; **3** buis [v.
granaat]; blow a ~ een stop (laten) doorslaan; have a short ~ fig opvliegend van
aard zijn
fuselage ['fju:zila:ʒ] znw luchtv romp
fusible ['fju:zəbl] bn smeltbaar
fusilier [fju:zi'liə] znw fuselier
fusillade [fju:zi'leid] znw fusillade, geweervuur o; fusilleren o; fig spervuur o [v.
vragen &]
fusion ['fju:ʒən] znw smelten o; samensmel-
ting, fusie

fuss [fʌs] **I** znw opschudding, herrie, (onno-
dige) drukte, ophef; make a ~ heibel/her-
rie schoppen; **II** onoverg drukte maken,
zich druk maken, pietluttig doen; zeuren;
~ about druk in de weer zijn, rondscharrelen; **III** overg Am lastig vallen; ~ over
veel drukte maken over
fusspot znw gemeenz lastpost, druktemaker; pietlut
fussy bn druk; pietluttig; bedillerig
fustian ['fʌstiən] **I** znw fustein o, bombazijn
o; bombast; **II** bn bombazijnen; bombastisch
fusty ['fʌsti] bn duf, muf
futile ['fju:tail] bn beuzelachtig, vergeefs,
nutteloos, waardeloos, nietig
futility [fju:'tiliti] znw beuzelachtigheid,
beuzelarij, kinderachtigheid, nietigheid
future ['fju:tʃə] **I** bn toekomstig, aanstaand,
(toe)komend; **II** znw toekomst; aanstaande; gramm toekomende tijd; ~s handel
termijnzaken
futuristic [fju:tə'ristik] bn futuristisch
fuzz [fʌz] znw pluis o; dons o
fuzzy ['fʌzi] bn pluizig; vlokkig; donzig;
kroes; vaag, wazig, beneveld
fylfot ['filfɔt] znw swastika, hakenkruis o

G

g [dʒi] znw (de letter) g
gab [gæb] **I** znw radheid van tong; gepraat o, geklets o, gebabbel o; zie ook: *gift;* **II** onoverg kakelen, ratelen
gabble ['gæbl] **I** onoverg kakelen, brabbelen, snateren; **II** overg: ~ (over) aframmelen [les &]; **III** znw gekakel o, gebrabbel o, gesnater o
gable ['geibl] znw geveltop, puntgevel; ~ end puntgevel; ~ roof zadeldak o
Gabon [fi:'dʒi:] znw Gabon o
Gad [gæd] tsw gemeenz God, wel verdorie; by ~! jandorie!
gad [gæd] onoverg zwerven; ~ about rondlopen, rondzwerven
gadabout znw iem. die rusteloos rondloopt
gadfly ['gædflai] znw horzel; lastig iemand
gadget ['gædʒit] znw uitvindsel o, apparaat-(je) o, instrumentje o, technisch snufje o, vernuftigheidje o, (hebbe)dingetje o
gadgetry znw apparatuur, technische snufjes, vernuftigheidjes
Gael [geil] znw Schotse (Ierse) Kelt
Gaelic bn Keltisch, vooral Gaelisch
gaff [gæf] znw haak, speer; scheepv gaffel; gemeenz nonsens; blow the ~ gemeenz doorslaan
gaffe [gæf] znw grote blunder, tactloosheid
gaffer ['gæfə] znw (ouwe) baas, ouwe (heer); meesterknecht, ploegbaas; belichter [film]
gag [gæg] **I** znw mondprop; gemeenz grap, mop; gag [film]; **II** overg een prop in de mond stoppen; fig knevelen; de mond snoeren; **III** onoverg kokhalzen
gaga ['ga:ga:, 'gæga:] bn gemeenz seniel, gaga; kierewiet
gage [geidʒ] **I** znw pand o, onderpand o; handschoen, uitdaging; **II** overg Am = gauge
gaggle ['gægl] znw vlucht (ganzen); troep, kudde, zwerm, (luidruchtig, roerig) gezelschap o
gaiety ['geiəti] znw vrolijkheid, pret; bonte opschik, opzichtigheid, fleurigheid
gain [gein] **I** overg verwerven, (ver)krijgen; verdienen, winnen°; bereiken; behalen; ~ ground toenemen, (hoe langer hoe meer) ingang vinden; **II** onoverg (het) winnen; zich uitbreiden; vooruitgaan; voorlopen [klok &]; ~ on veld (genegenheid) winnen; inhalen; **III** znw (aan)winst, gewin o, profijt o, voordeel o
gainful bn voordelig, winstgevend
gainings znw winst; inkomsten; profijt o, voordeel o
gainsay [gein'sei] overg tegenspreken; ontkennen
gait [geit] znw (manier van) lopen o, loopje o, gang, pas
gaiter ['geitə] znw slobkous, beenkap
gal [gæl] znw gemeenz meisje o, grietje o
gala ['ga:lə] znw gala o; feest o, feestelijk-

heid
galactic [gə'læktik] bn astron galactisch, melkweg-
galaxy ['gæləksi] znw astron melkweg; melkwegstelsel o; fig schitterende stoet, groep of verzameling
gale [geil] znw harde wind, storm; ~ of laughter lachsalvo o
gall [gɔ:l] **I** znw gal²; bitterheid; 2 brutaliteit, lef o; 3 schaafwond, ontvelling; 4 galnoot; **II** overg verbitteren, kwellen, ergeren
gallant [gə'lænt] **I** bn dapper, fier, moedig; galant, hoffelijk; prachtig, schitterend; **II** znw galante heer, charmeur
gall-bladder [gɔ:lblædə] znw galblaas
galleon ['gæliən] znw galjoen o
gallery ['gæləri] znw galerij; schilderijenmuseum o; galerie (ook: picture ~); tribune; schellinkje² o; play to the ~ (goedkoop) effect najagen
galley ['gæli] znw scheepv galei; kombuis; techn galei [voor zetsel]
Gallic ['gælik] bn Gallisch, Frans
gallicism ['gælisizm] znw gallicisme o
gallimaufry ['gælimɔ:fri] znw allegaartje o
gallipot ['gælipɔt] znw zalfpot
gallivant [gæli'vænt] onoverg boemelen, stappen
gallon ['gælən] znw gallon = ± 4,54 liter
gallop ['gæləp] **I** znw galop; (at) a ~ in galop; fig op een holletje; (at) full ~ in volle galop; **II** onoverg galopperen; ~ing inflation zeer snel toenemende inflatie; **III** overg laten galopperen
gallows ['gælouz] znw galg
gall-stone ['gɔ:lstoun] znw galsteen
galop ['gæləp] znw galop (dans)
galore [gə'lɔ:] bijw in overvloed, bij de vleet
galosh [gə'lɔʃ] znw (gummi)overschoen
galumph [gə'lʌmf] onoverg triomfantelijk in het rond springen
galvanic [gæl'vænik] bn galvanisch
galvanism ['gælvənizm] znw galvanisme o
galvanize znw galvaniseren²
Gambia ['gæmbiə] znw Gambia o
gambit ['gæmbit] znw gambiet o [bij schaken]; fig aanloopje o, truc
gamble ['gæmbl] **I** onoverg spelen, dobbelen, gokken; een risico nemen; **II** overg: ~ away verspelen, verdobbelen; **III** znw gok, fig loterij
gambler znw speler, dobbelaar, gokker
gambol ['gæmbəl] **I** znw sprong, kromme sprong; **II** onoverg springen, huppelen, dartelen
game [geim] **I** znw spel o; spelletje o, partij [biljart], manche [bridge]; wedstrijd; (werk-)terrein o, domein o; wild o; ~s sport [op school]; fair ~ vrij (= niet beschermd) wild o; fig overgeleverd (aan for) [willekeur, genade, spot &]; it's all in (part of) the ~ dat hoort er (nu eenmaal) bij; none of your ~s! geen fratsen!; I (don't) know his ~ ik weet (niet), wat hij in zijn schild voert; make a ~ of de spot drijven met; the ~ is up het spel is verloren, het is mis; the ~ is not worth the candle het sop is de kool

niet waard; **II** *bn* **1** flink, dapper, branie-;
2 lam, mank; *be ~ for* aandurven, voor iets
te vinden zijn; **III** *onoverg* spelen, dobbelen

gamebag *znw* weitas

gamecock *znw* vechthaan [voor hanenge-
vechten]

gamekeeper *znw* jachtopziener, koddebei-
er

game-licence *znw* jachtakte

gamesmanship *znw* gewiekstheid

games-master *znw* gymnastiekleraar

gamester ['geimstə] *znw* speler, dobbelaar

gamma ['gæmə] *znw* gamma *v & o; ~ rays*
gammastraling

gammer ['gæmə] *znw* vero oude vrouw,
besje *o*

gammon ['gæmən] *znw* gerookte ham

gammy ['gæmi] *bn* gemeenz lam, mank

gamut ['gæmət] *znw* toonladder, toon-
schaal, gamma *v & o;* scala *v & o,* reeks

gamy ['geimi] *bn* adellijk [v. wild]

gander ['gændə] *znw* mannetjesgans: gent;
have a ~ (at) slang effe kijken (naar)

gang [gæŋ] **I** *znw* ploeg (werklieden); bende, kliek, troep; **II** *onoverg: ~ up* zich verenigen (tot een bende), met vereende
krachten optreden (tegen *on*)

ganger *znw* ploegbaas

gangling ['gæŋgliŋ], **gangly** *bn* slungelig

gang-plank ['gæŋplæŋk] *znw* scheepv loopplank

gang-rape ['gæŋreip] *znw* verkrachting
door een aantal mannen, groepsverkrach-
ting

gangrene ['gæŋgri:n] *znw* gangreen *o,*
koudvuur *o;* fig verrotting, bederf *o*

gangrenous *bn* gangreneus, door koudvuur aangetast

gangster ['gæŋstə] *znw* gangster, bendelid
o, bandiet

gangway ['gæŋwei] *znw* (gang-, midden-)
pad *o,* doorgang; dwarspad *o* in het Lagerhuis; scheepv looplank, (loop)brug;
scheepv valreep; *~! opzij!*

gannet ['gænit] *znw* jan-van-gent

gantry ['gæntri] *znw* stelling, stellage; sein-
brug [v. spoorweg]; rijbrug [v. loopkraan]

gaol(er) ['dʒeil(ə)] = *jail(er)*

gap [gæp] *znw* gat *o,* opening, gaping,
leemte, hiaat *o;* tekort *o;* bres; onderbreking; fig kloof

gape [geip] **I** *onoverg* gapen[2], geeuwen; *~
at* aangapen; **II** *znw* gaap; gaping

gap-toothed ['gæptu:θt, -tu:ðd] *bn* met uit-
eenstaande tanden, met een spleetje tussen de tanden

gar [ga:] *znw* dierk geep (ook: *garfish*)

garage ['gæra:dʒ, 'gæridʒ] **I** *znw* garage; ga-
ragebedrijf *o;* **II** *overg* in de garage stallen

garb [ga:b] **I** *znw* kostuum *o,* dracht; **II**
overg kleden

garbage ['ga:bidʒ] *znw* afval *o & m* [v. dier];
vuilnis *o & v;* fig rotzooi, onzin, flauwekul;
~ can Am vuilnisbak

garble ['ga:bl] *overg* verdraaien, verminken, verknoeien

garden ['ga:dn] **I** *znw* tuin, hof; *public ~*

plantsoen *o;* **II** *onoverg* tuinieren

garden centre *znw* tuincentrum *o*

garden-cress *znw* tuinkers

gardener *znw* tuinman, -baas; tuinier

garden frame *znw* broeibak, -kas

gardening *znw* tuinbouw, tuinieren *o*

garden-party *znw* tuinfeest *o*

garden-path *znw* tuinpad *o*

gargantuan [ga:'gæntjuən] *bn* reusachtig

gargle ['ga:gl] **I** *onoverg* gorgelen; **II** *znw*
gorgeldrank

gargoyle ['ga:gɔil] *znw* waterspuwer

garish ['gɛəriʃ] *bn* schel, hel, (oog-)
verblindend; opzichtig, bont

garland ['ga:lənd] **I** *znw* guirlande, (bloem-)
krans[2]; bloemlezing; **II** *overg* met guirlandes behangen, be-, omkransen

garlic ['ga:lik] *znw* knoflook *o & m; ~ press*
knoflookpers

garment ['ga:mənt] *znw* kledingstuk *o,* gewaad *o*

garner ['ga:nə] plechtig **I** *znw* graan-, ko-
renschuur; fig bloemlezing; **II** *overg* in-,
opzamelen, vergaren

garnet ['ga:nit] *znw* granaat *o* [stofnaam],
granaat(steen) *m* [voorwerpsnaam]

garnish ['ga:niʃ] **I** *overg* garneren, opmaken, versieren (met *with*); voorzien (van
with); **II** *znw* garnering, versiering

garniture ['ga:nitʃə] *znw* garnituur *o,* garnering, versiering; toebehoren *o*

garret ['gærət] *znw* vliering, zolderkamertje
o

garrison ['gærisn] **I** *znw* garnizoen *o;* **II**
overg bezetten, garnizoen leggen in; in
garnizoen plaatsen

garrotte [gə'rɔt] **I** *znw* (ver)worging; worg-
touw *o* (met spanstok), worgpaal, garrot;
II *overg* worgen; garotteren

garrulous ['gæruləs] *bn* praatziek

garter ['ga:tə] *znw* kousenband; *the G~* Br
orde v.d. kousenband

gas [gæs] **I** *znw (mv:* gases; Am ook: gasses)
gas *o;* Am benzine; gemeenz gezwam *o,*
geklets *o,* gebral *o;* blabla; Am gemeenz
lol, gein, leut, pret, grap; *step on the ~* gemeenz gas geven[2]; er vaart achter zetten;
II *onoverg* gemeenz zwammen, kletsen; **III**
overg (ver)gassen, door gas doen stikken;
gemeenz kletsen

gas-bag *znw* gaszak [v. luchtschip]; gemeenz kletsmeier

gas board *znw* gasbedrijf *o*

gas chamber *znw* gaskamer

gas-cooker *znw* gasfornuis *o*

gaseous ['gæsjəs] *bn* gasachtig, gasvormig,
gas-

gas-fire *znw* gaskachel, -haard

gas-fitter *znw* gasfitter

gash [gæʃ] **I** *znw* sne(d)e, jaap, houw; **II**
overg (open)snijden, een snee geven, japen

gas-holder ['gæshouldə] *znw* gashouder

gasket ['gæskit] *znw* techn pakking;
scheepv seizing

gaslight ['gæslait] *znw* gaslamp; *by ~* bij
het licht van een gaslamp

gas-main ['gæsmein] *znw* (hoofd)gasleiding

gasman *znw* man van het gasbedrijf; meteropnemer

gasolene, gasoline ['gæsouli:n] *znw* gasoline; **Am** benzine

gasometer [gæ'sɔmitə] *znw* gashouder

gasp [ga:sp] **I** *onoverg* (naar adem) snakken, hijgen; ~ *for* snakken naar; **II** *overg*: ~ *out* er met moeite uitbrengen; **III** *znw* hijgen o; stokken o van de adem; snik; *be at the last* ~ zieltogen

gas-range ['gæsreindʒ] *znw* **Am** gasfornuis o

gas-ring *znw* gaskomfoor o, gaspit

gas station *znw* **Am** tankstation o, benzinestation o

gassy *bn* gasachtig; gas-; bruisend [v. drank]; *gemeenz* kletserig

gastric ['gæstrik] *bn* gastrisch, maag-

gastritis [gæ'straitis] *znw* med gastritis, maagontsteking

gastro-enteritis ['gæstrouentə'raitis] *znw* med maagdarmontsteking, gastro-enteritis

gastronome ['gæstrənoum] *znw* gastronoom, fijnproever

gastronomic [gæstrə'nɔmik] *bn* gastronomisch

gastronomy *znw* gastronomie

gasworks ['gæswə:ks] *znw* gasfabriek

gate [geit] *znw* poort², deur, uitgang, ingang; sluisdeur; hek o, slagboom; betalend publiek o [bij voetbal], entreegeld o, recette; *get the* ~ **Am** *gemeenz* de zak krijgen

gatecrash *onoverg gemeenz* zich indringen, onuitgenodigd binnenvallen

gatecrasher *znw gemeenz* ongenode gast, indringer

gate-house *znw* portierswoning; gevangenpoort

gatekeeper *znw* poortwachter

gatelegged *bn*: ~ *table* (op)klaptafel

gate-money *znw* recette [bij voetbal &]

gatepost *znw* deurpost, stijl [v. hek]

gateway *znw* poort; *fig* toegangspoort

gather ['gæðə] **I** *overg* vergaren, vergaderen, bijeen-, in-, verzamelen; inwinnen [bij eenbrengen, ophalen; plukken, oogsten; samentrekken; rimpelen [stof], plooien; afleiden, opmaken; ~ *dust* stoffig worden; ~ *speed* vaart krijgen; *fig* opgang maken, 'erin' komen; **II** *onoverg* zich verzamelen; samenkomen, vergaderen; zich samenpakken [wolken &]; toenemen; ~ *oneself together* zich vermannen; **III** *znw*: ~s plooisel o

gathering *znw* in-, verzameling; katern o; bijeenkomst; gezelschap o; pluk; abces o

GATT *afk.* = *General Agreement on Tariffs and Trade* algemene overeenkomst inzake tarieven en handel

gauche [gouʃ] *bn fig* links, onhandig, lomp; tactloos

gaud [gɔ:d] *znw* opzichtig sieraad o; opschik, ijdel vertoon o

gaudy *bn* opzichtig, pronkerig, felgekleurd

gauge [geidʒ] **I** *znw* peilstok, peilglas o, peil o, ijkmaat, maat², meter; *fig* maatstaf;

spoorwijdte, spoor o; *scheepv* diepgang; *techn* mal; *mil* kaliber o; **II** *overg* peilen², ijken, meten, roeien; kalibreren; schatten [afstanden]; *fig* schatten, taxeren

Gaul [gɔ:l] *znw* Gallië o; Galliër

gaunt [gɔ:nt] *bn* schraal, mager; hoekig; verlaten, naargeestig; luguber

gauntlet ['gɔ:ntlit] *znw hist* pantserhandschoen; (scherm-, rij)handschoen; *run the* ~ spitsroeden lopen

gauze [gɔ:z] **I** *znw* gaas o; **II** *bn* gazen

gauzy *bn* gaasachtig

gave [geiv] V.T. van *give*

gavel ['gævəl] *znw* (voorzitters)hamer

gawd [gɔ:d, ga:d] *tsw gemeenz* god!; *oh my* ~! god allemachtig!

gawk *onoverg* [gɔ:k] met open mond staren, staan aangapen

gawky *bn* onhandig, lomp, sullig

gay [gei] **I** *znw* homo(seksueel); **II** *bn* **1** homoseksueel; homo-, flikker-; **2** vrolijk², opgewekt; luchtig, luchthartig; los(bandig); bont, (veel)kleurig, fleurig

gaze [geiz] **I** *onoverg* staren (naar *at, on, upon*); **II** *znw* starende blik

gazelle [gə'zel] *znw* gazelle

gazette [gə'zet] **I** *znw* (Engelse) Staatscourant; *hist* nieuwsblad o; **II** *overg* (officieel) publiceren

gazetteer [gæzi'tiə] *znw* geografisch woordenboek o, geografische index

gazump [gə'zʌmp] *overg* oplichten (na begonnen onderhandelingen de prijs verhogen)

GCE *afk.* = *General Certificate of Education* ± diploma midelbare school

GDP *afk.* = *Gross Domestic Product* bbp, bruto binnenlands product o

GDR *afk.* = *German Democratic Republic* de voormalige DDR

gear [giə] **I** *znw* tuig o, gareel o; uitrusting, goed o, gerei o; toestel o, inrichting, *techn* overbrenging, drijfwerk o; versnelling; *luchtv* onderstel o; *change* ~, **Am** *shift* ~s *auto* schakelen; *in* ~ *techn* gekoppeld; *out of* ~ *techn* ontkoppeld, afgekoppeld; **II** *overg* instellen (op *to*), aanpassen (aan *to*); uitrusten; ~*ed* (*to*) ingesteld op, aangepast aan

gearbox *znw* versnellingsbak

gearing *znw techn* overbrenging, drijfwerk o

gearlever, gearshift, gearstick *znw* versnellingspook, pook

gear-shift *znw* versnellingshendel

gear-wheel *znw* tand-, kettingwiel o (v. fiets)

gee [dʒi:] **I** *tsw* **1** **Am** *gemeenz* hemel!, verdorie! (ook: ~ *whizz!*); **2** ~ *up!* hu! [tegen een paard]; **II** *znw gemeenz* paard(je) o

geese [gi:s] *znw* (*mv v. goose*) ganzen

geezer ['gi:zə] *znw slang* (ouwe) knakker

Geiger counter ['gaigəkauntə] *znw* geigerteller

geisha (girl) ['geiʃə (gə:l)] *znw* geisha

gelatine [dʒelə'ti:n] *znw* gelatine

gelatinous [dʒi'lætinəs] *bn* gelatineachtig

geld ['geld] *overg* castreren

gelding *znw* castreren *o*; dierk ruin
gelid ['dʒelid] *bn* kil, (ijs)koud
gem [dʒem] **I** *znw* edelsteen, juweel *o*; kleinood *o*, juweeltje *o*; **II** *overg* (met edelgesteenten) versieren
geminate I *bn* ['dʒeminit] dubbel, gepaard; **II** *overg* ['dʒemineit] verdubbelen; paarsgewijs plaatsen
Gemini ['dʒeminai] *znw* astron Tweelingen
gen [dʒen] **I** *znw* Br gemeenz (precieze) gegevens, informatie; **II** *onoverg*: ~ *up on sth.* zich over iets op de hoogte stellen, zich goed informeren over iets; **III** *overg*: ~ *sbd. up on sth.* iem. over iets helemaal bijpraten
gender ['dʒendə] *znw* geslacht *o*
gene [dʒi:n] *znw* gen *o* [erffactor]
genealogical [dʒi:njə'lɔdʒikl] *bn* genealogisch; ~ *tree* geslachts-, stamboom
genealogist [dʒi:ni'ælədʒist] *znw* genealoog, geslachtkundige
genealogy *znw* genealogie: geslachtkunde; stamboom
genera ['dʒenərə] *znw mv v.* genus
general ['dʒenərəl] **I** *bn* algemeen; ~ *anaesthetic* algehele verdoving; ~ *cargo* lading stukgoederen; ~ *certificate of (secondary) education* ± einddiploma *o* middelbare school; ~ *delivery* poste restante; ~ *knowledge* algemene ontwikkeling; ~ *practice* huisartsenpraktijk; ~ *practitioner* huisarts; **II** *znw* mil generaal, veldheer; *in* ~ in (over) het algemeen
generality [dʒenə'ræliti] *znw* algemeenheid; *the* ~ *(of people)* de grote meerderheid
generalization [dʒenərəlai'zeiʃən] *znw* veralgemening, generalisatie
generalize ['dʒenərəlaiz] **I** *overg* algemeen maken of verbreiden; **II** *onoverg* generaliseren
generally *bijw* gewoonlijk; algemeen, in (over) het algemeen
generalship *znw* generaalsrang; veldheerstalent *o*; leiding, tact, beleid *o*
generate ['dʒenəreit] *overg* voortbrengen, verwekken; ontwikkelen [gas], opwekken [elektriciteit]
generation [dʒenə'reiʃən] *znw* voortbrenging; ontwikkeling, voortplanting; generatie, geslacht *o*; ~ *gap* generatiekloof
generative ['dʒenərətiv] *bn* voortbrengend; vruchtbaar; gramm generatief
generator *znw* voortbrenger, verwekker; techn stoomketel; generator
generic [dʒi'nerik] *bn* generisch, geslachts-; algemeen
generosity [dʒenə'rɔsiti] *znw* edelmoedigheid, generositeit, mildheid, milddadigheid, gulheid, goedgeefsheid, royaliteit
generous ['dʒenərəs] *bn* edel(moedig), genereus, mild(dadig), gul, goedgeefs; rijk [ook: v. kleur], royaal, overvloedig, flink, krachtig
genesis ['dʒenisis] *znw* (*mv*: geneses) genesis, genese: wording(sgeschiedenis), ontstaan *o*; *G~* Genesis
genetic [dʒi'netik] *bn* genetisch; ~ *engi-*

neering genetische manipulatie
genetics *znw* genetica, erfelijkheidsleer
Geneva [dʒi'ni:və, dʒə-] *znw* Genève *o*
genial ['dʒi:niəl] *bn* opgewekt, gemoedelijk, joviaal, sympathiek; vriendelijk
geniality [dʒi:ni'æliti] *znw* opgewektheid, jovialiteit &, zie *genial*
genie ['dʒi:ni] *znw* (*mv*: genii ['dʒi:niai]) geest, djinn
genital ['dʒenitl] **I** *bn* genitaal, geslachts-; **II** *znw*: ~*s* genitaliën, geslachtsdelen
genitalia [dʒeni'teiliə] *znw mv* genitaliën, geslachtsdelen
genitive ['dʒenitiv] **I** *znw* genitief, tweede naamval; **II** *bn* genitief-
genius ['dʒi:niəs] *znw* (*mv*: -es *of* genii) genius: geest°; karakter *o*; beschermgeest; genie° *o*, talent *o*, genialiteit, (natuurlijke) aanleg
genocide ['dʒenousaid] *znw* genocide
genre ['ʒɑ:ŋrə] *znw* genre *o*
gent [dʒent] *znw* gemeenz heer; ~*s* gemeenz ook: (openbaar) herentoilet *o*
genteel [dʒen'ti:l] *bn* fatsoenlijk, net, fijn, deftig
gentile ['dʒentail] **I** *bn* niet-joods; **II** *znw* niet-jood
gentility [dʒen'tiliti] *znw* fatsoen *o*, fatsoenlijkheid, fijne manieren; deftigheid; voorname afkomst
gentle ['dʒentl] *bn* zacht°, zachtaardig, -moedig, -zinnig; lief, vriendelijk; licht; *the* ~ *sex* het zwakke geslacht
gentlefolk *znw mv* voorname lieden, betere stand(en)
gentleman *znw* (mijn)heer; meneer; gentleman; ~*'s agreement* herenakkoord *o*, gentleman's agreement; ~*'s* ~ herenknecht
gentleman farmer *znw* herenboer
gentlemanly, gentlemanlike *bn* fatsoenlijk, gentlemanlike
gentlewoman *znw* dame
gentry ['dʒentri] *znw* de deftige stand, komend na de adel; *these* ~ geringsch die 'heren'
genuflect ['dʒenjuflekt] *onoverg* een kniebuiging maken [uit eerbied]; fig zich onderwerpen
genuflection, genuflexion [dʒenju'flekʃən] *znw* kniebuiging; knieval; fig onderwerping
genuine ['dʒenjuin] *bn* echt, onvervalst, [ras]zuiver; oprecht; serieus [v. aanvraag &]
genus ['dʒi:nəs] *znw* (*mv*: genera) geslacht *o*, klasse, soort
geographer [dʒi'ɔgrəfə] *znw* geograaf, aardrijkskundige
geographic(al) [dʒiə'græfik(l)] *bn* geografisch, aardrijkskundig
geography [dʒi'ɔgrəfi] *znw* geografie, aardrijkskundige
geological [dʒiə'lɔdʒikl] *bn* geologisch
geologist [dʒi'ɔlədʒist] *znw* geoloog
geology *znw* geologie
geometric(al) [dʒiə'metrik(l)] *bn* meetkundig; ~ *drawing* lijntekenen *o*
geometry [dʒi'ɔmitri] *znw* meetkunde

geophysical [dʒiou'fizikl] *bn* geofysisch

geophysics [dʒiou'fiziks] *znw* geofysica

geopolitics [dʒiou'pɔlitiks] *znw* geopolitiek

Georgia ['dʒɔːdʒiə] *znw* 1 Georgië o [voorm. Sovjetrepubliek]; 2 Georgia o [Amerikaanse staat]

Georgian ['dʒɔːdʒiən] I *bn* uit de tijd van de vier Georges [1714-1830]; van Koning George V [1910-1936]; van Georgië of Georgia; II *znw* inwoner van Georgië of Georgia

geranium [dʒi'reinjəm] *znw* geranium

geriatric [dʒeri'ætrik] I *bn* geriatrisch; II *znw* <u>geringsch</u> ouwetje o; ~s geriatrie

germ [dʒəːm] *znw* kiem²; <u>fig</u> oorsprong; <u>med</u> bacil, ziektekiem

german ['dʒəːmən] *bn* vol [neef, nicht &]

German ['dʒəːmən] I *bn* Duits; ~ *measles* <u>med</u> rode hond; II *znw* Duitser; (het) Duits

germane [dʒəː'mein] *bn*: ~ *to* betrekking hebbend op, toepasselijk

Germanic [dʒəː'mænik] *bn* Germaans

Germany ['dʒəːməni] *znw* Duitsland o

germinal *bn* kiem-; <u>fig</u> embryonaal

germinate *overg & onoverg* (doen) ontkiemen, ontspruiten

germination [dʒəːmi'neiʃən] *znw* ontkieming

germ warfare ['dʒəːmwɔːfɛə] *znw* bacteriologische oorlog(voering)

gerontology [dʒerɔn'tɔlədʒi] *znw* gerontologie

gerrymandering ['gerimændəriŋ] *znw* partijdig herindelen o (v.d. grenzen) v. kiesdistricten

gerund ['dʒerənd] *znw* gerundium o

gestation [dʒes'teiʃən] *znw* zwangerschap; *in ~* <u>fig</u> in wording

gesticulate [dʒes'tikjuleit] I *onoverg* gesticuleren; II *overg* door gebaren te kennen geven

gesticulation [dʒestikju'leiʃən] *znw* gesticulatie, gebaar o, gebarenspel o

gesture ['dʒestʃə] I *znw* gebaar o; geste; II *onoverg* gebaren, gebaren maken; III *overg* door gebaren te kennen geven

get* [get] I *overg* (ver)krijgen, in zijn macht (te pakken) krijgen, bekomen, opdoen, vatten; verdienen; halen, nemen; bezorgen; krijgen (brengen, overhalen) tot, ervoor zorgen dat; worden; hebben; <u>gemeenz</u> begrijpen, snappen; *where does it ~ you?* wat bereik je ermee?, wat heb je eraan?; *it doesn't ~ you anywhere, it ~s you nowhere* je bereikt er niets mee; *you have got to...* je moet...; II *onoverg* komen, worden, (ge)raken; ~ *going* aan de gang (aan de slag) gaan; op gang komen (brengen); *it ~s nowhere, it does not ~ anywhere* het haalt niets uit; *he could not ~ about* hij kon niet lopen; hij kon niet uit de voeten; ~ *across* oversteken; ~ *across* (*over*) (goed) overkomen, 'het doen'; ~ *along* vooruitgaan, opschieten²; zich redden; ~ *along* (*with you*)! ga nou door!, schiet toch op!; ~ *around* = ~ *about*, ~ *round*; ~ *at* komen bij (aan, achter), bereiken, te pakken krijgen² (nemen);

what he is ~ting at wat hij wil, wat hij bedoelt; ~ *away* wegkomen, ontkomen (aan *from*); ~ *away from the subject* afraken van het apropos, afdwalen; ~ *away with it* succes (ermee) hebben, het klaarspelen, het gedaan krijgen; ~ *back* teruggaan°, -komen; terugkrijgen; ~ *back at sbd.* het iem. betaald zetten; ~ *by* passeren; <u>gemeenz</u> het klaren, het versieren; ~ *down* af-, uitstappen, naar beneden gaan (krijgen); <u>gemeenz</u> terneerdrukken, op de zenuwen werken; ~ *sth. down* iets opschrijven; <u>Am</u> iets uit het hoofd leren, iets erin stampen; ~ *down to* aanpakken, beginnen aan, overgaan tot; ~ *in* instappen; binnenkomen; aankomen; binnenkrijgen, erin krijgen; ~ *in on sth.* meedoen aan iets; ~ *into* krijgen in; komen (stappen, raken) in; toegelaten worden [tot een school]; aan (iets) gaan doen; *what's got into you?* wat bezielt jou?; ~ *off* weggaan, vertrekken, af-, uitstappen; verwijderen [verf &]; verzenden; (iets) uit het hoofd leren; in slaap vallen; *tell him where to ~ off* het hem eens goed zeggen; ~ *your hands off!* afblijven!; ~ *off on sth.* <u>slang</u> vallen, kicken op iets; ~ *on* vooruitkomen², vorderen, opschieten; op jaren komen; instappen; *it is (you are) ~ting on my nerves* het (je) maakt me zenuwachtig; ~ *on with* ook: overweg kunnen met; het stellen met; ~ *out* uitkomen, uitlekken; uitstappen; eruit halen, krijgen; publiceren, uitbrengen; ontkomen; naar buiten gaan; ~ *out!* eruit!; *loop heen!*; ~ *over* [een verlies] te boven komen; [een weg] afleggen; afdoen; *not ~ over it* zich niet over iets heen kunnen zetten; iets niet op kunnen; ~ *round* ontduiken, omzeilen [wet &]; ~ *round sbd.* iem. inpalmen, beetnemen; ~ *through* <u>telec</u> aansluiting krijgen; zich een weg banen door, komen door; het eraf brengen, erdoor komen; ~ *to* komen bij, bereiken, er toe komen (om); ~ *together* bijeenbrengen, bijeenkomen, (zich) verenigen; ~ *up* opstaan, op-, instappen; opsteken [wind]; arrangeren, in elkaar of op touw zetten; (aan)kleden; ~ *up to sth.* iets uithalen; iets in zijn schild voeren

get-at-able [get'ætəbl] *bn* te bereiken; toegankelijk, genaakbaar

getaway ['getəwei] *znw* <u>gemeenz</u> ontsnapping; ~ *car* vluchtauto; *make one's ~* zich uit de voeten maken

get-together *znw* <u>gemeenz</u> bijeenkomst; instuif

get-up *znw* uitrusting, kostuum o; uitvoering

get-up-and-go [get'ʌpən'gou] *znw* <u>gemeenz</u> energie

gewgaw ['gjuːgɔː] *znw* prul(sieraad) o

geyser ['gaizə; <u>techn</u> 'giːzə] *znw* geiser

Ghana *znw* Ghana o

ghastly ['gaːstli] *bn bijw* akelig, afschuwelijk, afgrijselijk, ijzingwekkend; doodsbleek

Ghent [gent] I *znw* Gent; II *bn* Gents

gherkin ['gəːkin] *znw* augurkje o

ghetto ['getou] *znw* getto *o*

ghost [goust] **I** *znw* geest, spook *o*, schim, verschijning, schijntje *o*; *not the* ~ *of a chance* geen schijn van kans; **II** *overg* als ghostwriter schrijven

ghostly *bn* spookachtig

ghost town *znw* spookstad

ghost-writer *znw* ghostwriter [iem. die in opdracht en onder de naam van een ander schrijft]

ghoul [gu:l] *znw* lijken verslindend monster *o*

ghoulish *bn* als van een *ghoul*; macaber

GHQ *afk.* = General Headquarters

GI ['dʒi:'ai] *afk.* Am = government issue; **I** *znw* soldaat; **II** *bn* soldaten-, leger-

giant ['dʒaiənt] **I** *znw* reus, gigant; **II** *bn* reuzen-, reusachtig, gigantisch

gibber ['dʒibə] **I** *onoverg* brabbelen; **II** *znw* gebrabbel *o*

gibberish ['dʒibəriʃ] *znw* brabbeltaal, koeterwaals *o*; baarlijke onzin

gibbet ['dʒibit] *znw* galg

gibbon ['gibən] *znw* dierk gibbon [aap]

gibbous ['gibəs] *bn* uitpuilend, bultig; astron tussen half en vol [v. maan]

gibe [dʒaib] **I** *onoverg* honen, schimpen, spotten (*van at*); **II** *znw* schimpscheut, hatelijkheid

giblets ['dʒiblits] *znw mv* eetbare organen van gevogelte

giddy ['gidi] **I** *bn* duizelig, draaierig; duizelingwekkend; lichtzinnig, onbezonnen; *that's the* ~ *limit* gemeenz dat is (wel) het toppunt; **II** *onoverg & overg* duizelig worden/maken

gift [gift] *znw* gift, geschenk *o*; (recht *o* van) be-, vergeving; gave; *have the* ~ *of the gab* goed van de tongriem gesneden zijn; *he thinks he's God's* ~ *to the human race* gemeenz hij heeft het hoog in de bol

gifted *bn* begiftigd; begaafd

gift token, gift voucher *znw* cadeaubon

gig [gig] *znw* **1** cabriolet, sjees; scheepv lichte sloep; **2** gemeenz schnabbel, (eenmalig) optreden *o*; Am uitzendbaantje *o*, tijdelijke baan

gigantic [dʒai'gæntik] *bn* reusachtig, reuzen-, gigantisch

giggle ['gigl] **I** *onoverg* giechelen; **II** *znw* gegiechel *o*; *for a* ~ gemeenz voor de grap, voor de lol

giggly ['gigli] *bn* giechelig, lacherig

gigolo ['dʒigəlou] *znw* gigolo

gild [gild] *overg* vergulden; ~*ed youth* (lid *o* van de) jeunesse dorée; ~ *the lily* iets mooier maken dan nodig is

1 gill [gil] *znw* kieuw; *pale (green) about the* ~*s* bleek om de neus

2 gill [dʒil] *znw* ¼ pint

gillyflower ['dʒiliflauə] *znw* anjer; muurbloem

gilt [gilt] **I** *znw* verguldsel *o*; *the* ~ *is off the gingerbread* het aantrekkelijke (het nieuwtje) is eraf; ~*s* = gilt-edged securities; **II** *bn* verguld

gilt-edged *bn* verguld op snee; handel solide; ~ *securities* veilige investeringen

[vooral in staatspapieren]

gimcrack ['dʒimkræk] **I** *bn* prullig; **II** *znw* prul *o*

gimlet ['gimlit] *znw* spitsboor; schroefboor; handboor

gimmick ['gimik] *znw* gemeenz foefje *o*, truc

gimmicky *bn* vol foefjes; op effect gericht

gimp [gimp] *znw* passement *o*, boordsel *o*; zijden vissnoer *o* versterkt met metaaldraad *o*; slang mankepoot

gin [dʒin] *znw* gin, jenever

ginger ['dʒindʒə] **I** *znw* gember; **II** *bn* ros, rood [v. haarkleur]; **III** *overg*: ~ *up* gemeenz opkikkeren; aanporren; pittiger maken

ginger ale, ginger beer *znw* gemberbier *o*

ginger bread *znw* peperkoek

gingerly *bn bijw* behoedzaam, zachtjes

gingham ['giŋəm] *znw* gestreepte of geruite katoenen stof

gingivitis [dʒindʒi'vaitis] *znw* tandvleesontsteking

ginseng ['dʒinseŋ] *znw* ginseng

gipsy ['dʒipsi] *znw* zigeuner(in)

giraffe [dʒi'ra:f] *znw* giraffe

1 gird [gə:d] **I** *znw* hatelijkheid; **II** *onoverg*: ~ *at* spotten met, afgeven op

2 gird* [gə:d] *overg* aan-, omgorden; uitrusten; om-, insluiten, omgeven, omsingelen; ~ *oneself (up),* ~ *(up) one's loins* zich ten strijde aangorden

girder *znw* steun-, dwarsbalk

girdle ['gə:dl] **I** *znw* gordel?; gaine, step-in, korset *o*; ring; RK singel; **II** *overg* omgorden, omgeven; ringen [boom]

girl [gə:l] *znw* meisje *o*

girlfriend *znw* vriendinnetje *o*, meisje *o*; vriendin

girl guide *znw* padvindster

girlhood *znw* meisjesjaren

girlie *znw* gemeenz meisje *o*; ~ *calendar* pin-upkalender

girlish *bn* meisjesachtig, meisjes-

girl scout *znw* Am padvindster, gids

giro ['dʒaiərou] *znw* Br (de) giro(dienst)

1 girt [gə:t] **I** *znw* omvang; **II** *overg* meten

2 girt [gə:t] V.T. & V.D. van ²gird

girth [gə:θ] **I** *znw* buikriem, singel [v. paard]; gordel; omvang; **II** *overg* singelen; vastmaken; omringen; meten

gist [dʒist] *znw* hoofdpunt *o*, essentiële *o*, kern, pointe

1 give* [giv] **I** *onoverg & abs ww* geven; meegeven, doorzakken, -buigen; bezwijken, het begeven, wijken; afnemen [kou]; ~ *as good as one gets* met gelijke munt betalen; **II** *overg* geven, aan-, op-, afgeven²; verlenen, schenken, verstrekken, verschaffen, bezorgen, bereiden, veroorzaken, doen, maken [de indruk], houden [toespraak]; *don't* ~ *me that* je kunt me nog meer vertellen!; ~ *it to sbd.* gemeenz iem. er flink van langs geven, streng straffen; ~ *away* weggeven, cadeau geven; fig verklappen, verraden (bijv. *a secret, the whole thing*); ~ *away the bride* als bruidsvader optreden; ~ *back* teruggeven; ~ *forth* geven, afgeven [hitte &]; bekendmaken, rondstrooien; ~ *in* [stukken &] inleveren; toegeven, zwichten (voor *to*), het opgeven; ~ *off* afgeven [warmte &], verspreiden; ~ *or take a few minutes* een paar minuten meer of minder; ~ *out* (af)geven; opgeven [werk], uitdelen; bekendmaken, publiceren; opraken, uitgaan; ~ *over* (het) opgeven [v.e. poging, een zieke &], ophouden; ~ *over!* hou op!; *be ~n over to* zich overgeven aan [ondeugd], verslaafd zijn aan; bestemd zijn voor; ~ *up* opgeven; afstand doen van, afzien van, [het roken, drinken] laten; af-, overgeven, overleveren; wijden; ~ *up the ghost* de geest geven; ~ *oneself up to* zich aangeven bij [politie]; zich overgeven aan; zich wijden aan

2 give *znw* meegeven o, elasticiteit, buigzaamheid, flexibiliteit

give-and-take *znw* geven en nemen o, over en weer o

give-away I *znw* 1 relatiegeschenk o; 2 onthulling, (ongewild) verraad o; **II** *bn* weggeef-

given *bn* gegeven; bepaald; willekeurig; geneigd (tot *to*), verslaafd (aan), ... aangelegd; ~ *name* doopnaam

gizzard ['gizəd] *znw* spiermaag [v. vogels]; *fig* strot; *that sticks in his* ~ dat zit hem dwars

glacé ['glæsei] *bn* geglaceerd, gekonfijt [vruchten]

glacial ['gleisjəl] *bn* ijzig; ijs-; gletsjer-, glaciaal

glaciated *bn* met ijs bedekt; vergletsjerd

glaciation [glæsi'eiʃən] *znw* ijsvorming; vergletsjering, glaciatie

glacier ['glæsjə] *znw* gletsjer

glad [glæd] *bn* blij, verheugd (over *of, at*); ~ *rags* gemeenz beste plunje, beste kloffie o; *we are* ~ *to hear* het doet ons genoegen (te vernemen)

gladden *overg* verblijden, verheugen

glade [gleid] *znw* open plek in een bos

gladiator ['glædieitə] *znw* gladiator, zwaardvechter

gladly ['glædli] *bijw* blij; met genoegen, graag

glair [glɛə] **I** *znw* eiwit o; **II** *overg* met eiwit bestrijken

glamorize ['glæməraiz] *overg* romantiseren, verheerlijken, idealiseren, zeer aanlokkelijk maken

glamour *znw* betovering, begoocheling; (tover)glans

glance [glɑːns] **I** *znw* oogopslag, blik; flikkering; *at a* ~ met één oogopslag (blik); **II** *onoverg* blinken, schitteren; kijken; afschampen (ook: ~ *off*); ~ *at* aanblikken, een blik werpen op[2]; ~ *down* naar beneden kijken, de ogen neerslaan; ~ *over (through)* even inzien, vluchtig dóórzien; ~ *up* opkijken

gland [glænd] *znw* klier

glanders *znw* (kwade) droes [paardenziekte]

glandular *bn* klier-; ~ *fever* ziekte van Pfeiffer

glare [glɛə] **I** *znw* verblindend of schel licht o; gloed; (schitter)glans; schittering; vlammend oog o; woeste blik; **II** *onoverg* schitteren, hel schijnen; woest kijken

glaring *bn* schel, (oog)verblindend, schitterend, vurig [v.d. ogen]; brutaal, schril [v. contrast], flagrant; ~ *error* grove fout

glass [glɑːs] **I** *znw* glas[2] o; spiegel; (verre-)kijker; barometer; ~*es* lornget; bril; **II** *bn* glazen, glas-; **III** *overg* van ruiten, glas voorzien

glass bell *znw* stolp

glass case *znw* vitrine

glass fibre, Am **glass fiber** *znw* glasvezel o

glasshouse *znw* serre, kas

glass-paper *znw* schuurpapier o

glassware *znw* glaswerk o

glass-works *znw* glasfabriek

glassy *bn* glasachtig, glazig; glas ; (spiegel-) glad

glaucoma [glɔːˈkoumə] *znw* med glaucoom: groene staar

glaucous ['glɔːkəs] *bn* zeegroen

glaze [gleiz] **I** *overg* van glas (ruiten) voorzien; achter (in) glas zetten; verglazen; glanzen, glaceren, satineren; **II** *onoverg* glazig (glanzig) worden; (ook: ~ *over*); **III** *znw* glazuur o; glacé o; glans

glazed *bn* glasdicht; verglaasd; glazig [v. oog]; geglaceerd, geglansd, glanzig, blinkend; ~ *cabinet* glazenkast; ~ *paper* glanspapier o

glazer *znw* verglazer; polijster; polijstschijf

glazier *znw* glazenmaker

GLC afk. hist = Greater London Council

gleam [gliːm] **I** *znw* glans, schijnsel o, straal; fig sprankje o [hoop; humor &]; **II** *onoverg* blinken, glanzen, glimmen, schijnen

glean [gliːn] *overg* nalezen [v.e. veld], op-, in-, verzamelen [v. aren na de oogst]; opvangen, bij elkaar schrapen, meepikken, oppikken

glebe [gliːb] *znw* pastorieland o; plechtig grond; land o

glee [gliː] *znw* vrolijkheid; meerstemmig lied o

glee club *znw* zangvereniging, (mannen-) koor o

gleeful *bn* vrolijk, blij; triomfantelijk, met leedvermaak

glen [glen] *znw* dal o; vallei

glengarry [glenˈgæri] *znw* Schotse muts

glib ['glib] *bn* glad, rad (van tong); welbespraakt; vlot [v. bewering]

glide [glaid] **I** *onoverg* glijden; glippen; zweven; **II** *znw* glijden o; luchtv glijvlucht, zweefvlucht; muz glissando o; gramm overgangsklank

glider *znw* luchtv zweefvliegtuig o; zweefvlieger

gliding *znw* zweefvliegen o

glimmer ['glimə] **I** *onoverg* schemeren, gloren, blinken, (even) opflikkeren; **II** *znw* zwak schijnsel o, glinster(ing), (licht-)schijn, glimp, flauw idee o; eerste aanduiding

glimmering *znw* = glimmer II

glimpse [glimps] **I** *znw* glimp, (licht)straal;

schijnsel o, (vluchtige) blik, kijkje o; *catch a ~ of* even zien; **II** *overg* even zien

glint [glint] **I** *znw* glimp, glinstering, schijnsel o, blinken o; **II** *onoverg* glinsteren, blinken

glisten ['glisn] *onoverg* glinsteren, flikkeren, fonkelen

glitter ['glitə] **I** *onoverg* flikkeren, flonkeren, fonkelen, schitteren, blinken; *all that ~s is not gold* het is niet alles goud wat er blinkt; **II** *znw* flikkering, geflonker o, schittering, glans

gloaming ['gloumiŋ] *znw* schemering

gloat [glout] *onoverg*: ~ *over, (up)on* met duivels leedvermaak aanzien, zich verkneukelen in, zich kwaadaardig verlustigen in

glob [glɔb] *znw* gemeenz druppel; kluit, klodder, kwak

global ['gloubl] *bn* wereldomvattend, wereld-; alles omvattend, totaal

globalisation *znw* mondialisering

globe *znw* bol, globe, aardbol; (oog)bal; ballon [v. lamp]; viskom

globe-trotter *znw* globetrotter, wereldreiziger

globose ['gloubous], **globular** ['glɔbjulə] *bn* bolvormig

globule *znw* bolletje o; druppel

gloom [glu:m] *znw* duister-, donker-, somberheid; zwaarmoedigheid, droefgeestigheid; *doom and ~* ± doemdenken o

gloomy *bn* donker², duister, somber, droefgeestig; bedroevend, droevig

glorification [glɔ:rifi'keiʃən] *znw* verheerlijking

glorify ['glɔ:rifai] *overg* verheerlijken; (iets) mooier voorstellen (dan het is); ophemelen

glorious *bn* roem-, glorierijk, glansrijk, heerlijk°, stralend [v.d. ochtend]; gemeenz prachtig, kostelijk

glory I *znw* roem, glorie, heerlijkheid; stralenkrans; **II** *onoverg*: ~ *in* zich beroemen op, prat gaan op; ~ *hole* rommelhok o, -kast

gloss [glɔs] **I** *znw* 1 glans; (schone) schijn; ~ *(paint)* glansverf; 2 glosse: kanttekening, commentaar *m & o*; **II** *overg* 1 glanzen; een schone schijn geven, een glimp geven aan, vergoelijken, verbloemen (ook: ~ *over*); 2 kanttekeningen maken bij (op), uitleggen²

glossary *znw* verklarende woordenlijst, glossarium o

glossy I *bn* glanzend; schoonschijnend; ~ *magazine* duurder (op glad papier gedrukt) tijdschrift o; **II** *znw* = ~ *magazine*

glottis *znw* glottis, stemspleet

glove [glʌv] *znw* (boks)handschoen; *fit like a ~* als gegoten zitten, precies passen; *take off the ~s* zich ervoor zetten; flink aanpakken; *take up (throw down) the ~* de handschoen opnemen (toewerpen)

glove compartment *znw* handschoenenvakje o [v. auto]

glow [glou] **I** *onoverg* gloeien, branden (van *with*); **II** *znw* gloed², vuur o

glower ['glauə] *onoverg* boos of dreigend kijken (naar *at, upon*)

glowing ['glouiŋ] *bn* gloeiend, brandend; geestdriftig

glow-worm *znw* glimworm

glucose ['glu:kous] *znw* glucose, druivensuiker

glue [glu:] **I** *znw* lijm; ~*-sniffer* lijmsnuiver; **II** *overg* lijmen, (vast)kleven, (vast-) plakken²; ~*d to the television* gekluisterd aan de televisie

gluey *bn* kleverig, plakkerig, lijmerig

glum [glʌm] *bn* somber, nors, stuurs

glut [glʌt] **I** *overg* (over)verzadigen; overladen; overvoeren [de markt]; **II** *znw* (over-) verzadiging; overvoering [v.d. markt]

gluten ['glu:tən] *znw* gluten o; kleefstof

glutinous *bn* lijmerig, kleverig, plakkerig

glutton ['glʌtn] *znw* gulzigaard; *he is a ~ for...* hij is dol op...

gluttonous *bn* gulzig, vraatzuchtig

gluttony *znw* gulzigheid, vraatzucht

glycerine [glisə'ri:n], *Am* **glycerin** *znw* glycerine

GMT *afk.* = *Greenwich Mean Time*

gnarl [na:l] *znw* knoest

gnarled *bn* knoestig, fig verweerd, ruig

gnash [næʃ] *overg*: ~ *one's teeth* knarsetanden

gnat [næt] *znw* mug

gnaw [nɔ:] **I** *onoverg* knagen (aan *at*), knabbelen; **II** *overg* knagen aan; kwellen, pijnigen

gnome [noum] *znw* gnoom, kabouter

gnomic *bn* aforistisch

GNP *afk.* = *Gross National Product* bnp, bruto nationaal product o

gnu [nju:, nu:] *znw* gnoe

1 go* [gou] **I** *onoverg* gaan°, lopen°; gangbaar zijn [v. geld]; reiken [v. geld, gezag &]; heen-, doodgaan; op-, wegraken, verdwijnen, eraan (moeten) geloven; uitvallen, stukgaan, bezwijken; verstrijken; aflopen; luiden; afgaan [v. geweer]; worden; (be-) horen, thuishoren; zijn; blijven; ~ *far* ver gaan (reizen); het ver brengen, voordelig in het gebruik zijn; ... *is ~ing strong* ... is (nog) kras, ... maakt het goed, ... gaat goed; *as things ~* naar omstandigheden; *two hamburgers to ~* Am twee hamburgers om mee te nemen; *there you ~* daar heb je het al; asjeblieft; *anything ~es* (daar) is alles mogelijk, is alles toegestaan; *what he says ~es* wat hij zegt, gebeurt ook; ~ *all out for* alles op alles zetten om; zich voor 100% richten op; **II** *overg*: ~ *one better* meer bieden; fig meer doen, overtreffen; ~ *about* rondlopen; in omloop zijn; scheepv overstag gaan, wenden; ~ *about it the wrong way* de zaak (het) verkeerd aanpakken; ~ *against* ingaan tegen; in het nadeel uitvallen van; [iem.] tegenlopen; ~ *ahead* beginnen; vooruitgaan; doorgaan (met); opschieten; ~ *along* voortgaan, verder gaan; ~ *along with* meegaan met, inspelen op; ~ *along with you!* loop heen!; ~ *at it* erop los gaan, aanpakken; ~ *away* weggaan, vertrekken; ~

back achteruit- (terug)gaan; ~ *back on (from)* one's *word* zich niet houden aan zijn woord, zijn belofte weer intrekken, terugkrabbelen; ~ *by* voorbijgaan, passeren; zich laten leiden door; bepaald worden door; ~ *by the book* zich stipt aan de instructies houden; ~ *by the name of...* bekend staan onder de naam...; ~ *down* naar beneden gaan; ondergaan [de zon]; achteruitgaan, het afleggen, te gronde gaan, (komen te) vallen; uitvallen, niet meer functioneren; ~ *down in history as...* de geschiedenis ingaan als...; ~ *down with* krijgen [ziekte]; ~ *for* halen; gelden (voor); gemeenz af-, losgaan op; gemeenz zijn voor, kiezen voor, graag hebben, houden van; ~ *in* naar binnen gaan; schuilgaan [v. zon &]; ~ *in for* zich aanschaffen [kledingstukken &]; meedoen aan, zich bemoeien (inlaten) met; opgaan [voor een examen]; (gaan) doen aan [een vak &]; ~ *into* opgaan in; gaan op [bij deling]; besteed worden aan; ~ *into the matter (things)* diep(er) op de zaak ingaan; ~ *off* weggaan²; heengaan (= sterven); van de hand gaan; verlopen; afgaan [geweer &], aflopen [wekker]; achteruitgaan, bederven, minder worden; ~ *on* doorgaan, voortgaan, verder gaan (met); voorbijgaan [tijd]; aan de gang (aan de hand, gaande) zijn; aangaan, aanspringen [licht &]; gebeuren, [in iem.] omgaan; fig zich laten leiden door, zich baseren op [zekere principes]; gemeenz tekeergaan; ~ *on together* met elkaar overweg kunnen; ~ *out* uitgaan²; uittrekken [v. leger], (aan) duelleren; aftreden [minister]; uit de mode gaan; aflopen; in staking gaan; ~ *out of one's mind* het verstand verliezen, gek worden; ~ *over* overgaan [i.h.b. tot het katholicisme], overlopen; nakijken [rekening]; fig de revue laten passeren; ~ *round* achterom lopen; (rond)draaien, rondtrekken; ergens even aangaan; rondgaan [v. gerucht &]; ~ *through* doorgaan; doornemen [v. les]; doorzoeken [zijn zakken]; doorstaan; opmaken, erdoor jagen [v. spaargeld &]; vervullen [formaliteiten]; goedkeuren, aannemen [v. wet]; ~ *to* toevallen [v. prijs]; ~ *to the country* verkiezingen uitschrijven; ~ *together* samengaan; fig goed bij elkaar passen; ~ *towards* ten goede komen, besteed worden voor [aan]; leiden tot; ~ *under* ondergaan, te gronde gaan; ~ *under a name* onder zekere naam bekend zijn; ~ *up* (op-)stijgen (ook luchtv); opgaan (voor examen); onderw naar de universiteit gaan; ~ *with* verkeren met; samengaan met, harmoniëren met, (be)horen bij; meegaan met; ~ *without (one's dinner, grog &)* het stellen zonder (buiten), niet krijgen

2 go *znw* vaart; elan o, gang, fut; mode; aanval; beurt; poging; keer; *it is no* ~ dat (het) gaat niet; het kan niet; *have a* ~ *(at)* het eens proberen, aanpakken, onder handen nemen; *it's all* ~ het is druk, het loopt als een trein; *at (in) one* ~ ineens; *on the* ~ op de been, in de weer, in beweging

goad [goud] **I** *znw* stok met punt om vee op te drijven; **II** *overg* prikkelen, aansporen (tot *into, to*)

go-ahead ['gouəhed] **I** *bn* voortvarend, ondernemend; **II** *znw* goedkeuring, verlof o; *give the* ~ het licht op groen zetten (voor)

goal [goul] *znw* doel o; goal, doelpunt o

goalie *znw* gemeenz doelverdediger, keeper

goalkeeper *znw* doelverdediger, keeper

goalkick *znw* doeltrap

goalline *znw* doellijn

goalpost *znw* doelpaal

goat [gout] *znw* dierk geit; bok; *act (play) the* ~ gemeenz zich mal aanstellen, idioot doen; *it gets my* ~ gemeenz het maakt me kregel

goatee [gou'ti:] *znw* sik, sikje o

goatherd ['goutha:d] *znw* geitenhoeder

goatskin *znw* geitenvel o, geitenleer o

gob [gɔb] *znw* slang fluim; mond

gobbet ['gɔbit] *znw* hap, brok m & v & o, mondvol

gobble ['gɔbl] **I** *onoverg* klokken, kokkelen [v. kalkoenen]; **II** *overg* opslokken (~ *down, up)*; **III** *znw* geklok o

gobbledygook ['gɔbldi'guk] *znw* gemeenz (ambtelijk) jargon o; koeterwaals o, geklets o, blabla

gobbler ['gɔblə] *znw* kalkoen

go-between ['goubitwi:n] *znw* bemiddelaar, tussenpersoon; postillon d'amour

goblet ['gɔblit] *znw* beker; bokaal; glas o met voet

goblin ['gɔblin] *znw* kobold, (boze) geest

go-by ['goubai] *znw: give the* ~ links laten liggen; negeren; afdanken, laten vallen

go-cart *znw* kart, skelter

God, god [gɔd] *znw* God, (af)god; *under* ~ naast God; *play* G~ beslissen over leven en dood [door artsen &]

godchild *znw* petekind o

goddaughter *znw* peetdochter

goddess *znw* godin²

godfather *znw* peet(oom, -vader)

god-fearing *bn* godvrezend

god-forsaken *bn* van God verlaten; godvergeten; ellendig

godhead *znw* godheid

godless *bn* goddeloos

godlike *bn* godgelijk; goddelijk

godly *bn* godvruchtig

godmother *znw* peettante, petemoei

godsend *znw* onverwacht geluk o, uitkomst, buitenkansje o, meevaller

godson *znw* peetzoon

God-speed: *bid (wish)* ~ succes of goede reis wensen

goer ['gouə] *znw* (hard)loper; [bioscoop-, museum-, schouwburg- &] bezoeker; gemeenz echte liefhebber, iem. die er wel pap van lust [v. seks &]

go-getter ['gougetə] *znw* gemeenz doorzetter, streber

goggle ['gɔgl] **I** *onoverg* (met de ogen) rollen, gapen, scheel kijken; uitpuilen; **II** *znw:* ~*s* (veiligheids-, stof-, auto- &) bril; **III** *bn* uitpuilend

goggle-box znw <u>gemeenz</u> televisietoestel o

going ['gouiŋ] I *tegenwoordig deelwoord* gaande; *be ~ to...* op het punt zijn te...; van plan zijn te...; *get ~* beginnen; *keep ~* doorgaan, voortgaan; *~, ~, gone!* eenmaal, andermaal, verkocht!; II *bn* bestaand; *the finest business ~* de mooiste zaak die er is of van de wereld; *a ~ concern* een in (volle) bedrijf zijnde onderneming; *the ~ rate* het gewone tarief; III *znw* gaan o; *get out while the ~ is good* op het goede moment vertrekken, vertrekken wanneer de omstandigheden het toelaten; *when the ~ gets tough* als het moeilijk gaat, wanneer de omstandigheden tegenzitten

goings-on ['gouiŋ'zɔn] znw <u>gemeenz</u> gedrag o, doen (en laten) o, gedoe o

going-over ['gouiŋ'ouvə] znw <u>gemeenz</u> onderzoek o, controle(beurt); pak slaag o

goitre ['gɔitə] znw kropgezwel o

go-kart ['goukɑ:t] I znw skelter; II onoverg skelteren

gold [gould] I znw goud² o; II bn gouden

gold-digger znw goudzoeker; vrouw die rijke mannen uitbuit

gold-dust znw stofgoud o; *good secretaries are like ~ these days* een goede secretaresse moet je tegenwoordig met een lantaarntje zoeken

golden bn gouden, gulden; goud-; goudkleurig, goudgeel; *the ~ age* de Gouden Eeuw; *the ~ fleece* het gulden vlies; *~ handshake* gouden handdruk; *~ rule* gulden regel; *~ wedding (anniversary)* gouden bruiloft

goldfish znw goudvis

gold-lace znw goudkoord o & v

gold mine znw goudmijn²

goldplated bn verguld, gouden

goldsmith znw goudsmid

golf [gɔlf] I znw <u>sp</u> golf o; II onoverg golf spelen

golfball znw golfbal; *~ typewriter* bolletjesschrijfmachine

golf-club znw golfclub; golfstok

golf-course, golf-links znw golfbaan

golfer znw golfer, golfspeler

golliwog ['gɔliwɔg] znw (lappen) negerpop

golly ['gɔli] tsw <u>gemeenz</u> gossie (ook: *by ~!*)

gondola ['gɔndələ] znw gondel

gondolier [gɔndə'liə] znw gondelier

gone [gɔn] I V.D. van *go*; II bn verloren, weg, verdwenen; voorbij; op; dood; <u>gemeenz</u> voor de haaien; *in days ~ by* in vervlogen dagen; *she was 6 months ~* <u>gemeenz</u> zij was 6 maanden zwanger; *it was ~ 4 before he came* het was over vieren toen hij (eindelijk) arriveerde

goner ['gɔnə] znw: *he is a ~* <u>gemeenz</u> hij is verloren

gong [gɔŋ] znw gong; schel, bel

goo [gu:] znw <u>slang</u> kleverig spul o; zoetelijkheid

good [gud] I bn goed (voor, jegens *to*; voor, tegen *against, for*); zoet [v. kinderen], niet ondeugend, braaf; aanzienlijk, ruim, aardig; lief, aardig; prettig, heerlijk, fijn, lekker; flink, knap, kundig, sterk, goed (in at); *~ night* goedenacht, welterusten; *~! gemeenz* mooi (zo)!; *all in ~ time* alles op z'n tijd; *~ for you!, ~ on you! gemeenz* fantastisch!, goed zo!; *make ~* (weer) goedmaken, vergoeden; goed terechtkomen; zich er goed doorheen slaan; zich kranig houden; waarmaken; gestand doen; slagen in, weten te [ontsnappen]; II znw goed(e) o, welzijn o, best o, voordeel o, baat; *he is no ~* het is een vent van niks, daar zit niet veel bij; *it is no (not a bit of) ~* het is van (heeft) geen nut, het geeft niet(s); *he's up to no ~* hij heeft niets goeds in de zin; *for ~ (and all)* voorgoed; *it is for your own ~* om uw eigen bestwil; *be £10 to the ~* £10 voordeel hebben, nog £10 te goed hebben

goodbye I tsw (goeden)dag, vaarwel!; II znw afscheid o; *say ~* ook: afscheid nemen (van o)

good-for-nothing znw deugniet

Good Friday znw Goede Vrijdag

good-humoured bn opgeruimd, goedgehumeurd, joviaal

goodie znw = *goody I*

goodish bn goedig, tamelijk goed; *a ~ many* tamelijk veel, aardig wat

good-looking bn knap, mooi

goodly bn knap, mooi; flink

good-natured [gud'neitʃəd] bn goedaardig, goedhartig, vriendelijk

goodness ['gudnis] znw goedheid, deugd; kracht, voedingswaarde; *~ (gracious)!* goeie genade!; *~ knows where* de hemel weet waar; *thank ~!* goddank!; *for ~' sake* om godswil

goods znw mv goederen, goed o; waren; *~ wagon* goederenwagen; *that's just the ~ slang* dat is precies wat we nodig hebben; *come up with (deliver) the ~* precies doen wat beloofd is/wat verwacht wordt

good-tempered bn goedmoedig

goodwill znw welwillendheid; klandizie, clientèle, goodwill

goody I znw 1 lekkernij, snoepje o; 2 held, goeie [in film]; II tsw jippie!, joepie!, leuk!

goody-goody znw schijnheilige, kwezel, kruiper

gooey ['gu:i] bn <u>slang</u> kleverig; klef; sentimenteel, zoetelijk

goof [gu:f] <u>Am slang</u> I znw idioot; blunder; II onoverg blunderen; *~ off* tijd verklungelen

goofy bn 1 <u>slang</u> idioot, belachelijk; 2: *~ teeth* <u>Br gemeenz</u> vooruitstekende tanden

gook [gu:k] znw <u>Am slang</u> spleetoog

goon [gu:n] znw <u>Am slang</u> geweldenaar, lid o van een knokploeg; <u>gemeenz</u> uilskuiken o

goose [gu:s] znw (mv: geese) gans; <u>fig</u> gansje o, uilskuiken o; persijzer o; *kill the ~ that lays the golden eggs* de kip met de gouden eieren slachten; *cook someone's ~* <u>gemeenz</u> iem. ruïneren; iem. van kant maken

gooseberry znw kruisbes; *play ~* het vijfde rad (wiel) aan de wagen zijn

goose-flesh *znw* kippenvel o
goose-pimples *znw* *mv* kippenvel o
goose-step I *znw* paradepas; II *onoverg* in paradepas stappen
Gordian ['gɔ:diən] *bn*: *cut the ~ knot* de (Gordiaanse) knoop doorhakken
1 gore [gɔ:] I *znw* geronnen bloed o; II *overg* doorboren, (met de hoorns) spietsen
2 gore [gɔ:] I *znw* geer; II *onoverg* geren
gorge [gɔ:dʒ] I *znw* bergengte, -kloof; brok *m & v* of o (eten); *vero* strot, keel; *my ~ rises at it* ik walg ervan; II *overg* opslokken, inslikken; *~ oneself* volstoppen (met *with*)
gorgeous ['gɔ:dʒəs] *bn* prachtig, schitterend; gemeenz aantrekkelijk
Gorgon ['gɔ:gən] *znw* potig vrouwspersoon o
gorilla [gə'rilə] *znw* gorilla
gormandize ['gɔ:məndaiz] I *onoverg* gulzig eten, schrokken; II *overg* verslinden[2]
gormless ['gɔ:mlis] *bn* gemeenz stompzinnig
gorse [gɔ:s] *znw* gaspeldoorn
gory ['gɔ:ri] *bn* bebloed, bloederig; bloedig
gosh [gɔʃ] *tsw* gemeenz gossie (ook: *by ~!*)
gosling ['gɔzliŋ] *znw* jonge gans, gansje o
go-slow ['gou'slou] *znw* langzaam-aan-actie, -tactiek, -staking
gospel ['gɔspəl] *znw* evangelie[2] o; gospel-(muziek); *take sth. as ~ (truth)* iets zonder meer geloven/voor waar aannemen
gossamer ['gɔsəmə] I *znw* herfstdraad, -draden; rag(fijn weefsel) o; II *bn* ragfijn
gossip ['gɔsip] I *znw* babbelaar(ster), kletstante, roddelaar(ster); (buur)praatje o, (buur)praatjes, gepraat o, gebabbel o, geroddel o; *~ column* roddelrubriek; II *onoverg* babbelen, kletsen, roddelen
gossipy *bn* praatziek; roddelachtig
got [gɔt] V.T. & V.D. van *get*
Goth [gɔθ] *znw* Goot
Gothic I *bn* gotisch; *~ novel (tale)* griezelroman (-verhaal o); II *znw* (het) Gotisch; gotiek; gotische letter
gotten ['gɔtn] vero & Am V.D. van *get*
gouge [gaudʒ] I *znw* techn guts; II *overg* techn gutsen; uitsteken (ook: *~ out*)
gourd [guəd] *znw* pompoen, kalebas
gourmand ['guəmənd] *znw* lekkerbek, gulzigaard
gourmet ['guəmei] *znw* fijnproever
gout [gaut] *znw* jicht; vero druppel
gouty *bn* jichtig
govern [gʌvən] *overg* regeren, besturen, leiden, regelen, beheersen; *~ing body* (hoofd)bestuur o
governance *znw* bestuur o, leiding
governess *znw* gouvernante
government *znw* bestuur o, regering, ministerie o; overheid; leiding; gouvernement o; *~ loan* staatslening
governmental [gʌvən'mentl] *bn* regeringsgouvernator
governor ['gʌvənə] *znw* landvoogd, gouverneur; bestuurder; directeur; onderw curator; gemeenz ouwe heer; baas, chef, meneer; techn regulateur
governor general *znw* (*mv*: governor generals *of* governors general) gouverneur-

generaal
gown [gaun] I *znw* japon, kleed o, jurk; tabberd, toga; II *overg & onoverg* plechtig (zich) kleden
goy [gɔi] *znw* (*mv*: goyim [gɔ'i:m]) goi, nietjood [vanuit joodse gezichtshoek]
GP *afk.* = *general practicioner* huisarts
grab [græb] I *znw* greep; roof; techn vanghaak, grijper; *up for ~s* voor het grijpen; II *onoverg*: *~ at* grijpen naar; III *overg* naar zich toe halen, inpikken, pakken, grissen, graaien
grabble ['græbl] *onoverg* grabbelen, tasten (naar *for*); (liggen te) spartelen
grace [greis] I *znw* genade, gunst; bevalligheid, gratie[°]; respijt o, uitstel o; tafelgebed o; muz versiering; *by the ~ of God* bij de gratie Gods; *Your G~* Uwe Hoogheid [titel v. hertog(in) of aartsbisschop]; *he had the ~ to...* hij was zo fatsoenlijk (beleefd) om...; *say ~* danken, bidden [aan tafel]; *in the year of ~...* ... in het jaar onzes Heren ...; II *overg* (ver)sieren, luister bijzetten aan, opluisteren; vereren (met *with*); begunstigen
graceful *bn* bevallig, gracieus, sierlijk, elegant
graceless *bn* onbeschaamd; ondeugend; godvergeten; onbevallig
gracious ['greiʃəs] *bn* genadig; goedgunstig; minzaam; hoffelijk; *good ~!*, *goodness ~!* goeie genade!, lieve hemel!
gradate [grə'deit] *onoverg & overg* geleidelijk (doen) overgaan
gradation *znw* gradatie, trapsgewijze opklimming, (geleidelijke) overgang; nuancering, nuance; gramm ablaut
grade [greid] I *znw* graad, rang, trap; kwaliteit, gehalte o, soort, klasse; Am onderw klas v. lagere school; cijfer o; helling; *make the ~* slagen, succes hebben; *on the down ~* in neergaande lijn; II *overg* graderen, rangschikken, sorteren; Am beoordelen, cijfers geven; Am nivelleren [een weg]; (*~ up*) veredelen [v. dieren]; III *onoverg* geleidelijk overgaan (in *into*)
grade crossing *znw* Am overweg [v. spoorweg], gelijkvloerse kruising [v. wegen]
grader *znw* sorteermachine; grader, grondschaaf; *fourth ~* Am vierdeklasser: leerling van de vierde klas
grade school *znw* Am lagere school
gradient ['greidiənt] *znw* helling; hellingshoek; (barometrische) gradiënt
gradual ['grædjuəl] I *bn* trapsgewijze opklimmend &, geleidelijk; II *znw* RK graduale o
gradually *bijw* trapsgewijze, geleidelijk, langzamerhand, allengs, gaandeweg
graduate I *znw* ['grædjuət] onderw gegradueerde; Am gediplomeerde; II *overg* ['grædjueit] in graden verdelen; graderen; onderw promoveren; Am een diploma verlenen; *~d taxation* progressieve belasting
graduate school *znw* Am universitaire vervolgopleiding na de eerste fase, ± doctoraalopleiding
graduation [grædju'eiʃən] *znw* geleidelijke

opklimming; graadverdeling; gradering; onderw promotie

graffiti [græ'fiːti] *znw mv* graffiti

graft [graːft] **I** *znw* ent; enting; *med* transplantaat o; transplantatie; gemeenz Am (door) politiek gekonkel o (verkregen voordeel o); gemeenz zware klus; **II** *overg* enten[2]; *med* transplanteren; **III** *onoverg* gemeenz Am konkelen, knoeien; gemeenz pezen, hard werken

grafter *znw* enter; gemeenz Am konkelaar, knoeier; gemeenz harde werker

Grail [greil] *znw* graal [v.d. Arthurlegende]

grain [grein] **I** *znw* graan o, koren o; (graan-) korrel; grein° o; greintje o; korreling, kern, nerf, weefsel o; ruwe kant van leer, keper, structuur, draad[2]; aard, natuur; ~*s* draf; *against the* ~ tegen de draad; **II** *overg & onoverg* korrelen; grein(er)en; aderen, marmeren

grained *bn* korrelig, geaderd

grainy *bn* korrelig; grof(korrelig) [foto]

gram [græm] *znw* gram

graminaceous [greimi'neiʃəs] *bn* grasachtig

grammar ['græmə] *znw* spraakkunst, grammatica; *it is bad* ~ ongrammaticaal

grammarian [grə'mɛəriən] *znw* grammaticus

grammar school ['græməskuːl] *znw* middelbare school [van 11 tot minstens 15 jaar]; ± gymnasium o of atheneum o; Am voortgezet lager onderwijs o

grammatical [grə'mætikəl] *bn* taalkundig, grammaticaal

gramme [græm] *znw* gram

gramophone ['græməfoun] *znw* grammofoon

grampus ['græmpəs] *znw* zwaardwalvis, orka; *puff like a* ~ gemeenz hijgen als een postpaard o

granary ['grænəri] *znw* korenzolder, -schuur[2]

grand [grænd] **I** *bn* groot, groots; voornaam, edel; weids; gemeenz prachtig, luisterrijk; ~ *total* totaalbedrag o; **II** *znw muz* vleugel [piano]; slang 1000 pond; Am slang 1000 dollar

grandchild *znw* kleinkind o

grand(d)ad *znw* gemeenz opa

granddaughter *znw* kleindochter

grand duchess *znw* groothertogin; grootvorstin

grand duchy *znw* groothertogdom o

grand duke *znw* groothertog; grootvorst

grandeur ['græn(d)ʒə] *znw* grootheid, grootsheid, pracht, staatsie, voornaamheid

grandfather ['græn(d)fɑːðə] *znw* grootvader; ~ *clock* staande klok

grandiloquence [græn'diləkwəns] *znw* bombast, hoogdravendheid; grootspraak

grandiloquent *bn* bombastisch, hoogdravend; grootsprakig

grandiose ['grændious] *bn* grandioos, groots, weids

grand jury *znw* Am jury die beslist of er voldoende gronden zijn voor rechtsvervolging aanwezig zijn

grandma ['grændmɑː] *znw* gemeenz grootmoeder

grandmother *znw* grootmoeder

grandnephew *znw* achterneef

grandpa *znw* gemeenz opa

grandparents *znw mv* grootouders

grand piano *znw* vleugel [muziekinstrument]

grandsire *znw* voorvader; grootvader [v. paard]

grandson *znw* kleinzoon

grandstand *znw* (overdekte) tribune

grand tour *znw* hist rondreis door Europa als onderdeel van de opvoeding van jonge Britse aristocraten; thans lange rondreis

grange ['grein(d)ʒ] *znw* herenboerderij

granite ['grænit] **I** *znw* graniet o; **II** *als bn fig* onbuigzaam, hardvochtig

granny ['græni] *znw* gemeenz grootje o, opoe

granny flat *znw* aparte woonruimte binnen een groter huis [van oudere familielid]

granny knot *znw* oudewijvenknoop

grant [grɑːnt] **I** *overg* toestaan, inwilligen, verlenen, schenken; toegeven, toestemmen; *God* ~ *it* God geve het!; ~*ed* (~*ing*) *that* toegegeven of aangenomen dat; *take for* ~*ed* als vaststaand, als vanzelfsprekend, zonder meer aannemen; **II** *znw* schenking, bijdrage, toelage, subsidie (ook: ~*-in-aid*); onderw beurs

grantee [grɑːn'tiː] *znw* begiftigde

grantor ['grɑːntə] *znw* begiftiger, schenker

granular ['grænjulə] *bn* korrelachtig, korrelig

granulate *overg & onoverg* korrelen, greineren; ~*d sugar* kristalsuiker

granule ['grænjuːl] *znw* korreltje o

grape [greip] *znw* plantk druif; *the* ~*s are sour* de druiven zijn zuur

grapefruit *znw* grapefruit

grapery *znw* druivenkwekerij, -kas

grape-stone *znw* druivenpit

grapevine *znw* wijnstok; geruchtencircuit o, fluisterkrant

graph [grɑːf, græf] *znw* grafische voorstelling, grafiek

graphic I *znw*: ~*s* grafiek; grafische kunst; comput graphics; **II** *bn* grafisch; schrift-, schrijf-, teken-; fig plastisch, aanschouwelijk

graphite ['græfait] *znw* grafiet o

graphology *znw* grafologie

graph paper *znw* ruitjespapier o

grapnel ['græpnəl] *znw* dreg, dreganker o

grapple ['græpl] **I** *overg* enteren; aanklampen; omvatten; omklemmen, beetpakken; **II** *onoverg*: ~ *with* vechten, worstelen met; fig onder handen nemen, aanpakken [moeilijkheden]; **III** *znw* (enter)dreg; greep, omvatting, worsteling[2]

grappling-iron *znw* enterhaak

grasp [grɑːsp] **I** *overg* (aan-, vast)grijpen, beetpakken, (om)vatten[2], begrijpen; omklemmen, vasthouden; **II** *onoverg*: ~ *at* grijpen naar; **III** *znw* greep[2], bereik[2] o; macht; houvast o; volledig beheersen o of omvatten o van een onderwerp; bevatting, bevattingsvermogen o

grasping bn inhalig, hebberig

grass [gra:s] I znw 1 gras o; grasland o; 2 slang marihuana, wiet; 3 slang verklikker; be out to ~ in de wei lopen[2]; put out to ~ in de wei doen; fig de wei insturen; wegsturen; II overg (~ over) gras zaaien, met gras(zoden) bedekken; ~ sbd. up slang iem. verlinken; III onoverg: ~ on sbd. slang iem. verlinken

grass-cutter znw grasmaaimachine

grasshopper znw sprinkhaan

grassland znw weiland o, grasland o

grass-roots I znw fig de gewone leden (v. partij &); basis(elementen), grondslagen; II bn met het volk verbonden, onder de massa levend

grass snake znw ringslang

grass-widow znw onbestorven weduwe

grassy bn grasrijk, grazig; grasachtig, grasgrate [greit] I znw rooster [v. haard &] m & o; zelden = grating; II overg wrijven, raspen, knarsen op [de tanden]; III onoverg knarsen, krassen, schuren; it ~s on me gemeenz het werkt me op de zenuwen

grateful ['greitful] bn dankbaar, erkentelijk; strelend, behaaglijk, aangenaam

grater ['greitə] znw rasp

gratification [grætifi'keiʃən] znw bevrediging, voldoening; genoegen o, genot o, behagen o

gratify ['grætifai] overg bevredigen, voldoen, voldoening schenken; behagen

grating ['greitiŋ] I bn knarsend, krassend; door merg en been gaand; irriterend; II znw traliewerk o, roosterwerk o

gratis ['greitis] bn bijw om niet, gratis, kosteloos

gratitude ['grætitju:d] znw dankbaarheid

gratuitous [grə'tju:itəs] bn gratis, kosteloos; uit de lucht gegrepen, ongegrond; nodeloos, gratuit

gratuity [grə'tju:iti] znw gift; fooi; gratificatie

1 grave [greiv] znw graf o, grafkuil

2 grave [greiv] onoverg 1 graveren, beitelen; 2 scheepv schoonbranden; ~ in (on) inprenten, griffen in

3 grave [greiv] bn deftig, stemmig, statig, ernstig; donker [kleur]; diep [toon]

grave-digger ['greivdigə] znw doodgraver[0]

gravel ['grævəl] I znw kiezel o & m, kiezelzand o, grind o; gravel o; II overg met kiezelzand bestrooien, begrinten; fig verwarren, in verlegenheid brengen

gravelly bn vol kiezel(zand)

graven ['greivən] bn gegrift; ~ image bijbel gesneden beeld o

gravestone znw grafsteen

graveyard znw kerkhof o

gravid ['grævid] bn zwanger

gravitate ['græviteit] onoverg graviteren, door de zwaartekracht bewegen naar; ~ towards overhellen, neigen naar, aangetrokken worden tot

gravitation [grævi'teiʃən] znw zwaartekracht

gravitational bn: ~ field zwaarteveld o; ~

force zwaartekracht

gravity ['græviti] znw gewicht o; gewichtigheid; deftigheid, ernst(igheid); zwaarte, zwaartekracht

gravy ['greivi] znw jus

gravy-boat znw juskom

gravy train znw gemeenz goudmijntje o [fig]

gray [grei] Am = grey

1 graze [greiz] I onoverg grazen, weiden; II overg laten grazen (weiden); afgrazen

2 graze [greiz] I onoverg & overg schaven; schampen; rakelings voorbijgaan, even aanraken; ~ against (along, by, past) gaan (strijken) langs; II znw schaving; schaafwond; schampschot o

grease [gri:s] I znw [gri:s] vet o, smeer o & m; II overg [gri:z, gri:s] smeren, insmeren, auto doorsmeren; invetten; ~ sbd.'s palm omkopen

greasepaint znw schmink

greaseproof bn vetdicht; vetvrij [papier]

greaser znw slang 1 monteur, mecanicien; 2 motorrijder; 3 hielenlikker

greasy ['gri:zi, -si] bn smerig, vettig[2]; glibberig; zalvend

great [greit] I bn groot[2]; belangrijk; hoog [leeftijd]; gemeenz prachtig, heerlijk, geweldig, fantastisch, fijn, leuk; G~ Britain Groot-Brittannië o; ~ at knap in; II znw grote, vooraanstaande figuur; ~s (ook:) eindexamen o voor B.A. [Oxford]

great-aunt znw oudtante

greatcoat znw overjas; mil kapotjas

great-grandfather znw overgrootvader

great-grandson znw achterkleinzoon

greathearted bn moedig; edelmoedig

greatly bijw grotelijks, grotendeels; versterkend sterk, zeer, veel

greaves [gri:vz] znw mv 1 been-, scheenplaten [v. wapenrusting]; 2 kaantjes

grebe [gri:b] znw fuut

Grecian ['gri:ʃən] bn Grieks

Greece [gri:s] znw Griekenland o

greed [gri:d] znw hebzucht; begerigheid, gretigheid, gulzigheid

greedy bn hebzuchtig, begerig (naar of), gretig, gulzig; belust (op for)

greedy-guts znw gemeenz vreetzak, veelvraat

Greek [gri:k] I bn Grieks; II znw Griek; Grieks[2] o; that's ~ to me daar begrijp ik geen snars van

green [gri:n] I bn groen[0], onrijp[2], nieuw, vers, fris; onervaren; milieubewust; milieuvriendelijk; ~ belt groenstrook, -zone [v. stad]; ~ fly bladluis; ~ pea doperwt; ~ pepper groene paprika; ~ with envy scheel van afgunst; II znw groen o, grasveld o, dorpsplein o; sp green [bij golf]; ~s groente(n); groen o, loof o; the G~s pol de Groenen; III overg groen maken; groen maken, van meer groen voorzien [v. steden &]

greenback znw Am bankbiljet o

greenery znw groen o

green-eyed bn groenogig; the ~ monster de jaloezie

greengage znw reine claude

greengrocer *znw* groenteboer, -handelaar
greengrocery *znw* groentehandel, -winkel
greenhorn *znw* Am groentje o, onervarene, beginneling
greenhouse *znw* serre, kas, oranjerie; ~ *effect* broeikaseffect o
greenish *bn* groen(acht)ig
Greenland ['gri:nlənd] *znw* Groenland o
Greenlandic I *bn* Groenlands; II *znw* Groenlands o [de taal]
greenroom ['gri:nrum] *znw* artiestenkamer
greensickness *znw* bleekzucht
greenstuff *znw* groen o [loof]; groene groente
greensward *znw* grasveld o
greeny *bn* groen(ig), groenachtig
greet [gri:t] *overg* begroeten, groeten
greeting *znw* begroeting, groet; ~*s card* wenskaart; ~*s telegram* gelukstelegram o
gregarious [gri'gɛəriəs] *bn* dierk in kudde(n) levend; fig gezelschaps-; van gezelligheid houdend
Grenada [gre'neidə] *znw* Grenada o
grenade [gri'neid] *znw* mil (hand)granaat
grenadier [grenə'diə] *znw* mil grenadier
grew [gru:] V.T. van *grow*
grey, Am **gray** [grei] I *bn* grijs², grauw²; duister, vaag; bewolkt; fig somber, akelig; kleurloos; ~ *horse* schimmel; ~ *matter* fig hersens, verstand o; II *znw* grijs o, grauw o; schimmel; III *overg* (beginnen te) grijzen; IV *overg* grijs maken
grey friar *znw* franciscaan
grey-haired *bn* met grijs haar, grijs, vergrijsd
greyhound *znw* hazewind, windhond
greyish *bn* grijs-, grauwachtig
grid [grid] *znw* rooster m & o; net o, centrale voorziening, netwerk o [v. elektriciteit, gas &]
griddle ['gridl] *znw* bakplaat
gridiron ['gridaiən] *znw* (braad)rooster m & o; traliewerk o; Am voetbalveld o
grief [gri:f] *znw* droefheid, verdriet o, leed o, kommer, smart, hartzeer o; *(good)* ~! goeie God!; *come to* ~ een ongeluk krijgen, verongelukken; mislukken, schipbreuk lijden² (op, over)
grievance ['gri:vəns] *znw* grief
grieve I *overg* bedroeven, verdrieten, smarten, leed (aan)doen; II *onoverg* treuren (over about, at, over, for)
grievous *bn* zwaar, pijnlijk, smartelijk, bitter, versterkend deerlijk, jammerlijk &; ~ *bodily harm* recht zwaar lichamelijk letsel o
grig [grig] *znw* zandaal; krekel, sprinkhaan; *merry as a* ~ heel vrolijk
grill [gril] I *znw* rooster m & o; geroosterd vlees o &; = *grill-room, grille*; II *overg* roosteren, grilleren, braden²; een scherp verhoor afnemen
grille [gril] *znw* traliewerk o, -hek o, afsluiting
grill-room ['grilrum] *znw* grillroom, grillrestaurant o
grim [grim] *bn* grimmig, bars; bar, streng, onverbiddelijk, hard; somber; fel, verwoed, verbeten, woest, wreed, afschuwelijk; lelijk, bedenkelijk; ~ *humour* galgenhumor
grimace [gri'meis] I *znw* grimas, grijns; II *onoverg* grimassen maken, grijnzen
grime [graim] *znw* vuil o; roet o
grimy *bn* vuil, smerig
grin [grin] I *znw* brede glimlach; grijns, grijnslach; II *onoverg* het gezicht vertrekken; grijnzen, grijnslachen; ~ *and bear it* zich flink houden, zich niet laten kennen
1 grind* [graind] I *onoverg* (zich laten) malen of slijpen; knarsen; gemeenz zich afbeulen (op *away at*), ploeteren, blokken; II *overg* (fijn)malen, (fijn)wrijven; slijpen; draaien [orgel]; ~ *one's teeth* knarsetanden; zie ook: *axe*; ~ *down* fijnmalen; onderdrukken; ~ *out* afdraaien, voortbrengen, opdreunen
2 grind *znw* gemeenz karwei o; koeliewerk o, sjouw
grinder *znw* slijper; kies, maaltand
grindstone ['graindstoun] *znw* slijpsteen; *get back to the* ~ weer aan het werk gaan; *keep one's nose to the* ~ zich afbeulen
grip [grip] I *znw* greep°, houvast o, vat; begrip o; macht; handvat o; *come (get) to* ~*s with* vat krijgen op [probleem &]; *come to* ~*s (with someone)* beginnen te vechten met iem., slaags raken; II *overg* (vast-)grijpen, beetpakken, klemmen; fig pakken, boeien; III *overg & onoverg* pakken, boeien
gripe [graip] I *onoverg* jammeren, klagen; II *znw* klacht, bezwaar o, geklaag o; ~*s* koliek o & v, kramp(en)
grippe [grip] *znw* griep
grisly ['grizli] *bn* akelig, griezelig
grist [grist] *znw* koren o; *that brings* ~ *to his mill* dat legt hem geen windeieren; *all is* ~ *that comes to his mill* alles is van zijn gading
gristle ['grisl] *znw* kraakbeen o
gristly *bn* kraakbeenachtig
grit [grit] I *znw* zand o, steengruis o; zand- of biksteen o & m; grein o; fig flinkheid, fut; ~*s* grutten; II *overg*: ~ *one's teeth* knarsetanden; ~ *a road* een weg met zand & bestrooien [bij slipgevaar]
grit stone *znw* zand- of biksteen o & m
gritty *bn* zanderig, korrelig; kranig, flink, pittig
grizzle ['grizl] *onoverg* gemeenz jengelen, jammeren
grizzled ['grizld] *bn* grijs, grauw, vergrijsd
grizzly (bear) ['grizli(bɛə)] *znw* grizzly-(beer)
groan [groun] I *onoverg* steunen, kreunen, kermen (van *with*), zuchten (naar for, onder *under*); kraken [v. houtwerk]; II *znw* gesteun o, gekreun o
groat [grout] *znw*: *not a* ~ geen zier, geen bal
groats [grouts] *znw mv* grutten
grocer ['grousə] *znw* kruidenier
grocery *znw* kruideniersvak o, -winkel, -zaak (ook: ~ *business*); groceries kruidenierswaren; fig boodschappen

grog [grɔg] *znw* grog

groggy *bn* aangeschoten, dronken; onvast op de benen; zwak, wankel

groin [grɔin] *znw* lies; <u>bouwk</u> graatrib

groined *bn*: ~ vault <u>bouwk</u> kruisgewelf o

groom [gru:m] I *znw* stal-, rijknecht; bruidegom; kamerheer; II *overg* verzorgen; prepareren, opleiden [een opvolger]

groove [gru:v] I *znw* groef, sponning, gleuf; <u>fig</u> sleur; *in the* ~ *slang* in de juiste stemming; *get into a* ~ in een sleur vervallen; II *overg* groeven; <u>techn</u> ploegen; III *onoverg* <u>gemeenz</u> zich amuseren, zich prettig voelen

groovy *bn* <u>slang</u> hip, te gek; seksueel aantrekkelijk

grope [group] I *onoverg* (tastend) zoeken, (rond)tasten (naar *for*, *after*); II *overg* <u>gemeenz</u> betasten, aanraken [met seksuele bedoelingen]

gross [grous] I *bn* dik, groot, lomp, grof, ruw, onbeschoft; bruto; schromelijk, erg, flagrant; II *znw* gros o; III *overg* bruto verdienen; een brutowinst hebben van; ~ *out* Am *slang* doen walgen

grotesque [grou'tesk] I *bn* grotesk; II *znw* groteske o

grotto [grɔtou] *znw* (*mv:* -s of -toes) grot

grotty [grɔti] *bn* slang armzalig, vunzig; *feel* ~ zich niet lekker voelen

grouch [grautʃ] <u>gemeenz</u> I *znw* mopperige bui; humeurigheid; brompot; II *onoverg* mopperen

grouchy *bn* <u>gemeenz</u> mopperig

1 ground [graund] I *znw* grond[2] (ook = grondkleur); achtergrond; bodem; terrein[2] o; <u>Am elektr</u> aarde; ~s gronden, redenen; grondsop o, droesem, (koffie)dik o; aanleg, park o; *break new (fresh)* ~ pionierswerk doen; *cover much* ~ een hele afstand afleggen; <u>fig</u> veel afdoen; zich over een groot gebied uitstrekken; *gain* ~ veld winnen[2], vorderen; *give* ~ wijken; *go to* ~ zich verschuilen, onderduiken; *prepare the* ~ *for* de weg bereiden voor; de weg effenen tot; *run sbd. to the* ~ iem. te pakken krijgen, opsnorren; *shift one's* ~ van standpunt veranderen, het over een andere boeg gooien; *it suits me down to the* ~ dat komt mij zeer gelegen, dat is een koltje naar mijn hand; II *overg* gronden; grondvesten, baseren; grondverven; de beginselen onderwijzen; <u>luchtv</u> aan de grond houden; <u>Am elektr</u> aarden; *well* ~ed gegrond [v. klachten &]; goed onderlegd (in *in*); III *onoverg* <u>scheepv</u> aan de grond lopen, stranden

2 ground [graund] V.T. & V.D. van *grind*; ~ *glass* matglas o

ground control *znw* vluchtleiding [bij ruimtevaart]

ground crew *znw* <u>luchtv</u> grondpersoneel o

ground floor *znw* benedenverdieping, parterre o & m

grounding *znw* grondverven o; grondslag[2]

groundless *bn* ongegrond

ground-nut *znw* aardnoot, pinda

ground-plan *znw* plattegrond; (eerste) ontwerp o

ground-rent *znw* grondpacht

ground rule *znw* grondregel, grondbeginsel o; ~s procedure, werkwijze; <u>fig</u> spelregels

groundsheet *znw* grondzeil o

groundsman *znw* sp terreinknecht

ground staff *znw* <u>luchtv</u> grondpersoneel o

groundwork *znw* grondslag[2], grond; onderbouw

group [gru:p] I *znw* groep; ~ *captain* kolonel [bij de luchtmacht]; ~ *practice* <u>med</u> groepspraktijk; ~ *therapy* <u>psych</u> groepstherapie; II *overg* groeperen; III *onoverg* zich groeperen

grouping *znw* groepering

grouse [graus] I *znw* (*mv* idem) 1 <u>dierk</u> korhoen o, korhoenders; 2 <u>gemeenz</u> gemopper o, gekanker o; grief; II *onoverg* <u>gemeenz</u> mopperen, kankeren

grout [graut] I *znw* dunne mortel; II *overg* met dunne mortel voegen

grove [grouv] *znw* bosje o, bosschage o

grovel [grɔvl] *onoverg* kruipen[2], zich vernederen, zich in het stof wentelen (ook: ~ *in the dirt*, *in the dust*)

grovelling *bn* kruipend[2], kruiperig; verachtelijk

grow* [grou] I *onoverg* groeien, wassen, aangroeien; ontstaan; worden; ~ *away from someone* van iem. vervreemden; ~ *into* groeien in [kleren &]; ~ *into one* aaneen-, samengroeien; ~ *out of* groeien uit, ontgroeien; ~ *up* (op)groeien, groot (volwassen) worden; ontstaan; ~ *upon sbd.* vat op iem. krijgen; zich aan iem. opdringen [v. gedachte]; II *overg* laten groeien (staan) (ver)bouwen, kweken, telen; voortbrengen

grower *znw* kweker, planter

growing I *bn* groeiend, groei-; groeizaam [v. weer]; ~ *pains* groeistuip; fig kinderziekte(n); ~ *season* groeitijd; II *znw* (ver)bouw, cultuur, teelt

growl [graul] I *onoverg* snauwen, knorren, grommen, brommen (tegen *at*); II *overg*: ~ *(out)* brommen; III *znw* grauw, snauw, geknor o, gebrom o, gegrom o

growler *znw* knorrepot; <u>vero</u> <u>gemeenz</u> vigilante

grown [groun] I V.D. van *grow*; II *bn* begroeid; volgroeid, volwassen; groot

grown-up I *bn* volwassen; II *znw*: *the* ~s de volwassenen, de groten

growth [grouθ] *znw* groei, wasdom, aanwas, toeneming, vermeerdering; gewas o, product o; gezwel o, uitwas

groyne, Am **groin** [grɔin] *znw* golfbreker

grub [grʌb] I *znw* larve, made, engerling; <u>gemeenz</u> eterij, kost; II *onoverg* graven, wroeten; III *overg* opgraven, om-, uitgraven, rooien (ook: ~ *up*)

grubby [grʌbi] *bn* vuil, vies, slonzig

grudge [grʌdʒ] I *overg* misgunnen, niet gunnen; *he* ~s *no labour* geen arbeid is hem te veel; II *znw* wrok

grudging *bn* gereserveerd, zuinig, aarzelend

grudgingly *bijw* met tegenzin, schoorvoetend, tegen heug en meug, niet graag; tegen wil en dank

gruel ['gruəl] *znw* dunne pap, brij

gruelling, *Am* **grueling** *bn* afmattend, zwaar, hard

gruesome ['gru:səm] *bn* ijselijk, griezelig, ijzingwekkend, akelig

gruff [grʌf] *bn* nors, bars

grumble ['grʌmbl] **I** *onoverg* morren, knorren; brommen, grommen, pruttelen, mopperen (over *at, about, over*); rommelen; **II** *overg*: ~ (*out*) grommen; **III** *znw* gegrom o, gemopper o, grauw; gerommel o [van donder]

grumbler *znw* knorrepot, brombeer, mopperaar

grumpy ['grʌmpi] *bn* humeurig, knorrig, mopperig

grunt [grʌnt] **I** *onoverg* knorren (als een varken); **II** *overg*: ~ (*out*) grommen; **III** *znw* knor, geknor o

grunter *znw* knorrepot, brombeer; dierk varken o

G-string ['dʒi:striŋ] *znw* **1** *muz* g-snaar; **2** G-string, ± tangaslip

guarantee [gærən'ti:] **I** *znw* (waar)borg; garantie; handel aval o [v. wissel]; **II** *overg* waarborgen, vrijwaren (tegen, voor *against, from*), borg staan voor, garanderen; handel avaleren [wissel]

guarantor [gærən'tɔ:] *znw* garant, borg; handel avalist [v. wissel]

guaranty ['gærənti] *znw* waarborg, garantie

guard [ga:d] **I** *znw* wacht, hoede, waakzaamheid, dekking; bescherming, bewaking; bewaker, wachter; *Am* cipier, gevangenbewaarder; mil garde, lijfwacht (ook: ~s); (gevechts)positie; ~ *of honour* erewacht; *catch sbd. off* ~ fig iem. overvallen; *lower (let down) one's* ~ zijn waakzaamheid laten verslappen; *off one's* ~ niet op zijn hoede; *be on* ~, *stand* ~ mil op wacht staan; *on one's* ~ op zijn hoede; **II** *overg* (be)hoeden, beschermen (tegen *against, from*); bewaken²; **III** *onoverg* zich hoeden, zich wachten, op zijn hoede zijn, oppassen, waken (voor *against*)

guard dog *znw* waakhond

guarded *bn* voorzichtig, gereserveerd; afgeschermd; kaartsp gedekt

guardian ['ga:djən] *znw* voogd; curator; bewaarder, bewaker; opziener; fig hoeder; ~ *angel* engelbewaarder, beschermengel; *board of* ~s hist armbestuur o

guardianship *znw* voogdij, voogdijschap o, bewaking, hoede, bescherming

guard-rail ['ga:dreil] *znw* leuning; vangrail

guardsman *znw* officier (soldaat) van de garde, gardist

Guatemala [gwæti'ma:lə] *znw* Guatemala o

guava ['gwa:və] *znw* guave [boom, vrucht]

gudgeon ['gʌdʒən] *znw* dierk grondeling; techn pen

guerrilla [gə'rilə] *znw* **1** guerrilla (ook: ~ *war*); **2** guerrillastrijder

guess [ges] **I** *onoverg & overg* raden, gissen (naar *at*); *Am* denken, geloven; vermoeden; *keep sbd.* ~*ing* iem. aan het lijntje houden, iem. in het ongewisse laten; **II** *znw* gis(sing); *it's anybody's (anyone's)* ~ dat weet geen mens; *have a* ~ (*at*) raden (naar)

guesswork *znw* gissing, gegis o, raden o; *by* ~ op het gevoel, op de gok

guest [gest] *znw* gast, logé; introducé; genodigde; ~ *of honour* eregast; *be my* ~! ga je gang!, doe maar of je thuis bent!

guest-house *znw* pension o

guest-room *znw* logeerkamer

guff [gʌf] *znw* gemeenz onzin

guffaw [gʌ'fɔ:] **I** *znw* luide (onbeschaafde) lach; **II** *onoverg* bulkend lachen

guidance ['gaidəns] *znw* leiding, bestuur o; fig begeleiding; geleide o; voorlichting

guide I *znw* leidsman, (ge)leider, gids; leidraad; reisgids; mil guide; *Br* padvindster, gids; **II** *overg* (ge)leiden, (be)sturen, tot gids dienen²; *de weg wijzen*²; ~*d missile* geleid projectiel o; ~*d tour* ook: rondleiding

guidebook *znw* (reis)gids, leidraad

guide-dog *znw* geleidehond

guide-line *znw* fig richtlijn, richtsnoer o, leidraad

guide-post *znw* wegwijzer

guild [gild] *znw* gilde o & v; vereniging

guilder ['gildə] *znw* gulden

guildhall ['gild'hɔ:l] *znw* gildehuis o; stadhuis o

guile [gail] *znw* bedrog o; (arg)list, valsheid

guileful *bn* arglistig, vals

guileless *bn* onschuldig, argeloos

guillotine [gilə'ti:n] **I** *znw* guillotine: valbijl; techn snijmachine; **II** *overg* guillotineren

guilt [gilt] *znw* schuld, schuldgevoel o

guiltless *bn* schuldeloos, onschuldig (aan *of*)

guilty *bn* schuldig (aan *of*); ~ *conscience* slecht geweten o; *be* ~ *of* ook: zich schuldig maken (bezondigen) aan

Guinea ['gini] *znw* Guinee o

guinea ['gini] *znw* hist muntstuk o van 21 sh.

Guinea-Bissau [ginibi'sau] *znw* Guinee-Bissau o

guinea-pig ['ginipig] *znw* dierk cavia, marmot, Guinees biggetje o; fig proefkonijn o

guise [gaiz] *znw* gedaante; uiterlijk o, voorkomen o, schijn; *in the* ~ *of* bij wijze van; *under the* ~ *of* onder de schijn van: als

guitar [gi'ta:] *znw* gitaar

guitarist *znw* gitarist, gitaarspeler

gulch [gʌltʃ] *znw* *Am* (goudhoudend) ravijn o

gulf [gʌlf] *znw* golf, (draai)kolk, zeeboezem; afgrond²; fig onoverbrugbare kloof

gull [gʌl] **I** *znw* (zee)meeuw; **II** *overg* voor het lapje houden, wat wijsmaken, bedotten

gullet ['gʌlit] *znw* slokdarm, keel

gulley *znw* = **gully**

gullible ['gʌlibl] *bn* lichtgelovig, onnozel

gully ['gʌli] *znw* goot; riool o; geul; mui; slenk; ravijn o

gulp [gʌlp] **I** overg (in)slikken; ~ down (in-) slikken[2], inslokken, naar binnen slaan; **II** onoverg slikken; slokken; **III** znw slik, slok; at a (one) ~ in één slok (teug)

gum [gʌm] **I** znw gom m & o; gomboom; gombal; kauwgom m & o; ~s tandvlees o; by ~! gemeenz verhip!, potverdikkie!; **II** overg gommen; ~ up gemeenz onklaar maken; **III** onoverg kleven

gumboots znw mv rubberlaarzen

gum-drop znw gombal

gummy bn gomachtig, kleverig, dik, opgezet

gumption ['gʌm(p)ʃən] znw gemeenz gezond verstand o

gum-tree znw gomboom; up a ~ gemeenz in de knel

gun [gʌn] **I** znw geweer o, kanon o; revolver; spuitpistool o, spuit [voor verf &]; (saluut)schot o; jager; big (great) ~ gemeenz hoge piet, hoge ome; jump the ~ te vroeg van start gaan; fig op de zaak vooruitlopen; stick to one's ~ voet bij stuk houden; **II** onoverg: be ~ning for sbd. gemeenz het op iem. gemunt hebben; **III** overg: ~ sbd. down iem. neerschieten

gunboat znw kanonneerboot

gun-case znw foedraal o v. geweer

gundog znw jachthond

gun-fire znw kanonvuur o; morgen-, avondschot o

gunge [gʌndʒ] znw gemeenz smurrie, derrie, kliederboel

gunman znw bandiet, gangster

gunnel ['gʌnl] znw = gunwale

gunner ['gʌnə] znw mil artillerist, kanonnier; schutter; scheepv konstabel

gunnery znw ballistiek; kanonvuur o

gunny ['gʌni] znw gonje, jute; jutezak

gunpoint ['gʌnpɔint] znw: at ~ onder bedreiging met een vuurwapen

gunpowder ['gʌnpaudə] znw (bus)kruit o

gun-runner znw wapensmokkelaar

gun-running znw wapensmokkelarij

gunshot znw geweer-, kanonschot o; schootsafstand

gunsmith znw geweermaker

gunwale ['gʌnl] znw dolboord o & m

gurgle ['gəːgl] **I** onoverg klokken [als uit een fles]; murmelen; kirren [v. kind]; **II** znw geklok o; gemurmel o; gekir o [v. kind]

guru ['guːru, gu'ruː] znw goeroe, leermeester

gush [gʌʃ] **I** onoverg gutsen, (uit)stromen; aanstellerig sentimenteel doen, dwepen (met about); **II** znw stroom, uitstroming, uitstorting, uitbarsting

gusher znw spuitende oliebron, spuiter; dweper, aansteller

gushing bn overvloeiend[2]; fig overdreven, sentimenteel, dwepend

gusset ['gʌsit] znw geer, okselstuk o, (drie-

hoekig) inzetsel o

gust [gʌst] **I** znw vlaag[2]; windvlaag; **II** onoverg met vlagen waaien

gusto ['gʌstou] znw smaak, genot o, animo

gusty ['gʌsti] bn winderig, stormachtig; enthousiast

gut [gʌt] **I** znw darm; ~s ingewanden; gemeenz buik; gemeenz durf, lef o & m; have sbd.'s ~s for garters gemeenz iem. op zijn sodemieter geven; **II** overg uithalen, schoonmaken; leeghalen [een huis]; uitbranden [bij brand]; plunderen

gutless bn gemeenz futloos, laf

gutsy ['gʌtsi] bn gemeenz met pit, gedurfd; moedig

gutter ['gʌtə] **I** znw goot, geul; dakgoot; fig bittere armoede; **II** onoverg druipen [v. kaars]

gutter press znw schandaalpers

guttural ['gʌtərəl] **I** bn gutturaal, keel-; **II** znw keelklank, gutturaal

guv('nor) ['gʌv(nə)] znw slang chef, baas; ouwe heer

1 guy [gai] znw borgtouw o; scheerlijn [v. tent]

2 guy [gai] **I** znw gemeenz vent, kerel, knaap, jongen; **II** overg voor het lapje houden; travesteren [op het toneel]

Guyana [gai'ænə, gi'aːnə] znw Guyana o

guzzle ['gʌzl] overg & onoverg zuipen, brassen; (op)schrokken

guzzler znw zuiplap, brasser; schrokker

gybe [dʒaib] onoverg & overg scheepv (doen) gijpen

gym [dʒim] znw gemeenz gymnastiek(zaal); ~ slip Br overgooier, tuniek o [deel van het schooluniform van meisjes]

gymkhana [dʒim'kaːnə] znw gymkana, hindernisrace [vooral voor paarden]; sportterrein o

gymnasium [dʒim'neizjəm] znw (mv: -s of gymnasia) gymnastiekschool, -zaal; [buiten Engeland] gymnasium o

gymnast ['dʒimnæst] znw gymnast(e), turn(st)er

gymnastic [dʒim'næstik] **I** bn gymnastisch; gymnastiek-; **II** znw: ~s gymnastiek

gynaecologist, Am **gynecologist** [gaini'kɔlədʒist] znw gynaecoloog, vrouwenarts

gynaecology, Am **gynecology** znw gynaecologie

gyp [dʒip] znw onderw (studenten-) oppasser; give (someone) ~ slang (iem.) op z'n donder geven, pijn doen

gypsum ['dʒipsəm] znw gips o

gypsy znw = gipsy

gyrate ['dʒaiəreit] onoverg (rond)draaien

gyration [dʒaiə'reiʃən] znw ronddraaiing, omwenteling, kringloop

gyratory ['dʒaiərətəri] bn draaiend, draai-

gyroscope ['dʒaiərəskoup] znw gyroscoop

H

h [eitʃ] *znw* (de letter) h

ha [ha:] *tsw* ha!

habeas corpus ['heibjəs'kɔ:pəs] recht: (writ of) ~ bevelschrift o tot voorleiding van een gevangene

haberdasher ['hæbədæʃə] *znw* winkelier in fournituren; Am verkoper van herenkleding

haberdashery *znw* garen- en bandwinkel; fournituren; Am herenmodezaak

habit ['hæbit] *znw* gewoonte, hebbelijkheid, aanwensel o, habitus; verslaving; gesteldheid; habijt o, pij, dracht; *have a* ~ slang verslaafd zijn; *kick the* ~ afkicken; ophouden met roken, drinken &

habitable ['hæbitəbl] *bn* bewoonbaar

habitat *znw* verblijf-, vind-, groeiplaats [v. dier of plant]

habitation [hæbi'teiʃən] *znw* bewoning; woning, woonplaats

habitual [hə'bitjuəl] *bn* gewoon; gewoonte-

habituate *overg* wennen (aan *to*)

hack [hæk] **I** *znw* houw, snede, keep; droge kuch; huurpaard o, knol; broodschrijver; loonslaaf; **II** *bn* huur-; ~ *writer* broodschrijver; **III** *overg* 1 hakken, houwen, japen, kerven, inkepen; 2 voortdurend achter de computer zitten, een computerfreak zijn; 3 computers kraken; ~ *one's way through* zich worstelen door; *I can't* ~ *it* Am 1 het lukt me niet; 2 ik kan er niet tegen; **IV** *onoverg* erop inhakken (ook: ~ *at*); (droog) kuchen; paardrijden

hacker [hækə] *znw* computerkraker; computerfanaat

hackle ['hækl] *znw* (vlas)hekel; (hanen)veer, kunstvlieg (met veer); ~*s* nkveren, kraag; nekharen²; *my* ~*s rose at the very idea* het idee alleen al maakte mij razend

hackney cab ['hækni kæb], **hackney carriage** *znw* huurrijtuig o, taxi

hackneyed *bn* afgezaagd, banaal

hacksaw ['hæksɔ:] *znw* ijzer-, metaalzaag

had [hæd] V.T. & V.D. van *have*

haddock ['hædək] *znw* (*mv* idem of -s) schelvis

haemoglobin [hi:mə'gloubin] *znw* hemoglobine

haemophilia,   Am **hemophilia** [hi:mou'filiə] *znw* hemofilie; bloederziekte

haemophiliac [hi:mə'filiæk] *znw* hemofiliepatiënt, bloeder

haemorrhage, Am **hemorrage** ['hemərid3] *znw* bloeding

haemorrhoids,   Am **hemorrhoids** ['hemərɔidz] *znw* aambeien

haft [ha:ft] *znw* heft o, handvat o

hag [hæg] *znw* heks²; toverkol

haggard ['hægəd] *bn* verwilderd; uitgeput, afgetobd; mager

haggis ['hægis] *znw* haggis (Schots nationaal gerecht o van hart, longen en lever van het schaap)

haggle ['hægl] **I** *onoverg* knibbelen, kibbelen, pingelen, (af)dingen; **II** *znw* gekibbel o

hagiography [hægi'ɔgrəfi] *znw* hagiografie

hagridden ['hægridn] *bn* (als) door een nachtmerrie gekweld

Hague (The) [ðə'heig] **I** *znw* Den Haag o; **II** *bn* Haags

hail [heil] **I** *znw* 1 hagel; 2 (aan)roep; *within (out of)* ~ binnen (buiten) gehoorsafstand; **II** *onoverg* 1 hagelen; 2: ~ *from* komen van, afkomstig zijn van; **III** *overg* 1 doen neerdalen; 2 aanroepen, scheepv praaien; begroeten (als *as*); **IV** *tsw* heil (u); *H*~ *Mary* RK wees gegroet, Maria

hail-fellow-well-met I *bn* (overdreven) familiair, (te) amicaal; **II** *znw* ouwe-jongens-krentenbrood o

hailstone *znw* hagelsteen, -korrel

hailstorm *znw* hagelbui, hagelslag

hair [hεə] *znw* haar o; haartje o; haren; *get in sbd.'s* ~ iem. op de zenuwen werken; *keep your* ~ *on* gemeenz maak je niet dik; *let one's* ~ *down* gemeenz een ongedwongen houding aannemen, loskomen; *not turn a* ~ geen spier vertrekken; *split* ~*s* haarkloven, muggenziften; *to a* ~ op een haar, haarfijn

hairbreadth, **hair's breadth** *znw* haarbreed o; *not by a* ~ geen haarbreed; *by a* ~ op het nippertje

hairbrush *znw* haarborstel

haircloth *znw* haren stof; haren kleed o, boetekleed o

haircut *znw* knippen o; coupe

hairdo *znw* kapsel o, coiffure, frisuur

hairdresser *znw* kapper, coiffeur

hairdryer *znw* haardroger

hairgrip *znw* haarspeld

hairless *bn* onbehaard, kaal

hairline *znw* ophaal [bij het schrijven]; haargrens [v. voorhoofdshaar]; haarlijntje o; ~ *crack* haarscheurtje o

hairnet *znw* haarnetje o

hairpiece *znw* haarstukje o

hairpin *znw* haarspeld; ~ *bend* haarspeldbocht

hair-raising *bn* waarvan je de haren te berge rijzen

hair-slide *znw* haarspeld

hair-splitting I *bn* haarklovend; **II** *znw* haarkloverij

hair-style *znw* coiffure, kapsel o

hair stylist *znw* kapper

hairy *bn* harig, behaard; gemeenz gevaarlijk, angstaanjagend

Haiti ['heiti] *znw* Haïti o

hake [heik] *znw* soort kabeljauw

halberd ['hælbəd] *znw* hellebaard

halcyon ['hælsiən] **I** *znw* halcyon, ijsvogel; **II** *bn* vredig, stil, kalm, rustig; *the* ~ *days* de gelukkige tijden van toen

hale [heil] *bn* fris, gezond, kloek, flink; ~ *and hearty* fris en gezond, kras

half [ha:f] **I** *bn* half; **II** *bijw* half, halverwege; ~ *as much (many) again* anderhalf maal zoveel; ~ *past (five)* half (zes); *not* ~! gemeenz en of!, en niet zuinig ook!; *not* ~

bad gemeenz nog zo kwaad niet, lang niet slecht; *not ~ angry* gemeenz razend; *I ~ think* ik ben geneigd te denken; **III** *znw (mv:* halves) helft, half; speelhelft; kaartje *o* voor half geld; semester *o*, halfback; kwart liter; *better (other) ~* schertsend wederhelft; *go halves* samen delen; *too ... by ~* al te ...

half-baked *bn* halfbakken; halfgaar[2], dom

half board *znw* halfpension *o*

half-breed *znw & bn* halfbloed[2]

half-brother *znw* halfbroer

half-caste *znw & bn* halfbloed

half cock *znw: go off at ~* mislukken, de mist ingaan (door overijld handelen)

half-day *znw* vrije middag

half-hearted *bn* niet van harte, lauw, half-slachtig, weifelend

half holiday *znw* vrije middag

half-hourly *bn bijw* om het halve uur, half-uur

half-length *znw* portret 'te halven lijve' (*~ picture*)

half-life *znw* halveringstijd

half-light *znw* schemering

half-mast *znw: at ~* halfstok

half-moon *znw* halvemaan

half-pay I *znw* non-activiteitstraktement *o*, wachtgeld *o*; **II** *bn op* non-activiteit

halfpenny ['heipni] *znw* vroeger halve penny

half-sister *znw* halfzuster

half-term *znw* Br korte (school)vakantie

half-timbered *bn: ~ house* vakwerkhuis *o*

half-time I *znw* halftime *o & m*: rust; **II** *bn bijw* voor de halve tijd

halftone *znw* halftint; Am muz halve toon

halfway *bijw* halfweg, halverwege; tussenstation *o; meet sbd. ~* **1** iem. halverwege tegemoet komen; **2** een compromis sluiten met iem.

half-wit *znw* imbeciel, halve gare

halfwitted *bn* niet goed bij zijn hoofd, zwakzinnig, idioot

half-yearly *bn* halfjaarlijks

halibut ['hælibət] *znw (mv* idem *of* -s) heilbot

hall [hɔːl] *znw* hal; vestibule; zaal; onderw eetzaal; slot *o*, huizing; gildehuis *o*; stadhuis *o*; college *o*

hallmark ['hɔːlmɑːk] I *znw* stempel[2] *o & m*, keur [v. essayeurs], waarmerk *o*; **II** *overg* stempelen[2], waarmerken

hallo ['hɔ'lou, hæ'lou] *tsw* hela!; hé!; hallo!; *say ~ to sbd.* iem. dag zeggen, iem. (be-)groeten

halloo [hə'luː] I *tsw & znw* hallo, hei, ho, hola; geroep *o*, geschreeuw *o*; **II** *onoverg* hallo schreeuwen, roepen; **III** *overg* aanhitsen

hallow ['hælou] *overg* heiligen, wijden; *~ed* gewijd[2]

Hallowe'en ['hælou'iːn] *znw* vooravond van Allerheiligen

hallstand *znw* kapstok en paraplustandaard

hallucination [həl(j)uːsi'neiʃən] *znw* hallucinatie

hallucinatory [həl'(j)uːsinətəri] *bn* halluci-

natorisch

hallucinogenic [həl(j)uːsinə'dʒenik] *bn* hallucinogeen, geestverruimend

hallway ['hɔːlwei] *znw* hal, portaal *o*, vestibule

halo ['heilou] I *znw (mv:* -loes) halo: lichtkring om zon of maan; stralenkrans; **II** *overg* met een halo (stralenkrans) omgeven

halogen ['hælədʒen] *znw* chem halogeen *o*

halt [hɔːlt] I *tsw* halt!; **II** *znw* halt, stilstand; halte; *call a ~* halt (laten) houden; **III** *onoverg (& overg)* halt (laten) houden, stoppen

halter ['hɔːltə] I *znw* halster; strop; **II** *overg* een touw of strop om de hals doen[2]

halterneck dress ['hɔːltənek dres] *znw* halterjurk

halting ['hɔːltiŋ] *bn* weifelend, stamelend; *~ly* met horten en stoten

halve [hɑːv] *overg* halveren, in tweeën delen

ham [hæm] I *znw* dij, bil; ham; gemeenz slecht acteur (actrice) (ook: *~ actor*); radioamateur; **II** *overg & onoverg* overacteren, zich aanstellen (ook: *~ up*)

hamburger ['hæmbəːgə] *znw* hamburger

ham-fisted ['hæm'fistid] *bn* onhandig, ruw

hamlet ['hæmlit] *znw* gehucht *o*

hammer ['hæmə] I *znw* hamer (ook als gehoorsbeentje); haan [v. geweer]; *~ and tongs* uit alle macht; **II** *onoverg* hameren; *~ (away) at* erop los hameren, beuken op; ploeteren aan; **III** *overg* (uit)hameren; fig kraken, de grond in boren; compleet verslaan, inmaken; *~ out* verzinnen; uitwerken

hammock ['hæmɔk] *znw* hangmat

hamper ['hæmpə] I *znw* dekselmand, picknickmand; *Christmas ~* kerstpakket *o*; **II** *overg* bemoeilijken, belemmeren, verstrikken

hamster ['hæmstə] *znw* hamster

hamstring ['hæmstriŋ] I *znw* kniepees; **II** *overg* fig verlammen

hand [hænd] I *znw* hand° (ook: handbreed *o*; handschrift *o*; handtekening; handvol en vijf stuks); (voor)poot [van dieren]; wijzer [v. uurwerk]; arbeider, scheepv man; kaartsp speler, spel *o*, kaart; (maat van) 4 inches; kam [bananen]; *all ~s* scheepv alle hens; *a big ~ for* gemeenz een hartelijk applaus *o* voor; *be a poor (great) ~ at* slecht (goed) zijn in, geen bolleboos zijn in; *wait upon sbd. ~ and foot* iem. op zijn wenken bedienen; *be ~ in glove with sbd.* dikke vrienden zijn met iem.; *get one's ~ in* de slag van iets (weer) beetkrijgen; *lay ~s on* beslag leggen op; te pakken krijgen; vinden; *change ~s* in andere handen overgaan; *show one's ~* de kaarten openleggen, zich blootgeven; *with one ~ tied behind one's back* fig met de hand, op zijn sloffen; *at the ~s of* door toedoen van, van de kant van; *by ~* met de hand (gemaakt); met de fles (grootbrengen); *bite the ~ that feeds one* stank voor dank geven; *force sbd.'s ~* fig iem. het mes op de

keel zetten; *know sth. like the back of one's* ~ iets kennen als zijn broekzak; *turn one's* ~ *to [painting &]* met [schilderen &] beginnen; *from* ~ *to mouth* van de hand in de tand; *the matter in* ~ in voorbereiding, onder handen, de zaak in kwestie; *take it in* ~ het aanpakken; het op zich nemen; *take sbd. in* ~ iem. flink aanpakken; *carry one's life in one's* ~s voortdurend zijn leven wagen; *take one's life in one's* ~s zijn leven wagen; *off* ~ zo uit het blote hoofd; *be on* ~ aanwezig zijn, voorradig zijn, ter beschikking zijn (staan); *on all* ~s van (aan) alle kanten[2]; *on either* ~ van (aan) beide zijden (kanten); *on the one* ~ aan de ene kant; *on the other* ~ aan de andere kant, anderzijds, daarentegen; *out of* ~ op staande voet; *get out of* ~ ongezeglijk worden; moeilijk (niet meer) te regeren zijn; uit de hand lopen [conflict]; *make money* ~ *over fist* gouden zaken doen; *ready (made) to your* ~ kant en klaar voor u; ~ *to* ~ mil man tegen man; *with all* ~s *(on board)* scheepv met man en muis; *with folded* ~s ook: fig met de handen in de schoot; *with a high (heavy)* ~ uit de hoogte, aanmatigend; eigenmachtig, autoritair; II *overg* ter hand stellen, overhandigen, aan-, overreiken, aan-, afgeven; ~ *down* (van boven) aanreiken; overleveren; overerven; ~ *down a verdict* Am een vonnis wijzen; ~ *in* inleveren, afgeven, aanbieden; ~ *on* doorgeven; ~ *out* aan-, afgeven; uitdelen; ~ *over in*-, afleveren, overhandigen afgeven, uitreiken; fig afstaan, overdragen, overmaken, -leveren; de leiding (het bestuur, de zaak &) overdragen; *I must* ~ *it to him, he was decent* gemeenz dat moet ik hem nageven; hij was fatsoenlijk; *you've got to* ~ *it to him* gemeenz ik neem mijn petje voor hem af
hand-bag *znw* handtas, handtasje o
handball *znw* handbal o; [bij voetbal] hands
handbill *znw* (strooi)biljet o
handbook *znw* leerboek o, inleiding, handboek o; gids
handbrake *znw* handrem
handcart *znw* handkar
handcuff I *znw* handboei; II *overg* de handboeien aanleggen, boeien
handful *znw* handvol; gemeenz lastig persoon, ding o &
handgun *znw* handvuurwapen o
handhold *znw* houvast o
handicap ['hændikæp] I *znw* handicap; fig hindernis, belemmering; nadeel o; II *bn* sp met voorgift; III *overg* handicappen; fig in minder gunstige positie brengen, belemmeren; *mentally* ~*ped* geestelijk gehandicapt
handicraft ['hændikra:ft] *znw* ambacht o, handwerk o, handenarbeid
handiwork *znw* werk o (van de handen); handwerk o
handkerchief ['hæŋkətʃi(:)f] *znw* (*mv*: -s of -chieves) zakdoek, (neus)doek
handle ['hændl] I *znw* handvat o, heft o, hengsel o, (hand)greep, techn hendel o &

m, steel, kruk, zwengel, gevest o, oor o; stuur o; (deur)knop, -kruk; slang (bij-) naam, pseudoniem o; *have a* ~ *to one's name* een titel voor (achter) zijn naam hebben; *fly off the* ~ gemeenz opstuiven; II *overg* betasten, bevoelen, hanteren; aanvatten, aanpakken[2]; behandelen, onder handen nemen, omgaan (omspringen) met; verwerken [het verkeer &]
handlebar(s) *znw* stuur o [v. fiets]; *dropped* ~ omgekeerd stuur o
handler *znw* hondengeleider (ook: *dog* ~)
handling *znw* behandeling, hantering; verzending (v. goederen); voetbal hands
hand-made ['hænd'meid] *bn* uit (met) de hand gemaakt, handwerk; geschept [papier]
handmaid(en) *znw* vero dienstmaagd; fig dienares
hand-me-down *znw* Am gemeenz afdankertje o, afleggertje o
handout *znw* persbericht o; hand-out [korte samenvatting v. lezing &]; gift, aalmoes
handrail *znw* leuning
handshake ['hændʃeik] *znw* handdruk
handsome ['hænsəm] *bn* mooi, fraai, knap, nobel, royaal, mild; aardig, flink; ~ *is that* ~ *does* men moet niet op het uiterlijk afgaan
handstand *znw* handstand [gymnastiek]
handwork *znw* handenarbeid
handwriting *znw* handschrift o; ~ *expert* grafoloog, schriftkundige
handwritten *bn* met de hand geschreven
handy *bn* eig bij de hand; handig°; ~ *with* goed kunnende gebruiken; zie ook: *come*
handyman *znw* factotum o & m; knutselaar
1 hang* [hæŋ] I *overg* (op)hangen, behangen°; laten besterven [vlees]; ~ *fire* mil nabranden [v. patroon]; fig niet opschieten; aarzelen; geen opgang maken; ~ *up* ophangen; fig aan de kapstok hangen; op de lange baan schuiven; II *onoverg* (af-) hangen; zweven; traineren [v. proces]; ~ *about!* gemeenz wacht even!; ~ *about (around)* rondlummelen; wachten; ~ *back* niet vooruit willen; achterblijven; fig aarzelen, terugkrabbelen; ~ *on* [met klemtoon] wachten, blijven (hangen), zich vastklemmen (ook: ~ *on to*); volhouden; ~ *on!* wacht even!, een ogenblikje!; ~ *out* uithangen; *let it all* ~ *out* slang uit zijn bol gaan, zich uitleven; ~ *loose* Am slang zich niet druk maken, relaxen; ~ *up* telec ophangen, het gesprek afbreken (met on); *be hung up* opgehouden zijn; gemeenz geobsedeerd zijn (door on), verslingerd zijn (aan on)
2 hang* I *overg* ophangen [als straf]; II *onoverg* opgehangen zijn (worden); ~ *it!* gemeenz verdorie!; ~ *the expense!* wat kunnen mij de kosten schelen!
3 hang *znw* hangen o; (steile) helling; fig (in-) richting; slag; *I don't give (care) a* ~ gemeenz het kan me geen fluit schelen; *get the* ~ *of it* gemeenz de slag ervan beetkrijgen; erachter komen
hangar ['hæŋə] *znw* hangar, (vliegtuig-)

loods

hangdog ['hæŋdɔg] *bn:* ~ *look* schuldige blik, armezondaarsgezicht o

hanger ['hæŋə] *znw* hanger; haak; hartsvanger

hanger-on ['hæŋə'rɔn] *znw* (*mv:* hangers-on) *fig* parasiet

hang-glider ['hæŋglaidə] *znw* deltavlieger, hangglider

hanging ['hæŋɪŋ] **I** *znw* ophanging, hangen o; ~s draperie(ën), behang(sel) o; **II** *bn* (af-) hangend, hang-; *a* ~ *affair* (*matter*) een halszaak, -misdaad

hangman *znw* beul

hang-out *znw* slang verblijf o, hol o, trefpunt o

hang-over *znw* gemeenz kater; overblijfsel o

hang-up *znw* gemeenz obsessie

hank [hæŋk] *znw* streng [garen]

hanker ['hæŋkə] *onoverg* (vurig) verlangen, hunkeren, haken (naar *after, for*)

hankering *znw* vurig verlangen o

hanky ['hæŋki] *znw* gemeenz zakdoek

hanky-panky ['hæŋki'pæŋki] *znw* gemeenz hocus-pocus, trucs, knoeierij, kunsten; gefoezel o, geflikflooi o

hansom(cab) ['hænsəm ('kæb)] *znw* hansom: tweewielig huurrijtuig o

haphazard [hæp'hæzəd] *bn bijw* op goed geluk, lukraak, toevallig; wanordelijk

hapless ['hæplɪs] *bn* ongelukkig

happen ['hæpn] *onoverg* (toevallig, vanzelf) gebeuren, plaatsgrijpen, voorvallen; ~ *along* gemeenz toevallig (langs)komen; ~ *to* overkomen [iem.], gebeuren met [iets]; *I* ~*ed to see him* toevallig zag ik hem; *it so* ~*s that...* het toeval wil dat...

happening *znw* gebeurtenis; happening

happiness ['hæpinis] *znw* geluk o, blijheid, tevredenheid

happy *bn* gelukkig[2], blij, tevreden; *I shall be* ~ *to...* ik zal graAG...; *(strike) a* ~ *medium* de gulden middenweg (bewandelen)

happy-go-lucky *bn* zorgeloos

harangue [hə'ræŋ] **I** *znw* heftige of hoogdravende rede, toespraak; **II** *overg* (heftig en ernstig) toespreken

harass ['hærəs] *overg* kwellen, teisteren, afmatten, bestoken

harassment ['hærəsmənt] *znw* kwelling; *sexual* ~ ongewenste intimiteiten

harbinger ['ha:bin(d)ʒə] *znw* (voor)bode, voorloper

harbour ['ha:bə] **I** *znw* haven[2], schuilplaats [v. hert]; **II** *overg* herbergen [ook: ongedierte &]; koesteren [gedachten]; **III** *onoverg* scheepv voor anker gaan

hard [ha:d] **I** *bn* hard°, zwaar, moeilijk; moeizaam; streng, hardvochtig; ~ *cash* klinkende munt; ~ *copy* comput afdruk op papier; ~ *disk* comput harde schijf; ~ *evidence* concrete bewijzen; ~ *facts* harde (naakte) feiten; ~ *feelings* wrok, rancune; ~ *labour* dwangarbeid; ~ *luck* pech; *a* ~ *and fast rule* een vaste (geen uitzondering of afwijking toelatende) regel; **II** *bijw* hard°; *drink* ~ zwaar drinken; *look* ~ *at*

streng, strak aankijken; ~ *of hearing* hardhorend; ~ *on* (*upon*) dichtbij; vlak op [iets volgen]; hard voor [iem.]; ~ *up* slecht bij kas; verlegen (om *for*); *feel* ~ *done by* zich slecht behandeld, belazerd voelen

hardback *znw* gebonden (boek o)

hardbitten *bn* taai [v. vechter]; verbeten

hard-boiled *bn* hardgekookt [ei]; gemeenz nuchter, hard, berekenend, doortrapt

hard-core I *bn* doorgewinterd; verstokt; aartsconservatief; hard [porno]; **II** *znw* steenslag; kern [v.e. partij]; harde porno

hard currency *znw* harde valuta

hard-earned *bn* zuurverdiend

harden I *overg* harden, hard (gevoelloos) maken, verharden; **II** *onoverg* hard worden, verharden; een vaste(re) vorm aannemen; handel vaster (hoger) worden; ~*ed* ook: verstokt

hard-headed *bn* nuchter, praktisch, onaandoenlijk

hard-hearted *bn* hardvochtig

hardihood ['ha:dihud] *znw* onversaagdheid, koenheid, stoutmoedigheid; onbeschaamdheid

hardliner ['ha:dlainə] *znw* voorstander van de harde lijn

hard-luck *bn:* ~ *story* hartverscheurend verhaal o [om medelijden & te wekken]

hardly ['ha:dli] *bijw* nauwelijks, ternauwernood, bijna niet; eigenlijk niet; wel niet; bezwaarlijk, kwalijk; ~ *ever* bijna nooit; ~... *when* nauwelijks... of

hard-nosed *bn* nuchter, zakelijk, realistisch

hard-on *znw* plat stijve, erectie

hard-pressed *bn: be* ~ *in* tijdnood zitten; geldgebrek hebben

hard sell *znw* agressieve verkoopmethode

hardship *znw* moeilijkheid, ongemak o; onbillijkheid; ontbering; tegenspoed

hardtop *znw* [auto] zonder open dak o

hardware *znw* ijzerwaren; comput hardware; techn apparatuur, bouwelementen; mil zware wapens

hard-wearing *bn* sterk, niet gauw slijtend, solide

hardwood *znw* hardhout o; plantk loofhout o

hardy ['ha:di] *bn* gehard; onversaagd, stout-(moedig), koen; flink; plantk winterhard

hare [hɛə] **I** *znw* (*mv idem of* -s) haas; ~ *and hounds* sp spoorzoekertje o; *run with the* ~ *and hunt with the hounds* beide partijen te vriend trachten te houden; **II** *onoverg* rennen; ~ *off* wegrennen

hare-brained *bn* onbesuisd

harelip *znw* hazenlip

harem ['hɛərəm] *znw* harem

haricot ['hærikou] *znw* snijboon (ook: ~ *bean*); ~ *mutton* ragout van schapenvlees

hark [ha:k] *onoverg* plechtig & schertsend luisteren; ~ *back* fig terug(gaan); fig terugdenken (aan to); teruggaan (tot to), terugkomen (op to)

harlequin ['ha:likwin] *znw* harlekijn, hansworst[2]

harlot ['ha:lət] *znw* hoer

harm [ha:m] **I** *znw* kwaad o, schade, nadeel

o; letsel o; *be out of* ~'s *way* zich op een veilige plaats bevinden; *no* ~ *done* geen man overboord; *he will come to no* ~ er zal hem niets overkomen; **II** *overg* kwaad doen, schaden, benadelen, deren, letsel toebrengen

harmful *bn* nadelig, schadelijk

harmless *bn* onschadelijk; ongevaarlijk; argeloos, zonder erg, onschuldig; onbeschadigd

harmonic [ha:'mɔnik] **I** *bn* harmonisch; **II** *znw*: ~s *muz* boventonen; [op viool] flageolettonen

harmonica [ha:'mɔnikə] *znw* mondharmonica

harmonious [ha:'mounjəs] *bn* harmonieus, welluidend; harmonisch; eendrachtig

harmonium [ha:'mounjəm] *znw* harmonium o

harmonize ['ha:mənaiz] **I** *onoverg* harmoniëren[2], overeenstemmen; **II** *overg* doen harmoniëren[2], in overeenstemming brengen; harmoniseren [v. muziek, lonen, prijzen]

harmony *znw* harmonie[2], overeenstemming, eensgezindheid

harness ['ha:nis] **I** *znw* (paarden)tuig o; gareel o; *vero* harnas o; *get back in(to)* ~ weer aan de slag gaan; **II** *overg* (op-) tuigen [paard], aanspannen; *fig* aanwenden, gebruiken (voor to)

harp [ha:p] **I** *znw muz* harp; **II** *onoverg* op de harp spelen; ~ *on (about) sth.* het steeds weer over iets hebben

harpist *znw* harpspeler, harpist(e), *plechtig* harpenaar

harpoon [ha:'pu:n] **I** *znw* harpoen; **II** *overg* harpoeneren

harpsichord ['ha:psikɔ:d] *znw* clavecimbel

harpy ['ha:pi] *znw* harpij[2]

harridan ['hæridən] *znw* oude feeks, tang

harrier ['hæriə] *znw* hond voor de lange jacht; *sp* deelnemer aan veldloop; *dierk* kiekendief; *fig* plunderaar

harrow ['hærou] **I** *znw* eg; **II** *overg* eggen; pijnigen, folteren; ~*ing* ook: aangrijpend, hartverscheurend

harry ['hæri] *overg* kwellen, teisteren, plunderen, aflopen, afstropen, verwoesten; bestoken, lastig vallen

harsh [ha:ʃ] *bn* hard[2], scherp[2], grof[2], ruw[2], wrang, stroef, krijsend; streng

hart [ha:t] *znw* (mannetjes)hert o

hartshorn ['ha:tshɔ:n] *znw* hertshoorn o & m

harum-scarum ['hɛərəm'skɛərəm] **I** *bn* wild, dol(zinnig), onbesuisd; **II** *znw* wildebras

harvest ['ha:vist] **I** *znw* oogst[2]; **II** *overg* oogsten, in-, opzamelen

harvester *znw* oogster; oogstmachine

harvest festival *znw* dankdienst voor het gewas

harvest home *znw* einde o van de oogst; oogstfeest o

has [hæz, (h)əz] derde pers. enk. T.T. v. *have*

has-been ['hæzbi:n] *znw gemeenz* wie heeft afgedaan

hash [hæʃ] **I** *overg* (fijn)hakken (ook: ~ *up*);

II *znw* **1** hachee *m & o*; **2** *fig* mengelmoes o & v; *gemeenz* (rommel)zootje o; **3** *gemeenz* hasj; **4** 'hekje' o [het teken #]; *make* a ~ *of it gemeenz* de boel verknoeien

hashish ['hæʃi:ʃ, 'hæʃiʃ] *znw* hasj(iesj)

hasp [ha:sp] *znw* klamp, klink, beugel; grendel

hassle ['hæsəl] **I** *overg* pesten, op de zenuwen werken (met woorden); **II** *znw* **1** gedoe o, heisa, beslommering; **2** ruzie

hassock ['hæsək] *znw* voet-, knielkussen o

haste [heist] *znw* haast, spoed; overijling; *more* ~, *less speed* haastige spoed is zelden goed

hasten ['heisn] **I** *onoverg* zich haasten (spoeden); **II** *overg* verhaasten, bespoedigen

hasty *bn* haastig; gehaast, overijld; driftig

hat [hæt] *znw* hoed; pet [stijf, decoratief]; kardinaalshoed[2]; *cocked* ~ steek; punthoed; *old* ~ *slang* ouwe koek; ~ *in hand* nederig, onderdanig; *pass round the* ~ rondgaan (voor geldinzameling), collecteren; *talk through one's* ~ als een kip zonder kop praten; *under one's* ~ *gemeenz* vertrouwelijk

hatband *znw* hoedenband, -lint o

hatch [hætʃ] **I** *znw* **1** broeden o, broedsel[2] o; **2** *scheepv* luik(gat) o; halve deur; *down the* ~*! gemeenz* proost!; **II** *overg* **1** uitbroeden[2]; **2** arceren; ~ *up* beramen, verzinnen; **III** *onoverg* broeden; uitkomen

hatchback ['hætʃbæk] *znw* vijfde deur [v. auto], hatchback; auto met vijfde deur

hatchery *znw* broedplaats [voor vis]

hatchet ['hætʃit] *znw* bijl; bijltje o; *do a* ~ *job on sbd.* iem. scherp bekritiseren; ~ *man* huurmoordenaar; *fig* iem. die vuile zaakjes voor anderen opknapt

hatchway ['hætʃwei] *znw scheepv* luikgat o

hate [heit] **I** *overg* haten, het land (een hekel) hebben aan; *I* ~ *to do it* ik doe het niet graag; **II** *znw* haat

hateful *bn* hatelijk; gehaat; afschuwelijk, akelig

hat-rack ['hætræk] *znw* kapstok

hatred ['heitrid] *znw* haat, vijandschap (tegen of)

hatter *znw* hoedenmaker, -verkoper; *as mad as a* ~ stapelgek

hattrick *znw sp* hattrick

hauberk ['hɔ:bə:k] *znw* maliënkolder

haughty ['hɔ:ti] *bn* hoogmoedig, hooghartig, trots; uit de hoogte, hautain

haul [hɔ:l] **I** *overg* trekken, slepen; vervoeren; halen; *scheepv* aanhalen, wenden; ~ *in scheepv* binnen boord halen; ~ *sbd. over the coals* iem. een uitbrander geven; **II** *onoverg* draaien [wind]; trekken [aan touw]; ~ *off scheepv* afhouden; ~ *to (upon) the wind scheepv* oploeven; **III** *znw* trek, haal; traject o, afstand, weg; vangst[2]; winst; buit

haulage *znw* (beroeps-, weg)vervoer o; vervoerprijs

haulier *znw* transportonderneming; (beroeps-, weg)vervoerder; vrachtwagenchauffeur

haunch [hɔ:n(t)ʃ] *znw* heup [v. dier], lende(stuk o); bout; dij [v. paard]

haunt [hɔ:nt] **I** *onoverg* bezoeken, zich ophouden, rondwaren in, om en bij; (steeds) vervolgen, kwellen [gedachten]; *a ~ed house* een spookhuis o; **II** *znw* (vaste) verblijfplaats, stek; stamkroeg; hol o, schuilplaats (v. dieren)

hauteur [ou'tə:] *znw* hooghartigheid

1 have* [hæv, (h)əv] *overg & onoverg* hebben, bezitten; houden; krijgen; nemen, gebruiken; te pakken hebben; kennen; *gemeenz* beetnemen; laten; *what will you ~ me do?* wat wilt u dat ik zal doen?; *I had to go* ik moest gaan; *I ~ it!* nu ben ik er!; *as the Bible has it* zoals in de Bijbel staat, zoals de Bijbel zegt (wil); *let him ~ it* hem ervanlangs geven; *~ had it gemeenz* voor de haaien zijn, er geweest zijn, geen kans meer hebben; *you ~ me there, there you ~ me* daar kan ik geen antwoord op geven; *I'm not having this* ik duld zoiets niet; *~ it away (off) with sbd.* slang met iem. naar bed gaan; *~ it in for gemeenz* het gemunt hebben op; iets hebben tegen; *~ it in one to...* tot... in staat zijn; *~ on* op-, om-, aanhebben; *~ money on one* geld bij zich hebben; *~ sbd. on gemeenz* iem. voor de gek houden; *~ it out with sbd.* iem. iets betaald zetten; *~ it out with sbd.* iem. zeggen waar het op staat, een zaak uitmaken; *~ up gemeenz* vóór laten komen; op het matje roepen; laten komen

2 have *znw: the ~s and the ~-nots* de armen en de rijken, de bezitters en de niet-bezitters

haven ['heivn] *znw* haven²; toevluchtsoord o

haver ['heivə] *onoverg* Schots onzin uitkramen

haversack ['hævəsæk] *znw* mil broodzak; knapzak

having ['hæviŋ] *znw* bezitting, have

havoc ['hævək] *znw* verwoesting; *make ~ of, wreak ~ in,* to vreselijk huishouden in, verwoesten, vernielen; *play ~ with* compleet in de war sturen

haw [hɔ:] **I** *znw* haagappel; haagdoorn; **II** *onoverg* zie: *hum*

Hawaiian [ha:'waiiən] **I** *znw* Hawaïaan; **II** *bn* Hawaïaans

hawk [hɔ:k] **I** *znw* havik, valk; fig haai; **II** *onoverg* **1** met valken jagen; **2** de keel schrapen; **III** *overg* (rond)venten, leuren met (ook: *~ about*); fig uitstrooien, verspreiden

hawker *znw* **1** venter, leurder, marskramer; **2** valkenier

hawse [hɔ:z] *znw* scheepv kluis

hawser *znw* scheepv kabel, tros

hawthorn ['hɔ:θɔ:n] *znw* meidoorn

hay [hei] *znw* hooi o; *hit the ~* slang gaan pitten, de koffer induiken; *make ~* hooien; *make ~ of* **1** ontzenuwen [argument]; **2** met de grond gelijk maken, compleet verslaan [tegenstander]; *make ~ while the sun shines* het ijzer smeden als het heet is

haycock *znw* hooiopper

hay fever *znw* hooikoorts

haymaker *znw* hooier, hooister

haymaking *znw* hooibouw, hooien o

hayrick, haystack *znw* hooiberg

hayseed ['heisi:d] *znw* Am fig boerenpummel

haywire *bn: be all ~, go ~ gemeenz* in de war zijn (raken); [machines &] kuren vertonen

hazard ['hæzəd] **I** *znw* (ongelukkig) toeval o; risico o, gevaar o; **II** *overg* wagen, in de waagschaal stellen, riskeren; durven maken (opperen &)

hazardous *bn* gevaarlijk, gewaagd, riskant

haze [heiz] **I** *znw* damp, nevel, waas o, wazigheid; **II** *overg* Am ontgroenen

hazel ['heizl] **I** *znw* hazelaar; **II** *bn* lichtbruin

hazel-nut *znw* hazelnoot

hazy ['heizi] *bn* dampig, wazig, heiig, nevelig; fig beneveld; vaag

he [hi:] **I** *pers vnw* hij; **II** *znw* man, mannetje o

head [hed] **I** *znw* hoofd° o, kop° [ook v. zweer, schip]; kruin, top, mil spits; helm [v. distilleerkolf]; krop [v. sla], stronk [v. andijvie, bloemkool]; gewei o; hoofdeinde o; scheepv voorsteven; manchet [= schuim op glas bier]; hoofdman, leider, chef, directeur, rector [v. college]; stuk o, stuks [vee]; beeldenaar [v. munt]; (hoofd)punt o [v. aanklacht &]; categorie, rubriek; bron, oorsprong; gemeenz hoofdpijn; *come to a ~* kritiek worden [situatie &]; *~s or tail(s)* kruis of munt; *I can't get my ~ round it gemeenz* ik begrijp er geen snars van; *he was given his ~ too freely* hij werd niet genoeg in toom gehouden; *~ first, ~ foremost* voorover; onbesuisd, hals over kop; *talk one's ~ off gemeenz* blijven (door-) praten, ratelen; *~ on* zie: *head-on*; *~ over heels* holderdebolder, hals over kop; tot over de oren; ondersteboven; *off his ~* niet goed bij zijn hoofd, gek; *out of his own ~* uit zijn (eigen) koker; *talk off the top of one's ~* zomaar, spontaan iets zeggen; *over the ~(s) of* te hoog gaand voor; over ... heen, met voorbijgaan van; boven het bevattingsvermogen van...; **II** *overg* aan het hoofd staan van; aanvoeren; zich aan de spits (het hoofd) stellen van; de eerste zijn van (onder); sturen, wenden; sp koppen [een bal]; toppen (*~ down*) [bomen]; *an article ~ed...* met het opschrift...; *~ off* de pas afsnijden; fig voorkomen, verhinderen; **III** *onoverg* plantk kroppen; *~ for (towards)* koers zetten naar, aansturen, -stevenen op, gaan naar

headache *znw* hoofdpijn; gemeenz probleem o, moeilijkheid, (kop)zorg, last

headband *znw* hoofdband

headboard *znw* plank aan het hoofdeinde [v. bed]

head-cold *znw* hoofdverkoudheid

headcount *znw* koppen tellen o

headdress *znw* hoofdtooi

header *znw* kopsteen; duik [bij kopje onder]; sp kopbal

head-gear *znw* hoofddeksel o; hoofdtooi;

hoofdstel o

head-hunter *znw* koppensneller; headhunter [bemiddelaar voor hoger personeel]

heading *znw* hoofd o, titel, opschrift o, rubriek

headlamp *znw* auto koplamp

headland *znw* voorgebergte o; kaap, landtong

headless *bn* zonder hoofd/kop

headlight *znw* koplicht o; scheepv mast-, toplicht o

headline *znw* hoofd o, opschrift o, kop, kopje o [in krant]; ~s ook: voornaamste nieuws o

headlong *bn bijw* met het hoofd vooruit, hals over kop; dol, blindelings; onstuimig, onbezonnen, roekeloos; steil

headman *znw* hoofdman, onderbaas, meesterknecht; stamhoofd o

headmaster *znw* onderw hoofd o van school; directeur; rector

headmistress *znw* onderw hoofd o van school; directrice; rectrix, rectrice

head-on *bn bijw* frontaal [tegen elkaar botsen]; ~ *collision* frontale botsing; fig felle botsing

headphone(s) *znw* koptelefoon

headquarters *znw* mil hoofdkwartier[2] o; stafkwartier o, staf; hoofdbureau o; handel hoofdkantoor o; hoofdzetel

headrest *znw* hoofdsteun

headroom *znw* vrije hoogte [v. boog &], doorvaarhoogte [v. brug], doorrijhoogte [v. viaduct]

headship *znw* directeurschap o &; leiding

headshrinker *znw* slang psychiater

headsman *znw* beul, scherprechter

headstand *znw*: *do a* ~ op zijn hoofd staan

head start *znw* voorsprong, goede uitgangspositie

headstone *znw* bouwk hoeksteen; (rechtopstaande) grafsteen

headstrong *bn* koppig, eigenzinnig

headway *znw* vaart, gang, vooruitgang; speling; *make* ~ opschieten, vorderen, om zich heen grijpen, zich uitbreiden

head wind *znw* tegenwind

headword *znw* hoofdwoord o, titelwoord o, lemma o

heady *bn* onstuimig, onbesuisd; koppig [v. wijn]; opwindend

heal [hi:l] I *overg* helen, genezen, gezond maken; II *onoverg* helen, genezen, beter worden; ~ *over (up)* toegroeien, dichtgaan [v. wond]; *the* ~*ing art* de geneeskunde

healer *znw* (gebeds)genezer (ook: *faith* ~)

health [helθ] *znw* gezondheid, welzijn o, heil o [van de ziel]; *your (good)* ~! (op uw) gezondheid!; *in good* ~ gezond

health centre *znw* consultatiebureau o, gezondheidscentrum o

healthfood *znw* reformartikelen

healthfood shop *znw* natuurvoedingswinkel

healthful *bn* gezond[2]

health resort *znw* herstellingsoord o, kuuroord o

healthy *bn* gezond°

heap [hi:p] I *znw* hoop, stapel; gemeenz boel, massa (ook: ~s); *struck all of a* ~ gemeenz verstomd, versteld, erg van streek; *in a* ~ op een kluitje; *at the top (bottom) of the* ~ fig boven (onder) aan de ladder; II *overg* ophopen, (op)stapelen; overladen

1 hear* [hiə] I *overg* horen; verhoren; overhoren; recht behandelen [zaak]; *I* ~ ook: ik heb vernomen; ~ *out* tot het eind toe aanhoren; II *onoverg* horen, luisteren

2 hear *tsw*: ~, ~! bravo!

hearer ['hiərə] *znw* (toe)hoorder(es)

hearing *znw* gehoor o; recht behandeling [van een zaak]; hoorzitting; muz auditie; *in (within) my* ~ zodat ik het horen kan/kon; *out of* ~ zie: *earshot*

hearing aid *znw* gehoorapparaat o

hearken ['ha:kn] *onoverg* plechtig luisteren

hearsay ['hiəsei] *znw* praatjes, geruchten; *by (from, on)* ~ van horen zeggen

hearse [hə:s] *znw* lijkwagen

heart [ha:t] *znw* hart° o; kern, binnenste o; moed; ~*(s)* kaartsp harten; ~ *of oak* standvastige, moedige man; *have a change of* ~ van mening veranderen; *my* ~ *was in my mouth* het hart klopte mij in de keel; *cross my* ~ *and hope to die* met de hand op mijn hart; *have a* ~! strijk eens over je hart!; *set one's* ~ *on* zijn zinnen zetten op; *take* ~ moed vatten; *two* ~*s that beat as one* twee handen op één buik; *to one's* ~*'s content* naar hartenlust; *at* ~ in zijn hart; *in the ground* [van zijn hart]; *have sth. at* ~ zich (veel) aan iets gelegen laten zijn; *know, learn by* ~ van buiten kennen, leren; *in his* ~ *of* ~*s* in de grond (het diepst) van zijn hart; *take it (heavily) to* ~ zich het (erg) aantrekken; *he wears his* ~ *on his sleeve* het hart ligt hem op de tong

heartache *znw* hartzeer o, hartenleed o

heart attack *znw* hartaanval

heartbeat *znw* hartslag

heartbreak *znw* zielensmart

heart-breaking *bn* hartbrekend, hartverscheurend; gemeenz vermoeiend, vervelend

heart-broken *bn* gebroken (door smart)

heart-burn *znw* zuur o in de maag

heart-burning *znw* verbittering; rancune; spijt; jaloezie

hearten I *overg* bemoedigen; II *onoverg* moed scheppen (ook: ~ *up*)

heartfelt *bn* diepgevoeld, oprecht, innig

hearth [ha:θ] *znw* haard, haardstede

hearthrug *znw* haardkleedje o

heartland ['ha:tlænd] *znw* centrum o, hart o, kern [v.e. gebied]

heartless *bn* harteloos

heart-rending *bn* hartverscheurend

heartstrings *znw* (koorden van het) hart o; *touch (tug, pull at) sbd.'s* ~ een gevoelige snaar bij iem. raken

heart-throb *znw* hartslag; gemeenz ster, idool o, hartenbreker

heart-to-heart I *bn* (open)hartig, intiem; II *znw*: *have a* ~ gemeenz een openhartig gesprek hebben

heart-warming *bn* hartveroverend

heart-whole *bn* onverschrokken; vrij, niet verliefd; gemeend, oprecht [v. sympathie]

hearty hartelijk; hartgrondig; hartig; flink; gezond

heat [hi:t] **I** *znw* hitte, warmte², gloed², *fig* vuur o, heftigheid; *sp* manche, loop; bronst [v. vrouwtjesdier]; *in (on)* ~ bronstig, krols, loops; **II** *overg* heet (warm) maken, verhitten, verwarmen (ook: ~ *up*); opwinden; ~ *up* ook: opwarmen; **III** *onoverg* heet (warm) worden of lopen (ook: ~ *up*)

heated *bn* heftig, verhit

heater *znw* verwarmingstoestel o, verwarmer, (straal)kachel; geiser; boiler, heetwatertoestel o; bout [in strijkijzer]; *techn* voorwarmer

heath [hi:θ] *znw* heide; plantk erica, dopheide

heathen ['hi:ðən] **I** *znw* heiden; **II** *bn* heidens

heathenish *bn* heidens

heather ['heðə] *znw* heidekruid o, heide

heating ['hi:tiŋ] *znw* verhitting, verwarming; *central* ~ centrale verwarming

heat-stroke *znw* bevangen worden o door de hitte; zonnesteek

heat-wave *znw* hittegolf

1 heave* [hi:v] **I** *overg* opheffen, (op)tillen, (op)hijsen, ophalen; scheepv lichten, hieuwen; gooien; doen zwellen; ~ *a sigh* een zucht slaken; ~ *down* scheepv krengen, kielen; ~ *to* scheepv bijdraaien; **II** *onoverg* rijzen, zich verheffen, op en neer gaan, deinen; (op)zwellen; kokhalzen; ~ *at* trekken aan; ~ *in sight (into view)* in het gezicht komen

2 heave *znw* rijzing; deining, (op)zwelling; zwoegen o

heaven ['hevn] *znw* ook: ~s hemel; *for* ~'s *sake* in hemelsnaam; ~ *knows!* Joost mag het weten!; *smell (stink) to high* ~ gemeenz uren in de wind stinken

heavenly *bn bijw* hemels, goddelijk; zalig, heerlijk

heaven-sent *bn bijw* (als) door de hemel gezonden

heavy ['hevi] **I** *bn* zwaar, zwaarmoedig; dik, drukkend [lucht]; loom, traag; zwaar op de hand; dom; saai; hevig; gemeenz 'heavy'; druk [verkeer, schema]; platvloers [humor]; ~ *type* vette letter; *be* ~ *on* kwistig zijn met; **II** *bijw* zwaar; **III** *znw* zwaargewicht o; gemeenz zware jongen; bodyguard

heavy-duty *bn* ijzersterk [tapijt &]; voor zwaar (industrieel) gebruik

heavy-handed *bn* plomp, onbehouwen, tactloos

heavy-hearted *bn* moedeloos, terneergeslagen

heavy-laden *bn* zwaarbeladen; *fig* bedrukt, bezwaard

heavy metal *znw* **1** zwaar geschut o, zware wapens; **2** zwaar metaal o; **3** *muz* heavy metal

heavy-set *bn* Am zwaargebouwd

heavyweight *znw* *sp* zwaargewicht o; *fig* kopstuk o

Hebraic [hi'breiik] *bn* Hebreeuws

Hebrew ['hi:bru:] **I** *znw* Hebreeuws o; Hebreeër; **II** *bn* Hebreeuws

heck [hek] *tsw* gemeenz = hell

heckle ['hekl] *overg* (sprekers of verkiezingskandidaten) almaar in de rede vallen en lastige vragen stellen

heckler ['heklə] *znw* iem. die lastige vragen stelt [bij politieke bijeenkomsten &]

hectare ['hekta:] *znw* hectare

hectic ['hektik] *bn fig* koortsachtig, dol, opwindend, jachtig, hectisch; *med* hectisch; teringachtig, tering-

hector ['hektə] **I** *overg* donderen; **II** *onoverg* donderen, snoeven

he'd [hi:d] = *he had* of *he would*

hedge [hedʒ] **I** *znw* heg, haag; *fig* waarborg; **II** *overg* omheinen, insluiten (ook: ~ *in*), afsluiten (ook: ~ *off*); *to* ~ *one's bets fig* op twee paarden wedden; **III** *onoverg* zich gedekt houden, een slag om de arm houden, zich indekken; om de zaken heendraaien

hedgehog *znw* egel; *mil* egelstelling; *fig* prikkelbaar persoon

hedgehop *onoverg* luchtv gemeenz laag vliegen

hedgerow *znw* haag

hedonism ['hi:dənizm] *znw* hedonisme o

hedonistic [hi:də'nistik] *bn* hedonistisch

heebie-jeebies ['hi:bi'dʒi:biz] *znw mv: the* ~ gemeenz de zenuwen [hebben]

heed [hi:d] **I** *overg* acht slaan op, letten op; **II** *znw* opmerkzaamheid, oplettendheid; *give, pay (no)* ~ *to, take (no)* ~ *of* (geen) acht slaan op; *take* ~ oppassen, zich in acht nemen

heedless *bn* onachtzaam, zorgeloos; ~ *of* niet lettend op, niet gevend om

hee-haw ['hi:'hɔ:] **I** *tsw* ia (van een ezel); **II** *onoverg* iaën

heel [hi:l] **I** *znw* hiel, hak; muis [v. hand]; korstje o [v. brood]; uiteinde o; gemeenz slampamper; *take to one's* ~s het hazenpad kiezen; zie ook: *cool II, down II; bring to* ~ doen gehoorzamen, klein krijgen; *come to* ~ gedwee volgen; *drag one's* ~s trainen, opzettelijk treuzelen; **II** *onoverg* scheepv slagzij maken (ook: ~ *over*)

heel-tap ['hi:ltæp] *znw* hakstuk o [v. schoen]; restje o [in glas]

hefty ['hefti] *bn* fors, potig; fiks

hegemony [hi(:)'geməni, 'hedʒiməni, 'hegiməni] *znw* hegemonie o

heifer ['hefə] *znw* vaars

height [hait] *znw* hoogte, verhevenheid; hoogtepunt o; toppunt o; lengte, grootte

heighten *overg* verhogen²; versterken

heinous ['heinəs] *bn* snood, gruwelijk, weerzinwekkend

heir [εə] *znw* erfgenaam; ~ *apparent* rechtmatige (troon)opvolger; erfgenaam bij versterf; ~*-at-law* wettige erfgenaam

heiress *znw* erfgename; erfdochter

heirloom *znw* erfstuk o

held [held] V.T. & V.D. van hold

helices ['helisi:z] *znw mv* v. helix

helicopter ['helikɔptə] *znw* helikopter, hefschroefvliegtuig o

heliport ['helipɔːt] *znw* helihaven

helium ['hiːljəm] *znw* helium o

helix ['hiːliks] *znw* (*mv*: -es *of* helices [-lisiːz]) schroeflijn, spiraal(lijn); rand van de oorschelp

hell [hel] *znw* hel; ~! *gemeenz* verrek!; *oh, what the* ~! *gemeenz* wat maakt 't uit?, wat geeft 't?; *give sbd.* ~ iem. het leven zuur maken; *ride* ~ *for leather* in dolle vaart rijden; *one* ~ *of a guy* een reuzekerel; *a* ~ *of a noise gemeenz* een hels kabaal o; *come* ~ *on high water* wat er ook gebeurt; *play (merry)* ~ *with* volledig in het honderd sturen; *there'll be* ~ *to pay* dan zul je de poppen aan 't dansen hebben; *like* ~ om de donder niet; *run (work) like* ~ rennen (werken) als een idioot; *for the* ~ *of it gemeenz* voor de lol

hell-bent *bn* wild, gebrand (op *for, on*)

hell-cat *znw* helleveeg, feeks, heks²

Hellenic [heˈliːnik] *bn* Helleens

hellish *bn* hels

hello [heˈlou] *tsw* = hallo

helluva [helə'və:] *bn bijw gemeenz* = a hell of a

helm [helm] *znw* 1 helmstok, roerpen, roer o; 2 *vero* helm; *be at the* ~ aan het roer staan²

helmet ['helmit] *znw* helm; helmhoed

helmsman ['helmzmən] *znw* roerganger

help [help] I *overg* helpen, bijstaan, hulp verlenen, ondersteunen; serveren, bedienen; *I could not* ~ *laughing* ik moest wel lachen; *it can't be* ~ed er is niets aan te doen; *don't be longer than you can* ~ dan nodig is; ~ *along* vooruit-, voorthelpen; ~ *on* bevorderen, voorthelpen; ~ *out* helpen, redden uit (een moeilijkheid); *so* ~ *me God* zo waarlijk helpe mij God (Almachtig)!; II *znw* hulp; bijstand, steun, uitkomst, gemak o; hulp in de huishouding (ook: *domestic* ~); (dienst)meisje o; *there is no* ~ *for it* er is niets aan te doen; *be of* ~ helpen

helper *znw* (mede)helper, helpster

helpful *znw* behulpzaam, hulpvaardig; bevorderlijk; nuttig, bruikbaar

helping I *znw* helpend; II *znw* portie [eten]

helpless *bn* hulpeloos; machteloos; onbeholpen

helter-skelter ['heltə'skeltə] I *bijw* holderdebolder, hals over kop; II *bn* overijld, onbesuisd, dol; III *znw* wilde verwarring, dolle vlucht (ren &); glijbaan [op kermis &]

helve [helv] *znw* steel [v.e. bijl &]

1 hem [hem] I *znw* zoom, boord; II *overg* (om)zomen; *I feel* ~med *in* ik voel me opgesloten, gekooid

2 hem [hem] I *tsw* hum!; II *onoverg* hum! roepen, hummen

he-man ['hiːmæn] *znw gemeenz* he-man

hemisphere ['hemisfiə] *znw* halfrond o, halve bol

hem-line ['hemlain] *znw* roklengte; onderkant van rok &

hemlock ['hemlɔk] *znw* dollekervel

hemophilia ['heməˈfiːljə] *znw* hemofilie, bloederziekte

hemp [hemp] *znw* hennep; hasj

hemstitch ['hemstitʃ] I *znw* ajoursteek; II *overg* met ajoursteken naaien

hen [hen] *znw* dier<u>k</u> hen, kip, hoen o; pop, wijfjes-

hence [hens] *bijw* van nu af, van hier; hieruit, vandaar; *a week* ~ over een week

henceforth, henceforward *bijw* van nu af, voortaan, in het vervolg

henchman ['hen(t)ʃmən] *znw* volgeling, trawant, handlanger, <u>hist</u> bediende, page

hen-coop ['henkuːp] *znw* hoenderkorf; hoenderhok o

hen-house *znw* kippenhok o

henna ['henə] *znw* henna

henparty *znw gemeenz* dameskransje o; vrijgezellenavond voor vrouwen [voorafgaande aan de huwelijksdag]

henpecked *bn* onder de plak zittend; ~ *husband* pantoffelheld

hepatitis [hepəˈtaitis] *znw* hepatitis, leverontsteking

heptagon ['heptəgən] *znw* zevenhoek

her [həː] *pers vnw & bez vnw* haar; <u>gemeenz</u> zij

herald ['herəld] I *znw* heraut; *fig* voorloper; (voor)bode, aankondiger; II *overg* aankondigen, inluiden (ook: ~ *in*)

heraldic [heˈrældik] *bn* heraldisch

heraldry ['herəldri] *znw* heraldiek, wapenkunde; wapenschild o, blazoen o

herb [həːb] *znw* kruid o

herbaceous [həːˈbeiʃəs] *bn* kruidachtig; ~ *border* border [rand met bloemplanten]

herbage ['həːbidʒ] *znw* groen(voer) o; kruiden; weiderecht o

herbal I *znw* kruidenboek o; II *bn* kruiden-

herbalist *znw* kruidkundige; drogist

herbicide ['həːbisaid] *znw* onkruidbestrijdingsmiddel o, herbicide o

herbivorous [həːˈbivərəs] *bn* plantenetend

herculean [həːkjuˈliːən, həːˈkjuːljən] *bn* herculisch, zeer sterk, zeer moeilijk

herd [həːd] I *znw* 1 kudde [v. groot vee]; troep; 2 herder, hoeder; *the common* ~, *the vulgar* ~ de grote massa, het vulgus; II *onoverg*: ~ *together* bijeengroepen, samenscholen; III *overg* 1 (in kudden) bijeendrijven; 2 hoeden

herd-book *znw* (rundvee)stamboek o

herdsman *znw* veehoeder, herder

here [hiə] *bijw* hier, alhier; hierheen; *it's neither* ~ *nor there* het heeft er niets mee te maken; *dat raakt kant noch wal*; ~*'s to you!* (op je) gezondheid!; ~ *you are!* alsjeblieft; ~ *goes!* vooruit (met de geit)!

hereabouts *bijw* hier in de buurt

hereafter [hiərˈɑːftə] I *bijw* hierna, voortaan; in het leven hiernamaals; verderop [in boek]; II *znw* hiernamaals o

hereby ['hiə'bai] *bijw* hierbij; hierdoor

hereditary [hiˈreditəri] *bn* (over)erfelijk, overgeërfd, erf-

heredity *znw* erfelijkheid; overerving

herein ['hiə'rin] *bijw* hierin

hereinafter *bijw* hierna, nu volgend [in documenten]

heresy ['herisi] *znw* ketterij
heretic *znw* ketter
heretical [hi'retikl] *bn* ketters
hereto ['hiə'tu:] *bijw* hiertoe
heretofore ['hiətu'fɔ:] *bijw* voorheen, tot nog toe
hereupon ['hiərə'pɔn] *bijw* hierop; direct hierna
herewith ['hiə'wið] *bijw* hiermee, hierbij, bij dezen
heritable ['heritəbl] *bn* erfelijk; erfgerechtigd, erf-
heritage *znw* erfenis, erfdeel *o*, erfgoed[2] *o*
hermaphrodite [hə:'mæfrədait] **I** *bn* tweeslachtig; **II** *znw* hermafrodiet
hermetic [hə:'metik] *bn* hermetisch
hermit ['hə:mit] *znw* kluizenaar, heremiet; ~ *crab* heremietkreeft
hermitage *znw* kluis; ermitage(wijn)
hernia ['hə:niə] *znw* med breuk
hero ['hiərou] *znw* (mv: -roes) held; heros [halfgod]
heroic [hi'rouik] **I** *bn* heldhaftig; helden-; **II** *znw*: ~s vals pathos *o*
heroin ['herouin] *znw* heroïne
heroine ['herouin] *znw* heldin
heroism *znw* heldhaftigheid, heldenmoed, heroïsme *o*
heron ['herən] *znw* reiger
herpes ['hə:pi:z] *znw* herpes
herring ['heriŋ] *znw* (mv idem of -s) dierk haring; *red* ~ gerookte bokking; afleidingsmanoeuvre
herringbone *znw* haringgraat; flanelsteek (~ *stitch*); visgraat(dessin *o*) (~ *design*); bouwk visgraatverband *o*
herring pond *znw* schertsend (Atlantische) Oceaan, de grote haringvijver
hers [hə:z] *bez vnw* de, het hare, van haar
herself [hə:'self] *wederk vnw* zij-, haarzelf, zich(zelf); *by* ~ alleen; *she* ~ zij zelf [met nadruk]
hesitance, hesitancy ['hezitəns(i)] *znw* aarzeling, weifeling
hesitant *bn* aarzelend, weifelend
hesitate *onoverg* aarzelen, weifelen; naar woorden zoeken, haperen
hesitation [hezi'teiʃən] *znw* aarzeling, weifeling; hapering
hessian ['hesiən] *znw* grof linnen *o*, jute
heterodox ['hetərədɔks] *bn* heterodox: van de gevestigde mening (kerkelijke leer) afwijkend
heterogeneity [hetəroudʒi'ni:iti] *znw* heterogeniteit, ongelijksoortigheid
heterogeneous [hetərou'dʒi:njəs] *bn* heterogeen, ongelijksoortig
heterosexual ['hetərou'seksjuəl] *bn* heteroseksueel
het-up [het'ʌp] *bn* gemeenz opgewonden, overspannen
heuristic [hju'ristik] *bn* heuristisch; spelenderwijs
hew* [hju:] **I** *overg* houwen, be-, uithouwen, hakken, vellen; ~ *one's way* zich een weg banen; **II** *onoverg* houwen (naar *at*)
hewer *znw* hakker, houwer
hewn V.D. van *hew*

hexagon ['heksəgən] *znw* zeshoek
hexagonal [hek'sægənəl] *bn* zeshoekig
hexahedron [heksə'hi:drən] *znw* zesvlak *o*
hexameter [hek'sæmitə] *znw* hexameter
hey [hei] *tsw* hei!, hee!, he?; ~ *presto* hocus, pocus, pas!
heyday ['heidei] *znw* bloeitijd, beste dagen, hoogte-, toppunt *o*
hi [hai] *tsw* hei!, hé!; hallo, hoi
hiatus [hai'eitəs] *znw* gaping, leemte; hiaat *o*
hibernate ['haibəneit] *onoverg* een winterslaap houden
hibernation [haibə'neiʃən] *znw* winterslaap
Hibernia [hai'bə:niə] *znw* Ierland *o*
hiccough, hiccup ['hikʌp] **I** *onoverg* hikken, de hik hebben; **II** *znw* hik; fig tegenslag, tegenvaller, moeilijkheid, probleempje *o*
hickory ['hikəri] *znw* Amerikaanse notenboom, notenhout *o*
hid [hid] V.T. & V.D. van [2]*hide*
hidden V.D. van [2]*hide*
1 hide [haid] *znw* **1** huid, vel *o*; gemeenz hachje *o*; **2** Br schuilplaats; *tan sbd.'s* ~ iem. op zijn huid geven
2 hide* [haid] **I** *overg* verbergen, weg-, verstoppen (voor *from*); **II** *onoverg* zich verbergen, zich verschuilen (Am ook: ~ *out*)
hide-and-seek ['haidən'si:k] *znw* verstoppertje *o*
hideaway ['haidə'wei] *znw* schuilplaats, schuiladres *o*
hidebound ['haidbaund] *bn* met nauwsluitende huid of schors; fig bekrompen, beperkt in z'n bewegingen
hideous ['hidiəs] *bn* afschuwelijk, afzichtelijk
hide-out ['haidaut] *znw* schuilplaats
hiding ['haidiŋ] *znw* **1** gemeenz pak *o* rammel; **2** verborgen zijn *o*; *go into* ~ zich verbergen (verschuilen), onderduiken
hiding-place *znw* schuilplaats
hierarchic(al) [haiə'ra:kik(l)] *bn* hiërarchisch
hierarchy ['haiərə:ki] *znw* hiërarchie[2]
hieroglyph ['haiərouglif] *znw* hiëroglyfe[2]
hieroglyphic [haiərou'glifik] **I** *bn* hiëroglyfisch[2]; **II** *znw*: ~s hiëroglyfen
hi-fi ['hai'fai] *znw* **1** hifi = *high fidelity* natuurgetrouwe weergave; **2** gemeenz geluidsinstallatie
higgle ['higl] *onoverg* dingen, knibbelen, pingelen
higgledy-piggledy ['higldi'pigldi] *bijw* ondersteboven, op en door elkaar, overhoop
high [hai] **I** *bn* hoog°, verheven, machtig; intens, sterk; streng; [protestant &]; adellijk [wild]; de hoogte hebbend, aangeschoten; vrolijk; gemeenz high [door drugs &]; ~ *and dry* scheepv gestrand; fig hulpeloos; zonder middelen, onthand; *leave sbd.* ~ *and dry* iem. in de steek laten; ~ *and mighty* arrogant; ~ *chair* kinderstoel, tafelstoel; ~ *finance* haute finance; ~ *jump* sp hoogspringen *o*; *be for the* ~ *jump* gemeenz een zware straf krijgen, moeten hangen; ~ *noon* midden op de dag; *the* ~ *seas* de volle (open) zee; ~ *tea* 'high tea', theedrinken *o* met sandwiches

warm vlees; ~ *technology* hoogwaardige, hypermoderne techniek; ~ *tide* hoogwater o, vloed; ~ *wind* harde wind; **II** *bijw* hoog°; ~ *and low* overal; **III** *znw* gebied o van hoge luchtdruk; hoogtepunt o, toppunt o; het high-zijn; euforie
highball *znw* Am whisky-soda
high-born *bn* van hoge geboorte
highbrow *bn* (pedant) intellectueel
High(-)Church *znw* streng episcopaal; streng episcopale Kerk
high-class *bn* prima; voornaam
high command *znw* opperbevel o
High Commissioner *znw* hoogste diplomatieke vertegenwoordiger van een lidstaat van het Britse Gemenebest in een andere lidstaat; Hoge Commissaris
High Court *znw* Hooggerechtshof o
high definition *znw* techn high definition, HD [met meer beeldpunten]
high-falutin(g) *bn* hoogdravend
high fidelity *znw* zie *hi-fi*
high-flier *znw* = *high-flyer*
high-flown *bn* hoogdravend
high-flyer *znw* iem. met hogere aspiraties
high-flying *bn* eerzuchtig, ambitieus
high-grade *bn* met een hoog gehalte [v. erts &], hoogwaardig; prima
high-handed *bn* arbitrair, eigenmachtig, aanmatigend, autoritair
high-heeled *bn* met hoge hak
high jinks [hai'dʒiŋks] *znw* dolle pret
highland I *znw* hoogland o; *the H~s* de Schotse Hooglanden; **II** *bn* hooglands
high-level *bn* op hoog niveau
highlight I *znw* hoogtepunt o; **II** *overg* goed doen uitkomen
highly *bijw* hoog, plechtig hooglijk; versterkend hoogst, zeer; *think ~ of* een hoge dunk hebben van
highly-strung *bn* overgevoelig, uiterst gespannen
high-minded *bn* edel, groot van ziel, grootmoedig; bijbel hoogmoedig
highness *znw* hoogheid°, hoogte
high-pitched *bn* hoog(gestemd), schel; fig verheven
high-power(ed) *bn* zwaar [v. motor]; sterk, krachtig [v. radiostation]; goed geoutilleerd; fig machtig, zwaar, geweldig; succesvol
high-pressure *bn* techn hogedruk-; fig agressief
high-ranking *bn* hoog(geplaatst)
high-rise *bn*: ~ *flats, blocks* hoogbouw
high road *znw* hoofdweg; beste of kortste weg [tot succes]
high-roller *znw* Am iemand die met geld smijt, patser; iem. die hoog inzet [bij gokken]
high school *znw* ± middelbare school
high society *znw* de hogere/betere kringen, elite, high society
high-sounding *bn* (luid) klinkend°; fig hoogdravend, weids
high-speed *bn* snellopend, snel
high-spirited *bn* vurig; moedig
high street ['haistri:t] *znw* hoofdstraat

high-strung, highly-strung *bn* hooggespannen²; overgevoelig; erg nerveus, opgewonden
hightail ['haiteil] *onoverg*: ~ *it* Am slang 'm smeren
hightech [hai'tek] **I** *znw* = *high technology* geavanceerde technologie; **II** *bn* technologisch geavanceerd, hightech
high-tension *bn* hoogspannings-
high-up ['haiʌp] gemeenz **I** *bn* hoog(geplaatst); **II** *znw* hoge ome
high water *znw* hoogwater o; *high-water mark* hoogwaterpeil o; fig hoogtepunt o
highway *znw* Am grote weg, verkeersweg, straatweg; ~ *code* wegenverkeersreglement o
highway-man *znw* struikrover
hijack ['haidʒæk] *overg* (vracht, vliegtuigen) kapen
hijacker *znw* kaper (van vracht, vliegtuig)
hike [haik] **I** *onoverg* een voetreis maken, trekken; **II** *overg*: ~ *up* verhogen [prijzen &]; **III** *znw* voetreis, trektocht; gemeenz verhoging
hilarious [hi'lɛəriəs] *bn* vrolijk, uitgelaten; hilarisch, uiterst komisch
hilarity [hi'læriti] *znw* vrolijkheid, hilariteit
hill [hil] *znw* heuvel, berg
hillbilly ['hilbili] *znw* hillbilly [bergbewoner in het zuidoosten van de VS]; ~ *music* hillbilly-muziek
hillock ['hilək] *znw* heuveltje o
hillside ['hil'said] *znw* heuvelhelling, berghelling
hilltop *znw* heuveltop
hilly *bn* heuvelachtig, bergachtig
hilt [hilt] *znw* gevest o, hecht o; *(up) to the ~* geheel en al, volkomen, door en door
him [him] *pers vnw* hem; gemeenz hij
himself [him'self] *wederk vnw* hij-, hemzelf, zich(zelf); *by ~* alleen; *he ~* hij zelf [met nadruk]
1 hind [haind] *znw* hinde
2 hind [haind] *bn* achterst(e), achter-
hinder ['hində] *overg* hinderen; belemmeren, verhinderen, beletten (om te *from*)
Hindi ['hindi] *znw* Hindi o
hindquarters *znw mv* achterbout [v. slachtvee]; achterhand [v. paard]; achterste o
hindrance ['hindrəns] *znw* hindernis, beletsel o, belemmering
hindsight ['haindsait] *znw* wijsheid achteraf; *with the benefit of ~* achteraf bezien
Hindu ['hin'du:] *znw* & *bn* Hindoe(s)
Hinduism *znw* hindoeïsme o
Hindustani [hindu'sta:ni] *znw* Hindostaans o
hinge [hin(d)ʒ] **I** *znw* scharnier o; fig spil; **II** *overg* van hengsels voorzien; ~d scharnierend, met scharnier(en); **III** *onoverg* draaien², rusten² (om, op on, upon)
hinny ['hini] *znw* muilezel
hint [hint] **I** *znw* wenk; zin-, toespeling; aanduiding; zweem, spoor o; **II** *overg* aanduiden, te kennen geven, laten doorschemeren; **III** *onoverg*: ~ *at* zinspelen op
hinterland ['hintəlænd] *znw* achterland o

1 hip [hip] *znw* **1** heup; **2** bouwk graatbalk; **3** plantk rozenbottel

2 hip [hip] *tsw* hiep!; ~, ~, *hurrah!* hiep, hiep, hoera!

3 hip [hip] bn slang hip

hip-bath ['hipba:θ] *znw* zitbad o

hippie ['hipi] *znw* = hippy

hippo ['hipou] *znw* gemeenz = hippopotamus

hip-pocket ['hipɔkit] *znw* heupzak; achterzak

hippodrome ['hipədroum] *znw* renbaan; circus o & m

hippopotamus [hipə'pɔtəməs] *znw* (*mv*: -es of hippopotami) nijlpaard o

hippy ['hipi] **I** *znw* hippie; **II** *bn* hippie(achtig)

hire ['haiə] **I** *znw* huur, loon o; verhuur; *for ~ te* huur; [taxi] vrij; **II** *overg* huren; in dienst nemen; ~ *(out)* verhuren

hireling *znw* huurling; **II** *bn* gehuurd, huurlingen-

hire-purchase *znw* koop op afbetaling; ~ *system* huurkoop

hirsute ['hə:sju:t] *bn* ruig, harig, borstelig

his [hiz] *bez vnw* zijn; van hem, het zijne, de zijne(n)

Hispanic [hi'spænik] **I** *znw* Spaanssprekende Amerikaan, meestal van Latijns-Amerikaanse afkomst; **II** *bn* van Latijns-Amerikaanse afkomst/herkomst

hiss [his] **I** *onoverg* sissen, fluiten; **II** *overg* uitfluiten; **III** *znw* gesis o, gefluit o; sisklank (ook: ~*ing* sound)

histology [his'tɔlədʒi] *znw* histologie, weefselleer

historian [his'tɔ:riən] *znw* historicus, geschiedschrijver

historic *bn* historisch; beroemd, gedenkwaardig, van betekenis

historical *bn* geschiedkundig, historisch

history ['histəri] *znw* geschiedenis, (geschied)verhaal o, historie; achtergrond, verleden o

histrionic [histri'ɔnik] **I** *bn* toneel-, acteurs-; komedianterig, gehuicheld; **II** *znw*: ~*s* toneelspeelkunst; komediespel o, komedie

1 hit* [hit] **I** *overg* slaan, raken, treffen, stoten; geven [een slag]; raden, herinneren; (aan)komen in (op, tegen &), bereiken, halen; ~ *the ceiling* gemeenz uit zijn vel springen; ~ *home* raak slaan; ~ *the deck* gemeenz op zijn bek gaan, vallen; aan het werk gaan; ~ *the road* ervandoor gaan, weggaan; ~ *the bottle* gemeenz te veel drinken, 'm raken; ~ *it off* goed overweg kunnen met elkaar; **II** *onoverg* raken, treffen, slaan; ~ *out* slaan, uithalen (naar *at*), (flink) van zich afslaan; ~ *(up)on* toevallig aantreffen, vinden

2 hit *znw* stoot, slag[2]; mil treffer; steek (onder water); succes o, successtuk o, hit; slang huurmoord; *direct* ~ voltreffer; *make a* ~ inslaan

hit-and-run *bn*: ~ *accident* verkeersongeval o waarna wordt doorgereden

hitch [hitʃ] **I** *onoverg* gemeenz liften; **II** *overg* vastmaken; ~ *a lift (ride)* liften; ~ *up* optrekken [broek]; ~*ed* gemeenz getrouwd; **III** *znw* hapering, storing

hitch-hike ['hitʃhaik] *onoverg* liften [met auto]

hi-tech [hai'tek] *bn* = hightech

hither ['hiðə] *bijw* hierheen, hier; ~ *and thither* heen en weer, her en der

hitherto *bijw* tot nog toe

hit list *znw* lijst van mensen die geëlimineerd moeten worden

hit man *znw* huurmoordenaar

hit-or-miss ['hitɔ:'mis] *bn* op goed geluk, lukraak

hive [haiv] **I** *znw* bijenkorf[2]; zwerm[2]; (druk) centrum o; **II** *overg*: ~ *off* afscheiden; afstoten [v. onrendabele bedrijfsonderdelen]; **III** *onoverg*: ~ *off* zich afscheiden

hives [haivz] *znw mv* med netelroos

HIV-positive [eitʃ'ai'vi:'pɔzitiv] *bn* seropositief

HIV-test [eitʃ'ai'vi:'test] *znw* aidstest

HM *afk.* = *His (Her) Majesty* ZM (Zijne Majesteit), HM (Hare Majesteit)

HMS *afk.* = *His (Her) Majesty's Ship*

hoard [hɔ:d] **I** *znw* hoop, voorraad, schat; **II** *overg* vergaren, (op)sparen, hamsteren, oppotten (~ *up*)

hoarding *znw* **1** verborgen voorraad; hamsteren o; handel oppotting; **2** houten schutting; **3** reclamebord o

hoar-frost ['hɔ:'frɔ:st] *znw* rijp, rijm

hoarse [hɔ:s] *bn* hees, schor

hoary ['hɔ:ri] *bn* grijs, wit [v. ouderdom]; oud; *a* ~ *chestnut* gemeenz een mop met een baard

hoax [houks] **I** *znw* nep, bedrog o; **II** *bn* nep-; **III** *overg* om de tuin leiden, voor de gek houden

hob [hɔb] *znw* haardplaat; kookplaat

hobble ['hɔbl] **I** *onoverg* strompelen, hompelen, hinken; **II** *overg* kluisteren

hobbledehoy [hɔbldi'hɔi] *znw* onhandige slungel

hobby ['hɔbi] *znw* **1** hobby, liefhebberij; **2** boomvalk

hobby-horse *znw* hobbelpaard o; stokpaardje[2] o

hobgoblin ['hɔbgɔblin] *znw* kabouter; boeman

hobnail ['hɔbneil] *znw* kopspijker

hobnob ['hɔbnɔb] *onoverg* gemeenz gezellig omgaan of praten (met *with*)

hobo ['houbou] *znw* (*mv*: -s of -boes) Am (werkzoekende) landloper

Hobson ['hɔbsn]: ~*'s choice* zie choice I

hock [hɔk] **I** *znw* **1** rijnwijn; **2** sprongewricht o; *in* ~ verpand; **II** *overg* Am gemeenz verpanden

hockey ['hɔki] *znw* hockey o; Am ijshockey o

hocus ['houkəs] *overg* bedriegen; bedwelmen [met verdovend middel]

hocus-pocus ['houkəs'poukəs] *znw* hocuspocus

hod [hɔd] *znw* kalkbak; stenenbak

hodgepodge ['hɔdʒpɔdʒ] *znw* Am = hotchpotch

hodman ['hɔdmən] *znw* opperman

hoe [hou] **I** znw schoffel, hak; **II** overg schoffelen

hog [hɔg] **I** znw dierk varken o; fig veelvraat, zwijn o; go the whole ~ iets grondig doen; **II** overg gemeenz zich toe-eigenen, inpikken

hogshead znw okshoofd o: 238,5 l

hog-tie overg Am knevelen, aan handen en voeten binden [ook fig]

hogwash ['hɔgwɔʃ] znw 1 varkensvoer o; 2 lariekoek, nonsens

hoi polloi [hɔipə'lɔi] znw gemeenz gajes o; plebs o

hoist [hɔist] **I** overg (op)hijsen; (op)lichten ~ with his own petard zelf in de kuil vallen die je voor een ander gegraven hebt; **II** znw hijstoestel o, lift

hoity-toity ['hɔiti'tɔiti] **I** tsw ho, ho!; toe maar!; **II** bn arrogant, uit de hoogte; lichtgeraakt

hokum ['houkəm] znw Am slang mooie praatjes, kletspraat; sentimentele flauwekul; goedkoop effectbejag o, onechtheid

1 hold* [hould] **I** overg houden, vast-, tegen-, aan-, behouden; inhouden, (kunnen) bevatten; houden voor, achten, van oordeel zijn; eropna houden [theorie], huldigen, toegedaan zijn [mening]; boeien [lezers]; bekleden; innemen [plaats]; voeren [taal]; volgen [koers]; vieren [zekere dagen]; in leen of in bezit hebben, hebben; ~ one's own zich staande houden; ~ the line telec blijf even aan uw toestel; he's unable to ~ his beer van een paar biertjes wordt hij al dronken; **II** onoverg aanhouden, (blijven) duren; het uit-, volhouden; zich goed houden; doorgaan, gelden, van kracht zijn, opgaan, steek houden (ook: ~ good, ~ true); ~ it! sta stil!; ~ sth. against sbd. iem. iets aanrekenen; ~ back terug-, achterhouden; tegenhouden; zich inhouden; ~ by vasthouden aan²; ~ down in bedwang houden; behouden [betrekking]; ~ in inhouden², beteugelen; ~ off op een afstand houden; uitblijven [v. regen]; uitstellen; ~ on aanhouden; zich vastklemmen of vasthouden² (aan by, to); volhouden; ~ on! wacht even!; ~ out uithouden; in stand blijven; uitsteken, toesteken, fig voorspiegelen; ~ out for vasthouden aan, aandringen op; ~ out on gemeenz geheimen hebben voor; ~ over uitstellen; als bedreiging gebruiken; ~ to zich houden aan²; vasthouden of trouw blijven aan; ~ up standhouden; aan-, op-, tegenhouden, opschorten, ondersteunen²; omhoog houden, opsteken; overvallen; ~ up one's head with the best niet onderdoen voor; ~ up to ridicule belachelijk maken; ~ with zich aansluiten bij, partij kiezen voor

2 hold znw 1 houvast o, vat², greep²; steunpunt o; bolwerk² o; 2 (scheeps)ruim o; no ~s barred alles is geoorloofd; catch (get, grab, lay, seize, take) ~ of grijpen, (te pakken) krijgen, (op)pakken, opdoen [kennis &]

holdall znw grote reistas

holder znw bezitter, (aandeel)houder; be-

kleder [v. ambt]; handgreep; pannenlap, houder, reservoir o; etui o

holding znw houvast o; bezit o [v. aandelen]; pachthoeve, landbouwbedrijf o; ~ company houdstermaatschappij; ~ operation actie met het doel de bestaande toestand te handhaven

holdup znw aanhouding, (roof)overval; stagnatie; vertraging

hole [houl] **I** znw gat o, hol o, kuil; opening; hole [golfspel]; gemeenz hok o; pick ~s in [argument] ontzenuwen; **II** overg een gat (gaten) maken in; be ~d scheepv lek slaan; in een hole slaan [bij golf]; **III** onoverg: ~ up slang zich schuil houden; ~ out sp (de bal) in een hole slaan

hole-and-corner bn onderhands, geheim, stiekem

holiday I znw [hɔlədi, -dei] feest o, feestdag, vakantiedag; ~(s) vakantie; **II** onoverg ['hɔlədei] vakantie nemen (houden)

holiday-maker znw vakantieganger

holiness ['houlinis] znw heiligheid

Holland ['hɔlənd] znw Holland o; Nederland o

holler ['hɔlə] onoverg gemeenz blèren; schreeuwen

hollow ['hɔlou] **I** bn hol, uitgehold, voos; vals, geveinsd; **II** bijw hol; beat sbd. ~ gemeenz iem. totaal verslaan; **III** znw holte, uitholling, hol o

hollow-ware znw potten en pannen

holly ['hɔli] znw hulst

hollyhock ['hɔlihɔk] znw stokroos

holm [houm] znw 1 riviereilandje o, waard; 2 plantk steeneik

holocaust ['hɔləkɔːst] znw brandoffer o; fig slachting; vernietiging, holocaust, volkerenmoord

holograph ['hɔlougrɑːf] znw eigenhandig geschreven (holografisch) stuk o [testament &]

hols [hɔlz] znw mv gemeenz = holidays

holster ['houlstə] znw pistooltas, holster

holy ['houli] bn heilig, gewijd; ~ day (kerkelijke) feestdag

Holy Saturday znw paaszaterdag

holystone I znw soort schuursteen; **II** overg schuren

Holy Thursday znw Witte Donderdag; Hemelvaartsdag

Holy Week znw de Stille Week, RK de Goede Week

homage ['hɔmidʒ] znw hulde, huldebetoon o

homburg ['hɔmbəːg] znw slappe vilthoed

home [houm] **I** znw huis o, tehuis o, verblijf o, thuis o, (huis)gezin o, huishouden o; honk o; woonstede; verblijf o; (vader)land o; long ~ laatste woning, eeuwige rust; at ~ and abroad in binnen- en buitenland; make yourself at ~ doe alsof je thuis bent; it's a ~ from ~ Br het is een tweede thuis; close to ~ dicht bij huis; raak; **II** bn huiselijk, huis-; thuis-; in-, binnenlands; the ~ Counties de graafschappen het dichtst bij Londen; H~ Office ministerie o van Binnenlandse Zaken; H~ Secretary minister van Binnenlandse Zaken; **III** *bijw* naar huis, huiswaarts, thuis; naar het doel, over de finish, raak; stevig (aangedraaid), vast; <u>versterkend</u> flink; *bring it ~ to...* ...aan het verstand brengen; *it comes ~ to me* het treft mij diep; ik ondervind er nu de gevolgen van; *drive (press) ~* in-, vastslaan; *fig* doorzetten; *see ~* thuisbrengen

homebody *znw* huismus

home-brew *znw* zelf gebrouwen bier

home-coming *znw* thuiskomst

home-cooked *bn* eigengemaakt, zelf gekookt, zelf gebakken

home economics *znw* huishoudkunde

home-felt *bn* diepgevoeld; innig

home ground *znw* <u>sp</u> eigen veld o, thuis o; <u>fig</u> vertrouwd terrein o

home-grown I *bn* van eigen bodem, inlands; **II** *znw* <u>slang</u> eigen teelt [marihuana &], ± nederwiet

home help *znw* gezinshulp

homeland *znw* geboorteland o; <u>ZA</u> thuisland o

homeless *bn* onbehuisd, dakloos

homely *bn* huiselijk; <u>Am</u> lelijk

home-made *bn* eigengemaakt; van inlands fabrikaat

homer ['houmə] *znw* <u>Am</u> homerun [honkbal]

homesick *bn* heimwee hebbend

homespun *bn* eigengesponnen (stof); <u>fig</u> eenvoudig

homestead *znw* hofstede

home time *znw* <u>gemeenz</u> tijd om naar huis te gaan

home truth *znw* harde waarheid

homeward *bn bijw* huiswaarts; *~ bound* op de thuisreis

homewards *bijw* huiswaarts

homework *znw* huiswerk o; voorbereidend werk o

homey *bn* huiselijk, gezellig, knus

homicidal [hɔmi'saidl] *bn* moorddadig, moord-

homicide ['hɔmisaid] *znw* manslag, doodslag

homily ['hɔmili] *znw* leerrede, (zeden-) preek²

homing ['houmiŋ] *bn*: *~ instinct* instinct o om eigen huis terug te vinden [bijen, duiven]

homoeopath ['hou-, 'hɔmjoupæθ, -miou] *znw* homeopaat

homoeopathic(al) [hou-, 'hɔmjou'pæθik(əl), -miou] *bn* homeopathisch

homoeopathy *znw* homeopathie

homogeneity [hɔmoudʒe'ni:iti] *znw* homogeniteit, gelijksoortigheid

homogeneous [hɔmou'dʒi:niəs] *bn* homogeen, gelijksoortig

homonym ['hɔmounim] *znw* homoniem o

homosexual ['hou-, 'hɔmou'seksjuəl] *znw & bn* homoseksueel

homy ['houmi] *bn* = homey

Hon. *afk.* zie *honourable*

Honduran [hɔn'djuːrən] *bn & znw* Hondurees

Honduras [hɔn'djuːrəs] *znw* Honduras

hone [houn] **I** *znw* wetsteen; **II** *overg* aanzetten; *fig* polijsten

honest ['ɔnist] *bn* eerlijk, rechtschapen, braaf; onvervalst; *make a ~ woman of her* haar trouwen [na een affaire]

honestly *bijw* eerlijk (waar, gezegd), werkelijk, echt; nee maar zeg!

honest-to-goodness *bn* <u>gemeenz</u> echt, onvervalst

honesty *znw* eerlijkheid, rechtschapenheid, braafheid; <u>vero</u> eerbaarheid; <u>plantk</u> judaspenning

honey ['hʌni] *znw* honing; <u>Am</u> <u>gemeenz</u> liefje o, schat

honeybee ['hʌnibi:] *znw* honingbij

honeycomb *znw* honingraat; *~ cloth* wafeldoek o & m; *~ed* doorboord, vol gaten; ondermijnd

honeydew *znw* honi(n)gdauw; *~ melon* suikermeloen

honeyed *znw* honingzoet

honeymoon wittebroodsweken; huwelijksreis

honeysuckle *znw* kamperfoelie

Hong Kong ['hɔŋkɔŋ] *znw* Hongkong o

honk [hɔŋk] **I** *onoverg* (als de wilde gans) schreeuwen; toeteren [met autohoorn]; **II** *znw* geschreeuw o; (auto)getoeter o

honky-tonk ['hɔŋkitɔŋk] *znw* <u>Am</u> <u>slang</u> ordinaire kroeg of dancing; <u>gemeenz</u> cafépianomuziek

honorary ['ɔnərəri] *bn* honorair, ere-

honorific [ɔnə'rifik] **I** *bn* ere-; vererend; **II** *znw* eretitel; beleefdheidsformule

honour ['ɔnə], <u>Am</u> **honor I** *znw* eer; eerbewijs o; eergevoel o; erewoord o; *your H~* Edelachtbare; *~s* eer(bewijzen), onderscheidingen; eretitels; honneurs; *do the ~s* de honneurs waarnemen; *(up)on my ~* op mijn erewoord; **II** *overg* eren, vereren; honoreren [wissel]; nakomen [verplichtingen]

honourable, <u>Am</u> **honorable** *bn* eervol; achtbaar, eerzaam, eerwaardig; hooggeboren (als titel), *afk. Hon.*

hooch [huːtʃ] *znw* <u>Am</u> <u>slang</u> slechte of illegaal gestookte whisky, bocht o, vuurwater o

hood [hud] *znw* kap°; capuchon; huif; <u>Am</u> <u>auto</u> motorkap; <u>slang</u> = *hoodlum*

hoodlum ['hudləm] *znw* <u>Am</u> <u>slang</u> jonge gangster, ruwe kerel

hoodwink ['hudwiŋk] *overg* beetnemen, misleiden

hooey ['huːi] *znw* <u>Am</u> <u>gemeenz</u> nonsens

hoof [huːf] **I** *znw* (*mv:* -s *of* hooves) hoef; *on the ~* uit bed, op de been; **II** *overg*: *~ it* <u>slang</u> lopen; *~ out* <u>slang</u> eruit trappen

hook [huk] **I** *znw* haak², haak, angel; sikkel, snoeimes o; <u>techn</u> duim, kram; <u>scheepv</u> hoek; bocht; <u>sp</u> hoek(stoot) [boksen]; boogbal [golf, cricket]; *by ~ or by crook* op de een of andere manier; eerlijk of oneerlijk; *get sbd. off the ~* iem. uit de puree halen; *get one's ~s into sbd.* iem. het leven zuur maken; *~, line and sinker* met alles erop en eraan; **II** *overg* haken zetten aan; aan-, dichthaken; aan de haak slaan²;

naar zich toe halen

hookah ['hukə] *znw* Turkse waterpijp

hooked [hukt] *bn* **1** haakvormig, gehoekt; **2** met een haak; **3** verslaafd [aan drugs]; zie ook: *hook*

hooker ['hukə] *znw* **1** slang hoer; **2** sp hooker [rugby]

hook-up ['hukʌp] *znw* RTV verbinding; *a nationwide ~* een uitzending over alle zenders (v.e. land)

hooky ['huki] *znw*: *play ~* Am gemeenz spijbelen

hooligan ['hu:ligən] *znw* herrieschopper, (jonge) vandaal, hooligan

hooliganism *znw* vandalisme o

hoop [hu:p] *znw* hoepel; hoepelrok; ring, band; *go through the ~* gemeenz het moeilijk hebben; een beproeving doorstaan; gestraft worden

hoopla ['hu:pla] *znw* ringwerpspel o [op kermis]; Am gemeenz drukte, herrie

hooray [hu'reɪ] *tsw* = *hurrah*; *H~ Henry* rijkeluiszoontje o, ± corpsbal

hoot [hu:t] **I** *onoverg* jouwen; schreeuwen [v. uil]; toeten [v. stoomfluit]; toeteren, claxonneren [v. auto]; *~ at* na-, uitjouwen; **II** *overg* uitjouwen; **III** *znw*: *not a ~ (two ~s)* geen zier

hooter *znw* stoomfluit, sirene, (auto-) toeter, claxon; slang snuffferd, neus

hoover ['hu:və] **I** *znw* stofzuiger; **II** *overg* stofzuigen

hooves ['hu:vz] *znw mv* van *hoof*

1 hop [hɔp] **I** *onoverg* huppelen, hinken, springen, gemeenz dansen; *~ping mad* gemeenz spinnijdig, woest; **II** *overg* overheen springen, wippen; springen in [bus &]; *~ it* slang 'm smeren, ophoepelen; **III** *znw* sprongetje o, sprong; danspartij; *on the ~* bezig, in de weer; gemeenz onvoorbereid

2 hop [hɔp] *znw* plantk hop

hope [houp] **I** *znw* hoop, verwachting; *some ~!* het mocht wat!, schei uit!, je meent het!; **II** *overg & onoverg* hopen (op *for*), verwachten; *~ against ~* hopen tegen beter weten in

hopeful *bn* hoopvol; veelbelovend

hopefully *bijw* hopelijk; hoopvol

hopeless *bn* hopeloos, uitzichtloos

hop-o'-my-thumb ['hɔpəmiθʌm] *znw* kleinduimpje o, peuter, uk

hopper ['hɔpə] *znw* vultrechter; tremel [v.e. molen]

hopscotch ['hɔpskɔtʃ] *znw* hinkelspel o

horde [hɔ:d] *znw* horde, bende, troep

horizon [hə'raɪzn] *znw* horizon, (gezichts-) einder

horizontal [hɔri'zɔntl] **I** *bn* horizontaal; **II** *znw* horizontale lijn, horizontaal vlak o

hormone ['hɔ:moun] *znw* hormoon o

horn [hɔ:n] *znw* hoorn (o); claxon, toeter, sirene; voelhoorn

horned *bn* gehoornd, hoorn-

hornet ['hɔ:nit] *znw* horzel; *stir up a ~'s nest* zich in een wespennest steken

hornpipe ['hɔ:npaip] *znw* horlepijp

horn-rimmed ['hɔ:n'rimd] *bn*: *~ spectacles*

uilebril

horny ['hɔ:ni] *znw* hoornachtig; eeltig; hoorn-; slang geil

horoscope ['hɔrəskoup] *znw* horoscoop

horrendous [hɔ'rendəs] *bn* gemeenz = *horrible*

horrible ['hɔribl] *bn* afschuwelijk, afgrijselijk, akelig, vreselijk, gruwelijk, huiveringwekkend

horribly *bijw* v. *horrible*; versterkend vreselijk

horrid *bn* = *horrible*

horrific [hɔ'rifik] *bn* schrikbarend, afgrijselijk

horrify ['hɔrifai] *overg* met afschuw vervullen; aanstoot geven; *~ing* afschuwelijk

horror ['hɔrə] *znw* huivering, rilling; (af-) schrik, afschuw, gruwel, verschrikking, akeligheid; fig griezel, kreng o, monster o

horse [hɔ:s] **I** *znw* paard o [ook turntoestel]; ruiterij, cavalerie; schraag, rek o, bok; slang heroïne; *a ~ of a different colour* een heel andere zaak; *a dark ~* een onbekend paard o [bij races]; fig iemand van wie men maar weinig weet; *hold your ~s!* rustig aan!; *get on one's high ~* een hoge toon aanslaan; *from the ~'s mouth* gemeenz uit de eerste hand; **II** *overg*: *~ about (around)* stoeien, dollen

horseback *znw*: *on ~* te paard; *~ riding* paardrijden o, rijkunst

horse-box *znw* wagen voor paardenvervoer

horse-breaker *znw* pikeur

horse-chestnut *znw* wilde kastanje

horseflesh *znw* paardenvlees o; paarden

horsehair **I** *znw* paardenhaar o; **II** *bn* paardenharen

horse-laugh *znw* ruwe lach

horseleech *znw* grote bloedzuiger; fig uitzuiger

horseman *znw* ruiter, paardrijder

horsemanship *znw* rijkunst

horse opera *znw* Am slang cowboyfilm, western

horseplay *znw* ruw spel o, ruwe grappen

horsepower *znw* paardenkracht

horse-race *znw* wedren

horse-radish *znw* mierik(s)wortel

horse-sense *znw* gezond verstand o

horseshoe *znw* hoefijzer o

horse show *znw* paardententoonstelling; concours o & m hippique

horsewhip I *znw* rijzweep; **II** *overg* met een rijzweep slaan, afranselen

horsewoman *znw* paardrijdster, amazone

hors(e)y *bn* als (van) een paard; dol op paarden(sport)

hortative ['hɔ:tətiv], **hortatory** ['hɔ:tətəri] *bn* vermanend, aansporend

horticulture ['hɔ:tikʌltʃə] *znw* tuinbouw

horticulturist [hɔ:ti'kʌltʃərist] *znw* tuinder; tuinbouwkundige

hose [houz] **I** *znw* slang [v. brandspuit]; kousen; hist (knie)broek; **II** *overg* bespuiten; *~ down* nat-, schoonspuiten

hose-pipe *znw* brandslang; tuinslang

hosier ['houʒiə] *znw* kousenhandelaar; winkelier in gebreide of geweven ondergoed

hosiery *znw* gebreid of geweven ondergoed o, kousen

hospice ['hɔspis] *znw* hospitium o; verpleeghuis o voor terminale patiënten

hospitable ['hɔspitəbl] *bn* gastvrij, hartelijk; aangenaam, prettig

hospital *znw* ziekenhuis o

hospitality [hɔspi'tæliti] *znw* gastvrijheid

hospitalize ['hɔspitəlaiz] *overg* in een ziekenhuis (laten) opnemen (verplegen)

hospitaller ['hɔspitlə] *znw* hospitaalridder *(Knight H~)*; ziekenbroeder, liefdezuster; aalmoezenier [in hospitaal]

host [houst] **I** *znw* **1** leger o, schaar, massa, menigte; **2** gastheer; waard, herbergier; **3** hostie; **II** *overg* optreden als gastheer voor (bij)

hostage ['hɔstidʒ] *znw* gijzelaar, gegijzelde; *take (hold)* ~ gijzelen

hostel ['hɔstəl] *znw* hospitium o, tehuis o, kosthuis o, studentenhuis o; jeugdherberg; *vero* herberg

hostess ['houstis] *znw* gastvrouw; hostess; waardin; *luchtv* stewardess

hostile ['hɔstail] *bn* vijandelijk, vijandig; ~ *to* ook: tegen

hostility [hɔs'tiliti] *znw* vijandigheid; vijandige gezindheid; *hostilities* vijandelijkheden, gevechten

hostler ['ɔslə] *znw* = ostler

hot [hɔt] **I** *bn* heet², warm; vurig, pikant, gepeperd, scherp; heftig, hevig; geil, opwindend; *gemeenz* link, gestolen; actueel; *slang* te gek, gaaf, onwijs; *techn* radioactief; *make it* ~ *for sbd.* iem. het vuur na aan de schenen leggen; *be* ~ *on sbd.'s trail* iem. op de hielen zitten; *be* ~ *on (sth.)* gebrand zijn op (iets); ~ *under the collar gemeenz* razend; tureluurs; zie ook: *¹sell II, stuff I, water I*; **II** *overg (& onoverg)*: ~ *up gemeenz* warm(er) maken (worden), levendiger, heviger maken (worden), opvoeren [v. auto's]

hotbed *znw* broeibak; broeinest o

hot-blooded *bn* heetgebakerd, vurig

hotchpotch ['hɔtʃpɔtʃ] *znw* hutspot², mengelmoes, allegaartje o

hot dog ['hɔt'dɔg] *znw* hotdog, worstenbroodje o

hotel [hou'tel] *znw* hotel o

hotelier [hou'teliei] *znw* hotelier, hotelhouder

hotfoot ['hɔtfut] **I** *bijw* in aller ijl; **II** *onoverg* zich haasten, wegrennen (ook: ~ *it*)

hothead *znw* heethoofd, driftkop

hot-headed *bn* heethoofdig

hothouse *znw* (broei)kas

hotplate *znw* kookplaat

hotpot *znw* jachtschotel

hot potato *znw fig* heet hangijzer o

hot-rod *slang* opgevoerde auto

hots *znw: get (have) the* ~ *for slang* geilen op

hot seat *znw slang* **1** positie met zware verantwoordelijkheden; **2** elektrische stoel

hotshot *znw* uitblinker, kanjer; hoge piet, kopstuk o

hot spot *znw* **1** gevaarlijke plek, brandhaard; netelige situatie; **2** nachtclub

hotspur *znw* doldriftig iemand; driftkop

hot stuff *znw gemeenz* kei, kanjer; stuk o, stoot, spetter; zwaargewicht o, belangrijk figuur; prima spul o, topkwaliteit; *[this book, film, record &] is* ~ is opwindend, geil, opzwepend, te gek

hot-tempered *bn* heetgebakerd

hot-water bottle *znw* (warme) kruik

hound [haund] **I** *znw* jachthond, hond²; zie ook: *hare*; **II** *overg* achtervolgen, vervolgen; ~ *out* wegjagen, wegpesten

hour [auə] *znw* uur o; *(on) the* ~ (op) het hele uur; *book of* ~s getijdenboek o; *after* ~s na het sluitingsuur; na kantoortijd

hour-glass *znw* zandloper

hour-hand *znw* uurwijzer

hourly *bn bijw* (van) ieder uur, alle uren; om het uur; per uur; uur-; voortdurend

house [haus, *mv* 'hauziz] **I** *znw* huis o (ook: stam-, vorsten-, handelshuis, klooster, armenhuis), (schouwburg)zaal; woning; (afdeling v.) internaat o, schoolafdeling; *muz* house; *the H~* het Lagerhuis of het Hogerhuis; *H~ of Commons* Lagerhuis o; *H~ of Lords* Hogerhuis o; *H~ of Representatives Am* Huis o van Afgevaardigden; *H~s of Parliament* parlement o; *first, second &* ~ eerste, tweede & voorstelling; *full (good)* ~ uitverkochte (goedgevulde) zaal; *bring the* ~ *down* staande ovaties oogsten; de zaal plat krijgen; *keep* ~ huishouden, het huishouden doen; *keep the* ~ niet uitgaan, binnen (moeten) blijven; *like a* ~ *on fire* vliegensvlug; krachtig; uitstekend; **II** *overg* [hauz] onder dak brengen, onderbrengen, huisvesten; binnenhalen; stallen

house-agent *znw* makelaar in huizen

houseboat *znw* woonschip o

housebound *bn* aan huis gebonden

houseboy *znw* huisknecht

housebreaker *znw* inbreker

house-breaking *znw* inbraak

housecoat *znw* ochtendjas

household I *znw* (huis)gezin o, huishouden o; *the H~* de koninklijke hofhouding; **II** als *bn* huishoudelijk, huiselijk, huis-; ~ *name* begrip, bekende naam

householder *znw* gezinshoofd o

housekeeper *znw* huishoudster

housekeeping *znw* huishouding, huishouden o; ~ *book* huishoudboek o; ~ *(money)* huishoudgeld o

housemaid *znw* werkmeid; ~ *'s knee med* kruipknie, leewater o

houseman *znw* ± inwonend assistent-arts [in ziekenhuis]

house-martin *znw* huiszwaluw

housemaster *znw* leraar die de leiding heeft over de leerlingen van een internaat

house-mistress *znw* lerares die de leiding heeft over de leerlingen van een internaat

house party *znw* **1** logeerpartij in een landhuis; **2** houseparty [feest o met housemuziek]

houseplant *znw* kamerplant

house-proud *bn* keurig (netjes) op het

huishouden
house-room *znw*: *I wouldn't give it* ~ ik zou het nog niet cadeau willen hebben
house-to-house *bn* huis-aan-huis-
house-top *znw*: *proclaim (shout) it from the* ~s het van de daken verkondigen
housetrain *overg* zindelijk maken [v. huisdier]
house-warming (party) *znw* feestje o ter inwijding van een woning, house-warming party
housewife *znw* 1 ['hauswaif] huisvrouw; 2 ['hʌzif] necessaire (met naaigerei)
housewifely ['hauswaifli] *bn* huishoudelijk; spaarzaam
housework *znw* huishoudelijk werk o
housing *znw* huisvesting; ~ *association* woningbouwvereniging; ~ *development*, ~ *estate* nieuwbouwwijk; nieuwbouwproject o
hove [houv] V.T. & V.D. van *heave*
hovel ['hɔvl] *znw* hut, stulp; krot o; gribus; loods
hover ['hɔvə] *onoverg* fladderen, zweven, (blijven) hangen²; weifelen
hovercraft *znw* hovercraft
how [hau] hoe; wat; ~ *about...?* hoe staat het met...?; *wat zeg je van...?*; ~ *come?* waarom?, waardoor?, hoezo?
howdy ['haudi] *tsw* Am gemeenz hallo!, dag!
however [hau'evə] *bijw* niettemin; echter, evenwel, maar, hoe ... ook, hoe
howl [haul] I *onoverg* huilen, janken; brullen [van het lachen]; II *znw* gehuil o, gejank o; gebrul o
howler *znw* huiler, janker; gemeenz verschrikkelijke blunder, stommiteit
howling I *bn* gemeenz verschrikkelijk, vreselijk; enorm; II *znw* gehuil o, gejank o
1 hoy [hɔi] *tsw* hei!
2 hoy *znw* scheepv lichter, praam
hoyden ['hɔidn] *znw* wilde meid
h.p. *afk.* = horsepower; hire-purchase
HQ *afk.* = headquarters
HRH *afk.* = His (Her) Royal Highness ZKH (Zijne Koninklijke Hoogheid), HKH (Hare Koninklijke Hoogheid)
hub [hʌb] *znw* naaf; fig middelpunt o
hubbub ['hʌbʌb] *znw* geroezemoes o; rumoer o, kabaal o
hubby ['hʌbi] *znw* gemeenz mannie
hub-cap ['hʌbkæp] *znw* naafdop, auto wieldop
hubris ['hju:bris] *znw* hoogmoed, driestheid
huckaback ['hʌkəbæk] *znw* grof linnen o
huckster ['hʌkstə] *znw* venter, kramer; sjacheraar
huddle ['hʌdl] I *onoverg*: ~ *(together)* zich opeenhopen, bijeenkruipen; II *znw* warboel; *go into a* ~ gemeenz de koppen bij elkaar steken
1 hue [hju:] *znw* kleur; tint, schakering
2 hue [hju:] *znw*: *raise a* ~ *and cry* luid protesteren
hued [hju:d] *bn* getint
huff [hʌf] I *znw*: *in a* ~ gepikeerd; II *onoverg* briesen; blazen, puffen; ~ *and puff* razen en tieren; puffen
huffy *bn* gemeenz nijdig, kwaad; pruilerig; lichtgeraakt
hug [hʌg] I *overg* in de armen drukken, omhelzen, omklemmen, knuffelen; fig zich vastklemmen aan; ~ *the land (the shore)* scheepv dicht bij de wal houden; II *znw* omhelzing, knuffel
huge [hju:dʒ] *bn* zeer groot, kolossaal
hugger-mugger ['hʌgəmʌgə] I *znw* geheimhouding, gesmoes o; janboel; II *bn* bijw geheim, heimelijk; in de war, verward
hulk [hʌlk] *znw* onttakeld schip o (ook: ~s) [eertijds: als gevangenis]; bonk, log gevaarte o
hulking ['hʌlkiŋ] *bn* log, lomp
hull [hʌl] I *znw* schil, dop; omhulsel o; scheepv romp, casco o; II *overg* pellen
hullabaloo [hʌləbə'lu:] *znw* kabaal o, herrie
hullo ['hʌ'lou] *tsw* = *hallo*
hum [hʌm] I *onoverg* gonzen, zoemen, bruisen, snorren, brommen, neuriën; ~ *and haw* niet ronduit spreken; *make things* ~ leven in de brouwerij brengen; II *overg* neuriën; III *znw* gegons o, gezoem o, gesnor o, gebrom o, geneurie o
human ['hju:mən] I *bn* menselijk, mensen-; ~ *rights* mensenrechten; ~ *race* de mensheid; II *znw* mens(elijk wezen o) (ook: ~ *being*)
humane [hju:'mein] *bn* menslievend, humaan
humanism ['hju:mənizm] *znw* humanisme o
humanist *znw* humanist
humanitarian [hju:mæni'tɛəriən] I *bn* humanitair; menslievend; II *znw* filantroop
humanity [hju:'mæniti] *znw* mensdom o; mensheid; menselijkheid; menslievendheid; *the humanities* de humaniora; ± de geesteswetenschappen, vooral de Latijnse en Griekse letteren &
humanize ['hju:mənaiz] *overg* beschaven, veredelen, humaniseren
humankind *znw* (de) mensheid
humanly *bijw* menselijk
humanoid ['hju:mənɔid] I *bn* mensachtig; II *znw* mensachtige
humble ['hʌmbl] I *bn* deemoedig, nederig; bescheiden; onbelangrijk; II *overg* vernederen
humble-bee *znw* hommel
humble-pie *znw*: *to eat* ~ nederig zijn excuses maken, in het stof kruipen
humbug ['hʌmbʌg] *znw* humbug, kale bluf, huichelarij; bedrog o; bluffer, charlatan; (pepermunt)balletje o
humdinger ['hʌmdiŋə] *znw* Am gemeenz iets geweldigs, iets buitengewoons
humdrum ['hʌmdrʌm] *bn* eentonig, alledaags; saai; sleur-
humerus ['hju:mərəs] *znw* (mv: humeri) opperarmbeen o
humid ['hju:mid] *bn* vochtig
humidity [hju:'miditi] *znw* vocht o & v, vochtigheid
humiliate [hju:'milieit] *overg* vernederen
humiliation [hjumili'eiʃən] *znw* vernedering

humility [hju'militi] *znw* nederigheid

humming ['hʌmiŋ] **I** *znw* geneurie *o*; gezoem *o*; gegons *o*; **II** *bn* neuriënd; zoemend; gonzend; gemeenz levendig, bloeiend [handel]

humming-bird *znw* kolibrie

humming-top *znw* bromtol

hummock ['hʌmək] *znw* hoogte, heuveltje *o*

humorist ['hju:mərist] *znw* humorist

humorous *bn* humoristisch, geestig, grappig

humour, Am **humor** ['hju:mə] **I** *znw* (lichaams)vocht *o*; humeur *o*, stemming; humor; *out of* ~ *with* boos op; **II** *overg* zich schikken naar, zijn zin geven, toegeven (aan)

hump [hʌmp] **I** *znw* bult, bochel, uitsteeksel *o*; heuveltje *o*; kwade bui; *that gives me the* ~ gemeenz dat werkt op mijn zenuwen; **II** *onoverg* bollen, welven, krom trekken; **III** *overg* krommen; torsen; slang naaien, neuken

humpback *znw* bochel; gebochelde

humpbacked *bn* gebocheld; ~ *bridge* smalle, steile brug

humph [hmf] *tsw* h(u)m!

humpty-dumpty ['hʌm(p)ti'dʌm(p)ti] *znw* kleine dikzak

humus ['hju:məs] *znw* humus, teelaarde

hunch [hʌn(t)ʃ] **I** *znw* krommen [schouders]; optrekken; ~*ed up* ineengedoken; **II** *znw* bochel, bult; homp; gemeenz (voor-)gevoel *o*, idee *o* & *v*, ingeving

hunchback(ed) ['hʌn(t)ʃbæk(t)] *bn* = humpback(ed)

hundred ['hʌndrəd] *telw* (*znw*) honderd(tal) *o*

hundredfold *bn* honderdvoudig

hundredth *telw* (*znw*) honderdste (deel *o*)

hundredweight *znw* centenaar (= 112 Eng. ponden = 50,7 kilo of 100 Am. ponden = 45,3 kilo)

hung [hʌŋ] **I** V.T. & V.D. van *hang*; **II** *bn*: ~ *up* (*over, about sth.*) geobsedeerd (door); ~ *over* katterig; ~ *parliament* parlement *o* waarin geen enkele partij de meerderheid heeft

Hungarian [hʌŋ'gɛəriən] **I** *znw* Hongaar; Hongaars *o*; **II** *bn* Hongaars

Hungary ['hʌŋgəri] *znw* Hongarije *o*

hunger ['hʌŋgə] **I** *znw* honger[2]; hunkering; **II** *onoverg* hongeren, hunkeren (naar *after, for*)

hungry *bn* hongerig; hunkerend; hongerig makend [werk]

hunk [hʌŋk] *znw* homp, (grote, groot) brok *m* & *v* of *o*; slang lekker stuk *o*, spetter

hunkers ['hʌŋkəz] *znw mv* achterste; *on one's* ~ op de hurken

hunks [hʌŋks] *znw* gemeenz norse oude man; vrek

hunky-dory ['hʌŋki'dɔ:ri] *bn* Am slang prima; *it's all* ~ alles loopt op rolletjes

hunt [hʌnt] **I** *onoverg* jagen; op de (vossen-)jacht gaan; fig snuffelen, zoeken; **II** *overg* jagen (op); najagen; ~ *down* in het nauw brengen, opsporen; ~ *out* (*up*) opzoeken,

(uit)vinden; **III** *znw* (vossen)jacht; jachtveld *o*; jachtgezelschap *o*

hunter *znw* jager°; jachtpaard *o*; ~*'s moon* volle maan in oktober

hunting **I** *znw* jacht, jagen *o*; **II** *bn* jacht-

huntsman *znw* jager; pikeur [bij vossenjacht]

hurdle [hə:dl] **I** *znw* (tenen) horde; hek *o* [bij wedrennen]; fig hindernis; *the* ~*s* sp de hordenloop; **II** *overg* springen over; **III** *onoverg* hordelopen

hurdler *znw* hordevlechter; sp hordeloper

hurdy-gurdy ['hə:digə:di] *znw* muz lier [draaiorgel]

hurl [hə:l] *overg* slingeren, werpen

hurly-burly ['hə:libə:li] *znw* geraas *o*, kabaal *o*, commotie, tumult *o*

hurrah, **hurray** [hu'ra:, hu'rei] *tsw* hoera

hurricane ['hʌrikən, -kein] *znw* orkaan; ~ *deck* stormdek *o*; ~ *lamp* stormlamp

hurried ['hʌrid] *bn* haastig, gehaast, overhaast(ig)

hurry **I** *znw* haast, haastige spoed; *be in a* ~ haast hebben; *in a* ~ gemeenz snel, gauw; **II** *onoverg* zich haasten; ~ *over* haast maken met; ~ *up!* schiet op!; **III** *overg* haasten; overhaasten; verhaasten, haast maken met; in aller ijl brengen, zenden & [v. troepen &]; ~ *along* ook: meeslepen

hurry-scurry *bijw* /hals over kop

hurst [hə:st] *znw* bosje *o*; zandheuvel; zandbank

1 hurt* [hə:t] **I** *overg* pijn doen, bezeren, wonden; deren; krenken, kwetsen[2]; schaden, benadelen; **II** *onoverg* schaden; *it* ~*s* het doet zeer; *just a little drink won't* ~ één glaasje kan geen kwaad

2 hurt *znw* letsel *o*, wond; krenking, belediging

hurtful *bn* schadelijk, nadelig (voor *to*); pijnlijk, krenkend

hurtle ['hə:tl] **I** *onoverg* botsen, stoten, ratelen, donderen; **II** *overg* slingeren, smakken, smijten

husband ['hʌzbənd] **I** *znw* echtgenoot, man; **II** *overg* zuinig huishouden (omgaan) met, zuinig beheren, sparen

husbandry *znw* landbouw; teelt; *cattle* ~ veeteelt; (zuinig) beheer *o*

hush [hʌʃ] **I** *overg* tot zwijgen brengen, sussen[2]; ~ *up* in de doofpot stoppen; verzwijgen; **II** *onoverg* zwijgen; **III** *znw* zwijgen *o*, (diepe) stilte; **IV** *tsw* stil!, st!; ~*ed* gedempt [stem]

hush-hush *bn* gemeenz geheim

hush-money *znw* zwijggeld *o*

husk [hʌsk] **I** *znw* schil, bolster, dop, kaf *o*; (om)hulsel *o*; **II** *overg* schillen, doppen, pellen

1 husky ['hʌski] *bn* schor, hees; stevig, potig

2 husky ['hʌski] *znw* husky, poolhond

hussar [hu'za:] *znw* scheepv huzaar

hussy ['hʌsi, 'hʌzi] *znw* **1** ondeugd [v.e. meisje], brutaaltje *o*; **2** sloerie, del

hustings ['hʌstiŋz] *znw* verkiezingscampagne

hustle ['hʌsl] **I** *overg* (ver)dringen, (weg-)

duwen, stompen, door elkaar schudden; voortjagen; **II** *onoverg* duwen, dringen; er vaart achter zetten, aanpakken; **III** *znw* gejacht *o*, geduw *o*, gedrang *o*; voortvarendheid, energie; ~ *and bustle* drukte

hustler *znw* voortvarend iemand; <u>Am</u> <u>slang</u> prostituee, prostitué

hut [hʌt] *znw* hut, keet; barak

hutch [hʌtʃ] *znw* (konijnen)hok *o*; <u>gemeenz</u> <u>geringsch</u> keet, krot, hok *o*

hutment ['hʌtmənt] *znw* barak(ken)

huzza [huˈzaː, hʌˈzaː] *tsw* <u>vero</u> = *hurrah*

hyacinth ['haiəsinθ] *znw* <u>hyacint</u>

hybrid ['haibrid] **I** *znw* hybride, bastaard; **II** *bn* hybridisch, bastaard-, gemengd

hydra ['haidrə] *znw* (*mv:* -s *of* hydrae) waterslang, hydra²

hydrant *znw* brandkraan

hydrate ['haidreit] *znw* hydraat *o*

hydraulic [haiˈdrɔ(ː)lik] *bn* hydraulisch; ~*s* hydraulica

hydro-carbon ['haidrəˈkaːbən] *znw* koolwaterstof

hydrocephalus [haidrəˈsefələs] *znw* waterhoofd *o*

hydro-electric *bn* hydro-elektrisch; ~ *(power-)station* waterkrachtcentrale

hydrofoil ['haidrəfɔil] *znw* draagvleugelboot

hydrogen *znw* waterstof

hydrophobia [haidrəˈfoubiə] *znw* watervrees, hondsdolheid

hydroplane ['haidrəplein] *znw* <u>Am</u> <u>luchtv</u> watervliegtuig *o*; <u>scheepv</u> glijboot

hydroponics [haidrəˈpɔniks] *znw* <u>plantk</u> watercultuur

hydrotherapy ['haidrəˈθerəpi] *znw* watergeneeswijze, hydrotherapie

hygiene ['haidʒiːn] *znw* hygiëne, gezondheidsleer

hygienic [haiˈdʒiːnik] *bn* hygiënisch

hymen ['haimən] *znw* maagdenvlies *o*

hymeneal [haiməˈniːəl] *bn* huwelijks-

hymn [him] *znw* kerkgezang *o*, lofzang, gezang *o*

hymnal ['himnəl] *znw*, **hymn book** *znw* gezangboek *o*

hype [haip] *znw* overdadige promotie [v.e. product, persoon], hype

hyper- *voorv* hyper-

hyperbola [haiˈpəːbələ] *znw* (*mv:* -s *of* hyperbolae) <u>wisk</u> hyperbool, kegelsnede

hyperbole [haiˈpəːbəli] *znw* [stijlfiguur] hyperbool, overdrijving

hypercritical ['haipəˈkritikl] *bn* hyperkritisch

hypermarket *znw* weilandwinkel, hypermarkt

hypersensitive *bn* overgevoelig

hypertension *znw* hypertensie, verhoogde bloeddruk

hyphen ['haifən] **I** *znw* koppelteken *o*; **II** *overg* = *hyphenate*

hyphenate *overg* door een koppelteken verbinden; ~*d name* dubbele naam

hypnosis [hipˈnousis] *znw* hypnose

hypnotic [hipˈnɔtik] **I** *bn* slaapwekkend; hypnotisch; **II** *znw* hypnoticum *o*, slaapmiddel *o*; gehypnotiseerde

hypnotism ['hipnətizm] *znw* hypnotisme *o*

hypnotist *znw* hypnotiseur

hypnotize *overg* hypnotiseren

hypo- ['haipə] *voorv* verminderd, onvolkomen, onder-

hypochondria [hai-, hipəˈkɔndriə] *znw* hypochondrie

hypocrisy [hiˈpɔkrisi] *znw* hypocrisie, huichelarij, veinzerij

hypocrite ['hipəkrit] *znw* hypocriet, huichelaar, veinzer

hypocritical [hipəˈkritikl] *bn* hypocritisch, huichelachtig, schijnheilig

hypodermic [haipəˈdəːmik] **I** *bn* onderhuids; ~ *needle* injectienaald; **II** *znw* spuit, spuitje *o*

hypotenuse [haiˈpɔtinjuːz] *znw* hypotenusa

hypothecate [haiˈpɔθikeit] *overg* verhypothekeren; verpanden

hypothesis [haiˈpɔθisis] *znw* (*mv:* hypotheses [-siːz]) hypothese, veronderstelling

hypothesize [haiˈpɔθəsaiz] *onoverg* een veronderstelling doen, een hypothese formuleren

hypothetic(al) [haipəˈθetik(l)] *bn* hypothetisch

hysterectomy [histəˈrektəmi] *znw* <u>med</u> verwijdering van de baarmoeder, hysterectomie

hysteria [hisˈtiəriə] *znw* hysterie

hysteric [hisˈterik] **I** *znw* hystericus, hysterica; **II** *bn* = *hysterical*

hysterical *bn* hysterisch; <u>gemeenz</u> ontzettend grappig

hysterics *znw mv* zenuwtoeval; hysterische uitbarsting; *go into* ~ het op de zenuwen krijgen; *be in* ~ zich een breuk lachen

I

i, I [ai] *znw* (de letter) i, I
I [ai] **I** *pers vnw* ik; **II** *znw* ik o, ego o, zelf o
i.a. *afk.* = *inter alia* onder andere
iamb ['aiæm(b)] *znw* jambe
iambic [ai'æmbik] **I** *bn* jambisch; **II** *znw* jambe
iambus *znw* (*mv*: -es of iambi) jambe
ib *afk.* = *ibidem*
IBA *afk.* = *Independent Broadcasting Authority* ± Commissariaat o voor de Media
Iberian [ai'biəriən] *bn* Iberisch
ibid. *afk.* = *ibidem*
ibidem [i'baidəm] *bijw* in hetzelfde boek, van dezelfde auteur
ibis ['aibis] *znw* ibis
IBRD *International Bank for Reconstruction and Development* Oost-Europabank, wereldontwikkelingsbank
ice [ais] **I** *znw* ijs° o; *cut no ~* geen gewicht in de schaal leggen; *on thin ~* fig op glad ijs; **II** *overg* frapperen [dranken]; glaceren [suikerwerk]; **III** *onoverg*: *~ over (up)* bevriezen, dichtvriezen
iceberg *znw* ijsberg
ice-blue *bn (znw)* vaalblauw (o), lichtblauw (o)
ice-bound *bn* ingevroren; dicht-, toegevroren, bevroren
icebox *znw* **1** Br vriesvak o; **2** Am koelkast, ijskast
ice-cold *bn* ijskoud
ice-cream *znw* (room)ijs o, ijs(je) o
ice cube *znw* ijsblokje o
ice-floe *znw* ijsschots
ice hockey *znw* ijshockey o
Iceland ['aislənd] *znw* IJsland o
Icelander *znw* IJslander
Icelandic [ais'lændik] **I** *bn* IJslands; **II** *znw* IJslands o [de taal]
ice-rink *znw* kunstijsbaan
ice-skate *onoverg* schaatsen
icicle ['aisikl] *znw* ijspegel
icing *znw* suikerglazuur o [v. gebak]; ijsafzetting; icing [bij ijshockey]; *~ sugar* poedersuiker; *the ~ on the cake* fig franje, extra o; toeters en bellen
icon ['aikɔn] *znw* icoon [afbeelding]; fig symbool o
iconoclasm [ai'kɔnəklæzm] *znw* beeldenstorm; fig afbreken o van heilige huisjes
iconoclast *znw* beeldenstormer; fig afbreker van heilige huisjes
iconoclastic [aikɔnə'klæstik] *bn* beeldenstormend; fig heilige huisjes afbrekend
icy ['aisi] *bn* ijskoud[2], ijzig[2], ijs-; beijzeld [weg]
I'd [aid] *verk. van* *I would, I should, I had*
idea [ai'diə] *znw* denkbeeld o, begrip o, gedachte, idee o & v; *what's the big ~?* gemeenz wat krijgen we nou?; *get the ~* begrijpen
ideal [ai'diəl] **I** *bn* ideaal; ideëel; denkbeeldig; **II** *znw* ideaal o

idealism *znw* idealisme o
idealist *znw* idealist
idealistic [aidiə'listik] *bn* idealistisch
idealization [aidiəlai'zeiʃən] *znw* idealisering
idealize [ai'diəlaiz] *overg* idealiseren
identical [ai'dentikl] *bn* (de-, het)zelfde, gelijk, identiek; *~ twins* eeneiige tweeling
identifiable [ai'dentifaiəbl] *bn* identificeerbaar, herkenbaar
identification [aidentifi'keiʃən] *znw* vereenzelviging, gelijkstelling, identificatie; legitimatie, identiteitsbewijs o
identify [ai'dentifai] *(onoverg &) overg* (zich) vereenzelvigen, gelijkstellen, -maken (aan *with*), identificeren; in verband brengen (met *with*)
identikit [ai'dentikit] *znw* montagefoto, robotportret o
identity [ai'dentiti] *znw* gelijk(luidend-)heid; persoon(lijkheid); identiteit; *~ card* identiteitsbewijs o, -kaart, persoonsbewijs o
ideological [aidiə'lɔdʒikəl] *bn* ideologisch
ideologist [aidi'ɔlədʒist] *znw* ideoloog
ideology [aidi'ɔlədʒi] *znw* ideologie
ides [aidz] *znw mv* 15de dag van maart, mei, juli en oktober, van de andere maanden de 13de
idiocy ['idiəsi] *znw* idiotie, idioterie, stompzinnigheid
idiom ['idiəm] *znw* idioom o, taaleigen o; dialect o
idiomatic [idiə'mætik] *bn* idiomatisch
idiosyncrasy [idiə'siŋkrəsi] *znw* eigenaardigheid, hebbelijkheid, individuele geestes- of gevoelsneiging
idiosyncratic [idiəsiŋ'krætik] *bn* eigenaardig
idiot ['idiət] *znw* idioot[2]
idiotic [idi'ɔtik] *bn* idioot[2], mal
idle ['aidl] **I** *bn* ledig, nietsdoend, werk(e-)loos, stil(liggend, -staand); lui; ongebruikt; ijdel, nutteloos; **II** *onoverg* leeglopen, niets doen, lanterfanten; techn stationair draaien [v. motor]; **III** *overg*: *~ away* in ledigheid doorbrengen, verluieren
idler *znw* leegloper, nietsdoener, dagdief
idly *bijw* v. *idle I*
idol ['aidl] *znw* afgod[2], idool o
idolater [ai'dɔlətə] *znw* afgodendienaar; aanbidder
idolatrous *bn* afgodisch
idolatry *znw* afgoderij; verafgoding
idolize ['aidəlaiz] *overg* verafgoden[2]
idyll ['idil,'aidil] *znw* idylle[2]
idyllic [ai'dilik] *bn* idyllisch[2]
i.e. *afk.* = *id est, that is* dat wil zeggen, d.w.z.
if [if] **I** *voegw* indien, zo, als, ingeval; zo...al, al; of; *nice weather, even ~ rather cold* ondanks dat het wat koud is, is het (toch) lekker weer; *the damage, ~ any* de eventuele schade; *little (few) ~ any* vrijwel geen; *he was, ~ anything, an artist* hij was juist een kunstenaar!; *~ not* zo niet; *I'll do it, ~ I die for it* ik zal het doen al moet ik ervoor sterven; *nothing ~ not critical* zeer kritisch; *~*

only als... maar; ~ *ever* als ... überhaupt; **II** *znw*: ~*s and buts* mitsen en maren

iffy ['ifi] *bn* gemeenz onzeker, twijfelachtig

igloo ['iglu:] *znw* iglo: sneeuwhut

igneous ['igniəs] *bn* vurig, vuur-; vulkanisch

ignite I *overg* in brand steken; **II** *onoverg* ontbranden

ignition [ig'niʃən] *znw* ontbranding; techn ontsteking; ~ *key* auto contactsleuteltje *o*

ignoble [ig'nəubl] *bn* onedel, laag, schandelijk

ignominious [ignə'miniəs] *bn* schandelijk, onterend; smadelijk, oneervol

ignominy ['ignəmini] *znw* schande(lijkheid), oneer, smaad

ignoramus [ignə'reiməs] *znw* onbenul, weetniet, domoor

ignorance ['ignərəns] *znw* onkunde, onwetendheid; onbekendheid (met *of*)

ignorant *bn* onwetend, onkundig; ~ *of* onbekend met; onkundig van

ignore [ig'nɔ:] *overg* niet willen weten of kennen, geen notitie nemen van, negeren

i.h.p. *afk.* = indicated horse-power ipk, indicateur-paardenkracht

ilk [ilk] **I** *znw* soort *v & o*, slag *o*; *of that* ~ van dat soort; **II** *bn* Schots elk, ieder

I'll [ail] verk. van *I shall, I will*

ill [il] **I** *bn* kwaad, slecht, kwalijk; ziek; misselijk; *fall (be taken)* ~ ziek worden; **II** *bijw* slecht, kwalijk; ~ *at ease* niet op zijn gemak; **III** *znw* kwaad *o*, kwaal; ramp

ill-advised *bn* onberaden, onverstandig

ill-affected *bn* kwaadgezind, kwaadwillig

ill-assorted *bn* slecht bij elkaar passend

illation [i'leiʃən] *znw* gevolgtrekking

ill-boding *bn* onheilspellend

ill-bred *bn* onopgevoed; ongemanierd

ill-disposed *bn* niet genegen; kwaadgezind, kwaadwillig

illegal [i'li:gəl] *bn* onwettig

illegality [ili'gæliti] *znw* onwettigheid

illegibility [iledʒi'biliti] *znw* onleesbaarheid

illegible [i'ledʒibl] *bn* onleesbaar

illegitimacy [ili'dʒitiməsi] *znw* onwettigheid, ongeoorloofdheid, onechtheid

illegitimate *bn* onwettig, ongeoorloofd, onecht

ill-equipped [il'ikwipt] *bn* slecht toegerust

ill-fated [il'feitid] *bn* ongelukkig, rampspoedig

ill-favoured *bn* mismaakt, lelijk

ill-founded *bn* ongegrond

ill-gotten *bn* onrechtmatig verkregen

ill-health *znw* slechte gezondheid

illiberal [i'libərəl] *bn* bekrompen

illiberality [iliba'ræliti] *znw* bekrompenheid

illicit [i'lisit] *bn* ongeoorloofd; onwettig

illimitable [i'limitəbl] *bn* onbegrensd

illiteracy [i'litərəsi] *znw* ongeletterdheid; analfabetisme *o*

illiterate [i'litərət] **I** *bn* ongeletterd; niet kunnende lezen (en schrijven); **II** *znw* analfabeet

ill-judged [il'dʒʌdʒd] *bn* onwijs, onverstandig

ill-mannered *bn* ongemanierd

ill-natured *bn* kwaadaardig, boosaardig, hatelijk

illness *znw* ziekte

illogical [i'lɔdʒikl] *bn* onlogisch

ill-omened ['il'əumend] *bn* onder ongunstige omstandigheden ondernomen; ongelukkig

ill-starred *bn* onder een ongelukkig gesternte geboren; ongelukkig

ill-tempered *bn* humeurig, uit (in (haar)) humeur

ill-timed *bn* ontijdig, ongelegen

ill-treat *overg* mishandelen; slecht (verkeerd) behandelen

illume [i'l(j)u:m] *overg* plechtig verlichten, verhelderen

illuminate *overg* verlichten[2]; belichten; licht werpen op; verluchten; luister bijzetten aan

illumination [il(j)u:mi'neiʃən] *znw* verlichting[2]; belichting; verluchting; glans, luister

illuminator *znw* verlichter[2]; verlichtingsmiddel *o*; verluchter

illusion [i'l(j)u:ʒən] *znw* illusie; (zins-)begoocheling

illusionist [i'l(j)u:ʒənist] *znw* goochelaar

illusive [i'l(j)u:siv], **illusory** [i'l(j)u:səri] *bn* illusoir, denkbeeldig; bedrieglijk

illustrate ['iləstreit] *overg* toelichten, ophelderen; illustreren

illustration [iləs'treiʃən] *znw* illustratie[2]; prent, plaat; toelichting, opheldering

illustrative ['iləstreitiv] *bn* illustrerend, illustratief, verklarend

illustrator *znw* illustrator

illustrious [i'lʌstriəs] *bn* doorluchtig, beroemd, roemrijk, vermaard, hoog, illuster

ill-will ['il'wil] *znw* vijandige gezindheid, kwaadwilligheid, wrok

ill wind *znw*: *it's an* ~ *that blows nobody any good* geen ongeluk zo groot of er is een geluk bij

I'm [aim] verk. van *I am*

image ['imidʒ] *znw* beeld *o*, beeltenis; evenbeeld *o*; toonbeeld *o*; imago *o*, image *o*; *he's the living (very, spitting)* ~ *of his father* hij lijkt als twee druppels water op zijn vader

imagery ['imidʒri, 'imidʒəri] *znw* beeld *o*, beeldwerk *o*; beelden; beeldrijkheid; beeldspraak

imaginable [i'mædʒinəbl] *bn* denkbaar

imaginary [i'mædʒinəri] *bn* ingebeeld, denkbeeldig

imagination [imædʒi'neiʃən] *znw* verbeelding(skracht); voorstelling

imaginative [i'mædʒinətiv] *bn* fantasierijk; van de verbeelding, verbeeldings-

imagine *overg* zich in-, verbeelden, zich voorstellen

imam [i'ma:m] *znw* imam

imbalance [im'bæləns] *znw* gebrek *o* aan evenwicht, onevenwichtigheid, onbalans

imbecile ['imbisi:l, -sail] **I** *znw* imbeciel, stommeling; **II** *bn* imbeciel, idioot, dwaas

imbecility [imbi'siliti] *znw* geesteszwakte, imbeciliteit

imbibe [im'baib] *overg* (in)drinken, op-, inzuigen, (in zich) opnemen[2]; gemeenz te veel drinken

imbroglio [im'brouljou] *znw* imbroglio o: warboel, verwarring; verwikkeling

imbue [im'bju:] *overg* doortrékken; doordringen; drenken, verven; *fig* vervullen (van *with*)

imitate ['imiteit] *overg* navolgen, nabootsen, namaken, nadoen

imitation [imi'teiʃən] *znw* navolging, nabootsing; imitatie

imitative ['imitətiv, 'imiteitiv] *bn* nabootsend, navolgend; ~ *arts* beeldende kunsten; ~ *of* in navolging van, naar

imitator ['imiteitə] *znw* imitator

immaculate [i'mækjulit] *bn* onbevlekt; smetteloos; onberispelijk

immanent ['imənənt] *bn* immanent

immaterial [imə'tiəriəl] *bn* onstoffelijk, onlichamelijk; van weinig of geen belang, van geen betekenis, onverschillig

immature [imə'tjuə] *bn* onvolwassen, onontwikkeld, onrijp

immaturity *znw* onvolwassenheid, onrijpheid

immeasurable [i'meʒərəbl] *bn* onmeetbaar; onmetelijk; versterkend oneindig

immediacy [i'mi:djəsi] *znw* onmiddellijkheid

immediate *bn* onmiddellijk, dadelijk; direct°; naast(bijzijnd), ophanden zijnd

immediately I *bijw* onmiddellijk &, zie *immediate*; II *voegw* zodra

immemorial [imi'mɔ:riəl] *bn* onheuglijk, eeuwenoud; *from (since) time* ~ sinds mensenheugenis

immense [i'mens] *bn* onmetelijk, oneindig, mateloos, gemeenz enorm

immensity *znw* onmetelijkheid, oneindigheid

immerse [i'mə:s] *overg* in-, onderdompelen, indopen; ~ *oneself in* zich verdiepen in; (ergens) helemaal in opgaan; ~*d in* verdiept in, diep in

immersion *znw* in-, onderdompeling, indoping; ~ *in* verdiept zijn o in

immersion heater *znw* dompelaar

immigrant ['imigrənt] I *bn* immigrerend; II *znw* immigrant

immigrate *onoverg* immigreren

immigration [imi'greiʃən] *znw* **1** immigratie; **2** ± paspoortcontrole

imminence ['iminəns] *znw* nabijheid, dreiging, nadering [v. gevaar &]

imminent *bn* dreigend, ophanden (zijnd), voor de deur staand, aanstaande

immitigable [i'mitigəbl] *bn* niet te verzachten; onverzoenlijk

immobile [i'moubail] *bn* onbeweeglijk

immobility [imə'biliti] *znw* onbeweeglijkheid

immobilize [i'moubilaiz] *overg* onbeweeglijk (immobiel) maken; aan de circulatie onttrekken; stilleggen, lamleggen; vast laten lopen

immoderate [i'mɔdərit] *bn* on-, bovenmatig, onredelijk, overdreven

immoderation [imɔdə'reiʃən] *znw* onmatigheid; onredelijkheid, overdrevenheid

immodest [i'mɔdist] *bn* onbescheiden; onbetamelijk, onzedig

immodesty *znw* onbescheidenheid; onbetamelijkheid, onzedigheid

immolate ['iməleit] *overg* (op)offeren; doden als offer

immolation [imə'leiʃən] *znw* (op)offering; offer o

immoral [i'mɔrəl] *bn* immoreel, onzedelijk; zedeloos

immorality [imə'ræliti] *znw* immoraliteit, onzedelijkheid; onzedelijke handeling(en); zedeloosheid

immortal [i'mɔ:tl] I *bn* onsterfelijk; II *znw* onsterfelijke

immortality [imɔ:'tæliti] *znw* onsterfelijkheid

immortalize [i'mɔ:təlaiz] *overg* onsterfelijk maken, vereeuwigen

immortelle [imɔ:'tel] *znw* immortelle, stro bloem

immovable [i'mu:vəbl] I *bn* onbeweegbaar, onbeweeglijk; onveranderlijk, onwrikbaar; recht onroerend, vast; II *znw*: ~*s* onroerende of vaste goederen

immune [i'mju:n] *bn* immuun, onvatbaar (voor *from*, to, *against*), vrijgesteld, gevrijwaard (van *from*)

immunity *znw* immuniteit: onvatbaarheid; vrijstelling, ontheffing

immunization ['imju(:)nai'zeiʃən] *znw* immunisering

immunize ['imjunaiz] *overg* immuun maken, immuniseren

immunology ['imju(:)'nɔlədʒi] *znw* immunologie

immure [i'mjuə] *overg* insluiten, opsluiten, inmetselen [als doodstraf]

immutable [i'mju:təbl] *bn* onveranderlijk, onveranderbaar

imp [imp] *znw* kobold, duiveltje o, rakker

impact ['impækt] I *znw* stoot, schok, slag, botsing; fig uitwerking, invloed, effect o; II *overg* indrijven, indrukken; (krachtig) raken, treffen

impair [im'pɛə] *overg* benadelen, aantasten, verzwakken, afbreuk doen aan

impala [im'pa:lə] *znw* impala

impale [im'peil] *overg* spietsen, doorboren

impalement *znw* spietsen o; doorboring

impalpable [im'pælpəbl] *bn* onvoelbaar, ontastbaar[2]; ongrijpbaar[2]

impanel [im'pænl] *overg* = *empanel*

impart [im'pa:t] *overg* mededelen, geven, verlenen; bijbrengen [kennis]

impartial [im'pa:ʃəl] *bn* onpartijdig

impartiality [impa:ʃi'æliti] *znw* onpartijdigheid

impassable [im'pa:səbl] *bn* onbegaanbaar; [rivier] waar men niet overheen kan

impasse [im'pa:s] *znw* doodlopende straat; fig dood punt o

impassible [im'pæsibl] *bn* onaandoenlijk; ongevoelig, gevoelloos

impassioned [im'pæʃənd] *bn* hartstochtelijk

impassive [im'pæsiv] *bn* onbewogen, ongevoelig, onaandoenlijk, onverstoorbaar, afgestompt

impatience [im'peiʃəns] *znw* ongeduld *o*, ongeduldigheid; *his* ~ *of restraint* zijn afkeer van dwang

impatient *bn* ongeduldig; ~ *of* niet kunnende uitstaan of dulden

impeach [im'pi:tʃ] *overg* in twijfel trekken; verdacht maken; beschuldigen, aanklagen

impeachable *bn* laakbaar

impeachment *znw* in twijfel trekken *o*, verdachtmaking; (stellen *o* in staat van) beschuldiging, aanklacht

impeccable [im'pekəbl] *bn* onberispelijk, foutloos

impecunious [impi'kju:niəs] *bn* zonder geld, onbemiddeld

impedance [im'pi:dəns] *znw* elektr impedantie: schijnweerstand

impede [im'pi:d] *overg* bemoeilijken, verhinderen

impediment [im'pedimənt] *znw* belemmering; *(speech)*~ spraakgebrek *o*

impedimenta [impedi'mentə] *znw* (leger-) bagage

impel [im'pel] *overg* aandrijven, voortdrijven; aanzetten, bewegen

impending [im'pendiŋ] *bn* dreigend, aanstaand, ophanden zijnde

impenetrable [im'penitrəbl] *bn* ondoordringbaar; ondoorgrondelijk

impenitent *bn* onboetvaardig

imperative [im'perətiv] **I** *bn* gebiedend, (absoluut) noodzakelijk, verplicht (voor *upon*); **II** *znw* **1** gebiedende wijs (ook: ~ *mood*), imperatief; **2** (eerste) vereiste *o* & *v*

imperceptible [impə'septibl] *bn* onmerkbaar

imperfect [im'pə:fikt] **I** *bn* onvolmaakt, onvolkomen; ~ *tense* onvoltooid verleden tijd; **II** *znw* imperfectum *o*: onv. verl. tijd

imperfection [impə'fekʃən] *znw* onvolmaaktheid

imperforate [im'pə:fərit] *bn* ongeperforeerd

imperial [im'piəriəl] **I** *bn* keizerlijk, keizer(s)-; rijks-, imperiaal; Brits [v. maten & gewichten &]; **II** *znw* imperiaal(papier) *o*; puntbaardje *o*

imperialism *znw* imperialisme *o*

imperialist I *znw* imperialist; **II** *bn* imperialistisch

imperialistic [impiəriə'listik] *bn* imperialistisch

imperil [im'peril] *overg* in gevaar brengen

imperious [im'piəriəs] *bn* gebiedend, heerszuchtig

imperishable [im'periʃəbl] *bn* onvergankelijk

impermanence *znw* tijdelijkheid, vluchtigheid

impermanent [im'pə:mənənt] *bn* tijdelijk, vergankelijk

impermeable [im'pə:miəbl] *bn* ondoordringbaar

impermissible [impə'misəbl] *bn* ontoelaatbaar

impersonal [im'pə:snl] *bn* niet persoonlijk; onpersoonlijk

impersonality [impə:sə'næliti] *znw* onpersoonlijkheid

impersonate [im'pə:səneit] *overg* imiteren; verpersoonlijken; zich uitgeven voor

impersonation [impə:sə'neiʃən] *znw* imitatie; het zich voordoen als een ander

impersonator [im'pə:səneitə] *znw* imitator; *female* ~ theat travestieartiest; man die vrouwenrol speelt

impertinence [im'pə:tinəns] *znw* onbeschaamdheid

impertinent *bn* ongepast; onbeschaamd

imperturbable [impə'tə:bəbl] *bn* onverstoorbaar

impervious [im'pə:viəs] *bn* ondoordringbaar, ontoegankelijk; niet vatbaar (voor *to*)

impetigo [impi'taigou] *znw* impetigo, krentenbaard [huidziekte]

impetuosity [impetju'ɔsiti] *znw* onstuimigheid, heftigheid

impetuous [im'petjuəs] *bn* onstuimig, heftig

impetus ['impitəs] *znw* impuls, stimulans, aansporing, prikkel, voortstuwende kracht, aandrang, aandrift, vaart

impiety [im'paiəti] *znw* goddeloosheid, oneerbiedigheid

impinge [im'pindʒ] *overg*: ~ *(up)on* treffen, raken, v. invloed zijn op; inbreuk maken op

impingement *znw* inbreuk

impious ['impiəs] *bn* goddeloos; oneerbiedig

impish ['impiʃ] *bn* ondeugend

implacable [im'plækəbl] *bn* onverzoenlijk; onverbiddelijk

implant I *overg* [im'pla:nt] (in)planten, med implanteren; zaaien[2]; inprenten; **II** *znw* ['impla:nt] med implantaat *o*

implausible [im'plɔ:zibl] *bn* onwaarschijnlijk

implement ['implimənt] **I** *znw* gereedschap *o*; werktuig *o*; ~*s* uitrusting; **II** *overg* uitvoeren; nakomen; aanvullen

implementation [implimen'teiʃən] *znw* uitvoering; nakoming; aanvulling

implicate ['implikeit] *overg* impliceren, verwikkelen, betrekken (bij *in*)

implication [impli'keiʃən] *znw* implicatie; *by* ~ stilzwijgend; bij implicatie; indirect

implicit [im'plisit] *bn* stilzwijgend (aangenomen), impliciet; onvoorwaardelijk; blind [vertrouwen &]

implied [im'plaid] *bn* stilzwijgend aangenomen, impliciet

implode [im'ploud] **I** *onoverg* imploderen, ineenklappen **II** *overg* doen imploderen, ineen laten klappen

implore [im'plɔ:] *overg* smeken, afsmeken

imply [im'plai] *overg* insluiten, inhouden; suggereren, (indirect) te kennen geven of aanduiden, impliceren, met zich meebrengen

impolite [impə'lait] *bn* onbeleefd

impolitic [im'pɔlitik] *bn* onhandig, onverstandig

imponderable [im'pɔndərəbl] **I** *bn* onweegbaar, moeilijk in te schatten, onvoorspel-

baar; **II** *znw* onweegbare zaak, onbere-
kenbare/onvoorspelbare factor; ~*s* impon-
derabilia

import I *overg* [im'pɔ:t] invoeren (ook comput), importeren; betekenen, inhouden; **II**
znw ['impɔ:t] invoer, import; betekenis,
portee ; ~*s* invoerartikelen, invoer

importance [im'pɔ:təns] *znw* belang *o*, gewicht *o*, betekenis

important *bn* belangrijk, van gewicht (betekenis), gewichtig(doend)

importation [impɔ:'teiʃən] *znw* import, invoer

importer [im'pɔ:tə] *znw* importeur

importunate [im'pɔ:tjunit] *bn* lastig, opdringerig

importune [im'pɔ:tju:n, impɔ:'tju:n] *overg*
lastig vallen, herhaaldelijk verzoeken, aandringen

importunity [impɔ:'tju:niti] *znw* lastigheid;
overlast; onbescheiden aanhouden *o*

impose [im'pouz] **I** *overg* opleggen; ~ on
opleggen; in de handen stoppen; **II** *onoverg*: ~ (up)on imponeren; misbruik maken van; misleiden; bedriegen

imposing [im'pouziŋ] *bn* imposant, impo-
nerend, indrukwekkend

imposition [impə'ziʃən] *znw* oplegging; belasting; onderw strafwerk *o*; misleiding

impossibility [impɔsi'biliti] *znw* onmoge-
lijkheid

impossible [im'pɔsibl] *bn* onmogelijk°

impost ['impoust] *znw* belasting

imposter, impostor [im'pɔstə] *znw* bedrieger, oplichter

imposture *znw* bedrog *o*

impotence ['impətəns(i)] *znw* onmacht,
machteloosheid; onvermogen *o*; impoten-
tie

impotent ['impətənt] *bn* onmachtig, machteloos; impotent

impound [im'paund] *overg* in beslag nemen [goederen]; inhouden [paspoort]

impoverish [im'pɔvəriʃ] *overg* verarmen;
uitputten [land]

impracticable [im'præktikəbl] *bn* ondoen-
lijk, onuitvoerbaar

impractical [im'præktikl] *bn* onpraktisch,
onhandig, onbruikbaar

imprecate ['imprikeit] *overg* (kwaad) afroepen (over *upon*)

imprecation [impri'keiʃən] *znw* verwensing,
vervloeking

imprecise [impri'sais] *bn* onduidelijk, vaag,
onnauwkeurig

imprecision [impri'siʒən] *znw* onduidelijkheid, vaagheid, onnauwkeurigheid

impregnable [im'pregnəbl] *bn* onneem-
baar²; onaantastbaar

impregnate [im'pregnit] *overg* bevruchten;
impregneren, doortrekken, verzadigen

impregnation [impreg'neiʃən] *znw* bevruchting; impregnatie; verzadiging

impresario [impre'sa:riou] *znw* impresario

impress I *znw* ['impres] indruk; afdruk,
stempel² *o* & *m*; **II** *overg* [im'pres] in-, afdrukken, inprenten², stempelen²; (een zekere) indruk maken op, imponeren, tref-

fen; ~ (up)on ook: op het hart drukken; ~
with an idea doordringen van een idee

impression [im'preʃən] *znw* af-, indruk²,
impressie; (karikaturale) imitatie [v. stem,
gebaren &]; stempel² *o* & *m*; oplage, druk;
idee *o* & *v*; make an ~ indruk maken; under the ~ of in de veronderstelling dat

impressionable *bn* voor indrukken vatbaar, gevoelig

impressionism [im'preʃənizm] *znw* impres-
sionisme *o*

impressionist [im'preʃənist] **I** *bn* impressio-
nist(isch); **II** *znw* imitator

impressionistic [impreʃə'nistik] *bn* impres-
sionistisch

impressive [im'presiv] *bn* indrukwekkend

imprint I *znw* ['imprint] afdruk; stempel *o*
& *m*; drukkers- of uitgeversnaam op titelblad &; **II** *overg* [im'print] drukken, stempelen, inprenten

imprison [im'prizn] *overg* gevangen zetten

imprisonment *znw* gevangenschap, ge-
vangenzetting, gevangenis(straf); ~ for
debt gijzeling

improbable [im'prɔbəbl] *bn* onwaarschijnlijk

improbity [im'proubiti] *znw* oneerlijkheid

impromptu [im'prɔm(p)tju:] **I** *bn* geïmproviseerd; **II** *bijw* voor de vuist; **III** *znw* muz
impromptu *o* & *m*

improper [im'prɔpə] *bn* ongeschikt; onbehoorlijk, onfatsoenlijk; oneigenlijk, onecht
[v. breuken]; onjuist, ten onrechte

impropriety [imprə'praiəti] *znw* ongeschiktheid &, zie *improper*

improve [im'pru:v] **I** *overg* verbeteren, verhogen, veredelen; ten nutte maken; **II** *onoverg* beter worden, vooruitgaan; ~ (up-)
on verbeteren; he ~d on this hij overtrof
zichzelf nog; *improving* ook: stichtelijk;
leerzaam

improvement *znw* verbetering, beter-
schap, vooruitgang, vordering; veredeling

improver *znw* leerling, volontair

improvidence [im'prɔvidəns] *znw* zorgeloosheid

improvident *bn* zorgeloos

improvisation [imprəvai'zeiʃən] *znw* improvisatie

improvise ['imprəvaiz] *overg* & *onoverg* improviseren

imprudence [im'pru:dəns] *znw* onvoorzichtigheid

imprudent *bn* onvoorzichtig

impudence ['impjudəns] *znw* schaamte-
loosheid

impudent *bn* onbeschaamd, schaamteloos

impugn [im'pju:n] *overg* betwisten

impulse ['impʌls] *znw* aandrift, opwelling,
impuls; drijfveer; stimulans, prikkel; stoot;
on ~ in een opwelling, impulsief

impulsion [im'pʌlʃən] *znw* = *impulse*

impulsive *bn* stuw-; impulsief

impunity [im'pju:niti] *znw*: with ~ straffe-
loos

impure [im'pjuə] *bn* onzuiver, onrein; onkuis

impurity *znw* onzuiverheid, onreinheid²;

onkuisheid

imputation [impju'teiʃən] *znw* beschuldiging

impute [im'pju:t] *overg* toeschrijven (aan to), wijten, ten laste leggen

in. *afk.* = *inch(es)*

in [in] **I** *voorz* in, naar, bij, volgens, aan, op; van; betrokken bij; met ... aan (op), met; over; ~ *itself* op zichzelf, alleen al; ~ *their thousands* bij duizenden; ~ *three days* in drie dagen; over drie dagen; ~ *that* dat wil zeggen, in de zin dat; **II** *bijw* aan [van boot]; binnen [van trein]; (naar) binnen, thuis, aanwezig, er; aan slag [bij cricket]; aan het bewind; gemeenz in, in de mode; *fruit is* ~ nu is het de tijd voor fruit; *you are* ~ *for it* je bent zuur, je bent erbij; be ~ *on* meedoen aan; *be* ~ *with* goede maatjes zijn met; ~ *and out* door en door; *all* ~ alles inbegrepen; gemeenz kapot, (dood)op; **III** *bn* binnen ...; **IV** *znw:* *the* ~*s and outs* alle ins en outs; alle finesses *of* details; *Br pol* de partij die in de regering zit en de oppositie

inability [inə'biliti] *znw* onvermogen *o*, onbekwaamheid

inaccessible [inæk'sesibl] *bn* ongenaakbaar²; ontoegankelijk

inaccuracy [i'nækjurəsi] *znw* onnauwkeurigheid

inaccurate *bn* onnauwkeurig

inaction [i'nækʃən] *znw* het niets doen, ± non-interventie

inactive *bn* werk(e)loos; niet actief; traag

inactivity [inæk'tiviti] *znw* werk(e)loosheid, nietsdoen *o*; traagheid

inadequacy [i'nædikwəsi] *znw* ontoereikendheid

inadequate *bn* ontoereikend

inadmissible [inəd'misibl] *bn* ontoelaatbaar

inadvertence [inəd'və:təns(i)] *znw* onachtzaamheid

inadvertent *bn* onbewust, onopzettelijk

inadvisable [inəd'vaizəbl] *bn* niet raadzaam, onverstandig

inalienable [i'neiljənəbl] *bn* onvervreemdbaar²

inamorato [inæmə'ra:tou] *znw* minnaar

inane [i'nein] *bn* leeg, zinloos; idioot

inanimate [i'nænimit] *bn* levenloos, onbezield

inanition [inə'niʃən] *znw* uitputting

inanity [i'næniti] *znw* (zin)ledigheid; zinloosheid; banaliteit

inapplicable [i'næplikəbl] *bn* ontoepasselijk, niet van toepassing (op *to*)

inapposite [i'næpəzit] *bn* ontoepasselijk, ongepast, ongeschikt

inappreciable [inə'pri:ʃiəbl] *bn* uiterst gering, te verwaarlozen

inapprehensible [inæpri'hensibl] *bn* onbegrijpelijk

inapproachable [inə'proutʃəbl] *bn* ongenaakbaar, ontoegankelijk

inappropriate [inə'proupriit] *bn* ongeschikt, ongepast; onjuist, verkeerd

inapt [i'næpt] *bn* ongeschikt, onbekwaam

inaptitude *znw* ongeschiktheid

inarticulate [ina:'tikjulit] *bn* onduidelijk, zich moeilijk uitdrukkend; sprakeloos; anat ongeleed

inartificial [ina:ti'fiʃəl] *bn* ongekunsteld

inartistic [ina:'tistik] *bn* niet kunstzinnig

inasmuch [inəs'mʌtʃ] *bijw:* ~ *as* aangezien; vero in zoverre (als)

inattention [inə'tenʃən] *znw* onoplettendheid

inattentive *bn* onoplettend, niet lettend (op *to*); onattent

inaudible [i'nɔ:dəbl] *bn* onhoorbaar

inaugural [i'nɔ:gjurəl] *bn* inaugureel, intree-, inwijdings-, openings-

inaugurate [i'nɔ:gjureit] *overg* inwijden, inhuldigen, onthullen, openen [nieuw tijdperk]

inauguration [inɔ:gju'reiʃən] *znw* inwijding, inhuldiging

inauspicious [inɔ:s'piʃəs] *bn* onheilspellend, ongunstig

inboard ['inbɔ:d] *bn bijw* binnenboords

inborn ['in'bɔ:n, 'inbɔ:n] *bn* aan-, ingeboren

inbred ['in'bred, 'inbred] *bn* aangeboren; door inteelt ontstaan

inbreeding ['inbri:diŋ] *znw* inteelt

inbuilt ['in'bilt] *bn* ingebouwd; fig aangeboren, van nature

Inc. *afk.* = *Incorporated* Am ± Naamloze Vennootschap, NV

incalculable [in'kælkjuləbl] *bn* onberekenbaar

incandescence [inkən'desəns] *znw* (witte) gloeihitte, gloeiing²

incandescent *bn* (wit)gloeiend, gloei-

incantation [inkæn'teiʃən] *znw* bezwering, toverformule

incapable [in'keipəbl] *bn* onbekwaam²; recht onbevoegd; ~ *of* niet in staat om

incapacitate [inkə'pæsiteit] *overg* uitschakelen, ongeschikt maken; recht onbevoegd verklaren

incapacity *znw* onbekwaamheid; recht onbevoegdheid

incarcerate [in'ka:səreit] *overg* gevangenzetten

incarceration [inka:sə'reiʃən] *znw* opsluiting

incarnadine [in'ka:nədain] *bn* plechtig vleeskleurig, rood

incarnate I *bn* [in'ka:nit] vlees geworden, vleselijk; **II** *overg* [in'ka:neit] incarneren, belichamen

incarnation [inka:'neiʃən] *znw* incarnatie, belichaming, verpersoonlijking

incautious [in'kɔ:ʃəs] *bn* onvoorzichtig

incendiarism [in'sendjərizm] *znw* brandstichting; fig opruiing

incendiary I *bn* brandstichtend; brand-; fig opruiend; **II** *znw* brandstichter; brandbom; fig stokebrand, opruier

1 incense [in'sens] *overg* vertoornen; ~*d* verbolgen, gebelgd, woedend (over *at*)

2 incense ['insens] **I** *znw* wierook; **II** *overg* bewieroken

incense-boat *znw* wierookschuitje *o*

incensory *znw* wierookvat *o*

incentive [in'sentiv] **I** bn aanmoedigings-; **II** znw **1** prikkel, stimulans; **2** beloning, (investerings)premie; incentive o

inception [in'sepʃən] znw begin o

inceptive bn beginnend, begin-

incertitude [in'sə:titju:d] znw onzekerheid

incessant [in'sesnt] bn onophoudelijk

incest ['insest] znw incest

incestuous [in'sestjuəs] bn incestueus

inch [in(t)ʃ] **I** znw Engelse duim, ¹/₁₂ voet = 2 ½ cm; every ~ a gentleman op-en-top een heer; ~ by ~, by ~es langzamerhand; flog sbd. within an ~ of his life iem. bijna doodranselen; **II** onoverg & overg langzaam maar zeker bewegen

inchoate ['inkoueit] **I** bn juist begonnen; onontwikkeld; **II** overg beginnen

inchoative ['inkouəitiv] **I** bn inchoatief; **II** znw inchoatief (werkwoord) o

incidence ['insidəns] znw verbreiding, frequentie; vóórkomen o [v. kanker &]; angle of ~ hoek van inval

incident I bn (in)vallend [v. straal]; ~ to (soms upon) verbonden met, eigen aan; **II** znw voorval o, episode, incident o

incidental [insi'dentl] **I** bn toevallig, bijkomend, bijkomstig, incidenteel, bij-; tussen-; ~ remark terloops gemaakte opmerking; ~ to = incident to; **II** znw bijkomstigheid; ~s bijkomende (on)kosten

incidentally bijw toevallig; terloops; tussen twee haakjes, overigens

incinerate [in'sinəreit] overg (tot as) verbranden

incineration [insinə'reiʃən] znw verbranding (tot as)

incinerator [in'sinəreitə] znw vuilverbrandingsoven

incipience, incipiency [in'sipiəns(i)] znw begin o

incipient bn beginnend, begin-

incise [in'saiz] overg insnijden, kerven

incision [in'siʒən] znw insnijding; snee; kerf

incisive [in'saisiv] bn snijdend; fig scherp, indringend

incisor znw snijtand

incite [in'sait] overg aansporen, prikkelen

incitement znw aansporing, prikkel

incivility [insi'viliti] znw onbeleefdheid

inclement bn streng, meedogenloos; bar, guur [weer]

inclination [inkli'neiʃən] znw helling; neiging, genegenheid; zin, trek, lust

incline I onoverg neigen, buigen, (over)hellen, geneigd zijn (tot, naar to(wards)); **II** overg [in'klain] buigen, doen (over)hellen, schuin houden/zetten; ~d plane hellend vlak o; **III** znw ['inklain] helling, hellend vlak o

inclose [in'klouz] = enclose &

include [in'klu:d] overg insluiten, be-, omvatten, meetellen, -rekenen; up to and including... tot en met...

inclusion [in'klu:ʒən] znw insluiting, opname

inclusive bn inclusief; ~ of ... met inbegrip van

incognito bn bijw & znw incognito (o)

incoherence [inkou'hiərəns(i)] znw onsamenhangendheid

incoherent bn onsamenhangend

incombustible [inkəm'bʌstibl] bn on(ver-)brandbaar

income ['inkʌm, 'inkəm] znw inkomen o, inkomsten

incomer ['inkʌmə] znw nieuwe huurder; immigrant

incoming I bn in-, binnenkomend°; opkomend [getij]; nieuw [v. ambtenaar]; **II** znw (binnen)komst; ~s inkomsten

incommensurable [inkə'menʃərəbl] bn (onderling) niet te vergelijken; niet in verhouding (tot with)

incommensurate [inkə'menʃərit] bn onevenredig

incommode [inkə'moud] overg lastig vallen, storen

incommodious bn ongerief(e)lijk

incommunicable [inkə'mju:nikəbl] bn onmededeelbaar, voor mededeling niet geschikt

incommunicado [inkəmju:ni'ka:dou] bn van de buitenwereld afgesloten, zonder communicatiemogelijkheid; in eenzaamheid opgesloten [v. gevangene]; gemeenz niet te bereiken

incommutable [inkə'mju:təbl] bn onveranderlijk; niet verwisselbaar

incomparable [in'kɔmpərəbl] bn onvergelijkelijk, weergaloos, uniek

incompatibility [inkəmpæti'biliti] znw onverenigbaarheid

incompatible [inkəm'pætibl] bn onverenigbaar; incompatibel, niet bij elkaar passend

incompetence [in'kɔmpitəns(i)] znw onbekwaamheid, ongeschiktheid, onbevoegdheid

incompetent bn onbekwaam, ongeschikt, onbevoegd (tot to)

incomplete [inkəm'pli:t] bn onvolledig, onvolkomen

incomprehensible [inkɔmpri'hensəbl] bn onbegrijpelijk

incomprehension znw onbegrip o, nietbegrijpen o

inconceivable [inkən'si:vəbl] bn onbegrijpelijk; ondenkbaar

inconclusive [inkən'klu:siv] bn niet afdoend, niet beslissend; niet overtuigend

incongruity [inkɔŋ'gruiti] znw ongelijk(soortig)heid; wanverhouding; ongerijmdheid

incongruous [in'kɔŋgruəs] bn ongelijk(soortig), onverenigbaar; ongerijmd

inconsequent bn niet consequent, onlogisch, onsamenhangend

inconsequential [inkɔnsi'kwenʃəl] bn onbelangrijk

inconsiderable [inkən'sidərəbl] bn onbeduidend

inconsiderate [inkən'sidərit] bn ondoordacht; onattent; zonder consideratie

inconsistency [inkən'sistənsi] znw onverenigbaarheid; inconsequentie

inconsistent bn onverenigbaar of in tegenspraak (met with); inconsequent, onlogisch

inconsolable [inkən'souləbl] *bn* ontroostbaar

inconspicuous [inkən'spikjuəs] *bn* niet opvallend; onaanzienlijk

inconstancy [in'kɔnstənsi] *znw* veranderlijkheid, wispelturigheid

inconstant *bn* veranderlijk, wispelturig

incontestable [inkən'testəbl] *bn* onbetwistbaar

incontinence [in'kɔntinəns] *znw* med incontinentie; fig gebrek o aan zelfbeheersing

incontinent *bn* med incontinent; fig onbeheerst

incontrovertible [inkɔntrə'və:tibl] *bn* onbetwistbaar

inconvenience [inkən'vi:njəns] **I** *znw* ongemak o, ongerief o; **II** *overg* tot last zijn; lastig vallen

inconvenient *bn* ongelegen, niet gelegen (komend), lastig

inconvertibility [inkənvə:ti'biliti] *znw* onverwisselbaarheid

inconvertible [inkən'və:tibl] *bn* onverwisselbaar, onveranderlijk; niet converteerbaar, niet inwisselbaar (voor *into*)

incoordination [inkouɔ:di'neiʃən] *znw* gebrek o aan coördinatie

incorporate I *bn* [in'kɔ:pərit] (tot één lichaam) verenigd; met rechtspersoonlijkheid; **II** *overg* [in'kɔ:pəreit] (tot één lichaam, maatschappij) verenigen, inlijven (bij *in*, *with*), opnemen (in een groep, corporatie &); bevatten; rechtspersoonlijkheid verlenen

incorporation [inkɔ:pə'reiʃən] *znw* inlijving, opname; recht erkenning als rechtspersoon; incorporatie

incorporeal [inkɔ:'pɔ:riəl] *bn* onstoffelijk

incorporeity [inkɔ:pə'ri:iti] *znw* onstoffelijkheid

incorrect [inkə'rekt] *bn* onjuist

incorrigible [in'kɔridʒibl] *bn* onverbeterlijk

incorruptible *bn* onbederfelijk, onvergankelijk; onomkoopbaar, integer

increase I *onoverg* [in'kri:s] (aan)groeien, toenemen, stijgen, zich vermeerderen; groter worden; **II** *overg* doen aangroeien &; vermeerderen, vergroten, verhogen, versterken; **III** *znw* ['inkri:s] groei, aanwas, toename; verhoging; *be on the* ~ toenemen

increasingly [in'kri:siŋli] *bijw*: ~ *difficult* steeds moeilijker

incredible [in'kredəbl] *bn* ongelofelijk

incredulity [inkri'dju:liti] *znw* ongelovigheid

incredulous [in'kredjuləs] *bn* ongelovig

increment ['inkrimənt] *znw* (waarde-) vermeerdering; (loons)verhoging

incremental [inkri'mentl] *bn* periodiek stijgend [salaris, winst &]

incriminate [in'krimineit] *overg* beschuldigen, ten laste leggen

incriminatory *bn* beschuldigend

incrust [in'krʌst] = encrust

in-crowd ['in'kraud] *znw* incrowd, kliek, wereldje o

incubate ['inkjubeit] *overg & onoverg* (uit-) broeden; bebroeden

incubation [inkju'beiʃən] *znw* broeding; incubatie(tijd)

incubator ['inkjubeitə] *znw* broedmachine, broedtoestel o, couveuse

incubus ['inkjubəs] *znw* (*mv*: -es *of* incubi) nachtmerrie²; schrikbeeld o

inculcate ['inkʌlkeit] *overg* inprenten; ~ *sth. in(to) sbd.*, ~ *sbd. with sth.* iem. iets inprenten

inculcation [inkʌl'keiʃən] *znw* inprenting

inculpate ['inkʌlpeit] *overg* beschuldigen, aanklagen

inculpation [inkʌl'peiʃən] *znw* beschuldiging, aanklacht

incumbency [in'kʌmbənsi] *znw* (geestelijk) ambt; predikantsplaats; verplichting

incumbent *bn* als plicht rustend (op *on*); *it is* ~ *upon you* het is uw plicht; **II** *znw* bekleder van een (geestelijk) ambt, predikant

incunable [in'kju:nəbl], **incunabulum** [inkju'næbjuləm] (*mv*: incunabula) *znw* incunabel, wiegendruk

incur [in'kə:] *overg* zich op de hals halen, oplopen; ~ *debts* schulden maken

incurable [in'kjuərəbl] *bn* ongeneeslijk; fig onverbeterlijk

incurious [in'kjuəriəs] *bn* niet nieuwsgierig; achteloos

incursion [in'kə:ʃən] *znw* inval

incurvation [inkə:'veiʃən] *znw* (krom-) buiging

incuse [in'kju:z] **I** *bn* ingeslagen; gestempeld; **II** *overg* [beeltenis] inslaan; stempelen

indebted [in'detid] *bn* schuldig; *be* ~ *to sbd. for sth.* iem. iets te danken hebben

indebtedness *znw* schuld(en); verplichting

indecency [in'di:snsi] *znw* onbetamelijkheid, onfatsoenlijkheid

indecent *bn* onbetamelijk, onfatsoenlijk

indecipherable [indi'saifərəbl] *bn* niet te ontcijferen

indecision [indi'siʒən] *znw* besluiteloosheid

indecisive [indi'saisiv] *bn* niet beslissend; besluiteloos

indeclinable [indi'klainəbl] *bn* onverbuigbaar

indecorous [in'dekərəs] *bn* onwelvoeglijk, onbehoorlijk

indecorum [indi'kɔ:rəm] *znw* onwelvoeglijkheid

indeed [in'di:d] *bijw* inderdaad, in werkelijkheid, zeker, waarachtig, wel, ja (zelfs), dan ook, trouwens; ~! jawel!, och kom!; werkelijk?

indefatigable [indi'fætigəbl] *bn* onvermoeibaar

indefeasible [indi'fi:zəbl] *bn* onaantastbaar, onvervreemdbaar

indefectible [indi'fektəbl] *bn* onvergankelijk; onfeilbaar; feilloos

indefensible [indi'fensəbl] *bn* onverdedigbaar

indefinable [indi'fainəbl] *bn* ondefinieerbaar

indefinite [in'definit] *bn* onbepaald, onbegrensd; ook: voor onbepaalde tijd; tot in het oneindige

indelible [in'delibl] *bn* onuitwisbaar

indelicacy [in'delikəsi] *znw* onkiesheid

indelicate *bn* onkies, onfatsoenlijk

indemnification [indemnifi'keiʃən] *znw* schadeloosstelling

indemnify [in'demnifai] *overg* schadeloosstellen; vrijwaren (voor *against, from*)

indemnity [in'demniti] *znw* vrijwaring; schadeloosstelling, vergoeding; kwijtschelding

indent I *overg* [in'dent] inkepen; (en reliëf) stempelen; inspringen [v. regel]; bestellen; II *znw* ['indent] inkerving; bestelling

indentation [inden'teiʃən] *znw* inkeping; inspringing [v. regel]

indenture [in'dentʃə] I *znw* contract o; leercontract o (meestal: ~s); II *overg* bij contract verbinden; in de leer doen (nemen); ~d labour contractarbeiders; contractarbeid

independence [indi'pendəns] *znw* onafhankelijkheid (van *of, on*); zelfstandigheid

Independence Day *znw* Am onafhankelijkheidsdag (4 juli)

independent *bn* onafhankelijk (van *of*); zelfstandig

in-depth ['in'depθ] *bn* diepgaand, grondig, diepte-

indescribable [indis'kraibəbl] *bn* onbeschrijf(e)lijk

indestructible [indis'trʌktibl] *bn* onverwoestbaar

indeterminable [indi'tə:minəbl] *bn* niet vast te stellen; niet te beslissen

indeterminacy [indi'təminəsi] *znw* onbepaaldheid

indeterminate *bn* onbepaald, onbeslist; vaag, onduidelijk

indetermination [indita:mi'neiʃən] *znw* besluiteloosheid

index ['indeks] I *znw* (*mv*: -es *of* indices [-disi:z]) 1 index°; 2 register o; 3 wisk exponent; 4 fig aanwijzing; II *overg* van een index voorzien; indexeren

index finger *znw* wijsvinger

index-linked *bn* geïndexeerd, waardevast [v. pensioen &]

India ['indjə] *znw* [staat] India o; [gebied] Voor-Indië o

Indiaman *znw* Oost-Indiëvaarder

Indian I *bn* Indiaas; Indisch; indiaans; *(in)* ~ file (in) ganzenmars; ~ summer nazomer; II *znw* Indiër; indiaan

india-rubber *znw* vlakgom o; rubber o

indicate ['indikeit] *overg* (aan)wijzen, te kennen geven; wijzen op; be ~d nodig of raadzaam zijn

indication [indi'keiʃən] *znw* aanwijzing, aanduiding, teken o; indicatie

indicative [in'dikativ] I *bn* aantonend; be ~ of kenmerkend zijn voor; II *znw* aantonende wijs (ook: ~ mood)

indicator ['indikeitə] *znw* indicatie, indicator; techn meter, teller, verklikker

indices ['indisi:z] *znw mv* v. index I, 3

indict [in'dait] *overg* aanklagen

indictable *bn* recht strafbaar

indictment *znw* aanklacht

Indies ['indiz] *znw mv: the* ~ vero Indië o

indifference [in'difrəns] *znw* onverschilligheid

indifferent *bn* onverschillig (voor *to*); (middel)matig

indifferently *bijw* onverschillig; (middel-)matig

indigence ['indidʒəns] *znw* gebrek o, armoede

indigenous [in'didʒinəs] *bn* inlands, inheems

indigent ['indidʒənt] *bn* behoeftig, arm

indigestible *bn* onverteerbaar[2]

indigestion *znw* indigestie, slechte spijsvertering

indigestive *bn* met een slechte spijsvertering

indignant [in'dignənt] *bn* verontwaardigd (over *at, with*)

indignation [indig'neiʃən] *znw* verontwaardiging; ~ meeting protestvergadering

indignity [in'digniti] *znw* onwaardige behandeling, belediging

indigo ['indigou] *znw* indigo m [plant, verfstof], indigo o [kleur]

indirect ['indi'rekt] *bn* zijdelings; indirect, slinks; ~ object meewerkend voorwerp o

indiscernible [indi'sə:nibl] *bn* niet te onderscheiden

indiscipline *znw* gebrek o aan discipline

indiscreet [indis'kri:t] *bn* onvoorzichtig, onbezonnen; indiscreet: loslippig

indiscrete [indis'kri:t] *bn* compact, homogeen

indiscretion [indis'kreʃən] *znw* onvoorzichtigheid, onbezonnenheid; indiscretie

indiscriminate [indis'kriminit] *bn* geen onderscheid makend; door elkaar (gebruikt)

indispensable [indis'pensəbl] *bn* onmisbaar

indisposed *bn* onwel

indisposition [indispə'ziʃən] *znw* onwel zijn o, lichte ziekte; onwelwillendheid; afkerigheid (van *to, towards*)

indisputable [indis'pju:təbl] *bn* onbetwistbaar

indissoluble [indis'sɔljubl] *bn* onoplosbaar, onverbreekbaar, onlosmakelijk

indistinct [indis'tiŋ(k)t] *bn* onduidelijk, vaag; verward

indistinguishable [indis'tiŋwiʃəbl] *bn* niet te onderscheiden

indite [in'dait] *overg* plechtig of schertsend in woorden uitdrukken, opstellen, schrijven

individual [indi'vidjuəl] I *bn* individueel, afzonderlijk, apart, persoonlijk; II *znw* enkeling; persoon; individu o

individualism *znw* individualisme o

individualist I *znw* individualist; II *bn* individualistisch

individualistic [indivdjuə'listik] *bn* individualistisch

individuality [individju'æliti] *znw* individualiteit, (eigen) persoonlijkheid

individualize [indi'vidjuəlaiz] *overg* individualiseren

individually *bijw* individueel, (elk) op zichzelf, één voor één, apart
indivisible [indi'vizəbl] *bn* ondeelbaar
indocile [in'dousail] *bn* ongezeglijk
indoctrinate [in'dɔktrineit] *overg* indoctrineren
indoctrination [indɔktri'neiʃən] *znw* indoctrinatie
Indo-European ['indoujuərə'pi:ən] **I** *bn* Indo-Europees; **II** *znw* Indo-Europeaan
indolence ['indələns] *znw* traagheid, indolentie
indolent *bn* traag, indolent
indomitable [in'dɔmitəbl] *bn* ontembaar
Indonesia [indou'ni:zjə] *znw* Indonesië
Indonesian [indou'ni:zjen] **I** *bn* Indonesisch; **II** *znw* Indonesiër; Indonesisch *o* [taal]
indoor ['indɔ:] *bn* binnenshuis, huis-, kamer- [plant, gymnastiek &], binnen-, sp zaal-, indoor-
indoors [in'dɔ:z] *bijw* binnen(shuis)
indorse [in'dɔ:s] *overg* = endorse &
indrawn ['in'drɔ:n] *bn* ingehouden
indubitable [in'dju:bitəbl] *bn* ontwijfelbaar
induce [in'dju:s] *overg* bewegen, nopen; teweegbrengen; med opwekken [v. weeën]
inducement *znw* aanleiding, drijfveer; teweegbrengen *o*
induct [in'dʌkt] *overg* installeren (in *into*); bevestigen (in *to*) [geestelijk ambt]; fig inwijden
induction *znw* installatie, bevestiging; gevolgtrekking; inductie; med opwekking [v. weeën]; fig inwijding; ~ *course* onderw voorbereidende cursus
inductive *bn* inductief; elektr inductie-
inductor *znw* inductor
indulge [in'dʌldʒ] **I** *overg* toegeven (aan), zich overgeven aan; zijn zin geven, verwennen; gemeenz te veel drinken; **II** *onoverg*: ~ *(in)* zich overgeven (aan), zich te goed doen; zich te buiten gaan aan drank
indulgence *znw* zich overgeven *o* (aan *in*), toegeeflijkheid; gunst; RK aflaat
indulgent *bn* toegeeflijk
indurate ['indjureit] **I** *overg* verharden; fig inwortelen; **II** *onoverg* ingeworteld raken
industrial [in'dʌstriəl] **I** *bn* industrieel, industrie-, nijverheids-, bedrijfs-; ~ *action* stakingsactie; ~ *relations* arbeidsverhoudingen; **II** *znw*: ~*s* handel industriewaarden
industrialism [in'dʌstriəlizm] *znw* sociaaleconomisch systeem *o* waarin de industrie een overheersende rol speelt
industrialist *znw* industrieel
industrialization [indʌstriəlai'zeiʃən] *znw* industrialisering
industrialize [in'dʌstriəlaiz] *overg* & *onoverg* industrialiseren
industrious [in'dʌstriəs] *bn* ijverig
industry [in'dʌstri] *znw* vlijt; nijverheid, industrie, bedrijf *o*, bedrijfsleven *o*, bedrijfstak
inebriate [i'ni:briit] **I** *bn* dronken; **II** *znw* dronkaard; **III** *overg* [i'ni:brieit] dronken maken[2]
inebriation [ini:bri'eiʃən] *znw* dronken-

schap, roes
inebriety [ini'braiəti] *znw* dronkenschap; drankzucht
inedible [i'nedibl] *bn* oneetbaar
inedited [i'neditid] *bn* onuitgegeven; ongeredigeerd
ineffable [i'nefəbl] *bn* onuitsprekelijk
ineffaceable [ini'feisəbl] *bn* onuitwisbaar
ineffective [ini'fektiv] *bn* ineffectief, zonder uitwerking; geen effect sorterend; inefficiënt, ondoelmatig
ineffectual *bn* vruchteloos; incapabel
inefficacious [inefi'keiʃəs] *bn* ondoeltreffend
inefficacy [i'nefikəsi] *znw* ondoeltreffendheid
inefficiency [ini'fiʃənsi] *znw* ondoelmatigheid
inefficient *bn* inefficiënt
inelegant *bn* onelegant; lomp
ineligible [i'nelidʒibl] *bn* niet verkiesbaar; niet in aanmerking komend
ineluctable [ini'lʌktabl] *bn* onontkoombaar
inept [i'nept] *bn* onzinnig
ineptitude *znw* onzinnigheid
inequality [ini'kwɔliti] *znw* ongelijkheid; oneffenheid
inequitable [i'nekwitabl] *bn* onbillijk
inequity *znw* onbillijkheid
ineradicable [ini'rædikabl] *bn* onuitroeibaar
inerrable [in'ə:rəbl] *bn* onfeilbaar
inert [i'nə:t] *bn* log, loom, traag[2], inert
inertia *znw* traagheid[2], inertie
inescapable [inis'keipabl] *bn* onontkoombaar
inessential [ini'senʃal] **I** *bn* bijkomstig; **II** *znw* bijkomstigheid
inestimable [i'nestimabl] *bn* onschatbaar
inevitability [inevitə'biliti] *znw* onvermijdelijkheid
inevitable [i'nevitabl] *bn* onvermijdelijk
inexact [inig'zækt] *bn* onnauwkeurig
inexactitude *znw* onnauwkeurigheid
inexcusable [iniks'kju:zabl] *bn* onvergeeflijk
inexhaustible [inig'zɔ:stabl] *bn* onuitputtelijk; onvermoeibaar
inexorable [i'neksarabl] *bn* onverbiddelijk
inexpediency [iniks'pi:diansi] *znw* ondoelmatigheid, ongeschiktheid, niet raadzaam zijn *o*
inexpedient *bn* ondoelmatig, ongeschikt, af te raden
inexpensive [iniks'pensiv] *bn* goedkoop
inexperience [iniks'piarians] *znw* onervarenheid
inexperienced *bn* onervaren
inexpert [i'nekspa:t] *bn* onbedreven; ondeskundig
inexpiable [i'nekspiabl] *bn* door geen boetedoening goed te maken; onverzoenlijk
inexplicable [iniks'plikabl] *bn* onverklaarbaar
inexplicably *bijw* op onverklaarbare wijze; om onverklaarbare redenen
inexpressible [iniks'presabl] *bn* onuitsprekelijk
inexpressive [iniks'presiv] *bn* zonder uit-

drukking; nietszeggend

inextinguishable [iniks'tiŋgwiʃəbl] *bn* on(uit)blusbaar, onlesbaar, onbedaarlijk

inextricable [i'nekstrikəbl] *bn* onontwarbaar; waar men zich niet uit kan redden

infallibility [infæli'biliti] *znw* onfeilbaarheid

infallible [in'fæləbl] *bn* onfeilbaar

infamous ['infəməs] *bn* berucht; schandelijk

infamy *znw* schande(lijkheid); schanddaad

infancy ['infənsi] *znw* kindsheid²; <u>recht</u> minderjarigheid; <u>fig</u> beginstadium o

infant I *znw* zuigeling; kind; <u>recht</u> minderjarige; II *bn* jong; opkomend; kinder-

infanticide [in'fæntisaid] *znw* kindermoord(enaar)

infantile ['infəntail] *bn* infantiel, kinderlijk, kinderachtig, kinder-

infantilism [in'fæntilizm] *znw* infantilisme o; infantiliteiten

infantry ['infəntri] *znw* infanterie

infantryman *znw* infanterist

infant school ['infəntsku:l] *znw* kleuterschool

infatuate [in'fætjueit] *overg* verdwazen; verblinden; ~d *ook*: (smoor)verliefd, dol (op *with*)

infatuation [infætju'eiʃən] *znw* (hevige) verliefdheid

infect [in'fekt] *overg* infecteren, besmetten; bederven

infection *znw* infectie, besmetting; bederf o

infectious *bn* besmettelijk², aanstekelijk²

infective *bn* = *infectious*

infelicitous [infi'lisitəs] *bn* niet gelukkig (gekozen)

infelicity *znw* niet gelukkig zijn² o; ongeluk o; ongelukkige opmerking (uitdrukking, gedachte &)

infer [in'fə:] *overg* concluderen, afleiden (uit *from*); inhouden, impliceren

inferable *bn* afleidbaar

inference ['infərəns] *znw* gevolgtrekking

inferential [infə'renʃəl] *bn* afleidbaar; afgeleid

inferior [in'fiəriə] I *bn* ondergeschikt; inferieur°, minderwaardig; II *znw* mindere, ondergeschikte

inferiority [infiəri'ɔriti] *znw* minderwaardigheid; ondergeschiktheid

infernal [in'fə:nəl] *bn* hels, duivels, infernaal; <u>gemeenz</u> afschuwelijk; vervloekt

inferno [in'fə:nou] *znw* inferno o, hel

infertile [in'fə:tail] *bn* onvruchtbaar

infertility [infə:'tiliti] *znw* onvruchtbaarheid

infest [in'fest] *overg* onveilig maken, teisteren; ~*ed with ook*: wemelend van, vergeven van

infestation [infes'teiʃən] *znw* teistering; plaag

infidel ['infidəl] I *znw* ongelovige; II *bn* ongelovig

infidelity [infi'deliti] *znw* ontrouw

infield ['infi:ld] *znw* 1 <u>cricket</u> middenveld o; <u>honkbal</u> binnenveld o; 2 land o rond een boerderij

infielder *znw* <u>cricket</u> middenvelder; <u>honkbal</u> binnenvelder

infighting ['infaitiŋ] *znw* 1 onderlinge strijd; interne machtsstrijd; 2 <u>sp</u> invechten o [boksen]

infiltrate ['infiltreit] *overg* (laten) infiltreren

infiltration [infil'treiʃən] *znw* infiltratie

infiltrator ['infiltreitə] *znw* infiltrant

infinite ['infinit] *bn* oneindig

infinitesimal [infini'tesiməl] I *bn* oneindig klein; II *znw* oneindig kleine hoeveelheid; *zie ook: calculus*

infinitive [in'finitiv] I *znw* onbepaalde wijs, infinitief; II *bn* in de onbepaalde wijs, infinitief-

infinitude [in'finitju:d] *znw* = *infinity*

infinity *znw* oneindigheid; oneindige hoeveelheid; oneindige ruimte

infirm [in'fə:m] *bn* zwak; onvast, weifelend

infirmary *znw* ziekenhuis o; ziekenzaal [v. school &]

infirmity *znw* zwakheid, ziekelijkheid; ~ *of purpose* wilszwakte, besluiteloosheid

infix I *overg* [in'fiks] inzetten, invoegen, bevestigen, inplanten², inprenten; II *znw* ['infiks] <u>gramm</u> infix o, tussenvoegsel o

inflame [in'fleim] *overg* doen ontvlammen; doen gloeien, (doen) ontsteken²

inflammable [in'flæməbl] *bn* ontvlambaar

inflammation [inflə'meiʃən] *znw* ontsteking

inflammatory [in'flæmətəri] *bn* ontstekings-; opruiend

inflatable [in'fleitəbl] *bn* opblaasbaar

inflate *overg* opblazen², oppompen [fietsband]; (kunstmatig) opdrijven

inflation *znw* opblazen of oppompen o; inflatie, geldontwaarding; (kunstmatige) opdrijving; opgeblazenheid

inflationary *bn* inflatoir

inflator *znw* fietspomp

inflect [in'flekt] I *overg* 1 (om)buigen; 2 <u>gramm</u> verbuigen; 3 <u>muz</u> de toonsoort veranderen; II *onoverg* <u>gramm</u> verbogen worden

inflection *znw* = *inflexion*

inflexible [in'fleksibl] *bn* onbuigzaam

inflexion *znw* buiging; verbuiging; buigingsvorm, -uitgang; stembuiging

inflexional *bn* buigings-

inflict [in'flikt] *overg* opleggen [straf]; [een slag] toebrengen (aan *upon*); doen ondergaan

infliction *znw* toebrengen o; (straf-)oplegging, straf, kwelling, marteling

in-flight ['inflait] *bn* tijdens de vlucht, aan boord [v.e. vliegtuig]

inflow ['inflou] *znw* binnenstromen o; toevloed

influence ['influəns] I *znw* invloed² (op *on, over, with*); inwerking; *under the ~* onder invloed [v. drank]; II *overg* invloed hebben op, beïnvloeden

influential [influ'enʃəl] *bn* invloedrijk

influenza [influ'enzə] *znw* influenza, griep

influx ['inflʌks] *znw* toevloed

info ['infou] *znw* <u>gemeenz</u> info

inform [in'fɔ:m] I *overg* mededelen, berichten, in-, voorlichten; bezielen; **II** *onoverg*: ~ *against* aanklagen; ~ *on a friend* een vriend aanbrengen; zie ook: *informed*

informal [in'fɔ:məl] *bn* informeel

informality [infɔ:'mæliti] *znw* informaliteit

informant [in'fɔ:mənt] *znw* zegsman; recht aanbrenger

information [infə'meiʃən] *znw* informatie, kennis(geving), voorlichting; bericht *o*, mededeling, inlichting(en); recht aanklacht; ~ *technology* informatica

informative [in'fɔ:mətiv] *bn* leerzaam, voorlichtend

informed [in'fɔ:md] *bn* (goed) op de hoogte; ontwikkeld, beschaafd

informer [in'fɔ:mə] *znw* aanbrenger, aangever, tipgever, aanklager

infraction [in'frækʃən] *znw* = *infringement*

infra dig [infrə 'dig] *bn* gemeenz beneden iemands waardigheid, onwaardig

infrangible [in'frændʒibl] *bn* onverbreekbaar; onschendbaar

infrared [infrə'red] *bn* infrarood

infrastructure ['infrəstrʌktʃə] *znw* infrastructuur

infrequency [in'fri:kwənsi] *znw* zeldzaamheid

infrequent *bn* zeldzaam, schaars, weinig frequent

infrequently *bijw* zelden

infringe [in'frin(d)ʒ] *overg* overtreden, schenden, inbreuk maken op (ook: ~ *upon*)

infringement *znw* overtreding, schending, inbreuk

infructuous [in'frʌktjuəs] *bn* onvruchtbaar; fig vruchteloos, doelloos

infuriate [in'fjuərieit] *overg* woedend maken

infuse [in'fju:z] *overg* inboezemen, bezielen (met *with*); laten trekken [thee]

infusible [in'fju:zibl] *bn* onsmeltbaar

infusion [in'fju:ʒən] *znw* aftreksel *o*, infusie

ingenious [in'dʒi:njəs] *bn* vindingrijk, vernuftig, ingenieus

ingenuity [indʒi'nju:iti] *znw* vindingrijkheid, vernuft *o*, vernuftigheid

ingenuous [in'dʒenjuəs] *bn* ongekunsteld, openhartig, naïef

ingest [in'dʒest] *overg* opnemen [voedsel]; opnemen, verwerken [kennis &]

ingle-nook ['iŋglnuk] *znw* hoekje *o* bij de haard

inglorious [in'glɔ:riəs] *bn* roemloos, schandelijk

ingoing ['ingouiŋ] *bn* binnengaand, intredend; nieuw [eigenaar v. huis &]

ingot ['iŋgət] *znw* baar, staaf

ingrained *bn* fig ingeworteld, ingeroest, ingebakken

ingratiate [in'greiʃieit] *wederk*: ~ *oneself with* trachten in de gunst te komen bij; *ingratiating* ook: innemend

ingratitude [in'grætitju:d] *znw* ondankbaarheid

ingredient [in'gri:diənt] *znw* ingrediënt *o*, bestanddeel *o*

ingress ['ingres] *znw* binnentreden *o*, -dringen *o*, in-, toegang

in-group ['in'gru:p] *znw* hechte groep, kliek

inhabit [in'hæbit] *overg* bewonen, wonen in

inhabitant *znw* in-, bewoner

inhalation [inhə'leiʃən] *znw* inademing, inhalatie

inhale [in'heil] *overg* inademen, inhaleren

inhaler *znw* inhaleertoestel *o*; respirator, ademhalingstoestel *o*

inharmonious [inha:'mounjəs] *bn* onwelluidend, vals; tegenstrijdig

inhere [in'hiə] *onoverg* inherent zijn (aan *in*)

inherence *znw* inherentie

inherent *bn* inherent (aan *in*)

inherit [in'herit] *overg* (over)erven

inheritable *bn* (over)erfelijk

inheritance *znw* overerving; erfenis, erfgoed *o*

inheritor *znw* erfgenaam

inheritress, inheritrix *znw* erfgename

inhibit [in'hibit] *overg* verhinderen, remmen

inhibited *bn* geremd, geïnhibiteerd

inhibition [inhi'biʃən] *znw* remming; geremdheid

inhibitory [in'hibitəri] *bn* belemmerend, remmend

inhospitable [in'hɔspitəbl] *bn* onherbergzaam, ongastvrij

inhospitality [inhɔspi'tæliti] *znw* onherbergzaamheid, ongastvrijheid

inhuman [in'hju:mən] *bn* onmenselijk, wreed, beestachtig

inhumane [inhju'mein] *bn* niet menslievend, inhumaan

inhumanity [inhju'mæniti] *znw* onmenselijkheid, beestachtigheid

inhumation [inhju'meiʃən] *znw* begrafenis

inhume [in'hju:m] *overg* plechtig begraven

inimical [i'nimikl] *bn* vijandig; schadelijk

inimitable [i'nimitəbl] *bn* onnavolgbaar

iniquitous [i'nikwitəs] *bn* onrechtvaardig, onbillijk; snood, misdadig, zondig

iniquity *znw* ongerechtigheid, onbillijkheid; snoodheid, misdadigheid

initial [i'niʃəl] **I** *bn* eerste, voorste, begin-, aanvangs-, aanloop-; **II** *znw* eerste letter, voorletter, initiaal; ~*s* ook: paraaf; **III** *overg* paraferen

initially *bijw* aanvankelijk, eerst

initiate **I** *overg* [i'niʃieit] inwijden (in *in*, *into*); een begin maken met; **II** *bn (& znw)* [i'niʃiit] ingewijd(e)

initiation [iniʃi'eiʃən] *znw* inwijding, initiatie; begin *o*

initiative [i'niʃiətiv] *znw* initiatief *o*; *use one's* ~ initiatief tonen

inject [in'dʒekt] *overg* inspuiten, injecteren; inbrengen

injection *znw* inspuiting, injectie

injudicious [indʒu'diʃəs] *bn* onverstandig

injunction [in'dʒʌŋkʃən] *znw* uitdrukkelijk bevel *o*

injure ['in(d)ʒə] *overg* kwaad doen; verwonden, kwetsen; ~ *someone's honour* iems. goede naam aantasten

injurious [in'dʒuəriəs] *bn* nadelig, schadelijk

injury ['in(d)ʒəri] *znw* onrecht *o*; verwonding, blessure

injustice [in'dʒʌstis] *znw* onrecht *o*

ink [iŋk] **I** *znw* inkt; **II** *overg* inkten; met inkt besmeren

inkling ['iŋkliŋ] *znw* aanduiding, flauw vermoeden *o*

inkstand ['iŋkstænd] *znw* inktkoker; inktstel *o*

ink-well *znw* inktpot, inktkoker

inky *bn* inktachtig, vol inkt; zo zwart als inkt

inlaid ['inleid] *bn* ingelegd (vloer, doos &)

inland ['inlənd, 'inlænd] **I** *bn* binnenlands; binnen-; **II** *bijw* landinwaarts, in (naar) het binnenland

Inland Revenue *znw* Br belastingdienst

in-law ['inlɔ:, in'lɔ:] *znw* aangetrouwd familielid *o*; ~s ook: schoonouders

inlay **I** *overg* [in'lei] inleggen; **II** *znw* ['inlei] ingelegd werk *o*, inlegsel *o*; vulling [v. gebit]

inlet ['inlet] *znw* ingang, opening, weg; inham

inmate ['inmeit] *znw* (gestichts)patiënt, verpleegde; gevangene

inmost ['inmoust] *bn* binnenste; geheimste

inn [in] *znw* herberg, logement *o*

innards ['inədz] *znw mv* gemeenz ingewanden; binnenste *o*

innate [i'neit, 'ineit] *bn* in-, aangeboren

inner ['inə] **I** *bn* inwendig, innerlijk, binnenst, binnen-; intiem, verborgen; ~ *city* binnenstad; *the* ~ *cabinet* het kernkabinet [van ministers]; ~ *man* iems. ziel; gemeenz inwendige mens; **II** *znw* ring om de roos [v. schietschijf]; schot o daarin

innermost *bn* binnenste

inning *znw* sp slagbeurt, inning [bij honkbal]

innings ['iniŋz] *znw* sp slagbeurt, innings, aan slag zijn *o* [bij cricket]; *have a good ~* fig lang en gelukkig leven; het getroffen hebben

innkeeper ['inki:pə] *znw* herbergier, waard

innocence ['inəsns] *znw* onschuld; onnozelheid

innocent *bn* onschuldig (aan *of*); schuldeloos, onschadelijk; onnozel

innocuous [i'nɔkjuəs] *bn* onschadelijk

innovate ['inəveit] *overg & onoverg* veranderingen invoeren

innovation [inə'veiʃən] *znw* invoering van veranderingen, nieuwigheid, verandering

innovative ['inə'veitiv], **innovatory** [inə'veitəri, i'nɔvətəri] *bn* vernieuwend, innoverend

innovator ['inəveitə] *znw* invoerder van nieuwigheden of veranderingen

innuendo [inju'endou] *znw* (*mv*: -s *of* -does) (boosaardige) toespeling, insinuatie

innumerable [i'nju:mərəbl] *bn* ontelbaar, legio

inoculate [i'nɔkjuleit] *overg* (in)enten[2]

inoculation [inɔkju'leiʃən] *znw* (in)enting[2]

inoffensive [inə'fensiv] *bn* onschadelijk, onschuldig, argeloos

inoperable [i'nɔpərəbl] *bn* inoperabel

inoperative [i'nɔpərətiv] *bn* buiten werking; zonder uitwerking; niet van kracht [v. wetten]

inopportune [i'nɔpətju:n] *bn* ontijdig, ongelegen

inordinate [i'nɔ:dinit] *bn* buitensporig

inorganic [inɔ:'gænik] *bn* anorganisch

in-patient ['inpeiʃənt] *znw* in een ziekenhuis verpleegde patiënt

input ['input] *znw* elektr toegevoerd vermogen *o*; inspraak; invoer [v. computer]

inquest ['inkwest] *znw* onderzoek *o*; *(coroner's)* ~ gerechtelijke lijkschouwing

inquietude [in'kwaiitju:d] *znw* ongerustheid; onrust, onrustigheid

inquire [in'kwaiə] **I** *onoverg* navraag doen, vragen, informeren, onderzoeken; ~ *after sbd.* naar iems. gezondheid & informeren; ~ *into* onderzoeken; ~ *of* inlichtingen inwinnen bij; **II** *overg* vragen (naar)

inquirer *znw* ondervrager; onderzoeker

inquiring *bn* vragend, onderzoekend, weetgierig

inquiry *znw* vraag, enquête, informatie, onderzoek *o*; aan-, navraag; *make inquiries* inlichtingen inwinnen; *public* ~ hoorzitting

inquisition [inkwi'ziʃən] *znw* onderzoek *o*; inquisitie

inquisitive [in'kwizitiv] *bn* (alles) onderzoekend, nieuwsgierig

inquisitor *znw* ondervrager; rechter van onderzoek; inquisiteur

inquisitorial [inkwizi'tɔ:riəl] *bn* inquisitoriaal, inquisitie-

inroad ['inroud] *znw* vijandelijke inval; inbreuk; *make* ~s *on (into)* een aanslag plegen op [portemonnee &]

inrush ['inrʌʃ] *znw* toevloed

insalubrious [insə'l(j)u:briəs] *bn* ongezond

insane [in'sein] *bn* krankzinnig

insanitary [in'sænitəri] *bn* onhygiënisch

insanity [in'sæniti] *znw* krankzinnigheid

insatiable [in'seiʃjəbl] *bn* onverzadigbaar

insatiate *bn* onverzadigbaar, onbevredigbaar

inscribe [ins'kraib] *overg* in- of opschrijven, griffen[2]; opdragen [een boek]

inscription [ins'kripʃən] *znw* inscriptie, opschrift *o*; opdracht

inscrutable [ins'kru:təbl] *bn* ondoorgrondelijk, onnaspeurlijk

insect ['insekt] *znw* insect[2] *o*

insecticide [in'sektisaid] *znw* insecticide *o*

insecure [insi'kjuə] *bn* onveilig, onzeker, onvast

insecurity *znw* onveiligheid, onzekerheid, onvastheid

inseminate [in'semineit] *overg* bevruchten, insemineren; zaaien

insemination [insemi'neiʃən] *znw* inseminatie; *artificial* ~ kunstmatige inseminatie

insensate [in'senseit] *bn* gevoelloos; onzinnig

insensible [in'sensibl] *bn* ongevoelig (voor *of, to*); onbewust; onmerkbaar

insensitive [in'sensitiv] *bn* ongevoelig (voor *to*)

inseparable [in'sepərəbl] *bn* onscheidbaar; onafscheidelijk (van *from*)

insert I *overg* [in'sə:t] invoegen, inlassen, inzetten, plaatsen [in krant]; **II** *znw* ['insə:t] inlas; inlegvel o, bijvoegsel o [bij krant &]

insertion *znw* invoeging, inlassing; plaatsing [in krant]; entre-deux o & m

inset ['inset] **I** *znw* bijlage, bijvoegsel o, inlegvel o; **II** *bn* ingezet; **III** *overg* invoegen, inleggen, inzetten

inshore ['in'ʃɔ:, 'inʃɔ:, in'ʃɔ:] *bn bijw* bij (naar) de kust; ~ *fisherman* kustvisser

inside ['insaid, in'said] **I** *voorz* binnen(in), in; **II** *bijw* (naar, van) binnen; *be* ~ ook: <u>gemeenz</u> achter de tralies zitten; ~ *of* binnen [een week &]; **III** *bn* binnenste, binnen-; vertrouwelijk, geheim; **IV** *znw* binnenkant, inwendige o; binnenbocht; ~s <u>gemeenz</u> ingewanden; ~ *out* binnenstebuiten; *on the* ~ binnen

insider *znw* ingewijde, insider

insidious [in'sidiəs] *bn* verraderlijk

insight ['insait] *znw* inzicht o

insignia [in'siŋiə] *znw* insignes, ordetekenen

insignificance [insig'nifikəns] *znw* onbeduidendheid &, zie *insignificant*

insignificant *bn* onbetekenend, onbelangrijk

insincere [insin'siə] *bn* onoprecht

insincerity [insin'seriti] *znw* onoprechtheid

insinuate [in'sinjueit] *overg* ongemerkt indringen; insinueren; *insinuating* ook: vleierig

insinuation [insinju'eiʃən] *znw* indringen o &; bedekte toespeling, insinuatie

insipid [in'sipid] *bn* smakeloos, laf, flauw, geesteloos

insipidity [insi'piditi] *znw* smakeloosheid &, zie *insipid*

insist [in'sist] *overg* aanhouden, volhouden; (nadrukkelijk)beweren;aandringen; ~ *(up-)on* aandringen op; met alle geweld willen

insistence *znw* aanhouden o, aandringen o, aandrang

insistent *bn* aanhoudend, dringend; zich opdringend

in situ [in'sitju:, -'saitu:] *bijw* in situ, ter plekke

insobriety [insou'braiəti] *znw* onmatigheid (vooral in drinken)

insofar [insou'fa:] *bijw*: ~ *as* voor (in) zover(re)...

insolation [insou'leiʃən] *znw* blootstelling aan de zon; zonnebad o, zonnebaden o; zonnesteek

insole ['insoul] *znw* binnenzool; inlegzool

insolence ['insələns] *znw* onbeschaamdheid, brutaliteit

insolent *bn* onbeschaamd, brutaal

insoluble [in'sɔljubl] *bn* onoplosbaar[2]

insolvency [in'sɔlvənsi] *znw* onvermogen o tot betaling, insolventie

insolvent *bn* onvermogend om te betalen, insolvent

insomnia [in'sɔmniə] *znw* slapeloosheid

insomniac I *bn* aan slapeloosheid lijdend; **II** *znw* iem. die aan slapeloosheid lijdt

insomuch [insou'mʌtʃ] *bijw*: ~ *that* zo(zeer) dat; ~ *as* aangezien; zodanig dat

insouciance [in'su:sjəns] *znw* zorgeloosheid, onverschilligheid

inspect [in'spekt] *overg* onderzoeken, inspecteren

inspection *znw* inzage, onderzoek o; inspectie

inspector *znw* onderzoeker; opziener, controleur, inspecteur

inspectorate *znw* ambt o van inspecteur; inspectie

inspiration [inspi'reiʃən] *znw* inspiratie, ingeving

inspirational *bn* geïnspireerd; inspirerend

inspire [in'spaiə] *overg* inblazen, ingeven, inboezemen, bezielen (met *with*), inspireren; aanvuren

inst. *afk.* = *instant* dezer (van deze maand)

instability [instə'biliti] *znw* onbestendigheid, onstandvastigheid

install [in'stɔ:l] *overg* een plaats geven; installeren

installation [instə'leiʃən] *znw* aanleg; installatie, bevestiging

instalment, Am **installment** [in'stɔ:lmənt] *znw* aflevering; termijn; gedeelte o; *on the* ~ *plan* op afbetaling

instance ['instəns] *znw* verzoek o; voorbeeld o, geval o; recht instantie, aanleg; *at sbd.'s* ~ op iems. verzoek; *for* ~ bij voorbeeld; *in the first* ~ in eerste instantie; *in the present* ~ in het onderhavige geval

instant ['instənt] **I** *bn* ogenblikkelijk, onmiddellijk; instant; *the twentieth* ~ de twintigste dezer; **II** *znw* ogenblik(je) o; moment o

instantaneous [instən'teinjəs] *bn* ogenblikkelijk

instanter [in'stæntə] *bijw* <u>vero</u> of <u>schertsend</u> ogenblikkelijk

instantly ['instəntli] *bijw* ogenblikkelijk

instate [in'steit] *overg* (in ambt) installeren

instead [in'sted] *bijw* in plaats daarvan; ~ *of* in plaats van

instep ['instep] *znw* wreef [van de voet]

instigate ['instigeit] *overg* aansporen; ophitsen, aanzetten (tot), aanstichten

instigation [insti'geiʃən] *znw* aansporing; ophitsing; *at the* ~ *of* op instigatie van

instigator ['instigeitə] *znw* aanstichter

instil [in'stil] *overg* inboezemen, (geleidelijk) inprenten (in *into*)

1 instinct ['instiŋkt] *znw* instinct o

2 instinct [in'stiŋkt] *bn*: ~ *with* bezield met, vol (van)

instinctive [in'stiŋktiv], **instinctual** *bn* instinctief, instinctmatig

institute ['institju:t] **I** *overg* instellen, stichten; installeren, aanstellen; **II** *znw* instituut o, instelling, genootschap o

institution [insti'tju:ʃən] *znw* instituut o, instelling, stichting; aanstelling; installatie; wet; <u>gemeenz</u> ingewortelde gewoonte

institutional *bn* ingesteld; institutioneel

institutionalize *overg* **1** institutionaliseren; **2** in een inrichting plaatsen

instruct [in'strʌkt] *overg* onderwijzen, onderrichten; gelasten

instruction *znw* onderwijs o, onderricht o, les; opdracht, instructie, voorschrift o

instructional *bn* onderwijs-; ~ *film* instructiefilm

instructive *bn* leerzaam, instructief

instructor *znw* onderwijzer, leraar; instructeur

instrument ['instrumənt] **I** *znw* instrument° o, werktuig o, document o; **II** *overg* muz instrumenteren

instrumental [instru'mentl] *bn* muz instrumentaal; bevorderlijk; *be* ~ *in* behulpzaam zijn bij

instrumentalist *znw* instrumentalist, bespeler van een (muziek)instrument

instrumentality [instrumen'tæliti] *znw* (mede)werking; bemiddeling

instrumentation [instrumen'teiʃən] *znw* instrumentatie

insubordinate [insə'bɔːdnit] *bn* ongehoorzaam, opstandig, weerspannig

insubordination [insəbɔːdi'neiʃən] *znw* ongehoorzaamheid, weerspannigheid, verzet o (tegen de krijgstucht)

insubstantial [insəb'stænʃəl] *bn* krachteloos, zwak; recht ongefundeerd [v. aanklacht]

insufferable [in'sʌfərəbl] *bn* onduldbaar, on(ver)draaglijk, onuitstaanbaar

insufficiency [insə'fiʃənsi] *znw* ontoereikendheid

insufficient *bn* onvoldoende, ontoereikend

insufflate ['insəfleit] *overg* in-, opblazen

insular ['insjulə] *bn* eiland-; fig bekrompen

insularity [insju'læriti] *znw* eiland zijn o; fig afzondering; bekrompenheid

insulate ['insjuleit] *overg* elektr isoleren [ook: geluid, warmte]; afzonderen; *insulating tape* isolatieband o

insulation [insju'leiʃən] *znw* elektr isolatie [ook: geluid, warmte]; afzondering

insulator ['insjuleitə] *znw* isolator

insulin ['insjulin] *znw* insuline

insult I *znw* ['insʌlt] belediging, hoon; *add* ~ *to injury* de zaak nog erger maken; **II** *overg* [in'sʌlt] beledigen, honen

insuperable [in'sju:pərəbl] *bn* onoverkomelijk

insupportable [insə'pɔːtəbl] *bn* on(ver-)draaglijk

insurance [in'ʃuərəns] *znw* verzekering, assurantie; ~ *policy* (verzekerings)polis

insure, Am ensure *overg* verzekeren, assureren

insurer *znw* verzekeraar, assuradeur

insurgent [in'səːdʒənt] **I** *bn* oproerig; **II** *znw* oproerling

insurmountable [insə'mauntəbl] *bn* onoverkomelijk

insurrection [insə'rekʃən] *znw* opstand, oproer o

insusceptible [insə'septibl] *bn* ongevoelig, onvatbaar (voor of, to)

intact [in'tækt] *bn* intact, ongeschonden,

ongerept

intake ['inteik] *znw* opneming; opgenomen hoeveelheid; inlaat; vernauwing; ~ *of breath* inademing

intangible [in'tændʒibl] *bn* ontastbaar, vaag

integer ['intidʒə] *znw* geheel (getal) o

integral ['intigrəl] *bn* geheel, volledig, integraal; integrerend; ~ *calculus* integraalrekening

integrant ['intigrənt] *bn* integrerend

integrate ['intigrət] *overg* & *onoverg* integreren, tot een geheel verenigen/verenigd worden; rassenscheiding opheffen

integration [inti'greiʃən] *znw* integratie; opnemen o in een geheel; opheffen o van rassenscheiding

integrity [in'tegriti] *znw* volledigheid, integriteit, onkreukbaarheid, eerlijkheid; zuiverheid; geheel o

integument [in'tegjumənt] *znw* bedekking, bekleedsel o; vlies o

intellect ['intilekt] *znw* intellect° o; verstand o

intellectual [inti'lektjuəl] **I** *bn* intellectueel, verstandelijk, geestelijk, verstands-, geestes-; **II** *znw* intellectueel

intelligence [in'telidʒəns] *znw* verstand o, oordeel o, begrip o, schranderheid, intelligentie; bericht o, berichten, nieuws o; ~ *service* inlichtingendienst

intelligent *bn* intelligent

intelligentsia [in'telidʒentsiə] *znw* intelligentsia, (progressieve) intellectuelen

intelligible [in'telidʒibl] *bn* begrijpelijk, verstaanbaar

intemperance [in'tempərəns] *znw* onmatigheid, drankzucht

intemperate *bn* onmatig, drankzuchtig; onbeheerst; guur [klimaat]

intend [in'tend] *overg* van plan zijn, de bedoeling hebben; bestemmen (voor *for*)

intendant [in'tendənt] *znw* intendant

intended [in'tendid] **I** *bn* aanstaande; opzettelijk; **II** *znw* aanstaande (echtgeno(o)t(e))

intending *bn* aanstaand; ~ *purchasers* gegadigden

intense [in'tens] *bn* (in)gespannen, hevig, krachtig, diep, intens

intensification [intensifi'keiʃən] *znw* versterking°, intensivering

intensify [in'tensifai] **I** *overg* versterken°, intensiveren; **II** *onoverg* zich intensiveren, toenemen

intensity *znw* hevigheid, kracht, intensiteit

intensive *bn* intensief; ~ *course* stoomcursus

intent [in'tent] **I** *znw* oogmerk o, bedoeling; *to all* ~*s and purposes* feitelijk; **II** *bn* ingespannen; strak; ~ *upon* gericht op, uit op; verdiept in

intention *znw* voornemen o, oogmerk o, bedoeling; RK intentie

intentional *bn* opzettelijk

inter [in'təː] *overg* begraven

inter- ['intə] *voorv* tussen, onder

interact [intə'rækt] *onoverg* op elkaar in-

werken
interaction *znw* wisselwerking
interactive *bn* interactief
inter alia ['intə'reiliǝ] *bijw* onder andere
interbreed [intə'bri:d] *overg* kruisen (met een ander ras of soort)
intercalate [in'tə:kəleit] *overg* invoegen, inlassen
intercede [intə'si:d] *onoverg* tussenbeide komen; een goed woordje doen
intercept [intə'sept] *overg* onderscheppen, (de pas) afsnijden
interception *znw* onderschepping
interceptor *znw* luchtv onderschepper, jager
intercession [intə'seʃən] *znw* tussenkomst, bemiddeling; voorspraak, voorbede; ~ *service* bidstond
intercessor *znw* (be)middelaar
interchange I *znw* ['intə'tʃein(d)ʒ] uit-, afwisseling; ruil; ongelijkvloerse kruising; **II** *overg* [intə'tʃein(d)ʒ] af-, ver-, uitwisselen
interchangeable *bn* (onderling) verwisselbaar
intercollegiate [intəkə'li:dʒiit] *bn* tussen twee colleges of universiteiten
intercom ['intəkɔm, intə'kɔm] *znw* intercom; intern telefoonsysteem o
intercommunicate [intəkə'mju:nikeit] *onoverg* onderling contact hebben, communiceren
interconnect [intəkə'nekt] **I** *overg* onderling verbinden of aaneenschakelen; **II** *onoverg* onderling verbonden of aaneengeschakeld zijn
intercontinental [intəkɔnti'nentl] *bn* intercontinentaal
intercourse ['intəkɔ:s] *znw* (handels-) verkeer o, betrekkingen; (geslachts)gemeenschap
interdenominational [intədinɔmi'neiʃənəl] *bn* interkerkelijk
interdependence ['intədi'pendəns] *znw* onderlinge afhankelijkheid
interdependent [intədi'pendənt] *bn* onderling afhankelijk
interdict I *znw* ['intədikt] verbod o; RK interdict o, schorsing; **II** *overg* [intə'dikt] verbieden; RK schorsen
interdiction *znw* verbod o
interest ['int(ə)rest] **I** *znw* belang o, voordeel o; belangstelling, interesse; aandeel o; partij; handel rente, interest; *take an ~ in* belang stellen in; *at ~* op rente (uitgezet); *in the ~(s) of* ten behoeve van; *of ~* interessant, belangwekkend; *to their ~* in hun belang (voordeel); **II** *overg* interesseren (in *for, in*); de belangen raken van
interested *bn* belangstellend; belang hebbend
interest-free *bn:* ~ *loan* renteloos voorschot o
interesting *bn* interessant
interface [intə'feis] *znw* 1 raakvlak[2] o; 2 comput interface o
interfere [intə'fiə] *onoverg* tussenbeide komen, zich ermee bemoeien; ~ *in* zich mengen in; ~ *with* belemmeren; in botsing ko-

men met; raken (komen, zitten) aan [met zijn vingers]
interference *znw* tussenkomst, inmenging, bemoeiing; storing, hinder, belemmering; interferentie [v. golven]
interfering *bn* bemoeiziek
interim ['intərim] **I** *znw* tussentijd; *in the ~* intussen; **II** *bn* tijdelijk; waarnemend; voorlopig [dividend]
interior [in'tiəriə] **I** *bn* binnen-; inwendig; binnenlands; innerlijk; ~ *decoration* binnenhuisarchitectuur; **II** *znw* binnenste o; binnenland o; interieur o; *Minister of the* ~ minister van Binnenlandse Zaken
interject [intə'dʒekt] *overg* uitroepen
interjection *znw* tussenwerpsel o; uitroep
interlace [intə'leis] **I** *overg* dooreenvlechten; ineenstrengelen; **II** *onoverg* elkaar doorkruisen
interlard [intə'la:d] *overg* doorspekken
interleave [intə'li:v] *overg* (met wit papier) doorschieten
interline [intə'lain] *overg* tussen (de regels) schrijven of invoegen
interlinear [intə'liniə] *bn* interlineair
interlink [intə'liŋk] **I** *overg* aaneenschakelen, verbinden; **II** *onoverg* aaneengeschakeld, verbonden worden
interlock [intə'lɔk] *overg & onoverg* in elkaar grijpen
interlocutor [intə'lɔkjutə] *znw* gesprekspartner
interlope [intə'loup] *onoverg* zich indringen; zich (ongevraagd) bemoeien (met); beunhazen
interloper *znw* indringer; bemoeial; beunhaas
interlude ['intəl(j)u:d] *znw* pauze; intermezzo[2] o
intermarriage [intə'mæridʒ] *znw* 1 gemengd huwelijk o [tussen leden van verschillend ras, verschillende stand, familie &]; 2 huwelijk o tussen naaste verwanten
intermarry [intə'mæri] *onoverg* onderling trouwen [v. volken, stammen of families]; onder elkaar trouwen [v. naaste verwanten]
intermediary [intə'mi:djəri] **I** *bn* tussen-; bemiddelend; **II** *znw* tussenpersoon, bemiddelaar; bemiddeling
intermediate [intə'mi:djət] *bn* tussenliggend, tussen-
interment [in'tə:mənt] *znw* begrafenis
interminable [in'tə:minəbl] *bn* oneindig, eindeloos[2]
intermingle [intə'miŋgl] *overg* (ver-) mengen
intermission [intə'miʃən] *znw* onderbreking, tussenpoos, pauze
intermit [intə'mit] *overg* tijdelijk afbreken, staken, schorsen
intermittent *bn* (af)wisselend, bij tussenpozen
intermix [intə'miks] = *intermingle*
intern I *overg* [in'tə:n] interneren; **II** *znw* ['intə:n] Am inwonend assistent(e) in een ziekenhuis
internal [in'tə:nl] *bn* inwendig, innerlijk; binnenlands; binnen-; ~ *combustion en-*

internalize

gine verbrandingsmotor; *I~ Revenue Service* Am belastingdienst, fiscus

internalize [in'tə:nəlaiz] *overg* zich eigen maken

international [intə'næʃənl] **I** *bn* internationaal; **II** *znw* (deelnemer aan) internationale wedstrijd; *I~* Internationale

internationalism [intə'næʃənəlizm] *znw* internationalisme o

internationalize *overg* internationaliseren

internecine [intə'ni:sain] *bn* moorddadig

internee [intə:'ni:] *znw* geïnterneerde

Internet *znw* Internet o

internment [in'tə:nmənt] *znw* internering

interpellate [in'tə:peleit] *overg* interpelleren

interpellation [intə:pe'leiʃən] *znw* interpellatie

interpersonal [intə'pə:snl] *bn* intermenselijk

interplanetary [intə'plænitəri] *bn* interplanetair

interplay ['intəplei] *znw* wisselwerking

interpolate [in'tə:pəleit] *overg* in-, tussenvoegen

interpolation [intə:pə'leiʃən] *znw* in-, tussenvoeging, interpolatie

interpose [intə'pouz] **I** *overg* stellen of plaatsen tussen; **II** *onoverg* tussenbeide komen, in de rede vallen

interposition [intəpə'ziʃən] *znw* liggen (plaatsen) o tussen; tussenkomst

interpret [in'tə:prit] **I** *overg* uitleggen, vertolken, interpreteren; **II** *onoverg* als tolk fungeren

interpretation [intə:pri'teiʃən] *znw* uitleg, vertolking, interpretatie

interpretative [in'tə:pritətiv] *bn* uitleggend, vertolkend

interpreter [in'tə:pritə] *znw* uitlegger, vertolker, tolk[2]

interracial [intə'reiʃəl] *bn* tussen (de) rassen; *~ relationships* rassenverhoudingen

interregnum [intə'regnəm] *znw* (*mv:* -s en interregna) interregnum o, tussenregering

interrelate ['intəri'leit] **I** *overg* met elkaar in verband brengen; **II** *onoverg* met elkaar in verband staan

interrelation(ship) ['intəri'leiʃən] *znw* onderling verband o

interrogate [in'terəgeit] *overg* (onder-) vragen

interrogation [interə'geiʃən] *znw* ondervraging

interrogative [intə'rɔgətiv] **I** *bn* vragend, vraag-; **II** *znw* vragend voornaamwoord o

interrogator [intə'rɔgətə] *znw* ondervrager

interrupt [intə'rʌpt] *overg* af-, onderbreken; in de rede vallen

interruption *znw* af-, onderbreking; storing; interruptie

intersect [intə'sekt] **I** *overg* (door)snijden, (door)kruisen; **II** *onoverg* elkaar snijden

intersection *znw* snijpunt o; kruispunt o

intersperse [intə'spə:s] *overg* hier en daar strooien, mengen, verspreiden

interstate [intə'steit] **I** *bn* tussen de staten; **II** *znw* Am autoweg (die staten met elkaar

verbindt), autosnelweg

interstellar [intə'stelə] *bn* interstellair

interstice [in'tə:stis] *znw* tussenruimte, opening, spleet

intertwine [intə'twain] *overg* & *onoverg* (zich) dooreenvlechten, ineen-, verstrengelen

interval ['intəvəl] *znw* tussenruimte; tussenpoos, pauze; *muz* interval o; *at regular ~s* regelmatig

intervene [intə'vi:n] *onoverg* liggen tussen; tussenbeide komen; ingrijpen; zich (onverwachts) voordoen

intervention [intə'venʃən] *znw* interventie, tussenkomst; ingreep

interview ['intəvju:] **I** *znw* sollicitatiegesprek o; interview o, vraaggesprek o; **II** *overg* een onderhoud hebben met; interviewen

interviewee ['intəvju:'i:] *znw* geïnterviewde

interviewer ['intəvju:ə] *znw* interviewer, ondervrager

interweave [intə'wi:v] *overg* door(een-) weven

intestate [in'testit] *bn* (& *znw*) zonder testament (overledene)

intestinal [in'testinl] *bn* darm-, ingewands-

intestine *znw* darm, ingewanden (meest *~s*); *large (small) ~* dikke (dunne) darm

intimacy ['intiməsi] *znw* vertrouwelijkheid, intimiteit

1 intimate ['intimit] **I** *bn* vertrouwelijk; intiem; grondig [v. kennis]; **II** *znw* intimus, intieme vriend

2 intimate ['intimeit] *overg* te kennen geven, laten doorschemeren

intimation [inti'meiʃən] *znw* aanduiding, wenk, teken o

intimidate [in'timideit] *overg* bang maken; intimideren

intimidation [intimi'deiʃən] *znw* intimidatie

into ['intu, 'intə] *voorz* [drukt beweging of verandering uit] in, tot; *come ~ the house* het huis binnenkomen; *get ~ trouble* in moeilijkheden komen; *go ~ business* in zaken gaan; *look ~ it* het onderzoeken; *run ~ a wall* tegen een muur aanrijden; *translate ~ English* in het Engels vertalen; *drive someone ~ despair* iem. tot wanhoop brengen; *far ~ the night* tot diep in de nacht; *dividing 3 ~ 6 gives 2* 6 gedeeld door 3 is 2; *be ~ art* gemeenz in kunst geïnteresseerd zijn

intolerable [in'tɔlərəbl] *bn* on(ver-) draaglijk, onduldbaar

intolerance *znw* onverdraagzaamheid

intolerant *bn* onverdraagzaam

intonation [intou'neiʃən] *znw* intonatie; stembuiging; aanhef

intone [in'toun] *overg* intoneren; aanheffen [gezang]

intoxicant [in'tɔksikənt] *znw* sterke drank

intoxicate *overg* dronken maken[2], bedwelmen[2]

intoxication [intɔksi'keiʃən] *znw* dronkenschap, roes[2]; intoxicatie

intractable [in'træktəbl] *bn* onhandelbaar;

lastig

intramural [ˈintrəˈmjuərəl] *bn* binnen de muren (van de stad of van de universiteit)

intransigence [inˈtrænsidʒəns] *znw* onverzoenlijkheid, onbuigzaamheid

intransigent [inˈtrænsidʒənt] *bn* onverzoenlijk

intransitive [inˈtrænsitiv] *bn* onovergankelijk

intra-uterine [intrəˈjuːtərain] *bn*: ~ *device* spiraaltje *o*

intravenous [intrəˈviːnəs] *bn* intraveneus, in de ader; ~ *drug user* spuiter

in-tray [ˈinˈtrei] *znw* bakje *o* voor binnenkomende post

intrepid [inˈtrepid] *bn* onverschrokken

intrepidity [intriˈpiditi] *znw* onverschrokkenheid

intricacy [ˈintrikəsi] *znw* ingewikkeldheid

intricate *bn* ingewikkeld, verward

intrigue [inˈtriːg] **I** *znw* kuiperij, gekonkel *o*, intrige°; **II** *onoverg* kuipen, konkelen, intrigeren; **III** *overg* intrigeren, nieuwsgierig maken

intriguer *znw* intrigant

intriguing *bn* boeiend, fascinerend

intrinsic [inˈtrinsik] *bn* innerlijk, wezenlijk, intrinsiek

intro [ˈintrou] *znw* gemeenz = *introduction*

introduce [intrəˈdjuːs] *overg* invoeren; inleiden; indienen [wetsvoorstel]; ter tafel brengen [onderwerp]; voorstellen [iemand], introduceren

introduction [intrəˈdʌkʃən] *znw* inleiding°, invoering; indiening; introductie

introductory *bn* inleidend, preliminair

introspection [introuˈspekʃən] *znw* introspectie, zelfbeschouwing

introspective *bn* introspectief

introvert, introverted [ˈintrouvəːt(id)] *bn* introvert, in zichzelf gekeerd

intrude [inˈtruːd] **I** *onoverg* zich in-, opdringen, onuitgenodigd binnenkomen, ongelegen komen; **II** *overg* storen, opdringen, lastig vallen; ~ *on* lastig vallen

intruder *znw* indringer

intrusion [inˈtruːʒən] *znw* binnendringen *o*

intrusive *bn* indringend; opdringerig

intuit [inˈtju(ː)it] *overg* intuïtief weten/aanvoelen

intuition [intjuˈiʃən] *znw* intuïtie

intuitive [inˈtju(ː)itiv] *bn* intuïtief

inundate [ˈinʌndeit] *overg* onder water zetten; overstromen² (met *with*)

inundation [inʌnˈdeiʃən] *znw* overstroming; fig stroom

inurbane [inəːˈbein] *bn* onbeleefd, grof

inure [iˈnjuə] *overg* gewennen (aan *to*), harden (tegen *to*)

invade [inˈveid] *overg* een inval doen in, binnendringen; inbreuk maken op

invader *znw* indringer

1 invalid [ˈinvəliːd] **I** *bn* gebrekkig, invalide; **II** *znw* zieke, invalide; ~ *chair* rolstoel; **III** *overg* aan het ziekbed kluisteren

2 invalid [inˈvælid] *bn* ongeldig

invalidate *overg* ongeldig (krachteloos) maken; ontzenuwen [argumenten]

invalidation [invælidˈeiʃən] *znw* ongeldigverklaring; ontzenuwing

invalidity [invəˈliditi] *znw* invaliditeit; zwakheid, krachteloosheid, ongeldigheid

invaluable [inˈvæljuəbl] *bn* onschatbaar

invariable [inˈvɛəriəbl] *bn* onveranderlijk, constant

invariably *bijw* onveranderlijk; steeds, steevast

invasion [inˈveiʒən] *znw* (vijandelijke) inval, binnendringen *o*; invasie; recht schending

invasive *bn* invallend, binnendringend

invective [inˈvektiv] *znw* scheldwoord *o*, scheldwoorden; smaadrede

inveigh [inˈvei] *onoverg* (heftig) schelden (op *against*)

inveigle [inˈviːgl] *overg* (ver)lokken, verleiden (tot *into*)

invent [inˈvent] *overg* uitvinden; uit-, bedenken, verzinnen

invention *znw* (uit)vinding; vindingrijkheid

inventive *bn* inventief, vindingrijk

inventor *znw* uitvinder; verzinner

inventory [ˈinvəntri] **I** *znw* inventaris; boedelbeschrijving; **II** *overg* inventariseren

inverse [inˈvəːs] **I** *bn* omgekeerd; **II** *znw* omgekeerde *o*

inversion *znw* omkering, omzetting, inversie

invert *overg* omkeren, omzetten; ~*ed commas* aanhalingstekens

invertebrate [inˈvəːtibrit] *bn (znw)* ongewerveld (dier *o*)

invest [inˈvest] *overg* bekleden² (met *with*); installeren; mil omsingelen; [geld] beleggen, investeren

investigate [inˈvestigeit] *overg* onderzoeken, navorsen

investigation [investiˈgeiʃən] *znw* navorsing, onderzoek *o*

investigative *bn* onderzoekend, onderzoeks-

investigator [inˈvestigeitə] *znw* navorser, onderzoeker

investigatory *bn* onderzoekend

investiture [inˈvestitʃə] *znw* investituur, installatie; bekleding

investment [inˈvestmənt] *znw* belegging, investering; mil omsingeling; bekleding

investor *znw* belegger, investeerder

inveteracy [inˈvetərəsi] *znw* inworteling

inveterate *bn* ingeworteld, ingekankerd; aarts-; onverbeterlijk

invidious [inˈvidiəs] *bn* netelig

invigilate [inˈvidʒileit] *onoverg* surveilleren [bij examen]

invigilation [invidʒiˈleiʃən] *znw* surveillance [bij examen]

invigilator [inˈvidʒileitə] *znw* surveillant

invigorate [inˈvigəreit] *overg* kracht bijzetten, versterken

invincible [inˈvinsibl] *bn* onoverwinnelijk; onoverkomelijk

inviolable [inˈvaiələbl] *bn* onschendbaar

inviolate [inˈvaiəlit] *bn* ongeschonden, ongerept

invisible [inˈvizibl] *bn* onzichtbaar

invitation [inviˈteiʃən] *znw* uitnodiging

invite I overg [in'vait] (uit)nodigen; (vriendelijk) verzoeken, vragen (om); uitlokken; **II** znw ['invait] gemeenz uitnodiging

inviting bn uitnodigend, aanlokkelijk, verleidelijk

invocation [invə'keiʃən] znw in-, aanroeping, afsmeking; oproeping

invoice ['invɔis] **I** znw handel factuur; **II** overg factureren

invoke [in'vouk] overg in-, aanroepen, afsmeken; oproepen; zich beroepen op

involuntary [in'vɔləntəri] bn onwillekeurig; onvrijwillig

involve [in'vɔlv] overg verwikkelen, betrekken; insluiten, meebrengen, meeslepen; our interests are ~d het gaat om onze belangen; the persons ~d de betrokken personen; the risk ~d het ermee verbonden gevaar; become (get) ~d with zich inlaten met

involvement znw in-, verwikkeling; betrokkenheid; moeilijkheden; schuld(en)

invulnerable [in'vʌlnərəbl] bn onkwetsbaar

inward ['inwəd] **I** bn inwendig, innerlijk; **II** bijw naar binnen

inward-looking bn in zichzelf gekeerd

inwardly bijw inwendig, innerlijk; in zijn binnenste, in zichzelf; naar binnen

inwardness znw innerlijke betekenis, innerlijk wezen o

inwards ['inwədz] bijw = inward II

iodine ['aiədi:n] znw jodium o,

IOM afk. = Isle of Man het eiland Man

ion ['aiən] znw ion o

Ionic [ai'ɔnik] bn Ionisch

ionizer ['aiənaizə] znw apparaatje o om de kwaliteit v.d. lucht in een kamer te verbeteren

iota [ai'outə] znw Griekse i, jota[2]; not one ~ geen jota

IOU ['aiou'ju:] znw schuldbekentenis [I owe you ik ben u schuldig]

IOW afk. = Isle of Wight het eiland Wight

IQ afk. = Intelligence Quotient IQ o, intelligentiequotiënt o

IR afk. Br = Inland Revenue belastingdienst

IRA afk. = Irish Republican Army IRA, Ierse Republikeinse Leger o

Iran [i'ra:n] znw Iran o

Iranian [i'reinjən] **I** bn Iraans; **II** znw Iraniër

Iraq [i'ra:k] znw Irak o

Iraqi [i'ra:ki] **I** bn Iraaks; **II** znw Irakees

irascible [i'ræsibl] bn prikkelbaar, opvliegend

irate [ai'reit] bn woedend, toornig, verbolgen

ire ['aiə] znw plechtig toorn

ireful bn toornig, verbolgen

Ireland ['aiələnd] znw Ierland o

irenic [ai'ri:nik] bn vredelievend, vredestichtend

iridescence [iri'desns] znw kleurenspel o (als van een regenboog)

iridescent bn iriserend, regenboogkleurig schitterend

iris ['aiəris] znw (mv: -es of irides) anat iris, regenboogvlies o; plantk iris

Irish ['aiəriʃ] **I** bn Iers; **II** znw het Iers; the ~

de Ieren

Irishman znw Ier

Irishwoman znw Ierse

irk [ə:k] overg ergeren, vervelen

irksome bn vervelend, ergerlijk

iron ['aiən] **I** znw ijzer o; strijkijzer o; brandijzer o; soort golfstok; ~s boeien; beugels [v. been]; **II** bn ijzeren[2]; **III** overg strijken; ~ out weg-, gladstrijken[2]

Iron Age znw ijzertijd

iron-bound bn met ijzeren banden; fig ijzeren, uiterst streng; door (steile) rotsen ingesloten

ironclad bn gepantserd; hard, streng, stalen

ironic(al) [ai'rɔnik(l)] bn ironisch

ironing ['aiəniŋ] znw strijken o; strijkgoed o

ironing-board znw strijkplank

ironmonger ['aiənmʌŋgə] znw handelaar in ijzerwaren

ironmongery znw ijzerwaren; ijzerhandel

Ironside ['aiənsaid] znw gehard soldaat [van Cromwell]

ironwork ['aiənwə:k] znw ijzerwerk o; ~s ijzerfabriek, ijzergieterij, ijzerpletterij

irony ['aiərəni] znw ironie

irradiate overg schijnen op, verlichten; bestralen; doen stralen

irradiation [ireidi'eiʃən] znw uit-, bestraling

irrational [i'ræʃənl] bn onredelijk; irrationeel

irrationality [iræʃə'næliti] znw onredelijkheid; redeloosheid

irreclaimable [iri'kleiməbl] bn onverbeterlijk; onontginbaar; onherroepelijk

irreconcilable [i'rekənsailəbl] bn onverzoenlijk; onverenigbaar

irrecoverable [iri'kʌvərəbl] bn onherroepelijk verloren; oninbaar; onherstelbaar

irredeemable [iri'di:məbl] bn onherstelbaar, onafkoopbaar, onaflosbaar

irreducible [iri'dju:sibl] bn onherleidbaar, niet vereenvoudigbaar

irrefutable [i'refjutəbl] bn onomstotelijk, onweerlegbaar

irregular [i'regjulə] **I** bn onregelmatig; niet in orde [v. paspoort &]; ongeregeld; ongelijk; **II** znw: ~s ongeregelde troepen

irregularity [iregju'læriti] znw onregelmatigheid; ongeregeldheid

irrelevance [i'relivəns] znw irrelevantie

irrelevancy [i'relivəns] znw irrelevantie; irrelevante opmerking &; ± bijzaak

irrelevant bn irrelevant, niets te maken hebbend (met to)

irreligious [iri'lidʒəs] bn ongelovig; ongodsdienstig

irremediable [iri'mi:djəbl] bn onherstelbaar; ongeneeslijk

irremissible [iri'misəbl] bn onvergeeflijk

irremovable [iri'mu:vəbl] bn onafzetbaar

irreparable [i'repərəbl] bn onherstelbaar

irreplaceable [iri'pleisəbl] bn onvervangbaar

irrepressible [iri'presibl] bn onbedwingbaar

irreproachable [iri'proutʃəbl] bn onberispelijk

irresistible [iri'zistibl] *bn* onweerstaanbaar
irresolute [i'rezəl(j)u:t] *bn* besluiteloos
irresolution [irezə'l(j)u:ʃən] *znw* besluiteloosheid
irresolvable [iri'zɔlvəbl] *bn* onoplosbaar
irrespective [iris'pektiv] *bn*: ~ *of* zonder te letten op; ongeacht
irresponsible [iris'pɔnsibl] *bn* onverantwoordelijk; onbetrouwbaar
irretrievable [iri'tri:vəbl] *bn* onherstelbaar
irretrievably *bijw* onherstelbaar; ~ *lost* onherroepelijk verloren
irreverence [i'revərəns] *znw* oneerbiedigheid
irreverent *bn* oneerbiedig
irreversible [iri'və:sibl] *bn* onherroepelijk; onomkeerbaar, irreversibel
irrevocable [i'revəkəbl] *bn* onherroepelijk
irrigate ['irigeit] *overg* bevloeien, irrigeren
irrigation [iri'geiʃən] *znw* bevloeiing, irrigatie
irritable ['iritəbl] *bn* prikkelbaar, geprikkeld
irritant *bn* (*znw*) prikkelend (middel *o*)
irritate *overg* prikkelen², irriteren², ergeren
irritating *bn* irriterend, irritant, ergerlijk
irritation [iri'teiʃən] *znw* geprikkeldheid; irritatie, ergernis
irruption [i'rʌpʃən] *znw* binnendringen *o*, inval
IRS *afk.* Am = *Internal Revenue Service* belastingdienst
is [iz] derde pers. enk. van *to be*, is
isinglass ['aiziŋɡlɑ:s] *znw* vislijm
Islamic [iz'læmik] *bn* islamitisch
island ['ailənd] *znw* eiland *o*; vluchtheuvel
islander *znw* eilandbewoner
isle [ail] *znw* plechtig eiland *o*
islet ['ailit] *znw* eilandje *o*
ism ['iz(ə)m] *znw* isme *o*; leer, theorie
isolate ['aisəleit] *overg* afzonderen, isoleren; ~*d case* op zichzelf staand geval *o*
isolation [aisə'leiʃən] *znw* afzondering, isolatie, isolement *o*
isolationism [aisə'leiʃənizm] *znw* isolationisme *o*
isolationist I *bn* isolationistisch; II *znw* isolationist
isosceles [ai'sɔsili:z] *bn* gelijkbenig
isotope ['aisoutoup] *znw* isotoop
Israel ['izreiəl] *znw* Israël *o*
Israeli [iz'reili] I *bn* Israëlisch; II *znw* Israëli
Israelite ['izriəlait] *znw* Israëliet
issue ['isju:, 'iʃu:] I *znw* uitstorting, uitstroming; nakomeling; afloop, resultaat *o*; uitvaardiging; uitgifte; handel emissie; num-

mer *o*, editie [v. krant]; (geschil)punt *o*, kwestie; *at* ~ in kwestie; *take* ~ de strijd aanbinden; II *onoverg* uitkomen; zich uitstorten, uitstromen; ~ *from* voortkomen uit, afstammen uit; III *overg* uitgeven; uitvaardigen; verzenden
issueless *bn* zonder nakomelingen
isthmus ['ismɑs] *znw* landengte
it [it] *pers vnw* het, hij, zij; ~ *is I (me)* ik ben het; *that's* ~ dat is 't; daar zit 'm de kneep; juist, precies; prima, uitstekend; dat is dat, klaar is Kees; zo is het genoeg, stop maar; *this is* ~*!* dit is het helemaal!; *bus* ~ met de bus gaan; *it says in this book that...* in dit boek staat dat...
IT *afk.* = *information technology* informatica
Italian [i'tæljən] I *bn* Italiaans; II *znw* Italiaan; het Italiaans
Italianate [i'tæljəneit] *bn* veritaliaanst, in Italiaanse stijl
italic [i'tælik] I *bn* cursief; II *znw* cursieve letter
italicize [i'tælisaiz] *overg* cursiveren
Italy ['itəli] *znw* Italië *o*
itch [itʃ] I *znw* jeuk; schurft; hevig verlangen *o*; II *onoverg* jeuken, hevig verlangen
itchy *bn* jeukerig; schurftig
item ['aitəm] *znw* artikel *o*, item *o*, punt *o* [op agenda], (nieuws)bericht *o*
itemize *overg* specificeren
iterate ['itəreit] *overg* herhalen
iteration [itə'reiʃən] *znw* herhaling
iterative ['itərətiv] *bn* herhalend; herhaald, herhalings-; gramm iteratief
itinerant [i'tinərənt] *bn* rondreizend, rondtrekkend
itinerary [ai'tinərəri] *znw* reisroute; reisbeschrijving
ITN *afk.* = *Independent Television News*
its [its] *bez vnw* zijn, haar
it's [its] = *it is*
itself [it'self] *wederk vnw* zich(zelf)
ITV *afk.* = *Independent Television*
IUD *afk.* = *intra-uterine device* spiraaltje *o*
I've [aiv] verk. van *I have*
ivied ['aivid] *bn* met klimop begroeid
ivory ['aivəri] I *znw* ivoor *m & o*; *the ivories* gemeenz de biljartballen, de dobbelstenen, de pianotoetsen, de tanden; II *bn* ivoren
Ivory Coast *znw* Ivoorkust
ivy ['aivi] *znw* klimop *m & o*
Ivy League ['aivi'li:ɡ] *znw* Am de oude universiteiten en colleges in het noordoosten van de Verenigde Staten

J

j [dʒei] *znw* (de letter) j

jab [dʒæb] **I** *overg* steken, porren; **II** *znw* steek, por; gemeenz prik [= injectie]

jabber ['dʒæbə] *onoverg* kakelen, brabbelen, wauwelen

Jack [dʒæk] *znw: cheap ~* venter, kramer; ~ *Frost* Koning Winter; *before you can (could) say ~ Robinson* in een wip; *I'm all right ~* emeenz niks mee te schaften

jack [dʒæk] **I** *znw* krik, hefboom; kaartsp boer; *every man ~* iedereen; **II** *overg: ~ up* opkrikken, opvijzelen (ook v. prijzen); ~ *it in* gemeenz (het) opgeven

jackal ['dʒækɔ:l, -əl] *znw* jakhals

jackass ['dʒækæs, fig 'dʒæka:s] *znw* ezel²

jackboot ['dʒækbu:t] *znw* hoge laars

jackdaw ['dʒækdɔ:] *znw* kauw

jacket ['dʒækit] *znw* jas, jasje o, colbert o & m; omhulsel o; omslag *m & o*; schil [v. aardappel], techn mantel

jack hammer ['dʒækhæmə] *znw* pneumatische boor

jack-in-office ['dʒækinɔfis] *znw* (gewichtigdoend) ambtenaartje o

jack-in-the-(a-)box ['dʒækinð(ə)bɔks] *znw* (*mv*: -es of jacks-in-the-box) duveltje o in een doosje

jack-knife ['dʒæknaif] **I** *znw* groot knipmes o; *~-dive* snoekduik; **II** *onoverg* dubbelklappen, scharen [v. vrachtwagen met oplegger]

jack-of-all-trades ['dʒækəv'ɔ:ltreidz] *znw* manusje-van-alles o; ~ *and master of none* twaalf ambachten, dertien ongelukken

jack-o'-lantern ['dʒækəlæntən] *znw* dwaallicht o

jackpot ['dʒækpɔt] *znw* sp pot, jackpot, prijs; *hit the ~* gemeenz geluk hebben; winnen

jackstraw ['dʒækstrɔ:] *znw* stropop; fig onbetekenend persoon; mikadospel o

Jacobin ['dʒækəbin] *znw* jakobijn; dominicaan

jacuzzi [dʒə'ku:zi] *znw* whirlpool, massagebad o, bubbelbad o

jade [dʒeid] *znw* jade

jaded [dʒeid] *bn* afgemat, uitgeput

jag [dʒæg] *znw* uitstekende punt; tand; gemeenz drinkgelag o

jagged *bn* getand, puntig

jaguar ['dʒægjuə] *znw* jaguar

jail [dʒeil] **I** *znw* gevangenis; **II** *overg* gevangenzetten

jail-bird *znw* boef, bajesklant

jailbreak *znw* uitbraak, ontsnapping uit de gevangenis

jailer *znw* cipier, gevangenbewaarder

jalopy [dʒə'lɔpi] *znw* gemeenz rammelkast [auto]

jam [dʒæm] **I** *znw* 1 jam; 2 opstopping, gedrang o; gemeenz moeilijkheid; *money for ~* meevaller; **II** *overg* samendrukken, -pakken, -duwen [tussen]; vastzetten; klem-

men, knellen; versperren; radio storen; **III** *onoverg* klemmen; muz jammen [jazz, popmuziek]

Jamaica [dʒə'meikə] *znw* Jamaica o

Jamaican **I** *znw* Jamaicaan; **II** *bn* Jamaicaans

jamb [dʒæm] *znw* stijl [v. deur &]

jamboree [dʒæmbə'ri:] *znw* jamboree; gemeenz fuif

jammy ['dʒæmi] *bn: ~ person* gemeenz bofkont

jam-packed ['dʒæmpækt] *bn* propvol

jangle ['dʒæŋgl] **I** *onoverg* krijsen; rammelen, rinkelen; **II** *znw* schril geluid o

janitor ['dʒænitə] *znw* portier

January ['dʒænjuəri] *znw* januari

Japan [dʒə'pæn] *znw* Japan o

Japanese [dʒæpə'ni:z] **I** *bn* Japans; **II** *znw* (*mv* idem) Japanner; het Japans

jape [dʒeip] **I** *znw* poets; **II** *abs ww* gekscheren

1 jar [dʒa:] *znw* (stop)fles, kruik, pot

2 jar [dʒa:] **I** *onoverg* krassen, schuren; trillen; niet harmoniëren (met *with*); ~ *upon* onaangenaam aandoen; **II** *overg* doen trillen; **III** *znw* gekras o, wanklank², onenigheid, botsing; schok

jargon ['dʒa:gən] *znw* jargon o, koeterwaals o

jasmin(e) ['dʒæsmin] *znw* jasmijn

jaundice ['dʒɔ:ndis] *znw* geelzucht

jaundiced *bn* aan geelzucht lijdend; fig afgunstig; nijdig; pessimistisch, negatief

jaunt [dʒɔ:nt] **I** *onoverg* een uitstapje maken; **II** *znw* uitstapje o, tochtje o

jaunty *bn* zwierig, kwiek

Java ['dʒa:və] *znw* Java o

Javanese [dʒa:və'ni:z] **I** *bn* Javaans; **II** *znw* (*mv* idem) Javaans; het Javaans

javelin ['dʒævlin] *znw* werpspies, sp speer

jaw [dʒɔ:] **I** *znw* kaak; techn klauw [v. tang]; slang gezwam o; *~s* mond; bek; **II** *onoverg* slang zwammen; **III** *overg* slang de les lezen

jawbone *znw* kaakbeen o

jaw-breaker *znw* gemeenz moeilijk uit te spreken woord o

jay [dʒei] *znw* dierk Vlaamse gaai

jaywalker ['dʒeiwɔ:kə] *znw* onvoorzichtige voetganger

jazz [dʒæz] **I** *znw* muz jazz; slang drukte, leven o, gemeenz mooie praatjes; *and all that ~* gemeenz etcetera, en dat hele gedoe; **II** *overg:* ~ *up* gemeenz opkikkeren, opvrolijken

jazzy *bn* lawaaierig, druk, kakelbont; muz jazzy

jealous ['dʒeləs] *bn* jaloers; angstvallig bezorgd (voor *about, of*)

jealousy *znw* jaloezie; angstvallige bezorgdheid

jeans [dʒi:nz] *znw mv* spijkerbroek

jeep [dʒi:p] *znw* jeep

jeer [dʒiə] **I** *onoverg* spotten (met *at*), schimpen (op *at*); **II** *overg* bespotten, beschimpen, honen; **III** *znw* hoon, hoongelach o, spotternij

jejune [dʒi'dʒu:n] *bn* vervelend, saai; onbe-

jockey

nullig
jell [dʒel] *onoverg* stijf worden; *gemeenz* vorm krijgen
jellied *bn* geleiachtig, gestold, in gelei
jelly *znw* gelei, lil o & m, dril; gelatinepudding; *(in)to a ~* tot moes, in stukken
jelly-fish *znw* kwal
jemmy ['dʒemi], *Am* **jimmy** *znw* breekijzer o
jenny ['dʒeni] *znw* spinmachine; techn loopkraan; *~ ass* ezelin
jeopardize ['dʒepədaiz] *overg* in gevaar brengen; in de waagschaal stellen
jeopardy *znw* gevaar o, risico o
jeremiad [dʒeri'maiəd] *znw* jeremiade, klaaglied o
Jericho [dʒerikou] *znw* Jericho o; *go to ~!* loop naar de duivel!
jerk [dʒəːk] **I** *znw* stoot, schok; (spier-) trekking; slang sufferd; *physical ~s* gemeenz gymnastische oefeningen; **II** *onoverg* stoten, rukken, schokken; *~ off* plat zich afrukken; **III** *overg* rukken aan, stoten; keilen
jerkin ['dʒəːkin] *znw* buis o, wambuis o; hist kolder
jerky ['dʒəːki] *bn* hortend[2], krampachtig
Jerry ['dʒeri] *gemeenz* **I** *znw* mof [= Duitser]; **II** *bn* Duits
jerry-building ['dʒeribildiŋ] *znw* revolutiebouw
jerrycan ['dʒerikæn] *znw* jerrycan
jersey ['dʒəːzi] *znw* (wollen) trui; jersey; Jerseykoe
jest [dʒest] **I** *znw* kwinkslag, grap, mop; *in ~* schertsend; **II** *onoverg* schertsen
jester *znw* spotvogel; (hof)nar
Jesuit ['dʒezjuit] *znw* jezuïet
jesuitical [dʒezju'itikl] *bn* jezuïtisch
1 jet [dʒet] **I** *znw* (water)straal; (gas)vlam, gasbek, gaspit; straalpijp [v. spuit]; straalvliegtuig o; **II** *onoverg & overg* (uit-) spuiten; per straalvliegtuig gaan of vervoeren
2 jet [dʒet] **I** *znw* git o; **II** *bn* gitten
jet-black *bn* gitzwart
jet engine *znw* straalmotor
jet fighter *znw* straaljager
jetfoil *znw* draagvleugelboot
jet lag *znw* jetlag
jet plane *znw* straalvliegtuig o
jet-propelled *bn* met straalaandrijving
jetsam ['dʒetsəm, -sæm] *znw* overboord geworpen lading
jet set ['dʒet'set] *znw* jetset
jettison ['dʒetisn] *overg* overboord werpen[2]; fig prijsgeven, laten varen [hoop &]
jetty ['dʒeti] *znw* havenhoofd o, pier, steiger
Jew [dʒuː] *znw* jood
jew-baiting *znw* jodenvervolging
jewel ['dʒuːəl] *znw* juweel[2] o, edelsteen, kleinood o
jewelled *bn* met juwelen versierd/bezet
jeweller, *Am* **jeweler** *znw* juwelier
jewellery, *Am* **jewelry** *znw* juwelen, kostbaarheden
Jewess ['dʒuis] *znw* jodin

Jewish *bn* joods
Jewry ['dʒuəri] *znw* hist jodenbuurt; jodendom o
jib [dʒib] **I** *znw* scheepv kluiver; techn arm van een kraan; **II** *onoverg* kopschuw worden[2]; niet willen; *~ at* niet aandurven, niets moeten hebben van
jibe *onoverg & znw = gibe*
jiffy ['dʒifi] *znw* gemeenz ogenblikje o; *in a ~* gemeenz in een wip
jig [dʒig] **I** *znw* horlepijp; techn spangereedschap o, mal; *the ~ is up* slang het spel is uit; **II** *onoverg* (de horlepijp) dansen, op en neer wippen, hopsen; **III** *overg* heen en weer bewegen (schudden); [erts] zeven
jiggery-pokery ['dʒigəri'poukəri] *znw* gemeenz geknoei o, knoeierij
jiggle ['dʒigl] *overg & onoverg* schudden, schokken, schommelen
jigsaw ['dʒigsɔː] *znw* machinale figuurzaag; legpuzzel (ook: *~ puzzle*)
jihad [dʒi'haːd, -'hæd] *znw* heilige oorlog, jihad
jilt [dʒilt] *overg* de bons geven
jim-jams ['dʒimdʒæmz] *znw mv* gemeenz 'de zenuwen', kippenvel o; delirium tremens o; Br gemeenz pyjama
jimmy ['dʒimi] *znw Am = jemmy*
jingle ['dʒiŋgl] **I** *(overg &) onoverg* (laten) rinkelen; **II** *znw* gerinkel o; rijmklank, rijmpje o, RTV jingle, reclametune
jingo ['dʒiŋgou] *znw (mv:* -goes) jingo, fanatiek chauvinist; *by ~!* verdikkeme!
jingoism *znw* jingoïsme o, fanatiek chauvinisme o
jingoistic *bn* erg chauvinistisch
jinks [dʒiŋks] *znw mv: high ~* dolle pret, reuze lol
jinx [dʒiŋks] *znw* ongeluksbrenger; vloek, doem
jinxed [dʒiŋkst] *bn: be ~* door pech worden achtervolgd
jitterbug ['dʒitəbʌg] **I** *znw* jitterbug [dans]; lafbek, bangerik; **II** *onoverg* de jitterbug dansen
jittery *bn* gemeenz zenuwachtig
jive [dʒaiv] **I** *znw* jive [dans]; *Am* slang lulkoek; **II** *onoverg* de jive dansen
job [dʒɔb] **I** *znw* werk o, taak, klus, baan, baantje o; zaakje o [vooral diefstal]; gemeenz geval o, ding o; *and a good ~ too!* en maar goed ook!; *have a ~ doing (to do)* er de handen aan vol hebben; *just the ~* net wat je moet hebben; *by the ~* per stuk; *on the ~* gemeenz (druk) bezig; aan (onder) het werk; tijdens het neuken; **II** *bn: a ~ lot* (een partij) ongeregelde goederen; een rommelzootje o; **III** *onoverg* karweitjes doen, klussen
jobber *znw* stukwerker; handel (effecten-) handelaar; hoekman; fig zwendelaar
jobless *bn* werkloos
job sharing *znw* werken o in deeltijd
jock [dʒɔk] *znw* gemeenz discjockey; *Am* sporter, sportieveling; *J~* Schot
jockey ['dʒɔki] **I** *znw* jockey; **II** *overg* door bedrog krijgen; [iem.] wegwerken; **III** *onoverg* knoeien; manoeuvreren; *~ for posi-*

tion ± met de ellebogen werken

jockstrap ['dʒɔkstræp] *znw* suspensoir

jocose [dʒə'kous] *bn* schertsend

jocosity [dʒə'kɔsiti] *znw* scherts

jocular ['dʒɔkjulə] *bn* vrolijk, snaaks, schertsend

jocularity [dʒɔkju'læriti] *znw* scherts

jocund ['dʒɔ-, 'dʒoukənd] *bn* vrolijk, opgewekt

jocundity [dʒɔ-, dʒou'kʌnditi] *znw* vrolijkheid, opgewektheid

jodhpurs ['dʒɔdpəz, -puəz] *znw mv* soort rijbroek

Joe [dʒou] *znw:* ~ *Public* Am ~ *Blow* Jan Publiek

jog [dʒɔg] **I** *overg* aanstoten; opfrissen [geheugen]; **II** *onoverg* sjokken; joggen; ~ *along* voortsukkelen; **III** *znw* duwtje o, por; sukkeldrafje o; een eindje o joggen

jogger *znw* jogger, trimmer

joggle ['dʒɔgl] **I** *overg* schokken; **II** *znw* duwtje o

jog-trot ['dʒɔg'trɔt] *znw* sukkeldrafje o

John [dʒɔn] *znw:* ~ *Bull* de Engelsman; ~ *Doe* Am de man in de straat; *the j~* Am gemeenz de wc

Johnnie, Johnny *znw: j~* jochie o, kerel

join [dʒɔin] **I** *overg* verenigen, samenvoegen, verbinden (ook: ~ *up*); paren aan; toevoegen (aan *to*); zich voegen (aansluiten) bij, toetreden tot, dienst nemen in, bij; ~ *forces* zich verenigen, samenwerken; ~ *hands* elkaar de hand geven; fig de handen ineenslaan; **II** *onoverg* zich verenigen; dienst nemen (ook: ~ *up*); ~ *in* deelnemen aan [gesprek]; meedoen (aan), muz invallen; ~ *up* ook: mil in het leger gaan; **III** *znw* aaneenvoeging, verbinding

joiner *znw* schrijnwerker, meubelmaker; deelnemer aan het verenigingsleven

joinery ['dʒɔinəri] *znw* schrijnwerk o

joint [dʒɔint] **I** *znw* verbinding, voeg, las, naad; gewricht o; scharnier o; knoop; stuk o (vlees); Am gemeenz kroeg, tent; slang joint [marihuana-, hasjsigaret]; *out of* ~ ontwricht; *put sbd.'s nose out of* ~ iem. de voet dwars zetten, iem. jaloers maken; **II** *overg* verbinden; techn voegen, lassen; verdelen [vlees]; *a* ~*ed doll* een ledenpop; **III** *bn* gezamenlijk; gemeenschappelijk; mede-; *on* ~ *account* voor gezamenlijke rekening; ~ *owner* mede-eigenaar

jointress ['dʒɔintris] *znw* recht weduwe die vruchtgebruik heeft

joint-stock ['dʒɔintstɔk] *znw:* ~ *company* maatschappij op aandelen

jointure ['dʒɔintʃə] *znw* vruchtgebruik o v.e. weduwe

joist [dʒɔist] *znw* dwarsbalk, bint o

joke [dʒouk] **I** *znw* grap, mop; *in* ~ voor de aardigheid, uit gekheid; **II** *onoverg* schertsen, gekheid maken; *joking apart* alle gekheid op een stokje; *you must be joking!* je meent het!, toch niet heus!

joker *znw* grappenmaker; kaartsp joker

jollification [dʒɔlifi'keiʃən] *znw* jool, pret

jollify ['dʒɔlifai] **I** *onoverg* gemeenz pret maken; **II** *overg* opvrolijken

jollity *znw* jool, joligheid, vrolijkheid

jolly I *bn* vrolijk°, jolig, lollig; leuk; aardig; *a* ~ *good fellow* goeie vent, zo'n peer; **II** *bijw* versterkend aardig, drommels; heel; ~ *well* ook: toch; **III** *overg:* ~ *sbd. along* iem. zoet houden

jolly-boat *znw* jol

jolt [dʒoult] **I** *onoverg* horten, stoten, schokken, schudden; **II** *overg* stoten, schokken, schudden; **III** *znw* schok

Jonah ['dʒounə] *znw* Jonas²; onheilbrenger; pechvogel

jonquil ['dʒɔŋkwil] **I** *znw* plantk geurende gele narcis; **II** *bn* lichtgeel

Jordan ['dʒɔ:dn] *znw* Jordanië o

Jordanian [dʒɔ:'deinjən] **I** *bn* Jordaans; **II** *znw* Jordaniër

jorum ['dʒɔ:rəm] *znw* grote kom of beker

josh ['dʒɔʃ] *overg* Am gemeenz voor de gek houden

joss [dʒɔs] *znw* Chinees afgodsbeeld o

josser ['dʒɔsə] *znw* gemeenz uilskuiken o; vent, kerel

joss-stick *znw* wierook-, offerstokje o

jostle ['dʒɔsl] **I** *overg* stoten, duwen; **II** *onoverg* dringen; **III** *znw* duw, stoot; gedrang o; botsing

jot [dʒɔt] **I** *znw* jota; *not one* ~ *or tittle* geen zier; **II** *overg* opschrijven, aantekenen, noteren (ook: ~ *down*)

jotter *znw* notitieboekje o

jotting *znw* notitie

joule [dʒu:l, dʒaul] *znw* joule

jounce [dʒauns] **I** *overg* (dooreen)schudden; **II** *onoverg* schokken, geschud worden

journal ['dʒə:nl] *znw* dagboek o, journaal o; (dag)blad o, tijdschrift o

journalese [dʒə:nə'li:z] *znw* geringsch krantenstijl

journalism ['dʒə:nəlizm] *znw* journalistiek

journalist *znw* journalist

journalistic [dʒə:nə'listik] *bn* journalistiek

journey ['dʒə:ni] **I** *znw* reis; **II** *onoverg* reizen

journeyman *znw* gezel, knecht; loonslaaf

joust [dʒaust] **I** *znw* steekspel o, toernooi² o; **II** *onoverg* een steekspel houden

Jove [dʒouv] *znw* Jupiter; *by* ~*!* gemeenz sakkerloot!

jovial ['dʒouvjəl] *bn* vrolijk, opgewekt

joviality [dʒouvi'æliti] *znw* vrolijkheid, opgewektheid

jowl [dʒaul] *znw* wang, kaak; halskwab

joy [dʒɔi] *znw* vreugde, genot o, plezier o, blijdschap; gemeenz geluk o, succes o, mazzel

joyful *bn* vreugdevol; blij; verblijdend

joyless *bn* vreugdeloos

joyous *bn* vreugdevol; blij, vrolijk

joyride gemeenz **I** *znw* plezierrit in een gestolen auto, joyride; **II** *onoverg* joyriden

joystick *znw* comp gemeenz joystick [v. videospelletjes &]; luchtv knuppel, stuurstok

J.P. *afk.* = *Justice of the Peace*

jubilant ['dʒu:bilənt] *bn* jubelend, juichend; opgetogen; *be* ~ *at* jubelen over

jubilation [dʒu:bi'leiʃən] *znw* gejubel o, gejuich o

jubilee ['dʒu:bili:] *znw* jubeljaar *o*, jubelfeest *o*; vijftigjarig jubileum *o*; *silver* ~ vijfentwintigjarig jubileum *o*

Judaic [dʒu'deiik] *bn* joods

Judaism ['dʒu:deiizm] *znw* jodendom *o*, joodse leer

judder ['dʒʌdə] *onoverg* vibreren, schudden

judge [dʒʌdʒ] **I** *znw* rechter; beoordelaar, kenner; jurylid *o*; *J~s* bijbel (het boek) Richteren; **II** *onoverg* rechtspreken, oordelen; **III** *overg* oordelen, beoordelen; schatten [waarde, afstand]

judg(e)ment ['dʒʌdʒmənt] *znw* oordeel *o*; vonnis *o*, godsgericht *o*; mening; (gezond) verstand *o*; *pass* ~ uitspraak doen; *against one's better* ~ tegen beter weten in; *last* ~ laatste Oordeel *o*

judicature ['dʒu:dikətʃə] *znw* rechtspleging, justitie; rechterschap *o*

judicial [dʒu'diʃəl] *bn* rechterlijk, gerechtelijk, justitieel, rechters-; onpartijdig

judiciary [dʒu'diʃəri] **I** *bn* rechterlijk, gerechtelijk; **II** *znw* rechterlijke macht

judicious [dʒu'diʃəs] *bn* verstandig, oordeelkundig

judo ['dʒu:dou] *znw* judo *o*

Judy ['dʒu:di] *znw* Katrijn [in het poppenkastspel]; zie ook: *Punch*; slang meid, vrouw

jug [dʒʌg] **I** *znw* kruik; kan, kannetje *o*; slang gevangenis; ~*s* Am slang tieten, prammen; **II** *overg* in de pot koken; ~*ged hare* hazenpeper

juggernaut ['dʒʌgənɔ:t] *znw* moloch; wegreus [grote vrachtwagen]

juggins ['dʒʌginz] *znw* gemeenz sul, uilskuiken *o*

juggle ['dʒʌgl] *onoverg* jongleren; goochelen; manipuleren (met)

juggler *znw* jongleur; goochelaar; bedrieger

jugglery *znw* goochelarij, gegoochel *o*

jugular ['dʒʌgjulə] **I** *bn* hals-, keel-; **II** *znw* halsader; *go for the* ~ naar de keel vliegen; fig bloed ruiken

jugulate *overg* de hals afsnijden; fig de kop indrukken

juice [dʒu:s] *znw* sap *o*; gemeenz benzine; gemeenz elektr stroom

juicy *bn* saprijk, sappig²; pittig, pikant

juke box ['dʒu:kbɔks] *znw* jukebox

July [dʒu'lai] *znw* juli

jumble ['dʒʌmbl] **I** *overg* dooreengooien (ook: ~ *up*); **II** *znw* mengelmoes *o & v*, warboel, rommel, troep; bric-à-brac *o*

jumbo ['dʒʌmbou] **I** *znw* gemeenz jumbo(jet); **II** *bn* gemeenz reuzen-, jumbo-, maxi-

jump [dʒʌmp] **I** *onoverg* springen, opspringen; plotseling omhooggaan [v. prijzen]; ~ *about* van de hak op de tak springen; ~ *at* met beide handen aangrijpen; ~ *down sbd.'s throat* aanvliegen; ~ *on* te lijf gaan; gemeenz uitvaren tegen; ~ *to it* gemeenz ertegenaan gaan; ~ *to conclusions* overhaaste gevolgtrekkingen maken; **II** *overg* springen over; bespringen; vliegen uit [de rails]; overslaan; wegkapen; ~ *the gun* voorbarig zijn; ~ *the lights* door een rood

stoplicht rijden; ~ *a train* Am in of uit een trein springen; **III** *znw* sprong; sp hindernis [rensport]; *get the* ~ *on sbd.* iem. voor zijn

jumped-up *bn* gewichtig, omhooggevallen

jumper ['dʒʌmpə] *znw* springer; jumper; Am overgooier

jumping-off point *znw* uitgangspunt *o*, startpunt *o*

jump-lead *znw* auto startkabel

jumpy ['dʒʌmpi] *bn* zenuwachtig, schrikachtig

junction ['dʒʌŋkʃən] *znw* verbinding; verbindingspunt *o*; knooppunt *o* [v. spoorwegen]; wegkruising

juncture ['dʒʌŋktʃə] *znw* (kritiek) ogenblik *o*; samenloop van omstandigheden; *at this* ~ op dit (kritieke) ogenblik, onder de (huidige) omstandigheden

June [dʒu:n] *znw* juni

jungle ['dʒʌŋgl] *znw* jungle², rimboe

junior ['dʒu:njə] **I** *bn* jonger, junior; jongst; lager; ~ *clerk* jongste bediende; ~ *school* basisschool [7-11 jaar in Eng.]; **II** *znw* jongere; Br schoolkind *o*; ondergeschikte, jongste bediende; *he is ten years my* ~ hij is tien jaar jonger dan ik

juniper ['dʒu:nipə] *znw* jeneverbes

junk [dʒʌŋk] *znw* **1** scheepv jonk; **2** touwwerk *o*; gemeenz (ouwe) rommel, oudroest *o*; fig nonsens; **3** Am slang heroïne &

junket ['dʒʌŋkit] **I** *znw* **1** bep. dessert *o* van gestremde melk; **2** snoepreisje *o*; **3** feest *o*, fuif; **II** *onoverg* **1** een snoepreisje maken; **2** feesten, fuiven

junk food *znw* ongezond eten *o*, junk food *o*

junkie ['dʒʌŋki] *znw* junkie, (drugs)verslaafde

junk mail *znw* ongevraagd drukwerk *o*, reclamebladdjes &

junta ['dʒʌntə] *znw* junta [raad]

juridical [dʒu'ridikl] *bn* gerechtelijk, juridisch

jurisdiction [dʒuəris'dikʃən] *znw* rechtsgebied *o*; rechtspraak

jurisprudence ['dʒuəris'pru:dəns] *znw* jurisprudentie, rechtsgeleerdheid; rechtsfilosofie

jurist ['dʒuərist] *znw* jurist, rechtsgeleerde; Am advocaat

juror ['dʒuərə] *znw* gezworene; jurylid *o*

jury *znw* jury

jury-box *znw* recht jurytribune, (de) jurybank(en)

juryman *znw* recht jurylid *o*

1 just [dʒʌst] *bn* rechtvaardig; verdiend, billijk; juist

2 just [dʒʌst] *bijw* juist, even; (daar)net; precies; eens (even); (alleen) maar; gewoon(weg), zomaar, zonder meer; bepaald; ~ *a moment, please* een ogenblik(je)!; ~ *now* daarnet; op het ogenblik; ~ *over £ 300* iets meer dan £ 300; *not* ~ *yet* nu nog niet; *it's* ~ *possible* het is niet onmogelijk

justice ['dʒʌstis] *znw* rechtvaardigheid; recht *o*; justitie; rechter [van het Hooggerechtshof]; J~ of the Peace ± kantonrechter; do ~ to recht laten wedervaren; eer aandoen; do oneself ~ het er met ere afbrengen; in ~ van rechtswege, billijkheidshalve; bring to ~ de gerechte straf doen ondergaan

justifiable ['dʒʌstifaiəbl] bn verantwoord, verdedigbaar

justifiably bijw terecht

justification [dʒʌstifi'keiʃən] znw rechtvaardiging, verdediging

justificative ['dʒʌstifikeitiv, -kətiv], **justificatory** bn verdedigings-; bewijs-

justify ['dʒʌstifai] overg rechtvaardigen, verdedigen; <u>typ</u> uit-, opvullen [v. regel]

jut [dʒʌt] onoverg uitsteken, uitspringen (ook: ~ out)

jute [dʒuːt] znw jute

juvenescence [dʒuːvi'nesns] znw jeugd

juvenile ['dʒuːvinail] I bn jeugdig; jong; voor (van) de jeugd; kinder-; ~ lead jeune premier; ~ court kinderrechter; ~ delinquency jeugdcriminaliteit; II znw jeugdig persoon

juvenilia [dʒuːvə'niliə] znw mv jeugdwerken [v. schrijver, kunstenaar]

juxtapose ['dʒʌkstəpouz] overg naast elkaar plaatsen

juxtaposition [dʒʌkstəpə'ziʃən] znw plaatsing naast elkaar

K

k [kei] *znw* (de letter) k
Kaffir ['kæfə] *znw* Kaffer
kale [keil] *znw* (boeren)kool
kaleidoscope [kə'laidəskoup] *znw* caleido-scoop
kaleidoscopic [kəlaidə'skɔpik] *bn* caleido-scopisch
kamikaze [kæmi'ka:zi, ka:mi'ka:zi] *bn* zelf-moord-, kamikaze-
kangaroo [kæŋgə'ru:] *znw* kangoeroe; ~ *court* illegale rechtbank
kaolin ['keiəlin] *znw* kaolien o, porseleinaar-de
kaput [kə'put] *bn* slang naar de Filistijnen, kapot
karate [kə'ra:ti] *znw* karate o
karma ['ka:mə] *znw* (nood)lot o
kart [ka:t] *znw* = go-kart
kayak ['kaiæk] *znw* kajak
Kazak(h)stan [ka:za:k'stæn] *znw* Kazach-stan o
kebab [ki'bæb, -'ba:b] *znw* kebab, spies met stukjes vlees en groente
kedge [kedʒ] **I** *overg* scheepv verhalen met behulp van een werpanker; **II** *znw*: ~ *(an-chor)* werp-, keganker o
keel [ki:l] **I** *znw* scheepv kiel, (kolen)schuit; *on an even* ~ in evenwicht; **II** *onoverg & overg* (doen) kantelen; ~ *over* kapseizen
keelhaul ['ki:lhɔ:l] *overg* kielhalen
keen [ki:n] *bn* scherp, hevig, levendig, harts-tochtelijk, verwoed, gebrand (*op* on); *(as)* ~ *as mustard* vol vuur
keenly *bijw* scherp &; ~ *alive to* ook: zeer gevoelig voor
keen-witted *bn* scherp(zinnig)
1 keep* [ki:p] **I** *overg* houden, hoeden; be-houden, tegen-, ophouden; behoeden, be-waren, bewaken, beschutten, verdedigen; eropna houden, hebben (te koop); onder-houden, vieren; bijhouden [boeken]; zich houden aan; ~ *one's feet* op de been blij-ven; ~ *sbd. waiting* iem. laten wachten; ~ *going* door blijven gaan; ~ *at it* ermee doorgaan; ~ *away* af-houden; wegblijven; ~ *down* in bedwang houden; ~ *from* afhouden van; zich ont-houden van; onthouden; ~ *in* inhouden; binnenhouden; onderw laten schoolblij-ven; ~ *in with* op goede voet blijven met; ~ *off* afweren; zich van het lijf houden, zich onthouden van; weg-, uitblijven; ~ *on* aan-, ophouden; ~ *on ...ing* doorgaan met, blijven ...; ~ *out* (er)buiten houden; (er-) buiten blijven; ~ *to* (zich) houden aan; blij-ven bij; houden voor [zich(zelf)]; ~ *under* klein houden; onderdrukken; ~ *sbd. under* iem. onder narcose houden; ~ *up* ophou-den, aan-, onderhouden [vriendschap, kennis], volhouden; levendig houden; handhaven; ~ *up with each other* contact met elkaar blijven houden; ~ *up with the*

Joneses zijn stand ophouden
2 keep *znw* onderhoud o, kost; slottoren [als gevangenis]; *for* ~*s* gemeenz voorgoed
keeper *znw* houder, bewaarder, suppoost, conservator; bewaker, oppasser, opzichter; cipier; sp keeper, doelman; bijbel hoeder;
keep-fit ['ki:pfit] *znw* conditietraining
keeping *znw* bewaring; onderhoud o; over-eenstemming; *in (out of)* ~ *with* (niet) strokend met
keepsake ['ki:pseik] *znw* herinnering, sou-venir o
keg [keg] *znw* vaatje o
kelp [kelp] *znw* kelp; plantk zeewier o
ken [ken] **I** *znw* gezichtskring, (geestelijke) horizon; *that's beyond my* ~ dat gaat bo-ven mijn pet; **II** *overg* Schots kennen, we-ten
kennel ['kenl] *znw* (honden)hok o; kennel
Kentish ['kentiʃ] *bn* van Kent
Kenya ['ki:njə, 'kenjə] *znw* Kenia o
Kenyan ['ki:n-, 'kenjən] **I** *znw* Keniaan; **II** *bn* Keniaans
kept [kept] **I** V.T. & V.D. van *keep*; **II** *bn*: ~ *woman* maintenee
kerb [kə:b] *znw* trottoirband, stoeprand
kerb-crawling *znw* vanuit een auto een prostituee oppikken o
kerbstone *znw* trottoirband
kerchief ['kə:tʃif] *znw (mv: -s of -chieves)* hoofddoek, halsdoek
kerf [kə:f] *znw* kerf, zaagsnede
kerfuffle [kə'fʌfl] *znw* gemeenz opschud-ding, heisa, consternatie
kernel ['kə:nl] *znw* korrel; pit², kern²
kerosene ['kerəsi:n] *znw* kerosine
kestrel ['kestrəl] *znw* torenvalk
ketch [ketʃ] *znw* kits [zeiljacht]
ketchup ['ketʃəp] *znw* ketchup
kettle ['ketl] *znw* ketel; *another (a differ-ent)* ~ *of fish* andere koek, een geheel an-dere zaak; *a pretty (fine)* ~ *of fish* een mooie boel
kettledrum *znw* pauk
key [ki:] **I** *znw* **1** sleutel²; code; muz toon(aard)²; toets, klep; techn wig, spie; *off* ~ vals [v. zingen &]; **2** rif o; *be out of* ~ *with* niet harmoniëren met; **II** *bn* voor-naamste, hoofd-; **III** *overg* spannen; techn vastzetten; comput intoetsen (ook: ~ *in*); ~ *up* opschroeven², opdraaien², span-nen²; ~ *the strings* muz stemmen
keyboard *znw* klavier o, toetsenbord o, keyboard o
keyhole *znw* sleutelgat o
keynote ['ki:nout] *znw* muz grondtoon²; *the* ~ *of the organization is peace* de or-ganisatie staat in het teken van de vrede; ~ *speech* pol rede waarin de hoofdlijnen v.h. beleid worden uiteengezet
key-ring *znw* sleutelring
keystone *znw* sluitsteen²; fig hoeksteen
khaki ['ka:ki] *znw* kaki o
kibbutz [ki'bu:ts] *znw (mv: kibbutzim [kibut'sim])* kibboets
kibosh ['kaibɔʃ] *znw: put the* ~ *on sth.* ge-meenz ergens een eind aan maken, iets naar de knoppen helpen

kick [kik] **I** znw schop, trap; _gemeenz_ fut, pit; _slang_ prikkel, sensatie; _get a ~ out of slang_ opwindend vinden; **II** _onoverg_ schoppen, trappen (naar _at_); _fig_ zich verzetten (tegen _at, against_); klagen; _~ over the traces_ uit de band springen; **III** _overg_ (voort)schoppen, (weg)trappen; _~ oneself gemeenz_ zichzelf voor het hoofd slaan; _~ the habit slang_ afkicken [v. drugs &]; _~ one's heels = cool one's heels_, zie _cool III_; _~ off gemeenz_ beginnen, starten; uitschoppen; _sp_ de aftrap doen; _~ out_ (er)uit trappen; _~ up (a fuss)_ herrie schoppen; _~ sbd. upstairs_ iem. wegpromoveren

kickback _znw_ 1 terugslag; 2 smeergeld o

kicker _znw_ die schopt, trapper

kick-off _znw sp_ aftrap; _for a ~ gemeenz_ om te beginnen

kick-start ['kik'sta:t] **I** _znw_ (ook: _kick-starter_) kickstarter [v. motor]; **II** _overg_ aantrappen [v. motor]

kid [kid] **I** _znw_ jonge geit; glacé o [leer], glacé _m_ [handschoen]; _gemeenz_ kind o, jongen, meisje o; **II** _onoverg_ plagen, schertsen; **III** _overg gemeenz_ voor de gek houden; _no ~ding gemeenz_ echt waar; ongelooflijk!

kiddie _znw_ peuter, kleine; joch(ie) o

kid glove ['kid'glʌv] **I** _znw_ glacéhandschoen; **II** _bn_ (half)zacht, verwekelijkt

kidnap ['kidnæp] _overg_ kidnappen, ontvoeren

kidnapper _znw_ kidnapper, ontvoerder

kidney ['kidni] _znw_ nier; _of that ~_ van dat slag

kidney machine _znw_ kunstnier

kill [kil] **I** _overg_ doden[2]; slachten; vermoorden; _fig_ tenietdoen, onmogelijk maken; overstelpen [met vriendelijkheid &]; afzetten [motor]; _be ~ed_ ook: sneuvelen; _~ off_ afmaken, uitroeien; _my feet are ~ling me_ ik heb vreselijk pijnlijke voeten; **II** _onoverg & abs ww_ doden; dodelijk zijn; _dressed to ~_ vreselijk chic (gekleed); _~ or cure_ erop of eronder; _~ oneself (to do sth.)_ keihard werken, het uiterste geven; _if it ~s me gemeenz_ tot elke prijs; **III** _znw_ doden o; gedood dier o; _be in at the ~ fig_ aanwezig zijn op het moment suprème; zie ook: _killing_

killer _znw_ doder; moordenaar

killing I _bn_ dodelijk, moorddadig; _gemeenz_ onweerstaanbaar; **II** _znw_ doden o; slachting, doodslag, moord; _make a ~_ fortuin maken

kill-joy _znw_ spelbederver; feestverstoorder

kiln [kil(n)] _znw_ kalk-, steenoven

kilo ['ki:lou] _znw_ kilo(gram) o

kilogram(me) ['kilagræm] _znw_ kilogram o

kilometre ['kilami:tə], _Am_ **kilometer** [ki'lɔmitə] _znw_ kilometer

kilt [kilt] _znw_ kilt

kilter ['kiltə] _znw: out of ~_ niet in orde, in slechte staat

kimono [ki'mounou] _znw_ kimono

kin [kin] _znw_ maagschap, verwantschap, geslacht o, familie; _next of ~_ naaste bloedverwant(en)

1 kind [kaind] _znw_ soort, slag o, aard, variëteit; _I ~ of thought so gemeenz_ dat dacht ik wel zo'n beetje; _receive (pay) in ~_ in natura ontvangen (betalen); _repay in ~_ met gelijke munt betalen; _two of a ~_ twee van dezelfde soort; _nothing of the ~!_ volstrekt niet, niets daarvan!; _something of the ~_ iets dergelijks

2 kind [kaind] _bn_ vriendelijk, goed (voor _to_)

kindergarten ['kindəga:tn] _znw_ kleuterschool

kind-hearted ['kaind(')ha:tid] _bn_ goed(hartig)

kindle ['kindl] **I** _overg_ ontsteken; aansteken, doen ontvlammen; **II** _onoverg_ vuur vatten, beginnen te gloeien (van _with_)

kindling (wood) _znw_ aanmaakhout o

kindly ['kaindli] **I** _bn_ vriendelijk, goed(aardig), welwillend; **II** _bijw_ v. [2]_kind_; _~ tell me..._ wees zo goed mij te zeggen...; _take ~ to_ sympathie tonen voor, positief staan tegenover

kindness _znw_ vriendelijkheid, goedheid; (vrienden)dienst, vriendschap

kindred ['kindrid] **I** _znw_ familie; **II** _bn_ (aan-)verwant; _~ spirit_ geestverwant

kinetic [kai-, ki'netik] _bn_ kinetisch, bewegings-

kinetics [kai-, ki'netiks] _znw_ kinetica, bewegingsleer

king [kiŋ] _znw_ koning, vorst, heer; _sp_ dam, koning, heer; _K~'s Bench_ afdeling v.h. Britse Hooggerechtshof; _K~'s evidence_ zie bij: _evidence_; _K~'s highway_ openbare weg; _go to ~ sp_ dam halen

kingbolt _znw techn_ hoofdbout

kingcup _znw_ boterbloem; dotterbloem

kingdom _znw_ koninkrijk o; rijk o; _~ come_ hiernamaals o

kingfisher _znw_ ijsvogel

kinglike _bn_ koninklijk

kingpin _znw_ de koning v.h. kegelspel; _fig_ hoofdfiguur, leider; _techn_ = _kingbolt_

kingly _bn_ koninklijk

kingship _znw_ koningschap o

king-size(d) _bn_ extra groot

kink [kiŋk] **I** _znw_ slag, knik [in touw, draad, haar &], kink; kronkel (in de hersens); gril; **II** _onoverg_ kinken

kinky _bn_ kronkelig; kroes-; _gemeenz_ pervers; opwindend, wild, bizar, vreemd

kinsfolk _znw_ familie(leden)

kinship _znw_ (bloed)verwantschap

kinsman _znw_ bloedverwant

kinswoman _znw_ bloedverwante

kiosk ['kiɔsk] _znw_ kiosk

kip [kip] **I** _znw slang_ 1 dutje o; 2 slaapplaats, bed o; eenvoudig logement o; **II** _onoverg gemeenz_ maffen; _~ down_ gaan maffen

kipper ['kipə] **I** _znw_ gezouten en gerookte haring; **II** _overg_ zouten en roken

Kiribati [kiribæf] _znw_ Kiribati o

kirk [kə:k] _znw Schots_ kerk

kiss [kis] **I** _znw_ kus, zoen; _biljart_ klots; _~ of life_ mond-op-mondbeademing; **II** _overg_ kussen, zoenen; _biljart_ klotsen tegen; _~ the rod_ gedwee straf ondergaan; _~ the ground_ zich voor iemand vernederen; **III**

onoverg (elkaar) kussen; <u>biljart</u> klotsen; ~ *and tell* uit de school klappen

kit [kit] **I** *znw* vaatje o; uitrusting; bagage; gereedschap o; gereedschapskist, -tas; bouwpakket o; **II** *overg* uitrusten (ook: ~ *out, ~ up*)

kitbag *znw* <u>mil</u> valies o

kitchen ['kitʃin, -ʃən] *znw* keuken

kitchenette [kitʃi'net] *znw* keukentje o [v. flat]

kitchen garden *znw* moestuin

kitchensink *znw* gootsteen; *everything but the* ~ de hele rataplan

kite [kait] *znw* <u>dierk</u> wouw, kiekendief; vlieger; *as high as a* ~ <u>gemeenz</u> (zo) stoned als een garnaal; zie ook: *[2]fly II*

kith [kiθ] *znw:* ~ *and kin* kennissen en verwanten

kitsch [kitʃ] *znw* kitsch

kitten ['kitn] *znw* <u>dierk</u> katje[2] o; *have ~s* <u>gemeenz</u> erg opgewonden of angstig zijn

kittenish *bn* speels (als een jong katje)

kittle ['kitl] *bn* lastig, moeilijk

kitty ['kiti] *znw* poesje o; pot, (gemeenschappelijke) kas

kiwi ['ki:wi(:)] *znw* kiwi [vogel en vrucht]; *K~* <u>gemeenz</u> Nieuwzeelander

klaxon ['klæksn] *znw* claxon

kleptomania [kleptou'meinjə] *znw* kleptomanie

kleptomaniac *bn* kleptomaan

knack [næk] *znw* slag, handigheid; talent o, kunst

knacker ['nækə] *znw* vilder; sloper

knackered ['nækəd] *bn* <u>slang</u> doodop, afgepeigerd

knag [næg] *znw* kwast, knoest

knap [næp] *(overg &) onoverg* (doen) knappen, breken, stukslaan; [stenen] kloppen

knapsack ['næpsæk] *znw* ransel, knapzak, rugzak

knar [na:] *znw* knoest, kwast

knave [neiv] *znw* schurk, schelm; <u>kaartsp</u> boer

knavery *znw* schurkerij; schelmenstreken

knavish *bn* schurkachtig, oneerlijk

knead [ni:d] *overg* kneden; masseren

knee [ni:] **I** *znw* knie; **II** *overg* een knietje geven, met de knie aanraken

knee-breeches *znw mv* kuit-, kniebroek

kneecap [ni:] *znw* knieschijf; **II** *overg* door de knieschijven schieten

knee-deep *bn* tot aan de knieën (reikend)

knee-high *bn* kniehoog, op kniehoogte

kneel* [ni:l] *onoverg* knielen; ~ *down to* knielen voor

knee-pan [ni:pæn] *znw* knieschijf

knees-up ['ni:z'ʌp] *znw* <u>gemeenz</u> gezellig feest o

knell [nel] **I** *znw* doodsklok[2]; **II** *onoverg* de doodsklok luiden

knelt [nelt] V.T. & V.D. van *kneel*

knew [nju:] V.T. van *know*

knickerbockers ['nikəbɔkə] *znw mv* knickerbocker, wijde kniebroek

knickers ['nikəz] *znw* <u>gemeenz</u> slipje o, onderbroek [v. vrouw]; *get one's* ~ *in a twist* verhit, opgewonden reageren; *~!* <u>slang</u>

verdorie!, zo kan-ie wel weer!

knick-knack ['niknæk] *znw* snuisterij

knife [naif] **I** *znw (mv:* knives [naivz]) mes o; *twist (turn) the* ~ nog een trap nageven; **II** *overg* (door)steken

knife-edge *znw* scherp o van de snede [v. mes]; *on a* ~ *about* in grote spanning over

knight [nait] **I** *znw* ridder[2]; sp paard o [v. schaakspel]; **II** *overg* tot ridder slaan; in de adelstand verheffen, 'knight' maken

knighthood *znw* ridderschap o [waardigheid], ridderschap v [verzamelnaam]; titel van ridder

knightly *bn* ridderlijk, ridder-

knit* [nit] *overg* breien, knopen, (ver-)binden, samenvlechten, verenigen; ~ *one's brows* de wenkbrauwen fronsen

knitter *znw* brei(st)er

knitting *znw* breien o; breiwerk o

knitting machine *znw* breimachine

knitting-needle *znw* breinaald

knitwear *znw* gebreide goederen

knob [nɔb] *znw* knobbel, knop [v. deur of stok], klontje o, brokje o; <u>plat</u> lul (meestal nob); *with ~s on* <u>gemeenz</u> en hoe!

knobb(l)y *bn* knobbelig

knobstick ['nɔbstik] *znw* (knoestige) knuppel; <u>vero slang</u> onderkruiper, stakingsbreker

knock [nɔk] **I** *onoverg* slaan, (aan)kloppen, stoten, botsen; <u>techn</u> ratelen, kloppen [v. motor]; **II** *overg* slaan, kloppen, stoten; <u>gemeenz</u> scherp bekritiseren, afkammen; ~ *cold* vellen; <u>fig</u> bewusteloos slaan; ~ *on wood* [iets] afkloppen; ~ *about (around)* <u>gemeenz</u> ruw behandelen, toetakelen; ~ *back* <u>gemeenz</u> naar binnen slaan [drank]; ~ *sbd. back* Austr iem. afwijzen; ~ *down* neerslaan; aanrijden; verslaan; toewijzen [op veiling]; verlagen [prijs]; ~ *sth. into sbd.* iem. iets inhameren; ~ *off* afslaan; eraf doen [v.d. prijs]; <u>gemeenz</u> vlug afmaken, klaarspelen; <u>slang</u> stelen; vermoorden; neuken; ~ *on the head* <u>fig</u> de nekslag geven; de kop indrukken, bewusteloos slaan, doodslaan; ~ *it off!* <u>gemeenz</u> ophouden!; ~ *out* knock-out slaan [bij boksen]; buiten gevecht stellen; <u>gemeenz</u> met stomheid slaan, verbijsteren; uitputten; ~ *over* omver slaan, omgooien; *be ~ed over* overreden worden; <u>fig</u> kapot van iets zijn; ~ *together* in elkaar flansen; ~ *up* (inderhaast) arrangeren of improviseren; uitputten; <u>sp</u> inspelen; <u>slang</u> zwanger maken; *~ed up* (dood)op; **III** *znw* slag[2], klap[2], klop, geklop o; *there is a* ~ *(at the door)* er wordt geklopt

knock-about *bn* gooi-en-smijt-, slapstick-; lawaaierig, opzichtig, schreeuwend [v. kleren]

knock-down: ~ *argument* dooddoener; ~ *price* minimumprijs

knocker *znw* klopper[2]; criticaster; *~s* <u>slang</u> prammen, tieten

knock-kneed *bn* met x-benen

knock-knees *znw mv* x-benen

knock-on effect *znw* domino-effect o

knock-out I *znw* <u>sp</u> knock-out slaan o [bij

boksen]; genadeslag; <u>gemeenz</u> iets of iemand waar je paf van staat; **II** *bn* <u>sp</u> afval-, knock-out [wedstrijd, toernooi]

knock-up *znw* warming-up

knoll [noul] *znw* heuveltje *o*

knot [nɔt] **I** *znw* knoop°; <u>fig</u> moeilijkheid, complicatie; strik, strikje *o*; <u>fig</u> band; knobbel; knoest, kwast; knot, knoedel, dot; kluitje *o* (mensen), groep, groepje *o*; *tie the ~* <u>gemeenz</u> in het huwelijksbootje stappen; **II** *overg* knopen; verbinden; verwikkelen; **III** *onoverg* in de knoop raken

knotty *bn* met knopen; in de knoop; <u>fig</u> netelig, lastig, ingewikkeld

know* [nou] **I** *overg* kennen, (soms: kunnen); herkennen; weten, verstaan; (kunnen) onderscheiden; leren kennen; ervaren, ondervinden, merken, zien; *not if I ~ it!* daar komt niets van in!; **II** *onoverg & abs ww* weten; **III** *znw*: *be in the ~* <u>gemeenz</u> er alles van weten, op de hoogte zijn

knowable *bn* te weten, te kennen, (her-) kenbaar

know-all *znw* weetal

know-how *znw* praktische kennis, (technische) kennis

knowing *bn* schrander; geslepen; slim; veelbetekenend [v. blik &]

knowingly *bijw* bewust, willens en wetens, met opzet; zie verder: *knowing*

know-it-all *znw* Am betweter, wijsneus

knowledge ['nɔlidʒ] *znw* kennis, kunde, geleerdheid; (mede)weten *o*, wetenschap (van iets), voorkennis; *it is common ~* het

is algemeen bekend; *it has come to my ~...* ik heb vernomen...; *to (the best of) my ~* voor zover ik weet; voor zover mij bekend

knowledgeable *bn* kundig, knap; goed ingelicht, goed op de hoogte

known [noun] **I** V.D. van *know*; **II** *bn* (wel-) bekend

knuckle ['nʌkl] **I** *znw* knokkel; schenkel; *near the ~* gewaagd [mop]; *rap on (over) the ~s* berisping; **II** *overg*: *~ down to* zich wijden aan [studie &]; *~ under* zich gewonnen geven

knuckleduster *znw* boksbeugel

knucklehead *znw* Am <u>gemeenz</u> stommeling, oen

knur [nə:] *znw* knoest; <u>sp</u> houten bal of kogel

k.o., K.O., KO *afk.* k.o.; knock-out

koala [kou'a:lə], **koala bear** *znw* koala

kohlrabi ['koul'ra:bi] *znw* koolrabi

kooky ['ku:ki] *bn* Am <u>gemeenz</u> excentriek

Koranic [kɔ(:)-, ku-, kə'rænik] *bn* volgens, betreffende de Koran

Korea [kə'riən] *znw* Korea *o*

Korean [kə'riən] **I** *znw* Koreaan; **II** *bn* Koreaans

kowtow ['kau'tau] *onoverg* door het stof gaan, zich vernederen

kraut [kraut] *znw* <u>slang</u> scheldwoord mof [Duitser]

kudos ['kju:dɔs] *znw* <u>gemeenz</u> roem, eer

Kuwait [ku'weit] *znw* Koeweit *o*

Kyrgyzstan ['kə:gizstæn] *znw* Kirgizië *o*

L

l [el] *znw* (de letter) l
lab [læb] *znw* gemeenz lab o (= laboratorium)
label ['leibl] I *znw* etiket² o, (platen)label, strook; fig benaming; II *overg* etiketteren; fig noemen (ook: ~ *as*)
labial ['leibiəl] I *bn* lip-, labiaal; II *znw* labiaal: lipklank
labiate ['leibiit] I *bn* lipbloemig; II *znw* lipbloemige plant
labile ['leibail] *znw* labiel; veranderlijk
labor ['leibə] *znw* Am = labour
laboratory [lə'bɔrət(ə)ri, Am 'læb(ə)rətɔ:ri] *znw* laboratorium o; ~ *animal* proefdier o
laborious [lə'bɔ:riəs] *bn* moeizaam, zwaar, moeilijk
labour, Am **labor** ['leibə] I *znw* arbeid, werk o; moeite; taak; de werkkrachten; weeën (bij bevalling); *be in* ~ aan het bevallen (zijn); stampen o [v. schip]; L~ de (Engelse) arbeiderspartij; *a* ~ *of love* ± liefdewerk o; *hard* ~ dwangarbeid; *lost* ~ vergeefse moeite; II *onoverg* werken, zich moeite geven; ~ *under* kampen met; III *overg* uitgebreid bespreken; bewerken
laboured *bn* bewerkt; moeilijk [v. ademhaling]; gekunsteld
labourer *znw* arbeider
labour force *znw* arbeidskrachten
Labourite ['leibərait] *znw* lid o van de Labour Party
labour market *znw* arbeidsmarkt
labour pains *znw mv* (barens)weeën
Labour Party *znw* Br de socialistische partij
labour-saving ['leibəseiviŋ] *bn* arbeidbesparend
laburnum [lə'bə:nəm] *znw* goudenregen
labyrinth ['læbərinθ] *znw* labyrint o, doolhof°
labyrinthine [læbi'rinθain] *bn* verward, ingewikkeld (als een doolhof), labyrintisch
lace [leis] I *znw* veter; kant; vitrage; II *overg* (vast)rijgen, snoeren; versieren [met kant]; *coffee* ~*d with cognac* met een scheutje cognac; [v. schip]; III *onoverg*: ~ *into sbd.* gemeenz iem. afrossen; IV *bn* kanten
lacerate ['læsəreit] *overg* scheuren, verscheuren²
laceration [læsə'reiʃən] *znw* (ver)scheuring
lace-up ['leis'ʌp] I *bn* rijg-; II *znw*: ~*s* gemeenz rijglaarzen, -schoenen
laches ['lætʃiz] *znw* recht laksheid, nalatigheid
lachrymal ['lækriməl] *bn* traan-
lachrymose *bn* vol tranen; huilerig
lacing *znw* veter, boordsel o; scheutje o sterke drank (in koffie &)
lack [læk] I *znw* gebrek o, gemis o, behoefte, tekort o (aan *of*), schaarste; *for* ~ *of* bij gebrek aan; II *overg* gebrek hebben aan; III *onoverg*: *be* ~*ing* ontbreken
lackadaisical [lækə'deizikl] *bn* lusteloos; nonchalant
lackey ['læki] I *znw* lakei; II *onoverg* als lakei dienen, de lakei spelen (voor *to*)
lacking ['lækiŋ] *bn* gemeenz zwakzinnig, dom; zie ook *lack*
lacklustre ['læklʌstə] *bn* glansloos, dof
laconic [lə'kɔnik] *bn* laconiek; kort en bondig
laconism ['lækənizm] *znw* laconisme o, bondigheid; kort en bondig gezegde o
lacquer ['lækə] I *znw* lak o & m, lakwerk o, vernis o & m; haarlak; II *overg* lakken, vernissen; haarlak opbrengen
lacrosse [lə'krɔs] *znw* een Canadees balspel o
lactation [læk'teiʃən] *znw* melkafscheiding
lacteal ['læktiəl] *bn* melk-
lactic ['læktik] *bn* melk-
lactose ['læktouz] *znw* melksuiker, lactose
lacuna [lə'kju:nə] *znw* (*mv*: lacunae [lə'kju:ni:]) leemte, gaping, hiaat, o lacune
lacy ['leisi] *bn* als (van) kant; kanten
lad [læd] *znw* knaap; jongen; jongeman; gemeenz 'vlotte jongen'
ladder ['lædə] I *znw* ladder²; II *onoverg* ladderen [v. kous]
laddie, laddy ['lædi] *znw* Schots knaap, jongen
lade [leid] *overg* laden, beladen²
laden V.D. van *lade*
la-di-da [la:di'da:] *bn* aanstellerig, dikdoenerig, gemaakt
ladies' man *znw* man die graag met vrouwen omgaat; verleider
lading ['leidiŋ] *znw* lading
ladle ['leidl] I *znw* pollepel, soeplepel, scheplepel; II *overg* opscheppen; ~ *out* uitscheppen; met kwistige hand uitdelen
ladleful *znw* lepel(vol)
lady ['leidi] *znw* dame², vrouw (des huizes) [v. dienstbode]; lady: echte dame &; titel van de vrouw van een knight of baronet, of de dochter van een graaf, markies of hertog; dierk merrie; wijfje o; teef; *the (my) old* ~ gemeenz moeder de vrouw; *Our L~* Onze-Lieve-Vrouw; *Ladies(')* (openbaar) damestoilet o
ladybird *znw* lieveheersbeestje o
Lady Day *znw* Maria-Boodschap [25 maart]
lady friend *znw* vriendin
lady-in-waiting *znw* hofdame
lady-killer *znw* vrouwenveroveraar, Don Juan
ladylike *bn* als (van) een dame
lady-love *znw* liefste, geliefde
lady-ship *znw* ladyschap o, lady's titel; *her (your)* ~ mevrouw (de gravin &)
1 lag [læg] I *onoverg* (ook: ~ *behind*); achterblijven; II *overg* slang in de gevangenis stoppen; arresteren; III *znw* achterstand; vertraging(sfactor); *an old* ~ een bajesklant
2 lag [læg] techn *overg* bekleden, isoleren
lager ['la:gə] *znw* lagerbier o
laggard ['lægəd] *znw* talmer, achterblijver
lagging ['lægiŋ] *znw* 1 isolatiemateriaal o; 2 getalm o, geaarzel o
lagoon [lə'gu:n] *znw* lagune

laic ['leiïk] **I** bn leken-; **II** znw leek

laicization [leiisai'zeiʃən] znw secularisatie

laicize ['leiisaiz] overg seculariseren

laid [leid] **I** V.T. & V.D. van ³lay; **II** bn: get ~ plat een beurt krijgen; ~ up door ziekte in bed

laid-back ['leidbæk] znw gemeenz ontspannen, relaxed

lain [lein] V.D. van ²lie

lair [lɛə] znw hol² o, leger o [v. dier]

laird [lɛəd] znw Schots (land)heer

laity ['leiiti] znw lekendom o; leken

lake [leik] znw **1** meer o; **2** (rode) lakverf

lake-dweller znw paalbewoner

lam [læm] overg gemeenz afranselen

lama ['la:mə] znw lama [boeddhistische priester]

lamaism ['la:məizm] znw lamaïsme o

lamasery ['la:məsəri] znw lamaklooster o

lamb [læm] **I** znw lam² o; lamsvlees o; **II** onoverg lammeren, werpen

lambast(e) [læm'beist] overg gemeenz (iem.) flink op zijn donder geven; hekelen

lambent ['læmbənt] bn lekkend, spelend [v. vlammen], glinsterend, tintelend

lambkin ['læmkin] znw lammetje² o

lambskin znw lamsvel o

lame [leim] **I** bn mank, kreupel², gebrekkig; armzalig, onbevredigend [excuus]; **II** overg mank (kreupel) maken; verlammen

lamella [lə'melə] znw (mv: -s of lamellae) lamel, plaatje o

lament [lə'ment] **I** znw jammer-, weeklacht; klaaglied o, klaagzang; **II** onoverg (wee-)klagen, jammeren; **III** overg bejammeren, betreuren, bewenen; the late ~ed Rabin Rabin zaliger

lamentable ['læməntəbl] bn beklagens-, betreurenswaardig; jammerlijk; gemeenz minderwaardig

lamentation [læmen'teiʃən] znw weeklacht, jammerklacht, gejammer o

laminate **I** overg ['læmineit] pletten; lamineren; **II** znw ['læminit] laminaat o

lamming ['læmiŋ] znw gemeenz pak o slaag

lamp [læmp] znw lamp; lantaarn

lamplighter ['læmplaitə] znw lantaarnopsteker

lampoon [læm'pu:n] **I** znw schotschrift o; pamflet o; **II** overg (in schotschriften) hekelen

lampoonist znw pamfletschrijver

lamp-post ['læmppoust] znw lantaarn(paal)

lampshade znw lampenkap

lance [la:ns] **I** znw lans; speer; **II** overg (met een lans) doorsteken; (met een lancet) dóórsteken of openen; plechtig werpen

lance-corporal znw soldaat eerste klasse

lancer ['la:nsə] znw lansier

lancet ['la:nsit] znw lancet o

land [lænd] **I** znw land° o, landerijen; platteland o; grond, bodem; make ~ land zien of bereiken; see how the ~ lies poolshoogte nemen; by ~ over land; te land; on ~ aan land, aan (de) wal; te land; **II** overg (doen) landen, doen belanden, aan land

zetten, afzetten [uit voertuig]; fig brengen [in moeilijkheden]; gemeenz bemachtigen; ~ him with gemeenz hem opzadelen met; **III** onoverg (aan-, be)landen; neerkomen; ~ on one's feet fig geluk hebben; ~ up with er met ... afkomen

land-agent znw rentmeester; makelaar in landerijen &

landau ['lændɔ:] znw landauer

landed bn uit landerijen bestaande; landerijen bezittende, grond-; the ~ interest de grondbezitters

landfall znw: make ~ land in zicht krijgen; make (a) ~ on an island voet aan wal zetten op een eiland

landing ['lændiŋ] znw landing; lossing; vangst; landingsplaats, losplaats; (trap-) portaal o, overloop

landing-craft znw landingsvaartuig o, landingsvaartuigen

landing-gear znw luchtv landingsgestel o

landing-net znw schepnet o

landing-stage znw aanlegsteiger; kade

landlady znw hospita; herbergierster, waardin

landless bn zonder land

land-locked bn door land ingesloten

landlord znw huisbaas, -eigenaar; hospes, kostbaas; herbergier, waard, kastelein

landlubber znw landrot

landmark znw baken o, (bekend) punt o, oriëntatiepunt o; fig mijlpaal, keerpunt o

landowner znw grondbezitter

land registry znw kadaster o

landscape I znw landschap o; ~ gardening tuinarchitectuur; **II** overg verfraaien d.m.v. landschapsarchitectuur

landscapist znw landschapschilder

landslide ['lændslaid] znw aardverschuiving; fig (ook: ~ victory) overweldigende verkiezingsoverwinning

landslip znw kleine aardverschuiving

landward(s) bn bijw landwaarts

lane [lein] znw landweg [tussen heggen]; nauwe straat, steeg; (rij)strook; sp baan; scheepv vaarweg, -geul; scheepv & luchtv route

language ['læŋgwidʒ] znw taal, spraak; bad ~ scheldwoorden

language laboratory znw talenpracticum o

languid ['læŋgwid] bn mat, slap, loom, lusteloos, flauw, smachtend

languish ['læŋgwiʃ] onoverg verflauwen; weg-, (ver)kwijnen, (ver)smachten (naar for)

languor ['læŋgə] znw kwijning; matheid, loomheid

languorous bn kwijnend, smachtend; mat, loom

lank [læŋk] bn sluik [v. haar]

lanky bn lang (en mager of slungelachtig)

lantern ['læntən] znw lantaarn; lichtkamer [v. vuurtoren]; Chinese ~ lampion

lanyard ['lænjəd] znw scheepv taliereep; riem; koord o

Laos ['la:ɔs] znw Laos o

Laotian I znw Laotiaan; **II** bn Laotiaans

lap [læp] **I** *znw* 1 schoot; 2 sp ronde [bij baanwedstrijd]; etappe (ook <u>fig</u>); *in the ~ of luxury* badend in luxe, weelde; **II** *overg* 1 sp 'lappen', op een ronde achterstand zetten; 2 (meestal: ~ *up*) (op)lebberen, opslorpen; <u>fig</u> gretig in zich opnemen; ~ *up* <u>gemeenz</u> <u>fig</u> smullen van; **III** *onoverg* klotsen, kabbelen

lapel [~lə'pel] *znw* lapel [v. jas]

lapidary ['læpidəri] **I** *bn* lapidair; **II** *znw* steensnijder

Lapp [læp] **I** *znw* Lap(lander); **II** *bn* Laplands

lappet ['læpit] *znw* flap, slip [aan kleding]; kwab, (oor)lel

Lappish ['læpiʃ] *bn* Laplands

lapse [læps] **I** *znw* val, loop, verval o, verloop o, afval(ligheid); afdwaling, misslag, fout, vergissing, lapsus; **II** *onoverg* verlopen, (ver)vallen°, afvallen, afdwalen

lapwing ['læpwiŋ] *znw* kievit

larboard ['la:bəd, -bɔ:d] *znw* bakboord o

larceny ['la:səni] *znw* Am recht diefstal

larch [la:tʃ] *znw* lariks, lorkenboom; lorkenhout o

lard [la:d] **I** *znw* reuzel; **II** *overg* larderen, doorspekken (met *with*)

larder *znw* provisiekamer, -kast

large [la:dʒ] *bn* groot°, ruim²; breed, veelomvattend; royaal; vérstrekkend; *at ~* breedvoerig; op vrije voeten; in (over) het algemeen; *gentleman at ~* rentenier; *by and ~* over het algemeen; *as ~ as life* in levenden lijve, hoogstpersoonlijk; *~er than life* overdreven, buiten proporties

large-handed *bn* royaal, mild

large-hearted *bn* groothartig, edelmoedig

largely *bijw* in grote (ruime, hoge) mate, ruimschoots; grotendeels

large-minded *bn* breed van opvatting, ruim van blik

largeness *znw* grootte; onbekrompenheid

large-scale *bn* op grote schaal, grootscheeps, groot

largess(e) [la:'dʒes] *znw* vrijgevigheid, gulheid

largish ['la:dʒiʃ] *bn* vrij groot

lariat ['læriət] *znw* lasso; touw o om paard & vast te binden

lark [la:k] **I** *znw* 1 leeuwerik; 2 gemeenz pret, pretje o; grap, lolletje o; **II** *onoverg*: ~ *about* gemeenz lol maken

larrikin ['lærikin] *znw* Austr straatschender; boefje o

larrup ['lærəp] *overg* gemeenz afranselen

larva ['la:və] *znw* (*mv*: larvae [-vi:]) larve

larval *bn* larve-

laryngitis [lærin'dʒaitis] *znw* ontsteking van het strottenhoofd

larynx ['læriŋks] *znw* (*mv*: -es of larynges) strottenhoofd o

lascivious [lə'siviəs] *bn* wellustig, geil, wulps

laser ['leizə] *znw* laser

lash [læʃ] **I** *znw* zweep(slag); wimper; *be under the ~* onder de plak zitten; **II** *overg* opzwepen; geselen²; (vast)sjorren; **III** *onoverg* slaan, zwiepen; ~ *out* <u>fig</u> uit de band springen; ~ *out at* uitvaren tegen

lasher ['læʃə] *znw* waterkering; stuwdam, spui o, spuigat o, spuiwater o; stuwbekken o

lashing ['læʃiŋ] *znw* geseling

lash-up *znw* <u>gemeenz</u> haastige improvisatie

lass(ie) ['læs(i)] *znw* deerntje o, meisje o

lassitude ['læsitju:d] *znw* moeheid, loomheid

lasso [læ'su:] **I** *znw* (*mv*: -s of -soes) lasso; **II** *overg* met de lasso vangen

1 last [la:st] *znw* 1 (schoenmakers)leest; 2 handel last o & m

2 last [la:st] **I** *bn* laatst; vorig(e), verleden, jongstleden; nieuwst, meest recent; *the ~ day* de jongste dag; ~ *night* gister(en-) avond; vannacht; *every ~ one* iedereen (zonder uitzondering); **II** *znw* laatste; *we shall never hear the ~ of it* er komt nooit een eind aan; *look one's ~ at...* een laatste blik werpen op...; *at (long) ~* uiteindelijk; *be near one's ~* zijn eind nabij zijn; *breathe one's ~* de laatste adem uitblazen; **III** *bijw* het laatst; ten slotte

3 last [la:st] **I** *onoverg* voortduren; goed blijven, (lang) meegaan; het uithouden; *it will ~ you a week* u hebt er voor een week genoeg aan; ~ *out* het volhouden; **II** *overg*: ~ *(out) the day* & de nacht halen

last-ditch ['la:stditʃ] *bn* wanhoops-; *a ~ attempt* een wanhoopspoging

lasting *bn* duurzaam, (voort)durend, bestendig

lastly *bijw* ten laatste, ten slotte

last-minute *bn* op het laatste ogenblik, te elfder ure

latch [lætʃ] **I** *znw* klink; *off the ~* op een kier; **II** *overg* op de klink doen; ~ *on to*, ~ *onto* snappen; zich vastklampen aan

latchkey ['lætʃki:] *znw* huissleutel

late [leit] **I** *bn* laat; te laat; laatst, van de laatste tijd, jongst(e); gewezen, vorig, ex-; overleden, wijlen; *the ~ Mr. A.* wijlen de heer A.; *of ~* (in) de laatste tijd; ~ *of* tot voor kort wonend in (te); **II** *bijw* laat; te laat; voorheen; ~ *in the day* wat laat

latecomer *znw* laatkomer

lately *bijw* laatst, onlangs; (in) de laatste tijd

lateness *znw*: *the ~ of the hour* het late uur

late-night *bn* nacht-; ~ *shopping* koopavond

latent ['leitənt] *bn* verborgen, slapend; latent; ~ *period* incubatietijd

later ['leitə] *bn bijw* later; ~ *on* later, naderhand

lateral ['lætərəl] *bn* zijdelings, zij-

latest ['leitist] *bn* laatste, nieuwste; *the ~* de nieuwste mop, het nieuwste snufje &

latex ['leiteks] *znw* (*mv*: -es of latices) latex o & m; melksap o

lath [la:θ] *znw* lat

lathe [leið] *znw* draaibank

lather ['la:ðə, 'læðə] **I** *znw* zeepsop o; schuim o; zweet o [v. paard]; *in a ~* (op)gejaagd; **II** *onoverg* schuimen; **III** *overg* met schuim bedekken; inzepen; <u>gemeenz</u> afranselen

Latin ['lætin] **I** bn Latijns; **II** znw 1 Latijn o; 2 Latijns (zuidelijk) type [persoon]

Latin-American I bn Latijns-Amerikaans; **II** znw Latijns-Amerikaan [persoon]

latish ['leitiʃ] bn wat laat

latitude ['lætitju:d] znw (geografische) breedte, hemelstreek; vrijheid [v. handelen], speelruimte

latitudinarian ['lætitju:di'nɛəriən] bn (znw) vrijzinnig(e)

latrine [lə'tri:n] znw latrine

latter ['lætə] bn laatstgenoemde, laatste (van twee)

latter-day bn van de laatste tijd, modern; the ~ saints de heiligen der laatste dagen [de mormonen]

lattice ['lætis] **I** znw traliewerk o, open latwerk o; ~ bridge traliebrug; **II** overg van tralie-, latwerk voorzien

lattice window znw venster o met glas in lood

Latvia ['lætviə, -vjə] znw Letland o

Latvian ['lætviən, -vjən] **I** znw 1 Let; 2 Lets o; **II** bn Lets, van/uit Letland

laud [lɔ:d] **I** znw lof, lofzang; ~s RK lauden; **II** overg loven, prijzen

laudable bn lof-, prijzenswaardig

laudatory bn prijzend, lovend-, lof-

laugh [la:f] **I** onoverg & overg lachen; ~ all the way to the bank makkelijk binnenlopen [rijk worden]; ~ at uitlachen; ~ up one's sleeve in z'n vuistje lachen; ~ off met een grapje afdoen; he ~ed on the other side of his face hij lachte als een boer die kiespijn heeft; ~ sth./sbd. out of court iets/iem. volledig belachelijk maken; **II** znw lach; gemeenz geintje o

laughable bn belachelijk, lachwekkend

laughing-stock znw voorwerp o van bespotting, risee

laughter znw gelach o, lachen o

launch [lɔ:n(t)ʃ] **I** overg werpen, slingeren; te water laten, van stapel laten lopen; van wal steken; lanceren[2], afschieten [raket]; de wereld in zenden (in sturen), uitbrengen, beginnen, op touw zetten, inzetten, ontketenen [aanval &]; oplaten [ballon]; **II** onoverg: ~ into beginnen; ~ out zich storten in; beginnen; **III** znw tewaterlating; lancering; uitbrengen o [v. product, film &]; barkas

launch(ing) pad znw lanceerplatform o; fig opstap [naar een hogere functie &]

launching site znw lanceerplatform o

launder ['lɔ:ndə] overg wassen en opmaken; witwassen, witten [v. zwart geld]

launderette [lɔ:ndə'ret], **Am launderomat** znw wasserette

laundress ['lɔ:ndris] znw wasvrouw

laundry znw was; wasserij

laureate ['lɔ:riit] bn & znw gelauwerd(e dichter)

laurel znw laurier; lauwerkrans; rest on one's ~s op zijn lauweren rusten

lava ['la:və] znw lava

lavatory ['lævətəri] znw toilet o, wc

lave [leiv] overg plechtig wassen, bespoelen

lavender ['lævəndə, -vində] znw lavendel;

lavendelblauw o

laver ['leivə] znw wasbekken o

lavish ['læviʃ] **I** bn kwistig (met of); overvloedig, luxueus; **II** overg kwistig uitdelen of besteden

law [lɔ:] znw wet; recht o; wetgeving; justitie, politie; regel, wetmatigheid; constitutional ~ staatsrecht o; customary ~ gewoonterecht o; ~ and order recht en orde; orde en gezag; be a ~ unto oneself zijn eigen wetten stellen; have the ~ on sbd. iem. voor de rechter slepen; lay down the ~ autoritair optreden; zie ook: common I; be at ~ in proces liggen; action (case, process) at ~ proces o; by ~, in ~ voor (volgens) de wet; go to ~ gaan procederen

law-abiding bn gehoorzaam (aan de wet), gezagsgetrouw

lawbreaker znw wetsovertreder

lawcourt znw rechtbank

law-enforcement znw misdaadbestrijding

lawful bn wettig, rechtmatig, geoorloofd

lawless bn wetteloos; bandeloos

lawn [lɔ:n] znw 1 grasperk o, -veld o, gazon o; 2 kamerdoek o & m, batist o

lawnmower znw grasmaaimachine

lawn tennis znw tennis o

lawsuit znw rechtsgeding o, proces o

lawyer znw rechtsgeleerde, jurist; advocaat

lax [læks] bn los[2], slap[2], laks, zorgeloos; aan diarree lijdend

laxative I bn laxerend; **II** znw laxeermiddel o, laxans o, laxatief o

laxity znw losheid[2], slapheid[2], laksheid, onnauwkeurigheid

1 lay [lei] V.T. van [2]lie

2 lay [lei] bn werelijk, leken[2]-; amateur-

3 lay* [lei] **I** overg leggen, plaatsen; neerleggen; installeren; aanleggen [vuur]; aan-, beleggen (met with); zetten; bannen, bezweren [geesten]; gemeenz neuken, een beurt geven; dekken [tafel]; (ver)wedden; indienen [aanklacht]; klaarzetten [ontbijt &]; ~ eyes on zijn oog laten vallen op; ~ low verslaan; fig vellen [door ziekte]; **II** onoverg leggen; dekken [de tafel]; ~ about (van zich af) slaan; ~ aside terzijde leggen; laten varen; ~ at slaan naar; ~ before voorleggen; ~ by opzij leggen, sparen; ~ down voorschrijven, bepalen; laten varen [v. hoop]; scheepv op stapel zetten; opslaan [wijn]; ~ down one's life zijn leven geven; ~ in inslaan [voorraden]; ~ into slaan; ~ off uitscheiden; ~ (up)on aanleggen [gas &]; organiseren [feestje &], zorgen voor; ~ it on (thick) gemeenz overdrijven; ~ out aanleggen, ontwerpen; afleggen [een dode]; bewusteloos slaan; uitgeven, besteden (aan in); ~ over Am overblijven; ~ up sparen; be laid up het bed moeten houden

4 lay [lei] znw 1 leg [v. kip]; 2 ligging; ~ of the land fig stand van zaken; 3 gemeenz wip, nummertje o; 4 plechtig lied o, zang

lay-about ['leiəbaut] znw leegloper

lay-by ['leibai] znw auto parkeerhaven

lay-days znw mv scheepv ligdagen

layer ['leiə] znw laag; dierk leghen; plantk

aflegger
layered *bn* gelaagd
layette [lei'et] *znw* babyuitzet
layman ['leiman] *znw* leek[2]
layoff ['lei'of] *znw* (tijdelijk) naar huis sturen o van arbeiders wegens gebrek aan werk
layout ['lei'aut] *znw* aanleg [v. park &]; inrichting; ontwerp o, [v. drukwerk] lay-out; situatietekening; opzet
laze [leiz] *onoverg* lanterfanten; ~ *away* verlummelen [v. tijd]; ~ *about* ook: flaneren
lazy ['leizi] *bn* lui, vadsig
lazybones *znw* luiwammes, luilak
lb. *afk.* = *libra* Engels pond [0,453 kg]
lbw *afk.* cricket = *leg before wicket*
LCD *afk.* = *liquid crystal display* LCD-scherm o
lea [li:] *znw* plechtig beemd, weide, grasveld o
LEA *afk.* = *Local Education Authority*
leach [li:tʃ] *overg* (uit)logen
1 **lead** [led] **I** *overg* lood o; potlood o; peillood o; **II** *bn* loden
2 **lead*** [li:d] **I** *overg* leiden, (tot iets) brengen; (aan)voeren; kaartsp uitkomen met; ~ *the way* voorgaan[2], vooropgaan; zie ook: *dance III*; **II** *onoverg* vooropgaan, leiden; de leiding hebben; sp aan de kop liggen; kaartsp uitkomen; ~ *with* openen met [v. krant]; ~ *off* voorgaan, beginnen; ~ *sbd.* on iem. iets wijsmaken; iem. tot iets verleiden; ~ *up to* voeren (leiden) tot; aansturen op [in gesprek]
3 **lead** [li:d] **I** *znw* leiding°, voorsprong (op *over*); kaartsp invite; kaartsp voorhand; kaartsp uitkomen o; riem, lijn [voor honden]; hoofdrol; voorbeeld o; elektr voedingsdraad; fig vingerwijzing, aanwijzing; hoofdartikel o, openingsartikel o [in krant]; **II** *bn* voorste, eerste; voornaamste
leaded ['ledid] *bn* 1 glas in lood [ramen]; 2 gelood [v. benzine &]
leaden *bn* loden, loodzwaar[2]; loodkleurig; deprimerend
leader ['li:də] *znw* (ge)leider, leidsman, gids, aanvoerder, voorman; Br muz concertmeester; eerste violist; Am muz dirigent; hoofdartikel o; voorpaard o
leadership ['li:dəʃip] *znw* leiding, leiderschap o
lead-free ['ledfri:] *bn* loodvrij
lead-in [li:d'in] *znw* elektr invoer-, toevoer(kabel); fig inleiding
leading ['li:diŋ] **I** *bn* leidend; eerste, voorste, vooraanstaand, toonaangevend, voornaamste; hoofd-; ~ *article* hoofdartikel o [v. krant]; ~ *question* suggestieve vraag; **II** *znw* leiding
leading-strings ['li:diŋstriŋz] *znw mv* leiband
lead-off ['li:dɔf] *znw* gemeenz begin o, start
leaf [li:f] **I** *znw* (*mv*: leaves) blad° o; *in* ~ plantk uitgelopen [v. bomen]; *take a* ~ *out of (from) sbd.'s book* iem. tot voorbeeld nemen; **II** *onoverg* uitlopen, bladeren krijgen; **III** *overg*: ~ *through* bladeren in,

doorbladeren
leafless *bn* bladerloos
leaflet *znw* blaadje o; folder
leafy *bn* bladerrijk, loofrijk; lommerrijk, groen [v. stad &]; ~ *vegetable* bladgroente
league [li:g] *znw* 1 verbond o, liga; 2 sp competitie [voetbal]; 3 vero mijl; 4 klasse, groep, categorie; niveau o; *in a different* ~ niet te vergelijken; *be in* ~ *with* heulen met
leak [li:k] **I** *znw* lek o; lekkage; *take (go) for a* ~ slang pissen; **II** *onoverg* lekken, lek zijn; ~ *out* uitlekken[2]; **III** *overg* laten uitlekken
leakage *znw* lekkage, lek[2] o; uitlekken[2] o
leaky *bn* lek
leal [li:l] *znw* Schots plechtig trouw, loyaal
1 **lean*** [li:n] **I** *onoverg* leunen; overhellen, hellen, neigen; ~ *on sbd.* ook: iem. onder druk zetten; ~ *towards* neigen tot, de neiging hebben tot; **II** *overg* laten leunen of steunen; zetten
2 **lean** [li:n] *znw* overhelling
3 **lean** [li:n] **I** *bn* mager, schraal; **II** *znw* mager vlees o
leaning ['li:niŋ] *znw* overhelling, neiging
leant [lent] V.T. & V.D. van [1]*lean*
lean-to ['li:n'tu] *znw* (*mv*: -tos) aanbouwsel o, loods, schuurtje o
1 **leap*** [li:p] **I** *onoverg* springen; ~ *at* aangrijpen; *it* ~*s out at you* het springt in het oog; **II** *overg* over ... springen; overslaan [bij lezen]
2 **leap** [li:p] *znw* sprong[2]; *by* ~*s (and bounds)* met (grote) sprongen
leapfrog **I** *znw* haasje-over o; **II** *onoverg* 1 haasje-over spelen; 2 sprongsgewijs vorderen
leapt [lept] V.T. & V.D. van *leap*
leap-year *znw* schrikkeljaar o
learn* [lə:n] *overg* leren; vernemen, te weten komen (ook: ~ *of*); slang onderwijzen
1 **learned** [lə:nt, -d] V.T. & V.D. van *learn*
2 **learned** ['lə:nid] *bn* geleerd; wetenschappelijk
learner *znw* leerling
learning *znw* geleerdheid, wetenschap
learnt [lə:nt] V.T. & V.D. van *learn*
lease [li:s] **I** *znw* pacht, huur; *long* ~ erfpacht; *a new* ~ *of life* geheel verjongd; weer als nieuw (zijn); *take by (on)* ~ huren, pachten; *put out to* ~ verhuren, verpachten; **II** *overg* (ver)huren; (ver)pachten; leasen
leasehold **I** *znw* pacht; pachthoeve; **II** *bn* pacht-, huur-
leaseholder *znw* pachter, huurder
leash [li:ʃ] **I** *znw* koppel, lijn, riem; **II** *overg* (aan)koppelen
leasing ['li:siŋ] *znw* leasing
least [li:st] **I** *bn* kleinste, minste, geringste; **II** *bijw*: *at* ~ tenminste; *not* ~ *because...* niet in de laatste plaats vanwege...; **III** *znw*: *at the* ~ op zijn minst (genomen); *not in the* ~ volstrekt niet; zie ook: [1]*say I*
leastways, **leastwise** *bijw* gemeenz tenminste
leather ['leðə] **I** *znw* le(d)er o; ~*s* leergoed

o; leren broek; **II** *bn* leren, van leer
leatherette [leðə'ret] *znw* kunstleer o
leathering ['leðəriŋ] *znw* gemeenz pak o
slaag
leathery *bn* leerachtig, leer-
1 leave [li:v] *znw* verlof o [ook: mil]; ~ *of
absence* vakantie, vrij; *take (one's)* ~ afscheid nemen; *by your* ~ met uw verlof; *on*
~ met verlof;
2 leave* [li:v] **I** *onoverg & abs ww* weggaan,
vertrekken (naar *for*); **II** *overg* verlaten; na-
laten°; overlaten; laten; achterlaten, laten
staan (liggen); in de steek laten; *six from
seven* ~*s one* 7 min 6 is 1; ~ *go (of)* loslaten; ~ *about* laten slingeren; ~ *alone* met
rust laten; ~ *it at that* het daarbij laten; ~
off ophouden met; uit uit-, weglaten;
overslaan; voorbijgaan; *feel left out* (zich)
buitengesloten voelen; ~ *over* laten rusten; ~ *sbd. to it* iem. aan zijn lot overlaten; iem. rustig zijn eigen gang laten gaan;
leaving aside... (even) afgezien van...; zie
ook: *¹left*
leaven ['levn] **I** *znw* zuurdeeg o, zuurde-
sem²; **II** *overg* desemen; doortrekken,
doordringen
leavetaking *znw* afscheid o
leavings *znw* overblijfsel o, overschot o,
kliekjes, afval o & m
Lebanese [lebə'ni:z] **I** *bn* Libanees; **II** *znw*
(*mv* idem) Libanees
Lebanon ['lebənən] *znw* Libanon
lech [letʃ] *onoverg* slang geilen (*after* op)
lecher ['letʃə] *znw* geilaard, wellusteling
lecherous *bn* ontuchtig, wellustig, geil
lechery *znw* ontucht, wellust, geilheid
lectern ['lektən] *znw* lessenaar
lecture ['lektʃə] **I** *znw* lezing, verhandeling;
onderw college o; strafpreek; **II** *onoverg*
lezing(en) houden, college geven (over
on); **III** *overg* de les lezen, betuttelen
lecturer *znw* wie een lezing houdt, spreker;
onderw ± lector
lectorship *znw* onderw ± lectoraat o
led [led] V.T. & V.D. van *²lead*
ledge [ledʒ] *znw* richel, rand, scherpe kant
ledger ['ledʒə] *znw* grootboek o
ledger-line ['ledʒəlain] *znw* muz hulplijn
lee [li:] *znw* lij, lijzijde, luwte; ~ *shore* lagerwal
leech [li:tʃ] *znw* bloedzuiger²
leek [li:k] *znw* prei, look o & m
leer [liə] **I** *onoverg* gluren; **II** *znw* glurende,
wellustige blik
leery ['liəri] *bn* slang gewiekst, geslepen; *be*
~ *with* wantrouwen; op zijn hoede zijn voor
lees [li:z] *znw* droesem, grondsop, moer,
heffe
leeward ['li:wəd] *bn bijw* lijwaarts, onder de
wind, aan lij; *the L~ Islands* de Beneden-
windse Eilanden
leeway *znw* speelruimte, speling; *make up*
~ de achterstand inhalen
1 left [left] **I** V.T. & V.D. van *²leave*; **II** *bn* ach-
ter-, nagelaten; *any tea* ~? is er nog thee?;
be ~ *with* blijven zitten met; *goods* ~ *on
hand* onverkochte goederen; ~ *luggage
office* Br bagagedepot o

2 left [left] **I** *bn* links; linker; **II** *bijw* links; **III**
znw linkerhand, -kant, -vleugel; *the L~* pol
links; *on your* ~ aan uw linkerhand; links
van u; *to the* ~ aan de linkerkant, (naar)
links
left-hand *bn* linker, links; ~ *drive* met het
stuur aan de linkerkant
left-handed *bn* linkshandig, links²
left-hander *znw* wie links(handig) is; slag
met de linkerhand
leftie *znw* = *lefty*
leftism *znw* socialisme o, linkse ideologie
leftist I *bn* links georiënteerd, progressief;
II *znw* progressief, socialist, links denken-
de, radicaal
left-of-centre *bn* pol links van het midden,
gematigd links
leftovers *znw mv* kliekjes, restanten
leftward(s) ['leftwəd(z)] *bijw* links, naar
links
left-wing *bn* links [in de politiek]; linkervleu-
gel-
left-winger *znw* lid o van de linkervleugel
lefty *znw* gemeenz **1** linkse, socialist; **2**
linkshandige
leg [leg] **I** *znw* been° o, bout, schenkel,
poot; pijp [v. broek]; schacht [v. laars]; gedeelte o, etappe; ronde [v. wedstrijd &]; *get
one's* ~ *over* slang neuken; *give a* ~ *(up)*
een handje helpen; *pull sbd.'s* ~ iem. voor
het lapje houden; *shake a* ~ gemeenz dansen; zich haasten; *show a* ~ gemeenz uit
(zijn) bed komen; **II** *overg:* ~ *it* lopen
legacy ['legəsi] *znw* legaat o; fig erfenis
legal ['li:gəl] *bn* wettelijk, wettig; rechtsgeldig; rechterlijk, rechtskundig, juridisch;
wets-, rechts-; ~ *aid* kosteloze rechtsbij-
stand; ~ *proceedings* gerechtelijke stappen, proces o; ~ *status* rechtspositie; ~
tender wettig betaalmiddel o
legalism *znw* overdreven inachtnemen o
van de wet
legalistic *bn* legalistisch, wettisch
legality [li'gæliti] *znw* wettigheid
legalization [li:gəlai'zeiʃən] *znw* legalisatie,
wettiging
legalize ['li:gəlaiz] *overg* legaliseren; wettigen
legate ['legit] *znw* legaat, (pauselijk) gezant
legatee [legə'ti:] *znw* legataris
legation [li'geiʃən] *znw* legatie°; gezantschap o
legend ['ledʒənd] *znw* legende; randschrift
o, op-, omschrift o, onderschrift o, bijschrift o
legendary ['ledʒəndəri] *bn* legendarisch
legerdemain ['ledʒədə'mein] *znw* goochelarij
legged [legd] *bn* met ... benen (of poten)
leggings *znw mv* beenkappen, beenbe-
schermers; leggings
leggy ['legi] *bn* langbenig
leghorn [le'gɔ:n] *znw* (hoed v.) Italiaans stro
o; dierk leghorn
legible ['ledʒibl] *bn* leesbaar, te lezen
legion ['li:dʒən] **I** *znw* legioen o; legio; zie
ook: *foreign*; **II** *bn* talloos
legionary *znw* legionair, oud-strijder

legionnaires' disease ['li:dʒənɛəz di'zi:z] znw legionairsziekte

leg-iron ['legaiən] znw voetboei

legislate ['ledʒisleit] onoverg wetten maken

legislation [ledʒis'leiʃən] znw wetgeving; wet(ten)

legislative ['ledʒislətiv, -leitiv] bn wetgevend

legislator znw wetgever

legislature znw wetgevende macht

legist ['li:dʒist] znw rechtsgeleerde

legit [le'dʒit] bn & overg slang = legitimate

legitimacy [li'dʒitiməsi] znw wettigheid, rechtmatigheid, echtheid

legitimate I bn [li'dʒitimit] wettig, rechtmatig, echt; gewettigd, gerechtvaardigd; II overg [li'dʒitimeit] wettig verklaren, echten, wettigen, legitimeren

legitimately bijw terecht; zie verder: legitimate I

legitimize onoverg = legitimate II

legless ['leglis] bn 1 zonder benen; 2 gemeenz straalbezopen

legroom ['legru:m] znw beenruimte

leguminous [le'gju:minəs] bn peul-

leg-up ['legʌp] znw steuntje o, zetje o

leisure ['leʒə] I znw (vrije) tijd; at (one's) ~ op zijn gemak; be at ~ vrij, onbezet zijn, niets te doen (om handen) hebben; II bn vrij; vrijetijds- [v. kleding &]

leisured bn met veel (vrije) tijd

leisurely bn bijw bedaard, op zijn gemak

lemming ['lemiŋ] znw lemming

lemon ['lemən] I znw plantk citroen(boom); gemeenz waardeloze troep, miskoop; flapdrol, zoutzak; II bn citroenkleurig

lemonade [lemə'neid] znw (citroen-)limonade

lemon curd znw citroengelei

lemon sole znw tongschar

lemon squeezer znw citroenpers

lend* [lend] overg (uit)lenen; verlenen; ~ a (helping) hand de helpende hand bieden; ~ oneself to geschikt zijn voor

lender znw lener, uitlener

length [leŋθ] znw lengte; afstand, grootte; duur; stuk o; eind(je) o; go to any ~(s), go to great ~s zich veel moeite getroosten; at ~ eindelijk; uitvoerig; (at) full ~ languit; for some ~ of time een tijd(lang)

lengthen I overg verlengen; II onoverg lengen, langer worden

lengthways, lengthwise bn bijw in de lengte

lengthy bn lang(gerekt); uitvoerig, breedsprakig

leniency ['li:niənsi] znw zachtheid, toegevendheid, mildheid

lenient bn zacht, toegevend, mild

lenitive ['lenitiv] bn & znw verzachtend (middel o)

lenity znw zachtheid, toegevendheid

lens [lenz] znw lens; loep

Lent [lent] znw vasten(tijd)

lent [lent] V.T. & V.D. van lend

lenten ['lentən] bn vasten-; schraal, mager

lentil ['lentil] znw linze

leonine ['li:ənain] bn leeuwachtig; leeuwen-

leopard ['lepəd] znw luipaard; the ~ does not change its spots een vos verliest wel zijn haren, maar niet zijn streken

leotard ['li:əta:d] znw tricot [v. acrobaat, danser(es)]

leper ['lepə] znw melaatse, lepralijder

leprosy znw lepra, melaatsheid

leprous bn melaats, aan lepra lijdend

lesbian ['lezbiən] bn (znw) lesbisch(e)

lesbianism ['lezbiənizm] znw lesbisch-zijn o

lese-majesty ['li:z'mædʒisti] znw majesteitsschennis

lesion ['li:ʒən] znw letsel o, kneuzing, (ver)wond(ing)

Lesotho [lə'soutou] znw Lesotho o

less [les] I bn bijw minder, kleiner; no ~ a man than niemand minder dan; ~ beautiful minder mooi; II voorz min(us); two weeks ~ a day twee weken minus een dag

lessee [le'si:] znw huurder, pachter

lessen ['lesn] I overg verminderen; verkleinen; II onoverg verminderen, afnemen

lesser bn kleiner, minder; klein(st)

lesson ['lesn] znw les²; schriftlezing, bijbellezing

lessor [le'sɔ:] znw verhuurder, verpachter

lest [lest] voegw uit vrees dat, opdat niet; I feared ~... ik vreesde, dat...

1 let [let] znw sp bal die overgespeeld wordt [tennis]; without ~ or hindrance onverhinderd, onbelemmerd

2 let* [let] I overg laten, toelaten; verhuren; ~ blood vero aderlaten; II onoverg verhuren; to ~ te huur; ~ alone met rust laten; ~ alone (that) laat staan, daargelaten (dat); ~ be op zijn beloop laten; ~ down laten zakken; leeg laten lopen [v. band]; fig teleurstellen, duperen; in de steek laten; bedriegen; ~ oneself down zich verlagen; ~ go laten schieten, loslaten (ook: ~ go of); ~ it go laat maar!, het hindert niet!, 't geeft niet!; be ~ off lightly er genadig afkomen; ~ oneself in for zich op de hals halen; ~ into binnenlaten in; aanbrengen in; inwijden in [geheim]; ~ loose loslaten; ~ off kwijtschelden; vrijstellen van; afschieten, afsteken [vuurwerk]; zie ook: steam I; ~ on verklappen; ~ out uitlaten; uitbrengen, uiten, slaken; uitleggen [zoom]; verhuren; ~ slip loslaten [geheim]; ~ up verminderen

3 let [let] znw verhuring

letdown znw gemeenz klap [in het gezicht], teleurstelling

lethal ['li:θəl] bn dodelijk

lethargic [le'θa:dʒik] bn lethargisch, slaperig

lethargy ['leθədʒi] znw lethargie, slaapzucht, diepe slaap²; doffe onverschilligheid

letter ['letə] znw brief; letter; ~s letteren; literatuur; man of ~s literator; ~s of credence geloofsbrieven; ~ of credit accreditief; to the ~ naar de letter, letterlijk; tot in detail

letter-bomb *znw* bombrief
letter-box *znw* brievenbus
lettered *bn* met letters gemerkt
letterhead *znw* briefhoofd o, brievenhoofd o
lettering *znw* letteren o, merken o; letters, (rug)titel
letter-perfect *bn* rolvast
letterpress *znw* bijschrift o, tekst [bij of onder illustratie], drukschrift o, boekdruk; kopieerpers
lettuce ['letis] *znw* salade, sla
let-up ['letʌp] *znw* gemeenz onderbreking; vermindering
leuk(a)emia [lju(:)'ki:miə] *znw* leukemie
levant [li'vænt] *onoverg* ervandoor gaan
levee [level] *znw* Am dijk; steiger
level ['levl] **I** *znw* waterpas o; niveau o, stand [v. het water]; spiegel [v.d. zee], peil² o, hoogte²; vlak o, vlakte; *advanced* ~, *A* ~ examen o voor toelating tot universiteit [met 17-18 jaar]; *ordinary* ~, *O* ~ gewoon eindexamen o [met 15-16 jaar]; *on a* ~ op gelijke hoogte; *on the* ~ gemeenz eerlijk; **II** *bn* waterpas, vlak; gelijk(matig); op één hoogte; *do one's* ~ *best* zijn uiterste best doen; *get* ~ *with* quitte worden, afrekenen met; *keep* ~ *with* op de hoogte blijven van, bijhouden; **III** *overg* gelijkmaken; waterpassen, egaliseren; richten (op *at*); ~ *down* nivelleren; ~ *off* gelijk (vlak) maken; ~ *off (out)* (zich) (op een bepaald niveau) stabiliseren; ~ *up* ophogen, opheffen²; op hoger peil brengen; **IV** *onoverg & abs ww* aanleggen, richten (op *at*); ~ *at* ook: streven naar
level crossing *znw* overweg [v. spoorweg]
level-headed *bn* evenwichtig, bezadigd, nuchter
lever ['li:və] **I** *znw* hefboom; fig pressiemiddel o; **II** *overg* (met een hefboom) optillen, opvijzelen
leverage *znw* kracht of werking van een hefboom; fig vat, invloed
leviable ['leviəbl] *bn* invorderbaar [belasting]
leviathan [li'vaiəθən] **I** *znw* leviathan [zeemonster]; kolossus; **II** *bn* kolossaal
levitate ['leviteit] *overg & onoverg* (zich) verheffen in de lucht
levitation [levi'teiʃən] *znw* levitatie
levity ['leviti] *znw* licht(zinnig)heid, wuftheid
levy ['levi] **I** *znw* heffing [v. tol &]; mil lichting; **II** *overg* heffen; mil lichten; ~ *an army* een leger op de been brengen
lewd ['lju:d] *bn* ontuchtig, wulps, geil
lewdness *znw* wulpsheid, geilheid
lexical ['leksikl] *bn* lexicaal
lexicographer [leksi'kɔgrəfə] *znw* lexicograaf
lexicographical [leksikou'græfikl] *bn* lexicografisch
lexicography [leksi'kɔgrəfi] *znw* lexicografie
lexicon ['leksikən] *znw* lexicon o, woordenboek o; woordenschat
liability [laiə'biliti] *znw* verantwoordelijkheid, aansprakelijkheid; (geldelijke) verplichting; gemeenz last(post), blok o aan het been; *liabilities* handel passief o, passiva
liable ['laiəbl] *bn* geneigd; verantwoordelijk, aansprakelijk (voor *for*); onderhevig, blootgesteld (aan *to*); de neiging hebbend, het risico lopend; *be* ~ *to err* de kans lopen zich te vergissen; ~ *to rheumatism* last hebbend van reumatiek
liaise [li'eiz] *onoverg* contact onderhouden
liaison *znw* liaison; (kortstondige) verhouding; verbinding
liaison officer [li'eizən 'ɔfisə] *znw* verbindingsofficier
liana [li'a:nə] *znw* liane, liaan
liar ['laiə] *znw* leugenaar
lib *znw* = *liberation movement* emancipatiebeweging; *women's* ~ [voor vrouwen]; *gay* ~ [voor homoseksuelen]
libation [lai'beiʃən] *znw* plengoffer o
libber ['libə] *znw* aanhang(st)er van een emancipatiebeweging; *women's* ~ feminist(e); *animal* ~ aanhang(st)er van het dierenbevrijdingsfront
libel ['laibəl] **I** *znw* schotschrift o, smaadschrift, smaad; **II** *overg* belasteren, bekladden
libellous, Am **libelous** *bn* lasterlijk
liberal ['libərəl] **I** *bn* royaal; liberaal, vrijzinnig; ruimdenkend; *the* ~ *arts* de vrije kunsten; **II** *znw* liberaal, vrijzinnige
liberalism *znw* liberalisme o
liberality [libə'ræliti] *znw* mildheid, kwistigheid; liberaliteit, vrijzinnigheid
liberalization [libərəlai'zeiʃən] *znw* liberalisering
liberalize ['libərəlaiz] *overg* liberaliseren
liberate ['libəreit] *overg* bevrijden, vrijlaten, vrijmaken, emanciperen
liberated *bn* 1 geëmancipeerd; 2 liberaal, tolerant
liberation [libə'reiʃən] *znw* bevrijding, vrijlating, vrijmaking; ~ *movement* bevrijdingsbeweging
liberator ['libəreitə] *znw* bevrijder
Liberia [lai'biəriə] *znw* Liberia o
Liberian [lai'biəriən] **I** *znw* Liberiaan; **II** *bn* Liberiaans
libertarian [libə'tɛəriən] *znw* (voorstander) van vrijheid
libertine ['libətain] **I** *znw* losbandig persoon, libertijn; **II** *bn* losbandig
liberty ['libəti] *znw* vrijheid; *take liberties* zich vrijheden veroorloven; *at* ~ vrij; *in vrijheid*
libidinous [li'bidinəs] *bn* wellustig, wulps
libido [li'bi:dou] *znw* libido
Libra ['laibrə] *znw* Weegschaal
librarian [lai'brɛəriən] *znw* bibliothecaris
library ['laibrəri] *znw* bibliotheek, boekerij; studeerkamer; collectie [v. cd's &]; ~ *pictures* archiefbeelden
librate ['laibreit] *onoverg* heen en weer slingeren (schommelen); zich in evenwicht houden
Libya ['libiə] *znw* Libië o
Libyan ['libiən] **I** *bn* Libisch; **II** *bn* Libiër

lice [lais] *znw* (*mv v. louse*) luizen

licence, *Am* **license** ['laisəns] *znw* verlof o, vergunning, vrijheid, losbandigheid; licentie, patent o, akte, diploma o; rijbewijs o; *poetic* ~ dichterlijke vrijheid; *under* ~ in licentie [vervaardigen]

licence fee *znw* RTV kijk- en luistergeld o

license ['laisəns] **I** *overg* vergunning verlenen, (officieel) toelaten, patenteren²; **II** *znw Am* = *licence*

licensed *bn* met vergunning

licensee [laisənˈsiː] *znw* licentiehouder, vergunninghouder [vooral voor de verkoop van alcoholische dranken]

license plate *znw Am* kentekenplaat

licenser ['laisənsə] *znw* licentiegever

licensing laws *znw mv* drankwet

licentiate [laiˈsenʃiət] *znw* licentiaat

licentious [laiˈsenʃəs] *bn* los(bandig), ongebonden, wellustig

lichen ['laikən] *znw* plantk korstmos o

lick [lik] **I** *overg* (af-, be-, op)likken, likken aan, lekken; gemeenz (af)ranselen; verslaan; onder de knie krijgen; ~ *into shape* fatsoeneren, vormen; **II** *onoverg* likken (aan *at*); **III** *znw* lik²; ~ *and a promise* kattenwasje o; *at a* ~ gemeenz in vliegende vaart

lickerish ['likəriʃ] *bn* verlekkerd, graag; kieskeurig; zie ook: *lecherous*

lickety-split ['likətisplit] *bijw* slang rap, als de bliksem

licking ['likiŋ] *znw* gemeenz pak o rammel; vernederende nederlaag, afgang

lickspittle ['likspitl] *znw* pluimstrijker, strooplikker

licorice ['likəris] *znw* = *liquorice*

lid [lid] *znw* deksel o; (oog)lid o; slang helm; hoed, muts; *take the* ~ *off* onthullingen doen; *that puts the* ~ *on it* gemeenz dat doet de deur dicht; dat is wel het toppunt

lido ['liːdou] *znw* natuurbad o, openluchtzwembad o

1 lie [lai] **I** *znw* leugen; *give the* ~ *to* logenstraffen; *live a* ~ een huichelachtig leven leiden; *tell a* ~ liegen; **II** *onoverg* liegen; ~ *through* (*in*) *one's teeth* schaamteloos liegen

2 lie* [lai] *onoverg* liggen, rusten, slapen; staan; ~ *about* (*around*) rondslingeren; luieren, niksen; ~ *back* achteroverliggen of -leunen; ~ *down* gaan liggen; *take sth. lying down* iets over zijn kant laten gaan; ~ *in* uitslapen; ~ *over* blijven liggen; uitgesteld worden; ~ *up* gaan liggen; naar bed gaan; ~ *with* de verantwoordelijkheid zijn van

3 lie [lai] *znw* ligging; *the* ~ *of the land* fig de stand van zaken

Liechtenstein ['liktənstain] *znw* Liechtenstein o

lie-detector ['laiditektə] *znw* leugendetector

lie-down ['laidaun] *znw* dutje o, tukje o

lief [liːf] *bn bijw* lief, graag

liege [liːdʒ] **I** *znw* leenheer; leenman; trouwe onderdaan; **II** *bn* leenplichtig; trouw; ~ *lord* (leen)heer

liegeman *znw* leenman, vazal

lie-in ['laiˈin] *znw* gemeenz lang uitslapen o

lieu [ljuː] *znw: in* ~ (*of*) in plaats van

lieutenant [lefˈtenənt, *Am* luːˈtenənt] *znw* mil luitenant; gouverneur [v. graafschap]; stedehouder; onderbevelhebber

life [laif] *znw* (*mv:* lives) leven² o, (levens-)duur, levenswijze, levensbeschrijving; ~ (*imprisonment*) levenslang(e gevangenisstraf); *there was no loss of* ~ er waren geen mensenlevens te betreuren; *the* ~ (*and soul*) *of the party* de gangmaker v.h. feest; *for* ~ voor het leven; *for dear* ~, *for his* ~ uit alle macht; *not for the* ~ *of him* voor geen geld; *drawn from* ~ uit het leven gegrepen; *in* ~ in het leven; bij zijn leven; *van de wereld; not on your* ~! one de dooie dood niet!; *terrify him out of his* ~ hem zich dood doen schrikken; *to the* ~ getrouw, sprekend (gelijkend); *upon my* ~ op mijn woord; *escape with* (*one's*) ~ het er levend afbrengen

life-and-death struggle *znw* strijd op leven en dood

lifebelt *znw* redding(s)gordel

lifeblood *znw* hartenbloed o, levensbloed o (ook: *fig*)

lifeboat *znw* redding(s)boot

lifebuoy *znw* redding(s)boei

life-cycle *znw* levenscyclus

life expectancy *znw* levensverwachting

life-giving *bn* levenwekkend

lifeguard *znw* bad-, strandmeester

life imprisonment *znw* levenslange gevangenisstraf

life insurance *znw* levensverzekering

life-jacket *znw* zwemvest o

lifeless *bn* levenloos

lifelike *bn* levensecht

lifeline *znw* redding(s)lijn; fig levensader; vitale ravitailleringsweg; levenslijn [v. hand]

lifelong *bn* levenslang

life peerage *znw* niet-erfelijk pairschap o

life-preserver *znw Am* redding(s)boei, redding(s)gordel, redding(s)vest o; *Br* slang ploertendoder

lifer *znw* tot levenslang veroordeelde

life sciences *znw mv* wetenschappen betreffende het leven [biologie, biochemie, fysiologie &]

life-size(d) *bn* (op) natuurlijke (ware) grootte, levensgroot(te)

lifespan *znw* levensduur

lifestyle *znw* levensstijl

life-support machine *znw* med beademingsapparaat o

lifetime *znw* levenstijd, levensduur; mensenleeftijd; *the chance of a* ~ een unieke kans

life-work, **life's work** *znw* levenswerk° o

lift [lift] **I** *overg* (op)heffen, (op)tillen, (op-) lichten; verheffen²; opslaan [de ogen]; opsteken [de hand &]; rooien [aardappelen &]; gemeenz stelen; ~ *up* opheffen, verheffen; **II** *onoverg* omhooggaan, rijzen; optrekken [v. mist]; ~ *off* opstijgen [v. raket]; **III** *znw* lift; gemeenz opkikker; *it is a dead*

~ er is geen beweging in te krijgen; *get a* ~ een lift krijgen

lift-off *znw* start [v. raket]

ligament ['ligəmənt] *znw* (gewrichts)band

ligature ['ligətʃə] I *znw* band², verband² o; koppelletter; *muz* ligatuur; II *overg med* afbinden

1 light [lait] *znw* licht² o; dag-, levenslicht o; lichtje o, vlammetje o, lucifer; vuurtje o; lichteffect o; be-, verlichting; venster o, ruit; ~s verkeerslichten; koplampen [v. auto]; *theat* voetlicht o; *go out like a* ~ als een blok in slaap vallen; *jump the* ~s door het rode licht rijden; *set* ~ *to* in brand steken; *stand in the* ~ *of* verduisteren; belemmeren

2 light* [lait] I *overg* verlichten, be-, bij-, voorlichten; aansteken, opsteken; *a* ~*ed cigar* een brandende sigaar; II *onoverg & abs ww* lichten; aangaan, vuur vatten; ~ *on (upon)* neerkomen of neerstrijken op; tegenkomen, aantreffen; ~ *out slang* 'm smeren; ~ *up* verlichten; *gemeenz* een rokertje opsteken; *fig* beginnen te schitteren [v. ogen]

3 light [lait] I *bn* **1** licht, helder; licht(blond); **2** (te) licht, gemakkelijk; **3** lichtzinnig, luchtig; **4** los [v. grond]; ~ *on one's feet* vlug ter been; *make* ~ *of* licht tellen, in de wind slaan; ~ *reading* lichte (ontspannings)lectuur; II *bijw* licht, zacht; met weinig bagage

light bulb *znw* gloeilamp, peertje o

lighten I *overg* **1** verlichten, verhelderen, opklaren; **2** verlichten [een taak &]; II *onoverg* **1** (weer)lichten, bliksemen; **2** lichter worden

lighter *znw* **1** aansteker; **2** *scheepv* lichter

light-fingered *bn* vingervlug, diefachtig

light-footed *bn* lichtvoetig

light-headed *bn* licht in het hoofd

light-hearted *bn* opgewekt; luchtig, lichthartig

lighthouse *znw* vuurtoren; ~ *keeper* vuurtorenwachter

lighting *znw* aansteken o; be-, verlichting

lightly *bijw* licht, gemakkelijk; zacht [gekookt]; luchtig, lichtzinnig; *get off* ~ er genadig afkomen

lightning I *znw* bliksem; II *bn* bliksemsnel; ~ *glance* snelle blik; ~ *strike* wilde staking

lightning-conductor, lightning-rod *znw* bliksemafleider

lightweight *znw* lichtgewicht° o

light-year *znw* lichtjaar² o

ligneous ['ligniəs] *bn* houtachtig

likable ['laikəbl] *bn* prettig, aangenaam, sympathiek, aantrekkelijk

1 like [laik] I *bn* gelijk, dergelijk, soortgelijk, (de)zelfde; gelijkend; (zo)als; zo; *what is it* ~? hoe ziet het eruit?, hoe is het?, wat is het voor iets?; *nothing* ~... er gaat niets boven...; *something* ~ ongeveer; *that is just* ~ *him* dat is net iets voor hem; II *voorz* (zo)als, zo, als; ~ *as vero* zoals, als; ~ *anything (hell, mad) gemeenz* van jewelste; III *bijw* ietwat, *slang* zo te zeggen; als het ware; ~ *enough, very* ~, *(as)* ~ *as not ge-*

meenz (best) mogelijk; waarschijnlijk; IV *voegw gemeenz* zoals; V *znw* gelijke, weerga; *the* ~ *(of it)* iets dergelijks; ... *and the* ~ enz., e.d.

2 like [laik] I *overg* houden van, geven om, (graag) mogen, graag hebben, lusten; *vero* lijken, aanstaan; *I* ~ *that!* gemeenz die is goed!; *I should* ~ *to know* ik zou wel eens willen weten; II *znw* voorliefde; ~*s and dislikes* sympathieën en antipathieën

likeable *bn = likable*

likelihood ['laiklihud], **likeliness** *znw* waarschijnlijkheid

likely *bn bijw* waarschijnlijk, vermoedelijk; geschikt; *he is not* ~ *to come* hij zal wel niet komen; *as* ~ *as not* wel (best) mogelijk; waarschijnlijk (wel)

like-minded ['laik'maindid] *bn* gelijkgezind

liken *overg* vergelijken (bij *to*)

likeness *znw* gelijkenis; portret o; *vero* gedaante; voorkomen o

likewise *bijw* evenzo; des-, insgelijks, eveneens, ook

liking ['laikin] *znw* zin, smaak, lust, (voor-)liefde, genegenheid, sympathie; *to one's* ~ naar smaak; *have a* ~ *for* houden van, geporteerd zijn voor

lilac ['lailək] I *znw plantk* sering; lila o; II *bn* lila

Lilliputian [lili'pju:ʃən] I *bn* lilliputachtig, dwergachtig; II *znw* lilliputter

lilt [lilt] I *znw* vrolijk wijsje o; ritme o, cadans; II *onoverg* wippen, huppelen; zingen

lily ['lili] *znw* lelie; ~ *of the valley* lelietje-van-dalen o; *gild the* ~ iets beter (mooier) maken dan nodig

lily-livered *bn* laf

lily-white *bn* lelieblank

limb [lim] *znw* **1** tak; **2** limbus; rand; ~*s* ledematen; ~ *of Satan* duivelsdienaar, satanskind o; ~ *of the law* arm der wet; *out on a* ~ op zichzelf aangewezen

limber ['limbə] I *bn* buigzaam, lenig; II *overg (& onoverg)*: ~ *(up)* buigzaam (lenig) maken (worden); III *abs ww*: ~ *up* de spieren los maken

limbo ['limbou] *znw* het voorgeborchte der hel; *fig* gevangenis; *be in* ~ in onzekerheid verkeren

lime [laim] I *znw* **1** (vogel)lijm; **2** kalk; **3** linde(boom); **4** limoen; II *overg* **1** met lijm bestrijken, lijmen²; **2** met kalk bemesten of behandelen

limelight *znw*: *in the* ~ in de schijnwerpers, in de publiciteit

limerick ['limərik] *znw* limerick: vijfregelig grappig versje o

limestone ['laimstoun] *znw* kalksteen o & m

limey ['laimi] *znw Am slang* Engelsman

limit ['limit] I *znw* (uiterste) grens, grenslijn; limiet; beperking; *the sky is the* ~ de mogelijkheden zijn onbeperkt; *the* ~ *gemeenz* dat is het toppunt; *he's the* ~! hij is onuitstaanbaar!; *off* ~*s Am* in verboden wijk &; verboden; *within* ~*s* tot op zekere hoogte; II *overg* begrenzen; beperken; limiteren

limitation [limi'teiʃən] *znw* beperking, begrenzing, grens²; beperktheid; verjaring-stermijn

limited ['limitid] *bn* beperkt, begrensd; geborneerd, bekrompen; ~ *(liability) company* naamloze vennootschap (met beperkte aansprakelijkheid); ~ *edition* beperkte oplage

limitless *bn* onbegrensd, onbeperkt

limn [lim] *overg* vero schilderen, kleuren, verluchten

limousine ['limuzi:n] *znw* limousine

1 limp [limp] *bn* slap

2 limp [limp] **I** *onoverg* hinken, mank lopen; **II** *znw*: *walk with a* ~ mank lopen

limpet ['limpit] *znw* napjesslak; *cling (stick) like a* ~ zich vastbijten, zich vastklampen; ~ *mine* mil kleefmijn

limpid ['limpid] *bn* helder, klaar, doorschijnend

limy ['laimi] *bn* 1 lijmig; 2 kalkachtig, kalk-

linage ['lainidʒ] *znw* aantal o regels; honorarium o per regel

linchpin ['lin(t)ʃpin] *znw* luns; fig voornaamste element o, vitaal onderdeel o

linctus ['liŋktəs] *znw* stroperig medicijn o

linden ['lindən] *znw* lindeboom, linde

line [lain] **I** *znw* lijn, regel, streep, schreef; grenslijn; groef, rimpel; onderw strafregel; (richt)snoer o, touw o; mil linie; spoorlijn &; reeks, rij; file; handel branche, vak o; assortiment o, artikel o; ~*s* rol, tekst [v. acteur]; beleidslijn, gedragslijn; trouwboekje o; *it is hard* ~*s* het is een hard gelag; ~ *of action* koers, gedragslijn; ~ *of battle* slagorde; *(it is not my)* ~ *of business* vak o, branche; ~ *of fire* vuurlinie; ~ *of thought* gedachtegang; *bring into* ~ in het gareel brengen; *get a* ~ *on* slang iets ontdekken over; *give sbd.* ~ *enough* iem. de nodige vrijheid van beweging laten; *hold the* ~ telec blijft u aan het toestel?; *shoot a* ~ slang opscheppen; *stand in* ~ in de rij (gaan) staan; *take a firm* ~ *against...* vastberaden optreden tegen...; *toe the* ~ zich voegen; gehoorzamen; *all along the* ~ over de gehele linie; *along the* ~*s of* in de geest (zin, trant) van, op de wijze van; *down the* ~ helemaal; *in* ~ *with* op één lijn (staand) met; in overeenstemming met; *bring them into* ~ hen tot eendrachtige samenwerking krijgen; hen in 't gareel brengen; *of a good* ~ van goede komaf; *on* ~ comput on line; *out of* ~ *with* niet in overeenstemming met; **II** *overg* liniëren, strepen; afzetten [met soldaten, bomen &]; voeren, bekleden, beleggen, beschieten; *one's pockets (purse)* zijn beurs spekken; *a face* ~*d with age* doorploegd, met rimpels; ~ *up* opstellen; voorbereiden; **III** *onoverg*: ~ *up* zich opstellen, aantreden; in de (een) rij gaan staan; ~ *up with (behind)* zich aansluiten bij

lineage ['liniidʒ] *znw* geslacht o, afkomst; nakomelingschap

lineal ['liniəl] *bn* in de rechte lijn (afstammend), rechtstreeks

lineament ['liniəmənt] *znw* gelaatstrek, trek

linear *bn* lijnvormig, lineair, lijn-, lengte-

line-drawing ['laindrɔ:iŋ] *znw* contourtekening

lineman *znw* lijnwerker

linen ['linin] **I** *znw* linnen(goed) o, [schone, vuile] was; zie ook: *wash* I; **II** *bn* linnen, van linnen

linen-draper *znw* manufacturier

liner ['lainə] *znw* lijnboot; lijnvliegtuig o; techn bekleding, voering; *(dustbin)* ~ vuilniszak

linesman ['lainzmən] *znw* sp grensrechter; ook = *lineman*

line-up ['lainʌp] *znw* opstelling°, constellatie; line-up [v. popgroep &]; confrontatie [op politiebureau ter identificatie van een verdachte]

ling [liŋ] *znw* 1 dierk leng; 2 (struik)heide

linger ['liŋgə] *onoverg* toeven, talmen, dralen; weifelen; kwijnen, blijven hangen (ook: ~ *on*); ~ *over* stilstaan bij

lingerer *znw* talmer

lingerie ['læ̃ʒəri(:)] *znw* damesondergoed o, lingerie

lingering *bn* lang(durig), slepend, langzaam (werkend); dralend, langgerekt

lingo ['liŋgou] *znw* (*mv*: -s *of* -goes) gemeenz taaltje o, vakjargon o

lingua franca ['liŋwə'fræŋkə] *znw* (*mv*: lingua francas *of* linguae francae) handelstaal, voertaal

lingual ['liŋwəl] **I** *bn* tong-; taal-; **II** *znw* tongklank

linguist ['liŋgwist] *znw* talenkenner; taalkundige

linguistic [liŋ'gwistik] *bn* taalkundig, taal-

linguistics *znw* taalwetenschap

liniment ['linimənt] *znw* smeersel o

lining ['lainiŋ] *znw* voering, bekleding

link [liŋk] **I** *znw* schakel²; schalm; fig band; verbinding; lengte van 7.92 inch; (pek-)toorts; ~*s* Schots vlakke, met gras bedekte strook aan de zeekust; sp golfbaan; **II** *overg* steken (door *in*); ineenslaan [v. handen &]; ~ *(up)* aaneenschakelen, verbinden, verenigen, aansluiten (met, aan *to, with*); *be* ~*ed (up) with* ook: aansluiten bij, op; **III** *onoverg*: ~ *up with* zich aansluiten bij

linkage ['liŋkidʒ] *znw* verbinding, koppeling

linkman *znw* RTV centrale presentator; sp middenvelder

link-up *znw* verbinding, vereniging

lino ['lainou] *znw* gemeenz linoleum o & m

linseed ['linsi:d] *znw* lijnzaad o

linsey-woolsey ['linzi'wulzi] *znw* grof weefsel o van katoen met wol

lint [lint] *znw* pluksel o

lintel ['lintl] *znw* bouwk kalf o, bovendrempel

lion ['laiən] *znw* leeuw; fig beroemdheid, ~*'s share* leeuwendeel o; *the* ~ *of the day* de held van de dag

lioness *znw* leeuwin

lion-hearted *bn* met leeuwenmoed (bezield), manmoedig

lionize *overg* iem. fêteren

lip [lip] *znw* lip°; rand; <u>gemeenz</u> brutaliteit; *none of your ~!* géén brutaliteiten!; *keep a stiff upper ~* zich groot houden; geen spier vertrekken

lip-read *onoverg* liplezen

lip-service *znw* lippendienst

lipstick *znw* lippenstift

liquefaction [likwi'fækʃən] *znw* vloeibaarmaking

liquefy ['likwifai] *(onoverg &) overg* vloeibaar maken (worden)

liqueur [li'kjuə] *znw* likeur

liquid ['likwid] **I** *bn* vloeibaar; vloeiend; waterig [v. ogen]; liquide; ~ *crystal display* LCD-scherm o; ~ *lunch* lunch waarbij veel alcohol wordt gedronken; **II** *znw* vloeistof

liquidate *overg* vereffenen, liquideren; <u>fig</u> doden

liquidation [likwi'deiʃən] *znw* liquidatie, vereffening

liquidator ['likwideitə] *znw* liquidateur

liquidity [li'kwiditi] *znw* <u>handel</u> liquiditeit

liquidize ['likwidaiz] *overg* vloeibaar maken

liquidizer *znw* blender

liquor ['likə] *znw* <u>Am</u> (sterke) drank

liquorice ['likəris] *znw* <u>plantk</u> zoethout o; drop

lisp [lisp] **I** *onoverg & overg* lispelen; **II** *znw* gelispel o

lissom(e) ['lisəm] *bn* soepel, lenig

1 list [list] *znw* (naam)lijst, catalogus, tabel, rol; ~*s* strijdperk o

2 list [list] **I** *overg* **1** een lijst opmaken van, inschrijven, noteren, catalogiseren; **2** opnemen, vermelden; **II** *onoverg* <u>scheepv</u> slagzij maken; overhellen

listed [listid] *bn* <u>Br</u> voorkomend op de monumentenlijst

listen ['lisn] *onoverg* luisteren (naar *to*)[2]; ~ *in (onto)* be-, afluisteren

listener *znw* luisteraar; toehoorder

listless ['listlis] *bn* lusteloos, hangerig, slap

lit [lit] **I** V.T. & V.D. van [2]*light*; **II** *bn*: ~ *up* <u>slang</u> aangeschoten

litany ['litəni] *znw* litanie

literacy ['litərəsi] *znw* geletterdheid

literal ['litərəl] *bn* letterlijk; letter-; [v. mensen] nuchter, prozaïsch

literally *bijw* letterlijk; absoluut

literary ['litərəri] *bn* literair, letterkundig; geletterd; ~ *property* auteursrecht o

literate ['litərit] *bn* het lezen (en schrijven) machtig (zijnde); geletterd

literature ['litə(r)ətʃə, -ritʃə] *znw* literatuur, letterkunde; <u>gemeenz</u> (propaganda) lectuur, prospectussen, drukwerk o &

lithe ['laið] *bn* buigzaam, lenig

lithograph ['liθəgra:f] **I** *znw* lithografie, steendruk(plaat); **II** *overg* lithograferen

lithography [li'θɔgrəfi] *znw* lithografie

Lithuania [liθ(j)u(:)'einjə, -'einiə] *znw* Litouwen o

Lithuanian [liθ(j)u(:)'einjən, -'einiən] **I** *znw* Litouwer; Litouws [o taal]; **II** *bn* Litouws

litigant ['litigənt] **I** *bn* procederend, in proces liggend; **II** *znw* procederende partij

litigate ['litigeit] **I** *onoverg* procederen; **II** *overg* procederen over; betwisten

litigation [liti'geiʃən] *znw* procederen o; (rechts)geding o, proces o

litigious [li'tidʒəs] *bn* pleitziek; betwistbaar; proces-

litmus ['litməs] *znw* lakmoes o

litre, Am liter ['li:tə] *znw* liter

litter ['litə] **I** *znw* draagkoets, (draag)baar; stalstro o, strooisel o; warboel, rommel, afval o & m [schillen &]; worp [varkens]; **II** *overg* bezaaien; overal (ordeloos) neergooien of laten liggen; **III** *onoverg* (jongen) werpen

litter bin *znw* bak of mand voor afval

little ['litl] **I** *bn* klein[2], kleinzielig; luttel; weinig, gering; *a ~ bit* een beetje; ~ *butter* weinig boter; *a ~ butter* een beetje (wat) boter; ~ *folk (people)* elfen en kabouters; *make ~ of* niet tellen, weinig geven om; zie ook: *finger &*; **II** *znw* weinig o; *after a ~* na korte tijd; ~ *by ~* langzamerhand; **III** *bijw* weinig (soms = niet), amper, in het geheel niet; ~ *did he know that...* hij had er geen flauw benul (idee) van dat...

littleness *znw* klein(zielig)heid

littoral ['litərəl] **I** *bn* kust-; **II** *znw* kustgebied o

liturgy ['litədʒi] *znw* liturgie

livable ['livəbl] *bn* bewoonbaar; leefbaar [leven]; gezellig

1 live [laiv] *bn* levend, in leven; levendig; energiek; actueel [v. kwestie]; scherp (geladen); niet ontploft [granaat]; <u>elektr</u> onder stroom of geladen; <u>RTV</u> rechtstreeks, direct [v. uitzending]; *a ~ wire* ook: <u>fig</u> een dynamische persoonlijkheid

2 live [liv] **I** *onoverg* leven, bestaan; blijven leven, in (het) leven blijven; wonen; *we (you) ~ and learn* een mens is nooit te oud om te leren; **II** *overg* leven; doorleven, beleven; ~ *it down* ergens overheen komen; *I ~ for the day when...* ik verheug me op de dag dat...; ~ *off the land* leven van wat je zelf verbouwt; ~ *on* blijven leven, voortleven; ~ *on grass* zich voeden met gras; ~ *on (off) (one's relations)* leven (op kosten) van; ~ *out* overleven; niet intern zijn; ~ *through* doormaken; ~ *together* samenwonen; ~ *to (be) a hundred* (zo) honderd jaar worden; ~ *to see...* het beleven dat...; ~ *it up* <u>gemeenz</u> het ervan nemen; ~ *up to...* leven overeenkomstig..., naleven, waar maken, niet te schande maken

liveable ['livəbl] *znw* = *livable*

live-in ['liv'in] *znw* vriend(in) met wie men samenwoont

livelihood ['laivlihud] *znw* kost-, broodwinning, kost, (levens)onderhoud o

livelong ['livlɔŋ] *bn* <u>plechtig</u>: *the ~ day* de hele dag lang, de godganse dag

lively ['laivli] *bn* levendig°, vrolijk; vitaal, energiek; vlug, druk

liven *overg*: ~ *up* verlevendigen, opvrolijken

1 liver ['livə] *znw* wie leeft, levende; *a fast ~* een losbol; *a good ~* een braaf mens; een bon-vivant

2 liver ['livə] *znw* lever; leverkleur

liveried ['livərid] *bn* in livrei

liverish bn gemeenz een leverziekte hebbend; geïrriteerd

livery ['livəri] znw livrei; huisstijl

liveryman znw lid o van een der gilden van de City van Londen; stalhouder

livestock ['laivstɔk] znw levende have, veestapel

livid ['livid] bn lood-, lijkkleurig, (doods-) bleek; gemeenz hels, razend

living ['liviŋ] I bn levend; be ~ (nog) leven, in leven zijn; within ~ memory sinds mensenheugenis; ~ conditions leefomstandigheden; ~ standard levensstandaard; a ~ wage een menswaardig bestaan verzekerend loon o; II znw leven o, (levens-) onderhoud o, bestaan o, broodwinning; good ~ lekker eten en drinken; earn (gain, get, make) a (his) ~ zijn brood verdienen; for a (his) ~ voor de kost

living-room znw woonvertrek o, huiskamer

lizard ['lizəd] znw hagedis

llama ['la:mə] znw dierk lama

lo [lou] tsw vero zie!, kijk! (ook: ~ and behold)

load [loud] I znw lading, last, vracht; techn belasting; a ~ of rubbish! gemeenz dat is de grootst mogelijke nonsens (flauwekul)!; that is a ~ off my mind dat is een pak van mijn hart; II overg (in-, op-, be)laden, bevrachten, bezwaren, belasten; vullen [pijp]; overladen; III onoverg & abs ww laden

loaded ['loudid] bn geladen; slang stinkend rijk; dronken; Am stoned; ~ dice valse dobbelstenen; ~ question strikvraag

loading znw het laden, lading, vracht; techn belasting

loadstar znw poolster², plechtig leidstar

loadstone znw magneetsteen

1 loaf [louf] znw (mv: loaves) brood o; gemeenz kop; use your ~! gebruik je hersens!

2 loaf [louf] onoverg leeglopen, lanterfanten, rondslenteren (ook: ~ about, around)

loafer znw leegloper, schooier

loam [loum] I znw leem o & m; II overg lemen

loamy bn leemachtig, leem-

loan [loun] I znw lening, geleende o, lenen o; ask for the ~ of te leen vragen; on ~ te leen; (be) out on ~ uitgeleend (zijn); II overg (uit)lenen

loan-office znw leenbank

loanword znw bastaardwoord o, leenwoord o

loath [louθ] bn afkerig, ongenegen; nothing ~ wat graag

loathe [louð] overg verafschuwen, een afkeer hebben van, walgen van

loathing znw walg(ing), weerzin

loathsome bn walgelijk, weerzinwekkend

lob [lɔb] I overg in een boog gooien; sp lobben; II znw sp lob, boogbal

lobby ['lɔbi] I znw voorzaal, hal, portaal o; koffiekamer, foyer; couloir, wandelgang; lobby; II overg & onoverg lobbyen

lobe [loub] znw lob [hersenen]; kwab [long];

lel [oor]

lobotomy [lou'bɔtəmi] znw med lobotomie

lobster ['lɔbstə] znw (mv idem of -s) zeekreeft; ~ pot kreeftenfuik

lob-worm ['lɔbwə:m] znw zeepier

local ['loukəl] I bn plaatselijk; van plaats; van de plaats; plaats-; lokaal; alhier; stad [op adres]; ~ authority plaatselijke overheid; II znw plaatselijk inwoner; gemeenz (stam-) kroeg, buurtcafé o

locale [lou'ka:l] znw plaats (waar iets voorvalt)

localism ['loukəlizm] znw plaatselijke eigenaardigheid, uitdrukking &

locality [lou'kæliti] znw plaats, lokaliteit

localize ['loukəlaiz] overg lokaliseren, binnen bepaalde grenzen beperken; ook = locate

locally bijw plaatselijk; ter plaatse

locate [lou'keit] overg een (zijn) plaats aanwijzen; de plaats bepalen van, plaatsen, vestigen

location [lou'keiʃən] znw plaatsbepaling, plaatsing, plaats, ligging; Austr fokkerij; on ~ op lokatie [film]

loch [lɔx, lɔk] znw Schots meer o; zeearm

1 lock [lɔk] znw lok [haar]

2 lock [lɔk] I znw slot o; sluis; houdgreep; auto draaicirkel; ~, stock and barrel alles inbegrepen; II overg sluiten, op slot doen, af-, op-, in-, om-, wegsluiten; vastzetten, klemmen; van sluizen voorzien; ~ in in-, opsluiten; ~ out buitensluiten; ~ up opsluiten; sluiten

lockable bn afsluitbaar, vergrendelbaar

lockage znw verval o van een sluis; schut-, sluisgeld o; sluiswerken

locker znw kastje o, kist; zie ook: Davy Jones

locker-room znw kleedkamer

locket ['lɔkit] znw medaillon o

lockjaw znw mondklem

lock-keeper znw sluiswachter

lockout znw uitsluiting

locksmith znw slotenmaker

lock-up znw arrestantenlokaal o, nor; box [v. garage]; (tijd van) sluiten o

loco ['loukou] bn slang getikt, gek

locomotion [loukə'mouʃən] znw (vermogen o van) voortbeweging, zich verplaatsen o

locomotive ['loukəmoutiv] I bn zich (automatisch) voortbewegend; ~ engine locomotief; II znw locomotief

locum tenens ['loukəm'ti:nenz] znw (plaats)vervanger [v. dokter of geestelijke]

locus ['loukəs] znw (mv: loci) (meetkundige) plaats

locust ['loukəst] znw sprinkhaan

locution [lou'kju:ʃən] znw spreekwijze

lode [loud] znw ertsader

lodestar ['loudsta:] znw poolster², plechtig leidster

lodestone ['loudstoun] znw = loadstone

lodge [lɔdʒ] I znw optrekje o, huisje o, hut; loge [v. vrijmetselaars]; leger o, hol o [v. dier]; II overg (neer)leggen, plaatsen, huisvesten, herbergen, zetten; deponeren; blijven zitten; indienen, inleveren, inzenden (bij *with*); opslaan [goederen]; ~ *oneself* ook: zich nestelen; **III** *onoverg* wonen, huizen; blijven zitten (steken); ~ *with* inwonen bij

lodgement *znw* = lodgment

lodger *znw* kamerbewoner, inwonende

lodging *znw* huisvesting, (in)woning, logies *o*, kamers; *in* ~*s* op kamers

lodging-house *znw* huis *o* waar kamers worden verhuurd

lodgment plaatsing, huisvesting

loess ['louis] *znw* löss

loft [lɔ:ft] **I** *znw* zolder; vliering; duiventil; galerij; **II** *overg* sp hoog slaan, een boogbal slaan

loftily ['lɔ:ftili] *bijw* v. lofty; ook: uit de hoogte

lofty *bn* verheven, hoog; trots; gedragen

log [lɔg] **I** *znw* blok *o* hout, boomstam; *sleep like a* ~ slapen als een marmot; **II** *overg* (hout)hakken; in het logboek optekenen; afleggen [v. afstand]; ~ *in* compute inloggen; ~ *out* compute uitloggen

logarithm ['lɔgariθm] *znw* logaritme

logbook ['lɔgbuk] *znw* scheepv logboek *o*, journaal *o*

log-cabin ['lɔgkæbin] *znw* blokhut

loggerhead ['lɔgahed] *znw*: *be at* ~*s* overhoop liggen, bakkeleien

logic ['lɔdʒik] *znw* logica; gemeenz redelijk argument *o*

logical *bn* logisch

logician [lɔ'dʒiʃən] *znw* logicus, beoefenaar v.d. logica

logistic(al) [lɔ'dʒistik(l)] *znw & bn* logistiek

logistics [lɔ-, lou'dʒistiks] *znw mv* logistiek

loin [lɔin] *znw* lende, lendestuk *o*

loincloth *znw* lendedoek

loiter ['lɔitə] **I** *onoverg* talmen, treuzelen, lanterfanten; ~ *(with intent)* recht op verdachte wijze rondhangen; **II** *overg*: ~ *away* verbeuzelen

loiterer *znw* treuzelaar, slenteraar

loll [lɔl] *onoverg* lui liggen, leunen, hangen;

lollipop ['lɔlipɔp] *znw* lolly

lollipop lady, lollipop man *znw* klaarover

lollop ['lɔləp] *onoverg* gemeenz luieren, lummelen; ~ *about* lanterfanten; rondzwalken

lolly ['lɔli] *znw* lolly; slang duiten, money

lone [loun] *bn* eenzaam, verlaten; *play a* ~ *hand* in zijn eentje optreden, zijn eigen weg gaan; *a* ~ *wolf* einzelgänger, eenling

loneliness *znw* eenzaamheid, verlatenheid

lonely *bn* eenzaam

loner *znw* einzelgänger, eenling

lonesome *bn* eenzaam

1 long [lɔŋ] **I** *bn* lang°, langdurig, langgerekt; langdradig; groot [gezin &]; ~ *division* staartdeling; ~ *drink* aangelengde alcoholische drank in groot glas; ~ *face* lang (somber) gezicht *o*; ~ *jump* sp vèrspringen *o*; ~ *shot* gok, waagstuk *o*; ~ *in the tooth* aftands; *in the* ~ *run* op den duur, uiteindelijk; **II** *bijw*: *don't be* ~ blijf niet te lang weg; ~ *since* allang; lang geleden; *as* ~ *as six months ago* al zes maanden geleden; *so*

(as) ~ *as* als... maar, mits; *so* ~! gemeenz tot ziens!; **III** *znw*: *the* ~ *and the short of it is* ... om kort te gaan...; *take* ~ veel tijd nodig hebben; zie ook: *before I*

2 long [lɔŋ] *onoverg* verlangen (naar *for*)

long-boat *znw* sloep

longbow *znw* (grote) handboog; *draw the* ~ gemeenz overdrijven

long-distance *bn* interlokaal

long-drawn-out *bn* langgerekt

longhand **I** *znw* gewoon handschrift *o* (tegenover stenografie); **II** *bijw* met de hand [schrijven]

longing ['lɔŋiŋ] **I** *znw* (sterk) verlangen *o*, belustheid; **II** *bn* (erg) verlangend

longitude ['lɔn(d)ʒitju:d, 'lɔŋgitju:d] *znw* (geografische) lengte

longitudinal [lɔn(d)ʒi'tju:dinəl, lɔŋgi'tju:dinəl] *bn* in de lengte, lengte-

long-lasting *bn* langdurig

long-life *bn* lang houdbaar [v. voedingsmiddelen]

long-lived *bn* langlevend, lang van leven; langdurig

long-lost *bn* [persoon] die men al een lange tijd niet heeft gezien

long-range *bn* mil vèrdragend [geschut]; luchtv langeafstands[vlucht]; fig op lange termijn

longshoreman *znw* Am sjouwer, bootwerker, havenarbeider

long-sighted *bn* vèrziend; fig vooruitziend

long-standing *bn* oud

long-suffering *bn* lankmoedig

long-term *bn* op lange termijn, langlopend; voor lange tijd

long-time *bn* van oudsher, oud

long-winded *bn* lang van stof, breedsprakig, langdradig

loo [lu:] *znw* gemeenz plee, wc

look [luk] **I** *onoverg* kijken, zien, eruitzien; lijken; ~ *like* lijken op; ernaar uitzien (dat); *it* ~*s like rain* het ziet ernaar uit of we regen zullen krijgen; ~ *sharp* haast maken, voortmaken; ~ *south* uitzien op het zuiden; ~ *before you leap* bezint eer gij begint; **II** *overg* eruitzien als, voorstellen; door zijn kijken uitdrukken, verraden; (ervoor) zorgen; verwachten; *not* ~ *one's age* jonger lijken dan men is; ~ *about* rondkijken, rondzien; ~ *after* letten op, zorgen voor; ~ *ahead* vooruitzien; ~ *alive* opmerkzaam zijn; ~ *at* kijken naar, bekijken, bezien, beschouwen; ~ *back* terugzien; omzien, omkijken; ~ *behind* omkijken; ~ *down* handel naar beneden gaan [prijzen]; ~ *down on* neerzien op[2]; ~ *for* zoeken (naar); ~ *forward to* verlangend uitzien naar; zich verheugen op; ~ *in* even aanlopen (bij *on*); ~ *into* kijken in; onderzoeken, nagaan; ~ *(up)on* toekijken; ~ *(up)on as* beschouwen als, houden voor; ~ *out* uitzien, uit ... zien; op de uitkijk staan; (goed) uitkijken; opzoeken; ~ *over* bekijken, opnemen; doorkijken; ~ *round* rondkijken, om zich heen zien; ~ *through* goed bekijken, doornemen; ~ *to* vertrouwen op; rekenen op; verwachten; ~ *up* opzien, opkijken;

handel de hoogte ingaan [prijzen]; opleven, beter gaan [zaken]; opknappen [het weer]; opzoeken; komen opzoeken; naslaan, nakijken [in boek]; ~ *up to sbd.* (hoog) opzien tegen iem.; **III** *znw* blik; aanzien *o*, gezicht *o*, voorkomen *o*, uiterlijk *o*; look, mode; *(good)* ~*s* knap uiterlijk *o*; *by the* ~*s of it* zo te zien; *have (take) a* ~ *at* eens kijken naar, bekijken, een blik werpen op; *I don't like the* ~ *of it* dat bevalt me niet, ik vertrouw het niet erg

lookalike ['lukəlaik] *znw* dubbelganger, evenbeeld *o*

looker *znw: good* ~ *gemeenz* knap iem.

looker-on ['lukər'ɔn] *znw (mv:* lookers-on) toeschouwer, kijker

look-in *znw: have a* ~ *gemeenz* een kansje hebben

looking-glass *znw* spiegel

look-out *znw* uitkijk°; (voor)uitzicht *o; it is his (own)* ~ dat is zijn zaak; *keep a good* ~ goed uitkijken

look-see *znw slang* inspectie, kijkje *o*

1 loom [lu:m] *znw* weefgetouw *o*

2 loom [lu:m] *onoverg* (dreigend) oprijzen, opdoemen (ook: ~ *up*); ~ *ahead* opdoemen

loon [lu:n] *znw* Schots **1** stommeling, idioot; **2** deugniet

loony ['lu:ni] **I** *bn gemeenz* getikt; **II** *znw* gek

loony-bin *znw slang* gesticht *o* (voor krankzinnigen)

loop [lu:p] **I** *znw* lus, lis, bocht, (laarzen-) strop; luchtv looping, duikvlucht; **II** *onoverg* in een lus kronkelen; **III** *overg* met een lus vastmaken; ~ *the* ~ een kringduikeling (luchtv looping) maken

looper ['lu:pə] *znw* spanrups

loop-hole ['lu:phoul] *znw* kijkgat *o*, schietgat *o*; fig uitvlucht, uitweg; achterdeurtje *o*

loopy *bn* bochtig; slang getikt, gek

loose [lu:s] **I** *bn* los°; vrij; ruim, wijd; loslijvig; slap; vaag, onnauwkeurig; loszinnig; ~ *cover* kussenhoes; *cut* ~ (zich) losmaken, (zich) bevrijden; *let* ~ vrijlaten; ~ *ends* kleinigheden [die nog gedaan moeten worden]; *be at a* ~ *end* niets om handen hebben; **II** *znw: on the* ~ aan de rol, aan de zwabber; **III** *overg* losmaken, loslaten; afschieten; scheepv losgooien; ~ *one's hold (on)* loslaten

loose-leaf *bn* losbladig [v. boek]

loose-limbed ['lu:s'limd] *bn* lenig, soepel

loosen *overg* losmaken, losser maken; laten verslappen [tucht]; **II** *onoverg* losgaan, los(ser) worden; verslappen [tucht]; ~ *up* loskomen, ontdooien, vrijuit praten; sp opwarmen, aan warming-up doen

loot [lu:t] **I** *znw* buit, roof, plundering; slang poen; **II** *overg* (uit)plunderen², beroven, (weg)roven; **III** *onoverg* plunderen, stelen

1 lop [lɔp] *overg* (af)kappen, wegkappen, snoeien

2 lop [lɔp] *onoverg* slap neerhangen; rondhopsen, huppelen

lope [loup] **I** *onoverg* zich met lange spron-

gen voortbewegen; **II** *znw* lange sprong

lop-eared ['lɔpiəd] *bn* met hangende oren; ~ *rabbit* langoor(konijn *o*)

lop-sided ['lɔp'saidid] *bn* scheef; niet in evenwicht; eenzijdig

loquacious [lou'kweiʃəs] *bn* babbelziek; spraakzaam

loquacity [lou'kwæsiti] *znw* babbelzucht; spraakzaamheid

Lord, lord [lɔ:d] *znw* heer, meester; lord; ~ *and master* heer en meester; *L~!, good* ~*!* goeie genade!; *My* ~ [mi'lɔ:d] aanspreektitel voor bisschop, rechter en adel onder de rang van hertog; *as drunk as a* ~ stomdronken; *live like a* ~ leven als een vorst; *the L~* de Heer, Onze-Lieve-Heer, God; *the (House of) L~s* het Hogerhuis; *the) L~ Mayor* titel v.d. burgemeester van Londen, Dublin, York en sommige andere steden

lordly *bn* als (van) een lord; hooghartig

lordship *znw* heerschappij (over *of, over*); heerlijkheid; lordschap *o; your (his)* ~ mijnheer (de graaf &)

lore [lɔ:] *znw* (traditionele) kennis

lorn [lɔ:n] *bn* eenzaam en verlaten

lorry ['lɔri] *znw* vrachtauto

lose* [lu:z] **I** *overg* verliezen, verbeuren, verspelen, verzuimen, missen [trein], erbij inschieten, kwijtraken; achterlopen [vijf minuten]; afraken van; doen verliezen; ~ *one's senses* gek worden; ~ *sight of* vergeten, uit 't oog verliezen; ~ *track of sth. (sbd.)* iets (iem.) uit het oog verliezen; ~ *one's way* verdwalen; ~ *out* het afleggen; verlies lijden; zie ook: *caste, day &*; **II** *wederk:* ~ *oneself* zich verliezen of opgaan (in *in*); verdwalen; **III** *onoverg & abs ww* (het) verliezen, te kort komen (bij *by*); achterlopen [v. horloge]; *the story does not* ~ *in the telling* het verhaal is niet vrij van overdrijving; zie ook: *losing, lost*

loser *znw* verliezer; *be a bad/good* ~ niet/goed tegen zijn verlies kunnen; *be a* ~ *by* verliezen bij

losing *bn* hopeloos; *fight a* ~ *battle* een (bij voorbaat) verloren strijd voeren; ~ *streak* serie nederlagen; periode van tegenspoed

loss [lɔs] *znw* verlies *o*, nadeel *o*, schade; *dead* ~ fiasco *o; at a* ~ met verlies; het spoor bijster; *never at a* ~ *for a reply* nooit om een antwoord verlegen; *cut one's* ~*es* zijn verlies nemen

loss-leader *znw* lokartikel *o* (beneden of tegen inkoopsprijs)

lost [lɔst] **I** V.T. & V.D. van *lose*; **II** *bn* verloren (gegaan), weg; verdwaald; omgekomen, verongelukt; *get* ~ verloren gaan; verdwalen; slang weggaan, maken dat men wegkomt; *the motion was* ~ werd verworpen; ~ *in thought* in gedachten verzonken; *the joke was* ~ *on him* niet aan hem besteed, ontging hem; ~ *property office* bureau *o* voor gevonden voorwerpen

lot [lɔt] **I** *znw* lot *o*, deel *o*; portie, partij, kavel [veiling]; kaveling, perceel *o*, terrein *o*; gemeenz heel veel; *the* ~ alles, gemeenz de hele bups; ~*s of gemeenz* veel; *by* ~ door het lot, bij loting; zie ook *draw*

&; **II** overg: ~ (out) (ver)kavelen

loth [louθ] bn = loath

lotion ['louʃən] znw lotion; watertje o

lottery ['lɔtəri] znw loterij

lotus ['loutəs] znw (Egyptische) lotusbloem; lotusstruik, lotusboom

lotus-eater znw fig iem. die zich aan dromerijen en nietsdoen overgeeft

loud [laud] **I** bn luid; luidruchtig; opzichtig; schreeuwend [kleuren]; **II** bijw luid, hard; out ~ hardop; ~ and clear fig klip en klaar; overduidelijk

loudmouth znw gemeenz luidruchtig persoon, schreeuwlelijk, braller

loud-mouthed bn luidruchtig

loudspeaker znw luidspreker

lough [lɔx, lɔk] znw Ir meer o; zeearm

lounge [laun(d)ʒ] **I** onoverg luieren, (rond)hangen; **II** znw conversatiezaal, grote hal v. hotel, lounge; zitkamer [v. huis], foyer [v. theater]

lounge lizard znw gigolo

lounger znw 1 ligstoel, dekstoel, strandstoel; 2 lanterfanter, slenteraar, flaneur

louse [laus] znw (mv: lice [lais]) luis; Am gemeenz rotzak, smeerlap, rat; **II** overg [lauz] luizen; ~ up Am bederven

lousy bn gemeenz luizig; min, beroerd, miserabel; ~ with vol van, wemelend van

lout [laut] znw (boeren)kinkel, pummel, lummel, vlegel

loutish bn pummelig, slungelig, lummelachtig, vlegelachtig

louver, louvre ['lu:və] znw ventilatieopening; ~(d) door louvredeur

lovable ['lʌvəbl] bn beminnelijk, lief, sympathiek

love I znw liefde (voor, tot for, of, to, towards); schat; ~ all sp nul gelijk; (give) my ~ to all de groeten aan allemaal; make ~ vrijen; there is no ~ lost between them ze mogen elkaar niet; for ~ uit liefde; play for ~ om niet spelen; in ~ verliefd (op with); **II** overg houden van, heel graag hebben of willen, het heerlijk vinden, dol zijn op; lief zijn voor

loveable bn = lovable

love affair znw (liefdes)verhouding

love-bird znw dwergpapegaai; gemeenz minnaar; verliefde

love-child znw buitenechtelijk kind o

loveless bn liefdeloos

lovelorn bn door de geliefde verlaten; (van liefde) smachtend

lovely bn mooi, lief(tallig); allerliefst; gemeenz prachtig, verrukkelijk, heerlijk, mooi

love-making znw vrijerij; geslachtsgemeenschap

lover znw minnaar, liefhebber; a nature ~ een natuurvriend; a couple of ~s een (minnend) paartje o

lovesick bn smachtend (verliefd)

lovey znw liefje o, schat

lovey-dovey bn overdreven lief, suikerzoet

loving bn liefhebbend, liefderijk, liefdevol; toegenegen, teder

loving-cup znw vriendschapsbeker

1 low [lou] **I** bn laag, laag uitgesneden; lager (staand); niet veel, gering; gemeen, ordinair, min; terneergeslagen, ongelukkig, depressief; zacht [stem]; bijna leeg [v. batterij &]; zwak [pols]; diep [buiging]; the Low Countries Nederland, België en Luxemburg; Low Sunday beloken Pasen; bring ~ vernederen, verzwakken; ruïneren; feel (be) ~ neerslachtig zijn; get (run) ~ opraken [voorraden]; lay ~ (neer)vellen; **II** bijw laag, diep; zachtjes [spreken]; handel tegen lage prijs; zie ook: lower &; **III** znw gebied o van lage luchtdruk; dieptepunt o; all-time (record) ~ laagterecord o

2 low [lou] **I** onoverg loeien, bulken; **II** znw geloei o, gebulk o

low-born ['loubɔ:n] bn van lage geboorte

lowbrow bn (znw) gemeenz alledaags (mens); (iem.) met weinig ontwikkeling, niet-intellectueel

low-budget bn goedkoop, voordelig

low-class bn inferieur; ordinair

low-cut bn laag (diep) uitgesneden

low-down I bn gemeenz laag, gemeen; **II** znw: the ~ gemeenz het fijne van de zaak

lower ['louə] **I** bn lager (staand); dieper; minder, geringer; beneden-, onder(ste); later; ~ case onderkast; ~ chamber Tweede Kamer [buiten Engeland]; L~ House Lagerhuis o; the ~ world de aarde; de onderwereld; **II** overg temperen; verlagen; neerslaan, neerlaten, laten zakken, strijken [zeil]; vernederen, fnuiken [trots]; verminderen; ~ one's voice ook: zachter spreken; **III** onoverg afnemen, dalen, zakken

lowermost ['louəmoust] bn laagst

low-grade bn met een laag gehalte [v. erts], arm; inferieur

low-key bn ingetogen, gematigd, sober

lowland I znw laagland o; the L~s de Schotse Laaglanden; **II** bn van het laagland

low-level bn comput lager [v. programmeertaal]

lowly bn gering, onaanzienlijk; nederig, ootmoedig

low-lying bn laaggelegen [land]

low-pitched bn laag [v. toon, klank]; a ~ roof een geleidelijk aflopend dak

low-spirited bn neerslachtig

loyal ['lɔiəl] bn (ge)trouw, loyaal

loyalist bn (znw) (regeringsge)trouw (onderdaan)

loyalty znw getrouwheid, (onderdanen-) trouw, loyaliteit; binding

lozenge ['lɔzindʒ] znw ruitje o [in raam]; tabletje o

LP ['el'pi:] afk. = long-play(ing) record lp

L-plate ['elpleit] znw bord o met de letter L op lesauto's

LSD ['elesdi:] afk. = lysergic acid diethylamide LSD [hallucinogeen]

l.s.d., L.S.D., £.s.d. afk. = librae, solidi, denarii (pounds, shillings, and pence) gemeenz geld o

LSE afk. = London School of Economics

Ltd. afk. = limited

lubber ['lʌbə] znw lomperd, lummel, pummel

lubricant ['I(j)u:brikənt] *znw* smeermiddel o

lubricate *overg* oliën, smeren; slang [iem.] dronken maken; *lubricating oil* smeerolie

lubrication [l(j)u:bri'keiʃən] *znw* smering

lubricator ['l(j)u:brikeitə] *znw* smeermiddel o

lubricious ['I(j)u:brikəs] *bn* **1** glibberig, glad; **2** geil

lubricity [l(j)u:'brisiti] *znw* glibberigheid², gladheid²; *fig* geilheid

lucent *bn* schijnend, blinkend

lucid ['l(j)u:sid] *bn* schitterend, stralend; helder², lucide, duidelijk; verstandig

lucidity [l(j)u:'siditi] *znw* helderheid², luciditeit

luck [lʌk] *znw* toeval o, geluk o, tref, bof; *bad* ~ pech; *good* ~ geluk o, bof; *hard (tough)* ~ pech; *be in* ~ geluk hebben, gelukkig zijn, boffen; *down on one's* ~ pech hebbend; *be out of* ~ pech hebben

luckily ['lʌkili] *bijw* gelukkigerwijze, gelukkig

luckless *bn* onfortuinlijk; ongelukkig

lucky *bn* gelukkig; geluks-; *be* ~ geluk hebben; boffen; geluk brengen; ~ *charm* talisman; ~ *dip* grabbelton

lucrative ['I(j)u:krətiv] *bn* winstgevend, voordelig

lucre *znw* geld o, winst, voordeel o; *filthy* ~ vuil gewin; het slijk der aarde

ludicrous ['I(j)u:dikrəs] *bn* belachelijk, lachwekkend, potsierlijk, koddig

ludo ['lu:dou] *znw* sp mens-erger-je-niet o

lues ['lu:i:z] *znw* med syfilis

luff [lʌf] *onoverg* loeven

lug [lʌg] **I** *overg* trekken, slepen; **II** *onoverg*: ~ *at* trekken aan; **III** *znw* **1** slang oor o; **2** pin, tap, pen

luge [lu:ʒ] *znw* slee

luggage ['lʌgidʒ] *znw* bagage²; zie ook: ¹*left* II

lugger ['lʌgə] *znw* logger

lughole ['lʌghoul] *znw* slang oor o

lugubrious [l(j)u:'gu:briəs] *bn* luguber, somber, treurig

lukewarm ['l(j)u:kwɔ:m] *bn* lauw²

lull [lʌl] **I** *overg* (in slaap) sussen, in slaap wiegen², kalmeren; **II** *onoverg* gaan liggen, luwen [wind]; **III** *znw* (korte) stilte, kalmte, (ogenblik o) rust

lullaby ['lʌləbai] *znw* wiegelied(je) o

lumbago [lʌm'beigou] *znw* spit o (in de rug)

lumbar ['lʌmbə] *bn* van de lendenen, lende-

lumber ['lʌmbə] **I** *znw* (oude) rommel; *Am* timmerhout o; **II** *overg* volproppen (ook: ~ *up*); gemeenz opzadelen (met *with*); **III** *onoverg* zich log, zwaar bewegen

lumbering *bn* lomp, onbehouwen; sjokkerig

lumberjack, lumberman *znw* houthakker

lumber-room *znw* rommelkamer

lumberyard *znw* houthandel

luminary ['I(j)u:minəri] *znw* hemellichaam o; fig verlichte geest

luminosity [l(j)u:mi'nɔsiti] *znw* lichtgevend vermogen o; lichtsterkte

luminous ['I(j)u:minəs] *bn* lichtgevend, lichtend, stralend, helder, lumineus, licht-

lump [lʌmp] **I** *znw* stuk o, bonk, klomp, klont, klontje o; brok *m & v & o*, bult, buil, knobbel; gemeenz pummel; vadsig persoon; **II** *bn*: *a* ~ *sum* een som ineens; **III** *overg*: ~ *it* gemeenz iets (maar moeten) slikken; ~ *together* over één kam scheren

lumpy *bn* klonterig; bultig, vol builen

lunacy ['l(j)u:nəsi] *znw* krankzinnigheid

lunar ['l(j)u:nə] *bn* van de maan, maan-; ~ *eclipse* maansverduistering; ~ *module* maanlander

lunatic ['lu:nətik] **I** *bn* krankzinnig; ~ *fringe* extreme vleugel [v.e. groepering]; **II** *znw* krankzinnige

lunch(eon) ['lʌn(t)ʃ(ən)] **I** *znw* lunch; **II** *onoverg* lunchen

luncheon voucher *znw* maaltijdbon

lunch-hour *znw* lunchpauze

lung [lʌŋ] *znw* long

lunge [lʌndʒ] **I** *znw* uitval [bij het schermen]; stoot; vooruit schieten o; **II** *onoverg* een uitval doen

lupin(e) ['l(j)u:pin] *znw* plantk lupine

lurch [lə:tʃ] **I** *znw* ruk, plotselinge slinger(ing); *leave in the* ~ in de steek laten; **II** *onoverg* slingeren, plotseling opzij schieten

lure [ljuə] **I** *znw* lokaas² o, verlokking; **II** *overg* (aan)lokken, weg-, verlokken; ~ *on* verlokken, meetronen

lurid ['l(j)uərid] *bn* sensationeel; schel [kleur], gloeiend [kleuren]

lurk [lə:k] *onoverg* schuilen, zich schuilhouden; verborgen zijn

luscious ['lʌʃəs] *bn* heerlijk, lekker; (heel) zoet, overrijp; overdadig versierd; voluptueus

lush [lʌʃ] **I** *bn* weelderig, sappig, mals [gras]; gemeenz overvloedig; **II** *znw* Am dronkenlap

lust [lʌst] **I** *znw* (zinnelijke) lust, wellust; begeerte, zucht; **II** *onoverg* (vurig) begeren, dorsten (naar *after, for*)

luster *znw* Am = *lustre*

lustful *bn* wellustig

lustily *bijw* v. *lusty*; *sing* ~ uit volle borst zingen

lustre ['lʌstə] *znw* luister, glans; schittering; fig vermaardheid, glorie

lustreless *bn* glansloos, dof

lustrous *bn* luisterrijk, glansrijk, schitterend

lusty ['lʌsti] *bn* kloek, flink (en gezond), stevig

lutanist ['l(j)u:tənist] *znw* luitspeler

lute [l(j)u:t] *znw* muz luit

luxate ['lʌkseit] *overg* ontwrichten, verrekken

luxe [lʌks, lu(:)ks]: *de* ~ [də'lʌks, də'lu(:)ks] luxueus, prachtig, kostbaar, weelderig

Luxemburg ['lʌksəmbə:g] *znw* Luxemburg o

luxuriance [lʌg'zjuəriəns] *znw* weelderigheid, weligheid

luxuriant *bn* weelderig, welig

luxuriate *onoverg* in overdaad leven, zwelgen (in *in*)

luxurious *bn* luxueus, weelderig

luxury ['lʌkʃəri] **I** *znw* luxe, overdaad; genot(middel) o; **II** *bn* luxueus, luxe-

lying ['laiiŋ] **I** *tegenwoordig deelwoord* van ²*lie* (liggen); *I won't take it* ~ *down* dat laat ik mij niet aanleunen; **II** *tegenwoordig deelwoord* van ¹*lie* **II** (liegen); als *bn* ook: leugenachtig

lying-in ['laiiŋ'in] *znw* kraam, kraambed *o*

lymph [limf] *znw* lymf(e); weefselvocht *o*

lynch [lin(t)ʃ] *overg* lynchen

lyre ['laiə] *znw* muz lier

lyric ['lirik] **I** *bn* lyrisch; **II** *znw* lyrisch gedicht *o*; ~*s* tekst [v. liedje]

lyrical *bn* lyrisch, lier-

lyricism ['lirisizəm] *znw* lyriek

lyricist *znw* tekstschrijver [v. liederen]

M

m [em] **I** *znw* (de letter) m; **II** *afk.* = *million(s)*; *masculine*; *male*; *mile(s)*; *metre(s)*; *minute(s)*

M 1 = 1000 [als Romeins cijfer]; 2 = *motorway*

MA *afk.* = *Master of Arts*

ma [ma:] *znw* gemeenz ma

mac [mæk] *znw* gemeenz = *mackintosh*

macabre [məˈka:br] *bn* macaber, griezelig, akelig

macadam [məˈkædəm] *znw* macadam o & m [wegdek]

macaroni [mækəˈrouni] *znw* macaroni

macaroon [mækəˈru:n, ˈmækəru:n] *znw* bitterkoekje o

macaw [məˈkɔ:] *znw* ara

mace [meis] *znw* 1 foelie; 2 staf, scepter; 3 mil strijdknots

Macedonia [mæsiˈdounjə] *znw* Macedonië o

macerate [ˈmæsəreit] **I** *onoverg* weken, zacht/week worden; **II** *overg* laten weken, week maken, macereren; uitmergelen, uitteren [door vasten]

machete [ma:ˈtʃeiti] *znw* groot kapmes o [in Midden- en Zuid-Amerika]

Machiavellian [mækiəˈveliən] *bn* machiavellistisch[2]; sluw, gewetenloos

machinate [ˈmækineit] *onoverg* kuipen, konkelen

machination [mækiˈneiʃən] *znw* konkelarij; intrige [v. toneelstuk]

machine [məˈʃi:n] **I** *znw* machine[2], toestel o; automaat; fig apparaat o; (partij)organisatie; **II** *overg* machinaal bewerken (vervaardigen)

machine-gun I *znw* mitrailleur; **II** *overg* & *onoverg* mitrailleren

machine-made *bn* machinaal (vervaardigd), fabrieks-

machinery [məˈʃi:nəri] *znw* machinerie(ën); mechanisme o; apparaat o [v. bestuur &]

machine shop *znw* machinewerkplaats

machine tool *znw* machinaal gedreven werktuig o

machinist *znw* machineconstructeur; wie een machine bedient; machienenaaister

machismo [məˈkizmou, ma:ˈtʃi:zmou] *znw* machogedrag o, machismo o, hanigheid

macho [ˈmætʃou, ˈma:tʃou] **I** *bn* macho, hanig; **II** *znw* macho, haantje o

mackerel [ˈmækrəl] *znw* (mv sg of -s) makreel; ~ *sky* lucht met schapenwolkjes

mackintosh [ˈmækintɔʃ] *znw* (waterdichte) regenjas

macrobiotic [ˈmækroubaiˈɔtik] *bn* macrobiotisch

macrocosm [ˈmækrəkɔzm] *znw* macrokosmos

macula [ˈmækjulə] *znw* vlek [op huid of zon]

mad [mæd] **I** *bn* krankzinnig, gek; dol (op *about*, *for*, *on*); kwaad (over *at*); hopping ~ gemeenz woest, hels; zie ook: [1]*like II*; **II** *overg* & *onoverg* = *madden*; *the* ~*ding crowd* het gewoel van de wereld

Madagascan [mædəˈgæskən] **I** *znw* Madagas; **II** *bn* Madagaskisch

Madagascar [mædəˈgæskə] *znw* Madagaskar o

madam [ˈmædəm] *znw* mevrouw, juffrouw; hoerenmadam; verwaand juffertje o

madcap [ˈmædkæp] *bn* doldwaas, roekeloos

madden [ˈmædn] **I** *overg* razend maken; **II** *onoverg* razend worden

maddening *bn* om gek van te worden

madder [ˈmædə] *znw* (mee)krap

made [meid] V.T. & V.D. van [1]*make*; *a* ~ *man* iemand die binnen is; ~ *up* (op)gemaakt; *a* ~*-up story* een verzonnen verhaal o

made-to-measure [ˈmeidtəˈmeʒə] *bn* op maat gemaakt, maat-

madhouse [ˈmædhaus] *znw* gekkenhuis o

madman *znw* dolleman, gek, krankzinnige

madness *znw* krankzinnigheid; razernij

madonna [məˈdɔnə] *znw* madonna[2]

madrigal [ˈmædrigəl] *znw* madrigaal o

madwoman [ˈmædwumən] *znw* krankzinnige (vrouw)

maecenas [mi:ˈsi:næs, -nəs] *znw* mecenas

maelstrom [ˈmeilstroum] *znw* maalstroom[2]

maestro [ˈmaistrou] *znw* (*mv*: -s of maestri) maestro, beroemde componist of dirigent

mafia [ˈmæfi:ə] *znw* maffia

mag [mæg] *afk.* gemeenz = *magazine*; *magnetic*

magazine [mægəˈzi:n] *znw* magazijn o v. geweer &; tijdschrift o; magazine o

magenta [məˈdʒentə] *bn* & *znw* magenta (o) [roodpaars]

maggot [ˈmægət] *znw* made

maggoty *bn* vol maden, wormstekig

Magi [ˈmeidʒai] *znw mv*: *the* ~ de Wijzen uit het Oosten

magic [ˈmædʒik] **I** *bn* magisch, toverachtig, betoverend, tover-; slang hartstikke goed, mooi &; ~ *eye* afstemoog o [v. radio &]; foto-elektrische cel; **II** *znw* toverkracht, -kunst, tove(na)rij, magie; betovering; *black* ~ zwarte (boosaardige) kunst; *white* ~ heilzame toverkunst; **III** *overg* omtoveren, te voorschijn toveren

magical *bn* = *magic I*

magician [məˈdʒiʃən] *znw* tovenaar, magiër; goochelaar

magisterial [mædʒisˈtiəriəl] *bn* magistraal; meesterachtig; magistraats-

magistracy [ˈmædʒistrəsi] *znw* magistratuur

magistrate *znw* magistraat; politierechter

magnanimity [mægnəˈnimiti] *znw* grootmoedigheid

magnanimous [mægˈnæniməs] *bn* grootmoedig

magnate [ˈmægneit] *znw* magnaat

magnesium *znw* magnesium o

magnet [ˈmægnit] *znw* magneet[2]

magnetic [mægˈnetik] *bn* magnetisch, magneet-; fig fascinerend, boeiend; ~ *compass* kompas o

magnetism [ˈmægnitizm] *znw* magnetisme[2] o; aantrekkingskracht

magnetize [ˈmægnitaiz] *overg* magnetisch

maken, magnetiseren; aantrekken[2], biologeren

magneto [mæg'ni:tou] *znw* magneetontsteker

magnificat [mæg'nifikæt] *znw* magnificat o

magnification [mægnifi'keiʃən] *znw* vergroting; vero verheerlijking

magnificence [mæg'nifisns] *znw* pracht, heerlijkheid; luister

magnificent *bn* prachtig; gemeenz geweldig, uitstekend

magnifico [mæg'nifikou] *znw* (*mv:* -coes) Venetiaans edelman; notabele, vooraanstaand heer

magnifier ['mægnifaiə] *znw* vergrootglas o, loep

magnify *overg* vergroten; groter maken (voorstellen); vero verheerlijken

magnifying-glass *znw* vergrootglas o, loep

magniloquence [mæg'niləkwəns] *znw* grootspraak, gezwollenheid [van stijl]

magnitude ['mægnitju:d] *znw* grootte; grootheid

magnum ['mægnəm] *znw* dubbele fles

magpie ['mægpai] *znw* ekster[2]; fig kruimeldief; kletskous

magus ['meigəs] *znw* (*mv:* magi ['meidʒai]) magiër

maharajah [ma:hə'ra:dʒə, məhə'raja] *znw* maharadja [Indiase vorstentitel]

mahogany [mə'hɔgəni] *znw* mahoniehout o; mahonieboom

mahout [mə'haut] *znw* kornak: geleider van een olifant

maid [meid] *znw* meid; meisje o, maagd; ~ of honour eerste (oudste) bruidsmeisje o; old ~ oude vrijster

maiden ['meidn] **I** *znw* meisje o, maagd; **II** *bn:* ~ aunt ongetrouwde tante; ~ name meisjesnaam [v. gehuwde vrouw]; ~ speech maidenspeech: eerste redevoering van nieuw lid; ~ voyage eerste reis [v. schip]

maidenhead, maidenhood *znw* maagdelijkheid

1 mail [meil] **I** *znw* (brieven)post; **II** *overg* Am met de post verzenden, posten

2 mail [meil] *znw* maliënkolder

mailbag ['meilbæg] *znw* postzak

mailbox *znw* Am brievenbus

mailing ['meiliŋ] *znw* mailing [per post toegestuurde reclame]

mailing list ['meiliŋlist] *znw* verzendlijst

mailman *znw* Am postbode

mail-order ['meilɔ:də] *znw* postorder; ~ business postorderbedrijf o, ook = ~ house (business) verzendhuis o

mail-shot *znw* mailing

maim [meim] *overg* verminken

main [mein] **I** *bn* voornaamste; hoofd-; the ~ chance eigen voordeel o; **II** *znw* hoofdleiding [van gas &], (licht)net o (ook: ~s); in the ~ in hoofdzaak, over het geheel

main drag *znw* Am hoofdstraat, hoofdweg

mainframe *znw* comput mainframe o

mainland *znw* vasteland o

mainline I *znw* belangrijke spoorlijn; **II** *overg & onoverg* slang (drugs) spuiten

mainly *bijw* voornamelijk, in hoofdzaak, grotendeels

mainmast *znw* grote mast

mainsail *znw* grootzeil o

mainspring *znw* grote veer, slagveer; fig hoofddoorzaak, drijfveer

mainstay *znw* scheepv grote stag o; fig voornaamste steun

mainstream I *znw* voornaamste stroming, hoofdrichting; **II** *bn* mainstream, conventioneel

maintain [mein'tein] *overg* handhaven, in stand houden; op peil houden, hooghouden, steunen, verdedigen; onderhouden; staande houden, volhouden; beweren; mil houden [stelling]; ophouden [waardigheid], bewaren [stilzwijgen]

maintenance ['meintənəns] *znw* handhaving, verdediging; onderhoud o; service; toelage; ~ man onderhoudsmonteur

maisonette [meizə'net] *znw* maisonette

maize [meiz] *znw* maïs

majestic [mə'dʒestik] *bn* majestueus; majesteitelijk

majesty ['mædʒisti] *znw* majesteit

major ['meidʒə] **I** *bn* groot, hoofd-, belangrijk, van formaat; grootste; muz majeur; onderw senior; ~ road voorrangsweg; **II** *znw* mil majoor; muz majeur [toonaard]; Am (student met als) hoofdvak o; **III** *onoverg:* ~ in Am als hoofdvak studeren

major-domo ['meidʒə'doumou] *znw* majordomus, hofmeester, hofmeier

majorette [meidʒə'ret] *znw* majorette

major-general *znw* generaal-majoor

majority [mə'dʒɔriti] *znw* meerderheid; merendeel o; meerderjarigheid; a working ~ een voldoende meerderheid

majuscule ['mædʒəskju:l] *znw* hoofdletter

1 make* [meik] **I** *overg* maken°, vervaardigen, vormen, scheppen; doen; houden [redevoering]; brengen [offers]; leveren [bijdrage]; stellen [voorwaarden]; treffen [regelingen]; nemen [besluit]; zetten [koffie]; opmaken [bed]; afleggen [afstand]; voeren [oorlog]; (af)sluiten [verdrag, vrede]; halen [de voorpagina, een trein]; inwinnen [inlichtingen]; verdienen [geld]; lijden [verliezen]; scheepv in zicht krijgen; binnenvaren; bereiken; slang versieren [meisje]; he will never ~ an author hij is niet voor schrijver in de wieg gelegd; ~ sbd.'s day iems. dag geluk maken; what do you ~ the time? hoe laat heb je het?; I ~ it to be a couple of miles ik houd het op twee mijl; ~ it **1** het maken, succes hebben (ook: ~ it big); **2** op tijd zijn; **3** tijd hebben om te komen; it's ~ or break het is erop of eronder; **II** *onoverg* maken, doen; (de (kaarten) schudden; zich begeven (naar for); komen opzetten of aflopen [getij]; ~ as if doen alsof; ~ away with uit de weg ruimen [ook: doden]; zoek maken, opmaken; ~ away with oneself zich van kant maken; ~ believe voorwenden, doen alsof; ~ do with zich behelpen met; ~ for zich begeven naar, aansturen op, bevorderlijk zijn voor; ~ into maken tot, veranderen in;

zie ook: *3light I, little, much, nothing; ~ off
ervandoor gaan; ~ off with stelen; ~ out
onderscheiden, ontdekken; beweren; uitschrijven [cheque]; ~ out with sbd. met
iem. vrijen; ~ up verzinnen; samenstellen,
(zich) opmaken; ~ (it) up again het weer
goedmaken, bijleggen; ~ up one's mind
een besluit nemen; be made up of bestaan
uit; ~ up for inhalen [achterstand]; compenseren, goedmaken; ~ up to in het ge-
vlij zien te komen bij

2 make [meik] znw maaksel o, fabrikaat o;
merk o; <u>plechtig</u> makelij; he's on the ~ <u>ge-
meenz</u> hij is op eigen voordeel uit; hij
zoekt het hogerop; zie ook: *made*

make-believe I znw wat men zichzelf wijs-
maakt, schijn, komedie(spel o); voorwendsel o; **II** bn voorgevend, schijn-

maker znw maker, fabrikant, vervaardiger,
schepper

makeshift I znw noodoplossing; **II** bn geïmproviseerd

make-up znw samenstelling; gestel o; gesteldheid; aankleding, uitvoering, verzorging [v. boek]; make-up, vermomming

makeweight znw toegift

making znw vervaardiging, vorming; maken o, maak, maaksel o; in the ~ in ontwikkeling, in de maak; ~s ook: basisele-
menten

maladjusted ['mælə'dʒʌstid] bn <u>psych</u> onaangepast

maladjustment znw slechte regeling, verkeerde inrichting; <u>psych</u> onaangepastheid

maladministration ['mælədminis'treiʃən]
znw wanbeheer o, wanbestuur o

maladroit ['mælədrɔit] bn onhandig

malady ['mælədi] znw ziekte, kwaal

malaise [mæ'leiz] znw gevoel o van onbehagen; malaise

malapropism ['mæləprɔpizm] znw verkeerd
gebruik o van vreemde woorden

malaria [mə'lɛəriə] znw malaria

malarial [mə'lɛəriəl] bn malaria-

Malawi [mə'la:wi] znw Malawi o

Malawian I znw Malawiër; **II** bn Malawisch

Malay [mə'lei], **Malayan** [mə'leiən] **I** bn Maleis; **II** znw 1 Maleier; 2 Maleis o [de taal]

Malaya [mə'leiə] znw Maleisisch Schiereiland o

Malaysia [mə'leiziə] znw Maleisië o

Malaysian I znw Maleisiër; **II** bn Maleisisch

malcontent ['mælkəntent] znw ontevrede-
ne

Maldives ['mɔːldivz] znw mv Malediven

Maldivian I znw Maledivier; **II** bn Maledi-
visch

male [meil] **I** bn mannelijk, mannen-; van
het mannelijk geslacht, mannetjes-; ~
chauvinist (pig) (vuile) seksist; **II** znw <u>dierk</u>
mannetje o; manspersoon, man

malediction [mæli'dikʃən] znw vervloeking

malefactor ['mælifæktə] znw boosdoener,
misdadiger

malefic [mə'lefik] bn <u>plechtig</u> boos, verderfelijk

malevolence [mə'levələns] znw kwaadwilligheid, vijandige gezindheid

malevolent bn kwaadwillig, vijandig gezind

malformation ['mælfɔː'meiʃən] znw misvorming

malformed ['mæl'fɔːmd] bn misvormd

malfunction ['mælfʌŋkʃən] **I** znw technische
storing; **II** onoverg slecht/niet werken, defect zijn

Malian I znw Maliër, Malinees; **II** bn Ma-
lisch, Malinees

malice ['mælis] znw kwaadaardigheid; with
~ aforethought <u>recht</u> met voorbedachten
rade; bear sbd. ~ wrok koesteren jegens
iem.

malicious [mə'liʃəs] bn boos(aardig); <u>recht</u>
opzettelijk

maliciously bijw boosaardig; plagerig;
<u>recht</u> met voorbedachten rade

malign [mə'lain] **I** bn boos(aardig), slecht,
ongunstig; **II** overg belasteren; much-~ed
verguisd

malignancy [mə'lignənsi] znw kwaadaardigheid; kwaadwilligheid

malignant bn boos(aardig); kwaadaardig
[v. ziekte]; kwaadwillig

malignity [mə'ligniti] znw = malignancy

malinger [mə'liŋgə] onoverg simuleren,
ziekte voorwenden

malingerer znw simulant

mall [mɔːl, mæl] znw beschutte wandelweg,
promenade; <u>Am</u> overdekt winkelcentrum
o

mallard ['mæləd] znw wilde eend

malleable ['mæliəbl] bn smeedbaar; <u>fig</u>
buigzaam, gedwee

mallet ['mælit] znw (houten) hamer

mallow ['mælou] znw malve, kaasjeskruid o

malnourished ['mæln∧riʃt] bn ondervoed

malnutrition ['mælnju'triʃən] znw ondervoeding

malodorous [mæl'oudərəs] bn stinkend

malpractice ['mæl'præktis] znw verkeerde
(be)handeling, kwade praktijken; malver-
satie

malt [mɔːlt] **I** znw mout o & m; **II** overg mou-
ten

Malta ['mɔːltə] znw Malta o

Maltese ['mɔːl'tiːz] **I** znw (mv idem) Malte-
zer; Maltees o [taal]; **II** bn Maltees, Malte-
zer

Malthusian [mæl'θjuːzjən] **I** bn malthusi-
aans; **II** znw aanhanger v.h. malthusianis-
me

maltreat [mæl'triːt] overg mishandelen,
slecht behandelen

maltreatment znw mishandeling, slechte
behandeling

maltster ['mɔːltstə] znw mouter

malversation [mælvə'seiʃən] znw malver-
satie, geldverduistering, wanbeheer o

mam [mæm] znw <u>gemeenz</u> moe, ma

mamba ['mæmbə] znw mamba [slang]

mam(m)a [mə'ma:] znw ma, mama

mammal ['mæməl] znw zoogdier o

mammalian [mæ'meiljən] bn zoogdier-

mammary ['mæməri] bn borst-

mammon ['mæmən] znw mammon*2*

mammoth ['mæməθ] **I** znw mammoet; **II** bn

kolossaal, reuzen-

mammy ['mæmi] *znw* gemeenz mamaatje o, moedertje o; Am zwarte kindermeid, oude negerin

man [mæn] **I** *znw* (*mv*: men [men]) man², mens; (schaak)stuk o, (dam)schijf; mil mindere; onderw student; men ook: manschappen; *a* ~ ook: men, je, iemand; ~ *about town* boemelaar, bon-vivant; *a* ~'s ~ een man die zich onder mannen het meest op zijn gemak voelt; ~ *to* ~ onder vier ogen; *the (my) old* ~ gemeenz m'n pa, de 'ouwe'; mijn man, de baas; *old* ~! gemeenz ouwe jongen!; *be one's own* ~ zijn eigen baas zijn; zichzelf (meester) zijn; *to a* ~ als één man, tot de laatste man; allen; **II** *bn* mannelijk, van het mannelijk geslacht; **III** *overg* bemannen, bezetten; **IV** *wederk*: ~ *oneself* zich vermannen

manacle ['mænəkl] **I** *znw* (hand)boei; **II** *overg* boeien, de handen binden

manage ['mænidʒ] **I** *overg* besturen, behandelen, beheren, leiden; regeren; op- of aankunnen, afdoen; ~ *it* het klaarspelen; **II** *onoverg* het klaarspelen

manageable *bn* handelbaar, meegaand

management *znw* behandeling, bediening; management o, bestuur o, leiding, beheer o, administratie, directie; bedrijfsleiding, management o; ~ *and unions (labour)* werkgevers en bonden

manager *znw* manager, bestuurder, beheerder, leider, administrateur, directeur; chef

manageress ['mænidʒə'res] *znw* bestuurster, manager; leidster; administratrice, directrice, cheffin

managerial [mænə'dʒiəriəl] *bn* directie-, bestuurs-; (bedrijfs)organisatorisch

managing *bn*: ~ *director* directeur; ~ *partner* beherend vennoot

man-at-arms *znw* krijger, krijgsman

Mancunian [mæŋ'kju:niən, -jən] **I** *znw* inwoner van Manchester; **II** *bn* van, uit Manchester

mandamus [mæn'deiməs] *znw* recht bevelschrift o

mandarin ['mændərin] *znw* mandarijn; M~ Mandarijn o [Chinese standaardtaal]

mandate I *znw* opdracht, mandaat o; **II** *overg* onder mandaat brengen; ~d *territory* hist mandaatgebied o

mandatory *bn* verplicht; mandaat-

mandible ['mændibl] *znw* onderkaak, kaakbeen o; kaak [v. insecten]

mandolin(e) ['mændəlin] *znw* mandoline

mandrake ['mændreik] *znw* plantk alruin

mane [mein] *znw* manen [van een paard &]

man-eater ['mæni:tə] *znw* menseneter; fig mannenverslindster

man-eating *bn* mensenetend, kannibalistisch

manes ['ma:neiz, 'meini:z] *znw mv* manen: geesten der gestorvenen

maneuverable bn Am = manoeuvrable

maneuver *znw* Am = manoeuvre

manful ['mænful] *bn* dapper, manhaftig

manfully ['mænfuli] *bijw* dapper, manhaftig

manganese [mæŋgə'ni:z] *znw* mangaan o

mange [mein(d)ʒ] *znw* schurft

manger ['mein(d)ʒə] *znw* krib(be), trog, voerbak

mangle ['mæŋgl] **I** *znw* mangel; **II** *overg* mangelen; fig verscheuren; verminken; verknoeien

mangrove ['mæŋgrouv] *znw* wortelboom

mangy ['mein(d)ʒi] *bn* schurftig; fig gemeen

manhandle ['mænhændl] *overg* ruw aanpakken, mishandelen, toetakelen

manhole *znw* mangat o

manhood *znw* mannelijkheid²; mannelijke staat; mannen; manmoedigheid, moed

man-hour *znw* manuur o

manhunt *znw* razzia, mensenjacht

mania ['meinjə] *znw* manie, bezetenheid; *persecution* ~ paranoia

maniac I *znw* maniak, waanzinnige; **II** *bn* waanzinnig

maniacal [mə'naiəkl] *bn* waanzinnig; maniakaal

manic ['mænik] *bn* manisch

manic-depressive I *bn* manisch-depressief; **II** *znw* manisch-depressief persoon

manicure ['mænikjuə] **I** *znw* manicure; **II** *overg* manicuren

manicurist *znw* manicure

manifest ['mænifest] **I** *bn* duidelijk, kennelijk; **II** *overg* openbaar maken, aan de dag leggen

manifestation [mænifest'teiʃən] *znw* openbaarmaking, openbaring, uiting, manifestatie

manifesto [mæni'festou] *znw* manifest o

manifold ['mænifould] **I** *bn* veelvuldig, veelsoortig, vele; **II** *znw* techn verdeelstuk o

manikin ['mænikin] *znw* kleermakerspop; mannetje o, dwerg

manipulate [mə'nipjuleit] *overg* hanteren, behandelen, bewerken², manipuleren, knoeien met [boekhouding &]

manipulation [mənipju'leiʃən] *znw* manipulatie

manipulative [mə'nipjulətiv, -pjə'leitiv] *bn* manipulerend; manipulatief

manipulator [mə'nipjuleitə] *znw* manipulator

mankind [mæn'kaind] *znw* de mensheid

manly *bn* mannelijk, manmoedig, mannen-

man-made *bn* door mensen gemaakt

manna ['mænə] *znw* manna o

mannequin ['mænikin] *znw* mannequin

manner ['mænə] *znw* manier², wijze, trant, (levens)gewoonte; manier van doen; soort, slag o; ~s (goede) manieren; *all* ~ *of* allerlei; *by no* ~ *of means* op generlei wijze, volstrekt niet; *in a* ~ in zekere zin; *in a* ~ *of speaking* om zo te zeggen

mannered *bn* geringsch gemaniëreerd; *ill-*~ ongemanierd

mannerism *znw* gemaniëreerdheid; ~s maniertjes

mannerly *bn* welgemanierd, beleefd

mannish ['mæniʃ] *bn* manachtig; als (van) een man

manoeuvrable [mə'nu:vrəbl] *bn* manoeu-vreerbaar, wendbaar

manoeuvre I *znw* manoeuvre²; II *onoverg* manoeuvreren²; intrigeren; III *overg* manoeuvreren, besturen; ~ *away (out)* loodsen, wegwerken, -krijgen

man-of-war ['mænəv'wɔ:] *znw* (*mv*: men-of-war) oorlogsschip *o*

manor ['mænə] *znw* (ambachts)heerlijkheid; landgoed *o*

manor-house *znw* (ridder)slot *o*, herenhuis *o*

manorial [mə'nɔ:riəl] *bn* van een ambachtsheerlijkheid, heerlijk

manpower ['mænpauə] *znw* mankracht; werk- of strijdkrachten

manqué ['ma:ŋkei] *bn* mislukt, miskend; *an actor* ~ een mislukte (miskende) acteur

manse [mæns] *znw* Schots pastorie, predikantswoning

manservant ['mænsə:vənt] *znw* knecht, bediende

mansion ['mænʃən] *znw* herenhuis *o*; villa; bijbel woning; ~s flatgebouw *o*

manslaughter ['mænslɔ:tə] *znw* doodslag

mantel ['mæntl], **mantelpiece** *znw* schoorsteenmantel

mantis ['mæntis] *znw* (*mv* idem of -es) (*praying* ~) bidsprinkhaan

mantle ['mæntl] I *znw* mantel°; *fig* dekmantel; gloeikousje *o*; II *overg* bedekken, verbergen

manual ['mænjuəl] *bn* met de hand, hand(en)-, manueel; ~ *alphabet* vingeralfabet *o* [doofstommen]; ~ *arts* handenarbeid; ~ *control* handbediening

manufacture [mænju'fæktʃə] I *znw* vervaardiging, fabricage; II *overg* vervaardigen, fabriceren (ook: leugens); geringsch fabrieken; ~d ook: fabrieks-; *manufacturing costs* productiekosten; *manufacturing town* fabrieksstad

manufacturer *znw* fabrikant

manumission [mænju'miʃən] *znw* hist vrijlating [v. slaaf]

manure [mə'njuə] I *znw* mest; II *overg* (be-)mesten

manuscript ['mænjuskript] I *bn* (met de hand) geschreven; in manuscript; II *znw* manuscript *o*, handschrift *o*

Manx [mæŋks] I *bn* van het eiland Man; ~ *cat* manxkat [staartloze kat]; II *znw* Manx *o* [taal van Man]

many ['meni] I *bn* veel, vele; ~ *a man*, ~ *a one* menigeen; ~ *a time*, ~'s *the time* menigmaal; *he's had one too* ~ hij heeft te diep in het glaasje gekeken; *as* ~ *as (ten books)* wel (tien boeken); II *znw*: *the* ~ de meerderheid; *a good (great)* ~ zeer veel (velen)

many-sided *bn* veelzijdig²

map [mæp] I *znw* (land)kaart, hemelkaart; *off the* ~ onbereikbaar; gemeenz niet (meer) in tel; *put on the* ~ bekend (beroemd) maken; II *overg* in kaart brengen; ~ *out* in details uitwerken

maple ['meipl] *znw* ahorn, esdoorn

maple-leaf *znw* ahornblad *o* [symbool van Canada]

mar [ma:] *overg* bederven; ontsieren

marathon ['mærəθən] I *znw* sp marathonloop; *fig* marathon; II *bn* marathon-²; *fig* langdurig, inspannend

maraud [mə'rɔ:d] *overg & onoverg* plunderen²

marauder *znw* plunderaar

marble ['ma:bl] I *znw* marmer *o*; marmeren beeld *o* &; knikker; *lose one's* ~s gemeenz een beetje kierewiet worden; II *bn* marmeren; III *overg* marmeren

March [ma:tʃ] *znw* maart

1 march [ma:tʃ] *znw* mark, grens, grensgebied *o*

2 march [ma:tʃ] I *znw* mil & muz mars²; opmars, tocht, (voort)gang, loop, verloop *o*; *steal a* ~ *on sbd.* iem. de loef afsteken; II *onoverg* marcheren; op-, aanrukken; ~ *out* uitrukken; ~ *past* defileren (voor); III *overg* laten marcheren; ~ *off* wegleiden, wegvoeren

marcher *znw* betoger, demonstrant

marching order *znw*: *give sbd. his* ~s *fig* iem. op straat zetten, iem. de deur wijzen

marchioness ['ma:ʃənis] *znw* markiezin

marchpane ['ma:tʃpein] *znw* marsepein

mare [mɛə] *znw* merrie; *a* ~'s *nest* waardeloze vondst

margarine [ma:dʒə'ri:n, -gə'ri:n] *znw* margarine

marge [ma:dʒ] *znw* gemeenz 1 margarine; 2 plechtig = *margin*

margin ['ma:dʒin] *znw* rand; kant; grens; marge; handel winst; surplus² *o*; *fig* speelruimte, speling; ~ *of safety* veiligheidsmarge; *by a narrow* ~ op 't nippertje, ternauwernood

marginal *bn* marginaal, op de rand, kant-; grens-; ~ (*seat*) kiesdistrict *o* waar de verkiezingen gewoonlijk met een kleine meerderheid worden gewonnen door wisselende partijen; ~*ly* enigszins

marginalia [ma:dʒi'neiliə] *znw mv* kanttekeningen

marigold ['mærigould] *znw* goudsbloem; *African* ~ afrikaantje *o*

marina [mə'ri:nə] *znw* jachthaven

marinade [mæri'neid] I *znw* marinade: gekruide (wijn)azijnsaus; gemarineerde vis- of vleesspijs; II *overg* marineren

marinate [mæri'neit] *overg* marineren

marine [mə'ri:n] I *bn* zee-, scheeps-, maritiem; ~ *life* zeeflora en -fauna; ~ *parade* strandboulevard; II *znw* marinier

mariner ['mærinə] *znw* zeeman, matroos

marionette [mæriə'net] *znw* marionet

marital ['mæritl] *bn* echtelijk; ~ *status* burgerlijke staat

maritime ['mæritaim] *bn* aan zee gelegen, maritiem, kust-, zee-; ~ *power* zeemogendheid

marjoram ['ma:dʒərəm] *znw* marjolein

mark [ma:k] I *znw* 1 (ken)merk *o*, merkteken *o*, stempel *o* & *m*; 2 teken *o*, kruisje *o* [in plaats v. handtekening]; 3 spoor *o*, vlek; 4 onderw cijfer *o*, punt *o*; 5 blijk *o*; 6 doel(wit) *o*; 7 peil *o*; 8 model *o* [v. auto, vliegtuig &]; **9** [Duitse] mark; *as a ~ of* ten teken, als blijk van; *easy ~ gemeenz* iem. die zich gemakkelijk laat beetnemen; *hit the ~* raak schieten, de spijker op de kop slaan; *make one's ~* succes hebben (bij *with*); *below the ~* beneden peil; *beside the ~* niet ter zake; *be near the ~* dicht bij de waarheid zijn; *wide of the ~, off the ~, far from the ~* er volkomen naast, de plank mis; *be quick off the ~* snel te werk gaan; *be up to the ~* aan de (gestelde) eisen voldoen; *I don't feel up to the ~ gemeenz* ik voel me niet honderd procent; *leave one's ~ on* zijn stempel drukken op; **II** *overg* merken, tekenen, vlekken; kenmerken; onderscheiden; noteren; aanstrepen; bestemmen; laten merken, aanduiden, betekenen; *onderw* cijfers (punten) geven; prijzen [koopwaar]; opmerken, letten op, vieren, herdenken; *sp* dekken [tegenspeler]; *~ me, ~ my words* let op mijn woorden!; *~ down* eruit pikken; noteren; afprijzen; *~ off* doorstrepen [namen op een lijst &]; *~ out* afbakenen [terrein]; onderscheiden; *~ up* noteren; in prijs verhogen

mark-down *znw* prijsverlaging
marked *bn* gemerkt; opvallend, in het oog vallend, duidelijk, merkbaar, markant; getekend, gedoemd; verdacht
marker *znw* baken o, teken o, kenteken o; boekenlegger; *~ (pen)* markeerstift
market ['ma:kit] **I** *znw* markt°; aftrek, vraag; *play the ~* speculeren [op de beurs]; *on the open ~* vrij te koop; **II** *overg* ter markt brengen; handelen in; verkopen [op de markt]; **III** *onoverg* (Am ook: *go ~ing*) markten, inkopen doen
marketable *bn* (goed) verkoopbaar, courant
market garden *znw* groentekwekerij
market gardener *znw* groentekweker, tuinder
marketing *znw* marketing
market-place *znw* marktplein o, markt
market research *znw* marktonderzoek o
marking ['ma:kiŋ] *znw handel* notering; tekening [v. dier]; corrigeren o, beoordeling [v. schoolwerk]; *luchtv* herkenningsteken o
marking-ink *znw* merkinkt
marksman ['ma:ksmən] *znw* (scherp)schutter
marksmanship *znw* scherpschutterskunst
mark-up ['ma:kʌp] *znw* winstmarge; prijsverhoging
marl [ma:l] **I** *znw* mergel; **II** *overg* met mergel bemesten
marly *bn* mergelachtig, mergel-
marmalade ['ma:məleid] *znw* marmelade
marmoreal [ma:'mɔ:riəl] *bn* marmerachtig; van marmer, marmeren; marmer-
marmoset ['ma:məzet] *znw* zijdeaapje o, ouistiti
marmot ['ma:mət] *znw* marmot
1 maroon [məˈru:n] *overg* op een onbewoond eiland aan wal zetten; *fig* isoleren
2 maroon [məˈru:n] *bn* bordeauxrood
marquee [ma:ˈki:] *znw* grote tent

marquess ['ma:kwis] *znw* = *marquis*
marquis ['ma:kwis] *znw* markies
marquise [ma:ˈki:z] *znw* markiezin
marriage ['mæridʒ] *znw* huwelijk o; *relative by ~* aangetrouwde verwant; *ask in ~* ten huwelijk vragen
marriageable *bn* huwbaar
married *bn* gehuwd[2], getrouwd[2] (met *to*); *get ~* trouwen
marrow ['mærou] *znw* merg o; *(vegetable) ~* eierpompoen; *baby ~* courgette; *to the ~* tot op het bot
marrowbone *znw* mergpijp
marrowfat *znw* grote erwt, kapucijner (ook: *~ pea*)
marrowy *bn* vol merg, mergachtig; *fig* pittig
marry ['mæri] **I** *overg* trouwen; uithuwen; huwen[2], paren, verbinden; *~ a fortune* een vrouw met geld trouwen; *~ off* aan de man brengen; **II** *onoverg* trouwen; *~ up* combineren, samenbrengen
marsh [ma:ʃ] *znw* moeras o
marshal ['ma:ʃəl] **I** *znw* maarschalk; ceremoniemeester; ordecommissaris; *Am* hoofd o van politie of brandweer; **II** *overg* ordenen, opstellen, rangschikken
marsh-gas ['ma:ʃgæs] *znw* moeras-, methaangas o
marshland ['ma:ʃlənd] *znw* moerasland o
marshmallow ['ma:ʃmælou] *znw plantk* heemst; ± spekkie o [snoepgoed]
marshy ['ma:ʃi] *bn* moerassig, drassig
marsupial [ma:ˈsju:pjəl] *dierk* **I** *bn* buideldragend; **II** *znw* buideldier o
mart [ma:t] *znw* markt[2]; stapelplaats, handelscentrum o; venduhuis o, verkooplokaal o
marten ['ma:tin] *znw* marter; marterbont o
martial ['ma:ʃəl] *bn* krijgshaftig, krijgs-; *~ arts* oosterse vechtkunst (judo, karate &); *proclaim ~ law* de staat van beleg afkondigen
Martian ['ma:ʃjən] **I** *bn* van Mars; **II** *znw* Martiaan, Marsmannetje o
martin ['ma:tin] *znw* huiszwaluw
martinet [ma:ti'net] *znw* dienstklopper
martyr ['ma:tə] **I** *znw* martelaar; *be a ~ to* lijden aan; *die a ~ to (in the cause of)* zijn leven offeren voor; **II** *overg* martelen, pijnigen; de marteldood doen sterven
martyrdom *znw* martelaarschap o, marteldood; marteling
martyrize *overg* martelen; *fig* een martelaar maken van
marvel ['ma:vəl] **I** *znw* wonder o; **II** *onoverg* zich verwonderen (over *at, over*), verbaasd staan
marvellous *bn* wonderbaarlijk; *gemeenz* enig, fantastisch
Marxist ['ma:ksist] **I** *bn* marxistisch; **II** *znw* marxist
marzipan [ma:zi'pæn] *znw* marsepein
mascara [mæsˈka:rə] *znw* mascara
mascot ['mæskət] *znw* mascotte, talisman
masculine ['mæs-, 'ma:skjulin] *bn* mannelijk°; masculien
masculinity [mæs-, ma:skju'liniti] *znw* man-

nelijkheid

mash [mæʃ] **I** *overg* fijnstampen; ~ed potatoes aardappelpuree; **II** *znw* aardappelpuree; *fig* brij; mengelmoes *o & v*

masher *znw* [aardappel]stamper

mask [ma:sk] **I** *znw* masker² *o*, mom² *o & v; in* ~s gemaskerd; **II** *onoverg* een masker voordoen; **III** *overg* maskeren; vermommen; maskéren²; ~ed ook: verkapt; ~(ed) ball bal *o* masqué; ~ing tape afplakband *o*

masochism ['mæsəkizm] *znw* masochisme *o*

masochist *znw* masochist

masochistic [mæsə'kistik] *bn* masochistisch

mason ['meisn] *znw* steenhouwer; vrijmetselaar

masonic [mə'sɔnik] *bn* vrijmetselaars-

masonry ['meisnri] *znw* metselwerk *o*; vrijmetselarij

masquerade [mæskə'reid] **I** *znw* maskerade; **II** *onoverg* zich vermommen²

1 mass [mæs, ma:s] *znw* **RK** mis; *high (low)* ~ hoogmis (leesmis, stille mis); *say* ~ de mis lezen

2 mass [mæs] **I** *znw* massa; hoop; merendeel *o; the* ~*es and the classes* het volk en de hogere standen; *in the* ~ in zijn geheel; **II** *overg* (in massa) bijeenbrengen, op-, samenhopen; combineren; **III** *onoverg* zich op-, samenhopen, zich verzamelen; **IV** *bn* massa-; *op grote schaal, massaal

massacre ['mæsəkə] **I** *znw* moord(partij), slachting; **II** *overg* uit-, vermoorden, een slachting aanrichten onder; *fig* in de pan hakken

massage ['mæsa:ʒ] **I** *znw* massage; **II** *overg* masseren; *fig* manipuleren (met)

masseur [mæ'sə:] *znw* masseur

masseuse *znw* masseuse

massif ['mæsi:f] *znw* massief *o* [bergketen]

massive ['mæsiv] *bn* massief, zwaar; massaal, aanzienlijk, indrukwekkend

mass media ['mæsmi:djə] *znw mv* massamedia

mass-produce *overg* in massaproductie vervaardigen, in massa produceren

mass production *znw* massaproductie

mast [ma:st] **I** *znw* mast; **II** *overg* masten

mastectomy [mæs'tektəmi] *znw* afzetten *o* van een borst

master ['ma:stə] **I** *znw* meester°, heer (des huizes), eigenaar; baas, chef, directeur; leraar; origineel *o; French* ~ leraar Frans; *a French* ~ een Franse meester (schilder); ~ *of Arts* onderw graad in de Arts-faculteit, ± doctorandus; ~ *of Science* ± doctorandus in de natuurwetenschappen; **II** *overg* overmeesteren; onder de knie krijgen; besturen; ~ *oneself* zich(zelf) beheersen

masterful *bn* 1 autoritair, bazig; 2 meesterlijk, magistraal, meester-

masterkey *znw* loper [sleutel]

masterly *bn* meesterlijk, magistraal, meester-

mastermind **I** *znw* meesterbrein *o*, leider (achter de schermen); **II** *overg* [handig, achter de schermen] leiden

masterpiece *znw* meesterstuk *o*, meester-

mastership *znw* meesterschap *o*; leraarschap *o*; waardigheid van *master*

master stroke *znw* meesterlijke zet, meesterstuk *o*

master switch *znw* hoofdschakelaar

mastery *znw* meesterschap *o*; beheersing

masthead ['ma:sthed] *znw* top van de mast; *typ* impressum *o; at the* ~ in top

masticate ['mæstikeit] *overg* kauwen

mastication [mæsti'keiʃən] *znw* kauwen *o*

masticator ['mæstikeitə] *znw* kauwer; hak-, snij-, maalmachine

mastiff ['mæstif] *znw* Engelse dog, mastiff

masturbate ['mæstəbeit] *overg & onoverg* masturberen

masturbation [mæstə'beiʃən] *znw* masturbatie

1 mat [mæt] **I** *znw* mat; onderzetter [voor bier &]; **II** *onoverg* samenkleven, samenklitten, in de knoop raken

2 mat, matt, Am ook: **matte** [mæt] **I** *bn* mat; **II** *overg* mat maken, matteren

matador ['mætədɔ:] *znw* matador

1 match [mætʃ] *znw* lucifer

2 match [mætʃ] **I** *znw* gelijke, evenknie; stel *o*, paar *o*; partij, huwelijk *o*; wedstrijd; *be a* ~ *for* opgewassen zijn tegen; *be more than a* ~ *for* de baas zijn; *this colour is the perfect* ~ deze kleur past er perfect bij; **II** *overg* evenaren; tegenover elkaar stellen (als tegenstanders); in overeenstemming brengen (met *to*); *they are well* ~ed zij passen goed bij elkaar; ~ *one's brain against the computer* het opnemen tegen de computer; ~ *the same amount* hetzelfde bedrag bijpassen; **III** *onoverg* een paar vormen, bij elkaar horen; *with a shirt to* ~ met een bijpassend overhemd; ~ing bijpassend

matchboard *znw* plank met groef en messing

matchbook *znw* luciferboekje *o*

matchbox *znw* lucifersdoosje *o*

matchless *bn* weergaloos

matchmaker *znw* koppelaar(ster)

match point *znw* matchpoint *o*

matchstick *znw* lucifershoutje *o*

matchwood *znw* 1 lucifershout *o*; 2 splinters; *make* ~ *of* totaal ruïneren of kapotslaan

1 mate [meit] **I** *znw* kameraad; helper; gezel; (levens)gezel(lin); scheepv stuurman; **II** *overg* laten paren [v. dieren]; (in de echt) verenigen; **III** *onoverg* paren; zich verenigen

2 mate [meit] **I** *znw* (schaak)mat *o*; **II** *overg* (schaak)mat zetten

material [mə'tiəriəl] **I** *bn* stoffelijk, lichamelijk, materieel; belangrijk, wezenlijk; **II** *znw* (ook: ~s) materiaal *o*, (bouw)stof; materieel *o; fig* soort; raw ~ grondstof; *writing* ~(s) schrijfbehoeften; *made of the right* ~ uit het goede hout gesneden

materialism *znw* materialisme *o*

materialist **I** *bn* materialistisch; **II** *znw* materialist

materialistic [mətiəriə'listik] *bn* materialistisch

materialization [mətiəriəlai'zeifən] *znw* realisatie, verwezenlijking

materialize [mə'tiəriəlaiz] **I** *overg* realiseren°; **II** *onoverg* zich verwezenlijken; gemeenz plotseling verschijnen, opduiken; *it didn't* ~ er kwam niets van

maternal [mə'tə:nəl] *bn* moederlijk, moeder(s)-; van moederszijde

maternity [mə'tə:niti] *znw* moederschap *o*; ~ *clothes* positiekleding; ~ *leave* zwangerschapsverlof *o*; ~ *ward* kraamafdeling

matey ['meiti] *bn* gemeenz amicaal, familiaar

math [mæθ] *znw* Am = *mathematics*

mathematical [mæθi'mætikl] *bn* mathematisch, wiskundig; wiskunde-; strikt nauwkeurig, strikt zeker

mathematician [mæθimə'tifən] *znw* wiskundige

mathematics [mæθi'mætiks] *znw* wiskunde; gemeenz cijfermatige aspecten; rekenwerk *o*; financiën

maths [mæθs] *znw* gemeenz wiskunde

matinée ['mætinei] *znw* matinee

matins ['mætinz] *znw* RK metten; [Anglicaanse] morgendienst

matriarch ['meitria:k] *znw* vrouwelijk gezinshoofd/stamhoofd *o*; invloedrijke vrouw

matriarchal ['meitria:kl] *bn* matriarchaal

matriarchy ['meitria:ki] *znw* matriarchaat *o*

matricide ['meitrisaid] *znw* moedermoord; moedermoordenaar

matriculate [mə'trikjuleit] **I** *overg* inschrijven, toelaten (als student); **II** *onoverg* zich laten inschrijven, toegelaten worden

matriculation [mətrikju'leifən] *znw* inschrijving, toelating (als student)

matrimonial [mætri'mounjəl] *bn* huwelijks-

matrimony ['mætriməni] *znw* huwelijk *o*, huwelijkse staat

matrix ['meitriks] *znw* (*mv*: -es of matrices) matrijs; wiskunde matrix

matron ['meitrən] *znw* getrouwde dame, matrone; moeder [v. weeshuis]; directrice [v. ziekenhuis]

matronly *bn* matroneachtig; bazig

matt [mæt] *bn* mat [v. goud &]

matter ['mætə] **I** *znw* stof, materie; zaak, aangelegenheid, kwestie (ook: ~s); aanleiding, reden; etter; kopij, zetsel *o*; *printed* ~ drukwerk *o*; *a* ~ *of course* de gewoonste zaak van de wereld; *a* ~ *of fact* een feit *o*; *as a* ~ *of fact* feitelijk, eigenlijk, in werkelijkheid; inderdaad; trouwens; *the* ~ *at (in) hand* wat nu aan de orde is; *a* ~ *of 500 pounds* een kleine 500 pond; *no* ~ *how* hoe dan ook; *no such* ~ niets van dien aard; *no* ~ het maakt niet(s) uit; *what is the* ~ *(with you)?* wat scheelt eraan?; *as the* ~ *may be* (al) naar omstandigheden; *the fact (truth) of the* ~ *is* de waarheid is; *for that* ~ wat dat aangaat, trouwens; *in the* ~ *of...* inzake...] **II** *onoverg* van belang zijn; *it does not* ~ het is niet erg

matter-of-fact *bn* zakelijk; prozaïsch, droog, nuchter

matting ['mætiŋ] *znw* matwerk *o*, (matten-) bekleding

mattock ['mætək] *znw* houweel *o*, hak

mattress ['mætris] *znw* matras *v* & *o*

mature [mə'tjuə] **I** *bn* rijp?, bezonken; handel vervallen; **II** *overg* rijp maken, rijpen; **III** *onoverg* rijp worden, rijpen; handel vervallen

maturity *znw* rijpheid; handel vervaltijd, -dag

matutinal [mætju'tainl] *bn* morgen-, ochtend-

maudlin ['mɔ:dlin] *bn* (dronkenmansachtig) sentimenteel

maul [mɔ:l] *overg* **1** ernstig verwonden, verscheuren; **2** gemeenz ruw behandelen; **3** de grond inboren [v. toneelstuk & door de critici]

maulstick ['mɔ:lstik] *znw* schildersstok

maunder ['mɔ:ndə] *onoverg* onsamenhangend praten, raaskallen

Maundy Thursday ['mɔ:ndi'θə:zdi] *znw* Witte Donderdag

Mauritania [mɔ:ri'teinjə] *znw* Mauretanië *o*

Mauritanian **I** *znw* Mauretaniër; **II** *znw* Mauretaans

Mauritian [mə'rifən] **I** *znw* Mauritiaan; **II** *bn* Mauritiaans

Mauritius [mə'rifəs] *znw* Mauritius *o*

mausoleum [mɔ:sə'liəm] *znw* (*mv*: -s of mausolea) mausoleum *o*, praalgraf *o*

mauve [mouv] *bn* & *znw* mauve (*o*)

maverick ['mæv(ə)rik] *znw* buitenbeentje *o*

mavis ['meivis] *znw* plechtig dierk zanglijster

maw [mɔ:] *znw* pens, krop, maag; fig muil, afgrond

mawkish ['mɔ:kif] *bn* walgelijk flauw [v. smaak]; fig overdreven sentimenteel

mawseed ['mɔ:si:d] *znw* (blauw)maanzaad *o*

maxim ['mæksim] *znw* grondstelling; (stel-) regel

maximal ['mæksiməl] *bn* maximaal

maximize *overg* op het maximum brengen

maximum **I** *znw* (*mv*: maxima) maximum *o*; **II** *bn* hoogste, maximaal, top-

may* [mei] *hulpww* mogen, kunnen, kunnen zijn; *who* ~ *you be?* wie ben je?; *he* ~ *not come back* misschien komt hij niet meer terug; *as ... as* ~ *be* zo ... mogelijk; *be that as it* ~ hoe het ook zij

May [mei] *znw* mei; *m*~ plantk meidoorn (bloesem)

maybe ['meibi:] *bijw* misschien, mogelijk

May-bug ['meibʌg] *znw* meikever

May Day *znw* eerste mei, dag van de arbeid

mayday *znw* mayday [internationaal radio-noodsein]

mayfly *znw* dierk haft *o*, eendagsvlieg

mayhem ['meihem] *znw* Am recht zwaar lichamelijk letsel *o*; gemeenz rotzooi, herrie

mayn't gemeenz = *may not*

mayonnaise [meiə'neiz] *znw* mayonaise

mayor [mɛə] *znw* burgemeester

mayoral *bn* burgemeesters-

mayoralty *znw* burgemeesterschap *o*

mayoress *znw* burgemeestersvrouw; vrouwelijke burgemeester

maypole ['meipoul] *znw* meiboom

mazarine [mæzə'ri:n] *bn & znw* donkerblauw (o)

maze [meiz] *znw* doolhof

MC *afk.* = Master of Ceremonies ceremoniemeester

McCoy [mə'kɔi]: *the real ~* gemeenz je ware

MD *afk.* = managing director

me [mi:] *pers vnw* mij, me; gemeenz ik

mead [mi:d] *znw* mee [drank]

meadow ['medou] *znw* weide, weiland o

meadow saffron *znw* herfsttijloos

meagre ['mi:gə] *bn* mager[2], schraal

1 meal [mi:l] *znw* maal o, maaltijd; *make a ~ of* sth. fig veel ophef maken over iets; *~s on wheels* Tafeltje-dek-je o [maaltijdservice voor bejaarden &]

2 meal [mi:l] *znw* meel o; Am maïsmeel o

meal ticket ['mi:ltikit] *znw* maaltijdbon; fig broodwinning, inkomstenbron

mealtime ['mi:ltaim] *znw* etenstijd; maaltijd

mealy ['mi:li] *bn* meelachtig; melig; bleekneuzig

mealy-mouthed *bn* voorzichtig in zijn uitlatingen; zalvend, zoetsappig; schijnheilig

1 mean [mi:n] I *bn* gemiddeld; middel-; II *znw* gemiddelde o, middelmaat, middenweg, middelevenredige

2 mean [mi:n] *bn* gering; min, laag, gemeen; schriel; krenterig; Am kwaadaardig, vals; Am slang fantastisch; *no ~ feat* ± geen kattenpis

3 mean* [mi:n] I *overg* bedoelen, menen, in de zin hebben, van plan zijn; betekenen; bestemmen (voor *for*); *~ by* bedoelen met; verstaan onder; *this name ~s nothing to me* die naam zegt me niets; II *onoverg* het menen (bedoelen); *~ well by* (to, towards) het goed menen met

meander [mi'ændə] I *znw* kronkeling; II *onoverg* kronkelen, zich slingeren; dolen

meanie ['mi:ni] *znw* gemeenz kleinzielig persoon, krent; rotzak

meaning ['mi:niŋ] I *bn* veelbetekenend; II *znw* bedoeling; betekenis, zin

meaningful ['mi:niŋful] *bn* zinvol, zinrijk; veelbetekenend; van betekenis

meaningless *bn* zonder zin, zinledig, zinloos, doelloos; nietszeggend

meanly ['mi:nli] *bijw* v. [2]*mean*; ook: slecht; geringschattend

means [mi:nz] *znw* manier, middel o; middelen, geldelijke inkomsten; *live beyond one's ~* boven zijn stand leven; *by all ~* toch vooral, zeker, stellig; *not by any ~, by no ~, by no manner of ~* geenszins, volstrekt niet; *by ~ of* door middel van

means test ['mi:nztest] *znw* onderzoek o naar iemands draagkracht

means-tested *bn* inkomensafhankelijk

meant [ment] V.T. & V.D. van [3]*mean*

meantime ['mi:ntaim], **meanwhile** I *bijw* intussen, ondertussen; II *znw*: *in the ~* intussen, ondertussen

measles ['mi:zlz] *znw* mazelen

measly *bn* gemeenz armzalig, miserabel,

miezerig

measurable ['meʒərəbl] *bn* meetbaar; afzienbaar

measure I *znw* maat°, maatstaf, meetlat; deler; maatregel; *beyond ~* bovenmatig; *for good ~* op de koop toe; *in large ~* in grote mate, grotendeels; *made to ~* op maat; II *overg* meten, op-, afmeten, uit-, toemeten (*~ out*); de maat nemen; III *onoverg*: *~ up to* voldoen aan; opgewassen zijn tegen

measured *bn* gelijkmatig; weloverwogen

measureless *bn* onmetelijk

measurement *znw* (af)meting, maat; inhoud

measuring *bn* maat-, meet-

meat [mi:t] *znw* vlees o; fig diepere inhoud; slang mensenvlees o; *strong ~* zware kost; *this is ~ and drink to him* dat is zijn lust en zijn leven

meatball *znw* gehaktbal

meaty *bn* vlezig, vlees-; rijk [v. inhoud], degelijk, stevig

mechanic [mi'kænik] *znw* werktuigkundige, mecaniciën, [auto- &] monteur; *~s* werktuigkunde, mechanica; fig mechanisme o

mechanical *bn* machinaal, werktuiglijk; mechanisch, werktuigkundig; machine-; fig ongeïnspireerd; *~ engineering* werktuigbouwkunde; *I'm not a very ~ person* ik ben niet erg technisch

mechanician [mekə'niʃən] *znw* machinebouwer; werktuigkundige, mecaniciën

mechanism ['mekənizm] *znw* mechanisme o, mechaniek o; techniek

mechanization [mekənai'zeiʃən] *znw* mechanisering

mechanize ['mekənaiz] *overg* mechaniseren

medal ['medl] *znw* (gedenk)penning, medaille

medallion [mi'dæljən] *znw* grote medaille of (gedenk)penning; medaillon o [als ornament]

medallist ['medlist] *znw* houder van een medaille

meddle ['medl] *onoverg* zich bemoeien (met *with*); zich mengen (in *in*)

meddler *znw* bemoeial

meddlesome *bn* bemoeiziek

media ['mi:djə] *znw mv* v. *medium*

mediaeval [medi'i:vəl] *bn* = *medieval*

medial ['mi:djəl] *bn* midden-, tussen-, middel-; gemiddeld

median ['mi:djən] I *bn* midden-, middel-; *~ strip* Am middenberm; II *znw* mediaan

1 mediate ['mi:diit] *bn* indirect

2 mediate ['mi:dieit] *onoverg & overg* bemiddelen

mediation [mi:di'eiʃən] *znw* bemiddeling

mediator ['mi:dieitə] *znw* (be)middelaar

mediatory *bn* bemiddelend, bemiddelings -

medic ['medik] *znw* gemeenz dokter; medisch student

medical ['medikl] I *bn* medisch, genees-, geneeskundig; *~ officer* mil officier van gezondheid; arts v.d. Geneeskundige Dienst; II *znw* medisch examen o; algemeen gezondheidsonderzoek o

medicament [me'dikəmənt] *znw* genees-middel o

medicate ['medikeit] *overg* een genees-krachtige stof toevoegen; geneeskundig behandelen; ~*d cotton-wool* verbandwat-ten

medication [medi'keiʃn] *znw* medicatie; ge-neesmiddel o

medicinal [me'disinl] *bn* geneeskrachtig, genezend, medicinaal, geneeskundig

medicine ['med(i)sin] *znw* medicijn *v* & *o*, geneesmiddel o, artsenij; geneeskunde; *take one's* ~ fig zijn straf ondergaan

medico ['medikou] *znw* slang medicus, es-culaap; medisch student

medieval [medi'i:vəl] *bn* middeleeuws

mediocre ['mi:diouka] *bn* middelmatig, on-betekenend; inferieur

mediocrity [mi:di'ɔkriti] *znw* middelmatig-heid°

meditate ['mediteit] **I** *onoverg* nadenken, peinzen (over *on, over*); mediteren; **II** *overg* overdenken; beramen

meditation [medi'teiʃən] *znw* overdenking, overpeinzing, gepeins o; meditatie

meditative ['mediteitiv] *bn* (na)denkend, peinzend

Mediterranean [meditə'reinjən] *bn* (van de) Middellandse-Zee-, mediterraan; *the* ~ *(sea)* de Middellandse Zee

medium ['mi:djəm] **I** *znw* (*mv:* -s of media [-jə]) midden o; middenweg; middelsoort; tussenpersoon, middel o, medium o; (na-tuurlijk) milieu o; *by (through) the* ~ *of* door (bemiddeling of tussenkomst van); *strike a happy* ~ de gulden middenweg vinden; **II** *bn* middelsoort-; middelfijn, middelzwaar &; gemiddeld; middelmatig; ~-*rare* halfdoorbakken [v. biefstuk]; ~ *wave* radio middengolf

medlar ['medlə] *znw* mispel

medley ['medli] *znw* mengelmoes o & v, mengeling, mengelwerk o; muz medley, potpourri; sp wisselslag (~ *relay*)

meek [mi:k] *bn* zachtmoedig, gedwee

1 meet* [mi:t] **I** *overg* ontmoeten, tegenko-men, (aan)treffen, vinden; een ontmoe-ting hebben met, op-, bezoeken; ontvan-gen, afhalen; tegemoet gaan; het hoofd bieden (aan); voorzien in; ondervangen, opvangen; kennis maken met; ~ *Mr. Springsteen* (Am) mag ik u voorstellen aan de heer Springsteen?; *does it* ~ *the case?* is het goed zo?; ~ *expenses* de kosten dek-ken; ~ *sbd. halfway* fig iem. tegemoet ko-men; *there's more to this than* ~*s the eye* daar schuilt meer achter; **II** *onoverg* elkaar ontmoeten; samen-, bijeenkomen (ook: ~ *up*); ~ *with* ontmoeten, aantreffen; weg-dragen [goedkeuring]; krijgen [een onge-luk]; (onder)vinden; lijden [verlies]

2 meet [mi:t] *znw* bijeenkomst; rendez-vous o; sp wedstrijd, ontmoeting

meeting *znw* ontmoeting, bijeenkomst, vergadering, meeting; sp wedstrijd, wed-ren; samenvloeiing [v. rivieren]

meeting-house *znw* bedehuis o

meeting-place *znw* verzamelplaats

mega- ['megə] *voorv* slang enorm, reusach-tig, mega-

megabuck ['megabʌk] *znw* Am slang een miljoen dollar

megabyte ['megabait] *znw* comput mega-byte

megahertz ['megahɛ:ts] *znw* megahertz

megalomania ['megəlou'meinjə] *znw* grootheidswaan(zin)

megalomaniac *znw* (bn) lijder (lijdend) aan grootheidswaan(zin)

megaphone ['megəfoun] *znw* megafoon

megastar ['megəsta:] *znw* absolute super-ster, megaster

megaton *znw* megaton

melancholia [melən'kouljə] *znw* psych me-lancholie

melancholic [melən'kɔlik] *bn* melancho-lisch, zwaarmoedig

melancholy ['melənkɔli] **I** *bn* melancholiek, treurig; **II** *znw* melancholie, zwaarmoedig-heid

mêlée ['melei] *znw* strijdgewoel o; mêlee, onoverzichtelijk gedrang o

mellifluous *bn* zoetvloeiend, honingzoet[2]

mellow ['melou] **I** *bn* rijp, mals, murw, zacht; met de jaren milder geworden; zoetvloeiend [toon]; gemeenz halfdron-ken; **II** *onoverg* rijp & worden; **III** *overg* doen rijpen; mals, zacht & maken; tempe-ren, verdoezelen

melodic [mi'lɔdik] *bn* melodisch; melodieus

melodious [mi'loudjəs] *bn* welluidend, zan-gerig

melodist ['melədist] *znw* zanger; componist van de melodie

melodrama ['meloudra:mə] *znw* melodra-ma o; draak [toneel]

melodramatic [meloudrə'mætik] *bn* melo-dramatisch, overdreven, drakerig (toneel)

melody ['melədi] *znw* melodie

melon ['melən] *znw* meloen

melt [melt] **I** *onoverg* smelten[2]; ~ *into the crowd* verdwijnen in de massa; **II** *overg* smelten; vermurwen, vertederen, roeren; ~ *down* versmelten; **III** *znw* smelting

meltdown ['meltdaun] *znw* meltdown [v. kernreactor]

melting I *bn* smeltend[2], roerend; **II** *znw* smelting; vertedering

melting-point *znw* smeltpunt o

melting-pot *znw* smeltkroes°

member ['membə] *znw* lid° o; lidmaat; af-gevaardigde; deelnemer; M~ *of Parlia-ment* Lagerhuislid o

membership *znw* lidmaatschap o; (aantal o) leden

membrane ['membrein] *znw* vlies o, mem-braan o & v

membranous *bn* vliezig

memento [mi'mentou] *znw* (*mv:* -s of -toes) aandenken o, souvenir o

memo ['memou] *znw* gemeenz = *memoran-dum*

memoir ['memwa:] *znw* verhandeling, (au-to)biografie; ~*s* memoires, gedenkschrif-ten; handelingen [v. genootschap]

memorabilia [memərə'biliə] *znw mv* souvenirs

memorable ['memərəbl] *bn* gedenkwaardig

memorandum [memə'rændəm] *znw* (*mv:* -s *of* memoranda) memorandum o, aantekening, notitie; nota; ~ *of association* akte van oprichting

memorial [mi'mɔːriəl] **I** *bn* herinnerings-, gedenk-; ~ *service* rouwdienst; **II** *znw* verzoekschrift o, nota, memorie; gedenkteken o; ~s kroniek

memorialize *overg* zich met een verzoekschrift wenden tot

memorize ['meməraiz] *overg* uit het hoofd leren

memory *znw* geheugen o; herinnering, (na)gedachtenis, aandenken o; *play from* ~ uit het hoofd spelen; *within my* ~ zover mijn geheugen reikt; *within living* ~ sinds mensenheugenis; *in* ~ *of* ter nagedachtenis aan

men [men] *znw mv v.* man

menace ['menis] **I** *znw* dreiging, bedreiging; dreigement o; *gemeenz* lastpost, kruis o; **II** *overg* dreigen, bedreigen

menagerie [mi'nædʒəri, mi'naː-] *znw* menagerie, beestenspel o

mend [mend] **I** *overg* (ver)beteren, beter maken, repareren, verstellen; *that won't* ~ *matters* dat maakt het niet beter; ~ *one's ways* zijn leven beteren; **II** *onoverg* beteren, beter worden; vooruitgaan [zieke]; zich (ver)beteren; **III** *znw: on the* ~ aan de beterende hand

mendacious [men'deiʃəs] *bn* leugenachtig

mendacity [men'dæsiti] *znw* leugenachtigheid

mendicancy ['mendikənsi] *znw* bedelarij

mendicant I *bn* bedelend, bedel-; **II** *znw* bedelaar; bedelmonnik

mendicity [men'disiti] *znw* bedelarij

mending ['mendiŋ] *znw* reparatie; verstelwerk o

menfolk ['menfouk] *znw* man(s)volk o, mannen

menial ['miːnjəl] **I** *bn* dienstbaar; oninteressant, saai [werk &]; ~ *service* koeliedienst; **II** *znw* (dienst)knecht

meningitis [menin'dʒaitis] *znw* hersenvliesontsteking

menopause [menou'pɔːz] *znw* menopauze

menses ['mensiːz] *znw* menstruatie

menstrual ['menstruəl] *bn* menstruatie-

menstruate [menstru'eit] *onoverg* menstrueren

menstruation [menstru'eiʃən] *znw* menstruatie

mensurable ['menʃurəbl] *bn* meetbaar

mensuration [mensju'reiʃən] *znw* meting°

mental ['mentl] *bn* geestelijk, geestes-, mentaal, psychisch; verstandelijk; *gemeenz* gestoord, krankzinnig; ~ *arithmetic* hoofdrekenen o; ~ *deficiency* zwakzinnigheid, debiliteit; ~ *faculties* geestvermogens; ~ *home,* ~ *hospital* psychiatrische inrichting

mentality [men'tæliti] *znw* mentaliteit; geestesgesteldheid; denkwijze

mentally ['mentəli] *bijw* geestelijk, mentaal; in de geest; verstandelijk; uit het hoofd; ~ *deficient* zwakzinnig; ~ *ill (sick)* geestesziek

mentholated *bn* met menthol, menthol-

mention ['menʃən] **I** *znw* (ver)melding, gewag o; **II** *overg* (ver)melden, noemen, gewag maken van; *don't* ~ *it!* geen dank!

mentor ['mentə] *znw* mentor, raadgever

menu ['menjuː] *znw* menu° o *& m*; spijskaart

MEP *afk. = Member of the European Parliament* Europarlementariër

mephitic [me'fitik] *bn* stinkend, verpestend

mercantile ['məːkəntail] *bn* koopmans-, handels-

mercenary ['məːsinəri] **I** *bn* geldzuchtig; **II** *znw* huurling

mercer ['məːsə] *znw* manufacturier (in zijden en wollen stoffen)

merchandise ['məːtʃəndaiz] **I** *znw* koopwaar, waren; **II** *onoverg & overg Am* verkopen

merchant ['məːtʃənt] **I** *znw* koopman, (groot)handelaar; **II** *bn* handels-, koopvaardij-

merchant bank *znw* handelsbank

merchantman *znw* koopvaardijschip o

merciful ['məːsiful] *bn* barmhartig, genadig; *mercifully* ook: goddank, gelukkig

merciless *bn* onbarmhartig, meedogenloos

mercurial [məː'kjuriəl] *bn* kwikzilverachtig; kwik-; *fig* levendig, vlug; wispelturig

mercury ['məːkjuri, -kjəri] *znw* kwik(zilver) o

mercy ['məːsi] *znw* barmhartigheid, genade; weldaad, zegen; *appeal for* ~ *recht* verzoek o om gratie; *it was a* ~ het was een geluk; *be at the* ~ *of...,* *be left to the tender mercies of...* overgeleverd zijn aan...

mercy killing *znw* euthanasie

1 mere [miə] *znw* meer o

2 mere [miə] *bn* louter, zuiver, enkel; *a* ~ *boy* nog maar een jongen; *the* ~*st trifle* de minste kleinigheid

merely *bijw* enkel, louter, alleen

meretricious [meri'triʃəs] *bn* opzichtig

merge [məːdʒ] **I** *overg* samensmelten (met *into*), doen opgaan; **II** *onoverg* fuseren; samenkomen

merger ['məːdʒə] *znw* handel fusie

meridian [mə'ridiən] **I** *znw* meridiaan; *fig* hoogtepunt o, toppunt o; *vero* middag; **II** *bn* middag-; hoogste

meridional [mə'ridiənl] *bn* zuidelijk [vooral v. Europa]

meringue [mə'ræŋ] *znw* schuimpje o, schuimtaart

merit ['merit] **I** *znw* verdienste; *the* ~*s of the case* het essentiële van de zaak; *on its (own)* ~*s* op zichzelf; **II** *overg* verdienen

meritorious [meri'tɔːriəs] *bn* verdienstelijk

mermaid ['məːmeid] *znw* meermin

merriment ['merimənt] *znw* vrolijkheid

merry ['meri] *bn* vrolijk, lustig; prettig; *gemeenz* aangeschoten; *make* ~ pret maken

merry-go-round *znw* draaimolen

merry-making *znw* feestvreugde

mesh [meʃ] I *znw* maas; ~*es* net(werk) *o*; II *overg* in de mazen van een net vangen, verstrikken; III *onoverg* techn in elkaar grijpen; fig harmoniëren, bij elkaar passen
mesmeric [mez'merik] *bn* biologerend
mesmerize *overg* biologeren, hypnotiseren
mess [mes] I *znw* knoeiboel, puinhoop, rotzooi, troep; netelige situatie; militaire kantine; veevoer *o*; vuil goedje *o*; *be in a ~* overhoop liggen; (emotioneel) in de war zijn; *get oneself into a ~* zich allerlei moeilijkheden op de hals halen; II *overg* bemorsen, vuilmaken; ~ *up* verknoeien, bederven; III *onoverg* morsen, knoeien; ~ *about (around)* (rond)scharrelen; aanrommelen; ~ *sbd. about (around)* gemeenz sollen met iem.; iem. aan het lijntje houden; ~ *with* knoeien aan, zich bemoeien met
message ['mesidʒ] *znw* boodschap²; bericht *o*; *get the* ~ (de bedoeling) begrijpen
messenger ['mesindʒə] *znw* bode, boodschapper; loper [v. bankinstelling]; besteller [v. telegrammen]; ~ *boy* loopjongen
Messiah [mi'saiə] *znw* Messias; heiland, verlosser
Messianic [mesi'ænik] *bn* Messiaans
Messrs. ['mesəz] *afk.* (= *Messieurs*) de heren
mess-up *znw* gemeenz warboel, geknoei *o*
messy ['mesi] *bn* vuil, smerig, slordig, wanordelijk
met [met] V.T. & V.D. van ²*meet*
metabolic [metə'bɔlik] *bn* stofwisselings-
metabolism [me'tæbəlizm] *znw* stofwisseling
metal ['metl] I *znw* metaal *o*; steenslag *o*; glasspecie; ~*s* spoorstaven, rails; *leave the* ~*s*, *go (run) off the* ~*s* ontsporen; II *overg* bekleden [schip]; verharden [weg]; III *bn* metalen, metaal-
metallic [mi'tælik] *bn* metaalachtig, metalen, metaal-; metallic, metaalkleurig
metallurgist [me'tælə-, 'metələdʒist] *znw* metaalbewerker; metaalkenner
metallurgy *znw* metallurgie: metaalbewerking
metamorphose [metə'mɔ:fouz] *onoverg* (& *overg*) van gedaante (doen) veranderen
metamorphosis [metə'mɔ:fəsis] *znw* (*mv*: metamorphoses [-si:z]) metamorfose, gedaanteverwisseling, vormverandering
metaphor ['metəfə] *znw* metafoor
metaphorical [metə'fɔrikl] *bn* overdrachtelijk, figuurlijk
metaphysical [metə'fizikl] *bn* metafysisch
metaphysics [metə'fiziks] *znw mv* metafysica
1 mete [mi:t] *overg*: ~ *out* toe(be)delen, toemeten, toedienen, geven [beloning, straf]
2 mete [mi:t] *znw* recht grens; ~*s and bounds* paal en perk
meteor ['mi:tjə] *znw* meteoor²; ~ *shower* sterrenregen
meteoric [mi:ti'ɔrik] *bn* meteoor-; fig bliksemsnel, bliksem-
meteorite ['mi:tjərait] *znw* meteoriet, meteoorsteen

meteorologist [mi:tjə'rɔlədʒist] *znw* weerkundige
meteorology *znw* meteorologie
meter ['mi:tə] I *znw* 1 Am = metre; 2 meter [voor gas &]; *parking* ~ parkeermeter; ~ *reader* meteropnemer; II *overg* meten [met een meetlat &]
methane ['mi:θein] *znw* mijngas *o*
method ['meθəd] *znw* methode, werk-, leerwijze; systeem *o*
methodical [mi'θɔdikl] *bn* methodisch
Methodism ['meθədizm] *znw* methodisme *o*
Methodist ['meθədist] I *bn* methodistisch; II *znw* methodist
Methodistic, Methodistical *bn* methodistisch
methodology [meθə'dɔlədʒi] *znw* methodologie
meths [meθs] *znw* gemeenz = *methylated spirit(s)*
methyl ['meθil] *znw* methyl *o*
methylated *bn*: ~ *spirit(s)* brandspiritus; gedenatureerde alcohol
meticulous [mi'tikjuləs] *bn* bijzonder nauwgezet, uiterst precies
métier ['meitiei, 'metjei] *znw* beroep *o*, vak *o*, metier *o*
metre, Am meter ['mi:tə] *znw* metrum *o*; meter [lengtemaat]
metric ['metrik] *znw* metriek
metrical *bn* metrisch; ~ *foot* versvoet
metricate I *onoverg* op het metrieke stelsel overgaan; II *overg* aanpassen aan het metrieke stelsel
metrication *znw* overschakeling op het metrieke stelsel
metro ['metrou] *znw* metro
metronome ['metrənoum] *znw* metronoom
metropolis [mi'trɔpəlis] *znw* hoofdstad; wereldstad
metropolitan [metrə'pɔlitən] I *bn* van de hoofdstad (speciaal Londen); aartsbisschoppelijk; *M~ Police* Londense politie; II *znw* metropolitaan; aartsbisschop
mettle ['metl] *znw* vuur *o*, moed, fut; *be on one's* ~ zijn uiterste best doen
mettlesome *bn* vurig, hartstochtelijk
1 mew [mju:] *znw* meeuw
2 mew [mju:] I *onoverg* miauwen; II *znw* gemiauw *o*
mews [mju:z] *znw* vero stal(len); tot (dure) woningen verbouwde koetshuizen of stallen
Mexican ['meksikən] I *znw* Mexicaan; II *bn* Mexicaans
Mexico ['meksikou] *znw* Mexico *o*
mezzanine ['metsəni:n] *znw* entresol, tussenverdieping
mezzo-soprano [medzou-, metsousə'pra:nou] *znw* mezzosopraan
mi [mi:] *znw* muz mi
MI5 [emai'faiv] *afk.* Br ± binnenlandse veiligheidsdienst
MI6 [emai'siks] *afk.* Br ± inlichtingendienst
miaow [mi'au] I *onoverg* miauwen; II *znw* gemiauw *o*
miasma [mi'æzmə, mai-] *znw* (*mv*: -s of

miasmata) miasma o: kwalijke dampen

mica ['maikə] *znw* mica o & *m*, glimmer o

mice [mais] *znw mv* v. *mouse*

mickey ['miki] *znw*: *take the* ~ *out of sbd.* gemeenz iem. op de hak nemen

Mickey Finn *znw* slang drankje o waar een verdovend middel in is gedaan

mickle ['mikl] *znw*: *many a* ~ *makes a muckle* vele kleintjes maken één grote

micro ['maikrou] *znw* microcomputer; microprocessor

microbe ['maikroub] *znw* microbe

microchip ['maikroutʃip] *znw* comput microchip

microcosm ['maikroukɔzm] *znw* microkosmos; *a* ~ *of...*, *... in* ~ in het klein, in miniatuur

micro-organism ['maikrou'ɔːgənizm] *znw* micro-organisme o

microphone ['maikrəfoun] *znw* microfoon

microprocessor ['maikrou'prousesə] *znw* comput microprocessor

microscope *znw* microscoop

microscopic(al) [maikrəs'kɔpik(əl)] *bn* microscopisch (klein)

microwave ['maikrouweiv] *znw* microgolf; ~ *(oven)* magnetron(oven)

mid [mid] **I** *voorz* plechtig temidden van; **II** *bn* midden-; half-

mid-air **I** *znw*: *in* ~ in de lucht, tussen hemel en aarde; **II** *bn* in de lucht

midday *znw* middag (= 12 uur 's middags)

midden [midn] *znw* vuilnishoop; mesthoop

middle [midl] **I** *bn* middelste, midden-, middel-, tussen-, middelbaar; **II** *znw* midden o, middel o [v. lichaam]; *I was in the* ~ *of ...ing* ik was net aan het ...; *in the* ~ *of nowhere* fig aan het eind van de wereld

middle-aged *bn* van middelbare leeftijd

middle-age spread *znw* buikje o (op middelbare leeftijd)

middle-brow **I** *znw* [iem.] met doorsnee intelligentie, [iem.] met doorsnee geestelijke interesse; **II** *bn* van middelmatig intellectueel niveau

middle class *znw* burgerklasse, (gegoede) middenstand (ook: ~*es*)

middle-class *bn* burgerlijk, middenstands-

Middle East *znw* Midden-Oosten o

Middle Eastern *bn* van het Midden-Oosten

middleman *znw* tussenpersoon

middle name *znw* tweede voornaam; fig tweede natuur

middle-of-the-road *bn* gematigd; weinig uitgesproken, neutraal

middle school *znw* Br school voor leerlingen van 9 tot 13 jaar, ± middenschool

middle-sized *bn* middelgroot

middle-weight *znw* middengewicht [bokser]

Middle West *znw* Midden-Westen o [v.d. Verenigde Staten]

middling ['midliŋ] middelmatig (ook: *fair to* ~)

middy ['midi] *znw* gemeenz = *midshipman*

midge [midʒ] *znw* mug; fig dwerg

midget **I** *znw* dwerg, lilliputter; **II** *bn* mini-

midland ['midlənd] **I** *znw* midden o van een land; *the M*~*s* Midden-Engeland; **II** *bn* in het midden van een land gelegen, binnenlands

midmost *bn bijw* middelste

midnight **I** *znw* middernacht; **II** *bn* middernachtelijk; *burn the* ~ *oil* tot diep in de nacht studeren &

midpoint *znw* middenpunt o [in ruimte, tijd]

midriff *znw* middenrif o

midship *znw* scheepv middenste gedeelte o van een schip

midships *bn* midscheeps

midshipman *znw* adelborst

midst *znw* midden o; *in the* ~ *of* temidden van; *bezig ...* te doen

midstream *znw*: *(in)* ~ in het midden van de rivier/stroom; fig halverwege, halfweg

midsummer *znw* het midden van de zomer

midway *bijw* halverwege, in het midden

Midwest *znw* = *Middle West*

Midwestern *bn* van, uit het Midden-Westen

midwife *znw* vroedvrouw

midwifery ['midwif(ə)ri] *znw* verloskunde

midwinter *znw* het midden van de winter

mien [miːn] *znw* plechtig uiterlijk o, voorkomen o, houding

miff [mif] *znw* gemeenz boze bui; kleine ruzie

miffed [mift] *bn* gemeenz nijdig

1 might [mait] V.T. van *may*; mocht(en), zou(den) mogen; kon(den), zou(den) (misschien) kunnen

2 might [mait] *znw* macht, kracht; *with all one's* ~, *with* ~ *and main* uit (met) alle macht

mightily *bijw* machtig, gemeenz kolossaal

mightiness *znw* machtigheid; hoogheid

mighty **I** *bn* machtig, groot, sterk; gemeenz zeer, heel erg; **II** *bijw* gemeenz versterkend (alle)machtig, geweldig

migraine ['miːgrein] *znw* migraine

migrant ['maigrənt] **I** *bn* trek-, migrerend; ~ *worker* gastarbeider; seizoenarbeider; **II** *znw* migrant; dierk trekvogel

migrate [mai'greit] *onoverg* verhuizen, migreren, trekken [v. vogels of vis]

migration *znw* verhuizing, migratie, trek

migratory ['maigrətəri] *bn* verhuizend, trekkend, zwervend; trek-; ~ *birds* dierk trekvogels

1 mike [maik] *znw* gemeenz microfoon

2 mike [maik] *onoverg* slang lanterfanten, niets uitvoeren

milady [mi'leidi] *znw* = *my lady* [aanspreektitel]

milage = *mileage*

milch [miltʃ] *bn* melkgevend

mild [maild] **I** *bn* zacht(aardig); goedaardig, onschuldig [ziekte]; zwak, flauw[2]; matig; licht [sigaar &]; **II** *znw* Br licht bier o

mildew ['mildjuː] **I** *znw* meeldauw; schimmel; **II** *overg* met meeldauw besmetten, bedekken &; doen (be)schimmelen

mildly ['maildli] *bijw* v. *mild* **I**; *to put it* ~ op zijn zachtst gezegd

mild-mannered *bn* vriendelijk en beleefd

mile 266

mile [mail] *znw* (Engelse) mijl [1609 meter]; **fig** grote afstand; **sp** (Engelse) mijl; *be ~s away* dagdromen; *stand (stick) out a ~ in het oog springen*

mileage *znw* **1** aantal o mijlen; **2** kosten per mijl; **3** fig nut o, voordeel o

milepost *znw* mijlpaal²

milestone *znw* mijlsteen; mijlpaal²

milieu ['mi:ljə:] *znw* milieu o, omgeving

militancy ['militənsi] *znw* strijdlust, strijdbaarheid

militant I *bn* strijdend, strijdlustig; militant; II *znw* strijder

militarism *znw* militarisme o

militarist I *bn* militaristisch; II *znw* militarist

militaristic *bn* militaristisch

militarize ['militəraiz] *overg* militariseren

military I *bn* militair, krijgs-; *~ man* militair; II *znw*: *the ~* de militairen, het leger

militate ['militeit] *onoverg*: *~ against* niet bevorderlijk zijn voor

militia [mi'liʃə] *znw* mil militie(leger o)

militiaman *znw* lid van een militie

milk [milk] I *znw* melk°; *it's no use crying over spilt ~* gedane zaken nemen geen keer; II *overg* melken°

milk-and-water *bn* halfzacht, slap

milk bar *znw* melksalon

milker *znw* melk(st)er; melkmachine; melkkoe

milk float *znw* melkwagentje o

milkmaid *znw* melkmeid, -meisje o

milkman *znw* melkboer

milk shake *znw* milkshake

milksop *znw* melkmuil, lafbek

milk tooth *znw* melktand

milky *bn* melkachtig, melk-; *the M~ Way* astron de Melkweg

mill [mil] I *znw* molen (ook: tredmolen); fabriek; spinnerij; *he has been through the ~* hij kent het klappen van de zweep; *go through the ~* veel moeten doorstaan; II *overg* malen; vollen; pletten; kartelen [munt]; techn frezen; III *onoverg*: *~ about (around)* rondlopen, (rond)sjouwen

millenary ['milinəri] I *bn* uit duizend bestaande; duizendjarig; II *znw* duizend jaar; duizendjarig tijdperk o of gedenkfeest o

millennial [mi'leniəl] *bn* duizendjarig; van het duizendjarig rijk

millennium *znw* (*mv*: -s of millennia) duizend jaar; duizendjarig rijk o

millepede, millipede ['milipi:d] *znw* duizendpoot, pissebed

miller ['milə] *znw* molenaar

millesimal [mi'lesiməl] I *bn* duizendste; duizenddelig; II *znw* duizendste deel o

millet ['milit] *znw* gierst

milliard ['milja:d] *telw* (*znw*) Br miljard (o)

milligram(me) ['miligræm] *znw* milligram o

millilitre, Am **milliliter** ['milili:tə] *znw* milliliter

millimetre, Am **millimeter** ['milimi:tə] *znw* millimeter

milliner ['milinə] *znw* hoedenmaakster, modiste

millinery *znw* hoedenwinkel; hoedenma-

ken o

million ['miljən] *bn* & *telw* (*znw*) miljoen (o); *one in a ~* een man uit duizenden

millionaire [miljə'nɛə] *znw* miljonair

millionth *telw* (*znw*) miljoenste (deel o)

mill-race *znw* waterloop, molentocht

millstone *znw* molensteen; fig belemmering

millwright *znw* molenmaker

milt [milt] *znw* hom

milter *znw* homvis

mime [maim] I *znw* gebarenspel o; mimespeler; II *overg* door gebaren voorstellen; III *onoverg* mimische bewegingen maken

mimeograph ['mimiəgra:f] I *znw* stencilmachine; II *overg* stencilen

mimetic [mi'metik] *bn* nabootsend, nagebootst

mimic ['mimik] I *bn* mimisch, nabootsend; nagebootst; geveinsd, schijn-, onecht; II *znw* nabootser; na-aper; III *overg* nabootsen, nadoen; na-apen

mimicry *znw* mimiek; nabootsing; mimicry; (kleur)aanpassing

minaret ['minəret] *znw* minaret

minatory ['minətəri] *bn* dreigend, dreigmimimi

mince [mins] I *overg* fijnhakken; *not ~ words* er geen doekjes om winden; *~d meat* gehakt o; II *onoverg* nuffig trippelen; III *znw* fijngehakt vlees o

mincemeat *znw* vulsel o van fijngehakte krenten, appels &; Am gehakt o (vlees)

mince-pie *znw* pasteitje o met 'mincemeat'

mincer *znw* vleesmolen

mincing *bn* geaffecteerd

mind [maind] I *znw* gemoed o; verstand o, brein o, geest; herinnering, gedachten; gevoelen o, mening, opinie; gezindheid, neiging, lust, zin; *call (bring) to ~* herinneren; *change one's ~* zie bij: *change*; *give one's ~ to* zich toeleggen op; *have a ~ to... lust (zin) hebben om te...*; *she knows her own ~* ze weet wat ze wil; *make up one's ~* een besluit nemen; *put one's ~ to* zich toeleggen op; *set one's ~ on* zijn zinnen zetten op; *speak one's ~* zijn mening zeggen; *in his right ~* zie *right*; *be in two ~s about* het niet met zichzelf eens zijn, in twijfel zijn omtrent; *bear (have, keep) in ~* bedenken, onthouden, denken aan; *be of one ~* het eens zijn, eensgezind zijn; *get one's ~ round* sth. bedenken; gemeenz iets doorhebben, begrijpen; *have* sth. *on one's ~* iets op het hart hebben; *I gave him a piece of my ~* ik heb hem eens flink de waarheid gezegd; *he is out of his ~* hij is gek; *to my ~* naar mijn zin; naar mijn opinie, volgens mij; II *overg* bedenken, denken (geven) om; bezwaar hebben (tegen); acht slaan op, letten op, passen op, oppassen; zorgen voor; *~ you* weet je (als tussenzin); denk erom; *~ your own business!* bemoei je met je eigen zaken!; *never ~ him* stoor je niet aan hem; *I should (would) ~ a cup of tea* ik zou wel een kop thee willen hebben; *he can't walk, never ~ run* hij kan niet lopen, laat staan rennen; III *wederk*: *~ one-*

self zich in acht nemen; **IV** *onoverg & abs ww* om iets denken; zich in acht nemen, op zijn tellen passen; er iets op tegen hebben; ~ *out (for)* passen op; ~! let wel!, pas op!; *if you don't* ~ als u het goedvindt; *I don't* ~ *if I do* dat sla ik niet af, graag!; *I don't* ~ mij best; *never* ~! het geeft niet

mind-blowing *bn* slang extatisch, hallucinogeen; gemeenz verbijsterend, verwarrend

mind-boggling *bn* verbijsterend, verbazend

minded *bn* gezind, ingesteld, aangelegd; *mathematically-~* wiskundig aangelegd; *car-~* met belangstelling voor auto's; *be ~ to* van zins zijn; zin hebben om

minder *znw* oppasser, verzorger; gemeenz lijfwacht

mindful *bn* behoedzaam; ~ *of* denkend om (aan)

mindless *bn* onoplettend, dom; ~ *of* niet denkend om (aan)

mind reader *znw* gedachtelezer

1 mine [main] *bez vnw* de, het mijne; van mij; vero mijn; *I and* ~ ik en de mijnen

2 mine [main] **I** *znw* mijn; fig bron; **II** *onoverg* een mijn (mijnen) leggen; in een mijn werken; ~ *for gold* naar goud zoeken; **III** *overg* ondermijnen, opblazen; uitgraven, ontginnen; winnen [steenkool]; mijnen leggen; *be ~d* ook: op een mijn lopen

minefield *znw* mijnenveld[2] *o*

minelayer *znw* mijnenlegger

miner *znw* mijnwerker

mineral ['minərəl] **I** *bn* mineraal, delfstoffen-; ~ *oil* gezuiverde petroleum; ~ *water* mineraalwater *o*; gemeenz frisdrank; **II** *znw* mineraal *o*, delfstof; mineraalwater *o*; ~*s* gemeenz frisdranken

mineralize *overg & onoverg* mineraliseren

mineralogist [minəˈrælədʒist] *znw* delfstofkundige, mineraloog

mineralogy *znw* delfstofkunde, mineralogie

minesweeper ['mainswi:pə] *znw* mijnenveger

mingy ['mindʒi] *bn* gemeenz gierig; waardeloos

mingle ['miŋgl] **I** *onoverg* zich mengen; ~ *with* omgaan met, zich begeven onder; **II** *overg* vermengen

mini ['mini] **I** *znw* mini; gemeenz piepklein voorwerp *o*; **II** *bn* mini-

miniature ['minjətʃə] **I** *znw* miniatuur; **II** *bn* miniatuur-

miniaturist *znw* miniatuurschilder

miniaturize ['minjətʃəraiz] *overg* verkleinen, kleiner maken

minibus ['minibʌs] *znw* kleine autobus, minibus

minicab ['minikæb] *znw* kleine (goedkope) taxi [alleen telefonisch te bestellen]

minim ['minim] *znw* muz halve noot

minima ['minimə] *znw mv* minima

minimal *bn* minimaal, minste

minimize ['minimaiz] *overg* tot een minimum terugbrengen of herleiden, zo gering mogelijk maken; verkleinen; bagatel-

liseren

minimum *znw* (*mv*: minima) minimum *o*

mining ['mainiŋ] **I** *znw* mijnbouw; mijnarbeid; mijnwezen *o*; **II** *bn* mijn-; ~ *engineer* mijningenieur

minion ['minjən] *znw* gunsteling, favoriet(e); *his* ~*s* ook: zijn handlangers

miniskirt ['miniskə:t] *znw* minirok

minister ['ministə] **I** *znw* minister; gezant; predikant; plechtig dienaar; *M~ of State* minister; staatssecretaris; **II** *onoverg*: ~ *to* verzorgen; voorzien in; bevredigen

ministerial [minisˈtiəriəl] *bn* ministerieel, minister(s)-; ambtelijk, ambts-

ministration [minisˈtreiʃən] *znw* bediening; (geestelijk) ambt *o*; bijstand; medewerking

ministry ['ministri] *znw* ministerie *o*; kabinet *o*, regering; geestelijkheid; (predik-) ambt *o*

miniver ['minivə] *znw* soort (wit) hermelijn *o*

mink [miŋk] *znw* (*mv* idem *of* -s) mink, Amerikaanse nerts *m*; nerts *o* [bont]

minnow ['minou] *znw* (*mv* idem *of* -s) voorntje *o*, stekelbaarsje *o*

minor ['mainə] **I** *bn* minder, klein(er), van minder belang; van de tweede of lagere rang; muz mineur; *onderw* junior; *in a* ~ *key* in mineur[2]; op klagende toon; **II** *znw* minderjarige; muz mineur

minority [mai-, miˈnɔriti] *znw* minderheid; minderjarigheid

minster ['minstə] *znw* kloosterkerk, munsterkerk

minstrel ['minstrəl] *znw* minstreel

minstrelsy *znw* kunst, poëzie der minstrelen

1 mint [mint] *znw* plantk munt; pepermuntje *o*

2 mint [mint] **I** *znw* munt; **II** *bn*: *in* ~ *condition (state)* als nieuw; gloednieuw; **III** *overg* munten; fig smeden, verzinnen

minuend ['minjuend] *znw* aftrektal *o*

minuet [minjuˈet] *znw* menuet *o & m*

minus ['mainəs] **I** *voorz & voorz* minus, min, minteken *o*; gemeenz zonder, behalve; ~ *sign* minteken *o*

minuscule [miˈnʌskju:l] *bn* (uiterst) klein

1 minute [maiˈnju:t] *bn* klein, gering; minutieus, haarfijn, uiterst precies

2 minute ['minit] **I** *znw* minuut [¹⁄₆₀ uur & ¹⁄₆₀ graad]; ogenblik *o*; memorandum *o*; *the* ~*s* de notulen; *that* ~ op dat ogenblik; *just a* ~! een ogenblik!; *I won't be a* ~ ik ben zo klaar; **II** *overg* minuteren; notuleren; ~ *down* noteren

minute-hand *znw* minuutwijzer

minutely [maiˈnju:tli] *bijw* omstandig, (tot) in de kleinste bijzonderheden, minutieus

minutiae [maiˈnju:ʃiː] *znw mv* bijzonderheden, kleinigheden, nietigheden

minx [miŋks] *znw* brutale meid, feeks, kat

miracle ['mirəkl] *znw* wonder *o*; ~ *play* mirakelspel *o*

miraculous [miˈrækjuləs] *bn* miraculeus, wonderbaarlijk

mirage [miˈrɑːʒ] *znw* luchtspiegeling; fig hersenschim

mire ['maiə] *znw* modder, slijk *o; be in the ~* in de knoei zitten

mirk(y) *bn = murk(y)*

mirror ['mirə] **I** *znw* spiegel; afspiegeling; toonbeeld *o;* **II** *overg* af-, weerspiegelen; *~ed room* spiegelkamer, -zaal

mirth [mə:θ] *znw* vrolijkheid; gelach *o*

mirthful *bn* vrolijk

mirthless *bn* droefgeestig; somber; bitter

miry ['maiəri] *bn* modderig, slijkerig

misadventure [misəd'ventʃə] *znw* ongeluk *o,* tegenspoed; *death by ~* recht onwillige manslag

misalliance [misə'laiəns] *znw* mesalliance; huwelijk beneden iems. stand

misanthrope ['mizənθroup] *znw* mensenhater

misanthropic [mizən'θrɔpik] *bn* misantropisch

misanthropy *znw* mensenhaat

misapplication ['misæpli'keiʃən] *znw* verkeerde toepassing; misbruik *o*

misapply [misə'plai] *overg* verkeerd toepassen

misapprehend ['misæpri'hend] *overg* misverstaan, verkeerd begrijpen

misapprehension *znw* misverstand *o,* misvatting

misappropriate [misə'prouprieit] *overg* zich onrechtmatig toe-eigenen, misbruiken

misappropriation ['misəproupri'eiʃən] *znw* onrechtmatige toe-eigening, misbruiken *o*

misbegotten ['misbigɔtn] *bn* onecht; bastaard-; *fig* ellendig

misbehave [misbi'heiv] *onoverg* zich misdragen

misbehaviour *znw* wangedrag *o*

misbelief [misbi'li:f] *znw* dwaalleer; ketterij

misbeliever *znw* ketter

miscalculate [mis'kælkjuleit] *overg* misrekenen, verkeerd berekenen

miscalculation ['miskælju'leiʃən] *znw* misrekening; verkeerde berekening; beoordelingsfout

miscarriage [mis'kæridʒ] *znw* miskraam; wegraken *o;* mislukking; *~ of justice* rechterlijke dwaling

miscarry [mis'kæri] *onoverg* weg-, verloren raken; mislukken; mislopen; een miskraam hebben

miscast ['mis'ka:st] *overg* **1** foutief optellen; **2** een niet-passende rol geven, een verkeerde rolbezetting kiezen

miscellaneous [misə'leinjəs] *bn* gemengd; allerlei; veelsoortig, veelzijdig

miscellany [mi'seləni] *znw* mengeling; verzamelbundel

mischance [mis'tʃa:ns] *znw* ongeluk *o,* pech; *by ~* per ongeluk

mischief ['mistʃif] *znw* onheil *o,* kwaad *o,* kattenkwaad *o,* ondeugendheid; gemeenz rakker; *do sbd. a ~* iem. verwonden

mischief-maker *znw* onruststoker

mischievous ['mistʃəvəs] *bn* schadelijk; boosaardig, ondeugend

miscible ['misibl] *bn* (ver)mengbaar

misconceive [miskən'si:v] **I** *overg* misverstaan, verkeerd begrijpen; **II** *onoverg* een verkeerde opvatting hebben (over *of*)

misconception [miskən'sepʃən] *znw* misvatting

misconduct [miskən'dʌkt] **I** *overg* slecht beheren, verkeerd leiden; **II** *wederk: ~ oneself* zich misdragen; overspel plegen; **III** *znw* [mis'kɔndʌkt] slecht bestuur *o,* wanbeheer *o;* wangedrag *o;* overspel *o*

misconstruction [miskən'strʌkʃən] *znw* verkeerde interpretatie, misverstand *o*

misconstrue [miskən'stru:] *overg* verkeerd uitleggen, verkeerd opvatten

miscount [mis'kaunt] **I** *overg* verkeerd (op-)tellen; **II** *onoverg* zich vergissen bij het tellen; **III** *znw* verkeerde (op)telling; *make a ~* zich vertellen

misdeal [mis'di:l] **I** *onoverg* verkeerd geven; **II** *znw* verkeerd geven *o; make a ~* (de kaarten) verkeerd geven

misdeed [mis'di:d] *znw* misdaad, wandaad

misdemean [misdi'mi:n] *onoverg* zich misdragen

misdemeanour, Am **misdemeanor** [misdi'mi:nə] *znw* wangedrag *o,* wandaad; vergrijp *o,* misdrijf *o*

misdirect [misdi'rekt, -dai'rekt] *overg* verkeerd richten; verkeerde aanwijzing geven; in verkeerde richting leiden; verkeerd adresseren

misdoing [mis'du:iŋ] *znw* vergrijp *o,* wandaad; misdaad

miser ['maizə] *znw* gierigaard, vrek

miserable ['mizərəbl] *bn* ellendig, rampzalig, diep ongelukkig

miserly ['maizəli] *bn* gierig, vrekkig

misery ['mizəri] *znw* ellende; tegenspoed; *put sbd. out of his ~* iem. uit zijn lijden verlossen

misfeasance [mis'fi:zəns] *znw* machtsmisbruik *o*

misfire [mis'faiə] *onoverg* ketsen, weigeren, niet aanslaan [v. motor]; fig geen succes hebben

misfit ['misfit] *znw* niet passend kledingstuk *o; a social ~* een onaangepast iemand

misfortune [mis'fɔ:tʃən] *znw* ramp(spoed), ongeluk *o*

misgiving *znw* angstig voorgevoel *o*

misgovern [mis'gʌvən] *overg* slecht besturen

misguided [mis'gaidid] *bn* ondoordacht, onverstandig; *in a ~ moment* in een ogenblik van zwakte

mishandle [mis'hændl] *overg* verkeerd aanpakken

mishap ['mishæp] *znw* ongeval *o,* ongeluk *o,* ongelukkig voorval *o*

mishear [mis'hiə] *overg* verkeerd horen

mishmash ['miʃmæʃ] *znw* mengelmoes *o & v*

misinform [misin'fɔ:m] *overg* verkeerd inlichten

misinformation [misinfə'meiʃən] *znw* verkeerde inlichting(en)

misinterpret [misin'tə:prit] *overg* verkeerd uitleggen

misinterpretation ['misintə:pri'teiʃən] *znw* verkeerde uitlegging

misjudge [mis'dʒʌdʒ] *overg* verkeerd (be-) oordelen

mislay [mis'lei] *overg* zoekmaken; *it has got mislaid* het is zoek (geraakt)

mislead [mis'li:d] *overg* misleiden, op een dwaalspoor brengen; bedriegen; ~*ing(ly)* bedrieglijk

mismanage [mis'mænidʒ] *overg* slecht behandelen (besturen, aanpakken)

mismanagement *znw* slecht bestuur o, wanbeheer o; verkeerde regeling, verkeerd optreden o

mismatch I *overg* [mis'mætʃ] slecht bij elkaar passen, slecht combineren; II *znw* ['mismætʃ] verkeerde combinatie

misname [mis'neim] *overg* verkeerd (be-) noemen

misnomer [mis'noumə] *znw* verkeerde benaming, ongelukkig gekozen naam

misogynist [mai'sɔdʒinist] *znw* vrouwenhater

misplace [mis'pleis] *overg* verkeerd plaatsen of aanbrengen; ~*d* misplaatst; verkeerd geplaatst

misprint I *overg* [mis'print] verkeerd (af-) drukken; II *znw* ['misprint] drukfout

misprision [mis'priʒən] *znw* overtreding; verzuim o; ~ *of felony* verheling van een misdaad

misprize [mis'praiz] *overg* onderschatten; minachten

mispronounce [misprə'nauns] *overg* verkeerd uitspreken

mispronunciation ['misprənʌnsi'eiʃən] *znw* verkeerde uitspraak

misquote [mis'kwout] *overg* verkeerd aanhalen

misread [mis'ri:d] *overg* verkeerd lezen; verkeerd uitleggen

misreport [misri'pɔ:t] *overg* verkeerd overbrengen

misrepresent [misrepri'zent] *overg* een valse voorstelling geven van

misrepresentation ['misreprizen'teiʃən] *znw* onjuiste of verkeerde voorstelling

misrule [mis'ru:l] I *znw* wanorde, verwarring, tumult o; wanbestuur o; II *overg* verkeerd, slecht besturen

1 miss [mis] *znw* (me)juffrouw; *geringsch* meisje o; *the* ~*es Smiths* de (jonge)dames Smith

2 miss [mis] I *overg* missen, misslaan, mislopen; niet zien, niet horen; verzuimen; overslaan, uit-, weglaten (ook: ~ *out*); ~ *one's aim (mark)* misschieten; *fig* zijn doel niet treffen; II *onoverg & abs ww* missen, misschieten; [de school] verzuimen; be ~*ing* ontbreken; vermist worden; ~ *out on* missen, laten voorbijgaan [kans]; III *znw* misser; *a* ~ *is as good as a mile* mis is mis, al scheelt het nog zo weinig; *give it a* ~ *gemeenz* wegblijven; *that was a near* ~*!* dat scheelde maar een haartje!

missal ['misəl] *znw* missaal o, misboek o

misshapen [mis'ʃeipn] *bn* mismaakt, wanstaltig

missile ['misail] *znw* projectiel o, raket

missing ['misiŋ] *bn* vermist; ontbrekend; ~ *link* ontbrekende schakel

mission ['miʃən] I *znw* zending°, missie°; gezantschap o; opdracht; roeping, zendingspost; *luchtv* vlucht; II *bn* zendings-, missie-; ~ *control* vluchtleiding [ruimtevaart]

missionary I *znw* missionaris; zendeling; II *bn* missie-; zendings-, missionair

missis ['misis] *znw* = *missus*

missive ['misiv] *znw* missive, brief

misspell [mis'spel] *overg* verkeerd spellen

misspend [mis'spend] *overg* verkwisten

missus ['misəs] *znw* *gemeenz* (moeder de) vrouw; *the* ~ (mijn) mevrouw [v. dienstboden]

mist [mist] I *znw* mist, nevel; waas o [voor de ogen]; *Scotch* ~ motregen; II *overg & onoverg*: ~ *over (up)* (doen) beslaan

mistake [mis'teik] I *overg* misverstaan, verkeerd verstaan, ten onrechte aanzien (voor *for*); zich vergissen in; *they are easily* ~*n* men kan ze gemakkelijk verwisselen; II *znw* vergissing, dwaling, abuis o, fout, misgreep; *make a* ~ een fout maken; zich vergissen (in *over*); *by* ~ per abuis

mistaken *bn* verkeerd, foutief; misplaatst; *be* ~ zich vergissen

mistakenly *bijw* bij vergissing, per abuis

mister ['mistə] *znw* (geschreven: *Mr*) meneer, de heer; *slang* of *schertsend* meneer [als aanspreekvorm]

mistime [mis'taim] *overg* verkeerd timen; op het verkeerde moment zeggen/doen &

mistletoe ['misltou] *znw* *plantk* maretak, vogellijm

mistook [mis'tuk] V.T. van *mistake*

mistress ['mistris] *znw* meesteres; vrouw des huizes; mevrouw [v. dienstbode]; directrice, hoofd o; onderwijzeres, lerares; maîtresse; *her own* ~ haar eigen baas

mistrial [mis'traiəl] *znw* *recht* (nietigheid wegens) procedurefout

mistrust [mis'trʌst] I *overg* wantrouwen; II *znw* wantrouwen o

mistrustful [mis'trʌstful] *bn* wantrouwig

misty ['misti] *bn* mistig, beneveld, nevelig; beslagen; *fig* vaag

misunderstand [misʌndə'stænd] *overg* misverstaan, niet begrijpen

misunderstanding *znw* misverstand o, geschil o

misunderstood [misʌndə'stud] V.T. & V.D. van *misunderstand*

misuse I *overg* [mis'ju:z] misbruiken, verkeerd gebruiken; mishandelen; II *znw* [mis'ju:s] misbruik o; verkeerd gebruik o

mite [mait] *znw* mijt; *vero* penning; kleinigheid, ziertje o; peuter; *poor little* ~*s* de bloedjes van kinderen

mitigate ['mitigeit] *overg* verzachten, lenigen; *mitigating circumstances recht* verzachtende omstandigheden

mitigation [miti'geiʃən] *znw* verzachting, leniging

mitre, *Am* **miter** ['maitə] I *znw* mijter; *bouwk* verstek o: hoek van 45° (ook: ~-*joint*); II *overg* *bouwk* in het verstek werken

mitt [mit] *znw* handschoen zonder vingers; honkbalhandschoen; <u>slang</u> hand, vuist; *oven* ~ ovenwant

mitten *znw* want; <u>slang</u> bokshandschoen

mix [miks] **I** *overg* mengen, vermengen; aanmaken [salade], mixen; ~ *up* dooreen-, vermengen; (met elkaar) verwarren; *~ed up with* betrokken bij; *get ~ed up with* zich inlaten met; **II** *onoverg* zich vermengen; ~ *in society* uitgaan; ~ *with* omgaan met; **III** *znw* mengsel o; mengelmoes o & v; mix [geprepareerd mengsel]

mixed *bn* gemengd, vermengd, gemêleerd; ~ *bag* allegaartje o; ~ *blessing* geen onverdeeld genoegen; ~ *doubles* <u>sp</u> gemengd dubbel o

mixed-up *bn* **1** in de war; verknipt, neurotisch; **2** betrokken, verwikkeld

mixer *znw* mixer; *a good* ~ iemand die zich gemakkelijk aansluit; ~ *tap* mengkraan

mixture *znw* mengeling, mengsel o, melange

mix-up *znw* verwarring, warboel

miz(z)en ['mizn] *znw* <u>scheepv</u> bezaan

mizzle ['mizl] **I** *znw* motregen; **II** *onoverg* motregenen

mnemonic [ni(:)'mɔnik] **I** *znw* ezelsbruggetje o, geheugensteuntje o; **II** *bn* gemakkelijk om te onthouden

mo [mou] *znw* <u>gemeenz</u> ogenblik o; *wait half a* ~ wacht even

MO *afk.* = *Medical Officer*

moan [moun] **I** *znw* gekreun o; <u>gemeenz</u> geklaag o, gejammer o; **II** *onoverg* kreunen; klagen, jammeren

moat [mout] *znw* gracht (om kasteel)

mob [mɔb] **I** *znw* grauw o, gespuis o, gepeupel o; hoop, troep, bende; *the M~* de maffia; **II** *overg* hinderlijk volgen, zich verdringen om

mob-cap ['mɔbkæp] *znw* mop(muts)

mobile ['moubail] **I** *bn* beweeglijk; mobiel; flexibel, veranderlijk; rijdend, verplaatsbaar; **II** *znw* mobiel

mobility [mou'biliti] *znw* beweeglijkheid; mobiliteit; flexibiliteit

mobilization [moubilai'zeiʃən] *znw* mobilisatie

mobilize ['moubilaiz] *overg & onoverg* mobiliseren

mobocracy [mɔ'bɔkrəsi] *znw* de heerschappij van het gepeupel

mobster ['mɔbstə] *znw* <u>Am slang</u> gangster, bendelid o, bandiet

moccasin ['mɔkəsin] *znw* mocassin [schoeisel]

mock [mɔk] **I** *znw* voorwerp o van spot; *make a* ~ *of* de spot drijven met; **II** *bn* nagemaakt, schijn-, zogenaamd, onecht; **III** *overg* spotten met[2]; **IV** *onoverg* spotten (met *at*)

mocker *znw* spotter; *put the ~s on* <u>Br gemeenz</u> een einde maken aan

mockery *znw* spot; aanfluiting, farce; *make a* ~ *of* de spot drijven met

mockingbird *znw* <u>dierk</u> spotvogel

mockingly *bijw* spottend

mock-up *znw* (bouw)model o [v. vliegtuig &]

mod [mɔd] **I** *bn* <u>slang</u> modern, modieus; ~ *cons* (= *modern conveniences)* moderne gemakken [v. huis, flat &]; **II** *znw* <u>Br slang</u> mod [modieus gekleed soort nozem in de jaren zestig]

modal ['moudl] *bn* modaal

modality [mou'dæliti] *znw* modaliteit

mode [moud] *znw* mode; modus, vorm, wijze, manier; gebruik o; <u>muz</u> toonsoort

model ['mɔdl] **I** *znw* model o, toonbeeld o, voorbeeld o; maquette; mannequin (ook: *fashion* ~); **II** *bn* model-; **III** *overg* modelleren, boetseren, (naar een voorbeeld) vormen; showen [kleding]; **IV** *onoverg* model of mannequin zijn

modeller *znw* vormer; modelleur, boetseerder

modem ['moudem] *znw* <u>comput</u> modem

moderate I *bn* ['mɔdərit] matig, gematigd; middelmatig; **II** *znw:* gematigde; **III** *overg* ['mɔdəreit] matigen, temperen, stillen, doen bedaren; **IV** *onoverg* zich matigen, bedaren; presideren

moderation [mɔdə'reiʃən] *znw* matiging, tempering; matigheid, gematigdheid; maat; *in* ~ met mate; ~s <u>onderw</u> eerste openbare examen o aan de universiteit [Oxford]

moderator ['mɔdəreitə] *znw* voorzitter, leider; <u>techn</u> moderator [v. kernreactor]

modern ['mɔdən] *bn* modern

modern-day *bn* hedendaags

modernism *znw* modernisme o

modernist *znw* modernist

modernistic *bn* modernistisch

modernization [mɔdənai'zeiʃən] *znw* modernisering

modernize ['mɔdənaiz] *overg* moderniseren

modest ['mɔdist] *bn* bescheiden; zedig, eerbaar, ingetogen

modesty *znw* bescheidenheid; zedigheid, eerbaarheid, ingetogenheid

modicum ['mɔdikəm] *znw* beetje o, kleine hoeveelheid

modification [mɔdifi'keiʃən] *znw* wijziging; beperking; matiging, verzachting

modifier ['mɔdifaiə] *znw* modifier, veranderingsfactor; <u>gramm</u> beperkend woord o

modify *overg* wijzigen, veranderen; beperken; matigen

modish ['moudiʃ] *bn* modieus

modiste [mou'di:st] *znw* modiste

modular ['mɔdjulə] *bn* modulair

modulate ['mɔdjuleit] *overg* moduleren

modulation [mɔdju'leiʃən] *znw* modulatie

module ['mɔdjul] *znw* module; modul(us) [v. bouwwerk]; *lunar* ~ maansloep

modus ['moudəs] *znw* (*mv:* modi) methode, manier, wijze

moggy ['mɔgi] *znw* <u>slang</u> kat

Mogul [mou'gʌl] **I** *znw* Mongool; grootmogol; *m~* mogol [invloedrijk persoon]; **II** *bn* Mongools

mohair ['mouhɛə] *znw* mohair o, angorawol

Mohammedan [mou'hæmidən] I *znw* mohammedaan; II *bn* mohammedaans
Mohammedanism [mou'hæmidənizm] *znw* islam
moiety ['mɔiəti] *znw* recht of plechtig helft, deel o
moist [mɔist] *bn* vochtig, nat, klam
moisten ['mɔisn] I *overg* bevochtigen; II *onoverg* vochtig worden
moisture ['mɔistʃə] *znw* vochtigheid, vocht o & v
moke [mouk] *znw* slang ezel²
molar ['moulə] *znw* kies
molasses [mou'læsiz] *znw* melasse: suikerstroop
mold Am = mould
Moldavia [mæl'deivjə] *znw* Moldavië
Moldavian I *znw* Moldaviër; Moldavisch o [taal]; II *bn* Moldavisch
mole [moul] *znw* **1** mol²; **2** havendam, pier; strekdam, keerdam; **3** moedervlek
molecular [mou'lekjulə(r)] *bn* moleculair
molecule ['mɔlikjuːl] *znw* molecule
mole-hill ['moulhil] *znw* molshoop
moleskin ['moulskin] *znw* mollenvel o; moleskin o
molest [mou'lest] *overg* molesteren, lastig vallen
molestation [moules'teiʃən] *znw* molestatie
moll [mɔl] *znw* slang liefje o; griet
mollification [mɔlifi'keiʃən] *znw* verzachting, vertedering, vermurwing, kalmering
mollify ['mɔlifai] *overg* verzachten, vertederen, vermurwen, kalmeren, sussen
mollusc ['mɔlʌsk] *znw* weekdier o
mollycoddle ['mɔlikɔdl] I *overg* vertroetelen; II *znw* moederskindje o, doetje o
Molotov cocktail ['mɔlətɔf 'kɔkteil] *znw* molotovcocktail
mom [mɔm] *znw* Am mama, mams
moment ['moumənt] *znw* moment° o; ogenblik o; gewicht o, belang o; *at the ~* op dat (het) ogenblik; *for the ~* voor het ogenblik; *of great ~* van groot belang; *he has his ~s* hij komt soms leuk uit de hoek; hij heeft ook zo zijn goede kanten (momenten &)
momentarily *bijw* (voor) een ogenblik; ieder ogenblik
momentary *bn* van (voor) een ogenblik, kortstondig, vluchtig
momentous [mou'mentəs] *bn* gewichtig, hoogst belangrijk
momentum [mou'mentəm] *znw* (*mv:* momenta) techn moment o, voortstuwende kracht, drang, vaart
momma ['mɔmə], **mommy** *znw* Am mama, mammie
Monacan ['mɔnəkən] I *znw* Monegask; II *bn* Monegaskisch
Monaco ['mɔnəkou] *znw* Monaco o
monarch ['mɔnək] *znw* vorst, vorstin; (alleen)heerser, monarch
monarchical [mɔ'naːkikl] *bn* monarchaal
monarchist ['mɔnəkist] I *znw* monarchist; II *bn* monarchistisch
monarchy *znw* monarchie
monastery ['mɔnəstri] *znw* (mannen)klooster o

monastic [mə'næstik] *bn* kloosterlijk, klooster-; als (van) een monnik, monniken-
monasticism *znw* kloosterwezen o, kloosterleven o
Monday ['mʌndi, -dei] *znw* maandag
Monégasque [mɔni'gæsk] I *znw* Monegask; II *bn* Monegaskisch
monetarism ['mʌnitərizm] *znw* monetarisme o
monetarist I *bn* monetaristisch; II *znw* monetarist
monetary ['mʌnitəri] *bn* geldelijk; munt-, monetair
money ['mʌni] *znw* (*mv:* -s of monies) geld o; rijkdom, bezit o; *~ for old rope* slang gemakkelijk (gauw) verdiend geld; *in the ~* slang rijk; *have ~ to burn* bulken van het geld, stinkend rijk zijn; *make ~* geld verdienen, rijk worden; *out (short) of ~* slecht bij kas; *~ talks* met geld gaan alle deuren voor je open; *for my ~...* volgens mij...; *be made of ~* bulken van het geld
money-box *znw* spaarpot; collectebus; geldkistje o
moneyed *bn* rijk, bemiddeld; geldelijk, geld-
money-grubber *znw* geldwolf
money-grubbing *bn* schraperig, inhalig
money-lender *znw* geldschieter
money-maker *znw* persoon die veel geld verdient; winstgevend zaakje o
money-market *znw* geldmarkt
money-spinner *znw* iem. die geld als water verdient; goudmijntje o
monger ['mʌngə] *znw* als tweede lid in samenstellingen: handelaar (*fish~*)
Mongol ['mɔngɔl] I *znw* Mongool; II *bn* Mongools
mongol *znw* mongooltje o, iem. met het syndroom van Down
Mongolia [mɔngouljə] *znw* Mongolië o
Mongolian [mɔn'gouljən] I *znw* Mongool; Mongools o [taal]; II *bn* Mongools
mongolism ['mɔngəlizm] *znw* mongolisme o, syndroom o van Down
mongrel ['mʌngrəl] I *znw* bastaard [meestal hond], vuilnisbakkenras; II *bn* van gemengd ras, bastaard-
monies ['mʌniz] *znw* = *mv* v. *money*
moniker ['mɔnikə] *znw* slang (bij)naam
monition [mɔ'niʃən] *znw* herderlijke vermaning; plechtig waarschuwing; recht dagvaarding
monitor ['mɔnitə] I *znw* monitor; radio beroepsluisteraar; dierk varaan [hagedis]; II *onoverg & overg* controleren, meeluisteren (naar)
monitory ['mɔnitəri] *bn* vermanend; waarschuwend
monk [mʌnk] *znw* monnik, kloosterling
monkey ['mʌnki] I *znw* dierk aap²; apenkop; handel £ 500; *have a ~ on one's back* slang aan drugs verslaafd zijn; *put sbd.'s ~ up* slang iem. nijdig maken; *make a ~ of* belachelijk maken; II *onoverg: ~ about (around)* donderjagen; III *bn: ~ bars* klimrek o; *~ business* gemeenz achterbaks gedoe o, (boeren)bedrog o; *~ tricks* slang

kattenkwaad o

monkey-puzzle (tree) *znw* apenboom

monkey-wrench *znw* moersleutel, schroefsleutel

monkfish ['mʌŋkfiʃ] *znw* zeeduivel [vis]

monkish ['mʌŋkiʃ] *bn* als (van) een monnik, monniken-

monochrome ['mɔnoukroum] *bn* monochroom, in één kleur; zwart-wit

monocle ['mɔnɔkl] *znw* monocle

monody ['mɔnɔdi] *znw muz* monodie [eenstemmig gezang]; klaaglied o, lijkzang

monogamous [mɔ'nɔgəməs] *bn* monogaam

monogamy *znw* monogamie

monogram ['mɔnəgræm] *znw* monogram o

monograph ['mɔnəgra:f] *znw* monografie

monolith ['mɔnəliθ] *znw* monoliet; zuil uit één stuk steen

monolithic [mɔnə'liθik] *bn* monolithisch²

monologue ['mɔnəlɔg] *znw* monoloog, alleenspraak

monoplane ['mɔnouplein] *znw* eendekker

monopolistic *bn* monopolistisch

monopolize *overg handel* monopoliseren

monopoly *znw* monopolie² o, alleenrecht o

monosyllabic [mɔnousi'læbik] *bn* eenlettergrepig; *fig* weinig spraakzaam

monosyllable ['mɔnə'siləbl] *znw* eenlettergrepig woord o; *speak in ~s* kort af zijn

monotone ['mɔnətoun] **I** *znw* eentonig gezang o (geluid o, spreken o &); eentonigheid; **II** *bn* eentonig, monotoon

monotonous [mə'nɔtənəs] *bn* eentonig

monotony *znw* eentonigheid

monsignor [mɔn'si:njə] *znw* (*mv: -s of* monsignori) monseigneur

monsoon [mɔn'su:n] *znw* moesson

monster ['mɔnstə] **I** *znw* monster² o, gedrocht; kanjer; **II** *bn* reuzen-, reusachtig

monstrosity [mɔns'trɔsiti] *znw* monstruositeit, monstrum o, wanproduct o

monstrous ['mɔnstrəs] *bn* monsterlijk (groot), misvormd, afschuwelijk

monstrously *bijw* monsterlijk; versterkend verschrikkelijk, geweldig &

montage [mɔn'ta:ʒ] *znw* montage [v. film &]

month [mʌnθ] *znw* maand; *not in a ~ of Sundays* in geen honderd jaar

monthly I *bn bijw* maandelijks; **II** *znw* maandblad o

monument ['mɔnjumənt] *znw* monument o, gedenkteken o

monumental [mɔnju'mentəl] *bn* monumentaal; kolossaal; *~ masonry* grafsteenhouwerij

moo [mu:] **I** *znw* boe(geluid o) [v. koe]; *silly ~ slang* stom wijf o; **II** *onoverg* loeien [v. koeien]

mooch [mu:tʃ] **I** *onoverg* lanterfanten; **II** *overg* (vooral Am) pikken, jatten; schooien

mood [mu:d] *znw* stemming, bui, humeur o; *gramm* wijs [v.e. werkwoord]; *a man of ~s* een humeurig man; *be in a ~* een sombere bui hebben

moody *bn* humeurig; droevig, somber

moon [mu:n] **I** *znw* maan; *once in a blue ~* een enkele keer; *cry for the ~* het onmogelijke willen; *over the ~ (about)* gemeenz in de wolken (over); **II** *onoverg* dromen, zitten suffen; *~ about* rondlummelen; *~ over* mijmeren, zwijmelen

moonbeam *znw* manestraal

mooncalf *znw* uilskuiken o

moon-faced *bn* met een vollemaansgezicht

moonless *bn* maanloos, zonder maan

moonlight I *znw* maanlicht o, maneschijn; **II** *bn* maanlicht-, maan-; *do a ~ flit* gemeenz met de noorderzon vertrekken; **III** *onoverg* bijverdienen; zwart werken

moonlit *bn* door de maan verlicht

moonscape *znw* maanlandschap o

moonshine *znw* maneschijn; nonsens, dwaze praat; *Am* gemeenz gesmokkelde of clandestien gestookte drank

moonshiner *znw Am* gemeenz dranksmokkelaar of clandestiene stoker

moon-struck *bn* maanziek, getikt

moony *bn* maan-; *fig* dromerig

1 moor [muə] *znw* hei(de); veen o

2 moor [muə] *overg scheepv* (vast)meren, vastleggen

moorage ['muəridʒ] *znw* ankerplaats

moorfowl ['muəfaul] *znw* sneeuwhoen o

moorhen *znw* vrouwtje o v.h. sneeuwhoen o; waterhoen o

mooring ['muəriŋ] *znw* scheepv ankerplaats, ligplaats; *~s* meertros (-kabel)

Moorish ['muəriʃ] *bn* Moors

moorland ['muələnd] *znw* heide(grond)

moose [mu:s] *znw* (*mv idem*) Amerikaanse eland

moot [mu:t] **I** *bn* betwistbaar; *~ point* twistpunt o; **II** *overg* ter sprake brengen

mop [mɔp] **I** *znw* stokdweil, zwabber²; gemeenz ragebol, pruik (haar); **II** *overg* dweilen, zwabberen, (af)wissen; *~ up* opnemen², opdweilen; *fig mil* zuiveren [loopgraven &]

mope [moup] *onoverg* kniezen

moped ['mouped] *znw* bromfiets

moral ['mɔrəl] **I** *bn* moreel, zedelijk; **II** *znw* zedenles, moraal; *~s* zeden, zedenleer

morale [mɔ'ra:l] *znw* moreel o

moralist ['mɔrəlist] *znw* zedenmeester, moralist

moralistic [mɔrə'listik] *bn* moraliserend, moralistisch

morality [mə'ræliti] *znw* zedenleer, zedelijkheid, moraal

moralize ['mɔrəlaiz] **I** *onoverg* moraliseren, een zedenpreek houden; **II** *overg* de moraal halen uit; de moraal verbeteren van

morally *bijw* moreel

morass [mə'ræs] *znw* moeras o; *fig* moeilijke situatie

moratorium [mɔrə'tɔ:riəm] *znw* (*mv: -s of* moratoria) moratorium o, wettelijk uitstel o van betaling; tijdelijk verbod o of uitstel o

morbid ['mɔ:bid] *bn* ziekelijk, ziekte-; somber; *~ anatomy* pathologische anatomie

morbidity [mɔ:'biditi] *znw* ziekelijkheid; somberheid

mordant ['mɔːdənt] *bn* bijtend, scherp, sarcastisch

more [mɔː] *bn bijw* & *znw* meer; *one* ~ *glass* nog een glas; *all the* ~ nog erger; *des te meer; once* ~ nog een keer; *the* ~..., *the* ~... *hoe meer...,* des te meer (hoe)...; *the* ~ *the merrier* hoe meer zielen hoe meer vreugd; *no* ~ niet meer², niet langer; niets meer; *no* ~... *than* evenmin... als; *what's* ~ bovendien; ~ *or less* ongeveer, min of meer

morel [mɔ'rel] *znw* **1** zwarte nachtschade; **2** morille

morello [mɔ'relou] *znw* morel

moreover [mɔː'rouvə] *bijw* bovendien

mores ['mɔːriːz] *znw mv* mores: zeden, gebruiken

morgue [mɔːg] *znw* lijkenhuis *o*

moribund ['mɔribʌnd] *bn* zieltogend, stervend

Mormon ['mɔːmən] **I** *znw* mormoon; **II** *bn* mormoons

morn [mɔːn] *znw* plechtig = *morning*

morning ['mɔːniŋ] *znw* ochtend; *in the* ~ 's morgens; morgenochtend

morning-coat *znw* jacquet *o* & *v*

morning dress *znw* jacquet (kostuum *o*); rok(kostuum *o*)

morning-room *znw* huiskamer

morning sickness *znw* zwangerschapsmisselijkheid

Moroccan [mə'rɔkən] **I** *znw* Marokkaan; **II** *bn* Marokkaans

Morocco [mə'rɔkou] *znw* Marokko *o*

morocco *znw* marokijn(leer) *o*

moron ['mɔːrɔn] *znw* zwakzinnige, debiel; fig gemeenz idioot, klojo

moronic [mə'rɔnik] *bn* zwakzinnig, debiel; fig van (voor) idioten

morose [mə'rous] *bn* gemelijk, knorrig

morphia ['mɔːfjə], **morphine** ['mɔːfiːn] *znw* morfine

morphology [mɔː'fɔlədʒi] *znw* morfologie

morris dance ['mɔris daːns] *znw* Engelse volksdans

morrow ['mɔrou] *znw* plechtig volgende dag; *on the* ~ morgen; *on the* ~ of dadelijk na

Morse code [mɔːs] *znw* morse(alfabet) *o*

morse [mɔːs] *znw* walrus

morsel ['mɔːsəl] *znw* brokje *o*, hapje *o*

mortal ['mɔːtl] **I** *bn* sterfelijk; dodelijk; dood(s)-; ~ *enemy* doodsvijand; ~ *fear* doodsangst; *a* ~ *shame* gemeenz een eeuwige schande; **II** *znw* sterveling

mortality [mɔː'tæliti] *znw* sterfelijkheid; sterfte, sterftecijfer *o*

mortally ['mɔːtəli] *bijw* dodelijk; gemeenz vreselijk

mortar ['mɔːtə] **I** *znw* metselspecie; vijzel; mil mortier; **II** *overg* pleisteren; mil met mortieren bestoken

mortar-board *znw* mortelplank, kalkplank; onderw vierhoekige Eng. studentenbaret

mortgage ['mɔːgidʒ] **I** *znw* hypotheek; **II** *overg* (ver)hypothekeren; fig verpanden

mortgagee [mɔːgə'dʒiː] *znw* hypotheekhouder

mortgagor [mɔːgə'dʒɔː] *znw* hypotheekgever

mortician [mɔː'tiʃən] *znw* Am begrafenisondernemer

mortification [mɔːtifi'keiʃən] *znw* vernedering; kastijding, af-, versterving; gangreen *o*, koudvuur *o*

mortify ['mɔːtifai] *overg* vernederen; kastijden

mortise, mortice ['mɔːtis] *znw* techn tapgat *o*; ~ *lock* insteekslot *o*, ingebouwd slot *o*

mortmain ['mɔːtmein] *znw* recht [eigendom & in] de dode hand

mortuary ['mɔːtjuəri] **I** *bn* sterf-, graf-, begrafenis-; lijk-; **II** *znw* mortuarium *o*, lijkenhuis *o*

mosaic [mou'zeiik] *znw* mozaïek *o*

mosey ['mouzi] *onoverg* Am gemeenz slenteren, drentelen

Moslem ['mɔzləm] = *Muslim*

mosque [mɔsk] *znw* moskee

mosquito [mɔs'kiːtou] *znw* (*mv:* -toes) muskiet, steekmug; ~ *net* klamboe

moss [mɔs] *znw* mos *o*

moss-grown *bn* met mos begroeid

mossy *bn* bemost; mosachtig

most [moust] *bn* meest, grootst; ~ *people* de meeste mensen; *make the* ~ *of* zoveel mogelijk voordeel & halen uit; *at (the)* ~ hoogstens; **II** *bijw* meest; hoogst, zeer; bijzonder; ~ *learned* hooggeleerd

mostly *bijw* meest(al), voornamelijk

MOT *afk.* **1** = *Ministry of Transport*; **2** (ook: *MOT test*) APK, verplichte autokeuring

mote [mout] *znw* stofje *o*; *the* ~ *in thy brother's eye* bijbel de splinter in het oog van uw broeder

moth [mɔθ] *znw* mot; dierk nachtvlinder, uil

moth-ball *znw* mottenbal

moth-eaten *bn* door de mot aangetast; fig afgedragen, versleten

mother ['mʌðə] **I** *znw* moeder²; slang = *mother-fucker*; moeder natuur; ~ *superior* moeder-overste; *shall I be* ~? zal ik inschenken (ronddelen &)?; **II** *overg* bemoederen

mothercraft *znw* kinderverzorging

mother-fucker *znw* Am plat klootzak, lul, klerelijer

motherhood *znw* moederschap *o*

Mothering Sunday *znw* Br moederdag

mother-in-law *znw* (*mv:* mothers-in-law) schoonmoeder

motherland *znw* vaderland *o*, geboorteland *o*

motherless *bn* moederloos

motherly *bn* moederlijk

mother-of-pearl *znw* paarlemoer *o*

Mother's Day *znw* moederdag

mother-to-be *znw* aanstaande moeder

mother tongue *znw* moedertaal

mothproof ['mɔθpruːf] **I** *bn* motvrij; **II** *overg* motvrij maken

motif [mou'tiːf] *znw* motief *o* [in de kunst]

motion ['mouʃən] **I** *znw* beweging°, gebaar *o*; voorstel *o*, motie; stoelgang, ontlasting; techn mechanisme *o*, werk *o*; muz tempo o; *in slow* ~ vertraagd; *go through the* ~*s* voor de vorm meedoen; net doen alsof; **II** *overg & onoverg* gebaren, wenken, een wenk geven om te...; *he* ~*ed the public to step back* hij gebaarde het publiek om achteruit te gaan; *he* ~*ed to me to leave* hij gebaarde mij weg te gaan

motionless *bn* bewegingloos, onbeweeglijk, roerloos

motion picture *znw Am* film

motivate ['moutiveit] *overg* motiveren; bewegen, aanzetten

motivation [mouti'veiʃən] *znw* motivatie

motive ['moutiv] **I** *bn* bewegend, bewegings-, beweeg-; **II** *znw* motief o, beweegreden

motiveless *bn* ongemotiveerd

motley ['mɔtli] **I** *bn* bont²; gemengd; **II** *znw* narrenpak o

motor ['moutə] **I** *znw* motor; gemeenz auto; **II** *bn* motorisch, motor-, bewegings- [zenuw &]; **III** *onoverg & overg* met of in een auto rijden

motorbike *znw* gemeenz motorfiets

motorcade *znw* autocolonne

motor car *znw* auto(mobiel)

motorcycle *znw* motorfiets

motorcyclist *znw* motorrijder

motor home *znw* camper

motoring I *znw* automobilisme o, autorijden o; **II** *bn* auto-; motor-

motorist *znw* automobilist

motorize ['moutəraiz] *overg* motoriseren; ~*d bicycle* bromfiets

motorway *znw* autoweg

mottled ['mɔtld] *bn* gevlekt, geaderd, gestreept

motto ['mɔtou] *znw* (*mv*: mottoes [-ouz]) motto o

1 mould, Am **mold** [mould] *znw* 1 teelaarde, losse aarde; 2 schimmel

2 mould, Am **mold** [mould] **I** *znw* (giet)vorm; mal; *cast in the same* ~ (van) hetzelfde (type); **II** *overg* vormen (naar *upon*); gieten, kneden²

moulder, Am **molder** ['mouldə] *onoverg* vermolmen, tot stof vergaan, vervallen

moulding, Am **molding** ['mouldiŋ] *znw* afdruk; bouwk lijstwerk o, lijst; fries

mouldy, Am **moldy** ['mouldi] *bn* beschimmeld; vermolmd, vergaan; slang afgezaagd; miezerig, waardeloos

moult, Am **molt** [moult] **I** *onoverg* ruien, verharen; **II** *znw* ruien o

mound [maund] *znw* wal, dijk, heuveltje o

1 mount [maunt] *znw* berg

2 mount [maunt] **I** *onoverg* klimmen, (op)stijgen, naar boven gaan, opgaan; ~ *up* stijgen; oplopen [schuld]; **II** *overg* opgaan, oplopen, opklimmen, beklimmen, bestijgen; van een paard (rijdier) voorzien; laten opzitten; opstellen, (in)zetten, plaatsen, monteren; in scène zetten; opzetten [dieren]; organiseren, op touw zetten; ~*ed police* bereden politie; **III** *znw* rijdier o

mountain ['mauntin] *znw* berg; *make a* ~ *of mole-hills* van een mug een olifant maken

mountaineer [maunti'niə] *znw* bergbeklimmer

mountaineering *znw* bergsport

mountainous ['mauntinəs] *bn* bergachtig, berg-; kolossaal

mountebank ['mauntibæŋk] *znw* kwakzalver

mounted ['mauntid] *bn* te paard (zittend); bereden [politie &]

mounting ['mauntiŋ] *znw* montage, montering; montuur o & v, beslag o

mourn [mɔ:n] **I** *onoverg* treuren, rouwen (over, om *for*, *over*); **II** *overg* betreuren

mourner *znw* treurende; rouwdrager

mournful *bn* treurig, droevig

mourning *znw* droefheid, treurigheid; rouw, rouwgewaad o; rouwperiode; *in* ~ in de rouw

mouse [maus] *znw* (*mv*: mice) muis (ook comput); fig verlegen, schuw persoon; bangerik

mousetrap *znw* muizenval; ~ *cheese* gemeenz muffe (of smakeloze) kaas

moustache [məs'ta:ʃ, mus'ta:ʃ] *znw* snor

mousy ['mausi] *bn* schuchter, muisachtig, timide; muisgrijs

1 mouth [mauθ] *znw* mond°, muil, bek; monding; *down in the* ~ neerslachtig; *make sbd.'s* ~ *water* iem. doen watertanden; *shut one's* ~ zwijgen; *by the* ~ *of* bij monde van

2 mouth [mauð] **I** *overg* 1 declameren, oreren; 2 zonder geluid uitspreken; **II** *onoverg* 1 declameren, oreren; 2 zonder geluid spreken; 3 bekken trekken

mouthful ['mauθful] *znw* mondvol, hap

mouth-organ *znw* mondharmonica

mouthpiece *znw* mondstuk o; hoorn [v. telefoon]; fig woordvoerder, spreekbuis

mouthwash *znw* mondspoeling

movable ['mu:vəbl] **I** *bn* beweeglijk, beweegbaar, verplaatsbaar; roerend, veranderlijk; ~ *property* roerend goed o; ~ *type(s)* losse letters [de boekdrukkunst]; **II** *znw:* ~*s* roerende goederen, meubilair o

move [mu:v] **I** *znw* beweging, zet; fig stap, maatregel; verhuizing; *whose* ~ *is it?* sp wie is aan zet?; *get a* ~ *on* voortmaken, in beweging komen; *make a* ~ een zet doen²; opstappen; *be on the* ~ op pad zijn; **II** *onoverg* zich bewegen, zich in beweging zetten; iets doen; zich verplaatsen, trekken, (weg)gaan, verhuizen; ~ *in*, ~ *into a house* een woning betrekken; ~ *off* zich verwijderen; ~ *on* verder gaan; ~ *out* eruit trekken [uit een huis]; ~ *over* opschuiven, opzijgaan; ~ *up* opschuiven, opschikken; ~ *up reinforcements* versterkingen laten aanrukken; **III** *overg* bewegen, in beweging brengen; verplaatsen, overbrengen, vervoeren; verzetten [schaakstuk]; (op)wekken; (ont)roeren; voorstellen [motie &]; [een voorstel] doen; ~ *house* verhuizen

movement *znw* beweging²; verplaatsing, vervoer o; fig aandrang, opwelling; techn mechaniek v & o; muz deel o; handel omzet; med stoelgang (ook: bowel ~)

mover *znw: prime* ~ voornaamste oorzaak, aanstichter

movie ['mu:vi] Am *gemeenz* I *znw* film; *the* ~s de bios(coop); II *bn* film-, bioscoop-

moving ['mu:viŋ] *bn* (zich) bewegend, rijdend; in beweging; roerend, aangrijpend; ~ *force* fig drijf-, stuwkracht; *the* ~ *spirit* fig de stuwende kracht; ~ *staircase* roltrap

1 mow [mou] *znw* hooiberg, hoop graan &; plaats in een schuur om hooi & te bergen

2 mow* [mou] *overg* maaien; ~ *down* wegmaaien [troepen]

mower *znw* maaier; maaimachine

mown [moun] V.D. van ²*mow*

Mozambican [mouzəm'bi:kən] I *znw* Mozambikaan; II *bn* Mozambikaans

Mozambique [mouzəm'bi:k] *znw* Mozambique o

MP *afk.* = *Member of Parliament; Military Police; Metropolitan Police*

mpg *afk.* = *miles per gallon*

mph *afk.* = *miles per hour*

Mr *afk.* dhr., de heer, meneer

Mrs ['misiz] *afk.* mevr., mevrouw

MS *afk.* = *manuscript*

Ms *afk.* = *Mrs of Miss*

MSc *afk.* = *Master of Science*

much [mʌtʃ] I *bn* veel; *he said as* ~ dat zei hij ook; *I thought as* ~ dat dacht ik wel; *as* ~ *as* zoveel als, zoveel; evenzeer (evengoed) als; ook maar; wel [drie]; *as* ~ *as to say* alsof hij wilde zeggen; *he is not* ~ *of a dancer* hij is niet zo'n goede danser; *I don't see* ~ *of him nowadays* ik zie hem tegenwoordig niet vaak meer; *nothing* ~ niet veel (zaaks); *so* ~ *for...* dat is (zijn) dan..., dat was (waren) dan...; *make* ~ *of* veel ophef maken van; in de hoogte steken; II *bijw* zeer, erg; veel; verreweg; ~ *as...* hoezeer... ook; *not so* ~ *as* niet eens; *so* ~ *the better* des te beter; ~ *to the amusement of* tot groot vermaak van; ~ *the same* vrijwel hetzelfde

muchness *znw: much of a* ~ vrijwel hetzelfde, één pot nat

muck [mʌk] I *znw* (natte) mest, vuiligheid, vuil o; *gemeenz* rommel; II *overg:* ~ *out* uitmesten; ~ *up gemeenz* verknoeien, bederven; III *onoverg:* ~ *about gemeenz* (rond)lummelen; klieren; ~ *sbd. about (around)* zie: *mess;* ~ *in gemeenz* (alles) samendoen

muckle ['mʌkl] zie: *mickle*

muckraker ['mʌkreikə] *znw* vuilspuiter

muckraking ['mʌkreikiŋ] *znw* vuilspuiterij

mucky ['mʌki] *bn gemeenz* smerig, vuil, vies

mucous ['mju:kəs] *bn:* ~ *membrane* slijmvlies o

mucus *znw* slijm o & m

mud [mʌd] *znw* modder², slijk o; leem; *one's name is* ~ men is in ongenade; *sling* ~ *at* kwaadspreken van; *here's* ~ *in your eye!* slang proost!

muddle ['mʌdl] I *znw* warboel, verwarring, troep; II *overg* benevelen; in de war gooien; in verwarring brengen; verknoeien; ~ *together,* ~ *up* (met elkaar) verwarren; III *onoverg:* ~ *along,* ~ *on*

voortsukkelen, voortploeteren; ~ *through* zich erdoorheen slaan

muddled *bn* verward, warrig

muddle-headed *bn* suf, verward

muddy ['mʌdi] I *bn* modderig; modder-; bemodderd, vuil, vaal; troebel; verward; II *overg* bemodderen; vertroebelen

mudflat *znw* slikgrond, wad o

mudguard *znw* spatbord o

mud pack *znw* kleimasker o

mud-slinging *znw* gelaster o

muezzin [mu:'ezin] *znw* muezzin

muff [mʌf] I *znw* mof; *make a* ~ *of it* de boel verknoeien; II *overg* verknoeien

muffin ['mʌfin] *znw* muffin (plat, rond cakeje o, meestal warm en met boter gegeten)

muffle ['mʌfl] *overg* inbakeren, inpakken (ook: ~ *up*); dempen; omfloersen [trom]

muffler *znw* dikke, warme das; geluiddemper; Am auto knaldemper

mufti ['mʌfti] *znw* 1 moefti: koranuitlegger en rechtsgeleerde; 2: *in* ~ in burger

mug [mʌg] I *znw* (drink)kroes, beker; pot; slang gezicht o, smoel o; slang sul, sufferd; *a* ~'s *game* slang gekkenwerk o; II *overg* aanvallen en beroven [op straat]; ~ *up gemeenz* er instampen [kennis]; III *onoverg gemeenz* blokken (op *at*)

muggins ['mʌginz] *znw* slang idioot, stommeling, stomme lul

muggy ['mʌgi] *bn* broeierig, drukkend, zwoel

mug shot ['mʌgʃɔt] *znw* slang portretfoto voor officieel gebruik; foto van verdachte [in politiedossier &]

mugwump ['mʌgwʌmp] *znw* slang hoge ome; onafhankelijke [in politiek]

Muhammadan(ism) [mu'hæmidənizm] = *Mohammedan(ism)*

mulberry ['mʌlbəri] *znw* moerbij

mulch [mʌltʃ] *znw* mengsel o van halfverrot stro en bladeren [ter bescherming v. wortels]

mulct [mʌlkt] I *znw* geldboete; II *overg* beboeten (met *in*); ~ *of* beroven van

mule [mju:l] *znw* 1 *dierk* muildier o; 2 *dierk* plantk bastaard; 3 fig stijfkop; 4 *techn* fijnspinmachine; 5 muiltje o

muleteer [mju:li'tiə] *znw* muilezeldrijver

mulish ['mju:liʃ] *bn* als (van) een muildier; koppig

mull [mʌl] I *overg:* ~ed *wine* bisschopswijn; II *onoverg:* ~ *over* overpeinzen, piekeren over

mullah ['mʌlə] *znw* molla

mullet ['mʌlit] *znw* harder [vis]; zeebarbeel [vis]

mullion ['mʌljən] *znw* middenstijl [v. raam]

multicoloured ['mʌlti'kʌləd] *bn* veelkleurig

multifarious [mʌlti'fɛəriəs] *bn* veelsoortig, velerlei

multilateral [mʌlti'lætərəl] *bn* multilateraal, veelzijdig

multilingual [mʌlti'liŋgwəl] *bn* veeltalig

multinational [mʌlti'næʃənl] I *bn* 1 in vele landen opererend [bedrijf]; 2 vele nationaliteiten omvattend; II *znw* multinational, multinationaal bedrijf o

multiple ['mʌltipl] **I** bn veelvuldig; veelsoortig, vele; ~ choice multiple choice, meerkeuze[toets]; ~ shop grootwinkelbedrijf o; **II** znw veelvoud o

multiplex ['mʌltipleks] bn meervoudig; veelvuldig

multipliable ['mʌltiplaiəbl] bn vermenigvuldigbaar (met by)

multiplication znw vermenigvuldiging°; ~ table tafel van vermenigvuldiging

multiplicity [mʌlti'plisiti] znw menigvuldigheid; veelheid; pluriformiteit

multiplier ['mʌltiplaiə] znw vermenigvuldiger; techn multiplicator

multiply I overg vermenigvuldigen; **II** onoverg zich vermenigvuldigen

multi-purpose [mʌlti'pə:pəs] bn geschikt voor vele doeleinden

multiracial [mʌlti'reifəl] bn multiraciaal

multi-storey ['mʌltistɔ:ri] bn: ~ building hoogbouw; ~ car park torengarage; ~ flat torenflat

multitude ['mʌltitju:d] znw menigte, massa; hoop

multitudinous [mʌlti'tju:dinəs] bn menigvuldig, veelvuldig, talrijk; eindeloos

1 mum [mʌm] znw mammie, mam

2 mum [mʌm] bn: be (keep) ~ zwijgen; ~'s the word! mondje dicht!

mumble ['mʌmbl] **I** onoverg mompelen; **II** overg prevelen; **III** znw gemompel o

mumbo jumbo ['mʌmbou'dʒʌmbou] znw bijgelovige handelingen; ritueel o zonder betekenis; hocus-pocus, poppenkast; abracadabra o

mummer ['mʌmə] znw pantomimespeler

mummery znw pantomime; fig belachelijke vertoning

mummied ['mʌmid] bn gemummificeerd

mummification [mʌmifi'keifən] znw mummificatie

mummify ['mʌmifai] overg mummificeren

mummy ['mʌmi] znw **1** mummie; **2** kindertaal mammie

mumps [mʌmps] znw bof [ziekte]

munch [mʌn(t)ʃ] overg (op)peuzelen

mundane ['mʌndein] bn alledaags, afgezaagd

municipal [mju'nisipəl] bn gemeentelijk, stedelijk, stads-, gemeente-

municipality [mjunisi'pæliti] znw gemeente; gemeentebestuur o

municipalize [mju'nisipəlaiz] overg onder gemeentebestuur brengen

munificence [mju'nifisns] znw mild(dadig-)heid, vrijgevigheid

munificent bn mild(dadig), vrijgevig

munitions [mju'niʃənz] znw munitie

mural ['mjuərəl] **I** bn muur-, wand-; **II** znw wandschildering

murder ['mə:də] **I** znw moord; gemeenz crime; wilful ~ moord met voorbedachten rade; cry (scream) blue ~ moord en brand schreeuwen; get away with ~ precies kunnen doen wat men wil; **II** overg vermoorden[2]

murderer znw moordenaar

murderess znw moordenares

murderous bn moorddadig, moordend

murk [mə:k] plechtig znw duisternis

murky bn donker, somber; gemeenz schandelijk; verborgen

murmur ['mə:mə] **I** znw gemurmel o, gemompel o, gebrom o, gemor o; geruis o; without a ~ zonder een kik te geven; **II** onoverg murmelen, mompelen, mopperen, morren (over at, against); ruisen

murrain ['mʌrin] znw veepest

muscle ['mʌsl] **I** znw spier; spierkracht; kracht, macht; **II** onoverg gemeenz: ~ in on zich indringen bij; inbreuk maken op

muscle-bound bn stijf (van spieren)

muscleman znw krachtpatser; bodybuilder

muscular ['mʌskjulə] bn gespierd; spier-

musculature ['mʌskjulətʃə] znw spierstelsel o

muse [mju:z] onoverg peinzen, mijmeren; ~ on overpeinzen

museum [mju'ziəm] znw museum o

mush [mʌʃ] znw zachte massa, brij; maïspap; gemeenz sentimentaliteit; slang [mʌʃ] gezicht o

mushroom ['mʌʃrum] **I** znw paddestoel, champignon; **II** bn paddestoelvormig; snel opkomend; **III** onoverg champignons zoeken; oprijzen als paddestoelen uit de grond

mushy ['mʌʃi] bn papperig, brijig; gemeenz sentimenteel

music ['mju:zik] znw muziek[2]; face the ~ de consequenties aanvaarden; set to ~ op muziek zetten

musical I bn muzikaal; muziek-; ~ chairs stoelendans; fig stuivertje-wisselen o; ~ comedy operette; **II** znw musical; operette(film)

music-hall ['mju:zikhɔ:l] znw variété(theater) o

musician [mju'ziʃən] znw muzikant, musicus

musicianship znw muzikaal vermogen o, muzikaal vakmanschap o

music-stand ['mju:zikstænd] znw muziekstandaard

musk [mʌsk] znw muskus

musket ['mʌskit] znw musket o

musketeer [mʌski'tiə] znw musketier

musketry ['mʌskitri] znw geweervuur o; schietoefeningen

musk-rat ['mʌskræt] znw dierk muskusrat, bisamrat; bisambont o

musky bn als (van) muskus, muskus-

Muslim ['mʌzlim] **I** bn moslim-, islamitisch; **II** znw moslim

muslin ['mʌzlin] znw mousseline, neteldoek o & m

musquash ['mʌskwɔʃ] znw = musk-rat

muss [mʌs] **I** znw Am gemeenz knoeiboel; **II** overg Am (ook: ~ up) gemeenz in de war brengen; verkreukelen

mussel ['mʌsl] znw mossel

mussy ['mʌsi] bn Am rommelig; vuil

1 must[*] [mʌst] moeten; you ~ not smoke here je mag hier niet roken

2 must [mʌst] znw: a ~ gemeenz iets wat gedaan (gezien, gelezen &) moet worden, een must

3 must [mʌst] *znw* most; dufheid, schimmel

mustache *znw* Am = *moustache*

mustang [ˈmʌstæŋ] *znw* mustang

mustard [ˈmʌstəd] *znw* mosterd; *cut the ~ Am gemeenz* voor zijn taak berekend zijn; het maken

muster [ˈmʌstə] **I** *znw* mil appèl o; mil inspectie; monstering; *pass ~* de toets doorstaan; **II** *overg* monsteren; op de been roepen; verzamelen; *~ up a smile* met moeite een glimlach te voorschijn roepen

mustn't = *must not*

musty [ˈmʌsti] *bn* beschimmeld; muf

mutable [ˈmjuːtəbl] *bn* veranderlijk, ongedurig

mutate [mjuːˈteit] **I** *overg* veranderen; **II** *onoverg* mutatie ondergaan

mutation *znw* verandering, (klank-)wijziging; mutatie

mute [mjuːt] **I** *bn* stom, sprakeloos, zwijgend; *~ swan* dierk knobbelzwaan; **II** *znw* (doof)stomme; muz sourdine; bidder [bij begrafenis]; klaagvrouw; **III** *overg* dempen, de sourdine opzetten

mutilate [ˈmjuːtileit] *overg* verminken, schenden

mutilation [mjuːtiˈleiʃən] *znw* verminking, schending

mutineer [mjuːtiˈniə] *znw* muiter, oproerling

mutinous [ˈmjuːtinəs] *bn* oproerig, opstandig

mutiny **I** *znw* muiterij, opstand, oproer o; **II** *onoverg* oproerig worden, aan het muiten slaan, opstaan (tegen *against*)

mutt [mʌt] *znw* gemeenz stommeling; Am gemeenz hond, fikkie o, mormel o

mutter [ˈmʌtə] **I** *onoverg* mompelen; mopperen; **II** *overg* mompelen; **III** *znw* gemompel o

mutton [ˈmʌtn] *znw* schapenvlees o; schertsend schaap o; *~ dressed as lamb* overdreven jeugdig gekleed

mutton-head *znw* slang stommeling

mutual [ˈmjuːtjuəl] *bn* onderling; wederzijds; gemeenschappelijk

mutuality [mjuːtjuˈæliti] *znw* wederkerigheid

mutually [ˈmjuːtjuəli] *bijw* onderling, van beide kanten, over en weer

muzak [ˈmjuːzæk] *znw* muzak, achtergrondmuziek

muzzle [ˈmʌzl] **I** *znw* muil, bek, snuit; muilkorf, -band; mond, tromp [v. vuurwapen]; **II** *overg* muilkorven², de mond snoeren

muzzle-loader *znw* mil voorlader

muzzy [ˈmʌzi] *bn* beneveld [ook v. drank], suf

my [mai] *bez vnw* mijn; *(oh) ~!* goeie genade!

myopia [maiˈoupiə] *znw* bijziendheid

myopic [maiˈɔpik] *bn* bijziend

myriad [ˈmiriəd] *znw* myriade: tienduizendtal o

myrmidon [ˈmɜːmidən] *znw* handlanger, volgeling

myrrh [mɜː] *znw* mirre

myrtle [ˈmɜːtl] *znw* plantk mirt, mirtestruik

myself [maiˈself] *wederk vnw* zelf, ik(zelf); mij(zelve); *I'm not (feeling) ~* ik ben niet in orde; *I ~ wrote this letter* ik zelf heb deze brief geschreven

mysterious [misˈtiəriəs] *bn* geheimzinnig, mysterieus

mystery [ˈmistəri] **I** *znw* verborgenheid, geheim o, mysterie o; raadsel o; geheimzinnigheid; **II** *bn* geheim, onbekend; *~ tour* tocht met onbekende bestemming

mystic [ˈmistik] **I** *bn* mystiek, verborgen; occult; **II** *znw* mysticus

mystical *bn* mystiek

mysticism [ˈmistisizm] *znw* mystiek; zweverige godsdienstige of occulte ideeën

mystification [mistifiˈkeiʃən] *znw* mystificatie; verbijstering, verwarring

mystify [ˈmistifai] *overg* mystificeren; verbijsteren, verwarren

mystique [misˈtiːk] *znw* mysterieuze sfeer

myth [miθ] *znw* mythe²; sage; verdichtsel o

mythic(al) *bn* mythisch

mythological [miθəˈlɔdʒikl] *bn* mythologisch

mythology *znw* mythologie

N

n [en] *znw* (de letter) n
N. *afk.* = north(ern)
nab [næb] *overg slang* snappen; vangen; gappen
nacelle ['næsel] *znw* motorgondel
nadir ['neidiə] *znw* astron nadir o, voetpunt o; fig laagste punt o
1 nag [næg] *znw* hit, gemeenz paard o
2 nag [næg] **I** *onoverg* zeuren; vitten (op *at*); **II** *overg* treiteren
naiad ['naiæd] *znw* najade, waternimf
nail [neil] **I** *znw* nagel°, klauw; spijker; hard as ~s ijzersterk; streng; on the ~ handel contant; **II** *overg* (vast)spijkeren, met spijkers beslaan; slang betrappen; ~ down dichtspijkeren; vastspijkeren; fig vastzetten; niet loslaten; ~ up dichtspijkeren; vastspijkeren
nail-brush *znw* nagelborstel
nail-file *znw* nagelvijltje o
nail-scissors *znw mv* nagelschaartje o
nail-varnish *znw* nagellak
naïve [na:'i:v] *bn* naïef, ongekunsteld
naïveté [na:'i:vtei] *znw* naïviteit, ongekunsteldheid
naked ['neikid] *bn* naakt, bloot, kaal; onbeschut; onverbloemd, duidelijk, onopgesmukt; fig weerloos; a ~ light een onbeschermd licht o
namby-pamby ['næmbi'pæmbi] *bn* zoetelijk, sentimenteel; slap, week, dweperig
name [neim] **I** *znw* naam², benaming; reputatie; call sbd. ~s gemeenz iem. uitschelden; have a ~ for... bekend zijn om zijn...; by the ~ of J. J. geheten; make a ~ for oneself naam maken; mention by ~ met name, met naam en toenaam; the ~ of the game is... waar het om gaat is...; not a penny to his ~ hij heeft geen cent; **II** *overg* noemen, benoemen; dopen [ship &]; ~ sbd. after (Am for) iem. noemen (vernoemen) naar
name-dropping *znw* dikdoenerij met namen van bekende personen
nameless *bn* naamloos; onbekend; zonder naam; onnoemelijk; a certain scoundrel who shall be (remain) ~ die ik niet noemen wil
namely *bijw* namelijk, te weten
nameplate *znw* naambordje o, -plaatje o
namesake *znw* naamgenoot
Namibia [na:'mibiə] *znw* Namibië o
Namibian **I** *znw* Namibiër; **II** *bn* Namibisch
nancy, nancy-boy ['nænsi(bɔi)] *znw* gemeenz mietje o, nicht, flikker
nanny-goat [næni(gout)] *znw* geit
1 nap [næp] **I** *znw* dutje o; **II** *onoverg* (zitten) dutten; catch ~ping overrompelen
2 nap [næp] *znw* nop; haar o
3 nap [næp] *slang* **I** *znw* beste kans [voor wedren]; **II** *overg* de beste kans geven
napalm ['neipa:m] **I** *znw* napalm o; **II** *overg* met napalm bestoken
nape [neip] *znw* nek (~ of the neck)

napkin ['næpkin] *znw* servet o; luier
nappy ['næpi] *znw* luier; ~ rash luieruitslag
narcissism [na:'sisizm] *znw* narcisme o
narcissistic [na:si'sistik] *bn* narcistisch
narcissus [na:'sisəs] *znw* (mv: -es of narcissi) narcis
narcosis [na:'kousis] *znw* narcose
narcotic [na:'kɔtik] **I** *bn* narcotisch; **II** *znw* narcoticum o
narcotize [na:'kətaiz] *overg* onder narcose brengen, bedwelmen
nard [na:d] *znw* nardus(olie)
nark [na:k] slang **I** *znw* stille, politiespion; **II** *overg* verklikken; ergeren; ~ it! hou op!
narrate [nə'reit] *overg* verhalen, vertellen
narration *znw* verhaal o, relaas o
narrative ['nærətiv] **I** *bn* verhalend, vertellend; **II** *znw* verhaal o, relaas o; vertelling
narrator [nə'reitə] *znw* verteller; first-person ~ ik-figuur [in roman]
narrow ['nærou] **I** *bn* smal, eng, nauw; nauwkeurig [onderzoek]; bekrompen, benepen; beperkend; beperkt, klein; krap, nipt; gierig; letterlijk; have a ~ escape ternauwernood ontkomen; **II** *znw*: ~s de smalste plaats van zee-engte of -straat; nauwe doorgang; **III** *overg* vernauwen, verengen, versmallen; ~ down verminderen [aantal]; **IV** *onoverg* nauwer worden, inkrimpen; (zich) versmallen
narrowly *bijw* v. narrow I; ook: ternauwernood, op het kantje af
narrow-minded *bn* kleingeestig, bekrompen
nary ['nɛ(ə)ri] *bijw* slang & dial geen één
NASA *afk.* Am = National Aeronautics and Space Administration [Amerikaanse ruimtevaartorganisatie]
nasal ['neizəl] **I** *bn* neus-; nasaal; **II** *znw* neusklank
nasality [nei'zæliti] *znw* nasaal geluid o
nasalize ['neizəlaiz] **I** *overg* nasaleren; **II** *onoverg* door de neus spreken
nasally *bijw* door de neus, nasaal
nascent ['næsnt] *bn* ontluikend
nasturtium [nə'stə:ʃəm] *znw* Oost-Indische kers; waterkers
nasty [na:sti] *bn* vuil², smerig, weerzinwekkend, onaangenaam; akelig, gemeen, lelijk, naar; hatelijk; a ~ cold een zware (lelijke) verkoudheid
natal [neitl] *bn* van de geboorte, geboorte-
natality [nə'tæliti] *znw* geboortecijfer o
natation [nə'teiʃən] *znw* zwemkunst, zwemmen o
nation ['neiʃən] *znw* volk o, natie
national ['næʃənəl] **I** *bn* nationaal; landelijk; vaderlands(gezind); volks-, staats-, lands-; N~ Health Service Br ± ziekenfonds o; ~ insurance ± sociale voorzieningen; ~ service mil dienstplicht; **II** *znw*: foreign ~ buitenlander; ~s onderdanen, landgenoten [in het buitenland]
nationalism *znw* vaderlandslievende gezindheid; nationalisme o
nationalist *znw & bn* nationalist(isch)
nationalistic [næʃənə'listik] *bn* nationalistisch

nationality [næʃəˈnæliti] *znw* nationaliteit, volkskarakter *o*; natie

nationalization [næʃənəlaiˈzeiʃən] *znw* nationalisatie, naasting; naturalisatie

nationalize [ˈnæʃənəlaiz] *overg* nationaliseren, naasten: onteigenen; naturaliseren

nation state *znw* nationale staat

nationwide [ˈneiʃənwaid] *bn* de gehele natie omvattend, over het hele land

native [ˈneitiv] **I** *bn* aangeboren, natuurlijk; inheems, inlands, vaderlands; geboorte-; puur, zuiver [mineralen]; ~ *country* vaderland *o*; ~ *language (tongue)* moedertaal; ~ *speaker* moedertaalspreker, native speaker; *go* ~ zich aanpassen aan de plaatselijke bevolking (gebruiken); **II** *znw* inlander; niet-Europeaan; inheemse plant of dier *o*

nativity [nəˈtiviti] *znw* geboorte (van Christus); *cast sbd.'s* ~ iems. horoscoop trekken

Nativity play *znw* kerstspel *o*

NATO, Nato [ˈneitou] *afk.* = North Atlantic Treaty Organization NAVO, Noord-Atlantische Verdragsorganisatie

natter [ˈnætə] *gemeenz* **I** *onoverg* babbelen, kletsen, roddelen; mopperen; **II** *znw* kletspraatje *o*

natty [ˈnæti] *bn* (kraak)net, keurig; handig

natural [ˈnætʃrəl] **I** *bn* natuurlijk°; (aan-) geboren; gewoon; natuur-; spontaan; karakteristiek; eenvoudig, ongekunsteld; *muz* zonder voorteken; ~ *gas* aardgas *o*; ~ *history* biologie; ~ *resources* natuurlijke hulpbronnen; **II** *znw* muz noot zonder voorteken; herstellingsteken *o*; witte toets; idioot; *a* ~ iemand met een natuurlijke aanleg

naturalism *znw* naturalisme *o*

naturalist I *znw* natuuronderzoeker; naturalist; **II** *bn* naturalistisch

naturalistic [nætʃrəˈlistik] *bn* naturalistisch

naturalization [nætʃrəlaiˈzeiʃən] *znw* naturalisatie; inburgering; plantk & dierk acclimatisatie

naturalize [ˈnætʃrəlaiz] *overg* naturaliseren; inburgeren; plantk & dierk acclimatiseren

naturally [ˈnætʃrəli] *bijw* op natuurlijke wijze; van nature, uiteraard

nature [ˈneitʃə] *znw* natuur, karakter *o*, aard, geaardheid, wezen *o*; *by* ~ van nature; *by (from, in) the* ~ *of the case (of things)* uit de aard der zaak; *from* ~ naar de natuur; *in a state of* ~ in de natuurstaat; in adamskostuum; *true to* ~ natuurgetrouw; *call of* ~ aandrang

nature study *znw* onderw biologie

nature trail *znw* natuurpad *o*

naturism [ˈneitʃərizm] *znw* naturisme *o*

naturist *znw* naturist

naught [nɔːt] *znw* niets, nul; *come to* ~ op niets uitlopen, in het water vallen, mislukken; ~*s and crosses* boter, kaas en eieren

naughty [ˈnɔːti] *bn* ondeugend, gewaagd, stout; vero onbetamelijk

Nauru [Naːˈuːruː] *znw* Nauru *o*

nausea [ˈnɔːsjə] *znw* misselijkheid, walg(ing); zeeziekte

nauseate *overg* misselijk maken, doen walgen; walgen van; verafschuwen

nauseating *bn* walgelijk, misselijkmakend

nauseous *bn* **1** walg(e)lijk; **2** misselijk(heid veroorzakend)

nautical [ˈnɔːtikl] *bn* zeevaartkundig, zeevaart-, zee-

naval [ˈneivəl] *bn* zee-; scheeps-, marine-, vloot-; ~ *officer* zeeofficier; ~ *port* oorlogshaven; ~ *term* scheepsterm

nave [neiv] *znw* **1** naaf; **2** schip *o* [v. kerk]

navel [ˈneivl] *znw* navel; fig middelpunt *o*

navigable [ˈnævigəbl] *bn* bevaarbaar [v. water]; bestuurbaar [v. ballons]

navigate [ˈnævigeit] **I** *onoverg* varen, stevenen; kaartlezen, de route aangeven [in auto]; **II** *overg* bevaren, varen op; besturen

navigation [næviˈgeiʃən] *znw* navigatie, (scheep)vaart, stuurmanskunst

navigational *bn* navigatie-

navigator [ˈnævigeitə] *znw* zeevaarder; luchtv navigator

navvy [ˈnævi] *znw* grondwerker, polderjongen

navy [ˈneivi] **I** *znw* marine, (oorlogs)vloot, zeemacht; *in the* ~ bij de marine; **II** *bn* = navy-blue

navy-blue *bn* marineblauw

nay [nei] **I** *bijw* wat meer is, ja (zelfs); vero neen; **II** *als znw* neen *o*; *say* ~ weigeren

naze [neiz] *znw* voorgebergte *o*, landpunt

Nazism *znw* nazisme *o*

NCO *afk.* = non-commissioned officer

neap [niːp] *znw* doodtij *o*

near [niə] **I** *bn* na, nabij of dichtbij zijnd; dichtbij, omtrent; naverwant, dierbaar; vasthoudend, gierig; *a* ~ *miss* mil schot *o* (inslag) waardoor het doel even geraakt wordt; luchtv bijna-botsing; ~ *side* linkerkant; *it was a* ~ *thing* dat was op het nippertje; *a* ~ *translation* een nauwkeurige vertaling; *to the* ~*est pound* tot op een (het) pond nauwkeurig; **II** *bijw* dichtbij, in de buurt; bijna; ~ *at hand* (dicht) bij de hand; ophanden; ~ *by* dichtbij, nabij; ~ *upon a week* bijna een week; *as* ~ *as dammit* gemeenz zo goed als, zowat; **III** *voorz* nabij; *he came* ~ *falling* hij was bijna gevallen; *nowhere* ~ *finished* bij lange na niet klaar; **IV** *overg & onoverg* naderen

nearby *bn bijw* naburig, nabij

nearly *bijw* bijna, van nabij, na; *not* ~ *so rich* lang zo rijk niet

nearness *znw* nabijheid; nauwe verwantschap

nearside *bn* Br aan de linkerkant, linker-

near-sighted *bn* bijziend

1 neat [niːt] *znw* rundvee *o*; rund *o*

2 neat [niːt] *bn* net(jes), keurig; schoon; duidelijk, overzichtelijk; puur [v. drank]; Am slang gaaf, te gek

neb [neb] *znw* bek; neus; punt; tuit

nebula [ˈnebjulə] *znw* (*mv:* nebulae [ˈnebjuliː]) astron nevel(vlek); med hoornvliesvlek

nebulizer *znw* verstuiver

nebulous [ˈnebjuləs] *bn* nevel(acht)ig^2, vaag^2

necessarily [ˈnesisərili, nesəˈserili] *bijw*

noodzakelijk(erwijs), per se, nodig
necessary I bn noodzakelijk, nodig; verplicht; onmisbaar; onvermijdelijk; **II** znw noodzakelijke o, nodige o; *necessaries (of life)* eerste levensbehoeften
necessitate [ni'sesiteit] overg noodzakelijk maken, noodzaken
necessitous bn behoeftig; noodlijdend
necessity znw nood(zaak), noodzakelijkheid; behoeftigheid; *necessities (of life)* eerste levensbehoeften; ~ *knows no law* nood breekt wet; *from* ~ uit nood; *of* ~ noodzakelijkerwijs; *be under a (the)* ~ *to...* genoodzaakt zijn om...; *lay (put) under the* ~ *of ...ing* noodzaken te...
neck [nek] **I** znw hals°, halsstuk o; sp halslengte; (land)engte; slang onbeschaamdheid; *the back of the* ~ de nek; ~ *and crop* compleet; ~ *and* ~ nek aan nek; ~ *or nothing* erop of eronder; *get it in the* ~ ervanlangs krijgen; *wring sbd.'s* ~ iem. de nek omdraaien (vooral fig); *up to one's* ~ tot zijn nek [in de schuld & zitten]; **II** onoverg gemeenz vrijen
neckerchief znw halsdoek
necking ['nekiŋ] znw gemeenz vrijen o
necklace ['neklis] znw halsketting, collier
necklet znw halssnoer o; boa
neckline znw halslijn; *lowe* ~ decolleté o
neck-tie znw das
neck-wear znw boorden en dassen
necromancer ['nekrəmænsə] znw beoefenaar van de zwarte kunst, geestenbezweerder
necromancy znw zwarte kunst, geestenbezwering
necropolis [nə'krɔpəlis] znw (mv: -es of necropoleis) dodenstad; grote begraafplaats
nectar ['nektə] znw nectar²
nectarine ['nektəriŋ] znw nectarine
née [nei] bn geboren... [meisjesnaam]
need [ni:d] **I** znw nood, noodzaak; noodzakelijkheid²; behoefte (aan for, of); ~s ook: benodigdheden; *if* ~ *be* zo nodig; in geval van nood; *there is no* ~ *(for us) to...* wij hoeven niet...; *be in* ~ in behoeftige omstandigheden verkeren; *be in* ~ *of* nodig hebben; **II** overg nodig hebben, (be-)hoeven; vereisen; *be* ~ed ook: nodig zijn; *as... as* ~ *be* zo... als het maar kan (kon)
needful I bn nodig, noodzakelijk; *the one thing* ~ het enig nodige; **II** znw: *the* ~ het nodige; gemeenz de duiten, het geld
needle ['ni:dl] **I** znw naald°; breipen; dennennaald; *the* ~ slang zenuwachtigheid, opwinding; **II** overg gemeenz ergeren, jennen, stangen
needle-point znw naaldkant
needless ['ni:dlis] bn onnodig, nodeloos
needlewoman ['ni:dlwumən] znw naaister
needlework znw handwerken o; naaiwerk o
needy ['ni:di] bn behoeftig
nefarious [ni'fɛəriəs] bn afschuwelijk, snood
negate [ni'geit] overg ontkennen; herroepen, opheffen
negation znw ontkenning; weigering; annulering, opheffing

negative ['negətiv] **I** bn ontkennend; negatief°; ~ *sign* minteken o; **II** znw ontkenning; weigerend antwoord o; negatief o; negatieve grootheid; elektr negatieve pool; *answer in the* ~ ontkennend antwoorden; **III** overg ontkennen; weerleggen, weerspreken, tenietdoen; verwerpen [wet]
neglect [ni'glekt] **I** overg verzuimen, verwaarlozen, over het hoofd zien, niet (mee-) tellen; **II** znw verzuim o; verwaarlozing
neglectful bn achteloos, nalatig; *be* ~ *of* verwaarlozen
négligee ['negliʒei] znw negligé o
negligence ['neglidʒəns] znw nalatigheid
negligent bn nalatig; *be* ~ *of* verwaarlozen
negligible ['neglidʒəbl] bn te verwaarlozen, miniem; ~ *quantity* quantité négligeable
negotiable [ni'gouʃjəbl] bn verhandelbaar
negotiate I onoverg onderhandelen; **II** overg verhandelen; onderhandelen over; sluiten [huwelijk, lening &]; 'nemen' [hindernis, bocht &]
negotiation [nigouʃi'eiʃən] znw onderhandeling; handel verhandeling; totstandbrenging
negotiator [ni'gouʃieitə] znw onderhandelaar; verhandelaar
Negress ['ni:gris] znw negerin
Negro I znw (mv: -groes) neger; **II** bn neger-
negroid ['ni:grɔid] bn negroïde
neigh [nei] **I** onoverg hinniken; **II** znw gehinnik o
neighbour, Am **neighbor** ['neibə] **I** znw buurman, buurvrouw; naaste; **II** onoverg: ~ *on* grenzen aan²; ~ *with* grenzen aan; nabij wonen of zitten
neighbourhood, Am **neighborhood** znw buurt, (na)buurschap; nabijheid; *in the* ~ *of* in de buurt van; om en nabij
neighbourhood watch, Am **neighborhood watch** znw burgerwacht
neighbouring, Am **neighboring** bn naburig, aangrenzend, nabijgelegen
neighbourly, Am **neighborly** bn als goede buren; als (van) een goede buur
neighbourship znw buurtschap
neither ['naiðə, 'ni:ðə] **I** bn & onbep vnw geen van beide(n); geen (van allen); **II** bijw ook niet, evenmin; ~ *he nor she* noch hij, noch zij; *that is* ~ *here nor there* dat slaat nergens op
neoclassical [ni:ou'klæsikl] bn neoklassiek
neo-colonialism [ni:ouka'lounjal] znw neokolonialisme o
neolithic [ni:ou'liθik] bn neolitisch
neologism [ni'ɔlədʒizm] znw neologisme o
neon [ni:ən] znw neon o; ~ *sign* neonreclame
neophyte ['ni:oufait] znw neofiet, pas gewijd priester, nieuwbekeerde; nieuweling, beginner
Nepal [ni'pɔ:l] znw Nepal o
Nepalese znw (mv idem) Nepalees m & o; **II** bn Nepalees
nephew ['nevju] znw neef [oomzegger]
nepotism ['nepətizm] znw nepotisme o; vriendjespolitiek

nerd [nə:d] *znw* Am slang slome (duikelaar), ei o

nerve [nə:v] I *znw* zenuw; nerf, pees; lef, moed; gemeenz brutaliteit; ~*s* ook: zenuwachtigheid; zie ook: *get*; *lose one's* ~ de moed verliezen; besluiteloos worden; II *wederk*: ~ *oneself* zich moed inspreken

nerveless *bn* **1** krachteloos, slap; **2** koelbloedig

nerve-racking *bn* zenuwslopend

nervous *bn* zenuw-; zenuwachtig; nerveus, bang; gespannen, opgewonden; ~ *breakdown* zenuwinzinking; *a* ~ *wreck* een bonk zenuwen

nervy *bn* zenuwachtig; geïrriteerd; angstig

nescience ['nesiəns] *znw* onwetendheid

nescient *bn* onwetend

ness [nes] *znw* voorgebergte o, landtong

nest [nest] I *znw* nest° o; verblijf o, schuilplaats, huis o; broedsel o, zwerm, groep; stel o; II *onoverg* nestelen, zich nestelen; nesten uithalen

nest-egg *znw* spaarduitje o

nestle ['nestl] *onoverg* zich nestelen; ~ *down* zich neervlijen; ~ *close to (on to, up to)* aankruipen tegen

nestling ['nes(t)liŋ] *znw* nestvogel; nestkuiken o

1 net [net] I *znw* net² o; strik; netje o; tule, vitrage; *cast one's* ~ *wider* fig verder kijken, de actieradius vergroten; *slip through the* ~ door de mazen van het net kruipen; II *overg* in zijn netten vangen; afvissen; knopen

2 net, nett [net] I *bn* handel netto; II *overg* handel (netto) opleveren of verdienen; binnenhalen [winst]; gemeenz in de wacht slepen

netball [net'bɔ:l] *znw* sp netball o [soort korfbal]

nether ['neðə] *bn*: ~ *regions* onderste regionen; krochten; schimmenrijk o, onderwereld; *the* ~ *world* de onderwereld

Netherlands ['neðələndz] *znw* Nederland o

nethermost *bn* onderste, laagste, diepste

netting ['netiŋ] *znw* netwerk o, knoopwerk o; gaas o

nettle ['netl] I *znw* (brand)netel; *grasp the* ~ de moeilijkheden ferm aanpakken; II *onoverg*: ~*d at* gepikeerd over

nettle-rash *znw* netelroos

network ['netwə:k] *znw* netwerk² o; RTV zender(net o); omroepmaatschappij

neural ['njuərəl] *bn* neuraal, zenuw-

neuralgia [njuə'rældʒə] *znw* neuralgie, zenuwpijn

neurological [njuərə'lɔdʒikl] *bn* neurologisch

neurologist [njuə'rɔlədʒist] *znw* neuroloog

neurology *znw* neurologie

neuron ['njuərɔn], **neurone** ['njuərəun] *znw* neuron

neurosis [njuə'rousis] *znw* (*mv*: neuroses [-si:z]) neurose

neurotic [njuə'rɔtik] I *bn* neurotisch; abnormaal gevoelig; II *znw* neuroticus

neuter ['nju:tə] I *bn* onzijdig; II *znw* neutrum o, onzijdig geslacht o; III *overg* castreren, steriliseren

neutral I *bn* neutraal, onzijdig; II *znw* auto vrijloop

neutrality [nju'træliti] *znw* neutraliteit; onzijdigheid

neutralization [nju:trəlai'zeiʃən] *znw* neutralisering, opheffing; neutraalverklaring

neutralize ['nju:trəlaiz] *overg* neutraliseren, tenietdoen; neutraal verklaren

neutron ['nju:trɔn] *znw* neutron o; ~ *bomb* neutronenbom

never ['nevə] *bijw* nooit, nimmer; (in het minst, helemaal) niet; toch niet; *well, I* ~*!* heb ik van mijn leven!; ~ *fear!* wees maar niet bang!; *be he* ~ *so clever* al is hij nog zo knap

never-ending *bn* onophoudelijk, eeuwig

never-more *bijw* nooit meer

never-never *znw*: *on the* ~ gemeenz op afbetaling

Never-Never (Land) *znw* sprookjesland o

nevertheless [nevəðə'les] *bijw* niettemin, desondanks, toch

new [nju:] *bn* nieuw, vers; groen; ~ *town* nieuwbouwstad, new town; ~ *mathematics* methode van wiskundeonderwijs waarbij verzamelingenleer een belangrijke rol speelt; *the* ~ *woman* de moderne vrouw

new-born *bn* pasgeboren; wedergeboren

new-comer *znw* pas aangekomene, nieuweling

newel ['njuəl] *znw* spil [v. wenteltrap]; grote stijl [v. trapleuning]

newfangled ['nju:fæŋgld] *bn* geringsch nieuwerwets

newish *bn* vrij nieuw

new-laid *bn* vers (gelegd)

newly *bijw* nieuw; onlangs; pas

newly-weds *znw mv* gemeenz pasgetrouwden

newness *znw* nieuw(ig)heid; nieuwtje o

news [nju:z] *znw* nieuws o, tijding, bericht o, berichten; *that's* ~ *to me* daar hoor ik van op

news-agency *znw* persagentschap o

news-agent *znw* krantenhandelaar

newsboy *znw* krantenjongen

newscast *znw* RTV nieuwsuitzending

newscaster *znw* RTV nieuwslezer

news conference *znw* persconferentie

newshawk *znw* gemeenz journalist

newsletter *znw* bulletin o

newsman *znw* journalist

newsmonger *znw* roddelaar(ster), nieuwtjesjager

newspaper *znw* **1** krant; **2** krantenpapier o

newspaperman *znw* journalist

newsprint *znw* krantenpapier o

news-reader *znw* nieuwslezer

news-reel *znw* (film)journaal o

news-room *znw* nieuwsredactie

news-stand *znw* krantenkiosk

newsvendor *znw* krantenverkoper [op straat]

newsworthy *bn* met nieuwswaarde

newsy *bn* met (veel) nieuwtjes

newt [nju:t] *znw* (kleine) watersalamander

New Year ['nju:'jiə] *znw* nieuwjaar *o*; ~'s Eve oudejaarsavond, oudejaar *o*

New Zealand [nju(:)'zi:lənd] **I** *znw* Nieuw-Zeeland *o*; **II** *bn* Nieuw-Zeelands

New Zealander *znw* Nieuw-Zeelander

next [nekst] **I** *bn* naast, aangrenzend, dichtstbijzijnd, (eerst)volgend, volgend op..., daaropvolgend, aanstaand; *as...the ~ man* als ieder ander; *the ~ best* op één na de beste; *the ~ man you see* de eerste de beste; *he lives ~ door* hij woont hiernaast; *sitting ~ to me* naast mij; *the largest city ~ to Londen* de grootste stad na Londen; *the ~ thing to hopeless* zo goed als hopeloos; *~ to* fig bijna; **II** *bijw &* voorz naast, (daar)na, vervolgens; de volgende keer; *what ~?* wat nu?; zie ook: *skin*; **III** *znw* volgende; *~ of kin* naaste bloedverwant(en)

next-door *bn bijw* van hiernaast; naast; zie verder: *next* I

nexus ['neksəs] *znw* (*mv idem*) verbinding, band

NHS *afk.* = National Health Service

NI *afk.* 1 Br = National Insurance sociale verzekering; 2 = Nothern Ireland Noord-Ierland

nib [nib] *znw* neb, snavel; punt, spits; pen

nibble ['nibl] **I** *onoverg* knabbelen (aan *at*); **II** *overg* af-, beknabbelen; **III** *znw* geknabbel *o*, beet [v. vissen]; ~s gemeenz knabbels [nootjes &]

Nicaragua [nikə'rægjuə] *znw* Nicaragua *o*

Nicaraguan **I** *znw* Nicaraguaan; **II** *bn* Nicaraguaans

nice [nais] *bn* lekker, leuk; prettig; aardig, lief, mooi; fatsoenlijk; subtiel, nauwgezet; *~ and near* lekker dichtbij

nice-looking *bn* mooi, knap

nicely *bijw* v. *nice*; ook: uitstekend

nicety *znw* kieskeurigheid, nauwkeurigheid; fijn onderscheid *o*, finesse; *to a ~* uiterst nauwkeurig

niche [nitʃ] *znw* nis; fig (passend) plaatsje *o*

nick [nik] **I** *znw* kerf, insnijding; slang lik, gevangenis; *in the ~ of time* op het nippertje; *in good ~* gemeenz in puike conditie; **II** *overg* (in)kepen; gemeenz snappen; gappen; **III** *onoverg*: *~ in* voordringen

nickel ['nikl] **I** *znw* nikkel *o*; Am 5-centstuk *o*; **II** *bn* nikkelen; **III** *overg* vernikkelen

nicker ['nikə] *znw* slang pond [munt]; pond sterling *o*

nickname ['nikneim] **I** *znw* bijnaam; **II** *overg* een bijnaam geven; ~d... bijgenaamd...

nicotine ['nikəti:n] *znw* nicotine

niece [ni:s] *znw* nicht [oomzegster]

niff [nif] slang **I** *znw* stank; **II** *onoverg* stinken

niffy ['nifi] *bn* slang stinkend

nifty ['nifti] *bn* gemeenz mooi, aardig, fijn; kwiek; slim

Niger ['naidʒə] *znw* Niger *o*

Nigeria [nai'dʒiəriə] *znw* Nigeria *o*

Nigerian **I** *znw* Nigeriaan; **II** *bn* Nigeriaans

Nigerien *znw* Nigerijn

niggardly ['nigədli] *bn* krenterig, gierig

nigger ['nigə] *znw* geringsch nikker, neger,

zwarte; *~ in the woodpile* addertje *o* onder het gras

niggle ['nigl] *onoverg* haarkloven, muggenziften

niggling *bn* pietluttig; knagend [twijfel]; zeurend [pijn]

nigh [nai] *bijw* vero na, nabij, dichtbij

night [nait] *znw* nacht[2], avond; duisternis; *make a ~ of it* nachtbraken, de nacht doorfuiven; *have an early ~* vroeg naar bed gaan; *be on ~s* nachtdienst hebben; *at ~* 's avonds; 's nachts; *by ~* 's nachts

night-bird *znw* dierk nachtvogel; nachtbraker

nightcap *znw* slaapmuts; slaapmutsje *o* [drank]

night clothes *znw* nachtgoed *o*

night-club *znw* nachtclub

night-dress *znw* nacht(ja)pon

nightfall *znw* het vallen van de avond (nacht), schemering

night-fighter *znw* luchtv nachtjager

night-gown *znw* nacht(ja)pon

nightie *znw* gemeenz nachtpon

nightingale *znw* nachtegaal

night-life *znw* nachtleven *o*

nightly **I** *bn* nachtelijk, avond-; **II** *bijw* 's nachts; elke nacht (avond)

nightmare *znw* nachtmerrie

nightmarish *bn* als (in) een nachtmerrie

night-owl *znw* nachtuil; gemeenz nachtbraker

night-school *znw* avondschool

nightshade *znw* nachtschade

night-shift *znw* nachtploeg

nightshirt *znw* nachthemd *o* [voor mannen]

night-soil *znw* uitwerpselen *o* [vooral als mest]

night-spot *znw* nachtclub

nightstick *znw* Am politieknuppel

night-time **I** *znw* nacht; **II** *bn* nachtelijk

nightwalker *znw* prostituee

night-watchman *znw* nachtwaker

nighty *znw* gemeenz nachtpon

nihilism ['nai(h)ilizm] *znw* nihilisme *o*

nihilist *znw & bn* nihilist(isch)

nil [nil] *znw* niets, nul, nihil; *two-nil* tweenul

Nilotic [nai'lɔtik] *bn* van de Nijl, Nijl-

nimble ['nimbl] *bn* vlug[2], behendig

nimbus ['nimbəs] *znw* (*mv*: nimbi) nimbus[2]; licht-, stralenkrans; regenwolk

nincompoop ['ninkəmpu:p] *znw* sul, uilskuiken *o*

nine [nain] *telw* negen; *dressed up to the ~s* piekfijn of tiptop gekleed

ninepins *znw* bowling *o* (met negen kegels)

nineteen *telw* negentien; *talk ~ to the dozen* honderduit praten

nineteenth *telw* (*znw*) negentiende (deel *o*)

ninetieth *telw* (*znw*) negentigste (deel *o*)

ninety *telw* negentig

ninny ['nini] *znw* uilskuiken *o*; sul

ninth [nainθ] *telw* (*znw*) negende (deel *o*)

1 nip [nip] **I** *overg* (k)nijpen; bijten [v. kou]; beschadigen [v. vorst]; *~ in the bud* in de kiem smoren; ~ *off* afknijpen; **II** *onoverg* knijpen; bijten [kou, wind]; ~ *along* vlug gaan; ~ *in* binnenwippen; **III** *znw* kneep; beet; bijtende kou

2 nip [nip] *znw* borreltje o, slokje o

nipper ['nipə] *znw* gemeenz peuter

nippers *znw mv* kniptang; pince-nez

nipple ['nipl] *znw* tepel°; speen; techn nippel

nippy ['nipi] *bn* gemeenz bijtend koud; scherp [v. smaak]; vlug, kwiek

nirvana [niə'vaːnə] *znw* nirwana o

nit [nit] *znw* neet; slang idioot, stommerik

nitpicking I *znw* muggenzifterij; **II** *bn* muggenzifterig

nitrate ['naitreit] *znw* nitraat o

nitrogen ['naitrədʒən] *znw* stikstof

nitty-gritty ['niti'griti] *znw* realiteit, harde feiten, essentie; *get down to the* ~ gemeenz tot de kern van de zaak komen

nitwit ['nitwit] *znw* slang leeghoofd o

nix [niks] *znw* slang niets, niks

nix(ie) [niks(i)] *znw* watergeest

no [nou] **I** *bn* geen; nauwelijks; ~ *go* onmogelijk, [het heeft] geen zin; **II** *bijw* neen; niet; ~ *can do* slang onmogelijk; ~ *more* niet meer, nooit meer; **III** *znw* neen o; tegenstemmer; *the* ~*es have it* de meerderheid is er tegen

nob [nɔb] *znw* slang kop, kersenpit, knetter; sjieke meneer; rijke stinkerd

nobble ['nɔbl] *overg* slang (paard) ongeschikt maken om (race) te winnen (door doping of omkoping); gappen; bedotten; omkopen; aanklampen

nobility *znw* adel²; adeldom

noble ['noubl] **I** *bn* edel²; adellijk; nobel; imposant; **II** *znw* edelman; hist nobel [munt]

nobleman *znw* edelman, edele

noble-minded *bn* edelmoedig

noblesse oblige adeldom legt verplichtingen op

noblewoman *znw* edelvrouw, adellijke dame

nobody ['noubədi] **I** *onbep vnw* niemand; **II** *znw* fig onbenul, nul

nocturnal [nɔk'təːnl] *bn* nachtelijk; nacht-

nocturne ['nɔktəːn] *znw* muz nocturne; nachtstuk o

nod [nɔd] **I** *onoverg* knikken [met hoofd]; knikkebollen, suffen; ~ *off* wegdutten; *have a* ~*ding acquantance with* oppervlakkig kennen; **II** *overg* knikken, door wenken of knikken te kennen geven; ~ *approval* goedkeurend knikken; ~ *one's head* met het hoofd knikken; **III** *znw* knikje o; wenk; *give a* ~ knikken; *give the* ~ het groene licht geven; *the proposal was accepted on the* ~ gemeenz het voorstel werd met algemene stemmen aangenomen; *a* ~ *is as good as a wink* een goed verstaander heeft maar een half woord nodig

nodal ['noudəl] *bn* knoop-

noddle ['nɔdl] *znw* gemeenz hoofd o, hersenpan

node [noud] *znw* knobbel, knoest; knoop²; knooppunt o

nodular ['nɔdjulə] *bn* knoestig

nodule *znw* knoestje o, knobbeltje o; klompje o

Noel [nou'el] *znw* Kerstmis

nog [nɔg] *znw* houten pen of blok o; soort sterk bier o

noggin ['nɔgin] *znw* kroes, mok, bekertje o

no-go area [nou'gou 'ɛəriə] *znw* verboden terrein o

no-good ['nouguːd] *bn* waardeloos, onnut

nohow ['nouhau] *bijw* slang op generlei wijs; geenszins

noise [nɔiz] **I** *znw* lawaai o, kabaal o, ruis; *a big* ~ slang een belangrijk man; hoge ome; **II** *overg*: ~ *it abroad* ruchtbaar maken

noiseless *bn* geruisloos

noisome ['nɔisəm] *bn* schadelijk, ongezond; stinkend

noisy ['nɔizi] *bn* luidruchtig; druk; gehorig

nomad ['noumæd, 'nɔmæd] *znw* nomade; zwerver

nomadic [nou'mædik] *bn* nomadisch, zwervend

no-man's-land ['noumænzlænd] *znw* niemandsland² o

nom de plume [nɔːmdə'pluːm] *znw* pseudoniem o

nomenclature [nou'menklətʃə] *znw* nomenclatuur; naamlijst

nominal ['nɔminl] *bn* nominaal, naam(s)-; (alléén) in naam; symbolisch [bedrag]; gramm naamwoordelijk; ~ *capital* maatschappelijk kapitaal o; ~ *price* spotprijs; ~ *share* aandeel o op naam

nominally *bijw* in naam

nominate ['nɔmineit] *overg* benoemen; kandidaat stellen

nomination [nɔmi'neiʃən] *znw* benoeming; kandidaatstelling

nominative ['nɔminətiv] *znw* eerste naamval

nominee [nɔmi'niː] *znw* benoemde; kandidaat

non-acceptance [nɔnək'septəns] *znw* nonacceptatie

nonage ['nounidʒ] *znw* recht minderjarigheid

nonagenarian [nounədʒi'nɛəriən] *bn & znw* negentigjarig(e)

non-aggression pact [nɔnə'greʃn pækt] *znw* niet-aanvalsverdrag o

non-alcoholic ['nɔnælkə'hɔlik] *bn* alcoholvrij

non-aligned *bn* pol niet-gebonden [landen]

non-alignment ['nɔnə'lainmənt] *znw* pol niet-gebonden-zijn o, niet-gebondenheid

non-appearance *znw* ontstentenis

nonce [nɔns] *znw*: *for the* ~ bij deze (bijzondere) gelegenheid; voor deze keer

nonchalance ['nɔnʃələns] *znw* nonchalance, onverschilligheid

nonchalant *bn* nonchalant, onverschillig

non-combatant ['nɔn'kɔmbətənt] *znw* noncombattant

non-commissioned *bn*: ~ *officer* mil onderofficier

non-committal *bn* zich niet blootgevend;

een slag om de arm houdend; neutraal

non-conformist I *znw* non-conformist; af-gescheidene (van de Engelse staatskerk); **II** *bn* non-conformistisch

non-conformity *znw* afwijking; non-conformisme o

non-contributory *bn*: ~ *pension scheme* premievrije pensioenregeling

non-cooperation *znw* weigering om mee te werken

nondescript *bn* nondescript, onbeduidend

none [nʌn] **I** *vnw & bn* geen, niet een; niemand, niets; *it is* ~ *of my business* het is mijn zaak niet; ~ *of your impudence!* geen brutaliteit alsjeblieft!; ~ *too...* bepaald niet...; **II** *bijw* niets, (volstrekt) niet; niet zo bijzonder; ~ *the less* niettemin

nonentity [nɔ'nentiti] *znw* onbeduidend mens (ding o)

nonesuch ['nʌnsʌtʃ] *znw* persoon of zaak die zijn weerga niet heeft

nonetheless [nʌnðə'les] *bijw* = *nevertheless*

non-event ['nɔni'vent] *znw* flop, afknapper

non-existent ['nɔnig'zistənt] *bn* niet-bestaand

non-ferrous *bn* non-ferro [metalen]

non-fiction *znw* non-fictie [literatuur]

non-flammable ['nɔn'flæməbl] *bn* onbrandbaar

non-human *bn* niet tot het menselijke ras behorend

non-nuclear *bn* **1** conventioneel [wapen]; **2** niet in het bezit van kernwapens [land]

no-no *znw* Am gemeenz: *it's a* ~ het is taboe, het is verboden

no-nonsense *bn* zakelijk, no-nonsense

nonpareil ['nɔnp(ə)rəl] **I** *bn* zonder weerga; **II** *znw* persoon of zaak, die zijn weerga niet heeft

nonplus ['nɔn'plʌs] *overg* perplex doen staan

non-profit(-making) ['nɔn'prɔfit(meikiŋ)] *bn* niet-commercieel [v. onderneming]

non-proliferation ['nɔnprou-, 'nɔnpralifə-'reiSn] *znw* non-proliferatie, voorkoming van verdere verspreiding [vooral v. kernwapens]

non-resident ['nɔn'rezident] **I** *bn* uitwonend, extern; **II** *znw* niet-inwoner, forens; externe

nonsense ['nɔnsəns] *znw* onzin, gekheid; nonsens; *there is no* ~ *about...* er valt niet te sollen met...; *... mag (mogen) er wezen, ...is (zijn) niet mis*

nonsensical [nɔn'sensikl] *bn* onzinnig, ongerijmd, gek, zot, absurd

non sequitur [nɔn'sekwitə] *znw* onlogische gevolgtrekking

non-shrink ['nɔn'ʃriŋk] *bn* krimpvrij

non-skid ['nɔn'skid] *bn* antislip-; ~ *chain* sneeuwketting

non-smoker *znw* iem. die niet rookt; niet-roken treincoupé

non-starter *znw*: *... is a* ~ *...* is kansloos

non-stick *bn* anti-aanbak-; ~ *coating* anti-aanbaklaag

non-stop I *bn* doorgaand [trein], direct [verbinding], doorlopend [voorstelling]; **II** *bijw*

onafgebroken, non-stop

nonsuch ['nʌnsʌtʃ] *znw* = *nonesuch*

non-U ['nɔn'ju:] *bn* Br = *non upper class* ordinair

non-union ['nɔn'ju:njen] *bn* niet aangesloten [bij een vakbond], ongeorganiseerd

non-verbal *bn* non-verbaal

non-violence *znw* geweldloosheid

non-violent *bn* geweldloos [demonstreren]

noodle ['nu:dl] *znw* slang schlemiel; ~*s* noedels, (Chinese) vermicelli, mi

nook [nuk] *znw* hoek, hoekje o, gezellig plekje o; uithoek; *every* ~ *and cranny* alle hoekjes en gaatjes

noon [nu:n] *znw* middag (= 12 uur 's middags)

noon-day, noon-tide I *znw* = *noon*; **II** *bn* middag-; *fig* plechtig hoogtepunt o

no one ['nou'wʌn] *onbep vnw* = *nobody*

noose [nu:s] **I** *znw* lus; lasso; strik; **II** *overg* knopen, een lus maken in; vangen [met een strik of lasso]

nope [noup] *tsw* gemeenz (vooral Am) nee!

nor [nɔ:] *voegw* noch, (en) ook niet; dan ook niet

Nordic ['nɔ:dik] *bn* noords; Scandinavisch

norm [nɔ:m] *znw* norm

normal ['nɔ:məl] **I** *bn* normaal; gewoon; loodrecht; **II** *znw* normale toestand; ~ *school* Am pedagogische academie

normalcy, normality [nɔ:'mæliti] *znw* normale toestand, normaliteit

normalization [nɔ:məlai'zeiʃən] *znw* normalisering

normalize ['nɔ:məlaiz] *overg* normaliseren

normally ['nɔ:məli] *bijw* normaal, normaliter, in de regel, doorgaans, gewoonlijk, meestal

Norman ['nɔ:mən] **I** *znw* Normandiër; **II** *bn* Normandisch

normative ['nɔ:mətiv] *bn* een norm gevend of stellend

Norse [nɔ:s] *znw* Noors o, Oud-Noors o

Norseman *znw* hist Noor; Noorman

north [nɔ:θ] **I** *bijw* noordwaarts; noordelijk; **II** *bn* noordelijk; noord(er)-; noorden-; ~ *of* ten noorden van; **III** *znw* noorden o

northbound *bn* in noordelijke richting

north-east I *bn bijw* noordoost; **II** *znw* noordoosten o

north-easterly *bn bijw* noordoostelijk

North Korea [nɔ:θ kə'riə] *znw* Noord-Korea o

northerly *bn bijw* noordelijk

northern *bn* noordelijk, noord(en)-; ~ *lights* noorderlicht o

northerner *znw* bewoner van het noorden

northernmost *bn* noordelijkst

Northman ['nɔ:θmən] *znw* = *Norseman*

North Pole ['nɔ:θ'poul] *znw* Noordpool

northward(s) ['nɔ:θwəd(z)] *bn bijw* in/naar het noorden

north-west I *bn bijw* noordwest; **II** *znw* noordwesten o

north-wester *znw* noordwester [wind]

north-westerly *bn bijw* noordwestelijk

north-western *bn* noordwest(elijk)

Norway ['nɔ:wei] *znw* Noorwegen o

Norwegian [nɔːˈwiːdʒən] **I** *bn* Noors; **II** *znw* Noor; Noors o [de taal]
nor'wester [nɔːˈwestə] *znw* noordwestenwind; zuidwester [hoed]
nose [nouz] **I** *znw* neus²; geur, reuk; <u>slang</u> stille verklikker; <u>techn</u> tuit; hals; *cut off one's* ~ *to spite one's face* onuit eigen glazen ingooien; *hold one's* ~ de neus dichtknijpen; *keep one's* ~ *clean* <u>gemeenz</u> zich gedeisd houden; *look down one's* ~ *at* neerzien op; *pay through the* ~ moeten 'bloeden'; *put sbd.'s* ~ *out of joint* dwarszitten; *turn up one's* ~ de neus optrekken (voor *at*); *right on the* ~ <u>Am</u> <u>fig</u> in de roos; *under his* ~ vlak voor zijn neus; **II** *overg* opsnuiven; besnuffelen; ~ *out* uitvissen; **III** *onoverg* neuzen, zijn neus in andermans zaken steken; snuffelen; zich voorzichtig een weg banen; ~ *about* rondsnuffelen; ~ *at* besnuffelen; ~ *for* (snuffelend) zoeken naar
nosebag *znw* voederzak [v. paard]
nosebleed *znw* neusbloeding
nosedive <u>luchtv</u> **I** *onoverg* duiken; **II** *znw* duik(vlucht)
nosegay *znw* boeketje o, bosje o, ruiker
nosey, nosy [ˈnouzi] *bn* <u>gemeenz</u> bemoeiziek; ~ *parker* bemoeial
nosh [nɔʃ] *overg & onoverg* <u>slang</u> eten
nosing [ˈnouziŋ] *znw* uitstekende, halfronde vorm
nostalgia [nɔsˈtældʒiə] *znw* nostalgie, heimwee o
nostalgic *bn* nostalgisch
nostril [ˈnɔstril] *znw* neusgat o
nostrum [ˈnɔstrəm] *znw* kwakzalversmiddel o
nosy [ˈnouzi] *bn = nosey*
not [nɔt] *bijw* niet; *I think* ~ ik denk van niet; *certainly* ~, *surely* ~ geen sprake van!; ~ *at all* zie: *all*; *more likely than* ~ heel goed mogelijk; zie ook: *often*
notability [noutəˈbiliti] *znw* merkwaardigheid; belangrijk persoon
notable [ˈnoutəbl] **I** *bn* opmerkelijk; belangrijk; bekend; eminent; **II** *znw* voorname, notabele
notably *bijw* inzonderheid; aanmerkelijk; belangrijk
notarial [nouˈtɛəriəl] *bn* notarieel
notary [ˈnoutəri] *znw* notaris (ook: ~ *public*)
notation [nouˈteiʃən] *znw* schrijfwijze, (noten)schrift o, notatie
notch [nɔtʃ] **I** *znw* inkeping; <u>fig</u> <u>gemeenz</u> graadje o; **II** *overg* kerven, (af)turven; ~ *up* behalen [punten, succes]
note [nout] **I** *znw* merk o, teken o; ken-, merkteken o; toon; <u>muz</u> noot, toets [v. piano &]; noot, aantekening, nota°; briefje o; bankbiljet o; betekenis, aanzien o; notitie; *make a mental* ~ *of* it het goed onthouden (voor later); *strike a warning* ~ een waarschuwend geluid laten horen; *take* ~ *of* nota nemen van; *take* ~*s of* aantekeningen maken van; **II** *overg* noteren, opschrijven, aan-, optekenen (ook: ~ *down*); nota of notitie nemen van, opmerken; van aantekeningen voorzien

notebook *znw* notitieboekje o; dictaatcahier o
note-case *znw* portefeuille
noted [ˈnoutid] *bn* bekend, vermaard, befaamd
notelet [ˈnoutlit] *znw* velletje o briefpapier [vaak met versiering]
notepad [ˈnoutpæd] *znw* notitieblok o
notepaper *znw* postpapier o
noteworthy [ˈnoutwəːði] *bn* opmerkelijk
nothing [ˈnʌθiŋ] **I** *onbep vnw* niets; ~ *but* slechts; ~ *for it (but)* onvermijdelijk dat; ~ *doing* er is niets te doen; er is niets aan de hand; <u>gemeenz</u> mij niet gezien!; *there's* ~ *to it* <u>slang</u> er is niets aan, het is niets bijzonders; *there is* ~ *in it* het is niet waar; *come to* ~ niet doorgaan, mislukken; *make* ~ *of* zijn hand niet omdraaien voor; niets begrijpen van; **II** *znw*: *a (mere)* ~ een niets, nietigheid, nul; **III** *bijw* helemaal niet; *this helps us* ~ hier hebben we niets aan; *this is* ~ *like enough* dit is absoluut niet genoeg
nothingness *znw* nietigheid, niet o; niets o; onbeduidendheid
notice [ˈnoutis] **I** *znw* aandacht; aankondiging, kennisgeving; waarschuwing; opschrift o; *give* ~ laten weten; waarschuwen; *give* ~ de huur opzeggen; *hand in one's* ~ ontslag nemen; *take* ~ *of* kennis nemen van; *at a moment's* ~ op staande voet; *at one hour's* ~ binnen een uur; *at short* ~ op korte termijn; *be under* ~ opgezegd zijn; *until further* ~ tot nader order; **II** *overg* acht slaan op, opmerken; vermelden
noticeable *bn* opmerkelijk; merkbaar; merkwaardig
notice-board *znw* mededelingenbord o; aanplakbord o; waarschuwingsbord o; verkeersbord o &
notifiable [ˈnoutifaiəbl, noutiˈfaiəbl] *bn* waarvan men de autoriteiten in kennis moet stellen [ziekte, adreswijziging &]
notification [noutifiˈkeiʃən] *znw* aanzegging, aanschrijving, kennisgeving; aangifte
notify [ˈnoutifai] *overg* ter kennis brengen; bekendmaken, kennis geven (van); aangeven
notion [ˈnouʃən] *znw* begrip² o, denkbeeld o, idee o & v, notie; ~*s* <u>Am</u> fournituren
notional *bn* denkbeeldig, begrips-
notoriety [noutəˈraiəti] *znw* beruchtheid
notorious [nouˈtɔːriəs] *bn* berucht, notoir
notwithstanding [nɔtwiθˈstændiŋ] **I** *voorz* niettegenstaande, ondanks; **II** *bijw* niettemin
nougat [ˈnuːgaː, ˈnʌgət] *znw* noga
nought [nɔːt] *znw = naught*
noun [naun] *znw* (zelfstandig) naamwoord o
nourish [ˈnʌriʃ] *overg* voeden², koesteren²
nourishing *bn* voedzaam, voedend
nourishment *znw* voedsel o, voeding
nous [naus] *znw* verstand o
nouveau-riche [ˈnuːvouˈriːʃ] *znw* nouveau riche, ± parvenu

1 novel ['nɔvəl] *znw* roman

2 novel ['nɔvəl] *bn* nieuw, ongewoon

novelette [nɔvə'let] *znw* romannetje o

novelist ['nɔvəlist] *znw* romanschrijver, romancier

novelty ['nɔvəlti] *znw* nieuwigheid(je o), nieuwtje o, (iets) nieuws o; nieuwe o; ongewoonheid

November [nou'vembə] *znw* november

novena [nou'vi:nə] *znw* (*mv*: novenae) noveen, novene

novice ['nɔvis] *znw* novice; nieuweling

noviciate, novitiate [nou'viʃiit] *znw* noviciaat o, proeftijd

now [nau] **I** *bijw* nu, thans; wel(nu); *right ~* op dit moment; *just ~* zoëven, daarnet; *by ~* nu wel; *from ~ (on)* voortaan; *~ again, ~ and then* af en toe; *every ~ and again, every ~ and then* telkens; **II** *voegw* nu (ook: *~ that*)

nowadays *bijw* tegenwoordig

nowhere *bijw* nergens; *be ~ (in the race)* helemaal achteraan komen; niet in aanmerking komen; *~ near* lang niet, ver(re) van

nowt [nouwt] *znw* dial & gemeenz niets o

noxious ['nɔkʃəs] *bn* schadelijk, verderfelijk

nozzle ['nɔzl] *znw* spuit, pijp, straalpijp, sproeier, tuit, mondstuk o, snuit; neus

nth [enθ] *bn*: *the ~ time* gemeenz de zoveelste keer

nuance [nju:'a:ns] *znw* nuance

nub [nʌb] *znw* brok; knobbel; fig kern, punt o [waar het om gaat]

nubile ['nju:bail] *bn* huwbaar; fig rijp [v. vrouw]

nubility [nju:'biliti] *znw* huwbaarheid; fig rijpheid [v. vrouw]

nuclear ['nju:kliə] *bn* nucleair, kern-, atoom-; *~ family* kerngezin o; *~ fission* kernsplitsing; *~ power* **1** kernenergie; **2** kernmogendheid; *~ warhead* kernkop

nucleus ['nju:kliəs] *znw* (*mv*: nuclei [-iai]) kern[2]

nude [nju:d] **I** *bn* naakt, onbedekt; **II** *znw* naakt (model) o; *in the ~* naakt

nudge [nʌdʒ] **I** *overg* (met de elleboog) aanstoten; zachtjes duwen; naderen [percentage, snelheid &]; **II** *znw* duwtje o

nudism ['nju:dizm] *znw* nudisme o

nudist ['nju:dist] **I** *znw* nudist, naaktloper; **II** *bn* nudisten-

nudity *znw* naaktheid

nugatory ['nju:gətəri] *bn* nietszeggend; zonder uitwerking

nugget ['nʌgit] *znw* goudklompje o; fig juweeltje o

nuisance ['nju:səns] *znw* (over)last, ergernis, plaag; burengerucht o; lastpost; *make a ~ of oneself* anderen ergeren; *what a ~* wat vervelend

nuisance value *znw* waarde als tegenwicht, als storende factor

nuke [nju:k] gemeenz **I** *znw* kernbom; kerncentrale; **II** *overg* met kernwapens aanvallen/vernietigen

null [nʌl] *bn* nietig, ongeldig; *~ and void* van nul en generlei waarde

nullification [nʌlifi'keiʃən] *znw* ongeldigverklaring, opheffing; recht vernietiging

nullify ['nʌlifai] *overg* krachteloos maken, recht ongeldig verklaren

nullity *znw* ongeldigheid [vooral v. huwelijk]

numb [nʌm] **I** *bn* gevoelloos, verstijfd, verkleumd, verdoofd; **II** *overg* doen verstijven, verkleumen; verdoven

number ['nʌmbə] **I** *znw* nummer o; getal o, aantal o; (vers)maat; gramm getal o; geval(letje) o [vooral kledingstuk]; *~s* aantal o; *N~s* bijbel Numeri; *I've got his ~* gemeenz ik heb hem wel door; *his ~ is up* hij is er geweest; *~ one* schertsend de spreker zelf (als *bn* prima); *come in ~s* in groten getale komen (opzetten); *hard pressed with ~s* door de overmacht in het nauw gebracht; *beyond ~, without ~* zonder tal, talloos; **II** *overg* nummeren, tellen; rekenen (onder, tot among, in, with); bedragen; **III** *onoverg* & *abs ww* tellen

number-crunching ['nʌmbə'krʌnʃiŋ] *znw* schertsend ingewikkeld rekenwerk o, ingewikkeld gecijfer o

numberless *bn* talloos

number-plate *znw* nummerbord o, -plaat

numbskull *znw* = numskull

numerable ['nju:mərəbl] *bn* telbaar, te tellen

numeracy ['nju:mərəsi] *znw* kunnen rekenen o

numeral ['nju:mərəl] **I** *bn* getal-, nummer-; **II** *znw* cijfer o; gramm telwoord o; *Roman ~s* Romeinse cijfers

numerate ['nju:mərət] *bn* het rekenen machtig

numerator ['nju:mə'reitə] *znw* teller [van breuk]

numeric [nju(:)'merik] *bn* numeriek, getal(s)-

numerical [nju'merikl] *bn* numeriek, getal(s)-; *~ superiority* grotere getalsterkte

numerous ['nju:mərəs] *bn* talrijk, vele

numinous ['nju:minəs] *bn* goddelijk

numskull ['nʌmskʌl] *znw* uilskuiken o, stommerd

nun [nʌn] *znw* non, kloosterlinge, religieuze

nuncio ['nʌnʃiou] *znw* nuntius: pauselijk gezant

nunnery ['nʌnəri] *znw* nonnenklooster o

nuptial ['nʌpʃəl] **I** *bn* huwelijks-, bruilofts-; **II** *znw*: *~s* bruiloft

nurse [nə:s] **I** *znw* verpleegster, verzorgster; kinderjuffrouw; baker, min; *male ~* (zieken)verpleger, broeder; **II** *overg* verplegen, zogen, verzorgen; koesteren[2], (op-)kweken, grootbrengen; zuinig zijn met; omstrengeld houden [knieën]; met de hand strijken over; *~ a (one's) cold* een verkoudheid uitzieken; *~ the fire* fig dicht bij het vuur zitten; **III** *onoverg* zogen; in de verpleging zijn

nurse-child *znw* pleegkind o, zoogkind o

nursemaid *znw* kindermeisje o

nursery *znw* kinderkamer; kindercrèche; (boom)kwekerij; kweekvijver

nursery-governess *znw* kinderjuffrouw

287

nurseryman *znw* boomkweker
nursery rhyme *znw* kinderrijmpje *o*
nursery school *znw* bewaarschool [3-5 jaar in Eng.]
nursery slope *znw* beginnelingenpiste [bij skiën]
nursing *znw* verpleging; verpleegkunde
nursing-home *znw* verpleegtehuis *o*; ziekeninrichting
nurture ['nə:tʃə] **I** *znw* op-, aankweking; opvoeding; verzorging; voeding; voedsel *o*; **II** *overg* op-, aankweken; opvoeden, verzorgen; voeden², koesteren [v. plannen]
nut [nʌt] **I** *znw* noot [vooral hazelnoot]; techn moer [v. schroef]; muz slof [strijkstok]; slang hoofd *o*, kop; slang fanaat; slang gek, idioot; slang kloot, bal; *a hard (tough)* ~ geen lieverdje *o* [man]; ~*s* slang krankzinnig; ~*s!* slang gelul!; *be* ~*s about* slang dol zijn op; *be off one's* ~ slang van lotje getikt zijn; *do one's* ~ slang tekeergaan; **II** *onoverg* noten plukken
nut-brown *bn* lichtbruin
nut-case *znw* slang krankzinnige
nutcracker(s) *znw (mv)* notenkraker [apparaat]
nut-house *znw* slang gekkenhuis *o*
nutmeg *znw* nootmuskaat

nymphomaniac

nutrient ['nju:triənt] **I** *bn* voedend; **II** *znw* nutriënt [voedingsstof]
nutriment *znw* voedsel *o*
nutrition [nju'triʃən] *znw* voeding, voedsel *o*
nutritional, nutritive *bn* voedings-
nutritionist *znw* voedingsdeskundige
nutritious *bn* voedend, voedzaam
nutshell ['nʌtʃel] *znw* notendop; *in a* ~ fig in een notendop
nutter ['nʌtə] *znw* slang halve gare, imbeciel
nutty *bn* met nootjes; met notensmaak; nootachtig; slang getikt, gek; ~ *on* slang verkikkerd op
nuzzle ['nʌzl] **I** *onoverg* met de neus wrijven (duwen) tegen, snuffelen; wroeten; zich nestelen of vlijen; **II** *overg* wroeten langs of in; besnuffelen
nylon ['nailɔn] **I** *znw* nylon *o & m* [stofnaam]; nylon *v* [kous]; **II** *bn* nylon
nymph [nimf] *znw* nimf²; pop [v. insect]
nymphet [nim'fet] *znw* gemeenz jong, vroegrijp meisje *o*
nymphomaniac [nimfou'meiniæk, -jæk], slang: **nympho** ['nimfou] **I** *bn* nymfomaan; **II** *znw* nymfomane

O

o [ou] **I** znw (de letter) o; nul [in telefoonnummers]; **II** tsw o!, ach!

O znw onderw = ordinary (level) zie bij: level I

o' [ə] voorz verk. van of en on

oaf [ouf] znw pummel, uilskuiken o

oafish bn pummelig, sullig, onnozel

oak [ouk] **I** znw eik; eikenhout o; **II** bn eiken, eikenhouten

oaken bn eiken, eikenhouten

oakum ['oukəm] znw werk o [uitgeplozen touw]

OAP afk. = Old Age Pensioner ± AOW'er

oar [ɔ:] znw (roei)riem; roeier; get (put, stick) in one's ~ een duit in het zakje doen; rest on one's ~s op zijn lauweren rusten

oarlock ['ɔ:lɔk] znw = rowlock

oarsman ['ɔ:smən] znw roeier

oarswoman znw roeister

oasis [ou'eisis] znw (mv: oases [-si:z]) oase

oast [oust] znw eest, droogoven

oat [out] znw haver (meestal ~s); rolled ~s havermout; he has sown his wild ~s hij is zijn wilde haren kwijt; get one's ~s gemeenz (seksueel) aan zijn trekken komen; feel one's ~s vrolijk zijn, Am gemeenz zich belangrijk voelen; off one's ~s lusteloos

oath [ouθ] znw (mv: oaths [ouðz]) eed; vloek; ~ of allegiance huldigingseed; ~ of office ambtseed; on (under) ~ onder ede

oatmeal ['outmi:l] znw havermeel o; ~ porridge havermoutpap

obduracy ['ɔbdjurəsi] znw verstoktheid, halsstarrigheid

obdurate bn verstokt, halsstarrig

obedience [ou'bi:djəns] znw gehoorzaamheid; in ~ to gehoorzamend aan; overeenkomstig

obedient(ly) bn (bijw) gehoorzaam

obeisance [ou'beisəns] znw diepe buiging; hulde

obelisk ['ɔbilisk] znw obelisk

obese [ou'bi:s] bn corpulent, zwaarlijvig

obesity znw corpulentie, zwaarlijvigheid

obey [ou'bei] overg gehoorzamen² (aan); gehoor geven aan; luisteren naar [het roer]

obfuscate ['ɔbfʌskeit] overg verduisteren, benevelen [het verstand]; verbijsteren

obituary [ə'bitjuəri] znw overlijdensbericht o; in memoriam o (ook: ~ notice)

1 object ['ɔbdʒekt] znw voorwerp o; oogmerk o, bedoeling, doel o; onderwerp o [v. onderzoek]; object o; no ~ niet belangrijk, bijzaak

2 object [əb'dʒikt] **I** overg tegenwerpen; **II** onoverg tegenwerpingen maken

object-glass ['ɔbdʒiktgla:s] znw objectief o

objection [əb'dʒekʃən] znw tegenwerping; bedenking, bezwaar o

objectionable bn afkeurenswaardig, verwerpelijk; onaangenaam

objective [əb'dʒektiv] **I** bn objectief; **II** znw objectief o [v. kijker]; mil object² o; doel²

o; gramm voorwerpsnaamval

objectivity [ɔbdʒek'tiviti] znw objectiviteit

object lesson znw aanschouwelijke les; fig sprekende illustratie

objector [əb'dʒektə] znw wie tegenwerpingen maakt, opponent; conscientious ~ principieel dienstweigeraar

objurgate ['ɔbdʒə:geit] overg berispen

oblation [ou'bleiʃən] znw offerande, offer o

obligate ['ɔbligeit] overg recht (ver)binden, verplichten

obligation [ɔbli'geiʃən] znw verbintenis, verplichting

obligatory [ɔ'bligətəri] bn verplicht, bindend

oblige [ə'blaidʒ] overg overg (ver)binden, (aan zich) verplichten, noodzaken; van dienst zijn; be ~d to ook: moeten; I would be ~d if you... ik zou u zeer erkentelijk zijn als...

obliging bn minzaam, inschikkelijk, behulpzaam

oblique [ə'bli:k] **I** bn scheef [hoek], schuin, hellend; zijdelings; indirect; dubbelzinnig; slinks; ~ cases verbogen naamvallen; ~ speech indirecte rede; **II** znw schuine lijn, schuin streepje o

obliterate [ə'blitəreit] overg uitwissen; vernietigen

obliteration [əblitə'reiʃən] znw uitwissing; vernietiging

oblivion [ə'bliviən] znw vergetelheid; fall (sink) into ~ in vergetelheid raken

oblivious bn vergeetachtig; ~ of (to) onbewust van

oblong ['ɔblɔŋ] **I** bn langwerpig; **II** znw rechthoek, langwerpig voorwerp o

obloquy ['ɔbləkwi] znw (mv: obloquies) smaad, schande, oneer

obnoxious [əb'nɔkʃəs] bn onaangenaam; verfoeilijk, afschuwelijk

oboe ['oubou] znw hobo

oboist znw hoboïst

obscene [ɔb'si:n] bn obsceen

obscenity znw obsceniteit

obscurantism [ɔb'skjuərəntizm] znw obscurantisme o

obscure [əb'skjuə] **I** bn duister², donker²; obscuur; onduidelijk, vaag; **II** overg verduisteren; verdoezelen; fig overschaduwen

obscurity znw duister o, duisternis; duisterheid; onduidelijkheid; live in ~ teruggetrokken leven

obsequies ['ɔbsikwiz] znw mv rouwplechtigheid; uitvaart, begrafenis

obsequious [əb'si:kwiəs] bn onderdanig; kruiperig

observable [əb'zə:vəbl] bn waarneembaar; opmerkenswaard(ig)

observance znw waarneming; naleving; viering; voorschrift o

observant bn opmerkzaam; nalevend

observation [ɔbzə'veiʃən] znw waarneming; opmerking; ~s verzamelde gegevens, data

observational bn waarnemings-

observatory [əb'zə:vətri] znw observatorium o, sterrenwacht; uitkijktoren

observe I *overg* gadeslaan, observeren; opmerken; naleven; vieren [feestdagen]; II *onoverg*: ~ (*up*)*on* opmerkingen maken over
observer *znw* waarnemer, observator; toeschouwer
obsess [əb'ses] *overg* obsederen
obsession *znw* bezeten zijn o [door boze geest]; obsessie
obsessional, obsessive *bn* obsederend; geobsedeerd, bezeten
obsolescence [ɔbsə'lesəns] *znw* veroudering, in onbruik geraken o
obsolescent *bn* verouderend, in onbruik gerakend
obsolete ['ɔbsəli:t] *bn* verouderd, in onbruik geraakt
obstacle ['ɔbstəkl] *znw* hindernis; ~ *race* wedren met hindernissen
obstetric [ɔb'stetrik] *bn* verloskundig; kraam-
obstetrician [ɔbste'triʃən] *znw* verloskundige
obstetrics [ɔb'stetriks] *znw* obstetrie, verloskunde
obstinacy ['ɔbstinəsi] *znw* hardnekkigheid, halsstarrigheid
obstinate *bn* hardnekkig, halsstarrig
obstreperous [əb'strepərəs] *bn* luidruchtig; onhandelbaar, woelig
obstruct [əb'strʌkt] *overg* verstoppen; (de voortgang) belemmeren, versperren; zich verzetten tegen
obstruction *znw* obstructie, verstopping, belemmering, versperring
obstructionism *znw* pol obstructionisme o
obstructionist I *znw* obstructievoerder; II *bn* obstructievoerend
obstructive *bn* verstoppend; belemmerend, versperrend; obstructievoerend; obstructie-
obtain [əb'tein] I *overg* (ver)krijgen, behalen; II *onoverg* heersen, gelden
obtainable *bn* verkrijgbaar
obtrude [əb'tru:d] *overg* (zich) opdringen (aan *upon*); (zich) indringen
obtrusion *znw* op-, indringing
obtrusive *bn* op-, indringerig
obtuse [əb'tju:s] *bn* stomp; stompzinnig
obverse ['ɔbvə:s] *znw* voorzijde [v. munt &]; pendant, keerzijde
obviate ['ɔbvieit] *overg* afwenden, voorkomen, ondervangen, uit de weg ruimen
obvious ['ɔbviəs] I *bn* voor de hand liggend, duidelijk (merkbaar), kennelijk; II *znw*: *state the* ~ een open deur intrappen
occasion [ə'keiʒən] I *znw* gelegenheid; aanleiding; gebeurtenis, plechtigheid, feest o; *rise to the* ~ tegen de moeilijkheden (taak) opgewassen zijn; *on* ~ zo nodig; *on the* ~ *of* bij gelegenheid van; II *overg* veroorzaken, aanleiding geven tot
occasional *bn* toevallig, nu en dan (voorkomend); gelegenheids-; ~ *table* bijzettafeltje o
occasionally *bijw* af en toe, bij gelegenheid
Occident ['ɔksidənt] *znw* westen o, westelijk halfrond o; avondland o

occidental [ɔksi'dentl] I *bn* westelijk, westers; II *znw* westerling
occipital [ɔk'sipitl] *bn* achterhoofds-
occiput ['ɔksipʌt] *znw* achterhoofd o
occlude [ɔ'klu:d] *overg* afsluiten, stoppen; chem absorberen [gassen]
occlusion *znw* afsluiting; verstopping; occlusie
occult [ɔ'kʌlt] *bn* occult, bovennatuurlijk, magisch
occultism ['ɔkʌltizm] *znw* occultisme o
occupancy ['ɔkjupənsi] *znw* inbezitneming, bezit o, bewoning
occupant *znw* bewoner; bekleder [v. ambt]; *the* ~*s* ook: de inzittenden
occupation [ɔkju'peiʃən] *znw* mil bezetting; bewoning; bezigheid, beroep o; *be in* ~ *of* ook: bezet houden; bewonen
occupational *bn* beroeps-; ~ *hazard*, ~ *risk* beroepsrisico o; ~ *therapy* bezigheidstherapie
occupier ['ɔkjupaiə] *znw* bezetter; bewoner
occupy *overg* bezetten, bezet houden; in beslag nemen [tijd &], bezighouden; bewonen [huis]; bekleden [post]; ~ *oneself with*, *be occupied in* (*with*) aan (met) iets bezig zijn
occur [ə'kə:] *onoverg* zich voordoen, gebeuren; ~ *to* invallen, opkomen bij
occurrence [ə'kʌrəns] *znw* gebeurtenis; voorval o; vóórkomen o; *it is of frequent* ~ het komt herhaaldelijk (veel) voor; *on the* ~ *of a vacancy* bij vóórkomende vacature
ocean ['ouʃən] *znw* oceaan, (wereld)zee²
ocean-going *bn* zeewaardig; ~ *ship* zeeschip o
oceanic [ouʃi'ænik] *bn* van de oceaan, oceaan-, zee-
oceanography *znw* oceanografie
ochre ['oukə] *znw* oker
o'clock [ə'klɔk] *bijw*: *what* ~ *is it?* hoe laat is het?; *it is eight* ~ het is acht uur
octagon ['ɔktəgən] *znw* achthoek
octagonal [ɔk'tægənl] *bn* achthoekig
octane ['ɔktein] *znw* octaan o
octave ['ɔktiv] *znw* achttal o; octaaf° o & v
October [ɔk'toubə] *znw* oktober
octogenarian [ɔktoudʒi'nɛəriən] *bn* (*znw*) tachtigjarig(e)
octopus ['ɔktəpəs] *znw* octopus², achtarmige poliep
octosyllabic [ɔktousi'læbik] *bn* achtlettergrepig
ocular ['ɔkjulə] I *bn* oog-; II *znw* oculair o
oculist *znw* oogarts
odd [ɔd] *bn* zonderling, vreemd; oneven; overblijvend; overgebleven, niet bij elkaar horend; *in some* ~ *corner* hier of daar in een (afgelegen) hoek; *an* ~ *hour* een tussenuur o; ~ *jobs* allerhande klusjes; ~ *man out* wie overschiet; buitenbeentje o; ~ *moments* verloren ogenblikken; *an* ~ *volume* een enkel deel o van een meerdelig werk; *fifty* ~ *pounds* vijftig en zoveel pond, ruim vijftig pond; zie ook: *odds*
oddball [ɔd'bɔ:l] *znw* excentriekeling, vreemde snoeshaan

oddity ['ɔditi] *znw* zonderlingheid, vreemdheid; excentriek wezen o, curiositeit

odd-job man *znw* klusjesman, manusje o van alles

odd-looking *bn* er vreemd uitziend

oddly *bijw* vreemd, gek (genoeg)

oddments *znw mv* overgebleven stukken, restanten

odds *znw mv* kans, waarschijnlijkheid; notering van een paard bij de bookmakers; ~ *and ends* brokstukken, rommel; *the* ~ *are that...* de kans bestaat, dat...; *it makes no* ~ het maakt niets uit; *the* ~ *are against his coming* naar alle waarschijnlijkheid zal hij niet komen; *at* ~ oneens, overhoop liggend (met *with*); *by all the* ~ verreweg [de beste &]; ontegenzeglijk

odds-on *bn* goede [kans]

ode [oud] *znw* ode

odious ['oudjəs] *bn* hatelijk, afschuwelijk, verfoeilijk

odium *znw* haat en verachting; blaam

odontologist [ɔdɔn'tɔlədʒist] *znw* tandheelkundige

odoriferous [oudə'rifərəs] *bn* welriekend, geurig

odorous ['oudərəs] *bn* welriekend, geurig

odour ['oudə] *znw* reuk, geur; fig reputatie; *be in bad, ill* ~ *with* in een kwade reuk staan bij

odourless, *Am* **odorless** *bn* reukloos

oecumenical [i:kju'menikl] *bn* oecumenisch

o'er [ouə] *voorz* plechtig = *over*

oesophagus, *Am* **esophagus** [i:'sɔfəgəs] *znw* (*mv:* -es *of* oesophagi) slokdarm

oestrogen ['i:strədʒən, -dʒen] *znw* oestrogeen o

of [ɔv, əv] *voorz* van; *the city* ~ *Rome* de stad Rome; *the courage* ~ *it!* welk een moed!, hoe moedig!; ~ *itself* vanzelf; uit zichzelf; *the three* ~ *them* het drietal; *there were fifty* ~ *them* ze waren met hun vijftigen; ~ *all the nonsense* wat een onzin; *a Prussian* ~ *(the) Prussians* een echte Pruis; ~ *an evening* des avonds

off [ɔ(:)f] **I** *bijw* eraf, af, weg; ver(wijderd); uit; *be* ~ van de baan zijn; uit zijn [verloving &]; afgedaan hebben; uitgeschakeld zijn; er naast zitten; in slaap zijn; in zwijm liggen; weggaan; *be a bit* ~ beginnen te bederven [v. spijs & drank]; niet zoals het hoort; *be badly* ~ er slecht aan toe zijn; *how are you* ~ *for boots?* hoe staat het met je schoenen?; ~ *duty* vrij, buiten dienst; *have a day* ~ een vrije dag hebben; ~ *and on* af en toe; ~ *you go!* daar ga je!; vooruit met de geit!; **II** *voorz* van... (af); van... (weg); van; verwijderd van; opzij van, uitkomend op, in de buurt van; *scheepv* op de hoogte van; *eat* ~ *plates* van borden eten; *live* ~ *the land* van het land leven; ~ *stage* achter de coulissen; ~ *white* gebroken wit; **III** *bn* verder gelegen; *the* ~ *hind leg* de rechterachterpoot; *an* ~ *street* een zijstraat

offal ['ɔfəl] *znw* afval o & m, slachtafval o & m

off-balance ['ɔf'bæləns] *bn* uit het even-

wicht; *catch sbd.* ~ iem. overrompelen

off-beat *bn* gemeenz ongewoon, bijzonder, buitenissig

off-centre, *Am* **off-center** *bn* exentriek[2]

off-chance *znw* eventuele mogelijkheid; *on the* ~ op goed geluk

off-colour *bn* onwel, niet in orde; slang onfatsoenlijk

off-day *znw* ongeluksdag; dag waarop men niet op dreef is

off-duty *bn* niet in functie, buiten diensttijd

offence [ə'fens] *znw* belediging; aanstoot, ergernis; aanval; strafbaar feit o; misdaad; *no* ~ *meant!* neem me niet kwalijk; *cause (give)* ~ aanstoot geven; *take* ~ *at* zich beledigd voelen over

offend I *overg* ergeren, kwetsen; aanstoot geven; **II** *onoverg* misdoen; ~ *against* overtreden

offender *znw* overtreder, delinquent; zondaar[2]; *first* ~ delinquent met een blanco strafregister

offensive I *bn* beledigend, weerzinwekkend, onaangenaam; offensief, aanvals-; **II** *znw* offensief o; *act on the* ~ aanvallend optreden; *go on the* ~, *go over to the* ~, *take the* ~ het offensief openen

offensiveness *znw* beledigende aard, aanstotelijkheid

offer ['ɔfə] **I** *overg* (aan)bieden; offeren (ook: ~ *up*); aanvoeren [ter verdediging]; uitloven [prijs]; ten beste geven, maken [opmerkingen &]; (uit)oefenen [kritiek]; **II** *znw* (aan)bod o, aanbieding, offerte, (huwelijks)aanzoek o; *they are on* ~ handel ze worden (goedkoop) aangeboden

offerer *znw* offeraar; aanbieder; bieder

offering *znw* offer o; gift; (te koop aangeboden) product o

offertory ['ɔfətəri] *znw* offergebed o; collecte; ~ *box* offerblok o, -bus

off-hand I *bijw* ['ɔf'hænd] onvoorbereid, voor de vuist weg; **II** *bn* ['ɔ:fhænd] terloops, zonder ophef; nonchalant; bruusk

off-handed *bn bijw* = off-hand II

office ['ɔfis] *znw* ambt o, functie, betrekking; officie o; (kerk)dienst, ritueel o; gebed o; ministerie o, kantoor o, bureau o; *Am* spreekkamer; *the* ~s bijgebouwen, dienstvertrekken; *his good* ~s zijn welwillende medewerking; *be in* ~ in functie zijn

office-bearer, **office-holder** *znw* titularis, functionaris

office-boy *znw* loopjongen

officer ['ɔfisə] **I** *znw* beambte, ambtenaar; agent [van politie]; mil officier; functionaris; **II** *overg* mil van officieren voorzien, encadreren; aanvoeren [als officier]

official [ə'fiʃəl] **I** *bn* ambtelijk, officieel, ambts-; ~ *duties* ambtsbezigheden; **II** *znw* ambtenaar, beambte; functionaris

officialdom *znw* bureaucratie

officialese [əfiʃə'li:z] *znw* ambtelijk jargon o

officiant [ə'fiʃənt] *znw* officiant: de mis opdragende of de dienst verrichtende priester

officiate *onoverg* dienst doen; de mis opdragen

officious [ə'fiʃəs] *bn* overgedienstig; bemoeieziek; officieus

offing ['ɔfiŋ] *znw: in the ~* fig in het verschiet, op til

offish ['ɔfiʃ] *bn* gemeenz gereserveerd; uit de hoogte

off-key ['ɔf'kiː] *bn* vals, uit de toon (vallend)

off-licence *znw* Br slijtvergunning; slijterijafdeling in café

off-limits *bn* verboden [terrein &]

off-line *bn* comput offline

offload *overg* lossen [voertuig]; ontladen [wapen]; fig dumpen, van de hand doen, lozen

off-peak *bn* buiten de piekuren; buiten het hoogseizoen

offprint ['ɔfprint] *znw* overdrukje *o*

off-putting *bn* gemeenz van de wijs brengend; ontstellend

off-season *znw* slappe tijd

offset ['ɔfset] **I** *znw* uitloper°, wortelscheut, spruit; tegenwicht *o*, vergoeding, compensatie; offset(druk); **II** *overg* opwegen tegen, compenseren, tenietdoen; *~ against* stellen tegenover

offshoot ['ɔfʃuːt] *znw* uitloper, zijtak

offshore ['ɔf'ʃɔː] *bn* van de kust af, aflandig [wind]; bij (voor) de kust, offshore- [m.b.t. oliewinning &]; handel in het buitenland, buitenlands [m.b.t. banken, fondsen &]

offside ['ɔf'said] **I** *znw* verste kant (= rechts of links); sp buitenspel; **II** *bn* auto rechter- [in Engeland &], linker- [elders]

offspring ['ɔfspriŋ] *znw* (na)kroost *o*, spruit(en), nakomeling(en), nageslacht *o*; resultaat *o*

off-the-cuff ['ɔfðəkʌf] *bn* onvoorbereid, voor de vuist weg

off-the-peg ['ɔfðəpeg] *bn* confectie-

off-the-record ['ɔfðə'rekɔːd] *bn* vertrouwelijk, onofficieel, niet voor publicatie

off-white ['ɔfwait] *znw* & *bn* gebroken wit

oft [ɔft] *bijw* plechtig dikwijls, vaak

often ['ɔf(t)ən] *bijw* dikwijls, vaak; *as ~ as* not vaak genoeg, niet zelden; *every so ~* af en toe; *more ~ than not* meestal

ogival [ou'dʒaivəl] *bn* ogivaal

ogive ['oudʒaiv] *znw* ogief *o*, spitsboog

ogle ['ougl] **I** *onoverg* lonken; **II** *overg* aan-, toelonken; **III** *znw* lonk, (verliefde) blik

ogre ['ougə] *znw* menseneter, wildeman, boeman

oh [ou] *tsw* o; ach, och; au; *~?* ook: zo?

ohm [oum] *znw* ohm *o* & *m*

oho [ou'hou] *tsw* aha!

oil [ɔil] **I** *znw* olie; petroleum; *~s* oliegoed *o*; olieverfschilderijen; *in ~(s)* in olieverf (geschilderd); *pour ~ on troubled waters* olie op de golven gieten; *strike ~* olie aanboren; **II** *overg* oliën; (met olie) insmeren; in olie inleggen; *~ sbd.'s hand (palm)* iem. omkopen

oilcan *znw* oliespuit

oilcloth *znw* wasdoek *o* & *m*, zeildoek *o* & *m*

oiled *bn* geolied; gesmeerd; *(well) ~* slang aangeschoten

oiler *znw* oliekan, -spuit, -spuitje *o*; olieman, smeerder; petroleumboot

oilfield *znw* olieveld *o*

oil-fired *bn* met olie gestookt

oilman *znw* oliehandelaar; olieman

oil-paint *znw* olieverf

oil-painting *znw* het schilderen in olieverf; olieverfschilderij *v* & *o*

oilrig *znw* booreiland *o*

oilskin *znw* oliejas; *~s* oliegoed *o*

oil slick *znw* olievlek [op zee]

oil tanker *znw* olietanker

oil-well *znw* oliebron

oily *bn* olieachtig, vet, goed gesmeerd; olie-; fig vleierig, zalvend, glad [v. tong]

ointment ['ɔintmənt] *znw* zalf, smeersel *o*

OK [ou'kei] gemeenz **I** *bn* bijw oké, okay, in orde, goed; fijn, prima; **II** *znw* goedkeuring, verlof *o*; **III** *overg* in orde bevinden, goedkeuren

okay [ou'kei] *tsw* = OK

okra ['oukrə] *znw* oker, okra [plant met eetbare vrucht]

old [ould] **I** *bn* oud; ouderwets; zie ook: *time*; *as ~ as the hills* zo oud als de weg naar Kralingen; **II** *znw: of ~* vanouds; in (van) vroeger dagen; zie ook: *bean, cock, Dutch, folk, maid, man*

old-age *bn* van (voor) de oude dag, ouderdoms-; *~ pensioner* AOW'er; *~ pension* (ouderdoms)pensioen *o*, AOW

old boy *znw* oud-leerling; *~ network* vriendjespolitiek [door oud-klas- of oud-studiegenoten onderling]

olden *bn* vero oud, vroeger; *in the ~ days* in vroeger tijden

old-established *bn* reeds lang bestaand; (vanouds) gevestigd

old-fashioned *bn* ouderwets

old hat *bn* gemeenz verouderd, oude koek

oldish *bn* ouwelijk

oldster *znw* Am oude heer; oudgediende

old-time *bn* van vroeger, oud, ouderwets

old-timer *znw* oudgediende, ouwetje *o*

old-world *bn* uit de oude tijd, ouderwets; van de Oude Wereld

oleander [ouli'ændə] *znw* oleander

olfactory [ɔl'fæktəri] *bn* van de reuk; *~ nerves* reukzenuwen

oligarchic [ɔli'gaːkik] *bn* oligarchisch

oligarchy ['ɔligaːki] *znw* oligarchie

olive ['ɔliv] *znw* olijf(tak); olijfkleur; *(meat) ~s* blinde vinken

Olympiad [ou'limpiæd] *znw* olympiade

Olympian *bn* olympisch

Olympic I *bn* olympisch; **II** *znw: the ~s* de Olympische Spelen

Oman [ou'maːn] *znw* Oman *o*

Omani I *znw* Omaniet; **II** *bn* Omanitisch

ombudsman ['ɔmbudzmən] *znw* ombudsman

omega ['oumigə] *znw* omega; einde *o*

omelette, Am **omelet** ['ɔmlit] *znw* omelet; *you can't make an ~ without breaking eggs* waar gehakt wordt, vallen spaanders

omen ['oumen] *znw* voorteken, omen *o*

ominous ['ɔminəs] *bn* onheilspellend, omineus

omission *znw* weglating; nalatigheid, omissie

omit *overg* weglaten, achterwege laten, nalaten

omnibus [ˈɔmnibəs] **I** *znw* omnibus; **II** *bn* vele onderwerpen (voorwerpen &) omvattend, omnibus-, verzamel-; ~ *book*, ~ *edition* omnibus (uitgave)

omnifarious [ɔmniˈfɛəriəs] *bn* veelsoortig

omnipotence [ɔmˈnipətəns] *znw* almacht

omnipotent *bn* almachtig

omnipresence [ɔmniˈprezəns] *znw* alomtegenwoordigheid

omnipresent *bn* alomtegenwoordig

omniscience [ɔmˈnisiəns] *znw* alwetendheid

omniscient *bn* alwetend

omnivorous [ɔmˈnivərəs] *bn* allesverslindend; fig omnivoor, allesetend

on [ɔn] **I** *voorz* op, aan, in, bij, om, met, van, over, tegen, volgens, naar; gemeenz op kosten van; ten koste van; *this round is* ~ *me* dit rondje geef ik; *slam the door* ~ *sbd.* de deur voor iem. dichtslaan; **II** *bijw* aan, op; voort, door, verder [bij werkwoorden]; *he is* ~ hij is aan de beurt; hij is op de planken [v. toneel]; *I am* ~ ik doe mee!; *be* ~ *at (to) sbd.* iem. aan zijn kop zeuren; *the case is* ~ de (rechts)zaak is in behandeling; *what is* ~? wat is er aan de hand?; *what is he* ~ *about?* gemeenz waar heeft-ie het (in godsnaam) over?; *we are well* ~ *in April* al een heel eind in april; ~ *and off* = *off and on* zie: *off*; ~ *and* ~ voortdurend; ~ *to* op, naar; *be* ~ *to* gemeenz doorhebben; *fig* ruiken; *get* ~ *to* zich in verbinding stellen met; ontdekken; gemeenz doorhebben

once [wʌns] **I** *bijw* eens, eenmaal; ~ *again* nog eens, opnieuw, weer; ~ *(and) for all* eens en niet weer; ~ *in a blue moon* een doodenkele keer; ~ *in a while* een enkele keer, af en toe; ~ *more* nog eens; ~ *upon a time* (er was) eens; *at* ~ dadelijk; tegelijk; *all at* ~ plotseling; *for* ~ bij (hoge) uitzondering; *not (never)* ~ geen enkele keer; **II** *znw:* this ~ ditmaal; **IV** *voegw* toen (eenmaal), als (eenmaal), zodra

once-over [ˈwʌnsouvə] *znw* gemeenz vluchtig onderzoek *o* &; *give the* ~ zijn ogen laten gaan over

oncoming [ˈɔnkʌmiŋ] **I** *bn* naderend; ~ *car* tegenligger; ~ *traffic* tegemoetkomend verkeer *o*; **II** *znw* nadering

one [wʌn] **I** *telw* een, één; een enkele; (een en) dezelfde; enig; ~ *James* een zekere James; ~ *night* op zekere nacht; ~ *and all* allen (gezamenlijk), als één man; *his* ~ *and only hope* zijn enige hoop; ~ *another* elkaar; ~ *after another* de een na de ander; ~ *with another* door elkaar (gerekend); *the* ~*(s) I have seen* die ik gezien heb; *he is the* ~ hij is de (onze) man, hij is het; *he is the* ~ *man to do it* de enige die het kan; *the little* ~*s* de kleintjes; *that was a nasty* ~ dat was een lelijke klap; *you are a fine* ~*!* je bent me een mooie!; ~ *up* zie *up I*; *be* ~ één zijn; het eens zijn; *it is all* ~ het

is allemaal hetzelfde; *be* ~ *up on sbd.* gemeenz iem. een slag vóór zijn; *for* ~ om maar eens iemand te noemen; *I for* ~ ik voor mij; *guess sth. in* ~ iets in één keer goed raden; *II onbep vnw* men, gemeenz je; de een; iemand; *like* ~ *mad* als een bezetene; *I am not* ~ *for boasting (to talk)* ik houd niet van opscheppen (praten); **III** *znw* één; *two* ~*s* twee enen; *he's a* ~*!* gemeenz hij is me er eentje!

one-armed *bn* met één arm; ~ *bandit* fruitautomaat, gokkast

one-eyed *bn* eenogig

one-horse *bn:* *a* ~ *place* gat *o* [onaanzienlijk, stil, vervallen stadje of dorp]

one-liner *znw* korte, uit één zinnetje bestaande grap, kwinkslag

one-man *bn* eenmans-; van één persoon, schilder & (bijv. *a* ~ *exhibition*)

oneness *znw* eenheid, enigheid

one-night stand [ˈwʌnaitˈstænd] *znw* **1** gemeenz een liefdesaffaire/vriend(in) voor één nacht; **2** *theat* eenmalige voorstelling

one-off gemeenz **I** *bn* uniek, eenmalig; **II** *znw* unieke persoon, uniek ding *o*

one-piece I *bn* uit één stuk, eendelig; **II** *znw* jurk & uit één stuk

oner [ˈwʌnə] *znw* gemeenz geweldige kerel, prachtstuk *o*, bijzonder iem. of iets; expert; een flinke opstopper

onerous [ˈɔnərəs] *bn* lastig, zwaar; recht bezwaard [eigendom]

oneself [wʌnˈself] *wederk vnw* zich; zichzelf; zelf

one-sided [wʌnˈsaidid] *bn* eenzijdig, partijdig

one-time *bn* gemeenz voormalig, gewezen, ex-

one-to-one *bn* een op een; een tegen een; ~ *fight* gevecht *o* van man tegen man; ~ *tuition* privéles

one-track *bn* eenzijdig [v. geest]

one-upmanship [ˈwʌnˈʌpmənʃip] *znw* gemeenz slagvaardigheid, de kunst om anderen steeds een slag voor te zijn

one-way *bn* in één richting; ~ *traffic* eenrichtingsverkeer *o*; ~ *street* straat met eenrichtingsverkeer; ~ *ticket* enkele reis [kaartje], enkeltje *o*

ongoing [ˈɔngouiŋ] *bn* voortdurend, aanhoudend, lopend

onion [ˈʌnjən] *znw* ui; *know one's* ~*s* gewiekst zijn

onlooker [ˈɔnlukə] *znw* toeschouwer

only [ˈounli] **I** *bn* enig; **II** *bijw* alleen, enig, enkel, maar, slechts, nog (maar); pas, net; eerst; ~ *just* nipt, nauwelijks; ~ *too glad* maar al te blij; **III** *voegw* alleen [= maar]

onomatopoeia [ɔnəmætəˈpiːə] *znw* klanknabootsing; klanknabootsend woord *o*, onomatopee

onrush [ˈɔnrʌʃ] *znw* stormloop, opmars

onset [ˈɔnset] *znw* aanvang, begin *o*

onshore [ˈɔnˈʃɔː] *bn* aanlandig [wind]

onslaught [ˈɔnslɔːt] *znw* aanval

onto [ˈɔntu] *voorz* op, naar

onus [ˈounəs] *znw* plicht, verplichting, last

onward [ˈɔnwəd] **I** *bn* voorwaarts; **II** *bijw:*

oppose

~(s) voorwaarts, vooruit

oodles ['u:dlz] *znw mv*: ~ *of gemeenz* een hoop [geld &]

oof [u:f] *znw slang* geld *o*, poen

oomph [u:mf] *znw gemeenz* sex-appeal *o*; pit *o* & *v*, energie

oops! [u:ps] *tsw* hupsakee!, hoepla!

ooze [u:z] **I** *znw* modder, slik *o*; stroompje *o*; **II** *onoverg* sijpelen; dóórdringen; ~ *away* langzaam verdwijnen; ~ *out* (uit-) lekken²; ~ *with* druipen van; **III** *overg* uitzweten; *fig* druipen van

oozy *bn* modderig, slijkerig; klam

op [ɔp] *znw gemeenz* [militaire, medische] operatie

opacity [ou'pæsiti] *znw* ondoorschijnend-heid, duisterheid²

opal ['oupəl] *znw* opaal(steen)

opaline *bn* opaalachtig, opaal-

opaque [ou'peik] *bn* ondoorschijnend, duister²; dom, traag van begrip

open ['oup(ə)n] **I** *bn* open°; geopend; openbaar; onbeperkt, vrij; openlijk; openhartig; onverholen; onbezet, onbezet; onbeslist; ~ *shop* bedrijf dat ook ongeorganiseerde werknemers in dienst neemt; ~ *verdict recht* ± 'doodsoorzaak onbekend'; *be* ~ *to* open zijn (staan) voor; blootstaan aan; vatbaar zijn voor [rede]; *it is* ~ *to you* het staat u vrij om...; ~ *to reproach* afkeurenswaardig; *be* ~ *with* openhartig zijn tegenover; ~ *air* buiten, buitenlucht; *with* ~ *hand* vrijgevig; ~ *secret* publiek geheim *o*; **II** *znw* open veld *o*, open zee; *sp* open toernooi *o* [waarvoor iedereen zich kan inschrijven]; *bring into the* ~ aan het licht brengen; *come into the* ~ voor de dag komen; eerlijk zeggen; **III** *overg* openen; openleggen²; blootleggen; inleiden [onderwerp], beginnen; ontginnen [het terrein]; banen [weg]; verruimen [geest]; ~ *out* openen; ~ *up* toegankelijk maken, ontsluiten; open-, blootleggen; onthullen; ontginnen; beginnen; **IV** *onoverg* opengaan; beginnen; ~ *into, on* (*on to*) uitkomen op; ~ *out* opengaan, zich ontplooien; loskomen; ~ *up* opengaan; beginnen; loskomen

open-air *bn* openlucht-, buiten-

open-and-shut *bn*: ~ *case* duidelijk geval *o*, fluitje *o* van een cent

open-cast ['oup(ə)nka:st] *bn*: ~ *mining* dagbouw

open-ended *bn* open, flexibel, niet vastomschreven, vrij, voor onbepaalde duur [contract], zonder tijdslimiet [bijeenkomst], zonder vaste retourdatum [ticket]

opener ['oupənə] *znw* (blik-, fles)opener; eerste onderdeel *o* van iets; *for* ~*s* om te beginnen

open-eyed *bn* met open(gesperde) ogen; waakzaam, alert

open-handed *bn* mild, royaal

open-hearted *bn* openhartig; grootmoedig; hartelijk

opening I *bn* openend; inleidend; eerste; ~ *hours* openingsuren; ~ *night theat* première; ~ *time* openingstijd; **II** *znw* ope-ning°; begin *o*; inleiding; kans; gelegenheid; plaats [voor een werkkracht]

openly *bijw* openlijk, onverholen

open-minded *bn* onbevangen, onbevooroordeeld

open-mouthed *bn* met open mond; gulzig, gretig

open-necked *bn* met open kraag; ~ *shirt* schillerhemd *o*

openness *znw* open(hartig)heid

open-plan *bn*: ~ *office* kantoortuin

opera ['ɔpərə] *znw* opera

operable ['ɔpərəbl] *bn* operabel

opera-glasses *znw mv* toneelkijker

opera-house *znw* opera(gebouw *o*)

operate ['ɔpəreit] **I** *onoverg* werken° [v. geneesmiddelen &]; uitwerking hebben; van kracht zijn; *handel* & *mil* opereren; *med* een operatie doen; ~ (*up)on* werken op [iems. gevoel]; ~ *on sbd.* iem. opereren; **II** *overg* bewerken; teweegbrengen, in werking stellen; *techn* drijven; in beweging brengen; besturen, behandelen, bedienen [machine]; exploiteren, leiden

operatic [ɔpə'rætik] *bn* opera-; *fig* theatraal

operating ['ɔpəreitiŋ] *bn* **1** werkend, in werking, functionerend; **2** bedrijfs-; ~ *expenses* bedrijfskosten; ~ *system comput* besturingssysteem *o*; ~ *theatre* operatiekamer

operation [ɔpə'reiʃən] *znw* (uit)werking; bewerking, (be)handeling, bediening [v. machine]; operatie; *be in* ~ van kracht zijn; in bedrijf zijn

operational *bn* operationeel

operative ['ɔpərətiv] **I** *bn* werkzaam, werkend, van kracht; voornaamst; *med* operatief; **II** *znw* werkman, arbeider; *Am* detective, rechercheur

operator ['ɔpəreitə] *znw* operateur; (be-)werker; wie bedient [machine], bestuurder; machinist, cameraman; telegrafist; telefonist; *handel* speculant; *a smooth* ~ een gladde jongen

operetta [ɔpə'retə] *znw* operette

ophthalmia [ɔf'θælmiə] *znw* oogontsteking

ophthalmic *bn* oog-; ooglijders-

ophthalmology [ɔfθæl'mɔlədʒi] *znw* oogheelkunde

opiate ['oupiit] *znw* opiaat *o*, opiumhoudend middel *o*

opine [ou'pain] *onoverg* van mening zijn

opinion [ə'pinjən] *znw* opinie, idee; oordeel *o*; *have no* ~ *of* geen hoge dunk hebben van

opinionated *bn* eigenwijs

opium ['oupjəm] *znw* opium

opium den *znw* opiumkit

opossum [ə'pɔsəm] *znw* dierk opossum *o*, buidelrat

opponent [ə'pounənt] *znw* tegenstander

opportune ['ɔpətju:n] *bn* juist op tijd, van pas (komend), geschikt, opportuun

opportunism *znw* opportunisme *o*

opportunist *znw* & *bn* opportunist(isch)

opportunity [ɔpə'tju:niti] *znw* (gunstige) gelegenheid, kans

oppose [ə'pouz] *overg* tegenover elkaar

opposing

stellen; zich verzetten tegen, tegengaan, bestrijden [voorstel]; ~*d to* tegengesteld aan; *as* ~*d to* tegen(over)

opposing *bn* tegen(over)gesteld, tegenstrijdig; (vijandig) tegenover elkaar staand

opposite [ˈɔpəzit] **I** *bn* tegen(over)gesteld, tegenover(gelegen); ~ *number* collega, pendant; ~ *party* tegenpartij; *the* ~ *sex* het andere geslacht; ~ *(to) the house* tegenover het huis; **II** *bijw & voorz* (daar-) tegenover, aan de overkant; *nearly* ~ schuin tegenover; **III** *znw* tegen(over-) gestelde o, tegendeel o

opposition [ɔpəˈziʃən] *znw* oppositie°, tegenstand, verzet o; tegenstelling; *in* ~ *to* tegenover; in strijd met

oppositionist *znw* (lid o) van de oppositie

oppress [əˈpres] *overg* onderdrukken; bezwaren, benauwen

oppression *znw* onderdrukking; druk, benauwing

oppressive *bn* (onder)drukkend, benauwend

oppressor *znw* onderdrukker

opprobrious [əˈprəubriəs] *bn* smaad-, beledigend

opprobrium *znw* smaad, schande

opt [ɔpt] *onoverg*: ~ *for* opteren, kiezen (voor); ~ *out* niet meer willen (meedoen), bedanken (voor *of*)

optic [ˈɔptik] **I** *bn* optisch, gezichts-; ~ *nerve* oogzenuw; **II** *znw*: ~*s* optica, optiek

optical *bn* optisch, gezichts-; ~ *illusion* gezichtsbedrog o

optician [ɔpˈtiʃən] *znw* opticien

optimism [ˈɔptimizm] *znw* optimisme o

optimist *znw* optimist

optimistic [ɔptiˈmistik] *bn* optimistisch, hoopvol

optimize [ˈɔptimaiz] *overg* optimaliseren

optimum [ˈɔptim] **I** *znw* (*mv:* -s *of* optima) optimum o; **II** *bn* optimaal

option [ˈɔpʃən] *znw* keus, verkiezing, recht o *of* vrijheid van kiezen, optie; handel premie(affaire); *keep (leave) one's* ~*s open* zich op de vlakte houden

optional *bn* niet verplicht, facultatief; ~ *extras* accessoires

optometrist [ɔpˈtɔmitrist] *znw* iem. die de gezichtsscherpte bepaalt; ± opticien

opulence [ˈɔpjuləns] *znw* rijkdom, overvloed, weelde(righeid)

opulent *bn* rijk, overvloedig, weelderig

opus [ˈəupəs, ˈɔpəs] *znw* (*mv:* -es *of* opera) muz opus o, werk o

or [ɔː] *voegw* of; *five* ~ *six* vijf à zes; een stuk of zes; *a word* ~ *two* een paar woorden; *we can do better than that...* ~ *can we?* ... of niet soms?; hoewel...; zie ook: *so* **I**

oracle [ˈɔrəkl] *znw* orakel² o

oracular [ɔˈrækjulə] *bn* orakelachtig

oral [ˈɔːrəl] **I** *bn* mondeling, mond-; med oraal; **II** *znw* mondeling o (examen)

orange [ˈɔrin(d)ʒ] **I** *znw* oranjeboom; sinaasappel; oranje o; **II** *bn* oranje

orangeade [ɔrinˈ(d)ʒeid] *znw* orangeade

Orangeism [ˈɔrin(d)ʒism] *znw* militant protestantisme o [in Noord-Ierland]

orangery [ˈɔrin(d)ʒəri] *znw* oranjerie

orang-outang, orang-utan [ˈɔːrəŋˈuːtæn, ˈɔːræŋˈuːtaːn] *znw* dierk orang-oetan(g)

orate [ɔˈreit] *overg* gemeenz oreren

oration *znw* rede, redevoering, oratie

orator [ˈɔrətə] *znw* redenaar, spreker

oratorical [ɔrəˈtɔrikl] *bn* oratorisch, redenaars-

oratorio [ɔrəˈtɔːriou] *znw* muz oratorium o

oratory [ˈɔrətəri] *znw* welsprekendheid; (holle) retoriek; bidvertrek o, (huis)kapel

orb [ɔːb] *znw* (hemel)bol; kring; rijksappel

orbit [ˈɔːbit] **I** *znw* baan [v. hemellichaam, satelliet]; fig sfeer; oogholte, -kas; *be in* ~ in een baan draaien; **II** *onoverg* in een baan draaien; **III** *overg* in een baan draaien om [de aarde, de maan &]

orbital *bn* van de oogkas; van een baan, baan-; ~ *road* ringweg

orchard [ˈɔːtʃəd] *znw* boomgaard

orchestra [ˈɔːkistrə] *znw* orkest° o; ~ *pit* orkestbak

orchestral [ɔːˈkestrəl] *bn* van het orkest, orkest-

orchestrate [ˈɔːkistreit] *overg* orkestreren, voor orkest bewerken; fig organiseren, arrangeren

orchestration [ɔːkisˈtreiʃən] *znw* orkestratie, arrangement² o

orchid [ˈɔːkid], **orchis** [ˈɔːkis] *znw* orchidee

ordain [ɔːˈdein] *overg* bevelen, verordenen, bestemmen, bepalen; (tot priester) wijden

ordeal [ɔːˈdiːl, ɔːˈdiəl] *znw* godsgericht o; fig beproeving, vuurproef

order [ˈɔːdə] **I** *znw* (rang-, volg)orde, klasse, soort; stand; ridderorde; orde(lijkheid); order, bevel o, last(geving); bestelling; formulier o; (toegangs)biljet o; mil tenue o & v; *O~ in Council* ± Koninklijk Besluit o; ~ *of battle* slagorde; *be the* ~ *of the day* aan de orde van de dag zijn; *holy* ~*s* de geestelijke wijding; *it is a tall* ~ gemeenz dat is veel gevergd; dat is niet mis; *take* ~*s* (tot priester) gewijd worden; handel bestellingen krijgen (aannemen); *by* ~ op bevel, op last; *in* ~ in orde; aan de orde; *in* ~ *to, in* ~ *that* om te, teneinde te; *on* ~ in bestelling; *out of* ~ kapot, buiten werking, niet in orde; buiten de orde; *to* ~ op commando (bevel); volgens bestelling, op (naar) maat; handel aan order; *be under* ~*s to* bevel (gekregen) hebben om; **II** *overg* ordenen, (be)schikken, regelen, voorschrijven; bestellen; ~ *about* commanderen, ringeloren; ~ *home* gelasten naar huis te gaan; naar het moederland terugroepen (zenden)

order-form *znw* bestelformulier o

1 orderly [ˈɔːdəli] *bn* ordelijk, geregeld

2 orderly [ˈɔːdəli] *znw* ordonnans; hospitaalsoldaat; oppasser [in een hospitaal]

order-paper [ˈɔːdəpeipə] *znw* agenda

ordinal [ˈɔːdinl] *bn*: ~ *number* rangtelwoord o

ordinance [ˈɔːdinəns] *znw* verordening, ordonnantie; ritus

ordinand [ɔːdiˈnænd] *znw* kandidaat voor wijding, RK wijdeling

ordinarily ['ɔːd(i)nərili] *bijw* gewoonlijk; gewoon

ordinary I *bn* gewoon, alledaags; ~ *seaman* lichtmatroos; zie ook: *level I*; **II** *znw* gewone o; RK ordinaris; RK ordinarium o [van de mis]; *out of the* ~ ongewoon; buitengewoon

ordination [ɔːdi'neiʃən] *znw* (priester-) wijding

ordnance ['ɔːdnəns] *znw* geschut o, artillerie; oorlogsmateriaal o en -voorraden; ~ *map* stafkaart

ordure ['ɔːdjuə] *znw* vuilnis; vuiligheid², vuil² o

ore [ɔː] *znw* erts o

oregano [ɔri'gɑːnou] *znw* oregano

organ ['ɔːgən] *znw* muz orgel o; orgaan² o

organdie ['ɔːgəndi] *znw* organdie

organ-grinder ['ɔːgəngraində] *znw* orgeldraaier

organic [ɔː'gænik] *bn* organisch; biologisch(-dynamisch); ~ *waste* gft-afval o, biologisch afval o

organism ['ɔːgənizm] *znw* organisme o

organist ['ɔːgənist] *znw* organist

organization [ɔːgənai'zeiʃən] *znw* organisatie

organizational *bn* organisatorisch

organize ['ɔːgənaiz] *overg* organiseren

organizer *znw* organisator

organ-loft ['ɔːgənlɔft] *znw* muz orgelkoor o; RK oksaal o

organ-stop *znw* muz (orgel)register o

orgasm ['ɔːgæzm] *znw* orgasme o

orgasmic ['ɔːgæzmik], **orgastic** ['ɔːgæztik] *bn* orgastisch

orgiastic ['ɔːdʒiæstik] *bn* orgiastisch, als een orgie

orgy ['ɔːdʒi] *znw* orgie, braspartij

oriel ['ɔːriəl] *znw* erker; erkervenster o (ook: ~ *window*)

Orient ['ɔːriənt] *znw* oosten o, morgenland o

1 orient ['ɔːriənt] plechtig **I** *bn* oostelijk; oosters; schitterend, stralend; **II** *znw* glans [v. parels]

2 orient ['ɔːrient] *overg* richten; oriënteren, situeren; ~ *oneself* zich oriënteren

oriental [ɔːri'entl] **I** *bn* oostelijk; oosters; **II** *znw* oosterling

orientate ['ɔːrienteit] *overg* = ²*orient*

orientation [ɔːrien'teiʃən] *znw* oriëntering², oriëntatie

orienteering ['ɔːrientiəriŋ] *znw* sp oriëntatieloop

orifice ['ɔrifis] *znw* plechtig opening; mond

origin ['ɔridʒin] *znw* oorsprong, origine; oorzaak, ontstaan o

original [ə'ridʒinəl] **I** *bn* oorspronkelijk, aanvankelijk, origineel; ~ *sin* erfzonde; **II** *znw* origineel o

originality [əridʒi'næliti] *znw* oorspronkelijkheid; originaliteit

originate [ə'ridʒineit] **I** *overg* voortbrengen; **II** *onoverg* ontstaan, voortspruiten (uit *in*), afkomstig zijn, uitgaan (van *from*, *with*)

originator *znw* (eerste) ontwerper, initiatiefnemer, verwekker

orison ['ɔrizən] *znw* vero gebed o

orlop ['ɔːlɔp] *znw* scheepv koebrugdek o

ornament ['ɔːnəmənt] **I** *znw* versiering; sieraad² o; **II** *overg* (ver)sieren

ornamental [ɔːnə'mentl] *bn* decoratief; sier-; ~ *art* (ver)sier(ings)kunst, ornamentiek; ~ *painter* decoratieschilder

ornamentation [ɔːnəmen'teiʃən] *znw* versiering; ornamentiek

ornate [ɔː'neit] *bn* (te) zeer versierd, overladen

ornery ['ɔːnəri] *bn* Am gemeenz chagrijnig, vervelend; koppig

ornithologist [ɔːni'θɔlədʒist] *znw* ornitholoog

ornithology *znw* ornithologie: vogelkunde

orotund ['ɔroutʌnd] *bn* weerklinkend; bombastisch

orphan ['ɔːfən] **I** *znw* weeskind o, wees; **II** *bn* verweesd, ouderloos, wees-; **III** *overg* tot wees maken

orphanage *znw* weeshuis o

orphaned *bn* verweesd, ouderloos

orphanhood *znw* ouderloosheid

orris ['ɔris] *znw* borduursel o van goud- of zilverkant

orthodontics [ɔːθou'dɔntiks] *znw* orthodontie

orthodox ['ɔːθədɔks] *bn* orthodox; conventioneel; van de oude stempel; gebruikelijk, gewoon; oosters-orthodox

orthodoxy *znw* orthodoxie, rechtzinnigheid

orthographic [ɔːθə'græfik] *bn* orthografisch: van de spelling, spelling-

orthography [ɔː'θɔgrəfi] *znw* (juiste) spelling

orthopaedic, Am **orthopedic** [ɔːθou'piːdik] *bn* orthopedisch; ~ *surgeon* orthopedist

orthopaedics, Am **orthopedics** *znw* orthopedie

oscillate ['ɔsileit] *overg & onoverg* slingeren, schommelen²; trillen; aarzelen; radio oscilleren

oscillation [ɔsi'leiʃən] *znw* slingering, schommeling²; radio oscillatie

oscillatory ['ɔsilətəri] *bn* slingerend, schommelend²; slinger-; radio oscillatie-

osculate ['ɔskjuleit] **I** *onoverg* wisk osculeren; **II** *overg* schertsend kussen

osculation [ɔskju'leiʃən] *znw* wisk osculatie; schertsend kus, gekus o

osier ['ouʒə] **I** *znw* wilg; teen; **II** *bn* tenen

osmosis [ɔz'mousis] *znw* osmose

osprey ['ɔspri] *znw* dierk visarend; aigrette

osseous ['ɔsiəs] *bn* beenachtig, beender-

ossicles ['ɔsəkls] *bn* gehoorbeentjes

ossification [ɔsifi'keiʃən] *znw* beenvorming, verbening

ossify ['ɔsifai] *overg & onoverg* (doen) verbenen; verharden²

ossuary ['ɔsjuari] *znw* knekelhuis o, ossuarium o

ostensible [ɔs'tensibl] *bn* ogenschijnlijk, zogenaamd

ostensibly *bijw* ogenschijnlijk, zogenaamd

ostentation [ɔsten'teiʃən] *znw* (uiterlijk)

vertoon o

ostentatious *bn* praalziek; ostentatief

osteopath ['ɔstiəpæθ] *znw* osteopaat, botenkraker

ostler ['ɔslə] *znw* stalknecht

ostracism ['ɔstrəsizm] *znw* hist ostracisme o, schervengericht o; uitsluiting; verbanning

ostracize ['ɔstrəsaiz] *overg* hist (door het schervengericht) verbannen; uitsluiten, (maatschappelijk) boycotten

ostrich ['ɔstritʃ] *znw* dierk struisvogel

other ['ʌðə] **I** *bn* ander; nog (meer); anders; *some ~ day* op een andere dag; *the ~ day* onlangs; *every ~ day* om de andere dag; *the ~ night* laatst op een avond; *~ than* anders dan; behalve; **II** *znw* andere; *he is the man of all ~s for the work* net de man voor dat werk; *why choose this book of all ~s!* waarom nu juist dit boek?

otherness *znw* verschillend/anders zijn o

otherwise *bijw* anders°, anderszins, op (een) andere manier; overigens; alias

otherworldly [ʌðə'wə:ldli] *bn* niet van deze wereld

otiose ['ouʃious] *bn* onnut, overbodig; ledig

otter ['ɔtə] *znw* dierk (zee)otter

Ottoman ['ɔtəmən] *znw & bn* Ottomaan(s), Turk(s)

ouch [autʃ] *tsw* au!

1 ought [ɔ:t] *znw* 1 plechtig iets; 2 nul

2 ought* [ɔ:t] *onoverg* moeten, behoren

ounce [auns] *znw* 1 Engels ons o (= 28,35 gram); 2 fig greintje o, beetje o; 3 dierk sneeuwpanter

our ['auə] *bez vnw* ons, onze

ours *bez vnw* de onze(n), het onze; van ons

ourself [auə'self], **ourselves** [auə'selvz] *wederk vnw* wij(zelf); ons, (ons)zelf; *we ~* wij zelf [met nadruk]

ousel ['u:zl] *znw = ouzel*

oust [aust] *overg* verjagen; verdringen

out [aut] **I** *bijw* uit°, (naar) buiten; eropuit, weg, niet thuis, scheepv buitengaats, mil te veld; uitgedoofd; op; om; uit de mode; niet meer aan het bewind; niet meer aan slag; in staking; bewusteloos; bekend, geopenbaard, publiek; uitgesloten; *all ~* totaal; de plank helemaal mis; uit alle macht; *go all (flat) ~* alles op alles zetten; *~ there* daarginder; *~ and ~* door en door, terdege; *my arm is ~* uit het lid; *be ~* uit zijn, er niet zijn; het mis hebben; slang uitkomen voor zijn/haar homoseksualiteit; *have it ~* duidelijk stellen, [iets] uitvechten; *genius will ~* het genie blijft niet verborgen; *~ for Germany's destruction* van plan Duitsland te vernietigen; *~ in one's calculations* zich verrekend hebben; *~ of* uit; buiten; van; zonder; door [voorraad] heen; *be ~ of it* niet meer meetellen; niet in zijn element zijn; *~ with it!* eruit maar eens op!; **II** *tsw*: *~!* eruit!; **III** *voorz*: *from ~ the dungeon* (van)uit de gevangenis

out-and-out ['autnd'aut] *bn* door en door, eersterangs

outback ['autbæk] *znw* Austr binnenland o

outbalance [aut'bæləns] *overg* zwaarder wegen dan...

outbid [aut'bid] *overg* meer bieden (dan...), overbieden[2]

outboard ['autbɔ:d] *bn* buiten boord

outbound ['autbaund] *bn* op de uitreis [schip &]

outbrave [aut'breiv] *overg* trotseren; (in moed) overtreffen

outbreak ['autbreik] *znw* uitbreken o [v. mazelen &, oorlog]; uitbarsting; opstootje o, oproer o

outbuilding ['autbildiŋ] *znw* bijgebouw o

outburst ['autbə:st] *znw* uitbarsting[2]; fig uitval

outcast ['autka:st] *znw* verschoppeling, uitgestotene; balling

outclass [aut'kla:s] *overg* overtreffen, (ver) achter zich laten; sp overklassen, overspelen

outcome ['autkʌm] *znw* uitslag, resultaat o

outcrop ['autkrɔp] *znw* geol dagzoom

outcry ['autkrai] *znw* luid protest o

outdated [aut'deitid] *bn* verouderd, uit de tijd

outdistance [aut'distəns] *overg* achter zich laten[2]

outdo [aut'du:] *overg* overtreffen, de loef afsteken

outdoor ['autdɔ:] *bn* buiten-; voor buitenhuis; in de open lucht

outdoors ['aut'dɔ:z] *bijw* buitenshuis, buiten

outer ['autə] *bn* buiten-, buitenste; verste, uiterste; *~ garments* bovenkleren; *~ space* buitenaardse ruimte

outermost *bn* buitenste, uiterste

outface [aut'feis] *overg* van zijn stuk brengen; trotseren

outfall ['autfɔ:l] *znw* afvloeiing [v. water], afvoerkanaal o

outfield ['autfi:ld] *znw* honkbal cricket verre veld o

outfit ['autfit] *znw* uitrusting, kostuum o; slang zaak, zaakje o; gezelschap o, stel o; ploeg

outfitter *znw* leverancier van uitrustingen; winkelier in herenmode

outflank [aut'flæŋk] *overg* mil overvleugelen, omtrekken; fig beetnemen

outflow ['autflou] *znw* uitstroming; uitstorting; wegvloeien o [v. kapitaal]; *savings ~* handel ontsparing

outfox [aut'fɔks] *overg* te slim af zijn

outgo [aut'gou] **I** *overg* overtreffen; **II** *znw* uitgaven

outgoing ['autgouiŋ] **I** *bn* uitgaand; aflopend [getij]; vertrekkend [trein]; demissionair [minister]; **II** *znw*: *~s* uitgave(n), (on-)kosten

outgrow [aut'grou] *overg* sneller groeien dan...; ontgroeien; groeien uit [kledingstuk]

outgrowth ['autgrouθ] *znw* uitvloeisel o, resultaat o

outhouse ['authaus] *znw* bijgebouw o

outing ['autiŋ] *znw* uitstapje o, uitje o

outlandish [aut'lændiʃ] *bn* buitenlands, vreemd; (ver)afgelegen

outlast [aut'la:st] *overg* langer duren dan...

ovary

outlaw ['autlɔ:] **I** *znw* vogelvrij verklaarde, balling; bandiet; **II** *overg* vogelvrij verklaren, buiten de wet stellen, verbieden

outlawry *znw* vogelvrijverklaring, buiten de wet stellen o

outlay ['autlei] *znw* uitgave, (on)kosten

outlet ['autlet] *znw* uitgang; uitweg; afvoerkanaal o; <u>handel</u> afzetgebied o; verkooppunt o; <u>fig</u> uitlaatklep

outlier ['autlaiə] *znw* iem. die of iets wat zich buiten zijn gewone woonplaats bevindt; ook: forens

outline ['autlain] **I** *znw* omtrek, schets²; omlijning; *the* ~*s* ook: de hoofdpunten; **II** *overg* schetsen, uitstippelen; *be* ~*d against* zich aftekenen tegen

outlive [aut'liv] *overg* langer leven dan...; ~ *one's (its) day* zichzelf overleven; *not* ~ *the night* de dag niet halen; ~ *its usefulness* zijn (beste) tijd gehad hebben

outlook ['autluk] *znw* uitkijk; kijk, blik, zienswijze, opvatting, visie; (voor)uitzicht o

outlying ['autlaiiŋ] *bn* ver, verwijderd, afgelegen, buiten

outmanoeuvre, *Am* **outmaneuvre** ['autmə'nu:və] *overg* [iem.] te slim af zijn

outmatch ['autmætʃ] *overg* overtreffen

outmoded [aut'moudid] *bn* ouderwets

outmost ['autmoust] *bn* buitenste, uiterste

outnumber [aut'nʌmbə] *overg* in aantal overtreffen

out-of-date ['autəv'deit] *bn* ouderwets, verouderd

out-of-pocket ['autəv'pɔkit] *bn*: ~ *expenses* voorschot o

out-of-the-way ['autəvðə'wei] *bn* afgelegen; ongewoon; buitenissig

out-of-work ['autəv'wə:k] *bn* werkeloos, zonder werk

out-patient ['autpeiʃənt] *znw* poliklinische patiënt; ~*s' department* polikliniek

outpost ['autpoust] *znw* buitenpost; <u>mil</u> voorpost

outpouring ['autpɔ:riŋ] *znw* uitstorting; ontboezeming

output ['autput] **I** *znw* opbrengst, productie; <u>mil</u> nuttig effect o, vermogen o; <u>elektr</u> uitgang(svermogen o); <u>comput</u> uitvoer; **II** *overg* <u>comput</u> uitvoeren

outrage ['autreidʒ] **I** *overg* beledigen; schenden; **II** *znw* belediging; schennis, wandaad; aanslag

outrageous [aut'reidʒəs] *bn* schandelijk, gewelddadig; overdreven

outrageously *bijw* ook: uitbundig, bovenmate

outrank [aut'ræŋk] *overg* (in rang) staan boven; overtreffen

outré ['u:trei] *bn* buitenissig, onbetamelijk; excentriek

outreach [aut'ri:tʃ] *overg* verder reiken dan; overtreffen

outride [aut'raid] *overg* voorbijrijden; ~ *a storm* het uithouden in een storm

outrider ['autraidə] *znw* voorrijder

outrigger ['autrigə] *znw* outrigger, dol

outright ['autrait] *bn* ineens, op slag; totaal,

volslagen; openlijk, ronduit; *laugh* ~ hardop lachen

outrival [aut'raivəl] *overg* het winnen van

outrun [aut'rʌn] *overg* harder lopen dan...; ontlopen; <u>fig</u> voorbijstreven; overschrijden

outrunner ['autrʌnə] *znw* voorloper

outsell [aut'sel] *overg* meer verkocht worden dan; meer verkopen dan

outset ['autset] *znw*. *at the* ~, *from the (very)* ~ al dadelijk (bij het begin)

outshine [aut'ʃain] *overg* (in glans) overtreffen

outside I *znw* ['aut'said] buitenkant; buitenste o; uiterste o; *six at the* ~ op zijn hoogst; *from (the)* ~ van buiten; *on the* ~ van buiten; **II** *bijw* buiten²; van, naar buiten; **III** *voorz* buiten (het bereik van); **IV** *bn* ['autsaid] van buiten (komend); uiterste; buiten-; ~ *broadcast* uitzending op lokatie; ~ *chance* uiterst kleine kans; *the* ~ *edge* beentje over o [bij schaatsenrijden]; ~ *interest* hobby

outsider [aut'saidə] *znw* niet-ingewijde, buitenstaander, outsider; niet favoriet zijnd paard o

outsize ['autsaiz] *znw* extra grote maat; ~*(d)* van abnormale grootte

outskirts ['autskə:ts] *znw mv* buitenkant, zoom, grens, rand; buitenwijken

outsmart [aut'sma:t] *overg* te slim af zijn

outspoken [aut'spoukn] *bn* openhartig, vrijmoedig

outspread [aut'spred] *bn* uitgespreid

outstanding [aut'stændiŋ] *bn* markant, bijzonder; onbetaald; onbeslist, onopgelost

outstare [aut'stɛə] *overg* [iem.] met een blik van z'n stuk brengen (beschamen)

out-station ['autsteiʃən] *znw* buitenpost²

outstay [aut'stei] *overg* langer blijven dan...; ~ *one's welcome* misbruik maken van iemands gastvrijheid

outstretched [aut'stretʃt] *bn* uitgestrekt

outstrip [aut'strip] *overg* voorbijstreven

outtalk [aut'tɔ:k] *overg* omverpraten

outvie [aut'vai] *overg* voorbijstreven

outvote [aut'vout] *overg* overstemmen; *be* ~*d* in de minderheid blijven

outward ['autwəd] **I** *bn* uitwendig, uiterlijk; naar buiten gekeerd; buiten-; *the* ~ *(form)* het vóórkomen; ~ *journey* uitreis; **II** *bijw* naar buiten; ~ *bound* <u>scheepv</u> op de uitreis

outwardly *bijw* uiterlijk, zo op het oog

outwards *bijw* buitenwaarts

outwear [aut'wɛə] *overg* langer duren dan...

outweigh [aut'wei] *overg* zwaarder wegen dan²...

outwit [aut'wit] *overg* te slim af zijn

outwork ['autwə:k] *znw* <u>mil</u> buitenwerk o

outworn [aut'wɔ:n] *bn* afgezaagd; verouderd; versleten; uitgeput

ouzel ['u:zl] *znw* merel

oval ['ouvəl] **I** *bn* ovaal, eirond; **II** *znw* ovaal o; *the O*~ een cricketterrein in Londen

ovarian [ou'vɛəriən] *bn* van de eierstokken

ovary ['ouvəri] *znw* eierstok; <u>plantk</u> vruchtbeginsel o

ovate ['ouveit] *bn* eivormig

ovation [ou'veiʃən] *znw* ovatie

oven ['ʌvn] *znw* oven

ovenproof ['ʌvnpru:f] *bn* ovenvast

ovenware ['ʌvnwɛə] *znw* ovenvast aardewerk o

over ['ouvə] **I** *voorz* over°, boven, over... heen; meer dan; naar aanleiding van, in verband met, inzake, aangaande...; Am ook: opnieuw; ~ *and above* behalve; ~ *the week-end* gedurende; ~ *the years* in de loop der jaren; **II** *bijw* over°; voorbij, afgelopen, uit, achter de rug; omver; meer; ~ *again* nog eens; ~ *against* in tegenstelling met; ~ *and* ~ *(again)* keer op keer, telkens weer; *all* ~ van top tot teen; helemaal; *it's all* ~ het is voorbij; *be all* ~ *(someone)* wèg zijn van; *all* ~ *the world* over de hele wereld; ~ *in America* (daar)ginder in Amerika; ~ *there* (daar)ginder, aan de overkant, daar; **III** *znw sp* over [cricket]

overabundant ['ouvərə'bʌndənt] *bn* overvloedig, overdadig

overact ['ouvər'ækt] *onoverg* overdrijven, chargeren

overall ['ouvərɔ:l] **I** *znw* stofjas, jasschort; ~*s* werkpak o, overall; **II** *bn* totaal; algemeen

overanxious [ouvər'æŋkʃəs] *bn* (al) te bezorgd

overarch [ouvər'a:tʃ] *overg* overwelven

overarm [ouvər'a:m] *bn* bovenhands

overawe [ouvər'ɔ:] *overg* ontzag inboezemen, imponeren

overbalance [ouvə'bæləns] **I** *onoverg* het evenwicht verliezen; **II** *overg* het evenwicht doen verliezen; zwaarder of meer wegen dan²...

overbearing *bn* aanmatigend, bazig

overbid [ouvə'bid] *overg* meer bieden dan..., overbieden; overtreffen

overboard ['ouvəbɔ:d] *bijw* overboord²; *go* ~ *fig gemeenz* te ver gaan, overdrijven; *go* ~ *for gemeenz* wild zijn van (op)

overbold [ouvə'bould] *bn* al te vrijmoedig

overbuild ['ouvə'bild] *overg* te vol bouwen

overburden [ouvə'bə:dn] *overg* overladen²

overbusy ['ouvə'bizi] *bn* het overdruk hebbend

overcast ['ouvəka:st] *bn* bewolkt; *grow* ~ betrekken [lucht &]

overcautious [ouvə'kɔ:ʃəs] *bn* al te omzichtig

overcharge ['ouvə'tʃa:dʒ] **I** *overg handel* te veel berekenen, overvragen (voor); overladen°; **II** *onoverg handel* overvragen

overcoat ['ouvəkout] *znw* overjas

1 overcome* [ouvə'kʌm] *overg* overwinnen; te boven komen

2 overcome [ouvə'kʌm] *bn fig* overmand; bevangen

overconfident [ouvə'kɔnfidənt] *bn* overmoedig

overcrowd [ouvə'kraud] *bn*: ~*ed* overvol, overbevolkt, overbezet

overcrowding [ouvə'kraudiŋ] *znw* overbevolking [in gebouw &]

overdo [ouvə'du:] *overg* (de zaak) overdrijven, te ver drijven; afmatten; te gaar koken

overdone [ouvə'dʌn] *bn* overdreven, overladen; te gaar gekookt

overdose ['ouvə'dous] **I** *znw* te grote dosis; **II** *onoverg* een te grote dosis nemen

overdraft ['ouvədra:ft] *znw* (bedrag o van) overdispositie, voorschot o in rekeningcourant, rood staan o

overdraw ['ouvə'drɔ:] *overg handel* overdisponeren, meer opnemen dan op de bank staat (ook: ~ *one's account*); *be* ~*n* debet staan [bij de bank]

overdress ['ouvə'dres] *onoverg & overg* (zich) te zwierig (te formeel) kleden

overdrive ['ouvə'draiv] *znw auto* overdrive, overversnelling; *go into* ~ *gemeenz* er vaart achter zetten

overdue ['ouvə'dju:, ouvə'dju:] *bn* te laat [trein]; reeds lang noodzakelijk; achterstallig [v. schulden]

overeat [ouvər'i:t] *onoverg* zich overeten

overemphasize [ouvər'emfəsaiz] *overg* te zeer de nadruk leggen op, overdrijven

overestimate I *znw* ['ouvər'estimit] te hoge schatting; overschatting; **II** *overg* ['ouvər'estimeit] te hoog schatten of aanslaan; overschatten

overfeed ['ouvə'fi:d] *overg* (zich) overvoeden

overflow I [ouvə'flou] *overg* overstromen²; stromen over; ~ *its banks* buiten de oevers treden; **II** ['ouvəflou] *znw* overstroming; teveel o; (water)overlaat, overloop

overgrow [ouvə'grou] *overg* begroeien, overdekken

overgrown *bn* begroeid, bedekt [met gras &]; verwilderd [v. tuin]; uit zijn krachten gegroeid

overgrowth ['ouvəgrouθ] *znw* te welige groei

overhand ['ouvəhænd] *bn sp* bovenhands

overhang I *overg* ['ouvə'hæŋ] hangen over, boven (iets); **II** *onoverg* overhangen, uitsteken; **III** ['ouvəhæŋ] *znw* overhangend gedeelte o

overhaul I [ouvə'hɔ:l] *overg scheepv* inhalen; reviseren [motor &]; inspecteren; **II** ['ouvəhɔ:l] *znw* revisie

overhead I *bijw* [ouvə'hed] boven het (ons, zijn) hoofd, (hoog) in de lucht; **II** *bn* ['ouvəhed]: ~ *charges handel* vaste bedrijfskosten (ook: ~*s*); ~ *expenses* vaste onkosten (zoals huur); **III** *znw handel* algemene onkosten (ook: ~*s*)

overhear [ouvə'hiə] *overg* bij toeval horen, opvangen, afluisteren

overheat ['ouvə'hi:t] **I** *overg* oververhitten; **II** *onoverg* oververhit worden

overindulge ['ouvərin'dʌldʒ] **I** *overg* te veel toegeven aan (iemands grillen); **II** *onoverg* zich te veel laten gaan [vooral m.b.t. eten]

overjoyed [ouvə'dʒɔid] *bn* in de wolken, dolblij

overkill [ouvə'kil] *znw* overkill, overmatig gebruik o van strijdmiddelen; *fig* te veel van het goede

overladen ['ouvə'leidn] *bn* overbelast; overladen (met versiering)

overland I *bn* ['ouvəlænd] over land (gaand); **II** *bijw* [ouvə'lænd] over land

overlap I *onoverg & overg* [ouvə'læp] (elkaar) overlappen; **II** *znw* ['ouvəlæp] overlap(ping)

overlay I *overg* [ouvə'lei] bedekken; **II** *znw* ['ouvəlei] znw bedekking

overleaf ['ouvə'li:f] *bijw* aan ommezijde

overleap ['ouvə'li:p] *overg* springen over

overload I *znw* ['ouvəloud] te zware belasting; **II** *overg* ['ouvə'loud] overladen; overbelasten

overlook [ouvə'luk] *overg* overzien, uitzien op; in het oog houden; over het hoofd zien; door de vingers zien

overlord ['ouvələ:d] *znw* opperheer

overly ['ouvəli] *bijw* overdreven, al te

overman ['ouvəmæn] *znw* (ploeg)baas; ook = *superman*

overmanning [ouvə'mæniŋ] *znw* overbezetting

overmaster [ouvə'ma:stə] *overg* overmeesteren

overmuch [ouvə'mʌtʃ] *bn bijw* al te veel, te zeer

overnice [ouvə'nais] *bn* al te kieskeurig

overnight I *bijw* ['ouvə'nait] de avond (nacht) tevoren; gedurende de nacht; in één nacht; ineens, plotseling; op stel en sprong; **II** *bn* nachtelijk [reis]; één nacht durend [verblijf]; ~ *bag* weekendtas; ~ *stay*, ~ *stop* overnachting

overpass ['ouvəpa:s] *znw* ongelijkvloerse kruising, viaduct *m & o*

overpay ['ouvə'pei] *overg* te veel (uit-) betalen

overplay [ouvə'plei] *overg* overdrijven; ~ *one's hand* zijn hand overspelen

overplus ['ouvəplʌs] *znw* overschot *o*

overpopulated [ouvə'pɔpjuleitid] *bn* overbevolkt

overpopulation [ouvəpɔpju'leiʃən] *znw* overbevolking

overpower [ouvə'pauə] *overg* overmannen, overstelpen, overweldigen

overpriced [ouvə'praist] *bn* te duur, te hoog geprijsd

overprint I *overg* ['ouvə'print] van een opdruk voorzien [postzegel]; te grote oplaag drukken; **II** *znw* ['ouvəprint] opdruk

overrate ['ouvə'reit] *overg* overschatten

overreach [ouvə'ri:tʃ] *overg*: ~ *oneself* fig te veel hooi op zijn vork nemen

overreact [ouvəri'ækt] *onoverg* overdreven/ te heftig reageren

override [ouvə'raid] *overg* opzij zetten; tenietdoen; overheersen

overrule [ouvə'ru:l] *overg* recht verwerpen, tenietdoen; overstemmen; *be* ~*d* ook: afgestemd worden

overrun I *overg* overschrijden, overstromen[2]; overdekken [van plantengroei]; binnenvallen; verwoesten, onder de voet lopen [een land]; **II** *onoverg* langer duren dan gepland

oversea(s) ['ouvə'si:(z)] **I** *bijw* over zee, naar/in het buitenland; **II** *bn* overzees, buitenlands

oversee ['ouvə'si:] *overg* het toezicht hebben over

overseer ['ouvəsiə] *znw* opzichter, inspecteur; bewaker; surveillant

oversell [ouvə'sel] *overg* meer verkopen dan geleverd kan worden; fig bovenmatig aanprijzen

overset [ouvə'set] *overg* omverwerpen, omgooien

oversexed [ouvə'sekst] *bn* oversekst

overshadow [ouvə'ʃædou] *overg* overschaduwen, in de schaduw stellen

overshoe ['ouvəʃu:] *znw* overschoen

overshoot ['ouvə'ʃu:t] *overg* voorbijschieten, overheen schieten; ~ *the mark* zijn doel voorbijschieten

oversight ['ouvəsait] *znw* onoplettendheid; toe-, opzicht *o*

oversimplify *overg* simplistisch voorstellen, opvatten of redeneren

oversize, oversized ['ouvəsaizd] *bn* extra groot, oversized; te groot

oversleep ['ouvə'sli:p] *onoverg* zich verslapen

overspend ['ouvə'spend] *overg* te veel uitgeven

overspill ['ouvəspil] *znw* teveel *o*; overbevolking

overstaffed [ouvə'sta:ft] *bn* met te veel personeel, overbezet

overstate [ouvə'steit] *overg* overdrijven; te hoog opgeven; ~ *the case* te veel beweren

overstatement *znw* overdrijving

overstay ['ouvə'stei] *overg* langer blijven dan...; te lang blijven

overstep ['ouvə'step] *overg* overschrijden[2], te buiten gaan; ~ *all (the) bounds* alle perken te buiten gaan; ~ *the mark* fig te ver gaan

overstock I *overg* ['ouvə'stɔk] te grote voorraad hebben; overvoeren [de markt]; **II** *znw* ['ouvəstɔk] te grote voorraad

overstrain ['ouvə'strein] *overg* te zeer (in-) spannen

overstrung ['ouvəstrʌŋ] *bn* muz kruissnarig

oversubscribe ['ouvəsəb'skraib] *overg* handel overtekenen

overt ['ouvə:t] *bn* open, openlijk, duidelijk

overtake [ouvə'teik] *overg* inhalen; overvallen

overtax ['ouvə'tæks] *overg* al te zwaar belasten; te veel vergen van

overthrow I *overg* ['ouvə'θrou] om(ver-) werpen; fig ten val brengen; vernietigen; **II** *znw* ['ouvəθrou] omverwerping; fig val [v. minister &]; nederlaag

overtime ['ouvətaim] **I** *znw* overuren, overwerk *o*; **II** *bn*: ~ *work* overwerk *o*; **III** *bijw*: *work* ~ overuren maken, overwerken

overtone ['ouvətoun] *znw* muz boventoon; fig ondertoon; bijbetekenis, bijklank

overture ['ouvətjuə] *znw* opening, inleiding; inleidend voorstel *o* [bij onderhandeling]; muz ouverture; ~*s* ook: avances

overturn [ouvə'tə:n] **I** *overg* omverwerpen, doen mislukken, te gronde richten; **II** *onoverg* omslaan, omvallen

overvalue ['ouvə'vælju:] *overg* overschatten, overwaarderen

overview [ouvə'vju:] *znw* overzicht o

overweening [ouvə'wi:niŋ] *bn* aanmatigend, verwaand

overweight ['ouvəweit] I *znw* over(ge-) wicht o; II *bn* te zwaar

overwhelm [ouvə'welm] *overg* overweldigen; verwarren; verpletteren

overwhelming *bn* verpletterend, overweldigend

overwork I *znw* ['ouvəwə:k] te grote inspanning; II *overg* ['ouvə'wə:k] te veel laten werken; uitputten; ~ed ook: afgezaagd; III *onoverg* zich overwerken

overwrite [ouvə'rait] *overg* comput overschrijven

overwrought ['ouvə'rɔ:t] *bn* overspannen; overladen [met details]

oviduct ['ouvidʌkt] *znw* eileider

oviform *bn* eivormig

ovine ['ouvain] *bn* van de schapen, schapen-

oviparous [ou'vipərəs] *bn* eierleggend

ovoid ['ouvɔid] I *bn* eivormig; II *znw* eivormig lichaam o

ovulate ['ɔvjuleit] *onoverg* ovuleren

ovum ['ouvəm] *znw* (*mv:* ova) eicel

owe [ou] I *overg* verschuldigd zijn, te danken/te wijten hebben (aan); II *onoverg* schuld(en) hebben

owing I *bn*: *it was* ~ *to...* het was te wijten aan...; II *voorz*: ~ *to...* ten gevolge van.., dankzij...

owl [aul] *znw* dierk uil

owlet *znw* dierk uiltje o

owlish *bn* uilachtig, uilig, uilen-

own [oun] I *bn* eigen; *it has a charm all of its* ~ een eigenaardige bekoring; *for your (very)* ~ (helemaal) voor u alleen; *on one's* ~ alleen; op eigen houtje; zie ook: *come*, [1]*hold*; II *overg* bezitten; toegeven, erkennen; III *onoverg*: ~ *up* bekennen, opbiechten

owner *znw* eigenaar; reder

owner-occupier *znw* eigenaar-bewoner

ownership *znw* eigendom(srecht) o, bezit(srecht) o

ox [ɔks] *znw* (*mv:* oxen [-ən]) os; rund o

Oxbridge ['ɔksbridʒ] *znw* Oxford en Cambridge [de oude universiteiten]

oxen ['ɔksən] *mv* v. ox

ox-fence *znw* dichte haag [voor het vee]

oxidation [ɔksi'deiʃən] *znw* oxidatie

oxide ['ɔksaid] *znw* oxide; zuurstofverbinding

oxidize ['ɔksidaiz] *onoverg* oxideren

Oxonian [ɔk'sounjən] *bn (znw)* onderw (student of gegradueerde) van Oxford

ox-tail ['ɔksteil] *znw* ossenstaart

oxyacetylene ['ɔksiə'setili:n] *bn*: ~ *torch* snijbrander; ~ *welding* autogeen lassen o

oxygen ['ɔksidʒən] *znw* zuurstof

oxygenate [ɔk'sidʒineit] *overg* met zuurstof verbinden

oyster ['ɔistə] *znw* oester[2]

oyster-catcher *znw* scholekster

oz. *afk.* = *ounce(s)*

ozone ['ouzoun, ou'zoun] *znw* ozon o & m; ~ *layer* ozonlaag

P

1 p [pi:] *znw* (de letter) p; *mind your ~'s and q's* pas op uw tellen
2 p = *pence, penny*
pa [pa:] *znw* gemeenz pa
PA *afk.* = *personal assistant; public-address system*
pace ['peis] **I** *znw* stap, pas, schrede; gang, tempo o; telgang [v. paard]; *go the ~* flink doorstappen of doorrijden; fig erop los leven; *keep ~* gelijke tred houden; *set the ~* het tempo aangeven²; *put sbd. through his ~s* iem. op de proef stellen; **II** *onoverg* stappen; in de telgang gaan [v. paard]; **III** *overg* afpassen, meten (ook: *~ out*); afstappen; het tempo aangeven; de snelheid meten van; *~ (up and down)* ijsberen
pace-maker *znw* gangmaker; med pacemaker
pachyderm ['pækidə:m] *znw* dikhuidig dier o (mens)
pacific [pə'sifik] *bn* vredelievend; vreedzaam; *the P~ (Ocean)* de Grote Oceaan, de Stille Zuidzee; *the P~ islands* Zuidzee-eilanden
pacification [pæsifi'keiʃən] *znw* pacificatie, vredestichting
pacifier ['pæsifaiə] *znw* Am fopspeen
pacifism ['pæsifizm] *znw* pacifisme o
pacifist *znw & bn* pacifist(isch)
pacify *overg* kalmeren; pacificeren, tot vrede (rust) brengen
pack [pæk] **I** *znw* pak o, last; bepakking; meute, troep; bende; pakijs o; spel o [kaarten]; *a ~ of lies* een hoop leugens; **II** *overg* (in-, ver)pakken; bepakken, beladen; volstoppen; partijdig samenstellen [jury]; *~ off* wegsturen; *~ it in* gemeenz ermee ophouden; *that film is ~ing them in* gemeenz de film trekt volle zalen; *~ed (out)* stampvol; *~ up* gemeenz ophouden met; opkrassen; *a ~ed lunch* een lunchpakket o; **III** *onoverg & abs ww* pakken; zich laten (in)pakken; drommen; zijn biezen pakken; *~ up* slang ermee uitscheiden; afslaan [motor]; *send sbd. ~ing* iem. de bons geven
package I *znw* verpakking; pak o; pakket² o; Am pakje o [sigaretten &]; **II** *bn: ~ deal* aanbieding die in haar geheel geaccepteerd moet worden; *~ holiday (tour)* volledig verzorgde vakantie (reis); **III** *overg* verpakken, fig presenteren
packaging *znw* verpakking
pack-animal *znw* pakdier o, lastdier o
pack-drill *znw* mil strafexerceren o
packer *znw* (ver)pakker
packet ['pækit] *znw* pakje o, pakket o; mil pakketboot; gemeenz bom duiten
packet-boat *znw* pakketboot
pack-horse ['pækhɔ:s] *znw* pakpaard o
pack-ice *znw* pakijs o
packing ['pækiŋ] *znw* inpakken o; verpakking; techn pakking

packing-case *znw* pakkist
pact [pækt] *znw* pact o, verdrag o, verbond o
pad [pæd] **I** *znw* kussen(tje) o; blocnote; spoor o [v. dier]; slang kast (= kamer &), bed o; *launch(ing) ~* lanceerplatform o [v. raket &]; fig springplank; **II** *overg* (op-)vullen (ook: *~ out*); watteren; fig langer maken [speech &]; *~ded cell* isoleercel; **III** *onoverg* trippelen; op de tenen lopen
padding ['pædiŋ] *znw* (op)vulsel o [bijv. watten]; vulling, bladvulling
paddle ['pædl] **I** *znw* peddel; blad o [v.e. riem]; schoep [van een scheprad]; zwemvoet, vin; roeitochtje o; **II** *overg* roeien; **III** *onoverg* peddelen; roeien; pootjebaden, ploeteren [in water]
paddle boat *znw* rader(stoom)boot
paddle-wheel *znw* scheprad o
paddling pool *znw* pierenbadje o, kinderbadje o
paddock ['pædək] *znw* paddock: kleine omheinde weide
Paddy ['pædi] *znw* gemeenz de (typische) Ier
paddy ['pædi] *znw* **1** gemeenz nijdige bui; **2** plantk padie [rijst]
paddy wagon ['pædiwægən] *znw* Am gemeenz politieauto
padlock ['pædlɔk] **I** *znw* hangslot o; **II** *overg* met een hangslot sluiten
padre ['pa:dri] *znw* dominee; mil (leger-, vloot)predikant, RK (leger-, vloot-) aalmoezenier
paean ['pi:ən] *znw* jubelzang, zegelied o
paediatrician, Am pediatrician [pi:diə'triʃən] *znw* kinderarts
paediatrics, Am pediatrics [pi:di'ætriks] *znw* kindergeneeskunde
paedophile, Am pedophile ['pi:dəfail] *znw & bn* pedofiel
paedophilia, Am pedophilia [pi:də'filiə] *znw* pedofilie
pagan ['peigən] **I** *znw* heiden; **II** *bn* heidens
paganism *znw* heidendom o
page [peidʒ] **I** *znw* **1** page; **2** bladzijde², pagina; **II** *overg* iemands naam laten omroepen [in hotels &]; *paging Mr X* is de heer X aanwezig?
pageant ['pædʒənt] *znw* (praal)vertoning; (historisch) schouwspel o; (historische) optocht; praal, pracht
pageantry *znw* praal(vertoning)
pageboy *znw* bruidsjonker; pagekopje o [haardracht]
paginate ['pædʒineit] *overg* pagineren
pagination [pædʒi'neiʃən] *znw* paginering
pagoda [pə'goudə] *znw* pagode
paid [peid] **I** V.T. & V.D. van ²*pay*; **II** *bn: put ~ to* een eind maken aan
paid-up *bn* contributie betaald hebbend [lid], fig enthousiast [lid]; volgestort [aandelen]; premievrij [polis]
pail [peil] *znw* emmer
pain [pein] **I** *znw* pijn, smart, lijden o; kruis o, bezoeking; *~s* ook: (barens)weeën; *take (great) ~s, be at (great) ~s to...* zich (veel) moeite geven...; *under/(up)on ~ of death*

painful   302

op straffe des doods; ~ *in the neck gemeenz* onuitstaanbaar persoon; ~ *in the
arse* (Am *ass*) *slang* klootzak, rotwijf o; **II**
onoverg & overg pijnlijk zijn; pijn, verdriet
doen
painful *bn* pijnlijk°; moeilijk, moeizaam;
bedroevend slechte
pain-killer *znw* pijnstillend middel o
painless *bn* pijnloos; moeiteloos
painstaking *bn* ijverig; nauwgezet
paint [peint] **I** *znw* verf; kleurstof, pigment
o; rouge; **II** *overg* schilderen; (zich) schmin-
ken, opmaken; ~ *the town red gemeenz*
de bloemetjes buiten zetten; **III** *onoverg*
schilderen
paintbox *znw* kleur-, verfdoos
paintbrush *znw* penseel o, verfkwast
painter *znw* **1** schilder; **2** *scheepv* vanglijn
painting *znw* schilderij o; schilderkunst;
schildering
paint stripper *znw* afbijtmiddel o; verf-
krabber
paintwork *znw* lak o & m, verf(laag)
pair [pɛə] **I** *znw* paar o, stel o; a ~ *of spectacles* een bril; a ~ *of trousers* een broek;
II *overg* paren°; verenigen; ~ *off* paarsgewijs verdelen (schikken), koppelen; **III** *onoverg* paren; samengaan; ~ *off* (een) koppel-
(s) vormen
paisley [ˈpeizli] *znw* (kledingstuk o van)
wollen stof met kasjmierdessin
pajamas [pəˈdʒɑːməz] *znw mv*: Am = *pyjamas*
Pakistan [pɑːkiˈstɑːn] *znw* Pakistan o
Pakistani [pɑːkisˈtɑːni] **I** *bn* Pakistaans; **II**
znw Pakistaner
pal [pæl] *gemeenz* **I** *znw* kameraad, vriendje
o; **II** *onoverg*: ~ *up* bevriend worden (met
with)
palace [ˈpælis] *znw* paleis o
palaeontology, Am **paleontology**
[pæliɔnˈtɔlədʒi] *znw* paleontologie: fossie-
lenkunde
palatable [ˈpælətəbl] *bn* smakelijk², aangenaam
palatal [ˈpælətl] *znw & bn* palataal
palate [ˈpælit] *znw* verhemelte o; *fig* smaak
palatial [pəˈleiʃ(ə)l] *bn* als (van) een paleis,
groots
palatine [ˈpælətain] *bn* **1** paltsgrafelijk;
count ~ paltsgraaf; **2** verhemelte-
palaver [pəˈlɑːvə] *znw* **1** oeverloze discussie;
2 rompslomp
1 pale [peil] *znw* paal°; *beyond the* ~ onbehoorlijk
2 pale [peil] **I** *bn* bleek, dof, flauw, flets, licht
[blauw &]; **II** *onoverg* bleek worden, ver-
bleken²
pale ale *znw* licht Engels bier o
paleface *znw* bleekgezicht o, blanke
pale-faced *bn* bleek [v. gezicht]
paleness *znw* bleekheid
Palestinian [pæləsˈtiniən] *znw & bn* Pales-
tijn(s)
palette [ˈpælit] *znw* palet o
palette-knife *znw* paletmes o, tempermes
o
palfrey [ˈpɔːlfri] *znw* klein rijpaard o (vooral

voor dames)
palindrome [ˈpælindroum] *znw* palindroom
o
paling [ˈpeiliŋ] *znw* omrastering, omheining
palisade [pæliˈseid] *znw* paalwerk o, palissade, stormpaal
palish [ˈpeiliʃ] *bn* bleekjes
1 pall [pɔːl] *znw* baarkleed o; pallium o; ~
of smoke rooksluier; ~ *of snow* sneeuw-
mantel
2 pall [pɔːl] *onoverg*: ~ *(up)on* (gaan) tegen-
staan of vervelen; *it never* ~s *on you* het
verveelt nooit
palladium [pəˈleidiəm] *znw* (*mv*: palladia)
chem palladium o; *fig* bescherming, waarborg
pall-bearer [ˈpɔːlbɛərə] *znw* slippendrager
pallet [ˈpælit] *znw* **1** palet o; **2** strobed o,
strozak; **3** pallet [laadbord]
palliasse [ˈpæliæs, pælˈjæs] *znw* stromatras
palliate [ˈpælieit] *overg* verzachten, lenigen; verbloemen; vergoelijken
palliation [pæliˈeiʃən] *znw* verzachting, leniging; verbloeming; vergoelijking
palliative [ˈpæliətiv] **I** *bn* verzachtend; ver-
goelijkend; **II** *znw* verzachtend middel o,
zoethoudertje o
pallid [ˈpælid] *bn* (doods)bleek
pallor *znw* bleekheid
pally [ˈpæli] *bn* *gemeenz* kameraadschappelijk, bevriend
palm [pɑːm] **I** *znw* palm(boom); (hand)-
palm; *bear (win) the* ~ met de zege gaan
strijken; *have an itching* ~ hebzuchtig zijn;
she's got him in the ~ *of her hand* hij is als
was in haar handen; **II** *overg* in de hand
verbergen; ~ *sth. off on sbd.* iem. iets aansmeren; ~ *sbd. off with* iem. afschepen
met
palmer [ˈpɑːmə] *znw* vero pelgrim; *dierk* ha-
rige rups
palmist [ˈpɑːmist] *znw* handlezer
palmistry [ˈpɑːmistri] *znw* handleeskunde
palm-oil [ˈpɑːmɔil] *znw* palmolie
Palm Sunday *znw* Palmpasen
palmy *bn* bloeiend; voorspoedig; ~ *days*
bloeitijd
palooka [pəˈluːkə] *znw* *slang* zielepoot
palpable *bn* tastbaar
palpate *overg* betasten
palpitate [ˈpælpiteit] *onoverg* kloppen [van
het hart], bonzen, gonzen, trillen, lillen
palpitation [pælpiˈteiʃən] *znw* (hart-)
klopping
palsied [ˈpɔːlzid] *bn* verlamd
palsy *znw* verlamming
palter [ˈpɔːltə] *onoverg* draaien, uitvluchten
zoeken; ~ *with* knoeien met; marchande-
ren met; het zo nauw niet nemen met
paltry [ˈpɔːltri] *bn* onbeduidend, nietig; verachtelijk
pampas [ˈpæmpəz] *znw mv* pampa's
pamper [ˈpæmpə] *overg* vertroetelen, verwennen
pamphlet [ˈpæmflit] *znw* brochure; pamflet
o
pamphleteer [pæmfliˈtiə] *znw* pamflettist

1 pan [pæn] **I** znw pan[2]; schotel; slang hersenpan; schaal [v. weegschaal]; **II** overg: ~ off (out) wassen [goudaarde]; **III** onoverg: ~ for gold goudaarde wassen; ~ out well heel wat opleveren, prachtig gaan

2 pan [pæn] overg gemeenz hekelen, afkammen

3 pan [pæn] overg laten zwenken [filmcamera] en (het beeld) vasthouden

panacea [pænə'si:ə] znw panacee

panache [pə'næʃ, pæ'na:ʃ] znw vederbos, pluim; fig (overmoedige) bravoure

Panama [pænə'ma:, 'pænəma:] znw Panama o

panama (hat) [pænə'ma: (hæt)] znw panama(hoed)

Panamanian [pænə'meinjən, -iən] znw & bn Panamees

Pan-American ['pænə'merikən] bn Pan-Amerikaans: geheel Amerika omvattend

panatella [pænə'telə] znw lange, dunne sigaar

pancake ['pænkeik] znw pannenkoek; P~ Day vastenavond

pancreas ['pæŋkriəs] znw pancreas, alvleesklier

pancreatic [pæŋkri'ætik] bn van de alvleesklier

panda ['pændə] znw panda [beer]

panda car znw Br patrouillewagen [v.d. politie]

pandemic [pæn'demik] bn algemeen verspreid [ziekte], pandemisch

pandemonium [pændi'mounjəm] znw hels lawaai o; grote verwarring; fig een Poolse landdag

pander ['pændə] onoverg: ~ to sbd.'s vices iems. ondeugden ter wille zijn

pane [pein] znw glasruit, (venster)ruit

panel ['pænl] **I** znw paneel o; vak o; instrumentenbord o; (namen)lijst; jury; paneel o, groep, forum o; on the ~ in het ziekenfonds; **II** overg (met panelen) lambriseren; van panelen voorzien

panelling ['pænliŋ] znw beschot o, lambrisering

panellist ['pænlist] znw lid o van een panel (forum)

pang [pæŋ] znw pijn, steek; kwelling, angst; ~s of conscience gewetenswroeging

panhandle ['pænhændl] onoverg Am gemeenz bedelen

panhandler ['pænhændlə] znw Am gemeenz bedelaar

panic ['pænik] **I** znw paniek; **II** onoverg in paniek raken; **III** overg in paniek brengen; hit the ~ button gemeenz in paniek raken; ~ buying hamsteren o

panicky bn gemeenz in een paniekstemming, paniekerig

panic-monger znw paniekzaaier

panic-stricken bn in paniek geraakt

panjandrum [pæn'dʒændrəm] znw dikdoener

pannier ['pæniə] znw mand, korf

pannikin ['pænikin] znw kroes

panoply ['pænəpli] znw volle wapenrusting; full ~ fig compleet arsenaal o, hele scala o

panorama [pænə'ra:mə] znw panorama o

panoramic [pænə'ræmik] bn als (van) een panorama, panorama-

panpipe(s) ['pænpaips] znw panfluit

pansy ['pænzi] znw driekleurig viooltje o; slang verwijfde vent, mietje o

pant [pænt] **I** onoverg hijgen; kloppen [v. hart]; ~ for (after) snakken naar; **II** overg hijgend uitbrengen (ook: ~ out)

pantaloon [pæntə'lu:n] znw: (pair of) ~s vero pantalon

pantechnicon [pæn'teknikən] znw verhuiswagen (ook: ~ van)

pantheism ['pænθiizm] znw pantheïsme o

pantheist znw pantheïst

pantheistic [pænθi'istik] bn pantheïstisch

pantheon ['pænθiən, -'θi:ən] znw pantheon o

panther ['pænθə] znw panter

panties ['pæntiz] znw damesslipje o

pantile ['pæntail] znw dakpan

panto ['pæntou] znw gemeenz = pantomime

pantograph ['pæntəgra:f] znw pantograaf

pantomime ['pæntəmaim] znw pantomime; (kerst)theatershow voor kinderen; fig koddige vertoning

pantry ['pæntri] znw provisiekamer, -kast

pants [pænts] znw Am pantalon; onderbroek; be caught with one's ~ down plotseling verrast worden

pantyhose znw panty

pap [pæp] znw **1** pap; **2** tepel; **3** fig pulp

papa [pə'pa:] znw papa

papacy ['peipəsi] znw pausschap o; pausdom o

papal bn pauselijk

papaya [pə'paiə] znw papaja

paper ['peipə] **I** znw papier o; waardepapieren; (nieuws)blad o, krant; document o; opstel o; artikel o; examenopgave; agenda [in parlement]; lijst; behangselpapier o; zakje o; **II** bn papieren; fig op papier [niet in werkelijkheid]; **III** overg behangen [kamer], met papier beplakken; ~ over overplakken; fig verdoezelen; ~ the house slang de zaal vol krijgen door vrijkaartjes uit te delen

paperback znw paperback, pocketboek o

paperboy znw krantenjongen

paper-clip znw paperclip

paper-hanger znw behanger

paper-knife znw vouwbeen o; briefopener

paper round znw krantenwijk

paper shop znw gemeenz krantenwinkel

paper tiger znw fig papieren tijger [schijnbaar sterke persoon, organisatie &]

paperweight znw presse-papier

paperwork znw administratief werk o, administratie; gemeenz papierwinkel

papery bn papierachtig, doorschijnend [v. huid &]

papilla [pə'pilə] znw (mv: papillae [-li:]) papil

papist ['peipist] znw geringsch papist, paap

papistry ['peipistri] znw geringsch papisterij

pappy ['pæpi] *bn* pappig, zacht, sappig

paprika ['pæprikə] *znw* paprika(poeder o)

Papuan ['pæpjuən] **I** *bn* Papoeaas; **II** *znw* Papoea

Papua New Guinea *znw* Papoe-Nieuw-Guinea o

papyrus [pə'paiərəs] *znw* (*mv*: -es of papyri [-rai]) papyrus(rol)

par [pa:] *znw* gelijkheid; handel pari(koers); *above* ~ uitstekend; *below (under)* ~ niet veel zaaks; *feel below* ~ zich niet goed voelen; *on a* ~ gemiddeld; *be on a* ~ gelijk staan, op één lijn staan; *up to* ~ voldoende; *that's* ~ *for the course* dat viel te verwachten

para *znw* gemeenz verk. v. *paragraph 1*

parable ['pærəbl] *znw* parabel, gelijkenis

parabola [pə'ræbələ] *znw* parabool

parabolic [pærə'bɔlik] *bn* parabolisch, in gelijkenissen, als een gelijkenis

parachute ['pærəʃu:t] **I** *znw* parachute, valscherm o; **II** *onoverg* springen met een parachute; **III** *overg* parachuteren

parachutist *znw* parachutist(e)

parade [pə'reid] **I** *znw* parade°; *fig* vertoon o; mil = *parade-ground*; appèl o, aantreden o; promenade, (strand)boulevard; optocht; (mode)show; *make a* ~ *of* pronken met; **II** *overg* pronken met; inspecteren; **III** *onoverg* paraderen; mil aantreden

parade-ground *znw* exercitieterrein o, paradeplaats

paradigm ['pærədaim] *znw* paradigma o, voorbeeld o

paradise ['pærədais] *znw* paradijs² o

paradisiacal [pærədi'saiəkl] *bn* paradijselijk

paradox ['pærədɔks] *znw* paradox

paradoxical [pærə'dɔksikl] *bn* paradoxaal

paraffin ['pærəfin] *znw* paraffine; ~ *oil* kerosine; ~ *wax* paraffine

paragon ['pærəgɔn] *znw* toonbeeld o (van volmaaktheid)

paragraph ['pærəgra:f] *znw* **1** alinea; paragraaf; **2** (kort) krantenbericht o

Paraguay ['pærəgwai] *znw* Paraguay o

Paraguayan [pærə'gwaiən, -'gweiən] **I** *znw* Paraguayaan; **II** *bn* Paraguayaans

parakeet ['pærəki:t] *znw* parkiet

parallel ['pærəlel] **I** *bn* evenwijdig (met *to*, *with*), parallel²; overeenkomstig; ~ *bars* sp brug; ~ *processing* comput parallelverwerking; **II** *znw* evenwijdige lijn, parallel²; weerga, gelijke; overeenkomst; **III** *overg* evenwijdig lopen met; op één lijn stellen, vergelijken; evenaren

parallelism ['pærəlelizm] *znw* parallellisme° o; evenwijdigheid, overeenkomstigheid

parallelogram [pærə'leləgræm] *znw* parallellogram o

paralyse ['pærəlaiz] *overg* verlammen²

paralysis [pə'rælisis] *znw* (*mv*: paralyses) verlamming²

paralytic [pærə'litik] **I** *bn* verlamd; verlammend; verlammings-; slang straalbezopen; **II** *znw* verlamde

paramedic [pærə'medik] *znw* paramedicus

parameter [pə'ræmitə, -mətə] *znw* parameter, kenmerkende grootheid

para-military [pærə'militəri] *bn* paramilitair

paramount ['pærəmaunt] *bn* overwegend, overheersend; *your health is* ~ je gezondheid gaat voor alles

paramour ['pærəmuə] *znw* minnaar, minnares

paranoia [pærə'nɔiə] *znw* paranoia

paranoiac, paranoid ['pærənɔid] *bn* paranoïde

paranormal [pærə'nɔ:məl] *bn* paranormaal

parapet ['pærəpit] *znw* borstwering; leuning; muurtje o

paraph ['pæræf] *znw* paraaf

paraphernalia [pærəfə'neiljə] *znw* persoonlijk eigendom o; santenkraam

paraphrase ['pærəfreiz] **I** *znw* parafrase, omschrijving; **II** *overg* parafraseren, omschrijven

paraphrastic [pærə'fræstik] *bn* omschrijvend

paraplegia [pærə'pli:dʒiə] *znw* paraplegie [verlamming van beide benen]

paraplegic *bn* (*znw*) aan beide benen verlamd(e)

parapsychology ['pærəsaikɔlədʒi] *znw* parapsychologie

parasite ['pærəsait] *znw* parasiet

parasitic(al) [pærə'sitik(l)] *bn* parasitair [ziekte]; parasitisch²

paratrooper ['pærətru:pə] *znw* mil parachutist

paratroops *znw mv* mil parachutisten, gemeenz para's

paratyphoid [pærə'taifɔid] *znw* paratyfus

parboil ['pa:bɔil] *overg* ten dele koken

parcel ['pa:sl] **I** *znw* pakje o, pak o; pakket o, partij, hoop; bende; perceel o, kavel; **II** *overg* verdelen, kavelen; ~ *(up)* inpakken; ~ *net* bagagenet o

parcelling ['pa:slin] *znw* scheepv smarting

parch [pa:tʃ] *overg & onoverg* (doen) verdrogen, verzengen, schroeien; zacht roosteren; ~*ed (with thirst)* fig uitgedroogd

parchment ['pa:tʃmənt] **I** *znw* perkament o; **II** *bn* perkamenten

pard [pa:d] *znw* **1** vero luipaard; **2** slang partner

pardon ['pa:dn] **I** *znw* pardon o, vergiffenis, genade, gratie (ook: *free* ~); aflaat; *general* ~ amnestie; *(beg)* ~ pardon, wat zei u?; **II** *overg* vergeven, genade (gratie) verlenen

pardonable *bn* vergeeflijk

pardoner *znw* aflaatkramer

pare [pɛə] *overg* schillen (appel); (af)knippen (nagel); wegsnijden; besnoeien² (ook: ~ *down*)

parent ['pɛərənt] **I** *znw* vader, moeder; ouder; ~*s* ouders; **II** *bn* moeder-; ~ *company* moederbedrijf o

parentage *znw* afkomst, geboorte, geslacht o, familie

parental [pə'rentəl] *bn* vaderlijk; moederlijk; ouderlijk, ouder-

parenthesis [pə'renθisis] *znw* (*mv*: parentheses [-si:z]) tussenzin; parenthesis, haakje o van (); fig intermezzo o; *in parentheses* tussen haakjes

parenthetical [pærən'θetikəl] *bn* bij wijze van parenthesis, tussen haakjes

parenthood ['pɛərənthud] *znw* ouderschap o

parenting ['pɛərəntiŋ] *znw* ouderschap o; kinderen opvoeden o

parent-teacher association ['pɛərənt 'ti:tʃə] *znw* oudercommissie

pariah ['pæriə] *znw* paria²

paring ['pɛəriŋ] *znw* schil, knipsel o, afval o & m; flinter; (af)schillen o, (af)knippen o

Paris ['pæris] *znw* Parijs o

parish ['pæriʃ] *znw* parochie; gemeente

parish council *znw* gemeenteraad

parishioner [pə'riʃənə] *znw* parochiaan

parish pump als *bn* fig geringsch dorps-, bekrompen

Parisian [pə'rizjən] I *bn* Parijs; II *znw* Parijzenaar; Parisienne

parity ['pæriti] *znw* gelijkheid; overeenkomst, analogie; pariteit

park [pa:k] I *znw* park o; II *overg* parkeren; ~ oneself gemeenz neerploffen

parking *znw* parkeren o; parkeer-; ~ lot Am parkeerterrein o; ~ ticket parkeerbon

Parkinson's disease ['pa:kinsənz di'zi:z] *znw* ziekte van Parkinson

Parkinson's law *znw* wet van Parkinson: elk werk neemt uiteindelijk al de beschikbare tijd in beslag

parkland *znw* parkachtig stuk o grond

parkway *znw* Am landschappelijk verfraaide snelweg

parky ['pa:ki] *bn* gemeenz koud

parlance ['pa:ləns] *znw* taal; in common ~ in goed Engels (Nederlands &) [gezegd]; in legal ~ in de taal van de rechtsgeleerden

parley ['pa:li] I *znw* onderhoud o, onderhandeling; II *onoverg* onderhandelen

parliament ['pa:ləmənt] *znw* parlement o

parliamentarian [pa:ləmən'tɛəriən] *znw* parlementariër

parliamentary [pa:lə'mentəri] *bn* parlementair², parlements-

parlour, Am **parlor** ['pa:lə] *znw* spreekkamer, ontvangkamer [vooral in klooster]; Am salon [v. kapper &]; vero zitkamer

parlour-game, Am **parlor-game** *znw* gezelschapsspel o

parlour-maid, Am **parlor-maid** *znw* dienstmeisje o

parlous ['pa:ləs] *bn* precair, gevaarlijk; slim

Parmesan [pa:mi'zæn] *bn* (ook: ~ cheese) parmezaanse kaas

parochial [pə'roukjəl] *bn* parochiaal; kleinsteeds, bekrompen, begrensd

parochialism *znw* bekrompenheid, kleinsteedsheid

parodist *znw* parodist, schrijver van parodieën

parody ['pærədi] I *znw* parodie; II *overg* parodiëren

parole [pə'roul] I *znw* 1 (ere)woord o; 2 recht voorwaardelijke invrijheidstelling; on ~ 1 op zijn erewoord; 2 recht voorwaardelijk; II *overg* recht voorwaardelijk in vrijheid stellen

paroquet ['pærəkit] *znw* parkiet

parotitis [pərə'taitis] *znw* med bof

paroxysm ['pærəksizm] *znw* vlaag, (heftige) aanval

parquet ['pa:kei, -kit] I *znw* (~ floor) parket° o, parketvloer; II *overg* van parket voorzien

parquetry ['pa:kitri] *znw* parketvloer, -werk o

parricide ['pærisaid] *znw* vadermoord(enaar)

parrot ['pærət] *znw* papegaai²

parry ['pæri] I *overg* afweren, pareren²; ontwijken; II *onoverg* pareren; III *znw* afwering; ontwijking; parade [bij het schermen]

parse [pa:z] *overg* taalkundig (redekundig) ontleden

parsimonious [pa:si'mounjəs] *bn* spaarzaam, karig, schriel

parsimony ['pa:siməni] *znw* spaarzaamheid, karigheid, schrielheid

parsley ['pa:sli] *znw* peterselie

parsnip ['pa:snip] *znw* witte peen

parson ['pa:sn] *znw* predikant, dominee; gemeenz geestelijke; ~'s nose gebraden staartstuk o v. vogel

parsonage *znw* predikantswoning, pastorie

part [pa:t] I *znw* part o, (aan)deel o, gedeelte o; (onder)deel o; partij, zijde, kant; muz partij, stem; rol²; (private) ~s gemeenz geslachtsdelen; the curious ~ of (about) it is... het gekke van de zaak is...; be ~ of ook: (be)horen bij (tot); be ~ and parcel of een integrerend deel uitmaken van; do one's ~ het zijne (zijn plicht) doen; take ~ deelnemen (aan in); take sbd.'s ~, take ~ with sbd. iems. partij kiezen; for my ~ wat mij betreft; for the most ~ hoofdzakelijk; in ~ gedeeltelijk; take in good ~ goed opnemen; in ~s muz meerstemmig; in foreign ~s in den vreemde; in these ~s in deze streek (buurt); on my ~ van mijn kant; II *bijw* zie partly; III *overg* verdelen; scheiden; ~ company scheiden (van with); ~ one's hair een scheiding maken (in zijn haar); ~ed lips geopende lippen; IV *onoverg* uiteengaan, scheiden (als); ~ from weggaan (scheiden) van; ~ with afstand doen van

partake* [pa:'teik] *onoverg* deelnemen, deel hebben (aan, in of, in); ~ of ook: gebruiken, verorberen; iets hebben van

partaken V.D. van partake

parterre [pa:'tɛə] *znw* bloemperken; parterre o & m

part-exchange ['pa:tiks'tein(d)ʒ] *znw* inruil

Parthian ['pa:θiən] *bn*: ~ shot trap na

partial [pa:ʃəl] *bn* gedeeltelijk, partijdig; be ~ to een voorliefde hebben voor, bijzonder graag mogen

partiality [pa:ʃi'æliti] *znw* partijdigheid; zwak o, voorliefde (voor to)

partially ['pa:ʃəli] *bijw* v. partial; zie ook sight II

participant [pa:'tisipənt] *znw* deelnemer

participate *onoverg* deelnemen (aan in), participeren

participation [pa:tisi'peiʃən] *znw* deelne-

306

ming, participatie, medezeggenschap, inspraak
participle ['pa:tisipl] *znw* deelwoord o
particle ['pa:tikl] *znw* deeltje o, greintje o; partikel o
parti-coloured *bn* = party-coloured
particular [pə'tikjulə] **I** *bn* bijzonder; speciaal; bepaald; persoonlijk; kieskeurig; veeleisend, lastig; *a ~ friend* een goede (intieme) vriend; *be ~ about one's food* moeilijk met eten zijn; *in ~* (meer) in het bijzonder, met name; **II** *znw* bijzonderheid; *~s* persoonsgegevens
particularity [pətikju'læriti] *znw* bijzonderheid; kieskeurigheid
particularize [pə'tikjuləraiz] *onoverg* in bijzonderheden treden
particularly *bijw* bijzonder; zeer; speciaal, vooral, met name, in het bijzonder
parting ['pa:tiŋ] **I** *bn* afscheids-; *~ breath* laatste ademtocht; *~ shot* hatelijkheid [bij het weggaan]; *~ of the ways* tweesprong; **II** *znw* scheiding°; afscheid o, vertrek o
partisan [pa:ti'zæn] **I** *znw* aanhanger, medestander, voorstander; partijganger; partizaan; **II** *bn* partijdig; partizanen-
partisanship *znw* partijgeest
partition [pa:'tiʃən] **I** *znw* deling, verdeling; (af)scheiding; vak o; **II** *overg* delen, verdelen; afscheiden
partitive ['pa:titiv] *bn* delend; delings-
partly ['pa:tli] *bijw* gedeeltelijk
partner ['pa:tnə] **I** *znw* gezel(lin); deelgenoot, compagnon, vennoot; partner; Am gemeenz vriend, maat; *sleeping (silent, dormant) ~* stille vennoot; **II** *overg* terzijde staan; *~ sbd. with...* iem.... tot partner geven
partnership *znw* deelgenootschap o, vennootschap, maatschap; samenwerking(sverband o)
partook [pa:'tuk] V.T. van *partake*
part-owner ['pa:t'ounə] *znw* mede-eigenaar
part-payment *znw* gedeeltelijke betaling
partridge ['pa:tridʒ] *znw* (*mv* idem *of* -s) dierk patrijs
part-song ['pa:tsɔŋ] *znw* meerstemmig lied o
part time *bn* parttime, niet volledig
part-timer *znw* parttimer
party ['pa:ti] **I** *znw* partij; feest(je) o, gezelschap o; groep, troep; deelnemer; gemeenz persoon, iemand; *throw a ~* een feestje bouwen; *be a ~ to* deelnemen aan; **II** *onoverg* feestvieren, de bloemetjes buiten zetten
party-coloured, Am **party-colored** *bn* bont, veelkleurig
party line *znw* [politieke] partijlijn; telec lijn met meervoudige aansluiting
party politics *znw* partijpolitiek
party-wall *znw* gemeenschappelijke muur
parvenu ['pa:vənju:] *znw* parvenu
paschal ['pa:skəl] *bn* paas-; *~ lamb* paaslam o
pass [pa:s] **I** *onoverg* voorbijgaan°, passeren°; heengaan; voorvallen; slagen [bij

examen]; aangenomen worden; passen [bij kaartspel]; **II** *overg* voorbijgaan, passeren; doorgaan; overgaan; te boven gaan; met goed gevolg afleggen; laten passeren; aannemen [voorstel], goedkeuren [medisch]; doorbrengen [tijd]; doorgeven; strijken met [zijn hand] (over *across*), halen (door *through*); *~ remarks* opmerkingen maken; *~ along* zie *~ on*; *~ away* voorbijgaan; plechtig overlijden; verdrijven [tijd]; *~ by* voorbijlopen; *~ by the name of... ...*genoemd worden; *~ down* doorgeven, overleveren; *~ for* doorgaan voor, gelden als; *~ into* overgaan in; veranderen in; worden; *~ off* gaan, verlopen; voorbij-, overgaan; *~ oneself off as...* zich uitgeven voor...; *~ sth. off on sbd.* iem. iets in de hand stoppen; iem. iets op de mouw spelden; *~ on* verder gaan; overlijden; doorgeven; doorberekenen (aan *to*); *~ on to...* overgaan tot...; *~ out* flauwvallen; *~ over* passeren; overslaan, geen notitie nemen van; *~ through* gaan door; doormaken; *be ~ing through* op doorreis zijn; *~ up* laten schieten, bedanken voor; **III** *znw* bergpas; slagen o [bij examen]; reis-, verlofpas, toegangsbewijs o, perskaart (*press ~*); pass [bij voetbal]; toestand, stand van zaken; *bring to ~* tot stand brengen, teweegbrengen; *come to ~* gebeuren; *make a ~ at* amoureuze avances maken bij
passable *bn* begaanbaar, bevaarbaar; passabel
passably *bijw* redelijk (goed)
passage ['pæsidʒ] *znw* doorgang, doortocht, doortrek [v. vogels]; doorreis; overtocht; voorbijgaan o; gang; steeg; passage° [ook = vrachtprijs, plaats in boek &]; doorlaten o of aannemen o [wetsvoorstel]
passageway *znw* doorgang
pass-book ['pa:sbuk] *znw* (spaar)bankboekje o
passé ['pa:sei] *bn* uit de tijd; op zijn retour, verlept
passenger ['pæsindʒə] *znw* passagier, reiziger
passer-by ['pa:sə('bai)] *znw* (*mv*: passers-by) voorbijganger
passim ['pæsim] *bijw* op meerdere plaatsen [in een boek]
passing ['pa:siŋ] **I** *bn* voorbijgaand[2]; **II** *znw* plechtig heengaan o, overlijden o; *in ~* en passant, terloops
passion ['pæʃən] *znw* lijden o; drift, hartstocht, passie; woede; *~ for* dol zijn op; *in a ~* in drift; woedend
passionate *bn* hartstochtelijk, fervent; driftig
passion-fruit *znw* passievrucht
passionless *bn* zonder hartstocht
Passion-play *znw* passiespel o
passive ['pæsiv] **I** *bn* lijdelijk; lijdend; passief; *~ resistance* lijdelijk verzet o; **II** *znw* gramm lijdende vorm, lijdend werkwoord o
passiveness *znw* passiviteit, lijdelijkheid
passivity [pæ'siviti] *znw* = passiveness

pass-key ['pɑːskiː] *znw* loper; huissleutel
Passover ['pɑːsouvə] *znw* (joods) paasfeest o

passport ['pɑːspɔːt] *znw* paspoort[2] o
password *znw* parool o, wachtwoord o
past [pɑːst] **I** *bn* verleden, geleden; voorbij(gegaan), afgelopen; vroeger, ex-; *for some days ~* sedert enige dagen; *~ master* ware meester, kunstenaat [in zijn vak]; **II** *znw:* the *~* het verleden; gramm de verleden tijd; **III** *voorz* voorbij, over, na; *she is ~ a child* geen kind meer; *~ cure* onherstelbaar, ongeneeslijk; *I wouldn't put it ~ him* hij is er toe in staat, het zou me van hem niets verbazen; *it's ~ our understanding* het gaat ons begrip te boven; **IV** *bijw* voorbij
pasta ['pæstə] *znw* pasta, Italiaanse deegwaren
paste [peist] **I** *znw* deeg o; stijfsel; pasta; smeersel o; similidiamant o; **II** *overg* (be-)plakken, opplakken; *~ up* aanplakken
pasteboard I *znw* bordpapier o, karton o; **II** *bn* bordpapieren, kartonnen; fig onecht, schijn-
pastel [pæs'tel, 'pæstel] *znw* pastel o; pastelkleur
pasteurize ['pæstəraiz] *overg* pasteuriseren
pastiche [pæ'stiːʃ, 'pæstiːʃ] *znw* pastiche
pastille ['pæstl] *znw* pastille
pastime ['pɑːstaim] *znw* tijdverdrijf o
pasting ['peistiŋ] *znw* gemeenz pak o slaag
past-master ['pɑːst'mɑːstə] *znw* ware meester, kunstenaar [in zijn vak]
pastor ['pɑːstə] *znw* pastor, voorganger, predikant; Am ook: pastoor
pastoral I *bn* herderlijk[2], landelijk; herders-; pastoraal; *~ care* zielzorg; *~ letter* herderlijk schrijven o; **II** *znw* herderlijk schrijven o; pastorale, herderszang, -dicht o, -spel o
pastorale [pæstə'rɑːli] *znw* muz pastorale
pastorate ['pɑːstərit] *znw* geestelijkheid; herderlijk ambt o
pastrami [pə'strɑːmi] *znw* pastrami [sterk gekruid, gerookt rundvlees]
pastry ['peistri] *znw* (korst)deeg o; gebak o, pastei
pastry-cook *znw* pasteibakker, banketbakker
pasturage ['pɑːstjuridʒ] *znw* weiden o; weiland o; gras o
pasture I *znw* weide, gras o; *put out to ~* (iem.) onverrichter zake wegsturen; *move on to ~s new* aan iets nieuws beginnen; **II** *onoverg & overg* weiden, (af-)grazen
1 pasty ['peisti] *bn* deegachtig; bleek
2 pasty ['pæsti] *znw* vleespastei
1 pat [pæt] **I** *znw* tikje o, klopje o; klompje o [boter]; **II** *overg* tikken, kloppen (op); *~ on the back* goedkeurend op de schouder kloppen
2 pat [pæt] *bn bijw* (net) van pas; (precies) raak, toepasselijk; *know sth. off ~* iets op zijn duimpje kennen; *stand ~* op zijn stuk blijven staan
patch [pætʃ] **I** *znw* lap, lapje o (grond); stuk-

je o; plek; gebied o, district o; flard [v. mist &]; *he (it) is not a ~ on...* gemeenz hij (het) haalt niet bij...; **II** *overg* een lap zetten op, oplappen[2]; *~ up* oplappen; in elkaar flansen; bijleggen [v. ruzie]; *~ together* haastig tot stand brengen
patchwork *znw* lapwerk o; *~ quilt* lappendeken
patchy *bn* ongelijk, onregelmatig; in flarden; *~ knowledge* fragmentarische kennis
pate [peit] *znw* gemeenz kop, bol, knikker
pâté [pæ'tei, 'pɑːtei] *znw* paté
patella [pə'telə] *znw* (*mv:* patellae) knieschijf
paten ['pætən] *znw* RK pateen
patent ['peitənt] **I** *bn* open(baar); gepatenteerd, patent-; duidelijk; (zichtbaar) voortreffelijk; *~ leather* verlakt leer o, lakleer o; **II** *znw* patent o, vergunning; octrooi o; **III** *overg* patenteren
patentee [pei-, pætən'tiː] *znw* patenthouder
patently ['peitəntli] *bijw* klaarblijkelijk, kennelijk
pater ['peitə] *znw* slang ouweheer (vader)
paterfamilias ['peitəfə'miliəs] *znw* hoofd o van het gezin, huisvader
paternal [pə'tɜːnl] *bn* vaderlijk, vader(s)-; van vaderszijde
paternalism *znw* paternalisme o; bevoogding
paternalistic [pətɜːnə'listik] *bn* paternalistisch
paternally [pæ'tɜːnəli] *bijw* vaderlijk
paternity *znw* vaderschap[2] o
paternoster ['pætə'nɔstə] *znw* onzevader o; paternosterlift
path [pɑːθ] *znw* (*mv:* paths [pɑːðz]) pad o, weg, baan
pathetic [pə'θetik] *bn* pathetisch; deerniswekkend, zielig, treurig
pathfinder ['pɑːθfaində] *znw* verkenner, pionier; mil verkenningsvliegtuig o
pathological [pæθə'lɔdʒikl] *bn* pathologisch
pathologist [pə'θɔlədʒist] *znw* patholoog
pathology *znw* ziektekunde
pathos ['peiθɔs] *znw* pathos o
pathway ['pɑːθwei] *znw* (voet)pad o, weg, baan
patience ['peiʃəns] *znw* geduld o; volharding; lijdzaamheid; kaartsp patience o; *have no ~ with* niet kunnen uitstaan
patient I *bn* geduldig, lijdzaam; volhardend; **II** *znw* patiënt
patina ['pætinə] *znw* patina o
patio ['pætiou] *znw* patio
patisserie [pə-, pæ'tiːs(ə)ri] *znw* patisserie
patriarch ['peitriɑːk] *znw* patriarch°, aartsvader; fig nestor
patriarchal [peitri'ɑːkəl] *bn* patriarchaal, aartsvaderlijk
patriarchy *znw* patriarchaat o; patriarchaal ingerichte samenleving
patrician [pə'triʃən] **I** *bn* patricisch; **II** *znw* patriciër
patricide ['pætrisaid] *znw* vadermoord; vadermoordenaar

patrimonial [pætri'mounjəl] *bn* tot het vaderlijk erfdeel behorend; (over)geërfd

patrimony ['pætriməni] *znw* vaderlijk erfdeel *o*, erfgoed² *o*

patriot ['peitriət] *znw* patriot

patriotic [pætri'ɔtik] *bn* vaderland(s)lievend

patriotically *bijw* patriottisch

patriotism ['pætriətizm] *znw* vaderlandsliefde

patrol [pə'troul] **I** *znw* patrouille, ronde; **II** *(overg &)* *onoverg* patrouilleren; surveilleren [v. politie]

patrol-car *znw* surveillancewagen [v. politie]

patrolman *znw* Am agent

patrol wagon *znw* Am boevenwagen

patron ['peitrən] *znw* beschermheer; beschermheilige (ook: ~ *saint*); (vaste) klant, begunstiger

patronage ['pætrənidʒ] *znw* beschermheerschap *o*; neerbuigendheid; klandizie; bescherming, steun

patroness ['peitrənis] *znw* beschermvrouwe; patrones, beschermheilige

patronize ['pætrənaiz] *overg* uit de hoogte behandelen; begunstigen [met klandizie], geregeld bezoeken; steunen

patronizing *bn* neerbuigend

patten ['pætən] *znw* trip [schoeisel]

patter ['pætə] **I** *onoverg* kletteren [hagel]; ratelen; trappelen, trippelen; **II** *overg* doen kletteren; afraffelen [gebeden]; kakelen; **III** *znw* taaltje *o*, jargon *o*; gekletter *o*, geratel *o*; getrippel *o*; kletspraatje *o*

pattern ['pætən] **I** *znw* model *o*, voorbeeld *o*, patroon *o*, staal *o*; dessin *o*, tekening; toonbeeld *o*; **II** *overg* volgens patroon maken, vormen, modelleren (naar *after*, *upon*); versieren (met *with*)

patty ['pæti] *znw* pasteitje *o*

paucity ['pɔːsiti] *znw* schaarste, gebrek *o* (aan *of*)

paunch [pɔːn(t)ʃ] *znw* pens, buik

paunchy *bn* dikbuikig

pauper ['pɔːpə] *znw* arme

pauperism *znw* armoede

pauperize ['pɔːpəraiz] *onoverg & overg* armlastig maken/worden

pause [pɔːz] **I** *znw* rust, stilte, stilstand; gedachtestreep; *muz* orgelpunt; pauze; *give ~ to* doen aarzelen, tot nadenken stemmen; *make a ~* even pauzeren; **II** *onoverg* pauzeren, ophouden; nadenken, zich bedenken

pave [peiv] *overg* bestraten, plaveien; bevloeren; ~ *the way for* de weg banen voor

pavement *znw* bestrating, plaveisel *o*, stenen vloer; trottoir *o*, stoep; terras *o* [v. café]; Am rijweg, rijbaan

pavilion [pə'viljən] *znw* paviljoen *o*, tent

paving ['peiviŋ] *znw* bestrating; plaveisel *o*; ~ *stone* straatsteen

paw [pɔː] **I** *znw* poot°, klauw; **II** *onoverg* krabben, klauwen [met de voorpoot]; **III** *overg* betasten; ruw beetpakken; ~ *the ground* met een hoef over de grond schrapen [paard]

pawky ['pɔːki] *bn* Schots sluw, slim

pawl [pɔːl] *znw* techn pal

pawn [pɔːn] **I** *znw* **1** pand *o*; **2** pion [schaakspel]; *be at (in)* ~ in de lommerd staan; *take out of* ~ inlossen; **II** *overg* verpanden², belenen

pawnbroker *znw* lommerdhouder

pawnshop *znw* pandjeshuis *o*, lommerd

pawpaw ['pɔːpɔː] *znw* papaja

pax [pæks] **I** *tsw* onderw slang genoeg!; vergiffenis!; **II** *znw* vredeskus

1 pay [pei] *znw* betaling, salaris *o*, loon *o*, mil soldij; *in the* ~ *of...* in dienst van...

2 pay* [pei] *znw* betalen, bezoldigen, uitbetalen; vergoeden; betuigen [eerbied]; ~ *attention* opletten; ~ *court to sbd.* iem. het hof maken; ~ *a compliment* een compliment maken; ~ *a visit* een bezoek afleggen; ~ *one's way* zich(zelf) bedruipen; *it ~s you to...* het loont de moeite om te...; **III** *onoverg* betalen; de moeite lonen, renderen; ~ *away* uitgeven [geld]; ~ *down* contant betalen; ~ *back* terugbetalen, betaald zetten; ~ *for* betalen (voor); boeten voor; ~ *in money* geld storten; ~ *off* (af-)betalen; vruchten afwerpen, succes hebben, beloond worden; ~ *out* (uit)betalen; wraak nemen; ~ *over to...* afdragen aan...; ~ *through the nose* afgezet worden; ~ *towards the cost* het zijne bijdragen; ~ *up* (af-)betalen; volstorten [aandelen]

payable *bn* betaalbaar, te betalen; lonend, renderend

pay-bed *znw* particulier bed *o* [in ziekenhuis]

pay-book *znw* mil zakboekje *o*

pay-day *znw* betaaldag; traktementsdag

PAYE ['piːeiwai'iː] *afk.* = *pay-as-you-earn (income tax)* loonbelasting die bij uitbetaling wordt ingehouden

payee [pei'iː] *znw* te betalen persoon, nemer [v. wissel]

payer ['peiə] *znw* betaler

paying guest *znw* kostganger, pensiongast

pay-load *znw* nuttige last

paymaster *znw* betaalmeester; mil & scheepv officier van administratie; *P~-General* thesaurier-generaal

payment *znw* betaling, fig loon *o*

pay-off ['peiɔːf] *znw* gemeenz afrekening; resultaat *o*; climax

payola [pei'oulə] *znw* Am steekpenningen [vooral van diskjockeys]

pay-packet ['peipækit] *znw* loonzakje *o*

pay-phone *znw* telefooncel; munttelefoon

pay-rise *znw* loonsverhoging

pay-roll, pay-sheet *znw* betaalstaat, loonlijst

pay-slip *znw* loonbriefje *o*

PC *afk.* = *police constable*; *personal computer*; *politically correct*

PE *afk.* = *Physical Education* lichamelijke opvoeding

pea [piː] *znw* erwt; *like two ~s in a pod* als twee druppels water (op elkaar lijken)

peace [piːs] *znw* vrede; rust; ~! stil!; ~ *of mind* gemoedsrust; *the King's (the Queen's)* ~ de openbare orde; *hold (keep) one's* ~ (stil)zwijgen; *make one's* ~ *with*

zich verzoenen met; *at* ~ in vrede; *in* ~ in vrede; met rust; rustig
peaceable *bn* vreedzaam; vredelievend
Peace Corps *znw* Amerikaanse jongeren-vrijwilligersorganisatie t.b.v. ontwikkelingslanden
peaceful *bn* vreedzaam; vredig; rustig; kalm
peace-keeping force *znw* vredesmacht
peace-loving *bn* vredelievend
peacemaker *znw* vredestichter
peace-offering *znw* zoenoffer *o*
peacetime *znw* vredestijd
1 peach [pi:tʃ] *znw* **1** perzik; **2** gemeenz juweel *o*, prachtexemplaar *o*, stuk *o*
2 peach [pi:tʃ] *onoverg* slang klikken
peacock ['pi:kɔk] *znw* dierk pauw; dierk pauwoog
pea-green ['pi:gri:n] *bn* lichtgroen
pea-hen ['pi:'hen] *znw* dierk pauwin
peak [pi:k] **I** *znw* spits, punt, top; fig hoogtepunt *o*, maximum *o*, record *o*; piek[2]; klep [v. pet]; ~ *hours (times)* piekuren; **II** *onoverg* een hoogtepunt, piek bereiken; sp pieken
peaked *bn* puntig; smalletjes [v. gezicht], pips; spits, scherp; ~ *cap* pet met een klep
peaky *bn* = *peaked*
peal [pi:l] **I** *znw* gelui *o*; galm; geschal *o*; (donder)slag; *a* ~ *of laughter* een schaterend gelach *o*; **II** *onoverg* schallen, galmen; **III** *overg* doen schallen, klinken &
peanut ['pi:nʌt] *znw* pinda; ~ *butter* pindakaas
pear [pɛə] *znw* peer
pearl [pə:l] **I** *znw* parel[2]; *cast* ~*s before swine* paarlen voor de zwijnen werpen; **II** *onoverg* parelen; naar parels vissen
pearl-diver *znw* parelvisser
pearl-grey *znw* parelgrijs *o*
pearly *bn* parelachtig, rijk aan parelen
pear-shaped ['pɛəʃeipt] *bn* peervormig
peasant ['pezənt] **I** *znw* (kleine) boer, landman; **II** *bn* boeren-
peasantry *znw* boerenstand, landvolk *o*
pease pudding ['pi:zpudiŋ] *znw* ± erwtensoep
pea-soup *znw* erwtensoep; ~ *fog* dikke gele mist (ook ~*er*)
peat [pi:t] *znw* turf; veen *o*
peaty *bn* turfachtig, turf-; veenachtig
pebble ['pebl] *znw* kiezelsteen; bergkristal *o*
pebbledash ['pebldæʃ] *znw* kiezelpleister *o*
pecan [pi'kæn] *znw*: ~ *(nut)* Amerikaanse walnoot, pecannoot
peccable ['pekəbl] *bn* zondig
peccadillo [pekə'dilou] *znw* (*mv*: -s *of* -loes) kleine zonde
1 peck [pek] *znw* maat = 9,092 liter; *a* ~ *of money* een hoop geld
2 peck [pek] **I** *overg & onoverg* pikken; vluchtig kussen; ~ *at food* gemeenz kieskauwen, met lange tanden eten; **II** *znw* pik [met de snavel]; vluchtig kusje *o*
pecker ['pekə] *znw* slang neus; Am pik, lul; *keep your* ~ *up* gemeenz kop op!
pecking order ['pekiŋ'ɔ:də] *znw* pikorde,

hiërarchie
peckish ['pekiʃ] *bn* gemeenz hongerig
pectoral ['pektərəl] **I** *bn* borst-; **II** *znw* borstvin, -spier
peculate ['pekjuleit] *overg* (geld) verduisteren
peculation [pekju'leiʃən] *znw* (geld)verduistering
peculiar [pi'kju:liə] *bn* bijzonder; eigenaardig; ~ *to* karakteristiek voor
peculiarity [pikju:li'æriti] *znw* bijzonderheid, eigenaardigheid
pecuniary [pi'kju:niəri] *bn* geldelijk, geld(s)-
pedagogic(al) [pedə'gɔdʒik(l), -'gɔgik(l)] *bn* opvoedkundig
pedagogue ['pedəgɔg] *znw* pedagoog; fig schoolmeester
pedagogy ['pedəgɔdʒi, -gɔgi] *znw* opvoedkunde
pedal ['pedl] **I** *znw* pedaal *o & m*; **II** *onoverg* peddelen, trappen, fietsen; **III** *bn* voet-; ~ *bin* pedaalemmer
pedant ['pedənt] *znw* pedant; gemeenz frik
pedantic [pi'dæntik] *bn* pedant, schoolmeesterachtig
pedantry ['pedəntri] *znw* pedanterie, schoolmeesterachtigheid
peddle ['pedl] **I** *onoverg* venten; **II** *overg* aan de man brengen, dealen [drugs]; rondstrooien [praatjes &]
pedestal ['pedistl] *znw* voetstuk[2] *o*
pedestrian [pi'destriən] **I** *bn* te voet; voet-; voetgangers-; fig alledaags, prozaïsch, saai; **II** *znw* voetganger
pedestrianize *overg* tot voetgangersgebied maken
pediatrician [pi:diə'triʃən] *znw* = *paediatrician*
pediatrics [pi:di'ætrik] *bn* = *paediatrics*
pedicab ['pedikæb] *znw* fietstaxi
pedicure ['pedikjuə] *znw* pedicure
pedigree ['pedigri:] *znw* stamboom; afstamming, afkomst; ~ *cattle* stamboekvee *o*; ~ *fowl* rashoenders
pediment ['pedimənt] *znw* fronton *o*
pedlar, Am **peddler** ['pedlə] *znw* venter; verspreider [v. praatjes &]; *drug peddler* drugsdealer
pedophile *znw & bn* Am pedofiel
pedophilia *znw* Am pedofilie
pee [pi:] *gemeenz* **I** *onoverg* plassen; **II** *znw* plas
peek [pi:k] **I** *onoverg* gluren, kijken; **II** *znw* kijkje *o*
peel [pi:l] **I** *znw* schil; *candied* ~ sukade; **II** *overg* (af)schillen, pellen, villen, ontschorsen (ook: ~ *off*); **III** *onoverg* afbladderen, vervellen (ook: ~ *off*); ~ *off* gemeenz (zich) uitkleden
peeler ['pi:lə] *znw* schiller, schilmesje *o*; vero gemeenz klabak
peelings ['pi:liŋz] *znw mv* schillen; schilfers
1 peep [pi:p] **I** *onoverg* gluren, kijken (naar *at*); gluren; ~ *out* zich vertonen; om de hoek komen kijken; **II** *znw* (glurende) blik; kijkje *o*; *the* ~ *of day (dawn)* het aanbreken van de dag

2 peep [pi:p] **I** onoverg piepen; **II** znw gepiep o
peep-bo ['pi:p'bou] tsw kiekeboe
peephole znw kijkgat o
Peeping Tom znw voyeur, gluurder
peepshow znw kijkkast, rarekiek; peepshow
1 peer [piə] znw pair, edelman; gelijke, collega; ~ group peergroup, leeftijdsgenoten, soortgenoten, makkers
2 peer [piə] onoverg turen, kijken (naar at)
peerage ['piəridʒ] znw pairschap o; adel(stand); adelboek o
peeress znw vrouw van een pair; vrouwelijke pair
peerless bn weergaloos
peeve [pi:v] overg gemeenz ergeren
peevish bn korzelig, kribbig
peewit ['pi:wit] znw dierk kievit
peg [peg] **I** znw pin; haak; (was)knijper; paaltje o; muz schroef [aan viool]; gemeenz borrel; take down a ~ een toontje lager doen zingen; he is a square ~ in a round hole hij is niet de juiste man op de juiste plaats; **II** overg vastpinnen²; (met wasknijpers) ophangen; handel stabiliseren, bevriezen [v. prijzen]; **III** onoverg: ~ away ploeteren; ~ out gemeenz doodgaan, ertussenuit knijpen; afbakenen [land]; Br ~ out the washing de was ophangen
pegleg znw gemeenz houten been o
pejorative ['pi:dʒərətiv, pi'dʒɔrətiv] znw & bn pejoratief
pekin(g)ese [pi:ki'n(ŋ)i:z] znw dierk pekinees
pelf [pelf] znw geld o, centen; filthy ~ aards slijk o
pelican ['pelikən] znw dierk pelikaan; ~ crossing zebrapad o [met zelfbedieningslichten]
pelisse [pe-, pi'li:s] znw damesmantel; jasje o
pellet ['pelit] znw balletje o; prop, propje o; pilletje o; kogeltje o; braakbal
pell-mell ['pel'mel] bijw door en over elkaar; holderdebolder
pellucid [pe'l(j)u:sid] bn doorschijnend; helder
pelmet ['pelmit] znw sierlijst [v. gordijnen]
1 pelt [pelt] znw vacht
2 pelt [pelt] **I** overg bekogelen, bombarderen²; **II** onoverg rennen; it's ~ing down with rain het regent dat het giet; **III** znw: (at) full ~ zo hard mogelijk (lopend)
peltry ['peltri] znw huiden
pelvic ['pelvik] bn van het bekken
pelvis ['pelvis] znw (mv: -s of pelves) bekken o, nierbekken o
1 pen [pen] **I** znw pen; a slip of the ~ een verschrijving [schrijffout]; **II** overg schrijven, (neer)pennen
2 pen [pen] **I** znw (schaaps)kooi, hok o; (baby)box; duikbootbunker; **II** overg beperken; opsluiten (ook: ~ in, up)
penal ['pi:nəl] bn strafbaar, straf-; the ~ code de strafwetten; ~ servitude dwangarbeid; ~ settlement strafkolonie
penalize overg strafbaar stellen; straffen

penalty ['penlti] znw straf, boete; sp strafschop [voetbal]; pay the ~ of boeten voor; ~ area sp strafschopgebied o; ~ clause recht strafbepaling; ~ kick sp strafschop
penance ['penəns] znw boete(doening), penitentie; fig straf, ongemak o
pen-and-ink drawing ['penəniŋk] znw pentekening
pence [pens] znw mv v. penny
penchant ['pãʃã] znw neiging, voorkeur
pencil ['pensil] **I** znw potlood o; griffel; stift; vero & fig penseel o; ~ of light stralenbundel; **II** overg (met potlood) tekenen, (op-)schrijven; (met potlood) kleuren; schetsen²; ~ led eyebrows zwartgemaakte wenkbrauwen
pencil-case znw potloodkoker; potlood-, schooletui o
pencil-sharpener znw puntenslijper
pendant ['pendənt] **I** bn = pendent; **II** znw hanger(tje o), oorhanger
pendency ['pendənsi] znw hangende of aanhangig zijn o [v. proces]
pendent bn hangend²; overhangend; zwevend
pending I bn (nog) hangend, onafgedaan; **II** voorz gedurende; in afwachting van
pendulous ['pendjuləs] bn hangend; schommelend
pendulum znw slinger [v. klok]
penetrable ['penitrəbl] bn doordringbaar; te doorgronden; ~ to toegankelijk, vatbaar voor
penetrate ['penitreit] **I** overg doordringen (van with); doorgronden; **II** onoverg door-, binnendringen (in into, through)
penetrating bn doordringend; scherpzinnig, diepgaand
penetration [peni'treiʃən] znw doordringen o; in-, binnendringen o; doorzicht o; scherpzinnigheid
penetrative ['penitreitiv] bn doordringend; scherpzinnig
pen-friend ['penfrend] znw correspondentievriend(in)
penguin ['peŋgwin] znw pinguïn
penicillin [peni'silin] znw penicilline
penile ['pi:nail] bn van de penis, penis-
peninsula [pi'ninsjulə] znw schiereiland o; the P~ het Iberisch Schiereiland
peninsular bn van een schiereiland
penis ['pi:nis] znw (mv: -es of penes) penis
penis envy znw penisnijd
penitence ['penitəns] znw berouw o
penitent I bn berouwvol; **II** znw boeteling(e)
penitential [peni'tenʃəl] **I** bn berouwvol; boete-; ~ psalms boetpsalmen; **II** znw boeteboek o, biechtboek o
penitentiary I bn boete-; straf-; **II** znw Am gevangenis; RK hoogste kerkelijke gerechtshof o; boetepriester
penknife ['pennaif] znw pennemes o, zakmesje o
penmanship znw (schoon)schrijfkunst
pen-name znw schuilnaam, pseudoniem o
pennant ['penənt] znw wimpel
penniless ['penilis] bn zonder geld, arm

pennon ['penən] *znw* wimpel; banier

penny ['peni] *znw* (*mv:* (**munten**) pennies; (*in bedragen*) pence) penny; *hist* penning; *a* ~ *for your thoughts* waar zit je over te piekeren?; *in for a* ~, *in for a pound* wie a zegt, moet ook b zeggen; *spend a* ~ naar de wc gaan; *turn an honest* ~ een eerlijk stuk brood verdienen; *the* ~ *dropped* ik heb het door; *be two (ten) a* ~ kost(en) nog maar een habbekrats; *take care of the pennies and the pounds will take care of themselves* wie het kleine niet eert is het grote niet weerd

penny-a-liner *znw* broodschrijver [voor de krant]; freelancer

penny dreadful [peni'dredful] *znw* sensatieromannetje *o*, stuiversroman

penny-in-the-slot machine *znw* 1 automaat; 2 gokautomaat

penny-pinching ['penipin(t)ʃiŋ] *znw* overdreven zuinigheid, vrekkigheid

pennyweight ['peniweit] *znw* gewicht *o*: 1,55 gram

penny whistle ['peniwisl] *znw* eenvoudige metalen fluit [i.h.b. in de Ierse volksmuziek]

penny wise *bn:* ~ *and pound foolish* verkeerde zuinigheid (in kleine dingen en verkwisting aan de andere kant)

pennyworth ['peniwə:θ, 'penəθ] *znw:* a *good* ~ een koopje *o*

pen-pal ['penpæl] *znw = pen-friend*

penpusher ['penpuʃə] *znw* pennenlikker, inktkoelie, klerk

1 pension ['penʃən] **I** *znw* jaargeld *o*, pensioen *o*; ~ *scheme* pensioenregeling; **II** *overg* een jaargeld geven, toeleggen; ~ *off* pensioneren, op pensioen stellen

2 pension ['pɑ:ŋsiɔ:ŋ] *znw* pension *o*

pensionable ['penʃənəbl] *znw* pensioengerechtigd, recht gevend op pensioen

pensionary I *bn* pensioens-; gehuurd, betaald; **II** *znw* gepensioneerde; huurling; *hist* pensionaris

pensioner *znw* gepensioneerde; bejaarde

pensive ['pensiv] *bn* peinzend, ernstig, weemoedig

penstock ['penstɔk] *znw* valdeur [v. sluis]

pent [pent] V.D. van *²pen II;* opgesloten

pentagon ['pentagən] *znw* vijfhoek; *the P~* Am het Pentagon: (het gebouw van) de legerleiding en het bureau van de minister van Defensie

pentagonal [pen'tægənl] *bn* vijfhoekig

pentameter [pen'tæmitə] *znw* vijfvoetig vers *o*

pentathlete [pen'tæθli:t] *znw* sp vijfkamper

pentathlon [pen'tæθlɔn] *znw* sp vijfkamp

Pentecost ['pentikɔst] *znw* pinksterzondag, Pinksteren; pinksterfeest *o* van de joden

pentecostal [penti'kɔstl] **I** *bn* pinkster-; ~ *movement* pinksterbeweging; **II** *znw* lid *o* van een pinksterkerk

pentecostalism *znw* pinksterbeweging

penthouse ['penthaus] *znw* penthouse *o*, terraswoning [op flatgebouw]

pent-up ['pent'ʌp] *bn* op-, ingesloten; *fig* opgekropt

penultimate [pi'nʌltimit] *bn* voorlaatste

penurious [pi'njuəriəs] *bn* karig, schraal, armoedig

penury ['penjuri] *znw* armoede², behoeftigheid; gebrek *o* (aan *of*)

peony ['piəni] *znw* pioen(roos)

people ['pi:pl] **I** *znw* volk *o*; mensen; gewoon volk *o*, men; *my* ~ mijn familie; *the little* ~ de feeën, kaboutertjes; **II** *overg* bevolken

pep [pep] gemeenz **I** *znw* pep, fut; **II** *overg:* ~ *up* oppeppen

pepper ['pepə] **I** *znw* peper; paprika; **II** *overg* peperen; spikkelen, (be)strooien; beschieten, bestoken

pepper-and-salt *znw (bn)* peper-en-zoutkleur(ig)

pepperbox *znw* peperbus

peppercorn *znw* peperkorrel; ~ *rent* symbolisch huurbedrag *o*

peppermint *znw* plantk pepermunt; pepermuntje *o*

pepperpot *znw* peperbus

peppery *bn* gepeperd; prikkelbaar, opvliegend

pep pill *znw* peppil

pepsin ['pepsin] *znw* pepsine

pep-talk ['peptɔ:k] *znw* gemeenz peptalk: opwekkend praatje *o*

peptic ['peptik] *bn* maag-; ~ *ulcer* maagzweer

per [pə:] *voorz* per; *as* ~ volgens; *as* ~ *usual* zoals gewoonlijk, gebruikelijk

perambulate [pə'ræmbjuleit] *onoverg* wandelen

perambulation [pəræmbju'leiʃən] *znw* wandeling, rondgang

perambulator [p(ə)'ræmbjuleitə] *znw* kinderwagen

per annum [pər'ænəm] *bijw* per jaar

per capita [pə:'kæpitə] *bn bijw* per hoofd [v.d. bevolking]

perceive [pə'si:v] *overg* (be)merken, bespeuren, ontwaren, waarnemen

per cent [pə'sent] *znw & bijw* procent, percent

percentage [pə'sentidʒ] *znw* percentage *o*; commissieloon *o*

perceptible [pə'septəbl] *bn* waarneembaar

perception *znw* perceptie, waarneming; gewaarwording; inzicht *o*

perceptive *bn* waarnemend; gewaarwordend; scherpzinnig; ~ *faculty* waarnemingsvermogen *o*; scherpzinnigheid

perceptiveness *znw* waarnemingsvermogen *o*; scherpzinnigheid

1 perch [pə:tʃ] **I** *znw* stokje *o* in een vogelkooi; hoge plaats; **II** *onoverg* neerstrijken (op *upon*); **III** *overg* doen zitten, (hoog) plaatsen; *be* ~*ed* (hoog) zitten, liggen, staan &

2 perch [pə:tʃ] *znw* (*mv* idem *of* -es) dierk baars

perchance [pə'tʃɑ:ns] *bijw* vero misschien

percipient I *bn* gewaarwordend; waarnemend; opmerkzaam, scherpzinnig; **II** *znw* waarnemer, observator; percipiënt [ontvanger van telepathische boodschap]

percolate ['pə:kəleit] *overg & onoverg* (la-

ten) filtreren, doorsijpelen², doordringen²
percolator ['pə:kəleitə] *znw* filter; filtreerkan
percuss [pə:'kʌs] *overg* percuteren, bekloppen
percussion *znw* schok, slag, stoot, botsing; muz slagwerk o; ~ cap slaghoedje o
percussionist *znw* slagwerker
percussive *bn* slaand, schokkend, stotend, slag-, schok-, stoot-
perdition [pə:'diʃən] *znw* verderf o, ondergang, verdoemenis
peregrination [perigri'neiʃən] *znw* omzwerving, zwerftocht; bedevaart
peregrine ['perigrin] *znw* slechtvalk *(~ falcon)*
peremptory [pe'rəmtəri] *bn* geen tegenspraak duldend; gebiedend, heerszuchtig; afdoend, beslissend
perennial [pə'renjəl] **I** *bn* eeuwig(durend), voortdurend; (over)blijvend, vast [v. plant]; **II** *znw* overblijvende plant; *hardy ~* winterharde vaste plant
perennialy *bijw* jaar in jaar uit
perfect I *bn* ['pə:fikt] volmaakt, volkomen, perfect (in orde), foutloos; echt; versterkend volslagen; **II** *znw* voltooid tegenwoordige tijd; **III** *overg* [pə'fekt] verbeteren, perfectioneren; volvoeren
perfection *znw* volmaaktheid; volkomenheid, perfectie; (ver)volmaking; *to ~* volmaakt
perfectionism *znw* perfectionisme o
perfectionist *znw* perfectionist
perfectly ['pə:fiktli] *bijw* volmaakt, volkomen, absoluut, volslagen; foutloos; *you know ~ well* je weet heel goed, opperbest
perfervid [pə:'fa:vid] *bn* vurig, gloedvol
perfidious [pə:'fidiəs] *bn* trouweloos, verraderlijk, vals (voor *to*), perfide
perfidy ['pə:fidi] *znw* trouweloosheid, verraderlijkheid, valsheid
perforate ['pə:fəreit] *overg* doorboren, perforeren; ~*d* ook: met kleine gaatjes, geperforeerd
perforation [pə:fə'reiʃən] *znw* doorboring, perforatie; tanding [filatelie]
perforce [pə'fɔ:s] *bijw* (nood)gedwongen, noodzakelijk(erwijs)
perform [pə'fɔ:m] **I** *overg* uitvoeren; volbrengen; opvoeren, vertonen, spelen; **II** *onoverg* optreden; presteren, functioneren, prestaties leveren; ~*ing arts* podiumkunsten; ~*ing elephants* gedresseerde olifanten
performance *znw* uitvoering, opvoering, voorstelling, vertoning; prestatie, succes o; karwei o, werk o; vervulling, verrichting; gemeenz aanstellerij, scène
performer *znw* toneelspeler, artiest, musicus; volbrenger, uitvoerder; *he is a bad ~* ook: hij komt zijn beloften niet na
perfume ['pə:fju:m] **I** *znw* geur; reukwerk o, parfum o & m; **II** *overg* parfumeren
perfumery *znw* parfumerie(ën)
perfunctory [pə'fʌŋktəri] *bn* (gedaan) omdat het moet, oppervlakkig, vluchtig, nonchalant

pergola ['pə:gələ] *znw* pergola
perhaps [pə'hæps, præps] *bijw* misschien
peril ['peril] *znw* gevaar o; *at your (own) ~* op uw eigen risico
perilous *bn* gevaarlijk, hachelijk
perimeter [pə'rimitə] *znw* omtrek [v.e. vlak], perimeter; ~ *fence* ± omheining [rond luchthaven, legerbasis &]
period ['piəriəd] **I** *znw* tijdperk o, tijd; fase; periode°, cyclus; punt [na volzin]; *(monthly)* ~ menstruatie(cyclus); *I won't go, ~!* ik ga niet, punt uit!; **II** *bn* in historische stijl
periodic [piəri'ɔdik] *bn* periodiek; ~ *table* chem periodiek systeem o (van elementen)
periodical [piəri'ɔdikl] **I** *bn* periodiek; **II** *znw* periodiek, tijdschrift o
periodicity [piəriə'disiti, -ri'disiti] *znw* geregelde terugkeer, periodiciteit
peripatetic [peripə'tetik] *bn* peripatetisch, wandelend; rondreizend
peripheral [pə'rifərəl] **I** *bn* perifeer, rand-; **II** *znw*: ~*s* comput randapparatuur
periphery *znw* periferie: omtrek; buitenrand
periphrasis [pə'rifrəsis] *znw* (*mv*: periphrases) omschrijving (als retorische stijlfiguur)
periphrastic [peri'fræstik] *bn* omschrijvend
periscope ['periskoup] *znw* periscoop
perish ['periʃ] *onoverg* omkomen, te gronde gaan; vergaan (van *with*); rotten; ~ *the thought!* gemeenz ik moet er niet aan denken!
perishable I *bn* vergankelijk; aan bederf onderhevig, bederfelijk; **II** *znw*: ~*s* aan bederf onderhevige waren
perished *bn*: *be* ~ gemeenz het berekoud hebben
perisher *znw* gemeenz klier, lastpak, etterbakje o
perishing *bn* bitterkoud; slang verdomd
peritonitis [peritə'naitis] *znw* buikvliesontsteking
periwig ['periwig] *znw* pruik
periwinkle ['periwiŋkl] *znw* 1 alikruik; 2 plantk maagdenpalm
perjure ['pə:dʒə] *overg*: ~ *oneself* zich schuldig maken aan meineed; een eed breken; ~*d* meineedig
perjurer *znw* meinedige
perjury *znw* meineed; woordbreuk
1 perk [pə:k] **I** *onoverg*: ~ *up* weer moed krijgen, opfleuren; **II** *overg*: ~ *up* opvrolijken, opkikkeren
2 perk [pə:k] *znw* extra verdienste, extraatje o
perky ['pə:ki] *bn* vrolijk, levendig, zwierig, parmant(ig), brutaal
perm [pə:m] gemeenz **I** *znw* 1 permanent; 2 = *permutation 2*; **II** *overg* permanenten
permafrost ['pə:məfrɔst] *znw* permafrost [eeuwig bevroren bodem]
permanence ['pə:mənəns] *znw* bestendigheid, duurzaamheid, duur
permanency *znw* vaste betrekking; = *permanence*
permanent *bn* bestendig, blijvend, vast, permanent; ~ *way* baanbed o, spoorbaan
permeable ['pə:mjəbl] *bn* doordringbaar,

poreus

permeate ['pə:mieit] *onoverg* doordringen, doortrekken; dringen, trekken (door *through*)

permeation [pə:mi'eiʃən] *znw* doordringing

permissible [pə'misəbl] *bn* toelaatbaar, geoorloofd

permission *znw* permissie, vergunning, verlof *o*, toestemming

permissive *bn* tolerant; ~ *society* de moderne maatschappij waarin de normen losser zijn geworden

permit I *overg* [pə'mit] veroorloven, toestaan; **II** *onoverg* het toelaten; ~ *of* toelaten; **III** *znw* ['pə:mit] (schriftelijke) vergunning; verlof *o*; consent *o*

permutation [pə:mju'teiʃən] *znw* **1** permutatie, verwisseling; **2** combinatie, selectie [bij voetbaltoto]

permute [pə'mju:t] *overg* de volgorde veranderen; verwisselen

pernicious [pə:'niʃəs] *bn* schadelijk; ~ *anaemia* pernicieuze anemie

pernickety [pə'nikiti] *bn* gemeenz pietluttig; overdreven netjes, kieskeurig; lastig

peroration [perə'reiʃən] *znw* peroratie, slot *o* van een redevoering

peroxide [pe'rɔksaid] **I** *znw* peroxide *o*; ~ *blonde* gemeenz meisje *o* met gebleekt haar; **II** *overg* bleken [het haar]

perpendicular [pə:pən'dikjulə] **I** *bn* loodrecht, rechtop, steil; **II** *znw* loodlijn; schietlood *o*; *the* ~ de loodrechte stand

perpetrate ['pə:pitreit] *overg* (kwaad) bedrijven, begaan, plegen[2]

perpetration [pəpi'treiʃən] *znw* bedrijven *o*, begaan *o* of plegen *o*

perpetrator ['pə:pitreitə] *znw* plechtig dader

perpetual [pə'petjuəl] *bn* eeuwigdurend; levenslang, vast

perpetuate *overg* vereeuwigen, doen voortduren, vervolgen, bestendigen

perpetuation [pəpetju'eiʃən] *znw* voortduren *o*, vereeuwiging, bestendiging

perpetuity [pə:pi'tjuiti] *znw* eeuwige duur, eeuwigheid; *in (for)* ~ voor eeuwig, voor onbeperkte duur

perplex [pə'pleks] *overg* verwarren, verlegen maken, onthutsen

perplexed *bn* verward, onthutst, verslagen

perplexity *znw* verwardheid, verlegenheid, verbijstering, verslagenheid

perquisite ['pə:kwizit] *znw* extra verdienste; emolument *o*

perse [pə:s] *bn* grijsblauw

per se [pə:'sei, -'si:] *bijw* als zodanig, op zich(zelf)

persecute ['pə:sikju:t] *overg* vervolgen, onderdrukken; lastig vallen

persecution [pə:si'kju:ʃən] *znw* vervolging

persecutor ['pə:sikju:tə] *znw* vervolger

perseverance [pə:si'viərəns] *znw* volharding

persevere *onoverg* volharden (in *in*), aanhouden

Persian ['pə:ʃən] **I** *bn* Perzisch; **II** *znw* Pers;

(het) Perzisch

persimmon [pə:'simən] *znw* dadelpruim

persist [pə'sist] *onoverg* hardnekkig volhouden; doorgaan (met *in*); aanhouden, voortduren; blijven voortbestaan

persistence, persistency *znw* volharding, voortduring; hardnekkig volhouden *o*; hardnekkigheid

persistent *bn* volhardend, aanhoudend, blijvend, hardnekkig

person ['pə:sn] *znw* persoon°, mens *o*; figuur; recht rechtspersoon; *in* ~ persoonlijk

persona [pə:'sounə] *znw* (*mv*: personae) psych ± imago *o*, uiterlijk *o*; ~ *non grata* persona non grata

personable ['pə:sənəbl] *bn* welgemaakt, knap

personage ['pə:sənidʒ] *znw* persoon, personage *o*

personal ['pə:snl] *bn* persoonlijk°; privé; *become (get)* ~ beledigend worden; ~ *allowance* belastingvrije voet; ~ *column* familieberichten; ~ *details* personalia; ~ *property* roerend goed *o*

personality [pə:sə'næliti] *znw* persoonlijkheid°; identiteit; ~*ties* beledigende opmerkingen

personalize ['pə:sənalaiz] *overg* personifiëren, verpersoonlijken; ~*d* ook: voorzien van de naam v.d. eigenaar [postpapier &]

personally *bijw* persoonlijk; in persoon

personalty *znw* roerend goed *o*

personate ['pə:səneit] *overg* uitbeelden, de rol vervullen van; zich uitgeven voor

personification [pə:sɔnifi'keiʃən] *znw* verpersoonlijking

personify [pə:'sɔnifai] *overg* verpersoonlijken

personnel [pə:sə'nel] *znw* personeel *o*, mil manschappen; gemeenz (afdeling) personeelszaken

perspective [pə'spektiv] **I** *znw* perspectieftekening; perspectief *o*, (voor)uitzicht *o*; **II** *bn* perspectivisch

perspex ['pə:speks] *znw* perspex *o*

perspicacious [pə:spi'keiʃəs] *bn* scherpzinnig, schrander

perspicacity [pə:spi'kæsiti] *znw* scherpzinnigheid, schranderheid

perspicuity [pə:spi'kjuiti] *znw* duidelijkheid, helderheid

perspicuous [pə'spikjuəs] *bn* duidelijk, helder

perspiration [pə:spə'reiʃən] *znw* uitwaseming; transpiratie; *be in a* ~ transpireren

perspire [pəs'paiə] **I** *onoverg* uitwasemen, transpireren; **II** *overg* uitwasemen, uitzweten

persuade [pə'sweid] **I** *overg* overreden, overhalen; overtuigen; ~ *into* overhalen tot; **II** *wederk*: ~ *oneself* zich overtuigen; zich wijsmaken

persuasion *znw* overreding, overtuiging; geloof *o*, gezindte

persuasive *bn* overredend, overtuigend; ~ *power* overredingskracht

pert [pə:t] *bn* vrijpostig, brutaal

pertain [pə:'tein] *onoverg*: ~ *to* behoren bij

(tot); betrekking hebben op, betreffen

pertinacious [pə:ti'neiʃəs] *bn* hardnekkig, halsstarrig, vasthoudend

pertinacity [pə:ti'næsiti] *znw* hardnekkigheid, halsstarrigheid, volharding

pertinence ['pə:tinəns] *znw* toepasselijkheid

pertinent *bn* toepasselijk, ter zake; ~ *to* betrekking hebbend op

perturb [pə'tə:b] *overg* storen, in beroering brengen, verstoren

perturbation [pə:tə(:)'beiʃən] *znw* storing, verontrusting, beroering; verwarring; onrust, bezorgdheid

Peru [pə'ru:] *znw* Peru *o*

peruke [pə'ru:k] *znw* pruik

perusal [pə'ru:zəl] *znw* (nauwkeurige) lezing

peruse *overg* (nauwkeurig) lezen, onderzoeken

Peruvian [pə'ru:viən] **I** *bn* Peruviaans; **II** *znw* Peruaan

pervade [pə'veid] *overg* doordringen, doortrekken, vervullen (van *with, by*)

pervasion *znw* doordringing

pervasive *bn* doordringend

perverse [pə'və:s] *bn* verdorven, pervers; onredelijk, dwars, koppig; averechts, verkeerd; *a* ~ *verdict* recht een uitspraak in tegenspraak met het requisitoir

perversion *znw* verdraaiing, omkering; perversie

perversity *znw* perversiteit, verdorvenheid

pervert I *overg* [pə'və:t] verdraaien [v. woord]; bederven, verleiden; misbruiken; ~*ed* ook: pervers, met perverse neigingen; **II** *znw* ['pə:və:t] afvallige; iem. met perverse neigingen

pervious ['pə:viəs] *bn* doordringbaar, toegankelijk, vatbaar (voor *to*)

pesky ['peski] *bn* Am gemeenz vervelend, lastig

pessary ['pesəri] *znw* pessarium *o*

pessimism ['pesimizm] *znw* pessimisme *o*

pessimist *znw* pessimist

pessimistic [pesi'mistik] *bn* pessimistisch, somber

pest [pest] *znw* last, kwelling, plaag, kwelgeest, lastpost, schadelijk dier *o*, insect *o* of gewas *o*

pester ['pestə] *overg* lastig vallen, kwellen, plagen

pesticide ['pestisaid] *znw* insecticide

pestiferous [pes'tifərəs] *bn* = *pestilent*

pestilence ['pestiləns] *znw* pest[2], pestziekte

pestilent *bn* pestilent, verderfelijk; gemeenz lastig

pestle ['pes(t)l] *znw* stamper [v. vijzel]

1 pet [pet] *znw* kwade luim, boze bui

2 pet [pet] **I** *znw* huisdier *o*; fig lieveling, schat; **II** *bn* geliefd, lievelings-; ~ *dog* lievelingshond; ~ *food* dierenvoedsel *o*; ~ *name* troetelnaam; **III** *overg* (ver-)troetelen, aanhalen; vrijen met

petal ['petl] *znw* bloemblad *o*

petard [pe'ta:d] *znw* voetzoeker, rotje *o*; *he was hoist with his own* ~ hij kreeg een koekje van eigen deeg

Peter ['pi:tə] *znw*: *blue* ~ scheepv de blauwe (vertrek)vlag; *rob* ~ *to pay Paul* het ene gat met het andere stoppen

peter ['pi:tə] *onoverg*: ~ *out* gemeenz uitgeput raken; uitgaan als een nachtkaars

petite [pə'ti:t] *bn* klein en sierlijk [v. vrouw]

petition [pi'tiʃən] **I** *znw* verzoek(schrift) *o*; recht eis; petitie; **II** *overg* verzoeken; **III** *onoverg* een petitie indienen

petitioner *znw* verzoeker, adressant; eiser in echtscheidingsproces

petrel ['petrəl] *znw* stormvogeltje *o*; *stormy* ~ fig onruststoker

petrifaction [petri'fækʃən] *znw* verstening

petrify ['petrifai] *onoverg* & *overg* (doen) verstenen[2]; (doen) verstijven [v. angst], verbijsteren, angst aanjagen

petrochemical ['petrou'kemikl] *bn* petrochemisch

petrol ['petrəl] *znw* benzine; ~ *bomb* molotovcocktail

petroleum [pi'trouljəm] *znw* petroleum, aardolie; ~ *jelly* vaseline

petrology [pi'trɔlədʒi] *znw* petrografie: beschrijving van de steensoorten

petticoat ['petikout] *znw* onderrok, petticoat

pettifoggery *znw* advocatenstreken, rechtsverdraaiing, vitterij

pettifogging *znw* muggenzifterig; kleingeestig

pettish ['petiʃ] *bn* gauw op zijn teentjes getrapt, prikkelbaar

petty ['peti] *bn* klein, gering, onbeduidend; klein(zielig); ~ *cash* kleine uitgaven; ~ *larceny* kruimeldiefstal; ~ *officer* scheepv onderofficier

petulance ['petjuləns] *znw* prikkelbaarheid

petulant *bn* prikkelbaar, knorrig

petunia [pi'tju:njə] *znw* petunia

pew [pju:] *znw* kerkbank; *take a* ~ gemeenz ga zitten, neem plaats

pewter ['pju:tə] **I** *znw* tin *o*, tinnegoed *o*; **II** *bn* tinnen

phalange ['fælæn(d)ʒ] *znw* kootje *o*

phalanx ['fælæŋks] *znw* (*mv*: -es *of* phalanges) gesloten slagorde; kootje *o* [v. vinger, teen]

phallic ['fælik] *bn* fallus-

phallus ['fæləs] *znw* (*mv*: -es *of* phalli) fallus

phantasm ['fæntæzm] *znw* droombeeld *o*, hersenschim

phantasmagoria [fæntæzmə'gɔriə] *znw* schimmenspel[2] *o*, fantasmagorie

phantasmal [fæn'tæzməl] *bn* fantastisch, spookachtig

phantasy *znw* = *fantasy*

phantom ['fæntəm] *znw* spook *o*, schim, verschijning, geest; droombeeld *o*

Pharaoh ['fɛərou] *znw* farao

pharisaic(al) [færi'seiik(l)] *bn* farizeïsch, schijnheilig

Pharisee ['færisi:] *znw* farizeeër, schijnheilige

pharmaceutical [fa:mə'sju:tikl] **I** *bn* farmaceutisch; ~ *chemist* apotheker; **II** *znw*: ~*s* farmaceutische producten

pharmaceutics *znw* farmacie

pharmacist ['fa:məsist] *znw* farmaceut, apotheker

pharmacologist [fa:mə'kɔlədʒist] *znw* farmacoloog

pharmacology *znw* farmacologie

pharmacy ['fa:məsi] *znw* farmacie; apotheek

pharos ['fɛərɔs] *znw* vuurtoren, baken o

pharyngitis [færin'dʒaitis] *znw* ontsteking van de keelholte

pharynx ['færiŋks] *znw* keelholte

phase [feiz] I *znw* fase, stadium o; II *overg* faseren; ~ *in* geleidelijk invoeren; ~ *out* geleidelijk afschaffen

pheasant ['fezənt] *znw* fazant

phenomenal [fi'nɔminl] *bn* op de verschijnselen betrekking hebbend; zinnelijk waarneembaar; fenomenaal, merkwaardig, buitengewoon

phenomenon [fi'nɔminən] *znw* (*mv:* -s *of* phenomena [-nə]) verschijnsel[2] o; fenomeen o

phew [fju:] *tsw* phoe!, oef! (uitroep van opluchting, verbazing &)

phial ['faiəl] *znw* flesje o

philanderer *znw* versierder, Don Juan, beroepsflirter

philanthropic [filən'θrɔpik] *bn* filantropisch, menslievend; liefdadigheids-

philanthropist [fi'lænθrəpist] *znw* filantroop

philanthropy *znw* filantropie, menslievendheid

philatelist [fi'lætəlist] *znw* filatelist

philately *znw* filatelie

philharmonic [fila:'mɔnik] *bn* filharmonisch

philippic [fi'lipik] *znw* filippica, scherpe hekelrede

Philippine ['filipi:n] *bn* Filippijns

Philippines ['filipi:nz] *znw* Filippijnen

Philistine ['filistain] I *znw* Filistijn; filister; II *bn* Filistijns; filisterachtig

philistinism ['filistinizm] *znw* kleinburgerlijkheid, benepenheid, filisterij

philobiblist ['filəbiblist] *znw* bibliofiel

philological [filə'lɔdʒikl] *bn* filologisch

philologist [fi'lɔlədʒist] *znw* filoloog

philology *znw* filologie

philosopher [fi'lɔsəfə] *znw* filosoof, wijsgeer; ~*s' stone* steen der wijzen

philosophic(al) [filə'sɔfik(l)] *bn* filosofisch, wijsgerig

philosophize [fi'lɔsəfaiz] *onoverg* filosoferen

philosophy *znw* filosofie°, wijsbegeerte

philtre ['filtə] *znw* minnedrank

phiz [fiz] *znw* gemeenz facie, tronie

phlegm [flem] *znw* slijm o & m; fluim; flegma o; onverstoorbaarheid

phlegmatic [fleg'mætik] *bn* flegmatisch; flegmatiek, onverstoorbaar

phobia ['foubiə] *znw* fobie

phobic ['foubik] I *znw* fobiepatiënt; II *bn* fobisch

Phoenician [fi'niʃən, -ʃjən] I *bn* Fenicisch; II *znw* Feniciër, Fenicische

phoenix ['fi:niks] *znw* feniks[2]

phone [foun] I *znw* telefoon; ~ *box*, Am ~

booth telefooncel; II *overg & onoverg* bellen, telefoneren; ~ *up* opbellen

phone-in ['foun'in] *znw* phone-in (programma) [radioprogramma waarbij de luisteraars telefonisch kunnen meepraten]

phonetic [fou'netik] I *bn* fonetisch; II *znw*: ~*s* fonetiek, klankleer

phoney ['founi] gemeenz I *bn* vals, onecht, namaak-, schijn-; II *znw* komediant, aansteller

phonograph ['founəgra:f] *znw* fonograaf; Am grammofoon

phonology [fou'nɔlədʒi] *znw* klankleer; klankstelsel o

phooey ['fu:i] *tsw* slang bah!, foei!

phosphate ['fɔsfeit] *znw* fosfaat o

phosphorate ['fɔsfəreit] *overg* met fosfor verbinden

phosphoresce [fɔsfə'res] *onoverg* fosforesceren

phosphorescence *znw* fosforescentie

phosphorescent *bn* fosforescerend

phosphoric [fɔs'fɔrik] *bn* fosforisch, fosfor-

phosphorous ['fɔsfərəs] *bn* fosfor-

phosphorus *znw* fosfor

photo ['foutou] *znw* gemeenz = *photograph*; foto; ~ *booth* (pas)fotoautomaat; ~ *call* fotosessie voor de media [bij internationale conferenties &]

photochromy ['foutəkroumi] *znw* kleurenfotografie

photocopier [foutə'kɔpiə] *znw* fotokopieerapparaat o

photocopy ['foutoukɔpi] I *znw* fotokopie; II *overg* fotokopiëren

photo-electric ['foutəi'lektrik] *bn* foto-elektrisch

photo-finish *znw* fotofinish

Photofit ['foutəfit] *znw* compositiefoto

photogenic [foutə'dʒenik, -dʒi:nik] *bn* fotogeniek

photograph ['foutəgra:f] I *znw* foto(grafie), ook: portret o; *have one's* ~ *taken* zich laten fotograferen; II *overg* fotograferen

photographer [fə'tɔgrəfə] *znw* fotograaf

photographic [foutə'græfik] *bn* fotografisch

photography [fə'tɔgrəfi] *znw* fotografie

photogravure [foutəgrə'vjuə] *znw* koper-(diep)druk

photometer [fou'tɔmitə] *znw* lichtmeter

photostat *znw* = *photocopy*

phototype *znw* lichtdruk

phrasal ['freizl] *bn*: ~ *verb* woordgroep bestaande uit een werkwoord en een bijwoord (zoals *break down*) of een werkwoord en een voorzetsel (zoals *see to*)

phrase [freiz] I *znw* frase°; uitdrukking, gezegde o; *to coin a* ~ ironisch om het maar eens heel origineel te zeggen; *turn of* ~ wijze van uitdrukken; II *overg* onder woorden brengen, inkleden, uitdrukken; muz fraseren

phraseology [freizi'ɔlədʒi] *znw* fraseologie [woordkeus en zinsbouw]

phrasing *znw* woordkeus

phrenetic [fri'netik] *bn* = *frenetic*

phrenology [fri'nɔlədʒi] *znw* schedelleer [v. Gall]

phthisis ['θaisis, 'fθaisis] *znw* (long)tering

phut [fʌt] *bijw:* go ~ <u>gemeenz</u> in elkaar zakken, op niets uitlopen

physical I *bn* fysiek², lichamelijk, lichaams-; natuurkundig, natuurwetenschappelijk; ~ *training*, ~ *education* lichamelijke oefening, gymnastiek; ~ *jerks* <u>gemeenz</u> gym, lichamelijke oefening(en) **II** *znw* medische keuring

physician [fi'ziʃən] *znw* dokter

physicist ['fizisist] *znw* natuurkundige, fysicus

physics *znw* natuurkunde, fysica

physio ['fiziou] *znw* <u>gemeenz</u> = *physiotherapist; physiotherapy*

physiognomist [fizi'ɔnəmist] *znw* gelaatkundige

physiognomy *znw* gelaatkunde; fysionomie, voorkomen o, gelaat o; <u>slang</u> tronie

physiography [fizi'ɔgrəfi] *znw* fysische geografie

physiological [fiziə'lɔdʒikl] *bn* fysiologisch

physiologist [fizi'ɔlədʒist] *znw* fysioloog

physiology *znw* fysiologie

physiotherapist [fiziou'θerəpist] *znw* fysiotherapeut

physiotherapy *znw* fysiotherapie

physique [fi'zi:k] *znw* fysiek o, lichaamsbouw

pi [pai] **I** *znw* de Griekse letter pi; het getal pi; **II** *bn* <u>slang</u> vroom

pianist ['piənist, 'pjænist] *znw* pianist

piano [pi'ænou] *znw* piano; *grand* ~ vleugel

pianoforte [pjænou'fɔ:ti] *znw* piano

piazza [pi'ætsə] *znw* plein o [in Italië &]; <u>Am</u> buitengalerij, veranda

pibroch ['pi:brɔk] *znw* <u>Schots</u> krijgsmars (met variaties) op de doedelzak

pic *znw* (*mv:* -s *of* pix) <u>slang</u> 1 film; 2 foto

picaresque [pikə'resk] *bn* picaresk, schelmen-

picayune ['pikəju:n] *bn* onbeduidend

piccalilli ['pikəlili] *znw* piccalilly

piccaninny ['pikənini] *znw* negerkind o

piccolo ['pikəlou] *znw* <u>muz</u> piccolo(fluit)

pick [pik] **I** *znw* punthouweel o; haaksleutel; tandenstoker; pluk; keus; *the* ~ *of...* het puikje van...; *take one's* ~ een keus doen; **II** *overg* (op)pikken; peuteren in [neus, tanden]; (af)kluiven; (af-, uit-) pluizen; schoonmaken [salade]; plukken [vruchten, bloemen en gevogelte]; (op-) rapen; (uit)zoeken; (uit)kiezen; ~ *holes in* vitten op, kritiseren; ~ *a lock* een slot openpeuteren (met ijzerdraad); ~ *pockets* zakkenrollen; ~ *a fight* ruzie zoeken; ~ *one's way* voorzichtig (stap voor stap) vooruitgaan; ~ *off* wegschieten; ~ *out* uitpikken, (uit)kiezen; muz op het gehoor spelen; afzetten (met *with*); ~ *over* sorteren; ~ *up* oppikken°, oprapen, ophalen; opdoen, op de kop tikken; (te pakken) krijgen, vinden; krijgen [vaart], accelereren; opvangen [radiostation, geluid &]; herkrijgen [krachten]; ~ *up a living* zijn kostje bijeenscharrelen; ~ *up the bill* de rekening

betalen; ~ *oneself up* op verhaal komen; ~ *sbd. up on sth.* iem. over iets de les lezen; **III** *onoverg* kluiven; ~ *and choose* kiezen; kieskeurig zijn; ~ *at* (one's food) kieskauwen; ~ *on* (uit)kiezen; afgeven op; ~ *up* bijkomen [v. herstellenden]; weer aanslaan [v. motor], optrekken [v. auto]; ~ *up on* oppikken, opmerken

pick-a-back ['pikəbæk] *bijw* op de rug

pickax(e) ['pikæks] *znw* houweel o

picker ['pikə] *znw* plukker

picket ['pikit] **I** *znw* piketpaal, staak; <u>mil</u> piket o; ~ *(line)* post [bij staking]; **II** *overg* met palen afzetten; posten [bij staking]

pickings *znw mv* kliekjes, restanten; oneerlijk verkregen geld o &

pickle ['pikl] **I** *znw* pekel, zuur o; ingemaakt zuur o; *be in a (sad, sorry, nice &)* ~ <u>gemeenz</u> in de knoei zitten; *mixed* ~*s* gemengd zuur o; **II** *overg* pekelen, inmaken, inleggen; afbijten (met bijtmiddel); ~*d* <u>slang</u> in de olie, dronken

picklock ['piklɔk] *znw* haaksleutel; inbreker

pick-me-up ['pikmi:ʌp] *znw* opkikkertje o, borreltje o

pickpocket ['pikpɔkit] *znw* zakkenroller

pick-up ['pikʌp] *znw* pickuptruck, <u>Am</u> kleine bestelauto; <u>gemeenz</u> scharreltje o; <u>gemeenz</u> herstel o; onderweg meegenomen passagiers; <u>slang</u> lift [in auto]

picky ['piki] *bn* <u>gemeenz</u> kieskeurig

picnic ['piknik] **I** *znw* picknick; *no* ~ <u>gemeenz</u> geen pretje, geen kleinigheid; **II** *onoverg* picknicken

pictorial [pik'tɔ:riəl] **I** *bn* beeldend, schilder-; in beeld(en), beeld-; geïllustreerd; **II** *znw* geïllustreerd blad o

picture ['piktʃə] **I** *znw* schilderij o, prent, plaatje o; afbeelding, portret o; foto; beeld [v. tv]; afbeeldsel o, (toon)beeld o; evenbeeld o; film; *the* ~*s* de bioscoop; *put sbd. in the* ~ iem. op de hoogte brengen; *be out of the* ~ er niet bij horen, niet meetellen; *get the* ~ <u>gemeenz</u> het snappen; *leave out of the* ~ er buiten laten; **II** *overg* (af)schilderen, afbeelden; ~ *(to oneself)* zich voorstellen

picture-book *znw* prentenboek o

picture-gallery *znw* zaal voor schilderijen, schilderijenmuseum o

picture-house, picture-palace *znw* bioscoop

picture rail *znw* kroonlijst

picturesque [piktʃə'resk] *bn* schilderachtig, pittoresk

picture-writing *znw* beeldschrift o

piddle ['pidl] <u>gemeenz</u> **I** *znw* plasje o; **II** *onoverg* een plasje doen

piddling ['pidliŋ] *bn* <u>gemeenz</u> beuzelachtig

pidgin ['pidʒin] *znw* pidgin o, mengtaaltje o

1 pie [pai] *znw* pastei; <u>Am</u> taart; <u>typ</u> door elkaar gevallen zetsel o; *as easy as* ~ doodsimpel; ~ *in the sky* luchtkasteel o

2 pie [pai] *znw* <u>dierk</u> ekster

piebald ['paibɔ:ld] *bn* bont, gevlekt

piece [pi:s] **I** *znw* stuk°; muntstuk o; <u>mil</u> stuk o (geschut); eindje o, lapje o; *a* ~ *per* stuk; *a* ~ *of cake* gemeenz een makkie o; *a* ~ *of folly* een dwaze daad; *a* ~ *of good fortune* een buitenkansje o; *give sbd. a* ~ *of one's mind* iem. eens flink de waarheid zeggen; *say one's* ~ zijn zegje doen; *by the* ~ per stuk; *in* ~s aan stukken, stuk; *of a* ~ in overeenstemming (met *with*); *of a* ~ uit één stuk; *come (fall) to* ~s stukgaan; fig mislukken; *go to* ~s instorten; *pick up the* ~s gemeenz de brokken lijmen; *pull to* ~s gemeenz scherp kritiseren, afmaken; *take to* ~s uit elkaar nemen; **II** *overg:* ~ *together* samenlappen, aaneenflansen[2]

pièce de résistance [pi'esdareizi'sta:ns] *znw* pièce de résistance o; hoofdschotel

piecemeal *bijw* bij stukjes en beetjes, geleidelijk

piece-work *znw* stukwerk o

piece-worker *znw* stukwerker

pied [paid] *bn* bont, gevlekt

pie-eyed ['paiaid] *bn* gemeenz beschonken

pier [piə] *znw* pier; kade; aanlegsteiger; havenhoofd o; havendam, golfbreker; pijler [v. brug]; bouwk stenen beer; penant o

pierce [piəs] **I** *overg* doorboren[2], doorsteken; doordringen; **II** *onoverg* binnendringen (in *into*); doordringen (tot *to*); zich een weg banen; ~ *through* verder doordringen

piercer *znw* (grote) boor; priem

piercing *bn* doordringend; scherp, snijdend

pietist ['paiətist] *znw* piëtist; fig kwezelaar

piety *znw* vroomheid, piëteit

piffle ['pifl] *znw* kletskoek, onzin

piffling *bn* belachelijk, onzinnig; onbenullig

pig [pig] **I** *znw* varken(svlees) o; big; fig schrokop; smeerlap; stijfkop; mispunt o; slang smeris; *make a* ~ *of oneself* vreten of zuipen (als een varken); *make a* ~'s *ear of sth.* iets verknallen; prutswerk afleveren; ~s *might fly* als de kalveren op het ijs dansen; **II** *onoverg* biggen; (samen-)hokken (ook: ~ *it*); slang schransen, vreten

pig-boat *znw* onderzeeër

pigeon ['pidʒin] *znw* dierk duif; *homing* ~ postduif; *it's not my* ~ gemeenz het is mijn zaak niet; *put the cat amongst the* ~s de knuppel in het hoenderhok gooien

pigeon-breast *znw* kippenborst

pigeon-fancier *znw* duivenmelker

pigeon-hole I *znw* hokje o, vakje o; **II** *overg* in een vakje leggen; opbergen; in vakjes indelen

piggery *znw* varkensfokkerij; zwijnenstal[2]; zwijnerij

piggish *bn* varkensachtig, vuil; vies; gulzig; koppig

piggy *znw* gemeenz varkentje o; big; ~ *eyes* varkensoogjes; ~ *in the middle* lummelen [kinderspel]

piggyback *bijw* gemeenz op de rug

piggy bank *znw* spaarvarken o

pigheaded *bn* koppig, dwars; eigenwijs

pig-iron *znw* ruw ijzer o

piglet *znw* big, biggetje o

pigment ['pigmənt] **I** *znw* pigment o, kleur-, verfstof; **II** *overg* kleuren

pigmentation *znw* biol pigmentatie, kleuring; med pigmentering

pigmy ['pigmi] *znw* = *pygmy*

pig pen ['pigpen] *znw* Am varkensstal; fig zwijnenstal, beestenbende

pigskin ['pigskin] *znw* varkenshuid; varkensleer o; Am sp voetbal

pigsty *znw* varkenskot o

pigtail *znw* (haar)vlecht, staartje o

1 pike [paik] *znw* piek; spies; tolboom

2 pike [paik] *znw* (*mv* idem *of* -s) dierk snoek

pikestaff ['paiksta:f] *znw* piekstok, lansstok; *as plain as a* ~ zie *plain I*

pilau [pi'lau], **pilaff** ['pilæf] *znw* pilav: Turks gerecht van rijst met schapenvlees

pilchard ['piltʃəd] *znw* pelser [vis]

pile [pail] **I** *znw* hoop, stapel; gebouw o; gemeenz hoop geld, fortuin; pool [v. fluweel, tapijt]; aambei; *make one's (a)* ~ gemeenz fortuin maken; **II** *overg* (op-)stapelen; ~ *on (up)* opstapelen; op de spits drijven, verhevigen; ~ *it on,* ~ *on the agony* gemeenz overdrijven; **III** *onoverg:* ~ *up* zich opstapelen, zich ophopen

pile-driver *znw* heimachine

pile-dwelling *znw* paalwoning

pile-up ['pailʌp] *znw* kettingbotsing

pilfer ['pilfə] *overg* pikken, gappen

pilferage *znw* kruimeldiefstal

pilgrim ['pilgrim] *znw* pelgrim

pilgrimage *znw* bedevaart, pelgrimstocht

pill [pil] *znw* pil°; *be on the* ~ aan de pil zijn

pillage ['pilidʒ] **I** *znw* plundering, roof; **II** *overg & onoverg* plunderen, roven

pillar ['pilə] *znw* pilaar, pijler; zuil; *driven from* ~ *to post* van het kastje naar de muur gestuurd

pillar-box *znw* post (ronde, rode) brievenbus [in Engeland]

pillared *bn* door pilaren gedragen

pillbox ['pilbɔks] *znw* pillendoos; klein rond hoedje o (ook: ~ *hat*); mil kleine bunker

pillion ['piljən] *znw* duo(zitting), zadelkussen o; *ride* ~ achterop zitten

pillory ['piləri] **I** *znw* schandpaal; **II** *overg* aan de kaak stellen[2]

pillow ['pilou] **I** *znw* (hoofd)kussen o; techn kussen o; **II** *overg* op een kussen leggen; met kussens steunen

pillowcase, pillowslip *znw* kussensloop

pillow talk *znw* slaapkamergesprek(ken) o

pilot ['pailət] **I** *znw* loods, gids; piloot; TV pilot(aflevering); **II** *bn* [v. fabriek &] proef-, pilot-; **III** *overg* loodsen, (be-)sturen, geleiden

pilotage *znw* loodsgeld o; loodsen o; loodswezen o

pilot-boat *znw* loodsboot

pilot-light *znw* waakvlammetje o

pilule ['pilju:l] *znw* pilletje o

pimento [pi'mentou] *znw* piment o

pimp [pimp] *znw* souteneur, pooier

pimpernel ['pimpənel] *znw* plantk guichelheil o, rode bastaardmuur

pimple ['pimpl] *znw* puistje o, pukkel

pimpled, pimply *bn* puistig, vol puisten

pin [pin] **I** *znw* speld; pin, pen, stift; muz schroef; ~s gemeenz benen; ~s *and need-*

les in my foot m'n voet slaapt; **II**
overg (vast)spelden; (op)prikken; vastzetten; opsluiten; ~ *back your ears (lugholes)!*
gemeenz luister eens goed!; ~ *down in
words* onder woorden brengen, definiëren; ~ *sbd. down on sth.* iem. dwingen
zijn bedoelingen (over iets) duidelijk te
maken; ~ *on* [iem.] de schuld geven, in de
schoenen schuiven; ~ *up* vastspelden; op-
prikken

pinafore ['pinəfɔ:] *znw* (kinder)schort; ~
dress overgooier

pinball ['pinbɔ:l] *znw* flipper(spel o)

pinball machine *znw* flipperkast

pince-nez ['pænsnei, 'pɛsnei] *znw (mv
idem)* knijpbril

pincers ['pinsəz] *znw mv* nijptang (ook: *pair
of* ~); schaar [v. kreeft &]

pincer(s) movement *znw* mil tangbewe-
ging

pinch [pin(t)ʃ] **I** *znw* kneep; klem; nood;
snuifje o; *at a* ~ in geval van nood; *feel the*
~ (aan den lijve) de nood voelen; **II** *overg*
knijpen°, knellen; dichtknijpen; gemeenz
gappen; slang pakken, inrekenen [dief];
~*ed* ook: ingevallen, mager [gezicht]; *be*
~*ed* het niet ruim hebben; slang **III** *onoverg* &
abs ww knijpen, knellen, kromliggen (ook:
~ *and save (scrape)*)

pinchbeck ['pin(t)ʃbek] **I** *znw* goudkleurige
legering van koper en zink; namaak; **II** *bn*
onecht, nagemaakt

pin-cushion ['pinkuʃən] *znw* speldenkussen
o

1 pine [pain] *znw* pijn(boom), grove den; ±
grenenhout o

2 pine [pain] *onoverg* kwijnen, smachten,
hunkeren (naar *after, for*)

pineal ['piniəl] *bn:* ~ *gland* pijnappelklier

pineapple ['painæpl] *znw* ananas

pinecone *znw* dennenappel

pine-needle *znw* dennennaald

pinery *znw* dennenaanplant; ananaskwe-
kerij

pinewood *znw* ± grenenhout o; dennen-
bos o, pijnbos o

ping [piŋ] **I** *znw* ping: kort, hoog, tinkelend
geluid o; **II** *onoverg* tinkelen

ping-pong ['piŋpɔŋ] *znw* pingpong o
[tafeltennis]

pinhead ['pinhed] · *znw* speldenknop;
scheldwoord idioot, uilskuiken o

pinion ['pinjən] **I** *znw* 1 punt van een vleugel; slagveer; plechtig vleugel, wiek; 2
techn rondsel o, tandwiel o; **II** *overg*
kortwieken², (vast)binden [de armen], knevelen; boeien

1 pink [piŋk] **I** *znw* plantk anjelier; roze o,
rozerood o; *he was in the* ~ gemeenz in
uitstekende conditie; **II** *bn* roze; gemeenz
gematigd socialistisch, linksig

2 pink [piŋk] *onoverg* pingelen [v. motor]

pinkie, pinky ['piŋki] *znw* pink

pinking shears ['piŋkiʃiəz] *znw mv* kartel-
schaar

pinkish ['piŋkiʃ] *bn* rozeachtig

pin-money ['pinmʌni] *znw* kleedgeld o;
zakgeld o

pinnacle ['pinəkl] *znw* pinakel; siertorentje
o; bergspits, bergtop; fig toppunt o

pinny ['pini] *znw* gemeenz = *pinafore*

pin-point ['pinpɔint] **I** *znw* speldenpunt; **II**
overg precies lokaliseren; de vinger leggen
op

pin-prick *znw* speldenprik²

pin-stripe *znw* streepje o [op stoffen]; ~ *suit*
krijtstreeppak o

pint [paint] *znw* pint: 1/8 gallon, 0,568 l; gemeenz biertje o

pinta ['paintə] *znw* slang een pint melk

pin table ['pinteibl] *znw* = *pinball machine*

pint-size ['pintsaiz] *bn* minuscuul, piepklein

pin-up ['pinʌp] *znw* pin-up

pioneer [paiə'niə] **I** *znw* pionier², wegberei-
der; **II** *onoverg & overg* de weg bereiden
(voor)

pious ['paiəs] *bn* godvruchtig, vroom; ~
hope onvervulbare hoop

1 pip [pip] *znw* 1 oog o [op dobbelstenen];
mil gemeenz ster [als distinctief]; 2 toon [v.
tijdsein]; 3 pit [van appel &]

2 pip [pip] *overg* gemeenz verslaan; te slim
af zijn, tegenwerken; ~ *sbd. at the post*
iem. met een neuslengte verslaan

3 pip [pip] *znw* pluimveezieKte; *he gives me
the* ~*s* gemeenz hij werkt me op de zenuwen

pipage ['paipidʒ] *znw* (leggen o van) buizen

pipe [paip] **I** *znw* pijp°, buis, leiding; fluit,
fluitje o; gefluit o; (fluit)signaal o; luchtpijp; ~*s* doedelzak; **II** *overg* fluiten; piepen; met biezen versieren; van buizen
voorzien; door buizen leiden; ~*d music*
muzak; **III** *onoverg* fluiten; piepen; ~
down slang bedaren; ~ *up* gemeenz zich
laten horen

pipe-clay *znw* pijpaarde

pipe dream *znw* dromerij, fantastisch plan
o (idee o &)

pipe-line *znw* techn pijpleiding; *in the* ~ op
komst, onderweg

piper ['paipə] *znw* fluitist; doedelzakblazer;
pay the ~ fig het gelag betalen

pipette [pi'pet] *znw* pipet

piping ['paipiŋ] **I** *bn* schel, schril; fluitend; ~
hot kokend heet; **II** *znw* buizenstelsel o;
buizen, pijpen; bies, galon o

pippin ['pipin] *znw* pippeling [appel]

pipsqueak ['pipskwi:k] *znw* gemeenz lulletje rozenwater o

piquancy ['pi:kənsi] *znw* pikante° o

piquant *bn* pikant°, prikkelend

pique [pi:k] **I** *znw* pik, wrok; *in a fit of* ~ in
een nijdige bui; **II** *onoverg* krenken; ergeren; prikkelen

piracy ['paiərəsi] *znw* piraterij², zeeroverij;
plagiaat o; namaak [v. merkkleding &]

pirate I *znw* piraat², zeerover; roofschip o;
namaker; plagiaatpleger; ~ *transmitter radio* clandestiene zender; **II** *bn* piraat-, pi-
raten-, namaak-, illegaal gekopieerde; **III**
overg roven; ongeoorloofd nadrukken, illegaal kopiëren, ongeoorloofd namaken;
plagiëren

pirouette [piru'et] **I** *znw* pirouette; **II** *onoverg* pirouetteren

Pisces ['pisi:z, 'paisi:z] *znw* Vissen
pish [piʃ] **I** *tsw* ba, foei!; **II** *onoverg* ba/foei zeggen
piss [pis] **I** *onoverg* gemeenz pissen; ~ *about (around) gemeenz* (aan)rotzooien; ~ *down gemeenz* regenen dat het zeikt; ~ *off* plat opdonderen; *it ~es me off* plat ik ben het spuugzat; ~*ed* plat stomdronken; **II** *znw* plat pis
pistachio [pis'ta:ʃiou] *znw* plantk pistachenoot
pistil ['pistil] *znw* plantk stamper
pistol ['pistl] *znw* pistool o
piston ['pistən] *znw* (pomp)zuiger; muz klep
piston-ring *znw* zuigerveer
pit [pit] **I** *znw* kuil; (kolen)put, (kolen)mijn, mijnschacht; groeve; putje o, holte, kuiltje o; diepte; valkuil; parterre o & m [in schouwburg]; Am hoek [op de beurs]; Am pit [v. vrucht]; *the ~s* sp (de) pit(s) [op autoracecircuit]; **II** *overg:* ~ *against* laten vechten tegen; ~ *one's strength against sbd.* zijn krachten met iem. meten; zie ook: *pitted*
pit-a-pat ['pitəpæt] *bijw: his heart went* ~ zijn hart ging van rikketik
1 pitch [pitʃ] *znw* pek o & m
2 pitch [pitʃ] **I** *znw* hoogte[2]; trap, graad; toppunt o; helling, schuinte; muz toonhoogte; worp; standplaats [v. venter]; (sport)terrein o; **II** *overg* opstellen, opslaan, (op)zetten [tent &]; bestraten [met stenen]; uitstallen [waren]; muz aangeven [toon], stemmen; gooien [stenen &]; *a ~ed battle* een geregelde veldslag; *a ~ed roof* een schuin dak o; **III** *onoverg* tuimelen, vallen; scheepv stampen [schip]; ~ *in* hem van katoen geven, flink aan de slag gaan; een handje helpen; ~ *into sbd.* iem. met verwijten overstelpen; ~ *(up)on* zijn keus laten vallen op
pitch-and-toss *znw* dobbelspelletje o met muntstuk
pitch-black ['pitʃ'blæk] *bn* pikzwart
pitch-dark *bn* pikdonker
pitcher ['pitʃə] *znw* werper
pitchfork ['pitʃfɔ:k] **I** *znw* hooivork; **II** *overg* met een hooivork (op)gooien; fig in het diepe gooien
pitching ['pitʃiŋ] *znw* gooien o, werpen o; opzetten o [v. tent]; bestrating; taludbedekking; stampen o [van schip]
pitchpine ['pitʃpain] *znw* Amerikaans grenenhout o
pitch-wheel ['pitʃwi:l] *znw* tandrad o
piteous ['pitiəs] *bn* jammerlijk; treurig, zielig
pitfall ['pitfɔ:l] *znw* valkuil; val(strik)
pith [piθ] *znw* pit o & v, kern; wit o onder schil van sinaasappel &; (ruggen)merg o; kracht
pit-head ['pithed] *znw* schachtopening, laadplaats [v. mijn]
pithy *bn* pittig, kernachtig, krachtig
pitiable ['pitiabl] *bn* beklagenswaardig
pitiful *bn* deerniswekkend
pitiless *bn* meedogenloos

pitman ['pitmən] *znw* mijnwerker, kompel
pittance ['pitəns] *znw* karig loon o; schrale portie; aalmoes
pitted ['pitid] *bn* met putjes of kuiltjes; pokdalig (ook: ~ *with the smallpox*)
pitter-patter ['pitə'pætə] *bijw* tiktak, triptrap
pituitary [pi'tju:itəri] *bn* slijmafscheidend; ~ *gland (body)* hypofyse
pity ['piti] **I** *znw* medelijden o; *it is a (great)* ~ het is (erg) jammer; *more's the* ~ nog erger; *for* ~*'s sake* in godsnaam; **II** *overg* medelijden hebben met
pivot ['pivət] **I** *znw* spil[2]; tap; stift; stifttand (ook: ~ *tooth*); **II** *overg* (om een spil) doen draaien; **III** *onoverg* draaien[2] (om *upon*)
pivotal *bn* waar alles om draait, centraal
pixie ['piksi] *znw* fee; ~ *hat* puntmuts
pixil(l)ated ['piksileitid] *bn* Am gemeenz beetje gek, getikt
pizza ['pi:tsə] *znw* pizza
pizzazz [pi'zæz] *znw* vaart, schwung
placable ['plækəbl] *bn* verzoenlijk, vergevensgezind
placard ['plæka:d] **I** *znw* plakkaat o, aanplakbiljet o; **II** *overg* be-, aanplakken, afficheren
placate [plə'keit] *overg* sussen, kalmeren, verzoenen
place [pleis] **I** *znw* plaats°, plek, oord o; gelegenheid [tot vermaak &], woning, huis o, kantoor o, winkel, zaak &; buiten(verblijf) o; plein o, passage [in boek]; positie, betrekking, post, ambt o; *give* ~ *to* plaats maken voor; *take* ~ plaatshebben, plaatsgrijpen; *at (in, of) this* ~ alhier; *at your* ~ in uw, jouw huis; *in* ~ op zijn (hun) plaats; *in another* ~ elders [in een boek]; *in* ~*s* hier en daar; *out of* ~ misplaatst; *all over the* ~ overal (rondslingerend &); *be all over the* ~ ook: ruchtbaar zijn; helemaal in de war zijn; *fall into* ~ duidelijk zijn, worden; *to ten* ~*s of decimals, to ten decimal* ~*s* tot in tien decimalen; **II** *overg* plaatsen°, zetten, leggen, stellen; (op interest) uitzetten; 'thuisbrengen', herkennen; ~ *a telephone-call* een telefoongesprek aanvragen; *be* ~*d* sp geplaatst zijn; *be well* ~*d* fig zich in een gunstige positie bevinden
placebo [plə'si:bou] *znw* placebo o
placeman ['pleismən] *znw* pol geringsch gunsteling
placement ['pleismənt] *znw* plaatsing; investering, belegging
placenta [plə'sentə] *znw* placenta
place setting ['pleissetiŋ] *znw* couvert o
placid ['plæsid] *bn* rustig, vreedzaam, kalm
placidity [plæ'siditi] *znw* onbewogenheid, vreedzaamheid; rust
plagiarism ['pleidʒ(j)ərizm] *znw* plagiaat o
plagiarist *znw* plagiator, letterdief
plagiarize **I** *overg* naschrijven; **II** *onoverg & abs ww* plagiaat plegen
plague [pleig] **I** *znw* pest; ramp, straf; plaag; *avoid sbd. like the* ~ iem. mijden als de pest; **II** *overg* (met rampen of plagen) bezoeken; kwellen
plaice [pleis] *znw (mv idem)* dierk schol

plaid [plæd] I znw plaid, Schotse omslagdoek; reisdeken; II bn plaid-, met Schots (ruit)patroon

plain [plein] I bn vlak, effen, duidelijk; eenvoudig; ongekunsteld; ongelinieerd; ongekleurd; glad [v. ring], zonder mondstuk [v. sigaret], puur [v. chocolade]; alledaags, lelijk; openhartig, rondborstig; in ~ words in duidelijke taal; as ~ as day, as the nose on your face, as a pikestaff zo klaar als een klontje; II bijw duidelijk; III znw 1 vlakte; 2 rechte steek [bij breien]

plain-chant ['pleintʃa:nt] znw = plain-song

plain-clothes znw mv & bn (in) burger(kleren); ~ man politieman in burger

plainly bijw duidelijk, ronduit, rondborstig; eenvoudig, heel gewoon; kennelijk

plain-song ['pleinsɔŋ] znw eenstemmig koraalgezang o

plain-spoken bn ronduit sprekend, openhartig

plaint [pleint] znw plechtig klacht; recht aanklacht

plaintiff znw recht klager, eiser

plaintive bn klagend, klaaglijk, klaag

plait [plæt] I znw vlecht; II overg vlechten

plan [plæn] I znw plan° o, ontwerp o, plattegrond, schets; ~ of action (campagne) plan de campagne o; actieplan o; II overg ontwerpen (ook: ~ out); inrichten; van plan zijn, beramen (ook: ~ on); voorzien; plannen; ~ned economy geleide economie, planeconomie; III onoverg van plan zijn; plannen

1 plane [plein] znw plantk plataan (ook: ~ tree)

2 plane [plein] I znw techn schaaf; II overg schaven; ~ away (down) afschaven

3 plane [plein] I bn vlak; II znw (plat) vlak o; draagvlak o; plan o, niveau o, peil o; vliegtuig o; III onoverg luchtv glijden; ~ down dalen (in glijvlucht)

planet ['plænit] znw planeet²

planetarium [plæni'tɛəriəm] znw (mv: -s of planetaria) planetarium o

planetary ['plænitəri] bn planeet-, planetair; ~ system planetenstelsel o

plane-tree ['pleintri:] znw plataanboom

plangent ['plændʒənt] bn schallend; klagend

planish ['plæniʃ] overg polijsten; pletten [metaal]

plank [plæŋk] I znw (dikke) plank; punt o van politiek program; II overg: ~ down slang [het geld] op tafel leggen, opdokken

planking znw beplanking; planken

plankton ['plæŋktɔn] znw plankton o

planner znw plannenmaker; planoloog, stedenbouwkundige

planning znw ontwerpen o, beramen o &; planning; project o; ~ permission bouwvergunning

plant [pla:nt] I znw plant, gewas o; techn installatie; fabriek, bedrijf o; gemeenz zwendel; slang complot o; slang stille (verklikker), infiltrant, geheim agent; theat claqueur; II overg planten, poten, beplanten; (neer)zetten; opstellen [geschut]; vestigen [kolonie], koloniseren; toebrengen [slag]; verbergen [gestolen goederen]; begraven; she had ~ed herself on us ze had zich bij ons ingedrongen; ~ out uit-, verplanten

plantain ['plæntin, 'pla:ntin] znw weegbree

plantation [plæn'teiʃən] znw (be)planting; plantage

planter ['pla:ntə] znw planter

plant pot znw bloempot

plaque [pla:k] znw 1 (gedenk)plaat; 2 (tand)plak

plash [plæʃ] I onoverg plassen, plonzen, kletteren; II overg bespatten, besprenkelen; ook = pleach; III znw plas, poel; geklater o, geplas o

plashy bn vol plassen, plassig, drassig; plassend, kletterend

plasma ['plæzmə] znw plasma o

plaster ['pla:stə] I znw pleisterkalk; gips o; pleister; ~ cast 1 gipsafdruk; 2 gipsverband o; II bn gipsen; III overg (be)pleisteren; helemaal bedekken; zwaar beschieten [met bommen, vragen &]; ~ed slang dronken

plasterboard znw gipsplaat

plasterer znw stukadoor

plastic ['plæstik, 'pla:stik] I bn plastisch, beeldend; fig kneedbaar; plastic; onecht, smakeloos; ~ art beeldende kunst, plastiek v; ~ bomb kneedbom; ~ surgery plastische chirurgie; II znw plastic o

Plasticine ['plæstisain] znw boetseerklei, plasticine

plasticity [plæs'tisiti, pla:s'tisiti] znw plasticiteit, kneedbaarheid²

plastics znw kunststoffen

plastron ['plæstrən] znw buikschild [v. schildpadden]

plat [plæt] znw Am = plot: stukje o grond

plate [pleit] I znw plaat°; naambord o; bord o; ets; schaal [voor collecte]; vaatwerk o; goud- of zilverwerk o; tafelzilver o; gebitplaat; kunstgebit o; harnas o; auto nummerplaat; ~s of meat slang (plat)voeten; II overg (be)pantseren; verzilveren, vergulden &

plate-armour znw bepantsering; harnas o

plate-glass ['pleit'gla:s] znw spiegelglas o; ~ window spiegelruit

platelayer znw wegwerker [spoorwegen]

platen ['plætn] znw degel [v. drukpers, schrijfmachine]

platform ['plætfɔ:m] znw perron o; terras o; podium o; balkon o [van tram]; laadbak [v. vrachtauto]; platform o, politiek program o; fig bestuurstafel [v. vergadering]; ~ shoes schoenen met plateauzolen; ~ ticket perronkaartje o

plating ['pleitiŋ] znw verguldsel o

platinum ['plætinəm] znw platina o

platitude ['plætitju:d] znw banaliteit, gemeenplaats

platitudinous [plæti'tju:dinəs] bn banaal

Platonic [plə'tɔnik] bn Platonisch; fig platonisch

platoon [plə'tu:n] *znw* mil peloton o

platter ['plætə] *znw* platte (houten) schotel; Am gemeenz grammofoonplaat

platypus ['plætipəs] *znw* vogelbekdier o

plaudits ['plɔ:dits] *znw* applaus o; fig bijval, goedkeuring

plausible ['plɔ:zibl] *bn* plausibel, aannemelijk; schoonschijnend

play [plei] **I** *onoverg* spelen°; slang van de partij zijn; ~ *(it) safe* voorzichtig zijn; ~ *the field* van de een naar de ander lopen, zijn aandacht verdelen; **II** *overg* spelen (op), bespelen; uitspelen [kaart]; spelen tegen; spelen voor, uithangen; uithalen [grap]; draaien [grammofoonplaat]; sp opstellen [v. speler]; ~ *the game* eerlijk spel spelen; ~ *the game of* in de kaart spelen van; ~ *the market* speculeren; ~ *about (around)* stoeien; (zich) vermaken; aanklooien; ~ *about (around) with sbd.* iem. voor de gek houden; ~ *at fighting* niet serieus vechten; ~ *at hide-and-seek* verstoppertje spelen; ~ *at marbles* knikkeren; *two can* ~ *at that game* dat kan ik ook; *what are you* ~*ing at?* wat heeft dat (allemaal) te betekenen?; ~ *back* afspelen [met bandrecorder]; ~ *down* bagatelliseren; ~ *for safety* het zekere voor het onzekere nemen; ~ *for time* tijd trachten te winnen; ~ *off (the match)* de beslissingswedstrijd spelen; ~ *them off against each other* de een tegen de ander uitspelen; ~ *on* misbruik maken van; exploiteren [lichtgelovigheid]; ~ *on words* woordspelingen maken; ~*ed out* uitgeput; uit de mode; alledaags; ~ *up* opblazen, aandikken; last bezorgen; kuren krijgen [v. apparaten]; ~ *upon* misbruik maken van; **III** *znw* spel o; gokspel o; liefdesspel o; manier van spelen; bewegingsvrijheid; speling, speelruimte; (toneel)stuk o; *give (allow) full* ~ *to* vrij spel laten, de vrije loop laten; *make a* ~ *for sth.* iets proberen te krijgen, versieren; *make great* ~ *of* schermen met; uitbuiten; *be at* ~ aan het spelen zijn, spelen°; *in* ~ in scherts, voor de aardigheid; *be in full* ~ in volle gang zijn; *hold (keep) in* ~ aan de gang houden; *bring (call) into* ~ aanwenden [invloed &]; *come into* ~ zich doen gelden [invloeden]; *out of* ~ af [bij spel]

playable *bn* speelbaar; sp bespeelbaar [terrein]

play-act *onoverg* doen alsof

play-actor *znw* geringsch acteur, komediant

playback *znw* afspelen o [met bandrecorder]

playbill *znw* affiche o & v; programma o

playboy *znw* losbol, playboy

player *znw* speler; toneelspeler

player-piano *znw* pianola

playfellow *znw* = *playmate*

playful *bn* speels, ludiek; schalks

playgoer *znw* schouwburgbezoeker

playground *znw* speelplaats

playgroup *znw* peuterklas

playhouse *znw* **1** schouwburg; **2** poppenhuis o

playing-card *znw* (speel)kaart

playing-field *znw* speelveld o

playlet *znw* toneelstukje o

playmate *znw* speelmakker

play-off *znw* sp beslissingswedstrijd

playpen *znw* (baby)box

plaything *znw* (stuk) speelgoed o; fig speelbal

playtime *znw* vrije tijd, vrij kwartier o, speeltijd, schoolpauze

playwright *znw* toneelschrijver

plaza ['plɑ:zə] *znw* plein o

plc, PLC *afk.* = *public limited company* ± NV, naamloze vennootschap

plea [pli:] *znw* pleidooi o, pleit o; verontschuldiging; voorwendsel o; (smeek)bede, dringend verzoek o; *on the* ~ *of...* onder voorwendsel dat...

pleach [pli:tʃ] *overg* (dooreen)vlechten

plead [pli:d] **I** *onoverg* pleiten; zich verdedigen; ~ *for* smeken om; ~ *with sbd. to ...* iem. smeken te ...; **II** *overg* bepleiten; aanvoeren [gronden]; ~ *(not) guilty* (niet) bekennen; ~ *ignorance* zich met onwetendheid verontschuldigen; ~ *illness* ziekte voorwenden

pleading I *znw* pleidooi o; smeking; **II** *bn* smekend

pleasant *bn* aangenaam, prettig, genoeglijk; plezierig; vriendelijk

pleasantry *znw* grapje o; vriendelijke woorden

please [pli:z] **I** *overg* bevallen, aanstaan; voldoen; believen; ~*!* alstublieft; alsjeblieft; ~ *Sir* pardon mijnheer; *if you* ~ als het u belieft; ironisch nota bene; ~ *God* zo God wil; ~*d* blij, tevreden; ~*d to meet you* aangenaam (kennis met u te maken); **II** *wederk:* ~ *yourself* je moet zelf maar weten wat je doet

pleasing *bn* behaaglijk, welgevallig, aangenaam, innemend

pleasurable ['pleʒərəbl] *bn* genoeglijk, aangenaam, prettig

pleasure *znw* vermaak o, genoegen o, genot o, plezier o; welgevallen o, goedvinden o; psych lust; *it was a* ~, *my* ~ graag gedaan; *take* ~ *in* behagen scheppen in; *take one's* ~ zich vermaken

pleasure ground *znw* lusthof, park o

pleat [pli:t] **I** *znw* plooi; **II** *overg* plooien

pleb [pleb] *znw* gemeenz plebejer

plebeian [pli'bi:ən] **I** *bn* plebejisch, proleterig; **II** *znw* plebejer, proleet

plectrum ['plektrəm] *znw* (*mv*: -s *of* plectra) plectrum o

pled V.T. & V.D. van *plead*

pledge [pledʒ] **I** *znw* onderpand o; borgtocht; gelofte; toast; *take the* ~ de gelofte van geheelonthouding afleggen; **II** *overg* verpanden; plechtig beloven; drinken op de gezondheid van; **III** *wederk:* ~ *oneself* zijn woord geven

plenary ['pli:nəri] *bn* volledig, algeheel; ~ *powers* volmacht; ~ *session (sitting)* plenaire zitting

plenipotentiary [plenipou'tenʃəri] *bn (znw)* gevolmachtigd(e)

plenitude ['plenitjuːd] *znw* volheid, overvloed

plenteous ['plentjəs] *bn* plechtig overvloedig

plentiful *bn* overvloedig

plenty I *znw* overvloed; ~ *of...* veel, talrijk, genoeg; II *bijw* gemeenz overvloedig, ruimschoots; talrijk; zeer; III *bn* gemeenz overvloedig, genoeg

pleonasm ['pliːənæzm] *znw* pleonasme o

pleonastic [pliːə'næstik] *bn* pleonastisch

plethora ['pleθərə] *znw* med teveel o aan rode bloedlichaampjes; fig overmaat, overvloed

pleurisy *znw* pleuritis, borstvliesontsteking

plexus ['pleksəs] *znw: solar* ~ zonnevlecht; gemeenz maagholte

pliable ['plaiəbl] *bn* buigzaam; fig plooibaar, meegaand

pliancy *znw* soepel-, buigzaamheid &

pliant *bn* soepel, buigzaam; gedwee, volgzaam

pliers ['plaiəz] *znw mv* buigtang, combinatietang

1 plight [plait] *znw* toestand, conditie; noodtoestand, netelige positie, misère; *in a sorry* ~ er slecht (naar) aan toe

2 plight [plait] *overg:* ~ *troth* trouw zweren [met huwelijksbelofte]

plimsolls *znw mv* gympies

plinth [plinθ] *znw* onderste stuk o van sokkel, pui &

plod [plɔd] I *onoverg* moeizaam gaan, zich voortslepen; fig ploeteren (aan *at*); II *znw* slepende gang; gezwoeg o

plodder *znw* ploeteraar; blokker, zwoeger

plonk [plɔŋk] I *znw* 1 hol, galmend geluid o; 2 gemeenz goedkope wijn; II *overg* neerkwakken

plop [plɔp] I *onoverg* plompen, plonzen; II *bijw* met een plons

plot [plɔt] I *znw* stuk(je) o grond; complot o; intrige [in roman &]; Am plattegrond; II *overg* in kaart brengen, uitzetten, traceren, ontwerpen (ook: ~ *out*); beramen

plotter *znw* 1 ontwerper; samenzweerder; intrigant; 2 comput plotter

plough, Am **plow** [plau] I *znw* ploeg; *the P~* astron de Grote Beer; II *overg* (om-) ploegen; doorklieven [de golven]; gemeenz laten zakken [bij examen]; ~ *back* handel herinvesteren; ~ *out* (*up*) uit de grond ploegen; ~ *up* omploegen; III *onoverg* ploegen, ploeteren [door de modder &]; ~ *through a book* doorworstelen

ploughland *znw* bouwland o

ploughman *znw* ploeger; ~'s (lunch) ± boerenlunch (= kaassandwich met pickles)

ploughshare *znw* ploegschaar

plover ['plʌvə] *znw* pluvier; gemeenz kievit

plow [plau] *znw* Am = plough

ploy [plɔi] *znw* handige zet

pluck [plʌk] I *znw* orgaanvlees o; gemeenz moed; II *overg* & *onoverg* plukken, trekken (aan *at*); tokkelen [snaarinstrument]; ~ *up courage* moed scheppen

plucky ['plʌki] *bn* moedig

plug [plʌg] I *znw* plug, prop, tap, stop; elektr stekker, plug; auto bougie; waterspoeling [van wc]; med tampon; (stuk) geperste tabak, pruimpje o (tabak); gemeenz reclame [in radiouitzending &]; *pull the* ~ *on* slang erbij lappen [v. medeplichtige]; afblazen; II *overg* dichtstoppen; med tamponneren; plomberen [kies] (ook: ~ *up*); Am slang beschieten, neerschieten; pluggen, reclame maken voor; ~ *in* elektr inschakelen, aansluiten; stekker in stopcontact steken; III *onoverg:* ~ *away* gemeenz ploeteren; ~ *in* elektr inschakelen

plughole *znw* afvoergat o [v. gootsteen &]

plug-ugly *znw* Am herrieschopper

plum [plʌm] I *znw* plantk pruim; rozijn; fig het beste, het puikje; gemeenz vet baantje o; II *bn* 1 donkerrood (-paars); 2 droom-, fantastisch [v. baan &]

plumage ['pluːmidʒ] *znw* bevedering, pluimage

plumb [plʌm] I *znw* (schiet)lood o; dieplood o; *out of* ~ uit het lood; II *bn* loodrecht; ~ *nonsense* je reinste onzin; III *bijw* loodrecht; precies; Am volslagen; IV *overg* peilen; fig doorgronden; ~ *in* aansluiten [op waterleiding &]; ~ *the depths* en absoluut dieptepunt bereiken

plumber ['plʌmə] *znw* loodgieter

plumbing ['plʌmiŋ] *znw* loodgieterswerk o, sanitaire inrichting(en)

plumb-line ['plʌmlain] *znw* schiet-, dieplood o

plume [pluːm] I *znw* vederbos; veer, pluim[2]; rookpluim; II *overg* de veren gladstrijken; ~ *oneself on* zich laten voorstaan op

plummet ['plʌmit] *onoverg* snel dalen

plummy ['plʌmi] *bn* gemakkelijk en goed betaald [baantje]; gemeenz bekakt, met een hete aardappel in de keel

1 plump [plʌmp] I *bn* mollig; II *overg* gevuld(er), mollig maken; doen uitzetten; III *onoverg:* ~ *out* (*up*) gevulder, dikker worden; zich ronden, uitzetten

2 plump [plʌmp] I *onoverg* (neer)ploffen (ook: ~ *down*); ~ *for* zich onvoorwaardelijk verklaren vóór; II *overg* (neer-) kwakken; III *znw* plof

plum-pudding ['plʌm'pudiŋ] *znw* plumpudding

plumy ['pluːmi] *bn* gevederd, veder-; verenpluim

plunder ['plʌndə] I *overg* plunderen; beroven; II *onoverg* plunderen, roven; III *znw* plundering, beroving, roof; buit

plunge [plʌn(d)ʒ] I *overg* dompelen, storten, stoten, plonzen (in *into*); vallen [v. prijzen]; ~*d in* gedachten verdiept; II *onoverg* zich storten, duiken; achteruitspringen en -slaan [paard]; scheepv stampen; gemeenz zwaar gokken; *plunging neckline* diep uitgesneden decolleté o; III *znw* sprong[2], val; *make a* ~ *downstairs* de trap afhollen; *take the* ~ de sprong wagen

plunger *znw* techn zuiger [v. pomp]; plopper [ter ontstopping]

pluperfect ['pluː'pəːfikt] *znw* voltooid verleden (tijd)

plural ['pluərəl] I *bn* meervoudig; II *znw*

meervoud o
pluralism [plu:rəlism] znw pluralisme o
pluralist znw pluralist
pluralistic bn pluralistisch
plurality [pluə'ræliti] znw meervoudigheid, meerderheid o
plus [plʌs] I voorz plus; vermeerderd met; II bn extra; <u>elektr</u> positief; III znw (mv: plusses; Am pluses) 1 plusteken o; 2 pluspunt o, extra o
plush [plʌʃ] I znw pluche o; II bn pluche(n); <u>gemeten</u> luxueus, chic, fijn
plushy bn = plush II
plutocracy [plu:'tɔkrəsi] znw plutocratie: regering door rijken
plutocrat ['plu:toukræt] znw plutocraat, kapitalist
plutonium [plu:'tounjəm] znw plutonium o
pluvial ['plu:viəl] bn regenachtig, regen-
1 ply [plai] znw plooi, vouw; streng, draad [van garen], laag [v. triplex, stof &]
2 ply [plai] I overg hanteren; uitoefenen [beroep]; ~ with bestormen met [vragen &]; II onoverg (heen en weer) varen (rijden, vliegen &)
plywood ['plaiwud] znw triplex o, multiplex o
p.m. afk. = post meridiem 's middags
PM afk. = Prime Minister
pneumatic [nju'mætik] I bn pneumatisch; lucht-; ~ <u>gemeenz</u> fig blonde stoot; ~ tyre luchtband; II znw: ~s leer der gassen
pneumonia [nju'mounjə] znw longontsteking
PO afk. = Post Office
1 poach [poutʃ] overg pocheren
2 poach [poutʃ] I overg stropen; fig afpakken; II onoverg stropen; ~ on sbd.'s preserves onder iems. duiven schieten
poacher znw stroper
POB, PO box ['pi:'oubɔks] znw postbus
pock [pɔk] znw pok; put, puist; slang syfilis
pocked [pɔkt] bn pokdalig
pocket ['pɔkit] I znw zak°; fig klein, geïsoleerd gebied o; mil (gevechts)haard; line one's ~s zijn zakken vullen; be out of ~ erop toeleggen, erbij inschieten; be 5 pound out of ~ 5 pond verloren hebben; II bn ...in zakformaat, zak-, miniatuur-; III overg in de zak steken; opzij zetten [zijn trots]
pocket-book znw zakboekje o; Am portefeuille; Am damestasje o [zonder hengsels]
pocket-knife znw zakmes o
pocket money znw zakgeld o
pocket-sized bn in zakformaat; fig miniatuur
pock-mark ['pɔkma:k] znw pokputje o
pock-marked ['pɔkma:kt] bn pokdalig
pod [pɔd] znw 1 dop, schil, bast, peul; 2 gondel [v. ruimtecapsule]; in ~ slang zwanger
podgy ['pɔdʒi] bn dik, propperig
podiatrist [pə'daiətrist] znw Am pedicure
podiatry [pə'daiətri] znw Am = chiropody voetorthopedie
podium ['poudiəm] znw (mv: -s of podia) podium o

poem ['pouim] znw gedicht o, dichtstuk o, poëem o
poet ['pouit] znw dichter, poëet; ~ laureate hofdichter
poetaster [poui'tæstə] znw poëtaster, pruldichter
poetess ['pouitis] znw dichteres
poetic(al) [pou'etik(l)] bn dichterlijk, poëtisch; ~ justice zegevieren o v.h. recht; ~ license dichterlijke vrijheid
poetry ['pouitri] znw dichtkunst, poëzie[2]
po-faced ['poufeisd] bn slang dom en suf kijkend
pogo ['pougou] I znw 1 pogo [punkdans]; 2 (ook: ~ stick) springstok [speelgoed]; II onoverg pogoën, de pogo dansen
pogrom ['pɔgrəm] znw (joden)vervolging; pogrom
poignancy ['pɔinənsi] znw scherpheid
poignant bn pijnlijk, schrijnend, hevig
poinsettia [pɔin'setiə] znw kerstster, poinsettia [plant]
point [pɔint] I znw punt; stip; decimaalteken o; landpunt; stift, (ets)naald; stopcontact o; fig puntigheid, pointe; the finer ~s de finesses; ~ of no return punt o vanwaar geen terugkeer meer mogelijk is; ~ of view oog-, standpunt o; ~s wissel [v. spoorweg]; what is the ~? wat heeft het voor zin?; that is just the ~ dat is het hem juist; you've got a ~ there daar heb je gelijk in; daar zeg je zo wat, daar zit wat in; the ~ is to... het is zaak om...; there is no ~ in...ing het heeft geen zin te...; carry (gain, win) one's ~ zijn zin krijgen; get (see) the ~ snappen; he can give ~s to... fig hij wint het van...; maintain one's ~ op zijn stuk blijven staan, volhouden; make a ~ een bewering bewijzen; make a ~ of staan (aandringen) op; make it a ~ of honour to... er een eer in stellen te...; make one's ~ zijn bewering bewijzen; miss the ~ niet begrijpen waar het om te doen is; prove one's ~ zijn bewering bewijzen; press the ~ op iets aandringen; see (take) the ~ het begrijpen; ~ taken die slag (dat punt) is voor jou; at all ~s in alle opzichten; at the ~ of death op sterven; at the ~ of the sword met geweld (van wapenen); at this ~ in time op dit moment; that's beside the ~ dat doet niets ter zake; a case in ~ een ter zake dienend geval (voorbeeld); in ~ of uit het oogpunt van; in ~ of fact in werkelijkheid, feitelijk; on the ~ of ... op het punt ...; to the ~ ter zake; to the ~ that ... in die mate dat ...; come (get) to the ~ ter zake komen; when it came to the ~ toen puntje bij paaltje kwam; up to a ~ tot op zekere hoogte; II overg een punt maken aan, scherpen; van punten voorzien; mil richten (op at); wijzen met [vinger &]; onderstrepen [beweringen &], op treffende wijze illustreren; voegen [van metselwerk]; ~ out (aan)wijzen, wijzen op, aanduiden, aantonen, te kennen geven; ~ up accentueren, onderstrepen; III onoverg wijzen[2] (op at, to); staan [v. jachthond]

point-blank *bn* mil [schot] recht op 't doel; fig vlak in zijn gezicht, op de man af; bot-, gladweg

pointed *bn* spits²; scherp²; puntig²; snedig, juist; precies; ondubbelzinnig; opvallend; ~ *arch* spitsboog

pointedly *bijw* v. *pointed*; ook: stipt; nadrukkelijk, duidelijk

pointer *znw* wijzer; aanwijsstok; aanwijzing; pointer [hond]

pointless *bn* zinloos; zonder uitwerking; nutteloos

pointsman *znw* wisselwachter

poise [pɔiz] I *overg* in evenwicht houden of brengen; balanceren; wegen [in de hand]; II *znw* evenwicht *o*; beheerstheid; balanceren *o*; houding [v. hoofd &]

poised *bn* **1** verstandig, evenwichtig; **2** klaar, gereed; **3** zwevend

poison [ˈpɔizn] I *znw* vergif² *o*; II *overg* vergiftigen, fig bederven, vergallen; verbitteren; ~*ed cup* gifbeker

poisoner *znw* gifmenger, gifmengster

poisonous *bn* (ver)giftig, gif-; gemeenz onuitstaanbaar, afschuwelijk

poison-pen letter *znw* boosaardige anonieme brief

poke [pouk] I *onoverg*: ~ *about* gemeenz rondsnuffelen, rondneuzen; II *overg* stoten, duwen; steken; (op)poken, (op-) porren; zie ook: *fun*; III *znw* stoot, por

poker [ˈpoukə] *znw* (kachel)pook; kaartsp poker *o*

poker-face *znw* pokerface *o*, strak (stalen) gezicht *o*

poker-faced *bn* met een uitgestreken gezicht, zonder een spier te vertrekken

poky [ˈpouki] *bn* bekrompen, nauw; krottig

Poland [ˈpouland] *znw* Polen *o*

polar [ˈpoulə] *bn* pool-; ~ *bear* ijsbeer

polarity [pouˈlæriti] *znw* polariteit

polarization [pouləraiˈzeiʃən] *znw* polarisatie

polarize [ˈpouləraiz] *onoverg* polariseren

Pole [poul] *znw* Pool

pole [poul] I *znw* **1** pool; **2** paal, stok, pols, staak, mast; disselboom; *up the* ~ gemeenz in de knoei; woedend; gek; ~*s apart* hemelsbreed verschillend; II *overg* scheepv (voort)bomen

pole-axe I *znw* slagersbijl; hellebaard, strijdbijl; II *overg* neerslaan, -vellen; ~*d* fig verbijsterd, met stomheid geslagen

polecat *znw* bunzing; Am skunk

polemic [pɔˈlemik] I *bn* polemisch; II *znw*: ~*(s)* polemiek

polemical *bn* polemisch

polemicist *znw* polemist

pole-star [ˈpoulsta:] *znw* Poolster

pole-vault [ˈpoulvɔ:lt] I *znw* polsstoksprong, sp polsstok(hoog)springen *o*; II *onoverg* polsstok(hoog)springen

police [pəˈliːs] I *znw* politie; *5* ~ *5* politieagenten; II *bn* politioneel, politie-; ~ *constable* Br politieagent; III *overg* (politie-) toezicht houden op; van politie voorzien

police force *znw* politie(macht), politiekorps *o*

policeman *znw* politieagent; *sleeping* ~ verkeersdrempel

police officer *znw* politieagent

police station *znw* politiebureau *o*

policewoman *znw* agente (van politie)

policy [ˈpɔlisi] *znw* **1** beleid *o*, politiek, gedragslijn; **2** polis

policy-holder *znw* verzekerde, polishouder

polio [ˈpouliou], **poliomyelitis** [poulioumaiəˈlaitis] *znw* polio, kinderverlamming

polish [ˈpɔliʃ] I *overg* polijsten², gladwrijven, poetsen, boenen; slijpen, bijschaven; ~*ed manners* beschaafde manieren; ~ *off* gemeenz afraffelen [een werkje]; vlug opeten, opdrinken; uit de weg ruimen [tegenstander]; ~ *up* oppoetsen; fig [kennis] opfrissen; II *onoverg* zich laten poetsen; glimmen; III *znw* poetsmiddel *o*; glans; fig beschaving

Polish [ˈpouliʃ] I *bn* Pools; II *znw* Pools *o* [de taal]

polisher [ˈpɔliʃə] *znw* polijster; slijper; glansborstel

polite [pəˈlait] *bn* beleefd; beschaafd

politeness *znw* beleefdheid

politic [ˈpɔlitik] I *bn* politiek²; diplomatiek, slim; *the body* ~ de Staat; II *znw*: ~*s* politiek, staatkunde

political [pəˈlitikl] *bn* politiek; staatkundig; ~ *asylum* politiek asiel *o*; ~ *science* politicologie; ~*ly correct* ironisch politiek correct, overdreven correct t.a.v. zaken die met ras, geslacht & te maken hebben

politician [pɔliˈtiʃən] *znw* politicus, staatsman

politicize [pɔˈlitisaiz] *overg* politiseren

politicking [ˈpɔlitikiŋ] *znw* (het spelen van) politieke spelletjes

polity [ˈpɔliti] *znw* (staats)inrichting, regeringsvorm; staat

polka [ˈpɔlkə, ˈpoulkə] *znw* polka; ~ *dots* stippels

poll [poul] I *znw* kiezerslijst; stembus, stembureau *o*; stemming; aantal *o* (uitgebrachte) stemmen; *(public opinion)* ~ opiniepeiling; II *overg* (stemmen) verwerven; ondervragen, enquêteren; III *onoverg* stemmen (op *for*)

pollard [ˈpɔləd] *overg* plantk knotten

pollen [ˈpɔlin] *znw* stuifmeel *o*

pollinate *overg* bestuiven

polling- [ˈpouliŋ] *voorv* stem-; ~ *booth* stemhokje *o*; ~ *day* verkiezingsdag; ~ *station* stembureau *o*

pollster [ˈpoulstə] *znw* gemeenz opinieonderzoeker, enquêteur

poll-tax [ˈpoultæks] *znw* personele belasting

pollutant *znw* milieuverontreinigende stof, gif *o*

pollute [pəˈluːt] *overg* verontreinigen, vervuilen

pollution *znw* verontreiniging, vervuiling; *air* ~ luchtverontreiniging

polo [ˈpoulou] *znw* sp polo *o*

polo-neck [ˈpoulounek] *znw* col, rolkraag; ~

sweater coltrui
poltergeist ['pɔltəgaist] *znw* klopgeest
poltroon [pɔl'tru:n] *znw* lafaard
poltroonery *znw* laf(hartig)heid
poly ['pɔli] *znw* gemeenz = *polytechnic*
polyandry ['pɔliændri] *znw* veelmannerij, polyandrie
polyethylene [pɔli'eθili:n] *znw* polyethyleen o, polyetheen o
polygamous [pɔ'ligəməs] *bn* polygaam
polygamy *znw* polygamie, veelwijverij
polyglot ['pɔliglɔt] **I** *bn* polyglottisch, veeltalig; **II** *znw* polyglot
polygon ['pɔligən] *znw* veelhoek
polymath ['pɔlimæθ] *znw* veelzijdig geleerde
Polynesian [pɔli'ni:ziən] **I** *bn* Polynesisch; **II** *znw* Polynesiër
polyp ['pɔlip] *znw* poliep
polyphonic [pɔli'founik] *bn* veelstemmig, polyfoon
polystyrene [pɔli'stairi:n] *znw* polystyreen o, piepschuim o
polysyllabic ['pɔlisi'læbik] *bn* veellettergrepig
polysyllable ['pɔli'siləbl] *znw* veellettergrepig woord o
polytechnic [pɔli'teknik] **I** *bn* (poly-)technisch; **II** *znw* (poly)technische school
polytheism ['pɔliθiizm] *znw* polytheïsme o
polythene [pɔli'θi:n] *znw* polyetheen o
polyunsatured [pɔliʌn'sætʃəreitid] *bn* meervoudig onverzadigd
polyurethane [pɔli'juərəθein] *znw* polyurethaan o
pom [pɔm] *znw* = *pommy*
pomegranate ['pɔmgrænit] *znw* granaat-(appel), granaat(boom)
pommel [pʌml] **I** *znw* degenknop; zadelknop; **II** *overg Am* bont en blauw slaan
pommy ['pɔmi] *znw* Austr slang geringsch Engelsman
pomology [pou'mɔlədʒi] *znw* pomologie: fruitteeltkunde
pomp [pɔmp] *znw* pracht, praal, luister, staatsie
pompom ['pɔmpɔm] *znw* pompom [kanon]
pompon ['pɔmpɔn] *znw* pompoen [kwastje]
pomposity [pɔm'pɔsiti] *znw* pompeusheid, praalzucht, gewichtigdoenerij; gezwollenheid [v. stijl]
pompous ['pɔmpəs] *bn* pompeus; hoogdravend, gezwollen
ponce [pɔns] **I** *znw* slang pooier; **II** *onoverg*: ~*about* gemeenz zich zo trots als een pauw bewegen, paraderen; **III** *overg* slang (af)bietsen, aftroggelen
poncho ['pɔntʃou] *znw* poncho
pond [pɔnd] *znw* poel, vijver
ponder ['pɔndə] **I** *overg* overwegen, overdenken, bepeinzen; **II** *onoverg* peinzen (over *on*)
ponderable ['pɔndərəbl] *bn* weegbaar²
ponderous ['pɔndərəs] *bn* zwaar²; zwaarwichtig, zwaar op de hand [v. stijl]
pong [pɔŋ] slang **I** *znw* stank; **II** *onoverg* stinken
poniard ['pɔnjəd] **I** *znw* dolk; **II** *overg* doorsteken [met een dolk]

pontiff ['pɔntif] *znw* paus (ook: *the sovereign* ~)
pontifical [pɔn'tifikl] *bn* pontificaal, pauselijk; fig pompeus, plechtig, pontificaal, autoritair
pontificate I *znw* [pɔn'tifikit] pontificaat o, pauselijke waardigheid; **II** *onoverg* [pɔn'tifikeit] gewichtig doen of oreren (over *about*)
pontoon [pɔn'tu:n] *znw* ponton; banken o [kaartspel]
pony ['pouni] *znw* dierk pony; handel £ 25
pony-tail *znw* paardenstaart
pooch [pu:tʃ] *znw* slang hond (als troeteldier)
poodle ['pu:dl] *znw* poedel
poof [pu:f], **poofter** *znw* gemeenz nicht, flikker, poot
pooh [pu:] *tsw* bah!; poeh!, het zou wat
pooh-pooh ['pu:pu:] *overg* niet willen weten van
1 pool [pu:l] *znw* poel, plas, plasje o; (zwem-)bassin o; stil en diep gedeelte o v. rivier
2 pool [pu:l] **I** *znw* potspel o; inzet, pot; biljart potspel o; handel syndicaat o, groep, met anderen gedeeld personeel o [typisten &]; gemeenschappelijke voorziening, pool; ~*s* (voetbal)toto; **II** *overg* verenigen [v. kapitaal]; onder één directie brengen; **III** *onoverg* samendoen, zich verenigen
poop [pu:p] *znw* achterschip o; achterdek o, kampanje
pooped *bn* doodop, uitgeput
poor [puə, pɔə] *bn* arm, behoeftig, armoedig, schraal, mager, gering, armzalig; treurig, erbarmelijk, zielig; slecht; ~ *relation* fig stiefkind o; *my* ~ *father* vaak: (mijn) vader zaliger; *the* ~ de armen
poorhouse *znw* hist armenhuis o
poorly I *bijw* v. poor; **II** *bn* gemeenz min(netjes), niet erg gezond
poor-spirited *bn* zonder durf, lafhartig
1 pop [pɔp] **I** *onoverg* poffen, knallen, ploffen, floepen, klappen; gemeenz snel (onverwacht) komen en gaan; **II** *overg* doen knallen of klappen, afschieten; Am poffen (maïs); ~ *a question* een vraag opwerpen; ~ *the question* gemeenz een meisje vragen; ~ *across* overwegen; ~ *in (on sbd.)* aanwippen (bij iem.); ~ *one's head in* het hoofd om de deur steken; ~ *off* wegwippen, 'm smeren; ~ *out* ineens te voorschijn komen; uitschieten, uitdoen; ~ *up* ineens opduiken; **III** *znw* pof, plof, klap, knal; gemeenz limonade, prik, frisdrank; Am gemeenz pa, papa; *go* ~ barsten; op de fles gaan
2 pop [pɔp] **I** *znw* pop(muziek); **II** *bn* populair; ~ *art* popart; ~ *music* popmuziek
popcorn ['pɔpkɔ:n] *znw* popcorn, gepofte maïs; pofmaïs
pope [poup] *znw* paus [v. Rome]; pope [in de Griekse kerk]
popery *znw* geringsch papisterij, papisme o
pop-eyed *bn* met grote (uitpuilende) ogen, verbaasd
popgun ['pɔpgʌn] *znw* proppenschieter

popinjay ['pɔpindʒei] *znw* kwast, windbuil

popish ['poupiʃ] *bn* geringsch papistisch, paaps

poplar ['pɔplə] *znw* populier

poplin ['pɔplin] *znw* popeline *o* & *m* [stof]

pop(pa) [pɔp(ə)] *znw* Am papa, pa

popper ['pɔpə] *znw* gemeenz drukkertje *o* [drukknoopje]

poppet ['pɔpit] *znw* gemeenz popje *o*, schatje *o*

poppy ['pɔpi] *znw* papaver; klaproos (*corn-~*); P~ *Day* klaproosdag [11 november-herdenking van de slachtoffers van de twee wereldoorlogen]

poppycock ['pɔpikɔk] *znw* gemeenz larie, kletskoek

popsicle ['pɔpsikl] *znw* Am waterijsje *o*, ijslolly (op twee stokjes)

populace ['pɔpjuləs] *znw* volk *o*, menigte, massa; gepeupel *o*, grauw *o*

popular ['pɔpjulə] *bn* van (voor, door) het volk, volks-, algemeen, populair; ~ *with* ook: in trek, bemind bij; ~ *front* pol volksfront *o*, coalitie van linkse partijen

popularity [pɔpju'læriti] *znw* populariteit

popularization [pɔpjulərai'zeiʃən] *znw* popularisering, verspreiding onder het volk

popularize ['pɔpjuləraiz] *overg* populariseren

popularly *bijw* populair; gemeenzaam; ~ *called ...* in de wandeling ... genoemd; ~ *elected* door het volk gekozen

populate ['pɔpjuleit] *overg* bevolken

population [pɔpju'leiʃən] *znw* bevolking

populism ['pɔpjulizm] *znw* populisme *o*

populist ['pɔpjulist] I *znw* populist; II *bn* populistisch

populous ['pɔpjuləs] *bn* dichtbevolkt

porcelain ['pɔ:slin] *znw* porselein *o*

porch [pɔ:tʃ] *znw* (voor)portaal *o*; portiek *v* & *o*; Am veranda

porcine ['pɔ:sain] *bn* varkensachtig, varkens-

porcupine ['pɔ:kjupain] *znw* stekelvarken *o*

1 pore [pɔ:] *znw* porie

2 pore [pɔ:] *onoverg:* ~ *over* aandachtig bestuderen, zich verdiepen in

pork [pɔ:k] *znw* varkensvlees *o*

porker *znw* mestvarken *o*

porky *bn* vet (als een varken)

porn [pɔ:n] *znw* gemeenz = *pornography* porno

porno ['pɔ:nou] *znw* & *bn* gemeenz = *pornography*, *pornographic*

pornographic [pɔ:nə'græfik] *bn* pornografisch

pornography [pɔ:'nɔgrəfi] *znw* pornografie

porosity [pɔ:'rɔsiti] *znw* poreusheid

porous ['pɔ:rəs] *bn* poreus

porphyry ['pɔ:firi] *znw* porfier *o*

porpoise ['pɔ:pəs] *znw* bruinvis

porridge ['pɔridʒ] *znw* havermoutpap

porringer ['pɔrin(d)ʒə] *znw* (soep)kommetje *o*, nap

port [pɔ:t] *znw* 1 scheepv haven(plaats); toevluchtsoord *o*; 2 scheepv geschutspoort; patrijspoort; 3 scheepv bakboord; 4 port(wijn); 5 comput poort; ~ *of call* aan-

loophaven; *any* ~ *in a storm* nood breekt wet

portable ['pɔ:təbl] *bn* draagbaar; koffer- [grammofoon, schrijfmachine &]

portage ['pɔ:tidʒ] *znw* vervoer *o*; draagloon *o*, vervoerkosten

portal ['pɔ:tl] *znw* poort; portaal *o*

portcullis [pɔ:t'kʌlis] *znw* valpoort

portend [pɔ:'tend] *overg* voorspellen, betekenen

portent ['pɔ:tent] *znw* (ongunstig) voorteken *o*, voorbode; wonder *o*; *a matter of great* ~ een (uiterst) gewichtige zaak

portentous [pɔ:'tentəs] *bn* onheilspellend; monsterachtig, vervaarlijk, geweldig; gewichtig, belangrijk

porter ['pɔ:tə] *znw* 1 portier; drager, sjouwer, kruier, witkiel; 2 porter [bruinbier]

porterage *znw* kruierswerk *o*; draag-, kruiersloon *o*

portfolio [pɔ:t'fouljou] *znw* portefeuille, map, aktetas

porthole ['pɔ:thoul] *znw* patrijspoort; hist geschutspoort

portico ['pɔ:tikou] *znw* (*mv:* -s *of* -coes) portiek, zuilengang

portion ['pɔ:ʃən] I *znw* deel *o* (ook = lot *o*), portie, aandeel *o*; recht aanbreng (ook: *marriage* ~); II *overg* verdelen, uitdelen; met een huwelijksgift bedelen; ~ *off* haar (zijn) kindsgedeelte geven; ~ *out* verdelen

portly ['pɔ:tli] *znw* dik, welgedaan, zwaar

portmanteau [pɔ:t'mæntou] *znw* valies *o*; ~ *word* door contaminatie gevormd woord *o*

portrait ['pɔ:trit] *znw* portret *o*; schildering

portraitist *znw* portrettist, portretschilder

portraiture *znw* portret *o*; portretteren *o*; schildering; portretschilderen *o*

portray [pɔ:'trei] *overg* portretteren, afschilderen

portrayal *znw* schildering, konterfeitsel *o*

Portugal ['pɔ:tʃugl] *znw* Portugal *o*

Portuguese [pɔ:tju'gi:z] I *znw* (*mv* idem) Portugees *m* & *o*; II *bn* Portugees

pose [pouz] I *overg* stellen [een vraag]; een pose doen aannemen; II *onoverg* poseren[2]; ~ *as* zich voordoen als; III *znw* pose, houding; aanstellerij

poser *znw* moeilijke vraag, moeilijkheid; = *poseur*

poseur [pou'zə:] *znw* poseur

posh [pɔʃ] I *bn* gemeenz chic; *talk* ~ bekakt praten; II *onoverg:* ~ *up* gemeenz (zich) optutten

posit ['pɔzit] *overg* poneren, als waar aannemen

position [pə'ziʃən] I *znw* ligging, positie[2], houding, rang, stand; plaats; standpunt *o*; toestand; stelling (ook: mil); bewering; *make good one's* ~ zijn bewering bewijzen; II *overg* bepalen; de plaats bepalen van

positive ['pɔzitiv] I *bn* stellig, bepaald, volstrekt, vast, zeker, wezenlijk; vaststaand, positief; echt; *she was* ~ zij was er zeker van; *the* ~ *degree* de stellende trap; *the* ~ *sign* het plusteken; ~ *vetting* (veiligheids-

onderzoek o naar iemands antecedenten;
II *znw* gramm positief *m* = stellende trap;
positief o [v. foto]

positivism ['pɔzitivizm] *znw* positivisme o

positivist ['pɔzitivist] **I** *znw* positivist; **II** *bn* positivistisch

posse ['pɔsi] *znw* posse; (politie)macht; groep, troep

possess [pə'zes] *overg* bezitten, hebben, beheersen; *what ~es him?* wat bezielt hem toch?; *be ~ed of...* bezitten; *like one ~ed* als een bezetene

possession *znw* eigendom o, bezit o; *~s* rijkdom, bezit o; koloniën, bezittingen; *(be) in ~ of* in het bezit (zijn) van; *take ~ of* in bezit nemen, betrekken [een huis]; *with immediate ~* dadelijk te aanvaarden

possessive I *bn* bezitterig, egoïstisch; gramm bezittelijk; *~ case* tweede naamval; **II** *znw* tweede naamval

possessor *znw* bezitter, eigenaar

possibility [pɔsi'biliti] *znw* mogelijkheid, kans; *there is a ~ of his coming* het is mogelijk dat hij komt; *not by any ~* onmogelijk

possible ['pɔsibl] **I** *bn* mogelijk; aannemelijk, redelijk; *as fast as ~* zo snel mogelijk; *if ~* zo mogelijk; **II** *znw* mogelijke o; gemeenz geschikte vent

possibly ['pɔsibli] *bijw* mogelijk, misschien; *he cannot ~ come* hij kan onmogelijk komen

possum ['pɔsəm] *znw* gemeenz verk. van *opossum; play ~* zich dood houden, zich van de domme houden

1 post [poust] **I** *znw* **1** post°; **2** paal, stijl, stut; sp (start-, finish)punt o; **3** post, betrekking; mil (stand)plaats; buitenpost; *last ~* mil taptoe om 10 uur: wordt ook geblazen bij militaire begrafenis als laatste vaarwel; *by ~, through the ~* post de over de post; *catch the ~* op tijd (voor de laatste lichting) een brief op de post doen; **II** *onoverg* met postpaarden reizen; ijlen, snellen; **III** *overg* posten°, plaatsen; indelen (bij to); aanplakken; beplakken; handel boeken; fig op de hoogte brengen, in de geheimen [van het vak] inwijden; *~ed missing* als vermist opgegeven; *keep ~ed* op de hoogte houden; *~ up* handel bijhouden, bijwerken [boeken]; **IV** *wederk: ~ oneself on...* zich inwerken in...

2 post [poust] *voorv* na, achter

postage ['poustidʒ] *znw* porto; *additional ~* strafport o & m; *~ and packing* verzendkosten; *~ due stamp* strafportzegel

postage stamp *znw* postzegel

postal ['poustəl] *bn* van de post(erijen), post-; *~ delivery* post(bestelling); *~ order* postwissel; *~ vote* pol per post uitgebrachte stem

postbag ['poustbæg] *znw* postzak

postbox *znw* brievenbus

postcard *znw* ansichtkaart; briefkaart

postcode *znw* postcode

post-date ['poust'deit] *overg* postdateren

poster ['poustə] *znw* aanplakbiljet o, affiche o & v; muurkrant; aanplakker

posterior [pɔs'tiəriə] **I** *bn* later, later komend; achter-; **II** *znw: ~(s)* achterste o, billen

posterity [pɔs'teriti] *znw* nakomelingschap, nageslacht o

poster paint ['poustəpeint] *znw* plakkaatverf

post-free ['poust'fri:] *bn bijw* franco

postgraduate [poust'grædjuit] **I** *znw* student die een academische graad heeft behaald; **II** *bn* na het behalen v.e. academische graad, ± postdoctoraal

post-haste ['poust'heist] *bijw* in vliegende vaart

posthumous ['pɔstjuməs] *bn* postuum

postiche [pɔs'tiʃ] *znw* pruik, haarstuk o

posting ['poustiŋ] *znw* benoeming; *he got a ~ to Tokyo* hij is benoemd op een post in Tokio

postman ['pous(t)mən] *znw* postbode

postmark I *znw* postmerk o, (post)stempel o & m; **II** *overg* stempelen

postmaster *znw* postmeester, postdirecteur; *~-general* directeur-generaal van de posterijen

post meridiem *bijw* 's middags

post mistress ['poustmistris] *znw* directrice v.e. postkantoor

post-mortem ['poust'mɔ:tem] *bn* na de dood; *~ (examination)* lijkschouwing; fig nabeschouwingen, nakaarten o

post-natal [poust'neitəl] *bn* na de geboorte

post office ['poustɔfis] *znw* postkantoor o; post(erijen); *~ box* postbus; *~ savings-bank* postspaarbank

post-paid *bn* franco, gefrankeerd

postpone [pous(t)'poun] *overg* uitstellen, verschuiven

postponement *znw* uitstel o; achterstelling

postscript ['pous(t)skript] *znw* naschrift o

postulate I *znw* ['pɔstjulit] postulaat o, grondstelling, hypothese, axioma o; **II** *overg* ['pɔstjuleit] postuleren; (als bewezen) aannemen

posture ['pɔstʃə] **I** *znw* houding, pose; staat, stand van zaken; *in a ~ of defence* in verdedigende houding; **II** *onoverg* zich aanstellen, poseren

post-war ['poust'wɔ:] *bn* naoorlogs

posy ['pouzi] *znw* ruiker, bloemtuil

pot [pɔt] **I** *znw* pot°; kan; kroes; bloempot; fuik; slang marihuana; *~s* gemeenz een boel; *big ~* gemeenz hoge ome, piet; *keep the ~ boiling* zijn brood te verdienen; de boel aan de gang houden; *go to ~* gemeenz op de fles gaan; **II** *overg* in potten doen of overplanten, potten; inmaken; pottenbakken; biljart stoppen [bal]; neerschieten; gemeenz op het potje zetten; zie ook: *potted*

potable ['poutəbl] *bn* drinkbaar

potash ['pɔtæʃ] *znw* kaliumcarbonaat o, vero potas

potassium [pə'tæsiəm] *znw* kalium o

potation [pou'teiʃən] *znw* drank; drinken o; drinkgelag o; dronk

potato [pə'teitou] *znw (mv: -toes)* aardappel; *hot* ~ heet hangijzer; *sweet* ~ bataat, pataat

potato chips *znw mv Am* (potato) chips

pot-bellied ['pɔtbelid] *bn* dikbuikig; ~ *stove* potkachel

pot-belly *znw* dikke buik

pot-boiler *znw* artikel o (boek o &) om den brode geschreven

pot-bound *bn* in een te kleine pot [v. plant]

potency ['poutənsi] *znw* macht, kracht, vermogen o; potentie

potent *bn* machtig, krachtig, sterk; potent

potentate ['poutənteit] *znw* potentaat[2], vorst

potential [pou'tenʃəl] **I** *bn* potentieel; mogelijk; eventueel; *gramm* mogelijkheid uitdrukkend; **II** *znw* potentiaal; potentieel o

potentiality [poutenʃi'æliti] *znw* potentialiteit, mogelijkheid

pother ['pɔðə] *znw* gemeenz rumoer o, herrie, drukte

pot-herb ['pɔthə:b] *znw* moeskruid o

pothole ['pɔthoul] *znw* gat o, kuil

pot-holer *znw* holenonderzoeker, speleoloog

pot-holing *znw* holenonderzoek o, speleologie

potion ['pouʃən] *znw* drank [medicijn]

potluck ['pɔt'lʌk] *znw:* *take* ~ eten wat de pot schaft; iets nemen zoals het is

potpourri [pou'puri] *znw* mengsel o van droogbloemen en gedroogde kruiden; *muz* potpourri; mengelmoes *m & o*

pot roast ['pɔtroust] *znw* gestoofd vlees o [rund]

pot-shot ['pɔtʃɔt] *znw* schot o op goed geluk, in het wilde weg; *fig* poging op goed geluk (in 't wilde weg)

potted ['pɔtid] *bn* ingemaakt; *fig* verkort, beknopt; ~ *plants* potplanten

1 potter ['pɔtə] *znw* pottenbakker; ~'s *wheel* pottenbakkersschijf

2 potter ['pɔtə] *onoverg* keutelen, hannesen; knutselen, liefhebberen (in *at, in*); ~ *about* rondscharrelen

pottery ['pɔtəri] *znw* pottenbakkerij; aardewerk o, potten en pannen

potting-shed ['pɔtinʃed] *znw* tuinschuurtje o

1 potty ['pɔti] *bn* gemeenz gek, maf, krankzinnig

2 potty ['pɔti] *znw* gemeenz potje o [v. kind]

potty-train ['pɔtitrein] *overg* zindelijk maken

potty-training *znw* het zindelijk maken

pouch [pautʃ] *znw* zak, tas; beurs; buidel; krop [v. vogel], wangzak [v. aap]

pouf(fe) [pu:f] *znw* poef

poult [poult] *znw* kuiken o [van kip, fazant &]

poulterer *znw* poelier

poultice ['poultis] **I** *znw* pap, warme omslag; **II** *overg* pappen

poultry ['poultri] *znw* gevogelte o, pluimvee o; ~ *farming* pluimveefokkerij

pounce [pauns] **I** *znw* *fig* plotselinge aanval; *make a* ~ *at* neerschieten op; **II** *overg* neerschieten op, in zijn klauwen grijpen; **III** *on*-

overg: ~ *on* *fig* (ergens) bovenop springen [fout v. anderen &]; ~ *upon* zich storten op; af-, neerschieten op; aanvallen op, grijpen

1 pound [paund] *znw* pond o [16 ounces avoirdupois = ± 453,6 gram; 12 ounces troy = ± 373 gram]; £: pond o sterling; *demand one's* ~ *of flesh* het volle pond eisen

2 pound [paund] *znw* schuthok o; depot o [voor dieren, weggesleepte auto's &]

3 pound [paund] **I** *overg* (fijn)stampen [suiker &]; beuken, slaan, timmeren op; **II** *onoverg* stampen; bonken; ~ *(away) at*, ~ *on* erop los timmeren

poundage ['paundidʒ] *znw* geheven recht o [v. postwisselbedragen]; commissieloon o per pond sterling

-pounder ['paundə] van ... pond

pounding ['paundiŋ] *znw* gemeenz pak o slaag

pour [pɔ:] **I** *overg* gieten, uitgieten, (uit-) storten; ~ *forth* uitstorten [zijn hart &]; ~ *into* inpompen [v. geld in onderneming &]; ~ *out* (uit-, in)schenken; uitstorten [zijn hart &]; **II** *onoverg* gieten, stromen, in stromen neerkomen; stortregenen; ~ *down* in stromen neerkomen; ~ *in* binnenstromen [v. brieven, klachten &]; ~ *out* naar buiten stromen

pout [paut] **I** *onoverg* pruilen; **II** *znw* vooruitsteken o van de lippen, gepruil o

poverty ['pɔvəti] *znw* armoe(de); behoefte; schraalheid; ~ *of* ook: gebrek o aan

poverty-stricken *bn* arm(oedig)

POW *afk.* = *prisoner of war* krijgsgevangene

powder ['paudə] **I** *znw* poeder o; (bus)kruit o; *take* ~ gemeenz ertussenuit knijpen, wegglippen; **II** *overg* fijnstampen; bestrooien (met *with*); ~ *one's nose* zijn neus poederen; naar de wc gaan [eufemisme]; ~*ed coffee* poederkoffie; ~*ed milk* melkpoeder o & m; **III** *onoverg & abs ww* tot poeder worden

powder-blue I *znw* blauwsel o; **II** *bn* kobaltblauw

powder-keg *znw* kruitvat[2] o

powder-puff *znw* poederkwast, -dons

powder-room *znw* damestoilet o

powdery *bn* poederachtig, fijn als poeder; gepoeierd

power ['pauə] **I** *znw* kracht, macht, gezag o, vermogen o, sterkte; energie; *elektr* stroom, gemeenz elektrisch (licht) o; bevoegdheid; volmacht (ook: *full* ~s); mogendheid; ~ *of attorney* recht volmacht; ~*s* goden, bovennatuurlijke wezens; talent o; *the* ~*s that be* schertsend de overheid; *more* ~ *to your elbow!* veel succes!; *in* ~ aan de macht; *under her own* ~ op eigen kracht [v. boot &]; *it did him a* ~ *of good* het heeft hem ontzettend goed gedaan; **II** *overg* energie leveren (aan, voor), aandrijven; ~*ed pedal-cycle* rijwiel o met hulpmotor

power boat *znw* motorboot

power cut *znw* elektr stroomafsnijding, stroomloze periode

power failure *znw* stroomstoring

powerful *bn* machtig, krachtig, vermo-

gend, invloedrijk, sterk, geweldig, indrukwekkend
powergame *znw* machtsspel o
power-house *znw* elektrische centrale, krachtcentrale; fig stuwende kracht; dynamisch persoon
powerless *bn* machteloos
power line *znw* hoogspanningskabel
power-plant *znw* krachtinstallatie
power-point *znw* stopcontact o
power-station *znw* (elektrische) centrale; *nuclear* ~ kerncentrale
power worker *znw* arbeider in een elektriciteitscentrale
pow-wow ['pauwau] gemeenz I *znw* (rumoerige) bijeenkomst, conferentie; II *onoverg* overleggen; delibereren
pox [pɔks] *znw* algemene naam voor ziekten met uitslag, vooral syfilis
p & p *afk.* = *postage and packing* zie: *postage*
PR *afk.* = *Public Relations*
practicable ['præktikabl] *bn* doenlijk, uitvoerbaar, haalbaar; bruikbaar; begaanbaar
practical ['præktikl] *bn* praktisch; praktijkgericht; praktijk-; feitelijk; handig; bruikbaar, geschikt; *a* ~ *joke* poets
practicality [prækti'kæliti] *znw*: *the practicalities* de (alledaagse) praktische aspecten
practically ['præktikali] *bijw* praktisch; in (de) praktijk; ['præktikli] feitelijk
practice ['præktis] *znw* praktijk [tegenover *theorie*]; be-, uitoefening, praktijk; oefening; gebruik o, toepassing; gewoonte; ~ *makes perfect* oefening baart kunst; *in* ~ in de praktijk; *be in* ~ praktiseren [dokter]; *put into* ~ in praktijk brengen; *be out of* ~ de handigheid kwijt zijn
practician [præk'tiʃən] *znw* practicus
practise, *Am* **practice** ['præktis] I *overg* uit-, beoefenen, in praktijk brengen; oefenen, instuderen [muziekstuk]; gebruiken; II *onoverg* (zich) oefenen; praktiseren
practised, *Am* **practiced** *bn* bedreven, ervaren
practitioner [præk'tiʃənə] *znw* praktiserend geneesheer (*medical* ~) of advocaat (*legal* ~); beoefenaar; *general* ~ huisarts
pragmatic [præg'mætik] *bn* 1 pragmatisch; 2 dogmatisch
pragmatical *bn* = *pragmatic* 2
pragmatics *znw* pragmatiek
pragmatist *znw* pragmaticus; pragmatist
prairie ['prɛəri] *znw* prairie
praise [preiz] I *znw* lof, lofspraak; *sing sbd.'s* ~*s* de loftrompet steken over; *beyond all* ~ boven alle lof verheven; *in* ~ *of* tot lof (roem) van; II *overg* prijzen; loven, roemen
praise-worthy *bn* loffelijk, lofwaardig, prijzenswaardig
1 pram [pra:m] *znw* scheepv praam
2 pram [præm] *znw* kinderwagen
prance [pra:ns] *onoverg* steigeren; trots stappen, de borst vooruitsteken, pronken
prang [præŋ] slang I *znw* crash, ongeluk o; II *overg* te pletter rijden/vliegen
1 prank [præŋk] *znw* streek, poets

2 prank [præŋk] I *overg* (uit)dossen, (op-)tooien (ook: ~ *out*, ~ *up*); II *onoverg* pronken
prankish ['præŋkiʃ] *bn* ondeugend
prankster ['præŋkstə] *znw* grapjas, potsenmaker
prat [præt] *znw* slang idioot, sufferd
prate [preit] *onoverg* babbelen, wauwelen, snateren
prattle ['prætl] I *onoverg* [kinderlijk] babbelen; II *znw* gebrabbel o; geklets o, gewauwel o
prattler *znw* babbelend kind o
prawn [prɔ:n] *znw* steurgarnaal; ~ *crackers* kroepoek
pray [prei] I *overg* bidden, smeken, (beleefd) verzoeken (om *for*); II *onoverg* bidden, smeken; *she's past* ~*ing for* gemeenz ze is een hopeloos geval o
prayer [prɛə] *znw* gebed o, bede, smeekbede; verzoek o; ~*(s)* ook: (godsdienst-) oefening; *say one's* ~*s* bidden; *he didn't have a* ~ gemeenz hij had geen schijn van kans
prayer-book *znw* gebedenboek o
preach [pri:tʃ] I *onoverg* preken[2]; II *overg* preken; ~ *a sermon* een preek houden
preacher *znw* predikant, prediker
preachify *onoverg* gemeenz zedenpreken houden
preachy *bn* geringsch prekerig, preek-
preamble [pri:'æmbl] *znw* inleiding; *without further* ~ zonder verdere omhaal
prearrange [pri:ə'rein(d)ʒ] *overg* vooraf regelen
prebendary *znw* domheer
precarious [pri'kɛəriəs] *bn* onzeker, wisselvallig, hachelijk, precair, gevaarlijk; dubieus
precaution [pri'kɔ:ʃən] *znw* voorzorg- (smaatregel)
precautionary *bn* van voorzorg, voorzorgs-
precede [pri'si:d] I *overg* voorafgaan, gaan vóór, de voorrang hebben boven; II *onoverg* voor(af)gaan
precedence [pri'si:dəns, 'presidəns] *znw* voorrang[2]; prioriteit; *take* ~ *over* voorgaan, de voorrang hebben boven
precedent ['presidənt] *znw* precedent o; *without* ~ zonder weerga
precept ['pri:sept] *znw* voorschrift o, stelregel, bevel(schrift) o, mandaat o
preceptor *znw* (leer)meester[2]
precinct ['pri:siŋkt] *znw* wijk, district o; gebied[2] o; *Am* politie-, kiesdistrict o; *the* ~*s of* de omgeving van
preciosity [preʃi'ɔsiti] *znw* precieusheid, gemaaktheid
precious ['preʃəs] I *bn* kostbaar, dierbaar; edel [metalen]; precieus: gemaakt [van taal]; gemeenz versterkend geducht, kolossaal; *a* ~ *liar* gemeenz een notoire leugenaar; ~ *stones* edelstenen; II *znw*: *my* ~! gemeenz mijn schat!; III *bijw* versterkend verbazend, verduveld &
precipice ['presipis] *znw* steilte, steile rots; fig afgrond

precipitance, precipitancy [pri'sipitəns(i)] *znw* overhaasting

precipitate I *bn* [pri'sipitit] overhaast, haastig; overijld, onbezonnen; **II** *znw* chem neerslag, precipitaat o; **III** *overg* [pri'sipiteit] (neer)storten; (neer)werpen; aandrijven; (o)verhaasten; bespoedigen; chem (doen) neerslaan, precipiteren [in oplossing]; **IV** *onoverg* chem neerslaan, precipiteren

precipitation [prisipi'teiʃən] *znw* overhaasting; neerslag

precipitous [pri'sipitəs] *bn* **1** steil **2** overhaast

précis ['preisi:] *znw* overzicht o, resumé o

precise [pri'sais] *bn* nauwgezet, precies; *to be ~* om precies te zijn

precisian [pri'siʒən] *znw* Pietje Precies

precision [pri'siʒən] *znw* nauwkeurigheid, juistheid; *~ instrument, ~ tool* precisie-instrument o

preclude [pri'klu:d] *overg* uitsluiten; de pas afsnijden, voorkomen, verhinderen, beletten

precocious [pri'kouʃəs] *bn* vroeg(rijp), voorlijk, vroeg wijs, wijsneuzig

precocity [pri'kɔsiti] *znw* vroegrijpheid, voorlijkheid

precognition [prikɔg'niʃən] *znw* voorkennis

preconceived ['pri:kənsi:vd] *bn: a ~ idea* vooroordeel o, vooropgezette mening

preconception ['pri:kən'sepʃən] *znw* vooraf gevormd begrip o; vooropgezette mening

precondition ['pri:kən'diʃən] *znw* noodzakelijke voorwaarde, sine qua non o

pre-cooked ['pri:kukt] *bn* voorgekookt

precursor [pri'kə:sə] *znw* voorloper, voorbode

precursory *bn* voorafgaand; inleidend; *~ symptom* voorteken o

predacious [pri'deiʃəs] *bn = predatory*

predate ['pri:deit] **I** *overg* antedateren; **II** *onoverg* van een eerdere datum zijn dan, ouder zijn dan

predator ['predətə] *znw* roofdier o

predatory *bn* rovend, roofzuchtig, plunderend; rovers-, roof-; *~ bird* roofvogel

predecessor ['pri:disesə] *znw* (ambts-) voorganger

predestinate [pri'destineit] *overg = predestine*

predestination [pridesti'neiʃən] *znw* voorbestemming, voorbeschikking

predestine [pri'destin] *overg* voorbestemmen, voorbeschikken

predetermination ['pri:ditə̃mi'neiʃən] *znw* bepaling vooraf; voorbeschikking

predetermine [pri:di'tə:min] *overg* vooraf bepalen, vaststellen; voorbeschikken

predicament [pri'dikəmənt] *znw* (kritiek) geval o; *be in a (real) ~* lelijk in de knoei zitten

1 predicate ['predikit] *znw* (toegekend) predikaat o; (grammaticaal) gezegde o

2 predicate ['predikeit] *overg* toekennen (aan *of*), aannemen, beweren; impliceren; wijzen op; baseren (op *on*)

predicative [pri'dikətiv] *bn* predikatief; bevestigend

predict [pri'dikt] *overg* voorzeggen, voorspellen

predictable *bn* voorspelbaar, te voorspellen

prediction *znw* voorspelling

predictive *bn* voorspellend

predilection [pri:di'lekʃən] *znw* voorliefde, voorkeur

predispose ['pri:dis'pouz] *overg* vatbaar of ontvankelijk maken (voor *to*), predisponeren

predisposition ['pri:dispə'ziʃən] *znw* vatbaarheid, ontvankelijkheid; aanleg [voor ziekte]

predominance [pri'dɔminəns] *znw* overheersing, overhand, overwicht o, heerschappij

predominant *bn* overheersend

predominantly *bijw* ook: overwegend

predominate *overg & onovergh* domineren, overheersen, overheersend zijn; de overhand hebben; op de voorgrond treden, sterk vertegenwoordigd zijn

pre-eminence [pri:'eminəns] *znw* voorrang[2], superioriteit

pre-eminent *bn* uitmuntend, uitstekend, uitblinkend, voortreffelijk

pre-eminently *bijw* ook: bij uitstek

pre-empt ['pri:empt] *overg* **1** anticiperen op, vóór zijn, vooruitlopen op; **2** bij voorbaat onschadelijk maken; **3** zich toe-eigenen, beslag leggen op

pre-emptive ['pri:emptiv] *bn* preventief; *~ strike* preventieve aanval

preen [pri:n] **I** *overg* [de veren] gladstrijken; **II** *wederk: ~ oneself* zich mooi maken; met zichzelf ingenomen zijn

pre-existent *bn* voorafbestaand, vroeger bestaand (dan *to*)

prefab ['pri:'fæb] *znw* gemeenz geprefabriceerde woning

prefabricate ['pri:'fæbrikeit] *overg* prefabriceren, vooraf in de fabriek de onderdelen vervaardigen van

prefabrication ['pri:fæbri'keiʃən] *znw* prefabricatie, montagebouw

preface ['prefis] **I** *znw* voorwoord o, voorbericht o; inleiding; RK prefatie (v.d. mis); **II** *overg* van een voorrede of inleiding voorzien; laten voorafgaan (door *with*)

prefatory ['prefətəri] *bn* voorafgaand, inleidend

prefect ['pri:fekt] *znw* prefect; Br toezicht houdende oudere leerling

prefecture *znw* prefectuur

prefer [pri'fə:] *overg* verkiezen, liever hebben, de voorkeur geven (boven *to*); voordragen, indienen [rekwest, aanklacht]

preferable ['prefərəbl] *bn* de voorkeur verdienend, te verkiezen (boven *to*)

preferably *bijw* bij voorkeur, liefst

preference ['prefərəns] *znw* voorkeur; *in ~* bij voorkeur; *in ~ to...* liever dan...

preferential [prefə'renʃəl] *bn* voorkeur-; preferent

preferment [pri'fə:mənt] *znw* bevordering

prefigure [pri:'figə] *overg* voorafschaduwen, aankondigen

prefix ['pri:fiks] **I** *znw* gramm voorvoegsel o; titel voor de naam; netnummer o (ook: *call* ~); **II** *overg* voorvoegen, vooraf laten gaan (aan *to*)

pregnancy ['pregnənsi] *znw* zwangerschap

pregnant *bn* zwanger, in verwachting; van grote betekenis; veelzeggend, pregnant; ~ *with* vol (van), doortrokken van, rijk aan

preheat ['pri:hi:t] *overg* voorverwarmen

prehensile [pri'hensail] *bn* dierk om mee te grijpen; ~ *tail* grijpstaart

prehension [pri'henʃən] *znw* (be)grijpen o

prehistoric *bn* prehistorisch, voorhistorisch (ook fig)

prehistory ['pri:'histəri] *znw* prehistorie, voorgeschiedenis

prejudge ['pri:'dʒʌdʒ] *overg* vooruit (ver-) oordelen

prejudice ['predʒudis] **I** *znw* vooroordeel o; vooringenomenheid; recht schade, nadeel o; *to the* ~ *of* ten nadele van; *without* ~ *to...* behoudens...; **II** *overg* innemen (tegen *against*); benadelen, schaden; ~*d* bevooroordeeld, vooringenomen

prejudicial [predʒu'diʃəl] *bn* nadelig, schadelijk

prelacy ['prelasi] *znw* prelaatschap o; prelaten

prelate *znw* prelaat, kerkvorst, -voogd

preliminary [pri'liminəri] **I** *bn* voorafgaand, inleidend, voor-; **II** *znw* inleiding, voorbereiding; sp voorronde, selectiewedstrijd; gemeenz eerste tentamen o of examen o (ook: *prelim*); *preliminaries* voorbereidingen, eerste stappen

prelude ['prelju:d] **I** *znw* muz voorspel[2] o; inleiding; **II** *overg* inleiden; een inleiding vormen tot; aankondigen

pre-marital ['pri:'mæritl] *bn* (van) vóór het huwelijk

premature [premə'tjuə] *bn* voortijdig, te vroeg, prematuur, voorbarig; ~ *baby* couveusekind o

prematurely *bijw* ook: vóór zijn (haar, hun) tijd

premeditate [pri'mediteit] *overg* vooraf bedenken, vooraf overleggen of beramen; ~*d* met voorbedachten rade

premeditation [primedi'teiʃən] *znw* voorbedachtheid, voorafgaand overleg o; *with* ~ met voorbedachten rade

premier ['premjə] **I** *bn* eerste, voornaamste; **II** *znw* minister-president, premier

première ['premiɛə] **I** *znw* (film)première; **II** *onoverg* & *overg* in première gaan (brengen)

premiership ['premjəʃip] *znw* premierschap o

1 premise [pri'maiz] *overg* vooropstellen

2 premise ['premis] *znw* premisse; ~*s* huis (en erf) o, pand o, lokaliteit, handel zaak

premiss ['premis] *znw* = ²*premise*

premium ['pri:mjəm] *znw* prijs, beloning; premie; handel agio o, waarde boven pari; leergeld o; *at a* ~ handel boven pari, hoog, duur; met winst; fig opgeld doend; ~ *bonds* staatsobligaties zonder rente maar

met loterijkansen; *set (put) a high* ~ *on* veel belang hechten aan

premonition [pri:mə'niʃən] *znw* (voorafgaande) waarschuwing; voorgevoel o

premonitory [pri'mɔnitəri] *bn* (vooraf) waarschuwend, waarschuwings-

prenatal ['pri:'neitl] *bn* prenataal: (van) vóór de geboorte

preoccupation [pri:ɔkju'peiʃən] *znw* geheel vervuld zijn o (van een gedachte), preoccupatie, zorg

preoccupied [pri:'ɔkjupaid] *bn* van eigen gedachten vervuld, bezorgd, afwezig

preoccupy *overg* (gedachten) geheel in beslag nemen

preordain ['pri:ɔ:'dein] *overg* vooraf of vooruit bepalen, vooraf beschikken

prep [prep] *znw* gemeenz onderw nazien o of repeteren o [v. lessen], huiswerk o; (avond)studie; ~ *school* gemeenz = *preparatory school*

pre-packed ['pri:'pækt] *bn* voorverpakt

prepaid ['pri:'peid] *bn* vooruit betaald, franco

preparation [prepə'reiʃən] *znw* voorbereiding; preparaat o; (toe)bereiding, klaarmaken o; bewerking; onderw huiswerk o, schoolwerk o; muz instudering

preparatory *bn* voorbereidend; voorbereidings-; voorafgaand, inleidend; ~ *school* voorbereidingsschool Br voor *public-school*, Am voor college of universiteit; ~ *to ...ing* alvorens te...

prepare [pri'pɛə] **I** *overg* voorbereiden; bewerken; (toe)bereiden, gereedmaken, klaarmaken, opleiden [voor examen]; prepareren, nazien [lessen]; muz instuderen; *be* ~*d to...* erop voorbereid zijn om...; bereid zijn om...; *I am* ~*d to say...* ik durf wel zeggen...; **II** *onoverg* zich voorbereiden, zich gereedmaken

preparedness *znw* (voor)bereid zijn o, paraatheid

prepay ['pri:'pei] *overg* vooruit betalen; post frankeren

prepayment *znw* vooruitbetaling; post frankering

preponderance [pri'pɔndərəns] *znw* overwicht o

preponderant *bn* overwegend, van overwegend belang

preponderate *onoverg* zwaarder wegen (dan *over*)[2]; (van) overwegend (belang) zijn, het overwicht hebben

preposition [prepə'ziʃən] *znw* voorzetsel o

prepositional *bn* voorzetsel-

prepossess [pri:pə'zes] *overg* innemen (voor, tegen *in favour of*, *against*); beïnvloeden; een gunstige indruk maken op; ~*ing* ook: innemend, gunstig [voorkomen]

preposterous [pri'pɔstərəs] *bn* averechts, ongerijmd, onzinnig°, mal

prep school ['prepsku:l] *znw* gemeenz = *preparatory school*

prepubescent ['pri:pju:'besnt] *bn* prepuberaal

prepuce ['pri:pju:s] *znw* voorhuid

Pre-Raphaelite [pri:'ræfəlait] *bn* prerafaëli-

tisch
pre-recorded ['pri:ri'kɔ:did] *bn* RTV van tevoren opgenomen
prerequisite [pri:'rekwizit] I *znw* eerste vereiste o & v; II *bn* in de eerste plaats vereist
prerogative [pri'rɔgətiv] *znw* (voor)recht o,
privilege o; prerogatief o
presage I *znw* ['presidʒ] voorteken o; voorgevoel o; II *overg* ['presidʒ, pri'seidʒ] aankondigen
presbyopia [prezbi'oupjə] *znw* verziend-
heid
presbyter ['prezbitə] *znw* ouderling; dominee van de presbyteriaanse kerk
Presbyterian [prezbi'tiəriən] *znw & bn* pres-
byteriaan(s)
presbytery ['prezbitəri] *znw* kerkenraad;
priesterkoor o; RK pastorie
pre-school ['pri:sku:l] *bn* peuter-; ~ *playgroup* peuterspeelzaal
prescience ['presiəns] *znw* vooruitziend-
heid
prescient *bn* vooruitziend
prescribe [pris'kraib] I *overg* voorschrijven;
II *onoverg* voorschriften geven
prescript ['pri:skript] *znw* voorschrift o, bevel o
prescription [pris'kripʃən] *znw* voorschrift
o, recept o
prescriptive *bn* voorschrijvend
presence ['prezəns] *znw* tegenwoordig-
heid, aanwezigheid, bijzijn o; nabijheid;
houding; voorkomen o, verschijning; te-
genwoordigheid [van hoog personage,
vorst]
1 present ['prezənt] I *bn* tegenwoordig,
aanwezig, present, onderhavig; hedendaags, huidig; the ~ *volume* het boek in
kwestie; the ~ *writer* schrijver dezes; II
znw tegenwoordige tijd°, heden o; *at* ~
nu, op het ogenblik; *at the* ~ *day (time)*
vandaag, nu, heden; *for the* ~ voor het
ogenblik
2 present ['prezənt] *znw* cadeau o, geschenk o; *make sbd. a* ~ *of sth.* iem. iets
ten geschenke geven, cadeau geven
3 present [pri'zent] I *overg* presenteren°
[ook: het geweer]; voorstellen; vertonen;
aanbieden, uitdelen [prijzen]; voorleggen,
overleggen, indienen; bieden, geven, opleveren; voordragen [voor betrekking]; mil
aanleggen (op *at*); ~ *sbd. with sth.* iem.
iets aanbieden, iem. met iets begiftigen,
iem. iets schenken; II *wederk:* ~ *itself* zich
aanbieden, zich voordoen [gelegenheid &];
verschijnen, opkomen [gedachte]; ~ *oneself* verschijnen, zich melden
presentable *bn* presentabel, toonbaar;
goed om aan te bieden
presentation [prezən'teiʃən] *znw* aanbieding; indiening, overlegging [v. stukken];
vertoning; opvoering, demonstratie; pre-
sentatie [v. tv-programma &]; schenking;
med ligging [v. kind in uterus]; *on* ~ bij aanbieding, op vertoon; ~ *copy* presentexemplaar o
present-day ['prezəntdei] *bn* hedendaags,
huidig, tegenwoordig, actueel, modern

presentee [prezən'ti:] *znw* voorgestelde;
voorgedragene; begiftigde
presenter [pri'zentə] *znw* aanbieder; RTV
presentator, -trice
presentiment [pri'zentimənt] *znw* voorgevoel o
presently ['prezəntli] *bijw* kort daarop; aanstonds, dadelijk, zó (meteen), weldra; op
het ogenblik, nu
preservation [prezə'veiʃən] *znw* bewaring;
behoeding, behoud o; instandhouding;
verduurzaming, inmaak; *in fair* ~ goed geconserveerd
preservative [pri'zə:vətiv] I *bn* voorbehoe-
dend, bewarend; II *znw* verduurzamings-,
conserverings-, conserveermiddel o
preserve [pri'zə:v] I *overg* behoeden (voor
from), bewaren; in stand houden; inmaken, verduurzamen, conserveren, inleggen, konfijten; II *znw* gereserveerde jacht
of visserij, wildpark o; fig privégebied o,
speciale rechten; ~*s* vruchtengelei; groenten & uit blik
preset ['priset] *overg* techn vooraf instellen
preshrunk *bn* voorgekrompen
preside [pri'zaid] *overg* voorzitten; presideren (over ~ *over, at*)
presidency ['prezidənsi] *znw* president-
schap° o
president *znw* president°, voorzitter
president-elect ['prezidənti'lekt] *znw*
nieuwgekozen president (die nog niet is
beëdigd)
presidential [prezi'denʃəl] *bn* van de (een)
president, presidents-; voorzitters-
press [pres] I *znw* pers; drukpers; gedrang
o, drang, druk²; drukte; (linnen-, kleer-)
kast; *go to* ~ ter perse gaan; *get a good*
~ een goede pers hebben; II *overg* persen,
drukken (op); strijken [kleren &]; uitdrukken; dringen; kracht bijzetten; bestoken,
in het nauw brengen; scheepv & mil (tot de
dienst) pressen; ~ *sbd. hard* iem. in het
nauw drijven; ~ *one's advantage* partij
weten te trekken van; ~ *charges against*
recht een vervolging instellen tegen; ~
sbd. for payment bij iem. op betaling aandringen; *be* ~*ed for funds* slecht bij kas
zijn; ~ *into service* fig in dienst stellen, inschakelen; ~ *it (up)on him (upon his acceptance)* het hem opdringen; III *onoverg
& abs ww* drukken, knellen; zich drukken;
dringen, opdringen [menigte]; urgent zijn;
~ *down* drukken (op *on*); ~ *for it* erop aandringen; ~ *ahead*, ~ *on* opdringen; voortmaken
press-box *znw* perstribune [v. sportveld]
press clipping *znw* Am krantenknipsel o
press-cutting *znw* krantenknipsel o
press-gang ['presgæŋ] I *znw* hist ronselaars-
bende; II *overg* dwingen (tot *into*)
pressing ['presiŋ] I *bn* dringend; drukkend,
dreigend; lastig, opdringerig; *he was very*
~ hij drong erg aan; II *znw* persing [v.
grammofoonplaat]
pressman ['presmən] *znw* persman, journalist
press officer *znw* persagent, publici-

teitsagent
press release *znw* persbericht *o*
press-stud ['presstʌd] *znw* drukknoopje *o*
press-up ['presʌp] *znw* opdrukoefening
pressure ['preʃə] **I** *overg* drukking; druk; spanning; pressie, (aan)drang, dwang; *put ~ on, bring ~ to bear on* druk (pressie) uitoefenen op; **II** *overg* druk uitoefenen op, onder druk zetten
pressure-cooker *znw* snelkookpan
pressure gauge *znw* manometer
pressure group *znw* pressiegroep
pressurize ['preʃəraiz] *overg* onder druk zetten; *~d cabin* drukcabine
prestige [pres'tiːʒ] *znw* aanzien *o*, prestige *o*
prestigious [pres'tidʒiəs] *bn* voornaam, belangrijk
prestressed ['priːstrest] *bn*: *~ concrete* voorgespannen beton *o*, spanbeton *o*
presumable [pri'zjuːməbl] *bn* vermoedelijk
presume I *overg* veronderstellen, aannemen; *~ to...* het wagen te...; **II** *onoverg & abs ww* veronderstellen; ... *I ~* geloof ik; *~ (up)on* misbruik maken van
presuming *bn* verwaand, aanmatigend
presumption [pri'zʌm(p)ʃən] *znw* presumptie, vermoeden *o*, veronderstelling; arrogantie
presumptive *bn* vermoedelijk; *~ evidence* recht aanwijzing
presumptuous [pri'zʌm(p)tjuəs] *bn* aanmatigend, arrogant; ingebeeld, verwaand; brutaal
presuppose [priːsə'pouz] *overg* vooronderstellen
presupposition [priːsʌpə'ziʃən] *znw* vooronderstelling
pretence, *Am* **pretense** [pri'tens] *znw* voorwendsel *o*, schijn; pretentie, aanspraak; *make no ~ to learning* niet de pretentie hebben geleerd te zijn
pretend I *overg* voorwenden, voorgeven, (ten onrechte) beweren; **II** *onoverg* doen alsof; **III** *bn* namaak-, speelgoed-
pretended *bn* voorgewend; vermeend, gewaand; quasi-, schijn-
pretender *znw* veinzer; pretendent
pretension *znw* pretentie, aanspraak; aanmatiging; *make ~s to wit* de pretentie hebben geestig te zijn
pretentious *bn* aanmatigend, ingebeeld; vol pretenties, pretentieus
preterite ['pretərit] *bn (znw)* verleden (tijd)
preternatural [priːtə'nætʃrəl] *bn* onnatuurlijk; bovennatuurlijk
pretext ['priːtekst] *znw* voorwendsel *o*; *under (on) the ~ of...* onder het mom van...
prettify ['pritifai] *overg* opsieren, opsmukken
pretty I *bn* aardig, lief, mooi [ook: *ironisch*]; fraai; vrij veel, aanzienlijk; *a ~ penny* een aardige duit; *it wasn't a ~ sight* het was een afschuwelijk gezicht; **II** *bijw* redelijk, tamelijk, behoorlijk, vrij, nogal; *~ much the same thing* vrijwel hetzelfde; *~ well* vrijwel; *~ nearly (better &)* praktisch (genezen &); *sitting ~* gemeenz het aardig

voor elkaar hebben
pretty-pretty *bn* geaffecteerd; zoetelijk; popperig
pretzel ['pretsl] *znw* zoute krakeling
prevail [pri'veil] *onoverg* de overhand hebben (op *over/against*); zegevieren; heersen, algemeen zijn; *a rumour ~ed that...* het gerucht ging dat...; *~ on (upon)* overhalen, overreden; *~ with* ingang vinden bij
prevailing *bn* heersend [ziekten, meningen &]
prevalence ['prevələns] *znw* heersend zijn *o*, algemeen voorkomen *o*; overwicht *o*, (grotere) invloed
prevalent *bn* heersend
prevaricate [pri'værikeit] *onoverg* zich van iets afmaken; (om iets heen) draaien
prevarication [priværi'keiʃən] *znw* uitvluchten zoeken *o*; ontwijkend antwoord *o*, uitvlucht
prevaricator [pri'værikeitə] *znw* draaier, iem. die steeds uitvluchten zoekt
prevent [pri'vent] *overg* voorkomen; afhouden van, beletten, verhoeden, verhinderen; *be ~ed* verhinderd zijn
preventable *bn* te voorkomen
preventative *bn = preventive*
prevention *znw* voorkoming, verhoeding, verhindering, preventie
preventive I *bn* voorkomend, verhinderend, preventief [v. maatregel &]; **II** *znw* profylactisch geneesmiddel *o*
preview ['priːvjuː] **I** *znw* voorvertoning [v. film]; vernissage; **II** *overg* 1 in voorvertoning zien; 2 voorvertonen
previous ['priːvjəs] *bn* voorafgaand, vorig, vroeger; gemeenz voorbarig; *~ to...* vóór...
previously *bijw* (van) tevoren, vroeger (al), voor die tijd, voordien
prevision [pri'viʒən] *znw* vooruitzien *o*
pre-war ['priː'wɔː] *bn* vooroorlogs
prey [prei] **I** *znw* prooi, buit; *beast of ~* roofdier *o*; *a ~ to* ten prooi aan [wanhoop &]; **II** *onoverg*: *~ (up)on* plunderen; azen op; *fig* knagen aan
price [prais] **I** *znw* prijs°; *handel* koers; waarde; kans [bij wedden]; *beyond (without) ~* plechtig onbetaalbaar, onschatbaar; *at a ~* voor veel geld; *what ~? gemeenz* hoeveel kans?; **II** *overg* prijzen, de prijs bepalen of aangeven van; schatten
priceless *bn* onschatbaar, onbetaalbaar; gemeenz kostelijk, heerlijk
price-list *znw* prijslijst, -courant
pricey *bn* gemeenz prijzig
prick [prik] **I** *znw* prik, steek, stip, punt; prikkel, stekel; spoor *o* [v. haas]; plat pik, lul; *~s of conscience* gewetenswroeging; **II** *overg* prikken (in), steken; doorprikken, door-, opensteken, een gaatje maken in, puncteren; prikkelen; *his conscience ~ed him* hij had gewetenswroeging; *~ (up)* spitsen [oren]; **III** *onoverg & abs ww* prikken, steken (naar *at*); *~ up* spitsen [oren]
pricker *znw* priem; prikstok
prickle ['prikl] **I** *znw* prikkel, stekel, dorentje *o*; **II** *overg* prikk(el)en, steken; **III** *onoverg*

prikk(el)en

prickly *bn* stekelig; kriebelig; netelig; fig prikkelbaar; ~ *heat* warmte-uitslag; ~ *pear* cactusvijg [vrucht]; vijgcactus [plant]

pride [praid] **I** *znw* hoogmoed; fierheid, trots; praal, luister; hoogtepunt o, troep [leeuwen]; *take (a)* ~ *in...* trots zijn op; er een eer in stellen...; *take (hold)* ~ *of place* de eerste plaats innemen; ~ *feels no pain* wie mooi wil zijn moet pijn lijden; **II** *wederk*: ~ *oneself on* trots zijn op; zich beroemen op, zich laten voorstaan op, prat gaan op

priest [pri:st] *znw* priester; geestelijke (tussen *deacon* en *bishop*); RK pastoor; *assistant* ~ kapelaan

priestess *znw* priesteres

priesthood *znw* priesterschap o

priestly *bn* priesterlijk, priester-

priest-ridden *bn* door geestelijken overheerst/geregeerd

prig [prig] *znw* kwast, verwaande kwibus

priggery *znw* pedanterie, verwaandheid

priggish *bn* pedant

prim [prim] *bn* gemaakt, stijf, preuts

primacy ['praimasi] *znw* eerste plaats, voorrang, primaat o [v. paus en fig]; primaatschap o

prima donna ['pri:ma'dɔnə] *znw* prima donna; fig temperamentvol persoon

prima facie ['praimə'feiʃi(:)] *bn* op het eerste gezicht; ~ *case* recht zaak waaraan rechtsingang kan worden verleend; ~ *evidence* recht voorlopig bewijs o

primal ['praiməl] *bn* eerste, oer-, oorspronkelijk; voornaamste, hoofd-, grond-

primarily ['praimərili, -'merili] *bijw* in de eerste plaats, in hoofdzaak; voornamelijk

primary I *bn* primair, oorspronkelijk; eerste, voornaamste, hoofd-; elementair; grond-; ~ *education* lager onderwijs o; ~ *school* basisschool; **II** *znw* Am voorverkiezing

1 primate ['praimit] *znw* primaat, opperkerkvoogd, aartsbisschop

2 primate ['praimeit] *znw* primaat [aap, halfaap, mens]

prime [praim] **I** *bn* eerste, voornaamste; oorspronkelijk; prima, best, uitstekend; ~ *cost* inkoop(s)prijs; kostprijs; ~ *meridian* nulmeridiaan; ~ *minister* minister-president; ~ *mover* voornaamste drijfkracht; fig aanstichter; ~ *number* priemgetal o; **II** *znw* 1 RK priem; 2 bloei(tijd); *past one's* ~ op zijn retour; **III** *overg* in de grondverf zetten; laden [v. vuurwapen]; [motor] op gang brengen; fig voorbereiden; kennis inpompen; gemeenz volstoppen, voeren [met eten of drinken]

primer *znw* eerstebeginselenboekje o; grondverf

primeval [prai'mi:vəl] *bn* eerste, oer-; voorhistorisch

priming ['praimiŋ] *znw* grondverf(laag); grondverven o; voeren o &, zie *prime III*

primitive ['primitiv] **I** *bn* oorspronkelijk, oudste, oer-; primitief; ~ *colours* grondkleuren; **II** *znw* oorspronkelijke bewoner, lid o van een primitief volk; stamwoord o

primogeniture *znw* eerstgeboorterecht o

primordial [prai'mɔ:diəl] *bn* eerste, oudste, oorspronkelijk, oer-, fundamenteel

primp [primp] *overg* (zich) mooi maken, opsmukken

primrose ['primrouz] *znw* sleutelbloem

primus ['praiməs] *znw* eerste bisschop v.d. episcopale kerk v. Schotland; (~ *stove*) primus [kooktoestel]

prince [prins] *znw* vorst[2], prins[2]; ~ *consort* prins-gemaal; ~ *of darkness* de duivel; ~ *royal* kroonprins

princedom *znw* prinsdom o, vorstelijke rang; vorstendom o

princeling *znw* prinsje o

princely *bn* prinselijk, vorstelijk[2]

princess [prin'ses, 'prinses] *znw* prinses, vorstin; ~ *royal* titel verleend aan de oudste dochter van de koning van Engeland

principal ['prinsipəl] **I** *bn* voornaamste, hoofd-; ~ *clause* gramm hoofdzin; ~ *part* gramm stam (v.e. woord); hoofdmoot; **II** *znw* chef; directeur, rector [v. school]; hoofdpersoon, lastgever, principaal°; hoofdschuldige; duellist; hoofdsom o

principality [prinsi'pæliti] *znw* prins-, vorstendom o; *the P~* Wales

principally ['prinsipəli] *bijw* hoofdzakelijk, voornamelijk, merendeels

principle ['prinsipl] *znw* grondbeginsel o, principe o; ~s moraliteit, zedelijk gedrag o; *on* ~ uit principe; principieel

principled *bn* principieel, met (nobele) principes

prink [priŋk] *overg* = *primp*

print [print] **I** *znw* merk o, teken o, spoor o; stempel o & m, druk, in-, afdruk; voetafdruk; kopie [v. film]; drukletters; bedrukt katoen o & m; plaat, prent; drukwerk o, blad o, krant; *in* ~ in druk, gedrukt; *out of* ~ uitverkocht; *the fine (small)* ~ de kleine lettertjes [contract &]; *get into* ~ gepubliceerd worden [ook: schrijver]; **II** *bn* gedrukt; *a* ~ *dress (frock)* een katoenen jurkje o; **III** *overg* drukken, bedrukken, af-, indrukken; kopiëren [film]; laten drukken; publiceren; inprenten (in *on*); stempelen; met blokletters schrijven; ~ed *matter* drukwerk o; ~ *out* afdrukken; comput uitprinten

printer *znw* drukker; comput printer; ~'s *error* drukfout; ~'s *ink* drukinkt

1 printing I *znw* drukken o, druk; oplaag; drukkunst; **II** *bn* druk-

printing press *znw* drukpers

printout ['printaut] *znw* comput uitdraai

prior ['praiə] **I** *bn bijw* vroeger, ouder, voorafgaand; ~ *to* ook: voor(dat); **II** *znw* prior

priorate *znw* prioraat o

prioress *znw* priores

priority [prai'ɔriti] *znw* prioriteit, voorrang; *have (take)* ~ *over* de voorrang hebben boven; *have one's priorities right* het belangrijkste laten voorgaan

priory *znw* priorij

prise [praiz] *overg* openbreken, lichten (ook: ~ *open*, ~ *up*)

prism [prizm] *znw* prisma o

prismatic [priz'mætik] *bn* prismatisch, prisma-

prison ['prizn] *znw* gevangenis

prison camp *znw* interneringskamp *o*

prisoner *znw* gevangene, arrestant; (de) verdachte (ook: ~ *at the bar*); ~ *of war* krijgsgevangene

prison-van *znw* gevangenwagen

prissy ['prisi] *bn* gemeenz nuffig, preuts

pristine ['pristain] *bn* smetteloos, ongerept, onbedorven; oorspronkelijk, eerste

privacy ['privasi, 'praivisi] *znw* afzondering, teruggetrokkenheid; privéleven *o*, privacy; *in strict* ~ strikt vertrouwelijk; ~ *of correspondence* briefgeheim *o*

private ['praivit] **I** *bn* privaat, privé, eigen; onder vier ogen, geheim, heimelijk; vertrouwelijk; teruggetrokken, op zichzelf; onderhands; particulier, persoonlijk; besloten [v. vergadering &]; mil niet gegradueerd, gewoon; *keep it* ~ houd het voor je; *a* ~ *affair* een privéaangelegenheid; ~ *enterprise* het particulier initiatief; ~ *eye* particulier detective; ~ *hotel* familiehotel *o*; ~ *means* eigen middelen; ~ *member* parlementslid *o* zonder regeringsfunctie; ~ *parts* schaamdelen; ~ *school* particuliere school; ~ *soldier* (gewoon) soldaat; ~ *view* persoonlijke mening; bezichtiging voor genodigden, vernissage; **II** *znw* mil (gewoon) soldaat; ~*s* schaamdelen; *in* ~ alléén, onder vier ogen, binnenskamers; in stilte, in het geheim

privateer [praivə'tiə] **I** *znw* kaper(schip *o*); **II** *onoverg* ter kaap varen

privation [prai'veifən] *znw* ontbering, gebrek *o*

privative ['privativ] *bn* berovend; gramm privatief, ontkennend

privatize ['praivataiz] *overg* privatiseren

privet ['privit] *znw* liguster

privilege ['privilidʒ] *znw* privilege *o*; voorrecht *o*; onschendbaarheid

privileged *bn* bevoorrecht

privily ['privili] *bijw* vero in 't geheim, stiekem

privy ['privi] **I** *bn* vero & recht heimelijk, geheim, verborgen; ingewijd, bekend met; ~ *purse* civiele lijst: toelage v.h. staatshoofd; ~ *seal* geheimzegel *o*; *Lord P*~ *Seal* geheimzegelbewaarder; *he was* ~ *to it* hij was er bekend mee; **II** *znw* privaat *o*, wc

1 prize [praiz] **I** *znw* 1 prijs; beloning; 2 scheepv prijs(schip *o*), buit; *make a* ~ *of a ship* een schip buitmaken; **II** *bn* bekroond (bijv. ~ *poem*); prijs-; fig eersteklas, beste, mooiste; *she is a* ~ *chatterbox* zij is een echte kletskous; ~*-fighter* beroepsbokser; ~*-money* prijzengeld *o*; scheepv prijsgeld *o*; ~*-ring* sp boksring; bokserswereld; **III** *overg* 1 op prijs stellen; 2 scheepv buitmaken

2 prize [praiz] *overg* = *prise*

prize-giving ['praizgiviŋ] *znw* prijsuitreiking [aan het eind v.h. schooljaar]

prizewinner ['praizwinə] *znw* winnaar (van universiteitsprijs)

1 pro [prou] *znw* gemeenz verk. van *professional* = beroepsspeler, prof

2 pro [prou] *voorz, bn & znw* pro, vóór; *the* ~*s and cons* het vóór en tegen

probability ['prɔbə'biliti] *znw* waarschijnlijkheid; *there is no* ~ *of his coming* hoogstwaarschijnlijk zal hij niet komen

probable ['prɔbəbl] *bn* waarschijnlijk, vermoedelijk; aannemelijk

probably *bijw* waarschijnlijk, vermoedelijk

probate ['proubit] *znw* gerechtelijke verificatie van een testament; gerechtelijk geverifieerd afschrift *o* van een testament

probation [prə'beifən] *znw* proeftijd; voorwaardelijke veroordeling; *on* ~ op proef; voorwaardelijk veroordeeld; ~ *officer* ambtenaar van de reclassering

probationary *bn* op proef, proef-

probationer *znw* novice, leerling-verpleegster; voorwaardelijk veroordeelde; proponent

probe [proub] **I** *znw* sonde; gemeenz onderzoek *o*; **II** *overg* sonderen; peilen, onderzoeken; doordringen in; ~ *for* proberen te achterhalen, gemeenz vissen naar

probity ['proubiti] *znw* eerlijkheid, rechtschapenheid

problem ['prɔbləm] *znw* vraagstuk[2] *o*, probleem *o*

problematic(al) [prɔbli'mætik(l)] *bn* twijfelachtig, problematisch, onzeker

proboscis [prou'bɔsis] *znw* (*mv*: -es *of* proboscides) snuit, slurf [van olifanten, tapirs]; zuigorgaan *o* [v. insecten]; neus

procedural [prə'si:dʒərəl] *bn* van procedure, procedure-

procedure *znw* methode, werkwijze, handelwijze, procedure; *legal* ~ rechtspleging

proceed [prə'si:d] *onoverg* voortgaan, verder gaan, aan de gang zijn, voortgang hebben, vorderen, verlopen; gaan; zich begeven; te werk gaan; recht ~ *against* gerechtelijke stappen nemen tegen; ~ *from* voortkomen uit; ~ *to* overgaan tot; zich begeven naar

proceeding *znw* handelwijze; handeling; maatregel; ~*s* wat er zoal gebeurde (gebeurt); werkzaamheden [v. vergadering]; handelingen [v. genootschap]; recht proces *o*; *institute legal* ~*s (take* ~*s)* recht een vervolging instellen

proceeds ['prousi:dz] *znw* opbrengst, provenu *o*

process ['prouses] **I** *znw* voortgang; loop, verloop *o*; handeling; procédé *o*; proces[o] *o*; dagvaarding; ~ *control* automatische controle van een industrieel proces d.m.v. een computer; *in the* ~ *of construction* in aanbouw; *in the* ~ *of time* na verloop van tijd; **II** *overg* machinaal reproduceren; behandelen, bewerken, verwerken; verduurzamen; recht een actie instellen tegen; ~*ed cheese* smeerkaas

procession [prə'sefən] *znw* stoet, omgang, optocht; RK processie

processional **I** *bn* als (van) een processie, processie-; **II** *znw* processiegezang *o*; boek *o* met de processiegezangen

process server ['prousesə:və] *znw* deur-

proclaim 336

waarder

proclaim [prə'kleim] *overg* afkondigen, bekendmaken; verkondigen; uitroepen tot [koning &]; verklaren [oorlog]

proclamation [prɔklə'meiʃən] *znw* afkondiging; verkondiging; bekendmaking; verklaring [v. oorlog &]

proclivity [prə'kliviti] *znw* overhelling; neiging (tot *to*)

procrastinate [prou'kræstineit] *overg* uitstellen

procrastination [proukræsti'neiʃən] *znw* uitstel *o*, verschuiving (van dag tot dag); ~ *is the thief of time* ± van uitstel komt afstel

procreate ['proukrieit] *overg* voortbrengen, verwekken, zich voortplanten

procreation [proukri'eiʃən] *znw* voortbrenging, verwekking, voortplanting

proctor ['prɔktə] *znw* procureur [voor een geestelijke rechtbank]; onderw ambtenaar van een universiteit [Cambridge, Oxford], die met het handhaven van orde en tucht belast is

procumbent [prou'kʌmbənt] *bn* vooroverliggend; plantk kruipend

procuration [prɔkju'reiʃən] *znw* verschaffing, bezorging; volmacht, procuratie; *by* ~ bij volmacht

procurator ['prɔkjureitə] *znw* gevolmachtigde, zaakbezorger; hist procurator [landvoogd]

procure [prə'kjuə] *overg* (zich) verschaffen, bezorgen, (ver)krijgen

procurement *znw* verschaffing, verkrijging; bemiddeling

procurer *znw* koppelaar

procuress [prə'kjuəris, -res] *znw* koppelaarster

prod [prɔd] **I** *znw* prikkel; priem; prik, por; **II** *overg* prikken, steken (naar *at*), (aan-)porren

prodigal ['prɔdigəl] *bn* verkwistend; *the* ~ *son* (ook: bijbel) de verloren zoon; fig berouwvol zondaar

prodigality [prɔdi'gæliti] *znw* verkwisting; kwistigheid

prodigious [prə'didʒəs] *bn* wonderbaar-(lijk); verbazend, ontzaglijk

prodigy ['prɔdidʒi] *znw* wonder *o*; *child* ~, *infant* ~ wonderkind *o*

produce I *znw* ['prɔdju:s] product *o*; **II** *overg* [prə'dju:s] produceren, opbrengen, opleveren, afgeven [een baby]; teweegbrengen, maken [indruk]; opvoeren, vertonen; te voorschijn halen, aanvoeren, bijbrengen, overleggen, tonen

producer [prə'dju:sə] *znw* producent, [toneel] regisseur, [film] producent; techn [gas] generator; ~ *gas* generatorgas *o*; ~ *goods* productiegoederen

product ['prɔdʌkt] *znw* product° *o*; fig vrucht, resultaat *o*

production [prə'dʌkʃən] *znw* productie; product *o*, voortbrengsel *o*, overlegging [stukken]; opvoering, vertoning [toneelstuk]; *make a real* ~ *out of* fig gemeenz veel ophef maken over

production line *znw* lopende band

productive *bn* producerend; productief, vruchtbaar; ~ *capacity* productievermogen *o*; *be* ~ *of ...* voortbrengen, opleveren

productivity [prɔdʌk'tiviti] *znw* productiviteit

profanation [prɔfə'neiʃən] *znw* ontheiliging, (heilig)schennis

profane [prə'fein] **I** *bn* profaan, on(in-)gewijd; oneerbiedig, goddeloos, godslasterlijk [taal]; werelds; **II** *overg* ontwijden, ontheiligen

profanity [prə'fæniti] *znw* heiligschennis, goddeloosheid; vloekwoorden, vloeken *o*

profess [prə'fes] **I** *overg* belijden; betuigen, verklaren, beweren; uit-, beoefenen; doceren; ~ *to be a scholar* zich uitgeven voor; **II** *onoverg* doceren; RK de kloostergelofte afleggen

professed *bn* verklaard [vijand]; RK geprofest: de (klooster)gelofte afgelegd hebbend; voorgewend, zogenaamd

professedly *bijw* openlijk, volgens eigen bekentenis; ogenschijnlijk

profession *znw* beroep *o*, stand; (openlijke) belijdenis, betuiging, verklaring; RK kloostergelofte; *the learned* ~*s* de vrije beroepen; *by* ~ van beroep, beroeps-

professional I *bn* vak-, beroeps-, ambts-; van beroep; vakkundig, professioneel; ~ *foul* sp opzettelijke overtreding; ~ *jealousy* jalousie de métier, broodnijd; *a* ~ *man* iemand die een vrij beroep uitoefent: advocaat, dokter &; **II** *znw* vakman²; professional²

professionalism *znw* professionalisme *o*; beroepssport

professionally *bijw* professioneel

professor [prə'fesə] *znw* hoogleraar, professor; Am ± lector; belijder [v. godsdienst]

professorate *znw* professoraat *o*; professoren

professorial [prɔfe'sɔ:riəl] *bn* professoraal

professorship [prə'fesəʃip] *znw* professoraat *o*, hoogleraarschap *o*, Am ± lectoraat *o*

proffer ['prɔfə] **I** *overg* toesteken, aanbieden; **II** *znw* aanbod *o*

proficiency [prə'fiʃənsi] *znw* vaardigheid, bedrevenheid, bekwaamheid

proficient I *bn* vaardig, bedreven, bekwaam; **II** *znw* meester

profile ['proufail] **I** *znw* profiel *o*, (verticale) doorsnede; portret *o* [in krant, op radio & televisie]; *in* ~ en profil; *keep a low* ~ proberen om niet (te veel) op te vallen; **II** *overg* zich aftekenen, en profil weergeven; een profielschets geven van

profit ['prɔfit] **I** *znw* voordeel *o*, winst, nut *o*, profijt *o*, baat; *at a* ~ met winst; *to one's own* ~ ten eigen voordele; **II** *overg* voordeel afwerpen voor, goed doen, baten, helpen; **III** *onoverg* profiteren (van *by*); zich ten nutte maken, zijn voordeel doen (met *by*)

profitable *bn* winstgevend, voordelig, nuttig

profitably *bijw* voordelig, nuttig, met voordeel, met winst, met vrucht

profiteer [prɔfi'tiə] I *onoverg* ongeoorloofde of woekerwinst maken; II *znw* profiteur

profitless ['prɔfitlis] *bn* onvoordelig; zonder nut

profitmaking *bn* met winstoogmerk; winstgevend

profit-sharing *znw* winstdeling

profligacy ['prɔfligəsi] *znw* losbandigheid, zedeloosheid

profligate I *bn* losbandig, zedeloos; II *znw* losbol

profound [prə'faund] *bn* diep; diepzinnig; diepgaand; grondig; groot

profoundly *bijw* ook: zeer, hoogst, door en door

profundity [prə'fʌnditi] *znw* diepte; diepzinnigheid; grondigheid

profuse [prə'fju:s] *bn* kwistig; overvloedig

profusion *znw* overvloed(igheid); kwistigheid

progenitor [prou'dʒenitə] *znw* voorvader, voorzaat; (geestelijke) vader

progeniture *znw* voortplanting, verwekking; nageslacht o, afstammelingen

progeny ['prɔdʒini] *znw* nageslacht o, kroost o

prognosis [prɔg'nousis] *znw (mv:* prognoses [-si:z]) prognose

prognostic [prɔg'nɔstik] I *bn* voorspellend; ~ *sign (symptom)* voorteken o; II *znw* voorteken o, voorspelling, prognose

prognosticate *overg* voorspellen

prognostication [prɔgnɔsti'keiʃən] *znw* voorspelling

programme, Am **program** ['prougræm] I *znw* program(ma)° o (ook: comput); vero balboekje o; II *overg* programmeren (ook: comput)

programmer *znw* comput programmeur

progress ['prougres] I *znw* ['prougres] vordering(en), voortgang, vooruitgang; mil opmars; verloop o [v. ziekte]; loop(baan); levensloop; gang [v. zaken]; hist (rond)reis, tocht, tournee [vooral van vorstelijke personen]; *be in* ~ aan de gang zijn; II *onoverg* [prə'gres] vooruitgaan, -komen, vorderen, vorderingen maken, opschieten; nog voortduren

progression *znw* voortgang; vordering; (opklimmende) reeks

progressive I *bn* voortgaand, (geleidelijk) opklimmend, toenemend, progressief; vooruitstrevend; II *znw* voorstander v. politiek-sociale hervorming

prohibit [prə'hibit] *overg* verbieden [vooral door overheid]; ~ *from* verhinderen

prohibition [proui'biʃən] *znw* (drank-)verbod o

prohibitionist *znw* voorstander van het drankverbod

prohibitive [prə'hibitiv] *bn* verbiedend; ~ *duties* beschermende (invoer)rechten; ~ *price* buitensporige prijs

prohibitory *bn* verbiedend, verbods-

project [prə'dʒekt] I *overg* [prə'dʒekt] ontwerpen, beramen, projecteren, werpen, (weg)slingeren; II *onoverg* vooruitsteken,

uitsteken, uitspringen; III *znw* ['prɔdʒekt] ontwerp o, plan o, project o

projectile ['prɔdʒiktail] *znw* projectiel o, kogel

projection [prə'dʒekʃən] *znw* projectie; uitstek o, uitsteeksel o; projectie(tekening), ontwerp o; werpen o, (weg)slingeren o

projectionist [prə'dʒekʃənist] *znw* (film-) operateur

projector [prə'dʒektə] *znw* (film)projector, projectietoestel o

prolapse ['proulæps] *znw* med prolaps, verzakking

prole [proul] *znw* gemeenz proletariër

proletarian [prouli'tɛəriən] I *bn* proletarisch; II *znw* proletariër

proletariat *znw* proletariaat o

proliferate [prou'lifəreit] *onoverg* zich vermenigvuldigen; fig snel talrijker worden, zich verspreiden

proliferation [proulifə'reiʃən] *znw* proliferatie[2]: vermenigvuldiging; fig verspreiding

prolific [prou'lifik] *bn* vruchtbaar, rijk (aan *in, of*); fig productief [schrijver &]

prolix ['prouliks] *bn* breedsprakig, langdradig

prolixity [prou'liksiti] *znw* wijdlopigheid, langdradigheid

prologue ['proulɔg] *znw* proloog, voorspel o

prolong [prou'lɔŋ] *overg* verlengen, rekken; ~*ed* ook: langdurig

prolongation [proulɔŋ'geiʃən] *znw* verlenging

prom [prɔm] *znw* 1 (verk. van *promenade*) promenade; boulevard; Am schoolbal o; 2 (verk. van) *promenade concert*

promenade [prɔmi'na:d] I *znw* promenade°, wandeling; ~ *concert* concert o in een park, op een plein &; II *onoverg* wandelen, kuieren; III *overg* wandelen door (over, in); rondleiden

promenader *znw* wandelaar; bezoeker van *proms*

prominence ['prɔminəns] *znw* uitsteeksel o, verhevenheid; op de voorgrond treden o; beroemdheid, vooraanstaandheid; *give due* ~ *to the fact that...* goed laten uitkomen

prominent *bn* (voor)uitstekend, in het oog vallend; belangrijk, beroemd; *make oneself* ~ zich onderscheiden, op de voorgrond treden

promiscuity [prɔmis'kju:iti] *znw* promiscuïteit, vrije omgang (vooral seksueel)

promiscuous *bn* promiscue

promise ['prɔmis] I *znw* belofte, toezegging; *of (great)* ~, *full of* ~ veelbelovend; *be under a* ~ *to* zijn woord gegeven hebben aan; beloofd (de belofte afgelegd) hebben om te ...; *breach of* ~ woordbreuk (vooral v. trouwbelofte); II *overg* beloven, toezeggen; III *onoverg & abs ww* beloven; ~ *well* véél beloven

promising *bn* veelbelovend, hoopgevend

promissory ['prɔmisəri] *bn*: ~ *note* promesse

promontory ['prɔmənt(ə)ri] *znw* voorgebergte o, kaap; <u>anat</u> vooruitstekend deel o, uitsteeksel o

promote [prə'mout] *overg* bevorderen°, handel reclame maken voor; <u>handel</u> oprichten [maatschappij]

promoter *znw* bevorderaar, bewerker, aanstoker; <u>handel</u> & <u>sp</u> promotor, oprichter [v. maatschappij]

promotion *znw* bevordering°, promotie (ook: <u>handel</u>: = reclame)

promotional *bn* (het belang) bevorderend; <u>handel</u> promotioneel, reclame-

prompt [prɔm(p)t] I *bn* vaardig, vlug, prompt°; ~ *payment* snelle betaling; *at eight o'clock* ~ stipt om acht uur; II *znw:* *give sbd. a* ~ iem. souffleren; <u>comput</u> prompt; III *overg* vóórzeggen, souffleren; ingeven, aansporen, aanzetten

prompt-box *znw* souffleurshok o

prompter *znw* souffleur, -euse; ~'s *box* souffleurshokje o

prompting *znw* vóórzeggen o &; *the* ~s *of his heart* de stem van zijn hart

promptitude ['prɔm(p)titju:d] *znw* vaardigheid, vlugheid, spoed; promptheid, stiptheid

promptly ['prɔm(p)tli] *bijw* direct, meteen; vlug, prompt

promulgate ['prɔmɔlgeit] *overg* afkondigen, uitvaardigen; verkondigen, openbaar maken

promulgation [prɔmɔl'geiʃən] *znw* afkondiging, uitvaardiging; verkondiging, openbaarmaking

prone [proun] *bn* voorovergebogen, vooroverliggend; ~ *to* geneigd tot; onderhevig aan

prong [prɔŋ] I *znw* (hooi-, mest- &) vork; tand van een vork; punt van een geweitak; II *overg* aan de vork steken

pronominal [prou'nɔminəl] *bn* voornaamwoordelijk, pronominaal

pronounce [prə'nauns] I *overg* uitspreken; verklaren, zeggen (dat); II *onoverg* (zich) uitspreken; uitspraak doen; ~ *for* (*in favour of*) zich verklaren voor; ~ *on* zijn mening zeggen over

pronounceable *bn* uit te spreken

pronounced *bn* uitgesproken, geprononceerd, beslist

pronouncement *znw* uitspraak, verklaring

pronto ['prɔntou] *bijw* <u>gemeenz</u> dadelijk, direct

pronunciation [prənʌnsi'eiʃən] *znw* uitspraak

proof [pru:f] I *znw* bewijs o, blijk o; proef, drukproef; proef: sterktegraad [alcohol]; *in* ~ *of* ten bewijze van; *bring* (*put*) *to the* ~ op de proef stellen; *the* ~ *of the pudding is in the eating* de praktijk zal het uitwijzen; II *bn* beproefd, bestand (tegen *against*); III *overg* vuurvast, waterdicht & maken

proof-read *overg* drukproeven corrigeren

proof-reader *znw* corrector

proof-sheet *znw* drukproef, proefvel o

prop [prɔp] I *znw* 1 stut, steun²; steunpilaar, schoor; 2 zie ook: *props*; II *overg* stutten,

steunen, schragen; omhooghouden (ook: ~ *up*); zetten [ladder tegen muur &]

propaganda [prɔpə'gændə] *znw* propaganda

propagandist I *znw* propagandist; II *bn* propagandistisch

propagandize *overg* propaganda maken (voor)

propagate ['prɔpəgeit] I *overg* voortplanten², verbreiden, propageren; II *onoverg* zich voortplanten²

propagation [prɔpə'geiʃən] *znw* voortplanting, verbreiding

propane ['proupein] *znw* propaangas o

propel [prə'pel] *overg* voortstuwen, voortbewegen

propellant *znw* stuwstof [v. raket]; voortstuwingsmiddel o [buskruit]

propeller *znw* propeller, schroef

propelling-pencil *znw* vulpotlood o

propensity [prə'pensiti] *znw* neiging (tot to, *for*)

proper ['prɔpə] *bn* eigen; eigenlijk; strikt, rechtmatig; geschikt, behoorlijk, juist, goed, betamelijk, gepast; fatsoenlijk; <u>gemeenz</u> echt [mispunt &]; ~ *name,* ~ *noun* eigennaam; *a* ~ *row* gemeenz een fikse ruzie; *think* (*it*) ~ goedvinden, goedkeuren

properly *bijw* eigenlijk (gezegd); juist, behoorlijk, goed

propertied ['prɔpətid] *bn* bezittend

property ['prɔpəti] *znw* eigenschap; eigendom o, bezit o, bezittingen, goed o; landgoed o; *properties* rekwisieten, (toneel-)benodigdheden; ~ *developer* projectontwikkelaar; ~ *man* (*master*) rekwisiteur; *a man of* ~ een bemiddeld man, grondbezitter

prophecy ['prɔfisi] *znw* voorspelling, profetie

prophesy ['prɔfisai] *overg* voorspellen, profeteren

prophet *znw* profeet; voorstander (van *of*)

prophetess *znw* profetes

prophetic [prə'fetik] *bn* profetisch; *it is* ~ *of...* het voorspelt ...

prophylactic [prɔfi'læktik] I *bn* profylactisch; II *znw* profylacticum o

propinquity [prə'piŋkwiti] *znw* nabijheid; (bloed)verwantschap

propitiate [prə'piʃieit] *overg* verzoenen, gunstig stemmen

propitiation [prəpiʃi'eiʃən] *znw* verzoening; boetedoening

propitiatory [prə'piʃiətəri] *bn* verzoenend, zoen-

propitious *bn* genadig; gunstig; terecht

proponent [prə'pounənt] *znw* aanhanger, voorstander

proportion [prə'pɔ:ʃən] I *znw* evenredigheid, verhouding; deel o; ~s ook: afmetingen, vorm; *in* ~ *as...* naar gelang...; *in* ~ *to...* in verhouding tot...; *out of* ~ niet in verhouding; <u>fig</u> overdreven, onredelijk; II *overg* proportioneren, in overeenstemming brengen met (naar *to*), afstemmen (op *to*); *well* ~*d* goed geproportioneerd

proportionable *bn* evenredig

proportional *bn* evenredig (aan *to*); ~ *representation* evenredige vertegenwoordiging

proportionally *bijw* evenredig; naar evenredigheid, in verhouding

proportionate *bn* evenredig (aan *to*)

proposal [prə'pouzəl] *znw* voorstel *o*, aanbod *o*; (huwelijks)aanzoek *o*

propose I *overg* voorstellen, aanbieden; van plan zijn; (een toast) uitbrengen op; II *onoverg* zich voorstellen, zich voornemen; *man ~s, God disposes* de mens wikt, God beschikt; ~ *to a girl* een meisje (ten huwelijk) vragen; ~ *to write a book,* ~ *writing a book* van plan zijn een boek te schrijven

proposition [prɔpə'ziʃən] I *znw* voorstel *o*; stelling; probleem *o*; <u>gemeenz</u> zaak, zaakje *o*; <u>gemeenz</u> oneerbaar voorstel *o*; II *overg* <u>gemeenz</u> oneerbare voorstellen doen

propound [prə'paund] *overg* voorleggen, voorstellen, opperen

proprietary [prə'praiətəri] *bn* 1 eigendoms-, bezit-; 2 bezitterig; ~ *article* merkartikel *o*; ~ *brand,* ~ *name* gedeponeerd handelsmerk *o*; *the ~ classes* de bezittende klassen; ~ *hospital* Am privékliniek; ~ *rights* eigendomsrechten

proprietor *znw* eigenaar, (grond)bezitter

proprietress *znw* eigenares

propriety *znw* gepastheid; juistheid; fatsoen *o*, welvoeglijkheid; *the proprieties* het decorum, de vormen

props [prɔps] *znw mv* <u>gemeenz</u> rekwisieten, toneelbenodigdheden (verk. van *properties*)

propulsion [prə'pʌlʃən] *znw* voortdrijving, voortstuwing, stuwkracht

propulsive *bn* voortdrijvend, stuw-

pro rata [prou'reitə] *bijw* naar rata, naar verhouding

prorogation [prourə'geiʃən] *znw* verdaging, sluiting

prorogue [prə'roug] *overg* verdagen, sluiten (<u>vooral</u> parlementszitting)

prosaic [prou'zeiik] *bn* prozaïsch[2]

proscenium [prou'si:njəm] *znw* (*mv*: -s of proscenia) proscenium *o*

proscribe [prous'kraib] *overg* buiten de wet stellen, vogelvrij verklaren, uit-, verbannen; veroordelen, verwerpen; in de ban doen

proscription [prous'kripʃən] *znw* vogelvrijverklaring, uit-, verbanning; veroordeling; verwerping; verbod *o*

prose [prouz] I *znw* proza *o*; ~ *translation* <u>onderw</u> thema; II *bn* proza-; prozaïsch

prosecute ['prɔsikju:t] I *overg* <u>recht</u> vervolgen (wegens *for*); voortzetten [onderzoek, oorlog]; II *onoverg* een gerechtelijke vervolging instellen

prosecution [prɔsi'kju:ʃən] *znw* <u>recht</u> (gerechtelijke) vervolging; voortzetting; *the ~* ook: <u>recht</u> de aanklager, eiser

prosecutor ['prɔsikju:tə] *znw* <u>recht</u> eiser, aanklager; *the public ~* de officier van justitie

proselytize *overg* bekeren

1 prospect ['prɔspekt] *znw* vooruitzicht *o*, verwachting; uitzicht[2] *o* (op *of*), verschiet *o*, vergezicht *o*

2 prospect [prəs'pekt] *onoverg & overg* prospecteren, zoeken naar goud of zilver

prospective [prəs'pektiv] *bn* aanstaand, toekomstig; vooruitziend; te verwachten, in het verschiet liggend

prospector [prəs'pektə] *znw* prospector, mijnbouwkundig onderzoeker

prospectus [prəs'pektəs] *znw* prospectus

prosper ['prɔspə] I *onoverg* voorspoed hebben; gedijen, bloeien; II *overg* <u>plechtig</u> begunstigen

prosperity [prɔs'periti] *znw* voorspoed, welvaart, bloei

prosperous ['prɔspərəs] *bn* voorspoedig, welvarend, bloeiend; <u>plechtig</u> gunstig [wind]

prostate ['prɔsteit] *znw* prostaat (ook: ~ *gland*)

prosthesis ['prɔsθisis] *znw* (*mv*: prostheses) <u>med</u> prothese; *dental ~* kunstgebit *o*; <u>gramm</u> prothesis

prostitute ['prɔstitju:t] I *znw* prostituee; II *overg* prostitueren[2]; III *wederk*: ~ *oneself* zich prostitueren[2]

prostitution [prɔsti'tju:ʃən] *znw* prostitutie[2]

prostrate I *bn* ['prɔstreit] uitgestrekt, nedergeworpen, uitgeput; *fall ~* een knieval doen (voor *before*); II *overg* [prɔs'treit] ter aarde werpen, neerwerpen, omverwerpen, in het stof doen buigen; uitputten; III *wederk*: ~ *oneself* in het stof buigen (voor *before*)

prostration *znw* knieval; neerwerping, omverwerping, diepe vernedering; verslagenheid; uitputting (door ziekte)

prosy ['prouzi] *bn* prozaïsch, langdradig, saai

protagonist [prou'tægənist] *znw* hoofdpersoon; voorman, leider; voorvechter

protean [prou'ti:ən, 'proutjən] *bn* proteïsch, veranderlijk, wisselend

protect [prə'tekt] *overg* beschermen, beschutten, behoeden, vrijwaren (voor *from, against*); <u>handel</u> honoreren [wissel]

protection *znw* bescherming, beschutting (tegen *against, from*), protectie; vrijgeleide *o*

protective *bn* beschermend; ~ *coloration,* ~ *colouring* schutkleur

protector *znw* beschermer, protector

protectorate *znw* protectoraat *o*; *the P~* Br regeringsperiode van Cromwell (1653-1659)

protectress *znw* beschermster, beschermvrouwe

protein ['prouti:n] *znw* proteïne, eiwit *o*

pro tem [prou'tem] *bn* = *pro tempore* tijdelijk, waarnemend

protest I *znw* ['proutest] protest° *o*; *enter (make, register, put in) a ~* protest (verzet) aantekenen, protesteren; II *overg* [prə'test] (plechtig) verklaren, betuigen; <u>handel</u> (laten) protesteren; III *onoverg* protesteren (tegen *against,* bij *to*)

Protestant ['prɔtistənt] *znw & bn* protestant(s)

Protestantism *znw* protestantisme o
protestation [proutis'teiʃən] *znw* betuiging, verzekering, (plechtige) verklaring; protest o
protester [prə'testə] *znw* protesterende, contestant
protocol ['proutəkɔl] *znw* protocol o
proton ['proutɔn] *znw* proton o
protoplasm ['proutəplæzm] *znw* protoplasma o
prototype ['proutətaip] *znw* model o, prototype o
protract [prə'trækt] *overg* verlengen, rekken; ~ed ook: langdurig
protraction *znw* verlenging
protractor *znw* gradenboog, hoekmeter
protrude [prə'tru:d] I *overg* (voor-) uitsteken; II *onoverg* uitsteken, uitpuilen
protrusion *znw* (voor)uitsteken o, uitpuilen o; uitsteeksel o
protrusive *bn* (voor)uitstekend
protuberance [prə'tju:bərəns] *znw* uitwas, knobbel, zwelling
protuberant *bn* uitstekend, uitpuilend, gezwollen
proud [praud] *bn* fier, trots (op *of*); prachtig; *do* ~ verwennen
provable ['pru:vəbl] *bn* bewijsbaar
prove [pru:v] I *onoverg & abs ww* blijken (te zijn); II *overg* bewijzen, aantonen, waarmaken; de proef nemen op [een som]; op de proef stellen
proven vero V.D. van *prove*
provenance ['prɔvinəns] *znw* herkomst
provender ['prɔvində, -vəndə] *znw* voer o
proverb ['prɔvə:b] *znw* spreekwoord o; staande uitdrukking; *(the Book of) P~s* bijbel het Boek der Spreuken
proverbial [prə'və:bjəl] *bn* spreekwoordelijk; spreekwoorden-
proverbially *bijw* spreekwoordelijk
provide [prə'vaid] I *overg* zorgen voor, bezorgen, verschaffen; voorzien (van *with*); voorschrijven, bepalen; II *onoverg*: ~ *for* voorzien in; zorgen voor; verzorgen
provided *voegw*: ~ *(that)* mits
providence ['prɔvidəns] *znw* Voorzienigheid, het lot, de goden; plechtig voorzorg; vooruitziende blik
provident *bn* vooruitziend; zorgzaam; zuinig; ~ *fund* steunfonds o; ~ *society* vereniging voor onderlinge steun
providential [prɔvi'denʃəl] *bn* door de Voorzienigheid (beschikt), wonderbaarlijk; gunstig, te juister tijd
providing [prə'vaidiŋ] *voegw*: ~ *(that)* mits
province ['prɔvins] *znw* (win)gewest o; provincie; departement o; vakgebied o; *the ~s* ook: de provincie (= het land tegenover de hoofdstad); *it is not within my* ~ het ligt buiten mijn sfeer; het is niet mijn taak
provincial [prə'vinʃəl] I *bn* provinciaal, gewestelijk; provincie-; II *znw* provinciaal; aartsbisschop
provincialism *znw* provincialisme o, kleingeestigheid; plaatselijke uitdrukking of gewoonte

provision [prə'viʒən] I *znw* voorziening; verschaffing; voorzorg(smaatregel); (wets)bepaling; handel dekking [v. wissel]; ~s proviand; *make* ~ *for* zorgen voor; voorzien in; II *overg* provianderen
provisional I *bn* voorlopig, tijdelijk, provisioneel; II *znw*: *P~* (verk.: *Provo*) lid van de extremistische vleugel van het Ierse Republikeinse Leger
proviso [prə'vaizou] *znw* (*mv*: -s *of* provisoes) beding o; voorwaarde, clausule
provisory [prə'vaizəri] *bn* 1 voorwaardelijk; 2 = *provisional*
Provo ['prouvou] *znw* gemeenz = *provisional* II
provocation [prɔvə'keiʃən] *znw* provocatie; prikkeling; aanleiding; *he did it under severe* ~ omdat hij op ergerlijke wijze geprovoceerd werd
provocative [prə'vɔkətiv] *bn* provocerend; prikkelend
provoke [prə'vouk] *overg* teweegbrengen, uitlokken; provoceren
provoking *bn* ergerlijk; akelig, vervelend
provost ['prɔvəst] *znw* onderw hoofd o van een *college*; Schots burgemeester; [prə'vou] mil provoost
provost-marshal [prə'vou'ma:ʃəl] *znw* mil chef van de politietroepen
prow [prau] *znw* (voor)steven
prowess ['prauis] *znw* moed, dapperheid; heldendaad; bekwaamheid
prowl [praul] I *onoverg* rondsluipen, rondzwerven, zoeken naar prooi; loeren op buit; II *overg* sluipen door; III *znw* zwerftocht, rooftocht; *go on the* ~ op roof uitgaan; ~ *car* Am patrouillewagen [politie]
prowler [praulə] *znw* iem. die rondsluipt
proximate ['prɔksimit] *bn* dichtbij(zijnd); ~ *cause* naaste of onmiddellijke oorzaak
proximity [prɔk'simiti] *znw* nabijheid; verwantschap
proximo ['prɔksimou] *bijw* aanstaand(e), eerstvolgend(e), van de aanstaande maand
proxy ['prɔksi] *znw* volmacht; gevolmachtigde, procuratiehouder; *by* ~ bij volmacht
prude [pru:d] *znw* preuts persoontje o
prudence ['pru:dəns] *znw* voorzichtigheid, omzichtigheid
prudent *bn* voorzichtig, omzichtig, beleidvol, verstandig
prudential [pru'denʃəl] *bn* wijs, voorzichtig
prudery ['pru:dəri] *znw* preutsheid
prudish *bn* preuts
1 prune [pru:n] *znw* gedroogde pruim
2 prune [pru:n] *overg* snoeien; ~ *down* besnoeien²; ~ *of* ontdoen van
pruning-hook, pruning-knife *znw* snoeimes o
prurience ['pruəriəns] *znw* wellust
prurient *bn* wellustig
Prussian ['prʌʃən] I *bn* Pruisisch; ~ *blue* Berlijns blauw o; II *znw* Pruis
prussic ['prʌsik] *bn*: ~ *acid* blauwzuur o
1 pry [prai] *onoverg* gluren, snuffelen; fig zich bemoeien met andermans zaken; ~ *into* fig zijn neus steken in

puff

2 pry [prai] *overg* (open)breken; (los-) krijgen

PS *afk.* = *postscriptum* PS

psalm [sa:m] *znw* psalm

psalmist *znw* psalmist

psalmody ['sæl-, 'sa:mədi] *znw* psalmodie, psalmgezang o

psalter ['sɔ:ltə] *znw* psalmboek o

psaltery *znw* muz psalter o

psephology [(p)se'fɔlədʒi] *znw* studie van kiezersgedrag

pseud [sju:d] *znw* gemeenz dikdoener, blaaskaak

pseudo ['(p)sju:dou] *bn* gemeenz pseudo, vals, onecht

pseudo- *voorv* pseudo-

pseudonym ['(p)sju:dənim] *znw* pseudoniem o

pshaw [pʃɔ:] *tsw* bah!, foei!

psych [saik] *overg*: ~ *out* gemeenz bang maken, in de war brengen; (geestelijk) instorten; ~ *oneself up* zich geestelijk voorbereiden (op *for*)

psyche ['saiki] *znw* psyche [ziel]

psychedelic [saiki'delik] *bn* psychedelisch, bewustzijnsverruimend

psychiatric [saiki'ætrik] *bn* psychiatrisch

psychiatrist [sai'kaiətrist] *znw* psychiater

psychiatry *znw* psychiatrie

psychic ['saikik] = *psychical*; als *znw*: paranormaal begaafde, medium o

psychical *bn* psychisch, ziel-; spiritistisch; paragnostisch; ~ *research* parapsychologie

psycho ['saikou] *znw* gemeenz psychopaat

psychoanalyse [saikou'ænəlaiz] *overg* psychoanalyseren

psychoanalysis [saikouə'nælisis] *znw* psychoanalyse

psychoanalyst [saikou'ænəlist] *znw* psychoanalyticus

psychoanalytic [saikouænə'litik] *bn* psychoanalytisch

psychological [saikə'lɔdʒikl] *bn* psychologisch

psychologist [sai'kɔlədʒist] *znw* psycholoog

psychology *znw* psychologie

psychopath ['saikoupæθ] *znw* psychopaat

psychopathic [saikou'pæθik] *bn* psychopathisch

psychosis [sai'kousis] *znw* (*mv*: psychoses [-si:z]) psychose

psychosomatic [saikousou'mætik] *bn* psychosomatisch

psychotic [sai'kɔtik] *bn* (*znw*) psychotisch (persoon)

PT *afk.* = *physical training*

PTA *afk.* = *Parent Teacher Association* [oudercommissie met deelname van leerkrachten]

ptarmigan ['ta:migən] *znw* sneeuwhoen o

PTO *afk.* = *please turn over* zie ommezijde, z.o.z.

pub [pʌb] *znw* gemeenz = *public house*

pub-crawl *znw* gemeenz kroegentocht

puberty ['pju:bəti] *znw* geslachtsrijpheid

pubescence [pju:'besns] *znw* begin o v.d. puberteit; plantk donshaar o

pubescent [pju:'besnt] *bn* de puberteit bereikt hebbend, geslachtsrijp

public ['pʌblik] I *bn* algemeen, openbaar, publiek; staats-, rijks-, lands-, volks-; berucht; *go* ~ naar de beurs gaan; *in the* ~ *eye* de algemene aandacht trekkend; ~ *examination* staatsexamen o; *the* ~ *good* het algemeen welzijn; ~ *health* volksgezondheid; ~ *house* café o, bar, pub; ~ *housing* Am sociale woningbouw; ~ *law* het volkenrecht; het publiekrecht; ~ *opinion* de openbare mening; ~ *ownership* nationalisatie; *P~ Relations (Department)* voorlichting(sdienst), pr-afdeling; ~ *school* 1 (particuliere) opleidingsschool voor de universiteit [in Engeland]; 2 openbare (basis- of middelbare) school [Schotland, Dominions, Amerika]; ~ *servant* ambtenaar; ~ *spirit* burgerzin; ~ *transport* openbaar vervoer o; ~ *works* openbare werken; II *znw* publiek o; *in* ~ in het openbaar

public-address system *znw* geluidsinstallatie, intern omroepsysteem o, luidsprekerinstallatie

publican ['pʌblikən] *znw* herbergier, caféhouder, kroegbaas; bijbel tollenaar

publication [pʌbli'keiʃən] *znw* openbaarmaking, afkondiging, bekendmaking; publicatie, uitgave, blad o

publicist ['pʌblisist] *znw* 1 publicist, journalist; 2 deskundige op het gebied van internationaal recht; 3 publiciteitsagent

publicity [pʌ'blisiti] *znw* 1 publiciteit; 2 reclame

publicize ['pʌblisaiz] *overg* publiciteit geven aan, reclame maken voor

publicly ['pʌblikli] *bijw* in het openbaar

publish ['pʌbliʃ] *overg* openbaar maken, bekendmaken; publiceren, uitgeven [boek]

publisher *znw* uitgever; uitgeverij

publishing *znw* uitgeversbranche

publishing-house *znw* uitgeverij

puce [pju:s] *bn* (*znw*) donker- of purperbruin (o)

puck [pʌk] *znw* sp schijf [v. ijshockey]

pucker ['pʌkə] I *onoverg* rimpelen, (zich) plooien, zich fronsen (ook: ~ *up*); II *overg* (doen) rimpelen, plooien, fronsen (ook: ~ *up*); III *znw* rimpel, plooi, frons

puckish ['pʌkiʃ] *bn* snaaks, ondeugend

pud [pud] *znw* gemeenz = ²*pudding*

1 pudding ['pudiŋ] *znw* scheepv stootkussen o van touw

2 pudding ['pudiŋ] *znw* pudding; gemeenz dessert o, toetje o

pudding basin ['pudiŋbeisn] *znw* beslagkom; puddingvorm

pudding-face *znw* vollemaansgezicht o

pudding-head *znw* gemeenz uilskuiken o

puddle ['pʌdl] *znw* (regen)plas, poel

pudgy ['pʌdʒi] *bn* dik

puerile ['pjuərail] *bn* kinderachtig

puerility [pjuə'riliti] *znw* kinderachtigheid

Puerto Rican ['pjuɛatou 'ri:kən] I *znw* Portoricaan; II *bn* Portoricaans

Puerto Rico ['pjuɛatou 'ri:kou] *znw* Porto Rico o

puff [pʌf] I *znw* windstootje o, ademtochtje o, zuchtje o, (rook-, stoom- &)wolkje o;

trekje o [aan pijp]; gemeenz (opgeklopte) reclame; poederdons; pof [aan japon]; soes; **II** onoverg opzwellen (ook: ~ up); blazen, hijgen, snuiven, paffen [aan pijp], puffen [locomotief]; **III** overg op-, uitblazen; doen opbollen (ook: ~ out, ~ up); reclame maken voor; in de hoogte steken (ook: ~ up); ~ed ook: buiten adem; ~ed sleeves pofmouwen

puff-ball ['pʌfbɔːl] znw stuifzwam; kaars (v. paardenbloem)

puffer ['pʌfə] znw wie puft &, gemeenz stoomlocomotief, stoomboot

puffin ['pʌfin] znw papegaaiduiker

puff-pastry, Am **puff-paste** ['pʌfpeist(ri)] znw bladerdeeg o

puffy ['pʌfi] bn pafferig; opgeblazen[2]; gezwollen

pug [pʌg] znw mopshond

pugilist znw bokser

pugilistic [pjuːdʒi'listik] bn vuistvechters-

pugnacious [pʌg'neiʃəs] bn twistziek, strijdlustig

pugnacity [pʌg'næsiti] znw strijdlust

pug-nose ['pʌgnouz] znw mop(s)neus

puisne ['pjuːni] **I** bn recht jonger; ~ judge = **II** znw rechter van lagere rang

puke [pjuːk] overg braken

pukka ['pʌkə] bn gemeenz echt, authentiek; uitstekend, excellent

pule [pjuːl] onoverg plechtig klaaglijk huilen; zacht wenen

pull [pul] **I** overg trekken (aan), rukken, scheuren, plukken (aan); tappen [bier]; verrekken [spier]; slang versieren [meisje, jongen &]; overhalen, afdrukken, -trekken (~ the trigger); roeien; ~ one's punches toegeeflijk zijn; ~ no punches geen blad voor de mond nemen; ~ a trick (~ a fast one) een grap (met iem.) uithalen; ~ the other one (it's got bells on) gemeenz ga fietsen, maak dat de kat wijs; **II** onoverg & abs ww trekken [aan de bel]; roeien; ~ about heen en weer trekken, toetakelen; ~ apart uit elkaar rukken; ~ away (ahead) optrekken, wegrijden; ~ back terugtrekken; ~ back from afzien van; ~ down afbreken, slopen; fig (doen) aftakelen; ~ in intrekken; aantrekken, binnenhalen; binnenrijden; slang in de kraag grijpen; ~ in at even aangaan bij; ~ it off het klaarspelen, het hem leveren; ~ on aantrekken; ~ out uittrekken; vertrekken, weggaan [v. trein]; uithalen [naar rechts, links]; ~ out of verlaten, wegtrekken uit [v. leger &]; compут selecteren; ~ over opzijgaan [v. auto]; ~ round, ~ through zich erdoorheen slaan, erbovenop komen (helpen); ~ to bits (pieces) uit elkaar (stuk) trekken; fig afkammen [boek &]; ~ together één lijn trekken; ~ oneself together zich vermannen; zich beheersen; ~ up stoppen; optrekken, omhoogtrekken, ophalen; uit de grond trekken; bijschuiven [stoel]; tegenhouden; op zijn plaats zetten, terechtwijzen; oppakken; **III** znw ruk; trekken o; trekje o [aan pijp]; trekkracht; aantrekkingskracht; roeitocht; teug; handvat o; fig

invloed; it is a hard ~ het is zwaar roeien; het is een hele toer, een hele sjouw; have a ~ on (with) sbd. invloed bij iem. hebben

pullet ['pulit] znw jonge kip

pulley ['puli] znw katrol; riemschijf

pull-in ['pulin] znw wegcafé o

Pullman (car) ['pulmən(kaː)] znw pullman, pullmanrijtuig o

pullover ['pulouvə] znw pullover

pullulate ['pʌljuleit] onoverg snel vermenigvuldigen, voortwoekeren

pull-up ['pulʌp] znw ook = pull-in

pulmonary ['pʌlmənəri] bn long-

pulp [pʌlp] **I** znw weke massa; merg o; vlees o [v. vruchten], moes o, pulp, (papier)brij, -pap; gemeenz goedkoop (op slecht papier gedrukt) tijdschrift o (ook: ~ magazine); ~ fiction, ~ novels gemeenz sensatieromans; **II** overg tot moes of brij maken

pulpit ['pulpit] znw kansel, preekstoel, katheder, spreekgestoelte o

pulpy ['pʌlpi] bn 1 zacht, moesachtig, vlezig; 2 pulp-, sensatie-

pulsate [pʌl'seit, 'pʌlseit] onoverg kloppen, slaan, trillen, pulseren

pulsation [pʌl'seiʃən] znw slaan o, (hart-) slag, klopping [van het hart &], trilling

1 pulse [pʌls] znw peulvrucht(en)

2 pulse [pʌls] **I** znw pols, (pols)slag, klopping, trilling; elektr (im)puls; vitaliteit; prikkel, sensatie; **II** onoverg kloppen, slaan, pulseren; take sbd.'s ~ iem. de pols voelen

pulverization [pʌlvərai'zeiʃən] znw vermaling tot poeder, fijnstamping; verstuiving; verpulvering[2]; fig vermorzeling

pulverize ['pʌlvəraiz] **I** overg tot pulver of poeder stoten of wrijven, fijnstampen of -wrijven; doen verstuiven; verpulveren[2]; fig vermorzelen; **II** onoverg tot poeder of stof worden

puma ['pjuːmə] znw poema

pumice ['pʌmis] znw puimsteen o

pummel ['pʌməl] overg = pommel

1 pump [pʌmp] **I** znw pomp; **II** overg (uit-) pompen; gemeenz uithoren; inpompen[2]; ~ up oppompen; **III** onoverg pompen

2 pump [pʌmp] znw lak-, dansschoen, pump

pumpernickel ['pumpənikl] znw pompernikkel

pump-handle ['pʌmphændl] znw pompslinger

pumpkin ['pʌm(p)kin] znw pompoen

pump-room ['pʌmprum] znw kursaal [in badplaats]

pun [pʌn] **I** znw woordspeling; **II** onoverg woordspelingen maken (op on)

1 punch [pʌn(t)ʃ] **I** znw 1 techn pons, doorslag, drevel; kaartjestang, perforator; stoot, stomp, slag; durf, fut; 2 punch [drank]; **II** overg techn ponsen, doorslaan; knippen [met een gaatje]; stompen, slaan (op); ~(ed) card ponskaart; ~(ed) tape ponsband

2 Punch [pʌn(t)ʃ] znw: ~ and Judy Jan Klaassen en Katrijn; poppenkast; as pleased as ~ erg in zijn nopjes

punch bag ['pʌn(t)ʃbæg] znw stootzak [voor

boksers]
punchball ['pʌn(t)ʃbɔːl] *znw* boksbal
punchbowl ['pʌn(t)ʃboul] *znw* punch-, bowlkom
punch-drunk ['pʌn(t)ʃ'drʌŋk] *bn* versuft; in de war
punching bag *znw Am* = *punch bag*
punch-line ['pʌn(t)ʃlaɪn] *znw* pointe
punch-up *znw slang* knokpartij
punchy ['pʌn(t)ʃi] *bn* 1 pittig, dynamisch; 2 aangeslagen, versuft
punctilio [pʌŋk'tiliou] *znw* overdreven nauwgezetheid
punctilious *bn* overdreven nauwgezet, stipt
punctual ['pʌŋktjuəl] *bn* stipt (op tijd), precies, nauwgezet, punctueel
punctuality [pʌŋktju'æliti] *znw* stiptheid, punctualiteit, preciesheid, nauwgezetheid
punctuate ['pʌŋktjueit] *overg* leestekens plaatsen; onderbreken (met); onderstrepen, accentueren; kracht bijzetten aan
punctuation [pʌŋktju'eiʃən] *znw* punctuatie, interpunctie; ~ *marks* leestekens
puncture ['pʌŋktʃə] I *znw* prik, gaatje o, lek o [in fietsband], bandenpech; II *overg* lek maken, (door)prikken [band &]; *med* puncteren; III *onoverg* lek worden [band &]
pundit ['pʌndit] *znw* geleerde (hindoe); gemeenz knappe kop
pungency ['pʌndʒənsi] *znw* scherpheid, bijtend karakter o
pungent *bn* scherp, bijtend; sarcastisch
punish ['pʌniʃ] *overg* straffen, bestraffen; kastijden; afstraffen; toetakelen, op zijn kop geven, flink aanspreken [de fles &]
punishable *bn* strafbaar
punishment *znw* straf, bestraffing, afstraffing; *take a lot of* ~ *gemeenz* heel wat incasseren
punitive ['pjuːnitiv] *bn* straffend, straf-
punk [pʌŋk] I *znw* 1 (ook: ~ *rock*) punk(muziek, -beweging); 2 (ook: ~ *rocker*) aanhanger van de punkbeweging, punker; 3 *vooral Am slang* ± randgroepjongere; 4 *slang* onzin, bullshit; II *bn* 1 punk- 2 *slang* rot-, shit-
punnet ['pʌnit] *znw* spanen (fruit)mandje o
punster ['pʌnstə] *znw* maker van woordspelingen
1 punt [pʌnt] I *znw* rivierschuit; II *overg* voortbomen; III *onoverg* op de rivier met de *punt* tochtjes maken; ~*(ing) pole* vaarboom
2 punt [pʌnt] *onoverg* wedden; kleine sommetjes inzetten
3 punt [pʌnt] *rugby, Am. voetbal* I *znw* het trappen van de bal zodra deze losgelaten wordt; II *overg & onoverg* de bal trappen zodra deze losgelaten wordt
punter ['pʌntə] *znw* gokker
puny ['pjuːni] *bn* klein, zwak, nietig
pup [pʌp] I *znw* jonge hond, zeehond e.d.; *gemeenz* verwaand (jong) broekje o; *be sold a* ~ een kat in de zak kopen; *in* ~ drachtig, zwanger; II *onoverg* jongen werpen, jongen
pupa ['pjuːpə] *znw* (*mv*: -*s of* pupae [-piː])

dierk pop
pupate ['pjuːpeit] *onoverg* zich verpoppen
pupil ['pjuːpil] *znw* pupil [v. oog]; leerling; ~ *teacher* kwekeling; *recht* pupil
puppet ['pʌpit] I *znw* marionet²; II *bn* marionetten
puppeteer [pʌpi'tiə] *znw* poppenspeler
puppetry *znw* marionetten(spel o, -theater o)
puppet show *znw* marionettenspel o, -theater o, poppenspel o, poppenkast
puppet state *znw* vazalstaat
puppy ['pʌpi] *znw* jonge hond; verwaande kwast
puppyfat ['pʌpifæt] *znw* gemeenz vet o (dikheid) van de jeugd
puppyish ['pʌpiiʃ] *bn* als een jong hondje
puppy love *znw* kalverliefde
purblind ['pəːblaind] *bn* bijziend, *fig* kortzichtig
purchase ['pəːtʃəs] I *znw* koop°; aankoop, inkoop; *recht* verwerving; *techn* aangrijpingspunt o; *get a* ~ vat krijgen; *make* ~*s* inkopen doen; II *overg* (aan)kopen², *recht* verwerven
purchase-money *znw* aankoopprijs, koopsom
purchaser *znw* consument, koper, afnemer
purchasing-power *znw* koopkracht
purdah ['pəː(r)daː, -də] *znw* afzondering van en het dragen van sluiers door vrouwen [bij moslims &], purdah
pure ['pjuə] *bn* zuiver, rein, kuis; puur, onvermengd; louter; ~ *culture* reincultuur, zuivere kweek; ~ *and simple* zuiver, louter, je reinste
pure-bred *bn* rasecht, ras-
purée ['pjuərei] *znw* puree
purgation [pəː'geiʃən] *znw* zuivering; purgatie
purgative ['pəːgətiv] I *bn* zuiverend; purgerend; II *znw* purgeermiddel o
purgatorial [pəːgə'tɔːriəl] *bn* van het vagevuur
purgatory ['pəːgətəri] *znw* vagevuur² o; gemeenz (zware) beproeving
purge [pəːdʒ] I *overg* zuiveren [politiek &]; reinigen, schoonwassen; II *znw* zuivering
purification [pjuərifi'keiʃən] *znw* zuivering, reiniging, loutering
purify *overg* zuiveren, reinigen, louteren; klaren
purism ['pjuərizm] *znw* purisme o
purist *znw* purist, taalzuiveraar
puritan ['pjuəritən] *znw & bn* puritein(s)
puritanical [pjuəri'tænikl] *bn* puriteins
puritanism ['pjuəritənizm] *znw* puritanisme o
purity ['pjuəriti] *znw* zuiverheid²; reinheid, kuisheid
1 purl [pəːl] I *znw* averechtse steek, boordsel o; II *bn* averechts [steek]; III *overg* averechts breien; boorden
2 purl [pəːl] I *onoverg* kabbelen; II *znw* gekabbel o
purler *znw* gemeenz buiteling voorover
purlieus ['pəːljuːz] *znw* zoom, omtrek, buurt

purloin [pə:'lɔin] *overg* kapen, stelen

purple ['pə:pl] **I** *bn* paars, purper(rood); purperen; P~ Heart Am militair onderscheiding voor gewonden; slang hartvormig pepmiddel (amfetamine) o; ~ (patch) passage briljante (vaak bombastische) passage [in boek &]; **II** *znw* purper² o

purplish *bn* purperachtig

1 purport ['pə:pət] *znw* inhoud; zin, betekenis; strekking, bedoeling

2 purport [pə'pɔ:t] *overg* voorgeven, de indruk (moeten) wekken, beweren; te kennen geven, inhouden, behelzen; van plan zijn

purpose ['pə:pəs] **I** *znw* doeleinde o, doel o, oogmerk o; bedoeling; (sense of) ~ vastberadenheid; on ~ met opzet; to the ~ ter zake (dienend); to good ~ met succes; to little ~ met weinig succes; to no ~ tevergeefs; **II** *overg* zich voornemen, van plan zijn

purpose-built *bn* speciaal ontworpen

purposeful *bn* doelbewust

purposeless *bn* doelloos

purposely *bijw* opzettelijk, met opzet

purposive *bn* doelbewust

purr [pə:] *onoverg* snorren [motor &]; spinnen [v. katten]

purse [pə:s] **I** *znw* beurs°; portemonnee; buidel; Am handtas; sp geldprijs; the public ~ de schatkist; **II** *overg* samentrekken (ook: ~ up)

purse-proud ['pə:spraud] *bn* poenig

purser ['pə:sə] *znw* scheepv administrateur

purse-strings ['pə:sstriŋz] *znw mv*: hold the ~ het geld beheren, de financiële touwtjes in handen hebben

pursuance [pə'sju:əns] *znw* nastreven o [van een plan]; voortzetting; uitvoering; in ~ of ingevolge, overeenkomstig

pursue [pə'sju:] **I** *overg* vervolgen, achtervolgen; voortzetten; najagen, nastreven; volgen [weg, zekere politiek], uitoefenen [bedrijf]; doorgaan op [iets]; **II** *onoverg* verder gaan, doorgaan

pursuer *znw* vervolger; (achter)volger; najager; voortzetter

pursuit *znw* vervolgen o; achter-, vervolging, najaging; jacht (op of), streven o (naar of); ~s bezigheden, werk o; in ~ of vervolgend, jacht makend op, nastrevend, uit op

purulent ['pjuərulənt] *bn* etter(acht)ig, etterend

purvey [pə:'vei] *overg* verschaffen, leveren

purveyance *znw* voorziening, verschaffing; proviandering, leverantie

purveyor *znw* verschaffer, leverancier; ~ to Their Majesties hofleverancier

purview ['pə:vju:] *znw* bepalingen [van een wet]; gebied o, bereik o, omvang, gezichtskring

pus [pʌs] *znw* pus o & m, etter

push [puʃ] **I** *overg* stoten, duwen, dringen, drijven (tot to); schuiven; pousseren [een artikel]; slang handelen in [drugs]; he's ~ing forty gemeenz hij loopt tegen de veertig; ~ an advantage (home) benutten;

~ the button op de knop drukken; ~ one's claim vasthouden aan zijn eis; ~ one's luck te veel op zijn geluk vertrouwen; ~ one's way zich een weg banen; zich pousseren; ~ (one's way) in zich in-, opdringen; ~ sbd. hard iem. het vuur na aan de schenen leggen; be ~ed for te kort hebben aan; be hard ~ed to (survive) ternauwernood kunnen (overleven); **II** *onoverg* stoten, duwen, dringen; ~ around gemeenz koeioneren; ~ for an answer aandringen op een antwoord; ~ for the next village dóórlopen naar, oprukken naar, rijden naar; ~ for (power) op zoek zijn naar (macht); ~ forth roots wortel schieten; ~ forward pousseren [iem.]; mil vooruitschuiven [troepen]; ~ oneself forward (zich) naar voren dringen²; ~ off gemeenz opstappen, vertrekken; ~ on doorgaan; ~ through doorzetten, -drijven, -drukken, klaarspelen; **III** *znw* stoot², duw; zet, zetje o; druk, drang; stuwkracht; energie; mil offensief o; drukknop, toets [aan toestel]; get (give sbd.) the ~ gemeenz de bons krijgen (geven); make a ~ for home zo gauw mogelijk thuis zien te komen; at a ~ in geval van nood

push-bike *znw* gemeenz (trap)fiets

push-button *znw* drukknop

push-cart *znw* kleine kruiwagen; handkar

push-chair *znw* wandelwagentje o

pusher *znw* streber; gemeenz drugshandelaar

pushing *bn* **1** energiek, dynamisch; **2** = pushy

pushover *znw* gemeenz peulenschil, makkie o

pushpin *znw* Am punaise

push-up *znw* Am opdrukoefening, push-up

pushy, pushful *bn* aanmatigend; zich op de voorgrond dringend; te ambitieus of zelfbewust

pusillanimity [pju:silæ'nimiti] *znw* kleinmoedigheid

pusillanimous [pju:si'læniməs] *bn* kleinmoedig

puss [pus] *znw* kat, poes, poesje² o; slang lekker wijf o; P~ in Boots de Gelaarsde Kat

pussy *znw* poesje o; katje o; plat poes [vrouwelijk geslachtsdeel]

pussy-cat *znw* poes, poesje o

pussyfoot *onoverg* omzichtig te werk gaan; stiekem doen; ergens omheen draaien; besluiteloos zijn

pustule *znw* puistje o

1 put* [put] *overg* zetten, stellen, plaatsen, leggen; brengen; steken, stoppen, bergen, doen; fig uitdrukken, onder woorden brengen; zeggen; [een zaak] voorstellen; [een zekere uitleg] geven (aan on); [iets] in stemming brengen; I didn't know where to ~ myself ik wist mij met mijn houding geen raad; ~ about scheepv wenden; rondstrooien [praatjes]; ~ across goed overbrengen, duidelijk uitleggen; ~ aside opzij zetten²; van de hand wijzen; ~ away wegleggen, wegzetten (ook van geld); gemeenz verorberen; gemeenz opbergen [in gevangenis &]; ~ back achteruit-, terugzetten [klok]; uitstellen; vertragen; wegwerken [voedsel]; ~ *behind* terzijde leggen; fig te boven komen, achter zich laten; ~ *by* opzij leggen [geld]; ~ *down* neerleggen, neerzetten; afzetten [passagiers]; opschrijven, onderdrukken, bedwingen [opstand]; laten inslapen [dier]; afmaken, doden; een toontje lager doen zingen, tot zwijgen brengen [iem.]; ~ *down as* houden voor; ~ *down to* toeschrijven aan; ~ *forth* uitsteken [de hand]; uitvaardigen [edict]; opperen [mening]; ~ *forward* opperen [mening]; uitkomen met [kandidaten]; ~ *oneself forward* zich op de voorgrond plaatsen; ~ *in* zetten in, inzetten; steken in; (laten) aanleggen [elektrisch licht &]; planten [zaden]; aanstellen, in dienst nemen; verzetten [veel werk], werken [zoveel uren]; scheepv binnenlopen; ~ *in a claim (a demand)* een eis indienen; ~ *in at* een haven aandoen [v. schip]; ~ *in for* solliciteren naar, zich opgeven voor; ~ *off* afzetten, afleggen, uittrekken; uitstellen; afzeggen; afkerig maken, doen walgen; afschepen; ~ *on* aantrekken [kleren]; aannemen [houding]; zetten [een gezicht]; aan het werk zetten [iem.]; op touw zetten, organiseren; laten spelen [toneelstuk]; voor de gek houden; ~ *money on a horse* op een paard wedden; ~ *on £5* vijf pond inzetten; ~ *on speed* vaart zetten; zie ook: *side, weight;* ~ *out* uitleggen, (er) uitzetten; uitdoen, uitdoven; uitstrooien [gerucht]; RTV uitzenden; uitgeven, publiceren; van zijn stuk brengen; hinderen; med ontwrichten; ~ *out one's washing* buitenshuis laten wassen; ~ *out of (his) misery* uit zijn lijden verlossen; ~ *out to board* uitbesteden; ~ *out to contract* aanbesteden; ~ *out to sea* in zee steken, uitvaren; ~ *oneself out to...* zich uitsloven om...; ~ *over* (zich) goed uitdrukken, communiceren; *I wouldn't* ~ *it past them* gemeenz ik zie ze er wel voor aan; ~ *through* erdoor krijgen [wetsvoorstel &]; (telefonisch) doorverbinden; [iem.] onderwerpen aan; ~ *to bed* naar bed brengen; ~ *to expense* op kosten jagen; ~ *to inconvenience* (~ *to trouble*) last veroorzaken; *he was hard* ~ *to ...* hij had veel moeite te ...; *I* ~ *it to you* dat vraag ik u, zegt u het nu zelf; zie ook: *flight &;* ~ *together* samenvoegen, samenstellen, in elkaar zetten; bijeenpakken, verzamelen; zie ook: *two;* ~ *up* opsteken [paraplu]; opslaan, verhogen [prijs]; indienen [resolutie]; opstellen, ophangen, aanbrengen [ornament &]; optrekken, bouwen [huizen]; huisvesten, onder dak brengen, logeren; (zich) kandidaat stellen; ~ *up a desperate defence* zich wanhopig verdedigen; ~ *up £ 1 million* een miljoen pond verschaffen; ~ *one's feet up* gemeenz naar kooi gaan, wat uitrusten; ~ *sbd. up to sth.* iem. op de hoogte stellen van iets, informeren over iets; ~ *sbd. up to doing sth.* iem. aanzetten tot; ~ *up with* berusten in, genoegen nemen met, zich la-

ten welgevallen, verdragen; *he is easily* ~ *upon* laat zich gemakkelijk beetnemen

2 put [pʌt] *znw & overg & onoverg* = putt

putative ['pju:tətiv] *bn* verondersteld, vermeend

put-down ['putdaun] *znw* vernietigende opmerking; vernedering

put-on ['put'ɔn] *bn* voorgewend, geveinsd, geaffecteerd

putrefaction [pju:tri'fækʃən] *znw* (ver-) rotting, rotheid

putrefy ['pju:trifai] **I** *overg* doen verrotten; verpesten [de lucht]; **II** *onoverg* (ver-) rotten

putrescence [pju'tresns] *znw* (ver)rotting, bederf o

putrescent *bn* rottend; rottings-; rot-

putrid ['pju:trid] *bn* rottend; (ver)rot, bedorven

putridity [pju'triditi] *znw* verrotting, rotheid[2]

putt [pʌt] golf **I** *znw* slag met een *putter;* **II** *overg & onoverg* slaan met een *putter*

puttee [pʌ'ti:] *znw* beenwindsel o; leren beenkap

putter ['pʌtə] **I** *znw* korte golfstok; **II** *onoverg* 1 tuffen [auto]; 2 = Am [2]*potter*

putting-green *znw* gemaaid grasveldje o om een hole [golfspel]

putty ['pʌti] **I** *znw* stopverf; **II** *overg* met stopverf vastzetten of dichtmaken

put-up ['put'ʌp] *bn: a* ~ *job* een doorgestoken kaart

puzzle ['pʌzl] **I** *znw* raadsel o; puzzel; *be in a* ~ *about what to do* met de handen in het haar zitten; **II** *overg* verlegen maken, verbijsteren, vastzetten; ~ *out* uitpuzzelen, uitpiekeren; *puzzling* ook: raadselachtig; ~ *one's head about* zich het hoofd breken over; **III** *onoverg* piekeren, zich het hoofd breken (over *about, over*)

puzzled *bn* verbaasd, beteuterd; *with a* ~ *look* met een niet-begrijpende blik

puzzlement *znw* verwarring, verbijstering

puzzler *znw* niet op te lossen moeilijkheid, vraag of kwestie; raadsel o

PVC *afk.* = *polyvinyl chloride* pvc

pygmy ['pigmi] **I** *znw* pygmee, dwerg; **II** *bn* dwergachtig, dwerg-

pyjamas [pə'dʒɑ:məz], Am **pajamas** *znw mv* pyjama

pylon ['pailən] *znw* 1 (tempel)poort; 2 mast [v. hoogspanningsdraden]

pyramid ['pirəmid] *znw* piramide

pyramidal [pi'ræmidl] *bn* piramidaal[2]; Am handel versterkend kolossaal [winst &]

pyre ['paiə] *znw* brandstapel

Pyrex ['paireks] *znw* vuurvast glas o [voor ovenschalen &]

pyromania [pairou'meinjə] *znw* pyromanie

pyromaniac *znw* pyromaan

pyrotechnic [pairou'teknik] **I** *bn* vuurwerk-; **II** *znw:* ~*s* vuurwerkkunst; vuurwerk o

Pyrrhic ['pirik] *bn:* ~ *victory* Pyrrusoverwinning

python ['paiθən] *znw* python

pyx [piks] *znw* RK pyxis, hostiekelk

Q

q [kju] *znw* (de letter) q
Qatar [kæ'ta:] *znw* Qatar o
q.t. ['kju:'ti:] *afk*.: *on the ~* gemeenz *= on
the quiet* zie: *quiet* II
qua [kwei] *voorz* qua, als
quack [kwæk] **I** *znw* gekwa(a)k o, kwak;
kwakzalver; charlatan; **II** *onoverg* kwaken
quackery *znw* kwakzalverij
quad [kwɔd] *znw* gemeenz *= quadrangle*;
quadruplet
quadrangle ['kwɔdræŋgl] *znw* vierkant o,
vierhoek; binnenplaats [v. school &]
quadrangular [kwɔ'dræŋgjulə] *bn* vierkant,
vierhoekig
quadrant ['kwɔdrənt] *znw* kwadrant o
quadrate ['kwɔdrit] **I** *bn* vierkant; *~ scale*
gradenboog; **II** *znw* kwadraat o; vierkant
o; **III** *overg* [kwɔ'dreit] kwadrateren; in
overeenstemming brengen (met); **IV** *onoverg* overeenstemmen
quadratic [kwə'drætik] *bn* vierkant, vier-
kants-; *~ (equation)* vierkantsvergelijking
quadrature ['kwɔdrətʃə] *znw* kwadratuur
[v. cirkel &]
quadrilateral [kwɔdri'lætərəl] **I** *bn* vierzij-
dig; **II** *znw* vierhoek
quadrille [kwə'dril] *znw* quadrille [dans]
quadruped ['kwɔdruped] *bn (znw)* viervoe-
tig (dier o)
quadruple ['kwɔdrupl] **I** *bn* viervoudig; *~
time* muz vierkwartsmaat; **II** *znw* viervoud
o; **III** *overg* verviervoudigen; **IV** *onoverg*
verviervoudigd worden
quadruplet ['kwɔdruplit] *znw* vierling
quadruplicate **I** *bn* [kwɔ'dru:plikit] viervoudig; **II** *znw* viervoudig afschrift o; **III** *overg*
[kwɔ'dru:plikeit] verviervoudigen
quaestor ['kwi:stə] *znw* hist quaestor
quaff [kwa:f, kwɔf] *overg* (leeg)drinken,
zwelgen
quaggy *bn* moerassig
1 quail [kweil] *znw (mv* idem of *-s)* dierk
kwartel
2 quail [kweil] *onoverg* de moed verliezen
quaint [kweint] *bn* vreemd, eigenaardig,
bijzonder, grappig, ouderwets
quake [kweik] **I** *onoverg* beven, sidderen,
trillen, schudden; **II** *znw* beving, siddering,
trilling; gemeenz aardbeving
quaky *bn* bevend, beverig
qualification [kwɔlifi'keiʃən] *znw* bevoegdheid; bekwaamheid, geschiktheid, (vereiste) eigenschap; kwalificatie, nadere aanduiding; beperking, wijziging, restrictie;
without ~ zonder meer
qualified ['kwɔlifaid] *bn* gerechtigd, gediplomeerd, bevoegd, bekwaam, geschikt;
niet onverdeeld gunstig; *~ to vote* stem-
gerechtigd
qualifier ['kwɔlifaiə] *znw* gramm bepalend
woord o; sp geplaatste (deelnemer)
qualify ['kwɔlifai] **I** *overg* bevoegd, bekwaam maken (voor, tot *for*); kwalificeren,

aanduiden; (nader) bepalen; wijzigen; beperken; **II** *onoverg* de bevoegdheid verwerven (voor een ambt &); in aanmerking
komen [voor gratificatie]; sp geplaatst worden
qualitative ['kwɔlitətiv] *bn* kwalitatief
quality **I** *znw* kwaliteit, (goede) hoedanigheid; eigenschap; deugd; hoge maatschappelijke stand; *~ control* kwaliteitscontrole;
II *bn*: *~ newspaper* kwaliteitskrant
qualm [kwa:m, kwɔ:m] *znw* misselijkheid;
gewetensbezwaar o, scrupule, twijfel
quandary ['kwɔndəri] *znw* dilemma o,
moeilijk parket o
quant [kwɔnt] *znw* (schippers)boom
quantify ['kwɔntifai] *overg* de hoeveelheid
bepalen
quantitative *bn* kwantitatief
quantity *znw* kwantiteit, hoeveelheid;
grootheid; menigte; *in quantities* in groten getale, in grote hoeveelheden; *negligible ~* onbelangrijke persoon of zaak; *~
surveyor* bouwkundige die bestek maakt;
unknown ~ onbekende grootheid
quantum ['kwɔntəm] *znw* (*mv:* quanta)
kwantum o, hoeveelheid; *a ~ leap* een
grote sprong voorwaarts; *~ mechanics*
kwantummechanica
quarantine ['kwɔrənti:n] **I** *znw* quarantaine; **II** *overg* in quarantaine plaatsen
quarrel ['kwɔrəl] **I** *znw* ruzie, twist; *we have
no ~ with him* wij hebben niets tegen
hem; *we have no ~ with it* wij hebben er
niets op aan te merken; **II** *onoverg* kijven
(over *about, over*); *~ with* ook: aanmerkingen maken op, opkomen tegen
quarrelsome *bn* twistziek
1 quarry ['kwɔri] *znw* opgejaagd wild o,
prooi (ook: fig)
2 quarry ['kwɔri] **I** *znw* steengroeve; **II** *overg*
(uit)graven, opdelven²; **III** *onoverg* gra-
ven²
quart [kwɔ:t] *znw* ¼ *gallon* [= 1,136 l]; *his
~* ook: zijn pintje o, zijn potje o bier
quarter ['kwɔ:tə] **I** *znw* vierde (deel) o,
kwart o; kwartier° [ook: herald & mil];
windstreek; buurt, (stads)wijk; kwartaal o;
~ of an hour kwartier o; *~s* dierk achterste o, achterhand o [v. paard]; kwartier o,
kwartieren, verblijven, kamer(s), vertrek o;
at close ~s (van) dichtbij; *live at close ~s*
klein behuisd zijn; *come to close ~s* handgemeen worden; *(we had it) from a good
~* uit betrouwbare bron; *from all ~s* van
alle kanten; *is the wind in that ~?* waait
de wind uit die hoek²?; *in high (exalted)
~s* in regeringskringen; aan het hof; **II**
overg in vieren (ver)delen; vierendelen; mil
inkwartieren (bij *on*)
quarterage *znw* driemaandelijkse betaling
quarter-deck *znw* achterdek o, officiersdek
o
quarterfinal *znw* kwartfinale
quarterly **I** *bn* driemaandelijks, kwartaal-;
II *bijw* per drie maanden; **III** *znw* driemaandelijks tijdschrift o
quartermaster *znw* mil kwartiermeester;
scheepv stuurman

quartet(te) [kwɔːˈtet] znw muz kwartet o; viertal o

quarto [ˈkwɔːtou] znw kwartijn; kwarto o

quartz [kwɔːts] znw kwarts o

quasar [ˈkweizaː] znw astron quasar

quash [kwɔʃ] overg onderdrukken, verijdelen, de kop indrukken; recht vernietigen, casseren

quasi [ˈkweizai, ˈkwaːzi(ː)] bijw quasi

quaternary [kwaˈtəːnəri] bn vierdelig, viertallig; ~ number vier

quatrain [ˈkwɔtrein] znw kwatrijn o: vierregelig vers o

quaver [ˈkweivə] I onoverg trillen; muz vibreren; II overg trillend of met bevende stem uitbrengen (ook: ~ out); III znw trilling; muz triller; muz achtste noot

quay [kiː] znw kaai, kade

queasy [ˈkwiːzi] bn misselijk; zwak [v. maag]; walgelijk [v. voedsel]; kieskeurig, teergevoelig

queen [kwiːn] I znw koningin²; kaartsp vrouw; slang flikker, nicht; Q~'s evidence zie bij: evidence; ~ of hearts kaartsp hartenvrouw; Q~ Anne is dead dat is oud nieuws; II overg koningin maken [bij schaken]; III onoverg de koningin spelen (~ it)

queen-bee znw bijenkoningin

queenlike, queenly bn als (van) een koningin

Queen Mother znw koningin-moeder

queer [kwiə] I bn wonderlijk, zonderling, vreemd, gek, raar°; verdacht; onlekker; gemeenz getikt; II znw slang homo, flikker; to be in Q~ street in moeilijkheden verkeren; III overg ~ sbd.'s pitch (het voor een ander) bederven

queer-bashing [ˈkwiəbæʃiŋ] znw potenrammen o

quell [kwel] overg onderdrukken, bedwingen, dempen

quench [kwen(t)ʃ] overg blussen, uitdoven, dempen, lessen; afkoelen, doen bekoelen

quenchless bn onblusbaar, onlesbaar

quern [kwaːn] znw handmolen

querulous [ˈkwerulas] bn klagend, kribbig

query [ˈkwiəri] I znw vraag; twijfel; tegenwerping; vraagteken o; II onoverg vragen; III overg vragen; een vraagteken zetten bij; betwijfelen

quest [kwest] I znw onderzoek o; speurtocht; nasporing; in ~ of zoekende naar; II overg & onoverg zoeken

question [ˈkwestʃən] I znw vraag, kwestie; vraagstuk o; interpellatie; twijfel; sprake; a leading ~ een suggestieve vraag; no ~ about it geen twijfel aan; there is no ~ of his coming geen sprake van dat hij komt; put the ~ tot stemming overgaan; it is beside the ~ dat is niet aan de orde; daar gaat het niet om; beyond ~ ongetwijfeld, buiten kijf; the matter in ~ de zaak in kwestie, de zaak waar het om gaat; beg the ~ zie: beg; bring (call) in(to) ~ in twijfel trekken; aanvechten, in discussie brengen; come into ~ ter sprake komen; open to ~ twijfelachtig; out of ~ zonder twijfel,

ongetwijfeld; that's out of the ~ daar is geen sprake van; dat is uitgesloten; past ~ zonder twijfel, buiten kijf; without ~ ongetwijfeld; II overg ondervragen; in twijfel trekken

questionable bn twijfelachtig, aanvechtbaar; onzeker, verdacht; bedenkelijk

questioner znw vrager, vraagsteller; interpellant; ondervrager, examinator

questioning bn vragend

question-mark znw vraagteken o

question-master znw discussieleider; quizmaster

questionnaire [kwestiaˈnɛə] znw vragenlijst

queue [kjuː] I znw queue, file, rij; fig wachtlijst; hist (mannen)haarvlecht, staartje o; ~ jumper gemeenz iem. die voor zijn beurt gaat; II onoverg in de rij staan; ~ up in de rij gaan staan

quibble [ˈkwibl] I znw spitsvondigheid, chicane; II onoverg chicaneren

quibbler znw chicaneur

quiche [kiːʃ] znw quiche (Lorraine)

quick [kwik] I bn vlug, snel, gezwind, gauw; levendig; vlug van begrip; scherp [oor &]; vero levend; ~ march! voorwaarts mars!; ~ march (step, time) mil gewone marspas; a ~ one gemeenz een vluggertje o; II bijw vlug, gauw, snel; III znw levend vlees o; the ~ and the dead de levenden en de doden; to the ~ tot op het leven; tot in de ziel

quicken I overg (weer) levend maken; verlevendigen; aanmoedigen, aanzetten; verhaasten; II onoverg (weer) levend worden, opleven; sneller worden

quick-freeze overg in-, diepvriezen

quickie znw gemeenz vluggertje° o

quicklime znw ongebluste kalk

quickness znw levendigheid, vlugheid, snelheid, gauw(ig)heid; ~ of temper opvliegendheid

quicksand znw drijfzand o

quickset hedge znw levende haag

quicksilver znw kwik(zilver) o

quickstep znw quickstep [dans]

quick-tempered [ˈkwikˈtempəd] bn opvliegend

quick-witted [ˈkwikˈwitid] bn vlug (van begrip), gevat, slagvaardig

quid [kwid] znw 1 pruim (tabak); 2 slang pond o (sterling)

quiddity [ˈkwiditi] znw wezenlijkheid; spitsvondigheid

quid pro quo znw vergoeding, tegenprestatie

quiescence [kwaiˈesns] znw rust, kalmte

quiescent [kwaiˈesnt] bn rustig, vredig, stil

quiet [ˈkwaiət] I znw rust, stilte, vrede; bedaardheid, kalmte; II bn rustig, stil, bedaard, kalm, vreedzaam [lam], mak [paard]; niet opzichtig, stemmig [japon]; monotoon; keep sth. ~ iets geheim houden; on the ~ stilletjes, stiekem; III overg doen bedaren, kalmeren, stillen; IV onoverg bedaren, kalmeren (meestal: ~ down)

quieten [ˈkwaiən] overg kalmeren (ook: ~ down)

quietism [ˈkwaiətizm] znw quiëtisme o

[mystieke beweging binnen het christendom]

quietness, quietude *znw* rust, rustigheid, stilte, kalmte

quietus [kwai'iːtəs] *znw.* get one's (its) ~ de doodsteek (genadeslag) krijgen

quiff [kwif] *znw* lok over het voorhoofd; vetkuif

quill [kwil] *znw* schacht; (veren)pen; stekel [v. stekelvarken]

quilt [kwilt] **I** *znw* gewatteerde of gestikte deken of sprei; **II** *overg* stikken, watteren

quin [kwinz] *znw* gemeenz = quintuplet

quince [kwins] *znw* kwee(peer)

quinine [kwi'niːn] *znw* kinine

quintessence [kwin'tesns] *znw* kwintessens

quintessential [kwinti'senʃəl] *bn* wezenlijk, zuiver(st)

quintet(te) [kwin'tet] *znw* kwintet o; vijftal o

quintuplet *znw* vijfling

quip [kwip] **I** *znw* geestige opmerking; schimpscheut; kwinkslag; spitsvondigheid; **II** *onoverg* schertsen

quire [kwaiə] *znw* katern, boek o [24 vel]

quirk [kwəːk] *znw* hebbelijkheid, eigenaardigheid, gril; truc, list; a ~ of fate een speling van het lot

quirky *bn* eigenaardig, grillig

quirt [kwəːt] *znw* korte rijzweep

quisling ['kwizliŋ] *znw* quisling [landverrader die heult met de bezetter, collaborateur]

quit [kwit] **I** *abs ww* weggaan, ervandoor gaan; gemeenz (het) opgeven, ophouden; **II** *overg* gemeenz uitscheiden met

quite [kwait] *bijw* helemaal, volkomen, absoluut; zeer; wel; best, heel goed [mogelijk &]; bepaald; nog maar; ~ (so) precies, juist; zie ook: few

quits [kwits] *bn* quitte; I'll be ~ with him ik zal het hem betaald zetten; call it ~ het erbij laten

quittance ['kwitəns] *znw* vrijstelling; kwijting; beloning, vergelding; kwitantie

quitter ['kwitə] *znw* deserteur, lafaard

1 quiver ['kwivə] *znw* pijlkoker; have an arrow (a shaft) left in one's ~ nog niet al zijn pijlen verschoten hebben

2 quiver ['kwivə] **I** *overg* trillen, beven, sidderen; **II** *znw* trilling, beving, siddering

quixotic [kwik'sɔtik] *bn* donquichotterig

quixotism ['kwiksətizm], **quixotry** *znw* donquichotterie

quiz [kwiz] **I** *znw* (*mv:* quizzes) ondervraging, vraag(spel o), quiz; gemeenz tentamen o; **II** *overg* ondervragen, aan de tand voelen; voor de gek houden, foppen

quizmaster *znw* quizmaster

quizzical *bn* spottend; snaaks; komisch

quod [kwɔd] *znw* slang nor, doos, gevang o

quoin [kɔin, kwɔin] *znw* hoek, hoeksteen; wig

quoit [kɔit, kwɔit] *znw* werpring; ~s ringwerpen o

quorum ['kwɔːrəm] *znw* quorum o

quota ['kwoutə] **I** *znw* (evenredig) deel o; aandeel o; contingent o; quota; kiesdeler; **II** *overg* contingenteren

quotation [kwou'teiʃən] *znw* aanhaling; citaat o; handel notering, koers, prijs; prijsopgave; ~ marks aanhalingstekens

quote [kwout] **I** *overg* aanhalen, citeren; handel opgeven, noteren (prijzen); **II** *znw* gemeenz aanhaling, citaat o; ~s ook: aanhalingstekens

quoth [kwouθ] *overg* vero zei (ik, hij of zij)

quotidian [kwɔ-, kwou'tidiən] *bn* dagelijks; alledaagse

quotient ['kwouʃənt] *znw* quotiënt o

R

r [a:] *znw* (de letter) r; *the three R's = reading, (w)riting, (a)rithmetic* lezen, schrijven en rekenen (als minimum van onderwijs)
rabbet ['ræbit] *znw* sponning
rabbi ['ræbai], **rabbin** ['ræbin] *znw* rabbi, rabbijn
rabbit ['ræbit] **I** *znw* (*mv* idem *of* -s) konijn o; sp gemeenz slecht speler, kruk; **II** *onoverg* op konijnen jagen; ~ *on about sth.* ergens over doorzeuren
rabbit-hutch *znw* konijnenhok o
rabbit-punch *znw* nekslag
rabbit-warren *znw* konijnenberg; fig huurkazerne; doolhof [v. straten en huizen &]
rabble ['ræbl] *znw* grauw o, gepeupel o, gespuis o
rabble-rouser *znw* demagoog, volksmenner, agitator
rabble-rousing I *bn* demagogisch, opruiend; **II** *znw* demagogie, volksmennerij
rabid ['ræbid] *bn* dol; razend, woest, rabiaat
rabies ['reibi:z] *znw* hondsdolheid
raccoon [rə'ku:n] *znw* (*mv* idem *of* -s) = *racoon*
1 race [reis] **I** *znw* wedloop, wedren, wedstrijd, race; loop [v. maan, zon, leven &]; ~*s* paardenrennen; **II** *onoverg* racen, rennen, snellen, jagen, vliegen, wedlopen, harddraven; techn doorslaan [machine]; **III** *overg* laten lopen [in wedren]; racen met
2 race [reis] *znw* ras o, geslacht o, afkomst; ~ *relations* rassenverhoudingen; ~ *riots* rassenrellen
3 race [reis] *znw* wortel [v. gember]
racecourse *znw* renbaan
racehorse *znw* renpaard o
race meeting ['reismi:tiŋ] *znw* wedren(nen)
racer ['reisə] *znw* hardloper, renner; harddraver; racefiets, raceauto, wedstrijdjacht o &
racetrack ['reistræk] *znw* renbaan
rachitis [ræ'kaitis] *znw* rachitis, Engelse ziekte
racial ['reiʃəl] *bn* rassen-, ras-
racism ['reisizm] *znw* racisme o
racist I *znw* racist; **II** *bn* racistisch
rack [ræk] **I** *znw* pijnbank²; rek o, rooster; kapstok; ruif; *be on the* ~ gepijnigd worden; zich inspannen; *go to* ~ *and ruin* geheel te gronde gaan; **II** *overg* op de pijnbank leggen; fig pijnigen, folteren, afpersen, uitmergelen; ~ *one's brains about* zich het hoofd breken over
1 racket, racquet ['rækit] *znw* sp racket o
2 racket ['rækit] **I** *znw* kabaal o, herrie°; gemeenz (afpersings)truc; zwendel; *stand the* ~ de gevolgen voor z'n rekening nemen, (het gelag) betalen; *what's your* ~? wat doe je in het dagelijks leven?; *he's in on the* ~ hij weet ervan, hij hoort ook bij de club; **II** *onoverg* herrie, kabaal & maken; aan de zwier zijn (~ *about*)

racketeer [ræki'tiə] **I** *znw* gemeenz (geld-) afperser; **II** *onoverg* als *racketeer* optreden
raconteur [rækɔn'tə:] *znw* (goede) verteller
racoon [rə'ku:n] *znw* gewone wasbeer
racquet ['rækit] *znw* = ¹*racket*
racy ['reisi] *bn* pittig, geurig [v. wijn]; levendig, krachtig, gewaagd, pikant
radar ['reida:, -də] *znw* radar; ~ *trap* snelheidscontrole d.m.v. radar, radarcontrole
raddle ['rædl] *znw* roodaarde, rode oker
radial ['reidjəl] **I** *bn* straalsgewijze geplaatst, gestraald; stralen-, straal-; spaakbeen-; radium-; **II** *znw* stermotor (~ *engine*); gordel-, radiaalband (~ *ply tyre*)
radiance ['reidiəns] *znw* (uit)straling, glans; schittering, luister
radiant I *bn* uitstralend; schitterend, stralend² (van *with*); **II** *znw* uitstralingspunt o
radiate ['reidieit] **I** *onoverg* stralen, straling uitzenden; **II** *overg* uitstralen [licht, warmte, geluid, liefde &]
radiation [reidi'eiʃən] *znw* (af-, uit-, be-) straling
radiator ['reidieitə] *znw* radiator
radical ['rædikl] **I** *bn* radicaal, grondig, ingrijpend; ingeworteld; grond-; wortel-; fundamenteel; **II** *znw* grondwoord o, stam, stamletter; wisk wortel(teken o); pol radicaal
radicalism *znw* radicalisme o
radicalize I *onoverg* radicaal worden, radicaliseren; **II** *overg* radicaal maken
radically *bijw* radicaal, in de grond; totaal
radio ['reidiou] **I** *znw* radio; **II** *overg* & *onoverg* seinen, uitzenden per radio
radioactive *bn* radioactief
radioactivity *znw* radioactiviteit
radio-controlled *bn* met radiobesturing, op afstand bestuurd
radiogram *znw* radio(tele)gram o; radiogrammofoon
radiograph ['reidiougra:f] *znw* röntgenfoto
radiographer [reidi'ɔgrəfə] *znw* röntgenoloog
radiography *znw* radiografie
radiolocation ['reidioulou'keiʃən] *znw* radioplaatsbepaling, radar
radiologist [reidi'ɔlədʒist] *znw* radioloog
radiology [reidi'ɔlədʒi] *znw* radiologie
radiotelephone *znw* mobilofoon
radiotelescope *znw* radiotelescoop
radiotherapy *znw* röntgen(stralen)therapie, bestraling
radish ['rædiʃ] *znw* radijs
radium ['reidiəm] *znw* radium o
radius ['reidiəs] *znw* (*mv*: -es *of* radii [-diai]) straal, radius; spaak; gemeenz omtrek, omgeving; spaakbeen o; ~ *of action* actieradius, luchtv vliegbereik o
radix ['reidiks] *znw* (*mv*: -es *of* radices [-isi:z]) wortel, oorsprong, bron; rekenkunde grondtal o
RAF *afk.* = *Royal Air Force* Koninklijke Luchtmacht
raffia ['ræfiə] *znw* raffia
raffish ['ræfiʃ] *bn* liederlijk, gemeen
raffle ['ræfl] **I** *znw* loterij, verloting; **II** *overg* verloten

raft [ra:ft] *znw* vlot o, houtvlot o

rafter *znw* bouwk (dak)spar

1 rag [ræg] *znw* vod o & v, lomp; lap, lapje o; lor² o & v; zie ook: *ragtime*; *chew the ~* eindeloos zeuren; *glad ~s* gemeenz mooie kleren; *the ~ trade* gemeenz de confectie-industrie; *the local ~* gemeenz het plaatselijke krantje; *in ~s* in lompen gehuld; aan flarden (hangend)

2 rag [ræg] *overg* pesten; ertussen nemen

ragamuffin ['rægəmʌfin] *znw* schooier; boefje o

rag-and-bone man [rægən'bounmæn] *znw* voddenman, lompenkoopman

ragbag ['rægbæg] *znw* zak voor lappen &; fig allegaartje o

rag doll *znw* lappenpop

rage [reidʒ] **I** *znw* woede, razernij; gemeenz rage, manie; *be (all) the ~* gemeenz een rage zijn; **II** *onoverg* woeden, razen; *~ and rave* razen en tieren

ragged ['rægid] *bn* voddig, gescheurd, in gescheurde kleren, haveloos; slordig; onsamenhangend; ruw, ongelijk, getand; *~ robin* koekoeksbloem; *run sbd. ~* Am gemeenz iem. uitputten

raging ['reidʒiŋ] *bn* woedend, razend

raglan ['ræglən] *znw* & *bn* raglan [(kledingstuk met) speciale mouwinzet]

ragman ['rægmən] *znw* voddenman, lompenkoopman

ragtag ['rægtæg] *znw*: *the ~ (and bobtail)* het gepeupel, Jan Rap en zijn maat

ragtime ['rægtaim] *znw* muz ragtime

raid [reid] **I** *znw* (vijandelijke) inval, aanval [met vliegtuig]; rooftocht, razzia, overval; **II** *onoverg* (& *overg*) een inval doen (in), een razzia houden (in); een aanval doen (op); roven, plunderen

raider *znw* overvaller; deelnemer aan een inval; vliegtuig o dat een *raid* uitvoert

1 rail [reil] **I** *znw* leuning, rasterwerk o, hek o, scheepv reling (ook: *~s*); slagboom; staaf, stang, lat; dwarsbalk; rail, spoorstaaf; *by ~* met het (per) spoor; *go (get) off the ~s* ontsporen²; **II** *overg* met hekwerk omgeven; omrasteren (ook: *~ in*); *~ off* afrasteren

2 rail [reil] *onoverg* schelden, schimpen, smalen (op *at*, *against*)

rail-head *znw* eind o van de spoorbaan

railing ['reiliŋ] *znw* reling, leuning; rastering, staketsel o, hek o (ook: *~s*)

raillery ['reiləri] *znw* gekheid, scherts

railroad ['reilroud] **I** *znw* Am spoorweg, spoor o; **II** *overg* Am per spoor verzenden of vervoeren; *~ sbd. into doing sth.* Am slang iem. overhalen tot iets wat hij eigenlijk niet wil; erdóór drukken [wetsvoorstel &]

railway *znw* spoorweg, spoor o

railway line *znw* spoorlijn

railwayman *znw* spoorwegbeambte

raiment ['reimənt] *znw* plechtig kleding, kleed o, dos

rain [rein] **I** *znw* regen; *(come) ~ or shine* weer of geen weer, onder alle omstandigheden; *the ~s* de regentijd [in de tropen];

II *onoverg* regenen²; *it never ~s but it pours* een ongeluk komt zelden alleen; **III** *overg* (ook: *~ down*) doen neerdalen; *he ~ed benefits upon us* hij overlaadde ons met weldaden; *it ~ed cats and dogs* het regende pijpenstelen; *be ~ed off* Am: be *~ed out* verregenen, in het water vallen [tuinfeest &]

rainbow *znw* regenboog

raincheck *znw*: *take a ~ on sth.* Am graag iets tegoed houden

raincoat *znw* regenjas

rainfall *znw* regenval, neerslag

rainforest *znw* regenwoud o

rain-gauge *znw* regenmeter

rainproof *bn* regendicht

rainstorm *znw* stortbui, wolkbreuk

rainy *bn* regenachtig, regen-; *put away for a ~ day* een appeltje voor de dorst bewaren

raise [reiz] **I** *overg* doen rijzen; uit zijn bed halen; opjagen; ophalen, optrekken; opslaan [de ogen]; opsteken, optillen, planten [de vlag]; bouwen, verbouwen, fokken; grootbrengen; verhogen [ook v. loon]; bevorderen; opwekken; (ver)wekken; oproepen [geesten]; contact krijgen met [aan de telefoon &]; verheffen [stem]; aanheffen [kreet]; inbrengen, opwerpen, opperen, maken [bezwaren]; heffen; op de been brengen, werven; opbreken [beleg]; opheffen [blokkade]; *~ hell (Cain)* spektakel maken; *~ a laugh* de lachers op zijn hand; *~ a loan* een lening uitschrijven; *~ money* geld bijeenbrengen; *~ a point* een punt te berde brengen; *~ the roof* gemeenz een hels kabaal maken; **II** *wederk*: *~ oneself* opstaan (met moeite); *~ oneself to be...* zich verheffen tot...; **III** *znw* Am gemeenz (salaris)verhoging, opslag

raised *bn* verhoogd; (en) reliëf; *in a ~ voice* met verheffing van stem

raisin ['reizn] *znw* rozijn

raison d'être [reizɔ:(n)'deitr(ə), rɛzɔ:'dɛ:tr] *znw* bestaansrecht o, raison d'être

1 rake [reik] *znw* schuinsmarcheerder

2 rake [reik] **I** *znw* hark, riek, krabber; **II** *overg* harken, rakelen, (bijeen)schrapen, verzamelen; *~ around*, *~ through* af-, doorzoeken, -snuffelen; mil enfileren; bestrijken; overzien, de blik laten gaan over; *~ in* opstrijken [geld]; *~ over* oprakelen herkauwen; *~ up* bijeenharken, -schrapen, verzamelen; fig oprakelen

3 rake [reik] **I** *znw* schuinte; **II** *onoverg* (& *overg*) schuin (doen) staan of aflopen

rake-off ['reikɔ:f] *znw* slang deel o van de winst, provisie [vooral van duistere zaakjes]

rakish ['reikiʃ] *bn* **1** losbandig; zwierig; **2** schuinaflopend, achteroverhellend

1 rally ['ræli] **I** *overg* verzamelen; verenigen; **II** *onoverg* zich (weer) verzamelen, zich verenigen; zich herstellen, weer op krachten komen; *~ round* in groten getale te hulp schieten; *~ to* zich aansluiten bij; **III** *znw* hereniging, verzameling; bijeenkomst; reünie; toogdag; autosp, tennis rally; mil (signaal o tot) verzamelen o; weer bijkomen o, herstel o [v. krachten, prijzen]

2 rally ['ræli] *overg* plagen

rallying-point ['ræliŋpɔint] *znw* verzamelpunt o; fig bindend element o, gemeenschappelijk streven o

ram [ræm] **I** *znw* dierk ram; mil stormram; techn heiblok o; dompelaar; **II** *overg* heien, aan-, in-, vaststampen; (vol)stoppen, -proppen; stoten (met); scheepv rammen; hist rammeien

ramble ['ræmbl] **I** *onoverg* voor z'n plezier (rond-, om)zwerven, dwalen; afdwalen [v. onderwerp]; van de hak op de tak springen; raaskallen, ijlen; **II** *znw* zwerftocht, wandeling, uitstapje o

rambler *znw* zwerver; plantk klimroos

rambling I *bn* zwervend, dwalend; plantk slingerend; verward, onsamenhangend; onregelmatig gebouwd, zonder plan neergezet; *a ~ expedition* een zwerftocht; **II** *znw* rondzwerven o, zwerftocht; geraaskal o, wartaal

rambunctious *bn* Am = rumbustious

ramification [ræmifi'keiʃən] *znw* vertakking[2]; indirect gevolg o; complicatie

ramify ['ræmifai] **I** *onoverg* in takken uitschieten, zich vertakken[2]; **II** *overg* doen vertakken[2]; onderverdelen

rammer ['ræmə] *znw* laadstok [v. kanon]; heiblok o

ramp [ræmp] *znw* **1** glooiing, helling; verkeersdrempel; oprit; vliegtuigtrap; **2** slang zwendel, afzetterij

rampage [ræm'peidʒ] **I** *onoverg* als een dolle tekeergaan; **II** *znw*: *be on the ~* dol zijn van uitgelatenheid

rampancy ['ræmpənsi] *znw* voortwoekering[2]

rampant *bn* plantk weelderig, welig tierend; (hand over hand) toenemend, buitensporig, teugelloos; heersend, algemeen [ziekten]

rampart ['ræmpɑːt] *znw* wal, bolwerk[2] o

ramrod ['ræmrɔd] *znw* laadstok; fig bullebak

ramshackle ['ræmʃækl] *bn* bouwvallig, vervallen, gammel

ran [ræn] V.T. van [1]run

ranch [rɑːn(t)ʃ, ræn(t)ʃ] *znw* Am veefokkerij, boerderij

rancher *znw* Am paarden- en veefokker

rancid ['rænsid] *bn* ranzig

rancorous ['ræŋkərəs] *bn* haatdragend, wrokkend

rancour, Am **rancor** *znw* rancune, wrok; ingekankerde haat; *bear ~* wrok koesteren

rand [rænd] *znw* rand (Zuid-Afrikaanse munteenheid)

randan [ræn'dæn] *znw* roeiboot voor drie man

R & D *Research & Development* onderzoek & ontwikkeling

random ['rændəm] **I** *znw*: *at ~* in het wilde weg, op goed geluk, bij toeval; er maar op los, lukraak; **II** *bn* willekeurig; toevallig; *a ~ sample* een steekproef

randy ['rændi] *bn* gemeenz wulps, geil

rang [ræŋ] V.T. van [1]ring

range [rein(d)ʒ] **I** *overg* rangschikken, (in rijen) plaatsen, ordenen, (op)stellen, scharen; gaan door, varen over; doorlopen[2], afzwerven; mil bestrijken; **II** *onoverg* zich uitstrekken, reiken, dragen [v. vuurwapen]; varen, lopen, gaan, zwerven; *~ between... and..., (from... to...)* variëren tussen; *~ with (among)* op één lijn staan met; **IV** *znw* rij, reeks, (berg)keten, richting°; draagwijdte; schietbaan, -terrein o; Am prairie, grote grasvlakte; (keuken)fornuis o; bereik o [ook v. stem]; fig gebied[2] o, terrein[2] o; klasse; *a wide ~ of...* diverse, allerlei, handel een ruime sortering; *his ~ of reading* zijn belezenheid; *have free ~* vrij spel hebben; *at short ~* op korte afstand; *out of ~* buiten schot; *within ~* onder schot

range-finder *znw* afstandsmeter

ranger *znw* Am bereden jager (politieman); boswachter; parkopzichter; voortrekker [bij scouting]

1 rank [ræŋk] **I** *znw* rang, graad; rij, gelid o; (maatschappelijke) stand; standplaats [voor taxi's &]; *the ~s* de gelederen; de grote hoop; *the ~ and file* Jan Soldaat; de gewone man; achterban [v.e. partij]; *close ~s* de gelederen sluiten[2]; *pull ~* op zijn strepen staan; *reduce to the ~s* mil degraderen; *rise from the ~s* zich opwerken; **II** *overg* (in het gelid) plaatsen, (op)stellen; een plaats geven; *how do you ~ Pavarotti?* hoe vind je Pavarotti?; **III** *onoverg* een rang hebben; een plaats innemen; *~ among* behoren tot; rekenen tot; *~ as* gelden als (voor); houden voor; *~ with* op één lijn staan met; op één lijn stellen met

2 rank [ræŋk] *bn*: weelderig, te welig [groei]; grof, vuil; te sterk smakend of riekend; schandelijk; *~ nonsense* klinkklare onzin, je reinste onzin

ranker ['ræŋkə] *znw* wie uit de gelederen officier geworden is; gewoon soldaat

ranking ['ræŋkiŋ] *znw* klassement o, ranglijst; klassering, plaats op de ranglijst

rankle ['ræŋkl] *onoverg* woede/irritatie opwekken, verbitteren, knagen; [v. wond] etteren; *this escapade ~d in his mind* deze uitspatting bleef hem dwarszitten

ransack ['rænsæk] *overg* af-, doorzoeken, doorsnuffelen; plunderen [een stad]

ransom ['rænsəm] **I** *znw* losgeld o; afkoopsom; *a king's ~* een heel vermogen o, een kapitaal o; *hold sbd. to ~* een losgeld eisen voor iem.; iem. geld afpersen; fig chanteren, het mes op de keel zetten; **II** *overg* vrijkopen, af-, loskopen; vrijlaten; verlossen; geld afpersen

rant [rænt] *onoverg* hoogdravende taal uitslaan, bombastisch oreren; fulmineren, uitvaren (tegen *against, at*)

1 rap [ræp] **I** *znw* slag; tik; geklop o; standje o, reprimande; *not a ~* geen sikkepit; *take the ~* slang ervoor opdraaien; **II** *overg* slaan, kloppen, tikken (op); *~ out* kortaf spreken; *~ sbd. over the knuckles* iem. op de vingers tikken; **III** *onoverg* kloppen, (aan)tikken; Am gemeenz gesprek o over koetjes en kalfjes

2 rap I *znw* rap(muziek); rapsong; II *onoverg* rappen, rapmuziek maken

rapacious [rə'peiʃəs] *bn* roofzuchtig

rapacity [rə'pæsiti] *znw* roofzucht

1 rape [reip] I *overg* verkrachten, onteren; <u>vero</u> (gewelddadig) ontvoeren; roven; II *znw* verkrachting, ontering; <u>vero</u> (gewelddadige) ontvoering; roof

2 rape [reip] *znw* <u>plantk</u> raap-, koolzaad o

rapeseed *znw* kool-, raapzaad o

rapid ['ræpid] I *bn* snel, vlug; steil [v. helling]; II *znw:* ~s stroomversnellingen

rapidity [rə'piditi] *znw* snelheid, vlugheid; steilheid

rapier ['reipiə] *znw* rapier o; ~ wit bijtende humor

rapist ['reipist] *znw* verkrachter

rapport [ræ'pɔ:, ra'pɔ:] *znw* (goede) verstandhouding; rapport (= contact) o [in spiritisme]

rapprochement [ræ'prɔʃma:(ŋ)] *znw* toenadering

rapt [ræpt] *bn* opgetogen, verrukt (ook: ~ up); ~ in thought in gedachten verdiept

rapture *znw* vervoering, verrukking; go into ~s in extase raken

rapturous *bn* in verrukking, extatisch, opgetogen

rare [rɛə] *bn* **1** zeldzaam, ongewoon; dun, ijl; <u>gemeenz</u> buitengewoon (mooi), bijzonder; **2** niet doorbraden [vlees]

rarebit ['rɛəbit] zie Welsh I

rarefaction [rɛəri'fækʃən] *znw* verdunning

rarefy ['rɛərifai] I *overg* verdunnen, verfijnen²; II *onoverg* zich verdunnen, ijler worden

rarely ['rɛə(r)li] *bijw* zelden

raring ['rɛəriŋ] *bn:* be ~ to go staan te trappelen van ongeduld

rarity ['rɛəriti] *znw* zeldzaamheid (ook = rariteit); voortreffelijkheid; dunheid, ijlheid

rascal ['ra:skəl] *znw* schelm, schurk, boef; deugniet, rakker

rascally ['ra:skəli] *bn* schurkachtig, gemeen

1 rash [ræʃ] *znw* (huid)uitslag; <u>fig</u> stroom

2 rash [ræʃ] *bn* overijld; onbezonnen

rasher ['ræʃə] *znw* plakje o spek of ham

rasp [ra:sp] I *znw* rasp; gekras o; II *onoverg* krassen, knarsen

raspberry [ra:zb(ə)ri] *znw* framboos; <u>gemeenz</u> afkeurend of minachtend geluid o: pfff, tsss &

Rasta ['ræstə] *znw* rasta(fari)

Rastafarian [ræstə'fɛəriən] *znw* rastafari

rat [ræt] I *znw* rat; <u>fig</u> overloper; onderkruiper; ~s! <u>gemeenz</u> verdorie!; smell a ~ het zaakje niet vertrouwen; II *onoverg:* ~ on verlinken; verbreken (belofte)

ratable, rateable ['reitabl] *bn* schatbaar; belastbaar; belastingplichtig; ~ value <u>Br</u> huurwaarde voor de gemeentebelasting

ratch [rætʃ], **ratchet** ['rætʃit] *znw* <u>techn</u> pal

1 rate [reit] I *znw* tarief o; cijfer o, verhouding; snelheid, vaart, tempo o; prijs, koers; standaard, maatstaf; graad, rang, klasse; ~s (gemeente)belasting; ~ of exchange (wissel)koers; ~ of interest rentevoet; at any ~ in ieder geval; tenminste; at this ~

gemeenz als het zo doorgaat; at that ~ op die manier; at the ~ of met een snelheid van; ten getale van; tegen [7%], à raison van; per; II *overg* aanslaan, (be)rekenen, taxeren, bepalen; schatten², waarderen²; <u>Am</u> verdienen, waard zijn, behalen; III *wederk:* ~ oneself with zich op één lijn stellen met; IV *onoverg* geschat worden, gerekend worden, de rang hebben (van as)

2 rate [reit] *overg* uitschelden, berispen; ~ at uitvaren tegen

rateable *bn* = ratable

ratepayer ['reitpeiə] *znw* belastingbetaler, belastingschuldige

rather ['ra:ðə] *bijw* eer(der), liever, veeleer; meer; heel wat; nogal, vrij, enigszins, tamelijk, wel; ~ nice niet onaardig

ratification [rætifi'keiʃən] *znw* ratificatie, bekrachtiging

ratify ['rætifai] *overg* ratificeren, bekrachtigen

rating ['reitiŋ] *znw* aanslag [in gemeentebelasting]; <u>scheepv</u> graad, klasse; waardering, waarderingscijfer o; able ~ = ablebodied; the ~s ook: <u>scheepv</u> het personeel, de manschappen

ratio ['reiʃiou] *znw* verhouding

ration ['ræʃən] I *znw* rantsoen o, portie; on the ~ op de bon; ~ book bonboekje o, bonkaart; II *overg* rantsoeneren; (ook: ~ out) distribueren [in oorlogstijd &]; op rantsoen stellen; zijn (hun) rantsoen geven

rational *bn* redelijk, verstandig, rationeel

rationale [ræʃə'na:l] *znw* beredeneerde uiteenzetting; basis, grond

rationalism ['ræʃ(ə)nəlizm] *znw* rationalisme o; leer, geloof o der rede

rationalist I *znw* rationalist; II *bn* rationalistisch

rationalistic [ræʃ(ə)nə'listik] *bn* rationalistisch

rationality [ræʃə'næliti] *znw* rede; verstand o; redelijkheid, rationaliteit

rationalization [ræʃ(ə)nəlai'zeiʃən] *znw* rationalisatie; reorganisatie [v. bedrijf]

rationalize ['ræʃ(ə)nəlaiz] *overg* rationaliseren; in overeenstemming brengen met de redelijkheid; reorganiseren [v. bedrijf]

rationing ['ræʃəniŋ] *znw* rantsoenering; distributie

rat race ['rætreis] *znw* genadeloze concurrentiestrijd

rattan [ræ'tæn] *znw* rotan

rat-tat [ræt'tæt] *znw* tok-tok, geklop o

ratter ['rætə] *znw* rattenvanger

rattle ['rætl] I *onoverg* ratelen, rammelen, kletteren; reutelen; ~ on maar doorratelen (kletsen); II *overg* <u>gemeenz</u> zenuwachtig, in de war maken; ~ off afratelen [les &]; ~ through sth. <u>fig</u> ergens doorheen vliegen; III *znw* ratel², rammelaar; geratel o; gerammel o; reutelen o

rattlebrain *znw* leeghoofd o & m-v

rattler *znw* <u>gemeenz</u> ratelslang

rattlesnake *znw* ratelslang

rattletrap *znw* rammelkast, oude brik

rattling *bn* ratelend &; <u>gemeenz</u> verduiveld (goed &)

rat-trap ['rættræp] *znw* rattenval

ratty *bn* gemeenz uit zijn hum(eur)

raucous ['rɔːkəs] *bn* schor, rauw

ravage ['rævidʒ] **I** *znw* verwoesting, teistering; plundering; **II** *overg* verwoesten, teisteren; plunderen

rave [reiv] **I** *onoverg* ijlen, raaskallen; razen (en tieren); ~ *about (over)* dol zijn op, dwepen met; **II** *znw* gemeenz **1** manie, rage, gedweep o; **2** wild feest o; **3** wild enthousiaste recensie (ook: ~ *review*)

ravel ['rævl] **I** *overg* **1** in de war maken, verwarren; **2** ontwarren (ook: ~ *out*); **II** *onoverg* in de war geraken; rafelen

raven ['reivn] **I** *znw* raaf; **II** *bn* ravenzwart

ravenous ['rævinəs] *bn* verslindend, roofzuchtig [dier]; fig uitgehongerd; *a* ~ *appetite* een razende honger

raver *znw* gemeenz fuifnummer o, uitgaanstype o

rave-up ['reivʌp] *znw* gemeenz knalfuif, wild/ruig feest o

ravine [rə'viːn] *znw* ravijn o, gleuf, kloof

raving ['reiviŋ] **I** *bijw:* ~ *mad* stapelgek; **II** *znw* ijlen o; *his* ~*s* zijn geraaskal o

ravish ['ræviʃ] *overg* meeslepen[2]; fig verrukken; (ont)roven, wegvoeren

ravishing ['ræviʃiŋ] *bn* verrukkelijk

ravishment *znw* **1** verrukking; **2** roof, ontvoering

raw [rɔː] **I** *bn* rauw°, guur; ruw, onbewerkt, grof; onverbloemd; groen, onervaren, ongeoefend; gevoelig, pijnlijk; ruw [taal]; gemeenz gemeen, onbillijk [behandeling]; *give sbd. a* ~ *deal* gemeenz iem. een rotstreek leveren; *the old get a* ~ *deal nowadays* gemeenz ouderen worden slecht behandeld tegenwoordig; ~ *materials* grondstoffen; **II** *znw* rauwe plek; *in the* ~ onbewerkt, ongeraffineerd, ruw; gemeenz naakt; *touch sbd. on the* ~ iem. op een zere (gevoelige) plek raken

raw-boned *bn* mager (als een lat)

rawhide ['rɔːhaid] *znw* zweep (van ongelooide huid)

1 ray [rei] *znw* dierk rog

2 ray [rei] *znw* straal; fig sprankje o

rayon ['reiɔn] *znw* rayon o & m [kunstzijde]

raze [reiz] *overg* (ook: ~ *to the ground*) met de grond gelijk maken, slechten

razor ['reizə] *znw* scheermes o; *electric* ~ elektrisch scheerapparaat o; *on the* ~*'s edge* heel kritiek

razor-back *znw* dier o met een scherpe rug, vooral vinvis

razor blade *znw* scheermesje o

razor-sharp *bn* vlijmscherp[2]

razzle ['ræzl], **razzledazzle** ['ræzldæzl] *znw* **1** opwinding, hilariteit, drukte; **2** opvallende, schreeuwerige reclame; *be on the razzle* aan de zwier zijn

razzmatazz ['ræzmə'tæz] *znw* opzichtigheid, goedkoop effect o; misleidende praatjes

RE *afk. Royal Engineers* de Genie; onderw = *Religious Education*

1 re [rei] *znw* muz re

2 re [riː] *voorz* inzake

3 re- [riː] *voorv* her-, weer-, opnieuw-, terug-

reach [riːtʃ] **I** *overg* bereiken; komen tot [gevolgtrekking &]; overhandigen; toesteken; **II** *onoverg* reiken, zich uitstrekken; *the news has not* ~*ed here* is nog niet binnengekomen; ~ *after* = ~ *for*; ~ *at* bereiken; ~ *for* reiken naar, streven naar; ~ *out* (de hand) uitsteken; **III** *znw* bereik o, omvang, uitgestrektheid; rak o [rivier]; *the higher (upper)* ~*es of* ook: fig de hogere regionen van; *above my* ~ boven mijn bereik (horizon); *beyond the* ~ *of* buiten bereik van; *out of my* ~ buiten mijn bereik

reach-me-down *znw* gemeenz afdragertje o

react [ri'ækt] *onoverg* reageren (op *upon, to*); terugwerken; ~ *against* zich verzetten tegen

reaction *znw* reactie, terugwerking

reactionary *bn* & *znw* reactionair

reactivate ['riː'æktiveit] *overg* reactiveren, weer actief maken

reactive [ri'æktiv] *bn* reagerend, reactie tonend, reactief

reactor [ri'æktə] *znw* reactor

1 read* [riːd] **I** *overg* lezen (in), af-, op-, voorlezen; oplossen [raadsel]; ontcijferen; uitleggen [droom], opvatten, begrijpen; doorzien [iem.]; ~ *the clock* op de klok kijken; ~ *law,* ~ *for the bar* rechten studeren; ~ *into* opmaken uit [iems. woorden]; ~ *off* (af)lezen, oplezen; ~ *out* uitlezen; oplezen; ~ *to sbd.* iem. voorlezen; ~ *up* zich inwerken [in een onderwerp]; *take sth. as* ~ iets als een vanzelfsprekendheid beschouwen; **II** *onoverg* lezen; studeren; een lezing houden; zich laten lezen; klinken, luiden; *the thermometer* ~*s 30* wijst 30 aan; ~ *up on sth.* zich inlezen [m.b.t. een onderwerp]; *well-*~ (zeer) belezen, op de hoogte

2 read [riːd] *znw: have a quiet* ~ rustig zitten lezen

readable ['riːdəbl] *bn* lezenswaardig, leesbaar[2]

reader *znw* lezer, voorlezer; lezeres; lector; adviseur [v. uitgever]; corrector; leesboek o; (meter)opnemer (*meter* ~)

readership *znw* lectoraat o; aantal o lezers, lezerskring

readily ['redili] *bijw* dadelijk, graag, grif, gemakkelijk; *sell* ~ handel gretig aftrek vinden

readiness *znw* gereedheid, bereidheid; bereidwilligheid; paraatheid; (slag)vaardigheid; vlugheid; ~ *of resource* vindingrijkheid; ~ *of wit* gevatheid; *in* ~ gereed, klaar

reading ['riːdiŋ] **I** *bn* lezend, van lezen houdend; **II** *znw* (voor)lezen o; lezing°, aflezing; opneming [v. gasmeter &]; belezenheid; studie; opvatting; stand [v. barometer &]; ~ *(matter)* lectuur, leesstof

reading-desk *znw* lessenaar

reading-glasses *znw mv* leesbril

reading-room *znw* leeszaal, -kamer

readjust ['riːə'dʒʌst] *overg* weer regelen, in orde brengen of schikken, zich weer aanpassen

readjustment *znw* opnieuw regelen *o*, in orde brengen *o* of schikken *o*, weer aanpassen *o*

readmission ['riːəd'miʃən] *znw* wedertoelating

readmit *overg* weer toelaten

ready ['redi] **I** *bn* bereid, gereed, klaar; bereidwillig; paraat; vaardig; gemakkelijk; snel; vlug, bij de hand, gevat; ~ *cash (money)* contant geld *o*; ~ *wit* gevatheid, slagvaardigheid; *get~zich klaarmaken; ~ to faint* op het punt te bezwijmen; **II** *znw: the readies* slang de contanten, de duiten; *at the* ~ gereed (om te vuren), klaar; **III** *overg* (zich) klaarmaken, (zich) voorbereiden

ready-made *bn* confectie-; (kant-en-)klaar; fig ~ *answer, opinion* cliché *o*, gemeenplaats

ready-to-wear *bn* confectie-

reaffirm ['riːə'fəːm] *overg* opnieuw bevestigen

reafforest ['riːə'fɔrist] *overg* herbebossen

reafforestation ['riːəfɔris'teiʃən] *znw* herbebossing

reagent [riː'eidʒənt] *znw* reagens *o*

real ['riəl] *bn* echt, werkelijk, wezenlijk, waar, eigenlijk, reëel; zakelijk [recht]; *for* ~ echt, om 't echie; ~ *estate* onroerend goed *o; in* ~ *life* in de werkelijkheid, in de praktijk; ~ *money* klinkende munt; *the* ~ *thing, the* ~ *McCoy* je ware; ~ *time* compu*t* real time

realism *znw* realisme *o*, werkelijkheidszin

realist **I** *znw* realist; **II** *bn* realistisch

realistic [riə'listik] *bn* realistisch; werkelijkheidsgetrouw

reality [riː'æliti] *znw* realiteit; wezenlijkheid, werkelijkheid

realizable ['riəlaizəbl] *bn* realiseerbaar, haalbaar

realization [riəlai'zeiʃən] *znw* verwezenlijking; besef *o*; handel realisatie, tegeldemaking

realize ['riəlaiz] *overg* verwezenlijken; realiseren, te gelde maken; zich voorstellen, beseffen, zich realiseren, zich rekenschap geven van, inzien; handel opbrengen [v. prijzen], maken [winst]

really ['riəli] *bijw* werkelijk, waarlijk, inderdaad, in werkelijkheid, eigenlijk; echt, bepaald, beslist, heus, toch

realm [relm] *znw* koninkrijk *o*, rijk[2] *o*, fig gebied *o*

realtor ['riəltə, -tɔː] *znw* Am makelaar in onroerend goed

realty ['riəlti] *znw* vast of onroerend goed *o*

1 ream [riːm] *znw* riem [papier]; fig grote hoeveelheid [beschreven papier]

2 ream [riːm] *overg* vergroten, opruimen [een gat]

reamer *znw* techn ± boor, frees

reanimate ['riː'ænimeit] *overg* doen herleven, reanimeren; weer bezielen of doen opleven

reanimation ['riː'æni'meiʃən] *znw* reanimatie, herleving

reap [riːp] *overg* maaien, oogsten[2]; ~ *the fruits of* fig de vruchten plukken van

reaper *znw* maaier, oogster; maaimachine

reappear ['riːə'piə] *onoverg* weer verschijnen &

reappearance ['riːə'piərəns] *znw* wederverschijning, wederkeer, het zich opnieuw vertonen

reappraisal ['riːə'preizl] *znw* herwaardering

reappraise ['riːə'preiz] *overg* herwaarderen

1 rear [riə] **I** *znw* achterhoede; achterkant; etappe, etappegebied *o*; gemeenz achterste *o; bring up the* ~ mil de achterhoede vormen, achteraan komen; *at (in) the* ~ *of* achter; *in (the)* ~ achteraan; van achteren; *attack in (the)* ~ in de rug aanvallen[2]; **II** *bn* achter-, achterste

2 rear [riə] **I** *overg* oprichten, opheffen; grootbrengen; fokken; verbouwen; **II** *onoverg:* ~ *(up)* steigeren

rear-admiral ['riə(r)'ædmərəl] *znw* schout-bij-nacht

rearguard ['riəgɑːd] *znw* mil achterhoede; ~ *action* achterhoedegevecht *o*

rearm ['riː'ɑːm] *overg & onoverg* (zich) herbewapenen

rearmament *znw* herbewapening

rearmost ['riəmoust] *bn* achterste, laatste

rearrange ['riːə'reindʒ] *overg* opnieuw schikken &

rearrangement ['riːə'rein(d)ʒmənt] *znw* herschikking, herinrichting

rear-view mirror ['riəvjuː'mirə] *znw* achteruitkijkspiegel

rearward ['riəwəd] **I** *znw* achterhoede; *in the* ~ achteraan (geplaatst); achter ons; *to* ~ *of* achter; **II** *bn* achterwaarts; achterste, achter-; **III** *bijw* achterwaarts

reason ['riːzn] **I** *znw* reden, oorzaak, grond; rede, redelijkheid, verstand *o*; recht *o*, billijkheid; *there's some* ~ *in that* daar zit wat in; *see* ~ tot rede komen; *see* ~ *to...* reden hebben om...; *talk* ~ verstandig spreken; *by* ~ *of* vanwege, wegens; *in* ~ *or out of* ~ redelijk of niet; *it stands to* ~ het spreekt vanzelf; **II** *onoverg* redeneren (over *about, upon*); ~ *with sbd.* iem. bepraten, iem. overreden; **III** *overg* beredeneren, redeneren over; bespreken; ~ *sbd. into ...ing* overreden of overhalen om...; ~ *it out* beredeneren; ~ *sbd. out of his fears* iem. zijn angst uit het hoofd praten

reasonable *bn* redelijk, verstandig; billijk; matig

reasonably *bijw* redelijk; billijk; tamelijk; redelijkerwijs, met reden, terecht

reasoning *znw* redenering

reassemble ['riːə'sembl] *overg* opnieuw verzamelen; weer in elkaar zetten [machine &]

reassert ['riːə'səːt] *overg* opnieuw beweren, bevestigen; weer laten gelden

reassess ['riːə'ses] *overg* opnieuw onderzoeken, herwaarderen, opnieuw taxeren

reassurance [riːə'ʃuərəns] *znw* geruststelling

reassure *overg* geruststellen

rebaptism ['riː'bæptizm] *znw* wederdoop

rebaptize ['ri:bæp'taiz, 'ri:'bæp-] *overg* opnieuw dopen

rebarbative [ri'ba:bətiv] *bn* afstotend, weerzinwekkend

rebate ['ri:beit] *znw* <u>handel</u> korting, rabat *o*, aftrek

rebel ['rebəl] **I** *znw* opstandeling, muiter; rebel; **II** *bn* opstandig, muitend; **III** *onoverg* [ri'bel] muiten, in opstand komen, rebelleren

rebellion [ri'beljən] *znw* oproer *o*, opstand

rebellious *bn* oproerig, rebels, weerspannig; hardnekkig [v. zweren]

rebind ['ri:'baind] *overg* opnieuw (in-) binden

rebirth ['ri:'bɔ:θ] *znw* wedergeboorte

1 rebound [ri'baund] **I** *onoverg* terugspringen, terug-, afstuiten; terugkaatsen; **II** *znw* terugspringen *o*, terugstoot, afstuiting; terugkaatsing; rebound; *on the* ~ als reactie daarop, van de weeromstuit

2 rebuff [ri'bʌf] **I** *znw* botte weigering, afwijzing; **II** *overg* weigeren, afwijzen, afstoten, afpoeieren, afschepen

rebuild ['ri:'build] *overg* herbouwen, weer opbouwen; ombouwen

rebuke [ri'bju:k] **I** *overg* berispen, afkeuren; **II** *znw* berisping

rebut [ri'bʌt] *overg* weerleggen; terug-, afwijzen

rebuttal *znw* weerlegging

recalcitrance [ri'kælsitrəns] *znw* weerspannigheid

recalcitrant *bn* tegenstribbelend, weerspannig, recalcitrant

recall [ri'kɔ:l] **I** *overg* terugroepen; herroepen, intrekken; weer in het geheugen roepen, memoreren, herinneren aan; zich herinneren; <u>handel</u> opzeggen [een kapitaal]; **II** *znw* terugroeping; herroeping; rappel *o*; *beyond (past)* ~ onherroepelijk; reddeloos (verloren)

recant [ri'kænt] **I** *overg* herroepen, terugnemen; **II** *onoverg & abs ww* zijn woorden terugnemen, zijn dwaling openlijk erkennen

recap ['rikæp] **I** *znw* <u>gemeenz</u> korte opsomming, samenvatting; **II** *overg* kort samenvatten, recapituleren

recapitulate [ri:kə'pitjuleit] *overg* in het kort herhalen, samenvatten, resumeren

recapitulation [ri:kəpitju'leiʃən] *znw* recapitulatie, samenvatting

recapture ['ri:'kæptʃə] **I** *overg* heroveren; <u>fig</u> terugroepen, [weer] voor de geest halen; **II** *znw* herovering

recast ['ri:'ka:st] **I** *overg* omgieten; bewerken, omwerken [een boek &]; de rollen opnieuw verdelen van [een toneelstuk]; **II** *znw* omgieten *o*; <u>fig</u> omwerking

recede [ri'si:d] *onoverg* teruggaan, -wijken, (zich) terugtrekken; <u>handel</u> teruglopen [koers]; aflopen [getij]; ~ *from a demand* een eis laten vallen; ~ *from view* uit het gezicht verdwijnen

receipt [ri'si:t] **I** *znw* ontvangst; bewijs *o* van ontvangst, kwitantie; reçu *o*; recept *o*; ~*s* recette; *be in* ~ *of* ontvangen hebben; ontvangen, krijgen, trekken; *on* ~ *of* na/bij ontvangst van; **II** *overg* kwiteren

receivable [ri'si:vəbl] *bn* nog te ontvangen of te innen

receive **I** *overg* ontvangen, aannemen, in ontvangst nemen; opvangen; vinden, krijgen; opnemen, toelaten; <u>recht</u> helen; **II** *onoverg* recipiëren, ontvangen; <u>recht</u> helen

received *bn* algemeen aanvaard, standaard-, overgeleverd

receiver *znw* ontvanger°; heler; <u>recht</u> curator [v. failliete boedel]; recipiënt, klok [v. luchtpomp]; reservoir *o*; telefoonhoorn; <u>radio</u> ontvangtoestel *o*; *official* ~ curator bij faillissement

recension [ri'senʃən] *znw* herziening; herziene uitgaaf

recent ['ri:sənt] *bn* recent; nieuw, fris; laatst, jongst

recently *bijw* onlangs; *as* ~ *as 1990* in 1990 nog; *till* ~ tot voor kort

receptacle [ri'septəkl] *znw* vergaarbak, -plaats

reception [ri'sepʃən] *znw* ontvangst, onthaal *o*, opname; opneming; receptie

reception centre *znw* opvangcentrum *o*

reception room *znw* ontvangkamer, receptieruimte; woonvertrek *o*

receptive [ri'septiv] *bn* ontvankelijk; ~ *faculties* opnemingsvermogen *o*

receptiveness, receptivity [risep'tiviti] *znw* receptiviteit, opnemingsvermogen *o*, ontvankelijkheid

recess [ri'ses] *znw* terugwijking [v. gevel]; inham, (schuil)hoek, nis, alkoof; opschorting [v. zaken]; reces *o*; Am vakantie; *in* ~ op reces

recession *znw* wijken *o*; terugtreding; <u>handel</u> recessie

recharge ['ri:'tʃa:dʒ] *overg* opnieuw vullen, opnieuw laden [accu, geweer &]; <u>handel</u> doorberekenen, in rekening brengen

rechargeable [ri'tʃa:dʒəbl] *bn* oplaadbaar

recherché [rə'ʃɛəʃei] *bn* bijzonder; uitgezocht, precieus

recidivist [ri'sidivist] *znw* recidivist

recipe ['resipi] *znw* recept *o*; *that's a* ~ *for disaster* dat is vragen om ongelukken

recipient [ri'sipiənt] **I** *bn* ontvangend, opnemend; **II** *znw* ontvanger

reciprocal [ri'siprəkl] *bn* wederzijds, wederkerig; over en weer; omgekeerd [evenredig]; ~ *service* wederdienst

reciprocate [ri'siprəkeit] **I** *onoverg* iets terug doen; bewezen gunsten beantwoorden; **II** *overg* (uit)wisselen

reciprocity [resi'prɔsiti] *znw* wederkerigheid; wisselwerking

recital [ri'saitl] *znw* opsomming (der feiten), verslag *o*; verhaal *o*; voordracht; recital *o*: concert *o* door één solist

recitation [resi'teiʃən] *znw* opzeggen *o*, voordracht; declamatie

recitative [resitə'ti:v] *znw* recitatief *o*

recite [ri'sait] **I** *overg* opsommen; reciteren, voordragen, declameren, opzeggen; **II** *onoverg* een voordracht geven

reckless *bn* zorgeloos, roekeloos, onbesuisd; vermetel

reckon ['rekn] **I** *overg* (be)rekenen, tellen; achten, houden voor...; denken; ~ *among (with)* rekenen onder; ~ *in* meerekenen, -tellen; **II** *onoverg* rekenen; ~ *(up)on* rekenen op; ~ *with* rekening houden met; afrekenen met²; ~ *without one's host* buiten de waard rekenen

reckoner *znw* rekenaar; [reken]-tabellenboek *o*

reckoning *znw* rekening, afrekening²; berekening; *be out in one's* ~ zich vergissen; *day of* ~ dag der vergelding

reclaim [ri'kleim] **I** *overg* terugbrengen op het rechte pad; ontginnen, droogleggen; **II** *znw: beyond (past)* ~ onherroepelijk (verloren); onverbeterlijk

reclamation [reklə'meiʃən] *znw* terugvordering, eis; terugwinning; bekering; (land-)aanwinning, ontginning, drooglegging

recline [ri'klain] **I** *overg* (doen) leunen, laten rusten; **II** *onoverg* achteroverleunen, rusten; ~ *upon* steunen of vertrouwen op

recluse [ri'klu:s] *znw* kluizenaar

reclusive *bn* teruggetrokken, kluizenaars-; afgelegen

recognition [rekəg'niʃən] *znw* herkenning; erkenning; erkentenis; *in* ~ *of...* uit erkentelijkheid voor...

recognizable ['rekəgnaizəbl, rekəg'naizəbl] *bn* te herkennen, (her)kenbaar; kennelijk

recognizance [ri'kɔgnizəns] *znw recht* gelofte, schriftelijke verplichting om iets te doen; borgtocht

recognize ['rekəgnaiz] *overg* herkennen (aan *by*); erkennen; inzien

recoil [ri'kɔil] **I** *onoverg* terugspringen, terugdeinzen (voor *from*); ~ *on the head of* neerkomen op het hoofd van; **II** *znw* terugspringen o; terugslag

recollect [rekə'lekt] *overg* zich herinneren; ~ *one's thoughts* z'n gedachten verzamelen

recollection *znw* herinnering; *to the best of my* ~ voor zover ik mij herinner

recommence ['ri:kə'mens] *onoverg & onoverg* weer beginnen

recommend [rekə'mend] *overg* aanbevelen, aanprijzen, recommanderen; aanraden, adviseren

recommendable *bn* aan te bevelen, aanbevelenswaardig

recommendation [rekəmen'deiʃən] *znw* recommandatie, aanbeveling, aanprijzing; advies *o*

recommendatory [rekə'mendətəri] *bn* aanbevelend, aanbevelings-

recompense ['rekəmpens] **I** *overg* (be-)lonen; vergelden, vergoeden, schadeloosstellen (voor *for*); **II** *znw* beloning, vergelding, vergoeding, loon o, schadeloosstelling

recompose ['ri:kəm'pouz] *overg* weer samenstellen; (weer) kalmeren

reconcilable ['rekənsailəbl] *bn* verzoenbaar, verenigbaar, bestaanbaar (met *with, to*)

reconcile *overg* verzoenen (met *to, with*); ~ *with* overeenbrengen met, verenigen met; ~ *differences* geschillen bijleggen

reconcilement *znw* verzoening²

reconciliation [rekənsili'eiʃən] *znw* verzoening²

recondite [ri'kɔndait, 'rekəndait] *bn* onbekend, verborgen; diepzinnig, duister

recondition ['ri:kən'diʃən] *overg* weer opknappen, opnieuw uitrusten [schip &]

reconnaissance [ri'kɔnisəns] *znw* verkenning²

reconnoitre [rekə'nɔitə] **I** *overg* verkennen²; **II** *abs ww* het terrein verkennen²

reconsider ['ri:kən'sidə] *overg & onoverg* opnieuw overwegen; herzien [vonnis]; terugkomen op [een beslissing]

reconstitute ['ri:'kɔnstitju:t] *overg* opnieuw samenstellen, reconstrueren

reconstruct ['ri:kən'strʌkt] *overg* weer (op-)bouwen; opnieuw samenstellen, reconstrueren

reconstruction *znw* nieuwe samenstelling, reconstructie; wederopbouw

reconstructive *bn* herstel-, herstellings-

record I *overg* [ri'kɔ:d] aan-, optekenen, aangeven, registreren; opnemen; vastleggen, boekstaven, melding maken van, vermelden, verhalen; uitbrengen [zijn stem]; ~*ed delivery* post aangetekende bestelling; **II** *znw* ['rekɔ:d] aan-, optekening; gedenkschrift o, (historisch) document o, officieel afschrift o; gedenkteken o, getuigenis o *& v* [van het verleden]; staat van dienst; verleden o; record o; (grammofoon)plaat, opname; ~*s* archief o, archieven; *criminal* ~, *police* ~ strafregister o, strafblad o; *for the* ~ voor de goede orde; *off the* ~ gemeenz niet officieel, niet voor publicatie (geschikt); *be on* ~ opgetekend zijn, te boek staan, historisch zijn; (algemeen) bekend zijn; *place (put) on* ~ vastleggen, boekstaven; verklaren; *put (set) the* ~ *straight* de zaken rechtzetten; *keep to the* ~ voet bij stuk houden; **III** *bn* record-

recorder [ri'kɔdə] *znw* griffier; archivaris; rechter; recorder, opneemtoestel o; muz blokfluit

recording *znw* opname; registreren o &, zie *record I*

record library ['rekə:dlaibrəri] *znw* discotheek

record-player *znw* platenspeler

1 recount [ri'kaunt] *overg* verhalen, opsommen

2 recount ['ri:'kaunt] **I** *overg* opnieuw tellen; **II** *znw* nieuwe telling

recoup [ri'ku:p] *overg* schadeloos stellen (voor), (weer) goedmaken, vergoeden

recourse [ri'kɔ:s] *znw* toevlucht; handel regres o; *have* ~ *to* zijn toevlucht nemen tot

recover [ri'kʌvə] *overg* terug-, herkrijgen, herwinnen; heroveren; terugvinden; bergen [v. lijken, ruimtecapsule]; goedmaken [fout], inhalen [verloren tijd]; innen [schulden]; zich herstellen van [slag]; erbovenop halen [zieke], bevrijden, redden; weer bereiken; recht zich toegewezen zien [schadevergoeding]; ~ *one's breath* weer op adem komen; ~ *damages* schadevergoeding krijgen; **II** *onoverg* erbovenop komen, genezen; zich herstellen; <u>recht</u> zijn eis toegewezen krijgen

recovery [ri'kʌvəri] *znw* terugkrijgen o &; berging; terugbekoming, herstel o [van gezondheid, economie]; *beyond (past)* ~ onherstelbaar, ongeneeslijk

recovery room *znw* verkoeverkamer, recovery

recreant ['rekriənt] *znw* lafaard; afvallige

1 recreate ['rekrieit] **I** *overg* ontspanning geven, vermaken; **II** *onoverg* zich ontspannen

2 recreate ['ri:kri'eit] *overg* herscheppen

1 recreation [rekri'eiʃən] *znw* ont-, uitspanning, recreatie, speeltijd

2 recreation ['ri:kri'eiʃən] *znw* herschepping

recreational [rekri'eiʃənəl] *bn* recreatief

recreation ground [rekri'eiʃəngraund] *znw* speelplaats, speelterrein o, speeltuin

recriminate [ri'krimineit] *onoverg* elkaar over en weer beschuldigen

recrimination [rikrimi'neiʃən] *znw* verwijt o

recriminatory [ri'kriminət(ə)ri, -neitri] *bn* (wederzijds) beschuldigend

recrudesce [ri:kru:'des] *onoverg* opnieuw uitbreken, oplaaien; verergeren

recrudescence *znw* opnieuw uitbreken o [v. ziekte]; opleving; oplaaiing [van hartstocht &]; verergering

recruit [ri'kru:t] **I** *znw* rekruut²; nieuweling; **II** *overg* (aan)werven, rekruteren²

recruitment *znw* (aan)werving, rekrutering

rectal ['rektəl] *bn* rectaal

rectangle ['rektæŋgl] *znw* rechthoek

rectangular [rek'tæŋgjulə] *bn* rechthoekig

rectification [rektifi'keiʃən] *znw* rectificatie, verbetering, herstel o, rechtzetting

rectify *overg* rectificeren, verbeteren, herstellen, rechtzetten; *elektr* gelijkrichten

rectilinear [rekti'liniə] *bn* rechtlijnig

rectitude ['rektitju:d] *znw* oprechtheid, rechtschapenheid; correctheid

rector ['rektə] *znw* predikant, dominee; <u>onderw</u> rector

rectorship ['rektəʃip] *znw* rectoraat o

rectory *znw* predikantsplaats; pastorie; rectorswoning

rectum ['rektəm] *znw* (*mv*: -s *of* recta) endeldarm

recumbent *bn* (achterover)liggend, (-)leunend; rustend

recuperate [ri'kju:pəreit] **I** *onoverg* weer op krachten komen, opknappen; **II** *overg* beter maken, er weer bovenop helpen

recuperation [rikju:pə'reiʃən] *znw* herstel o

recuperative [ri'kju:pərətiv] *bn* herstellend, versterkend; herstellings-

recur [ri'kə:] *onoverg* terugkeren, terugkomen; zich herhalen; ~ *to one (to one's mind)* iem. weer te binnen schieten; ~*ring decimal* repeterende breuk

recurrence [ri'kʌrəns] *znw* terugkeer; herhaling

recurrent, recurring *bn* (periodiek) terugkerend, periodiek

recusant ['rekjuzənt] **I** *znw* weerspannige; afgescheidene; **II** *bn* weerspannig; afgescheiden

recycle [ri:'saikl] *overg* recyclen, hergebruiken; <u>handel</u> opnieuw investeren

recycling [ri:'saikliŋ] *znw* recycling, hergebruik o

red [red] **I** *bn* rood²; bloedig²; links, revolutionair; *see* ~ in blinde woede ontsteken; ~ *alert* groot alarm o; ~ *carpet* rode loper; ~ *deer* edelhert o; ~ *hot* roodgloeiend, <u>fig</u> enthousiast; woedend; <u>slang</u> actueel, sensationeel; ~ *tape* <u>fig</u> bureaucratie; zie ook: *herring*; **II** *znw* rood o; rode [socialist &]; <u>biljart</u> rode bal; *in (out of) the* ~ <u>gemeenz</u> in (uit) de rode cijfers

redact [ri'dækt] *overg* redigeren, bewerken, opstellen

redaction [ri'dækʃən] *znw* redactie, redigeren o, bewerking; nieuwe uitgave

red-blooded ['red'blʌdid] *bn* levenslustig, energiek

redbreast *znw* roodborstje o

red-brick *bn*: ~ *university* universiteit van de nieuwere tijd

redcoat *znw* roodrok [= Engelse soldaat]

Red Crescent *znw* Rode Halve Maan [equivalent v. Rode Kruis in moslimlanden]

Red Cross *znw* Rode Kruis o

redcurrant *znw* aalbes, rode bes

redden **I** *overg* rood kleuren, rood maken; doen blozen; **II** *onoverg* rood worden, een kleur krijgen, blozen

reddish *bn* roodachtig, rossig

redecorate [ri'dekəreit] *overg* opknappen, opnieuw schilderen, behangen &

redeem [ri'di:m] *overg* terugkopen, loskopen, af-, vrijkopen; in-, aflossen; terugwinnen; verlossen, bevrijden; (weer) goedmaken (ook: ~ *oneself*); vervullen, gestand doen, inlossen [belofte]

redeemable *bn* aflosbaar, afkoopbaar

Redeemer *znw*: *the* ~ de Verlosser, de Heiland

redeeming *bn* verlossend; *the one* ~ *feature* het enige lichtpunt, het enige wat in zijn voordeel te zeggen valt

redemption [ri'dem(p)ʃən] *znw* loskoping, verlossing, terugkoop, af-, inlossing; *beyond (past)* ~ reddeloos verloren

redeploy ['ri:di'plɔi] *overg* hergroeperen; een andere taak/plaats geven

redeployment [ri:di'plɔimənt] *znw* <u>mil</u> heropstelling van troepen

redevelop ['ri:di'veləp] *overg* renoveren, saneren; opnieuw ontwikkelen

redevelopment ['ri:di'veləpmənt] *znw* wederopbouw, sanering

red-faced ['redfeist] *bn* met een hoogrode kleur; <u>fig</u> beschaamd, verlegen

red-handed ['red'hændid] *bn*: *be caught* ~ op heterdaad betrapt worden

redhead ['redhed] *znw* roodharige

red-hot *bn* roodgloeiend, gloeiend²; vurig, dol

redirect ['ri:di'rekt] *overg* nazenden; opnieuw adresseren; omleiden [v. verkeer]; een andere richting geven

rediscover ['ri:dis'kʌvə] *overg* herontdekken

rediscovery *znw* herontdekking

redistribute ['ri:dis'tribjut] *overg* opnieuw ver-, uit- of indelen

redistribution ['ri:distri'bju:ʃən] *znw* herverdeling

red-letter *bn*: ~ *day* fig bijzondere of gelukkige dag

red light *znw* rood licht o; *see the* ~ het gevaar beseffen, op zijn hoede zijn; *red-light district* rosse buurt

redo ['ri:'du:] *overg* opnieuw doen, overdoen

redolence ['redouləns] *znw* geurigheid, geur

redolent *bn* geurig; ~ *of* riekend naar; fig vervuld met de geur van, (zoete) herinneringen wekkend aan

redouble [ri'dʌbl] **I** *overg* verdubbelen; kaartsp redoubleren; **II** *onoverg* zich verdubbelen, toenemen, aanwassen

redoubtable [ri'dautəbl] *bn* te duchten, geducht

redound [ri'daund] *onoverg* bijdragen (tot *to*); *it* ~*s to his credit (honour)* het strekt hem tot eer

redraft ['ri:'dra:ft] **I** *overg* opnieuw ontwerpen; **II** *znw* nieuw ontwerp o; handel retourwissel, herwissel

redress [ri'dres] **I** *overg* herstellen, verhelpen, goedmaken, (weer) in orde brengen, redresseren; **II** *znw* herstel o, redres o

redskin *znw* roodhuid, indiaan

red tape *znw* bureaucratie

reduce [ri'dju:s] **I** *onoverg* minder/kleiner worden; afslanken; **II** *overg* (terug-) brengen, herleiden; verkleinen, verlagen, verkorten, verminderen, verdunnen; techn verlopen, nauwer worden; chem reduceren; med zetten [bij botbreuk], weer in de kom zetten; verzwakken; fijnmaken; *in* ~*d circumstances* achteruitgegaan, verarmd; ~ *to ashes* in de as leggen; ~ *sbd. to tears* iem. aan het huilen brengen

reducer *znw* techn verloopstuk o

reducible *bn* herleidbaar, terug te brengen &

reduction [ri'dʌkʃən] *znw* herleiding; reductie; verlaging, mil degradatie; verkorting, beperking, vermindering, verkleining, afslag; onderwerping; zetting [v.e. lid]; *at a* ~ tegen verminderde prijs

redundancy [ri'dʌndənsi] *znw* **1** overtolligheid, overvloed(igheid); werkloosheid; **2** ontslag (wegens beperking v.h. personeel); ~ *payment* afvloeiingsregeling

redundant *bn* overtollig, overvloedig; *become* ~ afvloeien (wegens beperking v.h. personeel)

reduplicate [ri'dju:plikeit] *overg* verdubbelen, herhalen

reduplication [ridju:pli'keiʃən] *znw* verdubbeling, herhaling

redwood ['redwud] *znw* roodhout o, brazielhout o

re-echo [ri'ekou] **I** *overg* weerkaatsen, herhalen; **II** *onoverg* weerklinken, weergalmen

reed [ri:d] *znw* plantk riet o; muz riet o [in mondstuk v. klarinet &], tong [in orgelpijp]; plechtig herdersfluit, rietfluitje o; *the* ~*s* muz de houten blaasinstrumenten; *broken* ~ fig iem. op wie men niet kan rekenen

re-edit [ri:'edit] *overg* opnieuw uitgeven [v. boeken]

re-educate ['ri:'edjukeit] *overg* heropvoeden

re-education ['ri:edju'keiʃən] *znw* heropvoeding

reed-warbler ['ri:dwɔ:blə] *znw* rietzanger

reedy ['ri:di] *bn* vol riet, rieten, riet-; pieperig [v. stem]

1 reef [ri:f] **I** *znw* scheepv rif o; **II** *overg* scheepv reven

2 reef [ri:f] *znw* rif o; ertsader

reefer ['ri:fə] *znw* **1** jekker (ook: ~ *jacket*); **2** slang dunne hasjsigaret, stickie o

reef-knot ['ri:fnɔt] *znw* scheepv platte knoop

reek [ri:k] **I** *znw* stank; damp, rook; **II** *onoverg* dampen, roken; stinken, rieken² (naar *of*)

reel [ri:l] **I** *znw* haspel, klos, rol; spoel; film, filmstrook; reel: Schotse dans; waggelende gang; *(straight) off the* ~ zonder haperen, vlot achter elkaar; **II** *overg* haspelen, opwinden; ~ *in* in-, ophalen; ~ *off* afhaspelen, afwinden; fig afratelen, afdraaien [les]; **III** *onoverg* waggelen [als een dronkaard]; wankelen; *de reel* dansen; *my brain* ~*s* het duizelt mij

re-elect ['ri:i'lekt] *overg* herkiezen

re-election *znw* herkiezing

re-eligible ['ri:'elidʒibl] *bn* herkiesbaar

re-enact ['ri:i'nækt] *overg* reconstrueren, in scène zetten (onder dezelfde omstandigheden); recht weer van kracht worden

re-enter ['ri:'entə] **I** *onoverg* weer in [z'n rechten] treden; weer binnenkomen; **II** *overg* weer betreden

re-entry ['ri:'entri] *znw* terugkeer

re-establish ['ri:is'tæbliʃ] *overg* (weer) herstellen, wederoprichten

1 reeve [ri:v] *znw* hist baljuw

2 reeve [ri:v] *overg* scheepv inscheren [touw]; een weg banen [door ijsschotsen of zandbanken]

re-examination ['ri:igzæmi'neiʃən] *znw* nieuw onderzoek o

re-examine ['ri:ig'zæmin] *overg* weer onderzoeken

re-export I *overg* ['ri:eks'pɔ:t] weer uitvoeren; **II** *znw* ['ri:'ekspɔ:t] wederuitvoer

ref [ref] *znw* gemeenz = referee

ref. *afk.* = reference

refashion ['ri'fæʃən] *overg* opnieuw vormen, vervormen, omwerken

refection [ri'fekʃən] *znw* lichte maaltijd, versnapering

refectory [ri'fektəri] *znw* refectorium o, refter

refer [ri'fə:] **I** *overg*: ~ *to* verwijzen naar; voorleggen aan, onderwerpen aan; ~ *back* terugwijzen; verwijzen; **II** *onoverg*: ~ *to* zich wenden tot, raadplegen, (erop) naslaan; verwijzen naar; zich beroepen op; betrekking hebben op; zinspelen op; vermelden, noemen, ter sprake brengen; ~ring to your letter onder verwijzing naar uw brief

referable bn toe te schrijven (aan to)

referee [refə'ri:] I znw 1 scheidsrechter; 2 referent, deskundige; 3 referentie [persoon]; II overg als scheidsrechter optreden bij

reference ['refərəns] znw betrekking; verwijzing; zinspeling; vermelding, informatie, getuigschrift o, referentie; bewijsplaats; raadplegen o, naslaan o; handel referte; bevoegdheid; book (work) of ~ naslagwerk o; make ~ to zinspelen op; vermelden; with ~ to met betrekking tot; met (onder) verwijzing naar; without ~ to ook: zonder te letten op

referendum [refə'rendəm] znw (mv: -s of referenda) referendum o

refill ['ri:'fil] I overg opnieuw vullen; II znw vulling [voor ballpoint, pijp &]; would you like a ~? zal ik nog eens bijschenken?

refine [ri'fain] I overg raffineren, zuiveren, louteren, veredelen, verfijnen, beschaven; II onoverg: ~ (up)on verbeteren

refined bn gezuiverd, gelouterd, verfijnd; beschaafd; geraffineerd[2]

refinement znw raffinage, zuivering, loutering, verfijning, veredeling, beschaving; raffinement o; spitsvondigheid; finesse

refinery znw raffinaderij

refit I overg [ri:'fit] herstellen; repareren; opnieuw uitrusten; II znw ['ri:fit] herstel o, reparatie; nieuwe uitrusting

reflect [ri'flekt] I overg terugkaatsen, weerspiegelen, afspiegelen; II onoverg nadenken; bedenken (dat that); ~ on nadenken over, overwegen; aanmerking(en) maken op; zich ongunstig uitlaten over, een blaam werpen op

reflection znw weerkaatsing, weerspiegeling, afspiegeling, (spiegel)beeld o; overdenking, overweging, gedachte; inbreuk, aantasting; cast (throw) ~s on scherpe kritiek leveren op, een blaam werpen op; on ~ bij nader inzien

reflective bn weerkaatsend; (na)denkend

reflector znw reflector

reflex ['ri:fleks] I bn onwillekeurig, reflex-; II znw reflex(beweging)

reflexion znw = reflection

reflexive [ri'fleksiv] I bn wederkerend; II znw wederkerend werkwoord o, wederkerend voornaamwoord o

refloat ['ri:'flout] overg weer vlot krijgen/trekken

reforest ['ri:'fɔrist] overg herbebossen

reforestation ['ri:fɔris'teiʃən] znw herbebossing

1 reform ['ri:'fɔ:m] overg opnieuw vormen, maken; mil hergroeperen, opnieuw opstellen

2 reform [ri'fɔ:m] I overg hervormen; bekeren, (zedelijk) verbeteren; II onoverg 1 zich beteren, zich bekeren; 2 weer bij elkaar komen; III znw hervorming; (zedelijke) verbetering; ~ school = reformatory

1 reformation ['ri:fɔ:'meiʃən] znw mil hergroepering

2 reformation [refə'meiʃən] znw hervorming°, verbetering; the R~ de Reformatie

reformative [ri'fɔ:mətiv] bn hervormend; verbeterend

reformatory znw tuchtschool, verbeteringsgesticht o

reformer znw hervormer°

reformist I znw hervormingsgezinde, reformist; II bn hervormingsgezind, reformistisch

refract [ri'frækt] overg breken [de lichtstralen]

refraction znw straalbreking; angle of ~ brekingshoek

refractive bn (straal)brekend; brekings-

refractory I bn weerspannig, weerbarstig, hardnekkig; moeilijk smeltbaar, vuurvast; II znw materiaal dat bestand is tegen hitte, corrosie &

1 refrain [ri'frein] znw refrein o

2 refrain [ri'frein] onoverg zich bedwingen, zich weerhouden; ~ from zich onthouden van, afzien van

refresh [ri'freʃ] overg verversen, op-, verfrissen, verkwikken, laven; ~ sbd.'s memory iems. geheugen opfrissen

refresher znw gemeenz verfrissing, koel drankje o; extra honorarium o voor advocaat; ~ course herhalingscursus

refreshing bn verfrissend &

refreshment znw verversing, op-, verfrissing, verkwikking, laving; take some ~ iets gebruiken [in café &]; ~s snacks, lichte maaltijd

refreshment room znw restauratie(zaal), koffiekamer

refrigerant [ri'fridʒərənt] I bn verkoelend; II znw koelmiddel o; med verkoelend middel o

refrigerate overg koel maken, (ver-)koelen, koud maken

refrigeration [rifridʒə'reiʃən] znw (ver-)koeling; afkoeling, bevriezing

refrigerator [ri'fridʒəreitə] znw koelkast, koeling; ~ carriage koelwagon

refuel ['ri:'fjuəl] I onoverg bijtanken; II overg opnieuw van brandstof voorzien; fig opnieuw doen oplaaien

refuge ['refju:dʒ] znw toevlucht, toevluchtsoord o, wijk-, schuilplaats; asiel o; vluchtheuvel; take ~ in de wijk nemen naar

refugee [refju:(')'dʒi:] znw vluchteling

refund I overg [ri:'fʌnd] teruggeven, terugbetalen; II znw ['ri:fʌnd] terugbetaling, teruggave

refurbish ['ri:'fə:biʃ] overg weer opknappen, weer oppoetsen

refusal [ri'fju:zəl] znw weigering; have first ~ of (a house &) een optie hebben op (een huis &); meet with a ~ nul op het rekest krijgen

1 refuse ['refju:s] znw uitschot o, afval o & m, vuilnis, vuil o; ~ collector vuilnisman; ~ lorry vuilniswagen

2 refuse [ri'fju:z] I overg afwijzen, afslaan, weigeren; ~ acceptance weigeren; ~ one-

self... zich... ontzeggen; **II** *onoverg* weigeren°

refutation [refjuˈteiʃən] *znw* weerlegging
refute [riˈfjuːt] *overg* weerleggen
regain [riˈgein] *overg* herwinnen, herkrijgen; weer bereiken; ~ *one's feet (footing)* weer op de been komen
regal [ˈriːgəl] *bn* koninklijk², konings-²
regale [riˈgeil] *overg* vergasten, trakteren (op *with*), een lust zijn voor [het oog]
regalia [riˈgeiliə] *znw mv* regalia, kroonsieraden; insignes
regality [riˈgæliti] *znw* koninklijke waardigheid
regard [riˈgaːd] **I** *overg* aanzien, beschouwen; achten; hoogachten; acht slaan op; betreffen, aangaan; *as* ~*s me* wat mij betreft; **II** *znw* blik; aanzien *o*, achting, eerbied, egards; aandacht, zorg; *kind* ~*s to you all* met beste groeten; *have (pay)* ~ *to* rekening houden met; *in this* ~ in dit opzicht; *in* ~ *to, with* ~ *to* ten aanzien van; *without* ~ *for (to)* geen rekening houdend met
regardful [riˈgaːdful] *bn*: *be* ~ *of* letten op, zich bekommeren om
regarding [riˈgaːdiŋ] *voorz* betreffende
regardless [riˈgaːdlis] **I** *bn*: ~ *of* niet lettend op, onverschillig voor; **II** *bijw gemeenz* hoe dan ook, desondanks, sowieso
regatta [riˈgætə] *znw* regatta: roei-, zeilwedstrijd
regency [ˈriːdʒənsi] *znw* regentschap *o*
regenerate I *bn* [riˈdʒenərit] hernieuwd; herboren; **II** *overg* [riˈdʒenəreit] weer opwekken, tot nieuw leven brengen, herscheppen, doen herleven, verjongen, regenereren; **III** *onoverg* herboren worden, zich hernieuwen
regeneration [ridʒenəˈreiʃən] *znw* (zedelijke) wedergeboorte, herschepping, hernieuwd leven *o*, vernieuwing, verjonging, regeneratie
regenerative [riˈdʒenərətiv] *bn* vernieuwend
regent [ˈriːdʒənt] *znw* regent, regentes; *Prince* ~ prins-regent; *Queen* ~ koningin-regentes
reggae [ˈregei] *znw* reggae
regicide [ˈredʒisaid] *znw* koningsmoordenaar; koningsmoord
regime [reiˈʒiːm] *znw* regime *o*, (staats-) bestel *o*
regimen [ˈredʒimen] *znw* med leefregel, dieet *o*
regiment [ˈredʒ(i)mənt] *znw* regiment *o*
regimental [redʒiˈmentl] **I** *bn* regiments-; ~ *band* stafmuziek; **II** *znw*: ~*s* uniform *o* & *v*
regimented *bn* strak, streng [school &]; kort gehouden, onderworpen aan een streng regime; *children should not be* ~ kinderen moeten een beetje de ruimte hebben
region [ˈriːdʒən] *znw* streek, landstreek, gewest² *o*, regio; fig gebied *o*; *the* ~ de provincie, de regio; *the lower* ~*s* de onderwereld; *the upper* ~*s* de hogere sferen; *in the* ~ *of 60* om en nabij de 60

regional *bn* regionaal, gewestelijk
regionalism *znw* regionalisme *o*
register [ˈredʒistə] **I** *znw* register *o*; lijst; kieerslijst; muz (orgel)register *o*; ~ *office* = *registry office*; **II** *overg* [laten] inschrijven, (laten) aantekenen, registreren; aanwijzen, staan op [thermometer]; [v. gezicht] uitdrukken, tonen, blijk geven van; ~ *one's name* zich laten inschrijven; ~*ed capital* maatschappelijk kapitaal *o*; ~*ed offices* zetel [v. maatschappij]; *by* ~*ed* aangetekend; ~*ed share* aandeel *o* op naam; ~*ed trade mark* gedeponeerd handelsmerk *o*; **III** *wederk*: ~ *oneself* zich laten inschrijven; **IV** *onoverg* zich laten inschrijven; inslaan, indruk maken; ~ *with sbd.* tot iem. doordringen
registrar [redʒisˈtraː] *znw* griffier; ambtenaar van de burgerlijke stand; onderw administrateur [v. universiteit]; med chef de clinique
registration [redʒisˈtreiʃən] *znw* registratie, inschrijving; post aantekening [v. brief]; ~ *number* kenteken *o*; ~ *plate* kentekenplaat
registry [ˈredʒistri] *znw* inschrijving; register *o*, lijst; verk. van *registry office*
registry office *znw* bureau *o* van de burgerlijke stand
regnant [ˈregnənt] *bn* regerend; heersend
regress I *znw* [ˈriːgres] achterwaartse beweging; teruggang; **II** *onoverg* [riˈgres] achteruit-, teruggaan
regression *znw* achterwaartse beweging, terugkeer, -gang; achteruitgang, regressie
regressive *bn* terugkerend, -gaand; regressief
regret [riˈgret] **I** *overg* betreuren, berouw hebben over, spijt hebben van; **II** *znw* spijt, leedwezen *o*, betreuren *o*; ~*s* leedwezen *o*, spijt
regretful *bn* vol spijt; treurig
regrettable *bn* betreurenswaardig
regroup [ˈriːˈgruːp] *overg* & *onoverg* (zich) hergroeperen
regular [ˈregjulə] **I** *bn* regelmatig, geregeld; behoorlijk; regulier; gediplomeerd; vast; beroeps-; gewoon; *a* ~ *battle* een formeel gevecht *o*; ~ *café* stamcafé *o*; *a* ~ *devil, hero gemeenz* een echte duivel, held; **II** *znw* vaste klant, stamgast; ~*s* mil geregelde troepen
regularity [regjuˈlæriti] *znw* regelmatigheid, regelmaat, geregeldheid
regularization [regjuləraiˈzeiʃən] *znw* regularisatie
regularize [ˈregjuləraiz] *overg* regulariseren
regulate [ˈregjuleit] *overg* reglementeren; reguleren; ordenen, regelen, schikken
regulation [regjuˈleiʃən] **I** *znw* regeling, schikking, ordening, reglementering; voorschrift *o*, bepaling, reglement *o* (ook: ~*s*); **II** *bn* reglementair, voorgeschreven, mil model-
regulative [ˈregjulətiv] *bn* regelend
regulator *znw* regelaar; regulateur
regurgitate [riˈgaːdʒiteit] **I** *overg* uitbraken; fig ophoesten, mechanisch reprodu-

ceren [informatie]; **II** *onoverg* terugvloeien

regurgitation [rigə:dʒi'teiʃən] *znw* uitbraking; ophoesten *o*, mechanisch reproduceren *o* [feiten &]; terugvloeiing

rehabilitate [ri:(h)ə'biliteit] *overg* rehabiliteren, herstellen; revalideren

rehabilitation [ri:(h)əbili'teiʃən] *znw* herstel *o*, eerherstel *o*, rehabilitatie; revalidatie

rehash I *overg* [ri:'hæʃ] <u>fig</u> opwarmen, opnieuw opdissen; **II** *znw* ['ri:hæʃ] <u>fig</u> opgewarmde kost

rehearsal [ri'hə:səl] *znw* repetitie; oefening; herhaling

rehearse I *overg* repeteren; herhalen, opzeggen; **II** *onoverg* repetitie houden

rehouse [ri:'hauz] *overg* herhuisvesten

reign [rein] **I** *znw* regering, bewind *o*; rijk *o*; *in (under) the* ~ *of* onder de regering van; ~ *of terror* schrikbewind *o*; **II** *onoverg* regeren, heersen

reimburse [ri:im'bə:s] *overg* vergoeden, terugbetalen

reimbursement *znw* vergoeding, terugbetaling

reimport I *overg* ['ri:im'pɔ:t] weer invoeren; **II** *znw* ['ri:'impɔ:t] wederinvoer

rein [rein] **I** *znw* teugel², *give (a) free* ~ *to* de vrije loop laten [gevoelens]; *keep a tight* ~ *on* <u>fig</u> stevig in toom houden; **II** *overg*: ~ *in* inhouden, intomen², beteugelen², breidelen²

reincarnate [ri:'inkə:neit, ri:in'ka:neit] *overg* doen reïncarneren

reincarnation [ri:inkə:'neiʃən] *znw* reïncarnatie

reindeer ['reindiə] *znw* rendier *o*, rendieren

reinforce [ri:in'fɔ:s] *overg* versterken; ~*d concrete* gewapend beton *o*

reinforcement *znw* versterking

reinstate ['ri:in'steit] *overg* opnieuw in bezit stellen van, weer (in ere) herstellen, weer aannemen in zijn vorige betrekking

reinvest ['ri:in'vest] *overg* <u>handel</u> opnieuw beleggen of (geld) steken (*in in*)

reissue ['ri:'isju:] **I** *overg* opnieuw uitgeven; **II** *znw* heruitgave; nieuwe uitgifte

reiterate [ri:'itəreit] *overg* herhalen

reiteration [ri:itə'reiʃən] *znw* herhaling

reiterative [ri:'itərətiv] *bn* herhalend

reject I *overg* [ri'dʒekt] verwerpen; afwijzen, van de hand wijzen, weigeren; afkeuren; braken; uitwerpen; <u>med</u> afstoten [bij transplantatie]; **II** *znw* ['ri:dʒekt] afgekeurd product *o*, exemplaar *o* &; afgekeurde (soldaat &)

rejection [ri'dʒekʃən] *znw* verwerping; afwijzing; afkeuring; uitwerping; <u>med</u> afstoting [bij transplantatie]

rejoice [ri'dʒɔis] **I** *overg* <u>plechtig</u> verheugen, verblijden; *be* ~*d* verheugd zijn (over *at, by, over*); **II** *onoverg* zich verheugen (over *at, over*); ~ *in the name of...* schertsend luisteren naar de naam...

rejoicing *znw* vreugde; ~*s* vreugde, feest *o*

1 rejoin [ri'dʒɔin] **I** *onoverg* antwoorden; <u>recht</u> dupliceren; **II** *overg* antwoorden; [iem.] van repliek dienen

2 rejoin ['ri:'dʒɔin] **I** *overg* opnieuw of weer verenigen &; **II** *onoverg* zich opnieuw voegen, aansluiten bij; ~ *ship* weer aan boord gaan

rejoinder [ri'dʒɔində] *znw* antwoord *o* (op een antwoord), repliek; <u>recht</u> dupliek

rejuvenate [ri'dʒu:vineit] *overg* & *onoverg* verjongen

rejuvenation [ridʒu:vi'neiʃən] *znw* verjonging

rekindle ['ri:'kindl] *overg* & *onoverg* weer aansteken, opnieuw ontsteken of (doen) opvlammen²

relapse I *onoverg* [ri'læps] weer vervallen, terugvallen (in, tot *into*), (weer) instorten [v. zieke]; **II** *znw* ['ri:læps] instorting; terugval; recidive

relate [ri'leit] **I** *overg* verhalen; in verband brengen (met *to, with*); **II** *onoverg*: ~ *to* **1** in verband staan met, betrekking hebben op; **2** kunnen opschieten met [personen]; zich kunnen vinden in [ideeën &]

related *bn* verwant² (aan, met *to*)

relation [ri'leiʃən] *znw* betrekking; verhouding, relatie; verwantschap; bloedverwant, familie(lid *o*); verhaal *o*, relaas *o*; *bear no* ~ *to* geen betrekking hebben op; *in geen verhouding staan tot*; *in* ~ *to* met betrekking tot

relationship *znw* verwantschap; betrekking, verhouding

relative ['relətiv] **I** *bn* betrekkelijk; relatief; ~ *to* met betrekking tot; **II** *znw* (bloed-)verwant; <u>gramm</u> betrekkelijk voornaamwoord *o*

relatively *bijw* betrekkelijk

relativity [relə'tiviti] *znw* relativiteit, betrekkelijkheid

relax [ri'læks] **I** *overg* ontspannen; verslappen², verzachten; ~ *the bowels* laxeren; **II** *onoverg* verslappen, afnemen; zich ontspannen; relaxen; ~*ed throat* zere keel

relaxation [rilæk'seiʃən] *znw* verzachting [v. wet]; verslapping, ontspanning², relaxatie

1 relay I *znw* ['rilei] (verse) ploeg (arbeiders); pleisterplaats; <u>elektr</u> relais *o*; <u>radio</u> relayering, heruitzending; <u>sp</u> (ook: ~ *race*) estafette; *work in* ~*s* in ploegen(dienst) werken; **II** *overg* [rilei] <u>radio</u> relayeren, heruitzenden, doorgeven

2 relay ['ri:'lei] *overg* opnieuw leggen [v. tapijt &]

release [ri'li:s] **I** *overg* loslaten, vrijlaten, vrijmaken, vrijgeven; verlossen, bevrijden; losmaken; uitbrengen [film; cd]; publiceren; <u>recht</u> overdragen [recht, schuld]; <u>mil</u> naar huis zenden; ~ *from* ontslaan van of uit, ontheffen van; **II** *znw* bevrijding, vrijlating, ontslag *o*; ontheffing; uitbrengen *o* [v. film]; uitzending; document *o* ter publicatie; nieuwe film; nieuwe cd; overdracht; uitlaat; ontspanner; *on general* ~ in alle theaters (bioscopen) te zien

relegate ['religeit] *overg* verbannen; degraderen; verwijzen (naar *to*), overlaten (aan *to*)

relegation [reli'geiʃən] *znw* verbanning, overplaatsing, degradatie; verwijzing

relent [ri'lent] *onoverg* zich laten vermur-

wen, medelijden krijgen, toegeven
relentless *bn* meedogenloos; onvermurwbaar
relevance, relevancy ['reləvəns(i), -livəns(i)]
znw relevantie, toepasselijkheid, betekenis
relevant *bn* van belang (voor *to*), relevant
reliability [rilaiə'biliti] *znw* betrouwbaar-
heid
reliable [ri'laiəbl] *bn* te vertrouwen; betrouwbaar
reliance *znw* vertrouwen *o*
reliant *bn* vertrouwend
relic ['relik] *znw* relikwie, reliek; overblijfsel
o; aandenken *o*, souvenir *o*; ~*s* ook: stoffelijk overschot *o*
relief [ri'li:f] *znw* 1 verlichting, leniging, opluchting, ontlasting; bijstand, ondersteuning, steun, hulp; aflossing; versterking,
ontzet *o*; afwisseling; *comic* ~ komische
noot; 2 reliëf *o*; *stand out in* ~ (duidelijk)
uitkomen, zich scherp aftekenen
relieve [ri'li:v] *overg* 1 verlichten, lenigen;
ontlasten°, opluchten, opbeuren; ontheffen, ontslaan; ondersteunen, helpen; aflossen; ontzetten; afwisselen, afwisseling
brengen in; afzetten [met kant]; 2 (sterker)
doen uitkomen; ~ *one's feelings* zijn gemoed lucht geven; ~ *oneself* (*nature*) zijn
behoefte doen
religion [ri'lidʒən] *znw* godsdienst, religie;
enter into ~ in het klooster gaan
religious [ri'lidʒəs] **I** *bn* godsdienstig, gods-
dienst-; geestelijk; kerkelijk; vroom, reli-
gieus; *fig* nauwgezet; ~ *education* onderw
godsdienst(onderwijs *o*); *with* ~ *care* met
de meest stipte zorg; **II** *znw* monnik(en),
religieuze(n)
relinquish [ri'liŋkwiʃ] *overg* laten varen, opgeven; loslaten, afslaan, afstand doen van
relinquishment *znw* laten varen *o*, opgeven *o*, afstand, loslating
reliquary ['relikwəri] *znw* reliekschrijn *o* &
m, relikwieënkastje *o*
relish ['reliʃ] **I** *overg* genieten van, smaak
vinden in; *he did not* ~ *it* ook: hij moest
er niet veel van hebben; **II** *znw* smaak;
scheutje *o*, tikje *o*; aantrekkelijkheid; genoegen *o*; *it loses its* ~ de aardigheid gaat
eraf
relive ['ri:'liv] *overg* opnieuw door-, beleven
reload ['ri:'loud] *overg* opnieuw laden
reluctance [ri'lʌktəns] *znw* tegenzin, onwil-
ligheid; elektr weerstand
reluctant *bn* onwillig
reluctantly *bijw* met tegenzin, schoorvoetend
rely [ri'lai] *onoverg*: ~ *on* (*upon*) vertrouwen, steunen op, afgaan op, zich verlaten
op
remain [ri'mein] **I** *onoverg* blijven: verblijven; overblijven, resten, resteren, over-
schieten; *it* ~*s to be seen* dat staat nog te
bezien; **II** *znw*: ~*s* overblijfsel *o*, overblijfselen, overschot *o*; ruïne(s); *literary* ~*s* nagelaten werken
remainder [ri'meində] **I** *znw* rest, overschot
o, restant *o*, overblijfsel *o*; goedkoop res-

tant *o* [boeken]; **II** *overg* uitverkopen (v.
restant boeken)
1 remake ['ri:'meik] *overg* opnieuw maken,
overmaken, omwerken
2 remake ['ri:meik] *znw* remake, nieuwe
versie van film
remand [ri'ma:nd] **I** *overg* terugzenden in
voorarrest (ook: ~ *in custody*); ~ *on bail*
onder borgstelling voorlopig vrijlaten; **II**
znw terugzending in voorarrest; *on* ~ in
voorarrest
remand centre, remand home *znw* ± huis
o van bewaring
remark [ri'ma:k] **I** *overg* opmerken, bemer-
ken; **II** *onoverg*: ~ *on* opmerkingen maken
over; **III** *znw* opmerking
remarkable *bn* opmerkelijk, merkwaardig
remarry **I** *onoverg* hertrouwen; **II** *overg* opnieuw trouwen met
remediable [ri'mi:djəbl] *bn* herstelbaar, te
verhelpen
remedial *bn* genezend, verbeterend, herstellend; heil-; ~ *course* inhaalcursus
remedy **I** *znw* (genees)middel *o*, remedie,
hulpmiddel *o*; recht rechtsmiddel *o*, verhaal *o*; *beyond* (*past*) ~ ongeneeslijk, on-
herstelbaar²; **II** *overg* verhelpen, herstellen; genezen
remember [ri'membə] *overg* zich herinneren, onthouden, denken aan, gedenken;
bedenken, een fooitje geven; ~ *me to him*
doe hem de groeten van mij
remembrance *znw* herinnering; aandenken
o; ~*s* ook: groeten; R~ *Day* de dag ter
herdenking van de gesneuvelden in de
twee wereldoorlogen (= *Remembrance
Sunday*, de zondag vóór of van 11 nov.)
remind [ri'maind] *overg* doen denken, doen
herinneren (aan *of*)
reminder *znw* herinnering; aanmaning,
waarschuwing
reminisce [remi'nis] *onoverg* herinneringen
ophalen, zich in herinneringen verdiepen
reminiscence *znw* herinnering, reminis-
centie; ~*s* memoires
reminiscent *bn* herinnerend (aan *of*); *be* ~
of herinneren aan, doen denken aan
remiss [ri'mis] *bn* nalatig; *be* ~ *in one's attendance* dikwijls verzuimen
remissible [ri'misibl] *bn* vergeeflijk
remission [ri'miʃən] *znw* (gedeeltelijke)
kwijtschelding, vergiffenis [van zonden]
1 remit [ri'mit] **I** *overg* verzachten, verminderen, temperen; kwijtschelden; handel
overmaken; recht verwijzen; (terug)zen-
den; uitstellen; **II** *onoverg* afnemen, verminderen
2 remit *znw* competentie, bevoegdheid
remittance *znw* overmaking, overgemaakt
bedrag *o*
remittent *bn* op-en-afgaand [koorts]
remitter *znw* afzender, remittent
remnant ['remnənt] *znw* overblijfsel *o*,
overschot *o*, restant *o*; coupon, lap; ~ *sale*
(restanten)opruiming
remodel ['ri:'mɔdl] *overg* opnieuw modelleren; om-, vervormen, omwerken
remonstrance [ri'mɔnstrəns] *znw* vertoog

o; vermaning; protest o; <u>hist</u> remonstran-
tie

remonstrant I bn vertogend; <u>hist</u> remon-
strants; II znw <u>hist</u> remonstrant

remonstrate ['remɔnstreit] I overg tegenwerpen, aanvoeren; II onoverg protesteren, tegenwerpingen maken; ~ with sbd.
(up)on sth. iem. de les lezen over iets

remorse [ri'mɔːs] znw wroeging, berouw o

remorseful bn berouwvol

remorseless bn onbarmhartig, meedogenloos, harteloos

remote [ri'mout] bn afgelegen, ver[2], verwijderd[2]; verderaf liggend, afgezonderd; gering [kans], onwaarschijnlijk

remote control znw afstandsbediening

remote-controlled bn op afstand bediend/
bestuurd

remotely bijw ver(af), indirect, in de verte,
enigszins

remoteness znw afgelegenheid, verheid,
veraf zijn o, afstand

remould I overg [ri:'mould] opnieuw gieten; vernieuwen [autoband]; fig opnieuw
vormen, omwerken; II znw ['ri:mould] vernieuwde band

remount [ri:'maunt] weer te paard stijgen

removable [ri'mu:vəbl] bn afneembaar,
weg te nemen, verplaatsbaar, afzetbaar

removal znw verwijdering, verlegging; verhuizing; wegneming, op-, wegruiming;
verplaatsing; opheffing; afzetting; ~ firm
verhuisbedrijf o; ~ van verhuiswagen

remove I overg verwijderen, afvoeren, ontslaan, uittrekken; opheffen; II onoverg
verhuizen; III znw graad [v. bloedverwant-
schap]; afstand; at one ~ from fig één stap
verwijderd van

removed bn verwijderd, afgelegen,
ver(af); a cousin once (twice, seven times)
~ in de 2de (3de, 8ste) graad

remover znw verhuizer &; remover [v. nagellak &]

remunerate [ri'mju:nəreit] overg (be-)
lonen; vergoeden, schadeloosstellen

remuneration [rimju:nə'reiʃən] znw (geldelijke) beloning, vergoeding

remunerative [ri'mju:nərətiv] bn (be)lo-
nend, voordeel afwerpend, voordelig, rendabel

renaissance [ri'neisəns] znw wederopleving, herleving; renaissance

renal ['ri:nəl] bn nier-

rename ['ri:'neim] overg ver-, omdopen

renascence [ri'næsns] znw = renaissance

renascent bn weer opkomend, weer ople-
vend, herlevend

rend* [rend] I overg (vaneen)scheuren, verscheuren, (door)klieven, splijten; emotioneel pijn doen; II onoverg scheuren, barsten

render ['rendə] overg (over)geven; opgeven; weergeven, vertolken, spelen; vertalen; uitsmelten [vet], bepleisteren; maken;
~ help hulp verlenen; ~ up teruggeven;
uitleveren

rendering znw 1 versie, weergave; vertaling, vertolking; 2 <u>bouwk</u> eerste pleister-
laag

rendezvous ['rɔndivu:] I znw rendez-vous o,
afspraak(je o); verzamelplaats, (plaats van)
samenkomst; II onoverg samenkomen, afspreken

rendition [ren'diʃən] znw weergave [v.
muziekstuk]; vertolking, wijze van voordracht

renegade ['renigeid] znw renegaat, afvallige; deserteur

renege [ri'ni:g, ri'neig] I onoverg (zijn) belofte niet nakomen; <u>kaartsp</u> verzaken; ~
on terugkomen, herroepen; II overg verloochenen [geloof, iem. &]

renew [ri'nju:] overg her-, vernieuwen; verversen; doen herleven; hervatten; verlengen, prolongeren [wissel]; ~ed ook: nieuw

renewable bn her-, vernieuwbaar, verleng-
baar

renewal znw her-, vernieuwing

rennet ['renit] znw kaasstremsel o, leb

renounce [ri'nauns] I overg afstand doen
van, afzien van; opgeven, vaarwel zeggen,
laten varen; verloochenen, verwerpen,
verzaken; II onoverg <u>kaartsp</u> niet bekennen

renovate ['renouveit] overg vernieuwen,
restaureren, opknappen

renovation [renou'veiʃən] znw vernieuwing, restauratie

renown [ri'naun] znw vermaardheid, faam;
beroemdheid; of (great) ~ vermaard

renowned bn vermaard, beroemd

1 rent [rent] V.T. & V.D. van rend

2 rent [rent] znw scheur; scheuring; spleet

3 rent [rent] I znw huur, pacht; for ~ te
huur; II overg huren, pachten; verhuren
(ook: ~ out)

rental znw huur, pacht, pachtgeld o; verhuur

renter znw huurder; pachter

rent-free bn vrij van pacht of huur; live ~
vrij wonen hebben

rentier ['rɔntiei] znw rentenier

rent-roll ['rentroul] znw pachtboek o

renumber [ri'nʌmbə] overg anders nummeren, omnummeren

renunciation [rinʌnsi'eiʃən] znw verzaking;
(zelf)verloochening; afstand

reoccupy ['ri:'ɔkjupai] overg weer bezetten
of innemen

reopen ['ri:'oup(ə)n] I overg heropenen; opnieuw in behandeling nemen; weer te berde brengen; II onoverg zich weer openen,
weer opengaan; weer beginnen [v. scholen
&]

reorganization ['ri:ɔ:gənai'zeiʃən] znw reorganisatie

reorganize ['ri:(')ɔgənaiz] overg reorganiseren

1 rep [rep] znw rips o, geribbelde stof

2 rep [rep] I verk. van representative vertegenwoordiger; 2 gemeenz verk. van repertory company (zie: repertory), repetition
[aantal malen dat men een lichaamsoefening
doet]; R~ Am pol verk. van Representative;
Republican

1 repair [ri'pɛə] onoverg: ~ to zich begeven

naar
2 repair [ri'pɛə] **I** overg herstellen[2], weer goedmaken; verstellen, repareren; **II** znw herstelling, herstel o, reparatie; onderhoud o; beyond ~ onherstelbaar; keep in ~ onderhouden; in bad (good) ~ slecht (goed) onderhouden; out of ~ slecht onderhouden, in verval; under ~ in reparatie, in de maak
repairer, repairman znw hersteller, reparateur
reparable ['repərəbl] bn herstelbaar
reparation [repə'reiʃən] znw herstel o, reparatie; genoegdoening; schadeloosstelling; ~s ook: herstelbetalingen
repartee [repa:'ti:] znw gevatheid; gevat antwoord o; quick at ~ slagvaardig
repast [ri'pa:st] znw maal o; maaltijd
repatriate **I** overg & onoverg [ri:'pætrieit] repatriëren; **II** znw [ri:'pætriit] gerepatrieerde
repay [(')ri:'pei] overg terugbetalen, aflossen; betaald zetten, vergelden, vergoeden, (be)lonen
repayable bn aflosbaar, terug te betalen
repayment znw terugbetaling, aflossing, vergelding; beantwoording [v. bezoek &]
repeal [ri'pi:l] **I** overg herroepen, intrekken [wet]; **II** znw herroeping, intrekking
repeat [ri'pi:t] **I** overg herhalen, overdoen; nadoen, nazeggen &; opzeggen; verder vertellen; **II** onoverg & abs ww repeteren; opbreken [v. voedsel]; **III** znw herhaling; bis; handel nabestelling; muz reprise, herhalingsteken o; ~ order handel nabestelling
repeatedly bijw herhaaldelijk
repeater znw herhaler; recidivist; opzegger; repeteergeweer o of -pistool o; repeterende breuk
repeating bn repeterend, repeteer-; ~ decimal repeterende breuk; ~ rifle repeteergeweer o
repel [ri'pel] **I** overg terugdrijven, terugslaan, afslaan°, af-, terugstoten, afweren; **II** onoverg & abs ww afstoten
repellent **I** znw insectenwerend middel o; **II** bn terugdrijvend; weerzinwekkend, afstotend; tegenstaand
repent [ri'pent] **I** overg berouw hebben over, berouwen; vero it ~s me, I ~ me het berouwt mij; **II** onoverg berouw hebben (over of)
repentance znw berouw o
repentant bn berouwhebbend, berouwvol
repeople ['ri:'pi:pl] overg weer bevolken
repercussion [ri:pə'kʌʃən] znw weerkaatsing, terugkaatsing; terugslag, repercussie
repertoire ['repətwa:] znw repertoire o
repertory ['repətəri] znw repertoire o; toneelgezelschap dat wisselende toneelstukken brengt (ook: ~ company)
repetition [repi'tiʃən] znw herhaling, repetitie; opzeggen o, voordracht; kopie
repetitious, repetitive [ri'petitiv] bn (zich) herhalend
rephrase ['ri:'freiz] overg herformuleren, met andere woorden zeggen

repine [ri'pain] onoverg morren, klagen (over at, against)
replace [ri'pleis] overg terugplaatsen, -leggen, -zetten; ophangen [telefoon]; vervangen, in de plaats stellen voor, de plaats vervullen van
replacement znw vervanging; plaatsvervanger, opvolger
replant ['ri:'pla:nt] overg weer planten, verplanten
replay I overg ['ri:'plei] overspelen [wedstrijd &]; afspelen [v. tape &]; **II** znw ['ri:plei] overgespeelde of tweede wedstrijd; herhaling, het opnieuw spelen [v. film, cd]
replenish [ri'pleniʃ] overg weer vullen; bijvullen; (voorraad) aanvullen
replenishment znw bijvullen o &; aanvulling
replete [ri'pli:t] bn vol, verzadigd (van with)
repletion znw volheid, verzadigdheid; overlading
replica ['replikə] znw kopie (door kunstenaar zelf); fig evenbeeld o
replicate ['replikeit] **I** overg kopiëren; herhalen; **II** onoverg zich voortplanten door celdeling
replication [repli'keiʃən] znw repliek; kopie, navolging, echo; voortplanting [door celdeling]
reply [ri'plai] **I** onoverg antwoorden, repliceren; ~ to antwoorden op, beantwoorden; **II** overg antwoorden; **III** znw antwoord o; make no ~ geen antwoord geven
repoint ['ri:'pɔint] overg opnieuw voegen, aansmeren
report [ri'pɔ:t] **I** overg rapporteren, melden, opgeven, verslag geven van, berichten, overbrengen, vertellen; it is ~ed that het gerucht gaat dat; ~ sbd. to the police iem. aangeven bij de politie; ~ progress verslag doen van de stand van zaken; [in parlement] de debatten sluiten; ~ed speech gramm indirecte rede; **II** onoverg rapport uitbrengen; reporterswerk doen; zich melden (bij to); ~ to sbd. verantwoording moeten afleggen aan iem.; **III** znw rapport o, verslag o, bericht o; knal, schot o; ~ card Am onderw rapport o; from ~ van horen zeggen; of good ~ een goede reputatie hebbend
reportedly [ri'pɔ:tidli] bijw naar verluidt
reporter znw verslaggever; rapporteur
reporting znw verslaggeving
repose [ri'pouz] **I** overg: ~ confidence in vertrouwen stellen in; **II** onoverg uitrusten, rusten; ~ on berusten op; **III** znw rust, kalmte
reposeful bn rustig
repository [ri'pɔzitəri] znw bewaarplaats, opslagplaats, depot o & m; fig schatkamer; vertrouweling
repossess ['ri:pə'zes] overg weer in bezit nemen; weer in bezit stellen, terugnemen
repot ['ri:'pɔt] overg verpotten
reprehend [repri'hend] overg berispen
reprehensible bn berispelijk, laakbaar
reprehension znw berisping, blaam

represent [repri'zent] *overg* vertegenwoordigen; voorstellen°, symboliseren; weergeven, afbeelden

representation [reprizen'teiʃən] *znw* vertegenwoordiging; voorstelling; vertoog o; op-, aanmerking, bedenking, protest o; *make ~s* to protesteren bij

representative [repri'zentətiv] **I** *bn* representatief, vertegenwoordigend, typisch²; *be ~ of* vertegenwoordigen; voorstellen; representatief zijn voor; **II** *znw* vertegenwoordiger; handelsreiziger; representant; *the House of R~s* het Huis van Afgevaardigden [in de VS]

repress [ri'pres] *overg* onderdrukken; beteugelen; <u>psych</u> verdringen

repression *znw* onderdrukking, beteugeling, repressie; <u>psych</u> verdringing

repressive *bn* onderdrukkend, beteugelend, ter beteugeling, repressief

reprieve [ri'pri:v] **I** *znw* uitstel o, opschorting, gratie; **II** *overg* uitstel, opschorting of gratie verlenen

reprimand ['reprima:nd] **I** *znw* (officiële) berisping, reprimande; **II** *overg* berispen

reprint I *znw* [ri:'print] herdruk, reprint; **II** *overg* [ri:print] herdrukken

reprisal [ri'praizl] *znw* vergelding, represaille; *make ~(s)* represaillemaatregelen nemen

reproach [ri'proutʃ] **I** *overg* verwijten; berispen; *~ sbd. with (for) sth.* iem. iets verwijten; **II** *znw* verwijt o; schande; *above (beyond) ~* onberispelijk

reproachful *bn* verwijtend

reprobate ['reproubeit] **I** *bn* verworpen, goddeloos, verdoemd; snood; **II** *znw* verworpeling; snoodaard; **III** *overg* verwerpen, verdoemen

reprobation [reprə'beiʃən] *znw* verwerping, verdoeming

reproduce [ri:prə'dju:s] *overg* reproduceren; weergeven, namaken; (zich) voortplanten of vermenigvuldigen

reproducible *bn* reproduceerbaar

reproduction [ri:prə'dʌkʃən] *znw* reproductie; weergave; voortplanting, vermenigvuldiging

reproductive *bn* voortplantings-

reproof [ri'pru:f] *znw* terechtwijzing, berisping

reprove [ri'pru:v] *overg* terechtwijzen, berispen

reptile ['reptail] **I** *znw* kruipend dier o, reptiel² o; <u>fig</u> kruiper; **II** *bn* kruipend², kruiperig

reptilian [rep'tiliən] *bn* <u>dierk</u> kruipend

republic [ri'pʌblik] *znw* republiek²

republican I *bn* republikeins; **II** *znw* republikein

republicanism *znw* republicanisme o, republikeinse gezindheid

republication ['ri:pʌbli'keiʃən] *znw* vernieuwde uitgaaf, herdruk

republish ['ri:'pʌbliʃ] *overg* opnieuw uitgeven

repudiate [ri'pju:dieit] *overg* verwerpen, verstoten [echtgenote]; afwijzen; verloochenen

repudiation [ripju:di'eiʃən] *znw* verwerping, verstoting; afwijzing; verloochening

repugnance [ri'pʌgnəns] *znw* afkeer, tegen-, weerzin (tegen *to, against*); tegenstrijdigheid

repugnant *bn* weerzinwekkend; tegenstrijdig (met *to*)

repulse [ri'pʌls] **I** *overg* terugdrijven, -slaan; afslaan; afwijzen; **II** *znw* af-, terugslaan o; afwijzing; *meet with a ~* af-, teruggeslagen worden; een weigerend antwoord krijgen

repulsion [ri'pʌlʃən] *znw* afstoting, afkeer, weerzin, tegenzin

repulsive *bn* af-, terugstotend; weerzinwekkend

repurchase ['ri:'pə:tʃəs, -tʃis] **I** *overg* terugkopen; **II** *znw* terugkoop

reputable ['repjutəbl] *bn* achtenswaardig, fatsoenlijk, geacht

reputation [repju'teiʃən] *znw* reputatie, (goede) naam, faam, roep; *from ~* bij gerucht

repute [ri'pju:t] **I** *overg*: *he is ~d to be...* hij wordt gehouden voor...; *he is ill ~d* heeft een slechte naam; *his ~d father (benefactor &)* zijn vermeende vader (weldoener &); **II** *znw* reputatie, (goede) naam; *by ~* bij gerucht; *a house of ill ~* <u>eufemistisch</u> bordeel o; *get into ~* naam maken

reputedly *bijw* naar het heet, naar men zegt

request [ri'kwest] **I** *znw* verzoek o; (aan)vraag; verzoeknummer o, verzoekplaat; *make a ~* een verzoek doen; *~ stop* halte op verzoek [bus]; **II** *overg* verzoeken (om)

requiem ['rekwiem] *znw* requiem o, requiemmis (*~ mass*)

require *overg* (ver)eisen, vorderen, verlangen; nodig hebben; behoeven; *candidates are ~d to...* de kandidaten wordt verzocht om...

requirement *znw* eis, vereiste o & v; *~s* ook: behoeften

requisite ['rekwizit] **I** *znw* vereist; nodig; **II** *znw* vereiste o & v; *~s* ook: benodigdheden

requisition [rekwi'ziʃən] **I** *znw* eis; (op)vordering; oproeping; <u>mil</u> rekwisitie; **II** *overg* rekwireren, (op)vorderen

requital [ri'kwaitl] *znw* vergoeding, beloning; vergelding, weerwraak; *in ~ ter* vergelding; in ruil (voor *for*)

requite *overg* vergoeden, belonen; vergelden, betaald zetten; *~ sbd.'s love* iems. liefde beantwoorden

re-route ['ri:'ru:t] *overg* langs een andere weg sturen, een andere bestemming geven

rerun ['ri:'rʌn] **I** *znw* herhaling; reprise; **II** *overg* herhalen

resale ['ri:'seil] *znw* wederverkoop; doorverkoop; *~ value* (vastgestelde) verkoopprijs

rescind [ri'sind] *overg* herroepen; vernietigen, tenietdoen [een vonnis]; intrekken, afschaffen [wet]

rescript ['ri:skript] *znw* rescript o; decreet o;

[vorstelijke, pauselijke] beschikking

rescue ['reskju:] **I** overg redden, ontzetten, (met geweld) bevrijden; terugnemen; **II** znw redding, hulp, ontzet o, bevrijding (met geweld); terugneming; come to the ~ te hulp komen

rescuer znw redder, bevrijder

research [ri'sə:tʃ, Am 'ri:sə:tʃ] **I** znw (wetenschappelijk) onderzoek o, onderzoeking, nasporing; make ~es into onderzoeken; **II** onoverg onderzoekingen doen; **III** overg wetenschappelijk onderzoeken

researcher znw onderzoeker

reseat ['ri:'si:t] overg van plaats doen veranderen; van een nieuwe zitting voorzien

resell ['ri:'sel] overg doorverkopen

resemblance [ri'zembləns] znw gelijkenis, overeenkomst (met to)

resemble [ri'zembl] overg gelijken (op); overeenkomst vertonen (met)

resent [ri'zent] overg gepikeerd zijn over; aanstoot nemen (aan)

resentful bn lichtgeraakt; boos, gebelgd, wrevelig; haatdragend

resentment znw boosheid, gebelgdheid, wrevel; haat, wrok

reservation [rezə'veiʃən] znw reserveren o, reservering; voorbehoud o, reserve, gereserveerdheid; Am reservaat o; central ~ middenberm; with some ~ onder voorbehoud, onder reserve

reserve [ri'zə:v] **I** overg reserveren, bewaren (voor later), in reserve houden, (zich) voorbehouden; opschorten [oordeel]; openhouden; bespreken [plaatsen]; it was (not) ~d for him to ... het was voor hem (niet) weggelegd om ...; **II** znw reserve; gereserveerdheid, terughoudendheid; voorbehoud o; sp reserve(speler), invaller; mil reserve(troepen); handel limiet [v. prijs]; gereserveerd gebied o, reservaat o; with all proper ~s met het nodige voorbehoud; handel [verkoop] tot elke prijs

reserved bn gereserveerd, terughoudend, omzichtig [in woorden]

reservist [ri'zə:vist] znw reservist

reservoir ['rezəvwa:] znw vergaar-, waterbak, (water)reservoir o; bassin o, verzamelbekken o; fig reservevoorraad

reset ['ri:'set] overg opnieuw zetten [boek, juweel &]; terugzetten op nul [meter, teller &], gelijkzetten [horloge], instellen [wekker]; med zetten [v. gebroken been]

resettle ['ri:'setl] overg & onoverg (zich) opnieuw vestigen, weer een plaats geven; opnieuw koloniseren

reshuffle ['ri:'ʃʌfl] opnieuw schudden o [v.d. kaarten]; wijziging, hergroepering, herverdeling van de portefeuilles [van het kabinet]

reside [ri'zaid] onoverg wonen, verblijf houden, zetelen, resideren; ~ in ook: berusten bij

residence ['rezidəns] znw woonplaats, verblijfplaats; woning, (heren)huis o; be in ~ aanwezig zijn; writer in ~ gastschrijver (schrijver die gastcolleges geeft aan universiteit); take up ~ zich metterwoon vestigen

resident I bn woonachtig; inwonend, intern; vast [v. inwoners]; **II** znw (vaste) inwoner, bewoner

residential [rezi'denʃəl] bn woon-; van een woonwijk [bv. ~ school &]; ~ area (deftige) woonwijk

residual [ri'zidjuəl] **I** bn overgebleven, achterblijvend; **II** znw residu o, overgebleven deel o; rekenkunde rest

residuary bn overgebleven, overblijvend; ~ legatee universeel erfgenaam

residue ['rezidju:] znw residu o; restant o, rest, overschot o

resign [ri'zain] **I** overg afstaan, afstand doen van, overgeven, overlaten; opgeven; neerleggen [ambt]; **II** wederk: ~ oneself to... berusten in; **III** onoverg & abs ww af-, uittreden, ontslag nemen; bedanken [voor betrekking]

resignation [rezig'neiʃən] znw berusting, overgave [aan Gods wil], gelatenheid; afstand; aftreden o, uittreden o, ontslag o

resigned [ri'zaind] bn gelaten

resilience [ri'ziliəns] znw veerkracht[2], elasticiteit

resilient bn elastisch, verend, veerkrachtig

resin ['rezin] znw hars o & m

resinous bn harsachtig, harshoudend, harsachtig

resist [ri'zist] **I** overg weerstaan, weerstand bieden aan; zich verzetten tegen; I couldn't ~ asking... ik kon niet nalaten te vragen...; **II** onoverg weer-, tegenstand bieden, zich verzetten; de verleiding weerstaan

resistance znw weerstand, tegenstand; verzet o; weerstandsvermogen o; line of least ~ weg v.d. minste weerstand; passive ~ lijdelijk verzet

resistant bn resistent (tegen to); ...werend, ...bestendig [v. materiaal]

resistible [ri'zistəbl] bn weerstaanbaar

resistor znw elektr weerstand

resoluble [ri'zɔljubl, 'rezəljubl] bn oplosbaar

resolute ['rezəl(j)u:t] bn resoluut, vastberaden, beslist, vastbesloten

resolution [rezə'l(j)u:ʃən] znw besluit o, beslissing, resolutie; vastberadenheid; oplossing, ontbinding, ontleding; med verdwijning [v. gezwel &]; definitie [v. beeld]; good ~s ook: goede voornemens

resolvable [ri'zɔlvəbl] bn oplosbaar

resolve [ri'zɔlv] **I** overg besluiten; doen besluiten; oplossen[2], ontbinden; **II** wederk: ~ itself zich oplossen; **III** onoverg (zich) oplossen; besluiten (tot upon), een besluit nemen; **IV** znw besluit o; vastberadenheid

resolved bn vastberaden

resonance ['rezənəns] znw resonantie, weerklank

resonant bn resonant, weerklinkend

resort [ri'zɔ:t] **I** onoverg: ~ to zijn toevlucht nemen tot; **II** znw oord o, vakantie-, ontspanningsoord o; toevlucht, hulp-, middel o, ressort o, instantie; as a last ~ in laatste instantie, als laatste redmiddel, in geval van nood

resound [ri'zaund] (overg &) onoverg

(doen) weerklinken, weergalmen (van *with*); ~*ing* ook: klinkend [overwinning]; daverend [succes]

resource [ri'sɔ:s] *znw* hulpbron, hulpmiddel *o*, redmiddel *o*; vindingrijkheid; ~*s* (geld-) middelen; *natural* ~*s* natuurlijke hulpbronnen (rijkdommen); *he is a man (full) of* ~ hij weet zich goed te redden

resourceful *bn* vindingrijk, zich goed wetende te redden

respect [ris'pekt] **I** *znw* aanzien *o*, achting, eerbied, eerbiediging; opzicht *o*; *give him my* ~*s* doe hem de groeten; *pay one's* ~*s to* bij iem. zijn opwachting maken; *in every* ~ in alle opzichten; *in some* ~ enigermate; *in some* ~*s* in sommige opzichten; *in* ~ *of* ten aanzien van, met betrekking tot; uit het oogpunt van; vanwege; *with (all due)* ~ met alle respect; *with* ~ *to* ten opzichte (aanzien) van, betreffende; *without* ~ *of persons* zonder aanzien des persoons; **II** *overg* respecteren°, (hoog)achten, eerbiedigen, ontzien; betrekking hebben op, betreffen

respectability [rispektə'biliti] *znw* achtenswaardigheid; fatsoenlijkheid, fatsoen *o*; aanzien *o*

respectable [ris'pektəbl] *bn* achtbaar, achtenswaardig, respectabel°, (vrij) aanzienlijk, fatsoenlijk, net

respectful *bn* eerbiedig

respectfully *bijw* eerbiedig; *yours* ~ hoogachtend

respecting *voorz* ten aanzien van, aangaande, betreffende

respective [ris'pektiv] *bn* respectief; *they contributed the* ~ *sums of £ 3 and £ 4* zij droegen respectievelijk 3 en 4 pond bij

respectively *bijw* respectievelijk

respiration [respi'reiʃən] *znw* ademhaling

respirator ['respəreitə] *znw* respirator; gasmasker *o*

respiratory [ris'paiərətəri] *bn* ademhalings

respire **I** *onoverg* ademhalen[2], ademen[2]; weer op adem komen[2]; **II** *overg* inademen, ademen[2], uitademen

respite ['respait] *znw* uitstel *o*, schorsing, respijt *o*, verademing, rust

resplendence [ris'plendəns(i)] *znw* glans, luister

resplendent *bn* glansrijk, luisterrijk, schitterend

respond [ris'pɔnd] *onoverg* antwoorden (op *to*), gehoor geven[2] (aan *to*), reageren (op *to*)

respondent **I** *bn* antwoord gevend, gehoor gevend (aan *to*), reagerend (op *to*); recht gedaagd; **II** *znw* recht gedaagde [bij echtscheiding]; respondent, ondervraagde [bij opinieonderzoek &]

response [ris'pɔns] *znw* antwoord *o*; responsorie [liturgisch]; reageren *o*, reactie (op *to*), respons, *fig* weerklank; *in* ~ *to* als antwoord op; gehoor gevend aan; ingevolge

responsibility [rispɔnsi'biliti] *znw* verantwoordelijkheid; aansprakelijkheid

responsible [ris'pɔnsibl] *bn* verantwoordelijk[2], aansprakelijk

responsive [ris'pɔnsiv] *bn* openstaand, gevoelig, ontvankelijk; *be* ~ *to* instemmen met, reageren op, gevoelig zijn voor

responsiveness *znw* reageren *o*; begrip *o*; ontvankelijkheid

1 rest [rest] **I** *onoverg* rusten, uitrusten (van *from*) (Am ook: ~ *up*); rustig blijven; rust hebben; ~ *on (upon)* rusten op [v. zorg, verdenking]; gebaseerd zijn op, steunen op, berusten op; **II** *overg* laten (doen) rusten, rust geven; baseren, steunen; *(God)* ~ *his soul* de Heer hebbe zijn ziel; **III** *znw* rust°, pauze; rustplaats, tehuis *o*; rustpunt *o*, steun, steuntje *o*; haak [v. telefoon]; bok [bij het biljarten &]; muz rustteken *o*; *come to* ~ tot stilstand komen; *give it a* ~! gemeenz hou er even mee op, zo kan ie wel weer; *lay (put) to* ~ sussen, bedaren; *lay to* ~ te ruste leggen; *set sbd.'s mind at* ~ iem. geruststellen; *set at* ~ uit de weg ruimen, wegnemen [v. twijfels, vrees &]

2 rest [rest] **I** *onoverg* blijven; *it* ~*s with you to*... het staat aan u om...; *the management* ~*ed with*... het bestuur berustte bij...; **II** *znw* rest; handel reservefonds *o*; *the* ~ *of us* wij (ons) allen; *(as) for the* ~ voor het overige, overigens

restate ['ri:'steit] *overg* opnieuw formuleren, herformuleren; nogmaals uiteenzetten

restaurant ['restərənt, 'restərɔ:ŋ, -ra:ŋ] *znw* restaurant *o*; ~ *car* restauratiewagen

restaurateur [restərə'tə:] *znw* restauranthouder

restful ['restful] *bn* rustig, stil; kalmerend, rustgevend

rest-home ['resthoum] *znw* rusthuis *o*

resting-place ['restiŋpleis] *znw* rustplaats

restitution [resti'tju:ʃən] *znw* teruggave, vergoeding, schadeloosstelling, herstel *o*

restive ['restiv] *bn* koppig, weerspannig; ongeduldig, prikkelbaar; *become* ~ ook: zich schrap zetten

restless ['restlis] *bn* rusteloos, onrustig, ongedurig, woelig

restock ['ri:'stɔk] *overg* opnieuw bevoorraden

restoration [restə'reiʃən] *znw* restauratie, herstel° *o*; herstelling, teruggave

restorative [ris'tɔrətiv] *bn (znw)* versterkend, herstellend (middel *o*)

restore *overg* restaureren, vernieuwen; herstellen; teruggeven, terugzetten [op zijn plaats], terugbrengen; ~*d to health* hersteld

restorer *znw* restaurateur

restrain [ris'trein] *overg* bedwingen, in bedwang houden, in toom houden, terug-, tegen-, weerhouden, beteugelen, inhouden; beperken; ~*ed* ook: beheerst, terughoudend; gematigd; sober

restraint *znw* dwang, (zelf)bedwang *o*; beheersing; beteugeling, beperking; gereserveerdheid; *without* ~ geheel vrij, onbeperkt

restrict [ri'strikt] *overg* beperken, bepalen; *I am* ~*ed to*... ik moet mij bepalen tot...

restricted *bn* begrensd, beperkt; vertrouwelijk [v. informatie]; ~ *area* **1** gebied *o* waar een snelheidsbeperking van kracht is; **2** verboden gebied *o*

restriction *znw* beperking, bepaling, beperkende bepaling; voorbehoud *o*

restrictive *bn* beperkend, bepalend

rest room ['restrum] *znw* Am toilet *o*, wc

restructure ['ri:'strʌktʃə] *overg* herstructureren

result [ri'zʌlt] **I** *onoverg* volgen (uit *from*); ontstaan, voortvloeien (uit *from*); uitlopen (op *in*), resulteren (in *in*); **II** *znw* gevolg *o*; afloop, uitslag, uitkomst, slotsom, resultaat *o*; *as a* ~ dientengevolge; *as a* ~ *of* ten gevolge van, na; *without* ~ zonder resultaat, tevergeefs

resultant I *bn* voortvloeiend (uit *from*); **II** *znw* resultante; resultaat *o*

resume [ri'zju:m] *onoverg & overg* hernemen, weer opnemen, innemen, opvatten, beginnen of aanknopen; hervatten; herkrijgen; resumeren

résumé ['rezj)u(:)mei] *znw* resumé *o*; korte samenvatting, beknopt overzicht *o*; Am curriculum vitae *o*

resumption [ri'zʌm(p)ʃən] *znw* weer opvatten *o* of opnemen *o* &, hervatting; terugnemen *o*

resumptive *bn* weer opvattend, resumerend, hernemend, hervattend

resurface ['ri:'sə:fis] **I** *onoverg* weer opduiken; **II** *overg* van een nieuw wegdek voorzien

resurgence [ri'sə:dʒəns] *znw* herleving, vernieuwing; wederopstanding, verrijzenis

resurgent *bn* weer opstaand; opkomend, herrijzend

resurrect [rezə'rekt] **I** *overg* doen herleven; (weer) opgraven; weer ophalen, weer oprakelen; **II** *onoverg* herleven, (uit de dood) herrijzen

resurrection *znw* herleving; opstanding, verrijzing, verrijzenis

resuscitate [ri'sʌsiteit] **I** *overg* de levensgeesten weer opwekken bij, med reanimeren, in het leven terugroepen, doen herleven; weer oprakelen; **II** *onoverg* weer tot leven komen, weer bijkomen

resuscitation [risʌsi'teiʃən] *znw* opwekking, herleving; med reanimatie

retail ['ri:teil] **I** *znw* kleinhandel; *sell (by)* ~ in het klein verkopen; **II** *overg* in het klein verkopen, slijten; omstandig verhalen; rondvertellen; **III** *onoverg* in het klein verkocht worden

retail dealer ['ri:teildi:lə] **retailer** [ri:'teilə] *znw* kleinhandelaar, wederverkoper, detailhandelaar

retail outlet *znw* verkooppunt *o*

retail price ['ri:teilprais] *znw* kleinhandelsprijs, detailprijs, winkelprijs; ~ *index* index van de kleinhandelsprijzen

retail trade *znw* kleinhandel, detailhandel

retain [ri'tein] *overg* houden, behouden; tegenhouden, vasthouden; onthouden; (in dienst) nemen [advocaat]; bespreken

retainer [ri'teinə] *znw* vooruitbetaald honorarium *o*, voorschot *o*

retake ['ri:'teik] *overg* terugnemen; heroveren; heropnemen [film]

retaliate [ri'tælieit] *onoverg* wraak (represailles) nemen, terugslaan

retaliation [ritæli'eiʃən] *znw* vergelding, wraak, represaille(s)

retaliatory [ri'tæliətəri] *bn* vergeldings-

retard [ri'ta:d] *overg* vertragen, later stellen, uitstellen, tegenhouden, ophouden; ~*ed* achtergebleven

retardation [ri:ta:'deiʃən], **retardment** *znw* vertraging; uitstel *o*; achterblijven *o*, remming in de ontwikkeling; techn naontsteking

retch [retʃ] *onoverg* kokhalzen

retell ['ri:'tel] *overg* opnieuw vertellen, oververtellen, herhalen

retention [ri'tenʃən] *znw* tegenhouden *o*; inhouden *o*; vasthouden *o*; behoud *o*; onthouden *o*

retentive *bn* terughoudend, vasthoudend, behoudend; ~ *memory* sterk geheugen *o*

rethink ['ri:'θiŋk] *overg* heroverwegen, opnieuw bezien

reticence ['retisəns] *znw* geslotenheid, stilzwijgendheid, verzwijging

reticent *bn* terughoudend, gesloten

reticular [ri'tikjulə] *bn* netvormig

retina ['retinə] *znw* (*mv:* -s *of* retinae) netvlies *o*

retinue ['retinju:] *znw* gevolg *o*, (hof)stoet

retire [ri'taiə] **I** *overg* ontslaan; pensioneren; **II** *onoverg* (zich) terugtrekken; (terug-) wijken; zich verwijderen; (zijn) ontslag nemen, aftreden; met pensioen gaan; zich te ruste begeven

retired *bn* teruggetrokken; afgezonderd, eenzaam; gepensioneerd; ~ *allowance (pay)* pensioen *o*

retirement *znw* teruggetrokkenheid, afzondering, eenzaamheid; aftreden *o*, ontslag *o*, pensionering; ~ *pension* ouderdomsrente

retiring *bn* terughoudend, bescheiden; onopvallend; teruggetrokken; ~ *age* pensioengerechtigde leeftijd; ~ *room* wc

1 retort [ri'tɔ:t] *znw* retort, distilleerkolf

2 retort [ri'tɔ:t] **I** *overg* vinnig antwoorden; **II** *onoverg* vinnig antwoorden; **III** *znw* vinnig antwoord *o*

retouch ['ri:'tʌtʃ] **I** *overg* retoucheren[2], op-, bijwerken; **II** *znw* retouche[2], op-, bijwerking

retrace [ri'treis] *overg* (weer) nagaan, naspeuren; ~ *one's steps (one's way)* op zijn schreden terugkeren

retract [ri'trækt] *overg* intrekken, terugtrekken, herroepen

retractable *bn* intrekbaar, uitschuifbaar, inklapbaar, opklapbaar

retraction [ri'trækʃən] *znw* intrekking; herroeping

retrain ['ri:'trein] *overg* herscholen

retread I *overg* [ri:'tred] vernieuwen [banden], coveren; **II** *znw* ['ri:'tred] band met nieuw loopvlak

retreat [ri'tri:t] **I** *onoverg* (zich) terugtrekken; (terug)wijken; **II** *overg* terugzetten [bij schaken]; **III** *znw* terug-, aftocht; sein o tot de aftocht; terugtreding; mil taptoe; RK retraite; afzondering; wijkplaats, rustoord o; asiel o; *beat a ~ mil* wegtrekken; fig de aftocht blazen; *make good one's ~* weten te ontkomen

retrench [ri'trenʃ] **I** *overg* weg-, afsnijden, besnoeien, in-, beperken; ontslaan wegens bezuiniging; mil verschansen; **II** *onoverg* beperken, bezuinigen

retrenchment *znw* weg-, afsnijding, besnoeiing[2], in-, beperking; bezuiniging; mil verschansing, retranchement o

retribution [retri'bju:ʃən] *znw* vergelding, beloning

retributive [ri'tribjutiv] *bn* vergeldend

retrieval *znw* terugvinden o &; redding, herstel o; comput retrieval [opzoeken en zichtbaar maken van informatie]; *~ system* comput retrievalsysteem o

retrieve *overg* terugvinden, herwinnen, redden (uit *from*); weer goedmaken, herstellen; apporteren [v. hond]; comput ophalen, opzoeken (en zichtbaar maken)

retriever *znw* retriever: apporterende jachthond

retroactive *bn* terugwerkend

retrogradation [retrougra'deiʃən] *znw* teruggang, terugwijking; achteruitgang

retrograde ['retrougreid] **I** *bn* achteruitgaand[2], teruggaand[2], achterwaarts[2]; reactionair; retrograde [woordenboek &]; *in ~ order* van achter naar voren; *a ~ step* een stap achteruit; **II** *onoverg* achteruitgaan[2], teruggaan

retrogress [retrou'gres] *onoverg* achteruitgaan[2]

retrogression *znw* teruggang, achteruitgang[2]

retrogressive *bn* teruggaand, achteruitgaand[2]

retrospect ['retrouspekt] *znw* terugblik; *in ~* terugblikkend, achteraf

retrospection [retrou'spekʃən] *znw* terugzien o, terugblik

retrospective *bn* terugziend, retrospectief; terugwerkend; *~ effect* terugwerkende kracht; *~ (exhibition)* retrospectieve tentoonstelling, retrospectief; *~ view* terugblik

retrospectively *bijw* terugblikkend, achteraf; terugwerkend

return [ri'tə:n] **I** *onoverg* terugkomen; terugkeren; teruggaan; antwoorden; **II** *overg* teruggeven, retourneren, terugzetten &; terugbetalen, vergelden; beantwoorden; officieel opgeven; afvaardigen, kiezen [vertegenwoordigers]; uitbrengen; geven [antwoord]; terugslaan [bij tennis]; *~ like for like* met gelijke munt betalen; *~ a profit* winst opleveren; *~ a verdict* recht een uitspraak doen; *~ thanks* zijn dank betuigen; *~ a visit* een bezoek beantwoorden (met een tegenbezoek); *be ~ed guilty* schuldig verklaard worden; **III** *znw* terugkeer, thuiskomst; terugweg, terugreis; retourbiljet o; retourzending; teruggave; tegenprestatie; vergelding, beloning; op-

brengst; winst; antwoord o; opgave; aangifte [v.d. belasting]; verslag o, officieel rapport o, statistiek &; verkiezing (tot lid van het parlement); sp return, terugslag [tennis]; return(match); *~s* statistiek, cijfers; omzet; *many happy ~s (of the day)* nog vele jaren; *by ~ (of post)* post per omgaande; *in ~ for* in ruil voor

returnable *bn* in te leveren (aan *to*)

returning-officer *znw* voorzitter van het stembureau bij verkiezing

return match *znw* revanchepartij, returnwedstrijd

return ticket *znw* retourkaartje o

reunification ['ri:ju:nifi'keiʃən] *znw* hereniging [v. Duitsland &]

reunion ['ri:'ju:njən] *znw* hereniging; bijeenkomst, reünie

reunite ['ri:ju'nait] **I** *overg* opnieuw verenigen, herenigen[2]; **II** *overg* zich verenigen[2], weer bijeenkomen

re-use ['ri:'ju:z] *overg* hergebruiken

Rev. *afk.* = *Reverend*

rev [rev] **I** *znw* gemeenz toer [v. motor]; **II** *onoverg (& overg)* op volle toeren (laten) komen (*~ up*)

revaluation ['ri:vælju'eiʃən] *znw* herschatting; op-, herwaardering, revaluatie

revalue ['ri:'vælju:] *overg* herschatten; op-, herwaarderen, revalueren

revamp ['ri:'væmp] *overg* gemeenz oplappen, opknappen, restaureren, moderniseren, reorganiseren

reveal [ri'vi:l] *overg* openbaren, bekendmaken, onthullen, doen zien, tonen, aan het licht brengen

revealing *bn* veelzeggend; gewaagd, bloot [jurk]

reveille [ri'væli] *znw* reveille

revel ['revl] **I** *onoverg* brassen, zwelgen; zwieren; *~ in* zwelgen in, genieten van; **II** *znw* braspartij, feestelijkheid

revelation [revi'leiʃən] *znw* openbaring, onthulling

reveller, Am **reveler** ['revlə] *znw* brasser, pretmaker

revelry *znw* braspartij, brasserij, gezwier o; feestvreugde

revenge [ri'ven(d)ʒ] **I** *overg* wreken; *be ~d on (of)* zich wreken, wraak nemen op; **II** *wederk*: *~ oneself* zich wreken; **III** *znw* wraak, wraakneming, wraakzucht; revanche; *have (take) one's ~* revanche nemen; *in ~ for* uit wraak over

revengeful *bn* wraakzuchtig

revenger *znw* wreker

revenue ['revinju:] *znw* inkomsten; *the (public) ~* de inkomsten van de staat; de fiscus (ook: *the Inland R~*)

revenue-officer *znw* belastingambtenaar

reverberate **I** *overg* weerkaatsen; **II** *onoverg* weerkaatst worden; weergalmen

reverberation [rivə:bə'reiʃən] *znw* weer-, terugkaatsing

revere [ri'viə] *overg* eren, vereren

reverence ['revərəns] *znw* eerbied; ontzag o; *hold in ~* (ver)eren; *his ~* vero zijn eerwaarde

reverend ['revərənd] **I** *bn* eerwaard, eerwaardig; **II** *znw* gemeenz geestelijke; *the ~ John Smith* dominee John Smith

reverent ['revərənt] *bn* eerbiedig, onderdanig

reverential [revə'renʃəl] *bn* eerbiedig

reverie ['revəri] *znw* mijmering; rêverie [ook: muz]

reversal [ri'və:səl] *znw* omkering, ommekeer, kentering; techn omzetting [v. machine]; recht herroeping, vernietiging, cassatie

reverse I *bn* omgekeerd, tegengesteld; tegen-; ~ *side* keerzijde, achterkant; **II** *znw* omgekeerde o, tegengestelde o, tegendeel o; keerzijde, achterkant; tegenslag, tegenspoed; nederlaag; auto achteruit [versnelling] o & *m* (ook: ~ *gear*); *in* ~ in omgekeerde richting of orde; **III** *overg* omkeren; omzetten, omschakelen; recht vernietigen [vonnis]; ~ *the charges* telec de opgeroepene de gesprekskosten laten betalen; ~ *one's car* achteruitrijden; **IV** *onoverg* techn achteruitgaan, -rijden &

reversely *bijw* omgekeerd

reversible [ri'və:sibl] *bn* omkeerbaar, omgekeerd & kunnende worden, omkeer- [film &]

reversing light *znw* achteruitrijlicht o

reversion [ri'və:ʃən] *znw* terugvalling [v. erfgoed]; recht o van opvolging; terugkeer; atavisme o; ~ *to type* atavisme o

revert [ri'və:t] *onoverg* terugvallen, terugkeren, -komen (op *to*)

review [ri'vju:] **I** *znw* herziening; terugblik, overzicht o; mil wapenschouwing, parade; recensie; tijdschrift o; *pass in* ~ *the revue* laten passeren; *the period under* ~ *het* hier beschouwde tijdperk; **II** *overg* overzien; de revue laten passeren; terugzien op, in ogenschouw nemen; recenseren; mil inspecteren; herzien

reviewer *znw* recensent

revile [ri'vail] **I** *overg* smaden, beschimpen; **II** *onoverg* schelden, schimpen

revilement *znw* smaad, beschimping

revise [ri'vaiz] **I** *overg* nazien, corrigeren; herzien; Br studeren [voor examen &]; **II** *znw* revisie [v. drukproef]; herziening; herziene uitgave; Br onderw het studeren [voor examen &]

reviser *znw* herziener; corrector

revision [ri'viʒən] *znw* herziening, revisie; herziene uitgave

revisionism *znw* revisionisme o

revisionist I *znw* revisionist; **II** *bn* revisionistisch

revitalize [ri'vaitəlaiz] *overg* revitaliseren, nieuw leven inblazen

revival [ri'vaivəl] *znw* herleving, wederopleving; herstel o; (godsdienstig) reveil o, opwekking(sbeweging); reprise [v. toneelstuk]; *the R~ of Learning* de renaissance

revivalism [ri'vaivəlizm] *znw* (godsdienstige) revivalbeweging; wens tot/actie voor (godsdienstige) opleving

revive I *onoverg* herleven², weer opleven, weer bekomen; **II** *overg* doen herleven;

aanwakkeren; weer opvoeren of vertonen

revivify [ri'vivifai] *overg* weer doen opleven

revocable ['revəkəbl] *bn* herroepbaar

revocation [revə'keiʃən] *znw* herroeping; intrekking

revoke [ri'vouk] **I** *overg* herroepen; intrekken; **II** *onoverg* niet bekennen [bij het kaarten], verzaken, renonceren; **III** *znw* renonce

revolt [ri'voult] **I** *znw* opstand, in opstand komen (tegen *against, at, from*); **II** *overg* doen walgen; **III** *znw* oproer o, opstand²; *rise in* ~ in opstand komen

revolting *bn* weerzinwekkend, stuitend, walgelijk

revolution [revə'lu:ʃən] *znw* omloop; omwenteling², revolutie², techn toer

revolutionary *bn* & *znw* revolutionair

revolutionize *overg* een ommekeer teweegbrengen in

revolve [ri'vɔlv] **I** *overg* omwentelen, (om-)draaien; overdenken; **II** *onoverg* (zich) wentelen, draaien

revolver [ri'vɔlvə] *znw* revolver

revolving [ri'vɔlviŋ] *bn*: ~ *chair* draaistoel; ~ *door* draaideur

revue [ri'vju:] *znw* revue [toneel]

revulsion [ri'vʌlʃən] *znw* ommekeer, reactie; weerzin

reward [ri'wɔ:d] **I** *znw* beloning, vergelding; loon o; **II** *overg* belonen, vergelden

rewarding *bn* (de moeite) lonend, bevredigend, geslaagd

rewind [ri'waind] *overg* terugspoelen

rewire ['ri:'waiə] *overg* nieuwe (elektrische) bedrading aanleggen in

reword ['ri:'wɔ:d] *overg* anders formuleren

rewrite I *overg* ['ri:'rait] nog eens schrijven; herschrijven, omwerken; **II** *znw* ['ri:rait] herschrijving, omwerking

rhapsodic [ræp'sɔdik] *bn* rapsodisch; extatisch

rhapsodize ['ræpsədaiz] *onoverg*: ~ *over (about)* verrukt zijn van, dwepen met

rhapsody *znw* rapsodie; ± lofzang

rheostat ['rioustæt] *znw* elektr reostaat, regelbare weerstand

rhesus monkey ['ri:səs'mʌŋki] *znw* resusaap

rhetoric ['retərik] *znw* retorica², redekunst; holle retoriek

rhetorical [ri'tɔrikl] *bn* retorisch; effectvol

rhetorician [retə'riʃən] *znw* retor; redenaar

rheumatic [ru'mætik] **I** *bn* reumatisch; ~ *fever* acute gewrichtsreumatiek; **II** *znw* lijder aan reumatiek; ~*s* gemeenz reumatiek

rheumaticky *bn* gemeenz reumatisch

rheumatism ['ru:mətizm] *znw* reumatiek

rheumatoid *bn* reumatisch; ~ *arthritis* gewrichtsreumatiek

rheumy ['ru:mi] *bn* vero vochtig, kil, klam

rhinestone ['rainstoun] *znw* soort bergkristal o; rijnsteen [als sieraad]

rhino ['rainou], **rhinoceros** [rai'nɔsərəs] *znw* neushoorn

Rhodesian [rou'di:ziən] **I** *bn* Rhodesisch; **II** *znw* Rhodesiër

rhododendron [roudə'dendrən] *znw* rodo-

dendron
rhombic *bn* ruitvormig
rhombus *znw* ruit
rhubarb ['ru:ba:b] *znw* rabarber
rhyme [raim] **I** *znw* rijm *o*; rijmpje *o*, poëzie, verzen; *without ~ or reason* zonder reden; **II** *overg* (be)rijmen, laten rijmen; *~ with* doen rijmen met²; **III** *onoverg & abs ww* rijmen (op *with*)
rhymer, rhymester *znw* rijmelaar, rijmer
rhyming slang *znw* komisch Engels jargon *o* dat berust op rijm
rhythm ['riðm, 'riθm] *znw* ritmus, ritme *o*
rhythmic *bn* ritmisch
rib [rib] **I** *znw* rib°; ribbe; rib(be)stuk *o*; ribbel; nerf; balein [v. paraplu]; **II** *overg* gemeenz plagen
ribald ['ribəld] *bn* vuil; schunnig, schuin [mop]; ruw, spottend, oneerbiedig
ribaldry *znw* vuile taal, vuilbekkerij; schaamteloze spot
riband ['ribənd] *znw* vero = ribbon
ribbed [ribd] *bn* geribbeld, geribd, rib
ribbing ['ribiŋ] *znw* ribbeling, ribpatroon *o*
ribbon ['ribən] *znw* lint *o*, band *o* [stofnaam], band *m* [voorwerpsnaam], strook; *in ~s, all to ~s* aan flarden (gescheurd); *~ development* lintbebouwing
rib-cage ['ribkeidʒ] *znw* ribbenkast
rice [rais] *znw* rijst
rice-paper *znw* ouwel
rice-pudding *znw* rijstebrij, rijstpudding
rich [ritʃ] *bn* rijk°; overvloedig; machtig [voedsel]; klankrijk, vol [stem]; gemeenz heel amusant, grandioos; *~ in minerals* rijk aan mineralen; *~es* rijkdom; *from rags to ~es* van arm rijk [geworden]
richly *bijw* rijk(elijk), ten volle
richness *znw* rijkdom; rijkheid; machtigheid; overvloed
rick [rik] **I** *znw* hooiberg; verrekking, verstuiking; **II** *overg* 1 ophopen; 2 verrekken, verdraaien, verstuiken [v. enkel &]
rickets ['rikits] *znw* rachitis, Engelse ziekte
rickety *bn* med rachitisch; waggelend, wankel, wrak, zwak
rickshaw ['rikʃɔ:] *znw* riksja
ricochet ['rikəʃei, -ʃet] **I** *znw* ricochetschot *o*; **II** *onoverg* ricocheren, opstuiten, afketsen
rid* [rid] *overg* bevrijden, ontdoen, verlossen (van *of*); *get ~ of* zich ontdoen van, lozen, kwijtraken, afkomen van
riddance *znw*: *good ~ (to bad rubbish)* opgeruimd staat netjes
ridden ['ridn] V.D. van ¹*ride*
1 riddle ['ridl] *znw* raadsel² *o*
2 riddle [ridl] **I** *znw* grove zeef; **II** *overg* ziften; doorzéven, doorboren
riddled *bn* vol, bezaaid
1 ride* [raid] **I** *onoverg* rijden (in *in*); drijven; *~ at anchor* scheepv voor anker liggen; *~ for a fall* roekeloos doen; zijn ondergang tegemoet snellen; *~ high* succes hebben; *~ up* opkruipen [v. jurk]; **II** *overg* berijden, rijden op; door-, afrijden [een land]; laten rijden; regeren, kwellen; *~ sbd. down* omverrijden; *~ out* heelhuids doorkomen, overleven

2 ride [raid] *znw* rit; zijpad *o* [in bos]; *go for a ~* een ritje gaan maken; *take sbd. for a ~* gemeenz iem. voor de gek houden
rider ['raidə] *znw* (be)rijder, ruiter; allonge, toegevoegde clausule; toevoeging
ridge [ridʒ] **I** *znw* (berg-, heuvel)rug, kam; nok, vorst; rand; **II** *overg* ribbelen, rimpelen
ridicule ['ridikju:l] **I** *znw* spot, bespotting; *hold up to ~* belachelijk maken; **II** *overg* belachelijk maken, bespotten
ridiculous [ri'dikjuləs] *bn* belachelijk, bespottelijk
riding ['raidiŋ] *znw* (paard)rijden *o*
riding-habit *znw* damesrijkostuum *o*
riding-school *znw* rijschool, manege
rife [raif] *bn* heersend [van ziekten]; *be ~ in* omloop zijn [v. verhaal]; *be ~ with* wemelen van, vol zijn van
riffle ['rifl] *overg* snel doorsnuffelen, doorbladeren (*~ through*)
riff-raff ['rifræf] *znw* uitschot *o*; schorem *o*
rifle ['raifl] **I** *znw* geweer *o* (met getrokken loop), buks; *the ~s* mil de jagers; **II** *overg* plunderen, leeghalen, wegroven; **III** *onoverg: ~ through* doorsnuffelen, doorzoeken
rifleman *znw* scherpschutter; mil jager
rifle-range *znw* schietbaan
rift [rift] *znw* kloof², spleet, scheur; fig tweedracht, onenigheid
1 rig [rig] **I** *overg* (op)tuigen²; inrichten, uitrusten; in elkaar zetten; *~ out (up)* with optuigen met²; *~ up* gemeenz haastig in elkaar flansen; **II** *znw* scheepv tuig *o*, takelage²; toestel *o*, apparaat *o*; boorinstallatie, booreiland *o*; gemeenz uitrusting, plunje
2 rig [rig] *overg* knoeien; *~ the market* de markt naar zijn hand zetten, de prijzen kunstmatig opdrijven
rigging ['rigiŋ] *znw* scheepv uitrusting, want *o*, tuigage, tuig *o* (ook = plunje)
right [rait] **I** *bn* rechter; rechts; recht°, rechtvaardig, billijk; geschikt; rechtmatig; juist, goed, in orde; echt; waar; *Mr R~* de ware Jakob; *he's not in his ~ mind* hij is niet goed bij zijn hoofd; *they are ~ to protest (in protesting)* zij protesteren terecht; *all ~!* in orde!, vooruit maar!, goed!, best!, uitstekend!; *a bit of all ~* iets heel leuks; gemeenz ± een lekker stuk *o*; *it exists all ~* gemeenz wel (degelijk), heus (wel); *he is as ~ as rain* gemeenz hij mankeert niets; *be on the ~ side of forty* nog geen veertig zijn; *get on the ~ side of* gemeenz in de gunst komen bij; *get ~* in orde komen (brengen); goed begrijpen; **II** *bijw* recht, billijk; behoorlijk, geschikt; goed, wel, juist; (naar) rechts; versterkend juist, precies; vlak, vierkant, helemaal; zeer; *do ~* rechtvaardig handelen; rechtvaardig zijn; iets naar behoren of goed doen; *he does ~ to ...* hij doet er goed aan om ...; *~ away* op staande voet; dadelijk; *~ in* regelrecht naar binnen; *~ now* direct; *~ off* gemeenz op staande voet; dadelijk; **III** *znw* rechterhand, -kant; recht° *o*; *the R~* pol rechts, de

conservatieven; ~ *of way* (recht o van) overpad; (recht o van) doorgang; <u>auto</u> voorrang(srecht o); ~ *and wrong* goed en kwaad; *by* ~*(s)* rechtens; eigenlijk; *by* ~ *of* krachtens; *within one's* ~*s* in zijn recht; *be in the* ~ het bij het rechte eind hebben, gelijk hebben; het recht aan zijn zijde hebben; in zijn recht zijn; *put in the* ~ in het gelijk stellen; *in its own* ~ op zichzelf (beschouwd), zonder meer; *of* ~ rechtens; *on your* ~ aan uw rechterhand, rechts van u; *to the* ~ aan de rechterkant, (naar) rechts; *put (set) to* ~*s* in orde brengen (maken); verbeteren, herstellen; **IV** *overg* overeind zetten; verbeteren, in orde maken, herstellen; recht doen wedervaren; **V** *wederk:* ~ *itself* (vanzelf) weer in orde komen; zich oprichten; **VI** *onoverg* zich oprichten

right-about *bn:* ~ *turn/face* rechtsomkeert; ommezwaai [in beleid, tactiek &]; *execute a* ~ *turn* rechtsomkeert maken²; *send to the* ~*(s)* de laan uitsturen

right angle *znw* rechte hoek

right-angled *bn* rechthoekig, een rechte hoek (90°) vormend

right-down *bn* uitgesproken, regelrecht

righteous ['raitʃəs, -jəs] *bn* rechtvaardig, gerecht, rechtschapen

rightful *bn* rechtvaardig; rechtmatig

right-hand *bn* aan de rechterhand geplaatst; voor of met de rechterhand; rechts; *he is my* ~ *man* mijn rechterhand

right-handed *bn* rechts(handig)

right-hander *znw* wie rechts(handig) is; slag met de rechterhand

rightist I *bn* <u>pol</u> rechts; **II** *znw* aanhanger van rechts

rightly *bijw* rechtvaardig; juist, goed; terecht

right-minded, right-thinking *bn* weldenkend, rechtgeaard

righto ['raitou] *tsw* <u>gemeenz</u> goed zo!

right-of-centre *bn* <u>pol</u> rechts van het midden

right-wing *znw* <u>sp</u> & <u>pol</u> rechtervleugel

right-wing *bn* <u>pol</u> rechts, conservatief

right-winger *znw* <u>pol</u> rechtse, lid o van de rechtervleugel

rigid ['ridʒid] *bn* stijf, strak; (ge)streng, onbuigzaam, star

rigidity [ri'dʒiditi] *znw* stijfheid, strakheid; strengheid, onbuigzaamheid, starheid

rigmarole ['rigməroul] *znw* onzin; lang, verward kletsverhaal o; rompslomp

rigor ['raigɔ:, 'rigə:] *znw* rilling [bij koorts]; stijfheid; ~ *mortis* lijkstijfheid, rigor mortis

rigorous ['rigərəs] *bn* streng², hard

rigour, Am rigor ['rigə] *znw* strengheid, hardheid

rig-out ['rigaut] *znw* <u>gemeenz</u> uitrusting, plunje, tuig o

rile [rail] *overg* <u>gemeenz</u> nijdig maken, provoceren

rill [ril] *znw* beekje o

rim [rim] **I** *znw* kant, boord; rand [v. kom &]; velg [v. wiel]; ~*s ook:* montuur o & v [v. bril]; **II** *overg* velgen; omranden; gold-

~*med glasses* bril met gouden montuur

1 rime [raim] **I** *znw* <u>plechtig</u> rijp; **II** *overg* met rijp bedekken

2 rime [raim] *znw* = rhyme

rimless ['rimlis] *bn* randloos; ~ *spectacles* glasbril

rind [raind] *znw* schors, bast, schil, korst, zwoerd o

rinderpest ['rindəpest] *znw* vee-, runderpest

1 ring [riŋ] **I** *znw* ring², kring², piste [v. circus], circus o & m, arena, renbaan; kringetje o; kliek; <u>gemeenz</u> kartel o, consortium o; *the* ~ het boksersstrijdperk, de boksers(gemeenschap); *run* ~*s round* <u>gemeenz</u> ver achter zich laten; *throw one's hat into the* ~ <u>gemeenz</u> verklaren deel te nemen aan de strijd; **II** *overg* een ring (ringen) aandoen; ringen [v. bomen, duiven &]; ~ *(about, in, round)* (in een kring) insluiten, omsingelen, omringen

2 ring* I *onoverg* luiden, klinken, weergalmen; bellen; **II** *overg* luiden; ~ *a bell* <u>gemeenz</u> bekend klinken, ergens aan herinneren; ~ *the bell* (aan)bellen; ~ *the changes* veranderen, het anders aanpakken; ~ *true* aannemelijk klinken; ~ *back* <u>telec</u> terugbellen; ~ *in sick* (zich) (telefonisch) ziek melden; ~ *off* <u>telec</u> het gesprek afbreken; ~ *out* weerklinken, luid klinken; ~ *round* rondbellen, de ene na de andere bellen; ~ *up* <u>telec</u> (op)bellen; aanslaan [met kasregister]

3 ring [riŋ] *znw* klank, geluid o; gelui o; luiden o; klokkenspel o; *there is (goes) a* ~ er wordt gebeld [aan de deur]; *I'll give you a* ~ <u>telec</u> ik zal je (op)bellen; *have a false* ~ vals klinken, niet echt klinken

ring binder *znw* ringband

ringer *znw* (klokken)luider; *be a dead* ~ *for* het evenbeeld zijn van

ring finger *znw* ringvinger

ringleader ['riŋli:də] *znw* belhamel, raddraaier

ringlet ['riŋlit] *znw* krul, krulletje o

ringmaster ['riŋma:stə] *znw* directeur [in circus]

ring road *znw* ringweg, randweg

ringside: ~ *seat* beste plaats² [vlak bij de piste &]

ringworm ['riŋwə:m] *znw* ringworm, dauwworm

rink [riŋk] **I** *znw* ijsbaan; kunstijsbaan; rolschaatsbaan; **II** *onoverg* rolschaatsen

rinse [rins] **I** *overg* spoelen, omspoelen; ~ *away* wegspoelen; ~ *out* uitspoelen; ~ *down* doorspoelen [v. eten]; **II** *znw* spoeling

riot ['raiət] **I** *znw* rel, oproer o; oploop, opstootje o; <u>gemeenz</u> succes(nummer) o, giller; *a* ~ *of colour* een kleurenorgie; *run* ~ uit de band springen; in het wild groeien, woekeren; **II** *onoverg* herrie maken, oproerig worden, muiten

Riot Act *znw: read sbd. the* ~ iem. flink de les lezen, iem. tot de orde roepen

rioter *znw* oproerling, relletjesmaker, herriemaker

riotous *bn* ongebonden, bandeloos, <u>bijbel</u> overdadig; (op)roerig; rumoerig

riot police *znw* oproerpolitie

rip [rip] **I** *overg* openrijten, openscheuren; (los)tornen; ~ *off* afrijten, afstropen [het vel v. dier]; <u>slang</u> afzetten; beroven, uitkleden; <u>Am</u> <u>slang</u> stelen; ~ *out* uit-, lostornen; uitstoten; ~ *up* aan stukken scheuren; ~ *through* snel doorwerken; **II** *onoverg* tornen, losgaan, scheuren, uit de naad gaan; als de bliksem rijden, gaan &; *let* ~ laten schieten, loslaten; plankgas geven; <u>gemeenz</u> laten stikken [iets, iem.]; zich laten gaan; **III** *znw* torn, scheur

riparian [rai'pɛəriən] **I** *bn* oever-; **II** *znw* oeverbewoner

ripcord ['ripkɔːd] *znw* trekkoord o [v. parachute &]

ripe [raip] *bn* rijp²; gerijpt; belegen [v. wijn &], oud; <u>gemeenz</u> geestig; onbehoorlijk

ripen I *onoverg* rijp worden, rijpen; **II** *overg* (doen) rijpen, rijp maken

rip-off ['ripɔf] *znw* <u>slang</u> zwendel, oplichting, bedrog o

riposte [ri'poust] **I** *znw* riposte, tegenstoot; raak antwoord o; **II** *onoverg* riposteren

ripper ['ripə] *znw* tornmesje o; <u>slang</u> prima kerel, fijne meid, bovenste beste [v. personen en zaken]; moordenaar die een mes gebruikt

ripping ['ripiŋ] *bn* <u>slang</u> magnifiek, enig, prima

ripple ['ripl] **I** *onoverg* & *overg* rimpelen; kabbelen; **II** *znw* rimpeling; gekabbel o

rip-roaring ['rip'rɔːriŋ] *bn* <u>gemeenz</u> uitbundig, stormachtig; geweldig, reuze

1 rise* [riŋ] *onoverg* (op-, ver)rijzen, opstaan; (overeind) gaan staan; het woord nemen [in een vergadering]; in opstand komen (tegen *against*); opstijgen, opgaan°, de hoogte in gaan; bovenkomen; stijgen; oplopen [v. grond]; vooruitkomen; promotie maken; opkomen; opsteken [wind]; zich verheffen; ontspringen [rivier], voortspruiten (uit *from*); op reces gaan, uiteengaan; ~ *above* zich verheffen boven; verheven zijn boven; ~ *from* opstaan uit (van); <u>fig</u> voortspruiten uit; ~ *in arms* de wapenen opvatten; ~ *to* zich verheffen tot; stijgen tot; ~ *to bait* <u>fig</u> toehappen, toebijten; ~ *to be a...* opklimmen tot..., het brengen tot...; ~ *to the occasion* zich tegen de moeilijkheden (de situatie) opgewassen tonen; ~ *up* opstaan [uit bed]; in opstand komen; opkomen, omhoogkomen

2 rise [raiz] *znw* rijzing, opkomst°, oorsprong; helling; opgang [v. zon]; opklimming, promotie; stijging [prijs]; verheffing, verhoging [prijs of salaris]; <u>handel</u> hausse; <u>sp</u> beet [v. vis]; *give* ~ *to* aanleiding geven tot; *be on the* ~ (voortdurend) stijgen [prijzen &]; in opkomst zijn

risen ['rizn] *V.D. van* ¹*rise*

riser ['raizə] *znw: be an early* ~ vroeg opstaan, matineus zijn

risibility [rizi'biliti, raizi'biliti] *znw* lachlust; gevoel o voor humor; hilariteit

risible ['rizibl, 'raizəbl] *bn* belachelijk

rising ['raiziŋ] **I** *bn* (op)rijzend, opkomend &; in opkomst zijnd; ~ *damp* vochtigheid [door opstijgend grondwater]; ~ *fourteen* bijna 14 jaar; **II** *znw* opstaan o, stijgen o; uiteengaan o [v. vergadering]; (zons-) opgang; (op)stijging; opstand; opstanding [uit de dood]

risk [risk] **I** *znw* gevaar o, risico o; *take* ~s iets riskeren; *at* ~ in gevaar; *at your own* ~ op (uw) eigen risico; **II** *overg* riskeren, wagen

risk-taking ['riskteikiŋ] *znw* (het) risico nemen, ± gevaarlijk leven o

risky *bn* gevaarlijk, gewaagd, riskant

risotto [ri'sɔtou] *znw* risotto [Italiaans gerecht met rijst]

risqué ['riskei] *bn* gewaagd

rissole ['risoul] *znw* rissole (bladerdeeg met zoete of hartige inhoud)

rite [rait] *znw* rite, ritus; *the last* ~s <u>RK</u> de laatste sacramenten

ritual ['ritʃuəl] **I** *bn* ritueel; **II** *znw* ritueel o; rituaal o

ritualistic [ritʃuə'listik] *bn* ritualistisch

ritzy ['ritsi] *bn* <u>slang</u> elegant, luxueus

rival ['raivəl] **I** *znw* rivaal, mededinger, concurrent; **II** *bn* rivaliserend; concurrerend; **III** *overg* wedijveren met, concurreren met

rivalry *znw* mededinging, wedijver, concurrentie², rivaliteit

rive [raiv] **I** *overg* splijten, (ver)scheuren; ~ *from* ook: wegrukken van; **II** *onoverg* splijten, scheuren

riven ['rivn] *bn* gespleten

river ['rivə] *znw* rivier, stroom²; *sell sbd. down the* ~ <u>slang</u> iem. verraden, in de steek laten

river-bank ['rivəbæŋk] *znw* rivieroever

river bed ['rivəbed] *znw* rivierbedding

riverside *znw* oever [v. rivier], waterkant

rivet ['rivit] **I** *znw* klinknagel; **II** *overg* klinken; <u>fig</u> kluisteren (aan *to*); boeien [de aandacht]; richten [de blik]; ~*ed to the spot* als aan de grond genageld

rivulet ['rivjulit] *znw* riviertje o, beek

RN *afk.* = *Royal Navy* Koninklijke Marine

roach [routʃ] *znw* **1** <u>dierk</u> blankvoorn; **2** <u>gemeenz</u> kakkerlak; **3** <u>slang</u> stickie o

road [roud] *znw* weg², rijweg, straat; *one for the* ~ een afzakkertje o; *be on the* ~ op reis zijn; reizen en trekken

road-block *znw* wegversperring

road-hog *znw* wegpiraat, snelheidsmaniak

road-holding *znw* wegligging

road-house *znw* wegrestaurant o

road sense *znw: he has no* ~ hij is een gevaar op de weg, hij kan absoluut niet rijden

roadside I *znw* kant van de weg; **II** *bn* wegkant

road sign *znw* verkeersbord o

roadstead ['roudsted] *znw* <u>scheepv</u> rede, ree; *in the* ~ op de ree

roadster ['roudstə] *znw* (stevige) toerfiets; open (tweepersoons) sportauto

roadway *znw* rijweg; brugdek o

road works *znw mv* wegwerkzaamheden

roadworthy *bn* rijwaardig

roam [roum] **I** *onoverg* (om)zwerven; **II**

overg doorzwerven

roamer *znw* zwerver

roan [roun] *znw* dierk muskaatschimmel

roar [rɔ:] **I** *onoverg* brullen, loeien, huilen, bulderen, rommelen, razen; snuiven [v. dampig paard]; they ~ed (with laughter) ze brulden van het lachen; **II** *overg* brullen, bulderen; **III** *znw* gebrul o, geloei o, gehuil o, gebulder o; geschater o; set the table in a ~ het gezelschap doen schaterlachen

roaring I *bn* brullend &; kolossaal; a ~ success een daverend succes o; ~ drunk ladderzat, straalbezopen; **II** *znw* gebrul o &

roast [roust] **I** *overg* braden, roost(er)en, branden [koffie], poffen [kastanjes]; **II** *onoverg* braden; I'm ~ing gemeenz ik heb het bloedheet; **III** *znw* gebraad o; gebraden vlees o; **IV** *bn* gebraden

roaster *znw* brader; braadoven; koffiebrander; braad(aard)appel; braadkip; braadvarken o &

roasting *znw* fig uitbrander

rob [rɔb] *overg* bestelen, beroven, plunderen; zie ook: Peter

robber *znw* rover, dief; zie ook: cop I

robbery *znw* roof, roverij, diefstal

robe [roub] **I** *znw* toga, staatsiemantel; (boven)kleed o; (dames)robe; Am ochtendjas, peignoir; (doop)jurk; Am plaid; fig dekmantel; ~s galakostuum o; ambtsgewaad o; master of the ~s kamerheer; **II** *onoverg & overg* (zich) kleden, be-, aankleden, in ambtsgewaad steken; fig uitdossen

robin ['rɔbin] *znw* roodborstje o (~ redbreast)

robot ['roubɔt] *znw* robot, automaat

robotic ['roubɔtik] *bn* mechanisch, gerobotiseerd

robotics *znw* robotica, robottechnologie

robust [rou'bʌst] *bn* sterk, flink, fors, robuust

rochet ['rɔtʃit] *znw* rochet [koorhemd v. bisschop, abt &]

1 rock [rɔk] *znw* rots, klip, gesteente o; rotsblok o, grote kei; kandijsuiker, suikerstok; Am steen; slang edelsteen, vooral diamant; fig toevlucht, vaste grond; be on the ~s gemeenz aan de grond zitten; Scotch on the ~s whisky met ijs

2 rock [rɔk] **I** *overg* schommelen, heen en weer schudden, doen schudden, wiegen; ~ the boat gemeenz dwars liggen; ~ to sleep in slaap wiegen[2]; **II** *onoverg* schommelen, schudden, wiegen; zie rock'n'roll II; **IV** *znw* schommeling; zie rock'n'roll I; **V** *bn* muz rock-

rock-bottom ['rɔk'bɔtəm] **I** *znw* fig het laagste punt; **II** *bn*: ~ prices allerlaagste prijzen

rock cake *znw* cakeje o met krenten, gekonfijt fruit &

rock-climber *znw* bergbeklimmer, kletteraar

rock climbing *znw* bergbeklimmen o, kletteren o

rocker ['rɔkə] *znw* gebogen hout o onder een wieg &; schommelstoel; hobbelpaard o; soort schaats; rocker; off one's ~ slang gek

rockery ['rɔkəri] *znw* rotstuin

rocket ['rɔkit] **I** *znw* vuurpijl, raket; gemeenz flink staal o, uitbrander; **II** *onoverg* als een pijl de hoogte in schieten of opvliegen; met sprongen omhooggaan

rocket launcher *znw* (raket)lanceerinstallatie

rock garden *znw* rotstuin

rocking-chair ['rɔkiŋtʃɛə] *znw* schommelstoel

rocking-horse *znw* hobbelpaard o

rock'n'roll ['rɔkn'roul] **I** *znw* rock-'n-roll; **II** *onoverg* rock-'n-roll dansen

rock-salt ['rɔksɔ:lt] *znw* klipzout o

rocky ['rɔki] *bn* rotsachtig, rots-; vol klippen; steenhard; gemeenz onvast, wankel

rococo [rə'koukou] *znw* rococo o

rod [rɔd] *znw* roede, staf, staaf; plat pik; I have a ~ in pickle for you ik heb nog een appeltje met je te schillen

rode [roud] V.T. van [1]ride

rodent ['roudənt] *znw* knaagdier o

rodeo [rou'deiou] *znw* rodeo [bijeendrijven o van vee; vertoning van kunststukjes door cowboys, motorrijders &]

roe [rou] *znw* (mv idem of -s) 1 dierk ree; 2 dierk viskuit; hard ~ kuit; soft ~ hom

roebuck ['roubʌk] *znw* dierk reebok

rogation [rou'geiʃən] *znw*: ~ days de drie dagen vóór Hemelvaart

Roger ['rɔdʒə] **I** *znw*: (the) Jolly ~ de zwarte (zeerovers)vlag; **II** *tsw*: r~ oké!, ontvangen en begrepen!, roger!

rogue [roug] **I** *znw* schurk, schelm; snaak, guit; alleen ronddwervende olifant, buffel &; ~s' gallery fototheek van delinquenten [voor politie]; **II** *bn* solitair, loslopend; louche

roguery *znw* schurkenstreken

roguish *bn* schurkachtig; schelms, guitig

roisterer *znw* lawaaischopper; fuifnummer o

role-play *znw* rollenspel o

roll [roul] **I** *znw* rol°, wals; (rond) broodje o; rollen o, gerol o; scheepv slingeren o [schip]; deining [zee]; luchtv rolvlucht; schommelende beweging; mil (trom-)geroffel o; rol, lijst, register o; be struck off the ~ uit het ambt ontzet worden; ~ of honour mil lijst der gesneuvelden; **II** *overg* rollen; walsen, pletten; **III** *onoverg & abs ww* rollen; scheepv slingeren; schommelen; golven; rijden; mil roffelen [v. trom]; zich laten (op)rollen; ~ along gemeenz stug doorgaan; ~ by voorbijgaan [jaren]; ~ed into one in één persoon verenigd; ~ on (Christmas)! was het maar al zo ver (Kerstmis)!; ~ over omrollen, omver tollen; ~ sbd. over iem. tegen de vlakte slaan; ~ up gemeenz (komen) opdagen; [een zaak] afwikkelen

roll-call *znw* appèl o, afroepen o van de namen; vote by ~ hoofdelijk stemmen

roller ['roulə] *znw* rol, inktrol; krulspeld, kruller; wals; rolstok; rolletje o, zwachtel; lange golf

roller-coaster *znw* achtbaan, roetsjbaan

roller-skate I *znw* rolschaats, rollerskate; **II** *onoverg* rolschaatsen, rollerskaten
rollick ['rɔlik] *onoverg* lol trappen, fuiven, pret maken
rollicking *bn* erg vrolijk, uitgelaten, jolig; leuk, om te gieren, dolletjes
rolling ['roulin] *bn* rollend &; ook: golvend [van terrein]; ~ *stone* fig rusteloos iem.
rolling-pin *znw* deegroller, rol, rolstok
rolling-stock *znw* rollend materieel *o*
roll-on *znw* step-in; [deodorant- &] roller
roll-top *znw*: ~ *desk* cilinderbureau *o*
roly-poly ['rouli'pouli] **I** *znw* opgerolde geleipudding; gemeenz dikkerdje *o*; **II** *bn* kort en dik
Roman ['roumən] **I** *bn* Romeins; rooms; **II** *znw* Romein; *r~* romein, gewone drukletter
Roman Catholic ['roumən'kæθəlik] *znw* & *bn* rooms-katholiek
Romance [rou'mæns] *bn (znw)* Romaans (*o*)
romance [rou'mæns] **I** *znw* romance; riddergedicht *o*, verdicht verhaal *o*, (ridder-) roman; romantiek; gefabel *o*, verdichtsel *o*, (puur) verzinsel *o*; **II** *onoverg* maar wat verzinnen, fantaseren; gemeenz het hof maken
Romanesque [roumə'nesk] *bn (znw)* Romaans(e stijl)
Romania [ru:'meinjə] *znw* Roemenië *o*
Romanian I *znw* Roemeen; Roemeens *o* [de taal]; **II** *bn* Roemeens
Romanic [rou'mænik] *bn* Romaans
romantic [rou'mæntik] **I** *bn* romantisch; **II** *znw* romanticus
romanticism *znw* romantiek
romanticist *znw* romanticus
romanticize *overg* romantiseren
Romany ['rɔməni] *znw* zigeunertaal; zigeuner
Rome [roum] *znw* Rome[2] *o*; *when in ~, do as the Romans do* 's lands wijs, 's lands eer
romp [rɔmp] **I** *onoverg* stoeien, dartelen; ~ *home*, ~ *in* gemeenz met gemak winnen; ~ *through an exam* op zijn sloffen voor een examen slagen; **II** *znw* stoeier, wildebras, wildzang; stoeipartij
rompers *znw mv* speelpakje *o*
rondeau ['rɔndou], **rondel** ['rɔndl] *znw* rondo *o*
rood [ru:d] *znw* roede: 1/4 acre (± 10 are)
roof [ru:f] **I** *znw* dak[2] *o*; gewelf *o*; *the ~ (of the mouth)* het verhemelte; *hit the ~* uit zijn vel springen, ontploffen; *go through the ~* de pan uit vliegen [prijzen &]; *raise the ~* gemeenz tekeergaan; **II** *overg* van een dak voorzien
roofer ['ru:fə] *znw* dakwerker
roofing *znw* dakbedekking; dakwerk *o*; ~ *tile* dakpan
roofless *bn* zonder dak, dakloos
roof-rack *znw* imperiaal *o* & *v*
roof-top *znw* dak *o*
rook [ruk] **I** *znw* **1** dierk roek; gemeenz afzetter; **2** toren [in schaakspel]; **II** *overg* gemeenz bedriegen
rookery *znw* roekennesten, roekenkolonie; kolonie v. pinguïns of zeehonden; krotten-

buurt
rookie ['ruki] *znw* Am gemeenz rekruut, nieuweling
room [ru:m, rum] **I** *znw* plaats, ruimte; kamer, zaal; fig grond, reden, gelegenheid, aanleiding; *ladies'/men's ~* Am dames- (heren)toilet *o*; *give ~ to* plaats maken voor, aanleiding geven tot; **II** *onoverg* Am gemeenz een kamer (kamers) bewonen; **III** *overg: four ~ed flat* vierkamerflat
roomer *znw* Am kamerbewoner
rooming house *znw* Am appartementencomplex *o*
room-mate *znw* kamergenoot
room service *znw* roomservice, bediening op de kamer [in hotel]
roomy *bn* ruim (gebouwd); wijd
roost [ru:st] *znw* (roest)stok; slaapplaats; *rule the ~* de lakens uitdelen; *have one's chickens come home to ~* zijn trekken thuis krijgen; *go to ~* op stok gaan[2], naar kooi gaan
rooster ['ru:stə] *znw* dierk haan
root [ru:t] **I** *znw* wortel[2]; ~ *and branch* met wortel en tak; radicaal; *take ~* wortel schieten; *be (lie) at the ~ of* ten grondslag liggen aan; *put down ~s* zich vestigen, zich thuis gaan voelen; **II** *bn* grond-, fundamenteel; **III** *onoverg* **1** wortel schieten; geworteld zijn (*in in*); **2** wroeten, woelen (ook: ~ *about, around*); scharrelen; ~ *for* toejuichen; **IV** *overg* **1** wortel doen schieten; **2**: ~ *through* omwroeten, omwoelen; ~ *out* uitroeien; **3** te voorschijn halen, opscharrelen; ~ *up* ontwortelen; zie ook: *rooted*
root crop *znw* wortelgewas *o*, hakvrucht
rooted *bn* diep geworteld; *stand ~ to the spot* als aan de grond genageld staan
rootless ['ru:tlis] *bn* wortelloos, zonder wortels, fig ontworteld
rope [roup] **I** *znw* reep, touw *o*, koord *o* & *v*, lasso, strop; draad; *be at the end of one's ~* aan 't einde van zijn Latijn zijn; *on the ~s* sp in de touwen [boksen]; fig uitgeteld; weerloos; *know the ~s* het klappen van de zweep kennen, van wanten weten; **II** *overg* (vast)binden; met een lasso vangen; ~ *in* afzetten [met een touw]; bijeenverzamelen [partijgenoten &]; ~ *off* afzetten (met touwen)
rope-ladder *znw* touwladder
rope-walk *znw* lijnbaan
rop(e)y ['roupi] *bn* gemeenz slecht, beroerd
rosary ['rouzəri] *znw* rozenkrans; rosarium *o*, rozenperk *o*, -tuin
1 rose [rouz] V.T. van [1]*rise*
2 rose [rouz] **I** *znw* roos[2]; rozet; rozenkleur, roze *o*; sproeier, broes [v. gieter, douche]; *under the ~* sub rosa: in het geheim; **II** *bn* roze
rosé ['rouzei, rou'zei] *znw* rosé
roseate ['rouziət] *bn* rozig, rooskleurig
rose-bud *znw* rozenknop
rose-coloured *bn* rooskleurig[2]
rose-hip *znw* rozenbottel
rosemary ['rouzməri] *znw* rozemarijn
roseola [rou'zi:ələ] *znw* uitslag bij mazelen &
rosette [rou'zet] *znw* rozet

rose-window ['rouzwindou] *znw* roosvenster *o*

rosewood ['rouzwud] *znw* rozenhout *o*, palissander *o*

Rosicrucian [rouzi'kru:ʃjən] *znw* Rozenkruiser

rosin ['rɔzin] **I** *znw* (viool)hars *o & m*; **II** *overg* met hars bestrijken

roster ['roustə, 'rɔstə] *znw* rooster *m & o*, lijst

rostrum ['rɔstrəm] *znw* (*mv*: -s *of* rostra [-trə]) spreekgestoelte *o*, tribune, podium *o*

rosy ['rouzi] *bn* rooskleurig; blozend; optimistisch; rozen-

rot [rɔt] **I** *znw* verrotting, rotheid; bederf *o*; rot *o*; gemeenz flauwekul; *the ~ set in* dat was het begin van het einde; toen ging (echt) alles mis; *stop the ~* de zaak (situatie) redden; **II** *onoverg* (ver)rotten

rota ['routə] *znw* rooster *m & o*, (naam)lijst

rotary ['routəri] *bn* rondgaand, draaiend, draai-, rotatie-; *R~ (Club)* genootschap *o* voor internationaal dienstbetoon

rotate [rou'teit] **I** *onoverg* draaien; rouleren; **II** *overg* doen draaien; laten rouleren; afwisselen

rotation *znw* draaiing, (om)wenteling; afwisseling; vruchtwisseling, wisselbouw (*~ of crops*); *by (in) ~* bij toerbeurt

rote [rout] *znw*: *by ~* van buiten; machinaal

rot-gut ['rɔtgʌt] *znw* bocht *o*, slechte jenever &

rotogravure ['routəgrəvjuə] *znw* koperdiepdruk

rotor ['routə] *znw* techn rotor

rotten ['rɔtn] *bn* verrot, rot, bedorven; gemeenz beroerd, akelig, snert-

rotter ['rɔtə] *znw* slang kerel van niks, snertvent

rotund [rou'tʌnd] *bn* rond; mollig, welgedaan, gezet; sonoor, vol [stem]

rotunda [rou'tʌndə] *znw* rotonde

rouble ['ru:bl] *znw* roebel

roué ['ru:ei] *znw* losbol

rouge [ru:ʒ] **I** *znw* rouge; **II** *overg* met rouge opmaken

rough [rʌf] **I** *bn* ruw², grof², bars, streng, hard(handig), moeilijk; ruig; oneffen; ongeslepen; ongepad [v. rijst]; onstuimig; onguur [zootje, element]; *a ~ copy* een klad(je) *o*; *a ~ diamond* gemeenz ruwe bolster (blanke pit) *a ~ house* een algemene vechtpartij; *cut up ~* opspelen, nijdig worden; *sleep ~* op straat slapen, dakloos zijn; **II** *znw* ruwe kant; oneffen terrein *o*; onguur element *o*, ruwe kerel; ijsnagel; *in ~* in het klad; *take the ~ with the smooth* tegenslagen voor lief nemen; **III** *overg*: *it* zich allerlei ongemakken getroosten; *~ out* in ruwe lijnen ontwerpen; *~ up* in de war maken; slang afranselen, afrossen

rough-and-ready *bn* primitief maar bruikbaar, geïmproviseerd

rough-and-tumble I *bn* onordelijk, ongeregeld; **II** *znw* kloppartij; fig veelbewogen (harde) tijd

roughcast I *znw* ruwe schets; eerste ontwerp *o*; ruwe pleisterkalk; **II** *bn* ruw

roughen *overg (& onoverg)* ruw maken (worden)

rough-hewn *bn* ruw behouwen of bekapt; fig grof, ruw

roughly *bijw* ruw &, zie *rough I*; ruwweg, globaal, zowat, ongeveer

roughneck *znw Am* slang schoft, keiharde jongen

rough-rider *znw* pikeur; hist ruiter van de ongeregelde cavalerie

roughshod *bijw*: *ride ~ over* honds behandelen, ringeloren; zich niet storen aan

rough-spoken *bn* ruw in de mond

roulette [ru:'let] *znw* roulette

Roumanian [ru:'meinjən] *znw & bn* Roemeen(s)

round [raund] **I** *bn* rond; stevig, flink [vaartje &]; *~ trip* rondreis; reis heen en terug, retour *o*; **II** *bijw* rond; in de rondte; rondom; in de omtrek; *all ~* overal, in alle richtingen, naar alle kanten; fig in het algemeen, in alle opzichten; *get ~* overhalen; ontwijken [moeilijkheden]; *a long way ~* een heel eind om; *~ about* rondom; langs een omweg; om en nabij [de vijftig &]; **III** *voorz* rondom, om, om ... heen, rond; *~ the bend* slang gek; *~ the clock* dag en nacht; **IV** *znw* kring, bol; ommegang; routine, sleur; rondreis, rond(t)e; toer [bij breien]; rondje *o*; sport; muz canon; snee [brood]; mil salvo *o*; *100 ~s of ammunition* mil 100 (stuks) patronen; *~ of applause* applaus *o*; *do the ~s* de ronde doen [v. gerucht]; *go (make) one's ~s* mil de ronde doen; *a job on the bread ~* een baantje als broodbezorger; **V** *overg* rond maken, (af)ronden, omringen; omgaan, omkomen [een hoek]; scheepv omzeilen; *~ off* afronden; *~ up* bijeendrijven; **VI** *onoverg*: *~ on* zich keren tegen

roundabout I *bn* om de zaak heen draaiend; *a ~ way* een omweg; **II** *znw* draaimolen; verkeersplein *o*, rotonde

rounded *bn* (af)gerond², rond

roundel ['raundl] *znw* medaillon *o*, schildje *o*; muz rondo *o*; rondedans

rounders ['raundəz] *znw mv* sp slagbal

round-house *znw* hist gevangenis; scheepv galjoen *o* [v. schip]

roundly *bijw* rond, ongeveer; ronduit; botweg, vierkant, onbewimpeld; flink

round-shouldered *bn* met gebogen rug, krom

roundsman *znw* bezorger

round-the-clock *bn* onafgebroken (gedurende een etmaal), 24-uur[dienst &]

round-up *znw* overzicht *o*; bijeendrijven *o*; omsingeling; klopjacht, razzia

rouse [rauz] **I** *overg* (op)wekken², doen ontwaken, wakker schudden; opjagen; prikkelen; **II** *wederk*: *~ oneself* zich vermannen; **III** *onoverg* ontwaken, wakker worden²

rousing *bn* (op)wekkend &; bezielend; geestdriftig

roust ['raust] *overg* opwekken; verjagen, verdrijven

roustabout ['raustəbaut] *znw Am* havenar-

beider
rout [raut] **I** *znw* zware nederlaag, algemene vlucht; troep, wanordelijke bende; lawaai o; **II** *overg* een zware nederlaag toebrengen, op de vlucht drijven; ~ *out* te voorschijn halen, opscharrelen
route [ru:t, *mil* raut] **I** *znw* route, weg, parcours o; *mil* marsorder; *en* ~ *for (to)* op weg naar; **II** *overg* leiden, zenden
route-march ['rautma:tʃ] *znw mil* afstandsmars
routine [ru:'ti:n] **I** *znw* routine, (gebruikelijke) procedure, sleur; *theat* nummer o; *fig* gemeenz afgezaagd verhaal o, oude (bekende) liedje o; **II** *bn* routine, dagelijks, gewoon, normaal
rove [rouv] **I** *onoverg* (om)zwerven; dwalen [v. ogen &]; **II** *overg* af-, doorzwerven
rover ['rouvə] *znw* zwerver
1 row [rou] *znw* rij, reeks, huizenrij; straat; *a hard* ~ *to hoe* een zwaar karwei o
2 row [rou] **I** *onoverg* roeien; **II** *znw* roeitochtje o; *go for a* ~ gaan roeien
3 row [rau] **I** *znw* gemeenz kabaal o, herrie, ruzie, standje o, rel; *kick up a* ~ herrie maken; **II** *overg* een standje maken; **III** *onoverg* herrie maken; ruzie maken
row-boat ['roubout] *znw* roeiboot
rowdy ['raudi] **I** *znw* ruwe kerel, rouwdouw(er), herrieschopper; ± (voetbal)vandaal, hooligan; **II** *bn* lawaaierig, rumoerig
rower ['rouə] *znw* roeier
rowing *znw* roeien o
rowlock ['rɔlək] *znw* roeiklamp, dolklamp, dol
royal ['rɔi(ə)l] **I** *bn* koninklijk[2], vorstelijk[2], konings-; ~ *blue* koningsblauw, diepblauw; prachtig; **II** *znw* gemeenz lid o v.d. koninklijke familie
royalist *znw* & *bn* koningsgezind(e), royalist(isch)
royally *bijw* koninklijk, vorstelijk
royalty *znw* 1 koningschap o; (lid o of leden van) de koninklijke familie; 2 royalty: aandeel in de opbrengst
rozzer ['rɔzə] *znw* slang smeris
r.p.m. *afk.* = *revolutions per minute* omwentelingen per minuut
RSVP *afk.* = *répondez s'il vous plaît* r.s.v.p., antwoord alstublieft
rub [rʌb] **I** *overg* wrijven, inwrijven, afwrijven, boenen, poetsen; masseren; schuren (over); ~ *elbows with* omgaan met; ~ *one's eyes* zich de ogen uitwrijven[2]; ~ *shoulders with* omgaan met; ~ *sbd. (up) the wrong way* iem. verkeerd aanpakken, irriteren; **II** *onoverg*: ~ *along* gemeenz voortsukkelen; ~ *along (together)* gemeenz het kunnen vinden, opschieten (met elkaar); ~ *down* afwrijven°, boenen; roskammen; ~ *in* inwrijven; ~ *it in* onder de neus wrijven; ~ *off* afwrijven; er afgaan; ~ *off on* fig overgaan op; ~ *out* uitwissen, uitvegen; er afgaan; slang uit de weg ruimen, doden; ~ *through* zich erdoorheen slaan; **III** *znw* wrijven o, wrijving; massage; moeilijkheid; *there's the* ~ daar zit hem de moeilijkheid

rub-a-dub ['rʌbə'dʌb] *znw* gerombom o [v. trom], gerommel o
rubber ['rʌbə] *znw* rubber; vlakgom; gemeenz kapotje o
rubber band *znw* elastiekje o
rubberneck **I** *znw* Am slang kijklustig (nieuwsgierig) iem., gaper, vooral toerist; **II** *onoverg* zich vergapen, nieuwsgierig rondgluren
rubber plant *znw* rubberplant, ficus [*Ficus elastica*]
rubber stamp *znw* stempel
rubber-stamp *overg* automatisch/zonder nadenken goedkeuren
rubbery *bn* rubberachtig
rubbish ['rʌbiʃ] **I** *znw* puin o; uitschot o, afval o, rommel; ~*!* gemeenz onzin!; **II** *overg* gemeenz afbreken, afkammen, kwaadspreken van, afkraken
rubbishy *bn* snert-, prullig; gemeenz belachelijk, onzinnig
rubble ['rʌbl] *znw* puin o; steenslag o; breuksteen, natuursteen o & *m*
rube [ru:b] *znw* Am slang boerenpummel
rubella [ru(:)'belə] *znw* med rodehond
rubicund ['ru:bikənd] *bn* rood, blozend
rubric ['ru:brik] *znw* rubriek; titel
ruby ['ru:bi] *znw* robijn
ruche [ru:ʃ] *znw* ruche
1 ruck [rʌk] *znw* grote hoop, troep, massa
2 ruck [rʌk] **I** *znw* kreukel, plooi; **II** *overg* & *onoverg* kreukelen, plooien (ook: ~ *up*)
rucksack ['rʌksæk] *znw* rugzak
ructions ['rʌkʃnz] *znw mv* gemeenz heibel, herrie, ruzie
rudder ['rʌdə] *znw* scheepv roerblad o; roer o
rudderless *bn* stuurloos[2]
ruddy ['rʌdi] *bn* (fris) rood, blozend; gemeenz verdomd [vervelend &]
rude [ru:d] *bn* ruw, grof, ruig; hard, streng; onbeschaafd, onbeleefd, onheus; lomp, primitief; *be in* ~ *health* in blakende welstand zijn; ~ *things* onbeleefdheden, grofheden
rudiment ['ru:dimənt] *znw* rudiment o; ~*s* eerste beginselen
rudimentary [ru:di'mentəri] *bn* elementair, aanvangs-; rudimentair
rue [ru:] *overg* betreuren, berouw hebben over; *you shall* ~ *the day* het zal je berouwen
rueful *bn* spijtig, berouwvol, teleurgesteld
ruff [rʌf] **I** *znw* 1 (geplooide) kraag; 2 dierk kemphaan; **II** *overg* & *onoverg* (af-) troeven
ruffian ['rʌfjən] *znw* bandiet, schurk; woesteling
ruffianly *bn* schurkachtig; woest
ruffle ['rʌfl] **I** *overg* frommelen, plooien, rimpelen, in (door) de war maken; verstoord maken, verstoren; ~ *(up)* opzetten [veren]; **II** *onoverg* rimpelen; **III** *znw* rimpeling; (geplooide) kraag of boord o & *m*
rug [rʌg] *znw* reisdeken, plaid; (haard-) kleedje o
rugby (football) ['rʌgbi] *znw* rugby o
rugged ['rʌgid] *bn* ruig, ruw; oneffen, hob-

belig; doorgroefd; grof; onbehouwen; hard; gemeenz sterk, krachtig, stoer, robuust

rugger ['rʌgə] *znw* *sp* gemeenz rugby *o*

ruin ['ruin] **I** *znw* ondergang, verderf *o*, vernietiging; ruïne²; puinhoop, puin *o* (ook: ~s); *be (lie) in ~s* in puin liggen; fig ingestort zijn; *run to ~* in verval geraken; **II** *overg* verwoesten, vernielen; ruïneren, te gronde richten

ruination [rui'neiʃən] *znw* ondergang, verderf *o*

ruinous ['ruinəs] *bn* verderfelijk, ruïneus

rule [ru:l] **I** *znw* regel°; levensregel, (vaste) gewoonte; voorschrift *o*; norm; liniaal, duimstok; maatstaf; streep, streepje *o*; bewind *o*, regering, bestuur *o*, heerschappij; recht beslissing; ~s ook: reglement *o*; ~ *of action* gedragslijn; *the ~ of law* het recht; ~ *of thumb* vuistregel; *as a ~* doorgaans; *work to ~* een stiptheidsactie voeren; **II** *overg* liniëren, trekken [lijnen]; regeren, heersen over; beheersen [prijzen]; beslissen (dat *that*); *be ~d by* ook: zich laten leiden door; ~ *off* afscheiden door een lijn; ~ *out* uitsluiten; uitschakelen; **III** *onoverg* heersen, regeren (over *over*)

ruler *znw* bestuurder, regeerder, heerser; liniaal

ruling **I** *bn* (over)heersend; ~ *prices* handel marktprijzen; **II** *znw* liniëring; beslissing

1 rum [rʌm] *znw* rum

2 rum [rʌm] *bn* gemeenz vreemd, raar; *a ~ customer* een rare vogel

Rumanian *znw & bn* Roemeen(s) (*o*)

rumble ['rʌmbl] **I** *onoverg* rommelen; dreunen; denderen; **II** *overg* slang doorzien, begrijpen; **III** *znw* gerommel *o*; gedreun *o*; gedender *o*; slang gevecht *o* tussen jeugdbenden

rumbustious [rʌm'bʌstiəs] *bn* lawaai(er)ig

ruminant ['ru:minənt] *bn (znw)* herkauwend [dier *o*]

ruminate ['ru:mineit] **I** *overg* herkauwen; be-, overpeinzen; **II** *onoverg* herkauwen; peinzen, nadenken; ~ *over* be-, overpeinzen; ~ *upon* (on, of, about) broeden op, denken over

rumination [ru:mi'neiʃən] *znw* herkauwing; fig overdenking, gepeins *o*

ruminative ['ru:minətiv] *bn* nadenkend, peinzend

rummage ['rʌmidʒ] **I** *onoverg* rommelen, woelen, snuffelen (in *among*); rommel maken; ~ *for* opscharrelen; **II** *znw* rommel; gesnuffel *o*, doorzoeking

rummy ['rʌmi] *znw* kaartsp rummy *o*

rumour ['ru:mə] **I** *znw* gerucht *o*; **II** *overg* (bij gerucht) verspreiden; uitstrooien; *it is ~ed that...* er gaat een gerucht dat...

rump [rʌmp] *znw* stuitbeen *o*, stuit, stuitstuk *o*; achterste *o*, achterstuk *o*; overschot *o*; *the R~* het Rompparlement *o* [1648-53 & 1659]

rumple ['rʌmpl] *overg* verkreuk(el)en, kreuken, vouwen, in de war maken, verfrommelen

rumpsteak ['rʌmpsteik] *znw* biefstuk

rumpus ['rʌmpəs] *znw* gemeenz herrie, heibel, keet

rumrunner ['rʌmrʌnə] *znw* dranksmokkelaar; schip *o* waarmee drank gesmokkeld wordt

1 run* [rʌn] **I** *onoverg* lopen°, (hard)lopen, rennen, hollen, snellen, gaan, rijden; in actie zijn, aan 't werk zijn, werken, bewegen; in omloop zijn, geldig zijn; gaan lopen, deserteren; deelnemen aan de (wed)strijd, kandidaat zijn; in elkaar lopen [kleuren]; lekken, vloeien, stromen, smelten; ladderen [kous]; etteren; luiden [v. tekst]; ~ *cold* koud worden; *my blood ran cold* het bloed stolde mij in de aderen; ~ *high* hooggespannen zijn [verwachtingen]; ~ *late* vertraging hebben; ~ *small* klein uitvallen, klein van stuk zijn; **II** *overg* laten lopen [treinen &]; laten draven [paard]; laten deelnemen [aan (wed)strijd], stellen [een kandidaat]; racen met; strijken met; steken, halen, rijgen [draad, degen]; drijven, besturen, leiden, exploiteren, runnen [zaak, machine &]; houden [wedren]; geven [cursus, voorstelling]; vervolgen, achtervolgen, nazetten [vos &]; verbreken [blokkade]; smokkelen; stromen [bloed]; ~ *sbd. close (hard)*, ~ *sbd. a close second* iem. dicht op de hielen zitten; ~ *across* toevallig ontmoeten, tegen het lijf lopen; ~ *after* nalopen²; ~ *along* weggaan; ~ *at* losstormen op; ~ *away* weglopen, ervandoor gaan; op hol slaan; *don't ~ away with that idea* verbeeld je dat maar niet; ~ *down* uitgeput raken; verlopen; omverlopen, overrijden; opsporen; uitputten [onderwerp]; fig afbreken, afgeven op; verminderen; *feel ~ down* zich op, leeg voelen; ~ *for it* gemeenz het op een lopen zetten; ~ *in* slang inrekenen; ~ *into sbd.* even aanlopen bij iem.; ~ *into* aanrijden (tegen), aanvaren; (toevallig) ontmoeten, tegen het lijf lopen; ~ *into debt* schulden maken; *it ~s into a large sum* het loopt in de papieren; ~ *off* weglopen; op papier gooien; afdrukken, afdraaien [met stencilmachine]; ~ *(up-)on* doorlopen; voorbijgaan; (door)ratelen; ~ *out* aflopen [termijn]; opraken [voorraad]; ~ *out of provisions* door zijn voorraad heen raken; ~ *out on* slang in de steek laten; ~ *over* (in gedachten) nagaan; doorlopen; overrijden; ~ *through* lopen door [v. weg]; doorlopen [brief &]; erdoor jagen; ~ *sbd. through* iem. doorsteken; ~ *to earth* te pakken krijgen, vinden [iem.]; *it will ~ to eight pages* het zal wel acht bladzijden beslaan (bedragen); *the money won't ~ to it* zo ver reikt mijn geld niet; ~ *up* laten oplopen; in elkaar zetten; hijsen [vlag]; ~ *up bills* rekeningen op laten lopen; ~ *up against* komen te staan voor [hindernis, moeilijkheid]; ~ *with* druipen van [bloed &]

2 run [rʌn] *znw* loop, aanloop; verloop *o* [v. markt]; plotselinge vraag (naar *on*); run; bestorming [v. bank]; ladder [in kous]; run [bij cricket]; toeloop; ren, wedloop; muz loopje *o*; vrije toegang (tot *of*), vrije beschikking (over *of*); vaart [bij het zeilen]; uitstapje *o*, reis, rit; traject *o*; periode, reeks, serie; slag *o*, soort, type *o*; kudde [vee], troep, school [vissen]; kippenren; weide [v. schapen &]; goot; luchtgang [in mijn]; *the play had a ~ of 300 nights* werd 300 keer achter elkaar opgevoerd; *a ~ of ill luck* voortdurende pech; *have the ~ of the library* vrije toegang hebben tot de bibliotheek; *at a ~* op een loopje; *in the long ~* op den duur; *in the short ~* op korte termijn; *on the ~* op de vlucht; in de weer, bezig; *out of the common ~* niet gewoon; *with a ~* met een vaartje

run-about *znw* gemeenz wagentje *o*; bootje *o*

runaway I *znw* vluchteling; deserteur; (van huis) weggelopen kind *o*; **II** *bn* weggelopen, op hol (geslagen); *a ~ victory (win)* een glansrijke overwinning

run-down *bn* afgelopen [van uurwerk]; vervallen, verlopen [zaak]; op [v. vermoeidheid]

1 rung [rʌŋ] *znw* sport [v. ladder of stoel]

2 rung [rʌŋ] V.D. van *²ring*

run-in [ˈrʌnin] *znw* gemeenz aanloop; vechtpartij, schermutseling, ruzie

runnel [ˈrʌnl] *znw* beekje *o*; goot

runner [ˈrʌnə] *znw* loper²; hardloper, renpaard *o*; schaatsijzer; plantk uitloper; klimboon; scheepv blokkadebreker (*blockade-~*); [in samenstelling] smokkelaar; schuifring

runner-bean *znw* klimboon

runner-up *znw* mededinger die in wedstrijd als tweede aankomt, nummer twee; opjager [bij verkopingen]

running I *bn* lopend°, doorlopend, achtereenvolgend; strekkend [bij meting]; med etterend; race-; *four times ~* viermaal achtereen; *~ board* treeplank; *~ commentary* direct verslag *o*, [radio]reportage; *~ costs* bedrijfskosten, exploitatiekosten; *~ mate* pol tweede man [bij verkiezingen]; *~ track* baan voor hardlopen; **II** *znw* lopen *o*, loop, ren; smokkelen *o*; *he is not in the ~ at all, he is fairly out of the ~* hij komt helemaal niet in aanmerking, heeft helemaal geen kans; *make the ~* het tempo aangeven

runny [ˈrʌni] *bn* vloeibaar, zacht; tranend [ogen]; *~ nose* loopneus

run-off [ˈrʌnɔf] *znw* sp beslissende race/ wedstrijd(en) [na gelijke stand]

run-of-the-mill *bn* gewoon, doorsnee

runt [rʌnt] *znw* klein rund *o*; onderdeurtje *o*, onderkruipsel *o*

run-through [ˈrʌnθruː] *znw* repetitie

run-up [ˈrʌnʌp] *znw* voorbereiding(stijd), aanloop

runway [ˈrʌnwei] *znw* loop; pad *o*; sponning; start- of landingsbaan

rupee [ruːˈpiː] *znw* roepie [munteenheid]

rupture [ˈrʌptʃə] **I** *znw* breuk²; scheuring; **II** *overg* verbreken, breken, scheuren, doen

springen [aderen &]; *be ~d* med een breuk hebben (krijgen); **III** *onoverg* breken, springen [aderen &]

rural [ˈruərəl] *bn* landelijk; plattelands-

ruse [ruːz] *znw* krijgslist, list, kunstgreep

1 rush [rʌʃ] *znw* plantk bies

2 rush [rʌʃ] **I** *onoverg* (voort)snellen, ijlen, stuiven, schieten, rennen, stormen, jagen; zich storten; stromen; ruisen; **II** *overg* aan-, losstormen op, bestormen², stormlopen op; overrompelen²; (voort)jagen; in aller ijl zenden; haast maken met; *be ~ed off one's feet* het vreselijk druk hebben; *be ~ed for time* in tijdnood zitten; *~ matters* overijld te werk gaan; *~ at* bestormen; *~ into extremes* van het ene uiterste in het andere vervallen; *~ on* voortsnellen &; *~ out* snel op de markt brengen; *~ through* erdoor jagen [wetsontwerp]; *~ to conclusions* voorbarige gevolgtrekkingen maken; *~ upon* losstormen op; **III** *znw* vaart, haast; bestorming², stormloop (op *on*); grote drukte; stroom [v. emigranten &]; geraas *o*, geruis *o*; aandrang; slang flash [na gebruik v. drugs &]; *~es* dagproductie [v. film]; *make a ~ for* losstormen op; stormlopen om; *with a ~* stormenderhand; **IV** *bn: the ~ hour* spitsuur *o*; *~ job* spoedkarwei *o*; *~ order* spoedbestelling

rushlight [ˈrʌʃlait] *znw* nachtpitje *o*

rusk [rʌsk] *znw* beschuit, beschuitje *o*

russet [ˈrʌsit] **I** *znw* roodbruin *o*; soort gulden [appel]; **II** *bn* roodbruin

Russia [ˈrʌʃə] *znw* Rusland *o*

Russian I *znw* Rus; Russisch *o*; **II** *bn* Russisch; *~ salad* huzarensla

rust [rʌst] **I** *znw* roest°; **II** *onoverg* (ver-)roesten, fig achteruitgaan (door nietsdoen); **III** *overg* doen (ver)roesten

rustic [ˈrʌstik] **I** *bn* landelijk, boers; boeren-, land-; rustiek; **II** *znw* landman, boer²

rusticate I *onoverg* buiten (gaan) wonen; **II** *overg* onderw tijdelijk verwijderen [v.d. universiteit]

rustle [ˈrʌsl] **I** *onoverg* ritselen, ruisen; **II** *overg* Am slang stelen [vooral vee]; *~ up* gemeenz opscharrelen; **III** *znw* geritsel *o*, geruis *o*

rustproof *bn* roestvrij

rusty *bn* roestig, roestkleurig; verschoten; *my French is a little ~* mijn Frans moet opgehaald worden

1 rut [rʌt] **I** *znw* wagenspoor *o*, spoor *o*, groef; fig sleur; **II** *overg* sporen maken in

2 rut [rʌt] **I** *znw* bronst(tijd); **II** *onoverg* bronstig zijn

ruthless *bn* meedogenloos

rutting [ˈrʌtiŋ] *znw* bronst; *~ season* bronsttijd

rutty [ˈrʌti] *bn* vol (wagen)sporen en gaten

Rwanda [ruˈændə] *znw* Rwanda *o*

Rwandan *znw* & *bn* Rwandees

rye [rai] *znw* plantk rogge; Am whisky uit rogge; *~ bread* roggebrood *o*

S

s [es] *znw* (de letter) s
S. *afk.* = *south(ern)*
's *verk.* van *has, is, us*
Sabbath ['sæbəθ] *znw* sabbat; rustdag; zondag
sabbatical [sə'bætikl] *bn* sabbat(s)-; ~ *(year)* sabbat(s)jaar o; onderw verlofjaar o
sable ['seibl] **I** *znw* dierk sabeldier o; sabelbont o; **II** *bn* zwart, donker
sabot ['sæbou] *znw* klomp
sabotage ['sæbəta:ʒ] **I** *znw* sabotage; **II** *overg & onoverg* saboteren
saboteur [sæbə'tə:] *znw* saboteur
sabre ['seibə] *znw* (cavalerie)sabel; ~ *rattling* wapengekletter o, militair vertoon o
sac [sæk] *znw* buidel, holte
saccharin ['sækərin] *znw* Am = *saccharine* II
saccharine ['sækərain] **I** *bn* sacharine-; fig zoetsappig, zoetelijk; **II** *znw* sacharine
sacerdotal ['sæsə'doutl] *bn* priesterlijk, priester-
sachet ['sæʃei] *znw* sachet o, zakje o, builtje o
1 sack [sæk] *znw* (grote) zak; hobbezak [kledingstuk]; gemeenz zak, ontslag o; gemeenz nest o, bed o, koffer
2 sack [sæk] **I** *onoverg* plunderen; **II** *znw* plundering
3 sack [sæk] *znw* vero Spaanse wijn
sackcloth ['sækklɔθ] *znw* zakkenlinnen o; *in* ~ *and ashes* bijbel in zak en as
sacking *znw* paklinnen o; gemeenz zak, ontslag o
sack-race ['sækreis] *znw* zaklopen o
sacral ['seikrəl] *bn* anat sacraal
sacrament ['sækrəmənt] *znw* sacrament o
sacramental [sækrə'mentl] *bn* sacramenteel
sacred ['seikrid] *bn* heilig², geheiligd, gewijd, geestelijk, kerk-; ~ *cow* fig heilige koe; ~ *to the memory of...* hier rust... [op grafstenen]
sacrifice ['sækrifais] **I** *znw* offerande, offer o; opoffering; **II** *overg* (op)offeren; ten offer brengen; **III** *wederk:* ~ *oneself* zich opofferen (voor anderen)
sacrificial [sækri'fiʃ(ə)l] *bn* offer-
sacrilege ['sækrilidʒ] *znw* heiligschennis², kerkroof
sacrilegious [sækri'lidʒəs] *bn* (heilig-)schennend
sacrist ['seikrist] *znw* sacristein
sacristan *znw* koster; sacristein
sacristy *znw* sacristie
sacrosanct ['sækrousæŋkt] *bn* bijzonder heilig; fig onaantastbaar
sacrum ['seikrəm] *znw* (*mv:* -s *of* sacra) heiligbeen o
sad [sæd] *bn* droevig, bedroefd, verdrietig, treurig; somber, donker [kleur]
sadden I *overg* bedroeven, somber maken; **II** *onoverg* bedroefd raken, somber worden
saddle ['sædl] **I** *znw* zadel m & o; juk o,

schraag; rug-, lendestuk o; *in the* ~ in het zadel, de leiding hebbend; **II** *overg* zadelen; *be* ~*d with* gemeenz opgescheept zitten met; **III** *wederk:* ~ *oneself with* gemeenz op zich nemen; **IV** *onoverg* (op-) zadelen (ook: ~ *up*)
saddlebacked *bn* met een zadelrug
saddle-bag *znw* zadeltas, zadelzak
saddler *znw* zadelmaker
saddlery *znw* zadelmakerij; zadelmakersartikelen
sadism ['seidiz(ə)m, 'sædiz(ə)m] *znw* sadisme o
sadist *znw* sadist
sadistic [sə'distik, sæ'distik] *bn* sadistisch
sadly ['sædli] *bijw* droevig, bedroefd, treurig; versterkend bar, zeer, erg, danig, deerlijk
sadness *znw* droefheid, treurigheid
s.a.e. *afk.* = *stamped addressed envelope* envelop met adres en postzegel [t.b.v. retourzending]
safari [sə'fa:ri] *znw* safari
safe [seif] **I** *bn* veilig, ongedeerd, behouden, gezond en wel (ook: ~ *and sound*); betrouwbaar, vertrouwd; solide; zeker; ~ *conduct* vrijgeleide o; ~ *custody* verzekerde bewaring; ~ *sex* safe sex; *a* ~ *winner (first)* wie zeker de (eerste) prijs haalt; *be on the* ~ *side* het zekere voor het onzekere nemen; ~ *from* beveiligd (gevrijwaard) voor, buiten bereik van; *play it* ~ voorzichtig handelen, het voorzichtig aan doen; **II** *znw* brandkast
safe-conduct *znw* vrijgeleide o
safe-deposit *znw* kluis [v.e. bank]; ~ *box* safeloket o
safeguard I *znw* beveiliging, bescherming, vrijwaring, waarborg; **II** *overg* beschermen, verzekeren, vrijwaren, waarborgen, beveiligen
safe-keeping *znw* (veilige) bewaring, hoede, veiligheid
safely *bijw* veilig, ongedeerd, behouden, gezond en wel; goed (en wel); gerust
safety *znw* veiligheid, zekerheid
safety-belt *znw* veiligheidsgordel
safety-catch *znw* veiligheidsgrendel, -pal
safety curtain *znw* brandscherm o
safety net *znw* vangnet o
safety pin *znw* veiligheidsspeld
safety-valve *znw* veiligheidsklep²; fig uitlaatklep
saffron ['sæfrən] **I** *znw* saffraan; **II** *bn* saffraankleurig, -geel
sag [sæg] **I** *onoverg* verzakken, doorbuigen; (door)zakken, inzakken; (slap) hangen (ook: ~ *down*); handel teruglopen, dalen; **II** *znw* door-, verzakking, doorbuiging; handel daling
saga ['sa:gə] *znw* romancyclus
sagacious [sə'geiʃəs] *bn* scherpzinnig, schrander
sagacity [sə'gæsiti] *znw* scherpzinnigheid, schranderheid
1 sage [seidʒ] **I** *bn* wijs; **II** *znw* wijze, wijsgeer
2 sage [seidʒ] *znw* plantk salie

Sagittarius [sædʒiˈtɛəriəs] *znw* Boogschutter

sago [ˈseigou] *znw* sago

said [sed] V.T. & V.D. van *[1]say*

sail [seil] **I** *znw* scheepv zeil° o, zeilen; zeiltocht; (zeil)schip o, -schepen; wiek [v. molen]; *set ~* uitzeilen, op reis gaan, de reis beginnen; met volle zeilen; *under ~* varend, zeilend; **II** *onoverg* zeilen, stevenen; uitzeilen, (uit-, af)varen [ook stoomboot]; zweven; *~ into* gemeenz aanpakken, onder handen nemen; *~ close to the wind* bijna, maar net niet illegaal, immoreel of gevaarlijk handelen; **III** *overg* laten zeilen; (be)sturen; bevaren [de zeeën]; doorklieven [het luchtruim]; *~ through* fig (een examen &) op zijn sloffen halen

sailboarding *znw* plankzeilen o

sailboat *znw* Am zeilboot

sailcloth *znw* zeildoek o & m

sailer *znw* zeiler, zeilschip o

sailing *znw* scheepv zeilen o, varen o &; afvaart; *it's all plain ~* het gaat van een leien dakje

sailing boat *znw* zeilboot

sailing-ship *znw* zeilschip o

sailor *znw* matroos, zeeman; matelot [hoed]; *a bad (good) ~* wie veel (weinig) last van zeeziekte heeft

saint [seint] **I** *bn* sint, heilig; **II** *znw* heilige; *my ~'s day* mijn naamdag

Saint-Christopher-Nevis [sntˈkristəfəniːvis] *znw* = Saint-Kitts-Nevis

sainted *bn* heilig, heilig verklaard; in de hemel; vroom; *our ~ father* vader zaliger

sainthood *znw* heiligheid; heiligen

Saint-Kitts-Nevis [sntˈkitsniːvis] *znw* Saint-Kitts-Nevis o, officieel Saint-Christopher-Nevis o

Saint-Lucia [sntˈluːʃə] *znw* Saint-Lucia o

saintly *bn* als een heilige, heilig, vroom

Saint-Vincent [sntˈvinsənt] *znw* Saint-Vincent o

sake [seik] *znw: for the ~ of* ter wille van; *for God's ~* om godswil; *for the mere ~ of saying something* alleen maar om iets te zeggen; *art for art's ~* l'art pour l'art

salaam [səˈlaːm] **I** *znw* moslimgroet met diepe buiging; **II** *overg* eerbiedig groeten

salable [ˈseiləbl] *bn* Am = saleable

salacious [səˈleiʃəs] *bn* geil, wellustig; gewaagd [verhaal]

salacity [səˈlæsiti] *znw* geilheid, wellustigheid

salad [ˈsæləd] *znw* salade, sla

salad-days *znw mv* jeugd en jonge jaren

salad-dressing *znw* slasaus

salamander [ˈsæləmændə] *znw* salamander

salaried *bn* bezoldigd, gesalarieerd

salary [ˈsæləri] *znw* salaris o, bezoldiging, loon o

sale [seil] *znw* verkoop, verkoping, veiling; *~s* uitverkoop, opruiming; *(up) for ~* te koop; *on ~* verkrijgbaar, te koop

saleable *bn* verkoopbaar; gewild; *~ value* verkoopwaarde

sale-room *znw* verkooplokaal o, venduhuis o, veilingzaal

sales clerk *znw* Am verkoper, verkoopster

salesgirl *znw* verkoopster

salesman *znw* verkoper; handelsreiziger, vertegenwoordiger [v.e. firma]

salesmanship *znw* verkooptechniek

salesperson *znw* winkelbediende

saleswoman *znw* verkoopster, winkelbediende; vertegenwoordigster, agente

salient [ˈseiljənt] **I** *bn* (voor)uitspringend, uitstekend; opvallend, markant; **II** *znw* vooruitspringende punt, mil saillant

saline I *bn* [ˈseilain, səˈlain] zoutachtig, -houdend, zout; zout-; **II** *znw* [səˈlain] zoutoplossing; laxeerzout o

salinity [səˈliniti] *znw* zout(ig)heid; zoutgehalte o

saliva [səˈlaivə] *znw* speeksel o

salivary [ˈsælivəri] *bn* speekselachtig, speeksel-

salivate [ˈsæliveit] *onoverg* kwijlen

1 sallow [ˈsælou] *znw* waterwilg

2 sallow [ˈsælou] *bn* ziekelijk bleek, vuilgeel, vaal

sally [ˈsæli] **I** *znw* uitval; (geestige) inval, kwinkslag, boutade; **II** *onoverg: ~ forth (out)* eropuit gaan

salmon [ˈsæmən] **I** *znw (mv idem of -s)* dierk zalm; zalmkleur; **II** *bn* zalmkleurig

salmonella [sælməˈnelə] *znw* salmonella

salon [ˈsælɔːŋ, ˈsalɔŋ] *znw* ontvangkamer, salon; kring van kunstenaars

saloon [səˈluːn] *znw* zaal; salon; grote kajuit; Am tapperij, bar

saloon bar *znw* comfortabele bar in een *public house*

saloon car *znw* (gesloten) luxewagen [auto]; salonwagen [v. trein]

salsify [ˈsælsifi] *znw* plantk preibladige boksbaard, blauwe morgenster; *black ~* schorseneer

salt [sɔːlt] **I** *znw* zout o; gemeenz zeerob; *~s* Engels zout o; reukzout o; *the ~ of the earth* het zout der aarde, voortreffelijke of deugdzame mensen; *old ~* gemeenz ouwe zeerob; *with a pinch (grain) of ~* met een korreltje zout; *rub ~ in the wound* zout in de wond strooien; **II** *bn* zout, zilt, gezouten; **III** *overg* zouten²; met zout besprenkelen; pekelen; inzouten²; *~ away* oppotten, opzij leggen [v. geld]

saltation [sælˈteiʃən] *znw* springen o; sprong, dans

salt-cellar [ˈsɔːltselə] *znw* zoutvaatje o

salted *bn* gezouten°; zout; ingezouten

saltern *znw* zoutziederij; zouttuin (= zoutpannen)

salt mine *znw* zoutmijn

saltpetre [ˈsɔːltpiːtə] *znw* salpeter

salt-water *bn* zoutwater-

salty *bn* zout(acht)ig, zilt(ig); pittig, pikant

salubrious [səˈluːbriəs] *bn* gezond, heilzaam

salubrity *znw* gezondheid, heilzaamheid

salutary [ˈsæljutəri] *bn* heilzaam, weldadig, zegenrijk

salutation [sælˈjuːteiʃən] *znw* groet, begroeting; groetenis (des engels)

salute [səˈluːt] **I** *overg* (be)groeten (met

with); mil & scheepv salueren; eer bewijzen aan; II *onoverg* groeten; mil het saluut
geven, salueren; saluutschoten lossen; III
znw groet, begroeting; eerbewijs o; mil sa-
luut(schot) o; *take the* ~ mil de parade afnemen

salvage I *znw* berging; bergloon o; geborgen goed o; afvalstoffen, oude materialen;
II *overg* bergen

salvation [sæl'veiʃən] *znw* zaligmaking°, zaligheid, heil o, redding; *S~ Army* Leger o
des Heils

salvationist I *znw* heilsoldaat, heilsoldate;
II *bn* van het Leger des Heils

salve [sa:v, sælv] I *znw* zalf, balsem; fig zalfje
o, pleister (op de wonde); II *overg* sussen,
verzachten; helen

salver ['sælvə] *znw* presenteerblad o

salvo ['sælvou] *znw* (*mv*: -s *of* -voes) salvo o

salvor ['sælvə] *znw* scheepv berger, ber-
gingsvaartuig o

Samaritan [sə'mæritən] I *znw* Samaritaan;
the ~s ± SOS telefonische hulpdienst; *good*
~ barmhartige Samaritaan; II *bn* Samari-
taans

same [seim] *bn* & *znw* zelfde, genoemde;
gelijk; eentonig; *all the* ~ niettemin, toch;
evengoed; ~ *to you!* van 't zelfde!; *it's all*
the ~ *to me* het is me om het even, het
maakt me niets uit; ~ *again!* hetzelfde
a.u.b.!; ~ *difference* gemeenz wat maakt
het uit, wat dondert het ook

sameness *znw* gelijkheid; eentonigheid

samovar [sæmə'va:] *znw* samowaar [toestel
o om op Russische wijze thee te zetten]

sampan ['sæmpæn] *znw* sampan [klein
oosters kustvaartuig o]

sample ['sa:mpl] I *znw* handel staal o, monster o; proef; fig staaltje o; steekproef; II
overg handel monsters nemen van; keuren, proeven; ondervinding opdoen van;
een steekproef nemen

sampler *znw* merklap

sanatorium [sænə'tɔ:riəm] *znw* (*mv*: -s *of* sa-
natoria) sanatorium o

sanctification [sæŋktifi'keiʃən] *znw* heilig-
making, heiliging

sanctify ['sæŋktifai] *overg* heiligen, heilig
maken; wijden; reinigen van zonde

sanctimonious [sæŋkti'mounjəs] *bn* schijnheilig

sanction ['sæŋkʃən] I *znw* sanctie; goedkeuring, bekrachtiging; dwangmaatregel; II
overg wettigen, bekrachtigen, sanctione-
ren

sanctity ['sæŋktiti] *znw* heiligheid, onschendbaarheid

sanctuary ['sæŋktjuəri] *znw* heiligdom o, Al-
lerheiligste o; asiel o, toevluchtsoord o;
[vogel-, wild]reservaat o

sanctum ['sæŋktəm] *znw* heiligdom² o, gewijde plaats

sand [sænd] I *znw* zand o; *the* ~s ook: het
strand; de woestijn; *the* ~*s are running out*
de tijd is bijna verstreken; II *overg* met
zand bestrooien; met zand (of schuurpapier) schuren, polijsten (ook: ~ *down*)

sandal ['sændl] *znw* 1 sandaal; 2 sandelhout
o

sandalwood *znw* sandelhout o

sandbag ['sændbæg] I *znw* zandzak; II
overg met zandzakken barricaderen (versterken)

sandbank *znw* zandbank

sand-bar *znw* zandplaat

sand-blast I *znw* zandstraal; II *overg* & *abs*
ww zandstralen

sandboy *znw*: *as happy as a* ~ heel vrolijk
en zorgeloos

sandcastle *znw* zandkasteel o

sander *znw* schuurmachine

sand-glass *znw* zandloper

sandman *znw* zandman, Klaas Vaak

sandpaper I *znw* schuurpapier o; II *overg*
met schuurpapier (glad)wrijven

sandpiper *znw* dierk oeverloper

sand-pit *znw* zandbak; zandkuil

sandstone *znw* zandsteen o & m

sandstorm *znw* zandstorm

sandwich ['sænwidʒ, -witʃ] I *znw* sandwich;
II *overg* leggen, plaatsen of schuiven tussen; ~*ed between... and...* geklemd (ge-
perst) tussen... en...

sandwich-board *znw* reclamebord o

sandwich course *znw* ± leerlingstelsel o

sandwich-man *znw* loper met reclamebord voor en achter

sandy ['sændi] *bn* zand(er)ig; rossig, blond;
~ *road* zandweg

sane [sein] *bn* gezond (van geest); (goed) bij
zijn verstand; verstandig, zinnig

sang [sæŋ] V.T. van *sing*

sangfroid ['sã:ŋfrwa:] *znw* koelbloedigheid

sanguinary ['sæŋgwinəri] *bn* bloeddorstig;
bloedig; ook = *bloody* I 1

sanguine *bn* bloedrood; bloed-; fig hoopvol, optimistisch

sanguineous [sæŋ'gwiniəs] *bn* volbloedig;
bloedrood, bloed-

sanitarium [sæni'tɛəriəm] *znw* (*mv*: -s *of* sa-
nitaria) Am = *sanatorium*

sanitary ['sænitəri] *znw* sanitair, gezond-
heids-, hygiënisch; ~ *inspector* inspecteur
van volksgezondheid; ~ *napkin*, ~ *towel*
maandverband o

sanitation [sæni'teiʃən] *znw* sanitaire inrichting; gezondheidswezen o

sanity ['sæniti] *znw* gezondheid, gezonde
opvatting, gezond verstand o

sank [sæŋk] V.T. van ¹*sink*

San Marino [sænmə'ri:nou] *znw* San Marino
o

Sanskrit ['sænskrit] *znw* Sanskriet o

Santa Claus ['sæntə'klɔ:z] *znw* het kerstmannetje: *Father Christmas*

São Tomé and Principe [sau tə'mei ænd
'prinsəpə] *znw* São Tomé en Principe

1 sap [sæp] *znw* plankt (planten)sap o, vocht
o; plankt spint o; Am gemeenz sufferd, sul
(ook: *saphead*)

2 sap [sæp] *overg* ondergraven, ondermijnen²

sapid ['sæpid] *bn* smakelijk; fig interessant

sapient *bn* wijs; eigenwijs, wijsneuzig

sapless ['sæplis] *bn* saploos; droog

sapling ['sæpliŋ] *znw* jong boompje o; fig

'broekje' o, melkmuil

sapper ['sæpə] znw sappeur

sapphic ['sæfik] bn saffisch, sapfisch; fig lesbisch

sapphire ['sæfaiə] znw saffier m & o

sappy ['sæpi] bn sappig°, saprijk, fig krachtig; slang zwak, stom, dwaas

sapwood ['sæpwud] znw nieuw, zacht hout o onder de bast v.e. boom

sarcasm ['sa:kæzm] znw sarcasme o

sarcastic [sa:'kæstik] bn sarcastisch

sarcophagus [sa:'kɔfəgəs] znw (mv: sarcophagi [sa:'kɔfəgai, -dʒai) sarcofaag

sardine [sa:'di:n] znw (mv idem of -s) sardine, sardientje o; packed like ~s fig als haringen in een ton

sardonic [sa:'dɔnik] bn sardonisch, bitter

saree, sari ['sa:ri] znw sari: Hindoestaans vrouwenkleed o

sarong [sə'rɔŋ] znw sarong

sartorial [sa:'tɔ:riəl] bn kleermakers-; van (in) de kleding

1 sash [sæʃ] znw sjerp, ceintuur

2 sash [sæʃ] znw raam o, schuifraam o

sash-cord znw raamkoord o

sash-window znw schuifraam o

sat [sæt] V.T. & V.D. van ¹sit

Satan ['seitən] znw Satan

satanic [sə'tænik] bn satanisch

satchel ['sætʃəl] znw (boeken-, school)tas

sate [seit] overg = satiate

satellite ['sætilait] znw satelliet°; ~ dish schotelantenne

satiable ['seiʃjəbl] bn verzadigbaar

satiate ['seiʃieit] overg verzadigen; ~d verzadigd, beu, zat (van with)

satiation [seiʃi'eiʃən] znw (over)verzadiging

satiety [sə'taiəti] znw (over)verzadigdheid, zatheid

satin ['sætin] I znw satijn o; II bn satijnen

satinette ['sæti'net] znw satinet o & m

satire ['sætaiə] znw satire², hekelschrift o, hekeldicht o

satirical [sə'tirikl] bn satiriek, satirisch, hekelend

satirist ['sætirist] znw satiricus, hekeldichter

satirize overg hekelen; een satire maken (op)

satisfaction [sætis'fækʃən] znw voldoening (over at, with), genoegdoening; bevrediging; genoegen o, tevredenheid; to the ~ of naar (ten) genoegen van; tot tevredenheid van

satisfactory bn voldoening schenkend, bevredigend, voldoend(e)

satisfy ['sætisfai] I overg voldoen (aan), voldoening of genoegen geven, bevredigen, tevredenstellen; verzadigen, stillen; geruststellen; overtuigen (van of); II wederk: ~ oneself of the fact zich overtuigen van het feit

satsuma [sæt'su:mə, 'sætsumə] znw soort mandarijn [oorspr. uit Japan]

saturate overg verzadigen, drenken; platgooien met bommen; ~d with ook: doortrokken van

saturation [sætʃə'reiʃən] znw verzadiging

Saturday ['sætədi, -dei] znw zaterdag

saturnine ['sætənain] bn somber; zwaarmoedig

satyr ['sætə] znw sater²

sauce [sɔ:s] znw saus; gemeenz brutaliteit; what is ~ for the goose is ~ for the gander gelijke monniken, gelijke kappen

sauce-boat znw sauskom

saucebox znw gemeenz brutaaltje o

saucepan znw steelpan

saucer ['sɔ:sə] znw schoteltje o; bordje o; flying ~ vliegende schotel

saucy, Am sassy ['sɔ:si] bn gemeenz brutaal; tikje gewaagd; slang chic

Saudi ['saudi] znw Saoedi

Saudi Arabia [saudiə'reibiə] znw Saoedi-Arabië o

Saudi Arabian [saudiə'reibiən, -bjən] bn Saoedi-Arabisch

sauerkraut ['sauəkraut] znw zuurkool

sauna ['sɔ:nə, 'saunə] znw sauna

saunter ['sɔ:ntə] I onoverg slenteren, drentelen; II znw slentergang, rondslenteren o

saunterer znw slenteraar, drentelaar

sausage ['sɔsidʒ] znw saucijs, worst; German ~ metworst

sausage dog znw schertsend teckel

sausage-roll znw saucijzenbroodje o

sauté ['soutei, sɔ'tei] overg sauteren, snel bruin bakken

savage ['sævidʒ] I bn wild, primitief, woest, wreed; lomp, ongemanierd; gemeenz woedend; II znw wilde(man), woesteling; III overg aanvallen, toetakelen; afmaken, afkammen, felle kritiek leveren (op)

savagery znw wildheid, woestheid, wreedheid

savanna(h) [sə'vænə] znw savanne

savant ['sævənt] znw geleerde

1 save [seiv] I overg redden, verlossen, zalig maken; behouden, bewaren, behoeden (voor from); (be)sparen; uitsparen; opsparen (ook: ~ up); comput saven; zie ook: bacon, day, face; II onoverg & abs ww redden; sparen; III znw sp redding, save [v. keeper]

2 save [seiv] voorz behalve, uitgezonderd

saveloy ['sæviloi] znw cervelaatworst

saving ['seiviŋ] I bn reddend; spaarzaam, zuinig (met of); the one ~ grace (feature) het enige lichtpunt, het enige wat in zijn voordeel te zeggen valt; II znw besparing; redding; ~s opgespaarde o; spaargeld o, spaargelden; III voorz vero behoudens, behalve; ~ your presence met uw verlof

savingsbank znw spaarbank

Saviour ['seivjə] znw Redder, Verlosser, Heiland, Zaligmaker

savoir-faire [sævwa:'fɛə] znw savoir-faire o, het weten hoe in verschillende omstandigheden te handelen

savour ['seivə] I znw smaak, smakelijkheid; aroma o, geur²; II onoverg smaken²; rieken² (naar of); III overg savoureren, genieten van; ~ of fig tekenen vertonen van, onthullen

savoury I bn smakelijk, geurig; hartig, pittig; II znw licht tussengerecht o

savoy [sə'vɔi] znw savooi(e)kool

savvy ['sævi] slang **I** overg snappen; **II** znw verstand o

1 saw [sɔ:] V.T. van ²see

2 saw [sɔ:] znw gezegde o, spreuk

3 saw [sɔ:] znw zaag

4 saw* [sɔ:] **I** overg zagen, af-, doorzagen; ~ up in stukken zagen; ~n-off shotgun geweer o met afgezaagde loop; **II** onoverg zagen; zich laten zagen

sawdust znw zaagsel o, zaagmeel o

saw-horse znw zaagbok

saw-mill znw zaagmolen, houtzagerij

sawn [sɔ:n] V.D. van ⁴saw

sawyer ['sɔ:jə] znw zager

sax [sæks] znw gemeenz saxofoon

Saxon ['sæksn] **I** bn Angelsaksisch; Saksisch; **II** znw Angelsaks; Saks; Angelsaksisch o; Saksisch o

saxophone ['sæksəfoun] znw saxofoon

saxophonist [sæk'sɔfənist, 'sæksəfounist] znw saxofonist

1 say* I overg zeggen, opzeggen; bidden; never ~ die gemeenz geef het nooit op; ~ the word zeg het maar; it ~s in the papers that... er staat in de krant dat...; that is not to ~ that... dat wil nog niet zeggen dat...; that's what it ~s zo staat het er; (when) all (is) said and done per slot van rekening; he has little to ~ for himself hij zegt (beweert) niet veel, hij heeft niet veel te vertellen; it says a lot for... het getuigt van...; to ~ the least op zijn zachtst uitgedrukt; to ~ nothing of... nog gezwegen van..., ...nog daargelaten; ~ on! zeg op!, spreek!; ~ out hardop zeggen; ~ over (voor zichzelf) opzeggen; I will have nothing to ~ to him (this affair) ik wil met hem (met deze zaak) niets te maken hebben; **II** onoverg & abs ww zeggen; you don't ~ (so)! och, is het waar?; maar dat meent u toch niet!, wat u zegt!; ~s you! gemeenz je meent 't!; needless to ~ het spreekt (haast) vanzelf; so to ~ zie: so

2 say [sei] **I** tsw: I ~!, gemeenz: ~! zeg hoor eens!; nee maar!; **II** znw (mede-) zeggenschap, inspraak; have a ~, have some ~ (in the matter) ook een woordje (iets) te zeggen hebben (in de zaak); have one's ~, say one's ~ zeggen wat men op het hart heeft; zijn zegje zeggen/doen

saying znw zeggen o, gezegde o, zegswijze, spreuk, spreekwoord o; as the ~ goes zoals men (het spreekwoord) zegt

say-so znw gemeenz: on your ~ omdat jij het zegt; it's his ~ hij beslist, hij moet het (maar) zeggen

scab [skæb] znw roof, korst; schurft; gemeenz onderkruiper [bij staking]

scabbard ['skæbəd] znw schede [v. zwaard &]

scabby ['skæbi] bn schurftig²; gemeenz armzalig; gemeen

scabies ['skeibi:z] znw schurft

scabrous ['skeibrəs] bn scabreus, aanstootgevend; netelig [vraag]; delicaat; plantk dierk ruw

scaffold ['skæfəld, -fould] znw steiger, stellage; schavot o

scaffolding znw stellage, steiger

scald [skɔ:ld] **I** overg branden (door hete vloeistof of stoom); in kokend water uitkoken, steriliseren; met heet water wassen; bijna aan de kook brengen; licht koken; **II** znw brandwond

scalding bn gloeiend heet; heet [v. tranen]

1 scale [skeil] znw weegschaal; the ~s (a pair of ~s) de (een) weegschaal; tip (turn) the ~ de doorslag geven

2 scale [skeil] **I** znw schaal; muz (toon-) schaal, toonladder; maatstaf; wisk talstelsel o; the social ~ de maatschappelijke ladder; on a large (small) ~ op grote (kleine) schaal; out of ~ buiten proportie; **II** overg beklimmen; op schaal tekenen; ~ down (up) (naar verhouding) verlagen (verhogen), verkleinen (vergroten)

3 scale [skeil] **I** znw schilfer, schub; tandsteen o & m; aanslag, ketelsteen o & m; hamerslag o; the ~s fell from his eyes de schellen vielen hem van de ogen; **II** overg afschilferen, schubben, schrappen [vis]; pellen

scaled bn geschubd, schubbig, schub-

scaling-ladder ['skeiliŋlædə] znw stormladder

scallion ['skæljən] znw sjalot

scallop ['skɔləp] **I** znw kamschelp; schulpwerk o (~s), schulp; feston o & m; schelp [bij diner &]; **II** overg uitschulpen; festonneren

scallywag ['skæliwæg] znw deugniet, rakker

scalp [skælp] **I** znw schedelhuid, scalp; top; **II** overg scalperen

scalpel ['skælpəl] znw ontleedmes o

scaly ['skeili] bn schubbig, schub-; schilferig

scamp [skæmp] **I** znw schelm, deugniet; **II** overg afraffelen [werk]

scamper ['skæmpə] onoverg rondhuppelen, -dartelen; hollen, ervandoor gaan

scampi ['skæmpi] znw scampi, grote garnalen

scan [skæn] overg met kritische blik beschouwen, onderzoeken; even doorkijken; scannen, aftasten; scanderen

scandal ['skændl] znw aanstoot, ergernis; schandaal o, schande; kwaadsprekerij, laster; talk ~ kwaadspreken o, roddelen o

scandalize overg ergernis wekken bij, ergernis geven; aanstoot geven

scandalmonger znw kwaadspreker

scandalous bn ergernis gevend, ergerlijk, schandelijk; lasterlijk

Scandinavian [skændi'neivjən] **I** bn Scandinavisch; **II** znw Scandinaviër

scanner ['skænə] znw scanner

scant [skænt] bn krap toegemeten, gering; schraal, karig (met of)

scanty ['skænti] bn schraal, krap (toegemeten), schriel, karig, dun, schaars, gering, weinig

scapegoat ['skeipgout] znw zondebok

scapegrace ['skeipgreis] znw deugniet, rakker

scapula ['skæpjulə] znw (mv: -s of -lae [-'li:]) schouderblad o

scapular I *bn* van het schouderblad; **II** *znw* RK scapulier o & *m*; dierk rugveer

1 scar [ska:] **I** *znw* litteken² *o*; **II** *overg* een litteken geven, met littekens bedekken; **III** *onoverg* een litteken vormen; dichtgaan [v. wond]

2 scar [ska:] *znw* steile rots

scarab ['skærəb] *znw* kever; scarabee

scarce [skɛəs] *bn* schaars, zeldzaam; *make yourself ~!* gemeenz maak dat je wegkomt!

scarcely *bijw* nauwelijks, ternauwernood, pas; moeilijk; (toch) wel niet; *~... when...* nauwelijks... of...

scarcity *znw* schaarsheid, schaarste, zeldzaamheid, gebrek o (aan *of*)

scare [skɛə] **I** *overg* verschrikken, doen schrikken, bang maken, afschrikken, doen terugschrikken (van *from*); *~d (stiff)* (doods)bang (voor *of*); *~ away (off)* wegjagen; **II** *znw* plotselinge schrik, paniek; bangmakerij

scarecrow *znw* vogelverschrikker

scaredycat *znw* scheldwoord bangerik, schijtlijster

scaremonger *znw* paniekzaaier

scare story *znw* angstaanjagend/alarmerende verhaal *o*

scarf [ska:f] *znw* (*mv:* -s *of* scarves) sjaal; das

scarf-skin *znw* opperhuid

scarify ['skɛərifai] *overg* insnijden; kerven; fig onbarmhartig hekelen

scarlatina [ska:lə'ti:nə] *znw* roodvonk

scarlet ['ska:lit] **I** *znw* scharlaken *o*; **II** *bn* scharlakenrood, scharlakens; vuurrood [v. blos]; *~ fever* roodvonk

scarp [ska:p] *znw* escarpe, glooiing, steile helling

scarper ['ska:pə] *onoverg* slang 'm smeren

scary ['skɛəri] *bn* bang; vreesaanjagend

scat [skæt] *znw* muz gebruik o van betekenisloze lettergrepen i.p.v. woorden (bij zingen), scat

scat! [skæt] *tsw* gemeenz hoepel op!

scathing *bn* vernietigend [kritiek &]

scatter ['skætə] **I** *overg* (ver)strooien, uit-, rondstrooien, verspreiden, uiteenjagen, verdrijven; **II** *onoverg* zich verspreiden, zich verstrooien, uiteengaan

scatterbrain *znw* warhoofd *o*

scatter-brained *bn* warhoofdig

scattered *bn* verstrooid, verspreid

scattering *znw* verstrooiing, verspreiding; *a ~ of...* een handjevol...

scatty ['skæti] *bn* gemeenz getikt; warhoofdig

scavenge ['skævin(d)ʒ] **I** *onoverg* afval(bakken) doorzoeken (afschuimen) om iets eetbaars & te vinden; [v. dieren] aaseten; **II** *overg* doorzoeken, afschuimen [afval]

scavenger *znw* morgenster, iem. die vuilnisbakken & doorzoekt op bruikbare spullen &; aaseter [dier]; aaskever

scenario [si'na:riou] *znw* scenario *o*

scene [si:n] *znw* toneel° *o*, tafereel *o*, schouwspel *o*; decor *o*; plaats (van het onheil &); fig beeld *o*; scène°; bedoening, beweging; wereldje *o*, scene; *behind the ~s* achter de schermen²; *on the ~* ter plaatse, present; *come on the ~* verschijnen; *set the ~ for...* alles voorbereiden voor...; *that's not my ~* gemeenz ± dat is niet mijn pakkie-an

scenery *znw* decor *o*, decors; natuurschoon *o*, natuur, landschap *o*

scene-shifter *znw* machinist [in schouwburg]

scenic *bn* toneel-; vol natuurschoon, schilderachtig

scent [sent] **I** *overg* ruiken² [het wild], de lucht krijgen van; **II** *znw* reuk, geur, parfum *o* & *m*; reukzin; lucht [v. wild]; spoor *o*; fig flair, fijne neus (voor *for*); *get ~ of* de lucht krijgen van²; *on the (wrong) ~* op het (verkeerde) spoor

scented *bn* geparfumeerd, geurig

scentless *bn* zonder reuk, reukloos

sceptic, Am **skeptic** ['skeptik] **I** *znw* scepticus, twijfelaar; **II** *bn* = *sceptical*

sceptical, Am **skeptical** *bn* twijfelend (aan *of*), sceptisch

scepticism, Am **skepticism** ['skeptisizm] *znw* scepsis, scepticisme *o*, twijfelzucht

sceptre, Am **skepter** ['septə] *znw* scepter, (rijks)staf

schedule I ['ʃedju:l; Am 'skedju:l] **I** *znw* rooster, programma *o*, schema *o*; lijst, inventaris, opgaaf, tabel, staat; dienstregeling; *ahead of ~* voor zijn tijd, te vroeg; *behind ~* over (zijn) tijd, te laat; *on ~* (precies) op tijd; *(according) to ~* op de in de dienstregeling aangegeven tijd; op het vastgestelde uur; **II** *overg* plannen; op de lijst zetten, inventariseren; vaststellen; *be ~d to arrive* moeten aankomen

scheduled *bn* gepland in, in het rooster opgenomen, volgens dienstregeling; *lijn-* [dienst, vlucht &]

Scheldt [skelt] *znw* Schelde

schema ['ski:mə] *znw* (*mv:* schemata) schema *o*, diagram *o*

schematic [ski'mætik] *bn* schematisch

scheme [ski:m] **I** *znw* schema *o*, stelsel *o*, systeem *o*; ontwerp *o*, schets; programma *o*; plan² *o*, bestel *o* (ook: *~ of things*); intrige, complot *o*, [pensioen]regeling; voornemen *o*; **II** *overg* beramen; **III** *onoverg* plannen maken; intrigeren

schemer *znw* plannenmaker; intrigant

scheming I *bn* vol listen; [complotten] beramend; **II** *znw* intrigeren; plannen maken *o*

schism ['sizm] *znw* schisma *o*, scheuring

schismatic [siz'mætik] **I** *bn* schismatiek; **II** *znw* scheurmaker

schizophrenia [skitsou'fri:njə] *znw* schizofrenie

schizophrenic [skitsou'frenik] *znw* & *bn* schizofreen

schmaltz [ʃmɔ:lts] *znw* slang zoetelijke sentimentaliteit

schnapps [ʃnæps] *znw* jenever

scholar ['skɔlə] *znw* geleerde; leerling; bursaal, beursstudent

scholarly *bn* van een geleerde, weten-

schappelijk degelijk, gedegen
scholarship *znw* geleerdheid; wetenschap; kennis; studiebeurs
scholastic [skə'læstik] **I** *bn* scholastiek, schools; schoolmeesterachtig; schoolmeesters-; school-; ~ *agency* plaatsingsbureau *o* voor onderwijzers &; **II** *znw* scholasticus
school [sku:l] **I** *znw* school°, leerschool²; schooltijd; schoolgebouw *o*, -lokaal *o*, leervertrek *o*; Am hogeschool; faculteit; fig richting (ook: ~ *of thought*); *at* ~ *op school; in* ~ in de klas; *of the old* ~ fig van de oude stempel; **II** *overg* onderwijzen, oefenen, dresseren; de les lezen, vermanen; **III** *onoverg* scholen vormen [vissen]
school age *znw* leerplichtige leeftijd
schoolboy *znw* scholier, schooljongen
schoolchild *znw* scholier, schoolkind *o*
school-day *znw* schooldag; ~s schooltijd, schooljaren
schoolfriend *znw* schoolmakker
schoolgirl *znw* scholiere, schoolmeisje *o*
schoolhouse *znw* schoolgebouw *o*; huis van de *headmaster*
schooling *znw* (school)onderwijs *o*; school [in manege]
school-leaver *znw* schoolverlater
school-leaving *bn*: ~ *age* leeftijd waarop de leerplicht eindigt
schoolmaster *znw* hoofdonderwijzer, schoolmeester, onderwijzer; leraar
schoolmate *znw* medescholier, schoolmakker
schoolmistress *znw* (hoofd)onderwijzeres; lerares
schoolroom *znw* schoollokaal *o*
school-ship *znw* opleidingsschip *o*
schoolteacher *znw* onderwijzer(es)
school-teaching *znw* onderwijs *o*
schooner ['sku:nə] *znw* **1** scheepv schoener; **2** Am groot bierglas *o*; Br groot sherryglas *o*
sciatic [sai'ætik] *bn* van de heup, heup-
sciatica *znw* ischias
science ['saiəns] *znw* wetenschap, kennis, kunde; wis- en natuurkunde; natuurwetenschap(pen)
science fiction *znw* sciencefiction
scientific [saiən'tifik] *bn* wetenschappelijk; natuurwetenschappelijk
scientist ['saiəntist] *znw* natuurfilosoof, natuurkundige; wetenschapsmens, wetenschapper, geleerde
sci-fi ['saifai] *znw* = *science fiction*
scimitar ['simitə] *znw* kromzwaard *o*
scintillate ['sintileit] *onoverg* fonkelen, flonkeren, flikkeren, schitteren, tintelen; fig sprankelend converseren
scion ['saiən] *znw* ent, spruit²; loot²
scissors ['sizəz] *znw mv* schaar; *a pair of* ~ een schaar
sclerosis [sklia'rousis] *znw* (*mv:* scleroses) sclerose; *multiple* ~ multiple sclerose
1 scoff [skɔf] *onoverg* spotten (met *at*), schimpen (op *at*)
2 scoff [skɔf] *overg & onoverg* slang gulzig schrokken, (op)vreten
scold [skould] **I** *onoverg* kijven (op *at*); **II**

overg bekijven, een standje maken; **III** *znw* feeks
scolding *znw* standje *o*, uitbrander
scollop ['skɔləp] *znw & overg = scallop*
sconce [skɔns] *znw* blaker, armluchter; vero & slang kop; mil schans
scone [skɔn, skoun] *znw* scone: soort broodje *o*
scoop [sku:p] **I** *znw* schop, emmer, hoosvat *o*; schep, lepel; spatel; (kaas)boor; haal [met een net], vangst; primeur, scoop [v. krant]; *at one* ~ met één slag; **II** *overg* (uit-)scheppen, uithozen (ook: ~ *out*); uithollen (ook: ~ *out*); bijeenschrapen; gemeenz voor zijn, de loef afsteken
scoopful *znw* schep [portie]
scoot [sku:t] *onoverg* gemeenz 'm smeren, vliegen
scooter ['sku:tə] *znw* step, autoped; scooter
scope [skoup] *znw* strekking; (speel)ruimte, vrijheid (van beweging), armslag; gezichtskring, gebied *o*, terrein *o* van werkzaamheid; omvang
scorbutic [skɔ:'bju:tik] *bn* aan scheurbuik lijdend, scheurbuik-
scorch [skɔ:tʃ] **I** *overg* (ver)schroeien, (ver-)zengen; ~*ed-earth policy* tactiek van de verschroeide aarde; **II** *onoverg* schroeien; slang woest rijden; ~*ing* ook: snikheet; **III** *znw*: ~ *(mark)* schroeiplek
scorcher *znw* snikhete dag; slang geweldige uitbrander
score [skɔ:] **I** *znw* kerf, keep, insnijding; (dwars)streep, lijn, striem; rekening, gelag *o*; sp score: aantal *o* behaalde punten, stand; succes *o*; rake zet; bof, tref; muz partituur; twintig(tal *o*); *four* ~ *tachtig*; ~*s of times* ook: talloze malen; *by (in)* ~s in grote hoeveelheden, bij hopen; *on that* ~ dienaangaande, wat dat betreft; *on the* ~ *of* vanwege, wegens, op grond van; op het punt van; *know the* ~ gemeenz weten hoe laat het is (hoe de zaken staan); *settle a* ~ *(old* ~*s)* een oude rekening vereffenen; **II** *overg* sp behalen [punten], scoren, maken; (in)kerven, (in)kepen; strepen; onderstrepen [een woord]; aan-, optekenen; opschrijven; boeken [een succes]; muz op noten zetten; orkestreren; ~ *off sbd.* iem. aftroeven; te slim af zijn; ~ *out* doorhalen [een woord]; ~ *up* opschrijven, op rekening schrijven; **III** *onoverg & abs ww* scoren: een punt (punten) maken of behalen; succes hebben, het winnen (van *over*); slang een punt zetten, neuken
scoreboard *znw* scorebord *o*
scorecard *znw* scorekaart, -lijst, -formulier *o*
scorer *znw* **1** persoon die de score bijhoudt; **2** doelpuntenmaker
scorn [skɔ:n] **I** *znw* verachting, versmading, hoon, (voorwerp *o* van) spot; *heap (pour)* ~ *on* verachten; **II** *overg* verachten, versmaden
scornful *bn* minachtend, smalend, honend
Scorpio ['skɔ:piou] *znw* Schorpioen
scorpion ['skɔ:pjən] *znw* schorpioen
Scot [skɔt] *znw* Schot

Scotch [skɔtʃ] **I** *bn* Schots; ~ *broth* (stevige) Schotse maaltijdsoep; ~ *egg* hardgekookt ei o in worstvlees; ~ *tape* Am plakband o; **II** *znw* Schotse whisky

scotch [skɔtʃ] *overg* onschadelijk maken, de kop indrukken [gerucht], verijdelen

Scotchman ['skɔtʃmən] *znw* Schot

Scotchwoman ['skɔtʃwumən] *znw* Schotse

scot-free ['skɔt'fri:] *bn* ongestraft, zonder letsel, vrij

Scotland ['skɔtlənd] *znw* Schotland o; ~ *Yard* het hoofdkwartier van de politie (i.h.b. recherche) te Londen

Scots [skɔts] *bn* Schots

Scotsman *znw* = *Scotchman*

Scotswoman *znw* = *Scotchwoman*

Scotticism ['skɔtisizm] *znw* Schotse uitdrukking

Scottish ['skɔtiʃ] *bn* Schots

scoundrel ['skaundrəl] *znw* schurk, deugniet

scour ['skauə] *overg* schuren, wrijven; schoonmaken, zuiveren, reinigen; aflopen; afzoeken; doorkruisen; [de straten] afschuimen; ~*ing powder* schuurpoeder o & m

scourer ['skauərə] *znw* pannenspons; schuurmiddel o

scourge [skə:dʒ] **I** *znw* zweep, roede, gesel[2]; plaag; **II** *wederk* geselen, kastijden, teisteren

Scouse ['skaus(ə)] *znw* **1** inwoner van Liverpool (ook: *Scouser*); **2** dialect o van Liverpool

scout [skaut] **I** *znw* verkenner; padvinder, scout; sp scout; **II** *onoverg* op verkenning uitgaan (zijn); ~ *about*, ~ *round* rondzwerven op zoek naar iets of iem.

scout car ['skautka:] *znw* mil verkenningswagen; Am surveillancewagen [v. politie]

scouting *znw* verkenning; padvinderij, scouting

scoutmaster *znw* hopman [v. scouts]

scow [skou] *znw* scheepv schouw

scowl [skaul] **I** *onoverg* het voorhoofd fronsen; **II** *znw* dreigende blik

scrabble ['skræbl] *onoverg* krabbelen; grabbelen; scharrelen

scrag [skræg] *znw* **1** halsstuk o [v. schaap] (ook: ~-*end*); **2** scharminkel o & m; **3** hals

scraggy ['skrægi] *bn* mager, schriel

scram [skræm] *onoverg* gemeenz wegwezen, 'm smeren

scramble ['skræmbl] **I** *onoverg* klauteren; scharrelen; grabbelen (naar *for*); zich verdringen, vechten (om *for*); mil opstijgen wegens alarm [v. vliegtuigen]; **II** *overg* grabbelen; graaien; vervormen, storen [(radio)telefonisch gesprek]; mil laten opstijgen wegens alarm [v. vliegtuigen]; ~*d eggs* roerei o [gerecht]; **III** *znw* geklauter o; gescharrel o; gegrabbel o; gedrang o; gevecht o, worsteling; Br moto(r)cross

scrambler ['skræmblə] *znw* spraakvervormer [als stoorzender]

scrap [skræp] **I** *znw* stukje o, snipper, zweem, zier, beetje o; brokstuk o; (kranten)knipsel o, plaatje o; oud ijzer o,

oudroest o, schroot o; afval o & m; gemeenz ruzie; gevecht o; kloppartij; ~*s* kliekjes; *a* ~ *of paper* een vodje o papier; **II** *overg* afdanken, buiten dienst stellen; slopen; **III** *onoverg* gemeenz een robbertje vechten, bakkeleien

scrap-book *znw* plakboek o

scrape [skreip] **I** *overg* schrappen, (af-) krabben; schuren (langs), krassen op [viool]; ~ *one's feet* met de voeten schuifelen; strijkages maken; ~ *together (up)* bijeenschrapen; **II** *onoverg* & *abs ww* schrapen[2], schuren; muz krassen; ~ *by* rondkomen, zich erdoorheen slaan; *he* ~*d through (the exam)* hij sloeg zich erdoor, hij kwam er net (door); **III** *znw* gekras o, gekrab o; kras; strijkage; gemeenz verlegenheid, moeilijkheid; *be in a* ~ gemeenz in de knel zitten

scraper *znw* schraapijzer o, -mes o, schrabber, krabber, schraper[2]; krasser

scrap-heap ['skræphi:p] *znw* hoop oudroest, schroothoop, ouwe rommel; *throw sbd. on the* ~ iem. afdanken, aan de dijk zetten

scraping ['skreipiŋ] **I** *bn* schrapend[2]; **II** *znw* geschraap[2] o; schraapsel o; ~*s* schraapsel o; samenraapsel o; strijkages

scrappy ['skræpi] *bn* uit stukjes en brokjes bestaand, fragmentarisch, onsamenhangend

scrap-yard *znw* schroothoop

scratch [skrætʃ] **I** *overg* krabben, schrammen; schrappen; doorhalen; (be)krassen; (be)krabbelen; ~ *one's head* zich achter de oren krabben; ook: met de handen in het haar zitten; ~ *together (up)* bijeenschrapen, -scharrelen; *it merely* ~*s the surface* het blijft aan de oppervlakte [v. boek &]; **II** *onoverg* (zich) krabben, krassen; zich (moeizaam) doorslaan; sp zich terugtrekken [uit race]; ~ *about for...* bijeen-, opscharrelen; **III** *znw* schram, schrap, krab(bel), kras; gekras o, gekrab o; streep, meet; pruik; *a* ~ *of the pen* een pennenstreek; *from* ~ met (uit, van) niets; bij het begin [beginnen]; *bring up to* ~ bijwerken; *come up to* ~ aan de verwachtingen voldoen; **IV** *bn* bijeengeraapt, bijeengescharreld; geïmproviseerd; sp zonder voorgift

scratchy *bn* krabbelig [schrift]; krassend [v. pen]; kriebelig, ruw; vol krassen [grammofoonplaat]

scrawl [skrɔ:l] **I** *onoverg* & *overg* krabbelen, haastig schrijven; bekrabbelen (ook: ~ *over*); **II** *znw* gekrabbel o, hanenpoten, krabbel; kattebelletje o

scrawny ['skrɔ:ni] *bn* (brood)mager

scream [skri:m] **I** *onoverg* gillen, gieren (van het lachen *with laughter*), krijsen, schreeuwen; **II** *overg* gillen; **III** *znw* schreeuw, gil; *it was a* ~ gemeenz het was een giller

screamer *znw* schreeuwer[2]; vette (grote) krantenkop; slang een giller, een reuzemop

screamingly *bijw*: *it was* ~ *funny* het was om te gieren

scree [skri:] *znw* (helling bedekt met) losse

screech

brokken steen (ook: ~s)
screech [skri:tʃ] **I** onoverg schreeuwen, krijsen, gillen; **II** znw schreeuw, gil, krijs
screech-owl znw kerkuil
screed [skri:d] znw langgerekte redevoering, lange tirade; geringsch lang artikel o
screen [skri:n] **I** znw scherm² o, schut(sel) o, afschutting, koorhek o, hor; beschutting, maskering, dekking; voorruit [v. auto]; doek o [v. bioscoop]; beeldscherm o [v. tv]; grove zeef; rooster; raster o & m [autotypie]; the ~ ook: de film; the small ~ ook: de beeldbuis, de televisie; **II** overg beschermen, beschutten (voor, tegen from); afschermen, afschutten; maskeren, verbergen; dekken; ziften°; screenen, aan de tand voelen, onderzoek doen naar de bekwaamheid, gedragingen & van [kandidaten, gevangenen &]; vertonen [film]; verfilmen
screenplay ['skri:nplei] znw filmscenario o, draaiboek o
screen test ['skri:ntest] znw proefopname, screentest
screenwriter ['skri:nraitə] znw scenarioschrijver
screw [skru:] **I** znw schroef; draai (van een schroef); slang neukpartij; slang cipier; gemeenz loon o, salaris o; he has a ~ loose gemeenz hij heeft ze niet allemaal op een rijtje; put the ~ on sbd. iem. de duimschroeven aanzetten; **II** overg (aan-)schroeven, vastschroeven; de duimschroeven aanzetten; slang neuken, naaien; Am slang belazeren, afzetten; ~ the cost! slang dondert niet wat het kost!; ~ you! slang krijg de pestpokken!, lazer op!; ~ sth. out of sbd. iem. iets afpersen; iets van iem. loskrijgen; ~ out time for... tijd vinden om...; ~ up opschroeven, opvijzelen; aanschroeven; dichtschroeven; oprollen; samenknijpen [de ogen], vertrekken [zijn gezicht]; gemeenz verprutsen, verknoeien; verzieken; in de war brengen; ~ up (one's) courage, ~ oneself up zich vermannen
screwball znw Am gemeenz gek, idioot
screwdriver znw schroevendraaier
screwed bn slang dronken, aangeschoten
screw-top znw schroefdeksel o
screwy ['skru:i] bn gemeenz getikt
scribble ['skribl] **I** onoverg & overg krabbelen, pennen; bekrabbelen; **II** znw gekrabbel o, krabbelschrift o; kattebelletje o
scribbler znw krabbelaar; prulschrijver, scribent
scribe [skraib] znw schrijver, klerk, secretaris; bijbel schriftgeleerde
scrimmage ['skrimidʒ] znw kloppartij; scrimmage, worsteling (om de bal); schermutseling
scrimp [skrimp] onoverg beknibbelen, karig zijn
scrimshanker ['skrimʃæŋkə] znw lijntrekker
scrip [skrip] znw tijdelijk certificaat o; gemeenz aandelen
script [skript] **I** znw schrift o; geschrift o; handschrift o; manuscript o [v. toneelstuk], draaiboek o, scenario o [v. film], RTV tekst;

schrijfletter(s) [als lettertype]; drukschrift o; onderw ingeleverd examenwerk o; **II** overg het scenario schrijven van; van tevoren (goed) voorbereiden van tv-optreden & [v. politicus &]
scriptural ['skriptʃərəl] bn bijbels, bijbel-
Scripture znw de Heilige Schrift, de Bijbel (ook: Holy ~, the ~s)
scriptwriter ['skriptraitə] znw scenarioschrijver [v. film], RTV tekstschrijver
scroll [skroul] **I** znw rol, boekrol [v.d. Dode Zee]; lijst; krul; volute; **II** onoverg omkrullen; **III** overg comput scrollen (ook: ~ up, ~ down)
scrotum ['skroutəm] znw (mv: -s of scrota) anat balzak, scrotum o
scrounge [skraundʒ] **I** overg slang schooien, bietsen; **II** znw: be on the ~ for sth. proberen iets te bietsen
scrounger bn bietser, klaploper
scrub [skrʌb] **I** znw stumper, stakker; dreumes; in de groei belemmerde plant; struikgewas o; give (it) a good ~ het eens goed afboenen; **II** overg schrobben, schuren, (af)boenen; schrapen; ~ round it gemeenz ervan afzien, (iets) niet doen
scrubber, scrubbing-brush znw boender, schrobber; slang hoer
scrubby bn armzalig; klein, miezerig, dwergachtig; met struikgewas bedekt
scruff [skrʌf] znw **1** nek; **2** smeerpoets; take by the ~ of the neck achter bij zijn nek(vel) pakken
scruffy ['skrʌfi] bn smerig, slordig, sjofel
scrum(mage) ['skrʌm(idʒ)] znw sp scrum [rugby]
scrumptious ['skrʌm(p)ʃəs] bn gemeenz heerlijk, zalig, fijn
scrunch [skrʌnʃ] overg & onoverg & znw = crunch
scruple ['skru:pl] **I** znw (gewetens)bezwaar o, scrupule; **II** onoverg aarzelen
scrupulous ['skru:pjuləs] bn nauwgezet, angstvallig, scrupuleus
scrutinize ['skru:tinaiz] overg nauwkeurig onderzoeken
scrutiny ['skru:tini] znw nauwkeurig onderzoek o; gecontroleerde stemopneming [bij verkiezingen]
scuba diving ['sk(j)u:bə'daiviŋ] znw duiken o met een zuurstoffles
scud [skʌd] onoverg hard lopen; (weg-)snellen, (voort)jagen; scheepv lenzen
scuff [skʌf] overg afslijten [schoenen]
scuffle ['skʌfl] **I** onoverg vechten; **II** znw kloppartij, verward handgemeen o
scull [skʌl] **I** znw wrikriem; **II** overg & abs ww wrikken; roeien
scullery ['skʌləri] znw bij-, achterkeuken
scullion ['skʌljən] znw vero bordenwasser, kokshulp
sculpt [skʌlpt] onoverg beeldhouwen
sculptor znw beeldhouwer
sculpture **I** znw beeldhouwkunst; beeld(houw)werk o; **II** overg beeldhouwen; uithouwen, -snijden
scum [skʌm] znw schuim² o; fig uitvaagsel o, uitschot o

scummy *bn* met schuim bedekt, schuim-, schuimend

scupper ['skʌpə] I *znw* spij-, spuigat *o*; II *overg* gemeenz in de pan hakken; in de grond boren

scurf [skə:f] *znw* roos [op het hoofd]; schilfertjes

scurrility [skʌ'riliti] *znw* grofheid, gemeenheid

scurrilous ['skʌriləs] *bn* grof, gemeen

scurry ['skʌri] I *onoverg* reppen, haasten, hollen, jachten; II *znw* gedraaf *o*, geloop *o*, gejacht *o*, jacht

scurvy ['skə:vi] I *bn* schunnig, gemeen, min; II *znw* scheurbuik

scut [skʌt] *znw* staartje *o* [v. konijn &]

scutcheon ['skʌtʃən] *znw* wapenschild *o*, sleutelschildje *o*; naamplaatje *o*

1 scuttle ['skʌtl] *znw* kolenbak

2 scuttle ['skʌtl] I *znw* luik *o*, (lucht)gat *o*; II *overg* gaten boren in [een schip om te laten zinken], opzettelijk tot zinken brengen; fig de schepen achter zich verbranden

3 scuttle ['skʌtl] *onoverg* & *znw* = scurry; ~ (out of it) zich terugtrekken, gaan lopen

scythe [saið] I *znw* zeis; II *overg* maaien (met de zeis)

sea [si:] *znw* zee; stortzee, zeetje *o*; zeewater *o*; fig zee, overvloed, menigte; *at* ~ ter zee, op zee; *be (all) at* ~ het mis hebben; in de war zijn; *by* ~ over zee; *by the* ~ aan zee; *on the high* ~s in volle zee

sea bed *znw* zeebodem

seabird *znw* zeevogel

seaboard *znw* (zee)kust

sea-borne *bn* over zee vervoerd, overzees, zee-

sea breeze *znw* zeewind

sea-dog *znw* dierk hondshaai; dierk zeehond; scheepv zeerob

seafarer *znw* zeeman, zeevaarder

seafaring I *bn* zeevarend; ~ *man* zeeman; II *znw* varen *o*

seafood *znw* (gerechten van) zeevis, schaal- en schelpdieren

seafront *znw* zeekant; strandboulevard

seagoing *bn* zeevarend; zee-

sea-gull *znw* zeemeeuw

sea-horse *znw* dierk zeepaardje *o*

1 seal [si:l] *znw* (*mv* idem of -s) dierk zeehond, rob; robbenvel *o*

2 seal [si:l] I *znw* zegel² *o*, cachet *o*, lak; stempel² *o* & *m*; bezegeling; techn (af-)sluiting; *Great S~* grootzegel *o*, rijkszegel *o*; *give one's* ~ *of approval to* zijn goedkeuring hechten aan; *put (set) one's* ~ *on* zijn stempel drukken op; *under* ~ verzegeld; gezegeld; *this set (put) the* ~ *on our friendship* dit bezegelde onze vriendschap; II *overg* zegelen, lakken, sluiten, verzegelen (ook: ~ *down*, ~ *up*); bezegelen, stempelen; ~ *off* afsluiten; mil afgrendelen; ~ *up* ook: dichtsolderen, dichtplakken; *my lips are* ~*ed* ik zeg niks, ik mag niks zeggen

sea-lane ['si:lein] *znw* vaargeul

sea-lawyer *znw* geringsch dwarsliggende zeeman

sea-legs *znw mv* zeebenen

sealer ['si:lə] *znw* 1 robbenjager; robbenschip *o*; 2 (ver)zegelaar; ijker

sea-level ['si:levl] *znw* zeespiegel

sealing-wax ['si:liŋwæks] *znw* (zegel)lak *o* & *m*

sea-lion ['si:laiən] *znw* zeeleeuw

seal-ring ['si:lriŋ] *znw* zegelring

sealskin ['si:lskin] *znw* robbenvel *o*; (mantel & van) seal(skin) *o* [= bont]

seam [si:m] I *znw* naad; litteken *o*; mijnader, dunne (kolen)laag; *be bursting at the* ~*s* te klein zijn, overvol zijn; *come apart at the* ~*s* mislukken, beginnen uit elkaar te vallen; II *overg* aaneennaaien; ~*ed nylons* nylons met naad

seaman ['si:mən] *znw* zeeman, matroos

sea-mark ['si:ma:k] *znw* zeebaak

seamless ['si:mlis] *bn* zonder naad, naadloos

seamstress ['semstris] *znw* naaister

seamy ['si:mi] *bn* niet zo mooi, onaangenaam

seance ['seia:ns] *znw* seance, (spiritistische) zitting

seaplane *znw* luchtv watervliegtuig *o*

seaport *znw* zeehaven, havenstad

sea power *znw* zeemogendheid, zeemacht

sear [siə] I *bn* droog, dor; II *overg* doen verdorren; schroeien, dichtschroeien, uitbranden, verschroeien²; ~*ing words* striemende woorden

search [sə:tʃ] I *overg* onderzoeken; doorzoeken, afzoeken, visiteren, fouilleren; peilen; ~ *me!* gemeenz ik heb geen idee!; ~ *out* uitvorsen; II *onoverg* zoeken; III *znw* doorzoeking, zoeken *o* &; visitatie, fouillering; onderzoek *o*; speurtocht; ~ *of the house* huiszoeking

searcher *znw* (onder)zoeker

searching I *bn* onderzoekend, doordringend; diepgaand, grondig; II *znw* onderzoek *o*

searchlight *znw* zoeklicht *o*

search-party *znw* op zoek uitgezonden troep of manschappen

search-warrant *znw* machtiging tot huiszoeking

seascape *znw* zeegezicht *o*, zeestuk *o*

sea-scout *znw* zeeverkenner

seashell *znw* schelp

sea-shore ['si:'ʃɔ:] *znw* zeekust

seasick *bn* zeeziek

seasickness *znw* zeeziekte

seaside I *znw* ['si:'said] zeekant; *go to the* ~ naar een badplaats aan zee gaan; II *bn* ['si:said] aan zee (gelegen); bad-

season ['si:zn] I *znw* seizoen *o*; tijd; tijdperk *o*, jaargetijde *o*; drukke tijd; jachtseizoen *o*; vakantieperiode; bronsttijd; *in* ~ tijdig, van pas; *in due* ~ mettertijd; *in* ~ *and out of* ~ te pas en te onpas; *peas are in* ~ het is nu de tijd van de erwtjes; *out of* ~ buiten het seizoen; ontijdig; II *overg* toebereiden, kruiden², smakelijk maken; rijp laten worden, (goed) laten drogen; temperen; gewennen (aan het klimaat *to the climate*); fig konfijten (in *in*); III *onoverg* rijp

worden, drogen
seasonable *bn* geschikt, gelegen; van pas (komend); ~ *weather* weer voor de tijd van het jaar
seasonal *bn* van het seizoen, seizoen-
seasoned *bn* gehard; beproefd; doorkneed; verstokt; doorgewinterd
seasoning *znw* kruiderij²
season-ticket ['si:zn'tikit] *znw* abonnementskaart
seat [si:t] **I** *znw* zitting; (zit)plaats; bank, stoel, <u>plechtig</u> zetel; buitenplaats, buiten *o*; zit; kruis *o* [v. broek]; zitvlak *o*; bril [van wc]; *have a good* ~ goed te paard zitten; *take a back* ~ op de achtergrond blijven; *by the* ~ *of one's pants* op zijn gevoel, met Fingerspitzengefühl, gevoelsmatig; **II** *overg* (neer)zetten, doen zitten, laten zitten; plaatsen; van zitplaatsen voorzien; (zit)plaats bieden aan; van een zitting (kruis) voorzien [stoel, broek]; **III** *wederk*: ~ *oneself* gaan zitten
seat-belt *znw* veiligheidsgordel
seating *znw* plaatsen *o*; ~ *(accommodation)* zitplaats, -plaatsen
sea-urchin ['si:ə:tʃin] *znw* zee-egel
sea-wall *znw* zeewering
seaward(s) *bijw* zeewaarts
sea-way *znw* zeeweg, doorvaart, vaargeul
seaweed *znw* zeegras *o*, zeewier *o*
seaworthy *bn* zeewaardig
sebaceous [si'beiʃəs] *bn* vetachtig, vet-; ~ *gland* talgklier
sebum ['si:bəm] *znw* talg
sec [sek] *afk.* = *second* seconde; *just a* ~ een ogenblikje *o*
secateurs ['sekətə:z] *znw* snoeischaar
secede [si'si:d] *onoverg* zich terugtrekken, zich afscheiden, afsplitsen (van *from*)
secession [si'seʃən] *znw* afscheiding
seclude [si'klu:d] *overg* uit-, buitensluiten; afzonderen
secluded *bn* afgezonderd
seclusion [si'klu:ʒən] *znw* uitsluiting; afgesloten ligging; afzondering
1 second [si'kənd] **I** *telw & bn* tweede, ander; *S~ Chamber* Tweede Kamer [buiten Engeland]; ~ *biggest* op een na (de) grootste; ~ *cousin* achterneef, -nicht; ~ *name* achternaam; *every* ~ *day* om de andere dag; *be* ~ *to none* voor niemand onderdoen; **II** *bijw* in de tweede plaats; **III** *znw* tweede, nummer twee; tweede prijs(winner); <u>muz</u> tweede stem; secondant; getuige, <u>helper</u>; seconde; <u>auto</u> tweede (de versnelling); ~*s* ook: tweede soort, tweede keus; tweede portie [bij maaltijd]; **IV** *overg* bijstaan, helpen, ondersteunen; steunen [motie], seconderen
2 second [si'kɔnd] *overg* detacheren
secondary ['sekəndəri] *bn* ondergeschikt, bijkomend; secundair, bij-; ~ *education* middelbaar onderwijs *o*; ~ *school* middelbare school
second(-)best ['sekəndbest] *znw* minder volmaakt iets; minder van kwaliteit, tweede keus; *my* ~ *suit* mijn doordeweekse pak *o*; *come off* ~ aan het kort-

ste eind trekken
second-class *bn* tweedeklas, tweederangs
seconder ['sekəndə] *znw* steuner van een motie
second-guess ['sekənd'ges] *onoverg* het achteraf wel weten
second-hand ['sekənd'hænd] *bn bijw* uit de tweede hand, tweedehands, gebruikt, oud
second hand ['sekəndhænd] *znw* secondewijzer
second-in-command ['sekəndinkə'ma:nd] *znw* onderbevelhebber
secondly ['sekəndli] *bijw* ten tweede
secondment ['sekəndmənt] *znw* detachering; *on* ~ tijdelijk gedetacheerd
second-rate ['sekəndreit] *bn* tweederangs
second(s) hand ['sekəndzhænd] *znw* secondewijzer
second sight ['sekənd'sait] *znw* helderziendheid
secrecy ['si:krisi] *znw* geheimhouding, stilzwijgen *o*; heimelijkheid; geheim *o*; verborgenheid
secret ['si:krit] **I** *bn* geheim; geheimhoudend; heimelijk, verborgen; ~ *agent* spion, geheim agent; ~ *service* geheime (inlichtingen-)dienst; **II** *znw* geheim *o*; *in* ~ in het geheim, stilletjes; *be in on the* ~ in het geheim ingewijd zijn
secretarial [sekrə'tɛəriəl] *bn* als (van) een secretaris of secretaresse; secretariaats-
secretariat *znw* secretariaat *o*
secretary ['sekrət(ə)ri] *znw* secretaris, geheimschrijver; minister; secretaire; *S~ of State* minister; <u>Am</u> minister van Buitenlandse Zaken
secretary-general *znw* (*mv*: secretaries-general) secretaris-generaal
secrete [si'kri:t] *overg* verbergen, (ver-)helen (voor *from*); afscheiden
secretion *znw* verbergen *o*; afscheiding
secretive ['si:kritiv] *bn* geheimhoudend; heimelijk; geheimzinnig (doend)
secretly [si'kritli] *bijw* heimelijk; in het geheim, stilletjes; in zijn hart, in stilte
secretory [si'kri:təri] *bn* afscheidend, afscheidings-
sect [sekt] *znw* sekte, gezindte
sectarian [sek'tɛəriən] **I** *bn* sektarisch, sekte-; **II** *znw* sektariër; <u>fig</u> fanatiekeling
sectarianism *znw* sektarisme *o*
sectary ['sektəri] *znw* sektariër; <u>hist</u> dissenter
section ['sekʃən] *znw* snijding, sectie°; afdeling; paragraaf; gedeelte *o*, deel *o*; groep; traject *o*, baanvak *o*; (door)snede; profiel *o*
sectional *bn* van een sectie, sectie-; groeps-; uit afzonderlijke delen bestaand
section-mark *znw* paragraafteken *o*
sector ['sektə] *znw* sector°; hoekmeter
secular ['sekjulə] *bn* wereldlijk, profaan; seculier; leken-
secularism ['sekjulərizm] *znw* secularisatie
secularize ['sekjuləraiz] *overg* seculariseren
secure [si'kjuə] **I** *bn* zeker (van *of*); veilig (voor *against, from*), geborgen; goed vast(gemaakt), stevig; **II** *overg* in veiligheid

brengen, (goed) vastmaken, -zetten, -binden, (op)sluiten; versterken [kisten &]; beveiligen, beschermen (voor *from*), verzekeren, waarborgen; zich verzekeren van, (zich) verschaffen, (ver)krijgen, de hand leggen op

security *znw* veiligheid, geborgenheid; zekerheid; beveiliging, garantie, (onder-) pand o, (waar)borg; *securities* ook: effecten, fondsen; *social* ~ sociale verzekering

Security Council *znw* Veiligheidsraad

sedan [si'dæn] *znw* draagstoel (ook: ~ *chair*); sedan [auto]

sedate [si'deit] **I** *bn* bezadigd, kalm, rustig; **II** *overg* med kalmerende middelen geven

sedation *znw* sedatie, kalmering

sedative ['sedətiv] *bn* (znw) kalmerend (middel o)

sedentary ['sedntəri] *bn* zittend, op één plaats blijvend; een vaste woon- of standplaats hebbend

sedge [sedʒ] *znw* plantk zegge

sediment ['sedimənt] *znw* neerslag, bezinksel o

sedimentary [sedi'mentəri] *bn* sedimentair

sedimentation [sedimen'teiʃən] *znw* bezinking; ~ *rate* bezinkingssnelheid

sedition [si'diʃən] *znw* opruiing; oproer o

seditious *bn* opruiend; oproerig

seduce [si'djuːs] *overg* verleiden (tot *to, into*)

seducer *znw* verleider

seduction [si'dʌkʃən] *znw* verleiding; verleidelijkheid

seductive *bn* verleidelijk

sedulous ['sedjuləs] *bn* naarstig, ijverig, nijver, onverdroten

1 see [si:] *znw* (aarts)bisschopszetel; (aarts-) bisdom o; *Holy S~* Heilige Stoel

2 see* [si:] **I** *overg* zien, gaan zien; inzien, begrijpen, snappen; spreken, be-, opzoeken; ontvangen, te woord staan; brengen [iem. naar huis]; beleven, meemaken; ervoor zorgen (dat); *I ~!* ah juist!, jawel!, nu snap ik het!; ~ *you!* tot ziens!; ~ *a doctor* naar een dokter gaan; ~ *things* gemeenz hallucinaties hebben; **II** *onoverg* zien, kijken; ~ *about* overwegen; ik zal er eens over denken; *we'll ~ about that!* dat zullen we nog weleens zien!, daar komt niets van in!; ~ *after it* ervoor zorgen; ~ *sbd. in* iem. binnenlaten; *I must ~ into it* dat moet ik eens onderzoeken; ~ *sbd. off* iem. uitgeleide doen, wegbrengen; ~ *out* [iem.] uitlaten; ~ *through sbd.* iem. doorzien; iem. erdoor helpen; ~ *the thing through* de zaak doorzetten, tot het eind toe volhouden; ~ *to sth.* voor iets zorgen, zorg dragen voor

seed [si:d] **I** *znw* zaad² o; zaadje o; pit [v. (sinaas)appel &]; fig ook: kiem, nakomelingschap; *go (run) to* ~ in het zaad schieten; verwilderen [v. tuin &]; *go to* ~ fig verlopen [zaak]; **II** *onoverg* in het zaad schieten; **III** *overg* **1** (be)zaaien; het zaad (de pitten) halen uit; **2** sp selecteren, plaatsen; ~*ed player* geplaatste speler

seedbed *znw* zaaibed o; kweekplaats; fig

broeinest o

seedcake *znw* kruidkoek

seed-corn *znw* zaaikoren o

seedless *bn* zonder pit(ten) [v. vrucht]

seedling *znw* zaaiplant, zaailing

seed-potato *znw* pootaardappel

seedsman *znw* zaadhandelaar

seedy *bn* zaderig sjofel, verlopen, kaal; gemeenz niet lekker, gammel

seeing ['si:iŋ] **I** *bn* ziende; **II** *voegw* aangezien (ook: ~ *that*); **III** *znw* zien o

seek* [si:k] **I** *overg* (op)zoeken°, trachten (te krijgen), streven naar, vragen (om) [raad &]; ~ *out* (op)zoeken, opsporen; **II** *onoverg* zoeken; *much sought after* (zeer) gezocht, veel gevraagd

seeker *znw* zoeker²; onderzoeker

seem [si:m] *onoverg* schijnen, toeschijnen, lijken; *it ~s to me* ook: mij dunkt, het komt me voor

seeming *bn* ogenschijnlijk, schijnbaar

seemingly *bijw* ogenschijnlijk, naar het schijnt, in schijn, schijnbaar

seemly ['si:mli] *bn* betamelijk, gepast

seen [si:n] V.D. van ²*see*

seep [si:p] *onoverg* sijpelen

seepage *znw* sijpeling

seer ['siə] *znw* ziener, profeet

seesaw ['si:sɔː] **I** *znw* wip(plank); wippen o; op- en neergaan o; fig schommeling; **II** *onoverg* wippen; op- en neergaan; **III** *bn* op- en neergaand

seethe [si:ð] *onoverg* zieden², koken², in beroering (beweging) zijn²

see-through ['si:θruː] *bn* doorkijk- [jurk, blouse &]

segment I ['segmənt] *znw* segment o; partje o [v. sinaasappel]; **II** *(onoverg &)* overg [seg'ment] (zich) verdelen in segmenten

segregate ['segrigeit] *(onoverg &)* overg (zich) afzonderen, afscheiden

segregation [segri'geiʃən] *znw* afzondering, afscheiding, segregatie

seine [sein] *znw* zegen [treknet]

seismic ['saizmik] *bn* aardbevings-

seismograph ['saizməgrɑːf] *znw* seismograaf

seismology [saiz'mɔlədʒi] *znw* seismologie

seize [si:z] **I** *overg* (aan)grijpen, (beet-) pakken, vatten; in beslag nemen, beslag leggen op, (in bezit) nemen, bemachtigen, opbrengen [schip]; aantasten; bevangen; ~*d by apoplexy* door een beroerte getroffen; **II** *onoverg* techn vastlopen (ook: ~ *up*); med verstijven; ~ *(up)on* (gretig) aangrijpen, zich meester maken van²

seizure ['si:ʒə] *znw* bezitneming; beslaglegging; arrestatie; (plotselinge) aanval; beroerte; overmeestering

seldom ['seldəm] *bijw* zelden

select [si'lekt] **I** *bn* uitgekozen, uitgezocht, uitgelezen; keurig, fijn, chic, **II** *overg* (uit-) kiezen, uitzoeken, selecteren

selection [si'lekʃən] *znw* keur, keuze; selectie; ~*s* ook: uitgezochte stukken

selective *bn* selectief

selector *znw* (uit)kiezer, sorteerder; sp lid o van een keuzecommissie

self [self] *znw* (*mv:* selves) (zijn) eigen persoon; ego *o*, ik(heid); eigenliefde; *my better* ~ mijn beter ik; *he is quite his old* ~ hij is weer helemaal de oude; *my poor* ~ mijn persoontje

self-absorbed *bn* egocentrisch

self-abuse *znw* masturbatie

self-acting *bn* automatisch

self-adhesive *bn* zelfklevend, zelfplakkend

self-adjusting *bn* zichzelf stellend of regulerend

self-addressed envelope *znw* envelop met het eigen adres erop [t.b.v. retourzending]

self-appointed *bn* zich uitgevend voor [koning &]; zichzelf gesteld [taak]

self-assertion *znw* geldingsdrang; zelfbewustheid, aanmatiging

self-assertive *bn* uiterst zelfverzekerd; aanmatigend

self-assurance *znw* zelfverzekerdheid

self-assured *bn* zelfverzekerd

self-catering I *znw* (hotel)accommodatie met keuken; **II** *bn* [accommodatie] met kookgelegenheid

self-centred *bn* egocentrisch

self-complacent *bn* zelfvoldaan

self-conceit *znw* verwaandheid

self-conceited *bn* verwaand

self-confessed *bn* openlijk, onverholen

self-confidence *znw* zelfvertrouwen *o*

self-confident *bn* zelfbewust; zeker, overtuigd

self-conscious *bn* 1 (met zijn figuur) verlegen, schuchter, onzeker; 2 zich van zichzelf bewust

self-contained *bn* zichzelf genoeg zijnd; op zichzelf staand; vrij(staand) [huis]; techn compleet

self-contradictory *bn* tegenstrijdig

self-control *znw* zelfbeheersing

self-deception *znw* zelfbedrog *o*

self-defeating *bn* averechts, contraproductief

self-defence *znw* zelfverdediging, noodweer

self-denial *znw* zelfverloochening

self-determination *znw* zelfbeschikking

self-discipline *znw* zelfdiscipline

self-drive (car hire) *znw* autoverhuur zonder chauffeur

self-educated *bn:* ~ *man* autodidact

self-effacement *znw* bescheidenheid; terughoudendheid

self-effacing *bn* bescheiden; terughoudend

self-employed *bn* handel zelfstandig; *the* ~ de kleine zelfstandigen

self-esteem *znw* gevoel *o* van eigenwaarde

self-evident *bn* duidelijk; vanzelfsprekend

self-examination *znw* gewetensonderzoek *o*

self-explanatory *bn* voor zichzelf sprekend

self-expression *znw* zelfuitdrukking, zelfexpressie, zelfontplooiing

self-forgetful *bn* onzelfzuchtig

self-fulfilling *bn* zichzelf vervullend

self-governing *bn* autonoom, zichzelf besturend

self-government *znw* autonomie, zelfbestuur *o*

self-help *znw* zelfredzaamheid, het zichzelf helpen

self-importance *znw* eigendunk, gewichtigheid, ingebeeldheid

self-important *bn* gewichtig (doend), verwaand

self-imposed *bn* zichzelf opgelegd

self-indulgence *znw* genotzucht

self-indulgent *bn* genotzuchtig, gemakzuchtig

self-inflicted *bn* door zichzelf toegebracht/teweeggebracht

self-interest *znw* eigenbelang *o*

self-interested *bn* baatzuchtig

selfish *bn* zelfzuchtig, baatzuchtig, egoïstisch

selfless *bn* onbaatzuchtig

self-made *bn* eigengemaakt, door eigen inspanning; *a* ~ *man* een selfmade man

self-opinionated *bn* ingebeeld, eigenwijs

self-pity *znw* zelfbeklag *o*, zelfmedelijden *o*

self-portrait *znw* zelfportret *o*

self-possessed *bn* kalm, beheerst

self-possession *znw* zelfbeheersing

self-praise *znw* eigen lof; ~ *is no recommendation* eigen roem stinkt

self-preservation *znw* zelfbehoud *o*

self-raising flour *znw* zelfrijzend bakmeel *o*

self-reliant *bn* niet op een ander aangewezen zijnd

self-respect *znw* zelfrespect *o*

self-respecting *bn* zichzelf respecterend

self-righteous *bn* eigengerechtigd

self-sacrifice *znw* zelfopoffering

self-same *bn* dezelfde, identiek

self-satisfied *bn* zelfvoldaan

self-seeking I *znw* zelfzucht; **II** *bn* zelfzuchtig

self-service I *znw* zelfbediening; **II** *bn* zelfbedienings-

self-starter *znw* auto automatische starter; fig zelfstandige, ambitieuze medewerker

self-styled *bn* zich noemend, zogenaamd

self-sufficiency *znw* zelfstandigheid; autarkie; zelfgenoegzaamheid

self-sufficient *bn* zelfstandig; autarkisch; zelfgenoegzaam

self-supporting *bn* zichzelf bedruipend, in eigen behoeften voorzien

self-taught *bn* zelf geleerd; voor zelfonderricht; *a* ~ *man* een autodidact

self-will *znw* eigenzinnig-, koppigheid

self-willed *bn* eigenzinnig, koppig

1 sell* [sel] **I** *overg* verkopen (ook = aan de man brengen, ingang doen vinden, populair maken); verraden; slang beetnemen; ~ *oneself short* zichzelf tekort verkopen, zich te kort doen; ~ *sbd. a pup* iem. knollen voor citroenen verkopen; ~ *sbd. down the river* iem. als een baksteen laten vallen, iem. een loer draaien; ~ *off* (uit-) verkopen; ~ *sbd. on* slang iem. winnen voor; *be sold on* ingenomen zijn met, wild zijn van; ~ *out* verkopen; liquideren; ~ *up* iems. boeltje laten verkopen; **II** *onoverg & abs ww* verkopen, verkocht worden; ~ *like hot cakes* als warme broodjes over de toonbank gaan; ~ *out* uitverkocht raken; *be (have) sold out of* niet meer in voorraad hebben; ~ *out to* gemeenz gemene zaak maken met; zichzelf verkwanselen aan, overlopen naar; ~ *up* opheffingsuitverkoop houden, zijn zaak sluiten

2 sell [sel] *znw: hard (soft)* ~ agressieve (beschaafde) verkoop(methode)

sell-by date *znw* uiterste verkoopdatum

sell-out *znw* gemeenz verraad *o*; uitverkochte zaal (voorstelling &), succes(stuk) *o*

seller *znw* verkoper

selling point *znw* pluspunt *o*, (bijkomend) voordeel *o*

selling price *znw* verkoopprijs

sellotape ['selouteip] **I** *znw* plakband *o*; **II** *overg* met plakband bevestigen

selvage, selvedge ['selvidʒ] *znw* zelfkant

selves [selvz] *mv v.* self

semantic [si'mæntik] *bn* semantisch

semantics *znw* semantiek

semaphore ['semǝfɔ:] *znw* semafoor, seinpaal

semblance ['semblǝns] *znw* schijn, gelijkenis, voorkomen *o*

semen ['si:men] *znw* sperma *o*, zaad *o*

semester [si'mestǝ] *znw* Am semester *o*, halfjaar *o*

semi ['semi] **I** *voorv* (in samenst.) half-; **II** *znw* Am half-vrijstaand huis *o*

semibreve *znw* muz hele noot

semicircle *znw* halve cirkel

semicircular *bn* halfrond

semicolon *znw* puntkomma

semi-conductor *znw* halfgeleider

semi-conscious *bn* halfbewust

semi-detached *bn* half-vrijstaand

semifinal *znw* halve finale

semi-finalist *znw* halve-finalist

semi-manufactured *bn*: ~ *article* halffabrikaat *o*

seminal ['si:minl] *bn* van het zaad; zaad-, kiem-, grond-; vol mogelijkheden voor de toekomst

seminar ['semina:] *znw* werkcollege *o*; seminar

seminary *znw* RK seminarie *o*; vero (kweek-) school

semi-official [semiǝ'fiʃǝl] *bn* officieus

semi-precious *bn*: ~ *stone* halfedelsteen

semiquaver *znw* muz zestiende noot

Semite ['si:mait, 'semait] *znw* Semiet

Semitic [si'mitik] *bn* Semitisch

semitone ['semitoun] *znw* muz halve toon

semivowel *znw* halfklinker

semolina [semǝ'li:nǝ] *znw* griesmeel *o*

sempiternal [sempi'tǝ:nǝl] *bn* plechtig eeuwig(durend)

sempstress ['sem(p)stris] *znw* = seamstress

senate ['senit] *znw* senaat, raad

senator ['senǝtǝ] *znw* raadsheer; senator

senatorial [senǝ'tɔ:riǝl] *bn* senatoriaal, senaats-

1 send* [send] **I** *overg* zenden, (uit)sturen, uit-, over-, af-, verzenden; jagen, schieten, slaan, gooien, trappen &; slang in extase brengen, meeslepen; *these words sent him crazy (mad, off his head)* deze woorden maakten hem dol; **II** *onoverg* zenden; ~ *away/off for* bestellen (per post); ~ *for* laten halen (komen), ontbieden, zenden om; ~ *in* inzenden; afgeven [kaartje]; inzetten [leger, politie]; ~ *off* wegzenden; verzenden; uitgeleide doen [persoon]; sp uit het veld sturen; ~ *on* doorzenden; ~ *up* naar boven zenden; lanceren; gemeenz voor de gek houden; parodiëren, persifleren

2 send [send] *znw* golfbeweging, stuwkracht

sender *znw* zender, af-, inzender

send-off *znw*: *give sbd. a (warm)* ~ iem. feestelijk uitgeleide doen

send-up *znw* gemeenz parodie, persiflage

Senegal [seni'gɔ:l] *znw* Senegal *o*

Senegalese [senigǝ'li:z, -gɔ:'li:z] *znw (mv* idem) & *bn* Senegalees

senile ['si:nail] *bn* seniel, ouderdoms-

senility [si'niliti] *znw* seniliteit, ouderdom(szwakte)

senior ['si:njǝ] **I** *bn* ouder, oudste (in rang), senior; hoog, hoger, hoofd- [v. ambtenaren, officieren &]; ~ *citizen* vijfenzestigplusser; **II** *znw* oudere (persoon, leerling, officier); oudste in rang; *he is my* ~ *(by a year)* hij is (een jaar) ouder dan ik

seniority [si:ni'ɔriti] *znw* **1** anciënniteit; **2** status, superioriteit; *by* ~ naar anciënniteit

sensation [sen'seiʃǝn] *znw* gewaarwording, gevoel *o*, aandoening; opzien *o*, opschudding, sensatie

sensational *bn* sensationeel, opzienbarend, geweldig, verbluffend; sensatie- [krant &]

sensationalism *znw* zucht naar sensatie, sensatie(gedoe *o*); sensualisme *o*

sensationalist [sen'seiʃǝnǝlist] **I** *znw* op sensatie belust persoon, sensatiezoeker; **II** *bn* sensatie- [pers &]

sense [sens] **I** *znw* gevoel *o*, zin° (ook = betekenis); zintuig *o*; verstand *o*; besef *o*; begrip *o*; gevoelen *o*; ~*s* zinnen; verstand *o*; *common* ~ gezond verstand *o*; *sixth* ~ zesde zintuig *o*; *he had the (good)* ~ *to...* hij was zo verstandig om...; *what is the* ~ *of...?* wat voor zin heeft het om...?; *he lost his* ~*s* hij werd gek; *make* ~ iets betekenen, zinnig zijn; *make* ~ *of sth.* uit iets wijs worden; *talk* ~ verstandig praten; *in a (certain)* ~, *in some* ~ in zekere zin; *in every* ~ ook: in ieder opzicht; *in the narrow* ~ in engere zin; *no man in his* ~*s* geen zinnig mens; *be out of one's* ~*s* niet goed (bij zijn zinnen) zijn; buiten zichzelf zijn; *come to one's* ~*s* tot inkeer komen; **II** *overg* gewaarworden, merken; begrijpen; fig ruiken [gevaar, bedrog &]

senseless *bn* zinloos; bewusteloos; onverstandig; onzinnig, dwaas

sense-organ *znw* zintuig *o*

sensibility [sensi'biliti] *znw* sensibiliteit, gevoeligheid, gevoel *o*, ontvankelijkheid; lichtgeraaktheid, overgevoeligheid

sensible ['sensibl] *bn* verstandig; praktisch [kleding &]; waarneembaar

sensibly *bijw v. sensible*; ook: erg, zeer

sensitive ['sensitiv] *bn* (fijn)gevoelig, teergevoelig, sensibel; gevoels-; ~ *plant* kruidje-roer-me-niet *o* (*Mimosa pudica*); ~ *subject* teer (pijnlijk) onderwerp *o*

sensitivity [sensi'tiviti] *znw* gevoeligheid

sensitize ['sensitaiz] *overg* sensibiliseren, gevoelig maken

sensor ['sensə] *znw* sensor

sensorial [sen'sɔ:riəl] *bn* zintuiglijk, gevoels-

sensory ['sensəri] *bn* zintuiglijk

sensual ['sensjuəl] *bn* zinnelijk, sensueel

sensualist *znw* zinnelijk mens, sensualist

sensuality [sensju'æliti] *znw* zinnelijkheid, sensualiteit

sensuous ['sensjuəs] *bn* zinnelijk

sent [sent] V.T. & V.D. van ¹*send*

sentence ['sentəns] **I** *znw* vonnis *o*, gerechtelijke beslissing; (vol)zin; ~ *of death* doodvonnis *o*; **II** *overg* vonnissen, veroordelen (ook: *give* ~)

sententious [sen'tenʃəs] *bn* opgeblazen, bombastisch, banaal

sentient ['senʃənt] *bn* gewaarwordend, gevoelhebbend; (ge)voelend; gevoels-

sentiment ['sentimənt] *znw* gevoel *o*, ook: gevoeligheid; sentimentaliteit; gevoelen *o*, mening

sentimental [senti'mentl] *bn* sentimenteel; op gevoelsoverwegingen gegrond, gevoels-

sentimentalism *znw* sentimentaliteit, sentimenteel gedoe *o*

sentimentalist *znw* sentimenteel iemand

sentimentalize [senti'mentəlaiz] **I** *onoverg* sentimenteel doen; **II** *overg* sentimenteel maken

sentinel ['sentinl], **sentry** ['sentri] *znw* wacht, schildwacht

sentry-box *znw* schilderhuisje *o*

separable ['sepərəbl] *bn* scheidbaar

separate I *bn* ['sepərit] (af)gescheiden, afzonderlijk, apart; **II** *znw*: ~*s* kledingstukken die tezamen, maar ook apart gedragen kunnen worden; **III** *overg* ['sepəreit] scheiden, afscheiden, afzonderen, verdelen; [in factoren] ontbinden; **IV** *onoverg* scheiden (van *from*), weg-, heengaan; uiteengaan, elk zijns weegs gaan; zich afscheiden, loslaten; schiften [melk]

separation [sepə'reiʃən] *znw* afscheiding, scheiding, afzondering; *(legal)* ~ scheiding van tafel en bed; ~ *allowance* alimentatie

separatism ['sepərətizm] *znw* separatisme *o*

separatist ['sepərətist] *znw* separatist: voorstander van afscheiding; afgescheidene

separator *znw* melkcentrifuge

sepia ['si:pjə] *znw* sepia

sepoy ['si:pɔi] *znw* hist sepoy: inlands soldaat in het Brits-Indische leger

sepsis ['sepsis] *znw* med bloedvergiftiging

September [sep'tembə] *znw* september

septennial [sep'tenjəl] *bn* zevenjarig; zevenjaarlijks

septic ['septik] *bn* septisch, bederf veroorzakend, rotting bevorderend; ~ *tank* septic tank, rottingsput

septuagenarian [septjuədʒi'nɛəriən] *bn (znw)* zeventigjarig(e)

sepulchral [si'pʌlkrəl] *bn* graf-; begrafenis-; somber

sepulchre, Am **sepulcher** ['sepəlkə] *znw* graf *o*, grafkelder

sepulture ['sepəltʃə] *znw* plechtig teraardebestelling

sequel ['si:kwəl] *znw* gevolg *o*, resultaat *o*, vervolg *o*, naspel *o*, nawerking

sequence ['si:kwəns] *znw* volgorde, op(een)volging, (volg)reeks; gevolg *o*; (logisch) verband *o*; kaartsp suite, volgkaarten; scène [v. film]; RK sequentie; muz sequens; gramm overeenstemming (der tijden)

sequent *bn*, **sequential** [si'kwenʃəl] (opeen)volgend

sequester [si'kwestə] *overg* afzonderen; recht beslag leggen op; ~*ed* ook: afgelegen, eenzaam, teruggetrokken

sequestrate [si'kwestreit] *overg* = *sequester* recht

sequestration [si:kwes'treiʃən] *znw* recht beslaglegging, sekwestratie

sequin ['si:kwin] *znw* lovertje *o* [als versiersel]

sequoia [si'kwɔiə] *znw* Am reuzenpijnboom

seraglio [se'ra:liou] *znw* (*mv*: -s *of* seragli) serail *o*, harem

seraph ['serəf] *znw* (*mv*: -s *of* seraphim) seraf(ijn)

seraphic [se'ræfik, sə'ræfik] *bn* serafijns, engelachtig

seraphim ['serəfim] *mv v. seraph*

Serb [sə:b] **I** *bn* Servisch; **II** *znw* Serviër

Serbia [sə:biə] *znw* Servië *o*

Serbian I *bn* Servisch; **II** *znw* Serviër; Servisch *o*

Serbo-Croat ['sə:bou'krouæt] **I** *bn* Servo-Kroatisch; **II** *znw* Servo-Kroatisch *o*

sere [siə] *bn* = *sear I*

serenade [seri'neid] **I** *znw* serenade; **II** *overg* een serenade brengen

serendipity [serən'dipiti] *znw* serendipiteit: de gave onverwachts iets goeds te ontdekken

serene [si'ri:n] *bn* kalm, onbewogen; helder, klaar, onbewolkt; vredig, sereen; doorluchtig

serenity [si'reniti] *znw* helderheid, klaarheid; kalmte, sereniteit; doorluchtigheid

serf [sə:f] *znw* lijfeigene, horige; fig slaaf

serfdom *znw* lijfeigenschap, horigheid; fig slavernij

serge [sə:dʒ] *znw* serge

sergeant ['sa:dʒənt] *znw* mil sergeant; wachtmeester [bij bereden wapens]; brigadier (van politie)

sergeant-at-arms *znw* (ook: *serjeant-at-arms*) intendant van het Hoger- en Lagerhuis

sergeant-major *znw* sergeant-majoor, opperwachtmeester

serial ['siəriəl] **I** *bn* tot een reeks of serie behorende [vooral tijdschriften], in afleveringen verschijnend, vervolg-, serie-; muz serieel, twaalftoon-, dodecafonisch; ~ *number* serie-, volgnummer o; ~ *killer* seriemoordenaar; **II** *znw* vervolgverhaal o, feuilleton o & m; RTV serie

serialization *znw* uitgave/uitzending als feuilleton/serie

serialize *overg* in afleveringen laten verschijnen

seriatim [siəri'eitim] *bijw* punt voor punt

series ['siəri:z] *znw* (*mv* idem) serie, reeks, opeenvolging, rij

serio-comic ['siəriou'kɔmik] *bn* half ernstig, half grappig; quasi-ernstig

serious ['siəriəs] *bn* ernstig (gemeend); belangrijk, gewichtig; bedenkelijk; serieus; *I am* ~ ik meen het; *matters begin to look* ~ het begint er bedenkelijk uit te zien

seriously *bijw* ernstig, in (volle) ernst

seriousness *znw* ernst; ernstigheid, bedenkelijkheid

serjeant ['sa:dʒənt] *znw* = sergeant

sermon ['sə:mən] *znw* preek², sermoen² o, vermaning; *the S~ on the Mount* bijbel de Bergrede

sermonize I *onoverg* prediken, geringsch preken; **II** *overg* een preek houden tot, kapittelen

serpent ['sə:pənt] *znw* slang²

serpent-charmer *znw* slangenbezweerder

serpentine ['sə:pəntain] **I** *bn* slangachtig, slangen-; kronkelend; fig listig, vals; **II** *znw* serpentijnsteen o & m

serrated [se'reitid] *bn* zaagvormig; plantk gezaagd

serried ['serid] *bn* (aaneen)gesloten [rijen]

serum ['siərəm] *znw* (*mv*: -s of sera) serum o, entstof, bloedwei

servant ['sə:vənt] *znw* knecht, bediende, dienstbode, meid; dienaar, dienares; mil oppasser; beambte, ambtenaar; *civil* ~ (burgerlijk) ambtenaar; *your (humble)* ~ uw (onderdanige) dienaar; *the ~s' hall* de dienstbodenkamer

serve [sə:v] **I** *overg* dienen; bedienen, van dienst zijn; dienst doen, dienstig zijn, baten, helpen, voldoende zijn voor; opdienen, opdoen [eten], schenken [drank]; behandelen; sp serveren [tennis &]; ~ *him right, it ~s him right!* net goed!, zijn verdiende loon!; ~ *one's purpose* geschikt (goed) zijn voor iems. doel; ~ *the purpose* aan het doel beantwoorden; ~ *the purpose of...* dienen als...; ~ *a sentence* een straf uitzitten; ~ *a summons, warrant, writ on sbd.* recht iem. een exploot betekenen; ~ *out* uitdelen [proviand], uitgeven [levensmiddelen]; ~ *sbd. out* fig met iem. afrekenen; ~ *out one's time* zijn tijd uitzitten (uitdienen); ~ *up* opdienen; **II** *onoverg* dienen°, dienst doen (als, tot *as, for*); serveren [tennis]; dienstig (gunstig) zijn; ~ *on the jury* lid zijn van de jury; **III** *znw* sp service, serveren o [tennis]

server *znw* (mis)dienaar; presenteerblad o; schep [v. taart &]; diencouvert o; sp serveerder [tennis]

service I *znw* dienst, dienstbaarheid, nut o; bediening; verzorging, onderhoud o [v. auto, radio &]; service; (openbaar) bedrijf o; sp serveren o, beginslag [tennis]; recht betekening; kerkdienst; kerkmuziek; (kerk-)formulier o; servies o; *the* ~ ook: het leger, de vloot, de luchtmacht; *the (armed)* ~s de strijdkrachten; *civil* ~ overheidsdienst; ambtenarenapparaat o; *national* ~ militaire dienst, dienstplicht; **II** *bn* mil militair (bijv. ~ *aviation* militaire luchtvaart); dienst-; ~ *door* personeelsingang, deur voor het personeel; **III** *overg* bedienen; verzorgen, nazien, onderhouden [auto] dekken [v. dieren]

serviceable *bn* dienstig, bruikbaar, nuttig, geschikt

service charge *znw* bedieningsgeld, -toeslag; servicekosten

service dress *znw* mil uniform o & v

service-flat *znw* verzorgingsflat

service line *znw* sp serveerlijn [tennis]

serviceman ['sə:vismən] *znw* **1** militair, gemobiliseerde; **2** Am monteur

service road *znw* ventweg

servicing *znw* regelmatig onderhoud o [v. auto, machine &]

serviette [sə:vi'et] *znw* servet o

servile ['sə:vail] *bn* slaafs, kruiperig, serviel

servility [sə:'viliti] *znw* slaafsheid, serviliteit

serving ['sə:viŋ] *znw* **1** het bedienen, bediening; **2** portie

servitor ['sə:vitə] *znw* vero dienaar, bediende

servitude ['sə:vitju:d] *znw* dienstbaarheid, knechtschap o, slavernij; *penal* ~ dwangarbeid

sesame ['sesəmi] *znw* sesamkruid o, sesamzaad o; *open* ~ Sesam open u²

session ['seʃən] *znw* zitting, zittijd, sessie; onderw academiejaar o, Am & Schots trimester o, Am schooltijd; *be in* ~ zitting houden

sessional *bn* zittings-

1 set* [set] **I** *overg* zetten, plaatsen, stellen, leggen; brengen; richten, schikken, bezetten, afzetten, omboorden; opzetten [vlinders]; vatten, inzetten, planten, poten; gelijkzetten [klok]; klaarzetten; op elkaar klemmen [tanden, lippen]; vaststellen, bepalen; opgeven [vraagstuk, werk]; uitzetten [wacht, netten]; bijzetten [een zeil]; aanzetten [scheermes]; aangeven [toon, maat, pas]; watergolven [het haar]; ~ *the table* (de tafel) dekken; *the novel is* ~ in... de roman speelt in...; **II** *onoverg* zich zetten [v. vrucht]; stollen; dik, hard, vast worden; ondergaan [zon]; (blijven) staan [jachthond]; zitten, vallen [v. kledingstuk]; gaan (in zekere richting); ~ *about it* eraan beginnen; ~ *about sbd.* gemeenz iem. aanvallen; ~ *against* plaatsen (stellen) tegenover; onderscheiden (van *from*); opzetten tegen; ~ *apart* afzonderen; ~ *aside* terzijde leggen, opzij zetten, sparen; ~ *back* terugzetten; achteruitzetten; gemeenz kosten [iem. een hoop geld]; ~ *down* opschrijven, optekenen; ~ *forth* uiteenzetten, opsommen, vermelden; ~ *free* vrijlaten; ~ *in* intreden [jaargetij, reactie], invallen [duisternis]; ~ *off* doen uitkomen [kleur &]; vertrekken; aan de gang maken; ~ *off against* stellen tegenover; laten opwegen tegen; ~ *(up)on* aanzetten, op-, aanhitsen; aanvallen; ~ *out* op reis gaan, vertrekken; klaarleggen, klaarzetten [theegerei]; uitstallen; uiteenzetten [redenen &], opsommen [grieven]; versieren (met *with*); ~ *out to...* zich ten doel stellen, trachten te...; ~ *to...* beginnen te...; ~ *to work* aan het werk zetten; aan het werk gaan; ~ *up* oprichten, opstellen, opzetten, (zich) vestigen, instellen, aanstellen, benoemen; zetten [ter drukkerij]; aanheffen [geschreeuw]; weer op de been helpen [zieke]; (fysiek) op de been houden; rijk maken; slang vals beschuldigen; uitrusten, voorzien (van *with*); aankomen met [eisen &]; ~ *up in business* een zaak beginnen; ~ *up home in* gaan wonen in; *well* ~ *up* goed gebouwd

2 set [set] **I** *bn* gezet; zich vastgezet hebbend; strak, stijf, onveranderlijk; vast; bepaald; *(all)* ~ (kant-en-)klaar (voor *for*; om te *to*); ~ *fair* bestendig [v. weer]; **II** *znw* verzakking [v. grond]; zitten o [v. kledingstuk], snit; houding [v. hoofd &]; richting [v. getij]; ondergang [v. zon]; 'staan' o [v. jachthond]; plantk stek, loot, zaailing; stel o, spel o, servies o, RTV toestel o, garnituur o, span o, ploeg, partij, reeks; wisk verzameling; set [bij tennis]; watergolf, permanent; toneelschikking, toneel o; decor o [v. film], studiohal; kliek, bende; *make a dead ~ at* z'n zinnen gezet hebben op; woedend aanvallen op

set-back *znw* teruggang, instorting; tegenslag, fig klap

settee [se'ti:] *znw* canapé, sofa, bank

setter ['setə] *znw* dierk setter [hond]; zetter

setting ['setiŋ] *znw* zetten o; montering; muz toonzetting; omgeving, achtergrond; couvert o; montuur o & v; ~ *lotion* haarversteviger

1 settle ['setl] *znw* zitbank met hoge leuning

2 settle ['setl] **I** *overg* vestigen; installeren; vaststellen; vastzetten (op *on*); tot bedaren brengen; doen bezinken, klaren; in orde brengen, vereffenen, betalen, schikken, regelen, bijleggen, uit de wereld helpen, oplossen, beklinken [zaak]; koloniseren [land]; bezorgen [zijn kinderen]; zijn bekomst (zijn vet) geven; ~ *up* afrekenen; **II** *onoverg* zich vestigen; zich (neer)zetten, gaan zitten; zich installeren; bezinken [oplossingen]; vast worden; tot bedaren komen, bedaren; besluiten (tot *on*); afrekenen (ook: ~ *up*), betalen; ~ *down* zich vestigen; zich installeren; tot rust komen, bedaren; een geregeld leven gaan leiden, een brave burger worden; ~ *for* genoegen nemen met, het houden op; ~ *in* zijn nieuwe woning betrekken; fig zich installeren; acclimatiseren

settled *bn* gevestigd; afgedaan, in kannen en kruiken; vast [van overtuigingen &]; geregeld; op orde [na verhuizing]

settlement *znw* vestiging; regeling, vergelijk o, vereffening, afrekening, liquidatie; schenking, jaargeld o; bezinking; kolonisatie; nederzetting, kolonie; (instelling voor) maatschappelijk werk o

settler *znw* kolonist

set-to ['set'tu:] *znw* gevecht o; kloppartij; ruzie

set-up *znw* gemeenz regeling; opbouw, bestel o, organisatie; situatie; slang valse beschuldiging

seven ['sevn] *telw* zeven

seven-fold *bn* zevenvoudig

seven-league boots *znw mv* zevenmijlslaarzen

seventeen *telw* zeventien

seventeenth *telw (znw)* zeventiende (deel o)

seventh I *telw* zevende; **II** *znw* zevende (deel o); muz septime

seventieth *telw (znw)* zeventigste (deel o)

seventy *telw* zeventig; *the seventies* de jaren zeventig; *in one's seventies* in de zeventig

sever ['sevə] *overg* scheiden°, afscheiden, afhouwen, afhakken, afsnijden, afscheuren, af-, verbreken, breken

several ['sevrəl] **I** *bn* verscheiden; onderscheiden; afzonderlijk; respectief; eigen; **II** *onbep vnw* verscheidene(n), vele(n)

severally *bijw* elk voor zich, ieder afzonderlijk, respectievelijk

severance ['sevərəns] *znw* scheiding, af-, verbreking; ~ *pay* ontslagpremie

severe [si'viə] *bn* streng; hard; zwaar, ernstig; hevig

severely *bijw* streng &; erg

severity [si'veriti] *znw* (ge)strengheid &

sew* [sou] *overg* naaien, aannaaien; brocheren [boek]; ~ *on* aannaaien; ~ *up* naaien (in *in*), dichtnaaien; *it's all ~n up now* fig de zaak is beklonken

sewage ['sju:idʒ] *znw* rioolwater o

sewage farm *znw* vloeiveld o

1 sewer ['souə] *znw* naaier, naaister

2 sewer ['sjuə] *znw* riool o

sewerage *znw* riolering

sewing ['souiŋ] *znw* naaien o, naaigoed o, naaiwerk o

sewing-machine *znw* naaimachine

sewn [soun] V.D. van sew

sex [seks] **I** *znw* geslacht o, sekse, kunne; seks, geslachtsleven o, geslachtsdrift, geslachtsgemeenschap; **II** *bn* seksueel, seks-; **III** *overg* seksen [kuikens &]

sexagenarian [seksədʒi'nɛəriən] *bn (znw)* zestigjarig(e)

sex appeal ['seksə'pi:l] *znw* erotische aantrekkingskracht, sex-appeal

sex education *znw* seksuele voorlichting

sexless *bn* geslachtloos; seksloos, frigide [vrouw], impotent [man]

sex shop *znw* sekswinkel, sexshop

sextant ['sekstənt] *znw* sextant

sextet [seks'tet] *znw* muz sextet o

sexton ['sekstən] *znw* koster; klokkenluider;

doodgraver

sextuple ['sekstjupl] I bn zesvoudig; II overg verzesvoudigen

sexual ['seksjual] bn geslachtelijk, seksueel; ~ intercourse geslachtsgemeenschap

sexuality [seksju'æliti] znw seksualiteit

sexy ['seksi] bn sexy

Seychelles ['sei$\int$elz] znw mv Seychellen mv

SF afk. = science fiction

Sgt. afk. = sergeant

sh. afk. = shilling(s)

shabby ['$\int$æbi] bn kaal, haveloos, armzalig; sjofel; schandelijk, gemeen, min

shabby genteel bn kaal, maar chic

shack [$\int$æk] I znw hut, blokhut; II onoverg: ~ up with samenwonen met, hokken met

shackle ['$\int$ækl] I znw boei[2], kluister[2]; techn beugel, koppeling; scheepv harp; fig belemmering; II overg boeien[2], kluisteren[2]; techn koppelen; fig belemmeren

shad [$\int$æd] znw (mv idem) dierk elft

shaddock ['$\int$ædək] znw pompelmoes

shade [$\int$eid] I znw schaduw; lommer o; schim; kap, stolp, (Am zonne)scherm o; (kleur)schakering[2], nuance, tint; zweem; ~s gemeenz zonnebril; keep in the ~ zich op de achtergrond houden, zich schuilhouden; put in(to) the ~ fig in de schaduw stellen; II overg beschutten, beschermen; afschermen [zon]; arceren; III onoverg: ~ (off) into geleidelijk overgaan in [v. kleuren &]

shading ['$\int$eidiη] znw schakering, nuance; arcering

shadow ['$\int$ædou] I znw schaduw[2]; (schaduw)beeld o; afschaduwing; geest, schim; schijn, spoor o; ~s under one's eyes donkere kringen onder de ogen; II overg over-, beschaduwen; als een schaduw volgen; afschaduwen (ook: ~ forth)

shadow cabinet znw schaduwkabinet o

shadowy bn beschaduwd, schaduwrijk; schimachtig, vaag, onduidelijk; geheimzinnig

shady ['$\int$eidi] bn schaduwrijk, beschaduwd; fig het daglicht niet kunnende verdragen, verdacht, louche, niet zuiver; clandestien

shaft [$\int$a:ft] znw schacht°; pijl[2]; spies; straal [v. licht]; steel; techn (drijf)as; mijnschacht; (lift)koker

shag [$\int$æg] znw ruig haar o; shag [tabak]; slang wip, nummertje o

shagged bn ruig; gemeenz doodop

shaggy bn ruig(harig), borstelig; onverzorgd

shaggy-dog story znw melige grap, mop zonder pointe, ± olifantenmop

shagreen [$\int$æ'gri:n, $\int$ə'gri:n] znw segrijnleer o

shah [$\int$a:] znw sjah

1 shake* [$\int$eik] I overg schudden, schokken[2], indruk maken op, van streek brengen, fig doen wankelen; doen schudden (trillen, beven); heen en weer schudden; uitschudden, uitslaan; (van zich) afschudden[2]; ~ a leg gemeenz zich haasten; ~ down gemeenz gaan slapen; ~ off (van zich) afschudden; ~ out uitschudden, uitslaan; ~

up (op)schudden; fig wakker schudden, door elkaar schudden, aanporren; van streek maken; reorganiseren; II onoverg schudden, beven; trillen [stem]; fig wankelen; ~! gemeenz geef mij de hand!

2 shake [$\int$eik] znw schudden o; schok, beving; handdruk; trilling [v. stem]; the ~s de zenuwen; in a ~, in two ~s of a lamb's tail) gemeenz in een wip; he is no great ~s gemeenz hij is niet veel zaaks

shake-down znw kermisbed o; Am slang afpersing

shaken V.D. van [1]shake

shaker znw schudder; shaker [voor cocktails]

shake-up znw opschudding, omwenteling, reorganisatie

shaky ['$\int$eiki] bn beverig, onvast[2], wankel[2]; fig zwak (staand), onzeker, onsolide; waar men niet op aan kan; look ~ er niet best uitzien

shale [$\int$eil] znw leisteen o & m

shall* [$\int$æl, $\int$(ə)l] onoverg zal, zullen; moet, moeten

shallop ['$\int$æləp] znw sloep

shallot [$\int$ə'lɔt] znw sjalot

shallow ['$\int$ælou] I bn ondiep, laag; fig oppervlakkig; II znw (meestal mv): ~s ondiepte, ondiepe plaats, zandbank

shallow-minded bn oppervlakkig, dom

shallowness znw ondiepte; fig oppervlakkigheid

shalt [$\int$ælt, $\int$(ə)lt]: thou ~ bijbel gij zult

sham [$\int$æm] I overg veinzen (te hebben), voorwenden; II onoverg simuleren, doen alsof, zich aanstellen; III znw voorwendsel o; schijn(vertoning); komedie(spel o); komediant, simulant; IV bn voorgewend, gefingeerd, nagemaakt, onecht, vals, schijn-

shamble ['$\int$æmbl] I onoverg sloffen, schuifelen; II znw sloffende gang

shambles ['$\int$æmblz] znw bloedbad o; ravage, ruïne; warboel, troep

shame [$\int$eim] I znw schaamte°; schande gemeenz pech; bring ~ upon te schande maken; on you!, for ~! foei, schaam je!; put to ~ beschamen, beschaamd maken; II overg beschamen, beschaamd maken; te schande maken, schande aandoen

shamefaced bn beschroomd, verlegen

shameful bn schandelijk

shameless bn schaamteloos

shammy ['$\int$æmi] znw zeemleer o, zeem m & o

shampoo [$\int$æm'pu:] I overg shamponeren, shampooën; II znw shampoo

shamrock ['$\int$æmrɔk] znw plantk klaver; klaverblad o [zinnebeeld van Ierland]

shandy ['$\int$ændi] znw shandy [bier met limonade]

shanghai [$\int$æn'hai] overg slang listig overreden

shank [$\int$æηk] znw onderbeen o, scheen; steel; schacht; ~s gemeenz benen; on S~'s mare, on S~'s pony met de benenwagen

shan't [$\int$a:nt] samentrekking van shall not

shantung [$\int$æn'tʌη] znw shantoeng o & m

shanty ['$\int$ænti] znw 1 hut; keet; district o of stadsgedeelte o met bouwvallige hutjes (ook: ~*town*); 2 scheepv matrozenlied o

shape [ʃeip] **I** overg vormen, maken, modelleren, fatsoeneren; pasklaar maken; regelen, inrichten (naar *to*); vero scheppen; **II** onoverg zich vormen; een zekere vorm aannemen; zich ontwikkelen; ~ *up* **1** vorderingen maken; **2** zich beter gaan dragen; **III** znw vorm, gedaante, gestalte; leest; bol, blok o; model o; fatsoen; conditie; *in bad* ~ in slechte conditie; *that's the ~ of things to come* dat geeft een idee over wat ons in de toekomst te wachten staat; *take* ~ vaste vorm aannemen; *put into* ~ fatsoeneren[2]

shapeless bn vormeloos; wanstaltig

shapely bn goedgevormd, welgemaakt, bevallig

shard [ʃa:d] znw scherf [v. serviesgoed]

1 share [ʃɛə] **I** znw deel[2] o, aandeel[2] o; portie; ~ *and* ~ *alike* gelijk op delend; ~*s* effecten; **II** overg delen (met *with*); verdelen; ~ *out* uit-, verdelen; **III** onoverg delen (in *in*), deelnemen (in, aan *in*)

2 share [ʃɛə] znw ploegschaar

shareholder znw aandeelhouder

share-out znw verdeling, distributie

shark [ʃa:k] znw dierk haai; fig gauwdief; oplichter

sharp [ʃa:p] **I** bn scherp°, spits[2], puntig; fig bits; bijtend; vinnig, hevig; snel; steil; scherpzinnig, slim; op de penning; schel; F ~ muz fis; *that note was a little* ~ die toon was iets te hoog; ~ *practices (tricks)* oneerlijke praktijken; *look/be* ~ *(about it)!* schiet op!, maak voort!; **II** bijw scherp°; fig gauw, vlug; ~ *to time* precies op tijd; *at ten* ~ om 10 uur precies; **III** znw muz kruis o, noot met een kruis; slang = *sharper*

sharpen **I** overg scherpen, scherp(er) maken (ook: ~ *up*); (aan)punten [potlood], slijpen; fig verscherpen; **II** onoverg scherp(er) worden

sharpener znw (potlood)slijper

sharper znw oplichter, bedrieger, zwendelaar; kaartsp valsspeler

sharp-eyed bn opmerkzaam, oplettend, waakzaam

sharp-set bn rammelend van de honger

sharpshooter znw scherpschutter

sharp-witted bn scherpzinnig

shatter ['ʃætə] **I** overg verbrijzelen, versplinteren; fig vernietigen, de bodem inslaan [verwachtingen]; schokken; uitputten; **II** onoverg uiteenvallen, stukgaan, in stukken vliegen

shattered bn **1** gebroken [v. verdriet]; **2** ontredderd, volkomen in de war; **3** kapot, aan gruzelementen; **4** uitgeput

shave [ʃeiv] **I** overg scheren° (ook = strijken langs); afschelpen; schaven; **II** onoverg & abs ww zich scheren; **III** znw scheren o; *it was a close/narrow* ~ het was op het kantje af; *have a* ~ zich (laten) scheren

shaven bn geschoren

shaver znw scheerder; scheerapparaat o; *young* ~ gemeenz jochie o

shaving znw scheren o; afschafsel o; ~*s* krullen [bij schaven]

shaving-brush znw scheerkwast

shawl [ʃɔ:l] znw sjaal

she [ʃi:] **I** pers vnw zij, ze, het [v. schepen &]; **II** znw zij; wijfje o; vrouw, meisje o; ~- (als eerste lid in samenst.) wijfjes-, vrouwtjes-; ~-*bear* berin

sheaf [ʃi:f] znw (mv: sheaves) schoof, bundel

shear* [ʃiə] overg scheren [dieren, laken]; knippen [staal]; ~ *of* fig beroven van

shears znw mv grote schaar

sheath [ʃi:θ] znw (mv: sheaths [ʃi:ðz]) **1** schede [v. mes &]; plantk bladschede; **2** condoom o

sheathe [ʃi:ð] overg in de schede steken, opsteken, (in)steken; bekleden

sheath knife ['ʃi:θnaif] znw dolkmes o

1 shebang [ʃə'bæŋ] znw: *the whole* ~ slang de hele zaak, de hele boel

1 shed [ʃed] znw loods, schuurtje o, keet; remise; (koe)stal; afdak o; hut

2 shed* [ʃed] overg vergieten, storten [bloed], plechtig plengen; laten vallen, afwerpen; verliezen [het haar &]; wisselen [tanden]; werpen, verspreiden [v. licht &]; ~ *light on* licht werpen op

sheen [ʃi:n] znw schittering, glans, luister

sheep [ʃi:p] znw (mv idem) schaap[2] o; ~*'s eyes* verliefde blikken; *seperate the* ~ *from the goats* het kaf van het koren scheiden; *lost* ~ zondaar

sheep cote znw schaapskooi

sheep-dog znw herdershond

sheep-fold znw schaapskooi

sheepish bn schaapachtig, bedeesd

sheepskin znw schapenvel o, schaapsvacht, schapenleer o; perkament o (van schapenvel gemaakt); Am onderw gemeenz diploma o

sheep-station znw Austr schapenfokkerij

1 sheer [ʃiə] **I** bn zuiver, rein, puur; louter, enkel; volslagen; steil, loodrecht; ragfijn, doorschijnend [weefsel]; **II** bijw steil, loodrecht; totaal; pardoes

2 sheer [ʃiə] onoverg scheepv gieren; (opzij) uitwijken; ~ *away (off)* ook: zich wegscheren

sheet [ʃi:t] **I** znw laken o, beddenlaken o; lijkwade, doodskleed o; blad o [papier]; vel o; geringsch (nieuws)blaadje o; techn plaat [metaal]; scheepv schoot; *a* ~ *of fire* één vuurzee; *a* ~ *of ice* een ijsvlakte; *between the* ~*s* onder de wol; *the rain came down in* ~*s* de regen kwam met bakken uit de hemel; *clean* ~ schone lei, blanco strafregister; **II** onoverg: *the rain* ~*ed down* het regende pijpenstelen

sheet-anchor znw plechtanker[2] o

sheet ice znw ijzel

sheeting znw linnen o voor beddenlakens; bekleding; *waterproof* ~ hospitaallinnen o

sheet-lightning znw weerlicht o & m

sheet metal znw plaatijzer o

sheet music znw bladmuziek

sheik(h) [ʃeik] znw sjeik

sheikhdom ['ʃeik-, 'ʃi:kdəm] znw sjeikdom o

shekel ['ʃekl] znw sikkel [Hebreeuws muntstuk en gewicht]; sjekel [Israëlische munt]; *the* ~s gemeenz de duiten

shelf [ʃelf] znw (*mv:* shelves) plank [van rek]; boekenplank, vak *o*; rand; (blinde) klip, zandbank; (erts)laag; *continental* ~ continentaal plat *o*; *be left on the* ~ gemeenz overgeschoten zijn [vrouw]; *off the* ~ uit voorraad (leverbaar)

shell [ʃel] **I** znw schil, schaal, peul, bolster; schelp, schulp, dop; huls, hulsel *o*; (dek-) schild *o*; geraamte *o*; romp [v. stoomketel]; mil granaat [ook: granaten]; *come out of one's* ~ loskomen, ontdooien; *retire into one's* ~ in zijn schulp kruipen; **II** overg schillen, doppen, pellen, ontbolsteren; mil beschieten; ~ *out* gemeenz dokken, schuiven, schokken

shellac [ʃə'læk, 'ʃelæk] **I** znw schellak *o & m*; **II** overg met schellak vernissen

shellfish znw schelpdier(en) *o*; schaaldier(en) *o*

shellproof bn bomvrij

shellshock znw shellshock, shock ten gevolge van granaatvuur

shelter ['ʃeltə] **I** znw beschutting; onderdak *o*, schuilplaats, bescherming; wachthuisje *o* [voor bus of tram], (tram)huisje *o*; lighal; asiel *o*; (air-raid) ~ schuilkelder; *take* ~ een schuilplaats zoeken; schuilen; **II** overg beschutten, beschermen (voor *from*); huisvesting verlenen; **III** onoverg = **IV** wederk: ~ *oneself* schuilen, een schuilplaats zoeken, zich verschuilen[2]

shelve [ʃelv] **I** overg op de lange baan schuiven, uitstellen; (voorlopig) laten rusten; **II** onoverg (af)hellen, zacht aflopen

shelving ['ʃelvɪŋ] znw planken

shemozzle [ʃi'mɔzl] znw slang herrie, rumoer *o*; onrust, moeilijkheden

shepherd ['ʃepəd] **I** znw schaapherder, herder[2]; ~'s *pie* jachtschotel; ~'s *purse* plantk herderstasje *o*; **II** overg hoeden[2], (ge-) leiden, loodsen

shepherdess znw herderin

sherbet ['ʃə:bət] znw sorbet

sheriff ['ʃerif] znw hist schout, drost; hoge overheidspersoon in graafschap; Am sheriff, hoofd *o* van politie v.e. county

sherry ['ʃeri] znw sherry [wijn]

shibboleth ['ʃibələθ] znw sjibbolet[2] *o*; leuze

shield [ʃi:ld] **I** znw schild *o*; wapenschild *o*; **II** overg beschermen (tegen *from*)

shift [ʃift] **I** overg veranderen, verwisselen; verruilen; kwijtraken [koopwaar, verkoudheid]; verwijderen [vlekken]; verschikken, verleggen, (ver)schuiven; omleggen [het roer]; verhalen [schip]; ~ gears Am auto schakelen; **II** onoverg zich verplaatsen, (van plaats) wisselen; omlopen [v. wind]; werken [v. lading]; zich verschonen; zich behelpen; draaien[2]; **III** znw verandering, afwisseling; verschuiving; verhuizing; ploeg (werklieden); werktijd; (vrouwen-) hemd *o*; *get a* ~ *on* gemeenz de handen uit de mouwen steken, flink aanpakken; *make* ~ *to* het zo zien te regelen dat...; *make* ~ *with* zich weten te behelpen

shifting bn veranderend, zich verplaatsend; ~ *sand* drijfzand *o*

shift key znw hoofdlettertoets; comput shifttoets

shiftless bn onbeholpen; onbekwaam

shifty ['ʃifti] bn sluw, onbetrouwbaar; ontwijkend [antwoord]; schichtig [blik]

shilling ['ʃilɪŋ] znw shilling

shilly-shally ['ʃiliʃæli] onoverg weifelen; treuzelen, traineren

shimmer ['ʃimə] **I** onoverg glinsteren, zacht glanzen (schijnen); **II** znw glinstering, glans

shimmy ['ʃimi] **I** znw 1 shimmy [ragtimedans]; 2 Am auto abnormale slingering v.d. voorwielen; **II** onoverg auto slingeren [v.d. (voor)wielen]

shin [ʃin] **I** znw scheen; ~ *of beef* runderschenkel, schenkelvlees *o*; **II** onoverg: ~ *up a tree* in een boom klimmen

shin-bone znw scheenbeen *o*

shindig ['ʃindig] znw gemeenz feestje *o*

shindy ['ʃindi] znw gemeenz herrie°, relletje *o*; ruzie

1 shine* [ʃain] **I** onoverg schijnen, glimmen, blinken, stralen, schitteren[2] (van *with*), uitblinken; ~ *at* uitmunten in; **II** overg laten schijnen; doen glimmen (blinken), blank schuren; poetsen [schoenen]

2 shine [ʃain] znw zonneschijn; glans; schijnsel *o*; *take a* ~ *to* gemeenz verkikkerd raken op

shiner znw blauw oog *o*

shingle ['ʃingl] znw 1 dakspaan; vroeger 'jongenskop' [haardracht]; 2 grind *o*, kiezelsteen

shingles ['ʃinglz] znw med gordelroos

shin-guard ['ʃinga:d] znw scheenbeschermer

shining ['ʃainiŋ] bn schijnend, glanzend; fig schitterend; *a* ~ *example* een lichtend voorbeeld *o*

shiny bn glimmend, blinkend

ship [ʃip] **I** znw schip; *when my* ~ *comes in* als het schip met geld komt; **II** overg aan boord nemen (hebben); verschepen, per schip verzenden (ook: ~ *off*); Am ook: transporteren [in het algemeen]; ~ *the oars* de riemen inhalen

shipboard znw: *on* ~ aan boord

ship-breaker znw scheepssloper

ship-broker znw scheepsmakelaar; cargadoor

shipbuilding znw scheepsbouw

ship('s)-chandler znw verkoper van scheepsbehoeften, scheepsleverancier

shipload znw scheepsvracht, -lading

shipmaster znw kapitein op een koopvaardijschip; soms: reder

shipmate znw scheepskameraad, medeopvarende

shipment znw verscheping, verzending; zending; lading

shipowner znw reder

shipper znw verscheper, aflader, exporteur

shipping znw in-, verscheping; schepen [v. land, haven &]; scheepvaart; ~-*agent* expediteur

shipshape bn bijw (keurig) in orde, in de puntjes, netjes

shipwreck I *znw* schipbreuk; **II** *overg* doen schipbreuk lijden, doen stranden[2]; *the ~ed crew* de schipbreukelingen

shipwright *znw* scheepsbouwmeester; scheepstimmerman

shipyard *znw* scheepstimmerwerf

shire ['ʃaiə] *znw* graafschap *o*; ~ *counties* landelijke graafschappen in Midden-Engeland; ~ *horse* (Engels) boerentrekpaard *o*

shirk [ʃəːk] *overg* verzuimen, ontduiken, ontwijken, zich onttrekken aan (zijn plicht), lijntrekken

shirker *znw* lijntrekker

shirt [ʃəːt] *znw* (over)hemd *o*; blouse; *boiled ~* gemeenz gesteven overhemd *o*; *put one's ~ on* gemeenz er alles onder verwedden; *lose one's ~* alles kwijt raken; *near is my ~ but nearer is my skin* het hemd is nader dan de rok

shirt-front *znw* frontje *o*

shirttail *znw* slip van hemd

shirty *bn* gemeenz nijdig, woest

shish kebab ['ʃiʃkibæb] *znw* (sis) kebab

shit [ʃit] plat **I** *znw* stront; klootzak; bullshit; gelul; ~! shit!, verdomme!; *don't give a ~ about* schijt hebben aan; **II** *overg & onoverg* schijten

shitty ['ʃiti] *bn* plat lullig

1 shiver ['ʃivə] **I** *znw* splinter, scherf, schilfer; *break (go) to ~s* aan gruzelementen vallen; **II** *overg* versplinteren, verbrijzelen, aan gruzelementen slaan; **III** *onoverg* aan gruzelementen vallen; versplinteren

2 shiver ['ʃivə] **I** *onoverg* rillen, sidderen, huiveren; **II** *znw* (koude) rilling, siddering, huivering; *give the ~s* gemeenz doen rillen

shivery *bn* rillerig, beverig, huiverig

1 shoal [ʃoul] *znw* school; menigte, hoop; *in ~s* bij hopen

2 shoal [ʃoul] *znw* ondiepte, zandbank

1 shock [ʃɔk] **I** *znw* schok[2], botsing; schrik, (onaangename) verrassing, slag; med & psych shock; **II** *overg* schokken, een schok geven; ontzetten; aanstoot geven, ergeren

2 shock [ʃɔk] *znw*: *a ~ of hair* flinke bos haar, wilde haardos

shock-absorber ['ʃɔkəbsɔːbə] *znw* schokbreker

shocker *znw* sensatieroman; gemeenz iets heel ergs, hopeloos geval *o*, onmogelijk iemand

shock-headed *bn* met een ruige bos haar

shocking I *bn* aanstotelijk, stuitend, ergerlijk; afgrijselijk, gruwelijk; **II** *bijw* gemeenz afschuwelijk, vreselijk

shockingly *bijw* schandalig, schandelijk

shock-proof *bn* schokbestendig, shockproof; fig onverstoorbaar

shock tactics *znw* overrompelingstactiek

shock therapy, shock treatment *znw* shocktherapie

shock wave *znw* schokgolf

shod [ʃɔd] V.T. & V.D. van [2]shoe

shoddy ['ʃɔdi] *bn* van slechte kwaliteit, flut-, prullig, ondeugdelijk

1 shoe [ʃuː] *znw* schoen; hoefijzer *o*; remschoen; beslag *o*; *that's another pair of ~s* fig dat is andere koek; *that's where the ~ pinches* daar wringt hem de schoen; *step into (fill) sbd.'s ~s* iem. opvolgen

2 shoe* [ʃuː] *overg* schoeien; beslaan

shoeblack *znw* schoenpoetser

shoehorn *znw* schoenlepel

shoe-lace *znw* schoenveter

shoemaker *znw* schoenmaker

shoe-polish *znw* schoensmeer *o & m*

shoestring *znw* schoenveter; fig smalle basis; *on a ~* met/voor heel weinig geld; *a ~ majority* een krappe meerderheid

shoetree *znw* schoenspanner

shone [ʃɔn] V.T. & V.D. van [1]shine

shoo [ʃuː] **I** *tsw* sh!, ksh!; **II** *overg* wegjagen (ook: ~ *away*)

shook [ʃuk] V.T. van [1]shake

1 shoot* [ʃuːt] **I** *overg* af-, door-, neer-, uit-, verschieten, schieten [ook: bal]; doodschieten; fusilleren; storten [puin]; (uit)werpen, uitgooien; (op)nemen, kieken; gemeenz spuiten, injecteren [drugs &]; ~ *the bolt* de grendel voorschuiven of wegschuiven; *have shot one's bolt* al zijn kruit verschoten hebben; ~ *a line* gemeenz veel praatjes hebben, opscheppen; ~ *the moon* met de noorderzon vertrekken; ~*!* gemeenz zeg het maar!; begin maar!; **II** *onoverg* schieten° (ook = uitlopen); jagen; scheren; verschieten [sterren]; steken [v. pijn]; ~ *away* erop los schieten; wegschieten, in aller ijl ervandoor gaan; ~ *down* neerschieten; ~ *off* af-, wegschieten; ~ *one's mouth off* slang kletsen, z'n mond voorbijpraten; ~ *out* uitschieten; uitwerpen, (er) uitgooien; uitsteken [rotsen &]; ~ *up* de hoogte in gaan [ook v. prijzen]; de hoogte in schieten [bij het groeien]; terroriseren (door schietpartijen &)

2 shoot [ʃuːt] *znw* schoot, scheut; schietwedstrijd; jacht(partij); schietpartij; fotosessie; *the whole ~* gemeenz de hele zooi, de hele rataplan

shooter *znw* slang schietijzer *o*

shooting I *bn* schietend &; ~ *pains* ook: pijnlijke scheuten; ~ *star* verschietende of vallende ster; **II** *znw* schieten *o*; schietpartij; jacht; moord [met vuurwapen]; executie [met vuurwapen]

shooting-box *znw* jachthuis *o*

shooting-gallery *znw* schiettent, -salon; schietbaan, schietlokaal *o*

shooting-iron *znw* Am gemeenz vuurwapen *o*

shooting-range *znw* schietbaan

shooting-stick *znw* zitstok

shoot-out ['ʃuːtaut] *znw* vuurgevecht *o*, duel *o*, schietpartij

shop [ʃɔp] **I** *znw* winkel (ook = werkplaats); atelier *o*; ~*!* volk!; *he has come to the wrong ~* fig hij is aan het verkeerde adres; *talk ~* over het vak praten; *all over the ~* overal; helemaal in de war, de kluts kwijt; **II** *onoverg* winkelen, boodschappen (inkopen) doen; **III** *overg* gemeenz verlinken

shop-assistant *znw* winkelbediende

shop-floor *znw*: *on the ~* op de werkvloer

shop-front *znw* winkelpui

shopkeeper *znw* winkelier

shoplifter *znw* winkeldief

shoplifting *znw* winkeldiefstal

shopper *znw* winkelbezoeker

shopping *znw* winkelen o, winkelbezoek o; boodschappen; *do one's ~* (gaan) winkelen, boodschappen (inkopen) doen; *~ bag* boodschappentas; *~ centre* winkelcentrum o

shop-soiled *bn* verkleurd, smoezelig [door te lang in de winkel liggen]

shop-steward *znw* vertegenwoordiger van werknemers [in het bedrijf]

shop-walker *znw* filiaalhouder

shop-worn *bn* = *shop-soiled*

1 shore [ʃɔ:] V.T. van *shear*

2 shore [ʃɔ:] *znw* kust, strand o, oever, wal; *in ~* op de wal staand; *on ~* aan land

3 shore [ʃɔ:] **I** *znw* schoor, stut; **II** *overg* stutten, steunen (ook: *~ up*)

shoreline *znw* kust

shoreward(s) *bn bijw* landwaarts

shorn [ʃɔ:n] V.D. van *shear*

short [ʃɔ:t] **I** *bn bijw* kort; te kort; kort aangebonden, kortaf; driftig [karakter]; klein [gestalte]; bros [gebak]; puur [dranken], niet met water aangelengd; beknopt [leerboeken]; krap, karig; te weinig; plotseling; ~ *cut* kortere weg; *fig* eenvoudiger manier; ~ *measure* ondergewicht o; *in ~ supply* schaars; *at ~ notice* op korte termijn; ~ *weight* (gewichts)manco o; *make ~ work of* korte metten maken met; *be taken/caught ~* nodig 'moeten'; *be (come, fall) ~ of* af (verwijderd) zijn van; minder zijn dan; te kort komen of hebben; gebrek hebben aan; niet beantwoorden aan, blijven beneden; tekortschieten in; ~ *of breath* kortademig; ~ *of money* niet goed bij kas; *cut ~* af-, onderbreken; bekorten; *fall ~* ook: opraken; tekortschieten²; *run ~* opraken; *stop ~* plotseling blijven stilstaan, ophouden, blijven steken; *stop ~ of* terugdeinzen voor; **II** *znw* **1** alcoholisch aperitief; **2** kortsluiting; **3** korte film, bijfilm; **4** ~*s* korte broek, shorts; *in ~* in het kort, kortom

shortage *znw* tekort o, schaarste, nood

shortbread *znw* bros gebak o, sprits

short-change *overg* te weinig geld teruggeven; te kort doen, afzetten

short-circuit I *znw* elektr kortsluiting; **II** *overg* kortsluiting veroorzaken in; *fig* bekorten; uitschakelen

shortcoming [ʃɔ:t'kʌmiŋ] *znw* tekortkoming

shortcrust (pastry) *znw* kruimeldeeg o

shorten *overg* korter maken, (be-, ver-)korten, verminderen, beperken

shortening *znw* vet o voor bros gebak

shortfall *znw* tekort o, deficit o

shorthand I *znw* stenografie; *in ~* stenografisch; **II** *bn* stenografisch; ~ *typist* stenotypist(e); ~ *writer* stenograaf

short-handed *bn* gebrek aan personeel hebbend

short-haul *bn* over korte afstand

shortie *znw* = *shorty*

shortish *bn* ietwat kort, krap, klein

shortlist I *znw* voordracht; **II** *overg* op de voordracht plaatsen

short-lived *bn* kortstondig, van korte duur

shortly *bijw* kort (daarop); binnenkort, weldra, spoedig; kortaf

shortness *znw* kortheid &; ~ *of money* geldgebrek o

short-range *bn* korteafstands-

short-sighted *bn* bijziend; kortzichtig

short-spoken *bn* kortaf, kort van stof, kort aangebonden

short-staffed *bn* met te weinig personeel, een personeelstekort hebbend

short-tempered *bn* kortaangebonden, driftig, heetgebakerd

short-term *bn* op korte termijn; voor korte tijd

short-time working *znw* arbeidstijdverkorting

short-wave *bn* kortegolf-

short-winded *bn* kortademig

shorty *znw* gemeenz kleintje o, onderdeurtje o

1 shot [ʃɔt] *znw* schot o; biljart stoot; slag [bij tennis]; worp [bij cricket]; schroot o, kogel(s), hagel; (scherp)schutter; gissing; poging; opname, kiekje o; gemeenz injectie [drugs &], spuit, shot; slang borrel; *big ~* gemeenz kopstuk o, hoge piet, hoge ome; ~ *in the dark* gissing, gok in 't wilde weg; *a long ~* een totaalopname [v. film]; *fig* wat lang niet zeker is, een gok; *a ~ in the arm* ook: gemeenz een stimulans; *get ~ of* gemeenz zich ontdoen van, kwijtraken; *putting the ~* sp kogelstoten o; *not by a long ~* op geen stukken na; *like a ~* als de wind; op slag, direct

2 shot [ʃɔt] V.T. & V.D. van ¹*shoot*; ~ *silk* changeantzijde

shotgun [ʃɔtgʌn] *znw* jachtgeweer o; *a ~ marriage* een gedwongen huwelijk o

shot put [ʃɔtput] *znw* kogelstoten o

shot putter [ʃɔtputə] *znw* kogelstoter

should [ʃud, ʃəd, ʃd] V.T. van *shall*; zou(den), moest(en), behoorde(n); mocht(en)

shoulder [ʃouldə] **I** *znw* schouder, schouderstuk o; berm; *give (show) the cold ~ to* met de nek aanzien, negeren; *have broad ~s* een brede rug hebben; **II** *overg* op de schouders nemen; op zich nemen; met de schouder duwen, (ver)dringen; **III** *onoverg*: ~ *along* zich naar voren dringen

shoulder-bag *znw* schoudertas

shoulder-blade *znw* schouderblad o

shoulder-high *bn*: *carry sbd. ~* iem. op de schouders nemen/ronddragen

shoulder-strap *znw* schouderbandje o [aan hemd]; draagriem

shout [ʃaut] **I** *onoverg* roepen, juichen; schreeuwen; ~ *with laughter* schaterlachen; **II** *overg* uitroepen (ook: ~ *out*), hard toeroepen; ~ *down* door schreeuwen beletten verder te spreken; **III** *znw* geroep o, gejuich o; schreeuw, kreet; *it's my ~* gemeenz ik trakteer

shouting *znw* geschreeuw o; *it's all over*

barlbut the ~ het is op een oor na gevild

shove [ʃʌv] **I** *overg* stoten, duwen, schuiven; gemeenz steken, stoppen; **II** *onoverg* stoten, duwen; ~ *off* van wal steken, afzetten (ook: ~ *from shore*); gemeenz ophoepelen; **III** *znw* stoot, duw, duwtje o, zet, zetje o

shove-halfpenny [ˈʃʌvˈheip(ə)ni] *znw* soort sjoelbakspel o, gespeeld met munten

shovel [ˈʃʌvl] **I** *znw* schop; **II** *overg* scheppen

1 show* [ʃou] **I** *overg* doen of laten zien, tonen, laten blijken, aan de dag leggen, vertonen, draaien [een film], tentoonstellen, (aan)wijzen, het [iem.] voordoen; aantonen, uit-, bewijzen; betonen; ~ *in(to the room)* binnenlaten; (~ *of* met) doen uitkomen; ~ *off one's learning* te koop lopen (geuren) met zijn geleerdheid; ~ *out* uitlaten; ~ *up* 1 boven laten komen; duidelijk doen uitkomen, aan het licht brengen, duidelijk maken; 2 in verlegenheid brengen, voor gek zetten; **II** *onoverg & abs ww* zich (ver)tonen; uitkomen°; *it* ~*s white* het lijkt wit; ~ *against* uitkomen tegen; ~ *off* zich aanstellen, poseren, 'geuren'; ~ *through* erdoorheen schijnen, beter tot zijn recht komen; ~ *up* gemeenz zich vertonen, te voorschijn komen; (goed) uitkomen; ~ *up badly* een slecht figuur slaan

2 show [ʃou] *znw* vertoning; tentoonstelling; show, (schone) schijn; optocht, (toneel)voorstelling; gemeenz komedie, onderneming, geschiedenis, zaak, zaakje o; *all over the* ~ slang overal; *give away the* ~ de zaak verraden, de boel verklappen; *good* ~*!* gemeenz bravo!; *make/put up a fine* ~ veel vertoon maken, goed uitkomen; heel wat lijken; *he made some* ~ *of resistance* hij verzette zich maar voor de schijn; *run the* ~ gemeenz de dienst uitmaken

showbiz, show business *znw* showbizz, showbusiness

show-case *znw* uitstalkast, vitrine; ~ *project* prestigeproject o

showdown *znw* gemeenz openlijke krachtmeting; beslissende strijd

shower [ˈʃauə] **I** *znw* (stort)bui, regenbui; douche; fig regen, stortvloed, stroom; **II** *overg* begieten, neer doen komen

showerproof *bn* waterafstotend, waterdicht

showery *bn* regenachtig, buiig

show-girl [ˈʃougə:l] *znw* danseres of zangeres in show of revue; figurante

show house *znw* modelwoning

showing *znw* tonen o; vertoning, voorstelling°; figuur; aanwijzing, bewijs o; *on your (own)* ~ volgens uw eigen verklaring (voorstelling, zeggen)

show jumping *znw* springconcours o & m

showman *znw* 1 directeur v. circus, revue, variété &; 2 showman

showmanship *znw* vertoon o, reclame

shown V.D. van ¹*show*

show-off *znw* gemeenz opschepper

showpiece *znw* spektakelstuk o; fig pronkstuk o

showplace *znw* (toeristische) bezienswaardigheid

showroom *znw* modelkamer, toonzaal

showwindow *znw* etalage, vitrine

showy *bn* prachtig, opvallend; pronkerig, opzichtig

shrank [ʃræŋk] V.T. van *shrink*

shrapnel [ˈʃræpnəl] *znw* granaatkartets(en)

1 shred [ʃred] *znw* lapje o, flard, snipper, stukje o; fig zweem(pje o), zier(tje o)

2 shred* [ʃred] *overg* klein snijden (of scheuren), snipperen

shredder [ˈʃredə] *znw* papiervernietiger, shredder

shrew [ʃru:] *znw* feeks, helleveeg; dierk spitsmuis

shrewd [ʃru:d] *bn* schrander, scherp(zinnig)

shrewish [ˈʃru:iʃ] *bn* kijfziek

shriek [ʃri:k] **I** *onoverg & overg* gillen; ~ *with laughter* gieren (van het lachen); **II** *znw* gil

shrift [ʃrift] *znw*: *give short* ~ *to* korte metten maken met

shrill [ʃril] **I** *bn* schel, schril; **II** *onoverg* schel klinken; **III** *overg*: ~ *(out)* uitgillen

shrimp [ʃrimp] (*mv* idem of ~s) garnaal; fig ukkie o

shrine [ʃrain] *znw* schrijn, relikwieënkastje o; altaar o, heilige plaats, heiligdom o

1 shrink* [ʃriŋk] **I** *onoverg* krimpen², inkrimpen, ineenkrimpen; verschrompelen; slinken; ~ *back* terugdeinzen; ~ *from* huiverig zijn bij (om), terugdeinzen voor; **II** *overg* (doen) krimpen

2 shrink *znw* gemeenz psych, zielknijper

shrinkage *znw* (in)krimping²; slinking; vermindering [v. waarde &]

shrive* [ʃraiv] *overg & onoverg* biechten, de biecht afnemen

shrivel [ˈʃrivl] *overg & onoverg* (doen) rimpelen of verschrompelen (ook: ~ *up*)

shriven [ˈʃrivn] V.D. van *shrive*

shroud [ʃraud] **I** *znw* (doods)kleed o, lijkwade, fig sluier; **II** *overg* in het doodskleed wikkelen; (om)hullen, bedekken, verbergen

shrove [ʃrouv] V.T. van *shrive*

Shrove Tuesday [ˈʃrouvˈtju:zdi, -dei] *znw* dinsdag voor de vasten, vastenavond

1 shrub [ʃrʌb] *znw* struik, heester

2 shrub [ʃrʌb] *znw* rumpunch

shrubbery [ˈʃrʌbəri] *znw* struikgewas o

shrug [ʃrʌg] **I** *overg & onoverg* (de schouders) ophalen; ~ *off* zich met een schouderophalen afmaken van; **II** *znw* schouderophalen o

shrunk [ˈʃrʌŋk] V.T. & V.D. van *shrink*

shrunken *bn* (ineen)gekrompen, verschrompeld

shuck [ʃʌk] **I** *znw* dop, bolster; ~*s!* gemeenz bah!, verdorie!; **II** *overg* doppen

shudder [ˈʃʌdə] **I** *onoverg* huiveren, rillen, sidderen; ~ *at* huiveren voor (bij); **II** *znw* huivering, griezel, rilling, siddering

shuffle [ˈʃʌfl] **I** *overg* (dooreen)schudden, (dooreen)mengen; schuiven; **II** *onoverg* schuifelen; sloffen; schudden [de kaarten]; schuiven; ~ *along* aan-, voortschuifelen;

voortsjokken; **III** *znw* geschuifel *o*; schuifelende (dans)pas; schudden *o* [v. kaarten]; verandering van positie; reorganisatie

shun [ʃʌn] *overg* schuwen, (ver)mijden, (ont)vlieden

shunt [ʃʌnt] **I** *overg* op een zijspoor brengen[2], rangeren [trein]; verschuiven; brengen naar; een andere wending geven aan [gesprek]; afleiden [persoon]; ~ *it on to him* schuif het hem op zijn dak; **II** *onoverg* rangeren

shunter *znw* rangeerder

shush [ʃʌʃ] *tsw* ssst!, stil!

shut* [ʃʌt] **I** *overg* sluiten, toedoen, dichtdoen, -maken, -trekken &; ~ *away* opgesloten houden; ~ *down* dichtdoen, sluiten, stopzetten [ook: fabriek]; ~ *off* afsluiten [gas, water &], af-, stopzetten; kappen [discussies]; ~ *to* dichtdoen; ~ *up* gemeenz de mond snoeren; **II** *wederk*: ~ *oneself up from* zich afzonderen van; **III** *onoverg* & *abs ww* (zich) sluiten, dichtgaan; ~ *down* [fabriek] sluiten; invallen [duisternis]; ~ *up!* gemeenz hou je mond!; **IV** V.T. & V.D. van *shut*; als *bn* gesloten, dicht

shutdown *znw* sluiting, stopzetting

shut-eye *znw*: *get a bit of* ~ slang een tukje doen

shut-out *znw* uitsluiting [v. arbeiders]

shutter **I** *znw* sluiter [ook: v. fototoestel], sluiting; luik *o*, blind *o*; **II** *overg* de luiken zetten voor

shuttle [ʃʌtl] **I** *znw* schietspoel; pendeldienst; sp shuttle; **II** *onoverg* (& *overg*) heen en weer (laten) gaan, pendelen

shuttlecock *znw* sp shuttle

shuttle service *znw* pendeldienst, heen-en-weerdienst

1 shy [ʃai] **I** *bn* verlegen, beschroomd, schuw; schichtig; *be (feel)* ~ *of ... ing* huiverig, bang zijn om te...; niet gul zijn met...; *fight* ~ *of* angstvallig vermijden; **II** *onoverg* schichtig, schuw worden (voor *at*, *from*), plotseling opzij springen [v. paard]; ~ *away from* ontwijken, vermijden; terugschrikken voor

2 shy [ʃai] **I** *overg* gemeenz smijten, gooien; **II** *znw* gemeenz gooi, worp; *have a* ~ *at* een gooi doen naar, een poging wagen

Siamese [saiəˈmi:z] *znw* (*mv* idem) & *bn* Siamees; ~ *cat* Siamese kat, Siamees; ~ *twins* Siamese tweeling

Siberian [saiˈbiəriən] **I** *bn* Siberisch; **II** *znw* Siberiër

sibilant [ˈsibilənt] **I** *bn* sissend; **II** *znw* sisklank

siblings [ˈsibliŋz] *znw mv* kinderen met hetzelfde ouderpaar, broer(s) en zuster(s)

sibyl [ˈsibil] *znw* sibille, profetes

sic [sik] *bijw* sic, zo staat er woordelijk

Sicilian [siˈsiljən] *znw* & *bn* Siciliaan(s)

sick [sik] **I** *bn* misselijk; zeeziek; Am ziek; beu (van *of*); gemeenz kwaad; *het land hebbend*; diep teleurgesteld (over *about, at*); fig bitter, wrang [spot], luguber [grap]; Am slang gek; ~ *headache* migraine; *be* ~ ook: (moeten) overgeven, braken; *be* ~ *at heart* verdrietig, treurig; *be* ~ *(and tired)* *of* schoon genoeg hebben van; *off* ~ met ziekteverlof; *worried* ~ gemeenz doodsbenauwd; **II** *znw* gemeenz braaksel *o*; *the* ~ de zieken

sick-bay *znw* scheepv ziekenboeg; mil ziekenverblijf *o*

sick-bed *znw* ziekbed *o*

sicken I *onoverg* ziek, misselijk, beu worden; *be* ~*ing for something* iets onder de leden hebben; **II** *overg* ziek, misselijk, beu maken

sickening *bn* misselijk(makend), walgelijk, weerzinwekkend; beklemmend; gemeenz vervelend, klote

sickle [ˈsikl] *znw* sikkel

sick-leave [ˈsikˈliːv] *znw* ziekteverlof *o*

sick-list *znw* lijst van de zieken; *be on the* ~ onder doktersbehandeling zijn

sickly *bn* ziekelijk[2], ongezond[2]; bleek [v. maan &]; wee [v. lucht]; walgelijk

sickness *znw* ziekte; misselijkheid; ~ *benefit* uitkering van ziektegeld

sickroom *znw* ziekenkamer

side [said] **I** *znw* zij(de), kant; helling [v. berg, heuvel]; kantje *o*, zijtje *o* [= bladzijde]; partij; sp ploeg, elftal *o* [voetballers]; fig gezichtspunt *o*; biljart effect *o*; gemeenz verbeelding, eigenwaan; *the bright* ~ de zonzijde; *the other* ~ *of the coin* fig de keerzijde van de medaille; *wrong* ~ *out* binnenstebuiten; *on the wrong* ~ *of forty* boven de veertig; *change* ~*s* een andere (politieke) richting kiezen; van standpunt veranderen; *split (burst) one's* ~*s (with laughter)* zich te barsten (een ongeluk, krom &) lachen; *take* ~*s* partij kiezen (voor *with*); *by his* ~ naast hem; *from* ~ *to* ~ heen en weer; *on both* ~*s* aan (van) weerskanten; *on my* ~ aan mijn zij, naast mij; *on my hand*, *on one* ~ aan één kant; opzij, scheef; *place (put) on one* ~ terzijde leggen; *opzij zetten; on the* ~ erbij [verdienen]; *on the engine* ~*...* wat betreft de motor...; *to be on the safe* ~ ook: voor alle zekerheid; *on the tall* & ~ aan de lange & kant; **II** *onoverg*: ~ *against (with)* partij kiezen tegen (voor)

side-arms *znw mv* mil opzij gedragen wapens [sabel, revolver, bajonet &]

sideboard *znw* buffet *o*, dressoir *o* & *m*; ~*s* ook: gemeenz bakkebaarden

sideburns *znw mv* bakkebaarden

side-car *znw* zijspan *o* & *m*, zijspanwagen

side-dish *znw* bij-, tussengerecht *o*

side-effect *znw* bijwerking, bijverschijnsel *o*

side-issue *znw* bijzaak

sidekick *znw* ondergeschikte, assistent

sidelight *znw* zijlicht *o*; fig aanvullende informatie; *drive on* ~*s* auto met stadslicht(en) rijden

sideline *znw* zijlijn; bijkomstige bezigheid; slang nevenbranche, -artikel *o*; *sit on the* ~*s* toeschouwer zijn, niet meedoen; *wait on the* ~*s* fig zich warmlopen, wachten tot men mag meedoen

sidelong *bn bijw* zijdelings

side-saddle [ˈsaidsædl] *bijw*: *ride* ~ paardrijden in amazonenzit

sideshow *znw* nevenattractie

side-slip I *onoverg* <u>auto luchtv</u> slippen; **II** *znw* <u>auto luchtv</u> slip

side-splitting *bn* om je krom te lachen

side-step I *znw* zijpas, zijstap; **II** *overg & onoverg* opzij-, uit de weg gaan, ontwijken

side-stroke *znw* zijslag [zwemmen]; zijstoot

sideswipe *znw Am* zijslag, schampen o; *fig* steek onder water

side-track *overg* <u>gemeenz</u> op een dwaalspoor brengen; afleiden [v. onderwerp]

sidewalk *znw Am* trottoir o, stoep

sideward(s) *bn bijw* zijwaarts

sideways *bn* (van) terzijde, zijdelings

siding ['saidiŋ] *znw* partij kiezen o; zij-, wisselspoor o

sidle ['saidl] *onoverg* schuifelen, sluipen

siege [si:dʒ] *znw* belegering, beleg o; *lay ~ to* het beleg slaan voor; *raise the ~* het beleg opbreken

Sierra Leone [sierəli'oun] *znw* Sierra Leone o

siesta [si'estə] *znw* siësta, middagslaapje o, -dutje o

sieve [siv] **I** *znw* zeef; **II** *overg* zeven, ziften

sift [sift] *overg* ziften, uitziften (ook: *~ out*), schiften, uitpluizen; strooien

sifter *znw* (suiker-, peper)strooier

sigh [sai] **I** *onoverg* zuchten; *~ for* smachten naar; **II** *overg* verzuchten; **III** *znw* zucht

sight [sait] **I** *znw* (ge)zicht o, aanblik; schouwspel o, <u>gemeenz</u> vertoning; bezienswaardigheid, merkwaardigheid; vizier o, korrel [op een geweer]; diopter o (kijkspleet); *a jolly (long &) ~ better <u>gemeenz</u> véél* (een boel) beter; *her hat is a ~!* <u>gemeenz</u> ze draagt een hoed om te gieren!; *the roses are a ~ (to see)* de rozen zijn kostelijk om te zien; *I hate the ~ of him* ik kan hem niet uitstaan; *keep ~ in 't oog houden*[2]; *set one's ~s on fig* mikken op; *take ~* mikken; *at (first) ~* op het eerste gezicht; <u>muz</u> van het blad; *handel op zicht*; *at first ~* op het eerste gezicht; *be in ~* te zien zijn; *in his ~* voor zijn ogen, waar hij bij is (was); in zijn ogen, naar zijn opinie; *on ~* op het eerste gezicht; *be out of ~* uit het gezicht (oog) verdwenen zijn, verborgen zijn; *out of ~, out of mind* uit het oog, uit het hart; **II** *overg* te zien krijgen, in het oog (gezicht) krijgen, waarnemen; richten, stellen; *partially ~ed* slechtziend

sighted *bn* ziende; [v. geweer] met vizier

sightless *bn* blind

sightly *bn* fraai, aangenaam voor het oog

sight-reading *znw* van het blad lezen [zingen, spelen]

sightseeing *znw* het bezichtigen van de bezienswaardigheden

sightseer *znw* toerist

sigma ['sigmə] *znw* sigma, Griekse s

sign [sain] **I** *znw* teken o, blijk o, wenk; kenteken o, voorteken o; wonderteken o; (uithang)bord o; *~ of the cross* kruisteken o; *make no ~* geen teken (van leven &) geven; *at his ~* op een teken van hem; *in ~ of submission* ten teken van onderwer-

ping; **II** *overg* tekenen, ondertekenen; seinen; een teken geven, door een teken te kennen geven; <u>RK</u> een kruis maken over, bekruisen; *it was ~ed, sealed and delivered at noon <u>gemeenz</u>* om twaalf uur was de hele zaak in kannen en kruiken; *~ away* schriftelijk afstand doen van; *~ up* tekenen; engageren [spelers &]; **III** *onoverg & abs ww* (onder)tekenen; *~ in* tekenen bij aankomst; *~ off radio* eindigen, sluiten; <u>gemeenz</u> afnokken, ermee uitscheiden; *~ on scheepv* aanmonsteren; (een verbintenis) tekenen; stempelen [v. werkloze]; *~ up* zich laten inschrijven, zich opgeven

signal ['signəl] **I** *znw* signaal o, teken o, sein o; **II** *overg* seinen; aankondigen, melden; door een wenk te kennen geven, een wenk geven om te...; **III** *bn* schitterend, uitstekend, voortreffelijk, groot

signal-box *znw* seinhuisje o

signalize *overg* onderscheiden; kenmerken; te kennen geven; de aandacht vestigen op

signaller *znw* seiner

signally *bijw* ook: bijzonder, zeer; *fail ~* een duidelijke nederlaag lijden, het glansrijk afleggen

signalman *znw* seinwachter; seiner

signatory ['signətəri] *znw* (mede-)ondertekenaar

signature *znw* hand-, ondertekening; teken o, kenmerk o; *muz* voortekening; signatuur; *~ tune radio* herkenningsmelodie

signboard ['sainbɔ:d] *znw* uithangbord o; (reclame)bord o

signet ['signit] *znw* zegel o

signet-ring *znw* zegelring

significance [sig'nifikəns] *znw* betekenis, gewicht o

significant *bn* veelbetekenend; veelzeggend; van betekenis; aanmerkelijk

signification [signifi'keiʃən] *znw* betekenis°; aanduiding

signify ['signifai] **I** *overg* betekenen, beduiden; aanduiden; **II** *onoverg* van betekenis zijn

sign-language ['sainlæŋgwidʒ] *znw* gebarentaal

signpost I *znw* handwijzer, wegwijzer; **II** *overg* (door wegwijzers) aangeven, bewegwijzeren

Sikh [si:k, sik] *znw* Sikh

silage ['sailidʒ] *znw* kuilvoer o

silence ['sailəns] **I** *znw* (stil)zwijgen o, stilzwijgendheid; stilte; *pass into ~* tot stilte geraken; *reduce to ~* tot zwijgen brengen; *~ gives consent* die zwijgt, stemt toe; **II** *overg* doen zwijgen, tot zwijgen brengen[2]

silencer *znw* geluid-, slagdemper, knalpot

silent ['sailənt] *bn* zwijgend, stil; rustig; zwijgzaam; stom [v. letters, films]; geruisloos; *William the S~* Willem de Zwijger; *~ partner handel* stille vennoot

silently *bijw* stil(letjes), in stilte; geruisloos; (stil)zwijgend

silhouette [silu'et] **I** *znw* silhouet o, schaduwbeeld o; **II** *overg: be ~d* zich aftekentnen

silica ['silikə] *znw* kiezelaarde

silicate *znw* silicaat o

silicon ['silikən] *znw* silicium o

silicone ['silikoun] *znw* silicon o

silk [silk] **I** *znw* zijde; gemeenz aanduiding voor *King's (Queen's) Counsel*; ~s zijden stoffen, zijden kleren; **II** *bn* zijden; ~ *hat* hoge hoed; *you can't make a ~ purse out of a sow's ear* men kan geen ijzer met handen breken

silken *bn* zijden², zijdeachtig zacht

silk-screen *znw* zeefdruk (ook: ~ *printing*)

silkworm *znw* zijderups

silky *bn* zijden, zijdeachtig zacht; fig poeslief [stem]

sill [sil] *znw* drempel; vensterbank; auto treeplank

silly ['sili] *znw* onnozel, dom, dwaas, kinderachtig, flauw, sullig; *the ~ season* komkommertijd; *look ~* op zijn neus kijken; *the Ministry of S~ Walks* het Ministerie van Belachelijke Loopjes

silo ['sailou] *znw* silo

silt [silt] **I** *znw* slib o; **II** *overg & onoverg* (doen) dichtslibben, verzanden (ook: ~ *up*)

silvan ['silvən] *bn* = *sylvan*

silver ['silvə] **I** *znw* zilver o; zilvergeld o; (tafel)zilver o; **II** *bn* zilveren, zilverachtig; **III** *overg* verzilveren

silver birch *znw* witte berk

silver-fish *znw* zilvervisje o, boekworm [insect]

silver lining *znw* de zon achter de wolken, de positieve kant van de zaak

silver paper *znw* vloeipapier o; zilverpapier o

silver-plated *bn* verzilverd

silversmith *znw* zilversmid

silverware *znw* zilverwerk o, tafelzilver o

silvery *bn* zilverachtig, zilveren, zilverwit, (zilver)blank, zilver-

simian ['simiən] **I** *bn* apen-; **II** *znw* aap

similar ['similə] *bn* dergelijk, gelijksoortig; gelijk; overeenkomstig; gelijkvormig (aan *to*)

similarity [simi'læriti] *znw* gelijkheid, gelijksoortigheid; overeenkomst(igheid); gelijkvormigheid

similarly ['similəli] *bijw* op dezelfde wijze, insgelijks, evenzo

simile ['simili] *znw* gelijkenis, vergelijking

similitude [si'militju:d] *znw* gelijkenis, gelijkheid, overeenkomst; evenbeeld o; vergelijking

simmer ['simə] **I** *onoverg* eventjes koken, (op het vuur staan) pruttelen, sudderen; fig smeulen; zich verbijten; ~ *down* bedaren; **II** *overg* zacht laten koken, laten sudderen

simony ['saiməni] *znw* simonie

simper ['simpə] **I** *onoverg* dom geaffecteerd lachen; **II** *znw* dom geaffecteerd lachje o

simple ['simpl] **I** *bn* eenvoudig, gewoon; enkelvoudig; simpel, onnozel; *for the ~ reason that...* enkel en alleen omdat...

simple-hearted *bn* oprecht

simple-minded *bn* naïef, argeloos

simpleton ['simpltən] *znw* onnozele hals, simpele ziel

simplicity [sim'plisiti] *znw* eenvoud(igheid), enkelvoudigheid; onnozelheid

simplification [simplifi'keiʃən] *znw* vereenvoudiging

simplify ['simplifai] *overg* vereenvoudigen

simplistic [sim'plistik] *bn* (al te) zeer vereenvoudigd

simply ['simpli] *bijw* eenvoudig, zonder meer; alleen (maar), enkel; gemeenz absoluut

simulate ['simjuleit] *overg* veinzen, voorwenden (te hebben), (moeten) voorstellen, fingeren, (bedrieglijk) nabootsen, simuleren

simulation [simju'leiʃən] *znw* geveins o, simulatie; bedrieglijke nabootsing

simulator ['simjuleitə] *znw* simulant; techn simulator

simultaneity [siməltə'niəti] *znw* gelijktijdigheid

simultaneous [simǝl'teinjǝs] *bn* gelijktijdig

sin [sin] **I** *znw* zonde², zondigheid; **II** *onoverg* zondigen²

since [sins] **I** *bijw* sedert, sinds(dien); geleden; *ever ~* sindsdien, van toen af; sedert, vanaf het ogenblik dat...; **II** *voorz* sedert, sinds, van... af; **III** *voegw* sedert, sinds; aangezien; *long ~ (happened)* lang geleden (gebeurd)

sincere [sin'siə] *bn* oprecht, ongeveinsd, onvermengd, zuiver

sincerely *bijw* oprecht; *yours ~* hoogachtend

sincerity [sin'seriti] *znw* oprechtheid, eerlijkheid

sinecure ['sainikjuə] *znw* sinecure

sinew ['sinju:] *znw* zenuw [= pees], spier; ~s spierkracht, kracht

sinewy *bn* zenig; gespierd, sterk, fors

sinful ['sinful] *znw* zondig, verdorven; gemeenz schandelijk, schandalig

sing* [siŋ] **I** *overg* zingen, bezingen; ~ *a different song (tune)* uit een ander vaatje tappen; ~ *the praises of* loven; **II** *onoverg* zingen; fluiten [v. wind], gonzen [bijen en kogels]; tuiten, suizen [oren]; slang doorslaan [bij verhoor]; ~ *small* gemeenz een toontje lager zingen

Singapore [siŋə'pɔ:] *znw* Singapore o

Singaporean I *znw* Singaporeaan; **II** *bn* Singaporeaans

singe [sin(d)ʒ] *overg* (ver)zengen, (ver-)schroeien; ~ *one's wings* fig zijn vingers branden

singer ['siŋə] *znw* zanger [ook = zangvogel]

singing I *bn* zingend &; zangerig; **II** *znw* zingen o; (oor)suizen o; zangkunst

single ['siŋgl] **I** *bn* enkel; afzonderlijk; alleen; enig; eenpersoons; ongetrouwd; vrijgezellen-; eenvoudig; ~ *cream* magere room; zie ook: *combat &*; **II** *znw* kaartje o enkele reis; alleenstaande, vrijgezel; sp enkelspel o; single; **III** *overg*: ~ *out* uitkiezen, uitpikken

single-breasted *bn* met één rij knopen

single-decker *znw* gewone bus [i.t.t. dubbeldekker]

single-handed *bn bijw* alleen; in zijn eentje; eigenhandig

single-hearted *bn* oprecht

single-minded *bn* recht op zijn doel afgaand

single-seater *znw* luchtv eenpersoonstoestel o

singlet ['siŋlit] *znw* borstrok, flanel o

singleton ['siŋltən] *znw* kaartsp singleton [enige kaart in bep. kleur]

singly ['siŋli] *bijw* afzonderlijk, één voor één

singsong ['siŋsɔŋ] **I** *znw* geïmproviseerde samenzang; deun, dreun; **II** *bn* eentonig [stem]

singular ['siŋjulə] **I** *bn* enkelvoudig; zonderling, eigenaardig; enig (in zijn soort), zeldzaam; *the ~ number* het enkelvoud; **II** *znw* enkelvoud o

singularity [siŋgju'læriti] *znw* enkelvoudigheid; zonderlingheid, eigenaardigheid &

Sinhalese [siŋhə'-, siŋgəli:z] **I** *bn* Singalees; **II** *znw (mv* idem) Singalees (o)

sinister ['sinistə] *bn* onheilspellend; sinister

1 sink* [siŋk] **I** *onoverg* zinken, zakken, vallen, dalen; fig verflauwen, afnemen, achteruitgaan; neer-, verzinken, bezwijken, te gronde gaan, ondergaan; ~ *home* inwerken; ~ *in* inzinken; fig in-, dóórwerken; ~ *into the mind (memory)* zich in iemands geheugen prenten; ~ *or swim* erop of eronder; **II** *overg* doen zinken, tot zinken brengen; laten (doen) zakken of dalen, neerlaten; laten hangen [het hoofd]; graven, boren [put]; graveren [stempel]; ~ *differences* laten rusten; ~ *money in...* geld steken in...

2 sink [siŋk] *znw* gootsteen *(kitchen ~)*

sinker *znw* zinklood o

sinking *znw & bn* (doen) zinken o; *that ~ feeling* bang gevoel om het hart

sinless ['sinlis] *bn* zondeloos

sinner *znw* zondaar

Sino- ['sainou] *bn* Chinees-

sinuosity [sinju'ɔsiti] *znw* bochtigheid; kronkeling, bocht

sinuous ['sinjuəs] *bn* bochtig, kronkelig

sinus ['sainəs] *znw* sinus: holte; fistel

sip [sip] **I** *overg* met kleine teugjes drinken; **II** *znw* teugje o

siphon ['saifən] **I** *znw* hevel; sifon; **II** *overg* (ook: ~ *off*) overhevelen

sir [sə:] *znw* heer; mijnheer; *Sir* onvertaald vóór de doopnaam van een *baronet* of *knight*

sire ['saiə] **I** *znw* vero (voor)vader; (stam-) vader [v. paard, hond]; *Sire* [als aanspreking]; **II** *overg* verwekken

siren ['saiərən] *znw* sirene[2]

sirloin ['sə:lɔin] *znw* (runder)lendestuk o

sis [sis] *znw* verk. van *sister*

sisal ['saisəl] *znw* sisal

sissy ['sisi] *znw* doetje o, huilebalk; verwijfd type o (ook: ~ *pants*); slang homo, nicht

sister ['sistə] *znw* zuster°, zus; hoofdverpleegster

sisterhood *znw* zusterschap

sister-in-law *znw (mv:* sisters-in-law) schoonzuster

sisterly *bn* zusterlijk, zuster-

sit* [sit] **I** *onoverg* zitten, liggen, rusten; blijven zitten; verblijven; (zitten te) broeden; zitting houden; zitting hebben; poseren [voor portret]; ~ *tight* zich kalm houden; zich niet roeren in een zaak; ~ *around* lanterfanten; ~ *back* achterover (gaan) zitten; zijn gemak ervan nemen; fig zich afzijdig houden; ~ *down* gaan zitten; aanzitten; ~ *in on* meedoen aan, aanwezig zijn bij; ~ *(up)on* voor zich uitschuiven; ~ *on sbd.* gemeenz iem. op zijn kop geven (zitten); *her new dignity ~s well on her* haar nieuwe status gaat haar goed af; ~ *out* blijven zitten, niet meedoen; buiten zitten; ~ *up* rechtop (overeind) zitten, opzitten; overeind gaan zitten; opblijven; *make sbd. ~ up and take notice* gemeenz iems. interesse wekken; **II** *overg* neerzetten; laten zitten, laten plaatsnemen; *he can ~ a horse well* hij zit goed te paard; hij zit vast in het zadel; ~ *through the whole film* de hele film uitzien; **III** *wederk:* ~ *oneself (down)* plechtig & schertsend gaan zitten

sitcom ['sitkɔm] *znw* gemeenz = *situation comedy* sitcom, ± komische tv-serie

sit-down *znw: have a ~* even gaan zitten, even uitrusten; ~ *strike* bezettingsstaking

site [sait] **I** *znw* ligging; (bouw)terrein o; **II** *overg* terrein(en) verschaffen, plaatsen

sit-in ['sitin] *znw* sit-in [zitdemonstratie, -actie]

sitter ['sitə] *znw* poserende, model o; dierk broedende vogel, broedhen; babysit(ter)

sitter-in *znw* babysit(ter)

sitting **I** *bn* zittend, zitting hebbend; ~ *duck* gemakkelijk doel(wit); *the ~ tenant* de tegenwoordige huurder; **II** *znw* zitting, seance; terechtzitting, zittijd; *at one ~, at a ~* ineens

sitting-room *znw* huiskamer

situate ['sitjueit] *overg* situeren [gebeurtenis]

situated *bn* gelegen, geplaatst

situation [sitju'eifən] *znw* ligging, stand, positie°; situatie, toestand; plaats, betrekking; ~ *comedy* ± komische televisieserie; ~*s vacant* ± personeelsadvertenties [in krant]

six [siks] *telw* zes; ~ *of one and half a dozen of the other* één pot nat; *at ~es and sevens* overhoop, in de war; *hit (knock) for ~* slang de vloer aanvegen met

sixfold *bn* zesvoudig

sixpence *znw* vroeger muntstuk o van zes penny

sixpenny *bn* vroeger van zes penny; fig geringsch dubbeltjes-

sixteen *telw* zestien

sixteenth *telw* zestiende

sixth *telw (znw)* zesde (deel o)

sixthly *bijw* ten zesde

sixtieth *telw (znw)* zestigste (deel o)

sixty *telw* zestig; ~*-four thousand dollar*

question gemeenz de hamvraag, de grote vraag

sizable ['saizəbl] *bn* tamelijk dik, groot &; flink, behoorlijk, van behoorlijke dikte

sizar ['saizə] *znw* student met een toelage

1 size [saiz] **I** *znw* grootte; omvang, maat, nummer *o*; afmeting, formaat *o*; kaliber *o*; *that's about the ~ of it* zó is het, daar komt het op neer; *cut down to ~* tot zijn (haar, hun) juiste proporties terugbrengen; *try sth. for ~* kijken, proberen of iets iem. ligt; **II** *overg* sorteren (naar de grootte), rangschikken; op de juiste maat brengen; *~ up* taxeren, zich een oordeel vormen omtrent

2 size [saiz] **I** *znw* lijmwater *o*; **II** *overg* lijmen, planeren

sizeable *bn* = *sizable*

sized [saizd] *bn* van zekere grootte; *the same ~ pot* een pot van dezelfde grootte

sizzle ['sizl] **I** *onoverg* sissen, knetteren; **II** *znw* gesis *o*, geknetter *o*

1 skate [skeit] **I** *znw* (rol)schaats; *get one's ~s on* opschieten, voortmaken; **II** *onoverg* (rol)schaatsen (rijden); *~ over (round) sth.* ergens luchtig overheen lopen (praten)

2 skate *znw* dierk spijkerrog, vleet

skateboard ['skeitbɔːd] *znw* skateboard *o*

skateboarding *znw* skateboarden *o*

skater *znw* schaatsenrijder, rolschaatser

skating-rink *znw* (kunst)ijsbaan

skein [skein] *znw* streng; vlucht wilde ganzen

skeletal ['skelitl] *bn* geraamte-, skelet-, skeletachtig

skeleton I *znw* geraamte[2] *o*; skelet *o*; fig schets, schema *o*, raam *o*; *a ~ at the feast* een omstandigheid of persoon die de vreugde bederft; *a ~ in the cupboard* een onaangenaam (familie)geheim *o*; **II** *bn* beperkt, klein [v. dienst, personeel &]

skeleton-key *znw* loper [sleutel]

skerry ['skeri] *znw* vooral Schots klip, rif *o*

sketch [sketʃ] **I** *znw* schets[2]; sketch; **II** *onoverg* schetsen; **III** *overg* schetsen[2] (ook: *~ out*); *~ in* met een paar trekken aangeven

sketchbook ['sketʃbuk] *znw* schetsboek *o*

sketchy ['sketʃi] *bn* schetsmatig, vluchtig; vaag

skew [skjuː] **I** *bn* scheef, schuin; *~-eyed* scheel; **II** *znw* schuinte; *on the ~* schuin; **III** *onoverg* afbuigen, afslaan; scheel zien

skewer ['skjuə] **I** *znw* vleespin; **II** *overg* met vleespinnen vaststeken

skew-whiff [skjuː'wif] *bn* schuin; krom

ski [skiː] **I** *znw* ski; *~ resort* wintersportplaats; **II** *onoverg* skilopen, skiën

skid [skid] **I** *znw* remketting, remschoen; techn slof, steun-, glijplank; slip [v. auto &]; *on the ~s* gemeenz bergafwaarts, van kwaad tot erger; **II** *onoverg* slippen; glijden

skier ['skiːə] *znw* skiloper, skiër

ski-jump ['skiːdʒʌmp] *znw* skisprong; springschans

skilful, Am **skillful** ['skilful] *bn* bekwaam, handig

ski-lift ['skiːlift] *znw* skilift

skill *znw* bekwaamheid, bedrevenheid; vakkundigheid

skilled *bn* bekwaam, bedreven; vakkundig; *~ labourers* geschoolde arbeiders

skillet ['skilət] *znw* pannetje *o* met lange steel; Am koekenpan

skilly ['skili] *znw* gortwater *o*, dunne soep

skim [skim] *overg* afschuimen, afromen, afscheppen (ook: *~ off*); scheren of (heen-) glijden (langs, over); fig vluchtig inkijken (doorlopen)

skimmer *znw* schuimspaan

skim-milk, skimmed milk *znw* taptemelk

skimp [skimp] **I** *overg* krap bedelen, beknibbelen, zuinig toemeten; **II** *onoverg* bezuinigen

skimpy *bn* schraal, karig, krap

skin [skin] **I** *znw* huid [ook v. schip], vel *o*; leren zak; schil, pel [v. vruchten]; vlies *o*; *have a thick (thin) ~* ongevoelig (gevoelig) zijn voor kritiek; *it's no ~ of my nose* gemeenz daar zit ik niet mee; dat is niet mijn pakkie-an; *by the ~ of one's teeth* net, op het kantje af, met de hakken over de sloot; *next to his ~* op het blote lijf; *get under sbd.'s ~* gemeenz iem. vreselijk irriteren; **II** *overg* (af)stropen[2], villen[2], pellen; ontvellen; *keep your eyes ~ned* gemeenz hou je ogen open

skin-deep *bn* niet diep zittend, oppervlakkig

skin-dive *onoverg* sp duiken [met zuurstofcilinder, maar zonder duikerspak]

skin-diver ['skindaivə] *znw* sportduiker

skin-flick *znw* slang pornofilm

skinflint *znw* krent, gierigaard

skinful *znw: when he has had a ~* slang als hij het nodige op heeft

skinhead *znw* skinhead

skinny *bn* (brood)mager; huid-

skint [skint] *bn* slang platzak

skin-tight ['skin'tait] *bn* zeer nauwsluitend

1 skip [skip] **I** *onoverg* (touwtje)springen, huppelen; *~ (off)* gemeenz ervandoor gaan, er uitknijpen; *~ over* = **II** *overg* overslaan [bij lezen]; *~ it!* Am gemeenz hou op!

2 skip [skip] *znw* afvalcontainer

skipper ['skipə] *znw* scheepv schipper [gezagvoerder]; sp aanvoerder [v. elftal]; slang chef, baas; mil kapitein

skipping-rope ['skipiŋrəup] *znw* springtouw *o*

skirl [skəːl] *onoverg* schril klinken [v. doedelzak]

skirmish ['skəːmiʃ] *znw* schermutseling[2]

skirt [skəːt] **I** *znw* (vrouwen)rok; slip, pand; rand, zoom; grens; middenrif *o*; slang vrouw, meid; *divided ~* broekrok; **II** *overg* omboorden, omzomen, begrenzen; langs de rand, zoom of kust gaan, varen &; fig ontwijken

skirting(-board) ['skəːtiŋ(bɔːd)] *znw* plint

skit [skit] *znw* parodie (op *upon*)

skitter ['skitə] *onoverg* rennen, snellen

skittish ['skitiʃ] *bn* schichtig; grillig, dartel

skittle ['skitl] *znw* kegel; *~s* kegelspel *o*

skive [skaiv] *slang* **I** *overg* ontduiken [van verplichtingen]; **II** *onoverg* lijntrekken; *~ off* ertussenuit knijpen

skivvy 408

skivvy ['skivi] *znw* slang dienstmeisje *o*
skulduggery [skʌl'dʌgəri] *znw* gemeenz kwade praktijken, oneerlijkheid, zwendel
skulk [skʌlk] *onoverg* zich verschuilen, zich onttrekken (aan)
skull [skʌl] *znw* schedel; doodskop; ~ *and crossbones* ook: zeeroversvlag
skullcap *znw* kalotje *o*
skunk [skʌŋk] *znw* (*mv* idem *of* -s) dierk skunk *m*, stinkdier *o*; skunk *o* [bont]; scheldwoord smeerlap
sky [skai] *znw* lucht, luchtstreek, hemel, uitspansel *o*; hemelsblauw *o*
sky-blue *bn* (& *znw*) hemelsblauw (*o*)
skydiver *znw* parachutist die de vrije val beoefent
sky-high *bn* hemelhoog
sky-jacking *znw* gemeenz vliegtuigkaperij
skylab *znw* Am ruimtestation *o*, -laboratorium *o*
skylark I *znw* leeuwerik; **II** *onoverg* slang stoeien, lolletjes uithalen
skylight *znw* dakraam *o*, koekoek, vallicht *o*, schijn-, bovenlicht *o*, lantaarn
skyline *znw* horizon; skyline, silhouet
sky-pilot *znw* slang geestelijke; (vloot-) aalmoezenier
sky-rocket I *znw* vuurpijl; **II** *onoverg* snel stijgen [v. prijzen &]
skyscape *znw* luchtgezicht *o* [schilderij]
skyscraper *znw* wolkenkrabber
skyward(s) *bn bijw* hemelwaarts
slab [slæb] *znw* (marmer)plaat, platte steen; schaal, schaaldeel *o* (ook: ~ *of timber*); gedenksteen; plak [kaas &], moot [vis]; slang operatietafel
slack [slæk] **I** *bn* slap², los; laks; loom (makend); nalatig, traag; ~ *water* doodtij *o*; **II** *znw* loos [v. touw]; kruis *o* [v. broek]; doodtij *o*; slappe tijd; ~*s* sportpantalon; *take up the* ~ aantrekken, strak spannen [v. touw &]; fig weer op gang brengen, nieuwe impulsen geven; **III** *onoverg* verslappen; slabakken (ook: ~ *off*)
slacken I *overg* (laten) verslappen, (ver-)minderen; vertragen; vieren; **II** *onoverg* verslappen, afnemen, (ver)minderen, vaart verminderen
slacker *znw* slabakker, treuzelaar
1 slag [slæg] **I** *znw* techn slak(ken); **II** *overg*: ~ *off* afkraken, afkammen
2 slag [slæg] *znw* slang slons, slet, sloerie
slag-heap ['slæghi:p] *znw* slakkenberg [bij kolenmijn]
slain [slein] V.D. van *slay*; *be* ~ sneuvelen
slake [sleik] *overg* lessen²; blussen [v. kalk]
slalom ['sla:ləm] *znw* slalom
slam [slæm] **I** *overg & onoverg* hard dichtslaan; slaan; smijten, kwakken; gemeenz sterk bekritiseren; ~ *down* neersmakken; ~ *on one's brakes* op de rem gaan staan; **II** *znw* harde slag, bons; kaartsp slem *o* & *m*
slammer ['slæmə] *znw* slang bajes, bak
slander ['sla:ndə] **I** *znw* laster; **II** *overg* (be-)lasteren
slanderer *znw* lasteraar
slanderous *bn* lasterlijk

slang [slæŋ] **I** *znw* slang *o*; jargon *o*, dieventaal; **II** *overg* uitschelden; ~*ing match* scheldpartij
slangy *bn* slang-, plat [v. taal &]; vol slang
slant [sla:nt] **I** *onoverg* hellen, zijdelings of schuin (in)vallen of gaan; **II** *overg* doen hellen, schuin houden of zetten; gemeenz een draai geven aan, een andere kijk op de zaak geven; **III** *znw* helling; gemeenz gezichtspunt *o*, kijk (op de zaak), draai (gegeven aan...); *on the* ~ schuin
slanting *bn* hellend, schuin
slap [slæp] **I** *overg* slaan (op), een klap geven, meppen, neersmijten; ~ *sbd. down* slang [iem.] op z'n nummer zetten; **II** *znw* klap, mep; fig veeg uit de pan; *a* ~ *on the wrist* vermaning, lichte straf; **III** *bijw* pardoes
slap-bang *bn bijw* holderdebolder, pats, ineens
slapdash *bn* nonchalant; roekeloos, onstuimig
slapstick *znw* slapstick, gooi- en smijtfilm &
slap-up *bn* gemeenz patent, (piek)fijn
slash [slæʃ] **I** *onoverg* hakken, kappen, houwen; om zich heen slaan; ~ *at* slaan naar; **II** *overg* snijden, japen; striemen, ranselen; afkraken, afmaken [een schrijver &]; drastisch verlagen [prijzen]; **III** *znw* houw, jaap, snee, veeg²; split *o* [in mouw]; schuin streepje *o*; slang plas
slat [slæt] *znw* lat [v. jaloezie]
1 slate [sleit] **I** *znw* lei *o* [stofnaam], lei *v* [voorwerpsnaam]; *put it on the* ~! gemeenz schrijf het maar op (de lat)!; *start with a clean* ~ met een schone lei beginnen; **II** *bn* leien, leikleurig; **III** *overg* met leien dekken
2 slate [sleit] *overg* gemeenz duchtig op zijn kop geven, afmaken, afkraken
slater ['sleitə] *znw* leidekker
slatted ['slætid] *bn* van latwerk, latten-
slattern ['slætən] *znw* slons
slatternly *bn* slonzig
slaty ['sleiti] *bn* leiachtig, lei-
slaughter ['slɔːtə] **I** *znw* slachten *o*, slachting²; bloedbad *o*; **II** *overg* slachten, afmaken, vermoorden; gemeenz in de pan hakken
slaughterer *znw* slachter
slaughter-house *znw* slachthuis *o*; fig slachtbank
Slav [slaːv] **I** *znw* Slaaf; **II** *bn* Slavisch
slave [sleiv] **I** *znw* slaaf, slavin; *a* ~ *to...* de slaaf van...; **II** *onoverg* slaven, sloven, zwoegen
slave-driver *znw* slavendrijver²
slave labour *znw* slavenarbeid
1 slaver *znw* slavenhandelaar; slavenhaler [schip]
2 slaver ['slævə] *onoverg* kwijlen²; fig temen, zeveren
slavery ['sleivəri] *znw* slavernij²
slave-trade *znw* slavenhandel
slavey ['slævi] *znw* gemeenz (dienst)meisje *o*
slavish ['sleiviʃ] *bn* slaafs²
Slavonian [slə'vouniən] **I** *bn* Slavonisch; **II**

znw Slavoniër

Slavonic [sləˈvɔnik] *bn* Slavisch

slay* [slei] *overg* doodslaan, doden, (neer-) vellen, afmaken, slachten

sleazy [ˈsliːzi] *bn* armzalig; slonzig

sled [sled] **I** *znw* slede, slee, sleetje o; **II** *onoverg* sleeën

sledge [sledʒ] **I** *znw* slede, slee; **II** *onoverg* sleeën

sledge-hammer *znw* techn voorhamer, moker

sleek [sliːk] *bn* glad^2; gladharig; glanzig; glimmend [v. gezondheid]; gestroomlijnd

1 sleep [sliːp] *znw* slaap; *have a ~* slapen; *lose ~ over sth.* ergens grijze haren van krijgen; *put to ~* in slaap sussen; in laten slapen, afmaken [v. huisdieren]

2 sleep* [sliːp] **I** *onoverg* slapen; inslapen; staan [van tol]; fig rusten; *~ around* gemeenz met Jan en alleman naar bed gaan; *~ in* uitslapen; zich verslapen; *~ on* dóórslapen; *~ on it* er nog eens een nachtje over slapen; *~ out* buitenshuis slapen, niet intern zijn; *~ with* naar bed gaan met; **II** *overg* laten slapen; slaapgelegenheid hebben voor; *~ off the drink* zijn roes uitslapen

sleeper *znw* slaper^2; slaapkop, -muts; slaapwagen; couchette; dwarsligger, biels [v. spoorweg]

sleeping *bn* slapend &; *the S~ Beauty* de Schone Slaapster, Doornroosje o; *let ~ dogs lie* maak geen slapende honden wakker

sleeping-bag *znw* slaapzak

sleeping-car *znw* slaapwagen

sleeping partner *znw* stille vennoot

sleeping pill *znw* slaappil

sleepless *bn* slapeloos; rusteloos; fig waakzaam

sleepwalk *onoverg* slaapwandelen

sleepwalker *znw* slaapwandelaar

sleepy *bn* slaperig; slaapwekkend; slaap-

sleepyhead *znw* gemeenz slaapkop, -muts

sleet [sliːt] **I** *znw* natte sneeuw of hagel met regen; **II** *abs ww* sneeuwen met regen

sleeve [sliːv] *znw* mouw; hoes [v. grammofoonplaat]; techn mof, voering [v. as]; luchtv windzak; *have (a plan &) up one's ~* achter de hand hebben, in petto hebben; *laugh in one's ~* in zijn vuistje lachen; *wear one's heart on one's ~* het hart op de tong hebben

sleeveless *bn* zonder mouwen, mouwloos

sleigh [slei] *znw* (arre)slede, slee

sleight [slait] *znw* handigheidje o, gauwigheidje o; vaardigheid, behendigheid, kunstgreep; *~ of hand* vingervlugheid; goochelarij^2

slender [ˈslendə] *bn* slank, rank; spichtig, schraal, dun, mager, gering; zwak

slept [slept] V.T. & V.D. van ^{2}*sleep*

sleuth [sluːθ] *znw* bloedhond, speurhond^2; fig detective, speurder (*~-hound*)

1 slew [sluː] V.T. van *slay*

2 slew [sluː] **I** *overg & onoverg* (om-) draaien; *~ed* slang dronken; **II** *znw* draai

slice [slais] **I** *znw* snee, sneetje o, schijf,

schijfje o; plak [vlees &]; (aan)deel o; fragment o; dwarsdoorsnede; visschep; spatel; sp effectbal; *a ~ of territory* een stuk o (lap) grond; **II** *overg* in sneetjes, dunne schijven of plakken snijden (ook: *~ up*); snijden; sp met effect slaan [tennis]; *the best thing since ~d bread* gemeenz iets fantastisch, het absolute einde

slicer *znw* snijder; snijmachine; schaaf [voor groenten &]

slick [slik] **I** *bn* glad^2, rad, vlug, vlot; handig; oppervlakkig; glanzend; **II** *bijw* glad(weg); precies; vlak &; **III** *znw* olievlek, -laag [op water, zee]; **IV** *overg: ~ down* glad kammen, (het haar) met water & tegen het hoofd plakken

slicker [ˈslikə] *znw* Am gemeenz gladjanus

1 slide* [slaid] **I** *onoverg* glijden, glippen, slieren; schuiven; afglijden; uitglijden^2, een misstap doen; *let things ~* Gods water over Gods akker laten lopen; *~ over* losjes heenlopen over; **II** *overg* laten glijden; laten glippen; laten schieten, schuiven

2 slide [slaid] *znw* glijden o; glijbaan; hellend vlak o; lantaarnplaatje o; dia; objectglas o, voorwerpglaasje o [v. microscoop]; schuif, schuifje o; haarspeld; aardverschuiving, lawine; glijbank in een roeiboot

slide-rule *znw* rekenliniaal, -lat

sliding [ˈslaidiŋ] *bn* glijdend &; glij-, schuif-; *~ scale* beweeglijke, veranderlijke (loon-) schaal

slight [slait] **I** *bn* licht, tenger; zwak, gering, onbeduidend; vluchtig; *not in the ~est* totaal niet; **II** *znw* geringschatting, kleinering; **III** *overg* geringschatten, buiten beschouwing laten; opzij zetten, veronachtzamen

slighting *bn* geringschattend

slightly *bijw* ook: lichtelijk, enigszins, ietwat, iets, een beetje

slim [slim] **I** *bn* slank; dun^2, schraal; fig gering [kans]; **II** *onoverg (& overg)* afslanken, lijnen

slime [slaim] *znw* slib o; slijm o & m [v. aal, slak]

slimmer [ˈslimə] *znw* iem. die aan de lijn doet

slimming [ˈslimiŋ] *znw* afslanken o

slimy [ˈslaimi] *bn* slibberig, glibberig; fig slijmerig, kruiperig

1 sling* [sliŋ] *overg* slingeren, zwaaien met; gooien; (op)hangen; vastsjorren; *~ one's hook* gemeenz ervandoor gaan

2 sling [sliŋ] *znw* slinger, katapult; verband o, mitella, draagband; draagdoek [voor baby]

slink* [sliŋk] *onoverg* (weg)sluipen

slinky *bn* gemeenz verleidelijk sluipend; nauwsluitend; slank(makend)

slip [slip] **I** *onoverg* slippen, (uit)glijden, (ont)glippen; (weg)sluipen; *be ~ping* gemeenz verslappen, minder worden; *~ into one's clothes* zijn kleren aanschieten; *~ on...* uitglijden over...; *~ up* gemeenz zich vergissen; een fout maken; **II** *overg* laten glijden, glippen, schieten^2; laten vallen, loslaten; ontglippen, (vóór-, af)schuiven;

heimelijk toestoppen; *it had* ~*ped my memory (my mind)* het was mij ontschoten, door het hoofd gegaan; *let* ~ **gemeenz** zich verspreken; ~*ped disc* <u>med</u> hernia; **III** *znw* uitglijding; <u>fig</u> vergissing, abuis o; misstap; aardverschuiving; (kussen)sloop; onderrok, onderjurk; stek; koppelband; strook papier; <u>scheepv</u> (scheeps)helling; *a* ~ *of the pen* een verschrijving; *a* ~ *of the tongue* verspreking; *give the* ~ ontsnappen, ontglippen aan
slip-cover *znw* hoes
slip-knot *znw* schuifknoop
slip-on *znw* <u>gemeenz</u> kledingstuk o dat je makkelijk aan kan trekken; ~ *shoes* instappers (ook: ~*s*)
slipover *znw* slipover
slipper *znw* pantoffel, muil, slof
slippery ['slipəri] *bn* glibberig, glad²; *on the* ~ *slope* op het hellend vlak
slippy *bn* glibberig; <u>gemeenz</u> vlug
sliproad ['sliproud] *znw* oprit; afrit [v. autoweg]
slipshod ['slipʃɔd] *bn* slordig
slipslop ['slipslɔp] *znw* slobber; <u>fig</u> (sentimenteel) gewauwel o
slipstream ['slipstri:m] *znw* <u>luchtv</u> schroefwind; zuiging [achter een auto &]
slip-up ['slipʌp] *znw* <u>gemeenz</u> fout, vergissing
slipway ['slipwei] *znw* <u>scheepv</u> (sleep-)helling
1 slit* [slit] **I** *overg* (aan repen) snijden, spouwen, splijten; **II** *onoverg* splijten
2 slit [slit] *znw* lange snee, spleet, split o, spouw, sleuf, gleuf
slither ['sliðə] *onoverg* glibberen, slieren
slithery *bn* glibberig
sliver ['slivə] *znw* reepje o, flenter, splinter
slob [slɔb] *znw* luie stomkop; boerenpummel
slobber ['slɔbə] kwijlen; ~ *over* <u>fig</u> sentimenteel doen, door zoenen nat maken
slobbery *bn* kwijlend
sloe [slou] *znw* <u>plantk</u> slee(doorn), sleepruim
slog [slɔg] **I** *overg* hard slaan, beuken; ~ *it out* het uitvechten; **II** *onoverg* ploeteren, zwoegen; **III** *znw* geploeter o, gezwoeg o
slogan ['slougən] *znw* slogan, leus; slagzin
sloop [slu:p] *znw* sloep
slop [slɔp] **I** *znw* 1 gemors o, plas; 2 sentimenteel gedoe o; ~*s* vaat-, spoelwater o, vuil water o; spoelsel o; **II** *overg* morsen; (neer)plassen; kwakken; **III** *onoverg* plassen; ~ *over* overlopen, overstromen
slop-basin *znw* spoelkom
slope [sloup] **I** *znw* schuinte, glooiing, helling; **II** *onoverg* glooien, hellen, schuin aflopen, lopen of vallen; ~ *off* <u>gemeenz</u> 'm smeren, ophoepelen; **III** *overg* schuin houden; afschuinen, schuin snijden; doen hellen; <u>slang</u> weggaan, ophoepelen
sloping *bn* glooiend, hellend, schuin; scheef
sloppy ['slɔpi] *bn* slordig; <u>fig</u> (huilerig) sentimenteel
slosh [slɔʃ] **I** *onoverg* klotsen, plassen, ploe-

teren; **II** *overg* knoeien [met water]; laten klotsen; <u>slang</u> afranselen; ~*ed* <u>slang</u> dronken
slot [slɔt] **I** *znw* gleuf, sleuf; sponning; <u>fig</u> ruimte, plaatsje o, gaatje o; zendtijd; **II** *overg* een gleuf of sponning maken in; ~ *in (to)* een plaats vinden voor, inpassen in
sloth [slouθ] *znw* luiheid, vadsigheid, traagheid; luiaard [dier]
slothful *bn* lui, vadsig, traag
slot-machine ['slɔtməʃi:n] *znw* (verkoop-)automaat
slot-meter *znw* muntmeter
slouch [slautʃ] **I** *onoverg* slap (neer)hangen; slungelen; **II** *overg* neerdrukken, over de ogen trekken [hoed]; **III** *znw* neerhangen o; slungelige gang (houding); slappe hoed; <u>slang</u> nietsnut; knoeier, kluns
1 slough [slau] *znw* poel, modderpoel²; moeras² o
2 slough [slʌf] *overg:* ~ *off* afwerpen, van zich afschudden
sloughy ['slaui] *bn* modderig, moerassig
Slovak ['slouvæk] **I** *znw* Slowaak; Slowaaks o [de taal]; **II** *bn* Slowaaks
Slovakia [slou'vækiə] *znw* Slowakije o
sloven ['slʌvn] *znw* slons, sloddervos
Slovene ['slouvi:n] *znw* Sloveen
Slovenia [slou'vi:njə] *znw* Slovenië o
Slovenian [slou'vi:njən] **I** *znw* Sloveen; Sloveens o [de taal]; **II** *bn* Sloveens
slovenly ['slʌvnli] *bn* slordig, slonzig
slow [slou] **I** *bn* langzaam², langzaam werkend, traag, (s)loom; niet gauw, niet vlug²; saai, vervelend; *ten minutes* ~ 10 minuten achter; *he is* ~ *to...* hij zal niet gauw...; ~ *train* boemeltrein; **II** *bijw* langzaam; *go* ~ achter gaan of lopen [v. uurwerk]; voorzichtig te werk gaan; het kalmpjes aan doen; **III** *onoverg* vaart (ver)minderen, afremmen² (ook: ~ *down, up*); **IV** *overg* vertragen, de snelheid verminderen van, verlangzamen, langzamer laten lopen, afremmen² (ook: ~ *down, up*)
slowcoach *znw* traag persoon, slome, treuzelaar
slowdown *znw* vertraging; <u>Am</u> langzaamaan-actie
slow motion *znw: in* ~ vertraagd [v. film]
slowpoke *znw* <u>Am</u> = *slowcoach*
slow-witted *bn* traag van begrip
slow-worm *znw* hazelworm
sludge [slʌdʒ] *znw* slik o
slue [slu:] *overg, onoverg & znw* = *²slew*
slug [slʌg] **I** *znw* slak (zonder huisje); (schroot)kogel; <u>gemeenz</u> slok; **II** *overg* <u>gemeenz</u> neerslaan, afranselen, bewusteloos slaan; ~ *it out* het uitvechten
sluggard *znw* luiaard, luilak
sluggish *bn* lui, traag
sluice [slu:s] **I** *znw* sluis, spuisluis, spui o; sluiswater o; **II** *overg* uit-, doorspoelen, (af)spoelen
sluice-gate *znw* sluisdeur
slum [slʌm] **I** *znw* slop o, achterbuurt, slum; krot o; **II** *onoverg* de sloppen en achterbuurten bezoeken; ~ *(it)* onder zijn stand (armoedig) leven

slumber ['slʌmbə] **I** onoverg sluimeren²; **II** znw sluimer(ing); ~s ook: slaap

slumb(e)rous bn slaperig (makend); sluimerend

slum dweller znw krotbewoner

slummy bn achterbuurtachtig, sloppen-

slump [slʌmp] **I** znw plotselinge of grote prijsdaling, plotselinge vermindering van vraag, belangstelling of populariteit; malaise; **II** onoverg plotseling zakken, dalen [v. prijzen], afnemen in populariteit &; (zich laten) glijden, zakken, vallen

slung [slʌŋ] V.T. & V.D. van ¹sling

slunk [slʌŋk] V.T. & V.D. van slink

slur [slə:] **I** overg licht of losjes heenlopen over (ook: ~ over); laten ineenvloeien, onduidelijk uitspreken [v. letters in de uitspraak]; fig verdoezelen; muz slepen; **II** znw klad², smet², vlek²; muz koppelboog; cast (put) a ~ on een smet werpen op

slurp [slə:p] overg gemeenz opslurpen, opslobberen

slurry ['slə:ri] znw smurrie, dunne modder

slush [slʌʃ] znw sneeuwslik o, blubber, modder; gemeenz klets, overdreven sentimentaliteit

slushy bn modderig, blubberig; gemeenz wee, slap

slut [slʌt] znw slons, sloerie, morsebel

sluttish bn slonzig, sloerieachtig

sly [slai] bn sluw, listig, slim; schalks; on the ~ stiekem

slyboots znw slimme vos, slimmerd

1 smack [smæk] znw scheepv smak [schip]

2 smack [smæk] **I** znw smak, pats, klap; knal [v. zweep]; smakzoen; slang heroïne; have a ~ at gemeenz eens proberen; **II** overg smakken met, doen klappen of knallen; meppen; ~ one's lips smakken met de lippen; likkebaarden (bij over); **III** tsw & bijw pats!; pardoes, vierkant &

3 smack [smæk] **I** znw smaakje o; geurtje o; tikje o, ietsje o, tintje o; **II** onoverg fig rieken naar

smacker ['smækə] znw gemeenz smakzoen; harde bal; kanjer; Br slang pond o; Am slang dollar

small [smɔ:l] **I** bn klein°, gering, weinig; min, kleingeestig, -zielig; onbelangrijk, armzalig; zwak [stem]; feel ~ zich verneder voelen; ~ arms handvuurwapens; ~ change wisselgeld o, kleingeld o; ~ fry ondermaatse vis; fig klein grut o; ~ talk gepraat o over koetjes en kalfjes, smalltalk; **II** znw kaartsp kleintje o [in schoppen &]; the ~ of the back lendestreek; ~s gemeenz kleine was, ondergoed o

small-holder ['smɔ:lhouldə] znw kleine boer, keuterboer

smallholding znw keuterboerderijtje o

smallish bn vrij klein

small-minded bn kleinzielig

smallpox znw pokken

small-scale bn op kleine schaal, klein

small-screen znw gemeenz televisie

small-time bn op kleine schaal, onbelangrijk, klein

smarmy ['sma:mi] bn gemeenz flikflooiend

smart [sma:t] **I** bn wakker, pienter, flink, ferm, vlug, knap, gevat, snedig, gewiekst, geestig; keurig, elegant, net, chic; be (look) ~! vlug wat!; **II** onoverg zeer of pijn doen; lijden, pijn hebben; ~ing ook: schrijnend

smart-alec(k) znw gemeenz wijsneus, slimmerik

smart-arse, Am **smart-ass** znw slang wijsneus

smarten overg mooi maken, opknappen (ook: ~ up)

smash [smæʃ] **I** overg (hard) slaan; stukslaan, ingooien; stuk-, kapotsmijten, breken, vernielen; verbrijzelen, vermorzelen, totaal verslaan, vernietigen (ook: ~ up); sp smashen; ~ed ook: failliet; slang ladderzat, dronken; **II** onoverg breken; stukvallen &; failliet gaan; handel over de kop gaan; vliegen, botsen (tegen into); **III** znw smak, slag, botsing; sp smash [harde slag bij tennis &]; handel bankroet o, krach, debacle v & o; ~ and grab raid diefstal waarbij etalageruit ingeslagen en leeggeroofd wordt; **IV** bijw pardoes, vierkant; **V** bn gemeenz geweldig, reuze

smasher znw gemeenz spetter, stuk o

smashing bn mieters, knal, denderend, luisterrijk

smash-up znw botsing

smattering ['smætəriŋ] znw oppervlakkige kennis; a ~ of... een mondjevol o...

smear [smiə] **I** overg (in)smeren, besmeren, besmeuren, bezoedelen (met with); gemeenz belasteren; **II** znw vlek, smet, (vette) veeg; med uitstrijk; gemeenz laster

smear campaign znw hetze

1 smell [smel] znw reuk, geur, lucht, luchtje, o; stank

2 smell* [smel] **I** overg ruiken; ruiken aan; ~ out uitvorsen, achter iets komen; **II** onoverg ruiken, rieken; stinken; ~ of rieken naar²

smelling-salts znw reukzout o

smelly bn vies ruikend, stinkend

1 smelt [smelt] znw (mv idem of -s) dierk spiering

2 smelt [smelt] V.T. & V.D. van ²smell

3 smelt [smelt] overg [erts] (uit)smelten

smelter znw smelter; ijzersmelterij

smile [smail] **I** onoverg glimlachen, lachen (tegen, om at); ~ (up)on tegen-, toelachen; **II** znw glimlach

smirch [smə:tʃ] **I** overg bevuilen, bekladden, besmeuren, bezoedelen; **II** znw (vuile) plek, veeg, klad²; fig smet

smirk [smə:k] **I** onoverg meesmuilen, grijnzen; **II** znw gemaakt lachje o, gemene grijns

smite* [smait] overg slaan, treffen; verslaan; kastijden

smith [smiθ] znw smid

smithereens [smiðə'ri:nz] znw mv gemeenz gruzelementen

smithy ['smiði] znw smederij, smidse

smitten ['smitn] **I** V.D. van smite; **II** bn: ~ with getroffen door, geslagen met; in verrukking over; ~ by verliefd op, weg van

smock [smɔk] *znw* (boeren)kiel, jak o; <u>vero</u> vrouwenhemd o

smocking *znw* smokwerk o

smog [smɔg] *znw* smog

smoke [smouk] **I** *znw* rook, damp, smook, walm; <u>gemeenz</u> rokertje o: sigaar, sigaret; *go up in ~* in rook opgaan, op niets uitlopen; **II** *onoverg* roken, dampen; walmen [v. lamp]; **III** *overg* roken; beroken; uitroken

smoke-bomb *znw* rookbom

smoke-dried *bn* gerookt [vis &]

smoker *znw* roker°; rookcoupé

smoke-screen *znw* rookgordijn o; *fig* afleidingsmanoeuvre

smoke-stack *znw* hoge schoorsteen; pijp [v. locomotief, schip &]

smoking I *bn* rokend &; rook-, rokers-; **II** *znw* roken o

smoky *bn* rokerig, walmig, walmend; berookt; rook-

smooch ['smu:tʃ] *onoverg* <u>gemeenz</u> zoenen, elkaar betasten, slijpen [dansen]

smoochy ['smu:tʃi] *bn* <u>gemeenz</u> klef, knuffelig; *a ~ record* een slijpplaat

smooth [smu:ð] **I** *bn* glad, vlak, gelijk, effen, vloeiend; zacht; vlot [v. reis &]; *fig* overdreven vriendelijk, slijmerig, glad, vleierig; **II** *overg* glad, vlak, gelijk of effen maken, gladstrijken, gladschaven; effenen; doen bedaren; bewimpelen [een misslag]; *~ over* effenen, uit de weg ruimen [moeilijkheden]

smooth-faced *bn* met een uitgestreken gezicht, (poes)lief

smoothie *znw* <u>gemeenz</u> handige jongen, gladjanus

smoothly *bijw* ook: *fig* gesmeerd, vlot [gaan &]

smote [smout] V.T. van *smite*

smother ['smʌðə] **I** *znw* verstikkende damp, rook, smook, walm, dikke stofwolk; *~ love* <u>gemeenz</u> apenliefde; **II** *overg* smoren, doen stikken, verstikken (ook: *~ up*); overdekken; dempen; onderdrukken [lach]; in de doofpot stoppen [schandaal]; **III** *onoverg* smoren, stikken

smothery *bn* broeierig, verstikkend

smoulder ['smouldə] *onoverg* smeulen[2]

smudge [smʌdʒ] **I** *overg* bevlekken, bevuilen, besmeuren[2]; **II** *onoverg* smetten, vlekken, smerig worden; **III** *znw* veeg; vlek[2], smet[2]

smudgy *bn* vuil, smerig, smoezelig

smug [smʌg] *bn* zelfgenoegzaam, zelfvoldaan, (burgerlijk) net, brave-Hendrikachtig

smuggle ['smʌgl] *overg* smokkelen; *~ in* binnensmokkelen[2]

smuggler *znw* smokkelaar°

smut [smʌt] *znw* roet o, roetvlek; vuiltje o; vuiligheid, vuile taal; brand [in koren]

smutty *bn* vuil, obsceen; brandig [koren]

snack [snæk] *znw* haastige maaltijd; snack; hapje o

snack-bar *znw* snackbar

snaffle ['snæfl] **I** *znw* trens [paardenbit]; **II** *overg* <u>gemeenz</u> inpikken, gappen

snag [snæg] **I** *znw* moeilijkheid, kink in de kabel; **II** *overg* scheuren [v. kleding], een ladder maken in [kous]

snail [sneil] *znw* huisjesslak; *at a ~'s pace* met een slakkengang(etje o)

snake [sneik] **I** *znw* slang[2]; *a ~ in the grass* verrader, een zogenaamde vriend; **II** *onoverg* schuifelen, sluipen; kronkelen

snakebite *znw* slangenbeet

snake-charmer *znw* slangenbezweerder

snakes and ladders *znw* ± ganzenbord o

snaky *bn* slangachtig[2], vol slangen, slangen-; sluw, verraderlijk, vals

snap [snæp] **I** *onoverg* happen; (af-)knappen, knippen; klappen; dichtklappen; snauwen; **II** *overg* doen (af)knappen, klappen, knallen; knippen met; dichtklappen (ook: *~ to*); afdrukken [vuurwapen]; <u>gemeenz</u> kieken, een foto maken van; (toe-)snauwen; have one's head *~ped off* afgesnauwd worden; *~ out of it* <u>gemeenz</u> het van zich afschudden, zich eroverheen zetten; wakker worden; *~ up* wegkapen (voor iemands neus), weg-, oppikken [op uitverkoop &]; **III** *znw* hap, hapje o, beet, snap, knap, klap, knip [met de vinger en slot]; knak, knik, breuk, barst; kiekje o; snip-snap [kaartspel]; *a cold ~* plotseling invallend vorstweer o; **IV** *bn* onverwacht, snel-, bliksem-

snapdragon ['snæpdrægən] *znw* <u>plantk</u> leeuwenbek

snappish ['snæpiʃ] *bn* snibbig, bits

snappy ['snæpi] *bn* <u>gemeenz</u> **1** chic; **2** = *snappish*; *make it ~!* <u>gemeenz</u> vlug een beetje!, opschieten!

snapshot ['snæpʃɔt] *znw* snapshot, momentopname, kiekje o

snare [snɛə] **I** *znw* strik[2]; *fig* valstrik; **II** *overg* strikken [vogels]; *fig* verstrikken

snarky ['sna:ki] *bn* <u>gemeenz</u> slecht gehumeurd

1 snarl [sna:l] **I** *onoverg* grauwen, snauwen, grommen (tegen *at*); **II** *overg* (toe-)snauwen, grommen (ook: *~ out*); **III** *znw* grauw, snauw, grom

2 snarl [sna:l] **I** *overg*: *~ up* in de war (in de knoop) maken, verwarren; *traffic is ~ed up* het verkeer zit in de knoop; **II** *znw* warboel, (verkeers)knoop (ook: *~-up*)

snatch [snætʃ] **I** *overg* (weg)pakken, grissen, (weg)rukken[2], afrukken, (aan)grijpen; <u>slang</u> ontvoeren, kidnappen; **II** *onoverg*: *~ at* grijpen naar; aangrijpen; **III** *znw* ruk, greep, <u>gemeenz</u> roof; brok o, stuk(je) o, fragment o; *Am* <u>plat</u> kut; *by ~es* bij tussenpozen

snatchy *bn* onregelmatig, ongeregeld; bij tussenpozen, te hooi en te gras, zo nu en dan

snazzy ['snæzi] *bn* <u>gemeenz</u> opvallend, opzichtig; aantrekkelijk

sneak [sni:k] **I** *onoverg* gluipen, sluipen, kruipen; <u>slang</u> klikken; **II** *overg* <u>gemeenz</u> gappen; **III** *znw* gluiper; kruiper; <u>slang</u> klikspaan; **IV** *bn* onverwacht; heimelijk, slinks

sneakers *znw mv* <u>gemeenz</u> sneakers [soepel schoeisel]

sneaking ['sni:kiŋ] *bn* in het geheim gekoesterd, stil; gluiperig, kruiperig

sneak preview *znw* onaangekondigde voorvertoning [v. film]

sneaky *bn* gemeenz gluiperig, geniepig

sneer [sniə] I *onoverg* grijnslachen, spotachtig lachen; ~ *at* smadelijk lachen om, minachtende opmerkingen maken over; II *znw* spottende grijns(lach); minachtende opmerking

sneeze [sni:z] I *onoverg* niezen; *it is not to be* ~*d at* het is niet mis; II *znw* niezen *o*, nies, genies *o*

snick [snik] *overg* knippen; snijden

snicker ['snikə] *onoverg* 1 hinniken; 2 = *snigger*

snide [snaid] *bn* hatelijk, spottend, sarcastisch

sniff [snif] I *onoverg* snuiven; snuffelen; ~ *at* ruiken aan, besnuffelen; de neus optrekken voor; II *overg* opsnuiven (ook: ~ *up*); ruiken aan, besnuffelen; ruiken² (ook: ~ *out*); III *znw* snuivend geluid *o*, gesnuif *o*; gesnuifel *o*

sniffer dog ['snifədɔg] *znw* ± speurhond, hasjhond

sniffle ['snifl] I *onoverg* snotteren, grienen; snuiven; II *znw*: *the* ~*s* verstopping [in de neus]

sniffy ['snifi] *bn* gemeenz arrogant

snifter ['sniftə] *znw* slang 'glaasje' *o*, borrel

snigger ['snigə] I *onoverg* ginnegappen, grijnzen, proesten, grinniken; II *znw* gegrijns *o*, gegrinnik *o*

snip [snip] I *overg* (af)snijden, (af)knippen; II *onoverg* snijden, knippen; III *znw* gemeenz koopje *o*

snipe [snaip] I *znw* dierk snip(pen); II *onoverg* mil verdekt opgesteld als scherpschutter tirailleren; ~ *at* ook: fig op de korrel nemen

sniper *znw* verdekt opgestelde scherpschutter, sluipschutter

snippet ['snipit] *znw* snipper; stukje *o*; beetje *o*

snitch [snitʃ] I *overg* gappen, achteroverdrukken; II *onoverg* klikken

snivel ['snivl] I *onoverg* snotteren, jengelen²; janken; II *znw* gesnotter *o*; gejank *o*

sniveller *znw* snotteraar; janker

snob [snɔb] *znw* snob

snobbery *znw* snobisme *o*

snobbish, snobby *bn* snobistisch

snog [snɔg] slang I *onoverg* vrijen; II *znw* vrijerij

snook [snu:k] *znw*: *cock a* ~ *at* een lange neus maken tegen

snoop [snu:p] *onoverg* gemeenz rondneuzen; zijn neus in andermans zaken steken

snooper *znw* pottenkijker, bemoeial, dwarskijker

snooty ['snu:ti] *bn* gemeenz verwaand, ingebeeld

snooze [snu:z] I *onoverg* dutten; II *znw* dutje *o*

snore [snɔ:] I *onoverg* snurken, ronken; II *znw* gesnurk *o*

snorkel ['snɔ:kl] I *znw* snorkel; II *onoverg*

snorkelen, met een snorkel zwemmen

snort [snɔ:t] I *onoverg* snuiven, briesen, proesten, ronken [v. machine]; II *overg* snuiven [drugs &]

snorter *znw* snuiver; gemeenz kanjer, kokkerd; stormwind; brief op poten; slang borrel

snot [snɔt] *znw* slang snot *o* & *m*

snotty slang snotterig; gemeen

snout [snaut] *znw* snoet, snuit; tuit; slang saffie *o*

snow [snou] I *znw* sneeuw; ~*s* sneeuw²; sneeuwvelden; slang cocaïne; II *onoverg* (neer)sneeuwen; III *overg* besneeuwen, uitstrooien; *be* ~*ed under* overstelpt worden [met]

snowball I *znw* sneeuwbal°; II *onoverg (& overg)* in steeds sneller tempo aangroeien, toenemen of zich uitbreiden

snow-bound *bn* ingesneeuwd

snow-capped *bn* besneeuwd

snow-drift *znw* sneeuwjacht; sneeuwbank

snowdrop *znw* sneeuwklokje *o*

snowfall *znw* sneeuwval

snowflake *znw* sneeuwvlok

snowman *znw* sneeuwman, sneeuwpop

snow-plough, Am **snowplow** *znw* sneeuwruimer

snowshoe *znw* sneeuwschoen

snow-white *bn* sneeuwwit

snowy *bn* sneeuwwit; besneeuwd; sneeuw-

snub [snʌb] I *overg* [iem.] op zijn nummer zetten; minachtend afwijzen, verwerpen [voorstel]; II *znw* (hatelijke) terechtwijzing; III *bn* stomp

snub-nosed *bn* met een stompe neus

1 snuff [snʌf] I *znw* snuif; snuifje *o*; snuiftabak; zie ook: sniff; II *onoverg & overg* snuiven; zie ook: *sniff*

2 snuff [snʌf] *overg* snuiten [kaars]; ~ *it* gemeenz de pijp uitgaan, uitstappen (= doodgaan); ~ *out* snuiten [v. kaars]; fig gemeenz een eind maken aan

snuff-box ['snʌfbɔks] *znw* snuifdoos

snuffers ['snʌfəz] *znw mv* snuiter [voor kaars]

snuffle ['snʌfl] *onoverg* snuiven; door de neus spreken

snug [snʌg] *bn* gezellig, behaaglijk, lekker (beschut); knus; nauwsluitend

snuggery *znw* gezellig vertrekje *o*, knus plekje *o*

snuggle ['snʌgl] I *onoverg* knus liggen; ~ *up to sbd.* dicht bij iem. kruipen; II *overg* knuffelen

so [sou] I *bijw* zo; zó, (o) zo graag, zodanig; zulks, dat; zodat; ~ *there!* nou weet je het!, en daarmee uit!; ~ *to speak* bij wijze van spreken; *if* ~ zo ja; *...or* ~ *says the professor* tenminste, dat zegt de prof; *they were glad, and* ~ *were we* en wij ook; II *voegw* dus, derhalve; vero zo, als, indien

soak [souk] I *overg* in de week zetten, weken, soppen; op-, inzuigen, opslurpen (ook: ~ *in, up*); doorweken, doordringen, drenken; gemeenz zuipen; ~*ed in* doortrokken van, ook: fig doorkneed in; II *onoverg* in de week staan; ~ *into* trekken in, doordringen; **III** *znw* weken *o*; gemeenz zuippartij, -lap

soaker *znw* stortbui; drankorgel *o*, zuiplap

soaking *bn* doorweekt, kletsnat (makend)

so-and-so ['souənsou] *znw* dinges; hoe heet-ie (het) ook weer?; eufemistisch jeweet-wel [= ellendeling, klootzak]

soap [soup] **I** *znw* **1** zeep; **2** vleierij; **3** = *soap opera*; **II** *overg* (af)zepen, inzepen

soap-box *znw* zeepkist; ~ *orator* straatredenaar

soap-flakes *znw mv* vlokkenzeep

soap opera *znw* RTV soap (opera); melodrama *o*

soapstone *znw* speksteen *o & m*

soap-suds *znw* zeepsop *o*

soapy *bn* zeepachtig, zeep-; fig flikflooiend; zalvend

soar [sɔ:] *onoverg* hoog vliegen, zweven; omhoogvliegen, de lucht ingaan[2], zich verheffen[2]

sob [sɔb] **I** *onoverg* snikken; **II** *overg* (uit)snikken (ook: ~ *out*); **III** *znw* snik

sober ['soubə] **I** *bn* sober, matig; nuchter, verstandig, bedaard, bezadigd; stemmig; bescheiden; **II** *overg* (doen) bedaren, ontnuchteren, nuchter maken; **III** *onoverg* bedaren (ook: ~ *down*), nuchter worden (ook: ~ *up*)

sober-minded *bn* bedaard, bezadigd, bezonnen

sober-sides *znw* gemeenz bezadigd mens; saaie piet

sobriety [sou'braiəti] *znw* matigheid; nuchterheid, verstandigheid, bedaardheid, bezadigdheid

sobriquet ['soubrikei] *znw* scheld-, spotnaam

sob-story *znw* gemeenz huilerig, sentimenteel verhaaltje *o*

sob-stuff *znw* slang melodramatisch gedoe *o*; sentimenteel geschrijf *o*

so-called ['sou'kɔ:ld] *bn* zogenaamd

soccer ['sɔkə] *znw* voetbal *o*

sociability [souʃə'biliti] *znw* gezelligheid; sociabiliteit

sociable ['souʃəbl] *bn* sociabel; gezellig

social ['souʃəl] **I** *bn* maatschappelijk, sociaal; gezellig; van de (grote) wereld; *a ~ call* een beleefdheidsbezoek *o*; ~ *climber* iem. die er veel voor over heeft om in hogere kringen door te dringen, (soms:) streber; ~ *democrat* sociaal-democraat; ~ *science* sociale wetenschap [met als onderdelen o.a. economie, geschiedenis, politicologie, sociologie]; ~ *security* sociale zekerheid; uitkering; ~ *service (work)* maatschappelijk werk *o*; **II** *znw* gemeenz (gezellig) avondje *o*

socialism ['souʃəlizm] *znw* socialisme *o*

socialist I *znw* socialist; **II** *bn* socialistisch

socialistic [souʃə'listik] *bn* socialistisch

socialite ['souʃəlait] *znw* lid *o* van de beaumonde

sociality [souʃi'æliti] *znw* gezelligheid

socialization [souʃəlai'zeiʃən] *znw* socialisatie

socialize ['souʃəlaiz] **I** *overg* socialiseren; **II** *onoverg* gezellig omgaan (met), zich sociabel gedragen

society [sə'saiəti] **I** *znw* maatschappij; de samenleving; vereniging, genootschap *o*; de society, de beaumonde; [iems.] gezelschap *o*; **II** *bn* society-, mondain

socio-economic ['sousiouekə'nɔmik] *bn* sociaal-economisch

sociological [sousiə'lɔdʒikl] *bn* sociologisch

sociologist [sousi'ɔlədʒist] *znw* socioloog

sociology *znw* sociologie

1 sock [sɔk] *znw* sok; losse binnenzool; *pull one's ~s up* gemeenz de handen uit de mouwen steken; *put a ~ in it!* slang hou op!, kop dicht!

2 sock [sɔk] *gemeenz* **I** *overg* slaan, meppen; **II** *znw* mep

socket ['sɔkit] *znw* holte [van oog, tand]; techn sok; elektr stopcontact *o*; (lamp-)houder

socket-joint *znw* kogelgewricht *o*; (ook: *ball and socket joint*)

socket wrench *znw* dopsleutel

1 sod [sɔd] *znw* zode; *cut the first ~* de eerste spade in de grond steken

2 sod [sɔd] **I** *znw* gemeenz sodemieter, flikker, klootzak, smeerlap; *poor little ~* arme, stomme lul; **II** *overg*: ~ *it!* slang wel (god-) verdomme!; ~ *the expense* gemeenz dondert niet wat het kost

soda ['soudə] *znw* soda; gemeenz soda-, spuitwater *o*

sodality [sou'dæliti] *znw* broederschap; RK congregatie

soda-water ['soudəwɔ:tə] *znw* soda-, spuitwater *o*

sodden ['sɔdn] *bn* doorweekt, doortrokken; nattig; pafferig [v. gelaat]; verzopen

sodding ['sɔdiŋ] *bn* gemeenz verdomd

sodium ['soudjəm] *znw* natrium *o*

sodomy ['sɔdəmi] *znw* sodomie

sofa ['soufə] *znw* sofa, canapé

sofa-bed *znw* slaapbank

soft [sɔ:ft] **I** *bn* zacht[*], teder, vriendelijk; week, slap [v. boord]; fig verwijfd, zoetsappig; gemeenz sentimenteel; gemeenz sullig, onnozel (ook: ~ *in the head*); zwak, lafhartig; gemeenz verliefd (op *on*); ~ *drinks* frisdranken; ~ *drugs* softdrugs; ~ *furnishings* woningtextiel *m & o*; *a ~ job* gemeenz een makkelijk (lui) baantje *o*; ~ *porn* softporno; ~ *soap* groene zeep; fig vleierij; *a ~ spot for* gemeenz een zwak voor; ~ *touch* iem. die gemakkelijk om te praten is; **II** *bijw* zacht(jes)

softball *znw* softbal *o*

soft-boiled *bn* zachtgekookt

soften ['sɔ:fn] **I** *onoverg* zacht, week worden, milder gestemd, vertederd worden; **II** *overg* zacht maken, ontharden, verzachten, verminderen, lenigen, temperen, matigen; fig verwekelijken; vertederen, vermurwen

softener *znw* wasverzachter; waterverzachter

softening I *bn* verzachtend &; **II** *znw* verzachting, verweking; leniging, tempering; ~ *of the brain* kinds zijn *o*

soft-headed *bn* onnozel

soft-hearted *bn* weekhartig
softish *bn* ietwat zacht, weekachtig
softly-softly *bn bijw* (uiterst) omzichtig, voorzichtig
soft-pedal *znw* met de zachte pedaal spelen [piano]; gemeenz matigen, temperen, verdoezelen
soft-sell *znw* vriendelijke (niet-agressieve) verkoopmethode
soft-soap *overg* gemeenz vleien, slijmen
soft-spoken *bn* met zachte (vriendelijke) stem
software *znw* comput software, programmatuur
softwood *znw* zacht hout o; plantk naaldhout o
softy *znw* gemeenz halfzachte, doetje o
soggy ['sɔgi] *bn* vochtig, drassig; doorweekt
1 soil [sɔil] *znw* grond, bodem, (vader)land o; teelaarde; ~ *science* bodemkunde
2 soil [sɔil] **I** *znw* smet[2], vlek[2]; vuil o; uitwerpselen; afvalwater o; **II** *overg* besmetten, bevlekken, bevuilen; **III** *onoverg* smetten, vlekken
soirée ['swa:rei] *znw* soiree
sojourn ['sɔdʒə:n, 'sʌdʒə(:)n] *znw* (tijdelijk) verblijf o
solace ['sɔləs] **I** *znw* troost, verlichting; **II** *overg* (ver)troosten, verlichten, lenigen
solar ['soulə] *bn* van de zon, zonne-; ~ *energy* zonne-energie; ~ *plexus* zonnevlecht; ~ *system* zonnestelsel o
solarium [sou'ɛəriəm] *znw* (*mv*: solaria) solarium o
sold [sould] V.T. & V.D. van [1]*sell*
solder ['sɔldə, 'souldə] **I** *znw* soldeersel o; **II** *overg* solderen
soldering-iron *znw* soldeerbout
soldier ['souldʒə] **I** *znw* mil soldaat, militair, krijgsman; *old* ~ oudgediende; **II** *onoverg*: ~ *on* doorzetten
soldierly *bn* krijgshaftig, soldaten-
soldiery *znw* krijgsvolk o, soldatenbende, soldateska; *the* ~ de soldaten
1 sole [soul] **I** *znw* zool; **II** *overg* zolen
2 sole [soul] *znw* dierk tong
3 sole [soul] *bn* enig
solecism ['sɔlisizm] *znw* (taal)fout; flater
solely ['soulli] *bijw* alleen, enkel, uitsluitend
solemn ['sɔləm] *bn* plechtig, plechtstatig, deftig, ernstig
solemnity [sɔ'lemniti] *znw* plechtigheid &
solemnize ['sɔləmnaiz] *overg* (plechtig) vieren, voltrekken
solfa [sɔl'fa:] *znw* muz solmisatie
solicit [sə'lisit] *znw* vragen; verzoeken om; dingen naar; aanspreken [voor prostitutie]
solicitation [səlisi'teiʃən] *znw* aanzoek o, verzoek o
solicitor [sə'lisitə] *znw* recht rechtskundig adviseur; procureur; S~ *General* ± advocaat-generaal
solicitous *bn* bekommerd, bezorgd (omtrent *about, concerning, for*); begerig (naar *of*)
solicitude *znw* bekommernis, bezorgdheid, zorg
solid ['sɔlid] **I** *bn* vast, stevig, hecht, sterk,

flink, solide[2]; solidair; betrouwbaar; gezond, degelijk; massief; uniform [v. kleur]; kubiek, stereometrisch; ~ *fuel* vaste brandstof; ~-*state* elektr halfgeleider-, getransistoriseerd; *for two* ~ *hours* twee volle uren; **II** *znw* (vast) lichaam o; ~*s* ook: vast voedsel o
solidarity [sɔli'dæriti] *znw* solidariteit, saamhorigheid
solidify [sə'lidifai] **I** *overg* vast maken; hechter maken; **II** *onoverg* vast of hechter worden
solidity, solidness ['sɔlidnis] *znw* vastheid &
soliloquy *znw* (*mv*: soliloquies) alleenspraak
solitaire [sɔli'tɛə] *znw* enkel gezette diamant of steen; solitairspel o, patience o
solitary ['sɔlitəri] **I** *bn* eenzaam, verlaten, afgelegen, afgezonderd; op zichzelf staand; enkel; eenzelvig; **II** *znw* gemeenz celstraf
solitude *znw* eenzaamheid
solo ['soulou] *znw* (*mv*: -s of soli) & *bijw* solo
soloist *znw* solist
Solomon Islands ['sɔləmənailəndz] *znw* Solomoneilanden *mv*
solstice ['sɔlstis] *znw* zonnewende, solstitium o
soluble ['sɔljubl] *bn* oplosbaar[2]
solution [sə'lu:ʃən] *znw* oplossing[2]; solutie
solve [sɔlv] *overg* oplossen
solvency ['sɔlvənsi] *znw* vermogen o om te betalen, handel soliditeit, kredietwaardigheid
solvent I *bn* oplossend; handel solvabel, solide; **II** *znw* oplosmiddel o; ~ *abuse* ± lijmsnuiven o
Somali [sou'ma:li] **I** *znw* Somali, Somaliër; Somali o [de taal]; **II** *bn* Somalisch
Somalia [sou'ma:liə] *znw* Somalië o
somatic [sou'mætik] *bn* somatisch, lichamelijk
sombre, *Am* **somber** ['sɔmbə] *bn* somber, donker
some [sʌm, səm] **I** *onbep vnw* enige, wat, iets, sommige(n); ~..., ~... sommige(n)..., andere(n)...; **II** *bn* enig(e); de een of ander, een, een zeker(e); ettelijke, wat, een beetje; zowat, ongeveer, circa; ~ *day* eens, ooit, te eniger tijd; *that's* ~ *hat* gemeenz dat is nog eens een hoed; **III** *bijw* slang iets; niet gering ook, niet mis
somebody ['sʌmbɔdi] **I** *onbep vnw* iemand; (een) zeker iemand; **II** *znw* belangrijk persoon, iemand van betekenis
somehow *bijw* op de een of andere wijze, hoe dan ook, ergens, toch (ook: ~ *or other*)
someone = *somebody*
someplace *bijw Am* ergens
somersault ['sʌmɛ:sɔ:lt] **I** *znw* salto, buiteling; *turn a* ~ = **II** *onoverg* een salto, radslag & maken
something ['sʌmθiŋ] **I** *znw* iets, wat; (het) een of ander; ~ *or other* het een of ander, iets; *the five* ~ *train* de trein van 5 uur zoveel; *with* ~ *of impatience* enigszins ongeduldig; **II** *bijw* enigszins, iets, ietwat; slang

erg

sometime I *bijw* eniger tijd; eens; soms; II *bn* vroeger, voormalig, ex-

sometimes ['sʌmtaimz] *bijw* soms

somewhat ['sʌmwɔt] *bijw* enigszins, ietwat

somewhere *bijw* ergens

somnambulism [sɔm'næmbjulizm] *znw* somnambulisme o, slaapwandelen o

somnolence ['sɔmnələns] *znw* slaperigheid

somnolent *bn* slaperig; slaapverwekkend

son [sʌn] *znw* zoon, (als aanspreekvorm) jongen; ~ *of a bitch* schoft, klootzak

sonar ['souna:] *znw* sonar, echopeiling

sonata [sə'na:tə] *znw* sonate

sonatina [sɔnə'ti:nə] *znw* sonatine

song [sɔŋ] *znw* zang, lied o; gezang o; poëzie; *the S~ of S~s* het Hooglied; *for a* ~ gemeenz voor een appel en een ei; *make a ~ and dance about* gemeenz veel ophef (drukte) maken over

song-bird *znw* zangvogel

songster *znw* zanger

sonic ['sɔnik] *bn* sonisch, geluids-; ~ *boom* knal bij het doorbreken van de geluidsbarrière

son-in-law ['sʌninlɔ:] *znw* (*mv:* sons-in-law) schoonzoon

sonnet ['sɔnit] *znw* sonnet o, klinkdicht o

sonneteer ['sɔni'tiə] *znw* sonnettendichter

sonny ['sʌni] *znw* jochie o, ventje o

sonority [sə'nɔriti] *znw* sonoriteit, klankrijkheid

sonorous *bn* sonoor, (helder) klinkend, klankrijk

soon [su:n] *bijw* spoedig, weldra, gauw; vroeg; *as* ~ *as* zodra; *I would just as* ~... *(as...)* ik mag net zo lief... (als...); ~*er* vroeger, eer(der), liever; *no* ~*er*... *than*... nauwelijks... of...; *the* ~*er the better* hoe eerder hoe beter

soot [sut] I *znw* roet o; II *overg* met roet bedekken

sooth [su:θ] *znw* vero waarheid; *in (good)* ~ voorwaar

soothe [su:ð] *overg* verzachten, kalmeren, sussen, stillen, bevredigen

soothing *bn* verzachtend, kalmerend, sussend

soothsayer ['su:θseiə] *znw* waarzegger

sooty ['suti] *bn* roetachtig, roet(er)ig, roetsop [sɔp] I *znw* voorlopige concessie, zoethoudertje o; II *overg:* ~ *up* (in zich) opnemen

sophism [sɔfizm] *znw* sofisme o, drogreden

sophist *znw* sofist, drogredenaar

sophistic(al) [sə'fistik(l)] *bn* sofistisch

sophisticate [sə'fistikət] *znw* wereldwijs mens

sophisticated [səfisti'keitid] *bn* wereldwijs; ZN gesofisticeerd; veeleisend; precieus [v. stijl]; ingewikkeld, sophisticated, geperfectioneerd [v. techniek], hypermodern, geavanceerd

sophistication [səfisti'keiʃən] *znw* wereldwijsheid; geraffineerdheid; ingewikkeldheid

sophistry ['sɔfistri] *znw* sofisterij; sofisme o

soporific [sɔpə'rifik] *bn* (*znw*) slaapverwekkend (middel o)

sopping ['sɔpiŋ] *bn:* ~ *wet* druipnat

soppy *bn* flauw; gemeenz sentimenteel

soprano [sə'pra:nou] *znw* (*mv:* -s *of* soprani) sopraan

sorbet ['sɔ:bət] *znw* sorbet

sorcerer ['sɔ:sərə] *znw* tovenaar

sorceress *znw* tovenares, heks

sorcery *znw* toverij, hekserij

sordid ['sɔ:did] *bn* smerig, vuil; laag, gemeen

sore [sɔ:] I *bn* pijnlijk[2], gevoelig, zeer; hevig; *het land hebbend* (over *about*); kwaad, boos, nijdig (op *at*); *stick out like a* ~ *thumb* uit de toon vallen, in de kijker lopen; II *bijw* vero zeer; III *znw* rauwe, pijnlijke plek, zweer, zeer o

sorehead *znw* slang nors, afgunstig mens

sorely *bijw* versterkend zeer, erg, hard

soreness *znw* pijnlijkheid &; ook: ontstemming

1 sorrel ['sɔrəl] *znw* plantk zuring

2 sorrel ['sɔrəl] I *bn* rosachtig; II *znw* roodbruin o; dierk vos [paard]

sorrow ['sɔrou] I *znw* droefheid, smart, leed(wezen) o; leed o, verdriet o; rouw; II *onoverg* treuren, bedroefd zijn (over *at, for,* over)

sorrowful *bn* bedroefd, treurig

sorry ['sɔri] *bn* bedroefd; vero bedroevend, ellendig, armzalig, miserabel; *(I am) (so)* ~ het spijt me; ook: neem mij niet kwalijk, sorry! pardon!; *you will be* ~ *for it* het zal u berouwen

sort [sɔ:t] I *znw* soort; slag o; ~ *of* gemeenz om zo te zeggen, een beetje; *he is not a bad* ~ gemeenz hij is geen kwaaie vent; *it takes all* ~*s* ± Onze-Lieve-Heer heeft (nu eenmaal) rare kostgangers; *after a* ~ in zekere zin, op zijn (haar) manier; *a... of a* ~ zo'n soort van...; *of* ~*s* in zijn soort; een soort (van)...; *out of* ~*s* niet erg lekker; uit zijn humeur; II *overg:* ~ *(out)* sorteren, rangschikken, plaatsen; uitzoeken; ~ *out* regelen, een oplossing vinden (voor), ontwarren [v. probleem]; ~ *sbd. out* gemeenz iem. eens goed aanpakken, eens goed de waarheid vertellen

sorter ['sɔ:tə] *znw* sorteerder; sorteermachine

sortie ['sɔ:ti] *znw* mil uitval; luchtv vlucht van één vliegtuig naar vijandelijk gebied; gemeenz uitstapje o, uitje o

sorting office ['sɔ:tiŋɔfis] *znw* sorteerafdeling [v. postkantoor]

sort-out ['sɔ:taut] *znw:* *have a* ~ sorteren, ordenen, opruimen, uitzoeken

so-so ['sousou] *bn & bijw* gemeenz zozo, niet bijzonder

sot [sɔt] *znw* zuiplap, nathals

sottish *bn* bezopen, dronken

sotto voce [sɔtou'voutʃi] *bijw* muz met gedempte stem

soufflé ['su:flei] *znw* soufflé

sough [sʌf, sau] I *znw* suizend geluid o; gesuis o, suizen o, zucht; II *onoverg* suizen; zuchten

sought [sɔ:t] V.T. & V.D. van *seek*

sought-after *bn* gewild, gezocht, in trek

soul [soul] *znw* ziel[2]; muz soul; *he is the ~ of kindness* hij is de vriendelijkheid zelf; *from his very ~* uit de grond van zijn hart

soul-destroying *bn* geestdodend, afstompend

soulful *bn* gevoelvol, zielroerend, zielverheffend

soulless *bn* zielloos

soul-searching *znw* zelfonderzoek *o*

1 sound [saund] **I** *bn* gezond, gaaf, flink, vast, krachtig, sterk, grondig; betrouwbaar, solide, degelijk; deugdelijk; goed [v. raad &]; **II** *bijw:* ~ *asleep* vast in slaap

2 sound [saund] **I** *znw* **1** geluid *o*, klank, toon; **2** sonde; **II** *onoverg* klinken, luiden, weerklinken, galmen; *it ~s a good idea* het lijkt een goed idee; ~ *off* gemeenz zijn mening zeggen (over *about, on*); **III** *overg* doen (weer)klinken, laten klinken; laten horen; uitspreken, uitbazuinen; kloppen op; ausculteren; sonderen, peilen; loden; fig onderzoeken, uithoren, polsen (ook: ~ *out*); ~ *the alarm* alarm blazen (slaan)

3 sound [saund] *znw* zee-engte; zwemblaas

4 sound [saund] *onoverg* naar beneden duiken [v. walvis]

sound barrier ['saundbæriə] *znw* geluidsbarrière

sound-board *znw* klankbord *o*, klankbodem

sound effects *znw mv* geluidseffecten

1 sounding ['saundiŋ] *bn* klinkend[2], holklinkend

2 sounding ['saundiŋ] *znw* sonderen *o* &; scheepv peiling; ~*s* scheepv diepte(n)

sounding-board ['saundiŋbɔ:d] *znw* fig klankbord *o*

soundless *bn* geluidloos; onpeilbaar

soundly ['saundli] *bijw* gezond; flink, terdege, geducht; vast [in slaap]

sound-proof **I** *bn* geluiddicht; **II** *overg* geluiddicht maken

sound track *znw* geluidsspoor *o*, geluidsband, geluid *o* [v. film]; soundtrack

sound wave *znw* geluidsgolf

soup [su:p] **I** *znw* soep; *be in the ~* gemeenz in de puree zitten; **II** *overg:* ~ *up* gemeenz opvoeren [motor]

soup kitchen *znw* gaarkeuken voor armen, daklozen &

sour ['sauə] **I** *bn* zuur[2]; gemelijk, nors; naar [weer]; ~ *cream* zure room; ~ *grapes* jaloezie, de kift; **II** *overg & onoverg* zuur maken (worden), verzuren; verbitteren

source [sɔ:s] *znw* bron[2], fig oorsprong

sourish ['sauəriʃ] *bn* zuurachtig, rins, zuur

souse [saus] **I** *znw* pekel(saus); oren en poten van varkens in pekel; onderdompeling; plons, geplons *o*; **II** *overg* marineren, pekelen; in-, onderdompelen; (over)gieten; **III** *bijw* ineens, pardoes

soused *bn* gepekeld; gemeenz stomdronken

soutane [su:'ta:n] *znw* soutane

south [sauθ] **I** *bijw* zuidelijk, zuidwaarts, naar het zuiden; ~ *of* ten zuiden van; **II** *bn* zuidelijk, zuid(er)-, zuiden-; **III** *znw* zuiden[0] *o*

South Africa *znw* Zuid-Afrika *o*

South African **I** *znw* Zuid-Afrikaan; **II** *bn* Zuid-Afrikaans

southbound *bn* naar het zuiden, in zuidelijke richting

south-east *bn (znw)* zuidoost(en *o*)

southeaster *znw* zuidoostenwind

south-easterly *bn bijw* zuidoostelijk

south-eastern *bn* zuidoostelijk

southerly ['sʌðəli] *bn bijw* zuidelijk

southern *bn* zuidelijk, zuider-

southerner *znw* zuiderling

southernmost *bn* zuidelijkst

South Pole *znw* Zuidpool

southward(s), southwardly *bn bijw* zuidelijk, zuidwaarts

south-west *bn (znw)* zuidwest(en *o*)

southwester *znw* zuidwestenwind; zuidwester

south-westerly *bn bijw* zuidwestelijk

south-western *bn* zuidwestelijk

souvenir ['su:vəniə] *znw* souvenir *o*, aandenken *o*

sou'wester ['sau'westə] *znw* zuidwester

sovereign ['sɔvrin] **I** *bn* soeverein[2], oppermachtig, opperst, hoogst, opper-; probaat [v. middel]; **II** *znw* (opper)heer, vorst, vorstin, soeverein [ook = geldstuk van 1 pond]

sovereignty *znw* soevereiniteit, opperheerschappij, oppergezag *o*, oppermacht

Soviet ['souviət, sɔ'vjet] *znw* sovjet

1 sow [sau] *znw* dierk zeug[2]

2 sow* [sou] *overg* zaaien[2], (uit)strooien, uit-, in-, bezaaien, bestrooien (met *with*)

sower ['souə] *znw* zaaier[2]; zaaimachine

sowing-machine *znw* zaaimachine

sown [soun] V.D. van 2*sow*

soy [sɔi] *znw* soja

soya bean, soy bean *znw* sojaboon

soya sauce, soy sauce *znw* sojasaus

sozzled ['sɔzld] *bn* gemeenz dronken

spa [spa:] *znw* minerale bron; badplaats

space [speis] **I** *znw* ruimte, wijdte, afstand; plaats; spatie, interlinie; tijdruimte, tijd, tijdje *o*; *for a ~* een tijdje, een poos; **II** *overg* (meer) ruimte laten tussen, spatiëren (ook: ~ *out*); ~ *out payments* de betalingen verdelen; ~*d out* ook: slang 1 high; 2 relaxed

space age *znw* ruimtevaarttijdperk *o*

space-age *bn* zeer geavanceerd, futuristisch

space-bar *znw* spatiebalk [v. schrijfmachine]

space capsule *znw* ruimtecapsule

spacecraft *znw* ruimtevaartuig *o*, ruimtevaartuigen

spaceman *znw* ruimtevaarder

space opera *znw* roman(s), film(s) & over ruimtevaartavonturen

space probe *znw* ruimtesonde

spaceship *znw* ruimtevaartuig *o*

space shuttle *znw* ruimteveer *o*, space-shuttle

space station *znw* ruimtestation *o*

spacesuit *znw* ruimtepak *o*

spacing *znw* spatiëring; tussenruimte

spacious *bn* wijd, ruim, groot

spade [speid] *znw* spade, schop; <u>kaartsp</u> schoppen; <u>slang</u> scheldwoord nikker; *call a* ~ *a* ~ het beestje bij zijn naam noemen
spadework *znw* voorbereidend werk *o*, pionierswerk *o*
Spain [spein] *znw* Spanje *o*
span [spæn] **I** *znw* span [Eng. lengtemaat = 9 inch]; spanne tijds; spanwijdte, spanning; **II** *overg* spannen, om-, over-, afspannen; overbruggen
spangle ['spæŋgl] **I** *znw* lovertje *o*; **II** *overg* met lovertjes versieren; ~*d with* ook: bezaaid met
Spaniard ['spænjəd] *znw* Spanjaard
spaniel ['spænjəl] *znw* spaniël
Spanish ['spæniʃ] **I** *bn* Spaans; **II** *znw* het Spaans
spank [spæŋk] **I** *overg* [met vlakke hand] op de broek geven, slaan; **II** *onoverg* fiks draven, flink doorstappen (ook: ~ *along*); **III** *znw* klap, mep
spanking ['spæŋkiŋ] **I** *bn gemeenz* groot, stevig; flink; fiks; ook: heerlijk; **II** *znw* pak *o* voor de broek; aframmeling
spanner ['spænə] *znw* schroefsleutel; *throw a* ~ *in the works gemeenz* dwarsbomen, saboteren
1 spar [spa:] *znw* spar, spier, rondhout *o*
2 spar [spa:] *onoverg* boksen (zonder dóór te stoten); redetwisten; bekvechten
spare [spɛə] **I** *bn* extra-, reserve-; schraal, mager; *slang* dol, uitzinnig, gek, razend; ~ *(bed)room* logeerkamer; ~ *parts* reserveonderdelen [v. auto]; ~ *time* vrije tijd; ~ *tyre* reserveband; ~ *wheel* reservewiel *o*; **II** *znw* reserveonderdeel *o*; **III** *overg* sparen, besparen; zuinig zijn met; ontzien [moeite]; verschonen van; missen; [iem. iets] geven, afstaan, gunnen; ~ *no expense* kosten noch moeite sparen, flink uitpakken; *have enough and to* ~ meer dan genoeg (volop) hebben; **IV** *wederk:* ~ *oneself* zich ontzien; **V** *abs ww* zuinig zijn
spare ribs *znw mv* krabbetjes, spareribs
sparing *bn* spaarzaam, zuinig, karig, matig
spark [spa:k] **I** *znw* vonk, vonkje² *o*, sprank, sprankje *o*, sprankel, greintje *o*; *S~s slang* marconist; *a bright* ~ een slimme vent, een groot licht; *strike ~s off each other* elkaar in de haren vliegen, ruzie maken; **II** *onoverg* vonken, vonken spatten; *techn* starten; **III** *overg* plotseling doen ontstaan of veroorzaken (ook: ~ *off*)
sparking-plug *znw elektr* bougie
sparkle ['spa:kl] **I** *onoverg* sprankelen, vonken schieten, fonkelen, schitteren; tintelen; parelen, mousseren [v. wijn]; **II** *znw* sprank, sprankje *o*, vonk, vonkje *o*, gefonkel *o*, schittering, glans; tinteling²; pareling [van wijn]
sparkler *znw* sterretje *o* [vuurwerk]; *slang* glimmer: juweel *o*, briljant
sparkling *bn* fonkelend, sprankelend; geestig, intelligent; bruisend, prik-, soda-, koolzuurhoudend
spark-plug ['spa:kplʌg], **sparking plug** *znw* (ontstekings)bougie; ~ *spanner* bougiesleutel

sparring-match ['spa:riŋmætʃ] *znw* (vriendschappelijke oefen)bokspartij
sparring-partner *znw* sparringpartner²
sparrow ['spærou] *znw* mus
sparse ['spa:s] *bn* dun (gezaaid²), verspreid; schaars
Spartan ['spa:tən] *znw* & *bn* Spartaan(s) (ook: *fig*)
spasm ['spæzm] *znw* kramp, (krampachtige) trekking; <u>fig</u> vlaag
spasmodic [spæz'mɔdik] *bn* krampachtig; *fig* ook: bij vlagen, onregelmatig
spastic ['spæstik] *bn (znw)* spastisch (patiëntje *o*)
1 spat [spæt] *znw* zaad *o*, broed *o* van oesters
2 spat [spæt] *znw:* ~*s* slobkousen
3 spat [spæt] V.T. & V.D. van *²spit*
spatchcock ['spætʃkɔk] **I** *znw* geslachte en snel gebraden haan; **II** *overg* <u>gemeenz</u> [woorden &] inlassen, toevoegen aan
spate [speit] *znw* stroom, stortvloed; *a river in* ~ een onstuimig wassende rivier
spatial ['speiʃəl] *bn* ruimte-, ruimtelijk
spatter ['spætə] **I** *overg* doen spatten, bespatten; bekladden; **II** *onoverg* spatten; **III** *znw* spat
spatula ['spætjulə] *znw* spatel
spawn [spɔ:n] **I** *znw* kuit, broed *o*; <u>fig</u> gebroed *o*, product *o*; zaad *o*; **II** *(onoverg &)* *overg* (eieren) leggen, (kuit)schieten; <u>geringsch</u> produceren, de wereld inschoppen
spay [spei] *overg* steriliseren [v. vrouwelijke dieren]
speak* [spi:k] **I** *onoverg & abs ww* spreken, praten; aanslaan [v. hond]; in het openbaar spreken, een rede houden; tegen (met) elkaar spreken; sprekend zijn [v. gelijkenis]; <u>muz</u> aanspreken [v. instrument]; zich laten horen; ~ *by the book* zich nauwkeurig uitdrukken; *it ~s (well) for him* het pleit voor hem; ~ *for yourself!* laat mij er s.v.p. buiten; ~ *out* hardop (uit)spreken; zeggen waar het op staat; vrijuit spreken; ~ *to* spreken tot (tegen, met, over), spreken [iem.]; een standje maken; *I can* ~ *to his having been there* ik kan getuigen dat hij er geweest is; ~ *up* hardop spreken; beginnen te spreken; vrijuit spreken; ~ *up for sbd.* het voor iem. opnemen; **II** *overg* spreken; uitspreken, uitdrukken, spreken van; zeggen; ~ *one's mind* zijn mening zeggen; zie ook: *speaking*
speak-easy *znw Am gemeenz* clandestiene kroeg
speaker *znw* spreker; luidspreker, box; *the S~* de voorzitter van het Lagerhuis
speaking **I** *bn* sprekend² & [portret]; spreek-; *English-~* Engelssprekend, Engelstalig; *we are not on* ~ *terms* wij spreken elkaar niet (meer), wij spreken niet (meer) tegen elkaar; **II** *znw* spreken *o*; *plain* ~ duidelijke taal
speaking-trumpet *znw* scheepsroeper; megafoon
speaking-tube *znw* <u>scheepv</u> spreekbuis
spear [spiə] **I** *znw* speer, lans, spiets; <u>plantk</u> scheut; **II** *overg* met een speer doorsteken,

spietsen

spearhead I *znw* speerpunt; *fig* spits, leider; campagneleider; **II** *overg* de voorhoede, spits zijn van, leiden, aanvoeren; het voortouw nemen bij

spearmint *znw* plantk pepermunt

spec [spek] *znw* 1 verk. van *speculation*; *on ~ op goed geluk*; **2** verk. van *specification(s)* [technische beschrijving/gegevens]

special ['speʃəl] **I** *bn* bijzonder, speciaal, extra-; **S~** *Branch* Br ± binnenlandse veiligheidsdienst; ~ *delivery* per expresse, spoedbestelling; **II** *znw* RTV speciale uitzending, tv-special; specialiteit v.h. huis [in restaurant]; Am speciale aanbieding; extratrein; extra-editie [v. dagblad]; extraprijs &

specialist *znw* specialist [in vak &]

speciality [speʃiˈæliti] *znw* specialiteit, bijzonder vak o, specialisme o; bijzonderheid; bijzonder geval o

specialization [speʃəlaiˈzeiʃən] *znw* specialisering, specialisatie

specialize ['speʃ(ə)laiz] *onoverg* zich speciaal toeleggen (op *in*); zich specialiseren (in *in*); ~*d* specialistisch

specialty ['speʃəlti] *znw* Am specialiteit°

specie ['spi:ʃi:] *znw* muntgeld o, contanten

species ['spi:ʃi:z] *znw* (*mv* idem) soort, geslacht o

specific [spiˈsifik] **I** *bn* soortelijk, specifiek, soort-; speciaal, bepaald, nauwkeurig, uitdrukkelijk; **II** *znw*: ~s bijzonderheden

specification [spesifiˈkeiʃən] *znw* specificatie, gedetailleerde opgave, nauwkeurige vermelding; ~*(s)* bestek o, technische beschrijving (gegevens)

specify ['spesifai] *overg* specificeren, gedetailleerd opgeven, in bijzonderheden aangeven

specimen ['spesimin] *znw* specimen o, proef, staaltje o, voorbeeld o; gemeenz exemplaar o, type o

specious ['spi:ʃəs] *bn* schoonschijnend

speck [spek] **I** *znw* smetje o, spatje o, vlekje o, spikkel, stofje o; **II** *overg* spikkelen, vlekken

speckle [spekl] **I** *znw* spikkel(ing); **II** *overg* (be)spikkelen

specs [speks] *znw mv* gemeenz bril

spectacle ['spektəkl] *znw* schouwspel o, vertoning, toneel(tje) o; *(pair of)* ~s bril; *make a ~ of oneself* zich belachelijk maken

spectacled *bn* gebrild; bril-

spectacular [spek'tækjulə] **I** *bn* op (toneel-)effect berekend, opvallend, spectaculair, grandioos; **II** *znw* spectaculaire show

spectator [spek'teitə] *znw* toeschouwer

spectra *znw mv* v. *spectrum*

spectral ['spektrəl] *bn* spookachtig, spook-; spectraal, van het spectrum

spectre, Am specter *znw* spook o, geest; spooksel o

spectrum ['spektrəm] *znw* (*mv*: -tra [-trə]) spectrum o

speculate ['spekjuleit] *onoverg* peinzen, bespiegelingen houden (over *on*); handel speculeren

speculation [spekju'leiʃən] *znw* bespiege-

ling, beschouwing; handel speculatie

speculative ['spekjulətiv] *bn* speculatief, bespiegelend, beschouwend, zuiver theoretisch

speculator *znw* speculant

speculum ['spekjuləm] *znw* (*mv*: -s *of* specula) med speculum o, spiegel

sped [sped] V.T. & V.D. van ²*speed*

speech [spi:tʃ] *znw* spraak, taal; rede(voering), toespraak; *free ~* het vrije woord, ook = *freedom of ~* vrijheid van meningsuiting, van spreken

speech-day *znw* onderw dag van de prijsuitdeling

speechify *onoverg* geringsch oreren, speechen

speechless *bn* sprakeloos, stom (van *with*)

speech therapist *znw* logopedist(e)

speech therapy *znw* logopedie

1 speed [spi:d] *znw* spoed, snelheid, vaart, haast; versnelling

2 speed* [spi:d] **I** *onoverg* zich spoeden, voortmaken, snellen, vliegen; (te) hard rijden, een snelheidslimiet overschrijden; ~ *up* er vaart achter zetten; **II** *overg* bespoedigen; bevorderen; doen snellen, doen vliegen; ~ *up* bespoedigen, versnellen

speedboat *znw* raceboot

speed-cop *znw* slang motoragent

speeder *znw* snelheidsmaniak; snelheidsregelaar

speeding *znw* te hard rijden o; snelheidsovertreding

speed limit *znw* (voorgeschreven) maximumsnelheid

speed-merchant *znw* slang snelheidsmaniak

speedometer [spi'dɔmitə] *znw* snelheidsmeter

speed-skating ['spi:dskeitiŋ] *znw* hardrijden o op de schaats

speed trap *znw* autoval, snelheidscontrole

speedway *znw* Am (auto)snelweg; sp speedway: sintelbaan voor motorrenners

speedwell *znw* plantk ereprijs

speedy *bn* spoedig, snel, vlug

1 spell [spel] *znw* toverformule; tovermacht, -kracht, ban, betovering, bekoring

2 spell* [spel] **I** *overg* spellen; betekenen; ~ *out* (met moeite) spellen; ontcijferen, uitvorsen; ~ *out* ook: letter voor letter zeggen (schrijven); nauwkeurig omschrijven, duidelijk aangeven (uiteenzetten); **II** *onoverg* spellen

3 spell [spel] *znw* tijdje o, poos; periode; werktijd, beurt; *at a ~* aan één stuk door, achtereen; *have a ~ at sth.* een tijdje ergens mee bezig zijn; *hot ~* hittegolf

spellbinding *bn* boeiend, fascinerend

spellbound *bn* als betoverd, gefascineerd, gebiologeerd, geboeid

speller ['spelə] *znw* speller; spelboek o

spelling *znw* spelling

spelling-bee *znw* spelwedstrijd

spelt V.T. & V.D. van ²*spell*

1 spencer ['spensə] *znw* kort wollen jasje o

2 spencer ['spensə] *znw* scheepv gaffelzeil o

spend* [spend] I *overg* uitgeven, besteden (aan *at, in, on, over*); doorbrengen [tijd]; verbruiken, verteren, verkwisten; II *wederk*: ~ *oneself* zich uitputten, afmatten; *the storm had spent itself* was uitgeraasd; III *onoverg* uitgeven, uitgaven doen

spender *znw* wie geld uitgeeft; verkwister

spending *znw* uitgeven o &; ~s uitgaven

spending-money *znw* zakgeld o

spending-power *znw* koopkracht

spendthrift ['spendθrift] I *znw* verkwister, verspiller; II *bn* verkwistend

spent [spent] I V.T. & V.D. van *spend*; II *bn* verbruikt, uitgeput, op; mat [kogel], leeg [huls]

sperm [spə:m] *znw* **1** sperma o, zaad o; **2** walschot o [v. walvis]

spermaceti [spə:mə'seti] *znw* walschot o

sperm whale ['spə:mweil] *znw* potvis, cachelot

spew [spju:] I *overg* (uit)spuwen; II *onoverg* spuwen (ook: ~ *up*)

sphere [sfiə] *znw* sfeer²; bol; globe, hemelbol; plechtig hemel(gewelf o); fig (werk-)kring, arbeidsveld o, omvang, gebied o

spherical ['sferikl] *bn* sferisch, bolrond, bolvormig

sphinx [sfiŋks] *znw* (*mv*: -es *of* sphinges) sfinx

spice [spais] I *znw* specerij(en), kruiderij(en); fig het pikante; *a* ~ *of...* een tikje...; II *overg* kruiden²

spiciness *znw* gekruidheid; fig pikanterie

spick-and-span ['spikən'spæn] *bn* brandschoon; piekfijn, keurig

spicy ['spaisi] *bn* kruidig, gekruid, kruiden-, specerij-; geurig, pikant²; pittig²

spider ['spaidə] *znw* spin, spinnenkop

spidery *bn* spinachtig; spichtig

spiel [spi:l] slang I *znw* geklets o, verhaal o, verkooppraatje o; II *onoverg* kletsen, ratelen

spiffing ['spifiŋ] *bn* slang fijn, uitstekend; knap

spigot ['spigət] *znw* tap, stop, deuvik; tapkraan

spike [spaik] I *znw* aar; punt, spijl [v. hek &]; pen; lange nagel; tand [v. kam]; ~s sp spikes; II *overg* (vast)spijkeren; (door-)prikken; van punten voorzien; (een scheutje) alcohol toevoegen aan; ~ *the guns of* fig buiten gevecht stellen, een eind maken aan

spike heel *znw* naaldhak

spiky ['spaiki] *bn* puntig, stekelig; fig gauw op z'n teentjes getrapt

1 spill [spil] *znw* fidibus: opgerold papiertje o om sigaar mee aan te steken

2 spill* [spil] I *overg* morsen [melk]; storten, vergieten [bloed], omgooien; ~ *the beans* een geheim verraden; II *onoverg* gemorst worden, overlopen (ook: ~ *over*)

3 spill [spil] *znw* (stort)bui; val, tuimeling; *a* ~ *of milk* wat gemorste melk; *have a* ~ van het paard geworpen worden

spillage ['spilidʒ] *znw* morsen o; gemorste o

spillway ['spilwei] *znw* Am overlaat

spilt [spilt] V.T. & V.D. van ²*spill*

1 spin* [spin] I *overg* spinnen; uitspinnen², laten (doen) draaien; centrifugeren [wasgoed]; opzetten [een tol]; ~ *out* uitspinnen², fig rekken; II *onoverg* & *abs ww* spinnen; (in de rondte) draaien; luchtv in schroefduik dalen

2 spin [spin] *znw* spinnen o of draaien o; luchtv schroefduik; gemeenz (rij)toertje o, tochtje o; *go for a* ~ een toertje gaan maken; *(flat)* ~ gemeenz paniek

spina bifida [spainə'bifidə] *znw* med open rug

spinach ['spinidʒ] *znw* spinazie

spinal ['spainl] *bn* ruggengraats-; ~ *column* ruggengraat; ~ *cord* ruggenmerg o

spindle ['spindl] *znw* spil, as; spoel, klos; spijl, stang, pin

spindle-legs *znw mv* spillebenen

spindly ['spindli] *bn* spichtig

spin-drier ['spindraiə] *znw* centrifuge

spindrift *znw* scheepv nevel van schuim

spin-dry *overg* [wasgoed] drogen in een centrifuge

spin-dryer *znw* = *spin-drier*

spine [spain] *znw* doorn; stekel; ruggengraat; rug

spine-chilling ['spaintʃiliŋ] *bn* huiveringwekkend, bloedstollend

spineless *bn* zonder ruggengraat²; fig slap, futloos

spinet [spi'net] *znw* spinet o

spinner ['spinə] *znw* spinner; spinmachine

spinney ['spini] *znw* bosje o, struikgewas o

spinning-mill *znw* spinnerij

spinning-wheel *znw* spinnewiel o

spin-off ['spinɔf] *znw* winstopleverend bijproduct o, spin-off

spinster ['spinstə] *znw* oude vrijster

spiny ['spaini] *bn* doornig; stekelig²

spiral ['spaiərəl] I *bn* spiraalvormig, schroefvormig; kronkelend; ~ *staircase* wenteltrap; II *znw* spiraal; III *onoverg* zich spiraalsgewijs bewegen; snel stijgen of dalen

spire ['spaiə] *znw* **1** punt; (toren)spits o; (gras)spriet; **2** spiraalwinding, kronkeling

spirit ['spirit] I *znw* geest° (ook = spook); (geest)kracht; moed, durf; bezieling, vuur o, fut; aard; spiritus, sterke drank; ~s levensgeesten; stemming, spiritualiën; brandewijn; *the Holy S~* de Heilige Geest; *be in high* ~s opgewekt, vrolijk zijn; *in low* ~s neerslachtig, down; *the poor in* ~ de armen van geest; *he took it in the wrong* ~ hij nam het verkeerd op; *out of* ~s neerslachtig; II *overg*: ~ *away* wegmoffelen, -goochelen, -toveren, doen verdwijnen

spirited *bn* bezield, geanimeerd; levendig, vurig; moedig; energiek; pittig

spiritless *bn* geesteloos, levenloos, moedeloos, futloos, duf

spirit-level *znw* luchtbelwaterpas o

spiritual ['spiritjuəl] I *bn* geestelijk; II *znw* godsdienstig lied o (van Amerikaanse negers)

spiritualism *znw* spiritualisme o (tegenover materialisme); spiritisme o

spiritualist I *znw* spiritualist; spiritist; II *bn* spiritualistisch; spiritistisch

spirituality [spiritju'æliti] *znw* spiritualiteit; geestelijkheid, onstoffelijkheid
spiritually *bijw* geestelijk
spirituous ['spiritjuəs] *bn* geestrijk, alcoholisch

spirt [spə:t] *znw* = *spurt*

1 spit [spit] **I** *znw* (braad)spit o; landtong; **II** *overg* aan het spit steken; (door)steken
2 spit* [spit] **I** *onoverg* spuwen, spugen; blazen [van kat]; spetteren; motregenen; *within ~ting distance* heel dichtbij; **II** *overg* spuwen, spugen; ~ *out* uitspuwen, -spugen; fig eruit gooien
3 spit [spit] *znw* spuug o, spog o, speeksel o; ~ *and polish* het poetsen en boenen; *he is the dead ~ of his father, he's the ~ting image of his father* hij lijkt als twee druppels water op zijn vader
4 spit [spit] *znw* spit o [steek met de spade]

spite [spait] **I** *znw* boosaardigheid, wrok, wrevel; *in ~ of* in weerwil van, ondanks, niettegenstaande; *in ~ of myself* mijns ondanks; **II** *overg* ergeren; dwarsbomen, pesten
spiteful *bn* nijdig, boosaardig; hatelijk
spitfire ['spitfaiə] *znw* driftkop
spittle ['spitl] *znw* speeksel o, spuug o, spog o
spittoon [spi'tu:n] *znw* kwispedoor o & m, spuwbak
spiv [spiv] *znw* gemeenz leegloper, nietsnut
splash [splæʃ] **I** *overg* bespatten, bemodderen; doen spatten; gemeenz met vette koppen drukken; **II** *onoverg* spatten, plassen, klateren, kletsen, plonzen, ploeteren, plompen; ~ *down* op het water landen; ~ *out (on)* met geld smijten, royaal geld uitgeven (aan); **III** *znw* geklater o, geplas o, geplons o, plons; klets, kwak [verf &]; plek; *make a ~* opzien baren; geuren
splash-board *znw* spatbord o
splash-down *znw* landing in zee [v. ruimtecapsule]
splatter ['splætə] **I** *onoverg* plassen; spatten; **II** *overg* sputteren; bespatten, besprenkelen
splay [splei] **I** *overg* afschuinen, (binnenwaarts) schuin verwijden, doen inspringen; **II** *onoverg* schuin lopen
spleen [spli:n] *znw* milt; fig slecht humeur o, wrevel; zwaarmoedigheid
splendid ['splendid] *bn* prachtig, luisterrijk, schitterend, heerlijk, prima
splendiferous [splen'difərəs] *bn* schertsend prachtig, schitterend
splendour, *Am* **splendor** ['splendə] *znw* pracht, luister, schittering, glans, praal, heerlijkheid
splenetic [spli'netik] *bn* slecht gehumeurd, geïrriteerd
splenic ['splenik] *bn* van de milt, milt-; ~ *fever* miltvuur o
splice [splais] *overg & onoverg* splitsen (twee einden touw samenvlechten); verbinden; lassen [film]; gemeenz trouwen
splint [splint] **I** *znw* spalk; spaan; **II** *overg* spalken
splint-bone *znw* kuitbeen o

splinter ['splintə] **I** *overg* versplinteren; **II** *onoverg* splinteren; **III** *znw* splinter, scherf
splinter group *znw* splintergroep(ering)
splinterproof *bn* scherfvrij
splintery *bn* splinterig
1 split* [split] **I** *overg* splijten; splitsen[2]; gemeenz samen delen; verdelen (ook: ~ *up*); slang verklikken, verraden [geheim]; ~ *hairs* haarkloven; ~ *one's sides* barsten van het lachen; **II** *onoverg* splijten; barsten, scheuren; zich splitsen[2], uiteengaan, uit elkaar gaan (ook: ~ *up*); slang 'm smeren; ~ *on sbd.* slang iem. verlinken
2 split [split] **I** *znw* spleet, scheur(ing), splitsing, tweespalt, onenigheid, breuk; gemeenz klein flesje o (spuitwater) &; ~*s* spagaat; **II** *bn* gespleten, gesplitst; ~ *peas* spliterwten; *one ~ second* gemeenz (in) een fractie van een seconde
split-level *bn* op verschillende niveaus, split-level [m.b.t. huisindeling]
split-screen *znw* gesplitst scherm o, split-screen o
splodge [splɔdʒ], **splotch** [splɔtʃ] *znw* plek, vlek, smet, klad, klodder
splurge [splə:dʒ] **I** *znw* gemeenz uitspatting, geldsmijterij, vertoon o; **II** *onoverg* met geld smijten; verspillen, verkwisten
splutter ['splʌtə] **I** *onoverg* knetteren; sputteren; stotteren, hakkelen; spatten [v. pen]; **II** *znw* geknetter o; gesputter o; gestotter o
1 spoil* [spɔil] **I** *overg* bederven°; verknoeien; verwennen; **II** *onoverg* bederven°; *he is ~ing for a fight* hij brandt van verlangen om erop los te gaan
2 spoil [spɔil] *znw:* ~*s* roof, buit°
spoiler *znw* auto spoiler
spoil-sport *znw* spelbederver, feestverstoorder
spoilt V.T. & V.D. van *¹spoil*
1 spoke [spouk] *znw* spaak, sport; *put a ~ in sbd.'s wheel* iem. een spaak in het wiel steken
2 spoke [spouk] V.T. van *speak*
spoken V.D. van *speak*
spokesman *znw* woordvoerder
spokesperson *znw* woordvoerder, woordvoerster
spokeswoman *znw* woordvoerster
spoliation [spouli'eiʃən] *znw* beroving, plundering
spondee ['spɔndi:] *znw* spondee [bep. versvoet]
sponge [spʌn(d)ʒ] **I** *znw* spons[2]; Moskovisch gebak o; gerezen deeg o; gemeenz dronkenlap, klaploper; *throw in the ~* zich gewonnen geven; **II** *overg* (af)sponsen (ook: ~ *down, over*); weg-, uit-, afwissen, wissen; **III** *onoverg* fig klaplopen; ~ *on (off) sbd.* op iem. parasiteren
spongebag *znw* toilettasje o
sponge-cake *znw* Moskovisch gebak o
sponge finger *znw* lange vinger [biscuit]
sponger *znw* klaploper
spongy *bn* sponsachtig
sponsor ['spɔnsə] **I** *znw* sponsor; borg[2]; begunstiger; **II** *overg* instaan voor, borg zijn

422

voir; steunen; sponsoren; ~*ed by* ook: gesteund door, ingediend door, onder de
auspiciën van
sponsorship *znw* sponsorschap *o*, sponso-
ring; steun
spontaneity [spɔntə'ni:iti] *znw* spontaniteit
spontaneous [spɔn'teinjəs] *bn* spontaan,
ongedwongen; in het wild groeiend, natuurlijk; zelf-
spoof [spu:f] **I** *znw* poets, bedrog *o*; parodie; **II** *overg* foppen, voor de gek houden,
een poets bakken
spook [spu:k] **I** *znw* gemeenz spook *o*,
geest; **II** *overg* schrik aanjagen, bang maken
spooky *bn* gemeenz spookachtig; spook-
spool [spu:l] **I** *znw* spoel, klos; **II** *overg* spoelen
spoon [spu:n] **I** *znw* lepel; *be born with a*
silver ~ in one's mouth van rijke familie
zijn; **II** *overg* lepelen, opscheppen; **III** *on-*
overg slang flirten
spoonbill ['spu:nbil] *znw* lepelaar [vogel]
spoonerism ['spu:nərizm] *znw* grappige
verwisseling van letters
spoon-feed ['spu:nfi:d] *overg* met de lepel
voeren of ingeven; fig [iem. alles] voorkau-
wen
spoonful *znw* (volle) lepel
spoor [spuə] *znw* spoor *o* [van wild beest]
sporadic [spə'rædik] *bn* sporadisch, hier en
daar voorkomend, verspreid
spore [spɔ:] *znw* plantk spoor; kiem²
sporran ['spɔrən] *znw* Schots tas van de
Hooglanders
sport [spɔ:t] **I** *znw* spel *o*, vermaak *o*, tijdverdrijf *o*; (buiten)sport; jacht, vissen *o*;
speling (der natuur); speelbal; scherts;
sportieve, goeie kerel (meid); ~*s* ook:
sport; sportwedstrijden; *in ~* voor de grap;
make ~ of belachelijk maken; voor de gek
houden; **II** *onoverg* zich ontspannen, zich
verlustigen, spelen, dartelen, schertsen; **III**
overg vertonen; zich uitdossen in (met),
pronken met
sporting *bn* spelend, dartelend; jacht-, ja-
gers-, sport-; sportief; *a ~ chance* een re-
delijke kans
sportive *bijw* gekscherend, voor de aardigheid
sports car *znw* sportwagen
sportsjacket *znw* sportcolbert *o & m*
sportsman *znw* sportief iemand, sportman
sportsmanlike *bn* sportief
sportsmanship *znw* sportiviteit
sportswear *znw* sportkleding
sportswoman *znw* sportvrouw
sporty *bn* gemeenz sportief, sport-; ± snel
[modieus]
spot [spɔt] **I** *znw* vlek², smet, spat, spikkel,
pukkel, plek; plaats; Am nachtclub; drup-
pel; biljart acquit *o*; opvallend geplaatst artikel *o & m* [in krant]; RTV (reclame)spot; *a ~*
of... een beetje..., een stukje...; *in a ~* gemeenz in moeilijkheden, in de knel; *on the*
~ ter plaatse, ter plekke; direct, meteen
[zonder te kunnen nadenken &]; op staande
voet; **II** *overg* vlekken; bevlekken, bezoe-

delen, een smet werpen op; spikkelen;
marmeren; ontdekken, [iets] snappen,
[iem.] in het oog krijgen, opmerken; verkennen; waarnemen; **III** *onoverg* vlekken
spot check *znw* steekproef
spotless *bn* smetteloos, vlekkeloos
spotlight I *znw* zoeklicht *o*; bermlamp; **II**
overg het zoeklicht richten op²
spot-on *bn* gemeenz heel precies, haar-
scherp
spotted *bn* gevlekt, bont; fig bezoedeld; ~
fever nekkramp
spotter *znw* speurder; verkenningsvliegtuig *o*, -vlieger; herkenner van vliegtuigen
&, spotter
spotty *bn* gevlekt, gespikkeld, vlekkig; on-
gelijk(matig)
spouse [spauz, spaus] *znw* eega, echtgenoot, -genote
spout [spaut] **I** *overg* spuiten, gutsen; gemeenz declameren; **II** gemeenz uitvoerig
spreken, oreren; **II** *overg* (uit)spuiten, op-
spuiten²; **III** *znw* spuit, pijp, tuit,
(dak)goot; dampstraal [v. walvis]; straal [v.
bloed]; *be up the ~* gemeenz in de pena-
rie zitten; met de gebakken peren zitten
sprain [sprein] **I** *overg* verrekken, verstuiken, verzwikken; **II** *znw* verrekking, verstuiking, verzwikking
sprang [spræŋ] V.T. van ¹*spring*
sprat [spræt] *znw* sprot
sprawl [sprɔ:l] **I** *onoverg* nonchalant, lomp
(gaan) liggen; verspreid liggen; zich onregelmatig verspreiden; wijd uit elkaar lopen [v. schrift]; spartelen; **II** *znw* verspreide
uitgestrektheid
1 spray [sprei] *znw* takje *o*; boeketje *o*
2 spray [sprei] **I** *znw* fijne druppeltjes,
stofregen, nevel; sproeimiddel *o*; sproeier,
vaporisator; **II** *overg* besproeien, bespuiten; afspuiten; sproeien, spuiten; verstuiven
spray-can *znw* spuitbus
sprayer *znw* sproeier, vaporisator, verstuiver
spray-gun *znw* spuit(pistool *o*), verfspuit
1 spread* [spred] **I** *overg* (uit)spreiden, verspreiden, uit-, verbreiden, uitstrooien;
spannen [zeil]; uitslaan [de vleugels]; ontplooien [vlag]; bedekken, beleggen, (be-)
smeren [brood]; **II** *onoverg* zich uit-, verspreiden, zich uit-, verbreiden, zich uitstrekken
2 spread [spred] *znw* verbreiding, verspreiding; uitgestrektheid; omvang; spanning,
vlucht [van vogel]; ook: sprei, beddensprei
&; tafelkleed *o*; smeersel *o* [voor de
boterham]; gemeenz feestmaal *o*, onthaal
o; *cheese ~* smeerkaas; *double-page ~* publicatie over dubbele pagina
spread-eagled ['spred'i:gl] *bn* met armen
en benen uitgestrekt
spreader *znw* verspreider; uitstrooier²;
sproeier
spreadsheet ['spredʃi:t] *znw* comput
spreadsheet
spree [spri:] *znw* fuif, pretje *o*, lolletje *o*; *on*
a ~ aan de rol; *shopping ~* ± aanval v.

koopziekte

sprig [sprig] *znw* takje *o*, twijgje *o*

sprigged *bn* met takjes

sprightly ['spraitli] *bn* levendig, kwiek

1 spring* [spriŋ] **I** *onoverg* springen [ook = stukgaan], op-, ontspringen, voortspruiten (uit *from*), opkomen [gewassen], opschieten, verrijzen; veren; ~ *from* ontspringen aan, voortkomen, -spruiten uit, afstammen van; ~ *to arms* te wapen snellen; ~ *up* opkomen, opduiken, opschieten, verrijzen, ontstaan, zich verheffen; **II** *overg* doen (op)springen; opjagen [wild]; springen over; verend maken, van veren voorzien; doen dichtslaan [val]; gemeenz plotseling aankomen met [eisen, theorieën &]; ~ *a leak* scheepv een lek krijgen; ~ *a surprise (up)on sbd.* gemeenz iem. met een verrassing op het lijf vallen; ~ *sbd. from prison* gemeenz iem. uit de gevangenis ontslaan

2 spring [spriŋ] *znw* lente, voorjaar *o*; bron[2], oorsprong; veerkracht; veer [van horloge &]; drijfveer[2]

spring-balance *znw* veerbalans

spring-board *znw* springplank

springbok *znw* (*mv* idem *of* -s) springbok

spring-chicken *znw* piepkuiken *o*; *no* ~ gemeenz niet zo piep meer

spring-clean *onoverg* voorjaarsschoonmaak houden (in)

springer ['spriŋə] *znw* dierk kleine patrijshond

spring fever ['spriŋ'fi:və] *znw* voorjaarsmoeheid

spring-head ['spriŋ'hed] *znw* bron[2]; fig oorsprong

spring-like [spriŋlaik] *bn* voorjaarsachtig, lente-

spring onion *znw* Br sjalot

spring roll *znw* loempia

spring-tide *znw* springtij *o*; plechtig lente(tijd)

spring-time *znw* lente

springy ['spriŋi] *bn* veerkrachtig, elastisch

sprinkle ['spriŋkl] **I** *overg* (be)sprenkelen, sprengen, (be)strooien; **II** *znw* = *sprinkling*

sprinkler *znw* strooier; sproeier; sproeiwagen; sprinklerinstallatie

sprinkling *znw* (be)sprenkeling; klein aantal *o*, kleine hoeveelheid

sprint [sprint] **I** *znw* sprint; **II** *onoverg* sprinten

sprinter *znw* sprinter

sprit [sprit] *znw* scheepv spriet

sprite [sprait] *znw* fee, kabouter; geest

spritsail ['spritseil, scheepv 'spritsl] *znw* sprietzeil *o*

sprocket ['sprɔkit] *znw* tand [v. tandrad]

sprout [spraut] **I** *onoverg* (uit)spruiten, uitlopen, opschieten (ook: ~ *up*); **II** *overg* doen uitspruiten *of* opschieten; **III** *znw* spruitje *o*, scheut; ~*s* spruitjes, spruitkool

1 spruce [spru:s] *znw* plantk sparrenboom, spar

2 spruce [spru:s] **I** *bn* net gekleed, knap, zwierig, opgedirkt; **II** *overg*: ~ *up* netjes aankleden, opdirken, netjes opknappen

spruce-fir *znw* sparrenboom, spar

sprung [sprʌŋ] V.D. van [1]*spring*

sprung mattress *znw* springmatras *v & o*

spry [sprai] *bn* kwiek, wakker, monter

spud [spʌd] *znw* wiedijzer *o*; gemeenz pieper: aardappel

spud-bashing *znw* slang piepers jassen *o*

spume [spju:m] *znw* schuim *o*

spun [spʌn] V.T. & V.D. van [1]*spin*

spunk [spʌŋk] *znw* gemeenz fut, lef *o*, pit *o*

spunky *bn* pittig, moedig, flink

spur [spə:] **I** *znw* spoor [v. ruiter, haan, bloemblad &]; spoorslag[2], prikkel; uitloper, tak [v. gebergte]; *win (gain) one's* ~*s* zijn sporen verdienen[2]; *on the* ~ *of the moment* op het ogenblik (zelf); *op staande voet*, dadelijk; zonder overleg, spontaan; **II** *overg* sporen, de sporen geven [een paard]; aansporen (ook: ~ *on*)

spurge [spə:dʒ] *znw* plantk wolfsmelk

spurious ['spjuəriəs] *bn* onecht, nagemaakt, vals

spurn [spə:n] *overg* versmaden, met verachting afwijzen

spurt [spə:t] **I** *onoverg* spurten[2]; fig alle krachten bijzetten; spuiten; spatten [v. pen]; **II** *overg* spuiten; **III** *znw* gulp, plotselinge, krachtige straal; uitbarsting, vlaag; sp spurt

sputter ['spʌtə] **I** *onoverg* (& *overg*) knetteren; hakkelen; **II** *znw* geknetter *o*

sputum ['spju:təm] *znw* sputum *o*, speeksel *o*

spy [spai] **I** *znw* bespieder, spion; **II** *overg* in het oog krijgen, ontdekken; bespieden, verspieden; ~ *out* verkennen; **III** *onoverg* spioneren; zitten gluren

spy-glass *znw* (handverre)kijker

spy-hole *znw* kijkgat *o*

spyring *znw* spionagenet *o*

sq. *afk.* = *square*

squab [skwɔb] *znw* jonge duif; gevuld kussen *o*

squabble ['skwɔbl] **I** *onoverg* kibbelen, krakelen; **II** *znw* gekibbel *o*, geharrewar *o*, krakeel *o*, ruzie

squad [skwɔd] *znw* mil escouade, rot; sectie, afdeling, groep, ploeg

squad car *znw* Am politieauto, patrouillewagen

squadron ['skwɔdrən] *znw* mil eskadron *o*; mil smaldeel *o*, eskader *o*; luchtv squadron *o*

squadron-leader *znw* luchtv majoor

squalid ['skwɔlid] *bn* smerig, vuil, goor; armoedig

squall [skwɔ:l] **I** *znw* harde gil, rauwe kreet, schreeuw; windvlaag, bui; **II** *onoverg* & *overg* gillen, schreeuwen

squally *bn* buiig, stormachtig

squalor ['skwɔlə] *znw* vuil[2] *o*, vuilheid, smerigheid; gore armoede

squander ['skwɔndə] *overg* verspillen, verkwisten, opmaken, er doorbrengen

square [skwɛə] **I** *znw* vierkant *o*, kwadraat *o* [ook: getal]; plein *o*; exercitie-, kazerneplein *o*; blok *o* (huizen); ruit [op dam- of schaakbord &], vak *o*, veld *o*, hokje *o*; vierkante sjaal, doek; luier; hoek [v. boekband]; mil carré o & m; techn winkelhaak, tekenhaak; slang ouderwets, conventioneel, square iem.; *back to ~ one* fig terug naar (op) het uitgangspunt; *out of ~* niet haaks; **II** *bn* vierkant°, vierkant uitgesneden; in het vierkant; recht(hoekig); duidelijk, rechtuit; sp quitte; slang ouderwets, conventioneel, square; *all ~* gelijkspel; *a ~ meal* een flink maal o; *a ~ peg (in a round hole)* de verkeerde persoon (voor iets); *get things ~* orde op zaken stellen; *get ~ with* gemeenz afrekenen met; **III** *bijw* vierkant; recht(hoekig); gemeenz eerlijk; **IV** *overg* vierkant maken; kanten; in het kwadraat verheffen; gemeenz vierkant brassen; handel vereffenen; fig in het reine (in orde) brengen (ook: *~ up*); gemeenz [iem.] overhalen, omkopen; *~ up* gemeenz trotseren, onder ogen zien; **V** *onoverg & abs ww* kloppen (met *with*); *~ up* afrekenen; *~ up to sth.* iets onder ogen zien

square-built *bn* vierkant, breed

squarely *bijw* vierkant²; duidelijk, onomwonden; eerlijk

square-rigged *bn* met razeilen

squash [skwɔʃ] **I** *overg* kneuzen, tot moes maken; platdrukken, verpletteren²; gemeenz de mond snoeren; smoren; vernietigen; **II** *onoverg* platgedrukt worden; dringen (v. menigte); **III** *znw* 1 kneuzing, vermorzeling; 2 gedrang o; 3 kwast [limonade]; 4 plantk pompoen; 5 sp squash o

squash rackets *znw* sp squash

squashy *bn* zacht week, pulpachtig

squat [skwɔt] **I** *onoverg* hurken, op de hurken gaan zitten; (gaan) zitten (ook: *~ down*); zich vestigen (zonder vergunning), (huizen) kraken; **II** *bn* gehurkt; plomp; gedrongen, kort en dik; **III** *znw* kraakpand o

squatter *znw* squatter, illegaal landbezetter; kraker (van huizen)

squaw [skwɔː] *znw* squaw, indiaanse vrouw

squawk [skwɔːk] **I** *onoverg* krijsen, schreeuwen; **II** *znw* gil, schreeuw, gekrijs o

squeak [skwiːk] **I** *onoverg* piepen°; **II** *znw* piep, gilletje o, gepiep o

squeaker *znw* pieper; piepertje o [bijv. in speelgoedpop]; jonge duif &; slang verklikker

squeaky *bn* piepend, pieperig, piep-; krakend [schoenen]

squeal [skwiːl] **I** *onoverg* gillen, janken, krijsen; slang klikken, de boel verraden; **II** *overg* (uit)gillen; **III** *znw* (ge)krijs (o), gil, gepiep o

squealer *znw* slang verklikker

squeamish [ˈskwiːmiʃ] *bn* licht misselijk; overdreven kieskeurig, angstvallig nauwgezet

squeegee [ˈskwiːˈdʒiː] *znw* trekker [voor raam, vloer &]

squeeze [skwiːz] **I** *overg* drukken, druk uitoefenen op; (samen)persen, af-, uitpersen, (fijn-, uit)knijpen²; knellen [vinger]; pakken, omhelzen; dringen, duwen (in *into*); *~ money out of...* geld afpersen; **II** on-

overg drukken; dringen, duwen; zich laten drukken &; **III** *znw* (hand)druk; (was-) afdruk; pakkerd; fig druk; afpersing; (bestedings-, krediet)beperking

squeezer *znw* drukker; pers [voor citroenen]; drukje o

squelch [skwel(t)ʃ] **I** *znw* plassend (zompend) geluid o; **II** *overg* gemeenz verpletteren; smoren [opstand]; **III** *onoverg* een zuigend geluid maken

squib [skwib] *znw* voetzoeker; *a damp ~* fig een misser

squid [skwid] *znw* (*mv* idem *of* -s) pijlinktvis

squiffy [ˈskwifi] *bn* gemeenz aangeschoten; scheef; verbogen; dwaas

squiggle [ˈskwigl] *znw* kronkel, haal

squill [skwil] *znw* zeeajuin

squint [skwint] **I** *onoverg* scheel zijn of zien, loensen; *~ at* gemeenz ook: kijken naar; **II** *znw* scheelzien o; schele blik; gemeenz (schuin) oogje o, zijdelingse blik; *have (take) a ~ at it* gemeenz er een blik in (op) werpen

squint-eyed *bn* scheel, loens

squire [ˈskwaiə] **I** *znw* landedelman, (land)jonker; hist schildknaap; **II** *overg* begeleiden

squirm [skwəːm] *onoverg* zich kronkelen (als een worm), zich in allerlei bochten wringen; zitten draaien, liggen krimpen; fig ± zich niet op zijn gemak voelen, zich geen raad weten

squirrel [ˈskwirəl] *znw* (*mv* idem *of* -s) eekhoorn

squirt [skwəːt] **I** *onoverg* spuiten; **II** *overg* (uit)spuiten, uitspuwen; **III** *znw* spuit, spuitje o; straal; slang praatjesmaker, branie

squish [skwiʃ] **I** *onoverg* soppen, plassen; **II** *overg* gemeenz *= squash*; **III** *znw* gesop o, geplas o; blubber; slang marmelade

Sr. *afk.* = senior

Sri Lanka [sriˈlæŋkə] *znw* Sri Lanka o

Sri Lankan [sriˈlæŋkən] **I** *znw* Srilankaan; **II** *bn* Srilankaans

SRN *afk.* = State Registered Nurse ± verpleegkundige

st. *afk.* = stone [gewicht]

St. *afk.* = Saint; = Street

stab [stæb] **I** *overg* (door)steken; doodsteken; *~ him in the back* hem een steek in de rug toebrengen²; **II** *onoverg* steken (naar *at*); **III** *znw* (dolk)steek; *a ~ at* gemeenz een poging tot

stabbing *znw* steekpartij

stability [stəˈbiliti] *znw* stabiliteit, vastheid, duurzaamheid; standvastigheid

stabilization [steibilaiˈzeiʃən] *znw* stabilisering

stabilize [ˈsteibilaiz] *overg & onoverg* (zich) stabiliseren; stabiel worden, in evenwicht brengen (blijven)

stabilizer *znw* stabilisator

1 stable [ˈsteibl] *bn* stabiel, vast, duurzaam; standvastig

2 stable [ˈsteibl] **I** *znw* stal²; **II** *overg* stallen

stable-boy *znw* staljongen

stable door *znw* staldeur; *lock the ~ after the horse has bolted* de put dempen als

het kalf verdronken is
stableman *znw* stalknecht
stabling *znw* stallen *o*; stalling
stab wound *znw* steekwond
staccato [stə'ka:tou] *bn bijw* staccato
stack [stæk] I *znw* hoop, stapel; schoorsteen-(pijp); boekenstelling, stapelkast; ge-meenz hopen, massa's; II *overg* opstape-len; ~ *the cards* kaartsp de kaarten steken; fig de zaak bekonkelen; *have the cards (odds)* ~*ed against oneself* tot mislukken gedoemd zijn
stadium ['steidiəm] *znw* stadion *o*
staff [sta:f] I *znw* (*mv:* staves) staf° (ook = personeel en mil; docenten), stok [v. vlag]; muz notenbalk; II *overg* van personeel & voorzien
staff nurse *znw* verpleegster [in rang beneden sister]
stag [stæg] *znw* (*mv* idem *of* -s) (mannetjes-) hert *o*; slang speculant, premiejager; Am man die zonder vrouw naar feestjes gaat
stage [steidʒ] I *znw* toneel² *o*; station *o*, pleisterplaats, etappe; traject *o*; stellage, steiger; fig trap [ook v. raket]; fase, stadium *o*; *in* ~*s* bij etappes, geleidelijk; *set the* ~ *for* fig de weg bereiden voor; II *overg* ten tonele voeren, opvoeren; ensceneren, in elkaar of op touw zetten
stage-coach *znw* diligence, postkoets
stagecraft *znw* toneelkunst
stage door *znw* artiesteningang
stage fright *znw* plankenkoorts
stage-hand *znw* toneelknecht
stage-manage *overg* ensceneren, in elkaar of op touw zetten
stage-manager *znw* regisseur
stager *znw* oude (toneel)rot; oude vos
stage-struck *bn* met toneelambities (be-hept), toneelziek
stage-whisper *znw* (voor het publiek be-stemd) hoorbaar gefluister *o*
stagger ['stægə] I *onoverg* waggelen, wan-kelen², suizebollen; II *overg* versteld doen staan; zigzag of trapsgewijze plaatsen; op verschillende tijden doen vallen, spreiden [vakantie &]; III *znw* wankeling; ~*s* duize-ligheid; kolder [bij paarden]
staggering *bn* waggelend; waarvan je ver-steld staat, schrikbarend
staghound ['stæghaund] *znw* jachthond
staging ['steidʒiŋ] *znw* stellage, steiger; montering [v. toneelstuk], mise-en-scène; ~ *post* luchtv tussenlandingsplaats
stagnancy ['stægnənsi] *znw* stilstand
stagnant *bn* stilstaand, stil
stagnate *onoverg* stilstaan, stagneren
stagnation [stæg'neiʃən] *znw* stilstand, stagnatie
stag-party ['stægpa:ti] *znw* hengstenbal *o*
stagy ['steidʒi] *bn* theatraal
staid [steid] *bn* bezadigd, ernstig, stemmig
stain [stein] I *overg* (be)vlekken; bezoede-len, onteren; (bont) kleuren, (be)drukken, beitsen; verven, (be)schilderen, branden [glas]; ~*ed glass (windows)* gebrandschil-derde ramen; II *onoverg* vlekken, smetten, afgeven; III *znw* vlek, smet, schandvlek,

schande; verf(stof), kleurstof, beits
stainless *bn* vlekkeloos, smetteloos, onbe-smet; ~ *steel* roestvrij staal
stair [stɛə] *znw* trede, trap; ~*s* trap
staircase *znw* trap [met leuning en spijlen]
stairway *znw* trap
stairwell *znw* trappenhuis *o*
stake [steik] I *znw* staak, paal; brandstapel²; aandeel *o*; inzet²; ~*s* hele inzet, pot, prijs; wedren (om een prijs); *be at* ~ op het spel staan; II *overg* om-, afpalen, afbakenen, afzetten (ook: ~ *off, out*); stutten; (in-)zetten, op het spel zetten, in de waag-schaal stellen, wedden, verwedden
stake-out *znw* surveillance
stalactite ['stæləktait] *znw* stalactiet
stalagmite ['stæləgmait] *znw* stalagmiet
stale [steil] *bn* oudbakken, verschaald, muf, oud [ook = verjaard], afgezaagd [aar-digheden]; op, overwerkt, kapot; niet in conditie
stalemate ['steil'meit] I *znw* pat [schaak-spel]; fig dood punt *o*, impasse; II *overg* pat zetten; fig vastzetten
1 stalk [stɔ:k] *znw* steel, stengel, stronk [v. kool]; schacht
2 stalk [stɔ:k] I *onoverg* statig stappen, schrijden; sluipen; II *overg* besluipen [hert]
stalker *znw* sluipjager
stalking-horse *znw* voorwendsel *o*, dek-mantel, masker *o*
stall [stɔ:l] I *znw* stal; kraam, stalletje *o*; af-deling [in restaurant], box; koorbank; stal-lesplaats; diefjesmaat; II *overg* 1 stallen; vastzetten, doen vastlopen²; 2 van zich af-schuiven, afschepen; III *onoverg* 1 vastzit-ten, blijven steken [in modder], vastlopen²; 2 weifelen, dralen, (eromheen) draaien
stall-holder *znw* houder van een kraampje
stallion ['stæljən] *znw* (dek)hengst
stalwart ['stɔ:lwət] I *bn* flink, stoer, kloek, fors; standvastig, trouw; II *znw*: *his* ~*s* zijn trouwe volgelingen, zijn getrouwen
stamen ['steimen, -mən] *znw* meeldraad
stamina ['stæminə] *znw* uithoudingsvermo-gen *o*
stammer ['stæmə] I *onoverg & overg* stot-teren; stamelen; II *znw* gestotter *o*; gestamel *o*
stamp [stæmp] I *overg* stampen (met, op); stempelen² (tot as); zegelen, frankeren; ~ ...*on the mind* ...inprenten; ~ *out* uitroei-en, de kop indrukken [misbruiken &], dem-pen, neerslaan [opstand]; II *onoverg* stam-pen; III *znw* stamp, stampen *o*; stempel [werktuig]; stempel² *o & m* = merk *o*, zegel *o*; (post)zegel; soort, slag *o*
stampede [stæm'pi:d] I *znw* stampede, massaal op hol slaan *o* van vee; wanorde-lijke aftocht; II *onoverg (& overg)* plotse-ling (doen) schrikken en vluchten
stamper ['stæmpə] *znw* stamper; stempel; stempelaar
stamping-ground ['stæmpiŋgraund] *znw* gemeenz geliefde verblijfplaats
stance [stæns, sta:ns] *znw* sp stand, hou-ding; fig standpunt *o*, houding
stanch [sta:nʃ] *overg & bn = staunch*

stanchion ['staːnʃən] I *znw* stut; II *overg* stutten

1 stand* [stænd] I *onoverg* staan; gaan staan; zich bevinden; (van kracht) blijven, doorgaan; blijven (staan); stilstaan, halt houden; standhouden; scheepv koersen; kandidaat zijn; zijn; ~ corrected zijn woorden terugnemen; he ~s six feet hij is een meter tachtig lang; it ~s to reason het spreekt vanzelf; he ~s to win hij heeft alle kans om te winnen; ~ against tegenkandidaat zijn van; zich verzetten tegen, weerstaan; tegenwerken; bestand zijn tegen; ~ by er (als werkeloos toeschouwer) bijstaan; zich gereedhouden (ter assistentie); ~ by sbd. (gaan) staan naast iem.; iem. bijstaan, iem. niet in de steek laten; het opnemen voor iem.; ~ down zich terugtrekken; ~ for staan voor, betekenen[2], doorgaan voor; vertegenwoordigen, symboliseren; I wouldn't ~ for it gemeenz ik zou het niet nemen; ~ in (for) vervangen, waarnemen voor, invallen voor; ~ on one's defence zich krachtig verdedigen; ~ out uitstaan; uitsteken (boven above, from); (duidelijk &) uitkomen, afsteken, zich aftekenen (tegen against); zich onderscheiden; het uithouden; volhouden, blijven ontkennen; zich afzijdig houden, zich terugtrekken, niet meedoen; ~ out for one's rights voor zijn rechten opkomen; ~ to it standhouden; op zijn stuk blijven staan; volhouden (dat... that...); ~ up overeind (gaan) staan; gaan staan, verrijzen; fig standhouden, overeind blijven; overtuigen; gemeenz laten wachten, laten zitten, bedotten; ~ up for (to) het (durven) opnemen voor (tegen); ~ upon staan op[2], gesteld zijn op; steunen op; II *overg* doen staan, (neer)zetten, plaatsen, opstellen; doorstaan, uitstaan, uithouden, verdragen, dulden; weerstaan; trakteren (op)

2 stand [stænd] *znw* stand, stilstand, halt o; (stand)plaats, positie, stelling; fig standpunt o; weerstand; optreden o [v. toneelgezelschap &]; standaard, statief o; rek(je) o; lessenaar; stalletje o, kraampje o; tribune; Am getuigenbankje; make a ~ against stelling nemen (zich schrap zetten) tegen; take one's ~ post vatten

standard ['stændəd] I *znw* standaard, vlag, vaandel o, vaan; maatstaf, norm, graadmeter, peil o, gehalte o; stijl, paal, (licht-) mast; ~ of living, living ~ levensstandaard; II *bn* standaard-; staand; normaal-; plantk hoogstammig; ~ lamp staande lamp

standard-bearer *znw* vaandeldrager[2]

standardization [stændədaiˈzeiʃən] *znw* standaardisatie, normalisering

standardize ['stændədaiz] *overg* standaardiseren, normaliseren

stand-by ['stændbai] I *znw* steun, hulp, uitkomst; reserve; II *bn* hulp-, nood-, reserve-; stand-by

stand-in ['stænd'in] *znw* stand-in

standing ['stændiŋ] I *bn* staand; stilstaand; blijvend, vast; permanent; te velde staand; stereotiep; ~ jump sprong zonder aanloop; ~ order Br automatische overschrijving; ~ orders reglement o van orde; II *znw* staan o; staanplaats; positie, stand, rang; reputatie; duur, anciënniteit

standing-room ['stændiŋrum] *znw* staanplaat(sen)

stand-offish ['stænd'ɔfiʃ] *bn* afstandelijk, op een afstand, uit de hoogte, stijf

stand-pipe ['stændpaip] *znw* standpijp

standpoint *znw* standpunt o

standstill *znw* stilstand, (stil)staan o

stand-up *bn* staand [v. boord &]; a ~ row slaande ruzie; ~ comedian ± solo-entertainer, stand-up comedian

stank [stæŋk] V.T. van ¹stink

stannic *bn* tin-

stanza ['stænzə] *znw* stanza, couplet o

1 staple ['steipl] I *znw* basisvoedsel o; hoofdproduct o; hoofdbestanddeel o; ruwe, onbewerkte (grond)stof; vezel, draad [v. wol]; II *bn* voornaamste, hoofd-; stapel-; ~ diet ± hoofdvoedsel o

2 staple ['steipl] I *znw* kram; nietje o; II *overg* krammen; nieten

stapler ['steiplə] *znw* nietmachine

star [staː] I *znw* ster[2], gesternte o, sterretje o (astron); fig geluksster; the S~s and Stripes de Amerikaanse vlag; II *bn* prima, eersterangs; III *overg* met sterren tooien; met een sterretje aanduiden; als ster laten optreden; IV *onoverg* als ster optreden

starboard ['staːbɔːd] *znw* stuurboord

starch [staːtʃ] I *znw* zetmeel o; stijfsel o; apret o; fig stijfheid; II *overg* stijven

starched *bn* gesteven, stijf[2]

starchy *bn* zetmeelachtig; vol stijfsel, gesteven; stijf[2]

star-crossed ['staːkrɔːst] *bn* rampzalig, ongelukkig

stardom ['staːdəm] *znw* status van ster

stare [stɛə] I *onoverg* grote ogen opzetten, staren; II *overg*: ~ down (out) (door aankijken) de ogen doen neerslaan; it's staring you in the face het staat vlak voor je neus; het is zo duidelijk als wat; III *znw* starende (starre) blik

starfish ['staːfiʃ] *znw* zeester

staring ['stɛəriŋ] I *bn* schel, schreeuwerig [v. kleur]; II *bijw* hel; stark ~ mad stapelgek

stark [staːk] I *bn* stijf, strak; grimmig; naakt; bar; kras; ~ folly de (je) reinste krankzinnigheid; II *bijw* absoluut; geheel en al; ~ naked spiernaakt

starkers *bn* slang = stark naked

starlet *znw* sterretje o

starlight *znw* sterrenlicht o

starling ['staːliŋ] *znw* spreeuw

starlit ['staːlit] *bn* door de sterren verlicht, vol sterren, sterren-

starred *bn* gesternd; sterren-; met een sterretje gemarkeerd

starry *bn* met sterren bezaaid; sterren-

starry-eyed ['staːri'aid] *bn* met stralende ogen; gemeenz zwijmelend, verheerlijkt

star-shell *znw* lichtkogel

star sign *znw* sterrenbeeld o [in dierenriem]

star-spangled *bn* met sterren bezaaid; the S~ Banner de Amerikaanse vlag; de naam v.h. Amerikaanse volkslied

start [sta:t] **I** *onoverg* beginnen; vertrekken; starten, van start gaan; in beweging komen; ontstaan [v. brand]; techn aanslaan [v. motor]; de motor aanzetten; (op-) springen, (op)schrikken (ook: ~ *up*); **II** *overg* techn aanzetten, aan de gang maken (helpen), in beweging brengen; laten vertrekken; starten; beginnen, beginnen met (aan, over); oprichten; te berde brengen, opperen; veroorzaken, doen ontstaan [brand]; ~ *off* vertrekken; beginnen; ~ *sbd. off crying* iem. aan het huilen maken; *they ~ed him on the subject of...* zij brachten hem aan het praten over...; ~ *out* vertrekken; beginnen; *to ~ with* om te beginnen; **III** *znw* begin o, aanzet; sp start, afrit; vertrek o; voorsprong, voordeel o; muz inzet; opspringen o, sprong, sprongetje o; plotselinge beweging (van schrik &); *get (have) the ~ on one's rivals* zijn mededingers voor zijn; *get off to a good (bad)* ~ goed (slecht) beginnen; *give a* ~ opspringen; *it gave me a* ~ ik schrok ervan, ik keek ervan op; *give a* ~ *to* aan de gang helpen; *at the* ~ in het begin; bij het vertrek

starter *znw* starter, persoon die bij wedrennen het teken geeft voor de start; persoon die start; afrijdend paard o; *for ~s* gemeenz om te beginnen

starting gate *znw* sp starthek o

starting-point *znw* punt o van uitgang, uitgangspunt o, beginpunt o

starting-post *znw* sp startlijn

startle ['sta:tl] *overg* doen schrikken, doen ontstellen; verbazen, verrassen

startling *bn* opzienbarend, verbluffend

star turn ['sta:tə:n] *znw* bravourenummer o; gastrol

starvation [sta:'veifən] **I** *znw* uithongering; hongerdood; verhongering; gebrek o; **II** *bn* honger-

starve [sta:v] **I** *onoverg* honger lijden, hongeren, verhongeren, van honger sterven; gebrek lijden; kwijnen; ~ *for* hunkeren naar; ~ *with cold* van kou omkomen; *I'm starving* gemeenz ik rammel van de honger; **II** *overg* honger laten lijden, laten verhongeren; uithongeren; gebrek laten lijden; doen kwijnen; ~ *of...* ...onthouden; *the story is ~d of material* er is niet genoeg stof voor het verhaal

starveling *znw* uitgehongerd dier o of mens; hongerlijder

stash [stæʃ] *overg* gemeenz verbergen; hamsteren

state [steit] **I** *znw* staat, toestand; stemming; stand, rang; staat, rijk o; staatsie, praal, luister; *the S~s* gemeenz de Verenigde Staten; ~ *of affairs* stand van zaken; ~ *of mind* gemoedstoestand, stemming; *in* ~ in staatsie, in gala; officieel; in plechtige optocht; *he was in quite a* ~ gemeenz hij was in alle staten, helemaal van streek; **II** *bn* staats-; staatsie-, parade-, gala-, officieel, plechtig; **III** *overg* aan-, opgeven; mededelen, (ver)melden; uiteenzetten; verklaren [standpunt], stellen; constateren

statecraft *znw* staatkunde

stated *bn* vast, vastgesteld, bepaald, afgesproken; *at ~ intervals* op regelmatige afstand, met regelmatige tussenpozen

State Department ['steitdipa:tmənt] *znw* Am departement o van Buitenlandse Zaken

stateless *bn* staatloos

stately *bn* statig, deftig, groots; ~ *house* groot buitenhuis o

statement ['steitmənt] *znw* mededeling, opgaaf, vermelding; verklaring; uiteenzetting; bewering; staat, uittreksel o [v.e. rekening]

state-room ['steitru(:)m] *znw* praalkamer, staatsiezaal, mooie kamer; scheepv luxehut

statesman ['steitsmən] *znw* staatsman

statesmanship *znw* (goed) staatsmanschap o

static ['stætik] **I** *bn* statisch, gelijkblijvend, in rust, van het evenwicht; **II** *znw* radio atmosferische storing

statics *znw* statica, leer van het evenwicht

station ['steiʃən] **I** *znw* station o [spoorweg, radio, tv &]; (stand)plaats, post, basis; (politie)bureau o; (vlieg-, militaire, marine-) basis, garnizoen o; RK statie [v. kruisweg]; Austr veefokkerij; fig positie, rang, stand; **II** *overg* stationeren, plaatsen

stationary ['steiʃənəri] *bn* stationair, stilstaand, vast

stationer ['steiʃənə] *znw* verkoper van (handelaar in) schrijfbehoeften; *a ~'s* een kantoorboekhandel

stationery *znw* schrijfbehoeften

stationmaster *znw* stationschef

station-wagon *znw* Am stationcar

statistical [stə'tistikl] *bn* statistisch

statistician [stætis'tiʃən] *znw* statisticus

statistics [stə'tistiks] *znw* statistiek; *vital ~* bevolkingsstatistiek

statuary ['stætjuəri] *znw* beeld(houw)werk o

statue *znw* standbeeld o, beeld o

statuesque [stætju'esk] *bn* als (van) een standbeeld; plastisch; statig, majestueus

statuette *znw* (stand)beeldje o

stature ['stætʃə] *znw* gestalte, grootte, formaat[2] o

status ['steitəs] *znw* staat [van zaken]; status, prestige o, positie, rang, stand; recht rechtspositie

status quo ['steitəs'kwou] *znw* status-quo

status symbol ['steitəssimbəl] *znw* statussymbool o

statute *znw* wet; statuut o; verordening

Statutebook *znw* verzameling van Engelse wetten; *place on the* ~ tot wet verheffen

statutory ['stætjutəri] *bn* wets-, wettelijk (voorgeschreven); wettig, volgens de wet

staunch [stɔ:n(t)ʃ, sta:nʃ] **I** *overg* stelpen; **II** *bn* sterk, hecht, fig trouw; verknocht; betrouwbaar

stave [steiv] **I** *znw* duig; sport; muz notenbalk; strofe, vers o; **II** *overg*: ~ *in* inslaan, indrukken; ~ *off* afwenden, opschorten, van zich afzetten

staves [steivz] ook: *mv* v. *staff I*

1 stay [stei] **I** *onoverg* blijven, wachten; verblijven, wonen; logeren (bij *with*), sp het uit-, volhouden; *it has come to ~, it is here to ~* dat is voorgoed ingeburgerd; *~ put* gemeenz blijven zitten waar je zit; **II** *overg* tegenhouden, indammen, afremmen, een halt toeroepen, stuiten [in zijn vaart]; opschorten; **III** *znw* verblijf o, stilstand, oponthoud o; belemmering, fig rem; opschorting, uitstel o (van executie); steun

2 stay [stei] *znw* scheepv stag o

stay-at-home ['steiəthoum] *znw* huismus

stayer *znw* blijver; uit-, volhouder, atleet & die het lang kan volhouden

staying-power *znw* uithoudingsvermogen o

stays *znw: (pair of) ~* korset o

staysail ['steis(ei)l] *znw* stagzeil o

stead [sted] *znw: stand sbd. in good ~* iem. van pas komen; *in his ~* in zijn plaats

steadfast ['stedfəst, -fɑːst] *bn* standvastig, onwrikbaar, trouw; vast

steady ['stedi] **I** *bn* bestendig, vast, gestadig, constant; geregeld, gelijkmatig; standvastig; oppassend, solide, kalm; *~ (on)!* kalm aan!, langzaam!; *go ~* gemeenz vaste verkering hebben; **II** *znw* gemeenz iem. waarmee men vaste verkering heeft; **III** *overg* vastheid geven aan, vast, geregeld of bestendig maken; kalmeren, tot bedaren brengen; *~ your helm* scheepv hou je roer recht; *~ oneself* z'n evenwicht bewaren, zich staande houden

steak [steik] *znw* biefstuk, steak; [v. andere vlees] plak, lap vlees; (vis)moot

steal* [stiːl] **I** *overg* stelen, stilletjes wegnemen (ook: *~ away*); *~ a glance at...* steelsgewijs kijken naar...; *~ one's way into...* binnensluipen; **II** *onoverg* stelen; sluipen; *~ away (in, out)* weg (binnen, naar buiten) sluipen

stealth [stelθ] *znw* sluipende manier; *by ~* tersluiks, steelsgewijze, heimelijk, stilletjes

stealthy *bn* sluipend; heimelijk

steam [stiːm] **I** *znw* stoom, damp; *get up ~* stoom maken; gemeenz krachten verzamelen; opgewonden raken; *let off ~* stoom afblazen[2]; *put on ~* techn stoom maken; fig alle krachten inspannen, er vaart achter zetten; *run out of ~* buiten adem raken [spreker]; aan kracht verliezen [pol. beweging &]; *under one's own ~* op eigen kracht; op eigen gelegenheid; **II** *overg* stomen, bewasemen; *get ~ed up* gemeenz zich opwinden, zich dik maken; **III** *onoverg* stomen, dampen; *~ up* beslaan

steamboat *znw* stoomboot

steam-engine *znw* stoommachine

steamer *znw* stoomboot; stoomkoker; stoomketel

steam-gauge *znw* manometer

steam iron *znw* stoomstrijkijzer o

steam-roller I *znw* stoomwals; **II** *overg* fig platwalsen [tegenstanders]

steamship *znw* stoomschip o

steamy *bn* vol stoom, stomend, dampend, dampig, beslagen [v. ruiten]; gemeenz

zwoel

stearin ['stiərin] *znw* stearine

steed [stiːd] *znw* plechtig (strijd)ros o

steel [stiːl] **I** *znw* staal[2] o; fig hardheid, kracht; wetstaal o; **II** *bn* stalen, van staal, staal-; **III** *overg* stalen[2], verstalen, hard maken, verharden, ongevoelig maken, wapenen, pantseren (tegen *against*)

steel band *znw* muz steelband

steel-clad *bn* gepantserd

steel wool *znw* staalwol

steel worker *znw* staalarbeider

steelworks *znw* staalfabriek

steely *bn* staalachtig, staalhard, stalen[2], staal-

steelyard ['stiːljɑːd] *znw* unster [weegtoestel]

1 steep [stiːp] **I** *bn* steil; gemeenz hoog [van prijs]; gemeenz kras, ongelooflijk; **II** *znw* steilte, helling

2 steep [stiːp] **I** *overg* (onder)dompelen, indopen; (laten) weken; laten doortrekken, laten doordringen (van *in*), drenken; *~ed in* ook: gedompeld in [slaap, ellende &]; doorkneed in [het Grieks &]; **II** *onoverg* weken

steepen ['stiːpn] *onoverg* steil(er) worden

steeple ['stiːpl] *znw* (spitse) toren

steeplechase ['stiːplʧeis] *znw* steeplechase: wedren of -loop met hindernissen

steeplejack ['stiːpldʒæk] *znw* arbeider die reparaties verricht aan torens en hoge schoorstenen

1 steer [stiə] *znw* stierkalf o, var; Am stier, os

2 steer [stiə] **I** *overg* sturen, richten; *~ (one's course) for* sturen (koers zetten) naar; **II** *onoverg* sturen; *~ clear of...* ...vermijden; *~ for* koersen naar

steerage *znw* tussendek o

steering *znw*, **steering-gear** stuurinrichting

steering-lock *znw* stuurslot o

steering-wheel *znw* stuurrad o

steersman *znw* scheepv roerganger, stuurman; bestuurder

stellar ['stelə] *bn* van de sterren, sterren-

1 stem [stem] **I** *znw* stam, stengel; steel [v. bloem, pijp, glas]; schacht; gramm (woord)stam; scheepv boeg, voorsteven; **II** *onoverg: ~ from* afstammen van, voortspruiten uit

2 stem [stem] *overg* stuiten[2], (in de loop) tegenhouden[2]; tegen... ingaan; dempen, stelpen

stench [stenʃ] *znw* stank

stencil ['stens(i)l] **I** *znw* stencil o & m, sjabloon, mal; **II** *overg* stencilen

stenographer [ste'nɔgrəfə] *znw* stenograaf

stenography [stə'nɔgrəfi] *znw* stenografie

stentorian [sten'tɔːriən] *bn* stentor-

step [step] **I** *onoverg* stappen, treden, trappen, gaan; *~ aside* terzijde treden; fig zich terugtrekken; *~ back* ook: in het verleden teruggaan [in de geest]; *~ down* terugtreden, aftreden; *~ in* binnentreden; (er) instappen; fig tussenbeide komen, zich in de zaak mengen, ingrijpen, optreden; *~ on it*

g̲e̲m̲e̲e̲n̲z̲ voortmaken, zie ook: *gas I*; **II**
overg trapsgewijs plaatsen; s̲c̲h̲e̲e̲p̲v̲ inzetten [mast]; ~ *up* opvoeren, versnellen
[productie &]; e̲l̲e̲k̲t̲r̲ optransformeren; **III**
znw stap², pas, tred; voetstap; trede; sport,
trap; step; m̲u̲z̲ interval; f̲i̲g̲ rang, promotie; ~*s* stappen &; ook: stoep, bordes *o*;
trap(ladder); *break* ~ uit de pas raken (lopen); *in* ~ *with* in overeenstemming (harmonie) met; *out of* ~ with niet in overeenstemming met; *keep* ~ *with* bijhouden²,
gelijke tred houden met; *in* ~ in de pas;
out of ~ uit de pas
stepbrother ['stepbrʌðə] *znw* stiefbroer
stepchild *znw* stiefkind *o*
stepdaughter ['stepdɔːtə] *znw* stiefdochter
stepfather *znw* stiefvader
step-ladder ['steplædə] *znw* trap(ladder)
stepmother ['stepmʌðə] *znw* stiefmoeder
stepparent ['steppɛərənt] *znw* stiefouder
steppe [step] *znw* steppe
stepping-stone ['stepiŋstoun] *znw* middel
o om vooruit te komen of een doel te bereiken; f̲i̲g̲ brug, 'springplank'
stepsister ['stepsistə] *znw* stiefzuster
stepson *znw* stiefzoon
stereo ['steriou, 'stiəriou] *znw* stereo; stereo-
installatie
stereophonic [steriou'fɔnik, stiəriou'fɔnik]
bn stereofonisch
stereoscope ['steriəskoup, 'stiəriəskoup] *znw*
stereoscoop
stereoscopic [steriə'skɔpik, stiəriə'skɔpik] *bn*
stereoscopisch
stereotype ['stiəriətaip, 'steriətaip] **I** *znw* ste-
reotieplaat; f̲i̲g̲ stereotype; **II** *overg* ste-
reotyperen²; ~*d* f̲i̲g̲ stereotiep
sterile ['sterail] *bn* steriel, onvruchtbaar²
sterility [ste'riliti] *znw* steriliteit, onvrucht-
baarheid²
sterilization [sterilai'zeiʃən] *znw* sterilisatie
sterilize ['sterilaiz] *overg* onvruchtbaar maken, uitputten [land]; steriliseren [melk &]
sterling ['stəːliŋ] **I** *znw* (pond) sterling; *in* ~
h̲a̲n̲d̲e̲l̲ in ponden; ~ *area* sterlinggebied
o; **II** *bn* echt, degelijk, voortreffelijk, uitstekend
1 stern [stəːn] *bn* streng, bars, hard; *he was
made of* ~*er stuff* hij was niet voor een
kleintje vervaard
2 stern [stəːn] *znw* s̲c̲h̲e̲e̲p̲v̲ achtersteven;
achterste *o*
sternmost ['stəːnmoust, -məst] *bn* s̲c̲h̲e̲e̲p̲v̲
achterst
sternum ['stəːnəm] *znw* (*mv*: -s *of* sterna)
borstbeen *o*
steroid ['stiə-, 'sti-, 'steroid] *znw* steroïde *o*
stertorous ['stəːtərəs] *bn* snurkend, reute-
lend
stethoscope ['steθəskoup] *znw* stethoscoop
stetson ['stetsn] *znw* slappe hoed met brede rand
stevedore ['stiːvidɔː] *znw* sjouwerman;
stuwadoor
stew [stjuː] **I** *overg* stoven, smoren; **II** *onoverg* stoven, smoren; **III** *znw* gestoofd
vlees *o*; visvijver, oesterbed *o*; *in a* ~ s̲l̲a̲n̲g̲
in de rats

steward ['stjuəd] *znw* rentmeester, administrateur, beheerder; commissaris van orde;
s̲c̲h̲e̲e̲p̲v̲ hofmeester; l̲u̲c̲h̲t̲v̲ steward
stewardess [stjuə'des] *znw* s̲c̲h̲e̲e̲p̲v̲ hof-
meesteres; l̲u̲c̲h̲t̲v̲ stewardess
stewardship ['stjuədʃip] *znw* rentmeester-
schap *o*; beheer *o*
1 stick [stik] *znw* stok; wandelstok; staf;
staaf; stokje *o*, rijsje *o*; pijp [drop, lak &];
steel [v. asperge &]; s̲l̲a̲n̲g̲ stickie *o*, joint;
m̲u̲z̲ maatstokje *o*; g̲e̲m̲e̲e̲n̲z̲ (onvriendelij-
ke) kritiek; ~*s* het platteland, buiten; *dry
old* ~ g̲e̲m̲e̲e̲n̲z̲ saaie piet; *a big* ~ een stok
achter de deur; *gather* ~*s* hout sprokkelen;
give sbd. ~ g̲e̲m̲e̲e̲n̲z̲ iem. op zijn donder
geven
2 stick* [stik] **I** *overg* steken; doorsteken;
besteken (met *with*); vaststeken; g̲e̲m̲e̲e̲n̲z̲
vastzetten; zetten, stoppen, plaatsen; (op-,
aan-, vast)plakken; *she can't* ~ *him* ge-
m̲e̲e̲n̲z̲ zij kan hem niet zetten; ~ *it* ge-
m̲e̲e̲n̲z̲ het uithouden, volhouden; *they
won't* ~ *that* dat zullen ze niet slikken; **II**
onoverg blijven steken, (vast)kleven, blijven hangen of kleven, f̲i̲g̲ beklijven, blijven
zitten°; g̲e̲m̲e̲e̲n̲z̲ blijven; (vast)plakken²;
niet verder kunnen, vastzitten; klemmen
[v. deur &]; ~ *at nothing* voor niets terugdeinzen; ~ *around* s̲l̲a̲n̲g̲ in de buurt blijven; ~ *down* dichtplakken; ~ *by sth., sbd.*
iets, iem. trouw blijven; ~ *out* uit-, vooruitsteken; naar buiten staan; in het oog
springen; stijfkoppig op zijn stuk blijven
staan, volhouden; ~ *to* vasthouden aan;
trouw blijven aan; kleven (plakken) aan,
blijven bij [iets, iem.]; zich houden aan
[instructies &]; ~ *to one's guns* g̲e̲m̲e̲e̲n̲z̲
voet bij stuk houden; ~ *to one's word*
(zijn) woord houden; ~ *up* opplakken, op-
prikken [affiche, mededeling]; ~ *up a mail-
coach* s̲l̲a̲n̲g̲ aanhouden, overvallen; ~ *'em
up!* g̲e̲m̲e̲e̲n̲z̲ handen omhoog!; ~ *up for
sbd.* voor iem. opkomen; ~ *with* trouw blijven aan
sticker *znw* (aan)plakker; sticker, plakkertje
o, zelfklever; doorzetter, aanhouder
sticking-plaster *znw* hechtpleister
stick-insect ['stikinsekt] *znw* wandelende
tak
stick-in-the-mud ['stikinðəmʌd] *znw* con-
servatieveling
stickleback ['stiklbæk] *znw* stekelbaars
stickler ['stiklə] *znw*: *be a* ~ *for...,* erg gesteld zijn op..., een voorstander zijn van...
stick-on ['stikɔn] *bn* zelfklevend, plak-,
hecht-, kleef-
stickpin ['stikpin] *znw* Am dasspeld
stick-up ['stikʌp] *znw* s̲l̲a̲n̲g̲ (roof)overval
sticky ['stiki] *bn* kleverig, plakkerig, klef,
taai; g̲e̲m̲e̲e̲n̲z̲ moeilijk, beroerd; *have* ~
fingers g̲e̲m̲e̲e̲n̲z̲ lange vingers hebben; *a*
~ *wicket* g̲e̲m̲e̲e̲n̲z̲ een lastige positie
stiff [stif] **I** *bn* stijf, stevig, straf [borrel],
strak, stram, stroef, onbuigzaam, stug; verstijfd; f̲i̲g̲ moeilijk [v. examens &]; streng [v.
wet &]; taai, hevig [v. tegenstand]; *keep a*
~ *upper lip* geen spier vertrekken, zich
flink houden; **II** *bijw* g̲e̲m̲e̲e̲n̲z̲ hartstikke,

gruwelijk; *scared* ~ doodsbenauwd; **III** *znw* slang lijk o; *a big* ~ een grote sufferd
stiffen I *overg* stijven; (doen) verstijven, stijf maken; fig moed inspreken; strenger maken [wetten]; **II** *onoverg* stijf worden, verstijven
stiffening *znw* versteviger [gebruikt in textiel], ± vlieseline
stiff-necked *bn* koppig
1 stifle ['staifl] *overg* verstikken, doen stikken, smoren, onderdrukken
2 stifle ['staifl] *znw* dierk anat kniegewricht o
stifling ['staifliŋ] *bn* verstikkend, smoorheet
stigma ['stigmə] *znw* (*mv:* -s *of* stigmata) brandmerk² o; plantk stempel [v. stamper]; RK & dierk stigma o; fig (schand)vlek
stigmatize *overg* stigmatiseren; brandmerken²
stile [stail] *znw* tourniquet o & m; overstap [voor hek]
stiletto [sti'letou] *znw* stilet o [korte dolk]
stiletto heel *znw* naaldhak
1 still [stil] *znw* distilleerketel
2 still [stil] **I** *bn* stil, bewegingloos; kalm, rustig; niet mousserend [v. dranken]; ~ *life* stilleven o; **II** *znw* stilte; stilstaand beeld o [v. film], foto; **III** *overg* stillen, (doen) bedaren; tot bedaren brengen, kalmeren
3 still [stil] *bijw* nog altijd; nog (nog), steeds; (maar) toch; ~ *not* nog altijd niet
stillbirth *znw* doodgeboren baby
stillborn ['stilbɔ:n] *bn* doodgeboren²
stillness ['stilnis] *znw* stilte
stilt [stilt] *znw* stelt [ook: dierk = steltloper, steltkluit]; *on* ~*s* op stelten
stilted *bn* hoogdravend; gekunsteld
stimulant ['stimjulənt] **I** *bn* prikkelend, opwekkend; **II** *znw* stimulans, prikkel; ~*s* ook: stimulantia, opwekkende middelen
stimulate *overg* stimuleren, prikkelen, aansporen, aanzetten, aanwakkeren
stimulation [stimju'leiʃən] *znw* prikkel(ing)
stimulative ['stimjulətiv, -leitiv] *bn* prikkelend, opwekkend
stimulus ['stimjuləs] *znw* (*mv:* stimuli [-lai]) prikkel, aansporing
1 sting* [stiŋ] *overg & onoverg* steken²; prikken, bijten [op de tong], branden [v. netels]; pijn doen²; fig (pijnlijk) treffen; kwellen; slang [geld] afzetten
2 sting [stiŋ] *znw* angel, stekel, plantk brandhaar o [v. netel], prikkel; steek, (gewetens)knaging; pijnlijke o; *but there's a* ~ *in the tail* het venijn zit in de staart
stinging-nettle ['stiŋiŋnetl] *znw* brandnetel
stingray ['stiŋrei], Am & Austr **stingaree** ['stiŋgəri:] *znw* pijlstaartrog
stingy ['stin(d)ʒi] *bn* vrekkig, zuinig
1 stink* [stiŋk] **I** *onoverg* stinken (naar *of*); gemeenz gemeen, slecht zijn
2 stink [stiŋk] *znw* stank²; *raise (create, make) a* ~ herrie schoppen
stink bomb *znw* stinkbom
stinker *znw* stinkerd; slang smeerlap, schoft; moeilijke opgave (probleem)
stinking *bn* stinkend; gemeenz naar, stomvervelend; *that* ~ *little town* dat rotstadje
stint [stint] **I** *overg* beperken, karig toemeten; beknibbelen, bekrimpen, karig zijn met; **II** *znw* toebedeelde portie; werk o, taak; periode & dat men ergens werkte; *without* ~ royaal
stipend ['staipend] *znw* wedde, bezoldiging
stipendiary [stai'pendjəri] **I** *bn* bezoldigd; **II** *znw* (bezoldigd) ambtenaar; (bezoldigd) politierechter
stipple ['stipl] *overg* puntéren; stippelen
stipulate ['stipjuleit] *overg* stipuleren, bedingen, overeenkomen, bepalen
stipulation [stipju'leiʃən] *znw* bedinging, overeenkomst; bepaling, beding o, voorwaarde
stir [stə:] **I** *overg* bewegen, in beweging brengen; verroeren; (om)roeren, roeren in, porren in, oppoken [het vuur]; fig aanporren [iem.]; aanzetten; gaande maken; ~ *one's stumps* gemeenz opschieten; ~ *sbd. to frenzy* iem. razend maken; ~ *in (the milk)* (de melk) al roerende toevoegen; ~ *up* omroeren, roeren in, oppoken; fig in beroering brengen; aanporren, aanzetten; **II** *onoverg* (zich) bewegen, zich (ver-)roeren, in beweging komen of zijn; opstaan ('s morgens); **III** *znw* beweging, geanimeerdheid; drukte; opschudding, beroering; *give it a* ~ pook (roer) er eens in
stir-fry *overg* roerbakken
stirring I *bn* bewegend, roerend &; opwekkend; veelbewogen [tijden], sensationeel [v. gebeurtenissen]; **II** *znw* beweging
stirrup ['stirəp] *znw* stijgbeugel (ook: gehoorbeentje)
stirrup-cup *znw* afzakkertje o
stitch [stitʃ] **I** *znw* steek, naad; steek in de zij; med hechting, (hecht)draad; *be in* ~*es* gemeenz zich een breuk lachen; *without a* ~ *on* spiernaakt; **II** *overg* stikken; hechten; brocheren, (in)naaien; ~ *up* dichtnaaien; hechten [een wond]; **III** *onoverg* stikken, naaien
stiver ['staivə] *znw* vero stuiver; *not a* ~ geen rooie cent
stoat [stout] *znw* dierk hermelijn
stock [stɔk] **I** *znw* (voorhanden) goederen, voorraad, inventaris; materiaal o, filmmateriaal o, film; blok o, stam, (geweer)lade, (anker-, wortel)stok; geslacht o, familie; fonds o, kapitaal o; effecten, aandelen, papieren; veestapel, vee o, paarden; afkooksel o, aftreksel o, bouillon; plantk violier; ~*s* hist blok o [straftuig]; *put* ~ *in* waarde hechten aan; *take* ~ de inventaris opmaken; de toestand (situatie) opnemen; *take* ~ *of sbd.* (all over) iem. (van top tot teen) opnemen; *have something on the* ~*s* iets op stapel hebben (staan); **II** *bn* gewoon; stereotiep, vast [v. aardigheden, gezegden &]; **III** *overg* opdoen, inslaan [voorraad]; handel (in voorraad) hebben; (van voorraad of van het nodige) voorzien; **IV** *onoverg:* ~ *up* (on, with) (een voorraad.., voorraden...) inslaan
stockade [stɔ'keid] palissade
stock-breeder ['stɔkbri:də] *znw* (vee-)

fokker

stockbroker ['stɔkbroukə] *znw* handel commissionair, makelaar in effecten

stockbroking *znw* effectenhandel

stock-car ['stɔkka:] *znw* stockcar [verstevigde oude auto voor races met veel botsingen]

stock cube ['stɔkkju:b] *znw* bouillonblokje *o*

stock exchange ['stɔkikstʃein(d)ʒ] *znw* handel (effecten)beurs

stock farmer ['stɔkfa:mə] *znw* veehouder

stockfish ['stɔkfiʃ] *znw* stokvis

stockholder ['stɔkhouldə] *znw* effectenbezitter; aandeelhouder

stocking ['stɔkiŋ] *znw* kous°

stockinged *bn*: *in his* ~ *feet* op zijn kousen

stock-in-trade ['stɔkin'treid] *znw* inventaris; (geestelijk) kapitaal *o*; gereedschap *o*; fig (onderdeel *o* van het) standaardrepertoire *o*

stockist ['stɔkist] *znw* depothouder

stockjobber ['stɔkdʒɔbə] *znw* handelaar in effecten; hoekman

stockjobbing *znw* effectenhandel; beursspeculatie

stocklist *znw* beursnotering

stock-market ['stɔkma:kit] *znw* effecten-, fondsenmarkt

stockpile I *onoverg (& overg)* een reservevoorraad vormen (van); **II** *znw* reservevoorraad

stock room ['stɔkru:m] *znw* magazijn *o*

stock-still ['stɔk'stil] *bn* stok-, doodstil

stock-taking ['stɔkteikiŋ] *znw* inventarisatie; fig taxatie, beoordeling

stocky ['stɔki] *bn* gezet, dik; stevig

stockyard ['stɔkja:d] *znw* veebewaarplaats

stodge [stɔdʒ] *znw* gemeenz (onverteerbare) kost

stodgy *bn* dik; zwaar op de maag liggend; fig zwaar, onverteerbaar; saai

stoic ['stouik] **I** *znw* stoïcijn; **II** *bn* stoïcijns

stoical *bn* stoïcijns

stoicism ['stouisizm] *znw* stoïcisme *o*

stoke [stouk] **I** *overg* stoken [v. machine]; **II** *onoverg*: ~ *up* (op)stoken; slang schransen

stokehold *znw* stookplaats

stoker *znw* stoker [v. machine]

1 stole [stoul] *znw* stola°

2 stole [stoul] V.T. van *steal*

stolen V.D. van *steal*

stolid ['stɔlid] *bn* flegmatiek, onaandoenlijk, bot, ongevoelig, onbewogen

stomach ['stʌmək] **I** *znw* maag; buik; *he had no* ~ *for the fight* hij had er geen lust in om te (gaan) vechten; **II** *overg* (kunnen) verduwen of zetten, slikken, verkroppen [beledigingen &]

stomach-ache ['stʌmək'eik] *znw* maagpijn, buikpijn

stomach pump *znw* maagpomp

stone [stoun] **I** *znw* steen *o & m* [stofnaam], steen *m* [voorwerpsnaam], pit [v. vrucht]; als gewicht: 6,35 kg; *leave no* ~ *unturned* niets (geen middel) onbeproefd laten, hemel en aarde bewegen; **II** *bn* van steen, stenen; **III** *overg* met stenen gooien (naar), stenigen; van stenen of pitten ontdoen; ~*d* slang laveloos [v. dronkaard]; stoned [v. drugsgebruiker]

Stone Age *znw* stenen tijdperk *o*

stone-blind *bn* stekeblind

stone-cast *znw* steenworp (afstand)

stone-cold *bn* steenkoud; ~ *sober* gemeenz hartstikke nuchter

stone-dead *bn* morsdood

stone-deaf *bn* pot-, stokdoof

stone-ground *bn* met molenstenen gemalen [v. graan]

stone-mason *znw* steenhouwer

stone's-throw *znw* steenworp (afstand)

stoneware *znw* steengoed *o*

stonework *znw* steen-, metselwerk *o*

stony, stoney *bn* steenachtig, stenig, stenen[2], steen-; fig onbewogen, ijskoud, hard, wreed, meedogenloos

stony-broke, stoney-broke *bn* gemeenz blut

stood [stud] V.T. & V.D. van *1stand*

stooge [stu:dʒ] *znw* theat aangever [v. conferencier]; gemeenz handlanger, helper; fig werktuig *o*, stroman

stook [stuk] *znw & overg* = *2shock*

stool [stu:l] *znw* (kantoor)kruk, (voeten-)bankje *o*, taboeretje *o*, knielbankje *o*; = *stool-pigeon*; *fall between two* ~*s* tussen de wal en het schip vallen

stool-pigeon *znw* lokduif; fig lokvogel, lokvink; stille verklikker

1 stoop [stu:p] **I** *onoverg* bukken, zich bukken, vooroverlopen, krom (gebogen) lopen, gebukt lopen; fig zich vernederen, zich verwaardigen, zich verlagen (tot *to*); neerschieten op prooi [v. havik]; **II** *overg* (voorover)buigen; **III** *znw* vooroverbuigen *o*, gebukte houding

2 stoop [stu:p] *znw* Am veranda

stop [stɔp] **I** *overg* stoppen [een gat, lek &], dichtmaken, dichtstoppen, op-, verstoppen, versperren (ook ~ *up*), stelpen [het bloeden], vullen, plomberen [tand]; stil laten staan [klok], tot staan brengen, tegenhouden, aanhouden [iem.]; inhouden [loon &]; een eind maken aan [iets], beletten, verhinderen, weerhouden; stopzetten [fabriek]; staken [werk &]; pauzeren, ophouden met, niet voortzetten; **II** *onoverg* stoppen [trein], stilhouden, halt houden, blijven (stil)staan [horloge]; ophouden, uitscheiden; logeren, overblijven, blijven; *the matter will not* ~ *there* daar zal het niet bij blijven; ~ *away from school* van school wegblijven; ~ *by* even aanwippen; ~ *in* thuisblijven; Am aangaan (bij *at*); ~ *off*, ~ *over* gemeenz de reis onderbreken (en overblijven); **III** *znw* pauzering, pauze; oponthoud *o*; halte; luchtv tussenlanding(splaats); leesteken *o*; techn pen, pin; muz register *o*, klep, gat *o*; diafragma *o* [v. lens]; taalkunde explosief, plofklank [zoals k, t, p]; *pull out all the* ~*s* fig alle registers opentrekken, alles uit de kast halen; *be at a* ~ stilstaan, niet verder kunnen; *without a* ~ zonder ophouden

stopcock *znw* (afsluit)kraan

stopgap I *znw* stoplap; invaller; noodhulp; **II** *bn* interim, tijdelijk vervangend, bij wijze van noodhulp

stopover znw onderbreking van de reis; kort verblijf o; tussenlanding met verblijf

stoppage znw stoppen o, stopzetting, staking; op-, verstopping; ophouding, oponthoud o, stilstand; inhouding [v. loon]

stopper znw stopper; stop; *put the ~ on* gemeenz onderdrukken, tegenhouden

stop-press ['stɔppres] znw laatste nieuws o, nagekomen berichten

stop-watch ['stɔpwɔtʃ] znw stopwatch

storage ['stɔːridʒ] znw (op)berging, opslag; pakhuisruimte, bergruimte; bewaarloon o; *cold ~* (het opslaan in de) vries-, koelkamer; *put into cold ~* fig in de ijskast zetten; ~ *battery* accumulator

store [stɔː] I znw (grote) voorraad, opslagplaats, meubelbewaarplaats; magazijn o; Am winkel; [in Engeland] warenhuis o, winkel; *the ~s* uitrusting, proviand; *cold ~* koelhuis o; *set (great, little) ~ by* (veel, weinig) waarde hechten aan; (veel, weinig) prijs stellen op; *in ~* in voorraad; in bewaring, opgeborgen; in petto; II overg inslaan, opdoen; binnenhalen; opslaan [goederen]; voorzien (van with); opbergen [meubels]; ~ *(up)* verzamelen; bewaren

storefront znw winkelpui

storehouse znw voorraadschuur, pakhuis o, magazijn[2]; fig schatkamer

storekeeper znw pakhuismeester; magazijnmeester; scheepv proviandmeester; Am winkelier

store-room znw bergplaats, -ruimte; provisiekamer

storey, Am **story** ['stɔːri] znw verdieping; woonlaag; *a four-~ house* een huis o met vier verdiepingen

-storeyed, Am **-storied** bn met ... verdiepingen [bijv. a four-~ house huis met drie verdiepingen]

stork [stɔːk] znw (mv idem of -s) ooievaar

storm [stɔːm] I znw storm[2]; onweersbui, onweer o; regenbui; uitbarsting; mil bestorming; *take by ~* stormenderhand veroveren[2]; II onoverg stormen, bulderen, razen, woeden; mil stormlopen; III overg mil aan-, losstormen op, bestormen[2]

storm trooper znw 1 lid o van de SA [in de nazitijd]; 2 lid o van een stoottroep

stormy bn stormachtig[2], storm-; ~ *petrel* dierk stormvogeltje o; onrustzaaier

story ['stɔːri] znw 1 geschiedenis; vertelling, verhaal o; (kranten)artikel o; legende; gemeenz leugentje o; *short ~* kort verhaal o; *to cut a long ~ short...* om kort te gaan...; *tell stories* gemeenz jokken; 2 Am = storey

story-book znw verhalenboek o; *als eerste deel v. samenstelling:* sprookjesachtig, sprookjes-

story-line znw plot, intrige [v. film &]

story-teller znw verteller; gemeenz jokkebrok

stoup [stuːp] znw wijwaterbak

1 stout [staut] znw stout [donker bier]

2 stout [staut] bn gezet, zwaar, dik, sterk, stevig, krachtig, kloek, dapper, flink

stout-hearted bn kloekmoedig

stoutly bijw moedig, kloek

stove [stouv] znw kachel, fornuis o; (toe-)stel o [om op te koken &]; stoof; droogoven

stove-pipe ['stouvpaip] znw kachelpijp[2]

stow [stou] I overg stouwen; leggen, bergen; ~ *away* wegleggen, (op)bergen; fig verorberen; ~ *it!* slang kop dicht!, schei uit!; II onoverg: ~ *away* als verstekeling(en) meereizen

stowage znw stuwage; berging; bergruimte, bergplaats; stuwagegeld o

stowaway znw blinde passagier, verstekeling

straddle ['strædl] I overg schrijlings zitten op; wijdbeens staan boven; aan weerskanten liggen van; II onoverg Am fig de kool en de geit sparen

strafe [straːf] overg zwaar bombarderen, beschieten; gemeenz geducht afstraffen

straggle ['strægl] onoverg (af)dwalen, zwerven, achterblijven; verstrooid staan; verspreid liggen

straggler znw achterblijver; afgedwaalde; plantk wilde loot

straggling bn verstrooid, verspreid; onregelmatig (gebouwd &)

straggly bn plantk wild opgeschoten

straight [streit] I bn recht [niet krom], glad [niet krullend]; fig eerlijk, fatsoenlijk; betrouwbaar; openhartig; in orde; op orde; puur [v. drank]; serieus [niet komisch]; gemeenz hetero(seksueel); ~ *fight* (verkiezings)strijd tussen twee kandidaten; *I gave it him* ~ ik zei het hem ronduit; *get it* ~ gemeenz het goed begrijpen; *put the record* ~, *set matters* ~ de zaken goed op een rijtje zetten, alle misverstanden uit de weg ruimen; II bijw recht(op), rechtuit; regelrecht, rechtstreeks, direct; fig eerlijk; *go* ~ gemeenz oppassen, zich goed gedragen; ~ *away (off)* op staande voet, op stel en sprong; ~ *on* rechtuit, rechtdoor; ~ *out* ronduit; III znw rechte eind o [v. renbaan]; *follow (keep) the* ~ *and narrow* fig op het rechte pad blijven

straighten I overg recht maken, in orde brengen[2]; ontkroezen [haar]; ~ *out* ontwarren; weer in orde brengen; ~ *up* wat opknappen; II onoverg recht worden; ~ *up* zich oprichten

straightforward [streit'fɔːwəd] bn recht door zee gaand, oprecht, rond(uit), eerlijk; zakelijk [v. stijl, verhaal &], ongecompliceerd

straightway ['streitwei] bijw vero dadelijk

strain [strein] I overg spannen, (uit)rekken; (te veel) inspannen [zijn krachten]; verrekken [gewricht of spier]; geweld aandoen, verdraaien [feiten &]; forceren [stem]; drukken; uitlekken [in zeef, vergiet]; II onoverg zich inspannen, trekken, rukken (aan *at*); ~ *after* streven naar; jacht maken op; III znw spanning; inspanning, streven o; overspanning; druk; verdraaiing [v. de waarheid]; verrekking [v.e. spier]; geest, toon; karakter o, element o, tikje o [van iets]; ras o, geslacht o; neiging; plechtig wijs, melodie (vooral ~s); *his letters are in a differ-*

ent ~ in zijn brieven slaat hij een andere toon aan
strained *bn* gespannen [van verhoudingen]; gedwongen, gemaakt, geforceerd; verdraaid, gewrongen
strainer *znw* filterdoek; vergiet o & v, zeef
strait [streit] **I** *bn* vero bekrompen; **II** *znw:* ~*(s)* (zee-)engte, (zee)straat; moeilijkheid, verlegenheid; *the S~s of Dover* het Nauw van Calais; *be in desperate (dire)* ~*s* in een hopeloze situatie verkeren
straitened ['streitnd] *bn: be in* ~ *circumstances* het (financieel) niet breed hebben
strait-jacket ['streitdʒækit] *znw* dwangbuis o; fig keurslijf o
strait-laced *bn* fig preuts, puriteins streng
1 strand [strænd] **I** *znw* strand o, kust, oever (vooral plechtig); **II** *overg* doen stranden, op het strand zetten; *be ~ed stranden²*, schipbreuk lijden²; fig blijven zitten (steken), niet verder kunnen
2 strand [strænd] *znw* streng [v. wol, touw]; (haar)lok
strange [strein(d)ʒ] *bn* vreemd, onbekend; vreemdsoortig, ongewoon, zonderling, raar°; ~ *to say* vreemd genoeg
stranger *znw* vreemdeling, vreemde, onbekende; recht derde; *you are quite a* ~ je laat je nooit zien; *he is a* ~ *to fear* alle vrees is hem vreemd
strangle ['stræŋgl] *overg* wurgen, worgen; smoren, fig onderdrukken
stranglehold *znw* worgende greep²
strangler *znw* worger
strangulation [stræŋgju'leiʃən] *znw* (ver-) worging; med beklemming [v. breuk]
strap [stræp] **I** *znw* riem, riempje o; schouderbandje o [v. beha &]; drijfriem; lus [in tram, bus]; hechtpleister; band; aanzetriem; techn beugel; **II** *overg* (met een riem) vastmaken (ook: ~ *up*); (met een riem) slaan
strap-hanger *znw* staande passagier
strapless *bn* zonder schouderbandjes
strapping ['stræpiŋ] **I** *bn* groot en sterk, stevig, potig; **II** *znw* riemen, tuig o
stratagem ['strætidʒəm] *znw* krijgslist, list
strategic [strə'ti:dʒik] *bn* strategisch
strategics *znw* = strategy
strategist ['strætidʒist] *znw* strateeg
strategy *znw* strategie²
stratification [strætifi'keiʃən] *znw* stratificatie
stratify ['strætifai] *overg* in lagen leggen, tot lagen vormen; *stratified* gelaagd
stratosphere ['stræ-, 'stra:tousfiə] *znw* stratosfeer
stratum ['stra:təm] *znw* (*mv:* strata [-tə]) (gesteente)laag
stratus ['streitəs] *znw* (*mv:* strati) laagwolk
straw [strɔ:] **I** *znw* stro o; strohalm, strootje o; rietje o *(drinking* ~); strohoed; ~ *in the wind* fig kleinigheid die doet vermoeden wat er komen gaat; *that's the last* ~, *that's the* ~ *that broke the camel's back* dat is de druppel die de emmer doet overlopen; **II** *bn* van stro, strooien, stro-
strawberry ['strɔ:b(ə)ri] *znw* aardbei; ~

mark wijnvlek [in de huid]
straw-board ['strɔ:bɔ:d] *znw* strokarton o
straw-coloured *bn* strokleurig
straw-poll *znw* onofficiële stemming, proefstemming
stray [strei] **I** *onoverg* (rond)zwerven, (rond-) dwalen, verdwalen, afdwalen; **II** *bn* afgedwaald; verdwaald; sporadisch voorkomend; verspreid; ~ *cat* zwerfkat; ~ *notes* losse aantekeningen
streak [stri:k] **I** *znw* streep; ader, laag; ~ *of lightning* bliksemflits; *have a* ~ *of luck* steeds geluk hebben; **II** *overg* strepen; **III** *onoverg* gemeenz voorbijschieten, flitsen; streaken, naakthollen
streaker *znw* streaker, naaktholler [in het openbaar]
streaky *bn* **1** doorregen [v. spek]; **2** gestreept, geaderd
stream [stri:m] **I** *znw* stroom²; fig stroming; **II** *onoverg* stromen; wapperen; **III** *overg* onderw plaatsen in een groep (van bekwaamheid)
streamer ['stri:mə] *znw* wimpel; lang lint o of lange veer; spandoek o & m; serpentine
streamlet ['stri:mlit] *znw* stroompje o
streamline ['stri:mlain] *overg* stroomlijnen; fig efficiënter maken [bedrijf &]
street [stri:t] *znw* straat; *the man in the* ~ Jan met de pet, de gewone man; *it's (right) up my* ~ gemeenz het is (net) iets voor mij; *its* ~*s ahead of me* het gaat me boven de pet; *not be in the same* ~ *as* niet kunnen tippen aan; *on the* ~*s* in het leven [de prostitutie]; *walk the* ~*s* zie: walk
streetcar *znw* Am tram
street cred, street credibility *znw* geloofwaardigheid bij de jeugd; vertrouwdheid met de jeugdcultuur
streetlight *znw* straatlantaarn
street value *znw* straatwaarde
street-walker *znw* prostitué, prostituee
streetwise *bn* bekend met het straatleven, door de wol geverfd
strength ['streŋθ] *znw* (getal)sterkte, kracht, macht; ook: krachten; *Britain goes from* ~ *to* ~ Engeland gaat gestadig vooruit; *on the* ~ *of* op grond van, naar aanleiding van
strengthen **I** *overg* versterken, sterken; **II** *onoverg* sterk(er) worden
strenuous ['strenjuəs] *bn* krachtig, energiek, ijverig; inspannend; moeilijk
stress [stres] **I** *znw* nadruk², klem(toon), accent o; spanning, stress; techn spanning, druk; kracht, gewicht o; **II** *overg* de nadruk leggen op²; ~*ed* beklemtoond; gestressed, gespannen
stressful *bn* met veel spanning, vol stress
stretch [stretʃ] **I** *overg* rekken, oprekken, uitrekken; uitstrekken, uitsteken, uitspreiden, (uit)spannen; fig overdrijven; geweld aandoen; prikkelen, uitdagen; ~ *a point* niet al te nauw kijken; ~ *the truth* het zo nauw niet nemen met de waarheid; *be* ~*ed* krap zitten; **II** *onoverg & abs ww* zich uitstrekken, zich uitrekken; rekken; ~ *out* zich uitstrekken; aanstappen; **III** *znw*

uit(st)rekking, spanning; inspanning; uit-gestrektheid; (recht) eind o, stuk o [v. weg &]; tijd, tijdje o, periode; slang (één jaar) gevangenisstraf; *at a ~* desnoods; achtereen, aan één stuk door; *at full ~* helemaal gestrekt; gespannen tot het uiterste; *by a ~ of the imagination* met wat fantasie; *on the ~* (in)gespannen[2]; **IV** *bn* stretch-
stretcher *znw* draagbaar, brancard
stretcher-bearer *znw* ziekendrager, brancardier
stretchy *bn* rekbaar, elastisch
strew* [stru:] *overg* (uit)strooien; bestrooien; bezaaien (met *with*)
strewth [stru:θ] *tsw* slang warempel
stricken ['strikn] *bn* geslagen, getroffen; zwaar beproefd; diepbedroefd
strict ['strikt] *bn* stipt, strikt (genomen), streng, nauwkeurig, nauwgezet
stricture ['striktʃə] *znw* (kritische) aanmerking (op *on*); med vernauwing
1 stride* [straid] *onoverg* schrijden, met grote stappen lopen
2 stride [straid] *znw* schrede, (grote) stap; *take sth. in one's ~* iets en passant doen, tussen de bedrijven door afhandelen; *get into one's ~* op dreef komen
strident ['straidənt] *bn* krassend, schril, schel; scherp[2]
strife [straif] *znw* strijd, twist, tweedracht
1 strike* [straik] **I** *overg* slaan, slaan op (met, tegen, in); aanslaan [een toon &]; invallen, opkomen bij [idee &]; stoten (met, op, tegen); aanslaan tegen; komen aan (op), aantreffen, vinden; treffen[2], opvallen, voorkomen, lijken; strijken [vlag]; afbreken [tent]; afstrijken [lucifer &]; *how does it ~ you?* wat vind je ervan?; *~ sbd. blind (dumb)* iem. met blindheid (stomheid) slaan; *~ a balance between* fig een evenwicht vinden tussen; *~ a blow for (freedom)* een lans breken voor de vrijheid; *~ camp* het kamp opbreken; *~ a chord with* fig bijzonder aanspreken; *~ home* raak slaan; fig in de roos schieten; *~ it lucky* boffen; *~ oil* petroleum aanboren; fig fortuin maken; **II** *onoverg* slaan; toeslaan; mil aanvallen; raken; inslaan [v. bliksem, projectiel]; aangaan, vuur vatten [v. lucifer]; wortel schieten; (het werk) staken; *~ at the root of* in de wortel aantasten; *~ off* afslaan, afhouwen; schrappen, (van de lijst) afvoeren; royeren; *be struck on* dol zijn op; *~ out* van zich afslaan [bij boksen]; fig zijn eigen weg gaan; *~ out a name* schrappen, schrappen; *~ through* doorstrepen [een woord]; *~ up* muz beginnen te spelen, aanheffen, inzetten; aangaan, sluiten [verbond &]; *~ up a conversation (a correspondence) with* een gesprek (een briefwisseling) beginnen met; *struck with terror* door schrik bevangen
2 strike [straik] *znw* slag[2]; mil (lucht-)aanval; (werk)staking; vondst [v. goud]; strijkhout o
strike-bound *bn* door staking lamgelegd [industrie]
strike-breaker *znw* stakingbreker

strike-pay *znw* stakingsuitkering
striker *znw* (werk)staker
striking *bn* treffend, frappant, opvallend, merkwaardig, sensationeel; mil aanvals-; *within ~ distance of* in de buurt van
1 string [strɪŋ] *znw* touw o, touwtje o, bindgaren o, band, koord o & v, veter; snoer o, snaar; pees, vezel, draad; ris, sliert, reeks, rij; *~s* ook: fig zekere voorwaarden; *with no ~s attached* onvoorwaardelijk; *the ~s* muz de strijkinstrumenten; de strijkers; *have two (more than one) ~s to one's bow* nog andere pijlen op zijn boog hebben; *pull ~s to...* zijn invloed aanwenden om...
2 string* [strɪŋ] **I** *overg* rijgen (aan *on*) [snoer &], snoeren; besnaren; (met snaren) bespannen; spannen [de zenuwen, de boog]; (af)risten, afhalen [bonen &]; *~ along* gemeenz aan het lijntje houden; *~ out* in een rij naast elkaar plaatsen; *~ together* aaneenrijgen[2]; *~ up* fig (in-)spannen; gemeenz opknopen, ophangen; **II** *onoverg: ~ along with* gemeenz meegaan met, meewerken met
string bag *znw* boodschappennet o
string bean *znw* (snij)boon; fig bonenstaak, lange slungel
string player *znw* muz strijker
stringed *bn* besnaard; snaar-, strijk-; *two-~* tweesnarig
stringency ['strindʒənsi] *znw* strengheid [v. wetten of bepalingen]; handel nijpende schaarste [v. geldmarkt]
stringent *bn* bindend, streng; klemmend; handel schaars, krap
stringy ['strɪŋi] *bn* vezelig, draderig, zenig
strip [strip] **I** *overg* (af)stropen, afristen, afhalen [bedden]; (naakt) uitkleden; leeghalen; ontmantelen; scheepv ontakelen; *~ of* beroven van, ontdoen van; **II** *onoverg & abs ww* zich uitkleden; zich laten afstropen, afristen &; losgaan; **III** *znw* strook, reep; strip, beeldverhaal o; *tear sbd. off a ~, tear a ~ off sbd.* gemeenz iem. op zijn lazer geven
stripe [straip] *znw* streep, mil chevron; (zweep)slag
striped *bn* gestreept, streepjes-
strip-lighting ['striplaitɪŋ] *znw* tl-verlichting
stripling ['striplɪŋ] *znw* jongeling
stripper ['stripə] *znw* afstroper; stripper, strip-teasedanser(es)
strip-tease ['stripti:z] *znw* striptease
stripy ['straipi] *bn* gestreept, streepjes-
strive* [straiv] *onoverg* hard zijn best doen, zich inspannen (om *to*); streven (naar *after, for*)
striven ['strivn] *V.D.* van *strive*
strobe light ['stroublait] *znw* stroboscooplamp
strode [stroud] *V.T.* van *¹stride*
1 stroke [strouk] *znw* slag[2]; trek, haal, streep; schuine streep (/); streek, schrap; stoot; aanval [v. beroerte], beroerte; sp slag(roeier); *~ of diplomacy* fraai staaltje o diplomatie; *a ~ of genius* een geniaal idee o & v; *~ of lightning* bliksemslag; *be off one's ~* fig de kluts kwijt zijn

2 stroke [strouk] **I** *overg* strelen, (glad-) strijken, aaien; **II** *znw* streling, aai

stroll [stroul] **I** *onoverg* (rond)slenteren, kuieren, ronddwalen; *~ing player* reizend, rondtrekkend toneelspeler; **II** *znw* toertje *o*, wandeling

stroller *znw* slenteraar, wandelaar; *Am* wandelwagen

strong [strɔŋ] **I** *bn* sterk°, kras, krachtig, vurig; vast [v. markt]; zwaar [drank of tabak]; ranzig [boter &]; goed [geheugen]; *twenty ~* twintig man sterk, met zijn twintigen; **II** *bijw* sterk; *come on ~* overdrijven; flirten, hitsig worden; *be going ~* nog prima in vorm zijn; het nog goed doen [auto &]

strong-arm *bn* hardhandig

strong-box *znw* brandkast, geldkist

stronghold *znw* sterkte, burcht[2], bolwerk[2] *o*

strong-minded *bn* van krachtige geest; energiek

strong-willed *bn* gedecideerd, wilskrachtig

strop [strɔp] *znw* aanzetriem, scheerriem

strophe ['stroufi] *znw* strofe, vers *o*

stroppy ['strɔpi] *bn* gemeenz lastig, dwars, in de contramine, onaangenaam

strove [strouv] V.T. van *strive*

struck [strʌk] **I** V.T. & V.D. van [1]*strike*; **II** *bn* onder de indruk; gemeenz gecharmeerd, betoverd

structural ['strʌktʃərəl] *bn* van de bouw, bouw-, structuur-, structureel; *~ alterations* verbouwing

structuralism *znw* structuralisme *o*

structure I *znw* structuur, bouw[2]; gebouw[2] *o*, bouwsel *o*; **II** *overg* structureren

struggle ['strʌgl] **I** *onoverg* (tegen-) spartelen; worstelen (tegen *against, with*), kampen (met *with*); strijden; zich alle mogelijke moeite geven; *~ in (through)* zich met moeite een weg banen naar binnen (door); **II** *znw* worsteling, (worstel)strijd; pogingen; probleem *o*, problematisch geval *o*; *the ~ for life* de strijd om het bestaan

strum [strʌm] *onoverg* tjingelen, tokkelen [op snaarinstrument]

struma ['stru:mə] *znw* (*mv:* strumae) kropgezwel *o*, struma

strumpet ['strʌmpit] *znw* slet, hoer

strung [strʌŋ] V.T. & V.D. van [2]*string*

1 strut [strʌt] *onoverg* deftig, trots stappen

2 strut [strʌt] **I** *znw* stut; **II** *overg* stutten

strychnine ['strikni:n] *znw* strychnine

stub [stʌb] **I** *znw* stronk [v. boom]; stomp, stompje *o* [potlood], peuk, peukje *o* [sigaar]; *Am* souche [v. cheque]; **II** *overg* [zijn teen &] stoten; *~ out* uitdrukken [sigaret]

stubble ['stʌbl] *znw* stoppel(s)[2]

stubbly *bn* stoppelig, stoppel-

stubborn ['stʌbən] *bn* hardnekkig; halsstarrig, onverzettelijk, weerspannig

stubby ['stʌbi] *bn* kort en dik, kort en stevig

stucco ['stʌkou] **I** *znw* pleisterkalk; pleisterwerk *o*; **II** *overg* stukadoren, pleisteren

stuck [stʌk] **I** V.T. & V.D. van [2]*stick*; **II** *bn* slang verliefd (op *on*); to be ~ vastzitten, niet verder kunnen; *~ with* opgescheept met; *get ~ in* hard aan de slag gaan

stuck-up *bn* gemeenz verwaand, pedant

1 stud [stʌd] **I** *znw* tapeinde *o*; knop, knopje *o*, spijker; overhemdsknoopje *o*; **II** *overg: ~ded with* dicht bezet met; bezaaid met

2 stud [stʌd] *znw* stoeterij; (ren)stal; dekhengst [ook: fig seksueel actieve man]

stud-book *znw* (paarden-, honden- &) stamboek *o*

student ['stju:dənt] *znw* student, scholier; die (een speciale) studie maakt (van *of*), die zich interesseert (voor *of*)

studentship *znw* studentschap *o*; studiebeurs

stud-farm ['stʌdfɑ:m] *znw* stoeterij

studied ['stʌdid] *bn* weldoordacht; bestudeerd, gewild, gemaakt, opzettelijk

studio ['stju:diou] *znw* (film)studio; atelier *o* [v. kunstenaar]; (ook: *~ flat*) eenkamerwoning, studio; *~ couch* bedbank

studious ['stju:diəs] *bn* ijverig, vlijtig, leergierig; angstvallig, nauwgezet

study ['stʌdi] **I** *znw* studie°; bestudering; muz etude; studeerkamer; **II** *overg* (be-)studeren; studeren in; rekening houden met [iems. belangen]; **III** *onoverg* studeren

stuff [stʌf] **I** *znw* stof; materiaal *o*, goed *o*, goedje *o* [ook = medicijn], rommel; handel goederen; spul *o*; slang drug(s), narcotica; spul *o*; klets (ook: *~ and nonsense*); *he is hot ~* hij is niet mis, niet makkelijk; *that's the ~* gemeenz dat is je ware!; dat is wat we nodig hebben; *do one's ~* zijn werk doen; zich weren; **II** *overg* volstoppen[2], volproppen[2] (met *with*); schransen; farceren; slang inmaken, compleet verslaan; (op)vullen; opzetten [dieren]; stoppen (in *into*); (dicht)stoppen (ook: *~ up*); *I'm ~ed up* mijn neus zit verstopt; *~ed shirt* slang druktemaker, dikdoener; *get ~ed! plat* flikker op!

stuffing *znw* vulsel *o*, opvulsel *o*, farce; *knock (take) the ~ out of sbd.* gemeenz iem. uit het veld slaan

stuffy ['stʌfi] *bn* benauwd, dompig, bedompt, duf[2]; gemeenz bekrompen, conventioneel

stultification [stʌltifi'keiʃən] *znw* belachelijk, krachteloos & maken *o*, zie *stultify*

stultify ['stʌltifai] *onoverg* fig afstompen

stumble ['stʌmbl] **I** *onoverg* struikelen[2]; strompelen; *~ at* zich stoten aan; aarzelen; *~ over* struikelen over; *~ (up)on/across/* toevallig aantreffen of vinden; **II** *znw* struikeling[2], misstap

stumbling-block *znw* struikelblok *o*, hinderpaal; steen des aanstoots

stump [stʌmp] **I** *znw* stomp, stompje *o*; stronk; stump; paaltje *o* [v. wicket]; *~s* gemeenz onderdanen [benen]; **II** *overg* sp er-uit slaan [bij cricket]; gemeenz in verlegenheid brengen; *~ up* gemeenz dokken [geld]; **III** *onoverg* stommelen, strompelen; *Am* verkiezingsredevoeringen houden

stumpy *bn* kort en dik, gezet

stun [stʌn] *overg* bewusteloos slaan, bedwelmen, verdoven; <u>gemeenz</u> overweldigen, verbluffen

stung [stʌŋ] V.T. & V.D. van ¹*sting*

stunk [stʌŋk] V.T. & V.D. van ¹*stink*

stunner ['stʌnə] *znw* <u>gemeenz</u> prachtkerel, -meid, schoonheid

stunning *bn* verbluffend; <u>gemeenz</u> fantastisch, te gek

1 stunt [stʌnt] **I** *znw* nummer *o* [v. vertoning]; toer, kunst, truc, foefje *o*, kunstje *o*, stunt; *pull a ~* een stunt uithalen; **II** *onoverg* toeren doen, zijn kunsten vertonen

2 stunt [stʌnt] *overg* in de groei belemmeren

stunted *bn* in de groei blijven steken, dwerg-

stunt-man ['stʌntmæn] *znw* stuntman

stunt-woman *znw* stuntvrouw

stupefaction [stju:pi'fækʃən] *znw* bedwelming, verdoving; (stomme) verbazing

stupefy ['stju:pifai] *overg* verdoven, bedwelmen; verstompen; verbluffen

stupendous [stju'pendəs] *bn* verbazend, verbazingwekkend, kolossaal

stupid ['stju:pid] **I** *bn* dom, stom, onzinnig; saai; (ver)suf(t); **II** *znw* <u>gemeenz</u> stommerik

stupidity [stju'piditi] *znw* domheid &; stomheid

stupor ['stju:pə] *znw* verdoving, bedwelming, gevoelloosheid; stomme verbazing

sturdy ['stə:di] *bn* sterk, stoer, stevig

sturgeon ['stə:dʒən] *znw* steur

stutter ['stʌtə] **I** *onoverg & overg* stotteren, hakkelen; **II** *znw* gestotter *o*, gehakkel *o*

sty [stai] *znw* **1** varkenshok² *o*, kot² *o*; **2** (ook: *stye*) <u>med</u> strontje *o* (op het oog)

Stygian ['stidʒiən] *bn* duister, donker (als de mythologische rivier Styx)

style [stail] **I** *znw* stijl°, wijze, manier, (schrijf-)trant; soort, genre *o*; <u>plantk</u> stijl [v. stamper]; *free ~* vrije slag [zwemmen]; *in (high) ~* op grote voet; **II** *overg* noemen, betitelen; ontwerpen, vormgeven [auto, japon &]

stylish *bn* naar de (laatste) mode, stijlvol, elegant, fijn, chic, zwierig

stylist *znw* stilist

stylistic [stai'listik] **I** *bn* stilistisch, stijl-; **II** *znw: ~s* stijlleer

stylize ['stailaiz] *overg* stileren

stylus ['stailəs] *znw (mv:* -es *of* styli) naald (v. pick-up)

stymie ['staimi] *overg* hinderen [bij golfsport]; <u>fig</u> verijdelen [plan], verhinderen; mat zetten [tegenstander]

styptic ['stiptik] *bn (znw)* bloedstelpend (middel *o*)

Styx [stiks] *znw* Styx (mythologische rivier); *cross the ~* doodgaan, sterven

suasion ['sweiʒən] *znw* morele druk

suave [sweiv] *bn* minzaam, voorkomend, vriendelijk [v. wijn], zacht

1 sub [sʌb] *znw* <u>gemeenz</u> verk. v. *subaltern*, *sub-editor*, *sub-lieutenant*, *submarine*, *subscription*, *substitute*; <u>slang</u> voorschot *o*

2 sub- [sʌb] *voorv* onder, bijna, bij, naar, lager, kleiner

subaltern ['sʌbltən] *znw* mil officier beneden de rang van kapitein, jong luitenantje *o*

subatomic ['sʌbə'tɔmik] *bn* subatomair

subclass ['sʌbkla:s] *znw* onderklasse

subcommittee ['sʌbkə'miti] *znw* subcommissie

subconscious ['sʌb'kɔnʃəs] **I** *bn* onderbewust; **II** *znw* onderbewuste *o*; onderbewustzijn *o*

subcontinent ['sʌb'kɔntinənt] *znw* subcontinent *o*

subcontractor ['sʌbkɔn'træktə] *znw* onderaannemer; toeleveringsbedrijf *o*

subculture ['sʌb'kʌltʃə] *znw* subcultuur

subcutaneous [sʌbkju'teiniəs] *bn* onderhuids

subdeacon ['sʌb'di:kən] *znw* <u>RK</u> subdiaken; onderdiaken

subdivide ['sʌbdi'vaid] *overg* in onderafdelingen verdelen, onderverdelen

subdivision ['sʌbdiviʒən] *znw* onderafdeling; onderverdeling

subdue [səb'dju:] *bn* onderwerpen, klein krijgen; beheersen [hartstochten], bedwingen; temperen [v. licht &]; *~d* ook: gedempt; gedekt; stil, zacht, zichzelf meester; ingehouden

sub-editor ['sʌb'editə] *znw* secretaris v.d. redactie

subgroup ['sʌb'gru:p] *znw* subgroep

sub-heading ['sʌbhediŋ] *znw* ondertitel

subhuman ['sʌb'hju:mən] *bn* minder dan menselijk

subject I *bn* ['sʌbdʒikt] onderworpen; *~ to* onderworpen aan; onderhevig aan, vatbaar voor; last hebbend van [duizelingen &]; afhankelijk van; *~ to the approval of...* behoudens de goedkeuring van...; **II** *znw* onderdaan; persoon, individu *o*; proefpersoon, -dier *o*; kadaver *o* [voor de snijkamer]; subject *o*; onderwerp° *o*; (leer)vak *o*; <u>muz</u> thema *o*; aanleiding, motief *o*; **III** *overg* [səb'dʒekt] onderwerpen, blootstellen (aan *to*)

subjection *znw* onderwerping; afhankelijkheid; onderworpenheid

subjective [səb'dʒektiv] *bn* subjectief

subjectivity [sʌbdʒek'tiviti] *znw* subjectiviteit

subject-matter ['sʌbdʒiktmætə] *znw* stof, onderwerp *o*

subjoin [sʌb'dʒɔin] *overg* toe-, bijvoegen

subjugate ['sʌbdʒugeit] *overg* onder het juk brengen; (aan zich) onderwerpen

subjugation [sʌbdʒu'geiʃən] *znw* onderwerping

subjunctive [səb'dʒʌŋktiv] **I** *bn: ~ mood =* **II** *znw* aanvoegende wijs, conjunctief

sublease ['sʌb'li:s] *znw* onderverhuring

sublet ['sʌb'let] *overg* onderverhuren

sub-lieutenant ['sʌble'tenənt] *znw* luitenant ter zee 2de klasse

sublimate *overg* sublimeren

sublimation [sʌbli'meiʃən] *znw* sublimering

sublime [sə'blaim] **I** *bn* subliem, verheven,

hoog; voortreffelijk; indrukwekkend, majesteus; gemeenz uiterst; **II** znw verhevene o; going from the ~ to the ridiculous ± van het ene in het andere uiterste vallen

subliminal [sʌb'liminl] bn subliminaal, onderbewust

sublimity [sə'blimiti] znw sublimiteit, verhevenheid, hoogheid

sub-machine gun ['sʌbmə'ʃi:ngʌn] znw handmitrailleur

submarine ['sʌbməri:n] **I** bn onderzees; **II** znw onderzeeboot, onderzeeër, duikboot

submerge [səb'mə:dʒ] **I** overg onderdompelen, onder water zetten, overstromen[2], fig bedelven; **II** onoverg (onder)duiken; (weg)zinken

submergence znw onderdompeling; overstroming

submersible I bn onder water gezet (gelaten) kunnende worden; **II** znw duikboot

submission [səb'miʃən] znw onderwerping, voor-, overlegging; onderworpenheid, onderdanigheid, nederigheid; recht mening

submissive bn onderdanig, nederig, onderworpen, ootmoedig, gedwee

submit [səb'mit] **I** overg onderwerpen, voorleggen (ter beoordeling); overleggen; menen, de opmerking maken (dat that); **II** onoverg zich onderwerpen (aan to)

subnormal ['sʌb'nɔ:məl] bn beneden het normale

subordinate I bn [sə'bɔ:dinit] ondergeschikt, mil onderhebbend; ~ clause bijzin; **II** znw ondergeschikte, mil onderhebbende; **III** overg [sə'bɔ:dineit] ondergeschikt maken, achterstellen (bij to)

subordination [səbɔ:di'neiʃən] znw ondergeschiktheid; ondergeschiktmaking

subpoena [səb'pi:nə] **I** znw dagvaarding; **II** overg dagvaarden

subscribe [səb'skraib] **I** overg bijeenbrengen [geld]; **II** onoverg (onder)tekenen, intekenen (op for, to); contribueren; ~ to a newspaper zich op een krant abonneren; I cannot ~ to that ik kan die mening niet onderschrijven

subscriber znw ondertekenaar; intekenaar, abonnee

subscription [səb'skripʃən] znw onderschrift o; ondertekening; inschrijving, intekening; abonnement o; contributie [als lid]; bijdrage [voor goed doel]

subsection ['sʌb'sekʃən] znw onderafdeling

subsequent ['sʌbsikwənt] bn (later) volgend, later

subsequently bijw vervolgens, naderhand, daarna, later

subserve [səb'sə:v] overg plechtig gunstig zijn voor

subservience znw dienstbaarheid, ondergeschiktheid; kruiperige onderdanigheid

subservient bn dienstbaar, ondergeschikt; kruiperig onderdanig

subside [səb'said] onoverg zinken, zakken, verzakken; tot bedaren komen, bedaren, gaan liggen [v. wind &], luwen; afnemen

subsidence [səb'saidəns, 'sʌbsidəns] znw zinken o, zakken o; inzinking [bodem]; verzakking [gebouw]; gaan liggen o [wind]

subsidiary [səb'sidjəri] **I** bn neven-; ondergeschikt; ~ company handel dochtermaatschappij; **II** znw handel dochtermaatschappij

subsidization [sʌbsidai'zeiʃən] znw subsidiëring

subsidize ['sʌbsidaiz] overg subsidiëren, subsidie verlenen aan, geldelijk steunen

subsidy znw subsidie

subsist [səb'sist] onoverg bestaan, leven (van on); blijven bestaan

subsistence znw (middel o van) bestaan o; (levens)onderhoud o, leeftocht; ~ level bestaansminimum o

subsoil ['sʌbsɔil] znw ondergrond

subsonic [sʌb'sɔnik] bn lager dan de snelheid van het geluid

subspecies ['sʌb'spi:ʃi:z] znw (mv idem) biol ondersoort

substance ['sʌbstəns] znw zelfstandigheid, stof; substantie, wezen o, essentie, wezenlijke inhoud, hoofdzaak, kern, voornaamste o; degelijkheid; vermogen o

sub-standard ['sʌb'stændəd] bn onder de norm

substantial [səb'stænʃəl] bn aanzienlijk, flink; degelijk, stevig, solide; bestaand; wezenlijk, stoffelijk, werkelijk; welgesteld

substantially [səb'stænʃəli] bijw ook: in hoofdzaak; in wezen

substantiate [səb'stænʃieit] overg met bewijzen staven

substantiation [səbstænʃi'eiʃən] znw staving (met bewijzen), bewijs o

substantive ['sʌbstəntiv] znw zelfstandig°; onafhankelijk; wezenlijk

substitute ['sʌbstitju:t] **I** znw plaatsvervanger, substituut; sp invaller, wisselspeler; surrogaat o, vervangingsmiddel o; **II** overg vervangen, de plaats vervullen van; in de plaats stellen

substitution [sʌbsti'tju:ʃən] znw substitutie, (plaats)vervanging

substratum ['sʌb'stra:təm] znw (mv: -ta [-tə]) substraat o; onderlaag, ondergrond

substructure ['sʌbstrʌktʃə] znw onderbouw

subsume [səb'sju:m] overg onderbrengen, rangschikken, indelen [in categorie]

subtenant ['sʌb'tenənt] znw onderhuurder

subtend [səb'tend] overg tegenover liggen [v. zijde, hoek, in meetkunde]

subterfuge ['sʌbtəfju:dʒ] znw uitvlucht

subterranean [sʌbtə'reiniən] bn ondergronds, onderaards; fig heimelijk

subtitle ['sʌbtaitl] **I** znw ondertitel [v. boek, geschrift, film]; **II** overg ondertitelen; van ondertitels/een ondertitel voorzien

subtle ['sʌtl] bn subtiel, fijn; ijl[2]; fig spitsvondig, listig

subtlety znw subtiliteit, fijnheid; ijlheid[2]; fig spitsvondigheid, list(igheid); subtleties ook: finesses

subtract [səb'trækt] overg aftrekken

subtraction [səb'trækʃən] znw aftrekking

subtrahend ['sʌbtrəhend] znw wisk aftrekker

subtropical [sʌb'trɔpikl] bn subtropisch

suburb ['sʌbə:b] *znw* voorstad, buitenwijk
suburban [sə'bə:bən] *bn* voorstedelijk; fig kleinburgerlijk
suburbia *znw* voorsteden (vooral van Londen)
subvention [səb'venʃən] *znw* subsidie
subversion [səb'və:ʃən] *znw* ondermijning
subversive *bn* revolutionair, subversief, fig ondermijnend
subvert *overg* omverwerpen, fig ondermijnen
subway ['sʌbwei] *znw* (voetgangers-) tunnel; Am metro
succeed [sək'si:d] I *overg* volgen op, komen na; opvolgen; II *onoverg* opvolgen (ook: ~ to), volgen (op to); succes hebben, goed uitvallen, (ge)lukken, slagen
success [sək'ses] *znw* succes o, welslagen o; (gunstige) afloop
successful *bn* succesvol, geslaagd, succes-; voorspoedig, gelukkig; *be ~ in ...ing* erin slagen om...
succession [sək'seʃən] *znw* opeenvolging, volgorde, reeks; successie, opvolging, erf-, troonopvolging; *in ~* achtereen, achter elkaar, achtereenvolgens; *in ~ to* als opvolger van; na
successive *bn* (opeen)volgend, achtereenvolgend
successively *bijw* achtereenvolgens, successievelijk
successor *znw* (troon)opvolger
succinct [sək'siŋkt] *bn* beknopt, bondig, kort
succour, Am **succor** ['sʌkə] I *overg* bijstaan, te hulp komen, helpen; II *znw* bijstand, steun, hulp
succulence ['sʌkjuləns] *znw* sappigheid[2]
succulent I *bn* sappig[2]; ~ *plant* = II *znw* vetplant, succulent
succumb [sə'kʌm] *onoverg* bezwijken (voor, aan to)
such [sʌtʃ] I *bn* zulk (een), zo('n), zodanig; van dien aard, dergelijk; ~ *a thing* zoiets, iets dergelijks; *some ~ thing* iets van dien aard; ~ *money as I have* het geld dat ik heb; II *vnw* zulks, dergelijke dingen; ~ *as* zoals; zij die, die welke, degenen die; *as ~* als zodanig
suchlike *bn* & *znw* dergelijk(e)
suck [sʌk] I *overg* zuigen (op, aan), in-, op-, uitzuigen[2]; ~ *in* op-, inzuigen, indrinken[2]; verzwelgen; slang bedotten, bedriegen; ~ *up* op-, inzuigen; ~ *up to* slang vleien; II *onoverg* zuigen; lens zijn [v. pomp]; III *znw* zuigen o; zuiging; slokje o; *give ~ to* zogen
sucker *znw* zuiger; zuigleer o; zuigbuis; dierk zuignap; dierk zuigvis; jonge walvis; speenvarken o; plantk uitloper; gemeenz sul
suckle [sʌkl] *overg* zogen; fig grootbrengen
suckling *znw* zuigeling; dierk nog zuigend dier o
suction ['sʌkʃən] *znw* het (in)zuigen o; zuiging
suction dredge(r) *znw* zuigbaggermachine, zandzuiger
suction-pump *znw* zuigpomp
Sudan [su:'da:n] *znw* Soedan o
Sudanese [su:də'ni:z] I *znw* (*mv* idem) Soedanees; II *bn* Soedanees
sudatorium [sju:də'tɔ:riəm] *znw* (*mv.* sudatoria) zweetbad o
sudden ['sʌdn] *bn* plotseling, onverhoeds; *all of a ~* plotseling, onverhoeds
suddenly *bijw* plotseling, eensklaps
suds [sʌdz] *znw* (zeep)sop o, zeepschuim o
sue [s(j)u:] I *overg* in rechten aanspreken, vervolgen; verzoeken (om for); II *onoverg* verzoeken; ~ *for damages* een eis tot schadevergoeding instellen
suede [sweid] *znw* suède o & v
suet ['s(j)u:it] *znw* niervet o
suffer ['sʌfə] I *overg* lijden; te lijden hebben; de dupe zijn van; ondergaan; dulden, uithouden, (ver)dragen, uitstaan; II *onoverg* lijden; eronder lijden; de dupe zijn; boeten (ook: op het schavot); ~ *badly (severely)* het erg moeten ontgelden
sufferance *znw* toelating, (lijdelijke) toestemming; *be admitted on ~* ergens geduld worden
sufferer *znw* lijder, patiënt; slachtoffer o
suffering I *bn* lijdend; II *znw* lijden o, nood
suffice [sə'fais] *onoverg* genoeg zijn, voldoende zijn, toereikend zijn; ~ *it to say that...* we kunnen volstaan met te zeggen dat...
sufficiency [sə'fiʃənsi] *znw* voldoende hoeveelheid (voorraad); voldoend aantal o
sufficient *bn* genoeg, voldoende, toereikend (voor for, to...); ~ *unto the day is the evil thereof* bijbel elke dag heeft genoeg aan zijn eigen kwaad
suffix ['sʌfiks] I *znw* achtervoegsel o; II *overg* achtervoegen
suffocate ['sʌfəkeit] I *overg* verstikken, smoren, doen stikken; II *onoverg* stikken, smoren
suffocation [sʌfə'keiʃən] *znw* stikken o, verstikking
suffragan ['sʌfrəgən] *znw* (*bn*) (ook: ~ *bishop*, *bishop ~*) wijbisschop
suffrage ['sʌfridʒ] *znw* kies-, stemrecht o
suffragette [sʌfrə'dʒet] *znw* suffragette
suffuse [sə'fju:z] *overg* vloeien over [v. licht, kleur, vocht]; stromen langs [v. tranen]; overgieten, overspreiden, overdekken (met with)
suffusion *znw* overgieting, overdekking; blos, bloeduitstorting (onder de huid); waas o, sluier
sugar ['ʃugə] I *znw* suiker; II *overg* suikeren, suiker doen in of bij; ~ *the pill* de pil vergulden; ~*ed words* suikerzoete woordjes
sugar-beet *znw* suikerbiet
sugar-bowl *znw* suikerpot
sugar-candy *znw* kandijsuiker
sugar-cane *znw* suikerriet o
sugar-coat *overg* met een suikerlaagje bedekken; fig versuikeren; ~ *the pill* de pil vergulden
sugar-daddy *znw* slang rijk oud heertje o als vriend van jong vrouwspersoon

sugar lump *znw* suikerklontje o
sugarplum *znw* suikerboon [snoep]
sugary *bn* suiker(acht)ig, suikerzoet[2], sui-
ker-
suggest [sə'dʒest] *overg* aan de hand doen,
opperen, voorstellen, in overweging geven, aanraden; suggereren, doen denken
aan, doen vermoeden; ingeven, inblazen,
influisteren
suggestible *bn* voor suggestie vatbaar
suggestion *znw* voorstel o, aanraden o,
idee o & v; suggestie, ingeving, inblazing,
influistering; aanduiding; wenk; a ~ of...
iets wat doet denken aan...; ~ box ideeën-
bus
suggestive *bn* suggestief, een aanwijzing
bevattend, te denken, te vermoeden of te
raden gevend; veelbetekenend, dubbelzinnig [opmerking]; be ~ of doen denken
aan, wijzen op
suicidal [s(j)ui'saidl] *bn* zelfmoord(enaars)-;
it would be ~ to... het zou met zelfmoord
gelijkstaan
suicide ['s(j)uisaid] *znw* zelfmoord(enaar)
suit [s(j)u:t] **I** *znw* verzoek(schrift) o, aanzoek o; rechtsgeding o, proces o; kaartsp
kleur; kostuum o, pak o (kleren); (mantel-)
pakje o, deux-pièces [= jasje en rok]; stel o;
... is (not) his strong ~ ...is zijn fort (niet);
bring (file) a ~ against een aanklacht indienen tegen; zie ook: follow I; **II** *overg*
passen, voegen, geschikt zijn voor, gelegen
komen, schikken; (goed) komen bij, (goed)
bekomen; aanpassen (aan to); it ~ed my
book (my case, my game, my purpose) het
kwam in mijn kraam te pas; ~ the action
to the word de daad bij het woord voegen;
III *wederk*: ~ oneself naar eigen goeddunken handelen; ~ yourself! ga je gang
maar! (het zal mij een zorg zijn); **IV** onoverg & abs ww gelegen komen; bijeenkomen, passen bij [v. kleuren]
suitable ['s(j)u:təbl] *bn* gepast, passend; geschikt
suit-case ['s(j)u:tkeis] *znw* koffer
suite [swi:t] *znw* suite [v. kamers & muz]; ~
(of furniture) ameublement o
suited ['s(j)u:tid] *bn* geschikt (voor for, to)
suiting ['s(j)u:tiŋ] *znw* kostuumstof
suitor ['s(j)u:tə] *znw* plechtig vrijer, minnaar, pretendent
sulk [sʌlk] **I** *onoverg* pruilen, mokken; het
land hebben; **II** *znw* gepruil o, gemok o;
landerigheid; have (be in) the ~s (zitten)
pruilen
sulky *bn* pruilend, gemelijk, bokkig, landerig
sullen ['sʌlən] *bn* nors, bokkig, korzelig,
knorrig; somber
sully ['sʌli] *overg* besmeuren, bevlekken,
bezoedelen
sulphate ['sʌlfeit] *znw* sulfaat o
sulphur, Am **sulfur** ['sʌlfə] *znw* zwavel
sulphuretted ['sʌlfjuretid] *bn*: ~ hydrogen
zwavelwaterstof
sulphuric [sʌl'fjuərik] *bn* zwavelig; ~ acid
zwavelzuur o
sulphurize ['sʌlfjuraiz] *overg* zwavelen

sulphurous *bn* zwavelig, zwavelachtig,
zwavel-; zwavelkleurig
sultan ['sʌltən] *znw* sultan
sultana [sʌl'ta:nə] *znw* sultane; sultanaro-
zijn
sultry ['sʌltri] *bn* zwoel[2]; drukkend (heet)
sum [sʌm] **I** *znw* som°; handel somma; bedrag o; ~ (total) totaal o; the ~ (and substance) of... de kern [v. betoog &]; he is
good at ~s vlug in het rekenen; in ~ om
kort te gaan; **II** *overg* samen-, optellen
(ook: ~ up); ~ up opsommen, (kort) samenvatten, resumeren; ~ sbd. up zich een
opinie vormen omtrent iem., iem. peilen
summarily ['sʌmərili] *bijw* in het kort, beknopt
summarize *overg* kort samenvatten
summary I *bn* beknopt, kort; summier;
snel; do ~ justice on volgens het stand-
recht vonnissen; korte metten maken met;
~ proceedings recht kort geding o; **II** *znw*
(korte) samenvatting, resumé o, kort begrip o, kort overzicht o
summation [sʌ'meiʃən] *znw* optelling, som;
samenvatting; slotpleidooi o
1 summer ['sʌmə] *znw* zomer[2] [ook: jaar]
2 summer ['sʌmə] *znw* dwars-, schoorbalk
summer-house ['sʌməhaus] *znw* tuinhuis o,
prieel o
summersault *znw* = somersault
summer-school ['sʌməsku:l] *znw* zomercur-
sus, vakantiecursus
summer(-)time ['sʌmətaim] *znw* zomerse tijd, zomer-
tijd°
summery *bn* zomers, zomer-
summing-up ['sʌmiŋ'ʌp] *znw* samenvatting, resumé o [vooral v. rechter]
summit ['sʌmit] *znw* top, kruin, toppunt[2] o;
maximum o; topconferentie
summon ['sʌmən] *overg* sommeren, dagvaarden [iem.]; ontbieden, (op)roepen, op-
eisen [een stad]; bijeenroepen [vergade-
ring]; ~ up one's courage zijn moed verzamelen, zich vermannen
summons ['sʌmənz] **I** *znw* sommatie°, dagvaarding, oproep(ing); **II** *overg* dagvaarden
sump [sʌmp] *znw* vergaarbak, put; techn
oliereservoir o [v. motor]
sumpter ['sʌm(p)tə] *znw* vero pakpaard,
pakezel &
sumptuary ['sʌmptjuəri] *bn*: ~ laws weelde-
beperkende wetten
sumptuous *bn* kostbaar, prachtig, rijk,
weelderig
sun [sʌn] **I** *znw* zon[2], zonneschijn; a place in
the ~ fig voorspoed; **II** *wederk*: ~ oneself
zonnen, zich koesteren in de zon
sun-bathe *onoverg* zonnebaden
sun-bather *znw* zonnebader, -baadster
sunbeam *znw* zonnestraal
sun-blind *znw* zonnescherm o, markies
sunburn *znw* verbrandheid door de zon,
zonnebrand
sunburnt *bn* (door de zon) verbrand, gebruind, getaand
sundae ['sʌndei] *znw* soort vruchtenijs o
Sunday ['sʌndi, -dei] *znw* zondag; his ~ best

zijn zondagse kleren
Sunday school *znw* zondagsschool
sunder ['sʌndə] **I** *overg* plechtig (vaneen-)scheiden[2], vaneenscheuren; **II** *znw*: *in* ~ plechtig in stukken
sun-dial ['sʌndaiəl] *znw* zonnewijzer
sundown *znw* zonsondergang
sundowner *znw* gemeenz borrel of drankje *o*, genuttigd bij zonsondergang; Austr zwerver
sun-drenched ['sʌndrenʃt] *bn* zonovergoten
sundried ['sʌndraid] *bn* in de zon gedroogd
sundry *bn* diverse, allerlei; zie *all*
sunflower ['sʌnflauə] *znw* zonnebloem
sung [sʌŋ] V.D. van *sing*
sun-glasses ['sʌngla:siz] *znw mv* zonnebril
sun-god ['sʌngɔd] *znw* zonnegod
sunhat *znw* zonnehoed
sun-helmet *znw* tropenhelm
sunk [sʌŋk] V.D. van ¹*sink*
sunken *bn* (in)gezonken, ingevallen [v. wangen], diepliggend [v. ogen]; hol [v. weg]
sun-lamp ['sʌnlæmp] *znw* hoogtezon(apparaat *o*)
sunless *bn* zonder zon, somber
sunlight *znw* zonlicht *o*, zonneschijn
sunlit *bn* door de zon verlicht, zonnig
sunny *bn* zonnig[2]; ~ *side* zonzijde[2]; *eggs* ~-*side-up* spiegeleieren
sunrise *znw* zonsopgang
sunroof *znw* auto schuifdak *o*
sunset *znw* zonsondergang
sunshade *znw* parasol, zonnescherm *o*; zonneklep
sunshine *znw* zonneschijn[2]; zonnetje *o*
sunspot *znw* zonnevlek
sunstroke *znw* zonnesteek
sun-tan *znw* zonnebruin *o*; *get a* ~ bruin worden
sun-tanned *bn* bruin, door de zon gebruind
sunwise *bijw* met de zon mee
sup [sʌp] **I** *onoverg* nippen, lepelen; het avondmaal gebruiken, 's avonds eten, souperen; **II** *overg* met kleine teugjes drinken, slurpen
super ['s(j)u:pə] **I** *znw* gemeenz **1** figurant (verk. van *supernumerary*); **2** ± commissaris (van politie) (verk. van *superintendant*); **II** *voorv* super-, extra-, bij-, over-, boven-; **III** *bn* gemeenz super, reuze, buitengewoon
superable ['s(j)u:pərəbl] *bn* overkomelijk
superabundance [s(j)u:pərə'bʌndəns] *znw* overvloed
superabundant *bn* overvloedig
superannuate [s(j)u:pə'rænjueit] *overg* ontslaan wegens gevorderde leeftijd; pensioneren; ~*d* ook: afgedankt; verouderd
superannuation [s(j)u:pərænju'eiʃən] *znw* pensionering; pensioen *o*
superb [s(j)u'pə:b] *bn* prachtig, groots; magnifiek
supercharger *znw* aanjager [v. motor]
supercilious [s(j)u:pə'siliəs] *bn* trots, verwaand, laatdunkend

super-duper ['s(j)u:pə'dju:pə] *bn* slang geweldig, buitengewoon
super-ego ['s(j)u:pəregou, -i:gou] *znw* superego *o*
superficial [s(j)u:pə'fiʃəl] *bn* aan de oppervlakte, oppervlakkig; vlakte-
superficiality [s(j)u:pəfiʃi'æliti] *znw* oppervlakkigheid
superficies [s(j)u:pə'fiʃi:z] *znw* (*mv* idem) oppervlakte
superfine ['s(j)u:pə'fain] *bn* uiterst verfijnd, extra fijn, prima
superfluity [s(j)u:pə'fluiti] *znw* overtolligheid, overbodigheid; overvloed(igheid)
superfluous [s(j)u'pə:fluəs] *bn* overtollig, overbodig, overvloedig
superheat [s(j)u:pə'hi:t] *overg* oververhitten
superhuman [s(j)u:pə'hju:mən] *bn* bovenmenselijk
superimpose ['s(j)u:pərim'pouz] *overg* erbovenop plaatsen; bovendien opleggen
superinduce [s(j)u:pərin'dju:s] *overg* toe-, bijvoegen
superintend [s(j)u:pərin'tend] *het* toezicht hebben over, beheren, controleren
superintendence *znw* (opper)toezicht *o*
superintendent *overg* opziener, opzichter, inspecteur; ± commissaris (van politie); directeur; administrateur; *medical* ~ geneesheer-directeur
superior [s(j)u'piəriə] **I** *bn* superieur, voortreffelijk; opper-, boven-, hoofd-, hoger, beter, groter; *with a* ~ *air* uit de hoogte; ~ *numbers* numerieke meerderheid, overmacht; *be* ~ *to* staan boven°, overtreffen; verheven zijn boven; **II** *znw* superieur; meerdere; *he has no* ~ nemand overtreft hem; *Father S*~ kloostervader; *Mother S*~ moeder-overste
superiority [s(j)upiəri'ɔriti] *znw* superioriteit, meerdere voortreffelijkheid; meerderheid; overmacht, voorrang, hoger gezag *o*
superlative [s(j)u'pə:lətiv] **I** *bn* alles overtreffend; van de beste soort; hoogste; ~ *degree* = **II** *znw* overtreffende trap
superlatively *bijw* in de hoogste graad; versterkend bovenmate, buitengemeen; gramm (als) superlatief
superman ['s(j)u:pəmæn] *znw* superman; Übermensch
supermarket ['s(j)u:pəma:kit] *znw* supermarkt
supernal [s(j)u'pə:nl] *bn* plechtig hemels
supernatural [s(j)u:pə'nætʃrəl] *bn* bovennatuurlijk
supernumerary [s(j)u:pə'nju:mərəri] **I** *bn* boven het bepaalde getal, extra-; **II** *znw* overtollige persoon of zaak; figurant
superpose ['s(j)u:pə'pouz] *overg* erbovenop plaatsen; op elkaar plaatsen; plaatsen (op *on, upon*)
superpower ['su:pəpauə] *znw* supermacht
superscription [s(j)u:pə'skripʃən] *znw* opschrift *o*; adres *o* [v. brief]
supersede [s(j)u:pə'si:d] *overg* in de plaats treden van, vervangen, verdringen; buiten

werking stellen; afschaffen; af-, ontzetten

supersensitive *bn* overgevoelig

supersonic [s(j)u:pə'sɔnik] *bn* supersonisch; ~ *bang (boom)* klap bij het doorbreken van de geluidsbarrière

superstar ['su:pɑstɑ:] *znw* superster

superstition [s(j)u:pə'stiʃən] *znw* bijgeloof o

superstitious *bn* bijgelovig

superstructure ['s(j)u:pəstrʌktʃə] *znw* bovenbouw

supertax ['s(j)u:pətæks[]] *znw* extra belasting

supervene [s(j)u:pə'vi:n] *onoverg* er tussenkomen, er bijkomen; zich onverwacht voordoen

supervise ['s(j)u:pəvaiz] *overg* het toezicht hebben over, toezicht houden op

supervision [s(j)u:pə'viʒən] *znw* opzicht o, toezicht o, surveillance, controle

supervisor ['s(j)u:pəvaizə] *znw* opziener, opzichter, gecommitteerde, inspecteur; onderw studiebegeleider

supervisory [s(j)u:pə'vaizəri] *bn* van toezicht, toezicht uitoefenend

supine [s(j)u:'pain] *bn* achterover(liggend); fig nalatig, laks, slap

supper ['sʌpə] *znw* avondeten o, avondmaal o, souper o

supplant [sə'plɑ:nt] *overg* verdringen

supple [sʌpl] *bn* buigzaam, lenig², slap², soepel²; fig plooibaar, flexibel

supplement I *znw* ['sʌplimənt] supplement o, aanvulling, bijvoegsel o; **II** *overg* ['sʌpliment] aanvullen

supplementary *bn* aanvullend

suppliant ['sʌpliənt], **supplicant** ['sʌplikənt] **I** *bn* smekend; **II** *znw* smekeling

supplicate ['sʌplikeit] **I** *onoverg* smeken (om *for*); **II** *overg* afsmeken; smeken (om)

supplication [sʌpli'keiʃən] *znw* smeking, bede

supplier [sə'plaiə] *znw* leverancier

supply I *overg* leveren, aanvoeren, verstrekken, verschaffen, bevoorraden, ravitailleren, voorzien (van *with*); aanvullen; ~ *a loss* een verlies vergoeden; ~ *the need of...* in de behoefte aan... voorzien; **II** *znw* voorraad; levering, leverantie, verschaffing, verstrekking, bevoorrading, ravitaillering, voorziening, aanvoer; handel partij (goederen); kredieten [op begroting]; budget o; vervanger [v. dominee]; bevoorrading; ~ *and demand* vraag en aanbod; *in short* ~ in beperkte mate beschikbaar

supply teacher *znw* tijdelijke leerkracht, vervanger

support [sə'pɔ:t] **I** *overg* (onder)steunen², fig staan achter; supporter zijn van; stutten, ophouden, staande (drijvende) houden; onderhouden; uithouden, (ver-)dragen, dulden; staven [theorie &]; volhouden [bewering &]; ~*ing role* bijrol; **II** *wederk*: ~ *oneself* fig zich staande houden; in zijn (eigen) onderhoud voorzien; **III** *znw* ondersteuning, onderstand, steun², hulp; (levens)onderhoud o; bestaan o, broodwinning; stut, steunsel o; onderstel o, sta-

tief o; mil steuntroepen (*troops in* ~)

supportable *bn* draaglijk

supporter *znw* steun, verdediger, voorstander, aanhanger, medestander; sp supporter

suppose [sə'pouz] *overg* (ver)onderstellen, aannemen; vermoeden, menen, geloven, denken; ~ *we went for a walk* als we nou eens een wandelingetje gingen maken, hè?

supposed [sə'pouzid] *bn* vermeend

supposedly [sə'pouzidli] *bijw* vermoedelijk, naar men veronderstelt (veronderstelde)

supposition [sʌpə'ziʃən] *znw* (ver)onderstelling, vermoeden o; *except upon the* ~ *that...* tenzij wij aannemen dat...

suppositious [sʌpə'ziʃəs] *bn* onecht, vals

suppository [sə'pɔzitəri] *znw* suppositorium o, zetpil

suppress [sə'pres] *overg* onderdrukken°, bedwingen; achterhouden, weglaten, verzwijgen; verbieden [een krant &]; opheffen

suppression *znw* onderdrukking; achterhouding, weglating, verzwijging; verbieden o; opheffing

suppressor *znw* RTV ontstoringsapparaat o

suppurate ['sʌpjureit] *onoverg* etteren

suppuration [sʌpju'reiʃən] *znw* ettering

supra ['s(j)u:prə] *bijw* (hier)boven

supremacy [s(j)u'preməsi] *znw* suprematie, oppermacht; oppergezag o, opperheerschappij

supreme [s(j)u'pri:m] *bn* hoogst, allerhoogst, opper(st); oppermachtig; *S~ Being* Opperwezen o; ~ *sacrifice* offeren o van het leven

supremely *bijw* in de hoogste graad, versterkend hoogst, uiterst

surcharge ['sə:tʃɑ:dʒ] *znw* extra betaling, extra belasting; toeslag; post strafport o & m

surd [sə:d] *znw* onmeetbare grootheid; stemloze medeklinker

sure [ʃuə, ʃɔ:] **I** *bn* zeker°, onfeilbaar; veilig; betrouwbaar; verzekerd (van *of, as to*); *I'm* ~ *I don't know* ik weet het echt niet; *it is* ~ *to turn out well* het zal stellig slagen; *be* ~ *to come* verzuim niet te komen; *make* ~ *of* zich verzekeren van, zich vergewissen van; ervoor zorgen dat...; *for* ~ zeker, stellig; **II** *bijw* (ja, wel) zeker, gemeenz natuurlijk, jawel

sure-fire *bn* gemeenz onfeilbaar, met gegarandeerd succes

sure-footed *bn* vast op zijn voeten

surely *bijw* zeker, met zekerheid; toch (wel); ~ *it's right to...?* is het dan niet juist te...?

surety ['ʃuəti] *znw* borg; borgtocht, borgstelling, (onder)pand o; vero zekerheid

surf [sə:f] **I** *znw* branding [van de zee]; **II** *onoverg* sp surfen

surface ['sə:fis] **I** *znw* oppervlakte; vlak o; (weg)dek o; buitenkant; *on the* ~ aan de oppervlakte, op het eerste gezicht; *come (rise) to the* ~ ook: (weer) bovenkomen; **II** *bn* oppervlakkig, ogenschijnlijk; bovengronds; scheepv oppervlakte-; ~ *mail* geen

luchtpost; **III** *onoverg* opduiken
surf-board ['sə:fbɔ:d] *znw* surfplank
surfeit ['sə:fit] *znw* overlading (van de maag); oververzadiging[2]
surfer ['sə:fə], **surfboarder, surfrider** *znw* surfer
surfing, surfboarding, surfriding *znw* surfen o
surge [sə:dʒ] **I** *onoverg* golven, stromen, deinen; ~ *by* voorbijrollen, voorbijstromen; **II** *znw* golf, golven; golven o
surgeon ['sə:dʒən] *znw* chirurg
surgery *znw* chirurgie, heelkunde; spreekkamer [v. dokter]; operatie, ingreep; *have (undergo, be in)* ~ geopereerd worden; ~ *hours* spreekuur o
surgical *bn* chirurgisch, heelkundig; ~ *spirit* ontsmettingsalcohol
Surinam [souri'næm] *znw* Suriname o
Surinamer *znw* Surinamer
Surinamese I *znw* (*mv* idem) Surinamer; **II** *bn* Surinaams
surly ['sə:li] *bn* nors, bokkig, stuurs
surmise [sə:'maiz] **I** *znw* vermoeden o, gissing; **II** *overg* vermoeden, bevroeden, gissen
surmount [sə:'maunt] *overg* te boven komen, overwinnen; klimmen over; zich bevinden op; ~*ed by (with)* met een... erop (erboven), waarop (zich bevindt)...
surmountable *bn* overkomelijk
surname ['sə:neim] **I** *znw* bijnaam; achternaam, familienaam; **II** *overg* een (bij-) naam geven; ~*d...* (bij)genaamd...
surpass [sə:'pa:s] *overg* overtreffen, te boven gaan
surpassing *bn* weergaloos
surplice ['sə:plis, -pləs] *znw* superplie o, koorhemd o
surplus ['sə:pləs] **I** *znw* surplus o, overschot o; **II** *bn* overtollig; *army* ~ *equipment* dumpgoederen; ~ *value* meerwaarde
surprise [sə'praiz] **I** *znw* verrassing (ook = overrompeling), verwondering, verbazing; *take by* ~ verrassen (ook = overrompelen); *als eerste lid in samenstellingen:* onverwacht, verrassings-; ~ *attack* verrassingsaanval; **II** *overg* verrassen (ook = overrompelen), verwonderen, verbazen
surprising *bn* verbazingwekkend, verwonderlijk
surprisingly *bijw* op verrassende wijze, verwonderlijk, verbazend
surreal [sə'riəl] *bn* *fig* surrealistisch
surrealism [sə'riəlizm] *znw* surrealisme o
surrealist *znw & bn* surrealist(isch)
surrealistic [səriə'listik] *bn* surrealistisch
surrender [sə'rendə] **I** *overg* overgeven, uit-, inleveren, afstand doen van, opgeven; **II** *onoverg* zich overgeven, capituleren; **III** *znw* overgeven o, overgave, capitulatie, uit-, inlevering, afstand
surreptitious [sʌrep'tiʃəs] *bn* heimelijk, clandestien, op slinkse wijze (verkregen)
surrogate ['sʌrəgit] **I** *znw* plaatsvervanger [vooral van een bisschop]; **II** *bn* surrogaat-, vervangend; ~ *mother* draagmoeder
surround [sə'raund] *overg* omringen, om-

singelen, omgeven, insluiten
surrounding *bn* ook: omliggend, omgelegen [land]
surroundings *znw* omgeving, entourage, milieu[2] o
surtax ['sə:tæks] *znw* extra belasting, toeslag
surveillance [sə:'veiləns] *znw* toezicht o, bewaking
survey I *overg* [sə:'vei] overzien; in ogenschouw nemen, inspecteren; onderzoeken; opnemen; opmeten; karteren (vooral uit de lucht); **II** *znw* ['sə:vei] overzicht o; inspectie; onderzoek o; opneming; opmeting; (lucht)kartering; slang expertise
surveying [sə:'veiiŋ] *znw* overzien o &, zie: *survey I*; landmeten o
surveyor *znw* opzichter, inspecteur; opnemer, landmeter; taxateur
survival [sə'vaivəl] *znw* overleving; voortbestaan o; overblijfsel o
survive **I** *overg* overleven; **II** *onoverg* nog in leven zijn, nog (voort)leven, nog bestaan, voortbestaan; in leven blijven; het er levend afbrengen
survivor *znw* langstlevende; overlevende, geredde [na ramp]
susceptible [sə'septibl] *bn* ontvankelijk, vatbaar; gevoelig (voor *of, to*)
suspect I *overg* [səs'pekt] vermoeden, wantrouwen, verdenken; **II** *bn* ['sʌspekt] verdacht; **III** *znw* verdachte (persoon)
suspend [səs'pend] *overg* ophangen (aan *from*); onderbreken, opschorten, schorsen, op non-actief stellen; staken [betalingen &]; tijdelijk buiten werking stellen of intrekken; *be* ~*ed* hangen (aan *from*); zweven [in vloeistof]; ~*ed animation* schijndood; ~*ed sentence* voorwaardelijke veroordeling
suspender *znw* (sok)ophouder, jarretel; bretel (gewoonlijk: ~*s* bretels); ~*-belt* jarretelgordel
suspense [sə'spens] *znw* onzekerheid, spanning; *in* ~ in spanning, in het onzekere; onuitgemaakt
suspension *znw* ophanging; onderbreking, opschorting; suspensie [v. geestelijke & chem]; ~ *of payment* staking van betaling; *be in* ~ zweven [in vloeistof]
suspense bridge *znw* hangbrug, kettingbrug
suspensive *bn* onzeker, twijfelachtig; opschortend
suspensory *bn* dragend; ~ *bandage* suspensoir o
suspicion [səs'piʃən] *znw* achterdocht, wantrouwen o, argwaan, (kwaad) vermoeden o, verdenking; *a* ~ *of...* fig een snufje o (ietsje o)...; *above (beyond)* ~ boven alle verdenking verheven
suspicious *bn* argwanend, achterdochtig, wantrouwig; verdacht
sustain [sə'stein] *overg* (onder)steunen, dragen, schragen; aanhouden; [een toon] volhouden [beweging &]; kracht geven, staande houden, ophouden, gaande houden [belangstelling]; hoog houden [gezag];

doorstaan, verdragen, uithouden [honger &]; krijgen; oplopen; lijden [schade &]

sustainability *znw* houdbaarheid; duurzaamheid [v. economie]

sustainable *bn* houdbaar, verdedigbaar; ~ *growth* duurzame groei

sustained *bn* samenhangend; ononderbroken, goed onderhouden [geweervuur], aanhoudend; volgehouden

sustainer *znw* ondersteuner; steun

sustaining *bn* krachtig, krachtgevend, versterkend [v. voedsel]

sustenance ['sʌstinəns] *znw* (levens-) onderhoud o, voeding, voedsel o

sutler ['sʌtlə] *znw* zoetelaar, marketentster

suture ['suːtʃə] *znw* hechting [van wond]

svelte [svelt] *bn* slank en sierlijk

swab [swæb] **I** *znw* zwabber, mop, wis(ser); med prop watten, wattenstaafje o; tampon; med uitstrijkje o; **II** *overg* (op-) zwabberen, wissen (ook: ~ *down*)

swaddle ['swɔdl] *overg* inbakeren

swaddling bands, swaddling clothes *znw mv* luiers

swag [swæg] *znw* slang roof, buit; Austr pak o, bundel

swagger ['swægə] **I** *onoverg* braniën, snoeven; zwierig stappen; **II** *znw* branie, lef o & m; zwierige gang; **III** *bn* gemeenz chic

swain [swein] *znw* plechtig vrijer, minnaar

¹ swallow ['swɔlou] *znw* zwaluw

² swallow ['swɔlou] **I** *overg* in-, verzwelgen; slikken [ook van beledigingen, nieuwtjes &]; inslikken, doorslikken; opslokken² (ook: ~ *down*), verslinden² (ook: ~ *up*); fig terugnemen [woorden]; opzij zetten [zijn trots]; **II** *onoverg* slikken; **III** *znw* slok

swallow-tail *znw* zwaluwstaart°; rok(jas)

swallow-tailed *bn* met een zwaluwstaart, gevorkt; in rokkostuum; ~ *coat* rok [herenjas]

swam [swæm] V.T. van ¹*swim*

swamp [swɔmp] **I** *znw* moeras² o, drasland o; **II** *overg* vol water doen of laten lopen; overstromen, overstelpen (met *with*); gemeenz inmaken [tegenstander]; verdringen

swampy *bn* moerassig, drassig, dras-

swan [swɔn] *znw (mv* idem of *-s)* zwaan²; fig dichter

swank [swæŋk] gemeenz **I** *onoverg* geuren, bluffen; **II** *znw* branie, bluf; gemeenz branieschopper, bluffer; **III** *bn* = *swanky*

swanky *bn* gemeenz branieachtig, blufferig; chic

swansdown ['swɔnzdaun] *znw* zwanendons o, molton o

swan-song *znw* zwanenzang

swap [swɔp] gemeenz **I** *overg & onoverg* ruilen; uitwisselen; ~ *over (round)* van plaats (laten) verwisselen; **II** *znw* ruil

sward [swɔːd] *znw* grasveld o, grasmat

¹ swarm [swɔːm] **I** *znw* zwerm²; **II** *onoverg* zwermen, krioelen, wemelen (van *with*)

² swarm [swɔːm] *onoverg (& overg)* klauteren (in, op)

swarthy ['swɔːθi] *bn* donker, getaand, gebruind

swashbuckler ['swɔʃbʌklə] *znw* ijzervreter, snoever

swashbuckling ['swɔʃbʌkliŋ] *bn* stoerdoenerig, opschepperig, snoeverig; avonturen- [film, roman]

swastika ['swɔstikə] *znw* swastika, hakenkruis o

swat [swɔt] *overg* slaan, meppen [vlieg]

swath [swɔːθ] *znw* zwaad o, zwade; fig rij

swathe [sweið] **I** *overg* (om-, in-) zwachtelen, (om)hullen; bakeren; **II** *znw* 1 zwachtel, (om)hulsel o; 2 = *swath*

sway [swei] **I** *onoverg* zwaaien, slingeren, wiegen; **II** *overg* doen zwaaien (slingeren, wiegen, overhellen); beïnvloeden; **III** *znw* zwaai; heerschappij, macht, overwicht o, invloed; *hold* ~ *over* de scepter zwaaien, regeren, heersen over

Swaziland ['swaːzilænd] *znw* Swaziland o

swear* [sweə] **I** *overg* zweren, de eed doen (afleggen); vloeken; **II** *overg* zweren, bezweren, onder ede beloven, een eed doen op; beëdigen; ~ *at* vloeken op [personen]; ~ *in* beëdigen, de eed afnemen; ~ *to it* er een eed op doen

swear-word *znw* vloekwoord o, vloek

¹ sweat [swet] *znw* zweet o, (uit)zweting; gemeenz koeliewerk o; *in (all of) a* ~ *door* en door bezweet, zwetend; *no* ~*!* slang geen probleem!

² sweat* [swet] **I** *onoverg* zweten²; zitten zweten; fig zwoegen; **II** *overg* doen zweten; (uit)zweten; fig uitzuigen [arbeiders]; *you'll just have to* ~ *it out* fig gemeenz je moet geduld hebben

sweated *bn* uitgebuit; onderbetaald

sweater *znw* sweater, trui

sweatshirt *znw* sweatshirt o

sweat-shop *znw* fabriek & waar de arbeiders worden uitgebuit

sweaty *bn* zweterig, bezweet, zweet-

Swede [swiːd] *znw* Zweed; *s~* knolraap, koolraap

Sweden ['swiːdn] *znw* Zweden o

Swedish *bn (znw)* Zweeds (o)

¹ sweep* [swiːp] **I** *onoverg* vegen; strijken, vliegen, jagen, schieten; zwenken; zich statig (zwierig) bewegen (gaan &); in een ruime bocht liggen; zich uitstrekken; **II** *overg* (aan)vegen, weg-, op-, schoonvegen²; wegmaaien, wegsleuren, wegvoeren; af-vissen, afjagen; afzoeken, (af)dreggen [rivier &]; strijken of slepen over; mil bestrijken; opstrijken [winst]; sleuren, meeslepen²; ~ *under the carpet (rug)* fig verdoezelen; ~ *the board* met de hele winst (de hele inzet) gaan strijken; *this party swept the country* deze partij behaalde in het hele land een geweldige overwinning; ~ *the horizon* de hele horizon omvatten; ~ *the seas* de zee afschuimen; ~ *across* vliegen, schieten over; ~ *along* voortstuiven; meesleuren; meeslepen; *the plain* ~*s away to the sea* de vlakte strekt zich uit tot de zee; ~ *down* neerschieten; zich storten; ~ *northward* zich naar het noorden uitstrekken; *he swept her off her feet* zij werd op slag smoorverliefd op hem

² sweep [swiːp] *znw* veeg, zwenking, zwaai,

draai, bocht; (riem)slag; lange roeiriem; vaart; reikwijdte, bereik o; uitgestrektheid; gebied o; bocht, golvende lijn; schoorsteenveger; gemeenz = *sweepstake(s)*; *make a clean ~* alle prijzen in de wacht slepen

sweeper znw veger: straat-, baanveger

sweeping I bn vegend &; fig veelomvattend; algemeen; overweldigend; radicaal, ingrijpend; *~ majority* verpletterende meerderheid; *~ measure* radicale maatregel; *~ plains* wijde, uitgestrekte vlakten; II znw: *~s* veegsel o

sweepstake(s) ['swi:psteik(s)] znw wedren (wedstrijd, loterij &) met inleggelden die in hun geheel aan de winners uitbetaald moeten worden

sweet [swi:t] I bn bijw zoet[2], aangenaam, lieflijk, lief, lieftallig, bevallig, aardig; geurig, lekker; melodieus; zacht [beweging]; vers, fris [lucht, eieren &]; snoezig [v. kind, hoedje &]; *be ~ on gemeenz* verliefd zijn op; *keep ~* te vriend houden; *~ nothings* lieve woordjes; *have a ~ tooth* een zoetekauw zijn; *he goes his own ~ way* hij doet precies waar hij zelf zin in heeft; II znw zoetheid; zoete dingen; o; zoetigheid; lekkers o, snoep (ook: *~s*); *my ~!* liefje!

sweet-and-sour bn zoetzuur

sweetbread znw zwezerik [als gerecht]

sweetcorn znw maïs

sweeten znw zoetmaken, zoeten, verzachten, verzoeten, veraangenamen; aantrekkelijk(er) maken [aanbod]; omkopen

sweetener znw zoetstof; slang steekpenning, smeergeld o

sweetheart znw geliefde; liefje o, meisje o; vrijer

sweetie znw gemeenz bonbon, zoetigheidje o; gemeenz snoes; liefje o (ook: *~-pie*)

sweetish bn zoetachtig, zoetig

sweetmeat znw bonbon; *~s* suikergoed o, lekkers o

sweet pea znw plantk lathyrus

sweet potato znw bataat [knolgewas]

sweet-scented, **sweet-smelling** bn welriekend, geurig

sweetshop znw snoepwinkel (vaak ook met kranten, tabaksartikelen &)

sweet-william znw muurbloem; duizendschoon

1 swell* [swel] I onoverg zwellen, aan-, opzwellen, uitzetten, uitdijen; fig aangroeien, toenemen; zich opblazen; II overg doen zwellen; fig opblazen, hovaardig maken; doen aangroeien of toenemen, verhogen, doen aan-, opzwellen; vergroten

2 swell [swel] I znw zwellen o, zwelling, deining; gemeenz chique grote meneer, hoge piet; II gemeenz bn chic, chiquerig; Am te gek, hartstikke goed, prima

swell-box znw zwelkast [v. orgel]

swellheaded bn gemeenz verwaand

swelling I bn zwellend &; II znw aan-, opzwellen o; gezwel o; buil

swelter ['swelta] overg puffen, smoren, stikken van de hitte

sweltering bn broeiend, smoor-, snikheet, broei-

swept [swept] V.T. & V.D. van [1]*sweep*

swerve [swa:v] I (overg &) onoverg plotseling (doen) afwijken, plotseling (doen) opzijgaan, een schuiver (laten) maken [auto]; II znw plotselinge afwijking; zwenking

swift [swift] I bn bijw snel, vlug, er vlug bij (om *to*), gauw; II znw dierk gierzwaluw

swift-footed bn snelvoetig, rap

swiftly bijw snel, vlug, rap

swiftness znw snelheid, vlugheid

swig [swig] I overg & onoverg met grote teugen (leeg)drinken, zuipen; II znw grote slok, teug

swill [swil] I overg (af-, door-)spoelen; met grote teugen drinken, inzwelgen; II znw varkensdraf

1 swim* [swim] I onoverg zwemmen, drijven; draaien (voor iems. ogen), duizelen; *her eyes were ~ming (with tears)* haar ogen stonden vol tranen; II overg zwemmen, af-, overzwemmen

2 swim [swim] znw zwemmen o; *be in the ~ fig* op de hoogte zijn

swimmer znw zwemmer

swimming znw zwemmen o; duizeling

swimming-bath znw (overdekt) zwembad o

swimming costume znw badpak o

swimmingly bijw: *go ~* van een leien dakje gaan, vlot marcheren

swimming-pool znw zwembassin o

swimming trunks znw mv zwembroek

swimsuit znw zwempak o

swindle ['swindl] I overg oplichten; *~ sbd. out of money* iem. geld afzetten; II znw zwendel(arij), oplichterij

swindler znw zwendelaar, oplichter

swine [swain] znw (mv idem) varken[2] o, zwijn[2] o; varkens, zwijnen; fig smeerlap

swineherd znw zwijnenhoeder

1 swing* [swiŋ] I onoverg schommelen, zwaaien, slingeren, bengelen[2]; hangen[2]; draaien, zwenken; gemeenz het (goed) doen, hip zijn, in zijn; muz swingen, swing spelen; II overg zwaaien met; (op)hangen; draaien; *there is no room to ~ a cat* je kunt je er niet wenden of keren

2 swing [swiŋ] znw schommel; schommeling, zwenking, zwaai; slingering; ritme o, 'Schwung'; swing [boksen & muz]; *what you lose on the ~s you gain on the roundabouts* aan de ene kant verlies je, maar aan de andere kant wordt dat gecompenseerd; *in full ~* in volle gang; *get into the ~ of things* op dreef komen

swing-bridge znw draaibrug

swing-door znw tochtdeur, klapdeur

swinge ['swin(d)ʒ] overg vero afranselen, tuchtigen

swingeing ['swin(d)ʒiŋ] bn gemeenz versterkend kolossaal

swinger ['swiŋə] znw snelle jongen; fuifnummer o; *he's a ~* hij gaat zo'n beetje met iedereen naar bed

swinging ['swiŋiŋ] bn gemeenz swingend, levendig, pittig; hip, onconventioneel; *~ door Am* klapdeur

swinish ['swainiʃ] *bn* zwijnachtig, zwijnen-
swipe [swaip] **I** *overg & onoverg* hard slaan; slang gappen; weggrissen; **II** *znw* harde slag [cricket]; Am veeg² (uit de pan)
swirl [swə:l] **I** *(overg &) onoverg* (doen) warrelen of draaien, kolken; **II** *znw* gewarrel *o*, draaikolk
swish [swiʃ] **I** *onoverg* zwiepen; ruisen [v. zijde]; **II** *overg* zwiepen met; gemeenz afranselen, met het rietje (de roe) geven; **III** *znw* zwiepend geluid *o*; geruis *o* [v. zijde]; **IV** *bn* (ook: ~y) gemeenz chic
Swiss [swis] **I** *bn* Zwitsers; **II** *znw* (*mv* idem) Zwitser
switch [switʃ] **I** *znw* elektr schakelaar; knop; wissel [v. spoorweg]; plotselinge verandering; twijg, roede; haarstukje *o*; **II** *overg* (plotseling) draaien, wenden, richten; verwisselen; elektr omschakelen; ~ *off* elektr uitknippen [licht], uitschakelen, afzetten; ~ *on* elektr aanknippen [licht], inschakelen, aanzetten; ~*ed on* slang hip, modieus; goed op de hoogte; **III** *onoverg* zwiepen; draaien; verwisselen; ~ *over* elektr overschakelen² (op *to*)
switchback *znw* roetsjbaan; berg(spoor-)weg met veel bochten
switchboard *znw* schakelbord *o*; ~ *operator* telefonist(e)
switchman *znw* wisselwachter
Switzerland ['switsələnd] *znw* Zwitserland *o*
swivel ['swivl] **I** *znw* spil; **II** *onoverg & overg* (laten) draaien
swizz, swizzle ['swizl] *znw* gemeenz zwendel; teleurstelling
swizzle stick *znw* roerstaafje *o* voor cocktail
swob [swɔb] *znw & onoverg* = swab
swollen ['swouln] V.D. van ¹*swell*
swollen-headed *bn* verwaand, opgeblazen
swoon [swu:n] **I** *onoverg* bezwijmen, in zwijm vallen, flauwvallen; **II** *znw* flauwte
swoop [swu:p] **I** *onoverg:* ~ *down (up)on* neerduiken op, afschieten op; **II** *znw* **1** plotselinge duik; **2** haal, veeg; **3** razzia; *at (in) one fell* ~ met één slag
swop [swɔp] gemeenz **I** *overg & onoverg* ruilen; **II** *znw* ruil
sword [sɔ:d] *znw* zwaard *o*, degen; mil sabel; fig militaire macht; oorlog; *put to the* ~ over de kling jagen; *cross* ~*s* fig de degen kruisen [met], op vijandige voet staan [met]
sword-fish *znw* zwaardvis
sword-play *znw* schermen, gescherm *o*
swordsman *znw* geoefend schermer
swordsmanship *znw* schermkunst
sword-stick *znw* degenstok
sword-swallower *znw* degenslikker
swore [swɔ:] V.T. van *swear*
sworn I V.D. van *swear*; **II** *bn* ook: beëdigd (in: ~ *broker, a* ~ *statement*); ~ *enemies* gezworen vijanden
swot [swɔt] gemeenz **I** *onoverg* blokken, vossen; **II** *overg:* ~ *up* gehaast bestuderen; **III** *znw* blokker, boekenwurm

swum [swʌm] V.D. van ¹*swim*
swung [swʌŋ] V.T. & V.D. van ¹*swing*
sybarite ['sibərait] *znw* genotzuchtige, wellusteling
sycamore ['sikəmɔ:] *znw* wilde vijgenboom; ahornboom; Am plataan
sycophant ['sikəfənt] *znw* pluimstrijker
sycophantic [sikə'fæntik] *bn* pluimstrijkend
syllabic [si'læbik] *bn* syllabisch, lettergreep-
syllable ['siləbl] *znw* lettergreep; *not a* ~ geen syllabe, geen woord; *in words of one* ~ klip en klaar, helder en duidelijk
syllabus ['siləbəs] *znw* (*mv:* -es *of* syllabi) syllabus; cursusprogramma *o*
syllogism ['silədʒizm] *znw* syllogisme *o*, sluitrede
sylph [silf] *znw* sylfe [luchtgeest]; sylfide² [vrouwelijke luchtgeest; tenger meisje]
sylphlike *bn* bevallig, sierlijk
sylvan, silvan ['silvən] *bn* bosachtig, bosrijk, bos-
sylviculture ['silvikʌltʃə] *znw* bosbouwkunde
symbiosis [simbi'ousis] *znw* biol symbiose
symbiotic [simbi'ɔtik] *bn* symbiotisch
symbol ['simbəl] *znw* symbool *o*, zinnebeeld *o*, teken *o*
symbolic(al) [sim'bɔlik(l)] *bn* symbolisch
symbolism ['simbəlizm] *znw* symboliek; [in de letterkunde] symbolisme *o*
symbolize ['simbəlaiz] *overg* symboliseren
symmetric(al) [si'metrik(l)] *bn* symmetrisch
symmetry ['simətri] *znw* symmetrie
sympathetic [simpə'θetik] *bn* meevoelend, deelnemend, goedgezind, welwillend (tegenover *to*); sympathisch [zenuwstelsel]; soms: sympathiek
sympathize ['simpəθaiz] *onoverg* sympathiseren (met *with*); meevoelen (met *with*), zijn deelneming betuigen, condoleren (iem. *with sbd.*)
sympathizer *znw* sympathisant
sympathy *znw* sympathie (voor *with*); medegevoel *o*, deelneming; condoleantie; welwillendheid; ~ *strike* solidariteitsstaking; *prices are going up in* ~ de prijzen stijgen overeenkomstig
symphonic [sim'fɔnik] *bn* symfonisch
symphony ['simfəni] *znw* symfonie°; ~ *orchestra* symfonieorkest *o*
symposium [sim'pouzjəm] *znw* (*mv:* symposia) symposium *o*; artikelenreeks over hetzelfde onderwerp door verschillende schrijvers
symptom ['sim(p)təm] *znw* symptoom *o*
symptomatic [sim(p)tə'mætik] *bn* symptomatisch
synagogue ['sinəgɔg] *znw* synagoge
sync [siŋk] *znw: be in (out of)* ~ *(with)* (niet) gelijk/synchroon lopen (met); *they are in* ~ het klikt tussen hen
synchronism ['siŋkrənizm] *znw* gelijktijdigheid
synchronization [siŋkrənai'zeiʃən] *znw* gelijktijdigheid; gelijk zetten *o* [v. horloges]; synchronisatie; fig gelijkschakeling
synchronize ['siŋkrənaiz] **I** *onoverg* in tijd overeenstemmen; gelijktijdig zijn; **II** *overg*

gelijkzetten [klokken]; synchroniseren
synchronous *bn* gelijktijdig
syncopate ['siŋkəpeit] *overg* syncoperen;
~*d* syncopisch
syncopation [siŋkə'peiʃən] *znw* syncopering
syncope ['siŋkəpi] *znw* syncope°; weglating
v. letter of lettergreep; bewusteloosheid
syndic ['sindik] *znw* bestuurder, gezagsdrager
syndicalism ['sindikəlizm] *znw* syndicalisme o
syndicate I *znw* ['sindikit] syndicaat o, belangengroepering; **II** *overg* ['sindikeit] tot een syndicaat of consortium verenigen; door een (pers)syndicaat laten publiceren
syndrome ['sindroum] *znw* syndroom o
synod ['sinəd] *znw* synode, kerkvergadering
synonym ['sinənim] *znw* synoniem o
synonymous [si'nɔniməs] *bn* synoniem
synopsis [si'nɔpsis] *znw* (*mv*: -ses [-siːz]) overzicht o, kort begrip o, synopsis [ook v. film]
synoptic *bn* synoptisch, verkort, een overzicht gevende
syntactic [sin'tætik] *bn* syntactisch
syntax ['sintæks] *znw* syntaxis, zinsbouw
synthesis ['sinθisis] *znw* (*mv*: -ses [-siːz]) syn-

these, samenvoeging
synthesize ['sinθisaiz] *overg* samenvoegen, samenstellen; synthetisch bereiden
synthesizer ['sinθi-, 'sinθəsaizə] *znw* synthesizer
synthetic [sin'θetik] **I** *bn* synthetisch; gemeenz onecht, namaak; **II** *znw* kunststof
syphilis ['sifilis] *znw* med syfilis
syphon ['saifən] *znw* = *siphon*
Syria ['siriə] *znw* Syrië o
Syrian I *bn* Syrisch; **II** *znw* Syriër
syringe ['sirin(d)ʒ] **I** *znw* (injectie)spuit, spuitje o; **II** *overg* spuiten, be-, in-, uitspuiten
syrup ['sirəp] *znw* siroop, stroopje o; stroop; *golden* ~ kandijstroop
syrupy *bn* siroopachtig, stroperig; fig zoetsappig
system ['sistim] *znw* systeem o, stelsel o; inrichting; net o [v. spoorweg, verkeer &]; constitutie, lichaam o; gesteldheid; gestel o; *get sth. out of one's* ~ stoom afblazen, zijn gal spuwen over
systematic [sisti'mætik] *bn* systematisch, stelselmatig
systematize ['sistimətaiz] *overg* systematiseren

T

t [ti:] *znw* (de letter) t; *cross one's* ~ *'s* fig de puntjes op de i zetten; *to a* ~ net, precies

ta [ta:] *tsw* gemeenz dank je!

tab [tæb] *znw* leertje o aan een schoen, lus; nestel [v. veter]; tongetje o, lipje o; label; pat [v. uniform]; oorklep; ruitertje o, tab [bij kaartsysteem]; gemeenz rekening; *keep* ~*s on* in de gaten houden; *pick up the* ~ gemeenz de rekening betalen

tabard ['tæbəd] *znw* tabberd

tabby ['tæbi] *znw* gestreepte kat (ook: ~ *cat*)

tabernacle ['tæbənækl] *znw* tabernakel° o & m; hist loofhut

table ['teibl] **I** *znw* tafel°; (gedenk)plaat; plateau o, tafelland o; tabel, lijst, register o; index, catalogus; dis, maaltijd; kost; ~ *of contents* inhoud(sopgave); *the* ~*s are turned* de bordjes zijn verhangen; *the proposal was laid on the* ~ het voorstel werd ter tafel gebracht; **II** *overg* ter tafel brengen, indienen [een motie]; Am voor kennisgeving aannemen

tableau ['tæblou] *znw* tableau o

tablecloth *znw* tafellaken o; tafelkleed o

tableland *znw* tafelland o, plateau o

table manners *znw mv* tafelmanieren

tablespoon *znw* eetlepel

tablet ['tæblit] *znw* tablet, dragee, pastille, plak [chocola]; stuk o [zeep]; (gedenk-) tafel, -plaat; hist (was)tafeltje o

table-talk ['teiblɔ:k] *znw* tafelgesprek o, -gesprekken

table-tennis *znw* tafeltennis o

table-top *znw* tafelblad o

tableware *znw* tafelgerei o

tabloid ['tæblɔid] *znw* (ook: ~ *paper*) sensatiedagblad o

taboo [tə'bu:] **I** *znw* taboe o & m; heiligverklaring, ban, verbod o; **II** *bn* heilig, onaantastbaar, verboden, taboe

tabor ['teibə] *znw* hist handtrom, tamboerijn

tabular ['tæbjulə] *bn* tabellarisch; tabel-

tabulate *overg* tabellarisch groeperen: tabellen maken van

tabulator ['tæbjuleitə] *znw* tabulator

tachometer [tæ'kɔmitə] *znw* snelheidsmeter

tacit ['tæsit] *bn* stilzwijgend

taciturn ['tæsitə:n] *bn* zwijgzaam, stil, zwijgend

taciturnity [tæsi'tə:niti] *znw* zwijgzaamheid

tack [tæk] **I** *znw* kopspijkertje o; rijgsteek; aanhangsel o; scheepv hals [v. zeil]; koers, gang [v. schip]; fig richting, spoor o, koers; *change one's* ~, *try another* ~ het over een andere boeg gooien²; **II** *overg* vastspijkeren (ook: ~ *down*); vastmaken (aan o, *on to*), (aan)hechten, rijgen; **III** *onoverg* scheepv overstag gaan, laveren²

tackle ['tækl] **I** *znw* tuig o, gerei o; takel; talie; **II** *overg* (vast)grijpen; fig (flink) aan-

pakken; ~ *sbd. about sth.* iem. aanspreken over iets

tacky ['tæki] *bn* slonzig, sjofel

tact [tækt] *znw* tact

tactful *bn* tactvol

tactical *bn* tactisch

tactician [tæk'tiʃən] *znw* tacticus

tactic(s) ['tæktik(s)] *znw* tactiek

tactile ['tæktail] *bn* voelbaar, tastbaar; gevoels-

tactless ['tæktlis] *bn* tactloos

tactual ['tæktjuəl] *bn* tast-; tastbaar

tadpole ['tædpoul] *znw* kikkervisje o

taffeta ['tæfitə] *znw* tafzijde, taffetas

Taffy ['tæfi] *znw* (ook: ~ *Jones*) bijnaam voor iem. uit Wales

tag [tæg] **I** *znw* veter-, nestelbeslag o; nestel; lus [aan laars]; etiket o, label; aanhangsel o; citaat o; leus; stereotiep gezegde o; refrein o; sp krijgertje o; **II** *overg* aanhechten, aanhangen, vastknopen², vastbinden (aan *to, on to*); etiketteren; **III** *onoverg:* ~ *along* gemeenz meelopen, volgen

tail [teil] **I** *znw* staart°, vlecht; queue; sleep; achterste (laatste) gedeelte o, (uit)einde o; nasleep; gevolg o; staartje² o; pand, slip [v. jas]; gemeenz volger schaduwend rechercheur]; ~*s* keerzijde [v. munt]; gemeenz slipjas; rok; *at the* ~ *of* (onmiddellijk) achter, achter... aan; *turn* ~ ervandoor gaan; **II** *overg* volgen, schaduwen; **III** *onoverg:* ~ *away (off)* een voor een afdruipen; minder worden, eindigen, uitlopen (in *into*); ~ *back* een rij/file vormen

tailback *znw* file, verkeersopstopping

tail-board *znw* krat o [v. wagen], laadklep [v. vrachtauto]

tailcoat *znw* slip-, pandjesjas; rok

tailed *bn* gestaart, staart-

tail-end *znw* (uit)einde o, achterstuk o, staartje o

tailgate *znw* vijfde deur v.e. auto

tailings *znw* uitschot o, afval o

tailless *bn* zonder staart; zonder slippen

tail-light *znw* achterlicht o

tailor ['teilə] **I** *znw* kleermaker; **II** *overg* maken [kleren]; fig aanpassen

tailored *bn* getailleerd, nauwsluitend

tailor-made *bn* door een kleermaker gemaakt; fig aangepast, geknipt [voor een taak]

tailwind *znw* rugwind

taint [teint] **I** *znw* vlek²; fig besmetting, bederf o, smet; **II** *overg* besmetten, bederven, aansteken, bezoedelen; ~*ed* ook: besmet [werk]

taintless *bn* vlekkeloos, smetteloos, zuiver

Taiwan [tai'wa:n] *znw* Taiwan o

Taiwanese *znw* (*mv* idem) & *bn* Taiwanees

Tajikistan [ta:'dʒikista:n] *znw* Tadzjikistan o

1 take* [teik] **I** *overg* nemen° (ook: = kieken & springen over]; aan-, in-, af-, op-, meeovernemen; benemen, beroven van [het leven]; aanvaarden; opvolgen [advies]; in beslag nemen [tijd], erover doen [lang &]; in behandeling nemen; noteren, opschrijven; vangen; pakken [ook = op het gemoed werken], aanslaan, krijgen [ziekten &], halen [slagen &], behalen; ontvangen; ge-meenz incasseren [slagen, opmerkingen &]; inwinnen [inlichtingen]; vatten [ook = snappen]; opvatten, beschouwen (als *as*); houden (voor *for*); begrijpen; waarnemen, te baat nemen [gelegenheid]; gebruiken; drinken [thee &]; volgen [een cursus]; ge-ven [een cursus]; inslaan [weg]; brengen, overbrengen, bezorgen, voeren, leiden; doen [sprong, examen &]; *it ~s so little to...* er is zo weinig voor nodig om...; *~ it or leave it!* graag of niet; *~ it badly* het erg te pakken krijgen; *~ it lying down* zich erbij neerleggen, er (maar) in berusten; zie ook: *easy II*; *~ a drive (ride, walk)* een tochtje & maken; *~ God's name in vain* bij-bel Gods naam ijdellijk gebruiken; *~ size 9* maat 9 hebben; **II** *onoverg & abs ww* pakken; succes hebben, aan-, inslaan [v. stuk]; aanbijten [vis]; *~ aback* verrassen, verbluffen; *~ across* overzetten, overbrengen; *~ after* aarden naar; *~ apart* uit elkaar nemen; demonteren; *~ away* af-, wegnemen; be-, ontnemen; mee (naar huis) nemen; *~ away from* afbreuk doen aan; *~ back* terugnemen [ook woorden]; terugbrengen; *~ down* afbreken [huis]; noteren; zie ook: *peg*; *~ from* af-, ontnemen; aftrekken van; verminderen, verkleinen; ontlenen aan; *~ in* beetnemen [iem.]; opnemen [iem., iets]; begrijpen, beseffen [de toestand]; erbij nemen; omvatten; *~ off* beginnen [te lopen &], van de grond komen; succes hebben; luchtv opstijgen, starten; weggaan, 'm smeren; af-, wegnemen, afdoen, afleggen, uittrekken [kleren], afzetten [hoofddeksel], wegvoeren, -brengen; ontlasten van [iets]; *~ on* aannemen [werkkrachten, kleur &]; op zich nemen [verantwoordelijkheid &]; het opnemen tegen, voor zijn rekening nemen; gemeenz tekeergaan; *~ out* uitgaan met; *~ it out on sbd.* het op iem. afreageren; *~ over* overnemen [een zaak &]; de wacht aflos-sen², de leiding (het commando, de functies &) overnemen, opvolgen; een fusie aangaan met; *~ sbd. round* iem. rondleiden; *~ to ...ing* gaan doen aan..., beginnen te...; *~ to ...* sympathie krijgen voor, gaan houden van; *~ up* aannemen [een houding]; innemen [plaats], betrekken [kwartieren]; aanvaarden [betrekking]; ter hand nemen; beginnen aan [een hobby, roken]; in beslag nemen [tijd & plaats], beslaan [ruimte]; onder handen nemen [iem.]; overnemen [refrein &]; *~ the matter up with* de zaak ter sprake brengen, aanhangig maken bij; *~ up with* omgaan met, intiem(er) worden met, geringschd het aanleggen met, zich inlaten met

2 take [teik] *znw* vangst; ontvangst, recette [van schouwburg]; opname [v. film &]

takeaway I *bn* afhaal-, meeneem-; **II** *znw* **1** bereide maaltijd die vanuit een restaurant wordt meegenomen (ook: *~ meal*); **2** afhaalrestaurant o

take-home *znw* nettoloon o

take-in *znw* bedrog o, bedotterij

taken V.D. van ¹*take*; genomen; bezet [v. stoel &]; *~ with* ingenomen met, veel op-hebbend met

take-off *znw* opstijging, (plaats van) vertrek o, start; karikatuur

take-over *znw* overnemen o van de zaak &, zie: *take over*; overname, fusie (door overneming van aandelen)

taker *znw* (drugs)gebruiker; handel afnemer

taking I *bn* innemend, aanlokkelijk, aan-trekkelijk; **II** *znw:* *~s* recette, ontvangsten; *it's there for the ~* het staat ervoor, tast toe

talc [tælk], **talcum** *znw* talk [delfstof]; *~ powder* talkpoeder o & m

tale [teil] *znw* verhaal o, vertelsel o; fabel; gerucht o, relaas o; *old wives' ~s* baker-praatjes; *these ... tell their ~* zeggen vol-doende, spreken een duidelijke taal; *tell ~s* klikken, uit de school klappen (ook: *tell ~s out of school*); *live to tell the ~* het kun-nen navertellen, het overleven

talebearer *znw* verklikker

talent ['tælənt] *znw* talent° o, gave, be-gaafdheid; slang knappe jongens, mooie meiden

talented *bn* talentvol

talent scout *znw* talentenjager

talipes ['tælipi:z] *znw* horrelvoet, klomp-voet

talisman ['tæliz-, 'tælismən] *znw* talisman

talk [tɔ:k] **I** *onoverg* praten, spreken; *now you're ~ing!* gemeenz dat is tenminste verstandige taal, zo mag ik het horen!; *you can ~!* hoor wie het zegt! dat moet jij no-dig zeggen!; **II** *overg* praten, spreken; spreken over, het hebben over; *~ about* praten over, bepraten; *~ away* erop los praten; *~ back* (brutaal) antwoorden; *~ down* omverpraten, tot zwijgen brengen [in debat]; binnenpraten [vliegtuig]; *~ down to* afdalen tot het niveau van [kinderen &]; *~ it out* het doorpraten; *~ over* bespreken; bepraten, overhalen; *~ sbd. round* iem. overhalen, overreden; *~ through one's hat* zitten kletsen, door-slaan; **III** *wederk:* *~ oneself hoarse* zich hees praten; **IV** *znw* gepraat o, praat(s), praatje o; gesprek o, onderhoud o, bespre-king, discussie; causerie; conversatie

talkative *bn* spraakzaam; praatziek

talker *znw* prater; kletskous; spreker, rede-naar

talkie *znw* gemeenz sprekende film

talking I *bn* pratend; sprekend²; **II** *znw* praat, gepraat o, praten o

talking-point *znw* onderwerp o van ge-sprek (van de dag)

talking-to *znw* gemeenz vermaning

talk show *znw* talkshow, praatprogramma o

tall [tɔ:l] *bn bijw* hoog; lang; groot [v. personen]; kras, sterk [verhaal]; *a ~ order* een zware klus; *~ talk* opschepperij

tallboy *znw* hoge commode

tallish *bn* vrij lang, groot &, zie *tall*

tallow ['tælou] *znw* talk, kaarsvet o

tally ['tæli] **I** znw hist kerfstok; kerf, keep; rekening; keep a ~ of tellen, bijhouden [score &]; **II** overg tellen, berekenen; **III** onoverg kloppen, overeenstemmen

tally-ho ['tæli'hou] tsw roep van jagers bij vossenjacht

talmud ['tælməd, -mʌd] znw talmoed

talon ['tælən] znw klauw

tamarind ['tæmərind] znw tamarinde

tambour ['tæmbuə] znw vero trom(mel); tamboereerraam o; borduurraam o

tambourine [tæmbə'ri:n] znw tamboerijn, rinkelbom

tame [teim] **I** overg temmen², tam maken² (ook: ~ down); kleinkrijgen; **II** bn getemd², tam², mak², gedwee; slap, flauw, saai, vervelend, kleurloos

tamer znw (dieren)temmer

tam-o'-shanter [tæmə'ʃæntə] znw Schotse baret

tamp [tæmp] overg aanstampen (ook: ~ down)

tamper ['tæmpə] onoverg: ~ with knoeien aan of met; peuteren (zitten) aan; 'bewerken' [getuigen &]

tampon ['tæmpən] znw tampon

tan [tæn] **I** znw gebruinde huidskleur, run, gemalen eikenschors, taan (kleur); get a ~ bruin worden; **II** bn taankleurig; **III** overg looien, tanen; ~ sbd.('s hide) slang iem. afrossen; **IV** onoverg bruinen, bruin worden [door de zon]

tandem ['tændəm] znw tandem°; in ~ (with) samen (met); tegelijkertijd, in combinatie (met)

tang [tæŋ] znw 1 doorn [v. mes]; 2 bijsmaak, (na)smaak, smaakje o; scherpe lucht of geur

tangent ['tændʒənt] znw tangens; fly (go) off at a ~ plotseling een andere richting inslaan, van koers veranderen (ook: fig)

tangential [tæn'dʒenʃəl] bn tangentieel; fig oppervlakkig

tangerine ['tændʒə'ri:n] znw mandarijntje o

tangible ['tændʒibl] bn tastbaar, voelbaar

tangle ['tæŋgl] **I** overg in de war maken, verwikkelen; verwarren; verstrikken (ook: ~ up); **II** onoverg in de war raken; ~ with overhoop liggen met; **III** znw warhoop; warboel, klit, knoop; wirwar; verwarring

tangly bn verward, verwikkeld

tango ['tæŋgou] **I** znw tango; **II** onoverg de tango dansen

tangy ['tæŋi] bn scherp, pittig

tank [tæŋk] **I** znw waterbak, reservoir o; (petroleum)tank; mil tank; **II** overg: ~ up gemeenz tanken

tankard ['tæŋkəd] znw drinkkan, flapkan

tanked (up) ['tæŋkt(ʌp)] bn slang ladderzat, lazarus

tanker znw scheepv tanker, tankschip o; auto tankwagen

1 tanner znw looier

2 tanner ['tænə] znw gemeenz vero sixpence(stukje o)

tannery ['tænəri] znw looierij

tannic bn: ~ acid looizuur o

tannin znw tannine, looizuur o

tannoy ['tænɔi] znw intercom, omroepinstallatie, luidsprekerinstallatie [op sportveld &]

tantalize ['tæntəlaiz] overg tantaliseren, doen watertanden; kwellen [door valse verwachtingen te wekken]

tantalizing bn uitdagend, verleidelijk; tergend

tantamount ['tæntəmaunt] bn gelijkwaardig (aan to); be ~ to ook: gelijkstaan met

tantrum ['tæntrəm] znw (ook: ~ temper) woedeaanval

Tanzania [tænzə'niə] znw Tanzania o

Tanzanian [tænzə'niən] **I** znw Tanzaniaan; **II** bn Tanzaniaans

Taoism ['tauizm] znw taoïsme o

1 tap [tæp] **I** znw (houten) kraan; tap [ook: techn]; elektr aftakking; on ~ op de tap; aangestoken; gemeenz altijd beschikbaar; ter beschikking; **II** overg een kraan slaan in, aan-, opsteken; [een vat] aanboren; [bron &] exploiteren; aanspreken [voorraad]; aftappen (ook = afluisteren); elektr aftakken; tappen; ~ sbd. gemeenz iem. (willen) uithoren; ~ sbd. for money geld van iem. (willen) loskrijgen

2 tap [tæp] **II** overg tikken, kloppen tegen, op of met; **II** znw tikje o, klop [op deur]

tap-dancer znw tapdanser

tape [teip] **I** znw lint o; band o [stofnaam], band m [voorwerpsnaam]; plakband; geluidsband, cassette(band); strook papier [in de telegrafie]; gemeenz telegrafisch koersbericht o; meetband, -lint o, centimeter; **II** overg met een lint of band vastmaken; opnemen op de band; have (got) him (it) ~d gemeenz hem (het) doorhebben

tape deck znw tapedeck o

tape-measure znw meetband, meetlint o, centimeter

taper ['teipə] **I** znw waspit; vero kaars; plechtig toorts, licht(je) o; **II** overg spits (taps) toelopen (ook: ~ to a point); ~ off geleidelijk verminderen

tape-record ['teiprikɔ:d] overg opnemen op de band

tape-recorder znw bandrecorder

tape-recording znw bandopname

tapestry ['tæpistri] znw gobelin o, wandtapijt o; tapisserie [v. stoel &]

tapeworm ['teipwə:m] znw lintworm

tapioca [tæpi'oukə] znw tapioca

tapir ['teipə] znw tapir

tappet ['tæpit] znw techn klepstoter

tap-room ['tæprum] znw gelagkamer

tap water ['tæpwɔ:tə] znw leidingwater o

tar [ta:] **I** znw teer; gemeenz pikbroek, matroos; **II** overg (be)teren; ~ and feather met pek bestrijken en dan door de veren rollen [als straf]; ~red with the same brush fig met hetzelfde sop overgoten

taradiddle ['tærədidl] znw leugentje o

tarantula [tə'ræntjulə] znw (mv: -s of tarantulae) tarantula [spin]

tardy ['ta:di] bn traag, langzaam, dralend; laat

1 tare [tɛə] znw handel tarra

2 tare [tɛə] znw voederwikke [plant]; the ~s

bijbel het onkruid

target ['ta:git] I znw (schiet)schijf, mikpunt o; (gestelde, beoogde) doel² o of tijd; streefcijfer o (ook: ~ figure); II overg richten, mikken (op on)

target-practice znw schijfschieten o

tariff ['tærif] znw tarief o, toltarief o

tariff-war znw tarievenoorlog

tarmac ['ta:mæk] I znw teermacadam o & m; platform o [v. vliegveld]; II overg macadamiseren

tarn [ta:n] znw bergmeertje o

tarnish ['ta:niʃ] I overg laten aanlopen [metalen]; dof of mat maken; ontluisteren²; doen tanen; fig bezoedelen; II onoverg aanlopen [metalen]; dof of mat worden; tanen

tarot ['tærou] znw tarot o & m

tarpaulin [ta:'pɔ:lin] znw teerkleed o, (dek-) zeil o

tarragon ['tærəgən] znw dragon

1 tarry ['tæri] onoverg plechtig toeven, blijven, dralen

2 tarry ['ta:ri] bn teerachtig, geteerd

1 tart [ta:t] I znw (vruchten)taart; taartje o; gemeenz hoer, slet; II overg: ~ up gemeenz opdirken; opsmukken

2 tart [ta:t] bn wrang, zuur; fig scherp, bits

tartan ['ta:tən] I znw Schots geruit goed o; Schotse plaid; II bn van tartan

1 tartar ['ta:tə] znw driftkop; lastig persoon; kenau

2 tartar ['ta:tə] znw wijnsteen; tandsteen o & m

tartar(e) sauce znw tartaarsaus

tartaric [ta:'tærik] bn wijnsteen-

task [ta:sk] I znw taak, huiswerk o; geringsch karwei v & o; take sbd. to ~ iem. de les lezen, onder handen nemen; II overg op de proef stellen, vergen

task force znw mil speciale eenheid

taskmaster znw: a hard ~ een harde leermeester²

tassel ['tæsl] znw kwast, kwastje o [als boekenlegger]

tasselled bn met kwasten versierd

taste [teist] I overg proeven; smaken, ondervinden; II onoverg proeven; smaken; ~ of smaken naar; III znw smaak°, bijsmaak, voorkeur, zin; (voor)proefje o; beetje o, zweempje o, tikje o; neiging, liefhebberij; in bad ~ smakeloos; is it to your ~? is het naar uw zin?; every man to his ~! ieder zijn meug!

taste-bud znw smaakpapil

tasteful bn smaakvol

tasteless bn 1 smaakloos, zonder smaak; 2 smakeloos, van slechte smaak getuigend

taster znw proever [van wijn, thee &]; fig voorproefje o

tasty bn smakelijk; slang sexy

1 tat [tæt] onoverg & overg frivolité maken (bep. haak/knoopwerk)

2 tat znw vodden; prullaria

ta-ta ['tæ'ta:] tsw gemeenz daag!

tatter ['tætə] znw lap, lomp, vol o & v, flard; in ~s aan flarden

tattered bn haveloos, aan flarden; geha-

vend

tattle ['tætl], **tittle-tattle** I onoverg kletsen, babbelen; (uit de school) klappen; II znw geklets o, gebabbel o; borrelpraat

tattler znw kletskous, babbelaar

1 tattoo [tə'tu:] znw mil taptoe; (trom-) geroffel o, roffel

2 tattoo [tə'tu:] I overg tatoeëren; II znw tatoeëring, tatoeage

tattooist [tə'tuə, tə'tuist] znw tatoeëerder

tatty ['tæti] bn voddig, sjofel, afgeleefd

taught [tɔ:t] V.T. & V.D. van teach

taunt [tɔ:nt] I overg beschimpen, honen, smaden; ~ sbd. with ... iem. zijn ... smadelijk verwijten, voor de voeten werpen; II znw schimp(scheut), hoon, smaad, spot

Taurus [tɔ:rəs] znw Stier

taut [tɔ:t] bn strak, gespannen [v. touw, spier &]

tauten I overg (strak) aanhalen; spannen; II onoverg zich spannen

tautological [tɔ:tə'lɔdʒikl] bn tautologisch

tautology [tɔ:'tɔlədʒi] znw tautologie

tavern ['tævən] znw kroeg, herberg

tawdry ['tɔ:dri] bn smakeloos, opzichtig, opgedirkt

tawny ['tɔ:ni] bn taankleurig, tanig, getaand; geelbruin; ~ owl bosuil

tax [tæks] I overg belasten, schatting opleggen; veel vergen van; beschuldigen (van with); II znw (rijks)belasting; schatting; last, (zware) proef

taxable bn belastbaar

taxation [tæk'seiʃən] znw belasting

tax avoidance znw belastingontwijking, -vermijding, -besparing

tax-deductible bn aftrekbaar (voor de belasting)

tax disc znw auto ± deel drie van het kentekenbewijs

tax evasion znw belastingontduiking; fiscale fraude

tax-free bn vrij van belasting, taxfree

tax haven znw belastingparadijs o

taxi ['tæksi] I znw taxi; II onoverg 1 in een taxi rijden; 2 taxiën: rijden [v. vliegtuig]

taxi-cab znw taxi

taxidermist ['tæksidə:mist] znw dierenopzetter

taxidermy znw de kunst van het opzetten van dieren

taxi-driver ['tæksidraivə], gemeenz **taximan** znw taxichauffeur

taximeter znw taximeter

taxing ['tæksiŋ] bn belastend, inspannend, zwaar [werk]; moeilijk [probleem]

taxi rank, Am **taxi stand** znw taxistandplaats

taxman ['tæksmæn, -mən] znw belastingontvanger; the T~ de Belasting

taxonomy [tæk'sɔnəmi] znw taxonomie

taxpayer ['tækspeiə] znw belastingbetaler

tax relief znw belastingverlaging, -vermindering

TB afk. = tuberculosis tbc, tuberculose

tea [ti:] znw thee; avondeten; lichte middagmaaltijd met thee, koekjes en sandwiches; high ~ maaltijd aan het eind van de middag, in plaats van het avondmaal [bijv. voor kinderen]

teabag *znw* theezakje *o*, theebuiltje *o*

tea-ball *znw* thee-ei *o*

tea-break *znw* theepauze

tea-caddy *znw* theebusje *o*

teacake *znw* zoet broodje *o* met rozijnen

teach* [ti:tʃ] *overg* onderwijzen, leren, les geven (in), doceren; ~ *sbd.* manners iem. mores leren

teachability [ti:tʃə'biliti] *znw* leervermogen *o*

teachable ['ti:tʃəbl] *bn* aannemelijk, bevattelijk, leerzaam

teacher *znw* onderwijzer(es), leraar, leraares, leerkracht, docent(e), leermeester(es)

tea-chest ['ti:tʃest] *znw* theekist

teach-in ['ti:tʃin] *znw* teach-in; open forum *o* [vooral voor (de) universiteit]

teaching I *bn* onderwijzend; *a* ~ *hospital* een academisch ziekenhuis *o*; ~ *practice* onderwijzersstage, hospiteren *o*; **II** *znw* onderwijs *o*; lesgeven *o*; leer (ook: ~s)

tea-cloth ['ti:klɔθ] *znw* theedoek

tea-cosy *znw* theemuts

teacup *znw* theekopje *o*

teak [ti:k] *znw* teak(boom), djati(boom); teak(hout) *o*

tea-kettle ['ti:ketl] *znw* theeketel

teal [ti:l] *znw* taling(en) [kleine eend]

tea leaf ['ti:li:f] *znw* theeblaadje *o* [v. theestruik]

team [ti:m] **I** *znw* span *o* [paarden &]; ploeg [werklui, spelers], elftal *o* [voetballers], groep [geleerden &], team *o*; **II** *onoverg:* ~ *up gemeenz* samenwerken

team-mate *znw* ploeggenoot, teamgenoot

team-spirit *znw* geest van samenwerking

teamster *znw Am* wegvervoerder

team-work *znw* teamwork *o*; samenwerking

tea-party ['ti:pa:ti] *znw* theevisite, theepartij

teapot *znw* theepot

1 tear [tiə] *znw* traan; *be bored to* ~s *gemeenz* zich te pletter vervelen

2 tear* [tɛə] **I** *overg* scheuren, stuk-, verscheuren[2]; rukken of trekken aan; weg-, uiteenrukken, (open)rijten; *that's torn it!* *Am:* *that* ~s *it!* nu is alles bedorven!; **II** *wederk:* ~ *oneself away* zich (van de plaats) losrukken; **III** *onoverg* & *abs ww* scheuren; stormen, vliegen; razen, tieren; ~ *apart* kapot scheuren; verdeeldheid zaaien onder; in tweestrijd brengen; ~ *away* wegscheuren [auto]; losmaken; ~ *down* afscheuren, -rukken; afbreken; ~ *down the hill* de heuvel afrennen; ~ *off* afscheuren, -rukken; ~ *sbd. off a strip* iem. een standje geven; ~ *open* openscheuren, openrukken; ~ *up* door-, ver-, stukscheuren; opbreken [weg &]; *torn up by the roots* ontworteld

3 tear [tɛə] *znw* scheur

tearaway *znw* wildebras

teardrop ['tiədrɔp] *znw* [een] enkele traan

tearful *bn* vol tranen; huilerig; *become* ~ beginnen te huilen

tear gas *znw* traangas *o*

tearing ['tɛəriŋ] **I** *bn* scheurend; gemeenz heftig, razend; **II** *znw* scheuren *o*

tear-jerker ['tiədʒə:kə] *znw gemeenz* smartlap; melodramatisch verhaal *o* &

tear-off ['tɛərɔ:f]: ~ *calendar znw* scheurkalender

tea-room ['ti:rum] *znw* lunchroom, theesalon

tear-stained ['tiəsteind] *bn* beschreid

tease [ti:z] **I** *overg* plagen, kwellen, sarren, treiteren, pesten, judassen, jennen; kaarden; tegenkammen [v. haar]; ~ *out* ontwarren; ontfutselen; **II** *znw* plaaggeest

teasel ['ti:zl] *znw* kaardedistel, kaarde; kaardmachine

teaser ['ti:zə] *znw* plager, plaaggeest, kweller; *fig* puzzel; moeilijk probleem *o*

tea-service, tea-set ['ti:set] *znw* theeservies *o*

tea-shop *znw* theesalon

teaspoon *znw* theelepeltje *o*

tea-strainer *znw* theezeefje *o*

teat [ti:t] *znw* tepel, speen

tea-table ['ti:teibl] *znw* theetafel

tea-towel *znw* theedoek, (af)droogdoek

tea-tray *znw* theeblad *o*

tea-trolley *znw* theewagen

tech [tek] *znw gemeenz* verk. van *technical college*

technical ['teknikl] *bn* technisch; vak-; ~ *college* hogere technische school; ~ *school* lagere technische school

technicality [tekni'kæliti] *znw* technisch detail *o*; technisch probleem *o*; *recht* vormfout; *the technicalities* de technische finesses

technician [tek'niʃən] *znw* technicus

technique [tek'ni:k] *znw* techniek

technocracy [tek'nɔkrəsi] *znw* technocratie

technocrat ['teknəkræt] *znw* technocraat

technological [teknə'lɔdʒikl] *bn* technologisch

technologist [tek'nə'nɔlədʒist] *znw* technoloog

technology *znw* technologie

tectonic [tek'tɔnik] *bn* tektonisch

tectonics [tek'tɔniks] *znw mv* tektoniek

Ted [ted] *znw slang* = *teddy boy*

teddy ['tedi] *znw* beertje *o*; teddybeer (ook: ~ *bear*)

teddy boy *znw* ± nozem

tedious ['ti:diəs] *bn* vervelend; saai

tedium *znw* verveling; saaiheid

tee [ti:] **I** *znw* tee, afslag [aardhoopje *o* & vanwaar de bal wordt weggeslagen bij golfspel]; **II** *overg sp* (~ *up*) [de bal] op de tee plaatsen; **III** *onoverg:* ~ *off* beginnen te spelen; *fig gemeenz* van start gaan, beginnen

teem [ti:m] *onoverg* vol zijn, krioelen, wemelen, overvloeien (van *with*); *it was* ~*ing (with rain), the rain was* ~*ing down* het stortregende

teeming ['ti:miŋ] *bn* wemelend, overvol, boordevol (van *with*)

teenage ['ti:neidʒ] *bn* van, voor tieners, tiener-; jeugd-; ~ *boy (girl)* tiener

teenager

teenager *znw* tiener
teens *znw mv* jaren tussen het twaalfde en het twintigste
teeny ['ti:ni] *bn* gemeenz (heel) klein; ~-bopper slang tiener; ~-weeny piepklein
teeter ['ti:tə] *onoverg* wankelen, balanceren
teeth [ti:θ] *mv v.* tooth
teethe [ti:ð] *onoverg* tanden krijgen
teething *znw* het tanden krijgen; ~ ring bijtring; ~ troubles fig kinderziekten
teetotal [ti:'toutl] *bn* geheelonthouders-
teetotalism *znw* geheelonthouding
teetotaller [ti:'toutlə] *znw* geheelonthouder
telecast ['telika:st] I *overg & onoverg* per televisie uitzenden; II *znw* televisie-uitzending
telecommunication ['telikəmju:ni'keiʃən] *znw* telecommunicatie
telegram ['teligræm] *znw* telegram o
telegraph ['teligra:f] I *znw* telegraaf; II *overg & onoverg* telegraferen; fig seinen
telegraphese [teligra:'fi:z] *znw* telegramstijl
telegraphic [teli'græfik] *bn* telegrafisch
telegraphy *znw* telegrafie
telemetry [ti'lemitri, -matri] *znw* telemetrie [het verrichten van metingen op afstand]
telepathic [teli'pæθik] *bn* telepathisch
telepathy *znw* telepathie
telephone ['telifoun] I *znw* telefoon; on the ~ aangesloten (bij de telefoon); aan de telefoon; door de (per) telefoon; II *overg & onoverg* telefoneren
telephone book *znw* telefoonboek o
telephone booth, telephone box *znw* telefooncel
telephone directory *znw* telefoonboek o
telephone exchange *znw* telefooncentrale
telephone number *znw* telefoonnummer o
telephonic [teli'fɔnik] *bn* telefonisch, telefoon-
telephonist [ti'lefənist] *znw* telefonist(e)
telephony *znw* telefonie
telephoto lens ['telifoutoulenz] *znw* telelens
teleprinter ['teliprintə] *znw* telex
telescope ['teliskoup] I *znw* telescoop; II *overg & onoverg* ineenschuiven; in elkaar schuiven; fig samenvatten [boek &]
telescopic [telis'kɔpik] *bn* telescopisch; inschuifbaar
televise ['telivaiz] *overg* per televisie uitzenden
television ['teliviʒən, teli'viʒən] *znw* televisie
television set *znw* televisietoestel o
telex ['teleks] I *znw* telex; II *overg* telexen
tell* [tel] I *overg* vertellen, zeggen; mededelen, (ver)melden, onderrichten; verhalen; verklikken; onthullen²; bevelen, gelasten; onderscheiden; (her)kennen; zien (aan by); you're ~ing me! gemeenz nou en of!, zeg dat wel!; you — me! wat zeg je me nou?, daar weet ik niets van!; ~ the time

op de klok (kunnen) kijken; ~ fortunes waarzeggen; ~ one from the other ze van elkaar onderscheiden; ~ off een standje geven; all told alles bij elkaar, in het geheel; II *onoverg & abs ww* vertellen, verhalen, (het) zeggen; klikken, het oververtellen; effect maken, uitwerking hebben, zijn invloed doen gelden, indruk maken, pakken, aanpakken; every shot (word) told elk schot (woord) had effect (was raak); ~ against pleiten tegen; ~ in his favour voor hem pleiten; ~ on gemeenz klikken over, verraden; breeding ~s een goede afkomst verloochent zich niet
teller *znw* verteller; teller; kassier
tellermachine *znw* Am geldautomaat
telling I *bn* 1 veelzeggend, onthullend; 2 pakkend, krachtig, raak; II *znw* verhaal o, vertelling; vertellen o; there is no ~... niemand weet...
telling-off *znw* gemeenz standje o, uitbrander
telltale I *znw* aanbrenger; verklikker [ook: techn]; II *bn* verraderlijk
telly ['teli] *znw* gemeenz televisie
temerarious [temə'rɛəriəs] *bn* vermetel, roekeloos
temerity [ti'meriti] *znw* vermetelheid, roekeloosheid
temp [temp] I *znw* gemeenz verk. van temporary employee uitzendkracht; II *onoverg* gemeenz werken als uitzendkracht
temper ['tempə] I *overg* temperen², matigen; verzachten; doen bedaren; mengen; aanmaken [klei, cement]; ~ justice with mercy genade voor recht laten gelden; II *znw* temperament o, gemoedstoestand; stemming, (goed) humeur o; gemoedsrust, kalmte; slecht humeur o, boze bui; vermenging; (little) ~s ook: aanvallen van humeurigheid; have a (quick) ~ gauw kwaad worden, niets kunnen velen; lose one's ~ z'n kalmte verliezen; ongeduldig, kwaad, driftig worden; be in a ~ uit zijn humeur zijn
temperament ['temp(ə)rəmənt] *znw* temperament o
temperamental [temp(ə)rə'mentl] *bn* van nature, aangeboren; met veel temperament; grillig; fig met kuren [auto &]
temperance ['temp(ə)rəns] *znw* gematigdheid; matigheid, onthouding [van sterke dranken]; ~ movement drankbestrijding
temperate *bn* gematigd; matig
temperature ['tempritʃə] *znw* temperatuur; have a ~, run a ~ verhoging hebben
tempered ['tempəd] *bn* gehumeurd, ... van aard
tempest ['tempist] *znw* (hevige) storm²
tempestuous [tem'pestjuəs] *bn* stormachtig², onstuimig
Templar ['templə] *znw* tempelridder, tempelier (ook: Knight ~)
template ['templeit] *znw* [houten of metalen] mal
1 temple ['templ] *znw* tempel; the T~ (the Inner and Middle T~) gebouwencomplex o v. juristen te Londen

2 **temple** ['templ] *znw* slaap [aan het hoofd]

tempo ['tempou] *znw* (*mv:* -s *of* tempi) tempo *o*, maat; snelheid

1 **temporal** ['tempərəl] *bn* slaap-; ~ *bone* slaapbeen *o*

2 **temporal** ['tempərəl] *bn* tijdelijk; wereldlijk

temporary ['temp(ə)rəri] *bn* tijdelijk, voorlopig; niet vast, niet blijvend, nood-

temporization [tempərai'zeiʃən] *znw* temporiseren *o*, geschipper *o*; gedraal *o*

temporize ['tempəraiz] *onoverg* proberen tot een compromis te komen, schipperen; tijd proberen te winnen, dralen

tempt [tem(p)t] *overg* verzoeken, in verzoeking brengen; verleiden; (ver-)lokken; ~ *fate* het noodlot tarten; *be ~ed to...* ook: in de verleiding komen te...

temptation [tem(p)'teiʃən] *znw* verzoeking, aanvechting, bekoring; verlokking, verleiding

tempter ['tem(p)tə] *znw* verleider

tempting *bn* verleidelijk

temptress *znw* verleidster

ten [ten] **I** *telw* tien; **II** *znw* tiental *o*

tenable ['tenəbl] *bn* houdbaar[2], verdedigbaar[2] [argument, stelling &]; *the post is ~ for 5 years* de betrekking geldt voor 5 jaar

tenacious [ti'neiʃəs] *bn* vasthoudend[2] (aan *of*); kleverig, taai; sterk [v. geheugen]; hardnekkig

tenacity [ti'næsiti] *znw* vasthoudendheid, kleverigheid, taaiheid[2]; sterkte [v. geheugen]; hardnekkigheid

tenancy ['tenənsi] *znw* huur, pacht; huur-, pachttermijn

tenant *znw* huurder, pachter; bewoner

tenant farmer *znw* pachter

tenantry *znw* gezamenlijke pachters, huurders

tench [tenʃ] *znw* zeelt [vis]

1 **tend** [tend] *onoverg* gaan of wijzen in zekere richting; een neiging hebben in zekere richting; gericht zijn, ten doel hebben; ~ *to* ook: strekken, bijdragen tot

2 **tend** [tend] *overg* passen op [winkel], zorgen voor, oppassen [zieken], hoeden [vee], weiden [lammeren]; verzorgen [tuin]

tendency ['tendənsi] *znw* neiging; aanleg [voor ziekte]; tendens

tendentious [ten'denʃəs] *bn* tendentieus

1 **tender** ['tendə] *znw* tender, kolenwagen [v. locomotief]

2 **tender** ['tendə] **I** *overg* aanbieden; indienen; betuigen (dank); **II** *onoverg:* ~ *for* inschrijven op; **III** *znw* aanbieding, offerte; inschrijving(sbiljet *o*), betaalmiddel *o* (in: *legal* ~); *by* ~ bij inschrijving

3 **tender** ['tendə] *bn* te(d)er, zacht, mals; pijnlijk; (teer)gevoelig; liefhebbend; pril

tenderfoot ['tendəfut] *znw* nieuweling

tender-hearted ['tendə'ha:tid] *bn* teerhartig

tenderize ['tendəraiz] *overg* mals maken [vlees]

tenderloin ['tendələin] *znw* filet; Am gemeenz rosse buurt [vooral v. New York]

tendon *znw* pees

tendril ['tendril] *znw* hechtrank

tenebrous ['tenibrəs] *bn* plechtig donker, duister

tenement ['tenimənt] *znw* plechtig woning, huis *o*; kamer (voor één familie)

tenet ['ti:net] *znw* grondstelling; leerstuk *o*, leer; mening

tenfold ['tenfould] *bn bijw* tienvoudig

tenner ['tenə] *znw* gemeenz biljet *o* van 10 pond (dollar)

tennis ['tenis] *znw* tennis *o*

tennis court *znw* tennisbaan

tennis elbow *znw* tennisarm

tenon ['tenən] *znw* pin, pen, tap

tenor ['tenə] *znw* geest, zin, inhoud, strekking, teneur; gang, loop, richting, verloop *o*; muz tenorstem, tenor; altviool

tenpin bowling, ['tenpin'boulin], Am **tenpins** ['tenpinz] *znw* bowlen *o* (met tien kegels)

1 **tense** [tens] *znw* gramm tijd

2 **tense** [tens] *bn* strak, gespannen[2]; (hyper-) nerveus, geladen [moment]

tensile ['tensail] *bn* rekbaar; span-, trek-

tension ['tenʃən] *znw* gespannen toestand; spanning[2]; inspanning; spankracht

tensor ['tensə] *znw* strekker [spier]

tent [tent] **I** *znw* tent; **II** *onoverg* (in tent) kamperen

tentacle ['tentəkl] *znw* tastorgaan *o*; vangarm, grijparm; fig tentakel

tentative ['tentətiv] **I** *bn* bij wijze van proef, experimenteel; voorzichtig, aarzelend; tentatief, voorlopig [v. conclusie, cijfers &]; **II** *znw* voorlopig voorstel *o*, voorlopige theorie, proef, probeersel *o*

tenth [tenθ] **I** *telw* tiende; **II** *znw* tiende (deel *o*); tiend

tent-peg ['tentpeg] *znw* haring [v. tent]

tenuity [te'nju:iti] *znw* slankheid; fijnheid, dunheid, ijlheid, eenvoud [v. stijl]

tenuous ['tenjuəs] *bn* vaag, onbeduidend [onderscheid]; karig [bewijs]; mager [plot]

tenure ['tenjuə] *znw* eigendomsrecht *o*, bezit *o*; vaste aanstelling (vooral aan universiteit); *during his ~ of office* zolang hij het ambt bekleedt (bekleedde)

tepee ['ti:pi:] *znw* tipi, indianentent

tepid ['tepid] *bn* lauw[2]

tepidity [te'piditi] *znw* lauwheid

tercentenary [tə:sen'ti:nəri] **I** *znw* driehonderdjarige gedenkdag; **II** *bn* driehonderdjarig

tergiversate ['tə:dʒivə:seit] *onoverg* draaien, uitvluchten zoeken, schipperen

term [tə:m] **I** *znw* term[°], uitdrukking; termijn, periode, recht zittingstijd, onderw collegetijd, trimester *o*, kwartaal *o*; med einde *o* der zwangerschapsperiode; ~*s* voorwaarden, condities; verstandhouding, voet waarop men omgaat met iem.; ~*s of reference* kader *o*, raam *o* [v. onderzoek], taakomschrijving; *at our usual* ~*s* tegen de gewone betalingsvoorwaarden; *in the short (medium, long)* ~ op korte (middellange, lange) termijn; *in plain* ~*s, in no uncertain* ~*s* duidelijk, ondubbelzinnig; *in economic* ~*s* uit economisch oogpunt; *on* *bad ~s* gebrouilleerd; *on equal ~s* op voet van gelijkheid; *come to ~s* tot een vergelijk komen; het eens worden; zie ook: *speaking*; **II** *overg* noemen

terminable ['tə:minəbl] *bn* begrensbaar; te beëindigen; aflopend, opzegbaar

terminal I *bn* terminaal; dodelijk [ziekte]; **II** *znw* eindpunt o, einde o, uiterste o; eindstation o; stationsgebouw o [v. luchthaven] *(air ~)*; (computer)terminal; elektr (pool-)klem

terminate I *overg* eindigen, beëindigen, een eind maken aan; laten aflopen [contract]; **II** *onoverg* eindigen, ophouden; aflopen [contract]; eindigen (in *in*), uitlopen (op *in*); als eindstation hebben [bus, trein]

termination [tə:mi'neiʃən] *znw* afloop; beëindiging; besluit o, slot o; einde o; gramm uitgang

terminology [tə:mi'nɔlədʒi] *znw* terminologie

terminus ['tə:minəs] *znw (mv: -es* of termini) eindstation o

termite ['tə:mait] *znw* termiet, witte mier

tern [tə:n] *znw* dierk visdiefje o

terrace ['teris] *znw* terras o; (straat met) rij huizen in uniforme stijl [in Engeland]; *~s* tribune [in stadion]

terraced *bn* terrasvormig; met een terras; *~ house* rijtjeshuis o

terracotta ['terə'kɔtə] **I** *znw* terracotta; **II** *bn* terra(cotta): roodbruin

terra firma [terə'fə:mə] *znw* vaste grond, veilige bodem

terrain ['terein] *znw* terrein o [vooral militair]

terrapin ['terəpin] *znw* zoetwaterschildpad

terrestrial [ti'restriəl] *bn* aards; aard-; land-; *~ globe* aardbol

terrible ['teribl] *bn* vreselijk, ontzettend

terrier ['teriə] *znw* (fox)terriër

terrific [tə'rifik] *bn* fantastisch, geweldig

terrify ['terifai] *overg* angst aanjagen

terrifying *bn* schrikwekkend, verschrikkelijk

territorial [teri'tɔ:riəl] **I** *bn* territoriaal, van een grondgebied, land-, grond-; **II** *znw: T~* soldaat van het territoriale leger

territory ['teritəri] *znw* grondgebied o, gebied[2] o, territorium o

terror ['terə] *znw* schrik, angst; verschrikking; schrikbeeld o; *you are a ~* gemeenz je bent toch verschrikkelijk!; *the (Reign of) T~* het Schrikbewind, de Terreur (Frankrijk 1793/94); *in ~ of* bang zijnd, vrezend voor

terrorism *znw* schrikbewind o, terreur, terrorisme o

terrorist I *znw* terrorist; **II** *bn* terreur-, terroristisch

terrorize ['terəraiz] *overg* terroriseren, een schrikbewind uitoefenen over

terror-stricken *bn* verstijfd van angst

terry (cloth) ['teri(klɔθ)] *znw* badstof

terse [tə:s] *bn* kort (en bondig), beknopt, kortaf, gedrongen

tertiary ['tə:ʃəri] *bn* tertiair; van de derde rang, van de derde orde; *T~* geol Tertiair

o, tertiaire formatie

tessellated ['tesəleitid] *bn* ingelegd [plaveisel], mozaïek- [vloer]

test [test] **I** *znw* proef, beproeving; keuring; test; toets(steen); reagens o; criterium o; onderw proefwerk o; *the acid ~* de vuurproef, de toets(steen); *put to the ~* op de proef stellen; de proef nemen met; *stand the ~ of time* de tand des tijds doorstaan; **II** *overg* toetsen (aan *by*), op de proef stellen, beproeven, keuren, controleren, onderzoeken [ook chem], testen (op *for*)

testament ['testəmənt] *znw* testament° o

testamentary [testə'mentəri] *bn* testamentair

testator [tes'teitə] *znw* testateur, erflater

testatrix *znw* testratrice, erflaatster

test-ban treaty ['testbæntri:ti] *znw* kernstopverdrag o

test case ['testkeis] *znw* recht proefproces o; fig (kracht)proef; toets(steen)

tester ['testə] *znw* **1** keurder; proefmiddel o; **2** baldakijn o & *m*; hemelbed o

test-flight ['testflait] *znw* proefvlucht

testicle ['testikl] *znw* testikel, (teel)bal

testify ['testifai] **I** *onoverg* getuigen; getuigenis afleggen (van *to*); betuigen; *~ to* fig getuigen van; **II** *overg* betuigen; getuigenis afleggen van

testimonial [testi'mounjəl] *znw* getuigschrift o

testimony ['testiməni] *znw* getuigenis o & *v*, getuigenverklaring; *in ~ whereof...* tot getuigenis waarvan...

test-match ['testmætʃ] *znw* testmatch [cricket]

test-pilot *znw* testpiloot, invlieger

test-tube *znw* reageerbuis

test-tube baby *znw* reageerbuisbaby

testy ['testi] *bn* kribbig, wrevelig, prikkelbaar

tetanus ['tetənəs] *znw* tetanus, stijfkramp

tetchy ['tetʃi] *bn* gemelijk, prikkelbaar, lichtgeraakt

tether ['teðə] **I** *znw* tuier [om grazend dier aan vast te maken]; *be at the end of one's ~* uitgepraat zijn, niet meer kunnen; **II** *overg* (vast)binden

tetragon ['tetrəgən] *znw* vierhoek

Teuton ['tju:tən] *znw* Teutoon; Germaan

Teutonic [tju:'tɔnik] **I** *bn* Teutoons; Germaans; **II** *znw* het Germaans

text [tekst] *znw* tekst; onderwerp o; verplichte literatuur [voor examen]; leerboek o

text-book *znw* leerboek o, studieboek o, handboek o; *a ~ case of...* een typisch/klassiek voorbeeld van...

textile ['tekstail] **I** *bn* geweven; weef-; textiel; **II** *znw* geweven stof; *~s* ook: textiel(goederen)

textual ['tekstjuəl] *bn* woordelijk, letterlijk; tekst-

texture ['tekstʃə] *znw* weefsel o, structuur, bouw

Thai [tai] **I** *znw* Thai, Thailander; Thais o [de taal]; **II** *bn* Thais

Thailand ['tailænd] *znw* Thailand o

thalidomide [θə'lidoumaid] *bn*: ~ *baby* soltenonbaby

Thames [temz] *znw* Theems; *he will never set the* ~ *on fire* hij heeft het buskruit niet uitgevonden

than [ðæn, ð(ə)n] *voegw* dan [na vergrotende trap]; *no sooner did he arrive* ~ *he started to complain* hij was nog niet binnen of hij begon te klagen

thank [θæŋk] *overg* (be)danken, dankzeggen (voor *for*); ~ *God!* goddank!; *I'll* ~ *you to keep quiet!* wilt u alstublieft stil zijn!; *no,* ~ *you* dank u [bij weigering]

thankful *bn* dankbaar

thankless *bn* ondankbaar

thanks *znw mv* dank, dankzegging; ~ *to...* dankzij...; *give* ~ danken [na de maaltijd]

thanksgiving *znw* dankzegging; *T~ Day* dankdag

thank-you *znw* bedankje o

1 that [ðæt] **I** *aanw vnw* dat, die; ~'s *all* ook: daarmee basta!; *like* ~ zo; *big to us,* ~ *is* groot voor ons, althans; *with* ~ waarop, waarna; **II** *betr vnw* dat, die, welke, wat; *the book* ~ *you gave me* het boek dat je me hebt gegeven; **III** *bijw* gemeenz zó; *is she all* ~ *perfect?* is ze zó volmaakt?

2 that [ðət, ðæt] *voegw* dat; opdat; *in* ~ in zoverre dat, in die zin dat, omdat

thatch [θætʃ] **I** *znw* stro o; riet o; rieten dak o; dik hoofdhaar o; **II** *overg* met riet dekken; ~*ed roof* rieten dak o

thatcher *znw* rietdekker

thaw [θɔː] **I** *onoverg* dooien; ontdooien[2]; fig loskomen, een beetje in vuur geraken; **II** *overg* (doen) ontdooien[2] (ook: ~ *out*); **III** *znw* dooi

the [ðə, ð, ðiː] *lidw* de, het

theatre, Am theater [θiətə] *znw* theater o, schouwburg; toneel[2] o; gezamenlijk toneelwerk o; med operatiezaal; gehoorzaal [v. universiteit &]; strijdtoneel o, -gebied o

theatre-goer *znw* schouwburgbezoeker

theatrical [θi'ætrikl] **I** *bn* theatraal, van het toneel; toneelmatig; toneel-; **II** *znw*: ~*s* (amateur)toneel o

thee [ðiː] *pers vnw* vero plechtig u, ge (voorwerpsvorm van *thou*)

theft [θeft] *znw* diefstal

their [ðɛə] *bez vnw* hun, haar

theirs *bez vnw* de of het hunne, hare

theism ['θiːizm] *znw* theïsme o; geloof o aan het bestaan van een God

them [ðem, (ð)əm] *pers vnw* hen, hun, ze; ~ *girls* slang die meisjes

thematic [θi'mætik] *bn* thematisch

theme [θiːm] *znw* thema° o; onderwerp o; onderw opstel o; ~ *song,* ~ *tune* telkens terugkerende melodie [v. revue, film]; fig refrein o, leus

themselves [ðəm'selvz] *wederk vnw* zich(zelf); (zij)zelf

then [ðen] **I** *bijw* dan, vervolgens, daarop, in die tijd, toenmaals, toen; bovendien; by ~ dan, tegen die tijd; toen; *not till (until)* ~ toen pas, toen eerst; ~ *and there* op staande voet; **II** *voegw* dan, dus; *but* ~ ook: maar ... nu eenmaal, trouwens; zie

ook: *again*; **III** *bn* toenmalig; van dat ogenblik

thence [ðens] *bijw* vandaar, daaruit, daardoor

thenceforth, thenceforward *bijw* van die tijd af

theocracy [θi'ɔkrəsi] *znw* theocratie

theocratic [θiə'krætik] *bn* theocratisch

theodolite [θi'ɔdəlait] *znw* theodoliet

theologian [θiə'loudʒən] *znw* theoloog, godgeleerde

theological [θiə'lɔdʒikl] *bn* theologisch, godgeleerd

theology [θi'ɔledʒi] *znw* theologie, godgeleerdheid

theorem ['θiərem] *znw* theorema o, stelling

theoretic [θiə'retik] *bn* theoretisch

theoretician [θiərə'tiʃən] *znw* theoreticus

theorist ['θiərist] *znw* theoreticus

theorize *onoverg* theoretiseren (over *about*)

theory *znw* theorie; gemeenz idee o & v, principe o

theosophy *znw* theosofie

therapeutic [θerə'pjuːtik] **I** *bn* therapeutisch, genezend; geneeskundig; **II** *znw*: ~*s* therapie

therapist ['θerəpist] *znw* therapeut; *occupational* ~ arbeidstherapeut

therapy *znw* therapie, geneesmethode, behandeling

there [ðɛə] **I** *bijw* daar, aldaar, er; er-, daarheen; daarin; ~ *and back* heen en terug; ~ *and then, then and* ~ onmiddellijk, stante pede; ~ *you are!* ziedaar!; daar heb je (hebben we) het!; *but* ~ *you are, but* ~ *it is* maar wat doe je eraan?; *but* ~, *you know what I mean* (maar) enfin, je weet wat ik bedoel; ~'*s a good boy!* dat is nog eens een brave jongen!; ~ *you go again!* nou doe je het weer!; *be all* ~ gemeenz goed bij (zijn verstand) zijn; **II** *tsw* kom! kom!; ~ *now!* och, och!, nee maar!; *so* ~*!* o zo!, punt uit!

thereabout(s) *bijw* daar in de buurt, daaromtrent

thereafter *bijw* daarna

thereat *bijw* daarop, daarover; daarbij, bovendien

thereby *bijw* daarbij; daardoor

therefore *bijw* daarom, derhalve

therein *bijw* vero daarin, hierin; ~ *after* verderop, hierna [vermeld]

thereof *bijw* hiervan, daarvan

thereupon *bijw* daarop, daarna

therm [θəːm] *znw* warmte-eenheid

thermal I *bn* hitte-, warmte-; warm; thermaal [bron, bad]; **II** *znw* thermiek

thermic *bn* warmte-

thermo-dynamics *znw* thermodynamica

thermometer [θə'mɔmitə] *znw* thermometer

thermonuclear ['θəːmou'njuːkliə] *bn* thermonuclear

thermos ['θəːmɔs] *znw* thermosfles (ook: ~ *flask*)

thermostat *znw* thermostaat

thesaurus [θi'sɔːrəs] *znw* (*mv*: -es of thesauri) synoniemenwoordenboek o

these [ði:z] aanw vnw mv v. this deze

thesis ['θi:sis] znw (mv: -ses [-si:z]) stelling; thesis, dissertatie

Thespian ['θespiən] bn van Thespis; the ~ art de dramatische kunst

thews [θju:z] znw mv spieren; (spier)kracht

thewy bn gespierd

they [ðei] pers vnw zij; ze, men

thick [θik] I bn dik° [ook = intiem], dicht, dicht op elkaar staand, dicht bezet, vol; hees, onduidelijk, verstikt [stem]; opgezwollen [lichaamsdeel]; mistig, nevelig; troebel; <u>gemeenz</u> hardleers, dom; that's a bit ~ <u>gemeenz</u> dat is nogal kras; as ~ as two short planks <u>gemeenz</u> zo stom als het achtereind van een varken; they are as ~ as thieves <u>gemeenz</u> het zijn dikke vrienden; be ~ on the ground dik gezaaid zijn; **II** bijw dik, dicht; come ~ and fast, fast and ~ elkaar snel opvolgen [slagen &]; lay it on ~ <u>gemeenz</u> overdrijven, het er dik opleggen; **III** znw dikke gedeelte o, dikte; dikste (dichtste) gedeelte o; hevigst o

thicken I overg verdikken, dik maken; binden [saus &]; zich samenpakken; zich ophopen; op-, aanvullen; **II** onoverg dik(ker) worden; zich op-, samenhopen; the plot ~s het begint te spannen

thicket znw kreupelbosje o, struikgewas o

thickhead znw stommeling, oen, rund o

thick-headed bn dom, stom

thick-set bn dicht (beplant); vierkant, gedrongen; sterk gebouwd

thick-skinned bn dikhuidig²

thick-skulled bn bot, dom

thick-witted bn bot, dom

thief [θi:f] znw (mv: thieves) dief

thieve [θi:v] I overg stelen; **II** onoverg een dief zijn

thievery znw dieverij, diefstal

thieving I bn diefachtig; znw stelen o, dieverij

thievish bn diefachtig

thigh [θai] znw dij(been o)

thigh-bone znw dijbeen o

thigh-boot znw lieslaars

thimble ['θimbl] znw vingerhoed

thimbleful znw (een) vingerhoed (vol); <u>fig</u> een heel klein beetje o

thin [θin] I bn dun, dunnetjes; schraal, mager; zwak; schaars; ijl, doorzichtig; be ~ on the ground <u>fig</u> dun gezaaid zijn; ~ on top <u>gemeenz</u> kaal; a ~ time <u>gemeenz</u> een slechte tijd; **II** overg dun(ner) & maken, (ver)dunnen (ook: ~ down); **III** onoverg dun(ner) & worden; uit elkaar gaan; ~ down vermageren; ~ out zich langzaam verspreiden [menigte]; geleidelijk afnemen [mist &]

thine [ðain] bez vnw <u>plechtig</u> uw; de of het uwe

thing [θiŋ] znw ding o, zaak, geval o, toestand; a ~ ies; have a ~ about (blonds &) <u>gemeenz</u> 'iets' hebben met (blondines &); the dear ~ die lieve snoes; die goeie ziel; first ~s first wat het zwaarst is, moet het zwaarst wegen; the great ~ de hoofdzaak,

waar het op aankomt; do the right ~ by sbd. iem. eerlijk behandelen (belonen); the latest ~ in hats het nieuwste (modesnufje) op het gebied van hoeden; make a big ~ of zich druk maken over; old ~! ouwe jongen!; lieve schat!; the old ~ over again het oude liedje; for one ~..., for another... ten eerste..., ten tweede...; do one's own ~ zijn eigen gang gaan; that's the ~ dat is 't hem juist, dat is het punt juist; that is the real/very ~ <u>gemeenz</u> dat is je ware; that's the done ~ zo hoort het; the ~ is to... de hoofdzaak is..., het is zaak te...

things znw mv dingen, (de) zaken, allerlei dingen, praatjes; kleren, goed o, gerei o, spullen, boeltje o; ... and ~ <u>gemeenz</u> ...en zo (meer); as ~ are zoals de zaken nu staan; above (before) all ~ bovenal; of all ~ uitgerekend, nota bene

thingumabob, thingummy, thingy znw <u>gemeenz</u> dinges, hoe-heet-ie-ook-weer

1 think* [θiŋk] I overg denken; geloven, menen, achten, houden voor, vinden; bedenken; zich denken, zich voorstellen; van plan zijn; **II** onoverg & abs ww denken; nadenken; zich bedenken; I don't ~! <u>slang</u> dat maak je mij niet wijs; I thought so dat dacht ik wel; ~ of ...ing erover denken om te...; ~ of it (that)! denk je eens in!; ~ better of it zich bedenken; ~ a lot of veel op hebben met; ~ out uitdenken; overdenken, overwegen; doordenken, goed denken over; ~ over nadenken over, overwegen; ~ up uitdenken, verzinnen

2 think [θiŋk] znw <u>gemeenz</u> gedachte; have a ~ <u>gemeenz</u> denk er eens over

thinkable bn denkbaar

thinker znw denker

thinking I bn (na)denkend, bedachtzaam; ~ faculty denkvermogen o; **II** znw het denken; gedachte; mening, idee o & v; way of ~ denkwijze; mening; to my way of ~ naar mijn (bescheiden) mening

think-tank ['θiŋktæŋk] znw denktank

thinner ['θinə] znw (verf)verdunner

thin skinned bn lichtgeraakt, gauw op zijn teentjes getrapt

third [θə:d] I telw derde; **II** znw derde (deel) o; derde (man); ¹/₆₀ seconde; <u>muz</u> terts; <u>au-to</u> derde versnelling

third-class bn derdeklas-; derderangs-, minderwaardig

third-degree I bn derdegraads [verbranding]; **II** znw: (the) ~ derdegraadsverhoor o

thirdly bijw ten derde

third-party bn <u>recht</u> tegenover derden; ~ insurance WA-verzekering

third-rate bn derderangs, minderwaardig

thirst [θə:st] I znw dorst² (naar after, for, of); verlangen o; **II** onoverg dorsten², verlangen (naar for, after)

thirsty bn dorstig; <u>fig</u> verlangend

thirteen ['θə:'ti:n, 'θə:ti:n] telw dertien

thirteenth telw (znw) dertiende (deel o)

thirtieth ['θə:tiiθ] telw (znw) dertigste (deel o)

thirty telw & znw dertig; the thirties de jaren dertig; *in the (one's) thirties* ook: in de dertig

this [ðis] **I** *aanw vnw* dit, deze, dat, die; ~ *country* ook: ons land o; *these days* tegenwoordig; *this (these) three weeks* de laatste drie weken; ~, *that and the other* van alles en nog wat; **II** *bijw* zo; ~ *much* zoveel; *I knew him when he was* ~ *high* ik kende hem toen hij zo groot was

thistle ['θisl] *znw* distel

thistledown *znw* distelpluis

thistly *bn* distelig, vol distels

thither ['ðiðə] *vero* **I** *bijw* derwaarts, daarheen; **II** *bn* gene; *on the* ~ *side* aan gene zijde

tho' [ðou] = *though*

thole [θoul] *znw* dol, roeipen [aan een boot]

thong [θɔŋ] *znw* (leren) riem

thoracic [θɔː'ræsik] *bn* thorax-, borst-

thorax ['θɔːræks] *znw* thorax: borst(kas)

thorn [θɔːn] *znw* doorn, stekel

thorny *bn* doornig, doornachtig, stekelig; met doornen bezaaid[2]; *fig* lastig, netelig

thorough ['θʌrə] *bn* volmaakt, volledig; volkomen; ingrijpend, doortastend, grondig; flink, degelijk; echt, doortrapt

thoroughbred *bn (znw)* volbloed (paard o &), raszuiver, rasecht; welopgevoed (persoon)

thoroughfare *znw* doorgang; hoofdverkeersweg, hoofdstraat; *no* ~ afgesloten rijweg [als opschrift]

thoroughgoing *bn* doortastend, radicaal; zie ook: *thorough*

thoroughly *bijw* door en door, grondig; helemaal, geheel; degelijk, terdege; zeer, alleszins

those [ðouz] *vnw (mv v.* [1]*that*) die, diegenen; ~ *who* zij die...

thou [ðau] *pers vnw* vero plechtig gij

though [ðou] **I** *voegw* (al)hoewel, ofschoon, al; *as* ~ zie as; *even* ~ (zelfs) als; **II** *bijw* echter, evenwel, maar, toch

thought [θɔːt] **I** V.D. & V.D. van [1]*think*; **II** *znw* gedachte(n), gepeins o; het denken; nadenken o, overleg o; opinie, idee o & *v*, inval; ideetje o; ietsje o; have second ~s zich nog eens bedenken; *on second* ~s bij nader inzien, bij nadere overweging

thoughtful *bn* (na)denkend; peinzend; bedachtzaam; bezonnen; te denken gevend; attent, vriendelijk

thoughtless *bn* gedachteloos; onnadenkend, onbedachtzaam, onbezonnen; onattent

thought-out *bn* doordacht, doorwrocht

thought-reader *znw* gedachtelezer

thousand ['θauzənd] *telw* duizend; *a* ~ *thanks* duizendmaal dank; *one in a* ~ één uit duizend

thousandfold *bn bijw* duizendvoudig

thousandth *telw (znw)* duizendste (deel o)

thraldom ['θrɔːldəm] *znw* slavernij

thrall [θrɔːl] *znw* slaaf; slavernij, horige, lijfeigene

thrash [θræʃ] **I** *overg* slaan, afrossen, afranselen; vernietigend verslaan, afdrogen, vegen; = *thresh*; ~ *out* uitvorsen; ~ *the thing out* de zaak uitvissen, grondig behande-

len; **II** *onoverg* beuken, slaan; [v. schip] op de golven beuken; tegen de wind optornen; ~ *about/around* wild om zich heen maaien, spartelen

thrashing *znw* pak o ransel, pak o slaag

thread [θred] **I** *znw* draad[2] [ook v. schroef]; garen o; ~s gemeenz kleren, kloffie o; *hang by a* ~ aan een (zijden) draadje hangen; **II** *overg* de draad steken in; (aan-) rijgen (kralen); ~ *one's way through...* manoeuvreren door...

threadbare *bn* kaal; *fig* afgezaagd

thready *bn* dradig, dun als een draad

threat [θret] *znw* (be)dreiging, dreigement o

threaten I *overg* dreigen met; (be)dreigen; **II** *onoverg* dreigen (met *with*)

threatening *bn* (be)dreigend; ~ *letter* dreigbrief

three [θriː] *telw* drie

three-cornered *bn* driekant, driehoekig; *waarin of waarbij drie personen betrokken zijn*

three-dimensional *bn* driedimensionaal; stereoscopisch; *fig* realistisch

threefold *bn bijw* drievoudig

three-legged *bn* met drie poten

three-line whip *znw* Br pol dringende oproep aan parlementariërs [vooral om een stemming bij te wonen]

threepence ['θrepəns] *znw* vroeger (muntstuk o van) drie penny's

threepenny ['θrepəni] *bn* vroeger van drie penny; ~ *bit* drie-penny-muntje o

three-phase *bn* elektr draaistroom-; driefase-

three-piece suit *znw* driedelig pak o

three-piece suite *znw* bankstel o

three-ply *bn* triplex; driedraads

three-quarters *bn* driekwart

threescore *znw* vero zestig (jaar)

threesome *znw & bn* drietal o [mensen], met z'n drieën

three-wheeler *znw* auto met drie wielen, driewieler

threnody ['θriːnədi] *znw* klaaglied o, lijkzang

thresh [θreʃ] *overg* dorsen; ~ *over* [een probleem &] onderzoeken, analyseren

thresher *znw* dorser; dorsmachine

threshold ['θreʃ(h)ould] *znw* drempel[2]

threw [θruː] V.T. van [1]*throw*

thrice [θrais] *bijw* driemaal, driewerf

thrift [θrift] *znw* zuinigheid, spaarzaamheid

thriftless *bn* niet zuinig, verkwistend

thrifty *bn* zuinig, spaarzaam

thrill [θril] **I** *overg* in opwinding brengen, ontroeren, aangrijpen, doen huiveren, doen (t)rillen (van *with*); ~*ed to bits* verrukt; **II** *onoverg* trillen, rillen, tintelen, huiveren; **III** *znw* (t)rilling, sensatie, huivering, schok

thriller *znw* thriller

thrilling *bn* ook: aangrijpend, spannend, interessant

thrive* [θraiv] *onoverg* goed groeien, gedijen, floreren, bloeien, vooruitkomen; (welig) tieren

thriven ['θrivn] V.D. van *thrive*

thriving ['θraiviŋ] *bn* voorspoedig, florerend, bloeiend

throat [θrout] *znw* keel, strot; ingang, monding; *be at each other's ~s* elkaar (steeds) in de haren vliegen; *cut one another's ~* elkaar naar het leven staan; *cut one's own ~ zichzelf ruïneren; force (ram) sth. down sbd.'s ~* iem. iets opdringen; *that is what sticks in his ~* dat kan hij maar niet verkroppen

throaty *bn* schor; uit de keel komend, keel-

throb [θrɔb] **I** *onoverg* kloppen [van het hart, de aderen &], bonzen, trillen; **II** *znw* klop, klopping, geklop o, gebons o, trilling

throe [θrou] *znw* (barens)wee, hevige pijn; *in the ~s of...* fig worstelend met...

thrombosis [θrɔm'bousis] *znw* trombose

throne [θroun] *znw* troon

throng [θrɔŋ] **I** *znw* gedrang o, drom, menigte; **II** *onoverg* opdringen, elkaar verdringen[2]; toe-, samenstromen; **III** *overg* zich verdringen in (bij, om &); *~ed* volgepropt, overvol

throstle ['θrɔsl] *znw* plechtig zanglijster

throttle ['θrɔtl] **I** *znw* techn smoorklep; *(at) full ~* (met) vol gas; **II** *overg* de keel dichtknijpen, doen stikken, verstikken, worgen, smoren°; *~ (back, down)* gas verminderen van [auto &]

through [θru:] **I** *voorz* door; uit; *all ~ his life* gedurende zijn hele leven; *what I've been ~* wat ik heb meegemaakt; **II** *bijw* (er) door, uit, tot het einde toe, klaar; *be ~ with* ook: genoeg hebben van; beu zijn van; *all ~* de hele tijd door; *~ and ~* door en door; van a tot z, nog eens en nog eens; **III** *bn* doorgaand [treinen &]

throughout [θru:'aut] *bijw* overal, (in zijn) geheel, van boven tot onder, door en door, in alle opzichten; aldoor, van het begin tot het einde

throughput *znw* verwerkte hoeveelheid materiaal o

through traffic *znw* doorgaand verkeer o

throve [θrouv] V.T. van *thrive*

1 throw* [θrou] **I** *overg* werpen°, gooien, smijten (met); toewerpen; uitwerpen; afwerpen; omver doen vallen; fig doen vallen [kabinet]; sp leggen [bij worstelen]; twijnen [zijde]; (op de schijf) vormen [bij pottenbakkers]; gemeenz geven [een fuif], krijgen [een flauwte]; **II** *wederk*: *~ oneself* zich (neer)werpen; zich storten; *~ oneself at a man* zich aan iem. opdringen; iem. nalopen [van een meisje]; *~ oneself away* zich vergooien (aan *on*); *~ oneself into a task* zich met hart en ziel wijden aan een taak; **III** *onoverg & abs ww* werpen, gooien &; *~ about* smijten met [geld]; *~ away* weggooien, verknoeien (aan *on*); verwerpen, afslaan [aanbod]; *~ back* terugwerpen, terugkaatsen; *~ in* ertussen gooien [een woordje &]; op de koop toe geven; *~ in one's hand* het opgeven; *~ into confusion (disorder)* in verwarring (in de war) brengen; *~ off* af-, wegwerpen; losgooien; uitgooien [kledingstuk]; opleveren; opzij zet-

ten [schaamtegevoel &]; kwijtraken [ziekte]; *~ sbd. off* ook: iem. in de war brengen; *~ on* aanschieten [kledingstuk]; *~ out* eruit gooien [bij sorteren]; uitschieten; uitslaan [benen]; verwerpen [wetsvoorstel]; in de war brengen [acteur &]; opwerpen [vraagstukken], te berde brengen; *~ out one's chest* een hoge borst zetten; *~ out of employment (work)* werkloos maken; *~ over* de bons geven; *~ overboard* overboord gooien[2]; *~ together* bijeengooien, samenbrengen [personen]; *~ up* opwerpen [barricade &]; ten hemel slaan [ogen], in de hoogte steken [de armen &]; overgeven, braken; laten varen [plan]; eraan geven [betrekking]; neergooien [de kaarten]; fig (sterker) doen uitkomen; *~ up the game* het spel gewonnen geven

2 throw [θrou] *znw* worp, gooi; *stake all on a single ~* alles op één kaart zetten

throwaway *bijw* terloops, nonchalant [gezegd]; wegwerp-

throw-back *znw* atavistische terugkeer

thrower *znw* werper; twijnder; vormer [pottenbakker]

throw-in *znw* sp inworp

thrown V.T. van [1]*throw*

throw-off *znw* begin o, start

thru [θru:] Am = *through*

thrum [θrʌm] **I** *onoverg & overg* trommelen (op) [piano, tafel &]; tokkelen (op), tjingelen (op); **II** *znw* getrommel o; getokkel o, getjingel o

thrush [θrʌʃ] *znw* 1 lijster; 2 spruw; 3 rotstraal [paardenziekte]

1 thrust* [θrʌst] **I** *overg* stoten, duwen, dringen; steken; werpen; *he ~ his company on (upon) me* hij drong zich aan mij op; **II** *wederk*: *~ oneself forward* zich naar voren dringen; *~ oneself in* binnendringen; zich indringen; **III** *onoverg* dringen; *~ at sbd. with a knife* naar iem. steken met een mes

2 thrust [θrʌst] *znw* stoot, steek; duw; uitval; fig druk; beweging; tendens, richting; techn voortstuwingskracht

thruster *znw* streber; naar voren dringend jager

thrusting *bn* aanmatigend; agressief; meedogenloos

thud [θʌd] **I** *znw* bons, plof, doffe slag; gebons o; **II** *onoverg* bonzen, ploffen

thug [θʌg] *znw* bandiet, vandaal, woesteling

thuggery *znw* banditisme o, moordgeweld o

thumb [θʌm] **I** *znw* duim; *he has me under his ~* hij houdt mij onder de plak; *be all ~s* twee linkerhanden hebben; **II** *overg* beduimelen; *~ through* doorbladeren; *~ a lift (a ride)* liften

thumbnail *znw* nagel van een duim; *~ sketch* (miniatuur)krabbel

thumbscrew *znw* techn vleugelschroef; hist duimschroef

thumbs-down *znw* (teken o van) afwijzing, afkeuring, veroordeling

thumbs-up *znw* (teken o van) goedkeuring, instemming; fig groen licht o; zet 'm op! [als uitroep]

thumb-tack znw Am punaise

thump [θʌmp] I overg stompen, bonzen, bonken op, slaan (op); fig op zijn kop geven; II onoverg bonzen, bonken (op against, at, on), ploffen, slaan; III znw stomp, slag; plof, bons, gebonk o

thumping ['θʌmpiŋ] bn gemeenz kolossaal

thunder ['θʌndə] I znw donder²; donderslag; donderend geweld o, gedonder o; II onoverg donderen², fulmineren; III overg met donderend geweld doen weerklinken, uitbulderen, uitschreeuwen (ook: ~ out)

thunderbolt znw bliksemstraal; bliksem

thunderclap znw donderslag

thundercloud znw onweerswolk

thunderer znw donderaar, dondergod

thundering bn donders, vreselijk

thunderous bn donderend; oorverdovend [applaus]

thunderstorm znw onweer o, onweersbui

thunderstruck bn als door de bliksem getroffen, verbaasd, verbijsterd

thundery bn onweerachtig

thurible ['θjuəribl] znw wierookvat o

Thursday ['θæːzdi] znw donderdag; Holy ~ Witte Donderdag

thus [ðʌs] bijw dus, aldus, zo; ~ far tot zover, tot dusverre

thwack [θwæk] overg ranselen [met stok &]

1 thwart [θwɔːt] overg dwarsbomen, tegenwerken

2 thwart [θwɔːt] znw scheepv doft

thy [ðai] bez vnw plechtig vero uw

thyme [taim] znw plantk tijm

thyroid ['θairɔid] bn schildvormig; ~ gland schildklier

thyself [ðai'self] wederk vnw plechtig vero u(zelf)

tiara [ti'aːrə] znw tiara

tibia ['tibiə] znw (mv: -s of tibiae) scheenbeen o

tic [tik] znw zenuwtrek, tic [vooral in het gezicht]

1 tick [tik] I onoverg tikken; what makes him ~ wat hem bezielt; wat zijn geheim is; ~ away wegtikken, voorbijgaan; ~ over auto stationair draaien; fig op een laag pitje staan; II overg tikken; aanstrepen; ~ off aanstrepen, afvinken; gemeenz aanmerking maken op; III znw tik, tikje o, getik o; streepje o, merktekentje o; ogenblik(je) o; to (on) the ~ op de seconde af

2 tick [tik] znw gemeenz krediet o; give ~ poffen; on ~ op de pof; go (on) ~ op de pof kopen

3 tick [tik] znw dierk teek

ticker ['tikə] znw wie of wat tikt; tikker [ook: automatische beurstelegraaf]; slang horloge o; gemeenz hart o

ticker-tape ['tikəteip] znw papierstrook, -stroken v. telegraaf; [ook als] serpentine (bij huldebetoon)

ticket ['tikit] I znw biljet o, kaart, kaartje o, plaatsbewijs o, toegangsbewijs o; bon, bekeuring; prijsje o; etiket o; lommerdbriefje o; loterijbriefje o, lot o; Am kandidatenlijst

[bij verkiezing]; that's the ~ slang dat is je ware; II overg van een etiketje of kaartje voorzien

ticket-collector znw controleur die de kaartjes inneemt

ticking ['tikiŋ] znw 1 (bedden)tijk; 2 tikken o

ticking-off ['tikiŋ'ɔ(ː)f] znw standje o, uitbrander

tickle ['tikl] I overg kietelen, kittelen², prikkelen, strelen; ~d pink gemeenz in zijn sas, in de wolken, dolblij; II onoverg kietelen, kriebelen; III znw kitteling; gekietel o, gekriebel o

tickler znw netelige of moeilijk te beantwoorden vraag, lastig geval o

ticklish bn kietelig; delicaat, netelig, kies, lastig; he is ~ hij kan niet tegen kietelen

tick-tock ['tiktɔk], Am: **tick-tack** ['tiktæk] tsw & znw tiktak [v. klok &]

tidal ['taidl] bn het getij betreffende; getij-; ~ wave vloedgolf²

tidbit ['tidbit] znw Am = titbit

tiddler ['tidlə] znw klein visje o, vooral stekelbaarsje o

tiddly ['tidli] bn slang aangeschoten; gemeenz petieterig, klein, nietig

tiddlywinks ['tidliwiŋks] znw vlooienspel o

tide [taid] I znw (ge)tij o, vloed; stroom²; plechtig vero tijd; high~ hoog tij o, hoogwater o; low ~ laag tij o; II overg: ~ over the bad times de slechte tijd (helpen) doorkomen, over ... heenkomen of -helpen

tideline znw hoogwaterlijn

tidemark znw hoogwaterteken o; gemeenz waterlijn, vuile streep [in badkuip]

tideway znw vloedgeul

tidings ['taidiŋz] znw tijding, berichten, nieuws o

tidy ['taidi] I bn net(jes), zindelijk, proper; gemeenz aardig, flink; II znw opbergmandje o; III overg opruimen, opknappen (ook ~ up)

tie [tai] I overg binden, verbinden, knopen, strikken; vastbinden, -knopen, -maken; verankeren [muur]; ~ a knot een knoop leggen; ~ sbd. down iem. de handen binden; ~ up opbinden [planten &]; (vast-) binden, vastmaken, -leggen; meren [schip &]; dichtbinden; af-, onderbinden [ader]; verbinden [wonden &]; bijeenbinden [papieren &]; vastzetten [geld]; stilleggen [door staking &]; II wederk: ~ oneself zich binden; III onoverg binden, zich laten binden; gelijk staan; ~ in with aansluiten bij; ~ up aanleggen, gemeerd worden [v. schip &]; bezighouden, ophouden; ~ up with connecties aanknopen met, zich inlaten met; verband houden met; IV znw band², knoop; das; bontje o, verbinding; muz boog; (onbeslist) wedstrijd

tie-break, tie-breaker ['taibreik(ə)] znw tennis tiebreak [beslissende game na gelijk geëindigde set]; [bij quiz] extra vraag (die de beslissing moet brengen)

tied-house znw café o dat verplicht is bier van een bepaalde brouwerij te betrekken

tie-dye ['taidai] znw ikatten o [bep.

weeftechniek]
tie-pin *znw* dasspeld
tier [tiə] **I** *znw* reeks, rij, rang [v. stoelen of
zitplaatsen]; **II** *overg* in rijen opeenstapelen
of schikken
tie-up ['taiʌp] *znw* verbinding, band; associatie; stillegging [door staking]; (verkeers-)
opstopping (ook: *traffic* ~)
tiff [tif] *znw* ruzietje o
tiffany ['tifəni] *znw* zijden floers o
tiffin ['tifin] *znw* tiffin: lunch; rijsttafel
tig [tig] *znw* krijgertje o, tikkertje o
tiger ['taigə] *znw* (*mv* idem of -s) tijger
tight [tait] **I** *bn* strak, nauw(sluitend), krap;
gespannen; benauwd [op de borst]; (water-)
dicht; vast, stevig; straf; streng, scherp;
vasthoudend; niets loslatend; *gemeenz*
krenterig, gierig; *handel* schaars [geld];
welgevormd, knap; *slang* dronken; **II** *bijw*
strak & *hold sbd.* ~ iem. kort houden;
sleep ~! welterusten!; *sit* ~ zie *sit I*
tighten **I** *overg* spannen, aan-, toehalen;
aandraaien [schroef]; vaster omklemmen;
samentrekken; ~ *up* verscherpen [wet &];
II *onoverg* (zich) spannen; strak(ker) worden
tight-fisted *bn* vasthoudend, gierig
tight-fitting *bn* nauwsluitend
tight-lipped *bn* met op elkaar geklemde
lippen; *fig* gesloten
tightrope *znw* gespannen koord o; *walk a*
~ uiterst omzichtig te werk moeten gaan
tights [taits] *znw mv* maillot, panty; tricot
[v. acrobaten &]
tightwad ['taitwʌd] *znw* *slang* vrek
tigress ['taigris] *znw* tijgerin
tike [taik] *znw* hond, straathond; vlegel,
lummel; bijnaam voor iem. uit Yorkshire
tile [tail] **I** *znw* (dak)pan; tegel; *Dutch* ~*s*
(blauwe) tegeltjes; *have a* ~ *loose (off)* *ge-*
meenz niet goed snik zijn; *(out) on the* ~*s*
slang aan de zwier; **II** *overg* met pannen
dekken; betegelen
tiling *znw* dekken o [met pannen]; (pannen-)
dak o; betegeling
1 till [til] *znw* geldlade [v. toonbank], kassa
2 till [til] *overg* bebouwen, (be)ploegen
3 till [til] *voorz* tot, tot aan; *not* ~ *the last
century* pas in de vorige eeuw
tillage ['tilidʒ] *znw* beploeging, bewerking
van de grond; akkerbouw; ploegland o
1 tiller ['tilə] *znw* landbouwer
2 tiller ['tilə] *znw* *scheepv* roerpen, helmstok
tilt [tilt] **I** *onoverg* (over)hellen, schuin
staan; wippen, kantelen; met de lans stoten, een lans breken, toernooien; ~ *at* steken naar; *fig* aanvallen; **II** *overg* doen (over-)
hellen, schuin zetten, op zijn kant zetten,
kantelen, kippen, wippen; **III** *znw* overhelling, schuine stand; steekspel o, toernooi o;
(at) full ~ in volle ren
tilth [tilθ] *znw* = *tillage*
tilt-yard ['tiltjɑ:d] *znw* *hist* toernooiveld o
timber ['timbə] *znw* timmerhout o, (ruw)
hout o; bomen; bos o; stam; balk; *scheepv*
spant o; *fig* materiaal o
timbered *bn* houten; met hout begroeid

timber line *znw* boomgrens
timbre [tɛ:mbr, 'tæmbə] *znw* timbre o
timbrel ['timbrəl] *znw* tamboerijn
time [taim] **I** *znw* tijdⁿ [ook = uur]; keer,
maal; *muz* maat, tempo o; ~ *was when...*
er was een tijd dat...; ~ *is up!* de tijd (het
uur) is om!, (het is) tijd!; *from* ~ *immemorial* sedert onheuglijke tijden; *what* ~?
wanneer?, (om) hoe laat ?; *beat* ~ de maat
slaan; *do* ~ zitten [in de gevangenis]; *have
no* ~ *for sbd.* een hekel hebben aan iem.;
move with the ~*s* met zijn tijd meegaan;
keep ~ *muz* de maat houden; *mil* in de pas
blijven; *keep good* ~ goed (gelijk) lopen
[uurwerk]; *I shall not lose* ~ *to call on you*
ik kom gauw eens langs; *make good* ~ een
vlugge reis hebben [v. boot &]; *take* ~ tijd
kosten, lang duren; *take one's* ~ rustig aan
doen, de tijd nemen; *it's about* ~ het is zowat tijd, het wordt tijd; *ahead of one's* ~(*s*)
zijn tijd vooruit; *at* ~*s* zo nu en dan, soms;
for months at a ~ maanden achtereen; *at
all* ~*s* te allen tijde; *at any (old)* ~ te allen
tijde; *te eniger tijd; ieder ogenblik; at one*
~ tegelijk, in één keer; wel eens; *at one*
~*... er was een tijd, vroeger...; at the* ~
toen(tertijd), destijds; *at the* ~ *of* ten tijde
van; *at the same* ~ terzelfder tijd, tegelijk;
tevens; toch, niettemin; *at* ~*s* soms, nu en
dan, wel eens; *before* ~ te vroeg; *behind*
~ te laat; *behind the* ~*s* ouderwets, verouderd; *by this* ~ nu; *for the* ~ *being* voor
het ogenblik, voorlopig; *in* ~ op tijd; bijtijds; mettertijd, na verloop van tijd; in de
maat; *in* ~(*s*) *to come* in de toekomst; *in
the mean* ~ ondertussen, inmiddels; *in
proper* ~ te zijner tijd; *of all* ~ aller (van
alle) tijden; *on (short) full* ~ (niet) het volle
aantal uren werkend; *to* ~ precies op tijd;
II *overg* (naar de tijd) regelen of betrekken, het (juiste) ogenblik kiezen voor,
timen; de duur of tijd bepalen van; *sp* de
tijd opnemen; dateren; *muz* de maat slaan
of aangeven bij
time-bomb *znw* tijdbom
time-consuming *bn* tijdrovend
time-honoured *bn* aloud, eerbiedwaardig
timekeeper *znw* chronometer; uurwerk o;
sp tijdopnemer; *he is a good* ~ hij is altijd
op tijd
time-lag *znw* tijdsverloop o; vertraging
timeless *bn* tijdloos
time-limit *znw* tijdslimiet
timely *bn* tijdig, op de juiste tijd of op het
geschikte ogenblik komend, van pas; actueel
time out *znw* korte onderbreking, pauze;
sp time-out
timepiece *znw* uurwerk o, pendule, klok
[ook = horloge]
timer *znw* timer [instelklok]; *sp* tijdopnemer
time-scale *znw* tijdschaal
time-server *znw* opportunist, weerhaan
time-sharing *znw* *comput* timesharing
time-sheet *znw* rooster m & o, werklijst
time signal *znw* tijdsein o [v. radiostation &]
time signature *znw* *muz* maatteken o
time switch *znw* tijdschakelaar

tithe

timetable I *znw* dienstregeling; spoorweg-
boekje *o*; (les)rooster *o*; dagindeling; tijd-
schema *o*; **II** *overg* ± plannen, vaststellen
[v. tijdstip]

time-work *znw* per uur (dag) betaald werk
o

timeworn *bn* aloud, (oud en) versleten; fig
afgezaagd

time zone *znw* tijdzone

timid ['timid] *bn* beschroomd, bang, bedeesd, schuchter, verlegen, timide

timidity [ti'mi̇diti] *znw* schroom, bangheid,
bedeesdheid, schuchterheid, verlegenheid, timiditeit

timing ['taimiŋ] *znw* timing; regelen *o*; zie
time II

timorous ['timərəs] *bn* angstvallig,
schroomvallig, bang, beschroomd; plechtig vreesachtig

timpanist ['timpənist] *znw* muz paukenist

tin [tin] **I** *znw* tin *o*; blik *o*; blikje *o*, bus,
trommel; **II** *bn* tinnen; blikken; ~ hat (lid)
mil stalen helm; **III** *overg* vertinnen; inblikken; ~*ned meat* vlees *o* uit (in) blik

tin-can *znw* blikje *o*

tincture ['tiŋktʃə] **I** *znw* tinctuur; kleur; fig
tintje *o*, tikje *o*; zweempje *o*; vernisje *o*; bijsmaak; **II** *overg* kleuren², tinten²

tinder ['tində] *znw* tondel *o*

tinder-box *znw* tondeldoos

tine [tain] *znw* tand [v. vork &]; tak [v. gewei]

tinfoil ['tinfɔil] *znw* bladtin *o*; folie; zilverpapier *o*

ting [tiŋ] **I** *znw* tingeling [van een bel]; **II** *onoverg* klinken; **III** *overg* doen klinken

tinge [tin(d)ʒ] **I** *znw* kleur, tint, tintje *o*; fig
zweem, tikje *o*, bijsmaakje *o*; **II** *overg* kleuren, tinten; ~*d with...* met een tikje...

tingle ['tiŋgl] **I** *onoverg* tintelen, prikkelen;
II *znw* tinteling, prikkeling

tingling *znw* = *tingle II*

tinker ['tiŋkə] **I** *znw* ketellapper; knoeier,
prutser; **II** *onoverg* prutsen, frutselen (aan
at, *with*), sleutelen; ~ *about* aanrommelen

tinkle ['tiŋkl] **I** *onoverg* rinkelen, klinken,
tingelen; **II** *overg* doen of laten rinkelen &;
III *znw* gerinkel *o*, getingel *o*; *give sbd. a*
~ gemeenz iem. even (op)bellen

tinnitus [ti'naitəs] *znw* med oorsuizing

tinny ['tini] *bn* blikachtig, blikkerig, blik-;
fig goedkoop, prullerig, schraal [v. geluid]

tin-opener ['tinoupnə] *znw* blikopener

tin-pan alley *znw* de wereld van (de schrijvers en uitgevers) van de populaire muziek

tin-plate ['tinpleit] *znw* blik *o*

tin-pot ['tinpɔt] *bn* gemeenz armoedig,
prullerig, nietig, armzalig

tinsel ['tinsəl] *znw* klatergoud² *o*

tin-smith ['tinsmiθ] *znw* blikslager

tint [tint] **I** *znw* tint; **II** *overg* tinten, kleuren

tinware ['tinwɛə] *znw* tinnegoed *o*; blik-
werk *o*

tiny ['taini] *bn* (heel) klein; miniem

1 tip [tip] **I** *znw* tip, tipje *o*, top, topje *o*;
(vleugel)spits; puntje *o* [v. sigaar], mondstuk *o* [v. sigaret]; beslag *o*, dopje *o*; biljart
pomerans; *the* ~ *of the iceberg* het topje
van de ijsberg; *he is a(n) ... to the* ~*s of his*
fingers hij is op-en-top een ...; **II** *overg* beslaan (met metaal), aan de punt voorzien
(van *with*), omranden

2 tip [tip] **I** *overg* schuin zetten of houden,
doen kantelen; wippen, gooien; (aan-)
tikken; een fooi geven; tippen, een tip geven; ~ *the balance* de doorslag geven²; ~
the scales at... wegen; ~ *sbd. the wink* iem.
een wenk geven (om hem te waarschu-
wen); ~ *sbd. off (to sth.)* gemeenz iem. een
tip (van iets) geven; ~ *over* omkiepen; ~
up schuin zetten; **II** *onoverg & abs ww* kie-
pen, kantelen; een fooi (fooien) geven; ~
up opwippen; **III** *znw* stortplaats; vuilnisbelt; steenberg, stort *o & m* [v. kolenmijn];
fooi; wenk, inlichting, tip

tip-car(t) *znw* kiepkar

tip-off *znw* gemeenz wenk, inlichting, tip

tipper *znw* kolenstorter; kiepkar; auto kipper; fooiengever

tippet ['tipit] *znw* bontkraag; schouder-
manteltje *o*

tipple ['tipl] **I** *onoverg* pimpelen; **II** *znw* gemeenz (sterke) drank

tippler *znw* pimpelaar, drinkebroer

tipstaff ['tipstɑ:f] *znw* gerechtsdienaar

tipster ['tipstə] *znw* sp verstrekker van tips
[voor races]

tipsy ['tipsi] *bn* aangeschoten, beschonken

tipsy-cake ['tipsikeik] *znw* sponzige cake
met custardvla

tiptoe ['tiptou] **I** *znw*: *on* ~ op de tenen; **II**
onoverg op zijn (de) tenen lopen

tiptop ['tip'tɔp] *bn bijw* gemeenz prima, bovenste beste, eersteklas

tip-up ['tipʌp] *bn*: ~ *seat* klapstoel

tirade [tai'reid, ti'reid] *znw* tirade

1 tire ['taiə] *znw* Am = *tyre*

2 tire ['taiə] **I** *overg* vermoeien, moe maken;
vervelen; ~ *out* afmatten; **II** *onoverg* moe
worden; ~ *of it* het moe (beu) worden

tired ['taiəd] *bn* vermoeid; moe; afgezaagd;
~ *of* beu van; ~ *with* moe van

tireless *bn* onvermoeibaar

tiresome *bn* vermoeiend, vervelend

tiring *bn* vermoeiend

tiro *znw* = *tyro*

tissue ['tisju:] *znw* weefsel *o*; zijdepapier *o*;
doekje *o*; papieren (zak)doekje *o*; tissue; *a*
~ *of lies* een aaneenschakeling (web) van
leugens

tissue-paper *znw* zijdepapier *o*

1 tit [tit] *znw* tikje *o*; ~ *for tat* leer om leer;
lik op stuk

2 tit [tit] *znw* mees

3 tit [tit] *znw* slang borst; tepel

titan ['taitən] *znw* hemelbestormer

titanic [tai'tænik] *bn* titanisch, reusachtig,
enorm

titanium [tai'teinjəm] *znw* titanium *o*, ti-
taan *o*

titbit, Am **tidbit** ['titbit] *znw* lekker hapje *o*,
versnapering; fig interessant nieuwtje *o*

titchy ['titʃi] *bn* gemeenz minuscuul, piete-
peuterig

titfer ['titfə] *znw* gemeenz hoed

tithe I *znw* tiende (deel *o*); tiend; **II** *overg*
vertienden

tithing *znw* hist vertiending; tiend

titillate ['titileit] *overg* strelen, prikkelen, kittelen

titillation [titi'leiʃən] *znw* streling, prikkeling, kitteling

titivate ['titiveit] *overg* opschikken, opdirken

title [taitl] **I** *znw* titel; gehalte o [v. goud]; (eigendoms)recht o, eigendomsbewijs o; aanspraak (op *to*); **II** *overg* een titel verlenen (aan); (be)titelen; *~d* ook: met een (adellijke) titel; een titel voerend

title-deed *znw* eigendomsbewijs o

title-holder *znw* titelhouder

title-page *znw* titelblad o

title role *znw* titelrol, hoofdrol

titmouse ['titmaus] *znw* mees

titter ['titə] **I** *onoverg* giechelen; **II** *znw* gegiechel o

tittle ['titl] *znw* tittel, jota; *to a ~* precies, nauwkeurig; zie ook: *jot*

tittle-tattle ['titltætl] *znw* geklets o, geklep o; geroddel o

titular ['titjulə] *bn* titulair, titel-; in naam; aan de titel verbonden

tizzy ['tizi] *znw*: *in a ~* van de kook, in alle staten

to [tu:, tu, tə] **I** *voorz* te, om te; tot, aan; tot op; naar, tegen; jegens; voor; bij, in vergelijking met; volgens; op; onder; *there is (it has) more ~* it er steekt meer achter; *the first book ~ appear* het eerste boek dat verschijnt; **II** *bijw: the door is ~* de deur is dicht; *~ and fro* heen en weer

toad [toud] *znw* pad [dier]; fig klier, kwal, kreng o; *~-in-the-hole* in pannenkoekebeslag gebakken worstjes

toadstool ['toudstu:l] *znw* paddestoel

toady ['toudi] **I** *znw* pluimstrijker; **II** *onoverg: ~ to* pluimstrijken

toast [toust] **I** *znw* geroosterd brood o; toast, (heil)dronk; op wie getoast wordt (vooral een dame); **II** *overg* roosteren; warmen [voor het vuur]; een toast instellen op; **III** *onoverg* toasten

toaster *znw* (brood)rooster

toasting-fork *znw* roostervork

toast-master *znw* tafelceremoniemeester bij grote diners

tobacco [tə'bækou] *znw* (*mv: -s of* tobaccoes) tabak

tobacconist *znw* tabaksverkoper, sigarenhandelaar

toboggan [tə'bɔgən] **I** *znw* tobogan; **II** *onoverg* met de tobogan glijden

tocsin ['tɔksin] *znw* alarmbel, alarmklok; alarmsignaal o

tod [tɔd]: *on one's ~* slang alleen

today [tə'dei, tu'dei] *bijw & znw* vandaag, heden; vandaag de dag, tegenwoordig

toddle ['tɔdl] *onoverg* waggelend gaan, dribbelen; gemeenz tippelen; opstappen; *~ round* rondkuieren; eens aanwippen

toddler *znw* hummel, peuter; dreumes

toddy ['tɔdi] *znw* palmwijn; grog

to-do [tə'du:] *znw* opschudding, verwarde situatie

toe [tou] **I** *znw* teen; neus [v. schoen]; punt; *big ~* grote teen; *keep sbd. on his ~s* iem. achter de vodden zitten, ± iem. bij de les houden; **II** *overg* met de tenen aanraken; slang een schop geven; *~ the line* zich onderwerpen, gehoorzamen

toe-cap *znw* neus [v. schoen]

toehold *znw* gemeenz precaire positie, vooruitgeschoven stelling; geringe invloed

toenail *znw* teennagel

toff [tɔf] *znw* slang dandy; rijk (chic) persoon

toffee ['tɔfi] *znw* toffee

toffee-apple *znw* in karamel gedoopte appel op een stokje

toffee-nosed *bn* gemeenz bekakt, snobistisch, verwaand

tog [tɔg] gemeenz **I** *overg* uitdossen; *~ged out (up)* opgedoft; **II** *znw: ~s* plunje, kleren, nette pak o

toga ['tougə] *znw* toga

together [tə'geðə] *bijw* samen, tezamen; bij, met of tegen elkaar; (te)gelijk; aan elkaar, aaneen; achtereen

togetherness *znw* saamhorigheid

toggle ['tɔgl] *znw* scheepv knevel; dwarspen

toggle coat *znw* houtje-touwtjejas

Togo ['tougou] *znw* Togo o

toil [tɔil] **I** *onoverg* hard werken, zwoegen, ploeteren; *~ through* doorworstelen; **II** *znw* hard werk(en) o, gezwoeg o

toiler *znw* zwoeger

toilet ['tɔilit] *znw* toilet² o

toilet bag *znw* toilettas

toilet-paper *znw* toilet-, closetpapier o

toiletries *znw mv* toiletartikelen

toilet-train *overg* zindelijk maken [baby]

toilet water *znw* eau de toilette

toilsome ['tɔilsəm] *bn* moeilijk, zwaar

toil-worn *bn* afgewerkt

to-ing and fro-ing ['tuiŋən'frouiŋ] *znw* komen en gaan o, heen-en-weergeloop o, -gereis o &

token ['toukn] **I** *znw* (ken)teken o, aandenken o; blijk o (van *of*); bewijs o, bon; *by the same ~* evenzeer; *as a ~ of* ten teken van, als blijk van; **II** *bn* symbolisch; *~ payment* symbolische betaling; *~ woman* excuus-Truus

told [tould] V.T. & V.D. van *tell*

tolerable ['tɔlərəbl] *bn* te verdragen, duldbaar, draaglijk; tamelijk, redelijk

tolerably *bijw* draaglijk, tamelijk, redelijk, vrij

tolerance *znw* verdraagzaamheid; tolerantie; remedie [v. munten]; techn speling

tolerant *bn* verdraagzaam

tolerate *overg* tolereren, verdragen, lijden, toelaten, dulden, gedogen

toleration [tɔlə'reiʃən] *znw* tolerantie

1 toll [toul] *znw* tol, tolgeld o, staan-, weg-, bruggengeld o; *the ~ (of the road)* de slachtoffers (van het verkeer); *take ~ of* tol heffen van; *take a heavy ~ of the enemy* de vijand gevoelig treffen; *take too great a ~ of* ook: te veel vergen van

2 toll [toul] **I** *overg & onoverg* luiden, kleppen; **II** *znw* gelui o, geklep o, (klok)slag

toll-booth ['toulbu:θ] *znw* tolhuis *o*

tom [tɔm] *znw* mannetje *o* [v. sommige dieren]; kater; *T~, Dick and Harry* Jan, Piet en Klaas; *T~ Thumb* Kleinduimpje; *peeping T~* gluurder, voyeur

tomahawk ['tɔməhɔ:k] *znw* tomahawk: strijdbijl [v. indiaan]

tomato [tə'ma:tou] *znw (mv: -toes)* tomaat

tomb [tu:m] *znw* graf² *o*, (graf)tombe; *fig* (de) dood

tombola ['tɔmbələ] *znw* tombola

tomboy ['tɔmbɔi] *znw* meisje *o* dat zich jongensachtig gedraagt, robbedoes

tombstone ['tu:mstoun] *znw* grafsteen, zerk

tomcat ['tɔmkæt] *znw* kater

tome [toum] *znw* (dik) boekdeel *o*; *gemeenz* dikke pil

tomfool ['tɔm'fu:l] *bn* absurd, krankzinnig, idioot

tomfoolery [tɔm'fu:ləri] *znw* gekheid, dwaze streken, zotternij, onzin; flauwekul

Tommy ['tɔmi] *znw* verk. v. *Thomas*; de Engelse soldaat (ook: *~ Atkins*)

tommy-gun *znw mil* type pistoolmitrailleur

tommyrot *znw gemeenz* klets, larie, onzin

tomorrow [tə'mɔrou, tu'mɔrou] *bijw & znw* morgen

tomtit ['tɔm'tit] *znw* meesje *o*, pimpelmees

tomtom ['tɔmtɔm] *znw* tamtam [handtrom] [v. drumstel]

ton [tʌn] *znw* ton (2240 Eng. ponden = ± 1016 kilo; *scheepv* 100 kub. voet; 954 liter); *slang* 100 mijl per uur; *~s of money gemeenz* hopen geld; *come down on sbd. like a ~ of bricks* iem. er ongenadig van langs geven

tonal ['tounəl] *bn* tonaal, toon-

tonality [tou'næliti] *znw* tonaliteit, toonaard

tone [toun] **I** *znw* toon², klank; stembuiging; schakering, tint; tonus, spanning; stemming; *take that ~* zo'n toon aanslaan; *in a low ~* op zachte toon; **II** *overg* stemmen; tinten; kleuren; *~ (up)* versterken; *~ down* temperen, verzachten, afzwakken; **III** *onoverg* harmoniëren; *~ (in) well with* goed passen bij

tone-deaf *bn* amuzikaal

toneless *bn* toonloos, klankloos, kleurloos

Tonga ['tɔŋ(g)ə] *znw* Tonga *o*

tongs [tɔŋz] *znw* tang; *a pair of ~* een tang

tongue [tʌŋ] *znw* tong; taal, spraak; landtong; tongetje *o* [v. balans, gesp &]; klepel [v. klok]; lip [v. schoen]; *~ and groove* messing en groef; *get one's ~ round a word* erin slagen een (moeilijk) woord uit te spreken; *hold one's ~* zijn (de) mond houden; *~ in cheek* ironisch, spotachtig, ongelovig, meesmuilend, doodleuk

tongue-tied *bn* met zijn mond vol tanden, stom, sprakeloos

tongue-twister *znw* moeilijk uit te spreken woord *o* of zin

tonic ['tɔnik] **I** *bn* tonisch, opwekkend, versterkend; *muz* toon-; *~ sol-fa* [sɔl'fa:] *muz* Eng. zangmethode aan namen (niet aan noten) ontleend; **II** *znw* tonicum *o*, verster-

kend (genees)middel *o*; tonic (ook: *~ water*); *muz* grondtoon

tonicity [tɔ'nisiti] *znw* toniciteit, tonische werking, veerkracht [v. spieren]

tonight [tə-, tu'nait] *bijw & znw* deze avond; hedenavond, vanavond; deze nacht

tonnage ['tɔnidʒ] *znw* tonnenmaat, scheepsruimte, laadruimte; tonnengeld *o*

tonne [tʌn] *znw* metrieke ton [1000 kg]

tonsil ['tɔnsil] *znw* (keel)amandel

tonsillitis [tɔnsi'laitis] *znw* amandelontsteking

tonsure ['tɔnʃə] *znw* tonsuur, kruinschering

too [tu:] *bijw* ook; te, al te; *and ... ~* en nog wel..., en ook nog...

took [tuk] V.T. & V.D. van *¹take*

tool [tu:l] **I** *znw* gereedschap *o*, werktuig² *o*; *~s* ook: gereedschap *o*; **II** *overg* bewerken; *~ up* met machines uitrusten [fabriek]; **III** *onoverg*: *~ along gemeenz Am* rondrijden

tool-box *znw* gereedschapskist

tool kit *znw* gereedschapskist

tool shed *znw* schuurtje *o* met gereedschap

toot [tu:t] **I** *onoverg & overg* toet(er)en, blazen (op); **II** *znw* getoeter *o*

tooth [tu:θ] *znw (mv:* teeth) tand, kies; *they fought ~ and nail* zij verdedigden zich met hand en tand; *he's (a bit) long in the ~* hij is niet de jongste meer; *lie through one's teeth* liegen of het gedrukt staat; *in the teeth of* ondanks, tegen... in; *in the (very) teeth of the gale* vlak tegen de storm in; *cast (fling, throw) it in the teeth of sbd.* het iem. voor de voeten werpen, het iem. verwijten

toothache *znw* kies-, tandpijn

toothbrush *znw* tandenborstel

tooth-comb *znw* fijne kam, stofkam

toothed [tu:θt, tu:ðd] *bn* getand

toothless *bn* tandeloos²

toothpaste *znw* tandpasta

toothpick *znw* tandenstoker

tooth powder *znw* tandpoeder *o*

toothsome *bn* smakelijk, lekker

toothy *bn* met vooruitstekende tanden, met veel (vertoon van) tanden

tootle ['tu:tl] **I** *onoverg & overg* zacht en aanhoudend toeteren, blazen; *gemeenz* rondtoeren; **II** *znw* getoeter *o*

tootsy ['tu:tsi] *znw gemeenz* pootje *o*, voetje *o*; lieveling, schatje *o*

¹top [tɔp] **I** *znw* top, kruin, spits, bovenstuk *o*, bovenste *o*; boveneinde *o*, hoofd *o* [v. tafel]; oppervlakte; dak *o*; kap; hemel [v. ledikant]; deksel *o*; blad *o* [v. tafel]; dop [v. vulpen]; *scheepv* mars; *auto* hoogste versnelling; *fig* toppunt *o*; de (het) hoogste (eerste); *fig ~* chapiteau *o* [circus(tent)]; *(the) ~s! Am slang* prima, eersterangs; *be at the ~ of the tree* op de hoogste sport staan, de man zijn; *at the ~ of his voice* uit alle macht, zo hard hij kon; *from ~ to bottom* van boven tot onder; *off the ~ of one's head* onvoorbereid; *on ~* bovenaan; bovenop; daarbij; *come out on ~* overwinnaar zijn, het winnen; *on ~ of this I had to...* daarna moest ik nog...; *be on ~ of the* *world* in de wolken zijn; *come to the* ~ boven (water) komen; *go over the* ~ te ver gaan, over de schreef gaan; **II** *bn* bovenste, hoogste, eerste; prima; *a* ~ *G* muz een hoge g; **III** *overg* bedekken; beklimmen (tot de top); hoger opschieten, langer zijn dan; fig overtreffen, uitmunten, zich verheffen boven; toppen; ~ *and tail* afhalen, schillen, schoonmaken [groente, fruit]; ~ *the poll* de meeste stemmen hebben; ~ *up* bijvullen; **IV** *onoverg* zich verheffen; ~ *off (up)* er een eind aan maken, besluiten; ~ *up with* eindigen met

2 top [tɔp] *znw* tol; *sleep like a* ~ slapen als een roos

topaz ['toupæz] *znw* topaas o [stofnaam], topaas m [voorwerpsnaam]

top-boots ['tɔp'buːts] *znw mv* kaplaarzen

top-coat *znw* overjas; deklaag [v. verf]

top dog *znw bn* nummer één, de baas

top-drawer *bn* gemeenz uit de beste kringen, van goede komaf

top-dressing *znw* bovenbemesting

tope [toup] *onoverg* vero of plechtig zuipen, pimpelen

topee ['toupi] *znw* helmhoed

toper ['toupə] *znw* drinkebroer, zuiplap, zuipschuit

top-flight ['tɔpflait] *bn* gemeenz eersterangs, best, van de bovenste plank

top-hat ['tɔp'hæt] *znw* hoge hoed

top-heavy ['tɔp'hevi] *bn* topzwaar[2]

top-hole ['tɔp'houl] *bn* gemeenz prima, uitstekend

topiary ['toupjəri] *znw* snoeien o van bomen, heggen & in decoratieve vormen

topic ['tɔpik] *znw* onderwerp o (van gesprek &)

topical *bn* actueel [wat betreft onderwerp]; plaatselijk [ook: med]; *a* ~ *song* een actueel lied o

topicality [tɔpi'kæliti] *znw* actualiteit

top-knot ['tɔpnɔt] *znw* kuif [v. vogel]; chignon; haarstrik

topless ['tɔpləs] *bn* topless, zonder bovenstukje

top-level ['tɔplevl] *bn* op het hoogste niveau

topmast *znw* scheepv (mars)steng

topmost ['tɔpmoust] *bn* bovenste, hoogste

topnotch *bn* gemeenz eersterangs, best, van de bovenste plank

topographical [tɔpə'græfikl] *bn* topografisch, plaatsbeschrijvend

topography [tə'pɔgrəfi] *znw* topografie, plaatsbeschrijving; topografische situatie

topper ['tɔpə] *znw* hoge hoed

topping **I** *znw* bovenste laagje o, sierlaagje o, topping; **II** *bn* gemeenz prima, uitstekend, prachtig, heerlijk

topple ['tɔpl] *(overg &) onoverg* (doen) tuimelen (ook: *down, over*), (doen) omvallen[2]

top-ranking ['tɔpræŋkiŋ] *bn* (zeer) hooggeplaatst

top-secret ['tɔpsiːkrit] *bn* hoogst geheim

topside ['tɔpsaid] **I** *bijw* bovenop; **II** *znw* bovenste o, bovenkant; (runder)schenkel; ~*s* scheepv bovenschip o

top-soil ['tɔpsɔil] *znw* bovengrond

topsy-turvy ['tɔpsi'təːvi] **I** *bijw* ondersteboven, op zijn kop[2]; **II** *bn* op zijn kop staand; fig averechts

tor [tɔː] *znw* rotspiek

torch [tɔːtʃ] *znw* toorts[2], fakkel[2]; zaklantaarn; lamp [v. huisschilder, loodgieter]; *carry a* ~ *for* gemeenz verliefd zijn op; zie ook: *oxyacetylene*

torch-bearer *znw* fakkeldrager

torch-light *znw* fakkellicht o, licht o van een zaklantaarn; ~ *procession* fakkel(op-)tocht

tore [tɔː] V.T. van ²*tear*

torment **I** *znw* ['tɔːment] foltering, kwelling, marteling, plaag; **II** *overg* [tɔː'ment] folteren, kwellen, martelen, plagen

tormentor *znw* kwelgeest, folteraar, pijniger, beul

torn [tɔːn] V.D. van ²*tear*

tornado [tɔː'neidou] *znw* (*mv*: -does) tornado, wervelstorm

torpedo [tɔː'piːdou] **I** *znw* (*mv*: -does) sidderrog [vis]; mil torpedo; **II** *overg* torpederen[2]

torpedo-boat *znw* torpedoboot

torpedo-boat destroyer *znw* torpedo(boot)jager

torpedo-tube *znw* torpedolanceerbuis

torpid ['tɔːpid] *bn* loom, traag

torpidity [tɔː'piditi], **torpor** ['tɔːpə] *znw* verdoving; loomheid, traagheid

torque [tɔːk] *znw* techn koppel; hist halssnoer o

torrent ['tɔrənt] *znw* (berg)stroom, (stort-)vloed[2]

torrential [tɔ'renʃəl] *bn* in stromen neerkomend; ~ *rains* stortregens

torrid ['tɔrid] *bn* brandend, verzengend, heet; hartstochtelijk, intens, gepassioneerd

torsion ['tɔːʃən] *znw* (ver)draaiing, wringing

torsion-balance *znw* torsiebalans

torso ['tɔːsou] *znw* torso, romp [v. standbeeld]

tort [tɔːt] *znw* recht onrecht o, benadeling

tortoise ['tɔːtəs] *znw* (*mv* idem *of* -s) (land)schildpad

tortoise-shell I *znw* schildpad o; geel en bruin gestreepte kat; vos [vlinder]; **II** *bn* schildpadden

tortuous ['tɔːtjuəs] *bn* bochtig, gekronkeld, kronkelig, gedraaid; fig niet recht door zee (gaand)

torture ['tɔːtʃə] **I** *znw* foltering, pijniging; kwelling; *put to (the)* ~ folteren, op de pijnbank leggen; **II** *overg* folteren, pijnigen, kwellen

torturer *znw* folteraar, pijniger; beul

Tory ['tɔːri] *znw* Tory, conservatief [in de politiek]

Toryism *znw* politiek conservatisme o

tosh [tɔʃ] *znw* slang klets, gezwam o, onzin

toss [tɔs] **I** *overg* omhoog-, opgooien; (toe-)gooien, -werpen; heen en weer slingeren; hutselen, door elkaar mengen; keren [hooi]; ~ *one's head* het hoofd in de nek werpen; *I'll ~ you for it (who has it)* we zullen erom tossen; ~ *aside* opzij gooien; ~ *in a blanket* jonassen; ~ *off* ook: naar binnen slaan [borrel]; in het voorbijgaan doen, laten vallen [opmerking]; slang afrukken, aftrekken, masturberen; ~ *up* opgooien [geldstuk]; de lucht in gooien; II *onoverg* heen en weer rollen, woelen [in bed]; slingeren, heen en weer schudden, zwaaien of waaien; opgooien (om iets); III *znw* opgooien o; sp toss, opgooi; worp [met dobbelstenen]; slinger(ing); = *toss-up*; *argue the ~* een onherroepelijk besluit aanvechten; *I don't give a ~ about it* slang het kan me geen ene moer schelen

toss-pot *znw* vero dronkenlap

toss-up *znw* toss, opgooi; gok

1 tot [tɔt] *znw* peuter; borreltje o

2 tot [tɔt] I *znw* optelling, (optel)som; II *overg* optellen (ook: ~ *up*)

total ['toutl] I *bn* (ge)heel, volslagen, totaal, gezamenlijk; II *znw* totaal o; gezamenlijk bedrag o; III *overg & onoverg* optellen; een totaal vormen van...

totalitarian [toutæli'tɛəriən] *bn* totalitair

totalitarianism *znw* totalitarisme o

totality [tou'tæliti] *znw* totaal o, geheel o

totalizator ['toutəlai'zeitə] *znw* totalisator

totalize *overg* op-, samentellen; een totalisator gebruiken

totally ['toutəli] *bijw* totaal, helemaal; versterkend zeer

1 tote [tout] *znw* gemeenz totalisator

2 tote [tout] *overg* Am gemeenz dragen; vervoeren

totem ['toutəm] *znw* totem, stamteken o

totem pole ['toutəmpoul] *znw* totempaal

tother ['tʌðə] verk. van *the other*

totter ['tɔtə] *onoverg* waggelen, wankelen

tottery *bn* waggelend, wankel

toucan ['tu:kæn] *znw* toekan, pepervreter

touch [tʌtʃ] I *overg* aanraken°, aanroeren²; raken; aankomen, komen aan; muz aanslaan, spelen (op); raken [ook v. lijnen], aangaan, betreffen; deren, aantasten, uitwerking hebben op; aandoen [ook v. schepen], treffen; toucheren° [geld &]; in de wacht slepen; *you can't ~ him* je haalt niet bij hem; ~ *base* zich op de hoogte stellen; ~ *bottom* grond voelen; het laagste punt bereiken; ~ *wood* eventjes afkloppen; ~ *sbd. for...* gemeenz van iem. (trachten te) krijgen; ~ *off* doen afgaan [explosieven], doen losbarsten, ontketenen; ~ *up* opknappen, bijwerken; retoucheren; handtastelijk zijn; II *onoverg & abs ww* elkaar aanraken of raken; ~ *at* scheepv aandoen [haven]; ~ *down* de bal tegen de grond drukken [rugby, Amerikaans football]; luchtv landen; ~ *(up)on a painful subject* een pijnlijk onderwerp aanroeren; III *znw* aanraking; tikje² o, zweempje o, tikkeltje o, pietsje o; lichte aanval [v. ziekte]; muz aanslag; tastzin, gevoel o; voeling, contact o; streek [met penseel]; (karakter)trek, trekje o, cachet o; *the finishing ~* de laatste hand [aan een karwei &]; *play at ~* tikkertje spelen; *keep in ~ with* contact hebben/onderhou-

den met

touch-and-go: *it was ~* het was op het nippertje; het scheelde maar een haartje

touch-down ['tʌtʃdaun] *znw* tegen de grond drukken o v.d. bal [rugby, Amerikaans football]; luchtv landing

touché ['tu:ʃei, tu:'ʃei] *tsw* die zit!, raak!, juist!

touched *bn* aangedaan, ontroerd; gemeenz (van lotje) getikt

touching *bn* roerend, aandoenlijk

touch-line *znw* sp zijlijn

touch-me-not *znw* plantk springzaad o; fig kruidje-roer-mij-niet o

touch-paper *znw* salpeterpapier o

touch screen *znw* comput touch screen o [scherm waarbij men door aanraking met de vinger opdrachten aan de computer kan geven]

touchstone *znw* toetssteen

touch-type *onoverg* blind typen

touchy *bn* lichtgeraakt, kittelorig, gauw op zijn teentjes getrapt, teergevoelig

tough [tʌf] *bn* taai; stevig; moeilijk (te geloven); hard, ongevoelig, ruw; misdadig, onguur, schurkachtig; ~ *luck* gemeenz reuze pech; ~ *guy* gemeenz zware jongen, boef

toughen *overg (& onoverg)* taai(er) & maken (worden)

toupee ['tu:pei] *znw* haarstukje o, toupet

tour [tuə] I *znw* (rond)reis, toer, tochtje o; tournee; rondgang; II *onoverg (& overg)* een (rond)reis maken (door); afreizen; op tournee gaan of zijn (met)

tour-de-force [tuədə'fɔ:s] *znw* krachttoer, schitterende prestatie

tourism ['tuərizm] *znw* toerisme o

tourist I *znw* toerist; II *bn* toeristisch; ~ *agency* reisbureau o; ~ *class* toeristenklasse; ~ *industry* toerisme o

touristy ['tuəristi] *bn* (te) toeristisch; door toerisme bedorven

tournament ['tuənəmənt], **tourney** ['tuəni] *znw* toernooi o

tourniquet ['tuənikei] *znw* med touniquet: knevelverband o

tousle ['tauzl] *overg* in wanorde brengen; verfomfaaien; verfrommelen; stoeien met

tout [taut] I *onoverg* klanten lokken [voornamelijk voor hotels]; II *znw* handelaar in zwarte kaartjes; klantenlokker, runner [v. hotel &]; spion van de renpaarden

1 tow [tou] *znw* werk o [van touw]

2 tow [tou] I *overg* slepen°, boegseren; II *znw* slepen o of boegseren o; *take in ~* fig op sleeptouw nemen²

towage *znw* slepen o

toward(s) [tə'wɔːd(z)] *voorz* naar... toe; tegen; tegenover, jegens; omtrent; voor, met het oog op

towel ['tauəl] I *znw* handdoek; *throw in the ~* zich gewonnen geven; II *overg* afdrogen [met handdoek] (ook: ~ *down*)

towelling *znw* badstof, handdoekenstof

towel-rail ['tauəlreil] *znw* handdoek(en)rekje o

tower ['tauə] I *znw* toren; burcht, kasteel o;

tower block

a ~ *of strength* een 'vaste burcht'; **II** *onoverg* zich verheffen, torenen, (hoog) uitsteken[2] (boven *above, over*)
tower block *znw* torenflat, hoog flatgebouw *o*
towered *bn* van torens voorzien
towering *bn* torenhoog, torenend; geweldig; *he was in a* ~ *rage* hij was geweldig boos
town [taun] *znw* stad; gemeente; *go to* ~ gemeenz de bloemetjes buiten zetten; het geld laten rollen; *go to* ~ *on sth.* iets grondig aanpakken
town clerk *znw* gemeentesecretaris
town-council *znw* gemeenteraad
town councillor *znw* gemeenteraadslid *o*
town crier *znw* stadsomroeper
townee [tau'ni:] *znw* geringsch stadsmens; niet-student [in een universiteitsstad]
town hall ['taun'hɔ:l] *znw* stad-, raadhuis *o*
town house *znw* huis *o* in de stad [tegenover het buiten], ± herenhuis *o*
townie *znw* = *townee*
town-planning **I** *znw* stedenbouw; **II** *bn* stedenbouwkundig
townscape *znw* stadsgezicht *o*
townsfolk *znw* stedelingen
township *znw* stadsgebied *o*; gemeente; zwart woonoord *o*, township [in Zuid-Afrika]
townsman *znw* stedeling; stadgenoot
townspeople *znw mv* stedelingen
tow-path ['toupa:θ] *znw* jaagpad *o*
tow-rope *znw* sleeptouw *o*, -tros
tow-truck *znw* kraanwagen, takelwagen
toxic ['tɔksik] *bn* toxisch: vergiftig; vergiftigings-; vergift-
toxicology *znw* toxicologie: vergiftenleer
toxin ['tɔksin] *znw* toxine, gifstof
toy [tɔi] **I** *znw* (stuk) speelgoed *o*; fig speelbal; **II** *onoverg* spelen; ~ *with one's food* kieskauwen
toy dog *znw* schoothondje *o*
toyshop *znw* speelgoedwinkel
1 trace [treis] *znw* streng [v. paard]; *kick over the* ~*s* uit de band springen
2 trace [treis] **I** *znw* spoor° *o*, voetspoor *o*; tracé *o* [v. fort]; fig overblijfsel *o*; **II** *overg* nasporen, opsporen, volgen, nagaan; overtrekken; traceren, schetsen, (af)tekenen; afbakenen [weg], aangeven [gedragslijn]; neerschrijven [woorden]; ~ *out* opsporen, natrekken; uitstippelen, afbakenen
traceable ['treisəbl] *bn* na te gaan, naspeurbaar
trace element ['treiselimənt] *znw* spoorelement *o*
tracer ['treisə] *znw* naspeurder; mil spoorkogel, -granaat (ook: ~ *bullet*, ~ *shell*)
tracery ['treisəri] *znw* bouwk tracering, maaswerk *o*; netwerk *o* [op vleugel van insect &]
trachea [trə'ki:ə] *znw* (*mv*: tracheae [trə'ki:i:]) luchtbuis [v. insect]; luchtpijp [v. mens]
tracing ['treisiŋ] *znw* nasporen *o* &; overgetrokken tekening; doordruk; tracé *o*
tracing-paper *znw* calqueerpapier *o*

track [træk] **I** *znw* voetspoor *o*, wagenspoor *o*, spoor° *o*; baan°, pad *o*, weg; spoorlijn; rupsband [v. tractor]; nummer *o* [op cd]; *the beaten* ~ de platgetreden weg, gebaande wegen [bewandelen &]; *go off the beaten* ~; ongebaande wegen bewandelen (ook: fig); *cover (up) one's* ~*s* zijn spoor uitwissen; *keep* ~ *of* volgen, nagaan, in het oog houden; *lose* ~ *of* uit het oog verliezen; *make* ~*s* gemeenz 'm smeren, maken dat je weg komt; *in one's* ~*s* gemeenz op de plaats [doodblijven]; onmiddellijk; *off the* ~ het spoor bijster; **II** *overg* nasporen, opsporen; (het spoor) volgen; scheepv slepen; ~ *down* opsporen
tracked *bn* met rupsbanden [voertuig]
tracker *znw* naspeurder, spoorzoeker, vervolger; speurhond (~ *dog*)
track events *znw mv* sp loopnummers
tracking station *znw* volgstation *o* [bij ruimtevaart]
trackless *bn* spoorloos; ongebaand, onbetreden
track record *znw* conduitestaat
tracksuit *znw* trainingspak *o*
1 tract [trækt] *znw* uitgestrektheid, streek; [spijsverterings- &] kanaal *o*, [urine- &] wegen
2 tract [trækt] *znw* traktaatje *o*, verhandeling
tractable ['træktəbl] *bn* handelbaar, volgzaam, meegaand, gezeglijk
traction ['trækʃən] *znw* tractie, (voort-) trekken *o*, trekkracht
traction-engine *znw* tractor
tractive *bn* trekkend; trek-
tractor *znw* tractor
trad [træd] **I** *bn* verk. van *traditional*; **II** *znw* traditionele jazz
trade [treid] **I** *znw* (koop)handel; ambacht *o*, beroep *o*, vak *o*, bedrijf *o*; zaken; *the* ~*s* de passaatwinden; *the Board of T~* ± het ministerie van handel (v. Economische Zaken); **II** *onoverg* handel drijven (in *in*); **III** *overg* verhandelen, (ver)ruilen (ook: ~ *away*, ~ *off*)
trade cycle *znw* conjunctuur
trade fair *znw* jaarbeurs
trade-in *znw* inruil; voorwerp *o* [auto &] dat is ingeruild
trade journal *znw* vakblad *o*
trade mark *znw* handelsmerk *o*
trade name *znw* handelsnaam; handelsmerknaam; naam van de firma
trade price *znw* grossiersprijs
trader *znw* handel koopman, handelaar; scheepv koopvaardijschip *o*
trade route *znw* handelsroute
trade-secret *znw* fabrieksgeheim *o*
tradesman *znw* (*mv*: -men of -people) neringdoende, winkelier; leverancier
Trades Union Congress *znw* Br Verbond *o* van Vakverenigingen
trade-union *znw* vakbond, vakvereniging
trade-unionism *znw* vakverenigingswezen *o*, vakbeweging
trade-unionist *znw* vakbondslid *o*, georganiseerde

trade wind *znw* passaat(wind)

trading I *bn* handeldrijvend, handels-; ~ *estate* Br ± industrieterrein o; ~ *post* hist factorij; ~ *profit* bedrijfswinst; ~ *stamp* spaarzegel [v. winkel]; **II** *znw* nering, handel, omzet

tradition [trə'diʃən] *znw* overlevering, traditie

traditional *bn* traditioneel, overgeleverd; de traditie volgend, traditiegetrouw

traditionalism [trə'diʃənəlizm] *znw* traditionalisme o

traditionalist I *znw* traditionalist; **II** *bn* traditionalistisch

traditionally *bijw* traditioneel, volgens de overlevering, traditiegetrouw; vanouds

traduce [trə'dju:s] *overg* (be)lasteren

traffic ['træfik] **I** *onoverg* handel drijven (in *in*); (vooral fig) sjacheren (in *in*); **II** *overg* verhandelen; versjacheren; **III** *znw* verkeer o; (koop)handel

trafficator *znw* richtingaanwijzer

traffic circle *znw* Am rotonde, circuit o

traffic-cop *znw* Am slang verkeersagent

traffic jam *znw* verkeersopstopping

trafficker *znw* handelaar [in verdovende middelen e.d.]

traffic-lights *znw mv* verkeerslichten

traffic warden *znw* parkeerwacht

tragedian [trə'dʒi:djən] *znw* treurspeldichter; treurspelspeler

tragedy ['trædʒidi] *znw* tragedie[2], treurspel o; tragiek

tragic ['trædʒik] *bn* tragisch; treurspel-

tragical *bn* tragisch

tragi-comedy *znw* tragikomedie

trail [treil] **I** *znw* spoor o; sleep, sliert; staart [v. komeet &]; pad o; **II** *overg* (achter zich aan) slepen; (het spoor) volgen; **III** *onoverg* slepen; plantk kruipen; ~ *away*, ~ *off* vervagen; ~ *along* zich voortslepen; ~ *(behind)* achterliggen, achterstaan [wedstrijd, verkiezing &]

trailer *znw* aanhangwagen, oplegger; caravan; trailer, voorfilm; [in tuin] bodembedekkende plant

trailing *bn* slepend, sleep-; kruipend, kruip- [v. plant]

train [trein] **I** *overg* opleiden, scholen; oefenen, drillen, africhten, dresseren; sp trainen; leiden [bomen]; mil richten [geschut]; **II** *onoverg* (zich) oefenen, (zich) trainen; een opleiding volgen, studeren; **III** *znw* sleep; nasleep; gevolg o; stoet; aaneenschakeling, reeks; (spoor)trein; ~ *of thought* gedachtegang; *by* ~ per spoor; *in* ~ aan de gang

train-bearer *znw* sleepdrager

trained *bn* getraind, gedresseerd, geoefend, geschoold; ~ *nurse* (gediplomeerd) verpleegster

trainee [trei'ni:] *znw* iem. die in opleiding is, leerling, stagiair(e)

trainer ['treinə] *znw* trainer, oefenmeester, dresseur, africhter; luchtv lestoestel o; ~*s* Br sportschoenen

training *znw* trainen o &, opleiding, scholing, dressuur, oefening, africhting

training-camp *znw* oefenkamp o

training-college *znw* kweekschool, pedagogische academie

traipse [treips] *onoverg* rondsjouwen, -slenteren

trait [trei] *znw* (karakter)trek, kenmerk o, eigenschap

traitor ['treitə] *znw* verrader (van *to*)

traitorous *bn* verraderlijk; trouweloos

traitress *znw* verraadster

trajectory ['trædʒikt(ə)ri, trə'dʒektəri] *znw* baan [van projectiel], kogelbaan

tram [træm] *znw* tram; kolenwagen [in mijn]

tramline *znw* tramrail(s); tramlijn

trammel ['træməl] **I** *znw* kluister, keten, boei, belemmering; **II** *overg* kluisteren, (in zijn bewegingen) hinderen, belemmeren

tramp [træmp] **I** *onoverg* trappen; stampen; sjouwen; rondtrekken, rondzwerven; **II** *overg* trappen op; aflopen, afzwerven, aftippelen; **III** *znw* zware tred, gestamp o; voetreis, zwerftocht; vagebond, zwerver, landloper; slang scharrel, lichtekooi; scheepv wilde boot, vrachtzoeker (~ *steamer*)

trample ['træmpl] **I** *onoverg* trappelen; ~ *on* met voeten treden; **II** *overg* met voeten treden[2] (ook: ~ *under foot*, ~ *down*), trappen op, vertreden, vertrappen; **III** *znw* gestap o, getrappel o

trampoline ['træmpəlin] *znw* trampoline

tramway ['træmwei] *znw* tram(weg)

trance [tra:ns] *znw* trance

tranquil ['træŋkwil] *bn* rustig, kalm

tranquillity, Am **tranquility** [træŋ'kwiliti] *znw* rust, kalmte

tranquillize, Am **tranquilize** ['træŋkwilaiz] *overg* tot bedaren brengen, kalmeren

tranquillizer, Am **tranquilizer** *znw* kalmerend middel o

transact [træn-, tra:n'zækt, trən'sækt] **I** *overg* verrichten, (af)doen; **II** *onoverg* zaken doen

transaction *znw* verrichting, (handels-)zaak; transactie; ~*s* ook: handelingen

transatlantic ['træn-, 'tra:nzət'læntik] *bn* transatlantisch

transcend [træn-, tra:n'send] *overg* te boven gaan, overtreffen

transcendence *znw* transcendentie; voortreffelijkheid

transcendent *bn* transcendentaal; alles overtreffend, voortreffelijk

transcendental [træn-, tra:nsen'dentəl] *bn* transcendentaal, bovenzinnelijk; ~ *meditation* transcendente meditatie

transcribe [træns-, tra:ns'kraib] *overg* transcriberen [ook: muz]; uitwerken, overbrengen [steno]

transcript ['træn-, 'tra:nskript] *znw* afschrift o, kopie[2]

transcription [træns-, tra:ns'kripʃən] *znw* transcriptie [ook: muz]; overschrijving; afschrift o

transect [træn-, tra:n'sekt] *overg* dwars doorsnijden

transept ['træn-, 'tra:nsept] *znw* dwarsschip o, dwarsbeuk [v. kerk]

transfer I *overg* [træns-, tra:n'fə:] overdragen, overbrengen, overhevelen; handel overmaken, overschrijven, overboeken, gireren; ver-, overplaatsen, overdrukken, calqueren; **II** *onoverg* overgaan; overstappen (in *to*); **III** *znw* ['træns-, 'tra:nsfə:] overdracht, overbrenging, overheveling; overschrijving [v. eigendom], overboeking, overmaking, remise; overplaatsing; ook: overgeplaatst militair &; overstapkaartje *o*; overdruk; ± sticker

transferable [træns-, tra:ns'fə:rəbl] *bn* overgedragen & kunnende worden; *not* ~ ook: strikt persoonlijk [op kaart]

transferee [træns-, tra:nsfə'ri:] *znw* persoon aan wie iets overgedragen wordt; concessionaris

transference *znw* overdracht[2], overbrenging

transferor *znw* overdrager

transfiguration [træns-, tra:nsfigju'reiʃən] *znw* herschepping, gedaanteverandering; transfiguratie

transfigure ['træns-, 'tra:n'figə] *overg* van gedaante doen veranderen

transfix [træns-, tra:ns'fiks] *overg* doorboren, doorsteken; *stand* ~*ed* als aan de grond genageld staan

transform [træns-, tra:ns'fɔ:m] *overg* om-, vervormen; van gedaante of vorm veranderen, (doen) veranderen; transformeren

transformable *bn* te veranderen (in *into*), vervormbaar

transformation [træns-, tra:nsfɔ:'meiʃən] *znw* (vorm)verandering, gedaanteverwisseling; transformatie

transformer [træns-, tra:ns'fɔ:mə] *znw* elektr transformator

transfuse [træns-, tra:ns'fju:z] *overg* overbrengen [bloed door transfusie]

transfusion [træns'fju:ʒən] *znw* (bloed-)transfusie

transgress [træns-, tra:ns'gres] **I** *overg* overtreden, zondigen tegen, schenden, te buiten gaan, overschrijden; **II** *abs ww* zondigen

transgression *znw* overtreding; zondigen *o*; misdaad

transgressor *znw* overtreder; zondaar

tranship [træn-, tra:n'ʃip] *overg* overschepen, overladen, overslaan

transhipment *znw* overscheping, overlading, overslag

transience ['træn-, 'tra:nziəns] *znw* korte duur, vergankelijkheid

transient *bn* voorbijgaand, van korte duur, kortstondig, vergankelijk

transistor [træn'-, tra:nzistə] *znw* transistor(radio)

transit ['træn-, 'tra:nsit] *znw* doorgang, doortocht, doorreis; doorvoer, transito *o*; vervoer *o*; astron overgang; *in* ~ gedurende het vervoer, onderweg [van goederen]; ~ *camp* doorgangskamp *o*; ~ *lounge* luchtv hal (lounge) voor doorgaande reizigers

transition [træn-, tra:n'siʒən] **I** *znw* overgang(speriode); **II** *bn* overgangs-

transitional *bn* overgangs-

transitive ['træn-, 'tra:nsitiv] *bn* transitief, overgankelijk

transitory *bn* van voorbijgaande aard, kortstondig, vergankelijk, vluchtig

translate [træns-, tra:n'leit] **I** *overg* vertalen; overzetten; omzetten [in de daad]; overplaatsen [bisschop]; **II** *onoverg* vertalen; zich laten vertalen

translation *znw* vertaling, overzetting; omzetting [in de daad]

translator *znw* vertaler

transliterate [træns-, tra:nz'litəreit] *overg* transcriberen: overbrengen in andere schrifttekens

translucence, translucency [trænz-, tra:nz'lu:sns(i)] *znw* doorschijnendheid, helderheid

translucent *bn* doorschijnend, helder

transmigrate ['trænz-, 'tra:nz'maigreit] *onoverg* verhuizen, overgaan in een ander lichaam

transmigration [trænz-, tra:nzmai'greiʃən-] *znw* (land-, volks)verhuizing; zielsverhuizing, overgang

transmissible [trænz-, tra:nz'misəbl] *bn* over te brengen &, overdraagbaar; overerfelijk

transmission *znw* transmissie, overbrenging [v. kracht], overbrenging, besmetting [ziekte]; RTV uitzending; overdracht [v. bezit]; overlevering; doorlating [v. licht]; voortplanting [v. geluid]; doorgeven *o*; auto versnellingsbak

transmit *overg* overbrengen, door-, overzenden, RTV uitzenden; overdragen (op *to*); overleveren (aan *to*); doorlaten [v. licht &]; voortplanten [v. geluid &]; doorgeven

transmittal *znw* = *transmission*

transmitter *znw* RTV zender

transmogrify [trænz-, tra:nz'mɔgrifai] *overg* gemeenz metamorfoseren

transmutation [trænz-, tra:nzmju:'teiʃən] *znw* transmutatie, (vorm)verandering

transmute [trænz-, tra:nz'mju:t] *overg* transmuteren, veranderen (in *into*)

transom ['trænsəm] *znw* dwarsbalk; ~ *window* ventilatievenster *o* boven een deur, bovenlicht *o*

transparency [træns-, tra:ns'pærənsi, -'pɛərənsi] *znw* doorzichtigheid[2]; transparant *o*; dia

transparent *bn* doorzichtig[2], transparant; fig helder, duidelijk

transpiration [træn-, tra:nspi'reiʃən] *znw* uitwaseming; transpiratie

transpire [træns-, tra:ns'paiə] **I** *overg* transpireren, uitzweten; **II** *onoverg* uitlekken, ruchtbaar worden; gemeenz gebeuren

transplant I *overg* [træns'pla:nt] overplanten, verplanten, overbrengen; med transplanteren; **II** *znw* ['træns'pla:nt] med transplantatie; transplantaat *o*

transplantation [træns-, tra:nspla:n'teiʃən] *znw* over-, verplanting, overbrenging, med transplantatie

transport I *overg* [træns-, tra:ns'pɔ:t] transporteren, overbrengen, verplaatsen; ver-

tree

voeren; deporteren; <u>fig</u> in vervoering brengen; ~*ed with joy* verrukt van vreugde; **II** *znw* ['træns-, 'tra:nspɔ:t] transport *o*, overbrenging, vervoer *o*; transportschip *o*, transportvliegtuig *o*; <u>fig</u> vervoering, verrukking; vlaag [v. woede &]; ~ *café* chauffeurscafé *o*

transportation [træns-, tra:nspɔ:'teiʃən-] *znw* transport *o*, vervoer *o*, overbrenging; transportwezen *o*; deportatie *o*

transporter [træns-, tra:ns'pɔ:tə] *znw* vervoerder; transporteur; <u>techn</u> loopkraan; transportband

transpose [træns-, tra:ns'pouz] *overg* verplaatsen, verschikken, omzetten, verwisselen; transponeren [vooral <u>muz</u>], overbrengen

transposition [træns-, tra:nspə'ziʃən] *znw* verplaatsing, omzetting; transpositie [*vooral* <u>muz</u>] overbrenging

trans-ship *overg* = tranship

transude [træn-, tra:n'sju:d] *onoverg* doorzweten; doorsijpelen; zweten (sijpelen) door... heen

transverse ['trænz-, 'tra:nzvə:s] *bn* (over-)dwars

transvestism [trænz-, tra:nz'vestizm] *znw* travestie

transvestite *znw* travestiet

trap [træp] **I** *znw* val, (val)strik, voetangel, klem; strikvraag; knip; klep [v. duivenslag]; fuik; valdeur, luik *o*; <u>techn</u> stankafsluiter, sifon; tweewielig rijtuigje *o*; <u>slang</u> mond; **II** *overg* in de val laten lopen; vangen, (ver-)strikken; opvangen [v. water &]; ~*ped* ook: aan alle kanten ingesloten [door sneeuw, vuur]

trapdoor ['træpdɔ:] *znw* luik *o*, valdeur

trapeze [trə'pi:z] *znw* trapeze, zweefrek *o*

trapper ['træpə] *znw* pelsjager, trapper

trappings ['træpiŋz] *znw mv* opschik, tooi, versierselen; sjabrak

trappy ['træpi] *bn* verraderlijk

traps [træps]: *znw mv* <u>gemeenz</u> spullen, boeltje *o*

trapse [treips] *onoverg* = traipse

trash [træʃ] *znw* uitschot *o*, afval *o & m*; <u>fig</u> prul *o*, prullen, troep, rotzooi, voddegoed *o*, bocht *o & m*; onzin, klets; tuig *o*, schorem *o*

trashcan ['træʃkæn] *znw* Am vuilnisbak

trashy ['træʃi] *bn* prullig, lorrig, voddig

trauma ['trɔ:mə] *znw* (*mv:* -s of traumata) <u>psych</u> trauma; <u>med</u> wond, verwonding

traumatic [trɔ:'mætik] *bn* traumatisch, wond-

travail ['træveil] *znw* barensweeën

travel ['trævl] **I** *onoverg* reizen; op en neer, heen en weer gaan; zich verplaatsen, zich bewegen, gaan, lopen, rijden; zich voortplanten [licht, geluid &]; **II** *overg* afreizen, doortrekken, bereizen; afleggen [afstand]; **III** *znw* reizen *o*; reis [vooral naar 't buitenland]

travel agency *znw* reisbureau *o*

travel agent *znw* reisagent

travelled, <u>Am</u> **traveled** *bn* bereisd

traveller, <u>Am</u> **traveler** *znw* reiziger; ~'s

cheque reischeque, traveller's cheque

travelling, <u>Am</u> **traveling I** *bn* reizend, reis-; ~ *salesman* handelsreiziger; **II** *znw* reizen *o*, reis

travelogue, <u>Am</u> **travelog** ['trævələg] *znw* reisverslag *o* met illustraties, dia's &; reisfilm

travel-sick *bn* reisziek: wagenziek, zeeziek

traverse ['trævə(:)s] **I** *bn* dwars-; **II** *znw* dwarsbalk; dwarslat, -stuk; dwarsgang; transversaal; **III** *overg* oversteken; doortrekken, (door)kruisen, doorsnijden

travesty ['trævisti] **I** *overg* parodiëren; **II** *znw* parodie, bespotting

trawl [trɔ:l] **I** *znw* sleepnet *o*; **II** *onoverg & overg* met het sleepnet vissen; <u>fig</u> afstropen, doorzoeken

trawler *znw* treiler; schrobnetvisser

tray [trei] *znw* (schenk-, presenteer)blaadje *o*, -blad *o*

treacherous ['tretʃərəs] *bn* verraderlijk

treachery ['tretʃəri] *znw* verraad *o*; ontrouw

treacle ['tri:kl] *znw* stroop

treacly *bn* stroopachtig; <u>fig</u> stroperig

1 tread* [tred] **I** *onoverg* treden, trappen, lopen; ~ *carefully* omzichtig (voorzichtig) te werk gaan; ~ *on sbd.'s toes* iem. op zijn tenen trappen; **II** *overg* betreden, bewandelen; lopen over; (uit)treden [druiven]; ~ *water* watertrappen; ~ *down* vasttrappen [v. aarde]; vertrappen

2 tread [tred] *znw* tred, schrede, stap; trede; zool, loopvlak *o* [v. band]

treadle *znw* trapper [van fiets of naaimachine]; <u>muz</u> voetklavier *o* van het orgel, pedaal *o & m*

treadmill *znw* tredmolen

treason ['tri:zn] *znw* verraad *o*, hoogverraad *o*, landverraad *o*

treasonable *bn* (hoog-, land)verraderlijk

treasure ['treʒə] **I** *znw* schat(ten); **II** *overg* waarderen, op prijs stellen; als een schat bewaren

treasure-house *znw* schatkamer²

treasurer *znw* thesaurier; penningmeester

treasure trove *znw* gevonden schat

treasury *znw* schatkamer, schatkist; *the T~* ± het ministerie van Financiën

treat [tri:t] **I** *overg* behandelen°, bejegenen; onthalen, vergasten, trakteren (op *to*); **II** *onoverg* onderhandelen (over *for*); ~ *of* handelen over; behandelen [v. een geschrift]; **III** *znw* onthaal *o*, traktatie², (een waar) feest *o*; *it is my* ~ ik trakteer; (*it looks, works &*) *a* ~ <u>gemeenz</u> heel goed, fantastisch, best

treatise ['tri:tiz, 'tri:tis] *znw* verhandeling (over *on*)

treatment ['tri:tmənt] *znw* behandeling°, bejegening

treaty ['tri:ti] *znw* (vredes)verdrag *o*, overeenkomst, contract *o*

treble [trebl] **I** *bn* drievoudig; driedubbel; ~ *clef* <u>muz</u> solsleutel; **II** *znw* <u>muz</u> bovenstem, sopraan; trebbel; **III** *overg* verdrievoudigen; **IV** *onoverg* zich verdrievoudigen

trebly *bijw* driedubbel, -voudig; driewerf

tree [tri:] *znw* boom; leest; galg; *be up a* ~

gemeenz in de knel zitten

treeless *bn* boomloos, zonder bomen, ontbost

tree-lined *bn* omzoomd door bomen

tree-trunk *znw* boomstam

trefoil ['trefɔil, 'triːfɔil] *znw* plantk klaver; klaverblad *o*

trek [trek] **I** *znw* ZA 'trek'; (lange, moeizame) tocht; **II** *onoverg* trekken, reizen

trellis ['trelis] *znw* traliewerk *o*, latwerk *o*, leilatten

tremble ['trembl] **I** *onoverg* beven, sidderen (van *with*); trillen [v. geluiden]; **II** *znw* beving, siddering, trilling [v. stem]

tremendous [tri'mendəs] *bn* geweldig, geducht, vervaarlijk, kolossaal, enorm

tremolo ['tremalou] *znw* tremolo

tremor ['tremə] *znw* siddering, beving, huivering, trilling, rilling

tremulous ['tremjuləs] *bn* sidderend, bevend, huiverend, trillend; beschroomd

trench [trenʃ] *znw* greppel, sloot; mil loopgraaf; groef; *the ~es* fig het front

trenchancy ['trenʃənsi] *znw* scherpheid, bijtendheid; (pedante) beslistheid

trenchant *bn* snijdend[2], scherp[2]; bijtend; beslist, krachtig

trench-coat ['trenʃkout] *znw* trenchcoat

trencher ['trenʃə] *znw* brood-, vleesplank, vero (houten) bord *o*, schotel

trencherman ['trenʃəmən] *znw* grote eter

trench warfare ['trenʃwɔːfɛə] *znw* loopgravenoorlog

trend [trend] **I** *onoverg* zich uitstrekken (naar *towards*); **II** *znw* loop, gang, richting[2]; neiging, stroming; trend, tendens; mode; *~ setter* trendsetter, toonaangevend iem. [in mode &]; *set the ~* de toon aangeven

trendy I *bn* trendy, modieus, in; **II** *znw*: *trendies* modieuze personen

trepan [tri'pæn] **I** *znw* trepaan [schedelboor]; **II** *overg* trepaneren

trepidation [trepi'deiʃən] *znw* zenuwachtige angst, opwinding

trespass ['trespəs] **I** *onoverg* over een verboden terrein gaan; *~ (up)on* misbruik maken van; **II** *znw* overtreding; misbruik *o*; vero zonde, schuld

trespasser *znw* overtreder; *~s will be prosecuted* verboden toegang

tress [tres] *znw* lok, krul; vlecht; *~es* weelderig haar *o*

trestle ['tresl] *znw* schraag, bok

trestle table *znw* tafel op schragen

triad ['traiəd] *znw* drietal *o*; muz drieklank; chem driewaardig element *o*

trial ['traiəl] *znw* proef; recht berechting, openbare behandeling, onderzoek *o*; proces *o*; beproeving bezoeking; *~(s)* test, testen *o* (ook: *~ run*); proeftocht, -rit; proefstomen *o*; *~ (flight)* luchtv proefvlucht; *stand ~* terechtstaan (wegens *for*); *by ~ and error* proefondervindelijk, met vallen en opstaan; *on ~* op proef; *bring to ~* voor (de rechtbank) doen komen

triangle ['traiæŋgl] *znw* driehoek; muz triangel

triangular [trai'æŋgjulə] *bn* driehoekig; waarbij drie partijen betrokken zijn; *~ relationship* driehoeksverhouding

tribal ['traibəl] *bn* stam-, tribaal

tribalism ['traibəlizm] *znw* tribalisme *o*, stamverband *o*, stamgevoel *o*

tribe *znw* (volks)stam; biol onderorde; fig geringsch klasse, groep; troep

tribesman *znw* lid *o* van een stam, stamgenoot

tribulation [tribju'leiʃən] *znw* tegenspoed, leed *o*

tribunal [trai-, tri'bjuːnl] *znw* (buitenlandse) rechtbank; tribunaal *o*; rechterstoel

tribune ['tribjuːn] *znw* (volks)tribune; tribune, spreekgestoelte *o*

tributary ['tribjutəri] **I** *bn* schatplichtig, bij-, zij-; **II** *znw* schatplichtige; zijrivier

tribute *znw* schatting, cijns, fig tol, bijdrage; hulde(betuiging); *it is a ~ to...* het doet... eer aan

1 trice [trais] *znw*: *in a ~* in een ommezien

2 trice [trais] *overg*: *~ (up)* scheepv trijsen, ophijsen

triceps ['traiseps] *znw* driehoofdige armspier

trick [trik] **I** *znw* kunstje *o*; streek, poets, grap; handigheid, kunstgreep, kneep, list, foefje *o*, truc; hebbelijkheid, aanwensel *o*, maniertje *o*; kaartsp trek, slag; *the ~s of the trade* de kneepjes of geheimen van het vak; *that did the ~* dat deed het hem; *he's up to his ~s again* hij voert weer van alles in zijn schild; *he never misses a ~* niets ontgaat hem, hij is niet op zijn achterhoofd gevallen; *it's a ~ of the light* dat is optisch bedrog; *how's ~s?* gemeenz hoe staat het leven?; *play ~s* streken uithalen; **II** *overg* bedriegen, beetnemen; een koopje leveren, verrassen; *~ sbd. into... ing* iem. weten te verlokken tot...; *~ out (up)* optooien, (uit-) dossen; *~ sbd. out of...* iem. iets afhandig maken

trick-cyclist *znw* acrobatische wielrijder; slang zielknijper, psychiater

trickery *znw* bedrog *o*, bedotterij

trickle ['trikl] **I** *onoverg* druppelen, sijpelen, [langzaam] vloeien, biggelen; *~ out* uitlekken[2]; **II** *overg* doen druppelen &; **III** *znw* druppelen *o*; stroompje *o*, straaltje *o*

trickster ['trikstə] *znw* bedrieger, bedotter

tricksy *bn* vol streken

tricky *bn* ingewikkeld, lastig, netelig; bedrieglijk; listig; vol streken; verraderlijk

tricolour, Am **tricolor** ['trikʌlə] *znw* driekleurige (Franse) vlag, driekleur

tricycle ['traisikl] *znw* driewieler

trident ['traidənt] *znw* drietand[2]

tried [traid] *bn* beproefd (zie *try*)

triennial [trai'enjəl] **I** *bn* driejarig; driejaarlijks; **II** *znw* driejarige plant &

trier ['traiə] *znw* doorzetter, volhouder, doorbijter

trifle ['traifl] **I** *znw* kleinigheid [ook = fooitje, aalmoes], bagatel; dessert *o* [van cake met vruchtendrank, room of vla]; *a ~ angry* een beetje boos; **II** *onoverg* futselen, spelen, spotten (met *with*); **III** *overg*: *~ away* ver-

spillen, verbeuzelen
trifler *znw* beuzelaar
trifling *bn* onbeduidend, onbetekenend, onbelangrijk
trigger ['trigǝ] **I** *znw* mil trekker; **II** *overg*: ~ *(off)* de stoot geven tot, te voorschijn roepen, teweegbrengen; techn in werking zetten
trigger finger ['trigǝfiŋgǝ] *znw* rechterwijsvinger
trigger-happy *bn* gemeenz schietgraag; agressief; oorlogszuchtig
trigonometric(al) [trigǝnǝ'metrik(l)] *bn* trigonometrisch
trigonometry [trigǝ'nɔmitri] *znw* trigonometrie, driehoeksmeting
trike [traik] *znw* gemeenz = *tricycle*
trilby ['trilbi] *znw* deukhoed (ook: ~ *hat*)
trilingual [trai'liŋgwǝl] *bn* drietalig
trill [tril] **I** *onoverg* met trillende stem zingen, spreken; trillers maken; **II** *znw* trilling [v.d. stem]; muz triller; trilklank [als de Ned. r]
trillion ['triljǝn] *znw* triljoen o; Am biljoen o
trilogy ['trilǝdʒi] *znw* trilogie
trim [trim] **I** *bn* net(jes), keurig, (keurig) in orde, goed passend of zittend [kleren]; in vorm; slank; **II** *overg* in orde maken, bijknippen, -snoeien, -schaven; opknappen; opmaken, garneren, afzetten; opsmukken, mooi maken; scheepv de lading verdelen van [schip], stuwen [lading]; (op-) zetten [zeilen]; ~ *off* wegsnoeien; **III** *znw* gesteldheid, toestand; toe-, uitrusting; tooi, kostuum o; *in (perfect)* ~ in perfecte conditie; *in sailing* ~ zeilklaar
trimaran ['traimǝrǝn] *znw* trimaran [catamaran met drie rompen]
trimeter ['trimitǝ] *znw* drievoetige versregel
trimmer ['trimǝ] *znw* snoeimes o, tremmer; fig weerhaan, opportunist
trimming *znw* garneersel o, oplegsel o
trine [train] *bn* drievoudig
Trinidad and Tobago ['trinidædǝn tou'beigou] *znw* Trinidad en Tobago o
Trinidadian I *znw* Trinidadder; **II** *bn* Trinidads
Trinitarian [trini'teǝriǝn] **I** *bn* drie-eenheids-; **II** *znw* aanhanger van de leer v.d. drie-eenheid
trinity ['triniti] *znw* drietal o, trio o; drieeenheid; *T~* H. Drievuldigheid; Drievuldigheidsdag
trinket ['triŋkit] *znw* [goedkoop] sieraad(je) o
trio ['tri:ou] *znw* trio o
trip [trip] **I** *onoverg* struikelen[2] (over *over, on*), een fout maken, een misstap doen (ook: ~ *up*); trippelen, huppelen; slang trippen, high zijn; **II** *overg* doen struikelen; beentje lichten; betrappen op een fout (meestal: ~ *up*); losgooien, losstoten, overhalen [v. pal &]; **III** *znw* uitstapje o, tochtje o, reis, reisje o, trip; struikeling; trippelpas; misstap, fout; *have a bad* ~ slang flippen

tripartite [trai'pa:tait] *bn* tussen drie partijen
tripe [traip] *znw* darmen, pens; gemeenz snert; klets
triplane ['traiplein] *znw* luchtv driedekker
triple ['tripl] **I** *bn* drievoudig; driedubbel; driedelig; ~ *time* muz driedelige maat; **II** *overg & onoverg* verdrievoudigen
triple jump *znw* hinkstapsprong
triplet ['triplit] *znw* drietal o, trio o; drieling; drieregelig versje o, muz triool
triplex ['tripleks] *bn* drievoudig
triplicate ['triplikit] **I** *bn* drievoudig; in triplo opgemaakt &; **II** *znw*: *in* ~ in triplo
tripod ['traipɔd] *znw* drievoet; statief o [v. fototoestel]
tripper ['tripǝ] *znw* toerist; *day* ~*s* dagjesmensen
triptych ['triptik] *znw* triptiek, drieluik o
triptyque *znw* triptiek [voor auto]
trip-wire ['tripwaiǝ] *znw* struikeldraad
trisect [trai'sekt] *overg* in drie gelijke delen verdelen [v. hoeken &]
trisyllable [trai'silǝbl] *znw* drielettergrepig woord o
trite [trait] *bn* versleten, afgezaagd, alledaags, banaal, triviaal
triton ['traitn] *znw* tritonshoorn; watersalamander
triturate ['tritjureit] *overg* vermalen, vergruizen
triumph ['traiǝmf, -ʌmf] **I** *znw* triomf, zegepraal, zege, overwinning; hist zegetocht; **II** *onoverg* zegevieren, triomferen; victorie kraaien
triumphal [trai'ʌmfǝl] *bn* triomferend, triomf-, zege-; ~ *arch* triomfboog, ereboog, -poort; ~ *car*, ~ *chariot* zegewagen
triumphant *bn* triomferend, triomfantelijk, zegevierend
triumvirate [trai'ʌmvirit] *znw* hist driemanschap o, triumviraat o
triune ['traiju:n] *bn* drie-enig, drievuldig
trivet ['trivit] *znw* treeft, drievoet
trivia ['triviǝ] *znw mv* onbelangrijke zaken
trivial *bn* onbeduidend; alledaags, oppervlakkig
triviality [trivi'æliti] *znw* onbeduidendheid; alledaagsheid
trivialize ['triviǝlaiz] *overg* bagatelliseren, als onbelangrijk afdoen/voorstellen
triweekly [trai'wi:kli] *bn* 3 maal per week of om de 3 weken verschijnend
trod [trɔd] *V.T. & V.D.* van [1]*tread*
trodden I *V.D.* van [1]*tread*; **II** *bn* platgetreden
troglodyte ['trɔglǝdait] *znw* holbewoner
Trojan ['troudʒǝn] **I** *bn* Trojaans; **II** *znw* Trojaan; fig onvermoeibare, harde werker
troll [troul] *znw* trol, kobold
trolley ['trɔli] *znw* rolwagentje o; lorrie; dienwagen, serveerboy; contactrol; ~ *(car)* Am trolleytram
trolley-bus *znw* trolleybus
trollop ['trɔlǝp] *znw* slet, sloerie
trombone [trɔm'boun] *znw* trombone, schuiftrompet
troop [tru:p] **I** *znw* troep°, hoop, drom; mil

half eskadron o; *3000 ~s* mil 3000 man, militairen; **II** *onoverg:* ~ *in* in troepen of drommen binnenkomen; **III** *overg:* ~ *the colour(s)* mil vaandelparade houden

trooper *znw* mil cavalerist; *swear like a* ~ vloeken als een dragonder

troop-ship *znw* (troepen)transportschip o

trophy ['troufi] *znw* trofee, zegeteken o

tropic ['trɔpik] **I** *znw* keerkring; *the* ~s de tropen; **II** *bn* tropisch, tropen-

tropical *bn* tropisch, van de keerkringen, keerkrings-, tropen-; snikheet

troposphere ['trɔpəsfiə] *znw* troposfeer

trot [trɔt] **I** *onoverg* draven, op een drafje lopen, in draf rijden; gemeenz lopen; **II** *overg* laten draven; ~ *out* op de proppen komen met, komen aanzetten met; **III** *znw* draf, drafje o; loopje o; ~s slang diarree; *go for a* ~, *have a little* ~ wat (gaan) ronddraven, een toertje gaan maken; op stap gaan; *on the* ~ op (een) rij, achter elkaar; *keep sbd. on the* ~ iem. geen rust laten

troth [trouθ, trɔθ] *znw* vero trouw; waarheid; *plight one's* ~ trouw beloven, een trouwbelofte doen, zich verloven

trotter ['trɔtə] *znw* (hard)draver; loper; schapenpoot, varkenspoot

troubadour ['tru:bəduə] *znw* troubadour

trouble ['trʌbl] **I** *overg* last of moeite veroorzaken, lastig vallen, storen; verstoren, vertroebelen; verontrusten; verdriet, leed doen, kwellen; **II** *wederk:* ~oneself zich moeite geven, de moeite nemen om...; zich bekommeren, zich het hoofd breken (om, over *about*); **III** *onoverg* moeite doen; zich druk maken, zich het hoofd breken (over *about*); **IV** *znw* moeite, last, moeilijkheid, narigheid, soesa, ongemak o, kwaal; techn storing, mankement o, defect o, pech; leed o, verdriet o; zorg; verwarring, onrust; ~'s ook: onlusten; *no* ~ *(at all)!* tot uw dienst!, geen dank!; *what's the* ~? wat scheelt eraan?; *take the* ~ *to...* zich de moeite getroosten om...; *geen* ~ zich moeilijkheden op de hals halen; *get her into* ~ ook: haar zwanger maken; *get into* ~ *with* het aan de stok krijgen met; *put to* ~ last (moeite) veroorzaken; *it's more* ~ *than it's worth* het is niet de moeite waard

troubled *bn* gestoord, verontrust; gekweld; ongerust, angstig; onrustig; veelbewogen [leven]; ~ *waters* troebel water o; onstuimige golven

trouble-free *bn* probleemloos, zorgeloos [vakantie &]; *a* ~ *car* een auto die je nooit in de steek laat

troublemaker *znw* onruststoker

troubleshooter *znw* troubleshooter, probleemoplosser, man voor lastige karweitjes

troublesome *bn* moeilijk; lastig; vervelend

trouble spot *znw* haard van onrust

troublous *bn* vero veelbewogen, onrustig

trough [trɔf] *znw* trog, bak; dieptepunt o; ~ *of the sea* golfdal o

trounce [trauns] *overg* afrossen[2]; afstraffen; sp inmaken, een behoorlijk pak slaag geven

troupe [tru:p] *znw* troep [acteurs, acrobaten], (toneel)gezelschap o

trouper *znw* lid o van een troep [toneelgezelschap]; *a real (good)* ~ een betrouwbare collega

trousers ['trauzəz] *znw mv* lange broek; *pair of* ~s lange broek; *wear the* ~s de broek aanhebben [v. echtgenote]

trouser-leg *znw* broekspijp

trouser suit *znw* broekpak o

trousseau ['tru:sou] *znw* uitzet [v. bruid]

trout [traut] *znw* (*mv* idem of -s) forel; slang lelijke oude heks

trowel ['trauəl] *znw* troffel; schopje o [voor planten]; *lay it on with a* ~ het er dik opleggen, overdrijven

troy [trɔi] *znw* gewicht o voor goud, zilver en juwelen (ook: ~ *weight*)

truancy ['tru:ənsi] *znw* spijbelen o

truant I *znw* spijbelaar; *play* ~ spijbelen; **II** *bn* spijbelend; nietsdoend, rondhangend

truce [tru:s] *znw* tijdelijke opschorting [van vijandelijkheden]; wapenstilstand; bestand o

1 truck [trʌk] **I** *znw* onderstel o [v. wagen]; steekwagentje o, lorrie, bagage-, goederenwagen; (vee)wagen [bij trein], open wagen; vrachtauto; **II** *overg* per truck vervoeren

2 truck [trʌk] *znw* ruil, (ruil)handel; *I'll have no* ~ *with...* ik wil niets te maken hebben met...

trucker *znw* Am vrachtwagenchauffeur

truck farmer *znw* Am groentekweker

1 truckle ['trʌkl] *onoverg* zich kruiperig onderwerpen, kruipen (voor *to*)

2 truckle, truckle-bed *znw* laag onderschuifbed o op wieltjes

truculence ['trʌkjuləns] *znw* woestheid, grimmigheid, agressiviteit

truculent *bn* woest, grimmig, agressief

trudge [trʌdʒ] **I** *onoverg* zich met moeite voortslepen, voortsjouwen; ~ *after sbd.* achter iem. aansjokken; **II** *overg* afsjouwen [een weg]; **III** *znw* moeizame tocht, wandeling

true [tru:] **I** *bn bijw* waar, echt; oprecht; recht [lijn]; zuiver, juist; (ge)trouw (aan *to*); *a* ~ *copy* eensluidend afschrift o; ~ *love* beminde, geliefde, enige (ware) liefde; ~ *to type* precies zoals je van een... verwachten zou; *come* ~ in vervulling gaan, uitkomen; **II** *overg* in de juiste stand/vorm brengen

true-blue **I** *bn* echt, wasecht, onvervalst, aarts-, oprecht; **II** *znw* loyaal persoon o; Br aartsconservatief

true-born *bn* (ras)echt

true-bred *bn* rasecht

true-hearted *bn* trouwhartig

truffle ['trʌfl] *znw* truffel

trug [trʌg] *znw* houten mandje o of bak

truism ['tru:izm] *znw* waarheid als een koe

truly ['tru:li] *bijw* waarlijk, werkelijk; waar, trouw, oprecht; terecht; zie ook: *yours*

1 trump [trʌmp] **I** *znw* troef(kaart); gemeenz bovenste beste; *turn up* ~s gemeenz boffen; meevallen; **II** *overg* (af-)

troeven, overtroeven[2]; ~-ed-up charges valse verzinsels, doorgestoken kaart; **III** onoverg troeven

2 trump [trʌmp] znw vero trompet; the last ~, the ~ of doom bijbel de bazuin des oordeels

trump-card ['trʌmpka:d] znw troefkaart[2]; play one's ~ fig zijn troef uitspelen

trumpery ['trʌmpəri] **I** bn prullig, waardeloos; **II** znw vodden, prullen; geklets o

trumpet ['trʌmpit] **I** znw trompet; trompetgeschal o, getrompet o; he blew his own ~ hij bazuinde zijn eigen lof uit; **II** overg met trompetgeschal aankondigen, trompetten, uitbazuinen; **III** onoverg op de trompet blazen, trompetten

trumpeter znw mil trompetter, muz trompettist

truncate ['trʌŋkeit] overg (af)knotten; verminken

truncation [trʌŋ'keiʃən] znw (af)knotting; verminking

truncheon ['trʌn(t)ʃən] znw gummistok, knuppel

trundle ['trʌndl] onoverg & overg (zwaar) rollen; langzaam voortbewegen

trunk [trʌŋk] znw stam [v. boom]; romp [v. lichaam]; schacht [v. zuil]; grote koffer; Am bagageruimte [v. auto]; snuit [v. olifant]; slurf; ~s zwembroek; broekje o

trunk-call znw interlokaal gesprek o

trunk-line znw hoofdlijn

trunk-road znw hoofdweg

truss [trʌs] **I** znw bundel, bos; breukband; **II** overg (op)binden; bouwk verankeren

trust [trʌst] **I** znw (goed) vertrouwen o; handel krediet o; toevertrouwd pand o &; ± stichting; vereniging belast met de zorg voor... [monumenten &]; handel trust; buy on ~ op krediet kopen; take on ~ op goed vertrouwen aannemen; **II** bn: ~ money toevertrouwd geld o; **III** overg vertrouwen (op); hopen (dat...); toevertrouwen; borgen, krediet geven; ~ me for that daar kun je zeker van zijn; **IV** onoverg vertrouwen; ~ in vertrouwen op; ~ to luck op zijn geluk vertrouwen

trustee [trʌs'ti:] znw beheerder, gevolmachtigde, commissaris, curator; regent [v. weeshuis &]

trusteeship znw beheerderschap o; voogdij [over een gebied]

trustful ['trʌstful], **trusting** bn goed van vertrouwen, vol vertrouwen, vertrouwend

trust fund znw door gevolmachtigden beheerd kapitaal o

trustworthy bn te vertrouwen, betrouwbaar

trusty bn (ge)trouw, vertrouwd; betrouwbaar, beproefd

truth [tru:θ] znw waarheid, waarheidsliefde, oprechtheid; echtheid, juistheid; in ~ in waarheid, inderdaad

truthful bn waarheidslievend; waar; getrouw [beeld]; to be quite ~ om de waarheid te zeggen

truthfully bijw naar waarheid

try [trai] **I** overg proberen, trachten, beproe-

ven, het proberen met, de proef nemen met, op de proef stellen; veel vergen van, vermoeien [de ogen], aanpakken; recht onderzoeken, berechten; be tried on: recht terechtstaan (wegens for, on a charge of); you must ~ your (very) best je moet je uiterste best doen; ~ one's hand at sth. iets proberen; ~ on (aan)passen; ~ it on het maar eens proberen, zien hoe ver men (met iem.) kan gaan; ~ out de proef (proeven) nemen met; **II** onoverg (het) proberen; I've tried hard for it ik heb er erg (hard) mijn best voor gedaan; **III** znw poging; sp try [recht o om goal te maken, bij rugby]; have a ~ at it het eens proberen

trying bn vermoeiend, moeilijk, lastig

try-on znw gemeenz proberen o; proefballonnetje o

try-out znw gemeenz proef (ook: theat)

tryst [trist] znw vero (plaats van) samenkomst, afspraak, rendez-vous o

tsar [za:, tsa:] znw tsaar

tsarina [za:'ri:nə, tsa:-] znw tsarina

tsetse (fly) ['tsetsi (flai)] znw tseetseevlieg

T-shirt ['ti:ʃə:t] znw T-shirt o

T-square ['ti:skwɛə] znw tekenhaak

tub [tʌb] znw tobbe, ton, vat o, bad o, (bad-) kuip; gemeenz schuit (= schip)

tuba ['tju:bə] znw muz tuba

tubby ['tʌbi] bn tonrond, buikig; a ~ fellow een dikkerdje o

tube [tju:b] znw buis, pijp, koker; (verf-) tube; (gummi)slang; binnenband (inner ~); ondergrondse, metro; Am (elektronen-, radio-, beeld)buis, tv

tubeless: ~ tyre velgband

tuber ['tju:bə] znw plantk knol

tubercle ['tju:bə:kl] znw tuberkel; knobbeltje o; knolletje o; gezwel o

tubercular [tju:'bə:kjulə] bn knobbelachtig; tuberculeus

tuberculosis [tjubə:kju'lousis] znw tuberculose

tuberculous [tju:'bə:kjuləs] bn tuberculeus

1 tuberose ['tju:bərous] znw tuberoos [plant]

2 tuberose, tuberous ['tju:bərəs] bn knobbelig; plantk knolvormig, knoldragend; knolachtig

tubing ['tju:biŋ] znw buiswerk o, stuk o buis, buizen; (gummi)slang

tub-thumper ['tʌbθʌmpə] bn schetterend (kansel)redenaar, demagoog

tubular ['tju:bjulə] bn tubulair, buisvormig, pijp-, koker-; ~ bells buisklokken

TUC afk. = Trades Union Congress

tuck [tʌk] **I** znw plooi, opnaaisel o omslag [aan broek]; gemeenz snoep, lekkers o, eterij; **II** overg omslaan, opschorten; opstropen; innemen [japon]; instoppen, (weg-) stoppen; ~ away verstoppen, wegstoppen; ~ in instoppen; innemen [japon]; ~ up opschorten; opstropen; instoppen; **III** onoverg: ~ in gemeenz zich te goed doen

tucker ['tʌkə] vero znw chemisette, borstdoekje o

tuck-in ['tʌk'in] znw gemeenz goed, stevig maal o; smulpartij; have a ~ zich flink te

goed doen
tuck shop *znw* snoepwinkeltje o
Tuesday ['tju:zdi, -dei] *znw* dinsdag
tufa ['tju:fə], **tuff** [tʌf] *znw* tuf o, tufsteen o
& m
tuft [tʌft] **I** *znw* bosje o, kwastje o; kuif, sik;
II *overg* met een bosje, kwastje of kuif versieren
tug [tʌg] **I** *onoverg* trekken, rukken (aan *at*);
II *overg* trekken aan; (voort)slepen; **III** *znw*
ruk; sleepboot; *he gave it a* ~ hij rukte
(trok) eraan
tug-boat *znw* sleepboot
tug of love *znw* getouwtrek o om de kinderen [na een scheiding]
tug of war *znw* touwtrekken[2] o, fig touwtrekkerij; hevige/beslissende strijd, beslissend moment o
tuition [tju'iʃən] *znw* onderwijs o; lesgeld o
tulip ['tju:lip] *znw* tulp
tulle [t(j)u:l] **I** *znw* tule; **II** *bn* tulen
tumble ['tʌmbl] **I** *onoverg* vallen, buitelen,
duikelen, rollen, tuimelen[2]; **II** *overg*
gooien; onderstboven gooien, in de war
maken, verfomfaaien; doen tuimelen,
neerschieten; gemeenz snappen; ~ *down*
omtuimelen; aftuimelen [v. hoogte]; ~ *in*
(komen) binnentuimelen; gemeenz naar
kooi gaan; ~ *out* eruit, naar buiten tuimelen; ~ *over* omvertuimelen; ~ *to* gemeenz
snappen, begrijpen; **III** *znw* buiteling, tuimeling
tumbledown *bn* bouwvallig; vervallen
tumble-dryer *znw* droogtrommel
tumbler *znw* buitelaar; duikelaartje o;
acrobaat; tumbler [glas zonder voet]; tuimelaar [soort duif; onderdeel van een slot]
tumbrel ['tʌmbrəl], **tumbril** *znw* stortkar;
mestkar; mil kruitwagen
tumefaction [tju:mi'fækʃən] *znw* opzwelling
tumescence [tju:'mesns] *znw* (op)zwelling,
gezwollenheid[2]
tumescent *bn* (op)zwellend, gezwollen[2]
tumid ['tju:mid] *bn* gezwollen[2]
tummy ['tʌmi] *znw* gemeenz maag, buik,
buikje o
tumour, Am **tumor** ['tju:mə] *znw* tumor,
gezwel o
tumult ['tju:mʌlt] *znw* tumult o, rumoer o,
lawaai o, spektakel o; beroering, oproer o,
oploop
tumultuous [tju(:)'mʌltjuəs] *bn* (op)roerig,
onstuimig, woelig, rumoerig, verward, tumultueus
tumulus ['tju:mjuləs] *znw* (*mv:* tumuli) grafheuvel
tun [tʌn] *znw* ton, vat o
tuna ['tu:nə] *znw* (*mv* idem of -s) tonijn
tundra ['tʌndrə] *znw* toendra
tune [tju:n] **I** *znw* wijs, wijsje o, melodie, lied
o, liedje o, deuntje o; toon; stemming;
change one's ~ een andere toon aanslaan;
in ~ zuiver gestemd; goed gestemd; *call
the* ~ de lakens uitdelen; *play* (*sing*) *in* ~
zuiver spelen (zingen); *out of* ~ ontstemd[2], niet gestemd, van de wijs; muz
vals; *be out of* ~ *with* niet harmoniëren

met, niet passen bij; *to the* ~ *of...* muz op
de wijs van...; ten bedrage van (de kolossale som van); **II** *overg* stemmen [piano]; afstemmen; in overeenstemming brengen of
doen harmoniëren (met *to*); plechtig aanheffen; techn stellen [machine], in orde
brengen; ~ *in* RTV afstemmen (op *to*); ~
up muz stemmen; **III** *onoverg* samenstemmen; ~ *in* to afstemmen op
tuneful *bn* melodieus, welluidend
tuneless *bn* zonder melodie; onwelluidend
tuner *znw* muz stemmer; elektr afstemknop; radio-ontvanger, tuner
tungsten ['tʌŋstən] *znw* wolfra(a)m o
tunic ['tju:nik] *znw* tunica; tuniek; mil uniformjas
tuning-fork ['tju:niŋfɔ:k] *znw* stemvork
Tunisia [tju:'nisiə] *znw* Tunesië o
Tunisian [tju:'niziən] **I** *bn* Tunesisch; **II** *znw*
Tunesiër
tunnel ['tʌnl] **I** *znw* tunnel, gang; ~ *vision*
tunnelvisie, ± blikvernauwing; **II** *overg* een
tunnel maken door of onder, (door)boren
tunny ['tʌni] *znw* tonijn
tup [tʌp] *znw* ram [dier]
tuppence ['tʌpəns] *znw* = twopence
tuppeny ['tʌp(ə)ni] *bn* = twopenny
turban ['tə:bən] *znw* tulband
turbid ['tə:bid] *bn* drabbig, troebel; fig
vaag, verward
turbidity [tə:'biditi] *znw* drabbigheid; troebelheid; verwardheid
turbine ['tə:bin, 'tə:bain] *znw* turbine
turbo- ['tə:bou] *voorv* turbo-
turbocharged ['tə:boutʃa:dʒd] *bn*: ~ *engine*
turbomotor
turbojet ['tə:bou'dʒet] *znw* turbinestraalvliegtuig o (ook: ~ *aircraft*); turbinestraalmotor (ook: ~ *engine*)
turbo-prop ['tə:bou'prɔp] *znw* schroefturbinevliegtuig o (ook: ~ *aircraft*); schroefturbine (ook: ~ *engine*)
turbot ['tə:bət] *znw* tarbot
turbulence ['tə:bjuləns] *znw* woeligheid,
onstuimigheid, woeling, turbulentie
turbulent *bn* woelig, onstuimig, roerig,
turbulent
turd [tə:d] *znw* gemeenz drek, drol, keutel
tureen [tə'ri:n, t(j)u'ri:n] *znw* (soep)terrine
turf [tə:f] **I** *znw* zode; plag; gras o, grasmat;
renbaan, wedrennen; renpaardensport;
turf [in Ierland]; **II** *overg* bezoden; ~ *out*
gemeenz eruit gooien
turf accountant *znw* bookmaker
turfy *bn* begraasd; met zoden bedekt; turfachtig
turgid ['tə:dʒid] *bn* opgezwollen, gezwollen[2]; fig opgeblazen, bombastisch
turgidity [tə:'dʒiditi] *znw* gezwollenheid[2]
Turk [tə:k] *znw* Turk; geringsch woesteling,
barbaar; *Young* ~ revolutionaire jongere,
jonge radicaal
Turkey ['tə:ki] *znw* Turkije o
turkey ['tə:ki] *znw* kalkoen; Am slang lomperik; mislukkeling; *talk* ~ Am ernstig
spreken; over zaken spreken; spijkers met
koppen slaan
turkey-cock *znw* kalkoense haan, kalkoen[2]

Turkish ['tə:kiʃ] *znw* Turks (o); ~ *bath* Turks bad o; ~ *delight* Turks fruit [lekkernij]
Turkmenistan [tə:k'menistɑ:n] *znw* Turkmenistan o
turmeric ['tə:mərik] *znw* kurkuma, geelwortel, koenjit [specerij]
turmoil ['tə:mɔil] *znw* beroering, onrust, opschudding, verwarring
turn [tə:n] **I** *overg* draaien; doen draaien, draaien aan; om-, open-, ronddraaien; (om)keren; doen (om)keren; (weg)sturen; op de vlucht drijven; (om)wenden, een zekere of andere wending (richting) geven; afwenden [slag]; omgaan, omzeilen; doen wentelen; omslaan [blad]; mil omtrekken; richten (op *to*); omwoelen; om-, verzetten, verleggen; veranderen; doen schiften, zuur doen worden, doen gisten, bederven; overzetten, vertalen; doen worden, maken; ~ *tail* rechtsomkeert maken, ervandoor gaan; ~*ed forty* over de veertig (jaar oud); **II** *onoverg* draaien, (zich) omdraaien, (zich) omkeren, zich keren (wenden), afslaan [links, rechts]; zich richten; een keer nemen, keren, kenteren; (van kleur) veranderen; schiften, zuur worden, gisten, bederven; worden; ~ *against* (zich) keren tegen; ~ *away* afwijzen, wegsturen, ontslaan, wegjagen; ~ *back* terugkeren; terugdraaien; omslaan; doen omkeren; ~ *down* neerdraaien [gas], zachter zetten [radio]; afwijzen [kandidaat &], geen notitie nemen van [iem.]; ~ *in* binnenlopen; gemeenz naar bed gaan; inleveren; gemeenz verklikken; ~ *it inside out* het binnenste buiten keren; ~ *off* (zijwaarts) afslaan; af-, dicht-, uitdraaien, afsluiten [gas &], afzetten [de radio]; afwenden [gedachten]; afknappen; ~ *on* opendraaien, openzetten, aanzetten [de radio], aandraaien; gemeenz inspireren; [seksueel] opwinden, opgeilen; onder invloed raken [v. drugs]; ~*ed on* slang euforisch [door psychedelica], geïnspireerd; ~ *out* blijken te zijn; worden, gebeuren; te voorschijn komen, uit de veren komen, uitlopen [v. stad], opkomen, uitrukken [v. brandweer]; afzetten, uitdraaien; produceren, (af-)leveren, presteren; ~ *over* omdraaien, omslaan [blad], doorbladeren; kantelen; overschakelen (op); omgooien; overdragen, uitleveren, overleveren, overdoen; handel een omzet hebben van; ~ *sth. over in one's mind* iets overwegen; ~ *(a)round* draaien, (zich) omdraaien; omdraaien: van mening, gedragslijn veranderen; draaien of winden om...; ~ *to* zich wenden (keren) tot, zijn toevlucht nemen tot; (zich) richten op; ~ *up* te voorschijn komen, (voor de dag) komen, (komen) opdagen, verschijnen, zich vertonen, zich opdoen, zich voordoen [gelegenheid, betrekking &]; opdraaien [lamp]; keren [kaart] opzetten [kraag]; opslaan [bladzijde]; omslaan [broekspijpen]; omploegen; opgraven; harder zetten [radio &]; ~ *it up* slang (ermee) uitscheiden; ~ *(sbd.) up* slang misselijk maken; ~ *(up)on* zich keren tegen, opeens aanval-

len; ~ *sth. upside down* iets onderstebo-ven keren; **III** *znw* draai(ing), wending, zwenking, toer, omwenteling, omkering, (omme)keer, wisseling, keerpunt o, kentering[2]; schok; kromming, bocht; winding, slag [v. touw of spiraal]; doorslag [balans]; muz dubbelslag; toertje o, wandelingetje o; beurt; nummer o [op programma]; dienst; (geestes)richting, aanleg, aard, slag o; soort; behoefte, deel o; *one good ~ deserves another* de ene dienst is de andere waard; ~ *of phrase* eigenaardige zinswending of zegswijze; *a ~ of one's trade* een vakgeheim o, een kneep; *get a ~* een beurt krijgen; *have a ~ for...* aanleg hebben voor...; *take ~s* om de beurt de dienst waarnemen; elkaar afwisselen of aflossen; *speak (talk) out of ~* voor zijn beurt spreken; ~ *and ~ about* om de beurt; *by ~s* ook: beurtelings, afwisselend; *in ~* om de beurt; beurtelings, achtereenvolgens; dan weer; *be on the ~* op het punt staan van te kenteren; op een keerpunt gekomen zijn; *out of ~* niet op zijn beurt; voor zijn beurt
turnabout *znw* totale ommekeer, radicale ommezwaai
turnaround *znw* **1** = turnabout; **2** scheepv lostijd
turncoat *znw* overloper, afvallige, renegaat
turn-down *bn*: ~ *(collar)* omgeslagen, liggende boord o & m
turner *znw* (kunst)draaier [op de draaibank]
turnery *znw* draaiwerk o [op de draaibank]
turning *znw* draaien o; draai, bocht, kronkeling; kentering, keerpunt o; zijstraat
turning-point *znw* keerpunt[2] o
turnip ['tə:nip] *znw* plantk raap, knol
turnip tops *znw mv* raapstelen
turnkey ['tə:nki:] *znw* cipier
turn-off ['tə:n'ɔ(:)f] *znw* **1** afslag; **2** gemeenz weerzinwekkend iets/iemand, afknapper; *it's a real ~!* gemeenz daar word je toch doodziek van!
turn-on ['tə:n'ɔn] *znw* gemeenz opwindend iets/iemand
turn-out ['tə:n'aut] *znw* opkomst [v. vergadering &]; uitrusting, uitdossing; kleding [v. persoon]; groep, nummer o [van vertoning of van optocht]; productie; *give the room a ~* de kamer uitmesten
turnover *znw* omzet; verloop o [onder het personeel], mutatie(s), wisseling, aflossing; *apple ~* appelflap
turnpike ['tə:npaik] *znw* tolhek o, slagboom; tolweg, Am hoofdweg, snelverkeersweg (~ *road*)
turn-round ['tə:nraund] *znw* (proces o van) aankomst, lossen, laden en vertrek [v. schepen &]
turnstile ['tə:nstail] *znw* draaiboom, tourniquet
turn-table ['tə:nteibl] *znw* draaischijf; draaitafel [v. platenspeler]
turn-up ['tə:nʌp] *znw* **1** omslag [aan broekspijp]; **2** gemeenz herrie, ruzie; **3** meevaller

turpentine ['təːpəntain] *znw* terpentijn

turpitude ['təːpitjuːd] *znw* laagheid, verdorvenheid

turps [təːps] *znw* gemeenz terpentijn

turquoise ['təːkwaːz, 'təːkwɔiz] **I** *znw* turkoois *o* [stofnaam], turkoois *m* [voorwerpsnaam]; **II** *bn* turkooizen

turret ['tʌrit] *znw* torentje *o*; geschuttoren, -koepel

turtle ['təːtl] *znw* (*mv* idem of *-s*) zeeschildpad; *turn* ~ omslaan, omkantelen

turtle-dove ['təːtldʌv] *znw* tortelduif

turtle-neck ['təːtlnek] *znw* col; coltrui

Tuscan ['tʌskən] **I** *bn* Toscaans; **II** *znw* Toscaan

Tuscany ['tʌskəni] *znw* Toscane *o*

tusk [tʌsk] *znw* slagtand; tand [v. eg &]

tussle ['tʌsl] **I** *znw* worsteling, vechtpartij, strijd; **II** *onoverg* vechten (om *for*), bakkeleien

tussock ['tʌsək] *znw* bosje *o* (gras), pol

tut [tʌt] *tsw* foei!, bah!; kom, kom!

tutelage ['tjuːtilidʒ] *znw* voogdij, voogdijschap *o*

tutelar(y) *bn* beschermend; ~ *angel* beschermengel

tutor ['tjuːtə] **I** *znw* huisonderwijzer; repetitor of de studie leidende assistent van een *College*; recht voogd; **II** *overg* onderwijzen; dresseren

tutorial [tjuːˈtɔːriəl] *znw* (les) van een tutor, privatissimum *o*

tutu ['tuːtu] *znw* tutu, balletrokje *o*

Tuvalu [tuːvəˈluː] *znw* Tuvalu *o*

tuwhit tuwhoo [tuˈwit tuˈwuː] *znw* oehoe(geroep *o*) [v. uil]

tux [tʌks] *znw* Am gemeenz smoking

tuxedo [tʌkˈsiːdou] *znw* (*mv*: *-s* of *-does*) Am smoking

twaddle ['twɔdl] *znw* gewauwel *o*, gebazel *o*, klets

twain [twein] *znw* plechtig twee; tweetal *o*

twang [twæŋ] **I** *onoverg* tinkelen, tjingelen, snorren, trillen [v. een snaar]; tokkelen (op *on*); **II** *overg* doen klinken of trillen; tokkelen (op); **III** *znw* getokkel *o*, scherp geluid *o*, neusklank

twat [twɔt] *znw* slang kutwijf, (kloot)zak; gemeenz kut, trut, doos

tweak [twiːk] **I** *overg* knijpen (in); rukken, trekken (aan); **II** *znw* kneep

twee [twiː] *bn* gemeenz sentimenteel, zoetelijk, popperig

tweed [twiːd] *znw* tweed *o*; soort gekeperde wollen stof; ~*s* tweedpak *o*, -kostuum *o*

tweedy ['twiːdi] *bn* in *tweeds* gekleed

'tween [twiːn] *voorz* = between

tweeny ['twiːni] *znw* gemeenz hulpdienstbode

tweet [twiːt] **I** *overg* tjilpen; **II** *znw* getjilp *o*

tweezers ['twiːzəz] *znw mv* (haar)tangetje *o*, pincet *o* & *m*

twelfth [twelfθ] *telw* (*znw*) twaalfde (deel *o*)

Twelfth-day *znw* Driekoningen(dag)

Twelfth-night *znw* Driekoningenavond

twelve *telw* twaalf; *in* ~*s* in duodecimo

twelvemonth *znw* jaar *o*

twelve-note, **twelve-tone** *bn* twaalftoon-, dodecafonisch

twentieth ['twentiiθ] *telw* (*znw*) twintigste (deel *o*)

twenty *telw* twintig; *the twenties* de jaren twintig; *in the (one's) twenties* ook: in de twintig

twerp, **twirp** [twəːp] *znw* gemeenz sukkel, stommeling; vervelende klier, zeiker(d)

twice [twais] *bijw* twee keer, tweemaal, dubbel; ~ *over* twee keer

twiddle ['twidl] **I** *overg* draaien (met); ~ *one's thumbs* duimen draaien, tijd verknoeien; **II** *onoverg*: ~ *with* draaien, spelen met

1 twig [twig] *znw* takje *o*, twijg

2 twig [twig] *overg* & *onoverg* gemeenz begrijpen, snappen

twiggy ['twigi] *bn* vol takjes; als een takje

twilight ['twailait] *znw* schemering; schemerlicht *o*, schemer(donker² *o*); *at* ~ in de schemering; ~ *zone* grensgebied° *o*

twill [twil] *znw* keper(stof)

twin [twin] **I** *bn* tweeling-, paarsgewijs voorkomend, dubbel; **II** *znw* tweeling; andere (exemplaar *o* &), tegenhanger; ~*s* een tweeling; **III** *overg*: *be* ~*ned with* een jumelage aangegaan zijn met

twin beds *znw mv* lits-jumeaux *o*

twine [twain] **I** *znw* twijndraad *o* & *m*; bindgaren *o*, bindtouw *o*; kronkel(ing), bocht; **II** *onoverg* zich kronkelen; ~ *round* omwinden, omstrengelen, zich slingeren of kronkelen om

twin-engined ['twin'endʒind] *bn* tweemotorig

twinge [twin(d)ʒ] *znw* steek, korte hevige pijn, scheut [v. pijn]; kwelling; wroeging

twinkle ['twiŋkl] **I** *onoverg* tintelen, schitteren, fonkelen, flonkeren, flikkeren, blinken; knipperen [met de ogen]; tintelogen; **II** *overg* knipperen met; **III** *znw* tinteling, fonkeling, flikkering

twinkling *znw* tinteling &; *in the* ~ *of an eye* in een oogwenk, in een wip

twin set ['twinset] *znw* trui met vest [dameskleding]

twin town *znw* zusterstad, stad waarmee een jumelage is aangegaan

twirl [twəːl] **I** *onoverg* (rond)draaien (ook: ~ *round*); **II** *overg* ronddraaien, doen draaien; draaien aan [snor &]; **III** *znw* draai(ing)

twist [twist] **I** *znw* draai², draaiing, verdraaiing²; verrekking; verrekking; strengel, kronkel(ing), kromming; kronkel in de hersens, afwijking; kink [in kabel]; wrong, wringing, biljart effect *o*; (onverwachte) wending [in verhaal &]; twist [dans]; *round the* ~ gemeenz gek; *give it a* ~ de zaak verdraaien; **II** *overg* (ineen)draaien, winden, verdraaien²; verrekken; vertrekken; vlechten; wringen; biljart effect geven; ~*ed mind* verknipte geest; **III** *onoverg* draaien, zich winden, kronkelen, slingeren; zich laten winden &; twisten [dansen]

twister *znw* gemeenz bedrieger, draaier;

Am tornado, wervelwind

twisty bn draaiend, kronkelend; gemeenz oneerlijk

1 twit [twit] overg berispen (om, wegens with), verwijten

2 twit [twit] znw slang idioot, proleet

twitch [twitʃ] **I** overg rukken, trekken (aan, met); **II** onoverg zenuwachtig trekken; **III** znw rukje o; zenuwtrekking

twitter ['twitə] onoverg kwetteren, tjilpen; trillen [v. zenuwachtigheid]

two [tu:] telw twee, tweetal o; one or ~ een paar; put ~ and ~ together zijn conclusie(s) trekken

two-dimensional bn tweedimensionaal; fig oppervlakkig

two-edged bn tweesnijdend

two-faced bn dubbelhartig, onoprecht

two-fisted bn gemeenz onhandig; krachtig

twofold bn bijw tweevoudig, tweeledig, dubbel; in a ~ way op twee manieren; dubbel

two-handed bn tweehandig; voor twee handen; voor twee personen

twopence ['tʌpəns] znw twee penny

twopenny ['tʌpəni] bn van twee penny's; fig van weinig waarde of betekenis

twopenny-halfpenny bn van tweeëneenhalve penny; fig onbelangrijk, van weinig waarde

two-piece ['tu:pi:s] **I** znw deux-pièces; **II** bn tweedelig

two-ply bn tweedraads [touw, draad]; tweelagig [hout]

twosome I bn door twee personen uitgevoerd of gespeeld; **II** znw paar o, tweespan o

two-stroke bn tweetakt-

two-time onoverg & overg gemeenz ontrouw zijn, bedriegen

two-way bn techn tweewegs-; in twee richtingen; wederkerig, bilateraal [v. handel &]; ~ radio zender en ontvanger; ~ switch hotelschakelaar

tycoon [tai'ku:n] znw gemeenz magnaat

tyke [taik] znw = tike

tympanic [tim'pænik] bn trommel-

tympanum ['timpənəm] znw (mv: -s of tympana) anat trommelvlies o; bouwk tympaan o

type [taip] **I** znw type² o, toonbeeld o, voor-

beeld o, zinnebeeld o; soort, slag o; letter(type o), lettersoort, drukletter; zetsel o; **II** overg typen, tikken [met schrijfmachine]; ~ out (up) uittypen, uittikken

typecast overg (steeds weer) een zelfde soort rol geven

typeface znw lettertype o

typescript znw machineschrift o; typeschrift o, getypt manuscript o, getypt exemplaar o

typesetter znw letterzetter; zetmachine

typesetting znw typ letterzetten o

typewrite overg & onoverg (op de schrijfmachine) tikken, typen

typewriter znw schrijfmachine

typewritten bn getypt, getikt

typhoid ['taifɔid] znw buiktyfus (ook: ~ fever)

typhoon [tai'fu:n] znw tyfoon, taifoen

typhus ['taifəs] znw vlektyfus

typical ['tipikl] bn typisch; typerend (voor of)

typify ['tipifai] overg typeren, (iemand) tekenen

typing ['taipiŋ] znw typen o, tikken o; typewerk o

typist znw typist(e)

typographer [tai'pɔgrəfə] znw typograaf

typographic(al) [taipə'græfik(l)] bn typografisch

typography [tai'pɔgrəfi] znw typografie, boekdrukkunst; druk

typology [tai'pɔlədʒi] znw psych typologie, (leer van de) indeling naar typen

tyrannical [ti'rænikl] bn tiranniek

tyrannize ['tirənaiz] overg tiranniseren

tyrannous bn tiranniek

tyranny znw tirannie, dwingelandij

tyrant ['taiərənt] znw tiran, dwingeland, geweldenaar

tyre ['taiə] znw (fiets-, auto-)band

tyre gauge ['taiəgeidʒ] znw spanningsmeter [v. band]

tyre lever ['taiəli:və] znw bandenlichter, bandafnemer

tyro ['taiərou] znw aankomeling, nieuweling, beginneling, beginner, leerling

Tyrolean [ti'roulian] **I** bn Tirools, Tiroler; **II** znw Tiroler

Tyrrhenian [ti'ri:niən] bn Tyrrheens

U

u [ju:] *znw* (de letter) u

U *afk.* **1** = *universal* geschikt voor alle leeftijden [v. film]; **2** *upper (class)* van de betere standen (tegenover *non-~* gewoon)

UAE *afk.* = *United Arabian Emirates* VAE, Verenigde Arabische Emiraten

ubiquitous [ju'bikwitəs] *bn* alomtegenwoordig

ubiquity *znw* alomtegenwoordigheid

udder ['ʌdə] *znw* uier

UFO, ufo ['ju:fou, ju:ɛf'ou] *afk.* = *unidentified flying object* ufo

Uganda [ju:'gændə] *znw* Oeganda o

Ugandan [ju:(:)gændən] **I** *znw* Oegandees; **II** *bn* Oegandees

ugh [ʌx, ʌg, ʌh] *tsw* bah!, foei!

uglify ['ʌglifai] *overg* lelijk maken, verlelijken

ugly *bn* lelijk°; bedenkelijk, kwalijk; afschuwelijk, afgrijselijk; vervelend; kwaadaardig; dreigend; gevaarlijk

UK *afk.* = *United Kingdom*

ukelele [ju:kə'leili], **ukulele** [ju:kə'leili] *znw* ukelele

Ukraine [ju:'krein] *znw* de Oekraïene

Ukrainian [ju:'kreiniən] **I** *bn* Oekraïens; **II** *znw* Oekraïner

ulcer ['ʌlsə] *znw* zweer, fig kanker

ulcerate **I** *onoverg* zweren[2], verzweren; **II** *overg* doen zweren; *~ed eyelids* zwerende oogleden

ulceration [ʌlsə'reiʃən] *znw* zwering, verzwering; zweer[2]

ulcerous *bn* vol zweren; fig verpestend, corrupt

ulna ['ʌlnə] *znw* (*mv:* -s *of* ulnae) anat ellepijp

ulster ['ʌlstə] *znw* ulster(jas)

ult. *afk.* = *ultimo*

ulterior [ʌl'tiəriə] *bn* geheim, achterliggend, verborgen, heimelijk

ultimate ['ʌltimit] **I** *bn* (aller)laatste, uiterste; hoogste, grootste, opperste; eind-, uiteindelijk; **II** *znw* fig toppunt o, summum o

ultimately *bijw* uiteindelijk, ten slotte

ultimatum ['ʌlti'meitəm] *znw* (*mv:* -s *of* ultimata) ultimatum o

ultimo ['ʌltimou] *bijw* van de vorige maand

ultra ['ʌltrə] *bn* ultra, uiterst (radicaal)

ultramarine ['ʌltrəmə'ri:n] *bn* ultramarijn, hemelsblauw

ultrasonic ['ʌltrə'sɔnik] *bn* ultrasoon

ultrasound ['ʌltrəsaund] *znw* ultrageluid o; med echoscopie (ook: *~ scan*)

ultraviolet ['ʌltrəvaiəlit] *znw* ultraviolet o

ululate ['ju:ljuleit] *onoverg* huilen [van hond of wolf]; jammeren

umbel ['ʌmbəl] *znw* plantk (bloem)scherm o

umbelliferous [ʌmbe'lifərəs] *bn* schermdragend

umber ['ʌmbə] *znw* omber, bergbruin o

umbilical [ʌm'bilikl] *bn* navel-; *~ cord* navelstreng

umbilicus [ʌm'bilikəs] *znw* (*mv:* -es *of* umbilici) navel

umbra ['ʌmbrə] *znw* (*mv:* -s *of* umbrae) slag-, kernschaduw

umbrage *znw* aanstoot, ergernis; vero schaduw; *take ~ at* aanstoot nemen aan

umbrella [ʌm'brelə] *znw* paraplu; (strand-, tuin)parasol (*beach ~*); *~ organization* overkoepelende organisatie; *~ term* verzamelnaam; *under the ~ of* onder auspiciën van

umbrella-stand *znw* paraplustandaard

umpire ['ʌmpaiə] **I** *znw* scheidsrechter, arbiter; **II** *onoverg* scheidsrechter zijn, arbitreren

umpteen ['ʌm(p)ti:n] *bn* gemeenz een hoop, een heleboel, een massa

umpteenth *bn* gemeenz zoveelste

UN *afk.* = *United Nations*

'un [ʌn, ən] gemeenz = *one*

unabashed ['ʌnə'bæʃt] *bn* niet uit het veld geslagen

unabated ['ʌnə'beitid] *bn* onverminderd, onverflauwd, onverzwakt

unabbreviated ['ʌnə'bri:vieitid] *bn* onverkort

unable ['ʌn'eibl] *bn* niet in staat; *be ~ to...* niet kunnen...

unabridged ['ʌnə'bridʒd] *bn* onverkort

unacceptable ['ʌnək'septəbl] *bn* onaanvaardbaar

unaccompanied ['ʌnə'kʌmpənid] *bn* onvergezeld; muz zonder begeleiding; *~ choir* muz a-capellakoor o

unaccountable ['ʌnə'kauntəbl] *bn* **1** onverklaarbaar; **2** geen verantwoording schuldig

unaccounted ['ʌnə'kauntid] *bn:* *~ for* onverklaard; *five of the crew are ~ for* vijf bemanningsleden zijn nog vermist

unaccustomed ['ʌnə'kʌstəmd] *bn* ongewoon; ongebruikelijk; *~ to* niet gewend aan (om)

unacknowledged ['ʌnək'nɔlidʒd] *bn* niet erkend; overgenomen zonder te bedanken of zonder bronvermelding, niet bekend [v. misdaad]

unacquainted ['ʌnə'kweintid] *bn* onbekend [met with], onwetend [van with]

unadorned ['ʌnə'dɔ:nd] *bn* onopgesmukt[2]

unadulterated ['ʌnə'dʌltəreitid] *bn* onvervalst, zuiver, echt; *~ misery* pure ellende

unadvised ['ʌnəd'vaizd] *bn* onbedachtzaam, onberaden, onvoorzichtig

unaffected ['ʌnə'fektid] *bn* ongekunsteld, natuurlijk; niet beïnvloed, onaangetast

unafraid ['ʌnə'freid] *bn* onbevreesd (voor of)

unaided ['ʌn'eidid] *bn* zonder hulp (uitgevoerd); bloot [v. oog]

unalienable ['ʌn'eiljənəbl] *bn* onvervreemdbaar

unallied ['ʌnə'laid] *bn* niet verwant; zonder bondgenoten

unalloyed ['ʌnə'lɔid] *bn* onvermengd, puur

unalterable ['ʌn'ɔ:ltərəbl] *bn* onveranderlijk

unaltered *bn* onveranderd
unambiguous ['ʌnæm'bigjuəs] *bn* ondubbelzinnig
unambitious ['ʌnæm'biʃəs] *bn* niet eerzuchtig; bescheiden
unanimity [ju:nə-, ju:næ'nimiti] *znw* unanimiteit, eenstemmigheid, eensgezindheid
unanimous [ju'næniməs] *bn* unaniem, eenstemmig, eensgezind
unannounced ['ʌnə'naunst] *bn* onaangekondigd
unanswerable ['ʌn'a:nsərəbl] *bn* niet te beantwoorden; onweerlegbaar
unanswered ['ʌn'a:nsəd] *bn* onbeantwoord
unappealing *bn* onaantrekkelijk
unappetizing ['ʌn'æpətaiziŋ] *bn* onappetijtelijk
unappreciated *bn* weinig of niet gewaardeerd
unapproachable ['ʌnə'proutʃəbl] *bn* ongenaakbaar[2]
unapt ['ʌn'æpt] *bn* ongeschikt, onbekwaam
unarguable ['ʌn'a:gjuəbl] *bn* ontegenzeglijk
unarmed ['ʌn'a:md] *bn* ongewapend; ontwapend; niet scherpgesteld [v. atoombom]
unashamed ['ʌnə'ʃeimd] *bn* onbeschaamd, brutaal
unasked ['ʌn'a:skt] *bn* ongevraagd, ongenood
unassailable ['ʌnə'seiləbl] *bn* onaantastbaar [positie]; onweerlegbaar [argument]
unassisted ['ʌnə'sistid] *bn* zonder hulp
unassuming ['ʌnə'sju:miŋ] *bn* niet aanmatigend, zonder pretentie(s), pretentieloos, bescheiden
unattached ['ʌnə'tætʃt] *bn* niet gebonden, niet verbonden; niet verloofd of getrouwd
unattainable ['ʌnə'teinəbl] *bn* onbereikbaar[2]
unattended ['ʌnə'tendid] *bn* zonder toezicht; onbeheerd
unattractive ['ʌnə'træktiv] *bn* onaantrekkelijk
unauthorized ['ʌn'ɔ:θəraizd] *bn* niet geautoriseerd, onwettig, onbevoegd
unavailable ['ʌnə'veiləbl] *bn* niet ter beschikking staand, niet beschikbaar; onbereikbaar
unavailing ['ʌnə'veiliŋ] *bn* vergeefs
unavoidable ['ʌnə'vɔidəbl] *bn* onvermijdelijk
unaware ['ʌnə'wɛə] *bn* het zich niet bewust zijnd; ~ of niet wetend van, niets merkend van
unawares *bijw* onverwachts, onverhoeds; *catch (take)* ~ overvallen, overrompelen
unbalance ['ʌn'bæləns] *overg* uit het (zijn) evenwicht brengen[2]
unbalanced *bn* niet in evenwicht; onevenwichtig; in de war
unbar ['ʌn'ba:] *overg* ontgrendelen[2], ontsluiten[2]
unbearable ['ʌn'bɛərəbl] *bn* ondraaglijk
unbeatable ['ʌn'bi:təbl] *bn* niet te overtreffen, onverslaanbaar
unbeaten ['ʌn'bi:tn] *bn* niet verslagen, ongeslagen; onbetreden [weg], ongebaand

unbecoming ['ʌnbi'kʌmiŋ] *bn* niet goed staand; niet mooi; onbetamelijk, ongepast (*voor to*)
unbeknown ['ʌnbi'noun] *bijw:* ~ *to me* zonder dat ik er (iets) van wist (weet)
unbelief ['ʌnbi'li:f] *znw* ongeloof *o*
unbelievable *bn* ongelooflijk
unbeliever *znw* ongelovige
unbelieving *bn* ongelovig
unbend ['ʌn'bend] *onoverg* losser worden; zich ontspannen[2]; *fig* minder stijf worden, uit de plooi komen
unbending *znw* onbuigzaam; niet toegevend
unbiassed ['ʌn'baiəst] *bn* onpartijdig, onbevooroordeeld
unbidden ['ʌn'bidn] *bn* vanzelf; ongenood, ongevraagd
unbind ['ʌn'baind] *overg* ontbinden, losbinden, losmaken
unblemished ['ʌn'blemiʃt] *bn* onbevlekt, onbezoedeld, vlekkeloos, smetteloos
unblinking ['ʌn'bliŋkiŋ] *bn* zonder met de ogen te knipperen; onverstoorbaar; *he looked at me with* ~ *eyes* hij keek me aan zonder een spier te vertrekken
unblock ['ʌn'blɔk] *overg* ontstoppen
unblushing ['ʌn'blʌʃiŋ] *bn* schaamteloos, zonder blikken of blozen
unbolt ['ʌn'boult] *overg* ontgrendelen
unborn ['ʌn'bɔ:n] *bn* ongeboren
unbosom [ʌn'buzəm] *wederk:* ~ *oneself* zijn hart uitstorten
unbound ['ʌn'baund] *bn* ongebonden; niet opgebonden [haar], loshangend
unbounded *bn* onbegrensd
unbreakable ['ʌn'breikəbl] *bn* onbreekbaar; *fig* heilig [belofte &]
unbridled ['ʌn'braidld] *bn* fig ongebreideld, onbeteugeld
unbroken ['ʌn'broukn] *bn* ongebroken, onafgebroken
unbuckle ['ʌn'bʌkl] *overg* losgespen
unbuilt ['ʌn'bilt] *bn* ongebouwd; onbebouwd
unburden [ʌn'bə:dn] *overg* ontlasten, verlichten; ~ *oneself* zeggen wat men op het hart heeft; zijn hart uitstorten
unbutton ['ʌn'bʌtn] *overg* losknopen; fig loskomen, ontdooien
uncalled-for [ʌn'kɔ:ld] *bn* ongerechtvaardigd, ongemotiveerd; ongewenst
uncanny [ʌn'kæni] *bn* griezelig, eng, mysterieus
uncap ['ʌn'kæp] *overg* de dop (deksel) afhalen van
uncared-for ['ʌn'kɛədfɔ:] *bn* verwaarloosd; onverzorgd
uncaring ['ʌn'kɛəriŋ] *bn* ongevoelig, hard(vochtig)
unceasing [ʌn'si:siŋ] *bn* onophoudelijk, zonder ophouden, voortdurend
uncensored ['ʌn'sensəd] *bn* ongecensureerd, integraal
unceremonious ['ʌnseri'mounjəs] *bn* zonder plichtplegingen, ongegeneerd
uncertain [ʌn'sə:t(i)n] *bn* onzeker, ongewis, onvast, onbestendig, veranderlijk, vaag

uncertainty *znw* onzekerheid &
unchain ['ʌn'tʃein] *overg* ontkennen, loslaten
unchallengeable ['ʌn'tʃælin(d)ʒəbl] *bn* onomstotelijk
unchallenged *bn* onaangevochten, onbetwist; ongewraakt
unchangeable ['ʌn'tʃein(d)ʒəbl] *bn* niet te veranderen, onveranderlijk
unchanged *bn* onveranderd
unchanging *bn* plechtig onveranderlijk
uncharacteristic ['ʌnkæriktə'ristik] *bn* ongewoon, opmerkelijk
uncharitable ['ʌn'tʃæritəbl] *bn* onbarmhartig
uncharted ['ʌn'tʃa:tid] *bn* niet in kaart gebracht; fig onbekend
unchaste ['ʌn'tʃeist] *bn* onkuis, wulps
unchecked ['ʌn'tʃekt] *bn* onbeteugeld, ongebreideld; onbelemmerd; ongecontroleerd
unchristian ['ʌn'kristjən] *bn* onchristelijk; *at an ~ hour* onchristelijk vroeg
uncivil ['ʌn'sivil] *bn* onbeleefd
uncivilized ['ʌn'sivilaizd] *bn* onbeschaafd
unclaimed ['ʌn'kleimd] *bn* niet opgeëist, niet afgehaald [v. bagage &]
unclasp ['ʌn'kla:sp] **I** *overg* loshaken, openmaken, openen; **II** *onoverg* zich ontsluiten
unclassified ['ʌn'klæsifaid] *bn* ongeclassificeerd, ongerubriceerd; niet geheim [informatie]
uncle ['ʌŋkl] *znw* oom Jan, de lommerd; *U~ Sam* verpersoonlijking van de Verenigde Staten; *U~ Tom* geringsch onderdanige neger
unclean ['ʌn'kli:n] *bn* onrein, vuil
unclear ['ʌn'kliə] *bn* onduidelijk; twijfelend, onzeker
unclench ['ʌn'klenʃ] *onoverg* ontsluiten, zich openen
uncloak ['ʌn'klouk] *onoverg & overg* ontmaskeren
unclose ['ʌn'klouz] **I** *overg* ontsluiten, openen; fig onthullen, openbaren; **II** *onoverg* opengaan
uncloth ['ʌn'klouð] *overg* ontkleden; *~ed* naakt
unclouded ['ʌn'klaudid] *bn* onbewolkt; fig helder, zonnig (toekomst), onbesmeurd (verleden)
uncluttered ['ʌn'klʌtəd] *bn* overzichtelijk; sober
unco ['ʌŋkou] *bn* Schots uiterst, hoogst
uncoil ['ʌn'kɔil] **I** *overg* afrollen, ontrollen; **II** *onoverg* zich ontrollen
uncoloured ['ʌn'kʌləd] *bn* ongekleurd; zwart-wit; fig onpartijdig, objectief
uncombed ['ʌn'koumd] *bn* ongekamd
un-come-at-able ['ʌnkʌm'ætəbl] *bn* gemeenz ongenaakbaar, onbereikbaar
uncomely ['ʌn'kʌmli] *bn* onbevallig
uncomfortable [ʌn'kʌmfətəbl] *bn* ongemakkelijk; niet op zijn gemak, verlegen; onbehaaglijk, onaangenaam; pijnlijk [stilte, situatie]
uncommitted ['ʌnkə'mitid] *bn* niet gebonden, vrij

uncommon [ʌn'kɔmən] *bn* ongewoon; zeldzaam; ongemeen, bijzonder
uncommunicative ['ʌnkə'mju:nikətiv] *bn* niet (bijzonder) mededeelzaam, gesloten
uncomplaining ['ʌnkəm'pleiniŋ] *bn* gelaten
uncomplicated ['ʌn'kɔmplikeitid] *bn* eenvoudig
uncomprehending ['ʌnkɔmpri'hendiŋ] *bn* niet begrijpend
uncompromising [ʌn'kɔmprəmaiziŋ] *bn* onbuigzaam, star, compromisloos
unconcealed ['ʌnkən'si:ld] *bn* niet verborgen, onverholen
unconcern ['ʌnkən'sə:n] *znw* onbekommerd-, onverschilligheid, kalmte
unconcerned *bn* zich niets aantrekkend (van *at*); onbekommerd (over *about, as to, for, with*); kalm, onverschillig
unconditional [ʌnkən'diʃənəl] *bn* onvoorwaardelijk
unconditioned *bn* psych natuurlijk, niet geconditioneerd [reflexen]
unconfined ['ʌnkən'faind] *bn* **1** onbegrensd; **2** vrij rondlopend [dier]
unconfirmed ['ʌnkən'fə:md] *bn* onbevestigd
uncongenial ['ʌnkən'dʒi:niəl] *bn* niet sympathiek; onaangenaam
unconnected ['ʌnkə'nektid] *bn* niet met elkaar in betrekking (staand), onsamenhangend
unconscionable ['ʌn'kɔnʃənəbl] *bn* onredelijk, onbillijk; buitensporig, onmogelijk
unconscious [ʌn'kɔnʃəs] **I** *bn* onbewust, onkundig; bewusteloos; **II** *znw: the ~* psych het onderbewuste
unconsciousness *znw* onbewustheid; bewusteloosheid
unconsidered ['ʌnkən'sidəd] *bn* ondoordacht, overijld
unconstitutional ['ʌnkɔnsti'tju:ʃənəl] *bn* niet constitutioneel, ongrondwettig
unconstraint *znw* ongedwongenheid
uncontrollable ['ʌnkən'trouləbl] *bn* niet te beheersen, onbedwingbaar, onbedaarlijk, onbestuurbaar, onhandelbaar; niet te controleren
uncontrolled *bn* onbedwongen, onbeteugeld
unconventional ['ʌnkən'venʃənl] *bn* onconventioneel
unconvinced ['ʌnkən'vinst] *bn* niet overtuigd, sceptisch
unconvincing *bn* niet overtuigend
uncooked ['ʌn'kukt] *bn* ongekookt, rauw
uncooperative ['ʌnkou'ɔpərətiv] *bn* niet meewerkend, onwillig
uncoordinated ['ʌnkou'ɔ:dineitid] *bn* onhandig [bewegingen]; chaotisch, niet gecoördineerd [actie]
uncork ['ʌn'kɔ:k] *overg* ontkurken, opentrekken
uncounted ['ʌn'kauntid] *bn* ongeteld; talloos
uncouth [ʌn'ku:θ] *bn* lomp; ongemanierd
uncover [ʌn'kʌvə] *overg* het deksel (de schaal &) afnemen van, ontbloten, blootleggen; *-ed* onoverdekt

uncritical ['ʌn'kritikəl] *bn* onkritisch; kritiekloos

uncrowned ['ʌn'kraund] *bn* ongekroond

unction ['ʌŋkʃən] *znw* zalving²; *Extreme U~* RK het H. oliesel

unctuous *bn* zalvend, stichtelijk

uncultivated ['ʌn'kʌltiveitid] *bn* onbebouwd; onontgonnen; onbeschaafd

uncultured ['ʌn'kʌltʃəd] *bn* onbeschaafd

uncurbed ['ʌn'kə:bd] *bn* ongebreideld, ongetemd

uncut ['ʌn'kʌt] *bn* ongesneden, ongeknipt; onaangesneden; ongekuist, ongecensureerd; onbehouwen; ongeslepen [glas]

undamaged ['ʌn'dæmidʒd] *bn* ongeschonden [ook: fig]

undated [ʌn'deitid] *bn* niet gedateerd

undaunted [ʌn'dɔ:ntid] *bn* onversaagd, onverschrokken; niet afgeschrikt (door *by*)

undeceive ['ʌndi'si:v] *overg* de ogen openen

undecided ['ʌndi'saidid] *bn* onbeslist; besluiteloos, weifelend

undefiled ['ʌndi'faild] *bn* onbesmet, onbevlekt

undefinable ['ʌndi'fainəbl] *bn* niet (nader) te definiëren, ondefinieerbaar, onomschrijfbaar

undemanding ['ʌndi'ma:ndiŋ] *bn* bescheiden

undemonstrative ['ʌndi'mɔnstrətiv] *bn* gereserveerd, gesloten, terughoudend

undeniable ['ʌndi'naiəbl] *bn* onloochenbaar, niet te ontkennen; ontegenzeglijk; onmiskenbaar

undenominational ['ʌndinɔmi'neiʃənəl] *bn* niet confessioneel [v. scholen &]

under ['ʌndə] **I** *voorz* onder°, beneden, minder dan; volgens, krachtens, in het kader van; ~ *age* minderjarig; **II** *bijw* (er) onder, beneden; *down* ~ aan de andere kant van de wereld (Australië & Nieuw-Zeeland)

underact ['ʌndər'ækt] *onoverg* ingehouden spelen [toneel]; zwak spelen

underarm ['ʌndəra:m] *bn bijw* sp onderhands

underbelly ['ʌndəbeli] *znw* fig zwakke plek

underbred ['ʌndə'bred] *bn* onopgevoed; niet volbloed

underbrush ['ʌndəbrʌʃ] *znw* kreupelhout o

undercarriage ['ʌndə'kæridʒ] *znw* landingsgestel o

undercharge ['ʌndə'tʃa:dʒ] *overg & onoverg* te weinig berekenen

underclothes ['ʌndəklouðz], **underclothing** *znw* onderkleren, onderkleding

undercover ['ʌndə'kʌvə] *bn* geheim; heimelijk; verborgen; ~ *man* spion

undercroft ['ʌndəkrɔft] *znw* crypt(e), krocht

undercurrent ['ʌndəkʌrənt] *znw* onderstroom²

1 undercut ['ʌndə'kʌt] *overg* goedkoper zijn dan, minder geld vragen dan; ondergraven

2 undercut ['ʌndəkʌt] *znw* filet [v. vlees]

underdeveloped ['ʌndədi'veləpt] *bn* onderontwikkeld, achtergebleven [gebieden]

underdog ['ʌndədɔg] *znw* underdog, gedoodverfde verliezer, verdrukte

underdone ['ʌndə'dʌn] *bn* niet (zo) gaar

underdress ['ʌndə'dres] *(onoverg &) overg* (zich) te eenvoudig kleden

underemployed ['ʌndərim'plɔid] *bn*: *be* ~ te weinig werk hebben

underemployment *znw* onvolledige werkgelegenheid

underestimate I *overg* ['ʌndə'restimeit] onderschatten, te laag aanslaan; **II** *znw* ['ʌndə'restimit] onderschatting, te lage schatting

underfed ['ʌndə'fed] *bn* ondervoed

underfeed *overg* te weinig eten geven

underfoot [ʌndə'fut] *bijw* onder de voet, onder de voeten

undergarment ['ʌndəga:mənt] *znw* stuk o ondergoed

undergo [ʌndə'gou] *overg* ondergaan; lijden

undergraduate [ʌndə'grædjuit] **I** *znw* student die zijn eerste graad nog niet behaald heeft; **II** *bn* studenten-

underground I *bijw* [ʌndə'graund] onder de aarde, onder de grond; *go* ~ ondergronds gaan werken [v. organisatie], onderduiken; **II** *bn* ['ʌndəgraund] onderaards, ondergronds; fig onderhands, geheim [intriges &]; **III** *znw*: *the* ~ ['ʌndəgraund] de metro; de ondergrondse (beweging); de underground

undergrowth ['ʌndəgrouθ] *znw* struikgewas o, kreupelhout o

underhand ['ʌndəhænd] *bn* clandestien, onderhands [intriges], slinks, achterbaks

underlay I [ʌndə'lei] V.T. van *underlie*; **II** *znw* ['ʌndəlai] onderlegger

underlet ['ʌndə'let] *overg* onderverhuren; onder de waarde verhuren

underlie [ʌndə'lai] *overg* ten grondslag liggen aan

underline [ʌndə'lain] *overg* onderstrepen; benadrukken, aandikken

underling ['ʌndəliŋ] *znw* ondergeschikte; (min) sujet o; handlanger

underlying [ʌndə'laiiŋ] *bn*: *the* ~ *cause* de grondoorzaak, de fundamentele oorzaak; zie ook: *underlie*

undermanned [ʌndə'mænd] *bn* met te weinig personeel, onderbezet

undermentioned [ʌndə'menʃənd] *bn* onderstaand, hieropvolgend

undermine [ʌndə'main] *overg* ondermijnen²

undermost ['ʌndəmoust] *bn* onderste

underneath [ʌndə'ni:θ] **I** *voorz* onder, beneden; **II** *bijw* hieronder, beneden, van onderen

undernourished ['ʌndə'nʌriʃt] *bn* ondervoed

undernourishment *znw* ondervoeding

underpaid ['ʌndə'peid] *bn* onderbetaald

underpants ['ʌndəpænts] *znw mv* onderbroek

underpass ['ʌndəpa:s] *znw* tunnel [voor verkeer]; onderdoorgang

underpay [ʌndə'pei] *overg* onderbetalen

underpin [ʌndə'pin] *overg* (onder)stutten;

fig steunen

underplay ['ʌndə'plei] *overg* bagatelliseren, als onbelangrijk voorstellen; *theat* ingehouden spelen

underpopulated ['ʌndə'pɔpjuleitid] *bn* onderbevolkt

underprivileged ['ʌndə'privilidʒd] *bn* sociaal zwak, kansarm

underquote [ʌndə'kwout] *overg* te weinig bieden; minder vragen (dan een ander)

underrate [ʌndə'reit] *overg* onderschatten

underscore [ʌndə'skɔ:] *overg* onderstrepen²

undersea [ʌndəsi:] *bn* onderzees, onderzee-

under-secretary ['ʌndə'sekrətri] *znw* ondersecretaris; ~ *of state* onderminister

undersell ['ʌndə'sel] *overg* onder de prijs verkopen; voor minder verkopen dan

undershirt ['ʌndəʃə:t] *znw* **Am** (onder-) hemd *o*

underside ['ʌndəsaid] *znw* onderkant

undersign [ʌndə'sain] *overg* (onder-) tekenen

undersize(d) ['ʌndə'saiz(d)] *bn* ondermaats, te klein

underskirt ['ʌndəskə:t] *znw* onderrok

underslung ['ʌndə'slʌŋ] *bn* **auto** van onderen aan de assen bevestigd [chassis]

understaffed [ʌndə'sta:ft] *bn* met te weinig personeel, onderbezet

understand* [ʌndə'stænd] **I** *overg* verstaan, begrijpen; weten [te...]; opvatten; aannemen, (er uit) opmaken; vernemen, horen; *I was given to* ~ men gaf mij te verstaan; *they are understood to have..., it is understood that they have...* naar verluidt hebben zij...; **II** *onoverg & abs ww* (het) begrijpen; *do you* ~ *about horses?* hebt u verstand van paarden?; zie ook: *understood*

understandable *bn* begrijpelijk, gemakkelijk verstaanbaar

understanding I *bn* verstandig; begripvol; **II** *znw* verstand° *o*, begrip *o*; verstandhouding; afspraak, schikking; *on the* ~ *that...* met dien verstande dat..., op voorwaarde dat...

understate ['ʌndə'steit] *overg* te laag aan-, opgeven; zich ingehouden of zeer gematigd uitdrukken

understatement *znw* zeer gematigde, (nog) beneden de waarheid blijvende bewering, understatement *o*

understood [ʌndə'stud] **I** V.T. & V.D. van *understand*; **II** *bn*: *an* ~ *thing* iets vanzelfsprekends

understudy ['ʌndəstʌdi] **I** *znw* doublure [van acteur of actrice]; **II** *overg* [een rol] instuderen om als vervanger van een der spelers te kunnen optreden of invallen; vervangen [een acteur of actrice]

undertake [ʌndə'teik] *overg* ondernemen, op zich nemen; zich verbinden, ervoor instaan; zich belasten met; [een werk] aannemen; onder handen nemen

undertaker ['ʌndəteikə] *znw* begrafenisondernemer

undertaking [ʌndə'teikiŋ] *znw* onderne-

ming; verbintenis; plechtige belofte

underthings ['ʌndəθiŋz] *znw mv* ondergoed *o*

undertone ['ʌndətoun] *znw* gedempte toon [ook v. kleuren], ondertoon; *in an* ~ met gedempte stem, zacht

undertook [ʌndə'tuk] V.T. van *undertake*

undertow ['ʌndətou] *znw* onderstroom

underuse ['ʌndə'ju:z] *overg* te weinig gebruiken

undervalue ['ʌndə'vælju:] *overg* onderwaarderen; onderschatten

undervest ['ʌndəvest] *znw* borstrok

underwater ['ʌndəwɔ:tə] *bn* onderwater-, onder water

underway [ʌndə'wei] = *under way*, zie: *way I*

underwear ['ʌndəwɛə] *znw* ondergoed *o*

underwent [ʌndə'went] V.T. van *undergo*

underwood ['ʌndəwud] *znw* kreupelhout *o*

underworld ['ʌndəwə:ld] *znw* onderwereld²

underwrite [ʌndə'rait] *overg* assureren, verzekeren; garanderen [emissie]

underwriter ['ʌndəraitə] *znw* assuradeur; garant [v. emissie]

underwriting *znw* assurantie(zaken); garantie [v. emissie]

undeserved ['ʌndi'zə:vd] *bn* onverdiend

undesigned ['ʌndi'zaind] *bn* onopzettelijk

undesigning *bn* argeloos, oprecht

undesirable [ʌndi'zairəbl] **I** *bn* ongewenst, niet wenselijk; **II** *znw* ongewenst individu *o*

undetected ['ʌndi'tektid] *bn* onontdekt

undetermined ['ʌndi'tə:mind] *bn* onbeslist; onbepaald; niet besloten, onzeker

undeterred ['ʌndi'tə:d] *bn* onverschrokken

undeveloped ['ʌndi'veləpt] *bn* onontwikkeld; onontgonnen &

undid ['ʌn'did] V.T. van *undo*

undies ['ʌndiz] *znw mv* **gemeenz** (dames-) ondergoed *o*

undigested ['ʌndi-, 'ʌndai'dʒestid] *bn* onverteerd²; *fig* onverwerkt [v. met geleerde]

undignified [ʌn'dignifaid] *bn* onwaardig

undiluted ['ʌndai'l(j)u:tid] *bn* onverdund; *fig* onvervalst, zuiver, puur

undiscerning ['ʌndi'sə:niŋ] *bn* niet scherp onderscheidend, niet scherpziend, kortzichtig

undisciplined [ʌn'disiplind] *bn* ongedisciplineerd

undiscovered ['ʌndis'kʌvəd] *bn* onontdekt

undisguised ['ʌndis'gaizd] *bn* onverbloemd, onverholen

undismayed ['ʌndis'meid] *bn* onverschrokken

undisputed ['ʌndis'pju:tid] *bn* onbetwist

undistinguished ['ʌndis'tiŋgwiʃt] *bn* zich niet (door niets) onderscheiden hebbend, gewoon(tjes)

undisturbed ['ʌndis'tə:bd] *bn* ongestoord, onverstoord; *the contents of the house have been left* ~ *for 400 years* dit huis ziet er van binnen nog exact hetzelfde uit als 400 jaar geleden

undivided ['ʌndi'vaidid] *bn* onverdeeld

undo ['ʌn'du:] *overg* losmaken, losbinden, losrijgen, -knopen, -tornen &; ongedaan maken, ongeldig maken, tenietdoen

undoing *znw* (iemands) verderf *o*, ongeluk *o*, ondergang; tenietdoen *o* &; zie *undo*

undone ['ʌn'dʌn] *bn* ongedaan; verwaarloosd; te gronde gericht, vernietigd; losgeraakt; zie ook: *undo*

undoubted [ʌn'dautid] *bn* on(be-)twijfelbaar

undraped [ʌn'dreipt] *bn* onbekleed, naakt

undreamed [ʌn'dri:md], **undreamt** [ʌn'dremt] *bn*: ~ *of* ongedroomd, ongedacht, onverwacht

undress [ʌn'dres] I *overg* ont-, uitkleden; II *onoverg* zich ont-, uitkleden; III *znw* huisgewaad *o*, negligé *o*; mil klein tenue *o* & *v*

undressed *bn* ongekleed; onbereid, onaangemaakt [van sla &]; niet geprepareerd [v. leer &]

undue ['ʌn'dju:] *bn* onredelijk; onbehoorlijk, ongepast; bovenmatig, overdreven

undulate ['ʌndjuleit] *onoverg* & *overg* (doen) golven

undulation [ʌndju'leiʃən] *znw* golving, golfbeweging

undulatory ['ʌndjulət(ə)ri] *bn* golvend, golfbeweging

unduly ['ʌn'dju:li] *bijw* onredelijk; onbehoorlijk; meer dan nodig was, al te (veel)

undying [ʌn'daiiŋ] *bn* onsterfelijk, onvergankelijk, eeuwig

unearned ['ʌn'ə:nd] *bn* onverdiend; arbeidsloos [v. inkomen]; toevallig [v. waardevermeerdering]

unearth ['ʌn'ə:θ] *overg* opgraven; rooien; aan het licht brengen, opdiepen

unearthly *bn* niet aards, bovenaards; spookachtig; *at an* ~ *hour* op een onmogelijk (vroeg) uur

uneasiness ['ʌn'i:zinis], **unease** *znw* onbehaaglijkheid; ongerustheid, onrust, bezorgdheid, angst (over *about, as to, over*)

uneasy *bn* onbehaaglijk; niet op zijn gemak, gedwongen, gegeneerd; ongerust, bezorgd (over *about, as to, over*); onrustig

uneatable ['ʌn'i:təbl] *bn* oneetbaar

uneconomic(al) ['ʌnikə'nɔmik(l)] *bn* oneconomisch, onvoordelig, niet zuinig

uneducated ['ʌn'edjukeitid] *bn* onontwikkeld, onbeschaafd

unembarrassed ['ʌnim'bærəst] *bn* ongedwongen

unemotional [ʌni'mouʃənl] *bn* onaandoenlijk, kalm, niet emotioneel

unemployable ['ʌnim'plɔiəbl] *bn* ongeschikt als arbeidskracht, niet inzetbaar

unemployed ['ʌnim'plɔid] *bn* ongebruikt; werkloos, zonder werk (zijnd); *the* ~ de werklozen

unemployment *znw* werkloosheid; ~ *benefit* werkloosheidsuitkering

unending [ʌn'endiŋ] *bn* eindeloos

unendurable ['ʌnin'djuərəbl] *bn* ondraaglijk

unengaged [ʌnin'geidʒd] *bn* niet bezet, vrij

unenviable ['ʌn'enviəbl] *bn* niet te benijden, ellendig

unequal ['ʌn'i:kwəl] *bn* ongelijk; ongelijk-matig, oneven; ~ *to the task* niet opgewassen tegen, niet berekend voor de taak

unequalled *bn* ongeëvenaard

unequivocal [ʌni'kwivəkl] *bn* ondubbelzinnig; duidelijk

unerring ['ʌn'ə:riŋ] *bn* nooit falend, nooit missend, onfeilbaar

UNESCO, Unesco [ju:'neskou] *afk.* = *United Nations Educational, Scientific and Cultural Organization* Unesco

unessential ['ʌni'senʃəl] I *bn* niet essentieel, niet wezenlijk; II *znw*: ~*s* bijkomstigheden, bijzaken

unethical [ʌn'eθikl] *bn* niet ethisch; immoreel

uneven ['ʌn'i:vən] *bn* oneven, ongelijk, oneffen; ongelijkmatig

uneventful ['ʌni'ventful] *bn* kalm (verlopend), rustig

unexceptionable [ʌnik'sepʃənəbl] *bn* onberispelijk

unexceptional ['ʌnik'sepʃənəl] *bn* gewoon, normaal

unexciting ['ʌnik'saitiŋ] *bn* saai, oninteressant

unexpected ['ʌniks'pektid] *bn* onverwacht(s); onvoorzien(s)

unexplained ['ʌniks'pleind] *bn* onverklaard

unexpressed ['ʌniks'prest] *bn* onuitgesproken

unexpurgated ['ʌn'ekspə:geitid] *bn* ongekuist [uitgave]

unfading [ʌn'feidiŋ] *bn* eeuwig, onvergankelijk, blijvend

unfailing [ʌn'feiliŋ] *bn* nooit falend, onfeilbaar, zeker, onuitputtelijk [voorraad]; altijd

unfair ['ʌn'fɛə] *bn* onbillijk, oneerlijk

unfaithful ['ʌn'feiθful] *bn* ontrouw, trouweloos; *be* ~ *to* ook: bedriegen [v. echtgenoten]

unfaltering [ʌn'fɔ:ltəriŋ] *bn* onwankelbaar, zonder haperen of weifelen

unfamiliar ['ʌnfə'miljə] *bn* onbekend, vreemd; niet vertrouwd of bekend (met *with*)

unfashionable ['ʌn'fæʃənəbl] *bn* niet in (naar) de mode, ouderwets; niet chic; uit de tijd

unfasten ['ʌn'fɑ:sn] *overg* losmaken, openmaken

unfathomable [ʌn'fæðəməbl] *bn* onpeilbaar[2]

unfathomed *bn* ongepeild, ondoorgrond

unfavourable [ʌn'feivərəbl], Am **unfavorable** *bn* ongunstig

unfeeling [ʌn'fi:liŋ] *bn* ongevoelig, gevoelloos, wreed, hard(vochtig)

unfeigned [ʌn'feind] *bn* ongeveinsd, oprecht

unfeminine [ʌn'feminin] *bn* onvrouwelijk

unfettered *bn* onbelemmerd, vrij

unfinished ['ʌn'finiʃt] *bn* onafgemaakt, onvoleindigd, onafgewerkt, onvoltooid

unfit [ʌn'fit] I *bn* ongeschikt, onbekwaam, ongepast (voor *for*); niet gezond; ~ *to be trusted* niet te vertrouwen; II *overg* ongeschikt maken

unfitted *bn* ongeschikt

unfitting *bn* niet (bij elkaar) passend; onbetamelijk

unfix ['ʌn'fiks] *overg* losmaken; ~ *bayonets!* mil bajonet af!

unflagging [ʌn'flægiŋ] *bn* onverslapt, onverflauwd; ~ *zeal* onverdroten ijver

unflappable ['ʌn'flæpəbl] *bn* gemeenz onverstoorbaar

unflattering ['ʌn'flætəriŋ] *bn* weinig vleiend, allesbehalve vleiend, ongeflatteerd

unfledged ['ʌn'fledʒd] *bn* groen, onervaren

unflinching ['ʌn'flinʃiŋ] *bn* onwankelbaar, onwrikbaar, onversaagd

unfold [ʌn'fould] **I** *overg* ontvouwen², ontplooien², uitspreiden², openvouwen, openen; onthullen, openbaren; **II** *onoverg* zich ontplooien, zich uitspreiden, opengaan

unforeseen ['ʌnfɔ:'si:n] *bn* onvoorzien

unforgettable ['ʌnfə'getəbl] *bn* onvergetelijk

unforgivable ['ʌnfə'givəbl] *bn* onvergeeflijk

unforgiving *bn* niets vergevend; onverzoenlijk

unformed ['ʌn'fɔ:md] *bn* vormeloos

unfortunate [ʌn'fɔ:tʃənit] **I** *bn* ongelukkig², niet gelukkig; zonder succes; **II** *znw* ongelukkige

unfortunately *bijw* ongelukkigerwijze, helaas, jammer (genoeg), ongelukkig

unfounded ['ʌn'faundid] *bn* ongegrond

unfreeze ['ʌn'fri:z] *overg* ontdooien; handel deblokkeren; ~ *wages* de loonstop opheffen

unfrequented ['ʌnfri'kwentid] *bn* niet of zelden bezocht

unfriendly ['ʌn'frendli] *bn* onvriendelijk, onaardig (voor *to*)

unfrock ['ʌn'frɔk] *overg* uit het ambt ontzetten

unfruitful ['ʌn'fru:tful] *bn* onvruchtbaar

unfulfilled ['ʌnful'fild] *bn* niet ingelost [belofte]; onvervuld [verlangen]; *feel* ~ zich onbevredigd, gefrustreerd voelen

unfurl [ʌn'fə:l] *overg* uitspreiden, ontplooien, ontrollen

unfurnished ['ʌn'fə:niʃt] *bn* ongemeubileerd

ungainly [ʌn'geinli] *bn* onbevallig, lomp

ungenerous ['ʌn'dʒenərəs] *bn* onedelmoedig; zelfzuchtig; niet royaal

un-get-at-able ['ʌngət'ætəbl] *bn* gemeenz niet te bereiken

ungiving ['ʌn'giviŋ] *bn* niet meegevend

unglue ['ʌn'glu:] *overg* losmaken, -weken

ungodly [ʌn'gɔdli] *bn* goddeloos, zondig; gemeenz onmenselijk

ungovernable [ʌn'gʌvənəbl] *bn* niet te regeren, onregeerbaar, ontembaar, tomeloos, wild

ungracious [ʌn'greiʃəs] *bn* onheus, onvriendelijk; onaangenaam

ungrateful [ʌn'greitful] *bn* ondankbaar; onaangenaam

ungrounded [ʌn'graundid] *bn* ongegrond

unguarded [ʌn'ga:did] *bn* onbewaakt; onvoorzichtig

unguent ['ʌŋgwənt, -gjuənt] *znw* zalf, smeersel *o*

ungulate ['ʌŋgjuleit] **I** *znw* hoefdier *o*; **II** *bn* hoef-

unhallowed [ʌn'hæloud] *bn* ongewijd; goddeloos

unhampered ['ʌn'hæmpəd] *bn* onbelemmerd, ongehinderd

unhand [ʌn'hænd] *overg* loslaten

unhandy [ʌn'hændi] *bn* gemeenz onhandig

unhappy [ʌn'hæpi] *bn* ongelukkig²; verdrietig, ontevreden

unharmed ['ʌn'ha:md] *bn* onbeschadigd, ongekwetst, ongedeerd

unharness ['ʌn'ha:nis] *overg* aftuigen, uitspannen [een paard]

unhealthy ['ʌn'helθi] *bn* ongezond²; gemeenz link, niet pluis

unheard ['ʌn'hə:d] *bn* niet gehoord, ongehoord; niet aangehoord; recht onverhoord; ~-*of* [ʌn'hə:dɔv] ongehoord [iets]

unheeded ['ʌn'hi:did] *bn* on(op)gemerkt; veronachtzaamd, miskend; in de wind geslagen [v. waarschuwing &]

unheeding *bn* onachtzaam, achteloos, zorgeloos; ~ *of* niet lettend op

unhelpful ['ʌn'helpful] *bn* onhulpvaardig, onbehulpzaam; nutteloos

unhesitating [ʌn'heziteitiŋ] *bn* zonder aarzelen, niet aarzelend, vastberaden

unhinge [ʌn'hin(d)ʒ] *overg* overstuur maken, uit 't evenwicht brengen, gek maken

unhitch ['ʌn'hitʃ] *overg* los-, afhaken; af-, uitspannen [de paarden]

unholy [ʌn'houli] *bn* onheilig, onzalig, goddeloos; gemeenz vreselijk; *at an* ~ *hour* op een onmogelijk (vroeg) uur

unhook ['ʌn'huk] *overg* af-, loshaken

unhoped-for [ʌn'houpt(fɔ:)] *bn* niet verwacht, onverhoopt

unhorse ['ʌn'hɔ:s] *overg* van het paard werpen

unhurried ['ʌn'hʌrid] *bn* rustig, niet gehaast

unhurt ['ʌn'hə:t] *bn* onbezeerd, ongedeerd

unhygienic ['ʌnhai'dʒi:nik] *bn* onhygiënisch

unicorn ['ju:nikɔ:n] *znw* eenhoorn

unification [ju:nifi'keiʃən] *znw* unificatie, eenmaking

uniform ['ju:nifɔ:m] **I** *bn* uniform, een-, gelijkvormig; gelijkmatig, (steeds) gelijk, onveranderlijk; **II** *znw* uniform *o & v*; *in full* ~ in groot tenue

uniformed *bn* in uniform, geüniformeerd

uniformity [ju:ni'fɔ:miti] *znw* uniformiteit, gelijkheid; eenvormigheid

uniformly ['ju:nifɔ:mli] *bijw* uniform, zich gelijk blijvend, steeds op dezelfde manier

unify ['ju:nifai] *overg* één maken, uniëren, veren(ig)en; eenheid brengen in, uniform maken

unilateral ['ju:ni'lætərəl] *bn* eenzijdig

unilateralism *znw* (beweging voor) eenzijdige ontwapening

unimaginable [ʌni'mædʒinəbl] *bn* ondenkbaar, onvoorstelbaar, onbegrijpelijk

unimaginative *bn* fantasieloos

unimpaired ['ʌnim'pɛəd] *bn* ongeschonden, onverzwakt

unimpeachable ['ʌnim'pi:tʃəbl] bn onberispelijk; onaantastbaar, onbetwistbaar, onwraakbaar

unimpeded ['ʌnim'pi:did] bn onbelemmerd, ongehinderd

unimportant bn onbelangrijk

unimpressed ['ʌnim'prest] bn niet onder de indruk, niet overtuigd

unimpressive bn weinig indruk makend

unimproved bn onverbeterd

uninformed ['ʌnin'fɔ:md] bn niet op de hoogte (gebracht), onwetend

uninhabitable ['ʌnin'hæbitəbl] bn onbewoonbaar

uninhabited bn onbewoond

uninhibited ['ʌnin'hibitid] bn ongeremd; ongedwongen; tomeloos

uninitiated ['ʌni'niʃieitid] bn oningewijd

uninspired ['ʌnin'spaiəd] bn onbezield, geesteloos

uninspiring bn waar geen bezielende invloed van uitgaat, niet levendig, saai, tam

unintelligent ['ʌnin'telidʒənt] bn niet intelligent

unintelligible ['ʌnin'telidʒibl] bn onverstaanbaar, onbegrijpelijk

unintended ['ʌnin'tendid] bn onopzettelijk, onbedoeld

unintentional ['ʌnin'tenʃənəl] bn onopzettelijk

uninterested ['ʌn'int(ə)ristid] bn niet geïnteresseerd, zonder belangstelling, onverschillig

uninteresting ['ʌn'int(ə)ristiŋ] bn oninteressant

uninterrupted ['ʌnintə'rʌptid] bn onafgebroken, zonder onderbreking

uninvited ['ʌnin'vaitid] bn niet uitgenodigd, ongenood, ongevraagd

uninviting bn weinig aanlokkelijk of aantrekkelijk

union ['ju:njən] znw aaneenvoeging, vereniging, verbinding, verbond o, unie; verbintenis [ook = huwelijk]; vakvereniging, vakbond; eendracht(igheid), eensgezindheid; harmonie

unionism znw vakbondswezen o; unionistische gezindheid

unionist I znw vakbondslid o; U~ aanhanger van de Ulster Union, een militante protestante organisatie in Noord-Ierland; II bn unionistisch

unionize overg in een vakbond samenbrengen, onder vakbondsinvloed brengen

Union Jack znw Engelse vlag

uniparous [ju:'nipərəs] bn maar één jong tegelijk barend

unique [ju:'ni:k] bn enig (in zijn soort), uniek; gemeenz buitengewoon, zeldzaam

unisex ['ju:niseks] bn uniseks

unison ['ju:nizn] znw: in ~ muz unisono; fig gelijkgestemd, eenstemmig, eensgezind; in ~ with in harmonie met

unit ['ju:nit] znw eenheid; onderdeel o, afdeling [v. leger, vloot &]; troep; stuk o, stel o, compleet toestel o &; techn aggregaat o [v. machines &]; handel aandeel o

unitary ['ju:nitəri] bn unitarisch, eenheids-

unite [ju:'nait] I overg aaneenvoegen, verbinden, verenigen; bijeenvoegen; II onoverg zich verenigen, zich verbinden (met with)

united bn verenigd, vereend, bijeen; eendrachtig; U~ Arabian Emirates Verenigde Arabische Emiraten; the U~ Kingdom het Verenigd Koninkrijk: Groot-Brittannië en Noord-Ierland; U~ Nations (Organization) (Organisatie der) Verenigde Naties; the U~ States (of America) de Verenigde Staten (van Amerika)

unit trust ['ju:nit'trʌst] znw beleggingsmaatschappij

unity znw eenheid, eendracht(igheid), overeenstemming

universal [ju:ni'və:səl] bn algemeen, universeel [ook = alzijdig]; wereld-; U~ Product Code Am handel streepjescode; ~ suffrage algemeen kiesrecht o

universality [ju:nivə:'sæliti] znw universaliteit

universe ['ju:nivə:s] znw heelal o, wereld, universum o

university [ju:ni'və:siti] I znw universiteit; II bn universiteits-, universitair, academisch

unjust ['ʌn'dʒʌst] bn onrechtvaardig, onbillijk

unjustifiable [ʌn'dʒʌstifaiəbl, ˌʌndʒʌsti'faiəbl] bn niet te rechtvaardigen, niet te verdedigen, onverantwoordelijk

unjustified bn ongerechtvaardigd

unjustly ['ʌn'dʒʌstli] bijw onrechtvaardig, onbillijk; ten onrechte

unkempt ['ʌn'kem(p)t] bn ongekamd; slordig, onverzorgd

unkind [ʌn'kaind] bn onvriendelijk

unknowable ['ʌn'nouəbl] znw onkenbaar

unknowing bn niet kennend; onwetend, onkundig

unknowingly bijw zonder het (zelf) te weten, zich niet daarvan bewust

unknown I bn niet bekend, onbekend; ongekend; he did it ~ to me buiten mijn (mede)weten; II znw: the ~ het of de onbekende

unlace ['ʌn'leis] overg losrijgen

unlatch ['ʌn'lætʃ] overg van de klink doen, openen

unlawful ['ʌn'lɔ:ful] bn onwettig, onrechtmatig, ongeoorloofd

unlearn ['ʌn'lə:n] overg verleren, afleren

1 unlearned ['ʌn'lə:nid] bn onwetend

2 unleash [ʌn'li:ʃ] overg loslaten [honden]; ontketenen

unleavened ['ʌn'levnd] bn ongezuurd

unless [ən'les, ʌn'les] voegw tenzij, indien... niet

unlettered ['ʌn'letəd] bn ongeletterd [persoon]

unlicensed ['ʌn'laisənst] bn zonder verlof of vergunning, onbevoegd

unlike ['ʌn'laik] bn & voorz niet gelijkend (op); ongelijk; verschillend van, anders dan; that is so ~ him daar is hij (helemaal) de man niet naar

unlikelihood [ʌn'laiklihud], **unlikeliness**

znw onwaarschijnlijkheid

unlikely *bn* onwaarschijnlijk; *he is not ~ to...* het is niet onwaarschijnlijk dat hij...

unlimited [ʌn'limitid] *bn* onbegrensd, onbepaald, onbeperkt, vrij; ongelimiteerd

unlink ['ʌn'liŋk] *overg* ontkoppelen, losmaken

unlit ['ʌn'lit] *bn* onverlicht

unload ['ʌn'loud] *overg* ontlasten, ontladen, lossen; gemeenz spuien, luchten [gemoed]

unlock ['ʌn'lɔk] *overg* ontsluiten², opensluiten; ~ed ook: niet afgesloten, niet op slot

unlooked-for [ʌn'luktfɔ:] *bn* onverwacht

unloose(n) ['ʌn'lu:s(n)] *overg* losmaken, vrijlaten

unloved [ʌn'lʌvd] *bn* onbemind

unlovely [ʌn'lʌvli] *bn* onaantrekkelijk

unlucky [ʌn'lʌki] *bn* ongelukkig

unmade ['ʌn'meid] *bn* onopgemaakt [v. bed]

unmake ['ʌn'meik] *overg* vernietigen; ruïneren

unman ['ʌn'mæn] *overg* ontmoedigen; ~ned ook: onbemand [v. ruimtevaartuig, vlucht]

unmanageable [ʌn'mænidʒəbl] *bn* onhandelbaar; lastig; onhandig [v. formaat]

unmannerly [ʌn'mænəli] *bn* ongemanierd, onhebbelijk, minder netjes

unmarked ['ʌn'ma:kt] *bn* **1** ongemerkt, zonder merk; **2** ongemarkeerd, neutraal [stijl]

unmarketable ['ʌn'ma:kitəbl] *bn* onverkoopbaar

unmarried ['ʌn'mærid] *bn* ongehuwd

unmask ['ʌn'ma:sk] *overg* het masker afrukken², ontmaskeren

unmatched ['ʌn'mætʃt] *bn* ongeëvenaard, weergaloos, enig

unmeaning [ʌn'mi:niŋ] *bn* nietsbetekenend, onbeduidend; nietszeggend

unmeant [ʌn'ment] *bn* niet (kwaad) gemeend; onopzettelijk

unmentionable [ʌn'menʃənəbl] *bn* onnoembaar, te erg (afschuwelijk, eng) om over te spreken

unmerciful [ʌn'mə:siful] *bn* onbarmhartig (jegens *to, upon*)

unmindful [ʌn'maindful] *bn*: ~ *of* zonder acht te slaan op; niet indachtig aan, vergetend

unmistakable ['ʌnmis'teikəbl] *bn* onmiskenbaar, niet mis te verstaan

unmitigated [ʌn'mitigeitid] *bn* onvervalst, absoluut, door en door; ~ *rubbish* je reinste kletspraat

unmolested ['ʌnmə-, 'ʌnmou'lestid] *bn* ongehinderd, ongestoord

unmounted ['ʌn'mauntid] *bn* mil onbereden; (nog) niet gemonteerd

unmoved ['ʌn'mu:vd] *bn* onbewogen; kalm, standvastig

unmusical ['ʌn'mju:zikl] *bn* onwelluidend; niet muzikaal

unnamed ['ʌn'neimd] *bn* ongenoemd; naamloos

unnatural [ʌn'nætʃ(ə)rəl] *bn* onnatuurlijk, gekunsteld; ontaard; tegennatuurlijk

unnecessary [ʌn'nesisəri] *bn* niet noodzakelijk, onnodig, nodeloos, overbodig

unneighbourly ['ʌn'neibəli] *bn* niet zoals het goede buren betaamt

unnerve ['ʌn'nə:v] *overg* demoraliseren; van streek brengen

unnoticed *bn* onopgemerkt

unnumbered ['ʌn'nʌmbəd] *bn* ongeteld, talloos; ongenummerd

UNO, Uno ['ju:nou] *afk.* = *United Nations Organization*

unobservant ['ʌnəb'zə:vənt] *bn* onoplettend, onopmerkzaam

unobserved ['ʌnəb'zə:vd] *bn* onopgemerkt

unobtainable ['ʌnəb'teinəbl] *bn* niet te (ver)krijgen

unobtrusive ['ʌnəb'tru:siv] *bn* niet in het oog vallend; bescheiden

unoccupied ['ʌn'ɔkjupaid] *bn* niets om handen hebbend, niet bezig; vrij, onbezet, leegstaand, onbewoond

unofficial ['ʌn'ɔfiʃəl] *bn* inofficieel, informeel; ~ *strike* wilde staking

unopened ['ʌn'oupənd] *bn* ongeopend, onopengesneden

unopposed ['ʌnə'pouzd] *bn* ongehinderd; zonder verzet, zonder oppositie; zonder tegenkandidaat

unorganized ['ʌn'ɔ:gənaizd] *bn* ongeorganiseerd; niet aangesloten bij een vakbond; slecht georganiseerd; [persoon] chaotisch; niet organisch

unorthodox ['ʌn'ɔ:θədɔks] *bn* onorthodox

unpack ['ʌn'pæk] *overg* uitpakken, afladen

unpaid ['ʌn'peid] *bn* onbetaald; onbezoldigd

unpalatable [ʌn'pælətəbl] *bn* onsmakelijk, minder aangenaam, onverkwikkelijk

unparalleled [ʌn'pærəleld] *bn* weergaloos, ongeëvenaard

unpardonable [ʌn'pa:dnəbl] *bn* onvergeeflijk

unparliamentary ['ʌnpa:lə'mentəri] *bn* onparlementair

unpatriotic ['ʌnpætri'ɔtik] *bn* onvaderlandslievend

unperturbed ['ʌnpə'tə:bd] *bn* onverstoord

unpick ['ʌn'pik] *overg* lostornen [naad]

unpleasant ['ʌn'pleznt] *bn* onplezierig; onaangenaam, onbehaaglijk; *be ~ to* zich onaangenaam gedragen tegenover

unpleasantness *znw* onaangenaamheid; onplezierigheid; onenigheid, ruzie

unplug ['ʌn'plʌg] *overg* de stekker uit het stopcontact trekken

unpolished ['ʌn'pɔliʃt] *bn* ongepolijst; fig onbeschaafd, ruw

unpolluted ['ʌnpə'l(j)u:tid] *bn* onbezoedeld, onbesmet

unpopular ['ʌn'pɔpjulə] *bn* impopulair

unpractical ['ʌn'præktikl] *bn* onpraktisch

unpractised ['ʌn'præktist] *bn* ongeoefend, onervaren, onbedreven

unprecedented [ʌn'presidentid] *bn* ongekend, zoals nog nooit vertoond (voorgekomen)

unpredictable ['ʌnpri'diktəbl] *bn* onvoorspelbaar, niet te voorspellen; onberekenbaar

unprejudiced [ʌn'predʒudist] *bn* onbevooroordeeld, onpartijdig

unprepared ['ʌnpri'pɛəd] *bn* onvoorbereid

unprepossessing *bn* niet (weinig) innemend, onaantrekkelijk, ongunstig [v. uiterlijk &]

unpresuming ['ʌnpri'zju:miŋ] *bn* bescheiden

unpretentious [ʌnpri'tenʃəs] *bn* pretentieloos, bescheiden

unprincipled [ʌn'prinsipld] *bn* gewetenloos

unprintable ['ʌn'printəbl] *bn* niet geschikt voor publicatie, (te) obsceen (om te publiceren); *fig* niet voor herhaling vatbaar

unproductive ['ʌnprə'dʌktiv] *bn* improduktief, weinig opleverend

unprofessional ['ʌnprə'feʃənəl] *bn* niet professioneel; in strijd met de beroepseer [gedrag]

unprofitable [ʌn'profitəbl] *bn* onvoordelig; nutteloos, waar men niets aan heeft

unpromising ['ʌn'promisiŋ] *bn* weinig belovend

unpronounceable ['ʌnprə'naunsəbl] *bn* niet uit te spreken

unprotected ['ʌnprə'tektid] *bn* onbeschermd

unprovable ['ʌn'pru:vəbl] *bn* onbewijsbaar

unproved, unproven *bn* onbewezen

unprovided-for ['ʌnprə'vaidid] *bn* zonder bestaansmiddelen

unprovoked ['ʌnprə'voukt] *bn* zonder aanleiding

unpublished ['ʌn'pʌbliʃt] *bn* onuitgegeven; niet bekendgemaakt

unpunished ['ʌn'pʌniʃt] *bn* ongestraft; *go* ~ vrijuit gaan

unputdownable ['ʌnput'daunəbl] *bn* [v. boek] om in één adem uit te lezen

unqualified ['ʌn'kwɔlifaid] *bn* onbevoegd, ongeschikt; onverdeeld, absoluut

unquenchable [ʌn'kwenʃəbl] *bn* onlesbaar

unquestionable [ʌn'kwestʃənəbl] *bn* onbetwistbaar, ontwijfelbaar

unquestionably *bijw* ontwijfelbaar, ontegenzeglijk

unquestioned *bn* ontwijfelbaar; onbetwist; vanzelfsprekend; niet ondervraagd

unquestioning *bn* onvoorwaardelijk, blind [vertrouwen]

unquiet [ʌn'kwaiət] *bn* onrustig, rusteloos

unquote [ʌn'kwout] *bijw* einde citaat, aanhalingstekens sluiten

unravel [ʌn'rævl] *overg* (uit)rafelen; ontwarren, ontraadselen, ontknopen, oplossen

unread ['ʌn'red] *bn* ongelezen

unreadable ['ʌn'ri:dəbl] *bn* onleesbaar, niet te lezen

unready *bn* niet gereed, niet klaar; onvoorbereid

unreal ['ʌn'riəl] *bn* onwezenlijk, onwerkelijk, irreëel

unrealistic ['ʌnriə'listik] *bn* onrealistisch

unreasonable [ʌn'ri:znəbl] *bn* onredelijk

unreasoning [ʌn'ri:zniŋ] *bn* irrationeel

unreclaimed ['ʌnri'kleimd] *bn* onontgon-

nen

unrecognizable ['ʌn'rekəgnaizəbl] *bn* onherkenbaar

unrecognized *bn* **1** miskend; **2** zonder te worden herkend; **3** *pol* niet erkend

unrecorded ['ʌnri'kɔ:did] *bn* onvermeld

unredeemable ['ʌnri'di:məbl] *bn* onaflosbaar

unredeemed *bn* niet vrijgekocht, niet afof ingelost [v. panden]; niet nagekomen

unrefined ['ʌnri'faind] *bn* niet geraffineerd, ongezuiverd; onbeschaafd

unregistered ['ʌn'redʒistəd] *bn* niet geregistreerd, oningeschreven; post onaangetekend

unrehearsed ['ʌnri'hə:st] *bn* spontaan; geïmproviseerd, onvoorbereid

unrelated ['ʌnri'leitid] *bn* niet verwant

unrelenting ['ʌnri'lentiŋ] *bn* onverminderd; onverbiddelijk, meedogenloos, onbarmhartig

unreliable ['ʌnri'laiəbl] *bn* onbetrouwbaar

unrelieved ['ʌnri'li:vd] *bn* onafgebroken, voortdurend [pijn &]; ~ *by* niet afgewisseld door; ~ *joy* louter vreugde

unremarkable ['ʌnri'ma:kəbl] *bn* middelmatig, onopvallend, gewoon

unremitting [ʌnri'mitiŋ] *bn* zonder ophouden, aanhoudend, gestadig

unremunerative [ʌnri'mju:nərətiv] *bn* niet lonend

unrepentant ['ʌnri'pentənt] *bn* geen berouw hebbend, onboetvaardig, verstokt

unrepresentative ['ʌnrepri'zentətiv] *bn* niet representatief (voor *of*)

unrepresented *bn* niet vertegenwoordigd

unrequited ['ʌnri'kwaitid] *bn* onbeantwoord [v. liefde]

unreserved ['ʌnri'zə:vd] *bn* niet gereserveerd[2], zonder voorbehoud gegeven (gezegd &), openhartig

unresolved ['ʌnri'zɔlvd] *bn* onopgelost; (nog) niet besloten, besluiteloos

unresponsive ['ʌnris'pɔnsiv] *bn* niet reagerend op aardigheden &, niet wakker te krijgen

unrest ['ʌn'rest] *znw* onrust

unrestrained ['ʌnri'streind] *bn* oningehouden; onbeperkt, teugelloos; ongedwongen

unrestricted ['ʌnri'striktid] *bn* onbeperkt, vrij

unrewarded ['ʌnri'wɔ:did] *bn* niet beloond [inspanning], niet succesvol

unrewarding ['ʌnri'wɔ:diŋ] *bn* niet (de moeite) lonend, onbevredigend, niet geslaagd

unriddle ['ʌn'ridl] *overg* ontraadselen, oplossen

unrig ['ʌn'rig] *overg* scheepv onttakelen, aftakelen

unrighteous [ʌn'raitʃəs] *bn* zondig, slecht

unrip ['ʌn'rip] *overg* openrijten, lostornen

unripe ['ʌn'raip] *bn* onrijp

unrivalled [ʌn'raivəld] *bn* weergaloos, ongeëvenaard

unrobe ['ʌn'roub] **I** *overg* uitkleden; **II** *onoverg* zijn (ambts)gewaad afleggen

unroll [ˈʌnˈroul] *overg* ontrollen
unroot [ˈʌnˈruːt] *overg* ontwortelen; vernietigen
unruffled [ˈʌnˈrʌfld] *bn* ongerimpeld, glad; fig onbewogen, onverstoord, onverstoorbaar (kalm)
unruly [ʌnˈruːli] *bn* onhandelbaar; lastig, weerspannig
unsaddle [ˈʌnˈsædl] *overg* afzadelen; uit het zadel werpen
unsafe [ˈʌnˈseif] *bn* onveilig; onbetrouwbaar; gewaagd; onvast; gevaarlijk; onsolide, wrak
unsaid [ˈʌnˈsed] *bn* ongezegd
unsal(e)able [ˈʌnˈseiləbl] *bn* onverkoopbaar
unsatisfactory [ˈʌnsætisˈfæktəri] *bn* onbevredigend, onvoldoende
unsatisfied [ˈʌnˈsætisfaid] *bn* onvoldaan, onbevredigd, ontevreden
unsatisfying *bn* niet bevredigend, onvoldoend
unsavoury [ˈʌnˈseivəri] *bn* onsmakelijk[2], onaangenaam, onverkwikkelijk
unsay [ˈʌnˈsei] *overg* herroepen
unscathed [ˈʌnˈskeiðd] *bn* ongedeerd, onbeschadigd
unscientific [ˈʌnsaiənˈtifik] *bn* onwetenschappelijk
unscrew [ˈʌnˈskruː] *overg* losschroeven, losdraaien
unscripted [ˈʌnˈskriptid] *bn* RTV voor de vuist weg
unscrupulous [ʌnˈskruːpjuləs] *bn* zonder scrupules; gewetenloos
unseal [ˈʌnˈsiːl] *overg* ontzegelen, openen
unseasonable [ʌnˈsiːznəbl] *bn* niet voor de tijd van het jaar
unseasoned [ˈʌnˈsiːznd] *bn* ongekruid, niet gezouten of gepeperd
unseat [ˈʌnˈsiːt] *overg* uit het zadel werpen; van zijn zetel beroven
unseeing [ˈʌnˈsiːiŋ] *bn* blind
unseemly [ʌnˈsiːmli] *bn* onbetamelijk, ongepast
unseen [ˈʌnˈsiːn] **I** *bn* ongezien; **II** *znw: the ~ het* occulte
unselfish [ˈʌnˈselfiʃ] *bn* onzelfzuchtig, niet egoïstisch, onbaatzuchtig
unsent [ˈʌnˈsent] *bn* niet gezonden, niet verzonden
unserviceable [ˈʌnˈsəːvisəbl] *bn* onbruikbaar
unsettle [ˈʌnˈsetl] *overg* van streek maken, op losse schroeven zetten, in de war sturen [plannen]
unsettled *bn* onbestendig, weifelend; onvast; niet vastgesteld of afgedaan; niet tot rust gekomen; overstuur, verward, ontsteld
unsew [ˈʌnˈsou] *overg* lostornen
unsex [ˈʌnˈseks] *overg* van geslachtseigenschappen beroven; impotent maken
unshak(e)able [ʌnˈʃeikəbl] *bn* onwankelbaar, onwrikbaar
unshaken *bn* ongeschokt; onwrikbaar
unshapely [ˈʌnˈʃeipli] *bn* vormeloos, slecht gevormd

unshaven [ˈʌnˈʃeivn] *bn* ongeschoren
unship [ˈʌnˈʃip] *overg* ontschepen, lossen
unshipped *bn* nog niet verscheept
unsightly [ˈʌnˈsaitli] *bn* onooglijk, minder mooi of niet sierlijk, lelijk (staand)
unsigned [ˈʌnˈsaind] *bn* niet ondertekend, anoniem
unskilful [ˈʌnˈskilful] *bn* onbekwaam, onervaren
unskilled [ˈʌnˈskild] *bn* ongeschoold, onbedreven; geen vakkennis vereisend; ~ *labour* ongeschoolde arbeidskrachten
unslaked [ˈʌnˈsleikt] *bn* ongelest, ongeblust
unsmiling [ˈʌnˈsmailiŋ] *bn* met een strak gezicht
unsociability [ˈʌnsouʃəˈbiliti] *znw* ongezelligheid
unsociable [ˈʌnˈsouʃəbl] *bn* ongezellig, teruggetrokken
unsocial [ˈʌnˈsouʃəl] *bn: work ~ hours* buiten de normale werktijden werken
unsold [ˈʌnˈsould] *bn* onverkocht
unsoldierly [ˈʌnˈsouldʒəli] *bn* niet krijgshaftig, niet zoals het de soldaat betaamt
unsolicited [ˈʌnsəˈlisitid] *bn* ongevraagd
unsolved [ˈʌnˈsɔlvd] *bn* onopgelost[2]
unsophisticated [ˈʌnsəˈfistikeitid] *bn* onervaren, ongekunsteld, eenvoudig, pretentieloos
unsound [ˈʌnˈsaund] *bn* ongezond[2], niet gaaf; aangestoken, bedorven; ondeugdelijk, onsolide, onsterk; zwak; onbetrouwbaar; of ~ *mind* geestelijk gestoord
unsparing [ʌnˈspɛəriŋ] *bn* 1 niets ontziend, meedogenloos; 2 niet karig
unspeakable [ʌnˈspiːkəbl] *bn* onuitsprekelijk; afschuwelijk
unspecified [ˈʌnˈspesifaid] *bn* ongespecificeerd
unspoiled [ˈʌnˈspɔild], **unspoilt** [ˈʌnˈspɔilt] *bn* onbedorven
unspoken [ˈʌnˈspoukn] *bn* niet uitgesproken of gesproken, onvermeld
unsporting [ˈʌnˈspɔːtiŋ] *bn* onsportief
unstable [ˈʌnˈsteibl] *bn* onvast, onbestendig; labiel
unstained [ˈʌnˈsteind] *bn* onbesmet
unstamped [ˈʌnˈstæmpt, + ˈʌnstæmpt] *bn* ongezegeld; ongefrankeerd
unsteady [ˈʌnˈstedi] *bn* wankel, onzeker; onsolide; onvast
unstick [ˈʌnˈstik] *overg* losweken [van het gelijmde]
unstinted [ʌnˈstintid], **unstinting** *bn* onbekrompen, kwistig, onbeperkt
unstoppable [ˈʌnˈstɔpəbl] *bn* onstuitbaar, niet te stoppen
unstrap [ˈʌnˈstræp] *overg* losgespen, losmaken
unstressed [ˈʌnˈstrest, ˈʌnstrest] *bn* toonloos, zonder klemtoon
unstructured [ˈʌnˈstrʌktʃəd] *bn* ongestructureerd, onsystematisch
unstuck [ˈʌnˈstʌk] *bn* los; *come ~* losgaan, loslaten; fig spaak lopen
unstudied [ˈʌnˈstʌdid] *bn* spontaan
unsubstantial [ˈʌnsəbˈstænʃəl] *bn* onstoffelijk; onwezenlijk, onwerkelijk; niet solide,

niet degelijk; ~ *food* lichte kost

unsubstantiated [ˈʌnsəbˈstænʃieitid] *bn* niet bewezen, onbevestigd, ongefundeerd

unsuccessful [ˈʌnsəkˈsesful] *bn* zonder succes, niet geslaagd, mislukt; *return* ~ onverrichter zake terugkeren

unsuitable [ˈʌnˈs(j)uːtəbl] *bn* ongepast; ongeschikt; niet van dienst zijnd

unsuited *bn* ongeschikt (voor *for*), niet passend (bij *to*)

unsullied [ˈʌnˈsʌlid] *bn* onbezoedeld, onbevlekt

unsung [ˈʌnˈsʌŋ] *bn* ongezongen; fig miskend

unsupported [ˈʌnsəˈpɔːtid] *bn* niet ondersteund; niet gesteund; niet gestaafd

unsure [ˈʌnˈʃuə] *bn* onzeker, onvast; onbetrouwbaar; twijfelachtig

unsurpassed [ˈʌnsəˈpaːst] *bn* onovertroffen

unsuspected [ˈʌnsəsˈpektid] *bn* onverdacht; onvermoed

unsuspecting *bn* geen kwaad vermoedend, argeloos

unsuspicious [ˈʌnsəsˈpiʃəs] *bn* niet achterdochtig, argeloos; ~ *of...* geen... vermoedend

unswayed [ˈʌnˈsweid] *bn* onbeïnvloed; niet beheerst (door *by*); onbevooroordeeld

unsweetened [ˈʌnˈswiːtənd] *bn* ongezoet

unswerving [ˈʌnˈswəːviŋ] *bn* niet afwijkend; onwankelbaar

unsworn [ˈʌnˈswɔːn] *bn* onbeëdigd

unsympathetic [ˈʌnsimpəˈθetik] *bn* van geen begrip blijk gevend, onverschillig; soms: onsympathiek

untamed [ˈʌnˈteimd] *bn* ongetemd

untangle [ˈʌnˈtæŋgl] *overg* ontwarren

untapped [ˈʌnˈtæpt] *bn* nog niet aangeboord, fig onontgonnen

untarnished [ˈʌnˈtaːniʃt] *bn* ongevlekt, smetteloos

untaught [ˈʌnˈtɔːt, ˈʌntɔːt] *bn* **1** onwetend; **2** spontaan; aangeboren

untaxed [ˈʌnˈtækst] *bn* onbelast, van belasting vrijgesteld

unteachable [ʌnˈtiːtʃəbl] *bn* hardleers; niet te leren

untenable [ˈʌnˈtenəbl] *bn* onhoudbaar, onverdedigbaar°

untenanted [ˈʌnˈtenəntid] *bn* onverhuurd; onbewoond; onbezet, leeg

untended [ˈʌnˈtendid] *bn* onverzorgd; verwaarloosd

untested [ˈʌnˈtestid] *bn* onbeproefd, niet getest

unthankful [ˈʌnˈθæŋkful] *bn* ondankbaar

unthinkable [ʌnˈθiŋkəbl] *bn* ondenkbaar

unthinking *bn* onbezonnen, onbedachtzaam

unthought-of [ʌnˈθɔːtəv] *bn* onvermoed; onverwacht

unthrifty [ˈʌnˈθrifti] *bn* niet spaarzaam, verkwistend; onvoordelig, onvoorspoedig; niet gedijend

untidy [ʌnˈtaidi] *bn* onordelijk, slordig

untie [ˈʌnˈtai] *overg* losbinden, losknopen; losmaken

until [ənˈtil, ʌnˈtil] *voorz* tot; totdat; *not* ~

1007 pas (eerst) in 1007

untimely [ʌnˈtaimli] *bn bijw* ontijdig; voortijdig; ongelegen

untiring [ʌnˈtairiŋ] *bn* onvermoeibaar

unto [ˈʌntu] *voorz* vero tot; aan; voor; naar; tot aan

untold [ˈʌnˈtould] *bn* onverteld; ongeteld, talloos; zeer groot (veel)

untouchable [ʌnˈtʌtʃəbl] **I** *bn* onaanraakbaar; **II** *znw* (Hindoe)paria

untouched *bn* **1** onaangeraakt; ongerept; **2**: ~ *by* ongevoelig voor

untoward [ʌnˈtouəd] *bn* lastig; betreurenswaardig; ongelukkig, onaangenaam

untrained [ˈʌnˈtreind] *bn* ongetraind, ongeoefend; ongeschoold

untrammelled [ʌnˈtræməld], Am **untrammeled** *bn* onbelemmerd

untranslatable [ˈʌnˈtrænsˈ, ˈʌntraːnsˈleitəbl] *bn* onvertaalbaar

untravelled [ˈʌnˈtrævəld] *bn* onbereisd [persoon]; rustig, stil [weg]

untried [ˈʌnˈtraid] *bn* onbeproefd; recht (nog) niet verhoord, (nog) niet behandeld

untroubled [ˈʌnˈtrʌbld] *bn* ongestoord, onbewogen, kalm; niet verontrust

untrue [ˈʌnˈtruː] *bn* onwaar, onwaarachtig; ontrouw (aan *to*)

untrustworthy [ˈʌnˈtrʌstwəːði] *bn* onbetrouwbaar

untruth [ˈʌnˈtruːθ] *znw* onwaarheid

untruthful *bn* leugenachtig

untuned [ˈʌnˈtjuːnd] *bn* ongestemd, ontstemd (ook: fig); niet goed afgesteld [radio]; niet in harmonie

untutored [ˈʌnˈtjuːtəd] *bn* ongeschoold; onbeschaafd

untwine [ˈʌnˈtwain], **untwist** [ˈʌnˈtwist] *overg* loswinden, losdraaien

unusable [ˈʌnˈjuːzəbl] *bn* onbruikbaar

1 unused [ˈʌnˈjuːzd] *bn* ongebruikt, onbenut

2 unused [ˈʌnˈjuːst] *bn*: ~ *to* niet gewend aan

unusual [ʌnˈjuːʒuəl] *bn* ongewoon; uitzonderlijk; gemeenz buitengewoon

unutterable [ˈʌnˈʌtərəbl] *bn* onuitsprekelijk, onzegbaar, onbeschrijflijk

unvaried [ʌnˈvɛərid] *bn* zonder afwisseling, eentonig

unvarnished [ˈʌnˈvaːniʃt] *bn* niet gevernist; fig onopgesmukt [verhaal]; overbloemd

unvarying [ʌnˈvɛəriiŋ] *bn* onveranderlijk; constant

unveil *overg* ontsluieren, onthullen; ontdekken

unversed [ˈʌnˈvəːst] *bn* onervaren, onbedreven

unvoiced [ˈʌnˈvɔist] *bn* niet uitgesproken; stemloos [klank]

unwaged [ʌnˈweidʒd] *bn*: the ~ de niet-loontrekkenden: werklozen, studenten en gepensioneerden

unwanted [ˈʌnˈwɔntid] *bn* niet verlangd (gevraagd, nodig), ongewenst

unwarrantable [ˈʌnˈwɔrəntəbl] *bn* onverantwoordelijk; ongeoorloofd

unwarranted [ˈʌnˈwɔrəntid] *bn* ongerechtvaardigd, niet verantwoord, ongeoorloofd

unwary [ʌn'wɛəri] bn onvoorzichtig; niet waakzaam, niet op zijn hoede zijn

unwavering [ʌn'weivəriŋ] bn onwrikbaar, standvastig

unwearable ['ʌn'wɛərəbl] bn ondraagbaar [kleding]

unwearied [ʌn'wiərid], **unwearying** bn onvermoeid; onvermoeibaar; volhardend, aanhoudend

unwelcome [ʌn'welkəm] bn onwelkom; onaangenaam

unwelcoming ['ʌn'welkəmiŋ] bn koel, afstandelijk; onherbergzaam

unwell ['ʌn'wel] bn niet wel, onwel

unwholesome ['ʌn'houlsəm] bn ongezond

unwieldy [ʌn'wi:ldi] bn log, zwaar, lomp, onbehouwen, moeilijk te hanteren

unwilling [ʌn'wiliŋ] bn onwillig; ongewillig; be (feel) ~ to... ongeneigd zijn om, geen zin hebben om...

unwillingly [ʌn'wiliŋli] bijw onwillig; ongewillig; niet graag; tegen wil en dank

unwind ['ʌn'waind] I overg loswinden, loswikkelen, ontrollen; II onoverg zich loswinden &; fig zich ontspannen [na inspanning]

unwise ['ʌn'waiz] bn onwijs, onverstandig

unwitting [ʌn'witiŋ] bn onwetend, van niets wetend, onbewust

unwittingly bijw per ongeluk, onopzettelijk

unwomanly [ʌn'wumənli] bn onvrouwelijk

unwonted [ʌn'wountid] bn ongewoon; niet gewend

unworkable ['ʌn'wə:kəbl] bn onuitvoerbaar, onpraktisch; niet exploitabel

unworldly [ʌn'wə:ldli] bn niet van de wereld, onwerelds; wereldvreemd

unworthy ['ʌn'wə:ði] bn onwaardig

unwound ['ʌn'waund] V.T. & V.D. van unwind

unwrap ['ʌn'ræp] overg loswikkelen, openmaken

unwritten ['ʌn'ritn] bn ongeschreven

unyielding [ʌn'ji:ldiŋ] bn niet meegevend; onbuigzaam, onverzettelijk

unzip ['ʌn'zip] overg opentrekken [v. rits], openritsen

up [ʌp] I bijw op, de hoogte in, in de hoogte, omhoog, boven, naar boven, overeind; be a hundred ~ sp honderd punten op voorsprong staan; be ~ on voorliggen op; one ~ for... één (= een punt, een succes &) voor...; be one ~ on... gemeenz iem. een slag voor zijn; it is all ~! er is geen hoop meer!; ~ yours! plat je kunt me de pot op!; what's ~? gemeenz wat is er aan de hand?; be ~ op zijn [uit bed]; (in de lucht) opgestegen zijn; opgegaan zijn [voor examen]; handel hoger zijn [prijzen]; hoog staan [op de markt]; het woord hebben [redenaar]; om zijn [tijd]; aan de hand zijn [zaken]; dinner's ~! gemeenz het eten staat op tafel!; be ~ and about (around) uit de veren zijn, al in de weer zijn; be ~ for (re-)election zich (weer) kandidaat stellen; he is well ~ in that subject hij is heel

goed (thuis) in dat vak; ~ to tot (aan, op); ~ to 7 days' leave hoogstens 7 dagen verlof; ~ to then tot dan toe; he is ~ to no good hij voert niets goeds in zijn schild; he is not ~ to the task hij is niet voor de taak berekend; be ~ to a trick or two van wanten weten; what are you ~ to? wat voer jij nu uit?, wat moet dat nou?; it is ~ to us... 1 het is onze plicht...; 2 het is aan ons (om te beslissen), wij mogen kiezen; II voorz op; ~ country het (binnen)land in; III onoverg gemeenz opstaan; IV overg gemeenz verhogen [lonen, prijzen &]; V znw: ~s and downs terreinolvingen; fig voor- en tegenspoed, wisselvalligheden; be on the ~ and ~ gemeenz vooruitgaan, verbeteren; eerlijk (fatsoenlijk) zijn

up-and-coming bn ambitieus, veelbelovend

up-and-down bn van boven naar beneden, op- en neergaand; fig gemeenz wisselvallig [weer, humeur]

upbeat ['ʌpbi:t] I znw muz opmaat; II bn snel; ritmisch, vrolijk [muziek]; fig optimistisch

upbraid [ʌp'breid] overg een verwijt maken (van with)

upbringing ['ʌpbriŋiŋ] znw opvoeding

upcast ['ʌpka:st] I overg omhoog werpen; II bn naar boven gericht; naar boven geworpen

up-country ['ʌp'kʌntri] bijw & bn in, van, naar het binnenland; plattelands-

update [ʌp'deit] overg bijwerken [een uitgave], bij de tijd brengen, moderniseren

up-end [ʌp'end] overg het onderste boven keren

up-front [ʌp'frʌnt] bn gemeenz open, eerlijk; [m.b.t. betaling] vooruit, van tevoren

upgrade I znw ['ʌpgreid] opwaartse helling; comput verbeterde versie; be on the ~ vooruitgaan; stijgen [prijzen]; aan de beterende hand zijn [zieke]; II overg [ʌp'greid] verhogen (in rang &); upgraden, verbeteren

upheaval [ʌp'hi:vəl] znw omwenteling; opschudding

upheld [ʌp'held] V.T. & V.D. van uphold

uphill [ʌp'hil, 'ʌphil] bn bijw bergop; fig moeilijk, zwaar [werk &]

uphold [ʌp'hould] overg handhaven [wet]; recht bevestigen; (onder)steunen[2], fig verdedigen

upholder znw handhaver, verdediger

upholster [ʌp'houlstə] overg stofferen, bekleden; well ~ed gemeenz mollig

upholsterer znw (behanger-)stoffeerder

upholstery znw stoffering, bekleding; stoffeerderij

upkeep ['ʌpki:p] znw (kosten van) onderhoud o, instandhouding

upland ['ʌplənd] I znw (ook: ~s) hoogland o; II bn hooglands

uplift I overg [ʌp'lift] optillen, verheffen[2], ten hemel heffen [de handen], ten hemel slaan [de ogen]; it was not ~ing het was niet hartverheffend; II znw ['ʌplift] verheffing

upmarket [ʌp'maːkit] *bn* van betere/duurdere kwaliteit, kwaliteits-, voor de hogere inkomens; exclusief

upmost ['ʌpmoust] *bn = uppermost*

upon [ə'pɔn] *voorz = plechtig op* &, zie *on*; ... ~ ... talloze, ... na ...; *Christmas is ~ us* plechtig het kerstfeest nadert

upper ['ʌpə] **I** *bn* opper, hoger, bovenste, boven-; **II** *znw* bovenleer *o* [v. schoen] (ook: ~s); *(down) on one's* ~s gemeenz straatarm

upper case letter *znw* hoofdletter, kapitaal

upper-class *bn* van de hogere kringen

upper-crust *bn* gemeenz aristocratisch, elite-

uppercut *znw* opstoot [bij boksen]

Upper House *znw* Hogerhuis *o*

upper lip *znw* bovenlip

uppermost *bn* bovenst, hoogst; *be* ~ de overhand hebben; ~ *in my mind is...* mijn gedachten gaan in de eerste plaats uit naar...

uppish ['ʌpiʃ] *bn* gemeenz verwaand, arrogant

uppity ['ʌpiti] *bn* Am gemeenz veel praats hebbend, brutaal

upraise [ʌp'reiz] *overg* opheffen, ten hemel heffen; oprichten; opwekken

upright ['ʌprait] **I** *bn* rechtopstaand, overeind staand; *fig* rechtschapen, oprecht; **II** *bijw* rechtop, overeind; **III** *znw* staande balk, stijl; verticale stand

uprise [ʌp'raiz] *onoverg* opstaan, (op)rijzen

uprising *znw* opstand, oproer *o*

up-river [ʌp'rivə] *bn bijw* stroomopwaarts

uproar ['ʌprɔː] *znw* 1 tumult *o*, lawaai *o*, rumoer *o*; 2 hevig protest *o*

uproarious [ʌp'rɔːriəs] *znw* lawaaierig, rumoerig, luidruchtig; hilarisch; bulderend [gelach]

uproot [ʌp'ruːt] *overg* ontwortelen; uitroeien

uprush ['ʌprʌʃ] *znw* sterk opwaartse stroom of beweging; opwelling

ups-a-daisy ['ʌpsədeisi] *tsw = upsy-daisy*

1 upset [ʌp'set] **I** *overg* omgooien, -smijten, omverwerpen[2]; fig in de war sturen, verijdelen [plannen]; van streek maken; ~ *the balance* het evenwicht verstoren; *be* ~ ontdaan, van streek, overstuur zijn; zie ook: *applecart*; **II** *znw* omverwerping [van gezag]; verwarring; ruzie; stoornis; **III** *bn* van streek, in de war [ook: maag &]; overstuur

2 upset ['ʌpset] *bn*: ~ *price* inzet [bij veiling]

upshot ['ʌpʃɔt] *znw* uitkomst, resultaat *o*, einde *o*

upside ['ʌpsaid] *znw* bovenzijde; voordeel *o*, goede kant; ~*-down* ondersteboven; op zijn kop (staand), verkeerd; *turn* ~ *down* in de war sturen

upstage [ʌp'steidʒ] **I** *bn theat* achter op 't toneel; gemeenz verwaand, hooghartig; **II** *overg* fig overschaduwen

upstairs **I** *bijw* [ʌp'stɛəz] de trap op, naar boven, boven; zie ook: *kick III*; **II** *bn* ['ʌpstɛəz]: ~ *room* bovenkamer

upstanding [ʌp'stændiŋ] *bn* rechtop; flink uit de kluiten gewassen, goed gebouwd; eerlijk, rechtuit

upstart ['ʌpstaːt] *znw* parvenu

upstream **I** *bijw* [ʌp'striːm] stroomopwaarts; **II** *bn* ['ʌpstriːm] tegen de stroom op roeiend &; bovenstrooms gelegen

upsurge ['ʌpsəːdʒ] *znw* opleving, (hoge) vlucht; opwelling, bevlieging

upswept ['ʌp'swept] *bn* omhooggebogen, omhooggeborsteld [haar]

upswing ['ʌpswiŋ] *znw* opwaartse beweging; fig opbloei

upsy-daisy ['ʌpsideizi] *tsw* gemeenz hupsakee [tegen gevallen kind]

uptake ['ʌpteik] *znw* opnemen *o*; *slow on the* ~ gemeenz traag (van begrip)

upthrust ['ʌpθrʌst] *znw* 1 techn opwaartse druk; 2 geol uitbarsting

uptight [ʌp'tait] *bn* slang hypernerveus

up-to-date ['ʌptə'deit] *bn* op de hoogte, 'bij', bijdetijds, modern

up-to-the-minute ['ʌptəðə'minit] *bn* allerlaatst, zeer recent

uptown ['ʌptaun] *bn* Am in (van) de buitenwijken

upturn **I** *overg* [ʌp'təːn] omkeren, ondersteboven zetten; ~*ed* ten hemel geslagen [ogen]; ~*ed nose* wipneus; **II** *znw* ['ʌptəːn] opleving

upward ['ʌpwəd] **I** *bn* opwaarts; stijgend; **II** *bijw = upwards*

upwards *bijw* opwaarts, naar boven; ~ *of* boven de, meer dan

upwind [ʌp'wind] *bijw* tegen de wind in

uranium [juə'reinjəm] *znw* uranium *o*

urban ['əːbən] *bn* van de stad, stedelijk, stads-

urbane [ə:'bein] *bn* welgemanierd, hoffelijk, wellevend, beschaafd

urbanity [ə:'bæniti] *znw* hoffelijke welgemanierdheid

urbanize ['əːbənaiz] *overg* verstedelijken

urchin ['əːtʃin] *znw* joch(ie) *o*; schelm, rakker

urge [əːdʒ] **I** *overg* aandringen op; aanzetten, dringend verzoeken, dringend aanbevelen, aanmanen tot; aanvoeren; ~ *sbd. on* iem. aansporen; ~ *it upon sbd.* het iem. op het hart drukken; **II** *znw* (aan)drang, drift; aandrift

urgency *znw* dringende noodzakelijkheid, urgentie; (aan)drang

urgent *bn* dringend, dringend noodzakelijk, spoedeisend, urgent, ernstig

uric ['juərik] *bn*: ~ *acid* urinezuur *o*

urinal ['juərinl] *znw* urinaal *o* [urineglas]; urinoir *o*

urinary *bn* urine-

urinate *onoverg* urineren, wateren, plassen

urn [əːn] *znw* koffieketel, theeketel; urn

Ursa ['əːsə] *znw* astron: ~ *Major* de Grote Beer; ~ *Minor* de Kleine Beer

Uruguay ['juə:rugwai] *znw* Uruguay *o*

Uruguayan **I** *znw* Uruguayaan; **II** *bn* Uruguayaans

us [ʌs, (ə)s] *pers vnw* ons, (aan) ons; gemeenz mij; *give* ~ *a kiss* geef me eens een

kus; *we made* ~ *a cup of tea* gemeenz we maakten een kop thee voor onszelf
USA *afk.* = *United States of America* Verenigde Staten van Amerika
usable ['ju:zəbl] *bn* bruikbaar
usage ['ju:zidʒ] *znw* gebruik *o*, gewoonte; taalgebruik *o*; behandeling
use I *znw* [ju:s] *znw* gebruik *o*, nut *o*; gewoonte; *be of (great)* ~ van (veel) nut zijn, nuttig zijn; *it is not of (much)* ~ het haalt niet veel uit; *they are not much* ~ *as...* ze deugen niet erg voor..., je hebt er niet veel aan voor...; *it's no* ~ het heeft geen zin, het lukt (toch) niet; *it is no* ~ *crying over spilt milk* gedane zaken nemen geen keer; *have the* ~ *of* beschikken over; *be of frequent* ~ veel gebruikt worden; **II** *overg* [ju:z] gebruiken, bezigen, gebruik (ook: misbruik) maken van, zich ten nutte maken; aanwenden; behandelen; ~ *freely* veel (druk) gebruik maken van; ~ *up* verbruiken, (op)gebruiken, opmaken
used *bn* **1** [ju:st] gewend, gewoon; ~ *to* gewoon aan; *get* ~ *to* wennen aan; **2** [ju:zd] gebruikt; tweedehands
useful ['ju:sful] *bn* nuttig, dienstig, bruikbaar; gemeenz bedreven, knap; zie ook: *come*
useless *bn* nutteloos, onnut, onbruikbaar, niets waard, van slechte kwaliteit
user *znw* gebruiker, verbruiker
user-friendly *bn* gebruikersvriendelijk
usher ['ʌʃə] **I** *znw* portier; suppoost; plaatsaanwijzer [in bioscoop]; deurwaarder; **II** *overg* binnenleiden, inleiden[2] (ook: ~ *in*)
usherette [ʌʃə'ret] *znw* ouvreuse
USSR *afk.* = *Union of Soviet Socialist Republics* Unie van Socialistische Sovjetrepublieken [de voormalige Sovjet-Unie]
usual ['ju:ʒuəl] **I** *bn* gebruikelijk, gewoon; **II** *znw* gemeenz gewone (vaste) borrel
usually *bijw* gewoonlijk, doorgaans, meestal
usufruct ['ju:sjufrʌkt] *znw* vruchtgebruik *o*
usurer ['ju:ʒərə] *znw* woekeraar

usurious [ju'zjuəriəs] *bn* woeker-
usurp [ju:'zə:p] *overg* wederrechtelijk in bezit nemen, zich toe-eigenen of aanmatigen
usurper [ju:'zə:pə] *znw* usurpator, overweldiger
usury ['ju:ʒəri] *znw* woeker(rente)
utensil [ju'tens(i)l] *znw* gereedschap *o*, werktuig *o*; ~s ook: (keuken)gerei *o*
uterine ['ju:tərain] *bn* van (in) de baarmoeder, baarmoederlijk
uterus ['ju:tərəs] *znw* (*mv*: uteri) baarmoeder
utilitarian [ju:tili'tɛəriən] **I** *bn* nuttigheids-; utilitaristisch; **II** *znw* utilitarist
utility [ju'tiliti] **I** *znw* nuttigheid, nut *o*, bruikbaarheid; voorwerp *o* van nut; utiliteit; *(public)* ~ (openbaar) nutsbedrijf *o*; *utilities* gebruiksvoorwerpen; **II** *bn*: ~ *goods* gebruiksgoederen
utilization [ju:tilai'zeiʃən] *znw* benutting, nuttig gebruik *o*
utilize ['ju:tilaiz] *overg* benutten, nuttig besteden, goed gebruiken
utmost ['ʌtmoust] *bn* & *znw* uiterste, verste, hoogste; *do one's* ~ zijn uiterste best doen
Utopia [ju:'toupjə] *znw* utopie
Utopian I *bn* utopisch; **II** *znw* utopist
1 utter ['ʌtə] *bn* volslagen, algeheel, uiterst, baarlijk [nonsens]
2 utter ['ʌtə] *overg* uiten, uitbrengen, uitspreken, uitdrukken; uitgeven, in omloop brengen [vals geld]
utterance *znw* uiting, uitspraak, uitlating; dictie, spreektrant, voordracht
utterly ['ʌtəli] *bijw* volkomen, volslagen
uttermost ['ʌtəmoust] *bn* & *znw* = *utmost*
U-turn ['ju:tə:n] *znw* draai van 180°; fig totale ommezwaai; *no* ~ verboden te keren
uvula ['ju:vjulə] *znw* (*mv*: -s *of* uvulae) huig
uvular *bn* van de huig; ~ *r* huig-r, brouw-r
Uzbek ['ʌzbek] **I** *znw* Oezbeek [inwoner van Oezbekistan]; **II** *bn* Oezbeeks
Uzbekistan ['ʌzbeki:sta:n] *znw* Oezbekistan *o*

V

v [vi:] *znw* (de letter) v
vac [væk] *znw* gemeenz verk. van *vacation*
vacancy ['veikənsi] *znw* kamer te huur [in hotel & pension]; vacature
vacant *bn* ledig[2], leeg(staand), open, onbezet, vrij, vacant; nietszeggend; gedachteloos, wezenloos
vacate [və'keit] *overg* ontruimen [huis]; neerleggen [betrekking], zich terugtrekken uit [ambt]
vacation *znw* vakantie
vaccinate *overg* inenten, vaccineren
vaccination [væksi'neiʃən] *znw* vaccinatie, (koepok)inenting
vaccine *znw* vaccin o, entstof
vacillate ['væsileit] *onoverg* wankelen, weifelen, schommelen
vacillation [væsi'leiʃən] *znw* wankeling, weifeling, schommeling
vacillator ['væsileitə] *znw* weifelaar
vacuity [væ'kjuiti] *znw* wezenloosheid; *vacuities* domme opmerkingen
vacuous ['vækjuəs] *bn* leeg[2]; wezenloos, dom
vacuum I *znw* (*mv:* -s *of* vacua) vacuüm[2] o, (lucht)ledige ruimte; ~ (*cleaner*) stofzuiger; ~ *flask* vacuümfles; II *onoverg & overg* stofzuigen
vagabond ['vægəbɔnd] I *bn* (rond)zwervend[2]; II *znw* zwerver, vagebond
vagabondage *znw* landloperij, gezwerf o
vagary ['veigəri, və'gɛəri] *znw* gril, kuur, nuk
vagina [və'dʒainə] *znw* (*mv:* -s *of* vaginae) vagina, schede
vaginal [və'dʒainəl] *bn* vaginaal, schedevagrancy ['veigrənsi] *znw* landloperij
vagrant *znw* zwerver, landloper
vague [veig] *bn* vaag, onbepaald, onbestemd, flauw
vain [vein] *bn* nutteloos, vergeefs; ijdel; *in* ~ tevergeefs; bijbel ijdellijk [Gods naam gebruiken]
vainglorious [vein'glɔ:riəs] *bn* snoeverig; bluffend
vainglory *znw* snoeverij, pocherij; gebluf o
vainly ['veinli] *bijw* (te)vergeefs; ijdellijk
valance ['væləns] *znw* valletje o [aan beddensprei of boven raam]
vale [veil] *znw* vero dal o, vallei
valediction [væli'dikʃən] *znw* vaarwel o, afscheid o; afscheidsgroet
valedictory I *bn* afscheids-; II *znw* Am afscheidsrede [v. afgestudeerde student]
valence ['veiləns] *znw* valentie [in de scheikunde]
valentine ['væləntain] *znw* op Valentijnsdag (14 februari) verzonden kaart of geschenk o; op deze dag gekozen geliefde
valet ['vælit] *znw* kamerdienaar; lijfknecht, bediende; hotelbediende
valetudinarian [vælitju:di'nɛəriən] *bn* ziekelijk, sukkelend, zwak
valiant ['væljənt] *bn* dapper, kloekmoedig

valid ['vælid] *bn* deugdelijk [argument]; recht geldig, van kracht; ~ *in law* rechtsgeldig
validate *overg* legaliseren, geldig maken of verklaren, bekrachtigen
validation [væli'deiʃən] *znw* geldigverklaring, bekrachtiging
validity [və'liditi] *znw* deugdelijkheid [v. argument]; (rechts)geldigheid
valise [və'li:z, Am və'li:s] *znw* reistas; Am koffertje o; mil ransel
valley ['væli] *znw* dal o, vallei
valorous ['vælərəs] *bn* dapper, kloekmoedig
valour, Am valor ['vælə(r)] *znw* dapperheid, kloekmoedigheid
valuable ['væljuəbl] I *bn* kostbaar, waardevol, van waarde; II *znw:* ~*s* kostbaarheden, preciosa
valuation [vælju'eiʃən] *znw* schatting, waardering; *set too high a* ~ *on* te hoog schatten
value ['vælju:] I *znw* waarde, prijs; ~*s* [ethische] waarden en normen; *get (good)* ~ *for money* waar voor zijn geld krijgen; *place (put)* ~ *on* waarde hechten aan, prijs stellen op, waarderen; V~ *Added Tax* belasting (op de) toegevoegde waarde; *to the* ~ *of* ter waarde van; II *overg* taxeren (op *at*), waarderen, schatten, (waard) achten; prijs stellen op
valued *bn* geschat; gewaardeerd
value judgement *znw* waardeoordeel o
valueless *bn* waardeloos
valuer *znw* taxateur, schatter
valve [vælv] *znw* klep; ventiel o; schaal [v. schelp], schelp; radio elektronenbuis, radiobuis, lamp
valvular *bn* klep-
vamoose [və'mu:s] *onoverg* slang ervandoor gaan
1 vamp [væmp] *overg* oplappen (ook: ~ *up*); muz improviseren
2 vamp [væmp] I *znw* geraffineerde (vrouw); II *overg* het hoofd op hol brengen; verleiden; III *onoverg* de geraffineerde (vrouw) spelen
vampire ['væmpaiə] *znw* vampier[2]; fig afperser, bloedzuiger
1 van [væn] *znw* (verhuis)wagen, transportwagen; goederenwagen [van trein]
2 van [væn] *znw* voorhoede[2]; fig spits
vandal ['vændəl] *znw* vandaal
vandalism *znw* vandalisme o
vandalize *overg* vernielen, verwoesten
vane [vein] *znw* vaantje o, weerhaan; (molen)wiek; blad o [v. schroef]; vlag [v. veer]
vanguard ['vænga:d] *znw* voorhoede[2]; fig spits
vanilla [və'nilə] *znw* vanille
vanish ['væniʃ] *onoverg & overg* (doen) verdwijnen; wegsterven; ~ *into thin air* in rook opgaan; ~*ing point* verdwijnpunt o
vanity ['væniti] *znw* ijdelheid; ~ *bag (case)* damestasje o voor cosmetica
vanquish ['væŋkwiʃ] *overg* plechtig overwinnen[2]
vanquisher *znw* plechtig overwinnaar
vantage ['va:ntidʒ] *znw* voordeel o

vantage-ground, vantage-point znw gunstige, strategische positie
Vanuatu [væŋwa:'tu:] znw Vanuatu o
vapid ['væpid] bn flauw, geesteloos
vapidity [və'piditi] znw flauwheid, geesteloosheid
vaporization [veipərai'zeiʃən] znw verdamping, verstuiving
vaporize ['veipəraiz] (overg &) onoverg (doen) verdampen, verstuiven
vaporizer znw vaporisator, verstuiver
vaporous ['veipərəs] bn dampig, nevelig; vol damp; damp-
vapour, Am **vapor** znw damp, nevel[2]; wasem
vapour trail znw condensstreep
variability znw veranderlijkheid, variabiliteit
variable ['vɛəriəbl] I bn veranderlijk, onbestendig, ongedurig; II znw veranderlijke grootheid; variabele
variance ['vɛəriəns] znw verschil o (van mening), geschil o, onenigheid, tegenstrijdigheid; be at ~ het oneens zijn, in strijd zijn
variant I bn afwijkend; veranderlijk; II znw variant°
variation [vɛəri'eiʃən] znw variatie°; verandering, afwijking; plantk variëteit
varicoloured ['vɛərikʌləd], Am **varicolored** bn veelkleurig, bont; fig veelsoortig
varicose ['værikous] bn: ~ veins spataderen
varied ['vɛərid] bn gevarieerd, afwisselend, vol afwisseling of verscheidenheid; verschillend; veelzijdig
variegated ['vɛərigeitid] bn bont geschakeerd, veelkleurig; veelzijdig
variegation [vɛəri'geiʃən] znw bonte schakering
variety [və'raiəti] znw gevarieerdheid; bonte mengeling, verscheidenheid; verandering, afwisseling°; soort, variëteit; variété(theater) o
variola [və'raiələ] znw med pokken
various ['vɛəriəs] bn verscheiden, onderscheiden; afwisselend; verschillend, divers; gemeenz verschillende, vele
varlet ['va:lit] znw hist page, bediende; vero schelm
varmint ['va:mint] znw gemeenz vero deugniet, rakker
varnish ['va:niʃ] I znw vernis o & m, lak o & m, glazuur o; fig vernisje o; bedrieglijke schijn; II overg vernissen, (ver)lakken, glazuren, verglazen; fig verdoezelen
varsity ['va:siti] znw gemeenz universiteit; sp universiteitsteam o
vary ['vɛəri] overg variëren, afwisseling brengen in, afwisselen, verscheidenheid geven aan, veranderen, verandering brengen in; muz variaties maken op; afwijken, verschillen (van from)
vascular ['væskjulə] bn vaat-; vaatvormig
vase [va:z] znw vaas
vasectomy [væ'sektəmi] znw med vasectomie [sterilisatiemethode voor mannen]
vaseline ['væsili:n] znw vaseline
vassal ['væsəl] I znw hist leenman, leenhouder, vazal[2]; fig knecht, slaaf; II bn vazal(len)-

vassalage znw hist leenmanschap o, leendienst; fig (slaafse) dienstbaarheid
vast [va:st] bn ontzaglijk, groot, uitgestrekt; onmetelijk; omvangrijk; gemeenz kolossaal
vastly bijw v. vast; versterkend kolossaal, enorm; verreweg, veel
vat [væt] znw vat o, kuip
VAT afk. = Value Added Tax btw
Vatican ['vætikən] I znw Vaticaan o; II bn Vaticaans
Vatican City znw Vaticaanstad
vatman ['vætmæn, -mən] znw gemeenz btw-ontvanger
vaudeville ['voudəvil] znw vaudeville
1 vault [vɔ:lt] znw gewelf o, (graf)kelder, kluis [v. bank]; verwelf o; zadeldak o
2 vault [vɔ:lt] I znw sprong; II onoverg springen [steunend op hand of met polsstok]; III overg springen over
vaulting-horse znw springpaard o [in de gymnastiek]
vaunt [vɔ:nt] onoverg & overg opscheppen (over), pochen (op), zich beroemen (op)
vaunter znw opschepper, pocher, snoever
VC afk. = Victoria Cross; Vice-Chairman; Vice-Chancellor
VCR afk. = video cassette recorder videorecorder
VD ['vi:'di:] afk. = venereal disease
VDU afk. = visual display unit beeldscherm o
veal [vi:l] znw kalfsvlees o
vector ['vektə] znw wisk vector; luchtv koers
VE Day ['vi:'dei] znw verk. van Victory in Europe Day [8 mei 1945]
veer [viə] I onoverg van richting veranderen [wind, voertuig]; fig omslaan; veranderen [gevoelens]; II overg vieren [kabel] (ook: ~ away, ~ out); doen draaien, wenden [schip]; III znw wending, draai
veg [vedʒ] znw gemeenz verk. van vegetable(s)
vegan ['vi:gən] znw veganist
vegetable ['vedʒitəbl] I bn plantaardig, planten-; groente-; ~ marrow courgette; II znw plant; groente; ~s groente(n)
vegetarian [vedʒi'tɛəriən] I znw vegetariër; II bn vegetarisch
vegetarianism znw vegetarisme o
vegetate ['vedʒiteit] onoverg vegeteren
vegetation [vedʒi'teiʃən] znw (planten-)groei; vegetatie; vegeteren o
vegetative ['vedʒitətiv] bn vegetatief, van de (planten)groei, groei-
vehemence ['vi:iməns] znw hevigheid, heftigheid, onstuimigheid, geweld o
vehement bn hevig; heftig, onstuimig, geweldig
vehicle ['vi:ikl] znw voertuig[2] o, (vervoer-)middel o, vehikel o; drager, geleider; ook: voertaal
vehicular [vi'hikjulə] bn tot voertuig dienend, voertuig-, vervoer-
veil [veil] I znw sluier, voile [v. dame]; bijbel voorhang, voorhangsel o; fig dekmantel; draw a ~ over met de mantel der liefde

bedekken; *take the* ~ RK de sluier aannemen [= non worden]; *beyond the* ~ aan gene zijde van het graf; *under the* ~ of onder het mom van; **II** *overg* met een sluier bedekken; fig (om)sluieren, bemantelen

veiled *bn* gesluierd, met een voile voor; gevoileerd [v. stem]; fig bedekt; verkapt, verbloemd, verhuld

vein [vein] *znw* ader°; nerf; (karakter)trek; stemming; stijl, trant

veined *bn* dooraderd, (rijk) geaderd, aderrijk; gemarmerd

veld(t) [velt] *znw* ZA grasvlakte

vellum ['veləm] *znw* velijn *o*, kalfsperkament *o*

velocity [vi'lɔsiti] *znw* snelheid

velour(s) [və'luə] *znw* velours *o* & *m*

velum ['vi:ləm] *znw* (*mv*: vela) zacht verhemelte *o*

velvet ['velvit] **I** *znw* fluweel *o*; *be on* ~ fig op fluweel zitten; **II** *bn* fluwelen[2]

velveteen [velvi'ti:n] *znw* katoenfluweel *o*

velvety *bn* fluweelachtig

venal ['vi:nl] *bn* te koop[2], omkoopbaar, veil[2]

venality [vi:'næliti] *znw* te koop zijn[2] *o*, omkoopbaarheid

vend [vend] *overg* verkopen, venten

vendee [ven'di:] *znw* recht koper

vendetta [ven'detə] *znw* bloedwraak; fig vete

vending-machine ['vendiŋməʃi:n] *znw* verkoopautomaat

vendor ['vendə] *znw* straatventer; recht verkoper

veneer [vi'niə] **I** *overg* fineren, met fineer beleggen; **II** *znw* fineer *o*; fig vernisje *o*

venerable ['venərəbl] *bn* eerbiedwaardig, eerwaardig; gemeenz oud, antiek

venerate *overg* (hoog) vereren, adoreren

veneration [venə'reiʃən] *znw* (grote) vering

venereal [vi'niəriəl] *bn* venerisch; ~ *disease* geslachtsziekte

Venetian [vi'ni:ʃən] *bn* Venetiaans; ~ *blind* jaloezie [zonnescherm]

Venezuela [vene'zweilə] *znw* Venezuela *o*

vengeance ['vendʒəns] *znw* wraak; *with a* ~ en goed (niet zuinig) ook, dat het een aard heeft

vengeful *bn* wraakgierig, wraakzuchtig

venial ['vi:njəl] *bn* vergeeflijk; ~ *sin* RK dagelijkse zonde [geen doodzonde]

veniality [vi:ni'æliti] *znw* vergeeflijkheid

Venice ['venis] *znw* Venetië *o*

venison ['ven(i)zn] *znw* hertenvlees *o*

venom ['venəm] *znw* venijn *o*, vergif[2] *o*, gif *o*

venomous *bn* venijnig[2], (ver)giftig[2]

venous ['vi:nəs] *bn* aderlijk [v. bloed]

vent [vent] **I** *znw* opening, luchtgat *o*, uitlaat; schoorsteenkanaal *o*; zundgat *o*; uitweg; split *o* [v. jas]; *give* ~ *to* uiting, lucht geven aan, de vrije loop laten; **II** *overg* lucht, uiting geven aan, uiten, luchten

ventage *znw* opening; vingergaatje *o* [v. blaasinstrument]

ventilate *overg* ventileren; luchten[2]; fig

luidruchtig kenbaar maken; in het openbaar bespreken

ventilation [venti'leiʃən] *znw* ventilatie, luchtverversing, luchten[2] *o*

ventilator ['ventileitə] *znw* ventilator

ventral ['ventrəl] *bn* buik-; ~ *fin* buikvin

ventricle ['ventrikl] *znw* ventrikel *o*, holte; hartkamer (ook: ~ *of the heart*)

ventriloquism [ven'triləkwizm] *znw* (kunst van het) buikspreken *o*

ventriloquist *znw* buikspreker

venture ['ventʃə] **I** *znw* waag(stuk *o*); risico *o* & *m*; (avontuurlijke) onderneming; speculatie; *at a* ~ op goed geluk; **II** *overg* wagen, op het spel zetten, aandurven; *nothing* ~(*d*), *nothing gain(ed)* wie niet waagt, die niet wint; **III** *onoverg* zich wagen; het (erop) wagen

venturesome *bn* vermetel; gewaagd

venue ['venju:] *znw* plaats (van bijeenkomst), lokatie

veracious [və'reiʃəs] *bn* waarheidlievend

veracity [və'ræsiti] *znw* waarheidsliefde, waarheid, geloofwaardigheid

veranda(h) [və'rændə] *znw* veranda

verb [və:b] *znw* werkwoord *o*

verbal *bn* mondeling; woordelijk, letterlijk; in woord(en), van woorden, woord(en-), verbaal; werkwoordelijk

verbalize I *overg* verwoorden; gramm als werkwoord bezigen; **II** *onoverg* breedsprakig zijn

verbatim [və:'beitim] *bn bijw* woord voor woord, woordelijk

verbiage ['və:biidʒ] *znw* omhaal van woorden, woordenvloed, breedsprakigheid

verbose [və:'bous] *bn* breedsprakig, wijdlopig

verbosity [və:'bɔsiti] *znw* breedsprakigheid, wijdlopigheid

verdant *bn* plechtig groen[2]

verdict ['və:dikt] *znw* uitspraak; vonnis *o*, beslissing, oordeel *o*; *give a* ~ zijn oordeel uitspreken

verdigris ['və:digris] *znw* kopergroen *o*

verdure ['və:dʒə] *znw* groen *o*, groenheid, lover *o*; bladerpracht

verge [və:dʒ] **I** *znw* rand[2], zoom; grens; berm, grasrand; *on the* ~ *of* op de rand van; op het punt om; heel dicht bij; **II** *onoverg*: ~ *on* neigen naar; grenzen aan

verger *znw* koster

veriest ['veriist] *bn* overtreffende trap van *very; the* ~ *nonsense* je reinste onzin

verifiable ['verifaiəbl] *bn* te verifiëren, te controleren

verification [verifi'keiʃən] *znw* verificatie; proef (op de som); bekrachtiging, bewijs *o*

verify ['verifai] *overg* verifiëren, onderzoeken, nazien, nagaan; waarmaken, bevestigen (in), bekrachtigen; recht legaliseren, waarmerken

verily ['verili] *bijw* vero waarlijk; bijbel voorwaar

verisimilitude [verisi'militju:d] *znw* waarschijnlijkheid

veritable ['veritəbl] *bn* waar(achtig), echt

verity ['veriti] *znw* waarheid

verjuice ['vəːdʒuːs] *znw* zuur sap *o* van onrijpe vruchten; wrange gevoelens
vermicelli [vəːmi'seli] *znw* vermicelli
vermicide ['vəːmisaid] *znw* middel *o* tegen wormen, vermicide *o*
vermiform ['vəːmifɔːm] *bn* wormvormig
vermilion [və'miljən] **I** *znw* vermiljoen *o*; **II** *bn* vermiljoen(rood)
vermin ['vəːmin] *znw* ongedierte *o*; fig tuig *o*, ontuig *o*
verminous *bn* vol ongedierte; van ongedierte
vermouth ['vəːməθ] *znw* vermout
vernacular [və'nækjulə] **I** *bn* inheems, vaderlands, nationaal; ~ *language* = **II** *znw* landstaal, moedertaal; volkstaal, dialect *o*; vakjargon *o*, vaktaal, taal [van een bepaald vak &]
vernal ['vəːnəl] *bn* van de lente, lente-, voorjaars-; ~ *equinox* voorjaarsdag-en-nachtevening
veronica [və'rɔnikə] *znw* plantk ereprijs
verruca [və'ruːkə] *znw* (*mv:* -s *of* verrucae) wrat
versatile ['vəːsətail] *bn* veelzijdig [persoon]; flexibel [geest]; op vele manieren te gebruiken [apparaat &]
versatility [vəːsə'tiliti] *znw* veelzijdigheid; flexibiliteit
verse [vəːs] *znw* vers° *o*, versregel, strofe, couplet *o*; poëzie; *in* ~ in dichtvorm
versed [vəːst] *bn* ervaren, doorkneed, bedreven (in *in*), op de hoogte (van *in*)
versification [vəːsifi'keiʃən] *znw* versificatie, versbouw; rijmkunst
versifier ['vəːsifaiə] *znw* geringsch rijmelaar
versify **I** *overg* berijmen, op rijm brengen; **II** *onoverg* verzen maken
version ['vəːʃən] *znw* verhaal *o* of voorstellingswijze [v. een zaak], lezing, versie; vertaling; bewerking [voor de film]
verso ['vəːsou] *znw* keer-, ommezijde, achterkant
versus ['vəːsəs] *voorz* recht sp tegen, contra
vertebra ['vəːtibrə] *znw* (*mv:* -s *of* vertebrae [-riː]) wervel
vertebral *bn* wervel-
vertebrate ['vəːtibrit] *bn* (*znw*) gewerveld (dier *o*)
vertex ['vəːteks] *znw* (*mv:* -es *of* vertices [-tisiːz]) top(punt *o*), hoogste punt *o*; anat kruin
vertical ['vəːtikl] **I** *bn* verticaal, rechtstandig, loodrecht; **II** *znw* loodlijn; *out of the* ~ niet loodrecht
vertiginous [vəː'tidʒinəs] *bn* duizelingwekkend
vertigo ['vəːtigou, vəː'taigou] *znw* duizeling, duizeligheid
verve [vəːv] *znw* verve, gloed, geestdrift, bezieling, (kunstenaars)vuur *o*
very ['veri] **I** *bn* waar, werkelijk, echt; *the* ~ *air you breathe* zelfs de lucht die men inademt; *the* ~ *book I am looking for* precies (net, juist) het boek dat ik zoek; *that* ~ *day* diezelfde dag; *this* ~ *day* ook: vandaag nog, nog deze dag; *before our* ~ *eyes* vlak voor onze ogen; *its* ~ *mention*

het vermelden ervan alleen al; *for that* ~ *reason* juist daarom; *his* ~ *thoughts* zijn intiemste gedachten; zie ook: *veriest*; **II** *bijw* zeer, heel, erg; aller-; precies; ~ *same* precies dezelfde (hetzelfde)
vesicle ['vesikl] *znw* blaasje *o*, blaar
vespers *znw* vesper
vespertine *bn* avond-
vespiary ['vespiəri] *znw* wespennest *o*
vessel ['vesl] *znw* vat° *o*; bloedvat *o*; vaartuig *o*, schip *o*
vest [vest] **I** *znw* (onder)hemd *o*; Am (heren-) vest *o*; gilet *o*; **II** *overg* fig bekleden (met *with*); begiftigen; *be* ~*ed in* bekleed worden door [v. ambt], berusten bij [macht]; ~*ed interests* gevestigde belangen
vestal ['vestl] *bn*: ~ *virgin* Vestaalse maagd[2]
vestibule ['vestibjuːl] *znw* vestibule, (voor-) portaal *o*, voorhof *o* [ook v. oor]
vestige ['vestidʒ] *znw* spoor° *o*, overblijfsel *o*
vestigial [ves'tidʒiəl] *bn* rudimentair [v. orgaan]; vervaagd
vestment ['vestmənt] *znw* liturgisch gewaad *o*
vest-pocket ['vest'pɔkit] *bn* klein, (in) zakformaat
vestry ['vestri] *znw* sacristie; consistoriekamer; ± kerkeraad
vestryman *znw* lid *o* van de kerkeraad
vesture ['vestʃə] *znw* plechtig (be)kleding, kledingstuk *o*, kleed[2] *o*, gewaad *o*
vet [vet] gemeenz **I** *znw* verk. van *veterinary surgeon* & Am *veteran*; **II** *overg* onderzoeken, nazien; screenen
vetch [vetʃ] *znw* plantk wikke
veteran ['vetərən] **I** *bn* oud, beproefd, ervaren; **II** *znw* oudgediende[2], veteraan; oudstrijder
veterinarian [vetəri'nɛəriən] *znw* Am veearts
veterinary ['vetərinəri] *bn* veeartsenijkundig; ~ *school* veeartsenijschool; ~ *surgeon* veearts
veto ['viːtou] **I** *znw* (*mv:* -toes) (recht *o* van) veto *o*; verbod *o*, afkeurende uitspraak; **II** *overg* zijn veto uitspreken over, verbieden, verwerpen
vex [veks] *overg* kwellen, ergeren; verontrusten, in beroering brengen; zie ook: *vexed*
vexation [vek'seiʃən] *znw* kwelling, ergernis, pesterij
vexatious *bn* irriterend, hinderlijk, ergerlijk
vexed [vekst] *bn* geërgerd (over *at*); *a* ~ *question* een veelomstreden vraagstuk *o*
vexing *bn* irriterend, plagend &
VHF *afk.* = *very high frequency* VHF, ± FM
via ['vaiə] *voorz* via, over
viability [vaiə'biliti] *znw* levensvatbaarheid[2]; (financiële) haalbaarheid
viable ['vaiəbl] *bn* levensvatbaar[2]; (financieel) haalbaar
viaduct ['vaiədʌkt] *znw* viaduct *m* & *o*
vial ['vaiəl] *znw* plechtig flesje *o*; ampul
viands ['vaiəndz] *znw mv* eetwaren, levensmiddelen

vibes [vaibz] *znw mv* slang vibraties; uitstraling [v. artiest &]; *I got good ~ from her/ him* het klikt tussen ons

vibrancy ['vaibrənsi] *znw* levendigheid

vibrant ['vaibrənt] *bn* vibrerend, trillend; fig levendig, enthousiast; helder [kleur]; sonoor [stem]

vibraphone ['vaibrəfoun] *znw* vibrafoon

vibrate [vai'breit] *overg & onoverg* (doen) vibreren, trillen

vibration *znw* vibratie, trilling

vibrato [vi'bra:tou] *znw* muz vibrato *o*

vibrator [vai'breitə] *znw* vibrator

vibratory ['vaibrətəri] *bn* trillend, trillings-

vicar ['vikə] *znw* predikant, dominee

vicarage *znw* predikantsplaats; pastorie

vicariate *znw* vicariaat *o*

vicarious *bn* indirect (in de plaats van of voor een ander gedaan, geleden &); plaatsvervangend; gedelegeerd, overgedragen

1 vice [vais] *znw* ondeugd; ontucht, onzedelijkheid; verdorvenheid; gebrek *o*, fout

2 vice [vais], Am **vise** *znw* techn bankschroef; *gripped as in a ~* als in een schroef geklemd

3 vice- [vais] *voorv* vice-, onder-, plaatsvervangend

vice-chairman *znw* vice-voorzitter

vice-chancellor *znw* vice-kanselier; ± rector magnificus

vice-president ['vais'prezidənt] *znw* vice-president

vice-regal *bn* van de onderkoning

vice-roy *znw* onderkoning

vice squad ['vaisskɔd] *znw* zedenpolitie

vice versa ['vaisi'və:sə] *bijw* vice versa, omgekeerd

vicinity [vi'siniti] *znw* (na)buurschap, dicht liggen *o* bij, nabijheid, buurt

vicious ['viʃəs] *bn* slecht, gemeen, verdorven; wreed; vals [v. dieren]; boosaardig, venijnig [kritiek]; *~ circle* vicieuze cirkel

vicissitude [vi'sisitju:d] *znw mv* lotgevallen, wederwaardigheden

victim ['viktim] *znw* slachtoffer[2] *o*, fig dupe, offerdier *o*; *fall (a) ~ to* het slachtoffer worden van, ten prooi vallen aan

victimization [viktimai'zeiʃən] *znw* slachtoffer(s) maken *o*; [na staking &] rancunemaatregelen, broodroof

victimize ['viktimaiz] *overg* tot slachtoffer maken; (onverdiend) straffen

victor ['viktə] *znw* overwinnaar

Victoria [vik'tɔ:riə] *znw* Victoria; *the ~ Cross* het Victoriakruis [hoogste Br. onderscheiding]

Victorian I *bn* Victoriaans, uit de tijd van Koningin Victoria; II *znw* Victoriaan

Victoriana [vik'tɔ:ria:nə, -riænə] *znw mv* antiquiteiten uit de tijd van Koningin Victoria (1837-1901)

victorious [vik'tɔ:riəs] *bn* overwinnend, zegevierend; *be ~ (over)* overwinnen, het winnen (van)

victory ['viktəri] *znw* overwinning (op *over*), zege, victorie

victual ['vitl] I *znw:* ~s proviand; leeftocht;

levensmiddelen; II *onoverg* proviand innemen (inslaan)

victualler ['vitlə] *znw* leverancier van levensmiddelen; *licensed ~* tapper met vergunning

video ['vidiou] I *znw* Am televisie; video; *~ game* videospelletje *o*; *~ nasty* gemeenz gewelddadige of pornografische videofilm; *~ recorder* videorecorder; *~ shop* videotheek; II *overg* op video opnemen

vie [vai] *onoverg* wedijveren (met *with*, om *for*)

Vienna [vi'enə] I *znw* Wenen *o*; II *bn* Wener, Weens

Viennese [viə'ni:z] I *bn* Wener, Weens; II *znw* (*mv* idem) Wener; Weense; Weens dialect *o*

Vietnam [vjet'næm] *znw* Vietnam *o*

Vietnamese [vjetnə'mi:z] *znw* (*mv* idem) Vietnamees (de taal *o*)

view [vju:] I *znw* gezicht° *o*, uitzicht *o*, aanblik; inkijk; aanzicht *o*; kijkje *o*; kijk [op een zaak], mening, opvatting, inzicht *o*; overzicht *o*; beschouwing, bezichtiging; oogmerk *o*, bedoeling; *have ~s upon* een oogje hebben op; ook: loeren op; *take a dim (poor) ~ of* gemeenz niet veel ophebben met; *take the ~ that...* van mening zijn, zich op het standpunt stellen, dat...; *take the long (short) ~* fig niet kortzichtig (kortzichtig) zijn; *in ~* in zicht, te zien, in het vooruitzicht; *in ~ of...* met het oog op..., gezien..., gelet op...; *have in ~* op het oog hebben, beogen; *be on ~* te bezichtigen zijn, ter inzage liggen; ook: poseren; *with a ~ to* met het oog op, teneinde, om; II *overg* (be)zien, beschouwen, bekijken, in ogenschouw nemen; bezichtigen; III *onoverg* kijken [tv]

viewer *znw* (be)schouwer; opzichter; kijker [tv]; [film, dia] viewer; zoeker [v. camera]

view-finder *znw* techn zoeker

viewless *bn* zonder uitzicht; zonder mening

view-point *znw* gezichtspunt *o*, standpunt *o*; uitzichtpunt *o*

vigil ['vidʒil] *znw* nachtwake; *keep ~* waken

vigilance *znw* waakzaamheid

vigilant *bn* waakzaam

vigilante [vidʒi'lænti] *znw* Am lid *o* van een comité van waakzaamheid

vignette [vin'jet] *znw* vignet *o*; fig schets; tafereeltje *o*

vigorous ['vigərəs] *bn* krachtig, sterk, fors, flink, energiek; fig gespierd [v. stijl]

vigour, Am **vigor** ['vigə(r)] *znw* kracht, sterkte; energie, forsheid; fig gespierdheid [v. stijl]

viking ['vaikiŋ] *znw* viking

vile [vail] *bn* slecht, gemeen; verachtelijk, laag

vilification [vilifi'keiʃən] *znw* belastering, zwartmaking

vilify *overg* (be)lasteren, zwartmaken

villa ['vilə] *znw* villa, eengezinshuis *o*; landhuis *o*, buitenplaats [vooral in Italië of Z.-Frankrijk]

village [vilidʒ] I *znw* dorp *o*; II *bn* dorps-

villager znw dorpeling, dorpsbewoner
villain ['vilən] znw schurk, schelm, snood-aard; slechterik, verrader (ook the ~ of the piece als toneelrol)
villainous bn laag, snood, gemeen; ge-meenz slecht, afschuwelijk
villainy znw laagheid, schurkachtigheid, schurkenstreek
villein ['vilin] znw hist lijfeigene, horige, dorper
villeinage znw hist lijfeigenschap, horig-heid
vim [vim] znw gemeenz kracht, energie, vuur o, fut
vinaigrette [vinei'gret] znw vinaigrette
vindicate ['vindikeit] overg rechtvaardigen; (van blaam) zuiveren
vindication [vindi'keiʃən] znw rechtvaardi-ging; zuivering
vindicative ['vindikətiv] bn = vindicatory
vindicator znw verdediger; rechtvaardiger
vindicatory bn verdedigend, rechtvaardi-gend; wrekend, straffend, wraak-
vindictive [vin'diktiv] bn wraakgierig, -zuchtig, rancuneus
vine [vain] znw wijnstok; wingerd; klim-plant; rank
vine-fretter znw druifluis
vinegar ['vinigə] znw azijn
vinegary bn azijnachtig, azijn-; zuur²
vinery znw druivenkas
vineyard ['vinjəd] znw wijngaard
viniculture ['vinikʌltʃə] znw wijnbouw
vinous ['vainəs] bn wijnachtig; wijn-
vintage ['vintidʒ] I znw wijnoogst; (wijn-)gewas o, jaargang [van wijn]; fig merk o, gehalte o, kwaliteit, soort; II bn van een hoog gehalte, op zijn best; ~ car auto uit de periode 1918-1930; ~ year goed wijn-jaar o; fig goed jaar o, bijzonder jaar o
vintner ['vintnə] znw wijnkoper
vinyl ['vainil] znw vinyl o
viol ['vaiəl] znw muz viola
viola [vi'oulə] znw muz altviool; plantk viool
violate overg geweld aandoen², schenden, verkrachten, onteren; verstoren
violation [vaiə'leiʃən] znw schending, ver-krachting, schennis, ontering; inbreuk; ver-storing
violator ['vaiəleitə] znw schender
violence ['vaiələns] znw geweld o, geweld-dadigheid, geweldpleging; hevigheid; hef-tigheid; do ~ to geweld aandoen; by ~ met, door geweld
violent bn hevig, heftig; geweldig°, hel [kleur]; gewelddadig
violet ['vaiəlit] I znw plantk viooltje o; vio-let o; II bn violet(kleurig), paars
violin [vaiə'lin] znw muz viool
violinist znw violist
violist znw Am altviolist
violoncellist [vaiələn'tʃelist] znw cellist
violoncello znw violoncel
VIP [vi:ai'pi:] afk. = very important person vip, gewichtig persoon, hoge piet
viper ['vaipə] znw adder²; fig slang, serpent o
viperish bn adderachtig; boosaardig, vals

VIP lounge znw viproom
virago [vi'ra:gou, vi'reigou] znw helleveeg, feeks
virgin ['və:dʒin] I znw maagd; the (Blessed) V~ RK de Heilige Maagd; II bn maagde-lijk², onbevlekt, ongerept, rein, zuiver
virginal I bn maagdelijk²; fig rein, onbe-vlekt; II znw: ~(s) muz virginaal o [soort klavecimbel]
virginity [və:'dʒiniti] znw maagdelijkheid
Virgo ['və:gou] znw Maagd
viridescent ['viridesnt] bn groenachtig
virile ['virail] bn mannelijk, viriel, krachtig
virility [vi'riliti] znw mannelijkheid, viriliteit
virologist [vai'rɔlədʒist] znw viroloog
virtual ['və:tjuəl] bn feitelijk [hoewel niet in naam], eigenlijk; virtueel; ~ memory com-put virtueel geheugen o
virtually bijw in de praktijk, praktisch, fei-telijk, vrijwel, zo goed als; virtueel
virtue ['və:tju:] znw deugd°, deugdzaam-heid; verdienste; geneeskracht; easy ~ lichte (losse) zeden; make a ~ of necessity van de nood een deugd maken; by ~ of krachtens
virtuosity [və:tju'ɔsiti] znw virtuositeit
virtuoso [və:tju'ousou] znw (mv: -s of virtu-osi [-si:]) virtuoos
virtuous ['və:tjuəs] bn deugdzaam, braaf
virulence ['viruləns] znw kwaadaardigheid [v. ziekte], venijnigheid²; fig giftigheid
virulent bn kwaadaardig [v. ziekte]; venij-nig²; fig giftig
virus ['vaiərəs] znw virus o
visa ['vi:zə] I znw visum o; II overg viseren
visage ['vizidʒ] znw gelaat o, gezicht o
vis-à-vis ['vi:za:'vi] I voorz tegenover, ten opzichte van; II bijw tegenover elkaar
viscera ['visərə] znw mv inwendige orga-nen; ingewanden
visceral bn visceraal: van de ingewanden; fig diep (verankerd), instinctief
viscid ['visid] bn kleverig
viscose ['viskous] znw viscose
viscosity [vis'kɔsiti] znw kleverigheid, taai-heid, viscositeit
viscount ['vaikaunt] znw burggraaf
viscountess znw burggravin
viscous ['viskəs] bn kleverig, taai, viskeus
vise [vais] znw Am voor vice bankschroef
visé ['vi:zei] Am = visa
visibility [vizi'biliti] znw zichtbaarheid; zicht o
visible ['vizibl] bn zichtbaar, (duidelijk) merkbaar of te zien
visibly bijw zichtbaar, merkbaar, zienderogen
vision ['viʒən] znw zien o, gezicht o; visie; verschijning, droomgezicht o, droom(beeld o), visioen o
visionary I bn fantastisch; visionair; II znw ziener, dromer; fantast
visit ['vizit] I overg bezichtigen, inspecteren; bezoeken°, vero teisteren; ~ upon doen neerkomen op; bijbel wreken op; ~ with Am logeren bij, op bezoek zijn bij; II on-overg visites maken, bezoeken afleggen; III znw bezoek o, visite; inspectie, visitatie;

be on a ~ op bezoek zijn; (ergens) te logeren zijn; *pay a* ~ een bezoek afleggen; eufemistisch naar het toilet gaan

visitant *znw* bezoeker; geest(verschijning); trekvogel, winter/zomergast

visitation [vizi'teiʃən] *znw* [officieel] bezoek *o*; bezoeking; gemeenz onplezierig lange visite of logeerpartij; *the V*~ *of the Virgin Mary* Maria Boodschap [2 juli]

visiting ['vizitiŋ] *znw* bezoeken afleggen *o*; ziekenbezoek *o* [in ziekenhuis]; ~ *card* visitekaartje *o*; ~ *hours* bezoekuur *o*, bezoektijd [in ziekenhuis]; ~ *professor* gasthoogleraar

visitor ['vizitə] *znw* bezoeker, bezoek *o*, logé; ~ *'s book* gastenboek *o*; naamboek *o* [v. museum &]

visor ['vaizə] *znw* vizier *o* [v. helm]; klep [van pet]; zonneklep [in auto]

vista ['vistə] *znw* vergezicht[2] *o*; fig perspectief *o*

visual ['vizjuəl] *bn* gezichts-, visueel; ~ *aid* onderw visueel hulpmiddel *o*

visualization [vizjuəlai'zeiʃən] *znw* visualisatie

visualize ['vizjuəlaiz] *overg* zich voorstellen, zich een beeld vormen van; visualiseren

vital ['vaitl] *bn* vitaal, levens-; essentieel, noodzakelijk, onontbeerlijk; levensgevaarlijk; = *of* ~ *importance* van vitaal (= het allerhoogste) belang; fig levendig, krachtig; ~ *statistics* zie *statistics*

vitality [vai'tæliti] *znw* vitaliteit, levenskracht, leven *o*; levensvatbaarheid

vitalize ['vaitəlaiz] *overg* leven geven, bezielen

vitally ['vaitəli] *bijw* in hoge mate; ~ *important* van vitaal belang

vitamin ['vitəmin, Am 'vaitəmin] *znw* vitamine

vitaminize ['vi-, 'vaitəminaiz] *overg* vitaminiseren

vitiate ['viʃieit] *overg* bederven, besmetten, verontreinigen

viticulture ['vitikʌltʃə] *znw* wijnbouw

vitreous ['vitriəs] *bn* glazen, glasachtig, glas-

vitrification [vitrifi'keiʃən] *znw* glasmaking; verglazing

vitrify ['vitrifai] **I** *overg* tot glas maken, verglazen; **II** *onoverg* glasachtig worden

vitriol ['vitriəl] *znw* vitriool *o & m*; zwavelzuur *o*; fig bijtend sarcasme *o*

vitriolic [vitri'ɔlik] *bn* vitrioolachtig, vitriool-; fig bijtend, giftig, venijnig; scherp

vituperate [vi'tju:pəreit] **I** *overg* schimpen op, schelden op, uitschelden; **II** *onoverg & abs ww* schimpen, schelden

vituperation [vitju:pə'reiʃən] *znw* geschimp *o*, gescheld *o*; uitschelden *o*; scheldwoorden

vituperative [vi'tju:pərətiv] *bn* (uit-) scheldend, scheld-, schimp-

1 viva ['vi:və] *tsw* lang leve...

2 viva ['vaivə] *znw* gemeenz mondeling (examen) *o*

vivacious [vi'veiʃəs] *bn* levendig, opgewekt; overblijvend [v. planten]

vivacity [vi'væsiti] *znw* levendigheid, opgewektheid

vivarium [vai'vɛəriəm] *znw* (*mv:* vivaria) diergaarde; dierpark *o*; visvijver

viva voce ['vaivə'vousi] *znw* mondeling examen *o*

vivid ['vivid] *bn* helder [kleur]; levendig [herinnering &]

vivify ['vivifai] *overg* weer levend maken, verlevendigen, bezielen

viviparous [vi'vipərəs] *bn* levendbarend

vivisection [vivi'sekʃən] *znw* vivisectie

vixen ['viksn] *znw* dierk moervos, wijfjesvos; fig feeks, helleveeg

viz [viz] *bijw* namelijk, te weten, d.w.z.

VJ Day ['vi:dʒeidei] *znw* verk. van *Victory over Japan Day* [Br 15 aug. 1945, Am 2 sept. 1945]

V-neck ['vi:nek] *znw* V-hals

V-necked *bn* met (een) V-hals

vocable ['voukəbl] *znw* woord *o*

vocabulary [vou'kæbjuləri] *znw* vocabulaire *o*; woordenlijst; woordenschat, -voorraad

vocal ['voukəl] **I** *bn* van de stem, stem-; mondeling, (uit)gesproken, vocaal; luid(ruchtig); zich uitend; weerklinkend (van *with*); ~ *cords* stembanden; **II** *znw:* ~*s* zang(partij)

vocalist *znw* zanger, zangeres

vocalize *overg* laten horen, uitspreken, zingen; taalk stemhebbend maken; vocaaltekens aanbrengen [bijv. in het Hebreeuws]

vocation [vou'keiʃən] *znw* roeping; beroep *o*

vocational *bn* beroeps-, vak-; ~ *guidance* voorlichting bij beroepskeuze

vocative ['vɔkətiv] *bn* vocatief

vociferate [vou'sifəreit] *onoverg & overg* schreeuwen, krijsen

vociferation [vousifə'reiʃən] *znw* geschreeuw *o*, gekrijs *o*

vociferous [vou'sifərəs] *bn* luidruchtig; *a* ~ *applause* uitbundige toejuichingen

vodka ['vɔdkə] *znw* wodka

vogue [voug] *znw* mode; trek; populariteit; *be in* ~, *be the* ~ in zwang zijn, (in de) mode zijn, bijzonder in trek zijn

voice [vɔis] **I** *znw* stem[2], geluid *o*; spraak; *the active (passive)* ~ gramm de bedrijvende (lijdende) vorm; *find (one's)* ~ zich (durven) uiten; *give* ~ *to* uitdrukking geven aan, uiten, vertolken; *have a* ~ *in the matter* er iets in te zeggen hebben; *keep one's* ~ *down* op gedempte toon spreken; *at the top of one's* ~ luidkeels; *with one* ~ eenstemmig; **II** *overg* uiting geven aan, uiten; vertolken, verkondigen; muz stemmen; taalk stemhebbend maken

voiced *bn* met stem; stemhebbend

voiceless ['vɔislis] *bn* stemloos[°]; stil, zwijgend

voice-over *znw* commentaarstem, voice-over

void [vɔid] **I** *bn* ledig, leeg; vacant, onbezet; recht nietig, ongeldig; ~ *of* ontbloot van, vrij van, zonder; **II** *znw* (lege) ruimte; fig leegte; (kosmische) ruimte; **III** *overg* ledigen, (ont)ruimen; lozen, ontlasten; recht

vernietigen, ongeldig maken
voidable *bn* <u>recht</u> vernietigbaar
voile [vɔil] *znw* voile o & *m* [stofnaam]
vol. *afk.* = *volume*
volatile [ˈvɔlətail] *bn* vluchtig[2]; (snel) vervliegend; wispelturig, onbestendig
volatility [vɔləˈtiliti] *znw* vluchtigheid; levendigheid; wispelturigheid
volatilize [vɔˈlætilaiz] **I** *overg* vervluchtigen, verdampen; **II** *onoverg* vluchtig worden, vervluchtigen, verdampen
vol-au-vent [ˈvɔlouvã:] *znw* vol-au-vent [pasteitje]
volcanic [vɔlˈkænik] *bn* vulkanisch
volcano [vɔlˈkeinou] *znw* (*mv:* -noes) vulkaan
1 vole [voul] **I** *znw* <u>kaartsp</u> vole: alle slagen; **II** *onoverg* <u>kaartsp</u> alle slagen halen
2 vole [voul] *znw* veldmuis
volition [vouˈliʃən] *znw* het willen; wilsuiting; wil(skracht); *of my own* ~ uit eigen wil
volley [ˈvɔli] **I** *znw* salvo[2] o; *fig* hagelbui, regen, stroom [v. scheldwoorden &]; <u>sp</u> volley: terugslag van bal, die nog niet op de grond is geweest; **II** *overg* in salvo's afschieten, lossen; *fig* uitstoten [gilletjes, vloeken &]; <u>sp</u> terugslaan [bal die nog niet op de grond is geweest]
volleyball *znw* volleybal o [spel]
volt [voult] *znw* <u>elektr</u> volt
voltage *znw* <u>elektr</u> voltage o, spanning
volte-face [vɔltˈfa:s] *znw* volteface[2], volledige ommekeer, plotselinge verandering [in houding, mening &]
voluble [ˈvɔljubl] *bn* spraakzaam, rad (van tong), woordenrijk
volume [ˈvɔljum] *znw* boekdeel o, deel o; jaargang: bundel [gedichten]; volume o, (geluids)sterkte, omvang [ook: v. stem]; massa; *speak* ~*s* boekdelen spreken
volume control *znw* volumeregelaar, -knop
voluminous [vəˈlju:minəs] *bn* omvangrijk, groot, kolossaal; uitgebreid; volumineus, lijvig
voluntarily [ˈvɔləntərili] *bijw* vrijwillig, spontaan
voluntary **I** *bn* vrijwillig; willekeurig [beweging]; **II** *znw* <u>muz</u> fantasie, gefantaseerd voor-, tussen-, naspel o [voor orgel]
volunteer [vɔlənˈtiə] **I** *znw* vrijwilliger; **II** *bn* vrijwillig, vrijwilligers-; **III** *overg* (uit vrije beweging) aanbieden, vrijwillig op zich nemen; opperen, geven, maken [opmerking &]; **IV** *onoverg* <u>mil</u> vrijwillig dienst nemen
voluptuary [vəˈlʌptjuəri] *znw* wellusteling
voluptuous *bn* wellustig, wulps, weelderig
volute [vəˈlju:t] *znw* <u>bouwk</u> volute; rolschelp
vomit [ˈvɔmit] **I** *onoverg* & *overg* braken, overgeven, uitspuwen, uitbraken[2] (ook: ~ *forth, up, out*); **II** *znw* (uit)braaksel o
voodoo [ˈvu:du:] *znw* voodoo, toverij, cultus van magisch-religieuze riten; beoefenaar van voodoo
voracious [vəˈreiʃəs] *bn* gulzig, vraatzuchtig

voracity [vəˈræsiti] *znw* gulzigheid, vraatzucht
vortex [ˈvɔːteks] *znw* (*mv:* -es *of* vortices [ˈvɔːtisiːz]) werveling; wervel-, dwarrelwind; draaikolk, maalstroom
votary *znw* aanhanger, volgeling; liefhebber; aanbidder, vereerder (van *of*)
vote [vout] **I** *znw* stem, votum o; stemming [bij verkiezing]; stemrecht o; stembriefje o; *a* ~ *of no-confidence* een motie van wantrouwen; *put to the* ~ in stemming brengen; *pass a* ~ *of thanks* een dankrede houden (namens de rest van de aanwezigen); **II** *onoverg* stemmen (tegen *against*; op, voor *for*); ~ *with one's feet* weglopen als blijk van afkeuring; met de voeten stemmen; **III** *overg* bij stemming verkiezen (tot), bij stemming aannemen (toestaan, aanwijzen), voteren; stemmen op *of* voor; <u>gemeenz</u> voorstellen; ~ *down* afstemmen [voorstel]; overstemmen; ~ *in* verkiezen; ~ *out* wegstemmen
voter *znw* stemmer, kiezer
voting-paper *znw* stembiljet o
votive [ˈvoutiv] *bn* votief: gedaan (geschonken) volgens een gelofte, wij-
vouch [vautʃ] *onoverg:* ~ *for* instaan voor
voucher *znw* bon, cadeaubon, consumptiebon, knipkaart, voucher; reçu o; declaratie
vouchsafe [vautʃˈseif] *overg* zich verwaardigen; (genadiglijk) vergunnen, verlenen, toestaan; verzekeren, garanderen
vow [vau] **I** *znw* gelofte, eed; **II** *overg* beloven, zweren, verzekeren; (toe)wijden; ~ *a great vow* een dure eed zweren; **III** *onoverg* een gelofte doen
vowel [ˈvauəl] *znw* klinker
voyage [ˈvɔiidʒ] **I** *znw* (zee)reis; **II** *onoverg* reizen; **III** *overg* bereizen, bevaren
voyager *znw* (zee-, lucht-, ruimte)reiziger
voyeur [vwa:ˈjəː] *znw* voyeur, gluurder
V-sign [ˈviːsain] *znw* 1 V-teken o, overwinningsteken o; 2 gebaar o om minachting uit te drukken, 'fuck-off'-gebaar o
vulcanite [ˈvʌlkənait] *znw* eboniet o
vulcanize [ˈvʌlkənaiz] *overg* vulkaniseren
vulgar [ˈvʌlgə] *bn* vulgair, ordinair, gemeen, plat, grof; <u>vero</u> algemeen, gewoon, volks-; ~ *fractions* gewone breuken
vulgarian [vʌlˈgɛəriən] *znw* ordinaire vent, proleet
vulgarism [ˈvʌlgərizm] *znw* platte uitdrukking; platte spreekwijze; platheid; vulgarisme o
vulgarity [vʌlˈgæriti] *znw* vulgariteit; ordinaire o, platheid; grofheid
vulgarization [vʌlgəraiˈzeiʃən] *znw* vulgarisatie; popularisatie; ordinair maken o
vulgarize [ˈvʌlgəraiz] *overg* vulgariseren; populariseren; vergroven
vulnerability [vʌlnərəˈbiliti] *znw* kwetsbaarheid
vulnerable [ˈvʌlnərəbl] *bn* kwetsbaar[2]
vulpine [ˈvʌlpain] *bn* vosachtig[2]; slim als een vos, listig, sluw
vulture [ˈvʌltʃə] *znw* gier[2]; *fig* aasgier
vulva [ˈvʌlvə] *znw* (*mv:* -s *of* vulvae) vulva
vying [ˈvaiiŋ] *bn* (met elkaar) wedijverend

W

w ['dʌblju:] *znw* (de letter) w
W. *afk.* = *west(ern)*
wacky ['wæki] *bn* gemeenz gek, dol
wad [wɔd] **I** *znw* prop [watten, papier &]; pak o; vulsel o; rolletje o [bankbiljetten]; slang poen, (bom) duiten; **II** *overg* met watten voeren, watteren; (op)vullen
wadding *znw* watten, vulsel o, prop
waddle ['wɔdl] **I** *onoverg* waggelen; schommelend lopen, schommelen; **II** *znw* waggelende (schommelende) gang
wade [weid] **I** *onoverg* waden (door *through*); ~ *in* tussenbeide komen, zich mengen in; ~ *into* aanvallen; ~ *through* doorwaden, baggeren door; *fig* doorworstelen [boek]; **II** *overg* doorwaden
wader *znw* waadvogel; ~*s* baggerlaarzen, lieslaarzen
wading-bird *znw* waadvogel
wafer ['weifə] *znw* wafel, oblie; ouwel; *the consecrated* ~ de gewijde hostie
1 waffle ['wɔfl] *znw* wafel
2 waffle ['wɔfl] gemeenz **I** *znw* gedaas o, gezwam o; **II** *onoverg* dazen, zwammen
waffle-iron ['wɔflaiən] *znw* wafelijzer o
waft [wɑ:ft] **I** *overg* dragen, voeren, brengen, doen drijven [op de wind]; **II** *onoverg* drijven, zweven [op de wind]; **III** *znw* zucht o, vleugje o
1 wag [wæg] *znw* grappenmaker, schalk
2 wag [wæg] **I** *overg* schudden, kwispelen met; bewegen; ~ *one's finger* de vinger dreigend heen en weer bewegen; *the dog* ~*ged its tail* de hond kwispelstaartte; **II** *onoverg*: *set tongues* ~*ging* de tongen in beweging brengen
1 wage [weidʒ] *znw* (arbeids)loon[2] o, huur; ~*s* loon o
2 wage [weidʒ] *overg*: ~ *war* oorlog voeren
wage-earner ['weidʒə:nə] *znw* loontrekker
wage-freeze *znw* loonstop
wage-packet *znw* loonzakje o
wager ['weidʒə] **I** *znw* weddenschap; **II** *overg* verwedden, wedden om; op het spel zetten
wageworker *znw* = *wage-earner*
waggish *bn* schalks, snaaks; wel van een grapje houdend
waggle ['wægl] *overg & onoverg* gemeenz = [2]*wag*
wag(g)on ['wægən] *znw* wagen, vrachtwagen; goederenwagen, (spoor)wagon; bestelwagen; *be on the* ~ gemeenz geheelonthouder zijn
wag(g)oner *znw* voerman; vrachtrijder
wag(g)onette [wægə'net] *znw* brik [wagentje]
wagtail ['wægteil] *znw* kwikstaartje o
waif [weif] *znw* verlaten, dakloos, verwaarloosd kind o; ~*s and strays* jonge zwervertjes
wail [weil] **I** *onoverg (& overg)* (wee)klagen, jammeren (over, om), huilen, loeien; op een jammertoon uiten of zingen; **II** *znw* (wee)klacht, jammerklacht, gehuil o, geloei o
wailing *znw* weeklacht, gejammer o; *the W~ Wall* de Klaagmuur [te Jeruzalem]
wainscot ['weinskət] *znw* beschot o, lambrisering
wainscoting *znw* beschot o, lambrisering
waist [weist] *znw* middel o, taille, leest; smalste gedeelte o; lijfje o; blouse
waist-band *znw* broeksband; rokband; gordel, ceintuur
waistcoat *znw* vest o; *sleeved* ~ mouwvest o
waist-deep, waist-high *bn* tot aan het middel
waisted *bn* getailleerd
waistline *znw* taille
wait [weit] **I** *onoverg* wachten, afwachten; staan te wachten; (be)dienen (aan tafel *at table*); ~ *and see* (kalm) afwachten, de zaken eerst eens aanzien; ~ *about (around)* staan te wachten, rondhangen; ~ *behind* nog even blijven plakken; ~ *on* bedienen; ~ *on sbd.'s hand and foot* iem. op zijn wenken bedienen, iem. slaafs dienen; ~ *upon* zijn opwachting maken bij; ~ *up for sbd.* opblijven voor iem.; **II** *overg* wachten op, afwachten; wachten met; **III** *znw* wachten o; tijd dat men wacht; oponthoud o; pauze; ~*s* straatmuzikanten [met Kerstmis]; *lie in* ~ *for* op de loer liggen voor; loeren op; zie ook: *waiting*
waiter *znw* kelner
waiting **I** *bn* (af)wachtend; bedienend; *play a* ~ *game* de kat uit de boom kijken; **II** *znw* wachten o; bediening; *in* ~ dienstdoend [kamerheren &]; zie ook: *lady-in-waiting*
waiting-list *znw* wachtlijst
waiting-room *znw* wachtkamer
waitress *znw* serveerster
waive [weiv] *overg* afzien van, afstand doen van; opzij zetten, laten varen, terzijde stellen
waiver *znw* recht (schriftelijke verklaring van) afstand [v.e. recht]
1 wake [weik] *znw* scheepv kielwater o, (kiel)zog o; *fig* spoor o, nasleep; *in the* ~ *of*... (onmiddellijk) achter, na..., achter... aan (komend)
2 wake* [weik] **I** *onoverg* ontwaken[2], wakker worden[2] (ook: ~ *up*); ~ *up to sth.* iets gaan inzien, zich bewust worden (van iets); **II** *overg* wakker maken[2]; *fig* wakker schudden (ook: ~ *up*); wekken[2], opwekken [uit de dood]
wakeful *bn* waakzaam, wakend[2], wakker[2]; ~ *nights* slapeloze nachten
waken *overg & onoverg* = [2]*wake* I & II
wale [weil] *znw* Am = [2]*weal*
Wales [weilz] *znw* Wales o
walk [wɔ:k] **I** *onoverg* lopen, gaan, stapvoets gaan, stappen; wandelen; rondwaren, spoken; **II** *overg* lopen, lopend afleggen; doen of laten lopen, stapvoets laten lopen; wandelen met, geleiden; ~ *the streets* tippelen; ~ *away from* gemakkelijk achter zich laten; ~ *away with* in de wacht

slepen, gemakkelijk winnen; ~ *into* tegen iets, iem. oplopen; ergens intrappen [een val &]; ~ *off* weggaan; wegbrengen, -leiden; door lopen of wandelen verdrijven; ~ *off with* weggaan met; gemeenz in de wacht slepen; stelen; ~ *out* het werk neerleggen; staken; weglopen [uit een vergadering]; verkering hebben *(be ~ing out)*; ~ *out on* in de steek laten; ~ *over (the course)* de wedren (verkiezing &) met gemak winnen; ~ *over sbd.* met iem. doen wat men wil; **III** *znw* gang, loop, loopje o, lopen o; stapvoets rijden o of gaan o; toertje o, wandeling; wandelweg, -plaats, (voet)pad o; wandel°; fig levenswandel; werkkring; gebied o, terrein o; ~ *of life* werkkring; stand, positie; *at a ~* stapvoets; *take a ~!* Am lazer op!, donder op!, bekijk het maar!

walkable *bn* begaanbaar; af te leggen

walkabout *znw* **1** wandeling onder het publiek [v. president &]; **2** Austr korte, periodieke zwerftocht door de woestijn [v. Aboriginals]

walker *znw* voetganger, wandelaar, loper; loopvogel

walkie-talkie ['wɔːkiˈtɔːki] *znw* walkie-talkie

walking ['wɔːkiŋ] **I** *bn* lopend, wandelend, wandel- &; **II** *znw* lopen o &; wandeling

walking-on *znw* figureren o; ~ *part* figurantenrol

walking-pace *znw: at a* ~ stapvoets

walkingrace *znw* snelwandelen o

walking-stick *znw* wandelstok

walkman *znw* walkman

walk-out ['wɔːkaut] *znw* staking; weglopen o, verlaten o, heengaan o (uit de vergadering &)

walk-over *znw* gemakkelijke overwinning

walk-up *znw* Am flatgebouw o zonder lift

walkway ['wɔːkwei] *znw* loopbrug, luchtbrug [tussen twee gebouwen]; breed wandeldpad o

wall [wɔːl] **I** *znw* muur², wand; *come up against a brick* ~ op een muur (van onbegrip) stuiten; *drive (push) to the* ~ in het nauw brengen; *drive sbd. up the* ~ iem. gek maken; *go to the* ~ het onderspit delven, het loodje leggen; **II** *overg* ommuren (ook: ~ *round*); ~ *in* ommuren; ~ *up* dichtmetselen, inmetselen

wallaby ['wɔləbi] *znw* wallaby: kleine kangoeroe

wall bars ['wɔːlˈbaːz] *znw* sp wandrek o

wallet ['wɔlit] *znw* portefeuille [voor bankbiljetten &]; vero knapzak; ransel

wallflower ['wɔːlflauə] *znw* muurbloem°

Walloon [wɔˈluːn] **I** *znw* Waal; **II** *bn* Waals

wallop ['wɔləp] gemeenz **I** *overg* afrossen; **II** *znw* opstopper, dreun; kracht; (vat) bier o; slang wipje o, neukpartij; **III** *bijw* pardoes

walloping gemeenz **I** *bn* kolossaal, reuzen-; **II** *znw* aframmeling

wallow ['wɔlou] *onoverg* zich (rond-)wentelen; fig zwelgen (in *in*), zich baden (in *in*); ~ *in vice* z'n lusten botvieren

wallpaper ['wɔːlpeipə] **I** *znw* behangsel(papier) o; **II** *overg* behangen

Wall Street ['wɔːlstriːt] *znw* het centrum van de geldhandel en effectenbeurs in New York

wall-to-wall ['wɔːltəwɔːl] *bn* kamerbreed, vast [tapijt carpeting]

wally ['wɔli] *znw* gemeenz stommeling, idioot

walnut ['wɔːlnʌt] *znw* (wal)noot; notenhout o

walrus ['wɔːlrəs] *znw* walrus

waltz [wɔːls, wɔːlts] **I** *znw* wals; **II** *onoverg* walsen; fig ronddansen, huppelen, trippelen

wan [wɔn] *bn* bleek, flets, pips, zwak, flauw

wand [wɔnd] *znw* toverstaf *(magic* ~)

wander ['wɔndə] *onoverg* (rond)zwerven, (rond)dolen, dwalen; afdwalen (van *from*); ~*ing kidney* wandelende nier; *his mind* ~*s* hij ijlt; hij raaskalt²; ~ *from the point* van het onderwerp afdwalen

wanderer *znw* dwaler; zwerver

wandering I *bn* zwervend &, zie *wander;* **II** *znw:* ~*(s)* omzwerving; afdwaling; dwaling

wanderlust ['wɔndəlʌst] *znw* reislust, zwerflust

wane [wein] **I** *onoverg* afnemen [v.d. maan]; fig tanen, verminderen; **II** *znw* afneming; *on the* ~ aan het afnemen (tanen)

wangle ['wæŋgl] slang **I** *overg* loskrijgen, z'n slag slaan, klaarspelen, voor elkaar krijgen; zich eruit draaien; vervalsen, knoeien met; **II** *znw* streek, truc, foefje o

wank [wæŋk] *onoverg* plat (zich) aftrekken, (zich) afrukken

wanker *znw* plat rukker; flapdrol, klojo

want [wɔnt] **I** *znw* nood, gebrek o, behoefte, armoede; gemis o; *for* ~ *of* bij gebrek aan; *be in* ~ gebrek hebben, gebrek lijden; *be in* ~ *of* nodig hebben; **II** *overg* nodig hebben; behoeven, moeten; hebben moeten; willen, wensen, verlangen; te kort komen, mankeren; *you are* ~*ed* men vraagt naar u; gemeenz de politie zoekt naar je; *it* ~*s only... er* is alleen maar... (om) nodig; **III** *onoverg* gebrek lijden; *you shall* ~ *for nothing* het zal u aan niets ontbreken; ~ *out* eruit willen; fig gemeenz willen nokken

wanted *bn* gevraagd [in advertentie]; gezocht, opsporing verzocht [door de politie]

wanting I *bn* ontbrekend; *be* ~ ontbreken, mankeren, weg zijn; *be* ~ *in* tekortschieten in; *be found* ~ te licht bevonden worden; **II** *voorz* zonder; op... na; ~ *one* op één na

wanton ['wɔntən] **I** *bn* baldadig, uitgelaten, wild; onhandelbaar, onbeheerst; moedwillig, zonder aanleiding; grillig, dartel; verkwistend; wellustig; **II** *znw* lichtekooi; lichtmis

war [wɔː] **I** *znw* oorlog; ~ *of attrition* uitputtingsoorlog; *a* ~ *to the knife* een strijd op leven en dood; *be at* ~ in oorlog zijn; oorlog hebben (met *with*); *go to* ~ ten strijde trekken; *he has been in the* ~*s* hij is behoorlijk toegetakeld; **II** *onoverg* oorlog voeren (tegen *against, on*); ~*ring* strijdend, (tegen)strijdig

warble ['wɔ:bl] **I** *onoverg & overg* kwelen, kwinkeleren, zingen, slaan; **II** *znw* gekweel *o*, gekwinkeleer *o*, gezang *o*, slag

warbler *znw* tjiftjaf [vogel]

war-cry ['wɔ:krai] *znw* oorlogskreet, wapenkreet, strijdkreet, strijdleus

ward [wɔ:d] **I** *znw* pupil [onder voogdij] (ook: ~ *of court*, ~ *in chancery*); (stads-) wijk; zaal, afdeling [in ziekenhuis]; **II** *overg*: ~ *(off)* afwenden, afslaan, pareren

war-dance ['wɔ:dɑ:ns] *znw* krijgsdans

warden ['wɔ:dn] *znw* bewaarder, opziener, hoofd *o* [v. instituut, college]; jeugdherbergvader, -moeder; Am directeur [v. gevangenis]; *(traffic)* ~ parkeerwacht

warder ['wɔ:də] *znw* cipier

wardress *znw* vrouwelijke cipier

wardrobe ['wɔ:droub] *znw* klerenkast; garderobe, kleren; ~ *mistress* costumière; ~ *trunk* kastkoffer

wardroom ['wɔ:drum] *znw* scheepv longroom, officiersmess

wardship ['wɔːdʃip] *znw* voogdij

ware [wɛə] *znw* waar, plateelwerk *o*, aardewerk *o*; waren; *his* ~*s* zijn (koop)waar

warehouse I *znw* ['wɛəhaus] *znw* pakhuis *o*; magazijn *o*; **II** *overg* ['wɛəhauz] opslaan [in het magazijn]

warfare ['wɔ:fɛə] *znw* oorlog(voering), strijd

warhead *znw* mil (lading)kop; *nuclear* ~ atoomkop

war-horse *znw* hist strijdros *o*; oorlogsveteraan, oude vechtjas

warlike *bn* krijgshaftig, oorlogszuchtig; oorlogs-; ~ *preparation* oorlogstoebereidselen

warlock ['wɔ:lɔk] *znw* vero tovenaar

warm [wɔ:m] **I** *bn* warm², heet; hartelijk, sympathiek; enthousiast, vurig; opgewonden; verhit; *make things (it)* ~ *for sbd.* iem. het vuur na aan de schenen leggen; iem. in een lastig parket brengen; **II** *overg* (ver-) warmen, warm maken²; ~ *up* opwarmen; **III** *wederk*: ~ *oneself* zich warmen; **IV** *onoverg* warm worden (fig ook: ~ *up*); *he* ~*ed to the subject (to this theme)* hij raakte meer en meer in vuur; ~ *up* warm worden [kamer]; warmer worden [voor een zaak]; sp de spieren losmaken

warm-blooded *bn* warmbloedig

warm front *znw* warmtefront *o*

warm-hearted *bn* hartelijk

warming-pan *znw* beddenpan

warmly *bijw* warm²; fig hartelijk, met warmte, met vuur

warmonger ['wɔ:mʌŋɡə] *znw* oorlogsophitser

warmongering *znw* oorlogspropaganda

warmth ['wɔ:mθ] *znw* warmte²; hartelijkheid, enthousiasme *o*, opgewondenheid, heftigheid

warm-up ['wɔ:mʌp] *znw* sp warming-up

warn [wɔ:n] *overg* waarschuwen (voor een gevaar *of a danger*; voor een persoon

against a person); verwittigen, inlichten, aanzeggen; ~ *off* iem. de toegang ontzeggen, iem. uitsluiten

warning I *znw* waarschuwing, aanzegging; opzegging [v. dienst]; verwittiging, aankondiging; *give (a month's)* ~ (met een maand) de dienst (de huur) opzeggen; zie ook: *air-raid*; **II** *bn* waarschuwend, waarschuwing(s)-

warp [wɔ:p] **I** *onoverg* kromtrekken; **II** *overg* doen kromtrekken; fig een verkeerde richting geven aan; verdraaien; **III** *znw* kromtrekking; schering [weefgetouw]; fig (geestelijke) afwijking; vervorming [v. geluid &]

war-paint ['wɔ:peint] *znw* oorlogsbeschildering [v. indianen]; slang make-up

war-path *znw* oorlogspad *o*; *be (go) on the* ~ ten strijde trekken², vechtlustig zijn

warrant ['wɔrənt] **I** *znw* rechtvaardiging, grond, recht *o*; volmacht, machtiging; ceel; bevelschrift *o*, mandaat *o* (tot betaling); bevel *o* tot inhechtenisneming; aanstelling; garantie, waarborg; ~ *of arrest* bevel(schrift) *o* tot aanhouding; **II** *overg* rechtvaardigen, machtigen; garanderen, waarborgen, instaan voor; *he is a...*, *I* ~ gemeenz daar kunt u van op aan

warrantable *bn* gewettigd, verdedigbaar, te rechtvaardigen

warrantee [wɔrən'ti:] *znw* aan wie iets gewaarborgd wordt

warranter, warrantor ['wɔrəntə] *znw* volmachtgever; waarborger

warrant-officer *znw* mil bij *warrant* aangestelde *non-commissioned* officier, onderofficier van de hoogste rang, onderluitenant

warranty *znw* rechtvaardiging; waarborg, garantie

warren ['wɔrən] *znw* konijnenberg, -park *o*; fig overbevolkte sloppenbuurt; huurkazerne; warnet *o* [v. gangen]

warrior ['wɔriə] *znw* krijgsman, krijger, soldaat

Warsaw ['wɔ:sɔ:] *znw* Warschau *o*; ~ *Pact* Warschaupact

warship ['wɔ:ʃip] *znw* oorlogsschip *o*

wart [wɔ:t] *znw* wrat; ~*s and all* met al zijn gebreken

wart-hog *znw* wrattenzwijn *o*

wartime ['wɔ:taim] *znw* oorlog(stijd)

warty ['wɔ:ti] *bn* wrattig; vol wratten

war-weary ['wɔ:wiəri] *bn* strijdensmoe

war-whoop ['wɔ:hu:p] *znw* = *war-cry*

wary ['wɛəri] *bn* omzichtig, behoedzaam, voorzichtig; op zijn hoede (voor *of*); *be* ~ *of...* zich wel wachten om...

was [wɔz, wəz] V.T. van *be*: was

wash [wɔʃ] **I** *overg* wassen [ook erts], af-, uit-, schoonwassen; spoelen [dek &], af-, om-, uitspoelen; bespoelen, besproeien; aan-, bestrijken, vernissen, sausen; ~ *dirty linen in public* de vuile was buiten hangen; ~ *one's hands of it* zich niet meer (willen) bemoeien met; **II** *wederk*: ~ *oneself* zich(zelf) wassen; **III** *onoverg & abs ww* wassen; zich wassen; wasecht zijn; *that won't* ~ gemeenz die vlieger gaat niet op; ~

ashore aan land spoelen; ~ *away* wegspoelen, wegslaan; ~ *down* (af)wassen, (schoon)spoelen; naar binnen spoelen; ~ *off* afwassen; ~ *out* uitwassen; er met wassen uitgaan; gemeenz in het water (in duigen) doen vallen; gemeenz opheffen, vernietigen; ~*ed out* ook: flets, afgetakeld; ~ *overboard* overboord spoelen; ~ *up* afwassen, (om)spoelen; aanspoelen; Am zich wat opfrissen; ~*ed up* gemeenz (dood-) op, kapot, naar de bliksem; **IV** *znw* was; wassing, spoeling, spoelsel o; spoelwater² o; waterverf; kleurtje o, vernisje o; kielwater o; golfslag; aanspoeling, aanspoelsel o; gewassen tekening; *come out in the ~* gemeenz wel loslopen, wel in orde komen

washable *bn* (af)wasbaar, wasecht
washbasin *znw* wasbak; vaste wastafel
washboard *znw* wasbord o; scheepv wasboord o, zetbo(o)rd o
washbowl *znw* Am wastafel
washer *znw* wasser; wasmachine; techn sluiting; leertje o [v. kraan]
washerwoman *znw* wasvrouw
wash-hand basin *znw* waskom, fonteintje o
washing I *bn* wasecht; was-; **II** *znw* wassen o &, wassing; was(goed o)
washing-machine *znw* wasmachine; *automatic ~* wasautomaat
washing powder *znw* waspoeder o, wasmiddel o
washing-up [wɔʃiŋˈʌp] *znw* afwas; ~ *liquid* afwasmiddel o
wash-leather [ˈwɔʃleðə] *znw* zeem, zeemleer o
wash-out *znw* mislukking, fiasco o, sof; vent van niks, prul o
wash-room *znw* Am toilet o, wc
wash-stand *znw* wastafel
wash-tub *znw* wastobbe
washy *bn* waterig², slap; flets
Wasp, WASP *afk.* = *White Anglo-Saxon Protestant* [geringschattende benaming voor behoudende, blanke, protestantse afstammelingen van Europese immigranten in de VS]
wasp [wɔsp] *znw* wesp; ~ *waist* wespentaille
waspish *bn* fig opvliegend, bits
wassail [ˈwɔseil, ˈwæsl] vero **I** *znw* drinkgelag o; gekruid bier o; **II** *onoverg* pimpelen, brassen
wastage [ˈweistidʒ] *znw* verspilling, verkwisting; verlies o door verbruik, slijtage; afval o & m; verloop o [v. personeel &]
waste I *bn* woest; onbebouwd; ongebruikt; overtollig; afval-; ~ *paper* oud papier o; *lay ~* verwoesten; *lie ~* braak liggen²; **II** *overg* verspillen, verkwisten, weggooien, verknoeien; verwoesten; verteren, doen uitteren, verslijten, verbruiken; recht verwaarlozen, laten vervallen [eigendom]; slang koud maken, om zeep helpen, mollen; *be ~d* ook: verloren gaan; *get ~d* slang zich lam zuipen; **III** *onoverg* afnemen [door het gebruik], opraken, slijten; verloren gaan; ~ *away* (weg)kwijnen, ver-, uitteren; ~ *not,*

want not wie wat spaart, heeft wat; **IV** *znw* onbebouwd land o; woestenij; verwoesting; verspilling; verkwisting; afval o & m, afvalstoffen; poetskatoen o; *a ~ of time* tijdverspilling
wastebin, Am **wastebasket** *znw* afvalbak, vuilnisbak [in keuken]; prullenmand
waste disposal *znw* afvalverwerking; ~ *unit* afvalvernietiger
wasteful *bn* verkwistend, niet zuinig, spilziek; ~ *of...* erg kwistig met...; *veel... verbruikend*
wasteland *znw* braakliggend terrein o; verlaten/saai gebied o; kleurloze periode
waste-paper basket [weist'peipəbɑ:skit] *znw* prullenmand, papiermand
waste-pipe [ˈweistpaip] *znw* afvoerpijp
waster *znw* nietsnut
wastrel [ˈweistrəl] *znw* nietsnut, mislukkeling
watch [wɔtʃ] **I** *znw* wacht, waken o, plechtig wake; waakzaamheid; uitkijk; horloge o; *keep (a) ~* de wacht houden; *keep (a) ~ on* een oogje houden op, letten op; *keep ~ over* de wacht houden over, bewaken; *set a ~ over sbd.* iem. permanent in de gaten laten houden; *be on the ~ for* uitkijken naar; loeren op; *keep ~ and ward over* dag en nacht (goed) in de gaten houden; **II** *onoverg* kijken, toekijken; uitkijken; waken, waakzaam zijn; wacht doen; ~ *out* op zijn hoede zijn, oppassen; ~ *over* een wakend oog houden op; **III** *overg* kijken naar; letten op, in het oog houden; bewaken; hoeden; ~ *your step!*, ~ *it!* pas op!
watchband *znw* Am horlogebandje o
watch-case *znw* horlogekast
watch-chain *znw* horlogeketting
watch-dog *znw* waakhond²
watcher *znw* bespieder; waarnemer
watchful *bn* oplettend, waakzaam, waaks
watch-glass *znw* horlogeglas o
watchmaker *znw* horlogemaker
watchman *znw* (nacht)waker; bijbel wachter
watchstrap *znw* horlogebandje o
watch-tower *znw* wachttoren
watchword *znw* wachtwoord² o
water [ˈwɔːtə] **I** *znw* water° o; vruchtwater o (ook: ~*s*); ~*s* water o, wateren; ook: baden; *still ~s run deep* stille waters hebben diepe gronden; ~ *on the brain* een waterhoofd o; ~ *on the knee* leewater o [in knie]; *hold ~* steekhoudend zijn; *pour (throw) cold ~ on* een domper zetten op; *by ~* te water, over zee; *deep ~* grote moeilijkheden; raadsel o; *be in hot ~* in de knoei zitten; *be in low ~* aan lagerwal zijn; *get into hot ~* in moeilijkheden geraken, het aan de stok krijgen (met *with*); *run like ~ off a duck's back* niet het minste effect hebben; *test the ~(s)* een proefballonnetje oplaten; *of the first ~* van het zuiverste water²; **II** *overg* van water voorzien; bewateren, besproeien [v. rivier], besproelen; aanlengen met water, in de week leggen [vlas]; begieten, water geven, drenken [paarden &]; wateren [stoffen]; fig verwa-

teren; ~ *down* verwateren; verdunnen, verzachten; **III** *onoverg* wateren, tranen, lopen; *make one's mouth* ~ doen watertanden

waterbed *znw* waterbed o

water bird *znw* watervogel

water biscuit *znw* cracker

water-borne *bn* vlot, drijvend; te water vervoerd; door water overgebracht [ziekte &]; zee-

water-bottle *znw* karaf; mil veldfles

water buffalo *znw* waterbuffel, karbouw

water-butt *znw* regenton

water-cannon *znw* waterkanon o

water-cart *znw* sproeiwagen

water chestnut *znw* waternoot, waterkastanje [gebruikt in Chinese maaltijden]

water-closet *znw* wc

water-colour *znw* waterverf(schildering)

watercourse *znw* waterloop; geul, bedding

watercress *znw* waterkers

watered *bn* als water, verwaterd &; moiré [van zijde]

waterfall *znw* waterval

waterfowl *znw* watervogel(s)

waterfront *znw* waterkant; Am stadsdeel o of landstrook aan zee of meer; havenkwartier o

water-gate *znw* waterpoort; vloeddeur [v. sluis]

water-gauge *znw* peilglas o

water-hen *znw* waterhoen o

waterhole *znw* waterpoel, drinkplaats

watering *znw* sproeien o, begieten o

watering-can *znw* gieter

watering-place *znw* wed o; waterplaats; plaats waar men water inneemt; badplaats

water jump *znw* (spring)sloot [als hindernis bij paardensport]

water-level *znw* waterstand, waterspiegel; waterpas o

water-lily *znw* waterlelie

waterline *znw* waterlijn

waterlogged *bn* volgelopen met water, vol water

water-main *znw* hoofdbuis [v. waterleiding]

waterman *znw* veerman

watermark *znw* watermerk o; scheepv waterpeil o; waterlijn

water-melon *znw* watermeloen

watermill *znw* watermolen

water pistol *znw* waterpistool o

water-polo *znw* waterpolo o

water-pot *znw* waterkan; gieter

water power *znw* waterkracht

waterproof **I** *bn* waterdicht; **II** *znw* waterdichte stof, jas of mantel; **III** *overg* waterdicht maken

water-rat *znw* waterrat

water-rate *znw* kosten van waterverbruik

water-resistant *bn* watervast [inkt]; waterafstotend [jas &]

watershed *znw* waterscheiding; stroomgebied o; fig scheidingslijn, tweesprong

waterside *znw* waterkant

water-ski **I** *znw* waterski; **II** *onoverg* waterskiën

water-softener *znw* waterontharder

water soluble *bn* oplosbaar in water

water-spout *znw* waterspuwer, afvoerbuis; waterhoos

water-supply *znw* watervoorziening

water table *znw* grondwaterspiegel

water-tank *znw* reservoir o

watertight *bn* waterdicht[2]; fig onaanvechtbaar

water tower *znw* watertoren

water-vole *znw* waterrat

waterway *znw* waterweg; scheepv goot, watergang

water-wheel *znw* waterrad o; scheprad o

waterworks *znw mv* waterleiding; waterwerken; *turn on the* ~ gemeenz gaan huilen; *have sth. wrong with one's* ~ iets aan zijn blaas hebben

watery *bn* waterig[2], waterachtig, water-; regenachtig, regen-; fig bleek, verschoten

watt [wɔt] *znw* elektr watt

wattage ['wɔtidʒ] *znw* wattage o, elektrisch vermogen o

wattle ['wɔtl] *znw* teenwerk o [voor afrasteringen]; dierk lel [v. kalkoen]; baard [v. vis]

wave [weiv] **I** *onoverg* wapperen; wuiven; golven; **II** *overg* (doen) golven, onduleren [haar]; wateren [stoffen]; zwaaien met, wuiven met; toewuiven; ~ *aside* wegwuiven, afwijzen; ~ *down a car* een automobilist gebaren te stoppen; ~ *off* wuivend afscheid nemen van; **III** *znw* golf[2]; wuivende handbeweging, gewuif o

waveband *znw* radio (golf)band

wavelength *znw* radio golflengte; *be on the same* ~ op dezelfde golflengte zitten

waver ['weivə] *onoverg* onvast zijn; waggelen; wankelen, weifelen, aarzelen; schommelen; flakkeren [v. licht]; haperen, beven [v. stem]

wavering **I** *bn* wankel(baar), wankelend, wankelmoedig; weifelend; **II** *znw* gewankel o, geweifel o, weifeling

wavy *bn* golvend, gegolfd

1 wax [wæks] **I** *znw* **1** was; oorsmeer o; lak o & m; **2** slang woede(aanval); **II** *bn* wassen; **III** *overg* met was bestrijken, in de was zetten, wassen

2 wax [wæks] *onoverg* wassen, toenemen; vero worden; ~ *and wane* wassen en afnemen [van de maan]

waxen *bn* van was, wassen, was-; wasgeel; zo bleek als was

wax paper *znw* waspapier o

waxwork *znw* in was uitgevoerd boetseerwerk o; ~s wassenbeelden

waxy *bn* wasachtig; slang woedend

way [wei] **I** *znw* weg, pad o; baan; route; eind o (weegs), afstand; vaart, gang; richting, kant; manier, wijze, trant; handelwijze, gebruik o, gewoonte; geringsch hebbelijkheid; ~ *of life* manier van leven, levensstijl; *devise (find)* ~*s and means* raad schaffen; ~ *in* ingang; ~ *out* uitgang; fig uitweg; *no* ~! uitgesloten!, daar komt niets van in!; *the* ~ *of the Cross* RK de kruisweg; *it is a long* ~ *round* een heel eind om; *along the* ~ op weg, langs de weg; *any* ~ hoe dan ook; in alle geval, toch; *either* ~ in beide gevallen; hoe dan ook; *let him have his own* ~ laat hem zijn eigen gang (maar) gaan; geef hem zijn zin maar; *one* ~ *or another* op de een of andere manier; *one* ~ *or the other it has helped* in ieder geval heeft het geholpen; *it is the other* ~ *about (round)* het is (net) andersom; *our* ~ onze kant uit; in ons voordeel; *get in the* ~ in de weg lopen, hinderen; *get in the* ~ *of* verhinderen; *get one's (own)* ~ zijn zin krijgen; *give* ~ opzijgaan; wijken, zwichten, plaats maken (voor *to*); bezwijken (onder *under*); *give* ~! geef voorrang; *her voice gave* ~ haar stem liet haar in de steek; *go a long* ~ ver reiken; veel bijdragen (tot *towards*); *lose one's* ~ verdwalen; *see one's* ~ *clear to...* zijn kans schoon zien om...; *take the easy* ~ *out* de weg van de minste weerstand kiezen; *everything is going my* ~ alles gaat naar mijn zin; *have a* ~ *with one* aardig omgaan (met), innemend zijn; *you can't have it both* ~*s* òf het één òf het andere; *have one's (own)* ~ zijn zin krijgen; *have one's* ~ *with sbd.* gemeenz met iem. neuken; *have it (all) one's own* ~ kunnen doen en laten wat men wil; *not know which* ~ *to turn* geen raad weten; *make* ~ plaats maken (voor *for*); *make one's* ~ zich een weg banen; zijn weg (wel) vinden [in de wereld]; *put (sbd.) in the* ~ *of* (iem.) de gelegenheid geven om; *across the* ~ aan de overkant, hiertegenover; *by* ~ *of* bij wijze van; via, over; *he is by* ~ *of being an artist* hij is zo half en half artiest; *by the* ~ onderweg; en passant, overigens; wat ik zeggen wil(de), tussen twee haakjes; *by a long* ~ verreweg; *not by a long* ~ lang niet, op geen stukken na; *in a* ~, *in one* ~ in zekere zin, in zeker (één) opzicht; *in a* ~ *of speaking* bij wijze van spreken; in zekere zin; *not in any* ~, (*in*) *no* ~ geenszins, hoegenaamd (helemaal) niet; *be in the* ~ (de mensen) in de weg staan; *put sbd. in the* ~ *of a job* iem. aan een baan helpen; *be on the* ~ op komst zijn, in aantocht zijn; *be on the (one's)* ~ *out* op weg naar buiten zijn; fig ± een aflopende zaak zijn; *out of the* ~ uit de weg, uit de voeten; klaar; weg, absent [ook = verstrooid]; afgelegen; niet ter zake dienend, vergezocht; *go out of one's* ~ *to...* de moeite nemen om...; zich uitsloven om...; het erop toeleggen om...; *get under* ~ in beweging komen; gang, vaart krijgen; beginnen; scheepv het anker lichten; **II** *bijw* gemeenz een stuk, een eind, ver [vooruit &]; ~ *back in A.* gemeenz daarginds in A.; ~ *back in 1910* gemeenz reeds in 1910

way-bill *znw* vrachtbrief
wayfarer *znw* (voet)reiziger
wayfaring *bn* reizend, trekkend [vooral te voet]
waylay [wei'lei] *overg* opwachten (om te overvallen)
way-out *bn* slang te gek, gaaf;

buitenissig, zeer apart
wayside *znw* kant van de weg; *fall by the* ~ fig afvallen, voortijdig met studie & ophouden
wayward *bn* eigenzinnig, dwars, verkeerd, in de contramine; grillig
we [wi:, wi] *pers vnw* wij
weak [wi:k] *bn* zwak°, slap²; *his* ~ *point (side)* zijn zwakke zijde; *the* ~*er sex* het zwakke geslacht
weaken I *overg* verzwakken², slapper maken, verdunnen; **II** *onoverg* zwak(ker) worden
weak-kneed *bn* zwak in de knieën; fig slap, niet flink
weakling *znw* zwakkeling
weakly I *bn* zwak, ziekelijk; **II** *bijw* zwak, slap, flauw; uit zwakte
weak-minded *bn* zwakhoofdig, zwakzinnig
weakness *znw* zwakheid, zwakke plaats; zwakte, zwak; *a* ~ *that way* daarvoor heeft hij een zwak
1 weal [wi:l] *znw* welzijn o, geluk o; ~ *and woe* wel en wee o
2 weal [wi:l] *znw* streep, striem
weald [wi:ld] *znw* **1** beboste streek; **2** open land o
wealth [welθ] *znw* rijkdom, weelde, pracht, schat, overvloed; *a man of* ~ een rijk man
wealthy *bn* rijk
wean [wi:n] *overg* spenen; ~ *from* spenen van, af-, ontwennen, vervreemden van, losmaken van, benemen
weapon ['wepən] *znw* wapen² o
weaponry *znw* bewapening, wapens
1 wear* [wɛə] **I** *overg* dragen [aan het lijf]; ook: (aan)hebben, vertonen; (ver)slijten, af-, uitslijten; *she wore black* zij was in het zwart; *I won't* ~ *it* gemeenz ik moet het niet, ik bedank ervoor; **II** *onoverg* (ver-)slijten; vermoeien, afmatten; voorbijgaan [v. de tijd], lang vallen; zich laten dragen; zich (goed) houden [in het gebruik]; ~ *thin* slijten², dun worden; fig opraken [v. geduld]; ~ *well* zich goed houden [in het gebruik]; ~ *away* weg-, ver-, uit-, afslijten; slijten [tijd &], verdrijven; ~ *down* af-, verslijten; afmatten, uitputten; ~ *off* af-, wegslijten; verdwijnen; ~ *on* (langzaam) voorbijgaan [tijd]; ~ *out* afdragen, verslijten; afmatten, uitputten; ~ *through* een gat maken in [kleren]
2 wear [wɛə] *znw* dragen o, gebruik o; dracht, kleding, kleren, goed o; degelijkheid, houdbaarheid; slijtage; ~ *and tear* slijtage; *the* ~ *and tear of time* de tand des tijds; *there is a deal of* ~ *in it* je kunt er lang mee doen; *the worse for* ~ erg versleten; afgeleefd, afgepeigerd
wearable ['wɛərəbl] *bn* draagbaar [kleding]
weariness *znw* vermoeidheid, moeheid; verveling; zatheid
wearisome ['wiərisəm] *bn* vermoeiend, lastig, moeizaam; afmattend, vervelend
weary I *bn* vermoeid, moe(de); vermoeiend, moeizaam; vervelend; ~ *of life* levensmoe; **II** *overg* vermoeien, afmatten;

vervelen; **III** *onoverg* moe worden

weasel ['wi:zl] *znw* wezel

weather ['weðə] **I** *znw* weder o; *make heavy ~ of* veel moeite hebben met, zich druk maken over; *in all ~s* weer of geen weer; *be under the ~* zich niet lekker voelen; in de put zitten; **II** *overg* aan de lucht blootstellen; fig te boven komen; doorstaan [storm &]; ~ *(out) the gale* de storm doorstaan; **III** *onoverg* verweren

weather-beaten *bn* door het weer of door stormen geteisterd; verweerd

weather-board *znw* overnaadse plank [tegen inregenen], lekdorpel [v. raam of deur]

weather-bound *bn* door het slechte weer opgehouden

weather-bureau *znw* meteorologisch instituut o

weathercock *znw* weerhaan²

weather eye *znw:* *keep a ~ on* in de gaten houden; *keep one's ~ open* fig op elke eventualiteit voorbereid zijn

weather-forecast *znw* weersverwachting

weathering *znw* waterslag, afzaat; verwering

weather-man *znw* gemeenz weerkundige, weerman

weatherproof I *bn* tegen het weer bestand; **II** *overg* waterdicht maken

weather-station *znw* meteorologische post, weerstation o

weather-strip *znw* tochtstrip, tochtlat

weather-vane *znw* windwijzer

1 weave* [wi:v] **I** *overg & onoverg* weven, vlechten (in, tot *into*); **II** *onoverg* weven; zwenken; zich heen en weer bewegen, zigzaggen; *let's get weaving!* gemeenz kom op, aan de slag!

2 weave [wi:v] *znw* weefsel o, patroon o

weaver *znw* wever

weaving *znw* weven o, weverij

weaving-mill *znw* weverij

web [web] *znw* web o; spinnenweb o; bindweefsel o; weefsel o; (zwem)vlies o; vlag [v. veer]; wang

webbed *bn* met (zwem)vliezen

webbing *znw* singelband o [stofnaam], singelband *m* [voorwerpsnaam]

web-footed *bn* met zwempoten

we'd [wi:d] verk. van *we had; we would*

wed [wed] *overg* trouwen (met), huwen (met); in de echt verbinden; *he ~ded industry to economy* hij paarde ijver aan zuinigheid; zie ook: *wedded*

wedded *bn* getrouwd; ~ *bliss* huwelijksgeluk o

wedding *znw* huwelijk o; bruiloft

wedding-breakfast *znw* maaltijd na de trouwplechtigheid, huwelijksmaal o

wedding-day *znw* (verjaardag van de) trouwdag

wedding-dress *znw* trouwjurk

wedding-ring *znw* trouwring

wedge [wedʒ] **I** *znw* wig, keg; punt [v. taart]; *the thin end of the ~* fig de eerste stap, het eerste begin; *drive a ~ between* tweedracht zaaien tussen, een wig drijven

tussen; **II** *overg* vastklemmen, vastzetten; een wig slaan in; ~ *in* indringen, -duwen, -schuiven; ~*d (in) between* ingeklemd, beklemd tussen

wedlock ['wedlɔk] *znw* huwelijk o; *born in* ~ echt [v.e. kind]; *born out of* ~ onecht [v.e. kind]

Wednesday ['wensdi, 'wenzdei] *znw* woensdag

1 wee [wi:] *bn* klein

2 wee [wi:] slang **I** *znw* pies, plasje o; **II** *onoverg* piesen, een plasje doen

weed [wi:d] **I** *znw* onkruid² o; gemeenz tabak; slang marihuana, stickie o; gemeenz lange (magere) slapjanus; **II** *overg* wieden, uitroeien, zuiveren

weed-killer *znw* onkruidverdelger, herbicide o

weedy *bn* vol onkruid; als (van) onkruid; fig opgeschoten, slungelig; zwak

week [wi:k] *znw* week, werkweek; *a* ~ elke week, wekelijks; *by the* ~ per week

weekday *znw* weekdag, doordeweekse dag, werkdag; *on* ~*s* ook: door (in) de week

week-end *znw* weekend o

week-ender *znw* iemand die een weekend uitgaat

weekly I *bijw* wekelijks, iedere week; **II** *bn* wekelijks, week-; **III** *znw* weekblad o

ween [wi:n] *onoverg* plechtig menen, denken

weeny ['wi:ni] *bn* gemeenz (heel) klein

1 weep* [wi:p] **I** *onoverg* wenen, schreien; vocht afscheiden, druppelen; tranen; **II** *overg* bewenen, betreuren

2 weep [wi:p] *znw* huilbui

weeping willow *znw* treurwilg

weepy I *bn* sentimenteel, huilerig; **II** *znw* gemeenz sentimentele film (boek, toneelstuk)

weever ['wi:və] *znw* pieterman [vis]

weevil ['wi:v(i)l] *znw* langsnuitkever

wee-wee ['wi:wi:] *znw & onoverg* = ²wee

weft [weft] *znw* inslag(garen o); weefsel o

weigh [wei] **I** *overg* wegen², af-, overwegen; scheepv lichten; **II** *onoverg* wegen², gewicht in de schaal leggen; zich (laten) wegen; scheepv het anker lichten; ~ *down* neerdrukken, doen doorbuigen; doen overslaan [de schaal]; opwegen tegen [argumenten &]; ~ *in* komen aanzetten²; ~ *in (out) a jockey* sp een jockey wegen vóór (na) de wedren; ~ *in with* naar voren brengen; ~ *out* af-, toewegen; ~ *up* fig schatten, taxeren

weigh-beam *znw* unster [balans met ongelijke armen]

weigh-bridge *znw* weegbrug

weigh-in *znw* sp weging, gewichtscontrole

weigh(ing)-house *znw* waag

weighing-machine *znw* weegtoestel o, bascule

weight [weit] **I** *znw* gewicht² o, zwaarte; belasting; last; druk; fig belangrijkheid); *it is a ~ off my conscience* het is mij een pak van het hart; *put on* ~ zwaarder worden, aankomen; *pull one's* ~ zich geheel geven;

zijn steentje bijdragen; *take one's ~ off one's feet* gaan zitten; *throw one's ~ about* gewichtig doen, veel drukte maken; zie ook: *carry I*; **II** *overg* bezwaren, belasten, zwaarder maken

weighting *znw* standplaatstoelage [extra toelage i.v.m. hoge kosten van levensonderhoud in de standplaats]

weightless *bn* gewichtloos

weightlessness *znw* gewichtloosheid

weightlifter *znw* gewichtheffer

weightlifting *znw* gewichtheffen o

weighty *onoverg* bn zwaarwegend[2]; zwaar[2], gewichtig[2], van gewicht

weir [wiə] *znw* waterkering, stuwdam; visweer: constructie in een water om vis te vangen

weird [wiəd] *bn* spookachtig, griezelig, geheimzinnig; getikt, gek, zonderling

weirdie, weirdo *znw* slang bijzonder vreemde snuiter

welch *onoverg* = welsh

welcome ['welkəm] **I** *tsw* welkom; *~ to A.!* welkom in A.!; **II** *znw* welkom o; ontvangst; *bid sbd. ~* iem. welkom heten; **III** *bn* welkom[2]; verheugend; *you are ~* tot uw dienst; *you are ~ to it!* het is je gegund!; *you are ~ to do it* het staat je vrij het te doen; *make sbd. ~* iem. welkom heten; **IV** *overg* verwelkomen, welkom heten, vriendelijk ontvangen[2]; toejuichen [besluit &]

weld [weld] **I** *znw* welnaad, las; **II** *overg* lassen, wellen, aaneensmeden[2]

welder *znw* lasser; lasapparaat o

weldless *bn* zonder las; zonder naad

welfare ['welfɛə] *znw* welzijn o; maatschappelijk werk o; bijstand; *child ~, infant ~* kinderzorg, zuigelingenzorg; *~ centre* polikliniek; *~ state* verzorgingsstaat; *~ work* sociale voorzieningen; welzijnszorg

1 well [wel] **I** *znw* put, wel, bron[2], bronader[2]; geneeskrachtige bron; bouwk schacht; trappenhuis o; (lift)koker; recht balie, advocatuur; (inkt)pot; **II** *onoverg* (op)wellen[2], ontspringen[2] (ook: *forth, up, out*)

2 well [wel] **I** *bijw* wel, goed; *as ~* eveneens, ook; *as ~ as* net zo goed als; zowel als, alsmede, alsook; *~ and truly* goed en wel; *~ away (back, before daylight &)* een heel eind (een flink stuk) weg &; slang aangeschoten; *be ~ out of sth.* er goed (van) afkomen; van geluk mogen spreken; *~ done!* goed zo!; *let (leave) ~ alone* niet mee bemoeien; **II** *bn* wel, (goed) gezond; goed; *it is just as ~* het is maar goed; *~ enough* goed, best; **III** *tsw* nou, nou ja, ach ja; enfin; wel!, goed!, (wel)nu!

well-advised *bn* verstandig

well-aimed *bn* goedgemikt

well-appointed *bn* goed ingericht [kamer]

well-balanced *bn* precies in evenwicht, evenwichtig[2], uitgebalanceerd[2]

well-behaved *bn* zich goed gedragend, oppassend

well-being *znw* welzijn o

well-born *bn* van goede afkomst

well-bred *bn* welopgevoed, beschaafd

well-brought-up *bn* welopgevoed, beschaafd

well-built *bn* goedgebouwd

well-connected *bn* van goede familie; met goede relaties

well-defined *bn* duidelijk omschreven, scherp afgebakend

well-disposed *bn* welgezind

well-done *bn* (goed) doorbraden, gaar

well-dressed *bn* goed gekleed

well-earned *bn* welverdiend

well-favoured *bn* er knap uitziend

well-fed *bn* goed gevoed, doorvoed

well-founded *bn* gegrond

well-groomed *bn* verzorgd, gesoigneerd

well-grounded *bn* gefundeerd, gegrond, terecht

well-head ['welhed] *znw* bron[2]

well-heeled ['wel'hi:ld] *bn* gemeenz gefortuneerd, rijk, goed bij kas

wellies ['weliz] *znw mv* gemeenz = wellingtons

well-informed ['welin'fɔ:md] *bn* goed ingelicht, goed op de hoogte; gedocumenteerd [betoog], knap

wellingtons ['weliŋtənz] *znw mv* hoge laarzen [tot aan de knieën]

well-intentioned ['welin'tenʃənd] *bn* goed bedoeld; welgemeend; welmenend, goedgezind

well-kept *bn* goed onderhouden, verzorgd, netjes

well-knit *bn* stevig gebouwd

well-known *bn* bekend

well-lined *bn* goed gevuld [beurs]

well-mannered *bn* welgemanierd

well-meaning *bn* met de beste bedoelingen; goed bedoeld

well-meant *bn* goed bedoeld

well-nigh *bijw* bijna, nagenoeg, vrijwel

well-off *bn* welgesteld

well-oiled *bn* slang dronken; fig vleierig

well-preserved *bn* goed geconserveerd [persoon, gebouw]

well-read *bn* belezen

well-set ['wel'set] *bn* stevig gebouwd

well-spent *bn* goed besteed

well-spoken *bn* beschaafd (aangenaam) sprekend, welbespraakt; treffend gezegd

well-stocked ['wel'stɔkt] *bn* goed voorzien

well-thought-of *bn* geacht, gerespecteerd

well-thought-out *bn* goed doordacht, weloverwogen, doorwrocht

well-thumbed *bn* beduimeld

well-timed *bn* juist op tijd komend, opportuun

well-to-do *bn* welgesteld

well-tried *bn* beproefd

well-turned *bn* welgevormd; welgekozen [van bewoordingen]

well-wisher *znw* begunstiger, vriend

well-worn *bn* veel gedragen; versleten, afgezaagd

welsh [welʃ] *onoverg*: *~ on sbd.* ervandoor gaan met iems. geld [bij wedrennen]; gemeenz iem. belazeren

Welsh [welʃ] **I** *bn* van Wales, Welsh; *~ rab-*

bit, ~ *rarebit* stukje o toast met gesmolten kaas; Welsh de taal van Wales, Welsh o; *the* ~ de inwoners van Wales

Welshman ['welʃmən] *znw* iem. uit Wales, Welshman

Welshwoman ['welʃwumən] *znw* inwoonster van Wales

welt [welt] *znw* omboordsel o, rand [aan het bovenschoenleer]; striem

welter ['weltə] **I** *onoverg* zich wentelen[2], rollen [golven]; **II** *znw* mengelmoes o & v; groot aantal o; chaos; *in a* ~ *of blood* badend in het bloed

welter-weight *znw* weltergewicht

wen [wen] *znw* wen, onderhuids gezwel o; uitwas; *the great* ~ Londen

wench [wen(t)ʃ] *znw* meisje o; meid, deern

wend [wend] *onoverg:* ~ *one's way* voortschrijden; ~ *one's way homeward* zich naar huis begeven

went [went] V.T. van *go*

wept [wept] V.T. & V.D. van [1]*weep*

were [wə:] V.T. van *be:* waren, ware, was

we're [wiə] verk. van *we are*

werewolf ['wiəwulf] *znw* weerwolf

Wesleyan ['wezliən] **I** *bn* van Wesley, methodistisch; **II** *znw* Wesleyaan, methodist

west [west] **I** *znw* westen o; **II** *bn* westelijk, westen-, wester-, west-; **III** *bijw* westelijk, naar het westen; ~ *of* ten westen van; *go* ~ *gemeenz* aan z'n eind komen, sterven

westbound *bn* naar het westen, in westelijke richting

westerly *bn* westelijk, westen-

western I *bn* westelijk, westers; westen-, west-; **II** *znw* wildwestfilm, wildwestverhaal o

westerner *znw* westerling, iem. uit het westen

westernize *overg* verwestersen

westernmost *bn* meest westelijk

Western Samoa *znw* West-Samoa o

West Indian I *bn* ['westindiən, -jən] West-Indisch; **II** *znw* ['west'indiən, -jən] West-Indiër

westward(s) *bn bijw* westwaarts, naar het westen

wet [wet] **I** *bn* nat, vochtig; regenachtig; niet 'drooggelegd' [voor alcoholgebruik]; saai, sullig, slap; gematigd (conservatief); ~ *behind the ears* nog niet droog achter de oren; *a* ~ *blanket gemeenz* een spelbederver, feestverstoorder; ~ *dock* dok o; ~ *paint!* (pas) geverfd!; **II** *znw* nat o, nattigheid, vocht o & v, vochtigheid, neerslag, regen; *slang* saai iem.; sentimenteel iem.; gematigd conservatief; **III** *overg* nat maken, bevochtigen; ~ *one's bed* bedwateren; ~ *one's whistle slang* de keel eens smeren

wether ['weðə] *znw* hamel [ram]

wet-nurse ['wetnə:s] **I** *znw* min; **II** *overg* zogen [als min]; *fig* vertroetelen, vertroetelen

wetsuit ['wetsu:t] *znw* wetsuit [voor duikers, surfers]

wetting ['wetiŋ] *znw* nat worden o, bevochtiging; *a* ~ ook: een nat pak o

we've [wi:v] verk. van *we have*

whack [wæk] **I** *overg gemeenz* (af-)ranselen, (ver)slaan; ~*ed gemeenz* ook: doodop; **II** *znw gemeenz* mep, lel, (harde) slag; (aan)deel o; *have a* ~ *at* proberen, een slag slaan naar

whacker ['wækə] *znw slang* kokkerd, kanjer, knaap; kolossale leugen

whacking I *bn gemeenz* flink, kolossaal, reuzen-; **II** *bijw versterkend* kolossaal, verduiveld; **III** *znw* pak o slaag

whacko ['wækou] *tsw slang* geweldig!, te gek!

whacky ['wæki] *bn gemeenz* gek, dol

whale [weil] *znw* walvis; *have a* ~ *of a time gemeenz* zich geweldig (fantastisch) vermaken

whalebone *znw* balein o

whaleman *znw* walvisvaarder

whale-oil *znw* walvistraan

whaler *znw* walvisvaarder

whaling *znw* walvisvangst

wharf [wɔ:f] **I** *znw (mv: -s of* wharves*)* aanlegplaats, steiger; (afgesloten) kaai; **II** *overg* aan de kaai meren of lossen

wharfage *znw* kaaigeld o; kaairuimte

wharfinger *znw* kademeester

what [wɔt] **I** *vragend vnw* wat, wat voor (een), welk(e); ~*'s the hurry?* waarom zo'n haast?; *what's all this?* wat is hier aan de hand?; ~*'s yours?* wat zal het zijn?; *and (or)* ~ *have you? gemeenz* en noem maar op; ~ *about Johnson?* hoe staat het met J.?, en J. dan?; ~ *about a cup of coffee?* wat zou je denken van een kopje koffie?; ~ *crisis?* hoezo crisis?; ~ *for? gemeenz* waarvoor?, waarom?; *get* ~ *for gemeenz* ervanlangs krijgen; **II** *uitroepend vnw* wat (een)...!; ~ *a sight!* wat een uitzicht!; **III** *betrekkelijk vnw* wat, dat wat, hetgeen; al wat, al... dat; *not a day comes but* ~ *makes a change* er komt geen dag die geen verandering brengt; **IV** *onbep vnw* wat; ~ *with... and...* deels door..., deels door...; *I'll tell you* ~ ik zal je eens wat zeggen

what-d'ye-call-it *znw gemeenz* dinges, hoe heet-ie ('t) ook weer

whatever [wɔt'evə] **I** *onbep vnw* wat (dan) ook, al wat; *take* ~ *you need* neem (alles) wat je nodig hebt; *or* ~ *gemeenz* of zoiets, of iets dergelijks; **II** *bn:* ~ *sum you may demand* welke som u ook eist; *there is no doubt* ~ hoegenaamd geen twijfel; **III** *vragend vnw gemeenz* wat; ~ *do you mean by that?* wat bedoel je daar in vredesnaam mee?

whatnot ['wɔtnɔt] *znw* etagère

whatsoever [wɔtsou'evə] *vnw & bn* = whatever

wheat [wi:t] *znw* tarwe

wheaten ['wi:tn] *bn* van tarwe, tarwe-

wheatgerm ['wi:tdʒə:m] *znw* tarwekiem

wheatmeal ['wi:tmi:l] *znw* tarwemeel o

wheedle ['wi:dl] *overg* flikflooien, vleien; ~ *sth. out of sbd.* iem. iets aftroggelen

wheel [wi:l] **I** *znw* wiel o, rad o, stuurrad o; spinnewiel o; (pottenbakkers)schijf; *mil* zwenking; ~*s* radertjes, rolletjes; *everything went on (greased, oiled)* ~*s* alles ging gesmeerd, alles liep op rolletjes; *there are* ~*s within* ~*s fig* het gaat over veel schijven; het is erg gecompliceerd; **II** *overg* per as vervoeren, kruien, (voort)rollen, rijden; mil laten zwenken (ook: ~ *about, round*); ~ *one's bicycle* naast zijn fiets lopen; **III** *onoverg* draaien [om as]; zwenken; cirkelen; (wiel)rijden; ~ *and deal* ritselen, sjoemelen

wheelbarrow *znw* kruiwagen

wheelbase *znw* wielbasis, radstand

wheelchair *znw* rolstoel, invalidenwagen

wheeled *bn* met (op) wielen

wheeler-dealer *znw* gladjanus; doortrapte zakenman, ritselaar

wheel-house *znw* scheepv stuurhuis o, stuurhut

wheeling and dealing *znw* louche handel(spraktijken), geritsel o, gesjoemel o

wheelwright *znw* wagenmaker

wheeze [wi:z] **I** *onoverg* piepend (moeilijk) ademen; hijgen; **II** *znw* gemeenz grap; truc

wheezy *bn* kortademig; hijgend

whelk [welk] *znw* wulk, kinkhoorntje o [schelp]

whelp [welp] **I** *znw* welp; jonge hond; kwajongen; **II** *onoverg* jongen

when [wen] **I** *bijw* wanneer; **II** *voegw* wanneer, als, toen; en toen, waarop; terwijl [bij tegenstelling]; **III** *vnw* wanneer; *nowadays* ~... tegenwoordig, dat..., nu...; *since* ~ (en) sindsdien; **IV** *znw*: *the* ~ *and where* plaats en tijd

whence [wens] *bijw & vnw* vanwaar; waaruit; ~ *comes it that...?* hoe komt 't dat...?

whencesoever [wenssou'evə] *voegw & bijw* waar ook vandaan, vanwaar ook

whenever [we'nevə] *bijw & voegw* telkens wanneer, telkens als; wanneer ook

whensoever [wensou'evə] *bijw & voegw* = *whenever*

where [wɛə] **I** *bijw* waar; waarheen; ook: waarin; ~ *is the use of trying?* wat heeft het voor zin om het te proberen?; **II** *vnw* waar, vanwaar; ~ *from?* waar vandaan?

whereabouts I *bijw* ['wɛərə'bauts] waaromtrent; waar; **II** *znw* ['wɛərəbauts] verblijfplaats

whereas [wɛər'æz] *voegw* terwijl (daarentegen); aangezien (ook: recht)

whereby *bijw* waarbij, waardoor

wherefore ['wɛəfɔ:] **I** *znw* reden, verklaring; zie ook: *why;* **II** *bijw* waarom, waarvoor

wherein [wɛə'rin] *vnw & bijw* waarin

whereof *vnw & bijw* waarvan

whereon *vnw & bijw* waarop

wheresoever [wɛəsou'evə] = *wherever*

whereupon *voegw & bijw* waarop

wherever *vnw, bijw & voegw* waar ook, overal waar; *I'll find you* ~ *you go* ik zal je vinden, waar je ook heen gaat; ~ *have you been?* gemeenz waar ben je toch geweest?

wherewith *vnw & bijw* waarmee

wherewithal ['wɛəwiðɔːl] *znw* (geld-)middelen

wherry ['weri] *znw* wherry [lichte roeiboot]; praam

whet [wet] *overg* wetten, slijpen, scher-

pen[2]; fig prikkelen [eetlust]

whether ['weðə] *voegw* of; ~... *or (~)*... hetzij... hetzij...; of..., of..; ~ *or no* hoe het ook zij; in alle geval; ~ *or not* al of niet

whetstone ['wetstoun] *znw* wet-, slijpsteen

whew [hwu:] *tsw* oef!, pff!, tjee!

whey [wei] *znw* hui, wei [v. melk]

which [witʃ] **I** *vragend vnw* welke, welk, wie; ~ *car did you want to buy?* welke auto wilde je kopen?; ~ *of you is responsible?* wie van jullie is verantwoordelijk?; **II** *betr vnw* die, dat, wat; *the house, which is old,* ... het huis, dat oud is, ...; *the house in* ~ *I was born* het huis waar ik geboren ben; *you can't tell* ~ *is* ~ men kan ze niet uit elkaar houden; **III** *onbep vnw* welke dan ook; *take* ~ *you like* neem die welke je leuk vind

whichever [witʃ'evə] *onbep vnw & bn* welke (wie, wat) ook; ~ *card you pick* welke kaart je ook trekt; *take* ~ *you like* neem welke je leuk vind

whiff [wif] *znw* ademtocht, zuchtje o, vleugje[2] o; wolkje o; haal, trekje o [aan sigaar of pijp]; *what a* ~! gemeenz wat ruikt het (hier) smerig!

whig [wig] *znw* Whig, liberaal

while [wail] **I** *znw* wijl, poos, tijd, tijdje o; *all the* ~ al die tijd; zie ook: *worth I;* **II** *overg*: ~ *away the time* de tijd (aangenaam) verdrijven; **III** *voegw* terwijl, zo lang (als); hoewel

whilst [wailst] *voegw* terwijl; zolang

whim [wim] *znw* gril, kuur, inval

whimper ['wimpə] **I** *onoverg* drenzen, grienen [van kinderen]; zachtjes janken [v. hond]; jammeren; **II** *znw* gedrens o &

whimsical ['wimzikl] *bn* grillig, vreemd

whimsy *znw* gril, kuur; grilligheid, vreemdheid; dwaze inval

whine [wain] **I** *onoverg* janken, jengelen, jammeren; **II** *onoverg* janken & (ook: ~ *out*); **III** *znw* gejank o, gejengel o &

whinge [windʒ] *onoverg* gemeenz zeuren, zaniken

whinny ['wini] **I** *onoverg* hinniken; **II** *znw* gehinnik o

whip [wip] **I** *znw* zweep; zweepslag; geklopte room, eieren &; fig lid o van het parlement dat, voor belangrijke stemmingen, zijn medeleden oproept, ± fractievoorzitter; **II** *overg* zwepen, met de zweep geven, ervanlangs geven[2], slaan; verslaan, het winnen van; kloppen [eieren]; overhands naaien; Br gemeenz gappen, jatten; ~*ped cream* slagroom; ~ *in* binnenwippen; ~ *off* weggrissen, ermee vandoor gaan; ~ *off one's coat* z'n jas uitgooien; ~ *out* wegglippen; eruit flappen; ~ *out one's revolver* plotseling te voorschijn halen; ~ *up* doen opwippen, gooien; oppikken; opkloppen; in elkaar flansen [maal]; er de zweep over leggen; kloppen [v. eieren]; fig opzwepen, aanzetten

whipcord *znw* zweepkoord o; whipcord o [soort kamgaren]

whip-hand *znw*: *have the* ~ *over sbd.* de baas zijn over iem.

whip-lash *znw* zweepslag, -koord o; ~ *injury* whiplash: klap in de nek door autobotsing

whipper-in ['wipər'in] *znw* (*mv:* whippers-in) *sp* jager die de honden bijeen moet houden [bij vossenjacht]

whipper-snapper ['wipəsnæpə] *znw* (snot-)aap

whippet ['wipit] *znw* whippet [soort windhond]

whipping ['wipiŋ] *znw* zwepen o; pak o slaag, pak o [voor de broek]

whipping cream *znw* slagroom [vóór het kloppen]

whippy ['wipi] *bn* buigzaam, soepel

whip-round [wip'raund] *znw* collecte in eigen kring

whip-saw ['wipsɔ:] *znw* trekzaag

whir [wə:] *onoverg* = **whirr**

whirl [wə:l] **I** *overg* snel ronddraaien, doen draaien, doen snorren, doen (d)warrelen; **II** *onoverg* snel (rond)draaien, tollen, snorren, (d)warrelen, wervelen, haasten, vliegen, stuiven; duizelen; **III** *znw* ge(d)warrel o; *fig* maalstroom; verwarring, drukte; *my head is in a* ~ mijn hoofd loopt om; *give sth. a* ~ *gemeenz* iets eens proberen

whirligig *znw* draaitol; draaimolen

whirlpool *znw* draaikolk, maalstroom

whirlwind *znw* wervelwind, windhoos, dwarrelwind; zie ook: ¹*wind*

whirlybird ['wə:libə:d] *znw* *slang* helikopter

whirr [wə:] *onoverg* snorren, gonzen

whisk [wisk] **I** *znw* veeg, slag; borstel; stoffer, kleine bezem; (eier)klopper; **II** *overg* vegen, afborstelen, stoffen; snel bewegen; met een vaartje vervoeren (rijden); wippen; kloppen; ~ *away (off)* wegslaan; wegwissen; wegrukken; **III** *onoverg* met een vaartje rijden, suizen, stuiven; ~ *into its hole* zijn hol inschieten

whisker ['wiskə] *znw* snor [bij dieren]; ~s snor; bakkebaarden

whisky ['wiski], *Am & Ir:* **whiskey** *znw* whisky

whisper ['wispə] **I** *onoverg* fluisteren²; smoezen, praatjes rondstrooien; **II** *overg* fluisteren², in-, toefluisteren; **III** *znw* gefluister o, fluistering; gesmoes o, gerucht o; *in a* ~, *in* ~s fluisterend

whispering I *bn* fluisterend; ~ *campaign* fluistercampagne; **II** *znw* gefluister o

whist [wist] *znw* whist o [kaartspel]; ~ *drive* whistdrive

whistle ['wisl] **I** *onoverg* fluiten; *you may* ~ *for it* je kunt er naar fluiten; **II** *overg* fluiten; **III** *znw* fluiten o, gefluit o; fluit, fluitje o *blow the* ~ *on sbd. gemeenz* iem. verlinken

whistler *znw* fluiter; *radio* fluittoon

whistle-stop *znw* 1 *Am gemeenz* kleine plaats aan een spoorlijn, onbelangrijke halte; 2 bliksembezoek o [bij een verkiezingstoernee]

whit [wit] *znw:* *no* ~, *not a* ~, *never a* ~ geen ziertje

white [wait] **I** *bn* wit, blank²; spierwit,

(doods)bleek; grijs [v. haar]; *fig* onbezoedeld, rein, zuiver; ~ *elephant fig* groot, duur of nutteloos voorwerp o; ~ *frost* rijp; ~ *goods* verzamelnaam voor koel-, ijskasten, afwasmachines &; *a* ~ *lie* een leugentje o om bestwil; ~ *sauce* blanke roux, botersaus; ~ *slave* blanke slavin; ~ *spirit* terpentine; ~ *wedding* traditionele bruiloft; ~ *tie* kledingvoorschrift o: avondkleding; **II** *znw* wit o; witte o, witheid; eiwit o; doelwit o; blanke; witje o [vlinder]; ~s witte sportkleren; wit o [van de ogen]; witte goederen; *med* witte vloed

whitebait *znw* witvis

whitecap *znw* schuimkop [v. golf]

white-collar *bn:* ~ *job* kantoorbaan; ~ *workers* kantoorpersoneel o, ambtenaren, administratieve medewerkers &

white-haired *bn* wit(harig), grijs(harig)

white-hot *bn* witgloeiend

white-livered *bn* laf

whiten I *overg* wit maken, bleken; **II** *onoverg* wit worden, opbleken

white-out *znw* atmosferisch verschijnsel o, waarbij desoriëntatie optreedt als gevolg van een combinatie van sneeuw en mist

white paper ['wait'peipə] *znw* regeringsrapport o, witboek o

White Russia *znw* Wit-Rusland o

whitewash I *znw* witkalk, witsel o; *fig* verschoning, glimp, vergoelijking; **II** *overg* witten; *fig* schoonwassen; van blaam zuiveren; goedpraten, vergoelijken

whitey ['waiti] *znw* scheldwoord bleekscheet

whither ['wiðə] *bijw & voegw* waar(heen)

whithersoever *bijw & voegw* vero waar(heen) ook

whiting ['waitiŋ] *znw* 1 wijting; 2 wit krijt o

whitish ['waitiʃ] *bn* witachtig

Whit Monday ['wit'mʌndi, -'mʌndei] *znw* Pinkstermaandag

Whitsun *znw & bn* Pinksteren; pinkster-

Whitsunday *znw* Pinksterzondag

Whitsuntide *znw* Pinksteren

whittle ['witl] *overg* snijden; besnoeien²; ~ *away* wegsnijden; *fig* doen afnemen, verminderen, verkleinen, versnipperen; ~ *down* besnoeien [vrijheid]

Whit Week ['witwi:k] *znw* pinksterweek

whiz(z) [wiz] **I** *onoverg* suizen, snorren, fluiten; **II** *znw* gesuis o, gesnor o, gefluit o

whiz(z)-bang *znw* *slang* supersnelle granaat (van klein kaliber); vuurwerk o

whiz(z)-kid *znw* knappe kop, whizzkid

who [hu:, hu] *vragend vnw & betr vnw* wie; die; ~ *but he?* wie anders dan hij?

whoa [wou] *tsw* ho!, hu! [tegen paard]

whodunnit [hu:'dʌnit] *znw* *gemeenz* detective(roman, -film)

whoever [hu:'evə] **I** *onbep vnw* wie (dan) ook, al wie; **II** *vragend vnw* *gemeenz* wie; ~ *could have thought that?* wie had dat nou kunnen denken?

whole [houl] **I** *bn* (ge)heel, volledig; gaaf; ongeschonden, ongedeerd; ~ *milk* volle melk; ~ *note Am muz* hele noot; ~ *num-*

ber heel getal o; *go the* ~ *hog* iets grondig doen; **II** *znw* geheel o; *the* ~ *het* geheel; (dat) alles; *the* ~ *of us* wij allen; *as a* ~ in zijn geheel (genomen); *in* ~ *or in part* geheel of gedeeltelijk; *on the* ~ over het geheel (genomen); in het algemeen

wholefood *znw* natuurvoeding, volwaardig voedsel o

whole-hearted *bn* hartelijk, van ganser harte, met hart en ziel, oprecht, onverdeeld

whole-hogger *znw* iem. die de dingen grondig doet, door dik en dun meegaand partijgenoot &

whole-length *bn* [portret, standbeeld] ten voeten uit

wholemeal *bn* volkoren; ~ *bread* volkorenbrood o

wholeness *znw* heelheid; volledigheid; gaafheid

wholesale **I** *znw* groothandel; **II** *bn* in het groot, en gros; *fig* op grote schaal; ~ *dealer* groothandelaar, grossier; *in a* ~ *manner* in het groot, op grote schaal; **III** *bijw handel* in het groot; op grote schaal

wholesaler *znw* = *wholesale dealer*

wholesome *bn* gezond, heilzaam

wholewheat *bn* volkoren; ~ *bread* volkorenbrood o

wholly *bijw* geheel, gans, totaal, ten enenmale, alleszins, volstrekt, volkomen, zeer

whom [hu:m] *vragend vnw & betr vnw* wie, die

whoop [hu:p] **I** *znw* schreeuw, kreet [v. opwinding &]; slijmerige inademing [bij kinkhoest]; **II** *onoverg* roepen, schreeuwen

whoopee **I** *znw* ['wupi:] *slang* pret, lol; *make* ~ pret maken, de bloemetjes buiten zetten; **II** *tsw* ['wu'pi:] hoera!, fijn!

whooping cough ['hu:piŋkɔf] *znw* kinkhoest

whoops ['wups] *tsw* huplakee, hoepla

whoosh [wu:ʃ] **I** *onoverg* suizen, ruisen, zoeven; **II** *znw* geruis o, gesuis o

whop [wɔp] *overg slang* (af)ranselen; verslaan

whopper ['wɔpə] *znw gemeenz* kokkerd, kanjer, knaap, baas; leugen van jewelste

whopping **I** *bn gemeenz* kolossaal, reuzen-; **II** *znw slang* pak o rammel

whore [hɔ:] **I** *znw* hoer; **II** *onoverg* hoereren

whorehouse *znw* Am *gemeenz* hoerenkast, bordeel o

whorl [wə:l] *znw* winding; *plantk* krans

whose [hu:z] **I** *vragend vnw* wiens, van wie, waarvan; ~ *coat is this?* wiens jas is dit?; ~ *is this book?* van wie is dit boek?; **II** *betr vnw* waarvan, van wie, wiens, wier; *a house* ~ *windows are broken* een huis waarvan de ramen zijn gebroken

whosoever [hu:sou'evə] *vero* = *whoever*

why [wai] **I** *bijw* waarom; *that's* ~ daarom; ~ *so?* waarom?; **II** *tsw* wel!; **III** *znw* waarom o, reden; *the* ~*s and wherefores* het waarom en waartoe, de reden(en), het hoe en waarom

wick [wik] *znw* wiek, pit [van een lamp]; *it*

gets on my ~ *gemeenz* het werkt op mijn zenuwen

wicked ['wikid] *bn* zondig, goddeloos, verdorven, slecht; *gemeenz* ondeugend, snaaks; *slang* gaaf, snel, te gek, steengoed &

wicker ['wikə] *bn* gevlochten, manden-, rieten

wicker-work *znw* vlechtwerk o

wicket ['wikit] *znw* klinket o, deurtje o, poortje o, hekje o; Am loket o; *sp* wicket o [bij cricket]

wide [waid] **I** *bn* wijd, wijd open, ruim, breed, uitgebreid, uitgestrekt, groot; ernaast, (de plank) mis; ~ *of* ver van; **II** *bijw* wijd, wijd en zijd, wijd uiteen, wijdbeens

wide-angle *bn fotogr* groothoek-

wide-awake *bn* klaarwakker; uitgeslapen[2]; *fig* wakker, pienter

wide boy *znw slang* gladjanus, gladde jongen

wide-eyed *bn* naïef; verbaasd; met grote ogen [v. verbazing]

widely *bijw* v. *wide I*; ook: in brede kringen; ~ *known* wijd en zijd bekend

widen ['waidn] **I** *overg* verwijden, verbreden, verruimen; **II** *onoverg* wijder of breder worden, zich verwijden

wide-ranging ['waidrein(d)ʒiŋ] *bn* breed opgezet, veelomvattend; verregaand [consequentie]

wide-screen ['waidskri:n] *bn* op een breed scherm [filmprojectie]

widespread ['waidspred] *bn* uitgestrekt; wijd uitgespreid; uitgebreid; algemeen verspreid, zeer verbreid

widow ['widou] *znw* weduwe

widowed *bn* weduwe (weduwnaar) geworden

widower *znw* weduwnaar

widowerhood *znw* weduwnaarschap o

widowhood *znw* weduwschap o

width [widθ] *znw* wijdte, breedte, baan [v. stuk goed]

widthways ['widθweiz] *bijw* in de breedte, overdwars

wield [wi:ld] *overg* zwaaien, voeren; hanteren; uitoefenen [heerschappij]

wife [waif] *znw* (*mv:* wives) (huis)vrouw, echtgenote, gade

wifely *bn* vrouwelijk, echtelijk

wig [wig] *znw* pruik

wigging ['wigiŋ] *znw gemeenz* uitbrander, standje o

wiggle ['wigl] **I** *onoverg* wiebelen, wriggelen, heen en weer bewegen; **II** *znw* gewiebel o

wight [wait] *znw vero* mens, vent, kerel

wigwam ['wigwæm] *znw* wigwam

wild [waild] **I** *bn* wild, ongetemd, woest [ook = boos, onbebouwd]; heftig; dol; stormachtig; uitgelaten, enthousiast, uitbundig; overdreven, buitensporig; in het wild gedaan; barbaars; roekeloos; verwilderd; ~ *boar* wild zwijn o; *our* ~*est dreams* onze stoutste dromen; *it is the* ~*est nonsense* je reinste onzin; ~ *for* brandend van verlangen naar/om; *go* ~ gek, dol worden;

wind-flower

plantk verwilderen; **II** *bijw* in het wild; **III** *znw* woestenij; ~s woestenij, wildernis

wildcat *znw* wilde kat; *fig* heethoofd; ~ *scheme* onbesuisd plan o; ~ *strike* wilde staking

wildebeest ['wildibi:st] *znw* gnoe

wilderness ['wildənis] *znw* woestijn, wildernis

wildfire ['waildfaiə] *znw:* spread like ~ zich als een lopend vuurtje verspreiden; zich razendsnel uitbreiden

wildfowl ['waildfaul] *znw* wild gevogelte o

wild-goose chase [waild'gu:s] *znw* dolle, dwaze, vruchteloze onderneming

wilding ['waildiŋ] *znw* in het wild groeiende plant; wilde appel(boom), wildeling

wildlife ['waildlaif] *znw* de wilde dieren, de levende natuur

wildly ['waildli] *bijw* v. *wild I*; versterkend zeer

wile [wail] *znw* list, laag, kunstgreep; ~s (slinkse) streken, kunsten

wilful ['wilful] *bn* eigenzinnig, halsstarrig; moedwillig; met voorbedachten rade gepleegd

1 will* [wil] **I** *onoverg* hulpwerkw.: willen, wensen, zullen; **II** *overg* zelfst. werkwoord: willen (dat); door zijn wil oproepen, suggereren [hypnotiseur]; [bij laatste wil] vermaken; ~ *oneself to*... zichzelf dwingen te...

2 will [wil] *znw* wil, wens; laatste wil, testament o (ook: *last* ~ *and testament*); *where there's a* ~ *there's a way* waar een wil is, is een weg; *they had their* ~ *of their victim* zij handelden naar willekeur met hun slachtoffer; *at* ~ naar eigen goeddunken; *with a* ~ met lust, uit alle macht, van jewelste; zie ook: *would*

willie, willy ['wili] *znw* gemeenz piemel, plasser

willies ['wiliz] *znw mv* gemeenz kriebels; *give sbd. the* ~ iem. op de zenuwen werken

willing ['wiliŋ] *bn* gewillig, bereidwillig, bereid; *God* ~ als God wil

willingly *bijw* gewillig, vrijwillig, bereidwillig, graag

willingness *znw* gewilligheid, bereidwilligheid

will-o'-the-wisp ['wiləðəwisp] *znw* dwaallichtje o

willow ['wilou] *znw* wilg

willowy *bn* wilgachtig; met wilgen begroeid; wilgen-; *fig* slank als een wilg

will-power ['wilpauə] *znw* wilskracht

willy-nilly ['wili'nili] *bijw* of hij (zij) wil of niet, goedschiks of kwaadschiks

wilt [wilt] **I** *onoverg* verwelken, kwijnen, kwijnend neerhangen, verslappen², slap worden²; **II** *overg* doen verwelken of kwijnen, verslappen, slap maken

wily ['waili] *bn* listig, slim, doortrapt

wimp [wimp] *znw* gemeenz doetje o, slapjanus, lulletje o rozenwater

wimple ['wimpl] *znw* kap [v. nonnen]

1 win* [win] **I** *overg* winnen°; voor zich winnen; verkrijgen, verwerven; [iem. iets] be-

zorgen, brengen; verdienen; behalen; ~ *one's way* zich met moeite een weg banen; voortploeteren; **II** *onoverg* (het) winnen, zegevieren; ~ *hands down* op z'n sloffen winnen; ~ *over* overhalen; ~ *round* overhalen; ~ *through (out)* er (door)komen; ~ *through all difficulties* alle moeilijkheden te boven komen

2 win [win] *znw* overwinning, succes o

wince [wins] **I** *onoverg* ineenkrimpen [van pijn]; huiveren; een schok (huivering) door zich heen voelen gaan; *without wincing* ook: zonder een spier te vertrekken; **II** *znw* ineenkrimping, huivering, rilling

winch ['win(t)ʃ] **I** *znw* techn winch, windas o, lier; kruk of handvat o; **II** *overg* opwinden met een lier &

1 wind [wind] *znw* wind; windstreek; tocht; lucht, reuk; adem; *the* ~ muz de blaasinstrumenten; de blazers [v. orkest]; *fig* doelloos gepraat o, gezwets o; *break* ~ een wind laten; *find out which way the* ~ *is blowing* kijken uit welke hoek de wind waait; *get* ~ *of*... de lucht krijgen van...; *get one's second* ~ weer op adem komen; *sow the* ~ *and reap the whirlwind (storm)* wie wind zaait zal storm oogsten; *get the* ~ *up* slang in de rats zitten, 'm knijpen; *close to the* ~ = *near the* ~; *down the* ~ met de wind mee; *be in the* ~ op til zijn; *near the* ~ op het kantje af; *sail close to the* ~ bijna te ver gaan; *throw to the* ~s overboord gooien [zijn fatsoen &]

2 wind [wind] *overg* buiten adem brengen; afdraven [paard]; op adem laten komen; ~ *a baby* een baby een boertje laten doen; zie ook: ¹*winded*

3 wind [waind] *overg* blazen op [hoorn]

4 wind* [waind] **I** *onoverg* wenden, wenden en keren, draaien, (zich) kronkelen (om *round*); zich slingeren; ~ *down* steeds langzamer gaan lopen; relaxen, zich ontspannen; ~ *up* zich laten opwinden; concluderen, eindigen (met *with, by saying*); handel liquideren; **II** *overg* (op)winden; (om)wikkelen; sluiten [in de armen]; ~ *one's way* zich kronkelend een weg banen; ~ *back* terugspoelen; ~ *down* omlaag draaien [raampje]; verminderen, inkrimpen [v. personeel &]; ~ *up* opwinden [garen, klok &]; ophalen; opdraaien; gemeenz opnaaien, voor de gek houden; slang afwikkelen, liquideren; beëindigen [rede &]

windbag ['windbæg] *znw* dikdoener, kletsmeier

windbound *bn* scheepv door tegenwind opgehouden

wind-break *znw* windscherm o, windkering

wind-cheater *znw* windjak o

winded ['windid] *bn* buiten adem

winder ['waində] *znw* winder; elektr wikkelaar

windfall ['windfɔ:l] *znw* afval o & m; afgewaaid fruit o; *fig* meevallertje o, buitenkansje o [vooral erfenis]

wind-flower *znw* anemoon

wind-gauge *znw* windmeter

winding ['waindiŋ] **I** *bn* kronkelend, bochtig, kronkel-, draai-, wentel-; **II** *znw* kronkeling, bocht, draai, winding; *elektr* wikkeling

winding sheet ['waindiŋʃi:t] *znw* doodskleed *o*

winding-staircase ['waindiŋ'stɛəkeis],

winding-stairs *znw* wenteltrap

winding-up ['waindiŋ'ʌp] *znw* liquidatie

wind-instrument ['windinstrumənt] *znw* blaasinstrument *o*

wind-jammer *znw* groot zeilschip *o*

windlass *znw* windas *o*

windless *bn* zonder wind, windstil

windmill *znw* windmolen; *fight (tilt at)* ~s tegen windmolens vechten

window ['windou] *znw* venster *o*, raam *o*; loket *o*; *out of the* ~ *gemeenz* afgedaan, niet meer meetellend, totaal verdwenen

window-box *znw* bloembak [voor vensterbank]

window-cleaner *znw* glazenwasser

window-dresser *znw* etaleur

window-dressing *znw* etaleren *o*; *fig* misleidend mooi voorstellen *o*

window-frame *znw* raamkozijn *o*

window-ledge *znw* vensterbank

window-pane *znw* (venster)ruit

window-seat *znw* bank onder een raam

window-shop *onoverg* etalages kijken

window-sill *znw* vensterbank

windpipe ['windpaip] *znw* luchtpijp

windproof *bn* winddicht; ~ *jacket* windjak *o*

windscreen, Am: **windshield** *znw* voorruit [v. auto]; ~ *wiper* ruitenwisser

windsurf *onoverg* plankzeilen, windsurfen

windsurfer *znw* 1 zeilplank; 2 windsurfer

wind-swept *bn* door de wind gestriemd; winderig

wind-up ['waind'ʌp] *znw* slot *o*, besluit *o*; angst, bezorgdheid

windward ['windwəd] **I** *bn* naar de wind gekeerd, bovenwinds; **II** *znw* scheepv loef(zijde); *get to* ~ *of* de loef afsteken

Windward Islands *znw mv: the* ~ de Bovenwindse Eilanden

windy ['windi] *bn* winderig[2]; *fig* opschepperig, zwetserig; *slang* bang, angstig

wine [wain] **I** *znw* wijn; **II** *onoverg*: ~ *and dine* lekker eten en drinken

wine bar *znw* wijnlokaal *o*, bodega

winebibber *znw* drinkebroer, dronkenlap

wineglass *znw* wijnglas *o*

wine-grower *znw* wijnbouwer, -boer

wine-list *znw* wijnkaart

wine-press *znw* wijnpers

wineskin *znw* wijnzak

wing [wiŋ] **I** *znw* vleugel; wiek [ook v. molen]; vlerk; coulisse; spatbord *o* [v. auto]; ~s ook: *luchtv* vink [insigne]; *take* ~ wegvliegen; op de vlucht gaan; *spread one's* ~s de vleugels uitslaan; op eigen benen gaan staan; *in the* ~s *gemeenz* achter de schermen; **II** *overg* in de vleugels schieten, [iem.] aanschieten; ~ *its way home* naar huis vliegen; **III** *onoverg* vliegen

wing-beat *znw* vleugelslag

wing-case *znw* dekschild *o* [v. kevers]

wing-commander *znw* luchtv commandant v.e. groep, luitenant-kolonel

winged *bn* gevleugeld; aangeschoten

winger *znw* sp vleugelspeler

wing-nut *znw* vleugelmoer

wingspan, wingspread *znw* vleugelwijdte, -spanning; vlucht [v. vogels]

wing-tip *znw* luchtv vleugeltip

wink [wiŋk] **I** *onoverg* knippen [met de ogen]; knipogen; flikkeren; **II** *overg* knippen met [ogen]; **III** *znw* knipoogje *o*, oogwenk, wenk (van verstandhouding); *have forty* ~s *gemeenz* een dutje doen; zie ook: [2]*tip I*

winker *znw* knipperlicht *o*

winking *znw* knipogen *o*; *as easy as* ~ *gemeenz* doodgemakkelijk

winkle ['wiŋkl] **I** *znw* alikruik; **II** *overg*: ~ *out* te voorschijn halen (brengen), uitpeuteren

winner ['winə] *znw* winner, winnende partij; winnend nummer *o* [v. loterij]; *slang* succes *o*

winning I *bn* winnend; bekroond [met medaille, prijs]; *fig* innemend; **II** *znw* winnen *o*; winst, gewin *o*; ~s winst

winnow ['winou] *overg* wannen, ziften, schiften

winsome ['winsəm] *bn* innemend, bekoorlijk

winter ['wintə] **I** *znw* winter; **II** *onoverg* overwinteren; **III** *overg* in de winter stallen [vee]

wintertime *znw* winter(seizoen *o*)

wint(e)ry *bn* winterachtig, winters, winter-; *fig* koud, triest

winy ['waini] *bn* wijnachtig, wijn-

wipe [waip] **I** *overg* vegen, schoonvegen, wegvegen, afvegen, afdrogen, afwissen, uitwissen; ~ *the floor with sbd.* de vloer met iem. aanvegen; ~ *the grin (smile) off sbd.'s face* ± iem. een koude douche bezorgen, iem. een onaangename verrassing bezorgen; ~ *out* wegvagen; in de pan hakken, vernietigen; ~ *up* opvegen, opnemen; afdrogen; **II** *znw* veeg

wiper *znw* veger; wisser; (afneem)doek; vaatdoek

wire ['waiə] **I** *znw* draad *o* & *m* [v. metaal] staal-, ijzerdraad *o* & *m*; telegraafdraad; *Am* telegram *o*; *live* ~ draad onder stroom; *gemeenz* energiek iem.; **II** *overg* met (ijzer-)draad omvlechten of afsluiten, met ijzerdraad vastmaken; op (ijzer)draad monteren; de (telegraaf- of telefoon)draden leggen in, bedraden; telegraferen, seinen; ~ *off* afrasteren; **III** *onoverg* gemeenz telegraferen, seinen

wire brush *znw* staalborstel *o*

wire-cutter *znw* draadschaar

wiredraw *overg* draadtrekken [v. metaal]; rekken[2], slepende houden, langdradig maken; verdraaien

wire-haired *bn* draad-, ruwharig

wireless I *bn* draadloos, radio-; ~ *operator* marconist, radiotelegrafist; ~ *set* radiotoe-

stel o; **II** znw draadloze telegrafie; radio
wire-netting znw kippengaas o
wire-puller znw (politieke) intrigant
wire tapping znw afluisteren o van privé-
telefoongesprekken
wire-wool znw staalwol; pannenspons
wiring ['waiəriŋ] znw elektrische aanleg;
bedrading
wiry ['waiəri] bn draadachtig; draad-; fig
mager en gespierd, taai, pezig
wisdom ['wizdəm] znw wijsheid; verstandigheid
wisdom-tooth znw verstandskies
1 wise [waiz] **I** bn wijs, verstandig; ~ guy
slang betweter, wijsneus, weetal, wise guy;
I am none (not any) the ~r (for it) nu ben
ik nog even wijs; no one will be the ~r daar
kraait geen haan naar; get ~ to achter
[iets] komen, in de gaten krijgen, schieten;
put sbd. ~ het iem. aan het verstand brengen; **II** onoverg: ~ up (to) gemeenz in de
smiezen krijgen, door krijgen [wat er
gaande is]
2 wise [waiz] znw wijze; (in) no ~ op generlei manier, geenszins
wiseacre ['waizeikə] znw betweter, weetal,
wijsneus
wisecrack ['waizkræk] gemeenz **I** znw geestigheid, wisecrack, snedige opmerking; **II**
onoverg geestigheden debiteren
wish [wiʃ] **I** overg wensen, verlangen; ~ sbd.
well iem. alle goeds wensen; ~ sth. on sbd.
iem. iets toewensen; **II** onoverg wensen;
verlangen (naar for); he has nothing left to
~ for hij heeft alles wat hij verlangen kan;
III znw wens, verlangen o; get (have) one's
~ krijgen wat men verlangt; zijn wens vervuld zien; with every ~ to oblige you hoe
graag ik u ook ter wille zou zijn
wishbone znw vorkbeen o
wishful bn wensend, verlangend; ~ thinking wishful thinking
wishy-washy ['wiʃiwɔʃi] bn slap, flauw
wisp [wisp] znw wis, bundel, bosje o, sliert,
piek [haar]; a ~ of a girl een tenger (sprietig) meisje o
wispy bn in slierten, piekerig: sprietig
wistaria [wis'tɛəriə] znw blauwe regen
[plant]
wistful ['wistful] bn ernstig, peinzend; weemoedig, droefgeestig; smachtend
1 wit [wit] znw geest(igheid); geestig man;
verstand o, vernuft o; ~s verstand o,
schranderheid; be at one's ~s' end ten einde raad zijn; he lives by (on) his ~s hij
tracht aan de kost te komen zonder te
hoeven werken; be out of one's ~s niet
goed bij zijn zinnen zijn; frighten sbd. out
of his ~s iem. een doodsschrik op het lijf
jagen
2 wit [wit] overg vero weten; to ~ te weten,
namelijk, dat wil zeggen
witch [witʃ] znw (tover)heks[2]; feeks[2]
witchcraft znw toverij, hekserij
witch-doctor znw medicijnman
witchery znw hekserij, toverij, betovering,
tovermacht
witch-hazel znw plantk toverhazelaar

witch-hunt(ing) znw heksenjacht
witching bn (be)toverend, tover-
with [wið] voorz met; bij; van, door; be ~ it
in zijn (= bij zijn), hip zijn; I am entirely ~
you ik ben het geheel met je eens; have
you the girl ~ you? is het meisje op uw
hand?; in ~ op goede voet met
withal [wi'ðɔ:l] bijw vero daarbij, tevens,
mede, mee; met dat al, desondanks
withdraw* [wið'drɔ:] **I** overg terugtrekken;
onttrekken; afnemen [v. school], intrekken
[voorstel &]; terugnemen [geld, woorden
&]; opvragen [bij een bank]; ~ from onttrekken aan; **II** onoverg zich terugtrek-
ken°, zich verwijderen, heengaan[2]
withdrawal znw terugtrekken o &, zie
withdraw; ~ symptom onthoudings-, ab-
stinentieverschijnsel o [bij verslaafden]
withdrawn I V.D. van withdraw; **II** bn ook:
teruggetrokken; afgezonderd
withe [wiθ, wið] znw (wilgen)tak, -teen
wither ['wiðə] **I** overg doen verwelken,
kwijnen of verdorren, doen vergaan; **II** onoverg verwelken, wegkwijnen, verdorren,
verschrompelen, vergaan (ook: ~ up)
withered bn verwelkt, verdord; uitgedroogd, vermagerd
withering bn verdorrend; fig verpletterend, vernietigend; vernielend
withers ['wiðəz] znw mv schoft [v. paard]
withhold* overg terughouden; onthouden, onttrekken; achterhouden
within [wi'ðin] **I** voorz binnen, (binnen) in;
tot op; live ~ one's income (means) zijn inkomen niet overschrijden; immorality ~
the law niet vallend onder de strafbepa-
lingen van de wet; ~ limits binnen zekere
grenzen, tot op zekere hoogte; the task
was ~ his powers de taak ging zijn krachten niet te boven; **II** bijw van binnen, binnen
without [wi'ðaut] **I** voorz zonder, buiten; **II**
bijw (van) buiten, buiten (de deur); from ~
van de buitenkant; van buiten (af); **III**
voegw gemeenz als niet, tenzij
withstand* [wið'stænd] overg weerstaan
withy ['wiði] znw = withe
witless ['witlis] bn onnozel, mal, gek
witness ['witnis] **I** znw getuige; getuigenis
o & v; ~ for the defence getuige à dechar-
ge; ~ for the prosecution getuige à charge; bear ~ getuigenis afleggen, getuigen
(van o); call to ~ tot getuige roepen; **II**
overg getuigen (van); getuige zijn van, bijwonen; (als getuige) tekenen; **III** onoverg
getuigen (van to)
witness-box znw getuigenbank
witter ['witə] onoverg: ~ (on) about (door-)
zeuren over
witticism ['witisizm] znw kwinkslag, aardigheid, boutade, geestigheid
wittingly ['witiŋli] bijw met voorbedachten
rade; bewust; ~ (and wilfully) willens en
wetens
witty ['witi] bn geestig; ~ things geestigheden
wives [waivz] mv v. wife
wizard ['wizəd] **I** znw tovenaar[2]; **II** bn slang

mieters, jofel

wizardry *znw* tovenarij

wizened *bn* verschrompeld, dor, droog

woad [woud] *znw* wedeblauw [verfstof waarmee de oude Britten zich beschilderden]

wobble ['wɔbl] I *onoverg* waggelen, wiebelen; schommelen²; weifelen²; II *znw* waggelen o, waggeling &; weifeling²

wobbly *bn* waggelend, wiebelend, wankel, onvast; weifelend²

wodge [wɔdʒ] *znw* gemeenz brok, homp

woe [wou] *znw* wee o & v; ~ *is me* wee mij; ~ *to you!*, ~ *betide you* wee u!; *his* ~s ook: zijn ellende, zijn leed o; *prophet of* ~ ongeluksprofeet

woebegone *bn* in ellende gedompeld; ongelukkig, treurig

woeful *bn* kommer-, zorgvol; treurig, ongelukkig, droevig, ellendig

wog [wɔg] *znw* scheldwoord bruinjoekel, zwartjoekel, bruintje o, zwartje o &

wok [wɔk] *znw* wadjan, wok

woke [wouk] V.T. van ²*wake*

woken V.D. van ²*wake*

wold [would] *znw* open heuvelland o

wolf [wulf] I *znw* (*mv:* wolves) wolf°; slang vrouwenjager; *lone* ~ eenzelvig mens; lone wolf; *cry* ~ nodeloos alarm maken; *keep the* ~ *from the door* zorgen dat men te eten heeft; *throw sbd. to the wolves* iem. voor de leeuwen gooien; II *overg* naar binnen schrokken (ook: ~ *down*), verslinden

wolf-cub *znw* jonge wolf; welp [padvinder]

wolf-fish *znw* zeewolf [vis]

wolfhound *znw* wolfshond

wolfish *bn* wolfachtig, wolven-; fig vraatzuchtig; roofzuchtig

wolfram ['wulfrəm] *znw* wolfra(a)m o

wolf-whistle ['wulfwisl] *znw* gemeenz nafluiten o van vrouwelijk schoon

wolverine ['wulvəri:n] *znw* veelvraat [dier]

wolves [wulvz] *mv* v. wolf

woman ['wumən] I *znw* (*mv:* women) vrouw; geringsch wijf o, mens o, schepsel o; II *bn* vrouwelijk, van het vrouwelijk geslacht; ~ *suffrage* vrouwenkiesrecht o; ~ *teacher* onderwijzeres, lerares

woman-hater *znw* vrouwenhater

womanhood *znw* vrouwelijke staat, vrouwelijkheid; vrouwen

womanish *bn* vrouwachtig, verwijfd

womanize *onoverg* gemeenz achter de vrouwen aan zitten

womanizer *znw* rokkenjager, Don Juan, charmeur

womankind *znw* het vrouwelijk geslacht, de vrouwen

womanlike *bn* vrouwelijk

womanly *bn* vrouwelijk

womb [wu:m] *znw* schoot², baarmoeder

wombat ['wɔmbət, 'wɔmbæt] *znw* wombat

women ['wimin] *mv* v. *woman*; *W~'s Lib(eration)* vrouwenbeweging; ± feminisme o; *W~'s Libber* feministe, lid o van de vrouwenbeweging; ~'s *magazine* damesblad o; ~'s *refuge* blijf-van-mijn-lijfhuis o

womenfolk *znw* vrouwen, vrouwvolk o

won [wʌn] V.T. & V.D. van ¹*win*

wonder ['wʌndə] I *znw* wonder o; wonderwerk o; mirakel o; verwondering, verbazing; *the* ~ *is that...* wat mij verwondert is, dat...; ~s *will never cease* de wonderen zijn de wereld nog niet uit; *look all* ~ één en al verbazing zijn; *promise* ~s gouden bergen beloven; ~ *of* ~s wonder boven wonder, zowaar; II *onoverg* zich verbazen, verbaasd zijn, zich verwonderen (over *at*); III *overg* nieuwsgierig zijn naar, benieuwd zijn naar, wel eens willen weten; zich afvragen, betwijfelen of...; *I* ~*ed whether...* ook: ik wist niet (goed), of...; *I shouldn't* ~ gemeenz ook: het zou mij niet verbazen

wonderful *bn* verwonderlijk, wonder(baar-)lijk; prachtig, verrukkelijk, geweldig, fantastisch

wondering *bn* verwonderd, verbaasd, vol verbazing

wonderland *znw* wonderland o, sprookjesland o

wonderment *znw* verwondering, verbazing

wonder-worker *znw* wonderdoener; iets wat (middel o dat) wonderen doet

wondrous *bn* plechtig verwonderlijk, wonder-

wonky ['wɔŋki] *bn* gemeenz wankel, zwak

won't [wount] verk. van *will not*

wont [wount] I *bn* gewend, gewoon (aan, om *to*); II *znw* gewoonte

wonted *bn* gewoonlijk, gebruikelijk

woo [wu:] *overg* het hof maken, dingen naar, trachten te winnen (over te halen)

wood [wud] *znw* hout o; bos o; *the* ~ muz de houten blaasinstrumenten; *(the)* ~s (de) bossen; (het) bos; (de) houtsoorten; *(wines) from the* ~ (wijn) van het fust; *he was out of the* ~ hij was nu uit de problemen; hij was buiten gevaar; *he cannot see the* ~ *for the trees* hij kan door de bomen het bos niet zien

woodbine *znw* plantk wilde kamperfoelie

wood carving *znw* houtsnijwerk o

woodcock *znw* houtsnip [vogel]

woodcut *znw* houtsnede

wood-cutter *znw* houthakker

wooded *bn* bebost, houtrijk, bosrijk

wooden *bn* houten, van hout; fig houterig, stijf; stom, suf, onaandoenlijk; ~ *head* stomkop, sufkop

wood-engraving *znw* houtgraveerkunst; houtgravure

wooden-headed *bn* dom, stom

wooden spoon *znw* fig gemeenz poedelprijs

woodland I *znw* bosland o, bosgrond, bos o; II *bn* bos-

wood-louse *znw* houtluis; keldermot, pissebed

woodman *znw* houthakker; boswachter

woodnymph *znw* bosnimf

woodpecker *znw* specht

wood-pigeon *znw* houtduif

woodpile *znw* houtmijt, stapel brandhout

wood pulp *znw* houtpulp

woodshed *znw* houtloods

woodsman znw bosbewoner; houthakker; woudloper

woodwind znw muz houten blaasinstrumenten [v. orkest]; ~ player houtblazer

woodwork znw houtwerk o; come (crawl) out of the ~ weer boven water komen

woodworm znw houtworm

woody bn houtachtig, hout-; bosachtig, bos-

wood-yard znw houttuin, houtopslagplaats

wooer ['wu:ə] znw vrijer

1 woof [wu:f] znw inslag; weefsel o

2 woof [wuf] I znw woef(geluid o), geblaf o; II onoverg blaffen

wool [wul] znw wol, wollen draad, wollen stof; haar o; dyed in the ~ door de wol geverfd; pull the ~ over sbd.'s eyes iem. zand in de ogen strooien

wool-fell znw schapenvacht

wool-gathering znw verstrooidheid

woollen ['wulən] I bn wollen, van wol; II znw: ~s wollen kleding

woolly ['wuli] I bn wollig, wolachtig, wol-; plantk vlos [radijzen &], melig [peren]; fig dof [stem]; vaag, wazig; II znw gemeenz wollen trui; woollies wollen onderkleren

woolly-headed, woolly-minded bn verward, vaag

woolpack ['wulpæk] znw baal wol; stapelwolk

woolsack znw wolbaal; zetel van de Lord Chancellor

woozy ['wu:zi] bn gemeenz wazig, duizelig; beneveld, aangeschoten

wop [wɔp] znw slang geringsch ± spaghettivreter

word [wə:d] I znw woord o, mil wachtwoord o, parool² o; bericht o; bevel o, commando o (ook: ~ of command); ~s tekst [v. muziek]; ruzie; ~s fail me woorden schieten mij te kort; big ~s grootspraak; fair (fine) ~s butter no parsnips praatjes vullen geen gaatjes; the last ~ in... het nieuwste (modesnufje) op het gebied van...; my ~! hemeltje(lief)!; op mijn erewoord!; a ~ to the wise (is enough) en goed verstaander heeft maar een half woord nodig; he is as good as his ~ hij houdt altijd (zijn) woord; he was better than his ~ hij deed meer dan hij beloofd had; an honest man's ~ is as good as his bond een man een man, een woord een woord; bring ~ that... melden dat...; eat one's ~s zijn woorden terugnemen; I have not a ~ against him ik heb niets op hem tegen (op hem aan te merken); leave ~ een boodschap achterlaten (bij with); mark my ~s! let op mijn woorden!; send ~ een boodschap sturen (zenden), laten weten; take sbd.'s ~ for it iem. op zijn woord geloven; take my ~ for it neem dat van mij aan; I take you at your ~ ik houd u aan uw woord; beyond ~s... meer dan woorden kunnen zeggen; in other ~s met andere woorden; upon my ~ op mijn erewoord; II overg onder woorden brengen, formuleren, stellen, inkleden

word-blind bn woordblind

wording znw formulering, bewoording(en), inkleding, redactie [v. zin &]

wordless bn sprakeloos, stom; woord(en-)loos, zonder woorden

word-perfect bn rolvast; foutloos uit het hoofd geleerd

word-play znw woordenspel o; woordspeling; gevat antwoord o

word processing znw comput tekstverwerking

word processor znw comput tekstverwerker

wordy bn woordenrijk, langdradig

wore [wɔ:] V.T. van ¹wear

work [wə:k] I onoverg werken°; gisten; in beweging zijn; functioneren; effect hebben, praktisch zijn, deugen, gaan; zich laten bewerken; ~ to rule een stiptheidsactie voeren; ~ loose zich loswerken, losgaan [v. schroef, touw &]; ~ out zich ontwikkelen; oefeningen doen, trainen; II overg bewerken, bereiden, kneden [boter], maken; verwerken (tot into); bewerken, aanrichten; doen, verrichten; uitwerken, uitrekenen, laten werken [ook = laten gisten]; exploiteren [mijn &]; hanteren, manoeuvreren (werken) met, bedienen [geschut]; borduren²; ~ a change een verandering teweegbrengen; ~ harm kwaad doen; ~ one's way zich een weg banen; ~ loose loswerken, losdraaien; ~ed by electricity elektrisch aangedreven; ~ down naar beneden gaan [koersen]; ~ in erin (ertussen) werken; te pas brengen [citaat &]; ~ in with passen bij, samengaan met, te gebruiken zijn voor; grijpen in [elkaar]; ~ one's audience into frenzy tot geestdrift weten te brengen; ~ off door werken aflossen [schuld]; zien kwijt te raken²; [v. ergernis &] afreageren (op on); ~ (up)on werken aan, bezig zijn aan [iets]; werken op, invloed hebben op [iem.]; draaien op, om [spil]; ~ out zich naar buiten werken; uitkomen [som]; (goed) uitpakken, uitvallen; zijn verloop hebben [plan &]; aan de dag treden [invloeden &]; uitwerken [plan &]; uitrekenen, berekenen, uitmaken, nagaan; bewerken; verwezenlijken; uitdienen [v. arbeidscontract &]; ~ over werken aan; overmaken [iets]; ~ sbd. over gemeenz iem. afranselen, een pak slaag geven; ~ round draaien [v. wind]; things will ~ round het zal wel weer in orde komen; ~ up opwerken [ook = retoucheren]; (zich) omhoog werken, erbovenop brengen [zaak]; aan-, ophitsen, aanwakkeren, opwinden; verwerken [grondstoffen], dooreenmengen, kneden; opgebruiken; bijwerken [achterstand]; zich inwerken in; ~ed up to the highest pitch ten hoogste gespannen; III znw werk o, arbeid, bezigheid; uitwerking, handwerk o; kunstwerk o; ~s werkplaats, fabriek, bedrijf o &; drijfwerk o, raderwerk o [v. horloge]; mil vestingwerken; (Public) W~ Openbare Werken; the (whole) ~s slang alles, de hele santenkraam; have one's ~ cut out (for *one)* fig zijn handen vol hebben; *make short ~ of...* korte metten maken met...

workable *bn* bewerkt kunnende worden; te gebruiken, bruikbaar; exploitabel [v. mijn &]

workaday *bn* daags, werk-; alledaags

workaholic ['wɔːkə'hɔlik] *znw* werkverslaafde, werkzuchtige, workaholic

work-bag *znw* handwerkzak

work basket *znw* werkmandje o, naaimandje o

workbench *znw* werkbank

workbook *znw* opgavenboek o, werkboek o; handleiding; aantekeningenboek o

workday *znw* werkdag

worker *znw* werker, bewerker; werkman, arbeider; werkbij, werkmier (~ *bee*, ~ *ant*)

workforce *znw* 1 aantal o arbeidskrachten, personeelsbestand o; 2 arbeidspotentieel o

workhorse *znw* werkpaard o; fig werkezel

workhouse *znw* vero soort armenhuis o

work-in *znw* bedrijfsbezetting

working I *znw* werken o; werking; bedrijf o, exploitatie; bewerking; *a disused* ~ een verlaten mijn, groeve &; ~*s* werking, werk o; *the* ~*s of the heart* de roerselen des harten; II *bn* werkend; werk-, arbeids-; werkzaam; praktisch, bruikbaar; ~ *capital* bedrijfskapitaal o; ~ *class(es)* arbeidersklasse; ~ *day* werkdag; ~ *drawing* werktekening; ~ *expenses* bedrijfskosten, exploitatiekosten; ~ *knowledge* praktijkkennis; (praktische) beheersing [v. taal &]; ~ *man* arbeider, werkman; ~ *party (group)* werkploeg; studiecommissie [v. bedrijf]; werkgroep; ~ *paper* discussiestuk o; ~ *week* werkweek; zie ook: *majority*

workload *znw* omvang v.d. werkzaamheden

workman *znw* werkman, arbeider

workmanlike *bn* degelijk (afgewerkt); goed (uitgevoerd); bekwaam

workmanship *znw* af-, bewerking, uitvoering; werk o; *of good* ~ degelijk afgewerkt

workmate *znw* maat, collega

work-out ['wɔːkaut] *znw* gemeenz oefenpartij, -rit, -wedloop; conditietraining, aerobics &

work-people *znw* werkvolk o

workshop *znw* werkplaats; discussiebijeenkomst

work-shy *bn (znw)* werkschuw [element o]

worktop *znw* werkblad o [in de keuken]

work-to-rule ['wɔːktə'ruːl] *znw* stiptheidsactie, langzaam-aan-actie, modelactie

world [wɔːld] *znw* wereld, aarde; heelal o; mensheid; de mensen; *the next* ~, *the other* ~, *the* ~ *to come* de andere wereld, het hiernamaals; *they are a* ~ *too wide* veel te wijd; ~*s apart* (een) verschil van dag en nacht; *he means the* ~ *to me, he's all the* ~ *to me* hij betekent alles voor mij; *think the* ~ *of* een ontzettend hoge dunk hebben van; *not for the* ~ voor geen geld van de wereld; *is out of this* ~ gemeenz is buitengewoon, zeldzaam (mooi &); *be dead to the* ~ slang ± slapen als een os

world-class *bn* van wereldklasse

world-famous *bn* wereldberoemd

worldly ['wɔːldli] *bn* werelds, aards; wereldwijs

worldly-minded *bn* werelds, aards

worldly-wise *bn* wereldwijs

world war *znw* wereldoorlog

world-weary ['wɔːldwiəri] *bn* levensmoe, der dagen zat

world-wide *bn* over de hele wereld (verspreid), wereldomvattend, mondiaal, wereld-

worm [wɔːm] I *znw* worm[2]; fig aardworm; techn schroefdraad; *the* ~ *in the apple* het addertje onder het gras; *even a* ~ *will turn* de kruik gaat zo lang te water tot zij barst; II *overg* van wormen zuiveren; ~ *oneself into sbd.'s confidence (favour, friendship)* iems. vertrouwen & door gekuip en gekruip weten te winnen; ~ *sth. out of sbd.* iets al vissend uit iem. krijgen

wormcast *znw* door een regenworm opgeworpen hoopje o aarde, wormhoopje o

worm-eaten *bn* wormstekig

wormwood *znw* alsem[2]

wormy *bn* wormachtig; wormig, wormstekig; vol wormen

worn [wɔːn] V.D. van [1]*wear*; als *bn* ook: versleten (van *with*); doodop (van *with*); afgezaagd

worn-out *bn* versleten; vermoeid, doodop, uitgeput; fig afgezaagd, verouderd

worried ['wʌrid] I V.T. & V.D. van *worry*; II *bn* ongerust; tobberig, zorgelijk

worrier ['wʌriə] *znw* tobber, zorgelijk mens o

worrisome ['wʌrisəm] *bn* verontrustend, zorgwekkend

worry ['wʌri] I *overg* het lastig maken, geen rust laten, plagen, kwellen, ongerust maken; II *wederk*: ~ *oneself* zichzelf nodeloos plagen, kwellen; zich bezorgd maken; III *onoverg* zich zorgen maken, zich bezorgd maken, zich druk maken; kniezen, tobben, piekeren (over *about, over*); onrustig zijn [van vee &]; ~ *along (through)* zich erdoorheen slaan; ~ *at* met de tanden trekken aan; fig zich het hoofd breken over [probleem]; IV *znw* kwelling; ongerustheid, bezorgdheid, zorg, soesa (meestal *worries*)

worse [wɔːs] *bn* erger, slechter; snoder; minder, lager [koers]; *you could do (a lot)* ~ *than...* u zou er bepaald niet verkeerd aan doen met te...; *to make matters (things)* ~ tot overmaat van ramp; ~ *follows (remains)* maar het ergste komt nog; *be the* ~ *for drink* in kennelijke staat (van dronkenschap); *you will be none the* ~ *for...* het zal u geen kwaad doen als...; *little the* ~ *for wear* weinig geleden hebbend; met weinig averij; *go from bad to* ~ van kwaad tot erger vervallen; *a change for the* ~ een verandering ten kwade

worsen ['wɔːsn] I *overg* erger, slechter maken; II *onoverg* erger, slechter worden

worship ['wɔːʃip] I *znw* verering; aanbidding; godsdienst (oefening), eredienst (*public* ~); *your W~* Edelachtbare (Lord); **II** *overg* aanbidden[2], vereren; **III** *onoverg* ter kerke gaan

worshipful *bn* eerwaardig; achtbaar

worshipper *znw* vereerder, aanbidder[2]; biddende; *the* ~s ook: de kerkgangers, de biddende gemeente

worst [wə:st] **I** *bn* slechtst(e), ergst(e), snoodst(e); **II** *bijw* het slechtst &; **III** *znw: the* ~ het ergste (ook: *the* ~ *of it*); *if the* ~ *comes to the* ~ in het ergste geval; *at (the)* ~ in het allerergste geval; *get the* ~ *of it* het onderspit delven, het afleggen; **IV** *overg* het winnen van, het onderspit doen delven; in de luren leggen

worst case scenario *znw* doemscenario *o*

worsted ['wustid] *znw* kamgaren *o*

worth [wə:θ] **I** *bn* waard; *he is* ~ £ 20.000 *a year* hij heeft een inkomen van £ 20.000 per jaar; *all he was* ~ al wat hij bezat; *for what it's* ~ voor wat het waard is; *(he ran away) for all he was* ~ zo hard hij kon; *I'll make it* ~ *your while* ik zal zorgen dat je er geen spijt van zal hebben; *it is not* ~ *while* het is de moeite niet waard, het loont de moeite niet; *it is as much as your life is* ~ het kan u het leven kosten; ~ *knowing* wetenswaardig; *not* ~ *mentioning* niet noemenswaard(ig); **II** *znw* waarde; innerlijke waarde; deugdelijkheid; *get one's money* ~ waar voor zijn geld krijgen

worthless *bn* waardeloos, van geen waarde, nietswaardig, verachtelijk

worthwhile ['wə:θ'wail] *bn* de moeite waard zijnd, waar men wat aan heeft, goed

worthy I *bn* waardig, waard; achtenswaardig, verdienstelijk; *not* ~ *of...* ...onwaardig; **II** *znw* achtenswaardig man; beroemdheid, sommiteit

would [wud] V.T. van [1]*will*; wou, zou; *he* ~ *sit there for hours* hij zat er vaak urenlang; *it* ~ *appear (seem)* (naar) het schijnt; *I* ~ *to heaven I was dead* was ik maar dood

would-be *bn* zogenaamd; willende doorgaan voor, vermeend; aankomend, potentieel

1 wound [waund] V.T. & V.D. van [3]*wind* en van [4]*wind*

2 wound [wu:nd] **I** *znw* wond(e), verwonding[2], kwetsuur; *open old* ~s oude wonden openrijten; **II** *overg* (ver)wonden, kwetsen[2]

wove [wouv] V.T. & V.D. van [1]*weave*

woven V.D. van [1]*weave*

wow [wauw] **I** *znw* theat iets geweldigs, geweldig succes *o*; **II** *tsw* slang àah!, tjéé! [uitroep van bewondering]

WPC *afk.* = *woman police constable* agente, vrouwelijke politieagent

wpm *afk.* = *words per minute* woorden per minuut

wrack [ræk] *znw* aan land gespoeld zeegras *o*, zeewier *o*; ook = *rack*

wraith [reiθ] *znw* geestesverschijning [vooral vlak voor of na iems. dood]

wrangle ['ræŋgl] **I** *onoverg* kibbelen, kijven, krakelen; **II** *znw* gekibbel *o*, gekijf *o*, ge-

krakeel *o*

wrangler *znw* **1** ruziemaker; **2** Am cowboy, paardenverzorger

wrap [ræp] **I** *overg*: ~ *(up)* wikkelen, omslaan, (om)hullen[2], inpakken, oprollen; ~ *up* ook: afsluiten, eindigen (met); *be* ~*ped up in* geheel opgaan in, geheel vervuld zijn van; **II** *onoverg*: ~ *up* zich inpakken; afronden, eindigen [toespraak &]; **III** *znw* (om-) hulsel *o*; omslagdoek, sjaal; plaid, deken

wraparound *bn* wikkel-; ~ *skirt* wikkelrok

wrapper *znw* inwikkelaar &; Am peignoir; omslag, kaft *o & v*, wikkel [v. boter &]; dekblad *o* [v. sigaar]; adresstrook [v. krant]

wrapping *znw* omhulsel[2] *o*; verpakking

wrapping-paper *znw* pakpapier *o*

wrath [rɔ:θ] *znw* woede, toorn, gramschap

wrathful *bn* toornig, woedend, razend

wreak [ri:k] *overg*: ~ *vengeance on* wraak nemen op; zie ook: *havoc*

wreath [ri:θ] *znw* (*mv*: -s [ri:ðz]) krans, guirlande; kronkel, pluim [v. rook]

wreathe [ri:ð] **I** *overg* vlechten, strengelen; om-, ineenstrengelen, be-, omkransen; plooien; ~*d in smiles* één en al glimlach; **II** *onoverg* krinkelen [v. rook]

wreck [rek] **I** *znw* wrak[2] *o*, scheepswrak *o*; verwoesting, vernieling, ondergang; fig ruïne; wrakgoederen, strandvond; schipbreuk; *go to* ~ *and ruin* te gronde gaan; *make* ~ *of* verwoesten, te gronde richten; **II** *overg* verwoesten, vernielen, te gronde richten, een puinhoop maken (van), ruïneren; doen verongelukken [trein]; schipbreuk doen lijden[2]; fig doen mislukken; **III** *onoverg* schipbreuk lijden

wreckage *znw* wrakhout *o*; slang puin *o*; overblijfselen, (brok)stukken, ravage

wrecker *znw* verwoester; sloper; berger; strandjutter; bergingswagen

wreck-master *znw* strandvonder

wren [ren] *znw* winterkoninkje *o*; *W*~ lid v.d. *Women's Royal Naval Service*, ± Marva

wrench [renʃ] **I** *znw* ruk, draai; verrekking, verzwikking, verstuiking; verdraaiing; techn (schroef)sleutel; fig pijnlijke scheiding; *it was a great* ~ het viel hem (mij &) hard; **II** *overg* (ver)wringen, (ver)draaien[2], rukken; verrekken; ~ *from* ontwringen[2], ontrukken[2], rukken uit; ~ *off* afdraaien, afrukken; ~ *open* openrukken, -breken

wrest [rest] *overg*: ~ *from* af-, ontrukken, ontworstelen; afpersen, afdwingen

wrestle ['resl] **I** *onoverg* worstelen (met *with*)[2]; **II** *overg* sp worstelen met; **III** *znw* worsteling; sp worstelwedstrijd

wrestler *znw* worstelaar; kampvechter

wrestling *znw* worstelen *o*

wretch [retʃ] *znw* ongelukkige stakker; ellendeling, schelm

wretched *bn* diep ongelukkig, ellendig; miserabel, armzalig, treurig

wrick [rik] **I** *overg* verrekken [spier]; **II** *znw* verrekking, verstuiking

wriggle ['rigl] **I** *onoverg* wriemelen, kronkelen [als worm]; (zitten) draaien [op stoel]; ~ *out of it* zich eruit draaien, eronderuit (proberen te) komen; **II** *overg* wrikken

wring* [riŋ] *overg* wringen (uit *from, out, of*); uitwringen; persen, knellen, drukken; ~ *sbd.'s hand* iem. de hand (hartelijk) drukken; ~ *one's hands* de handen wringen; ~ *the neck of...* de nek omdraaien; ~ *money from* geld afpersen (afdwingen)

wringer *znw* wringer; *put sbd. through the* ~ iem. door de wringer halen, iem. mangelen; iem. een uitbrander geven

wringing *bn* wringend &; druipnat (ook: ~ *wet*)

wrinkle ['riŋkl] **I** *znw* rimpel, plooi, kreuk; gemeenz idee o & v, wenk, truc; **II** *overg* rimpelen, plooien; **III** *onoverg* (zich) rimpelen, plooien; *~d* ook: gekreukeld

wrinkly *bn* rimpelig; licht kreukelend

wrist [rist] *znw* pols [handgewricht]

wristband *znw* (vaste) manchet; horlogebandje o

wristlet *znw* polsarmband

wrist watch *znw* armbandhorloge o, polshorloge o

1 writ [rit] vero V.T. & V.D. van *write*; ~ *large* er dik op liggend, op grote schaal

2 writ [rit] *znw* schriftelijk bevel o; sommatie, dagvaarding; ~ *of execution* deurwaardersexploot o; *Holy* ~ de Heilige Schrift

write* [rait] **I** *onoverg* schrijven; ~ *away for* schrijven om [informatie]; over de post bestellen; **II** *overg* schrijven; ~ *down* neer-, opschrijven, optekenen; ~ *home* naar huis schrijven; ~ *in* (aan de redactie) schrijven; bijschrijven; inschrijven; ~ *in for* inschrijven, (zich) aanmelden; ~ *into* schriftelijk vastleggen in, opnemen in [een contract &]; ~ *off* afschrijven°; ~ *off for a fresh supply* om nieuwe voorraad schrijven; ~ *out* uitschrijven, overschrijven, kopiëren; voluit schrijven; ~ *up* (neer)schrijven; uitwerken; bijwerken [rapport &]; handel bijhouden [boeken]

write-off *znw* handel (volledige) afschrijving; verlies o

writer *znw* schrijver°, auteur, schrijfster; *the (present)* ~ schrijver dezes; ~*'s block* writer's block o, ± angst voor het blanke, onbeschreven papier; ~*'s cramp* schrijfkramp

write-up *znw* artikel o, krantenbericht o of advertentie

writhe [raið] *onoverg* zich draaien, wringen of kronkelen, (ineen)krimpen

writing ['raitiŋ] *znw* schrijven o, geschrift o; schrift o; schriftuur; *his* ~*s* zijn werk o, zijn oeuvre o [v. letterkundige]; *the* ~ *on the wall* het (een) teken aan de wand; *the* ~ *is on the wall for him* zijn dagen zijn geteld; *in* ~ op schrift, schriftelijk

writing-desk *znw* schrijflessenaar

writing-pad *znw* schrijfblok o

writing paper *znw* schrijfpapier o, briefpapier o

written ['ritn] **I** V.D. van *write*; **II** *bn* geschreven; schriftelijk; ~ *language* schrijftaal; ~ *off* ook: verloren, naar de bliksem

wrong [rɔŋ] **I** *bn* verkeerd; niet in de haak, niet in orde, fout, onjuist, mis; slecht; *get hold of the* ~ *end of the stick* het bij het verkeerde eind hebben; *on the* ~ *side of forty* over de veertig; zie ook: *side I*; *be* ~ ongelijk hebben; het mis hebben; verkeerd gaan [v. klok]; *what's* ~*?* wat scheelt (mankeert) eraan?; *what's* ~ *with Mrs X?* wat scheelt mevr. X?; wat valt er op mevr. X. aan te merken?; **II** *bijw* verkeerd, fout, mis, de verkeerde kant uit; *do* ~ verkeerd doen; slecht handelen; *get it* ~ het verkeerd begrijpen; *don't get me* ~ begrijp me niet verkeerd; *go* ~ een fout maken; defect raken; in het verkeerde keelgat schieten; fig mislopen, verkeerd uitkomen; de verkeerde weg opgaan; **III** *znw* iets verkeerds, onrecht o, kwaad o; grief; *his* ~*s* het hem (aan)gedane onrecht; zijn grieven; *two* ~*s don't make a right* het ene onrecht wist het andere niet uit; *be in the* ~ ongelijk hebben; **IV** *overg* onrecht aandoen, verongelijken, te kort doen; onbillijk zijn tegenover

wrongdoer *znw* overtreder, dader; zondaar

wrongdoing *znw* verkeerde handeling(en); overtreding; onrecht o

wrong-foot *overg* sp op het verkeerde been zetten; fig in verwarring, verlegenheid brengen

wrongful *bn* onrechtvaardig; onrechtmatig; verkeerd

wrong-headed *bn* dwars, verkeerd, eigengereid, eigenzinnig

wrongly *bijw* verkeerd(elijk); bij vergissing; ten onrechte; onrechtvaardig

wrote [rout] V.T. (& gemeenz V.D.) van *write*

wrought [rɔ:t] **I** vero V.T. & V.D. van *work*; **II** *bn* bewerkt, geslagen, gesmeed; ~ *iron* smeedijzer o

wrought-up *bn* zenuwachtig (gemaakt), overprikkeld, zeer gespannen

wrung [rʌŋ] V.T. & V.D. van *wring*

wry [rai] *bn* scheef², verdraaid, verwrongen; fig bitter, ironisch; *with a* ~ *face* met een zuur gezicht; ~ *humor* galgenhumor; *a* ~ *smile* een ironische glimlach

wryly *bijw* scheef², fig zuur; ironisch

wych-elm ['witʃ'elm] *znw* bergiep

wych-hazel ['witʃheizl] *znw* toverhazelaar

X

x [eks] *znw* (de letter) x
X = 10 [als Romeins cijfer]; fig onbekende grootheid; [v. film] niet voor personen beneden 16 jaar
xenophobia [zenə'foubiə] *znw* vreemdelingenhaat
xenophobic [zenə'foubik] *bn* xenofoob, bang voor/afkerig van vreemdelingen

Xerox ['ziə-, 'zerɔks] I *znw* fotokopie; fotokopieerapparaat *o*; II *overg* fotokopiëren
Xmas ['krisməs] *znw* = *Christmas*
X-ray ['eks'rei] I *overg* doorlichten; II *bn* röntgen-, röntgenologisch; III *znw* 1 röntgenstraal; 2 röntgenfoto; 3 röntgenonderzoek *o*; 4 röntgenafdeling [in ziekenhuis]
X-rays *znw mv* röntgenstralen
xylograph ['zailəgra:f] *znw* houtsnede, houtgravure [vooral uit de 15de eeuw]
xylography [zai'lɔgrəfi] *znw* houtsnijkunst
xylophone ['zailəfoun] *znw* xylofoon

Y

y [wai] *znw* (de letter) y
yacht [jɔt] *znw* (zeil)jacht *o*
yachting *znw* zeilsport
yachtsman *znw* zeiler (in een jacht)
yah [ja:] *tsw* hè [uitjouwend, honend], ja(wel), kun je begrijpen!, ja!, nou ja!, bah!
yahoo [jə'hu:] *znw* beestmens; beest *o*
1 yak [jæk] *znw* jak: soort buffel
2 yak [jæk] *onoverg gemeenz* kletsen, ratelen
yam [jæm] *znw* broodwortel
yammer ['jæmə] *onoverg gemeenz* jammeren, janken, kreunen; *gemeenz* wauwelen
yank [jæŋk] *gemeenz* **I** *overg* rukken (aan); (weg)grissen; gooien; **II** *znw* ruk; por
Yank [jæŋk] *znw* slang = Yankee
Yankee I *znw* Am inwoner van het noordwesten van de Verenigde Staten; *hist* soldaat van de noordelijke leger, noorderling [tijdens de Amerikaanse Burgeroorlog]; Br *gemeenz* Amerikaan; **II** *bn* Amerikaans
yap [jæp] **I** *onoverg* keffen; *gemeenz* kletsen, kwekken, druk praten; **II** *znw* gekef *o*
1 yard [ja:d] *znw* yard: Engelse el = 0,914 m; *scheepv* ra; *by the* ~ per el; *fig* tot in het oneindige
2 yard [ja:d] *znw* (binnen)plaats, erf *o*; emplacement *o*, terrein *o*; *the* Y~ Scotland Yard
yardman *znw* rangeerder [bij het spoor]; Am los werkman
yardstick *znw* ellenstok, el; *fig* maatstaf
yarn [ja:n] **I** *znw* garen *o*, draad *o & m*; (langdradig) verhaal *o*; anekdote; *spin a* ~ een langdradig verhaal vertellen; **II** *onoverg gemeenz* verhalen vertellen
yashmak ['jæʃmæk] *znw* witte vrouwensluier
yaw [jɔ:] *znw scheepv* gieren [v. een schip]
yawl [jɔ:l] *znw* jol; klein zeiljacht *o*
yawn [jɔ:n] **I** *onoverg* geeuwen, gapen[2]; *fig* zich vervelen; **II** *overg* geeuwend zeggen; **III** *znw* geeuw, gaap; *the film is a* ~ de film is stomvervelend
yd. *afk.* = yard [0,914 m]
1 ye [ji:] *pers vnw plechtig vero* gij, gijlieden
2 ye [ji:, ði:] *lidw vero* de, het
yea [jei] **I** *bijw* plechtig ja; ja zelfs; **II** *znw: a vote of 48* ~s *to 20 nays* 48 stemmen vóór en 20 tegen; ~ *or nay* ja of nee
yeah [jɛə] *tsw gemeenz* ja
yean [ji:n] *onoverg* [v. ooien] lammeren
yeanling *znw vero* lam *o*, geitje *o*
year [jə:, jiə] *znw* jaar *o*; *financial* ~ *handel* boekjaar *o*; *put* ~s *on you slang* je ziek (beroerd) maken; *all (the)* ~ *round* het hele jaar door; *in* ~s (al) op jaren; zie ook: *grace* I
year-book *znw* jaarboek *o*
yearling I *znw* eenjarig dier *o*; hokkeling; **II** *bn* eenjarig, jarig; van één jaar
year-long *bn* één jaar durend; jarenlang
yearly *bn* jaarlijks, jaar-

yearn [jə:n] *onoverg* reikhalzend verlangen, reikhalzen (naar *after, for*); ernaar smachten (om *to*)
yearning I *bn* verlangend, reikhalzend; **II** *znw* verlangen *o*
year-round ['jiə'raund] *bn* het hele jaar door
yeast [ji:st] *znw* gist
yeasty *bn* gistig, gistend; schuimend, bruisend; *fig* luchtig, ondegelijk
yell [jel] **I** *onoverg* gillen, het uitschreeuwen (van *with*); **II** *overg* (uit)gillen, schreeuwen (ook: ~ *out*); **III** *znw* gil, geschreeuw *o*
yellow ['jelou] **I** *bn* geel; *slang* laf, gemeen; ~ *fever* gele koorts; ~ *pages* ± gouden gids; ~ *soap* groene zeep; **II** *znw* geel *o*; eigeel *o*; **III** *overg* (& *onoverg*) geel maken (worden)
yellowish *bn* geelachtig
yellowy *bn* geelachtig, gelig
yelp [jelp] **I** *onoverg* janken [v. hond]; **II** *znw* gejank *o* [v. hond]
Yemen ['jemən] *znw* Jemen *o*
Yemeni ['jeməni] **I** *znw* Jemeniet; **II** *bn* Jemenitisch
1 yen [jen] *znw* yen [Japanse munteenheid]
2 yen [jen] *znw gemeenz* hevig verlangen *o* (naar *for*); verslaafdheid (aan *for*)
yeoman ['joumən] *znw* kleine landeigenaar; eigenerfde; *mil* soldaat v.d. *yeomanry*; ~('s) *service* hulp in nood; Y~ *of the Guard* = Beefeater
yeomanry *znw* stand der *yeomen*; vrijwillige landmilitie te paard
yep [jep] *tsw slang* ja
yes [jes] *tsw* ja; ~, *Sir?* wel?, wat blieft u?
yes-man *znw gemeenz* jabroer, jaknikker
yesterday ['jestədi, -dei] *bijw* gisteren; *the day before* ~ eergisteren
yesteryear ['jestə'jiə] *bijw* plechtig vorig jaar; het recente verleden
yet [jet] **I** *bijw* (voorals)nog; tot nog toe; nu nog, nog altijd; toch; (nog) wel; toch nog; *is he dead* ~? is hij al dood?; *have you done* ~? ben je nu klaar?; *he's* ~ *to arrive* hij is nog niet aangekomen; *as* ~ tot nog toe; alsnog; *ever* ~ ooit; *never* ~ nog nooit; *nor* ~ en ook niet; *not* ~ nog niet; **II** *voegw* maar (toch)
yeti ['jeiti] *znw* yeti, verschrikkelijke sneeuwman
yew [ju:] *znw* taxus(boom); (boog van) taxushout *o*
YHA *afk.* = Youth Hostels Association
Yiddish ['jidiʃ] *bn* Jiddisch
yield [ji:ld] **I** *overg* opbrengen, opleveren; afwerpen, voortbrengen; geven, verlenen, afstaan; overgeven [stad], prijsgeven; ~ *up* opleveren; opgeven, afstaan; **II** *onoverg & abs ww* opleveren, geven, meegeven [bij druk]; toegeven, zwichten; onderdoen (voor *to*); zich overgeven; ~ *poorly* weinig opbrengen; **III** *znw* opbrengst, productie, oogst
yielding *bn* productief; meegevend; toegeeflijk, meegaand, buigzaam
yippee! [ji'pi:] *tsw* hoera!, jottem!
YMCA *afk.* = *Young Men's Christian Associ-*

ation
yob [jɔb] *znw* slang hufter
yodel ['joudl] **I** *overg & onoverg* jodelen; **II** *znw* gejodel o
yoga ['jougə] *znw* yoga
yogi ['jougi] *znw* (*mv:* -s of yogin) yogi
yogurt, yoghurt ['jɔgə:t] *znw* yoghurt
yo-heave-ho ['jou'hi:v'hou] *tsw* scheepv haal op!
yoke [jouk] **I** *znw* juk° o, span o [ossen]; schouderstuk o [v. kledingstuk]; **II** *overg* het juk aandoen, aanspannen; onder het (één) juk brengen; ~ *together* verenigen, verbinden, koppelen
yokel ['jouk(ə)l] *znw* boerenlummel, -kinkel
yolk [jouk] *znw* (eier)dooier
yon [jɔn] *bijw* plechtig = *yonder*
yonder ['jɔndə] **I** *bn* ginds; **II** *bijw* ginder, daarginds
yonks [jɔŋks] gemeenz: *for* ~ eeuwen, een eeuwigheid
yore [jɔ:] *znw:* of ~ eertijds, voorheen; *in days of* ~ in vroeger dagen
Yorkshire ['jɔ:kʃə, -ʃiə] *znw* Yorkshire o; ~ *pudding* in rosbief-jus gebakken beslag
you [ju:, ju] *pers vnw* jij, je, gij, u; jullie, jelui; gijlieden, ulieden; men
young [jʌŋ] **I** *bn* jong², jeugdig; onervaren; *a* ~ *family* (een troep) kleine kinderen; *her* ~ *man* haar vrijer; *a* ~ *one* een jong [v. dier]; *the* ~ *ones* de kleinen; de jongen; ~ *things* jonge dingen (meisjes); **II** *znw* jongen [v. dier]; *the* ~ de jeugd
youngish ['jʌŋ(g)iʃ] *bn* jeugdig, tamelijk jong
youngster *znw* jongeling, knaap; *the* ~*s* de kinderen
your [jɔ:, jɔə, juə] *bez vnw* uw; je, jouw; ~ *Luther &* die Luther &
you're [juə, jɔə] *verk. van you are*
yours [jɔ:z, jɔəz, juəz] *bez vnw* de of het uwe; de uwen; van u, van jou, van jullie;

~ *of the 4th* uw schrijven van de 4de; *it is* ~ *to obey* het is uw plicht te gehoorzamen; ~ *truly (faithfully, sincerely &)* hoogachtend, geheel de uwe; ~ *truly* ook: schertsend ondergetekende
yourself [jɔ:-, jɔə-, juə'self] *wederk vnw* (*mv:* yourselves) u, je; uzelf, jezelf; *you'll soon be quite* ~ *again* je zult weer spoedig de oude zijn
youth [ju:θ] *znw* jeugd; jeugdigheid; jongeman, jongen; jongelui
youth club *znw* jeugdvereniging, jongerencentrum o
youthful *bn* jeugdig, jong
youth hostel *znw* jeugdherberg
youth hosteller *znw* bezoeker, -ster van een jeugdherberg
yowl [jaul] **I** *onoverg* huilen, janken; **II** *znw* gehuil o, gejank o
yo-yo ['joujou] *znw* jojo
YTS *afk.* = *Youth Training Scheme* jeugdwerkplan
yuan ['ju:a:n, 'ju:ən] *znw* yuan [munteenheid in de Volksrepubliek China]
yucca ['jʌkə] *znw* yucca
yuck, yuk [jʌk] *tsw* gemeenz gedver!, jasses!, jakkes!
yucky, yukky ['jʌki] *bn* gemeenz vies, smerig
Yugoslav ['ju:gou'sla:v] **I** *znw* Joegoslaaf; **II** *bn* Joegoslavisch
Yugoslavia [ju:gou'sla:vjə] *znw* Joegoslavië o
Yule [ju:l], **Yule-tide** *znw* kersttijd
yummy ['jʌmi] *bn* gemeenz heerlijk, lekker [eten]
yum yum ['jʌm'jʌm] *tsw* mm, heerlijk, lekker, dat is smullen geblazen
yuppy ['jʌpi] *znw* = *young urban professional* yup(pie)
YWCA *afk.* = *Young Women's Christian Association*

Z

z [zed] *znw* (de letter) z
Zaïre [za:'iə] *znw* Zaïre o
Zaïrean *znw & bn* Zaïrees
Zambia ['zæmbiə] *znw* Zambia o
Zambian ['zæmbiən] *znw & bn* Zambiaan(s)
zany ['zeini] I *znw* pias², potsenmaker, hansworst; II *bn* gemeenz (knots)gek, absurd
zap [zæp] gemeenz I *overg* neerknallen, vernietigen; comput wissen, wijzigen [gegevens]; zappen [op tv]; meppen [bal &]; emotioneel overweldigen; II *onoverg* vliegen, zoeven, flitsen
zeal [zi:l] *znw* ijver, vuur o, dienstijver
Zealand ['zi:lənd] *znw & bn* (van) Zeeland o
zealot ['zelət] *znw* zeloot, ijveraar, dweper, fanaticus
zealotry *znw* gedweep o, fanatisme o
zealous *bn* ijverig, vurig
zebra ['zi:brə] *znw* dierk zebra; ~ *crossing* zebrapad o
zebu ['zi:bu:] *znw* zeboe
zenith ['zeniθ] *znw* zenit o, toppunt o; fig hoogtepunt o
zephyr ['zefə] *znw* zefier, koeltje o, windje o
zero ['ziərou] I *znw* (*mv*: -s *of* zeroes) nul, nulpunt o; laagste punt o; beginpunt o; ~ *hour* het uur U; II *onoverg*: ~ *in on* mil zich inschieten op; fig zijn aandacht richten op
zest [zest] *znw* schilletje o [v. sinaasappel, citroen]; fig wat een gesprek & kruidt; smaak, genot o, lust, animo; ~ *for life* levenslust; *add* (*give*) ~ *to...* jeu geven aan, kruiden
zigzag ['zigzæg] I *znw* zigzag; *in* ~*s* zigzagsgewijze; II *bn* zigzagsgewijs lopend, zigzag-; III *bijw* zigzagsgewijs; IV *onoverg* zigzagsgewijs lopen, gaan &, zigzaggen

Zimbabwe [zim'ba:bwi] *znw* Zimbabwe o
Zimbabwean I *znw* Zimbabweaan; II *bn* Zimbabweaans
zinc [ziŋk] *znw* zink o
zing [ziŋ] *znw* jeu, pit, kracht, vitaliteit
Zion ['zaiən] *znw* Zion o, Jeruzalem² o
Zionism *znw* zionisme o
Zionist *znw & bn* zionist, zionistisch
zip [zip] I *znw* rits(sluiting); gefluit o [van een geweerkogel]; gemeenz fut, pit; II *onoverg* fluiten [v. kogels]; langsvliegen, -snellen, -snorren; III *overg* dichttrekken (ook: ~ *up*)
zip code *znw* Am postcode
zipper *znw* ritssluiting
zither ['ziðə] *znw* citer
zodiac ['zoudiæk] *znw* zodiak, dierenriem
zodiacal [zou'daiəkl] *bn* zodiakaal, in/van de dierenriem
zombie ['zɔmbi] *znw* zombie²
zonal ['zounəl] *bn* zonaal, zone-
zone I *znw* zone, gebied o, luchtstreek, gordel²; II *overg* omgorden; verdelen in zones
zonked [zɔŋkt] *bn* slang 1 ladderzat; 2 stoned; 3 afgepeigerd, uitgeput
zoo [zu:] *znw* dierentuin, diergaarde
zoological [zouə'lɔdʒikl; *vóór* garden: zu'lɔdʒikl] *bn* zoölogisch, dierkundig; ~ *garden(s)* dierentuin, diergaarde
zoologist [zou'ɔlədʒist] *znw* zoöloog, dierkundige
zoology [zou'ɔlədʒi] *znw* zoölogie, dierkunde
zoom [zu:m] I *onoverg* zoemen, suizen; plotseling (snel) stijgen; zoomen [v. filmcamera]; ~ *in on* inzoomen op; II *znw* luchtv zoemer, zoemvlucht; zoom [v. filmcamera]
zoom lens *znw* zoomlens
zoot [zu:t] *bn* slang opzichtig, kakelbont; erg in de mode; ~ *suit* slang herenpak o met lang jasje en nauwsluitende broek
zucchini [zu:'kini] *znw* Am courgette
Zulu ['zu:lu:] *znw* Zoeloe

BIJLAGEN

NEDERLANDSE ONREGELMATIGE WERKWOORDEN
DUTCH IRREGULAR VERBS

ONBEP. WIJS	ONVOLT. VERL. TIJD	VOLT. DEELW.
bakken	bakte (bakten)	h. gebakken
bannen	bande (banden)	h. gebannen
barsten	barstte (barstten)	is gebarsten
bederven	bedierf (bedierven)	*overg* h., *onoverg* is bedorven
bedriegen	bedroog (bedrogen)	h. bedrogen
beginnen	begon (begonnen)	is begonnen
bergen	borg (borgen)	h. geborgen
bevelen	beval (bevalen)	h. bevolen
bevriezen	bevroor (bevroren)	*overg* h., *onoverg* is bevroren
bezwijken	bezweek (bezweken)	is bezweken
bidden	bad (baden)	h. gebeden
bieden	bood (boden)	h. geboden
bijten	beet (beten)	h. gebeten
binden	bond (bonden)	h. gebonden
blazen	blies (bliezen)	h. geblazen
blijken	(het) bleek	is gebleken
blijven	bleef (bleven)	is gebleven
blinken	blonk (blonken)	h. geblonken
braden	braadde (braadden)	h. gebraden
breken	brak (braken)	*overg* h., *onoverg* is gebroken
brengen	bracht (brachten)	h. gebracht
brouwen (*brew*)	brouwde (brouwden)	h. gebrouwen
brouwen (*speak with a burr*)	brouwde (brouwden)	h. gebrouwd
buigen	boog (bogen)	*overg* h., *onoverg* h. en is gebogen
delven	dolf, delfde (dolven, delfden)	h. gedolven
denken	dacht (dachten)	h. gedacht
dingen	dong (dongen)	h. gedongen
doen	deed (deden)	h. gedaan
dragen	droeg (droegen)	h. gedragen
drijven	dreef (dreven)	*overg* h., *onoverg* h. & is gedreven
dringen	drong (drongen)	h. en is gedrongen
drinken	dronk (dronken)	h. gedronken
druipen	droop (dropen)	h. en is gedropen
duiken	dook (doken)	h. en is gedoken
durven	durfde, dorst (durfden, dorsten)	h. gedurfd
dwingen	dwong (dwongen)	h. gedwongen
ervaren	ervaarde, ervoer (ervaarden, ervoeren)	h. ervaren
eten	at (aten)	h. gegeten
fluiten	floot (floten)	h. gefloten
gaan	ging (gingen)	is gegaan
gelden	gold (golden)	h. gegolden

ONBEP. WIJS	ONVOLT. VERL. TIJD	VOLT. DEELW.
genezen	genas (genazen)	*overg* h., *onoverg* is genezen
genieten	genoot (genoten)	h. genoten
geven	gaf (gaven)	h. gegeven
gieten	goot (goten)	h. gegoten
glijden	gleed (gleden)	h. en is gegleden
glimmen	glom (glommen)	h. geglommen
graven	groef (groeven)	h. gegraven
grijpen	greep (grepen)	h. gegrepen
hangen	hing (hingen)	h. gehangen
hebben	had (hadden)	h. gehad
heffen	hief (hieven)	h. geheven
helpen	hielp (hielpen)	h. geholpen
heten	heette (heetten)	h. geheten
hijsen	hees (hesen)	h. gehesen
hoeven	hoefde (hoefden)	h. gehoefd, gehoeven
houden	hield (hielden)	h. gehouden
houwen	hieuw (hieuwen)	h. gehouwen
jagen	joeg, jaagde (joegen, jaagden)	h. gejaagd
kerven	kerfde, korf (kerfden, korven)	*overg* h., *onoverg* is gekerfd, gekorven
kiezen	koos (kozen)	h. gekozen
kijken	keek (keken)	h. gekeken
kijven	keef (keven)	h. gekeven
klieven	kliefde, ZN kloof (kliefden, kloven)	h. gekliefd, ZN gekloven
klimmen	klom (klommen)	h. en is geklommen
klinken	klonk (klonken)	h. geklonken
kluiven	kloof (kloven)	h. gekloven
knijpen	kneep (knepen)	h. geknepen
komen	kwam (kwamen)	is gekomen
kopen	kocht (kochten)	h. gekocht
krijgen	kreeg (kregen)	h. gekregen
krimpen	kromp (krompen)	*overg* h., *onoverg* is gekrompen
kruipen	kroop (kropen)	h. en is gekropen
kunnen	kon (konden)	h. gekund
kwijten	kweet (kweten)	h. gekweten
lachen	lachte (lachten)	h. gelachen
laden	laadde (laadden)	h. geladen
laten	liet (lieten)	h. gelaten
leggen	legde, lei (legden, leien)	h. gelegd
lezen	las (lazen)	h. gelezen
liegen	loog (logen)	h. gelogen
liggen	lag (lagen)	h. gelegen
lijden	leed (leden)	h. geleden
lijken	leek (leken)	h. geleken
lopen	liep (liepen)	h. en is gelopen
malen (*grind*)	maalde (maalden)	h. gemalen
malen (*care; be mad*)	maalde (maalden)	h. gemaald
melken	molk, melkte (molken, melkten)	h. gemolken
meten	mat (maten)	h. gemeten
mijden	meed (meden)	h. gemeden
moeten	moest (moesten)	h. gemoeten

ONBEP. WIJS	ONVOLT. VERL. TIJD	VOLT. DEELW.
mogen	mocht (mochten)	h. gemogen
nemen	nam (namen)	h. genomen
nijgen	neeg (negen)	h. genegen
nijpen	neep (nepen)	h. genepen
ontginnen	ontgon (ontgonnen)	h. ontgonnen
plegen (be in the habit of)	placht (plachten)	
plegen (commit)	pleegde (pleegden)	h. gepleegd
pluizen	ploos (plozen)	h. geplozen
prijzen (praise)	prees (prezen)	h. geprezen
prijzen (price)	prijsde (prijsden)	h. geprijsd
raden	raadde (raadden)	h. geraden
rieken	rook (roken)	h. geroken
rijden	reed (reden)	h. en is gereden
rijgen	reeg (regen)	h. geregen
rijten	reet (reten)	overg h., onoverg is gereten
rijzen	rees (rezen)	is gerezen
roepen	riep (riepen)	h. geroepen
ruiken	rook (roken)	h. geroken
scheiden	scheidde (scheidden)	overg h., onoverg is gescheiden
schelden	schold (scholden)	h. gescholden
schenden	schond (schonden)	h. geschonden
schenken	schonk (schonken)	h. geschonken
scheppen (create)	schiep (schiepen)	h. geschapen
scheppen (scoop)	schepte (schepten)	h. geschept
scheren (shave)	schoor (schoren)	h. geschoren
scheren (skim [the water])	scheerde (scheerden)	h. gescheerd
schieten	schoot (schoten)	h. en is geschoten
schijnen	scheen (schenen)	h. geschenen
schijten	scheet (scheten)	h. gescheten
schrijden	schreed (schreden)	h. en is geschreden
schrijven	schreef (schreven)	h. geschreven
schrikken	schrok (schrokken)	is geschrokken
schuilen	school, schuilde (scholen, schuilden)	h. gescholen, geschuild
schuiven	schoof (schoven)	h. en is geschoven
slaan	sloeg (sloegen)	h. en is geslagen
slapen	sliep (sliepen)	h. geslapen
slijpen	sleep (slepen)	h. geslepen
slijten	sleet (sleten)	overg h., onoverg is gesleten
slinken	slonk (slonken)	is geslonken
sluipen	sloop (slopen)	h. en is geslopen
sluiten	sloot (sloten)	h. gesloten
smelten	smolt (smolten)	overg h., onoverg is gesmolten
smijten	smeet (smeten)	h. gesmeten
snijden	sneed (sneden)	h. gesneden
snuiten	snoot (snoten)	h. gesnoten
snuiven (snuffle)	snoof (snoven)	h. gesnoven
snuiven (cocaine)	snuifde, snoof (snuifden, snoven)	h. gesnuifd
spannen	spande (spanden)	h. gespannen
spijten	(het speet)	h. gespeten
spinnen	spon (sponnen)	h. gesponnen

ONBEP. WIJS	ONVOLT. VERL. TIJD	VOLT. DEELW.
splijten	spleet (spleten)	overg h., onoverg is gespleten
spreken	sprak (spraken)	h. gesproken
springen	sprong (sprongen)	h. en is gesprongen
spruiten	sproot (sproten)	is gesproten
spugen	spuugde, spoog (spuugden, spogen)	h. gespuugd, gespogen
spuiten	spoot (spoten)	h. en is gespoten
staan	stond (stonden)	h. gestaan
steken	stak (staken)	h. gestoken
stelen	stal (stalen)	h. gestolen
sterven	stierf (stierven)	is gestorven
stijgen	steeg (stegen)	is gestegen
stijven (starch)	steef (steven)	h. gesteven
stijven (stiffen)	stijfde (stijfden)	h. gestijfd
stinken	stonk (stonken)	h. gestonken
stoten	stootte (stootten)	h. gestoten
strijden	streed (streden)	h. gestreden
strijken	streek (streken)	h. gestreken
stuiven	stoof (stoven)	h. en is gestoven
treden	trad (traden)	h. en is getreden
treffen	trof (troffen)	h. getroffen
trekken	trok (trokken)	h. en is getrokken
uitscheiden (stop)	scheidde, schee(d) uit (scheidden, scheden uit)	is uitgescheiden, uitgescheden
uitscheiden (excrete)	scheidde uit (scheidden uit)	h. uitgescheiden
vallen	viel (vielen)	is gevallen
vangen	ving (vingen)	h. gevangen
varen	voer (voeren)	h. en is gevaren
vechten	vocht (vochten)	h. gevochten
verderven	verdierf (verdierven)	h. en is verdorven
verdrieten	verdroot (verdroten)	h. verdroten
verdwijnen	verdween (verdwenen)	is verdwenen
vergeten	vergat (vergaten)	h. en is vergeten
verliezen	verloor (verloren)	h. en is verloren
verslinden	verslond (verslonden)	h. verslonden
verzwinden	verzwond (verzwonden)	is verzwonden
vinden	vond (vonden)	h. gevonden
vlechten	vlocht (vlochten)	h. gevlochten
vliegen	vloog (vlogen)	h. en is gevlogen
vouwen	vouwde (vouwden)	h. gevouwen
vragen	vroeg (vroegen)	h. gevraagd
vreten	vrat (vraten)	h. gevreten
vriezen	vroor (vroren)	h. en is gevroren
vrijen	vrijde, vree (vrijden, vreeën)	h. gevrijd, gevreeën
waaien	waaide, woei (waaiden, woeien)	h. en is gewaaid
wassen (grow)	wies (wiesen)	is gewassen
wassen (wash)	waste, wies (wasten, wiesen)	h. gewassen
wegen	woog (wogen)	h. gewogen
werpen	wierp (wierpen)	h. geworpen
werven	wierf (wierven)	h. geworven
weten	wist (wisten)	h. geweten

ONBEP. WIJS	ONVOLT. VERL. TIJD	VOLT. DEELW.
weven	weefde (weefden)	h. geweven
wezen	was (waren)	is geweest
wijken	week (weken)	is geweken
wijten	weet (weten)	h. geweten
wijzen	wees (wezen)	h. gewezen
willen	wou, wilde (wouen, wilden)	h. gewild
winden	wond (wonden)	h. gewonden
winnen	won (wonnen)	h. gewonnen
worden	werd (werden)	is geworden
wreken	wreekte (wreekten)	h. gewroken
wrijven	wreef (wreven)	h. gewreven
wringen	wrong (wrongen)	h. gewrongen
wuiven	wuifde, woof (wuifden, woven)	h. gewuifd, gewoven
zeggen	zei, zegde (zeiden, zegden)	h. gezegd
zeiken	zeikte, zeek (zeikten, zeken)	h. gezeikt, gezeken
zenden	zond (zonden)	h. gezonden
zieden	ziedde (ziedden)	h. gezoden
zien	zag (zagen)	h. gezien
zijgen	zeeg (zegen)	*overg* h., *onoverg* is gezegen
zijn (ik ben, wij zijn)	was (waren)	is geweest
zingen	zong (zongen)	h. gezongen
zinken	zonk (zonken)	is gezonken
zinnen (*meditate*)	zon (zonnen)	h. gezonnen
zinnen (*like*)	zinde (zinden)	h. gezind
zitten	zat (zaten)	h. gezeten
zoeken	zocht (zochten)	h. gezocht
zouten	zoutte (zoutten)	h. gezouten
zuigen	zoog (zogen)	h. gezogen
zuipen	zoop (zopen)	h. gezopen
zullen (zal)	zou (zouden)	
zwelgen	zwelgde, zwolg (zwelgden, zwolgen)	h. gezwolgen
zwellen	zwol (zwollen)	is gezwollen
zwemmen	zwom (zwommen)	h. en is gezwommen
zweren (*swear*)	zwoer (zwoeren)	h. gezworen
zweren (*ulcerate*)	zweerde, zwoor (zweerden, zworen)	h. gezweerd, gezworen
zwerven	zwierf (zwierven)	h. gezworven
zwijgen	zweeg (zwegen)	h. gezwegen

ENGELSE ONREGELMATIGE WERKWOORDEN

ONBEP. WIJS	VERL. TIJD	VOLT. DEELW.	ONBEP. WIJS	VERL. TIJD	VOLT. DEELW.
abide	- abode, abided	- abode, abided	dream	- dreamt, dreamed	- dreamt, dreamed
arise	- arose	- arisen	drink	- drank	- drunk
awake	- awoke, awaked	- awoke, awaked	drive	- drove	- driven
be	- was	- been	dwell	- dwelt, dwelled	- dwelt, dwelled
bear	- bore	- borne	eat	- ate	- eaten
beat	- beat	- beaten	fall	- fell	- fallen
become	- became	- become	feed	- fed	- fed
befall	- befell	- befallen	feel	- felt	- felt
beget	- begat, begot	- begot(ten)	fight	- fought	- fought
			find	- found	- found
begin	- began	- begun	flee	- fled	- fled
behold	- beheld	- beheld	fling	- flung	- flung
bend	- bent	- bent	fly	- flew	- flown
beseech	- besought	- besought	forbear	- forbore	- forborne
bet	- bet, betted	- bet, betted	forbid	- forbade	- forbidden
betake	- betook	- betaken	forget	- forgot	- forgotten
1 bid (verzoeken)	- bade	- bidden	forgive	- forgave	- forgiven
			for(e)go	- for(e)went	- for(e)gone
2 bid (bieden)	- bid	- bid	forsake	- forsook	- forsaken
			freeze	- froze	- frozen
bind	- bound	- bound	get	- got	- got (Am gotten)
bite	- bit	- bitten			
bleed	- bled	- bled	gird	- girded, girt	- girded, girt
blend	- blended, blent	- blended, blent	give	- gave	- given
			go	- went	- gone
blow	- blew	- blown	grind	- ground	- ground
break	- broke	- broken	grow	- grew	- grown
breed	- bred	- bred	1 hang	- hung	- hung
bring	- brought	- brought	2 hang	- hanged	- hanged
build	- built	- built	(ophangen [als straf])		
burn	- burnt, burned	- burnt, burned	have	- had	- had
burst	- burst	- burst	hear	- heard	- heard
buy	- bought	- bought	heave	- heaved, scheepv hove	- heaved, scheepv hove
can	- could	- (been able)			
cast	- cast	- cast			
catch	- caught	- caught	hew	- hewed	- hewn, hewed
chide	- chid	- chid(den)			
choose	- chose	- chosen	hide	- hid	- hid(den)
cleave	- cleft	- cleft	hit	- hit	- hit
cling	- clung	- clung	hold	- held	- held
come	- came	- come	hurt	- hurt	- hurt
cost	- cost	- cost	keep	- kept	- kept
creep	- crept	- crept	kneel	- knelt, kneeled	- knelt, kneeled
cut	- cut	- cut			
deal	- dealt	- dealt	knit	- knit, knitted	- knit, knitted
dig	- dug	- dug			
do	- did	- done	know	- knew	- known
draw	- drew	- drawn	lay	- laid	- laid

ONBEP. WIJS	VERL. TIJD	VOLT. DEELW.	ONBEP. WIJS	VERL. TIJD	VOLT. DEELW.
lead	- led	- led	sing	- sang	- sung
lean	- leant, leaned	- leant, leaned	sink	- sank	- sunk
			sit	- sat	- sat
leap	- leapt, leaped	- leapt, leaped	slay	- slew	- slain
			sleep	- slept	- slept
learn	- learnt, learned	- learnt, learned	slide	- slid	- slid
			sling	- slung	- slung
leave	- left	- left	slink	- slunk	- slunk
lend	- lent	- lent	slit	- slit	- slit
let	- let	- let	smell	- smelt, smelled	- smelt, smelled
lie	- lay	- lain			
light	- lit, lighted	- lit, lighted	smite	- smote	- smitten
lose	- lost	- lost	sow	- sowed	- sown, sowed
make	- made	- made			
may	- might	- (been allowed)	speak	- spoke	- spoken
			speed	- sped	- sped
mean	- meant	- meant	spell	- spelt, spelled	- spelt, spelled
meet	- met	- met			
mow	- mowed	- mown	spend	- spent	- spent
must	- must	- (been obliged)	spill	- spilt, spilled	- spilt, spilled
ought	- ought		spin	- spun	- spun
overcome	- overcame	- overcome	spit	- spat	- spat
partake	- partook	- partaken	split	- split	- split
pay	- paid	- paid	spoil	- spoilt, spoiled	- spoilt, spoiled
put	- put	- put			
read	- read	- read	spread	- spread	- spread
rend	- rent	- rent	spring	- sprang	- sprung
rid	- rid	- rid	stand	- stood	- stood
ride	- rode	- ridden	steal	- stole	- stolen
ring	- rang	- rung	stick	- stuck	- stuck
rise	- rose	- risen	sting	- stung	- stung
run	- ran	- run	stink	- stank	- stunk
saw	- sawed	- sawn, sawed	strew	- strewed	- strewn, strewed
say	- said	- said	stride	- strode	- stridden
see	- saw	- seen	strike	- struck	- struck
seek	- sought	- sought	string	- strung	- strung
sell	- sold	- sold	strive	- strove	- striven
send	- sent	- sent	swear	- swore	- sworn
set	- set	- set	sweat	- sweat, sweated	- sweat, sweated
sew	- sewed	- sewn, sewed	sweep	- swept	- swept
shake	- shook	- shaken	swell	- swelled	- swollen, swelled
shall	- should				
shear	- sheared	- shorn	swim	- swam	- swum
shed	- shed	- shed	swing	- swung	- swung
shine	- shone	- shone	take	- took	- taken
shoe	- shod	- shod	teach	- taught	- taught
shoot	- shot	- shot	tear	- tore	- torn
show	- showed	- shown	tell	- told	- told
shred	- shred, shredded	- shred, shredded	think	- thought	- thought
			thrive	- throve, thrived	- thriven, thrived
shrink	- shrink	- shrunk			
shrive	- shrove	- shriven	throw	- threw	- thrown
shut	- shut	- shut	thrust	- thrust	- thrust

ONBEP. WIJS	VERL. TIJD	VOLT. DEELW.	ONBEP. WIJS	VERL. TIJD	VOLT. DEELW.
tread	- trod	- trodden	**win**	- won	- won
understand	- understood	- understood	**wind**	- wound	- wound
wake	- woke, waked	- woke, waked	**withdraw**	- withdrew	- withdrawn
			withhold	- withheld	- withheld
wear	- wore	- worn	**withstand**	- withstood	- withstood
weave	- wove	- woven	**wring**	- wrung	- wrung
weep	- wept	- wept	**write**	- wrote	- written
will	- would	- (been willing)			

DUTCH GRAMMAR

CONTENTS

I   PRONUNCIATION
   1   Consonants
   2   Vowels
   2.1 Long vowels
   2.2 Short vowels
   2.3 Diphthongs
   3   Stresses
II SPELLING RULES
   1   Long and short vowels
   2   Changing *f* and *s* into *v* and *z*
III ARTICLES AND NOUNS
   1   Articles
   2   Plurals
   2.1 Plurals ending in *en*
   2.2 Plurals ending in *s*
   2.3 Plurals ending in *eren*
   2.4 Irregular plurals
   3   Diminutives
IV ADJECTIVES
   1   Declension of adjectives
   2   Comparatives and superlatives
   3   Irregular comparatives and superlatives
V   ADVERBS
VI PERSONAL PRONOUNS
VII POSSESSIVE PRONOUNS
VIII INTERROGATIVES
IX DEMONSTRATIVES
X   VERBS
   1   The stem
   2   The present
   2.1 The present tense: irregular verbs
   2.2 The present continuous tense in Dutch
   2.3 Present participles
   3   The past
   3.1 The simple past tense: regular verbs
   3.2 The simple past tense: irregular verbs
   3.3 The perfect tense
   3.4 Past participles: regular verbs
   3.5 Past participles: irregular verbs
   3.6 The present perfect tense
   3.7 The past perfect tense
   4   The future
   4.1 The future tense
   4.2 The future perfect tense
   5   The conditional mood
   6   The imperative
   7   The infinitive
   8   Impersonal verbs
   9   Reflexive verbs
   10 Separable and inseparable verbs
XI WORD ORDER AND SENTENCE STRUCTURE
   1   Affirmative sentences
   1.1 Inversion
   2   Relative clauses

    2.1   Word order in relative clauses
    2.2   Relative pronouns
    2.3   Relative pronouns combined with prepositions
    3   Conjunctions
    3.1   Coordinating conjunctions
    3.2   Subordinating conjunctions
    4   Interrogative sentences
XII NEGATIONS
    1   The word *niet*
    2   The word *geen*
XIII THE PASSIVE VOICE
XIV THE WORD *ER*

I PRONUNCIATION

Dutch is pronounced very differently from English. Given the limited scope of this guide, we offer only an approximate idea of how to pronounce Dutch. Whenever possible, we will use English equivalents to explain the pronunciation.

1 Consonants

The consonants **b, c, d, f, h, k, l, m, n, p, q, s, t, v, x** and **z** are pronounced more or less the same in both Dutch and English. However, in Dutch the letters *b* and *d* are pronounced like *p* and *t* when they occur at the end of a word.

g is a guttural throat sound pronounced like the Scottish *ch* in *Loch Ness*.

j is pronounced like the *y* in *yard*.

r is pronounced more or less like a Scottish rolling r.

w is pronounced more or less as in *week*. However, the lips are not as rounded and the lower teeth are placed against the upper lip.

y can be either a vowel or a consonant, just as in English. At the beginning of a word, it's pronounced like a *j* (see above). At the end of a syllable, it's pronounced like the *ee* in *week*. In the middle of a syllable, it's pronounced like the *i* in *sin*.

ch is pronounced like *g* (see above).
ng is pronounced as in the word *long*.
nk is pronounced as in the word *link*.
schr is pronounced like the *sr* in *Sri Lanka*.

2 Vowels

There is a great difference in the pronunciation of vowels between Dutch and English.

2.1 Long vowels

Dutch has seven long vowels, including a few that English does not have. The long vowels *aa, ee, oo* and *uu* can be written as either double or single letters (*a, e, o* and *u*). This depends on whether they are in an open or a closed syllable (see the spelling rules in section II).

aa as in *raam* (window) is pronounced the same as the *a* in *car*, except that the mouth is opened a little wider.

ee as in *nee* (no) is usually pronounced like the *ay* in *say*. However, when combined with an *r* (*eer*), it sounds more like the *ee* in the German word *Meer*.

ie as in *riet* (reed) is pronounced like the *ea* in *meat*, except that it's a little shorter.

oo as in *boog* (arch) is pronounced like the *o* in *low*. However, when combined with an *r* (*oor*), it sounds more like the English word *door*.

uu as in *muur* (wall) is pronounced like the *ü* in the German word *für*.

oe as in *zoet* (sweet) is usually pronounced like the *u* in the English word *put*. However, when combined with an *r* (*oer*), it's a little longer, as in the English word *poor*.

eu as in *sleutel* is a sound that does not occur in English. It's usually pronounced like the French word *deux*. However, when combined with an *r* (*eur*), it sounds more like the French word *peur*.

2.2 Short vowels

Dutch has five short vowels:

> **a** as in *stad* (city) = c*a*r, but then shorter
> **e** as in *mes* (knife) = s*e*t
> **i** as in *kind* (child) = s*i*t
> **o** as in *mol* (mole) = n*o*t
> **u** as in *kus* (kiss) = f*u*r, but then shorter

2.3 Diphthongs

Dutch has the following diphthongs:

> **au** as in *gauw* (soon) = n*ow*
> **ou** as in *nou* (now) = the same as *au*
> **ij** as in *bij* (bee) = the *eil* in the French word *réveil*
> **ei** as in *eik* (oak) = the same as *ij*
> **ui** as in *duin* (dune) = the *euil* in the French word *fauteuil*
> **uw** as in *duw* (push) = combination of the Dutch *uu* and *w*
> **aai** as in *haai* (shark) = l*ie*, but with the mouth open wider
> **ooi** as in *kooi* (cage) = combination of the Dutch *oo* and *j*
> **oei** as in *boei* (buoy) = combination of the Dutch *oe* and *j*
> **eeuw** as in *meeuw* (gull) = combination of the Dutch *ee* and *w*
> **ieuw** as in *nieuw* (new) = combination of the Dutch *ie* and *w*

Note: A silent *e*, as in the English word *the*, can be written as the *e* in *de* (the), the *ee* in *een* (a/an), the *i* in *aardig* (nice) or the *ij* in *vrolijk* (cheerful).

3 Stresses

In most Dutch words with more than one syllable, the stress is on the first syllable:

> *win*ter (winter), *lo*pen (walk), *vracht*wagenchauffeur (lorry driver)

Exceptions

– In words that begin with the prefix *be, er, ge, her, ont* or *ver*, the stress is on the second syllable:

> be*ton* (concrete), er*va*ring (experience), ge*zond*heid (health)

– In words that end with the suffix *isch*, the stress is on the next to last syllable:

> eco*no*misch (economical), fan*tas*tisch (fantastic)

– In many loan words, the stress falls in a different place:

> fa*briek* (factory), inva*li*de (disabled), prema*tuur* (premature)

II SPELLING RULES

Because the spelling of nouns, adjectives and verbs often changes when endings are added, we offer you a few basic spelling rules.

1 Long and short vowels

Long vowels in Dutch are written either as single or double letters. To decide which to use, you must be able to distinguish between *open* and *closed syllables*.

Open syllables end in a vowel (the hyphens here denote syllable breaks):

> *le-ven* (life)
> *dro-men* (dream)

ma-ken (make)

Closed syllables end in a consonant:

rok (skirt)   plural: *rok-ken*
beest (beast)   plural: *bees-ten*
hond (dog)   plural: *hon-den*

Syllables are divided according to the following rules:

– A single consonant forms the beginning of the next syllable (the *m* in *dromen*).
– When there are two consonants in a row, the syllable is usually divided between
  the consonants (between the *s* and the *t* in *beesten* and between the *n* and the *d*
  in *honden*).
– A word or a syllable may never end (or begin) with two of the same consonants
  (not *rokk*). The division always comes between the two consonants (*rok-ken*).

When a **long vowel** is in a *closed syllable*, it is written as a double letter: *been*
(leg), *haar* (hair), *geel* (yellow).

When the **long vowels** *aa*, *ee*, *oo* and *uu* are in an *open syllable*, they are written
as a single letter: *benen, haren, gele.*

When the **long vowels** *ie*, *oe* and *eu* are in an *open syllable*, they do not change:
vieren (celebrate), *voeren* (feed), *deuren* (doors). Exceptions to this rule are loan
words in which the long vowel *ie* is sometimes written as an *i*: *juni* (June), *liter*
(litre).

Note: When long vowels occur at the end of a word, they are generally written as
a single letter: *la* (drawer), *kano* (canoe). The exception to this rule is *ee*: *nee* (no),
twee (two), *idee* (idea).

Short vowels occur only in closed syllables and are written as a single letter:

kam (comb) – plural: *kammen*
put (well) – plural: *putten*

As you can see, in the plural the consonants *m* and *t* in *kammen* and *putten* are
doubled so that the preceding vowels, in this case *a* and *u*, will remain short.

This doubling of consonants rule is also important in the declension of adjectives
(see section IV):

nat (wet) – *een natte straat* (a wet street)

2 Changing *f* and *s* into *v* and *z*

In many words that end in *f*, the *f* becomes a *v* when the word is pluralized,
declined or conjugated, provided the *f* is preceded by a long vowel or a voiced
consonant:

brief (letter) – *brieven* (letters)
braaf (good) – *een brave hond* (a good dog)
half (half) – *de halve waarheid* (half the truth)
ik leef (I live) – *wij leven* (we live)

Under the same circumstances, an *s* at the end of word generally changes to a *z*:

huis (house) – *huizen* (houses)
gans (goose) – *ganzen* (geese)
boos (angry) – *een boze man* (an angry man)
ik lees (I read) – *wij lezen* (we read)

III ARTICLES AND NOUNS

A noun is a word that denotes a person, an animal or a thing (either concrete or abstract), such as *vrouw* (woman), *leeuw* (lion), *tafel* (table), *koffie* (coffee), *moed* (courage) and *geluk* (happiness). Nouns in Dutch are either *masculine, feminine* or *neuter*. These are purely linguistic concepts that have nothing to do with biology. The word *vrouw* (woman) does happen to be feminine, but so do the words *bank* (couch) and *lamp* (lamp). And yet the word *meisje* (girl), which refers to a female, is neuter. You must know whether a word is masculine, feminine or neuter to decide whether it gets the definite article *de* or *het*.

1 Articles

Nouns are often preceded by an article. The **indefinite article** *a* or *an* is always **een** in Dutch:

een dame (a lady)	*een kind* (a child)
een man (a man)	*een boom* (a tree)

The **definite article** *the* has two forms in Dutch: **de** and **het**. **De** is used with masculine and feminine nouns and all plural nouns:

de man (the man)	*de koe* (the cow)
de vrouw (the woman)	*de huizen* (the houses)

Het is used with neuter nouns and diminutives:

het huis (the house)	*het kind* (the child)
het meisje (the girl)	*het mannetje* (the little man)

Since the Dutch themselves rarely distinguish anymore between masculine and feminine nouns, from now on we shall only talk about *de* and *het* words. In this dictionary Dutch entries marked with an *o* for *onzijdig* (neuter) are *het* words. If there is no *o*, it is a *de* word.

There are a few striking differences between Dutch and English:

– Abstract nouns usually require a definite article in Dutch:

de liefde (love)	*het leven* (life)
het communisme (communism)	*de dood* (death)

– Professions and nationalities do not require an indefinite article in Dutch when they are used in sentences of the following type:

Zij is leraar (she's a teacher).
Ik ben Engelsman (I'm an Englishman).

2 Plurals

2.1 Plurals ending in *en*

Plurals are generally formed in Dutch by adding *en* to the singular:

boek – boeken (book – books)
hond – honden (dog – dogs)
vrouw – vrouwen (woman – women)

The spelling rules in section II also apply to the formation of plurals:

– A long vowel with a double letter is reduced to a single letter in the plural:

been (leg) – *benen* (not *beenen*)
boot (boat) – *boten* (not *booten*)

– After a short vowel, the final consonant is doubled:

kam (comb) – *kammen* (not *kamen*)
bot (bone) – *botten* (not *boten*)

– The final *s* and *f* are sometimes changed to *z* and *v* in the plural:

huis (house) – *huizen* (not *huisen*)
wolf (wolf) – *wolven* (not *wolfen*)

Occasionally a combination of these rules applies:

baas (boss) – *bazen*
raaf (raven) – *raven*

2.2 Plurals ending in *s*

Plurals are formed by adding an *s* to:

– words that end in *el, em, en* or *er*, where the *e* is silent:

lepel (spoon) – *lepels*
bezem (broom) – *bezems*
kussen (pillow) – *kussens*
kever (beetle) – *kevers*

– words that end in *aar, eur, ier* or *oor*:

bedelaar (beggar) – *bedelaars*
conducteur (conductor) – *conducteurs*
kruidenier (grocer) – *kruideniers*
majoor (major) – *majoors*

– all diminutives:

meisje (girl) – *meisjes*
hondje (little dog) – *hondjes*

– most loan words:

telefoon (telephone) – *telefoons*
club (club) – *clubs*

An apostrophe is written before the plural *s* in words ending in *a, i, o, u* or *y*, as otherwise the vowel would be short: *drama's, ski's, hobo's, menu's, baby's*.

Words that end in a silent *e* take either an *s* or an *n* in the plural:

gemeente (municipality) – *gemeenten* or *gemeentes*
ziekte (disease) – *ziekten* or *ziektes*

2.3 Plurals ending in *eren*

A number of *het* words form plurals by adding *eren*. The most important of these are:

blad (leaf) – *bladeren*
ei (egg) – *eieren*
kalf (calf) – *kalveren*
kind (child) – *kinderen*
rund (cow) – *runderen*

2.4 Irregular plurals

In certain words the vowel changes or gets longer. The most important of these are:

bad (bath) – *baden*   *god* (god) – *goden*
bedrag (amount) – *bedragen*   *graf* (grave) – *graven*
bevel (order) – *bevelen*   *oorlog* (war) – *oorlogen*

blad (sheet) – *bladen*	*slag* (blow) – *slagen*
dag (day) – *dagen*	*slot* (lock) – *sloten*
dak (roof) – *daken*	*weg* (road) – *wegen*
dal (valley) – *dalen*	*lid* (member) – *leden*
gat (hole) – *gaten*	*schip* (ship) – *schepen*
glas (glass) – *glazen*	*stad* (city) – *steden*

In words that end in *heid*, plurals are formed by changing *heid* to *heden*:

gelegenheid (occasion) – *gelegenheden*
waarheid (truth) – *waarheden*

In Latin loan words ending in *um*, plurals are formed by changing *um* to *a*, although the plural *s* is also allowed:

museum (museum) – *musea* or *museums*

In certain Latin loan words ending in *cus*, plurals are formed by changing *cus* to *ci*:

musicus (musician) – *musici*
politicus (politician) – *politici*

3 Diminutives

Many nouns can be turned into diminutives. Diminutives are always *het* words with a plural *s*. Diminutives are much more common in Dutch than in English. They do not merely denote how small a person or a thing is, but may also be an expression of affection, tenderness, irony or contempt. Some words are almost always used in the diminutive: *meisje* (girl), *theekopje* (teacup). Sometimes the word *klein* (little/small) is even used together with the diminutive: *een klein dorpje* (a small village).

Most diminutives are formed by adding *je* to the end of the noun:

boek (book) – *boekje*
huis (house) – *huisje*

However, the endings *tje, etje* and *pje* also occur:

duw (push) – *duwtje*
ding (thing) – *dingetje*
arm (arm) – *armpje*

Many words that have an irregular plural also have an irregular diminutive:

blad (leaf/sheet) – *blaadje*
gat (hole) – *gaatje*
glas (glass) – *glaasje*
schip (ship) – *scheepje*

IV ADJECTIVES

Adjectives modify nouns. For example, *mooie* modifies the noun *foto* in the sentence: *het is een **mooie** foto* (it's a nice picture). Although adjectives frequently precede the nouns to which they refer, they can also be placed elsewhere in the sentence: *de foto is **mooi*** (the picture is nice).

1 Declension of adjectives

In Dutch, when an adjective precedes a noun, it is usually declined. This means that an *e* is added:

mooi (nice) – *de mooie foto* (the nice picture)
blauw (blue) – *een blauwe auto* (a blue car)

These declensions follow the spelling rules for long and short vowels and the changing of *s* and *z* into *f* and *v* (see section II):

> *groot* (big) – *het grote huis* (the big house)
> *dik* (fat) – *een dikke man* (a fat man)
> *boos* (angry) – *een boze vrouw* (an angry woman)
> *doof* (deaf) – *een dove prinses* (a deaf princess)

However, adjectives are not declined (i.e. no *e* is added) in the following cases:

– before *het* words used without an article:

> *mooi weer* (nice weather)
> *hard metaal* (hard metal)

– before *het* words used with an indefinite article:

> *een groot huis* (a big house)
> *een vreemd idee* (a strange idea)

– before *het* words used with indefinite pronouns such as *geen* (not a/no), *elk* (each), *ieder* (each), *zo'n* (such a):

> *geen wit huis* (not a white house)
> *zo'n eng beest* (such a creepy animal)

– when the adjective follows the noun it modifies (e.g. comes at the end of a sentence):

> *De auto is blauw* (the car is blue).
> *Die man is dik* (the man is fat).

– when the adjective ends in *en*:

> *een dronken zeeman* (a drunken sailor)
> *het houten huis* (the wooden house)
> *het gestolen beeld* (the stolen statue)

– when the adjective is derived from the name of a material or substance:

> *een plastic tas* (a plastic bag)
> *een aluminium lamp* (an aluminium lamp)

As in English, present and past participles (see section X) can also be used as adjectives. They are then declined according to the above rules:

> *een huilende man* (a sobbing man)
> *een gescheurde jas* (a torn coat)
> *de gesloten deur* (the closed door)

2 Comparatives and superlatives

Comparatives are usually formed by adding the suffix *er* and the superlative by adding the suffix *st*:

> *klein – kleiner – kleinst* (small – smaller – smallest)
> *gek – gekker – gekst* (crazy – crazier – craziest)
> *lief – liever – liefst* (sweet – sweeter – sweetest)
> *vies – viezer – viest* (dirty – dirtier – dirtiest)

As the examples show, the spelling rules in section II apply here as well.

In adjectives that end in *r*, the comparative is formed by adding a *d* before the suffix *er*:

> *duur – duur**d**er – duurst* (expensive)
> *lekker – lekker**d**er – lekkerst* (tasty)

Just as in English, comparatives and superlatives can also be formed by using the words *meer* (more) and *meest* (most). Superlatives using *meest* are fairly common;

in fact they are required when the adjective ends in *st* or *sd*:

> *waarschijnlijk – waarschijnlijker* or *meer waarschijnlijk – waarschijnlijkst* or *meest waarschijnlijk* (likely)
> *verbaasd – verbaasder* or *meer verbaasd – meest verbaasd* (surprised)
> *gewenst – gewenster* or *meer gewenst – meest gewenst* (wanted)

Comparatives and superlatives are declined according to the same rules as regular adjectives:

> *jong – een jonge man – een jongere man – de jongste man* (young – a young man – a younger man – the youngest man)
> *donker – het donkere huis – een donkerder huis – het donkerste huis* (dark – the dark house – a darker house – the darkest house)

Unlike English, Dutch uses the superlative to compare two or more things:

> *Hij is de oudste van de twee* (he is the elder of the two).

In comparisons in which the word *than* is used, Dutch uses the word *dan*:

> *Dit materiaal is sterker dan metaal* (this material is stronger than metal).

3 Irregular comparatives and superlatives

> *goed – beter – best* (good – better – best)
> *veel – meer – meest* (much/many – more – most)
> *weinig – minder – minst* (little – less – least)

V ADVERBS

Adverbs can modify:

- verbs: *Zij zingt **mooi*** (she sings beautifully).
- adjectives: *Hij is **erg** verlegen* (he's very shy).
- an entire sentence: ***Gelukkig** komt hij niet* (fortunately he isn't coming).

Adverbs are usually formed in English by adding *ly* to the adjective from which they are derived. In Dutch, however, adverbs often have the same form as the (undeclined) adjective. Still, many commonly used adverbs are not derived from adjectives at all:

nu (now)	*er* (there)
toen (then)	*hier* (here)
al (already)	*daar* (there)
vandaag (today)	*erg* (very)
morgen (tomorrow)	*ook* (also)
gisteren (yesterday)	*misschien* (perhaps/maybe)
weer (again)	*dus* (so)
altijd (always)	*eigenlijk* (actually)
nooit (never)	*bijna* (almost)

Adverbs are never declined. However, when adverbs derived from adjectives are used in the comparative or the superlative, they keep the adjective form (see section IV.2).

Like adjectives, adverbs can be placed in various parts of a sentence (see section IV).

VI PERSONAL PRONOUNS

Dutch has the following personal pronouns:

	SUBJECT FORM	OBJECT FORM
1st pers. sing.	*ik* (I)	*mij (me)* (me)
2nd pers. sing.	*jij (je)* (you)	*jou (je)* (you)
	u (you)	*u* (you)

3rd pers. sing	*hij* (he)	*hem* (him)
	zij (ze) (she)	*haar* (her)
	het ('t) (it)	*het ('t)* (it)
1st pers. pl.	*wij (we)* (we)	*ons* (us)
2nd pers. pl.	*jullie* (you)	*jullie* (you)
	u (you)	*u* (you)
3rd pers. pl.	*zij (ze)* (they)	*ze, hun/hen* (them)

The forms in parentheses (*je, ze, 't*, etc.) are used when the personal pronouns are not emphasized. They are common in everyday speech, though you often see them in written language as well.

The word *you* has three forms in Dutch:

– *jij* (or the unemphasized *je*) is used to address family, close friends and children.
– *u*, the polite form, is used to address adults you do not know very well and as a token of respect. Even though it can refer to one or more persons, *u* always takes a singular verb (see section X).
– *jullie* is the plural form of *je*.

Hij is used to denote people and animals of the male gender, and *zij* those of the female gender. Most Dutch people also use *hij* to refer to *de* words that denote inanimate objects, whereas English normally uses *it*:

   De auto start niet. **Hij** staat in de garage.
   (The car doesn't start. It's in the garage.)

Het is used to denote *het* words:

   Het huis staat op de hoek. **Het** is wit.
   (The house is on the corner. It's white.)

Het is also used in sentences of the type: *het regent* (it's raining) and *het is laat* (it's late).

The right-hand column in the above table lists the personal pronouns used as objects in a sentence:

   *Ik geef **hem** een boek* (I am giving him a book).
   *Hij schrijft **jullie** een brief* (he is writing you a letter).

There are three forms listed under the 3rd personal plural: *ze, hun* and *hen*. Strictly speaking, *hun* is the form for indirect objects: *hij schrijft **hun** een brief* (he is writing them a letter); *hen* for direct objects and after prepositions: *ik veracht **hen*** (I despise them). However, many Dutch people use the form *ze* in both cases: *hij schrijft **ze** een brief, ik veracht **ze***.

VII POSSESSIVE PRONOUNS

Dutch has the following possessive pronouns:

   mijn (my)
   jouw (unemphasized: *je*) (your)
   uw (your)
   zijn (his)
   haar (her)
   ons/onze (our)
   jullie (your)
   hun (their)

Possessive pronouns normally come before the nouns to which they refer, in which case they are not declined. An exception is the Dutch equivalent of *our*: *ons* is used with *het* words in the singular, and *onze* with *de* words and plurals:

   ons kind – onze kinderen (our child – our children)

onze boot – onze boten (our boat – our boats)

Possessive pronouns can also be used without a noun. In that case, they are preceded by a definite article (i.e. *de* with *de* words and *het* with *het* words), and an *e* is added to the possessive pronoun:

*Dit is mijn fiets en dat is **de zijne***
(this is my bicycle and that is his).
*Dat is hun idee, niet **het onze***
(that is their idea, not ours).

An exception to this rule is *jullie*, which uses the following construction: *van* (of) + the object form of the personal pronoun (see section VI):

*Dit is onze tent en dat is die **van jullie***
(this is our tent and that is yours).

This *van* construction can also be applied to all other personal pronouns in the object form:

*Deze fiets is niet **de jouwe**, het is die **van mij***
(this bicycle isn't yours, it's mine).

When the name of a person is used as a possessive, an *s* is added to the name:

Peters hond (Peter's dog)
Edgars dochter (Edgar's daughter)

When the name ends in a long vowel (*a, i, o, u* or *y*), an apostrophe is placed before the *s* to maintain the long vowel sound. When the name ends in een *s*, an apostrophe is placed after the name, just as in English:

Donna's vriend (Donna's friend)
Hans' vrouw (Hans' wife)

VIII INTERROGATIVES

Interrogatives introduce a question. They usually come at the beginning of a sentence (see section XI.4). Except for *welk(e)* (which/what), they are not declined. Some interrogatives (*wie, wat* and *welke* (who, what and which) can be combined with a preposition. The most important of these are given below:

wie (who):

Wie is dat (who is that)?
Wie zullen wij uitnodigen (who shall we invite)?
Met wie ga je naar het feest (with whom are you going to the party)?
Aan wie heb jij het boek gegeven (to whom did you give the book)?
Van wie is deze auto (whose car is this?)

wat (what):

Wat zie je (what do you see)?
Wat hebben jullie gisteren gedaan (what did you do yesterday)?

Note: When combined with a preposition, *wat* changes to *waar*:

aan + wat becomes *waaraan*: *Waaraan denk je* (what are you thinking about?)
over + wat becomes *waarover*: *Waarover praten jullie* (what are you talking about)?
met + wat becomes *waarmee*: *Waarmee heeft zij die tekening gemaakt* (what did she make the drawing with)?

welk(e) (which/what):

Welke kleur wil je (which colour do you want)?

Met welke auto gaan we (which car are we going in)?

Note: Since **welk(e)** is declined as an adjective, an *e* is added unless it is used before a singular *het* woord:

Welke jongen bedoel je (which boy do you mean)?
Welk huis is het grootst (which house is the biggest)?

waar (where): *Waar is het* (where is it)?

wanneer (when): *Wanneer komen jullie terug* (when are you coming back)?

waarom (why): *Waarom vraag je dat* (why are you asking that)?

hoe (how): *Hoe doe je dat* (how do you do that)?

IX DEMONSTRATIVES

There are four demonstratives in Dutch: *deze, die, dit* and *dat*. Their use depends on the number and gender of the noun they modify (singular or plural, *de* or *het* word) and the distance (in space and time) between the speaker and the object being discussed:

	de word sing.	*het* word sing.	plural
near	*deze* (this)	*dit* (this)	*deze* (these)
far	*die* (that)	*dat* (that)	*die* (those)

de kat (the cat) – *deze kat* (this cat) – *die kat* (that cat)
het boek (the book) – *dit boek* (this book) – *dat boek* (that book)
de jaren (the years) – *deze jaren* (these years) – *die jaren* (those years)

Demonstratives can also be used without a noun:

Deze man is rijker dan **die** (this man is richer than that one).
Ik heb liever **deze** (I prefer these).

When a sentence begins with a demonstrative and no noun follows, only *dit* or *dat* are used, regardless of whether it refers to a singular or plural object:

Dit zijn mooie huizen (these are beautiful houses).
Dat zijn aardige mensen (those are nice people).

X VERBS

1 The stem

Before you can form verb tenses (the present tense, the past tense, the past participle, the imperative, etc.), you must be able to determine the stem. A stem is formed by deleting the final *en* from the infinitive (verbs are always listed in the infinitive form in dictionaries):

| *dansen* (to dance) | stem: *dans* |
| *werken* (to work) | stem: *werk* |

The spelling rules given in section II apply here as well:

horen (to hear)	stem: *hoor* (the *o* is doubled)
vallen (to fall)	stem: *val* (an *l* is dropped)
beloven (to promise)	stem: *beloof* (*v* becomes *f*)
reizen (to travel)	stem: *reis* (*z* becomes *s*)

2 The present

The present tense of a verb is used to denote an action that is happening now. It encompasses both the simple present tense and the present continuous tense in English:

> *ik dans* (I dance, I am dancing)
> *wij werken* (we work, we are working)

The present tense is formed as follows:

1st pers. sing	*ik werk/dans*	stem
2nd pers. sing.	*jij werkt/danst*	stem + t
	u werkt/danst	stem + t
3rd pers. sing.	*hij werkt/danst*	stem + t
1st pers. pl.	*wij werken/dansen*	infinitive form
2nd pers. pl.	*jullie werken/dansen*	infinitive form
3rd pers. pl.	*zij werken/dansen*	infinitive form

As you can see, the 2nd and 3rd person singular are formed by adding a *t* to the stem. However, when the stem already ends in *t*, another one is not added:

> *rusten* (to rest; stem: *rust*): *jij rust* (not *jij rustt*)

If the stem ends in *d*, a *t* is added, even though this makes no difference to the pronunciation:

> *lijden* (to suffer; stem: *lijd*): *hij lijdt*

Note: When the personal pronoun *jij* or *je* follows the verb, for example in an interrogative sentence (see section XI.4), a *t* is not added:

> *jij werkt – werk jij?* (do you work?)
> *je danst – dans je?* (do you dance?)

With the polite *u*, the verb is always singular and therefore uses the *stem + t* construction.

In some verbs the infinitive ends in *n* rather than *en*. In that case the stem is formed by dropping the final *n*:

> *gaan* (to go; stem: *ga*) *ik ga, jij gaat, hij gaat*
> *slaan* (to hit; stem: *sla*) *ik sla, jij slaat, hij slaat*
> *staan* (to stand; stem: *sta*) *ik sta, jij staat, hij staat*
> *doen* (to do; stem: *doe*) *ik doe, jij doet, hij doet*
> *zien* (to see; stem: *zie*) *ik zie, jij ziet, hij ziet*

(Note: The *oe* and *ie* in *doen* and *zien* are long vowels.)

2.1 The present tense: irregular verbs

A few important verbs are irregular in the present tense. In the underlying table, the irregular forms are given in bold.

	zijn	*hebben*	*zullen*	*kunnen*	*willen*	*mogen*
	(be)	(have)	(shall/will)	(can)	(want)	(may)
ik	**ben**	*heb*	**zal**	*kan*	*wil*	**mag**
jij	**bent**	*hebt*	*zult/***zal**	*kunt/***kan**	*wilt*	**mag**
u	**bent**	*hebt*	*zult/***zal**	*kunt/***kan**	*wilt*	**mag**
hij	**is**	**heeft**	**zal**	*kan*	**wil**	**mag**
wij	*zijn*	*hebben*	*zullen*	*kunnen*	*willen*	*mogen*
jullie	*zijn*	*hebben*	*zullen*	*kunnen*	*willen*	*mogen*
zij	*zijn*	*hebben*	*zullen*	*kunnen*	*willen*	*mogen*

Note: When *jij* or *je* follows the verbs *zijn* and *hebben*, the *ik* form of the verb is used: *ben jij, heb jij*. In the case of *zullen* and *kunnen*, two forms are possible: *zal/zul jij, kan/kun jij*.

2.2 The present continuous tense in Dutch

Dutch does not have a separate tense comparable to the present continuous in English, which denotes an action that is happening at this very moment: *I am reading, they are listening*. To indicate action in progress, Dutch uses the following constructions:

- *zijn + aan het +* the infinitive:

  ik ben aan het lezen (I am reading)
  wij zijn aan het luisteren (we are listening)

- verbs like *zitten* (to sit), *staan* (to stand), *liggen* (to lie), etc. (choose whichever verb is most appropriate) *+ te +* the infinitive:

  ik zit te lezen (I am sitting and reading)
  wij staan te luisteren (we are standing and listening)

2.3 Present participles

Present participles are formed by adding *d* or *de* to the infinitive. The present participle of *lachen* (to laugh) is therefore *lachend* or *lachende* (laughing). Present participles frequently serve as adjectives before nouns. In that case they are declined according to the rules for adjectives (see section IV):

  de lachende vrouw (the laughing women)
  het zingende meisje (the singing girl)
  een huilend kind (a crying child)
  teleurstellende resultaten (disappointing results)

However, they are often used independently of nouns:

  Lachend liep zij de deur uit (laughing, she walked out the door).
  De gasten namen zwaaiend afscheid (the guests left, waving goodbye).

3 The past

Just as in English, Dutch has both *regular verbs* and *irregular verbs*. In most irregular verbs, the vowel changes in the past and perfect tenses. We shall go into this in more detail below (see sections X.3.2 and X.3.5). Let us begin with the past tense of regular verbs.

3.1 The simple past tense: regular verbs

The simple past tense of regular verbs is formed by adding *te* or *de* (singular) or *ten* or *den* (plural) to the stem:

	werken (to work)	*huilen* (to cry)
	(stem: *werk*)	(stem: *huil*)
ik	*werkte*	*huilde*
jij	*werkte*	*huilde*
u	*werkte*	*huilde*
hij	*werkte*	*huilde*
wij	*werkten*	*huilden*
jullie	*werkten*	*huilden*
zij	*werkten*	*huilden*

To decide whether it should be *te(n)* or *de(n)*, look at the final letter of the stem:

- When the stem ends in *f, k, p, t, s* or *ch*, add *te(n)*:

  blaffen (to bark): *hij blafte*   *rusten* (to rest): *jij rustte*
  smeken (to beseech): *ik smeekte*   *dansen* (to dance): *zij dansten*
  stoppen (to stop): *wij stopten*   *lachen* (to laugh): *jullie lachten*

- In all other cases, add *de(n)*:

krabben (to scratch): *ik krabde*
draaien (to turn): *hij draaide*
zagen (to saw): *jij zaagde*

bellen (to ring): *wij belden*
regeren (to reign): *hij regeerde*
trouwen (to marry): *jullie trouwden*

Note: In verbs such as *leven* (to live) and *reizen* (to travel), the stem ends in *f (leef)* and *s (reis)*. According to the above rule, you should add *te(n)*. However, in cases like this the *v* and the *z* in the infinitive determine the choice of the suffix:

leven – ik leefde, wij leefden
reizen – ik reisde, wij reisden

3.2 The simple past tense: irregular verbs

The simple past tense of irregular verbs is often characterized by a vowel change in the stem. This 'new' stem functions as the past tense form for the 1st – 3rd person singular. The 1st – 3rd person plural is formed by adding *en* (for a complete list of the simple past tense of irregular verbs, see column 2 of the *Dutch irregular verbs* table in this dictionary:

lopen (to walk): *ik liep, wij liepen*
eten (to eat): *ik at, wij aten*
drinken (to drink): *ik dronk, wij dronken*
beginnen (to begin): *ik begon, wij begonnen*

In some verbs, the vowel is not the only thing to change. The most important of these verbs are:

hebben (to have): *ik had, wij hadden*
zijn (to be): *ik was, wij waren*
kunnen (to be able): *ik kon, wij konden*
zullen (shall/will): *ik zou, wij zouden*
doen (to do): *ik deed, wij deden*
zeggen (to say): *ik zei, wij zeiden*

3.3 The perfect tense

In addition to the simple past tense, the perfect tense is also used to denote an event that took place in the past. The perfect tense consists of the auxiliary *hebben* or *zijn* plus a past participle. The next section explains how to form past participles.

3.4 Past participles: regular verbs

Past participles are formed by adding the prefix *ge* to the beginning of the stem and *t* or *d* to the end. A *t* is added when the stem ends in *f, k, p, t, s* or *ch*. A *d* is added in all other cases, except when the stem itself ends in *d* or *t*, in which case nothing has to be added:

blaffen (to bark): *geblaft* (ge + blaf + t)
werken (to work): *gewerkt* (ge + werk + t)
stoppen (to stop): *gestopt* (ge + stop + t)
huilen (to cry): *gehuild* (ge + huil + d)
draaien (to turn): *gedraaid* (ge + draai + d)
trouwen (to marry): *getrouwd* (ge + trouw + d)
leiden (to lead): *geleid* (ge + leid)
rusten (to rest): *gerust* (ge + rust)

Note: In verbs such as *leven* (to live) and *reizen* (to travel), the stem ends in *f (leef)* and *s (reis)*. According to the above rule, you should add *t*. However, in cases like this the *v* and the *z* in the infinitive determine the choice of the suffix:

leven – geleefd (ge + leef + d)
reizen – gereisd (ge + reis + d)

3.5 Past participles: irregular verbs

The past participles of irregular verbs often deviate from the rules. In many cases the vowel in the stem changes, or the participle ends in *en* instead of *t* or *d*. However, there are many other types of changes. Here are a few examples:

bijten (to bite): *gebeten*   *spreken* (to speak): *gesproken*
blijven (to stay): *gebleven*   *denken* (to think): *gedacht*
nemen (to take): *genomen*   *kopen* (to buy): *gekocht*
doen (to do): *gedaan*   *vriezen* (to freeze): *gevroren*

You will find a complete list of the past participles of irregular verbs in column 3 of the *Dutch irregular verbs* table in this dictionary.

Note: In both regular and irregular verbs, when the infinitive begins with the prefix *be, er, ge, her, ont* or *ver*, the prefix *ge* is omitted in the past participle:

bedoelen (to mean): *bedoeld* (not *gebedoeld*)
herkennen (to recognize): *herkend*
ontmoeten (to meet): *ontmoet*
genieten (to enjoy): *genoten* (not *gegenoten*)
verliezen (to lose): *verloren*

In addition, Dutch has many so-called **separable verbs**. These are verbs that begin with prefixes (*aan, af, op, uit*, etc.) that can be separated from the rest of the verb (see section X.10). The past participles of separable verbs are formed by placing *ge* after the prefix rather than before it:

aankomen (to arrive): *aangekomen* (not *geaankomen*)
afspreken (to agree on): *afgesproken*
opbellen (to call up): *opgebeld*
uitkleden (to undress): *uitgekleed*

3.6 The present perfect tense

In Dutch the present perfect tense is used more frequently than the simple past tense. It denotes an event that began and was completed in the past. The present perfect tense consists of the present tense of the auxiliary *hebben* (to have) or *zijn* (to be) plus the past participle:

ik heb gewerkt (I worked/have worked)
wij hebben gewerkt (we worked/have worked)
hij is gekomen (he came/has come)
jullie zijn gekomen (you came/have come)

There are no hard and fast rules to indicate which verbs are conjugated with *hebben* and which with *zijn* (or with both). For irregular verbs, the correct auxiliary and past participle are given in column 3 of the *Dutch irregular verbs* table in this dictionary. For the rest, we offer the following rule of thumb: **most verbs are conjugated with *hebben*.**

Some commonly used verbs that are conjugated with *zijn* are:

zijn (to be): *ik ben geweest*
gaan (to go): *jij bent gegaan*
komen to come): *hij is gekomen*
blijven (to stay): *wij zijn gebleven*
beginnen (to begin): *jullie zijn begonnen*
worden (to become): *zij zijn geworden*

Verbs that express motion, such as *vallen* (to fall), *stijgen* (to rise) and *zinken* (to sink), are also conjugated with *zijn*.

However, some verbs of motion, such as *lopen* (to walk), *fietsen* (to cycle) and zwemmen (to swim), are conjugated with either *hebben* or *zijn*. *Zijn* is used when a destination or point of departure is specified:

> *Ik ben naar de stad gelopen* (I walked to the city).

but *Ik heb uren gelopen* (I walked for hours).

> *Wij zijn naar de overkant gezwommen* (we swam to the other side).

but *Wij hebben in het meer gezwommen* (we swam in the lake).

3.7 The past perfect tense

The past perfect tense is used in both Dutch and English to refer to a past action that occurred before another past action. The past perfect tense consists of the simple past tense of either *hebben* (sing. *had*, pl. *hadden*) or *zijn* (sing. *was*, pl. *waren*) plus the past participle. To determine whether the verb should be conjugated with *hebben* or *zijn*, see section X.3.6, since the same rules apply in both the present and the past perfect tenses:

> *ik had gewerkt* (I had worked)   *wij hadden gewerkt* (we had worked)
> *hij was gekomen* (he had come)   *jullie waren gekomen* (you had come)

4 The future

4.1 The future tense

The future tense is formed by combining the present tense of *zullen* (see section X.2.1) with the infinitive. This is comparable to the *shall* (or *will*) + infinitive construction in English:

> *ik zal werken* (I shall work)
> *zij zullen komen* (they will come)

However, Dutch frequently makes use of two other constructions to refer to future events:

– When it is clear from the context that the future is meant, the present tense is used instead of *zullen*:

> *Peter komt morgen* (Peter will come tomorrow).
> *Hoe lang blijft hij* (how long will he stay)?

– The present tense of *gaan* (to go) is combined with an infinitive, much like the use of *to be going (to)* in English (e.g. I'm going to write a letter):

> *Ik ga afwassen* (I'm going to do the dishes).
> *Wij gaan vanavond dansen* (we're going dancing tonight).

4.2 The future perfect tense

The future perfect tense, which is not very common in Dutch, is used to refer to an action completed at some point in the future (e.g. they will have left by then). It consists of the present tense of *zullen* plus the infinitive *hebben* or *zijn* plus a past participle:

> *Ik zal hebben gewerkt* (I shall have worked).
> *Zij zullen dan zijn vertrokken* (they will have left by then).

5 The conditional mood

The conditional mood, used to express doubt or unreality, is characterized in English by the word *would*.

The **present conditional** is formed in Dutch by the past tense of *zullen* (*zou/zouden*) plus an infinitive:

> *ik zou werken* (I would work).

wij zouden het boek kopen (we would buy the book).

The **past conditional** is formed by *zou* or *zouden* plus the infinitive *hebben* or *zijn* plus a past participle:

ik zou hebben gewerkt (I would have worked).
wij zouden het boek hebben gekocht (we would have bought the book).

6 The imperative

The imperative usually consists of the stem of the verb (see section X.1):

Kijk (watch)!   *Kom hier* (come here)!
Luister (listen)!   *Blijf daar* (stay there)!

When it is a polite request rather than a command, the imperative is formed by: stem + *t*, followed by the personal pronoun *u*:

Komt u binnen ([do] come in).
Volgt u mij ([please] follow me).

The imperative can also be formed by an infinitive:

Doorlopen (walk on)!   *Afblijven* (hands off)!

7 The infinitive

Many Dutch verbs are used in combination with an infinitive. The infinitive is usually preceded by *te* (to):

Hij belooft te komen (he promises to come).
Wij besluiten te vertrekken (we decide to leave).

However, with certain verbs, *te* is omitted. The most important of these verbs are:

kunnen (to be able/can): *hij kan lezen* (he can read)
moeten (to have to/must): *jij moet komen* (you must come)
mogen (to be allowed/may): *wij mogen vertrekken* (we may leave)
willen (to want): *ik wil lezen* (I want to read)
zullen (shall/will): *zij zullen komen* (they will come)
gaan (to be going): *wij gaan vissen* (we are going fishing)
komen (to come): *hij komt bij ons logeren* (he is coming to stay with us)
blijven (to go/keep on): *ik blijf werken* (I'll go on working)
laten (to let/allow): *hij laat haar slapen* (he lets her sleep)
zien (to see): *ik zie hem lopen* (I see him walking)
horen (to hear): *ik hoor haar zingen* (I hear her singing)

Except for *horen*, all of the above verbs are irregular. To form the simple past tense and past participles, see the *Dutch irregular verbs* table in this dictionary. To find the irregular forms of the present tense of *kunnen, zullen, mogen* and *willen*, see section X.2.1.

Note: By *kunnen, moeten, mogen* and *willen*, the infinitive is sometimes omitted in Dutch when the meaning is clear from the context. In the underlying examples, the verbs that have been omitted in the Dutch sentences have been printed in bold in the English translations:

Hij kan het niet (he can't **do** it).
Wij moeten nu weg (we must **go** now).
Mag ik een ijsje (can I **have** an ice cream)?
Ik wil niet naar dat feest (I don't want **to go** to that party).

The infinitive can also function as a neuter noun (with or without the article *het*), where English uses a gerund:

Schilderen is mijn hobby (painting is my hobby).

Het oplossen van dit probleem kost veel tijd (solving this problem takes a lot of time).
Ik houd van het kijken naar oude films (I love watching old films).

For more information, see section X.2.2, in which Dutch infinitive constructions are discussed in connection with the present continuous tense.

8 Impersonal verbs

Impersonal verbs have *het* as their subject. They often describe natural phenomena:

Het sneeuwt (it's snowing).   *Het regent* (it's raining).
Het vriest (it's freezing).   *Het onweerde* (there was a
                                        thunderstorm).

Het can also be the subject of the verbs *zijn, worden* and *blijven*:

Het is mooi weer (it's beautiful weather).
Het is vijf uur (it's five o'clock).
Het wordt donker (it's getting dark).
Het blijft maar koud (it's still cold).

Note: Dutch sometimes uses impersonal constructions where it's impossible in English, such as as: *Het spijt me* (I'm sorry).

9 Reflexive verbs

Reflexive verbs are verbs of the type *zich amuseren* (to enjoy oneself) and *zich wassen* (to wash oneself). The word *zich* is a reflexive pronoun. In sentences with a reflexive verb the subject and the object refer to the same person. The reflexive pronoun changes, depending on the subject to which it refers. In the underlying examples, the reflexive pronouns are printed in bold:

ik amuseer **me** (I enjoy myself)
jij amuseert **je** (you enjoy yourself)
u amuseert **zich** (you enjoy yourself)
hij amuseert **zich** (he enjoys himself)
zij amuseert **zich** (she enjoys herself)
wij amuseren **ons** (we enjoy ourselves)
jullie amuseren **je** (you enjoy yourselves)
zij amuseren **zich** (they enjoy themselves)

Dutch has many more reflexive verbs than English, as the following examples show:

zich vergissen (to be mistaken): *ik vergis me* (I am mistaken)
zich aankleden (to get dressed): *zij kleedt zich aan* (she gets dressed)
zich haasten (to hurry): *wij moeten ons haasten* (we must hurry)
zich verbazen (to be surprised): *zij verbazen zich erover* (they are surprised about it)

10 Separable and inseparable verbs

Many Dutch verbs begin with a prefix. In those beginning with *be, er, ge, her, ont* or *ver*, the prefix always remains attached to the finite verb. (A finite verb is one that can be conjugated, and thus not an infinitive or a participle). Verbs whose prefixes cannot be detached from the finite verb are known as **inseparable verbs**. Verbs whose prefixes can, under certain circumstances, be detached from the finite verb are known as **separable verbs**. In separable verbs the stress always falls on the prefix. In inseparable verbs it does not. Separable verbs can take a variety of prefixes:

– prepositions and adverbs such as *aan (aanraken* to touch), *achter (achterblijven* stay behind), *af (afkeuren* to reject), *bij (bijdragen* to contribute), *in (indelen* to

divide), *op (oppassen* to take care), *terug (terugkeren* to return) and *weg
(weggaan* to go away);
- adjectives such as *goed (goedkeuren* to approve), *hard (hardlopen* to run), *kapot
(kapotgaan* to go to pieces), *los (loslaten* to let go), *open (openscheuren* to tear
open) and *vast (vastmaken* to fasten);
- nouns such as *deel (deelnemen* to participate), *geluk (gelukwensen* to
congratulate) and *plaats (plaatsvinden* to take place).

Separable and inseparable verbs differ in two important ways. As discussed in
section X.3.5, separable verbs do not form past participles the same as inseparable
verbs do:

| Inseparable: | *bedoelen – bedoeld* | *ontmoeten – ontmoet* |
| Separable: | *aankomen – aangekomen* | *opbellen – opgebeld* |

Besides that, the prefixes of separable verbs must be detached from the finite verb
in the following cases:

- When the main clause is used in the present tense or the simple past tense, the
finite verb stays in its usual place, while the prefix moves to the end of the
sentence:

  Ik bel/belde haar op (I am calling/called her [up]).
  Hij raakt/raakte zijn tenen aan (he touches/touched his toes).

- When an infinitive is used with *te* (to) (see section X.7), *te* is inserted between
the prefix and the infinitive:

  Ik probeer haar op te bellen (I'm trying to call her [up]).
  Hij weigerde zijn tenen aan te raken (he refused to touch his toes).

  Note: When an infinitive is not used with *te*, the separable verb stays together:

  Ik moet haar opbellen (I must call her [up]).

- In relative clauses (see section XI.2) in which a separable verb is in the present
tense, the prefix and the finite verb stay together:

  Hij zegt dat hij mij morgen opbelt (he says he'll call me [up] tomorrow).

XI WORD ORDER AND SENTENCE STRUCTURE

1 Affirmative sentences

Affirmative sentences are usually written in the following order:

subject – finite verb – indirect object – other parts of speech – direct object –
non-finite verb

Note: A finite verb is one that can be conjugated. A non-finite verb is one that
cannot be conjugated, i.e. an infinitive or a participle.

In the underlying examples we keep changing the tense and adding more elements
to increase the complexity. The most usual word order is given.

Zij schrijft hem (she writes him).
Zij heeft hem geschreven (she wrote him).
Zij schrijft hem een brief (she writes him a letter).
Zij heeft hem gisteren een brief geschreven (she wrote him a letter yesterday).
Zij zal hem in de trein een brief schrijven (she will write him a letter in the
train).
Zij zal hem morgen in de trein een brief schrijven (she will write him a letter in
the train tomorrow).

In these examples:

- The finite verbs occupy the second position, after the subject.
- The non-finite verbs (infinitives and participles) are at the end.
- The indirect objects precede the direct objects. However, if we were to change the direct object to a personal pronoun (e.g. *het* instead of *een brief*), the direct object would precede the indirect object: *zij heeft **het hem** geschreven* (she wrote it to him).
- Adverbs of time (*gisteren*) come before adverbs of place (*in de trein*): *zij heeft hem **gisteren in de trein** een brief geschreven* (she wrote him a letter in the train yesterday).

However, the word order is flexible. For example, many sentences may begin with an adverb of time. Or a certain part of speech may be moved to the beginning of a sentence to give it extra emphasis. When this happens, the word order changes: if something other than the subject is at the beginning of a sentence, **inversion** occurs.

1.1 Inversion

Inversion means that the subject and the verb trade places, so that the subject follows the finite verb. (Note, however, that the finite verb remains in the second position):

*Dat boek **geef ik** haar morgen* (I will give her that book tomorrow).
*Gisteren **heeft zij** een brief geschreven* (yesterday she wrote a letter).

To determine the word order of sentences with separable verbs, see section X.10.

2 Relative clauses

Relative clauses begin with a relative pronoun. A relative pronoun connects a relative clause to the preceding noun, known as an *antecedent*. In the phrase *de jongen die daar staat* (the boy who is standing there), *die* is the relative pronoun, *die daar staat* the relative clause and *de jongen* the antecedent.

2.1 Word order in relative clauses

In relative clauses, the verb comes at the very end:

de brief die ik gisteren in de trein schreef
(the letter [that] I wrote in the train yesterday)
de trein naar Parijs die morgen om 8.00 uur zal vertrekken
(the train to Paris that will depart at 8:00 tomorrow)

2.2 Relative pronouns

There are three relative pronouns in Dutch:

die (who/whom or that) is used when the antecedent is a *de* word or in the plural:

de vrouw die ik uitnodigde (the woman [that] I invited
de boeken die daar liggen (the books [that are] lying there)

dat (that/which) is used when the antecedent is a *het* word in the singular:

het boek dat daar ligt (the book [that is] lying there)
het meisje dat ik ontmoette (the girl [that] I met)

wat (that/which) is used when the antecedent is the word *alles* (everything), *iets* (something) or *niets* (nothing) or when the antecedent is the entire preceding main clause:

Hij gelooft alles wat ik zeg (he believes everything [that] I say).

Zij stuurde mij bloemen, wat ik leuk vond (she sent me flowers, which I appreciated).

Note: Unlike English, the relative pronoun in Dutch can never be omitted.

2.3 Relative pronouns combined with prepositions

Relative pronouns often occur in combination with prepositions. When that happens, the form changes:

– When the antecedent is a person, *die* and *dat* change after a preposition into *wie*:

*de jongen **met wie** ik sprak* (the boy with whom I spoke)
*de meisjes **aan wie** jij brieven schreef* (the girls to whom you wrote letters)

– When the antecedent is an animal or a thing, *die* and *dat* change after a preposition into **waar + preposition**:

*de kat **waarover** ik je heb verteld* (the cat I told you about)
*de stoel **waarop** jij zit* (the chair on which you are sitting)

Note:

– *Waar + met* changes into *waarmee: het mes **waarmee** hij het vlees snijdt* (the knife with which he cuts the meat).
– The preposition can be separated from *waar* and placed before the verb(s) at the end of the relative clause: *de kat **waar** ik je **over** heb verteld* (the cat I told you about).

3 Conjunctions

3.1 Coordinating conjunctions

Coordinating conjunctions join together two or more clauses of equal grammatical rank. The most important coordinating conjunctions in Dutch are:

en (and)	*of* (or/whether)
maar (but)	*want* (because/for)

The word order of clauses connected by coordinating conjunctions is like that of affirmative sentences (see section XI.1). In other words, the subject and the finite verb are at the beginning of the clause:

*Hij kwam binnen **en** hij vertelde het nieuws*
(he came in, and he told the news).
*Ik kom morgen, **maar** ik ga eerst naar mijn moeder*
(I'll come tomorrow, but first I'll go to my mother).

3.2 Subordinating conjunctions

Subordinating conjunctions join a subordinate clause to a main clause. Some important subordinating conjunctions in Dutch are:

als/indien/wanneer (if/when)	*sinds* (since [temporal])
alsof (as if)	*terwijl* (while/whereas)
dat (that)	*toen* (when)
hoewel (although)	*tot(dat)* (until)
nadat (after)	*voor(dat)* (before)
of (whether/if)	*zoals* (like/as)
omdat (because)	*zodat* (so that)

In clauses beginning with a subordinating conjunction, the subject comes directly after the conjunction, and the verbs move to the end of the clause:

*Hij zal ons roepen **als** hij klaar is* (he'll call us when he's ready).
*Ik weet niet **of** ik volgende week kom* (I don't know if I'll come next week).
*Hij schreef een brief, **omdat** hij ons het goede nieuws wilde vertellen* (he wrote a letter, because he wanted to tell us the good news).

Note: A sentence may also begin with a subordinate clause. In that case, inversion occurs in the main clause. After all, the subject is no longer the first word of the sentence: *Omdat hij ons het goede nieuws wilde vertellen, schreef hij een brief.*

4 Interrogative sentences

In Dutch, **yes-and-no questions** (questions that can be answered by yes or no), are typically inverted: the subject follows the finite verb. Unlike English, it's impossible to use the auxiliary *doen* (do):

Schrijft zij hem een brief (is she writing him a letter)?
Heeft zij hem een brief geschreven (has she written him a letter)?
Vertrekken wij morgen (do we leave tomorrow)?

Questions beginning with an interrogative as object (see section VIII) are usually inverted as well. After all, the interrogative and not the subject is the first word of the sentence:

Wat zie je (what do you see)?
Wat hebben jullie gedaan (what have you done)?

However, no inversion occurs when the interrogative (or an interrogative phrase) is the subject of the sentence:

Wie heeft de hond gezien (who has seen the dog)?
Welk huis is het grootst (which house is the biggest)?

XII NEGATIONS

1 The word *niet*

Negations are formed in Dutch by the word **niet** (not). Unlike English, it's impossible to use the auxiliary *doen* (do). In simple sentences *niet* usually comes at the end:

Ik weet het niet (I don't know).
Hij werkt niet (he doesn't work).

In sentences containing a direct object or an adverb of time, *niet* usually comes after the direct object or adverb or time:

Hij geeft het boek niet aan mij (he doesn't give the book to me).
Wij gaan vandaag niet naar Amsterdam (we aren't going to Amsterdam today).

In sentences containing a past participle or an infinitive, *niet* comes before the past participle or infinitive:

Ik heb vandaag niet gewerkt (I haven't worked today).
Hij zal waarschijnlijk niet komen (he probably won't come).

When *niet* is used to negate one specific element of the sentence, it comes before that element:

Hij is niet oud (he's not old).
Ik kom niet vandaag, maar morgen (I'm not coming today, but tomorrow).
Zij ging gisteren niet naar Amsterdam [maar naar Antwerpen] (she didn't go to Amsterdam yesterday [but to Antwerp]).
Zij ging niet gisteren naar Amsterdam [maar eergisteren] (she didn't go yesterday to Amsterdam [but the day before yesterday]).

In subordinate clauses *niet* is usually placed directly in front of the verb(s) at the end of the clause:

Hij doet alsof hij het niet weet (he acts as if he doesn't know).
Hij zei dat hij waarschijnlijk niet kon komen (he said that he probably couldn't come).

2 The word *geen*

Negation can also be expressed by the word **geen** (not a/no). **Geen** is used:

– instead of *niet een* (not a/any) before a noun:

Ik heb geen brief geschreven (I haven't written a letter).

– instead of *niet* before a noun without an article:

Ze verkopen hier geen bloemen (they don't sell [any] flowers here).

XIII THE PASSIVE VOICE

In the active voice, the subject is the performer of an action, and in the passive voice the recipient of an action:

active voice: *De man slaat de hond* (the man is hitting the dog).
passive voice: *De hond wordt [door de man] geslagen* (the dog is being hit [by the man]).

In Dutch the auxiliary *worden* (to be) is used to express the passive voice. The performer of the action can be explicitly stated in a prepositional phrase introduced by *door* (by), but is often omitted. Some examples of the passive voice in various tenses are given below:

Present: *Het programma wordt [door de BBC] uitgezonden* (the programme is broadcast [by the BBC]).

Simple past: *Het programma werd [door de BBC] uitgezonden* (the programme was broadcast [by the BBC]).

Present perfect: *Het programma is [door de BBC] uitgezonden* (the programme has been broadcast [by the BBC]). (The sentence should actually read: *Het programma is [door de BBC] uitgezonden geworden*. But *geworden* is always omitted in this case.)

Future: *Het programma zal [door de BBC] worden uitgezonden* (the programme will be broadcast [by the BBC]).

The passive voice is often used in Dutch in impersonal constructions that begin with *er* (there) and that focus on general activity rather than on the person or persons performing the action:

Er wordt hier veel gepraat (there's a lot of talking going on here).
Er wordt gebeld (there's the bell).

XIV THE WORD *ER*

The word *er* (there) can be used in several ways in Dutch:

– as an adverb of place, comparable to the word *there*:

Wij zagen een molen in Holland. Wij zagen er een molen.
(We saw a windmill in Holland. We saw a windmill there.)

– in the constructions *er is* (there is) and *er zijn* (there are):

Er is een klein museum hier (there is a small museum here).
Er zijn veel mensen op het strand (there are many people on the beach).

– in combination with an adverb of quantity or a numeral. *Er* is then comparable to *of it* or *of them*:

Hij heeft er veel (he has many [of them]).
Ik heb er vijf (I have five [of them]).

– in impersonal constructions in the passive voice (e.g. *er wordt gebeld*; see section XIII:

– in combination with a preposition, e.g. *erover* (over/about it), *erop* (on it) and *ervoor* (for it). The *er + preposition* construction occurs with phrasal verbs, such as *praten over* (talk about) and *rekenen op* (count on). In that case the *er* replaces a noun or a noun phrase:

Zij praten erover (they are talking about it).
Ik reken erop (I'm counting on it).
Hij bedankte mij ervoor (he thanked me for it).

Note: *er + met* becomes *ermee* and *er + tot* becomes *ertoe*:

De jongens spelen ermee (the boys are playing with it).
Ik werd ertoe gedwongen (I was forced to do it).

The preposition is frequently separated from *er* by an adverb or an object:

Zij praten er al dagen over (they've already been talking about it for days).
Hij bedankte mij er hartelijk voor (he thanked me kindly for it).

AANTEKENINGEN

AANTEKENINGEN